t.

TRAUNER VERLAG
UNIVERSITÄT

Schriftenreihe
Umweltrecht und
Umwelttechnikrecht

5

RAINER WEISS

Rechtsquellen Umweltrecht

Internationales Recht – Europäisches Recht – Bundesrecht

14. Auflage 2025

Impressum

Schriftenreihe Umweltrecht und Umwelttechnikrecht

Rainer Weiß
Rechtsquellen Umweltrecht
Internationales Recht – Europäisches Recht – Bundesrecht
14. Auflage 2025

Coverbild: Adobe Stock

Kommissionsverlag:
TRAUNER Verlag + Buchservice GmbH,
Köglstraße 14, 4020 Linz,
Österreich/Austria

Herstellung:
paco Medienwerkstatt,
Huttengasse 47, 1160 Wien

PRINTED IN AUSTRIA

ISBN 978-3-99151-887-7
www.trauner.at

Liebe Studierende!
Liebe PraktikerInnen!

Dieses Werk enthält die wesentlichsten Rechtsquellen zum Umweltrecht zum Teil zur Gänze, zum Teil als Auszug wiedergegeben, und zwar aus den **Bereichen**

- **Internationales Recht**
- **Europäisches** (Primär- und Sekundär-)**Recht**
- **Bundesrecht** (Verfassungsrecht, einfaches Bundesrecht, Verordnungen)

Innerhalb dieser einzelnen Bereiche sind die einzelnen Rechtsquellen in alphabetischer Reihenfolge abgedruckt.

Die Rechtsquellensammlung dient insbesondere auch als Arbeitsgrundlage für den Studienschwerpunkt Umweltrecht, der heuer bereits zum 27. Mal angeboten wird.

Bei der Zusammenstellung wurden wiederum die Erfahrungen der Vorauflagen berücksichtigt.

Im Bereich des Europarechts waren bei der IE-RL umfangreiche Änderungen aufzunehmen. Anstelle der „alten" Luftqualitäts-Richtlinie 2008/20/EG ist nunmehr die Luftqualitäts-Richtlinie (EU) 2024/2881 abgedruckt.

Im Bereich des Bundesrechts waren im KfzStG 1992, im NEHG 2022 und im Versicherungssteuergesetz 1953 umfangreiche Änderungen einzuarbeiten, das NoVAG 1991, das TSchG und das UFG sind von geringfügigen Änderungen betroffen.

Die Rechtslage ist zum **Stand 1. August 2025** abgebildet.

Wenn Sie im Rahmen des Studiums des Umweltrechts noch weitere bundes- oder landesrechtliche Vorschriften benötigen, so stehen Ihnen diese über das Rechtsinformationssystem des Bundeskanzleramtes im Internet unter der Adresse **http://www.ris.bka.gv.at/** zur Verfügung. Für die Rechtsvorschriften der Europäischen Union bietet EUR-Lex unter der Adresse **http://eur-lex.europa.eu/de/index.htm** einen unmittelbaren und kostenlosen Zugang.

Wir hoffen, mit dieser Rechtsquellensammlung einen kompakten Arbeitsbehelf zur Verfügung stellen zu können. Korrekturanregungen bzw weiterführende Hinweise (insbesondere Anregungen, welche Rechtsquellen zusätzlich aufgenommen werden sollten bzw welche sich als entbehrlich erweisen), erbitten wir an die Adresse iur@jku.at.

Linz, im August 2025

Für die Herausgeber

Univ.-Prof.[in] Dr.[in] *Erika M. Wagner*
Obfrau des Vereins zur Förderung
des Instituts für Umweltrecht
Instiutsvorständin des Instituts für Umweltrecht

Der Autor

Dr. *Rainer Weiß*
Institut für Umweltrecht

Überblick:

A. Internationales Recht

General Agreement on Tariffs and Trade – GATT

PART I

Article I
General Most-Favoured-Nation Treatment

1. With respect to customs duties and charges of any kind imposed on or in connection with importation or exportation or imposed on the international transfer of payments for imports or exports, and with respect to the method of levying such duties and charges, and with respect to all rules and formalities in connection with importation and exportation, and with respect to all matters referred to in paragraphs 2 and 4 of Article III, any advantage, favour, privilege or immunity granted by any contracting party to any product originating in or destined for any other country shall be accorded immediately and unconditionally to the like product originating in or destined for the territories of all other contracting parties.

2. The provisions of paragraph 1 of this Article shall not require the elimination of any preferences in respect of import duties or charges which do not exceed the levels provided for in paragraph 4 of this Article and which fall within the following descriptions:

(a) Preferences in force exclusively between two or more of the territories listed in Annex A, subject to the conditions set forth therein;

(b) Preferences in force exclusively between two or more territories which on July 1, 1939, were connected by common sovereignty or relations of protection or suzerainty and which are listed in Annexes B, C and D, subject to the conditions set forth therein;

(c) Preferences in force exclusively between the United States of America and the Republic of Cuba;

(d) Preferences in force exclusively between neighbouring countries listed in Annexes E and F.

3. The provisions of paragraph 1 shall not apply to preferences between the countries formerly a part of the Ottoman Empire and detached from it on July 24, 1923, provided such preferences are approved under paragraph 5[1], of Article XXV which shall be applied in this respect in the light of paragraph 1 of Article XXIX.

4. The margin of preference on any product in respect of which a preference is permitted under paragraph 2 of this Article but is not specifically set forth as a maximum margin of preference in the appropriate Schedule annexed to this Agreement shall not exceed:

(a) in respect of duties or charges on any product described in such Schedule, the difference between the most-favoured-nation and preferential rates provided for therein; if no preferential rate is provided for, the preferential rate shall for the purposes of this paragraph be taken to be that in force on April 10, 1947, and, if no most-favoured-nation rate is provided for, the margin shall not exceed the difference between the most-favoured-nation and preferential rates existing on April 10, 1947;

(b) in respect of duties or charges on any product not described in the appropriate Schedule, the difference between the most-favoured-nation and preferential rates existing on April 10, 1947.

In the case of the contracting parties named in Annex G, the date of April 10, 1947, referred to in subparagraph (a) and (b) of this paragraph shall be replaced by the respective dates set forth in that Annex.

...

PART II

Article III
National Treatment on Internal Taxation and Regulation

1. The contracting parties recognize that internal taxes and other internal charges, and laws, regulations and requirements affecting the internal sale, offering for sale, purchase, transportation, distribution or use of products, and internal quantitative regulations requiring the mixture, processing or use of products in specified amounts or proportions, should not be applied to imported or domestic products so as to afford protection to domestic production.

2. The products of the territory of any contracting party imported into the territory of any other contracting party shall not be subject, directly or indirectly, to internal taxes or other internal charges of any kind in excess of those applied, directly or indirectly, to like domestic products. Moreover, no contracting party shall otherwise apply internal taxes or other internal charges to imported or domestic products in a manner contrary to the principles set forth in paragraph 1.

3. With respect to any existing internal tax which is inconsistent with the provisions of paragraph 2, but which is specifically authorized under a trade agreement, in force on April 10, 1947, in which the import duty on the taxed product is bound against increase, the contracting party imposing the tax shall be free to postpone the application of the provisions of paragraph 2 to such tax until such time as it can obtain release from the obligations of such trade agreement in order to permit the increase of such duty to the extent necessary to compensate for the elimination of the protective element of the tax.

4. The products of the territory of any contracting party imported into the territory of any other contracting party shall be accorded treatment no less favourable than that accorded to like products of national origin in respect of all laws, regulations and requirements affecting their internal sale, offering for sale, purchase, transportation, distribution or use. The provisions of this paragraph shall not prevent the application of differential internal transportation charges which are based exclusively on the economic operation of the means of transport and not on the nationality of the product.

5. No contracting party shall establish or maintain any internal quantitative regulation relating to the mixture, processing or use of products in specified amounts or proportions which requires, directly or indirectly, that any specified amount or proportion of any product which is the subject of the regulation must be supplied from domestic sources. Moreover, no contracting party shall otherwise apply internal quantitative regulations in a manner contrary to the principles set forth in paragraph 1.

---

[1] The authentic text erroneously reads „subparagraph 5 (a)“.

6. The provisions of paragraph 5 shall not apply to any internal quantitative regulation in force in the territory of any contracting party on July 1, 1939, April 10, 1947, or March 24, 1948, at the option of that contracting party; *Provided* that any such regulation which is contrary to the provisions of paragraph 5 shall not be modified to the detriment of imports and shall be treated as a customs duty for the purpose of negotiation.

7. No internal quantitative regulation relating to the mixture, processing or use of products in specified amounts or proportions shall be applied in such a manner as to allocate any such amount or proportion among external sources of supply.

8. (a) The provisions of this Article shall not apply to laws, regulations or requirements governing the procurement by governmental agencies of products purchased for governmental purposes and not with a view to commercial resale or with a view to use in the production of goods for commercial sale.

(b) The provisions of this Article shall not prevent the payment of subsidies exclusively to domestic producers, including payments to domestic producers derived from the proceeds of internal taxes or charges applied consistently with the provisions of this Article and subsidies effected through governmental purchases of domestic products.

9. The contracting parties recognize that internal maximum price control measures, even though conforming to the other provisions of this Article, can have effects prejudicial to the interests of contracting parties supplying imported products. Accordingly, contracting parties applying such measures shall take account of the interests of exporting contracting parties with a view to avoiding to the fullest practicable extent such prejudicial effects.

10. The provisions of this Article shall not prevent any contracting party from establishing or maintaining internal quantitative regulations relating to exposed cinematograph films and meeting the requirements of Article IV.

…

Article XI
General Elimination of Quantitative Restrictions

1. No prohibitions or restrictions other than duties, taxes or other charges, whether made effective through quotas, import or export licences or other measures, shall be instituted or maintained by any contracting party on the importation of any product of the territory of any other contracting party or on the exportation or sale for export of any product destined for the territory of any other contracting party.

2. The provisions of paragraph 1 of this Article shall not extend to the following:

(a) Export prohibitions or restrictions temporarily applied to prevent or relieve critical shortages of foodstuffs or other products essential to the exporting contracting party;

(b) Import and export prohibitions or restrictions necessary to the application of standards or regulations for the classification, grading or marketing of commodities in international trade;

(c) Import restrictions on any agricultural or fisheries product, imported in any form, necessary to the enforcement of governmental measures which operate:

(i) to restrict the quantities of the like domestic product permitted to be marketed or produced, or, if there is no substantial domestic production of the like product, of a domestic product for which the imported product can be directly substituted; or

(ii) to remove a temporary surplus of the like domestic product, or, if there is no substantial domestic production of the like product, of a domestic product for which the imported product can be directly substituted, by making the surplus available to certain groups of domestic consumers free of charge or at prices below the current market level; or

(iii) to restrict the quantities permitted to be produced of any animal product the production of which is directly dependent, wholly or mainly, on the imported commodity, if the domestic production of that commodity is relatively negligible.

Any contracting party applying restrictions on the importation of any product pursuant to subparagraph (*c*) of this paragraph shall give public notice of the total quantity or value of the product permitted to be imported during a specified future period and of any change in such quantity or value. Moreover, any restrictions applied under (i) above shall not be such as will reduce the total of imports relative to the total of domestic production, as compared with the proportion which might reasonably be expected to rule between the two in the absence of restrictions. In determining this proportion, the contracting party shall pay due regard to the proportion prevailing during a previous representative period and to any special factors which may have affected or may be affecting the trade in the product concerned.

Article XX
General Exceptions

Subject to the requirement that such measures are not applied in a manner which would constitute a means of arbitrary or unjustifiable discrimination between countries where the same conditions prevail, or a disguised restriction on international trade, nothing in this Agreement shall be construed to prevent the adoption or enforcement by any contracting party of measures:

(a) necessary to protect public morals;

(b) necessary to protect human, animal or plant life or health;

(c) relating to the importations or exportations of gold or silver;

(d) necessary to secure compliance with laws or regulations which are not inconsistent with the provisions of this Agreement, including those relating to customs enforcement, the enforcement of monopolies operated under paragraph 4 of Article II and Article XVII, the protection of patents, trade marks and copyrights, and the prevention of deceptive practices;

(e) relating to the products of prison labour;

(f) imposed for the protection of national treasures of artistic, historic or archaeological value;

(g) relating to the conservation of exhaustible natural resources if such measures are made effective in conjunction with restrictions on domestic production or consumption;

(h) undertaken in pursuance of obligations under any intergovernmental commodity agreement which conforms to criteria submitted to the CONTRACTING PARTIES and not disapproved by them or which is itself so submitted and not so disapproved;

(i) involving restrictions on exports of domestic materials necessary to ensure essential quantities of such materials to a domestic processing industry during periods when the domestic price of such materials is held below the world price as part of a governmental stabilization plan; Provided that such restrictions shall not operate to increase the exports of or the protection afforded to such domestic industry, and shall not depart from the provisions of this Agreement relating to non-discrimination;

(j) essential to the acquisition or distribution of products in general or local short supply; Provided that any such measures shall be consistent with the principle that all contracting parties are entitled to an equitable share of the international supply of such products, and that any such measures, which are inconsistent with the other provisions of the Agreement shall be discontinued as soon as the conditions giving rise to them have ceased to exist. The CONTRACTING PARTIES shall review the need for this sub-paragraph not later than 30 June 1960.

...

General Agreement on Trade in Services – GATS

Article XIV
General Exceptions

Subject to the requirement that such measures are not applied in a manner which would constitute a means of arbitrary or unjustifiable discrimination between countries where like conditions prevail, or a disguised restriction on trade in services, nothing in this Agreement shall be construed to prevent the adoption or enforcement by any Member of measures:

(a) necessary to protect public morals or to maintain public order;[1]

(b) necessary to protect human, animal or plant life or health;

(c) necessary to secure compliance with laws or regulations which are not inconsistent with the provisions of this Agreement including those relating to:

(i) the prevention of deceptive and fraudulent practices or to deal with the effects of a default on services contracts;

(ii) the protection of the privacy of individuals in relation to the processing and dissemination of personal data and the protection of confidentiality of individual records and accounts;

(iii) safety;

(d) inconsistent with Article XVII, provided that the difference in treatment is aimed at ensuring the equitable or effective[2] imposition or collection of direct taxes in respect of services or service suppliers of other Members;

(e) inconsistent with Article II, provided that the difference in treatment is the result of an agreement on the avoidance of double taxation or provisions on the avoidance of double taxation in any other international agreement or arrangement by which the Member is bound.

---

[1] The public order exception may be invoked only where a genuine and sufficiently serious threat is posed to one of the fundamental interests of society.

[2] Measures that are aimed at ensuring the equitable or effective imposition or collection of direct taxes include measures taken by a Member under its taxation system which:

(i) apply to non-resident service suppliers in recognition of the fact that the tax obligation of non-residents is determined with respect to taxable items sourced or located in the Member's territory; or

(ii) apply to non-residents in order to ensure the imposition or collection of taxes in the Member's territory; or

(iii) apply to non-residents or residents in order to prevent the avoidance or evasion of taxes, including compliance measures; or

(iv) apply to consumers of services supplied in or from the territory of another Member in order to ensure the imposition or collection of taxes on such consumers derived from sources in the Member's territory; or

(v) distinguish service suppliers subject to tax on worldwide taxable items from other service suppliers, in recognition of the difference in the nature of the tax base between them; or

(vi) determine, allocate or apportion income, profit, gain, loss, deduction or credit of resident persons or branches, or between related persons or branches of the same person, in order to safeguard the Member's tax base.

Tax terms or concepts in paragraph (d) of Article XIV and in this footnote are determined according to tax definitions and concepts, or equivalent or similar definitions and concepts, under the domestic law of the Member taking the measure.

Abkommen zwischen Österreich und der Tschechischen Republik betreffend Schlussfolgerungen des Melker Prozesses und Follow up (Übersetzung)

BGBl III 266/2001

Präambel

Mit dem Ziel der weiteren Entwicklung gutnachbarschaftlicher Beziehungen zwischen der Tschechischen Republik und der Republik Österreich wurde am 12. Dezember 2000 in Melk ein „Protokoll über die Verhandlungen zwischen den Regierungen der Tschechischen Republik und der Republik Österreich, geführt von Ministerpräsident Zeman und Bundeskanzler Schüssel im Beisein von EU-Kommissar Verheugen" unterzeichnet, das in der Folge als „Melker Protokoll" bezeichnet wird.

Die Unterzeichner des Melker Protokolls hielten es für angebracht, am 29. November 2001 in Brüssel zusammenzutreffen, um ein Follow-up des Prozesses zu definieren, wie er im oben erwähnten Protokoll dargelegt wird.

Die Unterzeichner stimmen überein, dass der in Melk begonnene Prozess zu einer Verbesserung des Informationsaustausches über das Atomkraftwerk Temelín geführt hat, womit auch die Voraussetzungen für ein größeres Vertrauensverhältnis zwischen der Tschechischen Republik und der Republik Österreich im Rahmen eines intensiven Dialoges über die Kernenergie geschaffen wurden.

Die Unterzeichner stimmen bezüglich der Zweckmäßigkeit der Aufnahme von Expertengesprächen zur Änderung des derzeit bestehenden bilateralen Übereinkommens betreffend den Austausch von Informationen über nukleare Sicherheit überein, das zwischen den beiden Staaten im Jahre 1989 abgeschlossen wurde, damit dem bereits erreichten Vertrauensniveau und den Bedürfnissen der Unterzeichner, einschließlich einer verlässlichen Info-Hotline, entsprochen wird.

In Achtung des souveränen Rechts, ihre Energiepolitik selbst zu wählen, teilen beide Länder ihr Interesse an einem hohen Niveau nuklearer Sicherheit von Kernkraftanlagen. Die tschechische Seite anerkennt das spezifische Interesse der Republik Österreich als Nachbarstaat an einem hohen Sicherheitsniveau von tschechischen Atomkraftwerken.

Die Tschechische Republik ist ausschließlich den Bestimmungen der Wiener Konvention über Haftpflicht für Atomschäden und dem Gemeinsamen Protokoll zur Anwendung der Wiener Konvention und der Pariser Konvention verpflichtet. Die Republik Österreich ist vollinhaltlich dem Österreichischen Atomhaftungsgesetz aus dem Jahre 1999 verpflichtet.

Kapitel I - Info-Hotline

Die Info-Hotline wurde unmittelbar nach den Verhandlungen in Melk eingerichtet und ihre Funktionsfähigkeit wird von den Unterzeichnern als positiv bewertet.

Die tschechische Seite hat Informationen auch über die Inbetriebnahme des nichtnuklearen Teils des ersten Blocks sowie Informationen über den zweiten Block des AKW Temelín zur Verfügung gestellt.

Die Tschechische Republik und die Republik Österreich stimmen darin überein, dass die Info-Hotline eine nützliche Maßnahme auch im Hinblick auf die nuklearen und nichtnuklearen Tests beider Blöcke darstellt; dass ihre Funktionsfähigkeit regelmäßig im Rahmen des bilateralen Übereinkommens über den Austausch von Informationen überprüft wird; und dass, wenn nötig, Maßnahmen zur Erhöhung ihrer Wirksamkeit ergriffen werden.

Kapitel II - Frühwarnsystem

Ein automatisches Überwachungssystem, das von Österreich zur Verfügung gestellt wurde, wurde am 24. April 2001 in Ceske Budejovice installiert, und die Übertragung von Daten vom Überwachungssystem über Strahlenniveaus funktioniert problemlos.

Die Unterzeichner stimmen überein, dass diese Maßnahme voll und ganz ihrem Zweck entspricht und weiter in Betrieb bleiben wird.

Im Hinblick darauf, langfristig ein regionales Netzwerk zu errichten, welches in das ECURIE-System integriert werden könnte, werden die Möglichkeiten eines Austausches von Daten mit anderen nationalen Überwachungsnetzen untersucht.

Kapitel III - Energiepartnerschaft

Die tschechische Energieagentur hat mit der österreichischen Energieverwertungsagentur auf den Gebieten der Energieeffizienz und Wohnhaussanierung, der Nutzung von erneuerbaren Energieträgern und der Verwendung von Kraft-Wärme-Kopplungs-Einheiten zusammengearbeitet. Die Unterzeichner werden weitere Anstrengungen zur Intensivierung dieser Zusammenarbeit unternehmen.

Kapitel IV - Sicherheitsfragen

Die tschechische und die österreichische Seite anerkennen die Rolle der Europäischen Kommission bei der Schaffung und Erleichterung eines „Trialoges", der zwecks Herstellung eines besseren gegenseitigen Verständnisses in der mit der nuklearen Sicherheit zusammenhängenden Frage des AKW Temelín begonnen wurde.

Während des Prozesses wurden 29 Punkte österreichischen Besorgnisses identifiziert. Sie alle wurden dokumentiert und thematisiert. Die gemäß dem Melker Protokoll geschaffene Expertenmission erachtete neun Punkte für die Zwecke des Melker Prozesses als abgeschlossen. In Anbetracht der Natur der betreffenden Themen sah die Expertenmission weitere zehn Punkte als geeignet an, im Rahmen des betreffenden tschechisch-österreichischen bilateralen Abkommens weiter verhandelt zu werden. Schließlich trug der Melker Prozess auch dazu bei, Auffassungsunterschiede im Zusammenhang mit den verbleibenden zehn Punkten zu verringern.

Auch wenn es nicht möglich war, eine Einigung zu allen offenen technischen Fragen zu erzielen, stimmten alle Teilnehmer überein, dass das in Melk angestrebte Ziel, nämlich eine Erleichterung des Dialogs zwischen der tschechischen und der österreichischen Regierung, erreicht wurde.

Um eine wirksame Umsetzung der Ergebnisse des Melker Prozesses im Bereich der nuklearen Sicherheit zu ermöglichen, enthält der Anhang I dieses Protokolls Details zu den folgenden Punkten:

- Verlauf und Dokumentation des „Trialogs“;
- spezifische Maßnahmen, die als Follow-up zum „Trialog“ im Rahmen des betreffenden tschechisch-österreichischen bilateralen Abkommens durchzuführen sind.

Die Unterzeichner sind sich des Berichts der AQG/WPNS *[1)] über nukleare Sicherheit im Kontext der Erweiterung, insbesondere der darin enthaltenen Empfehlungen betreffend das AKW Temelín voll und ganz bewusst. Die Unterzeichner stimmen darin überein, dass das von der EU vorgesehene „Peer Review“-Verfahren zur Überwachung der Umsetzung der Empfehlungen als ein weiteres wichtiges Instrument zur Behandlung noch offener Fragen der nuklearen Sicherheit fungieren soll.

Darüber hinaus kommen die Tschechische Republik und Österreich überein, die bilaterale Zusammenarbeit im Bereich der Notfallvorsorge zu intensivieren.

Kapitel V - Umweltverträglichkeitsprüfung

Mit dem „Melker Protokoll“ einigten sich die Unterzeichner auf eine umfassende und vollständige Umweltverträglichkeitsprüfung des AKW Temelín geleitet von der Richtlinie des Rates über die Umweltverträglichkeitsprüfung bei bestimmten öffentlichen und privaten Projekten (Richtlinie des Rates 85/337/EWG in der Fassung der Richtlinie 97/11/EG), insbesondere im Hinblick auf die Beteiligung von Nachbarstaaten.

Zu diesem Zweck wurde auf der Grundlage einer Entschließung der Regierung der Tschechischen Republik eine vierköpfige Kommission zur Überprüfung der Umweltverträglichkeit des AKW Temelín eingesetzt.

Die Kommission zur Überprüfung der Umweltverträglichkeit des AKW Temelín legte einen Bericht vor und empfahl in dieser Funktion die Implementierung von 21 konkreten Maßnahmen (Anhang II).

Die Unterzeichner kommen überein, dass die Umsetzung der genannten Maßnahmen von tschechischen und österreichischen Experten regelmäßig und gemeinsam im Rahmen des bilateralen Abkommens über den Austausch von Informationen überwacht wird.

Darüber hinaus kommen die Tschechische Republik und Österreich überein, die bilaterale Zusammenarbeit im Bereich der Notfallvorsorge zu intensivieren.

Kapitel VI - Kommerzieller Betrieb

Block 1 und 2 des AKW Temelín werden nur nach dem erfolgreichen Abschluss des technischen Genehmigungsverfahrens und des Probelaufes in den kommerziellen Betrieb gestellt. Während dieser Phasen müssen alle Tests, wie sie in den vom staatlichen Amt für nukleare Sicherheit genehmigten Programmen vorgeschrieben sind und von den tschechischen Gesetzen verlangt werden, durchgeführt und alle Kriterien entsprechend den Stand-der-Technik Sicherheitskriterien, wie sie in den Mitgliedstaaten der EU vorherrschen, einschließlich des vorliegenden Protokolls, erfüllt werden. In jedem Fall ist die Umsetzung der in Anhang I angeführten Sicherheitsmaßnahmen, die Voraussetzung für den sicheren Betrieb des AKW Temelín im Einklang mit der Tschechischen Gesetzgebung sind, die Vorbedingung für den kommerziellen Betrieb.

Kapitel VII - Freier Warenverkehr und Medienöffentlichkeit

Die Unterzeichner bewerten die Anstrengungen zur Erhaltung und Respektierung des freien Waren- und Personenverkehrs positiv. Die Unterzeichner kommen ebenfalls überein, ihren diesbezüglichen Verpflichtungen nach dem „Melker Protokoll“ auch weiterhin nachzukommen.

Kapitel VIII - Erweiterung

Ausgehend von dem Verständnis, dass die Tschechische Republik die Beitrittskonferenz umfassend über die technischen und verfahrensmäßigen Aspekte sowie über den verbindlichen Charakter dieses Dokumentes informieren wird, sowie ausgehend von dem Verständnis, dass die gemeinsame Position der EU zum Energiekapitel die Information an die oben erwähnte Beitrittskonferenz entsprechend wiedergeben wird, wird die Republik Österreich zustimmen, konstruktiv dazu beizutragen, die nächsten Schritte für das Energiekapitel - wie im „Fahrplan“ von Nizza vorgesehen - einzuleiten, um dadurch mit der Umsetzung des Protokolls zu beginnen.

Anhang I

Gemäß Kapitel IV des Protokolls haben die Parteien „eine Expertenmission unter trilateraler Beteiligung“ eingerichtet, die erstmals am 2. Februar 2001 nach Wien entsandt wurde, um die hauptsächlichen Bedenken Österreichs zu identifizieren. Während einer darauf folgenden Mission nach Prag und zum Kernkraftwerk Temelín am 15. und 16. März 2001 hörte dieselbe Expertenmission Erläuterungen, die von Vertretern der Tschechischen Republik zu diesen Bedenken gegeben wurden. Fünf Themenbereiche, zu denen für Österreich schwerwiegende Bedenken bestehen, wurden ausgewählt und eingehend erörtert. Im Februar und im April wurden von tschechischer Seite zwei zusätzliche Workshops zur Behandlung spezifischer technischer Fragen organisiert. Eine „Operational Safety Review Team mission“ der IAEO war im Februar 2001 drei Wochen im Einsatz, um die Betriebssicherheit der Anlage zu überprüfen. Die Schlussfolgerungen wurden der trilateralen Expertenmission vorgelegt. Ein letztes gemeinsames Treffen fand am 15. und 16. Mai 2001 in Brüssel statt, um Lösungen der identifizierten Probleme auf der in den Mitgliedstaaten der Europäischen Union gegebenen Basis des letzten Standes der Technik zu finden. Auf Ersuchen der österreichischen Seite fand am 30. Mai 2001 eine abschließende Diskussion zwischen den Delegationsleitern in Brüssel statt.

Dieser Prozess ist in einem Arbeitspapier enthalten, das das Ergebnis der gemäß dem Melker Protokoll (Juli 2001) eingerichteten Expertenmission unter trilateraler Beteiligung zusammenfasst. Es ist unter der alleinigen Verantwortung der in den Prozess eingebundenen Experten der Europäischen Kommission erstellt worden. Es fasst die Arbeit der trilateralen Mission zusammen. Zu jedem der neunundzwanzig Themen, zu denen Bedenken geäußert wurden, bietet das Papier eine Zusammenfassung der stattgefundenen Diskussionen. Um den Umfang dieses Papiers, in dem die Positionen der Parteien dargestellt werden, einzuschränken, wurden diese Positionen zusammengefasst. Die Zusammenfassungen stellen daher nicht immer die vorgebrachten Bedenken oder die Einzelheiten der zur Verfügung gestellten Informationen in vollem Umfang dar.

Um ein wirkungsvolles „Trialog“-Follow-up im Rahmen des betreffenden tschechisch-österreichischen bilateralen Abkommens zu ermöglichen, wird die weiter unten angeführte Sieben-Punkte Struktur angenommen. Einzelne Punkte beziehen sich auf:

- spezifische Ziele die beim Genehmigungsverfahren für die KKW Temelín Blöcke festgelegt wurden;
- die Beschreibung des derzeitigen Standes und zukünftiger Maßnahmen, die seitens des Lizenznehmers bzw. SUJB vorgesehen sind.

*[1)] Atomic Questions Group/Working Party on Nuclear Safety.

Jeder Diskussionspunkt wird entsprechend dem Arbeitsplan verfolgt werden, wie er beim jährlichen Treffen im Rahmen des bilateralen tschechisch-österreichischen Abkommens vereinbart wird.

Eingedenk des von der EU zur Durchführung der Empfehlungen des Berichts der AQG/WPNS über Nukleare Sicherheit im Kontext der Erweiterung vorgesehenen Beurteilungsverfahrens durch eine Peer Group, sind sich die tschechische und österreichische Seite einig, dass insbesondere die ersten beiden im Folgenden genannten Punkte diesem Beurteilungsverfahren unterzogen würden.

Punkt 1. Hochenergetische Rohrleitungen auf der + 28,8 m Bühne (länderspezifische Empfehlung der AQG/WPNS)

Ziel:

Sicherstellung, dass der Sicherheitsnachweis, der einen adäquaten Schutz gegen den Bruch hochenergetischer Leitungen und daraus resultierender Versagen der Dampf - und Speisewasserleitungen zeigt, den Anforderungen und der Praxis, wie sie innerhalb der EU breit angewendet werden, entspricht und eine adäquate Kombination von Maßnahmen besteht.

Derzeitiger Stand und geplante spezifische Maßnahmen:

Die Frage des Schutzes vor Brüchen von hochenergetischen Rohrleitungen und Folgeversagen von Frischdampf- und Speisewasserleitungen ist in der bestehenden Genehmigung von Temelín Block 1 enthalten. Um die Unterschiede in den Expertenmeinungen hinsichtlich dieser Frage zu beseitigen, hat die Aufsichtsbehörde eine neuerliche Überprüfung der Sicherheitsdokumentation in die Wege geleitet, um neuerlich zu bewerten, ob in der EU weitgehend zur Anwendung kommende Erfordernisse und Praktiken eingehalten werden. Zu diesem Zweck werden alternative Bewertungsmethoden ebenso wie Daten herangezogen, die während der Inbetriebnahmeprüfungen von Block 1 gesammelt wurden. Das Ergebnis dieser Bemühungen wird der Aufsichtsbehörde bis Ende September 2002 zur endgültigen Entscheidung zur Verfügung gestellt werden. Je nach Ergebnis kann der Zeitplan für die Durchführung zusätzlicher Sicherheitsmaßnahmen in die oben genannte Vorlage an die Aufsichtsbehörde *2) einbezogen werden. Die Unterzeichner sind sich einig, dass zusätzliche Sicherheitsmaßnahmen für beide Blöcke von der Aufsichtsbehörde erwogen und, falls erforderlich, in die oben genannte Entscheidung mit eingeschlossen werden, um das Ziel dieses Punktes zu erreichen.

Punkt 2. Qualifikation der Ventile (länderspezifische Empfehlung der AQG/WPNS)

Ziel:

Nachweis der zuverlässigen Funktionstüchtigkeit von Dampfsicherheits- und Abblaseventilen unter dynamischer Belastung bei Durchströmen von Wasserdampfgemisch.

Derzeitiger Stand und geplante spezifische Maßnahmen:

Der Nachweis der zuverlässigen Funktionstüchtigkeit von Dampfsicherheits- und Abblaseventilen ist in der ursprünglichen Genehmigung von Temelín Block 1 enthalten. Um die Unterschiede in den Expertenmeinungen hinsichtlich dieser Frage zu beseitigen, hat die Aufsichtsbehörde eine neuerliche Überprüfung der Qualifikationsdokumentation in die Wege geleitet, um die Gültigkeit der Qualifikation der Dampfsicherheitsventile Temelíns neuerlich zu bewerten. Das Ergebnis dieser Bemühungen wird der Aufsichtsbehörde bis Ende September 2002 zur endgültigen Entscheidung zur Verfügung gestellt werden. Je nach Ergebnis kann der Zeitplan für die Durchführung zusätzlicher Sicherheitsmaßnahmen in die oben genannte Vorlage an die Aufsichtsbehörde einbezogen werden. Die Unterzeichner gehen davon aus, dass zusätzliche Sicherheitsmaßnahmen für beide Blöcke von der Aufsichtsbehörde erwogen und, falls erforderlich, in der oben genannten Entscheidung der Aufsichtsbehörde mit eingeschlossen werden, um das Ziel dieses Punktes zu erreichen.

Punkt 3. Reaktordruckbehälterintegrität und Schockbelastung unter Temperatur und Druck

Ziel:

Die Integrität des Reaktordruckbehälters (RPV) unter Schockbelastung durch Temperatur und Druck (PTS) ist mit einer genügenden Sicherheitstoleranz gegen Sprödbruch während der gesamten Lebensdauer des KKW aufrechtzuerhalten.

Derzeitiger Stand und geplante spezifische Maßnahmen:

Das KKW Temelín wird nach den entsprechend der Westinghouse Methode entwickelten Kurvenberechnungen für Thermoschock unter Druck (PT) kommissioniert und betrieben. Diese Berechnungen werden um eine weitere PTS-Analyse für beide Blöcke unter Anwendung eines schrittweisen Ansatzes bei voller Einhaltung der IAEO-Richtlinien für die PTS-Analyse erweitert. Die PTS-Analyse wird im Einklang mit dem für diesen Punkt genehmigten Projektarbeitsplan fertig gestellt.

Punkt 4. Integrität der Primärkreislaufkomponenten - zerstörungsfreie Prüfung (NDT)

Ziel:

Ausgewählte sicherheitsrelevante Komponenten des Primärkreislaufes werden unter Anwendung zertifizierter NDT Methoden geprüft, um ihre Sicherheitsfunktion aufrechtzuerhalten.

Derzeitiger Stand und geplante spezifische Maßnahmen:

Das NDT-Qualifikationsprogramm wird entsprechend dem ENIQ-Netzwerk (European Network for Inspection Qualification), den Empfehlungen der Europäischen Aufsichtsbehörden (Dokument EUR 16802) und IAEO-Grundsätzen durchgeführt. Die Qualifikation der Prüfverfahren, bei denen Testblöcke verwendet werden, wird spätestens bei der ersten Anwendung im Rahmen des betrieblichen Prüfprogramms durchgeführt.

Punkt 5. Qualifikation von sicherheitsrelevanten Komponenten

Ziel:

Alle Sicherheitssysteme müssen für die ihnen zugeordnete Sicherheitsfunktion qualifiziert sein.

Derzeitiger Stand und geplante spezifische Maßnahmen:

Die seismische Qualifikation ist abgeschlossen. Die EMC-Qualifikation (elektromagnetische Verträglichkeit) ist abgeschlossen. Die entsprechende Dokumentation ist abgeschlossen und archiviert. Im Falle der umweltrelevanten Qualifikation sind alle nach dem Genehmigungsverfahren erforderlichen Prozesse (Tests und/oder Analysen) durchgeführt worden. Die Qualifikation der Mess- und Regeltechnik sowie der elektrischen Einrichtungen, die den Hauptteil der qualifikationsrelevanten Ausrüstung darstellen, ist dokumentiert und in einem Standardformat archiviert. In einer begrenzten Anzahl von Fällen (in denen die Ausrüstung zu Beginn der Neunzigerjahre beschafft wurde), hat die Aufsichtsbehörde eine Übertragung der Qualifikationsdokumente in das Standardformat bis Ende 2001 gefordert. Diese Vorlagen unterliegen der Überprüfung und Genehmigung seitens der Aufsichtsbehörde, wobei den Erfordernissen der Zugänglichkeit der Dokumente nach modernsten Standards Rechnung zu tragen ist.

Punkt 6. Erdbebengefährdung des Standortes

Ziel:

Für den Standort der Einrichtung ist die Erdbebengefährdung als eine der möglichen externen Gefahren zu berücksichtigen.

*2) Einzelheiten sind in der Sechsten Zusatzinformation zum Positionspapier über Kapitel 14 „Energie" enthalten, die der EK im September 2001 vorgelegt wurden.

Derzeitiger Stand und geplante spezifische Maßnahmen:

Das KKW Temelín ist einem gewissenhaften Standortauswahlverfahren bezüglich einer möglichen Erdbebengefährdung unterzogen worden. Der tschechische Standard für dieses Verfahren beruht auf Empfehlungen der IAEO. Eine Reihe von schriftlichen Unterlagen, die dieses Verfahren belegen, wurde vor und im Laufe des „Trialogs" veröffentlicht. Auf Grund der Komplexität dieser Frage und zur Förderung des gegenseitigen Verständnisses wird im Rahmen der bilateralen Zusammenarbeit ein diesbezüglicher Workshop veranstaltet.

Punkt 7. Fragen im Zusammenhang mit schweren Unfällen

Ziel:

Wirksame Vermeidung und Verringerung der Folgen auslegungsüberschreitender Störfälle (schwerer Unfälle).

Derzeitiger Stand und geplante spezifische Maßnahmen:

Hinsichtlich auslegungsüberschreitender Störfälle gibt es im KKW Temelín derzeit eine Reihe von Maßnahmen, die die Folgen von Störfällen vermeiden oder verringern sollen. Diese schließen unter anderem Software- und Hardwaremaßnahmen, wie zum Beispiel symptomorientierte Notfallbetriebsvorschriften, technisches Hilfszentrum, Überwachungssystem für Störfallfolgen, Notfallvorsorge mit ein.

Zum Zwecke der Notfallvorsorge wurde die PSA *[3)] angewendet, mit dem Ziel, Ereignisse mit verschiedenen Eintrittshäufigkeiten, aber ähnlichen Endeffekten, zu identifizieren und in Gruppen einzuteilen. Auf der Grundlage dieser Beurteilung wurde das relative Risiko für spezifische Ereignisse eingeschätzt, um jene davon auszuwählen, die zur Bestimmung von Notfallmaßnahmen dienen werden (vorausgeplante, reaktive).

Richtlinien zum Management schwerer Unfälle (SAMG) als ein dem letzten Stand entsprechendes Instrument werden das gesamte System der folgenverringernden Maßnahmen bezüglich des Managements von auslegungsüberschreitenden Störfällen ergänzen. Der Abschluss des Projekts für die Entwicklung der SAMG ist für Ende 2002 geplant und wird anschließend evaluiert werden.

Zur Förderung des beiderseitigen Verständnisses werden im Rahmen des bilateralen Abkommens Tätigkeiten in zwei Richtungen hin unternommen:

a) Eine Arbeitsgruppe zum Vergleich von Berechnungen hinsichtlich der radiologischen Folgen von BDBA *[4)] wird eingerichtet, um die Grundlagen für eine Notfallvorsorge zu harmonisieren.
b) Der Informationsaustausch zu den SAMG wird die Erörterung der analytischen Grundlage wie auch der entsprechenden Software- und Hardwaremaßnahmen mit einschließen.

Anhang II

Mit dem Ziel einer Minimierung der Besorgnisse vor allem der österreichischen Öffentlichkeit empfiehlt die Kommission (neben einem standardmäßigen Monitoring des Strahlenmesslabors des AKW Temelín, einem standardmäßigen Monitoring im Bereich des Messnetzes des Tschechischen Hydrometeorologischen Institutes ua.), ein über dem Standard liegendes unabhängiges Monitoring der Betriebsunfälle des AKW sicherzustellen.

Die optimale Lösung für über dem Standard liegende Maßnahmen ist die Durchführung von Forschungsaufgaben, die aus Mitteln der Wissenschafts- und Forschungsförderung des Regierungsrates der Tschechischen Republik finanziert werden.

1. Errichtung eines Systems zur laufenden Information der Öffentlichkeit sowohl über die aktuellen Werte der die Umwelt auf Grund des Betriebes des AKW Temelín beeinflussenden Faktoren (Online-Ausleitungen) und über die Entwicklung von Zeitsequenzen ausgewählter Parameter des Umwelteinflussmonitoring (laufend aktualisierte Diagramme, Photoaufnahmen des erdfernen Überwachungssystems, Ergebnisse des Biomonitoring usw.) sowie über andere wichtige Fakten (zB von seismologischen Stationen in Südböhmen gemessene Erdbeben im Alpenraum, ...). Alle diese Daten würden auf den Internetseiten des AKW Temelín, auf öffentlich zugänglichen Bildschirmen in Týn nad Vltavou und Ceske Budejovice und im AKW Temelín-Informationszentrum angezeigt werden.
2. Sicherstellung einer laufenden Messung der gasförmigen radioaktiven Ableitungen im Rahmen des Betriebsnetzwerks des Investors des AKW Temelín.
3. Laufende Verbesserung und Modernisierung des bereits bestehenden und von den staatlichen Stellen der Tschechischen Republik betriebenen Strahlenüberwachungsnetzes.
4. Regelmäßige Information der Öffentlichkeit in der Tschechischen Republik, in Österreich und in der Bundesrepublik Deutschland über alle Messungen.
5. Ständige Überwachung der Auswirkungen der Kühltürme des AKW Temelín auf das Klima auch in der weiteren Umgebung (durch das bestehende Netz von Messstationen des Tschechischen Hydrometeorologischen Institutes).
6. Sicherstellung einer unabhängigen und laufenden Kontrolle der Auswirkungen des Betriebs des AKW Temelín in den folgenden Bereichen:
   - Sicherung der Versorgung und Qualität des Trinkwassers unter dem Aspekt des Kernkraftwerks und der Auswirkungen des Kernkraftwerks auf die Wasserressourcen in der Umgebung des AKW Temelín;
   - Sicherung der Versorgung und Qualität des technischen Wassers unter dem Aspekt des Kernkraftwerks;
   - Auswirkungen von Emissionen auf das Wassersystem und Risiko einer radioaktiven Verunreinigung des Rezipienten als Folge von Tritiumwasser und anderen Wassereinleitungen, einschließlich der Auswertung der Temperaturauswirkungen sowie Akkumulierungs- und Synergieauswirkungen von Schadstoffen (zB durch Eutrophierung) im Orlík-Staubecken;
   - Auswirkungen von Emissionen auf die Atmosphäre, Überprüfung der thermischen Belastung und Bildung von Wasserdampf bei Kühltürmen;
   - Auswirkungen auf landwirtschaftliche Aktivitäten und Forstwirtschaft.
7. Erteilung des Auftrags, eine Bodenkarte der Umgebung des Kernkraftwerks in digitalisierter Form zum Zweck einer Oberflächengeneralisierung der Auswirkungen auf die Pedosphäre (Bodensphäre) unter dem Gesichtspunkt einer weiteren dynamischen Entwicklung zu erstellen.
8. Sicherstellung von Voraussetzungen für ein seismisches Monitoring (einschließlich der Errichtung eines Monitoringzentrums angesiedelt im Bereich des AKW Temelín, letztendlich im Informationszentrum). Der Hauptzweck dieses Zentrums wird es sein, die Öffentlichkeit, die staatlichen Organisationseinheiten und die Gemeindeverwaltungen über die Auswirkungen von Erdbeben auf den Standort und die Umgebung des AKW Temelín zu informieren.
9. Gewährleistung einer laufenden Wartung und Wiederherstellung aller technischen Einrichtungen und Instrumente des Kernkraftwerks entsprechend dem aktuellen Stand der

*[3)] Probalistic Safety Assessment

*[4)] Auslegungsüberschreitende Störfälle

technischen Entwicklung und dem Wissensstand auf dem Gebiet der Seismik.

10. Sicherstellung der Bestimmung radioaktiver Substanzen in den Oberflächenwasser-, Grundwasser- und Trinkwasserresourcen sowie in den Komponenten des Nahrungsmittelkorbes im Rahmen des Programmes des Strahlenüberwachungsnetzwerks der Tschechischen Republik.
11. Schaffung der Voraussetzungen für die Durchführung der Studie zur Überwachung des Gesundheitszustandes von etwa 30 000 Bewohnern der Umgebung des AKW Temelín mit Hilfe epidemiologischer und radiobiologischer Methoden (zB mittels Chromosomenanalyse).
12. Erstellung eines Konzeptes für eine ständige soziologische Untersuchung der Bevölkerung im weiteren Umkreis des AKW Temelín, sowie Schaffung der Voraussetzung für die Durchführung der vorgeschlagenen Programme und der damit zusammenhängenden Maßnahmen im Bereich von Informatik sowie Kultur- und Bildungsaktivitäten.
13. Diskussion über eine Revitalisierung der Umgebung des AKW Temelín als Kompensation für die Umweltauswirkungen während der Errichtung des AKW Temelín, sowie über eine umgekehrte Revitalisierung der geschädigten Flussabschnitte einschließlich dem Beginn einer Diskussion über ein System zu Revitalisierung im betroffenen Abschnitt des Stropnice-Flussbeckens.
14. Sicherstellung der Erhaltung (Milderung unerwünschter Folgen) von Subxerophythen-Standorten des früheren Militärgeländes von Litoradlice und von wertvollen Sumpfgebieten im Bereich des neuen Staubeckens im Strouha-Flussbecken.
15. Sicherstellung der Überwachung der Radionuklidakkumulierung in biologischem Material - Moos, Waldböden und Fichtenrinden - und weitere Überwachung von Radionukliden in Fischen.
16. Überwachung der Auswirkungen von Abwasser und Regenwasser mit Hilfe eines getrennten chemischen und biologischen Überwachungssystems
    - In Býšov im Strouha-Flussbecken;

      Überwachung des Sauerstoffgehalts und der Temperatur in ausgewählten Abschnitten der Moldau;
    - Jahreszeitlich bedingtes Auftreten von Plankton in den Stauseen von Hnevkovice, Korensko und Orlík und in ausgewählten Modellteichbecken in der Umgebung des AKW Temelín, daneben Beibehaltung bzw. Ausbau der Überwachung von Veränderungen der Chlorophyllkonzentration im Orlík-Stausee mit einem Schwerpunkt auf der Messung des Planktonanteils mit Hilfe einer Probenentnahmestelle unterhalb von Korensko;
    - Ausweitung der Überwachung von Veränderungen in den Gewässer-Ökosystemen durch Überwachung der Veränderungen in der Zooplankton-Zusammensetzung auf Grund seiner Sensitivität auf Veränderungen der Wassertemperatur und der trophischen Struktur der Gewässer-Ökosysteme.
17. Errichtung eines langfristigen (auch retrospektiven) Überwachungssystems im Hinblick auf Veränderungen der Landschaft mittels multispektraler Satellitendatenanalyse, mit besonderer Eignung für die Überwachung von Veränderungen von Feuchtigkeit und Temperatur der Landschaft im Verhältnis zu Veränderungen der Vegetationsstruktur und -funktion. Wir empfehlen eine jährliche Überprüfung der Satellitendaten und Schaffung eines Grundschlüssels für Satellitendaten einschließlich einer Definiton der wichtigsten Biotope mit Waldgebieten anhand von Satellitenfotos und die Sicherstellung einer regelmäßigen allgemeinen Darstellung in diesem Zusammenhang in Fünf-Jahres-Abständen. Betreffend die Reichweite einzelner Fotos besteht die Möglichkeit einer objektiven Überprüfung von Veränderungen, welche die Grenze zu Österreich und der Bundesrepublik Deutschland überschreiten könnten.
18. Schaffung der finanziellen Voraussetzungen für die Pflege von Restbeständen an immateriellen Kulturwerten in der Umgebung des AKW Temelín (einschließlich der Aussicht auf rund 65 Kulturdenkmäler) seitens des Betreibers des AKW Temelín als Kompensation für die Beeinträchtigung der historischen Landschaftsstruktur während der Errichtungsphase.
19. Entscheidung über die weitere Verwendung über die abgebrannten Brennstäbe oder Sicherstellung eines endgültigen Tiefenendlagers innerhalb eines Zeitraums von 65 Jahren in Übereinstimmung mit dem von der Regierung der Tschechischen Republik genehmigten Konzept zur Entsorgung der abgebrannten Brennstäbe.
20. Beseitigung der stark konservativen Berechnung der Auslegungsstörfälle und Übergang auf die Bewertung des Best-estimate-Typs; Vergleich der innerstaatlichen mit den ausländischen Berechnungsdiagrammen.
21. Verbesserung des Indikationssystems für das mögliche Eintreten von Störfällen einschließlich seiner Überprüfung; zu diesem Zweck Übung der Notfallbereitschaft und gegebenenfalls eine Aktualisierung der Notfallpläne (Voraussetzungen für rasche Informationsübermittlung, Handlungsfähigkeit und Koordination von Notfallmaßnahmen.

Protokoll von Kyoto zum Rahmenübereinkommen der Vereinten Nationen über Klimaänderungen (Übersetzung)

BGBl III 89/2005, zuletzt geändert durch BGBl III 185/2020

Artikel 1

Für die Zwecke dieses Protokolls finden die in Artikel 1 des Übereinkommens enthaltenen Begriffsbestimmungen Anwendung. Darüber hinaus:

1. bedeutet „Konferenz der Vertragsparteien" die Konferenz der Vertragsparteien des Übereinkommens;
2. bedeutet „Übereinkommen" das am 9. Mai 1992 in New York angenommene Rahmenübereinkommen der Vereinten Nationen über Klimaänderungen;
3. bedeutet „Zwischenstaatliche Sachverständigengruppe für Klimaänderungen" die 1988 von der Weltorganisation für Meteorologie und dem Umweltprogramm der Vereinten Nationen gemeinsam eingerichtete Zwischenstaatliche Sachverständigengruppe für Klimaänderungen (Intergovernmental Panel on Climate Change);
4. bedeutet „Montrealer Protokoll" das am 16. September 1987 in Montreal angenommene und später angepasste und geänderte Montrealer Protokoll über Stoffe, die zu einem Abbau der Ozonschicht führen;

5. bedeutet „anwesende und abstimmende Vertragsparteien“ die anwesenden Vertragsparteien, die eine Ja- oder eine Nein-Stimme abgeben;
6. bedeutet „Vertragspartei“ eine Vertragspartei dieses Protokolls, sofern sich aus dem Zusammenhang nichts anderes ergibt;
7. bedeutet „in Anlage I aufgeführte Vertragspartei“ eine Vertragspartei, die in Anlage I des Übereinkommens in seiner jeweils geänderten Fassung aufgeführt ist, oder eine Vertragspartei, die eine Notifikation nach Artikel 4 Absatz 2 Buchstabe g des Übereinkommens übermittelt hat.

Artikel 2

(1) Um eine nachhaltige Entwicklung zu fördern, wird jede in Anlage I aufgeführte Vertragspartei bei der Erfüllung ihrer quantifizierten Emissionsbegrenzungs- und -reduktionsverpflichtungen nach Artikel 3

a) entsprechend ihren nationalen Gegebenheiten Politiken und Maßnahmen wie die folgenden umsetzen und/oder näher ausgestalten:
   i) Verbesserung der Energieeffizienz in maßgeblichen Bereichen der Volkswirtschaft;
   ii) Schutz und Verstärkung von Senken und Speichern von nicht durch das Montrealer Protokoll geregelten Treibhausgasen unter Berücksichtigung der eigenen Verpflichtungen im Rahmen einschlägiger internationaler Umweltübereinkünfte sowie Förderung nachhaltiger Waldbewirtschaftungsmethoden, Aufforstung und Wiederaufforstung;
   iii) Förderung nachhaltiger landwirtschaftlicher Bewirtschaftungsformen unter Berücksichtigung von Überlegungen zu Klimaänderungen;
   iv) Erforschung und Förderung, Entwicklung und vermehrte Nutzung von neuen und erneuerbaren Energieformen, von Technologien zur Bindung von Kohlendioxid und von fortschrittlichen und innovativen umweltverträglichen Technologien;
   v) fortschreitende Verringerung oder schrittweise Abschaffung von Marktverzerrungen, steuerlichen Anreizen, Steuer- und Abgabenbefreiungen und Subventionen, die im Widerspruch zum Ziel des Übereinkommens stehen, in allen Treibhausgase emittierenden Sektoren und Anwendung von Marktinstrumenten;
   vi) Ermutigung zu geeigneten Reformen in maßgeblichen Bereichen mit dem Ziel, Politiken und Maßnahmen zur Begrenzung oder Reduktion von Emissionen von nicht durch das Montrealer Protokoll geregelten Treibhausgasen zu fördern;
   vii) Maßnahmen zur Begrenzung und/oder Reduktion von Emissionen von nicht durch das Montrealer Protokoll geregelten Treibhausgasen im Verkehrsbereich;
   viii) Begrenzung und/oder Reduktion von Methanemissionen durch Rückgewinnung und Nutzung im Bereich der Abfallwirtschaft sowie bei Gewinnung, Beförderung und Verteilung von Energie;
b) mit den anderen in Anlage I aufgeführten Vertragsparteien nach Artikel 4 Absatz 2 Buchstabe e Ziffer i des Übereinkommens zusammenarbeiten, um die Wirksamkeit ihrer auf Grund dieses Artikels beschlossenen einzelnen Politiken und Maßnahmen sowie deren Wirksamkeit in ihrer Kombination zu verstärken. Zu diesem Zweck unternehmen diese Vertragsparteien Schritte, um die eigenen Erfahrungen sowie Informationen über diese Politiken und Maßnahmen auszutauschen, wozu auch die Entwicklung von Möglichkeiten zur Verbesserung ihrer Vergleichbarkeit, Transparenz und Wirksamkeit gehört. Die als Tagung der Vertragsparteien dieses Protokolls dienende Konferenz der Vertragsparteien wird auf ihrer ersten Tagung oder möglichst bald danach unter Berücksichtigung aller einschlägigen Informationen über Möglichkeiten der Erleichterung dieser Zusammenarbeit beraten.

(2) Die in Anlage I aufgeführten Vertragsparteien setzen ihre Bemühungen um eine Begrenzung oder Reduktion der Emissionen von nicht durch das Montrealer Protokoll geregelten Treibhausgasen aus dem Luftverkehr und der Seeschifffahrt im Rahmen der Internationalen Zivilluftfahrt-Organisation beziehungsweise der Internationalen Seeschifffahrts-Organisation fort.

(3) Die in Anlage I aufgeführten Vertragsparteien sind unter Berücksichtigung des Artikels 3 des Übereinkommens bestrebt, die Politiken und Maßnahmen aufgrund dieses Artikels in einer Weise umzusetzen, dass die nachteiligen Auswirkungen so gering wie möglich gehalten werden, darunter auch die nachteiligen Auswirkungen der Klimaänderungen, die Auswirkungen auf den Welthandel und die Auswirkungen auf den Sozialbereich, die Umwelt und die Wirtschaft anderer Vertragsparteien, vor allem der Vertragsparteien, die Entwicklungsländer sind, und insbesondere derjenigen, die in Artikel 4 Absätze 8 und 9 des Übereinkommens bezeichnet sind. Die als Tagung der Vertragsparteien dieses Protokolls dienende Konferenz der Vertragsparteien kann gegebenenfalls weitere Schritte zur Förderung der Durchführung dieses Absatzes unternehmen.

(4) Beschließt die als Tagung der Vertragsparteien dieses Protokolls dienende Konferenz der Vertragsparteien, dass es nützlich wäre, irgendwelche der in Absatz 1 Buchstabe a genannten Politiken und Maßnahmen unter Berücksichtigung der unterschiedlichen nationalen Gegebenheiten und der möglichen Auswirkungen zu koordinieren, so prüft sie Mittel und Wege, um Einzelheiten der Koordinierung dieser Politiken und Maßnahmen festzulegen.

Artikel 3

(1) Die in Anlage I aufgeführten Vertragsparteien sorgen einzeln oder gemeinsam dafür, dass ihre gesamten anthropogenen Emissionen der in Anlage A aufgeführten Treibhausgase in Kohlendioxidäquivalenten die ihnen zugeteilten Mengen, berechnet auf der Grundlage ihrer in Anlage B niedergelegten quantifizierten Emissionsbegrenzungs- und -reduktionsverpflichtungen und in Übereinstimmung mit diesem Artikel, nicht überschreiten, mit dem Ziel, innerhalb des Verpflichtungszeitraums 2008 bis 2012 ihre Gesamtemissionen solcher Gase um mindestens 5 vH unter das Niveau von 1990 zu senken.

(2) Jede in Anlage I aufgeführte Vertragspartei muss bis zum Jahr 2005 bei der Erfüllung ihrer Verpflichtungen aus diesem Protokoll nachweisbare Fortschritte erzielt haben.

(3) Die Nettoänderungen der Emissionen von Treibhausgasen aus Quellen und des Abbaus solcher Gase durch Senken als Folge unmittelbar vom Menschen verursachter Landnutzungsänderungen und forstwirtschaftlicher Maßnahmen, die auf Aufforstung, Wiederaufforstung und Entwaldung seit 1990 begrenzt sind, gemessen als nachprüfbare Veränderungen der Kohlenstoffbestände in jedem Verpflichtungszeitraum, werden zur Erfüllung der jeder in Anlage I aufgeführten Vertragspartei obliegenden Verpflichtungen nach diesem Artikel verwendet. Die Emissionen von Treibhausgasen aus Quellen und der Abbau solcher Gase durch Senken, die mit diesen Maßnahmen verbunden sind, werden nach Maßgabe der Artikel 7 und 8 in transparenter und nachprüfbarer Weise gemeldet und überprüft.

(4) Vor der ersten Tagung der als Tagung der Vertragsparteien dieses Protokolls dienenden Konferenz der Vertragsparteien stellt jede in Anlage I aufgeführte Vertragspartei

Daten zur Prüfung durch das Nebenorgan für wissenschaftliche und technologische Beratung bereit, anhand deren die Höhe ihrer Kohlenstoffbestände im Jahr 1990 bestimmt und die Veränderungen ihrer Kohlenstoffbestände in den Folgejahren geschätzt werden können. Die als Tagung der Vertragsparteien des Protokolls dienende Konferenz der Vertragsparteien beschließt auf ihrer ersten Tagung oder möglichst bald danach über Modalitäten, Regeln und Leitlinien im Hinblick darauf, welche zusätzlichen vom Menschen verursachten Tätigkeiten in Bezug auf Änderungen der Emissionen von Treibhausgasen aus Quellen und des Abbaus solcher Gase durch Senken in den Kategorien landwirtschaftliche Böden sowie Landnutzungsänderungen und Forstwirtschaft den den in Anlage I aufgeführten Vertragsparteien zugeteilten Mengen hinzugerechnet oder von ihnen abgezogen werden, und auf welche Weise dies erfolgen soll, wobei Unsicherheiten, die Transparenz der Berichterstattung, die Nachprüfbarkeit, die methodische Arbeit der Zwischenstaatlichen Sachverständigengruppe für Klimaänderungen, die von dem Nebenorgan für wissenschaftliche und technologische Beratung nach Artikel 5 abgegebenen Empfehlungen und die Beschlüsse der Konferenz der Vertragsparteien zu berücksichtigen sind. Ein solcher Beschluss kommt in dem zweiten und den nachfolgenden Verpflichtungszeiträumen zur Anwendung. Eine Vertragspartei hat die Wahl, einen solchen Beschluss über diese zusätzlichen vom Menschen verursachten Tätigkeiten auf ihren ersten Verpflichtungszeitraum anzuwenden, sofern diese Tätigkeiten ab 1990 stattgefunden haben.

(5) Die in Anlage I aufgeführten und im Übergang zur Marktwirtschaft befindlichen Vertragsparteien, deren Basisjahr oder Basiszeitraum in Anwendung des Beschlusses 9/CP.2 der Konferenz der Vertragsparteien auf deren zweiter Tagung festgelegt wurde, verwenden dieses Basisjahr oder diesen Basiszeitraum bei der Erfüllung ihrer in diesem Artikel genannten Verpflichtungen. Jede andere in Anlage I aufgeführte und im Übergang zur Marktwirtschaft befindliche Vertragspartei, die ihre erste nationale Mitteilung nach Artikel 12 des Übereinkommens noch nicht vorgelegt hat, kann der als Tagung der Vertragsparteien dieses Protokolls dienenden Konferenz der Vertragsparteien auch notifizieren, dass sie ein anderes, vergangenes Basisjahr oder einen anderen, vergangenen Basiszeitraum als 1990 bei der Erfüllung ihrer in diesem Artikel genannten Verpflichtungen anzuwenden gedenkt. Die als Tagung der Vertragsparteien des Protokolls dienende Konferenz der Vertragsparteien entscheidet über die Annahme einer solchen Notifikation.

(6) Unter Berücksichtigung des Artikels 4 Absatz 6 des Übereinkommens wird den in Anlage I aufgeführten Vertragsparteien, die sich im Übergang zur Marktwirtschaft befinden, von der als Tagung der Vertragsparteien dieses Protokolls dienenden Konferenz der Vertragsparteien bei der Erfüllung ihrer Verpflichtungen aus dem Protokoll mit Ausnahme derjenigen, die in diesem Artikel genannt sind, ein gewisses Maß an Flexibilität gewährt.

(7) In dem ersten Verpflichtungszeitraum für eine quantifizierte Emissionsbegrenzung und -reduktion von 2008 bis 2012 entspricht die jeder in Anlage I aufgeführten Vertragspartei zugeteilte Menge dem für sie in Anlage B niedergelegten Prozentanteil ihrer gesamten anthropogenen Emissionen der in Anlage A aufgeführten Treibhausgase in Kohlendioxidäquivalenten im Jahr 1990 oder dem nach Absatz 5 bestimmten Basisjahr oder Basiszeitraum, multipliziert mit fünf. Diejenigen in Anlage I aufgeführten Vertragsparteien, für die Landnutzungsänderungen und Forstwirtschaft 1990 eine Nettoquelle von Treibhausgasemissionen darstellten, beziehen in ihr Emissionsbasisjahr 1990 oder ihren entsprechenden Emissionsbasiszeitraum die gesamten anthropogenen Emissionen aus Quellen in Kohlendioxidäquivalenten abzüglich des Abbaus solcher Emissionen durch Senken im Jahr 1990 durch Landnutzungsänderungen ein, um die ihnen zugeteilte Menge zu berechnen.

(8) Jede in Anlage I aufgeführte Vertragspartei kann für die in Absatz 7 bezeichnete Berechnung das Jahr 1995 als ihr Basisjahr für wasserstoffhaltige Fluorkohlenwasserstoffe, perfluorierte Kohlenwasserstoffe und Schwefelhexafluorid verwenden.

(9) Die für Folgezeiträume geltenden Verpflichtungen der in Anlage I aufgeführten Vertragsparteien werden durch Änderungen der Anlage B festgelegt, die in Übereinstimmung mit Artikel 21 Absatz 7 beschlossen werden. Die als Tagung der Vertragsparteien dieses Protokolls dienende Konferenz der Vertragsparteien leitet die Erörterung derartiger Verpflichtungen mindestens sieben Jahre vor Ablauf des in Absatz 1 genannten ersten Verpflichtungszeitraums ein.

(10) Alle Emissionsreduktionseinheiten oder jeder Teil einer zugeteilten Menge, die eine Vertragspartei nach Artikel 6 oder Artikel 17 von einer anderen Vertragspartei erwirbt, werden der der erwerbenden Vertragspartei zugeteilten Menge hinzugerechnet.

(11) Alle Emissionsreduktionseinheiten oder jeder Teil einer zugeteilten Menge, die eine Vertragspartei nach Artikel 6 oder Artikel 17 einer anderen Vertragspartei überträgt, werden von der der übertragenden Vertragspartei zugeteilten Menge abgezogen.

(12) Alle zertifizierten Emissionsreduktionen, die eine Vertragspartei nach Artikel 12 von einer anderen Vertragspartei erwirbt, werden der der erwerbenden Vertragspartei zugeteilten Menge hinzugerechnet.

(13) Sind die Emissionen einer in Anlage I aufgeführten Vertragspartei in einem Verpflichtungszeitraum niedriger als die ihr zugeteilte Menge nach diesem Artikel, so wird diese Differenz auf Ersuchen dieser Vertragspartei der ihr zugeteilten Menge für nachfolgende Verpflichtungszeiträume hinzugerechnet.

(14) Jede in Anlage I aufgeführte Vertragspartei ist bestrebt, die in Absatz 1 genannten Verpflichtungen in einer Weise zu erfüllen, dass nachteilige Auswirkungen auf den Sozialbereich, die Umwelt und die Wirtschaft der Vertragsparteien, die Entwicklungsländer sind, insbesondere derjenigen, die in Artikel 4 Absätze 8 und 9 des Übereinkommens bezeichnet sind, so gering wie möglich gehalten werden. In Einklang mit maßgeblichen Beschlüssen der Konferenz der Vertragsparteien über die Durchführung dieser Absätze prüft die als Tagung der Vertragsparteien dieses Protokolls dienende Konferenz der Vertragsparteien auf ihrer ersten Tagung, welche Schritte erforderlich sind, um die nachteiligen Auswirkungen der Klimaänderungen und/oder die Auswirkungen von Gegenmaßnahmen auf die in jenen Absätzen genannten Vertragsparteien so gering wie möglich zu halten. Zu den zu prüfenden Fragen gehören die Schaffung von Finanzierung, die Versicherung und die Weitergabe von Technologie.

Artikel 4

(1) Ist zwischen in Anlage I aufgeführten Vertragsparteien eine Vereinbarung getroffen worden, ihre Verpflichtungen nach Artikel 3 gemeinsam zu erfüllen, so wird angenommen, dass sie diese Verpflichtungen erfüllt haben, sofern die Gesamtmenge ihrer zusammengefassten anthropogenen Emissionen der in Anlage A aufgeführten Treibhausgase in Kohlendioxidäquivalenten die ihnen zugeteilten Mengen, berechnet auf der Grundlage ihrer in Anlage B niedergelegten quantifizierten Emissionsbegrenzungs- und -reduktionsverpflichtungen und in Übereinstimmung mit Artikel 3, nicht überschreitet. Das jeder der Parteien der Vereinbarung zugeteilte Emissionsniveau wird in der Vereinbarung festgelegt.

(2) Die Parteien einer solchen Vereinbarung notifizieren dem Sekretariat die Bedingungen der Vereinbarung am Tag der Hinterlegung ihrer Ratifikations-, Annahme-, Genehmigungs- oder Beitrittsurkunden zu diesem Protokoll. Das Sekretariat unterrichtet seinerseits die Vertragsparteien und Unterzeichner des Übereinkommens über die Bedingungen der Vereinbarung.

(3) Jede solche Vereinbarung bleibt während der Dauer des in Artikel 3 Absatz 7 vorgesehenen Verpflichtungszeitraums in Kraft.

(4) Wenn gemeinsam handelnde Vertragsparteien im Rahmen und zusammen mit einer Organisation der regionalen Wirtschaftsintegration handeln, lässt eine Änderung der Zusammensetzung dieser Organisation nach Annahme dieses Protokolls die bestehenden Verpflichtungen aus dem Protokoll unberührt. Jede Änderung der Zusammensetzung der Organisation betrifft nur diejenigen in Artikel 3 genannten Verpflichtungen, die nach dieser Änderung beschlossen werden.

(5) Gelingt es den Parteien einer solchen Vereinbarung nicht, ihr zusammengefasstes Gesamtniveau der Emissionsreduktionen zu erreichen, so ist jede von ihnen für ihr in der Vereinbarung vorgesehenes eigenes Emissionsniveau verantwortlich.

(6) Wenn gemeinsam handelnde Vertragsparteien im Rahmen und zusammen mit einer Organisation der regionalen Wirtschaftsintegration handeln, die selbst Vertragspartei dieses Protokolls ist, ist jeder Mitgliedstaat dieser Organisation der regionalen Wirtschaftsintegration einzeln sowie zusammen mit der nach Artikel 24 handelnden Organisation der regionalen Wirtschaftsintegration im Fall des Nichterreichens des zusammengefassten Gesamtniveaus der Emissionsreduktionen für sein in Übereinstimmung mit diesem Artikel notifiziertes Emissionsniveau verantwortlich.

Artikel 5

(1) Jede in Anlage I aufgeführte Vertragspartei muss spätestens ein Jahr vor Beginn des ersten Verpflichtungszeitraums über ein nationales System zur Schätzung der anthropogenen Emissionen aller nicht durch das Montrealer Protokoll geregelten Treibhausgase aus Quellen und des Abbaus solcher Gase durch Senken verfügen. Die als Tagung der Vertragsparteien dieses Protokolls dienende Konferenz der Vertragsparteien beschließt auf ihrer ersten Tagung Leitlinien für diese nationalen Systeme, in die auch die in Absatz 2 vorgesehenen Methoden einbezogen werden.

(2) Zur Schätzung der anthropogenen Emissionen aller nicht durch das Montrealer Protokoll geregelten Treibhausgase aus Quellen und des Abbaus solcher Gase durch Senken werden die von der Zwischenstaatlichen Sachverständigengruppe für Klimaänderungen angenommenen und von der Konferenz der Vertragsparteien auf ihrer dritten Tagung vereinbarten Methoden verwendet. Soweit solche Methoden nicht zur Anwendung kommen, werden auf der Grundlage der Methoden, die von der als Tagung der Vertragsparteien dieses Protokolls dienenden Konferenz der Vertragsparteien auf ihrer ersten Tagung vereinbart wurden, entsprechende Anpassungen angewendet. Diese Methoden und Anpassungen werden von der als Tagung der Vertragsparteien des Protokolls dienenden Konferenz der Vertragsparteien auf der Grundlage der unter anderem von der Zwischenstaatlichen Sachverständigengruppe für Klimaänderungen geleisteten Arbeit und der von dem Nebenorgan für wissenschaftliche und technologische Beratung abgegebenen Empfehlungen unter voller Berücksichtigung aller maßgeblichen Beschlüsse der Konferenz der Vertragsparteien regelmäßig überprüft und gegebenenfalls überarbeitet. Eine Überarbeitung der Methoden oder Anpassungen wird nur für Zwecke der Feststellung der Einhaltung der Verpflichtungen nach Artikel 3 im Hinblick auf einen nach dieser Überarbeitung beschlossenen Verpflichtungszeitraum vorgenommen.

(3) Zur Berechnung des Kohlendioxidäquivalents der anthropogenen Emissionen der in Anlage A aufgeführten Treibhausgase aus Quellen und des Abbaus solcher Gase durch Senken werden die von der Zwischenstaatlichen Sachverständigengruppe für Klimaänderungen angenommenen und von der Konferenz der Vertragsparteien auf ihrer dritten Tagung vereinbarten globalen Treibhauspotentiale verwendet. Das Treibhauspotential jedes dieser Treibhausgase wird von der als Tagung der Vertragsparteien dieses Protokolls dienenden Konferenz der Vertragsparteien auf der Grundlage der unter anderem von der Zwischenstaatlichen Sachverständigengruppe für Klimaänderungen geleisteten Arbeit und der von dem Nebenorgan für wissenschaftliche und technologische Beratung abgegebenen Empfehlungen unter voller Berücksichtigung aller maßgeblichen Beschlüsse der Konferenz der Vertragsparteien regelmäßig überprüft und gegebenenfalls überarbeitet. Eine Überarbeitung eines globalen Treibhauspotentials gilt nur für Verpflichtungen nach Artikel 3, die einen nach dieser Überarbeitung beschlossenen Verpflichtungszeitraum betreffen.

Artikel 6

(1) Zur Erfüllung ihrer Verpflichtungen nach Artikel 3 kann jede in Anlage I aufgeführte Vertragspartei Emissionsreduktionseinheiten, die sich aus Projekten zur Reduktion der anthropogenen Emissionen von Treibhausgasen aus Quellen oder zur Verstärkung des anthropogenen Abbaus solcher Gase durch Senken in jedem Bereich der Wirtschaft ergeben, jeder anderen in Anlage I aufgeführten Vertragspartei übertragen oder von jeder anderen in Anlage I aufgeführten Vertragspartei erwerben, sofern

a) ein derartiges Projekt von den beteiligten Vertragsparteien gebilligt worden ist;
b) ein derartiges Projekt zu einer Reduktion der Emissionen aus Quellen oder zu einer Verstärkung des Abbaus durch Senken führt, die zu den ohne das Projekt entstehenden hinzukommt;
c) sie keine Emissionsreduktionseinheiten erwirbt, wenn sie die in den Artikeln 5 und 7 genannten Verpflichtungen nicht erfüllt, und
d) der Erwerb von Emissionsreduktionseinheiten ergänzend zu Maßnahmen im eigenen Land zur Erfüllung der Verpflichtungen nach Artikel 3 erfolgt.

(2) Die als Tagung der Vertragsparteien dieses Protokolls dienende Konferenz der Vertragsparteien kann auf ihrer ersten Tagung oder möglichst bald danach Leitlinien für die Durchführung dieses Artikels, einschließlich Nachprüfung und Berichterstattung, weiter ausarbeiten.

(3) Eine in Anlage I aufgeführte Vertragspartei kann Rechtsträger ermächtigen, sich unter ihrer Verantwortung an Maßnahmen zu beteiligen, die zur Schaffung, zur Übertragung oder zum Erwerb von Emissionsreduktionseinheiten nach diesem Artikel führen.

(4) Wird in Übereinstimmung mit den einschlägigen Bestimmungen des Artikels 8 eine Frage bezüglich der Erfüllung der in diesem Artikel bezeichneten Anforderungen durch eine in Anlage I aufgeführte Vertragspartei festgestellt, so können Übertragung und Erwerb von Emissionsreduktionseinheiten nach der Feststellung der Frage fortgesetzt werden, mit der Maßgabe, dass die betreffenden Einheiten von einer Vertragspartei bis zur Klärung etwaiger Fragen der Einhaltung nicht zur Erfüllung ihrer Verpflichtungen aus Artikel 3 genutzt werden dürfen.

Artikel 7

(1) Jede in Anlage I aufgeführte Vertragspartei nimmt in ihr in Übereinstimmung mit den maßgeblichen Beschlüssen der Konferenz der Vertragsparteien vorgelegtes jährliches Verzeichnis der anthropogenen Emissionen von nicht durch das Montrealer Protokoll geregelten Treibhausgasen aus Quellen und des Abbaus solcher Gase durch Senken die notwendigen Zusatzinformationen zur Gewährleistung der Einhaltung des Artikels 3 auf, die nach Absatz 4 zu bestimmen sind.

(2) Jede in Anlage I aufgeführte Vertragspartei nimmt in ihre nach Artikel 12 des Übereinkommens vorgelegte nationale Mitteilung die zum Nachweis der Erfüllung ihrer Verpflichtungen aus diesem Protokoll erforderlichen Zusatzinformationen auf, die nach Absatz 4 zu bestimmen sind.

(3) Jede in Anlage I aufgeführte Vertragspartei legt die nach Absatz 1 geforderten Informationen jährlich vor, beginnend mit dem ersten Verzeichnis, das auf Grund des Übereinkommens für das erste Jahr des Verpflichtungszeitraums nach In-Kraft-Treten dieses Protokolls für diese Vertragspartei fällig ist. Jede in Anlage I aufgeführte Vertragspartei legt die nach Absatz 2 geforderten Informationen im Rahmen der ersten nationalen Mitteilung vor, die auf Grund des Übereinkommens nach In-Kraft-Treten des Protokolls für diese Vertragspartei und nach Annahme der in Absatz 4 vorgesehenen Leitlinien fällig ist. Die als Tagung der Vertragsparteien des Protokolls dienende Konferenz der Vertragsparteien bestimmt die Zeitabstände, in denen nach diesem Artikel geforderte spätere Mitteilungen vorzulegen sind, wobei ein von der Konferenz der Vertragsparteien beschlossener etwaiger Zeitplan für die Vorlage nationaler Mitteilungen zu berücksichtigen ist.

(4) Die als Tagung der Vertragsparteien dieses Protokolls dienende Konferenz der Vertragsparteien nimmt auf ihrer ersten Tagung Leitlinien für die Erstellung der nach diesem Artikel geforderten Informationen an und überprüft sie danach regelmäßig, wobei sie die von der Konferenz der Vertragsparteien angenommenen Leitlinien für die Erstellung der nationalen Mitteilungen durch die in Anlage I aufgeführten Vertragsparteien berücksichtigt. Die als Tagung der Vertragsparteien des Protokolls dienende Konferenz der Vertragsparteien beschließt außerdem vor dem ersten Verpflichtungszeitraum über die Modalitäten für die Abrechnung über die zugeteilten Mengen.

Artikel 8

(1) Die von jeder in Anlage I aufgeführten Vertragspartei nach Artikel 7 vorgelegten Informationen werden in Anwendung der maßgeblichen Beschlüsse der Konferenz der Vertragsparteien und in Übereinstimmung mit den Leitlinien, die von der als Tagung der Vertragsparteien dieses Protokolls dienenden Konferenz der Vertragsparteien für diesen Zweck nach Absatz 4 angenommen worden sind, von sachkundigen Überprüfungsgruppen überprüft. Die von jeder in Anlage I aufgeführten Vertragspartei nach Artikel 7 Absatz 1 vorgelegten Informationen werden im Rahmen der jährlichen Zusammenstellung der Emissionsverzeichnisse und der zugeteilten Mengen sowie der entsprechenden Abrechnung überprüft. Außerdem werden die von jeder in Anlage I aufgeführten Vertragspartei nach Artikel 7 Absatz 2 vorgelegten Informationen im Rahmen der Überprüfung der Mitteilungen überprüft.

(2) Die sachkundigen Überprüfungsgruppen werden vom Sekretariat koordiniert und setzen sich aus Sachverständigen zusammen, die aus dem Kreis derjenigen ausgewählt worden sind, die nach den von der Konferenz der Vertragsparteien für diesen Zweck erteilten Maßgaben von den Vertragsparteien des Übereinkommens und gegebenenfalls von zwischenstaatlichen Organisationen benannt worden sind.

(3) Durch das Überprüfungsverfahren werden alle Aspekte der Durchführung dieses Protokolls durch eine Vertragspartei gründlich und umfassend fachlich beurteilt. Die sachkundigen Überprüfungsgruppen erstellen für die als Tagung der Vertragsparteien des Protokolls dienende Konferenz der Vertragsparteien einen Bericht, in dem sie die Erfüllung der Verpflichtungen der Vertragspartei beurteilen und mögliche Probleme sowie maßgebliche Faktoren bei der Erfüllung der Verpflichtungen aufzeigen. Diese Berichte werden vom Sekretariat an alle Vertragsparteien des Übereinkommens weitergeleitet. Das Sekretariat stellt eine Liste der in den Berichten genannten Fragen der Durchführung zur weiteren Prüfung durch die als Tagung der Vertragsparteien des Protokolls dienende Konferenz der Vertragsparteien auf.

(4) Die als Tagung der Vertragsparteien dieses Protokolls dienende Konferenz der Vertragsparteien nimmt auf ihrer ersten Tagung Leitlinien für die Überprüfung der Durchführung des Protokolls durch die sachkundigen Überprüfungsgruppen an und überprüft sie danach regelmäßig, wobei sie die maßgeblichen Beschlüsse der Konferenz der Vertragsparteien berücksichtigt.

(5) Die als Tagung der Vertragsparteien dieses Protokolls dienende Konferenz der Vertragsparteien prüft mit Unterstützung des Nebenorgans für die Durchführung und gegebenenfalls des Nebenorgans für wissenschaftliche und technologische Beratung

a) die von den Vertragsparteien nach Artikel 7 vorgelegten Informationen und die Berichte über die auf Grund dieses Artikels durchgeführten diesbezüglichen Überprüfungen durch die Sachverständigen und
b) die vom Sekretariat nach Absatz 3 aufgelisteten Fragen der Durchführung sowie die von Vertragsparteien aufgeworfenen Fragen.

(6) Die als Tagung der Vertragsparteien dieses Protokolls dienende Konferenz der Vertragsparteien fasst aufgrund der Prüfung der in Absatz 5 bezeichneten Informationen Beschlüsse über jede für die Durchführung des Protokolls erforderliche Angelegenheit.

Artikel 9

(1) Die als Tagung der Vertragsparteien dieses Protokolls dienende Konferenz der Vertragsparteien überprüft das Protokoll in regelmäßigen Abständen unter Berücksichtigung der besten verfügbaren wissenschaftlichen Informationen und Beurteilungen betreffend Klimaänderungen und deren Auswirkungen sowie unter Berücksichtigung einschlägiger technischer, sozialer und wirtschaftlicher Informationen. Diese Überprüfungen werden mit einschlägigen Überprüfungen nach dem Übereinkommen, insbesondere den in Artikel 4 Absatz 2 Buchstabe d sowie in Artikel 7 Absatz 2 Buchstabe a des Übereinkommens geforderten, koordiniert. Auf der Grundlage dieser Überprüfungen ergreift die als Tagung der Vertragsparteien des Protokolls dienende Konferenz der Vertragsparteien angemessene Maßnahmen.

(2) Die erste Überprüfung findet auf der zweiten Tagung der als Tagung der Vertragsparteien dieses Protokolls dienenden Konferenz der Vertragsparteien statt. Weitere Überprüfungen finden rechtzeitig und in regelmäßigen Abständen statt.

Artikel 10

Alle Vertragsparteien werden unter Berücksichtigung ihrer gemeinsamen, aber unterschiedlichen Verantwortlichkeiten und ihrer speziellen nationalen und regionalen Entwicklungsprioritäten, Ziele und Gegebenheiten, ohne neue Verpflichtungen für die nicht in Anlage I aufgeführten Vertragsparteien einzuführen, wobei jedoch die bestehenden Verpflichtungen nach Artikel 4 Absatz 1 des Übereinkommens bekräftigt und die Erfüllung dieser Verpflichtungen weiter vorangetrieben werden, um eine nachhaltige Entwicklung unter Berücksichtigung des Artikels 4 Absätze 3, 5 und 7 des Übereinkommens zu erreichen,

a) soweit von Belang und sofern möglich, kostengünstige nationale und gegebenenfalls regionale Programme zur Verbesserung der Qualität lokaler Emissionsfaktoren, von Aktivitätsdaten und/oder Modellen, in denen sich die sozio-ökonomischen Bedingungen jeder Vertragspartei widerspiegeln, für die Erstellung und regelmäßige Aktualisierung nationaler Verzeichnisse der anthropogenen Emissionen aller nicht durch das Montrealer Protokoll geregelten Treibhausgase aus Quellen und des Abbaus solcher Gase durch Senken unter Anwendung von der Konferenz der Vertragsparteien zu vereinbarender vergleichbarer Methoden und im Einklang mit den von der Konferenz der Vertragsparteien angenommenen Leitlinien für die Erstellung nationaler Mitteilungen erarbeiten;

b) nationale und gegebenenfalls regionale Programme erarbeiten, umsetzen, veröffentlichen und regelmäßig aktualisieren, in denen Maßnahmen zur Abschwächung der Klimaänderungen sowie Maßnahmen zur Erleichterung einer angemessenen Anpassung an die Klimaänderungen vorgesehen sind;

   i) diese Programme würden unter anderem den Energie-, den Verkehrs- und den Industriebereich sowie die Landwirtschaft, die Forstwirtschaft und die Abfallwirtschaft betreffen. Außerdem würden Anpassungstechnologien und Methoden zur Verbesserung der Raumplanung die Anpassung an Klimaänderungen verbessern;

   ii) die in Anlage I aufgeführten Vertragsparteien legen nach Artikel 7 Informationen über im Rahmen dieses Protokolls eingeleitete Maßnahmen einschließlich nationaler Programme vor, und die anderen Vertragsparteien bemühen sich, in ihre nationalen Mitteilungen nach Bedarf auch Informationen über Programme aufzunehmen, die Maßnahmen enthalten, welche nach Ansicht der Vertragspartei zur Bekämpfung der Klimaänderungen und ihrer nachteiligen Auswirkungen beitragen, einschließlich der Bekämpfung der Zunahme von Treibhausgasemissionen, der Verstärkung von Senken und des Abbaus durch Senken, des Aufbaus von Kapazitäten sowie Anpassungsmaßnahmen;

c) bei der Förderung wirksamer Modalitäten für die Entwicklung, Anwendung und Verbreitung von die Klimaänderungen betreffenden umweltverträglichen Technologien, Know-how, Methoden und Verfahren zusammenarbeiten und alle nur möglichen Maßnahmen ergreifen, um deren Weitergabe insbesondere an Entwicklungsländer oder den Zugang dazu, soweit dies angebracht ist, zu fördern, zu erleichtern und zu finanzieren, wozu auch die Erarbeitung von Politiken und Programmen für die wirksame Weitergabe umweltverträglicher Technologien gehört, die öffentliches Eigentum oder der Öffentlichkeit frei zugänglich sind, sowie die Schaffung eines förderlichen Umfelds für die Privatwirtschaft, um die Weitergabe umweltverträglicher Technologien und den Zugang dazu zu fördern und zu verbessern;

d) in der wissenschaftlichen und technischen Forschung zusammenarbeiten und die Unterhaltung und Entwicklung von Systemen zur systematischen Beobachtung sowie die Entwicklung von Datenarchiven fördern, um Unsicherheiten in Bezug auf das Klimasystem, die nachteiligen Auswirkungen der Klimaänderungen und die wirtschaftlichen und sozialen Folgen verschiedener Bewältigungsstrategien zu verringern, und unter Berücksichtigung des Artikels 5 des Übereinkommens die Entwicklung und Stärkung der im Land vorhandenen Möglichkeiten und Mittel zur Beteiligung an internationalen und zwischenstaatlichen Bemühungen, Programmen und Netzwerken für die Forschung und systematische Beobachtung fördern;

e) auf internationaler Ebene, gegebenenfalls unter Nutzung bestehender Stellen, bei der Entwicklung und Durchführung von Bildungs- und Ausbildungsprogrammen einschließlich der Stärkung des Aufbaus nationaler Kapazitäten, insbesondere personeller und institutioneller Kapazitäten, und des Austausches oder der Entsendung von Personal zur Ausbildung von Fachkräften auf diesem Gebiet, insbesondere für Entwicklungsländer, zusammenarbeiten und sie unterstützen und auf nationaler Ebene das öffentliche Bewusstsein in Bezug auf die Klimaänderungen und den öffentlichen Zugang zu Informationen darüber erleichtern. Unter Berücksichtigung des Artikels 6 des Übereinkommens sollen geeignete Modalitäten für die Umsetzung dieser Maßnahmen durch die zuständigen Organe des Übereinkommens ausgearbeitet werden;

f) in ihre nationalen Mitteilungen Informationen über auf der Grundlage dieses Artikels und in Übereinstimmung mit den maßgeblichen Beschlüssen der Konferenz der Vertragsparteien durchgeführte Programme und Maßnahmen aufnehmen;

g) Artikel 4 Absatz 8 des Übereinkommens bei der Erfüllung der Verpflichtungen nach diesem Artikel in vollem Umfang berücksichtigen.

Artikel 11

(1) Bei der Durchführung des Artikels 10 berücksichtigen die Vertragsparteien Artikel 4 Absätze 4, 5, 7, 8 und 9 des Übereinkommens.

(2) Im Zusammenhang mit der Durchführung des Artikels 4 Absatz 1 des Übereinkommens, im Einklang mit Artikel 4 Absatz 3 und Artikel 11 des Übereinkommens und durch die Einrichtung oder Einrichtungen, denen die Erfüllung der Aufgaben des Finanzierungsmechanismus des Übereinkommens anvertraut ist, werden die Vertragsparteien, die entwickelte Länder sind, und die anderen in Anlage II des Übereinkommens aufgeführten entwickelten Vertragsparteien

a) neue und zusätzliche finanzielle Mittel bereitstellen, um die vereinbarten vollen Kosten zu tragen, die den Vertragsparteien, die Entwicklungsländer sind, bei dem Vorantreiben der Erfüllung bestehender Verpflichtungen nach Artikel 4 Absatz 1 Buchstabe a des Übereinkommens entstehen, die in Artikel 10 Buchstabe a erfasst sind;

b) auch finanzielle Mittel einschließlich derjenigen für die Weitergabe von Technologie bereitstellen, soweit die Vertragsparteien, die Entwicklungsländer sind, sie benötigen, um die vereinbarten vollen Mehrkosten zu tragen, die bei dem Vorantreiben der Erfüllung der bestehenden Verpflichtungen nach Artikel 4 Absatz 1 des Übereinkommens entstehen, die durch Artikel 10 erfasst sind und die zwischen einer Vertragspartei, die Entwicklungsland ist, und der oder den in Artikel 11 des Übereinkommens genannten internationalen Einrichtungen nach jenem Artikel vereinbart werden.

Bei der Erfüllung dieser bestehenden Verpflichtungen wird berücksichtigt, dass der Fluss der Finanzmittel angemessen und berechenbar sein muss und dass ein angemessener Lastenausgleich unter den Vertragsparteien, die entwickelte Ländern sind, wichtig ist. Die der oder den Einrichtungen, denen die Erfüllung der Aufgaben des Finanzierungsmechanismus des Übereinkommens anvertraut ist, durch maßgebliche Beschlüsse der Konferenz der Vertragsparteien erteilten Maßgaben, einschließlich derjenigen, die vor der Annahme dieses

Protokolls gefasst wurden, finden sinngemäß auf diesen Absatz Anwendung.

(3) Die Vertragsparteien, die entwickelte Länder sind, und die anderen in Anlage II des Übereinkommens aufgeführten entwickelten Vertragsparteien können auch finanzielle Mittel zur Durchführung des Artikels 10 auf bilateralem, regionalem und multilateralem Weg zur Verfügung stellen, welche die Vertragsparteien, die Entwicklungsländer sind, in Anspruch nehmen können.

Artikel 12

(1) Hiermit wird ein Mechanismus für umweltverträgliche Entwicklung festgelegt.

(2) Zweck des Mechanismus für umweltverträgliche Entwicklung ist es, die nicht in Anlage I aufgeführten Vertragsparteien dabei zu unterstützen, eine nachhaltige Entwicklung zu erreichen und zum Endziel des Übereinkommens beizutragen und die in Anlage I aufgeführten Vertragsparteien dabei zu unterstützen, die Erfüllung ihrer quantifizierten Emissionsbegrenzungs- und -reduktionsverpflichtungen aus Artikel 3 zu erreichen.

(3) Im Rahmen des Mechanismus für umweltverträgliche Entwicklung

a) werden die nicht in Anlage I aufgeführten Vertragsparteien Nutzen aus Projektmaßnahmen ziehen, aus denen sich zertifizierte Emissionsreduktionen ergeben;

b) können die in Anlage I aufgeführten Vertragsparteien die sich aus diesen Projektmaßnahmen ergebenden zertifizierten Emissionsreduktionen als Beitrag zur Erfüllung eines Teiles ihrer quantifizierten Emissionsbegrenzungs- und -reduktionsverpflichtungen aus Artikel 3 entsprechend den Entscheidungen der als Tagung der Vertragsparteien dieses Protokolls dienenden Konferenz der Vertragsparteien verwenden.

(4) Der Mechanismus für umweltverträgliche Entwicklung unterliegt der Weisungsbefugnis und Leitung der als Tagung der Vertragsparteien dieses Protokolls dienenden Konferenz der Vertragsparteien und wird von einem Exekutivrat des Mechanismus für umweltverträgliche Entwicklung beaufsichtigt.

(5) Die sich aus jeder Projektmaßnahme ergebenden Emissionsreduktionen werden von Einrichtungen zertifiziert, die von der als Tagung der Vertragsparteien dieses Protokolls dienenden Konferenz der Vertragsparteien zu benennen sind, und zwar auf folgender Grundlage:

a) freiwillige Teilnahme, die von jeder beteiligten Vertragspartei gebilligt wird;

b) reale, messbare und langfristige Vorteile in Bezug auf die Abschwächung der Klimaänderungen und

c) Emissionsreduktionen, die zusätzlich zu denen entstehen, die ohne die zertifizierte Projektmaßnahme entstehen würden.

(6) Der Mechanismus für umweltverträgliche Entwicklung hilft bei Bedarf bei der Beschaffung von Finanzierungsmitteln für zertifizierte Projektmaßnahmen.

(7) Die als Tagung der Vertragsparteien dieses Protokolls dienende Konferenz der Vertragsparteien erarbeitet auf ihrer ersten Tagung Modalitäten und Verfahren mit dem Ziel, die Transparenz, Effizienz und Zurechenbarkeit durch eine unabhängige Rechnungsprüfung und Kontrolle der Projektmaßnahmen zu gewährleisten.

(8) Die als Tagung der Vertragsparteien dieses Protokolls dienende Konferenz der Vertragsparteien stellt sicher, dass ein Teil der Erlöse aus zertifizierten Projektmaßnahmen dazu verwendet wird, die Verwaltungskosten zu decken sowie die für die nachteiligen Auswirkungen der Klimaänderungen besonders anfälligen Vertragsparteien, die Entwicklungsländer sind, dabei zu unterstützen, die Anpassungskosten zu tragen.

(9) Die Teilnahme an dem Mechanismus für umweltverträgliche Entwicklung, einschließlich der in Absatz 3 Buchstabe a genannten Maßnahmen und des Erwerbs zertifizierter Emissionsreduktionen, steht privaten und/oder öffentlichen Einrichtungen offen und unterliegt den vom Exekutivrat des Mechanismus für umweltverträgliche Entwicklung erteilten Maßgaben.

(10) Zertifizierte Emissionsreduktionen, die in der Zeit zwischen dem Jahr 2000 und dem Beginn des ersten Verpflichtungszeitraums erworben werden, können als Beitrag zur Erfüllung der Verpflichtungen in dem ersten Verpflichtungszeitraum genutzt werden.

Artikel 13

(1) Die Konferenz der Vertragsparteien als oberstes Gremium des Übereinkommens dient als Tagung der Vertragsparteien dieses Protokolls.

(2) Vertragsparteien des Übereinkommens, die nicht Vertragsparteien dieses Protokolls sind, können an den Beratungen jeder Tagung der als Tagung der Vertragsparteien des Protokolls dienenden Konferenz der Vertragsparteien als Beobachter teilnehmen. Dient die Konferenz der Vertragsparteien als Tagung der Vertragsparteien des Protokolls, so werden Beschlüsse auf Grund des Protokolls nur von den Vertragsparteien des Protokolls gefasst.

(3) Dient die Konferenz der Vertragsparteien als Tagung der Vertragsparteien dieses Protokolls, so wird jedes Mitglied des Präsidiums der Konferenz der Vertragsparteien, das eine Vertragspartei des Übereinkommens, aber zu dem Zeitpunkt keine Vertragspartei des Protokolls vertritt, durch ein zusätzliches Mitglied ersetzt, das von den Vertragsparteien des Protokolls aus den eigenen Reihen zu wählen ist.

(4) Die als Tagung der Vertragsparteien dieses Protokolls dienende Konferenz der Vertragsparteien überprüft in regelmäßigen Abständen die Durchführung des Protokolls und fasst im Rahmen ihres Auftrags die notwendigen Beschlüsse, um seine wirksame Durchführung zu fördern. Sie erfüllt die ihr auf Grund des Protokolls zugewiesenen Aufgaben und wird wie folgt tätig:

a) Auf der Grundlage aller ihr nach diesem Protokoll zur Verfügung gestellten Informationen beurteilt sie die Durchführung des Protokolls durch die Vertragsparteien, die Gesamtwirkung der auf Grund des Protokolls ergriffenen Maßnahmen, insbesondere die Auswirkungen auf die Umwelt, die Wirtschaft und den Sozialbereich sowie deren kumulative Wirkung, und die bei der Verwirklichung des Zieles des Übereinkommens erreichten Fortschritte;

b) sie prüft im Hinblick auf das Ziel des Übereinkommens, die bei seiner Durchführung gewonnenen Erfahrungen und die Weiterentwicklung der wissenschaftlichen und technologischen Kenntnisse in regelmäßigen Abständen die Verpflichtungen der Vertragsparteien auf Grund dieses Protokolls unter gebührender Berücksichtigung aller nach Artikel 4 Absatz 2 Buchstabe d und Artikel 7 Absatz 2 des Übereinkommens notwendigen Überprüfungen und prüft und beschließt in dieser Hinsicht regelmäßige Berichte über die Durchführung des Protokolls;

c) sie fördert und erleichtert den Austausch von Informationen über die von den Vertragsparteien beschlossenen Maßnahmen zur Bekämpfung der Klimaänderungen und ihrer Folgen unter Berücksichtigung der unterschiedlichen Gegebenheiten, Verantwortlichkeiten und Fähigkeiten der Vertragsparteien und ihrer jeweiligen Verpflichtungen aus diesem Protokoll;

d) auf Ersuchen von zwei oder mehr Vertragsparteien erleichtert sie die Koordinierung der von ihnen beschlossenen Maßnahmen zur Bekämpfung der Klimaänderungen und ihrer Folgen unter Berücksichtigung der unterschiedlichen Gegebenheiten, Verantwortlichkeiten und Fähigkeiten der Vertragsparteien und ihrer jeweiligen Verpflichtungen aus diesem Protokoll;

e) sie fördert und leitet in Übereinstimmung mit dem Ziel des Übereinkommens und den Bestimmungen dieses Protokolls und unter voller Berücksichtigung der maßgeblichen Beschlüsse der Konferenz der Vertragsparteien die Entwicklung und regelmäßige Verfeinerung vergleichbarer Methoden zur wirksamen Durchführung des Protokolls, die von der als Tagung der Vertragsparteien des Protokolls dienenden Konferenz der Vertragsparteien zu vereinbaren sind;

f) sie gibt Empfehlungen zu allen für die Durchführung dieses Protokolls erforderlichen Angelegenheiten ab;

g) sie bemüht sich um die Aufbringung zusätzlicher finanzieller Mittel nach Artikel 11 Absatz 2;

h) sie setzt die zur Durchführung dieses Protokolls für notwendig erachteten Nebenorgane ein;

i) sie bemüht sich um – und nutzt gegebenenfalls – die Dienste und Mitarbeit zuständiger internationaler Organisationen und zwischenstaatlicher und nichtstaatlicher Gremien sowie die von diesen zur Verfügung gestellten Informationen;

j) sie erfüllt die zur Durchführung dieses Protokolls notwendigen sonstigen Aufgaben und prüft auf Grund eines Beschlusses der Konferenz der Vertragsparteien erfolgende Aufgabenzuweisungen.

(5) Die Geschäftsordnung der Konferenz der Vertragsparteien und die auf Grund des Übereinkommens angewendete Finanzordnung finden sinngemäß im Rahmen dieses Protokolls Anwendung, sofern nicht die als Tagung der Vertragsparteien des Protokolls dienende Konferenz der Vertragsparteien durch Konsens etwas anderes beschließt.

(6) Die erste Tagung der als Tagung der Vertragsparteien dieses Protokolls dienenden Konferenz der Vertragsparteien wird vom Sekretariat in Verbindung mit der ersten Tagung der Konferenz der Vertragsparteien einberufen, die nach In-Kraft-Treten des Protokolls anberaumt wird. Nachfolgende ordentliche Tagungen der als Tagung der Vertragsparteien des Protokolls dienenden Konferenz der Vertragsparteien finden einmal jährlich in Verbindung mit ordentlichen Tagungen der Konferenz der Vertragsparteien statt, sofern nicht die als Tagung der Vertragsparteien des Protokolls dienende Konferenz der Vertragsparteien etwas anderes beschließt.

(7) Außerordentliche Tagungen der als Tagung der Vertragsparteien dieses Protokolls dienenden Konferenz der Vertragsparteien finden statt, wenn es die als Tagung der Vertragsparteien des Protokolls dienende Konferenz der Vertragsparteien für notwendig erachtet oder eine Vertragspartei schriftlich beantragt, sofern dieser Antrag innerhalb von sechs Monaten nach seiner Übermittlung durch das Sekretariat von mindestens einem Drittel der Vertragsparteien unterstützt wird.

(8) Die Vereinten Nationen, ihre Sonderorganisationen und die Internationale Atomenergie-Organisation sowie jeder Mitgliedstaat einer solchen Organisation oder jeder Beobachter bei einer solchen Organisation, der nicht Vertragspartei des Übereinkommens ist, können auf den Tagungen der als Tagung der Vertragsparteien dieses Protokolls dienenden Konferenz der Vertragsparteien als Beobachter vertreten sein. Jede Stelle, national oder international, staatlich oder nichtstaatlich, die in von dem Protokoll erfassten Angelegenheiten fachlich befähigt ist und dem Sekretariat ihren Wunsch mitgeteilt hat, auf einer Tagung der als Tagung der Vertragsparteien des Protokolls dienenden Konferenz der Vertragsparteien als Beobachter vertreten zu sein, kann als solcher zugelassen werden, sofern nicht mindestens ein Drittel der anwesenden Vertragsparteien widerspricht. Die Zulassung und Teilnahme von Beobachtern unterliegen der in Absatz 5 bezeichneten Geschäftsordnung.

Artikel 14

(1) Das nach Artikel 8 des Übereinkommens eingesetzte Sekretariat dient als Sekretariat dieses Protokolls.

(2) Artikel 8 Absatz 2 des Übereinkommens über die Aufgaben des Sekretariats und Artikel 8 Absatz 3 des Übereinkommens über die für sein ordnungsgemäßes Arbeiten zu treffenden Vorkehrungen finden sinngemäß auf dieses Protokoll Anwendung. Das Sekretariat erfüllt darüber hinaus die ihm auf Grund des Protokolls zugewiesenen Aufgaben.

Artikel 15

(1) Das Nebenorgan für wissenschaftliche und technologische Beratung und das Nebenorgan für die Durchführung des Übereinkommens, die nach den Artikeln 9 und 10 des Übereinkommens eingesetzt sind, dienen als Nebenorgan für wissenschaftliche und technologische Beratung beziehungsweise als Nebenorgan für die Durchführung dieses Protokolls. Die Bestimmungen über die Arbeit dieser beiden Organe nach dem Übereinkommen finden sinngemäß auf das Protokoll Anwendung. Tagungen des Nebenorgans für wissenschaftliche und technologische Beratung und des Nebenorgans für die Durchführung des Protokolls werden in Verbindung mit den Tagungen des Nebenorgans für wissenschaftliche und technologische Beratung beziehungsweise des Nebenorgans für die Durchführung des Übereinkommens abgehalten.

(2) Vertragsparteien des Übereinkommens, die nicht Vertragsparteien dieses Protokolls sind, können an den Beratungen jeder Tagung der Nebenorgane als Beobachter teilnehmen. Dienen die Nebenorgane als Nebenorgane des Protokolls, so werden Beschlüsse auf Grund des Protokolls nur von den Vertragsparteien des Protokolls gefasst.

(3) Erfüllen die auf Grund der Artikel 9 und 10 des Übereinkommens eingesetzten Nebenorgane ihre Aufgaben im Zusammenhang mit Angelegenheiten, die dieses Protokoll betreffen, so wird jedes Mitglied der Präsidien dieser Nebenorgane, das eine Vertragspartei des Übereinkommens, aber zu dem Zeitpunkt keine Vertragspartei des Protokolls vertritt, durch ein zusätzliches Mitglied ersetzt, das von den Vertragsparteien des Protokolls aus den eigenen Reihen zu wählen ist.

Artikel 16

Die als Tagung der Vertragsparteien dieses Protokolls dienende Konferenz der Vertragsparteien wird im Licht der von der Konferenz der Vertragsparteien gefassten maßgeblichen Beschlüsse so bald wie möglich die Anwendung des in Artikel 13 des Übereinkommens bezeichneten mehrseitigen Beratungsverfahrens auf das Protokoll prüfen und dieses Verfahren gegebenenfalls abändern. Ein auf das Protokoll angewendetes mehrseitiges Beratungsverfahren wird unbeschadet der nach Artikel 18 eingesetzten Verfahren und Mechanismen durchgeführt.

Artikel 17

Die Konferenz der Vertragsparteien legt die maßgeblichen Grundsätze, Modalitäten, Regeln und Leitlinien, insbesondere für die Kontrolle, die Berichterstattung und die Rechenschaftslegung beim Handel mit Emissionen, fest. Die in Anlage B aufgeführten Vertragsparteien können sich an dem Handel mit Emissionen beteiligen, um ihre Verpflichtungen aus Artikel 3 zu erfüllen. Ein derartiger Handel erfolgt ergänzend zu den im eigenen Land ergriffenen Maßnahmen zur Erfüllung der quantifizierten Emissionsbegrenzungs- und -reduktionsverpflichtungen aus Artikel 3.

Artikel 18

Die als Tagung der Vertragsparteien dieses Protokolls dienende Konferenz der Vertragsparteien genehmigt auf ihrer ersten Tagung geeignete und wirksame Verfahren und Mechanismen zur Feststellung und Behandlung von Fällen der Nichteinhaltung der Bestimmungen des Protokolls, unter anderem durch Zusammenstellung einer indikativen Liste der Folgen, wobei der Ursache, der Art, dem Grad und der Häufigkeit der Nichteinhaltung Rechnung getragen wird. Alle in diesem Artikel genannten Verfahren und Mechanismen, die verbindliche Folgen haben, werden durch Änderung des Protokolls beschlossen.

Artikel 19

Die Bestimmungen des Artikels 14 des Übereinkommens über die Beilegung von Streitigkeiten finden sinngemäß auf dieses Protokoll Anwendung.

Artikel 20

(1) Jede Vertragspartei kann Änderungen dieses Protokolls vorschlagen.

(2) Änderungen dieses Protokolls werden auf einer ordentlichen Tagung der als Tagung der Vertragsparteien des Protokolls dienenden Konferenz der Vertragsparteien beschlossen. Der Wortlaut einer vorgeschlagenen Änderung des Protokolls wird den Vertragsparteien mindestens sechs Monate vor der Sitzung, auf der die Änderung zur Beschlussfassung vorgeschlagen wird, vom Sekretariat übermittelt. Das Sekretariat übermittelt den Wortlaut einer vorgeschlagenen Änderung auch den Vertragsparteien und Unterzeichnern des Übereinkommens und zur Kenntnisnahme dem Verwahrer.

(3) Die Vertragsparteien bemühen sich nach Kräften um eine Einigung durch Konsens über eine vorgeschlagene Änderung dieses Protokolls. Sind alle Bemühungen um einen Konsens erschöpft und wird keine Einigung erzielt, so wird als letztes Mittel die Änderung mit Dreiviertelmehrheit der auf der Sitzung anwesenden und abstimmenden Vertragsparteien beschlossen. Die beschlossene Änderung wird vom Sekretariat dem Verwahrer übermittelt, der sie an alle Vertragsparteien zur Annahme weiterleitet.

(4) Die Annahmeurkunden in Bezug auf jede Änderung werden beim Verwahrer hinterlegt. Eine nach Absatz 3 beschlossene Änderung tritt für die Vertragsparteien, die sie angenommen haben, am neunzigsten Tag nach dem Zeitpunkt in Kraft, zu dem Annahmeurkunden von mindestens drei Vierteln der Vertragsparteien dieses Protokolls beim Verwahrer eingegangen sind.

(5) Für jede andere Vertragspartei tritt die Änderung am neunzigsten Tag nach dem Zeitpunkt in Kraft, zu dem diese Vertragspartei ihre Urkunde über die Annahme der betreffenden Änderung beim Verwahrer hinterlegt hat.

Artikel 21

(1) Die Anlagen dieses Protokolls sind Bestandteil des Protokolls; sofern nicht ausdrücklich etwas anderes vorgesehen ist, stellt eine Bezugnahme auf das Protokoll gleichzeitig eine Bezugnahme auf die Anlagen dar. Nach In-Kraft-Treten des Protokolls beschlossene Anlagen sind auf Listen, Formblätter und andere erläuternde Materialien wissenschaftlicher, technischer, verfahrensmäßiger oder verwaltungstechnischer Art beschränkt.

(2) Jede Vertragspartei kann Vorschläge für eine Anlage dieses Protokolls machen und Änderungen von Anlagen des Protokolls vorschlagen.

(3) Anlagen dieses Protokolls und Änderungen von Anlagen des Protokolls werden auf einer ordentlichen Tagung der als Tagung der Vertragsparteien des Protokolls dienenden onferenz der Vertragsparteien beschlossen. Der Wortlaut einer vorgeschlagenen Anlage oder Änderung einer Anlage wird den Vertragsparteien mindestens sechs Monate vor der Sitzung, auf der die Anlage oder Änderung einer Anlage zur Beschlussfassung vorgeschlagen wird, vom Sekretariat übermittelt. Das Sekretariat übermittelt den Wortlaut einer vorgeschlagenen Anlage oder Änderung einer Anlage auch den Vertragsparteien und Unterzeichnern des Übereinkommens und zur Kenntnisnahme dem Verwahrer.

(4) Die Vertragsparteien bemühen sich nach Kräften um eine Einigung durch Konsens über eine vorgeschlagene Anlage oder Änderung einer Anlage. Sind alle Bemühungen um einen Konsens erschöpft und wird keine Einigung erzielt, so wird als letztes Mittel die Anlage oder Änderung einer Anlage mit Dreiviertelmehrheit der auf der Sitzung anwesenden und abstimmenden Vertragsparteien beschlossen. Die beschlossene Anlage oder Änderung einer Anlage wird vom Sekretariat dem Verwahrer übermittelt, der sie an alle Vertragsparteien zur Annahme weiterleitet.

(5) Eine Anlage oder Änderung einer Anlage mit Ausnahme der Anlage A oder B, die nach den Absätzen 3 und 4 beschlossen worden ist, tritt für alle Vertragsparteien dieses Protokolls sechs Monate nach dem Zeitpunkt in Kraft, zu dem der Verwahrer diesen Vertragsparteien mitgeteilt hat, dass die Anlage oder Änderung einer Anlage beschlossen worden ist; ausgenommen sind die Vertragsparteien, die dem Verwahrer innerhalb dieses Zeitraums schriftlich notifiziert haben, dass sie die Anlage oder Änderung einer Anlage nicht annehmen. Für die Vertragsparteien, die ihre Notifikation über die Nichtannahme zurücknehmen, tritt die Anlage oder Änderung einer Anlage am neunzigsten Tag nach dem Zeitpunkt in Kraft, zu dem die Rücknahme der Notifikation beim Verwahrer eingeht.

(6) Hat die Beschlussfassung über eine Anlage oder eine Änderung einer Anlage eine Änderung dieses Protokolls zur Folge, so tritt diese Anlage oder Änderung einer Anlage erst in Kraft, wenn die Änderung des Protokolls selbst in Kraft tritt.

(7) Die Beschlussfassung über Änderungen der Anlagen A und B und das In-Kraft-Treten dieser Änderungen erfolgen nach dem in Artikel 20 vorgesehenen Verfahren, mit der Maßgabe, dass Änderungen der Anlage B nur mit schriftlicher Zustimmung der betroffenen Vertragspartei beschlossen werden.

Artikel 22

(1) Jede Vertragspartei hat eine Stimme, sofern nicht in Absatz 2 etwas anderes bestimmt ist.

(2) Organisationen der regionalen Wirtschaftsintegration üben in Angelegenheiten ihrer Zuständigkeit ihr Stimmrecht mit der Anzahl von Stimmen aus, die der Anzahl ihrer Mitgliedstaaten entspricht, die Vertragsparteien dieses Protokolls sind. Eine solche Organisation übt ihr Stimmrecht nicht aus, wenn einer ihrer Mitgliedstaaten sein Stimmrecht ausübt, und umgekehrt.

Artikel 23

Der Generalsekretär der Vereinten Nationen ist Verwahrer dieses Protokolls.

Artikel 24

(1) Dieses Protokoll liegt für die Staaten und Organisationen der regionalen Wirtschaftsintegration, die Vertragsparteien des Übereinkommens sind, zur Unterzeichnung auf; es bedarf der Ratifikation, der Annahme oder der Genehmigung durch sie. Es liegt vom 16. März 1998 bis 15. März 1999 am

Sitz der Vereinten Nationen in New York zur Unterzeichnung auf. Das Protokoll steht von dem Tag an, an dem es nicht mehr zur Unterzeichnung aufliegt, zum Beitritt offen. Die Ratifikations-, Annahme-, Genehmigungs- oder Beitrittsurkunden werden beim Verwahrer hinterlegt.

(2) Jede Organisation der regionalen Wirtschaftsintegration, die Vertragspartei dieses Protokolls wird, ohne dass einer ihrer Mitgliedstaaten Vertragspartei ist, ist durch alle Verpflichtungen aus dem Protokoll gebunden. Sind ein oder mehrere Mitgliedstaaten einer solchen Organisation Vertragspartei des Protokolls, so entscheiden die Organisation und ihre Mitgliedstaaten über ihre jeweiligen Verantwortlichkeiten hinsichtlich der Erfüllung ihrer Verpflichtungen aus dem Protokoll. In diesen Fällen sind die Organisation und die Mitgliedstaaten nicht berechtigt, die Rechte aufgrund des Protokolls gleichzeitig auszuüben.

(3) In ihren Ratifikations-, Annahme-, Genehmigungs- oder Beitrittsurkunden erklären die Organisationen der regionalen Wirtschaftsintegration den Umfang ihrer Zuständigkeiten in Bezug auf die durch dieses Protokoll erfassten Angelegenheiten. Diese Organisationen teilen auch jede wesentliche Änderung des Umfangs ihrer Zuständigkeiten dem Verwahrer mit, der seinerseits die Vertragsparteien unterrichtet.

Artikel 25

(1) Dieses Protokoll tritt am neunzigsten Tag nach dem Zeitpunkt in Kraft, zu dem mindestens 55 Vertragsparteien des Übereinkommens, darunter in Anlage I aufgeführte Vertragsparteien, auf die insgesamt mindestens 55 vH der gesamten Kohlendioxidemissionen der in Anlage I aufgeführten Vertragsparteien im Jahr 1990 entfallen, ihre Ratifikations-, Annahme-, Genehmigungs- oder Beitrittsurkunden hinterlegt haben.

(2) Im Sinne dieses Artikels bedeutet „die gesamten Kohlendioxidemissionen der in Anlage I aufgeführten Vertragsparteien im Jahr 1990" die Menge, die von den in Anlage I aufgeführten Vertragsparteien in ihren ersten nach Artikel 12 des Übereinkommens vorgelegten nationalen Mitteilungen an oder vor dem Tag der Annahme dieses Protokolls mitgeteilt wird.

(3) Für jeden Staat oder für jede Organisation der regionalen Wirtschaftsintegration, die nach Erfüllung der in Absatz 1 vorgesehenen Bedingungen für das In-Kraft-Treten dieses Protokoll ratifiziert, annimmt, genehmigt oder ihm beitritt, tritt das Protokoll am neunzigsten Tag nach dem Zeitpunkt der Hinterlegung der Ratifikations-, Annahme-, Genehmigungs- oder Beitrittsurkunde in Kraft.

(4) Für die Zwecke dieses Artikels zählt eine von einer Organisation der regionalen Wirtschaftsintegration hinterlegte Urkunde nicht als zusätzliche Urkunde zu den von den Mitgliedstaaten der Organisation hinterlegten Urkunden.

Artikel 26

Vorbehalte zu diesem Protokoll sind nicht zulässig.

Artikel 27

(1) Eine Vertragspartei kann jederzeit nach Ablauf von drei Jahren nach dem Zeitpunkt, zu dem dieses Protokoll für sie in Kraft getreten ist, durch eine an den Verwahrer gerichtete schriftliche Notifikation von dem Protokoll zurücktreten.

(2) Der Rücktritt wird nach Ablauf eines Jahres nach dem Eingang der Rücktrittsnotifikation beim Verwahrer oder zu einem gegebenenfalls in der Rücktrittsnotifikation genannten späteren Zeitpunkt wirksam.

(3) Eine Vertragspartei, die von dem Übereinkommen zurücktritt, gilt auch als von dem Protokoll zurückgetreten.

Artikel 28

Die Urschrift dieses Protokolls, dessen arabischer, chinesischer, englischer, französischer, russischer und spanischer Wortlaut gleichermaßen verbindlich ist, wird beim Generalsekretär der Vereinten Nationen hinterlegt.

GESCHEHEN zu Kyoto am 11. Dezember 1997.

Anlage A

Treibhausgase

Kohlendioxid (CO tief 2)

Methan (CH tief 4)

Distickstoffoxid (N tief 2 O)

Wasserstoffhaltige Fluorkohlenwasserstoffe (H-FKW/HFC) Perfluorierte Kohlenwasserstoffe (FKW/PFC) Schwefelhexafluorid (SF tief 6)

Sektoren/Gruppen von Quellen

Energie
- Verbrennung von Brennstoffen
  - Energiewirtschaft
  - Verarbeitendes Gewerbe und Baugewerbe
  - Verkehr
  - Andere Sektoren
  - Sonstige
- Flüchtige Emissionen aus Brennstoffen
  - Feste Brennstoffe
  - Öl und Erdgas
  - Sonstige

Produktionsprozesse
- Mineralerzeugnisse
- Chemische Industrie
- Metallerzeugung
- Sonstige Erzeugung
- Erzeugung von Halogenkohlenwasserstoffen und Schwefelhexafluorid Verbrauch von Halogenkohlenwasserstoffen und Schwefelhexafluorid Sonstige

Verwendung von Lösungsmitteln und anderen Erzeugnissen
- Landwirtschaft
  - Enterische Fermentation
  - Düngewirtschaft
  - Reisanbau
  - Landwirtschaftliche Böden
  - Vorgeschriebenes Abbrennen von Grasland
  - Offene Verbrennung landwirtschaftlicher Rückstände
  - Sonstige
- Abfallwirtschaft
  - Entsorgung fester Abfälle an Land
  - Abwasserbehandlung
  - Abfallverbrennung
  - Sonstige

Anlage B

Vertragspartei	Quantifizierte Emissionsbegrenzungs- oder –reduktionsverpflichtung (in vH des Basisjahrs oder Basiszeitraums)
Australien	108
Belgien	92
Bulgarien *1)	92
Dänemark	92

Deutschland ... 92
Estland *1) ... 92
Europäische Gemeinschaft ... 92
Finnland ... 92
Frankreich ... 92
Griechenland ... 92
Irland ... 92
Island ... 110
Italien ... 92
Japan ... 94
Kanada ... 94
Kroatien *1) ... 95
Lettland *1) ... 92
Liechtenstein ... 92
Litauen *1) ... 92
Luxemburg ... 92
Monaco ... 92
Neuseeland ... 100
Niederlande ... 92
Norwegen ... 101
Österreich ... 92
Polen *1) ... 94
Portugal ... 92
Rumänien *1) ... 92
Russische Föderation *1) ... 100
Schweden ... 92
Schweiz ... 92
Slowakei *1) ... 92
Slowenien *1) ... 92
Spanien ... 92
Tschechische Republik *1) ... 92
Ukraine *1) ... 100
Ungarn *1) ... 94
Vereinigte Staaten von Amerika ... 93
Vereinigtes Königreich Großbritannien und Nordirland ... 92

*1) Länder, die sich im Übergang zur Marktwirtschaft befinden.

Übereinkommen über die frühzeitige Benachrichtigung bei nuklearen Unfällen (Übersetzung)

BGBl 186/1988, zuletzt geändert durch BGBl III 31/2022

Artikel 1
Anwendungsbereich

(1) Dieses Übereinkommen findet auf jeden Unfall Anwendung, der die in Absatz 2 genannten Anlagen oder Tätigkeiten eines Vertragsstaates oder seiner Hoheitsgewalt oder Kontrolle unterstehender natürlicher Personen oder anderer Rechtsträger betrifft, bei dem radioaktive Stoffe freigesetzt werden oder werden können und der zu einer internationalen grenzüberschreitenden Freisetzung geführt hat oder führen kann, die für die Sicherheit eines anderen Staates vor Strahlungsfolgen von Bedeutung sein könnte.

(2) Die in Absatz 1 genannten Anlagen und Tätigkeiten sind folgende:

a) jeder Kernreaktor, unabhängig von seinem Standort;
b) jede Anlage des Kernbrennstoffkreislaufs;
c) jede Anlage zur Behandlung radioaktiver Abfälle;
d) die Beförderung und Lagerung von Kernbrennstoffen oder radioaktiven Abfällen;
e) die Herstellung, Verwendung, Lagerung, Beseitigung und Beförderung von Radioisotopen für landwirtschaftliche, industrielle, medizinische sowie damit zusammenhängende wissenschaftliche Zwecke und Forschungszwecke und
f) die Verwendung von Radioisotopen für die Energiegewinnung in Weltraumgegenständen.

Artikel 2
Benachrichtigung und Informationen

Im Fall eines Unfalls nach Artikel 1 (im folgenden „nuklearer Unfall" genannt) wird der in jenem Artikel bezeichnete Vertragsstaat

a) sofort unmittelbar oder über die Internationale Atomenergie-Organisation (im folgenden „Organisation" genannt) die Staaten, die, wie in Artikel 1 ausgeführt, physisch betroffen sind oder sein können, sowie die Organisation von dem nuklearen Unfall, seiner Art, dem Zeitpunkt seines Eintretens und gegebenenfalls dem genauen Unfallort benachrichtigen und
b) umgehend den unter Buchstabe a bezeichneten Staaten unmittelbar oder über die Organisation sowie der Organisation die verfügbaren sachdienlichen Informationen nach Artikel 5 übermitteln, damit Strahlungsfolgen in diesen Staaten auf ein Mindestmaß beschränkt werden.

Artikel 3
Andere nukleare Unfälle

Um die Strahlungsfolgen auf ein Mindestmaß zu beschränken, können die Vertragsstaaten auch bei anderen als den in Artikel 1 bezeichneten nuklearen Unfällen eine Benachrichtigung vornehmen.

Artikel 4
Aufgaben der Organisation

Die Organisation

a) informiert sofort die Vertragsstaaten, Mitgliedstaaten, anderen Staaten, die, wie in Artikel 1 ausgeführt, physisch betroffen sind oder sein können, und in Betracht kommenden internationalen zwischenstaatlichen Organisationen (im folgenden „internationale Organisationen" genannt) über eine nach Artikel 2 Buchstabe a erhaltene Benachrichtigung und
b) übermittelt umgehend jedem Vertragsstaat, jedem Mitgliedstaat oder jeder in Betracht kommenden internationalen Organisation auf Ersuchen die nach Artikel 2 Buchstabe b erhaltenen Informationen.

Artikel 5
Zu übermittelnde Informationen

(1) Die nach Artikel 2 Buchstabe b zu übermittelnden Informationen umfassen folgende Angaben, soweit der benachrichtigende Vertragsstaat darüber verfügt:

a) den Zeitpunkt, gegebenenfalls den genauen Ort und die Art des nuklearen Unfalls;
b) die betroffene Anlage oder Tätigkeit;
c) die vermutete oder festgestellte Ursache und die vorhersehbare Entwicklung des nuklearen Unfalls in bezug auf die grenzüberschreitende Freisetzung radioaktiver Stoffe;
d) die allgemeinen Merkmale der radioaktiven Freisetzung einschließlich, soweit durchführbar und angemessen, der Art, wahrscheinlichen physikalischen und chemischen Form und der Menge, Zusammensetzung und effektiven Höhe der radioaktiven Freisetzung;
e) Informationen über die derzeitigen und vorhergesagten meteorologischen und hydrologischen Bedingungen, die zur Vorhersage der grenzüberschreitenden Freisetzung der radioaktiven Stoffe erforderlich sind;
f) die Ergebnisse der Umweltüberwachung in bezug auf die grenzüberschreitende Freisetzung der radioaktiven Stoffe;
g) die ergriffenen oder geplanten Schutzmaßnahmen außerhalb der betroffenen Anlage;
h) die Vorhersage über das Verhalten der radioaktiven Freisetzung im weiteren Verlauf.

(2) Diese Informationen werden in angemessenen Zeitabständen durch weitere sachdienliche Informationen über die Entwicklung der Notfallsituation einschließlich ihres vorhersehbaren oder tatsächlichen Endes ergänzt.

(3) Die nach Artikel 2 Buchstabe b erhaltenen Informationen dürfen uneingeschränkt verwendet werden, sofern der benachrichtigende Vertragsstaat sie nicht vertraulich übermittelt hat.

Artikel 6
Konsultationen

Ein Vertragsstaat, der Informationen nach Artikel 2 Buchstabe b übermittelt, entspricht, soweit es vernünftigerweise durchführbar ist, umgehend einem Ersuchen eines betroffenen Vertragsstaats um weitere Informationen oder Konsultationen mit dem Ziel, die Strahlungsfolgen in diesem Staat auf ein Mindestmaß zu beschränken.

Artikel 7
Zuständige Behörden und Kontaktstellen

(1) Jeder Vertragsstaat gibt der Organisation und den anderen Vertragsstaaten, unmittelbar oder über die Organisation, seine zuständigen Behörden und eine für die Übermittlung und Entgegennahme der in Artikel 2 bezeichneten Benachrichtigung und Informationen verantwortliche Kontaktstelle bekannt. Diese Kontaktstellen und eine Anlaufstelle in der Organisation sind ständig erreichbar.

(2) Jeder Vertragsstaat teilt der Organisation umgehend jede sich etwa ergebende Änderung der in Absatz 1 bezeichneten Informationen mit.

(3) Die Organisation führt ein auf dem neuesten Stand gehaltenes Verzeichnis dieser staatlichen Behörden und Kontaktstellen sowie der Kontaktstellen der in Betracht kommenden internationalen Organisationen und stellt es den Vertragsstaaten und Mitgliedstaaten sowie den in Betracht kommenden internationalen Organisationen zur Verfügung.

Artikel 8
Hilfeleistung für Vertragsstaaten

Die Organisation untersucht in Übereinstimmung mit ihren Statuten und auf Ersuchen eines Vertragsstaats, der selbst keine nuklearen Tätigkeiten ausübt und an einen Staat angrenzt, der ein aktives Nuklearprogramm hat, aber nicht Vertragsstaat ist, die Durchführbarkeit und Einrichtung eines geeigneten Systems zur Strahlungsüberwachung, um das Erreichen der Ziele dieses Übereinkommens zu erleichtern.

Artikel 9
Zweiseitige und mehrseitige Vereinbarungen

Zur Förderung ihrer gegenseitigen Interessen können Vertragsstaaten, wenn es als zweckmäßig erachtet wird, den Abschluß zweiseitiger oder mehrseitiger Vereinbarungen in Erwägung ziehen, die den Gegenstand dieses Übereinkommens betreffen.

Artikel 10
Verhältnis zu anderen internationalen Übereinkünften

Dieses Übereinkommen berührt nicht die gegenseitigen Rechte und Pflichten der Vertragsstaaten aus bestehenden internationalen Übereinkünften betreffend die durch das Übereinkommen erfaßten Angelegenheiten oder aus künftigen internationalen Übereinkünften, die in Übereinstimmung mit Ziel und Zweck des Übereinkommens geschlossen werden.

Artikel 11
Beilegung von Streitigkeiten

(1) Im Fall einer Streitigkeit zwischen Vertragsstaaten oder zwischen einem Vertragsstaat und der Organisation über die Auslegung oder Anwendung dieses Übereinkommens konsultieren die Streitparteien einander mit dem Ziel, die Streitigkeit durch Verhandlungen oder durch jedes andere für sie annehmbare friedliche Mittel der Beilegung von Streitigkeiten beizulegen.

(2) Kann eine Streitigkeit dieser Art zwischen Vertragsstaaten nicht binnen eines Jahres nach dem in Absatz 1 vorgesehenen Ersuchen um Konsultation beigelegt werden, so wird sie auf Ersuchen einer der Streitparteien einem Schiedsverfahren unterworfen oder dem Internationalen Gerichtshof zur Entscheidung unterbreitet. Wird eine Streitigkeit einem Schiedsverfahren unterworfen und können sich die Streitparteien nicht binnen sechs Monaten nach dem Zeitpunkt des Ersuchens über die Ausgestaltung des Schiedsverfahrens einigen, so kann eine Partei den Präsidenten des Internationalen Gerichtshofs oder den Generalsekretär der Vereinten Nationen ersuchen, einen oder mehrere Schiedsrichter zu bestellen. Widersprechen Ersuchen der Streitparteien einander, so hat das an den Generalsekretär der Vereinten Nationen gerichtete Ersuchen Vorrang.

(3) Ein Staat kann bei der Unterzeichnung, Ratifikation, Annahme oder Genehmigung dieses Übereinkommens oder dem Beitritt zu diesem erklären, daß er sich durch eines oder durch beide der in Absatz 2 vorgesehenen Verfahren zur Beilegung von Streitigkeiten nicht als gebunden betrachtet. Die anderen Vertragsstaaten sind gegenüber einem Vertragsstaat, für den eine solche Erklärung in Kraft ist, durch ein in Absatz 2 vorgesehenes Verfahren zur Beilegung von Streitigkeiten nicht gebunden.

(4) Ein Vertragsstaat, der eine Erklärung nach Absatz 3 abgegeben hat, kann diese jederzeit durch eine an den Depositär gerichtete Notifikation zurücknehmen.

Artikel 12
Inkrafttreten

(1) Dieses Übereinkommen liegt für alle Staaten und Namibia, vertreten durch den Rat der Vereinten Nationen für Namibia, vom 26. September 1986 am Sitz der Internationalen Atomenergie-Organisation in Wien und vom 6. Oktober 1986 am Sitz der Vereinten Nationen in New York bis zu seinem Inkrafttreten oder für die Dauer von zwölf Monaten, falls diese Zeitspanne länger ist, zur Unterzeichnung auf.

(2) Jeder Staat und Namibia, vertreten durch den Rat der Vereinten Nationen für Namibia, können ihre Zustimmung, durch dieses Übereinkommen gebunden zu sein, entweder durch Unterzeichnung oder durch Hinterlegung einer Ratifikations-, Annahme- oder Genehmigungsurkunde nach einer unter Vorbehalt der Ratifikation, Annahme oder Genehmigung erfolgten Unterzeichnung oder durch Hinterlegung einer Beitrittsurkunde zum Ausdruck bringen. Die Ratifikations-, Annahme-, Genehmigungs- oder Beitrittsurkunden werden beim Depositär hinterlegt.

(3) Dieses Übereinkommen tritt dreißig Tage nach dem Zeitpunkt in Kraft, zu dem drei Staaten ihre Zustimmung, gebunden zu sein, zum Ausdruck gebracht haben.

(4) Für jeden Staat, der nach Inkrafttreten dieses Übereinkommens seine Zustimmung zum Ausdruck bringt, durch das Übereinkommen gebunden zu sein, tritt es dreißig Tage nach dem Zeitpunkt in Kraft, zu dem die Zustimmung zum Ausdruck gebracht wurde.

(5) a) Dieses Übereinkommen steht internationalen Organisationen und von souveränen Staaten gebildeten Organisationen der regionalen Integration, die für das Aushandeln, den Abschluß und die Anwendung internationaler Übereinkünfte betreffend die durch das Übereinkommen erfaßten Angelegenheiten zuständig sind, nach Maßgabe dieses Artikels zum Beitritt offen.

b) Bei Angelegenheiten, die in ihren Zuständigkeitsbereich fallen, handeln diese Organisationen bei Ausübung der Rechte und Erfüllung der Pflichten, die dieses Übereinkommen den Vertragsstaaten zuweist, in eigenem Namen.

c) Bei der Hinterlegung ihrer Beitrittsurkunde übermittelt eine solche Organisation dem Depositär eine Erklärung, in der sie den Umfang ihrer Zuständigkeit betreffend die durch dieses Übereinkommen erfaßten Angelegenheiten angibt.

d) Eine solche Organisation besitzt keine zusätzliche Stimme neben den Stimmen ihrer Mitgliedstaaten.

Artikel 13
Vorläufige Anwendung

Ein Staat kann bei der Unterzeichnung oder zu einem späteren Zeitpunkt, bevor dieses Übereinkommen für ihn in Kraft tritt, erklären, daß er das Übereinkommen vorläufig anwenden wird.

Artikel 14
Änderungen

(1) Ein Vertragsstaat kann Änderungen dieses Übereinkommens vorschlagen. Der Änderungsvorschlag wird dem Depositär vorgelegt, der ihn sofort an alle anderen Vertragsstaaten weiterleitet.

(2) Ersucht die Mehrheit der Vertragsstaaten den Depositär um Einberufung einer Konferenz zur Prüfung der Änderungsvorschläge, so lädt der Depositär alle Vertragsstaaten zur Teilnahme an dieser Konferenz ein, die frühestens dreißig Tage nach Versenden der Einladungen beginnt. Jede auf der Konferenz mit Zweidrittelmehrheit aller Vertragsstaaten angenommene Änderung wird in einem Protokoll festgehalten, das für alle Vertragsstaaten in Wien und New York zur Unterzeichnung aufliegt.

(3) Das Protokoll tritt dreißig Tage nach dem Zeitpunkt in Kraft, zu dem drei Staaten ihre Zustimmung zum Ausdruck gebracht haben, durch das Protokoll gebunden zu sein. Für jeden Staat, der nach Inkrafttreten des Protokolls seine Zustimmung zum Ausdruck bringt, durch das Protokoll gebunden zu sein, tritt es dreißig Tage nach dem Zeitpunkt in Kraft, zu dem die Zustimmung zum Ausdruck gebracht wurde.

Artikel 15
Kündigung

(1) Ein Vertragsstaat kann dieses Übereinkommen durch eine an den Depositär gerichtete schriftliche Notifikation kündigen.

(2) Die Kündigung wird ein Jahr nach Empfang der Notifikation durch den Depositär wirksam.

Artikel 16
Depositär

(1) Der Generaldirektor der Organisation ist der Depositär dieses Übereinkommens.

(2) Der Generaldirektor der Organisation notifiziert den Vertragsstaaten und allen anderen Staaten umgehend

a) jede Unterzeichnung dieses Übereinkommens oder eines Änderungsprotokolls;

b) jede Hinterlegung einer Ratifikations-, Annahme-, Genehmigungs- oder Beitrittsurkunde zu diesem Übereinkommen oder einem Änderungsprotokoll;

c) jede Erklärung oder Rücknahme einer Erklärung in Übereinstimmung mit Artikel 11;

d) jede Erklärung über die vorläufige Anwendung dieses Übereinkommens in Übereinstimmung mit Artikel 13;

e) das Inkrafttreten dieses Übereinkommens und jeder Änderung desselben und

f) jede Kündigung nach Artikel 15.

Artikel 17
Authentische Texte und beglaubigte Abschriften

Die Urschrift dieses Übereinkommens, dessen arabischer, chinesischer, englischer, französischer, russischer und spanischer Text gleichermaßen authentisch ist, wird beim Generaldirektor der Internationalen Atomenergie-Organisation hinterlegt; dieser übermittelt den Vertragsstaaten und allen anderen Staaten beglaubigte Abschriften.

ZU URKUND DESSEN haben die gehörig befugten Unterzeichneten dieses Übereinkommen, das nach Artikel 12 Absatz 1 zur Unterzeichnung aufliegt, unterschrieben.

ANGENOMMEN von der Generalkonferenz der Internationalen Atomenergie-Organisation auf einer Sondertagung in Wien am 26. September 1986.

Übereinkommen von Paris (Übersetzung)

BGBl III 197/2016, zuletzt geändert durch BGBl III 156/2021

Artikel 1

Für die Zwecke dieses Übereinkommens finden die in Artikel 1 des Rahmenübereinkommens enthaltenen Begriffsbestimmungen Anwendung. Darüber hinaus

a) bedeutet „Rahmenübereinkommen" das am 9. Mai 1992 in New York angenommene Rahmenübereinkommen der Vereinten Nationen über Klimaänderungen;

b) bedeutet „Konferenz der Vertragsparteien" die Konferenz der Vertragsparteien des Rahmenübereinkommens;
c) bedeutet „Vertragspartei" eine Vertragspartei dieses Übereinkommens.

Artikel 2

(1) Dieses Übereinkommen zielt darauf ab, durch Verbesserung der Durchführung des Rahmenübereinkommens einschließlich seines Zieles die weltweite Reaktion auf die Bedrohung durch Klimaänderungen im Zusammenhang mit nachhaltiger Entwicklung und den Bemühungen zur Beseitigung der Armut zu verstärken, indem unter anderem

a) der Anstieg der durchschnittlichen Erdtemperatur deutlich unter 2 °C über dem vorindustriellen Niveau gehalten wird und Anstrengungen unternommen werden, um den Temperaturanstieg auf 1,5 °C über dem vorindustriellen Niveau zu begrenzen, da erkannt wurde, dass dies die Risiken und Auswirkungen der Klimaänderungen erheblich verringern würde;
b) die Fähigkeit zur Anpassung an die nachteiligen Auswirkungen der Klimaänderungen erhöht und die Widerstandsfähigkeit gegenüber Klimaänderungen sowie eine hinsichtlich der Treibhausgase emissionsarme Entwicklung so gefördert wird, dass die Nahrungsmittelerzeugung nicht bedroht wird;
c) die Finanzmittelflüsse in Einklang gebracht werden mit einem Weg hin zu einer hinsichtlich der Treibhausgase emissionsarmen und gegenüber Klimaänderungen widerstandsfähigen Entwicklung.

(2) Dieses Übereinkommen wird als Ausdruck der Gerechtigkeit und des Grundsatzes der gemeinsamen, aber unterschiedlichen Verantwortlichkeiten und jeweiligen Fähigkeiten angesichts der unterschiedlichen nationalen Gegebenheiten durchgeführt.

Artikel 3

Zur Verwirklichung des in Artikel 2 genannten Zieles dieses Übereinkommens sind von allen Vertragsparteien als national festgelegte Beiträge zu der weltweiten Reaktion auf Klimaänderungen ehrgeizige Anstrengungen im Sinne der Artikel 4, 7, 9, 10, 11 und 13 zu unternehmen und zu übermitteln. Die Anstrengungen aller Vertragsparteien werden im Laufe der Zeit eine Steigerung darstellen, wobei die Notwendigkeit anerkannt wird, die Vertragsparteien, die Entwicklungsländer sind, bei der wirksamen Durchführung dieses Übereinkommens zu unterstützen.

Artikel 4

(1) Zum Erreichen des in Artikel 2 genannten langfristigen Temperaturziels sind die Vertragsparteien bestrebt, so bald wie möglich den weltweiten Scheitelpunkt der Emissionen von Treibhausgasen zu erreichen, wobei anerkannt wird, dass der zeitliche Rahmen für das Erreichen des Scheitelpunkts bei den Vertragsparteien, die Entwicklungsländer sind, größer sein wird, und danach rasche Reduktionen im Einklang mit den besten verfügbaren wissenschaftlichen Erkenntnissen herbeizuführen, um in der zweiten Hälfte dieses Jahrhunderts ein Gleichgewicht zwischen den anthropogenen Emissionen von Treibhausgasen aus Quellen und dem Abbau solcher Gase durch Senken auf der Grundlage der Gerechtigkeit und im Rahmen der nachhaltigen Entwicklung und der Bemühungen zur Beseitigung der Armut herzustellen.

(2) Jede Vertragspartei erarbeitet, übermittelt und behält aufeinanderfolgende national festgelegte Beiträge bei, die sie zu erreichen beabsichtigt. Die Vertragsparteien ergreifen innerstaatliche Minderungsmaßnahmen, um die Ziele dieser Beiträge zu verwirklichen.

(3) Jeder nachfolgende national festgelegte Beitrag einer Vertragspartei wird eine Steigerung gegenüber ihrem zum fraglichen Zeitpunkt geltenden national festgelegten Beitrag darstellen und ihre größtmögliche Ambition unter Berücksichtigung ihrer gemeinsamen, aber unterschiedlichen Verantwortlichkeiten und ihrer jeweiligen Fähigkeiten angesichts der unterschiedlichen nationalen Gegebenheiten ausdrücken.

(4) Die Vertragsparteien, die entwickelte Länder sind, sollen weiterhin die Führung übernehmen, indem sie sich zu absoluten gesamtwirtschaftlichen Emissionsreduktionszielen verpflichten. Die Vertragsparteien, die Entwicklungsländer sind, sollen ihre Minderungsanstrengungen weiter verstärken; sie werden ermutigt, mit der Zeit angesichts der unterschiedlichen nationalen Gegebenheiten auf gesamtwirtschaftliche Emissionsreduktions- oder -begrenzungsziele überzugehen.

(5) Den Vertragsparteien, die Entwicklungsländer sind, wird Unterstützung bei der Durchführung dieses Artikels in Übereinstimmung mit den Artikeln 9, 10 und 11 gewährt, wobei anerkannt wird, dass eine verstärkte Unterstützung ihnen die Möglichkeit eröffnen wird, sich für ihre Maßnahmen höhere Ambitionen zu setzen.

(6) Die am wenigsten entwickelten Länder und die kleinen Inselstaaten unter den Entwicklungsländern können Strategien, Pläne und Maßnahmen für eine hinsichtlich der Treibhausgase emissionsarme Entwicklung erarbeiten und übermitteln, die ihre besonderen Gegebenheiten widerspiegeln.

(7) Der Zusatznutzen für die Minderung, der sich aus den Anpassungsmaßnahmen und/oder Plänen zur wirtschaftlichen Diversifizierung der Vertragsparteien ergibt, kann zu den Minderungsergebnissen aufgrund dieses Artikels beitragen.

(8) Bei der Übermittlung ihrer national festgelegten Beiträge stellen alle Vertragsparteien die erforderlichen Informationen zur Gewährleistung der Eindeutigkeit, Transparenz und Verständlichkeit in Übereinstimmung mit Beschluss 1/CP.21 und allen einschlägigen Beschlüssen der als Tagung der Vertragsparteien dieses Übereinkommens dienenden Konferenz der Vertragsparteien zur Verfügung.

(9) Jede Vertragspartei übermittelt alle fünf Jahre einen national festgelegten Beitrag in Übereinstimmung mit Beschluss 1/CP.21 und allen einschlägigen Beschlüssen der als Tagung der Vertragsparteien dieses Übereinkommens dienenden Konferenz der Vertragsparteien; sie wird von den Ergebnissen der in Artikel 14 genannten weltweiten Bestandsaufnahme unterrichtet.

(10) Die als Tagung der Vertragsparteien dieses Übereinkommens dienende Konferenz der Vertragsparteien prüft auf ihrer ersten Tagung gemeinsame Zeitrahmen für die national festgelegten Beiträge.

(11) Eine Vertragspartei kann ihren bestehenden national festgelegten Beitrag jederzeit in Übereinstimmung mit den Leitlinien, die von der als Tagung der Vertragsparteien dieses Übereinkommens dienenden Konferenz der Vertragsparteien beschlossen werden, anpassen, um ihr Ambitionsniveau anzuheben.

(12) Die von den Vertragsparteien übermittelten national festgelegten Beiträge werden in ein vom Sekretariat geführtes öffentliches Register eingetragen.

(13) Die Vertragsparteien rechnen über ihre national festgelegten Beiträge ab. Bei der Abrechnung über die anthropogenen Emissionen und den Abbau entsprechend ihren national festgelegten Beiträgen fördern die Vertragsparteien die Umweltintegrität, Transparenz, Genauigkeit, Vollständigkeit, Vergleichbarkeit sowie Konsistenz und gewährleisten die Vermeidung von Doppelzählungen im Einklang mit den Leitlinien, die von der als Tagung der Vertragsparteien dieses Übereinkommens dienenden Konferenz der Vertragsparteien beschlossen werden.

(14) Im Zusammenhang mit ihren national festgelegten Beiträgen sollen die Vertragsparteien bei der Anerkennung und Umsetzung von Minderungsmaßnahmen im Hinblick auf die anthropogenen Emissionen und den Abbau, soweit angemessen, die aufgrund des Rahmenübereinkommens bestehenden Methoden und Leitlinien im Lichte des Absatzes 13 berücksichtigen.

(15) Bei der Durchführung dieses Übereinkommens berücksichtigen die Vertragsparteien die Sorgen derjenigen Vertragsparteien, deren Wirtschaft von den Auswirkungen der Gegenmaßnahmen am stärksten betroffen ist, insbesondere der Vertragsparteien, die Entwicklungsländer sind.

(16) Die Vertragsparteien einschließlich der Organisationen der regionalen Wirtschaftsintegration und ihrer Mitgliedstaaten, die eine Vereinbarung getroffen haben, bei der Anwendung des Absatzes 2 gemeinsam zu handeln, notifizieren dem Sekretariat zum Zeitpunkt der Übermittlung ihrer national festgelegten Beiträge die Bedingungen dieser Vereinbarung einschließlich des jeder Vertragspartei innerhalb der betreffenden Zeitraums zugeteilten Emissionsniveaus. Das Sekretariat unterrichtet seinerseits die Vertragsparteien und die Unterzeichner des Rahmenübereinkommens über die Bedingungen der Vereinbarung.

(17) Jede Partei einer solchen Vereinbarung ist in Übereinstimmung mit den Absätzen 13 und 14 dieses Artikels und mit den Artikeln 13 und 15 für ihr Emissionsniveau, das in der in Absatz 16 dieses Artikels bezeichneten Vereinbarung angegeben ist, verantwortlich.

(18) Wenn gemeinsam handelnde Vertragsparteien im Rahmen und zusammen mit einer Organisation der regionalen Wirtschaftsintegration handeln, die selbst Vertragspartei dieses Übereinkommens ist, ist jeder Mitgliedstaat dieser Organisation der regionalen Wirtschaftsintegration einzeln sowie zusammen mit der Organisation der regionalen Wirtschaftsintegration in Übereinstimmung mit den Absätzen 13 und 14 dieses Artikels und mit den Artikeln 13 und 15 für sein Emissionsniveau, das in der nach Absatz 16 dieses Artikels notifizierten Vereinbarung angegeben ist, verantwortlich.

(19) Eingedenk des Artikels 2 und unter Berücksichtigung ihrer gemeinsamen, aber unterschiedlichen Verantwortlichkeiten und jeweiligen Fähigkeiten angesichts der unterschiedlichen nationalen Gegebenheiten sollen sich alle Vertragsparteien um die Ausarbeitung und Übermittlung langfristiger Strategien für eine hinsichtlich der Treibhausgase emissionsarme Entwicklung bemühen.

Artikel 5

(1) Die Vertragsparteien sollen Maßnahmen zur Erhaltung und gegebenenfalls Verbesserung von Senken und Speichern von Treibhausgasen, darunter Wälder, nach Artikel 4 Absatz 1 Buchstabe d des Rahmenübereinkommens ergreifen.

(2) Die Vertragsparteien werden ermutigt, unter anderem durch ergebnisbasierte Zahlungen Maßnahmen zur Umsetzung und Unterstützung des vorhandenen Rahmens zu ergreifen, der durch die aufgrund des Rahmenübereinkommens bereits vereinbarten diesbezüglichen Leitlinien und Beschlüsse geschaffen wurde, und zwar im Hinblick auf Politikansätze und positive Anreize für Tätigkeiten im Zusammenhang mit der Reduktion der Emissionen aufgrund der Entwaldung und der Verschlechterung des Zustands der Wälder und die Rolle der Erhaltung und nachhaltigen Bewirtschaftung der Wälder und die Erhöhung der in ihnen gespeicherten Kohlenstoffvorräte in den Entwicklungsländern sowie im Hinblick auf alternative Politikansätze wie etwa gemeinsame Minderungs- und Anpassungsansätze für die integrierte und nachhaltige Bewirtschaftung der Wälder, wobei erneut bekräftigt wird, wie wichtig gegebenenfalls die Förderung des mit diesen Ansätzen verbundenen Nutzens des Waldes über seine Funktion als Kohlenstoffspeicher hinaus durch bestimmte Anreize ist.

Artikel 6

(1) Die Vertragsparteien erkennen an, dass sich manche von ihnen für eine freiwillige Zusammenarbeit bei der Umsetzung ihrer national festgelegten Beiträge entscheiden, um sich für ihre Minderungs- und Anpassungsmaßnahmen höhere Ambitionen setzen zu können und um die nachhaltige Entwicklung und die Umweltintegrität zu fördern.

(2) Beteiligen sich Vertragsparteien auf freiwilliger Grundlage an kooperativen Ansätzen, die die Verwendung international übertragener Minderungsergebnisse zum Erreichen der national festgelegten Beiträge beinhalten, so fördern sie die nachhaltige Entwicklung und gewährleisten die Umweltintegrität und die Transparenz, auch beim Verwaltungshandeln; sie wenden im Einklang mit den Leitlinien, die von der als Tagung der Vertragsparteien dieses Übereinkommens dienenden Konferenz der Vertragsparteien beschlossen wurden, ein verlässliches Abrechnungsverfahren an, um unter anderem die Vermeidung von Doppelzählungen zu gewährleisten.

(3) Die Verwendung international übertragener Minderungsergebnisse zum Erreichen der national festgelegten Beiträge nach diesem Übereinkommen ist freiwillig und bedarf der Genehmigung durch die teilnehmenden Vertragsparteien.

(4) Hiermit wird ein Mechanismus zur Minderung der Emissionen von Treibhausgasen und zur Unterstützung der nachhaltigen Entwicklung unter der Weisungsbefugnis und Leitung der als Tagung der Vertragsparteien dieses Übereinkommens dienenden Konferenz der Vertragsparteien eingesetzt, der von den Vertragsparteien auf freiwilliger Grundlage genutzt werden kann. Er wird von einem Gremium beaufsichtigt, das von der als Tagung der Vertragsparteien dieses Übereinkommens dienenden Konferenz der Vertragsparteien bestimmt wird, und ist darauf gerichtet,

a) die Minderung der Emissionen von Treibhausgasen zu fördern und gleichzeitig die nachhaltige Entwicklung zu unterstützen;
b) die Beteiligung der durch eine Vertragspartei ermächtigten öffentlichen und privaten Rechtsträger an der Minderung der Emissionen von Treibhausgasen durch bestimmte Anreize zu fördern und zu erleichtern;
c) zur Absenkung des Emissionsniveaus bei der als Gastland dienenden Vertragspartei beizutragen, die Nutzen aus den Minderungstätigkeiten ziehen wird, aus denen sich Emissionsreduktionen ergeben, die auch von einer anderen Vertragspartei zur Erfüllung ihres national festgelegten Beitrags verwendet werden können;
d) eine allgemeine Minderung der weltweiten Emissionen zu erreichen.

(5) Die Emissionsreduktionen, die sich aus dem in Absatz 4 genannten Mechanismus ergeben, dürfen nicht zum Nachweis des Erreichens des national festgelegten Beitrags der als Gastland dienenden Vertragspartei verwendet werden, wenn sie von einer anderen Vertragspartei zum Nachweis des Erreichens ihres national festgelegten Beitrags verwendet werden.

(6) Die als Tagung der Vertragsparteien dieses Übereinkommens dienende Konferenz der Vertragsparteien stellt sicher, dass ein Teil der Erlöse aus Tätigkeiten im Rahmen des in Absatz 4 genannten Mechanismus dazu verwendet wird, die Verwaltungskosten zu decken sowie die für die nachteiligen Auswirkungen der Klimaänderungen besonders anfälligen Vertragsparteien, die Entwicklungsländer sind, dabei zu unterstützen, die Anpassungskosten zu tragen.

(7) Die als Tagung der Vertragsparteien dieses Übereinkommens dienende Konferenz der Vertragsparteien beschließt

auf ihrer ersten Tagung Regeln, Modalitäten und Verfahren für den in Absatz 4 genannten Mechanismus.

(8) Die Vertragsparteien erkennen an, wie wichtig es ist, dass ihnen integrierte, ganzheitliche und ausgewogene nicht marktbasierte Ansätze zur Verfügung stehen, die sie bei der Umsetzung ihrer national festgelegten Beiträge im Zusammenhang mit nachhaltiger Entwicklung und der Beseitigung der Armut in abgestimmter und wirksamer Weise, unter anderem durch Minderung, Anpassung, Finanzierung, Weitergabe von Technologie und Aufbau von Kapazitäten, soweit angemessen, unterstützen. Diese Ansätze sind darauf gerichtet,

a) die Ambition auf dem Gebiet der Minderung und Anpassung zu fördern;
b) die Beteiligung des öffentlichen und des privaten Sektors an der Umsetzung der national festgelegten Beiträge zu verbessern;
c) Gelegenheiten für eine Koordinierung zwischen den Instrumenten und den einschlägigen institutionellen Regelungen zu ermöglichen.

(9) Hiermit wird ein Rahmen für nicht marktbasierte Ansätze für eine nachhaltige Entwicklung festgelegt, um die in Absatz 8 genannten nicht marktbasierten Ansätze zu fördern.

Artikel 7

(1) Hiermit legen die Vertragsparteien das globale Ziel für die Anpassung durch die Verbesserung der Anpassungsfähigkeit, die Stärkung der Widerstandsfähigkeit und die Verringerung der Anfälligkeit gegenüber Klimaänderungen fest, um einen Beitrag zu einer nachhaltigen Entwicklung zu leisten und eine angemessene Reaktion auf dem Gebiet der Anpassung im Zusammenhang mit dem in Artikel 2 genannten Temperaturziel zu gewährleisten.

(2) Die Vertragsparteien erkennen an, dass die Anpassung für alle eine weltweite Herausforderung mit lokalen, subnationalen, nationalen, regionalen und internationalen Dimensionen ist und dass sie als Schlüsselfaktor einen Beitrag zu der langfristigen weltweiten Reaktion auf die Klimaänderungen zum Schutz der Menschen, der Existenzgrundlagen und der Ökosysteme leistet, wobei die vordringlichen und unmittelbaren Bedürfnisse der für die nachteiligen Auswirkungen der Klimaänderungen besonders anfälligen Vertragsparteien, die Entwicklungsländer sind, berücksichtigt werden.

(3) Die Anpassungsbemühungen der Vertragsparteien, die Entwicklungsländer sind, werden im Einklang mit den Modalitäten anerkannt, die von der als Tagung der Vertragsparteien dieses Übereinkommens dienenden Konferenz der Vertragsparteien auf ihrer ersten Tagung zu beschließen sind.

(4) Die Vertragsparteien erkennen an, dass der derzeitige Anpassungsbedarf erheblich ist, dass sich durch ein höheres Minderungsniveau die Notwendigkeit zusätzlicher Anpassungsbemühungen verringern kann und dass ein höherer Anpassungsbedarf höhere Anpassungskosten mit sich bringen kann.

(5) Die Vertragsparteien bestätigen, dass mit den Anpassungsmaßnahmen ein von den Ländern ausgehender, geschlechtergerechter, partizipatorischer und vollständig transparenter Ansatz unter Berücksichtigung von besonders schutzbedürftigen Gruppen, Gemeinschaften und Ökosystemen verfolgt werden soll und dass die Anpassungsmaßnahmen auf die besten verfügbaren wissenschaftlichen Erkenntnisse und gegebenenfalls traditionelles Wissen, das Wissen indigener Völker und lokale Wissenssysteme gegründet und ausgerichtet sein sollen, um zu erreichen, dass die Anpassung, soweit angemessen, in die einschlägigen sozioökonomischen und umweltrelevanten Politiken und Maßnahmen einbezogen wird.

(6) Die Vertragsparteien erkennen an, wie wichtig Unterstützung und internationale Zusammenarbeit bei Anpassungsbemühungen sind, und wie wichtig es ist, die Bedürfnisse der Vertragsparteien, die Entwicklungsländer sind, vor allem derjenigen, die besonders anfällig für die nachteiligen Auswirkungen der Klimaänderungen sind, zu berücksichtigen.

(7) Die Vertragsparteien sollen ihre Zusammenarbeit bei der Verstärkung der Anpassungsbemühungen unter Berücksichtigung des Anpassungsrahmens von Cancún intensivieren, auch im Hinblick auf

a) den Austausch von Informationen, bewährten Verfahren, Erfahrungen und Erkenntnissen, gegebenenfalls auch solcher, die sich auf die Wissenschaft, die Planung, die Politik und die Umsetzung im Zusammenhang mit Anpassungsmaßnahmen beziehen;
b) die Stärkung der institutionellen Regelungen einschließlich derjenigen aufgrund des Rahmenübereinkommens, die diesem Übereinkommen dienen, um die Zusammenführung der einschlägigen Informationen und Kenntnisse und die Gewährung technischer Unterstützung und Beratung an die Vertragsparteien zu erleichtern;
c) die Verbesserung der klimawissenschaftlichen Erkenntnisse unter Einbeziehung der Forschung, der systematischen Beobachtung des Klimasystems und der Frühwarnsysteme in einer den Klimadiensten als Grundlage dienenden und die Entscheidungsfindung unterstützenden Weise;
d) die Unterstützung der Vertragsparteien, die Entwicklungsländer sind, bei der Bestimmung wirksamer Anpassungsverfahren, des Anpassungsbedarfs, der Prioritäten, der gewährten und erhaltenen Unterstützung für Anpassungsmaßnahmen und –bemühungen sowie der Probleme und Lücken in einer mit der Förderung bewährter Verfahren im Einklang stehenden Weise;
e) die Verbesserung der Wirksamkeit und Dauerhaftigkeit der Anpassungsmaßnahmen.

(8) Die Sonderorganisationen und die anderen Organisationen der Vereinten Nationen werden ermutigt, die Bemühungen der Vertragsparteien zur Durchführung der in Absatz 7 genannten Maßnahmen unter Berücksichtigung des Absatzes 5 zu unterstützen.

(9) Jede Vertragspartei befasst sich gegebenenfalls mit Prozessen zur Planung der Anpassung und der Durchführung von Maßnahmen einschließlich der Ausarbeitung oder Verbesserung einschlägiger Pläne, Politiken und/oder Beiträge, wozu Folgendes gehören kann:

a) die Durchführung von Anpassungsmaßnahmen, -projekten und/oder -bemühungen;
b) der Prozess der Erstellung und Umsetzung nationaler Anpassungspläne;
c) die Abschätzung der Auswirkungen der Klimaänderungen und der Anfälligkeit gegenüber den Klimaänderungen, um die national festgelegten Vorrangmaßnahmen unter Berücksichtigung der besonders gefährdeten Menschen, Orte und Ökosysteme festzulegen;
d) die Überwachung und Bewertung der Anpassungspläne, -politiken, -programme und -maßnahmen und der damit verbundene Erkenntnisgewinn;
e) die Stärkung der Widerstandsfähigkeit der sozioökonomischen und ökologischen Systeme, unter anderem durch wirtschaftliche Diversifizierung und nachhaltige Bewirtschaftung der natürlichen Ressourcen.

(10) Jede Vertragspartei soll gegebenenfalls regelmäßig eine Anpassungsmitteilung, die ihre Prioritäten, ihren Durchführungs- und Unterstützungsbedarf, ihre Pläne und Maßnahmen enthalten kann, vorlegen und auf den neuesten Stand bringen, wobei für die Vertragsparteien, die Entwicklungsländer sind, keine zusätzliche Belastung entstehen soll.

(11) Die in Absatz 10 genannte Anpassungsmitteilung wird gegebenenfalls als Bestandteil von oder in Verbindung

mit anderen Mitteilungen oder Dokumenten, darunter auch einem nationalen Anpassungsplan, einem national festgelegten Beitrag im Sinne des Artikels 4 Absatz 2 und/oder einer nationalen Mitteilung, vorgelegt und regelmäßig auf den neuesten Stand gebracht.

(12) Die in Absatz 10 genannten Anpassungsmitteilungen werden in ein vom Sekretariat geführtes öffentliches Register eingetragen.

(13) Den Vertragsparteien, die Entwicklungsländer sind, wird in Übereinstimmung mit den Artikeln 9, 10 und 11 fortlaufende und verstärkte internationale Unterstützung für die Durchführung der Absätze 7, 9, 10 und 11 gewährt.

(14) Durch die in Artikel 14 genannte weltweite Bestandsaufnahme werden unter anderem

a) die Anpassungsbemühungen der Vertragsparteien, die Entwicklungsländer sind, anerkannt;
b) die Durchführung der Anpassungsmaßnahmen unter Berücksichtigung der in Absatz 10 genannten Anpassungsmitteilungen verbessert;
c) die Angemessenheit und Wirksamkeit der Anpassung und der dafür gewährten Unterstützung überprüft;
d) die insgesamt erzielten Fortschritte beim Erreichen des in Absatz 1 genannten globalen Anpassungsziels überprüft.

Artikel 8

(1) Die Vertragsparteien erkennen an, wie wichtig es ist, Verluste und Schäden, die mit den nachteiligen Auswirkungen der Klimaänderungen einschließlich extremer Wetterereignisse und sich langsam anbahnender Ereignisse verbunden sind, zu vermeiden, auf ein Mindestmaß zu verringern und zu bewältigen, und welche Rolle die nachhaltige Entwicklung bei der Verringerung der Gefahr von Verlusten und Schäden spielt.

(2) Der Internationale Mechanismus von Warschau für Verluste und Schäden, die mit Klimaänderungen verbunden sind, unterliegt der Weisungsbefugnis und Leitung der als Tagung der Vertragsparteien dieses Übereinkommens dienenden Konferenz der Vertragsparteien und kann nach Maßgabe der als Tagung der Vertragsparteien dieses Übereinkommens dienenden Konferenz der Vertragsparteien verbessert und verstärkt werden.

(3) Die Vertragsparteien sollen das Verständnis, die Maßnahmen und die Unterstützung, gegebenenfalls auch im Rahmen des Internationalen Mechanismus von Warschau, in kooperativer und vermittelnder Weise im Hinblick auf die mit den nachteiligen Auswirkungen der Klimaänderungen verbundenen Verluste und Schäden verbessern.

(4) Folglich können zu den Bereichen der Kooperation und Vermittlung mit dem Ziel der Stärkung des Verständnisses, der Maßnahmen und der Unterstützung folgende gehören:

a) Frühwarnsysteme;
b) Notfallvorsorge;
c) sich langsam anbahnende Ereignisse;
d) möglicherweise zu unumkehrbaren und dauerhaften Verlusten und Schäden führende Ereignisse;
e) umfassende Risikobewertung und umfassendes Risikomanagement;
f) Risikoversicherungsfazilitäten, Bündelung von Klimarisiken und andere Versicherungslösungen;
g) nichtwirtschaftliche Verluste;
h) Widerstandsfähigkeit von Gemeinschaften, Existenzgrundlagen und Ökosystemen.

(5) Der Internationale Mechanismus von Warschau arbeitet mit den aufgrund des Übereinkommens bestehenden Gremien und Sachverständigengruppen sowie mit einschlägigen Organisationen und Sachverständigengremien außerhalb des Übereinkommens zusammen.

Artikel 9

(1) Die Vertragsparteien, die entwickelte Länder sind, stellen finanzielle Mittel bereit, um in Fortführung ihrer bestehenden Verpflichtungen aus dem Rahmenübereinkommen die Vertragsparteien, die Entwicklungsländer sind, sowohl bei der Minderung als auch bei der Anpassung zu unterstützen.

(2) Die anderen Vertragsparteien werden ermutigt, diese Unterstützung auf freiwilliger Grundlage zu gewähren oder fortzusetzen.

(3) Im Rahmen eines weltweiten Bemühens sollen die Vertragsparteien, die entwickelte Länder sind, weiterhin die Führung dabei übernehmen, Mittel der Klimafinanzierung aus ganz verschiedenen Quellen, mittels ganz verschiedener Instrumente und über ganz verschiedene Wege unter Beachtung der bedeutenden Rolle öffentlicher Mittel durch verschiedene Maßnahmen einschließlich der Unterstützung der von den Ländern ausgehenden Strategien zu mobilisieren, wobei sie die Bedürfnisse und Prioritäten der Vertragsparteien berücksichtigen, die Entwicklungsländer sind. Diese Mobilisierung von Mitteln der Klimafinanzierung soll eine Steigerung gegenüber den bisherigen Bemühungen darstellen.

(4) Durch die Bereitstellung zusätzlicher finanzieller Mittel soll ein Gleichgewicht zwischen Anpassung und Minderung angestrebt werden, und zwar unter Berücksichtigung der von den Ländern ausgehenden Strategien sowie der Prioritäten und Bedürfnisse der Vertragsparteien, die Entwicklungsländer sind, vor allem derjenigen, die besonders anfällig für die nachteiligen Auswirkungen der Klimaänderungen sind und erhebliche Kapazitätsengpässe haben, wie etwa die am wenigsten entwickelten Länder und die kleinen Inselstaaten unter den Entwicklungsländern, sowie unter Berücksichtigung der Notwendigkeit öffentlicher Mittel und aus Zuschüssen bestehender Mittel für die Anpassung.

(5) Die Vertragsparteien, die entwickelte Länder sind, übermitteln alle zwei Jahre als Anhaltspunkt dienende quantitative und qualitative Informationen im Zusammenhang mit den Absätzen 1 und 3, soweit zutreffend, einschließlich, soweit verfügbar, Informationen über die voraussichtliche Höhe der öffentlichen Finanzmittel, die den Vertragsparteien, die Entwicklungsländer sind, zur Verfügung gestellt werden sollen. Die anderen Vertragsparteien, die Mittel zur Verfügung stellen, werden ermutigt, diese Informationen alle zwei Jahre auf freiwilliger Grundlage zu übermitteln.

(6) Die in Artikel 14 genannte weltweite Bestandsaufnahme berücksichtigt die von den Vertragsparteien, die entwickelte Länder sind, und/oder den Organen dieses Übereinkommens zur Verfügung gestellten einschlägigen Informationen über die Bemühungen im Zusammenhang mit der Klimafinanzierung.

(7) Die Vertragsparteien, die entwickelte Länder sind, übermitteln alle zwei Jahre im Einklang mit den Modalitäten, Verfahren und Leitlinien, die von der als Tagung der Vertragsparteien dieses Übereinkommens dienenden Konferenz der Vertragsparteien auf ihrer ersten Tagung nach Artikel 13 Absatz 13 zu beschließen sind, transparente und konsistente Informationen über die geleistete und die durch öffentliches Handeln mobilisierte Unterstützung für die Vertragsparteien, die Entwicklungsländer sind. Die anderen Vertragsparteien werden ermutigt, dasselbe zu tun.

(8) Der Finanzierungsmechanismus des Rahmenübereinkommens einschließlich seiner Aufgaben erfüllenden Einrichtungen dient als Finanzierungsmechanismus dieses Übereinkommens.

Artikel 10

(1) Die Vertragsparteien haben eine gemeinsame langfristige Vision von der Bedeutung einer uneingeschränkten Verwirklichung der Entwicklung und Weitergabe von Technologie für die Verbesserung der Widerstandsfähigkeit gegenüber Klimaänderungen und die Verringerung der Emissionen von Treibhausgasen.

(2) In Kenntnis der Bedeutung von Technologien für die Durchführung von Minderungs- und Anpassungsmaßnahmen im Rahmen dieses Übereinkommens und in Anerkennung der bisherigen Bemühungen um ihre Anwendung und Verbreitung verstärken die Vertragsparteien die gemeinsamen Maßnahmen im Bereich der Entwicklung und Weitergabe von Technologie.

(3) Der aufgrund des Rahmenübereinkommens geschaffene Technologiemechanismus dient diesem Übereinkommen.

(4) Hiermit wird ein Technologierahmen geschaffen, der übergeordnete Leitlinien für die Arbeit des Technologiemechanismus in Verbindung mit der Förderung und Erleichterung verstärkter Anstrengungen bei der Entwicklung und Weitergabe von Technologie vorgibt, um die Durchführung dieses Übereinkommens in Verfolgung der in Absatz 1 genannten langfristigen Vision zu unterstützen.

(5) Die Beschleunigung, Förderung und Ermöglichung von Innovationen ist von entscheidender Bedeutung für eine wirksame und langfristige weltweite Reaktion auf die Klimaänderungen und für die Förderung des Wirtschaftswachstums und der nachhaltigen Entwicklung. Diese Bemühungen werden gegebenenfalls, auch durch den Technologiemechanismus und mit finanziellen Mitteln auch durch den Finanzierungsmechanismus des Rahmenübereinkommens, unterstützt, um partnerschaftliche Ansätze im Bereich der Forschung und Entwicklung zu fördern und den Vertragsparteien, die Entwicklungsländer sind, den Zugang zu Technologien, insbesondere in den Frühphasen des Technologiezyklus, zu erleichtern.

(6) Den Vertragsparteien, die Entwicklungsländer sind, wird Unterstützung einschließlich finanzieller Unterstützung bei der Durchführung dieses Artikels einschließlich der Verstärkung der gemeinsamen Maßnahmen im Bereich der Entwicklung und Weitergabe von Technologie in den verschiedenen Phasen des Technologiezyklus gewährt, um ein Gleichgewicht zwischen der Unterstützung bei der Minderung und der Unterstützung bei der Anpassung herzustellen. Die in Artikel 14 genannte weltweite Bestandsaufnahme berücksichtigt die verfügbaren Informationen über die Bemühungen im Zusammenhang mit der Unterstützung im Bereich der Entwicklung und Weitergabe von Technologie zugunsten der Vertragsparteien, die Entwicklungsländer sind.

Artikel 11

(1) Durch den Kapazitätsaufbau im Rahmen dieses Übereinkommens sollen die Kapazität und die Fähigkeit der Vertragsparteien, die Entwicklungsländer sind, insbesondere der Länder mit den geringsten Kapazitäten wie etwa der am wenigsten entwickelten Länder, und der für die nachteiligen Auswirkungen der Klimaänderungen besonders anfälligen Länder wie etwa der kleinen Inselstaaten unter den Entwicklungsländern, wirksame Schritte zur Bewältigung der Klimaänderungen unter anderem durch die Durchführung von Minderungs- und Anpassungsmaßnahmen zu ergreifen, gestärkt und die Entwicklung, Verbreitung und Anwendung von Technologie, der Zugang zu Klimafinanzierung, einschlägige Aspekte der Bildung, der Ausbildung und des öffentlichen Bewusstseins und die transparente, rechtzeitige und genaue Weiterleitung von Informationen erleichtert werden.

(2) Der Kapazitätsaufbau soll von den Ländern ausgehen, auf den nationalen Bedürfnissen beruhen und darauf eingehen und die Eigenverantwortung der Vertragsparteien, insbesondere der Vertragsparteien, die Entwicklungsländer sind, auch auf nationaler, subnationaler und lokaler Ebene fördern. Er soll sich auf die Erkenntnisse unter anderem aus den Tätigkeiten zum Kapazitätsaufbau aufgrund des Rahmenübereinkommens stützen und ein wirksamer, schrittweiser Prozess sein, der partizipatorisch, übergreifend und geschlechtergerecht ist.

(3) Alle Vertragsparteien sollen zusammenarbeiten, um die Kapazitäten der Vertragsparteien, die Entwicklungsländer sind, zur Durchführung dieses Übereinkommens zu stärken. Die Vertragsparteien, die entwickelte Länder sind, sollen die Unterstützung für Maßnahmen zum Kapazitätsaufbau in den Vertragsparteien, die Entwicklungsländer sind, verstärken.

(4) Alle Vertragsparteien, die die Kapazität der Vertragsparteien, die Entwicklungsländer sind, zur Durchführung dieses Übereinkommens unter anderem durch regionale, bilaterale und multilaterale Ansätze stärken, berichten regelmäßig über diese Tätigkeiten oder Maßnahmen zum Kapazitätsaufbau. Die Vertragsparteien, die Entwicklungsländer sind, sollen regelmäßig über die Fortschritte bei der Umsetzung der Pläne, Politiken, Tätigkeiten oder Maßnahmen zum Aufbau von Kapazitäten zur Durchführung dieses Übereinkommens berichten.

(5) Die Tätigkeiten zum Aufbau von Kapazitäten werden durch geeignete institutionelle Regelungen zur Unterstützung der Durchführung dieses Übereinkommens verstärkt, darunter auch die aufgrund des Rahmenübereinkommens geschaffenen institutionellen Regelungen, die diesem Übereinkommen dienen. Die als Tagung der Vertragsparteien dieses Übereinkommens dienende Konferenz der Vertragsparteien prüft und fasst auf ihrer ersten Tagung einen Beschluss über die anfänglichen institutionellen Regelungen für den Kapazitätsaufbau.

Artikel 12

Soweit angebracht, arbeiten die Vertragsparteien dabei zusammen, Maßnahmen zur Verbesserung der Bildung, der Ausbildung, des öffentlichen Bewusstseins, der Beteiligung der Öffentlichkeit und des öffentlichen Zugangs zu Informationen auf dem Gebiet der Klimaänderungen zu ergreifen, wobei sie die Bedeutung dieser Schritte für die Verstärkung der Maßnahmen aufgrund dieses Übereinkommens anerkennen.

Artikel 13

(1) Hiermit wird zur Stärkung des gegenseitigen Vertrauens und zur Förderung einer wirksamen Umsetzung ein erweiterter Transparenzrahmen für Maßnahmen und Unterstützung geschaffen, der durch eine inhärente Flexibilität die unterschiedlichen Kapazitäten der Vertragsparteien berücksichtigt und auf gemeinsamen Erfahrungen aufbaut.

(2) Der Transparenzrahmen bietet denjenigen Vertragsparteien, die Entwicklungsländer und in Anbetracht ihrer Kapazitäten darauf angewiesen sind, Flexibilität bei der Durchführung dieses Artikels. Die in Absatz 13 genannten Modalitäten, Verfahren und Leitlinien tragen dieser Flexibilität Rechnung.

(3) Der Transparenzrahmen stützt sich auf die Transparenzregelungen aufgrund des Rahmenübereinkommens und verstärkt sie, wobei die besonderen Gegebenheiten der am wenigsten entwickelten Länder und der kleinen Inselstaaten unter den Entwicklungsländern berücksichtigt werden; er wird in einer vermittelnden, zurückhaltenden und nicht auf Strafen ausgerichteten Weise unter Achtung der nationalen Souveränität angewendet und vermeidet es, die Vertragsparteien unangemessenen zu belasten.

(4) Die Transparenzregelungen aufgrund des Rahmenübereinkommens einschließlich der nationalen Mitteilungen, der Zweijahresberichte und der aktualisierten Zweijahresberichte,

der internationalen Bewertung und Überprüfung und der internationalen Konsultation und Analyse sind Bestandteil der Erfahrungen, auf die bei der Erarbeitung der Modalitäten, Verfahren und Leitlinien nach Absatz 13 zurückgegriffen wird.

(5) Zweck des Rahmens für die Transparenz der Maßnahmen ist es, als Beitrag zu der weltweiten Bestandsaufnahme nach Artikel 14 ein klares Verständnis zu vermitteln über die Maßnahmen zur Bewältigung der Klimaänderungen im Lichte des Zieles des Rahmenübereinkommens nach dessen Artikel 2, unter anderem durch Verdeutlichung und Verfolgung der Fortschritte beim Erreichen der jeweiligen national festgelegten Beiträge der Vertragsparteien nach Artikel 4, und über die Anpassungsmaßnahmen der Vertragsparteien nach Artikel 7, unter Einbeziehung der bewährten Verfahren, Prioritäten, Bedürfnisse und Lücken.

(6) Zweck des Rahmens für die Transparenz der Unterstützung ist es, als Beitrag zu der weltweiten Bestandsaufnahme nach Artikel 14 klare Angaben über die von den einzelnen Vertragsparteien jeweils gewährte beziehungsweise erhaltene Unterstützung im Rahmen der Maßnahmen zur Bewältigung der Klimaänderungen nach den Artikeln 4, 7, 9, 10 und 11 zu erlangen und, soweit möglich, einen vollständigen Überblick über die insgesamt gewährte finanzielle Unterstützung zu bieten.

(7) Jede Vertragspartei übermittelt regelmäßig folgende Informationen:

a) einen nationalen Bericht mit einem Verzeichnis der anthropogenen Emissionen von Treibhausgasen aus Quellen und des Abbaus solcher Gase durch Senken, der anhand der von der Zwischenstaatlichen Sachverständigengruppe für Klimaänderungen anerkannten und von der als Tagung der Vertragsparteien dieses Übereinkommens dienenden Konferenz der Vertragsparteien vereinbarten Methoden der guten Praxis erstellt wird;

b) die erforderlichen Informationen zur Verfolgung der Fortschritte bei der Umsetzung und dem Erreichen ihres national festgelegten Beitrags nach Artikel 4.

(8) Jede Vertragspartei soll, soweit angebracht, auch Informationen über die Auswirkungen der Klimaänderungen und die Anpassung daran nach Artikel 7 übermitteln.

(9) Die Vertragsparteien, die entwickelte Länder sind, müssen – und die anderen Vertragsparteien, die Unterstützung gewähren, sollen – Informationen über die Unterstützung übermitteln, die sie den Vertragsparteien, die Entwicklungsländer sind, in Form von finanziellen Mitteln, Weitergabe von Technologie und Kapazitätsaufbau nach den Artikeln 9, 10 und 11 gewährt haben.

(10) Die Vertragsparteien, die Entwicklungsländer sind, sollen Informationen über die Unterstützung übermitteln, die sie in Form von finanziellen Mitteln, Weitergabe von Technologie und Kapazitätsaufbau nach den Artikeln 9, 10 und 11 benötigt und erhalten haben.

(11) Die von jeder Vertragspartei übermittelten Informationen nach den Absätzen 7 und 9 unterliegen einer technischen Überprüfung durch Sachverständige im Einklang mit Beschluss 1/CP.21. Bei den Vertragsparteien, die Entwicklungsländer und in Anbetracht ihrer Kapazitäten darauf angewiesen sind, umfasst der Überprüfungsprozess auch Hilfe bei der Bestimmung des Bedarfs im Bereich des Kapazitätsaufbaus. Außerdem beteiligt sich jede Vertragspartei an einer vermittelnden multilateralen Erörterung der Fortschritte im Hinblick auf die Bemühungen nach Artikel 9 und auf die jeweilige Umsetzung und das Erreichen ihres national festgelegten Beitrags.

(12) Die technische Überprüfung durch Sachverständige nach diesem Absatz besteht, soweit zutreffend, aus einer Prüfung der gewährten Unterstützung der Vertragspartei und ihrer Umsetzung und ihrem Erreichen ihres national festgelegten Beitrags. Die Überprüfung gibt außerdem Aufschluss über verbesserungswürdige Bereiche bei der Vertragspartei und umfasst auch eine Prüfung, ob die Informationen mit den in Absatz 13 genannten Modalitäten, Verfahren und Leitlinien unter Berücksichtigung der dieser Vertragspartei nach Absatz 2 eingeräumten Flexibilität entsprechen. Besondere Aufmerksamkeit gebührt bei der Überprüfung den jeweiligen nationalen Fähigkeiten und Gegebenheiten der Vertragsparteien, die Entwicklungsländer sind.

(13) Die als Tagung der Vertragsparteien dieses Übereinkommens dienende Konferenz der Vertragsparteien beschließt auf ihrer ersten Tagung auf der Grundlage der Erfahrungen aus den transparenzbezogenen Regelungen aufgrund des Rahmenübereinkommens und in Ausführung dieses Artikels gemeinsame Modalitäten, Verfahren beziehungsweise Leitlinien für die Transparenz der Maßnahmen und der Unterstützung.

(14) Den Vertragsparteien, die Entwicklungsländer sind, wird Unterstützung bei der Durchführung dieses Artikels gewährt.

(15) Ferner wird den Vertragsparteien, die Entwicklungsländer sind, fortlaufend Unterstützung beim Aufbau transparenzbezogener Kapazitäten gewährt.

Artikel 14

(1) Die als Tagung der Vertragsparteien dieses Übereinkommens dienende Konferenz der Vertragsparteien führt in regelmäßigen Abständen eine Bestandsaufnahme der Durchführung dieses Übereinkommens durch, um die gemeinsamen Fortschritte bei der Verwirklichung des Zwecks dieses Übereinkommens und seiner langfristigen Ziele zu bewerten (als „weltweite Bestandsaufnahme“ bezeichnet). Sie handelt dabei in umfassender und vermittelnder Weise unter Berücksichtigung von Minderung, Anpassung und Mitteln zur Durchführung und Unterstützung sowie im Lichte der Gerechtigkeit und der besten verfügbaren wissenschaftlichen Erkenntnisse.

(2) Die als Tagung der Vertragsparteien dieses Übereinkommens dienende Konferenz der Vertragsparteien führt ihre erste weltweite Bestandaufnahme im Jahr 2023 und danach alle fünf Jahre durch, sofern sie nicht etwas anderes beschließt.

(3) Das Ergebnis der weltweiten Bestandsaufnahme dient zur Unterrichtung der Vertragsparteien für die auf nationaler Ebene zu entscheidende Aktualisierung und Verstärkung ihrer Maßnahmen und ihrer Unterstützung im Einklang mit den einschlägigen Bestimmungen dieses Übereinkommens sowie für die Verstärkung der internationalen Zusammenarbeit bei Klimaschutzmaßnahmen.

Artikel 15

(1) Hiermit wird ein Mechanismus zur Erleichterung der Durchführung und zur Förderung der Einhaltung der Bestimmungen dieses Übereinkommens eingerichtet.

(2) Der in Absatz 1 genannte Mechanismus besteht aus einem Ausschuss, der sich aus Sachverständigen zusammensetzt, einen vermittelnden Charakter hat und in einer transparenten, als nicht streitig angelegten und nicht auf Strafen ausgerichteten Weise handelt. Der Ausschuss berücksichtigt besonders die jeweiligen nationalen Fähigkeiten und Gegebenheiten der Vertragsparteien.

(3) Der Ausschuss nimmt seine Aufgaben nach den Modalitäten und Verfahren wahr, die von der als Tagung der Vertragsparteien dieses Übereinkommens dienenden Konferenz der Vertragsparteien auf ihrer ersten Tagung beschlossen werden, und erstattet dieser jährlich Bericht.

Artikel 16

(1) Die Konferenz der Vertragsparteien als oberstes Gremium des Rahmenübereinkommens dient als Tagung der Vertragsparteien dieses Übereinkommens.

(2) Vertragsparteien des Rahmenübereinkommens, die nicht Vertragsparteien dieses Übereinkommens sind, können an den Beratungen jeder Tagung der als Tagung der Vertragsparteien dieses Übereinkommens dienenden Konferenz der Vertragsparteien als Beobachter teilnehmen. Dient die Konferenz der Vertragsparteien als Tagung der Vertragsparteien dieses Übereinkommens, so werden Beschlüsse aufgrund dieses Übereinkommens nur von den Vertragsparteien dieses Übereinkommens gefasst.

(3) Dient die Konferenz der Vertragsparteien als Tagung der Vertragsparteien dieses Übereinkommens, so wird jedes Mitglied des Präsidiums der Konferenz der Vertragsparteien, das eine Vertragspartei des Rahmenübereinkommens, aber zu dem Zeitpunkt keine Vertragspartei dieses Übereinkommens vertritt, durch ein zusätzliches Mitglied ersetzt, das von den Vertragsparteien dieses Übereinkommens aus den eigenen Reihen zu wählen ist.

(4) Die als Tagung der Vertragsparteien dieses Übereinkommens dienende Konferenz der Vertragsparteien überprüft in regelmäßigen Abständen die Durchführung dieses Übereinkommens und fasst im Rahmen ihres Auftrags die notwendigen Beschlüsse, um seine wirksame Durchführung zu fördern. Sie erfüllt die ihr aufgrund dieses Übereinkommens zugewiesenen Aufgaben und

a) setzt die zur Durchführung dieses Übereinkommens für notwendig erachteten Nebenorgane ein;

b) erfüllt die zur Durchführung dieses Übereinkommens notwendigen sonstigen Aufgaben.

(5) Die Geschäftsordnung der Konferenz der Vertragsparteien und die aufgrund des Rahmenübereinkommens angewendete Finanzordnung finden sinngemäß im Rahmen dieses Übereinkommens Anwendung, sofern nicht die als Tagung der Vertragsparteien dieses Übereinkommens dienende Konferenz der Vertragsparteien durch Konsens etwas anderes beschließt.

(6) Die erste Tagung der als Tagung der Vertragsparteien dieses Übereinkommens dienenden Konferenz der Vertragsparteien wird vom Sekretariat in Verbindung mit der ersten Tagung der Konferenz der Vertragsparteien einberufen, die nach Inkrafttreten dieses Übereinkommens anberaumt wird. Nachfolgende ordentliche Tagungen der als Tagung der Vertragsparteien dieses Übereinkommens dienenden Konferenz der Vertragsparteien finden in Verbindung mit ordentlichen Tagungen der Konferenz der Vertragsparteien statt, sofern nicht die als Tagung der Vertragsparteien dieses Übereinkommens dienende Konferenz der Vertragsparteien etwas anderes beschließt.

(7) Außerordentliche Tagungen der als Tagung der Vertragsparteien dieses Übereinkommens dienenden Konferenz der Vertragsparteien finden statt, wenn es die als Tagung der Vertragsparteien dieses Übereinkommens dienende Konferenz der Vertragsparteien für notwendig erachtet oder eine Vertragspartei schriftlich beantragt, sofern dieser Antrag innerhalb von sechs Monaten nach seiner Übermittlung durch das Sekretariat von mindestens einem Drittel der Vertragsparteien unterstützt wird.

(8) Die Vereinten Nationen, ihre Sonderorganisationen und die Internationale Atomenergie-Organisation sowie jeder Mitgliedstaat einer solchen Organisation oder jeder Beobachter bei einer solchen Organisation, der nicht Vertragspartei des Rahmenübereinkommens ist, können auf den Tagungen der als Tagung der Vertragsparteien dieses Übereinkommens dienenden Konferenz der Vertragsparteien als Beobachter vertreten sein. Jede Stelle, national oder international, staatlich oder nichtstaatlich, die in von diesem Übereinkommen erfassten Angelegenheiten fachlich befähigt ist und dem Sekretariat ihren Wunsch mitgeteilt hat, auf einer Tagung der als Tagung der Vertragsparteien dieses Übereinkommens dienenden Konferenz der Vertragsparteien als Beobachter vertreten zu sein, kann als solcher zugelassen werden, sofern nicht mindestens ein Drittel der anwesenden Vertragsparteien widerspricht. Die Zulassung und Teilnahme von Beobachtern unterliegen der in Absatz 5 bezeichneten Geschäftsordnung.

Artikel 17

(1) Das nach Artikel 8 des Rahmenübereinkommens eingesetzte Sekretariat dient als Sekretariat dieses Übereinkommens.

(2) Artikel 8 Absatz 2 des Rahmenübereinkommens über die Aufgaben des Sekretariats und Artikel 8 Absatz 3 des Rahmenübereinkommens über die für sein ordnungsgemäßes Arbeiten zu treffenden Vorkehrungen finden sinngemäß auf dieses Übereinkommen Anwendung. Das Sekretariat erfüllt darüber hinaus die ihm aufgrund dieses Übereinkommens und von der als Tagung der Vertragsparteien dieses Übereinkommens dienenden Konferenz der Vertragsparteien zugewiesenen Aufgaben.

Artikel 18

(1) Das Nebenorgan für wissenschaftliche und technologische Beratung und das Nebenorgan für die Durchführung, die nach Artikel 9 beziehungsweise 10 des Rahmenübereinkommens eingesetzt sind, dienen als Nebenorgan für wissenschaftliche und technologische Beratung beziehungsweise Nebenorgan für die Durchführung dieses Übereinkommens. Die Bestimmungen des Rahmenübereinkommens über die Arbeit dieser beiden Organe finden sinngemäß auf dieses Übereinkommen Anwendung. Tagungen des Nebenorgans für wissenschaftliche und technologische Beratung und des Nebenorgans für die Durchführung dieses Übereinkommens werden in Verbindung mit den Tagungen des Nebenorgans für wissenschaftliche und technologische Beratung beziehungsweise des Nebenorgans für die Durchführung des Rahmenübereinkommens abgehalten.

(2) Vertragsparteien des Rahmenübereinkommens, die nicht Vertragsparteien dieses Übereinkommens sind, können an den Beratungen jeder Tagung der Nebenorgane als Beobachter teilnehmen. Dienen die Nebenorgane als Nebenorgane dieses Übereinkommens, so werden Beschlüsse aufgrund dieses Übereinkommens nur von den Vertragsparteien dieses Übereinkommens gefasst.

(3) Erfüllen die aufgrund der Artikel 9 und 10 des Rahmenübereinkommens eingesetzten Nebenorgane ihre Aufgaben im Zusammenhang mit Angelegenheiten, die dieses Übereinkommen betreffen, so wird jedes Mitglied der Präsidien dieser Nebenorgane, das eine Vertragspartei des Rahmenübereinkommens, aber zu dem Zeitpunkt keine Vertragspartei dieses Übereinkommens vertritt, durch ein zusätzliches Mitglied ersetzt, das von den Vertragsparteien dieses Übereinkommens aus den eigenen Reihen zu wählen ist.

Artikel 19

(1) Die durch das Rahmenübereinkommen oder in seinem Rahmen eingesetzten Nebenorgane oder anderen institutionellen Regelungen, die nicht in diesem Übereinkommen genannt sind, dienen diesem Übereinkommen auf Beschluss der als Tagung der Vertragsparteien dieses Übereinkommens dienenden Konferenz der Vertragsparteien. Die als Tagung der Vertragsparteien dieses Übereinkommens dienende Konferenz der Vertragsparteien legt die von diesen Nebenorganen oder Regelungen zu erfüllenden Aufgaben fest.

(2) Die als Tagung der Vertragsparteien dieses Übereinkommens dienende Konferenz der Vertragsparteien kann diesen Nebenorganen und institutionellen Regelungen weitere Maßgaben erteilen.

Artikel 20

(1) Dieses Übereinkommen liegt für die Staaten und Organisationen der regionalen Wirtschaftsintegration, die Vertragsparteien des Rahmenübereinkommens sind, zur Unterzeichnung auf; es bedarf der Ratifikation, der Annahme oder der Genehmigung durch sie. Es liegt vom 22. April 2016 bis 21. April 2017 am Sitz der Vereinten Nationen in New York zur Unterzeichnung auf. Danach steht dieses Übereinkommen von dem Tag an, an dem es nicht mehr zur Unterzeichnung aufliegt, zum Beitritt offen. Die Ratifikations-, Annahme-, Genehmigungs- und Beitrittsurkunden werden beim Verwahrer hinterlegt.

(2) Jede Organisation der regionalen Wirtschaftsintegration, die Vertragspartei dieses Übereinkommens wird, ohne dass einer ihrer Mitgliedstaaten Vertragspartei ist, ist durch alle Verpflichtungen aus diesem Übereinkommen gebunden. Sind ein oder mehrere Mitgliedstaaten einer Organisation der regionalen Wirtschaftsintegration Vertragspartei dieses Übereinkommens, so entscheiden die Organisation und ihre Mitgliedstaaten über ihre jeweiligen Verantwortlichkeiten hinsichtlich der Erfüllung ihrer Verpflichtungen aus diesem Übereinkommen. In diesen Fällen sind die Organisation und die Mitgliedstaaten nicht berechtigt, die Rechte aufgrund dieses Übereinkommens gleichzeitig auszuüben.

(3) In ihren Ratifikations-, Annahme-, Genehmigungs- oder Beitrittsurkunden erklären die Organisationen der regionalen Wirtschaftsintegration den Umfang ihrer Zuständigkeiten in Bezug auf die durch dieses Übereinkommen erfassten Angelegenheiten. Diese Organisationen teilen auch jede wesentliche Änderung des Umfangs ihrer Zuständigkeiten dem Verwahrer mit, der seinerseits die Vertragsparteien unterrichtet.

Artikel 21

(1) Dieses Übereinkommen tritt am dreißigsten Tag nach dem Zeitpunkt in Kraft, zu dem mindestens 55 Vertragsparteien des Rahmenübereinkommens, auf die insgesamt ein geschätzter Anteil von mindestens 55 v. H. der gesamten weltweiten Emissionen von Treibhausgasen entfällt, ihre Ratifikations-, Annahme-, Genehmigungs- oder Beitrittsurkunden hinterlegt haben.

(2) Einzig und allein für den Zweck des Absatzes 1 bedeutet „die gesamten weltweiten Emissionen von Treibhausgasen“ die aktuellste Menge, die von den Vertragsparteien des Rahmenübereinkommens an oder vor dem Tag der Annahme dieses Übereinkommens übermittelt wurde.

(3) Für jeden Staat oder für jede Organisation der regionalen Wirtschaftsintegration, der beziehungsweise die nach Erfüllung der in Absatz 1 vorgesehenen Bedingungen für das Inkrafttreten dieses Übereinkommen ratifiziert, annimmt, genehmigt oder ihm beitritt, tritt dieses Übereinkommen am dreißigsten Tag nach dem Zeitpunkt der Hinterlegung der Ratifikations-, Annahme-, Genehmigungs- oder Beitrittsurkunde durch den betreffenden Staat oder die betreffende Organisation der regionalen Wirtschaftsintegration in Kraft.

(4) Für die Zwecke des Absatzes 1 zählt eine von einer Organisation der regionalen Wirtschaftsintegration hinterlegte Urkunde nicht als zusätzliche Urkunde zu den von ihren Mitgliedstaaten hinterlegten Urkunden.

Artikel 22

Die Bestimmungen des Artikels 15 des Rahmenübereinkommens über die Beschlussfassung über Änderungen des Rahmenübereinkommens finden sinngemäß auf dieses Übereinkommen Anwendung.

Artikel 23

(1) Die Bestimmungen des Artikels 16 des Rahmenübereinkommens über die Beschlussfassung über Anlagen und Änderung von Anlagen des Rahmenübereinkommens finden sinngemäß auf dieses Übereinkommen Anwendung.

(2) Die Anlagen dieses Übereinkommens sind Bestandteil dieses Übereinkommens; sofern nicht ausdrücklich etwas anderes vorgesehen ist, stellt eine Bezugnahme auf dieses Übereinkommen gleichzeitig eine Bezugnahme auf die Anlagen dar. Solche Anlagen sind auf Listen, Formblätter und andere erläuternde Materialien wissenschaftlicher, technischer, verfahrensmäßiger oder verwaltungstechnischer Art beschränkt.

Artikel 24

Die Bestimmungen des Artikels 14 des Rahmenübereinkommens über die Beilegung von Streitigkeiten finden sinngemäß auf dieses Übereinkommen Anwendung.

Artikel 25

(1) Jede Vertragspartei hat eine Stimme, sofern nicht in Absatz 2 etwas anderes bestimmt ist.

(2) Organisationen der regionalen Wirtschaftsintegration üben in Angelegenheiten ihrer Zuständigkeit ihr Stimmrecht mit der Anzahl von Stimmen aus, die der Anzahl ihrer Mitgliedstaaten entspricht, die Vertragsparteien dieses Übereinkommens sind. Eine solche Organisation übt ihr Stimmrecht nicht aus, wenn einer ihrer Mitgliedstaaten sein Stimmrecht ausübt, und umgekehrt.

Artikel 26

Der Generalsekretär der Vereinten Nationen ist Verwahrer dieses Übereinkommens.

Artikel 27

Vorbehalte zu diesem Übereinkommen sind nicht zulässig.

Artikel 28

(1) Eine Vertragspartei kann jederzeit nach Ablauf von drei Jahren nach dem Zeitpunkt, zu dem dieses Übereinkommen für sie in Kraft getreten ist, durch eine an den Verwahrer gerichtete schriftliche Notifikation von diesem Übereinkommen zurücktreten.

(2) Der Rücktritt wird nach Ablauf eines Jahres nach dem Eingang der Rücktrittsnotifikation beim Verwahrer oder zu einem gegebenenfalls in der Rücktrittsnotifikation genannten späteren Zeitpunkt wirksam.

(3) Eine Vertragspartei, die vom Rahmenübereinkommen zurücktritt, gilt auch als von diesem Übereinkommen zurückgetreten.

Artikel 29

Die Urschrift dieses Übereinkommens, dessen arabischer, chinesischer, englischer, französischer, russischer und spanischer Wortlaut gleichermaßen verbindlich ist, wird beim Generalsekretär der Vereinten Nationen hinterlegt.

Geschehen zu Paris am 12. Dezember 2015.

Zu Urkund dessen haben die hierzu gehörig befugten Unterzeichneten dieses Übereinkommen unterschrieben.

B. Europarechtliche Vorschriften

I. EU-Primärrecht

Vertrag über die Europäische Union (konsolidierte Fassung)

In der Fassung des Vertrags von Lissabon; ABl C 2012/326, 1 vom 26.12.2012

Titel I
Gemeinsame Bestimmungen

...

Artikel 3
(ex-Artikel 2 EUV)

(1) Ziel der Union ist es, den Frieden, ihre Werte und das Wohlergehen ihrer Völker zu fördern.

(2) Die Union bietet ihren Bürgerinnen und Bürgern einen Raum der Freiheit, der Sicherheit und des Rechts ohne Binnengrenzen, in dem – in Verbindung mit geeigneten Maßnahmen in Bezug auf die Kontrollen an den Außengrenzen, das Asyl, die Einwanderung sowie die Verhütung und Bekämpfung der Kriminalität – der freie Personenverkehr gewährleistet ist. ...

(3) Die Union errichtet einen Binnenmarkt. Sie wirkt auf die nachhaltige Entwicklung Europas auf der Grundlage eines ausgewogenen Wirtschaftswachstums und von Preisstabilität, eine in hohem Maße wettbewerbsfähige soziale Marktwirtschaft, die auf Vollbeschäftigung und sozialen Fortschritt abzielt, sowie ein hohes Maß an Umweltschutz und Verbesserung der Umweltqualität hin. Sie fördert den wissenschaftlichen und technischen Fortschritt.

Sie bekämpft soziale Ausgrenzung und Diskriminierungen und fördert soziale Gerechtigkeit und sozialen Schutz, die Gleichstellung von Frauen und Männern, die Solidarität zwischen den Generationen und den Schutz der Rechte des Kindes.

Sie fördert den wirtschaftlichen, sozialen und territorialen Zusammenhalt und die Solidarität zwischen den Mitgliedstaaten.

Sie wahrt den Reichtum ihrer kulturellen und sprachlichen Vielfalt und sorgt für den Schutz und die Entwicklung des kulturellen Erbes Europas.

(4) Die Union errichtet eine Wirtschafts- und Währungsunion, deren Währung der Euro ist.

(5) In ihren Beziehungen zur übrigen Welt schützt und fördert die Union ihre Werte und Interessen und trägt zum Schutz ihrer Bürgerinnen und Bürger bei. Sie leistet einen Beitrag zu Frieden, Sicherheit, globaler nachhaltiger Entwicklung, Solidarität und gegenseitiger Achtung unter den Völkern, zu freiem und gerechtem Handel, zur Beseitigung der Armut und zum Schutz der Menschenrechte, insbesondere der Rechte des Kindes, sowie zur strikten Einhaltung und Weiterentwicklung des Völkerrechts, insbesondere zur Wahrung der Grundsätze der Charta der Vereinten Nationen.

(6) Die Union verfolgt ihre Ziele mit geeigneten Mitteln entsprechend den Zuständigkeiten, die ihr in den Verträgen übertragen sind.

Artikel 4

(1) Alle der Union nicht in den Verträgen übertragenen Zuständigkeiten verbleiben gemäß Artikel 5 bei den Mitgliedstaaten.

(2) Die Union achtet die Gleichheit der Mitgliedstaaten vor den Verträgen und ihre jeweilige nationale Identität, die in ihren grundlegenden politischen und verfassungsmäßigen Strukturen einschließlich der regionalen und lokalen Selbstverwaltung zum Ausdruck kommt. Sie achtet die grundlegenden Funktionen des Staates, insbesondere die Wahrung der territorialen Unversehrtheit, die Aufrechterhaltung der öffentlichen Ordnung und den Schutz der nationalen Sicherheit. Insbesondere die nationale Sicherheit fällt weiterhin in die alleinige Verantwortung der einzelnen Mitgliedstaaten.

(3) Nach dem Grundsatz der loyalen Zusammenarbeit achten und unterstützen sich die Union und die Mitgliedstaaten gegenseitig bei der Erfüllung der Aufgaben, die sich aus den Verträgen ergeben.

Die Mitgliedstaaten ergreifen alle geeigneten Maßnahmen allgemeiner oder besonderer Art zur Erfüllung der Verpflichtungen, die sich aus den Verträgen oder den Handlungen der Organe der Union ergeben.

Die Mitgliedstaaten unterstützen die Union bei der Erfüllung ihrer Aufgabe und unterlassen alle Maßnahmen, die die Verwirklichung der Ziele der Union gefährden könnten.

Artikel 5
(ex-Artikel 5 EGV)

(1) Für die Abgrenzung der Zuständigkeiten der Union gilt der Grundsatz der begrenzten Einzelermächtigung. Für die Ausübung der Zuständigkeiten der Union gelten die Grundsätze der Subsidiarität und der Verhältnismäßigkeit.

(2) Nach dem Grundsatz der begrenzten Einzelermächtigung wird die Union nur innerhalb der Grenzen der Zuständigkeiten tätig, die die Mitgliedstaaten ihr in den Verträgen zur Verwirklichung der darin niedergelegten Ziele übertragen haben. Alle der Union nicht in den Verträgen übertragenen Zuständigkeiten verbleiben bei den Mitgliedstaaten.

(3) Nach dem Subsidiaritätsprinzip wird die Union in den Bereichen, die nicht in ihre ausschließliche Zuständigkeit fallen, nur tätig, sofern und soweit die Ziele der in Betracht gezogenen Maßnahmen von den Mitgliedstaaten weder auf zentraler noch auf regionaler oder lokaler Ebene ausreichend verwirklicht werden können, sondern vielmehr wegen ihres Umfangs oder ihrer Wirkungen auf Unionsebene besser zu verwirklichen sind.

Die Organe der Union wenden das Subsidiaritätsprinzip nach dem Protokoll über die Anwendung der Grundsätze der Subsidiarität und der Verhältnismäßigkeit an. Die nationalen Parlamente achten auf die Einhaltung des Subsidiaritätsprinzips nach dem in jenem Protokoll vorgesehenen Verfahren.

(4) Nach dem Grundsatz der Verhältnismäßigkeit gehen die Maßnahmen der Union inhaltlich wie formal nicht über das zur Erreichung der Ziele der Verträge erforderliche Maß hinaus.

Die Organe der Union wenden den Grundsatz der Verhältnismäßigkeit nach dem Protokoll über die Anwendung der Grundsätze der Subsidiarität und der Verhältnismäßigkeit an.

Vertrag über die Arbeitsweise der Europäischen Union (konsolidierte Fassung)

In der Fassung des Vertrags von Lissabon; ABl C 2012/326, 47 vom 26.12.2012

Erster Teil Grundsätze

...

Titel I Arten und Bereiche der Zuständigkeit der Union

...

Artikel 4

(1) Die Union teilt ihre Zuständigkeit mit den Mitgliedstaaten, wenn ihr die Verträge außerhalb der in den Artikeln 3 und 6 genannten Bereiche eine Zuständigkeit übertragen.

(2) Die von der Union mit den Mitgliedstaaten geteilte Zuständigkeit erstreckt sich auf die folgenden Hauptbereiche:

a) Binnenmarkt,
b) Sozialpolitik hinsichtlich der in diesem Vertrag genannten Aspekte,
c) wirtschaftlicher, sozialer und territorialer Zusammenhalt,
d) Landwirtschaft und Fischerei, ausgenommen die Erhaltung der biologischen Meeresschätze,
e) Umwelt,
f) Verbraucherschutz,
g) Verkehr,
h) transeuropäische Netze,
i) Energie,
j) Raum der Freiheit, der Sicherheit und des Rechts,
k) gemeinsame Sicherheitsanliegen im Bereich der öffentlichen Gesundheit hinsichtlich der in diesem Vertrag genannten Aspekte.

(3) In den Bereichen Forschung, technologische Entwicklung und Raumfahrt erstreckt sich die Zuständigkeit der Union darauf, Maßnahmen zu treffen, insbesondere Programme zu erstellen und durchzuführen, ohne dass die Ausübung dieser Zuständigkeit die Mitgliedstaaten hindert, ihre Zuständigkeit auszuüben.

(4) In den Bereichen Entwicklungszusammenarbeit und humanitäre Hilfe erstreckt sich die Zuständigkeit der Union darauf, Maßnahmen zu treffen und eine gemeinsame Politik zu verfolgen, ohne dass die Ausübung dieser Zuständigkeit die Mitgliedstaaten hindert, ihre Zuständigkeit auszuüben.

...

Titel II Allgemein geltende Bestimmungen

...

Artikel 11
(ex-Artikel 6 EGV)

Die Erfordernisse des Umweltschutzes müssen bei der Festlegung und Durchführung der Unionspolitiken und -maßnahmen insbesondere zur Förderung einer nachhaltigen Entwicklung einbezogen werden.

...

Artikel 13

Bei der Festlegung und Durchführung der Politik der Union in den Bereichen Landwirtschaft, Fischerei, Verkehr, Binnenmarkt, Forschung, technologische Entwicklung und Raumfahrt tragen die Union und die Mitgliedstaaten den Erfordernissen des Wohlergehens der Tiere als fühlende Wesen in vollem Umfang Rechnung; sie berücksichtigen hierbei die Rechts- und Verwaltungsvorschriften und die Gepflogenheiten der Mitgliedstaaten insbesondere in Bezug auf religiöse Riten, kulturelle Traditionen und das regionale Erbe.

...

Zweiter Teil Nichtdiskriminierung und Unionsbürgerschaft

Artikel 18
(ex-Artikel 12 EGV)

Unbeschadet besonderer Bestimmungen der Verträge ist in ihrem Anwendungsbereich jede Diskriminierung aus Gründen der Staatsangehörigkeit verboten.

Das Europäische Parlament und der Rat können gemäß dem ordentlichen Gesetzgebungsverfahren Regelungen für das Verbot solcher Diskriminierungen treffen.

...

Dritter Teil Die internen Politiken und Maßnahmen der Union

...

Titel II Der freie Warenverkehr

Artikel 28
(ex-Artikel 23 EGV)

(1) Die Union umfasst eine Zollunion, die sich auf den gesamten Warenaustausch erstreckt; sie umfasst das Verbot, zwischen den Mitgliedstaaten Ein- und Ausfuhrzölle und Abgaben gleicher Wirkung zu erheben, sowie die Einführung eines Gemeinsamen Zolltarifs gegenüber dritten Ländern.

(2) Artikel 30 und Kapitel 3 dieses Titels gelten für die aus den Mitgliedstaaten stammenden Waren sowie für diejenigen Waren aus dritten Ländern, die sich in den Mitgliedstaaten im freien Verkehr befinden.

...

Kapitel 3 Verbot von mengenmäßigen Beschränkungen zwischen den Mitgliedstaaten

Artikel 34
(ex-Artikel 28 EGV)

Mengenmäßige Einfuhrbeschränkungen sowie alle Maßnahmen gleicher Wirkung sind zwischen den Mitgliedstaaten verboten.

Artikel 35
(ex-Artikel 29 EGV)

Mengenmäßige Ausfuhrbeschränkungen sowie alle Maßnahmen gleicher Wirkung sind zwischen den Mitgliedstaaten verboten.

Artikel 36
(ex-Artikel 30 EGV)

Die Bestimmungen der Artikel 34 und 35 stehen Einfuhr-, Ausfuhr- und Durchfuhrverboten oder -beschränkungen nicht entgegen, die aus Gründen der öffentlichen Sittlichkeit, Ordnung und Sicherheit, zum Schutze der Gesundheit und des Lebens von Menschen, Tieren oder Pflanzen, des nationalen Kulturguts von künstlerischem, geschichtlichem oder archäologischem Wert oder des gewerblichen und kommerziellen Eigentums gerechtfertigt sind. Diese Verbote oder Beschränkungen dürfen jedoch weder ein Mittel zur willkürlichen Diskriminierung noch eine verschleierte Beschränkung des Handels zwischen den Mitgliedstaaten darstellen.

Artikel 37
(ex-Artikel 31 EGV)

(1) Die Mitgliedstaaten formen ihre staatlichen Handelsmonopole derart um, dass jede Diskriminierung in den Versorgungs- und Absatzbedingungen zwischen den Angehörigen der Mitgliedstaaten ausgeschlossen ist.

Dieser Artikel gilt für alle Einrichtungen, durch die ein Mitgliedstaat unmittelbar oder mittelbar die Einfuhr oder die Ausfuhr zwischen den Mitgliedstaaten rechtlich oder tatsächlich kontrolliert, lenkt oder merklich beeinflusst. Er gilt auch für die von einem Staat auf andere Rechtsträger übertragenen Monopole.

(2) Die Mitgliedstaaten unterlassen jede neue Maßnahme, die den in Absatz 1 genannten Grundsätzen widerspricht oder die Tragweite der Artikel über das Verbot von Zöllen und mengenmäßigen Beschränkungen zwischen den Mitgliedstaaten einengt.

(3) Ist mit einem staatlichen Handelsmonopol eine Regelung zur Erleichterung des Absatzes oder der Verwertung landwirtschaftlicher Erzeugnisse verbunden, so sollen bei der Anwendung dieses Artikels gleichwertige Sicherheiten für die Beschäftigung und Lebenshaltung der betreffenden Erzeuger gewährleistet werden.

…

Titel VII
Gemeinsame Regeln betreffend Wettbewerb, Steuerfragen und Angleichung der Rechtsvorschriften

Kapitel 1
Wettbewerbsregeln

Abschnitt 1
Vorschriften für Unternehmen

Artikel 101
(ex-Artikel 81 EGV)

(1) Mit dem Binnenmarkt unvereinbar und verboten sind alle Vereinbarungen zwischen Unternehmen, Beschlüsse von Unternehmensvereinigungen und aufeinander abgestimmte Verhaltensweisen, welche den Handel zwischen Mitgliedstaaten zu beeinträchtigen geeignet sind und eine Verhinderung, Einschränkung oder Verfälschung des Wettbewerbs innerhalb des Binnenmarkts bezwecken oder bewirken, insbesondere

a) die unmittelbare oder mittelbare Festsetzung der An- oder Verkaufspreise oder sonstiger Geschäftsbedingungen;
b) die Einschränkung oder Kontrolle der Erzeugung, des Absatzes, der technischen Entwicklung oder der Investitionen;
c) die Aufteilung der Märkte oder Versorgungsquellen;
d) die Anwendung unterschiedlicher Bedingungen bei gleichwertigen Leistungen gegenüber Handelspartnern, wodurch diese im Wettbewerb benachteiligt werden;
e) die an den Abschluss von Verträgen geknüpfte Bedingung, dass die Vertragspartner zusätzliche Leistungen annehmen, die weder sachlich noch nach Handelsbrauch in Beziehung zum Vertragsgegenstand stehen.

(2) Die nach diesem Artikel verbotenen Vereinbarungen oder Beschlüsse sind nichtig.

(3) Die Bestimmungen des Absatzes 1 können für nicht anwendbar erklärt werden auf

– Vereinbarungen oder Gruppen von Vereinbarungen zwischen Unternehmen,
– Beschlüsse oder Gruppen von Beschlüssen von Unternehmensvereinigungen,
– aufeinander abgestimmte Verhaltensweisen oder Gruppen von solchen,

die unter angemessener Beteiligung der Verbraucher an dem entstehenden Gewinn zur Verbesserung der Warenerzeugung oder -verteilung oder zur Förderung des technischen oder wirtschaftlichen Fortschritts beitragen, ohne dass den beteiligten Unternehmen

a) Beschränkungen auferlegt werden, die für die Verwirklichung dieser Ziele nicht unerlässlich sind, oder
b) Möglichkeiten eröffnet werden, für einen wesentlichen Teil der betreffenden Waren den Wettbewerb auszuschalten.

Artikel 102
(ex-Artikel 82 EGV)

Mit dem Binnenmarkt unvereinbar und verboten ist die missbräuchliche Ausnutzung einer beherrschenden Stellung auf dem Binnenmarkt oder auf einem wesentlichen Teil desselben durch ein oder mehrere Unternehmen, soweit dies dazu führen kann, den Handel zwischen Mitgliedstaaten zu beeinträchtigen.

Dieser Missbrauch kann insbesondere in Folgendem bestehen:

a) der unmittelbaren oder mittelbaren Erzwingung von unangemessenen Einkaufs- oder Verkaufspreisen oder sonstigen Geschäftsbedingungen;
b) der Einschränkung der Erzeugung, des Absatzes oder der technischen Entwicklung zum Schaden der Verbraucher;
c) der Anwendung unterschiedlicher Bedingungen bei gleichwertigen Leistungen gegenüber Handelspartnern, wodurch diese im Wettbewerb benachteiligt werden;
d) der an den Abschluss von Verträgen geknüpften Bedingung, dass die Vertragspartner zusätzliche Leistungen annehmen, die weder sachlich noch nach Handelsbrauch in Beziehung zum Vertragsgegenstand stehen.

Artikel 103
(ex-Artikel 83 EGV)

(1) Die zweckdienlichen Verordnungen oder Richtlinien zur Verwirklichung der in den Artikeln 101 und 102 niedergelegten Grundsätze werden vom Rat auf Vorschlag der Kommission und nach Anhörung des Europäischen Parlaments beschlossen.

(2) Die in Absatz 1 vorgesehenen Vorschriften bezwecken insbesondere,

a) die Beachtung der in Artikel 101 Absatz 1 und Artikel 102 genannten Verbote durch die Einführung von Geldbußen und Zwangsgeldern zu gewährleisten;
b) die Einzelheiten der Anwendung des Artikels 101 Absatz 3 festzulegen; dabei ist dem Erfordernis einer wirksamen Überwachung bei möglichst einfacher Verwaltungskontrolle Rechnung zu tragen;
c) gegebenenfalls den Anwendungsbereich der Artikel 101 und 102 für die einzelnen Wirtschaftszweige näher zu bestimmen;
d) die Aufgaben der Kommission und des Gerichtshofs der Europäischen Union bei der Anwendung der in diesem Absatz vorgesehenen Vorschriften gegeneinander abzugrenzen;
e) das Verhältnis zwischen den innerstaatlichen Rechtsvorschriften einerseits und den in diesem Abschnitt enthaltenen oder aufgrund dieses Artikels getroffenen Bestimmungen andererseits festzulegen.

…

Kapitel 3
Angleichung der Rechtsvorschriften

Artikel 114
(ex-Artikel 95 EGV)

(1) Soweit in den Verträgen nichts anderes bestimmt ist, gilt für die Verwirklichung der Ziele des Artikels 26 die nachstehende Regelung. Das Europäische Parlament und der Rat erlassen gemäß dem ordentlichen Gesetzgebungsverfahren und nach Anhörung des Wirtschafts- und Sozialausschusses die Maßnahmen zur Angleichung der Rechts- und Verwaltungsvorschriften der Mitgliedstaaten, welche die Errichtung und das Funktionieren des Binnenmarkts zum Gegenstand haben.

(2) Absatz 1 gilt nicht für die Bestimmungen über die Steuern, die Bestimmungen über die Freizügigkeit und die Bestimmungen über die Rechte und Interessen der Arbeitnehmer.

(3) Die Kommission geht in ihren Vorschlägen nach Absatz 1 in den Bereichen Gesundheit, Sicherheit, Umweltschutz und Verbraucherschutz von einem hohen Schutzniveau aus und berücksichtigt dabei insbesondere alle auf wissenschaftliche Ergebnisse gestützten neuen Entwicklungen. Im Rahmen ihrer jeweiligen Befugnisse streben das Europäische Parlament und der Rat dieses Ziel ebenfalls an.

(4) Hält es ein Mitgliedstaat nach dem Erlass einer Harmonisierungsmaßnahme durch das Europäische Parlament und den Rat beziehungsweise durch den Rat oder die Kommission für erforderlich, einzelstaatliche Bestimmungen beizubehalten, die durch wichtige Erfordernisse im Sinne des Artikel 36 oder in Bezug auf den Schutz der Arbeitsumwelt oder den Umweltschutz gerechtfertigt sind, so teilt er diese Bestimmungen sowie die Gründe für ihre Beibehaltung der Kommission mit.

(5) Unbeschadet des Absatzes 4 teilt ferner ein Mitgliedstaat, der es nach dem Erlass einer Harmonisierungsmaßnahme durch das Europäische Parlament und den Rat beziehungsweise durch den Rat oder die Kommission für erforderlich hält, auf neue wissenschaftliche Erkenntnisse gestützte einzelstaatliche Bestimmungen zum Schutz der Umwelt oder der Arbeitsumwelt aufgrund eines spezifischen Problems für diesen Mitgliedstaat, das sich nach dem Erlass der Harmonisierungsmaßnahme ergibt, einzuführen, die in Aussicht genommenen Bestimmungen sowie die Gründe für ihre Einführung der Kommission mit.

(6) Die Kommission beschließt binnen sechs Monaten nach den Mitteilungen nach den Absätzen 4 und 5, die betreffenden einzelstaatlichen Bestimmungen zu billigen oder abzulehnen, nachdem sie geprüft hat, ob sie ein Mittel zur willkürlichen Diskriminierung und eine verschleierte Beschränkung des Handels zwischen den Mitgliedstaaten darstellen und ob sie das Funktionieren des Binnenmarkts behindern.

Erlässt die Kommission innerhalb dieses Zeitraums keinen Beschluss, so gelten die in den Absätzen 4 und 5 genannten einzelstaatlichen Bestimmungen als gebilligt.

Die Kommission kann, sofern dies aufgrund des schwierigen Sachverhalts gerechtfertigt ist und keine Gefahr für die menschliche Gesundheit besteht, dem betreffenden Mitgliedstaat mitteilen, dass der in diesem Absatz genannte Zeitraum gegebenenfalls um einen weiteren Zeitraum von bis zu sechs Monaten verlängert wird.

(7) Wird es einem Mitgliedstaat nach Absatz 6 gestattet, von der Harmonisierungsmaßnahme abweichende einzelstaatliche Bestimmungen beizubehalten oder einzuführen, so prüft die Kommission unverzüglich, ob sie eine Anpassung dieser Maßnahme vorschlägt.

(8) Wirft ein Mitgliedstaat in einem Bereich, der zuvor bereits Gegenstand von Harmonisierungsmaßnahmen war, ein spezielles Gesundheitsproblem auf, so teilt er dies der Kommission mit, die dann umgehend prüft, ob sie dem Rat entsprechende Maßnahmen vorschlägt.

(9) In Abweichung von dem Verfahren der Artikel 258 und 259 kann die Kommission oder ein Mitgliedstaat den Gerichtshof der Europäischen Union unmittelbar anrufen, wenn die Kommission oder der Staat der Auffassung ist, dass ein anderer Mitgliedstaat die in diesem Artikel vorgesehenen Befugnisse missbraucht.

(10) Die vorgenannten Harmonisierungsmaßnahmen sind in geeigneten Fällen mit einer Schutzklausel verbunden, welche die Mitgliedstaaten ermächtigt, aus einem oder mehreren der in Artikel 36 genannten nicht wirtschaftlichen Gründe vorläufige Maßnahmen zu treffen, die einem Kontrollverfahren der Union unterliegen.

…

Titel XX
Umwelt

Artikel 191
(ex-Artikel 174 EGV)

(1) Die Umweltpolitik der Union trägt zur Verfolgung der nachstehenden Ziele bei:

- Erhaltung und Schutz der Umwelt sowie Verbesserung ihrer Qualität;
- Schutz der menschlichen Gesundheit;
- umsichtige und rationelle Verwendung der natürlichen Ressourcen;
- Förderung von Maßnahmen auf internationaler Ebene zur Bewältigung regionaler oder globaler Umweltprobleme und insbesondere zur Bekämpfung des Klimawandels.

(2) Die Umweltpolitik der Union zielt unter Berücksichtigung der unterschiedlichen Gegebenheiten in den einzelnen Regionen der Union auf ein hohes Schutzniveau ab. Sie beruht auf den Grundsätzen der Vorsorge und Vorbeugung, auf dem Grundsatz, Umweltbeeinträchtigungen mit Vorrang an ihrem Ursprung zu bekämpfen, sowie auf dem Verursacherprinzip.

Im Hinblick hierauf umfassen die den Erfordernissen des Umweltschutzes entsprechenden Harmonisierungsmaßnahmen gegebenenfalls eine Schutzklausel, mit der die Mitgliedstaaten ermächtigt werden, aus nicht wirtschaftlich bedingten umweltpolitischen Gründen vorläufige Maßnahmen zu treffen, die einem Kontrollverfahren der Union unterliegen.

(3) Bei der Erarbeitung ihrer Umweltpolitik berücksichtigt die Union

- die verfügbaren wissenschaftlichen und technischen Daten;
- die Umweltbedingungen in den einzelnen Regionen der Union;
- die Vorteile und die Belastung aufgrund des Tätigwerdens bzw. eines Nichttätigwerdens;
- die wirtschaftliche und soziale Entwicklung der Union insgesamt sowie die ausgewogene Entwicklung ihrer Regionen.

(4) Die Union und die Mitgliedstaaten arbeiten im Rahmen ihrer jeweiligen Befugnisse mit dritten Ländern und den zuständigen internationalen Organisationen zusammen. Die Einzelheiten der Zusammenarbeit der Union können Gegenstand von Abkommen zwischen dieser und den betreffenden dritten Parteien sein.

Unterabsatz 1 berührt nicht die Zuständigkeit der Mitgliedstaaten, in internationalen Gremien zu verhandeln und internationale Abkommen zu schließen.

Artikel 192
(ex-Artikel 175 EGV)

(1) Das Europäische Parlament und der Rat beschließen gemäß dem ordentlichen Gesetzgebungsverfahren und nach Anhörung des Wirtschafts- und Sozialausschusses sowie des Ausschusses der Regionen über das Tätigwerden der Union zur Erreichung der in Artikel 191 genannten Ziele.

(2) Abweichend von dem Beschlussverfahren des Absatzes 1 und unbeschadet des Artikel 114 erlässt der Rat gemäß einem besonderen Gesetzgebungsverfahren nach Anhörung des Europäischen Parlaments, des Wirtschafts- und Sozialausschusses sowie des Ausschusses der Regionen einstimmig

a) Vorschriften überwiegend steuerlicher Art;
b) Maßnahmen, die
   - die Raumordnung berühren,
   - die mengenmäßige Bewirtschaftung der Wasserressourcen berühren oder die Verfügbarkeit dieser Ressourcen mittelbar oder unmittelbar betreffen,
   - die Bodennutzung mit Ausnahme der Abfallbewirtschaftung berühren;
c) Maßnahmen, welche die Wahl eines Mitgliedstaats zwischen verschiedenen Energiequellen und die allgemeine Struktur seiner Energieversorgung erheblich berühren.

Der Rat kann auf Vorschlag der Kommission und nach Anhörung des Europäischen Parlaments, des Wirtschafts- und Sozialausschusses und des Ausschusses der Regionen einstimmig festlegen, dass für die in Unterabsatz 1 genannten Bereiche das ordentliche Gesetzgebungsverfahren gilt.

(3) Das Europäische Parlament und der Rat beschließen gemäß dem ordentlichen Gesetzgebungsverfahren und nach Anhörung des Wirtschafts- und Sozialausschusses sowie des Ausschusses der Regionen allgemeine Aktionsprogramme, in denen die vorrangigen Ziele festgelegt werden.

Die zur Durchführung dieser Programme erforderlichen Maßnahmen werden, je nach Fall, nach dem in Absatz 1 beziehungsweise Absatz 2 vorgesehenen Verfahren erlassen.

(4) Unbeschadet bestimmter Maßnahmen der Union tragen die Mitgliedstaaten für die Finanzierung und Durchführung der Umweltpolitik Sorge.

(5) Sofern eine Maßnahme nach Absatz 1 mit unverhältnismäßig hohen Kosten für die Behörden eines Mitgliedstaats verbunden ist, werden darin unbeschadet des Verursacherprinzips geeignete Bestimmungen in folgender Form vorgesehen:

- vorübergehende Ausnahmeregelungen und/oder
- eine finanzielle Unterstützung aus dem nach Artikel 177 errichteten Kohäsionsfonds.

Artikel 193
(ex-Artikel 176 EGV)

Die Schutzmaßnahmen, die aufgrund des Artikel 192 getroffen werden, hindern die einzelnen Mitgliedstaaten nicht daran, verstärkte Schutzmaßnahmen beizubehalten oder zu ergreifen. Die betreffenden Maßnahmen müssen mit den Verträgen vereinbar sein. Sie werden der Kommission notifiziert.

TITEL XXI
Energie

Artikel 194

(1) Die Energiepolitik der Union verfolgt im Geiste der Solidarität zwischen den Mitgliedstaaten im Rahmen der Verwirklichung oder des Funktionierens des Binnenmarkts und unter Berücksichtigung der Notwendigkeit der Erhaltung und Verbesserung der Umwelt folgende Ziele:

a) Sicherstellung des Funktionierens des Energiemarkts;
b) Gewährleistung der Energieversorgungssicherheit in der Union;
c) Förderung der Energieeffizienz und von Energieeinsparungen sowie Entwicklung neuer und erneuerbarer Energiequellen und
d) Förderung der Interkonnektion der Energienetze.

(2) Unbeschadet der Anwendung anderer Bestimmungen der Verträge erlassen das Europäische Parlament und der Rat gemäß dem ordentlichen Gesetzgebungsverfahren die Maßnahmen, die erforderlich sind, um die Ziele nach Absatz 1 zu verwirklichen. Der Erlass dieser Maßnahmen erfolgt nach Anhörung des Wirtschafts- und Sozialausschusses und des Ausschusses der Regionen.

Diese Maßnahmen berühren unbeschadet des Artikels 192 Absatz 2 Buchstabe c nicht das Recht eines Mitgliedstaats, die Bedingungen für die Nutzung seiner Energieressourcen, seine Wahl zwischen verschiedenen Energiequellen und die allgemeine Struktur seiner Energieversorgung zu bestimmen.

(3) Abweichend von Absatz 2 erlässt der Rat die darin genannten Maßnahmen gemäß einem besonderen Gesetzgebungsverfahren einstimmig nach Anhörung des Europäischen Parlaments, wenn sie überwiegend steuerlicher Art sind.

II. EU-Sekundärrecht

Erneuerbare Energien-RL (EU) 2018/2001 (RED III)

ABl L 328 vom 21.12.2018, 82
Konsolidierte Fassung vom 16.7.2024 idF der RL (EU) 2023/2413 des EP und vom 18. Oktober 2023 zur Änderung der Richtlinie (EU) 2018/2001, der Verordnung (EU) 2018/1999 und der Richtlinie 98/70/EG im Hinblick auf die Förderung von Energie aus erneuerbaren Quellen und zur Aufhebung der Richtlinie (EU) 2015/652 des Rates, ABl L 2023, 1 v 31.10.2023

Artikel 1
Gegenstand

Mit dieser Richtlinie wird ein gemeinsamer Rahmen für die Förderung von Energie aus erneuerbaren Quellen vorgeschrieben. In ihr wird ein verbindliches Unionsziel für den Gesamtanteil von Energie aus erneuerbaren Quellen am Bruttoendenergieverbrauch der Union für 2030 festgelegt. Gleichzeitig werden Regeln für die finanzielle Förderung von Elektrizität aus erneuerbaren Quellen und die Eigenversorgung mit solcher Elektrizität, für die Nutzung von Energie aus erneuerbaren Quellen im Wärme- und Kältesektor und im Verkehrssektor, für die regionale Zusammenarbeit zwischen Mitgliedstaaten sowie zwischen Mitgliedstaaten und Drittländern, für Herkunftsnachweise, administrative Verfahren sowie Informationen und Ausbildung aufgestellt. Ferner werden Kriterien für die Nachhaltigkeit und für Treibhausgaseinsparungen für Biokraftstoffe, flüssige Biobrennstoffe und Biomasse-Brennstoffe vorgeschrieben.

Artikel 2
Begriffsbestimmungen

Für die Zwecke dieser Richtlinie gelten die relevanten Begriffsbestimmungen der Richtlinie 2009/72/EG des Europäischen Parlaments und des Rates ([1]).

Im Sinne dieser Richtlinie bezeichnet der Ausdruck

1. „Energie aus erneuerbaren Quellen" oder „erneuerbare Energie" Energie aus erneuerbaren, nichtfossilen Energiequellen, das heißt Wind, Sonne (Solarthermie und Fotovoltaik) und geothermische Energie, Salzgradient-Energie, Umgebungsenergie, Gezeiten-, Wellen- und sonstige Meeresenergie, Wasserkraft, Energie aus Biomasse, Deponiegas, Klärgas und Biogas;

1a. „Rundholz in Industriequalität" Sägerundholz, Furnierrundholz, rundes oder gespaltenes Faserholz sowie alles andere für industrielle Zwecke geeignete Rundholz, ausgenommen Rundholz, das sich aufgrund seiner Merkmale wie Art, Abmessungen, Geradheit und Astlochdichte nicht für die Verwendung in der Industrie eignet, was von den Mitgliedstaaten unter Berücksichtigung relevanten Wald- und Marktbedingungen festzulegen und ordnungsgemäß zu begründen ist;

2. „Umgebungsenergie" natürlich vorkommende thermische Energie und in der Umwelt innerhalb eines begrenzten Gebiets angesammelte Energie, die in der Umgebungsluft, mit Ausnahme von Abluft, oder in Oberflächengewässern oder Abwässern gespeichert sein kann;

3. „geothermische Energie" Energie, die in Form von Wärme unter der festen Erdoberfläche gespeichert ist;

4. „Bruttoendenergieverbrauch" Energieprodukte, die der Industrie, dem Verkehr, Haushalten, dem Dienstleistungssektor einschließlich dem Bereich öffentliche Dienstleistungen sowie der Land-, Forst- und Fischereiwirtschaft zu energetischen Zwecken geliefert werden, den durch die Energiewirtschaft für die Elektrizitäts- und Wärmeerzeugung entstehenden Elektrizitäts- und Wärmeverbrauch und die bei der Verteilung und Übertragung auftretenden Elektrizitäts- und Wärmeverluste;

5. „Förderregelung" ein Instrument, eine Regelung oder einen Mechanismus, das bzw. die bzw. der von einem Mitgliedstaat oder einer Gruppe von Mitgliedstaaten angewendet wird und die Nutzung von Energie aus erneuerbaren Quellen dadurch fördert, dass die Kosten dieser Energie gesenkt werden, ihr Verkaufspreis erhöht wird oder ihre Absatzmenge durch eine Verpflichtung zur Nutzung erneuerbarer Energie oder auf andere Weise gesteigert wird; dazu zählen unter anderem Investitionsbeihilfen, Steuerbefreiungen oder -erleichterungen, Steuererstattungen, Förderregelungen, die zur Nutzung erneuerbarer Energiequellen verpflichten, einschließlich solcher, bei denen grüne Zertifikate verwendet werden, sowie direkte Preisstützungssysteme einschließlich Einspeisetarifen und der Zahlung einer gleitenden oder festen Prämie;

6. „Verpflichtung zur Nutzung erneuerbarer Energie" eine Förderregelung, durch die Energieproduzenten dazu verpflichtet werden, ihre Produktion zu einem bestimmten Anteil durch Energie aus erneuerbaren Quellen zu decken, durch die Energieversorger dazu verpflichtet werden, ihre Versorgung zu einem bestimmten Anteil durch Energie aus erneuerbaren Quellen zu decken, oder durch die Energieverbraucher dazu verpflichtet werden, ihren Verbrauch zu einem bestimmten Anteil durch Energie aus erneuerbaren Quellen zu decken; dazu zählen auch Regelungen, bei denen derartige Verpflichtungen durch Verwendung grüner Zertifikate erfüllt werden können;

7. „Finanzinstrument" ein Finanzinstrument im Sinne von Artikel 2 Nummer 29 der Verordnung (EU, Euratom) 2018/1046 des Europäischen Parlaments und des Rates ([2]);

8. „KMU" Kleinstunternehmen sowie kleine und mittlere Unternehmen gemäß Artikel 2 des Anhangs der Empfehlung 2003/361/EG der Kommission ([3]);

9. „Abwärme und -kälte" unvermeidbare Wärme oder Kälte, die als Nebenprodukt in einer Industrieanlage, in einer

---

[1] Richtlinie 2009/72/EG des Europäischen Parlaments und des Rates vom 13. Juli 2009 über gemeinsame Vorschriften für den Elektrizitätsbinnenmarkt und zur Aufhebung der Richtlinie 2003/54/EG (ABl. L 211 vom 14.8.2009, S. 55).

[2] Verordnung (EU, Euratom) 2018/1046 des Europäischen Parlaments und des Rates vom 18. Juli 2018 über die Haushaltsordnung für den Gesamthaushaltsplan der Union, zur Änderung der Verordnungen (EU) Nr. 1296/2013, (EU) Nr. 1301/2013, (EU) Nr. 1303/2013, (EU) Nr. 1304/2013, (EU) Nr. 1309/2013, (EU) Nr. 1316/2013, (EU) Nr. 223/2014, (EU) Nr. 283/2014 und des Beschlusses Nr. 541/2014/EU sowie zur Aufhebung der Verordnung (EU, Euratom) Nr. 966/2012 (ABl. L 193 vom 30.7.2018, S. 1).

[3] Empfehlung der Kommission 2003/361/EG vom 6. Mai 2003 betreffend die Definition der Kleinstunternehmen sowie der kleinen und mittleren Unternehmen (ABl. L 124 vom 20.5.2003, S. 36).

Stromerzeugungsanlage oder im tertiären Sektor anfällt und die ungenutzt in Luft oder Wasser abgeleitet werden würde, wo kein Zugang zu einem Fernwärmesystem oder einem Fernkältesystem besteht, in dem ein Kraft-Wärme-Kopplungsprozess genutzt wird, genutzt werden wird oder in dem Kraft-Wärme-Kopplung nicht möglich ist;

9a. „Beschleunigungsgebiet für erneuerbare Energie" einen bestimmten Standort oder ein bestimmtes Gebiet an Land, auf See oder in Binnengewässern, der bzw. das von einem Mitgliedstaat als für die Errichtung von Anlagen zur Erzeugung Energie aus erneuerbaren Quellen besonders geeignet ausgewiesen wurde;

9b. „Solarenergieanlagen" Anlagen zur Umwandlung von Sonnenenergie in thermische oder elektrische Energie, insbesondere Solarthermie- und Fotovoltaikanlagen;

10. „Repowering" die Modernisierung von Kraftwerken, die erneuerbare Energie produzieren, einschließlich des vollständigen oder teilweisen Austauschs von Anlagen oder Betriebssystemen und -geräten zum Austausch von Kapazität oder zur Steigerung der Effizienz oder der Kapazität der Anlage;

11. „Verteilernetzbetreiber" eine natürliche oder juristische Person im Sinne des Artikels 2 Nummer 6 der Richtlinie 2009/72/EG und des Artikels 2 Nummer 6 der Richtlinie 2009/73/EG des Europäischen Parlaments und des Rates ([4]);

12. „Herkunftsnachweis" ein elektronisches Dokument, das ausschließlich als Nachweis gegenüber einem Endkunden dafür dient, dass ein bestimmter Anteil oder eine bestimmte Menge an Energie aus erneuerbaren Quellen produziert wurde;

13. „Restenergiemix" den jährlichen Gesamtenergiemix eines Mitgliedstaats unter Ausschluss des durch entwertete Herkunftsnachweise abgedeckten Anteils;

14. „Eigenversorger im Bereich erneuerbare Elektrizität" einen Endkunden, der an Ort und Stelle innerhalb definierter Grenzen oder, sofern die Mitgliedstaaten das gestatten, an einem anderen Ort für seine Eigenversorgung erneuerbare Elektrizität erzeugt und eigenerzeugte erneuerbare Elektrizität speichern oder verkaufen darf, sofern es sich bei diesen Tätigkeiten – im Falle gewerblicher Eigenversorger im Bereich erneuerbare Elektrizität – nicht um die gewerbliche oder berufliche Haupttätigkeit handelt;

14a. „Gebotszone" eine Gebotszone im Sinne des Artikels 2 Nummer 65 der Verordnung (EU) 2019/943 des Europäischen Parlaments und des Rates ([5]);

14b. „innovative Technologie im Bereich erneuerbare Energie" eine Technologie zur Erzeugung von Energie aus erneuerbaren Quellen, durch die auf mindestens eine Weise eine vergleichbare, auf dem neuesten Stand der Technik befindliche Technologie im Bereich erneuerbare Energie verbessert wird oder die eine nicht vollständig kommerzialisierte und eindeutig mit einem Risiko verbundene Technologie im Bereich erneuerbare Energie nutzbar macht;

14c. „intelligentes Messsystem" ein intelligentes Messsystem im Sinne des Artikels 2 Nummer 23 der Richtlinie (EU) 2019/944 des Europäischen Parlaments und des Rates ([6]);

14d. „Ladepunkt" einen Ladepunkt im Sinne des Artikels 2 Nummer 48 der Verordnung (EU) 2023/1804 des Europäischen Parlaments und des Rates ([7]);

14e. „Marktteilnehmer" einen Marktteilnehmer im Sinne des Artikels 2 Nummer 25 der Verordnung (EU) 2019/943;

14f. „Elektrizitätsmarkt" Elektrizitätsmärkte im Sinne des Artikels 2 Nummer 9 der Richtlinie (EU) 2019/944;

14g. „Batterie für die Wohnumgebung" einen eigenständigen Akkumulator mit einer Nennkapazität von mehr als 2 kWh, der sich für die Installation und Verwendung in der Wohnumgebung eignet;

14h. „Traktionsbatterie" eine Traktionsbatterie im Sinne des Artikels 3 Absatz 1 Nummer 14 der Verordnung (EU) 2023/1542 des Europäischen Parlaments und des Rates ([8]);

14i. „Industriebatterie" eine Industriebatterie im Sinne des Artikels 3 Absatz 1 Nummer 13 der Verordnung (EU) 2023/1542;

14j. „Alterungszustand" den Alterungszustand im Sinne des Artikels 3 Absatz 1 Nummer 28 der Verordnung (EU) 2023/1542;

14k. „Ladezustand" den Ladezustand im Sinne des Artikels 3 Absatz 1 Nummer 27 der Verordnung (EU) 2023/1542;

14l. „Leistungseinstellung" die im Managementsystem der Batterie gespeicherten dynamischen Informationen, die die elektrischen Leistungseinstellungen vorgeben, mit denen die Batterie während eines Lade- oder Entladevorgangs optimalerweise betrieben werden sollte, um ihren Alterungszustand und die Nutzung im Betrieb zu optimieren;

14m. „intelligentes Laden" einen Ladevorgang, bei dem die Intensität des an die Batterie gelieferten Stroms auf der Grundlage elektronisch übermittelter Informationen dynamisch angepasst wird;

14n. „Regulierungsbehörde" eine Regulierungsbehörde im Sinne des Artikels 2 Nummer 2 der Verordnung (EU) 2019/943;

14o. „bidirektionales Laden" einen bidirektionalen Ladevorgang im Sinne des Artikels 2 Nummer 11 der Verordnung (EU) 2023/1804;

14p. „Normalladepunkt" einen Normalladepunkt im Sinne des Artikels 2 Nummer 37 der Verordnung (EU) 2023/1804 des Europäischen Parlaments und des Rates;

14q. „Vertrag über den Bezug von erneuerbarer Energie" einen Vertrag, mit dem sich eine natürliche oder juristische Person bereit erklärt, erneuerbare Energie unmittelbar von einem Produzenten zu beziehen, was unter anderem Verträge über den Bezug von Elektrizität aus erneuerbaren Quellen und Verträge über den Bezug von Wärme und Kälte aus erneuerbaren Quellen umfasst;

15. „gemeinsam handelnde Eigenversorger im Bereich erneuerbare Elektrizität" eine Gruppe von zumindest zwei gemeinsam handelnden Eigenversorgern im Bereich erneuerbare Elektrizität im Sinne der Nummer 14, die sich in demselben Gebäude oder Mehrfamilienhaus befinden;

16. „Erneuerbare-Energie-Gemeinschaft" eine Rechtsperson,

    a) die, im Einklang mit den geltenden nationalen Rechtsvorschriften, auf offener und freiwilliger Beteiligung basiert, unabhängig ist und unter der wirksamen Kon-

---

[4] Richtlinie 2009/73/EG des Europäischen Parlaments und des Rates vom 13. Juli 2009 über gemeinsame Vorschriften für den Erdgasbinnenmarkt und zur Aufhebung der Richtlinie 2003/55/EG (ABl. L 211 vom 14.8.2009, S. 94).

[5] Verordnung (EU) 2019/943 des Europäischen Parlaments und des Rates vom 5. Juni 2019 über den Elektrizitätsbinnenmarkt (ABl. L 158 vom 14.6.2019, S. 54).

[6] Richtlinie (EU) 2019/944 des Europäischen Parlaments und des Rates vom 5. Juni 2019 mit gemeinsamen Vorschriften für den Elektrizitätsbinnenmarkt und zur Änderung der Richtlinie 2012/27/EU (ABl. L 158 vom 14.6.2019, S. 125).

[7] Verordnung (EU) 2023/1804 des Europäischen Parlaments und des Rates vom 13. September 2023 über den Aufbau der Infrastruktur für alternative Kraftstoffe und zur Aufhebung der Richtlinie 2014/94/EU (ABl. L 234 vom 22.9.2023, S. 1).

[8] Verordnung (EU) 2023/1542 des Europäischen Parlaments und des Rates vom 12. Juli 2023 über Batterien und Altbatterien, zur Änderung der Richtlinie 2008/98/EG und der Verordnung (EU) 2019/1020 und zur Aufhebung der Richtlinie 2006/66/EG (ABl. L 191 vom 28.7.2023, S. 1).

trolle von Anteilseignern oder Mitgliedern steht, die in der Nähe der Projekte im Bereich erneuerbare Energie, deren Eigentümer und Betreiber diese Rechtsperson ist, angesiedelt sind,

b) deren Anteilseigner oder Mitglieder natürliche Personen, lokale Behörden einschließlich Gemeinden, oder KMU sind,

c) deren Ziel vorrangig nicht im finanziellen Gewinn, sondern darin besteht, ihren Mitgliedern oder Anteilseignern oder den Gebieten vor Ort, in denen sie tätig ist, ökologische, wirtschaftliche oder sozialgemeinschaftliche Vorteile zu bringen;

17. „Vertrag über den Bezug von erneuerbarem Strom" einen Vertrag, bei dem sich eine natürliche oder juristische Person bereit erklärt, unmittelbar von einem Elektrizitätsproduzenten erneuerbare Elektrizität zu beziehen;

18. „Peer-to-Peer-Geschäft" im Bereich erneuerbare Energie den Verkauf erneuerbarer Energie zwischen Marktteilnehmern auf Grundlage eines Vertrags mit vorab festgelegten Bedingungen für die automatische Abwicklung und Abrechnung der Transaktion, die entweder direkt zwischen den Beteiligten oder auf indirektem Wege über einen zertifizierten dritten Marktteilnehmer, beispielsweise einen Aggregator, erfolgt. Die Rechte und Pflichten der als Endkunden, Produzenten, Versorger oder Aggregatoren beteiligten Parteien bleiben vom Recht auf Peer-to-Peer-Geschäfte unberührt;

18a. „Industrie" Unternehmen und Produkte, die unter die Abschnitte B, C und F und unter Abschnitt J, Abteilung 63, der Statistischen Systematik der Wirtschaftszweige (NACE Rev. 2) gemäß der Verordnung (EG) Nr. 1893/2006 des Europäischen Parlaments und des Rates ([9]) fallen;

18b. „nichtenergetischer Zweck" die Nutzung von Brennstoffen als Rohstoffe in einem Industrieverfahren anstelle der Nutzung für die Energieerzeugung;

19. „Fernwärme" oder „Fernkälte" die Verteilung thermischer Energie in Form von Dampf, heißem Wasser oder kalten Flüssigkeiten von zentralen oder dezentralen Produktionsquellen über ein Netz an mehrere Gebäude oder Anlagen zur Nutzung von Raum- oder Prozesswärme oder -kälte;

20. „effiziente Fernwärme- und Fernkälteversorgung" effiziente Fernwärme- und Fernkälteversorgung im Sinne von Artikel 2 Nummer 41 der Richtlinie 2012/27/EU;

21. „hocheffiziente Kraft-Wärme-Kopplung" hocheffiziente Kraft-Wärme-Kopplung im Sinne von Artikel 2 der Richtlinie 2012/27/EU;

22. „Ausweis über die Gesamtenergieeffizienz" einen Ausweis über die Gesamtenergieeffizienz im Sinne von Artikel 2 Nummer 12 der Richtlinie 2010/31/EU;

22a. „erneuerbare Kraftstoffe" oder „erneuerbare Brennstoffe" Biokraftstoffe, flüssige Biobrennstoffe, Biomasse-Brennstoffe und erneuerbare Brennstoffe nicht biogenen Ursprungs;

22b. „Energieeffizienz an erster Stelle" den Grundsatz „Energieeffizienz an erster Stelle" gemäß Artikel 2 Nummer 18 der Verordnung (EU) 2018/1999;

23. „Abfall" Abfall im Sinne des Artikels 3 Nummer 1 der Richtlinie 2008/98/EG, mit Ausnahme von Stoffen, die absichtlich verändert oder kontaminiert wurden, um dieser Definition zu entsprechen;

24. „Biomasse" den biologisch abbaubaren Teil von Produkten, Abfällen und Reststoffen biologischen Ursprungs der Landwirtschaft, einschließlich pflanzlicher und tierischer Stoffe, der Forstwirtschaft und damit verbundener Wirtschaftszweige, einschließlich der Fischerei und der Aquakultur sowie den biologisch abbaubaren Teil von Abfällen, darunter auch Industrie- und Haushaltsabfälle biologischen Ursprungs;

25. „landwirtschaftliche Biomasse" Biomasse aus der Landwirtschaft;

26. „fortwirtschaftliche Biomasse" Biomasse aus der Forstwirtschaft;

27. „Biomasse-Brennstoffe" gasförmige und feste Kraft- und Brennstoffe, die aus Biomasse hergestellt werden;

28. „Biogas" gasförmige Kraft- und Brennstoffe, die aus Biomasse hergestellt werden;

29. „Bioabfall" Bioabfall im Sinne des Artikels 3 Nummer 4 der Richtlinie 2008/98/EG;

30. „Gewinnungsgebiet" das geografisch definierte Gebiet, in dem die forstwirtschaftlichen Biomasse-Rohstoffe gewonnen werden, zu dem zuverlässige und unabhängige Informationen verfügbar sind und in dem die Bedingungen homogen genug sind, um das Risiko in Bezug auf die Nachhaltigkeit und Rechtmäßigkeit der forstwirtschaftlichen Biomasse zu bewerten;

31. „Walderneuerung" die Wiederaufforstung eines Waldbestands mithilfe natürlicher oder künstlicher Mittel nach der Entnahme des früheren Bestands durch Fällung oder aufgrund natürlicher Ursachen, einschließlich Feuer oder Sturm;

32. „flüssige Biobrennstoffe" flüssige Brennstoffe, die aus Biomasse hergestellt werden und für den Einsatz zu energetischen Zwecken, mit Ausnahme des Transports, einschließlich Elektrizität, Wärme und Kälte, bestimmt sind;

33. „Biokraftstoffe" flüssige Kraftstoffe für den Verkehr, die aus Biomasse hergestellt werden;

34. „fortschrittliche Biokraftstoffe" Biokraftstoffe, die aus in Anhang IX Teil A aufgeführten Rohstoffen hergestellt werden;

35. „wiederverwertete kohlenstoffhaltige Kraftstoffe" flüssige und gasförmige Kraftstoffe, die aus flüssigen oder festen Abfallströmen nicht erneuerbaren Ursprungs, die für eine stoffliche Verwertung gemäß Artikel 4 der Richtlinie 2008/98/EG nicht geeignet sind, hergestellt werden, sowie aus Gas aus der Abfallverarbeitung und Abgas nicht erneuerbaren Ursprungs, die zwangsläufig und unbeabsichtigt infolge der Produktionsprozesse in Industrieanlagen entstehen;

36. „erneuerbare Kraftstoffe nicht biogenen Ursprungs" flüssige oder gasförmige Kraftstoffe, deren Energiegehalt aus erneuerbaren Energiequellen mit Ausnahme von Biomasse stammt;

37. „Biokraftstoffe, flüssige Biobrennstoffe und Biomasse-Brennstoffe, bei denen ein geringes Risiko indirekter Landnutzungsänderungen besteht" Biokraftstoffe, flüssige Biobrennstoffe und Biomasse-Brennstoffe, deren Rohstoffe im Rahmen von Systemen hergestellt wurden, bei denen die Verdrängungseffekte von aus Nahrungs- und Futtermittelpflanzen produzierten Biokraftstoffen, flüssigen Biobrennstoffen und Biomasse-Brennstoffen durch verbesserte Landbewirtschaftungsmethoden sowie den Anbau von Kulturpflanzen auf zuvor nicht für den Anbau genutzten Flächen vermieden werden, und die in Einklang mit den in Artikel 29 aufgeführten Nachhaltigkeitskriterien für Biokraftstoffe, flüssige Biobrennstoffe und Biomasse-Brennstoffe hergestellt wurden;

38. „Kraftstoffanbieter" eine Rechtsperson, die für die Abgabe von Kraftstoff an einer Verbrauchsteuerstelle zuständig ist

[9] Verordnung (EG) Nr. 1893/2006 des Europäischen Parlaments und des Rates vom 20. Dezember 2006 zur Aufstellung der statistischen Systematik der Wirtschaftszweige NACE Revision 2 und zur Änderung der Verordnung (EWG) Nr. 3037/90 des Rates sowie einiger Verordnungen der EG über bestimmte Bereiche der Statistik (ABl. L 393 vom 30.12.2006, S. 1).

oder, im Fall von Elektrizität, oder in dem Fall, dass keine Verbrauchsteuer anfällt, oder in anderen hinreichend begründeten Fällen, jede andere von einem Mitgliedstaat benannte Rechtsperson;

39. „Kulturpflanzen mit hohem Stärkegehalt" Pflanzen, unter die überwiegend Getreide, ungeachtet dessen, ob nur die Körner oder, wie bei Grünmais, die gesamte Pflanze verwendet wird, Knollen- und Wurzelfrüchte, wie Kartoffeln, Topinambur, Süßkartoffeln, Maniok und Yamswurzeln, sowie Knollenfrüchte, wie Taro und Cocoyam, fallen;
40. „Nahrungs- und Futtermittelpflanzen" Kulturpflanzen mit hohem Stärkegehalt, Zuckerpflanzen oder Ölpflanzen, die als Hauptkulturen auf landwirtschaftlichen Flächen produziert werden, ausgenommen Reststoffe, Abfälle und lignozellulosehaltiges Material, und Zwischenfrüchte wie Zweitfrüchte und Deckpflanzen, es sei denn, die Verwendung solcher Zwischenfrüchte führt zu einer zusätzlichen Nachfrage nach Land;
41. „lignozellulosehaltiges Material" Material, das aus Lignin, Zellulose und Hemizellulose besteht, wie Biomasse aus Wäldern, holzartige Energiepflanzen sowie Reststoffe und Abfälle aus der forstbasierten Wirtschaft;
42. „zellulosehaltiges Non-Food-Material" Rohstoffe, die überwiegend aus Zellulose und Hemizellulose bestehen und einen niedrigeren Lignin-Gehalt als lignozellulosehaltiges Material haben; es umfasst Reststoffe von Nahrungs- und Futtermittelpflanzen wie Stroh, Spelzen, Hülsen und Schalen, grasartige Energiepflanzen mit niedrigem Stärkegehalt wie Weidelgras, Rutenhirse, Miscanthus, und Pfahlrohr, Zwischenfrüchte vor und nach Hauptkulturen, Untersaaten, industrielle Reststoffe, einschließlich Nahrungs- und Futtermittelpflanzen nach Extraktion von Pflanzenölen, Zucker, Stärken und Protein, sowie Material aus Bioabfall; als Untersaaten und Deckpflanzen werden vorübergehend angebaute Weiden mit Gras-Klee-Mischungen mit einem niedrigen Stärkegehalt bezeichnet, die zur Fütterung von Vieh sowie dazu dienen, die Bodenfruchtbarkeit im Interesse höherer Ernteerträge bei den Ackerhauptkulturen zu verbessern;
43. „Reststoff" einen Stoff, der kein Endprodukt ist, dessen Produktion durch den Produktionsprozess unmittelbar angestrebt wird; er stellt nicht das primäre Ziel des Produktionsprozesses dar, und der Prozess wurde nicht absichtlich geändert, um ihn zu produzieren;
44. „Reststoffe aus Landwirtschaft, Aquakultur, Fischerei und Forstwirtschaft" Reststoffe, die unmittelbar in der Landwirtschaft, Aquakultur, Fischerei und Forstwirtschaft entstanden sind; sie umfassen keine Reststoffe aus damit verbundenen Wirtschaftszweigen oder aus der Verarbeitung;

44a. „Plantagenwald" einen Plantagenwald im Sinne des Artikels 2 Nummer 11 der Verordnung (EU) 2023/1115 des Europäischen Parlaments und des Rates ([10]);

44b. „Salzgradient-Energie" Energie, die durch den Unterschied im Salzgehalt zwischen zwei Flüssigkeiten, beispielsweise Süßwasser und Salzwasser, erzeugt wird;

44c. „Systemeffizienz" die Auswahl energieeffizienter Lösungen, die auch einen kosteneffizienten Fahrplan zur Dekarbonisierung, zusätzliche Flexibilität und die effiziente Nutzung von Ressourcen ermöglichen;

44d. „Energiespeicher am selben Standort" eine Kombination aus einer Energiespeicheranlage und einer Anlage zur Erzeugung von erneuerbarer Energie, die an denselben Netzanschlusspunkt angeschlossen sind;

44e. „mit Solarstrom betriebenes Elektrofahrzeug" ein Kraftfahrzeug, das mit einem Antriebsstrang, der ausschließlich nichtperiphere elektrische Motoren als Energiewandler enthält, mit einem elektrisch aufladbaren Energiespeichersystem, das extern aufgeladen werden kann, und mit integrierten Fotovoltaikmodulen ausgestattet ist;

45. „tatsächlicher Wert" die Treibhausgaseinsparungen bei einigen oder allen Schritten eines speziellen Produktionsverfahrens für Biokraftstoffe, flüssige Biobrennstoffe oder Biomasse-Brennstoffe, berechnet anhand der Methode in Anhang V Teil C oder Anhang VI Teil B;
46. „typischer Wert" den Schätzwert der Treibhausgasemissionen und der entsprechenden Treibhausgaseinsparungen bei einem bestimmten Produktionsweg für Biokraftstoffe, flüssige Biobrennstoffe oder Biomasse-Brennstoffe, der für den Verbrauch in der Union repräsentativ ist;
47. „Standardwert" den von einem typischen Wert durch Anwendung vorab festgelegter Faktoren abgeleiteten Wert, der unter in dieser Richtlinie festgelegten Bedingungen anstelle eines tatsächlichen Werts verwendet werden kann.

Artikel 3
Verbindliches Gesamtziel der Union für 2030

(1) Die Mitgliedstaaten stellen gemeinsam sicher, dass der Anteil von Energie aus erneuerbaren Quellen am Bruttoendenergieverbrauch der Union im Jahr 2030 mindestens 42,5 % beträgt.

Die Mitgliedstaaten sind gemeinsam bestrebt, den Anteil von Energie aus erneuerbaren Quellen am Bruttoendenergieverbrauch der Union im Jahr 2030 auf 45t % zu erhöhen.

Die Mitgliedstaaten legen als Richtziel für den Anteil innovativer Technologie im Bereich erneuerbare Energie fest, dass dieser Anteil bis 2030 mindestens 5 % der neu installierten Kapazitäten im Bereich erneuerbare Energie beträgt.

(2) Die Mitgliedstaaten legen nationale Beiträge fest, um das in Absatz 1 festgesetzte verbindliche Gesamtziel der Union im Rahmen ihrer integrierten nationalen Energie- und Klimapläne im Einklang mit den Artikeln 3 bis 5 und den Artikeln 9 bis 14 der Verordnung (EU) 2018/1999 gemeinsam zu erreichen. Bei der Ausarbeitung der Entwürfe ihrer integrierten nationalen Energie- und Klimapläne können die Mitgliedstaaten die in Anhang II der genannten Verordnung angeführte Formel berücksichtigen.

Kommt die Kommission aufgrund ihrer Bewertung der gemäß Artikel 9 der Verordnung (EU) 2018/1999 vorgelegten Entwürfe der integrierten nationalen Energie- und Klimapläne zu dem Schluss, dass die nationalen Beiträge der Mitgliedstaaten für die gemeinsame Verwirklichung des verbindlichen Gesamtziels der Union unzureichend sind, so wendet sie das Verfahren nach Artikel 9 und 31 der genannten Verordnung an.

(3) Die Mitgliedstaaten treffen Maßnahmen, damit Energie aus Biomasse auf eine Weise erzeugt wird, bei der übermäßige verzerrende Wirkungen auf den Biomasse-Rohstoffmarkt sowie eine nachteilige Auswirkung auf die biologische Vielfalt, die Umwelt und das Klima minimiert werden. Im Hinblick darauf berücksichtigen sie die Abfallhierarchie gemäß Artikel 4 der Richtlinie 2008/98/EG und stellen sicher, dass das Prinzip der Kaskadennutzung von Biomasse Anwendung findet, wobei Förderregelungen einen Schwerpunkt bilden und nationale Besonderheiten angemessen zu berücksichtigen sind.

Die Mitgliedstaaten gestalten Förderregelungen für Energie aus Biokraftstoffen, flüssigen Biobrennstoffen und Biomasse-Brennstoffen so, dass keine Anreize für nicht nachhaltige Wege gesetzt werden und der Wettbewerb mit den Wirtschaftszweigen für Werkstoffe nicht verzerrt wird, um sicher-

[10] Verordnung (EU) 2023/1115 des Europäischen Parlaments und des Rates vom 31. Mai 2023 über die Bereitstellung bestimmter Rohstoffe und Erzeugnisse, die mit Entwaldung und Waldschädigung in Verbindung stehen, auf dem Unionsmarkt und ihre Ausfuhr aus der Union sowie zur Aufhebung der Verordnung (EU) Nr. 995/2010 (ABl. L 150 vom 9.6.2023, S. 206).

zustellen, dass Holzbiomasse entsprechend ihrem höchsten wirtschaftlichen und ökologischen Mehrwert in folgender Rangfolge eingesetzt wird:

a) Holzprodukte,
b) Verlängerung ihrer Lebensdauer von Holzprodukten,
c) Wiederverwendung,
d) Recycling,
e) Bioenergie und
f) Entsorgung;

(3a) Die Mitgliedstaaten können vom Prinzip der Kaskadennutzung von Biomasse gemäß Absatz 3 abweichen, wenn die Energieversorgungssicherheit gewahrt werden muss. Die Mitgliedstaaten können von diesem Prinzip auch dann abweichen, wenn die lokale Industrie quantitativ oder technisch nicht in der Lage ist, forstwirtschaftliche Biomasse mit einem höheren wirtschaftlichen und ökologischen Mehrwert zu nutzen als zur Energieerzeugung; dies gilt für

a) notwendige Forstbewirtschaftungstätigkeiten im Hinblick auf vorkommerzielle Ausdünnungsarbeiten oder gemäß nationalem Recht im Bereich der Waldbrandprävention in stark gefährdeten Gebieten,
b) den Noteinschlag im Anschluss an dokumentierte natürliche Störungen oder
c) die Ernte bestimmter Holzsorten, die nicht für die lokalen Verarbeitungsanlagen geeignet sind.

(3b) Höchstens einmal im Jahr übermitteln die Mitgliedstaaten der Kommission eine Zusammenfassung der Abweichungen vom Prinzip der Kaskadennutzung von Biomasse gemäß Absatz 3a sowie die Gründe solcher Abweichungen und die geografische Größenordnung, für die sie gelten. Die Kommission veröffentlicht die eingegangenen Mitteilungen und kann eine öffentliche Stellungnahme zu ihnen abgeben.

(3c) Die Mitgliedstaaten gewähren keine unmittelbare finanzielle Unterstützung für

a) die Nutzung von Sägerundholz, Furnierrundholz und Rundholz in Industriequalität sowie von Stümpfen und Wurzeln für die Energieerzeugung,
b) die Erzeugung von erneuerbarer Energie durch Verbrennung von Abfällen, außer wenn die Verpflichtungen, die gemäß der Richtlinie 2008/98/EG für die getrennte Sammlung von Abfällen gelten, eingehalten wurden.

(3d) Unbeschadet des Absatzes 3 gewähren die Mitgliedstaaten für die Stromerzeugung aus forstwirtschaftlicher Biomasse in ausschließlich Elektrizität erzeugenden Anlagen weder neue Unterstützung noch erneuern sie eine etwaige Unterstützung, außer wenn diese Elektrizität mindestens eine der folgenden Bedingungen erfüllt:

a) Sie wurde in einer Region erzeugt, die aufgrund ihrer Abhängigkeit von festen fossilen Brennstoffen im Einklang mit Artikel 11 der Verordnung (EU) 2021/1056 des Europäischen Parlaments und des Rates [11] in einem territorialen Plan für einen gerechten Übergang genannt wird, und erfüllt die einschlägigen Anforderungen gemäß Artikel 29 Absatz 11 der vorliegenden Richtlinie;
b) sie wurde unter Nutzung der Biomasse-CO2-Abscheidung und -Speicherung erzeugt und erfüllt die Anforderungen gemäß Artikel 29 Absatz 11 Unterabsatz 2;
c) sie wird für einen begrenzten Zeitraum in einem Gebiet in äußerster Randlage im Sinne des Artikels 349 AEUV mit dem Ziel erzeugt, die Nutzung forstwirtschaftlicher Biomasse so weit wie möglich einzustellen, ohne den Zugang zu sicherer Energie zu beeinträchtigen.

[11] Verordnung (EU) 2021/1056 des Europäischen Parlaments und des Rates vom 24. Juni 2021 zur Einrichtung des Fonds für einen gerechten Übergang (ABl. L 231 vom 30.6.2021, S. 1).

Die Kommission veröffentlicht bis 2027 einen Bericht über die Auswirkungen der Förderregelungen der Mitgliedstaaten für Biomasse vor, auch in Bezug auf die biologische Vielfalt, auf das das Klima und die Umwelt und auf mögliche Marktverzerrungen, und bewertet die Möglichkeit weiterer Beschränkungen für Förderregelungen für forstwirtschaftliche Biomasse.

(4) Ab dem 1. Januar 2021 darf der Anteil Energie aus erneuerbaren Quellen am Bruttoendenergieverbrauch in den einzelnen Mitgliedstaaten nicht unter den in der dritten Spalte der Tabelle in Anhang I Teil A dieser Richtlinie als Ausgangswert festgelegten Anteil sinken. Die Mitgliedstaaten ergreifen die erforderlichen Maßnahmen, um die Einhaltung jenes als Ausgangswerts festgelegten Anteils zu gewährleisten. Hält ein Mitgliedstaat seinen als Ausgangswert festgelegten Anteil, ermittelt über einen Zeitraum von einem Jahr, nicht ein, so gelangen Artikel 32 Absatz 4 der Verordnung (EU) 2018/1999 zur Anwendung.

(4a) Die Mitgliedstaaten schaffen einen Rahmen, der Förderregelungen und -maßnahmen umfassen kann und mit dem die Verbreitung von Verträgen über den Bezug von erneuerbarer Energie unterstützt wird und die Voraussetzungen dafür geschaffen werden, dass der Anteil der Elektrizität aus erneuerbaren Quellen einen Wert erreicht, der mit dem in Absatz 2 dieses Artikels genannten nationalen Beitrag des Mitgliedstaats im Einklang steht, wobei eine Geschwindigkeit einzuhalten ist, die den in Artikel 4 Buchstabe a Nummer 2 der Verordnung (EU) 2018/1999 genannten Richtzielpfaden entspricht. Insbesondere muss mit dem Rahmen dazu beigetragen werden, verbleibende Hindernisse für einen hohen Anteil an Elektrizität aus erneuerbaren Quellen bei der Stromversorgung abzubauen, auch Hindernisse im Rahmen von Genehmigungsverfahren, des Ausbaus der benötigten Übertragungs-, Verteilungs- und Speicherinfrastruktur einschließlich Energiespeicher am selben Standort. Bei der Gestaltung des Rahmens berücksichtigen die Mitgliedstaaten den zusätzlichen Bedarf an Elektrizität aus erneuerbaren Quellen für den Verkehr, die Industrie, Gebäude sowie die Wärme- und Kälteversorgung und für die Erzeugung von erneuerbaren Kraftstoffen nicht biogenen Ursprungs. Die Mitgliedstaaten können in ihren gemäß den Artikeln 3 und 14 der Verordnung (EU) 2018/1999 vorgelegten integrierten nationalen Energie- und Klimaplänen und in ihren gemäß Artikel 17 der genannten Verordnung vorgelegten Fortschrittsberichten eine Kurzdarstellung der in diesem Rahmen vorgesehenen Strategien und Maßnahmen und eine Bewertung der Umsetzung dieser Strategien bzw. Maßnahmen aufnehmen.

(5) Die Kommission unterstützt die ehrgeizige Zielsetzung der Mitgliedstaaten durch einen Regulierungsrahmen, der die verstärkte Nutzung von Unionsmitteln ermöglicht, einschließlich zusätzlicher Mitteln zur Erleichterung des gerechten Übergangs zu einem höheren Anteil erneuerbarer Energie in CO_2-intensiven Regionen, insbesondere von Finanzinstrumenten, und vor allem folgenden Zwecken dient:

a) der Verringerung der Kapitalkosten von Projekten im Bereich erneuerbare Energie;
b) der Entwicklung von Projekten und Programmen zur Integration erneuerbarer Quellen in das Energiesystem, zur Flexibilisierung des Energiesystems, zur Gewährleistung der Netzstabilität und zum Ausgleich von Netzengpässen;
c) dem Ausbau von Übertragungs- und Verteilernetzinfrastruktur, intelligenten Netzen, Speicheranlagen und Verbindungsleitungen, um bis 2030 ein Stromverbundziel von 15 % zu erreichen und dadurch den technisch machbaren und wirtschaftlich tragbaren Anteil von erneuerbarer Energie im Stromsystem zu erhöhen;
d) der verstärkten regionalen Zusammenarbeit zwischen Mitgliedstaaten sowie zwischen Mitgliedstaaten und Drittländern im Rahmen gemeinsamer Projekte, gemeinsamer

Förderregelungen und durch die Öffnung von Förderregelungen im Bereich erneuerbare Elektrizität für Produzenten mit Sitz in anderen Mitgliedstaaten.

(6) Die Kommission unterstützt Mitgliedstaaten, die sich dafür entscheiden, durch Nutzung von Kooperationsmechanismen zum verbindlichen Gesamtziel der Union nach Absatz 1 beizutragen, indem sie eine Unterstützungsplattform einrichtet.

Artikel 4
Förderregelungen für Energie aus erneuerbaren Quellen

(1) Die Mitgliedstaaten können Förderregelungen anwenden, um das in Artikel 3 Absatz 1 festgelegte Unionsziel für den Einsatz von erneuerbarer Energie und ihren jeweiligen auf nationaler Ebene festgelegten Beitrag zu diesem Ziel zu erreichen oder zu übertreffen.

(2) Die Förderregelungen für Elektrizität aus erneuerbaren Quellen haben Anreize für die marktbasierte und marktorientierte Integration von Elektrizität aus erneuerbaren Quellen in den Elektrizitätsmarkt zu setzen, wobei unnötige Wettbewerbsverzerrungen auf den Elektrizitätsmärkten zu vermeiden und etwaige Systemintegrationskosten und die Netzstabilität zu berücksichtigen sind.

(3) Förderregelungen von Elektrizität aus erneuerbaren Quellen sind so auszugestalten, dass die Integration von Elektrizität aus erneuerbaren Quellen in den Elektrizitätsmarkt maximiert wird, und sichergestellt ist, dass die Produzenten erneuerbarer Energie auf die Preissignale des Marktes reagieren und ihre Einnahmen maximieren.

Dazu wird bei direkten Preisstützungssystemen eine Förderung in Form einer Marktprämie gewährt, bei der es sich unter anderem um eine gleitende oder feste Prämie handeln kann.

Unterabsatz 2 des vorliegenden Absatzes gilt nicht für die Förderung von Elektrizität aus den Quellen gemäß Artikel 19d Absatz 4 der Verordnung (EU) 2019/943, auf die Artikel 19d Absatz 1 der genannten Verordnung Anwendung findet.

Die Mitgliedstaaten dürfen, unbeschadet der für Elektrizität geltenden Binnenmarktvorschriften der Union, für Kleinanlagen und Demonstrationsvorhaben Ausnahmen von diesem Absatz vorsehen.

(4) Die Mitgliedstaaten sorgen dafür, dass Elektrizität aus erneuerbaren Quellen auf offene, transparente, wettbewerbsfördernde, nichtdiskriminierende und kosteneffiziente Weise gefördert wird.

Die Mitgliedstaaten können in Bezug auf Ausschreibungsverfahren für Kleinanlagen und Demonstrationsvorhaben Ausnahmen vorsehen.

Sie können auch den Einsatz von Mechanismen in Erwägung ziehen, die für eine regionale Diversifizierung beim Einsatz von erneuerbarer Elektrizität sorgen, um insbesondere eine kostenwirksame Systemintegration sicherzustellen.

(5) Die Mitgliedstaaten können Ausschreibungsverfahren auf bestimmte Technologien beschränken, wenn eine allen Produzenten von Elektrizität aus erneuerbaren Quellen offenstehende Förderregelung angesichts folgender Gründe zu einem suboptimalen Ergebnis führen würde:

a) das langfristige Potenzial einer bestimmten Technologie;
b) die Notwendigkeit einer Diversifizierung;
c) Netzintegrationskosten;
d) Netzeinschränkungen und Netzstabilität;
e) im Fall von Biomasse, die Notwendigkeit Wettbewerbsverzerrungen auf den Rohstoffmärkten zu vermeiden.

(6) Wenn die Förderung für Elektrizität aus erneuerbaren Quellen über ein Ausschreibungsverfahren gewährt wird, stellen die Mitgliedstaaten eine hohe Projektrealisierungsrate sicher, indem sie

a) nichtdiskriminierende und transparente Kriterien für die Teilnahme an Ausschreibungsverfahren festlegen und veröffentlichen und genaue Fristen und Regeln für die Projektdurchführung festlegen;
b) Informationen über frühere Ausschreibungsverfahren, einschließlich der dabei erzielten Projektrealisierungsraten, veröffentlichen.

(7) Damit in Gebieten in äußerster Randlage und auf kleinen Inseln mehr Energie aus erneuerbaren Quellen erzeugt wird, können die Mitgliedstaaten finanzielle Förderregelungen bei Projekten in diesen Gebieten so anpassen, dass die Produktionskosten, die durch die besonderen Umstände – Abgelegenheit und Abhängigkeit von außen – bedingt sind, berücksichtigt werden.

(8) Bis zum 31. Dezember 2021, und anschließend alle drei Jahre, erstattet die Kommission dem Europäischen Parlament und dem Rat über die Ergebnisse der über Ausschreibungsverfahren in der Union gewährten Förderung für Elektrizität aus erneuerbaren Quellen Bericht, wobei sie insbesondere analysiert, inwiefern mit den Ausschreibungsverfahren Folgendes erreicht werden konnte:

a) Kostensenkungen;
b) technologische Verbesserungen;
c) hohe Realisierungsraten;
d) die diskriminierungsfreie Teilnahme kleiner Marktteilnehmer und, gegebenenfalls, lokaler Behörden;
e) eine Begrenzung der Auswirkungen auf die Umwelt;
f) Akzeptanz vor Ort;
g) Versorgungssicherheit und Netzintegration.

(9) Dieser Artikel gilt unbeschadet der Artikel 107 und 108 AEUV.

Artikel 5
Öffnung der Förderregelungen für Elektrizität aus erneuerbaren Quellen

(1) Die Mitgliedstaaten haben das Recht, gemäß den Artikeln 7 bis 13 dieser Richtlinie zu entscheiden, in welchem Umfang sie die in einem anderen Mitgliedstaat produzierte Elektrizität aus erneuerbaren Quellen fördern. Die Mitgliedstaaten können die Teilnahme an Förderregelungen für Elektrizität aus erneuerbaren Quellen jedoch unter den in diesem Artikel festgelegten Bedingungen für Produzenten mit Sitz in anderen Mitgliedstaaten öffnen.

Wenn sie die Teilnahme an Förderregelungen für Elektrizität aus erneuerbaren Quellen öffnen, können die Mitgliedstaaten vorsehen, dass Anlagen in anderen Mitgliedstaaten ein inidkativer Prozentsatz der in jedem Jahr neu geförderten Kapazität oder der in jedem Jahr dafür bereitgestellten Mittel offensteht.

Diese indikativen Prozentsätze können in jedem Jahr zwischen 2023 und 2026 bei mindestens 5 % und zwischen 2027 und 2030 bei mindestens 10 % oder, falls dieses niedriger ist, auf dem Niveau des Verbundgrads des betreffenden Mitgliedstaats in einem bestimmten Jahr liegen

Um bezüglich der Umsetzung neue Erfahrungen zu sammeln, können die Mitgliedstaaten ein oder mehrere Pilotprojekte ausrichten, bei denen die Förderung Produzenten mit Sitz in anderen Mitgliedstaaten offensteht.

(2) Die Mitgliedstaaten können einen Nachweis für den physikalischen Import von Elektrizität aus erneuerbaren Quellen verlangen. Zu diesem Zweck können sie die Teilnahme an Förderregelungen auf Produzenten in Mitgliedstaaten beschränken, zu denen eine direkte Verbindung über Verbindungsleitungen besteht. Sie dürfen zonenübergreifende Fahrpläne und Kapazitätsvergaben jedoch nicht deswegen ändern oder in anderer Weise beeinflussen, weil Erzeuger an

grenzüberschreitenden Förderregelungen teilnehmen. Grenzüberschreitende Stromübertragungen werden ausschließlich anhand des Ergebnisses der Kapazitätsvergabe nach den unionsrechtlichen Bestimmungen über den Binnenmarkt für Elektrizität bestimmt.

(3) Wenn ein Mitgliedstaat beschließt, die Teilnahme an Förderregelungen für Produzenten mit Sitz in einem anderen Mitgliedstaat zu öffnen, vereinbaren die beteiligten Mitgliedstaaten, welche Grundsätze für diese Teilnahme gelten sollen. Diese Vereinbarungen umfassen zumindest die Grundsätze für die Anrechnung von erneuerbarer Elektrizität, die Gegenstand einer grenzüberschreitenden Förderung ist.

(4) Die Kommission unterstützt die beteiligten Mitgliedstaaten auf deren Ersuchen während des gesamten Verhandlungsprozesses und bei der Festlegung der Kooperationsvereinbarungen, indem sie während des gesamten Prozesses Informationen und Analysen, einschließlich quantitativer und qualitativer Daten zu den direkten und indirekten Kosten und Vorteilen der Zusammenarbeit, sowie Empfehlungen und technisches Fachwissen bereitstellt. Die Kommission kann den Austausch über bewährte Verfahren unterstützen oder erleichtern und Muster für Kooperationsvereinbarungen ausarbeiten, die den Verhandlungsprozess voranbringen. Die Kommission bewertet bis 2025 die Kosten und den Nutzen der in diesem Artikel festgelegten Bestimmungen für den Einsatz von Elektrizität aus erneuerbaren Quellen in der Union.

(5) Bis 2023 führt die Kommission eine Bewertung der Umsetzung dieses Artikels durch. Dabei beurteilt sie, ob die Mitgliedstaaten verpflichtet werden müssen, ihre Förderregelungen für Elektrizität aus erneuerbaren Quellen teilweise für die Teilnahme von in anderen Mitgliedstaaten ansässige Produzenten zu öffnen, mit dem Ziel einer Öffnung im Umfang von 5 % bis 2025 und 10 % bis 2030.

Artikel 6
Stabilität der finanziellen Förderung

(1) Unbeschadet der zur Einhaltung der Artikel 107 und 108 AEUV erforderlichen Anpassungen stellen die Mitgliedstaaten sicher, dass die Höhe der für Projekte im Bereich erneuerbare Energie gewährten Förderung sowie die damit verknüpften Bedingungen nicht in einer Weise überarbeitet werden, die sich negativ auf die daraus erwachsenden Rechte auswirkt und die Rentabilität von Projekten, denen bereits Förderung zugute kommt, infrage stellt.

(2) Die Mitgliedstaaten können die Höhe der Förderung nach objektiven Kriterien anpassen, sofern die betreffenden Kriterien in der Förderregelung von Anbeginn festgelegt waren.

(3) Die Mitgliedstaaten veröffentlichen als Referenzdokument einen mindestens auf die nächsten fünf oder – im Falle von Haushaltsplanungszwängen – drei Jahre ausgelegten langfristigen Zeitplan mit der voraussichtlichen Zuteilung von Fördermitteln, der, soweit angebracht, auch Richtwerte zu den Fristen und Angaben zur Häufigkeit von Ausschreibungsverfahren, zur voraussichtlichen Kapazität und zum voraussichtlichen Budget bzw. zum Höchstbetrag der voraussichtlich gewährten individuellen Förderung und gegebenenfalls zu den voraussichtlich förderfähigen Technologien enthält. Dieser Zeitplan wird jährlich oder immer dann aktualisiert, wenn es nötig ist, um den jüngsten Marktentwicklungen oder der voraussichtlichen Zuteilung von Fördermitteln Rechnung zu tragen.

(4) Die Mitgliedstaaten bewerten mindestens alle fünf Jahre die Wirksamkeit ihrer Förderregelungen für Elektrizität aus erneuerbaren Quellen und deren wichtigste Verteilungseffekte in Bezug auf unterschiedliche Verbrauchergruppen und auf Investitionen. Dabei gehen sie auch auf die Auswirkungen möglicher Änderungen der Förderregelungen ein. Den Ergebnissen dieser Bewertung wird bei der indikativen langfristigen Planung der Entscheidungen über die Förderung und die Gestaltung neuer Förderung Rechnung getragen. Die Mitgliedstaaten nehmen diese Bewertung in die entsprechenden aktualisierten Fassungen ihrer integrierten nationalen Energie- und Klimaschutzpläne und ihrer Fortschrittsberichte gemäß der Verordnung (EU) 2018/1999 auf.

Artikel 7
Berechnung des Anteils von Energie aus erneuerbaren Quellen

(1) Der Bruttoendenergieverbrauch aus erneuerbaren Quellen in den einzelnen Mitgliedstaaten wird berechnet als Summe

a) des Bruttoendenergieverbrauchs von Elektrizität aus erneuerbaren Quellen,
b) des Bruttoendenergieverbrauchs aus erneuerbaren Quellen im Wärme- und Kältesektor und
c) des Endenergieverbrauchs von Energie aus erneuerbaren Quellen im Verkehrssektor.

Für die Zwecke der Berechnung des Anteils von Energie aus erneuerbaren Quellen am Bruttoendenergieverbrauch nach Unterabsatz 1 Buchstaben a, b oder c werden Gas und Elektrizität aus erneuerbaren Quellen nur einmal berücksichtigt.

Aus erneuerbaren Kraftstoffen nicht biogenen Ursprungs erzeugte Energie wird in dem Wirtschaftszweig angerechnet, in dem sie verbraucht wird, d. h. in der Stromversorgung, der Wärme- und Kälteversorgung oder dem Verkehr.

Unbeschadet des Unterabsatzes 3 können die Mitgliedstaaten im Wege eines spezifischen Kooperationsabkommens vereinbaren, die in einem Mitgliedstaat verbrauchten erneuerbaren Brenn- und Kraftstoffe nicht biogenen Ursprungs vollständig oder teilweise dem Anteil des Bruttoendenergieverbrauchs von Energie aus erneuerbaren Quellen in dem Mitgliedstaat, in dem diese Kraftstoffe erzeugt wurden, zuzuordnen. Damit die Kommission überwachen kann, dass dieselben erneuerbaren Brenn- und Kraftstoffe nicht biogenen Ursprungs nicht sowohl in dem Mitgliedstaat, in dem sie erzeugt werden, als auch in dem Mitgliedstaat, in dem sie verbraucht werden, angerechnet werden, und damit sie die geltend gemachte Menge erfassen kann, unterrichten die Mitgliedstaaten die Kommission über jedes solche Kooperationsabkommen. Diese Kooperationsabkommen beinhalten die insgesamt und für jeden Mitgliedstaat zu verbuchenden Menge der erneuerbaren Kraftstoffe nicht biogenen Ursprungs sowie das Datum, an dem das jeweilige Kooperationsabkommen in Kraft tritt.

Vorbehaltlich Artikel 29 Absatz 1 werden Biokraftstoffe, flüssige Biobrennstoffe und Biomasse-Brennstoffe, die die in Artikel 29 Absätze 2 bis 7 und 10 festgelegten Kriterien für die Nachhaltigkeit und für Treibhausgaseinsparungen nicht erfüllen, nicht berücksichtigt.

(2) Für die Zwecke des Absatzes 1 Unterabsatz 1 Buchstabe a wird der Bruttoendenergieverbrauch von Elektrizität aus erneuerbaren Quellen als die in einem Mitgliedstaat aus erneuerbaren Quellen produzierte Elektrizität berechnet, einschließlich der von Eigenversorgern im Bereich erneuerbare Elektrizität und Erneuerbare-Energie-Gemeinschaften produzierten Elektrizität sowie der aus erneuerbaren Brennstoffen nicht biogenen Ursprungs erzeugten Elektrizität und unter Ausschluss der in Pumpspeicherkraftwerken mit zuvor hochgepumptem Wasser produzierten Elektrizität sowie der für die Erzeugung von erneuerbaren Brennstoffen nicht biogenen Ursprungs genutzten Elektrizität.

Bei Hybridanlagen, die Brennstoffe sowohl aus erneuerbaren als auch aus nicht erneuerbaren Quellen nutzen, wird nur der aus erneuerbaren Energiequellen produzierte Elektrizitätsanteil berücksichtigt. Hierfür wird der Anteil der einzelnen

Energiequellen auf der Grundlage ihres Energiegehalts berechnet.

Mit Wasserkraft und Windkraft erzeugte Elektrizität wird gemäß den Normalisierungsregeln in Anhang II berücksichtigt.

(3) Für die Zwecke des Absatzes 1 Unterabsatz 1 Buchstabe b wird der Bruttoendenergieverbrauch aus erneuerbaren Quellen im Wärme- und Kältesektor als die Menge an Fernwärme und Fernkälte berechnet, die in einem Mitgliedstaat aus erneuerbaren Quellen produziert wird, zuzüglich des Verbrauchs anderer Energie aus erneuerbaren Quellen in der Industrie, in Haushalten, im Dienstleistungssektor und in der Land-, Forst- und Fischereiwirtschaft zu Heizungs-, Kühlungs- und Prozesszwecken.

Bei Hybridanlagen, die Brennstoffe sowohl aus erneuerbaren als auch aus nicht erneuerbaren Quellen nutzen, wird nur der aus erneuerbaren Energiequellen produzierte Wärme- und Kälteanteil berücksichtigt. Hierfür wird der Anteil der einzelnen Energiequellen auf der Grundlage ihres Energiegehalts berechnet.

Umgebungsenergie und geothermische Energie, die mit Wärmepumpen und Fernkältesystemen für die Wärme- und Kälteversorgung verwendet wird, wird für die Zwecke des Absatzes 1 Unterabsatz 1 Buchstabe b berücksichtigt, sofern der Endenergieoutput den für den Betrieb der Wärmepumpen erforderlichen Primärenergieinput deutlich überschreitet. Die Menge an Wärme oder Kälte, die im Sinne dieser Richtlinie als Energie aus erneuerbaren Quellen betrachtet werden kann, berechnet sich nach der in Anhang VII vorgesehenen Methode und trägt dem Energieverbrauch in allen Endverbrauchssektoren Rechnung.

Thermische Energie, die durch passive Energiesysteme erzeugt wird, bei denen ein niedrigerer Energieverbrauch auf passive Weise durch die Baukonstruktion oder durch aus Energie aus nicht erneuerbaren Quellen erzeugte Wärme erreicht wird, wird für die Zwecke des Absatzes 1 Unterabsatz 1 Buchstabe b nicht berücksichtigt.

Die Kommission erlässt bis zum 31. Dezember 2021 im Einklang mit Artikel 35 delegierte Rechtsakte, um diese Richtlinie durch Festlegung einer Methode für die Berechnung der Menge an erneuerbarer Energie, die für die Kälteversorgung und Fernkälte genutzt wird, zu ergänzen sowie um Anhang VII zu ändern.

Diese Methode muss saisonbezogene Mindestleistungsfaktoren für Umkehrwärmepumpen beinhalten.

(4) Für die Zwecke des Absatzes 1 Unterabsatz 1 Buchstabe c gilt Folgendes:

a) Der Endverbrauch von Energie aus erneuerbaren Quellen im Verkehr wird als Summe aller Biokraftstoffe, Biogase und erneuerbarer Kraftstoffe nicht biogenen Ursprungs, die im Verkehr verbraucht werden, berechnet. Dies schließt erneuerbare Kraftstoffe ein, die für den internationalen Seeverkehr (Bunker) bereitgestellt werden.

b) Bei der Berechnung des Endenergieverbrauchs im Verkehrssektor werden die in Anhang III festgelegten Werte für den Energiegehalt von Kraftstoffen für den Verkehr verwendet. Zur Bestimmung des Energiegehalts von Kraftstoffen für den Verkehr, die nicht in Anhang III aufgeführt sind, gelten die entsprechenden Normen zur Bestimmung der Heizwerte von Kraftstoffen der Europäischen Normungsorganisation (ESO). In Fällen, für die keine solche Norm zu diesem Zweck erlassen wurde, sind die entsprechenden Normen der Internationalen Organisation für Normung (ISO) zu verwenden.

(5) Der Anteil der Energie aus erneuerbaren Quellen wird als der Bruttoendenergieverbrauch von Energie aus erneuerbaren Quellen, dividiert durch den Bruttoendenergieverbrauch von Energie aus allen Energiequellen berechnet und als Prozentsatz ausgedrückt.

Für die Zwecke des Unterabsatzes 1 dieses Absatzes wird die in Absatz 1 Unterabsatz 1 dieses Artikels genannte Summe gemäß den Artikeln 8, 10, 12 und 13 angepasst.

Wenn der Bruttoendenergieverbrauch eines Mitgliedstaats berechnet wird, um zu ermitteln, inwieweit der Mitgliedstaat die in dieser Richtlinie festgelegten Zielvorgaben und indikativen Zielpfade erfüllt, wird davon ausgegangen, dass der Energieverbrauch im Luftverkehr nicht über 6,18 % des Bruttoendenergieverbrauchs dieses Mitgliedstaats liegt. Für Zypern und Malta wird davon ausgegangen, dass der Energieverbrauch im Luftverkehr nicht über 4,12 % des Bruttoendenergieverbrauchs dieser Mitgliedstaaten liegt.

(6) Für die Berechnung des Anteils der Energie aus erneuerbaren Quellen werden die Methodik und die Begriffsbestimmungen gemäß der Verordnung (EG) Nr. 1099/2008 verwendet.

Die Mitgliedstaaten stellen sicher, dass die für die Berechnung des sektorspezifischen Anteils und des Gesamtanteils verwendeten statistischen Angaben und die der Kommission gemäß der genannten Verordnung übermittelten statistischen Angaben kohärent sind.

Artikel 8
Plattform der Union für die verstärkte Nutzung erneuer barer Energie und statistische Transfers zwischen Mitgliedstaaten

(1) Die Mitgliedstaaten können sich auf den statistischen Transfer einer bestimmten Menge an Energie aus erneuerbaren Quellen aus einem Mitgliedstaat in einen anderen Mitgliedstaat einigen. Die transferierte Menge wird

a) von der Menge an Energie aus erneuerbaren Quellen subtrahiert, die bei der Berechnung des Energieanteils aus erneuerbaren Quellen des den Transfer durchführenden Mitgliedstaats für die Zwecke dieser Richtlinie berücksichtigt wird, und

b) zu der Menge an Energie aus erneuerbaren Quellen addiert, die bei der Berechnung des Energieanteils aus erneuerbaren Quellen des den Transfer akzeptierenden Mitgliedstaats für die Zwecke dieser Richtlinie berücksichtigt wird.

(2) Um die Erfüllung des verbindlichen Gesamtziels der Union gemäß Artikel 3 Absatz 1 und der jeweiligen Beiträge der Mitgliedstaaten zu diesem Ziel gemäß Artikel 3 Absatz 2 dieser Richtlinie sowie um die statistischen Transfers nach Absatz 1 dieses Artikels zu erleichtern, richtet die Kommission eine Plattform der Union für die verstärkte Nutzung erneuerbarer Energie (Union renewable development platform – „URDP“) ein. Die Mitgliedstaaten können freiwillig jährlich Daten zu ihren nationalen Beiträgen zum Ziel der Union, sowie jedwede Bezugswerte für die Überwachung der Fortschritte hinsichtlich der Verordnung (EU) 2018/1999, einschließlich einer Einschätzung, inwieweit der Anteil der erneuerbaren Energie voraussichtlich über oder unter ihren Beiträgen liegen wird, sowie einen Richtwert für den Preis, zu dem sie akzeptieren würden, die Überschussproduktion von Energie aus erneuerbaren Quellen an einen anderen Mitgliedstaat oder von einem anderen Mitgliedstaat zu transferieren, freiwillig bei der URDP einreichen. Der tatsächliche Preis dieser Transfers wird im Einzelfall mithilfe des auf der URDP bereitgestellten Mechanismus zur Abstimmung zwischen Angebot und Nachfrage festgesetzt.

(3) Die Kommission sorgt dafür, dass Angebot und Nachfrage bezüglich der Mengen erneuerbarer Energie, die bei der Berechnung des Anteils erneuerbarer Energie eines Mitgliedstaats berücksichtigt werden, über die URDP auf der Grund-

lage des Preises oder anderer Kriterien des den Transfer akzeptierenden Mitgliedstaats zusammengeführt werden können.

Der Kommission wird die Befugnis übertragen, im Einklang mit Artikel 35 delegierte Rechtsakte zu erlassen, um diese Richtlinie durch Einrichtung der URDP und durch Festlegung der Kriterien für den Abschluss von Transaktionen gemäß Absatz 5 zu ergänzen.

(4) Die in den Absätzen 1 und 2 genannten Vereinbarungen können für ein oder mehrere Kalenderjahre gelten. Solche Vereinbarungen zwischen den Mitgliedstaaten müssen spätestens 12 Monate nach Ablauf jedes Jahres, in dem sie gültig sind, der Kommission mitgeteilt oder auf der URDP abgeschlossen werden. Die der Kommission übermittelten Angaben umfassen auch die Menge und den Preis der betreffenden Energie. Wenn Transfers auf der URDP abgeschlossen werden, werden die beteiligten Parteien und die Informationen über den betreffenden Transfer dieser Transaktionen veröffentlicht.

(5) Ein Transfer wird wirksam, nachdem alle anzuwendenden Clearing-Bedingungen auf der URDP erfüllt sind oder alle am Transfer beteiligten Mitgliedstaaten der Kommission den Transfer mitgeteilt haben.

Artikel 9
Gemeinsame Projekte zwischen Mitgliedstaaten

(1) Zwei oder mehr Mitgliedstaaten können bei allen Arten von gemeinsamen Projekten zur Produktion von Elektrizität, Wärme oder Kälte aus erneuerbaren Quellen zusammenarbeiten. Die Zusammenarbeit kann private Betreiber einschließen.

(1a) Bis zum 31. Dezember 2025 vereinbart jeder Mitgliedstaat mit mindestens einem weiteren Mitgliedstaat, eine Rahmenregelung über die Zusammenarbeit bei gemeinsamen Projekten zur Erzeugung von Energie aus erneuerbaren Quellen zu folgenden Modalitäten festzulegen:

a) Die Mitgliedstaaten streben an, sich bis zum 31. Dezember 2030 auf die Einrichtung von mindestens zwei gemeinsamen Projekten zu einigen,
b) die Mitgliedstaaten mit einem jährlichen Stromverbrauch von mehr als 100 TWh streben an, sich bis zum 31. Dezember 2033 auf die Einrichtung eines dritten gemeinsamen Projekts zu einigen.

Die Festlegung gemeinsamer Projekte im Bereich der Offshore-Energie aus erneuerbaren Quellen erfolgt im Einklang mit dem Bedarf, der in den in Artikel 14 Absatz 2 der Verordnung (EU) 2022/869 des Europäischen Parlaments und des Rates ([12]) genannten strategischen integrierten Offshore-Netzentwicklungsplänen auf hoher Ebene für jedes Meeresbecken und im unionsweiten Zehnjahresnetzentwicklungsplan gemäß Artikel 30 Absatz 1 Buchstabe b der Verordnung (EU) 2019/943 ermittelt wurde, kann aber über diesen Bedarf hinausgehen und lokale und regionale Gebietskörperschaften und private Unternehmen einbeziehen.

Die Mitgliedstaaten arbeiten auf eine gerechte Verteilung der Kosten und des Nutzens der gemeinsamen Projekte hin. Zu diesem Zweck berücksichtigen die Mitgliedstaaten alle relevanten Kosten und der entsprechende Nutzen des gemeinsamen Projekts in dem jeweiligen Kooperationsabkommen.

Die Mitgliedstaaten teilen der Kommission die Kooperationsabkommen und das Datum der voraussichtlichen Inbetriebnahme der gemeinsamen Projekte mit. Die in Unterabsatz 1 genannte Verpflichtung kann von den beteiligten Mitgliedstaaten durch Projekte erfüllt werden, die über nationale Beiträge im Rahmen des mit der Durchführungsverordnung (EU) 2020/1294 ([13]) der Kommission eingerichteten Finanzierungsmechanismus der Union für erneuerbare Energie finanziert werden.

(2) Die Mitgliedstaaten teilen der Kommission den Prozentsatz oder die Menge der Elektrizität, der Wärme oder der Kälte aus erneuerbaren Quellen mit, der bzw. die in einem beliebigen gemeinsamen Projekt in ihrem Hoheitsgebiet, das nach dem 25. Juni 2009 in Betrieb genommen wurde, oder mittels der erhöhten Kapazität einer Anlage, die nach Inkrafttreten dieser Richtlinie umgerüstet wurde, produziert wird und für die Zwecke dieser Richtlinie als auf den Anteil erneuerbarer Energie eines anderen Mitgliedstaats anrechenbar zu betrachten ist.

(3) Die Mitteilung nach Absatz 2 enthält Folgendes:

a) eine Beschreibung der vorgeschlagenen Anlage oder Angaben zur umgerüsteten Anlage,
b) die Angabe des Prozentsatzes oder der Menge der von der Anlage produzierten Elektrizität oder der von ihr produzierten Wärme oder Kälte, der bzw. die als auf den Anteil erneuerbarer Energie des anderen Mitgliedstaats anrechenbar zu betrachten ist,
c) die Angabe des Mitgliedstaats, zu dessen Gunsten die Mitteilung erfolgt, und
d) die Angabe des Zeitraums, in dem die von der Anlage aus erneuerbaren Quellen produzierte Elektrizität oder die von ihr aus erneuerbaren Quellen produzierte Wärme oder Kälte als auf den Anteil erneuerbarer Energie des anderen Mitgliedstaats anrechenbar zu betrachten ist, in vollen Kalenderjahren.

(4) Die Laufzeit eines gemeinsamen Projekts nach diesem Artikel darf über das Jahr 2030 hinausgehen.

(5) Eine nach diesem Artikel erfolgte Mitteilung darf nur in gegenseitigem Einvernehmen zwischen dem die Mitteilung machenden Mitgliedstaat und dem gemäß Absatz 3 Buchstabe c angegebenen Mitgliedstaat geändert oder widerrufen werden.

(6) Die Kommission erleichtert auf Ersuchen der betreffenden Mitgliedstaaten die Durchführung gemeinsamer Projekte der Mitgliedstaaten, und zwar vor allem durch spezielle technische Unterstützung und Unterstützung bei der Projektentwicklung.

(7a) Auf der Grundlage der gemäß Artikel 14 der Verordnung (EU) 2022/869 festgelegten Richtziele für die Erzeugung von Offshore-Energie aus erneuerbaren Quellen in jedem Meeresbecken veröffentlichen die betroffenen Mitgliedstaaten Informationen über die Mengen an Offshore-Energie aus erneuerbaren Quellen, deren Erzeugung die sie im Wege von Ausschreibungen erreichen wollen, wobei sie der technischen und wirtschaftlichen Machbarkeit der Netzinfrastruktur und den bereits durchgeführten Tätigkeiten Rechnung tragen. Die Mitgliedstaaten streben an, in ihren maritimen Raumordnungsplänen Projekten im Bereich der Offshore-Energie aus erneuerbaren Quellen Gebiete zuzuweisen, wobei den bereits in den betroffenen Gebieten durchgeführten Tätigkeiten Rechnung zu tragen ist. Im Interesse einer einfacheren Erteilung von Genehmigungen für gemeinsame Projekte im Bereich der Offshore-Energie aus erneuerbaren Quellen verringern die Mitgliedstaaten die Komplexität und erhöhen die Effizienz und Transparenz des Genehmigungsverfahrens, verstärken die Zusammenarbeit untereinander, und richten gegebenenfalls eine zentrale Anlaufstelle ein. Zur Erhöhung der Akzeptanz in der

[12] Verordnung (EU) 2022/869 des Europäischen Parlaments und des Rates vom 30. Mai 2022 zu Leitlinien für die transeuropäische Energieinfrastruktur, zur Änderung der Verordnungen (EG) Nr. 715/2009, (EU) 2019/942 und (EU) 2019/943 sowie der Richtlinien 2009/73/EG und (EU) 2019/944 und zur Aufhebung der Verordnung (EU) Nr. 347/2013 (ABl. L 152 vom 3.6.2022, S. 45).

[13] Durchführungsverordnung (EU) 2020/1294 der Kommission vom 15. September 2020 über den Finanzierungsmechanismus der Union für erneuerbare Energie (ABl. L 303 vom 17.9.2020, S. 1).

Öffentlichkeit können die Mitgliedstaaten Erneuerbare-Energie-Gemeinschaften in gemeinsame Projekte im Bereich der Offshore-Energie aus erneuerbaren Quellen einbeziehen.

Artikel 10
Wirkungen gemeinsamer Projekte zwischen Mitgliedstaaten

(1) Innerhalb von drei Monaten nach Ablauf jedes in den Zeitraum nach Artikel 9 Absatz 3 Buchstabe d fallenden Jahres versendet der Mitgliedstaat, der die Mitteilung nach Artikel 9 gemacht hat, ein Mitteilungsschreiben mit folgenden Angaben:

a) die Gesamtmenge an Elektrizität oder Wärme oder Kälte, die in dem betreffenden Jahr von der Anlage, die Gegenstand der Mitteilung nach Artikel 9 war, aus erneuerbaren Energiequellen produziert wurde, und

b) die Menge an Elektrizität oder Wärme oder Kälte, die in dem betreffenden Jahr von der Anlage aus erneuerbaren Energiequellen produziert wurde und gemäß der Mitteilung auf den Anteil erneuerbarer Energie eines anderen Mitgliedstaats anzurechnen ist.

(2) Der mitteilende Mitgliedstaat sendet das Mitteilungsschreiben an den Mitgliedstaat, zu dessen Gunsten die Mitteilung erfolgte, und an die Kommission.

(3) Für die Zwecke dieser Richtlinie wird die Menge an Elektrizität oder Wärme oder Kälte aus erneuerbaren Energiequellen, die gemäß Absatz 1 Buchstabe b mitgeteilt wurde,

a) von der Menge an Elektrizität, Wärme oder Kälte aus erneuerbaren Quellen subtrahiert, die bei der Berechnung des Energieanteils aus erneuerbaren Quellen des das Mitteilungsschreiben nach Absatz 1 versendenden Mitgliedstaats berücksichtigt wird, und

b) zu der Menge an Elektrizität, Wärme oder Kälte aus erneuerbaren Quellen addiert, die bei der Berechnung des Energieanteils aus erneuerbaren Quellen des das Mitteilungsschreiben nach Absatz 2 empfangenden Mitgliedstaats berücksichtigt wird.

Artikel 11
Gemeinsame Projekte von Mitgliedstaaten und Drittländern

(1) Ein oder mehrere Mitgliedstaaten können mit einem oder mehreren Drittländern bei allen Arten gemeinsamer Projekte zur Produktion von Elektrizität aus erneuerbaren Quellen zusammenarbeiten. Die Zusammenarbeit kann private Betreiber einschließen und erfolgt unter uneingeschränkter Achtung des Völkerrechts.

(2) Aus erneuerbaren Quellen in einem Drittland produzierte Elektrizität wird bei der Berechnung der Anteile erneuerbarer Energie der Mitgliedstaaten nur berücksichtigt, wenn die folgenden Bedingungen erfüllt sind:

a) die Elektrizität wird in der Union verbraucht, was als erfüllt angesehen wird, wenn
   i) eine Elektrizitätsmenge, die der angerechneten Elektrizitätsmenge entspricht, von allen zuständigen Übertragungsnetzbetreibern im Ursprungsland, im Bestimmungsland und, falls relevant, in jedem Transitdrittland der jeweils zugeteilten Verbindungskapazität fest zugewiesen wurde;
   ii) eine Elektrizitätsmenge, die der angerechneten Elektrizitätsmenge entspricht, vom zuständigen Übertragungsnetzbetreiber auf der Unionsseite einer Verbindungsleitung fest im Elektrizitätsbilanzverzeichnis registriert wurde; und
   iii) die ausgewiesene Kapazität und die Produktion der Elektrizität aus erneuerbaren Quellen durch die in Buchstabe b genannte Anlage denselben Zeitraum betreffen;

b) die Elektrizität wird im Rahmen eines gemeinsamen Projekts gemäß Absatz 1 in einer Anlage produziert, die nach dem 25. Juni 2009 in Betrieb genommen, oder nach diesem Datum umgerüstet wurde;

c) für die produzierte und exportierte Elektrizitätsmenge wurden außer Investitionsbeihilfen für die Anlage keine Förderung aus einer Förderregelung eines Drittlands gewährt; und

d) die Elektrizität wurde im Einklang mit dem Völkerrecht in einem Drittland produziert, das die Europäische Konvention zum Schutze der Menschenrechte und Grundfreiheiten oder ein anderes internationales Übereinkommen oder einen anderen internationalen Vertrag über Menschenrechte unterzeichnet hat.

(3) Die Mitgliedstaaten können bei der Kommission beantragen, dass für die Zwecke von Absatz 4 und im Zusammenhang mit der Errichtung einer Verbindungsleitung mit einer sehr langen Vorlaufzeit zwischen einem Mitgliedstaat und einem Drittstaat die aus erneuerbaren Quellen stammende und in einem Drittstaat produzierte und konsumierte Elektrizität unter folgenden Bedingungen berücksichtigt wird:

a) mit dem Bau der Verbindungsleitung muss bis zum 31. Dezember 2026 begonnen worden sein;

b) die Verbindungsleitung kann nicht bis zum 31. Dezember 2030 in Betrieb genommen werden;

c) die Verbindungsleitung kann bis zum 31. Dezember 2032 in Betrieb genommen werden;

d) nach der Inbetriebnahme wird die Verbindungsleitung in Übereinstimmung mit Absatz 2 für den Export von Elektrizität aus erneuerbaren Quellen in die Union genutzt;

e) der Antrag bezieht sich auf ein gemeinsames Projekt, das den Kriterien von Absatz 2 Buchstaben b und c entspricht und das die Verbindungsleitung nach ihrer Inbetriebnahme nutzen wird, und auf eine Elektrizitätsmenge, die jene nicht übersteigt, die nach der Inbetriebnahme der Verbindungsleitung in die Union exportiert wird.

(4) Der Prozentsatz oder die Menge der von einer Anlage im Hoheitsgebiet eines Drittlands produzierten Elektrizität, der bzw. die für die Zwecke dieser Richtlinie als auf den Anteil erneuerbarer Energie eines oder mehrerer Mitgliedstaaten anrechenbar zu betrachten ist, wird der Kommission mitgeteilt. Wenn mehr als ein Mitgliedstaat betroffen ist, wird die Aufteilung dieses Prozentsatzes oder dieser Menge auf die Mitgliedstaaten der Kommission mitgeteilt. Dieser Prozentsatz oder diese Menge darf die tatsächlich in die Union ausgeführte und dort verbrauchte Menge nicht überschreiten und muss der Menge gemäß Absatz 2 Buchstabe a Ziffern i und ii entsprechen und die Bedingungen des Absatzes 2 Buchstabe a erfüllen. Die Mitteilung erfolgt durch jeden Mitgliedstaat, auf dessen nationales Gesamtziel der Prozentsatz oder die Menge der Elektrizität angerechnet werden soll.

(5) Die Mitteilung nach Absatz 4 enthält Folgendes:

a) eine Beschreibung der vorgeschlagenen Anlage oder Angaben zur umgerüsteten Anlage;

b) die Angabe des Prozentsatzes oder der Menge der von der Anlage produzierten Elektrizität, der bzw. die als auf den Anteil erneuerbarer Energie eines Mitgliedstaats anrechenbar zu betrachten ist, sowie die entsprechenden Finanzvereinbarungen, wobei Vertraulichkeitsanforderungen einzuhalten sind;

c) die Angabe des Zeitraums, in dem die Elektrizität als auf den Anteil erneuerbarer Energie des Mitgliedstaats anrechenbar zu betrachten ist, in vollen Kalenderjahren; und

d) eine schriftliche Bestätigung der Angaben nach den Buchstaben b und c durch das Drittland, in dessen Hoheitsgebiet die Anlage in Betrieb genommen werden soll, und die Angabe des Anteils oder der Menge der in der Anlage produzierten Elektrizität für den heimischen Verbrauch dieses Drittlands.

(6) Die Laufzeit eines gemeinsamen Projekts nach diesem Artikel darf über das Jahr 2030 hinausgehen.

(7) Eine nach diesem Artikel erfolgte Mitteilung darf nur in gegenseitigem Einvernehmen zwischen dem die Mitteilung machenden Mitgliedstaat und dem Drittland, das das gemeinsame Projekt gemäß Absatz 5 Buchstabe d bestätigt hat, geändert oder widerrufen werden.

(8) Die Mitgliedstaaten und die Union legen den einschlägigen Gremien der Energiegemeinschaft nahe, in Einklang mit dem Vertrag über die Energiegemeinschaft die Maßnahmen zu ergreifen, die erforderlich sind, damit die Vertragsparteien die Bestimmungen dieser Richtlinie für die Zusammenarbeit zwischen Mitgliedstaaten anwenden können.

Artikel 12
Wirkung gemeinsamer Projekte zwischen Mitgliedstaaten und Drittländern

(1) Innerhalb von 12 Monaten nach Ablauf jedes in den Zeitraum nach Artikel 11 Absatz 5 Buchstabe c fallenden Jahres versendet der mitteilende Mitgliedstaat ein Mitteilungsschreiben mit folgendem Inhalt:

a) die Gesamtmenge an Elektrizität, die in dem betreffenden Jahr von der Anlage, die Gegenstand der Mitteilung nach Artikel 11 war, aus erneuerbaren Quellen produziert wurde;
b) die Menge an Elektrizität, die in dem betreffenden Jahr von der Anlage aus erneuerbaren Quellen produziert wurde und gemäß der Mitteilung nach Artikel 11 auf seinen Anteil erneuerbarer Energie anzurechnen ist;
c) den Nachweis der Einhaltung der in Artikel 11 Absatz 2 genannten Bedingungen.

(2) Die in Absatz 1 genannten Mitgliedstaaten senden das Mitteilungsschreiben an die Kommission und an das Drittland, das das gemeinsame Projekt gemäß Artikel 11 Absatz 5 Buchstabe d bestätigt hat.

(3) Zur Berechnung der Anteile erneuerbarer Energie im Rahmen dieser Richtlinie wird die aus erneuerbaren Quellen produzierte Menge an Elektrizität, die gemäß Absatz 1 Buchstabe b mitgeteilt wurde, der anrechenbaren Menge an Energie aus erneuerbaren Quellen hinzugerechnet, wenn der Anteil erneuerbarer Energie des Mitgliedstaats, der das Mitteilungsschreiben versendet, berechnet wird.

Artikel 13
Gemeinsame Förderregelungen

(1) Unbeschadet der Pflichten der Mitgliedstaaten nach Artikel 5 können zwei oder mehr Mitgliedstaaten auf freiwilliger Basis beschließen, ihre nationalen Förderregelungen zusammenzulegen oder teilweise zu koordinieren. In solchen Fällen kann eine bestimmte Menge an Energie aus erneuerbaren Quellen, die im Hoheitsgebiet eines teilnehmenden Mitgliedstaats produziert wird, auf den Anteil erneuerbarer Energie eines anderen teilnehmenden Mitgliedstaats angerechnet werden, wenn die betreffenden Mitgliedstaaten

a) gemäß Artikel 8 einen statistischen Transfer bestimmter Mengen Energie aus erneuerbaren Quellen von einem Mitgliedstaat auf einen anderen vornehmen oder
b) eine von den teilnehmenden Mitgliedstaaten gebilligte Verteilungsregel festlegen, nach der Mengen an Energie aus erneuerbaren Quellen den beteiligten Mitgliedstaaten zugewiesen werden.

Verteilungsregeln nach Unterabsatz 1 Buchstabe b) sind der Kommission spätestens drei Monate nach dem Ende des ersten Jahres, in dem sie wirksam wird, mitzuteilen.

(2) Innerhalb von drei Monaten nach Ende jedes Jahres versendet jeder Mitgliedstaat, der eine Mitteilung nach Absatz 1 Unterabsatz 1 Buchstabe b gemacht hat, ein Mitteilungsschreiben, in dem er die Gesamtmenge an Elektrizität oder Wärme oder Kälte aus erneuerbaren Quellen angibt, die in dem Jahr, für das die Verteilungsregel gelten soll, produziert wurde.

(3) Zur Berechnung der Anteile erneuerbarer Energie im Rahmen dieser Richtlinie wird die Menge an Elektrizität oder Wärme oder Kälte aus erneuerbaren Quellen, die gemäß Absatz 2 mitgeteilt wurde, nach der mitgeteilten Verteilungsregel zwischen den betreffenden Mitgliedstaaten neu aufgeteilt.

(4) Die Kommission verbreitet Leitlinien und bewährte Verfahren und unterstützt die betreffenden Mitgliedstaaten auf deren Ersuchen bei der Einführung gemeinsamer Förderregelungen in den Mitgliedstaaten.

Artikel 14
Kapazitätserhöhungen

Für die Zwecke des Artikels 9 Absatz 2 und des Artikels 11 Absatz 2 Buchstabe b werden Einheiten von Energie aus erneuerbaren Quellen, die auf die Erhöhung der Kapazität einer Anlage zurückzuführen sind, so behandelt, als seien sie in einer eigenständigen Anlage produziert worden, die zum Zeitpunkt der Kapazitätserhöhung in Betrieb genommen wurde.

Artikel 15
Verwaltungsverfahren, Rechtsvorschriften und Regelwerke

(1) Die Mitgliedstaaten stellen sicher, dass einzelstaatliche Vorschriften für die Genehmigungs-, Zertifizierungs- und Zulassungsverfahren, die auf Anlagen zur Produktion von Elektrizität, Wärme oder Kälte aus erneuerbaren Quellen und die angegliederten Übertragungs- und Verteilernetze sowie auf den Vorgang der Umwandlung von Biomasse in Biokraftstoffe, flüssige Biobrennstoffe und Biomasse-Brennstoffe oder sonstige Energieprodukte und auf erneuerbare Kraftstoffe nicht biogenen Ursprungs angewandt werden, verhältnismäßig und notwendig sind und zur Umsetzung des Prinzips Energieeffizienz an erster Stelle (energy efficiency first) beitragen.

Die Mitgliedstaaten ergreifen insbesondere angemessene Maßnahmen, um sicherzustellen, dass

a) die Verwaltungsverfahren auf der geeigneten Verwaltungsebene gestrafft und beschleunigt und für die in Unterabsatz 1 genannten Verfahren vorhersehbare Zeitpläne aufgestellt werden;
b) die Vorschriften für Genehmigung, Zertifizierung und Zulassung objektiv, transparent und verhältnismäßig sind, nicht zwischen Antragstellern diskriminieren und den Besonderheiten der einzelnen Technologien für erneuerbare Energie vollständig Rechnung tragen;
c) Verwaltungsgebühren, die die Verbraucher, Planungsbüros, Architekten, Bauunternehmen sowie die Geräte- und Systeminstallateure und -lieferanten entrichten müssen, transparent und kostenbezogen sind und
d) für dezentrale Anlagen und für die Produktion und Speicherung von Energie aus erneuerbaren Quellen vereinfachte und weniger aufwändige Genehmigungsverfahren, unter anderem ein Verfahren der einfachen Mitteilung, eingeführt werden.

(2) Die Mitgliedstaaten legen eindeutige technische Spezifikationen fest, die Geräte und Systeme, die Energie aus erneuerbaren Quellen nutzen, erfüllen müssen, damit ihnen die

Förderregelungen zugutekommen und sie bei der Vergabe öffentlicher Aufträge berücksichtigt werden können. Sind harmonisierte Normen oder europäische Normen vorhanden, einschließlich von den europäischen Normungsorganisationen entwickelter technischer Referenzsysteme, werden solche technischen Spezifikationen auf der Grundlage dieser Normen abgefasst. Vorrang haben dabei harmonisierte Normen, deren Fundstellen zur Unterstützung des Unionsrechts im Amtsblatt der Europäischen Union veröffentlicht wurden, etwa die Verordnung (EU) 2017/1369 des Europäischen Parlaments und des Rates ([14]) oder die Richtlinie 2009/125/EG des Europäischen Parlaments und des Rates ([15]). Sind keine solchen Normen vorhanden, sind sonstige harmonisierte Normen und europäische Normen in dieser Reihenfolge zu nutzen. In den technischen Spezifikationen darf nicht vorgeschrieben werden, wo die Geräte und Systeme zu zertifizieren sind, und sie dürfen kein Hindernis für das reibungslose Funktionieren des Binnenmarkts darstellen.

(2a) Die Mitgliedstaaten fördern die Erprobung innovativer Technologie im Bereich erneuerbare Energie zur Erzeugung, gemeinsamen Nutzung und Speicherung von Energie aus erneuerbaren Quellen während eines begrenzten Zeitraums in Pilotprojekten unter realen Bedingungen, wobei die Erprobung unter der Aufsicht einer zuständigen Behörde, im Einklang mit geltendem Unionsrecht und mit geeigneten Sicherheitsvorkehrungen erfolgt, damit für den sicheren Betrieb des Energiesystems gesorgt ist und keine unverhältnismäßigen Auswirkungen auf das Funktionieren des Binnenmarkts eintreten.

(3) Die Mitgliedstaaten stellen sicher, dass ihre zuständigen Behörden auf nationaler, regionaler und lokaler Ebene bei der Planung, auch bei der frühzeitigen Raumplanung, beim Entwurf, beim Bau und bei der Renovierung von städtischer Infrastruktur, Industrie-, Gewerbe- oder Wohngebieten, Energie- und Verkehrsinfrastruktur, einschließlich Netzen für Elektrizität, Fernwärme und -kälte sowie Erdgas und alternative Kraftstoffe, Vorschriften für die Integration und den Einsatz von Energie aus erneuerbaren Quellen, auch für die Eigenversorgung mit Elektrizität aus erneuerbaren Quellen und Erneuerbare-Energie-Gemeinschaften sowie die Nutzung unvermeidbarer Abwärme und -kälte, vorsehen. Die Mitgliedstaaten halten insbesondere lokale und regionale Verwaltungsstellen dazu an, die Wärme- und Kälteversorgung aus erneuerbaren Quellen, soweit angemessen, in die Planung der städtischen Infrastruktur einzubeziehen und sich mit den Netzbetreibern abzustimmen, damit berücksichtigt wird, wie sich Energieeffizienz- und Laststeuerungsprogramme sowie bestimmte Vorschriften auf die Eigenversorgung mit Elektrizität aus erneuerbaren Quellen und Erneuerbare-Energie-Gemeinschaften sowie auf die Pläne der Netzbetreiber für den Ausbau der Infrastruktur auswirken.

(8) Die Mitgliedstaaten müssen die rechtlichen und administrativen Hindernisse für langfristige Verträge über den Bezug von erneuerbarer Energie bewerten, unbegründete Hindernisse beseitigen und die Verbreitung solcher Verträge unterstützen, auch indem sie ermitteln, wie die mit diesen Verträgen verbundenen finanziellen Risiken, insbesondere durch Kreditgarantien, verringert werden können. Die Mitgliedstaaten stellen sicher, dass derartige Verträge keinen unverhältnismäßigen oder diskriminierenden Verfahren sowie Umlagen und Abgaben unterworfen sind und dass etwaige damit verbundene Herkunftsnachweise im Rahmen des Vertrags über den Bezug von erneuerbarer Energie auf den Käufer der erneuerbaren Energie übertragen werden können.

Die Mitgliedstaaten beschreiben ihre Strategien und Maßnahmen zur Förderung der Verbreitung von Verträgen über den Bezug von erneuerbarer Energie in ihren gemäß den Artikeln 3 und 14 der Verordnung (EU) 2018/1999 vorgelegten integrierten nationalen Energie- und Klimaplänen und in den gemäß Artikel 17 der genannten Verordnung vorgelegten Fortschrittsberichten. Zudem legen sie in diesen Fortschrittsberichten eine Angabe zu der durch Verträge über den Bezug von erneuerbarer Energie unterstützten Erzeugung von Energie aus erneuerbaren Quellen vor.

Im Anschluss an die in Unterabsatz 1 genannte Bewertung analysiert die Kommission die Hindernisse für langfristige Verträge über den Bezug von erneuerbarer Energie und insbesondere für den Einsatz grenzübergreifender Verträge über den Bezug von erneuerbarer Energie und gibt Leitlinien für die Beseitigung dieser Hindernisse heraus.

(9) Bis zum 21. November 2025 prüft die Kommission, ob zusätzliche Maßnahmen erforderlich sind, um die Mitgliedstaaten bei der Umsetzung der Genehmigungsverfahren gemäß der vorliegenden Richtlinie zu unterstützen, unter anderem durch die Ausarbeitung wesentlicher Leistungsindikatoren als Richtwerte.

Artikel 15a
Einbeziehung von Energie aus erneuerbaren Quellen in Gebäuden

(1) Zur Förderung der Erzeugung und Nutzung von Energie aus erneuerbaren Quellen im Wirtschaftszweig Gebäude legen die Mitgliedstaaten für das Jahr 2030 einen Richtwert für den nationalen Anteil der am Standort oder in der Nähe erzeugten bzw. aus dem Netz bezogenen Energie aus erneuerbaren Quellen am Endenergieverbrauch in ihrem Wirtschaftszweig Gebäude fest, der mit der Richtzielvorgabe im Einklang steht, bis 2030 einen Anteil der Energie aus erneuerbaren Quellen von mindestens 49 % am Endenergieverbrauch in Gebäuden in der Union zu erreichen. Die Mitgliedstaaten nehmen den Richtwert für den nationalen Anteil und Angaben darüber, wie sie ihn zu erreichen planen, in die gemäß den Artikeln 3 und 14 der Verordnung (EU) 2018/1999 vorgelegten integrierten nationalen Energie- und Klimapläne auf.

(2) Die Mitgliedstaaten können Abwärme und -kälte bis zu einer Obergrenze von 20 % auf den in Absatz 1 genannten Richtwert für den nationalen Anteil anrechnen. Beschließen sie dies, so erhöht sich der Richtwert für den nationalen Anteil um die Hälfte des Prozentsatzes der verwendeten Abwärme und -kälte, der auf diesen Anteil angerechnet wird.

(3) Die Mitgliedstaaten legen in ihren nationalen Regelungen und Bauvorschriften und, soweit anwendbar, in ihren Förderregelungen geeignete Maßnahmen fest, um den Anteil von am Standort oder in der Nähe erzeugtem Strom und erzeugter Wärme und Kälte aus erneuerbaren Quellen sowie der aus dem Netz bezogenen Energie aus erneuerbaren Quellen im Gebäudebestand zu erhöhen. Diese Maßnahmen können nationale Maßnahmen einschließen, die im Zusammenhang stehen mit einer erheblichen Steigerung des Eigenverbrauchs von Energie aus erneuerbaren Quellen, der Anzahl der Erneuerbare-Energie-Gemeinschaften, der lokalen Energiespeicherung, intelligenten Ladens und bidirektionalen Ladens, anderer Flexibilitätsdienste wie Laststeuerung sowie Maßnahmen in Kombination mit Energieeffizienzsteigerungen im Zusammenhang mit KWK und größeren Renovierungen, durch die die Zahl von Niedrigstenergiegebäuden und Gebäuden gesteigert wird, die über die Mindestanforderungen an die Gesamt-

[14] Verordnung (EU) 2017/1369 des Europäischen Parlaments und des Rates vom 4. Juli 2017 zur Festlegung eines Rahmens für die Energieverbrauchskennzeichnung und zur Aufhebung der Richtlinie 2010/30/EU (ABl. L 198 vom 28.7.2017, S. 1).

[15] Richtlinie 2009/125/EG des Europäischen Parlaments und des Rates vom 21. Oktober 2009 zur Schaffung eines Rahmens für die Festlegung von Anforderungen an die umweltgerechte Gestaltung energieverbrauchsrelevanter Produkte (ABl. L 285 vom 31.10.2009, S. 10).

energieeffizienz gemäß Artikel 4 der Richtlinie 2010/31/EU hinausgehen.

Um den Richtwert für den in Absatz 1 festgelegten Anteil der Energie aus erneuerbaren Quellen zu erreichen, sehen die Mitgliedstaaten in ihren nationalen Regelungen und Bauvorschriften und, soweit anwendbar, in ihren Förderregelungen oder auf andere Weise mit entsprechender Wirkung verpflichtende Mindestwerte für die Nutzung von am Standort oder in der Nähe erzeugter Energie aus erneuerbaren Quellen sowie aus dem Netz bezogener Energie aus erneuerbaren Quellen in neuen Gebäuden und bestehenden Gebäuden, die gemäß der Richtlinie 2010/31/EU einer größeren Renovierung oder einer Erneuerung der Heizungsanlage unterzogen werden, vor, sofern dies wirtschaftlich, technisch und funktional durchführbar ist. Die Mitgliedstaaten müssen es gestatten, die Verpflichtung zur Erreichung dieser Mindestwerte unter anderem durch eine effiziente Fernwärme- und Fernkälteversorgung zu erfüllen.

Hinsichtlich bestehender Gebäude gilt Unterabsatz 1 auch für die Streitkräfte, aber nur soweit die Anwendung nicht mit der Art und dem Hauptzweck der Tätigkeit der Streitkräfte kollidiert, und mit Ausnahme von Material, das ausschließlich für militärische Zwecke verwendet wird.

(4) Die Mitgliedstaaten stellen sicher, dass öffentliche Gebäude auf nationaler, regionaler und lokaler Ebene im Einklang mit Artikel 9 der Richtlinie 2010/31/EU und des Artikels 5 der Richtlinie 2012/27/EU hinsichtlich des Anteils der genutzten Energie aus erneuerbaren Quellen eine Vorbildfunktion erfüllen. Die Mitgliedstaaten können unter anderem zulassen, dass diese Verpflichtung dadurch erfüllt wird, dass die Dächer öffentlicher oder gemischt privat und öffentlich genutzter Gebäude durch Dritte für Anlagen zur Erzeugung von Energie aus erneuerbaren Quellen genutzt werden.

(5) Die Mitgliedstaaten können, sofern sie es für zweckmäßig erachten, im Wirtschaftszweig Gebäude die Zusammenarbeit zwischen den lokalen Behörden und Erneuerbare-Energie-Gemeinschaften fördern, insbesondere durch die Vergabe öffentlicher Aufträge.

(6) Zur Erreichung des Richtwerts für den Anteil der Energie aus erneuerbaren Quellen gemäß Absatz 1 fördern die Mitgliedstaaten im jeweiligen lokalen Kontext die Nutzung von mit Energie aus erneuerbaren Quellen betriebenen Wärme- und Kälteversorgungssystemen und -ausrüstungen und können innovative Technologie, darunter intelligente und mit Energie aus erneuerbaren Quellen betriebene elektrische Wärme- und Kälteversorgungssysteme und die entsprechende Ausrüstung fördern, die, soweit anwendbar, durch eine intelligente Steuerung des Energieverbrauchs in den Gebäuden ergänzt werden. Dazu verwenden die Mitgliedstaaten alle geeigneten Maßnahmen, Instrumente und Anreize, unter anderem Energielabels gemäß der Verordnung (EU) 2017/1369, Ausweise über die Gesamtenergieeffizienz gemäß Artikel 11 der Richtlinie 2010/31/EU und andere auf Unions- oder nationaler Ebene entwickelte geeignete Ausweise oder Normen, und sie sorgen für die Bereitstellung angemessener Informationen und Beratung zu erneuerbaren und hoch energieeffizienten Alternativen sowie zu verfügbaren Finanzinstrumenten und Anreizen zur Förderung einer schnelleren Ersetzung alter Wärmeversorgungssysteme und einer beschleunigten Umstellung auf Lösungen, die auf erneuerbarer Energie basieren.

Artikel 15b
Erfassung der Gebiete, die für die nationalen Beiträge zum Gesamtziel der Union für Energie aus erneuerbaren Quellen für 2030 notwendig sind

(1) Bis zum 21. Mai 2025 führen die Mitgliedstaaten im Hinblick auf den Einsatz erneuerbarer Energie in ihrem Hoheitsgebiet eine koordinierte Erfassung durch, bei der sie das inländische Potenzial und die verfügbaren Landflächen, unterirdischen Flächen, Meere oder Binnengewässer ermitteln, die für die Errichtung von Anlagen zur Erzeugung von Energie aus erneuerbaren Quellen und die damit zusammenhängende Infrastruktur wie Netz- und Speicheranlagen einschließlich Wärmespeichern benötigt werden, um mindestens ihren nationalen Beitrag zum Gesamtziel der Union für erneuerbare Energie für 2030 gemäß Artikel 3 Absatz 1 dieser Richtlinie zu erreichen. Die Mitgliedstaaten können zu diesem Zweck ihre bestehenden Raumordnungsdokumente oder -plänen nutzen oder auf ihnen aufbauen, einschließlich maritimer Raumordnungspläne, die gemäß der Richtlinie 2014/89/EU des Europäischen Parlaments und des Rates ([16]) ausgearbeitet werden. Die Mitgliedstaaten sorgen gegebenenfalls für die Koordinierung zwischen allen einschlägigen nationalen, regionalen und lokalen Behörden und Stellen – einschließlich der Netzbetreiber – bei der Erfassung der benötigten Gebiete.

Die Mitgliedstaaten stellen sicher, dass diese Gebiete, einschließlich der bestehenden Anlagen zur Erzeugung erneuerbarer Energie und Kooperationsmechanismen, mit den erwarteten Zielpfaden und der geplanten installierten Gesamtleistung der jeweiligen Technologie im Einklang stehen, die in den gemäß den Artikeln 3 und 14 der Verordnung (EU) 2018/1999 vorgelegten nationalen Energie- und Klimaplänen festgelegt wurden.

(2) Zur Identifizierung der in Absatz 1 genannten Gebiete berücksichtigen die Mitgliedstaaten insbesondere

a) die Verfügbarkeit von Energie aus erneuerbaren Quellen und das Potenzial der verschiedenen Technologien für die Erzeugung von Energie aus erneuerbaren Quellen auf den Landflächen, unterhalb der Oberfläche, auf den Meeren oder Binnengewässern;
b) die prognostizierte Energienachfrage unter Berücksichtigung der potenziellen Flexibilität der aktiven Laststeuerung, der erwarteten Effizienzgewinne und der Energiesystemintegration;
c) die Verfügbarkeit der einschlägigen Energieinfrastruktur, einschließlich der Netze, der Speicheranlagen und anderer Flexibilitätsinstrumente oder das Potenzial zur Schaffung oder zum weiteren Ausbau einer solchen Netz- und Speicherinfrastruktur.

(3) Die Mitgliedstaaten begünstigen die Mehrfachnutzung der in Absatz 1 genannten Gebiete. Projekte im Bereich erneuerbare Energie müssen mit den bereits bestehenden Nutzungen dieser Gebiete vereinbar sein.

(4) Die Mitgliedstaaten überprüfen regelmäßig – und aktualisieren erforderlichenfalls – die in Absatz 1 genannten Gebiete, insbesondere im Rahmen der Aktualisierung ihrer gemäß den Artikeln 3 und 14 der Verordnung (EU) 2018/1999 vorgelegten nationalen Energie- und Klimapläne.

Artikel 15c
Beschleunigungsgebiete für erneuerbare Energie

(1) Bis zum 21. Februar 2026 sorgen die Mitgliedstaaten dafür, dass die zuständigen Behörden einen oder mehrere Pläne verabschieden, mit denen sie als Untergruppe der in Artikel 15b Absatz 1 genannten Gebiete für eine oder mehrere Arten erneuerbarer Energiequellen Beschleunigungsgebiete für erneuerbare Energie ausweisen. Die Mitgliedstaaten können Anlagen zur Verfeuerung von Biomasse und Wasserkraftwerke ausnehmen. Die zuständigen Behörden müssen in diesen Plänen

---

[16] Richtlinie 2014/89/EU des Europäischen Parlaments und des Rates vom 23. Juli 2014 zur Schaffung eines Rahmens für die maritime Raumplanung (ABl. L 257 vom 28.8.2014, S. 135).

a) ausreichend homogene Land-, Binnengewässer- und Meeresgebiete ausweisen, in denen in Anbetracht der Besonderheiten des ausgewählten Gebiets die Nutzung einer bestimmten Art oder bestimmter Arten erneuerbarer Energie voraussichtlich keine erheblichen Umweltauswirkungen hat, wobei sie
   i) vorrangig künstliche und versiegelte Flächen wie Dächer und Fassaden von Gebäuden, Verkehrsinfrastrukturflächen und ihre unmittelbare Umgebung, Parkplätze, landwirtschaftliche Betriebe, Abfalldeponien, Industriestandorte, Bergwerke, künstliche Binnengewässer, Seen oder Reservoirs und unter Umständen kommunale Abwasserbehandlungsanlagen sowie vorbelastete Flächen, die nicht für die Landwirtschaft genutzt werden können, auswählen;
   ii) Natura-2000-Gebiete und Gebiete, die im Rahmen nationaler Programme zum Schutz der Natur und der biologischen Vielfalt ausgewiesen sind, Hauptvogelzugrouten und Meeressäuger-Hauptzugrouten und andere Gebiete, die auf der Grundlage von Sensibilitätskarten und mit den unter Punkt iii genannten Instrumenten ermittelt wurden, ausschließen, mit Ausnahme künstlicher und bebauter Flächen wie Dächern, Parkplätzen oder Verkehrsinfrastruktur, die sich in diesen Gebieten befinden;
   iii) alle geeigneten und verhältnismäßigen Instrumente und Datensätze, z. B. Sensibilitätskarten für Wildtiere, nutzen, um die Gebiete zu ermitteln, in denen keine erheblichen Umweltauswirkungen durch Anlagen zur Erzeugung von Energie aus erneuerbaren Quellen zu erwarten wären, wobei sie die im Zusammenhang mit der Entwicklung eines kohärenten Natura-2000-Netzes verfügbaren Daten – sowohl in Bezug auf Lebensraumtypen und Arten gemäß der Richtlinie 92/43/EWG des Rates ([17]) als auch in Bezug auf gemäß der Richtlinie 2009/147/EG des Europäischen Parlaments und des Rates ([18]) geschützte Vögel und Gebiete – berücksichtigen;
b) für die Beschleunigungsgebiete für erneuerbare Energie geeignete Regeln für wirksame Minderungsmaßnahmen festlegen, die bei der Errichtung von Anlagen zur Erzeugung erneuerbarer Energie und von Energiespeichern am selben Standort sowie der für den Anschluss solcher Anlagen und Speicher an das Netz erforderlichen Anlagen, zu ergreifen sind, um mögliche negative Umweltauswirkungen zu vermeiden oder, falls dies nicht möglich ist, gegebenenfalls erheblich zu verringern, wobei die Mitgliedstaaten sicherstellen, dass geeignete Minderungsmaßnahmen verhältnismäßig und zeitnah durchgeführt werden, damit die Verpflichtungen gemäß Artikel 6 Absatz 2 und Artikel 12 Absatz 1 der Richtlinie 92/43/EWG, Artikel 5 der Richtlinie 2009/147/EWG und Artikel 4 Absatz 1 Buchstabe a Ziffer i der Richtlinie 2000/60/EG des Europäischen Parlaments und des Rates ([19]) eingehalten werden und keine Verschlechterung eintritt und ein guter ökologischer Zustand oder ein gutes ökologisches Potenzial gemäß Artikel 4 Absatz 1 Buchstabe a Ziffer ii der Richtlinie 2000/60/EG erreicht wird.

Die in Unterabsatz 1 Buchstabe b genannten Regeln sind auf die Besonderheiten der identifizierten Beschleunigungsgebiete für erneuerbare Energie, die Art oder Arten der Technologie für erneuerbare Energie, die in dem jeweiligen Gebiet ausgebaut werden soll bzw. sollen, und die ermittelte Umweltauswirkung auszurichten.

Unbeschadet des Artikels 16a Absätze 4 und 5 dieser Richtlinie wird bei Einhaltung der in Unterabsatz 1 Buchstabe b und unter Buchstabe b des vorliegenden Absatzes genannten Regeln und bei der Durchführung der geeigneten Minderungsmaßnahmen im Rahmen der einzelnen Projekte davon ausgegangen, dass die Projekte nicht gegen die genannten Bestimmungen verstoßen. Wurden neuartige Minderungsmaßnahmen, mit denen die Tötung oder Störung von gemäß den Richtlinien 92/43/EWG und 2009/147/EG geschützten Arten oder andere Umweltauswirkungen so weit wie möglich verhindert werden sollen, nicht umfassend auf ihre Wirksamkeit geprüft, so können die Mitgliedstaaten deren Anwendung für ein oder mehrere Pilotprojekte für einen begrenzten Zeitraum gestatten, sofern die Wirksamkeit dieser Minderungsmaßnahmen genau überwacht wird und, falls sie sich als nicht wirksam erweisen sollten, sofort geeignete Schritte unternommen werden.

Die zuständigen Behörden erläutern in dem in Unterabsatz 1 genannten Plan zur Ausweisung von Beschleunigungsgebieten für erneuerbare Energie, welche Bewertung vorgenommen wurde, um die einzelnen ausgewiesenen Beschleunigungsgebiete für erneuerbare Energie auf der Grundlage der in Unterabsatz 1 Buchstabe a genannten Kriterien zu ermitteln und geeignete Minderungsmaßnahmen festzulegen.

(2) Die Pläne zur Ausweisung von Beschleunigungsgebieten für erneuerbare Energie werden vor ihrer Annahme einer Umweltprüfung gemäß der Richtlinie 2001/42/EG des Europäischen Parlaments und des Rates ([20]) unterzogen, und, sofern sie voraussichtlich erhebliche Auswirkungen auf Natura-2000-Gebiete haben, der Prüfung gemäß Artikel 6 Absatz 3 der Richtlinie 92/43/EWG.

(3) Die Mitgliedstaaten entscheiden über die Größe der Beschleunigungsgebiete für erneuerbare Energie unter Berücksichtigung der Besonderheiten und Anforderungen der Art oder Arten der Technologie, für die sie Beschleunigungsgebiete für erneuerbare Energie einrichten. Auch wenn die Entscheidung über die Größe dieser Gebiete im Ermessen der Mitgliedstaaten liegt, zielen die Mitgliedstaaten darauf ab sicherzustellen, dass die Gebiete zusammengenommen eine erhebliche Größe aufweisen und zur Verwirklichung der in der vorliegenden Richtlinie dargelegten Ziele beitragen. Die in Absatz 1 Unterabsatz 1 dieses Artikels genannten Pläne zur Ausweisung von Beschleunigungsgebieten für erneuerbare Energie werden öffentlich zugänglich gemacht und gegebenenfalls regelmäßig, insbesondere im Rahmen der Aktualisierung der gemäß den Artikeln 3 und 14 der Verordnung (EU) 2018/1999 vorgelegten integrierten nationalen Energie- und Klimapläne, überprüft.

(4) Bis zum 21. Mai 2024 können die Mitgliedstaaten bestimmte Gebiete, die bereits als Gebiete, die für den beschleunigten Einsatz einer oder mehrerer Technologien für erneuerbare Energie geeignet sind, ausgewiesen wurden, zu Beschleunigungsgebieten für eine oder mehrere Arten von erneuerbarer Energie erklären, sofern alle folgenden Bedingungen erfüllt sind:

a) Diese Gebiete liegen außerhalb von Natura-2000-Gebieten, von Gebieten, die im Rahmen nationaler Programme zum Schutz der Natur und der biologischen Vielfalt ausge-

---

[17] Richtlinie 92/43/EWG des Rates vom 21. Mai 1992 zur Erhaltung der natürlichen Lebensräume sowie der wildlebenden Tiere und Pflanzen (ABl. L 206 vom 22.7.1992, S. 7).

[18] Richtlinie 2009/147/EG des Europäischen Parlaments und des Rates vom 30. November 2009 über die Erhaltung der wildlebenden Vogelarten (ABl. L 20 vom 26.1.2010, S. 7).

[19] Richtlinie 2000/60/EG des Europäischen Parlaments und des Rates vom 23. Oktober 2000 zur Schaffung eines Ordnungsrahmens für Maßnahmen der Gemeinschaft im Bereich der Wasserpolitik (ABl. L 327 vom 22.12.2000, S. 1).

[20] Richtlinie 2001/42/EG des Europäischen Parlaments und des Rates vom 27. Juni 2001 über die Prüfung der Umweltauswirkungen bestimmter Pläne und Programme (ABl. L 197 vom 21.7.2001, S. 30).

wiesen sind, sowie außerhalb von ausgewiesenen Vogelzugrouten;

b) die Pläne zur Ausweisung dieser Gebiete wurden einer strategischen Umweltprüfung gemäß der Richtlinie 2001/42/EG und gegebenenfalls einer Prüfung gemäß Artikel 6 Absatz 3 der Richtlinie 92/43/EWG unterzogen;

c) mit den Projekten in diesen Gebieten werden angemessene und verhältnismäßige Regeln und Maßnahmen umgesetzt, um möglichen nachteiligen Umweltauswirkungen entgegenzuwirken.

(5) Die zuständigen Behörden wenden das Genehmigungsverfahren und die Fristen gemäß Artikel 16a auf die einzelnen Projekte in den Beschleunigungsgebieten für erneuerbare Energie an.

Artikel 15d
Beteiligung der Öffentlichkeit

(1) Die Mitgliedstaaten sorgen für die Beteiligung der Öffentlichkeit an den Plänen zur Ausweisung von in Artikel 15c Absatz 1 Unterabsatz 1 genannten Beschleunigungsgebieten für erneuerbare Energie gemäß Artikel 6 der Richtlinie 2001/42/EG, wozu auch die Ermittlung der betroffenen bzw. voraussichtlich betroffenen Öffentlichkeit gehört.

(2) Die Mitgliedstaaten fördern die öffentliche Akzeptanz der Projekte im Bereich erneuerbare Energie durch die direkte und indirekte Beteiligung lokaler Gemeinschaften an diesen Projekten.

Artikel 15e
Gebiete für Netz- und Speicherinfrastruktur, die für die Integration von erneuerbarer Energie in das Stromsystem erforderlich ist

(1) Die Mitgliedstaaten können einen oder mehrere Pläne zur Ausweisung spezieller Infrastrukturgebiete für die Umsetzung von Netz- und Speicherprojekten annehmen, die für die Integration von erneuerbarer Energie in das Stromnetz erforderlich sind, wenn durch diese Umsetzung keine erhebliche Umweltauswirkung zu erwarten ist, eine solche Auswirkung angemessen vermindert oder, wenn dies nicht möglich ist, ausgeglichen werden kann. Ziel dieser Gebiete ist es, die Beschleunigungsgebiete für erneuerbare Energie zu unterstützen und zu ergänzen. Diese Pläne müssen

a) im Fall von Netzprojekten Natura-2000-Gebiete und Gebiete, die im Rahmen nationaler Programme zum Schutz der Natur und der biologischen Vielfalt ausgewiesen sind, meiden, es sei denn, es gibt unter Berücksichtigung der mit dem Gebiet verbundenen Ziele keine verhältnismäßige Alternative für den Ausbau;

b) im Fall von Speicherprojekten Natura-2000-Gebiete und Gebiete, die im Rahmen nationaler Schutzprogramme ausgewiesen sind, ausschließen;

c) Synergieeffekte mit der Ausweisung von Beschleunigungsgebieten für erneuerbare Energie sicherstellen;

d) einer Umweltprüfung gemäß der Richtlinie 2001/42/EG und gegebenenfalls einer Prüfung gemäß Artikel 6 Absatz 3 der Richtlinie 92/43/EWG unterzogen werden und

e) geeignete und verhältnismäßige Regeln festlegen, auch in Bezug auf verhältnismäßige Minderungsmaßnahmen, die für die Entwicklung von Netz- und Speicherprojekten zu ergreifen sind, um mögliche nachteilige Umweltauswirkungen zu vermeiden oder, falls es nicht möglich ist, diese Auswirkungen zu vermeiden, sie erheblich zu verringern.

Während der Ausarbeitung dieser Pläne konsultieren die Mitgliedstaaten die betreffenden Betreiber von Infrastruktursystemen.

(2) Abweichend von Artikel 2 Absatz 1 und Artikel 4 Absatz 2 sowie Anhang I Nummer 20 und Anhang II Nummer 3 Buchstabe b der Richtlinie 2011/92/EU des Europäischen Parlaments und des Rates ([21]) und abweichend von Artikel 6 Absatz 3 der Richtlinie 92/43/EWG können die Mitgliedstaaten in begründeten Fällen, auch wenn dies erforderlich ist, um den Ausbau von erneuerbarer Energie zu beschleunigen, um die klimapolitischen Vorgaben und die Zielvorgaben für erneuerbare Energie zu erreichen, Netz- und Speicherprojekte, die für die Integration von erneuerbarer Energie in das Stromnetz erforderlich sind, von der Umweltverträglichkeitsprüfung gemäß Artikel 2 Absatz 1 der Richtlinie 2011/92/EU ebenso ausnehmen, wie von einer Bewertung ihrer Auswirkungen auf Natura-2000-Gebiete gemäß Artikel 6 Absatz 3 der Richtlinie 92/43/EWG und von der Prüfung ihrer Auswirkungen auf den Artenschutz gemäß Artikel 12 Absatz 1 der Richtlinie 92/43/EWG und Artikel 5 der Richtlinie 2009/147/EG, sofern das Netz- oder Speicherprojekt in einem gemäß Absatz 1 des vorliegenden Artikels ausgewiesenen gewidmeten Infrastrukturgebiet liegt und die gemäß Absatz 1 Buchstabe e des vorliegenden Artikels festgelegten Regeln und Maßnahmen eingehalten werden. Die Mitgliedstaaten können diese Ausnahmen auch für Infrastrukturgebiete gewähren, die bereits vor dem 20. November 2023 ausgewiesen wurden, sofern diese einer Umweltprüfung gemäß der Richtlinie 2001/42/EG unterzogen wurden. Diese Abweichungen gelten nicht für Projekte, die voraussichtlich erhebliche Auswirkungen auf die Umwelt eines anderen Mitgliedstaats haben, oder wenn ein Mitgliedstaat, der davon voraussichtlich erheblich betroffen ist, gemäß Artikel 7 der Richtlinie 2011/92/EU einen entsprechenden Antrag stellt.

(3) Nimmt ein Mitgliedstaat die Netz- und Speicherprojekte gemäß Absatz 2 von den dort genannten Prüfungen aus, so führen die zuständigen Behörden der Mitgliedstaaten ein Screening der Projekte in den speziellen Infrastrukturgebieten durch. Dieses Screening stützt sich auf vorhandene Daten aus der Umweltprüfung gemäß der Richtlinie 2001/42/EG. Die zuständigen Behörden können den Antragsteller auffordern, zusätzliche verfügbare Informationen vorzulegen. Das Screening muss binnen 30 Tagen abgeschlossen werden. Dabei soll festgestellt werden, ob eines dieser Projekte angesichts der ökologischen Sensibilität der geografischen Gebiete, in denen es angesiedelt ist, mit hoher Wahrscheinlichkeit erhebliche unvorhergesehene nachteilige Auswirkungen haben wird, die bei der Umweltprüfung der Pläne zur Ausweisung spezieller Infrastrukturgebiete, die gemäß der Richtlinie 2001/42/EG und gegebenenfalls gemäß der Richtlinie 92/43/EWG durchgeführt wurde, nicht ermittelt wurden.

(4) Ergibt das Screening, dass ein Projekt mit hoher Wahrscheinlichkeit erhebliche unvorhergesehene nachteilige Auswirkungen gemäß Absatz 3 haben wird, so stellt die zuständige Behörde auf der Grundlage der vorliegenden Daten sicher, dass gegen diese geeignete und verhältnismäßige Minderungsmaßnahmen getroffen werden. Können solche Minderungsmaßnahmen nicht getroffen werden, so stellt die zuständige Behörde sicher, dass der Betreiber geeignete Ausgleichsmaßnahmen ergreift, um diesen Auswirkungen zu begegnen, die, falls keine anderen angemessenen Ausgleichsmaßnahmen verfügbar sind, in Form eines finanziellen Ausgleichs für Artenschutzprogramme erfolgen können, um den Erhaltungszustand der betroffenen Arten zu wahren oder zu verbessern.

(5) Erfordert die Integration von Energie aus erneuerbaren Quellen in das Stromnetz ein Projekt zum Ausbau der Netzinfrastruktur innerhalb oder außerhalb spezieller Infrastrukturge-

[21] Richtlinie 2011/92/EU des Europäischen Parlaments und des Rates vom 13. Dezember 2011 über die Umweltverträglichkeitsprüfung bei bestimmten öffentlichen und privaten Projekten (ABl. L 26 vom 28.1.2012, S. 1).

biete und unterliegt dieses Projekt einem Screening gemäß Absatz 3 dieses Artikels, einer Feststellung, ob eine Umweltverträglichkeitsprüfung erforderlich ist, oder einer Umweltverträglichkeitsprüfung gemäß Artikel 4 der Richtlinie 2011/92/EU, so beschränkt sich dieses Überprüfungverfahren, diese Feststellung oder diese Umweltverträglichkeitsprüfung auf die potenziellen Auswirkungen, die sich aus der Änderung oder Erweiterung im Vergleich zur ursprünglichen Netzinfrastruktur ergeben.

Artikel 16
Organisation und wichtigste Grundsätze des Genehmigungsverfahrens

(1) Das Genehmigungsverfahren erstreckt sich auf alle einschlägigen Verwaltungsgenehmigungen für den Bau, das Repowering und den Betrieb von Anlagen zur Erzeugung von unterschiedlichen Arten von erneuerbarer Energie, darunter auch solche, die verschiedene Arten von Energie aus erneuerbaren Quellen kombinieren, Wärmepumpen und Energiespeicher am selben Standort, einschließlich Anlagen zur Speicherung von Strom und Wärme, sowie Anlagen, die für den Anschluss solcher Anlagen, Wärmepumpen und Speicher an das Netz und die Integration von erneuerbarer Energie in Wärme- und Kältenetze erforderlich sind, was auch Genehmigungen für den Netzanschluss und gegebenenfalls Umweltprüfungen einschließt. Das Genehmigungsverfahren umfasst alle behördlichen Stufen von der Bestätigung der Vollständigkeit des Genehmigungsantrags gemäß Absatz 2 bis zur Mitteilung der endgültigen Entscheidung über das Ergebnis des Genehmigungsverfahrens durch die zuständige(n) Behörde(n).

(2) Bei Anträgen für Anlagen zur Erzeugung erneuerbarer Energie in Beschleunigungsgebieten bestätigt die zuständige Behörde die Vollständigkeit des jeweiligen Antrags innerhalb von 30 Tagen nach Eingang des Antrags und bei Anträgen für Anlagen zur Erzeugung erneuerbarer Energie außerhalb von Beschleunigungsgebieten innerhalb von 45 Tage nach Eingang des Antrags oder fordert den Antragsteller auf, unverzüglich einen vollständigen Antrag einzureichen, falls der Antragsteller nicht alle für die Bearbeitung eines Antrags erforderlichen Informationen übermittelt hat. Das Datum der Bestätigung der Vollständigkeit des Antrags durch die zuständige Behörde markiert den Beginn des Genehmigungsverfahrens.

(3) Die Mitgliedstaaten errichten oder benennen eine oder mehrere Anlaufstellen. Diese Anlaufstellen leisten dem Antragsteller auf sein Ersuchen während des gesamten administrativen Beantragungs- und Genehmigungsverfahrens Beratung und Unterstützung. Von einem Antragsteller darf während des gesamten Verfahrens nicht verlangt werden, sich an mehr als eine Anlaufstelle zu wenden. Die Anlaufstelle führt den Antragsteller in transparenter Weise durch das administrative Genehmigungsverfahren, einschließlich der den Umweltschutz betreffenden Schritte, bis die zuständigen Behörden am Ende des Genehmigungsverfahrens eine oder mehrere Entscheidungen treffen, stellt ihm alle erforderlichen Informationen zur Verfügung und bezieht gegebenenfalls andere Verwaltungsbehörden ein. Die Anlaufstelle stellt sicher, dass die in dieser Richtlinie festgelegten Fristen für die Genehmigungsverfahren eingehalten werden. Die Antragsteller dürfen die einschlägigen Unterlagen in digitaler Form einreichen. Die Mitgliedstaaten sorgen bis zum 21. November 2025 dafür, dass alle Genehmigungsverfahren in elektronischer Form durchgeführt werden.

(4) Die Anlaufstelle stellt ein Verfahrenshandbuch für Projektträger von Anlagen zur Erzeugung erneuerbarer Energie bereit und macht diese Informationen online verfügbar, wobei sie gesondert auch auf kleinere Projekte im Bereich erneuerbare Energie und Projekte von Eigenversorgern im Bereich erneuerbare Elektrizität und Erneuerbare-Energie-Gemeinschaften eingeht. In den online veröffentlichten Informationen wird auf die für den jeweiligen Antrag zuständige Anlaufstelle hingewiesen. Existieren in einem Mitgliedstaat mehrere Anlaufstellen, wird in den online veröffentlichten Informationen auf die für den jeweiligen Antrag zuständige Anlaufstelle hingewiesen.

(5) Die Mitgliedstaaten stellen sicher, dass die Antragsteller und die breite Öffentlichkeit bei Streitigkeiten im Zusammenhang mit dem Genehmigungsverfahren und der Erteilung von Genehmigungen für den Bau und den Betrieb von Anlagen zur Erzeugung erneuerbarer Energie leichten Zugang zu einfachen Streitbeilegungsverfahren und gegebenenfalls auch zu Verfahren der alternativen Streitbeilegung haben.

(6) Die Mitgliedstaaten stellen sicher, dass Rechtsbehelfe und Rechtsmittel im Zusammenhang mit einem Projekt zur Errichtung einer Anlage zur Erzeugung erneuerbarer Energie oder für den Anschluss dieser Anlage an das Netz und zur Errichtung der Anlagen, die für den Ausbau der für die Einbindung von Energie aus erneuerbaren Quellen in das Energiesystem notwendigen Energieinfrastrukturnetze erforderlich sind, einschließlich Rechtsbehelfe und Rechtsmittel in Bezug auf Umweltaspekte, dem zügigsten Verwaltungs- und Gerichtsverfahren unterliegen, das auf der jeweiligen nationalen, regionalen und lokalen Ebene zur Verfügung steht.

(7) Die Mitgliedstaaten stellen angemessene Ressourcen zur Verfügung, um für qualifiziertes Personal, Fortbildung und die Umschulung ihrer zuständigen Behörden im Einklang mit den geplanten installierten Kapazitäten zur Erzeugung erneuerbarer Energie, die in ihren gemäß den Artikeln 3 und 14 der Verordnung (EU) 2018/1999 vorgelegten integrierten nationalen Energie- und Klimaplänen vorgesehen sind, zu sorgen. Die Mitgliedstaaten unterstützen die regionalen und lokalen Behörden, um die Genehmigungsverfahren zu erleichtern.

(8) Außer in den Fällen, in denen es mit anderen behördlichen Etappen des Genehmigungsverfahrens zusammenfällt, umfasst die Dauer des Genehmigungsverfahrens Folgendes nicht:

a) die Zeit für die Errichtung oder das Repowering der Anlagen zur Erzeugung erneuerbarer Energie, ihrer Netzanschlüsse und – im Hinblick auf die Gewährleistung der Netzstabilität, -zuverlässigkeit und -sicherheit – der damit verbundenen erforderlichen Netzinfrastruktur;
b) die Dauer der erforderlichen behördlichen Etappen für umfassende Modernisierungen des Netzes, die notwendig sind, um die Netzstabilität, -zuverlässigkeit und -sicherheit sicherzustellen;
c) die Dauer für gerichtliche Rechtsbehelfe und Rechtsmittel, andere Gerichtsverfahren sowie alternative Streitbeilegungsverfahren einschließlich Beschwerdeverfahren und nichtgerichtlichen Berufungsverfahren und Rechtsbehelfe.

(9) Die Entscheidungen im Rahmen der Genehmigungsverfahren werden im Einklang mit geltendem Recht öffentlich zugänglich gemacht.

Artikel 16a
Genehmigungsverfahren für Projekte in Beschleunigungsgebieten für erneuerbare Energie

(1) Die Mitgliedstaaten stellen sicher, dass das Genehmigungsverfahren gemäß Artikel 16 Absatz 1 für Projekte im Bereich der erneuerbaren Energie in Beschleunigungsgebieten für erneuerbare Energie nicht länger als 12 Monate dauert. Bei Projekten im Bereich der Offshore-Energie aus erneuerbaren Quellen darf das Genehmigungsverfahren jedoch höchstens zwei Jahre dauern. In durch außergewöhnliche Umstände hinreichend begründeten Fällen können die Mitgliedstaaten beide Zeiträume um bis zu sechs Monate verlängern. Die Mitgliedstaaten unterrichten den Projektträger in aller Klarheit über die außergewöhnlichen Umstände, die diese Verlängerung rechtfertigen.

(2) Das Genehmigungsverfahren für das Repowering von Anlagen zur Erzeugung erneuerbarer Energie, für neue Anlagen mit einer Stromerzeugungskapazität unter 150 kW, für Energiespeicher am selben Standort, einschließlich Anlagen zur Speicherung von Strom und Wärme, sowie für deren Netzanschluss, sofern sie in Beschleunigungsgebieten für erneuerbare Energie liegen, darf sechs Monate nicht überschreiten. Bei Projekten im Bereich der Offshore-Windenergie darf das Genehmigungsverfahren jedoch 12 Monate nicht überschreiten. In durch außergewöhnliche Umstände hinreichend begründenden Fällen, beispielsweise aus übergeordneten Sicherheitsgründen bei wesentlichen Auswirkungen eines Repowering-Projekts auf das Netz oder die ursprüngliche Kapazität, Größe oder Leistung der Anlage, können Mitgliedstaaten die Frist von sechs Monaten um bis zu drei Monate und die Frist von 12 Monaten bei Projekten im Bereich der Offshore-Windenergie um bis zu sechs Monate verlängern. Die Mitgliedstaaten unterrichten den Projektträger in aller Klarheit über die außergewöhnlichen Umstände, die diese Verlängerung rechtfertigen.

(3) Unbeschadet der Absätze 4 und 5 des vorliegenden Artikels, abweichend von Artikel 4 Absatz 2 und Anhang II Nummer 3 Buchstaben a, b, d, h und i und Nummer 6 Buchstabe c, allein oder in Verbindung mit Nummer 13 Buchstabe a der Richtlinie 2011/92/EU – sind bei Projekten im Bereich der erneuerbaren Energie in ausgewiesenen Beschleunigungsgebieten für erneuerbare Energien neue Anträge für Anlagen zur Erzeugung erneuerbarer Energie, einschließlich Anlagen, die verschiedene Arten von Technologie für erneuerbare Energie kombinieren, und des Repowering von Anlagen für die jeweilige Technologie und Energiespeicher am selben Standort sowie der Anschluss solcher Anlagen und Speicher an das Netz von der Verpflichtung zur Durchführung einer speziellen Umweltverträglichkeitsprüfung gemäß Artikel 2 Absatz 1 der Richtlinie 2011/92/EU ausgenommen, sofern diese Projekte mit Artikel 15c Absatz 1 Buchstabe b der vorliegenden Richtlinie im Einklang stehen. Diese Ausnahme gilt nicht für Projekte, die voraussichtlich erhebliche Auswirkungen auf die Umwelt eines anderen Mitgliedstaats haben, oder wenn ein Mitgliedstaat, der voraussichtlich erheblich betroffen ist, gemäß Artikel 7 der Richtlinie 2011/92/EU einen entsprechenden Antrag stellt.

Abweichend von Artikel 6 Absatz 3 der Richtlinie 92/43/EWG werden die in Unterabsatz 1 des vorliegenden Absatzes genannten Anlagen zur Erzeugung erneuerbarer Energie keiner Verträglichkeitsprüfung in Bezug auf Natura-2000-Gebiete unterzogen, sofern diese Projekte für erneuerbare Energie den gemäß Artikel 15c Absatz 1 Buchstabe b dieser Richtlinie festgelegten Regeln und Maßnahmen entsprechen.

(4) Die zuständigen Behörden führen für die in Absatz 3 genannten Anträgen ein Screening durch. Ziel dieses Screening ist, festzustellen, ob das Projekt im Bereich der erneuerbaren Energie angesichts der ökologischen Sensibilität der geografischen Gebiete, in denen es sich befindet, höchstwahrscheinlich erhebliche unvorhergesehene nachteilige Auswirkungen haben wird, die bei der Umweltprüfung der Pläne zur Ausweisung von Beschleunigungsgebieten für erneuerbare Energie gemäß Artikel 15c Absatz 1 Unterabsatz 1 dieser Richtlinie, die gemäß der Richtlinie 2001/42/EG und gegebenenfalls gemäß der Richtlinie 92/43/EWG durchgeführt wurde, nicht ermittelt wurden. Ziel dieses Screening s ist es auch, festzustellen, ob eines dieser Projekte im Bereich der erneuerbaren Energie aufgrund der Wahrscheinlichkeit erheblicher Auswirkungen auf die Umwelt in einem anderen Mitgliedstaat oder aufgrund eines Antrags eines Mitgliedstaats, der voraussichtlich erheblich betroffen sein wird, unter Artikel 7 der Richtlinie 2011/92/EU fällt.

Für die Zwecke dieses Screening s stellt der Projektträger Informationen über die Merkmale des Projekts im Bereich der erneuerbaren Energie, über die Einhaltung der gemäß Artikel 15c Absatz 1 Buchstabe b festgelegten Regeln und Maßnahmen für das betreffende Beschleunigungsgebiet, über etwaige zusätzliche vom Projektträger getroffene Maßnahmen im Rahmen des Projekts sowie darüber zur Verfügung, wie mit diesen Maßnahmen auf Umweltauswirkungen reagiert wird. Die zuständige Behörde kann den Projektträger auffordern, zusätzliche verfügbare Informationen vorzulegen. Das Überprüfungsverfahren für Anträge für neue Anlagen zur Erzeugung erneuerbarer Energie wird innerhalb von 45 Tagen ab dem Zeitpunkt der Einreichung der für diesen Zweck ausreichenden erforderlichen Informationen abgeschlossen. Bei Anträgen für Anlagen mit einer Stromerzeugungskapazität unter 150 kW und bei neuen Anträgen auf Repowering von Anlagen zur Erzeugung erneuerbarer Energie wird das Überprüfungsverfahren jedoch innerhalb von 30 Tagen abgeschlossen.

(5) Im Anschluss an das Screening sind die in Absatz 3 dieses Artikels genannten Anträge unter Umweltgesichtspunkten genehmigt, ohne dass eine Verwaltungsentscheidung der zuständigen Behörde erforderlich ist, es sei denn, die zuständige Behörde erlässt eine Verwaltungsentscheidung, in der auf der Grundlage eindeutiger Beweise die Gründe dafür angegeben sind, dass ein bestimmtes Projekt angesichts der ökologischen Sensibilität des geografischen Gebiets, in dem es sich befindet, höchstwahrscheinlich erhebliche unvorhergesehene nachteilige Auswirkungen haben wird, die nicht durch die Maßnahmen gemindert werden können, die in den Plänen zur Ausweisung von Beschleunigungsgebieten aufgeführt sind oder vom Projektträger vorgeschlagen wurden. Diese Entscheidungen werden der Öffentlichkeit zugänglich gemacht. Solche Projekte im Bereich der erneuerbaren Energie werden einer Umweltverträglichkeitsprüfung gemäß der Richtlinie 2011/92/EU und gegebenenfalls einer Prüfung gemäß der Richtlinie 92/43/EWG unterzogen, die binnen sechs Monaten nach der Verwaltungsentscheidung, mit der eine hohe Wahrscheinlichkeit erheblicher unvorhergesehener nachteiliger Auswirkungen festgestellt wird, durchgeführt werden. In durch außergewöhnliche Umstände hinreichend begründeten Fällen kann dieser Zeitraum von sechs Monaten um bis zu sechs Monate verlängert werden.

Unter begründeten Umständen, etwa, wenn dies erforderlich ist, um die Bereitstellung erneuerbarer Energie zu beschleunigen, um die klimapolitischen Vorgaben und die Zielvorgaben für erneuerbare Energie zu erreichen, können die Mitgliedstaaten Windenergie- und Fotovoltaikprojekte von diesen Prüfungen ausnehmen.

Nehmen Mitgliedstaaten Windenergie- und Fotovoltaikprojekte von diesen Prüfungen aus, so ergreift der Betreiber angemessene Minderungsmaßnahmen oder, falls diese Minderungsmaßnahmen nicht zur Verfügung stehen, Ausgleichsmaßnahmen, die in Form eines finanziellen Ausgleichs erfolgen können, falls keine anderen angemessenen Ausgleichsmaßnahmen zur Verfügung stehen, um nachteiligen Auswirkungen entgegenzuwirken. Falls diese nachteiligen Auswirkungen negative Folgen für den Artenschutz haben, zahlt der Betreiber einen finanziellen Ausgleich für Artenschutzprogramme während der Dauer des Betriebs der Anlage zur Erzeugung erneuerbarer Energie, um den Erhaltungszustand der betroffenen Arten zu sichern oder zu verbessern.

(6) Im Genehmigungsverfahren gemäß den Absätzen 1 und 2 stellen die Mitgliedstaaten sicher, dass das Ausbleiben einer Antwort der zuständigen Behörden innerhalb der festgelegten Frist dazu führt, dass die spezifischen zwischengeschalteten Verwaltungsschritte als genehmigt gelten, es sei denn, das gegenständliche Projekt im Bereich der erneuerbaren Energie unterliegt einer Umweltverträglichkeitsprüfung gemäß Absatz 5 oder der Grundsatz der stillschweigenden Zustimmung der Verwaltung ist in der nationalen Rechtsordnung des betreffenden Mitgliedstaats nicht vorgesehen. Dieser

Absatz gilt nicht für die abschließenden Entscheidungen über das Ergebnis des Genehmigungsverfahrens, die ausdrücklich ergehen müssen. Alle Entscheidungen werden öffentlich zugänglich gemacht.

Artikel 16b
Genehmigungsverfahren für Projekte außerhalb von Beschleunigungsgebieten für erneuerbare Energie

(1) Die Mitgliedstaaten stellen sicher, dass das Genehmigungsverfahren gemäß Artikel 16 Absatz 1 für Projekte im Bereich der erneuerbaren Energie, die sich außerhalb von Beschleunigungsgebieten für erneuerbare Energie befinden, nicht länger dauert als zwei Jahre dauert. Für Projekte im Bereich der erneuerbaren Offshore-Energie darf das Genehmigungsverfahren jedoch höchstens drei Jahre dauern. In durch außergewöhnliche Umstände hinreichend begründeten Fällen, einschließlich der Fälle, in denen die Umstände längere Fristen für die nach den geltenden Umweltvorschriften der Union notwendigen Prüfungen erfordern, können Mitgliedstaaten beide Fristen um bis zu sechs Monate verlängern. Die Mitgliedstaaten unterrichten den Projektträger in aller Klarheit über die außergewöhnlichen Umstände, die diese Verlängerung rechtfertigen.

(2) Ist eine Umweltverträglichkeitsprüfung gemäß den Richtlinien 2011/92/EU oder 92/43/EWG erforderlich, so wird diese in einem einzigen Verfahren durchgeführt, in dem alle relevanten Prüfungen für ein bestimmtes Projekt im Bereich der erneuerbaren Energie kombiniert werden. Ist eine solche Umweltverträglichkeitsprüfung erforderlich, gibt die zuständige Behörde unter Berücksichtigung der vom Projektträger vorgelegten Informationen eine Stellungnahme zum Umfang und zum Detaillierungsgrad der Informationen ab, die der Projektträger in den Bericht über die Umweltverträglichkeitsprüfung aufnehmen muss, wobei dessen Umfang anschließend nicht erweitert werden darf. Wurden im Rahmen eines Projekts im Bereich der erneuerbaren Energie die erforderlichen Minderungsmaßnahmen getroffen, so gelten Tötungen oder Störungen der gemäß Artikel 12 Absatz 1 der Richtlinie 92/43/EWG und Artikel 5 der Richtlinie 2009/147/EG geschützten Arten nicht als absichtlich. Wurden neuartige Minderungsmaßnahmen, mit denen die Tötung oder Störung von gemäß den Richtlinien 92/43/EWG und 2009/147/EG geschützten Arten oder andere Umweltauswirkungen so weit wie möglich verhindert werden sollen, nicht umfassend auf ihre Wirksamkeit geprüft, so können die Mitgliedstaaten deren Anwendung für ein oder mehrere Pilotprojekte für einen begrenzten Zeitraum gestatten, sofern die Wirksamkeit dieser Minderungsmaßnahmen genau überwacht wird und unverzüglich geeignete Schritte unternommen werden, falls sie sich als nicht wirksam erweisen sollten.

Das Genehmigungsverfahren für das Repowering von Anlagen zur Erzeugung erneuerbarer Energie, für neue Anlagen mit einer Stromerzeugungskapazität unter 150 kW und für Energiespeicher am selben Standort, sowie der Anschluss solcher Anlagen und Speicher an das Netz, außerhalb von Beschleunigungsgebieten für erneuerbare Energie darf einschließlich Umweltprüfungen, sofern diese gemäß dem relevanten Recht erforderlich sind, nicht länger dauern als 12 Monate. Für Offshore-Windenergieprojekte darf das Genehmigungsverfahren jedoch höchstens zwei Jahre dauern. In durch außergewöhnliche Umstände hinreichend begründeten Fällen können Mitgliedstaaten beide Zeiträume um bis zu drei Monate verlängern. Die Mitgliedstaaten unterrichten die Projektträger in aller Klarheit über die außergewöhnlichen Umstände, die diese Verlängerung rechtfertigen.

Artikel 16c
Beschleunigung des Genehmigungsverfahrens für das Repowering

(1) Führt das Repowering von Anlagen zur Erzeugung erneuerbarer Energie nicht zu einer Erhöhung der Kapazität einer Anlage zur Erzeugung von erneuerbarer Energie um mehr als 15 %, so stellen die Mitgliedstaaten sicher, dass Genehmigungsverfahren für Anschlüsse an das Übertragungs- oder Verteilernetz unbeschadet der Prüfung potenzieller Umweltauswirkungen gemäß Absatz 2 innerhalb von drei Monaten nach der Antragstellung bei der betreffenden Stelle genehmigt werden, sofern keine begründeten Sicherheitsbedenken bestehen und keine technische Inkompatibilität mit Netzkomponenten vorliegt.

(2) Ist für das Repowering einer Anlage zur Erzeugung erneuerbarer Energie das Screening gemäß Artikel 16a Absatz 4 durchzuführen, festzustellen, ob für das Projekt ein Verfahren zur Umweltverträglichkeitsprüfung erforderlich ist, oder eine Umweltverträglichkeitsprüfung gemäß Artikel 4 der Richtlinie 2011/92/EU durchzuführen, so beschränkt sich dieses Screening oder diese Umweltverträglichkeitsprüfung auf die potenziellen Auswirkungen einer Änderung oder Erweiterung im Vergleich zum ursprünglichen Projekt.

(3) Sind für das Repowering von Solaranlagen keine zusätzlichen Flächen erforderlich und entspricht es den geltenden Umweltschutzmaßnahmen, die für die ursprüngliche Solaranlage festgelegt wurden, so wird das Projekt von etwaigen anwendbaren Anforderung ausgenommen, das Screening gemäß Artikel 16a Absatz 4 zu durchlaufen, festzustellen, ob für das Projekt eine Umweltverträglichkeitsprüfung erforderlich ist oder eine Umweltverträglichkeitsprüfung gemäß Artikel 4 der Richtlinie 2011/92/EU durchzuführen.

Artikel 16d
Genehmigungsverfahren für die Installation von Solarenergieanlagen

(1) Die Mitgliedstaaten stellen sicher, dass das Genehmigungsverfahren gemäß Artikel 16 Absatz 1 für die Installation von Solarenergieanlagen und Energiespeichern am selben Standort, einschließlich gebäudeintegrierter Solaranlagen, auf bestehenden oder künftigen künstlichen Strukturen, mit Ausnahme künstlicher Wasserflächen, nicht länger dauert als drei Monate, sofern das Hauptziel dieser künstlichen Strukturen nicht in der Erzeugung von Solarenergie oder der Energiespeicherung besteht. Abweichend von Artikel 4 Absatz 2 sowie von Anhang II Nummer 3 Buchstaben a und b, allein oder in Verbindung mit Nummer 13 Buchstabe a der Richtlinie 2011/92/EU, ist eine solche Installation von Solaranlagen gegebenenfalls von der Verpflichtung zur Durchführung einer gesonderten Umweltverträglichkeitsprüfung gemäß Artikel 2 Absatz 1 dieser Richtlinie ausgenommen.

Die Mitgliedstaaten können bestimmte Gebiete oder Strukturen zum Schutz kulturellen oder historischen Erbes, wegen der nationalen Verteidigung oder aus Sicherheitsgründen von der Anwendung des Absatzes 1 ausnehmen.

(2) Die Mitgliedstaaten stellen sicher, dass die Dauer des Genehmigungsverfahrens für die Installation von Solarenergieanlagen mit einer Kapazität von höchstens 100 kW, auch für Eigenversorger im Bereich erneuerbare Elektrizität und Erneuerbare-Energie-Gemeinschaften, einen Monat nicht überschreitet. Geht innerhalb der festgelegten Frist nach Einreichung eines vollständigen Antrags keine Antwort der zuständigen Behörden oder Stellen ein, so gilt die Genehmigung als erteilt, sofern die Kapazität der Solarenergieanlage die bestehende Kapazität des Anschlusses an das Verteilernetz nicht übersteigt.

Führt die Anwendung des in Unterabsatz 1 genannten Kapazitätsschwellenwerts zu einem erheblichen Verwaltungsaufwand oder zu Einschränkungen beim Betrieb des Stromnetzes, so können die Mitgliedstaaten einen niedrigeren Kapazitätsschwellenwert anwenden, sofern dieser über 10,8 kW liegt.

Artikel 16e
Genehmigungsverfahren für die Installation von Wärmepumpen

(1) Die Mitgliedstaaten stellen sicher, dass das Genehmigungsverfahren für die Installation von Wärmepumpen mit weniger als 50 MW einen Monat nicht überschreiten darf. Für Erdwärmepumpen darf das Genehmigungsverfahren jedoch drei Monate nicht überschreiten.

(2) Die Mitgliedstaaten stellen sicher, dass – sofern keine begründeten Sicherheitsbedenken bestehen, sofern keine weiteren Arbeiten für den Netzanschluss erforderlich sind und sofern keine technische Inkompatibilität der Netzkomponenten vorliegt – Anschlüsse an das Übertragungs- oder Verteilernetz innerhalb von zwei Wochen nach der Mitteilung an die zuständige Stelle für Folgendes genehmigt werden:

a) Wärmepumpen mit einer elektrischen Leistung von bis zu 12 kW, und

b) Wärmepumpen mit einer elektrischen Leistung von bis zu 50 kW, die von Eigenversorgern im Bereich erneuerbare Elektrizität installiert werden, wenn die elektrische Leistung der Anlage zur Erzeugung von Elektrizität aus erneuerbaren Quellen des Eigenversorgers im Bereich erneuerbare Elektrizität mindestens 60 % der elektrischen Leistung der Wärmepumpe beträgt.

(3) Den Mitgliedstaaten steht es frei, bestimmte Gebiete oder Bauwerke zum Schutz kulturellen oder historischen Erbes oder aufgrund nationaler Verteidigungsinteressen oder aus Sicherheitsgründen von der Anwendung der Absätze 1 und 2 auszunehmen.

(4) Alle Entscheidungen, die auf den in den Absätzen 1 und 2 genannten Genehmigungsverfahren beruhen, werden im Einklang mit dem anwendbaren Recht veröffentlicht.

Artikel 16f
Überragendes öffentliches Interesse

Die Mitgliedstaaten stellen bis spätestens 21. Februar 2024 sicher, dass bis zum Erreichen der Klimaneutralität im Genehmigungsverfahren, bei der Planung, beim Bau und beim Betrieb von Anlagen zur Erzeugung von erneuerbarer Energie, bei dem Anschluss solcher Anlagen an das Netz, dem betreffenden Netz selbst sowie bei Speicheranlagen davon ausgegangen wird, dass sie im überragenden öffentlichen Interesse liegen und der öffentlichen Gesundheit und Sicherheit dienen, wenn für die Zwecke des Artikels 6 Absatz 4 und des Artikels 16 Absatz 1 Buchstabe c der Richtlinie 92/43/EWG, des Artikels 4 Absatz 7 der Richtlinie 2000/60/EG und des Artikels 9 Absatz 1 Buchstabe a der Richtlinie 2009/147/EG im Einzelfall rechtliche Interessen abgewogen werden. Die Mitgliedstaaten können in hinreichend begründeten Einzelfällen die Anwendung dieses Artikels im Einklang mit den Prioritäten ihrer gemäß den Artikeln 3 und 14 der Verordnung (EU) 2018/1999 vorgelegten integrierten nationalen Energie- und Klimapläne auf bestimmte Teile ihres Hoheitsgebiets sowie auf bestimmte Arten von Technologie oder Projekten mit bestimmten technischen Eigenschaften beschränken. Die Mitgliedstaaten unterrichten die Kommission über diese angewandten Beschränkungen, wobei auch die Gründe für diese Beschränkungen anzugeben sind.

Artikel 17
Verfahren der einfachen Mitteilung für den Netzzugang

(1) Die Mitgliedstaaten führen ein Verfahren der einfachen Mitteilung für den Netzzugang ein, wonach Anlagen oder aggregierte Produktionseinheiten von Eigenversorgern im Bereich erneuerbare Elektrizität und Demonstrationsprojekte im Bereich erneuerbare Energie mit einer Stromproduktionskapazität bis 10,8 kW – oder entsprechender Leistung bei anderen als dreiphasigen Anschlüssen – auf eine Mitteilung an den Verteilernetzbetreiber hin an das Netz angeschlossen werden.

Der Verteilernetzbetreiber kann sich innerhalb eines begrenzten Zeitraums nach der Mitteilung wegen begründeter Sicherheitsbedenken oder wegen technischer Inkompatibilität der Systemkomponenten dafür entscheiden, den beantragten Netzzugang zu verweigern oder einen anderen Netzanschlusspunkt vorzuschlagen. Trifft der Verteilernetzbetreiber eine positive Entscheidung oder ergeht innerhalb eines Monats nach der Mitteilung keine Entscheidung des Verteilernetzbetreibers, so kann die Anlage oder aggregierte Produktionseinheit angeschlossen werden.

(2) Die Mitgliedstaaten können für Anlagen und aggregierte Produktionseinheiten mit einer Stromproduktionskapazität von über 10,8 kW und bis 50 kW Verfahren der einfachen Mitteilung zulassen, sofern die Stabilität, die Zuverlässigkeit und die Sicherheit des Netzes gewahrt bleiben.

Artikel 18
Information und Ausbildung

(1) Die Mitgliedstaaten stellen sicher, dass allen wichtigen Akteuren wie Verbrauchern, einschließlich einkommensschwacher, bedürftiger Verbraucher, Eigenversorger im Bereich erneuerbare Elektrizität sowie Erneuerbare-Energie-Gemeinschaften, Bauunternehmern, Installateuren, Architekten, Lieferanten von Anlagen und Systemen für die Erzeugung von Wärme, Kälte und Elektrizität und Lieferanten von Fahrzeugen, die mit erneuerbarer Energie und in intelligenten Verkehrssystemen betrieben werden können, Informationen über Fördermaßnahmen zur Verfügung stehen.

(2) Die Mitgliedstaaten sorgen dafür, dass entweder von dem Lieferanten der Anlage oder des Systems oder von den zuständigen Behörden Informationen über die Nettovorteile, die Kosten und die Energieeffizienz von Anlagen und Systemen für die Nutzung von Wärme, Kälte und Elektrizität aus erneuerbaren Quellen bereitgestellt werden.

(3) Die Mitgliedstaaten stellen sicher, dass ihre Zertifizierungs- oder gleichwertigen Qualifikationssysteme für Installateure und Konstrukteure aller Arten von Wärme- und Kälteversorgungssystemen, die auf erneuerbarer Energie basieren, im Gebäudesektor, der Industrie und Landwirtschaft, für Installateure von solaren Photovoltaiksystemen, einschließlich Energiespeicherung, und für Installateure von Ladepunkten, die eine Laststeuerung ermöglichen, zur Verfügung stehen. Diese Systeme können die bestehenden Systeme und Strukturen gegebenenfalls berücksichtigen und sind auf die in Anhang IV festgelegten Kriterien zu stützen. Jeder Mitgliedstaat erkennt die von anderen Mitgliedstaaten gemäß diesen Kriterien vorgenommenen Zertifizierungen an.

Die Mitgliedstaaten schaffen einen Rahmen, um sicherzustellen, dass eine ausreichende Zahl ausgebildeter und qualifizierter Installateure für die in Unterabsatz 1 genannte Technologie zur Verfügung steht, um den Ausbau der erneuerbaren Energie bewerkstelligen, der erforderlich ist, um die in der vorliegenden Richtlinie festgelegten Ziele zu erreichen.

Um für eine ausreichende Zahl von Installateuren und Konstrukteuren zu sorgen, stellen die Mitgliedstaaten sicher, dass ausreichend Ausbildungsprogramme zur Zertifizierung oder Qualifizierung im Bereich der auf erneuerbare Energie gestützten Technologie für die Wärme- und Kälteversorgung, der solaren Photovoltaiksysteme, einschließlich Energiespeicherung, der Ladepunkte, die eine Laststeuerung ermöglichen, und der neuesten innovativen Lösungen für diese zur Verfügung stehen, sofern diese Programme mit ihren Zertifizierungssystemen oder entsprechenden Qualifikationssystemen kompatibel sind. Die Mitgliedstaaten führen Maßnahmen ein, um die Teilnahme an solchen Ausbildungsprogrammen zu fördern, insbesondere was kleine und mittlere Unternehmen sowie Selbständige betrifft. Die Mitgliedstaaten können freiwillige Vereinbarungen mit den einschlägigen Technologieanbietern und -händlern einführen, um eine ausreichende Zahl von Installateuren im Bereich der neuesten auf dem Markt erhältlichen innovativen Lösungen und Technologie zu schulen, wobei die Zahl auf Verkaufsschätzungen beruhen kann.

Stellen die Mitgliedstaaten fest, dass erheblich weniger ausgebildete und qualifizierte Installateure als erforderlich verfügbar sind, müssen sie Maßnahmen ergreifen, um diese Lücke zu schließen.

(4) Die Mitgliedstaaten stellen der Öffentlichkeit Informationen zu den Zertifizierungssystemen oder gleichwertigen Qualifikationssystemen gemäß Absatz 3 zur Verfügung. Die Mitgliedstaaten stellen der Öffentlichkeit außerdem in transparenter und leicht zugänglicher Art und Weise ein regelmäßig aktualisiertes Verzeichnis der gemäß Absatz 3 zertifizierten oder qualifizierten Installateure zur Verfügung.

(5) Die Mitgliedstaaten stellen sicher, dass allen wichtigen Akteuren, insbesondere Planungsbüros und Architekten, Empfehlungen zur Verfügung gestellt werden, damit diese in der Lage sind, die optimale Kombination von Energie aus erneuerbaren Quellen, hocheffizienten Technologien und Fernwärme und -kälte bei der Planung, beim Entwurf, beim Bau und bei der Renovierung von Industrie-, Gewerbe- oder Wohngebieten sachgerecht in Erwägung zu ziehen.

(6) Die Mitgliedstaaten entwickeln – gegebenenfalls unter Beteiligung lokaler und regionaler Behörden – zweckdienliche Informations-, Sensibilisierungs-, Orientierungs- und/oder Ausbildungsprogramme, um die Bürger darüber zu informieren, wie sie ihre Rechte als aktive Kunden wahrnehmen können und welche Vorteile – einschließlich technischer und finanzieller Art – mit dem Ausbau und der Nutzung von Energie aus erneuerbaren Quellen, auch durch Eigenversorgung oder im Rahmen von Erneuerbare-Energie-Gemeinschaften, verbunden sind und welche praktischen Aspekte dabei zu beachten sind.

Artikel 19
Herkunftsnachweise für Energie aus erneuerbaren Quellen

(1) Um gegenüber den Endkunden den Anteil oder die Menge erneuerbarer Energie im Energiemix eines Energieversorgers sowie in der Energie, welche Verbrauchern im Rahmen von Verträgen geliefert wird, die sich auf den Verbrauch von erneuerbarer Energie beziehen, nachzuweisen, stellen die Mitgliedstaaten sicher, dass die Herkunft von erneuerbarer Energie als solche im Sinne dieser Richtlinie gemäß objektiven, transparenten und nichtdiskriminierenden Kriterien garantiert werden kann.

(2) Zu diesem Zweck sorgen die Mitgliedstaaten dafür, dass auf Anfrage eines Produzenten von Energie aus erneuerbaren Quellen, einschließlich gasförmiger erneuerbarer Brennstoffe nicht biogenen Ursprungs wie Wasserstoff, ein Herkunftsnachweis ausgestellt wird, es sei denn, die Mitgliedstaaten beschließen, um dem Marktwert des Herkunftsnachweises Rechnung zu tragen, einem Produzenten, der finanzielle Förderung aus einer Förderregelung erhält, keinen Nachweis auszustellen. Die Mitgliedstaaten können vorsehen, dass Herkunftsnachweise für Energie aus nicht erneuerbaren Quellen ausgestellt werden. Die Ausstellung von Herkunftsnachweisen kann von einer Mindestkapazität abhängig gemacht werden. Ein Herkunftsnachweis gilt standardmäßig für 1 MWh. Gegebenenfalls kann diese Standardgröße in eine Bruchgröße unterteilt werden, sofern jene ein Vielfaches von 1 Wh beträgt. Für jede Einheit produzierte Energie wird nicht mehr als ein Herkunftsnachweis ausgestellt.

Die Mitgliedstaaten stellen sicher, dass dieselbe Einheit von Energie aus erneuerbaren Quellen nur einmal berücksichtigt wird.

Für kleine Anlagen unter 50 kW und für Erneuerbare-Energie-Gemeinschaften werden ein vereinfachtes Registrierungsverfahren und reduzierte Registrierungsgebühren eingeführt.

Wenn ein Produzent finanzielle Förderung aus einer Förderregelung erhält, stellen die Mitgliedstaaten sicher, dass der Marktwert des Herkunftsnachweises für diese Produktion im Rahmen der betreffenden Förderregelung gebührend berücksichtigt wird.

Dass der Marktwert des Herkunftsnachweises gebührend berücksichtigt wurde, wird angenommen, wenn

a) die finanzielle Förderung im Rahmen einer Ausschreibung oder eines Systems mit handelbaren grünen Zertifikaten gewährt wird, oder
b) der Marktwert der Herkunftsnachweise bei der verwaltungsmäßigen Festlegung der Höhe der finanziellen Förderung berücksichtigt wird, oder
c) die Herkunftsnachweise nicht unmittelbar dem Produzenten, sondern einem Versorger oder Verbraucher ausgestellt werden, der die Energie entweder unter Wettbewerbsbedingungen oder im Rahmen eines langfristigen Vertrags über den Bezug von Elektrizität aus erneuerbaren Quellen kauft.

Um den Marktwert des Herkunftsnachweises zu berücksichtigen, können die Mitgliedstaaten unter anderem entscheiden, dem Produzenten einen Herkunftsnachweis auszustellen und diesen unmittelbar zu entwerten.

Der Herkunftsnachweis hat keine Funktion in Bezug auf die Einhaltung des Artikels 3 durch die Mitgliedstaaten. Die Übertragung von Herkunftsnachweisen, sei es gesondert oder zusammen mit der physischen Übertragung von Energie, hat keine Auswirkungen auf die Entscheidung von Mitgliedstaaten, zur Einhaltung von Artikel 3 auf statistische Transfers, gemeinsame Projekte oder gemeinsame Förderregelungen zurückzugreifen; ebenso wenig hat sie Auswirkungen auf die Berechnung des Bruttoendenergieverbrauchs von erneuerbarer Energie gemäß Artikel 7.

(3) Für die Zwecke des Absatzes 1 gelten die Herkunftsnachweise für Transaktionen zwölf Monate ab der Produktion der betreffenden Energieeinheit. Die Mitgliedstaaten sorgen dafür, dass alle Herkunftsnachweise, die nicht entwertet wurden, spätestens 18 Monate nach der Produktion der Energieeinheit ihre Gültigkeit verlieren. Die Mitgliedstaaten berücksichtigen ungültig gewordene Herkunftsnachweise bei der Berechnung ihres Restenergiemixes.

(4) Zu den in den Absätzen 8 und 13 genannten Kennzeichnungszwecken stellen die Mitgliedstaaten sicher, dass Energieunternehmen Herkunftsnachweise spätestens sechs Monate nach Ablauf ihrer Gültigkeit entwerten. Darüber hinaus stellen die Mitgliedstaaten bis zum 21. Mai 2025 sicher, dass die Daten über ihren Restenergiemix jährlich veröffentlicht werden.

(5) Die Mitgliedstaaten oder benannten zuständigen Stellen überwachen die Ausstellung, Übertragung und Entwertung der Herkunftsnachweise. Die benannten zuständigen Stellen dürfen keine sich geografisch überschneidenden Verantwort-

lichkeiten haben, und die Stellen müssen von den Bereichen Produktion, Handel und Versorgung unabhängig sein.

(6) Die Mitgliedstaaten oder die benannten zuständigen Stellen schaffen geeignete Mechanismen, um sicherzustellen, dass die Herkunftsnachweise elektronisch ausgestellt, übertragen und entwertet werden und genau, zuverlässig und betrugssicher sind. Die Mitgliedstaaten und die benannten zuständigen Stellen sorgen dafür, dass die von ihnen auferlegten Anforderungen der Norm CEN – EN 16325 entsprechen.

(7) Der Herkunftsnachweis enthält mindestens folgende Angaben:

a) Angaben zur Energiequelle, aus der die Energie produziert wurde, und zu Beginn und Ende ihrer Produktion, die wie folgt spezifiziert werden können:
   i) im Fall von Gas aus erneuerbaren Quellen, einschließlich gasförmiger erneuerbarer Brennstoffe nicht biogenen Ursprungs, sowie von Wärme- und Kälteversorgung aus erneuerbaren Quellen in einem stündlichen oder unterstündlichen Intervall;
   ii) im Fall von Elektrizität aus erneuerbaren Quellen in dem Bilanzkreisabrechnungszeitintervall gemäß Artikel 2 Nummer 15 der Verordnung (EU) 2019/943;
b) Angaben dazu, ob der Herkunftsnachweis
   i) Elektrizität oder
   ii) Gas, einschließlich Wasserstoff, oder
   iii) Wärme oder Kälte betrifft;
c) Bezeichnung, Standort, Typ und Kapazität der Anlage, in der die Energie produziert wurde;
d) Angaben dazu, ob die Anlage Investitionsförderung erhalten hat und ob die Energieeinheit in irgendeiner anderen Weise in den Genuss einer nationalen Förderregelung gelangt ist, und zur Art der Förderregelung;
e) Datum der Inbetriebnahme der Anlage; und
f) Ausstellungsdatum und ausstellendes Land und eine eindeutige Kennnummer.

Auf Herkunftsnachweisen von Anlagen unter 50 kW können vereinfachte Angaben gemacht werden.

(8) Wird von einem Elektrizitätsversorger verlangt, den Anteil oder die Menge an Energie aus erneuerbaren Quellen in seinem Energiemix für die Zwecke des Artikels 3 Absatz 9 Buchstabe a der Richtlinie 2009/72/EG nachzuweisen, so verwendet er hierfür Herkunftsnachweise, es sei denn:

a) es handelt sich um den Anteil an seinem Energiemix, der etwaigen nicht rückverfolgten Handelsangeboten entspricht, wofür der Versorger den Restenergiemix nutzen kann; oder
b) der Mitgliedstaat hat beschlossen, einem Produzenten, der finanzielle Förderung aus einer Förderregelung erhält, keine Herkunftsnachweise auszustellen.

Wird Gas aus einem Wasserstoff- oder Erdgasnetz, einschließlich gasförmiger erneuerbarer Brennstoffe nicht biogenen Ursprungs und Biomethan, geliefert, so muss der Versorger den Endverbrauchern den Anteil oder die Menge von Energie aus erneuerbaren Quellen an seinem Energiemix für die Zwecke von Anhang I der Richtlinie 2009/73/EG nachweisen. Der Versorger verwendet hierfür Herkunftsnachweise, es sei denn,

a) es handelt sich um den Anteil an seinem Energiemix, der etwaigen nicht rückverfolgten Handelsangeboten entspricht, wofür der Versorger den Restenergiemix nutzen kann;
b) der Mitgliedstaat hat beschlossen, einem Produzenten, der finanzielle Förderung aus einer Förderregelung erhält, keine Herkunftsnachweise auszustellen.

Verbraucht ein Kunde Gas aus einem Wasserstoff- oder Erdgasnetz, einschließlich gasförmiger erneuerbarer Brennstoffe nicht biogenen Ursprungs und Biomethan, wie im kommerziellen Angebot des Versorgers nachgewiesen, so stellen die Mitgliedstaaten sicher, dass die entwerteten Herkunftsnachweise den relevanten Netzmerkmalen entsprechen.

Wenn die Mitgliedstaaten auch für andere Energiearten Herkunftsnachweise vorgesehen haben, müssen die Versorgungsunternehmen zu Kennzeichnungszwecken den für die Art der gelieferten Energie vorgesehene Herkunftsnachweisart verwenden. Gleichermaßen können gemäß Artikel 14 Absatz 10 der Richtlinie 2012/27/EU erstellte Herkunftsnachweise verwendet werden, um etwaigen Anforderungen, die Menge der durch hocheffiziente Kraft-Wärme-Kopplung produzierten Elektrizität nachzuweisen, zu entsprechen. Wenn Elektrizität aus erneuerbaren Quellen durch hocheffiziente Kraft-Wärme-Kopplung erzeugt wird, darf für die Zwecke des Absatzes 2 nur ein Herkunftsnachweis ausgestellt werden, in dem beide Eigenschaften angegeben sind.

(9) Die Mitgliedstaaten erkennen die von anderen Mitgliedstaaten gemäß dieser Richtlinie ausgestellten Herkunftsnachweise ausschließlich als Nachweis der in Absatz 1 und Absatz 7 Unterabsatz 1 Buchstaben a bis f genannten Angaben an. Ein Mitgliedstaat kann die Anerkennung eines Herkunftsnachweises nur dann verweigern, wenn er begründete Zweifel an dessen Richtigkeit, Zuverlässigkeit oder Wahrhaftigkeit hat. Der Mitgliedstaat teilt der Kommission eine solche Verweigerung und deren Begründung mit.

(10) Stellt die Kommission fest, dass die Verweigerung der Anerkennung eines Herkunftsnachweises unbegründet ist, kann sie eine Entscheidung erlassen, die den betreffenden Mitgliedstaat zur Anerkennung des Herkunftsnachweises verpflichtet.

(11) Die Mitgliedstaaten erkennen von Drittländern ausgestellte Herkunftsnachweise nur dann an, wenn die Union mit diesem Drittland ein Abkommen über die gegenseitige Anerkennung von in der Union ausgestellten Herkunftsnachweisen und in diesem Drittland eingerichteten kompatiblen Herkunftsnachweissystemen geschlossen hat, und Energie direkt ein- oder ausgeführt wird.

(12) Ein Mitgliedstaat kann in Einklang mit dem Unionsrecht objektive, transparente und nichtdiskriminierende Kriterien für die Verwendung von Herkunftsnachweisen unter Einhaltung der Verpflichtungen nach Artikel 3 Absatz 9 der Richtlinie 2009/72/EG einführen.

(13) Die Kommission erstellt bis zum 31. Dezember 2025 einen Bericht zur Bewertung der Möglichkeiten, ein unionsweites Ökolabel einzuführen, um die Nutzung von mit neuen Anlagen erzeugter erneuerbarer Energie zu fördern. Die Energieversorger weisen anhand der Angaben in den Herkunftsnachweisen nach, dass die Anforderungen eines solchen Labels erfüllt sind.

(13a) Die Kommission überwacht das Funktionieren des Systems der Herkunftsnachweise und bewertet bis zum 30. Juni 2025 das Gleichgewicht zwischen Angebot und Nachfrage im Bereich der Herkunftsnachweise auf dem Markt, und im Fall von Ungleichgewichten ermittelt sie die relevanten Faktoren, die sich auf Angebot und Nachfrage auswirken.

Artikel 20
Netzzugang und -betrieb

(1) Soweit erforderlich, prüfen die Mitgliedstaaten die Notwendigkeit, die bestehende Gasnetzinfrastruktur auszuweiten, um die Einspeisung von Gas aus erneuerbaren Quellen zu erleichtern.

(2) Soweit erforderlich, verlangen die Mitgliedstaaten von den Fernleitungsnetz- und den Verteilernetzbetreibern in ihrem Hoheitsgebiet, dass sie technische Vorschriften in Übereinstimmung mit Artikel 8 der Richtlinie 2009/73/EG veröffent-

lichen; dies betrifft insbesondere Vorschriften für den Netzanschluss, die Anforderungen an die Gasqualität, odoriertes Gas und den Gasdruck. Die Mitgliedstaaten verlangen von den Fernleitungsnetz- und den Verteilernetzbetreibern ferner, dass sie die Tarife für den Anschluss von Gas aus erneuerbaren Quellen veröffentlichen, wobei sie objektive, transparente und nichtdiskriminierende Kriterien zugrunde legen.

(3) Auf der Grundlage der in die gemäß den Artikeln 3 und 14 der Verordnung (EU) 2018/1999 und im Einklang mit Anhang I dieser Verordnung vorgelegten integrierten nationalen Energie- und Klimapläne aufgenommenen Bewertung der Notwendigkeit, zur Verwirklichung des in Artikel 3 Absatz 1 dieser Richtlinie genannten Gesamtziels der Union neue mit erneuerbaren Energiequellen betriebene Fernwärme- und Fernkälteinfrastrukturen zu bauen, unternehmen die Mitgliedstaaten gegebenenfalls die erforderlichen Schritte zur Entwicklung einer effizienten Fernwärme- und Fernkälteinfrastruktur, um die Wärme- und Kälteversorgung aus erneuerbaren Quellen zu fördern, wie Solarwärme, Fotovoltaik, mit Elektrizität aus erneuerbaren Quellen betriebene Wärmepumpen, die Umgebungsenergie nutzen, geothermischer Energie und andere auf geothermischer Energie beruhende Technologie, Biomasse, Biogas, flüssige Biobrennstoffe sowie Abwärme und Abkälte, nach Möglichkeit in Kombination mit Wärmeenergiespeicherung, Laststeuerungssystemen und Anlagen zur Kraft-Wärme-Kopplung.

Artikel 20a
Unterstützung der Systemintegration von Elektrizität aus erneuerbaren Quellen

(1) Die Mitgliedstaaten verpflichten Übertragungs- und, sofern ihnen diese Daten zur Verfügung stehen, die Verteilernetzbetreiber in ihrem Hoheitsgebiet dazu, Daten über den Anteil erneuerbarer Elektrizität und den Gehalt an Treibhausgasemissionen der von ihnen gelieferten Elektrizität in jeder Gebotszone so genau wie möglich in Intervallen, die den Abrechnungsintervallen des jeweiligen Marktes entsprechen, jedoch in Zeitabständen von höchstens einer Stunde, und zusammen mit Prognosen, soweit diese verfügbar sind, bereitzustellen. Die Mitgliedstaaten stellen sicher, dass die Verteilernetzbetreiber Zugang zu den erforderlichen Daten haben. Haben die Verteilernetzbetreiber gemäß nationalem Recht keinen Zugang zu allen erforderlichen Daten, so nutzen sie gemäß den Bestimmungen der Richtlinie (EU) 2019/944 das bestehende Datenmeldesystem des Europäischen Netzes der Übertragungsnetzbetreiber (Strom). Die Mitgliedstaaten bieten Anreize für die Verbesserung intelligenter Netze, damit das Netzgleichgewicht besser überwacht wird und Echtzeitdaten zur Verfügung gestellt werden.

Die Verteilernetzbetreiber müssen außerdem, falls technisch verfügbar, anonymisierte und aggregierte Daten über die Möglichkeiten der Laststeuerung und die von Eigenversorgern und Erneuerbare-Energie-Gemeinschaften erzeugte und in das Netz eingespeiste Elektrizität aus erneuerbaren Quellen zur Verfügung stellen.

(2) Die Daten gemäß Absatz 1 werden digital auf eine Weise bereitgestellt, mit der die Interoperabilität auf der Grundlage harmonisierter Datenformate und standardisierter Datensätze sichergestellt ist, sodass sie von Elektrizitätsmarktteilnehmern, Aggregatoren, Verbrauchern und anderen Endnutzern diskriminierungsfrei verwendet und von elektronischen Kommunikationssystemen wie intelligenten Messsystemen, Ladepunkten für Elektrofahrzeuge, Wärme- und Kälteversorgungssystemen sowie Gebäudeenergiemanagementsystemen gelesen werden können.

(3) Zusätzlich zu den in der Verordnung (EU) 2023/1542 festgelegten Anforderungen stellen die Mitgliedstaaten sicher, dass die Hersteller von Batterien für die Wohnumgebung und von Industriebatterien den Eigentümern und Nutzern der Batterie sowie in deren Namen handelnden Dritten, die mit ausdrücklicher Zustimmung im Namen der Eigentümer und Nutzer handeln, wie Gebäudeenergiemanagementunternehmen und Elektrizitätsmarktteilnehmern, zu nichtdiskriminierenden Bedingungen kostenlos und im Einklang mit den Datenschutzvorschriften Echtzeitzugang zu grundlegenden Batteriemanagementsysteminformationen gewähren, wie z. B. Batteriekapazität, Alterungszustand, Ladezustand und Leistungseinstellung.

Zusätzlich zu weiteren in der Verordnung (EU) 2018/858 des Europäischen Parlaments und des Rates ([22]) festgelegten Typgenehmigungs- und Marktüberwachungsanforderungen erlassen die Mitgliedstaaten Maßnahmen, um vorzuschreiben, dass die Fahrzeughersteller in Echtzeit fahrzeuginterne Daten in Bezug auf den Alterungszustand der Batterie, den Ladezustand der Batterie, die Leistungseinstellung der Batterie, die Kapazität der Batterie sowie gegebenenfalls zusätzlich den Standort von Elektrofahrzeugen für die Eigentümer und Nutzer von Elektrofahrzeugen sowie für Dritte, die im Namen der Eigentümer und Nutzer handeln, wie Elektrizitätsmarktteilnehmer und Anbieter von Elektromobilitätsdienstleistungen zu nichtdiskriminierenden Bedingungen kostenlos und im Einklang mit den Datenschutzvorschriften bereitstellen.

(4) Zusätzlich zu den in der Verordnung (EU) 2023/1804 festgelegten Anforderungen stellen die Mitgliedstaaten oder die von ihnen benannten zuständigen Behörden sicher, dass neue und ersetzte nicht öffentlich zugängliche Normalladepunkte in ihrem Hoheitsgebiet installiert werden, die intelligente Ladefunktionen und gegebenenfalls die Schnittstelle zu intelligenten Messsystemen, sofern sie von den Mitgliedstaaten eingerichtet werden, sowie bidirektionale Ladefunktionen gemäß den Anforderungen von Artikel 15 Absätze 3 und 4 der Verordnung (EU) .../...++ unterstützen können.

(5) Zusätzlich zu den in der Verordnung (EU) 2019/943 und der Richtlinie (EU) 2019/944 festgelegten Anforderungen stellen die Mitgliedstaaten sicher, dass der nationale Regelungsrahmen zulässt, dass kleine oder mobile Systeme wie Batterien für die Wohnumgebung oder Elektrofahrzeuge und andere kleine dezentrale Energiequellen auch über Aggregierung an den Elektrizitätsmärkten teilnehmen, einschließlich des Engpassmanagements und der Erbringung von Flexibilitäts- und Regelreserveleistungen. Zu diesem Zweck legen die Mitgliedstaaten in enger Zusammenarbeit mit allen Marktteilnehmern und Regulierungsbehörden auf der Grundlage der technischen Merkmale der Elektrizitätsmärkte technische Anforderungen für die Teilnahme an diesen Systemen fest.

Die Mitgliedstaaten sorgen für gleiche Wettbewerbsbedingungen und eine diskriminierungsfreie Beteiligung kleiner dezentraler Energieanlagen oder mobiler Systeme an den Elektrizitätsmärkten.

Artikel 21
Eigenversorger im Bereich erneuerbare Elektrizität

(1) Die Mitgliedstaaten sorgen dafür, dass Verbraucher vorbehaltlich dieses Artikels Anspruch darauf haben, Eigenversorger im Bereich erneuerbare Elektrizität zu werden.

(2) Die Mitgliedstaaten sorgen dafür, dass Eigenversorger im Bereich erneuerbare Elektrizität individuell oder über Aggregatoren berechtigt sind,

[22] Verordnung (EU) 2018/858 des Europäischen Parlaments und des Rates vom 30. Mai 2018 über die Genehmigung und die Marktüberwachung von Kraftfahrzeugen und Kraftfahrzeuganhängern sowie von Systemen, Bauteilen und selbstständigen technischen Einheiten für diese Fahrzeuge, zur Änderung der Verordnungen (EG) Nr. 715/2007 und (EG) Nr. 595/2009 und zur Aufhebung der Richtlinie 2007/46/EG (ABl. L 151 vom 14.6.2018, S. 1).

a) erneuerbare Energie einschließlich für die Eigenversorgung zu erzeugen und die Überschussproduktion von erneuerbarer Elektrizität zu speichern und, auch mittels Verträgen über den Bezug von erneuerbarem Strom, Liefervereinbarungen mit Elektrizitätsversorgern und Peer-to-Peer-Geschäftsvereinbarungen, zu verkaufen, ohne dass

i) die von ihnen verbrauchte, aus dem Netz bezogene Elektrizität oder die von ihnen in das Netz eingespeiste Elektrizität diskriminierenden oder unverhältnismäßigen Verfahren, Umlagen und Abgaben sowie Netzentgelten unterworfen ist, die nicht kostenorientiert sind;

ii) die eigenerzeugte Elektrizität aus erneuerbaren Quellen, die an Ort und Stelle verbleibt, diskriminierenden oder unverhältnismäßigen Verfahren und jeglichen Abgaben, Umlagen oder Gebühren unterworfen ist;

b) mit Anlagen zur Erzeugung erneuerbarer Elektrizität für die Eigenversorgung zusammengeschaltete Stromspeichersysteme zu installieren und zu betreiben, ohne doppelten Umlagen und Abgaben einschließlich Netzentgelten für gespeicherte Elektrizität, die an Ort und Stelle verbleibt, unterworfen zu sein,

c) ihre Rechte und Pflichten als Endverbraucher zu behalten,

d) gegebenenfalls auch im Rahmen von Förderregelungen eine Vergütung für die von ihnen in das Netz eingespeiste eigenerzeugte erneuerbare Elektrizität zu erhalten, die dem Marktwert der eingespeisten Elektrizität entspricht und den langfristigen Wert dieser Elektrizität für das Netz, die Umwelt und die Gesellschaft berücksichtigen kann.

(3) Die Mitgliedstaaten können Eigenversorgern im Bereich erneuerbare Elektrizität für die an Ort und Stelle verbleibende eigenerzeugte erneuerbare Elektrizität nichtdiskriminierende und verhältnismäßige Umlagen, Abgaben und Gebühren in einem oder mehrerer der folgenden Fälle auferlegen,

a) wenn die eigenerzeugte erneuerbare Elektrizität im Rahmen von Förderregelungen effektiv gefördert wird, jedoch nur in dem Umfang, dass die Rentabilität des Projekts und der Anreizeffekt der betreffenden Förderung dadurch nicht untergraben werden, oder

b) ab dem 1. Dezember 2026, wenn der Gesamtanteil an Eigenversorgungsanlagen über 8 % der in einem Mitgliedstaat insgesamt installierten Stromerzeugungskapazität liegt und eine Kosten-Nutzen-Analyse der nationalen Regulierungsbehörde dieses Mitgliedstaats im Rahmen eines offenen, transparenten und partizipativen Verfahrens ergibt, dass die Bestimmung in Absatz 2 Buchstabe a Ziffer ii zu einer großen und unverhältnismäßigen Belastung der langfristigen finanziellen Tragfähigkeit des Stromsystems führt oder Anreize schafft, die über das hinausgehen, was für den kosteneffizienten Einsatz erneuerbarer Energie objektiv notwendig ist, und derartige Belastungen oder Anreize mithilfe anderer zweckmäßiger Maßnahmen nicht minimiert werden könnten, oder

c) wenn die eigenerzeugte erneuerbare Elektrizität in Anlagen mit einer installierten Gesamtstromerzeugungskapazität von über 30 kW produziert wird.

(4) Die Mitgliedstaaten stellen sicher, dass Eigenversorger im Bereich erneuerbare Elektrizität, die sich in demselben Gebäude, einschließlich Mehrfamilienhäusern, befinden, berechtigt sind, gemeinsam den Tätigkeiten gemäß Absatz 2 nachzugehen, und vorbehaltlich der Netzentgelte und sonstiger einschlägiger Umlagen, Gebühren, Abgaben und Steuern, denen die einzelnen Eigenversorger gegebenenfalls unterworfen sind, den Austausch der vor Ort produzierten erneuerbaren Energie untereinander vereinbaren dürfen. Die Mitgliedstaaten dürfen zwischen Eigenversorgern im Bereich erneuerbare Elektrizität und gemeinsam handelnden Eigenversorgern im Bereich erneuerbare Elektrizität unterscheiden. Jede solche Unterscheidung muss verhältnismäßig und hinreichend begründet sein.

(5) Anlagen von Eigenversorgern im Bereich erneuerbare Elektrizität können im Eigentum eines Dritten stehen oder hinsichtlich der Einrichtung, des Betriebs, einschließlich der Messung und Wartung, von einem Dritten betreut werden, wenn der Dritte weiterhin den Weisungen des Eigenversorgers im Bereich erneuerbare Elektrizität unterliegt. Der Dritte gilt selbst nicht als Eigenversorger im Bereich erneuerbare Elektrizität.

(6) Mitgliedstaaten schaffen einen Regulierungsrahmen, der es ermöglicht, den Ausbau der Eigenversorgung mit erneuerbarer Elektrizität – auf der Grundlage einer Bewertung der ungerechtfertigten Hindernisse und des Potenzials, die in ihrem Hoheitsgebiet und ihren Energienetzen in Bezug auf die Eigenversorgung mit erneuerbarer Elektrizität bestehen – zu unterstützen und zu erleichtern. Dieser Regulierungsrahmen sieht unter anderem Maßnahmen vor, mit der Zielsetzung, dass

a) dafür gesorgt wird, dass alle Endkunden, einschließlich einkommensschwacher oder bedürftiger Haushalte, Zugang zur Eigenversorgung mit erneuerbarer Elektrizität erhalten;

b) ungerechtfertigte Markthindernisse bei der Finanzierung von Projekten beseitigt werden und der Zugang zu Finanzmitteln erleichtert wird;

c) weitere ungerechtfertigte rechtliche Hindernisse für die Eigenversorgung mit erneuerbarer Elektrizität, auch für Mieter, beseitigt werden;

d) für Gebäudeeigentümer Anreize gesetzt werden, um Möglichkeiten der Eigenversorgung mit erneuerbarer Elektrizität, auch für Mieter, zu schaffen;

e) sichergestellt wird, dass Eigenversorger im Bereich erneuerbare Elektrizität in Bezug auf die eigenerzeugte und ins Netz eingespeiste erneuerbare Elektrizität beim Zugang zu bestehenden Förderregelungen sowie zu allen Segmenten des Elektrizitätsmarkts nicht diskriminiert werden;

f) sichergestellt wird, dass Eigenversorger im Bereich erneuerbare Elektrizität, wenn sie Elektrizität ins Netz einspeisen, einen angemessenen und ausgewogenen Anteil der Systemgesamtkosten tragen.

Die Mitgliedstaaten nehmen in ihre integrierten nationalen Energie- und Klimapläne und ihre Fortschrittsberichte gemäß der Verordnung (EU) 2018/1999 eine Kurzdarstellung der in diesem Regulierungsrahmen vorgesehenen Strategien und Maßnahmen und eine Bewertung der Umsetzung dieser Strategien bzw. Maßnahmen auf.

(7) Dieser Artikel gilt unbeschadet der Artikel 107 und 108 AEUV.

Artikel 22
Erneuerbare-Energie-Gemeinschaften

(1) Die Mitgliedstaaten stellen sicher, dass sich Endkunden und insbesondere Haushalte, unter Beibehaltung ihrer Rechte oder Pflichten als Endkunden, an einer Erneuerbare-Energie-Gemeinschaft beteiligen dürfen, ohne ungerechtfertigten oder diskriminierenden Bedingungen oder Verfahren unterworfen zu sein, durch die ihre Beteiligung an einer Erneuerbare-Energie-Gemeinschaft verhindert würde, sofern die Beteiligung im Fall von Privatunternehmen nicht deren gewerbliche oder berufliche Haupttätigkeit ist.

(2) Die Mitgliedstaaten stellen sicher, dass Erneuerbare-Energie-Gemeinschaften berechtigt sind,

a) erneuerbare Energie zu produzieren, zu verbrauchen, zu speichern und zu verkaufen, und zwar auch im Rahmen von Verträgen über den Bezug von erneuerbarem Strom;

b) innerhalb der Erneuerbare-Energie-Gemeinschaft – vorbehaltlich der übrigen Anforderungen dieses Artikels und unter Wahrung der Rechte und Pflichten der Mitglieder der Erneuerbare-Energie-Gemeinschaft als Kunden – die mit Produktionseinheiten im Eigentum der Erneuerbare-Energie-Gemeinschaft produzierte erneuerbare Energie gemeinsam zu nutzen;

c) sowohl direkt als auch über Aggregatoren nichtdiskriminierenden Zugang zu allen geeigneten Energiemärkten zu erhalten.

(3) Die Mitgliedstaaten bewerten die bestehenden Hindernisse und das Entwicklungspotenzial von Erneuerbare-Energie-Gemeinschaften in ihrem jeweiligen Hoheitsgebiet.

(4) Die Mitgliedstaaten schaffen einen Regulierungsrahmen, der es ermöglicht, die Entwicklung von Erneuerbare-Energie-Gemeinschaften zu unterstützen und voranzubringen. Mit diesem Rahmen wird unter anderem sichergestellt, dass

a) ungerechtfertigte rechtliche und verwaltungstechnische Hindernisse für Erneuerbare-Energie-Gemeinschaften beseitigt werden;

b) Erneuerbare-Energie-Gemeinschaften, wenn sie Energie liefern, Aggregierungsdienste oder andere gewerbliche Energiedienstleistungen erbringen, den für diese Tätigkeiten geltenden Bestimmungen unterliegen;

c) der jeweilige Verteilernetzbetreiber mit Erneuerbare-Energie-Gemeinschaften zusammenarbeitet, um Energieübertragungen innerhalb von Erneuerbare-Energie-Gemeinschaften zu erleichtern;

d) für Erneuerbare-Energie-Gemeinschaften faire, verhältnismäßige und transparente Verfahren, auch für die Registrierung und Zulassung, und kostenorientierte Netzentgelte sowie einschlägige Umlagen, Abgaben und Steuern gelten, mit denen sichergestellt wird, dass sie sich gemäß einer von den zuständigen nationalen Stellen erstellten, transparenten Kosten-Nutzen-Analyse der dezentralen Energiequellen, angemessen und ausgewogen an den Systemgesamtkosten beteiligen;

e) Erneuerbare-Energie-Gemeinschaften hinsichtlich ihrer Tätigkeiten, Rechte und Pflichten als Endkunden, Produzenten, Versorger, Verteilernetzbetreiber oder als sonstige Marktteilnehmer diskriminierungsfrei behandelt werden;

f) die Beteiligung an Erneuerbare-Energie-Gemeinschaften allen Verbrauchern offensteht, auch jenen, die in einkommensschwachen oder bedürftigen Haushalten leben;

g) Instrumente verfügbar sind, die den Zugang zu Finanzmitteln und Informationen erleichtern;

h) öffentliche Stellen bei der Schaffung der Voraussetzungen für und der Gründung von Erneuerbare-Energie-Gemeinschaften sowie zur Erleichterung ihrer direkten Beteiligung daran Unterstützung in Regulierungsfragen und beim Kapazitätenaufbau erhalten;

i) Vorschriften vorhanden sind, mit denen sichergestellt wird, dass an der Erneuerbare-Energie-Gemeinschaft beteiligte Verbraucher gleichberechtigt und diskriminierungsfrei behandelt werden.

(5) Die Kernaspekte des Regulierungsrahmens nach Absatz 4 und seiner Umsetzung sind Teil der Fortschrittsberichte und Aktualisierungen der integrierten nationalen Energie- und Klimapläne der Mitgliedstaaten gemäß der Verordnung (EU) 2018/1999.

(6) Die Mitgliedstaaten können vorsehen, dass Erneuerbare-Energie-Gemeinschaften für eine grenzüberschreitende Beteiligung offen sind.

(7) Unbeschadet der Artikel 107 und 108 AEUV berücksichtigen die Mitgliedstaaten bei der Konzipierung von Förderregelungen die Besonderheiten von Erneuerbare-Energie-Gemeinschaften, damit diese sich unter gleichen Bedingungen wie andere Marktteilnehmer um die Förderung bewerben können.

Artikel 22a
Einbeziehung von Energie aus erneuerbaren Quellen in der Industrie

(1) Die Mitgliedstaaten bemühen sich darum, den Anteil der erneuerbaren Quellen an den Energiequellen, die für Endenergieverbrauchszwecke und nichtenergetische Zwecke im industriellen Sektor verwendet werden, mindestens um einen Richtwert von 1,6 Prozentpunkten – als jährlicher, für die für die Zeiträume 2021-2025 und 2026-2030 berechneter Durchschnitt – zu erhöhen.

Die Mitgliedstaaten können Abwärme und -kälte bis zu einer Grenze von 0,4 Prozentpunkten auf die durchschnittliche jährliche Erhöhung gemäß Unterabsatz 1 anrechnen, sofern die Abwärme und -kälte über effiziente Fernwärme und -kälte geliefert wird, mit Ausnahme von Netzen, die nur ein Gebäude mit Wärme versorgen, oder wenn die gesamte Wärmeenergie ausschließlich am Standort verbraucht wird und die Wärmeenergie nicht verkauft wird. Beschließen sie dies, so erhöht sich die durchschnittliche jährliche Erhöhung gemäß Unterabsatz 1 um die Hälfte der Prozentpunkte der angerechneten Abwärme und -kälte.

Die Mitgliedstaaten nehmen die geplanten und ergriffenen Strategien und Maßnahmen zur Umsetzung dieser an Richtwerten orientierten Steigerung in ihre gemäß den Artikeln 3 und 14 der Verordnung (EU) 2018/1999 vorgelegten integrierten nationalen Energie- und Klimapläne und in ihre gemäß Artikel 17 der genannten Verordnung vorgelegten Fortschrittsberichte auf.

Wenn Elektrifizierung als kosteneffiziente Option betrachtet wird, wird mit Hilfe dieser Strategien und Maßnahmen die Elektrifizierung industrieller Prozesse auf der Grundlage erneuerbarer Energie gefördert. Mit diesen Strategien und Maßnahmen wird angestrebt, günstige Marktbedingungen für die Verfügbarkeit wirtschaftlich tragfähiger und technisch machbarer Alternativen auf der Grundlage erneuerbarer Energie zu schaffen, um fossile Brennstoffe, die in der Industrie für die Wärmeversorgung verwendet werden, zu ersetzen, um die Verwendung fossiler Brennstoffe, die für die Wärmeversorgung verwendet werden und deren Temperatur unter 200 °C liegt, zu verringern. Bei der Annahme dieser Strategien und Maßnahmen tragen die Mitgliedstaaten dem Grundsatz „Energieeffizienz an erster Stelle“, der Wirksamkeit und der internationalen Wettbewerbsfähigkeit sowie der Notwendigkeit der Beseitigung regulatorischer, administrativer und wirtschaftlicher Hindernisse Rechnung.

Die Mitgliedstaaten stellen sicher, dass der Beitrag der für Endenergieverbrauchszwecke und nichtenergetische Zwecke genutzten erneuerbaren Brennstoffe nicht biogenen Ursprungs in der Industrie bis spätestens 2030 mindestens 42 % und bis 2035 60 % des für Endenergieverbrauchszwecke und nichtenergetische Zwecke genutzten Wasserstoffs beträgt. Dieser Prozentsatz wird wie folgt berechnet:

a) Zur Berechnung des Nenners wird der Energiegehalt des für Endenergieverbrauchszwecke und nichtenergetische Zwecke genutzten Wasserstoffs berücksichtigt, wobei Folgendes ausgenommen ist:

i) Wasserstoff, der als Zwischenprodukt für die Herstellung konventioneller Verkehrskraftstoffe genutzt wird, und Biokraftstoffe;

ii) Wasserstoff, der durch die Dekarbonisierung von industriellem Restgas erzeugt wird und dazu dient, das spezifische Gas zu ersetzen, aus denen er erzeugt wird;

iii) Wasserstoff, der in industriellen Anlagen als Nebenprodukt hergestellt oder aus Nebenprodukten gewonnen wird;

b) zur Berechnung des Zählers wird der Energiegehalt der für Endenergieverbrauchszwecke und nichtenergetische Zwecke im industriellen Sektor genutzten erneuerbaren Brennstoffe nicht biogenen Ursprungs berücksichtigt, wobei erneuerbare Brennstoffe nicht biogenen Ursprungs, die als Zwischenprodukte für die Herstellung konventioneller Verkehrskraftstoffe genutzt werden, und Biokraftstoffe ausgenommen sind;

c) zur Berechnung des Zählers und des Nenners sind die in Anhang III festgelegten Werte für den Energiegehalt von Brennstoffen zu verwenden.

Für die Zwecke von Unterabsatz 5 Buchstabe c dieses Absatzes gelten für die Bestimmung des Energiegehalts von Kraftstoffen, die nicht in Anhang III aufgeführt sind, die jeweiligen Europäischen Normen zur Bestimmung der Heizwerte von Kraftstoffen oder in Fällen, für die keine Europäische Norm zu diesem Zweck erlassen wurde, die entsprechenden ISO-Normen;

(2) Die Mitgliedstaaten fördern freiwillige Kennzeichnungssysteme für Industrieprodukte, mit denen ausgewiesen wird, dass Industrieprodukte mit erneuerbarer Energie und erneuerbaren Brennstoffen nicht biogenen Ursprungs hergestellt wurden. Solche Kennzeichnungssysteme müssen den Prozentsatz der genutzten erneuerbaren Energie oder der erneuerbaren Brennstoffe nicht biogenen Ursprungs, die bei der Gewinnung von Rohstoffen und in der Vorbehandlungs-, Herstellungs- und Vertriebsphase eingesetzt wurden, auf der Grundlage der in der Empfehlung (EU) 2021/2279 der Kommission ([23]) oder in ISO 14067:2018festgelegten Methoden.

(3) Die Mitgliedstaaten weisen die Menge an erneuerbaren Brennstoffen nicht biogenen Ursprungs, die sie voraussichtlich ein- und ausführen werden, in ihren gemäß den Artikeln 3 und 14 der Verordnung (EU) 2018/1999 vorgelegten integrierten nationalen Energie- und Klimaplänen und in ihren gemäß Artikel 17 der genannten Verordnung vorgelegten integrierten nationalen energie- und klimabezogenen Fortschrittsberichten aus. Auf der Grundlage dieser Berichterstattung entwickelt die Kommission die Unionsstrategie für importierten und heimischen Wasserstoff mit dem Ziel, einen europäischen Wasserstoffmarkt und die inländische Wasserstofferzeugung in der Union zu fördern und die Umsetzung dieser Richtlinie und die Erreichung der darin festgelegten Ziele zu unterstützen, wobei sie der Versorgungssicherheit und der strategischen Autonomie der Union im Energiebereich und gleichen Wettbewerbsbedingungen auf dem globalen Wasserstoffmarkt gebührend Rechnung trägt. Die Mitgliedstaaten geben in ihren gemäß den Artikeln 3 und 14 der Verordnung (EU) 2018/1999 vorgelegten integrierten nationalen Energie- und Klimaplänen und Fortschrittsberichten und in ihren gemäß Artikel 17 der genannten Verordnung vorgelegten integrierten nationalen energie- und klimabezogenen Fortschrittsberichten an, wie sie zu dieser Strategie beizutragen gedenken.

Artikel 22b
Bedingungen für die Verringerung des Ziels für die Verwendung erneuerbarer Brennstoffe nicht biogenen Ursprungs in der Industrie

(1) Ein Mitgliedstaat kann den Beitrag der erneuerbaren Brennstoffe nicht biogenen Ursprungs, die für Endenergieverbrauchszwecke und nichtenergetische Zwecke gemäß Artikel 22a Absatz 1 Unterabsatz 5 genutzt werden, im Jahr 2030 um 20 % verringern, vorausgesetzt, dass

a) dieser Mitgliedstaat auf Kurs zu seinem nationalen Beitrag zu dem in Artikel 3 Absatz 1 Unterabsatz 1 festgelegten verbindlichen Gesamtziel der Union ist, der mindestens dem erwarteten nationalen Beitrag gemäß der in Anhang II der Verordnung (EU) 2018/1999 genannten Formel entspricht; und

b) der Anteil des aus fossilen Brennstoffen hergestellten Wasserstoffs oder seiner Derivate, der in diesem Mitgliedstaat verbraucht wird, im Jahr 2030 höchstens 23 % und im Jahr 2035 höchstens 20 % beträgt.

Ist eine dieser Bedingungen nicht erfüllt, gilt die in Unterabsatz 1 genannte Verringerung nicht mehr.

(2) Wendet ein Mitgliedstaat die in Absatz 1 genannte Verringerung an, so teilt er dies der Kommission zusammen mit seinen gemäß den Artikeln 3 und 14 der Verordnung (EU) 2018/1999 vorgelegten integrierten nationalen Energie- und Klimaplänen und im Rahmen seiner gemäß Artikel 17 der genannten Verordnung vorgelegten integrierten nationalen energie- und klimabezogenen Fortschrittsberichten mit. Die Mitteilung enthält Informationen über den aktualisierten Anteil erneuerbarer Brennstoffe nicht biogenen Ursprungs und alle relevanten Daten zum Nachweis, dass die Bedingungen gemäß Absatz 1 Buchstaben a und b des vorliegenden Artikels erfüllt sind.

Die Kommission überwacht die Lage in den Mitgliedstaaten, denen eine Verringerung gewährt wird, um zu überprüfen, ob die in Absatz 1 Buchstaben a und b genannten Bedingungen kontinuierlich erfüllt sind.

Artikel 23
Einbeziehung erneuerbarer Energie im Bereich Wärme- und Kälte

(1) Um die Nutzung erneuerbarer Energie im Wärme- und Kältesektor zu fördern, erhöht jeder Mitgliedstaat den Anteil der erneuerbaren Energie in diesem Sektor jährlich um mindestens 0,8 Prozentpunkte (für den Zeitraum 2021-2025) bzw. 1,1 Prozentpunkte (für den Zeitraum 2026-2030) gegenüber dem Anteil der erneuerbaren Energie im Wärme- und Kältesektor im Jahr 2020, wobei die Prozentpunkte jeweils als Jahresdurchschnitt für den Zeitraum 2021-2025 bzw. den Zeitraum 2026-2030 ermittelt, als Anteil am nationalen Bruttoendenergieverbrauch ausgedrückt und nach der in Artikel 7 genannten Methode berechnet werden.

Die Mitgliedstaaten können Abwärme und -kälte bis zu einer Obergrenze von 0,4 Prozentpunkten auf die in Unterabsatz 1 genannten durchschnittlichen jährlichen Erhöhungen anrechnen. Entscheiden sie sich dafür, so erhöht sich die durchschnittliche jährliche Erhöhung um die Hälfte der Prozentpunkte der verbrauchten Abwärme und -kälte bis zu einer Obergrenze von 1,0 angerechneten Prozentpunkten für den Zeitraum 2021-2025 und von 1,3 angerechneten Prozentpunkten für den Zeitraum 2026-2030.

Die Mitgliedstaaten unterrichten die Kommission über ihre Absicht, Abwärme und -kälte und die geschätzte Menge in ihren integrierten nationalen Energie- und Klimapläne gemäß den Artikeln 3 und 14 der Verordnung (EU) 2018/1999 anzurechnen. Zusätzlich zu den mindestens erforderlichen jährlichen Erhöhungen gemäß Unterabsatz 1 dieses Absatzes bemüht sich jeder Mitgliedstaat darum, den Anteil erneuerbarer Energie in seinem Wärme- und Kältesektor um den in Anhang Ia dieser Richtlinie genannten zusätzlichen Richtwert in Prozentpunkten zu erhöhen.

Die Mitgliedstaaten können für die Wärme- und Kälteversorgung genutzte Elektrizität aus erneuerbaren Quellen bis zu einer Obergrenze von 0,4 Prozentpunkten auf die jährlichen durchschnittlichen Erhöhungen gemäß Unterabsatz 1 anrechnen, sofern der Wirkungsgrad der Wärme- und Kälteerzeugungsanlage über 100 % liegt. Beschließen sie dies, so erhöht sich die durchschnittliche jährliche Erhöhung um die Hälfte

[23] Empfehlung (EU) 2021/2279 der Kommission vom 15. Dezember 2021 zur Anwendung der Methoden für die Berechnung des Umweltfußabdrucks zur Messung und Offenlegung der Umweltleistung von Produkten und Organisationen entlang ihres Lebenswegs (ABl. L 471 vom 30.12.2021, S. 1).

der Prozentpunkte jener Elektrizität aus erneuerbaren Quellen bis zu einer Obergrenze von 1,0 Prozentpunkten für den Zeitraum 2021- 2025 und von 1,3 Prozentpunkten für den Zeitraum 2026-2030.

Die Mitgliedstaaten unterrichten die Kommission von ihrer Absicht, Elektrizität aus erneuerbaren Quellen, die von Wärme- und Kälteerzeugern, deren Wirkungsgrad mehr als 100 % beträgt, für die Wärme- und Kälteversorgung genutzt wird, auf die jährliche Erhöhung gemäß Unterabsatz 1 dieses Absatzes anzurechnen. Die Mitgliedstaaten nehmen die geschätzten Kapazitäten an Elektrizität aus erneuerbaren Quellen von Wärme- und Kälteerzeugungsanlagen, deren Wirkungsgrad mehr als 100 % beträgt, in ihre integrierten nationalen Energie- und Klimapläne auf, die gemäß Artikel 3 und Artikel 14 der Verordnung (EU) 2018/1999 eingereicht werden. Die Mitgliedstaaten nehmen die Menge an erneuerbarer Energie, die für Heizung und Kühlung aus Wärme- und Kälteerzeugungsanlagen verwendet wird, deren Wirkungsgrad über 100 % liegt, in ihre gemäß Artikel 17 der Verordnung (EU) 2018/1999 vorgelegten integrierten nationalen energie- und klimabezogenen Fortschrittsberichte auf.

(1a) Zur Berechnung des Anteils von Elektrizität aus erneuerbaren Quellen, der für die Zwecke von Absatz 1 für die Wärme- und Kälteversorgung genutzt wird, legen die Mitgliedstaaten den durchschnittlichen Anteil der in ihrem Hoheitsgebiet in den beiden vorangegangenen Jahren gelieferten Elektrizität aus erneuerbaren Quellen zugrunde.

(1b) Die Mitgliedstaaten führen eine Bewertung ihres Potenzials im Bereich der Energie aus erneuerbaren Quellen und der Nutzung von Abwärme und -kälte im Wärme- und Kältesektor durch; soweit angezeigt, analysieren sie dabei auch Bereiche, die bei der Nutzung mit einem geringen ökologischen Risiko verbunden sind, sowie das Potenzial kleinerer Projekte im Bereich der Privathaushalte. Bei dieser Bewertung wird die verfügbare und wirtschaftlich tragfähige Technologie für industrielle und häusliche Anwendungen berücksichtigt, um Zwischenziele und Maßnahmen für die Steigerung der Nutzung erneuerbarer Energiequellen für die Wärme- und Kälteversorgung und, soweit dies angezeigt ist, die Nutzung von Abwärme und -kälte durch Fernwärme- und Fernkälteversorgung festzulegen und so dazu beizutragen, eine langfristige nationale Strategie zur Verringerung der Treibhausgasemissionen und der Luftverschmutzung, die auf die Wärme- und Kälteversorgung zurückgehen, zu erstellen. Diese Bewertung ist gemäß dem Grundsatz „Energieeffizienz an erster Stelle" durchzuführen und in die gemäß den Artikeln 3 und 14 der Verordnung (EU) 2018/1999 vorgelegten integrierten nationalen Energie- und Klimapläne aufzunehmen und zusammen mit der umfassenden Bewertung des Potenzials für den Einsatz der effizienten Fernwärme- und Fernkälteversorgung gemäß Artikel 14 Absatz 1 der Richtlinie 2012/27/EU vorzulegen.

(2) Für die Zwecke von Absatz 1 dieses Artikels gilt für die Berechnung des Anteils jedes Mitgliedstaats an der Energie aus erneuerbaren Quellen im Wirtschaftszweig Wärme und Kälte und seiner durchschnittlichen jährlichen Steigerung gemäß dem genannten Absatz, einschließlich der zusätzlichen angestrebten Erhöhung gemäß Anhang Ia, dass die Mitgliedstaaten

b) sofern der Anteil erneuerbarer Energie im Wärme- und Kältesektor in ihrem Fall über 60 % beträgt, jeden derartigen Anteil als Erbringung der durchschnittlichen jährlichen Steigerung anrechnen können, und

c) sofern der Anteil erneuerbarer Energie im Wärme- und Kältesektor in ihrem Fall zwischen 50 % und 60 % beträgt, jeden derartigen Anteil als Erbringung der Hälfte der durchschnittlichen jährlichen Steigerung anrechnen können.

Bei der Auswahl von Maßnahmen zur Nutzung erneuerbarer Energie im Wärme- und Kältesektor können die Mitgliedstaaten Kosteneffizienzgesichtspunkte berücksichtigen, die die strukturellen Hemmnisse wiederspiegeln, die aufgrund eines hohen Anteils von Erdgas oder Kälte oder einer zerstreuten Siedlungsstruktur mit geringer Bevölkerungsdichte entstehen.

Wenn diese Maßnahmen dazu führen würden, dass eine niedrigere durchschnittliche jährliche Steigerung als die in Absatz 1 genannte erreicht wird, veröffentlichen die Mitgliedstaaten diese – beispielsweise im Rahmen ihrer integrierten nationalen energie- und klimabezogenen Fortschrittsberichte gemäß Artikel 20 der Verordnung (EU) 2018/1999 – und legen der Kommission dazu eine Begründung einschließlich der gemäß Unterabsatz 2 dieses Absatzes gewählten Maßnahmen vor.

Die Mitgliedstaaten informieren insbesondere Eigentümer bzw. Mieter von Gebäuden und KMU über kosteneffiziente Maßnahmen und Finanzinstrumente zur besseren Nutzung von Energie aus erneuerbaren Quellen in den Wärme- und Kältesystemen. Die Mitgliedstaaten stellen diese Informationen über zugängliche und transparente Beratungsinstrumente zur Verfügung.

(3) Die Mitgliedstaaten können auf Grundlage objektiver und nichtdiskriminierender Kriterien eine Liste von Maßnahmen erstellen und veröffentlichen und können ausführende Stellen, wie Kraftstoffanbieter, öffentliche Stellen oder Fachgremien, benennen und veröffentlichen, die zu der in Absatz 1 genannten durchschnittlichen jährlichen Steigerung beitragen.

(4) Die Mitgliedstaaten streben an, die in Absatz 1 Unterabsatz 1 genannte durchschnittliche jährliche Steigerung mithilfe von mindestens zwei der folgenden Maßnahmen umzusetzen:

a) physische Beimischung von Energie aus erneuerbaren Quellen oder Abwärme und -kälte zu Energiequellen und Brennstoffen für die Wärme- und Kälteversorgung;

b) die Installation hocheffizienter Wärme- und Kältesysteme auf der Grundlage erneuerbarer Energie in Gebäuden, der Anschluss von Gebäuden an effiziente Fernwärme- und Fernkältesysteme oder die Nutzung von erneuerbarer Energie oder von Abwärme und -kälte für industrielle Wärme- und Kälteprozesse;

c) Maßnahmen, die handelbaren Zertifikaten unterliegen, anhand deren die Einhaltung der Verpflichtung gemäß Absatz 1 Unterabsatz 1 durch die Förderung von Installationsmaßnahmen gemäß Buchstabe b nachgewiesen wird, die von einem anderen Wirtschaftsteilnehmer wie beispielsweise einem unabhängigen Installateur von Technik für erneuerbare Energie oder einem Energiedienstleistungsunternehmen, das Installationsdienstleistungen im Bereich erneuerbare Energie erbringt, durchgeführt wurden;

d) Kapazitätsaufbau bei nationalen, regionalen und lokalen Behörden mit Blick auf die Erfassung des lokalen Potenzials für die Wärme- und Kälteversorgung mit Energie aus erneuerbaren Quellen sowie auf die Planung, Umsetzung und Beratung in Bezug auf Projekte und Infrastrukturen im Bereich erneuerbare Energie;

e) Festlegung von Regelungen zur Risikobegrenzung, um die Kapitalkosten für Projekte im Bereich der Wärme- und Kälteversorgung und der Abwärme- und Abkälteversorgung mit Energie aus erneuerbaren Quellen zu senken, unter anderem durch die Bündelung kleinerer Projekte und die in stärkerem Maße ganzheitliche Verknüpfung dieser Projekte mit anderen Energieeffizienz- und Gebäudesanierungsmaßnahmen;

f) Förderung von Verträgen über die Wärme- und Kälteversorgung mit Energie aus erneuerbaren Quellen für Unternehmenskunden und Verbrauchergemeinschaften;

g) Regelungen für den geplanten Ersatz auf fossile Brennstoffe gestützter Wärmequellen und nicht mit der Nutzung von Energie aus erneuerbaren Quellen vereinbarer Heizsysteme oder Regelungen für den allmählichen Ausstieg aus fossilen Brennstoffen, einschließlich Zwischenzielen;
h) Anforderungen auf lokaler und regionaler Ebene für eine auf Energie aus erneuerbaren Quellen gestützte Wärmeversorgung, einschließlich der Kälteversorgung;
i) Förderung der Erzeugung von Biogas und dessen Einspeisung in das Gasnetz anstelle seiner Nutzung für die Elektrizitätserzeugung;
j) Maßnahmen zur Förderung der Integration von Wärmeenergiespeichertechnologie in Wärme- und Kältesysteme;
k) Förderung von auf erneuerbaren Energieträgern basierenden Fernwärme- und Fernkältenetzen, insbesondere durch Erneuerbare-Energie-Gemeinschaften, unter anderem durch Regulierungsmaßnahmen, Finanzierungsvereinbarungen und Unterstützung;
l) andere politische Maßnahmen mit entsprechender Wirkung, einschließlich steuerlicher Maßnahmen, Förderregelungen oder anderer finanzieller Anreize, mit denen die Installation von Anlagen zur Wärme- und Kälteerzeugung aus erneuerbaren Quellen und der Ausbau von Energienetzen, die Energie aus erneuerbaren Quellen für die Wärme- und Kälteerzeugung in Gebäuden und in der Industrie liefern, unterstützt werden;

Wenn die Mitgliedstaaten diese Maßnahmen beschließen und umsetzen, stellen sie sicher, dass sie allen Verbrauchern zugänglich sind, insbesondere Verbrauchern in einkommensschwachen oder bedürftigen Haushalten, die das zur Nutzung der Vorteile nötige Startkapital andernfalls nicht aufbringen könnten.

(5) Die Mitgliedstaaten können die im Rahmen der nationalen Energieeinsparverpflichtungen gemäß Artikel 7 der Richtlinie 2012/27/EU eingerichteten Strukturen zur Durchführung und Überwachung der in Absatz 3 genannten Maßnahmen nutzen.

(6) Wenn gemäß Absatz 3 Stellen benannt werden, sorgen die Mitgliedstaaten dafür, dass der Beitrag solcher benannten Stellen messbar und überprüfbar ist und die benannten Stellen jährlich einen Bericht über die folgenden Elemente vorlegen:
a) die Gesamtmenge der für die Wärme- und Kälteversorgung bereitgestellten Energie;
b) die Gesamtmenge der für die Wärme- und Kälteversorgung bereitgestellten erneuerbaren Energie;
c) die Menge der für die Wärme- und Kälteversorgung bereitgestellten Abwärme und -kälte;
d) den Anteil der erneuerbaren Energie sowie der Abwärme und -kälte an der Gesamtmenge der für die Wärme- und Kälteversorgung bereitgestellten Energie; und
e) die Art der erneuerbaren Energiequelle.

Artikel 24
Fernwärme und -kälte

(1) Die Mitgliedstaaten stellen sicher, dass den Endverbrauchern in leicht zugänglicher Form, beispielsweise auf Rechnungen, den Websites der Anbieter und auf Anfrage, Informationen über die Gesamtenergieeffizienz und den Anteil der Energie aus erneuerbaren Quellen in ihren Fernwärme- und Fernkältesystemen bereitgestellt werden. Die Informationen zum Anteil der Energie aus erneuerbaren Quellen müssen mindestens den Prozentsatz am Bruttoendenergieverbrauch der Wärme- und Kälteversorgung für die Kunden eines bestimmten Fernwärme- und Fernkältesystems umfassen, einschließlich Angaben darüber, wie viel Energie eingesetzt wurde, um dem Kunden oder Endverbraucher eine Wärmeeinheit zu liefern.

(2) Die Mitgliedstaaten legen die erforderlichen Maßnahmen und Bedingungen fest, damit Kunden von Fernwärme- und -kältesystemen, die keine effizienten Fernwärme- und -kältesysteme sind, oder von denen nicht vorgesehen ist, dass sie sich bis zum 31. Dezember 2025 auf Grundlage eines von der zuständigen Behörde gebilligten Plans zu einem solchen System entwickeln, sich durch Kündigung oder Änderung ihres Vertrags abkoppeln können, um selbst Wärme und Kälte aus erneuerbaren Quellen zu produzieren.

Ist eine Vertragskündigung mit einer physischen Abkopplung verbunden, so kann sie an die Bedingung geknüpft werden, dass für die unmittelbar durch die physische Abkopplung verursachten Kosten und den nicht abgeschriebenen Teil der Vermögenswerte, die für die Wärme- und Kälteversorgung des betreffenden Kunden erforderlich waren, ein Ausgleich gezahlt wird.

(3) Die Mitgliedstaaten können das Recht, sich durch Kündigung oder Änderung des Vertrags abzukoppeln, nach Absatz 2 auf die Kunden beschränken, die belegen können, dass die geplante alternative Lösung für die Wärme- bzw. Kälteversorgung zu wesentlich besseren Ergebnissen bei der Gesamtenergieeffizienz führt. Die Bewertung der Gesamtenergieeffizienz der alternativen Lösung kann anhand des Ausweises über die Gesamtenergieeffizienz erfolgen.

(4) Die Mitgliedstaaten streben beim Anteil der Energie aus erneuerbaren Quellen und der Abwärme und -kälte im Bereich Fernwärme oder -kälte gegenüber dem Anteil der Energie aus erneuerbaren Quellen und der Abwärme und -kälte im Bereich Fernwärme oder -kälte im Jahr 2020 eine Steigerung um einen Richtwert von 2,2 Prozentpunkten an, die jahresdurchschnittlich für den Zeitraum 2021-2030 berechnet wird, und legen die dazu erforderlichen Maßnahmen in ihren integrierten nationalen Energie- und Klimaplänen fest, die gemäß den Artikeln 3 und 14 der Verordnung (EU) 2018/1999 vorgelegt wurden. Der Anteil der Energie aus erneuerbaren Quellen wird als Anteil am Bruttoendenergieverbrauch in der Fernwärme- und Fernkälteversorgung angegeben, angepasst an normale durchschnittliche klimatische Bedingungen.

Die Mitgliedstaaten können Elektrizität aus erneuerbaren Quellen, die für Fernwärme und -kälte genutzt wird, auf den jährlichen durchschnittlichen Anstieg gemäß Unterabsatz 1 anrechnen.

Die Mitgliedstaaten unterrichten die Kommission von ihrer Absicht, Elektrizität aus erneuerbaren Quellen, die für Fernwärme und -kälte genutzt wird, auf die jährliche Erhöhung gemäß Unterabsatz 1 dieses Absatzes anzurechnen. Die Mitgliedstaaten nehmen die geschätzten Kapazitäten an Elektrizität aus erneuerbaren Quellen für Fernwärme und -kälte in ihre integrierten nationalen Energie- und Klimapläne auf, die gemäß Artikel 3 und Artikel 14 der Verordnung (EU) 2018/1999 eingereicht werden. Die Mitgliedstaaten geben in ihren integrierten nationalen energie- und klimabezogenen Fortschrittsberichte, die sie gemäß Artikel 17 der genannten Verordnung vorlegen, die Menge an Elektrizität aus erneuerbaren Quellen an, die für Fernwärme und -kälte verbraucht wird.

(4a) Zur Berechnung des Anteils von Elektrizität aus erneuerbaren Quellen, die für die Zwecke von Absatz 4 für Fernwärme und -kälte genutzt wird, legen die Mitgliedstaaten den durchschnittlichen Anteil des in ihrem Hoheitsgebiet in den beiden vorangegangenen Jahren gelieferten Elektrizität aus erneuerbaren Quellen zugrunde.

Die Mitgliedstaaten, in denen der Anteil von Energie aus erneuerbaren Quellen und Abwärme und -kälte im Bereich Fernwärme und -kälte über 60 % beträgt, können diesen Anteil auf die durchschnittliche jährliche Steigerung gemäß

Absatz 4 Unterabsatz 1 anrechnen. Die Mitgliedstaaten, in denen der Anteil von Energie aus erneuerbaren Quellen und Abwärme und -kälte im Bereich Fernwärme und -kälte über 50 % und bis zu 60 % beträgt, können diesen Anteil als Erfüllung der Hälfte der durchschnittlichen jährlichen Erhöhung gemäß Absatz 4 Unterabsatz 1 anrechnen.

Die Mitgliedstaaten legen in ihren integrierten nationalen Energie- und Klimaplänen, die gemäß den Artikeln 3 und 14 der Verordnung (EU) 2018/1999 vorgelegt werden, die Maßnahmen fest, die erforderlich sind, um die durchschnittliche jährliche Steigerung gemäß Absatz 4 Unterabsatz 1 dieses Artikels zu erzielen.

(4b) Die Mitgliedstaaten stellen sicher, dass die Betreiber von Fernwärme- und Fernkältesystemen mit einer Kapazität von mehr als 25 MWh dazu angehalten werden, Drittanbietern von Energie aus erneuerbaren Quellen und Abwärme und -kälte Zugang zum Netz zu gewähren, oder dass sie dazu angehalten werden, Drittanbietern anzubieten, deren Wärme oder Kälte aus erneuerbaren Quellen oder Abwärme und -kälte zu kaufen und in das Netz einzuspeisen – auf der Grundlage von durch die zuständigen Behörden der Mitgliedstaaten festgelegten diskriminierungsfreien Kriterien –, wenn diese Betreiber

a) der Nachfrage neuer Kunden entsprechen müssen oder
b) vorhandene Wärme- oder Kälteerzeugungskapazitäten ersetzen müssen oder
c) vorhandene Wärme- oder Kälteerzeugungskapazitäten erweitern müssen.“

(5) Die Mitgliedstaaten können es dem Betreiber eines Fernwärme- oder Fernkältesystems gestatten, einem Drittanbieter in den folgenden Fällen den Zugang zu verweigern und den Kauf von Wärme oder Kälte von diesem Drittanbieter abzulehnen:

a) Das System verfügt aufgrund anderer Einspeisungen von Wärme oder Kälte aus erneuerbaren Energiequellen oder von Abwärme und -kälte nicht über die nötige Kapazität;
b) die Wärme oder Kälte des Drittanbieters erfüllt nicht die technischen Voraussetzungen, die für die Einspeisung und für den zuverlässigen und sicheren Betrieb des Fernwärme- oder Fernkältesystems erforderlich sind;
c) der Betreiber kann nachweisen, dass die Ausgaben der Endkunden für die Wärme- bzw. Kälteversorgung im Vergleich zu den Kosten der Nutzung der wichtigsten Wärme- oder Kältebezugsquelle vor Ort, mit der die erneuerbare Quelle oder Abwärme und -kälte konkurrieren würde, übermäßig steigen würden, wenn er den Zugang gewähren würde;
d) das System des Betreibers ist ein effizientes Fernwärme- und -Fernkältekältesystem.

Die Mitgliedstaaten stellen sicher, dass der Betreiber eines Fernwärme- und Fernkältesystems in den Fällen, in denen er einem Wärme- oder Kälteanbieter die Einspeisung gemäß Unterabsatz 1 verweigert, die zuständige Behörde über die Gründe für die Verweigerung informiert und ihr mitteilt, welche Bedingungen erfüllt und welche Maßnahmen im System getroffen werden müssten, um die Einspeisung zu ermöglichen. Die Mitgliedstaaten stellen sicher, dass ein geeignetes Verfahren vorhanden ist, um gegen eine ungerechtfertigte Verweigerung vorzugehen.

(6) Die Mitgliedstaaten richten erforderlichenfalls einen Rahmen für die Koordinierung zwischen den Betreibern von Fernwärme- und Fernkältesystemen und den möglichen Quellen von Abwärme und -kälte in der Industrie und dem tertiären Sektor ein, um die Nutzung von Abwärme und -kälte zu erleichtern. Dieser Koordinierungsrahmen muss den Dialog mindestens zwischen den folgenden Akteuren in Bezug auf die Nutzung von Abwärme und -kälte sicherstellen, insbesondere zwischen:

a) den Betreibern von Fernwärme- und Fernkältesystemen;
b) Unternehmen der Industrie oder des tertiären Sektors, die Abwärme und -kälte erzeugen, die über Fernwärme- und Fernkältesysteme wirtschaftlich zurückgewonnen werden kann, z. B. Rechenzentren, Industrieanlagen, große Geschäftsgebäude, Energiespeicheranlagen und der öffentliche Verkehr;
c) lokalen Behörden, die für die Planung und Genehmigung von Energieinfrastruktur zuständig sind;
d) wissenschaftlichen Sachverständigen, die sich mit Fernwärme- und Fernkältesystemen befassen, die dem neuesten Stand der Technik entsprechen;
e) Erneuerbare-Energie-Gemeinschaften, die an der Wärme- und Kälteerzeugung beteiligt sind.

(7) Das Recht, sich nach Absatz 2 durch Kündigung oder Änderung des Vertrags abzukoppeln, kann von einzelnen Kunden, Zusammenschlüssen von Kunden oder Parteien, die die Interessen der Kunden wahrnehmen, ausgeübt werden. Bei Mehrfamilienhäusern kann die Möglichkeit, sich durch Kündigung oder Änderung des Vertrags abzukoppeln, im Einklang mit den geltenden gesetzlichen Vorschriften für Wohnungen nur für das ganze Gebäude wahrgenommen werden.

(8) Die Mitgliedstaaten richten einen Rahmen ein, innerhalb dessen die Betreiber von Elektrizitätsverteilernetzen in Zusammenarbeit mit den Betreibern von Fernwärme- und Fernkältesystemen in ihrem jeweiligen Gebiet mindestens alle vier Jahre eine Bewertung des Potenzials der Fernwärme- und Fernkältesysteme für die Erbringung von Regelreserve- und anderen Systemleistungen vornehmen, darunter Laststeuerung und thermische Speicherung überschüssiger Elektrizität aus erneuerbaren Quellen, und innerhalb dessen sie prüfen, ob die Nutzung des ermittelten Potenzials gegenüber alternativen Lösungen ressourcenschonender und kostengünstiger wäre.

Die Mitgliedstaaten stellen sicher, dass Betreiber von Elektrizitätsübertragungs- und Elektrizitätsverteilernetzen die Ergebnisse der Bewertung gemäß Unterabsatz 1 bei der Netzplanung, bei Netzinvestitionen und bei der Infrastrukturentwicklung in ihrem jeweiligen Gebiet angemessen berücksichtigen.

Die Mitgliedstaaten erleichtern die Abstimmung zwischen den Betreibern von Fernwärme- und Fernkältesystemen und den Betreibern von Elektrizitätsübertragungs- und Elektrizitätsverteilernetzen, damit die Betreiber von Fernwärme- und Fernkältesystemen über Regelreserve-, Speicherungs- und sonstige Flexibilitätsleistungen, etwa Nachfragesteuerung, an ihren Elektrizitätsmärkten teilnehmen können.

Die Mitgliedstaaten können die Bewertungs- und Koordinierungspflichten nach den Unterabsätzen 1 und 3 auch den Betreibern von Gasfernleitungs- und Gasverteilernetzen auferlegen, einschließlich Wasserstoffnetzen und anderer Energienetze.

(9) Die Mitgliedstaaten stellen sicher, dass die Rechte der Verbraucher sowie die Vorschriften für den Betrieb von Fernwärme- und Fernkältesystemen im Einklang mit diesem Artikel eindeutig festgelegt werden, öffentlich verfügbar sind und von der zuständigen Behörde durchgesetzt werden.

(10) Ein Mitgliedstaat muss die Absätze 2 bis 9 nicht anwenden, wenn mindestens eine der folgenden Bedingungen erfüllt ist:

a) Der Anteil seiner Fernwärme und -kälte betrug zum 24. Dezember 2018 höchstens 2 % des Bruttoendenergieverbrauchs im Wirtschaftszweigs Wärme und Kälte;
b) er erhöht den Anteil seiner Fernwärme- und Fernkälteversorgung auf über 2 % des Bruttoendenergieverbrauchs des Wirtschaftszweigs Wärme und Kälte zum 24. Dezember 2018, indem er auf der Grundlage seines nationalen Energie- und Klimaplans, der gemäß den Artikeln 3 und 14 der

Verordnung (EU) 2018/1999 und nach der Verordnung (EU) 2018/1999 und der in Artikel 23 Absatz 1b der vorliegenden Richtlinie genannten Bewertung vorgelegt wurde, neue effiziente Fernwärme- und Fernkältesysteme aufbaut;

c) 90 % des Bruttoendenergieverbrauchs in Fernwärme- und Fernkältesystemen entfallen auf effiziente Fernwärme- und Fernkältesysteme.

Artikel 25
Erhöhung der erneuerbaren Energie und Verringerung der Treibhausgasintensität im Verkehr

(1) Jeder Mitgliedstaat verpflichtet Kraftstoffanbieter, dafür zu sorgen, dass

a) die Menge der Kraftstoffe und der Elektrizität aus erneuerbaren Quellen, die dem Verkehr bereitgestellt werden,
   i) bis 2030 zu einem Mindestanteil von Energie aus erneuerbaren Quellen am Endenergieverbrauch im Verkehr von 29 % führt, oder
   ii) bis 2030 im Einklang mit einem von dem Mitgliedstaat festgelegten ungefähren Zielpfad zu einer Verringerung der Treibhausgasintensität um mindestens 14,5 % gegenüber dem in Artikel 27 Absatz 1 Buchstabe b genannten Ausgangswert führt;

b) der kombinierte Anteil von fortschrittlichen Biokraftstoffen und Biogas, die aus den in Anhang IX Teil A genannten Rohstoffen und aus erneuerbaren Kraftstoffen nicht biogenen Ursprungs hergestellt wurden, an der Energieversorgung des Verkehrs 2025 mindestens 1 % und 2030 mindestens 5,5 % beträgt, wovon der Anteil erneuerbarer Kraftstoffe nicht biogenen Ursprungs 2030 mindestens einem Prozentpunkt entspricht.

Die Mitgliedstaaten werden dazu angehalten, auf nationaler Ebene differenzierte Ziele für fortschrittliche Biokraftstoffe und Biogas, die aus den in Anhang IX Teil A aufgeführten Rohstoffen hergestellt werden, und für erneuerbare Kraftstoffe nicht biogenen Ursprungs festzulegen, um die in Unterabsatz 1 Buchstabe b dieses Absatzes festgelegte Verpflichtung so zu erfüllen, dass die Entwicklung beider Kraftstoffarten gefördert werden und deren Entwicklung ausgeweitet wird.

Die Mitgliedstaaten mit Seehäfen wirken darauf hin, dass der Anteil erneuerbarer Kraftstoffe nicht biogenen Ursprungs an der Gesamtmenge der dem Seeverkehrssektor gelieferten Energie ab 2030 mindestens 1,2 % beträgt.

Die Mitgliedstaaten melden in ihren integrierten nationalen energie- und klimabezogenen Fortschrittsberichten gemäß Artikel 17 der Verordnung (EU) 2018/1999 den Anteil erneuerbarer Energie am Endenergieverbrauch im Verkehr, darunter im Seeverkehrssektor, sowie die Verringerung ihrer Treibhausgasintensität.

Wird die Liste der Rohstoffe in Anhang IX Teil A gemäß Artikel 28 Absatz 6 geändert, können die Mitgliedstaaten ihren Mindestanteil an den aus diesen Rohstoffen hergestellten, fortschrittlichen Biokraftstoffen und Biogas an der Energieversorgung des Verkehrs entsprechend erhöhen.

(2) Für die Berechnung der Zielvorgaben gemäß Absatz 1 Unterabsatz 1 Buchstabe a und der in Absatz 1 Unterabsatz 1 Buchstabe b genannten Anteile

a) müssen die Mitgliedstaaten erneuerbare Kraftstoffe nicht biogenen Ursprungs auch berücksichtigen, wenn sie als Zwischenprodukte für die Herstellung von Folgendem genutzt werden:

i) konventionellen Kraftstoffen für den Verkehr oder

ii) Biokraftstoffen, vorausgesetzt, dass die durch die Nutzung erneuerbarer Kraftstoffe nicht biogenen Ursprungs erzielte Verringerung der Treibhausgasemissionen nicht bei der Berechnung der Treibhausgasemissionseinsparungen der Biokraftstoffe berücksichtigt wird;

b) können die Mitgliedstaaten Biogas berücksichtigen, das in die nationale Gasfernleitungs- und Gasverteilungsinfrastruktur eingespeist wird.

(3) Bei der Berechnung der Zielvorgaben gemäß Absatz 1 Unterabsatz 1 Buchstabe a können die Mitgliedstaaten wiederverwertete kohlenstoffhaltige Kraftstoffe berücksichtigen.

Wenn die Mitgliedstaaten die Verpflichtung für Kraftstoffanbieter gestalten, können sie

a) Kraftstoffanbieter, die Elektrizität oder erneuerbare Kraftstoffe nicht biogenen Ursprungs bereitstellen, von der Verpflichtung ausnehmen, bei diesen Kraftstoffen den Mindestanteil an fortschrittlichen Biokraftstoffen und Biogas, die aus den in Anhang IX Teil A aufgeführten Rohstoffen hergestellt wurden, zu erreichen;

b) die Verpflichtung durch Maßnahmen festlegen, die auf Volumen, Energiegehalt oder Treibhausgasemissionen abzielen;

c) zwischen verschiedenen Energieträgern unterscheiden;

d) zwischen dem Seeverkehr und anderen Wirtschaftszweigen unterscheiden.

(4) Die Mitgliedstaaten richten einen Mechanismus ein, der es Kraftstoffanbietern auf ihrem Hoheitsgebiet ermöglicht, Gutschriften für die Bereitstellung erneuerbarer Energie für den Verkehr auszutauschen. Die Wirtschaftsteilnehmer, die erneuerbare Elektrizität über öffentliche Ladepunkte für Elektrofahrzeuge bereitstellen, erhalten Gutschriften, unabhängig davon, ob sie der von dem Mitgliedstaat für Kraftstoffanbieter festgelegten Verpflichtung unterliegen, und können diese Gutschriften an Kraftstoffanbieter verkaufen, die die Gutschriften zur Erfüllung der in Absatz 1 Unterabsatz 1 festgelegten Verpflichtung nutzen können. Die Mitgliedstaaten können private Ladepunkte in diesen Mechanismus einbeziehen, sofern nachgewiesen werden kann, dass die Elektrizität aus erneuerbaren Quellen, die diesen privaten Ladepunkten geliefert wird, ausschließlich Elektrofahrzeugen bereitgestellt wird.

Artikel 26
Besondere Kriterien für aus Nahrungs- und Futtermittelpflanzen produzierte Biokraftstoffe, flüssige Biobrennstoffe und Biomasse-Brennstoffe

(1) Bei der Berechnung des Bruttoendverbrauchs von Energie aus erneuerbaren Quellen eines Mitgliedstaats gemäß Artikel 7 und dem Mindestanteil an Energie aus erneuerbaren Quellen in einem Mitgliedstaat und der Zielvorgabe eines Mitgliedstaats für die Verringerung der Treibhausgasintensität gemäß Artikel 25 Absatz 1 Unterabsatz 1 Buchstabe a darf der Anteil von Biokraftstoffen und flüssigen Biobrennstoffen sowie von im Verkehr verbrauchten Biomasse-Brennstoffen – sofern sie aus Nahrungs- und Futtermittelpflanzen gewonnen werden – höchstens einen Prozentpunkt höher sein als ihr Anteil am Endenergieverbrauch im Verkehr im Jahr 2020 in diesem Mitgliedstaat, wobei der Anteil am Endenergieverbrauch im Verkehr in diesem Mitgliedstaat höchstens 7 % betragen darf.

Wenn dieser Anteil in einem Mitgliedstaat unter 1 % liegt, darf er auf bis zu 2 % des Endenergieverbrauchs im Bereich Straßen- und Schienenverkehr erhöht werden.

Die Mitgliedstaaten können einen niedrigeren Grenzwert festlegen und für die Zwecke von Artikel 29 Absatz 1 zwischen verschiedenen Arten von aus Nahrungs- oder Futtermittelpflanzen gewonnenen Biokraftstoffen, flüssigen Biobrennstoffen und Biomasse-Brennstoffen unterscheiden, wobei die besten verfügbaren Daten zu den Auswirkungen in Bezug auf indirekte Landnutzungsänderungen zu berücksichtigen sind. Beispielsweise können die Mitgliedstaaten für den Anteil von Biokraftstoffen, flüssigen Biobrennstoffen und Biomasse-Brennstoffen, die aus Ölpflanzen gewonnen werden, einen niedrigeren Grenzwert festlegen.

Wenn der Anteil von aus Nahrungs- und Futtermittelpflanzen gewonnenen Biokraftstoffen und flüssigen Biobrennstoffen sowie im Verkehr verbrauchten Biomasse-Brennstoffen in einem Mitgliedstaat auf einen Anteil von unter 7 % begrenzt ist oder ein Mitgliedstaat beschließt, diesen Anteil weiter zu begrenzen, kann dieser Mitgliedstaat den Mindestanteil an Energie aus erneuerbaren Quellen oder die Zielvorgabe für die Verringerung der Treibhausgasintensität gemäß Artikel 25 Absatz 1 Unterabsatz 1 Buchstabe a vor dem Hintergrund des Beitrags, der mit diesen Kraftstoffen in Bezug auf den Mindestanteil an Energie aus erneuerbaren Quellen oder die Treibhausgasemissionseinsparungen geleistet worden wäre, entsprechend senken. Die Mitgliedstaaten legen für die Zielvorgabe für die Verringerung der Treibhausgasintensität die Annahme zugrunde, dass mit diesen Kraftstoffen 50 % der Treibhausgasemissionen eingespart werden.

(2) Bei der Berechnung des Bruttoendverbrauchs von Energie aus erneuerbaren Quellen gemäß Artikel 7 und des Mindestanteils an Energie aus erneuerbaren Quellen und der Zielvorgabe für die Verringerung der Treibhausgasintensität gemäß Artikel 25 Absatz 1 Unterabsatz 1 Buchstabe a eines Mitgliedstaats darf der Anteil von aus Nahrungs- und Futtermittelpflanzen gewonnenen Biokraftstoffen, flüssigen Biobrennstoffen oder Biomasse-Brennstoffen mit einem hohen Risiko indirekter Landnutzungsänderungen, in deren Fall eine wesentliche Ausdehnung der Produktionsflächen auf Flächen mit hohem Kohlenstoffbestand zu beobachten ist, nicht über dem 2019 in dem betreffenden Mitgliedstaat verzeichneten Verbrauch solcher Kraftstoffe liegen, es sei denn, sie sind im Sinne dieses Absatzes als Biokraftstoffe, flüssige Biobrennstoffe oder Biomasse-Brennstoffe mit einem geringen Risiko indirekter Landnutzungsänderungen zertifiziert.

Ab 31. Dezember 2023 sinkt dieser Grenzwert, bis spätestens 31. Dezember 2030, stufenweise auf 0 %.

Die Kommission legt dem Europäischen Parlament und dem Rat bis zum 1. Februar 2019 einen Bericht darüber vor, wie weit die Ausdehnung der Produktion der betroffenen Nahrungs- und Futtermittelpflanzen weltweit fortgeschritten ist.

Die Kommission erlässt bis zum 1. Februar 2019 im Einklang mit Artikel 35 einen delegierten Rechtsakt, um diese Richtlinie durch Festlegung von Kriterien für die Zertifizierung als Biokraftstoff, flüssiger Biobrennstoff oder Biomasse-Brennstoff mit geringem Risiko indirekter Landnutzungsänderungen und für die Bestimmung der Rohstoffe mit einem hohen Risiko indirekter Landnutzungsänderungen, in deren Fall eine wesentliche Ausdehnung der Produktionsflächen auf Flächen mit hohem Kohlenstoffbestand zu beobachten ist, zu ergänzen. Der Bericht und der betreffende delegierte Rechtsakt beruhen auf den besten verfügbaren wissenschaftlichen Daten.

Die Kommission überprüft auf der Grundlage der besten verfügbaren wissenschaftlichen Daten bis zum 1. September 2023 die Kriterien, die mit dem in Unterabsatz 4 des vorliegenden Absatzes genannten delegierten Rechtsakt festgelegt wurden, und erlässt im Einklang mit Artikel 35 einen delegierten Rechtsakt, um diese Kriterien erforderlichenfalls zu ändern, und diese Richtlinie zu ergänzen, um für Biokraftstoffe, flüssige Biobrennstoffe und Biomasse-Brennstoffe mit einem hohen Risiko indirekter Landnutzungsänderungen, in deren Fall eine wesentliche Ausdehnung der Produktionsflächen auf Flächen mit hohem Kohlenstoffbestand zu beobachten ist, einen Zielpfad für die allmähliche Senkung ihres Beitrags zum Gesamtziel der Union nach Artikel 3 Absatz 1 und zum Mindestanteil an Energie aus erneuerbaren Quellen und zur Zielvorgabe für die Verringerung der Treibhausgasintensität nach Artikel 25 Absatz 1 Unterabsatz 1 Buchstabe a aufzunehmen. Diese Überprüfung stützt sich auf eine überarbeitete Fassung des Berichts über die Ausweitung der Rohstoffe, der gemäß Unterabsatz 3 des vorliegenden Absatzes vorgelegt wurde. In diesem Bericht wird insbesondere bewertet, ob der Schwellenwert für den maximalen Prozentsatz der durchschnittlichen jährlichen Ausdehnung der weltweiten Produktionsfläche mit hohem Kohlenstoffbestand auf der Grundlage objektiver und wissenschaftlicher Kriterien unter Berücksichtigung der Klimaziele und -verpflichtungen der Union der Union gesenkt werden sollte.

Die Kommission ändert erforderlichenfalls die im Unterabsatz 4 genannten delegierten Rechtsakt festgelegten Kriterien gemäß Unterabsatz 4 auf der Grundlage der Ergebnisse dieser in Unterabsatz 5 genannten Bewertung. Die Kommission überprüft weiterhin alle drei Jahre nach Erlass des in Unterabsatz 4 genannten delegierten Rechtsakts die diesem delegierten Rechtsakt zugrunde liegenden Daten. Die Kommission aktualisiert den delegierten Rechtsakt erforderlichenfalls angesichts sich wandelnder Umstände und der neuesten verfügbaren wissenschaftlichen Erkenntnisse.

Artikel 27
Berechnungsregeln für den Verkehr und im Hinblick auf erneuerbare Kraftstoffe nicht biogenen Ursprungs, unabhängig von ihrem Endverbrauch

(1) Für die Berechnung der Verringerung der Treibhausgasintensität gemäß Artikel 25 Absatz 1 Unterabsatz 1 Buchstabe a Ziffer ii gelten folgende Regeln:

a) Die Treibhausgasemissionseinsparungen werden wie folgt berechnet:
   i) Bei Biokraftstoffen und Biogas durch Multiplikation der Liefermenge dieser Kraftstoffe an alle Verkehrsträger mit den gemäß Artikel 31 ermittelten Treibhausgasemissionseinsparungen;
   ii) bei erneuerbaren Kraftstoffen nicht biogenen Ursprungs und wiederverwerteten kohlenstoffhaltigen Kraftstoffen durch Multiplikation der Liefermenge dieser Kraftstoffe an alle Verkehrsträger mit den Treibhausgasemissionseinsparungen, die im Einklang mit delegierten Rechtsakten gemäß Artikel 29a Absatz 3 ermittelt wurden;
   iii) bei Elektrizität aus erneuerbaren Quellen durch Multiplikation der an alle Verkehrsträger gelieferten Elektrizität aus erneuerbaren Quellen mit dem in Anhang V genannten Faktor ECF(e) für den Vergleich mit fossilen Brennstoffen.
b) Der Ausgangswert gemäß Artikel 25 Absatz 1 Unterabsatz 1 Buchstabe a Ziffer ii wird bis 31. Dezember 2030 durch Multiplikation der an den Verkehr gelieferten Menge an Energie mit dem in Anhang V genannten Faktor EF(t) für den Vergleich mit fossilen Brennstoffen berechnet; ab dem 1. Januar 2031 ist der Ausgangswert gemäß Artikel 25 Absatz 1 Unterabsatz 1 Buchstabe a Ziffer ii die Summe aus
   i) der Menge des Kraftstoffs, die an alle Verkehrsträger geliefert wurde, multipliziert mit dem in Anhang V festgelegten Faktor EF(t) für den Vergleich mit fossilen Brennstoffen;
   ii) der Menge der Elektrizität, die an alle Verkehrsträger geliefert wurde, multipliziert mit dem in Anhang V festgelegten Faktor ECF(e) für den Vergleich mit fossilen Brennstoffen.
c) Die betreffenden Energiemengen werden wie folgt berechnet:
   i) Bei der Berechnung der Menge der an den Verkehr gelieferten Energie werden die in Anhang III festgeleg-

ten Werte für den Energiegehalt von Kraftstoffen für den Verkehr verwendet;

ii) für die Bestimmung des Energiegehalts von Kraftstoffen für den Verkehr, die nicht in Anhang III aufgeführt sind, gelten die jeweiligen Europäischen Normen zur Bestimmung der Heizwerte von Kraftstoffen oder in Fällen, für die keine Europäische Norm zu diesem Zweck erlassen wurde, die entsprechenden ISO-Normen;

iii) die Menge der an den Verkehr gelieferten Elektrizität aus erneuerbaren Quellen wird durch Multiplikation der Menge der an diesen Wirtschaftszweig gelieferten Elektrizität mit dem durchschnittlichen Anteil der im Hoheitsgebiet des Mitgliedstaats in den vergangenen zwei Jahre gelieferten Elektrizität aus erneuerbaren Quellen bestimmt, es sei denn, dass die Elektrizität, die aus einer direkten Verbindung mit einer Anlage zur Erzeugung von Elektrizität aus erneuerbaren Quellen stammt und an den Verkehr geliefert wird, in diesem Fall wird die Elektrizität in vollem Umfang als Elektrizität aus erneuerbaren Quellen angerechnet und von mit Solarstrom betriebenen Elektrofahrzeugen erzeugte Elektrizität, die für die Bewegung des Fahrzeugs selbst verwendet wird, kann in vollem Umfang als aus erneuerbaren Quellen erzeugter Strom angerechnet werden;

iv) der Anteil der Biokraftstoffe und des Biogases, die aus den in Anhang IX Teil B aufgeführten Rohstoffen erzeugt wurden, am Energiegehalt der Kraftstoffe und der Elektrizität, die an den Verkehr geliefert werden, ist außer in Zypern und Malta auf 1,7 % beschränkt;

d) Die mit der Nutzung erneuerbarer Energie verbundene Verringerung der Treibhausgasintensität wird durch Division der Treibhausgasemissionseinsparungen, die auf die Lieferung von Biokraftstoffen, Biogas, erneuerbaren Kraftstoffen nicht biogenen Ursprungs und Elektrizität aus erneuerbaren Quellen an alle Verkehrsträger zurückzuführen sind, durch den Ausgangswert bestimmt. Die Mitgliedstaaten können wiederverwertete kohlenstoffhaltige Kraftstoffe berücksichtigen.

Die Mitgliedstaaten können den Grenzwert gemäß Unterabsatz 1 Buchstabe c Ziffer iv dieses Absatzes in begründeten Fällen unter Berücksichtigung der Verfügbarkeit des in Anhang IX Teil B aufgeführten Rohstoffs erhöhen. Alle derartigen Erhöhungen sind der Kommission zusammen mit den Gründen mitzuteilen; alle derartigen Änderungen bedürfen der Genehmigung durch die Kommission.

(2) Für die Berechnung der in Artikel 25 Absatz 1 Unterabsatz 1 Buchstabe a Ziffer i und Absatz 1 Buchstabe b genannten Mindestanteile gelten die folgenden Regeln:

a) Bei der Berechnung des Nenners, d. h. der Menge der im Verkehr verbrauchten Energie, werden alle Kraftstoffe und die gesamte für den Verkehr bereitgestellte Elektrizität berücksichtigt.

b) Bei der Berechnung des Zählers, d. h. der Menge der im Verkehr verbrauchten Energie aus erneuerbaren Quellen für die Zwecke des Artikels 25 Absatz 1 Unterabsatz 1, wird der Energiegehalt aller für alle Verkehrsträger bereitgestellten Energiearten aus erneuerbaren Quellen, einschließlich im grenzübergreifenden Seeverkehr (Bunker), auf dem Gebiet jedes Mitgliedstaats berücksichtigt. Die Mitgliedstaaten können wiederverwertete kohlenstoffhaltige Kraftstoffe berücksichtigen.

c) Der Anteil von Biokraftstoffen und Biogas, die aus den in Anhang IX aufgeführten Rohstoffen hergestellt werden, und erneuerbarer Kraftstoffe nicht biogenen Ursprungs wird mit dem Doppelten ihres Energiegehalts veranschlagt.

d) Der Anteil der Elektrizität aus erneuerbaren Quellen wird mit dem Vierfachen ihres Energiegehalts veranschlagt, wenn sie für Straßenfahrzeuge bereitgestellt wird, und kann mit dem Anderthalbfachen ihres Energiegehalts veranschlagt werden, wenn sie für den Schienenverkehr bereitgestellt wird.

e) Als Anteil der fortschrittlichen Biokraftstoffe und des Biogases, die aus den in Anhang IX Teil A aufgeführten Rohstoffen erzeugt wurden, gilt bei Lieferungen an den Luft- und Seeverkehr das 1,2-Fache ihres Energiegehalts, und als Anteil der erneuerbaren Kraftstoffe nicht biogenen Ursprungs gilt bei Lieferungen an den Luft- und Seeverkehr das Anderthalbfache ihres Energiegehalts.

f) Der Anteil der Biokraftstoffe und des Biogases, die aus den in Anhang IX Teil B aufgeführten Rohstoffen erzeugt wurden, am Energiegehalt der Kraftstoffe und der Elektrizität, die an den Verkehr geliefert werden, ist außer in Zypern und Malta auf 1,7 % beschränkt.

g) Bei der Berechnung der Menge der an den Verkehr gelieferten Energie werden die in Anhang III festgelegten Werte für den Energiegehalt von Kraftstoffen für den Verkehr verwendet.

h) Für die Bestimmung des Energiegehalts von Kraftstoffen für den Verkehr, die nicht in Anhang III aufgeführt sind, gelten die jeweiligen Europäischen Normen zur Bestimmung der Heizwerte von Kraftstoffen oder in Fällen, für die keine Europäische Norm zu diesem Zweck erlassen wurde, die entsprechenden ISO-Normen.

i) Die Menge der an den Verkehr gelieferten Elektrizität aus erneuerbaren Quellen wird durch Multiplikation der Menge der an diesen Wirtschaftszweig gelieferten Elektrizität mit dem durchschnittlichen Anteil der im Hoheitsgebiet des Mitgliedstaats in den vergangenen zwei Jahre gelieferten Elektrizität aus erneuerbaren Quellen bestimmt, es sei denn, dass Elektrizität, die aus einer direkten Verbindung mit einer Anlage zur Erzeugung von Elektrizität aus erneuerbaren Quellen stammt und an den Verkehr geliefert wird, in diesem Fall wird sie in vollem Umfang als Elektrizität aus erneuerbaren Quellen angerechnet und von mit Solarstrom betriebenen Elektrofahrzeugen erzeugte Elektrizität, die für die Bewegung des Fahrzeugs selbst verwendet wird, kann in vollem Umfang als aus erneuerbaren Quellen erzeugter Strom angerechnet werden.

Die Mitgliedstaaten können den Grenzwert nach Unterabsatz 1 Buchstabe f dieses Absatzes erhöhen, wobei sie der Verfügbarkeit des in Anhang IX Teil B aufgeführten Rohstoffs Rechnung tragen. Alle diese Erhöhungen werden der Kommission zusammen mit einer Begründung mitgeteilt und bedürfen der Genehmigung durch die Kommission.

(3) Der Kommission wird die Befugnis übertragen, gemäß Artikel 35 delegierte Rechtsakte zur Änderung dieser Richtlinie zu erlassen, um die Obergrenze für den Anteil von Biokraftstoffen und Biogas, die aus den in Anhang IX Teil B aufgeführten Rohstoffen hergestellt werden, auf der Grundlage einer Bewertung der Verfügbarkeit von Rohstoffen anzupassen. Der Grenzwert muss mindestens 1,7 % betragen. Erlässt die Kommission einen delegierten Rechtsakt, so gilt die festgelegte Obergrenze auch für die Mitgliedstaaten, die von der Kommission die Genehmigung erhalten haben, die Obergrenze nach einem Übergangszeitraum von fünf Jahren gemäß Absatz 1 Unterabsatz 2 oder Absatz 2 Unterabsatz 2 des vorliegenden Artikels zu erhöhen, unbeschadet des Rechts des Mitgliedstaats, diese neue Obergrenze früher anzuwenden. Die Mitgliedstaaten können bei der Kommission beantragen, eine neue Genehmigung für eine Anhebung gegenüber der im delegierten Rechtsakt festgelegten Obergrenze gemäß Absatz 1 Unterabsatz 2 oder Absatz 2 Unterabsatz 2 zu erhalten.

(4) Der Kommission wird die Befugnis übertragen, im Einklang mit Artikel 35 delegierte Rechtsakte zu erlassen, um diese Richtlinie durch Anpassung der Kraftstoffe für den Verkehr und deren Energiegehalt nach Anhang III gemäß dem wissenschaftlichen und technischen Fortschritt zu ändern.

(5) Für die Zwecke der Berechnungen nach Absatz 1 Unterabsatz 1 Buchstabe b und Absatz 2 Unterabsatz 1 Buchstabe a wird davon ausgegangen, dass der Anteil der an den Seeverkehr gelieferten Energie am Bruttoendenergieverbrauch dieses Mitgliedstaats nicht mehr als 13 % beträgt. Für Zypern und Malta wird davon ausgegangen, dass der Anteil der im Seeverkehr verbrauchten Energie nicht über 5 % des Bruttoendenergieverbrauchs dieser Mitgliedstaaten liegt. Dieser Absatz gilt bis zum 31. Dezember 2030.

(6) Wenn Elektrizität entweder direkt oder über die Produktion von Zwischenprodukten zur Produktion erneuerbarer Brennstoffe nicht biogenen Ursprungs genutzt wird, wird der zwei Jahre vor dem fraglichen Jahr ermittelte durchschnittliche Anteil der Elektrizität aus erneuerbaren Quellen in dem Produktionsland zur Bestimmung des Anteils von Energie aus erneuerbaren Quellen verwendet.

Hingegen kann Elektrizität, die aus einer direkten Verbindung mit einer Anlage zur Erzeugung von Elektrizität aus erneuerbaren Quellen stammt und die für die Produktion von erneuerbaren Brennstoffen nicht biogenen Ursprungs eingesetzt wird, in vollem Umfang als aus erneuerbaren Quellen angerechnet werden, wenn die Anlage

a) nach oder gleichzeitig mit der Anlage den Betrieb aufnimmt, die erneuerbare Brennstoffe nicht biogenen Ursprungs produziert, und
b) nicht an das Netz angeschlossen ist oder zwar an das Netz angeschlossen ist, die betreffende Elektrizität aber nachweislich bereitgestellt wird, ohne Elektrizität aus dem Netz zu entnehmen.

Aus dem Netz entnommene Elektrizität kann in vollem Umfang als Elektrizität aus erneuerbaren Quellen angerechnet werden, wenn sie ausschließlich aus erneuerbaren Quellen produziert wurde und nachweislich die Eigenschaften von Energie aus erneuerbaren Quellen aufweist sowie sonstige entsprechende Kriterien erfüllt, sodass sichergestellt ist, dass ihre Eigenschaften als Energie aus erneuerbaren Quellen nur einmal und nur in einem Endverbrauchswirtschaftszweig angerechnet werden.

Die Kommission erlässt bis zum 31. Dezember 2021 im Einklang mit Artikel 35 einen delegierten Rechtsakt, um diese Richtlinie durch die Einführung einer gemeinsamen Methode der Union, in der detaillierte Vorschriften zur Einhaltung der Anforderungen von Unterabsatz 2 und 3 dieses Absatzes durch Wirtschaftsteilnehmer festgelegt werden, zu ergänzen.

Bis zum 1. Juli 2028 legt die Kommission dem Europäischen Parlament und dem Rat einen Bericht vor, in dem die Auswirkungen der gemäß dem Unterabsatz 4 festgelegten gemeinsamen Methode der Union bewertet werden, einschließlich der Auswirkungen der Zusätzlichkeit und der zeitlichen und geografischen Korrelation auf die Produktionskosten, die Einsparungen von Treibhausgasemissionen und das Energiesystem.

In diesem Bericht der Kommission werden insbesondere die Auswirkungen auf die Verfügbarkeit und Erschwinglichkeit von erneuerbaren Kraftstoffen nicht biogenen Ursprungs für die Sektoren Industrie und Verkehr und auf die Fähigkeit der Union, ihre Ziele für erneuerbare Kraftstoffe nicht biogenen Ursprungs zu erreichen, unter Berücksichtigung der Strategie der Union für importierten Wasserstoff und einheimischen Wasserstoff gemäß Artikel 22a bewertet und gleichzeitig der Anstieg der Treibhausgasemissionen im Wirtschaftszweig Elektrizitätserzeugung und im Energiesystem insgesamt minimiert. Stellt sich aufgrund des Berichts heraus, dass die Anforderungen nicht ausreichen, um eine ausreichende Verfügbarkeit und Erschwinglichkeit von erneuerbaren Kraftstoffen nicht-biologischen Ursprungs für die Sektoren Industrie und Verkehr zu sorgen, und dass sie nicht wesentlich zu Treibhausgasemissionseinsparungen, zur Integration des Energiesystems und zur Verwirklichung der für 2030 festgelegten Ziele der Union für erneuerbare Kraftstoffe nicht biogenen Ursprungs beitragen, so überprüft die Kommission die gemeinsame Methode der Union und erlässt erforderlichenfalls einen delegierten Rechtsakt gemäß Artikel 35, in dem sie die Methode durch die notwendigen Anpassungen der in den Unterabsätzen 2 und 3 des vorliegenden Absatzes festgelegten Kriterien ändert, um den Ausbau der Wasserstoffindustrie zu begünstigen.

Artikel 28
Andere Bestimmungen für erneuerbare Energie im Verkehrssektor

(1) Um das Risiko, dass einzelne Lieferungen in der Union mehrfach geltend gemacht werden, möglichst gering zu halten, verstärken die Mitgliedstaaten und die Kommission die Zusammenarbeit sowie gegebenenfalls den Datenaustausch zwischen den nationalen Systemen sowie zwischen den nationalen Systemen und den gemäß Artikel 30 eingerichteten freiwilligen Systemen und Prüfstellen. Wenn die zuständige Behörde eines Mitgliedstaats einen Betrug vermutet oder entdeckt, setzt sie die anderen Mitgliedstaaten darüber gegebenenfalls in Kenntnis.

(5) Die Kommission erlässt bis zum 30. Juni 2024 gemäß Artikel 35 delegierte Rechtsakte zur Ergänzung dieser Richtlinie, in denen sie eine Methode für die Ermittlung des Anteils von Biokraftstoffen und Biogas im Verkehr festlegt, die durch die Verarbeitung von Biomasse in einem gemeinsamen Verfahren mit fossilen Brennstoffen gewonnen werden.

(6) Bis zum 25. Juni 2019, und im Anschluss alle zwei Jahre, überprüft die Kommission die Auflistung der Rohstoffe in Anhang IX Teil A und B in Hinblick auf die Aufnahme von Rohstoffen in Einklang mit den in Unterabsatz 3 festgelegten Grundsätzen.

Der Kommission wird die Befugnis übertragen, im Einklang mit Artikel 35 delegierte Rechtsakte zu erlassen, um die Auflistung der Rohstoffe in Anhang IX Teil A und B durch Aufnahme, nicht aber durch Streichung von Rohstoffen zu ändern. Rohstoffe, die nur mit fortschrittlichen Technologien verarbeitet werden können, werden in Anhang IX Teil A aufgenommen. Rohstoffe, die mit ausgereiften Technologien zu Biokraftstoffen oder Biogas für den Verkehr verarbeitet werden können, werden in Anhang IX Teil B aufgenommen.

Solche delegierten Rechtsakte gründen auf eine Analyse des Potenzials des betreffenden Rohstoffs für die Produktion von Biokraftstoffen und Biogas für den Verkehr, wobei Folgendes zu berücksichtigen ist:

a) die Grundsätze der Kreislaufwirtschaft und der Abfallhierarchie gemäß der Richtlinie 2008/98/EG;
b) die Nachhaltigkeitskriterien der Union gemäß Artikel 29 Absätze 2 bis 7;
c) die Notwendigkeit, erhebliche Verzerrungen auf den Märkten für (Neben-)Produkte, Abfälle oder Reststoffe zu vermeiden;
d) das Potenzial, im Vergleich zu fossilen Brennstoffen – ausgehend von einer Lebenszyklusanalyse der Emissionen – beträchtliche Treibhausgaseinsparungen zu erzielen;
e) die Notwendigkeit, negative Auswirkungen auf die Umwelt und die biologische Vielfalt zu vermeiden; und
f) die Notwendigkeit, zusätzliche Nachfrage nach Anbauflächen zu vermeiden.

(7) Im Rahmen der zweijährlichen Bewertung der Fortschritte gemäß der Verordnung (EU) 2018/1999 prüft die Kommission bis zum 31. Dezember 2025, ob die in Artikel 25 Absatz 1 Unterabsatz 1 Buchstabe b der vorliegenden Richtlinie festgelegte Verpflichtung bezüglich fortschrittlicher Biokraftstoffe und Biogas, die aus den in Anhang IX Teil A der vorliegenden Richtlinie aufgeführten Rohstoffen hergestellt werden, Innovation wirksam anregt und Treibhausgaseinsparungen im Verkehrssektor sicherstellt. Die Kommission untersucht bei dieser Bewertung auch, ob eine doppelte Anrechnung von erneuerbarer Energie durch die Anwendung dieses Artikels wirksam verhindert wird.

Die Kommission legt zur Änderung der in Artikel 25 Absatz 1 Unterabsatz 1 Buchstabe b festgelegten Verpflichtung bezüglich fortschrittlicher Biokraftstoffe und Biogas, die aus Anhang IX dieser Richtlinie aufgeführten Rohstoffen hergestellt werden, gegebenenfalls einen Vorschlag vor.

Artikel 29
Nachhaltigkeitskriterien und Kriterien für Treibhausgaseinsparungen für Biokraftstoffe, flüssige Brennstoffe und Biomasse-Brennstoffe

(1) Energie in Form von Biokraftstoffen, flüssigen Biobrennstoffen und Biomasse-Brennstoffen wird für die in den Buchstaben a, b und c genannten Zwecke nur dann berücksichtigt, wenn sie die in den Absätzen 2 bis 7 und 10 festgelegten Nachhaltigkeitskriterien und die Kriterien für die Treibhausgaseinsparungen erfüllen:

a) Beitrag zu den Anteilen der Energie aus erneuerbaren Quellen in den Mitgliedstaaten und zu den in Artikel 3 Absatz 1, Artikel 15a Absatz 1, Artikel 22a Absatz 1, Artikel 23 Absatz 1, Artikel 24 Absatz 4 und Artikel 25 Absatz 1 festgelegten Zielvorgaben;

b) Bewertung der Einhaltung der Verpflichtungen zur Nutzung erneuerbarer Energie, einschließlich der in Artikel 25 festgelegten Verpflichtung;

c) Möglichkeit der finanziellen Förderung für den Verbrauch von Biokraftstoffen, flüssigen Biobrennstoffen und Biomasse-Brennstoffen.

Aus Abfällen und Reststoffen, mit Ausnahme von land- und forstwirtschaftlichen Reststoffen und Reststoffen aus der Aquakultur und Fischerei, hergestellte Biokraftstoffe, flüssige Biobrennstoffe und Biomasse-Brennstoffe müssen jedoch lediglich die in Absatz 10 festgelegten Kriterien für Treibhausgasemissionseinsparungen erfüllen, um für die in Buchstabe a, b und c des Unterabsatzes 1 des vorliegenden Absatzes genannten Zwecke berücksichtigt zu werden. Im Fall der Verwendung gemischter Abfälle können die Mitgliedstaaten von den Betreibern verlangen, dass sie Sortiersysteme für gemischte Abfälle anwenden, die dazu dienen, fossile Materialien zu entfernen. Dieser Unterabsatz gilt auch für Abfälle und Reststoffe, die vor ihrer Weiterverarbeitung zu Biokraftstoffen, flüssigen Biobrennstoffen und Biomasse-Brennstoffen zuerst zu einem anderen Produkt verarbeitet werden.

Mit festen Siedlungsabfällen produzierte Elektrizität, Wärme und Kälte unterliegt nicht den in Absatz 10 festgelegten Kriterien für Treibhausgaseinsparungen.

Biomasse-Brennstoffe müssen die in den Absätzen 2 bis 7 und 10 festgelegten Kriterien für die Nachhaltigkeit und die Treibhausgasemissionseinsparungen erfüllen, wenn sie in folgenden Anlagen verwendet werden:

a) Im Fall fester Biomasse-Brennstoffe in Anlagen zur Erzeugung von Elektrizität, Wärme und Kälte mit einer Gesamtfeuerungswärmeleistung von 7,5 MW oder mehr;

b) im Fall gasförmiger Biomasse-Brennstoffe in Anlagen zur Erzeugung von Elektrizität, Wärme und Kälte mit einer Gesamtfeuerungswärmeleistung von 2 MW oder mehr;

c) im Fall von Anlagen zur Erzeugung gasförmiger Biomasse-Brennstoffe mit folgender durchschnittlicher Biomethan-Durchflussrate:

i) einer Durchflussrate von mehr als 200 m3/h Methan-Äquivalent, gemessen bei Standardtemperatur- und Standarddruckbedingungen, nämlich 0 °C und 1 bar Luftdruck;

ii) besteht das Biogas aus einer Mischung aus Methan und nicht brennbarem anderen Gas, wird der unter Ziffer i genannte Schwellenwert für die Methan-Durchflussrate proportional zum Volumenanteil von Methan in der Mischung neu berechnet.

Die Mitgliedstaaten können die Kriterien für die Nachhaltigkeit und für die Treibhausgasemissionseinsparungen auch auf Anlagen mit geringerer Gesamtfeuerungswärmeleistung oder einer geringeren Methan-Durchflussrate anwenden.

Die Nachhaltigkeitskriterien und die Kriterien für Treibhausgaseinsparungen gemäß Absatz 2 bis 7 und 10 gelten unabhängig von der geografischen Herkunft der Biomasse.

(2) Biokraftstoffe, flüssige Biobrennstoffe und Biomasse-Brennstoffe, die aus Abfällen und Reststoffen hergestellt werden, die nicht von forstwirtschaftlichen, sondern von landwirtschaftlichen Flächen stammen, werden für die Zwecke von Absatz 1 Unterabsatz 1 Buchstabe a, b und c nur berücksichtigt, wenn die Betreiber oder die nationalen Behörden Überwachungs- oder Bewirtschaftungspläne festgelegt haben, um einer Beeinträchtigung der Bodenqualität und des Kohlenstoffbestands des Bodens zu begegnen. Informationen darüber, wie die Beeinträchtigung überwacht und gesteuert wird, sind gemäß Artikel 30 Absatz 3 zu melden.

(3) Biokraftstoffe, flüssige Biobrennstoffe und aus landwirtschaftlicher Biomasse produzierte Biomasse-Brennstoffe, die für die in Absatz 1 Unterabsatz 1 Buchstaben a, b und c genannten Zwecke berücksichtigt werden, dürfen nicht aus Rohstoffen hergestellt werden, die auf Flächen mit hohem Wert hinsichtlich der biologischen Vielfalt gewonnen wurden, also nicht auf Flächen, die im oder nach dem Januar 2008 folgenden Status hatten, und zwar unabhängig davon, ob die Flächen diesen Status nach wie vor haben:

a) Primärwald und andere bewaldete Flächen, das heißt Wald und andere bewaldete Flächen mit einheimischen Arten, in denen es kein deutlich sichtbares Anzeichen für menschliche Aktivität gibt und die ökologischen Prozesse nicht wesentlich gestört sind und Altwälder gemäß der Definition des Landes, in dem sich der Wald befindet;

b) Wald mit großer biologischer Vielfalt oder andere bewaldete Flächen, die artenreich und nicht degradiert sind und für die die zuständige Behörde eine große biologische Vielfalt festgestellt hat, es sei denn, es wird nachgewiesen, dass die Gewinnung des Rohstoffs den genannten Naturschutzzwecken nicht zuwiderlief;

c) ausgewiesene Flächen

i) durch Gesetz oder von der zuständigen Behörde für Naturschutzzwecke, sofern nicht nachgewiesen wird, dass die Gewinnung des Rohstoffs den genannten Naturschutzzwecken nicht zuwiderlief; oder

ii) für den Schutz seltener, bedrohter oder gefährdeter Ökosysteme oder Arten, die in internationalen Übereinkommen anerkannt werden oder in den Verzeichnissen zwischenstaatlicher Organisationen oder der Internationalen Union für die Erhaltung der Natur aufgeführt sind, vorbehaltlich ihrer Anerkennung gemäß dem Verfahren des Artikels 30 Absatz 4 Unterabsatz 1, sofern nicht nachgewiesen wird, dass die Gewinnung des Rohstoffs den genannten Naturschutzzwecken nicht zuwiderlief;

d) Grünland von mehr als einem Hektar mit großer biologischer Vielfalt, das heißt

i) natürliches Grünland, das ohne Eingriffe des Menschen Grünland bleiben würde und dessen natürliche Artenzusammensetzung sowie ökologische Merkmale und Prozesse intakt sind, oder
ii) künstlich geschaffenes Grünland, das heißt Grünland, das ohne Eingriffe des Menschen kein Grünland bleiben würde und das artenreich und nicht degradiert ist und für das die zuständige Behörde eine große biologische Vielfalt festgestellt hat, sofern nicht nachgewiesen wird, dass die Ernte des Rohstoffs zur Erhaltung des Status als Grünland mit großer biologischer Vielfalt erforderlich ist, oder

e) Heideland.

Sind die Bedingungen des Absatzes 6 Buchstabe a Ziffern vi und vii nicht erfüllt, so gilt Unterabsatz 1 des vorliegenden Absatzes mit Ausnahme von Buchstabe c auch für Biokraftstoffe, flüssige Biobrennstoffe und Biomasse-Brennstoffe aus forstwirtschaftlicher Biomasse.

Die Kommission kann Durchführungsrechtsakte erlassen, um die Kriterien zur Bestimmung des Grünlands, das in Unterabsatz 1 Buchstabe d des vorliegenden Absatzes fällt, weiter zu präzisieren. Diese Durchführungsrechtsakte werden gemäß dem in Artikel 34 Absatz 3 genannten Prüfverfahren erlassen.

(4) Biokraftstoffe, flüssige Biobrennstoffe und aus landwirtschaftlicher Biomasse produzierte Biomasse-Brennstoffe, die für die in Absatz 1 Unterabsatz 1 Buchstaben a, b und c genannten Zwecke berücksichtigt werden, dürfen nicht aus Rohstoffen hergestellt werden, die auf Flächen mit hohem Kohlenstoffbestand gewonnen werden, das heißt auf Flächen, die im Januar 2008 einen im Folgenden genannten Status hatten, diesen Status aber nicht mehr haben:

a) Feuchtgebiete, d. h. Flächen, die ständig oder für einen beträchtlichen Teil des Jahres von Wasser bedeckt oder durchtränkt sind;
b) kontinuierlich bewaldete Gebiete, d. h. Flächen von mehr als einem Hektar mit über fünf Meter hohen Bäumen und einem Überschirmungsgrad von mehr als 30 % oder mit Bäumen, die auf dem jeweiligen Standort diese Schwellenwerte erreichen können;
c) Flächen von mehr als einem Hektar mit über fünf Meter hohen Bäumen und einem Überschirmungsgrad von 10 bis 30 % oder mit Bäumen, die auf dem jeweiligen Standort diese Schwellenwerte erreichen können, sofern nicht nachgewiesen wird, dass der Kohlenstoffbestand der Fläche vor und nach der Umwandlung so bemessen ist, dass unter Anwendung der in Anhang V Teil C beschriebenen Methode die in Absatz 10 genannten Bedingungen erfüllt wären.

Dieser Absatz findet keine Anwendung, wenn zum Zeitpunkt der Gewinnung des Rohstoffs die Flächen denselben Status hatten wie im Januar 2008.

Sind die Bedingungen gemäß Absatz 6 Buchstabe a Ziffern vi und vii nicht erfüllt, so gelten Unterabsatz 1 des vorliegenden Absatzes mit Ausnahme von Buchstaben b und c und Unterabsatz 2 des vorliegenden Absatzes auch für Biokraftstoffe, flüssige Biobrennstoffe und Biomasse-Brennstoffe aus forstwirtschaftlicher Biomasse.

(5) Biokraftstoffe, flüssige Biobrennstoffe und aus landwirtschaftlicher Biomasse produzierte Biomasse-Brennstoffe, die für die in Absatz 1 Unterabsatz 1 Buchstaben a, b und c genannten Zwecke berücksichtigt werden, dürfen nicht aus Rohstoffen hergestellt werden, die auf Flächen gewonnen werden, die im Januar 2008 Torfmoor waren, es sei denn, es wird der Nachweis dafür erbracht, dass nicht entwässerte Flächen für den Anbau und die Ernte dieses Rohstoffs nicht entwässert werden müssen. Sind die Bedingungen gemäß Absatz 6 Buchstabe a Ziffern vi und vii nicht erfüllt, so gilt dieser Absatz auch für Biokraftstoffe, flüssige Biobrennstoffe und Biomasse-Brennstoffe aus forstwirtschaftlicher Biomasse.

(6) Biokraftstoffe, flüssige Biobrennstoffe und Biomasse-Brennstoffe aus forstwirtschaftlicher Biomasse, die für die Zwecke von Absatz 1 Unterabsatz 1 Buchstaben a, b und c Berücksichtigung finden, müssen zur Minderung der Gefahr, dass nicht nachhaltig produzierte forstwirtschaftliche Biomasse genutzt wird, die folgenden Kriterien erfüllen:

a) in dem Land, in dem die forstwirtschaftliche Biomasse geerntet wurde, gelten nationale und/oder subnationale Gesetze auf dem Gebiet der Ernte und wird mittels Überwachungs- und Durchsetzungssystemen Folgendes sichergestellt:
   i) Die Erntetätigkeiten sind legal;
   ii) auf den Ernteflächen findet Walderneuerung statt;
   iii) Gebiete, die durch internationale oder nationale Rechtsvorschriften oder von der zuständigen Behörde zu Naturschutzzwecken ausgewiesen sind bzw. wurden, auch in Feuchtgebieten, auf Grasland, Heideland und auf Torfmoorflächen, werden mit dem Ziel geschützt, die biologische Vielfalt zu erhalten und die Zerstörung von Lebensräumen zu verhindern;
   iv) bei der Ernte wird auf die Erhaltung der Bodenqualität und der biologischen Vielfalt gemäß den Grundsätzen der nachhaltigen Forstwirtschaft geachtet, um nachteilige Auswirkungen zu verhindern, wobei die Ernte von Stümpfen und Wurzeln, eine Schädigung von Primärwäldern und Altwäldern gemäß der Definition des Landes, in dem sich der Wald befindet, oder deren Umwandlung zu Plantagenwäldern sowie die Ernte auf anfälligen Böden zu vermeiden sind, bei der Ernte werden die in dem Land, in dem sich der Wald befindet, festgelegten Schwellenwerte für große Kahlschläge und örtlich und ökologisch angemessene Schwellenwerte für die Entnahme von Totholz eingehalten, und die Ernte wird unter Einhaltung von Anforderungen durchgeführt, Einschlagssysteme zu nutzen, die die nachteiligen Auswirkungen auf die Bodenqualität etwa durch Bodenverdichtung sowie auf die Merkmale der biologischen Vielfalt und die Lebensräume minimieren;
   v) durch die Erntetätigkeiten werden die langfristigen Produktionskapazitäten des Waldes erhalten oder verbessert;
   vi) Wälder, in denen die forstwirtschaftliche Biomasse geerntet wird, stammen nicht von den Flächen, die den in Absatz 3 Buchstaben a, b, d und e, Absatz 4 Buchstabe a bzw. Absatz 5 genannten Status haben, und zwar unter denselben Bedingungen für die Bestimmung des Status der Flächen gemäß diesen Absätzen, und
   vii) Anlagen, die Biokraftstoffe, flüssige Biobrennstoffe und Biomasse-Brennstoffe aus forstwirtschaftlicher Biomasse herstellen, stellen für die Zwecke der gemäß Artikel 30 Absatz 3 durchgeführten Audits eine durch interne Verfahren auf Unternehmensebene untermauerte Zuverlässigkeitserklärung aus, dass die forstwirtschaftliche Biomasse nicht von den in Ziffer vi dieses Unterabsatzes genannten Flächen stammt.
b) stehen Nachweise gemäß Buchstabe a dieses Absatzes nicht zur Verfügung, so finden Biokraftstoffe, flüssige Biobrennstoffe und Biomasse-Brennstoffe aus forstwirtschaftlicher Biomasse für die Zwecke von Absatz 1 Unterabsatz 1 Buchstabe a, b und c Berücksichtigung, wenn durch Bewirtschaftungssysteme auf Ebene des fortwirtschaftlichen Gewinnungsgebiets Folgendes sichergestellt ist:
   i) Die Erntetätigkeiten sind legal;

ii) auf den Ernteflächen findet Walderneuerung statt;

iii) Gebiete, die durch internationale oder nationale Rechtsvorschriften oder von der zuständigen Behörde zu Naturschutzzwecken ausgewiesen sind bzw. wurden, auch in Feuchtgebieten, auf Grasland, Heideland und auf Torfmoorflächen, werde mit dem Ziel geschützt, die biologische Vielfalt zu erhalten und die Zerstörung von Lebensräumen zu verhindern, es sei denn, es wird der Nachweis dafür erbracht, dass die Ernte des Rohstoffs diesen Naturschutzzwecken nicht zuwiderläuft;

iv) bei der Ernte wird auf die Erhaltung der Bodenqualität und der biologischen Vielfalt gemäß den Grundsätzen der nachhaltigen Forstwirtschaft geachtet, um nachteilige Auswirkungen zu verhindern, wobei die Ernte von Stümpfen und Wurzeln, eine Schädigung von Primärwäldern und Altwäldern gemäß der Definition des Landes, in dem sich der Wald befindet, oder deren Umwandlung zu Plantagenwäldern sowie die Ernte auf anfälligen Böden zu vermeiden sind; dass bei der Ernte die in dem Land, in dem sich der Wald befindet, festgelegten Schwellenwerte für große Kahlschläge und örtlich und ökologisch angemessene Schwellenwerte für die Entnahme von Totholz einzuhalten sind, und dass bei der Ernte Anforderungen vorzusehen, Einschlagssysteme zu nutzen, die die nachteiligen Auswirkungen auf die Bodenqualität etwa durch Bodenverdichtung sowie auf die Merkmale der biologischen Vielfalt und die Lebensräume minimieren, und

v) durch die Erntetätigkeiten werden die langfristigen Produktionskapazitäten des Waldes erhalten oder verbessert.

(7) Biokraftstoffe, flüssige Biobrennstoffe und Biomasse-Brennstoffe aus forstwirtschaftlicher Biomasse, die für die Zwecke von Absatz 1 Unterabsatz 1 Buchstabe a, b und c Berücksichtigung finden, müssen den folgenden Anforderungen für Landnutzung, Landnutzungsänderung und Forstwirtschaft (LULUCF) entsprechen:

a) Das Ursprungsland oder die Ursprungsorganisation der regionalen Wirtschaftsintegration der forstwirtschaftlichen Biomasse ist Vertragspartei des Übereinkommens von Paris und

i) hat einen beabsichtigten nationalen Beitrag (NDC) zum Rahmenübereinkommen der Vereinten Nationen über Klimaänderungen (UNFCCC) übermittelt, der Emissionen und den Abbau von Treibhausgasen durch die Landwirtschaft, Forstwirtschaft und Landnutzung abdeckt und gewährleistet, dass jede Änderung des Kohlenstoffbestands in Verbindung mit der Ernte von Biomasse auf die Verpflichtungen des Landes zur Reduzierung oder Begrenzung der Treibhausgasemissionen im Sinne des beabsichtigen nationalen Beitrags angerechnet wird; oder

ii) hat nationale oder subnationale Gesetze im Einklang mit Artikel 5 des Übereinkommens von Paris, die im Erntegebiet gelten, um die Kohlenstoffbestände und -senken zu erhalten und zu verbessern, und sorgt für Nachweise, dass die für den LULUCF-Sektor gemeldeten Emissionen nicht höher ausfallen als der Emissionsabbau;

b) stehen Nachweise nach Buchstabe a dieses Absatzes nicht zur Verfügung, so finden Biokraftstoffe, flüssige Biobrennstoffe und Biomasse-Brennstoffe aus forstwirtschaftlicher Biomasse für die Zwecke von Absatz 1 Unterabsatz 1 Buchstabe a, b und c Berücksichtigung, wenn durch Bewirtschaftungssysteme auf Ebene des fortwirtschaftlichen Gewinnungsgebiets sichergestellt ist, dass die Niveaus der Kohlenstoffbestände und -senken in den Wäldern gleich bleiben oder langfristig verbessert werden.

(7a) Die Herstellung von Biokraftstoffen, flüssigen Biobrennstoffen und Biomasse-Brennstoffen aus heimischer forstwirtschaftlicher Biomasse muss mit den Verpflichtungen und Zielvorgaben der Mitgliedstaaten gemäß Artikel 4 der Verordnung (EU) 2018/841 des Europäischen Parlaments und des Rates ([24]) sowie mit den Strategien und Maßnahmen in Einklang stehen, die die Mitgliedstaaten in ihren gemäß den Artikeln 3 und 14 der Verordnung (EU) 2018/1999 vorgelegten integrierten nationalen Energie- und Klimaplänen beschrieben haben.

(7b) Als Teil ihres endgültigen aktualisierten integrierten nationalen Energie- und Klimaplans, der gemäß Artikel 14 Absatz 2 der Verordnung (EU) 2018/1999 bis zum 30. Juni 2024 vorzulegen ist, nehmen die Mitgliedstaaten Folgendes auf:

a) eine Bewertung des inländischen Angebots an für energetische Zwecke verfügbarer forstwirtschaftlicher Biomasse für den Zeitraum 2021-2030 gemäß den in diesem Artikel festgelegten Kriterien;

b) eine Bewertung der Vereinbarkeit der prognostizierten Nutzung forstwirtschaftlicher Biomasse zur Energieerzeugung mit den Zielen und Haushaltsplänen der Mitgliedstaaten für den Zeitraum 2026 bis 2030 gemäß Artikel 4 der Verordnung (EU) 2018/841; und

c) eine Beschreibung der nationalen Maßnahmen und Strategien, mit denen die Vereinbarkeit mit diesen Zielen und Budgets sichergestellt wird.

Die Mitgliedstaaten erstatten der Kommission im Rahmen ihrer gemäß Artikel 17 der Verordnung (EU) 2018/1999 vorgelegten integrierten nationalen energie- und klimabezogenen Fortschrittsberichte über die unter Buchstabe c Unterabsatz 1 dieses Absatzes genannten Maßnahmen und Strategien Bericht.

(8) Die Kommission erlässt bis zum 31. Januar 2021 Durchführungsrechtsakte, worin sie Empfehlungen zu den Nachweisen für die Einhaltung der Kriterien gemäß den Absätzen 6 und 7 dieses Artikels festlegt. Diese Durchführungsrechtsakte werden nach dem in Artikel 34 Absatz 3 genannten Prüfverfahren erlassen.

(9) Auf Grundlage der verfügbaren Daten bewertet die Kommission bis zum 31. Dezember 2026, ob durch die Kriterien gemäß den Absätzen 6 und 7 auf wirksame Weise die Gefahr, dass nicht nachhaltig produzierte forstwirtschaftliche Biomasse genutzt wird, minimiert und den LULUCF-Kriterien entsprochen wird.

Die Kommission legt gegebenenfalls einen legislativen Vorschlag zur Änderung der in Absatz 6 und 7 festgelegten Kriterien für den Zeitraum nach 2030 vor.

(10) Die durch die Verwendung von Biokraftstoffen, flüssigen Biobrennstoffen und Biomasse-Brennstoffen erzielte Minderung der Treibhausgasemissionen, die für die in Absatz 1 genannten Zwecke berücksichtigt wird, muss

a) bei Biokraftstoffen, im Verkehrssektor verbrauchtem Biogas und flüssigen Biobrennstoffen, die in Anlagen hergestellt werden, die am 5. Oktober 2015 oder davor in Betrieb waren, mindestens 50 % betragen;

b) bei Biokraftstoffen, im Verkehrssektor verbrauchtem Biogas und flüssigen Biobrennstoffen, die in Anlagen hergestellt werden, die den Betrieb seit dem 6. Oktober 2015

[24] Verordnung (EU) 2018/841 des Europäischen Parlaments und des Rates vom 30. Mai 2018 über die Einbeziehung der Emissionen und des Abbaus von Treibhausgasen aus Landnutzung, Landnutzungsänderungen und Forstwirtschaft in den Rahmen für die Klima- und Energiepolitik bis 2030 und zur Änderung der Verordnung (EU) Nr. 525/2013 und des Beschlusses Nr. 529/2013/EU (ABl. L 156 vom 19.6.2018, S. 1).

bis zum 31. Dezember 2020 aufgenommen haben, mindestens 60 % betragen;

c) bei Biokraftstoffen, im Verkehrssektor verbrauchtem Biogas und flüssigen Biobrennstoffen, die in Anlagen hergestellt werden, die den Betrieb ab dem 1. Januar 2021 aufnehmen, mindestens 65 % betragen;

d) bei der Elektrizitäts-, Wärme- und Kälteerzeugung in Anlagen, die Biomasse-Brennstoffe nutzen und nach dem 20. November 2023 in Betrieb genommen wurden, mindestens 80 %;

e) bei der Elektrizitäts-, Wärme- und Kälteerzeugung in Anlagen mit einer Gesamtfeuerungswärmeleistung ≥ 10 MW, die Biomasse-Brennstoffe nutzen und zwischen dem 1. Januar 2021 und dem 20. November 2023 in Betrieb genommen wurden, mindestens 70 % bis zum 31. Dezember 2029 und mindestens 80 % bis zum 1. Januar 2030;

f) bei der Elektrizitäts-, Wärme- und Kälteerzeugung in Anlagen mit einer Gesamtfeuerungswärmeleistung von 10 MW oder weniger, die gasförmige Biomasse-Brennstoffe nutzen und zwischen dem 1. Januar 2021 und dem 20. November 2023 in Betrieb genommen wurden, mindestens 70 % bis sie 15 Jahre lang in Betrieb waren und mindestens 80 % nachdem sie 15 Jahre in Betrieb waren;

g) bei der Elektrizitäts-, Wärme- und Kälteerzeugung in Anlagen mit einer Gesamtfeuerungswärmeleistung ≥ 10 MW, die Biomasse-Brennstoffe nutzen und vor dem 1. Januar 2021 in Betrieb genommen wurden, mindestens 80 % nachdem 15 Jahren in Betrieb waren, frühestens ab dem 1. Januar 2026 und spätestens ab dem 31. Dezember 2029;

h) bei der Elektrizitäts-, Wärme- und Kälteerzeugung in Anlagen mit einer Gesamtfeuerungswärmeleistung von 10 MW oder weniger, die gasförmige Biomasse-Brennstoffe nutzen und vor dem 1. Januar 2021 in Betrieb genommen wurden, mindestens 80 % nachdem sie 15 Jahre in Betrieb waren und frühestens ab dem 1. Januar 2026.

Es gilt, dass eine Anlage dann in Betrieb ist, wenn die physische Produktion von Biokraftstoffen, im Verkehrssektor verbrauchtem Biogas, und flüssigen Biobrennstoffen sowie die physische Produktion von Wärme, Kälte und Elektrizität aus Biomasse-Brennstoffen aufgenommen wurde.

Die durch die Verwendung von Biokraftstoffen, im Verkehrssektor verbrauchtem Biogas, flüssigen Biobrennstoffen und Biomasse-Brennstoffen in Wärme, Kälte und Elektrizität produzierenden Anlagen erzielte Treibhausgaseinsparungen wird im Einklang mit Artikel 31 Absatz 1 berechnet.

(11) Für die Zwecke von Absatz 1 Unterabsatz 1 Buchstabe a, b und c findet Elektrizität aus Biomasse-Brennstoffen nur Berücksichtigung, wenn sie eine oder mehrere der folgenden Anforderungen erfüllt:

a) die Elektrizität wird in Anlagen mit einer Gesamtfeuerungswärmeleistung von unter 50 MW produziert; oder

b) die Elektrizität wird in Anlagen mit einer Gesamtfeuerungswärmeleistung zwischen 50 und 100 MW mit hocheffizienter Kraft-Wärme-Kopplungstechnologie, oder in ausschließlich Elektrizität produzierenden Anlagen, die die im Durchführungsbeschluss (EU) 2017/1442 der Kommission ([25]) definierten, mit den besten verfügbaren Techniken verbundenen Energieeffizienzwerte („BVT-assoziierten Energieeffizienzwerte") erreichen, produziert; oder

c) die Elektrizität wird in Anlagen mit einer Gesamtfeuerungswärmeleistung über 100 MW mit hocheffizienter Kraft-Wärme-Kopplungstechnologie, oder in ausschließlich Elektrizität produzierenden Anlagen, die einen elektrischen Nettowirkungsgrad von mindestens 36 % erreichen, produziert; oder

d) die Elektrizität wird durch Abscheidung und Speicherung von CO2 aus Biomasse produziert.

Ausschließlich Elektrizität produzierende Anlagen werden für die Zwecke von Absatz 1 Unterabsatz 1 Buchstabe a, b und c nur berücksichtigt, wenn sie als Hauptbrennstoff keine fossilen Brennstoffe verwenden und die Bewertung gemäß Artikel 14 der Richtlinie 2012/27/EU ergibt, dass es keine kosteneffiziente Möglichkeit zur Nutzung hocheffizienter Kraft-Wärme-Kopplungstechnologie gibt.

Für die Zwecke des Absatzes 1 Unterabsatz 1 Buchstabe a und b dieses Artikels gilt dieser Absatz nur für Anlagen, die nach dem 25. Dezember 2021 den Betrieb aufnehmen oder auf die Nutzung von Biomasse-Brennstoffe umgestellt werden. Für die Zwecke des Absatzes 1 Unterabsatz 1 Buchstabe c dieses Artikels lässt dieser Absatz bis zum 25. Dezember 2021 genehmigte Förderungen aus Förderregelungen nach Artikel 4 unberührt.

Bei Anlagen mit einer geringeren Feuerungswärmeleistung können die Mitgliedstaaten höhere als die in Unterabsatz 1 genannten Energieeffizienzanforderungen zur Anwendung bringen.

Der erste Unterabsatz gilt nicht für Elektrizität aus Anlagen, die Gegenstand einer besonderen Mitteilung eines Mitgliedstaats an die Kommission aufgrund des ordnungsgemäß begründeten Vorliegens einer Gefahr für die Stromversorgungssicherheit sind. Bei der Bewertung der Mitteilung fasst die Kommission einen Beschluss unter Berücksichtigung der darin enthaltenen Elemente.

(12) Für die Zwecke von Absatz 1 Unterabsatz 1 Buchstabe a, b und c dieses Artikels, und unbeschadet von Artikel 25 und 26, dürfen die Mitgliedstaaten Biokraftstoffe und flüssige Biobrennstoffe, die in Übereinstimmung mit diesem Artikel gewonnen werden, nicht wegen anderer Nachhaltigkeitserwägungen außer Acht lassen. Dieser Absatz lässt die öffentliche Förderung im Rahmen von Förderregelungen, die vor dem 24. Dezember 2018 genehmigt werden, unberührt.

(13) Für die Zwecke von Absatz 1 Unterabsatz 1 Buchstabe c dieses Artikels können die Mitgliedstaaten für begrenzte Zeit von den Kriterien gemäß Absatz 2 bis 7 und 10 und 11 dieses Artikels abweichen, und andere Kriterien festlegen für

a) Anlagen, die sich in einem der in Artikel 349 AEUV aufgeführten Gebiete in äußerster Randlage befinden, soweit diese Anlagen Elektrizität oder Wärme oder Kälte aus Biomasse-Brennstoffen und flüssige Biobrennstoffe oder Biokraftstoffe produzieren, und

b) in den Anlagen gemäß Buchstabe a dieses Unterabsatzes eingesetzte Biomasse-Brennstoffe und flüssige Biobrennstoffe sowie in diesen Anlagen produzierte Biokraftstoffe, ungeachtet des Ursprungsortes dieser Biomasse, sofern diese anderen Kriterien durch ihren Zweck, nämlich des Zugangs zu sicherer Energie und der nahtlosen Einführung der Kriterien gemäß Absatz 2 bis 7 und 10 und 11 dieses Artikels in dem betreffenden Gebiet in äußerster Randlage, objektiv gerechtfertigt sind und somit Anreize für den Übergang von fossilen Brennstoffen zu nachhaltigen Biokraftstoffen, flüssigen Biobrennstoffen und Biomasse-Brennstoffen bieten.

Die in diesem Absatz genannten anderen Kriterien sind Gegenstand einer gesonderten Mitteilung des jeweiligen Mitgliedstaats an die Kommission.

[25] Durchführungsbeschluss (EU) 2017/1442 der Kommission vom 31. Juli 2017 über Schlussfolgerungen zu den besten verfügbaren Techniken (BVT) gemäß der Richtlinie 2010/75/EU des Europäischen Parlaments und des Rates für Großfeuerungsanlagen (ABl. L 212 vom 17.8.2017, S. 1).

(14) Für die Zwecke von Absatz 1 Unterabsatz 1 Buchstabe a, b und c können die Mitgliedstaaten weitere Nachhaltigkeitskriterien für Biomasse-Brennstoffe einführen.

Bis zum 31. Dezember 2026 bewertet die Kommission die Folgen, die solche zusätzlichen Kriterien für den Binnenmarkt haben können, wobei sie gegebenenfalls auch Vorschläge unterbreitet, um ihre Harmonisierung sicherzustellen.

(15) Bis zum 31. Dezember 2030 kann auch Energie aus Biokraftstoffen, flüssigen Biobrennstoffen und Brennstoffen aus Biomasse für die in Absatz 1 Unterabsatz 1 Buchstaben a, b und c des vorliegenden Artikels genannten Zwecke berücksichtigt werden, wenn

a) die Unterstützung vor dem 20. November 2023 gemäß den Kriterien für Nachhaltigkeit und Treibhausgasemissionseinsparungen gemäß Artikel 29 in der am 29. September 2020 geltenden Fassung gewährt wurde, und
b) die Unterstützung in Form einer langfristigen Unterstützung gewährt wurde, für die zu Beginn des Förderzeitraums ein fester Betrag festgelegt wurde und sofern ein Korrekturmechanismus vorhanden ist, um sicherzustellen, dass keine Überkompensation vorliegt.

Artikel 29a
Kriterien für Treibhausgasemissionseinsparungen durch erneuerbare Brennstoffe nicht biogenen Ursprungs und wiederverwertete kohlenstoffhaltige Kraftstoffe

(1) Energie aus erneuerbaren Brennstoffen nicht biogenen Ursprungs wird auf die Anteile der Energie aus erneuerbaren Quellen der Mitgliedstaaten und die Zielvorgaben gemäß Artikel 3 Absatz 1, Artikel 15a Absatz 1, Artikel 22a Absatz 1 Artikel 23 Absatz 1, Artikel 24 Absatz 4 und Artikel 25 Absatz 1 nur dann angerechnet, wenn die mit der Nutzung dieser Brennstoffe erzielten Treibhausgasemissionseinsparungen mindestens 70 % betragen.

(2) Energie aus wiederverwerteten kohlenstoffhaltigen Kraftstoffen kann auf die Zielvorgabe gemäß Artikel 25 Absatz 1 Unterabsatz 1 Buchstabe a nur dann angerechnet werden, wenn die mit der Nutzung dieser Kraftstoffe erzielten Treibhausgasemissionseinsparungen mindestens 70 % betragen.

(3) Der Kommission wird die Befugnis übertragen, im Einklang mit Artikel 35 delegierte Rechtsakte zu erlassen, um diese Richtlinie durch Festlegung der Methode für die Bewertung der durch erneuerbare Brennstoffe nicht biogenen Ursprungs und wiederverwertete kohlenstoffhaltige Kraftstoffe erzielten Treibhausgasemissionseinsparungen zu ergänzen. Mit der Methode muss sichergestellt werden, dass vermiedene Emissionen aus fossilen Quellen nicht gutgeschrieben werden, wenn bereits im Rahmen anderer Rechtsvorschriften eine Gutschrift für die Abscheidung des CO2 erteilt wurde. In der Methode müssen die Lebenszyklus-Treibhausgasemissionen abgedeckt und indirekte Emissionen berücksichtigt werden, die sich aus der Änderung der Nutzung von Einsatzstoffen mit unelastischem Angebot wie Abfällen ergeben, die für die Herstellung wiederverwerteter kohlenstoffhaltiger Kraftstoffe verwendet werden.

Artikel 30
Überprüfung der Einhaltung der Nachhaltigkeitskriterien und der Kriterien für Treibhausgaseinsparungen

(1) Sollen erneuerbare Brennstoffe und wiederverwertete kohlenstoffhaltige Kraftstoffe auf die Zielvorgaben aus Artikel 3 Absatz 1, Artikel 15a Absatz 1, Artikel 22a Absatz 1, Artikel 23 Absatz 1, Artikel 24 Absatz 4 und Artikel 25 Absatz 1 angerechnet werden, verpflichten die Mitgliedstaaten die Wirtschaftsteilnehmer dazu, im Wege von verbindlichen, unabhängigen und transparenten Audits im Einklang mit dem gemäß Absatz 8 erlassenen Durchführungsrechtsakt nachzuweisen, dass die Kriterien für die Nachhaltigkeit und die Treibhausgasemissionseinsparungen gemäß Artikel 29 Absätze 2 bis 7 und Absatz 10 sowie gemäß Artikel 29a Absätze 1 und 2 bei erneuerbaren Brennstoffen und wiederverwerteten kohlenstoffhaltigen Kraftstoffen eingehalten wurden. Zu diesem Zweck verpflichten sie die Wirtschaftsteilnehmer zur Verwendung eines Massenbilanzsystems, das

a) es erlaubt, Lieferungen von Rohstoffen oder Brennstoffen mit unterschiedlichen Nachhaltigkeitseigenschaften und Eigenschaften in Bezug auf Treibhausgaseinsparungen zu mischen, z. B. in einem Container, einer Verarbeitungs- oder Logistikeinrichtung oder einer Übertragungs- und Verteilungsinfrastruktur bzw. -stätte,
b) es erlaubt, Lieferungen von Rohstoffen mit unterschiedlichem Energiegehalt zur weiteren Verarbeitung zu mischen, sofern der Umfang der Lieferungen nach ihrem Energiegehalt angepasst wird,
c) vorschreibt, dass dem Gemisch weiterhin Angaben über die Nachhaltigkeitseigenschaften sowie Eigenschaften in Bezug auf Treibhausgaseinsparungen und den jeweiligen Umfang der unter Buchstabe a genannten Lieferungen zugeordnet sind, und
d) vorsieht, dass die Summe sämtlicher Lieferungen, die dem Gemisch entnommen werden, dieselben Nachhaltigkeitseigenschaften in denselben Mengen hat wie die Summe sämtlicher Lieferungen, die dem Gemisch zugefügt werden, und dass diese Bilanz innerhalb eines angemessenen Zeitraums erreicht wird.

Durch das Massenbilanzsystem soll zudem sichergestellt werden, dass jede Lieferung nur einmal gemäß Artikel 7 Absatz 1 Unterabsatz 1 Buchstabe a, b oder c für die Berechnung des Bruttoendverbrauchs von Energie aus erneuerbaren Quellen berücksichtigt wird und dass Informationen dazu angegeben werden, ob für die Produktion der betreffenden Lieferung eine Förderung gewährt wurde und wenn ja, um welche Art von Förderregelung es sich handelte.

(2) Bei Verarbeitung einer Lieferung werden die Angaben hinsichtlich der Eigenschaften der Lieferung in Bezug auf die Nachhaltigkeit und Treibhausgaseinsparungen angepasst und im Einklang mit folgenden Vorschriften dem Output zugeordnet:

a) Sollte die Verarbeitung der Rohstofflieferung nur einen Output hervorbringen, der zur Produktion von Biokraftstoffen, flüssigen Biobrennstoffen, Biomasse-Brennstoffen, erneuerbaren Kraftstoffen nicht biogenen Ursprungs oder wiederverwerteten kohlenstoffhaltigen Kraftstoffen dienen soll, werden der Umfang der Lieferung und die entsprechenden Werte der Eigenschaften in Bezug auf die Nachhaltigkeit und Treibhausgaseinsparungen durch Anwendung eines Umrechnungsfaktors angepasst, der das Verhältnis zwischen der Masse des Outputs, die dieser Produktion dienen soll, und der Rohstoffmasse zu Beginn des Verfahrens ausdrückt;
b) sollte die Verarbeitung der Rohstofflieferung mehrere Outputs hervorbringen, die zur Produktion von Biokraftstoffen, flüssigen Biobrennstoffen, Biomasse-Brennstoffen, erneuerbaren Kraftstoffen nicht biogenen Ursprungs oder wiederverwerteten kohlenstoffhaltigen Kraftstoffen dienen sollen, ist für jeden Output ein gesonderter Umrechnungsfaktor anzuwenden und eine gesonderte Massenbilanz zugrunde zu legen.

(3) Die Mitgliedstaaten treffen Maßnahmen, um sicherzustellen, dass die Wirtschaftsteilnehmer zuverlässige Informationen zur Einhaltung der Kriterien für die Nachhaltigkeit und die Treibhausgasemissionseinsparungen gemäß Artikel 29 Absätze 2 bis 7 und Absatz 10 sowie gemäß Artikel 29a Absätze 1 und 2 vorlegen und dass sie dem betreffenden Mitgliedstaat auf Anfrage die bei der Gewinnung dieser Informa-

tionen genutzten Daten zur Verfügung stellen. Die Mitgliedstaaten verpflichten die Wirtschaftsteilnehmer, für ein angemessenes unabhängiges Audit der von ihnen vorgelegten Informationen zu sorgen und nachzuweisen, dass ein solches Audit erfolgt ist. Hinsichtlich der Einhaltung von Artikel 29 Absatz 3 Buchstaben a, b, d und e, Artikel 29 Absatz 4 Buchstabe a, Artikel 29 Absatz 5, Artikel 29 Absatz 6 Buchstabe a und Artikel 29 Absatz 7 Buchstabe a kann bis zum Ersterfassungspunkt der forstwirtschaftlichen Biomasse das Erst- oder Zweitparteien-Audit verwendet werden. Das Audit erstreckt sich auf die Frage, ob die von den Wirtschaftsteilnehmern verwendeten Systeme genau, verlässlich und vor Betrug geschützt sind, wobei durch die Überprüfung auch sichergestellt wird, dass Materialien nicht absichtlich so verändert oder entsorgt werden, dass die Lieferung ganz oder teilweise zu Abfall oder Reststoffen werden könnte. Ferner bewertet das Audit auch die Häufigkeit und die Methode der Probenahme sowie die Zuverlässigkeit der Daten bewertet.

Die Verpflichtungen nach diesem Absatz gelten sowohl für in der Union produzierte als auch für in die Union importierte erneuerbare Brennstoffe und wiederverwertete kohlenstoffhaltige Kraftstoffe. Angaben zur geografischen Herkunft der Biokraftstoffe, flüssigen Biobrennstoffe und Biomasse-Brennstoffe der einzelnen Kraft- und Brennstoffanbieter und zur Art der für sie verwendeten Rohstoffe werden Verbrauchern in aktualisierter, leicht zugänglicher und benutzerfreundlicher Form auf den Websites der Betreiber, der Anbieter oder der jeweils zuständigen Behörden bereitgestellt und jährlich aktualisiert.

Die Mitgliedstaaten übermitteln die Angaben nach Unterabsatz 1 in aggregierter Form der Kommission. Diese veröffentlicht sie unter Wahrung der Vertraulichkeit wirtschaftlich sensibler Informationen in zusammengefasster Form auf der in Artikel 28 der Verordnung (EU) 2018/1999 genannten Plattform für die elektronische Berichterstattung.

(4) Die Kommission kann beschließen, dass freiwillige nationale oder internationale Systeme, in denen Standards für die Produktion von erneuerbaren Brennstoffen und wiederverwerteten kohlenstoffhaltigen Kraftstoffen vorgegeben werden, genaue Daten zu den Treibhausgasemissionseinsparungen für die Zwecke von Artikel 29 Absatz 10 und Artikel 29a Absätze 1 und 2 enthalten und als Nachweis dafür herangezogen werden dürfen, dass die Bestimmungen von Artikel 27 Absatz 6 und Artikel 31a Absatz 5 eingehalten werden, und/oder als Nachweis dafür herangezogen werden dürfen, dass Lieferungen von Biokraftstoff, flüssigem Brennstoff oder Biomasse-Brennstoffen den in Artikel 29 Absatz 2 bis 7 aufgeführten Nachhaltigkeitskriterien genügen. Für den Nachweis, dass den in Artikel 29 Absätze 6 und 7 festgelegten Anforderungen entsprochen wird, können die Betreiber die erforderlichen Belege direkt auf Ebene des Gewinnungsgebiets vorlegen. Die Kommission kann Flächen zum Schutz von seltenen, bedrohten oder gefährdeten Ökosystemen oder Arten, die in internationalen Übereinkommen anerkannt werden oder in den Verzeichnissen zwischenstaatlicher Organisationen oder der Internationalen Union für die Erhaltung der Natur aufgeführt sind, für die Zwecke des Artikels 29 Absatz 3 Unterabsatz 1 Buchstabe c Ziffer ii anerkennen.

Die Kommission kann beschließen, dass diese Systeme präzise Angaben über Maßnahmen enthalten, die zum Schutz von Boden, Wasser und Luft, zur Sanierung von degradierten Flächen und zur Vermeidung eines übermäßigen Wasserverbrauchs in Gebieten mit Wasserknappheit und zur Zertifizierung von Biokraftstoffen, flüssigen Biobrennstoffen und Biomasse-Brennstoffen, bei denen ein geringes Risiko indirekter Landnutzungsänderungen besteht, getroffen wurden.

(5) Die Kommission fasst Beschlüsse nach Absatz 4 in Form von Durchführungsrechtsakten. Diese werden in Einklang mit dem Prüfverfahren nach Artikel 34 Absatz 3 erlassen. Solche Beschlüsse sind nicht länger als fünf Jahre gültig.

Die Kommission verlangt, dass freiwillige Systeme, die Gegenstand eines Beschlusses nach Absatz 4 sind, bis zum 30. April jedes Jahres einen Bericht an die Kommission vorlegen, worin alle in Anhang XI der Verordnung (EU) 2018/1999 angeführten Punkte behandelt werden. Der Bericht bezieht sich auf das vorangegangene Kalenderjahr. Diese Pflicht zur Berichterstattung gilt nur für freiwillige Systeme, die seit mindestens 12 Monaten in Betrieb sind.

Die Kommission stellt die von freiwilligen Systemen vorgelegten Berichte, in aggregierter Form, oder, gegebenenfalls, in voller Länge, auf der in Artikel 28 der Verordnung (EU) 2018/1999 genannten Plattform für die elektronische Berichterstattung zur Verfügung.

(6) Die Mitgliedstaaten können nationale Systeme einführen, in deren Rahmen die Einhaltung der Kriterien für die Nachhaltigkeit und die Treibhausgasemissionseinsparungen gemäß Artikel 29 Absätze 2 bis 7 und Absatz 10 sowie Artikel 29a Absätze 1 und 2 im Einklang mit der gemäß Artikel 29a Absatz 3 entwickelten Methode entlang der gesamten Produktkette unter Beteiligung der zuständigen Behörden überprüft wird. Anhand dieser Systeme kann auch die Genauigkeit und Vollständigkeit der von den Wirtschaftsteilnehmern in die Unionsdatenbank eingegebenen Daten überprüft werden, um die Einhaltung von Artikel 27 Absatz 6 nachzuweisen und um Biokraftstoffe, flüssige Biobrennstoffe und Biomasse-Brennstoffen mit geringem Risiko indirekter Landnutzungsänderungen zu zertifizieren.

Ein Mitgliedstaat kann der Kommission ein solches nationales System melden. Die Kommission räumt der Bewertung eines derartigen Systems Vorrang ein, um die gegenseitige bilaterale und multilaterale Anerkennung dieser Systeme zu erleichtern. Die Kommission kann Beschlüsse in Form von Durchführungsrechtsakten über die Vereinbarkeit eines solchen gemeldeten nationalen Systems mit den in dieser Richtlinie festgelegten Bedingungen fassen. Diese Durchführungsrechtsakte werden gemäß dem in Artikel 34 Absatz 3 genannten Prüfverfahren erlassen.

Beschließt die Kommission, dass das nationale System die in dieser Richtlinie festgelegten Bedingungen erfüllt, so dürfen andere von der Kommission gemäß diesem Artikel anerkannte Systeme die gegenseitige Anerkennung des nationalen Systems des betreffenden Mitgliedstaats hinsichtlich der Überprüfung der Vereinbarkeit mit Kriterien, für die es von der Kommission anerkannt wurde, nicht verweigern.

Für Anlagen zur Elektrizitäts-, Wärme- und Kälteerzeugung mit einer Gesamtfeuerungswärmeleistung zwischen 7,5 und 20 MW können die Mitgliedstaaten vereinfachte nationale Überprüfungssysteme einführen, um die Einhaltung der Kriterien für die Nachhaltigkeit und die Treibhausgasemissionseinsparungen gemäß Artikel 29 Absätze 2 bis 7 und Absatz 10 sicherzustellen. Für dieselben Anlagen werden in den Durchführungsrechtsakten gemäß Absatz 8 des vorliegenden Artikels die einheitlichen Bedingungen für vereinfachte freiwillige Überprüfungssysteme festgelegt, um die Einhaltung der Kriterien für die Nachhaltigkeit und die Treibhausgasemissionseinsparungen gemäß Artikel 29 Absätze 2 bis 7 und Absatz 10 sicherzustellen.

(7) Die Kommission kann nur dann Beschlüsse im Sinne von Absatz 4 fassen, wenn das betreffende System angemessenen Standards der Zuverlässigkeit, Transparenz und unabhängigen Audits entspricht und hinreichende Garantien dafür bietet, dass keine Materialien absichtlich so geändert oder entsorgt wurden, dass die Lieferung ganz oder teilweise unter Anhang IX fallen würde. Bei Systemen, mit denen die Treibhausgaseinsparung gemessen wird, müssen zudem die methodischen Anforderungen von Anhang V oder Anhang VI ein-

gehalten werden. Im Falle von Flächen im Sinne des Artikels 29 Absatz 3 Unterabsatz 1 Buchstabe c Ziffer ii, die einen hohen Wert hinsichtlich der biologischen Vielfalt haben, müssen die Verzeichnisse dieser Flächen angemessenen Standards der Objektivität entsprechen und Kohärenz mit international anerkannten Standards aufweisen, wobei geeignete Beschwerdeverfahren vorzusehen sind.

Die freiwilligen Systeme nach Absatz 4 müssen mindestens jährlich eine Liste ihrer für unabhängige Audits eingesetzten Zertifizierungsstellen veröffentlichen, in der für jede Zertifizierungsstelle angegeben ist, von welcher Einrichtung oder nationalen öffentliche Stelle sie anerkannt wurde und von welcher Einrichtung oder nationalen öffentliche Stelle sie überwacht wird.

(8) Die Kommission erlässt zur Gewährleistung einer effizienten und einheitlichen Überprüfung der Einhaltung der Kriterien für die Nachhaltigkeit und Treibhausgaseinsparungen sowie der Bestimmungen bezüglich Biokraftstoffe, flüssige Biobrennstoffe und Biomasse-Brennstoffe mit einem geringen oder einem hohen Risiko direkter und indirekter Landnutzungsänderungen und insbesondere zur Verhinderung von Betrug Durchführungsrechtsakte, worin sie detaillierte Durchführungsbestimmungen, einschließlich angemessener Standards für Zuverlässigkeit, Transparenz und unabhängige Audits festlegt und vorschreibt, dass bei allen freiwilligen Systemen diese Standards angewandt werden. Diese Durchführungsrechtsakte werden in Einklang mit dem Prüfverfahren nach Artikel 34 Absatz 3 erlassen.

Bei der Festlegung dieser Standards durch Durchführungsrechtsakte berücksichtigt die Kommission insbesondere das Erfordernis, den Verwaltungsaufwand so weit wie möglich zu reduzieren. Die Durchführungsrechtsakte legen einen Zeitraum fest, in dem die freiwilligen Systeme diese Standards umsetzen müssen. Die Kommission kann Beschlüsse über die Anerkennung freiwilliger Systeme nach Absatz 4 aufheben, falls diese Systeme diese Standards nicht im vorgesehenen Zeitraum umgesetzt haben. Sollte ein Mitgliedstaat Bedenken äußern, dass ein freiwilliges System nicht gemäß den Standards für Zuverlässigkeit, Transparenz und unabhängige Audits, die die Grundlage für Beschlüsse gemäß Absatz 4 bilden, funktioniert, so prüft die Kommission die Angelegenheit und ergreift geeignete Maßnahmen.

(9) Wenn ein Wirtschaftsteilnehmer Nachweise oder Daten vorlegt, die im Einklang mit einem System eingeholt wurden, das Gegenstand eines Beschlusses gemäß Absatz 4 oder 6 ist, darf ein Mitgliedstaat von dem Wirtschaftsteilnehmer keine weiteren Nachweise für die Einhaltung der von dem System abgedeckten Aspekte verlangen, für die das System von der Kommission anerkannt wurde.

Die zuständigen Behörden der Mitgliedstaaten überwachen die Arbeitsweise der Zertifizierungsstellen, die unabhängige Audits im Rahmen eines freiwilligen Systems durchführen. Die Zertifizierungsstellen übermitteln auf Antrag der zuständigen Behörden alle relevanten Informationen, die zur Überwachung der Arbeitsweise erforderlich sind, einschließlich genauer Angaben zu Datum, Uhrzeit und Ort der Durchführung der Audits. Sollten die Mitgliedstaaten Probleme bei der Einhaltung feststellen, so setzen sie das freiwillige System unverzüglich davon in Kenntnis.

(10) Auf Antrag eines Mitgliedstaats, der auf dem Antrag eines Wirtschaftsteilnehmers beruhen kann, prüft die Kommission auf der Grundlage aller vorliegenden Nachweise, ob die in Artikel 29 Absätze 2 bis 7 und Absatz 10 und in Artikel 29a Absätze 1 und 2 festgelegten Kriterien für die Nachhaltigkeit und die Treibhausgasemissionseinsparungen in Bezug auf eine Quelle von erneuerbaren Brennstoffen und wiederverwerteten kohlenstoffhaltigen Kraftstoffen eingehalten wurden.

Innerhalb von sechs Monaten nach Eingang eines solchen Antrags beschließt die Kommission im Wege eines Durchführungsrechtsaktes, ob der betreffende Mitgliedstaat entweder

a) aus dieser Quelle stammende erneuerbare Brennstoffe und wiederverwertete kohlenstoffhaltige Kraftstoffe für die Zwecke von Artikel 29 Absatz 1 Unterabsatz 1 Buchstaben a, b und c berücksichtigen darf oder
b) abweichend von Absatz 9 von Anbietern der betreffenden Quelle von erneuerbaren Brennstoffen und wiederverwerteten kohlenstoffhaltigen Kraftstoffen weitere Nachweise für die Einhaltung jener Kriterien für die Nachhaltigkeit und die Treibhausgasemissionseinsparungen und jener Mindestschwellenwerte für Treibhausgasemissionseinsparungen verlangen darf.

Die Durchführungsrechtsakte gemäß Unterabsatz 2 dieses Absatzes werden gemäß dem in Artikel 34 Absatz 3 genannten Prüfverfahren erlassen.

Artikel 31
Berechnung des Beitrags von Biokraftstoffen, flüssigen Biobrennstoffen und Biomasse-Brennstoffen zum Treibhauseffekt

(1) Für die Zwecke des Artikels 29 Absatz 10 wird die durch die Verwendung von Biokraftstoffen, flüssigen Biobrennstoffen und Biomasse-Brennstoffen erzielte Treibhausgaseinsparung nach einer der folgenden Methoden berechnet:

a) ist für Biokraftstoffe und flüssige Biobrennstoffe in Anhang V Teil A oder Teil B und für Biomasse-Brennstoffe in Anhang VI Teil A ein Standardwert für die Treibhausgaseinsparung für den Produktionsweg festgelegt und ist der für diese Biokraftstoffe oder flüssigen Biobrennstoffe gemäß Anhang V Teil C Nummer 7 und für diese Biomasse-Brennstoffe gemäß Anhang VI Teil B Nummer 7 berechnete el-Wert für diese Biokraftstoffe oder flüssigen Biobrennstoffe kleiner oder gleich null, durch Verwendung dieses Standardwerts;
b) durch Verwendung eines tatsächlichen Werts, der gemäß der in Anhang V Teil C für Biokraftstoffe oder flüssige Biobrennstoffe und gemäß der in Anhang VI Teil B für Biomasse-Brennstoffe festgelegten Methode berechnet wird;
c) durch Verwendung eines Werts, der berechnet wird als Summe der in den Formeln in Anhang V Teil C Nummer 1 genannten Faktoren, wobei die in Anhang V Teil D oder Teil E angegebenen disaggregierten Standardwerte für einige Faktoren verwendet werden können, und der nach der Methode in Anhang V Teil C berechneten tatsächlichen Werte für alle anderen Faktoren verwendet werden; oder
d) durch Verwendung eines Werts, der berechnet wird als Summe der in den Formeln in Anhang VI Teil B Nummer 1 genannten Faktoren, wobei die in Anhang VI Teil C angegebenen disaggregierten Standardwerte für einige Faktoren verwendet werden können, und der nach der Methode in Anhang VI Teil B berechneten tatsächlichen Werte für alle anderen Faktoren verwendet werden.

(2) Die Mitgliedstaaten können der Kommission Berichte mit Angaben zu den typischen Treibhausgasemissionen aus dem Anbau von landwirtschaftlichen Rohstoffen in den Gebieten ihres Hoheitsgebiets unterbreiten, die als Regionen der Ebene 2 der Klassifikation der „Gebietseinheiten für die Statistik" (NUTS) oder als stärker disaggregierte NUTS-Ebenen im Einklang mit der Verordnung (EG) Nr. 1059/2003 des Europäischen Parlaments und des Rates ([26]) eingestuft

[26] Verordnung (EG) Nr. 1059/2003 des Europäischen Parlaments und des Rates vom 26. Mai 2003 über die Schaffung einer

sind. Den Berichten ist eine Beschreibung der zur Berechnung des Emissionsniveaus verwendeten Methode und Datenquellen beigefügt. Diese Methode berücksichtigt Bodeneigenschaften, Klima und voraussichtliche Rohstoffernteerträge.

(3) Im Fall von Gebieten außerhalb der Union können der Kommission Berichte übermittelt werden, die den in Absatz 2 genannten Berichten gleichwertig sind und die von zuständigen Stellen erstellt wurden.

(4) Die Kommission kann in einem Durchführungsrechtsakt beschließen, dass Berichte nach Absatz 2 und 3 für die Zwecke von Artikel 29 Absatz 10 genaue Daten für die Messung der Treibhausgasemissionen enthalten, die auf den Anbau von in solchen Berichten genannten Gebieten hergestellten Rohstoffen für landwirtschaftliche Biomasse zurückgehen. Diese Durchführungsrechtsakte werden in Einklang mit dem Prüfverfahren nach Artikel 34 Absatz 3 erlassen.

Gemäß solcher Beschlüsse können diese Daten anstelle der für Biokraftstoffe und flüssige Biobrennstoffe in Anhang V Teil D oder Teil E und für Biomasse-Brennstoffe in Anhang VI Teil C festgelegten disaggregierten Standardwerten für den Anbau verwendet werden.

(5) Die Kommission überprüft Anhang V und Anhang VI im Hinblick auf die Hinzufügung oder Überarbeitung – sofern gerechtfertigt – von Werten für Produktionswege für Biokraftstoffe, flüssige Biobrennstoffe und Biomasse-Brennstoffe. Bei dieser Überprüfung wird auch die Änderung der Methoden nach Anhang V Teil C und Anhang VI Teil B in Erwägung gezogen.

Die Kommission hat die Befugnis, gegebenenfalls gemäß Artikel 35 delegierte Rechtsakte zu erlassen, um Anhang V oder Anhang VI durch Hinzufügung oder Überarbeitung oder Änderungen der Methoden zu ändern.

Ist im Fall einer Anpassung oder Ergänzung der Standardwerte in Anhang V und Anhang VI

a) der Beitrag eines Faktors zu den Gesamtemissionen gering, gibt es eine begrenzte Abweichung oder ist es kostspielig oder schwierig, die tatsächlichen Werte zu bestimmen, müssen die Standardwerte typisch für normale Produktionsverfahren sein,
b) während in allen anderen Fällen die Standardwerte im Vergleich zu normalen Produktionsverfahren konservativ sein müssen.

(6) Falls dies zur Gewährleistung der einheitlichen Anwendung von Anhang V Teil C und Anhang VI Teil B erforderlich ist, kann die Kommission Durchführungsrechtsakte mit genauen technischen Spezifikationen, einschließlich Definitionen, Umrechnungsfaktoren, Berechnungen jährlicher Emissionen aus dem Anbau, entsprechenden Emissionseinsparungen durch unter- und oberirdische Änderungen des Kohlenstoffbestands von bereits landwirtschaftlich genutzten Flächen, sowie Berechnungen der Emissionseinsparungen durch Abscheidung, Einleitung und geologische Speicherung von CO2, erlassen. Diese Durchführungsrechtsakte werden gemäß dem in Artikel 34 Absatz 3 genannten Prüfverfahren erlassen.

Artikel 31a
Unionsdatenbank

(1) Die Kommission sorgt dafür, dass bis zum 21. November 2024 eine Unionsdatenbank eingerichtet wird, die die Rückverfolgung flüssiger und gasförmiger erneuerbarer Brennstoffe und wiederverwerteter kohlenstoffhaltiger Kraftstoffe ermöglicht (im Folgenden „Unionsdatenbank“).

gemeinsamen Klassifikation der Gebietseinheiten für die Statistik (NUTS) (ABl. L 154 vom 21.6.2003, S. 1).

(2) Die Mitgliedstaaten verlangen von den betreffenden Wirtschaftsteilnehmern, dass sie in dieser Unionsdatenbank rechtzeitig genaue Daten über die getätigten Transaktionen und die Nachhaltigkeitseigenschaften dieser Kraft- und Brennstoffe machen, einschließlich ihrer Lebenszyklus-Treibhausgasemissionen, beginnend beim Ort ihrer Produktion bis hin zum Zeitpunkt ihres Inverkehrbringens in der Union. Für die Zwecke der Eingabe von Daten in die Unionsdatenbank ist das Gasverbundnetz als einheitliches Massenbilanzsystem zu betrachten. Daten über Einspeisung und Entnahme erneuerbarer gasförmiger Brennstoffe werden in der Unionsdatenbank bereitgestellt. Daten darüber, ob für die Produktion der betreffenden Lieferung eine Förderung gewährt wurde und wenn ja, um welche Art von Förderregelung es sich handelte, sind ebenfalls in die Unionsdatenbank einzugeben. Diese Daten können über nationale Datenbanken in die Unionsdatenbank eingegeben werden.

Soweit dies für die Verbesserung der Rückverfolgbarkeit der Daten entlang der gesamten Lieferkette angezeigt ist, wird der Kommission die Befugnis übertragen, im Einklang mit Artikel 35 delegierte Rechtsakte zu erlassen, um diese Richtlinie durch Erweiterung der in die Unionsdatenbank einzugebenden Angaben relevante Daten vom Ort der Erzeugung oder Sammlung der für die Brennstofferzeugung genutzten Rohstoffe zu ergänzen.

Die Mitgliedstaaten verpflichten die Kraftstoffanbieter dazu, Daten in die Unionsdatenbank einzugeben, die für die Überprüfung erforderlich sind, ob die Anforderungen aus Artikel 25 Absatz 1 Unterabsatz 1 eingehalten wurden.

Ungeachtet der Unterabsätze 1, 2 und 3 geben die Wirtschaftsteilnehmer in Bezug auf gasförmige Brennstoffe, die in das Gasverbundnetz der Union eingespeist werden, für den Fall, dass der Mitgliedstaat beschließt, ein Massenbilanzsystem durch ein System von Herkunftsnachweisen zu ergänzen, Daten über die getätigten Transaktionen und die Nachhaltigkeitseigenschaften sowie andere relevante Daten wie die Treibhausgasemissionen der Brennstoffe bis zum Einspeisepunkt in das Gasverbundnetz, in die Unionsdatenbank ein.

(3) Die Mitgliedstaaten können auf die Unionsdatenbank zugreifen, um Daten zu überwachen und zu überprüfen.

(4) Wurden Herkunftsnachweise für die Herstellung einer Lieferung erneuerbaren Gases ausgestellt, so stellen die Mitgliedstaaten sicher, dass diese Herkunftsnachweise zum Zeitpunkt der Registrierung einer Lieferung erneuerbaren Gases in der Unionsdatenbank in diese Datenbank übertragen und jeweils entwertet werden, nachdem die Lieferung erneuerbaren Gases aus dem Gasverbundnetz der Union entnommen worden ist. Diese Herkunftsnachweise können, sobald sie übertragen worden sind, nicht mehr außerhalb der Unionsdatenbank gehandelt werden.

(5) Die Mitgliedstaaten stellen mit ihrem nationalen Rechtsrahmen sicher, dass die Genauigkeit und Vollständigkeit der von den Wirtschaftsteilnehmern in die Datenbank eingegebenen Daten überprüft wird, z. B. durch Zertifizierungsstellen im Rahmen von freiwilligen oder nationalen Systemen, die von der Kommission gemäß Artikel 30 Absätze 4, 5 und 6 anerkannt wurden und die durch ein System von Herkunftsnachweisen ergänzt werden können.

Diese freiwilligen oder nationalen Systeme können Datensysteme Dritter nutzen, die die Daten als Mittler erheben, sofern die Kommission über diese Nutzung informiert wurde.

Jeder Mitgliedstaat kann eine bereits bestehende nationale Datenbank nutzen, die an die Unionsdatenbank angeglichen oder mit ihr über eine Schnittstelle verbunden ist, oder eine nationale Datenbank einrichten, die die Wirtschaftsteilnehmer als Instrument zur Datenerhebung und -Meldung und zur Übertragung und Eingabe dieser Daten in der Unionsdatenbank nutzen können, sofern

a) die nationale Datenbank mit der Unionsdatenbank kompatibel ist, einschließlich in Bezug auf die Aktualität der Datenübermittlung, die Typologie der übermittelten Datensätze und die Protokolle für die Datenqualität und Datenüberprüfung.
b) die Mitgliedstaaten sicherstellen, dass die in die nationale Datenbank eingegebenen Daten sofort in die Unionsdatenbank übertragen werden.

Die Mitgliedstaaten können nationalen Datenbanken gemäß nationalem Recht oder nationalen Gepflogenheiten einrichten, um strengeren nationalen Anforderungen Rechnung zu tragen, was die Nachhaltigkeitskriterien betrifft. Diese nationalen Datenbanken behindern die allgemeine Rückverfolgbarkeit nachhaltiger Lieferungen von Rohstoffen oder Kraftstoffen, die gemäß dieser Richtlinie in die Unionsdatenbank einzugeben sind, nicht.

Die Überprüfung der Qualität der durch nationale Datenbanken in die Unionsdatenbank eingetragenen Daten, der Nachhaltigkeitsmerkmale der mit diesen Daten in Zusammenhang stehenden Kraftstoffe und der endgültigen Genehmigung von Transaktionen erfolgt ausschließlich durch die Unionsdatenbank. Die Genauigkeit und Vollständigkeit dieser Daten wird gemäß der Durchführungsverordnung (EU) 2022/996 der Kommission ([27]) geprüft. Sie können von den Zertifizierungsstellen geprüft werden.

Die Mitgliedstaaten teilen der Kommission die genauen Merkmale ihrer nationalen Datenbank mit. Im Anschluss an diese Mitteilung bewertet die Kommission, ob die nationale Datenbank die Anforderungen gemäß Unterabsatz 3 erfüllt. Ist das nicht der Fall, kann die Kommission die Mitgliedstaaten dazu verpflichten, geeignete Maßnahmen zu ergreifen, um die Erfüllung dieser Anforderungen sicherzustellen.

(6) Die aggregierten Daten aus der Unionsdatenbank werden unter gebührender Berücksichtigung des Schutzes sensibler Geschäftsinformationen öffentlich zugänglich gemacht und auf dem neuesten Stand gehalten. Die Kommission veröffentlicht Jahresberichte über die in der Unionsdatenbank enthaltenen Daten, auch in Bezug auf die Mengen und die geografische Herkunft der Brennstoffe sowie die Art der für sie verwendeten Einsatzstoffe, und macht diese öffentlich zugänglich.

Artikel 32
Durchführungsrechtsakte

Die in Artikel 29 Absatz 3 Unterabsatz 2 und Absatz 8, Artikel 30 Absatz 5 Unterabsatz 1, Artikel 30 Absatz 6 Unterabsatz 2, Artikel 30 Absatz 8 Unterabsatz 1, Artikel 31 Absatz 4 Unterabsatz 1 sowie Artikel 31 Absatz 6 dieser Richtlinie genannten Durchführungsmaßnahmen berücksichtigen vollständig die Zwecke der Bestimmungen über Treibhausgaseinsparungen nach Artikel 7a der Richtlinie 98/70/EG des Europäischen Parlaments und des Rates ([28]).

Artikel 33
Überwachung durch die Kommission

(1) Die Kommission überwacht die Herkunft von Biokraftstoffen, flüssigen Biobrennstoffen und Biomasse-Brennstoffen, die in der Union verbraucht werden, und die Auswirkungen ihrer Produktion – einschließlich der Auswirkungen von Verdrängungseffekten – auf die Flächennutzung in der Union und in den wichtigsten Lieferdrittländern. Die Überwachung stützt sich auf die integrierten nationalen Energie- und Klimapläne der Mitgliedstaaten und die entsprechenden Fortschrittsberichte gemäß Artikel 3, 17 und 20 der Verordnung (EU) 2018/1999, sowie auf Berichte einschlägiger Drittländer und zwischenstaatlicher Organisationen, wissenschaftliche Studien und alle sonstigen relevanten Informationen. Die Kommission überwacht auch die mit der energetischen Nutzung von Biomasse verbundenen Rohstoffpreisänderungen sowie damit verbundene positive und negative Folgen für die Nahrungsmittelsicherheit.

(2) Die Kommission pflegt einen Dialog und einen Informationsaustausch mit Drittländern, Produzenten von Biokraftstoffen, flüssigen Biobrennstoffen und Biomasse-Brennstoffen, Verbraucherorganisationen sowie mit der Zivilgesellschaft über die allgemeine Durchführung der Maßnahmen dieser Richtlinie in Bezug auf Biokraftstoffe, flüssige Biobrennstoffe und Biomasse-Brennstoffe. Den etwaigen Auswirkungen der Produktion von Biokraftstoff, flüssigem Biobrennstoff und Biomasse-Brennstoff auf die Nahrungsmittelpreise widmet sie hierbei besondere Aufmerksamkeit.

(3) Bis zum 31. Dezember 2027 legt die Kommission gegebenenfalls einen Gesetzgebungsvorschlag über einen Rechtsrahmen für die Förderung von Energie aus erneuerbaren Quellen für den Zeitraum nach 2030 vor.

Zu diesem Zweck werden in diesem Vorschlag die Erfahrungen mit der Umsetzung dieser Richtlinie, einschließlich ihrer Kriterien für die Nachhaltigkeit und für Treibhausgaseinsparungen, und die technologischen Entwicklungen im Bereich Energie aus erneuerbaren Quellen berücksichtigt.

Bei der Ausarbeitung des in Unterabsatz 1 des vorliegenden Absatzes genannten Gesetzgebungsvorschlags berücksichtigt die Kommission gegebenenfalls

a) die Stellungnahme des gemäß Artikel 10a der Verordnung (EG) Nr. 401/2009 des Europäischen Parlaments und des Rates ([29]) eingesetzten Europäischen Wissenschaftlichen Beirats für Klimaänderungen,
b) das in Artikel 4 Absatz 4 der Verordnung (EU) 2021/1119 des Europäischen Parlaments und des Rates ([30]) festgelegte projizierte indikative Treibhausgasbudget der Union,
c) die von den Mitgliedstaaten gemäß Artikel 14 Absatz 2 der Verordnung (EU) 2018/1999 bis zum 30. Juni 2024 vorgelegten integrierten nationalen Energie- und Klimapläne,
d) die bei der Umsetzung dieser Richtlinie gewonnenen Erfahrungen, einschließlich der darin festgelegten Nachhaltigkeitskriterien und Kriterien für die Einsparung von Treibhausgasemissionen und
e) technologische Entwicklungen im Bereich Energie aus erneuerbaren Quellen.

(3a) Die Kommission bewertet die Anwendung der in Artikel 29 Absätze 7a und 7b festgelegten Verpflichtungen und deren Auswirkungen auf die Gewährleistung der Nachhaltigkeit von Biokraftstoffen, flüssigen Biobrennstoffen und Biomasse-Brennstoffen.

[27] Durchführungsverordnung (EU) 2022/996 der Kommission vom 14. Juni 2022 mit Vorschriften zur Überprüfung der Nachhaltigkeitskriterien und der Kriterien für die Einsparung von Treibhausgasemissionen sowie der Kriterien für ein geringes Risiko indirekter Landnutzungsänderungen (ABl. L 168 vom 27.6.2022, S. 1).

[28] Richtlinie 98/70/EG des Europäischen Parlaments und des Rates vom 13. Oktober 1998 über die Qualität von Otto- und Dieselkraftstoffen und zur Änderung der Richtlinie 93/12/EWG des Rates (ABl. L 350 vom 28.12.1998, S. 58).

[29] Verordnung (EG) Nr. 401/2009 des Europäischen Parlaments und des Rates vom 23. April 2009 über die Europäische Umweltagentur und das Europäische Umweltinformations- und Umweltbeobachtungsnetz (ABl. L 126 vom 21.5.2009, S. 13).

[30] Verordnung (EU) 2021/1119 des Europäischen Parlaments und des Rates vom 30. Juni 2021 zur Schaffung des Rahmens für die Verwirklichung der Klimaneutralität und zur Änderung der Verordnungen (EG) Nr. 401/2009 und (EU) 2018/1999 („Europäisches Klimagesetz“) (ABl. L 243 vom 9.7.2021, S. 1).

(4) Im Jahr 2032 veröffentlicht die Kommission einen Bericht mit einer Überprüfung der Anwendung dieser Richtlinie.

Artikel 34
Ausschussverfahren

(1) Die Kommission wird von dem nach Artikel 44 der Verordnung (EU) 2018/1999 eingerichteten Ausschuss der Energieunion unterstützt.

(2) Ungeachtet Absatz 1 wird die Kommission in Fragen der Nachhaltigkeit von Biokraftstoffen, flüssigen Biobrennstoffen und Biomasse-Brennstoffen von dem Ausschuss für die Nachhaltigkeit von Biokraftstoffen, flüssigen Biobrennstoffen und Biomasse-Brennstoffen unterstützt. Dieser Ausschuss ist ein Ausschuss im Sinne der Verordnung (EU) Nr. 182/2011.

(3) Wird auf diesen Absatz Bezug genommen, so gilt Artikel 5 der Verordnung (EU) Nr. 182/2011.

Gibt der Ausschuss keine Stellungnahme ab, so erlässt die Kommission den Durchführungsrechtsakt nicht und Artikel 5 Absatz 4 Unterabsatz 3 der Verordnung (EU) Nr. 182/2011 findet Anwendung.

Artikel 35
Ausübung der Befugnisübertragung

(1) Die Befugnis zum Erlass delegierter Rechtsakte wird der Kommission unter den in diesem Artikel festgelegten Bedingungen übertragen.

(2) Die Befugnis zum Erlass delegierter Rechtsakte gemäß Artikel 8 Absatz 3 Unterabsatz 2, Artikel 26 Absatz 2 Unterabsätze 4 und 5, Artikel 27 Absätze 3 und 4, Artikel 27 Absatz 6 Unterabsatz 4 und Artikel 28 Absätze 5, Artikel 28 Absatz 6 Unterabsatz 2, Artikel 29a Absatz 3, Artikel 31 Absatz 5 Unterabsatz 2 und Artikel 31a Absatz 2 Unterabsatz 2 wird der Kommission für einen Zeitraum von fünf Jahren ab dem 20. November 2023 übertragen. Die Kommission erstellt spätestens neun Monate vor Ablauf des Zeitraums von fünf Jahren einen Bericht über die Befugnisübertragung. Die Befugnisübertragung verlängert sich stillschweigend um Zeiträume gleicher Länge, es sei denn, das Europäische Parlament oder der Rat widersprechen einer solchen Verlängerung spätestens drei Monate vor Ablauf des jeweiligen Zeitraums.

(3) Die Befugnis zum Erlass delegierter Rechtsakte gemäß Artikel 7 Absatz 3 Unterabsatz 5 wird der Kommission bis zum 31. Dezember 2021 übertragen.

(4) Die Befugnisübertragung gemäß Artikel 7 Absatz 3 Unterabsatz 5, Artikel 8 Absatz 3 Unterabsatz 2, Artikel 26 Absatz 2 Unterabsätze 4 und 5, Artikel 27 Absatz 3, Artikel 27 Absatz 4, Artikel 27 Absatz 6 Unterabsatz 4, Artikel 28 Absatz 5 und Absatz 6 Unterabsatz 2, Artikel 29a Absatz 3, Artikel 31 Absatz 5 und Artikel 31a Absatz 2 Unterabsatz 2 kann vom Europäischen Parlament oder vom Rat jederzeit widerrufen werden. Der Beschluss über den Widerruf beendet die Übertragung der in diesem Beschluss angegebenen Befugnis. Er wird am Tag nach seiner Veröffentlichung im Amtsblatt der Europäischen Union oder zu einem im Beschluss über den Widerruf angegebenen späteren Zeitpunkt wirksam. Die Gültigkeit von delegierten Rechtsakten, die bereits in Kraft sind, wird von dem Beschluss über den Widerruf nicht berührt.

(5) Vor dem Erlass eines delegierten Rechtsakts konsultiert die Kommission die von den einzelnen Mitgliedstaaten benannten Sachverständigen im Einklang mit den in der Interinstitutionellen Vereinbarung über bessere Rechtsetzung vom 13. April 2016 enthaltenen Grundsätzen.

(6) Sobald die Kommission einen delegierten Rechtsakt erlässt, übermittelt sie ihn gleichzeitig dem Europäischen Parlament und dem Rat.

(7) Ein delegierter Rechtsakt, der gemäß Artikel 7 Absatz 3 Unterabsatz 5, Artikel 8 Absatz 3 Unterabsatz 2, Artikel 26 Absatz 2 Unterabsätze 4 und 5, Artikel 27 Absatz 3, Artikel 27 Absatz 4, Artikel 27 Absatz 6 Unterabsatz 4, Artikel 28 Absatz 5 und Absatz 6 Unterabsatz 2, Artikel 29a Absatz 3, Artikel 31 Absatz 5 oder Artikel 31a Absatz 2 Unterabsatz 2 erlassen wurde, tritt nur in Kraft, wenn weder das Europäische Parlament noch der Rat innerhalb einer Frist von zwei Monaten nach Übermittlung dieses Rechtsakts an das Europäische Parlament und den Rat Einwände erhoben haben oder wenn vor Ablauf dieser Frist das Europäische Parlament und der Rat beide der Kommission mitgeteilt haben, dass sie keine Einwände erheben werden. Auf Initiative des Europäischen Parlaments oder des Rates wird diese Frist um zwei Monate verlängert.

Artikel 36
Umsetzung

(1) Die Mitgliedstaaten setzen die Rechts- und Verwaltungsvorschriften in Kraft, die erforderlich sind, um Artikel 2 bis 13 und 15 bis 31 und 37 sowie Anhang II, III und V bis IX dieser Richtlinie bis spätestens 30. Juni 2021 nachzukommen. Sie teilen der Kommission unverzüglich den Wortlaut dieser Vorschriften mit.

Wenn die Mitgliedstaaten diese Vorschriften erlassen, nehmen sie in den Vorschriften selbst oder durch einen Hinweis bei der amtlichen Veröffentlichung auf diese Richtlinie Bezug. In diese Vorschriften fügen sie die Erklärung ein, dass Bezugnahmen in den geltenden Rechts- und Verwaltungsvorschriften auf die durch die vorliegende Richtlinie aufgehobenen Richtlinie als Bezugnahmen auf die vorliegende Richtlinie gelten. Die Mitgliedstaaten regeln die Einzelheiten dieser Bezugnahme und die Formulierung dieser Erklärung.

(2) Die Mitgliedstaaten teilen der Kommission den Wortlaut der wichtigsten nationalen Rechtsvorschriften mit, die sie auf dem unter diese Richtlinie fallenden Gebiet erlassen.

(3) Die Bestimmungen dieser Richtlinie berühren nicht die Anwendung der Ausnahmen gemäß den Rechtsvorschriften der Union für den Elektrizitätsbinnenmarkt.

Artikel 37
Aufhebung

Die Richtlinie 2009/28/EG in der Fassung der in Anhang X Teil A aufgeführten Richtlinien wird unbeschadet der Verpflichtungen der Mitgliedstaaten hinsichtlich der in Anhang X Teil B genannten Fristen für die Umsetzung der dort genannten Richtlinien in innerstaatliches Recht und unbeschadet der im Jahr 2020 für die Mitgliedstaaten geltenden Verpflichtungen gemäß Artikel 3 Absatz 1 und Anhang I Teil A der Richtlinie 2009/28/EG mit Wirkung vom 1. Juli 2021 aufgehoben.

Bezugnahmen auf die aufgehobene Richtlinie gelten als Bezugnahmen auf die vorliegende Richtlinie und sind nach Maßgabe der Entsprechungstabelle in Anhang XI zu lesen.

Artikel 38
Inkrafttreten

Diese Richtlinie tritt am dritten Tag nach ihrer Veröffentlichung im Amtsblatt der Europäischen Union in Kraft.

Artikel 39
Adressaten

Diese Richtlinie ist an die Mitgliedstaaten gerichtet.

Anhang I
Nationale Gesamtziele für den Anteil von Energie aus erneuerbaren Quellen am Bruttoendenergieverbrauch im Jahr 2020 ([31])

A. Nationale Gesamtziele

	Anteil von Energie aus erneuerbaren Quellen am Bruttoendenergieverbrauch im Jahr 2005 (S2005)	Zielwert für den Anteil von Energie aus erneuerbaren Quellen am Bruttoendenergieverbrauch im Jahr 2020 (S2020)
Belgien	2,2 %	13 %
Bulgarien	9,4 %	16 %
Tschechische Republik	6,1 %	13 %
Dänemark	17,0 %	30 %
Deutschland	5,8 %	18 %
Estland	18,0 %	25 %
Irland	3,1 %	16 %
Griechenland	6,9 %	18 %
Spanien	8,7 %	20 %
Frankreich	10,3 %	23 %
Kroatien	12,6 %	20 %
Italien	5,2 %	17 %
Zypern	2,9 %	13 %
Lettland	32,6 %	40 %
Litauen	15,0 %	23 %
Luxemburg	0,9 %	11 %
Ungarn	4,3 %	13 %
Malta	0,0 %	10 %
Niederlande	2,4 %	14 %
Österreich	23,3 %	34 %
Polen	7,2 %	15 %
Portugal	20,5 %	31 %
Rumänien	17,8 %	24 %
Slowenien	16,0 %	25 %
Slowakische Republik	6,7 %	14 %
Finnland	28,5 %	38 %
Schweden	39,8 %	49 %

[31] Mit Blick auf die Erreichung der in diesem Anhang festgelegten nationalen Ziele ist hervorzuheben, dass in den Leitlinien für staatliche Beihilfen für den Umweltschutz die weitere Notwendigkeit von nationalen Fördermaßnahmen für die Förderung von Energie aus erneuerbaren Quellen anerkannt wird.

Anhang IA
Nationaler Anteil von Energie aus erneuerbaren Quellen am Bruttoendenergieverbrauch im Wärme- und Kältesektor 2020-2030

	Zusätzliche Aufstockung gemäß Art. 23 Abs. 1 (in Prozentpunkten) für den Zeitraum 2021-2025 (*1)	Zusätzliche Aufstockung gemäß Art. 23 Abs. 1 (in Prozentpunkten) für den Zeitraum 2026-2030 (*2)	Resultierender Anteil einschließlich Aufstockungen ohne Abwärme und -kälte (in Prozentpunkten)
Belgien	1,0	0,7	1,8
Bulgarien	0,7	0,4	1,5
Tschechien	0,8	0,5	1,6
Dänemark	1,2	1,1	1,6
Deutschland	1,0	0,7	1,8
Estland	1,3	1,2	1,7
Irland	2,3	2,0	3,1
Griechenland	1,3	1,0	2,1
Spanien	0,9	0,6	1,7
Frankreich	1,3	1,0	2,1
Kroatien	0,8	0,5	1,6
Italien	1,1	0,8	1,9
Zypern	0,8	0,5	1,6
Lettland	0,7	0,6	1,1
Litauen	1,7	1,6	2,1
Luxemburg	2,3	2,0	3,1
Ungarn	0,9	0,6	1,7
Malta	0,8	0,5	1,6
Niederlande	1,1	0,8	1,9
Österreich	1,0	0,7	1,8
Polen	0,8	0,5	1,6
Portugal	0,7	0,4	1,5
Rumänien	0,8	0,5	1,6
Slowenien	0,8	0,5	1,6
Slowakei	0,8	0,5	1,6
Finnland	0,6	0,5	1,0
Schweden	0,7	0,7	0,7

(*1) Flexibilitätsregelung gemäß Artikel 23 Absatz 2 Buchstaben b und c, falls sie bei der Berechnung der Aufstockung und des daraus resultierenden Anteils berücksichtigt wurden.

(*2) Flexibilitätsregelung gemäß Artikel 23 Absatz 2 Buchstaben b und c, falls sie bei der Berechnung der Aufstockung und des daraus resultierenden Anteils berücksichtigt wurden.

Anmerkung:
Die Anhänge II-XI werden nicht abgedruckt

FFH-Richtlinie 92/43/EWG

ABl L 206 vom 22.7.1992, 7, zuletzt geändert durch die RL 2013/17/EG, ABl L 158 vom 13.5.2013, 193

Begriffsbestimmungen

Artikel 1

Im Sinne dieser Richtlinie bedeutet:

a) „Erhaltung“: alle Maßnahmen, die erforderlich sind, um die natürlichen Lebensräume und die Populationen wildlebender Tier- und Pflanzenarten in einem günstigen Erhaltungszustand im Sinne des Buchstabens e) oder i) zu erhalten oder diesen wiederherzustellen.

b) „Natürlicher Lebensraum“: durch geographische, abiotische und biotische Merkmale gekennzeichnete völlig natürliche oder naturnahe terrestrische oder aquatische Gebiete.

c) „Natürliche Lebensräume von gemeinschaftlichem Interesse“: diejenigen Lebensräume, die in dem in Artikel 2 erwähnten Gebiet

i) im Bereich ihres natürlichen Vorkommens vom Verschwinden bedroht sind

oder

ii) infolge ihres Rückgangs oder aufgrund ihres an sich schon begrenzten Vorkommens ein geringes natürliches Verbreitungsgebiet haben

oder

iii) typische Merkmale einer oder mehrerer der folgenden neun biogeografischen Regionen aufweisen: alpine, atlantische, boreale, kontinentale, makaronesische, mediterrane, pannonische Region sowie Schwarzmeer- und Steppenregion.

Diese Lebensraumtypen sind in Anhang I aufgeführt bzw. können dort aufgeführt werden.

d) „Prioritäre natürliche Lebensraumtypen“: die in dem in Artikel 2 genannten Gebiet vom Verschwinden bedrohten natürlichen Lebensraumtypen, für deren Erhaltung der Gemeinschaft aufgrund der natürlichen Ausdehnung dieser Lebensraumtypen im Verhältnis zu dem in Artikel 2 genannten Gebiet besondere Verantwortung zukommt; diese prioritären natürlichen Lebensraumtypen sind in Anhang I mit einem Sternchen (*) gekennzeichnet;

e) „Erhaltungszustand eines natürlichen Lebensraums“: die Gesamtheit der Einwirkungen, die den betreffenden Lebensraum und die darin vorkommenden charakteristischen Arten beeinflussen und die sich langfristig auf seine natürliche Verbreitung, seine Struktur und seine Funktionen sowie das Überleben seiner charakteristischen Arten in dem in Artikel 2 genannten Gebiet auswirken können.

Der „Erhaltungszustand“ eines natürlichen Lebensraums wird als „günstig“ erachtet, wenn

- sein natürliches Verbreitungsgebiet sowie die Flächen, die er in diesem Gebiet einnimmt, beständig sind oder sich ausdehnen und
- die für seinen langfristigen Fortbestand notwendige Struktur und spezifischen Funktionen bestehen und in absehbarer Zukunft wahrscheinlich weiterbestehen werden

  und
- der Erhaltungszustand der für ihn charakteristischen Arten im Sinne des Buchstabens i) günstig ist.

f) „Habitat einer Art“: durch spezifische abiotische und biotische Faktoren bestimmter Lebensraum, in dem diese Art in einem der Stadien ihres Lebenskreislaufs vorkommt.

g) „Arten von gemeinschaftlichem Interesse“: Arten, die in dem in Artikel 2 bezeichneten Gebiet

i) bedroht sind, außer denjenigen, deren natürliche Verbreitung sich nur auf Randzonen des vorgenannten Gebietes erstreckt und die weder bedroht noch im Gebiet der westlichen Paläarktis potentiell bedroht sind,

oder

ii) potentiell bedroht sind, d. h., deren baldiger Übergang in die Kategorie der bedrohten Arten als wahrscheinlich betrachtet wird, falls die ursächlichen Faktoren der Bedrohung fortdauern,

oder

iii) selten sind, d. h., deren Populationen klein und, wenn nicht unmittelbar, so doch mittelbar bedroht oder potentiell bedroht sind. Diese Arten kommen entweder in begrenzten geographischen Regionen oder in einem größeren Gebiet vereinzelt vor,

oder

iv) endemisch sind und infolge der besonderen Merkmale ihres Habitats und/oder der potentiellen Auswirkungen ihrer Nutzung auf ihren Erhaltungszustand besondere Beachtung erfordern.

Diese Arten sind in Anhang II und/oder Anhang IV oder Anhang V aufgeführt bzw. können dort aufgeführt werden.

h) „Prioritäre Arten“: die unter Buchstabe g) Ziffer i) genannten Arten, für deren Erhaltung der Gemeinschaft aufgrund ihrer natürlichen Ausdehnung im Verhältnis zu dem in Artikel 2 genannten Gebiet besondere Verantwortung zukommt; diese prioritären Arten sind in Anhang II mit einem Sternchen (*) gekennzeichnet.

i) „Erhaltungszustand einer Art“: die Gesamtheit der Einflüsse, die sich langfristig auf die Verbreitung und die Größe der Populationen der betreffenden Arten in dem in Artikel 2 bezeichneten Gebiet auswirken können.

Der Erhaltungszustand wird als „günstig“ betrachtet, wenn

- aufgrund der Daten über die Populationsdynamik der Art anzunehmen ist, daß diese Art ein lebensfähiges Element des natürlichen Lebensraumes, dem sie angehört, bildet und langfristig weiterhin bilden wird, und
- das natürliche Verbreitungsgebiet dieser Art weder abnimmt noch in absehbarer Zeit vermutlich abnehmen wird und
- ein genügend großer Lebensraum vorhanden ist und wahrscheinlich weiterhin vorhanden sein wird, um langfristig ein Überleben der Populationen dieser Art zu sichern.

j) „Gebiet“: ein geographisch definierter Bereich mit klar abgegrenzter Fläche.

k) „Gebiet von gemeinschaftlicher Bedeutung“: Gebiet, das in der oder den biogeographischen Region(en), zu welchen es gehört, in signifikantem Maße dazu beiträgt, einen natürlichen Lebensraumtyp des Anhangs I oder eine Art des Anhangs II in einem günstigen Erhaltungszustand zu bewahren oder einen solchen wiederherzustellen und auch in signifikantem Maße zur Kohärenz des in Artikel 3 genannten Netzes „Natura 2000“ und/oder in signifikantem Maße zur biologischen Vielfalt in der biogeographischen Region beitragen kann.

Bei Tierarten, die große Lebensräume beanspruchen, entsprechen die Gebiete von gemeinschaftlichem Interesse den Orten im natürlichen Verbreitungsgebiet dieser Arten, welche die für ihr Leben und ihre Fortpflanzung ausschlaggebenden physischen und biologischen Elemente aufweisen.

l) „Besonderes Schutzgebiet“: ein von den Mitgliedstaaten durch eine Rechts- oder Verwaltungsvorschrift und/oder eine vertragliche Vereinbarung als ein von gemeinschaftlicher Bedeutung ausgewiesenes Gebiet, in dem die Maßnahmen, die zur Wahrung oder Wiederherstellung eines günstigen Erhaltungszustandes der natürlichen Lebensräume und/oder Populationen der Arten, für die das Gebiet bestimmt ist, erforderlich sind, durchgeführt werden.

m) „Exemplar“: jedes Tier oder jede Pflanze – lebend oder tot – der in Anhang IV und Anhang V aufgeführten Arten, jedes Teil oder jedes aus dem Tier oder der Pflanze gewonnene Produkt sowie jede andere Ware, die aufgrund eines Begleitdokuments, der Verpackung, eines Zeichens, eines Etiketts oder eines anderen Sachverhalts als Teil oder Derivat von Tieren oder Pflanzen der erwähnten Arten identifiziert werden kann.

n) „Ausschuß“: der aufgrund des Artikels 20 eingesetzte Ausschuß.

Artikel 2

(1) Diese Richtlinie hat zum Ziel, zur Sicherung der Artenvielfalt durch die Erhaltung der natürlichen Lebensräume sowie der wildlebenden Tiere und Pflanzen im europäischen Gebiet der Mitgliedstaaten, für das der Vertrag Geltung hat, beizutragen.

(2) Die aufgrund dieser Richtlinie getroffenen Maßnahmen zielen darauf ab, einen günstigen Erhaltungszustand der natürlichen Lebensräume und wildlebenden Tier- und Pflanzenarten von gemeinschaftlichem Interesse zu bewahren oder wiederherzustellen.

(3) Die aufgrund dieser Richtlinie getroffenen Maßnahmen tragen den Anforderungen von Wirtschaft, Gesellschaft und Kultur sowie den regionalen und örtlichen Besonderheiten Rechnung.

Erhaltung der natürlichen Lebensräume und der Habitate der Arten

Artikel 3

(1) Es wird ein kohärentes europäisches ökologisches Netz besonderer Schutzgebiete mit der Bezeichnung „Natura 2000“ errichtet. Dieses Netz besteht aus Gebieten, die die natürlichen Lebensraumtypen des Anhangs I sowie die Habitate der Arten des Anhang II umfassen, und muß den Fortbestand oder gegebenenfalls die Wiederherstellung eines günstigen Erhaltungszustandes dieser natürlichen Lebensraumtypen und Habitate der Arten in ihrem natürlichen Verbreitungsgebiet gewährleisten. Das Netz „Natura 2000“ umfaßt auch die von den Mitgliedstaaten aufgrund der Richtlinie 79/409/EWG ausgewiesenen besonderen Schutzgebiete.

(2) Jeder Staat trägt im Verhältnis der in seinem Hoheitsgebiet vorhandenen in Absatz l genannten natürlichen Lebensraumtypen und Habitate der Arten zur Errichtung von Natura 2000 bei. Zu diesen Zweck weist er nach den Bestimmungen des Artikels 4 Gebiete als besondere Schutzgebiete aus, wobei er den in Absatz 1 genannten Zielen Rechnung trägt.

(3) Die Mitgliedstaaten werden sich, wo sie dies für erforderlich halten, bemühen, die ökologische Kohärenz von Natura 2000 durch die Erhaltung und gegebenenfalls die Schaffung der in Artikel 10 genannten Landschaftselemente, die von ausschlaggebender Bedeutung für wildlebende Tiere und Pflanzen sind, zu verbessern.

Artikel 4

(1) Anhand der in Anhang III (Phase 1) festgelegten Kriterien und einschlägiger wissenschaftlicher Informationen legt jeder Mitgliedstaat eine Liste von Gebieten vor, in der die in diesen Gebieten vorkommenden natürlichen Lebensraumtypen des Anhangs I und einheimischen Arten des Anhangs II aufgeführt sind. Bei Tierarten, die große Lebensräume beanspruchen, entsprechen diese Gebiete den Orten im natürlichen Verbreitungsgebiet dieser Arten, welche die für ihr Leben und ihre Fortpflanzung ausschlaggebenden physischen und biologischen Elemente aufweisen. Für im Wasser lebende Tierarten, die große Lebensräume beanspruchen, werden solche Gebiete nur vorgeschlagen, wenn sich ein Raum klar abgrenzen läßt, der die für das Leben und die Fortpflanzung dieser Arten ausschlaggebenden physischen und biologischen Elemente aufweist. Die Mitgliedstaaten schlagen gegebenenfalls die Anpassung dieser Liste im Lichte der Ergebnisse der in Artikel 11 genannten Überwachung vor.

Binnen drei Jahren nach der Bekanntgabe dieser Richtlinie wird der Kommission diese Liste gleichzeitig mit den Informationen über die einzelnen Gebiete zugeleitet. Diese Informationen umfassen eine kartographische Darstellung des Gebietes, seine Bezeichnung, seine geographische Lage, seine Größe sowie die Daten, die sich aus der Anwendung der in Anhang III (Phase 1) genannten Kriterien ergeben, und werden anhand eines von der Kommission nach dem Verfahren des Artikels 21 ausgearbeiteten Formulars übermittelt.

(2) Auf der Grundlage der in Anhang III (Phase 2) festgelegten Kriterien und im Rahmen der neun in Artikel 1 Buchstabe c) Ziffer iii) erwähnten biogeographischen Regionen sowie des in Artikel 2 Absatz 1 genannten Gesamtgebietes erstellt die Kommission jeweils im Einvernehmen mit den Mitgliedstaaten aus den Listen der Mitgliedstaaten den Entwurf einer Liste der Gebiete von gemeinschaftlicher Bedeutung, in der die Gebiete mit einem oder mehreren prioritären natürlichen Lebensraumtyp(en) oder einer oder mehreren prioritären Art(en) ausgewiesen sind.

Die Mitgliedstaaten, bei denen Gebiete mit einem oder mehreren prioritären natürlichen Lebensraumtyp(en) und einer oder mehreren prioritären Art(en) flächenmäßig mehr als 5 v. H. des Hoheitsgebiets ausmachen, können im Einvernehmen mit der Kommission beantragen, daß die in Anhang III (Phase 2) angeführten Kriterien bei der Auswahl aller in ihrem Hoheitsgebiet liegenden Gebiete von gemeinschaftlicher Bedeutung flexibler angewandt werden.

Die Liste der Gebiete, die als Gebiete von gemeinschaftlicher Bedeutung ausgewählt wurden und in der die Gebiete mit einem oder mehreren prioritären natürlichen Lebensraumtyp(en) oder einer oder mehreren prioritären Art(en) ausgewiesen sind, wird von der Kommission nach dem Verfahren des Artikels 21 festgelegt.

(3) Die in Absatz 2 erwähnte Liste wird binnen sechs Jahren nach Bekanntgabe dieser Richtlinie erstellt.

(4) Ist ein Gebiet aufgrund des in Absatz 2 genannten Verfahrens als Gebiet von gemeinschaftlicher Bedeutung bezeichnet worden, so weist der betreffende Mitgliedstaat dieses Gebiet so schnell wie möglich – spätestens aber binnen sechs Jahren – als besonderes Schutzgebiet aus und legt dabei die Prioritäten nach Maßgabe der Wichtigkeit diese Gebiete für die Wahrung oder die Wiederherstellung eines günstigen Erhaltungszustandes eines natürlichen Lebensraumtyps des Anhangs I oder einer Art des Anhangs II und für die Kohärenz des Netzes Natura 2000 sowie danach fest, inwieweit diese Gebiete von Schädigung oder Zerstörung bedroht sind.

(5) Sobald ein Gebiet in die Liste des Absatzes 2 Unter-Absatz 3 aufgenommen ist, unterliegt es den Bestimmungen des Artikels 6 Absätze 2, 3 und 4.

Artikel 5

(1) In Ausnahmefällen, in denen die Kommission feststellt, daß ein Gebiet mit einem prioritären natürlichen Lebensraumtyp oder einer prioritären Art in einer nationalen Liste nach Artikel 4 Absatz 1 nicht aufgeführt ist, das ihres Erachtens aufgrund von zuverlässigen einschlägigen wissenschaftlichen Daten für den Fortbestand dieses prioritären natürlichen Lebensraumtyps oder das Überleben dieser prioritären Art unerläßlich ist, wird ein bilaterales Konzertierungsverfahren zwischen diesem Mitgliedstaat und der Kommission zum Vergleich der auf beiden Seiten verwendeten wissenschaftlichen Daten eingeleitet.

(2) Herrschen nach einem Konzertierungszeitraum von höchstens sechs Monaten weiterhin Meinungsverschiedenheiten, so übermittelt die Kommission dem Rat einen Vorschlag über die Auswahl des Gebietes als Gebiet von gemeinschaftlicher Bedeutung.

(3) Der Rat beschließt einstimmig innerhalb von drei Monaten ab dem Zeitpunkt, zu dem er mit diesem Vorschlag befaßt worden ist.

(4) Während der Konzertierungsphase und bis zur Beschlußfassung des Rates unterliegt das betreffende Gebiet den Bestimmungen des Artikels 6 Absatz 2.

Artikel 6

(1) Für die besonderen Schutzgebiete legen die Mitgliedstaaten die nötigen Erhaltungsmaßnahmen fest, die gegebenenfalls geeignete, eigens für die Gebiete aufgestellte oder in andere Entwicklungspläne integrierte Bewirtschaftungspläne und geeignete Maßnahmen rechtlicher, administrativer oder vertraglicher Art umfassen, die den ökologischen Erfordernissen der natürlichen Lebensraumtypen nach Anhang I und der Arten nach Anhang II entsprechen, die in diesen Gebieten vorkommen.

(2) Die Mitgliedstaaten treffen die geeigneten Maßnahmen, um in den besonderen Schutzgebieten die Verschlechterung der natürlichen Lebensräume und der Habitate der Arten sowie Störungen von Arten, für die die Gebiete ausgewiesen worden sind, zu vermeiden, sofern solche Störungen sich im Hinblick auf die Ziele dieser Richtlinie erheblich auswirken könnten.

(3) Pläne oder Projekte, die nicht unmittelbar mit der Verwaltung des Gebietes in Verbindung stehen oder hierfür nicht notwendig sind, die ein solches Gebiet jedoch einzeln oder in Zusammenwirkung mit anderen Plänen und Projekten erheblich beeinträchtigen könnten, erfordern eine Prüfung auf Verträglichkeit mit den für dieses Gebiet festgelegten Erhaltungszielen. Unter Berücksichtigung der Ergebnisse der Verträglichkeitsprüfung und vorbehaltlich des Absatzes 4 stimmen die zuständigen einzelstaatlichen Behörden dem Plan bzw. Projekt nur zu, wenn sie festgestellt haben, daß das Gebiet als solches nicht beeinträchtigt wird, und nachdem sie gegebenenfalls die Öffentlichkeit angehört haben.

(4) Ist trotz negativer Ergebnisse der Verträglichkeitsprüfung aus zwingenden Gründen des überwiegenden öffentlichen Interesses einschließlich solcher sozialer oder wirtschaftlicher Art ein Plan oder Projekt durchzuführen und ist eine Alternativlösung nicht vorhanden, so ergreift der Mitgliedstaat alle notwendigen Ausgleichsmaßnahmen, um sicherzustellen, daß die globale Kohärenz von Natura 2000 geschützt ist. Der Mitgliedstaat unterrichtet die Kommission über die von ihm ergriffenen Ausgleichsmaßnahmen.

Ist das betreffende Gebiet ein Gebiet, das einen prioritären natürlichen Lebensraumtyp und/oder eine prioritäre Art einschließt, so können nur Erwägungen im Zusammenhang mit der Gesundheit des Menschen und der öffentlichen Sicherheit oder im Zusammenhang mit maßgeblichen günstigen Auswirkungen für die Umwelt oder, nach Stellungnahme der Kommission, andere zwingende Gründe des überwiegenden öffentlichen Interesses geltend gemacht werden.

Artikel 7

Was die nach Artikel 4 Absatz 1 der Richtlinie 79/409/EWG zu besonderen Schutzgebieten erklärten oder nach Artikel 4 Absatz 2 derselben Richtlinie als solche anerkannten Gebiete anbelangt, so treten die Verpflichtungen nach Artikel 6 Absätze 2, 3 und 4 der vorliegenden Richtlinie ab dem Datum für die Anwendung der vorliegenden Richtlinie bzw. danach ab dem Datum, zu dem das betreffende Gebiet von einem Mitgliedstaat entsprechend der Richtlinie 79/409/EWG zum besonderen Schutzgebiet erklärt oder als solches anerkannt wird, an die Stelle der Pflichten, die sich aus Artikel 4 Absatz 4 Satz 1 der Richtlinie 79/409/EWG ergeben.

Artikel 8

(1) Die Mitgliedstaaten übermitteln der Kommission zusammen mit ihren Vorschlägen für Gebiete, die als besondere Schutzgebiete mit prioritäten natürlichen Lebensraumtypen und/oder prioritären Arten ausgewiesen werden können, gegebenenfalls ihre Schätzungen bezüglich der finanziellen Beteiligung der Gemeinschaft, die ihres Erachtens für die Erfüllung ihrer Verpflichtungen nach Artikel 6 Absatz 1 erforderlich ist.

(2) Die Kommission erarbeitet im Benehmen mit jedem betroffenen Mitgliedstaat für die Gebiete von gemeinschaftlichem Interesse, für die eine finanzielle Beteilung beantragt wird, die Maßnahmen, die für die Wahrung oder Wiederherstellung eines günstigen Erhaltungszustands der prioritären natürlichen Lebensraumtypen und der prioritären Arten in den betreffenden Gebieten wesentlich sind, und ermittelt die Gesamtkosten dieser Maßnahmen.

(3) Die Kommission ermittelt im Benehmen mit den betreffenden Mitgliedstaaten die für die Durchführung der Maßnahmen nach Absatz 2 erforderliche Finanzierung einschließlich der finanziellen Beteiligung der Gemeinschaft; dabei berücksichtigt sie unter anderem die Konzentration der prioritären natürlichen Lebensraumtypen und/oder prioritären Arten im Hoheitsgebiet des Mitgliedstaats und die Belastung jedes Mitgliedstaats durch die erforderlichen Maßnahmen.

(4) Entsprechend der Schätzung nach den Absätzen 2 und 3 legt die Kommission unter Berücksichtigung der nach den einschlägigen Gemeinschaftsinstrumenten verfügbaren Finanzmittel gemäß dem Verfahren des Artikels 21 einen prioritären Aktionsrahmen von Maßnahmen fest, die eine finanzielle Beteiligung umfassen und zu treffen sind, wenn das Gebiet gemäß Artikel 4 Absatz 4 ausgewiesen worden ist.

(5) Maßnahmen, die mangels ausreichender Mittel in dem vorgenannten Aktionsrahmen nicht berücksichtigt worden sind bzw. in diesen Aktionsrahmen aufgenommen wurden, für die die erforderliche finanzielle Beteiligung jedoch nicht oder nur teilweise vorgesehen wurde, werden nach dem Verfahren des Artikels 21 im Rahmen der alle zwei Jahre erfolgenden Überprüfung des Aktionsrahmens erneut geprüft und können bis dahin von den Mitgliedstaaten zurückgestellt werden. Bei dieser Überprüfung wird gegebenenfalls der neuen Situation in dem betreffenden Gebiet Rechnung getragen.

(6) In Gebieten, in denen von einer finanziellen Beteiligung abhängige Maßnahmen zurückgestellt werden, sehen die Mitgliedstaaten von neuen Maßnahmen ab, die zu einer Verschlechterung des Zustands dieser Gebiete führen können.

Artikel 9

Die Kommission beurteilt im Rahmen des Verfahrens nach Artikel 21 in regelmäßigen Zeitabständen den Beitrag von Natura 2000 zur Verwirklichung der in den Artikeln 2 und 3 genannten Ziele. In diesem Zusammenhang kann die Aufhebung der Klassifizierung als besonderes Schutzgebiet in den Fällen erwogen werden, in denen die gemäß Artikel 11 beobachtete natürliche Entwicklung dies rechtfertigt.

Artikel 10

Die Mitgliedstaaten werden sich dort, wo sie dies im Rahmen ihrer Landnutzungs- und Entwicklungspolitik, insbesondere zur Verbesserung der ökologischen Kohärenz von Natura 2000, für erforderlich halten, bemühen, die Pflege von Landschaftselementen, die von ausschlaggebender Bedeutung für wildlebende Tiere und Pflanzen sind, zu fördern.

Hierbei handelt es sich um Landschaftselemente, die aufgrund ihrer linearen, fortlaufenden Struktur (Z. B. Flüsse mit ihren Ufern oder herkömmlichen Feldrainen) oder ihrer Vernetzungsfunktion (Z. B. Teiche oder Gehölze) für die Wanderung, die geographische Verbreitung und den genetischen Austausch wildlebender Arten wesentlich sind.

Artikel 11

Die Mitgliedstaaten überwachen den Erhaltungszustand der in Artikel 2 genannten Arten und Lebensräume, wobei sie die prioritären natürlichen Lebensraumtypen und die prioritären Arten besonders berücksichtigen.

Artenschutz

Artikel 12

(1) Die Mitgliedstaaten treffen die notwendigen Maßnahmen, um ein strenges Schutzsystem für die in Anhang IV Buchstabe a) genannten Tierarten in deren natürlichen Verbreitungsgebieten einzuführen; dieses verbietet:

a) alle absichtlichen Formen des Fangs oder der Tötung von aus der Natur entnommenen Exemplaren dieser Arten;
b) jede absichtliche Störung dieser Arten, insbesondere während der Fortpflanzungs-, Aufzucht-, Überwinterungs- und Wanderungszeiten;
c) jede absichtliche Zerstörung oder Entnahme von Eiern aus der Natur;
d) jede Beschädigung oder Vernichtung der Fortpflanzungs- oder Ruhestätten.

(2) Für diese Arten verbieten die Mitgliedstaaten Besitz, Transport, Handel oder Austausch und Angebot zum Verkauf oder Austausch von aus der Natur entnommenen Exemplaren; vor Beginn der Anwendbarkeit dieser Richtlinie rechtmäßig entnommene Exemplare sind hiervon ausgenommen.

(3) Die Verbote nach Absatz 1 Buchstaben a) und b) sowie nach Absatz 2 gelten für alle Lebensstadien der Tiere im Sinne dieses Artikels.

(4) Die Mitgliedstaaten führen ein System zur fortlaufenden Überwachung des unbeabsichtigten Fangs oder Tötens der in Anhang IV Buchstabe a) genannten Tierarten ein. Anhand der gesammelten Informationen leiten die Mitgliedstaaten diejenigen weiteren Untersuchungs- oder Erhaltungsmaßnahmen ein, die erforderlich sind, um sicherzustellen, daß der unbeabsichtigte Fang oder das unbeabsichtigte Töten keine signifikanten negativen Auswirkungen auf die betreffenden Arten haben.

Artikel 13

(1) Die Mitgliedstaaten ergreifen die erforderlichen Maßnahmen, um ein striktes Schutzsystem für die in Anhang IV Buchstabe b) angegebenen Pflanzenarten aufzubauen, das folgendes verbietet:

a) absichtliches Pflücken, Sammeln, Abschneiden, Ausgraben oder Vernichten von Exemplaren solcher Pflanzen in deren Verbreitungsräumen in der Natur;
b) Besitz, Transport, Handel oder Austausch und Angebot zum Verkauf oder zum Austausch von aus der Natur entnommenen Exemplaren solcher Pflanzen; vor Beginn der Anwendbarkeit dieser Richtlinie rechtmäßig entnommene Exemplare sind hiervon ausgenommen.

(2) Die Verbote nach Absatz 1 Buchstaben a) und b) gelten für alle Lebensstadien der Pflanzen im Sinne dieses Artikels.

Artikel 14

(1) Die Mitgliedstaaten treffen, sofern sie es aufgrund der Überwachung gemäß Artikel 11 für erforderlich halten, die notwendigen Maßnahmen, damit die Entnahme aus der Natur von Exemplaren der wildlebenden Tier- und Pflanzenarten des Anhangs V sowie deren Nutzung mit der Aufrechterhaltung eines günstigen Erhaltungszustands vereinbar sind.

(2) Werden derartige Maßnahmen für erforderlich gehalten, so müssen sie die Fortsetzung der Überwachung gemäß Artikel 11 beinhalten. Außerdem können sie insbesondere folgendes umfassen:

- Vorschriften bezüglich des Zugangs zu bestimmten Bereichen;
- das zeitlich oder örtlich begrenzte Verbot der Entnahme von Exemplaren aus der Natur und der Nutzung bestimmter Populationen;
- die Regelung der Entnahmeperioden und/oder -formen;
- die Einhaltung von dem Erhaltungsbedarf derartiger Populationen Rechnung tragenden waidmännischen oder fischereilichen Regeln bei der Entnahme von Exemplaren;
- die Einführung eines Systems von Genehmigungen für die Entnahme oder von Quoten;
- die Regelung von Kauf, Verkauf, Feilhalten, Besitz oder Transport zwecks Verkauf der Exemplare;
- das Züchten in Gefangenschaft von Tierarten sowie die künstliche Vermehrung von Pflanzenarten unter streng kontrollierten Bedingungen, um die Entnahme von Exemplaren aus der Natur zu verringern;
- die Beurteilung der Auswirkungen der ergriffenen Maßnahmen.

Artikel 15

In bezug auf den Fang oder das Töten der in Anhang V Buchstabe a) genannten wildlebenden Tierarten sowie in den Fällen, in denen Ausnahmen gemäß Artikel 16 für die Entnahme, den Fang oder die Tötung der in Anhang IV Buchstabe a) genannten Arten gemacht werden, verbieten die Mitgliedstaaten den Gebrauch aller nichtselektiven Geräte, durch die das örtliche Verschwinden von Populationen dieser Tierarten hervorgerufen werden könnte oder sie schwer gestört werden könnten, insbesondere

a) den Gebrauch der in Anhang VI Buchstabe a) genannten Fang- und Tötungsgeräte;
b) jede Form des Fangs oder Tötens mittels der in Anhang VI Buchstabe b) genannten Transportmittel.

Artikel 16

(1) Sofern es keine anderweitige zufriedenstellende Lösung gibt und unter der Bedingung, daß die Populationen der betroffenen Art in ihrem natürlichen Verbreitungsgebiet trotz der Ausnahmeregelung ohne Beeinträchtigung in einem günstigen Erhaltungszustand verweilen, können die Mitgliedstaaten von den Bestimmungen der Artikel 12, 13 und 14 sowie des Artikels 15 Buchstaben a) und b) im folgenden Sinne abweichen:

a) zum Schutz der wildlebenden Tiere und Pflanzen und zur Erhaltung der natürlichen Lebensräume;

b) zur Verhütung ernster Schäden insbesondere an Kulturen und in der Tierhaltung sowie an Wäldern, Fischgründen und Gewässern sowie an sonstigen Formen von Eigentum;

c) im Interesse der Volksgesundheit und der öffentlichen Sicherheit oder aus anderen zwingenden Gründen des überwiegenden öffentlichen Interesses, einschließlich solcher sozialer oder wirtschaftlicher Art oder positiver Folgen für die Umwelt;

d) zu Zwecken der Forschung und des Unterrichts, der Bestandsauffüllung und Wiederansiedlung und der für diese Zwecke erforderlichen Aufzucht, einschließlich der künstlichen Vermehrung von Pflanzen;

e) um unter strenger Kontrolle, selektiv und in beschränktem Ausmaß die Entnahme oder Haltung einer begrenzten und von den zuständigen einzelstaatlichen Behörden spezifizierten Anzahl von Exemplaren bestimmter Tier- und Pflanzenarten des Anhangs IV zu erlauben.

(2) Die Mitgliedstaaten legen der Kommission alle zwei Jahre einen mit dem vom Ausschuß festgelegten Modell übereinstimmenden Bericht über die nach Absatz 1 genehmigten Ausnahmen vor. Die Kommission nimmt zu diesen Ausnahmen binnen zwölf Monaten nach Erhalt des Berichts Stellung und unterrichtet darüber den Ausschuß.

(3) In den Berichten ist folgendes anzugeben:

a) die Arten, für die die Ausnahmeregelung gilt, und der Grund der Ausnahme, einschließlich der Art der Risiken sowie gegebenenfalls der verworfenen Alternativlösungen und der benutzten wissenschaftlichen Daten;

b) die für Fang oder Tötung von Tieren zugelassenen Mittel, Einrichtungen oder Methoden und die Gründe für ihren Gebrauch;

c) die zeitlichen und örtlichen Umstände der Ausnahmegenehmigungen;

d) die Behörde, die befugt ist, zu erklären, daß die erforderlichen Voraussetzungen erfüllt sind, bzw. zu kontrollieren, ob sie erfüllt sind, und die beschließen kann, welche Mittel, Einrichtungen oder Methoden innerhalb welcher Grenzen und von welchen Stellen verwendet werden dürfen sowie welche Personen mit der Durchführung betraut werden;

e) die angewandten Kontrollmaßnahmen und die erzielten Ergebnisse.

Information

Artikel 17

(1) Alle sechs Jahre nach Ablauf der in Artikel 23 vorgesehenen Frist erstellen die Mitgliedstaaten einen Bericht über die Durchführung der im Rahmen dieser Richtlinie durchgeführten Maßnahmen. Dieser Bericht enthält insbesondere Informationen über die in Artikel 6 Absatz 1 genannten Erhaltungsmaßnahmen sowie die Bewertung der Auswirkungen dieser Maßnahmen auf den Erhaltungszustand der Lebensraumtypen des Anhangs I und der Arten des Anhangs II sowie die wichtigsten Ergebnisse der in Artikel 11 genannten Überwachung. Dieser Bericht, dessen Form mit dem vom Ausschuß aufgestellten Modell übereinstimmt, wird der Kommission übermittelt und der Öffentlichkeit zugänglich gemacht.

(2) Die Kommission arbeitet auf der Grundlage der in Absatz 1 erwähnten Berichte einen zusammenfassenden Bericht aus. Dieser Bericht enthält eine zweckdienliche Bewertung der erzielten Fortschritte, insbesondere des Beitrags von Natura 2000 zur Verwirklichung der in Artikel 3 aufgeführten Ziele. Der Teil des Berichtsentwurfs, der die von einem Mitgliedstaat übermittelten Informationen betrifft, wird den Behörden des betreffenden Mitgliedstaats zur Überprüfung unterbreitet. Die endgültige Fassung des Berichts wird zunächst dem Ausschuß unterbreitet und wird spätestens zwei Jahre nach Vorlage der Berichte gemäß Absatz 1 sowie des Kommissionsberichts veröffentlicht und den Mitgliedstaaten, dem Europäischen Parlament, dem Rat und dem Wirtschafts- und Sozialausschuß zugeleitet.

(3) Die Mitgliedstaaten können die nach dieser Richtlinie ausgewiesenen Gebiete durch vom Ausschuß eigens hierzu erarbeitete Gemeinschaftsschilder kennzeichnen.

Forschung

Artikel 18

(1) Die Mitgliedstaaten und die Kommission fördern die erforderliche Forschung und die notwendigen wissenschaftlichen Arbeiten im Hinblick auf die Ziele nach Artikel 2 und die Verpflichtung nach Artikel 11. Sie tauschen Informationen aus im Hinblick auf eine gute Koordinierung der Forschung auf den Ebenen der Mitgliedstaaten und der Gemeinschaft.

(2) Besondere Aufmerksamkeit wird den wissenschaftlichen Arbeiten gewidmet, die zur Durchführung der Artikel 4 und 10 erforderlich sind; die grenzüberschreitende Zusammenarbeit zwischen Mitgliedstaaten auf dem Gebiet der Forschung wird gefördert.

Verfahren zur Änderung der Anhänge

Artikel 19

Die Änderungen, die zur Anpassung der Anhänge I, II, III, V und VI an den technischen und wissenschaftlichen Fortschritt erforderlich sind, werden vom Rat auf Vorschlag der Kommission mit qualifizierter Mehrheit beschlossen.

Die Änderungen, die zur Anpassung des Anhangs IV an den technischen und wissenschaftlichen Fortschritt erforderlich sind, werden vom Rat auf Vorschlag der Kommission einstimmig beschlossen.

Ausschuß

Artikel 20

Die Kommission wird von einem Ausschuss unterstützt.

Artikel 21

(1) Wird auf diesen Artikel Bezug genommen, so gelten die Artikel 5 und 7 des Beschlusses 1999/468/EG [1] unter Beachtung von dessen Artikel 8.

Der Zeitraum nach Artikel 5 Absatz 6 des Beschlusses 1999/468/EG wird auf drei Monate festgesetzt.

(2) Der Ausschuss gibt sich eine Geschäftsordnung.

---

[1] Beschluss 1999/468/EG des Rates vom 28. Juni 1999 zur Festlegung der Modalitäten für die Ausübung der der Kommission übertragenen Durchführungsbefugnisse (ABl. L 184 vom 17.7.1999, S. 23).

Ergänzende Bestimmungen

Artikel 22

Bei der Ausführung der Bestimmungen dieser Richtlinie gehen die Mitgliedstaaten wie folgt vor:

a) Sie prüfen die Zweckdienlichkeit einer Wiederansiedlung von in ihrem Hoheitsgebiet heimischen Arten des Anhangs IV, wenn diese Maßnahme zu deren Erhaltung beitragen könnte, vorausgesetzt, eine Untersuchung hat unter Berücksichtigung unter anderem der Erfahrungen der anderen Mitgliedstaaten oder anderer Betroffener ergeben, daß eine solche Wiederansiedlung wirksam zur Wiederherstellung eines günstigen Erhaltungszustandes der betreffenden Arten beiträgt, und die Wiederansiedlung erfolgt erst nach entsprechender Konsultierung der betroffenen Bevölkerungskreise;

b) sie sorgen dafür, daß die absichtliche Ansiedlung in der Natur einer in ihrem Hoheitsgebiet nicht heimischen Art so geregelt wird, daß weder die natürlichen Lebensräume in ihrem natürlichen Verbreitungsgebiet noch die einheimischen wildlebenden Tier- und Pflanzenarten geschädigt werden; falls sie es für notwendig erachten, verbieten sie eine solche Ansiedlung. Die Ergebnisse der Bewertungsstudien werden dem Ausschuß zur Unterrichtung mitgeteilt;

c) sie fördern erzieherische Maßnahmen und die allgemeine Information in bezug auf die Notwendigkeit des Schutzes der wildlebenden Tier- und Pflanzenarten und der Erhaltung ihrer Habitate sowie natürlichen Lebensräume.

Schlußbestimmungen

Artikel 23

Die Mitgliedstaaten erlassen die erforderlichen Rechts- und Verwaltungsvorschriften, um dieser Richtlinie binnen zwei Jahren nach ihrer Bekanntgabe nachzukommen. Sie setzen die Kommission unverzüglich davon in Kenntnis.

(2) Wenn die Mitgliedstaaten Vorschriften nach Absatz 1 erlassen, nehmen sie in den Vorschriften selbst oder durch einen Hinweis bei der amtlichen Veröffentlichung auf diese Richtlinie Bezug. Die Mitgliedstaaten regeln die Einzelheiten der Bezugnahme.

(3) Die Mitgliedstaaten teilen der Kommission den Wortlaut der wichtigsten innerstaatlichen Rechtsvorschriften mit, die sie auf dem unter diese Richtlinie fallenden Gebiet erlassen.

Artikel 24

Diese Richtlinie ist an die Mitgliedstaaten gerichtet.

Anhang I
Natürliche Lebensraumtypen von gemeinschaftlichem Interesse, für deren Erhaltung besondere Schutzgebiete ausgewiesen werden müssen

Auslegung

Eine Orientierungshilfe für die Auslegung der natürlicher Lebensraumtypen wird im „Interpretationshandbuch der Lebensräume der Europäischen Union" gegeben, welches durch den nach Artikel 20 eingesetzten Ausschuss („Habitat-Ausschuss") befürwortet und durch die Europäische Kommission veröffentlicht wurde[2].

Der Code entspricht dem Code von NATURA 2000.
Das Zeichen „*" bedeutet: prioritäre Lebensraumtypen.

1. LEBENSRÄUME IN KÜSTENBEREICHEN UND HALOPHYTISCHE VEGETATION

11. Meeresgewässer und Gezeitenzonen

1110 Sandbänke mit nur schwacher ständiger Überspülung durch Meerwasser
1120 * *Posidonia*-Seegraswiesen (*Posidonion oceanicae*)
1130 Ästuarien
1140 Vegetationsfreies Schlick-, Sand- und Mischwatt
1150 * Lagunen des Küstenraumes (Strandseen)
1160 Flache große Meeresarme und -buchten (Flachwasserzonen und Seegraswiesen)
1170 Riffe
1180 Submarine durch Gasaustritte entstandene Strukturen

12. Felsenküsten und Kiesstrände

1210 Einjährige Spülsäume
1220 Mehrjährige Vegetation der Kiesstrände
1230 Atlantik-Felsküsten und Ostsee-Fels- und Steil-Küsten mit Vegetation
1240 Mittelmeer-Felsküsten mit Vegetation mit endemischen *Limonium*-Arten
1250 Makaronesische Felsküsten mit endemischen Pflanzenarten

13. Atlantische Salzsümpfe und -wiesen sowie Salzsümpfe und -wiesen im Binnenland

1310 Pioniervegetation mit *Salicornia* und anderen einjährigen Arten auf Schlamm und Sand (Quellerwatt)
1320 Schlickgrasbestände (*Spartinion maritimae*)
1330 Atlantische Salzwiesen (*Glauco-Puccinellietalia maritimae*)
1340 * Salzwiesen im Binnenland

14. Salzsümpfe und -wiesen des Mittelmeeres und des gemäßigten Atlantiks

1410 Mediterrane Salzwiesen (*Juncetalia maritimi*)
1420 Quellerwatten des Mittelmeer- und gemäßigten atlantischen Raums (*Sarcocornetea fruticosae*)
1430 Halo-nitrophile Gestrüppe (*Pegano-Salsoletea*)

15. Halophile und gypsophile Binnenlandsteppen

1510 * Mediterrane Salzwiesen (*Limonietalia*)
1520 * Iberische Gipssteppen (*Gypsophiletalia*)
1530 * Pannonische Salzsteppen und Salzwiesen

16. Archipele, Küsten und Landhebungsgebiete des borealen Baltikums

1610 Esker (Moränen)-Inseln des Baltikums mit Sand-, Fels- oder Kies-Strand – Vegetation und sublitoraler Vegetation
1620 Kleine und Kleinst-Inseln des borealen Baltikums
1630 * Küstenwiesen des borealen Baltikums
1640 Sandige Strände mit ausdauernder Vegetation des borealen Baltikums
1650 Kleine, enge Buchten des borealen Baltikums

2. DÜNEN AN MEERESKÜSTEN UND IM BINNENLAND

21. Dünen an den Küsten des Atlantiks sowie der Nord- und der Ostsee

2110 Primärdünen
2120 Weißdünen mit Strandhafer *Ammophila arenaria*

[2] „Interpretation Manual of European Union Habitats", Version EUR 15/2, angenommen durch den Habitat-Ausschuss am 4. Oktober 1999 und „Amendments to the *Interpretation Manual of European Union Habitats* with a view to EU enlargement" (Hab. 01/11brev. 1), angenommen durch den Habitat-Ausschuss am 24. April 2002 nach schriftlicher Konsultation, Europäische Kommission, GD ENV.

2130 * Festliegende Küstendünen mit krautiger Vegetation (Graudünen)
2140 * Entkalkte Dünen mit *Empetrum nigrum*
2150 * Festliegende entkalkte Dünen der atlantischen Zone (*Calluno-Ulicetea*)
2160 Dünen mit *Hippophaë rhamnoides*
2170 Dünen mit *Salix repens ssp. argentea* (*Salicion arenariae*)
2180 Bewaldete Dünen der atlantischen, kontinentalen und borealen Region
2190 Feuchte Dünentäler
21A0 Machair (* in Irland)

22. Dünen an Mittelmeerküsten

2210 Festliegende Dünen im Küstenbereich mit *Crucianellion maritimae*
2220 Dünen mit *Euphorbia terracina*
2230 Dünenrasen der *Malcolmietalia*
2240 Dünenrasen der *Brachypodietalia* mit Annuellen
2250 * Mediterrane Küstendünen mit Wacholder *Juniperus spp.*
2260 Dünen mit Hartlaubvegetation der *Cisto-Lavenduletalia*
2270 * Dünen-Wälder von *Pinus pinea* und/oder *Pinus pinaster*

23. Dünen im Binnenland (alt und entkalkt)

2310 Trockene Sandheiden mit *Calluna* und *Genista*
2320 Trockene Sandheiden mit *Calluna* und *Empetrum nigrum*
2330 Dünen mit offenen Grasflächen mit *Corynephorus* und *Agrostis*
2340 * Pannonische Binnendünen

3. SÜSSWASSERLEBENSRÄUME

31. Stehende Gewässer

3110 Oligotrophe, sehr schwach mineralische Gewässer der Sandebenen (*Littorelletalia uniflorae*)
3120 ligotrophe, sehr schwach mineralische Gewässer meist auf sandigen Böden des westlichen Mittelmeerraumes mit *Isoëtes* spp.
3130 Oligo- bis mesotrophe stehende Gewässer mit Vegetation der *Littorelletea uniflorae* und/oder der *Isoëto-Nanojuncetea*
3140 Oligo- bis mesotrophe kalkhaltige Gewässer mit benthischer Vegetation aus Armleuchteralgen
3150 Natürliche eutrophe Seen mit einer Vegetation des *Magnopotamions* oder *Hydrocharitions*
3160 Dystrophe Seen und Teiche
3170 * Temporäre mediterrane Flachgewässer
3180 * Turloughs
3190 Gipskarstseen auf gipshaltigem Untergrund
31A0 * Transsilvanische heiße Quellen mit Tigerlotus-Formationen (*Nymphaea lotus*)

32. Fließgewässer – Abschnitte von Wasserläufen mit natürlicher bzw. naturnaher Dynamik (kleine, mittlere und große Fließgewässer), deren Wasserqualität keine nennenswerte Beeinträchtigung aufweist

3210 Natürliche Flüsse Fennoskandiens
3220 Alpine Flüsse mit krautiger Ufervegetation
3230 Alpine Flüsse mit Ufergehölzen von *Myricaria germanica*
3240 Alpine Flüsse mit Ufergehölzen von *Salix elaeagnos*
3250 Permanente mediterrane Flüsse mit *Glaucium flavum*
3260 Flüsse der planaren bis montanen Stufe mit Vegetation des *Ranunculion fluitantis* und des *Callitricho-Batrachion*
3270 Flüsse mit Schlammbänken mit Vegetation des *Chenopodion rubri* p.p. und des *Bidention* p.p.
3280 Permanente mediterrane Flüsse: *Paspalo-Agrostidion* und Galeriewälder aus *Salix* und *Populus alba*
3290 Temporäre mediterrane Flüsse mit *Paspalo-Agrostidion*-Vegetation
32A0 Kalktuff-Kaskaden von Karstflüssen im Dinarischen Gebirge

4. GEMÄSSIGTE HEIDE- UND BUSCHVEGETATION

4010 Feuchte Heiden des nordatlantischen Raumes mit *Erica tetralix*
4020 * Feuchte Heiden des gemäßigt atlantischen Raumes mit *Erica ciliaris* und *Erica tetralix*
4030 Trockene europäische Heiden
4040 * Trockene atlantische Heiden an der Küste mit *Erica vagans*
4050 * Endemische makaronesische Heiden
4060 Alpine and boreale Heiden
4070 * Buschvegetation mit *Pinus mugo* und *Rhododendron hirsutum* (*Mugo-Rhododendretum hirsuti*)
4080 Subarktisches Weidengebüsch
4090 Oromediterrane endemische Heiden mit Stechginster
40A0 * Subkontinentale peripannonische Gebüsche
40B0 *Potentilla fruticosa* – Gebüsche der Rhodopen
40C0 * Pontisch-sarmatische sommergrüne Gebüsche

5. HARTLAUBGEBÜSCHE (MATORRALS)

51. Gebüsche des submediterranen und gemäßigten Raumes

5110 Stabile xerothermophile Formationen von Buxus sempervirens an Felsabhängen (*Berberidion* p.p.)
5120 Formationen von *Cytisus purgans* in Berggebieten
5130 Formationen von *Juniperus communis* auf Kalkheiden und -rasen
5140 * Formationen von *Cistus palhinhae* auf maritimen Heiden

52. Baumbestandene Matorrals im Mittelmeerraum

5210 Baumförmige Matorrals mit *Juniperus* spp.
5220 * Baumförmige Matorrals mit *Zyziphus* spp.
5230 * Baumförmige Matorrals mit *Laurus nobilis*

53. Thermo-mediterrane Gebüschformationen und Vorsteppen

5310 Lorbeer-Gebüsche
5320 Euphorbia-Formationen an Steilküsten
5330 Thermo-mediterrane Gebüschformationen und Vorwüsten (sonstige Gesellschaften)

54. Phrygane

5410 Westmediterrane Phrygane (*Astragalo-Plantaginetum subulatae*) auf Felsenküsten
5420 *Sarcopoterium spinosum* – Phryganes
5430 Endemische Phrygane des *Euphorbio-Verbascion*

6. NATÜRLICHES UND NATURNAHES GRASLAND

61. Natürliches Grasland

6110 * Lückige basophile oder Kalk-Pionierrasen (*Alysso-Sedion albi*)
6120 * Trockene, kalkreiche Sandrasen
6130 Schwermetallrasen (*Violetalia calaminariae*)
6140 Silikat-Grasland in den Pyrenäen mit *Festuca eskia*

6150 Boreo-alpines Grasland auf Silikatsubstraten

6160 Oro-Iberisches Grasland auf Silikatböden mit *Festuca indigesta*

6170 Alpine und subalpine Kalkrasen

6180 Mesophiles makaronesisches Grasland

6190 Lückiges pannonisches Grasland (*Stipo-Festucetalia pallentis*)

62. Naturnahes trockenes Grasland und Verbuschungs-Stadien

6210 Naturnahe Kalk-Trockenrasen und deren Verbuschungsstadien (*Festuco-Brometalia*) (* besondere Bestände mit bemerkenswerten Orchideen)

6220 * Mediterrane Trockenrasen der *Thero-Brachypodietea*

6230 * Artenreiche montane Borstgrasrasen (und submontan auf dem europäischen Festland) auf Silikatböden

6240 * Subpannonische Steppen-Trockenrasen

6250 * Pannonische Steppen-Trockenrasen auf Löss

6260 * Pannonische Steppen auf Sand

6270 * Artenreiche, mesophile, trockene Rasen der niederen Lagen Fennoskandiens

6280 * Nordische Alvar-Trockenrasen und flache praekambrische Kalkfelsen

62A0 Östliche sub-mediterrane Trockenrasen (*Scorzoneratalia villosae*)

62B0 * Serpentin-Grasland auf Zypern

62C0 * Pontisch-sarmatische Steppen

62D0 Oro-moesisches bodensaures Grasland

63. Als Weideland genutzte Hartlaubwälder (Dehesas)

6310 Dehesas mit immmergrünen Eichenarten

64. Naturnahes feuchtes Grasland mit hohen Gräsern

6410 Pfeifengraswiesen auf kalkreichem Boden, torfigen und tonig-schluffigen Böden (*Molinion caeruleae*)

6420 Mediterranes Feuchtgrünland mit Hochstauden des *Molinio-Holoschoenion*

6430 Feuchte Hochstaudenfluren der planaren und montanen bis alpinen Stufe

6440 Brenndolden-Auenwiesen (*Cnidion dubii*)

6450 Nordboreale Auenwiesen

6460 Moorwiesen des Troodos-Gebirges

65. Mesophiles Grünland

6510 Magere Flachland-Mähwiesen (*Alopecurus pratensis, Sanguisorba officinalis*)

6520 Berg-Mähwiesen

6530 * Wiesen mit Gehölzen in Fennoskandien

6540 Submediterranes Grünland des Molinio-Hordeion secalini

7. HOCH- UND NIEDERMOORE

71. Saure Moore mit Sphagnum

7110 * Lebende Hochmoore

7120 Noch renaturierungsfähige degradierte Hochmoore

7130 Flächenmoore (* aktive Moore)

7140 Übergangs- und Schwingrasenmoore

7150 Torfmoor-Schlenken (*Rhynchosporion*)

7160 Mineralreiche Quellen und Niedermoorquellen Fennoskandiens

72. Kalkreiche Niedermoore

7210 * Kalkreiche Niedermoore mit *Cladium mariscus* und Arten von *Caricion davallianae*

7220 * Kalktuffquellen (*Cratoneurion*)

7230 Kalkreiche Niedermoore

7240 * Alpine Pionierformationen des *Caricion bicoloris-atrofuscae*

73. Boreale Torfmoore

7310 * Aapa-Moore

7320 * Palsa-Moore

8. FELSIGE LEBENSRÄUME UND HÖHLEN

81. Geröll und Schutthalden

8110 Silikatschutthalden der montanen bis nivalen Stufe (*Androsacetalia alpinae* und *Galeopsietalia ladani*)

8120 Kalk- und Kalkschieferschutthalden der montanen bis alpinen Stufe (*Thlaspietea rotundifolii*)

8130 Thermophile Schutthalden im westlichen Mittelmeerraum

8140 Schutthalden im östlichen Mittelmeerraum

8150 Kieselhaltige Schutthalden der Berglagen Mitteleuropas

8160 * Kalkhaltige Schutthalden der collinen bis montanen Stufe Mitteleuropas

82. Steinige Felsabhänge mit Felsspaltenvegetation

8210 Kalkfelsen mit Felsspaltenvegetation

8220 Silikatfelsen mit Felsspaltenvegetation

8230 Silikatfelsen mit Pioniervegetation des *Sedo-Scleranthion* oder des *Sedo albi-Veronicion dillenii*

8240 * Kalk-Felspflaster

83. Andere felsige Lebensräume

8310 Nicht touristisch erschlossene Höhlen

8320 Lavafelder und Aushöhlungen

8330 Völlig oder teilweise unter Wasser liegende Meereshöhlen

8340 Permanente Gletscher

9. WÄLDER

Naturnahe und natürliche Wälder mit einheimischen Arten im Hochwaldstadium einschließlich Mittelwald mit typischem Unterholz, die einem der nachstehenden Kritierien entsprechen: selten oder Restbestände und/oder Vorkommen von Arten von gemeinschaftlichem Interesse

90. Wälder des borealen Europas

9010 * Westliche Taiga

9020 * Epiphytenreiche, alte, natürliche, hemiboreale Laubwälder (*Quercus, Tilia, Acer, Fraxinus* oder *Ulmus*)

9030 * Natürliche Waldprimärsukzession der Landhebungsgebiete im Küstenbereich

9040 Subalpine/subarktische nordische Wälder von *Betula pubescens* ssp. *czerepanovii*

9050 Krautreiche Fichtenwälder Fennoskandiens

9060 Nadelwälder auf oder in Verbindung mit fluvioglazialen Esker-Moränen

9070 Waldweiden Fennoskandiens

9080 * Laubholz-Bruchwälder Fennoskandiens

91. Wälder des gemäßigten Europas

9110 Hainsimsen-Buchenwald (*Luzulo-Fagetum*)

9120 Atlantischer, saurer Buchenwald mit Unterholz aus Stechpalme und gelegentlich Eibe (Q*uercion robori-petraeae* oder *Ilici-Fagenion*)

9130 Waldmeister-Buchenwald (*Asperulo-Fagetum*)

9140 Mitteleuropäischer subalpiner Buchenwald mit Ahorn und *Rumex arifolius*

9150 Mitteleuropäischer Orchideen-Kalk-Buchenwald (*Cephalanthero-Fagion*)

9160 Subatlantischer oder mitteleuropäischer Stieleichenwald oder Eichen-Hainbuchenwald (*Carpinion betuli*)

9170 Labkraut-Eichen-Hainbuchenwald *Galio-Carpinetum*

9180 * Schlucht- und Hangmischwälder *Tilio-Acerion*

9190 Alte bodensaure Eichenwälder auf Sandebenen mit *Quercus robur*

91A0 Eichenwälder auf den Britischen Inseln mit *Ilex* und *Blechnum*

91B0 Thermophile Eschenwälder mit *Fraxinus angustifolia*

91C0 * Kaledonische Wälder

91D0 * Moorwälder

91E0 * Auen-Wälder mit *Alnus glutinosa* und *Fraxinus excelsior* (*Alno-Padion, Alnion incanae, Salicion albae*)

91F0 Hartholzauewälder mit *Quercus robur, Ulmus laevis, Ulmus minor, Fraxinus excelsior* oder *Fraxinus angustifolia* (*Ulmenion minoris*)

91G0 * Pannonische Wälder mit *Quercus petraea* und *Carpinus betulus*

91H0 * Pannonische Flaumeichen-Wälder

91I0 * Euro-Sibirische Eichen-Steppenwälder

91J0 * Eibenwälder der britischen Inseln

91K0 Illyrische Rotbuchenwälder (*Aremonio-Fagion*)

91L0 Illyrische Eichen-Hainbuchenwälder (*Erythronio-Carpinion*)

91M0 Pannonisch-balkanische Zerreichen- und Traubeneichenwälder

91N0 * Pannonisches Binnensanddünen-Gebüsch (*Junipero – Populetum albae*)

91P0 Tannenwald des Heilig-Kreuz-Gebirges (*Abietetum polonicum*)

91Q0 *Pinus sylvestris*-Wälder der Westkarpaten auf Kalk

91R0 Waldkiefernwälder der dinarischen Dolomiten (*Genisto januensis-Pinetum*)

91S0 * West-pontische Buchenwälder

91T0 Mitteleuropäische Flechten-Kiefernwälder

91U0 Kiefernwälder der sarmatischen Steppe

91V0 Dakische Buchenwälder (*Symphyto-Fagion*)

91W0 Moesische Buchenwälder

91X0 * Buchenwälder der Dobrudscha

91Y0 Labkraut-Eichen-Hainbuchenwald *Galio-Carpinetum*

91Z0 Moesische Silberlindenwälder

91AA * Östliche Flaumeichenwälder

91BA Moesische Tannenwälder

91CA Waldkiefernwälder der Rhodopen und des Balkan-Gebirges

92. Sommergrüne mediterrane Laubwälder

9210 * Buchenwald der Apenninen mit *Taxus* und *Ilex*

9220 * Buchenwald der Apenninen mit *Abies alba* und Buchenwald mit *Abies nebrodensis*

9230 Galizisch-portugiesische Eichenwälder mit *Quercus robur* und *Quercus pyrenaica*

9240 Iberische Eichenwälder mit *Quercus faginea* und *Quercus canariensis*

9250 Eichenwälder mit *Quercus trojana*

9260 Eichenwälder mit *Castanea sativa*

9270 Griechische Buchenwälder mit *Abies borisii-regis*

9280 Wälder mit *Quercus frainetto*

9290 Zypressenwälder (*Acero-Cupression*)

92A0 Galeriewald mit *Salix alba* und *Populus alba*

92B0 Galeriewald an temporären mediterranen Flüssen mit *Rhododendron ponticum, Salix* und sonstiger Vegetation

92C0 Wälder mit *Platanus orientalis* und *Liquidambar orientalis* (*Platanion orientalis*)

92D0 Mediterrane Galeriewälder und flussbegleitende Gebüsche (*Nerio-Tamaricetea* und *Securinegion tinctoriae*)

93. Mediterrane Hartlaubwälder

9310 Ägäische Wälder mit *Quercus brachyphylla*

9320 Wälder mit *Olea* und *Ceratonia*

9330 Wälder mit *Quercus suber*

9340 Wälder mit *Quercus ilex* und *Quercus rotundifolia*

9350 Wälder mit *Quercus macrolepis*

9360 * Makaronesische Lorbeerwälder (*Laurus, Ocotea*)

9370 * Palmhaine von *Phoenix*

9380 Wälder aus *Ilex aquifolium*

9390 * Busch- und niedrige Waldvegetation mit *Quercus alnifolia*

93A0 Wälder mit *Quercus infectoria* (*Anagyro foetidae-Quercetum infectoriae*)

94. Gemäßigte Berg- und Nadelwälder

9410 Montane bis alpine bodensaure Fichtenwälder (*Vaccinio-Piceetea*)

9420 Alpiner Lärchen- und/oder Arvenwald

9430 Montaner und subalpiner *Pinus uncinata*-Wald (* auf Gips- oder Kalksubstrat)

95. Mediterrane und makaronesische Bergnadelwälder

9510 * Wald des Süd-Apennins mit *Abies alba*

9520 Wälder mit *Abies pinsapo*

9530 * Sub-mediterrane Kiefernwälder mit endemischen Schwarzkiefern

9540 Mediterrane Pinienwälder mit endemischen Kiefern

9550 Kanarischer endemischer Kiefernwald

9560 * Endemische Wälder mit *Juniperus* spp.

9570 * Wälder mit *Tetraclinis articulata*

9580 * Mediterrane Wälder mit *Taxus baccata*

9590 * *Cedrus brevifolia*-Wälder (*Cedrosetum brevifoliae*)

95A0 Oro-mediterrane Kiefernwälder der Hochlagen

Anhang II
Tier- und Pflanzenarten von gemeinschaftlichem Interesse, für deren Erhaltung besondere Schutzgebiete ausgewiesen werden müssen

Auslegung

a) Anhang II ist eine Ergänzung des Anhangs I zur Verwirklichung eines zusammenhängenden Netzes von besonderen Schutzgebieten.

b) Die in diesem Anhang aufgeführten Arten sind angegeben:
   - mit dem Namen der Art oder der Unterart oder
   - mit allen Arten, die zu einem höheren Taxon oder einem bestimmten Teil dieses Taxons gehören.

   Durch die hinter der Bezeichnung einer Familie oder einer Gattung stehende Abkürzung „spp.“ werden alle Arten bezeichnet, die dieser Familie oder dieser Gattung angehören.

c) Symbole

   Ein vor der Artenbezeichnung stehendes „*“ bedeutet, dass diese Art eine prioritäre Art ist.

   Die meisten der in diesem Anhang aufgeführten Arten sind in Anhang IV genannt. Ist eine in diesem Anhang aufgeführte Art weder in Anhang IV noch in Anhang V aufgeführt, so wird ihr Name von dem Zeichen „(o)“ gefolgt; ist eine in diesem Anhang aufgeführte Art nicht in Anhang IV, jedoch in Anhang V genannt, so wird ihr Name von dem Zeichen „(V)“ gefolgt.

(...)

Anhang III
Kriterien zur Auswahl der Gebiete, die als Gebiete von gemeinschaftlicher Bedeutung bestimmt und als besondere Schutzgebiete ausgewiesen werden könnten

PHASE 1: **Für jeden natürlichen Lebensraumtyp des Anhangs I und jede Art des Anhangs II (einschließlich der prioritären natürlichen Lebensraumtypen und der prioritären Arten) auf nationaler Ebene vorzunehmende Beurteilung der relativen Bedeutung der Gebiete**

A. *Kriterien zur Beurteilung der Bedeutung des Gebietes für einen natürlichen Lebensraumtyp des Anhangs I*

a) Repräsentativitätsgrad des in diesem Gebiet vorkommenden natürlichen Lebensraumtyps.

b) Vom natürlichen Lebensraumtyp eingenommene Fläche im Vergleich zur Gesamtfläche des betreffenden Lebensraumtyps im gesamten Hoheitsgebiet des Staates.

c) Erhaltungsgrad der Struktur und der Funktionen des betreffenden natürlichen Lebensraumtyps und Wiederherstellungsmöglichkeit.

d) Gesamtbeurteilung des Wertes des Gebietes für die Erhaltung des betreffenden natürlichen Lebensraumtyps.

B. *Kriterien zur Beurteilung der Bedeutung des Gebiets für eine gegebene Art des Anhangs II*

a) Populationsgröße und -dichte der betreffenden Art in diesem Gebiet im Vergleich zu den Populationen im ganzen Land.

b) Erhaltungsgrad der für die betreffende Art wichtigen Habitatselemente und Wiederherstellungsmöglichkeit.

c) Isolierungsgrad der in diesem Gebiet vorkommenden Population im Vergleich zum natürlichen Verbreitungsgebiet der jeweiligen Art.

d) Gesamtbeurteilung des Wertes des Gebietes für die Erhaltung der betreffenden Art.

C. Anhand dieser Kriterien stufen die Mitgliedstaaten die Gebiete, die sie mit der nationalen Liste vorschlagen, als Gebiete ein, die aufgrund ihres relativen Werts für die Erhaltung jedes/jeder der in Anhang I bzw. II genannten natürlichen Lebensraumtypen bzw. Arten als Gebiete von gemeinschaftlicher Bedeutung bestimmt werden könnten.

D. In dieser Liste werden die Gebiete aufgeführt, die die prioritären natürlichen Lebensraumtypen und Arten beherbergen, die von den Mitgliedstaaten anhand der Kriterien der Abschnitte A und B ausgewählt wurden.

PHASE 2: **Beurteilung der gemeinschaftlichen Bedeutung der in den nationalen Listen enthaltenen Gebiete**

1. Alle von den Mitgliedstaaten in Phase 1 ermittelten Gebiete, die prioritäre natürliche Lebensraumtypen bzw. Arten beherbergen, werden als Gebiete von gemeinschaftlicher Bedeutung betrachtet.
2. Bei der Beurteilung der Bedeutung der anderen in die Listen der Mitgliedstaaten aufgenommenen Gebiete für die Gemeinschaft, d. h. ihres Beitrags zur Wahrung oder Wiederherstellung eines günstigen Erhaltungszustands eines natürlichen Lebensraums des Anhangs I oder einer Art des Anhangs II bzw. ihres Beitrags zur Kohärenz von Natura 2000, werden folgende Kriterien angewandt:

a) relativer Wert des Gebietes auf nationaler Ebene;

b) geographische Lage des Gebietes in bezug auf die Zugwege von Arten des Anhangs II sowie etwaige Zugehörigkeit zu einem zusammenhängenden Ökosystem beiderseits einer oder mehrerer Grenzen innerhalb der Gemeinschaft;

c) Gesamtfläche des Gebietes;

d) Zahl der in diesem Gebiet vorkommenden natürlichen Lebensraumtypen des Anhangs I und der Arten des Anhangs II;

e) ökologischer Gesamtwert des Gebietes für die betroffene(n) biogeographische(n) Region(en) und/oder für das gesamte Hoheitsgebiet nach Artikel 2, sowohl aufgrund der Eigenart oder Einzigartigkeit seiner Komponenten als auch aufgrund von deren Zusammenwirken.

Anhang IV
Streng zu schützende Tier- und Pflanzenarten von gemeinschaftlichem Interesse

Die in diesem Anhang aufgeführten Arten sind angegeben:

- mit dem Namen der Art oder der Unterart oder
- mit allen Arten, die zu einem höheren Taxon oder einem bestimmten Teil dieses Taxons gehören.

Durch die hinter der Bezeichnung einer Familie oder einer Gattung stehende Abkürzung „spp." werden alle Arten bezeichnet, die dieser Familie oder dieser Gattung angehören.

(…)

Anhang V
Tier- und Pflanzenarten von gemeinschaftlichem Interesse, deren Entnahme aus der Natur und Nutzung Gegenstand von Verwaltungsmaßnahmen sein können

Die in diesem Anhang aufgeführten Arten sind angegeben:

- mit dem Namen der Art oder der Unterart oder
- mit allen Arten, die zu einem höheren Taxon oder einem bestimmten Teil dieses Taxons gehören.

Durch die hinter der Bezeichnung einer Familie oder einer Gattung stehende Abkürzung „spp." werden alle Arten bezeichnet, die dieser Familie oder dieser Gattung angehören

(…)

Anhang VI
Verbotene Methoden und Mittel des Fangs, der Tötung und Beförderung

a) **Nicht-selektive Mittel**

SÄUGETIERE

- Als Lockmittel verwendete geblendete oder verstümmelte lebende Tiere
- Tonbandgeräte
- Elektrische und elektronische Vorrichtungen, die töten oder betäuben können
- Künstliche Lichtquellen
- Spiegel oder sonstige Vorrichtungen zum Blenden
- Vorrichtungen zur Beleuchtung von Zielen
- Visiervorrichtungen für das Schießen bei Nacht mit elektronischem Bildverstärker oder Bildumwandler
- Sprengstoffe
- Netze, die grundsätzlich oder nach ihren Anwendungsbedingungen nicht selektiv sind
- Fallen, die grundsätzlich oder nach ihren Anwendungsbedingungen nicht selektiv sind
- Armbrüste
- Gift und vergiftete oder betäubende Köder
- Begasen oder Ausräuchern
- Halbautomatische oder automatische Waffen, deren Magazin mehr als zwei Patronen aufnehmen kann

FISCHE

- Gift
- Sprengstoffe

b) **Transportmittel**

- Flugzeuge
- Fahrende Kraftfahrzeuge

Industrieemissions-Richtlinie 2010/75/EU

ABl L 334 vom 17.12.2010, 17, zuletzt geändert durch ABl L 1785 vom 15.7.2024

Kapitel I
Allgemeine Bestimmungen

Artikel 1
Gegenstand

Diese Richtlinie regelt die integrierte Vermeidung und Verminderung der Umweltverschmutzung infolge industrieller Tätigkeiten.

Sie sieht auch Vorschriften zur Vermeidung und, sofern dies nicht möglich ist, zur kontinuierlichen Verminderung von Emissionen in Luft, Wasser und Boden, zur Abfallvermeidung, zur Verbesserung der Ressourceneffizienz sowie zur Förderung der Kreislaufwirtschaft und der Dekarbonisierung vor, um ein hohes Schutzniveau für die menschliche Gesundheit und die Umwelt insgesamt zu erreichen.[1]

Artikel 2
Geltungsbereich

(1) Diese Richtlinie gilt für die in den Kapiteln II bis VIa genannten industriellen Tätigkeiten, die eine Umweltverschmutzung verursachen.[1]

(2) Diese Richtlinie gilt nicht für Forschungstätigkeiten, Entwicklungsmaßnahmen oder die Erprobung von neuen Produkten und Verfahren.

Artikel 3
Begriffsbestimmungen

Im Sinne dieser Richtlinie bezeichnet der Ausdruck:

1. „Stoff" chemische Elemente und ihre Verbindungen, ausgenommen folgende Stoffe:
   a) radioaktive Stoffe gemäß Artikel 1 der Richtlinie 96/29/Euratom des Rates vom 13. Mai 1996 zur Festlegung der grundlegenden Sicherheitsnormen für den Schutz der Gesundheit der Arbeitskräfte und der Bevölkerung gegen die Gefahren durch ionisierende Strahlungen[2];
   b) genetisch veränderte Mikroorganismen gemäß Artikel 2 Buchstabe b der Richtlinie 2009/41/EG des Europäischen Parlaments und des Rates vom 6. Mai 2009 über die Anwendung genetisch veränderter Mikroorganismen in geschlossenen Systemen[3];
   c) genetisch veränderte Organismen gemäß Artikel 2 Absatz 2 der Richtlinie 2001/18/EG des Europäischen Parlaments und des Rates vom 12. März 2001 über die absichtliche Freisetzung genetisch veränderter Organismen in die Umwelt[4];
2. „Umweltverschmutzung" die durch menschliche Tätigkeiten direkt oder indirekt bewirkte Freisetzung von Stoffen, Erschütterungen, Wärme, Lärm oder Gerüchen in Luft, Wasser oder Boden, die der menschlichen Gesundheit oder der Umweltqualität schaden oder zu einer Schädigung von Sachwerten bzw. zu einer Beeinträchtigung oder Störung von Annehmlichkeiten und anderen legitimen Nutzungen der Umwelt führen können;[1]
3. „Anlage" eine ortsfeste technische Einheit, in der eine oder mehrere der in Anhang I, in Anhang Ia oder in Anhang VII Teil 1 genannten Tätigkeiten sowie andere unmittelbar damit verbundene Tätigkeiten am selben Standort durchgeführt werden, die mit den in den genannten Anhängen aufgeführten Tätigkeiten in einem technischen Zusammenhang stehen und die Auswirkungen auf die Emissionen und die Umweltverschmutzung haben können;[1]
4. „Emission" die von Punktquellen oder diffusen Quellen der Anlage ausgehende direkte oder indirekte Freisetzung von Stoffen, Erschütterungen, Wärme oder Lärm in die Luft, das Wasser oder den Boden;
5. „Emissionsgrenzwert" die im Verhältnis zu bestimmten spezifischen Parametern ausgedrückte Masse, die Konzentration und/oder das Niveau einer Emission, die in einem oder mehreren Zeiträumen nicht überschritten werden dürfen;

5a. „Umweltleistungsgrenzwert" einen in einer Genehmigung enthaltenen Leistungswert, der für bestimmte Bedingungen in Bezug auf bestimmte spezifische Parameter ausgedrückt wird;[5]

6. „Umweltqualitätsnorm" die Gesamtheit von Anforderungen, die zu einem gegebenen Zeitpunkt in einer gegebenen Umwelt oder einem bestimmten Teil davon nach den Rechtsvorschriften der Union erfüllt werden müssen;
7. „Genehmigung" eine schriftliche Genehmigung zum Betrieb einer Anlage, Feuerungsanlage, Abfallverbrennungsanlage oder Abfallmitverbrennungsanlage oder eines Teils von diesen;
8. „allgemeine bindende Vorschriften" Emissionsgrenzwerte oder andere Bedingungen, zumindest auf Sektorebene, die zur direkten Verwendung bei der Formulierung von Genehmigungsauflagen festgelegt werden;
9. „wesentliche Änderung" eine Änderung der Beschaffenheit oder der Funktionsweise oder eine Erweiterung der Anlage, Feuerungsanlage, Abfallverbrennungsanlage oder Abfallmitverbrennungsanlage, die erhebliche nachteilige Auswirkungen auf die menschliche Gesundheit oder die Umwelt haben kann;

9a. „tiefgreifender industrieller Wandel" die Einführung von Zukunftstechniken oder besten verfügbaren Techniken durch Industrieunternehmen, die eine erhebliche Änderung der Konstruktion oder Technologie einer Anlage oder eines Teils einer Anlage oder den Austausch einer bestehenden Anlage durch eine neue Anlage mit sich bringen, die eine äußerst wesentliche Verringerung der Treibhausgasemissionen im Einklang mit dem Ziel der Klimaneutralität ermöglicht und die positiven Nebeneffekte für die Umwelt zumindest auf das Niveau optimiert, das mit den in den geltenden BVT-Schlussfolgerungen ermittelten Techniken erreicht werden kann, wobei medienübergreifende Auswirkungen zu berücksichtigen sind;[5]

10. „beste verfügbare Techniken" den effizientesten und fortschrittlichsten Entwicklungsstand der Tätigkeiten und entsprechenden Betriebsmethoden, der bestimmte Techniken als praktisch geeignet erscheinen lässt, als Grundlage für die Emissionsgrenzwerte und sonstige Genehmigungsauf-

---

[1] Neu gefasst durch ABl L 1785 vom 15.7.2024.

[2] ABl. L 159 vom 29.6.1996, S. 1.

[3] ABl. L 125 vom 21.5.2009, S. 75.

[4] ABl. L 106 vom 17.4.2001, S. 1.

[5] Eingefügt durch ABl L 1785 vom 15.7.2024.

lagen zu dienen, um Emissionen in und Auswirkungen auf die gesamte Umwelt zu vermeiden oder, wenn dies nicht möglich ist, zu vermindern:

a) „Techniken“: sowohl die angewandte Technologie als auch die Art und Weise, wie die Anlage geplant, gebaut, gewartet, betrieben und stillgelegt wird;

b) „verfügbare Techniken“ die Techniken, die in einem Maßstab entwickelt sind, der unter Berücksichtigung des Kosten/Nutzen-Verhältnisses die Anwendung unter in dem betreffenden industriellen Sektor wirtschaftlich und technisch vertretbaren Verhältnissen ermöglicht, unabhängig davon, ob diese Techniken innerhalb der Union verwendet oder hergestellt werden, sofern sie zu vertretbaren Bedingungen für den Betreiber zugänglich sind;[1]

c) „beste“ die Techniken, die am wirksamsten zur Erreichung eines allgemein hohen Schutzniveaus für die Umwelt insgesamt sind, einschließlich der menschlichen Gesundheit und des Klimaschutzes;[1]

11. „BVT-Merkblatt“ ein aus dem gemäß Artikel 13 organisierten Informationsaustausch hervorgehendes Dokument, das für bestimmte Tätigkeiten erstellt wird und insbesondere die angewandten Techniken, die derzeitigen Emissions- und Verbrauchswerte, die für die Festlegung der besten verfügbaren Techniken sowie der BVT-Schlussfolgerungen berücksichtigten Techniken sowie alle Zukunftstechniken beschreibt, wobei den Kriterien in Anhang III besonders Rechnung getragen wird;

12. ‚BVT-Schlussfolgerungen‘ ein Dokument, das die Teile eines BVT-Merkblatts mit den Schlussfolgerungen zu den besten verfügbaren Techniken und Zukunftstechniken, ihrer Beschreibung, Informationen zur Bewertung ihrer Anwendbarkeit, den mit diesen Techniken assoziierten Emissionswerten, den diesen Techniken assoziierten Umweltleistungswerten, dem Inhalt eines Umweltmanagementsystems einschließlich der Vergleichswerte, den dazugehörigen Überwachungsmaßnahmen, den dazugehörigen Verbrauchswerten sowie gegebenenfalls einschlägigen Standortsanierungsmaßnahmen enthält;[1]

12a. „Betriebsvorschriften“ die in Genehmigungen oder allgemeinen bindenden Vorschriften für die Ausübung der in Anhang Ia genannten Tätigkeiten enthaltenen Vorschriften, die die Emissionsgrenzwerte, die Umweltleistungsgrenzwerte, die damit assoziierten Überwachungsanforderungen und gegebenenfalls Ausbringungspraktiken, Praktiken zur Vermeidung und Minderung der Umweltverschmutzung, das Ernährungsmanagement, die Futtermittelaufbereitung, die Unterbringung, die Dungbewirtschaftung, einschließlich der Sammlung, Lagerung, Verarbeitung und Ausbringung von Dung, sowie die Lagerung toter Tiere enthalten und der Anwendung der besten verfügbaren Techniken entsprechen;[5]

13. „mit den besten verfügbaren Techniken assoziierte Emissionswerte“ den Bereich von Emissionswerten, die unter normalen Betriebsbedingungen unter Verwendung einer besten verfügbaren Technik oder einer Kombination von besten verfügbaren Techniken entsprechend der Beschreibung in den BVT-Schlussfolgerungen erzielt werden, ausgedrückt als Mittelwert für einen vorgegebenen Zeitraum unter spezifischen Referenzbedingungen;

13a. „mit den besten verfügbaren Techniken assoziierte Umweltleistungswerte“ die Spanne von Umweltleistungswerten, die unter normalen Betriebsbedingungen unter Verwendung einer besten verfügbaren Technik oder einer Kombination von besten verfügbaren Techniken erzielt werden, so wie in den BVT-Schlussfolgerungen beschrieben;[5]

13aa. „Umweltleistung“ die Leistung in Bezug auf das Verbrauchsniveau, die Ressourceneffizienz in Bezug auf Materialien sowie auf Wasser- und Energieressourcen, die Wiederverwendung von Materialien und Wasser sowie das Abfallaufkommen;[5]

13b. „Vergleichswerte“ die indikative Spanne der mit den besten verfügbaren Techniken assoziierten Umweltleistungswerte, die im Umweltmanagementsystem als Referenzwert zu benutzen sind;[5]

14. „Zukunftstechnik“ eine neue Technik für eine industrielle Tätigkeit, die bei gewerblicher Nutzung entweder ein höheres allgemeines Schutzniveau für die menschliche Gesundheit und die Umwelt oder zumindest das gleiche Schutzniveau für die menschliche Gesundheit und die Umwelt und größere Kostenersparnisse bieten könnte als bestehende beste verfügbare Techniken;[1]

15. „Betreiber“ jede natürliche oder juristische Person, die die Anlage, Feuerungsanlage, Abfallverbrennungsanlage oder Abfallmitverbrennungsanlage vollständig oder teilweise betreibt oder besitzt oder der – sofern in den einzelstaatlichen Rechtsvorschriften vorgesehen – die ausschlaggebende wirtschaftliche Verfügungsmacht über deren technischen Betrieb übertragen worden ist;

16. „Öffentlichkeit“ eine oder mehrere natürliche oder juristische Personen und, in Übereinstimmung mit den innerstaatlichen Rechtsvorschriften oder der innerstaatlichen Praxis, deren Vereinigungen, Organisationen oder Gruppen;

17. „betroffene Öffentlichkeit“ die von einer Entscheidung über die Erteilung oder Aktualisierung einer Genehmigung oder von Genehmigungsauflagen betroffene oder wahrscheinlich betroffene Öffentlichkeit mit einem Interesse daran; im Sinne dieser Begriffsbestimmung haben Nichtregierungsorganisationen, die sich für den Schutz der menschlichen Gesundheit oder der Umwelt einsetzen und alle nach innerstaatlichem Recht geltenden Voraussetzungen erfüllen, ein Interesse;[1]

18. „gefährliche Stoffe“ Stoffe oder Gemische gemäß Artikel 3 der Verordnung (EG) Nr. 1272/2008 des Europäischen Parlaments und des Rates vom 16. Dezember 2008 über die Einstufung, Kennzeichnung und Verpackung von Stoffen und Gemischen[6];

19. „Bericht über den Ausgangszustand“ Informationen über den Stand der Verschmutzung des Bodens und des Grundwassers durch die relevanten gefährlichen Stoffe;

20. „Grundwasser“ Grundwasser im Sinne des Artikels 2 Nummer 2 der Richtlinie 2000/60/EG des Europäischen Parlaments und des Rates vom 23. Oktober 2000 zur Schaffung eines Ordnungsrahmens für Maßnahmen der Gemeinschaft im Bereich der Wasserpolitik[7];

21. „Boden“ die oberste Schicht der Erdkruste, die sich zwischen dem Grundgestein und der Oberfläche befindet. Der Boden besteht aus Mineralpartikeln, organischem Material, Wasser, Luft und lebenden Organismen;

22. „Umweltinspektionen“ alle Maßnahmen, einschließlich Besichtigungen vor Ort, Überwachung der Emissionen und Überprüfung interner Berichte und Folgedokumente, Überprüfung der Eigenkontrolle, Prüfung der angewandten Techniken und der Eignung des Umweltmanagements der Anlage, die von der zuständigen Behörde oder in ihrem Namen zur Prüfung und Förderung der Einhaltung der Genehmigungsauflagen durch die Anlagen und gegebenenfalls zur Überwachung ihrer Auswirkungen auf die Umwelt getroffen werden;

6 ABl. L 353 vom 31.12.2008, S. 1.

7 ABl. L 327 vom 22.12.2000, S. 1.

23. „Geflügel" Geflügel im Sinne des Artikels 4 Nummer 9 der Verordnung (EU) 2016/429 des Europäischen Parlaments und des Rates[8];[1]

23a. ‚Schweine' Schweine im Sinne von Artikel 2 der Richtlinie 2008/120/EG des Rates[9];[5]

23b. „Großvieheinheit" eine Standardmaßeinheit, die die Zusammenfassung der verschiedenen Arten von Viehbeständen zu Vergleichszwecken erlaubt und auf der Grundlage der Koeffizienten der einzelnen Viehbestandskategorien, die in Anhang Ia aufgeführt sind, berechnet wird;[5]

24. „Brennstoff" alle festen, flüssigen oder gasförmigen brennbaren Stoffe;

25. „Feuerungsanlage" jede technische Einrichtung, in der Brennstoffe im Hinblick auf die Nutzung der dabei erzeugten Wärme oxidiert werden;

26. „Schornstein" eine Konstruktion, die einen oder mehrere Kanäle aufweist, über die Abgase in die Luft abgeleitet werden;

27. „Betriebsstunden" den in Stunden ausgedrückten Zeitraum, in dem sich eine Feuerungsanlage vollständig oder teilweise in Betrieb befindet und Emissionen in die Luft abgibt, ohne die Zeitabschnitte des An- und Abfahrens;

28. „Schwefelabscheidegrad" das Verhältnis der Schwefelmenge, die von einer Feuerungsanlage in einem bestimmten Zeitraum nicht in die Luft abgeleitet wird, zu der Schwefelmenge des Festbrennstoffs, der im gleichen Zeitraum in die Feuerungsanlage eingebracht und verbraucht wird;

29. „einheimischer fester Brennstoff" ein natürlich vorkommender fester Brennstoff, der in einer eigens für diesen Brennstoff konzipierten Feuerungsanlage verfeuert wird und der vor Ort gewonnen wird;

30. „maßgeblicher Brennstoff" unter den Brennstoffen, die in einer Destillations- oder Konversionsrückstände aus der Rohölraffinierung allein oder zusammen mit anderen Brennstoffen für den Eigenverbrauch verfeuernden Mehrstofffeuerungsanlage verwendet werden, den Brennstoff mit dem höchsten Emissionsgrenzwert nach Anhang V Teil 1 oder – im Falle von mehreren Brennstoffen mit gleichem Emissionsgrenzwert – den Brennstoff, der von diesen Brennstoffen die größte Wärmemenge liefert;

31. „Biomasse"
    a) Produkte land- oder forstwirtschaftlichen Ursprungs aus pflanzlichem Material, die als Brennstoff zur energetischen Rückgewinnung verwendet werden können;
    b) nachstehende Abfälle:
        i) pflanzliche Abfälle aus der Land- und Forstwirtschaft;
        ii) pflanzliche Abfälle aus der Nahrungsmittelindustrie, falls die erzeugte Wärme genutzt wird;
        iii) faserige pflanzliche Abfälle aus der Herstellung von natürlichem Zellstoff und aus der Herstellung von Papier aus Zellstoff, sofern sie am Herstellungsort mitverbrannt werden und die erzeugte Wärme genutzt wird;
        iv) Korkabfälle;
        v) Holzabfälle mit Ausnahme von Holzabfällen, die infolge einer Behandlung mit Holzschutzmitteln oder infolge einer Beschichtung halogenorganische Verbindungen oder Schwermetalle enthalten können, und zu denen insbesondere solche Holzabfälle aus Bau- und Abbruchabfällen gehören;

32. „Mehrstofffeuerungsanlage" eine Feuerungsanlage, die gleichzeitig oder wechselweise mit zwei oder mehr Brennstoffen beschickt werden kann;

33. „Gasturbine" jede rotierende Maschine, die thermische Energie in mechanische Arbeit umwandelt und hauptsächlich aus einem Verdichter, aus einer Brennkammer, in der Brennstoff zur Erhitzung des Arbeitsmediums oxidiert wird, und aus einer Turbine besteht;

34. „Gasmotor" einen nach dem Ottoprinzip arbeitenden Verbrennungsmotor mit Fremdzündung des Kraftstoffs bzw. – im Falle von Zweistoffmotoren – mit Selbstzündung des Kraftstoffs;

35. „Dieselmotor" einen nach dem Dieselprinzip arbeitenden Verbrennungsmotor mit Selbstzündung des Kraftstoffs;

36. „kleines, isoliertes Netz" ein kleines, isoliertes Netzsystem im Sinne des Artikels 2 Nummer 26 der Richtlinie 2003/54/EG des Europäischen Parlaments und des Rates vom 26. Juni 2003 über gemeinsame Vorschriften für den Elektrizitätsbinnenmarkt[10];

37. „Abfall" Abfälle gemäß der Begriffsbestimmung in Artikel 3 Nummer 1 der Richtlinie 2008/98/EG des Europäischen Parlaments und des Rates vom 19. November 2008 über Abfälle[11];

38. „gefährliche Abfälle" gefährliche Abfälle gemäß der Begriffsbestimmung in Artikel 3 Nummer 2 der Richtlinie 2008/98/EG;

39. „gemischte Siedlungsabfälle" Abfälle aus Haushaltungen sowie gewerbliche, industrielle Abfälle und Abfälle aus Einrichtungen, die aufgrund ihrer Beschaffenheit oder Zusammensetzung den Abfällen aus Haushaltungen ähnlich sind, jedoch ausgenommen die unter Position 20 01 des Anhangs der Entscheidung 2000/532/EG[12] genannten Fraktionen, die getrennt am Entstehungsort eingesammelt werden, und anderen, unter Position 20 02 dieses Anhangs genannten Abfalls;

40. „Abfallverbrennungsanlage" jede ortsfeste oder nicht ortsfeste technische Einheit oder Anlage, die zur thermischen Behandlung von Abfällen mit oder ohne Nutzung der Verbrennungswärme mittels Verbrennung durch Oxidation von Abfällen und anderen thermischen Behandlungsverfahren wie Pyrolyse, Vergasung und Plasmaverfahren eingesetzt wird, wenn die bei der Behandlung entstehenden Stoffe anschließend verbrannt werden;

41. „Abfallmitverbrennungsanlage" jede ortsfeste oder nicht ortsfeste technische Einheit, deren Hauptzweck in der Energieerzeugung oder der Produktion stofflicher Erzeugnisse besteht und in der Abfall als Regel- oder Zusatzbrennstoff verwendet oder im Hinblick auf die Beseitigung thermisch behandelt wird, und zwar mittels Verbrennung durch Oxidation von Abfällen und andere thermische Behandlungsverfahren wie Pyrolyse, Vergasung und Plasmaverfahren, wenn die bei der Behandlung entstehenden Stoffe anschließend verbrannt werden;

42. „Nennkapazität" die Summe der vom Hersteller angegebenen und vom Betreiber bestätigten Verbrennungskapazitäten aller Öfen einer Abfallverbrennungs- oder Abfall-

---

[8] Verordnung (EU) 2016/429 des Europäischen Parlaments und des Rates vom 9. März 2016 zu Tierseuchen und zur Änderung und Aufhebung einiger Rechtsakte im Bereich der Tiergesundheit (‚Tiergesundheitsrecht') (ABl. L 84 vom 31.3.2016, S. 1).

[9] Richtlinie 2008/120/EG vom 18. Dezember 2008 über Mindestanforderungen für den Schutz von Schweinen (ABl. L 47 vom 18.2.2009, S. 5)

[10] ABl. L 176 vom 15.7.2003, S. 37.

[11] ABl. L 312 vom 22.11.2008, S. 3.

[12] Entscheidung 2000/532/EG der Kommission vom 3. Mai 2000 zur Ersetzung der Entscheidung 94/3/EG über ein Abfallverzeichnis gemäß Artikel 1 Buchstabe a) der Richtlinie 75/442/EWG des Rates über Abfälle und der Entscheidung 94/904/EG des Rates über ein Verzeichnis gefährlicher Abfälle im Sinne von Artikel 1 Absatz 4 der Richtlinie 91/689/EWG über gefährliche Abfälle (ABl. L 226 vom 6.9.2000, S. 3).

mitverbrennungsanlage, wobei der Heizwert des Abfalls, ausgedrückt in der pro Stunde verbrannten Abfallmenge, zu berücksichtigen ist;

43. „Dioxine" und „Furane" alle in Anhang VI Teil 2 genannten polychlorierten Dibenzo-p-Dioxine und Dibenzofurane;

44. „organische Verbindung" eine Verbindung, die zumindest das Element Kohlenstoff und eines oder mehrere der Elemente Wasserstoff, Halogene, Sauerstoff, Schwefel, Phosphor, Silizium oder Stickstoff enthält, ausgenommen Kohlenstoffoxide sowie anorganische Karbonate und Bikarbonate;

45. „flüchtige organische Verbindung" eine organische Verbindung und der Kreosotanteil, die bzw. der bei 293,15 K einen Dampfdruck von 0,01 kPa oder mehr hat oder unter den jeweiligen Verwendungsbedingungen eine entsprechende Flüchtigkeit aufweist;

46. „organisches Lösungsmittel" eine flüchtige organische Verbindung, die zu einem der folgenden Zwecke verwendet wird:
   a) ohne sich chemisch zu verändern allein oder in Kombination mit anderen Stoffen zur Auflösung von Rohstoffen, Produkten oder Abfallstoffen;
   b) als Reinigungsmittel zur Auflösung von Verschmutzungen;
   c) als Lösungsmittel;
   d) als Dispersionsmittel;
   e) als Mittel zur Einstellung der Viskosität;
   f) als Mittel zur Einstellung der Oberflächenspannung;
   g) als Weichmacher;
   h) als Konservierungsmittel;

47. „Beschichtungsstoff" Beschichtungsstoff gemäß Artikel 2 Nummer 8 der Richtlinie 2004/42/EG des Europäischen Parlaments und des Rates vom 21. April 2004 über die Begrenzung der Emissionen flüchtiger organischer Verbindungen aufgrund der Verwendung organischer Lösemittel in bestimmten Farben und Lacken und in Produkten der Fahrzeugreparaturlackierung[13];

48. „mit Zukunftstechniken assoziierte Emissionswerte" die Spanne von Emissionswerten, die unter normalen Betriebsbedingungen unter Verwendung einer Zukunftstechnik oder einer Kombination von Zukunftstechniken erzielt werden, so wie in den BVT-Schlussfolgerungen beschrieben, ausgedrückt als Mittelwert für einen vorgegebenen Zeitraum unter spezifischen Referenzbedingungen;[5]

49. ‚mit Zukunftstechniken assoziierte Umweltleistungswerte' die Spanne von Umweltleistungswerten, die unter normalen Betriebsbedingungen unter Verwendung einer Zukunftstechnik oder einer Kombination von Zukunftstechniken erzielt werden, so wie in den BVT-Schlussfolgerungen beschrieben;[5]

50. ‚Einhaltungssicherung' Mechanismen zur Sicherung der Einhaltung von Anforderungen unter Einsatz von drei Interventionsarten: Förderung der Einhaltung, Überwachung der Einhaltung, Folgemaßnahmen und Durchsetzung.[5]

Artikel 4
Genehmigungspflicht

(1) Die Mitgliedstaaten treffen die erforderlichen Maßnahmen, um sicherzustellen, dass keine Anlage, Feuerungsanlage, Abfallverbrennungsanlage oder Abfallmitverbrennungsanlage ohne eine Genehmigung betrieben wird.

Abweichend von Unterabsatz 1 können die Mitgliedstaaten ein Verfahren für die Registrierung von Anlagen festlegen, die ausschließlich unter Kapitel V oder Kapitel VIa fallen.[1]

Das Registrierungsverfahren ist in einer bindenden Vorschrift festgelegt und sieht mindestens vor, dass der Betreiber die zuständige Behörde über seine Absicht unterrichtet, eine Anlage zu betreiben.

(2) Die Mitgliedstaaten können vorsehen, dass eine Genehmigung für zwei oder mehr Anlagen oder Anlagenteile gilt, die vom selben Betreiber am selben Standort betrieben werden.

Gilt eine Genehmigung für zwei oder mehr Anlagen, so muss sie Auflagen enthalten, mit denen sichergestellt wird, dass jede Anlage die Anforderungen dieser Richtlinie erfüllt.

(3) Die Mitgliedstaaten können vorsehen, dass eine Genehmigung für mehrere Teile einer Anlage gilt, die von verschiedenen Betreibern betrieben wird. In diesen Fällen werden in der Genehmigung die Verantwortlichkeiten jedes Betreibers genau angegeben.

Artikel 5
Erteilung einer Genehmigung

(1) Unbeschadet sonstiger Anforderungen aufgrund einzelstaatlichen Rechts oder Unionsrechts erteilt die zuständige Behörde eine Genehmigung, wenn die Anlage den Anforderungen dieser Richtlinie entspricht.

(2) Die Mitgliedstaaten treffen die erforderlichen Maßnahmen für eine vollständige Koordinierung der Genehmigungsverfahren und der Genehmigungsauflagen, wenn bei diesen Verfahren mehrere zuständige Behörden oder mehr als ein Betreiber mitwirken oder wenn mehr als eine Genehmigung erteilt wird, um ein wirksames integriertes Konzept aller für diese Verfahren zuständigen Behörden sicherzustellen.

(3) Handelt es sich um eine neue Anlage oder um eine wesentliche Änderung, für die Artikel 4 der Richtlinie 85/337/EWG gilt, so sind im Rahmen des Verfahrens zur Erteilung der Genehmigung alle einschlägigen Angaben oder Ergebnisse zu prüfen und zu verwenden, die aufgrund der Artikel 5, 6, 7 und 9 jener Richtlinie vorliegen.

(4)[5] Die Mitgliedstaaten entwickeln bis zum 31. Dezember 2035 Systeme für die elektronische Genehmigung von Anlagen und führen elektronische Genehmigungsverfahren ein.

Die Kommission organisiert einen Informationsaustausch mit den Mitgliedstaaten über die elektronische Genehmigung und veröffentlicht Leitlinien zu bewährten Verfahren.

Artikel 6
Allgemeine bindende Vorschriften

Unbeschadet der Genehmigungspflicht können die Mitgliedstaaten Auflagen für bestimmte Kategorien von Anlagen, Feuerungsanlagen, Abfallverbrennungsanlagen oder Abfallmitverbrennungsanlagen in Form von allgemeinen bindenden Vorschriften vorsehen.

Werden allgemeine bindende Vorschriften erlassen, so genügt es, wenn in der Genehmigung auf diese Vorschriften verwiesen wird.

Artikel 7
Vorfälle und Unfälle[1]

Unbeschadet der Richtlinie 2004/35/EG des Europäischen Parlaments und des Rates[14] treffen die Mitgliedstaaten bei allen Vorfällen oder Unfällen mit erheblichen Auswirkungen

[13] ABl. L 143 vom 30.4.2004, S. 87.

[14] Richtlinie 2004/35/EG des Europäischen Parlament und des Rates vom 21. April 2004 über Umwelthaftung zur Vermeidung und Sanierung von Umweltschäden (ABl. L 143 vom 30.4.2004, S. 56).

auf die menschliche Gesundheit oder die Umwelt die erforderlichen Maßnahmen, um sicherzustellen, dass

a) der Betreiber die zuständige Behörde unverzüglich unterrichtet,

b) der Betreiber unverzüglich die Maßnahmen zur Begrenzung der Auswirkungen auf die menschliche Gesundheit oder die Umwelt und zur Vermeidung weiterer möglicher Vorfälle und Unfälle ergreift und

c) die zuständige Behörde den Betreiber dazu verpflichtet, alle weiteren geeigneten Maßnahmen zu treffen, die ihres Erachtens zur Begrenzung der Auswirkungen auf die menschliche Gesundheit oder die Umwelt und zur Vermeidung weiterer möglicher Vorfälle und Unfälle erforderlich sind.

Im Falle einer Umweltverschmutzung, die sich auf die Trinkwasserressourcen, einschließlich der grenzüberschreitenden Ressourcen, oder im Falle einer indirekten Einleitung auf die Abwasserinfrastruktur auswirkt, unterrichtet die zuständige Behörde die betroffenen Betreiber von Trinkwasser- und Abwasseranlagen über die Maßnahmen, die getroffen wurden, um durch diese Verschmutzung verursachte Schäden für die menschliche Gesundheit und die Umwelt zu vermeiden oder zu beheben.

Bei einem Vorfall oder Unfall mit erheblichen Auswirkungen auf die menschliche Gesundheit oder die Umwelt in einem anderen Mitgliedstaat stellt der Mitgliedstaat, in dessen Hoheitsgebiet der Vorfall oder Unfall stattgefunden hat, sicher, dass die zuständige Behörde des anderen Mitgliedstaats unverzüglich informiert wird. Die betroffenen Mitgliedstaaten bemühen sich im Rahmen einer grenzübergreifenden und multidisziplinären Zusammenarbeit, die Folgen für die Umwelt und die menschliche Gesundheit einzuschränken und weitere mögliche Vorfälle oder Unfälle zu vermeiden.

Artikel 8
Nichteinhaltung[1]

(1) Die Mitgliedstaaten treffen die erforderlichen Maßnahmen, um sicherzustellen, dass die Genehmigungsauflagen eingehalten werden.

Sie führen außerdem Maßnahmen zur Einhaltungssicherung ein, um die Einhaltung der Verpflichtungen, die natürlichen oder juristischen Personen gemäß dieser Richtlinie auferlegt werden, zu fördern, zu überwachen und durchzusetzen.

(2) Bei einer Nichteinhaltung der Genehmigungsauflagen stellen die Mitgliedstaaten Folgendes sicher:

a) der Betreiber informiert unverzüglich die zuständige Behörde,

b) der Betreiber ergreift unverzüglich die erforderlichen Maßnahmen, um sicherzustellen, dass die Einhaltung der Anforderungen so schnell wie möglich wieder hergestellt wird und

c) die zuständige Behörde verpflichtet den Betreiber, alle weiteren geeigneten Maßnahmen zu treffen, die ihres Erachtens erforderlich sind, um die Einhaltung der Anforderungen wieder herzustellen.

(3) Wenn ein Verstoß gegen die Genehmigungsauflagen eine unmittelbare Gefährdung der menschlichen Gesundheit verursacht oder eine unmittelbare erhebliche Gefährdung der Umwelt darstellt, wird der weitere Betrieb der Anlage, Feuerungsanlage, Abfallverbrennungsanlage, Abfallmitverbrennungsanlage oder des betreffenden Teils der Anlage unverzüglich ausgesetzt, bis die erneute Einhaltung der Anforderungen gemäß Absatz 2 Buchstaben b und c sichergestellt ist.

Bedroht ein solcher Verstoß die menschliche Gesundheit oder die Umwelt in einem anderen Mitgliedstaat, so stellt der Mitgliedstaat, in dessen Hoheitsgebiet sich der Verstoß gegen die Genehmigungsauflagen ereignet hat, sicher, dass der andere Mitgliedstaat unterrichtetet wird.

(4) In Situationen, die nicht unter Absatz 3 dieses Artikels fallen, in denen ein anhaltender Verstoß gegen die Genehmigungsauflagen eine unmittelbare Gefährdung der menschlichen Gesundheit darstellt oder eine unmittelbare erhebliche Gefährdung der Umwelt verursacht und die im Inspektionsbericht gemäß Artikel 23 Absatz 6 festgestellten notwendigen Maßnahmen zur erneuten Einhaltung der Anforderungen nicht durchgeführt wurden, kann der weitere Betrieb der Anlage, Feuerungsanlage, Abfallverbrennungsanlage, Abfallmitverbrennungsanlage oder des betreffenden Teils der Anlage unverzüglich von der zuständigen Behörde ausgesetzt werden, bis die erneute Einhaltung der Genehmigungsauflagen sichergestellt ist.

(5) Die Mitgliedstaaten stellen sicher, dass Aussetzungsmaßnahmen gemäß den Absätzen 3 und 4, die von den zuständigen Behörden in Bezug auf einen Betreiber ergriffen werden, der gegen die gemäß dieser Richtlinie erlassenen nationalen Vorschriften verstößt, wirksam durchgesetzt werden.

(6) Im Falle eines Verstoßes gegen die Vorschriften, der sich auf Trinkwasserressourcen einschließlich grenzüberschreitender Ressourcen oder im Falle einer indirekten Einleitung auf die Abwasserinfrastruktur auswirkt, unterrichtet die zuständige Behörde die Betreiber von Trinkwasserversorgungs- und Abwasseranlagen und alle einschlägigen Behörden, die für die Einhaltung der betreffenden Umweltvorschriften verantwortlich sind, über den Verstoß und die Maßnahmen, die getroffen wurden, um den Schaden für die menschliche Gesundheit und die Umwelt abzuwenden oder zu beheben.

Artikel 9
Treibhausgasemissionen

(1) Sind Treibhausgasemissionen einer Anlage in Anhang I der Richtlinie 2003/87/EG in Zusammenhang mit einer in dieser Anlage durchgeführten Tätigkeit aufgeführt, so enthält die Genehmigung keine Emissionsgrenzwerte für direkte Emissionen dieses Gases, es sei denn, dies ist erforderlich, um sicherzustellen, dass keine erhebliche lokale Umweltverschmutzung verursacht wird.

(2)[1] Den Mitgliedstaaten steht es frei, für die in Anhang I der Richtlinie 2003/87/EG aufgeführten Tätigkeiten bei Verbrennungseinheiten oder anderen Einheiten am Standort, die Kohlendioxid ausstoßen, keine Energieeffizienzanforderungen gemäß Artikel 14 Absatz 1 Buchstabe aa und Artikel 15 Absatz 4 dieser Richtlinie festzulegen.

(3) Falls erforderlich, wird die Genehmigung durch die zuständigen Behörden entsprechend geändert.

(4) Die Absätze 1 bis 3 gelten nicht für Anlagen, die gemäß Artikel 27 der Richtlinie 2003/87/EG vorübergehend aus dem System für den Handel mit Treibhausgasemissionszertifikaten in der Union ausgeschlossen sind.

Kapitel II
Vorschriften für die in Anhang I aufgeführten Tätigkeiten

Artikel 10
Geltungsbereich

Dieses Kapitel gilt für die Tätigkeiten, die in Anhang I aufgelistet sind und bei denen gegebenenfalls die in dem genannten Anhang festgelegten Kapazitätsschwellen erreicht werden.

Artikel 11
Allgemeine Prinzipien der Grundpflichten der Betreiber

Die Mitgliedstaaten treffen die erforderlichen Maßnahmen, damit die Anlage nach folgenden Prinzipien betrieben wird:

a) Es werden alle geeigneten Vorsorgemaßnahmen gegen Umweltverschmutzungen getroffen;

b) die besten verfügbaren Techniken werden angewandt;

c) es werden keine erheblichen Umweltverschmutzungen verursacht;

d) die Erzeugung von Abfällen wird gemäß der Richtlinie 2008/98/EG vermieden;

e) falls Abfälle erzeugt werden, werden sie entsprechend der Prioritätenfolge und im Einklang mit der Richtlinie 2008/98/EG zur Wiederverwendung vorbereitet, recycelt, verwertet oder, falls dies aus technischen oder wirtschaftlichen Gründen nicht möglich ist, beseitigt, wobei Auswirkungen auf die Umwelt vermieden oder vermindert werden;

f) Energie wird effizient verwendet, und die Nutzung und Erzeugung erneuerbarer Energie wird nach Möglichkeit vorangetrieben;[1]

fa) materielle Ressourcen und Wasser werden effizient verwendet, einschließlich durch Wiederverwendung;[5]

fb) ein Umweltmanagementsystem gemäß Artikel 14a wird umgesetzt.[5]

g) es werden die notwendigen Maßnahmen ergriffen, um Unfälle zu verhindern und deren Folgen zu begrenzen;

h) bei einer endgültigen Stilllegung werden die erforderlichen Maßnahmen getroffen, um jegliche Gefahr einer Umweltverschmutzung zu vermeiden und den in Artikel 22 beschriebenen zufrieden stellenden Zustand des Betriebsgeländes wiederherzustellen.

Artikel 12
Genehmigungsantrag

(1) Die Mitgliedstaaten treffen die erforderlichen Maßnahmen, damit ein Genehmigungsantrag eine Beschreibung von Folgendem enthält:

a) Anlage sowie Art und Umfang ihrer Tätigkeiten;

b) Roh- und Hilfsstoffe, sonstige Stoffe, Energie und Wasser, die in der Anlage verwendet oder erzeugt werden;[1]

c) Quellen der Emissionen aus der Anlage, einschließlich Gerüche;[1]

d) Zustand des Anlagengeländes;

e) gegebenenfalls einen Bericht über den Ausgangszustand gemäß Artikel 22 Absatz 2;

f) Art und Menge der vorhersehbaren Emissionen, einschließlich Gerüche, aus der Anlage in jedes einzelne Umweltmedium sowie Feststellung von erheblichen Auswirkungen der Emissionen auf die Umwelt;[1]

g) vorgesehene Technologie und sonstige Techniken zur Vermeidung der Emissionen aus der Anlage oder, sofern dies nicht möglich ist, Verminderung derselben;

h) Maßnahmen zur Vermeidung, zur Vorbereitung, zur Wiederverwendung, zum Recycling und zur Verwertung der von der Anlage erzeugten Abfälle;

i) sonstige vorgesehene Maßnahmen zur Erfüllung der Vorschriften bezüglich der allgemeinen Prinzipien der Grundpflichten der Betreiber gemäß Artikel 11;

j) vorgesehene Maßnahmen zur Überwachung der Emissionen in die Umwelt;

k) die wichtigsten vom Antragsteller geprüften Alternativen zu den vorgeschlagenen Technologien, Techniken und Maßnahmen in einer Übersicht.

Der Genehmigungsantrag muss ferner eine nichttechnische Zusammenfassung der in Unterabsatz 1 genannten Angaben enthalten.

(2) Wenn Angaben gemäß den Anforderungen der Richtlinie 85/337/EWG oder ein Sicherheitsbericht gemäß der Richtlinie 96/82/EG oder sonstige Informationen in Erfüllung anderer Rechtsvorschriften eine der Anforderungen von Absatz 1 erfüllen, können sie in den Antrag aufgenommen oder diesem beigefügt werden.

Artikel 13
BVT-Merkblätter und Informationsaustausch

(1) Zur Erstellung, Überprüfung und erforderlichenfalls Aktualisierung der BVT-Merkblätter organisiert die Kommission einen Informationsaustausch zwischen den Mitgliedstaaten, den betreffenden Industriezweigen, den Nichtregierungsorganisationen, die sich für den Schutz der menschlichen Gesundheit oder den Umweltschutz einsetzen, der Europäischen Chemikalienagentur und der Kommission. Dieser Informationsaustausch strebt einen achtjährigen Überprüfungszyklus der BVT-Merkblätter an, wobei den Dokumenten Vorrang eingeräumt wird, die das größte Potenzial zur Verbesserung der menschlichen Gesundheit oder des Umweltschutzes aufweisen. Der Informationsaustausch gemäß Unterabsatz 1 darf für jedes BVT-Merkblatt einen Zeitraum von vier Jahren nicht überschreiten.[1]

(1a) Die Kommission ändert den Durchführungsbeschluss 2012/119/EU bis zum 1. Juli 2026.[5]

(2) Es findet ein Informationsaustausch insbesondere über folgende Themen statt:

a) Leistungsfähigkeit der Anlagen und Techniken in Bezug auf Emissionen, gegebenenfalls ausgedrückt als kurz- und langfristige Mittelwerte sowie assoziierte Referenzbedingungen, Rohstoffverbrauch und Art der Rohstoffe, Wasserverbrauch, Energieverbrauch und Abfallerzeugung;

b) angewandte Techniken, zugehörige Überwachung, medienübergreifende Auswirkungen, wirtschaftliche Tragfähigkeit und technische Durchführbarkeit sowie Entwicklungen bei diesen Aspekten;

c) beste verfügbare Techniken und Zukunftstechniken, die nach der Prüfung der in den Buchstaben a und b aufgeführten Aspekte ermittelt worden sind.

Unbeschadet des Wettbewerbsrechts der Union werden Informationen, die als Geschäfts- und Betriebsgeheimnisse oder sensible Geschäftsinformationen erachtet werden, nur an die Kommission und – nach Unterzeichnung einer Vertraulichkeits- und Geheimhaltungsvereinbarung – an Beamte und andere Beschäftigte im öffentlichen Dienst, die Mitgliedstaaten oder Agenturen der Europäischen Union vertreten, weitergegeben. Die Informationen werden so anonymisiert, dass sie sich nicht auf einen bestimmten Betreiber oder eine bestimmte Anlage beziehen, wenn sie an die anderen am Informationsaustausch gemäß Absatz 1 beteiligten Interessenträger weitergegeben werden. Nicht anonymisierte Informationen dürfen nur dann weitergegeben werden, wenn die Anonymisierung der Informationen keinen wirksamen Austausch von Informationen über BVT im Rahmen der Erstellung, Überprüfung und gegebenenfalls erforderliche Aktualisierung der BVT-Merkblätter mit Vertretern von Nichtregierungsorganisationen, die sich für den Schutz der menschlichen Gesundheit oder der Umwelt einsetzen, und gegebenenfalls mit Vertretern von Verbänden, die die betreffenden Industriezweige vertreten, ermöglichen würde und wenn diese Vertreter von Organisationen und Verbänden eine Vertraulichkeits- und Geheimhaltungsvereinbarung unterzeichnet haben. Der Austausch von Informationen, die als Geschäfts- und Betriebsgeheimnisse oder sensible Geschäftsinformationen erachtet werden, wird streng auf das für die Erstellung, Überprüfung und gegebenenfalls erforderliche Aktualisierung der BVT-Merkblätter technisch notwendige Maß beschränkt, und solche Geschäfts- und Betriebsgeheimnisse oder sensiblen Geschäftsinformationen werden nicht zu anderen Zwecken verwendet.[5]

(3) Die Kommission richtet ein Forum aus Vertretern der Mitgliedstaaten, der betreffenden Industriezweige und der sich für den Schutz der menschlichen Gesundheit oder der Umwelt einsetzenden Nichtregierungsorganisationen ein, das sie regelmäßig einberuft.[1]

Die Kommission holt die Stellungnahme des Forums zu den praktischen Vorkehrungen für den Informationsaustausch und insbesondere zu Folgendem ein:

a) Geschäftsordnung des Forums;
b) Arbeitsprogramm für den Informationsaustausch;
c) Leitlinien für die Erhebung von Daten;
d) Leitlinien für die Ausarbeitung der BVT-Merkblätter und die entsprechenden Qualitätssicherungsmaßnahmen einschließlich der geeigneten Inhalte und des angemessenen Formats der BVT-Merkblätter.[1]

Die in den Buchstaben c und d des zweiten Unterabsatzes genannten Leitlinien berücksichtigen die Stellungnahme des Forums und werden nach dem in Artikel 75 Absatz 2 genannten Regelungsverfahren angenommen.

(3a) Die Kommission holt die Stellungnahme des Forums zu dem Verfahren für die Überprüfung der Einhaltung der in der Genehmigung festgelegten Grenzwerte für Emissionen in Luft und Wasser gemäß Artikel 15a ein.[5]

(4) Die Kommission holt die Stellungnahme des Forums zu dem vorgeschlagenen Inhalt der BVT-Merkblätter ein, macht sie öffentlich zugänglich und berücksichtigt diese Stellungnahme bei den Verfahren gemäß Absatz 5.

Die Stellungnahme des in Unterabsatz 1 genannten Forums wird innerhalb von sechs Monaten nach der letzten Sitzung der für das BVT-Merkblatt zuständigen technischen Arbeitsgruppe vorgelegt.[5]

(5) Zur Annahme der BVT-Schlussfolgerungen werden Beschlüsse nach dem in Artikel 75 Absatz 2 genannten Regelungsverfahren erlassen.

(6) Nach der Annahme eines Beschlusses gemäß Absatz 5 macht die Kommission die BVT-Schlussfolgerungen und das BVT-Merkblatt unverzüglich öffentlich zugänglich.[1]

(7) Bis zur Annahme eines einschlägigen Beschlusses gemäß Absatz 5 gelten die Schlussfolgerungen zu den besten verfügbaren Techniken aus BVT-Merkblättern, die von der Kommission vor dem in Artikel 83 genannten Zeitpunkt angenommen wurden, für die Zwecke dieses Kapitels als BVT-Schlussfolgerungen; hiervon ausgenommen ist Artikel 15 Absätze 3 und 4.

Artikel 14
Genehmigungsauflagen

(1) Die Mitgliedstaaten sorgen dafür, dass die Genehmigung alle Maßnahmen umfasst, die zur Erfüllung der in den Artikeln 11 und 18 genannten Genehmigungsvoraussetzungen notwendig sind. Zu diesem Zweck sorgen die Mitgliedstaaten dafür, dass Genehmigungen erst nach Konsultation aller Behörden, die für die Einhaltung der Umweltvorschriften der Union, einschließlich der Umweltqualitätsnormen, verantwortlich sind, erteilt werden.[1]

Diese Maßnahmen umfassen mindestens Folgendes:

a) Emissionsgrenzwerte für die Schadstoffe der Liste in Anhang II der Verordnung (EG) Nr. 166/2006 und für sonstige Schadstoffe, die von der betreffenden Anlage unter Berücksichtigung der Art der Schadstoffe, der Gefährlichkeit und der Gefahr einer Verlagerung der Verschmutzung von einem Medium auf ein anderes voraussichtlich in relevanter Menge emittiert werden, wobei die Schwankungen der Wasserflussdynamik in den aufnehmenden Wasserkörpern zu berücksichtigen sind.[1]

aa) Umweltleistungsgrenzwerte gemäß Artikel 15 Absatz 4a;[5]

ab) angemessene Anforderungen, um die Bewertung der Frage sicherzustellen, ob die Emissionen von Stoffen, die die Kriterien des Artikels 57 erfüllen, oder der Stoffe, die Gegenstand einer Beschränkungen gemäß Anhang XVII der Verordnung (EG) Nr. 1907/2006 sind, vermieden oder verringert werden müssen;[5]

b) angemessene Auflagen zum Schutz des Bodens, des Grundwassers, des Oberflächenwassers und der Einzugsgebiete für Entnahmestellen von Wasser für den menschlichen Gebrauch gemäß Artikel 7 der Richtlinie (EU) 2020/2184 sowie Maßnahmen zur Überwachung und Behandlung der von der Anlage erzeugten Abfälle;[1]

ba) angemessene Anforderungen zur Festlegung der Merkmale eines Umweltmanagementsystems gemäß Artikel 14a;[5]

bb) angemessene Überwachungsanforderungen für den Verbrauch und die Wiederverwendung von Ressourcen wie Energie, Wasser und Rohstoffen;[5]

c) angemessene Anforderungen für die Überwachung der Emissionen, in denen Folgendes festgelegt ist:
   i) die Messmethodik, die Messhäufigkeit und das Bewertungsverfahren; und
   ii) die Vorgabe, dass in den Fällen, in denen Artikel 15 Absatz 3 Buchstabe b angewendet wird, die Ergebnisse der genannten Emissionsüberwachung für die gleichen Zeiträume und Referenzbedingungen verfügbar sein müssen wie für die mit den besten verfügbaren Techniken assoziierten Emissionswerte;
   iii) Informationen zu den Fortschritten bei der Umsetzung der in Artikel 14a genannten umweltpolitischen Ziele.[5]

d) eine Verpflichtung, der zuständigen Behörde regelmäßig – mindestens jährlich – Folgendes vorzulegen:
   i) Informationen auf der Grundlage der Ergebnisse der in Buchstabe c genannten Emissionsüberwachung und sonstige erforderliche Daten, die der zuständigen Behörde die Prüfung der Einhaltung der Genehmigungsauflagen ermöglichen; und
   ii) in den Fällen, in denen Artikel 15 Absatz 3 Buchstabe b angewendet wird, eine Zusammenfassung der Ergebnisse der Emissionsüberwachung, die einen Vergleich mit den mit den besten verfügbaren Techniken assoziierten Emissionswerten ermöglicht;

e) angemessene Anforderungen für die regelmäßige Wartung und für die Überwachung der Maßnahmen zur Vermeidung der Verschmutzung von Boden, Oberflächenwasser und Grundwasser gemäß Buchstabe b sowie angemessene Anforderungen für die wiederkehrende Überwachung von Boden, Oberflächenwasser und Grundwasser auf die relevanten gefährlichen Stoffe, die wahrscheinlich vor Ort anzutreffen sind, unter Berücksichtigung möglicher Boden-, Oberflächenwasser- und Grundwasserverschmutzungen auf dem Gelände der Anlage;[1]

f) Maßnahmen im Hinblick auf von den normalen Betriebsbedingungen abweichende Bedingungen, wie das An- und Abfahren, das unbeabsichtigte Austreten von Stoffen, Störungen, kurzzeitiges Abfahren sowie die endgültige Stilllegung des Betriebs;

g) Vorkehrungen zur weitestgehenden Verminderung der weiträumigen oder grenzüberschreitenden Umweltverschmutzung;

h) Bedingungen für die Überprüfung der Einhaltung der Emissionsgrenzwerte und Umweltleistungsgrenzwerte oder einen Verweis auf die anderweitig genannten geltenden Anforderungen.[1]

(2) Für die Zwecke von Absatz 1 Buchstabe a können die Emissionsgrenzwerte durch äquivalente Parameter bzw. äquivalente technische Maßnahmen, die ein gleichwertiges Umweltschutzniveau gewährleisten, erweitert oder ersetzt werden.

(3) Die BVT-Schlussfolgerungen dienen als Referenzdokument für die Festlegung der Genehmigungsauflagen.

(4) Unbeschadet des Artikels 18 darf die zuständige Behörde strengere Genehmigungsauflagen vorgeben, als sie mit der Verwendung der in den BVT-Schlussfolgerungen beschriebenen besten verfügbaren Techniken einzuhalten sind. Die Mitgliedstaaten können Regeln festlegen, nach denen die zuständige Behörde solche strengeren Auflagen vorgeben kann.

(5) Legt die zuständige Behörde Genehmigungsauflagen auf der Grundlage einer besten verfügbaren Technik fest, die in keiner der einschlägigen BVT-Schlussfolgerungen beschrieben ist, so gewährleistet sie, dass

a) diese Technik unter besonderer Berücksichtigung der in Anhang III aufgeführten Kriterien bestimmt wird; und
b) die Anforderungen des Artikels 15 erfüllt werden.

Enthalten die in Unterabsatz 1 genannten BVT-Schlussfolgerungen keine mit den besten verfügbaren Techniken assoziierten Emissionsgrenzwerte, so sorgt die zuständige Behörde dafür, dass die in Unterabsatz 1 genannte Technik ein Umweltschutzniveau gewährleistet, das den in den BVT-Schlussfolgerungen beschriebenen besten verfügbaren Techniken gleichwertig ist.

(6) Liegen für eine Tätigkeit oder einen Typ eines Produktionsprozesses, die bzw. der innerhalb einer Anlage durchgeführt wird, keine BVT-Schlussfolgerungen vor oder decken diese Schlussfolgerungen nicht alle potenziellen Umweltauswirkungen der Tätigkeit oder des Prozesses ab, so legt die zuständige Behörde nach vorheriger Konsultation des Betreibers auf der Grundlage der besten verfügbaren Techniken, die sie für die betreffenden Tätigkeiten oder Prozesse bestimmt hat, die Genehmigungsauflagen fest, wobei sie den Kriterien des Anhangs III besonders Rechnung trägt.

(7) Für die in Anhang I Nummer 6.6 genannten Anlagen gelten die Absätze 1 bis 6 dieses Artikels unbeschadet von Tierschutzvorschriften.

Artikel 14a
Umweltmanagementsystem[5]

(1) Die Mitgliedstaaten verlangen vom Betreiber die Erstellung und Umsetzung eines Umweltmanagementsystems für jede Anlage, die in den Geltungsbereich dieses Kapitels fällt. Das Umweltmanagementsystem enthält die in Absatz 2 aufgeführten Elemente und entspricht den jeweiligen BVT-Schlussfolgerungen, die die in dem Umweltmanagementsystem zu berücksichtigenden Aspekte vorgeben.

(2) Das Umweltmanagementsystem muss mindestens Folgendes beinhalten:

a) umweltpolitische Ziele für die fortlaufende Verbesserung der Umweltleistung und der Anlagensicherheit, einschließlich Maßnahmen, um
   i) die Entstehung von Abfällen zu vermeiden,
   ii) die Nutzung von Ressourcen, den Energieverbrauch und die Wasserwiederverwendung zu optimieren,
   iii) die Verwendung oder Emissionen gefährlicher Stoffe zu vermeiden oder zu mindern.
b) Ziele und Leistungsindikatoren für wesentliche Umweltaspekte unter Berücksichtigung der in den jeweiligen relevanten BVT-Schlussfolgerungen festgelegten Vergleichswerte;
c) bei Anlagen, die gemäß Artikel 8 der Richtlinie 2012/27/EU der Verpflichtung unterliegen, eine Energieprüfung durchzuführen oder ein Energiemanagementsystem umzusetzen, die Ergebnisse dieser Prüfung oder der Umsetzung des Energiemanagementsystems gemäß Artikel 8 und Anhang VI der Richtlinie sowie die Maßnahmen zur Umsetzung der im Rahmen des Audits abgegebenen Empfehlungen;
d) ein Chemikalienverzeichnis der in der Anlage als solche, als Bestandteile anderer Stoffe oder als Teil von Gemischen vorhandenen oder von ihr emittierten gefährlichen Stoffe, unter besonderer Berücksichtigung der Stoffe, die die Kriterien des Artikels 57 der Verordnung (EG) Nr. 1907/2006 erfüllen, und der Stoffe, die Gegenstand einer Beschränkung gemäß Anhang XVII der Verordnung (EG) Nr. 1907/2006 sind, eine Risikobewertung der Auswirkungen dieser Stoffe auf die menschliche Gesundheit und die Umwelt sowie eine Analyse der Möglichkeiten einer Substitution durch sicherere Alternativen oder der Verringerung ihrer Verwendung oder Emissionen;
e) die ergriffenen Maßnahmen zur Erreichung der Umweltziele und zur Vermeidung von Risiken für die menschliche Gesundheit oder die Umwelt, einschließlich gegebenenfalls erforderlicher Abhilfe- und Vorsorgemaßnahmen;
f) einen Transformationsplan gemäß Artikel 27d.

(3) Der Grad der Detailgenauigkeit des Umweltmanagementsystems muss der Art, dem Umfang und der Komplexität der Anlage sowie ihren sämtlichen potenziellen Umweltauswirkungen entsprechen.

Wurden Elemente, die in das Umweltmanagementsystem aufgenommen werden müssen, einschließlich Zielen, Leistungsindikatoren oder Maßnahmen, bereits im Einklang mit anderen einschlägigen Rechtsvorschriften der Union entwickelt und stehen sie mit diesem Artikel im Einklang, so genügt ein Verweis im Umweltmanagementsystem auf die einschlägigen Dokumente.

(4) Die Mitgliedstaaten stellen sicher, dass die im Umweltmanagementsystem festgelegten und in Absatz 2 aufgeführten einschlägigen Informationen im Internet kostenlos und ohne Einschränkung des Zugangs auf angemeldete Benutzer zugänglich gemacht werden.

Die Kommission erlässt bis zum 31. Dezember 2025 einen Durchführungsrechtsakt dazu, welche Informationen für die Veröffentlichung relevant sind. Dieser Durchführungsrechtsakt wird nach dem Prüfverfahren gemäß Artikel 75 Absatz 2 erlassen.

Informationen, die im Internet zugänglich gemacht werden, können redigiert oder, wenn dies nicht möglich ist, ausgelassen werden, wenn ihre Bekanntgabe negative Auswirkungen im Sinne von Artikel 4 Absatz 2 Buchstaben a bis h der Richtlinie 2003/4/EG hätte.

Der Anlagenbetreiber erstellt und setzt das Umweltmanagementsystem im Einklang mit den einschlägigen BVT-Schlussfolgerungen für den Sektor bis zum 1. Juli 2027 um, mit Ausnahme der in Artikel 3 Absatz 4 der Richtlinie 2024/1785 des Europäischen Parlaments und des Rates[15] genannten Anlagen.

Das Umweltmanagementsystem wird regelmäßig überprüft, um sicherzustellen, dass es weiterhin geeignet, angemessen und wirksam ist.

---

[15] Richtlinie (EU) 2024/1785 des Europäischen Parlaments und des Rates vom 24. April 2024 zur Aufhebung der Richtlinie 2010/75/EU des Europäischen Parlaments und des Rates über Industrieemissionen (integrierte Vermeidung und Verminderung der Umweltverschmutzung) und der Richtlinie 1999/31/EG des Rates über Abfalldeponien (ABl. L, 2024/1785, 15.7.2024, ELI: http://data.europa.eu/eli/dir/2024/1785/oj).

Das Umweltmanagementsystem wird erstmals am 1. Juli 2027 geprüft, mit Ausnahme der in Artikel 3 Absatz 4 der Richtlinie (EU) 2024/1785 genannten Anlagen. Das Umweltmanagementsystem wird mindestens alle drei Jahre einer Prüfung durch eine gemäß der Verordnung (EG) Nr. 765/2008 akkreditierte Konformitätsbewertungsstelle oder einen akkreditierten oder zugelassenen Umweltgutachter im Sinne von Artikel 2 Nummer 20 der Verordnung (EG) Nr. 1221/2009 unterzogen, der überprüft, ob das Umweltmanagementsystem und seine Umsetzung mit diesem Artikel im Einklang stehen.

Artikel 15
Emissionsgrenzwerte, Umweltleistungsgrenzwerte, äquivalente Parameter und äquivalente technische Maßnahmen[1]

(1) Die Emissionsgrenzwerte für Schadstoffe gelten an dem Punkt, an dem die Emissionen die Anlage verlassen, wobei eine etwaige Verdünnung vor diesem Punkt bei der Festsetzung der Grenzwerte nicht berücksichtigt wird.

Bei der indirekten Einleitung von Schadstoffen in Wasser kann die Wirkung einer Abwasserbehandlungsanlage außerhalb der Anlage bei der Festsetzung der Emissionsgrenzwerte der betreffenden Anlage berücksichtigt werden, sofern dies nicht zu einer höheren Umweltverschmutzung führt, ein gleichwertiges Schutzniveau für die Umwelt insgesamt gewährleistet ist und der Betreiber in Absprache mit dem Betreiber der Abwasserbehandlungsanlage sicherstellt, dass die indirekten Freisetzungen die Einhaltung der Genehmigungsvorschriften für die Abwasserbehandlungsanlage gemäß dieser Richtlinie oder der Einzelgenehmigung gemäß der Richtlinie 91/271/EWG nicht gefährden und dass alle nachstehenden Anforderungen erfüllt sind:

a) die eingeleiteten Schadstoffe beeinträchtigen nicht den Betrieb der Abwasserbehandlungsanlage oder die Fähigkeit, Ressourcen aus dem Abwasserbehandlungsverfahren wiederzugewinnen;
b) die eingeleiteten Schadstoffe schaden nicht der Gesundheit des in Kanalisationssystemen und Abwasserbehandlungsanlagen arbeitenden Personals;
c) die Abwasserbehandlungsanlage ist für die Beseitigung der eingeleiteten Schadstoffe konzipiert und ausgestattet;
d) die Gesamtbelastung durch die letztendlich in das Wasser eingeleiteten Schadstoffe ist im Vergleich zu der Situation, in der die Emissionen der betreffenden Anlage die gemäß Absatz 3 für die direkte Freisetzung festgelegten Emissionsgrenzwerte nicht überschreiten, nicht höher, unbeschadet strengerer Maßnahmen, gemäß Artikel 18.

Die zuständige Behörde legt die Gründe für die Anwendung des Unterabsatzes 2 in einem Anhang der Genehmigungsauflagen dar, einschließlich der Ergebnisse der vom Betreiber erstellten Bewertung der Erfüllung der vorgeschriebenen Auflagen.

In Fällen, in denen die Genehmigungsauflagen geändert werden sollten, übermittelt der Betreiber eine aktualisierte Bewertung, damit sichergestellt ist, dass die Auflagen gemäß Unterabsatz 2 Buchstaben a bis d erfüllt sind.

(2) Unbeschadet des Artikels 18 stützen sich die in Artikel 14 Absätze 1 und 2 genannten Emissionsgrenzwerte, äquivalenten Parameter und äquivalenten technischen Maßnahmen auf BVT, ohne dass die Anwendung einer Technik oder bestimmten Technologie vorgeschrieben wird.

(3) Die zuständige Behörde legt die strengstmöglichen Emissionsgrenzwerte fest, die unter Berücksichtigung der gesamten Spanne der BVT-assoziierten Emissionswerte durch die Anwendung von BVT in der Anlage erreichbar sind, um sicherzustellen, dass die Emissionen unter normalen Betriebsbedingungen die BVT-assoziierten Emissionsgrenzwerte nicht überschreiten, die in den Beschlüssen über BVT-Schlussfolgerungen gemäß Artikel 13 Absatz 5 festgelegt sind. Die Emissionsgrenzwerte basieren auf einer Bewertung der gesamten Spanne der BVT-assoziierten Emissionswerte seitens des Betreibers, in der analysiert wird, ob die Werte am strengsten Ende der Spanne der BVT-assoziierten Emissionswerte erreicht werden können, und die bestmögliche Gesamtleistung der Anlage bei Anwendung der in den BVT-Schlussfolgerungen beschriebenen besten verfügbaren Techniken dargelegt wird, wobei mögliche medienübergreifende Auswirkungen zu berücksichtigen sind. Die Festlegung der Emissionsgrenzwerte erfolgt nach einer der folgenden Methoden:

a) Festlegung von Emissionsgrenzwerten, die für die gleichen oder kürzere Zeiträume und unter denselben Referenzbedingungen ausgedrückt werden wie die BVT-assoziierten Emissionsgrenzwerte oder
b) Festlegung von Emissionsgrenzwerten, die in Bezug auf Werte, Zeiträume und Referenzbedingungen von den unter Buchstabe a genannten Emissionsgrenzwerten abweichen.

Werden die Emissionsgrenzwerte gemäß Buchstabe b festgelegt, so bewertet die zuständige Behörde mindestens jährlich die Ergebnisse der Emissionsüberwachung, um sicherzustellen, dass die Emissionen unter normalen Betriebsbedingungen die BVT-assoziierten Emissionsgrenzwerte nicht überschreiten.

Bei der Festlegung einschlägiger Emissionsgrenzwerte gemäß diesem Artikel können allgemeine bindende Vorschriften im Einklang mit Artikel 6 angewandt werden.

Werden allgemeine bindende Vorschriften erlassen, so sind für Anlagenkategorien mit ähnlichen für die Bestimmung der niedrigsten erreichbaren Emissionswerte relevanten Merkmalen die strengsten durch die Anwendung von BVT erreichbaren Emissionsgrenzwerte unter Berücksichtigung der gesamten Spanne der BVT-assoziierten Emissionswerte festzulegen. Die allgemeinen bindenden Vorschriften werden vom Mitgliedstaat festgelegt und basieren auf den Angaben in den BVT-Schlussfolgerungen, in denen analysiert wird, ob die Werte am strengsten Ende der Spanne der BVT-assoziierten Emissionswerte erreicht werden können, und die bestmögliche Leistung dieser Anlagenkategorien bei Anwendung der in den BVT-Schlussfolgerungen beschriebenen besten verfügbaren Techniken dargelegt wird.

(4) Unbeschadet des Artikels 9 Absatz 2 legt die zuständige Behörde für normale Betriebsbedingungen verbindliche Spannen für die Umweltleistung fest, die während eines oder mehrerer Zeiträume nicht überschritten werden dürfen, wie in den in Artikel 13 Absatz 5 genannten Beschlüssen über BVT-Schlussfolgerungen festgelegt.

Zusätzlich legt die zuständige Behörde Folgendes fest:

a) Grenzwerte für die Umweltleistung in Bezug auf Wasser unter normalen Betriebsbedingungen unter Berücksichtigung möglicher medienübergreifender Auswirkungen fest, die während eines oder mehrerer Zeiträume nicht überschritten werden dürfen und die nicht weniger streng sind als die in Unterabsatz 1 genannten verbindlichen Spannen;
b) Richtwerte für die Umweltleistung von Abfällen und anderen Ressourcen als Wasser unter normalen Betriebsbedingungen fest, die nicht weniger streng sind als die in Unterabsatz 1 genannten verbindlichen Spannen.

(5) Abweichend von Absatz 3 und unbeschadet des Artikels 18 kann die zuständige Behörde in bestimmten Fällen Emissionsgrenzwerte festlegen, die höher sind als die BVT-assoziierten Emissionswerte. Solche Ausnahmeregelungen dürfen nur angewandt werden, wenn eine Bewertung ergibt, dass die Erreichung der Emissionswerte, die mit den in den BVT-Schlussfolgerungen beschriebenen besten verfügbaren Techniken assoziiert sind, aus den folgenden Gründen gemes-

sen am Umweltnutzen zu unverhältnismäßig höheren Kosten führen würde:

a) geografischer Standort und lokale Umweltbedingungen der betreffenden Anlage oder

b) technische Merkmale der betreffenden Anlage.

Die zuständige Behörde dokumentiert die Gründe für die Abweichung von Absatz 3, das Ergebnis der Bewertung gemäß Unterabsatz 1 dieses Artikels und die Begründung für die vorgeschriebenen Auflagen in einem Anhang der Genehmigungsauflagen.

Die gemäß Unterabsatz 1 festgelegten Emissionsgrenzwerte dürfen die gegebenenfalls in den Anhängen dieser Richtlinie festgesetzten Emissionsgrenzwerte jedoch nicht überschreiten.

Die in diesem Absatz genannten Ausnahmen unterliegen den in Anhang II dargelegten Grundsätzen. Die zuständige Behörde stellt sicher, dass der Betreiber eine Bewertung der Auswirkungen der Ausnahme auf die Konzentration der betreffenden Schadstoffe im Aufnahmemilieu vornimmt, und stellt in jedem Fall sicher, dass keine erhebliche Umweltverschmutzung verursacht und ein hohes Schutzniveau für die Umwelt insgesamt erreicht wird. Ausnahmen werden nicht genehmigt, wenn sie die Einhaltung der in Artikel 18 genannten Umweltqualitätsnormen gefährden könnten.

Die zuständige Behörde überprüft alle vier Jahre oder im Rahmen jeder Überprüfung der Genehmigungsauflagen gemäß Artikel 21, falls eine solche Überprüfung früher als vier Jahre nach Gewährung der Ausnahme erfolgt, ob die gemäß diesem Absatz gewährte Ausnahme gerechtfertigt ist.

Die Kommission erlässt einen Durchführungsrechtsakt zur Festlegung einer standardisierten Methode für die Bewertung der Unverhältnismäßigkeit zwischen den Kosten der Umsetzung der in Unterabsatz 1 genannten BVT-Schlussfolgerungen und dem potenziellen, in Unterabsatz 1 genannten Umweltnutzen. Dieser Durchführungsrechtsakt wird nach dem Prüfverfahren gemäß Artikel 75 Absatz 2 erlassen.

(6) Abweichend von Absatz 4 kann die zuständige Behörde in bestimmten Fällen weniger strenge verbindliche Spannen für die Umweltleistung oder Umweltleistungsgrenzwerte festlegen. Solche Ausnahmeregelungen dürfen nur angewandt werden, wenn eine Bewertung ergibt, dass die Erreichung der Leistungswerte, die mit den in den BVT-Schlussfolgerungen beschriebenen besten verfügbaren Techniken assoziiert sind, aus den folgenden Gründen zu erheblichen negativen Umweltauswirkungen, einschließlich medienübergreifender Auswirkungen, oder erheblichen wirtschaftlichen Auswirkungen führen wird:

a) geografischer Standort und lokale Umweltbedingungen der betreffenden Anlage oder

b) technische Merkmale der betreffenden Anlage.

Die zuständige Behörde dokumentiert die Gründe für die Abweichung von Absatz 4, das Ergebnis der Bewertung gemäß Unterabsatz 1 dieses Artikels und die Begründung für die vorgeschriebenen Auflagen in einem Anhang der Genehmigungsauflagen.

Die zuständige Behörde stellt sicher, dass der Betrieb mit weniger strengen verbindlichen Spannungen für die Umweltleistung oder Umweltleistungsgrenzwerten keine erheblichen Auswirkungen auf die Umwelt, einschließlich der Erschöpfung von Wasserressourcen, verursacht und ein hohes Schutzniveau für die Umwelt insgesamt erreicht wird.

Die Kommission legt im Wege von Durchführungsrechtsakten eine standardisierte Methode für die Durchführung der Bewertung nach Unterabsatz 1 fest. Diese Durchführungsrechtsakte werden gemäß dem in Artikel 75 Absatz 2 genannten Prüfverfahren erlassen.

(7) Abweichend von den Absätzen 3 und 4 und unter der Voraussetzung, dass keine erhebliche Umweltverschmutzung verursacht wird und alle Maßnahmen, die zu einer geringeren Umweltverschmutzung führen, ausgeschöpft sind, kann die zuständige Behörde im Falle einer Krise aufgrund außergewöhnlicher Umstände, die sich der Kontrolle des Betreibers und der Mitgliedstaaten entziehen, und die zu einer schwerwiegenden Störung oder einem Mangel an Folgendem führen, weniger strenge Emissionsgrenzwerte oder Umweltleistungsgrenzwerte festlegen:

a) Energieversorgung, wenn ein überwiegendes öffentliches Interesse an der Sicherheit der Energieversorgung besteht,

b) Ressourcen, Materialien oder Ausrüstung, die der Betreiber für die Ausübung von Tätigkeiten im öffentlichen Interesse unter Einhaltung der geltenden Emissionsgrenzwerte oder Umweltleistungsgrenzwerte benötigt, oder

c) wesentliche Ressourcen, Materialien oder Ausrüstung, wenn die Produktionsleistung einen solchen Mangel oder eine solche Störung aus Gründen der öffentlichen Gesundheit oder der öffentlichen Sicherheit oder aus anderen zwingenden Gründen des überwiegenden öffentlichen Interesses ausgleicht.

Die Ausnahme darf nicht länger als drei Monate gewährt werden. Wenn die Gründe für die Genehmigung der Ausnahme fortbestehen, kann die Ausnahme um höchstens drei Monate verlängert werden.

Sobald die Bedingungen in Bezug auf die Versorgung wiederhergestellt sind oder wenn es eine Alternative bei der Energieversorgung oder zu den Ressourcen, Materialien oder Ausrüstungen gibt, stellt der Mitgliedstaat sicher, dass die Entscheidung, weniger strenge Emissionsgrenzwerte und Umweltleistungsgrenzwerte festzulegen, außer Kraft tritt und die Anlage die gemäß den Absätzen 3 und 4 festgelegten Genehmigungsauflagen einhält.

Die Mitgliedstaaten treffen Maßnahmen, um sicherzustellen, dass die Emissionen, die sich aus der Ausnahme gemäß Unterabsatz 1 ergeben, überwacht werden.

Die zuständige Behörde macht die Informationen über die Ausnahme und die vorgeschriebenen Auflagen gemäß Artikel 24 Absatz 2 öffentlich zugänglich.

Die Kommission kann erforderlichenfalls die Kriterien, die bei der Anwendung dieses Absatzes zu berücksichtigen sind, in Leitlinien bewerten und weiter erläutern.

Die Mitgliedstaaten unterrichten die Kommission über jede gemäß diesem Absatz gewährte Ausnahme, einschließlich der Gründe für die Rechtfertigung der Genehmigung der Abweichung und der vorgeschriebenen Auflagen.

Die Kommission bewertet unter gebührender Berücksichtigung der in diesem Absatz festgelegten Kriterien, ob die genehmigte Ausnahme gerechtfertigt ist. Erhebt die Kommission innerhalb von zwei Monaten nach der Unterrichtung durch den Mitgliedstaat Einwände, so ändert der betreffende Mitgliedstaat die vorgesehene Ausnahme unverzüglich entsprechend.

Artikel 15a
Überprüfung der Einhaltung der Anforderungen[5]

(1) Bei der Überprüfung der Einhaltung der Emissionsgrenzwerte unter normalen Betriebsbedingungen gemäß Artikel 14 Absatz 1 Buchstabe h dürfen die an Messungen zur Bestimmung der validierten durchschnittlichen Emissionswerte vorgenommenen Korrekturen die Messunsicherheit des Messverfahrens nicht überschreiten.

(2) Die Kommission erlässt bis zum 1. September 2026 einen Durchführungsrechtsakt zur Festlegung des Verfahrens für die Überprüfung der Einhaltung der in der Genehmigung festgelegten Grenzwerte für Emissionen in die Luft und das

Wasser unter normalen Betriebsbedingungen. Dieser Durchführungsrechtsakt wird nach dem Prüfverfahren gemäß Artikel 75 Absatz 2 erlassen.

Das in Unterabsatz 1 genannte Verfahren umfasst mindestens die Bestimmung der validierten durchschnittlichen Emissionswerte und legt fest, wie die Messunsicherheit und die Häufigkeit der Überschreitung von Emissionsgrenzwerten in der Überprüfung der Einhaltung der Anforderungen zu berücksichtigen sind.

(3) Fällt eine Anlage, die in den Geltungsbereich dieses Kapitels fällt, auch in den Geltungsbereich von Kapitel III oder IV und wird die Einhaltung der gemäß diesem Kapitel festgelegten Emissionsgrenzwerte im Einklang mit Absatz 1 nachgewiesen, wird davon ausgegangen, dass die Anlage auch die Emissionsgrenzwerte gemäß Kapitel III oder IV für die betreffenden Schadstoffe unter normalen Betriebsbedingungen einhält."

Artikel 16
Überwachungsauflagen

(1) Die Überwachungsauflagen gemäß Artikel 14 Absatz 1 Buchstabe c stützen sich gegebenenfalls auf die in den BVT-Schlussfolgerungen beschriebenen Überwachungsergebnisse.

(2)[1] Die Häufigkeit der wiederkehrenden Überwachung gemäß Artikel 14 Absatz 1 Buchstabe e wird von der zuständigen Behörde in Form von Genehmigungsauflagen für jede einzelne Anlage oder in Form allgemeiner bindender Vorschriften festgelegt.

Unbeschadet des Unterabsatzes 1 wird die wiederkehrende Überwachung gegebenenfalls wie in den BVT-Schlussfolgerungen dargelegt durchgeführt, und zwar mindestens alle vier Jahre für das Grundwasser und mindestens alle neun Jahre für den Boden, es sei denn diese Überwachung erfolgt anhand einer systematischen Beurteilung des Verschmutzungsrisikos.

(3)[5] Die Qualitätskontrolle durch Labore, die die Überwachung durchführen, erfolgt auf der Grundlage von CEN-Normen oder, sofern diese nicht zur Verfügung stehen, nach ISO-, nationalen oder anderen internationalen Normen, mit denen sichergestellt werden kann, dass Daten von gleicher wissenschaftlicher Qualität erhoben werden.

(4)[5] Ergibt die Bewertung nach Artikel 15 Absatz 5, dass die Ausnahme quantifizierbare oder messbare Auswirkungen auf die Umwelt haben wird, so stellen die Mitgliedstaaten sicher, dass die Konzentration der betreffenden Schadstoffe im Aufnahmemilieu überwacht wird. Für die Überwachung nach diesem Absatz werden gegebenenfalls die Überwachungs- und Messverfahren für jeden betreffenden Schadstoff verwendet, die in anderen einschlägigen Rechtsvorschriften der Union festgelegt sind.

Artikel 17
Allgemeine bindende Vorschriften für die in Anhang I aufgeführten Tätigkeiten

(1) Bei der Festlegung von allgemeinen bindenden Vorschriften stellen die Mitgliedstaaten sicher, dass ein integriertes Konzept und ein gleich hohes Schutzniveau für die Umwelt wie mit Genehmigungsauflagen gewährleistet werden.

(2) Die allgemeinen bindenden Vorschriften stützen sich auf die besten verfügbaren Techniken, ohne dass die Anwendung einer bestimmten Technik oder Technologie vorgeschrieben wird, um die Einhaltung der Artikel 14 und 15 zu gewährleisten.

(3) Die Mitgliedstaaten tragen dafür Sorge, dass die allgemeinen bindenden Vorschriften aktualisiert werden, um die Entwicklungen bei den besten verfügbaren Techniken zu berücksichtigen und um die Einhaltung von Artikel 21 sicherzustellen.

(4) Bei Erlass der allgemeinen bindenden Vorschriften gemäß den Absätzen 1 bis 3 wird in den Vorschriften selbst oder durch einen Hinweis bei ihrer amtlichen Veröffentlichung auf diese Richtlinie Bezug genommen.

Artikel 18
Umweltqualitätsnormen[1]

Erfordert eine Umweltqualitätsnorm strengere Auflagen, als durch die Anwendung der BVT zu erfüllen sind, so werden zusätzliche Auflagen in der Genehmigung vorgesehen, um den spezifischen Beitrag der Anlage zur Schadstoffbelastung in dem betreffenden Gebiet zu verringern, unbeschadet anderer Maßnahmen, die zur Sicherstellung der Einhaltung von Umweltqualitätsnormen ergriffen werden können.

Wurden gemäß Absatz 1 strengere Auflagen in die Genehmigung aufgenommen, bewertet die zuständige Behörde die Auswirkungen der strengeren Auflagen auf die Konzentration der betreffenden Schadstoffe im Aufnahmemilieu.

Hat die von der Anlage ausgehende Schadstoffbelastung quantifizierbare oder messbare Auswirkungen auf die Umwelt, so stellen die Mitgliedstaaten sicher, dass die Konzentration der betreffenden Schadstoffe im Aufnahmemilieu überwacht wird. Die Ergebnisse dieser Überwachung werden der zuständigen Behörde übermittelt.

Sind in anderen einschlägigen Rechtsvorschriften der Union Überwachungs- und Messverfahren für die betreffenden Schadstoffe festgelegt, werden diese Verfahren, gegebenenfalls einschließlich wirkungsbezogener Methoden, für die Überwachung nach Absatz 3 verwendet.

Artikel 19
Entwicklungen bei den besten verfügbaren Techniken

Die Mitgliedstaaten sorgen dafür, dass die zuständige Behörde die Entwicklungen bei den besten verfügbaren Techniken und die Veröffentlichung neuer oder aktualisierter BVT-Schlussfolgerungen verfolgt oder darüber unterrichtet wird und macht die diesbezüglichen Informationen der betroffenen Öffentlichkeit zugänglich.

Artikel 20
Änderungen der Anlagen durch die Betreiber

(1)[1] Die Mitgliedstaaten treffen die erforderlichen Maßnahmen, damit der Betreiber der zuständigen Behörde beabsichtigte Änderungen der Beschaffenheit oder der Funktionsweise oder jegliche Erweiterung der Anlage, die Auswirkungen auf die Umwelt haben können, rechtzeitig und in jedem Fall vor der Umsetzung solcher Änderungen oder Erweiterungen mitteilt. Gegebenenfalls aktualisiert die zuständige Behörde die Genehmigung. Die Mitgliedstaaten treffen die erforderlichen Maßnahmen, um sicherzustellen, dass die zuständige Behörde rechtzeitig auf die vom Betreiber übermittelten Informationen reagiert.

(2) Die Mitgliedstaaten treffen die erforderlichen Maßnahmen, um zu gewährleisten, dass keine vom Betreiber geplante, wesentliche Änderung ohne eine zuvor nach dieser Richtlinie erteilte Genehmigung durchgeführt wird.

Der Genehmigungsantrag und die Entscheidung der zuständigen Behörde umfassen diejenigen Anlagenteile und in Artikel 12 genannten Einzelheiten, die von der wesentlichen Änderung betroffen sein können.

(3) Jede Änderung der Beschaffenheit oder der Funktionsweise oder Erweiterung einer Anlage gilt als wesentlich, wenn die Änderung oder Erweiterung für sich genommen die Kapazitätsschwellenwerte in Anhang I erreicht.

Artikel 21
Überprüfung und Aktualisierung der Genehmigungsauflagen durch die zuständige Behörde

(1) Die Mitgliedstaaten treffen die erforderlichen Maßnahmen, damit die zuständige Behörde alle Genehmigungsauflagen gemäß den Absätzen 2 bis 5 regelmäßig überprüft und gegebenenfalls im Hinblick auf die Einhaltung der Bestimmungen dieser Richtlinie diese Auflagen auf den neuesten Stand bringt.

(2) Auf Anfrage der zuständigen Behörde übermittelt der Betreiber ihr alle für die Überprüfung der Genehmigungsauflagen erforderlichen Informationen, insbesondere Ergebnisse der Emissionsüberwachung und sonstige Daten, die ihr einen Vergleich des Betriebs der Anlage mit den besten verfügbaren Techniken gemäß der Beschreibung in den geltenden BVT-Schlussfolgerungen und mit den mit den besten verfügbaren Techniken assoziierten Emissionswerten ermöglichen.

Die zuständige Behörde zieht für die Überprüfung der Genehmigungsauflagen die im Zuge der Überwachung oder Inspektionen erlangten Informationen heran.

(3) Innerhalb von vier Jahren nach der Veröffentlichung von Entscheidungen über BVT-Schlussfolgerungen nach Artikel 13 Absatz 5 zur Haupttätigkeit einer Anlage stellt die zuständige Behörde sicher, dass

a) alle Genehmigungsauflagen für die betreffende Anlage überprüft und erforderlichenfalls auf den neuesten Stand gebracht werden, um die Einhaltung dieser Richtlinie und gegebenenfalls insbesondere des Artikels 15 Absätze 3, 4 und 5 zu gewährleisten;[1]
b) die betreffende Anlage diese Genehmigungsauflagen einhält.

Bei der Überprüfung wird allen für die betreffende Anlage geltenden und seit der Ausstellung oder letzten Überprüfung der Genehmigung gemäß Artikel 13 Absatz 5 neuen oder aktualisierten BVT-Schlussfolgerungen Rechnung getragen.

(4) Wird eine Anlage von keinen BVT-Schlussfolgerungen erfasst, so werden die Genehmigungsauflagen überprüft und erforderlichenfalls aktualisiert, wenn Entwicklungen bei den besten verfügbaren Techniken eine erhebliche Verminderung der Emissionen ermöglichen.

(5) Die Genehmigungsauflagen werden zumindest in folgenden Fällen überprüft und erforderlichenfalls aktualisiert:

a) Die durch die Anlage verursachte Umweltverschmutzung ist so stark, dass die in der Genehmigung festgelegten Emissionsgrenzwerte überprüft oder in der Genehmigung neue Emissionsgrenzwerte vorgesehen werden müssen;
b) die Betriebssicherheit erfordert die Anwendung anderer Techniken;
c) es muss eine Umweltqualitätsnorm gemäß Artikel 18 eingehalten werden; dies gilt auch im Falle einer neuen oder überarbeiteten Umweltqualitätsnorm oder wenn der Zustand des Aufnahmemilieus eine Überarbeitung der Genehmigung notwendig macht, um die Übereinstimmung mit Plänen und Programmen im Rahmen von Rechtsvorschriften der Union sicherzustellen.[1]
d) im Falle eines Antrags des Betreibers auf Verlängerung der Betriebsdauer einer Anlage, die die in Anhang I Nummer 5.4 genannte Tätigkeit durchführt.[5]

Artikel 22
Stilllegung

(1) Unbeschadet der Richtlinien 2000/60/EG und 2004/35/EG, der Richtlinie 2006/118/EG des Europäischen Parlaments und des Rates vom 12. Dezember 2006 zum Schutz des Grundwassers vor Verschmutzung und Verschlechterung[16] und den einschlägigen Rechtsvorschriften der Union über den Bodenschutz legt die zuständige Behörde Genehmigungsauflagen fest, um sicherzustellen, dass bei endgültiger Einstellung der Tätigkeiten die Absätze 3 und 4 eingehalten werden.

(2) Werden im Rahmen einer Tätigkeit relevante gefährliche Stoffe verwendet, erzeugt oder freigesetzt, so muss der Betreiber mit Blick auf eine mögliche Verschmutzung des Bodens und Grundwassers auf dem Gelände der Anlage einen Bericht über den Ausgangszustand erstellen und diesen der zuständigen Behörde unterbreiten, bevor die Anlage in Betrieb genommen oder die Genehmigung für die Anlage erneuert wird, und zwar erstmals nach dem 7. Januar 2013.

Der Bericht über den Ausgangszustand enthält die Informationen, die erforderlich sind, um den Stand der Boden- und Grundwasserverschmutzung zu ermitteln, damit ein quantifizierter Vergleich mit dem Zustand bei der endgültigen Einstellung der Tätigkeiten gemäß Absatz 3 vorgenommen werden kann.

Der Bericht über den Ausgangszustand muss mindestens die folgenden Informationen enthalten:

a) Informationen über die derzeitige Nutzung und, falls verfügbar, über die frühere Nutzung des Geländes;
b) falls verfügbar, bestehende Informationen über Boden- und Grundwassermessungen, die den Zustand zum Zeitpunkt der Erstellung des Bericht widerspiegeln, oder alternativ dazu neue Boden- und Grundwassermessungen bezüglich der Möglichkeit einer Verschmutzung des Bodens und des Grundwassers durch die gefährlichen Stoffe, die durch die betreffende Anlage verwendet, erzeugt oder freigesetzt werden sollen.

Erfüllen Informationen, die nach Maßgabe anderer einzelstaatlicher Rechtsvorschriften oder Rechtsvorschriften der Union erstellt wurden, die Anforderungen dieses Absatzes, so können diese Informationen in den vorzulegenden Bericht über den Ausgangszustand aufgenommen oder diesem beigefügt werden.

Die Kommission erstellt Leitlinien für den Inhalt des Berichts über den Ausgangszustand.

(3) Bei endgültiger Einstellung der Tätigkeiten bewertet der Betreiber den Stand der Boden- und Grundwasserverschmutzung durch relevante gefährliche Stoffe, die durch die Anlage verwendet, erzeugt oder freigesetzt werden. Wurden durch die Anlage erhebliche Boden- oder Grundwasserverschmutzungen mit relevanten gefährlichen Stoffen im Vergleich zu dem im Bericht über den Ausgangszustand gemäß Absatz 2 angegebenen Zustand verursacht, so ergreift der Betreiber die erforderlichen Maßnahmen zur Beseitigung dieser Verschmutzung, um das Gelände in jenen Zustand zurückzuführen. Zu diesem Zweck kann die technische Durchführbarkeit solcher Maßnahmen berücksichtigt werden.

Sofern die Verschmutzung von Boden und Grundwasser auf dem Gelände eine ernsthafte Gefährdung der menschlichen Gesundheit oder der Umwelt als Folge der genehmigten Tätigkeiten darstellt, die der Betreiber durchgeführt hat, bevor die Genehmigung für die Anlage erstmals nach dem 7. Januar 2013 aktualisiert wurde, ergreift der Betreiber bei endgültiger Einstellung der Tätigkeit unbeschadet des Unterabsatzes 1 und unter Berücksichtigung der gemäß Artikel 12 Absatz 1 Buchstabe d festgelegten Auflagen für das Gelände der Anlage die erforderlichen Maßnahmen zur Beseitigung, Verhütung, Eindämmung oder Verringerung relevanter gefährlicher Stoffe, damit das Gelände unter Berücksichtigung seiner derzeitigen oder genehmigten künftigen Nutzung keine solche Gefährdung mehr darstellt.

(4) Ist der Betreiber nicht verpflichtet, einen Bericht über den Ausgangszustand gemäß Absatz 2 zu erstellen, so trifft er bei der endgültigen Einstellung der Tätigkeiten unter Berück-

[16] ABl. L 372 vom 27.12.2006, S. 19.

sichtigung der gemäß Artikel 12 Absatz 1 Buchstabe d festgelegten Auflagen für das Gelände der Anlage die erforderlichen Maßnahmen zur Beseitigung, Verhütung, Eindämmung oder Verringerung relevanter gefährlicher Stoffe, damit das Gelände unter Berücksichtigung seiner derzeitigen oder genehmigten künftigen Nutzung keine ernsthafte Gefährdung für die menschliche Gesundheit oder die Umwelt als Folge einer Verschmutzung von Boden und Grundwasser durch die genehmigten Tätigkeiten mehr darstellt.

Artikel 23
Umweltinspektionen

(1) Die Mitgliedstaaten führen ein System für Umweltinspektionen von Anlagen ein, das die Prüfung der gesamten Bandbreite an Auswirkungen der betreffenden Anlagen auf die Umwelt umfasst.

Die Mitgliedstaaten stellen sicher, dass die Betreiber den zuständigen Behörden jede notwendige Unterstützung dabei gewähren, etwaige Vor-Ort-Besichtigungen und Probenahmen durchzuführen und die zur Erfüllung ihrer Pflichten im Rahmen dieser Richtlinie erforderlichen Informationen zu sammeln.

(2) Die Mitgliedstaaten stellen sicher, dass alle Anlagen auf nationaler, regionaler oder lokaler Ebene durch einen Umweltinspektionsplan abgedeckt sind, und sorgen dafür, dass dieser Plan regelmäßig überprüft und gegebenenfalls aktualisiert wird.

(3) Jeder Umweltinspektionsplan umfasst Folgendes:

a) eine allgemeine Bewertung der wichtigen Umweltprobleme;
b) den räumlichen Geltungsbereich des Inspektionsplans;
c) ein Verzeichnis der in den Geltungsbereich des Plans fallenden Anlagen;
d) Verfahren für die Aufstellung von Programmen für routinemäßige Umweltinspektionen gemäß Absatz 4;
e) Verfahren für nicht routinemäßige Umweltinspektionen gemäß Absatz 5;
f) gegebenenfalls Bestimmungen für die Zusammenarbeit zwischen verschiedenen Inspektionsbehörden.

(4) Auf der Grundlage der Inspektionspläne erstellt die zuständige Behörde regelmäßig Programme für routinemäßige Umweltinspektionen, in denen auch die Häufigkeit der Vor-Ort-Besichtigungen für die verschiedenen Arten von Anlagen angegeben ist.

Der Zeitraum zwischen zwei Vor-Ort-Besichtigungen richtet sich nach einer systematischen Beurteilung der mit der Anlage verbundenen Umweltrisiken und darf ein Jahr bei Anlagen der höchsten Risikostufe und drei Jahre bei Anlagen der niedrigsten Risikostufe nicht überschreiten.

Wurde bei einer Inspektion festgestellt, dass eine Anlage in schwerwiegender Weise gegen die Genehmigungsauflagen verstößt, so erfolgt innerhalb der nächsten sechs Monaten nach dieser Inspektion eine zusätzliche Vor-Ort-Besichtigung.

Die systematische Beurteilung der Umweltrisiken stützt sich mindestens auf folgende Kriterien:

a) potenzielle und tatsächliche Auswirkungen der betreffenden Anlagen auf die menschliche Gesundheit und auf die Umwelt unter Berücksichtigung der Emissionswerte und -typen, der Empfindlichkeit der örtlichen Umgebung und des Unfallrisikos;
b) bisherige Einhaltung der Genehmigungsauflagen;
c) Teilnahme des Betreibers am Unionssystem für das Umweltmanagement und die Umweltbetriebsprüfung (EMAS) gemäß der Verordnung (EG) Nr. 1221/2009[17].

Die Kommission erlässt Leitlinien zu den Kriterien für die Beurteilung der Umweltrisiken und aktualisiert diese gegebenenfalls regelmäßig.[1]

(5) Nicht routinemäßige Umweltinspektionen werden durchgeführt, um bei Beschwerden wegen ernsthaften Umweltbeeinträchtigungen, bei ernsthaften umweltbezogenen Unfällen und Vorfällen und bei Verstößen gegen die Vorschriften sobald wie möglich und gegebenenfalls vor der Ausstellung, Erneuerung oder Aktualisierung einer Genehmigung Untersuchungen vorzunehmen.

(6) Nach jeder Vor-Ort-Besichtigung erstellt die zuständige Behörde einen Bericht mit den relevanten Feststellungen bezüglich der Einhaltung der Genehmigungsauflagen durch die betreffende Anlage und Schlussfolgerungen zur etwaigen Notwendigkeit weiterer Maßnahmen.

Der Bericht wird dem betreffenden Betreiber binnen zwei Monaten nach der Vor-Ort-Besichtigung übermittelt. Die zuständige Behörde macht den Bericht gemäß der Richtlinie 2003/4/EG des Europäischen Parlaments und des Rates vom 28. Januar 2003 über den Zugang der Öffentlichkeit zu Umweltinformationen[18] der Öffentlichkeit binnen vier Monaten nach der Vor-Ort-Besichtigung zugänglich.

Die zuständige Behörde stellt unbeschadet des Artikels 8 Absatz 2 sicher, dass der Betreiber alle in dem Bericht aufgeführten erforderlichen Maßnahmen binnen angemessener Fristen ergreift.

Artikel 24
Zugang zu Informationen und Beteiligung der Öffentlichkeit am Genehmigungsverfahren

(1) Die Mitgliedstaaten stellen sicher, dass die betroffene Öffentlichkeit frühzeitig und in effektiver Weise die Möglichkeit erhält, sich an folgenden Verfahren zu beteiligen:

a) Erteilung einer Genehmigung für neue Anlagen;
b) Erteilung einer Genehmigung für wesentliche Änderungen;
c) Erteilung oder Aktualisierung einer Genehmigung für eine Anlage, für die die Anwendung von Artikel 15 Absatz 4 vorgeschlagen wird;
d) Aktualisierung der Genehmigung oder der Genehmigungsauflagen für eine Anlage im Einklang mit Artikel 21 Absatz 5.[1]
e) Aktualisierung einer Genehmigung im Einklang mit Artikel 21 Absatz 3 oder Artikel 21 Absatz 4.[5]

Für diese Beteiligung gilt das in Anhang IV genannte Verfahren.

(2) Wurde eine Entscheidung über die Erteilung, Überprüfung oder Aktualisierung einer Genehmigung getroffen, so macht die zuständige Behörde der Öffentlichkeit – in Bezug auf die Buchstaben a, b und f auch systematisch, kostenlos und ohne Einschränkung des Zugangs auf angemeldete Benutzer über das Internet auf einer leicht auffindbaren Website – folgende Informationen zugänglich:[1]

a) den Inhalt der Entscheidung einschließlich einer Kopie der Genehmigung sowie späterer Aktualisierungen, gegebenenfalls einschließlich konsolidierter Genehmigungsauflagen;[1]
b) die Gründe, auf denen die Entscheidung beruht;
c) die Ergebnisse der vor der Entscheidung durchgeführten Konsultationen, einschließlich Konsultationen gemäß Artikel 26, und die Berücksichtigung dieser Konsultationen im Rahmen der Entscheidung;[1]
d) die Bezeichnung des für die betreffende Anlage oder Tätigkeit maßgeblichen BVT-Merkblatts;

---

[17] Verordnung (EG) Nr. 1221/2009 des Europäischen Parlaments und des Rates vom 25. November 2009 über die freiwillige Beteiligung von Organisationen an einem Gemeinschaftssystem für das Umweltmanagement und die Umweltbetriebsprüfung (EMAS) (ABl. L 342 vom 22.12.2009, S. 1).

[18] ABl. L 41 vom 14.2.2003, S. 26.

e) Angaben zur Festlegung der in Artikel 14 genannten Genehmigungsauflagen einschließlich der Emissionsgrenzwerte, der Umweltleistungswerte und Umweltleistungsgrenzwerte in Bezug zu den besten verfügbaren Techniken und mit den besten verfügbaren Techniken assoziierten Emissions- und Umweltleistungswerten;[1]

f) im Falle der Gewährung einer Ausnahme gemäß Artikel 15 die genauen Gründe für die Gewährung der Ausnahme nach den Kriterien des genannten Absatzes und die damit verbundenen Auflagen;[1]

(3)[1] Die zuständige Behörde macht der Öffentlichkeit ferner Folgendes – auch systematisch, kostenlos und ohne Einschränkung des Zugangs auf angemeldete Benutzer über das Internet auf einer leicht auffindbaren Website – zugänglich:

a) relevante Informationen zu den vom Betreiber bei der endgültigen Einstellung der Tätigkeiten getroffenen Maßnahmen gemäß Artikel 22;

b) die Ergebnisse der entsprechend den Genehmigungsauflagen erforderlichen Überwachung der Emissionen, die bei der zuständigen Behörde vorliegen;

c) die Ergebnisse der Überwachung gemäß Artikel 16 Absatz 4 und Artikel 18.

(4) Die Absätze 1, 2 und 3 dieses Artikels gelten vorbehaltlich der Einschränkungen in Artikel 4 Absätze 1 und 2 der Richtlinie 2003/4/EG.

Artikel 25
Zugang zu Gerichten

(1) Die Mitgliedstaaten stellen im Rahmen ihrer innerstaatlichen Rechtsvorschriften sicher, dass Mitglieder der betroffenen Öffentlichkeit Zugang zu einem Überprüfungsverfahren vor einem Gericht oder einer anderen auf gesetzlicher Grundlage geschaffenen unabhängigen und unparteiischen Stelle haben, um die materiellrechtliche und verfahrensrechtliche Rechtmäßigkeit von Entscheidungen, Handlungen oder Unterlassungen gemäß Artikel 24 anzufechten, sofern die folgenden Bedingungen erfüllt sind:

a) Sie haben ein ausreichendes Interesse;

b) sie machen eine Rechtsverletzung geltend, sofern das Verwaltungsverfahrensrecht bzw. Verwaltungsprozessrecht eines Mitgliedstaats dies als Voraussetzung erfordert.

Die Klagebefugnis im Überprüfungsverfahren wird nicht von der Rolle abhängig gemacht, die die betroffene Person in der Phase der Beteiligung am Entscheidungsverfahren gemäß dieser Richtlinie gespielt hat.[5]

Das Überprüfungsverfahren wird fair, gerecht und zeitnah durchgeführt, ist nicht mit übermäßigen Kosten verbunden und stellt einen angemessenen und effektiven Rechtsschutz und, soweit angemessen, auch einen vorläufigen Rechtsschutz sicher.[5]

(2) Die Mitgliedstaaten legen fest, in welchem Verfahrensstadium die Entscheidungen, Handlungen oder Unterlassungen angefochten werden können.

(3) Was als ausreichendes Interesse und als Rechtsverletzung gilt, bestimmen die Mitgliedstaaten im Einklang mit dem Ziel, der betroffenen Öffentlichkeit einen weitreichenden Zugang zu Gerichten zu gewähren.

Zu diesem Zweck gilt das Interesse jeder Nichtregierungsorganisation, die sich für den Umweltschutz einsetzt und alle nach innerstaatlichem Recht geltenden Voraussetzungen erfüllt, als ausreichend im Sinne von Absatz 1 Buchstabe a.

Derartige Organisationen gelten auch als Träger von Rechten, die – im Sinne von Absatz 1 Buchstabe b – verletzt werden können.

(4) Die Absätze 1, 2 und 3 schließen die Möglichkeit eines vorangehenden Überprüfungsverfahrens bei einer Verwaltungsbehörde nicht aus und lassen das Erfordernis einer Ausschöpfung der verwaltungsbehördlichen Überprüfungsverfahren vor der Einleitung gerichtlicher Überprüfungsverfahren unberührt, sofern ein derartiges Erfordernis nach innerstaatlichem Recht besteht.

Die betreffenden Verfahren werden fair, gerecht, zügig und nicht übermäßig teuer durchgeführt.

(5) Die Mitgliedstaaten stellen sicher, dass der Öffentlichkeit praktische Informationen über den Zugang zu verwaltungsbehördlichen und gerichtlichen Überprüfungsverfahren zugänglich gemacht werden.

Artikel 26
Grenzüberschreitende Auswirkungen

(1)[1] Stellt ein Mitgliedstaat fest, dass der Betrieb einer Anlage erhebliche nachteilige Auswirkungen auf die Umwelt eines anderen Mitgliedstaats haben könnte, oder stellt ein Mitgliedstaat, der möglicherweise davon erheblich berührt wird, ein entsprechendes Ersuchen, so teilt der Mitgliedstaat, in dessen Hoheitsgebiet die Genehmigung nach Artikel 4 oder Artikel 20 Absatz 2 beantragt wurde, dem anderen Mitgliedstaat die nach Anhang IV erforderlichen oder bereitgestellten Angaben zum gleichen Zeitpunkt mit, zu dem er sie der Öffentlichkeit zugänglich macht. Auf der Grundlage dieser Angaben finden Konsultationen zwischen den beiden Mitgliedstaaten statt, wobei sichergestellt wird, dass die Stellungnahme des möglicherweise erheblich betroffenen Mitgliedstaats bereitgestellt wird, bevor die zuständige Behörde des Mitgliedstaats, in dessen Hoheitsgebiet der Genehmigungsantrag eingereicht wurde, ihre Entscheidung trifft. Sollte von dem möglicherweise erheblich betroffenen Mitgliedstaat innerhalb des für die Konsultation der Mitglieder der betroffenen Öffentlichkeit festgesetzten Zeitraums keine Stellungnahme eingehen, leitet die zuständige Behörde das Genehmigungsverfahren ein.

(2)[1] In den in Absatz 1 genannten Fällen sorgen die Mitgliedstaaten dafür, dass der Genehmigungsantrag der Öffentlichkeit des möglicherweise erheblich betroffenen Mitgliedstaats zur Stellungnahme zugänglich gemacht wird und für denselben Zeitraum verfügbar bleibt wie in dem Mitgliedstaat, in dem der Antrag eingereicht wurde.

(3) Die zuständige Behörde berücksichtigt die Ergebnisse der Konsultationen nach den Absätzen 1 und 2, wenn sie über den Antrag entscheidet.

(4) Die zuständige Behörde setzt alle nach Absatz 1 konsultierten Mitgliedstaaten von der Entscheidung über den Antrag in Kenntnis und übermittelt ihnen die in Artikel 24 Absatz 2 genannten Informationen. Jeder konsultierte Mitgliedstaat ergreift die erforderlichen Maßnahmen um sicherzustellen, dass diese Informationen der betroffenen Öffentlichkeit in seinem Hoheitsgebiet in geeigneter Weise zugänglich sind.

Kapitel IIA
Ermöglichung und Förderung von Innovation[19]

Artikel 27
Zukunftstechniken[1]

Die Mitgliedstaaten fördern gegebenenfalls die Entwicklung und Anwendung von Zukunftstechniken, insbesondere wenn diese Techniken in den BVT-Schlussfolgerungen, den BVT-Merkblättern oder den Feststellungen des in Artikel 27a genannten Innovationszentrums für industrielle Transformation und Emissionen aufgeführt werden.

---

[19] Überschrift eingefügt durch ABl L 1785 vom 15.7.2024.

Artikel 27a
Innovationszentrum für industrielle Transformation und Emissionen[5]

(1) Die Kommission richtet ein Innovationszentrum für industrielle Transformation und Emissionen (im Folgenden ‚Zentrum' oder ‚INCITE') ein und betreibt dieses.

(2) Das Zentrum erhebt und analysiert Informationen zu für die Tätigkeiten im Rahmen dieser Richtlinie relevanten und zukunftsweisenden Zukunftstechniken, die unter anderem zu Minimierung der Umweltverschmutzung, Dekarbonisierung, Ressourceneffizienz, einer Kreislaufwirtschaft beitragen, in der weniger oder sicherere Chemikalien verwendet werden, und beschreibt ihren Entwicklungsstand und ihre Umweltleistung. Die Kommission berücksichtigt die Feststellungen des Zentrums bei der Erstellung des Arbeitsprogramms für den Informationsaustausch nach Artikel 13 Absatz 3 Buchstabe b sowie bei der Erstellung, Überprüfung und Aktualisierung der BVT-Merkblätter nach Artikel 13 Absatz 1.

(3) Das Zentrum wird unterstützt von:

a) Vertretern der Mitgliedstaaten,
b) einschlägigen öffentlichen Einrichtungen,
c) einschlägigen Forschungseinrichtungen,
d) Forschungs- und Technologieorganisationen,
e) Vertretern der betreffenden Industriezweige und Landwirten,
f) Technologieanbietern,
g) Nichtregierungsorganisationen, die sich für den Schutz der menschlichen Gesundheit oder der Umwelt einsetzen,
h) der Kommission.

(4) Das Zentrum veröffentlicht seine Feststellungen vorbehaltlich der in Artikel 4 Absätze 1 und 2 der Richtlinie 2003/4/EG festgelegten Einschränkungen.

Die Kommission erlässt einen Durchführungsrechtsakt mit den genauen Vorkehrungen, die für die Einrichtung und das Funktionieren des Zentrums erforderlich sind. Dieser Durchführungsrechtsakt wird nach dem Prüfverfahren gemäß Artikel 75 Absatz 2 erlassen.

Artikel 27b
Erprobung von Zukunftstechniken[5]

Unbeschadet von Artikel 18 kann die zuständige Behörde für die Erprobung von Zukunftstechniken befristete Ausnahmen von den Anforderungen nach Artikel 15 Absätze 2, 3 und 4 und den Grundsätzen nach Artikel 11 Buchstaben a und b für insgesamt höchstens 30 Monate gewähren, vorausgesetzt die Erprobung der Technik wird nach der in der Genehmigung festgelegten Frist eingestellt oder die Tätigkeit erreicht mindestens BVT-assoziierte Emissionswerte.

Artikel 27c
Mit Zukunftstechniken assoziierte Emissionswerte und mit Zukunftstechniken assoziierte indikative Umweltleistungswerte[5]

Abweichend von Artikel 21 Absatz 3 kann die zuständige Behörde

a) Emissionsgrenzwerte festlegen, mit denen sichergestellt wird, dass innerhalb von sechs Jahren nach der Veröffentlichung eines Beschlusses über die BVT-Schlussfolgerungen gemäß Artikel 13 Absatz 5 für die Haupttätigkeit einer Anlage die Emissionen unter normalen Betriebsbedingungen die Emissionswerte nicht überschreiten, die mit den in den Beschlüssen über die BVT-Schlussfolgerungen festgelegten Zukunftstechniken assoziiert sind;
b) indikative Umweltleistungswerte festlegen, die mit den Beschlüssen über BVT-Schlussfolgerungen in Einklang stehen.

Artikel 27d
Übergang zu einer sauberen, kreislauforientierten und klimaneutralen Wirtschaft[5]

(1) Die Mitgliedstaaten verpflichten die Betreiber, bis zum 30. Juni 2030 in ihre Umweltmanagementsysteme einen als Orientierung dienenden Transformationsplan für die in Anhang I Nummern 1, 2, 3, 4 und Nummer 6.1 Buchstaben a und b aufgeführten Tätigkeiten der Unternehmen aufzunehmen. Der Transformationsplan enthält Informationen zu den Maßnahmen, die der Betreiber im Zeitraum 2030-2050 in der Anlage ergreifen wird, um bis zum Jahr 2050 zur Entwicklung einer nachhaltigen, sauberen, kreislauforientierten, ressourceneffizienten und klimaneutralen Wirtschaft beizutragen, einschließlich gegebenenfalls durch tiefgreifenden industriellen Wandel gemäß Artikel 27e.

Die Mitgliedstaaten ergreifen die notwendigen Maßnahmen, um sicherzustellen, dass die in Artikel 14a Absatz 4 Unterabsatz 6 genannte Prüfstelle spätestens ein Jahr nach Ablauf der in Unterabsatz 1 des vorliegenden Absatzes genannten Frist die Übereinstimmung der Transformationspläne gemäß Unterabsatz 1 des vorliegenden Absatzes mit den Anforderungen aufgrund des delegierten Rechtsakts gemäß Absatz 5 des vorliegenden Artikels überprüft.

(2) Im Rahmen der Überprüfung der Genehmigungsauflagen gemäß Artikel 21 Absatz 3 im Anschluss an die Veröffentlichung von Beschlüssen über BVT-Schlussfolgerungen verpflichten die Mitgliedstaaten die Betreiber, nach dem 1. Januar 2030 in ihr Umweltmanagementsystem einen Transformationsplan für jede Anlage aufzunehmen, in der eine in Anhang I aufgeführte Tätigkeit durchgeführt wird, die nicht in Absatz 1 dieses Artikels genannt wird. Der Transformationsplan enthält Informationen zu den Maßnahmen, die der Betreiber im Zeitraum 2030-2050 in der Anlage ergreifen wird, um in Übereinstimmung mit den Anforderungen aufgrund des delegierten Rechtsakts gemäß Absatz 5 des vorliegenden Artikels bis zum Jahr 2050 zur Entwicklung einer nachhaltigen, sauberen kreislauforientierten und klimaneutralen Wirtschaft beizutragen.

Die Mitgliedstaaten ergreifen die notwendigen Maßnahmen, um sicherzustellen, dass die in Artikel 14a Absatz 4 Unterabsatz 6 genannte Prüfstelle spätestens ein Jahr nach Abschluss der Überprüfung gemäß Artikel 21 Absatz 3 die Übereinstimmung der Transformationspläne gemäß Unterabsatz 1 mit den Anforderungen des delegierten Rechtsakts nach Absatz 5 des vorliegenden Artikels überprüft.

(3) Befinden sich zwei oder mehr Anlagen in der Kontrolle desselben Betreibers oder befinden sich die Anlagen in der Kontrolle verschiedener Betreiber, die in demselben Mitgliedstaat Teil desselben Unternehmens sind, so können diese Anlagen von einem Transformationsplan abgedeckt werden.

Wurden Elemente der Transformationspläne bereits im Einklang mit anderen Rechtsvorschriften der Union entwickelt und entsprechen sie diesem Artikel, so kann im Transformationsplan auf die einschlägigen Dokumente verwiesen werden.

(4) Die Betreiber veröffentlichen ihren Transformationsplan, den aktualisierten Transformationsplan sowie die Ergebnisse der Bewertung nach Absatz 1 und Absatz 2 im Rahmen der Veröffentlichung der im Umweltmanagementsystem dargelegten einschlägigen Informationen entsprechend Artikel 14a Absatz 4.

(5) Die Kommission erlässt bis zum 30. Juni 2026 einen delegierten Rechtsakt zur Ergänzung dieser Richtlinie durch Festlegung des Inhalts der Transformationspläne auf der

Grundlage der gemäß den Absätzen 1, 2 und 3 erforderlichen Informationen.

Die Kommission überprüft bis zum 31. Dezember 2034 den in Unterabsatz 1 genannten delegierten Rechtsakt und überarbeitet ihn gegebenenfalls.

Artikel 27e
Tiefgreifender industrieller Wandel[5]

(1) Unbeschadet des Artikels 18 kann die zuständige Behörde im Falle eines tiefgreifenden industriellen Umbaus der Anlage, die im einschlägigen Transformationsplan für die Anlage festgelegt ist, den Zeitraum, innerhalb dessen die Anlage die aktualisierten Genehmigungsauflagen gemäß Artikel 21 Absatz 3 erfüllen muss, auf insgesamt höchstens acht Jahre verlängern, sofern

a) die Genehmigung für die Anlage eine Beschreibung des tiefgreifenden industriellen Wandels, der Emissionswerte und der Ressourceneffizienz, die erreicht werden sollen, sowie den Zeitplan für die Umsetzung und die Etappenziele enthält;

b) der Betreiber der zuständigen Behörde über die Fortschritte bei der Umsetzung des tiefgreifenden industriellen Wandels jährlich Bericht erstattet und

c) die zuständige Behörde während des für den Wandel der Anlage genehmigten Zeitraums sicherstellt, dass keine erhebliche Umweltverschmutzung verursacht und ein hohes Schutzniveau für die Umwelt insgesamt erreicht wird.

Die Mitgliedstaaten unterrichten die Kommission mindestens einmal jährlich über die gewährten Ausnahmen im Rahmen ihrer Berichterstattung an die Kommission gemäß Artikel 72.

(2) Unbeschadet der Artikel 18 und 22 kann die zuständige Behörde im Fall eines tiefgreifenden industriellen Wandels, der in der Schließung einer Anlage und ihrer Ersetzung durch eine neue Anlage besteht, die im einschlägigen Transformationsplan für die Anlage festgelegt ist und innerhalb von acht Jahren nach Veröffentlichung der Beschlüsse über BVT-Schlussfolgerungen gemäß Artikel 13 Absatz 5 in Bezug auf die Haupttätigkeit der bestehenden Anlage abzuschließen ist, von der Verpflichtung zur Aktualisierung der Genehmigung gemäß Artikel 21 Absatz 3 absehen, sofern alle folgenden Bedingungen erfüllt sind:

a) die Genehmigung für die bestehende Anlage enthält eine Beschreibung des Schließungsplans und des zugehörigen Zeitplans und der Etappenziele;

b) der Betreiber der zuständigen Behörde erstattet jährlich über die Fortschritte in Bezug auf den Schließungsplan für die bestehende Anlage und deren Ersatz durch eine neue Anlage Bericht;

c) die zuständige Behörde sorgt während des für die Schließung der Anlage genehmigten Zeitraums dafür, dass keine erhebliche Umweltverschmutzung verursacht und ein hohes Schutzniveau für die Umwelt insgesamt erreicht wird.

Die Mitgliedstaaten unterrichten die Kommission im Rahmen ihrer Berichterstattung gemäß Artikel 72 mindestens einmal jährlich über die gewährten Ausnahmeregelungen.

[...]

Artikel 83
Inkrafttreten

Diese Richtlinie tritt am zwanzigsten Tag nach ihrer Veröffentlichung im Amtsblatt der Europäischen Union in Kraft.

Artikel 84
Adressaten

Diese Richtlinie ist an die Mitgliedstaaten gerichtet.

Anhang I
Kategorien von Tätigkeiten nach Artikel 10

Die im Folgenden genannten Schwellenwerte beziehen sich allgemein auf Produktionskapazitäten oder Leistungen. Werden mehrere unter derselben Tätigkeitsbeschreibung mit einem Schwellenwert aufgeführte Tätigkeiten in ein und derselben Anlage durchgeführt, so addieren sich die Kapazitäten dieser Tätigkeiten. Bei Abfallbehandlungstätigkeiten erfolgt diese Berechnung auf der Ebene der Tätigkeiten nach den Nummern 5.1, 5.3.a und 5.3.b.

Die Kommission stellt Leitlinien für Folgendes auf:

a) Beziehungen zwischen den in diesem Anhang und den in den Anhängen I und II der Richtlinie 2008/98/EG beschriebenen Abfallbehandlungstätigkeiten; und

b) Auslegung des Begriffs „industrieller Maßstab" in Bezug auf die in diesem Anhang beschriebenen Tätigkeiten der chemischen Industrie.

1. Energiewirtschaft

1.1. Verbrennung von Brennstoffen in Anlagen mit einer Feuerungswärmeleistung von 50 MW oder mehr

1.2. Raffinieren von Mineralöl und Gas.

1.3. Erzeugung von Koks.

1.4. Vergasung oder Verflüssigung von
   a) Kohle;
   b) anderen Brennstoffen in Anlagen mit einer Feuerungswärmeleistung von 20 MW oder mehr.

2. Herstellung und Verarbeitung von Metallen

2.1. Rösten oder Sintern von Metallerz einschließlich sulfidischer Erze.

2.2. Herstellung von Roheisen oder Stahl (Primär- oder Sekundärschmelzung) einschließlich Stranggießen mit einer Kapazität von mehr als 2,5 t pro Stunde.

2.3. Verarbeitung von Eisenmetallen:
   a) Warmwalzen mit einer Leistung von mehr als 20 t Rohstahl pro Stunde;
   b) Schmieden mit Hämmern, deren Schlagenergie 50 Kilojoule pro Hammer überschreitet, bei einer Wärmeleistung von über 20 MW;
   c) Aufbringen von schmelzflüssigen metallischen Schutzschichten mit einer Verarbeitungskapazität von mehr als 2 t Rohstahl pro Stunde.

2.4. Betrieb von Eisenmetallgießereien mit einer Produktionskapazität von über 20 t pro Tag.

2.5. Verarbeitung von Nichteisenmetallen:
   a) Gewinnung von Nichteisenrohmetallen aus Erzen, Konzentraten oder sekundären Rohstoffen durch metallurgische Verfahren, chemische Verfahren oder elektrolytische Verfahren;
   b) Schmelzen von Nichteisenmetallen, einschließlich Legierungen, darunter auch Wiedergewinnungsprodukte und Betrieb von Gießereien, die Nichteisen-Metallgussprodukte herstellen, mit einer Schmelzkapazität von mehr als 4 t pro Tag bei Blei und Kadmium oder 20 t pro Tag bei allen anderen Metallen.

2.6. Oberflächenbehandlung von Metallen oder Kunststoffen durch ein elektrolytisches oder chemisches Verfahren, wenn das Volumen der Wirkbäder 30 m^3 übersteigt.

3. Mineralverarbeitende Industrie

3.1. Herstellung von Zement, Kalk und Magnesiumoxid:

a) Herstellung von Zementklinkern in Drehrohröfen mit einer Produktionskapazität von über 500 t pro Tag oder in anderen Öfen mit einer Produktionskapazität von über 50 t pro Tag;

b) Herstellung von Kalk in Öfen mit einer Produktionskapazität von über 50 t pro Tag;

c) Herstellung von Magnesiumoxid in Öfen mit einer Produktionskapazität von über 50 t pro Tag.

3.2. Gewinnung von Asbest oder Herstellung von Erzeugnissen aus Asbest.

3.3. Herstellung von Glas einschließlich Glasfasern mit einer Schmelzkapazität von über 20 t pro Tag.

3.4. Schmelzen mineralischer Stoffe einschließlich der Herstellung von Mineralfasern mit einer Schmelzkapazität von über 20 t pro Tag.

3.5. Herstellung von keramischen Erzeugnissen durch Brennen, und zwar insbesondere von Dachziegeln, Ziegelsteinen, feuerfesten Steinen, Fliesen, Steinzeug oder Porzellan mit einer Produktionskapazität von über 75 t pro Tag und/oder einer Ofenkapazität von über 4 m^3 und einer Besatzdichte von über 300 kg/m^3 pro Ofen.

4. Chemische Industrie

Im Sinne dieses Abschnitts ist die Herstellung im Sinne der Kategorien von Tätigkeiten des Abschnitts 4 die Herstellung der in den Nummern 4.1 bis 4.6 genannten Stoffe oder Stoffgruppen durch chemische oder biologische Umwandlung im industriellen Umfang.

4.1. Herstellung von organischen Chemikalien wie

a) einfachen Kohlenwasserstoffen (lineare oder ringförmige, gesättigte oder ungesättigte, aliphatische oder aromatische);

b) sauerstoffhaltigen Kohlenwasserstoffen, insbesondere Alkohole, Aldehyde, Ketone, Carbonsäuren, Ester und Estergemische, Acetate, Ether, Peroxide und Epoxide;

c) schwefelhaltigen Kohlenwasserstoffen;

d) stickstoffhaltigen Kohlenwasserstoffen, insbesondere Amine, Amide, Nitroso-, Nitro- oder Nitratverbindungen, Nitrile, Cyanate, Isocyanate;

e) phosphorhaltigen Kohlenwasserstoffen;

f) halogenhaltigen Kohlenwasserstoffen;

g) metallorganischen Verbindungen;

h) Kunststoffen (Polymeren, Chemiefasern, Fasern auf Zellstoffbasis);

i) synthetischen Kautschuken;

j) Farbstoffen und Pigmenten;

k) oberflächenaktiven Stoffen und Tensiden.

4.2. Herstellung von anorganischen Chemikalien wie

a) Gase wie Ammoniak, Chlor und Chlorwasserstoff, Fluor und Fluorwasserstoff, Kohlenstoffoxiden, Schwefelverbindungen, Stickstoffoxiden, Wasserstoff, Schwefeldioxid, Phosgen;

b) Säuren wie Chromsäure, Flusssäure, Phosphorsäure, Salpetersäure, Salzsäure, Schwefelsäure, Oleum, schwefelige Säuren;

c) Basen wie Ammoniumhydroxid, Kaliumhydroxid, Natriumhydroxid;

d) Salze wie Ammoniumchlorid, Kaliumchlorat, Kaliumkarbonat, Natriumkarbonat, Perborat, Silbernitrat;

e) Nichtmetalle, Metalloxide oder sonstige anorganische Verbindungen wie Kalziumkarbid, Silicium, Siliciumkarbid.

4.3. Herstellung von phosphor-, stickstoff- oder kaliumhaltigen Düngemitteln (Einnährstoff- oder Mehrnährstoffdünger).

4.4. Herstellung von Pflanzenschutzmitteln oder Bioziden.

4.5. Herstellung von Arzneimitteln einschließlich Zwischenerzeugnissen

4.6. Herstellung von Explosivstoffen.

5. Abfallbehandlung

5.1. Beseitigung oder Verwertung von gefährlichen Abfällen mit einer Kapazität von über 10 t pro Tag im Rahmen einer oder mehrerer der folgenden Tätigkeiten:

a) biologische Behandlung;

b) physikalisch-chemische Behandlung;

c) Vermengung oder Vermischung vor der Durchführung einer der anderen in den Nummern 5.1 und 5.2 genannten Tätigkeiten;

d) Neuverpacken[20] vor der Durchführung einer der anderen in den Nummern 5.1 und 5.2 genannten Tätigkeiten;

e) Rückgewinnung/Regenerierung von Lösungsmitteln;

f) Verwertung/Rückgewinnung von anderen anorganischen Stoffen als Metallen und Metallverbindungen;

g) Regenerierung von Säuren oder Basen;

h) Wiedergewinnung von Bestandteilen, die der Bekämpfung von Verunreinigungen dienen;

i) Wiedergewinnung von Katalysatorenbestandteilen;

j) Erneute Ölraffination[20] oder andere Wiederverwendungsmöglichkeiten von Öl;

k) Oberflächenaufbringung.

5.2. Beseitigung oder Verwertung von Abfällen in Abfallverbrennungsanlagen oder in Abfallmitverbrennungsanlagen

a) für die Verbrennung nicht gefährlicher Abfälle mit einer Kapazität von über 3 t pro Stunde;

b) für gefährliche Abfälle mit einer Kapazität von über 10 t pro Tag.

5.3. a) Beseitigung nicht gefährlicher Abfälle mit einer Kapazität von über 50 t pro Tag im Rahmen einer oder mehrerer der folgenden Tätigkeiten und unter Ausschluss der Tätigkeiten, die unter die Richtlinie 91/271/EWG des Rates vom 21. Mai 1991 über die Behandlung von kommunalem Abwasser[21] fallen:

i) biologische Behandlung;

ii) physikalisch-chemische Behandlung;

iii) Abfallvorbehandlung für die Verbrennung oder Mitverbrennung;

iv) Behandlung von Schlacken und Asche;

v) Behandlung von metallischen Abfällen – unter Einschluss von Elektro- und Elektronik-Altgeräten sowie von Altfahrzeugen und ihren Bestandteilen – in Schredderanlagen.

b) Verwertung – oder eine Kombination aus Verwertung und Beseitigung – von nichtgefährlichen Abfällen mit einer Kapazität von mehr als 75 t pro Tag im Rahmen einer der folgenden Tätigkeiten und unter Ausschluss der unter die Richtlinie 91/271/EWG fallenden Tätigkeiten:

---

20 IdF ABl L 158 vom 19.6.2012.

21 ABl. L 135 vom 30.5.1991, S. 40.

i) biologische Behandlung;

ii) Abfallvorbehandlung für die Verbrennung oder Mitverbrennung;

iii) Behandlung von Schlacken und Asche;

iv) Behandlung von metallischen Abfällen – unter Einschluss von Elektro- und Elektronik-Altgeräten sowie von Altfahrzeugen und ihren Bestandteilen – in Schredderanlagen.

Besteht die einzige Abfallbehandlungstätigkeit in der anaeroben Vergärung, so gilt für diese Tätigkeit ein Kapazitätsschwellenwert von 100 t pro Tag.

5.4. Deponien im Sinne des Artikels 2 Buchstabe g der Richtlinie 1999/31/EG des Rates vom 26. April 1999 über Abfalldeponien[22] mit einer Aufnahmekapazität von über 10 t Abfall pro Tag oder einer Gesamtkapazität von über 25000 t, mit Ausnahme der Deponien für Inertabfälle.

5.5. Zeitweilige Lagerung von gefährlichen Abfällen, die nicht unter Nummer 5.4 fallen, bis zur Durchführung einer der in den Nummern 5.1, 5.2, 5.4 und 5.6 aufgeführten Tätigkeiten mit einer Gesamtkapazität von über 50 t, mit Ausnahme der zeitweiligen Lagerung – bis zur Sammlung – auf dem Gelände, auf dem die Abfälle erzeugt worden sind.

5.6. Unterirdische Lagerung gefährlicher Abfälle mit einer Gesamtkapazität von über 50 t.

6. Sonstige Tätigkeiten

6.1. Herstellung von folgenden Produkten in Industrieanlagen:

a) Zellstoff aus Holz oder anderen Faserstoffen;

b) Papier oder Pappe mit einer Produktionskapazität von über 20 t pro Tag;

c) eine oder mehrere der folgenden Arten von Platten auf Holzbasis mit einer Produktionskapazität von über 600 m³ pro Tag: Grobspanplatten (OSB-Platten), Spanplatten oder Faserplatten.

6.2. Vorbehandlung (Waschen, Bleichen, Mercerisieren) oder Färben von Textilfasern oder Textilien mit einer Verarbeitungskapazität von über 10 t pro Tag

6.3. Gerben von Häuten oder Fellen mit einer Verarbeitungskapazität von mehr als 12 t Fertigerzeugnissen pro Tag.

6.4. a) Betrieb von Schlachthäusern mit einer Produktionskapazität von mehr als 50 t Schlachtkörper pro Tag.

b) Behandlung und Verarbeitung, mit alleiniger Ausnahme der Verpackung, folgender Rohstoffe, unabhängig davon, ob sie zuvor verarbeitet wurden oder nicht, zur Herstellung von Nahrungsmitteln oder Futtererzeugnissen aus

i) ausschließlich tierischen Rohstoffen (mit alleiniger Ausnahme von Milch) mit einer Produktionskapazität von mehr als 75 t Fertigerzeugnissen pro Tag;

ii) ausschließlich pflanzlichen Rohstoffen mit einer Produktionskapazität von mehr als 300 t Fertigerzeugnissen pro Tag oder 600 t pro Tag, sofern die Anlage an nicht mehr als 90 aufeinander folgenden Tagen im Jahr in Betrieb ist;

iii) tierischen und pflanzlichen Rohstoffen sowohl in Mischerzeugnissen als auch in ungemischten Erzeugnissen mit einer Produktionskapazität (in Tonnen Fertigerzeugnisse) pro Tag von mehr als

- 75, wenn A 10 oder mehr beträgt; oder
- [300 – (22,5 × A)] in allen anderen Fällen,

wobei „A" den gewichtsprozentualen Anteil der tierischen Stoffe an der Produktionskapazität von Fertigerzeugnissen darstellt.

Die Verpackung ist im Endgewicht des Erzeugnisses nicht enthalten.

Dieser Unterabschnitt gilt nicht, wenn es sich bei dem Rohstoff ausschließlich um Milch handelt.

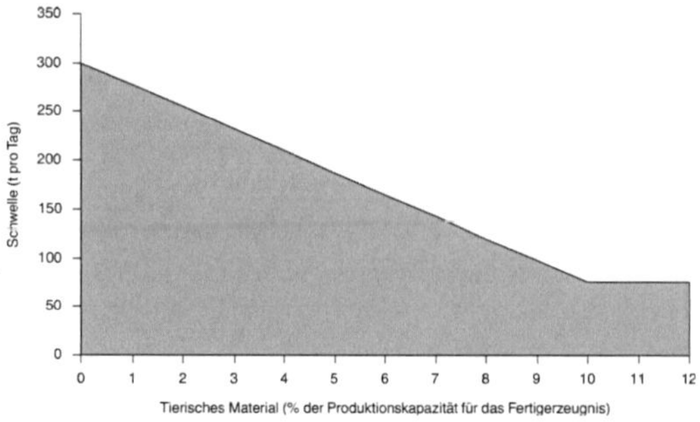

c) ausschließliche Behandlung und Verarbeitung von Milch, wenn die eingehende Milchmenge 200 t pro Tag übersteigt (Jahresdurchschnittswert).

6.5. Beseitigung oder Verwertung von Tierkörpern oder tierischen Abfällen mit einer Verarbeitungskapazität von mehr als 10 t pro Tag.

6.6. Intensivhaltung oder -aufzucht von Geflügel oder Schweinen

a) mit mehr als 40000 Plätzen für Geflügel

b) mit mehr als 2000 Plätzen für Mastschweine (Schweine über 30 kg) oder

c) mit mehr als 750 Plätzen für Säue.

6.7. Behandlung von Oberflächen von Stoffen, Gegenständen oder Erzeugnissen unter Verwendung von organischen Lösungsmitteln, insbesondere zum Appretieren, Bedrucken, Beschichten, Entfetten, Imprägnieren, Kleben, Lackieren, Reinigen oder Tränken, mit einer Verbrauchskapazität von mehr als 150 kg organischen Lösungsmitteln pro Stunde oder von mehr als 200 t pro Jahr.

6.8. Herstellung von Kohlenstoff (Hartbrandkohle) oder Elektrographit durch Brennen oder Graphitieren.

6.9. Abscheidung von CO_2-Strömen aus Anlagen, die unter diese Richtlinie fallen, zur geologischen Speicherung gemäß der Richtlinie 2009/31/EG.

6.10. Konservierung von Holz und Holzerzeugnissen mit Chemikalien mit einer Produktionskapazität von mehr als 75 m³ pro Tag, sofern sie nicht ausschließlich der Bläueschutzbehandlung dient.

6.11. Eigenständig betriebene Behandlung von Abwasser, das nicht unter die Richtlinie 91/271/EWG fällt und von einer unter Kapitel II fallenden Anlage eingeleitet wird.

Anhang II
Schadstoffliste

LUFT

1. Schwefeloxide und sonstige Schwefelverbindungen
2. Stickstoffoxide und sonstige Stickstoffverbindungen
3. Kohlenmonoxid
4. Flüchtige organische Verbindungen
5. Metalle und Metallverbindungen
6. Staub, einschließlich Feinpartikel
7. Asbest (Schwebeteilchen und Fasern)
8. Chlor und Chlorverbindungen

[22] ABl. L 182 vom 16.7.1999, S. 1.

9. Fluor und Fluorverbindungen
10. Arsen und Arsenverbindungen
11. Zyanide
12. Stoffe und Gemische mit nachgewiesenermaßen karzinogenen, mutagenen oder sich möglicherweise auf die Fortpflanzung auswirkenden Eigenschaften, die sich über die Luft auswirken
13. Polychlordibenzodioxine und Polychlordibenzofurane

WASSER

1. Halogenorganische Verbindungen und Stoffe, die im wässrigen Milieu halogenorganische Verbindungen bilden
2. Phosphororganische Verbindungen
3. Zinnorganische Verbindungen
4. Stoffe und Gemische mit nachgewiesenermaßen in wässrigem Milieu oder über wässriges Milieu übertragbaren karzinogenen, mutagenen oder sich möglicherweise auf die Fortpflanzung auswirkenden Eigenschaften
5. Persistente Kohlenwasserstoffe sowie beständige und bioakkumulierbare organische Giftstoffe
6. Zyanide
7. Metalle und Metallverbindungen
8. Arsen und Arsenverbindungen
9. Biozide und Pflanzenschutzmittel
10. Schwebestoffe
11. Stoffe, die zur Eutrophierung beitragen (insbesondere Nitrate und Phosphate)
12. Stoffe, die sich ungünstig auf den Sauerstoffgehalt auswirken (und sich mittels Parametern wie BSB und CSB usw. messen lassen)
13. Stoffe, die in Anhang X der Richtlinie 2000/60/EG aufgeführt sind

Anhang III
Kriterien für die Ermittlung der besten verfügbaren Techniken

1. Einsatz abfallarmer Technologie.
2. Einsatz weniger gefährlicher Stoffe.
3. Förderung der Rückgewinnung und Wiederverwertung der bei den einzelnen Verfahren erzeugten und verwendeten Stoffe und gegebenenfalls der Abfälle.
4. Vergleichbare Verfahren, Vorrichtungen und Betriebsmethoden, die mit Erfolg im industriellen Maßstab erprobt wurden.
5. Fortschritte in der Technologie und in den wissenschaftlichen Erkenntnissen.
6. Art, Auswirkungen und Menge der jeweiligen Emissionen.
7. Zeitpunkte der Inbetriebnahme der neuen oder der bestehenden Anlagen.
8. Für die Einführung einer besseren verfügbaren Technik erforderliche Zeit.
9. Verbrauch an Rohstoffen und Art der bei den einzelnen Verfahren verwendeten Rohstoffe (einschließlich Wasser) sowie Energieeffizienz.
10. Die Notwendigkeit, die Gesamtwirkung der Emissionen und die Gefahren für die Umwelt so weit wie möglich zu vermeiden oder zu verringern.
11. Die Notwendigkeit, Unfällen vorzubeugen und deren Folgen für die Umwelt zu verringern.
12. Von internationalen Organisationen veröffentlichte Informationen.

Anmerkung:
Die Anhänge IV bis IX werden nicht abgedruckt. .

Luftqualitäts-Richtlinie (EU) 2024/2881

ABl L 2024/2881 vom 23.10.2024.

KAPITEL I
ALLGEMEINE BESTIMMUNGEN

Artikel 1
Ziele

(1) Mit dieser Richtlinie werden Bestimmungen über die Luftqualität zur Verwirklichung eines Null-Schadstoff-Zieles festgelegt, damit die Luftqualität in der Union schrittweise auf ein Niveau gehoben wird, das nach den besten verfügbaren und aktuellsten wissenschaftlichen Erkenntnissen als nicht mehr schädlich für die menschliche Gesundheit, die natürlichen Ökosysteme und die biologische Vielfalt gilt, wodurch ein Beitrag zur Verwirklichung einer schadstofffreien Umwelt bis spätestens 2050 geleistet wird.

(2) In dieser Richtlinie werden Grenzwerte, Zielwerte, Verpflichtungen zur Verringerung der durchschnittlichen Exposition, Ziele für die durchschnittliche Expositionskonzentration, kritische Werte, Alarmschwellen, Informationsschwellen und langfristige Ziele festgelegt. Diese in Anhang I festgelegten Luftqualitätsnormen werden gemäß Artikel 3 regelmäßig nach Maßgabe der WHO-Empfehlungen überprüft.

(3) Darüber hinaus trägt diese Richtlinie dazu bei, die Ziele der Union in den Bereichen Verringerung der Umweltverschmutzung, biologische Vielfalt und Ökosysteme im Einklang mit dem achten Umweltaktionsprogramm sowie erweiterte Synergieeffekte zwischen der Politik der Union für die Luftqualität und anderen einschlägigen Unionspolitiken umzusetzen.

Artikel 2
Gegenstand

In dieser Richtlinie werden Bestimmungen zu Folgendem festgelegt:

1. Definition und Festlegung von Luftqualitätszielen zur Vermeidung, Verhütung oder Verringerung schädlicher Auswirkungen auf die menschliche Gesundheit und die Umwelt;
2. Festlegung einheitlicher Methoden und Kriterien zur Beurteilung der Luftqualität in den Mitgliedstaaten;
3. Überwachung der aktuellen Luftqualität und der langfristigen Tendenzen sowie der Auswirkungen von Maßnahmen der Union und der Mitgliedstaaten auf die Luftqualität;
4. Gewährleistung der unionsweiten Vergleichbarkeit der Informationen über die Luftqualität und des Zugangs der Öffentlichkeit zu diesen Informationen;
5. Erhaltung der Luftqualität dort, wo sie gut ist, und Verbesserung der Luftqualität, wo das nicht der Fall ist;
6. Förderung der verstärkten Zusammenarbeit zwischen den Mitgliedstaaten und ihren zuständigen Behörden und Stellen bei der Verringerung der Luftverschmutzung.

Artikel 3
Regelmäßige Überprüfung

(1) Bis zum 31. Dezember 2030 und danach alle fünf Jahre und öfter, wenn wesentliche neue wissenschaftliche Erkenntnisse wie etwa überarbeitete WHO-Luftqualitätsleitlinien dies erfordern, überprüft die Kommission die wissenschaftlichen Erkenntnisse in Bezug auf Luftschadstoffe und ihre Auswirkungen auf die menschliche Gesundheit und die Umwelt, die für die Erreichung der in Artikel 1 festgelegten Ziele relevant sind, und legt dem Europäischen Parlament und dem Rat einen Bericht mit den wichtigsten Ergebnissen vor.

(2) Bei der in Absatz 1 genannten Überprüfung wird bewertet, ob die geltenden Luftqualitätsnormen noch angemessen sind, um das Ziel der Vermeidung, Verhütung oder Verringerung schädlicher Auswirkungen auf die menschliche Gesundheit und die Umwelt zu erreichen, und ob zusätzliche Luftschadstoffe erfasst werden sollten.

Um die in Artikel 1 festgelegten Ziele zu erreichen, werden bei der Überprüfung die Optionen und die Zeitpläne für die Angleichung der Luftqualitätsnormen an die neuesten Luftqualitätsleitlinien der WHO und die aktuellsten wissenschaftlichen Erkenntnisse bewertet.

Bei der Überprüfung werden außerdem alle anderen Bestimmungen dieser Richtlinie, einschließlich der Bestimmungen über die Verlängerung der Fristen für das Erreichen der Grenzwerte und über die grenzüberschreitende Luftverschmutzung, sowie die aktuellsten wissenschaftlichen Erkenntnisse, gegebenenfalls auch in Bezug auf Luftschadstoffe, die an den in Artikel 10 genannten Großmessstationen überwacht werden, aber derzeit nicht in Anhang I enthalten sind, bewertet.

Für die Zwecke der Überprüfung berücksichtigt die Kommission unter anderem Folgendes:

a) die aktuellsten wissenschaftlichen Informationen einschlägiger Einrichtungen der Union, internationaler Organisationen wie der WHO und des UNECE-Übereinkommens über weiträumige grenzüberschreitende Luftverunreinigung (Convention on Long-range Transboundary Air Pollution) und anderer einschlägiger wissenschaftlicher Organisationen,

b) Verhaltensänderungen, haushaltspolitische Maßnahmen und technologische Entwicklungen, die sich auf die Luftqualität auswirken, und ihre Beurteilung,

c) die tatsächliche Luftqualität und damit verbundene Auswirkungen auf die menschliche Gesundheit und die Umwelt, einschließlich der Auswirkungen von Ozon auf die Vegetation in den Mitgliedstaaten,

d) luftverschmutzungsbedingte direkte und indirekte Gesundheits- und Umweltkosten,

e) die Art ergänzender Maßnahmen, die zur Verwirklichung neuer Ziele umgesetzt werden, und ihre sozioökonomischen Auswirkungen sowie eine Kosten-Nutzen-Analyse dieser Maßnahmen,

f) Fortschritte bei der Umsetzung von Maßnahmen der Mitgliedstaaten und der Union zur Verringerung von Schadstoffen und zur Verbesserung der Luftqualität,

g) einschlägige Rechtsvorschriften auf Unionsebene zur Vermeidung von Emissionen an der Quelle für Sektoren und Aktivitäten, die zur Luftverschmutzung beitragen, einschließlich der Fortschritte bei der Umsetzung dieser Rechtsvorschriften,

h) einschlägige Informationen, die die Mitgliedstaaten der Kommission zum Zwecke der Überprüfung vorgelegt haben,

i) die Einführung strengerer Luftqualitätsnormen durch einzelne Mitgliedstaaten gemäß Artikel 193 AEUV.

(3) Die Europäische Umweltagentur unterstützt die Kommission bei der Durchführung der Überprüfung.

(4) Wenn die Kommission dies aufgrund des Ergebnisses der Überprüfung für erforderlich hält, legt sie einen Vorschlag zur Überarbeitung der Luftqualitätsnormen oder zur Erfassung anderer Luftschadstoffe vor. Außerdem legt die Kommission, sofern sie es für erforderlich hält, Vorschläge zur Einführung oder Überarbeitung einschlägiger Rechtsvorschriften zur Vermeidung von Emissionen an der Quelle vor, um zur Verwirklichung der vorgeschlagenen überarbeiteten Luftqualitätsnormen auf Unionsebene beizutragen.

(5) Stellt die Kommission während der Überprüfung fest, dass es in einem größeren Gebiet innerhalb der Union weiterer Maßnahmen zur Verwirklichung der geltenden Luftqualitätsnormen bedarf, so kann sie weitere auf Unionsebene zu ergreifende Maßnahmen vorschlagen.

Artikel 4
Begriffsbestimmungen

Für die Zwecke dieser Richtlinie gelten folgende Begriffsbestimmungen:

1. „Luft" ist die Außenluft in der Troposphäre mit Ausnahme von Arbeitsstätten im Sinne des Artikels 2 der Richtlinie 89/654/EWG des Rates ([1]), an denen Bestimmungen für Gesundheitsschutz und Sicherheit am Arbeitsplatz gelten und zu denen die Öffentlichkeit normalerweise keinen Zugang hat;
2. „Luftqualitätsnormen" sind Grenzwerte, Zielwerte, Verpflichtungen zur Verringerung der durchschnittlichen Exposition, Ziele für die durchschnittliche Expositionskonzentration, kritische Werte, Alarmschwellen, Informationsschwellen und langfristige Ziele;
3. „Schadstoff" ist jeder in der Luft vorhandene Stoff, der schädliche Auswirkungen auf die menschliche Gesundheit oder die Umwelt haben kann;
4. „Wert" ist die Konzentration eines Schadstoffs in der Luft oder die Ablagerung eines Schadstoffs auf Flächen in einem bestimmten Zeitraum;
5. „Gesamtablagerung" ist die Gesamtmenge der Schadstoffe, die auf einer bestimmten Fläche innerhalb eines bestimmten Zeitraums aus der Luft auf Oberflächen wie Boden, Vegetation, Gewässer oder Gebäude gelangt;
6. „PM_{10}" sind die Partikel, die einen größenselektierenden Lufteinlass gemäß der Referenzmethode für die Probenahme und Messung von PM_{10}, EN 12341, passieren, der für einen aerodynamischen Durchmesser von 10 µm eine Abscheidegrad von 50 % aufweist;
7. „$PM_{2,5}$" sind die Partikel, die einen größenselektierenden Lufteinlass gemäß der Referenzmethode für die Probenahme und Messung von $PM_{2,5}$, EN 12341, passieren, der für einen aerodynamischen Durchmesser von 2,5 µm eine Abscheidegrad von 50 % aufweist;
8. „Stickstoffoxide" bezeichnet die Summe der Volumenmischungsverhältnisse (ppbv) von Stickstoffmonoxid und Stickstoffdioxid, ausgedrückt in der Einheit der Massenkonzentration von Stickstoffdioxid ($\mu g/m^3$);
9. „Arsen", „Cadmium", „Blei", „Nickel" und „Benzo[a]pyren" bezeichnen den Gesamtgehalt dieser Elemente und Verbindungen in der PM_{10}-Fraktion;
10. „polyzyklische aromatische Kohlenwasserstoffe" sind organische Verbindungen, die sich aus mindestens zwei

[1] Richtlinie 89/654/EWG des Rates vom 30. November 1989 über Mindestvorschriften für Sicherheit und Gesundheitsschutz in Arbeitsstätten (Erste Einzelrichtlinie im Sinne des Artikels 16 Absatz 1 der Richtlinie 89/391/EWG) (ABl. L 393 vom 30.12.1989, S. 1).

miteinander verbundenen aromatischen Ringen zusammensetzen, die ausschließlich aus Kohlenstoff und Wasserstoff bestehen;

11. „gesamtes gasförmiges Quecksilber“ ist elementarer Quecksilberdampf (Hg^0) und reaktives gasförmiges Quecksilber, d. h. wasserlösliche Quecksilberverbindungen mit ausreichend hohem Dampfdruck, um in der Gasphase zu existieren;
12. „flüchtige organische Verbindungen“ oder „VOC“ (volatile organic compounds) bezeichnet organische Verbindungen anthropogenen oder biogenen Ursprungs mit Ausnahme von Methan, die durch Reaktion mit Stickstoffoxiden in Gegenwart von Sonnenlicht photochemische Oxidantien erzeugen können;
13. „Ozonvorläuferstoffe“ sind Stoffe, die zur Bildung von bodennahem Ozon beitragen;
14. „Ruß (black carbon)“ oder „BC“ sind kohlenstoffhaltige Aerosole, die durch Lichtabsorption gemessen werden;
15. „ultrafeine Partikel“ oder „UFP“ sind Partikel mit einem Durchmesser von höchstens 100 nm; UFP werden als Konzentration der Partikelanzahl pro Kubikzentimeter für einen Größenbereich mit einer unteren Grenze von 10 nm und ohne obere Grenze gemessen;
16. „oxidatives Potenzial von Partikeln“ ist ein Maß für die Fähigkeit von Partikeln zur Oxidierung potenzieller Zielmoleküle;
17. „Gebiet“ ist ein Teil des Hoheitsgebiets eines Mitgliedstaats, das dieser Mitgliedstaat für die Beurteilung und Kontrolle der Luftqualität abgegrenzt hat;
18. „Gebietseinheit für die durchschnittliche Exposition“ bezeichnet einen Teil des Hoheitsgebiets eines Mitgliedstaats, der von diesem Mitgliedstaat für die Zwecke der Bestimmung des Indikators für die durchschnittliche Exposition ausgewiesen wurde und einer NUTS-1- oder einer NUTS-2-Region gemäß der Verordnung (EG) Nr. 1059/2003 des Europäischen Parlaments und des Rates (2) oder einer Kombination aus zwei oder mehr aneinander angrenzenden NUTS-1- oder NUTS-2-Regionen entspricht, sofern ihre gesamte kombinierte Größe kleiner ist als das gesamte Hoheitsgebiet des Mitgliedstaats und höchstens 85 000 km^2 ausmacht;
19. „Ballungsraum“ ist ein städtisches Gebiet mit einer Bevölkerung von mehr als 250 000 Einwohnern oder, falls 250 000 oder weniger Einwohner in dem Gebiet wohnen, mit einer Bevölkerungsdichte pro km^2, die von den Mitgliedstaaten festzulegen ist;
20. „Beurteilung“ bezeichnet alle Verfahren zur Messung, Berechnung, Vorhersage oder Schätzung eines Schadstoffwertes;
21. „Beurteilungsschwelle“ ist der Wert, anhand dessen das zur Beurteilung der Luftqualität erforderliche Verfahren bestimmt wird;
22. „ortsfeste Messungen“ sind kontinuierlich oder stichprobenartig an Probenahmestellen an für mindestens ein Kalenderjahr festgelegten Orten durchgeführte Messungen zur Ermittlung der Werte entsprechend den jeweiligen Datenqualitätszielen;
23. „orientierende Messungen“ sind Messungen, die entweder in regelmäßigen Abständen während eines Kalenderjahres oder im Wege von Stichproben durchgeführt werden, um die Werte im Einklang mit Datenqualitätszielen zu ermitteln, die weniger streng sind als die für ortsfeste Messungen vorgeschriebenen Datenqualitätsziele;
24. „Modellierungsanwendung“ bezeichnet die Anwendung eines Modellierungssystems, das als Abfolge von Modellen und Untermodellen zu verstehen ist, einschließlich aller erforderlichen Eingabedaten und einer etwaigen Nachbearbeitung;
25. „objektive Schätzung“ bezeichnet Informationen über die Konzentration oder Ablagerung eines bestimmten Schadstoffs, die im Wege einer Sachverständigenanalyse erlangt wurden und den Einsatz statistischer Instrumente umfassen können;
26. „räumliche Repräsentativität“ bezeichnet einen Beurteilungsansatz, bei dem die an einer Probenahmestelle erfassten Luftqualitätsparameter für einen ausdrücklich abgegrenzten geografischen Bereich insofern repräsentativ sind, als die Luftqualitätsparameter innerhalb dieses Bereichs nicht um mehr als einen vordefinierten Toleranzwert von den an der Probenahmestelle erfassten Parametern abweichen;
27. „Luftverschmutzungsschwerpunkte“ bezeichnet die Orte innerhalb eines Gebiets mit den höchsten Konzentrationen, denen die Bevölkerung wahrscheinlich direkt oder indirekt ausgesetzt ist, und zwar über einen Zeitraum, der im Vergleich zum Mittelungszeitraum der Grenzwerte oder Zielwerte signifikant ist, und zwar auch dann, wenn die Verschmutzung in hohem Maße durch die Emissionen starker Verschmutzungsquellen wie etwa nahe gelegener überlasteter Straßen mit hohem Verkehrsaufkommen, einer einzigen industriellen Quelle oder eines Industriegebiets mit zahlreichen Quellen, Häfen, Flughäfen, der intensiven Beheizung von Wohngebäuden oder einer Kombination hieraus beeinflusst wird;
28. „Standorte für den städtischen Hintergrund“ sind Standorte in städtischen Gebieten und Stadtrandgebieten, an denen die Werte repräsentativ für die Exposition der allgemeinen städtischen Bevölkerung sind;
29. „Standorte für den ländlichen Hintergrund“ sind Standorte in ländlichen Gebieten mit niedriger Bevölkerungsdichte, an denen die Werte repräsentativ für die Exposition der allgemeinen ländlichen Bevölkerung, der Vegetation und der natürlichen Ökosysteme sind;
30. „Großmessstation“ bezeichnet eine Messstation an einem Standort für den städtischen Hintergrund oder einem Standort für den ländlichen Hintergrund, an der mehrere Probenahmestellen zusammengelegt sind, um langfristige Daten zu mehreren Schadstoffen zu erheben;
31. „Grenzwert“ ist ein Wert, der aufgrund wissenschaftlicher Erkenntnisse mit dem Ziel festgelegt wird, schädliche Auswirkungen auf die menschliche Gesundheit oder die Umwelt zu vermeiden, zu verhüten oder zu verringern, und der innerhalb eines bestimmten Zeitraums erreicht werden muss und danach nicht mehr überschritten werden darf;
32. „Zielwert“ ist ein Wert, der aufgrund wissenschaftlicher Erkenntnisse mit dem Ziel festgelegt wird, schädliche Auswirkungen auf die menschliche Gesundheit oder die Umwelt zu vermeiden, zu verhüten oder zu verringern, und der soweit wie möglich in einem bestimmten Zeitraum erreicht werden muss;
33. „Indikator für die durchschnittliche Exposition“ oder „AEI“ (Average Exposure Indicator) ist ein anhand von Messungen an Standorten für den städtischen Hintergrund in der Gebietseinheit für die durchschnittliche Exposition oder, sofern sich in der Gebietseinheit keine städtischen Gebiete befinden, an Standorten für den ländlichen Hintergrund ermittelter Durchschnittswert für die Exposition der Bevölkerung, der dazu dient zu prüfen, ob die Ver-

---

[2] Verordnung (EG) Nr. 1059/2003 des Europäischen Parlaments und des Rates vom 26. Mai 2003 über die Schaffung einer gemeinsamen Klassifikation der Gebietseinheiten für die Statistik (NUTS) (ABl. L 154 vom 21.6.2003, S. 1).

pflichtung zur Verringerung der durchschnittlichen Exposition und das Ziel für die durchschnittliche Expositionskonzentration für diese Gebietseinheit eingehalten bzw. erreicht wurden;

34. „Verpflichtung zur Verringerung der durchschnittlichen Exposition" ist eine prozentuale Reduzierung der durchschnittlichen Exposition der Bevölkerung einer Gebietseinheit für die durchschnittliche Exposition, ausgedrückt als Indikator für die durchschnittliche Exposition, die mit dem Ziel festgesetzt wird, schädliche Auswirkungen auf die menschliche Gesundheit zu verringern, und die in einem bestimmten Zeitraum erreicht werden muss und nach Erreichen des Ziels nicht mehr überschritten werden darf;

35. „Ziel für die durchschnittliche Expositionskonzentration" ist ein zu erreichender Wert des Indikators für die durchschnittliche Exposition, mit dem das Ziel verfolgt wird, schädliche Auswirkungen auf die menschliche Gesundheit zu verringern;

36. „kritischer Wert" ist ein Wert, dessen Überschreitung unmittelbare schädliche Auswirkungen für manche Rezeptoren wie Bäume, sonstige Pflanzen oder natürliche Ökosysteme, aber nicht für den Menschen haben kann;

37. „Alarmschwelle" ist ein Wert, bei dessen Überschreitung bei kurzfristiger Exposition ein Risiko für die Gesundheit der Bevölkerung insgesamt besteht und bei dem Mitgliedstaaten unverzüglich Maßnahmen ergreifen müssen;

38. „Informationsschwelle" ist ein Wert, bei dessen Überschreitung bei kurzfristiger Exposition ein Risiko für die menschliche Gesundheit für besonders empfindliche und gefährdete Bevölkerungsgruppen besteht und bei dem unverzüglich geeignete Informationen erforderlich sind;

39. „langfristiges Ziel" ist ein Wert zum wirksamen Schutz der menschlichen Gesundheit und der Umwelt, der langfristig zu erreichen ist, es sei denn, dies ist mit verhältnismäßigen Maßnahmen nicht erreichbar;

40. „Emissionsbeiträge aus natürlichen Quellen" sind Schadstoffemissionen, die nicht unmittelbar oder mittelbar durch menschliche Tätigkeit verursacht werden, einschließlich Naturereignissen wie Vulkanausbrüchen, Erdbeben, geothermischen Aktivitäten, Freilandbränden, Stürmen, Meeresgischt oder der atmosphärischen Aufwirbelung oder des atmosphärischen Transports natürlicher Partikel aus Trockengebieten;

41. „Luftqualitätsplan" ist ein Plan, in dem Strategien und Maßnahmen zur Einhaltung der Grenzwerte, der Zielwerte oder der Verpflichtungen zur Verringerung der durchschnittlichen Exposition festgelegt werden, wenn diese Grenz- oder Zielwerte überschritten oder diese Verpflichtungen nicht eingehalten wurden;

42. „Luftqualitätsfahrplan" ist ein Luftqualitätsplan, der vor Ablauf der Frist für das Erreichen der Grenzwerte und der Zielwerte angenommen wird und in dem Strategien und Maßnahmen zur Einhaltung dieser Grenzwerte und Zielwerte innerhalb dieser Frist festgelegt sind;

43. „Plan für kurzfristige Maßnahmen" bezeichnet einen Plan, in dem Notfallmaßnahmen festgelegt sind, die kurzfristig zu ergreifen sind, um die unmittelbare Gefahr der Überschreitung der Alarmschwellen zu verringern oder die Dauer der Überschreitung zu beschränken;

44. „empfindliche und gefährdete Bevölkerungsgruppen" sind Bevölkerungsgruppen, die dauerhaft oder vorübergehend empfindlicher oder sensibler auf die Auswirkungen der Luftverschmutzung reagieren als die durchschnittliche Bevölkerung, und zwar aufgrund spezifischer Merkmale, die die gesundheitlichen Folgen der Exposition verstärken, oder weil sie eine höhere Empfindlichkeit oder eine niedrigere Schwelle für gesundheitliche Auswirkungen aufweisen oder sich schlechter selbst schützen können;

45. „betroffene Öffentlichkeit" bezeichnet eine oder mehrere natürliche oder juristische Personen, die von den Entscheidungsverfahren im Zusammenhang mit der Umsetzung der Artikel 9, 19 oder 20 betroffen oder wahrscheinlich betroffen sind oder ein Interesse daran haben; im Sinne dieser Begriffsbestimmung wird davon ausgegangen, dass Nichtregierungsorganisationen, die sich für den Schutz der menschlichen Gesundheit oder der Umwelt einsetzen und alle Anforderungen des nationalen Rechts erfüllen, ein Interesse haben.

Artikel 5
Verantwortungsbereiche

Die Mitgliedstaaten benennen auf den entsprechenden Ebenen die zuständigen Behörden und Stellen, denen die nachstehenden Aufgaben übertragen werden:

a) Beurteilung der Luftqualität, einschließlich der Sicherstellung eines reibungslosen Funktionierens und der Instandhaltung des Überwachungsnetzes;

b) Zulassung von Messsystemen (Methoden, Ausrüstung, Netze und Laboratorien);

c) Sicherstellung der Richtigkeit der Messungen sowie der Übertragung und des Austausches von Messdaten;

d) Förderung der Genauigkeit der Modellierungsanwendungen;

e) Analyse der Beurteilungsmethoden;

f) Koordinierung unionsweiter, von der Kommission durchgeführter Qualitätssicherungsprogramme in ihrem Hoheitsgebiet;

g) Zusammenarbeit mit den übrigen Mitgliedstaaten und der Kommission, unter anderem mit Blick auf grenzüberschreitende Luftverschmutzung;

h) Erstellung von Luftqualitätsplänen und Luftqualitätsfahrplänen;

i) Erstellung von Plänen für kurzfristige Maßnahmen;

j) Bereitstellung und Pflege eines Luftqualitätsindex und anderer einschlägiger Informationen für die Öffentlichkeit gemäß Anhang X.

Artikel 6
Festlegung von Gebieten und Gebietseinheiten für die durchschnittliche Exposition

Die Mitgliedstaaten legen in ihrem gesamten Hoheitsgebiet Gebiete und Gebietseinheiten für die durchschnittliche Exposition fest, auch auf der Ebene von Ballungsräumen, sofern dies für die Beurteilung und Kontrolle der Luftqualität zweckdienlich ist. In allen Gebieten und Gebietseinheiten für die durchschnittliche Exposition wird die Luftqualität beurteilt und unter Kontrolle gehalten.

KAPITEL II
BEURTEILUNG DER LUFTQUALITÄT UND DER ABLAGERUNGSRATEN

Artikel 7
Beurteilungsverfahren

(1) Für Schwefeldioxid, Stickstoffdioxid und Stickstoffoxide, Partikel (PM_{10} und $PM_{2,5}$), Benzol, Kohlenmonoxid, Arsen, Cadmium, Blei, Nickel, Benzo[a]pyren und Ozon in der Luft gelten die in Anhang II festgelegten Beurteilungsschwellen.

Alle Gebiete werden anhand dieser Beurteilungsschwellen eingestuft.

(2) Die Mitgliedstaaten überprüfen die in Absatz 1 genannte Einstufung mindestens alle fünf Jahre gemäß dem in Absatz 3 festgelegten Verfahren. Jedoch sind die Einstufungen bei signifikanten Änderungen der Aktivitäten, die sich auf die Konzentration von Schwefeldioxid, Stickstoffdioxid und Stickstoffoxiden, Partikeln (PM_{10}, $PM_{2,5}$), Benzol, Kohlenmonoxid, Arsen, Cadmium, Blei, Nickel, Benzo[a]pyren oder Ozon in der Luft auswirken, häufiger zu überprüfen.

(3) Die Überschreitung der Beurteilungsschwellen gemäß Anhang II ist auf der Grundlage der Konzentrationen während der vorangegangenen fünf Jahre zu ermitteln, sofern entsprechende Daten vorliegen. Eine Beurteilungsschwelle gilt als überschritten, wenn sie in den vorangegangenen fünf Jahren in mindestens drei einzelnen Jahren überschritten worden ist.

Liegen die Daten nicht für den gesamten Zeitraum der vorausgegangenen fünf Jahre vor, können die Mitgliedstaaten die Ergebnisse von kurzzeitigen Messkampagnen während derjenigen Jahreszeit und an denjenigen Orten, in bzw. an denen üblicherweise die höchsten Schadstoffwerte auftreten, mit Informationen aus Emissionsinventaren und den Ergebnissen aus Modellierungsanwendungen verbinden, um Überschreitungen der Beurteilungsschwellen zu ermitteln.

Artikel 8
Beurteilungskriterien

(1) Die Mitgliedstaaten beurteilen die Luftqualität in Bezug auf die in Artikel 7 genannten Schadstoffe in allen ihren Gebieten anhand der in den Absätzen 2 bis 6 dieses Artikels festgelegten Kriterien sowie gemäß Anhang IV.

(2) In allen Gebieten, die als Gebiete eingestuft wurden, in denen die Beurteilungsschwellen für die Schadstoffe gemäß Artikel 7 überschritten werden, sind zur Beurteilung der Luftqualität ortsfeste Messungen durchzuführen. Über diese ortsfesten Messungen hinaus können Modellierungsanwendungen oder orientierende Messungen durchgeführt werden, um die Luftqualität zu beurteilen und angemessene Informationen über die räumliche Verteilung der Luftschadstoffe sowie über die räumliche Repräsentativität der ortsfesten Messungen zu erhalten.

(3) Zwei Jahre nach dem Erlass der in Absatz 7 dieses Artikels genannten Durchführungsrechtsakte werden in allen Gebieten, in denen die Schadstoffwerte einen einschlägigen Grenzwert oder Zielwert gemäß Anhang I überschreiten, zusätzlich zu ortsfesten Messungen Modellierungsanwendungen oder orientierende Messungen zur Beurteilung der Luftqualität herangezogen.

Die in Unterabsatz 1 genannten Modellierungsanwendungen oder orientierenden Messungen müssen Informationen über die räumliche Verteilung von Schadstoffen liefern. Wenn Modellierungsanwendungen herangezogen werden, müssen sie auch Informationen über die räumliche Repräsentativität ortsfester Messungen liefern, und sie müssen in angemessenen Abständen, mindestens aber alle fünf Jahre durchgeführt werden.

(4) In allen Gebieten, die als Gebiete eingestuft wurden, in denen die Beurteilungsschwellen für die Schadstoffe gemäß Artikel 7 unterschritten werden, genügen zur Beurteilung der Luftqualität Modellierungsanwendungen, orientierende Messungen, objektive Schätzungen oder eine Kombination hieraus.

(5) Die Ergebnisse von Modellierungsanwendungen, die gemäß den Absätzen 3 oder 4 des vorliegenden Artikels oder gemäß Artikel 9 Absatz 3 herangezogen werden, oder von orientierenden Messungen werden bei der Beurteilung der Luftqualität in Bezug auf die Grenzwerte und die Zielwerte berücksichtigt.

Sind ortsfeste Messungen verfügbar, deren Bereich für die räumliche Repräsentativität das mithilfe der Modellierungsanwendung berechnete Überschreitungsgebiet abdeckt, so kann sich ein Mitgliedstaat dafür entscheiden, die modellierte Überschreitung nicht als Überschreitung der einschlägigen Grenzwerte und Zielwerte zu melden.

(6) Ergeben gemäß den Absätzen 3 oder 4 herangezogene Modellierungsanwendungen eine Überschreitung eines Grenzwerts oder eines Zielwerts in einem Teil des Gebiets, das nicht von ortsfesten Messungen und deren Bereich der räumlichen Repräsentativität erfasst wird, so kann an etwaigen zusätzlichen Luftverschmutzungsschwerpunkten in dem von der Modellierungsanwendung ermittelten Gebiet mindestens eine zusätzliche ortsfeste oder orientierende Messung durchgeführt werden.

Ergeben gemäß Artikel 9 Absatz 3 herangezogene Modellierungsanwendungen eine Überschreitung eines Grenzwerts oder eines Zielwerts in einem Teil des Gebiets, das nicht von ortsfesten Messungen und deren Bereich der räumlichen Repräsentativität erfasst wird, so wird an etwaigen zusätzlichen Luftverschmutzungsschwerpunkten in dem von der Modellierungsanwendung ermittelten Gebiet mindestens eine zusätzliche ortsfeste oder orientierende Messung durchgeführt.

Werden zusätzliche ortsfeste Messungen herangezogen, so werden diese Messungen innerhalb von zwei Kalenderjahren, nachdem die Überschreitung modelliert wurde, eingerichtet. Werden zusätzliche orientierende Messungen herangezogen, so werden diese Messungen innerhalb eines Kalenderjahres, nachdem die Überschreitung modelliert wurde, eingerichtet. Die Messungen umfassen im Einklang mit den Anforderungen in Bezug auf die Mindestdatenabdeckung gemäß Anhang V Abschnitt B mindestens ein Kalenderjahr, um die Konzentration des betreffenden Schadstoffs zu beurteilen.

Entscheidet sich ein Mitgliedstaat dafür, keine zusätzlichen ortsfesten oder orientierenden Messungen durchzuführen, so wird die von den Modellierungsanwendungen ermittelte Überschreitung für die Beurteilung der Luftqualität herangezogen.

(7) Die Kommission legt bis zum 11. Juni 2026 im Wege von Durchführungsrechtsakten weitere technische Einzelheiten zu Folgendem fest:

a) Modellierungsanwendungen, einschließlich dazu, inwiefern Ergebnisse aus Modellierungsanwendungen und orientierenden Messungen bei der Beurteilung der Luftqualität berücksichtigt werden und wie potenzielle Überschreitungen, die mit diesen Beurteilungsmethoden ermittelt werden, überprüft werden können;
b) Bestimmung der räumlichen Repräsentativität der Probenahmestellen.

Diese Durchführungsrechtsakte werden gemäß dem in Artikel 26 Absatz 2 genannten Prüfverfahren erlassen.

(8) Die Verwendung von Bioindikatoren wird erwogen, wo regionale Muster der Auswirkungen auf Ökosysteme beurteilt werden sollen, und zwar auch im Einklang mit der Überwachung im Rahmen der Richtlinie (EU) 2016/2284.

Artikel 9
Probenahmestellen

(1) Der Standort von Probenahmestellen zur Messung von Schwefeldioxid, Stickstoffdioxid und Stickstoffoxiden, Partikeln (PM_{10}, $PM_{2,5}$)“ Benzol, Kohlenmonoxid, Arsen, Cadmium, Blei, Nickel, Benzo[a]pyren und Ozon in der Luft wird im Einklang mit Anhang IV festgelegt.

(2) In jedem Gebiet, in dem der Wert der Schadstoffe die Beurteilungsschwelle gemäß Anhang II überschreitet, darf die

Anzahl der Probenahmestellen für jeden Schadstoff nicht unter der in Anhang III Abschnitt A und Abschnitt C festgelegten Mindestanzahl von Probenahmestellen liegen.

(3) Für Gebiete, in denen der Wert der Schadstoffe die einschlägige Beurteilungsschwelle gemäß Anhang II überschreitet, aber nicht die jeweiligen Grenzwerte, Zielwerte und kritischen Werte gemäß Anhang I, kann die Mindestzahl der Probenahmestellen für ortsfeste Messungen im Einklang mit Anhang III Abschnitte A und C um bis zu 50 % verringert werden, sofern die folgenden Bedingungen erfüllt sind:

a) Zusätzlich zu den mithilfe der Probenahmestellen für ortsfeste Messungen gesammelten Informationen liefern orientierende Messungen oder Modellierungsanwendungen ausreichende Informationen für die Beurteilung der Luftqualität in Bezug auf Grenzwerte, Zielwerte, kritische Werte, Alarmschwellen und Informationsschwellen sowie angemessene Informationen für die Öffentlichkeit;

b) die Zahl der einzurichtenden Probenahmestellen und die räumliche Auflösung von orientierenden Messungen und Modellierungsanwendungen reichen aus, um bei der Ermittlung der Konzentration des relevanten Schadstoffs die in Anhang V Abschnitte A und B festgelegten Datenqualitätsziele zu erreichen, und ermöglichen Beurteilungsergebnisse, die die in Anhang V Abschnitt E festgelegten Anforderungen erfüllen;

c) die Zahl der orientierenden Messungen – sofern sie zur Erfüllung der Anforderungen dieses Absatzes herangezogen werden – entspricht mindestens der Zahl der ortsfesten Messungen, die ersetzt werden, und die orientierenden Messungen sind gleichmäßig über das Kalenderjahr verteilt;

d) für die Ozonbeurteilung wird an allen verbleibenden Ozon messenden Probenahmestellen mit Ausnahme von Ozon-Messungen an Standorten für den ländlichen Hintergrund im Sinne von Anhang IV Abschnitt B Stickstoffdioxid gemessen.

(4) Im Hoheitsgebiet eines Mitgliedstaats werden eine oder mehrere Probenahmestellen eingerichtet, die auf das Überwachungsziel gemäß Anhang VII Abschnitt 3 Teil A ausgerichtet sind und an Standorten gemäß Teil C des genannten Abschnitts Daten zu den Konzentrationen der unter Teil B des genannten Abschnitts aufgeführten Ozonvorläuferstoffe liefern sollen.

(5) Die Konzentration von Stickstoffdioxid ist an mindestens 50 % der nach Anhang III Abschnitt A Tabelle 2 erforderlichen Probenahmestellen für Ozon zu messen. Außer bei Standorten für den ländlichen Hintergrund im Sinne von Anhang IV Abschnitt B, wo andere Messmethoden angewandt werden können, sind diese Messungen kontinuierlich vorzunehmen.

(6) Jeder Mitgliedstaat sorgt gemäß Anhang IV dafür, dass sich durch die Verteilung der Probenahmestellen, die für die Berechnung der Indikatoren für die durchschnittliche Exposition gegenüber $PM_{2,5}$ und Stickstoffdioxid verwendet wird, ein angemessenes Bild der Exposition der allgemeinen Bevölkerung ergibt. Die Anzahl der Probenahmestellen darf nicht unter der gemäß Anhang III Abschnitt B vorgesehenen Anzahl liegen.

(7) Die Probenahmestellen, an denen in den vorangegangenen drei Jahren Überschreitungen einschlägiger Grenzwerte oder Zielwerte gemäß Anhang I Abschnitt 1 gemessen wurden, werden nicht verlegt, sofern nicht aufgrund besonderer Umstände, einschließlich der Raumentwicklung, eine Verlegung erforderlich ist. Eine Verlegung dieser Probenahmestellen wird von Modellierungsanwendungen oder orientierenden Messungen untermauert, stellt nach Möglichkeit die Kontinuität der Messungen sicher und erfolgt innerhalb des Bereichs ihrer räumlichen Repräsentativität. Eine ausführliche Begründung jeder Verlegung solcher Probenahmestellen ist im Einklang mit den Anforderungen gemäß Anhang IV Abschnitt D umfassend zu dokumentieren.

(8) Um den Emissionsbeitrag von Benzo[a]pyren in der Luft beurteilen zu können, überwacht jeder Mitgliedstaat an einer begrenzten Anzahl von Probenahmestellen andere relevante polyzyklische aromatische Kohlenwasserstoffe. Zu diesen polyzyklischen aromatischen Kohlenwasserstoffen gehören mindestens: Benzo[a]anthracen, Benzo[b]fluoranthen, Benzo[j]fluoranthen, Benzo[k]fluoranthen, Indeno[1,2,3-cd]pyren und Dibenz[a,h]anthracen. Die Probenahmestellen für diese polyzyklischen aromatischen Kohlenwasserstoffe werden mit Probenahmestellen für Benzo[a]pyren zusammengelegt und so gewählt, dass geografische Unterschiede und langfristige Trends bestimmt werden können.

(9) Zusätzlich zur Überwachung gemäß Artikel 10 überwachen die Mitgliedstaaten die Konzentration von ultrafeinen Partikeln gemäß Anhang III Abschnitt D und Anhang VII Abschnitt 4. Die Konzentration von Ruß (black carbon) kann an denselben Stationen überwacht werden.

Artikel 10
Großmessstationen

(1) Jeder Mitgliedstaat richtet mindestens eine Großmessstation pro 10 Mio. Einwohner an einem Standort für den städtischen Hintergrund ein. Mitgliedstaaten mit weniger als 10 Mio. Einwohnern richten mindestens eine Großmessstation an einem Standort für den städtischen Hintergrund ein.

Mitgliedstaaten mit einer Fläche von mehr als 10 000 km^2 und höchstens 100 000 km^2 richten mindestens eine Großmessstation an einem Standort für den ländlichen Hintergrund ein. Jeder Mitgliedstaat mit einer Fläche von mehr als 100 000 km^2 richtet mindestens eine Großmessstation pro 100 000 km^2 an einem Standort für den ländlichen Hintergrund ein.

(2) Die Standorte der Großmessstationen für den städtischen Hintergrund und für den ländlichen Hintergrund werden gemäß Anhang IV Abschnitt B festgelegt.

(3) Alle Probenahmestellen, die den Anforderungen gemäß Anhang IV Abschnitte B und C entsprechen und sich an Großmessstationen befinden, können berücksichtigt werden, um die Anforderungen an die Mindestanzahl der Probenahmestellen für die relevanten Schadstoffe gemäß Anhang III zu erfüllen.

(4) Ein Mitgliedstaat kann gemeinsam mit einem oder mehreren benachbarten Mitgliedstaaten eine oder mehrere gemeinsame Großmessstationen einrichten, um die Anforderungen nach Absatz 1 zu erfüllen. Dies berührt nicht die Verpflichtung jedes Mitgliedstaats, mindestens eine Großmessstation an einem Standort für den städtischen Hintergrund einzurichten, und die Verpflichtung jedes Mitgliedstaats mit einer Fläche von mehr als 10 000 km^2, mindestens eine Großmessstation an einem Standort für den ländlichen Hintergrund einzurichten.

(5) Die Messungen an Großmessstationen an Standorten für den städtischen Hintergrund und an Großmessstationen an Standorten für den ländlichen Hintergrund umfassen die in Anhang VII Abschnitt 1, Tabellen 1 und 2 aufgeführten Schadstoffe und können außerdem die in Tabelle 3 des genannten Abschnitts aufgeführten Schadstoffe umfassen.

(6) Ein Mitgliedstaat kann sich dafür entscheiden, die Konzentration von Ruß (black carbon), ultrafeinen Partikeln oder Ammoniak an der Hälfte seiner Großmessstationen an Standorten für den ländlichen Hintergrund nicht zu messen, wenn die Zahl seiner Großmessstationen an Standorten für den ländlichen Hintergrund die Zahl seiner Großmessstationen an Standorten für den städtischen Hintergrund im Verhältnis von

mindestens 2 zu 1 überschreitet, sofern die Auswahl seiner Großmessstationen für diese Schadstoffe repräsentativ ist.

(7) Gegebenenfalls ist die Überwachung mit der Überwachungsstrategie und den Messungen des EMEP-Programms, der Forschungsinfrastruktur für Aerosole, Wolken und Spurengase (Aerosol, Clouds and Trace Gases Research Infrastructure, ACTRIS) und der Überwachung der Auswirkungen der Luftverschmutzung im Rahmen der Richtlinie (EU) 2016/2284 zu koordinieren.

Artikel 11
Referenzmessmethoden, Modellierungsanwendungen und Datenqualitätsziele

(1) Die Mitgliedstaaten wenden die in Anhang VI Abschnitte A und C festgelegten Referenzmessmethoden an.

Andere Messmethoden können jedoch angewandt werden, sofern die in Anhang VI Abschnitte B, C und D festgelegten Bedingungen erfüllt sind.

(2) Die Mitgliedstaaten nutzen Modellierungsanwendungen für die Luftqualität gemäß den in Anhang VI Abschnitt E festgelegten Bedingungen.

(3) Die Daten für die Beurteilung der Luftqualität erfüllen die Datenqualitätsziele gemäß Anhang V.

KAPITEL III
KONTROLLE DER LUFTQUALITÄT

Artikel 12
Anforderungen für Gebiete, in denen die Werte unterhalb der Grenzwerte, der Zielwerte und der Ziele für die durchschnittliche Expositionskonzentration liegen

(1) In Gebieten, in denen die Werte von Schadstoffen in der Luft unter den jeweiligen in Anhang I Abschnitt 1 festgelegten Grenzwerten liegen, halten die Mitgliedstaaten die Werte dieser Schadstoffe unterhalb der Grenzwerte.

(2) In Gebieten, in denen die Werte von Schadstoffen in der Luft unter den jeweiligen in Anhang I Abschnitte 1 und 2 festgelegten Zielwerten liegen, treffen die Mitgliedstaaten die erforderlichen Maßnahmen, die keine unverhältnismäßigen Kosten verursachen, um diese Werte unter den Zielwerten zu halten.

Die Mitgliedstaaten bemühen sich darum, die langfristigen Ziele für Ozon gemäß Anhang I Abschnitt 2 zu erreichen und die Ozonwerte nach Erreichen dieser langfristigen Ziele unter diesen Werten zu halten, soweit Faktoren wie der grenzüberschreitende Charakter der Ozonbelastung, flüchtige organische Verbindungen biogenen Ursprungs und die meteorologischen Gegebenheiten dies zulassen und sofern etwaige erforderliche Maßnahmen keine unverhältnismäßigen Kosten verursachen.

(3) In Gebietseinheiten für die durchschnittliche Exposition, in denen die Indikatoren für die durchschnittliche Exposition gegenüber $PM_{2,5}$ und NO_2 unter dem jeweiligen Wert der in Anhang I Abschnitt 5 festgelegten Ziele für die durchschnittliche Expositionskonzentration gegenüber diesen Schadstoffen liegen, halten die Mitgliedstaaten die Werte dieser Schadstoffe unter den Zielen für die durchschnittliche Expositionskonzentration.

(4) Die Mitgliedstaaten bemühen sich, die bestmögliche Luftqualität und ein hohes Schutzniveau für die menschliche Gesundheit und die Umwelt zu erreichen und zu erhalten, um im Einklang mit den WHO-Empfehlungen das in Artikel 1 Absatz 1 genannte Null-Schadstoff-Ziel zu erreichen und die Werte unterhalb der Beurteilungsschwellen gemäß Anhang II zu halten.

Artikel 13
Grenzwerte, Zielwerte und Verpflichtungen zur Verringerung der durchschnittlichen Exposition

(1) Die Mitgliedstaaten stellen sicher, dass die Schadstoffwerte in der Luft nirgendwo in ihren Gebieten die in Anhang I Abschnitt 1 festgelegten jeweiligen Grenzwerte überschreiten.

(2) Die Mitgliedstaaten treffen alle erforderlichen Maßnahmen, die keine unverhältnismäßigen Kosten verursachen, und stellen so sicher, dass die Schadstoffwerte nirgendwo in ihren Gebieten die jeweiligen Zielwerte gemäß Anhang I Abschnitte 1 und 2 überschreiten.

(3) Die Mitgliedstaaten stellen sicher, dass die Verpflichtungen zur Verringerung der durchschnittlichen Exposition gegenüber $PM_{2,5}$ und NO_2 gemäß Anhang I Abschnitt 5 Teil B in ihren gesamten Gebietseinheiten für die durchschnittliche Exposition, in denen die Ziele für die durchschnittliche Expositionskonzentration gemäß Anhang I Abschnitt 5 Teil C überschritten werden, eingehalten werden.

(4) Die Einhaltung der Absätze 1, 2 und 3 dieses Artikels wird nach Anhang IV beurteilt.

(5) Die Indikatoren für die durchschnittliche Exposition sind nach Maßgabe von Anhang I Abschnitt 5 Teil A zu beurteilen.

(6) Die in Anhang I Abschnitt 1 Tabelle 1 festgelegte Frist für das Erreichen der Grenzwerte kann gemäß Artikel 18 verlängert werden.

(7) Die Mitgliedstaaten können im Einklang mit Artikel 193 AEUV verstärkte Schutzmaßnahmen beibehalten oder ergreifen, darunter Luftqualitätsnormen, die strenger sind als die in dem vorliegenden Artikel genannten. Die Mitgliedstaaten übermitteln diese Maßnahmen innerhalb von drei Monaten nach ihrer Annahme der Kommission.

Artikel 14
Kritische Werte für den Schutz der Vegetation und der natürlichen Ökosysteme

Die Mitgliedstaaten sorgen dafür, dass die in Anhang I Abschnitt 3 festgelegten kritischen Werte entsprechend der Beurteilung nach Anhang IV Abschnitt A Nummer 1 und Abschnitt B Nummer 3 eingehalten werden.

Artikel 15
Überschreitungen der Alarm- oder Informationsschwellen

(1) Die Alarmschwellen für die Konzentrationen von Schwefeldioxid, Stickstoffdioxid, Partikeln (PM_{10} und $PM_{2,5}$) und Ozon in der Luft sind in Anhang I Abschnitt 4 Teil A festgelegt.

(2) Die Informationsschwellen für die Konzentrationen von Schwefeldioxid, Stickstoffdioxid, Partikeln (PM_{10} und $PM_{2,5}$) und Ozon sind in Anhang I Abschnitt 4 Teil B festgelegt.

(3) Wird eine der in Anhang I Abschnitt 4 Teil A festgelegten Alarmschwellen überschritten oder ist aufgrund von Modellierungsanwendungen oder anderen Prognoseinstrumenten davon auszugehen, dass eine solche Alarmschwelle überschritten wird, so führen die Mitgliedstaaten – falls angezeigt – unverzüglich die Sofortmaßnahmen durch, die in den gemäß Artikel 20 erstellten Plänen für kurzfristige Maßnahmen vorgesehen sind.

(4) Bei Überschreitung einer in Anhang I Abschnitt 4 festgelegten Alarmschwelle oder Informationsschwelle oder wenn aufgrund von Modellierungsanwendungen oder anderen Prognoseinstrumenten von einer solchen Überschreitung auszugehen ist, ergreifen die Mitgliedstaaten die erforderlichen Maßnahmen, um die Öffentlichkeit gemäß Anhang X Nummern 2

und 3 schnellstmöglich und nach Möglichkeit innerhalb weniger Stunden unter Verwendung unterschiedlicher Medien- und Kommunikationskanäle und unter Gewährleistung eines breiten Zugangs der Öffentlichkeit zu informieren.

(5) Die Mitgliedstaaten können im Einklang mit Artikel 193 AEUV verstärkte Schutzmaßnahmen beibehalten oder ergreifen, darunter Alarmschwellen oder Informationsschwellen, die strenger sind, als die im vorliegenden Artikel genannten. Die Mitgliedstaaten übermitteln diese Maßnahmen innerhalb von drei Monaten nach ihrer Annahme der Kommission.

Artikel 16
Emissionsbeiträge aus natürlichen Quellen

(1) Die Mitgliedstaaten können für das jeweilige Jahr Folgendes bestimmen:

a) Gebiete, in denen Überschreitungen der Grenzwerte für einen bestimmten Schadstoff natürlichen Quellen zuzurechnen sind, und

b) Gebietseinheiten für die durchschnittliche Exposition, in denen Überschreitungen des in den Verpflichtungen zur Verringerung der durchschnittlichen Exposition festgelegten Wertes auf natürliche Quellen zurückzuführen sind.

(2) Die Mitgliedstaaten legen der Kommission Listen dieser Gebiete und Gebietseinheiten für die durchschnittliche Exposition gemäß Absatz 1 zusammen mit Angaben zu den Konzentrationen und Quellen sowie Nachweisen dafür vor, dass die Überschreitungen auf natürliche Quellen zurückzuführen sind.

(3) Wurde die Kommission gemäß Absatz 2 über eine natürlichen Quellen zuzurechnende Überschreitung unterrichtet, so gilt diese Überschreitung nicht als Überschreitung im Sinne dieser Richtlinie. Ist die Kommission der Auffassung, dass die von einem Mitgliedstaat vorgelegten Nachweise nicht ausreichen, so setzt sie diesen Mitgliedstaat davon in Kenntnis, dass sie so lange nicht davon ausgeht, dass die Überschreitung natürlichen Quellen zuzurechnen ist, bis der Mitgliedstaat geeignete zusätzliche Informationen vorlegt.

(4) Die Kommission legt bis zum 31. Dezember 2026 im Wege von Durchführungsrechtsakten technische Details zum Nachweis und zur Nichtberücksichtigung von natürlichen Quellen zuzurechnenden Überschreitungen vor. In diesen technischen Details legt sie die Inhalte der Nachweise fest, die von den Mitgliedstaaten gemäß Absatz 2 vorzulegen sind.

Diese Durchführungsrechtsakte werden gemäß dem in Artikel 26 Absatz 2 genannten Prüfverfahren erlassen.

Artikel 17
Überschreitungen aufgrund der Ausbringung von Streusand oder Streusalz auf Straßen im Winterdienst

(1) Die Mitgliedstaaten können für das jeweilige Jahr Gebiete bestimmen, in denen die Grenzwerte für PM_{10} in der Luft aufgrund der Aufwirbelung von Partikeln nach der Ausbringung von Streusand oder Streusalz auf Straßen im Winterdienst überschritten werden.

(2) Die Mitgliedstaaten stellen der Kommission eine Liste dieser in Absatz 1 genannten Gebiete sowie Informationen über die Konzentrationen und Quellen von PM_{10} in diesen Gebieten bereit.

Die Mitgliedstaaten legen außerdem die Nachweise dafür vor, dass etwaige Überschreitungen auf aufgewirbelte Partikel zurückzuführen sind und angemessene Maßnahmen zur Verringerung dieser Konzentrationen getroffen wurden.

(3) Unbeschadet des Artikels 16 müssen die Mitgliedstaaten im Falle der in Absatz 1 des vorliegenden Artikels genannten Gebiete den Luftqualitätsplan gemäß Artikel 19 nur insoweit erstellen, als Überschreitungen auf andere PM_{10}-Quellen als die Ausbringung von Streusand oder Streusalz auf Straßen im Winterdienst zurückzuführen sind.

(4) Die Kommission legt bis zum 31. Dezember 2026 im Wege von Durchführungsrechtsakten technische Details zur Methode für die Bestimmung der Emissionsbeiträge aus der Aufwirbelung von Partikeln nach der Ausbringung von Streusand oder Streusalz auf Straßen im Winterdienst sowie die Informationen fest, die die Mitgliedstaaten gemäß Absatz 2 vorlegen müssen, die gegebenenfalls Informationen über den Beitrag der Aufwirbelung zu den täglichen Konzentrationswerten umfassen müssen.

Diese Durchführungsrechtsakte werden gemäß dem in Artikel 26 Absatz 2 genannten Prüfverfahren erlassen.

Artikel 18
Verlängerung der Frist für das Erreichen der Grenzwerte und Ausnahme von der vorgeschriebenen Anwendung bestimmter Grenzwerte

(1) Können in einem bestimmten Gebiet die Grenzwerte für Partikel (PM_{10} und $PM_{2,5}$), Stickstoffdioxid, Benzol oder Benzo[a]pyren nicht innerhalb der in Anhang I Abschnitt 1 Tabelle 1 festgelegten Frist eingehalten werden, so können die Mitgliedstaaten diese Frist für dieses bestimmte Gebiet um einen Zeitraum verlängern, der mit einem Luftqualitätsfahrplan begründet ist, sofern die in Absatz 2 dieses Artikels festgelegten Voraussetzungen erfüllt sind:

a) bis zum 1. Januar 2040, sofern durch standortspezifische Ausbreitungsbedingungen, orografische Bedingungen, ungünstige klimatische Bedingungen oder grenzüberschreitende Einträge gerechtfertigt oder wenn die erforderlichen Reduzierungen nur dadurch erreicht werden können, dass ein erheblicher Teil der bestehenden Haushaltsheizungen, die die Quelle der die Überschreitungen verursachenden Verschmutzung sind, ausgetauscht werden, oder

b) bis zum 1. Januar 2035, wenn dies durch Prognosen gerechtfertigt ist, in denen nachgewiesen wird, dass die Grenzwerte auch dann nicht innerhalb der Frist für das Erreichen der Grenzwerte erreicht werden können, wenn die erwarteten Auswirkungen der im Luftqualitätsfahrplan ermittelten effektiven Maßnahmen zur Bekämpfung der Luftverschmutzung berücksichtigt werden.

Wenn eine Frist für das Erreichen der Grenzwerte gemäß Unterabsatz 1 Buchstabe b dieses Absatzes verlängert wurde, die Grenzwerte jedoch innerhalb dieser verlängerten Frist nicht erreicht werden können, kann der Mitgliedstaat die Frist für dieses bestimmte Gebiet ein zweites und letztes Mal um einen Zeitraum verlängern, der spätestens zwei Jahre nach dem Ende der ersten verlängerten Frist endet und der mit einem aktualisierten Luftqualitätsfahrplan begründet wird, sofern die Voraussetzungen gemäß Absatz 2 erfüllt sind.

(2) Die Mitgliedstaaten können eine Frist für das Erreichen der Grenzwerte gemäß Absatz 1 dieses Artikels verlängern, wenn die folgenden Voraussetzungen erfüllt sind:

a) Für das Gebiet, für das die Verlängerung gelten soll, wird bis zum 31. Dezember 2028 ein Luftqualitätsfahrplan erstellt, der die in Artikel 19 Absätze 6, 7 und 8 aufgeführten Anforderungen erfüllt;

b) der in Buchstabe a dieses Absatzes genannte Luftqualitätsfahrplan wird durch Informationen über in Anhang VIII Abschnitt B aufgeführte Maßnahmen zur Verringerung der Luftverschmutzung ergänzt und zeigt auf, wie die Zeiträume der Überschreitung der Grenzwerte so kurz wie möglich gehalten werden;

c) der in Buchstabe a dieses Absatzes genannte Luftqualitätsfahrplan stützt sich auf Prognosen für die Luftqualität, die auch die für die Zwecke von Anhang VIII Abschnitt A Nummer 5 und Nummer 7 Buchstabe e durchgeführten

Prognosen umfassen, aus denen hervorgeht, wie die Grenzwerte schnellstmöglich und spätestens bis zum Ablauf der verlängerten Frist für das Erreichen der Grenzwerte unter Berücksichtigung angemessener und verhältnismäßiger Maßnahmen erreicht werden;

d) in dem in Buchstabe a dieses Absatzes genannten Luftqualitätsfahrplan wird dargelegt, wie die Öffentlichkeit und insbesondere empfindliche und gefährdete Bevölkerungsgruppen auf kohärente und leicht verständliche Weise über die Folgen der Verlängerung für die menschliche Gesundheit und die Umwelt informiert werden;

e) in dem in Buchstabe a dieses Absatzes genannten Luftqualitätsfahrplan wird dargelegt, wie zusätzliche Gelder, auch im Wege der einschlägigen Programme der Mitgliedstaaten und gegebenenfalls von Förderprogrammen der Union, mobilisiert werden sollen, um die Verbesserung der Luftqualität in dem Gebiet, für das die Verlängerung gelten soll, zu beschleunigen;

f) die Voraussetzungen gemäß Absatz 3 sind während des gesamten Zeitraums der Verlängerung der Frist für das Erreichen der Grenzwerte erfüllt;

g) wird eine Frist für das Erreichen der Grenzwerte gemäß Absatz 1 Unterabsatz 2 verlängert, geht aus dem in diesem Unterabsatz genannten aktualisierten Luftqualitätsfahrplan hervor, dass der erste Luftqualitätsfahrplan umgesetzt wurde oder dass Maßnahmen zu seiner Umsetzung ergriffen wurden, und er wird durch eine Analyse ergänzt, in der dargelegt wird, dass sich die ursprünglichen gemäß Buchstabe c dieses Absatzes abgegebenen Prognosen für das Erreichen der Grenzwerte nicht verwirklicht haben.

(3) Während des Zeitraums der Verlängerung einer Frist für das Erreichen der Grenzwerte gemäß Absatz 1 dieses Artikels stellt der Mitgliedstaat sicher, dass die folgenden Voraussetzungen erfüllt sind:

a) Die Maßnahmen in dem in Absatz 1 dieses Artikels genannten Luftqualitätsfahrplan – gegebenenfalls in der aktualisierten Fassung gemäß Buchstabe b des vorliegenden Absatzes – werden umgesetzt, was der Mitgliedstaat im Wege eines Umsetzungsberichts nachweist, der aktualisierte Prognosen für die Emissionen und nach Möglichkeit für die Konzentrationen umfasst und der Kommission alle zweieinhalb Jahre und erstmals bis zum 30. Juni 2031 übermittelt wird; falls angezeigt, kann auf die aktuellsten Programme und gemeldeten Emissionsprognosen gemäß der Richtlinie (EU) 2016/2284 und den dazugehörigen informativen Inventarbericht Bezug genommen werden, und der Umsetzungsbericht kann gegebenenfalls in den aktualisierten Luftqualitätsfahrplan aufgenommen werden;

b) der in Absatz 1 des vorliegenden Artikels genannte Luftqualitätsfahrplan wird gemäß Artikel 19 Absatz 5 aktualisiert;

c) die Konzentrationswerte für den betreffenden Schadstoff weisen ab dem 1. Januar 2035 einen allgemeinen Abwärtstrend im Einklang mit einem indikativen Zielpfad für das Erreichen der Grenzwerte auf, der in einem gemäß Anhang VIII Abschnitt A Nummer 7 Buchstabe e erstellten aktualisierten Luftqualitätsfahrplan abgeschätzt wurde;

d) die Umsetzungsberichte und die aktualisierten Luftqualitätsfahrpläne werden der Kommission innerhalb von zwei Monaten nach ihrer Annahme übermittelt.

(4) Ein Mitgliedstaat, der der Ansicht ist, dass Absatz 1 Unterabsatz 1 Buchstabe a oder b anwendbar ist, teilt dies der Kommission bis zum 31. Januar 2029 mit und übermittelt ihr den in Absatz 1 genannten Luftqualitätsfahrplan und alle relevanten Informationen, die die Kommission benötigt, um festzustellen, ob der für die Verlängerung geltend gemachte Grund stichhaltig ist und die in dem genannten Absatz festgelegten Voraussetzungen erfüllt sind.

Ein Mitgliedstaat, der der Ansicht ist, dass die Grenzwerte nicht bis zum Ablauf einer gemäß Absatz 1 Unterabsatz 2 verlängerten Frist für das Erreichen der Grenzwerte erreicht werden können, teilt dies der Kommission bis zum 31. Januar 2034 mit und übermittelt ihr den in Absatz 1 genannten aktualisierten Luftqualitätsfahrplan und alle relevanten Informationen, die die Kommission benötigt, um festzustellen, ob der für die zweite und letzte Verlängerung geltend gemachte Grund stichhaltig und die in dem genannten Absatz festgelegten Voraussetzungen erfüllt sind.

Die Mitgliedstaaten begründen die für die Erstellung der Prognosen, die als Grund für eine Verlängerung herangezogen werden, verwendeten Methoden und Daten.

Bei ihrer Bewertung berücksichtigt die Kommission die von dem betreffenden Mitgliedstaat vorgelegten Prognosen für die Luftqualität, die voraussichtlichen Auswirkungen der von diesem Mitgliedstaat ergriffenen Maßnahmen auf die Luftqualität in diesem Mitgliedstaat sowie die voraussichtlichen Auswirkungen der Unionsmaßnahmen auf die Luftqualität.

Hat die Kommission neun Monate nach Eingang dieser Mitteilung keine Einwände erhoben, gelten die Bedingungen für die Anwendung von Absatz 1 als erfüllt.

Werden Einwände erhoben, kann die Kommission den betreffenden Mitgliedstaat auffordern, Anpassungen vorzunehmen oder einen neuen Luftqualitätsfahrplan vorzulegen, damit die Anforderungen gemäß Absatz 1 erfüllt sind.

(5) Die Kommission legt spätestens am 31. Dezember 2026 im Wege von Durchführungsrechtsakten weitere technische Details zu den Anforderungen an für die Zwecke von Absatz 1 dieses Artikels erstellte Prognosen fest, um darzulegen, wie die in Anhang I Abschnitt 1 Tabelle 1 festgelegten Grenzwerte unter Berücksichtigung angemessener und verhältnismäßiger Maßnahmen erreicht werden. Außerdem legt sie fest, welche Informationen für die Zwecke von Absatz 3 des vorliegenden Artikels in die Umsetzungsberichte aufgenommen werden müssen.

Diese Durchführungsrechtsakte werden gemäß dem in Artikel 26 Absatz 2 genannten Prüfverfahren erlassen.

KAPITEL IV
PLÄNE

Artikel 19
Luftqualitätspläne und Luftqualitätsfahrpläne

(1) Überschreiten in bestimmten Gebieten die Schadstoffwerte in der Luft einen Grenzwert oder Zielwert gemäß Anhang I Abschnitt 1, erstellen die Mitgliedstaaten für diese Gebiete Luftqualitätspläne, in denen geeignete Maßnahmen festgelegt sind, mit denen der betreffende Grenzwert bzw. Zielwert erreicht und der Zeitraum der Überschreitung so kurz wie möglich, in keinem Fall jedoch länger als vier Jahre nach dem Ende des Kalenderjahres, in dem die erste Überschreitung festgestellt wurde, gehalten werden kann. Diese Luftqualitätspläne werden so bald wie möglich, spätestens jedoch zwei Jahre nach dem Kalenderjahr, in dem die Überschreitung eines Grenzwerts oder Zielwerts festgestellt wurde, erstellt.

Wird die Überschreitung eines Grenzwerts in einem bestimmten Gebiet bereits in einem Luftqualitätsfahrplan erfasst, so stellen die Mitgliedstaaten sicher, dass die in diesem Fahrplan festgelegten Maßnahmen geeignet sind, den Zeitraum der Überschreitung so kurz wie möglich zu halten, und ergreifen gegebenenfalls zusätzliche und wirksamere Maßnahmen und befolgen das Verfahren zur Aktualisierung des Luftqualitätsfahrplans gemäß Absatz 5.

(2) Überschreiten die Schadstoffwerte in der Luft in Gebietseinheiten, die mindestens ein Gebiet umfassen, einen Zielwert für Ozon gemäß Anhang I Abschnitt 2, so erstellen die Mitgliedstaaten Luftqualitätspläne für diese Gebietseinheiten, in denen geeignete Maßnahmen festgelegt sind, mit denen der Zielwert für Ozon erreicht und der Zeitraum der Überschreitung so kurz wie möglich gehalten werden kann. Diese Luftqualitätspläne werden so bald wie möglich, spätestens jedoch zwei Jahre nach dem Kalenderjahr, in dem die Überschreitung eines Zielwerts für Ozon festgestellt wurde, erstellt.

Wird die Überschreitung eines Zielwerts für Ozon in einer bestimmten Gebietseinheit bereits in einem Luftqualitätsfahrplan erfasst, so stellen die Mitgliedstaaten sicher, dass die in diesem Fahrplan festgelegten Maßnahmen geeignet sind, den Zeitraum der Überschreitung so kurz wie möglich zu halten, und befolgen das Verfahren zur Aktualisierung des Luftqualitätsfahrplan gemäß Absatz 5.

Die Mitgliedstaaten können jedoch davon absehen, derartige Luftqualitätspläne oder Luftqualitätsfahrpläne zu erstellen, um der Überschreitung der Zielwerte für Ozon entgegenzuwirken, wenn in Anbetracht der geografischen und meteorologischen Bedingungen kein erhebliches Potenzial zur Verringerung der Ozonkonzentrationen besteht und die Maßnahmen unverhältnismäßige Kosten verursachen würden.

Wird kein Luftqualitätsplan oder Luftqualitätsfahrplan erstellt, legen die Mitgliedstaaten der Öffentlichkeit und der Kommission eine ausführliche Begründung dafür vor, warum kein erhebliches Potenzial zur Verringerung der Überschreitung besteht, was zu der Entscheidung geführt hat, keinen Luftqualitätsplan oder Luftqualitätsfahrplan zu erstellen.

Die Mitgliedstaaten müssen mindestens alle fünf Jahre das Potenzial zur Verringerung der Ozonkonzentrationen überprüfen.

Für Gebietseinheiten, in denen der Zielwert für Ozon überschritten wird, stellen die Mitgliedstaaten sicher, dass das gemäß Artikel 6 der Richtlinie (EU) 2016/2284 erstellte einschlägige nationale Luftreinhalteprogramm Maßnahmen in Bezug auf die unter die genannte Richtlinie fallenden Ozonvorläuferstoffe enthält.

(3) Wird die Verpflichtung zur Verringerung der durchschnittlichen Exposition gemäß Anhang I Abschnitt 5 in einer bestimmten Gebietseinheit für die durchschnittliche Exposition nicht erfüllt, so erstellen die Mitgliedstaaten Luftqualitätspläne für diese Gebietseinheiten für die durchschnittliche Exposition, in denen geeignete Maßnahmen festgelegt sind, mit denen die Verpflichtung zur Verringerung der durchschnittlichen Exposition erfüllt und der Zeitraum der Nichteinhaltung so kurz wie möglich gehalten wird. Diese Luftqualitätspläne werden so bald wie möglich, spätestens jedoch zwei Jahre nach dem Kalenderjahr, in dem die Nichteinhaltung der Verpflichtung zur Verringerung der durchschnittlichen Exposition festgestellt wurde, erstellt.

(4) Liegen die Schadstoffwerte in einem Gebiet oder einer Gebietseinheit ab dem 1. Januar 2026 bis zum 31. Dezember 2029 über den Grenzwerten oder Zielwerten, die bis zum 1. Januar 2030 gemäß Anhang I Abschnitt 1 Tabelle 1 und Anhang I Abschnitt 2 Teil B und unbeschadet von Absatz 2 Unterabsatz 3 des vorliegenden Artikels erreicht werden müssen, so erstellen die Mitgliedstaaten einen Luftqualitätsfahrplan für den betreffenden Schadstoff, um die jeweiligen Grenzwerte oder Zielwerte bis zum Ablauf der Frist für das Erreichen der Grenzwerte oder Zielwerte zu erreichen. Diese Luftqualitätsfahrpläne werden so bald wie möglich, spätestens jedoch zwei Jahre nach dem Kalenderjahr, in dem die Überschreitung festgestellt wurde, erstellt.

Die Mitgliedstaaten können jedoch von der Erstellung solcher Luftqualitätsfahrpläne absehen, wenn das Basisszenario nach den in Anhang VIII Abschnitt A Nummer 5 erforderlichen Informationen zeigt, dass der Grenzwert oder Zielwert mit den bereits geltenden Maßnahmen erreicht wird, auch wenn die Überschreitung auf vorübergehende Tätigkeiten zurückzuführen ist, die die Schadstoffwerte in einem einzigen Jahr beeinflussen. Wird kein Luftqualitätsfahrplan gemäß dem vorliegenden Unterabsatz erstellt, so legen die Mitgliedstaaten der Öffentlichkeit und der Kommission eine ausführliche Begründung vor.

(5) Werden im dritten Kalenderjahr nach Ablauf der Frist für die Erstellung eines Luftqualitätsplans oder eines Luftqualitätsfahrplans weiterhin Grenzwerte oder Zielwerte überschritten bzw. Verpflichtungen zur Verringerung der durchschnittlichen Exposition nicht eingehalten, aktualisieren die Mitgliedstaaten unbeschadet von Absatz 2 Unterabsatz 3 den Luftqualitätsplan oder den Luftqualitätsfahrplan und die darin enthaltenen Maßnahmen, einschließlich ihrer Auswirkungen auf die prognostizierten Emissionen und Konzentrationen, spätestens fünf Jahre nach Ablauf der Frist für die Erstellung des vorherigen Luftqualitätsplans oder Luftqualitätsfahrplans und ergreifen zusätzliche und wirksamere Maßnahmen, um den Zeitraum der Überschreitung bzw. der Nichteinhaltung so kurz wie möglich zu halten.

(6) Luftqualitätspläne und Luftqualitätsfahrpläne müssen mindestens folgende Angaben umfassen:

a) die in Anhang VIII Abschnitt A Nummern 1 bis 7 aufgeführten Informationen,
b) gegebenenfalls die in Anhang VIII Abschnitt A Nummern 8, 9 und 10 aufgeführten Informationen,
c) Informationen über die in Anhang VIII Abschnitt B Nummer 2 aufgeführten einschlägigen Maßnahmen zur Verringerung der Verschmutzung.

Die Mitgliedstaaten beziehen gegebenenfalls die Maßnahmen gemäß Artikel 20 Absatz 2 und gezielte Maßnahmen zum Schutz empfindlicher und gefährdeter Bevölkerungsgruppen, einschließlich Maßnahmen zum Schutz von Kindern, in ihre Luftqualitätspläne und Luftqualitätsfahrpläne ein.

Die Mitgliedstaaten bewerten bei der Ausarbeitung von Luftqualitätsplänen oder Luftqualitätsfahrplänen das Risiko einer Überschreitung der jeweiligen Alarmschwellen für die betreffenden Schadstoffe. Diese Analyse dient gegebenenfalls zur Erstellung von Plänen für kurzfristige Maßnahmen.

Müssen für mehrere Schadstoffe oder Luftqualitätsnormen Luftqualitätspläne oder Luftqualitätsfahrpläne erstellt werden, so erstellen die Mitgliedstaaten gegebenenfalls für alle betreffenden Schadstoffe und Luftqualitätsnormen integrierte Luftqualitätspläne oder Luftqualitätsfahrpläne.

Die Mitgliedstaaten stellen, soweit machbar, die Übereinstimmung ihrer Luftqualitätspläne und Luftqualitätsfahrpläne mit anderen Plänen sicher, die sich erheblich auf die Luftqualität auswirken, einschließlich derjenigen, die aufgrund der Richtlinien 2002/49/EG, 2010/75/EU und (EU) 2016/2284 sowie im Rahmen der Rechtsvorschriften in den Bereichen Klima, biologische Vielfalt, Energie, Verkehr und Landwirtschaft zu erstellen sind.

(7) Die Mitgliedstaaten konsultieren die Öffentlichkeit gemäß der Richtlinie 2003/35/EG des Europäischen Parlaments und des Rates ([3]) und die zuständigen Behörden, für die die Durchführung der Luftqualitätspläne und Luftqualitätsfahrpläne aufgrund ihrer Zuständigkeiten im Bereich der Luftverschmutzung und der Luftqualität von Belang sein dürfte, über die Entwürfe von Luftqualitätsplänen und Luftqualitätsfahrplänen sowie über wesentliche Aktualisierungen der Luft-

[3] Richtlinie 2003/35/EG des Europäischen Parlaments und des Rates vom 26. Mai 2003 über die Beteiligung der Öffentlichkeit bei der Ausarbeitung bestimmter umweltbezogener Pläne und Programme und zur Änderung der Richtlinien 85/337/EWG und 96/61/EG des Rates in Bezug auf die Öffentlichkeitsbeteiligung und den Zugang zu Gerichten (ABl. L 156 vom 25.6.2003, S. 17).

qualitätspläne und Luftqualitätsfahrpläne vor deren Fertigstellung. Die Mitgliedstaaten stellen sicher, dass die Öffentlichkeit im Rahmen der Konsultation Zugang zu dem Entwurf des Luftqualitätsplans bzw. Entwurf des Luftqualitätsfahrplans hat, der die gemäß Anhang VIII der vorliegenden Richtlinie erforderlichen Mindestinformationen und, soweit möglich, eine nichttechnische Zusammenfassung der in diesem Unterabsatz genannten Informationen enthält.

Die Mitgliedstaaten fördern die aktive Beteiligung aller Interessenträger an der Ausarbeitung, Durchführung und Aktualisierung der Luftqualitätspläne und Luftqualitätsfahrpläne. Bei der Ausarbeitung von Luftqualitätsplänen und Luftqualitätsfahrplänen stellen die Mitgliedstaaten sicher, dass Interessenträger, deren Tätigkeiten zur Überschreitung beitragen, angeregt werden, Maßnahmen vorzuschlagen, die sie ergreifen können, um einen Beitrag zur Beendigung der Überschreitungen zu leisten, und dass Nichtregierungsorganisationen wie Umwelt- und Gesundheitsorganisationen, Verbraucherverbände, Interessenvertretungen empfindlicher und gefährdeter Bevölkerungsgruppen, andere mit dem Gesundheitsschutz befasste relevante Stellen, einschließlich Organisationen, die in Gesundheitsberufen tätige Personen vertreten, und betreffende Wirtschaftsverbände angeregt werden, an diesen Konsultationen teilzunehmen.

(8) Die Luftqualitätspläne und Luftqualitätsfahrpläne sind der Kommission innerhalb von zwei Monaten nach ihrer Annahme zu übermitteln.

Artikel 20
Pläne für kurzfristige Maßnahmen

(1) Besteht in einem bestimmten Gebiet die Gefahr, dass die Schadstoffwerte eine oder mehrere der in Anhang I Abschnitt 4 festgelegten Alarmschwellen überschreiten, erstellen die Mitgliedstaaten Pläne für kurzfristige Maßnahmen, die im Notfall kurzfristig zu ergreifen sind, um die Gefahr der Überschreitung zu verringern oder deren Dauer zu beschränken.

Besteht die Gefahr einer Überschreitung der Alarmschwelle für Ozon, können die Mitgliedstaaten jedoch davon absehen, solche Pläne für kurzfristige Maßnahmen zu erstellen, wenn unter Berücksichtigung der in ihrem Land gegebenen geografischen, meteorologischen und wirtschaftlichen Bedingungen kein nennenswertes Potenzial zur Minderung der Gefahr, der Dauer oder des Ausmaßes einer solchen Überschreitung besteht.

Ist das Potenzial zur Verringerung des Risikos einer solchen Überschreitung bei Partikeln (PM_{10} und $PM_{2,5}$) unter Berücksichtigung der lokalen geografischen und meteorologischen Bedingungen und der Besonderheiten von Haushaltsheizungen stark begrenzt, so können die Mitgliedstaaten einen Plan für kurzfristige Maßnahmen erstellen, dessen Schwerpunkt ausschließlich auf spezifischen Maßnahmen zum Schutz sowohl der Gesamtbevölkerung als auch empfindlicher und gefährdeter Bevölkerungsgruppen sowie leicht verständlichen Informationen über empfohlenes Verhalten zur Verringerung der Exposition gegenüber der gemessenen oder prognostizierten Überschreitung liegt.

(2) Bei der Erstellung dieser Pläne für kurzfristige Maßnahmen gemäß Absatz 1 dieses Artikels können die Mitgliedstaaten im Einzelfall wirkungsvolle Maßnahmen zur Kontrolle und, soweit erforderlich, zur vorübergehenden Aussetzung der Tätigkeiten vorsehen, die zur Gefahr einer Überschreitung der entsprechenden Grenzwerte, Zielwerte oder Alarmschwellen beitragen. Die Mitgliedstaaten berücksichtigen im Rahmen ihrer Pläne für kurzfristige Maßnahmen auch die in Anhang IX festgelegte Liste von Maßnahmen und erwägen abhängig vom Anteil der wichtigsten Schadstoffquellen an den anzugehenden Überschreitungen, dass in diese Pläne für kurzfristige Maßnahmen, sofern angezeigt, Maßnahmen in Bezug auf die Tätigkeitsbereiche Verkehr, Bautätigkeiten, Industrieanlagen, Landwirtschaft sowie in Bezug auf die Verwendung von Erzeugnissen und den Bereich Haushaltsheizungen einbezogen werden. Außerdem werden in diesen Plänen gezielte Maßnahmen zum Schutz empfindlicher und gefährdeter Bevölkerungsgruppen, einschließlich Maßnahmen zum Schutz von Kindern, in Betracht gezogen.

(3) Die Mitgliedstaaten konsultieren die Öffentlichkeit gemäß der Richtlinie 2003/35/EG und die zuständigen Behörden, für die die Durchführung des Plans für kurzfristige Maßnahmen aufgrund ihrer Zuständigkeiten im Bereich der Luftverschmutzung und der Luftqualität von Belang sein dürfte, über Entwürfe von Plänen für kurzfristige Maßnahmen und etwaige Aktualisierungen solcher Pläne vor deren Fertigstellung.

(4) Falls die Mitgliedstaaten einen Plan für kurzfristige Maßnahmen erstellt haben, machen sie der Öffentlichkeit sowie relevanten Organisationen wie Umweltschutz- und Gesundheitsorganisationen, Verbraucherverbänden, Interessenvertretungen empfindlicher und gefährdeter Bevölkerungsgruppen, Organisationen, die in Gesundheitsberufen tätige Personen vertreten, und anderen mit dem Gesundheitsschutz befassten relevanten Stellen und den betreffenden Wirtschaftsverbänden sowohl die Ergebnisse ihrer Untersuchungen zu Durchführbarkeit und Inhalt spezifischer Pläne für kurzfristige Maßnahmen als auch Informationen über die Durchführung dieser Pläne zugänglich.

(5) Die Pläne für kurzfristige Maßnahmen werden der Kommission innerhalb eines Jahres nach ihrer Annahme im Rahmen der jährlichen Berichterstattung gemäß Artikel 23 übermittelt.

(6) Bei der Erstellung ihrer Pläne für kurzfristige Maßnahmen, die im Notfall zu ergreifen sind, können die Mitgliedstaaten die Kommission ersuchen, einen Austausch über bewährte Verfahren zu organisieren, damit die ersuchenden Mitgliedstaaten von den Erfahrungen anderer Mitgliedstaaten profitieren können.

Artikel 21
Grenzüberschreitende Luftverschmutzung

(1) Trägt der grenzüberschreitende Transport von Luftverschmutzung aus einem oder mehreren Mitgliedstaaten erheblich zur Überschreitung eines Grenzwerts, eines Zielwerts für Ozon, einer Verpflichtung zur Verringerung der durchschnittlichen Exposition oder einer Alarmschwelle in einem anderen Mitgliedstaat bei, setzt dieser andere Mitgliedstaat den Mitgliedstaat, von dem die Luftverschmutzung ausging, und die Kommission davon in Kenntnis.

(2) Die betreffenden Mitgliedstaaten arbeiten bei der Bestimmung der Quellen der Luftverschmutzung, der Beiträge dieser Quellen zu Überschreitungen in einem anderen Mitgliedstaat und der zur Beseitigung dieser Quellen einzeln und in Abstimmung mit anderen Mitgliedstaaten zu ergreifenden Maßnahmen zusammen, unter anderem durch die Einsetzung gemeinsamer Expertenteams und mit technischer Unterstützung durch die Kommission, und sehen koordinierte Maßnahmen vor, beispielsweise die Koordinierung der Luftqualitätspläne gemäß Artikel 19, in deren Rahmen jeder Mitgliedstaat die Verschmutzungsquellen in seinem Hoheitsgebiet angeht, um solche Überschreitungen zu beheben.

Die Mitgliedstaaten antworten einander zeitnah und unterrichten die Kommission spätestens drei Monate nach der Mitteilung durch einen anderen Mitgliedstaat gemäß Unterabsatz 1 entsprechend.

(3) Die Kommission wird über jede Form der Zusammenarbeit gemäß Absatz 2 dieses Artikels informiert und aufgefordert, sich daran zu beteiligen oder entsprechende Unterstützung zu leisten. Die Kommission kann die betreffenden Mit-

gliedstaaten auffordern, aktuelle Informationen über die Fortschritte bei der Durchführung koordinierter Tätigkeiten gemäß dem genannten Absatz vorzulegen. Gegebenenfalls erwägt die Kommission unter Berücksichtigung der gemäß Artikel 11 der Richtlinie (EU) 2016/2284 erstellten Berichte, ob weitere Maßnahmen auf Unionsebene ergriffen werden sollten, um die Emissionen von Vorläuferstoffen, auf die die grenzüberschreitende Luftverschmutzung zurückzuführen ist, zu senken.

(4) Die Mitgliedstaaten arbeiten, gegebenenfalls nach Artikel 20, gemeinsame koordinierte Pläne für kurzfristige Maßnahmen aus, die sich auf benachbarte Gebiete anderer Mitgliedstaaten erstrecken, und setzen sie um. Die Mitgliedstaaten stellen sicher, dass die benachbarten Gebiete in anderen Mitgliedstaaten alle zweckdienlichen Informationen in Bezug auf diese Pläne für kurzfristige Maßnahmen unverzüglich erhalten.

(5) Bei Überschreitung der Alarmschwellen oder der Informationsschwellen in Gebieten nahe den Landesgrenzen sind die zuständigen Behörden der betroffenen benachbarten Mitgliedstaaten so schnell wie möglich über diese Überschreitungen zu unterrichten. Diese Informationen sind auch der Öffentlichkeit zugänglich zu machen.

(6) In der Mitteilung gemäß Absatz 1 können die Mitgliedstaaten für das betreffende Jahr Folgendes angeben:

a) Gebiete, in denen der grenzüberschreitende Transport von Luftverschmutzung aus einem oder mehreren Mitgliedstaaten erheblich zur Überschreitung der Grenzwerte oder Zielwerte in diesen Gebieten beiträgt;
b) Gebietseinheiten für die durchschnittliche Exposition, in denen der grenzüberschreitende Transport von Luftverschmutzung aus einem oder mehreren Mitgliedstaaten erheblich zu den Überschreitungen der Werte beiträgt, die sich aus den Verpflichtungen zur Verringerung der durchschnittlichen Exposition in diesen Einheiten ergeben.

Ein Mitgliedstaat kann den betreffenden Mitgliedstaaten und der Kommission auch die Listen dieser Gebiete und Gebietseinheiten für die durchschnittliche Exposition sowie Informationen über Konzentrationen samt entsprechender Nachweise übermitteln, aus denen hervorgeht, dass die Luftverschmutzung aus grenzüberschreitenden Quellen, auch aus Drittländern, die sich der Kontrolle dieses Mitgliedstaats entziehen, erheblich zu den Überschreitungen beiträgt. Die Kommission kann diese Informationen, falls angezeigt, für die Zwecke von Artikel 18 berücksichtigen.

(7) Bei der Erstellung der Pläne gemäß den Absätzen 2 und 4 sowie bei der Information der Öffentlichkeit gemäß Absatz 5 streben die Mitgliedstaaten gegebenenfalls eine Zusammenarbeit mit Drittländern, insbesondere mit Bewerberländern, an. Die Mitgliedstaaten können gegebenenfalls die Kommission um technische Unterstützung ersuchen.

KAPITEL V INFORMATIONS- UND BERICHTSPFLICHT

Artikel 22 Information der Öffentlichkeit

(1) Die Mitgliedstaaten stellen sicher, dass die Öffentlichkeit sowie relevante Organisationen wie Umweltschutz- und Gesundheitsorganisationen, Verbraucherverbände, Interessenvertretungen empfindlicher und gefährdeter Bevölkerungsgruppen, Organisationen, die in Gesundheitsberufen tätige Personen vertreten, und andere mit dem Gesundheitsschutz befasste relevante Stellen und die betreffenden Wirtschaftsverbände angemessen und rechtzeitig über Folgendes informiert werden:

a) Luftqualität gemäß Anhang X,
b) Standorte der Probenahmestellen für alle Luftschadstoffe sowie Informationen über etwaige Probleme im Zusammenhang mit der Erfüllung der Anforderungen in Bezug auf die Datenabdeckung je Probenahmestelle und Schadstoff;
c) eine etwaige Fristverlängerung gemäß Artikel 18,
d) Luftqualitätspläne und Luftqualitätsfahrpläne gemäß Artikel 19,
e) Pläne für kurzfristige Maßnahmen, die gemäß Artikel 20 erstellt wurden,
f) Auswirkungen von Überschreitungen von Grenzwerten, Zielwerten, Verpflichtungen zur Verringerung der durchschnittlichen Exposition, Zielen für die durchschnittliche Expositionskonzentration, Alarmschwellen und Informationsschwellen in einer zusammenfassenden Bewertung; die zusammenfassende Bewertung umfasst gegebenenfalls weitere Informationen und Bewertungen in Bezug auf die Umwelt sowie Informationen zu Schadstoffen, die unter Artikel 10 und Anhang VII fallen.

(2) Die Mitgliedstaaten legen einen Luftqualitätsindex fest, der zumindest für Schwefeldioxid, Stickstoffdioxid, Partikel (PM_{10} und $PM_{2,5}$) und Ozon stündliche Aktualisierungen umfasst, und machen ihn über eine öffentliche Quelle in leicht verständlicher Form zugänglich, sofern eine Verpflichtung zur Überwachung dieser Schadstoffe gemäß dieser Richtlinie besteht. Dieser Index kann gegebenenfalls weitere Schadstoffe umfassen. Der Luftqualitätsindex muss so weit wie möglich in allen Mitgliedstaaten vergleichbar sein und den Empfehlungen der WHO entsprechen. Der Luftqualitätsindex baut auf den von der Europäischen Umweltagentur bereitgestellten Luftqualitätsindizes auf europäischer Ebene auf und enthält Informationen über die Auswirkungen auf die Gesundheit, einschließlich Informationen, die auf empfindliche und gefährdete Bevölkerungsgruppen zugeschnitten sind. Alternativ können die Mitgliedstaaten den von der Europäischen Umweltagentur bereitgestellten Luftqualitätsindex verwenden, um die in diesem Absatz festgelegten Anforderungen zu erfüllen. Beschließt ein Mitgliedstaat, den von der Europäischen Umweltagentur bereitgestellten Index nicht zu verwenden, wird auf nationaler Ebene ein Verweis auf diesen Index zur Verfügung gestellt.

(3) Die Mitgliedstaaten machen Informationen über Symptome im Zusammenhang mit Luftverschmutzungsspitzenwerten und über Verhaltensweisen zur Verringerung der Exposition gegenüber Luftverschmutzung und zum Schutz vor Luftverschmutzung öffentlich zugänglich und fördern die öffentliche Anzeige dieser Informationen an Orten, die von empfindlichen und gefährdeten Bevölkerungsgruppen frequentiert werden, wie etwa Gesundheitsversorgungseinrichtungen.

(4) Die Mitgliedstaaten informieren die Öffentlichkeit darüber, welche zuständige Behörde oder Stelle für die in Artikel 5 genannten Aufgaben benannt wurde.

(5) Die in diesem Artikel genannten Informationen sind der Öffentlichkeit kostenlos, auf kohärente und leicht verständliche Weise über leicht zugängliche Medien- und Kommunikationskanäle im Einklang mit der Richtlinie 2007/2/EG und der Richtlinie (EU) 2019/1024 des Europäischen Parlaments und des Rates ([4]) unter Sicherstellung eines breiten Zugangs der Öffentlichkeit zu diesen Informationen zur Verfügung zu stellen.

Artikel 23 Übermittlung von Informationen und Berichten

(1) Die Mitgliedstaaten stellen sicher, dass der Kommission Informationen über die Luftqualität innerhalb der Fristen

[4] Richtlinie (EU) 2019/1024 des Europäischen Parlaments und des Rates vom 20. Juni 2019 über offene Daten und die Weiterverwendung von Informationen des öffentlichen Sektors (ABl. L 172 vom 26.6.2019, S. 56).

gemäß den in Absatz 5 des vorliegenden Artikels genannten Durchführungsrechtsakten und unabhängig von der Einhaltung der Datenqualitätsziele im Hinblick auf die Datenabdeckung gemäß Anhang V Abschnitt B übermittelt werden.

(2) Die Informationen gemäß Absatz 1 des vorliegenden Artikels müssen der Kommission speziell zur Beurteilung der Einhaltung der Grenzwerte, der Zielwerte, der Verpflichtungen zur Verringerung der durchschnittlichen Exposition und der kritischen Werte spätestens neun Monate nach Ablauf jedes Kalenderjahres übermittelt werden und folgende Angaben enthalten:

a) im betreffenden Jahr vorgenommene Änderungen der Liste und der Abgrenzung der Gebiete oder der Gebietseinheiten für die durchschnittliche Exposition, die nach Artikel 6 festgelegt wurden;
b) Liste der Gebiete und der Gebietseinheiten für die durchschnittliche Exposition sowie Werte der beurteilten Schadstoffe;
c) für Gebiete, in denen die Werte eines oder mehrerer Schadstoffe die Grenzwerte, die Zielwerte oder die kritischen Werte überschreiten, sowie für Gebietseinheiten für die durchschnittliche Exposition, in denen die Werte eines oder mehrerer Schadstoffe über dem Wert liegen, der sich aus den Verpflichtungen zur Verringerung der durchschnittlichen Exposition ergibt, ist Folgendes anzugeben:
   i) Tage und Zeiträume, an bzw. in denen diese Werte festgestellt wurden;
   ii) gegebenenfalls eine Beurteilung der gemäß den Artikeln 16 und 17 der Kommission übermittelten Emissionsbeiträge aus natürlichen Quellen sowie von Partikeln, die nach dem Ausbringen von Streusand oder Streusalz auf Straßen im Winterdienst aufgewirbelt werden, zu den beurteilten Werten.

(3) Darüber hinaus melden die Mitgliedstaaten der Kommission im Einklang mit Absatz 1 Informationen über die festgestellten Werte sowie über die Dauer der Zeiträume, in denen die Alarmschwelle oder die Informationsschwelle überschritten wurden.

(4) Die Mitgliedstaaten übermitteln der Kommission die in Anhang IV Abschnitt D genannten Informationen innerhalb von drei Monaten, nachdem sie dazu aufgefordert wurden.

(5) Die Kommission erlässt im Wege von Durchführungsrechtsakten Maßnahmen, um

a) zu bestimmen, welche Informationen die Mitgliedstaaten gemäß diesem Artikel innerhalb welcher Fristen zu übermitteln haben;
b) zu ermitteln, wie die Übermittlung von Daten und der Austausch von Informationen und Daten aus Netzen und von einzelnen Probenahmestellen zur Messung der Luftverschmutzung in den Mitgliedstaaten vereinfacht werden kann.

Diese Durchführungsrechtsakte werden gemäß dem in Artikel 26 Absatz 2 genannten Prüfverfahren erlassen.

KAPITEL VI DELEGIERTE RECHTSAKTE UND DURCHFÜHRUNGSRECHTSAKTE

Artikel 24 Änderungen der Anhänge

Der Kommission wird die Befugnis übertragen, gemäß Artikel 25 delegierte Rechtsakte zur Änderung der Anhänge III bis VII, IX und X zu erlassen, um bei der Beurteilung der Luftqualität, bei den für die Aufnahme in die Pläne für kurzfristige Maßnahmen in Betracht zu ziehenden Maßnahmen und bei der Information der Öffentlichkeit den technischen und wissenschaftlichen Entwicklungen Rechnung zu tragen.

Diese Änderungen dürfen jedoch keine direkte oder indirekte Änderung bewirken in Bezug auf

a) die in Anhang I festgelegten Grenzwerte, Zielwerte, langfristigen Ziele für Ozon, kritischen Werte, Alarmschwellen und Informationsschwellen, Verpflichtungen zur Verringerung der durchschnittlichen Exposition und Ziele für die durchschnittliche Expositionskonzentration oder
b) die Fristen für die Erfüllung eines der Parameter unter Buchstabe a.

Artikel 25 Ausübung der Befugnisübertragung

(1) Die Befugnis zum Erlass delegierter Rechtsakte wird der Kommission unter den in diesem Artikel festgelegten Bedingungen übertragen.

(2) Die Befugnis zum Erlass delegierter Rechtsakte gemäß Artikel 24 wird der Kommission für einen Zeitraum von fünf Jahren ab dem 10. Dezember 2024 übertragen. Die Kommission erstellt spätestens neun Monate vor Ablauf des Zeitraums von fünf Jahren einen Bericht über die Befugnisübertragung. Die Befugnisübertragung verlängert sich stillschweigend um Zeiträume gleicher Länge, es sei denn, das Europäische Parlament oder der Rat widersprechen einer solchen Verlängerung spätestens drei Monate vor Ablauf des jeweiligen Zeitraums.

(3) Die Befugnisübertragung gemäß Artikel 24 kann vom Europäischen Parlament oder vom Rat jederzeit widerrufen werden. Der Beschluss über den Widerruf beendet die Übertragung der in diesem Beschluss angegebenen Befugnis. Er wird am Tag nach seiner Veröffentlichung im *Amtsblatt der Europäischen Union* oder zu einem im Beschluss über den Widerruf angegebenen späteren Zeitpunkt wirksam. Die Gültigkeit von delegierten Rechtsakten, die bereits in Kraft sind, wird von dem Beschluss über den Widerruf nicht berührt.

(4) Vor dem Erlass eines delegierten Rechtsakts konsultiert die Kommission im Einklang mit den Grundsätzen, die in der Interinstitutionellen Vereinbarung vom 13. April 2016 über bessere Rechtsetzung niedergelegt wurden, die von den einzelnen Mitgliedstaaten benannten Sachverständigen.

(5) Sobald die Kommission einen delegierten Rechtsakt erlässt, übermittelt sie ihn gleichzeitig dem Europäischen Parlament und dem Rat.

Ein delegierter Rechtsakt, der gemäß Artikel 24 erlassen wurde, tritt nur in Kraft, wenn weder das Europäische Parlament noch der Rat innerhalb einer Frist von zwei Monaten nach Übermittlung dieses Rechtsakts an das Europäische Parlament und den Rat Einwände erhoben haben oder wenn vor Ablauf dieser Frist das Europäische Parlament und der Rat beide der Kommission mitgeteilt haben, dass sie keine Einwände erheben werden. Auf Initiative des Europäischen Parlaments oder des Rates wird diese Frist um zwei Monate verlängert.

Artikel 26 Ausschussverfahren

(1) Die Kommission wird von dem „Ausschuss für Luftqualität" unterstützt. Dieser Ausschuss ist ein Ausschuss im Sinne der Verordnung (EU) Nr. 182/2011.

(2) Wird auf diesen Absatz Bezug genommen, so gilt Artikel 5 der Verordnung (EU) Nr. 182/2011.

KAPITEL VII
ZUGANG ZU GERICHTEN, SCHADENERSATZ UND SANKTIONEN

Artikel 27
Zugang zu Gerichten

(1) Die Mitgliedstaaten stellen sicher, dass Mitglieder der betroffenen Öffentlichkeit im Einklang mit den nationalen Rechtsvorschriften Zugang zu einem Überprüfungsverfahren vor einem Gericht oder einer anderen auf gesetzlicher Grundlage geschaffenen unabhängigen und unparteiischen Stelle haben, um die materiellrechtliche und verfahrensrechtliche Rechtmäßigkeit aller Entscheidungen, Handlungen oder Unterlassungen der Mitgliedstaaten in Bezug auf die Standorte und Anzahl der Probenahmestellen gemäß Artikel 9 im Einklang mit den einschlägigen Kriterien in den Anhängen III und IV, die Luftqualitätspläne und Luftqualitätsfahrpläne gemäß Artikel 19 und die Pläne für kurzfristige Maßnahmen gemäß Artikel 20 des jeweiligen Mitgliedstaats anzufechten, sofern eine der folgenden Bedingungen erfüllt ist:

a) sie haben ein ausreichendes Interesse;
b) sie machen eine Rechtsverletzung geltend, sofern das Verwaltungsverfahrens- bzw. Verwaltungsprozessrecht eines Mitgliedstaats dies als Voraussetzung erfordert.

Die Mitgliedstaaten bestimmen im Einklang mit dem Ziel, der betroffenen Öffentlichkeit einen weitreichenden Zugang zu Gerichten zu gewähren, was als ausreichendes Interesse und als Rechtsverletzung gilt.

Zu diesem Zweck gilt das Interesse einer Nichtregierungsorganisation, die sich für den Schutz der menschlichen Gesundheit oder der Umwelt einsetzt und alle nach nationalem Recht geltenden Voraussetzungen erfüllt, als ausreichendes Interesse im Sinne von Unterabsatz 1 Buchstabe a. Derartige Organisationen gelten auch als Träger von Rechten, die – im Sinne von Unterabsatz 1 Buchstabe b – verletzt werden können.

(2) Das Überprüfungsverfahren wird fair, gerecht und zeitnah durchgeführt, darf nicht mit übermäßigen Kosten verbunden sein und stellt einen angemessenen und effektiven Rechtsschutz und, soweit angemessen, auch vorläufigen Rechtsschutz sicher.

(3) Die Mitgliedstaaten legen fest, in welchem Stadium Entscheidungen, Handlungen oder Unterlassungen angefochten werden können, sodass der Zugang zu einem Überprüfungsverfahren vor einem Gericht oder einer anderen auf gesetzlicher Grundlage geschaffenen unabhängigen und unparteiischen Stelle nicht unmöglich gemacht oder übermäßig erschwert wird.

(4) Dieser Artikel hindert die Mitgliedstaaten nicht daran, ein vorangehendes Überprüfungsverfahren bei einer Verwaltungsbehörde vorzuschreiben, und lässt das Erfordernis einer Ausschöpfung der verwaltungsbehördlichen Überprüfungsverfahren vor der Einleitung gerichtlicher Überprüfungsverfahren unberührt, sofern ein derartiges Erfordernis nach nationalem Recht besteht.

(5) Die Mitgliedstaaten stellen sicher, dass der Öffentlichkeit praktische Informationen über den Zugang zu verwaltungsbehördlichen und gerichtlichen Überprüfungsverfahren gemäß diesem Artikel zugänglich gemacht werden.

Artikel 28
Schadenersatz für Schädigungen der menschlichen Gesundheit

(1) Die Mitgliedstaaten stellen sicher, dass natürliche Personen, deren Gesundheit durch einen vorsätzlich oder fahrlässig begangenen Verstoß der zuständigen Behörden gegen die nationalen Vorschriften zur Umsetzung von Artikel 19 Absätze 1 bis 5 und Artikel 20 Absätze 1 und 2 dieser Richtlinie geschädigt wird, das Recht haben, Ersatz für diesen Schaden zu verlangen und zu erhalten.

(2) Die Mitgliedstaaten stellen sicher, dass die nationalen Vorschriften und Verfahren im Zusammenhang mit Schadensersatzansprüchen nicht auf eine Weise ausgestaltet sind und angewendet werden, die die Geltendmachung eines Anspruchs auf Schadensersatz nach Absatz 1 unmöglich oder übermäßig schwierig macht.

(3) Die Mitgliedstaaten können für Schadensersatzklagen nach Absatz 1 eine Verjährungsfrist festlegen. Diese Frist läuft nicht an, bis der Verstoß eingestellt wurde und die den Anspruch auf Schadenersatz erhebende Person weiß oder nach vernünftigem Ermessen wissen müsste, dass sie durch einen Verstoß gemäß Absatz 1 Schaden genommen hat.

Artikel 29
Sanktionen

(1) Unbeschadet der Verpflichtungen der Mitgliedstaaten gemäß der Richtlinie 2008/99/EG des Europäischen Parlaments und des Rates (23[5]) legen die Mitgliedstaaten Vorschriften über Sanktionen für Verstöße gegen die aufgrund dieser Richtlinie erlassenen nationalen Vorschriften fest und treffen alle erforderlichen Maßnahmen, um deren Durchsetzung sicherzustellen. Die vorgesehenen Sanktionen müssen wirksam, verhältnismäßig und abschreckend sein. Die Mitgliedstaaten teilen der Kommission diese Vorschriften und Maßnahmen unverzüglich mit und melden ihr unverzüglich alle diesbezüglichen Änderungen.

(2) Die Mitgliedstaaten stellen sicher, dass bei den gemäß Absatz 1 festgelegten Sanktionen gegebenenfalls folgende Umstände gebührend berücksichtigt werden:

a) Art, Schwere, Ausmaß und Dauer des Verstoßes;
b) die Auswirkung auf die Bevölkerung, einschließlich empfindlicher und gefährdeter Bevölkerungsgruppen, oder die von dem Verstoß betroffene Umwelt unter Berücksichtigung des Ziels, ein hohes Schutzniveau für die menschliche Gesundheit und die Umwelt zu erreichen;
c) wiederholter oder einmaliger Charakter des Verstoßes, einschließlich einer zuvor ausgesprochenen Verwarnung oder einer verwaltungsrechtlichen bzw. strafrechtlichen Sanktion;
d) der wirtschaftliche Nutzen, den die verantwortlich gemachte natürliche oder juristische Person aus dem Verstoß gezogen hat, sofern dieser ermittelt werden kann.

KAPITEL VIII
ÜBERGANGS- UND SCHLUSSBESTIMMUNGEN

Artikel 30
Umsetzung

(1) Die Mitgliedstaaten setzen die Rechts- und Verwaltungsvorschriften in Kraft, die erforderlich sind, um den Artikeln 1 und 3, Artikel 4 Nummern 2, 7, 9, 14, 15, 16, 18, 21 bis 30, 33, 34 und 41 bis 45, den Artikeln 5 bis 8, Artikel 9 Absätze 1, 2, 3 und 5 bis 9, den Artikeln 10, 11 und 12, Artikel 13 Absätze 1, 2, 3, 5, 6 und 7, Artikel 15, Artikel 16 Absätze 1, 2 und 4, Artikel 17 Absatz 4, den Artikeln 18 bis 21, Artikel 22 Absätze 1, 2, 3 und 5, den Artikeln 23 bis 29 sowie den Anhängen I bis X bis zum 11. Dezember 2026 nachzukommen. Sie teilen der Kommission unverzüglich den Wortlaut dieser Vorschriften mit.

Bei Erlass dieser Vorschriften nehmen die Mitgliedstaaten in den Vorschriften selbst oder durch einen Hinweis bei der

[5] Richtlinie 2008/99/EG des Europäischen Parlaments und des Rates vom 19. November 2008 über den strafrechtlichen Schutz der Umwelt (ABl. L 328 vom 6.12.2008, S. 28).

amtlichen Veröffentlichung auf diese Richtlinie Bezug. In diese Vorschriften fügen sie eine Erklärung ein, dass Bezugnahmen in den geltenden Rechts- und Verwaltungsvorschriften auf die durch die vorliegende Richtlinie aufgehobenen Richtlinien als Bezugnahmen auf die vorliegende Richtlinie gelten. Die Mitgliedstaaten regeln die Einzelheiten dieser Bezugnahme und die Formulierung dieser Erklärung.

(2) Die Mitgliedstaaten teilen der Kommission den Wortlaut der wichtigsten nationalen Rechtsvorschriften mit, die sie auf dem unter diese Richtlinie fallenden Gebiet erlassen.

Artikel 31
Aufhebung von Rechtsakten

(1) Die Richtlinien 2004/107/EG und 2008/50/EG, in der Fassung der in Anhang XI Teil A dieser Richtlinie aufgeführten Rechtsakten, werden unbeschadet der Verpflichtungen der Mitgliedstaaten hinsichtlich der in Anhang XI Teil B dieser Richtlinie genannten Fristen für die Umsetzung der dort genannten Richtlinien in nationales Recht mit Wirkung vom 12. Dezember 2026 aufgehoben.

(2) Bezugnahmen auf die aufgehobenen Richtlinien gelten als Bezugnahmen auf die vorliegende Richtlinie und sind nach Maßgabe der Entsprechungstabelle in Anhang XII dieser Richtlinie zu lesen.

Artikel 32
Inkrafttreten und Anwendung

Diese Richtlinie tritt am zwanzigsten Tag nach ihrer Veröffentlichung im *Amtsblatt der Europäischen Union* in Kraft.

Artikel 2, Artikel 4 Nummern 1, 3 bis 6, 8, 10 bis 13, 17, 19, 20, 31, 32 und 35 bis 40, Artikel 9 Absatz 4, Artikel 13 Absatz 4, Artikel 14, Artikel 16 Absatz 3, Artikel 17 Absätze 1, 2 und 3 sowie Artikel 22 Absatz 4 gelten ab dem 12. Dezember 2026.

Artikel 33
Adressaten

Diese Richtlinie ist an die Mitgliedstaaten gerichtet.

Anhang I
Luftqualitätsnormen

Abschnitt 1 – Grenzwerte zum Schutz der menschlichen Gesundheit

Tabelle 1 – Bis zum 1. Januar 2030 zu erreichende Grenzwerte zum Schutz der menschlichen Gesundheit

Mittelungszeitraum	Grenzwert	
$PM_{2,5}$		
1 Tag	25 µg/m³	darf nicht öfter als 18-mal im Kalenderjahr überschritten werden
Kalenderjahr	10 µg/m³	
PM_{10}		
1 Tag	45 µg/m³	darf nicht öfter als 18-mal im Kalenderjahr überschritten werden
Kalenderjahr	20 µg/m³	
Stickstoffdioxid (NO_2)		
1 Stunde	200 µg/m³	darf nicht öfter als dreimal im Kalenderjahr überschritten werden
1 Tag	50 µg/m³	darf nicht öfter als 18-mal im Kalenderjahr überschritten werden
Kalenderjahr	20 µg/m³	
Schwefeldioxid (SO_2)		
1 Stunde	350 µg/m³	darf nicht öfter als dreimal im Kalenderjahr überschritten werden
1 Tag	50 µg/m³	darf nicht öfter als 18-mal im Kalenderjahr überschritten werden
Kalenderjahr	20 µg/m³	
Benzol		
Kalenderjahr	3,4 µg/m³	
Kohlenmonoxid (CO)		
Höchster 8-Stunden-Mittelwert pro Tag (1)	10 mg/m³	
1 Tag	4 mg/m³	darf nicht öfter als 18-mal im Kalenderjahr überschritten werden
Blei (Pb)		
Kalenderjahr	0,5 µg/m³	
Arsen (As)		
Kalenderjahr	6,0 ng/m³	
Cadmium (Cd)		
Kalenderjahr	5,0 ng/m³	
Nickel (Ni)		
Kalenderjahr	20 ng/m³	
Benzo[a]pyren		
Kalenderjahr	1,0 ng/m³	

Tabelle 2 – Bis zum 11. Dezember 2026 zu erreichende Grenzwerte zum Schutz der menschlichen Gesundheit

Mittelungszeitraum	Grenzwert	
$PM_{2,5}$		
Kalenderjahr	25 µg/m³	
PM_{10}		
1 Tag	50 µg/m³	darf nicht öfter als 35-mal im Kalenderjahr überschritten werden
Kalenderjahr	40 µg/m³	
Stickstoffdioxid (NO_2)		
1 Stunde	200 µg/m³	darf nicht öfter als 18-mal im Kalenderjahr überschritten werden
Kalenderjahr	40 µg/m³	
Schwefeldioxid (SO_2)		
1 Stunde	350 µg/m³	darf nicht öfter als 24-mal im Kalenderjahr überschritten werden
1 Tag	125 µg/m³	darf nicht öfter als dreimal im Kalenderjahr überschritten werden
Benzol		
Kalenderjahr	5 µg/m³	
Kohlenmonoxid (CO)		
Höchster 8-Stunden-Mittelwert pro Tag (2)	10 mg/m³	
Blei (Pb)		
Kalenderjahr	0,5 µg/m³	

Tabelle 3 – Bis zum 11. Dezember 2026 zu erreichende Zielwerte zum Schutz der menschlichen Gesundheit

Arsen (As)		
Kalenderjahr	6,0 ng/m³	
Cadmium (Cd)		
Kalenderjahr	5,0 ng/m³	
Nickel (Ni)		
Kalenderjahr	20 ng/m³	
Benzo[a]pyren		
Kalenderjahr	1,0 ng/m³	

Abschnitt 2 – Zielwerte und langfristige Ziele für Ozon

A. Begriffsbestimmungen und Kriterien

Die „kumulierte Ozonbelastung oberhalb des Grenzwertes von 40 Teilen pro Milliarde" (AOT40), ausgedrückt in „(µg/m³) × Stunden", ist die Summe der Differenz zwischen Konzentrationen von mehr als 80 µg/m³ (= 40 ppb) als 1-Stunden-Mittelwert und 80 µg/m³ während einer gegebenen Zeitspanne unter ausschließlicher Verwendung der 1-Stunden-Mittelwerte zwischen 8.00 Uhr und 20.00 Uhr Mitteleuropäischer Zeit (MEZ) an jedem Tag.

B. Zielwerte für Ozon

Ziel	Mittelungszeitraum	Zielwert	
Schutz der menschlichen Gesundheit	Höchster 8-Stunden-Mittelwert pro Tag (3)	120 µg/m³	darf an höchstens 18 Tagen im Kalenderjahr überschritten werden, gemittelt über drei Jahre (4) (5)
Schutz der Vegetation	Mai bis Juli	AOT40 (berechnet anhand von 1-Stunden-Mittelwerten)	18 000 µg/m³ × h, gemittelt über fünf Jahre (4)

C. Bis zum 1. Januar 2050 zu erreichende langfristige Ziele für Ozon (O_3)

Ziel	Mittelungszeitraum	Langfristiges Ziel	
Schutz der menschlichen Gesundheit	Höchster 8-Stunden-Mittelwert pro Tag innerhalb eines Kalenderjahres	100 µg/m³ darf an höchstens 3 Tagen im Kalenderjahr überschritten werden (99. Perzentil)	
Schutz der Vegetation	Mai bis Juli	AOT40 (berechnet anhand von 1-Stunden-Mittelwerten)	6 000 µg/m³ × h

Abschnitt 3 – Kritische Werte für den Schutz der Vegetation und der natürlichen Ökosysteme

Mittelungszeitraum	Kritischer Wert
Schwefeldioxid (SO_2)	
Kalenderjahr und Winter (1. Oktober bis 31. März)	20 µg/m³
Stickstoffoxide (NO_x)	
Kalenderjahr	30 µg/m³

Abschnitt 4 – Alarm- und Informationsschwellen

A. Alarmschwellen

Die Werte für Schwefeldionoxid und Stickstoffdioxid sind als Stundenmittelwerte über drei aufeinanderfolgende Stunden und die Werte für PM_{10} und $PM_{2,5}$ als Tagesmittelwerte an drei oder weniger aufeinanderfolgenden Tagen an Standorten zu messen, die für die Luftqualität in einem Bereich von mindestens 100 km² oder im gesamten Gebiet repräsentativ sind, je nachdem, welche Fläche kleiner ist.

Die Werte für Ozon sind über eine Stunde zu messen; für die Zwecke der Durchführung von Artikel 20 muss die Überschreitung des Schwellenwerts drei aufeinanderfolgende Stunden lang gemessen bzw. vorhergesagt werden.

Schadstoff	Mittelungszeitraum	Alarmschwelle
Schwefeldioxid (SO_2)	1 Stunde	350 µg/m³
Stickstoffdioxid (NO_2)	1 Stunde	200 µg/m³
$PM_{2,5}$	1 Tag	50 µg/m³
PM_{10}	1 Tag	90 µg/m³
Ozon	1 Stunde	240 µg/m³

B. Informationsschwellen

Die Werte für Schwefeldioxid und Stickstoffdioxid sind über eine Stunde und die Werte für PM_{10} und $PM_{2,5}$ über einen Tag an Standorten zu messen, die für die Luftqualität in einem Bereich von mindestens 100 km² oder im gesamten Gebiet repräsentativ sind, je nachdem, welche Fläche kleiner ist.

Die Werte für Ozon sind über eine Stunde zu messen.

Schadstoff	Mittelungszeitraum	Informationsschwelle
Schwefeldioxid (SO_2)	1 Stunde	275 µg/m³
Stickstoffdioxid (NO_2)	1 Stunde	150 µg/m³
$PM_{2,5}$	1 Tag	50 µg/m³
PM_{10}	1 Tag	90 µg/m³
Ozon	1 Stunde	180 µg/m³

Abschnitt 5 – Verpflichtung zur Verringerung der durchschnittlichen Exposition gegenüber $PM_{2,5}$ und NO_2

A. Indikator für die durchschnittliche Exposition

Der Indikator für die durchschnittliche Exposition (AEI – Average Exposure Indicator) wird in µg/m³ ausgedrückt und anhand von Messungen an allen Probenahmestellen an Standorten für den städtischen Hintergrund in Gebietseinheiten für die durchschnittliche Exposition im gesamten Hoheitsgebiet eines Mitgliedstaats ermittelt. Er wird als gleitender Jahresmittelwert der Konzentration für drei Kalenderjahre berechnet, indem der Durchschnittswert aller gemäß Anhang III Abschnitt B in jeder Gebietseinheit für die durchschnittliche Exposition eingerichteten Probenahmestellen für den relevanten Schadstoff ermittelt wird. Der AEI eines bestimmten Jahres ist der Mittelwert des entsprechenden Jahres und der beiden Vorjahre.

Stellen Mitgliedstaaten Überschreitungen fest, die natürlichen Quellen zuzurechnen sind, so werden die Emissionsbeiträge aus natürlichen Quellen vor Berechnung des AEI abgezogen.

Anhand des AEI wird überprüft, ob die Verpflichtung zur Verringerung der durchschnittlichen Exposition erfüllt wurde.

B. Verpflichtungen zur Verringerung der durchschnittlichen Exposition

Ab 2030 darf der AEI folgende Werte nicht überschreiten:

1. für $PM_{2,5}$:
   a) wenn der 10 Jahre zuvor errechnete AEI < 10,0 µg/m³ betrug: einen Wert, der 10 % niedriger ist als der 10 Jahre zuvor errechnete AEI, oder 8,5 µg/m³, je nachdem, welcher Wert niedriger ist, es sei denn, der AEI entspricht bereits maximal dem Ziel für die durchschnittliche Expositionskonzentration gegenüber $PM_{2,5}$ gemäß Teil C;
   b) wenn der 10 Jahre zuvor errechnete AEI < 12,0 µg/m³ und ≥ 10,0 µg/m³ betrug: einen Wert, der 15 % niedriger ist als der 10 Jahre zuvor errechnete AEI, oder 9,0 µg/m³, je nachdem, welcher Wert niedriger ist;
   c) wenn der 10 Jahre zuvor errechnete AEI ≥ 12,0 µg/m³ betrug: 25 % niedriger als der 10 Jahre zuvor errechnete AEI;

2. für NO_2:

   a) wenn der 10 Jahre zuvor errechnete AEI < 20,0 µg/m³ betrug: einen Wert, der 15 % niedriger ist als der 10 Jahre zuvor errechnete AEI, oder 15,0 µg/m³, je nachdem, welcher Wert niedriger ist, es sei denn, der AEI entspricht bereits maximal dem Ziel für die durchschnittliche Expositionskonzentration gegenüber NO_2 gemäß Teil C;

   b) wenn der 10 Jahre zuvor errechnete AEI ≥ 20,0 µg/m³ betrug: 25 % niedriger als der 10 Jahre zuvor errechnete AEI.

Bei der Berechnung der Werte für die Jahre 2030, 2031 und 2032 können die Mitgliedstaaten das Jahr 2020 bei der Berechnung des AEI für das Referenzjahr ausnehmen.

C. Ziele für die durchschnittliche Expositionskonzentration

Das Ziel für die durchschnittliche Expositionskonzentration entspricht jeweils folgendem AEI-Wert.

Schadstoff	**Ziel für die durchschnittliche Expositionskonzentration**
$PM_{2,5}$	AEI = 5 µg/m³
NO_2	AEI = 10 µg/m³

(1) Der höchste 8-Stunden-Mittelwert der Konzentration eines Tages wird ermittelt, indem die gleitenden 8-Stunden-Mittelwerte geprüft werden, die aus 1-Stunden-Mittelwerten berechnet und stündlich aktualisiert werden. Jeder auf diese Weise errechnete 8-Stunden-Mittelwert gilt für den Tag, an dem dieser Zeitraum endet, d. h., der erste Berechnungszeitraum für jeden einzelnen Tag umfasst die Zeitspanne von 17.00 Uhr des vorangegangenen Tages bis 1.00 Uhr des betreffenden Tages, während für den letzten Berechnungszeitraum jeweils die Stunden von 16.00 Uhr bis 24.00 Uhr des betreffenden Tages zugrunde gelegt werden.

(2) Der höchste 8-Stunden-Mittelwert der Konzentration eines Tages wird ermittelt, indem die gleitenden 8-Stunden-Mittelwerte geprüft werden, die aus 1-Stunden-Mittelwerten berechnet und stündlich aktualisiert werden. Jeder auf diese Weise errechnete 8-Stunden-Mittelwert gilt für den Tag, an dem dieser Zeitraum endet, d. h., der erste Berechnungszeitraum für jeden einzelnen Tag umfasst die Zeitspanne von 17.00 Uhr des vorangegangenen Tages bis 1.00 Uhr des betreffenden Tages, während für den letzten Berechnungszeitraum jeweils die Stunden von 16.00 Uhr bis 24.00 Uhr des betreffenden Tages zugrunde gelegt werden.

(3) Der höchste 8-Stunden-Mittelwert der Konzentration eines Tages wird ermittelt, indem die gleitenden 8-Stunden-Mittelwerte geprüft werden, die aus 1-Stunden-Mittelwerten berechnet und stündlich aktualisiert werden. Jeder auf diese Weise errechnete 8-Stunden-Mittelwert gilt für den Tag, an dem dieser Zeitraum endet, d. h., der erste Berechnungszeitraum für jeden einzelnen Tag umfasst die Zeitspanne von 17.00 Uhr des vorangegangenen Tages bis 1.00 Uhr des betreffenden Tages, während für den letzten Berechnungszeitraum jeweils die Stunden von 16.00 Uhr bis 24.00 Uhr des betreffenden Tages zugrunde gelegt werden.

(4) Können die über drei bzw. fünf Jahre gemittelten Werte nicht anhand vollständiger und aufeinanderfolgender Jahresdaten ermittelt werden, so sind mindestens die folgenden jährlichen Daten zur Überprüfung der Einhaltung der Zielwerte für Ozon vorgeschrieben:

– Zielwert für den Schutz der menschlichen Gesundheit: gültige Daten für ein Jahr,

– Zielwert für den Schutz der Vegetation: gültige Daten für drei Jahre.

(5) Bis zum 1. Januar 2030 darf der Wert von 120 µg/m³ an höchstens 25 Tagen im Kalenderjahr überschritten werden, gemittelt über drei Jahre

Anhang II
Beurteilungsschwellen

Abschnitt 1 – Beurteilungsschwellen für den Schutz der menschlichen Gesundheit

Schadstoff	**Beurteilungsschwelle (Jahresmittelwert, sofern nicht anders angegeben)**
$PM_{2,5}$	5 µg/m³
PM_{10}	15 µg/m³
Stickstoffdioxid (NO_2)	10 µg/m³
Schwefeldioxid (SO_2)	40 µg/m³ (24-Stunden-Mittelwert)(1)
Benzol	1,7 µg/m³
Kohlenmonoxid (CO)	4 mg/m³ (24-Stunden-Mittelwert)(1)
Blei (Pb)	0,25 µg/m³
Arsen (As)	3,0 ng/m³
Cadmium (Cd)	2,5 ng/m³
Nickel (Ni)	10 ng/m³
Benzo[a]pyren	0,30 ng/m³
Ozon (O_3)	100 µg/m³ (höchster 8-Stunden-Mittelwert) (1)

Abschnitt 2 – Beurteilungsschwellen für den Schutz der Vegetation und der natürlichen Ökosysteme

Schadstoff	**Beurteilungsschwelle (Jahresmittelwert, sofern nicht anders angegeben)**
Schwefeldioxid (SO_2)	8 µg/m³ (Durchschnittswert zwischen dem 1. Oktober und dem 31. März)
Stickstoffoxide (NO_x)	19,5 µg/m³

(1) 99. Perzentil (d. h. drei Überschreitungstage pro Jahr).

Anhang IV
Beurteilung der Luftqualität und Standort der Probenahmestellen

A. Allgemeines

Die Luftqualität wird in allen Gebieten folgendermaßen beurteilt:

1. Die Luftqualität wird an allen Standorten beurteilt, mit Ausnahme der unter Nummer 2 genannten Standorte.

   Für den Standort der Probenahmestellen gelten die Bestimmungen der Abschnitte B und C. Die unter den Abschnitten B und C niedergelegten Grundsätze gelten auch insoweit, als sie für die Bestimmung der spezifischen Standorte von Belang sind, an denen die Konzentrationen der einschlägigen Schadstoffe ermittelt werden, wenn die Luftqualität durch orientierende Messungen oder Modellierungsanwendungen beurteilt wird.

2. Die Einhaltung der zum Schutz der menschlichen Gesundheit festgelegten Grenzwerte und Zielwerte wird an folgenden Standorten nicht beurteilt:

   a) an Standorten innerhalb von Bereichen, zu denen die Öffentlichkeit keinen Zugang hat und in denen es keine festen Wohnunterkünfte gibt;

   b) nach Maßgabe von Artikel 4 Absatz 1 auf Fabrikgeländen oder in Industriegebieten, für die alle relevanten Bestimmungen für Gesundheitsschutz und Sicherheit am Arbeitsplatz gelten;

   c) auf den Fahrbahnen der Straßen und – sofern Fußgänger und Fahrradfahrer für gewöhnlich dorthin keinen Zugang haben – auf dem Mittelstreifen der Straßen.

B. Großräumige Standortbestimmung für Probenahmestellen

1. Information

Bei der Bestimmung des Standorts von Probenahmestellen werden die gemäß der Richtlinie (EU) 2016/2284 gemeldeten nationalen Rasterdaten über Emissionen, an das Europäische Schadstofffreisetzungs- und -verbringungsregister gemeldete Emissionsdaten und, sofern verfügbar, lokale Emissionsinventare berücksichtigt.

2. Schutz der menschlichen Gesundheit

a) Der Standort von Probenahmestellen, an denen zum Schutz der menschlichen Gesundheit Messungen vorgenommen werden, ist so zu wählen, dass zuverlässige Daten zu sämtlichen folgenden Aspekten gewonnen werden:

   i) den Konzentrationswerten an Luftverschmutzungsschwerpunkten in den Gebieten;

   ii) den Konzentrationswerten für andere Bereiche innerhalb von Gebieten, die für die Exposition der Bevölkerung allgemein repräsentativ sind, und zwar sowohl an Standorten für den städtischen Hintergrund als auch an Standorten für den ländlichen Hintergrund;

   iii) den Ablagerungsraten von Arsen, Cadmium, Blei, Quecksilber, Nickel und polyzyklischen aromatischen Kohlenwasserstoffen, die der indirekten Exposition der Bevölkerung über die Nahrungskette entsprechen.

b) Der Standort von Probenahmestellen ist im Allgemeinen so zu wählen, dass die Messung sehr kleinräumiger Umweltzustände in der unmittelbaren Nähe der Probenahmestelle vermieden wird, was bedeutet, dass der Standort der Probenahmestelle – soweit möglich – so zu wählen ist, dass die Luftproben an Probenahmestellen zur Messung des Beitrags des Straßenverkehrs für die Luftqualität eines Straßenabschnitts von nicht weniger als 100 m Länge, an Probenahmestellen zur Messung des Beitrags von Haushaltsheizungen für die Luftqualität eines Bereichs von nicht weniger als 25 m × 25 m und an Probenahmestellen zur Messung des Beitrags von Industriegebieten oder anderen Quellen wie Häfen oder Flughäfen für die Luftqualität eines Bereichs von nicht weniger als 250 m × 250 m repräsentativ sind.

c) Soll die Luftqualität an Luftverschmutzungsschwerpunkten beurteilt werden, so werden die Probenahmestellen in Bereichen innerhalb von Gebieten mit den höchsten Konzentrationen eingerichtet, denen die Bevölkerung wahrscheinlich direkt oder indirekt ausgesetzt ist, und zwar über einen Zeitraum, der im Vergleich zum Mittelungszeitraum der Grenzwerte oder Zielwerte signifikant ist; derartige Probenahmestellen müssen, sofern dies sinnvoll und soweit dies möglich ist, in Bereichen gelegen sein, in denen empfindliche und gefährdete Bevölkerungsgruppen wahrscheinlich direkt oder indirekt ausgesetzt sind, und zwar über einen Zeitraum, der im Verhältnis zum Mittelungszeitraum der Grenzwerte oder Zielwerte signifikant ist, einschließlich, aber nicht beschränkt auf Wohngebiete, Schulen, Krankenhäuser, Einrichtungen für betreutes Wohnen oder Gebiete mit Bürogebäuden.

d) Probenahmestellen an Standorten für den städtischen Hintergrund müssen so gelegen sein, dass die gemessene Verschmutzung den integrierten Beitrag sämtlicher entsprechender Quellen erfasst. Für die gemessene Verschmutzung darf nicht eine einzige Quelle vorherrschend sein, es sei denn, dies ist für ein größeres städtisches Gebiet typisch; diese Probenahmestellen müssen grundsätzlich für ein Gebiet von mehreren Quadratkilometern repräsentativ sein.

e) Probenahmestellen an Standorten für den ländlichen Hintergrund müssen so gelegen sein, dass die gemessene Verschmutzung den integrierten Beitrag von entsprechenden Quellen erfasst, bei denen es sich nicht um nahe (d. h. weniger als 5 km entfernt) liegende städtische Gebiete, Hauptverkehrsstraßen oder Industriegebiete handelt.

f) Soll der Beitrag des Straßenverkehrs beurteilt werden, so müssen die Probenahmestellen so gelegen sein, dass sie Daten über die Straßen liefern, auf denen die höchsten Konzentrationen auftreten, wobei das Verkehrsaufkommen (die größte Verkehrsdichte in dem Gebiet), die örtlichen Ausbreitungsbedingungen und die räumliche Flächennutzung (z. B. in Straßenschluchten) berücksichtigt werden.

g) Soll der Beitrag von Haushaltsheizungen beurteilt werden, so sind die Probenahmestellen in Bezug auf die jeweilige Hauptwindrichtung im Lee der wichtigsten Quellen aufzustellen.

h) Soll der Beitrag von industriellen Quellen, Häfen oder Flughäfen beurteilt werden, so ist mindestens eine Probenahmestelle in Bezug auf die jeweilige Hauptwindrichtung im Lee der wichtigsten Quelle im nächstgelegenen Wohngebiet aufzustellen; ist die

Hintergrundkonzentration nicht bekannt, so wird eine weitere Probenahmestelle entsprechend der jeweiligen Hauptwindrichtung im Luv der wichtigsten Quelle aufgestellt; die Probenahmestellen können so aufgestellt werden, dass die Anwendung der besten verfügbaren Techniken überwacht werden kann.

i) Probenahmestellen sind, sofern möglich, auch für ähnliche Orte repräsentativ, die nicht in der unmittelbaren Nähe der Probenahmestelle gelegen sind; in Gebieten, in denen die Werte von Luftschadstoffen die Beurteilungsschwelle überschreiten, wird der Bereich, für den die einzelnen Probenahmestellen repräsentativ sein sollen, klar festgelegt; die verschiedenen repräsentativen Bereiche, die für diese Probenahmestellen festgelegt werden, decken, sofern möglich, das gesamte Gebiet ab; die Konzentrationen in Bereichen eines Gebiets, die nicht von den Probenahmestellen dieses Gebiets erfasst werden, werden anhand geeigneter Methoden bewertet.

j) Sofern dies aus Gründen des Schutzes der menschlichen Gesundheit erforderlich ist, sind Probenahmestellen auf Inseln einzurichten.

k) Die Probenahmestellen für Arsen, Cadmium, Blei, Quecksilber, Nickel und polyzyklische aromatische Kohlenwasserstoffe werden nach Möglichkeit mit Probenahmestellen für PM_{10} zusammengelegt.

3. Schutz der Vegetation und der natürlichen Ökosysteme

Die Probenahmestellen, an denen Messungen zum Schutz der Vegetation und der natürlichen Ökosysteme vorgenommen werden, müssen mehr als 20 km von städtischen Gebieten bzw. mehr als 5 km von anderen bebauten Gebieten, Industriegebieten oder Autobahnen bzw. Hauptverkehrsstraßen mit einem täglichen Verkehrsaufkommen von mehr als 50 000 Fahrzeugen entfernt gelegen sein, was bedeutet, dass der Standort der Probenahmestelle so zu wählen ist, dass die Luftproben für die Luftqualität eines Gebiets von mindestens 1 000 km^2 repräsentativ sind. Die Mitgliedstaaten können aufgrund der geografischen Gegebenheiten oder im Interesse des Schutzes besonders gefährdeter Bereiche vorsehen, dass eine Probenahmestelle in geringerer Entfernung gelegen oder für die Luftqualität in einem kleineren Bereich repräsentativ ist.

Es ist zu berücksichtigen, dass die Luftqualität auf Inseln beurteilt werden muss.

4. Zusätzliche Kriterien für Probenahmestellen für Ozon

Für ortsfeste und orientierende Messungen gelten folgende Kriterien:

Art der Probenahmestelle	Ziele der Messungen	Repräsentativität ([1])	Kriterien für die großräumige Standortbestimmung
Ozon-Messungen an Standorten für den städtischen Hintergrund	Schutz der menschlichen Gesundheit: Beurteilung der Ozonexposition der städtischen Bevölkerung (bei relativ hoher Bevölkerungsdichte und Ozonkonzentration und repräsentativ für die Exposition der Bevölkerung allgemein)	1 bis 10 km^2	Außerhalb des Einflussbereichs örtlicher Emissionsquellen wie Verkehr, Tankstellen usw.; Standorte mit guter Durchmischung der Umgebungsluft; sofern dies sinnvoll und soweit dies möglich ist, Standorte, die von empfindlichen und gefährdeten Bevölkerungsgruppen frequentiert werden, wie Schulen, Spielplätze, Krankenhäuser und Altenheime; Standorte wie Wohn- und Geschäftsviertel in Städten, Grünanlagen (nicht in unmittelbarer Nähe von Bäumen), breite Straßen oder Plätze mit wenig oder keinem Verkehr, für Schulen, Sportanlagen oder Freizeiteinrichtungen charakteristische offene Flächen.
Ozon-Messstationen in vorstädtischen Gebieten	Schutz der menschlichen Gesundheit und der Vegetation: Beurteilung der Exposition der Bevölkerung und Vegetation in vorstädtischen Gebieten mit den höchsten Ozonwerten, denen Bevölkerung und Vegetation unmittelbar oder mittelbar ausgesetzt sein dürften	10 bis 100 km^2	In gewissem Abstand von den Gebieten mit den höchsten Emissionen und auf deren Leeseite, bezogen auf die Hauptwindrichtung bzw. Hauptwindrichtungen, die bei für die Ozonbildung günstigen Bedingungen vorherrscht bzw. vorherrschen; Orte in der Randzone eines städtischen Gebiets, an denen die Bevölkerung, empfindliche Nutzpflanzen oder natürliche Ökosysteme hohen Ozonkonzentrationen ausgesetzt sind; gegebenenfalls auch einige Probenahmestellen in vorstädtischen Gebieten im Luv des Bereichs mit den höchsten Emissionen, um die regionalen Hintergrundwerte für Ozon zu ermitteln.
Ozon-Messstationen in ländlichen	Schutz der menschlichen Gesundheit und der Vegetation: Beurteilung der Exposition der	Subregionale Ebene (100 bis 1 000 km^2)	Die Probenahmestellen können sich in kleinen Siedlungen oder Gebieten mit natürlichen Ökosystemen, Wäldern oder

Gebieten	Bevölkerung, der Nutzpflanzen und der natürlichen Ökosysteme gegenüber Ozonkonzentrationen von subregionaler Ausdehnung		Nutzpflanzenkulturen befinden; repräsentative Gebiete für Ozon außerhalb des Einflussbereichs örtlicher Emittenten wie Industriegebieten und Straßen; in offenem Gelände.
Ozon-Messungen an Standorten für den ländlichen Hintergrund	Schutz der menschlichen Gesundheit und der Vegetation: Beurteilung der Exposition von Nutzpflanzen und natürlichen Ökosystemen gegenüber Ozonkonzentrationen von regionaler Ausdehnung sowie der Exposition der Bevölkerung	Regionale/nationale/kontinentale Ebene (1 000 bis 10 000 km²)	Probenahmestellen in Gebieten mit niedrigerer Bevölkerungsdichte, z. B. mit natürlichen Ökosystemen (wie Wäldern), mindestens 20 km entfernt von Stadt- und Industriegebieten und entfernt von örtlichen Emissionsquellen; zu vermeiden sind Standorte mit örtlich verstärkter Bildung bodennaher Temperaturinversionen; Küstengebiete mit ausgeprägten täglichen Windzyklen örtlichen Charakters werden ebenfalls nicht empfohlen.

Bei der Standortwahl für Messstationen in ländlichen Gebieten und Standorten für den ländlichen Hintergrund zur Messung von Ozonwerten ist gegebenenfalls eine Abstimmung mit den Überwachungsanforderungen gemäß der Verordnung (EG) Nr. 1737/2006 der Kommission ([2]) vorzunehmen.

5. Kriterien für die Bestimmung des Bereichs der räumlichen Repräsentativität der Probenahmestellen

Bei der Bestimmung des Bereichs der räumlichen Repräsentativität werden folgende Eigenschaften berücksichtigt:

a) Der geografische Bereich kann Bereiche umfassen, die nicht aneinandergrenzen, muss jedoch innerhalb der Grenzen des betreffenden Gebiets liegen.

b) Bei einer Beurteilung anhand von Modellierungsanwendungen wird ein zwecktaugliches Modellierungssystem angewendet und am Standort der Probenahmestelle werden durch Modellierung ermittelte Konzentrationen verwendet, um zu vermeiden, dass systematische Abweichungen zwischen Modellierung und Messung die Beurteilung verzerren.

c) Es können andere Parameter als absolute Konzentrationen berücksichtigt werden (z. B. Perzentile).

d) Je nach den Eigenschaften der Probenahmestelle können für die verschiedenen Schadstoffe unterschiedliche Toleranzwerte und mögliche Abscheidewerte gelten.

e) Der Jahresmittelwert der gemessenen Schadstoffkonzentration wird als Luftqualitätsparameter im jeweiligen Jahr herangezogen.

C. Kleinräumige Standortbestimmung für Probenahmestellen

Soweit möglich ist Folgendes zu berücksichtigen:

a) Der Luftstrom um den Messeinlass darf nicht beeinträchtigt werden (im Allgemeinen sollte die Luft in einem Bogen von mindestens 270° bzw. bei Probenahmestellen an der Baufluchtlinie in einem Bogen von mindestens 180° frei strömen), und im Umfeld des Messeinlasses dürfen keine Hindernisse vorhanden sein, die den Luftstrom beeinflussen (d. h., Gebäude, Balkone, Bäume und andere Hindernisse müssen mindestens 1,5 m entfernt sein und Probenahmestellen, die für die Luftqualität an der Baufluchtlinie repräsentativ sind, müssen mindestens 0,5 m vom nächsten Gebäude entfernt sein).

b) Der Messeinlass muss sich grundsätzlich in einer Höhe zwischen 0,5 m (Atemzone) und 4 m über dem Boden befinden; ein höher situierter Einlass kann ebenfalls sinnvoll sein, wenn es sich um eine Probenahmestelle für Hintergrundwerte handelt; die Entscheidung für einen solchen höher situierten Einlass ist umfassend zu dokumentieren.

c) Der Messeinlass darf nicht in nächster Nähe von Quellen angebracht werden, um die unmittelbare Einleitung von Emissionen, die nicht mit der Umgebungsluft vermischt sind und denen die Bevölkerung nicht ausgesetzt sein dürfte, zu vermeiden.

d) Die Abluftleitung der Probenahmestelle ist so zu legen, dass ein Wiedereintritt der Abluft in den Messeinlass vermieden wird.

e) Bei allen Schadstoffen müssen die Probenahmestellen für die Messung des Beitrags des Straßenverkehrs mindestens 25 m vom Rand verkehrsreicher Kreuzungen und höchstens 10 m vom Fahrbahnrand entfernt sein; für die Zwecke dieses Buchstabens bezeichnet der Begriff „Fahrbahnrand" den Streifen, der den motorisierten Verkehr von anderen Bereichen abtrennt; „verkehrsreiche Kreuzung" bezeichnet eine Kreuzung, die den Verkehrsstrom unterbricht und Emissionsschwankungen (Stop & Go) gegenüber dem Rest der Straße verursacht.

f) Für Ablagerungsmessungen an Messstationen für Hintergrundwerte gelten die EMEP-Leitlinien und -Kriterien.

g) Bei der Messung der Ozonkonzentration stellen die Mitgliedstaaten sicher, dass sich die Probenahmestelle in beträchtlicher Entfernung von Emissionsquellen wie Industrieöfen oder Schornsteinen von Verbrennungsanlagen und in mehr als 10 m Entfernung von der nächstgelegenen Straße befindet, wobei der einzuhaltende Abstand mit der Verkehrsdichte zunimmt.

h) Die folgenden Faktoren können ebenfalls berücksichtigt werden:

i) Störquellen;

ii) Sicherheit;

iii) Zugänglichkeit;

iv) Verfügbarkeit von Stromversorgung und Telefonleitungen;

v) Sichtbarkeit der Probenahmestelle in der Umgebung;

vi) Sicherheit der Öffentlichkeit und des Betriebspersonals;

vii) Vorteile einer Zusammenlegung der Probenahmestellen für verschiedene Schadstoffe;

viii) planerische Anforderungen.

D. Standortbestimmung, deren Überprüfung und Dokumentation

1. Die für die Beurteilung der Luftqualität zuständigen Behörden dokumentieren für alle Gebiete umfassend die Verfahren zur Standortbestimmung und erfassen Informationen zur Unterstützung der Netzplanung und der Wahl aller Messstellenstandorte. Die Netzplanung stützt sich mindestens auf Modellierungsanwendungen oder orientierende Messungen.
2. Die Dokumentation umfasst die Standorte der Probenahmestellen in Form von Raumkoordinaten, detaillierten Karten und Fotografien der Umgebung der Messstellenstandorte in den Haupthimmelsrichtungen sowie Informationen zur räumlichen Repräsentativität aller Probenahmestellen.
3. Die Dokumentation umfasst Nachweise für die Gründe der Netzplanung und für die Einhaltung der Abschnitte B und C, und zwar insbesondere:
   a) eine Begründung für die Auswahl von Standorten, die in Bezug auf jeden Schadstoff für die höchsten Verschmutzungsgrade in dem Gebiet oder Ballungsraum repräsentativ sind;
   b) die Gründe für die Auswahl von Standorten, die für die allgemeine Exposition der Bevölkerung repräsentativ sind; und
   c) jegliche Abweichungen von den Kriterien für die kleinräumige Standortbestimmung, die jeweiligen Gründe sowie die voraussichtlichen Auswirkungen auf die Messwerte.
4. Werden in einem Gebiet orientierende Messungen, Modellierungsanwendungen, objektive Schätzungen oder eine Kombination dieser Methoden angewendet, so umfasst die Dokumentation auch die Einzelheiten dieser Methoden sowie Angaben über die Art und Weise der Erfüllung der Bedingungen gemäß Artikel 9 Absatz 3.
5. Werden orientierende Messungen, Modellierungsanwendungen oder objektive Schätzungen angewendet, so nutzen die zuständigen Behörden dafür die gemäß der Richtlinie (EU) 2016/2284 gemeldeten Rasterdaten, die gemäß der Richtlinie 2010/75/EU gemeldeten Emissionsdaten und, sofern verfügbar, lokale Emissionsinventare.
6. Bei Ozonmessungen nehmen die Mitgliedstaaten eine gründliche Voruntersuchung und Auswertung der Messdaten unter Beachtung der meteorologischen und photochemischen Prozesse vor, die die an den einzelnen Standorten gemessenen Ozonkonzentrationen beeinflussen.
7. Gegebenenfalls sind die Liste der Ozonvorläuferstoffe, das mit ihrer Messung verfolgte Ziel sowie die bei Probenahme und Messung angewandten Methoden zu dokumentieren.
8. Gegebenenfalls enthält die Dokumentation auch Informationen zu den angewandten Messmethoden für die chemische Zusammensetzung von $PM_{2,5}$.
9. Die von den zuständigen Behörden im Einklang mit den Anforderungen dieses Anhangs festgelegten Auswahlkriterien, die Netzplanung und die Messstellenstandorte werden mindestens alle fünf Jahre überprüft, um sicherzustellen, dass sie nach wie vor aktuell und dauerhaft optimal sind. Die Überprüfung stützt sich mindestens auf Modellierungsanwendungen oder orientierende Messungen. Wird bei einer derartigen Überprüfung festgestellt, dass die Netzplanung und die Messstellenstandorte nicht mehr aktuell sind, so aktualisiert die zuständige Behörde sie so bald wie möglich.
10. Nach jeder Überprüfung und anderen relevanten Änderungen am Überwachungsnetz wird die Dokumentation aktualisiert und über geeignete Kommunikationskanäle veröffentlicht.

---

(1) Probenahmestellen sind, sofern möglich, für ähnliche Orte repräsentativ, die nicht in der unmittelbaren Nähe der Probenahmestelle gelegen sind.

(2) Verordnung (EG) Nr. 1737/2006 der Kommission vom 7. November 2006 mit Durchführungsbestimmungen zur Verordnung (EG) Nr. 2152/2003 des Europäischen Parlaments und des Rates für das Monitoring von Wäldern und Umweltwechselwirkungen in der Gemeinschaft (ABl. L 334 vom 30.11.2006, S. 1).

Anhang VIII
In den Luftqualitätsplänen und Luftqualitätsfahrplänen zu berücksichtigende Informationen

A. Nach Artikel 19 Absatz 6 zu übermittelnde Informationen

1. Ort der Überschreitung

a) Region;
b) Ortschaft/Ortschaften (Karten);
c) Probenahmestelle(n) (Karte, geografische Koordinaten).

2. Allgemeine Informationen

a) Art des Gebiets (städtisches Gebiet, Industriegebiet oder ländliches Gebiet) oder Eigenschaften der Gebietseinheit für die durchschnittliche Exposition oder der in Artikel 19 Absatz 2 genannten Gebietseinheit (einschließlich städtischer Gebiete, Industriegebiete oder ländlicher Gebiete);
b) Schätzung der Größe des verschmutzten Gebiets (in km^2) und der der Verschmutzung ausgesetzten Bevölkerung;
c) Konzentrationen oder Indikator für die durchschnittliche Exposition des jeweiligen Schadstoffs, die ab mindestens fünf Jahren vor der Überschreitung gemessen wurden bis zu den aktuellsten Daten, einschließlich eines Vergleichs mit den Grenzwerten oder der Verpflichtung zur Verringerung der durchschnittlichen Exposition und dem Ziel für die durchschnittliche Expositionskonzentration.

3. Zuständige Behörden

Name und Anschrift der für die Ausarbeitung und Durchführung der Luftqualitätspläne oder Luftqualitätsfahrpläne zuständigen Behörden.

4. Ursprung der Verschmutzung unter Berücksichtigung der Berichterstattung im Rahmen der Richtlinie (EU) 2016/2284 sowie der Informationen aus dem nationalen Luftreinhalteprogramm
   a) Liste der wichtigsten Emissionsquellen, die für die Verschmutzung verantwortlich sind;
   b) Gesamtmenge der Emissionen aus diesen Quellen (in Tonnen/Jahr);
   c) Beurteilung der Emissionsmenge (z. B. auf kommunaler, regionaler, nationaler Ebene und grenzüberschreitende Einträge);
   d) Quellenzuordnung nach einschlägigen Sektoren, die zur Überschreitung beitragen, wie im nationalen Luftreinhalteprogramm aufgeführt.
5. Beschreibung des Basisszenarios, das als Grundlage für den Luftqualitätsplan oder den Luftqualitätsfahrplan dient, um die Auswirkungen eines Nichttätigwerdens aufzuzeigen, einschließlich der prognostizierten Entwicklung der Emissionen sowie Konzentrationen.
6. Ermittlung und Einzelheiten der Maßnahmen zur Verringerung der Luftverschmutzung, die für die Auswahl in Betracht kommen:
   a) Auflistung und Beschreibung aller im Luftqualitätsplan oder Luftqualitätsfahrplan berücksichtigten Maßnahmen, einschließlich Angabe der für die Durchführung zuständigen Behörde;
   b) Quantifizierung oder Schätzung der Emissionsminderung (in Tonnen/Jahr) und, sofern verfügbar, Verringerung der Konzentration durch jede unter Buchstabe a genannte Maßnahme.
7. Ausgewählte Maßnahmen und ihre erwarteten Auswirkungen zur Einhaltung der Grenzwerte innerhalb der in Artikel 19 festgelegten Fristen:
   a) Auflistung ausgewählter Maßnahmen, einschließlich einer Liste mit Informationen (etwa Modellierung und Ergebnisse der Beurteilung der Maßnahmen) zur Erfüllung der entsprechenden Luftqualitätsnorm gemäß Anhang I; erforderlichenfalls, wenn die Liste der Maßnahmen gemäß Nummer 6 Buchstabe a dieses Abschnitts Maßnahmen mit einem möglichen hohen Potenzial zur Verbesserung der Luftqualität enthält, diese aber nicht zur Annahme ausgewählt wurden, eine Erläuterung der Gründe, warum die Maßnahmen nicht zur Annahme ausgewählt werden;
   b) Zeitplan für die Durchführung der einzelnen Maßnahmen und zuständige Akteure;
   c) Quantifizierung der Emissionsminderung (in Tonnen/Jahr) durch die Kombination der Maßnahmen gemäß Buchstabe a dieses Abschnitts;
   d) erwartete quantifizierte Konzentrationsminderung (in $\mu g/m^3$) durch die unter Buchstabe a dieses Abschnitts genannte Kombination von Maßnahmen an jeder Probenahmestelle, an der die Grenzwerte, die Zielwerte oder der Indikator für die durchschnittliche Exposition im Falle eines Verstoßes gegen die Verpflichtung zur Verringerung der durchschnittlichen Exposition überschritten werden;
   e) indikativer Zielpfad für die Einhaltung und geschätztes Jahr, ab dem die Grenzwerte der einzelnen im Luftqualitätsfahrplan oder Luftqualitätsplan erfassten Luftschadstoffe voraussichtlich eingehalten werden, unter Berücksichtigung der Kombination der unter Buchstabe a dieses Abschnitts genannten Maßnahmen
   f) bei Luftqualitätsfahrplänen und Luftqualitätsplänen eine Begründung, aus der hervorgeht, inwiefern diese Pläne oder Fahrpläne Maßnahmen vorsehen, um den Zeitraum der Überschreitung so kurz wie möglich zu halten, einschließlich des Zeitplans für die Umsetzung.
8. Anhang 1 der Luftqualitätspläne oder Luftqualitätsfahrpläne: Weitere Hintergrundinformationen
   a) Klimadaten;
   b) topografische Daten;
   c) gegebenenfalls Informationen über die Art der in dem betreffenden Gebiet zu schützenden Ziele;
   d) Auflistung und Beschreibung aller zusätzlichen Maßnahmen, die ihre vollen Auswirkungen auf die Luftschadstoffkonzentrationen in frühestens drei Jahren entfalten;
   e) sozioökonomische Informationen über den betreffenden Bereich, um Fragen der Umweltgerechtigkeit und den Schutz empfindlicher und gefährdeter Bevölkerungsgruppen zu fördern;
   f) eine Beschreibung der verwendeten Methode und der Annahmen oder Daten, die den Projektionen der Entwicklung der Luftqualität zugrunde gelegt wurden, einschließlich, soweit möglich, der Unsicherheitsmarge der Projektionen und Sensitivitätsszenarien zur Berücksichtigung des günstigsten, wahrscheinlichsten und ungünstigsten Szenarios;
   g) Hintergrunddokumente und -informationen, die bei der Bewertung verwendet wurden.
9. Anhang 2 der Luftqualitätspläne oder Luftqualitätsfahrpläne: Zusammenfassung der gemäß Artikel 19 Absatz 7 durchgeführten Maßnahmen zur Information und Anhörung der Öffentlichkeit, deren Ergebnisse und eine Erläuterung dazu, inwiefern diese Ergebnisse im endgültigen Luftqualitätsplan oder Luftqualitätsfahrplan berücksichtigt wurden.
10. Anhang 3 der Luftqualitätspläne oder Luftqualitätsfahrpläne: Beurteilung der Maßnahmen (bei Aktualisierung des Luftqualitätsplans)
   a) Beurteilung des Zeitplans für die Durchführung der Maßnahmen aus dem vorherigen Luftqualitätsplan;
   b) Abschätzung der Auswirkungen der Maßnahmen aus dem vorherigen Luftqualitätsplan auf die Emissionsminderung und Schadstoffkonzentrationen.

B. Vorläufige Liste der Maßnahmen zur Verringerung der Luftverschmutzung

1. Informationen zum Stand der Umsetzung der in Artikel 14 Absatz 3 Buchstabe b der Richtlinie (EU) 2016/2284 genannten Richtlinien
2. Informationen über alle Maßnahmen zur Verringerung der Luftverschmutzung, die auf lokaler, regionaler oder nationaler Ebene im Hinblick auf die Erreichung der Luftqualitätsziele berücksichtigt wurden, z. B.:

a) Verringerung der Emissionen aus ortsfesten Quellen, indem sichergestellt wird, dass Schadstoff produzierende kleine und mittlere ortsfeste Verbrennungsanlagen (auch für Biomasse) mit emissionsmindernden Einrichtungen ausgerüstet oder durch neue Anlagen ersetzt werden und dass die Energieeffizienz von Gebäuden verbessert wird;
b) Verringerung der Emissionen von Fahrzeugen durch Nachrüstung mit emissionsfreien Antriebssystemen und emissionsmindernden Einrichtungen; der Einsatz wirtschaftlicher Anreize zur Beschleunigung einer solchen Ausrüstung ist in Erwägung zu ziehen;
c) öffentliches Beschaffungswesen im Einklang mit dem Handbuch für eine umweltgerechte öffentliche Beschaffung von Kraft- und Brennstoffen, Verbrennungsanlagen mit dem Ziel einer Emissionsminderung und emissionsfreien Fahrzeugen im Sinne von Artikel 3 Absatz 1 Buchstabe m der Verordnung (EU) 2019/631 des Europäischen Parlaments und des Rates ([1]);
d) Verringerung der Emissionen durch den Einsatz von emissionsfreien und emissionsarmen Fahrzeugen des kollektiven und öffentlichen Verkehrs oder von Fahrzeugen, die mit modernen digitalen Lösungen zur Emissionsminderung ausgestattet sind;
e) Maßnahmen zur Verbesserung der Qualität, Effizienz, Erschwinglichkeit und Konnektivität des kollektiven und öffentlichen Verkehrs;
f) Maßnahmen im Zusammenhang mit der Einführung und Umsetzung der Infrastruktur für alternative Kraftstoffe;
g) Maßnahmen zur Begrenzung der verkehrsbedingten Emissionen durch Stadtplanung und Verkehrsmanagement, einschließlich:
   i) Verkehrsüberlastungsgebühren, wie Straßenbenutzungsgebühren und kilometerabhängige Nutzungsgebühren;
   ii) Wahl des Straßenmaterials;
   iii) Parkgebühren auf öffentlichen Flächen und sonstige finanzielle Anreize und gestaffelte Gebühren für umweltschädliche und emissionsfreie Fahrzeuge;
   iv) Einführung von Zufahrtsbeschränkungen für Fahrzeuge zu städtischen Gebieten, einschließlich Niedrigemissionszonen und Nullemissionszonen;
   v) Einrichtung von verkehrsarmen Stadtvierteln, Superblocks und autofreien Stadtvierteln;
   vi) Einrichtung autofreier Straßen;
   vii) Vorkehrungen für die Zurücklegung der „letzten Meile“ ohne (Abgas-)Emissionen;
   viii) Förderung von Carsharing und Fahrgemeinschaften;
   ix) Einführung intelligenter Verkehrssysteme;
   x) Schaffung von multimodalen Knotenpunkten, die verschiedene nachhaltige Verkehrslösungen und Parkmöglichkeiten miteinander verbinden;
   xi) Schaffung von Anreizen für das Radfahren und Zufußgehen, z. B. durch die Ausweitung des Raumangebots für Radfahrer und Fußgänger, die Priorisierung von Radfahrern und Fußgängern bei der Infrastrukturplanung und den Ausbau des Radwegenetzes;
   xii) Planung kompakter Städte;
h) Maßnahmen zur Förderung einer Verkehrsverlagerung auf aktive Mobilität und umweltfreundlichere Verkehrsmittel (z. B. zu Fuß gehen, Radfahren, öffentliche Verkehrsmittel oder Eisenbahn), einschließlich:
   i) Elektrifizierung des öffentlichen Verkehrs, Stärkung des öffentlichen Nahverkehrsnetzes sowie Vereinfachung des Zugangs und der Nutzung, z. B. durch digitale und vernetzte Buchungssysteme und Echtzeit-Fahrgastinformationen für Transitnutzer;
   ii) Sicherstellung einer reibungslosen Intermodalität beim Pendelverkehr zwischen Stadt und Land, z. B. zwischen Bahn und Fahrrad sowie zwischen Personenkraftwagen und öffentlichem Verkehr (z. B. Park-and-Ride-Systeme);
   iii) Neuausrichtung steuerlicher und wirtschaftlicher Anreize auf eine aktive und geteilte Mobilität, einschließlich Anreizen für das Pendeln zur Arbeit per Rad und zu Fuß;
   iv) Abwrackprämien für die umweltschädlichsten Fahrzeuge;
i) Maßnahmen zur Förderung einer Umstellung auf emissionsfreie Fahrzeuge und nicht für den Straßenverkehr bestimmte Maschinen und Geräte im privaten und gewerblichen Bereich;
j) Maßnahmen zur Sicherstellung der vorrangigen Verwendung von emissionsarmen Kraft- und Brennstoffen in kleinen, mittleren und großen ortsfesten und mobilen Quellen;
k) Maßnahmen zur Reduzierung der Luftverschmutzung aus industriellen Quellen gemäß der Richtlinie 2010/75/EU sowie mittels wirtschaftlicher Instrumente wie Steuern, Gebühren und Emissionshandel, unter Berücksichtigung der Besonderheiten von KMU;
l) Verringerung der Emissionen aus dem See- und Luftverkehr durch den Einsatz alternativer Kraftstoffe, den Aufbau der Infrastruktur für alternative Kraftstoffe, die Nutzung wirtschaftlicher Anreize zur Beschleunigung ihrer Einführung und die Festlegung spezifischer Anforderungen an Schiffe und Boote am Liegeplatz und im Hafenverkehr bei gleichzeitiger Beschleunigung der landseitigen Stromversorgung und Elektrifizierung von Schiffen und Hafenarbeitsmaschinen;
m) Maßnahmen zur Verringerung der Emissionen aus der Landwirtschaft;
n) Maßnahmen zum Schutz der Gesundheit von Kindern bzw. anderen empfindlichen und gefährdeten Bevölkerungsgruppen;
o) Maßnahmen zur Förderung von Verhaltensänderungen.

([1]) Verordnung (EU) 2019/631 des Europäischen Parlaments und des Rates vom 17. April 2019 zur Festsetzung von CO_2-Emissionsnormen für neue Personenkraftwagen und für neue leichte Nutzfahrzeuge und zur Aufhebung der Verordnungen (EG) Nr. 443/2009 und (EU) Nr. 510/2011 (ABl. L 111 vom 25.4.2019, S. 13).

Anhang IX
Notfallmaßnahmen, die für die Aufnahme in die Pläne für kurzfristige Maßnahmen nach Artikel 20 in Betracht kommen

Kurzfristig in Betracht zu ziehende Maßnahmen zur Bekämpfung der Ursachen, die abhängig von den örtlichen Gegebenheiten und dem jeweiligen Schadstoff zum Risiko einer Überschreitung der Alarmschwelle beitragen:

a) Beschränkung des Verkehrs von Fahrzeugen, insbesondere in der Umgebung von Standorten, die von empfindlichen und gefährdeten Bevölkerungsgruppen frequentiert werden;
b) kostengünstige oder kostenlose öffentliche Verkehrsmittel;
c) Aussetzung des Baustellenbetriebs;
d) Straßenreinigung;
e) flexible Arbeitsorganisation.

Anhang X
Information der Öffentlichkeit

1. Die Mitgliedstaaten legen der Öffentlichkeit mindestens folgende Informationen vor:
   a) stündlich aktuelle Daten aus jeder Probenahmestelle zu Schwefeldioxid, Stickstoffdioxid, Partikeln (PM_{10} und $PM_{2,5}$), Kohlenmonoxid und Ozon; dabei sind Daten aus allen Probenahmestellen, bei denen aktuelle Daten verfügbar sind, sowie mindestens die Daten aus der in Anhang III festgelegten Mindestzahl an Probenahmestellen vorzulegen, wenn die Messmethode für aktuelle Daten geeignet ist, ungeachtet der Tatsache, dass die Mitgliedstaaten der Öffentlichkeit möglichst viele Informationen aufgrund aktueller Daten zur Verfügung stellen und ihre Messverfahren diesbezüglich schrittweise anpassen; falls verfügbar, sind außerdem aktuelle Daten aus Modellierungsanwendungen vorzulegen;
   b) die gemessenen Konzentrationswerte aller Schadstoffe und, sofern möglich, deren Vergleich mit den neuesten von der WHO empfohlenen Richtwerten für den jeweiligen Mittelungszeitraum gemäß Anhang I;
   c) Daten zu festgestellten Überschreitungen von Grenzwerten, Zielwerten sowie Verstößen gegen die Verpflichtung zur Verringerung der durchschnittlichen Exposition, wobei die Daten zumindest Folgendes umfassen:
      i) Ort oder Gebiet der Überschreitung bzw. des Verstoßes,
      ii) Beginn und Dauer der Überschreitung bzw. des Verstoßes,
      iii) die gemessenen Konzentrationswerte im Vergleich zu den geltenden Luftqualitätsnormen oder, im Fall eines Verstoßes gegen die Verpflichtung zur Verringerung der durchschnittlichen Exposition, im Vergleich zu dem Indikator für die durchschnittliche Exposition;
   d) mindestens folgende Daten zu den Auswirkungen auf die Gesundheit:
      i) gesundheitliche Auswirkungen der Luftverschmutzung und, soweit möglich, jedes unter diese Richtlinie fallenden Schadstoffs für die Allgemeinbevölkerung,
      ii) gesundheitliche Auswirkungen der Luftverschmutzung und, soweit möglich, jedes unter diese Richtlinie fallenden Schadstoffs für empfindliche und gefährdete Bevölkerungsgruppen,
      iii) Beschreibung möglicher Symptome,
      iv) empfohlene Vorsichtsmaßnahmen, unterteilt in Vorsichtsmaßnahmen für die Allgemeinbevölkerung sowie für empfindliche und gefährdete Bevölkerungsgruppen,
      v) weitere Informationsquellen;
   e) Informationen über die Auswirkungen auf die Vegetation;
   f) Informationen über vorbeugende Maßnahmen zur Verminderung der Luftverschmutzung und der Exposition: Angabe der wichtigsten Verursachersektoren, Empfehlungen für Maßnahmen zur Verringerung der Emissionen;
   g) Informationen zu Messreihen oder ähnlichen Maßnahmen sowie gegebenenfalls deren Ergebnissen.
2. Die Mitgliedstaaten stellen sicher, dass die Bevölkerung rechtzeitig über festgestellte oder vorhergesagte Überschreitungen der Alarmschwellen und Informationsschwellen informiert wird. Die Angaben müssen mindestens Folgendes umfassen:
   a) Informationen über eine oder mehrere festgestellte Überschreitungen:
      i) Ort oder Bereich der Überschreitung,
      ii) Art der überschrittenen Schwelle (Alarmschwelle oder Informationsschwelle),
      iii) Beginn und Dauer der Überschreitung,
      iv) höchste 1-Stunden-Konzentration und höchster 8-Stunden-Mittelwert der Konzentration für Ozon;
   b) Vorhersage für den kommenden Nachmittag/Tag (die kommenden Nachmittage/Tage):
      i) geografischer Bereich erwarteter Überschreitungen der Alarmschwelle oder Informationsschwelle,
      ii) erwartete Änderungen bei der Luftverschmutzung (d. h. Verbesserung, Stabilisierung oder Verschlechterung) sowie die Gründe für diese Änderungen;
   c) Informationen über die betroffene Bevölkerungsgruppe, mögliche gesundheitliche Auswirkungen und empfohlenes Verhalten:
      i) Informationen über gefährdete Bevölkerungsgruppen,
      ii) Beschreibung möglicher Symptome,
      iii) der betroffenen Bevölkerung empfohlene Vorsichtsmaßnahmen,
      iv) weitere Informationsquellen;

d) Informationen über Pläne für kurzfristige Maßnahmen und vorbeugende Maßnahmen zur Verminderung der Luftverschmutzung und/oder der Exposition: Angabe der wichtigsten Verursachersektoren, Empfehlungen für Maßnahmen zur Verringerung der Emissionen aus anthropogenen Quellen;
e) Empfehlungen für Maßnahmen zur Verringerung der Exposition;
f) im Zusammenhang mit vorhergesagten Überschreitungen ergreifen die Mitgliedstaaten die erforderlichen Maßnahmen, um eine Bereitstellung dieser Angaben sicherzustellen, soweit dies möglich ist.

3. Tritt eine Überschreitung von Grenzwerten, Zielwerten, Alarm- oder Informationsschwellen bzw. ein Verstoß gegen die Verpflichtung zur Verringerung der durchschnittlichen Exposition auf oder besteht die Gefahr einer derartigen Überschreitung bzw. eines derartigen Verstoßes, so stellen die Mitgliedstaaten sicher, dass die im vorliegenden Anhang genannten Informationen der Öffentlichkeit zugänglich gemacht werden.

Anmerkung:
Die Anhänge III, V bis VII, XI und XII werden nicht abgedruckt

Renaturierungs-VO – VO (EU) 2024/1991

ABl L 2024/1991 vom 29.7.2024.

KAPITEL I
ALLGEMEINE BESTIMMUNGEN

Artikel 1
Gegenstand

(1) Diese Verordnung enthält Vorschriften, die zu Folgendem beitragen sollen:

a) langfristige und nachhaltige Erholung biodiverser und widerstandsfähiger Ökosysteme in den Land- und Meeresflächen der Mitgliedstaaten durch die Wiederherstellung geschädigter Ökosysteme;
b) Verwirklichung der übergeordneten Ziele der Union in Bezug auf den Klimaschutz, die Anpassung an den Klimawandel und die Landdegradationsneutralität;
c) Verbesserung der Ernährungssicherheit;
d) Erfüllung der internationalen Verpflichtungen der Union.

(2) Mit dieser Verordnung wird ein Rahmen für wirksame und flächenbezogene Wiederherstellungsmaßnahmen der Mitgliedstaaten geschaffen, um zusammen als Unionsziel für alle Flächen und Ökosysteme, die in den in Geltungsbereich dieser Verordnung fallen, bis 2030 mindestens 20 % der Land- und mindestens 20 % der Meeresfläche und bis 2050 alle Ökosysteme, die der Wiederherstellung bedürfen, abzudecken.

Artikel 2
Geografischer Geltungsbereich

Diese Verordnung gilt für die in den Artikeln 4 bis 12 genannten Ökosysteme

a) in den Hoheitsgebieten der Mitgliedstaaten;
b) in den Küstengewässern der Mitgliedstaaten im Sinne des Artikels 2 Nummer 7 der Richtlinie 2000/60/EG, ihrem Meeresboden oder ihrem Untergrund;
c) in Gewässern, am Meeresgrund oder im Meeresuntergrund seewärts der Basislinie, ab der die Ausdehnung der Territorialgewässer eines Mitgliedstaats ermittelt wird, bis zur äußersten Reichweite des Gebiets, in dem ein Mitgliedstaat in Übereinstimmung mit dem Seerechtsübereinkommen der Vereinten Nationen von 1982 (42) souveräne Rechte oder Hoheitsbefugnisse hat oder ausübt.

Diese Verordnung gilt nur für Ökosysteme im europäischen Hoheitsgebiet der Mitgliedstaaten, auf das die Verträge Anwendung finden.

Artikel 3
Begriffsbestimmungen

Für die Zwecke dieser Verordnung bezeichnet der Ausdruck

1. „Ökosystem" ein komplexes dynamisches Wirkungsgefüge von Pflanzen-, Tier-, Pilz- und Mikroorganismengemeinschaften und ihrer abiotischen Umwelt, die eine funktionelle Einheit bilden, und umfasst Lebensraumtypen, Habitate von Arten und Artenpopulationen;
2. „Habitat einer Art" ein Habitat einer Art im Sinne des Artikels 1 Buchstabe f der Richtlinie 92/43/EWG;
3. „Wiederherstellung" den Prozess der aktiven oder passiven Unterstützung der Erholung eines Ökosystems zur Verbesserung seiner Struktur und Funktionen mit dem Ziel, die biologische Vielfalt und die Widerstandsfähigkeit der Ökosysteme zu erhalten oder zu verbessern, indem eine Fläche eines Lebensraumtyps auf einen guten Zustand gebracht wird bis die günstige Gesamtfläche erreicht wird und der Zustand des Habitats einer Art zur Erreichung einer ausreichenden Qualität und Quantität im Einklang mit Artikel 4 Absätze 1, 2 und 3 und Artikel 5 Absätze 1, 2 und 3 verbessert wird und die Zielvorgaben und Verpflichtungen gemäß den Artikeln 8 bis 12 einschließlich der Erreichung des zufriedenstellenden Niveaus für die in den Artikeln 8 bis 12 genannten Indikatoren erfüllt werden;
4. „guter Zustand" in Bezug auf eine Fläche eines Lebensraumtyps einen Zustand, in dem die wesentlichen Merkmale des Lebensraumtyps, insbesondere seine Struktur und Funktionen und seine charakteristischen Arten oder seine charakteristische Artenzusammensetzung das hohe Maß an ökologischer Integrität, Stabilität und Widerstandsfähigkeit aufweisen, das erforderlich ist, um seine langfristige Erhaltung zu gewährleisten, und somit zur Erreichung oder Erhaltung des günstigen Erhaltungszustands eines Lebensraums beitragen, wenn der betreffende Lebensraumtyp in Anhang I der Richtlinie 92/43/EWG aufgeführt ist, und – bei Meeresökosystemen – zur Erreichung oder Erhaltung des guten Umweltzustands beitragen;
5. „guter Umweltzustand" den guten Umweltzustand im Sinne des Artikels 3 Nummer 5 der Richtlinie 2008/56/EG;

6. „günstiger Erhaltungszustand eines Lebensraums" den günstigen Erhaltungszustand im Sinne des Artikels 1 Buchstabe e der Richtlinie 92/43/EWG;
7. „günstiger Erhaltungszustand einer Art" den günstigen Erhaltungszustand im Sinne des Artikels 1 Buchstabe i der Richtlinie 92/43/EWG;
8. „günstige Gesamtfläche" die gesamte Fläche eines Lebensraumtyps in einer bestimmten biogeografischen Region oder Meeresregion auf nationaler Ebene, die als das erforderliche Mindestmaß anzusehen ist, um den langfristigen Fortbestand des Lebensraumtyps und seiner charakteristischen Arten oder seiner charakteristischen Artenzusammensetzung sowie aller bedeutenden ökologischen Variationen dieses Lebensraumtyps in seinem natürlichen Verbreitungsgebiet zu gewährleisten und sich aus der derzeitigen Fläche des Lebensraumtyps und, falls diese Fläche für den langfristigen Fortbestand des Lebensraumtyps und seiner charakteristischen Arten oder seiner charakteristischen Artenzusammensetzung nicht ausreicht, der zur erneuten Etablierung des Lebensraumtyps erforderlichen zusätzlichen Fläche zusammensetzt; wenn der betreffende Lebensraumtyp in Anhang I der Richtlinie 92/43/EWG aufgeführt ist, trägt diese erneute Etablierung zur Erreichung des günstigen Erhaltungszustands eines Lebensraums bei, und bei Meeresökosystemen trägt diese erneute Etablierung zur Erreichung oder Erhaltung des guten Umweltzustands bei;
9. „ausreichende Qualität des Habitats" die Qualität eines Habitats einer Art, die es ermöglicht, die ökologischen Erfordernisse einer Art in jedem Stadium ihres Lebenskreislaufs zu erfüllen, sodass diese Art ein lebensfähiges Element ihres Lebensraums in ihrem natürlichen Verbreitungsgebiet bildet und langfristig weiterhin bilden wird, und so zur Erreichung oder Erhaltung des günstigen Erhaltungszustands einer in Anhang II, IV oder V der Richtlinie 92/43/EWG aufgeführten Art und zur Sicherung der Populationen wildlebender Vogelarten, die von der Richtlinie 2009/147/EG erfasst werden, beiträgt und zusätzlich – bei Meeresökosystemen – zur Erreichung oder Erhaltung des guten Umweltzustands beiträgt;
10. „ausreichende Quantität des Habitats" die Quantität eines Habitats einer Art, die es ermöglicht, die ökologischen Erfordernisse einer Art in jedem Stadium ihres Lebenskreislaufs zu erfüllen, sodass diese Art ein lebensfähiges Element ihres Lebensraums in ihrem natürlichen Verbreitungsgebiet bildet und langfristig weiterhin bilden wird, und so zur Erreichung oder Erhaltung des günstigen Erhaltungszustands einer in Anhang II, IV oder V der Richtlinie 92/43/EWG aufgeführten Art und zur Sicherung der Populationen wildlebender Vogelarten, die von der Richtlinie 2009/147/EG erfasst werden, beiträgt und zusätzlich – bei Meeresökosystemen – zur Erreichung oder Erhaltung des guten Umweltzustands beiträgt;
11. „sehr häufig vorkommender und weit verbreiteter Lebensraumtyp" einen Lebensraumtyp, der in mehreren biogeografischen Regionen in der Union mit einer Ausdehnung von mehr als 10 000 km^2 vorkommt;
12. „Bestäuber" ein wildlebendes Insekt, das Pollen vom Staubbeutel einer Pflanze zur Narbe einer Pflanze transportiert und so die Befruchtung und Erzeugung von Samen ermöglicht;
13. „Rückgang der Bestäuberpopulationen" einen Rückgang der Größe und/oder Vielfalt der Populationen von Bestäubern;
14. „heimische Baumart" eine Baumart, die in ihrem natürlichen früheren oder derzeitigen Verbreitungsgebiet und ihrem potenziellen Verbreitungsgebiet vorkommt, d. h. in dem Verbreitungsgebiet, das sie natürlich einnimmt oder ohne direkte oder indirekte Einführung oder Pflege durch Menschen einnehmen könnte;
15. „lokale Verwaltungseinheit" oder „LAU" (Local Administrative Unit) eine gemäß Artikel 4 der Verordnung (EG) Nr. 1059/2003 des Europäischen Parlaments und des Rates ([1]) errichtete Verwaltungseinheit in einem Mitgliedstaat auf niedriger Ebene unterhalb der einer Provinz, einer Region oder eines Landes;
16. „Stadtzentren" und „städtische Räume" Gebietseinheiten in Städten sowie kleineren Städten und Vororten, die nach einer gemäß Artikel 4b Absatz 2 der Verordnung (EG) Nr. 1059/2003 festgelegten rasterbasierten Typologie klassifiziert sind;
17. „Städte" LAU, in denen mindestens 50 % der Bevölkerung in einem oder mehreren Stadtzentren leben, gemessen am Verstädterungsgrad gemäß Artikel 4b Absatz 3 Buchstabe a der Verordnung (EG) Nr. 1059/2003;
18. „kleinere Städte und Vororte" LAU, in denen weniger als 50 % der Bevölkerung in einem Stadtzentrum, aber mindestens 50 % der Bevölkerung in einem städtischen Raum leben, gemessen am Verstädterungsgrad gemäß Artikel 4b Absatz 3 Buchstabe a der Verordnung (EG) Nr. 1059/2003;
19. „stadtnahe Gebiete" an Stadtzentren oder städtische Räume angrenzende Gebiete, die mindestens alle Gebiete innerhalb eines Kilometers gemessen ab den äußeren Grenzen dieser Stadtzentren oder städtischen Räume umfassen und die sich in derselben Stadt oder derselben kleineren Stadt bzw. demselben Vorort wie diese Stadtzentren oder städtischen Räume befinden;
20. „städtische Grünfläche" die Gesamtfläche von Bäumen, Büschen, Sträuchern, dauerhafter krautiger Vegetation, Flechten und Moosen sowie Teichen und Wasserläufen in Städten oder in kleineren Städten und Vororten, berechnet auf der Grundlage von Daten, die der Copernicus-Landüberwachungsdienst im Rahmen der Copernicus-Komponente des mit der Verordnung (EU) 2021/696 eingerichteten Weltraumprogramms der Union bereitstellt, und – sofern für den betreffenden Mitgliedstaat verfügbar – anderer geeigneter zusätzlicher Daten, die von dem jeweiligen Mitgliedstaat bereitgestellt werden;
21. „städtische Baumüberschirmung" die Gesamtfläche der Baumbedeckung in Städten sowie in kleineren Städten und Vororten, berechnet auf der Grundlage der Daten zur Baumbestandsdichte, die der Copernicus-Landüberwachungsdienst im Rahmen der Copernicus-Komponente des mit der Verordnung (EU) 2021/696 eingerichteten Weltraumprogramms der Union bereitstellt, und – sofern für den betreffenden Mitgliedstaat verfügbar – anderer geeigneter zusätzlicher Daten, die von dem jeweiligen Mitgliedstaat bereitgestellt werden;
22. „frei fließender Fluss" einen Fluss oder einen Flussabschnitt, dessen longitudinale, laterale und vertikale Vernetzung nicht durch künstliche Strukturen, die ein Hindernis bilden, behindert wird und dessen natürliche Funktionen weitgehend unbeeinträchtigt sind;
23. „Wiedervernässung von Moorböden" den Prozess der Umwandlung entwässerter Moorböden in Richtung nasser Moorböden;
24. „Beschleunigungsgebiet für erneuerbare Energie" ein Beschleunigungsgebiet für erneuerbare Energie im Sinne des Artikels 2 Nummer 9a der Richtlinie (EU) 2018/2001.

---

1 Verordnung (EG) Nr. 1059/2003 des Europäischen Parlaments und des Rates vom 26. Mai 2003 über die Schaffung einer gemeinsamen Klassifikation der Gebietseinheiten für die Statistik (NUTS) (ABl. L 154 vom 21.6.2003, S. 1).

KAPITEL II WIEDERHERSTELLUNGSZIELE UND -VERPFLICHTUNGEN

Artikel 4 Wiederherstellung von Land-, Küsten- und Süßwasserökosystemen

(1) Die Mitgliedstaaten ergreifen die Wiederherstellungsmaßnahmen, die erforderlich sind, um die Flächen der in Anhang I aufgeführten Lebensraumtypen, die sich nicht in einem guten Zustand befinden, in einen guten Zustand zu versetzen. Solche Wiederherstellungsmaßnahmen werden wie folgt ergriffen:

a) bis 2030 auf mindestens 30 % der Gesamtfläche aller in Anhang I aufgeführten Lebensraumtypen, die sich nicht in gutem Zustand befinden, wie im nationalen Wiederherstellungsplan gemäß Artikel 15 quantifiziert;

b) bis 2040 auf mindestens 60 % und bis 2050 auf mindestens 90 % der Fläche jeder in Anhang I aufgeführten Gruppe von Lebensraumtypen, die sich nicht in gutem Zustand befinden, wie im nationalen Wiederherstellungsplan gemäß Artikel 15 quantifiziert.

Für die Zwecke dieses Absatzes geben die Mitgliedstaaten, soweit erforderlich, bis 2030 Wiederherstellungsmaßnahmen auf Flächen, die sich in Natura-2000-Gebieten befinden, Vorrang.

(2) Abweichend von Absatz 1 Unterabsatz 1 Buchstaben a und b können die Mitgliedstaaten sehr häufig vorkommende und weit verbreitete Lebensraumtypen, die mehr als 3 % ihres europäischen Hoheitsgebiets abdecken, aus der betreffenden Gruppe von Lebensraumtypen ausnehmen, sofern dies für die Zwecke jenes Absatzes hinreichend gerechtfertigt ist.

Wendet ein Mitgliedstaat die Ausnahmeregelung gemäß Unterabsatz 1 an, so ergreift er Wiederherstellungsmaßnahmen

a) bis 2050 auf einer Fläche, die mindestens 80 % der Fläche ausmacht, die sich in Bezug auf jeden dieser Lebensraumtypen nicht in gutem Zustand befindet;

b) bis 2030 auf mindestens einem Drittel des in Buchstabe a genannten Prozentsatzes und

c) bis 2040 auf mindestens zwei Drittel des unter Buchstabe a genannten Prozentsatzes.

Die Ausnahmeregelung gemäß Unterabsatz 1 findet nur Anwendung, wenn sichergestellt ist, dass der in Unterabsatz 2 Buchstabe a genannte Prozentsatz nicht verhindert, dass der günstige Erhaltungszustand für jeden dieser Lebensraumtypen auf nationaler biogeografischer Ebene erreicht oder erhalten wird.

(3) Wendet ein Mitgliedstaat die Ausnahmeregelung gemäß Absatz 2 an, so gilt die Verpflichtung gemäß Absatz 1 Unterabsatz 1 Buchstabe a für die Gesamtfläche aller in Anhang I aufgeführten verbleibenden Lebensraumtypen, die sich nicht in gutem Zustand befinden, und die Verpflichtung gemäß Absatz 1 Unterabsatz 1 Buchstabe b für die verbleibenden Flächen der in Anhang I aufgeführten relevanten Gruppen von Lebensraumtypen, die sich nicht in gutem Zustand befinden.

(4) Die Mitgliedstaaten ergreifen die Wiederherstellungsmaßnahmen, die erforderlich sind, um die in Anhang I aufgeführten Lebensraumtypen auf Flächen, die diese Lebensraumtypen nicht aufweisen, erneut zu etablieren, damit eine günstige Gesamtfläche für diese Lebensraumtypen erreicht wird. Solche Maßnahmen werden bis 2030 für mindestens 30 %, bis 2040 für mindestens 60 % und bis 2050 für 100 % der zusätzlichen Fläche ergriffen, die erforderlich ist, um die günstige Gesamtfläche für jede in Anhang I aufgeführte Gruppe von Lebensraumtypen zu erreichen, das im nationalen Wiederherstellungsplan gemäß Artikel 15 quantifiziert wird.

(5) Abweichend von Absatz 4 des vorliegenden Artikels kann ein Mitgliedstaat, der der Auffassung ist, dass es nicht möglich ist, bis 2050 Wiederherstellungsmaßnahmen zu ergreifen, die erforderlich sind, um eine günstige Gesamtfläche eines bestimmten Lebensraumtyps auf 100 % der Fläche zu erreichen, in seinem nationalen Wiederherstellungsplan gemäß Artikel 15 einen niedrigeren Prozentsatz zwischen 90 % und 100 % festlegen und eine angemessene Begründung vorlegen. In diesem Fall ergreift der Mitgliedstaat schrittweise Wiederherstellungsmaßnahmen, die erforderlich sind, um diesen niedrigeren Prozentsatz bis 2050 zu erreichen. Bis 2030 müssen diese Wiederherstellungsmaßnahmen mindestens 30 % der zusätzlichen Fläche abdecken, die erforderlich ist, um diesen niedrigeren Prozentsatz bis 2050 zu erreichen, und bis 2040 müssen sie mindestens 60 % der zusätzlichen Fläche abdecken, die erforderlich ist, um diesen niedrigeren Prozentsatz bis 2050 zu erreichen.

(6) Wendet ein Mitgliedstaat die Ausnahmeregelung gemäß Absatz 5 auf bestimmte Lebensraumtypen an, so gilt die Verpflichtung gemäß Absatz 4 für die verbleibenden Lebensraumtypen, die zu den in Anhang I aufgeführten Gruppen von Lebensraumtypen gehören, zu denen diese bestimmten Lebensraumtypen gehören.

(7) Die Mitgliedstaaten ergreifen die Maßnahmen zur Wiederherstellung der Land-, Küsten- und Süßwasserhabitate der in den Anhängen II, IV und V der Richtlinie 92/43/EWG aufgeführten Arten und der Land-, Küsten- und Süßwasserhabitate der unter die Richtlinie 2009/147/EG fallenden wildlebenden Vogelarten, die – zusätzlich zu den Wiederherstellungsmaßnahmen gemäß den Absätzen 1 und 4 dieses Artikels – erforderlich sind, um die Qualität und Quantität dieser Habitate zu verbessern, auch durch ihre erneute Etablierung, und um die Vernetzung zu verbessern, bis eine ausreichende Qualität und Quantität dieser Habitate erreicht ist.

(8) Die Bestimmung der für Wiederherstellungsmaßnahmen gemäß den Absätzen 1, 4 und 7 am besten geeigneten Flächen erfolgt auf der Grundlage der besten verfügbaren Kenntnisse und der jüngsten wissenschaftlichen Erkenntnisse über den Zustand der in Anhang I dieser Verordnung aufgeführten Lebensraumtypen, gemessen anhand der Struktur und der Funktionen, die für ihre langfristige Erhaltung einschließlich der darin vorkommenden charakteristischen Arten gemäß Artikel 1 Buchstabe e der Richtlinie 92/43/EWG erforderlich sind, sowie anhand der Qualität und Quantität der Habitate der in Absatz 7 genannten Arten; dabei werden die gemäß Artikel 17 der Richtlinie 92/43/EWG und Artikel 12 der Richtlinie 2009/147/EG übermittelten Informationen herangezogen und, falls angemessen, die unterschiedlichen Situationen in diversen Regionen gemäß Artikel 14 Absatz 16 Buchstabe c dieser Verordnung berücksichtigt.

(9) Die Mitgliedstaaten stellen sicher, dass bis spätestens 2030 der Zustand der Lebensraumtypen für mindestens 90 % der über alle in Anhang I aufgeführten Lebensraumtypen verteilten Fläche bekannt ist und dass der Zustand der Flächen aller in Anhang I aufgeführten Lebensraumtypen bis 2040 bekannt ist.

(10) Bei den Wiederherstellungsmaßnahmen gemäß den Absätzen 1 und 4 wird die Notwendigkeit einer besseren Vernetzung zwischen den in Anhang I aufgeführten Lebensraumtypen berücksichtigt und den ökologischen Erfordernissen der in Absatz 7 genannten Arten, die in diesen Lebensraumtypen vorkommen, Rechnung getragen.

(11) Die Mitgliedstaaten ergreifen Maßnahmen, mit denen sichergestellt werden soll, dass die Flächen, die Wiederherstellungsmaßnahmen gemäß den Absätzen 1, 4 und 7 unterliegen, eine kontinuierliche Verbesserung des Zustands der in Anhang I aufgeführten Lebensraumtypen bis zum Erreichen eines guten Zustands und eine kontinuierliche

Verbesserung der Qualität der Habitate der in Absatz 7 genannten Arten bis zum Erreichen einer ausreichenden Qualität dieser Habitate aufweisen.

Unbeschadet der Richtlinie 92/43/EWG ergreifen die Mitgliedstaaten Maßnahmen, mit denen sichergestellt werden soll, dass sich der Zustand von Flächen, auf denen ein guter Zustand und eine ausreichende Qualität der Habitate der Arten erreicht wurde, nicht erheblich verschlechtert.

(12) Unbeschadet der Richtlinie 92/43/EWG bemühen sich die Mitgliedstaaten, spätestens bis zum Zeitpunkt der Veröffentlichung ihrer nationalen Wiederherstellungspläne gemäß Artikel 17 Absatz 6 der vorliegenden Verordnung die Maßnahmen zu ergreifen, die erforderlich sind, um eine erhebliche Verschlechterung des Zustands der Flächen, auf denen die in Anhang I aufgeführten Lebensraumtypen vorkommen und die sich in gutem Zustand befinden, zu verhindern, oder die erforderlich sind, um die Wiederherstellungsziele gemäß Absatz 17 des vorliegenden Artikels zu erreichen.

(13) In Bezug auf die Absätze 11 und 12 dieses Artikels können die Mitgliedstaaten außerhalb von Natura-2000-Gebieten, wenn es keine Alternativen gibt, die in diesen Absätzen festgelegten Verschlechterungsverbote auf Ebene jeder biogeografischen Region ihres Hoheitsgebiets für jeden Lebensraumtyp und jedes Habitat von Arten anwenden, sofern der betreffende Mitgliedstaat der Kommission bis zum 19. Februar 2025 seine Absicht mitteilt, diesen Absatz anzuwenden, und die Verpflichtungen gemäß Artikel 15 Absatz 3 Buchstabe g, Artikel 20 Absatz 1 Buchstabe j, Artikel 21 Absatz 1 und Artikel 21 Absatz 2 Buchstabe b erfüllt.

(14) Außerhalb von Natura-2000-Gebieten gilt die Verpflichtung gemäß Absatz 11 nicht für Verschlechterungen, die auf Folgendes zurückzuführen sind:

a) höhere Gewalt, einschließlich Naturkatastrophen;
b) unvermeidbare Veränderungen des Lebensraums, die unmittelbar durch den Klimawandel verursacht werden;
c) einen Plan oder ein Projekt von überwiegendem öffentlichen Interesse, für den bzw. das keine weniger schädlichen Alternativlösungen zur Verfügung stehen, was auf Einzelfallbasis zu bestimmen ist, oder
d) Handlungen oder Unterlassungen von Drittländern, für die der betreffende Mitgliedstaat nicht verantwortlich ist.

(15) Außerhalb von Natura-2000-Gebieten gilt die Verpflichtung gemäß Absatz 12 nicht für Verschlechterungen, die auf Folgendes zurückzuführen sind:

a) höhere Gewalt, einschließlich Naturkatastrophen;
b) unvermeidbare Veränderungen des Lebensraums, die unmittelbar durch den Klimawandel verursacht werden;
c) Pläne oder Projekte von überwiegendem öffentlichen Interesse, für die keine weniger schädlichen Alternativlösungen zur Verfügung stehen, oder
d) Handlungen oder Unterlassungen von Drittländern, für die der betreffende Mitgliedstaat nicht verantwortlich ist.

(16) In Natura-2000-Gebieten ist die Nichteinhaltung der in den Absätzen 11 und 12 genannten Verpflichtung gerechtfertigt, wenn sie auf Folgendes zurückzuführen ist:

a) höhere Gewalt, einschließlich Naturkatastrophen;
b) unvermeidbare Veränderungen des Lebensraums, die unmittelbar durch den Klimawandel verursacht werden oder
c) einen Plan oder ein Projekt, der bzw. das gemäß Artikel 6 Absatz 4 der Richtlinie 92/43/EWG genehmigt wurde.

(17) Die Mitgliedstaaten tragen dafür Sorge, dass

a) die einen guten Zustand aufweisende Fläche der in Anhang I aufgeführten Lebensraumtypen wächst, bis mindestens 90 % davon in gutem Zustand ist und bis die günstige Gesamtfläche für jeden Lebensraumtyp in jeder biogeografischen Region des betreffenden Mitgliedstaats erreicht ist;
b) die Tendenz hin zu einer ausreichenden Qualität und Quantität der Land-, Küsten- und Süßwasserhabitate der in den Anhängen II, IV und V der Richtlinie 92/43/EWG aufgeführten Arten und der unter die Richtlinie 2009/147/EG fallenden Arten zunimmt.

Artikel 5
Wiederherstellung von Meeresökosystemen

(1) Die Mitgliedstaaten ergreifen die Wiederherstellungsmaßnahmen, die erforderlich sind, um die Flächen der in Anhang II aufgeführten Biotoptypen, die sich nicht in einem guten Zustand befinden, in einen guten Zustand zu versetzen. Solche Wiederherstellungsmaßnahmen werden wie folgt ergriffen:

a) bis 2030 auf mindestens 30 % der Gesamtfläche der Gruppen 1 bis 6 der in Anhang II aufgeführten Biotoptypen, die sich nicht in gutem Zustand befindet, wie im nationalen Wiederherstellungsplan gemäß Artikel 15 quantifiziert;
b) bis 2040 auf mindestens 60 % und bis 2050 auf mindestens 90 % der Fläche jeder in Anhang II aufgeführten Gruppen 1 bis 6 von Biotoptypen, die sich nicht in gutem Zustand befindet, wie im nationalen Wiederherstellungsplan gemäß Artikel 15 quantifiziert;
c) bis 2040 auf mindestens zwei Dritteln des Prozentsatzes gemäß Buchstabe d dieses Absatzes der Fläche von Gruppe 7 der in Anhang II aufgeführten Biotoptypen, die sich nicht in gutem Zustand befindet, wie im nationalen Wiederherstellungsplan gemäß Artikel 15 quantifiziert, und
d) bis 2050 auf einem gemäß Artikel 14 Absatz 3 bestimmten Prozentsatz der Fläche von Gruppe 7 der in Anhang II aufgeführten Biotoptypen, die sich nicht in gutem Zustand befindet, wie im nationalen Wiederherstellungsplan gemäß Artikel 15 quantifiziert.

Der Prozentsatz gemäß Unterabsatz 1 Buchstabe d des vorliegenden Artikels wird so festgelegt, dass das Erreichen oder Erhalten eines guten Umweltzustands im Sinne von Artikel 9 Absatz 1 der Richtlinie 2008/56/EG nicht verhindert wird.

(2) Die Mitgliedstaaten ergreifen die Wiederherstellungsmaßnahmen, die erforderlich sind, um die in Anhang II aufgeführten Biotoptypen der Gruppen 1 bis 6 auf Flächen, die diese Biotoptypen nicht aufweisen, erneut zu etablieren, damit die günstige Gesamtfläche für diese Biotoptypen erreicht wird. Solche Maßnahmen werden bis 2030 für mindestens 30 %, bis 2040 für mindestens 60 % und bis 2050 für 100 % der zusätzlichen Fläche ergriffen, die erforderlich ist, um die günstige Gesamtfläche für jede Gruppe von Biotoptypen zu erreichen, die im nationalen Wiederherstellungsplan gemäß Artikel 15 quantifiziert wird.

(3) Abweichend von Absatz 2 des vorliegenden Artikels kann ein Mitgliedstaat, der der Auffassung ist, dass es nicht möglich ist, bis 2050 Wiederherstellungsmaßnahmen zu ergreifen, die erforderlich sind, um die günstige Gesamtfläche eines bestimmten Biotoptyps auf 100 % der Fläche zu erreichen, in seinem nationalen Wiederherstellungsplan gemäß Artikel 15 einen niedrigeren Prozentsatz zwischen 90 % und 100 % festlegen und eine angemessene Begründung vorlegen. In diesem Fall ergreift der Mitgliedstaat schrittweise Wiederherstellungsmaßnahmen, die erforderlich sind, um diesen niedrigeren Prozentsatz bis 2050 zu erreichen. Bis 2030 müssen diese Wiederherstellungsmaßnahmen mindestens 30 % der zusätzlichen Fläche abdecken, die erforderlich ist, um diesen niedrigeren Prozentsatz bis 2050 zu erreichen, und bis 2040 müssen sie mindestens 60 % der zusätzlichen Fläche abde-

cken, die erforderlich ist, um diesen niedrigeren Prozentsatz bis 2050 zu erreichen.

(4) Wendet ein Mitgliedstaat die Ausnahmeregelung gemäß Absatz 3 auf bestimmte Biotoptypen an, so gilt die Verpflichtung gemäß Absatz 2 für die verbleibende zusätzliche Fläche, die erforderlich ist, um für jede in Anhang II aufgeführte Gruppe von Biotoptypen, zu der diese bestimmten Biotoptypen gehören, die günstige Gesamtfläche zu erreichen.

(5) Die Mitgliedstaaten ergreifen die Maßnahmen zur Wiederherstellung der Meereslebensräume der in Anhang III dieser Verordnung und den Anhängen II, IV und V der Richtlinie 92/43/EWG aufgeführten Arten und der Meereslebensräume der unter die Richtlinie 2009/147/EG fallenden wildlebenden Vogelarten, die – zusätzlich zu den Wiederherstellungsmaßnahmen gemäß den Absätzen 1 und 2 dieses Artikels – erforderlich sind, um die Qualität und Quantität dieser Habitate zu verbessern, auch durch ihre erneute Etablierung, und um die Vernetzung zu verbessern, bis eine ausreichende Qualität und Quantität dieser Habitate erreicht ist.

(6) Die Bestimmung der für Wiederherstellungsmaßnahmen gemäß den Absätzen 1, 2 und 5 dieses Artikels am besten geeigneten Flächen erfolgt auf der Grundlage der besten verfügbaren Kenntnisse und des jüngsten technischen und wissenschaftlichen Fortschritts bei der Bestimmung des Zustands der in Anhang II dieser Verordnung aufgeführten Biotoptypen sowie der Qualität und Quantität der Habitate der in Absatz 5 dieses Artikels genannten Arten; dabei werden die gemäß Artikel 17 der Richtlinie 92/43/EWG, Artikel 12 der Richtlinie 2009/147/EG und Artikel 17 der Richtlinie 2008/56/EG übermittelten Informationen herangezogen.

(7) Die Mitgliedstaaten stellen sicher, dass der Zustand folgender Flächen bekannt ist:

a) bis 2030 für mindestens 50 % der über alle der in Anhang II aufgeführten Biotoptypen der Gruppen 1 bis 6 verteilten Fläche;
b) bis 2040 für alle Flächen der in Anhang II aufgeführten Biotoptypen der Gruppen 1 bis 6;
c) bis 2040 für mindestens 50 % der über alle der in Anhang II aufgeführten Biotoptypen der Gruppe 7 verteilten Fläche;
d) bis 2050 für alle Flächen der in Anhang II aufgeführten Biotoptypen der Gruppe 7.

(8) Bei den Wiederherstellungsmaßnahmen gemäß den Absätzen 1 und 2 wird die Notwendigkeit einer besseren ökologischen Kohärenz und Vernetzung zwischen den in Anhang II aufgeführten Biotoptypen berücksichtigt und den ökologischen Erfordernissen der in Absatz 5 genannten Arten, die in diesen Biotoptypen vorkommen, Rechnung getragen.

(9) Die Mitgliedstaaten ergreifen Maßnahmen, mit denen sichergestellt werden soll, dass die Flächen, die Wiederherstellungsmaßnahmen gemäß den Absätzen 1, 2 und 5 unterliegen, eine kontinuierliche Verbesserung des Zustands der in Anhang II aufgeführten Biotoptypen bis zum Erreichen eines guten Zustands und eine kontinuierliche Verbesserung der Qualität der Habitate der in Absatz 5 genannten Arten bis zum Erreichen einer ausreichenden Qualität dieser Habitate aufweisen.

Unbeschadet der Richtlinie 92/43/EWG ergreifen die Mitgliedstaaten Maßnahmen, mit denen sichergestellt werden soll, dass sich der Zustand von Flächen, auf denen ein guter Zustand und eine ausreichende Qualität der Habitate der Arten erreicht wurde, nicht erheblich verschlechtert.

(10) Unbeschadet der Richtlinie 92/43/EWG bemühen sich die Mitgliedstaaten, spätestens bis zum Zeitpunkt der Veröffentlichung ihrer nationalen Wiederherstellungspläne gemäß Artikel 17 Absatz 6 der vorliegenden Verordnung die Maßnahmen zu ergreifen, die erforderlich sind, um eine erhebliche Verschlechterung des Zustands der Flächen, auf denen die in Anhang II der vorliegenden Verordnung aufgeführten Biotoptypen vorkommen und die in gutem Zustand sind, zu verhindern, oder die erforderlich sind, um die Wiederherstellungsziele gemäß Absatz 14 des vorliegenden Artikels zu erreichen.

(11) Außerhalb von Natura-2000-Gebieten gilt die Verpflichtung gemäß Absatz 9 nicht für Verschlechterungen, die auf Folgendes zurückzuführen sind:

a) höhere Gewalt, einschließlich Naturkatastrophen;
b) unvermeidbare Veränderungen des Lebensraums, die unmittelbar durch den Klimawandel verursacht werden;
c) einen Plan oder ein Projekt von überwiegendem öffentlichen Interesse, für den bzw. das keine weniger schädlichen Alternativlösungen zur Verfügung stehen, was auf Einzelfallbasis zu bestimmen ist, oder
d) Handlungen oder Unterlassungen von Drittländern, für die der betreffende Mitgliedstaat nicht verantwortlich ist.

(12) Außerhalb von Natura-2000-Gebieten gilt die Verpflichtung gemäß Absatz 10 nicht für Verschlechterungen, die auf Folgendes zurückzuführen sind:

a) höhere Gewalt, einschließlich Naturkatastrophen;
b) unvermeidbare Veränderungen des Lebensraums, die unmittelbar durch den Klimawandel verursacht werden;
c) Pläne oder Projekte von überwiegendem öffentlichen Interesse, für die keine weniger schädlichen Alternativlösungen zur Verfügung stehen, oder
d) Handlungen oder Unterlassungen von Drittländern, für die der betreffende Mitgliedstaat nicht verantwortlich ist.

(13) Bei Natura-2000-Gebieten ist die Nichteinhaltung der in den Absätzen 9 und 10 genannten Verpflichtung gerechtfertigt, wenn sie auf Folgendes zurückzuführen ist:

a) höhere Gewalt, einschließlich Naturkatastrophen;
b) unvermeidbare Veränderungen des Lebensraums, die unmittelbar durch den Klimawandel verursacht werden oder
c) einen Plan oder ein Projekt, der bzw. das gemäß Artikel 6 Absatz 4 der Richtlinie 92/43/EWG genehmigt wurde.

(14) Die Mitgliedstaaten tragen dafür Sorge, dass

a) die einen guten Zustand aufweisende Fläche der in den Gruppen 1 bis 6 der in Anhang II aufgeführten Biotoptypen wächst, bis mindestens 90 % davon in gutem Zustand sind und bis die günstige Gesamtfläche für jeden Biotoptyp in jeder biogeografischen Region des betreffenden Mitgliedstaats erreicht ist;
b) die einen guten Zustand aufweisende Fläche der in Gruppe 7 der in Anhang II aufgeführten Biotoptypen wächst, bis mindestens der in Absatz 1 Unterabsatz 1 Buchstabe d genannte Prozentsatz davon in gutem Zustand ist und bis die günstige Gesamtfläche für jeden Biotoptyp in jeder biogeografischen Region des betreffenden Mitgliedstaats erreicht ist;
c) die Tendenz hin zu einer ausreichenden Qualität und Quantität der Meereslebensräume der in Anhang III dieser Verordnung und den Anhängen II, IV und V der Richtlinie 92/43/EWG genannten Arten und der unter die Richtlinie 2009/147/EG fallenden Arten positiv zunimmt.

Artikel 6
Energie aus erneuerbaren Quellen

(1) Für die Zwecke von Artikel 4 Absätze 14 und 15 sowie Artikel 5 Absätze 11 und 12 wird davon ausgegangen, dass die Planung, der Bau und der Betrieb von Anlagen zur Erzeugung von Energie aus erneuerbaren Quellen sowie deren Netzanschluss, das betreffende Netz selbst und die Speicheranlagen im überragenden öffentlichen Interesse liegen. Die

Mitgliedstaaten können sie von der Anforderung, dass keine weniger schädlichen Alternativlösungen gemäß Artikel 4 Absätze 14 und 15 sowie Artikel 5 Absätze 11 und 12 zur Verfügung stehen, ausnehmen, vorausgesetzt, dass

a) eine Strategische Umweltprüfung gemäß den Bedingungen der Richtlinie 2001/42/EG des Europäischen Parlaments und des Rates ([2]) durchgeführt wurde oder

b) sie einer Umweltverträglichkeitsprüfung gemäß den Bedingungen der Richtlinie 2011/92/EU des Europäischen Parlaments und des Rates ([3]) unterzogen wurden.

(2) Die Mitgliedstaaten können in hinreichend begründeten und spezifischen Umständen die Anwendung des Absatzes 1 entsprechend den Prioritäten ihrer integrierten nationalen Energie- und Klimapläne gemäß der Verordnung (EU) 2018/1999 auf bestimmte Teile ihres Hoheitsgebiets sowie auf bestimmte Arten von Technologien oder auf Projekte mit bestimmten technischen Eigenschaften beschränken.

Wenden die Mitgliedstaaten Beschränkungen gemäß Unterabsatz 1 an, so unterrichten sie die Kommission über diese Beschränkungen und begründen sie.

Artikel 7
Landesverteidigung

(1) Bei der Durchführung von Wiederherstellungsmaßnahmen für die Zwecke von Artikel 4 Absätze 1, 4 oder 7 und Artikel 5 Absätze 1, 2 oder 5 können die Mitgliedstaaten Flächen, die für ausschließlich der Landesverteidigung dienende Tätigkeiten genutzt werden, ausnehmen, wenn diese Maßnahmen nicht mit der weiteren Nutzung der betreffenden Flächen für militärische Zwecke vereinbar sind.

(2) Für die Zwecke von Artikel 4 Absätze 14 und 15 sowie Artikel 5 Absätze 11 und 12 können die Mitgliedstaaten bestimmen, dass bei Plänen und Projekten, die ausschließlich der Landesverteidigung dienen, davon ausgegangen wird, dass sie im überwiegenden öffentlichen Interesse liegen.

Für die Zwecke von Artikel 4 Absätze 14 und 15 sowie Artikel 5 Absätze 11 und 12 können die Mitgliedstaaten Pläne und Projekte, die ausschließlich der Landesverteidigung dienen, von der Anforderung, dass keine weniger schädlichen Alternativlösungen zur Verfügung stehen dürfen, ausnehmen. Wenden die Mitgliedstaaten diese Ausnahme an, so ergreifen sie jedoch Maßnahmen, um die Auswirkungen dieser Pläne und Projekte auf die Lebensraumtypen abzumildern, soweit dies angemessen und praktikabel ist.

Artikel 8
Wiederherstellung städtischer Ökosysteme

(1) Die Mitgliedstaaten stellen bis zum 31. Dezember 2030 sicher, dass in städtischen Ökosystemgebiete, die gemäß Artikel 14 Absatz 4 bestimmt werden, kein Nettoverlust an der nationalen Gesamtfläche städtischer Grünflächen und städtischer Baumüberschirmung gegenüber 2024 zu verzeichnen ist. Für die Zwecke dieses Absatzes können die Mitgliedstaaten die städtischen Ökosystemgebieten, in denen der Anteil städtischer Grünflächen in den Stadtzentren und städtischen Räumen mehr als 45 % beträgt und der Anteil der städtischen Baumüberschirmung mehr als 10 % beträgt, von dieser nationalen Gesamtfläche ausnehmen.

(2) Ab 1. Januar 2031 müssen die Mitgliedstaaten einen steigenden Trend in Bezug auf die nationale Gesamtfläche städtischer Grünflächen in städtischen Ökosystemgebieten, die gemäß Artikel 14 Absatz 4 bestimmt werden, erreichen, unter anderem durch die Integration städtischer Grünflächen in Gebäude und Infrastrukturen; dieser Trend wird ab dem 1. Januar 2031 alle sechs Jahre gemessen, bis ein gemäß Artikel 14 Absatz 5 festgelegtes zufriedenstellendes Niveau erreicht ist.

(3) Die Mitgliedstaaten müssen in jedem städtischen Ökosystemgebiet, das gemäß Artikel 14 Absatz 4 bestimmt wird, einen steigenden Trend in Bezug auf die städtische Baumüberschirmung erreichen; dieser Trend wird ab dem 1. Januar 2031 alle sechs Jahre gemessen, bis ein gemäß Artikel 14 Absatz 5 festgelegtes zufriedenstellendes Niveau erreicht ist.

Artikel 9
Wiederherstellung der natürlichen Vernetzung von Flüssen und der natürlichen Funktionen damit verbundener Auen

(1) Die Mitgliedstaaten erstellen ein Verzeichnis der künstlichen Hindernisse für die Vernetzung von Oberflächengewässern und ermitteln – unter Berücksichtigung der sozioökonomischen Funktionen der künstlichen Hindernisse – die Hindernisse, die beseitigt werden müssen, um zur Erreichung der Wiederherstellungsziele gemäß Artikel 4 dieser Verordnung und des Ziels der Wiederherstellung von mindestens 25 000 Flusskilometern in der Union zu frei fließenden Flüssen bis 2030 beizutragen, unbeschadet der Richtlinie 2000/60/EG, insbesondere des Artikels 4 Absätze 3, 5 und 7, und der Verordnung (EU) Nr. 1315/2013 des Europäischen Parlaments und des Rates ([4]), insbesondere des Artikels 15.

(2) Die Mitgliedstaaten beseitigen die künstlichen Hindernisse für die Vernetzung von Oberflächengewässern, die in dem gemäß Absatz 1 dieses Artikels erstellten Verzeichnis aufgeführt sind, im Einklang mit dem Plan für ihre Beseitigung gemäß Artikel 15 Absatz 3 Buchstaben i und n. Bei der Beseitigung von künstlichen Hindernissen gehen die Mitgliedstaaten prioritär obsolete Hindernisse an, d. h. solche, die nicht länger zur Erzeugung erneuerbarer Energie, für die Binnenschifffahrt, für die Wasserversorgung, für den Hochwasserschutz oder für andere Zwecke benötigt werden.

(3) Die Mitgliedstaaten ergänzen die Beseitigung der künstlichen Hindernisse gemäß Absatz 2 durch die Maßnahmen, die zur Verbesserung der natürlichen Funktionen der betreffenden Auen erforderlich sind.

(4) Die Mitgliedstaaten stellen sicher, dass die gemäß den Absätzen 2 und 3 wiederhergestellte natürliche Vernetzung der Flüsse und natürlichen Funktionen der damit verbundenen Auen erhalten werden.

Artikel 10
Wiederherstellung von Bestäuberpopulationen

(1) Die Mitgliedstaaten verbessern die Vielfalt der Bestäuber und kehren den Rückgang der Bestäuberpopulationen bis spätestens 2030 um und erreichen anschließend einen steigenden Trend bei den Bestäuberpopulationen, der ab 2030 mindestens alle sechs Jahre gemessen wird, bis ein gemäß Artikel 14 Absatz 5 festgelegtes zufriedenstellendes Niveau erreicht ist, indem sie rechtzeitig geeignete und wirksame Maßnahmen ergreifen.

---

[2] Richtlinie 2001/42/EG des Europäischen Parlaments und des Rates vom 27. Juni 2001 über die Prüfung der Umweltauswirkungen bestimmter Pläne und Programme (ABl. L 197 vom 21.7.2001, S. 30).

[3] Richtlinie 2011/92/EU des Europäischen Parlaments und des Rates vom 13. Dezember 2011 über die Umweltverträglichkeitsprüfung bei bestimmten öffentlichen und privaten Projekten (ABl. L 26 vom 28.1.2012, S. 1).

[4] Verordnung (EU) Nr. 1315/2013 des Europäischen Parlaments und des Rates vom 11. Dezember 2013 über Leitlinien der Union für den Aufbau eines transeuropäischen Verkehrsnetzes und zur Aufhebung des Beschlusses Nr. 661/2010/EU (ABl. L 348 vom 20.12.2013, S. 1).

(2) Der Kommission wird die Befugnis übertragen, gemäß Artikel 23 delegierte Rechtsakte zur Ergänzung dieser Verordnung durch Festlegung und Aktualisierung einer wissenschaftlich fundierten Methode zur Überwachung der Vielfalt von Bestäubern und Bestäuberpopulationen zu erlassen. Die Kommission erlässt bis zum 19. August 2025 den ersten dieser delegierten Rechtsakte zur Festlegung dieser Methode.

(3) Die in Absatz 2 genannte Methode bietet einen standardisierten Ansatz für die Erhebung jährlicher Daten über die Größe und Vielfalt der Bestäuberarten in allen Ökosystemen, für die Bewertung der Entwicklung der Bestäuberpopulation und der Wirksamkeit der Wiederherstellungsmaßnahmen, die von den Mitgliedstaaten gemäß Absatz 1 ergriffen wurden.

(4) Bei der Anwendung der in Absatz 2 genannten Methode stellen die Mitgliedstaaten sicher, dass die Überwachungsdaten von einer angemessenen Anzahl von Standorten stammen, damit die Repräsentativität in ihren Hoheitsgebieten gewährleistet ist. Die Mitgliedstaaten fördern die Bürgerforschung (citizen science) bei der Erhebung von Überwachungsdaten, soweit dies angemessen ist, und stellen angemessene Ressourcen für die Wahrnehmung dieser Aufgaben bereit.

(5) Die Kommission und die einschlägigen Agenturen der Union, insbesondere die EUA, die Europäische Behörde für Lebensmittelsicherheit und die Europäische Chemikalienagentur, koordinieren im Einklang mit ihren jeweiligen Mandaten ihre Tätigkeiten in Bezug auf Bestäuber und stellen auf Anfrage Informationen bereit, um die Mitgliedstaaten bei der Erfüllung ihrer Verpflichtungen nach diesem Artikel zu unterstützen. Zu diesem Zweck richtet die Kommission unter anderem eine spezielle Taskforce ein und leitet einschlägige Informationen und Fachwissen in koordinierter Weise an die Mitgliedstaaten weiter.

Artikel 11
Wiederherstellung landwirtschaftlicher Ökosysteme

(1) Zusätzlich zu den Flächen, die Wiederherstellungsmaßnahmen gemäß Artikel 4 Absätze 1, 4 und 7 unterliegen, ergreifen die Mitgliedstaaten Wiederherstellungsmaßnahmen, die erforderlich sind, um die biologische Vielfalt von landwirtschaftlichen Ökosystemen zu verbessern, wobei dem Klimawandel, den sozialen und wirtschaftlichen Bedürfnissen von ländlichen Gebieten sowie der Notwendigkeit, die nachhaltige landwirtschaftliche Erzeugung in der Union sicherzustellen, Rechnung getragen wird.

(2) Die Mitgliedstaaten ergreifen Maßnahmen, die darauf abzielen, dass auf nationaler Ebene ein Aufwärtstrend bei mindestens zwei der folgenden drei Indikatoren für landwirtschaftliche Ökosysteme gemäß Anhang IV erreicht wird, gemessen im Zeitraum vom 18. August 2024 bis zum 31. Dezember 2030 und danach alle sechs Jahre, bis ein gemäß Artikel 14 Absatz 5 festgelegtes zufriedenstellendes Niveau erreicht ist:

a) Index der Grünlandschmetterlinge;
b) Vorrat an organischem Kohlenstoff in mineralischen Ackerböden;
c) Anteil landwirtschaftlicher Flächen mit Landschaftselementen mit großer Vielfalt.

(3) Die Mitgliedstaaten ergreifen Wiederherstellungsmaßnahmen, die darauf abzielen, dass der Index häufiger Feldvogelarten auf nationaler Ebene auf der Grundlage der in Anhang V genannten Arten (indexiert am 1. September 2025 = 100) folgende Werte erreicht:

a) 110 bis 2030, 120 bis 2040 und 130 bis 2050 in den in Anhang V aufgeführten Mitgliedstaaten mit historisch stärker erschöpften Feldvogelpopulationen;
b) 105 bis 2030, 110 bis 2040 und 115 bis 2050 in den in Anhang V aufgeführten Mitgliedstaaten mit historisch weniger stark erschöpften Feldvogelpopulationen.

(4) Die Mitgliedstaaten ergreifen Maßnahmen, die darauf abzielen, dass organische Böden, die landwirtschaftlich genutzt werden und bei denen es sich um entwässerte Moorböden handelt, wiederhergestellt werden. Diese Maßnahmen sind zu ergreifen auf mindestens

a) 30 % dieser Flächen, von denen mindestens ein Viertel wiedervernässt werden muss, bis 2030;
b) 40 % dieser Flächen, von denen mindestens ein Drittel wiedervernässt werden muss, bis 2040;
c) 50 % dieser Flächen, von denen mindestens ein Drittel wiedervernässt werden muss, bis 2050.

Die Mitgliedstaaten können Wiederherstellungsmaßnahmen, einschließlich Wiedervernässung, auf Flächen von Torfabbaugebieten ergreifen und diese Flächen auf die jeweiligen in Unterabsatz 1 Buchstaben a, b und c genannten Zielvorgaben anrechnen.

Zudem können die Mitgliedstaaten Wiederherstellungsmaßnahmen zur Wiedervernässung von Böden ergreifen, bei denen es sich um entwässerte Moorböden handelt, die zu anderen als landwirtschaftlichen oder Torfabbauzwecken genutzt werden, und diese wiedervernässten Flächen bis zu 40 % auf die in Unterabsatz 1 Buchstaben a, b und c genannten Zielvorgaben anrechnen.

Die Wiederherstellungsmaßnahmen, die in der Wiedervernässung von Moorböden bestehen, einschließlich der zu erzielenden Wasserniveaus, tragen zur Verringerung der Nettotreibhausgasemissionen und zur Steigerung der biologischen Vielfalt bei, wobei die nationalen und lokalen Gegebenheiten zu berücksichtigen sind.

In hinreichend begründeten Fällen kann der Umfang der Wiedervernässung von landwirtschaftlich genutzten Moorböden durch einen Mitgliedstaat auf weniger als in Unterabsatz 1 Buchstaben a, b und c gefordert verringert werden, wenn es wahrscheinlich ist, dass diese Wiedervernässung wesentliche negative Auswirkungen auf Infrastruktur, Gebäude, die Anpassung an den Klimawandel oder andere öffentliche Interessen hat und die Wiedervernässung nicht auf anderen als landwirtschaftlich genutzten Flächen stattfinden kann. Eine solche Verringerung wird im Einklang mit Artikel 14 Absatz 8 festgelegt.

Die Verpflichtung der Mitgliedstaaten, die Zielvorgaben für die Wiedervernässung gemäß Unterabsatz 1 Buchstaben a, b und c zu erreichen, bedeutet nicht, dass Landwirte und private Landbesitzer — für die die Wiedervernässung auf landwirtschaftlichen Flächen weiterhin freiwillig ist — zur Wiedervernässung ihrer Flächen verpflichtet sind, unbeschadet der Verpflichtungen, die sich aus dem nationalen Recht ergeben.

Die Mitgliedstaaten schaffen, soweit erforderlich, Anreize für die Wiedervernässung, um sie zu einer attraktiven Option für Landwirte und private Landeigentümer zu machen, und fördern den Zugang zu Schulungen und Beratung für Landwirte und andere Interessenträger zu den Vorteilen der Wiedervernässung von Torfflächen und zu den Optionen der anschließenden Landbewirtschaftung und damit verbundenen Möglichkeiten.

Artikel 12
Wiederherstellung von Waldökosystemen

(1) Zusätzlich zu den Flächen, die Wiederherstellungsmaßnahmen gemäß Artikel 4 Absätze 1, 4 und 7 unterliegen, ergreifen die Mitgliedstaaten die Wiederherstellungsmaßnahmen, die erforderlich sind, um die biologische Vielfalt von

Waldökosystemen zu verbessern, unter Berücksichtigung der Risiken von Waldbränden.

(2) Die Mitgliedstaaten erreichen auf nationaler Ebene einen Aufwärtstrend bei dem Index häufiger Waldvogelarten gemäß Anhang VI, gemessen im Zeitraum vom 18. August 2024 bis zum 31. Dezember 2030 und danach alle sechs Jahre, bis ein gemäß Artikel 14 Absatz 5 festgelegtes zufriedenstellendes Niveau erreicht ist.

(3) Die Mitgliedstaaten erreichen auf nationaler Ebene einen Aufwärtstrend bei mindestens sechs der folgenden sieben Indikatoren für Waldökosysteme gemäß Anhang VI, ausgewählt auf der Grundlage ihrer Fähigkeit zum Nachweis der Verbesserung der biologischen Vielfalt der Waldökosysteme in dem betreffenden Mitgliedstaat. Der Trend wird im Zeitraum vom 18. August 2024 bis zum 31. Dezember 2030 gemessen und danach alle sechs Jahre, bis ein gemäß Artikel 14 Absatz 5 festgelegtes zufriedenstellendes Niveau erreicht ist:

a) stehendes Totholz;
b) liegendes Totholz;
c) der Anteil der Wälder mit uneinheitlicher Altersstruktur;
d) die Waldvernetzung;
e) der Vorrat an organischem Kohlenstoff;
f) der Anteil der Wälder mit überwiegend heimischen Baumarten;
g) die Vielfalt der Baumarten.

(4) Die Nichteinhaltung der in den Absätzen 2 und 3 genannten Verpflichtungen ist gerechtfertigt, wenn sie auf Folgendes zurückzuführen ist:

a) großflächige Ereignisse höherer Gewalt, einschließlich Naturkatastrophen, insbesondere ungeplante und unkontrollierte Waldbrände; oder
b) unvermeidbare Veränderungen des Lebensraums, die unmittelbar durch den Klimawandel verursacht werden.

Artikel 13
Pflanzung von drei Milliarden zusätzlichen Bäumen

(1) Bei der Festlegung und Durchführung der Wiederherstellungsmaßnahmen zur Erfüllung der in den Artikeln 4 sowie 8 bis 12 genannten Ziele und Verpflichtungen zielen die Mitgliedstaaten darauf ab, einen Beitrag zur Erfüllung der Verpflichtung der Union zu leisten, bis 2030 mindestens drei Milliarden zusätzliche Bäume auf Unionsebene zu pflanzen.

(2) Die Mitgliedstaaten stellen sicher, dass ihr Beitrag zur Erfüllung der Verpflichtung gemäß Absatz 1 unter uneingeschränkter Achtung der ökologischen Grundsätze geleistet wird, auch indem sie die Artenvielfalt und eine diverse Altersstruktur sicherstellen, wobei heimische Baumarten Vorrang haben, mit Ausnahme — in ganz bestimmten Fällen und unter ganz bestimmten Bedingungen — nicht heimischer Arten, die an den lokalen Boden, den klimatischen und ökologischen Kontext und die Lebensraumbedingungen angepasst sind und eine Rolle bei der Erhöhung der Widerstandsfähigkeit gegenüber dem Klimawandel spielen. Die Maßnahmen zur Erfüllung dieser Verpflichtung zielen darauf ab, die ökologische Vernetzung zu verbessern, und stützen sich auf nachhaltige Aufforstung, Wiederaufforstung und Baumpflanzung sowie den Ausbau städtischer Grünflächen.

KAPITEL III
NATIONALE WIEDERHERSTELLUNGSPLÄNE

Artikel 14
Erstellung der nationalen Wiederherstellungspläne

(1) Alle Mitgliedstaaten erstellen jeweils einen nationalen Wiederherstellungsplan und führen die vorbereitende Überwachung und die Forschung durch, die erforderlich sind, um die Wiederherstellungsmaßnahmen zu ermitteln, die zur Erfüllung der Wiederherstellungsziele und zur Einhaltung der Verpflichtungen gemäß den Artikeln 4 bis 13 und zur Leistung eines Beitrags zu den in Artikel 1 dargelegten übergeordneten Zielen und Zielvorgaben der Union erforderlich sind, wobei den jüngsten wissenschaftlichen Erkenntnissen Rechnung getragen wird.

(2) Die Mitgliedstaaten quantifizieren die Fläche, die wiederhergestellt werden muss, um die Wiederherstellungsziele gemäß den Artikeln 4 und 5 zu erreichen, und berücksichtigen dabei den Zustand der in Artikel 4 Absätze 1 und 4 sowie Artikel 5 Absätze 1 und 2 genannten Lebensraumtypen sowie die Qualität und Quantität der Habitate der in Artikel 4 Absatz 7 und Artikel 5 Absatz 5 genannten Arten, die es in den unter Artikel 2 fallenden Ökosystemen gibt. Die Quantifizierung erfolgt unter anderem anhand folgender Angaben:

a) für jeden Lebensraumtyp:
   i) die gesamte Fläche des Lebensraums und eine Karte seiner derzeitigen Verbreitung,
   ii) die Fläche des Lebensraums, die sich in keinem guten Zustand befindet,
   iii) die günstige Gesamtfläche unter Berücksichtigung der Aufzeichnungen über dessen historische Verbreitung und der voraussichtlichen Veränderungen der Umweltbedingungen aufgrund des Klimawandels,
   iv) die am besten für die erneute Etablierung von Lebensraumtypen geeigneten Flächen angesichts aktueller und prognostizierter Veränderungen der Umweltbedingungen aufgrund des Klimawandels;
b) die für die Erreichung ihres günstigen Erhaltungszustands notwendige ausreichende Qualität und Quantität der Habitate von Arten, unter Berücksichtigung der am besten für die erneute Etablierung dieser Habitate geeigneten Flächen, und die für die Entfaltung der Artenpopulationen erforderliche Vernetzung zwischen ihnen sowie aktuelle und vorhergesagte Veränderungen der Umweltbedingungen aufgrund des Klimawandels, die konkurrierenden Bedürfnisse der Habitate und Arten und das Vorhandensein landwirtschaftlicher Nutzflächen mit hohem Naturwert.

Für die Zwecke der Quantifizierung der Fläche, die für jeden Lebensraumtyp wiederhergestellt werden muss, um die Wiederherstellungsziele gemäß Artikel 4 Absatz 1 Buchstabe a und Artikel 5 Absatz 1 Buchstabe a zu erreichen, umfasst die Fläche des Lebensraums, die sich in keinem guten Zustand befindet, gemäß Unterabsatz 1 Buchstabe a Ziffer ii dieses Absatzes nur die Flächen, für die der Zustand des Lebensraumtyps bekannt ist.

Für die Zwecke der Quantifizierung der Fläche, die für jeden Lebensraumtyp wiederhergestellt werden muss, um die Wiederherstellungsziele gemäß Artikel 4 Absatz 1 Buchstabe b und Artikel 5 Absatz 1 Buchstaben b, c und d zu erreichen, umfasst die Lebensraumfläche, die sich in keinem guten Zustand befindet, gemäß Unterabsatz 1 Buchstabe a Ziffer ii dieses Absatzes nur die Flächen, für die der Zustand des Lebensraumtyps bekannt ist oder gemäß Artikel 4 Absatz 9 und Artikel 5 Absatz 7 bekannt sein muss.

Beabsichtigt ein Mitgliedstaat, die Ausnahmeregelung gemäß Artikel 4 Absatz 2 anzuwenden, so ermittelt dieser Mitgliedstaat die in jenem Artikel genannten Prozentsätze.

Beabsichtigt ein Mitgliedstaat, die Ausnahmeregelung gemäß Artikel 4 Absatz 5 und Artikel 5 Absatz 3 anzuwenden, so ermittelt dieser Mitgliedstaat die gemäß jenen Artikeln ausgewählten niedrigeren Prozentsätze.

(3) Für die Gruppe 7 der in Anhang II aufgeführten Biotoptypen legen die Mitgliedstaaten den Prozentsatz gemäß Artikel 5 Absatz 1 Buchstabe d fest.

(4) Die Mitgliedstaaten bestimmen und kartieren für all ihre Städte sowie kleineren Städte und Vororte städtische Ökosystemgebiete gemäß Artikel 8.

Das städtische Ökosystemgebiet einer Stadt oder einer kleineren Stadt und eines Vororts umfasst

a) die gesamte Stadt oder die gesamte kleinere Stadt und den gesamten Vorort oder
b) Teile der Stadt oder der kleineren Stadt und des Vororts, einschließlich zumindest ihrer Stadtzentren, städtischen Räume und, sofern vom betreffenden Mitgliedstaat als angemessen eingestuft, stadtnahen Gebiete.

Die Mitgliedstaaten können die städtischen Ökosystemgebiete von zwei oder mehr aneinander angrenzenden Städten oder kleineren Städten und Vororten – oder von beiden – zu einem städtischen Ökosystemgebiet entsprechend zusammenführen, das diesen Städten oder kleineren Städten und Vororten – oder beiden – gemeinsam ist.

(5) Die Mitgliedstaaten legen bis 2030 im Wege eines offenen und wirksamen Verfahrens sowie einer Bewertung auf der Grundlage der jüngsten wissenschaftlichen Erkenntnisse, des in Artikel 20 Absatz 10 genannten Orientierungsrahmens und, sofern verfügbar, des in Artikel 20 Absatz 11 genannten Orientierungsrahmens ein zufriedenstellendes Niveau fest, und zwar für

a) die in Artikel 10 Absatz 1 genannten Bestäuberpopulationen und den in Artikel 12 Absatz 2 genannten Indikator;
b) jeden der ausgewählten in Artikel 11 Absatz 2 genannten Indikatoren;
c) jeden der ausgewählten in Artikel 12 Absatz 3 genannten Indikatoren;
d) die in Artikel 8 Absatz 2 genannten städtischen Grünflächen und
e) die in Artikel 8 Absatz 3 genannte städtische Baumüberschirmung.

(6) Die Mitgliedstaaten ermitteln und kartieren die land- und forstwirtschaftlichen Flächen, die der Wiederherstellung bedürfen, insbesondere die Flächen, die aufgrund von Intensivierung oder anderen Bewirtschaftungsfaktoren eine bessere Vernetzung und mehr Landschaftsvielfalt benötigen.

(7) Jeder Mitgliedstaat kann bis zum 19. August 2025 eine Methodik zur Ergänzung der Methodik gemäß Anhang IV entwickeln, um Landschaftselemente mit großer Vielfalt zu überwachen, die nicht von der gemeinsamen Methode gemäß der Beschreibung der Landschaftselemente mit großer Vielfalt in dem genannten Anhang erfasst werden. Die Kommission stellt bis zum 19. September 2024 Leitlinien für den Rahmen für die Entwicklung diese Methodiken zur Verfügung.

(8) Die Mitgliedstaaten legen, falls anwendbar, fest, dass der Umfang der Wiedervernässung von Moorböden mit landwirtschaftlicher Nutzung gemäß Artikel 11 Absatz 4 Unterabsatz 5 verringert wird.

(9) Die Mitgliedstaaten ermitteln Synergien mit dem Klimaschutz, der Anpassung an den Klimawandel, der Landdegradationsneutralität und der Katastrophenvorsorge und geben Wiederherstellungsmaßnahmen entsprechend Vorrang. Darüber hinaus berücksichtigen die Mitgliedstaaten

a) ihre integrierten nationalen Energie- und Klimapläne gemäß Artikel 3 der Verordnung (EU) 2018/1999;
b) ihre Langfrist-Strategien gemäß Artikel 15 der Verordnung (EU) 2018/1999;
c) das verbindliche Gesamtziel der Union für 2030 gemäß Artikel 3 der Richtlinie (EU) 2018/2001.

(10) Die Mitgliedstaaten ermitteln Synergien mit der Land- und Forstwirtschaft. Sie ermitteln auch bestehende land- und forstwirtschaftliche Verfahren, einschließlich GAP-Interventionen, die zu den Zielen dieser Verordnung beitragen.

(11) Die Durchführung dieser Verordnung verpflichtet die Mitgliedstaaten nicht dazu, Mittel im Rahmen der GAP, der gemeinsamen Fischereipolitik (GFP) oder anderer Finanzierungsprogramme und -instrumente in den Bereichen Landwirtschaft und Fischerei im Rahmen des MFR 2021-2027 anzupassen.

(12) Die Mitgliedstaaten können den Einsatz privater oder öffentlicher Förderprogramme zugunsten der Interessenträger, die Wiederherstellungsmaßnahmen gemäß den Artikeln 4 bis 12 durchführen, – einschließlich Landbewirtschaftern und -eigentümern, Landwirten, Forstwirten und Fischern – fördern.

(13) Die Mitgliedstaaten koordinieren die Erstellung der nationalen Wiederherstellungspläne mit der Kartierung von Flächen, die erforderlich sind, um mindestens ihren nationalen Beitrag zum Ziel für erneuerbare Energie für 2030 zu erreichen, und, sofern zutreffend, mit der Ausweisung von Beschleunigungsgebieten für erneuerbare Energien und speziellen Infrastrukturgebieten. Während der Erstellung der nationalen Wiederherstellungspläne sorgen die Mitgliedstaaten für Synergien mit dem Ausbau erneuerbarer Energie und der Energieinfrastruktur sowie mit Beschleunigungsgebieten für erneuerbare Energien und speziellen Infrastrukturgebieten, die bereits ausgewiesen sind, und stellen sicher, dass die Funktionsweise dieser Gebiete, einschließlich der gemäß der Richtlinie (EU) 2018/2001 in diesen Gebieten geltenden Genehmigungsverfahren, und die Funktionsweise der Netzvorhaben, die für die Integration von erneuerbarer Energie in das Stromnetz erforderlich sind, und die entsprechenden Genehmigungsverfahren unverändert bleiben.

(14) Bei der Erstellung ihrer nationalen Wiederherstellungspläne berücksichtigen die Mitgliedstaaten insbesondere Folgendes:

a) die gemäß der Richtlinie 92/43/EWG für Natura-2000-Gebiete festgelegten Erhaltungsmaßnahmen;
b) prioritäre Aktionsrahmen, die im Einklang mit der Richtlinie 92/43/EWG erstellt wurden;
c) die Maßnahmen zur Erreichung eines guten quantitativen, ökologischen und chemischen Zustands der Wasserkörper, die in den gemäß der Richtlinie 2000/60/EG erstellten Maßnahmenprogrammen und Bewirtschaftungsplänen enthalten sind und die gemäß der Richtlinie 2007/60/EG des Europäischen Parlaments und des Rates ([5]) erstellten Hochwasserrisikomanagementpläne;
d) falls anwendbar, die gemäß der Richtlinie 2008/56/EG ausgearbeiteten Meeresstrategien zur Erreichung eines guten Umweltzustands für alle Meeresregionen der Union;
e) die gemäß der Richtlinie (EU) 2016/2284 erstellten nationalen Luftreinhalteprogramme;
f) im Einklang mit Artikel 6 des Übereinkommens über die biologische Vielfalt erstellte nationale Biodiversitätsstrategien und Aktionspläne;
g) falls anwendbar, Bestandserhaltungs- und Bewirtschaftungsmaßnahmen im Rahmen der GFP;
h) die gemäß der Verordnung (EU) 2021/2115 erstellten GAP-Strategiepläne.

(15) Bei der Erstellung ihrer nationalen Wiederherstellungspläne berücksichtigen die Mitgliedstaaten auch strategische kritische Rohstoffe betreffende Projekte, sofern diese nach Unionsrecht anerkannt sind.

(16) Bei der Erstellung ihrer nationalen Wiederherstellungspläne

[5] Richtlinie 2007/60/EG des Europäischen Parlaments und des Rates vom 23. Oktober 2007 über die Bewertung und das Management von Hochwasserrisiken (ABl. L 288 vom 6.11.2007, S. 27).

a) können die Mitgliedstaaten je nach den spezifischen nationalen und lokalen Gegebenheiten und den jüngsten wissenschaftlichen Erkenntnissen die verschiedenen Beispiele für Wiederherstellungsmaßnahmen verwenden, die in Anhang VII aufgeführt sind;
b) streben die Mitgliedstaaten danach, die ökologischen, wirtschaftlichen und sozialen Ökosystemfunktionen und ihren Beitrag zur nachhaltigen Entwicklung der betreffenden Regionen und Gemeinschaften zu optimieren;
c) können die Mitgliedstaaten die unterschiedlichen Situationen in diversen Regionen im Zusammenhang mit sozialen, wirtschaftlichen und kulturellen Erfordernissen, regionalen und lokalen Besonderheiten und der Bevölkerungsdichte berücksichtigen; falls angemessen, sollte die besondere Situation der Gebiete in äußerster Randlage der Union, wie ihrer Abgelegenheit, Insellage, geringen Größe und schwierigen topografischen und klimatischen Bedingungen sowie ihrer reichen biologischen Vielfalt, und den mit dem Schutz und der Wiederherstellung ihrer Ökosysteme verbundenen Kosten berücksichtigt werden.

(17) Die Mitgliedstaaten fördern nach Möglichkeit Synergien mit den nationalen Wiederherstellungsplänen anderer Mitgliedstaaten, insbesondere wenn es sich um grenzübergreifende Ökosysteme handelt oder wenn Mitgliedstaaten sich eine Meeresregion oder Unterregion im Sinne der Richtlinie 2008/56/EG teilen.

(18) Die Mitgliedstaaten können in Bezug auf die Wiederherstellung und Wiedereinrichtung von Meeresökosystemen für die Erstellung und Umsetzung nationaler Wiederherstellungspläne – sofern praktikabel und angemessen – bestehende Strukturen der regionalen institutionellen Zusammenarbeit nutzen.

(19) Stellen die Mitgliedstaaten ein Problem fest, das voraussichtlich die Erfüllung der Verpflichtungen zur Wiederherstellung und Wiedereinrichtung von Meeresökosystemen verhindert und das Maßnahmen erforderlich macht, für die sie nicht zuständig sind, so wenden sie sich einzeln oder gemeinsam mit einer Beschreibung des festgestellten Problems und möglichen Maßnahmen im Hinblick auf deren Prüfung und potenzielle Annahme an die gegebenenfalls betroffenen Mitgliedstaaten, die Kommission oder internationale Organisationen.

(20) Die Mitgliedstaaten stellen sicher, dass die Erstellung des Wiederherstellungsplans offen, transparent, inklusiv und wirksam ist und dass die Öffentlichkeit, einschließlich aller relevanten Interessenträger, frühzeitig und wirksam die Möglichkeit erhält, sich an der Ausarbeitung des Plans zu beteiligen. Die Konsultationen müssen die Anforderungen gemäß der Richtlinie 2001/42/EG erfüllen.

Artikel 15
Inhalt der nationalen Wiederherstellungspläne

(1) Der nationale Wiederherstellungsplan deckt den Zeitraum bis 2050 ab und enthält Zwischenfristen zu den Zielen und Verpflichtungen gemäß den Artikeln 4 bis 13.

(2) Abweichend von Absatz 1 dieses Artikels kann sich der gemäß Artikel 16 und Artikel 17 Absatz 6 vorzulegende nationale Wiederherstellungsplan für den Zeitraum ab dem 1. Juli 2032 bis zu einer Überprüfung gemäß Artikel 19 Absatz 1 auf einen strategischen Überblick über Folgendes beschränken:
a) die Elemente gemäß Absatz 3 und
b) die Inhalte gemäß den Absätzen 4 und 5.

Der infolge der gemäß Artikel 19 Absatz 1 bis zum 30. Juni 2032 durchzuführenden Überprüfung überarbeitete nationale Wiederherstellungsplan kann sich für den Zeitraum ab dem 1. Juli 2042 bis zu einer Überarbeitung gemäß Artikel 19 Absatz 1 bis zum 30. Juni 2042 auf einen strategischen Überblick über die in Unterabsatz 1 des vorliegenden Absatzes genannten Elemente und Inhalte beschränken.

(3) Jeder Mitgliedstaat nimmt in seinem unter Verwendung des gemäß Absatz 7 dieses Artikels festgelegten einheitlichen Formats erstellten nationalen Wiederherstellungsplan folgende Elemente auf:
a) die Quantifizierung der Flächen, die wiederhergestellt werden müssen, um die Wiederherstellungsziele gemäß den Artikeln 4 bis 12 zu erreichen, auf der Grundlage der gemäß Artikel 14 durchgeführten vorbereitenden Arbeiten und der vorläufigen Karten der potenziell wiederherzustellenden Flächen;
b) – falls ein Mitgliedstaat die Ausnahmeregelung gemäß Artikel 4 Absatz 5 oder Artikel 5 Absatz 3 anwendet – eine Begründung, warum es nicht möglich ist, bis 2050 die für die günstige Gesamtfläche eines bestimmten Lebensraumtyps notwendigen Wiederherstellungsmaßnahmen zu ergreifen, und eine Begründung für den von diesem Mitgliedstaat ermittelten niedrigeren Prozentsatz gemäß jenen Artikeln;
c) eine Beschreibung der zur Erreichung der Wiederherstellungsziele und -verpflichtungen gemäß den Artikeln 4 bis 13 der vorliegenden Verordnung geplanten oder ergriffenen Wiederherstellungsmaßnahmen und eine Angabe, welche dieser Wiederherstellungsmaßnahmen innerhalb des gemäß der Richtlinie 92/43/EWG eingerichteten Natura-2000-Netzes geplant sind oder ergriffen wurden;
d) einen eigenen Abschnitt mit den Maßnahmen zur Erfüllung der Verpflichtungen gemäß Artikel 4 Absatz 9 und Artikel 5 Absatz 7;
e) falls ein Mitgliedstaat die Ausnahmeregelung gemäß Artikel 4 Absatz 2 der vorliegenden Verordnung anwendet: eine Begründung dafür, warum die Verwirklichung oder Aufrechterhaltung des gemäß Artikel 1 Buchstabe e der Richtlinie 92/43/EWG ermittelten günstigen Erhaltungszustands der betreffenden Lebensraumtypen auf nationaler biogeografischer Ebene durch die nach dem genannten Artikel festgelegten Prozentsätze nicht verhindert würde;
f) eine Angabe der Maßnahmen, mit denen im Einklang mit Artikel 4 Absatz 11 und Artikel 5 Absatz 9 sichergestellt werden soll, dass sich der Zustand der Flächen der in den Anhängen I und II aufgeführten Lebensraumtypen auf den Flächen, auf denen ein guter Zustand erreicht wurde, nicht erheblich verschlechtert und dass sich die Habitate der in Artikel 4 Absatz 7 und Artikel 5 Absatz 5 genannten Arten auf den Flächen, auf denen eine ausreichende Qualität der Habitate der Arten erreicht wurde, nicht erheblich verschlechtern;
g) falls anwendbar, eine Beschreibung der Art und Weise der Anwendung von Artikel 4 Absatz 13 in seinem Hoheitsgebiet, einschließlich
   i) einer Erläuterung des Systems der Ausgleichsmaßnahmen, die für jedes erhebliche Verschlechterungsereignis zu ergreifen sind, sowie der erforderlichen Überwachung der erheblichen Verschlechterung der Lebensraumtypen und Habitate der Arten sowie der Berichterstattung darüber sowie der ergriffenen Ausgleichsmaßnahmen;
   ii) einer Erläuterung der Art und Weise, wie sichergestellt wird, dass die Durchführung von Artikel 4 Absatz 13 nicht die Erreichung der Ziele und Zielvorgaben gemäß den Artikeln 1, 4 und 5 beeinträchtigt;
h) eine Angabe der Maßnahmen mit dem Ziel, die in den Anhängen I und II aufgeführten Lebensraumtypen auf den Flächen, auf denen sie vorkommen, in gutem Zustand zu

erhalten, und der Maßnahmen mit dem Ziel, gemäß Artikel 4 Absatz 12 und Artikel 5 Absatz 10 eine erhebliche Verschlechterung des Zustands anderer Flächen der in den Anhängen I und II aufgeführten Lebensraumtypen zu verhindern;

i) das Verzeichnis der gemäß Artikel 9 Absatz 1 ermittelten zu beseitigenden Hindernisse, den Plan für ihre Beseitigung gemäß Artikel 9 Absatz 2 und die geschätzte Länge frei fließender Flüsse, die durch die Beseitigung dieser Hindernisse von 2020 bis 2030 und 2050 erreicht werden soll, sowie alle sonstigen Maßnahmen zur Wiederherstellung der natürlichen Funktionen von Auen gemäß Artikel 9 Absatz 3;

j) eine Übersicht über die gemäß Artikel 11 Absatz 2 gewählten Indikatoren für landwirtschaftliche Ökosysteme und ihre Eignung als Nachweis für dic Verbesserung der biologischen Vielfalt in landwirtschaftlichen Ökosystemen in dem betreffenden Mitgliedstaat;

k) falls anwendbar, eine Begründung dafür, warum Moorböden zu einem geringeren Anteil als gemäß Artikel 11 Absatz 4 Unterabsatz 1 Buchstaben a, b und c wiedervernässt werden;

l) eine Übersicht über die gemäß Artikel 12 Absatz 3 gewählten Indikatoren für Waldökosysteme und ihre Eignung als Nachweis für die Verbesserung der biologischen Vielfalt in Waldökosystemen in dem betreffenden Mitgliedstaat;

m) eine Beschreibung des Beitrags zu der Verpflichtung gemäß Artikel 13;

n) den Zeitplan für die Durchführung der Wiederherstellungsmaßnahmen gemäß den Artikeln 4 bis 12;

o) falls anwendbar, ein eigener Abschnitt mit speziell zugeschnittenen Wiederherstellungsmaßnahmen in ihren Gebieten in äußerster Randlage;

p) die Überwachung der Flächen, die Wiederherstellungsmaßnahmen gemäß den Artikeln 4 und 5 unterliegen, das Verfahren zur Bewertung der Wirksamkeit der gemäß den Artikeln 4 bis 12 ergriffenen Wiederherstellungsmaßnahmen und zur Überarbeitung dieser Maßnahmen, wenn dies erforderlich ist, um sicherzustellen, dass die Ziele und Verpflichtungen gemäß den Artikeln 4 bis 13 eingehalten beziehungsweise erfüllt werden;

q) eine Angabe der Bestimmungen zur Gewährleistung der kontinuierlichen, langfristigen und nachhaltigen Wirkung der Wiederherstellungsmaßnahmen gemäß den Artikeln 4 bis 12;

r) die geschätzten positiven Nebeneffekte für den Klimaschutz und die Landdegradationsneutralität im Zusammenhang mit den Wiederherstellungsmaßnahmen im Laufe der Zeit;

s) die vorhersehbaren sozioökonomischen Auswirkungen und den geschätzten Nutzen der Durchführung der Wiederherstellungsmaßnahmen gemäß den Artikeln 4 bis 12;

t) ein eigener Abschnitt, in dem dargelegt wird, wie der nationale Wiederherstellungsplan Folgendes berücksichtigt:

   i) die Relevanz von Klimaszenarien für die Planung von Art und Ort der Wiederherstellungsmaßnahmen,

   ii) das Potenzial von Wiederherstellungsmaßnahmen zur Minimierung der Auswirkungen des Klimawandels auf die Natur, zur Verhinderung von Naturkatastrophen oder zur Abmilderung von deren Auswirkungen und zur Unterstützung der Anpassung,

   iii) Synergien mit nationalen Anpassungsstrategien oder -plänen und nationalen Berichten über die Bewertung des Katastrophenrisikos,

   iv) einen Überblick über die Wechselwirkungen zwischen den im nationalen Wiederherstellungsplan und im nationalen Energie- und Klimaplan enthaltenen Maßnahmen,

u) den geschätzten Finanzierungsbedarf für die Durchführung der Wiederherstellungsmaßnahmen, einschließlich einer Beschreibung der Unterstützung für Interessenträger, die von Wiederherstellungsmaßnahmen oder anderen neuen Verpflichtungen aus dieser Verordnung betroffen sind, und der vorgesehenen öffentlichen oder privaten Finanzierungsmittel, einschließlich der Finanzierung oder Kofinanzierung mit Finanzierungsinstrumenten der Union;

v) eine Angabe der Subventionen, die sich negativ auf die Erreichung der Ziele und die Einhaltung der Verpflichtungen, die in dieser Verordnung festgelegt sind, auswirken;

w) cine Zusammenfassung des Verfahrens zur Erstellung und Festlegung des nationalen Wiederherstellungsplans, einschließlich Informationen über die Beteiligung der Öffentlichkeit und darüber, wie die Bedürfnisse lokaler Gemeinschaften und Interessenträger berücksichtigt wurden;

x) ein eigener Abschnitt, in dem dargelegt wird, wie die in Artikel 17 Absatz 4 genannten Anmerkungen der Kommission zum Entwurf des nationalen Wiederherstellungsplans gemäß Artikel 17 Absatz 5 berücksichtigt wurden; geht der betreffende Mitgliedstaat auf eine Anmerkung der Kommission oder einen wesentlichen Bestandteil davon nicht ein, so begründet er dies.

(4) Der nationale Wiederherstellungsplan enthält, falls anwendbar, die Bestandserhaltungs- und Bewirtschaftungsmaßnahmen, die ein Mitgliedstaat im Rahmen der GFP zu ergreifen beabsichtigt, einschließlich der Bestandserhaltungsmaßnahmen in gemeinsamen Empfehlungen, die ein Mitgliedstaat nach dem in der Verordnung (EU) Nr. 1380/2013 festgelegten und in Artikel 18 der vorliegenden Verordnung aufgeführten Verfahren zu veranlassen beabsichtigt, sowie alle einschlägigen Informationen über diese Maßnahmen.

(5) Der nationale Wiederherstellungsplan enthält einen Überblick über das Zusammenspiel zwischen den im nationalen Wiederherstellungsplan und im nationalen Strategieplan im Rahmen der GAP enthaltenen Maßnahmen.

(6) Falls angemessen, enthält der nationale Wiederherstellungsplan einen Überblick über die Erwägungen im Zusammenhang mit den unterschiedlichen Situationen in diversen Regionen gemäß Artikel 14 Absatz 16 Buchstabe c.

(7) Die Kommission legt im Wege von Durchführungsrechtsakten ein einheitliches Format für den nationalen Wiederherstellungsplan fest. Diese Durchführungsrechtsakte werden gemäß dem in Artikel 24 Absatz 2 genannten Prüfverfahren erlassen. Die Kommission wird bei der Ausarbeitung des einheitlichen Formats von der EUA unterstützt. Bis zum 1. Dezember 2024 legt die Kommission dem Ausschuss gemäß Artikel 24 Absatz 1 die Entwürfe der Durchführungsrechtsakte vor.

Artikel 16
Vorlage der Entwürfe der nationalen Wiederherstellungspläne

Jeder Mitgliedstaat legt der Kommission bis zum 1. September 2026 einen Entwurf des nationalen Wiederherstellungsplans gemäß den Artikeln 14 und 15 vor.

Artikel 17
Bewertung des nationalen Wiederherstellungsplans

(1) Die Kommission bewertet den Entwurf des nationalen Wiederherstellungsplans innerhalb von sechs Monaten nach seinem Eingang. Bei der Durchführung dieser Bewertung

handelt die Kommission in enger Zusammenarbeit mit dem Mitgliedstaat.

(2) Bei der Bewertung des Entwurfs des nationalen Wiederherstellungsplans prüft die Kommission

a) die Einhaltung von Artikel 15;

b) die Angemessenheit des Plans im Hinblick auf die Erfüllung der Ziele und die Einhaltung der Verpflichtungen gemäß den Artikeln 4 bis 13;

c) den Beitrag des Plans zum Erreichen der übergeordneten Ziele und Zielvorgaben der Union gemäß Artikel 1, der spezifischen Ziele der Umwandlung von mindestens 25 000 Flusskilometern in der Union in frei fließende Flüsse bis 2030 gemäß Artikel 9 Absatz 1 und der Verpflichtung nach Artikel 13, bis 2030 mindestens drei Milliarden weitere Bäume in der Union zu pflanzen.

(3) Bei der Bewertung des Entwurfs des nationalen Wiederherstellungsplans wird die Kommission von Experten oder der EUA unterstützt.

(4) Die Kommission kann dem Mitgliedstaat innerhalb von sechs Monaten nach Eingang des Entwurfs des nationalen Wiederherstellungsplans Anmerkungen zu diesem Entwurf übermitteln.

(5) Der Mitgliedstaat trägt etwaigen Anmerkungen der Kommission in seinem endgültigen nationalen Wiederherstellungsplan Rechnung.

(6) Innerhalb von sechs Monaten nach Eingang der Anmerkungen der Kommission stellt der Mitgliedstaat den nationalen Wiederherstellungsplan fertig, veröffentlicht ihn und übermittelt ihn der Kommission.

Artikel 18
Koordinierung von Wiederherstellungsmaßnahmen in Meeresökosystemen

(1) Die Mitgliedstaaten, deren nationale Wiederherstellungspläne im Rahmen der GFP zu erlassende Bestandserhaltungsmaßnahmen enthalten, nutzen die darin vorgesehenen Instrumente in vollem Umfang.

(2) Enthalten die nationalen Wiederherstellungspläne Maßnahmen, für die die Vorlage einer gemeinsamen Empfehlung im Rahmen des Regionalisierungsverfahrens gemäß Artikel 18 der Verordnung (EU) Nr. 1380/2013 erforderlich ist, so leiten die Mitgliedstaaten, die diese nationalen Wiederherstellungspläne erstellen, unter Berücksichtigung der in Artikel 5 der vorliegenden Verordnung festgelegten Fristen rechtzeitig Konsultationen mit anderen von diesen Maßnahmen betroffenen Mitgliedstaaten mit einem direkten Bewirtschaftungsinteresse und mit den einschlägigen Beiräten gemäß Artikel 18 Absatz 2 der Verordnung (EU) Nr. 1380/2013 ein, um eine rechtzeitige Einigung über gemeinsame Empfehlungen und deren Vorlage zu ermöglichen. Zu diesem Zweck nehmen sie in den nationalen Wiederherstellungsplan auch den voraussichtlichen Zeitplan für die Konsultation und die Vorlage der gemeinsamen Empfehlungen auf.

(3) Die Kommission erleichtert und überwacht Fortschritte bei der Vorlage gemeinsamer Empfehlungen im Rahmen der GFP. Die Mitgliedstaaten legen spätestens 18 Monate vor Ablauf der jeweiligen Frist die gemeinsamen Empfehlungen zu den Bestandserhaltungsmaßnahmen vor, die erforderlich sind, um zur Erreichung der in Artikel 5 festgelegten Ziele beizutragen.

(4) Liegen innerhalb der jeweiligen Frist gemäß Absatz 3 des vorliegenden Artikels keine gemeinsamen Empfehlungen gemäß Absatz 2 des vorliegenden Artikels zu Bestandserhaltungsmaßnahmen vor, die für die Einhaltung der Verpflichtungen im Rahmen des Umweltrechts der Union gemäß Artikel 11 der Verordnung (EU) Nr. 1380/2013 erforderlich sind, so kann die Kommission die in Artikel 11 Absatz 4 jener Verordnung vorgesehenen Instrumente, falls angemessen, unter den dort festgelegten Bedingungen in vollem Umfang nutzen.

Artikel 19
Überprüfung des nationalen Wiederherstellungsplans

(1) Bis zum 30. Juni 2032 und anschließend bis zum 30. Juni 2042 überprüft und überarbeitet jeder Mitgliedstaat seinen jeweiligen nationalen Wiederherstellungsplan und nimmt zusätzliche Maßnahmen auf. Danach überprüft jeder Mitgliedstaat mindestens alle zehn Jahre seinen nationalen Wiederherstellungsplan, überarbeitet ihn erforderlichenfalls und nimmt zusätzliche Maßnahmen auf.

Die Überprüfung wird gemäß den Artikeln 14 und 15 durchgeführt, und dabei werden die Fortschritte bei der Durchführung des Plans, die besten verfügbaren wissenschaftlichen Erkenntnisse sowie die verfügbaren Kenntnisse über Änderungen oder erwartete Veränderungen der Umweltbedingungen aufgrund des Klimawandels berücksichtigt. Bei den bis 30. Juni 2032 und bis 30. Juni 2042 durchzuführenden Überprüfungen berücksichtigen die Mitgliedstaaten die im Einklang mit Artikel 4 Absatz 9 und Artikel 5 Absatz 7 gewonnenen Erkenntnisse über den Zustand der in den Anhängen I und II aufgeführten Lebensraumtypen. Jeder Mitgliedstaat veröffentlicht seinen überarbeiteten nationalen Wiederherstellungsplan und legt ihn der Kommission vor.

(2) Ergibt sich aus der gemäß Artikel 20 durchgeführten Überwachung, dass die im nationalen Wiederherstellungsplan festgelegten Maßnahmen voraussichtlich nicht für die Erreichung der Ziele und die Erfüllung der Verpflichtungen gemäß den Artikeln 4 bis 13 ausreichen werden, so hat der betreffende Mitgliedstaat den nationalen Wiederherstellungsplan zu überprüfen und, falls erforderlich, zu überarbeiten und zusätzliche Maßnahmen in ihn aufzunehmen. Die Mitgliedstaaten veröffentlichen ihren überarbeiteten nationalen Wiederherstellungsplan und legen ihn der Kommission vor.

(3) Auf der Grundlage der in Artikel 21 Absätze 1 und 2 genannten Informationen und der Bewertung gemäß Artikel 21 Absätze 4 und 5 kann die Kommission nach Rücksprache mit dem betreffenden Mitgliedstaat diesen auffordern, einen überarbeiteten Entwurf des nationalen Wiederherstellungsplans mit zusätzlichen Maßnahmen vorzulegen, wenn sie der Auffassung ist, dass die vom betreffenden Mitgliedstaat erzielten Fortschritte nicht für die Erreichung der Ziele und die Erfüllung der Verpflichtungen gemäß den Artikeln 4 bis 13 ausreichen werden. Innerhalb von sechs Monaten nach Eingang der Aufforderung seitens der Kommission veröffentlicht der Mitgliedstaat den überarbeiteten nationalen Wiederherstellungsplan mit zusätzlichen Maßnahmen und legt ihn der Kommission vor. Auf Antrag des betreffenden Mitgliedstaats und in hinreichend begründeten Fällen kann die Kommission diese Frist um weitere sechs Monate verlängern.

KAPITEL IV
ÜBERWACHUNG UND BERICHTERSTATTUNG

Artikel 20
Überwachung

(1) Die Mitgliedstaaten überwachen Folgendes:

a) Zustand und Trends beim Zustand der Lebensraumtypen sowie Qualität und Qualitätstrend der Habitate der in den Artikeln 4 und 5 genannten Arten auf den Flächen, die Wiederherstellungsmaßnahmen unterliegen, auf der Grundlage der Überwachungsvorkehrungen gemäß Artikel 15 Absatz 3 Buchstabe p;

b) die Fläche der städtischen Grünflächen und städtischen Baumüberschirmung in gemäß Artikel 14 Absatz 4 bestimmten städtischen Ökosystemgebieten nach Artikel 8;
c) mindestens zwei der von dem Mitgliedstaat gemäß Artikel 11 Absatz 2 gewählten Biodiversitätsindikatoren für landwirtschaftliche Ökosysteme;
d) die Populationen der in Anhang V aufgeführten häufigen Feldvogelarten;
e) den Biodiversitätsindikator für Waldökosysteme gemäß Artikel 12 Absatz 2;
f) mindestens sechs der von dem Mitgliedstaat gemäß Artikel 12 Absatz 3 gewählten Biodiversitätsindikatoren für Waldökosysteme;
g) die Größe und Vielfalt der Populationen von Bestäuberarten gemäß der in Artikel 10 Absatz 2 festgelegten Methode;
h) die Fläche und den Zustand der Flächen der in den Anhängen I und II aufgeführten Lebensraumtypen;
i) die Fläche und die Qualität des Habitats der in Artikel 4 Absatz 7 und Artikel 5 Absatz 5 genannten Arten;
j) das Ausmaß und die Lage der Flächen, auf denen sich die Lebensraumtypen und Habitate der Arten erheblich verschlechtert haben, und der Flächen, für die Ausgleichsmaßnahmen gemäß Artikel 4 Absatz 13 gelten, sowie die Wirksamkeit der Ausgleichsmaßnahmen, um sicherzustellen, dass sich die Lebensraumtypen und Habitate der Arten auf Ebene jeder biogeografischen Region in ihrem Hoheitsgebiet nicht erheblich verschlechtern, und um sicherzustellen, dass die Erreichung der Ziele und Zielvorgaben gemäß den Artikeln 1, 4 und 5 nicht gefährdet ist.

(2) Die Überwachung gemäß Absatz 1 Buchstabe a beginnt, sobald die Wiederherstellungsmaßnahmen ergriffen werden.

(3) Die Überwachung gemäß Absatz 1 Buchstaben b, c, d, e und f beginnt am 18. August 2024.

(4) Die Überwachung gemäß Absatz 1 Buchstabe g dieses Artikels beginnt ein Jahr nach dem Inkrafttreten des in Artikel 10 Absatz 2 genannten delegierten Rechtsakts.

(5) Die Überwachung gemäß Absatz 1 Buchstabe j dieses Artikels beginnt, sobald die Mitteilung gemäß Artikel 4 Absatz 13 der Kommission übermittelt wurde.

(6) Die Überwachung gemäß Absatz 1 Buchstaben a und b erfolgt mindestens alle sechs Jahre. Die Überwachung gemäß Absatz 1 Buchstabe c in Bezug auf, falls anwendbar, den Vorrat an organischem Kohlenstoff in mineralischen Ackerflächen und den Anteil der landwirtschaftlichen Flächen mit Landschaftselementen mit großer Vielfalt und gemäß Absatz 1 Buchstabe f, falls anwendbar, in Bezug auf stehendes Totholz und liegendes Totholz sowie, falls anwendbar, den Anteil der Wälder mit uneinheitlicher Altersstruktur, die Waldvernetzung und der Vorrat an organischem Kohlenstoff und den Anteil der Wälder mit überwiegend heimischen Baumarten und die Vielfalt der Baumarten wird mindestens alle sechs Jahre oder, falls zur Bewertung des Erreichens von Aufwärtstrends bis 2030 erforderlich, in kürzeren Abständen durchgeführt. Die Überwachung gemäß Absatz 1 Buchstabe c in Bezug auf, falls anwendbar, den Index der Grünlandschmetterlinge, gemäß Absatz 1 Buchstabe d in Bezug auf den Index häufiger Feldvogelarten, gemäß Absatz 1 Buchstabe e in Bezug auf den Index häufiger Waldvogelarten und gemäß Absatz 1 Buchstabe g in Bezug auf Bestäuberarten erfolgt jährlich. Die Überwachung gemäß Absatz 1 Buchstaben h und i erfolgt mindestens alle sechs Jahre und wird mit dem Berichterstattungszyklus gemäß Artikel 17 der Richtlinie 92/43/EWG und der Anfangsbewertung gemäß Artikel 17 der Richtlinie 2008/56/EG koordiniert. Die Überwachung gemäß Absatz 1 Buchstabe j erfolgt mindestens alle drei Jahre.

(7) Die Mitgliedstaaten stellen sicher, dass die Indikatoren für landwirtschaftliche Ökosysteme gemäß Artikel 11 Absatz 2 Buchstabe b und die Indikatoren für Waldökosysteme gemäß Artikel 12 Absatz 3 Buchstaben a, b und e der vorliegenden Verordnung im Einklang mit der Überwachung gemäß den Verordnungen (EU) 2018/841 und (EU) 2018/1999 überwacht werden.

(8) Die Mitgliedstaaten veröffentlichen die Daten, die bei der Überwachung nach diesem Artikel erzeugt werden, im Einklang mit der Richtlinie 2007/2/EG und mit den in Absatz 6 dieses Artikels festgelegten Überwachungshäufigkeiten.

(9) Die Überwachungssysteme der Mitgliedstaaten stützen sich auf elektronische Datenbanken und geografische Informationssysteme und maximieren den Zugang zu und die Nutzung von Daten und Diensten aus Fernerkundungstechnologien, Erdbeobachtung (Copernicus-Dienste), In-situ-Sensoren und Geräten oder Bürgerwissenschaftsdaten, wobei die Möglichkeiten der künstlichen Intelligenz, fortgeschrittenen Datenanalyse und -verarbeitung zum Einsatz kommen.

(10) Bis zum 31. Dezember 2028 richtet die Kommission im Wege von Durchführungsrechtsakten einen Orientierungsrahmen für die Festlegung der zufriedenstellenden Niveaus gemäß Artikel 8 Absätze 2 und 3, Artikel 10 Absatz 1 und Artikel 11 Absatz 2 ein.

(11) Die Kommission kann Durchführungsrechtsakte erlassen, um
a) die Methoden für die Überwachung der in Anhang IV aufgeführten Indikatoren für landwirtschaftliche Ökosysteme festzulegen;
b) die Methoden für die Überwachung der in Anhang VI aufgeführten Indikatoren für Waldökosysteme festzulegen;
c) einen Orientierungsrahmen für die Festlegung des in Artikel 12 Absätze 2 und 3 genannten zufriedenstellenden Niveaus einzurichten.

(12) Die in den Absätzen 10 und 11 dieses Artikels genannten Durchführungsrechtsakte werden nach dem in Artikel 24 Absatz 2 genannten Prüfverfahren erlassen.

Artikel 21
Berichterstattung

(1) Die Mitgliedstaaten melden der Kommission elektronisch bis zum 30. Juni 2028 und danach mindestens alle drei Jahre folgende Daten:
a) die Flächen, die Wiederherstellungsmaßnahmen gemäß den Artikeln 4 bis 12 unterliegen;
b) den Umfang der Flächen, auf denen sich Lebensraumtypen und Habitate von Arten erheblich verschlechtert haben, und der Flächen, für die Ausgleichsmaßnahmen gemäß Artikel 4 Absatz 13 gelten;
c) die in Artikel 9 genannten Hindernisse, die beseitigt wurden, und
d) ihren Beitrag zur Verpflichtung gemäß Artikel 13.

(2) Die Mitgliedstaaten übermitteln der Kommission mit Unterstützung der EUA bis zum 30. Juni 2031 für den Zeitraum bis 2030 und danach mindestens alle sechs Jahre elektronisch folgende Daten und Informationen:
a) die Fortschritte bei der Umsetzung des nationalen Wiederherstellungsplans, bei der Durchführung der Wiederherstellungsmaßnahmen und bei der Erreichung der Ziele und Verpflichtungen gemäß den Artikeln 4 bis 13;
b) Informationen über
   i) die Lage der Flächen, auf denen sich Lebensraumtypen oder Habitate von Arten erheblich verschlechtert haben, und der Flächen, für die Ausgleichsmaßnahmen gemäß Artikel 4 Absatz 13 gelten;

ii) eine Beschreibung der Wirksamkeit, die die gemäß Artikel 4 Absatz 13 ergriffenen Ausgleichsmaßnahmen zeigen, wenn es darum geht sicherzustellen, dass sich die Lebensraumtypen und Habitate von Arten auf der Ebene jeder biogeografischen Region in ihrem Hoheitsgebiet nicht erheblich verschlechtern;

iii) eine Beschreibung der Wirksamkeit, die die gemäß Artikel 4 Absatz 13 ergriffenen Ausgleichsmaßnahmen zeigen, wenn es darum geht sicherzustellen, dass die Erreichung der Zielvorgaben und Ziele gemäß den Artikeln 1, 4 und 5 genannten Ziele nicht gefährdet wird;

c) die Ergebnisse der gemäß Artikel 20 durchgeführten Überwachung, einschließlich georeferenzierter Karten im Fall der Ergebnisse der gemäß Artikel 20 Absatz 1 Buchstaben h und i durchgeführten Überwachung;

d) Lage und Ausmaß der Flächen, die Wiederherstellungsmaßnahmen gemäß Artikel 4, Artikel 5 und Artikel 11 Absatz 4 unterliegen, einschließlich einer georeferenzierten Karte dieser Flächen;

e) das aktualisierte Verzeichnis der Hindernisse gemäß Artikel 9 Absatz 1;

f) Informationen über die Fortschritte bei der Deckung des Finanzierungsbedarfs gemäß Artikel 15 Absatz 3 Buchstabe u, einschließlich einer Überprüfung der tatsächlichen Investitionen gegenüber den ursprünglichen Investitionsannahmen.

(3) Die Kommission legt im Wege von Durchführungsrechtsakten das Format, die Struktur und die Modalitäten für die Vorlage der in den Absätzen 1 und 2 dieses Artikels genannten Informationen fest. Diese Durchführungsrechtsakte werden gemäß dem in Artikel 24 Absatz 2 genannten Prüfverfahren erlassen. Die Kommission wird bei der Ausarbeitung des Formats, der Struktur und der Modalitäten der elektronischen Berichterstattung durch die EUA unterstützt.

(4) Die EUA legt der Kommission bis zum 31. Dezember 2028 und danach alle drei Jahre auf der Grundlage der von den Mitgliedstaaten gemäß Absatz 1 dieses Artikels und Artikel 20 Absatz 8 bereitgestellten Daten einen technischen Überblick über die Fortschritte bei der Erreichung der Ziele und der Erfüllung der Verpflichtungen gemäß dieser Verordnung vor.

(5) Die EUA legt der Kommission auf der Grundlage der von den Mitgliedstaaten gemäß Absatz 1, 2 und 3 dieses Artikels bereitgestellten Daten bis zum 30. Juni 2032 und danach alle sechs Jahre einen unionsweiten technischen Bericht über die Fortschritte bei der Erreichung der Ziele und der Erfüllung der Verpflichtungen gemäß dieser Verordnung vor. Die EUA kann auch Informationen verwenden, die gemäß Artikel 17 der Richtlinie 92/43/EWG, Artikel 15 der Richtlinie 2000/60/EG, Artikel 12 der Richtlinie 2009/147/EG und Artikel 17 der Richtlinie 2008/56/EG übermittelt werden.

(6) Ab 19. August 2029 und danach alle sechs Jahre erstattet die Kommission dem Europäischen Parlament und dem Rat Bericht über die Anwendung dieser Verordnung.

(7) Bis zum 19. August 2025 legt die Kommission dem Europäischen Parlament und dem Rat in Absprache mit den Mitgliedstaaten einen Bericht vor, der Folgendes enthält:

a) einen Überblick über die auf Unionsebene für die Durchführung dieser Verordnung zur Verfügung stehenden Finanzmittel;

b) eine Bewertung des Finanzierungsbedarfs für die Umsetzung der Artikel 4 bis 13 und zur Verwirklichung des Ziels gemäß Artikel 1 Absatz 2;

c) eine Analyse, um etwaige Finanzierungslücken bei der Umsetzung der in dieser Verordnung festgelegten Verpflichtungen festzustellen;

d) falls angemessen, Vorschläge für angemessene Maßnahmen, einschließlich finanzieller Maßnahmen zur Behebung der ermittelten Lücken, etwa die Bereitstellung spezifischer Mittel, ohne den Vorrechten der beiden gesetzgebenden Organe in Bezug auf die Annahme des mehrjährigen Finanzrahmens für die Zeit nach 2027 vorzugreifen.

(8) Die Mitgliedstaaten stellen sicher, dass die in den Absätzen 1 und 2 dieses Artikels genannten Informationen angemessen und aktuell sind und der Öffentlichkeit gemäß den Richtlinien 2003/4/EG, 2007/2/EG und (EU) 2019/1024 zugänglich sind.

KAPITEL V
DELEGIERTE RECHTSAKTE UND DURCHFÜHRUNGSRECHTSAKTE

Artikel 22
Änderung von Anhängen

(1) Der Kommission wird die Befugnis übertragen, gemäß Artikel 23 delegierte Rechtsakte zur Änderung des Anhangs I zu erlassen, um die Art und Weise der Gruppierung der Lebensraumtypen gemäß dem technischen und wissenschaftlichen Fortschritt anzupassen und den bei der Anwendung dieser Verordnung gewonnenen Erfahrungen Rechnung zu tragen.

(2) Der Kommission wird die Befugnis übertragen, gemäß Artikel 23 delegierte Rechtsakte zur Änderung von Anhang II zu erlassen, um

a) die Liste der Biotoptypen anzupassen, damit die Übereinstimmung mit den Aktualisierungen der Klassifizierung von Lebensräumen gemäß dem Europäischen Naturinformationssystem (EUNIS) sichergestellt ist, und

b) die Art und Weise der Gruppierung der Biotoptypen gemäß dem technischen und wissenschaftlichen Fortschritt anzupassen und den bei der Anwendung dieser Verordnung gewonnenen Erfahrungen Rechnung zu tragen.

(3) Der Kommission wird die Befugnis übertragen, gemäß Artikel 23 delegierte Rechtsakte zur Änderung des Anhangs III zu erlassen, um die Liste der Meeresarten gemäß Artikel 5 an den technischen und wissenschaftlichen Fortschritt anzupassen.

(4) Der Kommission wird die Befugnis übertragen, gemäß Artikel 23 delegierte Rechtsakte zur Änderung des Anhangs IV zu erlassen, um Beschreibung, Einheit und Methodik der Biodiversitätsindikatoren für landwirtschaftliche Ökosysteme an den technischen und wissenschaftlichen Fortschritt anzupassen.

(5) Der Kommission wird die Befugnis übertragen, gemäß Artikel 23 delegierte Rechtsakte zur Änderung des Anhangs V zu erlassen, um die für den Index häufiger Feldvogelarten in den Mitgliedstaaten verwendete Liste von Arten an den technischen und wissenschaftlichen Fortschritt anzupassen.

(6) Der Kommission wird die Befugnis übertragen, gemäß Artikel 23 delegierte Rechtsakte zur Änderung des Anhangs VI zu erlassen, um Beschreibung, Einheit und Methodik der Biodiversitätsindikatoren für Waldökosysteme an den technischen und wissenschaftlichen Fortschritt anzupassen.

(7) Der Kommission wird die Befugnis übertragen, gemäß Artikel 23 delegierte Rechtsakte zur Änderung des Anhangs VII zu erlassen, um die Liste von Beispielen für Wiederherstellungsmaßnahmen an den technischen und wissenschaftlichen Fortschritt anzupassen und den bei der Anwendung dieser Verordnung gewonnenen Erfahrungen Rechnung zu tragen.

Artikel 23
Ausübung der Befugnisübertragung

(1) Die Befugnis zum Erlass delegierter Rechtsakte wird der Kommission unter den in diesem Artikel festgelegten Bedingungen übertragen.

(2) Die Befugnis zum Erlass delegierter Rechtsakte gemäß Artikel 10 Absatz 2 und Artikel 22 Absätze 1 bis 7 wird der Kommission für einen Zeitraum von fünf Jahren ab dem 18. August 2024 übertragen. Die Kommission erstellt spätestens neun Monate vor Ablauf des Fünfjahreszeitraums einen Bericht über die Ausübung der Befugnisübertragung. Die Befugnisübertragung verlängert sich stillschweigend um Zeiträume gleicher Länge, es sei denn, das Europäische Parlament oder der Rat widersprechen einer solchen Verlängerung spätestens drei Monate vor Ablauf des jeweiligen Zeitraums.

(3) Die Befugnisübertragung gemäß Artikel 10 Absatz 2 und Artikel 22 Absätze 1 bis 7 kann vom Europäischen Parlament oder vom Rat jederzeit widerrufen werden. Der Beschluss über den Widerruf beendet die Übertragung der in diesem Beschluss angegebenen Befugnis. Er wird am Tag nach seiner Veröffentlichung im Amtsblatt der Europäischen Union oder zu einem im Beschluss über den Widerruf angegebenen späteren Zeitpunkt wirksam. Die Gültigkeit von delegierten Rechtsakten, die bereits in Kraft sind, wird von dem Beschluss über den Widerruf nicht berührt.

(4) Vor dem Erlass eines delegierten Rechtsakts konsultiert die Kommission die von den einzelnen Mitgliedstaaten benannten Sachverständigen im Einklang mit den in der Interinstitutionellen Vereinbarung vom 13. April 2016 über bessere Rechtsetzung niedergelegten Grundsätzen.

(5) Sobald die Kommission einen delegierten Rechtsakt erlässt, übermittelt sie ihn gleichzeitig dem Europäischen Parlament und dem Rat.

(6) Ein delegierter Rechtsakt, der gemäß Artikel 10 Absatz 2 oder Artikel 22 Absätze 1 bis 7 erlassen wurde, tritt nur in Kraft, wenn weder das Europäische Parlament noch der Rat innerhalb einer Frist von zwei Monaten nach Übermittlung dieses Rechtsakts an das Europäische Parlament und den Rat Einwände erhoben haben oder wenn vor Ablauf dieser Frist das Europäische Parlament und der Rat beide der Kommission mitgeteilt haben, dass sie keine Einwände erheben werden. Auf Initiative des Europäischen Parlaments oder des Rates wird diese Frist um zwei Monate verlängert.

Artikel 24
Ausschussverfahren

(1) Die Kommission wird von einem Ausschuss unterstützt. Dieser Ausschuss ist ein Ausschuss im Sinne der Verordnung (EU) Nr. 182/2011.

(2) Wird auf diesen Absatz Bezug genommen, so gilt Artikel 5 der Verordnung (EU) Nr. 182/2011.

KAPITEL VI
SCHLUSSBESTIMMUNGEN

Artikel 25
Änderung der Verordnung (EU) 2022/869

Artikel 7 Absatz 8 Unterabsatz 1 der Verordnung (EU) 2022/869 erhält folgende Fassung:

„Hinsichtlich der in Artikel 6 Absatz 4 der Richtlinie 92/43/EWG, in Artikel 4 Absatz 7 der Richtlinie 2000/60/EG sowie in Artikel 4 Absätze 14 und 15 und Artikel 5 Absätze 11 und 12 der Verordnung (EU) 2024/1991 des Europäischen Parlaments und des Rates (*1) angesprochenen Umweltauswirkungen gelten, sofern alle in jenen Richtlinien und jener Verordnung vorgesehenen Voraussetzungen erfüllt sind, Vorhaben auf der Unionsliste als Vorhaben, die in energiepolitischer Hinsicht von öffentlichem Interesse sind, und können als Vorhaben von überwiegendem öffentlichen Interesse betrachtet werden."

Artikel 26
Überprüfung

(1) Die Kommission bewertet die Anwendung dieser Verordnung bis zum 31. Dezember 2033.

Die Bewertung umfasst eine Beurteilung der Auswirkungen dieser Verordnung auf den Agrar-, den Forst- und den Fischereisektor unter Berücksichtigung der relevanten Zusammenhänge mit der Lebensmittelerzeugung und der Ernährungssicherheit in der Union sowie der umfassenderen sozioökonomischen Auswirkungen dieser Verordnung.

(2) Die Kommission übermittelt dem Europäischen Parlament, dem Rat, dem Europäischen Wirtschafts- und Sozialausschuss und dem Ausschuss der Regionen einen Bericht über die wichtigsten Ergebnisse der Bewertung. Sofern die Kommission dies für angemessen hält, wird dem Bericht ein Legislativvorschlag zur Änderung der einschlägigen Bestimmungen dieser Verordnung beigefügt, wobei der Notwendigkeit Rechnung getragen wird, zusätzliche Wiederherstellungsziele – auch für die aktualisierten Ziele für 2040 und 2050 – festzulegen, die auf gemeinsamen Methoden zur Beurteilung des Zustands von Ökosystemen, die nicht unter die Artikel 4 und 5 fallen, auf der Bewertung gemäß Absatz 1 des vorliegenden Artikels und auf den jüngsten wissenschaftlichen Erkenntnissen beruhen.

Artikel 27
Vorübergehende Aussetzung

(1) Tritt ein unvorhersehbares, außergewöhnliches und unprovoziertes Ereignis ein, das sich der Kontrolle der Union entzieht und schwerwiegende unionsweite Folgen für die Verfügbarkeit von Flächen hat, die erforderlich sind, um eine ausreichende landwirtschaftliche Erzeugung für den Lebensmittelverbrauch in der Union sicherzustellen, so erlässt die Kommission Durchführungsrechtsakte, die im Notfall sowohl erforderlich als auch gerechtfertigt sind. Mit diesen Durchführungsrechtsakten kann die Anwendung der einschlägigen Bestimmungen des Artikels 11 vorübergehend ausgesetzt werden, soweit und solange dies unbedingt erforderlich ist. Diese Durchführungsrechtsakte werden gemäß dem in Artikel 24 Absatz 2 genannten Prüfverfahren erlassen.

(2) Gemäß Absatz 1 erlassene Rechtsakte bleiben für einen Zeitraum von höchstens zwölf Monaten in Kraft. Wenn die in Absatz 1 genannten spezifischen Probleme nach diesem Zeitraum fortbestehen, kann die Kommission einen geeigneten Legislativvorschlag zur Verlängerung dieses Zeitraums vorlegen.

(3) Die Kommission unterrichtet das Europäische Parlament und den Rat über die gemäß Absatz 1 erlassenen Rechtsakte binnen zwei Arbeitstagen nach deren Annahme.

Artikel 28
Inkrafttreten

Diese Verordnung tritt am zwanzigsten Tag nach ihrer Veröffentlichung im Amtsblatt der Europäischen Union in Kraft.

Diese Verordnung ist in allen ihren Teilen verbindlich und gilt unmittelbar in jedem Mitgliedstaat.

ANHANG I
Land-, Küsten- und Süßwasserökosysteme – Lebensraumtypen und Gruppen von Lebensraumtypen gemäß Artikel 4 Absätze 1 und 4

Die nachstehende Liste enthält alle in Artikel 4 Absätze 1 und 4 genannten Land-, Küsten- und Süßwasserlebensraumtypen gemäß Anhang I der Richtlinie 92/43/EWG sowie sechs Gruppen dieser Lebensraumtypen, nämlich 1) Feuchtgebiete (Küste und Binnenland), 2) Grünland und sonstige Weidelebensräume, 3) Flüsse, Seen, Auen- und Uferlebensräume, 4) Wälder, 5) Steppen, Heiden und Buschflächen und 6) felsige Lebensräume und Dünen.

1. Gruppe 1: Feuchtgebiete (Küste und Binnenland)

Code des Lebensraumtyps gemäß Anhang I der Richtlinie 92/43/EWG	Bezeichnung des Lebensraumtyps gemäß Anhang I der Richtlinie 92/43/EWG
Lebensräume in Küstenbereichen und halophytische Vegetation	
1130	Ästuarien
1140	Vegetationsfreies Schlick-, Sand- und Mischwatt
1150	Lagunen des Küstenraums (Strandseen)
1310	Pioniervegetation mit Salicornia und anderen einjährigen Arten auf Schlamm und Sand (Quellerwatt)
1320	Schlickgrasbestände (Spartinion maritimae)
1330	Atlantische Salzwiesen (Glauco-Puccinellietalia maritimae)
1340	Salzwiesen im Binnenland
1410	Mediterrane Salzwiesen (Juncetalia maritimi)
1420	Quellerwatten des Mittelmeer- und gemäßigten atlantischen Raums (Sarcocornetea fruticosae)
1530	Pannonische Salzsteppen und Salzwiesen
1650	Kleine, enge Buchten des borealen Baltikums
Feuchte Heiden und Moorwiesen	
4010	Feuchte Heiden des nordatlantischen Raumes mit Erica tetralix
4020	Feuchte Heiden des gemäßigt atlantischen Raumes mit Erica ciliaris und Erica tetralix
6460	Moorwiesen des Troodos-Gebirges
Hoch- und Niedermoore	
7110	Lebende Hochmoore
7120	Noch renaturierungsfähige degradierte Hochmoore
7130	Flächenmoore
7140	Übergangs- und Schwingrasenmoore
7150	Torfmoor-Schlenken (Rhynchosporion)
7160	Mineralreiche Quellen und Niedermoorquellen Fennoskandiens
7210	Kalkreiche Niedermoore mit Cladium mariscus und Arten von Caricion davallianae
7220	Kalktuffquellen (Cratoneurion)
7230	Kalkreiche Niedermoore
7240	Alpine Pionierformationen des Caricion bicoloris-atrofuscae
7310	Aapa-More
7320	Palsa-Moore
Feuchtwälder	
9080	Laubholz-Bruchwälder Fennoskandiens
91D0	Moorwälder

2. Gruppe 2: Grünland und sonstige Weidelebensräume

Code des Lebensraumtyps gemäß Anhang I der Richtlinie 92/43/EWG	Bezeichnung des Lebensraumtyps gemäß Anhang I der Richtlinie 92/43/EWG
Dünen an Meeresküsten und im Binnenland	
1630	Küstenwiesen des borealen Baltikums
21A0	Machair

Heiden und Buschflächen	
4030	Trockene europäische Heiden
4040	Trockene atlantische Heiden an der Küste mit Erica vagans
4090	Oromediterrane endemische Heidegebiete mit Stechginster
5130	Formationen von Juniperus communis auf Kalkheiden und -rasen
8240	Kalk-Felspflaster
Grasland	
6110	Lückige basophile oder Kalk-Pionierrasen (Alysso-Sedion albi)
6120	Trockene, kalkreiche Sandrasen
6130	Schwermetallrasen (Violetalia calaminariae)
6140	Silikat-Grasland in den Pyrenäen mit Festuca eskia
6150	Boreo-alpines Grasland auf Silikatsubstraten
6160	Oro-Iberisches Grasland auf Silikatböden mit Festuca indigesta
6170	Alpine und subalpine Kalkrasen
6180	Mesophiles makaronesisches Grasland
6190	Lückiges pannonisches Grasland (Stipo-Festucetalia pallentis)
6210	Naturnahe Kalk-Trockenrasen und deren Verbuschungsstadien (Festuco-Brometalia)
6220	Mediterrane Trockenrasen der Thero-Brachypodietea
6230	Artenreiche montane Borstgrasrasen (und submontan auf dem europäischen Festland) auf Silikatböden
6240	Subpannonische Steppen-Trockenrasen
6250	Pannonische Steppen-Trockenrasen auf Löss
6260	Pannonische Steppen auf Sandboden
6270	Artenreiche, mesophile, trockene Rasen der niederen Lagen Fennoskandiens
6280	Nordische Alvar-Trockenrasen und flache praekambrische Kalkfelsen
62A0	Östliche sub-mediterrane Trockenrasen (Scorzoneratalia villosae)
62B0	Serpentin-Grasland auf Zypern
62C0	Pontisch-sarmatische Steppen
62D0	Oro-moesisches bodensaures Grasland
6410	Pfeifengraswiesen auf kalkreichem Boden, torfigen und tonig-schluffigen Böden (Molinion caeruleae)
6420	Mediterranes Feuchtgrünland mit Hochstauden des Molinio-Holoschoenion
6510	Magere Flachland-Mähwiesen (Alopecurus pratensis, Sanguisorba officinalis)
6520	Berg-Mähwiesen
Dehesas und Wiesen mit Gehölzen	
6310	Dehesas mit immergrünen Eichenarten
6530	Wiesen mit Gehölzen in Fennoskandien
9070	Waldweiden Fennoskandiens

3. Gruppe 3: Flüsse, Seen, Auen- und Uferlebensräume

Code des Lebensraumtyps gemäß Anhang I der Richtlinie 92/43/EWG	Bezeichnung des Lebensraumtyps gemäß Anhang I der Richtlinie 92/43/EWG
Flüsse und Seen	
3110	Oligotrophe, sehr schwach mineralische Gewässer der Sandebenen (Littorelletalia uniflorae)
3120	Oligotrophe, sehr schwach mineralische Gewässer, meist auf sandigen Böden des westlichen Mittelmeerraumes mit Isoëtes spp.
3130	Oligo- bis mesotrophe stehende Gewässer mit Vegetation der Littorelletea uniflorae und/oder der Isoëto-Nanojuncetea
3140	Oligo- bis mesotrophe kalkhaltige Gewässer mit benthischer Vegetation aus Armleuchteralgen
3150	Natürliche eutrophe Seen mit einer Vegetation des Magnopotamions oder Hydrocharitions
3160	Dystrophe Seen und Teiche
3170	Temporäre mediterrane Flachgewässer

3180	Turloughs
3190	Gipskarstseen auf gipshaltigem Untergrund
31A0	Transsilvanische heiße Quellen mit Tigerlotus-Formationen (Nymphaea lotus)
3210	Natürliche Flüsse Fennoskandiens
3220	Alpine Flüsse mit krautiger Ufervegetation
3230	Alpine Flüsse mit Ufergehölzen von Myricaria germanica
3240	Alpine Flüsse mit Ufergehölzen von Salix elaeagnos
3250	Permanente mediterrane Flüsse mit Glaucium flavum
3260	Flüsse der planaren bis montanen Stufe mit Vegetation des Ranunculion fluitantis und des Callitricho-Batrachion
3270	Flüsse mit Schlammbänken mit Vegetation des Chenopodion rubri p.p. und des Bidention p.p.
3280	Permanente mediterrane Flüsse: Paspalo-Agrostidion und Galeriewälder aus Salix und Populus alba
3290	Temporäre mediterrane Flüsse mit Paspalo-Agrostidion-Vegetation
32A0	Kalktuff-Kaskaden von Karstflüssen im Dinarischen Gebirge
Auenwiesen	
6430	Feuchte Hochstaudenfluren der planaren und montanen bis alpinen Stufe
6440	Brenndolden-Auenwiesen (Cnidion dubii)
6450	Nordboreale Auenwiesen
6540	Submediterranes Grünland des Molinio-Hordeion secalini
Auen- und Galeriewälder	
9160	Subatlantischer oder mitteleuropäischer Stieleichenwald oder Eichen-Hainbuchenwald (Carpinion betuli)
91E0	Auen-Wälder mit Alnus glutinosa und Fraxinus excelsior (Alno-Padion, Alnion incanae, Salicion albae)
91F0	Hartholzauewälder mit Quercus robur, Ulmus laevis und Ulmus minor, Fraxinus excelsior oder Fraxinus angustifolia (Ulmenion minoris)
92A0	Galeriewald mit Salix alba und Populus alba
92B0	Galeriewald an temporären mediterranen Flüssen mit Rhododendron ponticum, Salix und sonstiger Vegetation
92C0	Wälder mit Platanus orientalis und Liquidambar orientalis (Platanion orientalis)
92D0	Mediterrane Galeriewälder und flussbegleitende Gebüsche (Nerio-Tamaricetea und Securinegion tinctoriae)
9370	Palmhaine von Phönix

4. Gruppe 4: Wälder

Code des Lebensraumtyps gemäß Anhang I der Richtlinie 92/43/EWG	Bezeichnung des Lebensraumtyps gemäß Anhang I der Richtlinie 92/43/EWG
Boreale Wälder	
9010	Westliche Taiga
9020	Epiphytenreiche, alte, natürliche, hemiboreale Laubwälder (Quercus, Tilia, Acer, Fraxinus oder Ulmus)
9030	Natürliche Waldprimärsukzession der Landhebungsgebiete im Küstenbereich
9040	Subalpine/subarktische nordische Wälder von Betula pubescens ssp. czerepanovii
9050	Krautreiche Fichtenwälder Fennoskandiens
9060	Nadelwälder auf oder in Verbindung mit fluvio-glazialen Esker-Moränen
Wälder des gemäßigten Europas	
9110	Hainsimsen-Buchenwald (Luzulo-Fagetum)
9120	Atlantischer, saurer Buchenwald mit Unterholz aus Stechpalme und gelegentlich Eibe (Quercion robori-petraeae oder Ilici-Fagenion)
9130	Waldmeister-Buchenwald (Asperulo-Fagetum)
9140	Mitteleuropäischer subalpiner Buchenwald mit Ahorn und Rumex arifolius
9150	Mitteleuropäischer Orchideen-Kalk-Buchenwald (Cephalanthero-Fagion)

9170	Labkraut-Eichen-Hainbuchenwald Galio-Carpinetum
9180	Schlucht- und Hangmischwälder Tilio-Acerion
9190	Alte bodensaure Eichenwälder auf Sandebenen mit Quercus robur
91A0	Eichenwälder auf den Britischen Inseln mit Ilex und Blechnum
91B0	Thermophile Eschenwälder mit Fraxinus angustifolia
91G0	Pannonische Wälder mit Quercus petraea und Carpinus betulus
91H0	Pannonische Flaumeichen-Wälder
91I0	Euro-Sibirische Eichen-Steppenwälder
91J0	Eibenwälder der britischen Inseln
91K0	Illyrische Rotbuchenwälder (Aremonio-Fagion)
91L0	Illyrische Eichen-Hainbuchenwälder (Erythronio-Carpinion)
91M0	Pannonisch-balkanische Zerreichen- und Traubeneichenwälder
91P0	Tannenwald des Heilig-Kreuz-Gebirges (Abietetum polonicum)
91Q0	Pinus-sylvestris-Wälder der Westkarpaten auf Kalk
91R0	Waldkiefernwälder der dinarischen Dolomiten (Genisto januensis-Pinetum)
91S0	West-pontische Buchenwälder
91T0	Mitteleuropäische Flechten-Kiefernwälder
91U0	Kiefernwälder der sarmatischen Steppe
91V0	Dakische Buchenwälder (Symphyto-Fagion)
91W0	Moesische Buchenwälder
91X0	Buchenwälder der Dobrudscha
91Y0	Labkraut-Eichen-Hainbuchenwald Galio-Carpinetum
91Z0	Moesische Silberlindenwälder
91AA	Östliche Flaumeichenwälder
91BA	Moesische Tannenwälder
91CA	Waldkiefernwälder der Rhodopen und des Balkan-Gebirges
Mediterrane und makaronesische Wälder	
9210	Buchenwald der Apenninen mit Taxus und Ilex
9220	Buchenwald der Apenninen mit Abies alba und Buchenwald mit Abies nebrodensis
9230	Galizisch-portugiesische Eichenwälder mit Quercus robur und Quercus pyrenaica
9240	Iberische Eichenwälder mit Quercus faginea und Quercus canariensis
9250	Eichenwälder mit Quercus trojana
9260	Eichenwälder mit Castanea sativa
9270	Griechische Buchenwälder mit Abies borisii regis
9280	Wälder mit Quercus frainetto
9290	Zypressenwälder (Acero-Cupression)
9310	Ägäische Wälder mit Quercus brachyphylla
9320	Wälder mit Olea und Ceratonia
9330	Wälder mit Quercus suber
9340	Wälder mit Quercus ilex und Quercus rotundifolia
9350	Wälder mit Quercus macrolepis
9360	Makaronesische Lorbeerwälder (Laurus, Ocotea)
9380	Wälder aus Ilex aquifolium
9390	Busch- und niedrige Waldvegetation mit Quercus alnifolia
93A0	Wälder mit Quercus infectoria (Anagyro foetidae-Quercetum infectoriae)
Berg- und Nadelwälder	
9410	Montane bis alpine bodensaure Fichtenwälder (Vaccinio-Piceetea)
9420	Alpiner Lärchen- und/oder Arvenwald
9430	Montaner und subalpiner Pinus-uncinata-Wald
9510	Wald des Süd-Apennins mit Abies alba

9520	Wälder mit Abies pinsapo
9530	(Sub-)mediterrane Kiefernwälder mit endemischen Schwarzkiefern
9540	Mediterrane Pinienwälder mit endemischen Kiefern
9550	Kanarischer endemischer Kiefernwald
9560	Endemische Wälder mit Juniperus spp.
9570	Wälder mit Tetraclinis articulata
9580	Mediterrane Wälder mit Taxus baccata
9590	Cedrus-brevifolia-Wälder (Cedrosetum brevifoliae)
95A0	Oro-mediterrane Kiefernwälder der Hochlagen

5. Gruppe 5: Steppen, Heiden und Buschflächen

Code des Lebensraumtyps gemäß Anhang I der Richtlinie 92/43/EWG	Bezeichnung des Lebensraumtyps gemäß Anhang I der Richtlinie 92/43/EWG
Halophile und gypsophile Steppen	
1430	Halo-nitrophile Gestrüppe (Pegano-Salsoletea)
1510	Mediterrane Salzwiesen (Limonietalia)
1520	Iberische Gipssteppen (Gypsophiletalia)
Gemäßigte Heide- und Buschvegetation	
4050	Endemische makaronesische Heiden
4060	Alpine und boreale Heiden
4070	Buschvegetation mit Pinus mugo und Rhododendron hirsutum (Mugo-Rhododendretum hirsuti)
4080	Subarktisches Weidengebüsch
40A0	Subkontinentale peripannonische Gebüsche
40B0	Potentilla-fruticosa-Gebüsche der Rhodopen
40C0	Pontisch-sarmatische sommergrüne Gebüsche
Hartlaubgebüsche (Matorrals)	
5110	Stabile xerothermophile Formationen von Buxus sempervirens an Felsabhängen (Berberidion p.p.)
5120	Formationen von Cytisus purgans in Berggebieten
5140	Formationen von Cistus palhinhae auf maritimen Heiden
5210	Baumförmige Matorrals mit Juniperus spp.
5220	Baumförmige Matorrals mit Zyziphus spp.
5230	Baumförmige Matorrals mit Laurus nobilis
5310	Lorbeer-Gebüsche
5320	Euphorbia-Formationen an Steilküsten
5330	Thermo-mediterrane Gebüschformationen und Vorwüsten (sonstige Gesellschaften)
5410	Westmediterrane Phrygane (Astragalo-Plantaginetum subulatae) auf Felsenküsten
5420	Sarcopoterium-spinosum-Phrygane
5430	Endemische Phrygane des Euphorbio-Verbascion

6. Gruppe 6: Felsige Lebensräume und Dünen

Code des Lebensraumtyps gemäß Anhang I der Richtlinie 92/43/EWG	Bezeichnung des Lebensraumtyps gemäß Anhang I der Richtlinie 92/43/EWG
Felsenküsten, Strände und kleine Inseln	
1210	Einjährige Spülsäume
1220	Mehrjährige Vegetation der Kiesstrände
1230	Atlantik-Felsküsten und Ostsee-Fels- und Steilküsten mit Vegetation
1240	Mittelmeer-Felsküsten mit Vegetation mit endemischen Limonium-Arten
1250	Makaronesische Felsküsten mit endemischen Pflanzenarten
1610	Esker-(Moränen-)Inseln des Baltikums mit Sand-, Fels- oder Kiesstrandvegetation und sublitoraler Vegetation

1620	Kleine und Kleinstinseln des borealen Baltikums
1640	Sandige Strände mit ausdauernder Vegetation des borealen Baltikums
Dünen an Küsten und im Binnenland	
2110	Primärdünen
2120	Weißdünen mit Strandhafer Ammophila arenaria
2130	Festliegende Küstendünen mit krautiger Vegetation („Graudünen")
2140	Entkalkte Dünen mit Empetrum nigrum
2150	Festliegende entkalkte Dünen der atlantischen Zone (Calluno-Ulicetea)
2160	Dünen mit Hippophaë rhamnoides
2170	Dünen mit Salix repens ssp. argentea (Salicion arenariae)
2180	Bewaldete Dünen der atlantischen, kontinentalen und borealen Region
2190	Feuchte Dünentaler
2210	Festliegende Dünen im Küstenbereich mit Crucianellion maritimae
2220	Dünen mit Euphorbia terracina
2230	Dünenvegetation der Malcolimietalia
2240	Dünenrasen der Brachypodietalia mit Annuellen
2250	Mediterrane Küstendünen mit Wacholder Juniperus spp.
2260	Dünen mit Hartlaubvegetation der Cisto-Lavenduletalia
2270	Dünenwälder mit Pinus pinea und/oder Pinus pinaster
2310	Trockene Sandheiden mit Calluna und Genista
2320	Trockene Sandheiden mit Calluna und Empetrum nigrum
2330	Dünen mit offenen Grasflächen mit Corynephorus und Agrostis
2340	Pannonische Binnendünen
91N0	Pannonisches Binnensanddünen-Gebüsch (Junipero-Populetum albae)
Felsige Lebensräume	
8110	Silikatschutthalden der montanen bis nivalen Stufe (Androsacetalia alpinae und Galeopsietalia ladani)
8120	Kalk- und Kalkschieferschutthalden der montanen bis alpinen Stufe (Thlaspietea rotundifolii)
8130	Thermophile Schutthalden im westlichen Mittelmeerraum
8140	Schutthalden im östlichen Mittelmeerraum
8150	Kieselhaltige Schutthalden der Berglagen Mitteleuropas
8160	Kalkhaltige Schutthalden der collinen bis montanen Stufe Mitteleuropas
8210	Kalkfelsen mit Felsspaltenvegetation
8220	Silikatfelsen mit Felsspaltenvegetation
8230	Silikatfelsen mit Pioniervegetation des Sedo-Scleranthion oder des Sedo albi-Veronicion dillenii
8310	Nicht touristisch erschlossene Höhlen
8320	Lavafelder und Aushöhlungen
8340	Permanente Gletscher

ANHANG II

Meeresökosysteme – Lebensraumtypen und Gruppen von Lebensraumtypen gemäß Artikel 5 Absätze 1 und 2

Die nachstehende Liste enthält alle in Artikel 5 Absätze 1 und 2 genannten Meereslebensraumtypen sowie sieben Gruppen dieser Lebensraumtypen, nämlich 1) Seegraswiesen, 2) Makroalgenwälder, 3) Muschelbänke, 4) Kalkalgenbänke, 5) Schwamm-, Korallenriffe und korallogene Lebensräume, 6) Hydrothermalquellen und kalte Quellen und 7) Weichböden (nicht unterhalb von 1 000 Meter Tiefe). Die jeweilige Entsprechung mit den in Anhang I der Richtlinie 92/43/EWG aufgeführten Lebensraumtypen ist ebenfalls angegeben.

Die Klassifizierung der Meereslebensräume, bei der nach biogeografischen Regionen unterschieden wird, beruht auf dem Europäischen Naturinformationssystems (EUNIS), dessen Typologie der Meereslebensräume 2022 von der EUA überarbeitet wurde. Die Informationen zu den entsprechenden Lebensräumen in Anhang I der Richtlinie 92/43/EWG beruhen auf der von der EUA im Jahr 2021 veröffentlichten Zuordnung ([1]).

[1] EUNIS marine habitat classification 2022, Europäische Umweltagentur. https://www.eea.europa.eu/data-and-maps/data/eunis-habitat-classification-1.

1. Gruppe 1: Seegraswiesen

EUNIS-Code	EUNIS-Bezeichnung des Biotoptyps	Entsprechender Code des Lebensraumtyps gemäß Anhang I der Richtlinie 92/43/EWG
Atlantik		
MA522	Seegraswiesen auf Sandboden des atlantischen Litorals	1140; 1160
MA623	Seegraswiesen auf Schlammboden des atlantischen Litorals	1140; 1160
MB522	Seegraswiesen auf Sandboden des atlantischen Infralitorals	1110; 1150; 1160
Ostsee		
MA332	Durch Unterwasservegetation gekennzeichnetes Grobsediment des Ostsee-Hydrolitorals	1130; 1160; 1610; 1620
MA432	Durch Unterwasservegetation gekennzeichnetes Mischsediment des Ostsee-Hydrolitorals	1130; 1140; 1160; 1610
MA532	Durch bewurzelte Unterwasserpflanzen gekennzeichneter Sandboden des Ostsee-Hydrolitorals	1130; 1140; 1160; 1610
MA632	Von bewurzelten Unterwasserpflanzen dominierter Schlickboden des Ostsee-Hydrolitorals	1130; 1140; 1160; 1650
MB332	Durch bewurzelte Unterwasserpflanzen gekennzeichnetes Grobsediment des Ostsee-Infralitorals	1110; 1160
MB432	Durch bewurzelte Unterwasserpflanzen gekennzeichnetes Mischsediment des Ostsee-Infralitorals	1110; 1160; 1650
MB532	Durch bewurzelte Unterwasserpflanzen gekennzeichneter Sandboden des Ostsee-Infralitorals	1110; 1130; 1150; 1160
MB632	Durch bewurzelte Unterwasserpflanzen gekennzeichnetes Schlicksediment des Ostsee-Infralitorals	1130; 1150; 1160; 1650
Schwarzes Meer		
MB546	Wiesen von Seegras oder Rhizome bildenden Algen auf Schlicksandboden des durch Süßwasserzufluss beeinflussten Schwarzmeer-Infralitorals	1110; 1130; 1160
MB547	Seegraswiesen auf mäßig exponiertem sauberem Sandboden des oberen Schwarzmeer-Infralitorals	1110; 1160
MB548	Seegraswiesen auf Sandboden des unteren Schwarzmeer-Infralitorals	1110; 1160
Mittelmeer		
MB252	Biozönosen mit Posidonia oceanica	1120
MB2521	Ökomorphosen streifenförmiger Posidonia-oceanica-Wiesen	1120; 1130; 1160
MB2522	Ökomorphosen von Posidonia-oceanica-Wiesen in Form von Barriereriffen	1120; 1130; 1160
MB2523	Fazies toter „Matten" von Posidonia oceanica ohne viel Epiflora	1120; 1130; 1160
MB2524	Assoziation mit Caulerpa prolifera auf Posidonia-Wiesen	1120; 1130; 1160
MB5521	Assoziation mit Cymodocea nodosa auf gut sortiertem feinem Sandboden	1110; 1130; 1160
MB5534	Assoziation mit Cymodocea nodosa auf Oberflächenschlicksandboden in geschützten Gewässern	1110; 1130; 1160
MB5535	Assoziation mit Zostera noltei auf Oberflächenschlicksandboden in geschützten Gewässern	1110; 1130; 1160
MB5541	Assoziation mit Ruppia cirrhosa und/oder Ruppia maritima auf Sandboden	1110; 1130; 1160
MB5544	Assoziation mit Zostera noltei in euryhaliner und eurythermaler Umgebung auf Sandboden	1110; 1130; 1160
MB5545	Assoziation mit Zostera marina in euryhaliner und eurythermaler Umgebung	1110; 1130; 1160

2. Gruppe 2: Makroalgenwälder

EUNIS-Code	EUNIS-Bezeichnung des Biotoptyps	Entsprechender Code des Lebensraumtyps gemäß Anhang I der Richtlinie 92/43/EWG
Atlantik		
MA123	Meeralgengemeinschaften auf Felsen des atlantischen Litorals mit voller Salinität	1160; 1170; 1130
MA125	Braunalgen auf Felsen des atlantischen Litorals mit variabler Salinität	1170; 1130
MB121	Tang- und Seegrasgemeinschaften auf Felsen des atlantischen Infralitorals	1170; 1160

MB123	Tang- und Seegrasgemeinschaften auf Sedimenten oder anderen Störungen ausgesetzten Felsen des atlantischen Infralitorals	1170; 1160
MB124	Tanggemeinschaften auf Felsen des atlantischen Infralitorals mit variabler Salinität	1170; 1130; 1160
MB321	Tang- und Seegrasgemeinschaften auf Grobsediment des atlantischen Infralitorals	1160
MB521	Tang- und Seegrasgemeinschaften auf Sandboden des atlantischen Infralitorals	1160
MB621	Vegetationsgemeinschaften auf Schlickboden des atlantischen Infralitorals	1160
Ostsee		
MA131	Durch mehrjährige Algen gekennzeichnete Felsen und Geröll des Ostsee-Hydrolitorals	1160; 1170; 1130; 1610; 1620
MB131	Mehrjährige Algen auf Felsen und Geröll des Ostsee-Infralitorals	1170; 1160
MB232	Von Muschelschill gekennzeichneter Grund des Ostsee-Infralitorals	1160; 1110
MB333	Von mehrjährigen Algen gekennzeichnetes Grobsediment des Ostsee-Infralitorals	1110; 1160
MB433	Von mehrjährigen Algen gekennzeichnetes Mischsediment des Ostsee-Infralitorals	1110; 1130; 1160; 1170
Schwarzes Meer		
MB144	Von Miesmuscheln dominierte exponierte Felsen des oberen Schwarzmeer-Infralitorals mit Fucales	1170; 1160
MB149	Von Miesmuscheln dominierte mäßig exponierte Felsen des oberen Schwarzmeer-Infralitorals mit Fucales	1170; 1160
MB14A	Fucales und andere Algen auf Felsen des geschützten oberen Schwarzmeer-Infralitorals mit guten Lichtverhältnissen	1170; 1160
Mittelmeer		
MA1548	Assoziation mit Fucus virsoides	1160; 1170
MB1512	Assoziation mit Cystoseira tamariscifolia und Saccorhiza polyschides	1170; 1160
MB1513	Assoziation mit Cystoseira amentacea (var. amentacea, var. stricta, var. spicata)	1170; 1160
MB151F	Assoziation mit Cystoseira brachycarpa	1170; 1160
MB151G	Assoziation mit Cystoseira crinita	1170; 1160
MB151H	Assoziation mit Cystoseira crinitophylla	1170; 1160
MB151J	Assoziation mit Cystoseira sauvageauana	1170; 1160
MB151K	Assoziation mit Cystoseira spinosa	1170; 1160
MB151L	Assoziation mit Sargassum vulgare	1170; 1160
MB151M	Assoziation mit Dictyopteris polypodioides	1170; 1160
MB151W	Assoziation mit Cystoseira compressa	1170; 1160
MB1524	Assoziation mit Cystoseira barbata	1170; 1160
MC1511	Assoziation mit Cystoseira zosteroides	1170; 1160
MC1512	Assoziation mit Cystoseira usneoides	1170; 1160
MC1513	Assoziation mit Cystoseira dubia	1170; 1160
MC1514	Assoziation mit Cystoseira corniculata	1170; 1160
MC1515	Assoziation mit Sargassum spp.	1170; 1160
MC1518	Assoziation mit Laminaria ochroleuca	1170; 1160
MC3517	Assoziation mit Laminaria rodriguezii auf detritischen Bänken	1160

3. Gruppe 3: Muschelbänke

EUNIS-Code	EUNIS-Bezeichnung des Biotoptyps	Entsprechender Code des Lebensraumtyps gemäß Anhang I der Richtlinie 92/43/EWG
Atlantik		
MA122	Mytilus-edulis- und/oder Seepockengemeinschaften auf wellenexponierten Felsen des atlantischen Litorals	1160; 1170
MA124	Miesmuschel- und/oder Seepockengemeinschaften mit Meeralgen auf Felsen des atlantischen Litorals	1160; 1170
MA227	Muschelriffe in der atlantischen Litoralzone	1170; 1140
MB222	Muschelriffe in der atlantischen Infralitoralzone	1170; 1130; 1160
MC223	Muschelriffe in der atlantischen Circalitoralzone	1170

Ostsee		
MB231	Von epibenthischen Muscheln dominierter Grund des Ostsee-Infralitorals	1170; 1160
MC231	Von epibenthischen Muscheln dominierter Grund des Ostsee-Circalitorals	1170; 1160; 1110
MD231	Durch epibenthische Muscheln gekennzeichneter biogener Boden des küstenfernen Ostsee-Circalitorals	1170
MD232	Durch Muscheln gekennzeichneter Kiesboden des küstenfernen Ostsee-Circalitorals	1170
MD431	Durch makroskopische epibenthische biotische Strukturen gekennzeichneter Mischboden des küstenfernen Ostsee-Circalitorals	
MD531	Durch makroskopische epibenthische biotische Strukturen gekennzeichneter Sandboden des küstenfernen Ostsee-Circalitorals	
MD631	Durch epibenthische Muscheln gekennzeichneter Schlickboden des küstenfernen Ostsee-Circalitorals	
Schwarzes Meer		
MB141	Von Wirbellosen dominierte Felsen des unteren Schwarzmeer-Infralitorals	1170
MB143	Von Miesmuscheln dominierte exponierte Felsen des oberen Schwarzmeer-Infralitorals mit foliosen Algen (ohne Fucales)	1170; 1160
MB148	Von Miesmuscheln dominierte mäßig exponierte Felsen des oberen Schwarzmeer-Infralitorals mit foliosen Algen (andere als Fucales)	1170; 1160
MB242	Miesmuschelbänke in der Schwarzmeer-Infralitoralzone	1170; 1130; 1160
MB243	Austernbänke auf Felsen des unteren Schwarzmeer-Infralitorals	1170
MB642	Terrigene Schlickböden des Schwarzmeer-Infralitorals	1160
MC141	Von Wirbellosen dominierte Felsen des Schwarzmeer-Circalitorals	1170
MC241	Miesmuschelbänke auf terrigenen Schlickböden des Schwarzmeer-Circalitorals	1170
MC645	Schlickboden des unteren Schwarzmeer-Circalitorals	
Mittelmeer		
MA1544	Fazies mit Mytilus galloprovincialis in mit organischen Stoffen angereicherten Gewässern	1160; 1170
MB1514	Fazies mit Mytilus galloprovincialis	1170; 1160
	Austernbänke des Mittelmeer-Infralitorals	
	Austernbänke des Mittelmeer-Circalitorals	

4. Gruppe 4: Kalkalgenbänke

EUNIS-Code	EUNIS-Bezeichnung des Biotoptyps	Entsprechender Code des Lebensraumtyps gemäß Anhang I der Richtlinie 92/43/EWG
Atlantik		
MB322	Kalkalgenbänke auf Grobsediment des atlantischen Infralitorals	1110; 1160
MB421	Kalkalgenbänke auf Mischsediment des atlantischen Infralitorals	1110; 1160
MB622	Kalkalgenbänke auf Schlicksediment des atlantischen Infralitorals	1110; 1160
Mittelmeer		
MB3511	Assoziation mit Rodolith in von Wellen vermischtem grobem Sand und feinem Kies	1110; 1160
MB3521	Assoziation mit Rodolith in grobem Sand und feinem Kies unter dem Einfluss von Strömungen am Meeresgrund	1110; 1160
MB3522	Assoziation mit Kalkalgen (= Assoziation mit Lithothamnion corallioides und Phymatolithon calcareum) auf grobem Sand- und Kiesboden des Mittelmeers	1110; 1160
MC3521	Assoziation mit Rodolith auf detritischem Küstengrund	1110
MC3523	Assoziation mit Kalkalgen (Lithothamnion corallioides und Phymatolithon calcareum) auf detritischem Küstengrund	1110

5. Gruppe 5: Schwammriffe, Korallenriffe und korallogene Lebensräume

EUNIS-Code	EUNIS-Bezeichnung des Biotoptypen	Entsprechender Code des Lebensraumtyps gemäß Anhang I der Richtlinie 92/43/EWG

Atlantik		
MC121	Mattenbildende Faunagemeinschaften auf Felsen des atlantischen Circalitorals	1170
MC124	Von Faunagemeinschaften bedeckte Felsen des atlantischen Circalitorals mit variabler Salinität	1170; 1130
MC126	Gemeinschaften in Höhlen und Überhängen des atlantischen Circalitorals	8330; 1170
MC222	Kaltwasserkorallenriffe in der atlantischen Circalitoralzone	1170
MD121	Schwammgemeinschaften auf Felsen des küstenfernen atlantischen Circalitorals	1170
MD221	Kaltwasserkorallenriffe in der küstenfernen atlantischen Circalitoralzone	1170
ME122	Schwammgemeinschaften auf Felsen des oberen atlantischen Bathyals	1170
ME123	Gemischte Kaltwasserkorallengemeinschaften auf Felsen des oberen atlantischen Bathyals	1170
ME221	Kaltwasserkorallenriffe des oberen atlantischen Bathyals	1170
ME322	Gemischte Kaltwasserkorallengemeinschaften auf Grobsediment des oberen atlantischen Bathyals	
ME324	Ansammlungen von Schwämmen auf Grobsediment des oberen atlantischen Bathyals	
ME422	Ansammlungen von Schwämmen auf Mischsediment des oberen atlantischen Bathyals	
ME623	Ansammlungen von Schwämmen auf Schlickboden des oberen atlantischen Bathyals	
ME624	Aufrechte Korallenfelder auf Schlickboden des oberen atlantischen Bathyals	
MF121	Gemischte Kaltwasserkorallengemeinschaften auf Felsen des unteren atlantischen Bathyals	1170
MF221	Kaltwasserkorallenriffe des unteren atlantischen Bathyals	1170
MF321	Gemischte Kaltwasserkorallengemeinschaften auf Grobsediment des unteren atlantischen Bathyals	
MF622	Ansammlungen von Schwämmen auf Schlickboden des unteren atlantischen Bathyals	
MF623	Aufrechte Korallenfelder auf Schlickboden des unteren atlantischen Bathyals	
Ostsee		
MB138	Durch epibenthische Schwämme gekennzeichnete Felsen und Geröll des Ostsee-Infralitorals	1170; 1160
MB43A	Durch epibenthische Schwämme (Porifera) gekennzeichnetes Mischsediment des Ostsee-Infralitorals	1160; 1170
MC133	Durch epibenthische Cnidaria gekennzeichnete Felsen und Geröll des Ostsee-Circalitorals	1170; 1160
MC136	Durch epibenthische Schwämme gekennzeichnete Felsen und Geröll des Ostsee-Circalitorals	1170; 1160
MC433	Durch epibenthische Cnidaria gekennzeichnetes Mischsediment des Ostsee-Circalitorals	1160; 1170
MC436	Durch epibenthische Schwämme gekennzeichnetes Mischsediment des Ostsee-Circalitorals	1160
Schwarzes Meer		
MD24	Biogene Lebensräume des küstenfernen Schwarzmeer-Circalitorals	1170
ME14	Felsen des oberen Schwarzmeer-Bathyals	1170
ME24	Biogene Lebensräume des oberen Schwarzmeer-Bathyals	1170
MF14	Felsen des unteren Schwarzmeer-Bathyals	1170
Mittelmeer		
MB151E	Fazies mit Cladocora caespitosa	1170; 1160
MB151Q	Fazies mit Astroides calycularis	1170; 1160
MB151α	Fazies und Assoziation korallogener Biozönosen (Einschlüsse)	1170; 1160
MC1519	Fazies mit Eunicella cavolini	1170; 1160
MC151A	Fazies mit Eunicella singularis	1170; 1160
MC151B	Fazies mit Paramuricea clavata	1170; 1160

MC151E	Fazies mit Leptogorgia sarmentosa	1170; 1160
MC151F	Fazies mit Anthipatella subpinnata und vereinzelten Rotalgen	1170; 1160
MC151G	Fazies mit massiven Schwämmen und vereinzelten Rotalgen	1170; 1160
MC1522	Fazies mit Corallium rubrum	8330; 1170
MC1523	Fazies mit Leptopsammia pruvoti	8330; 1170
MC251	Korallogene Plattformen	1170
MC6514	Fazies zähen Schlicks mit Alcyonium palmatum und Parastichopus regalis auf Schlickboden des Circalitorals	1160
MD151	Biozönose auf Felsen der Mittelmeer-Schelfkante	1170
MD25	Biogene Lebensräume des küstenfernen Mittelmeer-Circalitorals	1170
MD6512	Fazies zähen Schlicks mit Alcyonium palmatum und Parastichopus regalis auf Schlickboden des unteren Circalitorals	
ME1511	Lophelia-pertusa-Riffe des oberen Mittelmeer-Bathyals	1170
ME1512	Madrepora-oculata-Riffe des oberen Mittelmeer-Bathyals	1170
ME1513	Madrepora-oculata- und Lophelia-pertusa-Riffe des oberen Mittelmeer-Bathyals	1170
ME6514	Fazies mit Pheronema carpenteri des oberen Mittelmeer-Bathyals	
MF1511	Lophelia-pertusa-Riffe des unteren Mittelmeer-Bathyals	1170
MF1512	Madrepora-oculata-Riffe des unteren Mittelmeer-Bathyals	1170
MF1513	Madrepora-oculata- und Lophelia-pertusa-Riffe des unteren Mittelmeer-Bathyals	1170
MF6511	Fazies sandiger Schlickböden mit Thenea muricata des unteren Mittelmeer-Bathyals	
MF6513	Fazies kompakter Schlickböden mit Isidella elongata des unteren Mittelmeer-Bathyals	

6. Gruppe 6: Hydrothermalquellen und kalte Quellen

EUNIS-Code	EUNIS-Bezeichnung des Biotoptyps	Entsprechender Code des Lebensraumtyps gemäß Anhangs I der Richtlinie 92/43/EWG
Atlantik		
MB128	Hydrothermalquellen und kalte Quellen in Felsen des atlantischen Infralitorals	1170; 1160; 1180
MB627	Hydrothermalquellen und kalte Quellen in Schlickböden des atlantischen Infralitorals	1130; 1160
MC127	Hydrothermalquellen und kalte Quellen in Felsen des atlantischen Circalitorals	1170; 1180
MC622	Hydrothermalquellen und kalte Quellen in Schlickböden des atlantischen Circalitorals	1160
MD122	Hydrothermalquellen und kalte Quellen in Felsen des küstenfernen atlantischen Circalitorals	1170
MD622	Hydrothermalquellen und kalte Quellen in Schlickböden des küstenfernen atlantischen Circalitorals	

7. Gruppe 7: Weichböden (nicht unterhalb von 1 000 Meter Tiefe)

EUNIS-Code	EUNIS-Bezeichnung des Biotoptyps	Entsprechender Code des Lebensraumtyps gemäß Anhang I der Richtlinie 92/43/EWG
Atlantik		
MA32	Grobsediment des atlantischen Litorals	1130; 1160
MA42	Mischsediment des atlantischen Litorals	1130; 1140; 1160
MA52	Sandboden des atlantischen Litorals	1130; 1140; 1160
MA62	Schlickboden des atlantischen Litorals	1130; 1140; 1160
MB32	Grobsediment des atlantischen Infralitorals	1110; 1130; 1160
MB42	Mischsediment des atlantischen Infralitorals	1110; 1130; 1150; 1160
MB52	Sandboden des atlantischen Infralitorals	1110; 1130; 1150; 1160
MB62	Schlickboden des atlantischen Infralitorals	1110; 1130; 1160
MC32	Grobsediment des atlantischen Circalitorals	1110; 1160
MC42	Mischsediment des atlantischen Circalitorals	1110; 1160
MC52	Sandboden des atlantischen Circalitorals	1110; 1160

MC62	Schlickboden des atlantischen Circalitorals	1160
MD32	Grobsediment des küstenfernen atlantischen Circalitorals	
MD42	Mischsediment des küstenfernen atlantischen Circalitorals	
MD52	Sandboden des küstenfernen atlantischen Circalitorals	
MD62	Schlickboden des küstenfernen atlantischen Circalitorals	
ME32	Grobsediment des oberen atlantischen Bathyals	
ME42	Mischsediment des oberen atlantischen Bathyals	
ME52	Sandboden des oberen atlantischen Bathyals	
ME62	Schlickboden des oberen atlantischen Bathyals	
MF32	Grobsediment des unteren atlantischen Bathyals	
MF42	Mischsediment des unteren atlantischen Bathyals	
MF52	Sandboden des unteren atlantischen Bathyals	
MF62	Schlickboden des unteren atlantischen Bathyals	
Ostsee		
MA33	Grobsediment des Ostsee-Hydrolitorals	1130; 1160; 1610; 1620
MA43	Mischsediment des Ostsee-Hydrolitorals	1130; 1140; 1160; 1610
MA53	Sandboden des Ostsee-Hydrolitorals	1130; 1140; 1160; 1610
MA63	Schlickboden des Ostsee-Hydrolitorals	1130; 1140; 1160; 1650
MB33	Grobsediment des Ostsee-Infralitorals	1110; 1150; 1160
MB43	Mischsediment des Ostsee-Infralitorals	1110; 1130; 1150; 1160; 1170; 1650
MB53	Sandboden des Ostsee-Infralitorals	1110; 1130; 1150; 1160
MB63	Schlickboden des Ostsee-Infralitorals	1130; 1150; 1160; 1650
MC33	Grobsediment des Ostsee-Circalitorals	1110; 1160
MC43	Mischsediment des Ostsee-Circalitorals	1160; 1170
MC53	Sandboden des Ostsee-Circalitorals	1110; 1160
MC63	Schlickboden des Ostsee-Circalitorals	1160; 1650
MD33	Grobsediment des küstenfernen Ostsee-Circalitorals	
MD43	Mischsediment des küstenfernen Ostsee-Circalitorals	
MD53	Sandboden des küstenfernen Ostsee-Circalitorals	
MD63	Schlickboden des küstenfernen Ostsee-Circalitorals	
Schwarzes Meer		
MA34	Grobsediment des Schwarzmeer-Litorals	1160
MA44	Mischsediment des Schwarzmeer-Litorals	1130; 1140; 1160
MA54	Sandboden des Schwarzmeer-Litorals	1130; 1140; 1160
MA64	Schlickboden des Schwarzmeer-Litorals	1130; 1140; 1160
MB34	Grobsediment des Schwarzmeer-Infralitorals	1110; 1160
MB44	Mischsediment des Schwarzmeer-Infralitorals	1110; 1170
MB54	Sandboden des Schwarzmeer-Infralitorals	1110; 1130; 1160
MB64	Schlickboden des Schwarzmeer-Infralitorals	1130; 1160
MC34	Grobsediment des Schwarzmeer-Circalitorals	1160
MC44	Mischsediment des Schwarzmeer-Circalitorals	
MC54	Sandboden des Schwarzmeer-Circalitorals	1160
MC64	Schlickboden des Schwarzmeer-Circalitorals	1130; 1160
MD34	Grobsediment des küstenfernen Schwarzmeer-Circalitorals	
MD44	Mischsediment des küstenfernen Schwarzmeer-Circalitorals	
MD54	Sandboden des küstenfernen Schwarzmeer-Circalitorals	
MD64	Schlickboden des küstenfernen Schwarzmeer-Circalitorals	
Mittelmeer		
MA35	Grobsediment des Mittelmeer-Litorals	1160; 1130
MA45	Mischsediment des Mittelmeer-Litorals	1140; 1160

MA55	Sandboden des Mittelmeer-Litorals	1130; 1140; 1160
MA65	Schlickboden des Mittelmeer-Litorals	1130; 1140; 1150; 1160
MB35	Grobsediment des Mittelmeer-Infralitorals	1110; 1160
MB45	Mischsediment des Mittelmeer-Infralitorals	
MB55	Sandboden des Mittelmeer-Infralitorals	1110; 1130; 1150; 1160
MB65	Schlickboden des Mittelmeer-Infralitorals	1130; 1150
MC35	Grobsediment des Mittelmeer-Circalitorals	1110; 1160
MC45	Mischsediment des Mittelmeer-Circalitorals	
MC55	Sandboden des Mittelmeer-Circalitorals	1110; 1160
MC65	Schlickboden des Mittelmeer-Circalitorals	1130; 1160
MD35	Grobsediment des küstenfernen Mittelmeer-Circalitorals	
MD45	Mischsediment des küstenfernen Mittelmeer-Circalitorals	
MD55	Sandboden des küstenfernen Mittelmeer-Circalitorals	
MD65	Schlickboden des küstenfernen Mittelmeer-Circalitorals	
ME35	Grobsediment des oberen Mittelmeer-Bathyals	
E45	Mischsediment des oberen Mittelmeer-Bathyals	
ME55	Sandboden des oberen Mittelmeer-Bathyals	
ME65	Schlickboden des oberen Mittelmeer-Bathyals	
MF35	Grobsediment des unteren Mittelmeer-Bathyals	
MF45	Mischsediment des unteren Mittelmeer-Bathyals	
MF55	Sandboden des unteren Mittelmeer-Bathyals	
MF65	Schlickboden des unteren Mittelmeer-Bathyals	

ANHANG III
In Artikel 5 Absatz 5 genannte im Meer lebende Arten

(1) Zwergsägerochen (Pristis clavata);
(2) Westlicher Sägefisch (Pristis pectinata);
(3) Gewöhnlicher Sägefisch (Pristis pristis);
(4) Riesenhai (Cetorhinus maximus) und Weißer Hai (Carcharodon carcharias);
(5) Glatter Schwarzer Dornhai (Etmopterus pusillus);
(6) Riffmanta (Mobula alfredi);
(7) Großer Teufelsrochen (Mobula birostris);
(8) Teufelsrochen (Mobula mobular);
(9) Kleiner guineischer Teufelsrochen (Mobula rochebrunei);
(10) Japanischer Teufelsrochen (Mobula japanica);
(11) Glatter Teufelsrochen (Mobula thurstoni);
(12) Zwerg-Teufelsrochen (Mobula eregoodootenkee);
(13) Sichelflossen-Teufelsrochen (Mobula tarapacana);
(14) Kuhls Teufelsrochen (Mobula kuhlii);
(15) Kleiner Teufelsrochen (Mobula hypostoma);
(16) Schwarzbäuchiger Glattrochen (Dipturus nidarosiensis);
(17) Bandrochen (Rostroraja alba);
(18) Geigenrochen (Rhinobatidae);
(19) Engelhai (Squatina squatina);
(20) Lachs (Salmo salar);
(21) Meerforelle (Salmo trutta);
(22) Schnäpel (Coregonus oxyrhynchus).

ANHANG IV
Liste der Biodiversitätsindikatoren für landwirtschaftliche Ökosysteme gemäß Artikel 11 Absatz 2

Indikator	Beschreibung, Einheit und Methodik für die Festlegung und Überwachung des Indikators
Index der Grünlandschmetterlinge	Beschreibung: Dieser Indikator setzt sich aus Arten zusammen, die als charakteristisch für europäisches Grünland gelten, in weiten Teilen Europas verbreitet sind und unter die Mehrzahl der Beobachtungsprogramme für Schmetterlinge fallen. Er beruht auf dem geometrischen Mittel der Entwicklungen von Arten. Einheit: Index. Methodik: wie von Butterfly Conservation Europe entwickelt und angewandt (Van Swaay, C.A.M, Assessing Butterflies in Europe – Butterfly Indicators 1990-2018, Technical report, Butterfly Conservation Europe, 2020).
Vorrat an organischem Kohlenstoff in mineralischen Ackerböden	Beschreibung: Dieser Indikator beschreibt den Vorrat an organischem Kohlenstoff in mineralischen Ackerböden in einer Tiefe von 0 bis 30 cm. Einheit: Tonnen organischer Kohlenstoff/ha Methodik: wie in Anhang V der Verordnung (EU) 2018/1999 im Einklang mit den IPCC-Leitlinien für nationale Treibhausgasinventare von 2006 beschrieben und durch die Flächenstichprobenerhebung über die Bodennutzung/-bedeckung (LUCAS) gestützt (Jones A. et al., LUCAS Soil 2022, Technischer Bericht der JRC, Amt für Veröffentlichungen der Europäischen Union, 2021).

Anteil der landwirtschaftlichen Flächen mit Landschaftselementen mit großer Vielfalt	Beschreibung: Landschaftselemente mit großer Vielfalt, wie etwa Pufferstreifen, Hecken, Einzelbäume oder Baumgruppen, Baumreihen, Feldraine, Kleinflächen, Gräben, Wasserläufe, kleine Feuchtgebiete, Terrassen, Steinhaufen, Steinmauern, kleine Teiche und Kulturobjekte, sind Elemente einer dauerhaften natürlichen oder naturnahen Vegetation in einem landwirtschaftlichen Kontext, die Ökosystemdienstleistungen erbringen und die biologische Vielfalt unterstützen. Dazu müssen die Landschaftselemente möglichst wenig nachteiligen äußeren Störungen ausgesetzt sein, um sichere Lebensräume für verschiedene Taxa zu schaffen und somit folgende Bedingungen zu erfüllen: a)Sie dürfen nicht produktiv landwirtschaftlich genutzt werden (einschließlich Beweidung und Futtererzeugung), es sei denn, eine solche Nutzung ist für die Erhaltung der biologischen Vielfalt nötig, und b)sie sollten nicht mit Düngemitteln oder Pestiziden behandelt werden, mit Ausnahme des Aufbringens von Festmist in geringem Umfang. Brachliegende Flächen, einschließlich vorübergehend brachliegender Flächen, können als Landschaftselemente mit großer Vielfalt angesehen werden, wenn sie die in Absatz 2 Buchstaben a und b genannten Kriterien erfüllen. Produktive Bäume, die Teil nachhaltiger Agroforstsysteme sind, oder Bäume in extensiv genutzten alten Obstgärten auf Grünland und produktive Elemente in […] Hecken können ebenfalls als Landschaftselemente mit großer Vielfalt angesehen werden, wenn sie das in Absatz 2 Buchstabe b genannte Kriterium erfüllen und wenn die Ernte nur zu Zeiten erfolgt, in denen die große biologische Vielfalt nicht gefährdet wird. Einheit: Prozent (Anteil der landwirtschaftlich genutzten Flächen) Methodik: wie im Rahmen von Indikator I.21 gemäß Anhang I der Verordnung (EU) 2021/2115 entwickelt und aufbauend auf der jüngsten aktualisierten Fassung der LUCAS-Erhebung für Landschaftselemente (Ballin M. et al., Redesign sample for Land Use/Cover Area frame Survey (LUCAS), Eurostat 2018) und für brachliegende Flächen (Farm Structure, Reference Metadata in Single Integrated Metadata Structure, Online-Veröffentlichung, Eurostat) und gegebenenfalls für Landschaftselemente mit großer Vielfalt, die nicht von der oben genannten Methodik erfasst werden, gemäß einer Methodik, die von den Mitgliedstaaten gemäß Artikel 14 Absatz 7 der vorliegenden Verordnung entwickelt wurde. Die LUCAS-Methodik wird regelmäßig aktualisiert, um die Zuverlässigkeit der Daten zu erhöhen, die in der Union und auf nationaler Ebene von den Mitgliedstaaten bei der Umsetzung ihrer nationalen Wiederherstellungspläne verwendet werden.

ANHANG V
Index häufiger Feldvogelarten auf nationaler Ebene

Beschreibung

Der Index häufiger Feldvogelarten gibt Auskunft über die Entwicklung des Vogelbestands häufiger und verbreiteter Vogelarten auf landwirtschaftlich genutzten Flächen und soll als Näherungswert für die Bewertung des Zustands der biologischen Vielfalt landwirtschaftlicher Ökosysteme in Europa dienen. Der nationale Index häufiger Feldvogelarten ist ein zusammengesetzter, artenübergreifender Index, mit dem die Entwicklungsrate der relativen Häufigkeit von Feldvogelarten an ausgewählten Erhebungsorten auf nationaler Ebene gemessen wird. Dieser Index beruht auf gezielt ausgewählten Arten, die für die Futteraufnahme oder Brut oder beides Lebensräume auf landwirtschaftlichen Flächen benötigen. Die nationalen Indizes häufiger Feldvogelarten beruhen auf Gruppen von Arten, die im jeweiligen Mitgliedstaat relevant sind. Der nationale Index häufiger Feldvogelarten wird in Bezug auf ein Referenzjahr berechnet, für das der Indexwert üblicherweise auf 100 festgelegt wird. Die Entwicklungstendenzen stehen für die allgemeine Veränderung der Populationsentwicklung der einzelnen Feldvögel über einen Zeitraum von Jahren.

Methodik: Brlík et al. (2021): Long-term and large-scale multispecies dataset tracking population changes of common European breeding birds. Sci Data 8, 21. https://doi.org/10.1038/s41597-021-00804-2

„Mitgliedstaaten mit historisch stärker dezimierten Feldvogelpopulationen" bezeichnet Mitgliedstaaten, in denen mindestens die Hälfte der Arten des nationalen Index häufiger Feldvogelarten einen negativen langfristigen Populationstrend aufweist. In Mitgliedstaaten, in denen für einige Arten keine Daten zu langfristigen Populationstrends verfügbar sind, werden die Daten des europäischen Erhaltungszustands der Arten verwendet.

Zu diesen Mitgliedstaaten zählen:

Tschechien

Dänemark

Deutschland

Estland

Spanien

Frankreich

Italien

Luxemburg

Ungarn

Niederlande

Finnland

„Mitgliedstaaten mit historisch weniger dezimierten Feldvogelpopulationen" bezeichnet Mitgliedstaaten, in denen weniger als die Hälfte der Arten des nationalen Index häufiger Feldvogelarten einen negativen langfristigen Populationstrend aufweisen. In Mitgliedstaaten, in denen für einige Arten keine Daten zu langfristigen Populationstrends verfügbar sind, werden die Daten des europäischen Erhaltungszustands der Arten verwendet.

Zu diesen Mitgliedstaaten zählen:

Belgien

Bulgarien

Irland

Griechenland

Kroatien
Zypern
Lettland
Litauen
Malta
Österreich
Polen
Portugal
Rumänien
Slowenien
Slowakei
Schweden

Liste der Arten des Index häufiger Feldvogelarten in den jeweiligen Mitgliedstaaten

Belgien – Flandern	Belgien – Wallonien
Alauda arvensis	Alauda arvensis
Anthus pratensis	Anthus pratensis
Emberiza citrinella	Corvus frugilegus
Falco tinnunculus	Emberiza citrinella
Haematopus ostralegus	Falco tinnunculus
Hirundo rustica	Hirundo rustica
Limosa limosa	Lanius collurio
Linaria cannabin	Linaria cannabina
Motacilla flava	Miliaria calandra
Numenius arquata	Motacilla flava
Passer montanus	Passer montanus
Perdix perdi	Perdix perdix
Saxicola torquatus	Saxicola torquatus
Sylvia communis	Streptopelia turtur
Vanellus vanellus	Sturnus vulgaris
	Sylvia communis
	Vanellus vanellus

Bulgarien
Alauda arvensis
Carduelis carduelis
Coturnix coturnix
Corvus frugilegus
Emberiza hortulana
Emberiza melanocephala
Falco tinnunculus
Galerida cristata
Hirundo rustica
Lanius collurio
Linaria cannabina
Miliaria calandra
Motacilla flava
Perdix perdix
Passer montanus
Sylvia communis
Streptopelia turtur
Sturnus vulgaris
Upupa epops

Tschechien
Alauda arvensis
Anthus pratensis
Ciconia ciconia
Corvus frugilegus
Emberiza citrinella
Falco tinnunculus
Hirundo rustica
Lanius collurio
Linaria cannabina
Miliaria calandra
Motacilla flava
Passer montanus
Perdix perdix
Saxicola rubetra
Saxicola torquatus
Serinus serinus
Streptopelia turtur
Sturnus vulgaris
Sylvia communis
Vanellus vanellus

Dänemark
Alauda arvensis
Anthus pratensis
Carduelis carduelis
Corvus corone
Corvus frugilegus
Emberiza citrinella
Falco tinnunculus
Gallinago gallinago
Hirundo rustica
Lanius collurio
Linaria cannabina
Miliaria calandra
Motacilla alba
Motacilla flava
Oenanthe oenanthe
Passer montanus
Perdix perdix
Saxicola rubetra
Sylvia communis
Sylvia curruca
Turdus pilaris
Vanellus vanellus

Deutschland
Alauda arvensis
Athene noctua
Emberiza citrinella
Lanius collurio
Limosa limosa
Lullula arborea
Miliaria calandra
Milvus milvus
Saxicola rubetra
Vanellus vanellus

Estland
Alauda arvensis
Anthus pratensis
Corvus frugilegus

Emberiza citrinella
Hirundo rustica
Lanius collurio
Linaria cannabina
Motacilla flava
Passer montanus
Saxicola rubetra
Streptopelia turtur
Sturnus vulgaris
Sylvia communis
Vanellus vanellus

Irland

Carduelis carduelis
Columba oenas
Columba palumbus
Corvus cornix
Corvus frugilegus
Corvus monedula
Emberiza citrinella
Falco tinnunculus
Fringilla coelebs
Hirundo rustica
Chloris chloris
Linaria cannabina
Motacilla alba
Passer domesticus
Phasianus colchicus
Pica pica
Saxicola torquatus
Sturnus vulgaris

Griechenland

Alauda arvensis
Apus apus
Athene noctua
Calandrella brachydactyla
Carduelis carduelis
Carduelis chloris
Ciconia ciconia
Corvus corone
Corvus monedula
Delichon urbicum
Emberiza cirlus
Emberiza hortulana
Emberiza melanocephala
Falco naumanni
Falco tinnunculus
Galerida cristata
Hirundo daurica
Hirundo rustica
Lanius collurio
Lanius minor
Lanius senator
Linaria cannabina
Lullula arborea
Luscinia megarhynchos
Melanocorypha calandra
Miliaria calandra
Motacilla flava
Oenanthe hispanica
Oenanthe oenanthe
Passer domesticus
Passer hispaniolensis
Passer montanus
Pica pica
Saxicola rubetra
Saxicola torquatus
Streptopelia decaocto
Streptopelia turtur
Sturnus vulgaris
Sylvia melanocephala
Upupa epops

Spanien

Alauda arvensis
Alectoris rufa
Athene noctua
Calandrella brachydactyla
Carduelis carduelis
Cisticola juncidis
Corvus monedula
Coturnix coturnix
Emberiza calandra
Falco tinnunculus
Galerida cristata
Hirundo rustica
Linaria cannabina
Melanocorypha calandra
Merops apiaster
Oenanthe hispanica
Passer domesticus
Passer montanus
Pica pica
Pterocles orientalis
Streptopelia turtur
Sturnus unicolor
Tetrax tetrax
Upupa epops

Frankreich

Alauda arvensis
Alectoris rufa
Anthus campestris
Anthus pratensis
Buteo buteo
Corvus frugilegus
Coturnix coturnix
Emberiza cirlus
Emberiza citrinella
Emberiza hortulana
Falco tinnunculus
Galerida cristata
Lanius collurio
Linaria cannabina
Lullula arborea
Melanocorypha calandra
Motacilla flava
Oenanthe oenanthe
Perdix perdix

Saxicola torquatus
Saxicola rubetra
Sylvia communis
Upupa epops
Vanellus vanellus

Kroatien
Alauda arvensis
Anthus campestris
Anthus trivialis
Carduelis carduelis
Coturnix coturnix
Emberiza cirlus
Emberiza citrinella
Emberiza melanocephala
Falco tinnunculus
Galerida cristata
Jynx torquilla
Lanius collurio
Lanius senator
Linaria cannabina
Lullula arborea
Luscinia megarhynchos
Miliaria calandra
Motacilla flava
Oenanthe hispanica
Oriolus oriolus
Passer montanus
Pica pica
Saxicola rubetra
Saxicola torquatus
Streptopelia turtur
Sylvia communis
Upupa epops
Vanellus vanellus

Italien
Alauda arvensis
Anthus campestris
Calandrella brachydactyla
Carduelis carduelis
Carduelis chloris
Corvus cornix
Emberiza calandra
Emberiza hortulana
Falco tinnunculus
Galerida cristata
Hirundo rustica
Jynx torquilla
Lanius collurio
Luscinia megarhynchos
Melanocorypha calandra
Motacilla alba
Motacilla flava
Oriolus oriolus
Passer domesticus italiae
Passer hispaniolensis
Passer montanus
Pica pica
Saxicola torquatus
Serinus serinus
Streptopelia turtur
Sturnus unicolor
Sturnus vulgaris
Upupa epops

Zypern
Alectoris chukar
Athene noctua
Carduelis carduelis
Cisticola juncidis
Clamator glandarius
Columba palumbus
Coracias garrulus
Corvus corone cornix
Coturnix coturnix
Emberiza calandra
Emberiza melanocephala
Falco tinnunculus
Francolinus francolinus
Galerida cristata
Hirundo rustica
Chloris chloris
Iduna pallida
Linaria cannabina
Oenanthe cypriaca
Parus major
Passer hispaniolensis
Pica pica
Streptopelia turtur
Sylvia conspicillata
Sylvia melanocephala

Lettland
Acrocephalus palustris
Alauda arvensis
Anthus pratensis
Carduelis carduelis
Carpodacus erythrinus
Ciconia ciconia
Crex crex
Emberiza citrinella
Lanius collurio
Locustella naevia
Motacilla flava
Passer montanus
Saxicola rubetra
Sturnus vulgaris
Sylvia communis
Vanellus vanellus

Litauen
Alauda arvensis
Anthus pratensis
Carduelis carduelis
Ciconia ciconia
Crex crex
Emberiza citrinella
Hirundo rustica
Lanius collurio

Motacilla flava
Passer montanus
Saxicola rubetra
Sturnus vulgaris
Sylvia communis
Vanellus vanellus

Luxemburg

Alauda arvensis
Emberiza citrinella
Lanius collurio
Linaria cannabina
Passer montanus
Saxicola torquatus
Sylvia communis

Ungarn

Alauda arvensis
Anthus campestris
Coturnix coturnix
Emberiza calandra
Falco tinnunculus
Galerida cristata
Lanius collurio
Lanius minor
Locustella naevia
Merops apiaster
Motacilla flava
Perdix perdix
Sturnus vulgaris
Sylvia communis
Sylvia nisoria
Vanellus vanellus

Malta

Calandrella brachydactyla
Linaria cannabina
Cettia cetti
Cisticola juncidis
Coturnix coturnix
Emberiza calandra
Lanius senator
Monticola solitarius
Passer hispaniolensis
Passer montanus
Serinus serinus
Streptopelia decaocto
Streptopelia turtur
Sturnus vulgaris
Sylvia conspicillata
Sylvia melanocephala

Niederlande

Alauda arvensis
Anthus pratensis
Athene noctua
Calidris pugnax
Carduelis carduelis
Corvus frugilegus
Coturnix coturnix
Emberiza citrinella
Falco tinnunculus
Gallinago gallinago
Haematopus ostralegus
Hippolais icterina
Hirundo rustica
Limosa limosa
Miliaria calandra
Motacilla fl ava
Numenius arquata
Passer montanus
Perdix perdix
Saxicola torquatus
Spatula clypeata
Streptopelia turtur
Sturnus vulgaris
Sylvia communis
Tringa totanus
Turdus viscivorus
Vanellus vanellus

Österreich

Acrocephalus palustris
Alauda arvensis
Anthus spinoletta
Anthus trivialis
Carduelis carduelis
Emberiza citrinella
Falco tinnunculus
Jynx torquilla
Lanius collurio
Linaria cannabina
Lullula arborea
Miliaria calandra
Oenanthe oenanthe
Passer montanus
Perdix perdix
Saxicola rubetra
Saxicola torquatus
Serinus citrinella
Serinus serinus
Streptopelia turtur
Sturnus vulgaris
Sylvia communis
Turdus pilaris
Vanellus vanellus

Polen

Alauda arvensis
Anthus pratensis
Ciconia ciconia
Emberiza citrinella
Emberiza hortulana
Falco tinnunculus
Galerida cristata
Hirundo rustica
Lanius collurio
Limosa limosa
Linaria cannabina
Miliaria calandra
Motacilla flava

Passer montanus
Saxicola torquatus
Saxicola rubetra
Serinus serinus
Streptopelia turtur
Sturnus vulgaris
Sylvia communis
Upupa epops
Vanellus vanellus

Portugal

Athene noctua
Bubulcus ibis
Carduelis carduelis
Chloris chloris
Ciconia ciconia
Cisticola juncidis
Coturnix coturnix
Delichon urbicum
Emberiza cirlus
Falco tinnunculus
Galerida cristata
Hirundo rustica
Lanius meridionalis
Linaria cannabina
Merops apiaster
Miliaria calandra
Milvus migrans
Passer domesticus
Pica pica
Saxicola torquatus
Serinus serinus
Sturnus unicolor
Upupa epops

Rumänien

Alauda arvensis
Anthus campestris
Calandrella brachydactyla
Ciconia ciconia
Corvus frugilegus
Emberiza calandra
Emberiza citrinella
Emberiza hortulana
Emberiza melanocephala
Falco tinnunculus
Galerida cristata
Hirundo rustica
Lanius collurio
Lanius minor
Linaria cannabina
Melanocorypha calandra
Motacilla flava
Passer montanus
Perdix perdix
Saxicola rubetra
Saxicola torquatus
Streptopelia turtur
Sturnus vulgaris
Sylvia communis
Upupa epops
Vanellus vanellus

Slowenien

Acrocephalus palustris
Alauda arvensis
Anthus trivialis
Carduelis carduelis
Columba oenas
Columba palumbus
Emberiza calandra
Emberiza cirlus
Emberiza citrinella
Falco tinnunculus
Galerida cristata
Hirundo rustica
Jynx torquilla
Lanius collurio
Linaria cannabina
Lullula arborea
Luscinia megarhynchos
Motacilla flava
Passer montanus
Phoenicurus phoenicurus
Picus viridis
Saxicola rubetra
Saxicola torquatus
Serinus serinus
Streptopelia turtur
Sturnus vulgaris
Sylvia communis
Upupa epops
Vanellus vanellus

Slowakei

Alauda arvensis
Carduelis carduelis
Emberiza calandra
Emberiza citrinella
Falco tinnunculus
Hirundo rustica
Chloris chloris
Lanius collurio
Linaria cannabina
Locustella naevia
Motacilla flava
Passer montanus
Saxicola rubetra
Saxicola torquatus
Serinus serinus
Streptopelia turtur
Sturnus vulgaris
Sylvia communis
Sylvia nisoria
Vanellus vanellus

Finnland

Alauda arvensis
Anthus pratensis
Corvus monedula

Crex crex
Delichon urbica
Emberiza hortulana
Hirundo rustica
Numenius arquata
Passer montanus
Saxicola rubertra
Sturnus vulgaris
Sylvia communis
Turdus pilaris
Vanellus vanellus

Schweden
Alauda arvensis
Anthus pratensis
Corvus frugilegus
Emberiza citrinella
Emberiza hortulana
Falco tinnunculus
Hirundo rustica
Lanius collurio
Linaria cannabina
Motacilla flava
Passer montanus
Saxicola rubetra
Sturnus vulgaris
Sylvia communis
Vanellus vanellus

ANHANG VI
Liste der Biodiversitätsindikatoren für Waldökosysteme gemäß Arikel 12 Absätze 2 und 3

Indikator	Beschreibung, Einheit und Methodik für die Festlegung und Überwachung des Indikators
Stehendes Totholz	Beschreibung: Dieser Indikator gibt die Menge an stehender Totholzbiomasse in Wäldern und anderen bewaldeten Flächen an. Einheit: m3/ha. Methodik: wie von FOREST EUROPE (State of Europe's Forests 2020, FOREST EUROPE 2020) und in der Beschreibung der nationalen Waldinventare in Tomppo E. et al., National Forest Inventories, Pathways for Common Reporting, Springer, 2010, entwickelt und verwendet, und unter Berücksichtigung der Methodik gemäß Anhang V der Verordnung (EU) 2018/1999 im Einklang mit den IPCC-Leitlinien für nationale Treibhausgasinventare von 2006.
Liegendes Totholz	Beschreibung: Dieser Indikator gibt die Menge an liegender Totholzbiomasse in Wäldern und anderen bewaldeten Flächen an. Einheit: m3/ha. Methodik: wie von FOREST EUROPE (State of Europe's Forests 2020, FOREST EUROPE 2020) und in der Beschreibung der nationalen Waldinventare in Tomppo E. et al., National Forest Inventories, Pathways for Common Reporting, Springer, 2010, entwickelt und verwendet, und unter Berücksichtigung der Methodik gemäß Anhang V der Verordnung (EU) 2018/1999 im Einklang mit den IPCC-Leitlinien für nationale Treibhausgasinventare von 2006.
Anteil der Wälder mit uneinheitlicher Altersstruktur	Beschreibung: Dieser Indikator bezieht sich auf den Anteil von Wirtschaftswäldern mit einer uneinheitlichen Altersstruktur an der Gesamtzahl von Wäldern mit einer ungleichen Altersstruktur. Einheit: Prozentualer Anteil der Wirtschaftswälder mit uneinheitlicher Altersstruktur Methodik: wie von FOREST EUROPE (State of Europe's Forests 2020, FOREST EUROPE 2020) und in der Beschreibung der nationalen Waldinventare in Tomppo E. et al., National Forest Inventories, Pathways for Common Reporting, Springer, 2010, entwickelt und verwendet.
Waldvernetzung	Beschreibung: Waldvernetzung bezeichnet die Dichte bewaldeter Gebiete. Sie wird mit einem Wert von 0 bis 100 angegeben. Einheit: Index Methodik: wie von der FAO entwickelt (Vogt P. et al., FAO – State of the World's Forests: Forest Fragmentation, Technischer Bericht der JRC, Amt für Veröffentlichungen der Europäischen Union, Luxemburg, 2019).
Index häufiger Waldvogelarten	Beschreibung: Der Waldvogelindikator beschreibt Entwicklungen im Laufe der Zeit bei der Abundanz häufiger Waldvogelarten in den jeweiligen europäischen Verbreitungsgebieten. Es handelt sich um einen zusammengesetzten Index, der auf Beobachtungsdaten zu Vogelarten beruht, die für Waldlebensräume in Europa charakteristisch sind. Der Index basiert auf spezifischen Artenlisten für jeden Mitgliedstaat. Einheit: Index Methodik: Brlík et al. Long-term and large-scale multispecies dataset tracking population changes of common European breeding birds, Sci Data 8, 21. 2021.
Vorrat an organischem Kohlenstoff	Beschreibung: Dieser Indikator beschreibt den Vorrat an organischem Kohlenstoff in einer Tiefe von 0 bis 30 cm in der Streuschicht und im Mineralboden von Waldökosystemen. Einheit: Tonnen organischer Kohlenstoff/ha Methodik: wie in Anhang V der Verordnung (EU) 2018/1999 im Einklang mit den IPCC-Leitlinien für nationale Treibhausgasinventare von 2006 beschrieben und durch die Flächenstichprobenerhebung über die Bodennutzung/-bedeckung (LUCAS) gestützt (Jones A. et al., LUCAS Soil 2022, Technischer Bericht der JRC, Amt für Veröffentlichungen der Europäischen Union, 2021).
Anteil der Wälder mit	Beschreibung: Anteil der Wälder und anderen bewaldeten Flächen mit überwiegend (> 50 % Bedeckung)

überwiegend heimischen Baumarten	heimischen Baumarten Einheit: Prozent Methodik: wie von FOREST EUROPE (State of Europe's Forests 2020, FOREST EUROPE 2020) und in der Beschreibung der nationalen Waldinventare in Tomppo E. et al., National Forest Inventories, Pathways for Common Reporting, Springer, 2010, entwickelt und verwendet.
Vielfalt der Baumarten	Beschreibung: Dieser Indikator beschreibt die durchschnittliche Anzahl an Baumarten, die in Waldgebieten vorkommen. Einheit: Index Methodik: gestützt auf FOREST EUROPE (State of Europe's Forests 2020, FOREST EUROPE 2020) und die Beschreibung der nationalen Waldinventare in Tomppo E. et al., National Forest Inventories, Pathways for Common Reporting, Springer, 2010.

ANHANG VII
Liste von Beispielen für Wiederherstellungsmaßnahmen gemäß Artikel 14 Absatz 16

(1) Wiederherstellung von Feuchtgebieten durch Wiedervernässung entwässerter Moorböden, Entfernung von Entwässerungsstrukturen für Moorböden oder Entfernung von Entwässerungspoldern und Aufgabe des Torfabbaus.

(2) Verbesserung der hydrologischen Bedingungen durch Steigerung der Quantität, Qualität und Dynamik von Oberflächengewässern sowie der Grundwasserspiegel in natürlichen und naturnahen Ökosystemen.

(3) Entfernung unerwünschter Verbuschung oder nicht heimischer Pflanzen auf Grasland, in Feuchtgebieten, in Wäldern und auf Flächen mit spärlicher Vegetation.

(4) Anwendung von Paludikultur.

(5) Wiederherstellung von Flussmäandern und Wiederanbindung von künstlich abgeschnittenen Mäandern oder Altwassern.

(6) Entfernung longitudinaler und lateraler Hindernisse wie Deiche und Dämme, Förderung der Flussdynamik und Wiederherstellung frei fließender Flussabschnitte.

(7) Renaturierung von Flussbetten, Seen und Niederungsfließgewässern, beispielsweise durch Entfernung künstlicher Flussbettbefestigungen, Optimierung der Substratzusammensetzung, Verbesserung oder Ausbau der Lebensraumfläche.

(8) Wiederherstellung natürlicher Sedimentierungsprozesse.

(9) Schaffung von Uferzonen wie Auwälder, Pufferstreifen, Wiesen oder Weiden.

(10) Stärkung ökologischer Elemente in Wäldern, wie etwa große, alte und sterbende Bäume (Habitatbäume), und Erhöhung der Menge liegenden und stehenden Totholzes.

(11) Hinarbeiten auf eine diversifizierte Waldstruktur in Bezug auf beispielsweise Artenzusammensetzung und Alter, Ermöglichen einer natürlichen Regenerierung und Sukzession von Baumarten.

(12) Unterstützung der Ausbreitung von Herkünften und Arten, wenn dies aufgrund des Klimawandels erforderlich ist.

(13) Stärkung der Vielfalt der Wälder durch die Wiederherstellung von Mosaiken anderer Lebensräume als Wäldern, wie beispielsweise offener Grasland- oder Heideflächen, Teiche oder Felsgebiete.

(14) Anwendung von „naturbasierten" forstwirtschaftlichen oder „Dauerwald"-Ansätzen; Einführung heimischer Baumarten.

(15) Förderung der Entstehung heimischer Altwälder und reifer Bestände (z. B. durch Aufgabe der Holzernte oder durch aktive Bewirtschaftung mit Begünstigung der Entwicklung selbstregulierender Funktionen und geeigneter Widerstandsfähigkeit).

(16) Einführung von Landschaftselementen mit großer Vielfalt auf Ackerflächen und intensiv bewirtschaftetem Grünland, wie Pufferstreifen, Feldränder mit heimischen Blühpflanzen, Hecken, Bäume, kleine Wälder, Trockenmauern, Teiche, ökologische Korridore, „Trittsteine" usw.

(17) Vergrößerung der landwirtschaftlichen Fläche mit agrarökologischen Bewirtschaftungsmethoden wie ökologischer/biologischer Landwirtschaft oder Agroforstwirtschaft, Mischkulturen und Fruchtfolge, integriertem Pflanzenschutz und integriertem Nährstoffmanagement.

(18) Gegebenenfalls Verringerung der Weideintensität oder Mahd auf Grünland oder Wiederherstellung der extensiven Beweidung mit Nutztieren sowie extensiver Mahd, wo diese aufgegeben wurden.

(19) Einstellung oder Verringerung des Einsatzes chemischer Pestizide sowie chemischer und tierischer Düngemittel.

(20) Einstellung des Pflügens von Grünland und des Einbringens von Samen ertragreicher Gräser.

(21) Entfernung von Bepflanzungen ehemals dynamischer Binnendünensysteme zur Wiederherstellung einer natürlichen Winddynamik zugunsten offener Lebensräume.

(22) Verbesserung der Vernetzung zwischen Lebensräumen zur Förderung der Entwicklung von Artenpopulationen sowie zur Ermöglichung eines ausreichenden individuellen und genetischen Austauschs sowie der Migration von Arten und ihrer Anpassung an den Klimawandel.

(23) Förderung der Entwicklung einer eigenen natürlichen Dynamik durch Ökosysteme, zum Beispiel durch die Aufgabe der Holzernte und die Stärkung von Naturbeschaffenheit und Wildnis.

(24) Entfernung und Bekämpfung invasiver gebietsfremder Arten sowie Verhinderung oder Minimierung der Einbringung neuer Arten.

(25) Minimierung der negativen Auswirkungen der Fischerei auf das Meeresökosystem, beispielsweise durch die Verwendung von Fanggeräten mit geringeren Auswirkungen auf den Meeresboden.

(26) Wiederherstellung wichtiger Laich- und Aufwuchsgebiete von Fischen.

(27) Bereitstellung von Strukturen oder Substraten zur Förderung der Wiederkehr von Meereslebewesen zur Unterstützung der Wiederherstellung von Korallen-, Austern- oder Steinriffen.

(28) Wiederherstellung von Seegraswiesen und Tangwäldern durch die aktive Stabilisierung des Meeresgrunds sowie die Verringerung und, sofern möglich, Beseitigung von Belastungen, oder durch eine aktive Vermehrung und Anpflanzung.

(29) Wiederherstellung oder Verbesserung des Zustands von Populationen charakteristischer heimischer Arten, die von entscheidender Bedeutung für die Ökologie von Meereslebensräumen sind, durch passive oder aktive Wiederherstellungsmaßnahmen, z. B. Einführung von Jungtieren.

(30) Verminderung verschiedener Formen der Meeresverschmutzung wie Nährstoffbelastung, Lärmbelastung und Kunststoffabfälle.

(31) Vergrößerung von städtischen Grünflächen mit ökologischen Elementen in städtischen Gebieten wie Parks, Bäumen und Waldflächen [...], grünen Dächern, Wildblumenwiesen, Gärten, Gartenbau innerhalb der Stadtgrenzen, Alleen, städtischen Wiesen und Hecken, Teichen und Wasserläufen, unter Berücksichtigung unter anderem der Vielfalt der Arten, heimischer Arten, der örtlichen Gegebenheiten und der Resilienz gegenüber dem Klimawandel.

(32) Beendigung, Verminderung oder Sanierung von Umweltverschmutzungen durch Arzneimittel, gefährliche Chemikalien, städtisches und industrielles Abwasser und andere Abfälle, einschließlich Plastikmüll im Meer, sowie Lichtverschmutzung in sämtlichen Ökosystemen.

(33) Umwandlung von Brachflächen, ehemaligen Industriegebieten und Steinbrüchen in Naturlandschaften.

SUP-Richtlinie 2001/42/EG

ABl L 197 vom 21.7.2001, 30

Artikel 1
Ziele

Ziel dieser Richtlinie ist es, im Hinblick auf die Förderung einer nachhaltigen Entwicklung ein hohes Umweltschutzniveau sicherzustellen und dazu beizutragen, dass Umwelterwägungen bei der Ausarbeitung und Annahme von Plänen und Programmen einbezogen werden, indem dafür gesorgt wird, dass bestimmte Pläne und Programme, die voraussichtlich erhebliche Umweltauswirkungen haben, entsprechend dieser Richtlinie einer Umweltprüfung unterzogen werden.

Artikel 2
Begriffsbestimmungen

Im Sinne dieser Richtlinie bezeichnet der Ausdruck

a) „Pläne und Programme" Pläne und Programme, einschließlich der von der Europäischen Gemeinschaft mitfinanzierten, sowie deren Änderungen,
   - die von einer Behörde auf nationaler, regionaler oder lokaler Ebene ausgearbeitet und/oder angenommen werden oder die von einer Behörde für die Annahme durch das Parlament oder die Regierung im Wege eines Gesetzgebungsverfahrens ausgearbeitet werden und
   - die aufgrund von Rechts- oder Verwaltungsvorschriften erstellt werden müssen;

b) „Umweltprüfung" die Ausarbeitung eines Umweltberichts, die Durchführung von Konsultationen, die Berücksichtigung des Umweltberichts und der Ergebnisse der Konsultationen bei der Entscheidungsfindung und die Unterrichtung über die Entscheidung gemäß den Artikeln 4 bis 9;

c) „Umweltbericht" den Teil der Plan- oder Programmdokumentation, der die in Artikel 5 und in Anhang I vorgesehenen Informationen enthält;

d) „Öffentlichkeit" eine oder mehrere natürliche oder juristische Personen und, in Übereinstimmung mit den innerstaatlichen Rechtsvorschriften oder der innerstaatlichen Praxis, deren Vereinigungen, Organisationen oder Gruppen.

Artikel 3
Geltungsbereich

(1) Die unter die Absätze 2 bis 4 fallenden Pläne und Programme, die voraussichtlich erhebliche Umweltauswirkungen haben, werden einer Umweltprüfung nach den Artikeln 4 bis 9 unterzogen.

(2) Vorbehaltlich des Absatzes 3 wird eine Umweltprüfung bei allen Plänen und Programmen vorgenommen,

a) die in den Bereichen Landwirtschaft, Forstwirtschaft, Fischerei, Energie, Industrie, Verkehr, Abfallwirtschaft, Wasserwirtschaft, Telekommunikation, Fremdenverkehr, Raumordnung oder Bodennutzung ausgearbeitet werden und durch die der Rahmen für die künftige Genehmigung der in den Anhängen I und II der Richtlinie 85/337/EWG aufgeführten Projekte gesetzt wird oder

b) bei denen angesichts ihrer voraussichtlichen Auswirkungen auf Gebiete eine Prüfung nach Artikel 6 oder 7 der Richtlinie 92/43/EWG für erforderlich erachtet wird.

(3) Die unter Absatz 2 fallenden Pläne und Programme, die die Nutzung kleiner Gebiete auf lokaler Ebene festlegen, sowie geringfügige Änderungen der unter Absatz 2 fallenden Pläne und Programme bedürfen nur dann einer Umweltprüfung, wenn die Mitgliedstaaten bestimmen, dass sie voraussichtlich erhebliche Umweltauswirkungen haben.

(4) Die Mitgliedstaaten befinden darüber, ob nicht unter Absatz 2 fallende Pläne und Programme, durch die der Rahmen für die künftige Genehmigung von Projekten gesetzt wird, voraussichtlich erhebliche Umweltauswirkungen haben.

(5) Die Mitgliedstaaten bestimmen entweder durch Einzelfallprüfung oder durch Festlegung von Arten von Plänen und Programmen oder durch eine Kombination dieser beiden Ansätze, ob die in den Absätzen 3 und 4 genannten Pläne oder Programme voraussichtlich erhebliche Umweltauswirkungen haben. Zu diesem Zweck berücksichtigen die Mitgliedstaaten in jedem Fall die einschlägigen Kriterien des Anhangs II, um sicherzustellen, dass Pläne und Programme, die voraussichtlich erhebliche Umweltauswirkungen haben, von dieser Richtlinie erfasst werden.

(6) Im Rahmen einer Einzelfallprüfung und im Falle der Festlegung von Arten von Plänen und Programmen nach Absatz 5 sind die in Artikel 6 Absatz 3 genannten Behörden zu konsultieren.

(7) Die Mitgliedstaaten sorgen dafür, dass die nach Absatz 5 getroffenen Schlussfolgerungen, einschließlich der Gründe für die Entscheidung, keine Umweltprüfung gemäß den Artikeln 4 bis 9 vorzuschreiben, der Öffentlichkeit zugänglich gemacht werden.

(8) Die folgenden Pläne und Programme unterliegen dieser Richtlinie nicht:

- Pläne und Programme, die ausschließlich Zielen der Landesverteidigung oder des Katastrophenschutzes dienen;
- Finanz- oder Haushaltspläne und -programme.

(9) Diese Richtlinie gilt nicht für Pläne und Programme, die in den laufenden jeweiligen Programmplanungszeiträumen [1] für die Verordnungen (EG) Nr. 1260/1999[2] und (EG) Nr. 1257/1999 [3] des Rates mitfinanziert werden.

Artikel 4
Allgemeine Verpflichtungen

(1) Die Umweltprüfung nach Artikel 3 wird während der Ausarbeitung und vor der Annahme eines Plans oder Programms oder dessen Einbringung in das Gesetzgebungsverfahren durchgeführt.

(2) Die Mitgliedstaaten übernehmen die Anforderungen dieser Richtlinie entweder in bestehende Verfahren zur Annahme von Plänen und Programmen oder in neue Verfahren, die festgelegt werden, um dieser Richtlinie nachzukommen.

(3) Gehören Pläne und Programme zu einer Plan- oder Programmhierarchie, so berücksichtigen die Mitgliedstaaten zur Vermeidung von Mehrfachprüfungen die Tatsache, dass die Prüfung gemäß der vorliegenden Richtlinie auf verschiedenen Stufen dieser Hierarchie durchgeführt wird. Die Mitgliedstaaten wenden, unter anderem zur Vermeidung von Mehrfachprüfungen, Artikel 5 Absätze 2 und 3 an.

Artikel 5
Umweltbericht

(1) Ist eine Umweltprüfung nach Artikel 3 Absatz 1 durchzuführen, so ist ein Umweltbericht zu erstellen; darin werden die voraussichtlichen erheblichen Auswirkungen, die die Durchführung des Plans oder Programms auf die Umwelt hat, sowie vernünftige Alternativen, die die Ziele und den geographischen Anwendungsbereich des Plans oder Programms berücksichtigen, ermittelt, beschrieben und bewertet. Welche Informationen zu diesem Zweck vorzulegen sind, ist in Anhang I angegeben.

(2) Der Umweltbericht nach Absatz 1 enthält die Angaben, die vernünftigerweise verlangt werden können, und berücksichtigt dabei den gegenwärtigen Wissensstand und aktuelle Prüfmethoden, Inhalt und Detaillierungsgrad des Plans oder Programms, dessen Stellung im Entscheidungsprozess sowie das Ausmaß, in dem bestimmte Aspekte zur Vermeidung von Mehrfachprüfungen auf den unterschiedlichen Ebenen dieses Prozesses am besten geprüft werden können.

(3) Zur Gewinnung der in Anhang I genannten Informationen können alle verfügbaren relevanten Informationen über die Umweltauswirkungen der Pläne und Programme herangezogen werden, die auf anderen Ebenen des Entscheidungsprozesses oder aufgrund anderer Rechtsvorschriften der Gemeinschaft gesammelt wurden.

(4) Die in Artikel 6 Absatz 3 genannten Behörden werden bei der Festlegung des Umfangs und Detaillierungsgrads der in den Umweltbericht aufzunehmenden Informationen konsultiert.

[1] Der Programmplanungszeitraum 2000-2006 für die Verordnung (EG) Nr. 1260/1999 des Rates und die Programmplanungszeiträume 2000-2006 und 2000-2007 für die Verordnung (EG) Nr. 1257/1999 des Rates.

[2] Verordnung (EG) Nr. 1260/1999 des Rates vom 21. Juni 1999 mit allgemeinen Bestimmungen über die Strukturfonds (ABl. L 161 vom 26.6.1999, S. 1).

[3] Verordnung (EG) Nr. 1257/1999 des Rates vom 17. Mai 1999 über die Förderung der Entwicklung des ländlichen Raums durch den Europäischen Ausrichtungs- und Garantiefonds für die Landwirtschaft (EAGFL) und zur Änderung bzw. Aufhebung bestimmter Verordnungen (ABl. L 160 vom 26.6.1999, S. 80).

Artikel 6
Konsultationen

(1) Der Entwurf des Plans oder Programms und der nach Artikel 5 erstellte Umweltbericht werden den in Absatz 3 genannten Behörden sowie der Öffentlichkeit zugänglich gemacht.

(2) Den Behörden nach Absatz 3 und der Öffentlichkeit nach Absatz 4 wird innerhalb ausreichend bemessener Fristen frühzeitig und effektiv Gelegenheit gegeben, vor der Annahme des Plans oder Programms oder seiner Einbringung in das Gesetzgebungsverfahren zum Entwurf des Plans oder Programms sowie zum begleitenden Umweltbericht Stellung zu nehmen.

(3) Die Mitgliedstaaten bestimmen die zu konsultierenden Behörden, die in ihrem umweltbezogenen Aufgabenbereich von den durch die Durchführung des Plans oder Programms verursachten Umweltauswirkungen betroffen sein könnten.

(4) Die Mitgliedstaaten bestimmen, was unter „Öffentlichkeit" im Sinne des Absatzes 2 zu verstehen ist; dieser Begriff schließt die Teile der Öffentlichkeit ein, die vom Entscheidungsprozess gemäß dieser Richtlinie betroffen sind oder voraussichtlich betroffen sein werden oder ein Interesse daran haben, darunter auch relevante Nichtregierungsorganisationen, Z. B. Organisationen zur Förderung des Umweltschutzes und andere betroffene Organisationen.

(5) Die Einzelheiten der Information und Konsultation der Behörden und der Öffentlichkeit werden von den Mitgliedstaaten festgelegt.

Artikel 7
Grenzüberschreitende Konsultationen

(1) Ist ein Mitgliedstaat der Auffassung, dass die Durchführung eines Plans oder Programms, der bzw. das für sein Hoheitsgebiet ausgearbeitet wird, voraussichtlich erhebliche Auswirkungen auf die Umwelt eines anderen Mitgliedstaats haben wird, oder stellt ein Mitgliedstaat, der voraussichtlich erheblich betroffen sein wird, einen entsprechenden Antrag, so übermittelt der Mitgliedstaat, in dessen Hoheitsgebiet der Plan oder das Programm ausgearbeitet wird, vor der Annahme des Plans oder Programms oder vor dessen Einbringung in das Gesetzgebungsverfahren eine Kopie des Plan- oder Programmentwurfs und des entsprechenden Umweltberichts an den anderen Mitgliedstaat.

(2) Wenn ein Mitgliedstaat gemäß Absatz 1 eine Kopie des Plan- oder Programmentwurfs und des Umweltberichts erhält, teilt er dem anderen Mitgliedstaat mit, ob er vor der Annahme des Plans oder Programms oder vor dessen Einbringung in das Gesetzgebungsverfahren Konsultationen wünscht; ist dies der Fall, so führen die betreffenden Mitgliedstaaten Konsultationen über die voraussichtlichen grenzüberschreitenden Auswirkungen, die die Durchführung des Plans oder Programms auf die Umwelt hat, und über die geplanten Maßnahmen, die der Verminderung oder Vermeidung solcher Auswirkungen dienen sollen.

Finden solche Konsultationen statt, so verständigen sich die betreffenden Mitgliedstaaten auf Einzelheiten, um sicherzustellen, dass die Behörden nach Artikel 6 Absatz 3 und die Öffentlichkeit nach Artikel 6 Absatz 4 in dem Mitgliedstaat, der voraussichtlich erheblich betroffen sein wird, unterrichtet werden und Gelegenheit erhalten, innerhalb einer angemessenen Frist Stellung zu nehmen.

(3) Sind nach diesem Artikel Konsultationen zwischen Mitgliedstaaten erforderlich, so vereinbaren diese zu Beginn dieser Konsultationen einen angemessenen Zeitrahmen für deren Dauer.

Artikel 8
Entscheidungsfindung

Der nach Artikel 5 erstellte Umweltbericht, die nach Artikel 6 abgegebenen Stellungnahmen und die Ergebnisse von nach Artikel 7 geführten grenzüberschreitenden Konsultationen werden bei der Ausarbeitung und vor der Annahme des Plans oder Programms oder vor dessen Einbringung in das Gesetzgebungsverfahren berücksichtigt.

Artikel 9
Bekanntgabe der Entscheidung

(1) Die Mitgliedstaaten stellen sicher, dass nach der Annahme eines Plans oder eines Programms dies den Behörden nach Artikel 6 Absatz 3, der Öffentlichkeit und jedem gemäß Artikel 7 konsultierten Mitgliedstaat bekanntgegeben wird und dass diesen Folgendes zugänglich gemacht wird:

a) der angenommene Plan oder das angenommene Programm;
b) eine zusammenfassende Erklärung, wie Umwelterwägungen in den Plan oder das Programm einbezogen wurden, wie der nach Artikel 5 erstellte Umweltbericht, die nach Artikel 6 abgegebenen Stellungnahmen und die Ergebnisse von nach Artikel 7 geführten Konsultationen gemäß Artikel 8 berücksichtigt wurden und aus welchen Gründen der angenommene Plan oder das angenommene Programm, nach Abwägung mit den geprüften vernünftigen Alternativen, gewählt wurde; und
c) die Maßnahmen, die zur Überwachung gemäß Artikel 10 beschlossen wurden.

(2) Die Einzelheiten der Unterrichtung nach Absatz 1 werden von den Mitgliedstaaten festgelegt.

Artikel 10
Überwachung

(1) Die Mitgliedstaaten überwachen die erheblichen Auswirkungen der Durchführung der Pläne und Programme auf die Umwelt, um unter anderem frühzeitig unvorhergesehene negative Auswirkungen zu ermitteln und um in der Lage zu sein, geeignete Abhilfemaßnahmen zu ergreifen.

(2) Zur Erfüllung der Anforderungen nach Absatz 1 können, soweit angebracht, bestehende Überwachungsmechanismen angewandt werden, um Doppelarbeit bei der Überwachung zu vermeiden.

Artikel 11
Verhältnis zu anderen Gemeinschaftsvorschriften

(1) Die Umweltprüfungen gemäß dieser Richtlinie lassen die Anforderungen der Richtlinie 85/337/EWG sowie anderer Rechtsvorschriften der Gemeinschaft unberührt.

(2) Bei Plänen und Programmen, bei denen sich die Verpflichtung, eine Prüfung der Umweltauswirkungen durchzuführen, sowohl aus dieser Richtlinie als auch aus anderen Rechtsvorschriften der Gemeinschaft ergibt, können die Mitgliedstaaten koordinierte oder gemeinsame Verfahren, die die Anforderungen der einschlägigen Rechtsvorschriften der Gemeinschaft erfüllen, vorsehen, unter anderem, um Mehrfachprüfungen zu vermeiden.

(3) Für Pläne und Programme, die von der Europäischen Gemeinschaft mitfinanziert werden, wird die Umweltprüfung gemäß dieser Richtlinie im Einklang mit den in den einschlägigen Gemeinschaftsvorschriften festgelegten besonderen Bestimmungen durchgeführt.

Artikel 12
Informationen, Berichte und Überprüfung

(1) Die Mitgliedstaaten und die Kommission tauschen Informationen über die bei der Anwendung dieser Richtlinie gesammelten Erfahrungen aus.

(2) Die Mitgliedstaaten stellen sicher, dass die Umweltberichte von ausreichender Qualität sind, um die Anforderungen dieser Richtlinie zu erfüllen, und unterrichten die Kommission über alle Maßnahmen, die sie bezüglich der Qualität dieser Berichte ergreifen.

(3) Die Kommission legt dem Europäischen Parlament und dem Rat vor dem 21. Juli 2006 einen ersten Bericht über die Anwendung und Wirksamkeit dieser Richtlinie vor.

Damit Erfordernisse des Umweltschutzes stärker gemäß Artikel 6 des Vertrags einbezogen werden, werden, falls angebracht, diesem Bericht unter Berücksichtigung der bei der Anwendung dieser Richtlinie in den Mitgliedstaaten gesammelten Erfahrungen Vorschläge zur Änderung dieser Richtlinie beigefügt. Die Kommission wird insbesondere die Möglichkeit in Erwägung ziehen, den Geltungsbereich dieser Richtlinie auszudehnen, um andere Bereiche/Sektoren und andere Arten von Plänen und Programmen abzudecken.

Alle sieben Jahre wird ein neuer Evaluierungsbericht erstellt.

(4) Die Kommission berichtet über den Zusammenhang zwischen dieser Richtlinie und den Verordnungen (EG) Nr. 1260/1999 und (EG) Nr. 1257/1999 frühzeitig vor Ablauf der Programmplanungszeiträume, die in diesen Verordnungen festgelegt sind, um eine kohärente Vorgehensweise in Bezug auf diese Richtlinie und spätere Gemeinschaftsverordnungen zu gewährleisten.

Artikel 13
Umsetzung der Richtlinie

(1) Die Mitgliedstaaten erlassen die erforderlichen Rechts- und Verwaltungsvorschriften, um dieser Richtlinie vor dem 21. Juli 2004 nachzukommen. Sie setzen die Kommission unverzüglich davon in Kenntnis.

(2) Wenn die Mitgliedstaaten derartige Vorschriften erlassen, nehmen sie in den Vorschriften selbst oder durch einen Hinweis bei der amtlichen Veröffentlichung auf diese Richtlinie Bezug. Die Mitgliedstaaten regeln die Form dieser Bezugnahme.

(3) Die Verpflichtung nach Artikel 4 Absatz 1 gilt für die Pläne und Programme, deren erster förmlicher Vorbereitungsakt nach dem in Absatz 1 des vorliegenden Artikels genannten Zeitpunkt erstellt wird. Pläne und Programme, deren erster förmlicher Vorbereitungsakt vor diesem Zeitpunkt liegt und die mehr als 24 Monate danach angenommen oder in das Gesetzgebungsverfahren eingebracht werden, unterliegen der Verpflichtung von Artikel 4 Absatz 1, es sei denn, die Mitgliedstaaten entscheiden im Einzelfall, dass dies nicht durchführbar ist, und unterrichten die Öffentlichkeit über ihre Entscheidung.

(4) Die Mitgliedstaaten übermitteln der Kommission vor dem 21. Juli 2004 neben Angaben zu den in Absatz 1 genannten Vorschriften auch gesonderte Angaben über die Arten von Plänen und Programmen, die nach Artikel 3 einer Umweltprüfung gemäß dieser Richtlinie unterliegen würden. Die Kommission stellt diese Angaben den Mitgliedstaaten zur Verfügung. Die Angaben werden regelmäßig auf den neuesten Stand gebracht.

Artikel 14
Inkrafttreten

Diese Richtlinie tritt am Tag ihrer Veröffentlichung im Amtsblatt der Europäischen Gemeinschaften in Kraft.

Artikel 15
Adressaten

Diese Richtlinie ist an alle Mitgliedstaaten gerichtet.

Anhang I
Informationen gemäß Artikel 5 Absatz 1

Die Informationen, die gemäß Artikel 5 Absatz 1 nach Maßgabe von Artikel 5 Absätze 2 und 3 vorzulegen sind, umfassen

a) eine Kurzdarstellung des Inhalts und der wichtigsten Ziele des Plans oder Programms sowie der Beziehung zu anderen relevanten Plänen und Programmen;

b) die relevanten Aspekte des derzeitigen Umweltzustands und dessen voraussichtliche Entwicklung bei Nichtdurchführung des Plans oder Programms;

c) die Umweltmerkmale der Gebiete, die voraussichtlich erheblich beeinflusst werden;

d) sämtliche derzeitigen für den Plan oder das Programm relevanten Umweltprobleme unter besonderer Berücksichtigung der Probleme, die sich auf Gebiete mit einer speziellen Umweltrelevanz beziehen, wie etwa die gemäß den Richtlinien 79/409/EWG und 92/43/EWG ausgewiesenen Gebiete;

e) die auf internationaler oder gemeinschaftlicher Ebene oder auf der Ebene der Mitgliedstaaten festgelegten Ziele des Umweltschutzes, die für den Plan oder das Programm von Bedeutung sind, und die Art, wie diese Ziele und alle Umwelterwägungen bei der Ausarbeitung des Plans oder Programms berücksichtigt wurden;

f) die voraussichtlichen erheblichen Umweltauswirkungen[4], einschließlich der Auswirkungen auf Aspekte wie die biologische Vielfalt, die Bevölkerung, die Gesundheit des Menschen, Fauna, Flora, Boden, Wasser, Luft, klimatische Faktoren, Sachwerte, das kulturelle Erbe einschließlich der architektonisch wertvollen Bauten und der archäologischen Schätze, die Landschaft und die Wechselbeziehung zwischen den genannten Faktoren.

g) die Maßnahmen, die geplant sind, um erhebliche negative Umweltauswirkungen aufgrund der Durchführung des Plans oder Programms zu verhindern, zu verringern und soweit wie möglich auszugleichen;

h) eine Kurzdarstellung der Gründe für die Wahl der geprüften Alternativen und eine Beschreibung, wie die Umweltprüfung vorgenommen wurde, einschließlich etwaiger Schwierigkeiten bei der Zusammenstellung der erforderlichen Informationen (zum Beispiel technische Lücken oder fehlende Kenntnisse);

i) eine Beschreibung der geplanten Maßnahmen zur Überwachung gemäß Artikel 10;

j) eine nichttechnische Zusammenfassung der oben beschriebenen Informationen.

[4] Einschließlich sekundärer, kumulativer, synergetischer, kurz-, mittel- und langfristiger, ständiger und vorübergehender, positiver und negativer Auswirkungen.

Anhang II
Kriterien für die Bestimmung der voraussichtlichen Erheblichkeit von Umweltauswirkungen im Sinne des Artikels 3 Absatz 5

1. Merkmale der Pläne und Programme, insbesondere in bezug auf
   - das Ausmaß, in dem der Plan oder das Programm für Projekte und andere Tätigkeiten in bezug auf Standort, Art, Größe und Betriebsbedingungen oder durch die Inanspruchnahme von Ressourcen einen Rahmen setzt;
   - das Ausmaß, in dem der Plan oder das Programm andere Pläne und Programme - einschließlich solcher in einer Planungs- oder Programmhierarchie - beeinflusst;
   - die Bedeutung des Plans oder des Programms für die Einbeziehung der Umwelterwägungen, insbesondere im Hinblick auf die Förderung der nachhaltigen Entwicklung;
   - die für den Plan oder das Programm relevanten Umweltprobleme;
   - die Bedeutung des Plans oder Programms für die Durchführung der Umweltvorschriften der Gemeinschaft (Z. B. Pläne und Programme betreffend die Abfallwirtschaft oder den Gewässerschutz).
2. Merkmale der Auswirkungen und der voraussichtlich betroffenen Gebiete, insbesondere in bezug auf
   - die Wahrscheinlichkeit, Dauer, Häufigkeit und Umkehrbarkeit der Auswirkungen;
   - den kumulativen Charakter der Auswirkungen;
   - den grenzüberschreitenden Charakter der Auswirkungen;
   - die Risiken für die menschliche Gesundheit oder die Umwelt (Z. B. bei Unfällen);
   - den Umfang und die räumliche Ausdehnung der Auswirkungen (geographisches Gebiet und Anzahl der voraussichtlich betroffenen Personen);
   - die Bedeutung und die Sensibilität des voraussichtlich betroffenen Gebiets aufgrund folgender Faktoren:
   - besondere natürliche Merkmale oder kulturelles Erbe,
   - Überschreitung der Umweltqualitätsnormen oder der Grenzwerte,
   - intensive Bodennutzung;
   - die Auswirkungen auf Gebiete oder Landschaften, deren Status als national, gemeinschaftlich oder international geschützt anerkannt ist.

Treibhausgasemissionshandels-Richtlinie 2003/87/EG

ABl L 275 vom 25.10.2003, 32,
Konsolidierte Fassung vom 1.3.2024 idF der VO (EU) 2024/795 des Europäischen Parlaments und des Rates vom 29. Februar 2024, ABl L vom 29.2.2024

KAPITEL I
ALLGEMEINE BESTIMMUNGEN

Artikel 1
Gegenstand

Mit dieser Richtlinie wird ein System für den Handel mit Treibhausgasemissionszertifikaten in der Union (nachstehend „EU-EHS" genannt) geschaffen, um auf kosteneffiziente und wirtschaftlich effiziente Weise auf eine Verringerung von Treibhausgasemissionen hinzuwirken.

Diese Richtlinie schreibt auch eine stärkere Reduzierung von Treibhausgasemissionen vor, um die Verringerungsraten zu erreichen, die aus wissenschaftlicher Sicht zur Vermeidung gefährlicher Klimaänderungen erforderlich sind. Sie trägt zur Verwirklichung des Unionsziels der Klimaneutralität und der Klimaziele der Union, die in der Verordnung (EU) 2021/1119 des Europäischen Parlaments und des Rates ([1]) festgelegt sind, und damit zu den Zielen des Übereinkommens von Paris ([2]) bei.

Diese Richtlinie regelt auch die Bewertung und Umsetzung der Verpflichtung der Union zu einer Reduzierung der Treibhausgasemissionen von mehr als 20 % im Anschluss an den Abschluss eines internationalen Abkommens über den Klimawandel durch die Union, das zu höheren als den in Artikel 9 vorgesehenen Reduktionen von Treibhausgasemissionen führt, was der auf der Tagung des Europäischen Rates im März 2007 eingegangenen Verpflichtung zu einer Reduzierung von 30 % entspricht.

Artikel 2
Geltungsbereich

(1) Diese Richtlinie gilt für die in den Anhängen I und III aufgeführten Tätigkeiten und für die in Anhang II aufgeführten Treibhausgase. Wenn eine Anlage, die aufgrund des Betriebs von Verbrennungseinheiten mit einer Gesamtfeuerungswärmeleistung von mehr als 20 MW in den Anwendungsbereich des EU-EHS fällt, ihre Produktionsverfahren ändert, um ihre Treibhausgasemissionen zu verringern, und diesen Schwellenwert nicht mehr erreicht, räumt der betreffende Mitgliedstaat, in dem sich die Anlage befindet, dem Betreiber die Möglichkeit ein, nach der Änderung seiner Produktionsverfahren bis zum Ende des derzeitigen und des nächsten Fünfjahreszeitraums gemäß Artikel 11 Absatz 1 Unterabsatz 2 im Anwendungsbereich des EU-EHS zu verbleiben. Der Betreiber dieser Anlage kann entscheiden, dass die Anlage nach der Änderung ihrer Produktionsverfahren nur bis zum Ende des derzeitigen Fünfjahreszeitraums oder auch bis zum Ende des nächsten Fünfjahreszeitraums im Geltungsbereich des EU-EHS verbleibt. Der betreffende Mitgliedstaat teilt der Kommission Änderungen an der Liste mit, die der Kommission gemäß Artikel 11 Absatz 1 übermittelt wurde.

(2) Diese Richtlinie gilt unbeschadet der Anforderungen gemäß Richtlinie 2010/75/EU des Europäischen Parlaments und des Rates ([3]).

(3) Die Anwendung dieser Richtlinie auf den Flughafen von Gibraltar erfolgt unbeschadet der Rechtsstandpunkte des Königreichs Spanien und des Vereinigten Königreichs in der strittigen Frage der Souveränität über das Gebiet, auf dem sich der Flughafen befindet.

Artikel 3
Begriffsbestimmungen

Im Sinne dieser Richtlinie bezeichnet der Ausdruck

a) „Zertifikat" das Zertifikat, das zur Emission von einer Tonne Kohlendioxidäquivalent in einem bestimmten Zeitraum berechtigt; es gilt nur für die Erfüllung der Anforderungen dieser Richtlinie und kann nach Maßgabe dieser Richtlinie übertragen werden;

b) „Emissionen" die Freisetzung von Treibhausgasen aus Quellen in einer Anlage oder die Freisetzung der in Anhang I in Verbindung mit der Tätigkeitskategorie „Luftverkehr" oder in Anhang I in Verbindung mit der Tätigkeitskategorie „Seeverkehr" aufgeführten Gase aus einem Flugzeug bzw. einem Schiff, das eine derartige Tätigkeit durchführt, oder die Freisetzung von Treibhausgasen aus der in Anhang III genannten Tätigkeit;

c) „Treibhausgase" die in Anhang II aufgeführten Gase und sonstige natürliche oder anthropogene gasförmige Bestandteile der Atmosphäre, welche infrarote Strahlung aufnehmen und wieder abgeben;

d) „Genehmigung zur Emission von Treibhausgasen" eine Genehmigung, die gemäß den Artikeln 5, 6 und 30b erteilt wird;

e) „Anlage" eine ortsfeste technische Einheit, in der eine oder mehrere der in Anhang I genannten Tätigkeiten sowie andere unmittelbar damit verbundene Tätigkeiten durchgeführt werden, die mit den an diesem Standort durchgeführten Tätigkeiten in einem technischen Zusammenhang stehen und die Auswirkungen auf die Emissionen und die Umweltverschmutzung haben können;

f) „Betreiber" eine Person, die eine Anlage betreibt oder besitzt oder der – sofern in den nationalen Rechtsvorschriften vorgesehen – die ausschlaggebende wirtschaftliche Verfügungsmacht über den technischen Betrieb einer Anlage übertragen worden ist;

g) „Person" jede natürliche oder juristische Person;

h) „neuer Marktteilnehmer" eine Anlage, die eine oder mehrere der in Anhang I aufgeführten Tätigkeiten durchführt und der zum ersten Mal in dem Zeitraum, der drei Monate vor dem Termin für die Einreichung des Verzeichnisses gemäß Artikel 11 Absatz 1 beginnt und drei Monate vor dem Termin für die Einreichung des nächsten Verzeich-

[1] Verordnung (EU) 2021/1119 des Europäischen Parlaments und des Rates vom 30. Juni 2021 zur Schaffung des Rahmens für die Verwirklichung der Klimaneutralität und zur Änderung der Verordnungen (EG) Nr. 401/2009 und (EU) 2018/1999 („Europäisches Klimagesetz") (ABl. L 243 vom 9.7.2021, S. 1).

[2] ABl. L 282 vom 19.10.2016, S. 4.

[3] Richtlinie 2010/75/EU des Europäischen Parlaments und des Rates vom 24. November 2010 über Industrieemissionen (integrierte Vermeidung und Verminderung der Umweltverschmutzung) (ABl. L 334 vom 17.12.2010, S. 17).

nisses gemäß demselben Artikel endet, eine Genehmigung zur Emission von Treibhausgasen erteilt wurde;

i) „Öffentlichkeit" eine oder mehrere Personen sowie gemäß den nationalen Rechtsvorschriften oder der nationalen Praxis Zusammenschlüsse, Organisationen oder Gruppen von Personen;

j) „Tonne Kohlendioxidäquivalent" eine metrische Tonne Kohlendioxid (CO_2) oder eine Menge eines anderen in Anhang II aufgeführten Treibhausgases mit einem äquivalenten Erderwärmungspotenzial;

k) „Anlage-I-Vertragspartei" eine gemäß Artikel 1 Absatz 7 des Kyoto-Protokolls in Anlage I des Rahmenübereinkommens der Vereinten Nationen über Klimaänderungen (UNFCCC) aufgeführte Vertragspartei, die das Kyoto-Protokoll ratifiziert hat;

l) „Projektmaßnahme" eine Projektmaßnahme, die von einer oder mehreren Anlage-I-Vertragspartei(en) gemäß Artikel 6 bzw. Artikel 12 des Kyoto-Protokolls und den im Rahmen des UNFCCC oder des Kyoto-Protokolls gefassten Beschlüssen gebilligt wurde;

m) „Emissionsreduktionseinheit" oder „ERU" eine nach Artikel 6 des Kyoto-Protokolls und den im Rahmen des UNFCCC oder des Kyoto-Protokolls gefassten Beschlüssen ausgestellte Einheit;

n) „zertifizierte Emissionsreduktion" oder „CER" eine nach Artikel 12 des Kyoto-Protokolls und den im Rahmen des UNFCCC oder des Kyoto-Protokolls getroffenen Entscheidungen ausgestellte Einheit;

o) „Luftfahrzeugbetreiber" die Person, die ein Flugzeug zu dem Zeitpunkt betreibt, zu dem eine Luftverkehrstätigkeit im Sinne des Anhangs I durchgeführt wird, oder, wenn die Identität der Person unbekannt ist oder vom Flugzeugeigentümer nicht angegeben wird, den Eigentümer des Flugzeugs;

p) „gewerblicher Luftverkehrsbetreiber" den Betreiber, der gegen Entgelt Linien- oder Bedarfsflugverkehrsleistungen für die Öffentlichkeit erbringt, bei denen er Fluggäste, Fracht oder Post befördert;

q) „Verwaltungsmitgliedstaat" den Mitgliedstaat, der für die Verwaltung des EU-EHS in Bezug auf einen Luftfahrzeugbetreiber gemäß Artikel 18a zuständig ist;

r) „zugeordnete Luftverkehrsemissionen" Emissionen aus Flugzeugen, die im Rahmen der Luftverkehrstätigkeiten im Sinne des Anhangs I eingesetzt werden und die von einem Flugplatz im Hoheitsgebiet eines Mitgliedstaats starten oder aus einem Drittland kommend auf einem Flugplatz im Hoheitsgebiet eines Mitgliedstaats landen;

s) „historische Luftverkehrsemissionen" den durchschnittlichen Mittelwert der jährlichen Emissionen von Luftfahrzeugen, die eine Luftverkehrstätigkeit im Sinne des Anhangs I durchführen, in den Kalenderjahren 2004, 2005 und 2006;

t) „Verbrennung" die Oxidierung von Brennstoffen ungeachtet der Art und Weise, auf welche die Wärme, der Strom oder die mechanische Arbeit, die in diesem Verfahren erzeugt werden, genutzt wird sowie alle sonstigen unmittelbar damit zusammenhängenden Tätigkeiten einschließlich der Abgasreinigung;

v) „Nicht-CO_2-Effekte aus dem Luftverkehr" die Auswirkungen auf das Klima, die sich aus der Freisetzung von Stickstoffoxiden (NO_x), Rußpartikeln und oxidierten Schwefelverbindungen während der Verbrennung von Kraftstoff ergeben, und die Auswirkungen von Wasserdampf, einschließlich Kondensstreifen, durch Luftfahrzeuge, die eine Luftverkehrstätigkeit gemäß Anhang I durchführen.

w) „Schifffahrtsunternehmen" den Schiffseigner oder eine sonstige Organisation oder Person, wie den Geschäftsführer oder den Bareboat-Charterer, der/die vom Schiffseigner die Verantwortung für den Betrieb des Schiffs übernommen hat und sich bei Übernahme dieser Verantwortung bereit erklärt hat, alle Pflichten und Verantwortlichkeiten zu übernehmen, die sich aus dem Internationalen Code für Maßnahmen zur Organisation eines sicheren Schiffsbetriebs und zur Verhütung der Meeresverschmutzung gemäß Anhang I der Verordnung (EG) Nr. 336/2006 des Europäischen Parlaments und des Rates ([4]) ergeben;

x) „Fahrt" eine Fahrt im Sinne von Artikel 3 Buchstabe c der Verordnung (EU) 2015/757 des Europäischen Parlaments und des Rates ([5]);

y) „für ein Schifffahrtsunternehmen zuständige Verwaltungsbehörde" die Behörde, die für die Anwendung des EU-EHS in Bezug auf ein Schifffahrtsunternehmen gemäß Artikel 3gf zuständig ist;

z) „Anlaufhafen" den Hafen, in dem ein Schiff Halt macht, um Güter zu laden oder zu löschen oder Personen ein- oder auszuschiffen, oder den Hafen, in dem ein Offshore-Schiff haltmacht, um die Besatzung auszuwechseln; ausgenommen sind Halte, zum alleinigen Zweck der Bebunkerung, der Übernahme von Proviant, des Besatzungswechsels eines Schiffes, das kein Offshore-Schiff ist, der Verlegung in ein Trockendock oder der Reparatur des Schiffes, von dessen Ausrüstung oder beidem, Halte, weil das Schiff der Hilfe bedarf oder sich in Seenot befindet, außerhalb von Häfen durchgeführte Umladungen von Schiff zu Schiff, Haltealte, die dem alleinigen Zweck des Schutzes vor Schlechtwetterlagen dienen oder aufgrund von Such- und Rettungsaktionen erforderlich sind, sowie Halte von Containerschiffen in einem benachbarten Containerumladehafen, der in dem gemäß Artikel 3ga Absatz 2 erlassenen Durchführungsrechtsakt aufgeführt ist;

aa) „Kreuzfahrtschiff" ein Fahrgastschiff ohne Frachtdeck, das ausschließlich für die gewerbsmäßige Beförderung von Fahrgästen mit Übernachtung auf einer Seereise ausgelegt ist;

ab) „Differenzvertrag" oder „CD" einen Vertrag zwischen der Kommission und dem Hersteller eines CO_2-armen oder CO_2-freien Produkts, der im Rahmen eines Ausschreibungsmechanismus, wie z. B. einer Versteigerung, ausgewählt wurde, und bei dem dem Hersteller gemäß dem Vertrag eine Unterstützung aus dem Innovationsfonds gewährt wird, mit der die Differenz zwischen dem Zuschlagspreis, dem sogenannten Basispreis, einerseits und einem Referenzpreis andererseits, der sich aus dem Preis des hergestellten CO_2-armen oder CO_2-freien Produkts, dem Marktpreis eines beinahe gleichwertigen Ersatzes oder einer Kombination dieser beiden Preise ergibt, abgedeckt wird;

ac) „CO_2-Differenzvertrag" oder „CCD" einen Vertrag zwischen der Kommission und dem Hersteller eines CO_2-armen oder CO_2-freien Produkts, der im Rahmen eines Ausschreibungsmechanismus, wie z. B. einer Versteigerung, ausgewählt wurde, und bei dem dem Hersteller gemäß dem Vertrag eine Unterstützung aus dem Innovationsfonds gewährt wird, mit der die Differenz zwischen dem Zuschlagspreis, dem sogenannten Basispreis einerseits und

---

[4] Verordnung (EG) Nr. 336/2006 des Europäischen Parlaments und des Rates vom 15. Februar 2006 zur Umsetzung des Internationalen Codes für Maßnahmen zur Organisation eines sicheren Schiffsbetriebs innerhalb der Gemeinschaft und zur Aufhebung der Verordnung (EG) Nr. 3051/95 des Rates (ABl. L 64 vom 4.3.2006, S. 1).

[5] Verordnung (EU) 2015/757 des Europäischen Parlaments und des Rates vom 29. April 2015 über die Überwachung von Kohlendioxidemissionen aus dem Seeverkehr, die Berichterstattung darüber und die Prüfung dieser Emissionen und zur Änderung der Richtlinie 2009/16/EG (ABl. L 123 vom 19.5.2015, S. 55).

einem Referenzpreis andererseits, der sich aus dem durchschnittlichen Preis der Zertifikate ergibt, abgedeckt wird;

ad) „Vertrag über feste Prämien" einen Vertrag zwischen der Kommission und dem Hersteller eines CO_2-armen oder CO_2-freien Produkts, der im Rahmen eines Ausschreibungsmechanismus, wie z. B. einer Versteigerung, ausgewählt wurde, und bei dem dem Hersteller gemäß dem Vertrag eine Unterstützung in Form eines festen Betrags pro Einheit des hergestellten Produkts gewährt wird;

ae) „beaufsichtigtes Unternehmen" für die Zwecke des Kapitels IVa jede natürliche oder juristische Person – mit Ausnahme aller Endverbraucher der Brennstoffe –, die die in Anhang III genannte Tätigkeit ausübt und in eine der folgenden Kategorien fällt:

i) wenn der Brennstoff durch ein Steuerlager im Sinne von Artikel 3 Nummer 11 der Richtlinie (EU) 2020/262 des Rates ([6]) geleitet wird, der zugelassene Lagerinhaber im Sinne von Artikel 3 Nummer 1 der genannten Richtlinie, dem gegenüber als Steuerschuldner gemäß Artikel 7 der genannten Richtlinie ein Verbrauchsteueranspruch entstanden ist;

ii) wenn Ziffer i nicht anwendbar ist, jede andere Person, der gegenüber als Steuerschuldner gemäß Artikel 7 der Richtlinie (EU) 2020/262 oder Artikel 21 Absatz 5 Unterabsatz 1 der Richtlinie 2003/96/EG des Rates ([7]) ein Verbrauchsteueranspruch in Bezug auf die unter Kapitel IVa der vorliegenden Richtlinie fallenden Brennstoffe entstanden ist;

iii) wenn die Ziffern i und ii nicht anwendbar sind, jede andere Person, die von den zuständigen Behörden des Mitgliedstaats als Steuerschuldner registriert werden muss, einschließlich aller Personen, die gemäß Artikel 21 Absatz 5 Unterabsatz 4 der Richtlinie 2003/96/EG des Rates von der Verbrauchsteuer befreit sind;

iv) wenn die Ziffern i, ii und iii nicht anwendbar sind oder wenn mehrere Personen gesamtschuldnerisch zur Zahlung derselben Verbrauchsteuer verpflichtet sind, jede andere von einem Mitgliedstaat benannte Person;

af) „Brennstoff" im Sinne von Kapitel IVa dieser Richtlinie jedes Energieerzeugnis gemäß Artikel 2 Absatz 1 der Richtlinie 2003/96/EG, einschließlich der in Anhang I Tabelle A und Tabelle C der genannten Richtlinie aufgeführten Heiz- bzw. Kraftstoffe, sowie jedes andere Erzeugnis, das zur Verwendung als Heiz- oder Kraftstoff gemäß Artikel 2 Absatz 3 der genannten Richtlinie bestimmt, als solcher zum Verkauf angeboten oder als solcher verwendet wird, auch zur Stromerzeugung;

ag) „Überführung in den steuerrechtlich freien Verkehr" im Sinne von Kapitel IVa dieser Richtlinie eine Überführung in den steuerrechtlich freien Verkehr im Sinne von Artikel 6 Absatz 3 der Richtlinie (EU) 2020/262;

ah) „TTF-Gaspreis" im Sinne von Kapitel IVa den Preis des Month-Ahead-Terminkontrakts für Gas, der an dem von Gasunie Transport Services B.V. betriebenen virtuellen Handelspunkt Title Transfer Facility (TTF) gehandelt wird;

ai) „Preis für Rohöl der Sorte Brent" im Sinne von Kapitel IVa den Preis des Month-Ahead-Terminkontrakts für Rohöl, der als Referenzpreis für den Kauf von Öl verwendet wird.

KAPITEL II
LUFT- UND SEEVERKEHR

Artikel 3a
Anwendungsbereich

Die Artikel 3b bis 3g gelten für die Zuteilung und Vergabe von Zertifikaten im Zusammenhang mit den in Anhang I aufgeführten Luftverkehrstätigkeiten. Die Artikel 3ga bis 3gg gelten im Zusammenhang mit den in Anhang I aufgeführten Seeverkehrstätigkeiten.

Artikel 3b
Luftverkehrstätigkeiten

Bis zum 2. August 2009 legt die Kommission nach dem in Artikel 22a Absatz 2 genannten Prüfverfahren Leitlinien für die genaue Auslegung der in Anhang I aufgeführten Luftverkehrstätigkeiten fest.

Artikel 3c
Gesamtmenge der Zertifikate für den Luftverkehr

(1) Für die Handelsperiode vom 1. Januar 2012 bis 31. Dezember 2012 entspricht die Gesamtmenge der den Luftfahrzeugbetreibern zuzuteilenden Zertifikate 97 % der historischen Luftverkehrsemissionen.

(3) Die Kommission überprüft die Gesamtmenge der den Luftfahrzeugbetreibern zuzuteilenden Zertifikate gemäß Artikel 30 Absatz 4.

(3a) Jede Zuteilung von Zertifikaten für Luftverkehrstätigkeiten von und nach Flugplätzen in Ländern außerhalb des Europäischen Wirtschaftsraums (EWR) unterliegt nach dem 31. Dezember 2023 einer Überprüfung gemäß Artikel 28b.

(4) Bis zum 2. August 2009 entscheidet die Kommission anhand der besten verfügbaren Daten, einschließlich Schätzungen auf der Grundlage von Angaben über das tatsächliche Verkehrsaufkommen, über die historischen Luftverkehrsemissionen. Diese Entscheidung wird in dem in Artikel 23 Absatz 1 genannten Ausschuss erörtert.

(5) Die Kommission bestimmt die Gesamtmenge der den Luftfahrzeugbetreibern für das Jahr 2024 zuzuteilenden Zertifikate auf der Grundlage der den Luftfahrzeugbetreibern, die im Jahr 2023 Luftverkehrstätigkeiten nach Anhang I durchgeführt haben, insgesamt zugeteilten Zertifikate – gekürzt um den linearen Kürzungsfaktor nach Artikel 9 – und veröffentlicht diese Menge sowie die Menge der Zertifikate, die 2024 gemäß den Vorschriften für die kostenlose Zuteilung, die vor den durch die Richtlinie (EU) 2023/958 des Europäischen Parlaments und des Rates ([8]) eingeführten Änderungen in Kraft waren, kostenlos zugeteilt worden wären.

(6) Im Hinblick auf gewerbliche Luftfahrzeugbetreiber werden für den Zeitraum vom 1. Januar 2024 bis zum 31. Dezember 2030 höchstens 20 Mio. der Gesamtmenge der Zertifikate nach Absatz 5 auf transparente, gleiche und diskriminierungsfreie Weise für die Verwendung nachhaltiger Flugkraftstoffe und anderer Flugkraftstoffe, die nicht aus fossilen Kraftstoffen stammen, und die gemäß einer Verordnung zur Gewährleistung gleicher Wettbewerbsbedingungen für einen nachhaltigen Luftverkehr für die Erreichung des

[6] Richtlinie (EU) 2020/262 des Rates vom 19. Dezember 2019 zur Festlegung des allgemeinen Verbrauchsteuersystems (ABl. L 58 vom 27.2.2020, S. 4).

[7] Richtlinie 2003/96/EG des Rates vom 27. Oktober 2003 zur Restrukturierung der gemeinschaftlichen Rahmenvorschriften zur Besteuerung von Energieerzeugnissen und elektrischem Strom (ABl. L 283 vom 31.10.2003, S. 51).

[8] Richtlinie (EU) 2023/958 des Europäischen Parlaments und des Rates vom 10. Mai 2023 zur Änderung der Richtlinie 2003/87/EG in Bezug auf den Beitrag des Luftverkehrs zum gesamtwirtschaftlichen Emissionsreduktionsziel der Union und die angemessene Umsetzung eines globalen marktbasierten Mechanismus (ABl. L 130 vom 16.5.2023, S. 115).

Mindestanteils an nachhaltigen Flugkraftstoffen, den Luftfahrzeugbetreibern an Flughäfen der Union von Anbietern von Flugkraftstoffen zur Verfügung gestellte Flugkraftstoffe gemäß der genannten Verordnung enthalten müssen, gezählt werden, für Unterschallflüge reserviert, für die Zertifikate im Einklang mit Artikel 12 Absatz 3 der vorliegenden Richtlinie abzugeben sind. Kann ein zulässiger Flugkraftstoff an einem Flughafen nicht physisch einem bestimmten Flug zugeordnet werden, so stehen die gemäß diesem Unterabsatz reservierten Zertifikate für an diesem Flughafen vertankte zulässige Flugkraftstoffe zur Verfügung, die im Verhältnis zu den Emissionen aus Flügen des Luftfahrzeugbetreibers von diesem Flughafen stehen, für die Zertifikate gemäß Artikel 12 Absatz 3 dieser Richtlinie abgegeben werden müssen.

Die gemäß Unterabsatz 1 des vorliegenden Absatzes reservierten Zertifikate werden von den Mitgliedstaaten zugeteilt, um den Preisunterschied zwischen der Verwendung von fossilem Kerosin und der Verwendung der einschlägigen zulässigen Flugkraftstoffe ganz oder teilweise auszugleichen, wobei Anreize aus dem CO_2-Preis und den harmonisierten Mindeststeuerbeträgen für fossile Kraftstoffe zu berücksichtigen sind. Bei der Berechnung dieses Preisunterschieds berücksichtigt die Kommission den von der Agentur der Europäischen Union für Flugsicherheit entsprechend einer Verordnung zur Gewährleistung gleicher Wettbewerbsbedingungen für einen nachhaltigen Luftverkehr veröffentlichten technischen Bericht. Die Mitgliedstaaten stellen sicher, dass die Finanzierung im Rahmen dieses Absatzes auf eine Art und Weise sichtbar ist, die mit den in Artikel 30m Absatz 1 Buchstaben a und b dieser Richtlinie genannten Anforderungen im Einklang steht.

Die gemäß dem vorliegenden Absatz zugeteilten Zertifikate decken Folgendes ab:

a) 70 % des verbleibenden Preisunterschieds zwischen der Verwendung von fossilem Kerosin und Wasserstoff aus erneuerbaren Energiequellen sowie fortschrittlichen Biokraftstoffen im Sinne von Artikel 2 Absatz 2 Nummer 34 der Richtlinie (EU) 2018/2001 des Europäischen Parlaments und des Rates ([9]), für die der Emissionsfaktor gemäß Anhang IV oder dem nach Artikel 14 der vorliegenden Richtlinie erlassenen Durchführungsrechtsakt null ist;

b) 95 % des verbleibenden Preisunterschieds zwischen der Verwendung von fossilem Kerosin und erneuerbaren Kraftstoffen nicht biogenen Ursprungs im Einklang mit Artikel 25 der Richtlinie (EU) 2018/2001, die im Luftverkehr verwendet werden und für die der Emissionsfaktor gemäß Anhang IV oder dem nach Artikel 14 der vorliegenden Richtlinie erlassenen Durchführungsrechtsakt null ist;

c) 100 % des verbleibenden Preisunterschieds zwischen der Verwendung von fossilem Kerosin und jeglichem zulässigen Flugkraftstoff, der nicht aus fossilen Kraftstoffen gemäß Unterabsatz 1 dieses Absatzes gewonnen wird, auf Flughäfen auf Inseln mit einer Fläche von weniger als 10 000 km^2 und ohne Straßen- oder Schienenverbindung zum Festland, auf Flughäfen, die nicht groß genug sind, um als Flughäfen der Union gemäß einer Verordnung zur Gewährleistung gleicher Wettbewerbsbedingungen für einen nachhaltigen Luftverkehr definiert zu werden, und auf Flughäfen in einem Gebiet in äußerster Randlage;

d) in anderen als den unter den Buchstaben a, b und c genannten Fällen 50 % des verbleibenden Preisunterschieds zwischen der Verwendung von fossilem Kerosin und einem beliebigen der unter Unterabsatz 1 dieses Absatzes fallenden zulässigen Flugkraftstoffe, die nicht aus fossilen Kraftstoffen gewonnen werden.

Bei der Zuteilung von Zertifikaten gemäß dem vorliegenden Absatz kann eine mögliche Unterstützung im Rahmen anderer Regelungen auf nationaler Ebene berücksichtigt werden.

Gewerbliche Luftfahrzeugbetreiber können jährlich eine Zuteilung von Zertifikaten auf der Grundlage der Menge der in diesem Absatz genannten zulässigen Flugkraftstoffe beantragen, die auf Flügen verwendet werden, für die zwischen dem 1. Januar 2024 und dem 31. Dezember 2030 Zertifikate gemäß Artikel 12 Absatz 3 abzugeben sind, ausgenommen Flüge, für die diese Anforderung gemäß Artikel 28a Absatz 1 als erfüllt gilt. Ist die Nachfrage nach Zertifikaten für die Verwendung dieser Kraftstoffe in einem bestimmten Jahr höher als die Verfügbarkeit von Zertifikaten, so wird die Menge der Zertifikate für alle von der Zuteilung betroffenen Luftfahrzeugbetreiber einheitlich für das besagte Jahr verringert.

Die Kommission veröffentlicht im Amtsblatt der Europäischen Union jährlich Einzelheiten über die durchschnittliche Kostendifferenz zwischen fossilem Kerosin unter Berücksichtigung von Anreizen aus dem CO_2-Preis und den harmonisierten Mindeststeuerbeträgen für fossile Kraftstoffe und den einschlägigen zulässigen Flugkraftstoffen für das Vorjahr.

Die Kommission ist befugt, gemäß Artikel 23 delegierte Rechtsakte zur Ergänzung dieser Richtlinie durch die Festlegung detaillierter Vorschriften für die jährliche Berechnung der Kostendifferenz nach Unterabsatz 6 dieses Absatzes, für die Zuteilung von Zertifikaten für die Verwendung der in Unterabsatz 1 dieses Absatzes genannten Kraftstoffe und für die Berechnung der Treibhausgasemissionen, die durch die Verwendung von Kraftstoffen eingespart wurden, wie gemäß dem nach Artikel 14 Absatz 1 erlassenen Durchführungsrechtsakt berichtet, und durch die Festlegung der Vorkehrungen für die Berücksichtigung von Anreizen aus dem Kohlenstoffpreis und harmonisierten Mindeststeuerbeträgen für fossile Kraftstoffe zu erlassen.

Bis zum 1. Januar 2028 führt die Kommission eine Bewertung der Anwendung des vorliegenden Absatzes durch und übermittelt die Ergebnisse dieser Bewertung im Rahmen eines Berichts zeitnah dem Europäischen Parlament und dem Rat. Dem Bericht kann gegebenenfalls ein Legislativvorschlag zur Zuteilung einer zahlenmäßig und zeitlich begrenzten Menge von Zertifikaten bis zum 31. Dezember 2034 beigefügt werden, um weitere Anreize für die Verwendung der in Unterabsatz 1 des vorliegenden Absatzes genannten Kraftstoffe zu schaffen, insbesondere für die Verwendung erneuerbarer Kraftstoffe nicht biogenen Ursprungs im Einklang mit Artikel 25 der Richtlinie (EU) 2018/2001, die im Luftverkehr verwendet werden und für die der Emissionsfaktor gemäß Anhang IV oder gemäß dem nach Artikel 14 der vorliegenden Richtlinie erlassenen Durchführungsrechtsakt null ist.

Ab dem 1. Januar 2028 bewertet die Kommission die Anwendung dieses Absatzes in dem Jahresbericht, den sie gemäß Artikel 10 Absatz 5 vorzulegen hat.

(7) Bei Flügen, die von einem Flugplatz im EWR abgehen und an einem Flugplatz im EWR, in der Schweiz oder im Vereinigten Königreich ankommen, und die 2023 nicht unter das EU-EHS fielen, wird die Gesamtmenge der den Luftfahrzeugbetreibern zuzuteilenden Zertifikate um die Höhe der Zuteilungen, einschließlich kostenloser Zuteilungen und Versteigerungen, erhöht, die vorgenommen worden wären, wenn sie in jenem Jahr unter das EU-EHS gefallen wären, gekürzt um den linearen Kürzungsfaktor nach Artikel 9.

(8) Abweichend von Artikel 12 Absatz 3, Artikel 14 Absatz 3 und Artikel 16 betrachten die Mitgliedstaaten die in diesen Bestimmungen festgelegten Anforderungen als erfüllt und ergreifen gegenüber Luftfahrzeugbetreibern keine Maßnahmen in Bezug auf Emissionen, die bis zum 31. Dezember

---

[9] Richtlinie (EU) 2018/2001 des Europäischen Parlaments und des Rates vom 11. Dezember 2018 zur Förderung der Nutzung von Energie aus erneuerbaren Quellen (ABl. L 328 vom 21.12.2018, S. 82).

2030 bei Flügen zwischen einem Flugplatz in einem Gebiet in äußerster Randlage eines Mitgliedstaats und einem Flugplatz in demselben Mitgliedstaat, einschließlich eines anderen Flugplatzes in demselben Gebiet in äußerster Randlage oder in einem anderen Gebiet in äußerster Randlage desselben Mitgliedstaats, entstehen.

Artikel 3d
Methode der Zuteilung von Zertifikaten für den Luftverkehr durch Versteigerung

(1) In den Jahren 2024 und 2025 werden 15 % der Zertifikate gemäß Artikel 3c Absätze 5 und 7 sowie 25 % im Jahr 2024 bzw. 50 % im Jahr 2025 der verbleibenden 85 % dieser Zertifikate, die kostenlos zugeteilt worden wären, versteigert, mit Ausnahme der Mengen an Zertifikaten gemäß Artikel 3c Absatz 6 und Artikel 10a Absatz 8 Unterabsatz 4. Die für diese Jahre verbleibenden Zertifikate werden kostenlos zugeteilt.

Ab dem 1. Januar 2026 wird die gesamte Menge an Zertifikaten, die in jenem Jahr kostenlos zugeteilt worden wäre, versteigert, mit Ausnahme der Menge an Zertifikaten gemäß Artikel 3c Absatz 6 und Artikel 10a Absatz 8 Unterabsatz 4.

(1a) Zertifikate, die kostenlos zugeteilt werden, werden Luftfahrzeugbetreibern im Verhältnis zu ihrem Anteil an den für 2023 berichteten geprüften Emissionen aus Luftverkehrstätigkeiten zugeteilt. Bei dieser Berechnung werden auch die geprüften Emissionen aus Luftverkehrstätigkeiten berücksichtigt, die für Flüge berichtet werden, die erst ab dem 1. Januar 2024 unter das EU-EHS fallen. Bis zum 30. Juni des betreffenden Jahres vergeben die zuständigen Behörden die Zertifikate, die für das betreffende Jahr kostenlos zugeteilt werden.

(3) Der Kommission wird die Befugnis übertragen, zur Ergänzung dieser Richtlinie gemäß Artikel 23 delegierte Rechtsakte zu erlassen, die die genauen Vorkehrungen für die Versteigerung von Luftverkehrszertifikaten gemäß den Absätzen 1 und 1a des vorliegenden Artikels durch die Mitgliedstaaten ergänzt und die genauen Vorkehrungen der Versteigerungen regelt, die für die Übertragung eines Teils der Einkünfte aus solchen Versteigerungen als Eigenmittel gemäß Artikel 311 Absatz 3 des Vertrags über die Arbeitsweise der Europäischen Union (AEUV) auf den Gesamthaushaltsplan der Union erforderlich sind. Die Menge der von den einzelnen Mitgliedstaaten in jeder Handelsperiode zu versteigernden Zertifikate entspricht dem Anteil dieses Mitgliedstaats an den gesamten Luftverkehrsemissionen, wie sie allen Mitgliedstaaten für das Bezugsjahr zugeordnet und gemäß Artikel 14 Absatz 3 gemeldet sowie gemäß Artikel 15 überprüft wurden. Für jede Handelsperiode gemäß Artikel 13 gilt als Bezugsjahr das Kalenderjahr, das 24 Monate vor Beginn der Handelsperiode, auf die sich die Versteigerung bezieht, endet. Die delegierten Rechtsakte müssen sicherstellen, dass die in Artikel 10 Absatz 4 Unterabsatz 1 dargelegten Grundsätze eingehalten werden.

(4) Die Mitgliedstaaten bestimmen die Verwendung der Einkünfte aus der Versteigerung von Zertifikaten, die unter dieses Kapitel fallen, mit Ausnahme der als Eigenmittel nach Artikel 311 Absatz 3 AEUV geltenden Einkünfte, die in den Gesamthaushaltsplan der Union eingestellt werden. Die Mitgliedstaaten verwenden die Einkünfte aus der Versteigerung von Zertifikaten oder den entsprechenden finanziellen Gegenwert dieser Einkünfte nach Artikel 10 Absatz 3 dieser Richtlinie.

(5) Die der Kommission gemäß dieser Richtlinie übermittelten Informationen entbinden die Mitgliedstaaten nicht von der Unterrichtungspflicht des Artikels 88 Absatz 3 des Vertrags.

Artikel 3g
Überwachungs- und Berichterstattungspläne

Die Verwaltungsmitgliedstaaten gewährleisten, dass jeder Luftfahrzeugbetreiber der zuständigen Behörde des jeweiligen Mitgliedstaats einen Überwachungsplan übermittelt, in dem Maßnahmen zur Überwachung und Berichterstattung hinsichtlich der Emissionen enthalten sind, und dass diese Pläne von der zuständigen Behörde gemäß den in Artikel 14 genannten Durchführungsrechtsakten gebilligt werden.

Artikel 3ga
Anwendungsbereich in Bezug auf Seeverkehrstätigkeiten

(1) Die Zuteilung von Zertifikaten und die Anwendung der Abgabeverpflichtungen im Hinblick auf Seeverkehrstätigkeiten gelten für fünfzig Prozent (50 %) der Emissionen von Schiffen, die Fahrten von einem Anlaufhafen im Hoheitsgebiet eines Mitgliedstaats zu einem Anlaufhafen außerhalb des Hoheitsgebiets eines Mitgliedstaats durchführen, fünfzig Prozent (50 %) der Emissionen von Schiffen, die Fahrten von einem Anlaufhafen außerhalb der Hoheitsgebiete eines Mitgliedstaats zu einem Anlaufhafen im Hoheitsgebiet eines Mitgliedstaats durchführen, einhundert Prozent (100 %) der Emissionen von Schiffen, die Fahrten von einem Anlaufhafen im Hoheitsgebiet eines Mitgliedstaats zu einem Anlaufhafen im Hoheitsgebiet eines Mitgliedstaats durchführen, und einhundert Prozent (100 %) der Emissionen von Schiffen in einem Anlaufhafen im Hoheitsgebiet eines Mitgliedstaats.

(2) Die Kommission erstellt bis zum 31. Dezember 2023 im Wege von Durchführungsrechtsakten eine Liste der benachbarten Containerumladehäfen und aktualisiert diese Liste danach alle zwei Jahre bis zum 31. Dezember.

In diesen Durchführungsrechtsakten wird ein Hafen als ein benachbarter Containerumschlaghafen aufgeführt, in dem der Anteil des Containerumschlags, gemessen in 20-Fuß-äquivalenten Einheiten, 65 % des gesamten Containerverkehrs dieses Hafens während desjenigen letzten Zwölfmonatszeitraums übersteigt, für den einschlägige Daten vorhanden sind, und wenn dieser Hafen außerhalb der EU liegt, aber weniger als 300 Seemeilen von einem Hafen im Hoheitsgebiet eines Mitgliedstaats entfernt ist. Für die Zwecke dieses Absatzes gelten Container als umgeladen, wenn sie von einem Schiff in den Hafen zum alleinigen Zweck des Verladens auf ein anderes Schiff entladen werden. Die von der Kommission gemäß Unterabsatz 1 erstellte Liste enthält keine Häfen in einem Drittland, für die dieses Drittland wirksam Maßnahmen anwendet, die dieser Richtlinie gleichwertig sind.

Diese Durchführungsrechtsakte werden gemäß dem in Artikel 22a Absatz 2 genannten Prüfverfahren erlassen.

(3) Die Artikel 9, 9a und 10 gelten für Seeverkehrstätigkeiten in der gleichen Weise wie für andere unter das EU-EHS fallende Tätigkeiten mit der folgenden Ausnahme im Hinblick auf die Anwendung von Artikel 10.

Bis zum 31. Dezember 2030 wird den Mitgliedstaaten ein Anteil der Zertifikate zugeteilt, deren Anteil an Schifffahrtsunternehmen, die gemäß Artikel 3gf ihrer Verantwortung unterliegen würden, im Vergleich zu ihrer jeweiligen Bevölkerung im Jahr 2020 auf der Grundlage der für den Zeitraum von 2018 bis 2020 verfügbaren Daten über 15 Schifffahrtsunternehmen je eine Million Einwohner liegt. Die Menge der Zertifikate entspricht 3,5 % der zusätzlichen Menge an Zertifikaten aufgrund der Anhebung der Obergrenze für den Seeverkehr gemäß Artikel 9 Absatz 3 in dem betreffenden Jahr. Für die Jahre 2024 und 2025 wird die Menge der Zertifikate zusätzlich mit den Prozentsätzen multipliziert, die gemäß Artikel 3gb Absatz 1 Buchstaben a und b für das betreffende Jahr gelten. Die Einnahmen aus der Versteigerung von diesem Anteil der Zertifikate sollten für die Zwecke gemäß Artikel 10 Absatz 3

Unterabsatz 1 Buchstabe g – in Bezug auf den Seeverkehrssektor – und Buchstaben f und i verwendet werden. 50 % der Menge der Zertifikate werden unter den betreffenden Mitgliedstaaten auf der Grundlage des Anteils der ihrer Verantwortung unterliegenden Schifffahrtsunternehmen und der Rest zu gleichen Teilen auf die betreffenden Mitgliedstaaten aufgeteilt.

Artikel 3gb
Schrittweise Einführung der Anforderungen für den Seeverkehr

Schifffahrtsunternehmen sind verpflichtet, Zertifikate wie folgt abzugeben:

a) 40 % der für 2024 berichteten geprüften Emissionen, für die die Abgabeverpflichtungen gemäß Artikel 12 gelten würde;

b) 70 % der für 2025 berichteten geprüften Emissionen, für die die Abgabeverpflichtungen gemäß Artikel 12 gelten würden;

c) 100 % der für 2026 und jedes Folgejahr berichteten geprüften Emissionen gemäß Artikel 12.

Werden für die Jahre 2024 und 2025 im Verhältnis zu geprüften Emissionen aus dem Seeverkehr weniger Zertifikate abgegeben, sollte eine dieser Differenz entsprechende Menge von Zertifikaten gelöscht werden, anstatt sie gemäß Artikel 10 zu versteigern, sobald die Differenz zwischen den geprüften Emissionen und den abgegebenen Zertifikaten für jedes Jahr festgestellt wurde.

Artikel 3gc
Bestimmungen für die Übertragung der Kosten des EU-EHS von dem Schifffahrtsunternehmen auf eine andere Stelle

Die Mitgliedstaaten treffen die erforderlichen Maßnahmen, um sicherzustellen, dass in Fällen, in denen die endgültige Verantwortung für den Ankauf von Brennstoff oder den Betrieb des Schiffes oder beides gemäß einer vertraglichen Vereinbarung bei einer anderen Stelle als dem Schifffahrtsunternehmen liegt, das Schifffahrtsunternehmen einen Anspruch auf Erstattung der Kosten gegen diese Stelle hat, die sich aus der Abgabe von Zertifikaten ergeben.

Der „Betrieb des Schiffes" im Sinne dieses Artikels bedeutet die Entscheidungshoheit über die beförderte Ladung oder die Route und die Geschwindigkeit des Schiffes. Das Schifffahrtsunternehmen bleibt die zuständige Stelle für die Abgabe von Zertifikaten gemäß den Artikeln 3gb und 12 und für die Einhaltung der nationalen Rechtsvorschriften zur Umsetzung dieser Richtlinie insgesamt. Die Mitgliedstaaten stellen sicher, dass die ihrer Verantwortung unterliegenden Schifffahrtsunternehmen den Verpflichtungen zur Abgabe von Zertifikaten gemäß den Artikeln 3gb und 12 – ungeachtet des Anspruchs dieser Schifffahrtsunternehmen auf Erstattung der durch die Abgabe entstehenden Kosten durch die gewerblichen Betreiber – nachkommen.

Artikel 3gd
Überwachung und Berichterstattung betreffend Emissionen aus dem Seeverkehr

In Bezug auf die in Anhang I der vorliegenden Richtlinie aufgeführten Emissionen aus Seeverkehrstätigkeiten stellt die für ein Schifffahrtsunternehmen zuständige Verwaltungsbehörde sicher, dass ein ihrer Verantwortung unterliegendes Schifffahrtsunternehmen die einschlägigen Parameter während eines Berichtszeitraums überwacht und meldet und ihr gemäß Kapitel II der Verordnung (EU) 2015/757 aggregierte Emissionsdaten auf Unternehmensebene vorlegt.

Artikel 3ge
Regeln für die Prüfung und Akkreditierung im Zusammenhang mit Emissionen aus dem Seeverkehr

Die für ein Schifffahrtsunternehmen zuständige Verwaltungsbehörde stellt sicher, dass die Berichterstattung über die aggregierten Emissionsdaten auf Ebene des Schifffahrtsunternehmens gemäß Artikel 3gd der vorliegenden Richtlinie im Einklang mit den Prüfungs- und Akkreditierungsvorschriften in Kapitel III der Verordnung (EU) 2015/757 überprüft wird.

Artikel 3gf
Die für ein Schifffahrtsunternehmen zuständige Verwaltungsbehörde

(1) Die für ein Schifffahrtsunternehmen zuständige Verwaltungsbehörde ist:

a) im Falle eines in einem Mitgliedstaat registrierten Schifffahrtsunternehmens der Mitgliedstaat, in dem es registriert ist;

b) im Falle eines Schifffahrtsunternehmens, das nicht in einem Mitgliedstaat registriert ist, der Mitgliedstaat, in dem das Schifffahrtsunternehmen in den vorangegangenen vier Überwachungsjahren geschätzt die meisten Hafenaufenthalte im Rahmen der von dem Schifffahrtsunternehmen durchgeführten Fahrten hatte, die in den in Artikel 3ga festgelegten Anwendungsbereich fallen;

c) im Falle eines Schifffahrtsunternehmens, das nicht in einem Mitgliedstaat registriert ist und in den letzten vier Überwachungsjahren keine in den Anwendungsbereich gemäß Artikel 3ga fallende Fahrt durchgeführt hat, der Mitgliedstaat, in dem ein Schiff des Schifffahrtsunternehmens seine erste in den in jenem Artikel festgelegten Anwendungsbereich fallende Fahrt begonnen oder beendet hat.

(2) Auf der Grundlage der besten verfügbaren Informationen trifft die Kommission im Wege von Durchführungsrechtsakten folgende Maßnahmen:

a) vor dem 1. Februar 2024 eine Liste der Schifffahrtsunternehmen, die am oder mit Wirkung vom 1. Januar 2024 eine in Anhang I aufgeführte Seeverkehrstätigkeit ausgeübt haben, die in den in Artikel 3ga festgelegten Anwendungsbereich fiel, wobei die für ein Schifffahrtsunternehmen zuständige Verwaltungsbehörde gemäß Absatz 1 dieses Artikels anzugeben ist;

b) vor dem 1. Februar 2026 und danach alle zwei Jahre eine Aktualisierung der Liste, um die in einem Mitgliedstaat registrierten Schifffahrtsunternehmen einer anderen für ein Schifffahrtsunternehmen zuständigen Verwaltungsbehörde zuzuordnen, wenn sie den Mitgliedstaat der Registrierung gemäß Absatz 1 Buchstabe a innerhalb der Union gewechselt haben, oder um Schifffahrtsunternehmen darin aufzunehmen, die später nachfolgend eine in Anhang I aufgeführte Seeverkehrstätigkeit gemäß Absatz 1 Buchstabe c dieses Artikels ausgeübt haben, die in den in Artikel 3ga festgelegten Anwendungsbereich fiel; und

c) vor dem 1. Februar 2028 und danach alle vier Jahre eine Aktualisierung der Liste, um Schifffahrtsunternehmen, die nicht in einem Mitgliedstaat registriert sind, gemäß Absatz 1 Buchstabe b dieses Artikels einer anderen für ein Schifffahrtsunternehmen zuständigen Verwaltungsbehörde zuzuordnen.

(3) Eine für ein Schifffahrtsunternehmen zuständige Verwaltungsbehörde, die gemäß der nach Absatz 2 erstellten Liste für ein Schifffahrtsunternehmen zuständig ist, behält diese Zuständigkeit unabhängig von späteren Änderungen der Tätigkeiten oder der Registrierung des Schifffahrtsunternehmens, bis diese Änderungen in einer aktualisierten Liste vermerkt sind.

(4) Die Kommission erlässt Durchführungsrechtsakte zur Festlegung detaillierter Vorschriften für die Verwaltung von Schifffahrtsunternehmen durch die für ein Schifffahrtsunternehmen zuständigen Verwaltungsbehörden im Rahmen dieser Richtlinie. Diese Durchführungsrechtsakte werden gemäß dem in Artikel 22a Absatz 2 genannten Prüfverfahren erlassen.

Artikel 3gg
Berichterstattung und Überprüfung

(1) Im Falle der Annahme eines globalen marktbasierten Mechanismus zur Verringerung der Treibhausgasemissionen aus dem Seeverkehr durch die Internationale Seeschifffahrtsorganisation (IMO) überprüft die Kommission diese Richtlinie im Hinblick auf eine solche Maßnahme.

Zu diesem Zweck legt die Kommission dem Europäischen Parlament und dem Rat innerhalb von 18 Monaten nach Annahme dieses globalen marktbasierten Mechanismus und vor seinem Anwendungsbeginn einen Bericht vor. In diesem Bericht prüft die Kommission den globalen marktbasierten Mechanismus in Bezug auf

a) seine Ambitionen im Hinblick auf die Ziele der Ziele des Übereinkommens von Paris
b) seine allgemeine Umweltintegrität, auch im Vergleich zu den Bestimmungen dieser Richtlinie über den Seeverkehr und
c) alle Fragen im Zusammenhang mit der Kohärenz zwischen dem EU-EHS und dieser Maßnahme.

Gegebenenfalls kann die Kommission dem in Unterabsatz 2 des vorliegenden Absatzes genannten Bericht einen Legislativvorschlag zur Änderung dieser Richtlinie beifügen, wobei die Änderungen mit dem Klimaziel der Union für 2030 und dem Ziel der Klimaneutralität gemäß der Verordnung (EU) 2021/1119 sowie mit dem Ziel, die Umweltintegrität und Wirksamkeit der Klimaschutzmaßnahmen der Union zu wahren, im Einklang stehen müssen, um die Kohärenz zwischen der Umsetzung des globalen marktbasierten Mechanismus und des EU-EHS sicherzustellen und gleichzeitig eine erhebliche Doppelbelastung zu vermeiden

(2) Für den Fall, dass die IMO bis 2028 keinen globalen marktbasierten Mechanismus zur Verringerung der Treibhausgasemissionen aus dem Seeverkehr im Einklang mit den Zielen des Übereinkommens von Paris und mindestens mit einem Niveau einführt, das mit dem Niveau vergleichbar ist, das sich aus den im Rahmen dieser Richtlinie ergriffenen Maßnahmen der EU ergibt, legt die Kommission dem Europäischen Parlament und dem Rat einen Bericht vor, in dem sie prüft, ob die Zuteilung von Zertifikaten und Abgabeverpflichtungen für mehr als fünfzig Prozent (50 %) der Emissionen von Schiffen, die Fahrten zwischen einem Anlaufhafen im Hoheitsgebiet eines Mitgliedstaats und einem Anlaufhafen außerhalb des Hoheitsgebiets eines Mitgliedstaats durchführen, im Lichte der Ziele des Übereinkommens von Paris erforderlich sind. In diesem Bericht begutachtet die Kommission insbesondere die Fortschritte auf IMO-Ebene, prüft, ob ein Drittland über eine marktbasierte Maßnahme verfügt, die dieser Richtlinie gleichwertig ist, und bewertet das Risiko einer Zunahme von Ausweichpraktiken, unter anderem durch eine Verlagerung auf andere Verkehrsträger oder eine Verlagerung von Knotenpunkthäfen zu Häfen außerhalb der EU.

Dem in Unterabsatz 1 genannten Bericht ist gegebenenfalls ein Legislativvorschlag für eine entsprechende Änderung dieser Richtlinie beizufügen.

(3) Die Kommission überwacht die Umsetzung dieses Kapitels in Bezug auf den Seeverkehr, insbesondere um Umgehungsverhalten aufzudecken und ein solches Verhalten frühzeitig zu verhindern, auch unter der Berücksichtigung der Gebiete in äußerster Randlage, und erstattet ab 2024 alle zwei Jahre Bericht über die Umsetzung dieses Kapitels in Bezug auf den Seeverkehr und über etwaige Entwicklungen in Bezug auf Schifffahrtsunternehmen, die sich den Anforderungen dieser Richtlinie entziehen wollen. Die Kommission überwacht auch die Auswirkungen, unter anderem in Bezug auf mögliche Erhöhungen der Transportkosten, Marktverzerrungen und Veränderungen im Hafenverkehr, wie z. B. das Meiden von Häfen und die Verlagerung von Umschlagzentren, die allgemeine Wettbewerbsfähigkeit des Seeverkehrssektors in den Mitgliedstaaten und insbesondere die Auswirkungen auf diejenigen Seeverkehrsdienste, die wesentliche Dienste der territorialen Kontinuität darstellen. Gegebenenfalls schlägt die Kommission Maßnahmen vor, um die wirksame Umsetzung dieses Kapitels in Bezug auf den Seeverkehr zu gewährleisten, insbesondere Maßnahmen, um Entwicklungen in Bezug auf Schifffahrtsunternehmen, die sich den Anforderungen dieser Richtlinie entziehen wollen, entgegenzuwirken.

(4) Die Kommission bewertet bis spätestens 30. September 2028, ob es angemessen ist, die Anwendung von Artikel 3ga Absatz 3 Unterabsatz 2 über den 31. Dezember 2030 hinaus zu verlängern, und legt gegebenenfalls einen entsprechenden Gesetzgebungsvorschlag vor.

(5) Spätestens am 31. Dezember 2026 legt die Kommission dem Europäischen Parlament und dem Rat einen Bericht vor, in dem sie die Durchführbarkeit sowie die wirtschaftlichen, umweltlichen und sozialen Auswirkungen der Aufnahme von Emissionen von Schiffen, einschließlich Offshore-Schiffen, mit einer Bruttoraumzahl von unter 5 000, aber nicht unter 400 in diese Richtlinie prüft, wobei sie sich insbesondere auf die Analyse stützt, die der bis 31. Dezember 2024 vorzulegenden Überprüfung der Verordnung (EU) 2015/757 beigefügt ist.

In diesem Bericht werden auch die Verknüpfungen zwischen dieser Richtlinie und der Verordnung (EU) 2015/757 betrachtet und die bei deren Anwendung gewonnenen Erfahrungen genutzt. In diesem Bericht prüft die Kommission auch, wie mit dieser Richtlinie am besten die Einführung erneuerbarer und kohlenstoffarmer Schiffskraftstoffe auf Lebenszyklusbasis gefördert werden kann. Diesem Bericht können gegebenenfalls Gesetzgebungsvorschläge beigefügt werden.

KAPITEL III
ORTSFESTE ANLAGEN

Artikel 3h
Anwendungsbereich

Die Bestimmungen dieses Kapitels gelten für Genehmigungen zur Emission von Treibhausgasen und die Zuteilung und Vergabe von Zertifikaten im Zusammenhang mit den in Anhang I aufgelisteten Tätigkeiten, ausgenommen Luftverkehrstätigkeiten und Seeverkehrstätigkeiten.

Artikel 4
Genehmigungen zur Emission von Treibhausgasen

Die Mitgliedstaaten stellen sicher, dass ab dem 1. Januar 2005 keine Anlage die in Anhang I genannten Tätigkeiten, bei denen die für diese Tätigkeit spezifizierten Emissionen entstehen, durchführt, es sei denn, der Betreiber verfügt über eine Genehmigung, die von einer zuständigen Behörde gemäß den Artikeln 5 und 6 erteilt wurde, oder die Anlage wurde gemäß Artikel 27 vom EU-EHS ausgeschlossen. Dies gilt auch für Anlagen, die gemäß Artikel 24 in das EU-EHS einbezogen werden.

Artikel 5
Anträge auf Erteilung der Genehmigung zur Emission von Treibhausgasen

An die zuständige Behörde gerichtete Anträge auf Erteilung von Genehmigungen zur Emission von Treibhausgasen müssen Angaben zu folgenden Punkten enthalten:

a) Anlage und dort durchgeführte Tätigkeiten und verwendete Technologie,

b) Rohmaterialien und Hilfsstoffe, deren Verwendung wahrscheinlich mit Emissionen von in Anhang I aufgeführten Gasen verbunden ist,

c) Quellen der Emissionen von in Anhang I aufgeführten Gasen aus der Anlage und

d) geplante Maßnahmen zur Überwachung und Berichterstattung betreffend Emissionen im Einklang mit den in Artikel 14 genannten Rechtsakten.

Dem Antrag ist eine nicht-technische Zusammenfassung der in Unterabsatz 1 genannten Punkte beizufügen.

Artikel 6
Voraussetzungen für die Erteilung und Inhalt der Genehmigung zur Emission von Treibhausgasen

(1) Die zuständige Behörde erteilt eine Genehmigung zur Emission von Treibhausgasen, durch die die Emission von Treibhausgasen aus der gesamten Anlage oder aus Teilen davon genehmigt wird, wenn sie davon überzeugt ist, dass der Betreiber in der Lage ist, die Emissionen zu überwachen und darüber Bericht zu erstatten.

Eine Genehmigung zur Emission von Treibhausgasen kann sich auf eine oder mehrere vom selben Betreiber am selben Standort betriebene Anlagen beziehen.

(2) Genehmigungen zur Emission von Treibhausgasen enthalten folgende Angaben:

a) Name und Anschrift des Betreibers,

b) Beschreibung der Tätigkeiten und Emissionen der Anlage,

c) einen Überwachungsplan, der den Anforderungen der in Artikel 14 genannten Rechtsakte genügt. Die Mitgliedstaaten können den Betreibern erlauben, die Überwachungspläne zu aktualisieren, ohne die Genehmigung zu ändern. Die Betreiber legen der zuständigen Behörde alle aktualisierten Überwachungspläne zur Billigung vor,

d) Auflagen für die Berichterstattung und

e) eine Verpflichtung zur Abgabe von Zertifikaten in Höhe der nach Artikel 15 geprüften Gesamtemissionen der Anlage in jedem Kalenderjahr innerhalb der in Artikel 12 Absatz 3 festgelegten Frist.

Artikel 7
Änderungen an Anlagen

Der Betreiber unterrichtet die zuständige Behörde von allen geplanten Änderungen der Art oder Funktionsweise der Anlage sowie von einer Erweiterung oder wesentlichen Verringerung der Kapazität der Anlage, die eine Aktualisierung der Genehmigung zur Emission von Treibhausgasen erfordern könnten. Gegebenenfalls aktualisiert die zuständige Behörde die Genehmigung. Ändert sich die Identität des Betreibers, so aktualisiert die zuständige Behörde die Genehmigung in Bezug auf Namen und Anschrift des neuen Betreibers.

Artikel 8
Abstimmung mit der Richtlinie 2010/75/EU

Die Mitgliedstaaten treffen die erforderlichen Maßnahmen, um sicherzustellen, dass bei Anlagen, deren Tätigkeiten in Anhang I der Richtlinie 2010/75/EU aufgeführt sind, die Voraussetzungen und das Verfahren für die Erteilung einer Genehmigung zur Emission von Treibhausgasen mit denjenigen für die in jener Richtlinie vorgesehene Genehmigung abgestimmt werden. Die Anforderungen gemäß Artikel 5, 6 und 7 der vorliegenden Richtlinie können in die Verfahren gemäß der Richtlinie 2010/75/EU integriert werden.

Die Kommission überprüft die Wirksamkeit der Synergien mit der Richtlinie 2010/75/EU. Umwelt- und klimarelevante Genehmigungen sollen koordiniert werden, um eine effiziente und schnellere Durchführung der Maßnahmen zu gewährleisten, die zur Einhaltung der Klima- und Energieziele der EU erforderlich sind. Die Kommission kann dem Europäischen Parlament und dem Rat im Zusammenhang mit einer etwaigen künftigen Überprüfung dieser Richtlinie einen Bericht übermitteln.

Artikel 9
Unionsweite Menge der vergebenen Zertifikate

Die unionsweite Menge der Zertifikate, die ab 2013 jährlich vergeben werden, wird ab der Mitte des Zeitraums von 2008 bis 2012 linear verringert. Die Menge wird um einen linearen Faktor von 1,74 %, verglichen mit der durchschnittlichen jährlichen Gesamtmenge der Zertifikate, die von den Mitgliedstaaten nach Maßgabe der Entscheidungen der Kommission über die nationalen Zuteilungspläne für den Zeitraum von 2008 bis 2012 zugeteilt wurden, verringert. Die unionsweite Menge der Zertifikate wird infolge des Beitritts Kroatiens lediglich um die Menge der Zertifikate erhöht, die Kroatien gemäß Artikel 10 Absatz 1 versteigern muss.

Ab 2021 gilt ein linearer Faktor von 2,2 %.

Im Jahr 2024 wird die unionsweite Menge der Zertifikate um 90 Millionen Zertifikate gesenkt. Im Jahr 2026 wird die unionsweite Menge der Zertifikate um 27 Millionen Zertifikate gesenkt. Im Jahr 2024 wird die unionsweite Menge der Zertifikate um 78,4 Millionen Zertifikate für den Seeverkehr erhöht. Von 2024 bis 2027 gilt ein linearer Faktor von 4,3 % und ab 2028 von 4,4 %. Der lineare Faktor gilt auch für die Zertifikate, die den gemäß der Verordnung (EU) 2015/757 für 2018 und 2019 berichteten durchschnittlichen Emissionen aus dem Seeverkehr entsprechen und in Artikel 3ga der vorliegenden Richtlinie behandelt werden. Die Kommission veröffentlicht die unionsweite Menge der Zertifikate bis zum 6. September 2023.

Ab dem 1. Januar 2026 bzw. dem 1. Januar 2027 wird die Menge der Zertifikate erhöht, um der Erfassung anderer Treibhausgasemissionen als CO_2-Emissionen aus Seeverkehrstätigkeiten und der Erfassung der Emissionen von Offshore-Schiffen auf der Grundlage ihrer Emissionen des letzten Jahres, für das Daten vorliegen, Rechnung zu tragen. Ungeachtet des Artikels 10 Absatz 1 werden die Zertifikate, die sich aus dieser Erhöhung ergeben, für die Innovationsförderung gemäß Artikel 10a Absatz 8 bereitgestellt.

Artikel 9a
Anpassung der unionsweiten Menge der Zertifikate

(1) Für Anlagen, die im Zeitraum von 2008 bis 2012 gemäß Artikel 24 Absatz 1 in das EU-EHS einbezogen wurden, wird die Menge der ab dem 1. Januar 2013 zu vergebenden Zertifikate nach Maßgabe der durchschnittlichen jährlichen Menge der Zertifikate angepasst, die für diese Anlagen während des Zeitraums ihrer Einbeziehung vergeben wurden, ihrerseits angepasst um den linearen Faktor gemäß Artikel 9.

(2) Für die Anlagen, die in Anhang I genannte Tätigkeiten durchführen und die erst ab 2013 in das EU-EHS einbezogen werden, gewährleisten die Mitgliedstaaten, dass deren Betreiber der betreffenden zuständigen Behörde hinreichend begründete und von unabhängiger Stelle geprüfte Emissions-

daten vorlegen, damit diese mit Blick auf die Anpassung der unionsweiten Menge der zu vergebenden Zertifikate berücksichtigt werden.

Diese Angaben sind der betreffenden zuständigen Behörde bis 30. April 2010 gemäß den nach Artikel 14 Absatz 1 erlassenen Vorschriften zu übermitteln.

Sind die Angaben hinreichend begründet, so übermittelt die zuständige Behörde diese der Kommission bis 30. Juni 2010, und die anhand des linearen Faktors gemäß Artikel 9 angepasste Menge der zu vergebenden Zertifikate wird entsprechend angepasst. Im Fall von Anlagen, die andere Treibhausgase als CO_2 ausstoßen, kann die zuständige Behörde entsprechend dem jeweiligen Emissionsreduktionspotenzial dieser Anlagen geringere Emissionen melden.

(3) Die Kommission veröffentlicht die angepassten Mengen gemäß den Absätzen 1 und 2 bis 30. September 2010.

(4) Für Anlagen, die gemäß Artikel 27 vom EU-EHS ausgeschlossen sind, wird die Menge der unionsweit ab dem 1. Januar 2013 zu vergebenden Zertifikate gesenkt, um die anhand des in Artikel 9 genannten linearen Faktors angepassten geprüften jährlichen Durchschnittsemissionen dieser Anlagen im Zeitraum von 2008 bis 2010 widerzuspiegeln.

Artikel 10
Versteigerung von Zertifikaten

(1) Ab dem Jahr 2019 versteigern die Mitgliedstaaten sämtliche Zertifikate, die nicht gemäß den Artikeln 10a und 10c dieser Richtlinie kostenlos zugeteilt werden und nicht in die mit dem Beschluss (EU) 2015/1814 des Europäischen Parlaments und des Rates ([10]) eingerichtete Marktstabilitätsreserve (im Folgenden „Marktstabilitätsreserve") eingestellt oder gemäß Artikel 12 Absatz 4 dieser Richtlinie gelöscht werden.

Ab 2021 beträgt der Anteil der zu versteigernden Zertifikate 57 %, unbeschadet einer möglichen Kürzung gemäß Artikel 10a Absatz 5a.

2 % der Gesamtmenge der Zertifikate im Zeitraum 2021-2030 werden versteigert, um einen Fonds für die Verbesserung der Energieeffizienz und die Modernisierung der Energiesysteme bestimmter Mitgliedstaaten (im Folgenden „begünstigte Mitgliedstaaten") gemäß Artikel 10d (im Folgenden „Modernisierungsfonds") einzurichten. Die begünstigten Mitgliedstaaten für diese Menge von Zertifikaten sind die Mitgliedstaaten, deren Pro-Kopf-BIP zu Marktpreisen im Jahr 2013 unter 60 % des EU-Durchschnitts lag. Die dieser Menge von Zertifikaten entsprechenden Mittel werden gemäß Anhang IIb Teil A aufgeteilt.

Darüber hinaus werden 2,5 % der Gesamtmenge der Zertifikate zwischen 2024 und 2030 für den Modernisierungsfonds versteigert. Die begünstigten Mitgliedstaaten für diese Menge von Zertifikaten sind die Mitgliedstaaten, deren Pro-Kopf-BIP zu Marktpreisen im Zeitraum von 2016 bis 2018 unter 75 % des EU-Durchschnitts lag. Die dieser Menge von Zertifikaten entsprechenden Mittel werden gemäß Anhang IIb Teil B aufgeteilt.

Die gesamte Restmenge der von den Mitgliedstaaten zu versteigernden Zertifikate wird gemäß Absatz 2 aufgeteilt.

(1a) Übersteigt vor Anwendung von Artikel 1 Absatz 5 des Beschlusses (EU) 2015/1814 die Menge der im letzten Jahr jedes in Artikel 13 der vorliegenden Richtlinie genannten Zeitraums von den Mitgliedstaaten zu versteigernden Zertifikate die voraussichtliche durchschnittliche Auktionsmenge für die ersten beiden Jahre des darauffolgenden Zeitraums, so werden zwei Drittel der Differenz zwischen diesen Mengen von den Auktionsmengen des letzten Jahres des Handelszeitraums abgezogen und in gleichen Tranchen den in den ersten beiden Jahren des darauffolgenden Zeitraums von den Mitgliedstaaten zu versteigernden Mengen hinzugefügt.

(2) Die Gesamtmenge der von jedem Mitgliedstaat zu versteigernden Zertifikate setzt sich zusammen aus

a) 90 % der Gesamtmenge der zu versteigernden Zertifikate, die unter den Mitgliedstaaten in Anteilen aufgeteilt wird, die dem Anteil des betreffenden Mitgliedstaats an den geprüften Emissionen im Rahmen des EU-EHS im Jahr 2005 oder im Durchschnitt des Zeitraums von 2005 bis 2007 – je nachdem, welcher Wert höher ist – entsprechen;
b) 10 % der Gesamtmenge der zu versteigernden Zertifikate, die im Interesse von Solidarität, Wachstum und Verbund in der Union unter bestimmten Mitgliedstaaten aufgeteilt wird, wodurch sich die Zahl der von diesen Mitgliedstaaten jeweils versteigerten Zertifikate gemäß Buchstabe a um die in Anhang IIa aufgeführten Prozentsätze erhöht.

Für die Zwecke von Buchstabe a wird der Anteil der Mitgliedstaaten, die 2005 nicht am EU-EHS teilgenommen haben, auf der Grundlage ihrer im Rahmen des EU-EHS geprüften Emissionen des Jahres 2007 berechnet.

Erforderlichenfalls werden die Prozentsätze gemäß Buchstabe b proportional angepasst, um sicherzustellen, dass 10 % der Zertifikate aufgeteilt werden.

(3) Die Mitgliedstaaten legen die Verwendung der Einnahmen aus der Versteigerung von in Absatz 2 dieses Artikels genannten Zertifikaten fest, mit Ausnahme der Einnahmen gemäß Artikel 311 Absatz 3 AEUV, die als Eigenmittel in den EU-Haushalt eingestellt werden. Die Mitgliedstaaten verwenden diese Einnahmen mit Ausnahme der Einnahmen, die für den Ausgleich indirekter CO_2-Emissionskosten gemäß Artikel 10a Absatz 6 der vorliegenden Richtlinie verwendet werden, oder den entsprechenden finanziellen Gegenwert dieser Einnahmen für einen oder mehrere der folgenden Zwecke:

a) Reduzierung von Treibhausgasemissionen, einschließlich durch Beiträge zum Globalen Dachfonds für Energieeffizienz und erneuerbare Energien und zum Anpassungsfonds, der auf der 14. Konferenz von Posen über den Klimawandel (COP 14 und COP/MOP 4) operationalisiert wurde, Anpassung an die Auswirkungen des Klimawandels und Finanzierung von Forschung und Entwicklung sowie von Demonstrationsprojekten auf den Gebieten der Emissionsminderung und der Anpassung an die Auswirkungen des Klimawandels, einschließlich der Beteiligung an Initiativen im Rahmen des Europäischen Strategieplans für Energietechnologie und der Europäischen Technologieplattformen;
b) Entwicklung erneuerbarer Energien und von Netzen für die Stromübertragung, um die Verpflichtung der Union mit Blick auf erneuerbare Energien sowie die Zielvorgaben der Union für Vernetzung zu erfüllen, sowie Entwicklung anderer Technologien, die zum Übergang auf eine sichere und nachhaltige kohlenstoffarme Wirtschaft mit geringem CO_2-Ausstoß beitragen, und Unterstützung bei der Erfüllung der Verpflichtung der Union, die Energieeffizienz auf das in einschlägigen Rechtsakten festgelegte Maß zu steigern, einschließlich der Stromerzeugung von Eigenversorgern im Bereich erneuerbare Elektrizität und Erneuerbare-Energie-Gemeinschaften;
c) Maßnahmen zur Verhinderung des Abholzens von Wäldern, zur Unterstützung des Schutzes und der Wiederherstellung von Torfland, Wäldern und anderen Land- oder Meeresökosystemen, einschließlich Maßnahmen, die zum Schutz, zur Wiederherstellung und zur besseren Bewirt-

[10] Beschluss (EU) 2015/1814 des Europäischen Parlaments und des Rates vom 6. Oktober 2015 über die Einrichtung und Anwendung einer Marktstabilitätsreserve für das System für den Handel mit Treibhausgasemissionszertifikaten in der Union und zur Änderung der Richtlinie 2003/87/EG (ABl. L 264 vom 9.10.2015, S. 1).

schaftung dieser Systeme beitragen, insbesondere in Bezug auf geschützte Meeresgebiete, und zur Förderung der Aufforstung und Wiederaufforstung, die der biologischen Vielfalt förderlich sind, auch in den Entwicklungsländern, die das Übereinkommen von Paris ratifiziert haben, und Maßnahmen des Technologietransfers und zur Erleichterung der Anpassung dieser Länder an die negativen Auswirkungen des Klimawandels;

d) Kohlenstoffspeicherung durch Forstwirtschaft und im Boden in der Union;

e) umweltverträgliche Abscheidung und geologische Speicherung von CO_2, insbesondere aus mit festen fossilen Brennstoffen betriebenen Kraftwerken und in verschiedenen industriellen Sektoren und Teilsektoren einschließlich in Drittstaaten, sowie innovative technologische Verfahren zur Entnahme von Kohlendioxid, wie CO_2-Gewinnung aus der Luft und Speicherung;

f) Investitionen in und Beschleunigung des Übergangs zu Verkehrsträgern, die erheblich zur Dekarbonisierung des Sektors beitragen, einschließlich der Entwicklung eines klimafreundlichen Personen- und Güterverkehrs auf der Schiene sowie von Busdiensten und -technologien, Maßnahmen zur Dekarbonisierung des Seeverkehrssektors, einschließlich der Verbesserung der Energieeffizienz von Schiffen, Häfen, innovativen Technologien und entsprechender Infrastruktur, sowie nachhaltiger alternativer Kraftstoffe wie Wasserstoff und Ammoniak, die aus erneuerbaren Quellen hergestellt werden, sowie emissionsfreie Antriebstechnologien, und die Finanzierung von Maßnahmen zur Unterstützung der Dekarbonisierung von Flughäfen im Einklang mit einer Verordnung des Europäischen Parlaments und des Rates über den Aufbau der Infrastruktur für alternative Kraftstoffe; und zur Aufhebung der Richtlinie 2014/94/EU des Europäischen Parlaments und des Rates und einer Verordnung des Europäischen Parlaments und des Rates zur Gewährleistung gleicher Wettbewerbsbedingungen für einen nachhaltigen Luftverkehr;

g) Finanzierung der Erforschung und Entwicklung energieeffizienter und sauberer Technologien in Sektoren, die unter diese Richtlinie fallen;

h) Maßnahmen zur Verbesserung von Energieeffizienz, Fernwärmenetzen und Wärmedämmung, zur Unterstützung einer effizienten und aus erneuerbaren Energiequellen erzeugten Wärme- und Kälteversorgung oder zur Unterstützung der umfassenden und der umfassenden abgestuften Gebäuderenovierung im Einklang mit der Richtlinie 2010/31/EU des Europäischen Parlaments und des Rates ([11]), beginnend mit der Renovierung der Gebäude mit der schlechtesten Energieeffizienz;

ha) finanzielle Unterstützung, um soziale Aspekte in Haushalten mit niedrigem und mittlerem Einkommen anzugehen, unter anderem durch die Senkung verzerrend wirkenden Steuern und durch gezielte Ermäßigungen von Abgaben und Gebühren für aus erneuerbaren Energiequellen gewonnenen Strom;

hb) Finanzierung der nationalen Klimadividendensysteme mit nachgewiesenen positiven Umweltauswirkungen, wie in dem in Artikel 19 Absatz 2 der Verordnung (EU) 2018/1999 des Europäischen Parlaments und des Rates genannten Jahresbericht dokumentiert ([12]).

i) Deckung der Kosten für die Verwaltung des EU-EHS ;

j) Finanzierung von Klimaschutzmaßnahmen in gefährdeten Drittländern, einschließlich der Anpassung an die Folgen des Klimawandels;

k) Förderung der Umschulung und die Umstrukturierung des Arbeitsmarktes von Arbeitskräften, um insbesondere in den von der Verlagerung von Arbeitsplätzen am stärksten betroffenen Regionen zu einem fairen Übergang zu einer klimaneutralen Wirtschaft in enger Zusammenarbeit mit den Sozialpartnern beizutragen und in die Weiterbildung und Umschulung von potenziell von dem Übergang betroffenen Arbeitnehmern, einschließlich der Arbeitnehmer im Seeverkehr, zu investieren.

l) Bekämpfung des Restrisikos der Verlagerung von CO_2-Emissionen in den unter Anhang I der Verordnung (EU) 2023/956 des Europäischen Parlaments und des Rates ([13]) fallenden Wirtschaftszweigen zur Unterstützung des Übergangs und zur Förderung der Dekarbonisierung dieser Branchen im Einklang mit den Vorschriften über staatliche Beihilfen.

Bei der Bestimmung der Verwendung der Einnahmen aus der Versteigerung der Zertifikate berücksichtigen die Mitgliedstaaten die Notwendigkeit, die internationale Finanzierung von Klimaschutzmaßnahmen in finanziell schwächeren Drittländern gemäß Unterabsatz 1 Buchstabe j weiter aufzustocken.

Es wird davon ausgegangen, dass die Mitgliedstaaten die Bestimmungen dieses Absatzes einhalten, wenn sie, einschließlich insbesondere in Entwicklungsländern, steuerliche oder finanzielle Unterstützungs- oder Regulierungsmaßnahmen ergreifen und umsetzen, die finanzielle Unterstützung mobilisieren, für die in Unterabsatz 1 genannten Zwecke eingerichtet wurden und dem Wert der Einnahmen gemäß Unterabsatz 1 entsprechen.

Die Mitgliedstaaten unterrichten die Kommission in ihren gemäß Artikel 19 Absatz 2 der Verordnung (EU) 2018/1999 vorgelegten Berichten über die Verwendung der Einnahmen und die gemäß diesem Absatz ergriffenen Maßnahmen und geben, insoweit dies erheblich und angemessen ist, an, welche Einnahmen verwendet werden und welche Maßnahmen zur Umsetzung ihrer gemäß der genannten Verordnung vorgelegten integrierten nationalen Energie- und Klimapläne und ihrer territorialen Pläne für einen gerechten Übergang gemäß Artikel 11 der Verordnung (EU) 2021/1056 des Europäischen Parlaments und des Rates ([14]) getätigt werden.

Die Berichterstattung muss ausreichend detailliert sein, damit die Kommission die Einhaltung von Unterabsatz 1 durch die Mitgliedstaaten bewerten kann.

(4) Der Kommission wird die Befugnis übertragen, zur Ergänzung dieser Richtlinie gemäß Artikel 23 dieser Richtlinie delegierte Rechtsakte zu erlassen, die den zeitlichen und administrativen Ablauf betreffen sowie sonstige Aspekte der Versteigerung, einschließlich der Modalitäten für die Versteigerung, die für die Übertragung eines Teils der Einnahmen an den EU-Haushalt als externe zweckgebundene Einnahmen

---

[11] Richtlinie 2010/31/EU des Europäischen Parlaments und des Rates vom 19. Mai 2010 über die Gesamtenergieeffizienz von Gebäuden (ABl. L 153 vom 18.6.2010, S. 13).

[12] Verordnung (EU) 2018/1999 des Europäischen Parlaments und des Rates vom 11. Dezember 2018 über das Governance-System für die Energieunion und für den Klimaschutz, zur Änderung der Verordnungen (EG) Nr. 663/2009 und (EG) Nr. 715/2009 des Europäischen Parlaments und des Rates, der Richtlinien 94/22/EG, 98/70/EG, 2009/31/EG, 2009/73/EG, 2010/31/EU, 2012/27/EU und 2013/30/EU des Europäischen Parlaments und des Rates, der Richtlinien 2009/119/EG und (EU) 2015/652 des Rates und zur Aufhebung der Verordnung (EU) Nr. 525/2013 des Europäischen Parlaments und des Rates (ABl. L 328 vom 21.12.2018, S. 1).

[13] Verordnung (EU) 2023/956 des Europäischen Parlaments und des Rates vom 10. Mai 2023 zur Schaffung eines CO2-Grenzausgleichssystems (ABl. L 130 vom 16.5.2023, S. 52).

[14] Verordnung (EU) 2021/1056 des Europäischen Parlaments und des Rates vom 24. Juni 2021 zur Einrichtung des Fonds für einen gerechten Übergang (ABl. L 231 vom 30.6.2021, S. 1).

gemäß Artikel 30d Absatz 4 dieser Richtlinie oder als Eigenmittel gemäß Artikel 311 Absatz 3 AEUV erforderlich sind, um ein offenes, transparentes, harmonisiertes und nicht diskriminierendes Verfahren sicherzustellen. Zu diesem Zweck muss das Verfahren vorhersehbar sein, besonders was den Zeitplan und die Abfolge der Versteigerungen und die voraussichtlich zur Verfügung zu stellenden Mengen angeht.

Diese delegierten Rechtsakte müssen sicherstellen, dass die Gestaltung der Versteigerungen gewährleistet, dass

a) die Betreiber, insbesondere die unter das EU-EHS fallenden kleinen und mittleren Unternehmen, einen uneingeschränkten, fairen und gleichberechtigten Zugang haben,

b) alle Teilnehmer zum selben Zeitpunkt Zugang zu denselben Informationen haben und den Auktionsbetrieb nicht beeinträchtigen,

c) die Organisation der Versteigerungen und die Teilnahme an ihnen kosteneffizient sind und unnötige Verwaltungskosten vermieden werden und

d) der Zugang zu Zertifikaten für kleine Emittenten gewährleistet ist.

Die Mitgliedstaaten erstatten über die ordnungsgemäße Anwendung der Versteigerungsregeln für jede Versteigerung Bericht, insbesondere im Hinblick auf den fairen und offenen Zugang, die Transparenz, die Preisbildung und technische und verfahrenstechnische Aspekte. Diese Berichte werden binnen einem Monat nach der Versteigerung vorgelegt und auf der Website der Kommission veröffentlicht.

(5) Die Kommission überwacht das Funktionieren des europäischen CO_2-Marktes. Sie legt dem Europäischen Parlament und dem Rat jährlich einen Bericht über das Funktionieren des CO_2-Marktes und über andere relevante klimaschutz- und energiepolitische Maßnahmen unter Berücksichtigung des Auktionsbetriebs, der Liquidität und der gehandelten Mengen vor, in dem die von der Europäischen Wertpapier- und Marktaufsichtsbehörde (ESMA) gemäß Absatz 6 dieses Artikel vorgelegten Informationen und die Informationen der Mitgliedstaaten zu den in Artikel 10a Absatz 6 genannten finanziellen Maßnahmen zusammengefasst sind. Nötigenfalls stellen die Mitgliedstaaten sicher, dass die einschlägigen Informationen der Kommission spätestens zwei Monate vor Annahme dieses Kommissionsberichts übermittelt werden.

(6) Die ESMA überwacht regelmäßig die Integrität und Transparenz des europäischen CO_2-Marktes, insbesondere im Hinblick auf Marktvolatilität und Preisentwicklung, den Auktionsbetrieb und Handelsgeschäfte auf dem Markt für Emissionszertifikate und entsprechende Derivate, einschließlich des außerbörslichen Handels, der Liquidität und der gehandelten Mengen, sowie die Kategorien und das Handelsverhalten der Marktteilnehmer, einschließlich der Positionen von Finanzintermediären. Die ESMA nimmt gemäß Artikel 32 Absatz 3 der Verordnung (EU) Nr. 1095/2010 des Europäischen Parlaments und des Rates ([15]) die einschlägigen Feststellungen in die Bewertungen auf, die sie dem Europäischen Parlament, dem Rat, der Kommission und dem Europäischen Ausschuss für Systemrisiken vorlegt, und spricht gegebenenfalls Empfehlungen aus. Für die Zwecke der in Satz 1 dieses Absatzes genannten Aufgaben arbeiten die ESMA und die jeweils zuständigen Behörden gemäß Artikel 25 der Verordnung (EU) Nr. 596/2014 des Europäischen Parlaments und des Rates ([16]) zusammen und tauschen detaillierte Informationen über Einzelheiten aller Arten von Geschäften aus.

Artikel 10a
Unionsweite Übergangsvorschriften zur Harmonisierung der kostenlosen Zuteilung

(1) Der Kommission wird die Befugnis übertragen, zur Ergänzung dieser Richtlinie gemäß Artikel 23 delegierte Rechtsakte zu erlassen, die die unionsweiten und vollständig harmonisierten Maßnahmen für die Zuteilung der in den Absätzen 4, 5, 7 und 19 genannten Zertifikate betreffen.

Die Maßnahmen gemäß Unterabsatz 1 legen so weit wie möglich die unionsweiten Ex-ante-Benchmarks fest, um sicherzustellen, dass durch die Art der Zuteilung Anreize für die Reduzierung von Treibhausgasemissionen und für energieeffiziente Techniken geschaffen werden, indem sie den effizientesten Techniken, Ersatzstoffen, alternativen Herstellungsprozessen, der hocheffizienten Kraft-Wärme-Kopplung, der effizienten energetischen Verwertung von Restgase n, der Verwendung von Biomasse sowie der Abscheidung und Speicherung von CO_2, sofern entsprechende Anlagen zur Verfügung stehen, Rechnung tragen, und sie keine Anreize für eine Erhöhung der Emissionen bieten. Für die Stromerzeugung erfolgt keine kostenlose Zuteilung, mit Ausnahme der unter Artikel 10c fallenden Fälle und des aus Restgasen erzeugten Stroms.

Fällt eine Anlage unter die Verpflichtung zur Durchführung eines Energieaudits oder eines zertifizierten Energiemanagementsystems gemäß Artikel 8 der Richtlinie 2012/27/EU des Europäischen Parlaments und des Rates ([17]) und werden die Empfehlungen des Auditberichts oder des zertifizierten Energiemanagementsystems nicht umgesetzt, wird die Menge von kostenlos zuzuteilenden Zertifikaten um 20 % verringert, es sei denn, die Amortisationszeit für die betreffenden Investitionen überschreitet drei Jahre oder die Kosten dieser Investitionen sind unverhältnismäßig. Die Menge von kostenlos zuzuteilenden Zertifikaten wird nicht verringert, wenn ein Betreiber nachweist, dass er andere Maßnahmen umgesetzt hat, die zu Verringerungen der Treibhausgasemissionen führen, die den im Auditbericht oder im Rahmen des zertifizierten Energiemanagementsystems für die betreffende Anlage empfohlenen gleichwertig sind.

Die Kommission ergänzt diese Richtlinie, indem sie in den gemäß diesem Absatz erlassenen delegierten Rechtsakten unbeschadet der nach der Richtlinie 2012/27/EU geltenden Vorschriften verwaltungstechnische, einfache, harmonisierte Vorschriften für die Anwendung von Unterabsatz 3 dieses Absatzes vorsieht, mit denen sichergestellt wird, dass die Anwendung der Konditionalität nicht gleiche Wettbewerbsbedingungen, die Umweltintegrität oder die Gleichbehandlung von Anlagen in der gesamten Union gefährdet. Diese harmonisierten Vorschriften enthalten insbesondere Fristen und Kriterien für die Anerkennung umgesetzter Energieeffizienzmaßnahmen sowie alternativer Maßnahmen zur Verringerung der Treibhausgasemissionen, wobei das Verfahren für nationale Umsetzungsmaßnahmen gemäß Artikel 11 Absatz 1 dieser Richtlinie anzuwenden ist.

Zusätzlich zu den Anforderungen gemäß Unterabsatz 3 dieses Absatzes erfolgt die in Unterabsatz 3 genannte Verrin-

[15] Verordnung (EU) Nr. 1095/2010 des Europäischen Parlaments und des Rates vom 24. November 2010 zur Errichtung einer Europäischen Aufsichtsbehörde (Europäische Wertpapier- und Marktaufsichtsbehörde), zur Änderung des Beschlusses Nr. 716/2009/EG und zur Aufhebung des Beschlusses 2009/77/EG der Kommission (ABl. L 331 vom 15.12.2010, S. 84).

[16] Verordnung (EU) Nr. 596/2014 des Europäischen Parlaments und des Rates vom 16. April 2014 über Marktmissbrauch (Marktmissbrauchsverordnung) und zur Aufhebung der Richtlinie 2003/6/EG des Europäischen Parlaments und des Rates und der Richtlinien 2003/124/EG, 2003/125/EG und 2004/72/EG der Kommission (ABl. L 173 vom 12.6.2014, S. 1).

[17] Richtlinie 2012/27/EU des Europäischen Parlaments und des Rates vom 25. Oktober 2012 zur Energieeffizienz, zur Änderung der Richtlinien 2009/125/EG und 2010/30/EU und zur Aufhebung der Richtlinien 2004/8/EG und 2006/32/EG (ABl. L 315 vom 14.11.2012, S. 1).

gerung um 20 % in Fällen, in denen Anlagenbetreiber, deren Treibhausgasemissionswerte über den 80.Perzentil-Emissionswerten für die einschlägigen Produkt-Benchmarks liegen, nicht bis 1. Mai 2024 für jede dieser Anlagen einen Plan zur Klimaneutralität für ihre unter diese Richtlinie fallenden Tätigkeiten erstellt haben. Dieser Plan enthält die in Artikel 10b Absatz 4 genannten Elemente und wird im Einklang mit den in dem genannten Artikel vorgesehenen Durchführungsrechtsakten erstellt. Artikel 10b Absatz 4 ist so auszulegen, dass er sich nur auf die Anlagenebene bezieht. Das Erreichen der in Artikel 10b Absatz 4 Unterabsatz 3 Buchstabe b genannten Zielvorgaben und Etappenziele wird in Bezug auf den Zeitraum bis zum 31. Dezember 2025 und danach in Bezug auf den Zeitraum bis zum 31. Dezember jedes fünften Jahres im Einklang mit den in Artikel 15 bereitgestellten Verfahren zur Prüfung und Akkreditierung überprüft. Über 80 % hinaus werden keine kostenlosen Zertifikate zugeteilt, wenn das Erreichen der Zwischenziele und Etappenziele für den Zeitraum bis Ende 2025 oder für den Zeitraum von 2026 bis 2030 nicht überprüft wurde.

Zertifikate, die aufgrund einer Verringerung der kostenlosen Zuteilung gemäß den Unterabsätzen 3 und 5 dieses Absatzes nicht zugeteilt werden, werden verwendet, um Anlagen von der Anpassung gemäß Absatz 5 dieses Artikels auszunehmen. Bleiben solche Zertifikate übrig, so werden 50 % dieser Zertifikate für die Innovationsförderung gemäß Absatz 8 dieses Artikels zur Verfügung gestellt. Die übrigen 50 % dieser Zertifikate werden gemäß Artikel 10 Absatz 1 der vorliegenden Richtlinie versteigert, und die Mitgliedstaaten sollten die jeweiligen Einnahmen verwenden, um jedwedem Restrisiko der Verlagerung von CO_2-Emissionen in den unter Anhang I der Verordnung (EU) 2023/956 fallenden Sektoren entgegenzuwirken, den Übergang zu unterstützen und ihre Dekarbonisierung im Einklang mit den Vorschriften über staatliche Beihilfen zu fördern.

Anlagen in Sektoren oder Teilsektoren werden keine kostenlosen Zertifikate zugeteilt, soweit sie unter andere Maßnahmen zur Bekämpfung des Risikos der Verlagerung von CO_2-Emissionen gemäß der Verordnung (EU) 2023/956 fallen. Die in Unterabsatz 1 des vorliegenden Absatzes genannten Maßnahmen werden entsprechend angepasst.

In jedem Sektor bzw. Teilsektor wird der Benchmark grundsätzlich für die Produkte und nicht für die Einsatzstoffe berechnet, um die Treibhausgasemissionsreduktionen und Energieeinsparungen während sämtlicher Produktionsprozesse des betreffenden Sektors bzw. Teilsektors zu maximieren. Um weitere Anreize für die Verringerung der Treibhausgasemissionen und die Verbesserung der Energieeffizienz zu schaffen, und um für Anlagen, in denen neue Technologien eingesetzt werden, mit denen weniger oder keine Treibhausgasemissionen ausgestoßen werden, und für Anlagen, in denen bestehende Technologien einsetzt werden, gleiche Wettbewerbsbedingungen zu gewährleisten, werden die festgelegten unionsweiten Ex-ante-Benchmarks für ihre Anwendung im Zeitraum 2026 bis 2030 überprüft, um möglicherweise die Definitionen und Systemgrenzen bestehender Produkt-Benchmarks zu ändern, wobei das Potenzial der kreislauforientierten Verwendung von Materialien und der Umstand, dass die Benchmarks von den Rohstoffen und der Art des Produktionsverfahrens unabhängig sein sollten, sofern die Produktionsverfahren denselben Zweck haben, als Leitprinzipien dienen sollten. Die Kommission bemüht sich, die Durchführungsrechtsakte zum Zwecke der Festlegung der überarbeiteten Benchmarkwerte für die kostenlose Zuteilung gemäß Absatz 2 Unterabsatz 3 möglichst bald und vor Beginn des Zeitraums von 2026 bis 2030 zu erlassen.

Die Kommission konsultiert die betroffenen Interessenträger einschließlich der betroffenen Sektoren bzw. Teilsektoren zur Definition der Grundsätze zur Festlegung der Ex-ante-Benchmarks für die jeweiligen Sektoren bzw. Teilsektoren.

Die Kommission überprüft diese Maßnahmen, sobald die Union ein internationales Abkommen über den Klimawandel genehmigt hat, das Reduktionsziele für Treibhausgasemissionen vorschreibt, die mit denen der Union vergleichbar sind, um sicherzustellen, dass eine kostenlose Zuteilung nur erfolgt, wenn dies in Anbetracht des Abkommens voll und ganz gerechtfertigt ist.

(1a) Vorbehaltlich der Anwendung der Verordnung (EU) 2023/956 werden für die Herstellung der in Anhang I der genannten Verordnung aufgeführten Waren keine Zertifikate kostenlos zugeteilt.

Abweichend von Unterabsatz 1 werden in den ersten Jahren der Anwendung der Verordnung (EU) 2023/956 für die Herstellung der in Anhang I der genannten Verordnung aufgeführten Waren geringere Mengen von Zertifikaten kostenlos zugeteilt. Es wird ein Faktor angewandt, mit dem die kostenlose Zuteilung für die Herstellung dieser Waren gekürzt wird (CBAM-Faktor). Der CBAM-Faktor liegt während des Zeitraums zwischen dem Inkrafttreten der genannten Verordnung und dem Ende des Jahres 2025 bei 100 % und, vorbehaltlich der Anwendung von Artikel 36 Absatz 2 Buchstabe b der genannten Verordnung 97,5 % im Jahr 2026, 95 % im Jahr 2027, 90 % im Jahr 2028, 77,5 % im Jahr 2029, 51,5 % im Jahr 2030, 39 % im Jahr 2031, 26,5 % im Jahr 2032 und 14 % im Jahr 2033. Ab 2034 kommt kein CBAM-Faktor zur Anwendung.

Die Kürzung der kostenlosen Zuteilung wird jährlich als durchschnittlicher Anteil der Nachfrage nach kostenlosen Zuteilungen für die Herstellung der in Anhang I der Verordnung (EU) 2023/956 aufgeführten Waren an der berechneten Gesamtnachfrage nach kostenlosen Zuteilungen für alle Anlagen für den jeweiligen in Artikel 11 Absatz 1 der vorliegenden Richtlinie genannten Zeitraum berechnet. Es ist bei dieser Berechnung der CBAM-Faktor anzuwenden.

Zertifikate, die infolge der Verringerung der kostenlosen Zuteilung verfügbar sind, werden gemäß Absatz 8 für die Innovationsförderung bereitgestellt.

Bis zum 31. Dezember 2024 bewertet die Kommission im Rahmen ihres Jahresberichts an das Europäische Parlament und den Rat gemäß Artikel 10 Absatz 5 dieser Richtlinie das Risiko der Verlagerung von CO_2-Emissionen bei in der Union zwecks Ausfuhr in Drittländer hergestellten, dem CBAM unterliegenden Waren, in denen weder das EU-EHS noch ein ähnliches CO_2-Bepreisungssystem angewandt wird. In dem Bericht wird insbesondere das Risiko der Verlagerung von CO_2-Emissionen in Sektoren, für die das CBAM gelten wird, bewertet, insbesondere die Rolle und die beschleunigte Einführung von Wasserstoff, sowie die Entwicklungen in Bezug auf die Handelsströme und die grauen Emissionen der von diesen Sektoren hergestellten Waren auf dem Weltmarkt. Ergibt der Bericht, dass bei zwecks Ausfuhr in Drittländer in der EU hergestellten Waren ein Risiko der Verlagerung von CO_2-Emissionen in Länder besteht, die weder das EU-EHS noch ein ähnliches CO_2-Bepreisungssystem anwenden, legt die Kommission gegebenenfalls einen Legislativvorschlag vor, um dieses Risiko der Verlagerung von CO_2-Emissionen in einer Weise anzugehen, die den Regeln der Welthandelsorganisation, einschließlich Artikel XX des Allgemeinen Zoll- und Handelsabkommens 1994, entspricht und der Dekarbonisierung von Anlagen in der EU Rechnung trägt.

(2) Der Ausgangspunkt bei der Festlegung der Grundsätze für die Ex-ante-Benchmarks für die einzelnen Sektoren bzw. Teilsektoren ist die Durchschnittsleistung der 10 % effizientesten Anlagen eines Sektors bzw. Teilsektors in der Union in den Jahren 2007 und 2008. Die Kommission konsultiert die

betroffenen Interessenträger einschließlich der betroffenen Sektoren bzw. Teilsektoren.

Die gemäß Artikel 14 und 15 erlassenen Rechtsakte harmonisieren die Überwachung, die Berichterstattung und die Überprüfung der produktionsbedingten Treibhausgasemissionen im Hinblick auf die Festlegung der Ex-ante-Benchmarks.

Die Kommission erlässt Durchführungsrechtsakte zur Festlegung der angepassten Benchmarkwerte für die kostenlose Zuteilung. Diese Rechtsakte müssen mit den delegierten Rechtsakten im Einklang stehen, die gemäß Absatz 1 dieses Artikels erlassen wurden, und müssen folgende Voraussetzungen erfüllen:

a) Für den Zeitraum von 2021 bis 2025 werden die Benchmarkwerte anhand der gemäß Artikel 11 für die Jahre 2016 und 2017 übermittelten Informationen festgelegt. Anhand eines Vergleichs dieser Benchmarkwerte mit den Benchmarkwerten im Sinne des Beschlusses 2011/278/EU der Kommission vom 27. April 2011 ([18]) bestimmt die Kommission die jährliche Reduktionsrate für die einzelnen Benchmarks und wendet sie auf die im Zeitraum von 2013 bis 2020 gültigen Benchmarkwerte für jedes Jahr zwischen 2008–2023 an und legt auf diese Weise die Benchmarkwerte für den Zeitraum von 2021 bis 2025 fest.
b) In Fällen, in denen die jährliche Reduktionsrate über 1,6 % oder unter 0,2 % liegt, werden die im Zeitraum von 2013 bis 2020 gültigen Benchmarkwerte für jedes Jahr zwischen 2008 und 2023 um den jeweils relevanten der beiden genannten Prozentsätze verringert und als Benchmarkwerte für die Jahre von 2021 bis 2025 festgelegt.
c) Für den Zeitraum von 2026 bis 2030 werden die Benchmarkwerte auf dieselbe Art wie in den Buchstaben a und d vorgesehen und unter Berücksichtigung von Buchstabe e dieses Unterabsatzes festgelegt, und zwar anhand der gemäß Artikel 11 für die Jahre 2021 und 2022 vorgelegten Informationen und anhand der Anwendung der jährlichen Reduktionsrate für jedes Jahr zwischen 2008 und 2028.
d) In Fällen, in denen die jährliche Reduktionsrate über 2,5 % oder unter 0,3 % liegt, werden die im Zeitraum von 2013 bis 2020 gültigen Benchmarkwerte für jedes Jahr zwischen 2008 und 2028 um den jeweils relevanten der beiden genannten Prozentsätze verringert und als Benchmarkwerte für die Jahre von 2026 bis 2030 festgelegt.
e) Im Zeitraum von 2026 bis 2030 bleibt die jährliche Reduktionsrate für den Produkt-Benchmark für flüssiges Roheisen von der Änderung der festgelegten Produkt-Benchmarks und entsprechenden Systemgrenzen gemäß Absatz 1 Unterabsatz 8 unberührt.

Die Benchmarkwerte für Aromaten und Synthesegas werden abweichend um denselben Prozentsatz angepasst wie die Raffinerie-Benchmarks, um für die Hersteller dieser Produkte einheitliche Wettbewerbsbedingungen zu gewährleisten.

Die Durchführungsrechtsakte, die im Unterabsatz 3 genannt werden, werden gemäß dem in Artikel 22a Absatz 2 genannten Prüfverfahren erlassen.

Um die effiziente energetische Verwertung von Restgasen im unter Unterabsatz 3 Buchstabe b genannten Zeitraum zu fördern, wird der Benchmarkwert für flüssiges Roheisen, der sich überwiegend auf Restgase bezieht, mit einer jährlichen Reduktionsrate von 0,2 % aktualisiert.

(5) Um den Versteigerungsanteil gemäß Artikel 10 einzuhalten, werden in jedem Jahr, in dem die Summe der kostenlosen Zuteilungen die dem Versteigerungsanteil entsprechende Höchstmenge nicht erreicht, die insoweit übrigen Zertifikate verwendet, um zu vermeiden, dass kostenlose Zuteilungen gekürzt werden, damit der Versteigerungsanteil in späteren Jahren eingehalten wird, oder um derartige Kürzungen in Grenzen zu halten. Wird die Höchstmenge jedoch erreicht, werden die kostenlosen Zuteilungen entsprechend angepasst. Derartige Anpassungen werden einheitlich vorgenommen. Anlagen, deren Treibhausgasemissionen für die relevanten Benchmarks unter dem Durchschnitt der effizientesten 10 % der Anlagen eines Sektors oder Teilsektors in der EU in einem Jahr, in dem die Anpassung gilt, liegen, werden jedoch von der Anpassung ausgenommen.

(5a) Abweichend von Absatz 5 wird ein zusätzlicher Betrag von bis zu 3 % der Gesamtmenge der Zertifikate soweit notwendig genutzt, um die verfügbare Höchstmenge im Sinne von Absatz 5 zu erhöhen.

(5b) Sind weniger als 3 % der Gesamtmenge der Zertifikate erforderlich, um die verfügbare Höchstmenge im Sinne von Absatz 5 zu erhöhen,

– werden bis zu 50 Millionen Zertifikate dazu verwendet, die Anzahl der Zertifikate, die für die Innovationsförderung gemäß Artikel 10a Absatz 8 zur Verfügung steht, zu erhöhen, und
– werden bis zu 0,5 % der Gesamtmenge an Zertifikaten dazu verwendet, die Anzahl der Zertifikate, die für die Modernisierung der Energiesysteme bestimmter Mitgliedstaaten gemäß Artikel 10d zur Verfügung steht, zu erhöhen.

(6) Die Mitgliedstaaten sollten zugunsten von Sektoren oder Teilsektoren, die aufgrund erheblicher indirekter Kosten, die durch die Weitergabe der Kosten von Treibhausgasemissionen über die Strompreise tatsächlich entstehen, einem tatsächlichen Risiko einer Verlagerung von CO_2-Emissionen ausgesetzt sind, finanzielle Maßnahmen gemäß den Unterabsätzen 2 und 4 erlassen, vorausgesetzt, dass diese finanziellen Maßnahmen mit den Vorschriften für staatliche Beihilfen im Einklang stehen und insbesondere keine ungerechtfertigten Wettbewerbsverzerrungen im Binnenmarkt verursachen. Die erlassenen finanziellen Maßnahmen sollten keine indirekten Kosten ausgleichen, die durch die kostenlose Zuteilung im Einklang mit den gemäß Absatz 1 dieses Artikels festgelegten Benchmarks gedeckt werden. Gibt ein Mitgliedstaat einen Betrag aus, der 25 % der Versteigerungseinnahmen gemäß Artikel 10 Absatz 3 desjenigen Jahres übersteigt, in dem die indirekten Kosten angefallen sind, begründet er, warum er diese Menge überschreitet.

Die Mitgliedstaaten bemühen sich zudem, für die finanziellen Maßnahmen gemäß Unterabsatz 1 nicht mehr als 25 % ihrer Einkünfte aus der Versteigerung von Zertifikaten zu verwenden. Mitgliedstaaten, die finanzielle Maßnahmen gemäß Unterabsatz 1 erlassen haben, müssen den Gesamtbetrag der Kompensation nach Sektor und Teilsektor aufgeschlüsselt und in leicht zugänglicher Form binnen drei Monaten nach Ablauf eines jeden Jahres der Öffentlichkeit zugänglich machen. Ab 2018 veröffentlicht ein Mitgliedstaat in jedem Jahr, in dem er für diese Zwecke mehr als 25 % seiner Einkünfte aus der Versteigerung von Zertifikaten verwendet, einen Bericht, in dem er begründet, warum er diesen Betrag überschreitet. Dieser Bericht enthält einschlägige Angaben zu den Strompreisen für die industriellen Großabnehmer, die diese finanziellen Maßnahmen in Anspruch nehmen, wobei die Anforderungen an den Schutz vertraulicher Informationen allerdings in vollem Umfang zu erfüllen sind. Der Bericht enthält zudem Informationen darüber, ob andere Maßnahmen, mit denen sich die indirekten CO_2-Emissionskosten mittel- bis langfristig senken lassen, gebührend berücksichtigt wurden.

Die Kommission nimmt in dem Bericht gemäß Artikel 10 Absatz 5 unter anderem eine Bewertung der Auswirkungen

[18] Beschluss 2011/278/EU der Kommission vom 27. April 2011 zur Festlegung EU-weiter Übergangsvorschriften zur Harmonisierung der kostenlosen Zuteilung von Emissionszertifikaten gemäß Artikel 10a der Richtlinie 2003/87/EG des Europäischen Parlaments und des Rates (ABl. L 130 vom 17.5.2011, S. 1).

solcher finanziellen Maßnahmen auf den Binnenmarkt vor und spricht gegebenenfalls Empfehlungen für Maßnahmen aus, die dieser Bewertung zufolge erforderlich sein können.

Diese Maßnahmen werden so ausgestaltet, dass ein angemessener Schutz vor dem Risiko einer Verlagerung von CO_2-Emissionen, der auf Ex-ante-Benchmarks für indirekte CO_2-Emissionen pro Produktionseinheit beruht, sichergestellt wird. Diese Ex-ante-Benchmarks werden für einen bestimmten Sektor bzw. Teilsektor berechnet als Produkt des Stromverbrauchs pro Produktionseinheit entsprechend den effizientesten verfügbaren Techniken und der CO_2-Emissionen des entsprechenden europäischen Stromerzeugungsmix.

(7) Zertifikate aus der Höchstmenge gemäß Absatz 5 dieses Artikels, die bis 2020 nicht kostenlos zugeteilt wurden, werden zusammen mit 200 Millionen Zertifikaten aus der Marktstabilitätsreserve gemäß Artikel 1 Absatz 3 des Beschlusses (EU) 2015/1814 in Form einer Reserve für neue Marktteilnehmer bereitgehalten. Bis zu 200 Millionen der bereitgehaltenen Zertifikate werden nach Ablauf des Zeitraums von 2021 bis 2030 in die Marktstabilitätsreserve zurückgeführt, wenn sie in diesem Zeitraum nicht zugeteilt wurden.

Ab 2021 fließen auch Zertifikate, die Anlagen infolge der Anwendung der Absätze 19, 20 und 22 nicht zugeteilt wurden, in die im ersten Satz von Unterabsatz 1 dieses Absatzes genannte Reserve für neue Marktteilnehmer ein.

Die Zuteilungen werden anhand des linearen Faktors gemäß Artikel 9 angepasst.

Für die Stromerzeugung neuer Marktteilnehmer werden keine Zertifikate kostenlos zugeteilt.

(8) 345 Millionen Zertifikate aus der Menge, die ansonsten gemäß diesem Artikel kostenlos zugeteilt werden könnte, und 80 Millionen Zertifikate aus der Menge, die ansonsten gemäß Artikel 10 versteigert werden könnte, sowie die Zertifikate, die sich aus der Verringerung der kostenlosen Zuteilung gemäß Absatz 1a des vorliegenden Artikels ergeben, werden für einen Fonds (im Folgenden „Innovationsfonds") zur Verfügung gestellt, um Innovationen im Bereich CO_2-armer und CO_2-freier Techniken, Verfahren und Technologien zu fördern, die erheblich zur Dekarbonisierung der unter diese Richtlinie fallenden Sektoren beitragen sowie zu den Null-Schadstoff-Zielen und den Zielen der Kreislaufwirtschaft, einschließlich Projekten zur Skalierung solcher Techniken, Verfahren und Technologien nach oben im Hinblick auf ihre breite Einführung in der gesamten Union. Solche Projekte müssen über erhebliches Potenzial zur Verringerung der Treibhausgasemissionen verfügen und zu Energie- und Ressourceneinsparungen gemäß den Klima- und Energiezielen der Union für 2030 beitragen.

Die Kommission stellt die Zertifikate für den Innovationsfonds vorzeitig bereit, um dafür zu sorgen, dass eine angemessene Menge an Ressourcen für die Innovationsförderung, einschließlich für die Skalierung nach oben, zur Verfügung steht.

Zertifikate, die aufgrund der Einstellung ihres Geschäftsbetriebs nicht an Luftfahrzeugbetreiber vergeben werden und die nicht erforderlich sind, um Fehlbeträge bei den abgegebenen Zertifikaten dieser Betreiber zu schließen, werden ebenfalls für die Innovationsförderung gemäß Unterabsatz 1 verwendet.

Ferner werden für eine in Unterabsatz 1 des vorliegenden Absatzes genannte Innovationsförderung 5 Millionen Zertifikate aus der in Artikel 3c Absätze 5 und 7 genannten Menge im Zusammenhang mit Zuteilungen für die Luftfahrt für 2026 zur Verfügung gestellt.

Darüber hinaus werden etwaige noch verbleibende Einnahmen aus den 300 Millionen Zertifikaten, die für den Zeitraum von 2013 bis 2020 im Rahmen des Beschlusses 2010/670/EU der Kommission ([19]) zur Verfügung standen, durch 50 Millionen nicht zugeteilte Zertifikate aus der Marktstabilitätsreserve ergänzt und diese zügig zur Innovationsförderung gemäß Unterabsatz 1 dieses Absatzes eingesetzt.

Bei der Ausarbeitung und Durchführung von Aufforderungen zur Einreichung von Vorschlägen oder Ausschreibungen im Rahmen des Innovationsfonds sieht die Kommission strategische Projekte in Erwägung, die gemäß einer Verordnung des Europäischen Parlaments und des Rates zur Schaffung eines Rahmens für Maßnahmen zur Stärkung des europäischen Ökosystems der Fertigung von Netto-Null-Technologieprodukten anerkannt sind und die als Beitrag zu den Zielen der Plattform für strategische Technologien für Europa (STEP) gemäß Artikel 2 Absatz 4 der Verordnung (EU) 2024/795 des Europäischen Parlaments und des Rates ([20]) betrachtet werden. Die Mitgliedstaaten erwägen, Projekte in ihrem Hoheitsgebiet aus dem Europäischen Fonds für regionale Entwicklung und dem Kohäsionsfonds, die mit der Verordnung (EU) 2021/1058 des Europäischen Parlaments und des Rates ([21]) eingerichtet wurden und dem mit der Verordnung (EU) 2021/1056 des Europäischen Parlaments und des Rates eingerichteten Fonds für einen gerechten Übergang über die Finanzierungsmechanismen, die im Rahmen des Innovationsfonds entwickelt werden, wie der „Auktionen als Dienstleistung"-Regelung, zu unterstützen.

Der Investitionsfonds strebt eine geografisch ausgewogene Unterstützung an und deckt die in Anhängen I und III aufgeführten Sektoren ab sowie Produkte und Verfahren, die kohlenstoff-intensive Produkte und Verfahren ersetzen, die in den in Anhang I aufgeführten Sektoren hergestellt oder verwendet werden, einschließlich innovativer Technologien für erneuerbare Energien und Energiespeicherung und einer umweltverträglichen CO_2-Abscheidung und -Nutzung („CCU"), die wesentlich zur Eindämmung des Klimawandels beiträgt, insbesondere im Hinblick auf unvermeidbare Prozessemissionen, und die einen Anreiz für den Bau und Betrieb von Projekten schaffen, die auf die umweltverträgliche Abscheidung, den Transport und die geologische Speicherung („CCS") von CO_2 ausgerichtet sind, insbesondere im Hinblick auf unvermeidbare Emissionen aus industriellen Prozessen und die direkte Abscheidung von CO_2 aus der Atmosphäre mit sicherer, nachhaltiger und dauerhafter Speicherung („DACS"). Der Innovationsfonds kann auch bahnbrechende innovative Technologien und Infrastrukturen, einschließlich der Herstellung CO_2-armer und CO_2-freier Kraftstoffe, zur Dekarbonisierung der Sektoren See-, Luft-, Schienen- und Straßenverkehr fördern, einschließlich kollektiver Verkehrsmittel wie öffentliche Verkehrsmittel und Gelegenheitsverkehr mit Bussen.

[19] Beschluss 2010/670/EU der Kommission vom 3. November 2010 über Kriterien und Maßnahmen für die Finanzierung von kommerziellen Demonstrationsprojekten, die auf eine umweltverträgliche Abscheidung und geologische Speicherung von CO_2 abzielen, und von Demonstrationsprojekten für innovative Technologien für erneuerbare Energien im Rahmen des Gemeinschaftssystems für den Handel mit Treibhausgasemissionszertifikaten nach der Richtlinie 2003/87/EG des Europäischen Parlaments und des Rates (ABl. L 290 vom 6.11.2010, S. 39).

[20] Verordnung (EU) 2024/795 des Europäischen Parlaments und des Rates vom 29. Februar 2024 zur Einrichtung der Plattform „Strategische Technologien für Europa" (STEP) und zur Änderung der Richtlinie 2003/87/EG und der Verordnungen (EU) 2021/1058, (EU) 2021/1056, (EU) 2021/1057, (EU) Nr. 1303/2013, (EU) Nr. 223/2014, (EU) 2021/1060, (EU) 2021/523, (EU) 2021/695, (EU) 2021/697 und (EU) 2021/241 (ABl. L, 2024/795, 29.2.2024, ELI: http://data.europa.eu/eli/reg/2024/795/oj).

[21] Verordnung (EU) 2021/1058 des Europäischen Parlaments und des Rates vom 24. Juni 2021 über den Europäischen Fonds für regionale Entwicklung und den Kohäsionsfonds (ABl. L 231 vom 30.6.2021, S. 60).

Mit diesem Fonds können auch die Elektrifizierung und Maßnahmen zur Verringerung der Gesamtauswirkungen des Luftverkehrs auf das Klima unterstützt werden.

Die Kommission widmet Projekten in Sektoren, die unter die Verordnung (EU) 2023/956 fallen, besondere Aufmerksamkeit, um Innovationen in den Bereichen kohlenstoff-arme Technologien, CCU, CCS, erneuerbare Energien und Energiespeicherung in einer Weise zu unterstützen, die zur Eindämmung des Klimawandels beiträgt, und zwar mit dem Ziel, dass über den Zeitraum 2021 bis 2030 Projekten in diesen Sektoren ein erheblicher Anteil des entsprechenden finanziellen Gegenwerts der Zertifikate gemäß Absatz 1a Unterabsatz 4 dieses Artikels zugeteilt wird. Darüber hinaus kann die Kommission vor 2027 Aufforderungen zur Einreichung von Vorschlägen in den unter die genannte Verordnung fallenden Sektoren veröffentlichen.

Die Kommission widmet auch Projekten, die zur Dekarbonisierung des Seeverkehrssektors beitragen, besondere Aufmerksamkeit und nimmt Themen, die diesem Zweck vorbehalten sind, gegebenenfalls in die Aufforderungen zur Einreichung von Vorschlägen im Hinblick auf den Innovationsfonds auf, einschließlich zur Elektrifizierung des Seeverkehrs und zur Bewältigung seiner gesamten Klimaauswirkungen, einschließlich der Rußemissionen. Bei diesen Aufforderungen zur Einreichung von Vorschlägen wird bei den Kriterien für die Auswahl von Projekten insbesondere das Potenzial der Projekte und Investitionen zur Verbesserung des Schutzes der Artenvielfalt und zur Verringerung der Lärm- und Wasserverschmutzung berücksichtigt.

Der Innovationsfonds kann im Einklang mit Absatz 8a Projekte durch preisorientierte Ausschreibungen, die zur Vergabe von CDs, CCDs oder Verträgen über feste Prämien führen, unterstützen, um Dekarbonisierungstechnologien zu fördern, für die der CO_2-Preis möglicherweise keinen ausreichenden Anreiz darstellt.

Die Kommission strebt Synergien zwischen dem Innovationsfonds und Horizont Europa an, insbesondere in Bezug auf europäische Partnerschaften, und bemüht sich gegebenenfalls um Synergien zwischen dem Innovationsfonds und anderen Programmen der Union.

Förderfähig sind Projekte im Hoheitsgebiet aller Mitgliedstaaten, einschließlich klein- und mittelmaßstäblicher Projekte, und bei Seeverkehrstätigkeiten sind Projekte mit einem eindeutigen Mehrwert für die Union förderfähig. Geförderte Technologien müssen innovativ und ohne Unterstützung kommerziell noch nicht in vergleichbarer Größenordnung tragfähig sein, aber es muss sich um bahnbrechende Lösungen handeln oder sie müssen für eine Anwendung in vorkommerziellem Maßstab ausreichend ausgereift sein.

Die Kommission stellt sicher, dass die für den Innovationsfonds bestimmten Zertifikate gemäß den in Artikel 10 Absatz 4 der vorliegenden Richtlinie genannten Grundsätzen und Modalitäten versteigert werden. Einnahmen aus der Versteigerung gelten als externe zweckgebundene Einnahmen im Sinne von Artikel 21 Absatz 5 der Verordnung (EU, Euratom) 2018/1046 des Europäischen Parlaments und des Rates ([22]). Mittelbindungen für Maßnahmen, deren Durchführung sich über mehr als ein Haushaltsjahr erstreckt, können über mehrere Jahre in jährliche Tranchen aufgeteilt werden.

Die Kommission leistet Mitgliedstaaten mit geringer tatsächlicher Beteiligung an Projekten im Rahmen des Innovationsfonds auf Anfrage technische Hilfe zum Zweck der Verbesserung der Kapazitäten des anfragenden Mitgliedstaats zur Unterstützung der Bemühungen der Projektträger zur Einreichung von Anträgen auf Finanzierung aus dem Innovationsfonds in ihrem jeweiligen Hoheitsgebiet, um die tatsächliche geografische Beteiligung am Innovationsfonds zu verbessern und die Gesamtqualität der eingereichten Projekte zu erhöhen. Die Kommission bemüht sich um eine qualitätsorientierte und geografisch ausgewogene Verteilung der Fördermittel aus dem Innovationsfonds in der Union und sorgt für eine umfassende Überwachung der Fortschritte und angemessene Folgemaßnahmen in dieser Hinsicht.

Vorbehaltlich der Zustimmung der Antragsteller unterrichtet die Kommission die Mitgliedstaaten nach Abschluss einer Aufforderung zur Einreichung von Vorschlägen über die Anträge auf Finanzierung von Projekten in ihrem jeweiligen Hoheitsgebiet und stellt ihnen detaillierte Informationen über diese Anträge zur Verfügung, um den Mitgliedstaaten die Koordinierung der Projektunterstützung zu erleichtern. Darüber hinaus gibt die Kommission den Mitgliedstaaten die Liste der vorausgewählten Projekte vor der Gewährung der Unterstützung bekannt.

Die Projekte werden im Wege eines transparenten Auswahlverfahrens, technologieneutral gemäß den Zielen des Investitionsfonds nach Unterabsatz 1 dieses Absatzes und auf der Grundlage objektiver und transparenter Kriterien ausgewählt, wobei zu berücksichtigen ist, inwieweit die Projekte einen wesentlichen Beitrag zu den Klima- und Energiezielen der EU leisten und gleichzeitig zu den Null-Schadstoff- und Kreislaufzielen gemäß Unterabsatz 1 dieses Absatzes beitragen, und gegebenenfalls inwieweit die Projekte dazu beitragen, Emissionsreduktionen zu erreichen, die deutlich unter den in Absatz 2 genannten Benchmarks liegen. Die Projekte müssen das Potenzial haben, möglichst breit angewandt zu werden oder die den betreffenden Sektoren entstehenden Kosten für den Übergang zu einer klimaneutralen Wirtschaft erheblich zu senken. Vorrang ist Technologien und Verfahren einzuräumen, die verschiedenen Auswirkungen auf die Umwelt Rechnung tragen. Projekte, bei denen es um CO_2-Abscheidung und -Nutzung geht, müssen eine Nettoreduktion der Emissionen bewirken und die Vermeidung oder dauerhafte Speicherung von CO_2 sicherstellen. Im Fall von Finanzhilfen, die über Aufforderungen zur Einreichung von Vorschlägen bereitgestellt werden, können bis zu 60 % der relevanten Projektkosten finanziert werden, wovon maximal 40 % nicht an die nachweisliche Vermeidung von Treibhausgasemissionen gebunden sein müssen, sofern mit der angewandten Technologie im Voraus festgesetzte Etappenziele erreicht werden. Im Falle der Förderung im Wege von Ausschreibungen und im Falle von technischer Hilfe können bis zu 100 % der relevanten Projektkosten finanziert werden. Das Potenzial für Emissionsreduktionen in mehreren Sektoren, das durch kombinierte Projekte, auch in nahegelegenen Gebieten, geboten wird, wird bei den Kriterien für die Projektauswahl berücksichtigt.

Für aus dem Innovationsfonds finanzierte Projekte gilt die Verpflichtung zum Wissensaustausch mit anderen relevanten Projekten sowie mit Wissenschaftlern mit Sitz in der Union, die ein berechtigtes Interesse haben. Die Bedingungen für den Wissensaustausch werden von der Kommission in den Aufforderungen zur Einreichung von Vorschlägen festgelegt.

Die Aufforderungen zur Einreichung von Vorschlägen müssen offen und transparent sein. Bei der Ausarbeitung der Aufforderungen zur Einreichung von Vorschlägen bemüht sich die Kommission, dafür zu sorgen, dass alle Sektoren gebührend abgedeckt sind. Die Kommission ergreift Maßnahmen, um sicherzustellen, dass die Aufforderungen so weit

[22] Verordnung (EU, Euratom) 2018/1046 des Europäischen Parlaments und des Rates vom 18. Juli 2018 über die Haushaltsordnung für den Gesamthaushaltsplan der Union, zur Änderung der Verordnungen (EU) Nr. 1296/2013, (EU) Nr. 1301/2013, (EU) Nr. 1303/2013, (EU) Nr. 1304/2013, (EU) Nr. 1309/2013, (EU) Nr. 1316/2013, (EU) Nr. 223/2014, (EU) Nr. 283/2014 und des Beschlusses Nr. 541/2014/EU sowie zur Aufhebung der Verordnung (EU, Euratom) Nr. 966/2012 (ABl. L 193 vom 30.7.2018, S. 1).

wie möglich bekannt gemacht werden, insbesondere im Hinblick auf kleine und mittlere Unternehmen.

Der Kommission wird die Befugnis übertragen, zur Ergänzung dieser Richtlinie gemäß Artikel 23 delegierte Rechtsakte zu erlassen, die Bestimmungen über die Funktionsweise des Innovationsfonds, einschließlich des Auswahlverfahrens und der Auswahlkriterien, die förderfähigen Sektoren und die technischen Anforderungen für unterschiedliche Arten der Förderung betreffen.

Über den Mechanismus gemäß diesem Absatz erhält kein Projekt eine Förderung von mehr als 15 % der Gesamtmenge der zu diesem Zweck verfügbaren Zertifikate. Diese Zertifikate werden gemäß Absatz 7 berücksichtigt.

Bis zum 31. Dezember 2023 und danach jedes Jahr erstattet die Kommission dem in Artikel 22a Absatz 1 dieser Richtlinie genannten Ausschuss für Klimaänderung Bericht über die Durchführung des Innovationsfonds und legt eine Analyse der geförderten Projekte nach Sektoren und Mitgliedstaaten sowie den erwarteten Beitrag dieser Projekte zum Ziel der Klimaneutralität in der Union gemäß der Verordnung (EU) 2021/1119 vor. Die Kommission legt den Bericht dem Europäischen Parlament und dem Rat vor und veröffentlicht diesen Bericht.

(8a) Für CDs und CCDs, die nach Abschluss eines Ausschreibungsmechanismus vergeben werden, ist eine angemessene Deckung durch Mittelbindungen vorzusehen, die sich aus den Erlösen aus der Versteigerung von im Innovationsfonds verfügbaren Zertifikaten ergeben, und diese Mittelbindungen können über mehrere Jahre in jährliche Tranchen aufgeteilt werden. In den ersten beiden Runden des Ausschreibungsmechanismus wird die Deckung der finanziellen Haftung im Zusammenhang mit CDs und CCDs durch Mittel aus den Erlösen aus der Versteigerung von Zertifikaten, die dem Innovationsfonds gemäß Absatz 8 zugeteilt wurden, in vollem Umfang sichergestellt.

Auf der Grundlage einer qualitativen und quantitativen Bewertung der mit der Umsetzung von CDs und CCDs verbundenen finanziellen Risiken durch die Kommission, die nach Abschluss der ersten beiden Runden des Ausschreibungsmechanismus vorzunehmen ist sowie jedes Mal, wenn dies nach dem Grundsatz der Vorsicht erforderlich ist, wonach Vermögenswerte und Gewinne nicht überschätzt und die Verbindlichkeiten und Verluste nicht unterschätzt werden dürfen, kann die Kommission im Einklang mit der Ermächtigung nach Unterabsatz 8 beschließen, nur einen Teil der finanziellen Haftung im Zusammenhang mit CDs und CCDs durch die in Unterabsatz 1 genannten Mittel und den verbleibenden Teil durch andere Mittel zu decken. Die Kommission ist bestrebt, die Nutzung anderer Deckungsmöglichkeiten zu begrenzen.

Führt die Bewertung zu dem Schluss, dass andere Deckungsmöglichkeiten erforderlich sind, um das Potenzial der CDs und CCDs voll auszuschöpfen, strebt die Kommission eine ausgewogene Mischung anderer Deckungsmöglichkeiten an. Abweichend von Artikel 210 Absatz 1 der Verordnung (EU, Euratom) 2018/1046 legt die Kommission den Umfang der Nutzung anderer Deckungsmöglichkeiten gemäß dem in Unterabsatz 8 dieses Absatzes vorgesehenen delegierten Rechtsakt fest.

Die verbleibende finanzielle Haftung wird im Hinblick auf die Grundsätze des Titels X der Verordnung (EU, Euratom) 2018/1046 ausreichend abgedeckt und erforderlichenfalls an die Besonderheiten von CDs und CCDs angepasst, indem von Artikel 209 Absatz 2 Buchstaben d und h, Artikel 210 Absatz 1, Artikel 211 Absätze 1, 2, 4 und 6, den Artikeln 212, 213 und 214, Artikel 218 Absatz 1 und Artikel 219 Absätze 3 und 6 der genannten Verordnung abgewichen wird. Gegebenenfalls werden andere Deckungsmöglichkeiten, die Dotierungsquote und die erforderlichen Ausnahmen in einem delegierten Rechtsakt gemäß Unterabsatz 8 dieses Absatzes festgelegt.

Die Kommission verwendet nicht mehr als 30 % der Erlöse aus der Versteigerung von Zertifikaten, die dem Innovationsfonds gemäß Absatz 8 zugeteilt wurden, für die Dotierung von CDs und CCDs.

Die Dotierungsquote darf nicht weniger als 50 % der gesamten finanziellen Haftung des Unionshaushalts für CDs und CCDs betragen. Bei der Festlegung der Dotierungsquote berücksichtigt die Kommission Elemente, die die finanziellen Risiken für den Unionshaushalt über die im Innovationsfonds verfügbaren Mittel hinaus verringern können, wie eine mögliche freiwillige Aufteilung der Haftung mit den Mitgliedstaaten oder einen möglichen Rückversicherungsmechanismus des Privatsektors. Die Kommission überprüft die Dotierungsquote mindestens alle drei Jahre ab dem Zeitpunkt der Anwendung des delegierten Rechtsakts, in dem sie erstmals festgelegt wird.

Um spekulative Anträge zu vermeiden, kann der Zugang zur Ausschreibung davon abhängig gemacht werden, dass die Antragsteller eine Kaution zahlen, die bei Nichterfüllung des Vertrags verfällt. Diese verfallenen Einlagen werden als externe zweckgebundene Einnahmen gemäß Artikel 21 Absatz 5 der Verordnung (EU, Euratom) 2018/1046 für den Innovationsfonds eingesetzt. Jeder von einem Begünstigten gemäß den Bedingungen des CD oder CCD an die Bewilligungsbehörde gezahlte Beitrag wird, wenn der Referenzpreis über dem Basispreis („Rückflüsse") liegt, als externe zweckgebundene Einnahme gemäß Artikel 21 Absatz 5 der genannten Verordnung für den Innovationsfonds eingesetzt.

Der Kommission wird die Befugnis übertragen, gemäß Artikel 23 der vorliegenden Richtlinie delegierte Rechtsakte zur Ergänzung dieser Richtlinie zu erlassen, um gegebenenfalls andere Deckungsmöglichkeiten und gegebenenfalls die Dotierungsquote und die erforderlichen zusätzlichen Ausnahmen von Titel X der Verordnung (EU, Euratom) 2018/1046 gemäß Unterabsatz 4 dieses Absatzes sowie zusätzlich die Vorschriften über die Funktionsweise des Ausschreibungsmechanismus, insbesondere in Bezug auf Einlagen und Rückflüsse, festzulegen und zu präzisieren.

Der Kommission wird die Befugnis übertragen, gemäß Artikel 23 delegierte Rechtsakte zu erlassen, um Unterabsatz 5 des vorliegenden Absatzes zu ändern, indem die in jenem Unterabsatz genannte Obergrenze von 30 % um insgesamt höchstens 20 Prozentpunkte angehoben wird, wenn dies erforderlich ist, um einer Nachfrage nach CDs und CCDs zu entsprechen, wobei den Erfahrungen aus den ersten Ausschreibungsrunden Rechnung zu tragen ist und auch berücksichtigt werden muss, dass bei der Unterstützung aus dem Innovationsfonds ein angemessenes Gleichgewicht zwischen Finanzhilfen und solchen Aufträgen gefunden werden muss.

Die finanzielle Unterstützung durch den Innovationsfonds muss in einem angemessenen Verhältnis zu den in diesem Artikel genannten politischen Zielen stehen und darf nicht zu unangemessenen Verzerrungen des Binnenmarktes führen. Zu diesem Zweck darf die Unterstützung nur zur Deckung zusätzlicher Kosten oder Investitionsrisiken gewährt werden, die von Investoren unter normalen Marktbedingungen nicht getragen werden können.

(8b) 40 Millionen Zertifikate aus der Menge, die ansonsten gemäß diesem Artikel kostenlos zugeteilt werden könnte, und 10 Millionen Zertifikate aus der Menge, die ansonsten gemäß Artikel 10 der vorliegenden Richtlinie versteigert werden könnte, werden für den mit der Verordnung (EU) 2023/955 des Europäischen Parlaments und des Rates ([23]) eingerichteten Klima-Sozialfonds zur Verfügung gestellt. Die Kommission stellt sicher, dass die für den Klima-Sozialfonds bestimmten Zertifikate im Einklang mit den in Artikel 10 Absatz 4 der vorliegenden Richtlinie genannten Grundsätzen und Modalitäten und des gemäß dem genannten Artikel erlassenen delegierten Rechtsakts 2025 versteigert werden. Die Einnahmen aus dieser Versteigerung stellen externe zweckgebundene Einnahmen gemäß Artikel 21 Absatz 5 der Verordnung (EU, Euratom) 2018/1046 dar und werden im Einklang mit den für den Klima-Sozialfonds geltenden Vorschriften eingesetzt.

(9) Griechenland, dessen Pro-Kopf-Bruttoinlandsprodukt (BIP) zu Marktpreisen im Jahr 2014 unter 60 % des Unionsdurchschnitts lag, kann vor der Anwendung von Absatz 7 zur Kofinanzierung von bis zu 60 % der Dekarbonisierung der Stromversorgung von Inseln innerhalb seines Hoheitsgebiets bis zu 25 Millionen Zertifikate aus der Höchstmenge gemäß Absatz 5 verlangen, die bis zum 31. Dezember 2020 nicht kostenlos zugeteilt werden. Artikel 10d Absatz 3 gilt sinngemäß für solche Zertifikate. Zertifikate können beansprucht werden, wenn ein Projekt zur Dekarbonisierung der Stromversorgung der griechischen Inseln aufgrund des eingeschränkten Zugangs zu den internationalen Kreditmärkten sonst nicht realisiert werden könnte und wenn die Europäische Investitionsbank (EIB) die finanzielle Machbarkeit und den sozioökonomischen Nutzens des Projekts bestätigt.

(11) Vorbehaltlich des Artikels 10b entspricht die Zahl der gemäß den Absätzen 4 bis 7 des vorliegenden Artikels kostenlos zugeteilten Zertifikate im Jahr 2013 80 % der Menge, die gemäß den in Absatz 1 genannten Maßnahmen festgelegt wurde. Danach wird die kostenlose Zuteilung Jahr für Jahr in gleicher Höhe bis 2020 auf 30 % reduziert.

(19) Anlagen, die ihren Betrieb eingestellt haben, erhalten keine kostenlosen Zertifikate. Anlagen, deren Genehmigung zur Emission von Treibhausgasen ausgelaufen ist oder entzogen wurde, und Anlagen, deren Betrieb oder Wiederinbetriebnahme technisch unmöglich ist, gelten als Anlagen, die ihren Betrieb eingestellt haben.

(20) Die Höhe der kostenlosen Zuteilungen an Anlagen, deren Betriebsleistung, berechnet auf der Grundlage eines gleitenden Durchschnitts von zwei Jahren, im Vergleich zu dem Wert, der für die ursprüngliche Berechnung der kostenlosen Zuteilungen für den betreffenden Zeitraum gemäß Artikel 11 Absatz 1 verwendet wurde, um mehr als 15 % gestiegen oder gesunken ist, wird entsprechend angepasst. Diese Anpassungen werden durchgeführt, indem Zuteilungen aus der gemäß Absatz 7 dieses Artikels eingerichteten Reserve für neue Marktteilnehmer entnommen oder ihr hinzugefügt werden.

(21) Um sicherzustellen, dass die in Absatz 20 dieses Artikels genannten Anpassungen und der dort genannte Schwellenwert effizient, nichtdiskriminierend und einheitlich angewandt werden, um unnötigen Verwaltungsaufwand zu vermeiden und um der Manipulation und dem Missbrauch der Anpassungen der Zuteilung vorzubeugen, kann die Kommission Durchführungsrechtsakte verabschieden, in denen weitere Vorkehrungen für die Anpassungen festgelegt werden. Diese Durchführungsrechtsakte werden gemäß dem in Artikel 22a Absatz 2 genannten Prüfverfahren erlassen.

(22) Sind Berichtigungen der kostenlosen Zuteilungen gemäß Artikel 11 Absatz 2 erforderlich, werden diese Berichtigungen durchgeführt, indem Zertifikate aus der gemäß Absatz 7 dieses Artikels eingerichteten Reserve für neue Marktteilnehmer entnommen oder in sie eingestellt werden.

[23] Verordnung (EU) 2023/955 des Europäischen Parlaments und des Rates vom 10. Mai 2023 zur Einrichtung eines Klima-Sozialfonds und zur Änderung der Verordnung (EU) 2021/1060 (ABl. L 130 vom 16.5.2023, S. 1).

Artikel 10b
Übergangsmaßnahmen zur Unterstützung bestimmter energieintensiver Industrien für den Fall der Verlagerung von CO_2-Emissionen

(1) Sektoren und Teilsektoren, bei denen das Produkt aus der Multiplikation der Intensität ihres Handels mit Drittländern, definiert als das Verhältnis des Gesamtwerts der Ausfuhren in Drittländer zuzüglich des Wertes der Einfuhren aus Drittländern zur Gesamtgröße des Marktes des Europäischen Wirtschaftsraums (Jahresumsatz plus Gesamteinfuhren aus Drittländern), mit ihrer Emissionsintensität in kg CO_2, dividiert durch ihre Bruttowertschöpfung (in EUR) 0,2 überschreitet, gelten als Sektoren bzw. Teilsektoren, bei denen davon ausgegangen wird, dass ein Risiko einer Verlagerung von CO_2-Emissionen besteht. Derartigen Sektoren und Teilsektoren werden für den Zeitraum bis 2030 Zertifikate in Höhe von 100 % der gemäß Artikel 10a bestimmten Menge kostenlos zugeteilt.

(2) Sektoren und Teilsektoren, bei denen das Produkt aus der Multiplikation der Intensität ihres Handels mit Drittländern mit ihrer Emissionsintensität 0,15 überschreitet, können unter Verwendung von Daten aus den Jahren von 2014 bis 2016 auf Basis einer qualitativen Bewertung und der folgenden Kriterien in die Gruppe gemäß Absatz 1 aufgenommen werden:

a) Umfang, in dem einzelne Anlagen in dem betreffenden Sektor oder Teilsektor in der Lage sind, ihre Emissionsmengen oder ihren Stromverbrauch zu reduzieren;
b) aktuelle und voraussichtliche Marktbedingungen, einschließlich gemeinsamer Referenzpreise, sofern relevant;
c) Gewinnspannen als potenzielle Indikatoren für langfristige Investitionen oder Beschlüsse über Standortverlagerungen unter Berücksichtigung der Änderungen der Produktionskosten im Zusammenhang mit Emissionsreduktionen.

(3) Sektoren und Teilsektoren, die den in Absatz 1 genannten Schwellenwert nicht überschreiten, aber eine Emissionsintensität in kg CO_2, dividiert durch ihre Bruttowertschöpfung (in EUR), von über 1,5 aufweisen, werden ebenfalls auf 4-stelliger Ebene (NACE-Code der Ebene 4) bewertet. Die Kommission veröffentlicht die Ergebnisse dieser Bewertung.

Innerhalb von drei Monaten nach der Veröffentlichung gemäß Unterabsatz 1 können die Sektoren und Teilsektoren gemäß jenem Unterabsatz bei der Kommission entweder eine qualitative Bewertung ihres Risikos der Verlagerung von CO_2-Emissionen auf 4-stelliger Ebene (NACE-Code der Ebene 4) oder eine Bewertung auf der Grundlage der für die Statistik der Industrieproduktion in der Union verwendeten Warensystematik auf 8-stelliger Ebene (Prodcom) beantragen. Zu diesem Zweck legen Sektoren und Teilsektoren fundierte, vollständige und unabhängig geprüfte Daten vor, damit die Kommission die Bewertung zusammen mit dem Antrag durchführen kann.

Ein Sektor oder Teilsektor, der sich dafür entscheidet, auf 4-stelliger Ebene (NACE-Code der Ebene 4) bewertet zu werden, kann auf der Grundlage der Kriterien nach Absatz 2 Buchstaben a, b und c in die Gruppe gemäß Absatz 1 aufgenommen werden. Ein Sektor oder Teilsektor, der sich dafür entscheidet, auf 8-stelliger Ebene (Prodcom) bewertet zu werden, wird in die Gruppe gemäß Absatz 1 aufgenommen, wenn auf dieser Ebene der in Absatz 1 genannte Schwellenwert von 0,2 überschritten wird.

Sektoren und Teilsektoren, für die eine kostenlose Zuteilung auf der Grundlage der Benchmarkwerte gemäß Artikel 10a Absatz 2 Unterabsatz 4 berechnet wird, können ebenfalls eine Bewertung gemäß Unterabsatz 3 beantragen.

Abweichend von den Absätzen 1 und 2 kann ein Mitgliedstaat bis zum 30. Juni 2018 beantragen, dass ein im Anhang des Beschlusses 2014/746/EU der Kommission ([24]) aufgeführter Sektor oder Teilsektor in Bezug auf die Klassifikationen auf 6- oder auf 8-stelliger Ebene (Prodcom) als der in Absatz 1 genannten Gruppe zugehörig betrachtet wird. Solche Anträge werden nur geprüft, wenn der betreffende Mitgliedstaat anhand fundierter, vollständiger, geprüfter und auditierter Daten für die fünf letzten Jahre, die von dem betreffenden Sektor bzw. Teilsektor geliefert worden sind, nachweist, dass der Ausnahmeantrag berechtigt ist, und alle einschlägigen Informationen beifügt. Auf Grundlage dieser Daten wird der betreffende Sektor bzw. Teilsektor in Bezug auf diese Klassifikationen in die Gruppe aufgenommen, wenn innerhalb einer heterogenen 4-stelligen Ebene (NACE-Code der Ebene 4) der Nachweis erbracht wurde, dass er auf 6-stelliger oder 8-stelliger Ebene (Prodcom) eine beträchtlich höhere Handels- und Emissionsintensität aufweist, die den Schwellenwert nach Absatz 1 überschreitet.

(4) Bei anderen Sektoren und Teilsektoren wird davon ausgegangen, dass sie einen größeren Teil der Kosten von Zertifikaten über die Produktpreise weitergeben können; ihnen werden Zertifikate im Umfang von 30 % der gemäß Artikel 10a bestimmten Menge kostenlos zugeteilt. Soweit im Rahmen der Überprüfung gemäß Artikel 30 nichts anderes beschlossen wird, werden die kostenlosen Zuteilungen an andere Sektoren und Teilsektoren, mit Ausnahme der Fernwärme, in den Jahren nach 2026 um jeweils gleich große Mengen gekürzt, damit 2030 ein auf null abgesenktes Niveau der kostenlosen Zuteilung erreicht wird.

In einem Mitgliedstaat, in dem in den Jahren 2014 bis 2018 der Anteil der Emissionen aus Fernwärme an den Gesamtemissionen der Union geteilt durch den Anteil des BIP der Mitgliedstaaten am Gesamt-BIP der Union mehr als 5 beträgt, wird Fernwärme im Zeitraum von 2026 bis 2030 eine zusätzliche kostenlose Zuteilung in Höhe von 30 % der gemäß Artikel 10a bestimmten Menge gewährt, sofern ein Investitionsvolumen, das dem Wert dieser zusätzlichen kostenlosen Zuteilung entspricht, im Einklang mit den in Unterabsatz 3 des vorliegenden Absatzes genannten Plänen zur Klimaneutralität vor 2030 in eine erhebliche Verringerung der Emissionen investiert wird und die Erreichung der Zielvorgaben und Etappenziele gemäß Unterabsatz 4 Buchstabe b durch die Überprüfung gemäß Absatz 4 bestätigt wird.

Bis zum 1. Mai 2024 erstellen die Fernwärmebetreiber für die Anlagen, für die sie eine zusätzliche kostenlose Zuteilung gemäß Unterabsatz 2 des vorliegenden Absatzes beantragen, einen Plan zur Klimaneutralität. Dieser Plan muss mit dem Ziel der Klimaneutralität gemäß Artikel 2 Absatz 1 der Verordnung (EU) 2021/1119 in Einklang stehen und Folgendes enthalten:

a) Maßnahmen und Investitionen zur Erreichung der Klimaneutralität bis 2050 auf Ebene der Anlage oder des Unternehmens, unter Ausschluss der Verwendung von CO_2-Ausgleichszertifikaten,
b) Zwischenziele und Etappenziele, um bis zum 31. Dezember 2025 und danach bis zum 31. Dezember jedes fünften Jahres die Fortschritte bei der Verwirklichung der Klimaneutralität gemäß Buchstabe a dieses Unterabsatzes zu messen,
c) eine Schätzung der Auswirkungen jeder der unter Buchstabe a dieses Unterabsatzes genannten Maßnahmen und Investitionen in Bezug auf die Verringerung der Treibhausgasemissionen.

Das Erreichen der in Buchstabe b des dritten Unterabsatzes dieses Absatzes genannten Zielvorgaben und Etappenziele muss in Bezug auf den Zeitraum bis zum 31. Dezember 2025 und danach in Bezug auf den Zeitraum bis zum 31. Dezember jedes fünften Jahres im Einklang mit den in Artikel 15 bereitgestellten Verfahren zur Prüfung und Akkreditierung überprüft werden. Über die in Unterabsatz 1 dieses Absatzes genannte Menge hinaus werden keine kostenlosen Zertifikate zugeteilt, wenn das Erreichen der Zwischenziele und Etappenziele für den Zeitraum bis Ende 2025 oder für den Zeitraum von 2026 bis 2030 nicht überprüft wurde.

Die Kommission erlässt Durchführungsrechtsakte, um den Mindestinhalt der in Unterabsatz 3 Buchstaben a, b und c des vorliegenden Absatzes genannten Informationen und das Format der Pläne zur Klimaneutralität gemäß dem genannten Unterabsatz und Artikel 10a Absatz 1 Unterabsatz 5 festzulegen. Die Kommission bemüht sich um Synergien mit ähnlichen Plänen, wie sie im Unionsrecht vorgesehen sind. Diese Durchführungsrechtsakte werden gemäß dem in Artikel 22a Absatz 2 genannten Prüfverfahren erlassen.

(5) Der Kommission wird die Befugnis übertragen, zur Ergänzung dieser Richtlinie bis zum 31. Dezember 2019 gemäß Artikel 23 delegierte Rechtsakte zu erlassen, die Bestimmung der Sektoren bzw. Teilsektoren gemäß den Absätzen 1, 2 und 3 dieses Artikels betreffen, bei denen davon ausgegangen wird, dass ein Risiko einer Verlagerung von CO_2-Emissionen für Tätigkeiten mit einem 4-stelligen Code (NACE-Code der Ebene 4) im Fall von Absatz 1 dieses Artikels besteht, wobei die für die drei letzten Kalenderjahre vorliegenden Daten zugrunde gelegt werden.

Artikel 10c
Option der übergangsweisen kostenlosen Zuteilung von Zertifikaten zur Modernisierung des Energiesektors

(1) Abweichend von Artikel 10a Absätze 1 bis 5 können Mitgliedstaaten, deren Pro-Kopf-BIP im Jahr 2013 zu Marktpreisen (in EUR) unter 60 % des Unionsdurchschnitts lag, Stromerzeugungsanlagen zur Modernisierung, Diversifizierung und nachhaltigen Umgestaltung des Energiesektors übergangsweise kostenlose Zertifikate zuteilen. Die geförderten Investitionen müssen mit dem Übergang zu einer sicheren und nachhaltigen Wirtschaft mit geringem CO_2-Ausstoß sowie mit den Zielen des Rahmens der Union für die Klima- und Energiepolitik bis 2030 und der Verwirklichung der im Übereinkommen von Paris enthaltenen langfristigen Ziele vereinbar sein. Die Ausnahmeregelung gemäß diesem Absatz endet am 31. Dezember 2030.

(2) Bei Projekten mit einem Gesamtinvestitionsbedarf von über 12,5 Mio. EUR wählt der betreffende Mitgliedstaat die Investitionen, die durch kostenlose Zuteilung finanziert werden sollen, im Wege eines Ausschreibungsverfahrens aus, die zwischen 2021 und 2030 in einer oder mehreren Runden durchgeführt wird. Im Rahmen dieses Ausschreibungsverfahrens

a) werden die Grundsätze der Transparenz, der Nichtdiskriminierung, der Gleichbehandlung und der wirtschaftlichen Haushaltsführung gewahrt;
b) sind nur Projekte teilnahmeberechtigt, die zur Diversifizierung des Energiemix und der Versorgungsquellen des Mitgliedstaats, zur nötigen Umstrukturierung, zur Umweltverbesserung und Nachbesserung der Infrastruktur, zu sauberen Technologien, wie Technologien für erneuerbare Energien, oder zur Modernisierung des Energieerzeugungssektors, wie effiziente und nachhaltige Fernwärme, und des Energieübertragungs- und Energieverteilungssektors beitragen;

[24] Beschluss 2014/746/EU der Kommission vom 27. Oktober 2014 zur Festlegung eines Verzeichnisses der Sektoren und Teilsektoren, von denen angenommen wird, dass sie im Zeitraum 2015-2019 einem erheblichen Risiko einer Verlagerung von CO_2-Emissionen ausgesetzt sind, gemäß der Richtlinie 2003/87/EG des Europäischen Parlaments und des Rates (ABl. L 308 vom 29.10.2014, S. 114).

c) wird die Rangordnung der Projekte nach klaren, objektiven, transparenten und nicht diskriminierenden Auswahlkriterien festgelegt, damit nur Projekte ausgewählt werden, die
   i) auf Basis einer Kosten-Nutzen-Analyse einen positiven Nettogewinn in Form einer Emissionsreduktion gewährleisten und einen im Voraus festgesetzten hohen Umfang an CO_2-Reduktionen unter Berücksichtigung der Größe der Projekte realisieren;
   ii) Zusatzcharakter haben, dem Erneuerungs- und Modernisierungsbedarf zweifelsfrei gerecht werden und nicht dazu dienen, eine marktbedingte Steigerung der Energienachfrage zu befriedigen;
   iii) das beste Preis-Leistungs-Verhältnis aufweisen; und
   iv) weder zur finanziellen Tragfähigkeit von sehr emissionsintensiver Stromerzeugung beitragen oder diese verbessern noch die Abhängigkeit von emissionsintensiven fossilen Brennstoffen erhöhen.

Abweichend von Artikel 10 Absatz 1 und unbeschadet des letzten Satzes von Absatz 1 dieses Artikels können die vorgesehenen Zertifikate, falls ein im Rahmen des Ausschreibungsverfahrens ausgewähltes Investitionsprojekt eingestellt oder die beabsichtigte Leistung nicht erreicht wird, frühestens ein Jahr später durch eine einzige zusätzliche Runde des Ausschreibungsverfahrens zur Finanzierung anderer Investitionen verwendet werden.

Mitgliedstaaten, die beabsichtigen, von der Option der übergangsweise kostenlosen Zuteilung für die Modernisierung des Energiesektors Gebrauch zu machen, veröffentlichen bis 30. Juni 2019 zwecks Stellungnahme der Öffentlichkeit detaillierte nationale Rahmenvorschriften für das Ausschreibungsverfahren, einschließlich der geplanten Anzahl der in Unterabsatz genannten Runden, und für die Auswahlwahlkriterien.

Soweit Investitionen im Wert von weniger als 12,5 Mio. EUR mit der kostenlosen Zuteilung gefördert werden müssen und nicht im Rahmen des in diesem Absatz genannten Ausschreibungsverfahrens ausgewählt werden, wählen die Mitgliedstaaten die Projekte nach objektiven und transparenten Kriterien aus. Die Ergebnisse dieses Auswahlprozesses werden zwecks Stellungnahme der Öffentlichkeit veröffentlicht. Dazu erstellt, veröffentlicht und übermittelt der betreffende Mitgliedstaat der Kommission bis 30. Juni 2019 eine Liste der Investitionen. Wird mehr als eine Investition in dieselbe Anlage getätigt, werden diese in ihrer Gesamtheit bewertet, um festzustellen, ob der vorgenannte Schwellenwert von 12,5 Mio. EUR überschritten wurde, es sei denn, diese Investitionen sind unabhängig voneinander technisch oder finanziell tragfähig.

(3) Der Wert der geplanten Investitionen muss zumindest dem Marktwert der kostenlos zugeteilten Zertifikate entsprechen, wobei zugleich jedoch die notwendige Begrenzung direkt damit verbundener Preissteigerungen zu berücksichtigen ist. Der Marktwert entspricht dem Durchschnittspreis, den Zertifikate auf der gemeinsamen Auktionsplattform im vorangegangenen Kalenderjahr erzielt haben. Bis zu 70 % der relevanten Investitionskosten können durch kostenlose Zuteilung gefördert werden, sofern die Restkosten von privaten juristischen Personen finanziert werden.

(4) Übergangsweise kostenlose Zuteilungen werden von der Zertifikatmenge, die der Mitgliedstaat sonst versteigern würde, abgezogen. Die Gesamtmenge kostenlos zugeteilter Zertifikate darf nicht mehr als 40 % der Zertifikate betragen, die der betreffende Mitgliedstaat gemäß Artikel 10 Absatz 2 Buchstabe a im Zeitraum von 2021 bis 2030 in identischen Jahrestranchen erhalten wird.

(5) Verwendet ein Mitgliedstaat gemäß Artikel 10d Absatz 4 Zertifikate, die im Interesse der Solidarität, des Wachstums und des Verbunds in der Union gemäß Artikel 10 Absatz 2 Buchstabe b aufgeteilt werden, so kann der Mitgliedstaat abweichend von Absatz 4 des vorliegenden Artikels für die übergangsweise kostenlose Zuteilung eine Gesamtmenge von bis zu 60 % der Zertifikate, die er im Zeitraum von 2021 bis 2030 erhalten hat, verwenden, wobei eine entsprechende Anzahl an gemäß Artikel 10 Absatz 2 Buchstabe b aufgeteilten Zertifikaten zu verwenden ist.

Alle bis 2020 nicht gemäß diesem Artikel zugeteilten Zertifikate können für Investitionen im Zeitraum von 2021 bis 2030 zugeteilt werden, die im Wege des Ausschreibungsverfahrens gemäß Absatz 2 ausgewählt werden, sofern der betreffende Mitgliedstaat die Kommission bis zum 30. September 2019 über seine Absicht, einige oder alle dieser Zertifikate im Zeitraum von 2021 bis 2030 nicht zuzuteilen, und über die Menge der stattdessen im Jahr 2020 zu versteigernden Zertifikate unterrichtet. Werden derartige Zertifikate im Zeitraum von 2021 bis 2030 zugeteilt, so wird eine entsprechende Menge von Zertifikaten bei der Anwendung der in Unterabsatz 1 dieses Absatzes genannten Obergrenze von 60 % berücksichtigt.

(6) Zuteilungen an Betreiber werden von dem Nachweis abhängig gemacht, dass eine nach den Regeln des Ausschreibungsverfahrens ausgewählte Investition getätigt wurde. Ergibt sich aus einer Investition eine zusätzliche Stromerzeugungskapazität, so muss der Betreiber zudem nachweisen, dass eine emissionsintensivere Stromerzeugungskapazität in entsprechendem Umfang von ihm oder einem anderen beteiligten Betreiber bis zur Inbetriebnahme der zusätzlichen Kapazität stillgelegt wurde.

(7) Die Mitgliedstaaten verpflichten die begünstigten stromerzeugenden Anlagen und Netzbetreiber, bis zum 28. Februar jedes Jahres über den Stand der Durchführung ihrer ausgewählten Investitionen, einschließlich des Verhältnisses zwischen kostenlosen Zuteilungen und Investitionsausgaben und der Arten der geförderten Investitionen, zu berichten. Die Mitgliedstaaten erstatten der Kommission darüber Bericht; die Kommission ihrerseits veröffentlicht diese Berichte.

Artikel 10ca
Frühere Frist für die übergangsweise erfolgende kostenlose Zuteilung zur Modernisierung des Energiesektors

Abweichend von Artikel 10c dürfen die betreffenden Mitgliedstaaten Anlagen gemäß dem genannten Artikel nur übergangsweise kostenlose Zertifikate für bis zum 31. Dezember 2024 getätigte Investitionen zuteilen. Zertifikate, die den betreffenden Mitgliedstaaten gemäß Artikel 10c für den Zeitraum 2021-2030 zur Verfügung stehen und nicht für solche Investitionen genutzt werden, müssen in dem vom jeweiligen Mitgliedstaat festgelegten Anteil

a) der Gesamtmenge der Zertifikate hinzugefügt werden, die der betreffende Mitgliedstaat gemäß Artikel 10 Absatz 2 versteigert; oder
b) zur Unterstützung von Investitionen im Rahmen des Modernisierungsfonds gemäß Artikel 10d im Einklang mit den Vorschriften für die Einnahmen aus Zertifikaten gemäß Artikel 10d Absatz 4 verwendet werden.

Der betreffende Mitgliedstaat teilt der Kommission bis zum 15. Mai 2024 die jeweiligen Mengen von Zertifikaten mit, die gemäß Artikel 10 Absatz 2 Unterabsatz 1 Buchstabe a und – abweichend von Artikel 10d Absatz 4 Satz 2 – gemäß Artikel 10d zu verwenden sind.

Artikel 10d
Modernisierungsfonds

(1) Zur Förderung von Investitionen, die von den begünstigten Mitgliedstaaten zur Modernisierung der Energiesysteme und zur Verbesserung der Energieeffizienz vorgeschlagen

werden, einschließlich der Finanzierung kleinerer Investitionsprojekte, wird für den Zeitraum 2021 bis 2030 ein Fonds eingerichtet (im Folgenden „Modernisierungsfonds"). Der Modernisierungsfonds wird durch die Versteigerung von Zertifikaten gemäß Artikel 10 zugunsten der darin festgelegten begünstigten Mitgliedstaaten finanziert.

Die geförderten Investitionen stehen im Einklang mit den Zielen dieser Richtlinie, den Zielen der Mitteilung der Kommission vom 11. Dezember 2019 über den europäischen Grünen Deal und der Verordnung (EU) 2021/1119 sowie den langfristigen Zielen des Übereinkommens von Paris. Die begünstigten Mitgliedstaaten können gegebenenfalls die Mittel des Modernisierungsfonds zur Finanzierung von Investitionen nutzen, an denen die angrenzenden Grenzregionen der Union beteiligt sind. Energieerzeugungsanlagen, die fossile Brennstoffe verwenden, erhalten keine Unterstützung aus dem Modernisierungsfonds. Es können jedoch Einnahmen aus Zertifikaten, die Gegenstand einer Mitteilung gemäß Absatz 4 dieses Artikels sind, für Investitionen verwendet werden, die mit gasförmigen fossilen Brennstoffen verbunden sind.

Darüber hinaus können Einnahmen aus in Artikel 10 Absatz 1 Unterabsatz 3 dieser Richtlinie genannten Zertifikaten, wenn die Tätigkeit als ökologisch nachhaltig im Sinne der Verordnung (EU) 2020/852 des Europäischen Parlaments und des Rates ([25]) einzustufen ist und aus Gründen der Energieversorgungssicherheit hinreichend begründet ist, für Investitionen im Zusammenhang mit gasförmigen fossilen Brennstoffen verwendet werden, sofern die Zertifikate für die Energieerzeugung vor dem 31. Dezember 2027 versteigert werden und die Zertifikate bei nachgelagerten Gasnutzungen vor dem 31. Dezember 2028 versteigert werden.

(2) Mindestens 80 % der Einnahmen aus Zertifikaten gemäß Artikel 10 Absatz 1 Unterabsatz 3 und aus Zertifikaten, die Gegenstand einer Mitteilung gemäß Absatz 4 des vorliegenden Artikels sind, und mindestens 90 % der Einnahmen aus Zertifikaten gemäß Artikel 10 Absatz 1 Unterabsatz 4 werden zur Förderung von Investitionen in folgende Bereiche verwendet:

a) Erzeugung und Nutzung von Strom aus erneuerbaren Energiequellen, einschließlich erneuerbarem Wasserstoff;
b) Wärme- und Kälteerzeugung aus erneuerbaren Quellen;
c) Verringerung des Gesamtenergieverbrauchs durch Energieeffizienz, auch in den Bereichen Industrie, Verkehr, Gebäude, Landwirtschaft und Abfall;
d) Energiespeicherung und Modernisierung der Energienetze, einschließlich Nachfragesteuerung, Fernwärmeleitungen, Netzen für die Stromübertragung, Ausbau der Verbundnetze zwischen den Mitgliedstaaten und Infrastruktur für emissionsfreie Mobilität;
e) Unterstützung einkommensschwacher Haushalte, auch in ländlichen und abgelegenen Gebieten, zur Bekämpfung der Energiearmut und zur Modernisierung ihrer Heizsysteme; und
f) Unterstützung eines fairen Übergangs in den kohleabhängigen Regionen in den begünstigten Mitgliedstaaten, um damit die Wiedereingliederung, Umschulung und Weiterbildung der Arbeitnehmer sowie Ausbildung, Stellenvermittlungsinitiativen und Jungunternehmen im Dialog mit der Zivilgesellschaft und den Sozialpartnern zu fördern, erforderlichenfalls in einer Weise, die mit den entsprechenden Maßnahmen, die die Mitgliedstaaten in ihre territorialen Pläne für einen gerechten Übergang gemäß Artikel 8 Absatz 2 Unterabsatz 1 Buchstabe k der Verordnung (EU) 2021/1056 aufgenommen haben, in Einklang steht und zu diesen beiträgt.

(3) Die begünstigten Mitgliedstaaten sind für den Betrieb des Modernisierungsfonds verantwortlich. Die EIB gewährleistet, dass diese Zertifikate gemäß den in Artikel 10 Absatz 4 festgelegten Grundsätzen und Modalitäten versteigert werden, und ist für die Verwaltung der Einkünfte zuständig. Die EIB leitet die Einkünfte auf einen Auszahlungsbeschluss der Kommission hin an die Mitgliedstaaten weiter, sofern diese Auszahlung für Investitionen mit Absatz 2 dieses Artikels oder, falls die Investitionen nicht in die in Absatz 2 dieses Artikels aufgeführten Bereiche fallen, mit den Empfehlungen des Investitionsausschusses in Einklang steht. Die Kommission erlässt ihren Beschluss rechtzeitig. Die Einkünfte werden in Einklang mit den Absätzen 6 bis 12 dieses Artikels gemäß den in Anhang IIb festgelegten Anteilen unter den Mitgliedstaaten aufgeteilt.

(4) Jeder betroffene Mitgliedstaat kann die kostenlose Zuteilung nach Artikel 10c Absatz 4 zur Gänze oder teilweise verwenden und die Menge der im Interesse der Solidarität, des Wachstums und des Verbunds in der Union gemäß Artikel 10 Absatz 2 Buchstabe b aufgeteilten Zertifikate oder einen Teil dieser Menge gemäß Artikel 10d verwenden, um Investitionen im Rahmen des Modernisierungsfonds zu unterstützen, womit die diesem Mitgliedstaat zugeteilten Ressourcen erhöht werden. Bis 30. September 2019 meldet der betreffende Mitgliedstaat der Kommission die jeweiligen Mengen von Zertifikaten, die nach Artikel 10 Absatz 2 Buchstabe b, Artikel 10c und Artikel 10d zu verwenden sind.

(5) Hiermit wird ein Investitionsausschuss für den Modernisierungsfonds eingesetzt. Der Investitionsausschuss setzt sich zusammen aus je einem Vertreter jedes begünstigten Mitgliedstaats, der Kommission und der EIB sowie drei Vertretern, die für jeweils fünf Jahre von den anderen Mitgliedstaaten gewählt werden. Den Vorsitz führt der Vertreter der Kommission. Aus jedem Mitgliedstaat, der nicht dem Investitionsausschuss angehört, kann ein Vertreter als Beobachter an den Sitzungen des Ausschusses teilnehmen.

Der Investitionsausschuss muss transparent handeln. Die Zusammensetzung des Investitionsausschusses und die Lebensläufe und Interessenerklärungen seiner Mitglieder werden der Öffentlichkeit zugänglich gemacht und erforderlichenfalls aktualisiert.

(6) Bevor ein begünstigter Mitgliedstaat entscheidet, eine Investition aus seinem Anteil des Modernisierungsfonds zu finanzieren, muss er das Investitionsprojekt dem Investitionsausschuss und der EIB vorstellen. Bestätigt die EIB, dass eine Investition in die in Absatz 2 aufgeführten Bereiche fällt, kann der Mitgliedstaat das Investitionsprojekt aus seinem Anteil finanzieren.

Fällt eine Investition in die Modernisierung von Energiesystemen, deren Finanzierung aus dem Modernisierungsfonds vorgeschlagen wird, nicht in die in Absatz 2 aufgeführten Bereiche, bewertet der Investitionsausschuss die technische und finanzielle Machbarkeit dieser Investition und die mit ihr erreichten Emissionsreduktionen und gibt eine Empfehlung über die Finanzierung der Investition aus dem Modernisierungsfonds ab. Der Investitionsausschuss stellt sicher, dass alle Investitionen in Bezug auf Fernwärme eine erhebliche Verbesserung bei Energieeffizienz und Emissionsreduktionen erreichen. Diese Empfehlung kann Vorschläge für angemessene Finanzierungsinstrumente umfassen. Bis zu 70 % der relevanten Kosten einer Investitionen, die nicht in die in Absatz 2 aufgeführten Bereiche fällt, kann mit Mitteln aus dem Modernisierungsfonds unterstützt werden, sofern die übrigen Kosten von privaten juristischen Personen finanziert werden.

(7) Der Investitionsausschuss muss bestrebt sein, seine Empfehlungen einvernehmlich zu verabschieden. Ist der In-

[25] Verordnung (EU) 2020/852 des Europäischen Parlaments und des Rates vom 18. Juni 2020 über die Einrichtung eines Rahmens zur Erleichterung nachhaltiger Investitionen und zur Änderung der Verordnung (EU) 2019/2088 (ABl. L 198 vom 22.6.2020, S. 13).

vestitionsausschuss nicht in der Lage, innerhalb einer von seinem Vorsitzenden festgesetzten Frist einvernehmlich zu entscheiden, so fasst er den betreffenden Beschluss mit einfacher Mehrheit.

Unterstützt der Vertreter der EIB die Finanzierung einer Investition nicht, so kann eine Empfehlung nur mit Zweidrittelmehrheit aller Mitglieder angenommen werden. Der Vertreter des Mitgliedstaats, in dem die Investition getätigt wird, und der Vertreter der EIB sind in diesem Fall nicht stimmberechtigt. Dieser Unterabsatz gilt nicht im Falle kleinmaßstäblicher Projekte, die über Darlehen einer nationalen Förderbank oder über Zuschüsse finanziert werden, mit denen die Durchführung eines nationalen Programms gefördert wird, dessen spezifische Ziele den Zielen des Modernisierungsfonds entsprechen, sofern nicht mehr als 10 % der Anteile der Mitgliedstaaten gemäß Anhang IIb für dieses Programm verwendet werden.

(8) Jegliche gemäß der Absätze 6 und 7 vorgenommene Handlung oder Empfehlung der EIB oder des Investitionsausschusses erfolgt rechtzeitig und unter Angabe der Gründe, auf die sie sich stützt. Diese Handlungen und Empfehlungen werden veröffentlicht.

(9) Die begünstigten Mitgliedstaaten sind dafür verantwortlich, die Durchführung der ausgewählten Projekte zu überwachen.

(10) Die begünstigten Mitgliedstaaten erstatten der Kommission jährlich über aus dem Modernisierungsfonds finanzierte Investitionen Bericht. Diese Berichte werden veröffentlicht und enthalten

a) Informationen über die finanzierten Investitionen, aufgeschlüsselt nach begünstigten Mitgliedstaaten;
b) eine Bewertung der Wertschöpfung, gemessen als die mit der Investition erreichte Verbesserung der Energieeffizienz oder Modernisierung des Energiesystems.

(11) Der Investitionsausschuss erstattet der Kommission jährlich Bericht über die Erfahrungen mit der Bewertung von Investitionsprojekten, insbesondere in Bezug auf die Verringerung von Emissionen und Minderungskosten. Die Kommission überprüft bis zum 31. Dezember 2024 unter Berücksichtigung der Erkenntnisse des Investitionsausschusses die Bereiche für Projekte gemäß Absatz 2 und die Grundlage, auf die der Investitionsausschuss seine Empfehlungen stützt.

Der Investitionsausschuss veranlasst die Veröffentlichung des Jahresberichts. Die Kommission stellt diesen Jahresbericht dem Europäischen Parlament und dem Rat zur Verfügung.

(12) Die Kommission erlässt Durchführungsrechtsakte mit detaillierten Vorschriften zur Arbeit des Modernisierungsfonds. Diese Durchführungsrechtsakte werden gemäß dem in Artikel 22a Absatz 2 genannten Prüfverfahren erlassen.

Artikel 10e
Aufbau- und Resilienzfazilität

(1) Als außerordentliche und einmalige Maßnahme werden bis zum 31. August 2026 die gemäß den Absätzen 2 und 3 dieses Artikels versteigerten Zertifikate versteigert, bis der Gesamtbetrag der Einnahmen aus dieser Versteigerung 20 Mrd. EUR erreicht hat. Diese Einnahmen werden der mit der Verordnung (EU) 2021/241 des Europäischen Parlaments und des Rates ([26]) eingerichteten Aufbau- und Resilienzfazilität zur Verfügung gestellt und im Einklang mit den Bestimmungen jener Verordnung eingesetzt.

(2) Abweichend von Artikel 10a Absatz 8 wird bis zum 31. August 2026 ein Teil der in jenem Absatz genannten Zertifikate versteigert, um zu den in Artikel 21c Absatz 3 Buchstaben b bis f der Verordnung (EU) 2021/241 festgelegten Zielen beizutragen, bis der Betrag der Einnahmen aus dieser Versteigerung 12 Mrd. EUR erreicht hat.

(3) Ein Teil der Zertifikate aus der Menge, die ansonsten von den Mitgliedstaaten gemäß Artikel 10 Absatz 2 Buchstabe a vom 1. Januar 2027 bis zum 31. Dezember 2030 versteigert würde, wird bis zum 31. August 2026 versteigert, um zu den in Artikel 21c Absatz 3 Buchstaben b bis f der Verordnung (EU) 2021/241 genannten Zielen beizutragen, bis der Betrag der Einnahmen aus dieser Versteigerung 8 Mrd. EUR erreicht hat. Diese Zertifikate werden über den betreffenden Zeitraum grundsätzlich in gleichen jährlichen Tranchen versteigert.

(4) Abweichend von Artikel 1 Absatz 5a des Beschlusses (EU) 2015/1814 werden bis zum 31. Dezember 2030 27 Mio. nicht zugeteilte Zertifikate in der Marktstabilitätsreserve aus der kumulierten Menge, die andernfalls bis zum 31. Dezember 2030 für ungültig erklärt werden würde, eingesetzt, um gemäß Artikel 10a Absatz 8 Unterabsatz 1 der vorliegenden Richtlinie Innovationen zu fördern.

(5) Die Kommission gewährleistet, dass die gemäß den Absätzen 2 und 3 zu versteigernden Zertifikate, gegebenenfalls auch für Vorfinanzierungszahlungen im Einklang mit Artikel 21d der Verordnung (EU) 2021/241, gemäß den in Artikel 10 Absatz 4 der vorliegenden Richtlinie festgelegten Grundsätzen und Modalitäten sowie im Einklang mit Artikel 24 der Verordnung (EU) Nr. 1031/2010 der Kommission ([27]) versteigert werden, damit der Innovationsfonds in dem Zeitraum 2023 bis 2026 mit angemessenen Mitteln ausgestattet ist. Der in diesem Artikel angegebene Zeitraum für Versteigerungen wird ein Jahr nach Anwendungsbeginn im Hinblick auf die Auswirkungen der Versteigerungen gemäß dem vorliegenden Artikel auf den CO_2-Markt und den CO_2-Preis überprüft.

(6) Die gemäß dem vorliegenden Artikel zu versteigernden Zertifikate werden von der EIB in ihrer Funktion als Auktionator auf der gemäß Artikel 26 Absatz 1 der Verordnung (EU) Nr. 1031/2010 bestellten Auktionsplattform versteigert und die durch die Versteigerung erzielten Einnahmen werden der Kommission zur Verfügung gestellt.

(7) Die Erlöse aus der Versteigerung von Zertifikaten gelten als externe zweckgebundene Einnahmen gemäß Artikel 21 Absatz 5 der Verordnung (EU, Euratom) 2018/1046 des Europäischen Parlaments und des Rates ([28]).

Artikel 10f
Grundsatz der „Vermeidung erheblicher Beeinträchtigungen"

Ab 1. Januar 2025 verwenden die begünstigten Mitgliedstaaten und die Kommission die Einnahmen aus der Versteigerung von für den Innovationsfonds bestimmten Zertifikaten gemäß Artikel 10a Absatz 8 der vorliegenden Richtlinie und

[26] Verordnung (EU) 2021/241 des Europäischen Parlaments und des Rates vom 12. Februar 2021 zur Einrichtung der Aufbau- und Resilienzfazilität (ABl. L 57 vom 18.2.2021, S. 17).

[27] Verordnung (EU) Nr. 1031/2010 der Kommission vom 12. November 2010 über den zeitlichen und administrativen Ablauf sowie sonstige Aspekte der Versteigerung von Treibhausgasemissionszertifikaten gemäß der Richtlinie 2003/87/EG des Europäischen Parlaments und des Rates über ein System für den Handel mit Treibhausgasemissionszertifikaten in der Gemeinschaft (ABl. L 302 vom 18.11.2010, S. 1).

[28] Verordnung (EU, Euratom) 2018/1046 des Europäischen Parlaments und des Rates vom 18. Juli 2018 über die Haushaltsordnung für den Gesamthaushaltsplan der Union, zur Änderung der Verordnungen (EU) Nr. 1296/2013, (EU) Nr. 1301/2013, (EU) Nr. 1303/2013, (EU) Nr. 1304/2013, (EU) Nr. 1309/2013, (EU) Nr. 1316/2013, (EU) Nr. 223/2014, (EU) Nr. 283/2014 und des Beschlusses Nr. 541/2014/EU sowie zur Aufhebung der Verordnung (EU, Euratom) Nr. 966/2012 (ABl. L 193 vom 30.7.2018, S. 1).

der Zertifikate gemäß Artikel 10 Absatz 1 Unterabsätze 3 und 4 der vorliegenden Richtlinie im Einklang mit dem in Artikel 17 der Verordnung (EU) 2020/852 festgelegten Kriterium „Vermeidung erheblicher Beeinträchtigungen", wenn diese Einnahmen für eine Wirtschaftstätigkeit verwendet werden, für die gemäß Artikel 10 Absatz 3 Buchstabe b der genannten Verordnung technische Bewertungskriterien festgelegt wurden, anhand deren festgestellt werden kann, ob eine Wirtschaftstätigkeit ein oder mehrere der relevanten Umweltziele erheblich beeinträchtigt.

Artikel 11
Nationale Umsetzungsmaßnahmen

(1) Jeder Mitgliedstaat veröffentlicht und unterbreitet der Kommission bis 30. September 2011 das Verzeichnis der in seinem Hoheitsgebiet unter diese Richtlinie fallenden Anlagen und alle den einzelnen Anlagen in seinem Hoheitsgebiet kostenlos zugeteilten Zertifikate, die im Einklang mit den Vorschriften gemäß Artikel 10a Absatz 1 und Artikel 10c berechnet wurden.

Ein Verzeichnis der Anlagen, die in den fünf Jahren beginnend mit dem 1. Januar 2021 unter diese Richtlinie fallen, wird bis 30. September 2019 übermittelt, Verzeichnisse für jeden der sich anschließenden Fünfjahreszeiträume alle fünf Jahre danach. Jedes Verzeichnis umfasst für die fünf Jahre vor seiner Übermittlung Informationen über Aktivitätsraten, Wärme- und Gasaustausch, Stromerzeugung und Emissionen auf Ebene von etwaigen Anlagenteilen. Kostenlose Zertifikate werden nur Anlagen zugeteilt, für die diese Informationen bereitgestellt werden.

(2) Bis 30. Juni jeden Jahres vergeben die zuständigen Behörden die gemäß den Artikeln 10, 10a und 10c berechnete Menge der in dem betreffenden Jahr zuzuteilenden Zertifikate.

(3) Die Mitgliedstaaten dürfen Anlagen, deren Eintrag in die in Absatz 1 genannte Liste von der Kommission abgelehnt wurde, keine kostenlosen Zertifikate gemäß Absatz 2 zuteilen.

KAPITEL IV
BESTIMMUNGEN FÜR DIE LUFTFAHRT, DEN SEEVERKEHR UND ORTSFESTE ANLAGEN

Artikel 11a
Nutzung von CER und ERU aus Projektmaßnahmen im EU-EHS vor Inkrafttreten eines internationalen Abkommens über den Klimawandel

(1) Vorbehaltlich der Absätze 2 und 3 dieses Artikels können Luftfahrzeugbetreiber, die Inhaber eines von einem Mitgliedstaat ausgestellten Luftverkehrsbetreiberzeugnisses sind oder in einem Mitgliedstaat, einschließlich der Gebiete in äußerster Randlage sowie der überseeischen Gebiete und Schutzgebiete des betreffenden Mitgliedstaats, registriert sind, die folgenden Einheiten nutzen, um ihrer in Artikel 12 Absatz 9 festgelegten Verpflichtung zur Löschung von Einheiten für die gemäß Artikel 12 Absatz 6 gemeldete Menge nachzukommen:

a) Gutschriften, die von an dem Mechanismus nach Artikel 6 Absatz 4 des Übereinkommens von Paris teilnehmenden Vertragsparteien genehmigt wurden;
b) Gutschriften, die von Vertragsparteien genehmigt wurden, die an den vom ICAO-Rat als zulässig eingestuften und in dem nach Absatz 8 erlassenen Durchführungsrechtsakt genannten Gutschriftenprogrammen teilnehmen;
c) Gutschriften, die von Vertragsparteien der Abkommen nach Absatz 5 genehmigt wurden;
d) Gutschriften, die nach Artikel 24a für Projekte auf Unionsebene erteilt wurden.

(2) Einheiten nach Absatz 1 Buchstaben a und b können genutzt werden, wenn folgende Bedingungen erfüllt sind:

a) Sie stammen aus einem Staat, der zum Zeitpunkt der Nutzung Vertragspartei des Übereinkommens von Paris ist.
b) Sie stammen aus einem Staat, der in dem nach Artikel 25a Absatz 3 erlassenen Durchführungsrechtsakt als Staat aufgeführt ist, der am System zur Verrechnung und Verringerung von Kohlenstoffdioxid für die internationale Luftfahrt (CORSIA) der ICAO teilnimmt. Diese Bedingung gilt weder für vor 2027 entstandene Emissionen noch für die am wenigsten entwickelten Länder oder kleinen Inselentwicklungsstaaten im Sinne der Definition der Vereinten Nationen, mit Ausnahme der Staaten, deren Pro-Kopf-BIP dem Unionsdurchschnitt entspricht oder diesen übersteigt.

(3) Einheiten nach Absatz 1 Buchstaben a, b und c können genutzt werden, wenn Regelungen für die Genehmigung durch teilnehmende Vertragsparteien, für zeitnahe Anpassungen der Berichterstattung über die anthropogenen Emissionen aus Quellen und den Abbau durch Senken, die unter die national festgelegten Beiträge der teilnehmenden Vertragsparteien fallen, sowie zur Vermeidung einer Doppelzählung und eines Nettoanstiegs der globalen Emissionen getroffen wurden.

Die Kommission erlässt Durchführungsrechtsakte zur Festlegung detaillierter Anforderungen an die in Unterabsatz 1 des vorliegenden Absatzes genannten Regelungen, die Berichterstattungs- und Registrierungsanforderungen umfassen können, sowie für die Auflistung der Staaten oder Programme, die diese Regelungen anwenden. Diese Regelungen tragen der Flexibilität Rechnung, die den am wenigsten entwickelten Ländern und kleinen Inselentwicklungsstaaten gemäß Absatz 2 dieses Artikels eingeräumt wird. Diese Durchführungsrechtsakte werden gemäß dem in Artikel 22a Absatz 2 genannten Prüfverfahren erlassen.

(5) Soweit die den Betreibern oder Betreibern von Luftfahrzeugen von den Mitgliedstaaten für den Zeitraum von 2008 bis 2012 gestattete Nutzung von CER/ERU nicht ausgeschöpft worden ist oder ihnen die Nutzung der Gutschriften gemäß Absatz 8 bewilligt wurde und die Verhandlungen über ein internationales Abkommen über den Klimawandel nicht bis zum 31. Dezember 2009 abgeschlossen werden, ist es möglich, im Rahmen des EU-EHS Gutschriften aus Projekten oder anderen emissionsreduzierenden Tätigkeiten, die im Rahmen von Abkommen mit Drittländern durchgeführt werden, zu nutzen, wobei festgelegt ist, in welchem Umfang sie genutzt werden können. Gemäß diesen Abkommen dürfen die Betreiber Gutschriften aus Projektmaßnahmen in diesen Drittländern zur Erfüllung ihrer Verpflichtungen im Rahmen des EU-EHS nutzen.

(6) Die Abkommen gemäß Absatz 5 sehen vor, dass Gutschriften aus Projekttypen, die im Zeitraum von 2008 bis 2012 im Rahmen des EU-EHS genutzt werden durften, einschließlich der Technologien für erneuerbare Energien oder Energieeffizienz, die den Technologietransfer und die nachhaltige Entwicklung fördern, im Rahmen des EU-EHS genutzt werden können. Ein solches Abkommen kann auch die Nutzung von Gutschriften aus Projekten vorsehen, bei denen das Referenzszenario unterhalb des Niveaus der kostenlosen Zuteilung im Sinne der Maßnahmen von Artikel 10a oder unterhalb der unionsrechtlich vorgeschriebenen Niveaus liegt.

(7) Nach Abschluss eines internationalen Abkommens über den Klimawandel werden ab 1. Januar 2013 im Rahmen des EU-EHS nur Gutschriften für Projekte in Drittländern zugelassen, die das Abkommen ratifiziert haben.

(8) Die Kommission erlässt Durchführungsrechtsakte, in denen die Einheiten aufgeführt sind, die vom ICAO-Rat als zulässig eingestuft wurden und die die in den Absätzen 2 und 3 dieses Artikels festgelegten Bedingungen erfüllen. Die Kommission erlässt ferner Durchführungsrechtsakte, um diese

Liste bei Bedarf zu ändern. Diese Durchführungsrechtsakte werden gemäß dem in Artikel 22a Absatz 2 genannten Prüfverfahren erlassen.

Artikel 11b
Projektmaßnahmen

(1) Die Mitgliedstaaten haben alle notwendigen Maßnahmen zu ergreifen, um zu gewährleisten, dass Referenzszenarien für Projektmaßnahmen im Sinne der Definition der im Rahmen des UNFCCC oder des Kyoto-Protokolls gefassten Beschlüsse, die in Ländern durchgeführt werden sollen, die mit der EU einen Beitrittsvertrag unterzeichnet haben, dem gemeinschaftlichen Besitzstand voll und ganz entsprechen, einschließlich den in diesem Beitrittsvertrag festgehaltenen befristeten Ausnahmen.

Die Union und ihre Mitgliedstaaten genehmigen Projektmaßnahmen nur, wenn alle Projektteilnehmer ihren Sitz entweder in einem Land haben, das in Bezug auf diese Projekte Vertragspartner des internationalen Abkommens ist, oder in einem Land oder in subföderalen oder regionalen Verwaltungseinheiten, die mit dem EU-EHS gemäß Artikel 25 verknüpft sind.

(2) Vorbehaltlich der Absätze 3 und 4 müssen die Mitgliedstaaten, in denen Projektmaßnahmen durchgeführt werden, gewährleisten, dass für die Reduzierung oder Begrenzung von Treibhausgasemissionen aus Tätigkeiten, die unter diese Richtlinie fallen, keine ERU oder CER zugeteilt werden.

(3) Bis zum 31. Dezember 2012 können ERU und CER im Fall von Projektmaßnahmen im Rahmen von JI und CDM, die die Emissionen einer unter diese Richtlinie fallenden Anlage unmittelbar verringern oder begrenzen, nur dann ausgestellt werden, wenn von dem Betreiber der Anlage Zertifikate in gleicher Anzahl gelöscht werden.

(4) Bis zum 31. Dezember 2012 können ERU und CER im Fall von Projektmaßnahmen im Rahmen von JI und CDM, die die Emissionen einer unter diese Richtlinie fallenden Anlage indirekt verringern oder begrenzen, nur dann ausgestellt werden, wenn Zertifikate in gleicher Anzahl aus dem nationalen Register des Mitgliedstaats gelöscht werden, aus dem die ERU bzw. CER kommen.

(5) Ein Mitgliedstaat, der privaten oder öffentlichen Stellen die Teilnahme an Projektmaßnahmen genehmigt, bleibt für die Erfüllung seiner Verpflichtungen aus dem UNFCCC und dem Kyoto-Protokoll verantwortlich und sorgt dafür, dass die Teilnahme in Übereinstimmung mit den aufgrund des UNFCCC oder des Kyoto-Protokolls verabschiedeten einschlägigen Leitlinien, Modalitäten und Verfahren erfolgt.

(6) Im Fall von Projektmaßnahmen zur Erzeugung von Elektrizität aus Wasserkraft mit einer Erzeugungskapazität von über 20 MW gewährleisten die Mitgliedstaaten bei der Genehmigung solcher Projektmaßnahmen, dass die einschlägigen internationalen Kriterien und Leitlinien, einschließlich der des Abschlussberichts 2000 „Staudämme und Entwicklung: ein neuer Rahmen zur Entscheidungsfindung" der Weltkommission für Staudämme, während der Entwicklung dieser Projektmaßnahmen eingehalten werden.

Artikel 12
Übertragung, Abgabe und Löschung von Zertifikaten

(1) Die Mitgliedstaaten stellen sicher, dass Zertifikate übertragbar sind zwischen

a) Personen innerhalb der Union,

b) Personen innerhalb der Union und Personen in Drittländern, in denen diese Zertifikate nach dem in Artikel 25 genannten Verfahren anerkannt werden, wobei nur die Beschränkungen Anwendung finden, die in dieser Richtlinie geregelt sind oder gemäß dieser Richtlinie erlassen werden.

(1a) Die Kommission prüft bis spätestens 31. Dezember 2010, ob der Markt für Emissionszertifikate vor Insider-Geschäften oder Marktmanipulation geschützt ist, und unterbreitet gegebenenfalls Vorschläge, um diesen Schutz zu gewährleisten. Die relevanten Bestimmungen der Richtlinie 2003/6/EG des Europäischen Parlaments und des Rates vom 28. Januar 2003 über Insider-Geschäfte und Marktmanipulation Marktmissbrauch ([29]) können mit den für die Anwendung im Handel mit Rohstoffen geeigneten Anpassungen angewandt werden.

(2) Die Mitgliedstaaten stellen sicher, dass Zertifikate, die von der zuständigen Behörde eines anderen Mitgliedstaats vergeben wurden, für die Erfüllung der Verpflichtungen eines Betreibers, Luftfahrzeugbetreibers oder eines Schifffahrtsunternehmens aus Absatz 3 genutzt werden können.

(3) Die Mitgliedstaaten, die Verwaltungsmitgliedstaaten und die für ein Schifffahrtsunternehmen zuständigen Verwaltungsbehörden stellen sicher, dass bis zum 30. September jedes Jahres

a) der Betreiber jeder Anlage eine Anzahl von Zertifikaten abgibt, die den gemäß Artikel 15 geprüften Gesamtemissionen dieser Anlage im vorangegangenen Kalenderjahr entspricht;

b) jeder Luftfahrzeugbetreiber eine Anzahl von Zertifikaten abgibt, die seinen gemäß Artikel 15 geprüften Gesamtemissionen im vorangegangenen Kalenderjahr entspricht;

c) jedes Schifffahrtsunternehmen eine Anzahl von Zertifikaten abgibt, die seinen gemäß Artikel 3ge geprüften Gesamtemissionen im vorangegangenen Kalenderjahr entspricht.

Die Mitgliedstaaten, die Verwaltungsmitgliedstaaten und die für ein Schifffahrtsunternehmen zuständigen Verwaltungsbehörden stellen sicher, dass die im Einklang mit Unterabsatz 1 abgegebenen Zertifikate danach gelöscht werden.

(3-e) Abweichend von Absatz 3 Unterabsatz 1 Buchstabe c können Schifffahrtsunternehmen 5 % weniger Zertifikate abgeben als ihre geprüften Emissionen, die bis zum 31. Dezember 2030 durch Schiffe der Eisklasse entstanden sind, sofern diese Schiffe die Eisklasse IA oder IA Super oder eine gleichwertige Eisklasse haben, die auf der Grundlage der HELCOM-Empfehlung 25/7 festgelegt wurde.

Werden im Verhältnis zu geprüften Emissionen weniger Zertifikate abgegeben, sollte eine dieser Differenz entsprechende Menge von Zertifikaten gelöscht werden, anstatt sie gemäß Artikel 10 zu versteigern, sobald die Differenz zwischen den geprüften Emissionen und den abgegebenen Zertifikaten für jedes Jahr festgestellt wurde.

(3-d) Abweichend von Absatz 3 Unterabsatz 1 Buchstabe c dieses Artikels und Artikel 16 legt die Kommission auf Antrag eines Mitgliedstaats im Wege eines Durchführungsrechtsakts fest, dass die Mitgliedstaaten die in diesen Bestimmungen festgelegten Anforderungen als erfüllt zu betrachten haben und keine Maßnahmen gegen Schifffahrtsunternehmen in Bezug auf Emissionen ergreifen dürfen, die bis zum 31. Dezember 2030 durch Fahrten von Fahrgastschiffen, ausgenommen Kreuzfahrtschiffe, und von Ro-Ro-Fahrgastschiffen zwischen einem Hafen einer Insel ohne Straßen- oder Schienenverbindung zum Festland, die im Hoheitsgebiet des ersuchenden Mitgliedstaats liegt, und die nach den für 2022 aktuellsten bzw. besten verfügbaren aktuellen Daten eine Bevölkerung von weniger als 200 000 Einwohner mit ständigem Wohnsitz hat, und einem Hafen im Hoheitsgebiet jenes Mitgliedstaats und durch die Tätigkeiten solcher Schiffe innerhalb eines Hafens im Zusammenhang mit diesen Fahrten entstanden werden.

[29] ABl. L 96 vom 12.4.2003, S. 16.

Die Kommission veröffentlicht eine Liste der Inseln gemäß Unterabsatz 1 und der betreffenden Häfen und hält diese Liste auf dem neuesten Stand.

(3-c) Abweichend von Absatz 3 Unterabsatz 1 Buchstabe c dieses Artikels und Artikel 16 legt die Kommission auf gemeinsamen Antrag zweier Mitgliedstaaten, von denen der eine keine Landgrenze zu einem anderen Mitgliedstaat hat und der andere der dem Mitgliedstaat ohne eine solche Landgrenze geografisch nächstgelegene Mitgliedstaat ist, im Wege eines Durchführungsrechtsakts fest, dass die Mitgliedstaaten die in diesen Bestimmungen festgelegten Anforderungen als erfüllt betrachten müssen und dass sie keine Maßnahmen gegen Schifffahrtsunternehmen in Bezug auf Emissionen ergreifen, die bis zum 31. Dezember 2030 bei Fahrten von Fahrgastschiffen oder Ro-Ro-Fahrgastschiffen im Rahmen eines grenzüberschreitenden öffentlichen Dienstleistungsvertrags oder einer grenzüberschreitenden öffentlichen Dienstleistungsverpflichtung, die in dem gemeinsamen Antrag dargelegt sind, zwischen den beiden Mitgliedstaaten sowie bei den von diesen Schiffen ausgehenden Tätigkeiten in einem Hafen im Zusammenhang mit diesen Fahrten entstanden sind.

(3-b) Eine Verpflichtung zur Abgabe von Zertifikaten entsteht nicht für Emissionen, die bis zum 31. Dezember 2030 aus Fahrten zwischen einem Hafen in einem Gebiet in äußerster Randlage eines Mitgliedstaats und einem Hafen in demselben Mitgliedstaat, einschließlich Fahrten zwischen Häfen innerhalt eines Gebiets in äußerster Randlage und Fahrten zwischen Häfen von Gebieten in äußerster Randlage desselben Mitgliedstaats, sowie aus von diesen Schiffen ausgehenden Tätigkeiten in einem Hafen im Zusammenhang mit diesen Fahrten entstehen.

(3-a) Wann immer und solange dies erforderlich ist, um die Umweltwirksamkeit des EU-EHS zu erhalten, wird Betreibern, Luftfahrzeugbetreibern und Schifffahrtsunternehmen im EU-EHS die Verwendung von Zertifikaten untersagt, die von einem Mitgliedstaat ausgestellt werden, in Bezug auf welchen Verpflichtungen für Betreiber, Luftfahrzeugbetreiber und Schifffahrtsunternehmen hinfällig werden. Der in Artikel 19 Absatz 3 genannte delegierte Rechtsakt enthält die Maßnahmen, die in den im vorliegenden Absatz genannten Fällen erforderlich sind.

(3a) Verpflichtungen zur Abgabe von Zertifikaten gelten nicht für Emissionen, die aufgrund einer Prüfung als abgeschieden und zur ständigen Speicherung in eine Anlage verbracht anzusehen sind, für die eine Genehmigung in Übereinstimmung mit der Richtlinie 2009/31/EG des Europäischen Parlaments und des Rates vom 23. April 2009 über die geologische Speicherung von Kohlendioxid ([30]) gilt.

(3b) Für Treibhausgasemissionen, die als abgeschieden und derart dauerhaft in einem Produkt chemisch gebunden angesehen werden, dass sie bei normalem Gebrauch und/oder während der Entsorgungsphase des Produkts, einschließlich normaler Tätigkeiten nach dem Ende der Lebensdauer des Erzeugnisses, nicht in die Atmosphäre gelangen, entsteht keine Verpflichtung zur Abgabe von Zertifikaten.

Die Kommission erlässt delegierte Rechtsakte gemäß Artikel 23 zur Ergänzung dieser Richtlinie über die Voraussetzungen dafür, dass Treibhausgase als im Sinne von Unterabsatz 1 des vorliegenden Absatzes dauerhaft in einem Produkt chemisch gebunden angesehen werden.

(4) Die Mitgliedstaaten stellen durch die notwendigen Maßnahmen sicher, dass Zertifikate jederzeit gelöscht werden, wenn der Inhaber dies beantragt. Im Fall der Stilllegung von Stromerzeugungskapazitäten in ihrem Hoheitsgebiet aufgrund zusätzlicher nationaler Maßnahmen können die Mitgliedstaaten Zertifikate aus der Gesamtmenge der Zertifikate, die von ihnen gemäß Artikel 10 Absatz 2 zu versteigern sind, maximal in Höhe der Durchschnittsmenge der geprüften Emissionen der betreffenden Anlage während eines Zeitraums von fünf Jahren vor der Stilllegung löschen und werden nachdrücklich dazu angeregt, dies zu tun. Der betreffende Mitgliedstaat unterrichtet die Kommission über eine derartige beabsichtige Löschung oder über die Gründe für die Nichtlöschung gemäß den nach Artikel 10 Absatz 4 erlassenen delegierten Rechtsakten.

(5) Die Absätze 1 und 2 gelten unbeschadet des Artikels 10c.

(6) Im Einklang mit der Methode, die in dem in Absatz 8 dieses Artikels genannten Durchführungsrechtsakt festgelegt ist, berechnen die Mitgliedstaaten jährlich die Kompensationspflichten für das vorangegangene Kalenderjahr für Flüge nach, aus und zwischen Staaten, die in dem nach Artikel 25a Absatz 3 erlassenen Durchführungsrechtsakt aufgeführt sind, und für Flüge zwischen der Schweiz oder dem Vereinigten Königreich und Staaten, die in dem nach Artikel 25a Absatz 3 erlassenen Durchführungsrechtsakt aufgeführt sind, und unterrichten bis zum 30. November jedes Jahres die Luftfahrzeugbetreiber.

Im Einklang mit der Methode, die in dem in Absatz 8 genannten Durchführungsrechtsakt festgelegt ist, berechnen die Mitgliedstaaten ferner die gesamten endgültigen Kompensationspflichten für einen bestimmten CORSIA-Compliance-Zeitraum und unterrichten bis zum 30. November des Jahres, das auf das letzte Jahr des betreffenden CORSIA-Compliance-Zeitraums folgt, die Luftfahrzeugbetreiber, die die in Unterabsatz 3 des vorliegenden Absatzes aufgeführten Bedingungen dieser Pflichten erfüllen.

Die Mitgliedstaaten unterrichten die Luftfahrzeugbetreiber, die alle nachstehend aufgeführten Bedingungen erfüllen, über die Höhe der Kompensation:

a) Sie verfügen über ein von einem Mitgliedstaat ausgestelltes Luftverkehrsbetreiberzeugnis oder sind in einem Mitgliedstaat, einschließlich der Gebiete in äußerster Randlage sowie der überseeischen Gebiete und Schutzgebiete dieses Mitgliedstaats, registriert und
b) sie erzeugen jährliche CO_2-Emissionen von mehr als 10 000 Tonnen aus dem Einsatz von Flugzeugen mit einer höchstzulässigen Startmasse von mehr als 5 700 kg, die seit dem 1. Januar 2021 Flüge nach Anhang I durchführen, welche nicht in demselben Mitgliedstaat, einschließlich der Gebiete in äußerster Randlage desselben Mitgliedstaats, starten und landen.

Für die Zwecke von Unterabsatz 1 Buchstabe b werden CO_2-Emissionen aus den nachstehend genannten Arten von Flügen nicht berücksichtigt:

i) Flüge im staatlichen Auftrag;
ii) Flüge im humanitären Einsatz;
iii) medizinische Flüge,
iv) Militärflüge,
v) Löschflüge;
vi) Flüge vor oder nach einem Flug im humanitären Einsatz, einem medizinischen Flug oder einem Löschflug, sofern diese Flüge mit demselben Luftfahrzeug erfolgten und für die Durchführung der damit verbundenen Tätigkeiten in den Bereichen humanitäre Hilfe, medizinische Versorgung oder Brandbekämpfung oder die anschließende Verlegung des Luftfahrzeugs für seinen nächsten Einsatz erforderlich waren.

(7) Solange noch kein Rechtsakt zur Änderung der vorliegenden Richtlinie in Bezug auf den Beitrag der Luftfahrt zum gesamtwirtschaftlichen Emissionsreduktionsziel der Union und die angemessene Umsetzung eines globalen marktbasierten Mechanismus vorliegt und für den Fall, dass die

[30] ABl. L 140 vom 5.6.2009, S. 114.

Frist für die Umsetzung eines solchen Rechtsakts nicht bis zum 30. November 2023 abgelaufen ist und der von der ICAO zu veröffentlichende Anstiegsfaktor auf Sektorenebene für die Emissionen im Jahr 2022 null ist, teilen die Mitgliedstaaten den Luftfahrzeugbetreibern bis zum 30. November 2023 mit, dass für das Jahr 2022 ihre Kompensationspflichten im Sinne von Absatz 3.2.1 der CORSIA SARPs der ICAO bei null liegen.

(8) Die Berechnung der Kompensationspflichten gemäß Absatz 6 dieses Artikels für die Zwecke von CORSIA erfolgt im Einklang mit einer von der Kommission festzulegenden Methode für Flüge nach, aus und zwischen Staaten, die in dem nach Artikel 25a Absatz 3 erlassenen Durchführungsrechtsakt aufgeführt sind, und Flügen zwischen der Schweiz oder dem Vereinigten Königreich und Staaten, die in dem nach Artikel 25a Absatz 3 erlassenen Durchführungsrechtsakt aufgeführt sind.

Die Kommission erlässt Durchführungsrechtsakte zur Festlegung der Methode für die Berechnung der Kompensationspflichten für Luftfahrzeugbetreiber gemäß Unterabsatz 1 des vorliegenden Absatzes.

In diesen Durchführungsrechtsakten wird insbesondere die Anwendung der Anforderungen präzisiert, die sich aus den einschlägigen Bestimmungen dieser Richtlinie, insbesondere aus den Artikeln 3c, 11a, 12 und 25a, und, soweit dies unter Berücksichtigung der einschlägigen Bestimmungen dieser Richtlinie möglich ist, aus den Internationalen Richtlinien und Empfehlungen zum Umweltschutz für CORSIA (CORSIA-SARPs) ergeben.

Diese Durchführungsrechtsakte werden gemäß dem in Artikel 22a Absatz 2 genannten Prüfverfahren erlassen. Der erste entsprechende Durchführungsrechtsakt wird bis zum 30. Juni 2024 erlassen.

(9) Luftfahrzeugbetreiber, die Inhaber eines von einem Mitgliedstaat ausgestellten Luftverkehrsbetreiberzeugnisses sind oder in einem Mitgliedstaat, einschließlich der Gebiete in äußerster Randlage sowie der überseeischen Gebiete und Schutzgebiete des betreffenden Mitgliedstaats, registriert sind, löschen Einheiten nach Artikel 11a nur für die Menge, die der betreffende Mitgliedstaat für den jeweiligen CORSIA-Compliance-Zeitraum nach Absatz 6 gemeldet hat. Die Löschung erfolgt für die Emissionen im Zeitraum 2021 bis 2023 bis zum 31. Januar 2025 und für die Emissionen im Zeitraum 2024 bis 2026 bis zum 31. Januar 2028.

Artikel 13
Gültigkeit der Zertifikate

Ab dem 1. Januar 2013 vergebene Zertifikate sind für unbegrenzte Zeit gültig. Auf Zertifikaten, die ab dem 1. Januar 2021 vergeben werden, ist anzugeben, in welcher Handelsperiode von zehn Jahren, beginnend mit dem 1. Januar 2021, sie vergeben wurden; sie sind für Emissionen ab dem ersten Jahr dieser Handelsperiode gültig.

Artikel 14
Überwachung und Berichterstattung betreffend Emissionen

(1) Die Kommission erlässt Durchführungsrechtsakte über die genauen Vorkehrungen für die Überwachung und Berichterstattung betreffend Emissionen und gegebenenfalls Tätigkeitsdaten aus den in Anhang I dieser Richtlinie aufgeführten Tätigkeiten sowie über nicht CO_2-bedingte Auswirkungen der Luftfahrt auf Strecken, für die gemäß dieser Richtlinie Emissionen berichtet werden, die auf den in Anhang IV dieser Richtlinie festgelegten Grundsätzen für die Überwachung und Berichterstattung und auf den Absätzen 2 und 5 des vorliegenden Artikels festgelegten Anforderungen basieren. In diesen Durchführungsrechtsakten wird auch das Erderwärmungspotenzial der einzelnen Treibhausgase bestimmt, und aktuelle wissenschaftliche Erkenntnisse über die nicht CO_2-bedingten Auswirkungen der Luftfahrt bei den Anforderungen in Bezug auf die Überwachung und Berichterstattung betreffend Emissionen und ihre Auswirkungen, einschließlich der nicht CO_2-bedingten Auswirkungen der Luftfahrt, werden berücksichtigt. In diesen Durchführungsrechtsakten wird die Anwendbarkeit der Nachhaltigkeits- und Treibhausgasminderungskriterien für die Nutzung von Biomasse gemäß der Richtlinie (EU) 2018/2001 festgelegt, wobei alle für die Anwendung im Rahmen dieser Richtlinie erforderlichen Anpassungen vorgenommen werden, damit diese Biomasse mit Emissionsfaktor null bewertet wird. Es wird darin festgelegt, wie die Speicherung von Emissionen aus einer Mischung von Quellen mit Emissionsfaktor null und Quellen, die nicht den Emissionsfaktor null haben, zu bilanzieren ist. Es wird ferner festgelegt, wie Emissionen aus erneuerbaren Kraftstoffen nicht biogenen Ursprungs und wiederverwertete kohlenstoffhaltige Brennstoffe zu bilanzieren sind, wobei sicherzustellen ist, dass diese Emissionen berücksichtigt werden und dass Doppelzählungen vermieden werden.

Diese Durchführungsrechtsakte werden gemäß dem in Artikel 22a Absatz 2 genannten Prüfverfahren erlassen.

(2) Die Rechtsakte gemäß Absatz 1 tragen den genauesten und aktuellsten wissenschaftlichen Erkenntnissen, insbesondere aus dem IPCC, Rechnung und können auch vorschreiben, dass Betreiber über Emissionen im Zusammenhang mit der Herstellung von Gütern berichten müssen, die von energieintensiven, potenziell im internationalen Wettbewerb stehenden Industrien produziert werden. Jene Rechtsakte können auch Anforderungen an die Prüfung der Informationen durch unabhängige Stellen festlegen.

Diese Vorschriften können auch die Berichterstattung über die Höhe der unter das EU-EHS fallenden und mit der Herstellung solcher Güter verbundenen Emissionen aus der Stromerzeugung umfassen.

(3) Die Mitgliedstaaten gewährleisten, dass jeder Betreiber einer Anlage oder eines Luftfahrzeugs die Emissionen dieser Anlage in dem betreffenden Kalenderjahr bzw. die Emissionen dieses Luftfahrzeugs ab dem 1. Januar 2010 nach Maßgabe der Rechtsakte gemäß Absatz 1 überwacht und der zuständigen Behörde nach Ende jedes Kalenderjahres darüber Bericht erstattet.

(4) In den Rechtsakten gemäß Absatz 1 können auch Anforderungen für die Verwendung von automatisierten Systemen und Datenaustauschformaten vorgesehen werden, damit im Zusammenhang mit dem Überwachungsplan, dem jährlichen Emissionsbericht und den Prüfungstätigkeiten die Kommunikation zwischen dem Betreiber, der Prüfstelle und den zuständigen Behörden harmonisiert wird.

(5) Die Luftfahrzeugbetreiber berichten einmal jährlich über die ab dem 1. Januar 2025 auftretenden Nicht-CO_2-Effekte aus dem Luftverkehr. Zu diesem Zweck erlässt die Kommission bis zum 31. August 2024 einen Durchführungsrechtsakt gemäß Absatz 1, um Nicht-CO_2-Effekte aus dem Luftverkehr in einen Überwachungs-, Berichterstattungs- und Prüfungsrahmen einzubeziehen. Dieser Überwachungs-, Berichterstattungs- und Prüfungsrahmen enthält mindestens die verfügbaren dreidimensionalen Flugbahndaten des Luftfahrzeugs sowie die Umgebungsfeuchtigkeit und -temperatur, damit ein CO_2-Äquivalent pro Flug erzeugt werden kann. Die Kommission sorgt vorbehaltlich der verfügbaren Ressourcen für die Verfügbarkeit von Instrumenten zur Erleichterung und weitestgehenden Automatisierung der Überwachung, Berichterstattung und Prüfung, um den Verwaltungsaufwand zu minimieren.

Ab dem 1. Januar 2025 stellen die Mitgliedstaaten sicher, dass jeder Luftfahrzeugbetreiber die Nicht-CO_2-Effekte jedes Luftfahrzeugs, das dieser in jedem Kalenderjahr betreibt, überwacht und der zuständigen Behörde nach Ablauf eines jeden Jahres gemäß den in Absatz 1 genannten Durchführungsrechtsakten berichtet.

Die Kommission legt ab 2026 im Rahmen des Berichts nach Artikel 10 Absatz 5 jährlich einen Bericht über die Ergebnisse der Anwendung des Überwachungs-, Berichterstattungs- und Prüfungsrahmens nach Unterabsatz 1 des vorliegenden Absatzes vor.

Auf der Grundlage der Ergebnisse der Anwendung des Überwachungs-, Berichterstattungs- und Prüfungsrahmens für Nicht-CO_2-Effekte aus dem Luftverkehr legt die Kommission bis zum 31. Dezember 2027 einen Bericht und, nach der Durchführung einer Folgenabschätzung, gegebenenfalls einen Legislativvorschlag vor, der dem Ziel dient, Nicht-CO_2-Effekte aus dem Luftverkehr durch eine Ausweitung des Anwendungsbereichs des EU-EHS auf Nicht-CO_2-Effekte aus dem Luftverkehr abzumildern.

(6) Die Kommission veröffentlicht spätestens drei Monate nach Ablauf der jeweiligen Berichterstattungsfrist in nutzerfreundlich aufbereiteter Weise mindestens die folgenden aggregierten jährlichen Emissionsdaten im Zusammenhang mit Luftverkehrstätigkeiten, die den Mitgliedstaaten gemeldet oder der Kommission gemäß der Durchführungsverordnung (EU) 2018/2066 der Kommission ([31]) und Artikel 7 der Delegierten Verordnung (EU) 2019/1603 der Kommission ([32]) übermittelt wurden:

a) je Flugplatzpaar innerhalb des EWR:
   i) Emissionen aus allen Flügen;
   ii) Gesamtzahl der Flüge;
   iii) Gesamtzahl der Fluggäste;
   iv) Luftfahrzeugtypen;
b) je Luftfahrzeugbetreiber:
   i) Daten über die Emissionen aus Flügen innerhalb des EWR, aus Flügen, die im EWR starten, aus Flügen, die im EWR landen, und aus Flügen zwischen zwei Drittländern, aufgeschlüsselt nach Staatenpaaren, sowie Daten über Emissionen, die der Verpflichtung zur Löschung von im Rahmen von CORSIA zulässigen Emissionseinheiten unterliegen;
   ii) Betrag der Kompensationspflichten, berechnet gemäß Artikel 12 Absatz 8;
   iii) Betrag und Art der Gutschriften gemäß Artikel 11a, die zur Erfüllung der Kompensationspflichten des Luftfahrzeugbetreibers gemäß Ziffer ii des vorliegenden Buchstabens verwendet wurden.
   iv) Menge und Kategorie der verwendeten Kraftstoffe, für die der Emissionsfaktor gemäß dieser Richtlinie null ist, oder die den Luftfahrzeugbetreiber berechtigen, Zertifikate gemäß Artikel 3c Absatz 6 zu erhalten.

In Bezug auf die Buchstaben a und b des vorliegenden Absatzes kann ein Luftfahrzeugbetreiber unter bestimmten Umständen, in denen er auf einer sehr begrenzten Zahl von Flugplatzpaaren oder in einer sehr begrenzten Zahl von Staatenpaaren tätig ist, die Kompensationspflichten unterliegen, oder auf einer sehr begrenzten Zahl von Staatenpaaren, für die keine Kompensationspflichten gelten, beantragen, dass der Verwaltungsmitgliedstaat diese Daten nicht auf der Ebene des Luftfahrzeugbetreibers veröffentlicht, wobei zu erläutern ist, warum die Offenlegung dem geschäftlichen Interesse des Luftfahrzeugbetreibers schaden würde. Auf der Grundlage dieses Antrags kann der Verwaltungsmitgliedstaat bei der Kommission beantragen, diese Daten auf einer höheren Aggregationsebene zu veröffentlichen. Über derartige Anträge entscheidet die Kommission.

Artikel 15
Prüfung und Akkreditierung

Die Mitgliedstaaten stellen sicher, dass die von den Betreibern und Luftfahrzeugbetreibern gemäß Artikel 14 Absatz 3 vorgelegten Berichte anhand der Kriterien des Anhangs V und etwaiger Durchführungsvorschriften, die die Kommission gemäß diesem Artikel erlassen hat, geprüft werden und die zuständige Behörde hiervon unterrichtet wird.

Die Mitgliedstaaten stellen sicher, dass ein Betreiber oder Luftfahrzeugbetreiber, dessen Bericht bis zum 31. März jeden Jahres in Bezug auf die Emissionen des Vorjahres nicht gemäß den Kriterien des Anhangs V und etwaiger Durchführungsvorschriften, die die Kommission gemäß diesem Artikel erlassen hat, als zufrieden stellend bewertet wurde, keine weiteren Zertifikate übertragen kann, bis ein Bericht dieses Betreibers oder Luftfahrzeugbetreibers als zufrieden stellend bewertet wurde.

Die Kommission erlässt Durchführungsrechtsakte über die Prüfung von Emissionsberichten auf Grundlage der in Anhang V genannten Grundsätze und über die Akkreditierung und Überwachung der Prüfstellen. Die Kommission kann ferner Durchführungsrechtakte über die Überprüfung der von Luftfahrzeugbetreibern gemäß Artikel 14 Absatz 3 vorgelegten Berichte und der gemäß den Artikeln 3e und 3f eingereichten Anträge erlassen, die auch die von den Prüfstellen anzuwendenden Prüfverfahren einschließen. Sie legt die Bedingungen für die Akkreditierung, den Entzug der Akkreditierung, die gegenseitige Anerkennung sowie gegebenenfalls für die gegenseitige Begutachtung („peer evaluation“) der Prüfstellen fest.

Diese Durchführungsrechtsakte werden gemäß dem in Artikel 22a Absatz 2 genannten Prüfverfahren erlassen.

Artikel 15a
Veröffentlichung von Informationen und Vertraulichkeit

Die Mitgliedstaaten und die Kommission stellen sicher, dass alle Entscheidungen und Berichte über die Menge und die Zuteilung der Zertifikate sowie über die Überwachung, Berichterstattung und Prüfung der Emissionen umgehend veröffentlicht werden, um einen ordentlichen und diskriminierungsfreien Zugang zu diesen Informationen zu gewährleisten.

Unter das Berufsgeheimnis fallende Informationen dürfen keinen anderen Personen und Stellen mitgeteilt werden, sofern dies nicht in den geltenden Rechts- und Verwaltungsvorschriften vorgesehen ist.

Artikel 16
Sanktionen

(1) Die Mitgliedstaaten legen Vorschriften über Sanktionen fest, die bei einem Verstoß gegen die gemäß dieser Richt-

[31] Durchführungsverordnung (EU) 2018/2066 der Kommission vom 19. Dezember 2018 über die Überwachung von und die Berichterstattung über Treibhausgasemissionen gemäß der Richtlinie 2003/87/EG des Europäischen Parlaments und des Rates und zur Änderung der Verordnung (EU) Nr. 601/2012 der Kommission (ABl. L 334 vom 31.12.2018, S. 1).

[32] Delegierte Verordnung (EU) 2019/1603 der Kommission vom 18. Juli 2019 zur Ergänzung der Richtlinie 2003/87/EG des Europäischen Parlaments und des Rates betreffend die von der Internationalen Zivilluftfahrt-Organisation angenommenen Maßnahmen für die Überwachung von, die Berichterstattung über und die Prüfung von Luftverkehrsemissionen für die Zwecke der Umsetzung eines globalen marktbasierten Mechanismus (ABl. L 250 vom 30.9.2019, S. 10).

linie erlassenen nationalen Vorschriften zu verhängen sind, und treffen die notwendigen Maßnahmen, um die Durchsetzung dieser Vorschriften zu gewährleisten. Die Sanktionen müssen wirksam, verhältnismäßig und abschreckend sein. Die Mitgliedstaaten teilen der Kommission diese Vorschriften mit und melden ihr spätere Änderungen unverzüglich.

(2) Die Mitgliedstaaten stellen sicher, dass die Namen der Betreiber, Luftfahrzeugbetreiber und Schifffahrtsunternehmen, die gegen die Verpflichtungen gemäß dieser Richtlinie zur Abgabe einer ausreichenden Anzahl von Zertifikaten verstoßen, veröffentlicht werden.

(3) Die Mitgliedstaaten stellen sicher, dass Betreibern oder Luftfahrzeugbetreibern, die nicht bis zum 30. September jeden Jahres eine ausreichende Anzahl von Zertifikaten zur Abdeckung ihrer Emissionen im Vorjahr abgeben, eine Sanktion wegen Emissionsüberschreitung auferlegt wird. Die Sanktion wegen Emissionsüberschreitung beträgt für jede ausgestoßene Tonne Kohlendioxidäquivalent, für die der Betreiber oder Luftfahrzeugbetreiber keine Zertifikate abgegeben hat, 100 EUR. Die Zahlung der Sanktion entbindet den Betreiber nicht von der Verpflichtung, Zertifikate in Höhe dieser Emissionsüberschreitung abzugeben, wenn er die Zertifikate für das folgende Kalenderjahr abgibt.

(3a) Die in Absatz 3 genannten Sanktionen gelten auch für Schifffahrtsunternehmen.

(4) Für ab dem 1. Januar 2013 vergebene Zertifikate erhöht sich die Sanktion wegen Emissionsüberschreitung entsprechend dem Europäischen Verbraucherpreisindex.

(5) Erfüllt ein Luftfahrzeugbetreiber die Vorschriften dieser Richtlinie nicht und konnte die Einhaltung der Vorschriften nicht durch sonstige Durchsetzungsmaßnahmen gewährleistet werden, so kann der betreffende Verwaltungsmitgliedstaat die Kommission ersuchen, eine Betriebsuntersagung für den betreffenden Luftfahrzeugbetreiber zu beschließen.

(6) Ein Ersuchen des Verwaltungsmitgliedstaats nach Absatz 5 beinhaltet

a) einen Nachweis, dass der Luftfahrzeugbetreiber seinen Verpflichtungen im Rahmen dieser Richtlinie nicht nachgekommen ist,
b) Angaben zu den Durchsetzungsmaßnahmen, die dieser Mitgliedstaat getroffen hat,
c) eine Begründung für die Verhängung einer Betriebsuntersagung auf Unionsebene und
d) eine Empfehlung für den Geltungsbereich einer Betriebsuntersagung auf Unionsebene und Auflagen, die zu erfüllen sind.

(7) Werden Ersuchen nach Absatz 5 an die Kommission gerichtet, so unterrichtet die Kommission die anderen Mitgliedstaaten über deren Vertreter im Ausschuss nach Artikel 23 Absatz 1 gemäß der Geschäftsordnung des Ausschusses.

(8) Vor einer Entscheidung über ein Ersuchen nach Absatz 5 erfolgen, sofern angezeigt und durchführbar, Konsultationen mit den Behörden, die für die Aufsicht über den betreffenden Luftfahrzeugbetreiber zuständig sind. Die Konsultationen erfolgen möglichst gemeinsam durch die Kommission und die Mitgliedstaaten.

(9) Prüft die Kommission, ob sie eine Entscheidung über ein Ersuchen nach Absatz 5 erlassen soll, so teilt sie dem betreffenden Luftfahrzeugbetreiber die wesentlichen Fakten und Erwägungen mit, die die Grundlage hierfür bilden. Dem betreffenden Luftfahrzeugbetreiber wird Gelegenheit gegeben, der Kommission innerhalb von 10 Arbeitstagen ab dem Datum der Mitteilung schriftlich Bemerkungen zu übermitteln.

(10) Auf Ersuchen eines Mitgliedstaats kann die Kommission nach dem in Artikel 22a Absatz 2 genannten Prüfverfahren eine Entscheidung über die Verhängung einer Betriebsuntersagung für den betreffenden Luftfahrzeugbetreiber treffen.

(11) Jeder Mitgliedstaat vollstreckt in seinem Hoheitsgebiet die gemäß Absatz 10 erlassenen Entscheidungen. Er informiert die Kommission über alle zur Durchführung der Entscheidung getroffenen Maßnahmen.

(11a) Gegen ein Schifffahrtsunternehmen, das in zwei oder mehr aufeinanderfolgenden Berichtszeiträumen die Abgabeverpflichtungen nicht erfüllt hat und bei dem die Erfüllung der Anforderungen nicht durch sonstige Durchsetzungsmaßnahmen gewährleistet werden konnte, kann die zuständige Behörde des Mitgliedstaats des Anlaufhafens, nachdem sie dem betreffenden Schifffahrtsunternehmen Gelegenheit zur Stellungnahme gegeben hat, eine Ausweisungsanordnung verhängen, von der sie die Kommission, die Europäische Agentur für die Sicherheit des Seeverkehrs (EMSA), die übrigen Mitgliedstaaten und den betreffenden Flaggenstaat in Kenntnis setzt. Als Folge einer solchen Ausweisungsanordnung verweigert jeder Mitgliedstaat mit Ausnahme des Mitgliedstaats, dessen Flagge das Schiff führt, den Schiffen unter der Verantwortung des betreffenden Schifffahrtsunternehmens das Anlaufen jedes seiner Häfen, bis das Schifffahrtsunternehmen seinen Abgabeverpflichtungen gemäß den Artikel 12 nachgekommen ist. Führt das Schiff die Flagge eines Mitgliedstaats und läuft einen seiner Häfen an oder ist in einem seiner Häfen anzutreffen, so hält der betreffende Mitgliedstaat, nachdem er dem betreffenden Schifffahrtsunternehmen Gelegenheit zur Stellungnahme gegeben hat, das Schiff fest, bis das Schifffahrtsunternehmen seinen Abgabeverpflichtungen nachkommt.

Wird ein Schiff eines Schifffahrtsunternehmens im Sinne von Unterabsatz 1, in einem der Häfen des betreffenden Mitgliedstaats, dessen Flagge das Schiff führt, angetroffen, so kann der betreffende Mitgliedstaat, nachdem er dem betreffenden Schifffahrtsunternehmen Gelegenheit zur Stellungnahme gegeben hat, eine Anordnung zur Festhaltung durch den Flaggenstaat erlassen, bis das Schifffahrtsunternehmen seinen Abgabeverpflichtungen nachkommt. Er setzt die Kommission, die EMSA und die übrigen Mitgliedstaaten davon in Kenntnis. Infolge des Erlasses einer solchen Festhaltung durch den Flaggenstaat trifft jeder Mitgliedstaat die gleichen Maßnahmen wie im Anschluss an eine Ausweisungsanordnung gemäß Unterabsatz 1 zweiter Satz.

Dieser Absatz berührt internationale Seeschifffahrtsvorschriften, die für Schiffe in Seenot gelten, nicht.

(12) Die Kommission erlässt Durchführungsrechtsakte mit genauen Bestimmungen für die in diesem Artikel genannten Verfahren. Diese Durchführungsrechtsakte werden gemäß dem in Artikel 22a Absatz 2 genannten Prüfverfahren erlassen.

Artikel 17
Zugang zu Informationen

Entscheidungen über die Zuteilung von Zertifikaten, Informationen über Projektmaßnahmen, an denen ein Mitgliedstaat teilnimmt oder an denen sich private oder öffentliche Stellen mit Genehmigung des Mitgliedstaats beteiligen, und die in der Genehmigung zur Emission von Treibhausgasen vorgeschriebenen Emissionsberichte, die von der zuständigen Stelle bereitgehalten werden, sind in Übereinstimmung mit der Richtlinie 2003/4/EG der Öffentlichkeit zugänglich zu machen.

Artikel 18
Zuständige Behörde

Die Mitgliedstaaten sorgen für die Schaffung des für die Durchführung dieser Richtlinie geeigneten verwaltungstechnischen Rahmens, einschließlich der Benennung der entsprechenden zuständigen Behörde(n). Wird mehr als eine zuständige Behörde benannt, so muss die Tätigkeit der betreffenden Behörden im Rahmen dieser Richtlinie koordiniert werden.

Die Mitgliedstaaten müssen insbesondere die Koordinierung zwischen der von ihnen benannten Anlaufstelle für die Genehmigung der Projektmaßnahmen, die nach Artikel 6 Absatz 1 Buchstabe a des Kyoto-Protokolls vorgeschlagen werden, und ihrer für die Umsetzung von Artikel 12 des Kyoto-Protokolls benannten zuständigen Stelle gewährleisten, die jeweils gemäß den im Rahmen des UNFCCC oder des Kyoto-Protokolls gefassten Beschlüssen bestimmt werden.

Artikel 18a
Verwaltungsmitgliedstaat

(1) Verwaltungsmitgliedstaat eines Luftfahrzeugbetreibers ist

a) im Falle eines Luftfahrzeugbetreibers mit einer von einem Mitgliedstaat gemäß der Verordnung (EWG) Nr. 2407/92 des Rates vom 23. Juli 1992 über die Erteilung von Betriebsgenehmigungen an Luftfahrtunternehmen ([33]) erteilten gültigen Betriebsgenehmigung der Mitgliedstaat, der die Betriebsgenehmigung für den betreffenden Luftfahrzeugbetreiber erteilt hat, und
b) in allen anderen Fällen der Mitgliedstaat mit dem höchsten Schätzwert für zugeordnete Luftverkehrsemissionen in Bezug auf Flüge, die der Luftfahrzeugbetreiber im Basisjahr durchführt.

(2) Werden dem Verwaltungsmitgliedstaat eines unter Absatz 1 Buchstabe b dieses Artikels fallenden Luftfahrzeugbetreibers in den ersten beiden Jahren einer Handelsperiode nach Artikel 13 keine der zugeordneten Luftverkehrsemissionen aus Flügen, die von diesem Luftfahrzeugbetreiber durchgeführt wurden, zugeordnet, so wird dieser Luftfahrzeugbetreiber für die nächste Handelsperiode einem anderen Verwaltungsmitgliedstaat übertragen. Neuer Verwaltungsmitgliedstaat ist der Mitgliedstaat mit dem höchsten Schätzwert für zugeordnete Luftverkehrsemissionen in Bezug auf Flüge, die der betreffende Luftfahrzeugbetreiber während der ersten beiden Jahre der vorhergehenden Handelsperiode durchgeführt hat.

(3) Auf der Grundlage der besten verfügbaren Informationen trifft die Kommission folgende Maßnahmen:

a) Sie veröffentlicht bis zum 1. Februar 2009 eine Liste der Luftfahrzeugbetreiber, die am oder nach dem 1. Januar 2006 einer Luftverkehrstätigkeit im Sinne des Anhangs I nachgegangen sind, mit Angabe des für die einzelnen Luftfahrzeugbetreiber zuständigen Verwaltungsmitgliedstaats gemäß Absatz 1; und
b) sie aktualisiert die Liste ab 2024 mindestens alle zwei Jahre zur Aufnahme der Luftfahrzeugbetreiber, die anschließend einer Luftverkehrstätigkeit im Sinne des Anhangs I nachgegangen sind; ist ein Luftfahrzeugbetreiber in den vier aufeinanderfolgenden Kalenderjahren vor der Aktualisierung der Liste keiner Luftverkehrstätigkeit im Sinne des Anhangs I nachgegangen, so wird dieser Luftfahrzeugbetreiber nicht in die Liste aufgenommen.

(4) Die Kommission kann nach dem in Artikel 22a Absatz 2 genannten Prüfverfahren Leitlinien in Bezug auf die Verwaltung von Luftfahrzeugbetreibern durch die Verwaltungsmitgliedstaaten gemäß dieser Richtlinie entwickeln.

(5) Für die Zwecke des Absatzes 1 gilt als „Basisjahr" in Bezug auf Luftfahrzeugbetreiber, die ihre Tätigkeit in der Union nach dem 1. Januar 2006 aufgenommen haben, das erste Kalenderjahr der Tätigkeit und in allen anderen Fällen das am 1. Januar 2006 beginnende Kalenderjahr.

Artikel 18b
Unterstützung durch die Kommission, die EMSA und andere einschlägige Organisationen

(1) Um ihren Verpflichtungen gemäß Artikel 3c Absatz 4 und den Artikeln 3g, 3gd, 3ge, 3gf, 3gg und 18a nachzukommen, können die Kommission, der Verwaltungsmitgliedstaat und die für ein Schifffahrtsunternehmen zuständigen Verwaltungsbehörden Unterstützung durch die EMSA oder eine andere einschlägige Organisation beantragen und zu diesem Zweck mit diesen Organisationen entsprechende Vereinbarungen treffen.

(2) Die Kommission bemüht sich mit Unterstützung der EMSA um die Entwicklung geeigneter Instrumente und um Leitlinien zur Erleichterung und Koordinierung der Prüf- und Durchsetzungstätigkeiten im Zusammenhang mit der Anwendung dieser Richtlinie auf den Seeverkehr. Soweit machbar, werden diese Leitlinien und Instrumente den Mitgliedstaaten und den Prüfstellen zum Zwecke des Informationsaustauschs zur Verfügung gestellt, um eine robuste Durchsetzung der nationalen Maßnahmen zur Umsetzung dieser Richtlinie besser sicherstellen zu können.

Artikel 19
Register

(1) Die ab dem 1. Januar 2012 vergebenen Zertifikate werden im Unionsregister zwecks Durchführung von Verfahren im Zusammenhang mit der Führung von im Mitgliedstaat eröffneten Konten und der Zuteilung, Abgabe und Löschung von Zertifikaten im Rahmen der in Absatz 3 genannten Rechtsakte der Kommission geführt.

Jeder Mitgliedstaat muss in der Lage sein, genehmigte Tätigkeiten im Rahmen des UNFCCC oder des Kyoto-Protokolls auszuführen.

(2) Jede Person kann Inhaber von Zertifikaten sein. Das Register ist der Öffentlichkeit zugänglich zu machen und in getrennte Konten aufzugliedern, um die Zertifikate der einzelnen Personen zu erfassen, an die und von denen Zertifikate vergeben oder übertragen werden.

(3) Der Kommission wird die Befugnis übertragen, zur Ergänzung dieser Richtlinie gemäß Artikel 23 delegierte Rechtsakte zu erlassen, die alle nötigen Anforderungen in Bezug auf das Unionsregister für die am 1. Januar 2013 beginnende Handelsperiode und die folgenden Handelsperioden in Form standardisierter elektronischer Datenbanken festlegen, die gemeinsame Datenelemente enthalten und dazu dienen, Vergabe, Besitz, Übertragung und gegebenenfalls Löschung von Zertifikaten zu verfolgen und den Zugang der Öffentlichkeit und die Vertraulichkeit in angemessener Weise zu gewährleisten. Diese delegierten Rechtsakte beinhalten auch Bestimmungen für das Inkraftsetzen von Regeln für die gegenseitige Anerkennung von Zertifikaten im Rahmen von Vereinbarungen zur Verknüpfung von Emissionshandelssystemen.

(4) Die Rechtsakte gemäß Absatz 3 enthalten geeignete Modalitäten, nach denen das Unionsregister die zur Durchführung der Vereinbarungen gemäß Artikel 25 Absatz 1b erforderlichen Transaktionen und sonstigen Vorgänge vornimmt. Diese Rechtsakte erfassen auch Prozesse für Änderungen und das Zwischenfallmanagement im Unionsregister in Bezug auf die in Absatz 1 des vorliegenden Artikels behandelten Aspekte. Diese Rechtsakte enthalten geeignete Modalitäten für das Unionsregister, damit sichergestellt wird, dass Initiativen der Mitgliedstaaten zur Effizienzsteigerung, zur Steuerung der Verwaltungskosten und zur Qualitätskontrolle möglich sind.

33 ABl. L 240 vom 24.8.1992, S. 1.

Artikel 20
Zentralverwalter

(1) Die Kommission benennt einen Zentralverwalter, um ein unabhängiges Transaktionsprotokoll über Vergabe, Übertragung und Löschung der Zertifikate zu führen.

(2) Der Zentralverwalter führt anhand des unabhängigen Transaktionsprotokolls eine automatisierte Kontrolle jeder Transaktion in den Registern durch, um sicherzustellen, dass keine Unregelmäßigkeiten bezüglich Vergabe, Übertragung und Löschung der Zertifikate vorliegen.

(3) Werden bei der automatisierten Kontrolle Unregelmäßigkeiten festgestellt, so unterrichtet der Zentralverwalter den bzw. die betreffenden Mitgliedstaaten, die die fraglichen Transaktionen oder weitere Transaktionen im Zusammenhang mit den betreffenden Zertifikaten nicht in das bzw. die Register eintragen, bis die Unregelmäßigkeiten beseitigt sind.

Artikel 21
Berichterstattung durch die Mitgliedstaaten

(1) Die Mitgliedstaaten legen der Kommission jedes Jahr einen Bericht über die Anwendung dieser Richtlinie vor. Besonders berücksichtigt werden in dem Bericht die Regelungen für die Zuteilung der Zertifikate, die Führung der Register, die Anwendung der Durchführungsmaßnahmen für die Überwachung und Berichterstattung, die Prüfung und die Akkreditierung sowie Fragen im Zusammenhang mit der Einhaltung dieser Richtlinie und der steuerlichen Behandlung der Zertifikate, falls zutreffend. Der erste Bericht ist der Kommission bis zum 30. Juni 2005 zu übermitteln. Der Bericht ist auf der Grundlage eines Fragebogens oder einer Vorlage zu erstellen, der bzw. die von der Kommission in Form von Durchführungsrechtsakten angenommen wurde. Diese Durchführungsrechtsakte werden gemäß dem in Artikel 22a Absatz 2 genannten Prüfverfahren erlassen. Der Fragebogen bzw. die Vorlage wird den Mitgliedstaaten spätestens sechs Monate vor Ablauf der Frist für die Übermittlung des ersten Berichts zugesandt.

(2) Auf der Grundlage der in Absatz 1 genannten Berichte veröffentlicht die Kommission binnen drei Monaten nach Eingang der Berichte aus den Mitgliedstaaten einen Bericht über die Anwendung dieser Richtlinie.

(3) Die Kommission trifft Vorkehrungen für einen Informationsaustausch zwischen den zuständigen Behörden der Mitgliedstaaten über Entwicklungen in Bezug auf die Zuteilung, die Nutzung von ERU und CER im Rahmen des EU-EHS, die Führung der Register, die Überwachung, Berichterstattung, Prüfung, Akkreditierung, Informationstechnologien und die Einhaltung der Vorschriften dieser Richtlinie.

(4) Alle drei Jahre werden in dem in Absatz 1 genannten Bericht auch die gleichwertigen Maßnahmen für kleine Anlagen, die vom EU-EHS ausgeschlossen sind, besonders berücksichtigt. Der Aspekt der gleichwertigen Maßnahmen für kleine Anlagen wird in den in Absatz 3 genannten Informationsaustausch einbezogen.

Artikel 21a
Unterstützung des Aufbaus von Kapazitäten

Gemäß dem UNFCCC, dem Kyoto-Protokoll und den zu ihrer Umsetzung getroffenen Entscheidungen bemühen sich die Kommission und die Mitgliedstaaten darum, den Aufbau von Kapazitäten in Entwicklungs- und in Transformationsländern auf eine Art und Weise zu unterstützen, die es ihnen ermöglicht, JI und CDM in vollem Umfang so zu nutzen, dass sie ihre Strategien für eine nachhaltige Entwicklung ergänzen und die Beteiligung von Einrichtungen bei der Entwicklung und Durchführung von JI- und CDM-Projektmaßnahmen erleichtert wird.

Artikel 22
Änderung der Anhänge

Der Kommission wird die Befugnis übertragen, gemäß Artikel 23 delegierte Rechtsakte zu erlassen, mit denen die Anhänge dieser Richtlinie mit Ausnahme der Anhänge I, IIa und IIb unter Berücksichtigung der in Artikel 21 vorgesehenen Berichte und der bei der Anwendung dieser Richtlinie gesammelten Erfahrungen gegebenenfalls geändert werden. Die Anhänge IV und V können geändert werden, um die Überwachung und Prüfung von Emissionen und die diesbezügliche Berichterstattung zu verbessern.

Artikel 22a
Ausschussverfahren

(1) Die Kommission wird von dem Ausschuss für Klimaänderung unterstützt, der mit Artikel 26 der Rechtsakten (EU) Nr. 525/2013 des Europäischen Parlaments und des Rates ([34]) eingesetzt wurde. Dieser Ausschuss ist ein Ausschuss im Sinne der Rechtsakten (EU) Nr. 182/2011 des Europäischen Parlaments und des Rates ([35]).

(2) Wird auf diesen Absatz Bezug genommen, so gilt Artikel 5 der Rechtsakten (EU) Nr. 182/2011.

Gibt der Ausschuss keine Stellungnahme ab, so erlässt die Kommission den Durchführungsrechtsakt nicht und Artikel 5 Absatz 4 Unterabsatz 3 der Rechtsakten (EU) Nr. 182/2011 findet Anwendung.

Artikel 23
Ausübung der Befugnisübertragung

(1) Die Befugnis zum Erlass delegierter Rechtsakte wird der Kommission unter den in diesem Artikel festgelegten Bedingungen übertragen.

(2) Die Befugnis zum Erlass delegierter Rechtsakte gemäß Artikel 3c Absatz 6, Artikel 3d Absatz 3, Artikel 10 Absatz 4, Artikel 10a Absätze 1, 8 und 8a, Artikel 10b Absatz 5, Artikel 12 Absatz 3b, Artikel 19 Absatz 3, Artikel 22, Artikel 24 Absatz 3, Artikel 24a Absatz 1, Artikel 25a Absatz 1, Artikel 28c und Artikel 30j Absatz 1 wird der Kommission auf unbestimmte Zeit ab dem 8. April 2018 übertragen.

(3) Die Befugnisübertragung gemäß Artikel 3c Absatz 6, Artikel 3d Absatz 3, Artikel 10 Absatz 4, Artikel 10a Absätze 1, 8 und 8a, Artikel 10b Absatz 5, Artikel 12 Absatz 3b, Artikel 19 Absatz 3, Artikel 22, Artikel 24 Absatz 3, Artikel 24a Absatz 1, Artikel 25a Absatz 1, Artikel 28c und Artikel 30j Absatz 1 kann vom Europäischen Parlament oder vom Rat jederzeit widerrufen werden. Der Beschluss über den Widerruf beendet die Übertragung der in diesem Beschluss angegebenen Befugnis. Er wird am Tag nach seiner Veröffentlichung im Amtsblatt der Europäischen Union oder zu einem im Beschluss über den Widerruf angegebenen späteren Zeitpunkt wirksam. Die Gültigkeit von delegierten Rechtsak-

---

[34] Rechtsakten (EU) Nr. 525/2013 des Europäischen Parlaments und des Rates vom 21. Mai 2013 über ein System für die Überwachung von Treibhausgasemissionen sowie für die Berichterstattung über diese Emissionen und über andere klimaschutzrelevante Informationen auf Ebene der Mitgliedstaaten und der Union und zur Aufhebung der Entscheidung Nr. 280/2004/EG (ABl. L 165 vom 18.6.2013, S. 13).

[35] Rechtsakten (EU) Nr. 182/2011 des Europäischen Parlaments und des Rates vom 16. Februar 2011 zur Festlegung der allgemeinen Regeln und Grundsätze, nach denen die Mitgliedstaaten die Wahrnehmung der Durchführungsbefugnisse durch die Kommission kontrollieren (ABl. L 55 vom 28.2.2011, S. 13).

ten, die bereits in Kraft sind, wird von dem Beschluss über den Widerruf nicht berührt.

(4) Vor dem Erlass eines delegierten Rechtsakts konsultiert die Kommission die von den einzelnen Mitgliedstaaten benannten Sachverständigen, im Einklang mit den in der Interinstitutionellen Vereinbarung vom 13. April 2016 über bessere Rechtsetzung ([36]) enthaltenen Grundsätzen.

(5) Sobald die Kommission einen delegierten Rechtsakt erlässt, übermittelt sie ihn gleichzeitig dem Europäischen Parlament und dem Rat.

(6) Ein delegierter Rechtsakt, der gemäß Artikel 3c Absatz 6, Artikel 3d Absatz 3, Artikel 10 Absatz 4, Artikel 10a Absatz 1, 8 oder 8a, Artikel 10b Absatz 5, Artikel 12 Absatz 3b, Artikel 19 Absatz 3, Artikel 22, Artikel 24 Absatz 3, Artikel 24a Absatz 1, Artikel 25a Absatz 1, Artikel 28c oder Artikel 30j Absatz 1 erlassen wurde, tritt nur in Kraft, wenn weder das Europäische Parlament noch der Rat innerhalb einer Frist von zwei Monaten nach Übermittlung dieses Rechtsakts an das Europäisches Parlament und den Rat Einwände erhoben haben oder wenn vor Ablauf dieser Frist das Europäische Parlament und der Rat beide der Kommission mitgeteilt haben, dass sie keine Einwände erheben werden. Auf Initiative des Europäischen Parlaments oder des Rates wird diese Frist um zwei Monate verlängert.

Artikel 24
Verfahren für die einseitige Einbeziehung zusätzlicher Tätigkeiten und Gase

(1) Ab 2008 können die Mitgliedstaaten den Handel mit Emissionszertifikaten gemäß dieser Richtlinie auf nicht in Anhang I genannte Tätigkeiten und Treibhausgase ausweiten, soweit alle einschlägigen Kriterien, insbesondere die Auswirkungen auf den Binnenmarkt, mögliche Wettbewerbsverzerrungen, die Umweltwirksamkeit des EU-EHS und die Zuverlässigkeit des vorgesehenen Überwachungs- und Berichterstattungsverfahrens, berücksichtigt werden und sofern die Einbeziehung solcher Tätigkeiten und Treibhausgase von der Kommission gemäß delegierten Rechtsakten gebilligt wird, für deren Erlass der Kommission gemäß Artikel 23 die Befugnis übertragen wird.

(2) Genehmigt die Kommission die Einbeziehung zusätzlicher Tätigkeiten und Gase, so kann sie gleichzeitig die Vergabe zusätzlicher Zertifikate gestatten und anderen Mitgliedstaaten die Einbeziehung solcher Tätigkeiten und Gase genehmigen.

(3) Auf Initiative der Kommission oder auf Ersuchen eines Mitgliedstaats können Rechtsakte über die Überwachung von und Berichterstattung über Emissionen aus Tätigkeiten und Anlagen und Treibhausgase, die in Anhang I nicht in Kombination miteinander aufgeführt sind, erlassen werden, wenn die betreffende Überwachung und Berichterstattung mit ausreichender Genauigkeit erfolgen kann.

Der Kommission wird die Befugnis übertragen, zur Ergänzung dieser Richtlinie in diesem Sinne gemäß Artikel 23 delegierte Rechtsakte zu erlassen.

Artikel 24a
Harmonisierte Vorschriften für Projekte zur Emissionsminderung

(1) Zusätzlich zu der in Artikel 24 vorgesehenen Einbeziehung kann die Kommission Maßnahmen für die Vergabe von Zertifikaten oder Gutschriften in Bezug auf Projekte erlassen, die von Mitgliedstaaten verwaltet werden und Reduzierungen von Treibhausgasemissionen bewirken, die nicht vom EU-EHS erfasst werden.

Diese Maßnahmen sind mit Rechtsakten, die gemäß dem vor dem 8. April 2018 geltenden vormaligen Artikel 11b Absatz 7 erlassen wurden, vereinbar. Der Kommission wird die Befugnis übertragen, zur Ergänzung dieser Richtlinie gemäß Artikel 23 delegierte Rechtsakte zu erlassen, die das zu befolgende Verfahren festlegen.

Solche Maßnahmen dürfen nicht zur doppelten Anrechnung von Emissionsminderungen führen und der Durchführung anderer politischer Maßnahmen zur Verringerung von nicht unter das EU-EHS fallenden Emissionen nicht im Wege stehen. Es werden nur dann Maßnahmen erlassen, wenn eine Einbeziehung gemäß Artikel 24 nicht möglich ist, und bei der nächsten Überprüfung des EU-EHS wird untersucht, ob die Erfassung dieser Emissionen unionsweit harmonisiert werden kann.

(3) Die Mitgliedstaaten können die Vergabe von Zertifikaten oder Gutschriften in Bezug auf bestimmte Arten von Projekten ablehnen, die in ihrem Hoheitsgebiet Treibhausgasemissionen reduzieren.

Solche Projekte werden auf der Grundlage der Zustimmung des Mitgliedstaats durchgeführt, in dem dieses Projekt stattfindet.

Artikel 25
Verknüpfung mit anderen Systemen für den Handel mit Treibhausgasemissionen

(1) Mit den in Anhang B des Kyoto-Protokolls aufgeführten Drittländern, die das Protokoll ratifiziert haben, sollten im Hinblick auf die gegenseitige Anerkennung der Zertifikate, die im Rahmen des EU-EHS und anderer Systeme für den Handel mit Treibhausgasemissionen erteilt wurden, gemäß Artikel 300 des Vertrags Abkommen geschlossen werden.

(1a) Es können Abkommen geschlossen werden, die die gegenseitige Anerkennung von Zertifikaten im Rahmen des EU-EHS und von Zertifikaten vorsehen, die im Rahmen anderer kompatibler verbindlicher Handelssysteme für Treibhausgasemissionen mit absoluten Emissionsobergrenzen vergeben werden, die in Drittländern oder in subföderalen oder regionalen Verwaltungseinheiten bestehen.

(1b) Mit Drittländern oder subföderalen oder regionalen Verwaltungseinheiten können nicht bindende Vereinbarungen getroffen werden, um eine administrative und technische Koordinierung in Bezug auf Zertifikate im Rahmen des EU-EHS oder anderer verbindlicher Handelssysteme für Treibhausgasemissionen mit absoluten Emissionsobergrenzen vorzusehen.

Artikel 25a
Drittlandvorschriften zur Reduzierung der Klimaauswirkungen des Luftverkehrs

(1) Erlässt ein Drittland Maßnahmen zur Reduzierung der Klimaauswirkungen von Flügen, die in seinem Hoheitsgebiet starten und in der Union enden, so prüft die Kommission nach Konsultation dieses Drittlands und der Mitgliedstaaten in dem Ausschuss gemäß Artikel 22a, welche Möglichkeiten zur Verfügung stehen, um eine optimale Wechselwirkung zwischen dem EU-EHS und den Maßnahmen des Drittlandes zu erreichen.

Der Kommission wird die Befugnis übertragen, gemäß Artikel 23 delegierte Rechtsakte zur Änderung des Anhangs I dieser Richtlinie zu erlassen, um Flüge aus dem betreffenden Drittland von den Luftverkehrstätigkeiten gemäß Anhang I auszuschließen oder um sonstige aufgrund eines nach Artikel 218 des Vertrags über die Arbeitsweise der Europäischen

[36] ABl. L 123 vom 12.5.2016, S. 1.

Union geschlossenen Abkommens erforderliche Änderungen in Bezug auf die Luftverkehrstätigkeiten gemäß Anhang I, mit Ausnahme des Geltungsbereichs, vorzunehmen.

Die Kommission kann dem Europäischen Parlament und dem Rat sonstige Änderungen an dieser Richtlinie vorschlagen.

Die Kommission kann dem Rat gegebenenfalls auch Empfehlungen nach Artikel 300 Absatz 1 des Vertrags unterbreiten, um Verhandlungen im Hinblick auf den Abschluss eines Abkommens mit dem betreffenden Drittland aufzunehmen.

(2) Die Union und die Mitgliedstaaten streben weiterhin Vereinbarungen über globale Maßnahmen zur Verringerung der Treibhausgasemissionen aus dem Luftverkehr im Einklang mit den Zielvorgaben der Verordnung (EU) 2021/1119 und des Übereinkommens von Paris an. Liegen solche Vereinbarungen vor, so prüft die Kommission, ob diese Richtlinie, soweit sie auf Luftfahrzeugbetreiber Anwendung findet, geändert werden muss.

(3) Die Kommission erlässt einen Durchführungsrechtsakt mit einer Liste von Staaten (ohne EWR-Länder, die Schweiz und das Vereinigte Königreich), bei denen davon ausgegangen wird, dass sie für die Zwecke dieser Richtlinie CORSIA anwenden, mit dem Jahr 2019 als Referenzjahr für die Jahre 2021 bis 2023 und einem Referenzwert von 85 % der Emissionen des Jahres 2019 für jedes Jahr ab dem Jahr 2024. Dieser Durchführungsrechtsakt wird gemäß dem in Artikel 22a Absatz 2 genannten Prüfverfahren erlassen.

(4) In Bezug auf Emissionen, die bis zum 31. Dezember 2026 bei Flügen in oder aus Staaten, die in dem nach Absatz 3 des vorliegenden Artikels erlassenen Durchführungsrechtsakt aufgeführt sind, entstehen, sind Luftfahrzeugbetreiber nicht verpflichtet, gemäß Artikel 12 Absatz 3 Zertifikate für diese Emissionen abzugeben.

(5) In Bezug auf Emissionen, die bis zum 31. Dezember 2026 bei Flügen zwischen dem EWR und Staaten entstehen, die nicht in dem nach Absatz 3 des vorliegenden Artikels erlassenen Durchführungsrechtsakt aufgeführt sind, ausgenommen Flüge in die Schweiz und das Vereinigte Königreich, sind Luftfahrzeugbetreiber nicht verpflichtet, gemäß Artikel 12 Absatz 3 Zertifikate für diese Emissionen abzugeben.

(6) In Bezug auf Emissionen aus Flügen in die und aus den am wenigsten entwickelten Ländern und kleinen Inselentwicklungsstaaten im Sinne der Definition der Vereinten Nationen, mit Ausnahme derjenigen, die in dem nach Absatz 3 des vorliegenden Artikels erlassenen Durchführungsrechtsakt aufgeführt sind, und Staaten, deren Pro-Kopf-BIP dem Unionsdurchschnitt entspricht oder diesen übersteigt, sind Luftfahrzeugbetreiber nicht verpflichtet, gemäß Artikel 12 Absatz 3 Zertifikate für diese Emissionen abzugeben.

(7) Stellt die Kommission fest, dass eine erhebliche Wettbewerbsverzerrung – beispielsweise eine Wettbewerbsverzerrung durch ein Drittland, das in seinem innerstaatlichen Recht CORSIA weniger streng anwendet oder CORSIA nicht bei allen Luftfahrzeugbetreibern in gleicher Weise durchsetzt – zum Nachteil von Luftfahrzeugbetreibern vorliegt, die Inhaber eines von einem Mitgliedstaat ausgestellten Luftverkehrsbetreiberzeugnisses sind oder in einem Mitgliedstaat, einschließlich der Gebiete in äußerster Randlage sowie der überseeischen Gebiete und Schutzgebiete dieses Mitgliedstaats, registriert sind, erlässt sie Durchführungsrechtsakte, um diese Luftfahrzeugbetreiber von den Kompensationspflichten nach Artikel 12 Absatz 9 in Bezug auf Emissionen aus Flügen in und aus solchen Staaten zu befreien. Diese Durchführungsrechtsakte werden gemäß dem in Artikel 22a Absatz 2 genannten Prüfverfahren erlassen.

(8) Führen Luftfahrzeugbetreiber, die Inhaber eines von einem Mitgliedstaat ausgestellten Luftverkehrsbetreiberzeugnisses sind oder in einem Mitgliedstaat, einschließlich der Gebiete in äußerster Randlage sowie der überseeischen Gebiete und Schutzgebiete dieses Mitgliedstaats, registriert sind, Flüge zwischen zwei verschiedenen Staaten durch, die in dem nach Absatz 3 des vorliegenden Artikels erlassenen Durchführungsrechtsakt aufgeführt sind, einschließlich Flügen zwischen der Schweiz, dem Vereinigten Königreich und den in dem nach Absatz 3 dieses Artikels erlassenen Durchführungsrechtsakt aufgeführten Staaten, und gestatten diese Staaten es ihnen, andere Einheiten als diejenigen in der nach Artikel 11a Absatz 8 angenommenen Liste zu verwenden, so ist die Kommission befugt, Durchführungsrechtsakte zu erlassen, auf deren Grundlage es diesen Luftfahrzeugbetreibern gestattet wird, zusätzlich zu den in jener Liste genannten Einheiten weitere Arten von Einheiten zu nutzen oder die in Artikel 11a Absätze 2 und 3 festgelegten Bedingungen im Hinblick auf die Emissionen aus diesen Flügen nicht einzuhalten. Diese Durchführungsrechtsakte werden gemäß dem in Artikel 22a Absatz 2 genannten Prüfverfahren erlassen.

Artikel 26
Änderung der Richtlinie 96/61/EG

[…]

Artikel 27
Ausschluss kleiner Anlagen vorbehaltlich der Durchführung gleichwertiger Maßnahmen

(1) Die Mitgliedstaaten können nach Konsultation des Betreibers Anlagen, die der zuständigen Behörde in jedem der drei Jahre, die der Mitteilung gemäß Buchstabe a vorangehen, Emissionen von weniger als 25 000 t CO_2-Äquivalent (ohne Emissionen aus Biomasse) gemeldet haben und – wenn Verbrennungstätigkeiten durchgeführt werden – eine Feuerungswärmeleistung von weniger als 35 MW haben und für die Maßnahmen gelten, mit denen ein gleichwertiger Beitrag zur Emissionsminderung erreicht wird, aus dem EU-EHS ausschließen, wenn der betreffende Mitgliedstaat die folgenden Bedingungen erfüllt:

a) Er teilt der Kommission jede dieser Anlagen mit, unter Angabe der bestehenden gleichwertigen Maßnahmen, die auf diese Anlage Anwendung finden, mit denen ein gleichwertiger Beitrag zur Emissionsminderung erreicht wird, bevor das Verzeichnis der Anlagen gemäß Artikel 11 Absatz 1 vorgelegt werden muss und spätestens wenn diese Liste der Kommission vorgelegt wird;

b) er bestätigt, dass durch Überwachungsvorkehrungen geprüft wird, ob eine Anlage in einem Kalenderjahr 25 000 t CO_2-Äquivalent oder mehr (ohne Emissionen aus Biomasse) emittiert; die Mitgliedstaaten können für Anlagen mit durchschnittlichen geprüften jährlichen Emissionen zwischen 2008 und 2010 von weniger als 5 000 t pro Jahr gemäß Artikel 14 vereinfachte Maßnahmen zur Überwachung, Berichterstattung und Prüfung zulassen;

c) er bestätigt – für den Fall, dass eine Anlage in einem Kalenderjahr 25 000 t CO_2-Äquivalent oder mehr (ohne Emissionen aus Biomasse) emittiert oder die Maßnahmen, die auf diese Anlage Anwendung finden, mit denen ein gleichwertiger Beitrag zur Emissionsminderung erreicht wird, nicht mehr in Kraft sind –, dass die betreffende Anlage wieder in das EU-EHS einbezogen wird;

d) er veröffentlicht die Informationen gemäß den Buchstaben a, b und c, damit die Öffentlichkeit Stellung nehmen kann.

Krankenhäuser können ebenfalls ausgenommen werden, wenn sie gleichwertige Maßnahmen ergreifen.

(2) Wenn die Kommission innerhalb von sechs Monaten nach Ablauf einer Dreimonatsfrist ab dem Tag, an dem die Mitteilung zur Stellungnahme der Öffentlichkeit erfolgt ist, keine Einwände erhebt, so gilt die Ausnahme als angenommen.

Nach der Abgabe von Zertifikaten für den Zeitraum, in dem die Anlage in das EU-EHS einbezogen war, wird die betreffende Anlage aus dem System ausgeschlossen, und der Mitgliedstaat vergibt für sie keine weiteren kostenlosen Zertifikate gemäß Artikel 10a.

(3) Wenn eine Anlage gemäß Absatz 1 Buchstabe c wieder in das EU-EHS einbezogen wird, werden die gemäß Artikel 10a vergebenen Zertifikate mit dem Jahr der Wiedereinbeziehung wieder zugeteilt. Die für diese Anlagen vergebenen Zertifikate werden von der Menge abgezogen, die von dem Mitgliedstaat, in dem sich die Anlage befindet, gemäß Artikel 10 Absatz 2 versteigert wird.

Diese Anlagen verbleiben für den Rest des in Artikel 11 Absatz 1 genannten Zeitraums, in dem sie wieder einbezogen wurden, im EU-EHS.

(4) Für Anlagen, die im Zeitraum von 2008 bis 2012 nicht in das EU-EHS einbezogen waren, können im Hinblick auf die Festlegung der Emissionen in den drei Jahren, die der Mitteilung gemäß Absatz 1 Buchstabe a vorhergehen, vereinfachte Anforderungen für die Überwachung, Berichterstattung und Prüfung angewendet werden.

Artikel 27a
Optionaler Ausschluss von Anlagen mit Emissionen von weniger als 2 500 Tonnen

(1) Die Mitgliedstaaten können Anlagen, die der zuständigen Behörde des betreffenden Mitgliedstaats in jedem der drei Jahre, die der Mitteilung gemäß Buchstabe a vorangehen, Emissionen von weniger als 2 500 t CO_2-Äquivalent (ohne Emissionen aus Biomasse) gemeldet haben, aus dem EU-EHS ausschließen, wenn der betreffende Mitgliedstaat:

a) der Kommission jede dieser Anlagen mitteilt, bevor das Verzeichnis der Anlagen gemäß Artikel 11 Absatz 1 vorgelegt werden muss und spätestens wenn dieses Verzeichnis der Kommission vorgelegt wird;
b) bestätigt, dass durch vereinfachte Überwachungsvorkehrungen geprüft wird, ob eine Anlage in einem Kalenderjahr 2 500 t CO_2-Äquivalent oder mehr (ohne Emissionen aus Biomasse) emittiert;
c) bestätigt für den Fall, dass eine Anlage in einem Kalenderjahr 2 500 t CO_2-Äquivalent oder mehr (ohne Emissionen aus Biomasse) emittiert, dass die betreffende Anlage wieder in das EU-EHS einbezogen wird; und
d) die Informationen gemäß den Buchstaben a, b und c der Öffentlichkeit zugänglich macht.

(2) Wenn eine Anlage gemäß Absatz 1 Buchstabe c dieses Artikels wieder in das EU-EHS einbezogen wird, werden die gemäß Artikel 10a zugeteilten Zertifikate beginnend mit dem Jahr der Wiedereinbeziehung zugeteilt. Die für die Anlage zugeteilten Zertifikate werden von der Menge abgezogen, die von dem Mitgliedstaat, in dem sich die Anlage befindet, gemäß Artikel 10 Absatz 2 versteigert wird.

(3) Die Mitgliedstaten können unter den in den Absätzen 1 und 2 genannten Bedingungen auch Reserve- oder Ersatzeinheiten, die weniger als 300 Stunden in jedem der drei Jahre, die der Mitteilung gemäß Absatz 1 Buchstabe a vorangegangen sind, in Betrieb waren, vom EU-EHS ausschließen.

Artikel 28
Anpassungen nach Genehmigung eines internationalen Abkommens über den Klimawandel durch die Union

(1) Innerhalb von drei Monaten nach der Unterzeichnung eines internationalen Abkommens über den Klimawandel durch die Union, das verbindliche Reduktionen von Treibhausgasemissionen bis 2020 von über 20 % gegenüber dem Niveau von 1990 vorsieht – was der auf der Tagung des Europäischen Rates vom März 2007 unterstützten Verpflichtung zur Reduzierung um 30 % entspricht – legt die Kommission einen Bericht vor, in dem insbesondere folgende Aspekte bewertet werden:

a) die Art der im Rahmen der internationalen Verhandlungen vereinbarten Maßnahmen sowie die Verpflichtungen anderer Industrieländer zu Emissionsreduktionen, die denen der Union vergleichbar sind, sowie die Verpflichtungen wirtschaftlich weiter fortgeschrittener Entwicklungsländer zu einem angemessenen Beitrag entsprechend ihrer Verantwortung und ihren jeweiligen Fähigkeiten;
b) die Auswirkungen des internationalen Abkommens über den Klimawandel und folglich Optionen, die auf Unionsebene erforderlich sind, um das ehrgeizigere Reduktionsziel von 30 % in ausgewogener, transparenter und gerechter Weise zu erreichen, wobei die im Rahmen des ersten Verpflichtungszeitraum des Kyoto-Protokolls geleistete Arbeit zu berücksichtigen ist;
c) die Wettbewerbsfähigkeit der verarbeitenden Industrie in der Union im Zusammenhang mit den Risiken der Verlagerung von CO_2-Emissionen;
d) die Auswirkung des internationalen Abkommens über den Klimawandel auf andere Wirtschaftszweige in der Union ;
e) die Auswirkungen auf den Agrarsektor in der Union einschließlich des Risikos einer Verlagerung von CO_2-Emissionen;
f) die Modalitäten für die Einbeziehung von Emissionen und Kohlenstoffspeicherung im Zusammenhang mit Landnutzung, Landnutzungsänderung und Forstwirtschaft in der Union ;
g) die Aufforstung, die Wiederaufforstung sowie die Vermeidung von Entwaldung und Waldschädigung in Drittstaaten im Fall der Einführung eines international anerkannten Systems in diesem Zusammenhang;
h) die Notwendigkeit zusätzlicher Unionsstrategien und -maßnahmen zur Einhaltung der Verpflichtungen der Union und der Mitgliedstaaten zu Treibhausgasreduktionen.

(2) Auf der Grundlage des Berichts gemäß Absatz 1 unterbreitet die Kommission gegebenenfalls dem Europäischen Parlament und dem Rat einen Legislativvorschlag zur Änderung der vorliegenden Richtlinie gemäß Absatz 1 im Hinblick auf das Inkrafttreten der Änderungsrichtlinie nach der Genehmigung des internationalen Abkommens über den Klimawandel durch die Union und im Hinblick auf die im Rahmen dieses Abkommens zu erfüllende Verpflichtung zu Emissionsreduktionen.

Der Vorschlag stützt sich auf die Grundsätze Transparenz, Wirtschaftlichkeit und Kosteneffizienz sowie Fairness und Solidarität bei der Lastenverteilung auf die Mitgliedstaaten.

(3) Der Vorschlag ermöglicht den Betreibern, zusätzlich zu den Gutschriften gemäß dieser Richtlinie gegebenenfalls CER, ERU oder sonstige genehmigte Gutschriften aus Drittländern, die das internationale Abkommen über den Klimawandel ratifiziert haben, zu nutzen.

(4) Der Vorschlag schließt ferner gegebenenfalls weitere Maßnahmen ein, die erforderlich sind, um die verbindlichen Reduktionen gemäß Absatz 1 auf transparente, ausgewogene und gerechte Art und Weise zu erreichen, und insbesondere Durchführungsmaßnahmen, die es den Betreibern gestatten, gegebenenfalls im Rahmen des EU-EHS zusätzlich zu den in Artikel 11a Absätze 2 bis 5 genannten weitere Projektgutschriften zu verwenden oder andere im Rahmen des internationalen Abkommens über den Klimawandel geschaffene Mechanismen zu nutzen.

(5) Der Vorschlag enthält geeignete Übergangsmaßnahmen und aufschiebende Maßnahmen für die Zeit vor dem Inkrafttreten des internationalen Abkommens.

Artikel 28a
Vor der verpflichtenden Umsetzung des globalen marktbasierten Mechanismus der ICAO geltende Ausnahmen

(1) Abweichend von Artikel 12 Absatz 3, Artikel 14 Absatz 3 und Artikel 16 betrachten die Mitgliedstaaten die in diesen Vorschriften vorgesehenen Anforderungen als erfüllt und ergreifen gegen Luftfahrzeugbetreiber keine Maßnahmen in Bezug auf

a) alle Emissionen aus Flügen von und nach Flugplätzen in Staaten außerhalb des EWR mit Ausnahme von Flügen nach Flugplätzen im Vereinigten Königreich oder in der Schweiz, in jedem Kalenderjahr ab dem 1. Januar 2021 bis zum 31. Dezember 2026, vorbehaltlich der Überprüfung gemäß Artikel 28b;

b) alle Emissionen aus Flügen zwischen einem Flugplatz in einem Gebiet in äußerster Randlage im Sinne des Artikels 349 AEUV und einem Flugplatz in einem anderen Gebiet des EWR in jedem Kalenderjahr ab dem 1. Januar 2013 bis zum 31. Dezember 2023, vorbehaltlich der Überprüfung gemäß Artikel 28b.

Für die Zwecke der Artikel 11a, 12 und 14 gelten die geprüften Emissionen aus nicht in Unterabsatz 1 dieses Absatzes genannten Flügen als die geprüften Emissionen des Luftfahrzeugbetreibers.

(2) Abweichend von Artikel 3d Absatz 3 wird die Menge der von jedem Mitgliedstaat für den Zeitraum vom 1. Januar 2013 bis zum 31. Dezember 2026 zu versteigernden Zertifikate verringert, damit sie dem Anteil der zugeordneten Luftverkehrsemissionen für Flüge entsprechen, die nicht unter die Ausnahmen gemäß Absatz 1 Buchstaben a und b des vorliegenden Artikels fallen.

(3) Abweichend von Artikel 3g müssen Luftfahrzeugbetreiber für Flüge, die unter die Ausnahmen gemäß Absatz 1 Buchstaben a und b des vorliegenden Artikels fallen, keine Überwachungspläne, in denen Maßnahmen zur Überwachung und Berichterstattung hinsichtlich Emissionen enthalten sind, übermitteln.

(4) Betragen die jährlichen Gesamtemissionen eines Luftfahrzeugbetreibers weniger als 25 000 Tonnen CO_2 oder betragen die jährlichen Gesamtemissionen eines Luftfahrzeugbetreibers aus nicht in Absatz 1 Buchstaben a und b des vorliegenden Artikels genannten Flügen weniger als 3 000 Tonnen CO_2, so werden seine Emissionen abweichend von den Artikeln 3g, 12, 15 und 18a als geprüfte Emissionen erachtet, wenn sie mit dem Instrument für Kleinemittenten ermittelt wurden, das gemäß der Verordnung (EU) Nr. 606/2010 der Kommission ([37]) zulässig ist und von Eurocontrol mit Daten aus seiner Unterstützungseinrichtung für das Emissionshandelssystem aufgefüllt wurde. Die Mitgliedstaaten dürfen auf nichtgewerbliche Luftfahrzeugbetreiber vereinfachte Verfahren anwenden, solange solche Verfahren nicht weniger genau als das Instrument für Kleinemittenten sind.

(5) Für Länder, mit denen ein Abkommen gemäß Artikel 25 oder 25a geschlossen wurde, gilt Absatz 1 des vorliegenden Artikels lediglich im Einklang mit den Bedingungen dieses Abkommens.

[37] Verordnung (EU) Nr. 606/2010 der Kommission vom 9. Juli 2010 zur Genehmigung eines von der Europäischen Organisation für Flugsicherung (Eurocontrol) entwickelten vereinfachten Instruments zur Schätzung des Treibstoffverbrauchs bestimmter Luftfahrzeugbetreiber, die Kleinemittenten sind (ABl. L 175 vom 10.7.2010, S. 25).

Artikel 28b
Berichterstattung durch die Kommission über die Umsetzung des globalen marktbasierten Mechanismus der ICAO und ihre Überprüfung durch die Kommission

(1) Die Kommission erstattet dem Europäischen Parlament und dem Rat vor dem 1. Januar 2027 und danach alle drei Jahre Bericht über die Fortschritte bei den Verhandlungen in der ICAO über die Umsetzung des ab 2021 für Emissionen geltenden globalen marktbasierten Mechanismus, insbesondere im Hinblick auf

a) die einschlägigen Instrumente der ICAO, einschließlich Richtlinien und Empfehlungen, sowie die Fortschritte bei der Umsetzung aller Bestandteile des Maßnahmenkatalogs der ICAO zur Erreichung des langfristig global angestrebten Ziels, das auf der 41. ICAO-Versammlung angenommen wurde,

b) die vom ICAO-Rat gebilligten Empfehlungen von Bedeutung für den globalen marktbasierten Mechanismus, einschließlich etwaiger Änderungen in Bezug auf die Referenzjahre,

c) die Einrichtung eines weltweiten Registers,

d) die nationalen Maßnahmen, die Drittländer ergriffen haben, damit der ab 2021 für Emissionen geltende globale marktbasierte Mechanismus umgesetzt wird,

e) das Ausmaß der Beteiligung an der Kompensation im Rahmen von CORSIA seitens Drittländern, einschließlich der Auswirkungen ihrer Vorbehalte in Bezug auf diese Beteiligung, und

f) andere wichtige internationale Entwicklungen und anwendbare Instrumente sowie die Fortschritte bei der Verringerung der Auswirkungen des Luftverkehrs auf das Klima.

Im Einklang mit der weltweiten Bestandsaufnahme des Übereinkommens von Paris berichtet die Kommission außerdem über die Anstrengungen zur Verwirklichung des langfristig global angestrebten Emissionsreduktionsziels für den Luftverkehrssektor, bis 2050 CO_2-Neutralität zu erreichen, die im Einklang mit den Kriterien nach Unterabsatz 1 Buchstaben a bis f bewertet werden.

(2) Bis zum 1. Juli 2026 legt die Kommission dem Europäischen Parlament und dem Rat einen Bericht vor, in dem die Umweltwirksamkeit des globalen marktbasierten Mechanismus der ICAO bewertet wird, darunter auch seine allgemeinen Zielvorgaben in Bezug auf die Ziele im Rahmen des Übereinkommens von Paris, das Ausmaß der Beteiligung an der Kompensation im Rahmen von CORSIA, seine Durchsetzbarkeit, die Transparenz, die Sanktionen bei Nichteinhaltung, die Verfahren zur Beteiligung der Öffentlichkeit, die Qualität der Kompensationsgutschriften, die Emissionsüberwachung, -berichterstattung und -prüfung, die Register, die Rechenschaftspflicht sowie die Vorschriften über die Verwendung von Biokraftstoffen. Die Kommission veröffentlicht diesen Bericht ebenfalls bis zum 1. Juli 2026.

(3) Die Kommission fügt dem in Absatz 2 genannten Bericht gegebenenfalls einen Legislativvorschlag zur Änderung dieser Richtlinie im Einklang mit dem Temperaturziel gemäß dem Übereinkommen von Paris, der Verpflichtung der Union zur gesamtwirtschaftlichen Verringerung der Treibhausgasemissionen bis 2030 und dem Ziel der Verwirklichung der Klimaneutralität bis spätestens 2050 sowie dem Ziel der Wahrung der Umweltwirksamkeit und Effektivität der Klimamaßnahmen der Union bei. Das EU-EHS wird in dem beigefügten Vorschlag gegebenenfalls ab Januar 2027 auf Flüge von Flugplätzen in Staaten im EWR nach Flugplätzen außerhalb des EWR angewandt, und Flüge von Flugplätzen außerhalb des EWR, die im EWR landen, werden ausgeschlossen, wenn aus dem Bericht nach Absatz 2 hervorgeht, dass

a) die ICAO-Versammlung CORSIA bis zum 31. Dezember 2025 nicht im Einklang mit ihrem langfristig global angestrebten Ziel, die Ziele des Übereinkommens von Paris zu erreichen, gestärkt hat oder
b) auf die Staaten, die in dem nach Artikel 25a Absatz 3 erlassenen Durchführungsrechtsakt aufgeführt sind, weniger als 70 % der Emissionen aus der internationalen Luftfahrt entfallen, wobei die neuesten verfügbaren Daten zugrunde gelegt werden,

In dem beigefügten Vorschlag wird Luftfahrzeugbetreibern ferner gegebenenfalls die Möglichkeit eingeräumt, etwaige durch die Kompensation im Rahmen von CORSIA auf diesen Strecken entstandene Kosten abzuziehen, um eine doppelte Belastung zu vermeiden. Sind die in Unterabsatz 1 Buchstaben a und b dieses Absatzes genannten Bedingungen nicht erfüllt, so wird diese Richtlinie mit dem Vorschlag bei Bedarf dahin gehend geändert, dass das EU-EHS weiterhin nur für Flüge innerhalb des EWR, für Flüge in die Schweiz und in das Vereinigte Königreich sowie für Flüge in Staaten, die nicht in dem nach Artikel 25a Absatz 3 erlassenen Durchführungsrechtsakt aufgeführt sind, gilt.

Artikel 28c
Bestimmungen über die Überwachung, Berichterstattung und Prüfung für die Zwecke des globalen marktbasierten Mechanismus

Der Kommission wird die Befugnis übertragen, zur Ergänzung dieser Richtlinie gemäß Artikel 23 delegierte Rechtsakte zu erlassen, die eine angemessene Emissionsüberwachung, -berichterstattung und -prüfung für die Zwecke der Durchführung des globalen marktbasierten Mechanismus der ICAO auf allen von ihm erfassten Flugstrecken betreffen. Diese delegierten Rechtsakte stützen sich auf die im Rahmen der ICAO angenommenen Instrumente, verhindern jegliche Wettbewerbsverzerrungen, stimmen mit den Grundsätzen der in Artikel 14 Absatz 1 genannten Rechtsakten überein und gewährleisten, dass die vorgelegten Emissionsberichte im Einklang mit den Prüfgrundsätzen und -kriterien des Artikels 15 geprüft werden.

Artikel 29
Bericht zur Gewährleistung eines besseren Funktionierens des CO_2-Marktes

Enthalten die regelmäßigen Berichte über den CO_2-Markt gemäß Artikel 10 Absätze 5 und 6 Nachweise dafür, dass der CO_2-Markt nicht ordnungsgemäß funktioniert, so legt die Kommission dem Europäischen Parlament und dem Rat innerhalb von drei Monaten einen Bericht vor. Dem Bericht können gegebenenfalls Legislativvorschläge beigefügt werden, die darauf abzielen, die Transparenz und Integrität des CO_2-Marktes, einschließlich der damit verbundenen Derivatemärkte, zu erhöhen und Korrekturmaßnahmen zur Verbesserung seiner Funktionsweise sowie zur Stärkung der Prävention und Aufdeckung von Aktivitäten des Marktmissbrauchs zu ergreifen.

Artikel 29a
Maßnahmen im Fall übermäßiger Preisschwankungen

(1) Liegt der durchschnittliche Preis der Zertifikate der sechs vorangegangenen Kalendermonate über dem 2,4-Fachen des durchschnittlichen Preises der Zertifikate des vorangegangenen Bezugszeitraums von zwei Jahren, werden 75 Millionen Zertifikate gemäß Artikel 1 Absatz 7 des Beschlusses (EU) 2015/1814 aus der Marktstabilitätsreserve freigegeben.

Der Preis der Zertifikate gemäß Unterabsatz 1 dieses Absatzes ist der Preis der Versteigerungen, die im Einklang mit den gemäß Artikel 10 Absatz 4 erlassenen delegierten Rechtsakten für Zertifikate, die unter die Kapitel II und III fallen, durchgeführt wurden.

Der vorangegangene Bezugszeitraum von zwei Jahren gemäß Unterabsatz 1 ist der Zweijahreszeitraum, der vor dem ersten Monat des Zeitraums von sechs Kalendermonaten gemäß Unterabsatz 1 endet.

Ist die in Unterabsatz 1 dieses Absatzes genannte Bedingung erfüllt und ist Absatz 2 nicht anwendbar, so veröffentlicht die Kommission eine entsprechende Bekanntmachung im Amtsblatt der Europäischen Union, in der das Datum angegeben ist, an dem die Bedingung erfüllt wurde.

Die Kommission veröffentlicht innerhalb der ersten drei Arbeitstage jedes Monats den durchschnittlichen Preis der Zertifikate der vorangegangenen sechs Kalendermonate und den durchschnittlichen Preis der Zertifikate des vorangegangenen Bezugszeitraums von zwei Jahren. Ist die Bedingung gemäß Unterabsatz 1 nicht erfüllt, so veröffentlicht die Kommission außerdem das Niveau, das der durchschnittliche Preis der Zertifikate im folgenden Monat erreichen müsste, um die in diesem Unterabsatz genannte Bedingung zu erfüllen.

(2) Ist die Bedingung für die Freigabe von Zertifikaten aus der Marktstabilitätsreserve nach Absatz 1 erfüllt, so gilt die Bedingung gemäß diesem Absatz frühestens zwölf Monate nach dem Ende der vorherigen Freigabe erneut als erfüllt.

(3) Die genauen Vorschriften für die Anwendung der in den Absätzen 1 und 2 des vorliegenden Artikels genannten Maßnahmen werden in den in Artikel 10 Absatz 4 genannten delegierten Rechtsakten festgelegt.

Artikel 30
Überprüfung im Lichte der Durchführung des Übereinkommens von Paris und der Entwicklung der CO_2-Märkte in anderen führenden Wirtschaftsnationen

(1) Diese Richtlinie wird unter Berücksichtigung der internationalen Entwicklungen und der zur Verwirklichung der langfristigen Ziele des Übereinkommens von Paris unternommenen Anstrengungen sowie der einschlägigen Verpflichtungen, die sich aus den Konferenzen der Vertragsparteien des Rahmenübereinkommens der Vereinten Nationen über Klimaänderungen ergeben, fortlaufend überprüft.

(2) Die Maßnahmen nach den Artikeln 10a und 10b dieser Richtlinie zur Unterstützung bestimmter energieintensiver Industrien, bei denen es möglicherweise zu einer Verlagerung von CO_2-Emissionen kommt, werden im Lichte der Klimaschutzmaßnahmen in anderen führenden Wirtschaftsnationen ebenfalls fortlaufend überprüft. In diesem Zusammenhang überprüft die Kommission zudem, ob die Maßnahmen in Bezug auf die Kompensation indirekter Kosten weiter harmonisiert werden sollten. Die für CBAM-Sektoren geltenden Maßnahmen werden fortlaufend im Lichte der Anwendung der Verordnung (EU) 2023/956 überprüft. Vor dem 1. Januar 2028 und danach alle zwei Jahre bewertet die Kommission im Rahmen ihrer Berichte an das Europäische Parlament und den Rat gemäß Artikel 30 Absatz 6 der genannten Verordnung die Auswirkungen des CBAM auf das Risiko der Verlagerung von CO_2-Emissionen, einschließlich in Bezug auf Ausfuhren.

In dem Bericht wird bewertet, ob zusätzliche Maßnahmen, einschließlich Gesetzgebungsmaßnahmen, ergriffen werden müssen, um dem Risiko der Verlagerung von CO_2-Emissionen entgegenzuwirken. Dem Bericht wird gegebenenfalls ein Legislativvorschlag beigefügt.

(3) Die Kommission erstattet dem Europäischen Parlament und dem Rat im Zusammenhang mit jeder im Übereinkommen von Paris vereinbarten globalen Bestandsaufnahme Bericht, insbesondere in Bezug auf die Notwendigkeit zusätzlicher Unionsstrategien und -maßnahmen, damit die Union und ihre Mitgliedstaaten die erforderlichen Treibhausgasemis-

sionsreduktionen verwirklichen können, und auch hinsichtlich des linearen Faktors gemäß Artikel 9 dieser Richtlinie. Die Kommission kann dem Europäischen Parlament und dem Rat gegebenenfalls Legislativvorschläge zur Änderung dieser Richtlinie unterbreiten, um insbesondere die Einhaltung des Ziels der Klimaneutralität gemäß Artikel 2 Absatz 1 der Verordnung (EU) 2021/1119 und der Klimaziele der Union gemäß Artikel 4 der genannten Verordnung sicherzustellen. Zu diesem Zweck berücksichtigt die Kommission bei der Ausarbeitung ihrer Legislativvorschläge unter anderem das projizierte indikative Treibhausgasbudget der Union für den Zeitraum 2030 bis 2050 gemäß Artikel 4 Absatz 4 der genannten Verordnung.

(4) Die Kommission legt vor dem 1. Januar 2020 eine aktualisierte Analyse der Nicht-CO_2-Effekte aus dem Luftverkehr vor, gegebenenfalls verbunden mit Vorschlägen, wie diese Effekte bestmöglich angegangen werden können.

(5) Die Kommission erstattet dem Europäischen Parlament und dem Rat bis zum 31. Juli 2026 Bericht über folgende Punkte, gegebenenfalls unter Beifügung eines Legislativvorschlags und einer Folgenabschätzung:

a) über den Umstand, wie negative Emissionen aus Treibhausgasen, die aus der Atmosphäre entfernt und sicher und dauerhaft gelagert werden, berücksichtigt und wie diese negativen Emissionen durch den Emissionshandel abgedeckt werden könnten, erforderlichenfalls einschließlich eines klaren Anwendungsbereichs sowie strenger Kriterien für eine solche Abdeckung und Schutzmechanismen, um sicherzustellen, dass durch diesen Abbau die erforderlichen Emissionsreduktionen entsprechend der Klimaziele der EU gemäß der Verordnung (EU) 2021/1119 nicht ausgeglichen werden;
b) die Möglichkeit, die Schwellenwerte für die Gesamtfeuerungswärmeleistung von 20 MW für die Tätigkeiten in Anhang I ab 2031 zu senken;
c) den Umstand, ob alle unter diese Richtlinie fallenden Treibhausgasemissionen tatsächlich berücksichtigt und ob Doppelzählungen wirksam vermieden werden; insbesondere bewertet sie die Anrechnung der Treibhausgasemissionen, von denen angenommen wird, dass sie in einem Produkt abgeschieden und in einer anderen als der in Artikel 12 Absatz 3b genannten Weise verwendet wurden.

(6) Bei der Überprüfung dieser Richtlinie gemäß den Absätzen 1, 2 und 3 dieses Artikels analysiert die Kommission, wie Verknüpfungen zwischen dem EU-EHS und anderen CO_2-Märkten hergestellt werden können, ohne die Verwirklichung des Ziels der Klimaneutralität und der Klimaziele der EU gemäß der Verordnung (EU) 2021/1119 zu beeinträchtigen.

(7) Die Kommission legt dem Europäischen Parlament und dem Rat bis zum 31. Juli 2026 einen Bericht vor, in dem sie die Durchführbarkeit einer Aufnahme von Anlagen für die Verbrennung von Siedlungsabfällen in das EU-EHS bewertet, auch im Hinblick auf ihre Aufnahme ab 2028 und mit einer Bewertung, ob einem Mitgliedstaat die Wahl zustehen müsste, bis zum 31. Dezember 2030 auszusteigen. In diesem Zusammenhang berücksichtigt die Kommission die Bedeutung aller Sektoren, die zur Verringerung von Emissionen beitragen, und die potenzielle Umlenkung auf die Entsorgung von Abfällen in Deponien in der Union und auf Abfallexporte in Drittländer. Darüber hinaus berücksichtigt die Kommission einschlägige Kriterien wie die Auswirkungen auf den Binnenmarkt, mögliche Wettbewerbsverzerrungen, die Umweltintegrität, die Angleichung an die Ziele der Richtlinie 2008/98/EG des Europäischen Parlaments und des Rates ([38]) sowie die Robustheit und Genauigkeit bei der Überwachung und Berechnung der Emissionen. Die Kommission legt gegebenenfalls und unbeschadet des Artikels 4 der genannten Richtlinie zusammen mit dem Bericht einen Legislativvorschlag vor, um die Bestimmungen dieses Kapitels auf Genehmigungen zur Emission von Treibhausgasen und die Zuteilung und Vergabe zusätzlicher Zertifikate für Anlagen für die Verbrennung von Siedlungsabfällen anzuwenden und eine mögliche Umlenkung von Abfällen zu verhindern.

In dem im ersten Unterabsatz genannten Bericht prüft die Kommission auch die Möglichkeit, weitere Abfallbewirtschaftungsverfahren in das EU-EHS aufzunehmen, insbesondere Deponien, die Methan- und Stickstoffoxidemissionen in der Union verursachen. Die Kommission kann diesem Bericht gegebenenfalls auch einen Legislativvorschlag zur Aufnahme solcher anderen Abfallbewirtschaftungsverfahren in das EU-EHS beifügen.

(8) Die Kommission nimmt im Jahr 2026 Folgendes in den Bericht gemäß Artikel 10 Absatz 5 auf:

a) eine Bewertung der Auswirkungen von Flügen über eine Entfernung von weniger als 1 000 km auf die Umwelt und das Klima sowie Überlegungen zu Optionen zur Verringerung dieser Auswirkungen, einschließlich einer Prüfung der verfügbaren alternativen öffentlichen Verkehrsmittel und der verstärkten Nutzung nachhaltiger Flugkraftstoffe,
b) eine Bewertung der Auswirkungen von Flügen, die von Betreibern durchgeführt werden, die gemäß Buchstabe h oder k des Eintrags „Luftverkehr" in der Spalte „Tätigkeiten" der Tabelle in Anhang I befreit sind, auf die Umwelt und das Klima sowie Überlegungen zu Optionen zur Verringerung dieser Auswirkungen,
c) eine Bewertung der sozialen Auswirkungen dieser Richtlinie im Luftverkehrssektor, unter anderem auf das Personal und die Kosten für Flugreisen, und
d) eine Bewertung der Luftverkehrsanbindung von Inseln und abgelegenen Gebieten, auch unter Berücksichtigung der Wettbewerbsfähigkeit und der Verlagerung von CO_2-Emissionen sowie der Auswirkungen auf die Umwelt und das Klima.

Der in Artikel 10 Absatz 5 vorgesehene Bericht wird gegebenenfalls auch bei einer künftigen Überarbeitung dieser Richtlinie berücksichtigt.

KAPITEL IVa
EMISSIONSHANDELSSYSTEM FÜR DEN GEBÄUDE- UND DEN STRAßENVERKEHRSSEKTOR SOWIE FÜR ANDERE SEKTOREN

Artikel 30a
Anwendungsbereich

Die Bestimmungen dieses Kapitels gelten für Emissionen, Genehmigungen zur Emission von Treibhausgasen, die Vergabe und Abgabe von Zertifikaten sowie die Überwachung, Berichterstattung und Prüfung im Zusammenhang mit der in Anhang III genannten Tätigkeit. Dieses Kapitel gilt nicht für Emissionen, die unter die Kapitel II und III fallen.

Artikel 30b
Genehmigungen zur Emission von Treibhausgasen

(1) Die Mitgliedstaaten stellen sicher, dass ab dem 1. Januar 2025 kein beaufsichtigtes Unternehmen die in Anhang III genannte Tätigkeit ausübt, es sei denn, das beaufsichtigte Unternehmen ist im Besitz einer von einer zuständigen Behörde gemäß den Absätzen 2 und 3 dieses Artikels erteilten Genehmigung.

(2) Ein von dem beaufsichtigten Unternehmen gemäß Absatz 1 dieses Artikels bei der zuständigen Behörde gestellter

[38] Richtlinie 2008/98/EG des Europäischen Parlaments und des Rates vom 19. November 2008 über Abfälle und zur Aufhebung bestimmter Richtlinien (ABl. L 312 vom 22.11.2008, S. 3).

Antrag auf Erteilung einer Genehmigung zur Emission von Treibhausgasen gemäß diesem Kapitel enthält mindestens folgende Angaben:

a) das beaufsichtigte Unternehmen;

b) die Art der Brennstoffe, die sie in den steuerrechtlich freien Verkehr überführt und die für Verbrennungsprozesse in den in Anhang III genannten Sektoren verwendet werden, sowie die Mittel, mit denen sie diese Brennstoffe in den Verkehr bringt;

c) die Endverwendung oder Endverwendungen der Brennstoffe, die für die in Anhang III genannte Tätigkeit in den steuerrechtlich freien Verkehr überführt werden;

d) geplante Maßnahmen zur Überwachung von und Berichterstattung der Emissionen im Einklang mit den in den Artikel 14 und 30f genannten Durchführungsrechtsakten;

e) eine nichttechnische Zusammenfassung der Informationen gemäß den Buchstaben a bis d des vorliegenden Absatzes.

(3) Die zuständige Behörde erteilt dem in Absatz 1 dieses Artikels genannten beaufsichtigten Unternehmen eine Genehmigung zur Emission von Treibhausgasen für die in Anhang III genannte Tätigkeit, nachdem sie sich vergewissert hat, dass die Einrichtung zur Überwachung von und Berichterstattung über Emissionen, die den Brennstoffmengen entsprechen, die sie gemäß Anhang III in den steuerrechtlich freien Verkehr überführt hat, in der Lage ist.

(4) Genehmigungen zur Emission von Treibhausgasen enthalten mindestens folgende Angaben:

a) Name und Anschrift des beaufsichtigten Unternehmens,

b) eine Beschreibung der Mittel, mit denen das beaufsichtigte Unternehmen die Brennstoffe in den unter dieses Kapitel fallenden Sektoren in den steuerrechtlich freien Verkehr überführt;

c) eine Liste der Brennstoffe, die das beaufsichtigte Unternehmen in den unter dieses Kapitel fallenden Sektoren in den steuerrechtlich freien Verkehr überführt;

d) einen Überwachungsplan, der die Anforderungen der in Artikel 14 genannten Durchführungsrechtsakte erfüllt;

e) Anforderungen an die Berichterstattung, die in den in Artikel 14 genannten Durchführungsrechtsakten festgelegt werden;

f) eine Verpflichtung zur Abgabe von gemäß diesem Kapitel vergebenen Zertifikaten in Höhe der nach Artikel 15 geprüften Gesamtemissionen in jedem Kalenderjahr und innerhalb der in Artikel 30e Absatz 2 festgelegten Frist.

(5) Die Mitgliedstaaten können den beaufsichtigten Unternehmen gestatten, die Überwachungspläne ohne Änderung der Genehmigung zu aktualisieren. Die beaufsichtigten Unternehmen legen der zuständigen Behörde etwaige aktualisierte Überwachungspläne zur Genehmigung vor.

(6) Das beaufsichtigte Unternehmen unterrichtet die zuständige Behörde über alle geplanten Änderungen der Art ihrer Tätigkeit oder der Brennstoffe, die sie in den steuerrechtlich freien Verkehr überführt, die eine Aktualisierung der Genehmigung zur Emission von Treibhausgasen erforderlich machen könnten. Gegebenenfalls aktualisiert die zuständige Behörde die Genehmigung gemäß den in Artikel 14 genannten Durchführungsrechtsakten. Ändert sich die Identität des unter dieses Kapitel fallenden beaufsichtigten Unternehmens, so aktualisiert die zuständige Behörde die Genehmigung in Bezug auf Namen und Anschrift des neuen beaufsichtigten Unternehmens.

Artikel 30c
Unionsweite Menge der Zertifikate

(1) Die unionsweite Menge der jährlich ab 2027 gemäß diesem Kapitel vergebenen Zertifikate wird ab 2024 linear gesenkt. Der Wert für 2024 ist definiert als die Emissionsobergrenze für 2024, die auf der Grundlage der Referenzemissionen gemäß Artikel 4 Absatz 2 der Verordnung (EU) 2018/842 des Europäischen Parlaments und des Rates ([39]) für die unter dieses Kapitel fallenden Sektoren und unter Anwendung des linearen Kürzungspfads für alle Emissionen im Anwendungsbereich der genannten Verordnung berechnet wird. Die Menge wird jedes Jahr nach 2024 um einen linearen Kürzungsfaktor von 5,10 % gesenkt. Die Kommission veröffentlicht bis zum 1. Januar 2025 die unionsweite Menge der Zertifikate für das Jahr 2027.

(2) Die unionsweite Menge der gemäß diesem Kapitel ab 2028 jährlich vergebenen Zertifikate wird ab 2025 linear auf der Grundlage der gemäß diesem Kapitel für die Jahre 2024 bis 2026 berichteten durchschnittlichen Emissionen gesenkt. Die Menge der Zertifikate wird um einen linearen Kürzungsfaktor von 5,38 % gesenkt, es sei denn, die Bedingungen gemäß Anhang IIIa Nummer 1 finden Anwendung; in diesem Fall wird die Menge um einen linearen Kürzungsfaktor, der gemäß den Bestimmungen von Anhang IIIa Nummer 2 angepasst wird, gesenkt. Die Kommission veröffentlicht bis zum 30. Juni 2027 die unionsweite Menge der Zertifikate für 2028 und erforderlichenfalls den angepassten linearen Kürzungsfaktor.

(3) Die unionsweite Menge der gemäß diesem Kapitel vergebenen Zertifikate wird für jedes Jahr ab 2028 angepasst, um die Menge der abgegebenen Zertifikate auszugleichen, wenn es im Sinne von Artikel 30f Absatz 5 nicht möglich war, eine Doppelzählung von Emissionen zu vermeiden, oder wenn Zertifikate für nicht unter dieses Kapitel fallende Emissionen abgegeben wurden. Die Anpassung entspricht der Gesamtmenge von Zertifikaten gemäß diesem Kapitel, die in dem betreffenden Berichtsjahr gemäß den in Artikel 30f Absatz 5 Unterabsatz2 genannten Durchführungsrechtsakten ausgeglichen wurden.

(4) Mitgliedstaaten, die gemäß Artikel 30j die in Anhang III genannte Tätigkeit einseitig auf Sektoren ausweiten, die nicht in diesem Anhang aufgeführt sind, stellen sicher, dass die betreffenden beaufsichtigten Unternehmen der zuständigen Behörde bis zum 30. April des betreffenden Jahres im Einklang mit Artikels 30f einen hinreichend begründeten Bericht übermitteln. Sind die übermittelten Daten hinreichend begründet, so setzt die zuständige Behörde die Kommission bis zum 30. Juni des betreffenden Jahres davon in Kenntnis. Die Menge der gemäß Absatz 1 dieses Artikels zu vergebenen Zertifikate wird unter Berücksichtigung des von den beaufsichtigten Unternehmen übermittelten hinreichend begründeten Berichts angepasst.

Artikel 30d
Versteigerung von Zertifikaten für die in Anhang III genannte Tätigkeit

(1) Ab 2027 werden Zertifikate, die unter dieses Kapitel fallen, versteigert, es sei denn, sie werden in die mit dem Beschluss (EU) 2015/1814 eingerichtete Marktstabilitätsreserve eingestellt. Die Zertifikate gemäß diesem Kapitel werden getrennt von den Zertifikaten gemäß den Kapiteln II und III dieser Richtlinie versteigert.

(2) Die Versteigerung der Zertifikate gemäß diesem Kapitel beginnt 2027 mit einer Menge, die 130 % der Versteige-

[39] Verordnung (EU) 2018/842 des Europäischen Parlaments und des Rates vom 30. Mai 2018 zur Festlegung verbindlicher nationaler Jahresziele für die Reduzierung der Treibhausgasemissionen im Zeitraum 2021 bis 2030 als Beitrag zu Klimaschutzmaßnahmen zwecks Erfüllung der Verpflichtungen aus dem Übereinkommen von Paris sowie zur Änderung der Verordnung (EU) Nr. 525/2013 (ABl. L 156 vom 19.6.2018, S. 26).

rungsmengen für 2027 entspricht, die auf der Grundlage der unionsweiten Zertifikatmenge für das genannte Jahr und der jeweiligen Versteigerungsanteile und -mengen gemäß den Absätzen 3 bis 6 dieses Artikels ermittelt wurden. Die zusätzlichen zu versteigernden 30% werden nur für die Abgabe von Zertifikaten gemäß Artikel 30e Absatz 2 verwendet und können bis zum 31. Mai 2028 versteigert werden. Die zusätzlichen 30 % werden von den Versteigerungsmengen für den Zeitraum 2029 bis 2031 abgezogen. Die Bedingungen für die Versteigerungen gemäß dem vorliegenden Absatz werden im Einklang mit Absatz 7 dieses Artikels und Artikel 10 Absatz 4 festgelegt.

Im Jahr 2027 werden 600 Millionen Zertifikate gemäß diesem Kapitel als Bestand in der Marktstabilitätsreserve gemäß Artikel 1a Absatz 3 des Beschlusses (EU) 2015/1814 geschaffen.

(3) 150 Millionen gemäß diesem Kapitel vergebene Zertifikate werden versteigert, und alle Einnahmen aus diesen Versteigerungen werden für den nach der Verordnung (EU) 2023/955 eingerichteten Klima-Sozialfonds bis 2032 bereitgestellt.

(4) Was die verbliebene Menge von Zertifikaten anbelangt und um zusammen mit den Einnahmen aus den in Absatz 3 dieses Artikels und Artikel 10a Absatz 8b der vorliegenden Richtlinie genannten Zertifikaten einen Höchstbetrag von 65 000 000 000 EUR zu erzielen, stellt die Kommission sicher, dass eine zusätzliche Menge von Zertifikaten, die unter dieses Kapitel fallen, versteigert wird und die Einnahmen aus diesen Versteigerungen bis 2032 für den mit der Verordnung (EU) 2023/955 eingerichteten Klima-Sozialfonds bereitgestellt werden.

Die Kommission stellt sicher, dass die in Absatz 3 dieses Artikels und in diesem Absatz genannten, für den Klima-Sozialfonds bestimmten Zertifikate gemäß den in Artikel 10 Absatz 4 genannten Grundsätzen und Modalitäten und den delegierten Rechtsakten versteigert werden, die gemäß jenem Artikel erlassen wurden.

Die Einnahmen aus der Versteigerung der Zertifikate gemäß Absatz 3 dieses Artikels und dem vorliegenden Absatz stellen externe zweckgebundene Einnahmen gemäß Artikel 21 Absatz 5 der Verordnung (EU, Euratom) 2018/1046 dar und werden im Einklang mit den für den Klima-Sozialfonds geltenden Vorschriften eingesetzt.

Der jährliche Betrag, der dem Klima-Sozialfonds gemäß Artikel 10a Absatz 8b, Absatz 3 dieses Artikels und diesem Absatz zugeteilt wird, darf die folgenden Beträge nicht übersteigen:

a) für das Jahr 2026 4 000 000 000 EUR;
b) für das Jahr 2027 10 900 000 000 EUR;
c) für das Jahr 2028 10 500 000 000 EUR;
d) für das Jahr 2029 10 300 000 000 EUR;
e) für das Jahr 2030 10 100 000 000 EUR;
f) für das Jahr 2031 9 800 000 000 EUR;
g) für das Jahr 2032 9 400 000 000 EUR.

Wird das nach diesem Kapitel eingerichtete Emissionshandelssystem gemäß Artikel 30k auf 2028 verschoben, so beläuft sich der dem Klima-Sozialfonds gemäß Unterabsatz 1 dieses Absatzes zur Verfügung zu stellende Höchstbetrag auf 54 600 000 000 EUR. In diesem Fall dürfen die dem Klima-Sozialfonds für die Jahre 2026 bis 2027 jährlich zugewiesenen Beträge insgesamt 4 000 000 000 EUR nicht übersteigen, und für den Zeitraum vom 1. Januar 2028 bis zum 31. Dezember 2032 darf der betreffende jährliche Betrag die folgenden Beträge nicht übersteigen:

a) für das Jahr 2028 11 400 000 000 EUR;
b) für das Jahr 2029 10 300 000 000 EUR;
c) für das Jahr 2030 10 100 000 000 EUR;
d) für das Jahr 2031 9 800 000 000 EUR;
e) für das Jahr 2032 9 000 000 000 EUR.

Wird für Einnahmen aus der Versteigerung gemäß Absatz 5 dieses Artikels die Verwendung als Eigenmittel gemäß Artikel 311 Absatz 3 AEUV festgelegt, so finden Artikel 10a Absatz 8b dieser Richtlinie, Absatz 3 dieses Artikels und dieser Absatz keine Anwendung.

(5) Die Gesamtmenge der Zertifikate gemäß diesem Kapitel wird nach Abzug der in den Absätzen 3 und 4 dieses Artikels genannten Mengen von den Mitgliedstaaten versteigert und unter ihnen in Anteilen aufgeteilt, die dem Anteil der Referenzemissionen gemäß Artikel 4 Absatz 2 der Verordnung (EU) 2018/842 für die in Anhang III, Absatz 2, Buchstabe b, c und d dieser Richtlinie genannten Kategorien von Emissionsquellen für den Durchschnitt des Zeitraums von 2016 bis 2018 des betreffenden Mitgliedstaats im Einklang mit der umfassenden Überprüfung gemäß Artikel 4 Absatz 3 der genannten Verordnung entsprechen.

(6) Die Mitgliedstaaten legen die Verwendung der Einnahmen aus der Versteigerung von in Absatz 5 dieses Artikels genannten Zertifikaten fest, mit Ausnahme der Einnahmen, die als externe zweckgebundene Einnahmen gemäß Absatz 4 dieses Artikels gelten, oder der Einnahmen, die als Eigenmittel gemäß Artikel 311 Absatz 3 AEUV in den Unionshaushalt eingestellt werden. Die Mitgliedstaaten verwenden ihre Einnahmen oder den finanziellen Gegenwert dieser Einnahmen für einen oder mehrere der in Artikel 10 Absatz 3 dieser Richtlinie genannten Zwecke, wobei Tätigkeiten Vorrang eingeräumt wird, die zur Bewältigung sozialer Aspekte des Emissionshandels gemäß diesem Kapitel beitragen können, oder für einen oder mehrere der folgenden Zwecke:

a) Maßnahmen, die zur Dekarbonisierung der Wärme- und Kälteversorgung von Gebäuden oder zur Verringerung des Energiebedarfs von Gebäuden beitragen sollen, einschließlich der Integration erneuerbarer Energien und damit verbundener Maßnahmen gemäß Artikel 7 Absatz 11 und den Artikeln 12 und 20 der Richtlinie 2012/27/EU, sowie Maßnahmen zur finanziellen Unterstützung einkommensschwacher Haushalte in Gebäuden mit der schlechtesten Energiebilanz;
b) Maßnahmen, die darauf abzielen, die Einführung emissionsfreier Fahrzeuge zu beschleunigen oder den Aufbau einer vollständig interoperablen Betankungs- und Ladeinfrastruktur für emissionsfreie Fahrzeuge finanziell zu unterstützen, oder Maßnahmen zur Förderung der Umstellung auf öffentliche Verkehrsmittel und zur Verbesserung der Multimodalität oder Bereitstellung finanzieller Unterstützung, um soziale Aspekte im Zusammenhang mit Verkehrsteilnehmern mit niedrigem und mittlerem Einkommen anzugehen;
c) die Finanzierung ihres Klima-Sozialplans gemäß Artikel 15 der Verordnung (EU) 2023/955;
d) den finanziellen Ausgleich für die Endverbraucher von Brennstoffen in Fällen, in denen es im Sinne von Artikel 30f Absatz 5 nicht möglich war, eine Doppelzählung von Emissionen zu vermeiden, oder wenn Zertifikate für Emissionen abgegeben wurden, die nicht unter dieses Kapitel fallen.

Es wird davon ausgegangen, dass die Mitgliedstaaten die Bestimmungen dieses Absatzes einhalten, wenn sie steuerliche oder finanzielle Unterstützungs- oder Regulierungsmaßnahmen ergreifen und umsetzen, die finanzielle Unterstützung mobilisieren, für die in Unterabsatz 1 dieses Absatzes genannten Zwecke eingerichtet wurden und dem Wert der Einnahmen gemäß dem genannten Unterabsatz aus der Versteigerung von Zertifikaten gemäß diesem Kapitel entsprechen.

Die Mitgliedstaaten unterrichten die Kommission über die Verwendung der Einnahmen und die gemäß diesem Absatz ergriffenen Maßnahmen, indem sie diese Informationen in ihre gemäß der Verordnung (EU) 2018/1999 vorgelegten Berichte aufnehmen.

(7) Für die gemäß diesem Kapitel vergebenen Zertifikate gilt Artikel 10 Absätze 4 und 5.

Artikel 30e
Übertragung, Abgabe und Löschung von Zertifikaten

(1) Artikel 12 gilt mit Ausnahme seiner Absätze 3 und 3a, Absatz 4 Satz 2 und Satz 3 sowie Absatz 5 für die Emissionen, beaufsichtigten Unternehmen und Zertifikate gemäß diesem Kapitel. Zu diesem Zwecke gilt Folgendes:

a) Jede Bezugnahme auf Emissionen ist als Bezugnahme auf die Emissionen gemäß diesem Kapitel zu verstehen;

b) jede Bezugnahme auf Anlagenbetreiber ist als Bezugnahme auf die beaufsichtigten Unternehmen gemäß diesem Kapitel zu verstehen;

c) jede Bezugnahme auf Zertifikate ist als Bezugnahme auf die Zertifikate gemäß diesem Kapitel zu verstehen.

(2) Die Mitgliedstaaten stellen sicher, dass das beaufsichtigte Unternehmen ab dem 1. Januar 2028 bis zum 31. Mai jedes Jahres eine Menge von Zertifikaten gemäß diesem Kapitel im Umfang der Gesamtemissionen des beaufsichtigten Unternehmens abgibt, die der gemäß den Artikeln 15 und 30f geprüften Menge an im vorangegangenen Kalenderjahr gemäß Anhang III in den steuerrechtlich freien Verkehr überführten Brennstoffen entsprechen, und dass diese Zertifikate anschließend gelöscht werden.

(3) Unterliegt ein beaufsichtigtes Unternehmen, das in einem bestimmten Mitgliedstaat niedergelassen ist, einer für die Jahre 2027 bis 2030 geltenden nationalen CO_2-Steuer, die für die in Anhang III genannte Tätigkeit gilt, so kann die zuständige Behörde des betreffenden Mitgliedstaats dieses beaufsichtigte Unternehmen bis zum 31. Dezember 2030 abweichend von den Absätzen 1 und 2 dieses Artikels von der Verpflichtung zur Abgabe von Zertifikaten gemäß Absatz 2 dieses Artikels für ein bestimmtes Bezugsjahr befreien, sofern

a) der betreffende Mitgliedstaat der Kommission diese nationale CO_2-Steuer bis zum 31. Dezember 2023 mitteilt und die nationalen Rechtsvorschriften zur Festlegung der für die Jahre 2027 bis 2030 geltenden Steuersätze zu diesem Zeitpunkt in Kraft getreten sind; der betreffende Mitgliedstaat teilt der Kommission alle späteren Änderungen der nationalen CO_2-Steuer mit;

b) die nationale CO_2-Steuer des betreffenden Mitgliedstaats, die von dem beaufsichtigten Unternehmen tatsächlich gezahlt wird, für das Bezugsjahr höher ist als der durchschnittliche Auktionsclearingpreis des gemäß diesem Kapitel eingerichteten Emissionshandelssystems;

c) das beaufsichtigte Unternehmen den Verpflichtungen gemäß Artikel 30b in Bezug auf Genehmigungen zur Emission von Treibhausgasen und gemäß Artikel 30f in Bezug auf die Überwachung, Berichterstattung und Prüfung von Emissionen uneingeschränkt nachkommt;

d) der betreffende Mitgliedstaat die Kommission über die Anwendung einer solchen Befreiung und die entsprechende Menge von Zertifikaten unterrichtet, die im Einklang mit Buchstabe g dieses Unterabsatzes und den delegierten Rechtsakten, die gemäß Artikel 10 Absatz 4 bis zum 31. Mai des auf das Bezugsjahr folgenden Jahres angenommen werden, gelöscht werden;

e) die Kommission innerhalb von drei Monaten nach der Mitteilung gemäß Buchstabe a dieses Unterabsatzes oder innerhalb eines Monats nach der Mitteilung für das betreffende Jahr gemäß Buchstabe d dieses Unterabsatzes keine Einwände gegen die Anwendung der Ausnahmeregelung mit der Begründung erhebt, dass die angemeldete Maßnahme nicht im Einklang mit den in diesem Absatz festgelegten Bedingungen steht;

f) der betreffende Mitgliedstaat die in Artikel 30d Absatz 5 genannte Menge von Zertifikaten für ein bestimmtes Bezugsjahr nicht versteigert, bis die gemäß diesem Absatz zu löschende Menge von Zertifikaten gemäß Buchstabe g dieses Unterabsatzes bestimmt wurde; der betreffende Mitgliedstaat versteigert keine der zusätzlichen Mengen von Zertifikaten nach Artikel 30d Absatz 2 Unterabsatz 1;

g) der betreffende Mitgliedstaat eine Menge von Zertifikaten aus der in Artikel 30d Absatz 5 genannten Gesamtmenge der von ihm zu versteigernden Zertifikate für das Bezugsjahr löscht, die für das Bezugsjahr den geprüften Emissionen diesem beaufsichtigten Unternehmen gemäß diesem Kapitel entspricht; liegt die Menge von Zertifikaten, die in dem Bezugsjahr nach der Anwendung von Buchstabe f dieses Unterabsatzes noch zu versteigern ist, unter der gemäß diesem Absatz zu löschenden Menge von Zertifikaten, so stellt der betreffende Mitgliedstaat sicher, dass er die der Differenz entsprechende Menge von Zertifikaten bis zum Ende des auf das Bezugsjahr folgenden Jahres löscht; und

h) sich der betreffende Mitgliedstaat zum Zeitpunkt der ersten Mitteilung gemäß Buchstabe a dieses Unterabsatzes verpflichtet, für eine oder mehrere der in Artikel 30d Absatz 6 Unterabsatz 1 aufgeführten oder genannten Maßnahmen einen Betrag zu verwenden, der den Einnahmen entspricht, auf die ohne die Ausnahmeregelung Artikel 30d Absatz 6 angewandt worden wäre; Artikel 30d Absatz 6 Unterabsätze 2 und 3 finden Anwendung, und die Kommission stellt sicher, dass die gemäß diesem Buchstaben erhaltenen Informationen mit der eingegangenen Verpflichtung im Einklang stehen.

Die gemäß Unterabsatz 1 Buchstabe g des vorliegenden Absatzes zu löschende Menge von Zertifikaten lässt die gemäß Artikel 30d Absatz 4 dieser Richtlinie festgelegten externen zweckgebundenen Einnahmen oder, sofern sie gemäß Artikel 311 Absatz 3 AEUV festgestellt wurden, die Eigenmittel des Unionshaushalts gemäß dem Beschluss (EU, Euratom) 2020/2053 des Rates ([40]) aus Einnahmen aus der Versteigerung von Zertifikaten gemäß Artikel 30d dieser Richtlinie unberührt.

(4) Krankenhäuser, die nicht unter Kapitel III fallen, können einen finanziellen Ausgleich für die Kosten erhalten, die ihnen durch die Abgabe von Zertifikaten gemäß diesem Kapitel entstehen. Zu diesem Zweck gelten die für Doppelzählungen geltenden Bestimmungen dieses Kapitels entsprechend.

Artikel 30f
Überwachung, Berichterstattung, Prüfung von Emissionen und Akkreditierung

(1) Die Artikel 14 und 15 gelten für die Emissionen, beaufsichtigten Unternehmen und Zertifikate gemäß diesem Kapitel. Zu diesem Zwecke gilt Folgendes:

a) Jede Bezugnahme auf Emissionen ist als Bezugnahme auf die Emissionen gemäß diesem Kapitel zu verstehen;

b) jede Bezugnahme auf eine in Anhang I aufgeführte Tätigkeit ist als Bezugnahme auf die in Anhang III genannte Tätigkeit zu verstehen;

c) jede Bezugnahme auf Betreiber ist als Bezugnahme auf die beaufsichtigten Unternehmen gemäß diesem Kapitel zu verstehen;

---

[40] Beschluss (EU, Euratom) 2020/2053 des Rates vom 14. Dezember 2020 über das Eigenmittelsystem der Europäischen Union und zur Aufhebung des Beschlusses 2014/335/EU, Euratom (ABl. L 424 vom 15.12.2020, S. 1).

d) jede Bezugnahme auf Zertifikate ist als Bezugnahme auf die Zertifikate gemäß diesem Kapitel zu verstehen.

e) die Bezugnahme auf das Datum in Artikel 15 ist als Bezugnahme auf den 30. April zu verstehen.

(2) Die Mitgliedstaaten stellen sicher, dass jedes beaufsichtigte Unternehmen ab 2025 für jedes Kalenderjahr die Emissionen überwacht, die den gemäß Anhang III in den steuerrechtlich freien Verkehr überführten Brennstoffmengen entsprechen. Sie stellen ferner sicher, dass jedes beaufsichtigte Unternehmen diese Emissionen beginnend im Jahr 2026 im Jahr nach ihrem Ausstoß gemäß den in Artikel 14 Absatz 1 genannten Durchführungsrechtsakten der zuständigen Behörde berichtet.

(3) Ab dem 1. Januar 2028 stellen die Mitgliedstaaten sicher, dass jedes beaufsichtigte Unternehmen bis 2030 bis zum 30. April jedes Jahres den durchschnittlichen Anteil der Kosten im Zusammenhang mit der Abgabe von Zertifikaten gemäß diesem Kapitel berichtet, den sie im Vorjahr an die Verbraucher weitergegeben hat. Die Kommission erlässt Durchführungsrechtsakte zu den Anforderungen an diese Berichte und entsprechende Muster. Diese Durchführungsrechtsakte werden gemäß dem in Artikel 22a Absatz 2 genannten Prüfverfahren erlassen. Die Kommission bewertet die vorgelegten Berichte und erstattet dem Europäischen Parlament und dem Rat jährlich Bericht über ihre Ergebnisse. Stellt die Kommission fest, dass es bei der Weitergabe von CO_2-Emissionskosten unangemessene Praktiken gibt, so können dem Bericht gegebenenfalls Legislativvorschläge beigefügt werden, mit denen gegen solche unangemessenen Praktiken vorgegangen werden soll.

(4) Die Mitgliedstaaten stellen sicher, dass jedes beaufsichtigte Unternehmen, das am 1. Januar 2025 im Besitz einer Genehmigung gemäß Artikel 30b ist, bis zum 30. April 2025 ihre historischen Emissionen für das Jahr 2024 berichtet.

(5) Die Mitgliedstaaten stellen sicher, dass die beaufsichtigten Unternehmen die genauen Mengen an in den steuerrechtlich freien Verkehr überführtem Brennstoff, die für Verbrennungsprozesse in den in Anhang III genannten Sektoren verwendet werden, und die endgültige Verwendung der von ihnen in den steuerrechtlich freien Verkehr überführten Brennstoffe zuverlässig und genau dokumentieren können. Die Mitgliedstaaten ergreifen geeignete Maßnahmen, um das Risiko einer Doppelzählung der Emissionen gemäß diesem Kapitel und der Emissionen gemäß den Kapiteln II und III sowie das Risiko, dass Zertifikate für Emissionen abgegeben werden, die nicht unter dieses Kapitel fallen, zu begrenzen.

Die Kommission erlässt Durchführungsrechtsakte betreffend die genauen Bestimmungen für die Vermeidung von Doppelzählungen und der Abgabe von Zertifikaten für Emissionen, die nicht unter dieses Kapitel fallen, sowie zur Gewährung eines finanziellen Ausgleichs für die Endverbraucher der Brennstoffe in Fällen, in denen eine solche Doppelzählung oder Abgabe nicht vermieden werden kann. Diese Durchführungsrechtsakte werden gemäß dem in Artikel 22a Absatz 2 genannten Prüfverfahren erlassen. Die Berechnung des finanziellen Ausgleichs für die Endverbraucher der Brennstoffe beruht auf dem Durchschnittspreis der Zertifikate bei Versteigerungen, die im Einklang mit den gemäß Artikel 10 Absatz 4 erlassenen delegierten Rechtsakten im betreffenden Berichtsjahr durchgeführt werden.

(6) Die Grundsätze für die Überwachung und Berichterstattung betreffend Emissionen gemäß diesem Kapitel sind in Anhang IV Teil C festgelegt.

(7) Die Kriterien für die Prüfung der unter dieses Kapitel fallenden Emissionen sind in Anhang V Teil C festgelegt.

(8) Die Mitgliedstaaten können vereinfachte Maßnahmen zur Überwachung, Berichterstattung und Prüfung für beaufsichtigte Unternehmen zulassen, deren jährliche Emissionen, die den in den steuerrechtlich freien Verkehr überführten Brennstoffmengen entsprechen, gemäß den in Artikel 14 Absatz 1 genannten Durchführungsrechtsakten weniger als 1 000 t CO_2-Äquivalent betragen.

Artikel 30g
Verwaltung

Die Artikel 13 und 15a, Artikel 16 Absätze 1, 2, 3, 4 und 12 sowie die Artikel 17, 18, 19, 20, 21, 22, 22a, 23 und 29 gelten für die Emissionen, beaufsichtigten Unternehmen gemäß diesem Kapitel. Zu diesem Zwecke gilt Folgendes:

a) Jede Bezugnahme auf Emissionen ist als Bezugnahme auf Emissionen gemäß diesem Kapitel zu verstehen;

b) jede Bezugnahme auf Betreiber ist als Bezugnahme auf beaufsichtigte Unternehmen gemäß diesem Kapitel zu verstehen;

c) jede Bezugnahme auf Zertifikate ist als Bezugnahme auf die Zertifikate gemäß diesem Kapitel zu verstehen.

Artikel 30h
Maßnahmen bei übermäßigen Preiserhöhungen

(1) Liegt der Durchschnittspreis der Zertifikate bei Versteigerungen, die gemäß den gemäß Artikel 10 Absatz 4 dieses Artikels erlassenen delegierten Rechtsakten durchgeführt werden, in mehr als drei aufeinanderfolgenden Monaten über dem Zweifachen des Durchschnittspreises der Zertifikate bei Versteigerungen der Zertifikate gemäß diesem Kapitel in den sechs vorangegangenen aufeinanderfolgenden Monaten, so werden gemäß Artikel 1a Absatz 7 des Beschlusses (EU) 2015/1814 50 Millionen Zertifikate gemäß diesem Kapitel aus der Marktstabilitätsreserve freigegeben.

In den Jahren 2027 und 2028 ist die Bedingung gemäß Unterabsatz 1 zu erfüllen, wenn der Durchschnittspreis der Zertifikate in mehr als drei aufeinanderfolgenden Monaten über dem Eineinhalbfachen des Durchschnittspreises der Zertifikate während des Bezugszeitraums der sechs vorangegangenen aufeinanderfolgenden Monate liegt.

(2) Übersteigt der Durchschnittspreis der in Absatz 1 dieses Artikels genannten Zertifikate eine Preisobergrenze von 45 EUR während eines Zeitraums von zwei aufeinanderfolgenden Monaten, so werden 20 Millionen der unter dieses Kapitel fallende Zertifikate aus der Marktstabilitätsreserve gemäß Artikel 1a Absatz 7 des Beschlusses (EU) 2015/1814 freigegeben. Es gilt eine Indexierung auf der Grundlage des Europäischen Verbraucherpreisindexes für 2020. Die Freigabe von Zertifikaten gemäß dem in diesem Absatz vorgesehenen Mechanismus erfolgt bis zum 31. Dezember 2029.

(3) Liegt der Durchschnittspreis der in Absatz 1 dieses Artikels genannten Zertifikate über dem Dreifachen des Durchschnittspreises der Zertifikate in den sechs vorangegangenen aufeinanderfolgenden Monaten, so werden gemäß Artikel 1a Absatz 7 des Beschlusses (EU) 2015/1814 150 Millionen Zertifikate gemäß diesem Kapitel aus der Marktstabilitätsreserve freigegeben.

(4) Wurde die Bedingung gemäß Absatz 2 am selben Tag wie die Bedingung gemäß Absatz 1 oder 3 erfüllt, so werden zusätzliche Zertifikate nur gemäß Absatz 1 oder 3 freigegeben.

(5) Die Kommission legt dem Europäischen Parlament und dem Rat vor dem 31. Dezember 2029 einen Bericht vor, in dem sie bewertet, ob der in Absatz 2 vorgesehene Mechanismus wirksam ist und beibehalten werden sollte. Die Kommission unterbreitet dem Europäischen Parlament und dem Rat gegebenenfalls zusammen mit dem Bericht einen Legislativvorschlag zur Änderung der Richtlinie, um diesen Mechanismus anzupassen.

(6) Wurden eine oder mehrere der Bedingungen gemäß Absatz 1, 2 oder 3 erfüllt und hat die Freigabe von Zertifikaten zur Folge, so werden zusätzliche Zertifikate nicht früher als zwölf Monate danach gemäß diesem Artikel freigegeben.

(7) Ist innerhalb der zweiten Hälfte des in Absatz 6 des vorliegenden Artikels genannten Zeitraums von zwölf Monaten die in Absatz 2 des vorliegenden Artikels genannte Bedingung erneut erfüllt, so bewertet die Kommission mit Unterstützung des gemäß Artikel 44 der Verordnung (EU) 2018/1999 eingesetzten Ausschusses die Wirksamkeit der Maßnahme und kann im Wege eines Durchführungsrechtsakts beschließen, dass Absatz 6 des vorliegenden Artikels keine Anwendung findet. Dieser Durchführungsrechtsakt wird gemäß dem in Artikel 22a Absatz 2 des vorliegenden Artikels genannten Prüfverfahren erlassen.

(8) Werden eine oder mehrere der in Absatz 1, 2 oder 3 genannten Bedingungen erfüllt und kommt Absatz 6 nicht zur Anwendung, so veröffentlicht die Kommission eine Bekanntmachung des Datums, an dem diese Bedingung bzw. Bedingungen erfüllt wurde bzw. wurden, unverzüglich im Amtsblatt der Europäischen Union.

(9) Mitgliedstaaten, die der Verpflichtung zur Vorlage eines Plans für Abhilfemaßnahmen gemäß Artikel 8 der Verordnung (EU) 2018/842 unterliegen, tragen den Auswirkungen der Freigabe zusätzlicher Zertifikate gemäß Absatz 2 des vorliegenden Artikels in den beiden vorangegangenen Jahren gebührend Rechnung, wenn sie zusätzliche Maßnahmen gemäß Artikel 8 Absatz 1 Unterabsatz 1 Buchstabe c der genannten Verordnung in Erwägung ziehen, um ihren Verpflichtungen aus der genannten Verordnung nachzukommen.

Artikel 30i
Überprüfung dieses Kapitels

Die Kommission erstattet dem Europäischen Parlament und dem Rat bis zum 1. Januar 2028 Bericht über die Durchführung der Bestimmungen dieses Kapitels im Hinblick auf ihre Wirksamkeit, Verwaltung und praktische Anwendung, einschließlich der Anwendung der Vorschriften des Beschlusses (EU) 2015/1814. Gegebenenfalls fügt die Kommission dem Bericht einen Legislativvorschlag zur Änderung dieses Kapitels bei. Die Kommission prüft bis zum 31. Oktober 2031, ob die Sektoren nach Anhang III dieser Richtlinie in das EU-EHS einbezogen werden können, das die in Anhang I dieser Richtlinie aufgeführten Sektoren abdeckt.

Artikel 30j
Verfahren für die einseitige Ausweitung der in Anhang III genannten Tätigkeiten auf andere Sektoren, die nicht unter Kapitel II und III fallen

(1) Ab 2027 können die Mitgliedstaaten die in Anhang III genannte Tätigkeit auf Sektoren ausdehnen, die nicht in diesem Anhang aufgeführt sind, und damit den Emissionshandel gemäß diesem Kapitel auf solche Sektoren ausweiten, soweit alle einschlägigen Kriterien, insbesondere die Auswirkungen auf den Binnenmarkt, mögliche Wettbewerbsverzerrungen, die Umweltintegrität des gemäß diesem Kapitel geschaffenen Emissionshandelssystems und die Zuverlässigkeit des vorgesehenen Überwachungs- und Berichterstattungsverfahrens berücksichtigt werden und sofern die Ausweitung der Tätigkeiten gemäß diesem Anhang von der Kommission gebilligt wird.

Der Kommission wird die Befugnis übertragen, gemäß Artikel 23 delegierte Rechtsakte zur Ergänzung dieser Richtlinie zu erlassen, um eine Ausweitung gemäß Unterabsatz 1 dieses Absatzes zu billigen, die Vergabe zusätzlicher Zertifikate zu genehmigen und anderen Mitgliedstaaten die Ausweitung der Tätigkeiten gemäß Anhang III zu genehmigen. Die Kommission kann die Ausweitung beim Erlass solcher delegierten Rechtsakte auch durch weitere Regeln für Maßnahmen zur Vermeidung möglicher Doppelzählungen ergänzen, auch in Bezug auf die Frage zusätzlicher Zertifikate zum Ausgleich für Zertifikate, die zur Verwendung von Brennstoffen im Rahmen von in Anhang I aufgeführten Tätigkeiten abgegeben werden. Etwaige finanzielle Maßnahmen der Mitgliedstaaten zugunsten von Sektoren oder Teilsektoren, die aufgrund erheblicher indirekter Kosten, die durch die Weitergabe der Kosten von Treibhausgasemissionen über die Brennstoffpreise infolge der einseitigen Ausweitung entstehen, einem tatsächlichen Risiko einer Verlagerung von CO_2-Emissionen ausgesetzt sind, stehen im Einklang mit den Vorschriften für staatliche Beihilfen und verursachen keine ungerechtfertigten Wettbewerbsverzerrungen im Binnenmarkt.

(2) Zusätzliche Zertifikate, die aufgrund einer Genehmigung gemäß diesem Artikel vergeben werden, werden im Einklang mit den Anforderungen gemäß Artikel 30d versteigert. Ungeachtet des Artikels 30d Absätze 1 bis 6 legen die Mitgliedstaaten, die die in Anhang III genannte Tätigkeit gemäß dem vorliegenden Artikel einseitig ausgeweitet haben, die Verwendung der Einnahmen aus der Versteigerung dieser zusätzlichen Zertifikate fest.

Artikel 30k
Verschiebung des Emissionshandels für Gebäude, Straßenverkehr und weitere Sektoren auf 2028 im Falle außergewöhnlich hoher Energiepreise

(1) Bis zum 15. Juli 2026 veröffentlicht die Kommission in einer Bekanntmachung im Amtsblatt der Europäischen Union, ob eine oder beide der folgenden Bedingungen erfüllt sind:

a) Der durchschnittliche TTF-Gaspreis für die sechs Kalendermonate, die am 30. Juni 2026 enden, lag über dem durchschnittlichen TTF-Gaspreis im Februar und März 2022;
b) der durchschnittliche Preis für Rohöl der Sorte Brent für die sechs Kalendermonate, die am 30. Juni 2026 enden, war mehr als doppelt so hoch wie der durchschnittliche Preis für Rohöl der Sorte Brent in den fünf vorangegangenen Jahren. Der Bezugszeitraum von fünf Jahren ist der Fünfjahreszeitraum, der vor dem ersten Monat des Zeitraums der sechs Kalendermonate endet.

(2) Sind eine oder beide der in Absatz 1 genannten Bedingungen erfüllt, so gilt Folgendes:

a) Abweichend von Artikel 30c Absatz 1 ist das erste Jahr, für das die unionsweite Menge an Zertifikaten festgelegt wird, 2028 und abweichend von Artikel 30c Absatz 3 ist das erste Jahr, für das die unionsweite Menge der Zertifikate angepasst wird, 2029;
b) abweichend von Artikel 30d Absätze 1 und 2 wird der Beginn der Versteigerung von Zertifikaten gemäß diesem Kapitel auf 2028 verschoben;
c) abweichend von Artikel 30d Absatz 2 werden die zusätzlichen Mengen von Zertifikaten für das erste Jahr der Versteigerungen von den Versteigerungsmengen für den Zeitraum 2030 bis 2032 abgezogen und die ursprünglichen Bestände in der Marktstabilitätsreserve im Jahr 2028 angelegt;
d) abweichend von Artikel 30e Absatz 2 wird die Frist für die erstmalige Abgabe von Zertifikaten für die Gesamtemissionen des Jahres 2028 bis zum 31. Mai 2029 verlängert;
e) abweichend von Artikel 30i wird die Frist für die Berichterstattung der Kommission an das Europäische Parlament und den Rat bis zum 1. Januar 2029 verlängert.

KAPITEL IVb WISSENSCHAFTLICHE BERATUNG UND SICHTBARKEIT DER FINANZIERUNG

Artikel 30l Wissenschaftliche Beratung

Der gemäß Artikel 10a der Verordnung (EG) Nr. 401/2009 des Europäischen Parlaments und des Rates ([41]) eingesetzte europäische wissenschaftliche Beirat für Klimawandel (im Folgenden „Beirat“) kann von sich aus wissenschaftliche Beratung leisten und Berichte in Bezug auf diese Richtlinie herausgeben. Die Kommission berücksichtigt die einschlägigen Ratschläge und Berichte des Beirats, insbesondere in Bezug auf

a) den Bedarf an zusätzlichen Strategien und Maßnahmen der Union, um die Einhaltung der in Artikel 30 Absatz 3 dieser Richtlinie genannten Ziele und Vorgaben sicherzustellen,

b) den Bedarf an zusätzlichen Strategien und Maßnahmen der Union angesichts Vereinbarungen über weltweite Maßnahmen innerhalb der ICAO zur Verringerung der Klimaauswirkungen des Luftverkehrs und angesichts der Ziele und der Umweltintegrität des globalen marktbasierten Mechanismus auf Ebene der IMO gemäß Artikel 3gg dieser Richtlinie.

Artikel 30m Information, Kommunikation und Öffentlichkeitsarbeit

(1) Die Kommission sorgt für die Sichtbarkeit der Finanzierung aus den Versteigerungseinnahmen im Rahmen des EU-EHS gemäß Artikel 10a Absatz 8 sichtbar ist, indem sie

a) sicherstellt, dass die Begünstigten solcher Mittel deren Herkunft durch kohärente, wirksame und verhältnismäßige gezielte Information verschiedener Zielgruppen, darunter die Medien und die Öffentlichkeit, bekannt machen und dafür sorgen, dass die Unionsförderung Sichtbarkeit erhält, insbesondere im Rahmen von Informationskampagnen zu den Projekten und deren Ergebnissen, und

b) sicherstellt, dass die Empfänger solcher Mittel eine entsprechende Kennzeichnung mit der Aufschrift „(ko-)finanziert aus dem EU-Emissionshandelssystem (Innovationsfonds)“ sowie das Emblem der Union und den Finanzierungsbetrag verwenden; wenn die Verwendung dieser Kennzeichnung nicht möglich ist, verweisen sie bei allen Kommunikationstätigkeiten auf den Investitionsfonds, einschließlich auf Anschlagtafeln an strategisch wichtigen, für die Öffentlichkeit sichtbaren Orten.

Die Kommission legt in dem in Artikel 10a Absatz 8 genannten delegierten Rechtsakt die Anforderungen fest, die erforderlich sind, um die Sichtbarkeit der Finanzierung aus dem Innovationsfonds zu gewährleisten, wozu auch das Erfordernis einer Erwähnung dieses Fonds gehört.

(2) Die Mitgliedstaaten stellen sicher, dass die Finanzierung aus Versteigerungseinnahmen im Rahmen des EU-EHS gemäß Artikel 10d – die den in Absatz 1, Unterabsatz 1, Buchstaben a und b dieses Artikels genannten Beträgen entspricht – sichtbar ist, wozu auch das Erfordernis einer Erwähnung des Modernisierungsfonds gehört.

(3) Unter Berücksichtigung der nationalen Gegebenheiten bemühen sich die Mitgliedstaaten, die Sichtbarkeit der Herkunft der Mittel für Maßnahmen oder Projekte zu gewährleisten, welche aus den Versteigerungseinnahmen im Rahmen des EU-EHS finanziert werden, deren Verwendung sie im Einklang mit Artikel 3d Absatz 4, Artikel 10 Absatz 3 und Artikel 30d Absatz 6 festlegen.

KAPITEL V SCHLUSSBESTIMMUNGEN

Artikel 31 Umsetzung

(1) Die Mitgliedstaaten setzen die Rechts- und Verwaltungsvorschriften in Kraft, die erforderlich sind, um dieser Richtlinie spätestens ab dem 31. Dezember 2003 nachzukommen. Sie setzen die Kommission unverzüglich davon in Kenntnis. Die Kommission teilt den anderen Mitgliedstaaten diese Rechts- und Verwaltungsvorschriften mit.

Wenn die Mitgliedstaaten diese Vorschriften erlassen, nehmen sie in den Vorschriften selbst oder durch einen Hinweis bei der amtlichen Veröffentlichung auf diese Richtlinie Bezug. Die Mitgliedstaaten regeln die Einzelheiten der Bezugnahme.

(2) Die Mitgliedstaaten teilen der Kommission den Wortlaut der innerstaatlichen Rechtsvorschriften mit, die sie auf dem unter diese Richtlinie fallenden Gebiet erlassen. Die Kommission setzt die anderen Mitgliedstaaten davon in Kenntnis.

Artikel 32 Inkrafttreten

Diese Richtlinie tritt am Tag ihrer Veröffentlichung im Amtsblatt der Europäischen Union in Kraft.

Artikel 33 Adressaten

Diese Richtlinie ist an alle Mitgliedstaaten gerichtet.

Anhang I Kategorien von Tätigkeiten,die in den Geltungsbereich dieser Richtlinie fallen

1. Anlagen oder Anlagenteile, die für Zwecke der Forschung, Entwicklung und Prüfung neuer Produkte und Verfahren genutzt werden, fallen nicht unter diese Richtlinie. Anlagen, bei denen während des Fünfjahreszeitraums gemäß Artikel 11 Absatz 1 Unterabsatz 2 Emissionen aus der Verbrennung von Biomasse, die den Kriterien gemäß Artikel 14 entspricht, im Durchschnitt zu mehr als 95 % der durchschnittlichen gesamten Treibhausgasemissionen beitragen, fallen nicht unter diese Richtlinie.
2. Die im Folgenden genannten Schwellenwerte beziehen sich allgemein auf Produktionskapazitäten oder Leistungen. Werden mehrere unter derselben Kategorie aufgeführte Tätigkeiten in ein und derselben Anlage durchgeführt, so werden die Kapazitäten dieser Tätigkeiten addiert.
3. Wenn die Gesamtfeuerungswärmeleistung einer Anlage berechnet wird, um darüber zu entscheiden, ob die Anlage in das EU-EHS aufgenommen werden soll, werden die Feuerungswärmeleistungen aller technischen Einheiten addiert, die Bestandteil der Anlage sind und in denen Brennstoffe innerhalb der Anlage verbrannt werden. Bei diesen Einheiten kann es sich unter anderem um alle Arten von Heizkesseln, Brennern, Turbinen, Erhitzern, Industrieöfen, Verbrennungsöfen, Kalzinierungsöfen, Brennöfen, Öfen, Trocknern, Motoren, Brennstoffzellen, CLC-Einheiten („Chemical Looping Combustion Units“), Fackeln und thermischen oder katalytischen Nachbrennern handeln. Einheiten mit einer Feuerungswärmeleistung von weniger als 3 MW werden bei dieser Berechnung nicht berücksichtigt.

[41] Verordnung (EG) Nr. 401/2009 des Europäischen Parlaments und des Rates vom 23. April 2009 über die Europäische Umweltagentur und das Europäische Umweltinformations- und Umweltbeobachtungsnetz (ABl. L 126 vom 21.5.2009, S. 13).

4. Wenn die Einheit einer Tätigkeit dient, für die der Schwellenwert nicht als Feuerungswärmeleistung ausgedrückt wird, so hat der Schwellenwert dieser Tätigkeit Vorrang für die Entscheidung über die Aufnahme in das EU-EHS.
5. Wenn festgestellt wird, dass der Kapazitätsschwellenwert einer in diesem Anhang genannten Tätigkeit in einer Anlage überschritten wird, werden alle Einheiten, in denen Brennstoffe verbrannt werden, außer Einheiten zur Verbrennung von gefährlichen oder Siedlungsabfällen, in die Genehmigung zur Emission von Treibhausgasen aufgenommen.
6. Ab 1. Januar 2012 werden alle Flüge einbezogen, die auf Flugplätzen enden oder von Flugplätzen abgehen, die sich in einem Hoheitsgebiet eines Mitgliedstaats befinden, auf das der Vertrag Anwendung findet.

Tätigkeiten	Treibhausgase
Verbrennung von Brennstoffen in Anlagen mit einer Gesamtfeuerungswärmeleistung von über 20 MW (ausgenommen Anlagen für die Verbrennung von gefährlichen oder Siedlungsabfällen) Ab dem 1. Januar 2024 die Verbrennung von Brennstoffen in Anlagen für die Verbrennung von Siedlungsabfällen mit einer Gesamtfeuerungswärmeleistung von mehr als 20 MW für die Zwecke der Artikel 14 und 15.	Kohlendioxid
Raffination von Öl bei Betrieb von Verbrennungseinheiten mit einer Gesamtfeuerungswärmeleistung von über 20 MW	Kohlendioxid
Herstellung von Koks	Kohlendioxid
Röstung oder Sinterung einschließlich Pelletierung von Metallerz (einschließlich Sulfiderz)	Kohlendioxid
Herstellung von Eisen oder Stahl (Primär- oder Sekundärschmelzbetrieb), einschließlich Stranggießen, mit einer Kapazität über 2,5 t pro Stunde	Kohlendioxid
Herstellung oder Verarbeitung von Eisenmetallen (einschließlich Eisenlegierungen) bei Betrieb von Verbrennungseinheiten mit einer Gesamtfeuerungswärmeleistung von über 20 MW. Die Verarbeitung umfasst unter anderem Walzwerke, Öfen zum Wiederaufheizen, Glühöfen, Schmiedewerke, Gießereien, Beschichtungs- und Beizanlagen.	Kohlendioxid
Herstellung von Primäraluminium oder Aluminiumoxid	Kohlendioxid und perfluorierte Kohlenwasserstoffe (PFC)
Herstellung von Sekundäraluminium bei Betrieb von Verbrennungseinheiten mit einer Gesamtfeuerungswärmeleistung von über 20 MW	Kohlendioxid
Herstellung oder Verarbeitung von Nichteisenmetallen einschließlich der Herstellung von Legierungen, Raffinationsprodukten, Gussprodukten usw. bei Betrieb von Verbrennungseinheiten mit einer Gesamtfeuerungswärmeleistung (einschließlich der als Reduktionsmittel verwendeten Brennstoffe) von über 20 MW	Kohlendioxid
Herstellung von Zementklinker in Drehrohröfen mit einer Produktionskapazität von über 500 t pro Tag oder in anderen Öfen mit einer Produktionskapazität über 50 t pro Tag	Kohlendioxid
Herstellung von Kalk oder Brennen von Dolomit oder Magnesit in Drehrohröfen oder in anderen Öfen mit einer Produktionskapazität über 50 t pro Tag	Kohlendioxid
Herstellung von Glas einschließlich Glasfasern mit einer Schmelzkapazität von über 20 t pro Tag	Kohlendioxid
Herstellung von keramischen Erzeugnissen durch Brennen, und zwar insbesondere von Dachziegeln, Ziegelsteinen, feuerfesten Steinen, Fliesen, Steinzeug oder Porzellan mit einer Produktionskapazität von über 75 t pro Tag	Kohlendioxid
Herstellung von Dämmmaterial aus Mineralwolle unter Verwendung von Glas, Stein oder Schlacke mit einer Schmelzkapazität von über 20 t pro Tag	Kohlendioxid
Trocknen oder Brennen von Gips oder Herstellung von Gipskartonplatten und sonstigen Gipserzeugnissen mit einer Produktionskapazität für gebrannten Gips oder getrockneten Sekundärgips von insgesamt über 20 t pro Tag	Kohlendioxid
Herstellung von Zellstoff aus Holz oder anderen Faserstoffen	Kohlendioxid
Herstellung von Papier und Karton mit einer Produktionskapazität über 20 t pro Tag	Kohlendioxid
Herstellung von Industrieruß durch Karbonisierung organischer Stoffe wie Öle, Teere, Crack- und Destillationsrückstände mit einer Produktionskapazität über 50 t pro Tag	Kohlendioxid
Herstellung von Salpetersäure	Kohlendioxid und Distickstoffoxid
Herstellung von Adipinsäure	Kohlendioxid und Distickstoffoxid
Herstellung von Glyoxal und Glyoxylsäure	Kohlendioxid und Distickstoffoxid
Herstellung von Ammoniak	Kohlendioxid
Herstellung von organischen Grundchemikalien durch Cracken, Reformieren, partielle oder vollständige Oxidation oder ähnliche Verfahren, mit einer Produktionskapazität von über 100 t pro Tag	Kohlendioxid
Herstellung von Wasserstoff (H2) und Synthesegas mit einer Produktionskapazität von über 5 t pro Tag	Kohlendioxid
Herstellung von Soda (Na2CO3) und Natriumbicarbonat (NaHCO3)	Kohlendioxid

Abscheidung von Treibhausgasen aus von unter diese Richtlinie fallenden Anlagen zwecks Beförderung und geologischer Speicherung in einer gemäß der Richtlinie 2009/31/EG genehmigten Speicherstätte	Kohlendioxid
Beförderung von Treibhausgasen zwecks geologischer Speicherung in einer gemäß der Richtlinie 2009/31/EG genehmigten Speicherstätte mit Ausnahme jener Emissionen, die unter eine andere Tätigkeit gemäß dieser Richtlinie fallen	Kohlendioxid
Geologische Speicherung von Treibhausgasen in einer gemäß der Richtlinie 2009/31/EG genehmigten Speicherstätte	Kohlendioxid
Luftverkehr Flüge zwischen Flugplätzen in zwei verschiedenen in dem nach Artikel 25a Absatz 3 erlassenen Durchführungsrechtsakt aufgeführten Staaten, Flüge zwischen der Schweiz oder dem Vereinigten Königreich und in dem nach Artikel 25a Absatz 3 erlassenen Durchführungsrechtsakt aufgeführten Staaten und — für die Zwecke von Artikel 12 Absätze 6 und 8 und Artikel 28c — alle anderen Flüge zwischen Flugplätzen in zwei verschiedenen Drittländern, die von Luftfahrzeugbetreibern durchgeführt werden, die alle nachstehenden Bedingungen erfüllen: a) Sie verfügen über ein von einem Mitgliedstaat ausgestelltes Luftverkehrsbetreiberzeugnis oder sind in einem Mitgliedstaat, einschließlich der Gebiete in äußerster Randlage sowie der überseeischen Gebiete und Schutzgebiete dieses Mitgliedstaats, registriert und b) sie erzeugen jährliche CO_2-Emissionen von mehr als 10 000 Tonnen aus dem Einsatz von Flugzeugen mit einer höchstzulässigen Startmasse von mehr als 5 700 kg, die seit dem 1. Januar 2021 Flüge nach diesem Anhang durchführen, welche nicht in demselben Mitgliedstaat, einschließlich der Gebiete in äußerster Randlage desselben Mitgliedstaats, starten und landen; für die Zwecke dieses Buchstabens werden Emissionen der nachstehend genannten Arten von Flügen nicht berücksichtigt: i) Flüge im staatlichen Auftrag, ii) Flüge im humanitären Einsatz, iii) medizinische Flüge, iv) Militärflüge, v) Löschflüge, vi) Flüge vor oder nach einem Flug im humanitären Einsatz, einem medizinischen Flug oder einem Löschflug, sofern diese Flüge mit demselben Luftfahrzeug erfolgten und für die Durchführung der damit verbundenen Tätigkeiten in den Bereichen humanitäre Hilfe, medizinische Versorgung oder Brandbekämpfung oder die anschließende Verlegung des Luftfahrzeugs für seinen nächsten Einsatz erforderlich waren. Flüge, die von einem Flugplatz abgehen oder auf einem Flugplatz enden, der sich in einem Hoheitsgebiet eines Mitgliedstaats befindet, auf das der Vertrag Anwendung findet. Nicht unter diese Tätigkeit fallen: a) Flüge, die ausschließlich zur Beförderung von in offizieller Mission befindlichen regierenden Monarchen und ihren unmittelbaren Familienangehörigen sowie Staatschefs, Regierungschefs und von zur Regierung gehörenden Ministern eines Nichtmitgliedstaats durchgeführt werden, soweit dies durch einen entsprechenden Statusindikator im Flugplan vermerkt ist; b) Militärflüge in Militärluftfahrzeugen sowie Zoll- und Polizeiflüge; c) Flüge im Zusammenhang mit Such- und Rettungseinsätzen, Löschflüge, Flüge im humanitären Einsatz sowie Ambulanzflüge in medizinischen Notfällen, soweit eine Genehmigung der jeweils zuständigen Behörde vorliegt; d) Flüge, die ausschließlich nach Sichtflugregeln im Sinne des Anhangs 2 des Chicagoer Abkommens durchgeführt werden; e) Flüge, bei denen das Luftfahrzeug ohne Zwischenlandung wieder zum Ausgangsflugplatz zurückkehrt; f) Übungsflüge, die ausschließlich zum Erwerb eines Pilotenscheins oder einer Berechtigung für die Cockpit-Besatzung durchgeführt werden, sofern dies im Flugplan entsprechend vermerkt ist; diese Flüge dürfen nicht zur Beförderung von Fluggästen und/oder Fracht oder zur Positionierung oder Überführung von Luftfahrzeugen dienen; g) Flüge, die ausschließlich der wissenschaftlichen Forschung oder der Kontrolle, Erprobung oder Zulassung von Luftfahrzeugen oder Ausrüstung, unabhängig davon, ob es sich um Bord- oder Bodenausrüstung handelt, dienen; h) Flüge von Luftfahrzeugen mit einer höchstzulässigen Startmasse von weniger als 5 700 kg; i) Flüge im Rahmen von gemeinwirtschaftlichen Verpflichtungen nach Maßgabe der Verordnung (EWG) Nr. 2408/92 auf Routen innerhalb von Gebieten in äußerster Randlage im Sinne von Artikel 299 Absatz 2 des Vertrags oder auf Routen mit	Kohlendioxid

einer angebotenen Kapazität von höchstens 50 000 Sitzplätzen pro Jahr; j) Flüge, die abgesehen von diesem Buchstaben unter diese Tätigkeit fallen würden und von einem gewerblichen Luftverkehrsbetreiber durchgeführt werden, sofern dieser Betreiber entweder – weniger als 243 Flüge in jedem von drei aufeinander folgenden Viermonatszeiträumen durchführt oder – die jährlichen Gesamtemissionen der Flüge dieses Betreibers weniger als 10 000 Tonnen betragen. Flüge, die unter den Buchstaben l und m genannt sind oder die ausschließlich zur Beförderung in Ausübung ihres Amtes von regierenden Monarchen und ihren unmittelbaren Familienangehörigen, sowie von Staatschefs, Regierungschefs und zur Regierung gehörenden Ministern eines Mitgliedstaats durchgeführt werden, können von den Vorschriften unter diesem Buchstaben nicht ausgenommen werden. k) vom 1. Januar 2013 bis zum 31. Dezember 2030 Flüge, die abgesehen von diesem Buchstaben unter diese Tätigkeit fallen würden und von einem nichtgewerblichen Luftfahrzeugbetreiber durchgeführt werden, dessen Flüge jährliche Gesamtemissionen von weniger als 1 000 Tonnen aufweisen (einschließlich Emissionen aus unter den Buchstaben l und m genannten Flügen); l) Flüge, die von Flugplätzen in der Schweiz abgehen und auf Flugplätzen im EWR enden; m) Flüge, die von Flugplätzen im Vereinigten Königreich abgehen und auf Flugplätzen im EWR enden.	
Seeverkehr Seeverkehrstätigkeiten, die unter die Verordnung (EU) 2015/757 fallen, mit Ausnahme der Seeverkehrstätigkeiten, die unter Artikel 2 Absatz 1a und bis zum 31. Dezember 2026 unter Artikel 2 Absatz 1b der genannten Verordnung fallen.	Kohlendioxid Ab dem 1. Januar 2026 Methan und Stickstoffoxid

Anh II
Treibhausgase gemäß den Artikeln 3 und 30

Kohlendioxid (CO_2)

Methan (CH)

Distickstoffoxid (NO)

Fluorkohlenwasserstoffe (FKW)

Perfluorierte Kohlenwasserstoffe

Schwefelhexafluorid (SF6)

Anhang IIa
Erhöhung des Prozentsatzes der von den Mitgliedstaaten gemäß Artikel 10 Absatz 2 Buchstabe a zu versteigernden Zertifikate zwecks Emissionsminderung und Anpassung an die Folgen des Klimawandels im Interesse der Solidarität und des Wachstums in der Union

	Anteil des Mitgliedstaats
Bulgarien	53 %
Tschechische Republik	31 %
Estland	42 %
Griechenland	17 %
Spanien	13 %
Kroatien	26 %
Zypern	20 %
Lettland	56 %
Litauen	46 %
Ungarn	28 %
Malta	23 %
Polen	39 %
Portugal	16 %
Rumänien	53 %
Slowenien	20 %
Slowakei	41 %

Anhang IIb

Teil A
Aufteilung der Mittel aus dem Moderisierungsfonds gemäß Artikel 10 Absatz 1 Unterabsatz 3

	Anteil
Bulgarien	5,84 %
Tschechien	15,59 %
Estland	2,78 %
Kroatien	3,14 %
Lettland	1,44 %
Litauen	2,57 %
Ungarn	7,12 %
Polen	43,41 %
Rumänien	11,98 %
Slowakei	6,13 %

Teil B
Aufteilung der Mittel aus dem Moderisierungsfonds gemäß Artikel 10 Absatz 1 Unterabsatz 4

	Anteil
Bulgarien	4,9 %
Tschechien	12,6 %
Estland	2,1 %
Griechenland	10,1 %
Kroatien	2,3 %
Lettland	1,0 %
Litauen	1,9 %
Ungarn	5,8 %
Polen	34,2 %
Portugal	8,6 %
Rumänien	9,7 %
Slowakei	4,8 %
Slovenien	2,0 %

Anhang III
Tätigkeit gemäß Kapitel IVa

Tätigkeit	Treibhausgase

Überführung von Brennstoffen in den steuerrechtlich freien Verkehr, die zur Verbrennung im Gebäude- und im Straßenverkehrssektor sowie in zusätzlichen Sektoren verwendet werden. Nicht unter diese Tätigkeit fallen: a) die Überführung von Brennstoffen in den steuerrechtlich freien Verkehr, die bei den in Anhang I aufgeführten Tätigkeiten verwendet werden, es sei denn, sie werden zur Verbrennung bei der Beförderung von Treibhausgasen zur geologischen Speicherung gemäß der Zeile 27 der Tabelle dieses Anhangs oder für die Verbrennung in Anlagen verwendet, die gemäß Artikel 27a ausgeschlossen sind; (b) die Überführung von Brennstoffen in den steuerrechtlich freien Verkehr, deren Emissionsfaktor null ist (c) die Überführung von als Brennstoff verwendeten gefährlichen Abfällen oder Siedlungsabfällen in den steuerrechtlich freien Verkehr. Der Gebäude- und der Straßenverkehrssektor entsprechen den folgenden Emissionsquellen gemäß den Definitionen in den IPCC-Leitlinien für nationale Treibhausgasinventare von 2006 mit den folgenden erforderlich Änderungen dieser Definitionen: (a) Kraft-Wärme-Kopplung (KWK) (Quellenkategorie-Code 1A1a ii) und Wärmeerzeugungsanlagen (Quellenkategorie-Code 1A1a iii), sofern sie Wärme für die unter den Buchstaben c und d dieses Absatzes genannten Kategorien entweder direkt oder über Fernwärmenetze erzeugen;	Kohlendioxid
(b) Straßenverkehr (Quellenkategorie-Code 1A3b), ausgenommen die Benutzung landwirtschaftlicher Fahrzeuge auf befestigten Straßen; (c) Gewerblich/Institutionell (Quellenkategorie-Code 1A4a); (d) Haushalte (Quellenkategorie-Code 1A4b). Die zusätzlichen Sektoren entsprechen den folgenden Emissionsquellen gemäß den Definitionen in den IPCC-Leitlinien für nationale Treibhausgasinventare von 2006: (a) die Energiewirtschaft (Quellenkategorie-Code 1A1) mit Ausnahme der in Absatz 2 Buchstabe a dieses Anhangs definierten Kategorien; (b) das verarbeitende Gewerbe und das Baugewerbe (Quellenkategorie-Code 1A2).	

Anhang IIIa
Anpassung des linearen Kürzungsfaktors im Einklang mit Artikel 30c Absatz 2

1. Liegen die gemäß Kapitel IVa für die Jahre 2024-2026 berichteten durchschnittlichen Emissionen um mehr als 2 % über dem Wert der gemäß Artikel 30c Absatz 1 festgelegten Menge für 2025 und ist dieser Unterschied nicht auf die Differenz von weniger als 5 % zwischen den gemäß Kapitel IVa berichteten Emissionen und den Inventardaten 2025 der EU-Treibhausgasemissionen aus UNFCCC-Quellenkategorien für die Sektoren gemäß Kapitel IVa zurückzuführen, so wird der lineare Kürzungsfaktor durch Anpassung des linearen Kürzungsfaktors gemäß Artikel 30c Absatz 1 berechnet.
2. Der angepasste lineare Kürzungsfaktor gemäß Nummer 1 wird wie folgt bestimmt:

   $LRF_{adj} = 100\% * [MRV_{[2024\text{-}2026]} - (ESR_{[2024]} - 6 * LRF_{[2024]} * ESR_{[2024]})]/(5 * MRV_{[2024\text{-}2026]})$, dabei ist

   LRF_{adj} der angepasste lineare Kürzungsfaktor;

   $MRV_{[2024\text{-}2026]}$ der Durchschnitt der geprüften Emissionen gemäß Kapitel IVa für die Jahre 2024-2026;

   $ESR_{[2024]}$ der Wert der Emissionen im Jahr 2024, der gemäß Artikel 30c Absatz 1 für die Sektoren gemäß Kapitel IVa festgelegt wird;

   $LRF_{[2024]}$ der lineare Kürzungsfaktor gemäß Artikel 30c Absatz 1.

Anhang IV
Grundsätze für die Überwachung und Berichterstattung gemäß Artikel 14 Absatz 1

TEIL A – Überwachung und Berichterstattung betreffend Emissionen aus ortsfesten Anlagen

Überwachung der Kohlendioxidemissionen

Die Überwachung der Emissionen erfolgt entweder durch Berechnung oder auf der Grundlage von Messungen.

Berechnung

Die Berechnung der Emissionen erfolgt nach folgender Formel:

Tätigkeitsdaten × Emissionsfaktor × Oxidationsfaktor

Die Überwachung der Tätigkeitsdaten (Brennstoffverbrauch, Produktionsrate usw.) erfolgt auf der Grundlage von Daten über eingesetzte Brenn- oder Rohstoffe oder Messungen.

Es werden etablierte Emissionsfaktoren verwendet. Für alle Brennstoffe können tätigkeitsspezifische Emissionsfaktoren verwendet werden. Für alle Brennstoffe außer nichtkommerziellen Brennstoffen (Brennstoffe aus Abfall wie Reifen und Gase aus industriellen Verfahren) können Standardfaktoren verwendet werden. Flözspezifische Standardwerte für Kohle und EU-spezifische oder erzeugerländerspezifische Standardwerte für Erdgas sind noch weiter auszuarbeiten. Für Raffinerieerzeugnisse können IPCC-Standardwerte verwendet werden. Der Emissionsfaktor für Biomasse, die den in der Richtlinie (EU) 2018/2001 festgelegten Nachhaltigkeits- und Treibhausgaseinsparungskriterien für die Nutzung von Biomasse entspricht, mit etwaigen erforderlichen Anpassungen für die Anwendung im Rahmen dieser Richtlinie entsprechend den in Artikel 14 der vorliegenden Richtlinie genannten Durchführungsrechtsakten ist null.

Wird beim Emissionsfaktor nicht berücksichtigt, dass ein Teil des Kohlenstoffs nicht oxidiert wird, so ist ein zusätzlicher Oxidationsfaktor zu verwenden. Wurden tätigkeitsspezifische Emissionsfaktoren berechnet, bei denen die Oxidation bereits berücksichtigt ist, so muss ein Oxidationsfaktor nicht verwendet werden.

Es sind gemäß der Richtlinie 2010/75/EU entwickelte Standardoxidationsfaktoren zu verwenden, es sei denn, der Betreiber kann nachweisen, dass tätigkeitsspezifische Faktoren genauer sind.

Für jede Tätigkeit und Anlage sowie für jeden Brennstoff ist eine eigene Berechnung anzustellen.

Messung

Bei der Messung der Emissionen sind standardisierte oder etablierte Verfahren zu verwenden; die Messung ist durch eine flankierende Emissionsberechnung zu bestätigen.

Überwachung anderer Treibhausgasemissionen

Zu verwenden sind standardisierte oder etablierte Verfahren, die von der Kommission in Zusammenarbeit mit allen relevanten Interessenträgern entwickelt und gemäß Artikel 14 Absatz 1 angenommen worden sind.

Berichterstattung über die Emissionen

Jeder Betreiber hat im Bericht für eine Anlage folgende Informationen zu liefern:

A. Anlagedaten, einschließlich:
— Name der Anlage,
— Anschrift, einschließlich Postleitzahl und Land,
— Art und Anzahl der in der Anlage durchgeführten Tätigkeiten gemäß Anhang I,
— Anschrift, Telefonnummer, Faxnummer und E-Mail-Adresse eines Ansprechpartners und
— Name des Besitzers der Anlage und etwaiger Mutterunternehmen.

B. Für jede am Standort durchgeführte Tätigkeit gemäß Anhang I, für die Emissionen berechnet werden:
— Tätigkeitsdaten,
— Emissionsfaktoren,
— Oxidationsfaktoren,
— Gesamtemissionen und
— Unsicherheitsfaktoren.

C. Für jede am Standort durchgeführte Tätigkeit gemäß Anhang I, für die Emissionen gemessen werden:
— Gesamtemissionen,
— Angaben zur Zuverlässigkeit der Messverfahren und
— Unsicherheitsfaktoren.

D. Für Emissionen aus der Verbrennung ist im Bericht außerdem der Oxidationsfaktor anzugeben, es sei denn, die Oxidation wurde bereits bei der Berechnung eines tätigkeitsspezifischen Emissionsfaktors einbezogen.

Die Mitgliedstaaten treffen Maßnahmen zur Koordinierung der Anforderungen für die Berichterstattung mit bereits bestehenden Anforderungen für die Berichterstattung, um den Berichterstattungsaufwand der Unternehmen möglichst gering zu halten.

TEIL B – Überwachung und Berichterstattung betreffend Emissionen aus Luftverkehrstätigkeiten

Überwachung der Kohlendioxidemissionen

Die Überwachung der Emissionen erfolgt durch Berechnung. Die Berechnung der Emissionen erfolgt nach folgender Formel:

Treibstoffverbrauch × Emissionsfaktor

Zum Treibstoffverbrauch zählen auch Treibstoffe, die vom Hilfsmotor verbraucht werden. Der tatsächliche Treibstoffverbrauch jedes Flugs wird so weit wie möglich herangezogen und nach folgender Formel berechnet:

Treibstoffmenge in den Luftfahrzeugstanks nach abgeschlossener Betankung für den betreffenden Flug – Treibstoffmenge in den Luftfahrzeugstanks nach abgeschlossener Betankung für den Folgeflug + Treibstoffbetankung für diesen Folgeflug.

Liegen keine Daten über den tatsächlichen Treibstoffverbrauch vor, so wird der Treibstoffverbrauch auf der Grundlage der besten verfügbaren Informationen nach einem standardisierten Mehrstufenkonzept geschätzt.

Es werden Standardemissionsfaktoren aus den IPCC-Leitlinien von 2006 oder späteren Aktualisierungen dieser Leitlinien zugrunde gelegt, es sei denn, tätigkeitsspezifische Emissionsfaktoren, die von unabhängigen akkreditierten Laboratorien nach anerkannten Analysemethoden identifiziert wurden, erweisen sich als genauer. Der Emissionsfaktor für Biomasse, die den in der Richtlinie (EU) 2018/2001 festgelegten Nachhaltigkeits- und Treibhausgaseinsparungskriterien für die Nutzung von Biomasse entspricht, mit etwaigen erforderlichen Anpassungen für die Anwendung im Rahmen dieser Richtlinie entsprechend den in Artikel 14 der vorliegenden Richtlinie genannten Durchführungsrechtsakten ist null. Der Emissionsfaktor für Jetkerosin (JET A1 oder JET A) beträgt 3,16 (Tonnen CO_2 pro Tonnen Kraftstoff).

Emissionen aus erneuerbaren Kraftstoffen nicht biogenen Ursprungs, bei denen Wasserstoff aus erneuerbaren Quellen gemäß Artikel 25 der Richtlinie (EU) 2018/2001 verwendet wird, werden für Luftfahrzeugbetreiber, die diese Kraftstoffe verwenden, als emissionsfrei eingestuft, bis der in Artikel 14 Absatz 1 der vorliegenden Richtlinie genannte Durchführungsrechtsakt erlassen ist.

Für jeden Flug und jeden Treibstoff wird eine gesonderte Berechnung vorgenommen.

Berichterstattung über die Emissionen

Jeder Luftfahrzeugbetreiber nimmt in seinen Bericht gemäß Artikel 14 Absatz 3 folgende Informationen auf:

A. Angaben zum Luftfahrzeugbetreiber, einschließlich
— Name des Luftfahrzeugbetreibers;
— zuständiger Verwaltungsmitgliedstaat;
— Anschrift, einschließlich Postleitzahl und Land und, falls abweichend, Kontaktadresse im Verwaltungsmitgliedstaat;
— Luftfahrzeugzulassungsnummern und die im Berichtszeitraum für die Luftverkehrstätigkeiten des Betreibers gemäß Anhang I verwendeten Luftfahrzeugtypen;
— Nummer und Ausstellungsbehörde des Luftverkehrsbetreiberzeugnisses und der Betriebsgenehmigung, auf deren Grundlage die Luftverkehrstätigkeiten des Betreibers gemäß Anhang I durchgeführt wurden;
— Anschrift, Telefonnummer, Faxnummer und E-Mail-Anschrift eines Ansprechpartners;
— Name des Luftfahrzeugeigentümers.

B. Für jeden Treibstofftyp, für den Emissionen berechnet werden:
— Treibstoffverbrauch;
— Emissionsfaktor;
— Gesamtwert der aggregierten Emissionen aus allen Flügen, die während des Berichtszeitraums im Rahmen der Luftverkehrstätigkeiten des Betreibers gemäß Anhang I durchgeführt wurden;
— aggregierte Emissionen aus
  — allen Flügen, die während des Berichtszeitraums im Rahmen der Luftverkehrstätigkeiten des Betreibers gemäß Anhang I durchgeführt wurden und die von einem Flugplatz im Hoheitsgebiet eines Mitgliedstaats abgingen und an einem Flugplatz im Hoheitsgebiet desselben Mitgliedstaats endeten;
  — allen anderen Flügen, die während des Berichtszeitraums im Rahmen der Luftverkehrstätigkeiten des Betreibers gemäß Anhang I durchgeführt wurden;
— aggregierte Emissionen aus allen Flügen, die während des Berichtszeitraums im Rahmen der Luftverkehrstätigkeiten des Betreibers gemäß Anhang I durchgeführt wurden und die

— aus jedem Mitgliedstaat abgingen und
— in jedem Mitgliedstaat aus einem Drittland ankamen;
— Unsicherheitsfaktor.

Überwachung von Tonnenkilometerdaten für die Zwecke der Artikel 3e und 3f

Zur Beantragung der Zuteilung von Zertifikaten gemäß Artikel 3e Absatz 1 oder Artikel 3f Absatz 2 wird der Umfang der Luftverkehrstätigkeit in Tonnenkilometern nach folgender Formel berechnet:

Tonnenkilometer = Flugstrecke × Nutzlast,

wobei

„Flugstrecke" die Großkreisentfernung zwischen Abflug- und Ankunftsflugplatz zuzüglich eines zusätzlichen unveränderlichen Faktors von 95 km bezeichnet, und

„Nutzlast" die Gesamtmasse der beförderten Fracht, Post und Fluggäste bezeichnet.

Für die Berechnung der Nutzlast gilt Folgendes:

— Die Zahl der Fluggäste entspricht der Zahl der an Bord befindlichen Personen mit Ausnahme des Bordpersonals;
— ein Luftfahrzeugbetreiber kann entweder die in seinen Unterlagen über die Massen- und Schwerpunktberechnung eingetragene tatsächliche Masse oder die Standardmasse für Fluggäste und aufgegebenes Gepäck oder auf jeden Fluggast und sein aufgegebenes Gepäck einen Standardwert von 100 kg anwenden.

Berichterstattung betreffend Tonnenkilometerdaten für die Zwecke der Artikel 3e und 3f

Jeder Luftfahrzeugbetreiber nimmt in seinen Antrag gemäß Artikel 3e Absatz 1 oder Artikel 3f Absatz 2 folgende Informationen auf:

A. Angaben zum Luftfahrzeugbetreiber, einschließlich
   — Name des Luftfahrzeugbetreibers;
   — zuständiger Verwaltungsmitgliedstaat;
   — Anschrift, einschließlich Postleitzahl und Land und, falls abweichend, Kontaktadresse im Verwaltungsmitgliedstaat;
   — Luftfahrzeugzulassungsnummern und die im Antragsjahr für die Luftverkehrstätigkeiten des Betreibers gemäß Anhang I verwendeten Luftfahrzeugtypen;
   — Nummer und Ausstellungsbehörde des Luftverkehrsbetreiberzeugnisses und der Betriebsgenehmigung, auf deren Grundlage die Luftverkehrstätigkeiten des Betreibers gemäß Anhang I durchgeführt wurden;
   — Anschrift, Telefonnummer, Faxnummer und E-Mail-Anschrift eines Ansprechpartners;
   — Name des Luftfahrzeugeigentümers.

B. Tonnenkilometerdaten:
   — Zahl der Flüge je Flugplatzpaar;
   — Zahl der Fluggastkilometer je Flugplatzpaar;
   — Zahl der Tonnenkilometer je Flugplatzpaar;
   — für die Berechnung der Masse von Fluggästen und aufgegebenem Gepäck verwendete Methode;
   — Gesamtzahl der Tonnenkilometer für alle Flüge, die in dem Berichtsjahr durchgeführt wurden und unter die Luftverkehrstätigkeiten des Luftfahrzeugbetreibers gemäß Anhang I fallen.

TEIL C – Überwachung und Berichterstattung betreffend Emissionen aus der in Anhang III genannten Tätigkeit

Emissionsüberwachung

Die Überwachung der Emissionen erfolgt durch Berechnung.

Berechnung

Die Berechnung der Emissionen erfolgt nach folgender Formel:

In den steuerrechtlich freien Verkehr überführte Brennstoffe × Emissionsfaktor

In den steuerrechtlich freien Verkehr überführter Brennstoff schließt die von dem beaufsichtigten Unternehmen in den steuerrechtlich freien Verkehr überführte Brennstoffmenge ein.

Es werden Standardemissionsfaktoren aus den IPCC-Leitlinien von 2006 oder späteren Aktualisierungen dieser Leitlinien zugrunde gelegt, es sei denn, brennstoffspezifische Emissionsfaktoren, die von unabhängigen akkreditierten Laboratorien nach anerkannten Analysemethoden ermittelt wurden, erweisen sich als genauer.

Für jedes beaufsichtigte Unternehmen und jeden Brennstoff wird eine gesonderte Berechnung vorgenommen.

Berichterstattung über Emissionen

Jedes beaufsichtigte Unternehmen nimmt in ihren Bericht folgende Informationen auf:

A. Angaben zum beaufsichtigten Unternehmen, einschließlich
   — Name des beaufsichtigten Unternehmens;
   — Anschrift, einschließlich Postleitzahl und Land;
   — Art der Brennstoffe, die sie in den steuerrechtlich freien Verkehr überführt, und Tätigkeiten, über die sie dies tut, einschließlich der verwendeten Technologie;
   — Anschrift, Telefonnummer, Faxnummer und E-Mail-Anschrift eines Ansprechpartners und
   — Name des Eigentümers des beaufsichtigten Unternehmens und etwaiger Mutterunternehmen.

B. Für jede Brennstoffart, die in den steuerrechtlich freien Verkehr überführt wird und für Verbrennungsprozesse in den in Anhang III genannten Sektoren verwendet wird und für die Emissionen berechnet werden:
   — Brennstoffmenge, die in den steuerrechtlich freien Verkehr überführt wird;
   — Emissionsfaktor;
   — Gesamtemissionen;
   — Endverwendung(en) der Brennstoffe, die in den steuerrechtlich freien Verkehr überführt werden; und
   — Unsicherheitsfaktor.

   Die Mitgliedstaaten treffen Maßnahmen zur Koordinierung der Anforderungen an die Berichterstattung mit bereits bestehenden Anforderungen an die Berichterstattung, um den Berichterstattungsaufwand der Unternehmen möglichst gering zu halten.

AnhangV
Kriterien für die Prüfung gemäß Artikel 15

TEIL A – Prüfung von Emissionen aus ortsfesten Anlagen

Allgemeine Grundsätze

1. Die Emissionen aus allen in Anhang I aufgeführten Tätigkeiten unterliegen einer Prüfung.
2. Im Rahmen des Prüfungsverfahrens wird auf den Bericht gemäß Artikel 14 Absatz 3 und auf die Überwachung im Vorjahr eingegangen. Geprüft werden ferner die Zuverlässigkeit, Glaubwürdigkeit und Genauigkeit der Überwachungssysteme sowie die übermittelten Daten und Angaben zu den Emissionen, insbesondere:

a) die übermittelten Tätigkeitsdaten und damit verbundenen Messungen und Berechnungen;

b) Wahl und Anwendung der Emissionsfaktoren;

c) die Berechnungen für die Bestimmung der Gesamtemissionen und

d) bei Messungen die Angemessenheit der Wahl und Anwendung der Messverfahren.

3. Die Validierung der Angaben zu den Emissionen ist nur möglich, wenn zuverlässige und glaubwürdige Daten und Informationen eine Bestimmung der Emissionen mit einem hohen Zuverlässigkeitsgrad gestatten. Ein hoher Zuverlässigkeitsgrad verlangt vom Betreiber den Nachweis, dass

a) die übermittelten Daten schlüssig sind,

b) die Erhebung der Daten in Einklang mit geltenden wissenschaftlichen Standards erfolgt ist und

c) die einschlägigen Angaben über die Anlage vollständig und schlüssig sind.

4. Die prüfende Instanz erhält Zugang zu allen Standorten und zu allen Informationen, die mit dem Gegenstand der Prüfung im Zusammenhang stehen.
5. Die prüfende Instanz berücksichtigt, ob die Anlage im Rahmen des Gemeinschaftssystems für das Umweltmanagement und die Umweltbetriebsprüfung (EMAS) registriert ist.

Methodik

Strategische Analyse

6. Die Prüfung basiert auf einer strategischen Analyse aller Tätigkeiten, die in der Anlage durchgeführt werden. Dazu benötigt die prüfende Instanz einen Überblick über alle Tätigkeiten und ihre Bedeutung für die Emissionen.

Prozessanalyse

7. Die Prüfung der übermittelten Informationen erfolgt bei Bedarf am Standort der Anlage. Die prüfende Instanz führt Stichproben durch, um die Zuverlässigkeit der übermittelten Daten und Informationen zu ermitteln.

Risikoanalyse

8. Die prüfende Instanz unterzieht alle Quellen von Emissionen in der Anlage einer Bewertung in Bezug auf die Zuverlässigkeit der Daten über jede Quelle, die zu den Gesamtemissionen der Anlage beiträgt.
9. Anhand dieser Analyse ermittelt die prüfende Instanz ausdrücklich die Quellen mit hohem Fehlerrisiko und andere Aspekte des Überwachungs- und Berichterstattungsverfahrens, die zu Fehlern bei der Bestimmung der Gesamtemissionen führen könnten. Hier sind insbesondere die Wahl der Emissionsfaktoren und die Berechnungen zur Bestimmung der Emissionen einzelner Emissionsquellen zu nennen. Besondere Aufmerksamkeit ist Quellen mit einem hohen Fehlerrisiko und den genannten anderen Aspekten des Überwachungsverfahrens zu widmen.
10. Die prüfende Instanz berücksichtigt etwaige effektive Verfahren zur Beherrschung der Risiken, die der Betreiber anwendet, um Unsicherheiten so gering wie möglich zu halten.

Bericht

11. Die prüfende Instanz erstellt einen Bericht über die Validierung, in dem angegeben wird, ob der Bericht gemäß Artikel 14 Absatz 3 zufrieden stellend ist. In diesem Bericht sind alle für die durchgeführten Arbeiten relevanten Aspekte aufzuführen. Die Erklärung, dass der Bericht gemäß Artikel 14 Absatz 3 zufrieden stellend ist, kann abgegeben werden, wenn die prüfende Instanz zu der Ansicht gelangt, dass zu den Gesamtemissionen keine wesentlich falschen Angaben gemacht wurden.

Mindestanforderungen an die Kompetenz der prüfenden Instanz

12. Die prüfende Instanz muss unabhängig von dem Betreiber sein, ihre Aufgabe professionell und objektiv ausführen und vertraut sein mit

a) den Bestimmungen dieser Richtlinie sowie den einschlägigen Normen und Leitlinien, die von der Kommission gemäß Artikel 14 Absatz 1 verabschiedet werden,

b) den Rechts- und Verwaltungsvorschriften, die für die zu prüfenden Tätigkeiten von Belang sind, und

c) dem Zustandekommen aller Informationen über die einzelnen Emissionsquellen in der Anlage, insbesondere im Hinblick auf Sammlung, messtechnische Erhebung, Berechnung und Übermittlung von Daten.

TEIL B — Prüfung von Emissionen aus Luftverkehrstätigkeiten

13. Die in diesem Anhang festgelegten allgemeinen Grundsätze und Methoden finden auf die Prüfung von Berichten über Emissionen aus Flügen im Rahmen einer Luftverkehrstätigkeit gemäß Anhang I Anwendung.

Zu diesem Zwecke gilt Folgendes:

a) Der Begriff „Betreiber" nach Nummer 3 ist im Sinne eines Luftfahrzeugbetreibers zu verstehen, und die Bezugnahme auf die Anlage nach Buchstabe c dieser Nummer gilt als eine Bezugnahme auf das Luftfahrzeug, das zur Durchführung der unter den Bericht fallenden Luftverkehrstätigkeiten eingesetzt wurde;

b) unter Nummer 5 gilt die Bezugnahme auf die Anlage als Bezugnahme auf den Luftfahrzeugbetreiber;

c) unter Nummer 6 gilt die Bezugnahme auf Tätigkeiten, die in der Anlage durchgeführt werden, als Bezugnahme auf unter den Bericht fallende Luftverkehrstätigkeiten des Luftfahrzeugbetreibers;

d) unter Nummer 7 gilt die Bezugnahme auf den Standort der Anlage als Bezugnahme auf die Standorte, die der Luftfahrzeugbetreiber zur Durchführung der unter den Bericht fallenden Luftverkehrstätigkeiten nutzt;

e) unter den Nummern 8 und 9 gelten die Bezugnahmen auf Quellen von Emissionen als Bezugnahme auf das Luftfahrzeug, für das der Luftfahrzeugbetreiber verantwortlich ist; und

f) unter den Nummern 10 und 12 gelten die Bezugnahmen auf den Betreiber als Bezugnahmen auf den Luftfahrzeugbetreiber.

Zusätzliche Bestimmungen für die Prüfung von Berichten über Emissionen des Luftverkehrs

14. Die Prüfstelle stellt insbesondere sicher, dass

a) alle Flüge berücksichtigt werden, die unter eine der Luftverkehrstätigkeiten gemäß Anhang I fallen. Die Prüfstelle verwendet hierzu Flugplandaten und sonstige Daten über den Flugbetrieb des Luftfahrzeugbetreibers, einschließlich Daten von Eurocontrol, die der Luftfahrzeugbetreiber angefordert hat;

b) insgesamt Übereinstimmung besteht zwischen den Daten über den Gesamttreibstoffverbrauch und den Daten über den Treibstoffkauf oder die anderweitige Treibstoffversorgung des für die Luftverkehrstätigkeit eingesetzten Luftfahrzeugs.

Zusätzliche Bestimmungen für die Prüfung von Tonnenkilometerdaten, die für die Zwecke der Artikel 3e und 3f übermittelt wurden

15. Die in diesem Anhang festgelegten allgemeinen Grundsätze und Methoden für die Prüfung von Emissionsberichten gemäß Artikel 14 Absatz 3 finden gegebenenfalls auch analog auf die Prüfung von Tonnenkilometerdaten Anwendung.

16. Die Prüfstelle stellt insbesondere sicher, dass im Antrag des Luftfahrzeugbetreibers gemäß Artikel 3e Absatz 1 und Artikel 3f Absatz 2 nur Flüge berücksichtigt werden, die tatsächlich durchgeführt wurden und die unter eine der Luftverkehrstätigkeiten gemäß Anhang I fallen, für die der Luftfahrzeugbetreiber verantwortlich ist. Die Prüfstelle verwendet hierzu Daten über den Flugbetrieb des Luftfahrzeugbetreibers, einschließlich Daten von Eurocontrol, die der Luftfahrzeugbetreiber angefordert hat. Die Prüfstelle stellt ferner sicher, dass die vom Luftfahrzeugbetreiber mitgeteilte Nutzlast den Nutzlastdaten entspricht, die der Luftfahrzeugbetreiber zu Zwecken der Sicherheit angibt.

TEIL C – Prüfung der Emissionen aus der in Anhang III genannten Tätigkeit

Allgemeine Grundsätze

1. Die Emissionen aus einer in Anhang III genannten Tätigkeit werden geprüft.

2. Im Rahmen des Prüfungsverfahrens wird auf den Bericht gemäß Artikel 14 Absatz 3 und auf die Überwachung im Vorjahr eingegangen. Geprüft werden ferner die Zuverlässigkeit, Glaubwürdigkeit und Genauigkeit der Überwachungssysteme sowie die übermittelten Daten und Angaben zu den Emissionen, und insbesondere:

a) die berichteten in den steuerrechtlich freien Verkehr überführten Brennstoffe und die entsprechenden Berechnungen;

b) Wahl und Anwendung der Emissionsfaktoren;

c) die Berechnungen zur Bestimmung der Gesamtemissionen.

3. Die Validierung der Angaben zu den Emissionen ist nur möglich, wenn zuverlässige und glaubwürdige Daten und Informationen eine Bestimmung der Emissionen mit einem hohen Zuverlässigkeitsgrad gestatten. Ein hoher Zuverlässigkeitsgrad verlangt von dem beaufsichtigten Unternehmen den Nachweis, dass

a) die übermittelten Daten schlüssig sind,

b) die Erhebung der Daten in Einklang mit geltenden wissenschaftlichen Standards erfolgt ist und

c) die einschlägigen Aufzeichnungen des beaufsichtigten Unternehmens vollständig und schlüssig sind.

4. Die Prüfstelle erhält Zugang zu allen Standorten und zu allen Informationen, die mit dem Gegenstand der Prüfung im Zusammenhang stehen.

5. Die Prüfstelle berücksichtigt, ob das beaufsichtigte Unternehmen im Rahmen des Unionssystems für das Umweltmanagement und die Umweltbetriebsprüfung (EMAS) registriert ist.

Methodik

Strategische Analyse

6. Die Prüfung basiert auf einer strategischen Analyse aller Brennstoffmengen, die von dem beaufsichtigten Unternehmen in den steuerrechtlich freien Verkehr überführt wurden. Dazu benötigt die Prüfstelle einen Überblick über alle Tätigkeiten, über die das beaufsichtigte Unternehmen Brennstoffe in den steuerrechtlich freien Verkehr überführt, und ihre Relevanz für die Emissionen.

Prozessanalyse

7. Die Prüfung der übermittelten Daten und Informationen erfolgt bei Bedarf am Standort des beaufsichtigten Unternehmens. Die Prüfstelle führt Stichproben durch, um die Zuverlässigkeit der übermittelten Daten und Informationen zu ermitteln.

Risikoanalyse

8. Die Prüfstelle unterzieht alle Mittel, mit denen das beaufsichtigte Unternehmen Brennstoffe in den steuerrechtlich freien Verkehr überführt, einer Bewertung in Bezug auf die Zuverlässigkeit der Daten über die Gesamtemissionen des beaufsichtigten Unternehmens.

9. Anhand dieser Analyse ermittelt die Prüfstelle ausdrücklich etwaige Elemente mit hohem Fehlerrisiko und andere Aspekte des Überwachungs- und Berichterstattungsverfahrens, die zu Fehlern bei der Bestimmung der Gesamtemissionen führen könnten. Dies betrifft insbesondere die Berechnungen zur Bestimmung der Emissionen einzelner Emissionsquellen. Besondere Aufmerksamkeit ist Elementen mit einem hohen Fehlerrisiko und den genannten anderen Aspekten des Überwachungsverfahrens zu widmen.

10. Die Prüfstelle berücksichtigt etwaige effektive Verfahren zur Beherrschung der Risiken, die das beaufsichtigte Unternehmen anwendet, um Unsicherheiten so gering wie möglich zu halten.

Bericht

11. Die Prüfstelle erstellt einen Bericht über die Validierung, in dem angegeben wird, ob der Bericht gemäß Artikel 14 Absatz 3 zufriedenstellend ist. In diesem Bericht sind alle für die durchgeführten Arbeiten relevanten Aspekte aufzuführen. Die Erklärung, dass der Bericht gemäß Artikel 14 Absatz 3 zufriedenstellend ist, kann abgegeben werden, wenn die Prüfstelle zu der Ansicht gelangt, dass zu den Gesamtemissionen keine wesentlich falschen Angaben gemacht wurden.

Mindestanforderungen an die Kompetenz der Prüfstelle

12. Die Prüfstelle muss unabhängig von dem beaufsichtigten Unternehmen sein, ihre Aufgabe professionell und objektiv ausführen und vertraut sein mit

a) den Bestimmungen dieser Richtlinie sowie den einschlägigen Normen und Leitlinien, die von der Kommission gemäß Artikel 14 Absatz 1 verabschiedet werden,

b) den Rechts- und Verwaltungsvorschriften, die für die zu prüfenden Tätigkeiten von Belang sind, und

c) dem Zustandekommen aller Informationen über alle Mittel, mit denen das beaufsichtigte Unternehmen Brennstoffe in den steuerrechtlich freien Verkehr überführt, insbesondere im Hinblick auf Sammlung, Messung, Berechnung und Übermittlung von Daten.

Übereinkommen über die gerichtliche Zuständigkeit und die Vollstreckung gerichtlicher Entscheidungen in Zivil- und Handelssachen (EuGVÜ)

Vom 27.09.1968

Titel II - Zuständigkeit

2. Abschnitt - Besondere Zuständigkeiten

Artikel 5

Eine Person, die ihren Wohnsitz in dem Hoheitsgebiet eines Vertragsstaats hat, kann in einem anderen Vertragsstaat verklagt werden:

...

3. wenn eine unerlaubte Handlung oder eine Handlung, die einer unerlaubten Handlung gleichgestellt ist, oder wenn Ansprüche aus einer solchen Handlung den Gegenstand des Verfahrens bilden, vor dem Gericht des Ortes, an dem das schädigende Ereignis eingetreten ist;

...

5. Abschnitt - Ausschließliche Zuständigkeiten

Artikel 16

Ohne Rücksicht auf den Wohnsitz sind ausschließlich zuständig:

1. a) für Klagen, welche dingliche Rechte an unbeweglichen Sachen sowie die Miete oder Pacht von unbeweglichen Sachen zum Gegenstand haben, die Gerichte des Vertragsstaats, in dem die unbewegliche Sache belegen ist;

...

Umwelthaftungs-Richtlinie 2004/35/EG – UHRL

ABl. L 143 vom 30.4.2004, 56, zuletzt geändert durch die VO (EU) 2019/1010, ABl. L 170 vom 25.6.2019, S 115

Artikel 1
Gegenstand

Ziel dieser Richtlinie ist, auf der Grundlage des Verursacherprinzips einen Rahmen für die Umwelthaftung zur Vermeidung und Sanierung von Umweltschäden zu schaffen.

Artikel 2
Begriffsbestimmungen

Im Sinne dieser Richtlinie bezeichnet der Begriff

1. „Umweltschaden"
   a) eine Schädigung geschützter Arten und natürlicher Lebensräume, d. h. jeden Schaden, der erhebliche nachteilige Auswirkungen in Bezug auf die Erreichung oder Beibehaltung des günstigen Erhaltungszustands dieser Lebensräume oder Arten hat. Die Erheblichkeit dieser Auswirkungen ist mit Bezug auf den Ausgangszustand unter Berücksichtigung der Kriterien gemäß Anhang I zu ermitteln;

      Schädigungen geschützter Arten und natürlicher Lebensräume umfassen nicht die zuvor ermittelten nachteiligen Auswirkungen, die aufgrund von Tätigkeiten eines Betreibers entstehen, die von den zuständigen Behörden gemäß den Vorschriften zur Umsetzung von Artikel 6 Absätze 3 und 4 oder Artikel 16 der Richtlinie 92/43/EWG oder Artikel 9 der Richtlinie 79/409/EWG oder im Falle von nicht unter das Gemeinschaftsrecht fallenden Lebensräumen und Arten gemäß gleichwertigen nationalen Naturschutzvorschriften ausdrücklich genehmigt wurden;
   b)[1] eine Schädigung der Gewässer, d. h. jeden Schaden, der erhebliche nachteilige Auswirkungen auf
      i) den ökologischen, chemischen und/oder mengenmäßigen Zustand und/oder das ökologische Potenzial der betreffenden Gewässer im Sinne der Definition der Richtlinie 2000/60/EG hat, mit Ausnahme der nachteiligen Auswirkungen, für die Artikel 4 Absatz 7 jener Richtlinie gilt, oder
      ii) den Umweltzustand der betroffenen Meeresgewässer im Sinne der Richtlinie 2008/56/EG hat, sofern bestimmte Aspekte des Umweltzustands der Meeresumwelt nicht bereits durch die Richtlinie 2000/60/EG abgedeckt sind;
   c) eine Schädigung des Bodens, d.h. jede Bodenverunreinigung, die ein erhebliches Risiko einer Beeinträchtigung der menschlichen Gesundheit aufgrund der direkten oder indirekten Einbringung von Stoffen, Zubereitungen, Organismen oder Mikroorganismen in, auf oder unter den Grund verursacht;
2. „Schaden" oder „Schädigung"eine direkt oder indirekt eintretende feststellbare nachteilige Veränderung einer natürlichen Ressource oder Beeinträchtigung der Funktion einer natürlichen Ressource;
3. „geschützte Arten und natürliche Lebensräume"
   a) die Arten, die in Artikel 4 Absatz 2 der Richtlinie 79/409/EWG genannt oder in Anhang I jener Richtlinie aufgelistet sind oder in den Anhängen II und IV der Richtlinie 92/43/EWG aufgelistet sind,
   b) die Lebensräume der in Artikel 4 Absatz 2 der Richtlinie 79/409/ EWG genannten oder in Anhang I jener Richtlinie aufgelisteten oder in Anhang II der Richtlinie 92/43/EWG aufgelisteten Arten und die in Anhang I der Richtlinie 92/43/EWG aufgelisteten natürlichen Lebensräume sowie die Fortpflanzungs- oder Ruhestätten der in Anhang IV der Richtlinie 92/43/EWG aufgelisteten Arten und,
   c) wenn ein Mitgliedstaat dies vorsieht, Lebensräume oder Arten, die nicht in diesen Anhängen aufgelistet sind, aber von dem betreffenden Mitgliedstaat für gleichartige Zwecke wie in diesen beiden Richtlinien ausgewiesen werden;

[1] Anm: Neu gefasst durch Art 38 der RL 2013/30/EU.

4. „Erhaltungszustand"

a) im Hinblick auf einen natürlichen Lebensraum die Gesamtheit der Einwirkungen, die einen natürlichen Lebensraum und die darin vorkommenden charakteristischen Arten beeinflussen und sich langfristig auf seine natürliche Verbreitung, seine Struktur und seine Funktionen sowie das Überleben seiner charakteristischen Arten im europäischen Gebiet der Mitgliedstaaten, für das der Vertrag Geltung hat, innerhalb des Hoheitsgebiets eines Mitgliedstaats oder innerhalb des natürlichen Verbreitungsgebiets des betreffenden Lebensraums auswirken können.

Der Erhaltungszustand eines natürlichen Lebensraums wird als „günstig" erachtet, wenn

- sein natürliches Verbreitungsgebiet sowie die Flächen, die er in diesem Gebiet einnimmt, beständig sind oder sich ausdehnen,
- die für seinen langfristigen Fortbestand notwendige Struktur und spezifischen Funktionen bestehen und in absehbarer Zukunft weiter bestehen werden und
- der Erhaltungszustand der für ihn charakteristischen Arten im Sinne des Buchstabens b) günstig ist;

b) im Hinblick auf eine Art die Gesamtheit der Einwirkungen, die die betreffende Art beeinflussen und sich langfristig auf die Verbreitung und die Größe der Populationen der betreffenden Art im europäischen Gebiet der Mitgliedstaaten, für das der Vertrag Geltung hat, innerhalb des Hoheitsgebiets eines Mitgliedstaats oder innerhalb des natürlichen Verbreitungsgebiets der betreffenden Art auswirken können.

Der Erhaltungszustand einer Art wird als „günstig" betrachtet, wenn

- aufgrund der Daten über die Populationsdynamik der Art anzunehmen ist, dass diese Art ein lebensfähiges Element des natürlichen Lebensraums, dem sie angehört, bildet und langfristig weiterhin bilden wird,
- das natürliche Verbreitungsgebiet dieser Art weder abnimmt noch in absehbarer Zeit vermutlich abnehmen wird und
- ein genügend großer Lebensraum vorhanden ist und wahrscheinlich weiterhin vorhanden sein wird, um langfristig ein Überleben der Populationen dieser Art zu sichern;

5. „Gewässer" alle Gewässer, die in den Geltungsbereich der Richtlinie 2000/60/EG fallen;

6. „Betreiber" jede natürliche oder juristische Person des privaten oder öffentlichen Rechts, die die berufliche Tätigkeit ausübt oder bestimmt oder der – sofern dies in den nationalen Rechtsvorschriften vorgesehen ist – die ausschlaggebende wirtschaftliche Verfügungsmacht über die technische Durchführung einer solchen Tätigkeit übertragen wurde, einschließlich des Inhabers einer Zulassung oder Genehmigung für eine solche Tätigkeit oder der Person, die die Anmeldung oder Notifizierung einer solchen Tätigkeit vornimmt;

7. „berufliche Tätigkeit" jede Tätigkeit, die im Rahmen einer wirtschaftlichen Tätigkeit, einer Geschäftstätigkeit oder eines Unternehmens ausgeübt wird, unabhängig davon, ob sie privat oder öffentlich und mit oder ohne Erwerbszweck ausgeübt wird;

8. „Emission" die Freisetzung von Stoffen, Zubereitungen, Organismen oder Mikroorganismen in die Umwelt infolge menschlicher Tätigkeiten;

9. „unmittelbare Gefahr eines Schadens" die hinreichende Wahrscheinlichkeit, dass ein Umweltschaden in naher Zukunft eintreten wird;

10. „Vermeidungsmaßnahmen „jede Maßnahme, die nach einem Ereignis, einer Handlung oder einer Unterlassung, das/die eine unmittelbare Gefahr eines Umweltschadens verursacht hat, getroffen wird, um diesen Schaden zu vermeiden oder zu minimieren;

11. „Sanierungsmaßnahmen" jede Tätigkeit oder Kombination von Tätigkeiten einschließlich mildernder und einstweiliger Maßnahmen im Sinne des Anhangs II mit dem Ziel, geschädigte natürliche Ressourcen und/oder beeinträchtigte Funktionen wiederherzustellen, zu sanieren oder zu ersetzen oder eine gleichwertige Alternative zu diesen Ressourcen oder Funktionen zu schaffen;

12. „natürliche Ressource" geschützte Arten und natürliche Lebensräume, Gewässer und Boden;

13. „Funktionen" und „Funktionen einer natürlichen Ressource" die Funktionen, die eine natürliche Ressource zum Nutzen einer anderen natürlichen Ressource oder der Öffentlichkeit erfüllt;

14. „Ausgangszustand" den im Zeitpunkt des Schadenseintritts bestehenden Zustand der natürlichen Ressourcen und Funktionen, der bestanden hätte, wenn der Umweltschaden nicht eingetreten wäre, und der anhand der besten verfügbaren Informationen ermittelt wird;

15. „Wiederherstellung" einschließlich „natürlicher Wiederherstellung" im Falle von Gewässern, geschützten Arten und natürlichen Lebensräumen die Rückführung von geschädigten natürlichen Ressourcen und/oder beeinträchtigten Funktionen in den Ausgangszustand und im Falle einer Schädigung des Bodens die Beseitigung jedes erheblichen Risikos einer Beeinträchtigung der menschlichen Gesundheit;

16. „Kosten" die durch die Notwendigkeit einer ordnungsgemäßen und wirksamen Durchführung dieser Richtlinie gerechtfertigten Kosten, einschließlich der Kosten für die Prüfung eines Umweltschadens, einer unmittelbaren Gefahr eines solchen Schadens, von alternativen Maßnahmen sowie der Verwaltungs- und Verfahrenskosten und der Kosten für die Durchsetzung der Maßnahmen, der Kosten für die Datensammlung, sonstiger Gemeinkosten und der Kosten für Aufsicht und Überwachung.

Artikel 3
Anwendungsbereich

(1) Diese Richtlinie gilt für

a) Umweltschäden, die durch die Ausübung einer der in Anhang III aufgeführten beruflichen Tätigkeiten verursacht werden, und jede unmittelbare Gefahr solcher Schäden, die aufgrund dieser Tätigkeiten eintritt;

b) Schädigungen geschützter Arten und natürlicher Lebensräume, die durch die Ausübung einer anderen als der in Anhang III aufgeführten beruflichen Tätigkeiten verursacht werden, und jede unmittelbare Gefahr solcher Schäden, die aufgrund dieser Tätigkeiten eintritt, sofern der Betreiber vorsätzlich oder fahrlässig gehandelt hat.

(2) Diese Richtlinie gilt unbeschadet strengerer Rechtsvorschriften der Gemeinschaft für die Ausübung von Tätigkeiten, die in den Anwendungsbereich dieser Richtlinie fallen, sowie unbeschadet der Rechtsvorschriften der Gemeinschaft, die Regelungen über die internationale Zuständigkeit enthalten.

(3) Unbeschadet der einschlägigen nationalen Rechtsvorschriften haben Privatparteien gemäß dieser Richtlinie keinen Anspruch auf Schadensersatz infolge eines Umweltschadens oder der unmittelbaren Gefahr eines solchen Schadens.

Artikel 4
Ausnahmen

(1) Umweltschäden oder die unmittelbare Gefahr solcher Schäden fallen nicht unter diese Richtlinie, wenn sie verursacht werden durch

a) bewaffnete Konflikte, Feindseligkeiten, Bürgerkrieg oder Aufstände;
b) ein außergewöhnliches, unabwendbares und nicht beeinflussbares Naturereignis.

(2) Diese Richtlinie gilt nicht für Umweltschäden oder die unmittelbare Gefahr solcher Schäden, die infolge eines Vorfalls eintreten, bei dem die Haftung oder Entschädigung in den Anwendungsbereich eines der in Anhang IV aufgeführten internationalen Übereinkommen, einschließlich etwaiger künftiger Änderungen dieser Übereinkommen, fällt, das in dem betroffenen Mitgliedstaat in Kraft ist.

(3) Diese Richtlinie berührt nicht das Recht des Betreibers, seine Haftung gemäß den nationalen Vorschriften zur Umsetzung des Übereinkommens von 1976 über die Beschränkung der Haftung für Seeforderungen (LLMC), einschließlich aller künftigen Änderungen dieses Übereinkommens, oder des Straßburger Übereinkommens von 1988 über die Beschränkung der Haftung in der Binnenschifffahrt (CLNI), einschließlich aller künftigen Änderungen dieses Übereinkommens, zu beschränken.

(4) Diese Richtlinie gilt nicht für nukleare Risiken oder Umweltschäden oder die unmittelbare Gefahr solcher Schäden, die durch die Ausübung von Tätigkeiten verursacht werden können, die unter den Vertrag zur Gründung der Europäischen Atomgemeinschaft fallen, oder durch einen Vorfall oder eine Tätigkeit verursacht werden, für die die Haftung oder Entschädigung in den Anwendungsbereich einer der in Anhang V aufgeführten internationalen Übereinkünfte, einschließlich etwaiger künftiger Änderungen dieser Übereinkünfte, fällt.

(5) Diese Richtlinie gilt nur dann für Umweltschäden sowie die unmittelbare Gefahr solcher Schäden, die durch eine nicht klar abgegrenzte Verschmutzung verursacht werden, wenn ein ursächlicher Zusammenhang zwischen dem Schaden und den Tätigkeiten einzelner Betreiber festgestellt werden kann.

(6) Diese Richtlinie gilt weder für Tätigkeiten, deren Hauptzweck die Landesverteidigung oder die internationale Sicherheit ist, noch für Tätigkeiten, deren alleiniger Zweck der Schutz vor Naturkatastrophen ist.

Artikel 5
Vermeidungstätigkeit

(1) Ist ein Umweltschaden noch nicht eingetreten, besteht aber eine unmittelbare Gefahr eines solchen Schadens, so ergreift der Betreiber unverzüglich die erforderlichen Vermeidungsmaßnahmen.

(2) Die Mitgliedstaaten sehen vor, soweit dies angebracht ist und jedenfalls immer dann, wenn die unmittelbare Gefahr eines Umweltschadens trotz der Vermeidungsmaßnahmen des Betreibers nicht abgewendet wird, dass die Betreiber die zuständige Behörde so bald wie möglich über alle bedeutsamen Aspekte des Sachverhalts informieren müssen.

(3) Die zuständige Behörde kann jederzeit

a) von dem Betreiber verlangen, Informationen über eine unmittelbare Gefahr von Umweltschäden oder über den Verdacht einer solchen unmittelbaren Gefahr vorzulegen,
b) von dem Betreiber verlangen, die erforderlichen Vermeidungsmaßnahmen zu ergreifen,
c) dem Betreiber von ihm zu befolgende Anweisungen über die zu ergreifenden erforderlichen Vermeidungsmaßnahmen erteilen oder
d) selbst die erforderlichen Vermeidungsmaßnahmen ergreifen.

(4) Die zuständige Behörde verlangt, dass die Vermeidungsmaßnahmen vom Betreiber ergriffen werden. Kommt der Betreiber den Verpflichtungen gemäß Absatz 1 oder Absatz 3 Buchstabe b oder c nicht nach oder kann der Betreiber nicht ermittelt werden oder muss er gemäß dieser Richtlinie nicht für die Kosten aufkommen, so kann die zuständige Behörde selbst diese Maßnahmen ergreifen.

Artikel 6
Sanierungstätigkeit

(1) Ist ein Umweltschaden eingetreten, so informiert der Betreiber unverzüglich die zuständige Behörde über alle bedeutsamen Aspekte des Sachverhalts und

a) trifft alle praktikablen Vorkehrungen, um die betreffenden Schadstoffe und/oder sonstigen Schadfaktoren unverzüglich zu kontrollieren, einzudämmen, zu beseitigen oder auf sonstige Weise zu behandeln, um weitere Umweltschäden und nachteilige Auswirkungen auf die menschliche Gesundheit oder eine weitere Beeinträchtigung von Funktionen zu begrenzen oder zu vermeiden, und
b) ergreift die erforderlichen Sanierungsmaßnahmen gemäß Artikel 7.

(2) Die zuständige Behörde kann jederzeit

a) von dem Betreiber verlangen, zusätzliche Informationen über einen eingetretenen Schaden vorzulegen,
b) alle praktikablen Vorkehrungen treffen oder von dem Betreiber verlangen, dies zu tun, oder dem Betreiber entsprechende Anweisungen erteilen, um die betreffenden Schadstoffe und/oder sonstigen Schadfaktoren unverzüglich zu kontrollieren, einzudämmen, zu beseitigen oder auf sonstige Weise zu behandeln, um weitere Umweltschäden und nachteilige Auswirkungen auf die menschliche Gesundheit oder eine weitere Beeinträchtigung von Funktionen zu begrenzen oder zu vermeiden,
c) von dem Betreiber verlangen, die erforderlichen Sanierungsmaßnahmen zu ergreifen,
d) dem Betreiber von ihm zu befolgende Anweisungen über die zu ergreifenden erforderlichen Sanierungsmaßnahmen erteilen oder
e) selbst die erforderlichen Sanierungsmaßnahmen ergreifen.

(3) Die zuständige Behörde verlangt, dass die Sanierungsmaßnahmen vom Betreiber ergriffen werden. Kommt der Betreiber den Verpflichtungen gemäß Absatz 1 oder Absatz 2 Buchstaben b), c) oder d) nicht nach oder kann der Betreiber nicht ermittelt werden oder muss er gemäß dieser Richtlinie nicht für die Kosten aufkommen, so kann die zuständige Behörde selbst diese Maßnahmen ergreifen, falls ihr keine weiteren Mittel bleiben.

Artikel 7
Bestimmung von Sanierungsmaßnahmen

(1) Die Betreiber ermitteln gemäß Anhang II mögliche Sanierungsmaßnahmen und legen sie der zuständigen Behörde zur Zustimmung vor, es sei denn, die zuständige Behörde ist bereits gemäß Artikel 6 Absatz 2 Buchstabe e) und Absatz 3 tätig geworden.

(2) Die zuständige Behörde entscheidet, welche Sanierungsmaßnahmen gemäß Anhang II – erforderlichenfalls in Zusammenarbeit mit dem betroffenen Betreiber – durchgeführt werden.

(3) Sind mehrere Umweltschadensfälle in der Weise eingetreten, dass die zuständige Behörde nicht gewährleisten kann, dass die erforderlichen Sanierungsmaßnahmen gleichzeitig ergriffen werden, so ist die zuständige Behörde befugt, zu entscheiden, welcher Umweltschaden zuerst zu sanieren ist.

Bei einer solchen Entscheidung berücksichtigt die zuständige Behörde unter anderem Art, Ausmaß und Schwere der einzelnen Umweltschadensfälle sowie die Möglichkeiten einer natürlichen Wiederherstellung. Risiken für die menschliche Gesundheit werden ebenfalls berücksichtigt.

(4) Die zuständige Behörde gibt den in Artikel 12 Absatz 1 genannten Personen und in jedem Fall denjenigen Personen, auf deren Grundstücken Sanierungsmaßnahmen durchgeführt werden sollen, Gelegenheit, ihre Bemerkungen mitzuteilen, und berücksichtigt diese.

Artikel 8
Kosten der Vermeidungs- und Sanierungstätigkeiten

(1) Der Betreiber trägt die Kosten der gemäß dieser Richtlinie durchgeführten Vermeidungs- und Sanierungstätigkeiten.

(2) Vorbehaltlich der Absätze 3 und 4 verlangt die zuständige Behörde unter anderem in Form einer dinglichen Sicherheit oder in Form anderer geeigneter Garantien von dem Betreiber, der den Schaden oder die unmittelbare Gefahr eines Schadens verursacht hat, die Erstattung der Kosten, die ihr durch die gemäß dieser Richtlinie durchgeführten Vermeidungs- oder Sanierungstätigkeiten entstanden sind.

Die zuständige Behörde kann jedoch entscheiden, keine Erstattung der vollen Kosten zu verlangen, wenn die dazu erforderlichen Ausgaben über der zu erstattenden Summe liegen würden oder wenn der Betreiber nicht ermittelt werden kann.

(3) Ein Betreiber muss die Kosten für gemäß dieser Richtlinie durchgeführte Vermeidungs- oder Sanierungstätigkeiten nicht tragen, wenn er nachweisen kann, dass die Umweltschäden oder die unmittelbare Gefahr solcher Schäden

a) durch einen Dritten verursacht wurden und eingetreten sind, obwohl geeignete Sicherheitsvorkehrungen getroffen wurden, oder
b) auf die Befolgung von Verfügungen oder Anweisungen einer Behörde zurückzuführen sind, wobei es sich nicht um Verfügungen oder Anweisungen infolge von Emissionen oder Vorfällen handelt, die durch die eigenen Tätigkeiten des Betreibers verursacht wurden.

In diesen Fällen treffen die Mitgliedstaaten die geeigneten Maßnahmen, damit der Betreiber Erstattung der ihm entstandenen Kosten erlangen kann.

(4) Die Mitgliedstaaten können zulassen, dass der Betreiber die Kosten der gemäß dieser Richtlinie durchgeführten Sanierungstätigkeiten nicht zu tragen hat, sofern er nachweist, dass er nicht vorsätzlich oder fahrlässig gehandelt hat und dass der Umweltschaden verursacht wurde durch

a) eine Emission oder ein Ereignis, die aufgrund einer Zulassung, die nach den zum Zeitpunkt der Emission oder des Ereignisses geltenden nationalen Rechts- und Verwaltungsvorschriften zur Umsetzung der in Anhang III aufgeführten gesetzlichen Maßnahmen der Gemeinschaft zuerkannt oder erteilt wurde, ausdrücklich erlaubt sind und deren Bedingungen in vollem Umfang entsprechen;
b) eine Emission oder eine Tätigkeit oder jede Art der Verwendung eines Produkts im Verlauf einer Tätigkeit, bei denen der Betreiber nachweist, dass sie nach dem Stand der wissenschaftlichen und technischen Erkenntnisse zum Zeitpunkt, an dem die Emission freigesetzt oder die Tätigkeit ausgeübt wurde, nicht als wahrscheinliche Ursache von Umweltschäden angesehen wurden.

(5) Die von der zuständigen Behörde gemäß Artikel 5 Absätze 3 und 4 und Artikel 6 Absätze 2 und 3 ergriffenen Maßnahmen lassen die Haftung des betreffenden Betreibers gemäß dieser Richtlinie und die Artikel 87 und 88 des Vertrags unberührt.

Artikel 9
Kostenverteilung im Falle mehrerer Verursacher

Diese Richtlinie lässt die nationalen Regelungen für die Kostenverteilung im Falle mehrerer Verursacher, insbesondere bezüglich der Haftungsverteilung zwischen dem Hersteller und dem Nutzer eines Produkts, unberührt.

Artikel 10
Frist für die Kostenerstattung

Die zuständige Behörde ist befugt, gegen den Betreiber oder gegebenenfalls den Dritten, der den Schaden oder die unmittelbare Gefahr eines Schadens verursacht hat, ein Verfahren zur Kostenerstattung in Bezug auf alle gemäß dieser Richtlinie ergriffenen Maßnahmen binnen fünf Jahren ab dem Zeitpunkt des Abschlusses der Maßnahmen oder ab dem Zeitpunkt der Ermittlung des haftbaren Betreibers oder des betreffenden Dritten einzuleiten, wobei der jeweils spätere Zeitpunkt maßgebend ist.

Artikel 11
Zuständige Behörde

(1) Die Mitgliedstaaten benennen die zuständige(n) Behörde(n), die mit der Erfüllung der in dieser Richtlinie vorgesehenen Aufgaben betraut ist (sind).

(2) Es obliegt der zuständigen Behörde, festzustellen, welcher Betreiber den Schaden oder die unmittelbare Gefahr eines Schadens verursacht hat, die Erheblichkeit des Schadens zu ermitteln und zu bestimmen, welche Sanierungsmaßnahmen gemäß Anhang II zu treffen sind. Zu diesem Zweck ist die zuständige Behörde befugt, von dem betreffenden Betreiber die Durchführung einer eigenen Bewertung und die Bereitstellung aller erforderlichen Informationen und Daten zu verlangen.

(3) Die Mitgliedstaaten stellen sicher, dass die zuständige Behörde Dritte zur Durchführung der erforderlichen Vermeidungs- oder Sanierungsmaßnahmen ermächtigen oder verpflichten kann.

(4) In jeder gemäß dieser Richtlinie getroffenen Entscheidung, in der Vermeidungs- oder Sanierungsmaßnahmen verlangt werden, sind die genauen Gründe dafür anzugeben. Eine solche Entscheidung wird dem betreffenden Betreiber unverzüglich mitgeteilt, der gleichzeitig über die Rechtsbehelfe belehrt wird, die ihm nach den in dem betreffenden Mitgliedstaat geltenden Rechtsvorschriften zur Verfügung stehen, sowie über die für diese Rechtsbehelfe geltenden Fristen.

Artikel 12
Aufforderung zum Tätigwerden

(1) Natürliche oder juristische Personen, die

a) von einem Umweltschaden betroffen oder wahrscheinlich betroffen sind oder
b) ein ausreichendes Interesse an einem umweltbezogenen Entscheidungsverfahren bezüglich des Schadens haben oder alternativ
c) eine Rechtsverletzung geltend machen, sofern das Verwaltungsverfahrensrecht bzw. Verwaltungsprozessrecht eines Mitgliedstaats dies als Voraussetzung erfordert,

erhalten das Recht, der zuständigen Behörde Bemerkungen zu ihnen bekannten Umweltschäden oder einer ihnen bekannten unmittelbaren Gefahr solcher Schäden zu unterbreiten und die zuständige Behörde aufzufordern, gemäß dieser Richtlinie tätig zu werden.

Was als „ausreichendes Interesse" und als „Rechtsverletzung" gilt, bestimmen die Mitgliedstaaten.

Zu diesem Zweck gilt das Interesse einer Nichtregierungsorganisation, die sich für den Umweltschutz einsetzt und alle nach nationalem Recht geltenden Voraussetzungen erfüllt, als ausreichend im Sinne des Buchstabens b). Derartige Organisationen gelten auch als Träger von Rechten, die im Sinne des Buchstabens c) verletzt werden können.

(2) Der Aufforderung zum Tätigwerden sind die sachdienlichen Informationen und Daten beizufügen, die die im Zusammenhang mit dem betreffenden Umweltschaden unterbreiteten Bemerkungen stützen.

(3) Wenn die Aufforderung zum Tätigwerden und die entsprechenden Bemerkungen einen Umweltschaden glaubhaft erscheinen lassen, prüft die zuständige Behörde die Aufforderung zum Tätigwerden und die beigefügten Bemerkungen. Unter diesen Umständen gibt die zuständige Behörde dem betreffenden Betreiber Gelegenheit, sich zu der Aufforderung zum Tätigwerden und den beigefügten Bemerkungen zu äußern.

(4) Die zuständige Behörde unterrichtet so schnell wie möglich und in jedem Fall gemäß den einschlägigen nationalen Rechtsvorschriften die in Absatz 1 genannten Personen, die der Behörde Bemerkungen unterbreitet haben, über ihre Entscheidung, der Aufforderung zum Tätigwerden nachzukommen oder diese zurückzuweisen, und begründet diese Entscheidung.

(5) Die Mitgliedstaaten können beschließen, die Absätze 1 und 4 auf die Fälle der unmittelbaren Gefahr eines Schadens nicht anzuwenden.

Artikel 13
Prüfungsverfahren

(1) Die in Artikel 12 Absatz 1 genannten Personen können ein Gericht oder eine andere unabhängige und unparteiische öffentliche Stelle anrufen, um Entscheidungen, Handlungen oder die Untätigkeit der nach dieser Richtlinie zuständigen Behörde auf formelle und materielle Rechtmäßigkeit überprüfen zu lassen.

(2) Diese Richtlinie lässt nationale Rechtsvorschriften über den Zugang zu den Gerichten und diejenigen Rechtsvorschriften unberührt, die vor Einleitung eines Gerichtsverfahrens die Erschöpfung der Verwaltungsverfahren vorschreiben.

Artikel 14
Deckungsvorsorge

(1) Die Mitgliedstaaten ergreifen Maßnahmen, mit denen den entsprechenden wirtschaftlichen und finanziellen Akteuren Anreize zur Schaffung von Instrumenten und Märkten der Deckungsvorsorge, einschließlich finanzieller Mechanismen im Falle von Insolvenz, geboten werden, damit die Betreiber Finanzsicherheiten in Anspruch nehmen können, um ihre Haftung im Rahmen dieser Richtlinie zu decken.

(2)[2]

Artikel 15
Zusammenarbeit zwischen den Mitgliedstaaten

(1) Sind mehrere Mitgliedstaaten von einem Umweltschaden betroffen oder wahrscheinlich betroffen, so arbeiten diese Mitgliedstaaten zusammen – einschließlich in Form eines angemessenen Informationsaustauschs –, um zu gewährleisten, dass Vermeidungs- und erforderlichenfalls Sanierungstätigkeiten hinsichtlich eines solchen Schadens durchgeführt werden.

(2) Ist ein Umweltschaden eingetreten, so informiert der Mitgliedstaat, in dessen Hoheitsgebiet der Schaden seinen Ursprung hat, die Mitgliedstaaten, die möglicherweise betroffen sind, in ausreichendem Umfang.

[2] Aufgehoben durch ABl. L 2019/170, 115.

(3) Stellt ein Mitgliedstaat innerhalb seiner Grenzen einen Schaden fest, der jedoch nicht innerhalb seiner Grenzen verursacht wurde, so kann er diesen der Kommission und allen anderen betroffenen Mitgliedstaaten melden; er kann Empfehlungen für die Durchführung von Vermeidungs- oder Sanierungsmaßnahmen geben und sich gemäß dieser Richtlinie um die Erstattung der ihm im Zusammenhang mit der Durchführung von Vermeidungs- oder Sanierungsmaßnahmen angefallenen Kosten bemühen.

Artikel 16
Beziehung zum nationalen Recht

(1) Diese Richtlinie hindert die Mitgliedstaaten nicht daran, strengere Vorschriften für die Vermeidung und Sanierung von Umweltschäden beizubehalten oder zu erlassen, einschließlich der Festlegung zusätzlicher Tätigkeiten, die den Bestimmungen dieser Richtlinie über die Vermeidung und Sanierung von Umweltschäden unterliegen, und der Bestimmung zusätzlicher verantwortlicher Parteien.

(2) Diese Richtlinie hindert die Mitgliedstaaten nicht daran, geeignete Vorschriften zu erlassen, wie etwa ein Verbot der doppelten Kostenanlastung, in Bezug auf Fälle, in denen eine doppelte Kostenanlastung aufgrund des gleichzeitigen Tätigwerdens einer zuständigen Behörde im Rahmen dieser Richtlinie und einer Person, deren Eigentum durch den Umweltschaden beeinträchtigt wurde, erfolgen könnte.

Artikel 17
Zeitliche Begrenzung der Anwendung

Diese Richtlinie gilt nicht für

- Schäden, die durch Emissionen, Ereignisse oder Vorfälle verursacht wurden, die vor dem in Artikel 19 Absatz 1 angegebenen Datum stattgefunden haben;
- Schäden, die durch Emissionen, Ereignisse oder Vorfälle verursacht wurden, die nach dem in Artikel 19 Absatz 1 angegebenen Datum stattgefunden haben, sofern sie auf eine spezielle Tätigkeit zurückzuführen sind, die vor dem genannten Datum stattgefunden und geendet hat;
- Schäden, wenn seit den schadensverursachenden Emissionen, Ereignissen oder Vorfällen mehr als 30 Jahre vergangen sind.

Artikel 18[3]
Informationen über die Durchführung und die Evidenzgrundlage

(1) Die Kommission holt bei den Mitgliedstaaten gemäß der Richtlinie 2003/4/EG des Europäischen Parlaments und des Rates[4] verbreitete Informationen, soweit verfügbar, über die bei der Anwendung der vorliegenden Richtlinie gewonnenen Erfahrungen ein. Diese Informationen umfassen die in Anhang VI der vorliegenden Richtlinie aufgeführten Daten und werden bis zum 30. April 2022 und danach alle fünf Jahre eingeholt.

(2) Die Kommission nimmt auf der Grundlage der in Absatz 1 genannten Informationen eine Bewertung dieser Richtlinie vor und veröffentlicht sie vor dem 30. April 2023 und danach alle fünf Jahre.

(3) Die Kommission erstellt bis zum 31. Dezember 2020 Leitlinien, die eine einheitliche Auslegung des in Artikel 2 definierten Begriffs ‚Umweltschaden' ermöglichen.

[3] Neu gefasst durch ABl. L 2019/170, 115.

[4] Richtlinie 2003/4/EG des Europäischen Parlaments und des Rates vom 28. Januar 2003 über den Zugang der Öffentlichkeit zu Umweltinformationen und zur Aufhebung der Richtlinie 90/313/EWG des Rates (ABl. L 41 vom 14.2.2003, S. 26).

Artikel 19
Umsetzung

(1) Die Mitgliedstaaten setzen die Rechts- und Verwaltungsvorschriften in Kraft, die erforderlich sind, um dieser Richtlinie spätestens bis zum 30. April 2007 nachzukommen. Sie setzen die Kommission unverzüglich davon in Kenntnis.

Wenn die Mitgliedstaaten diese Vorschriften erlassen, nehmen sie in den Vorschriften selbst oder durch einen Hinweis bei der amtlichen Veröffentlichung auf diese Richtlinie Bezug. Die Mitgliedstaaten regeln die Einzelheiten der Bezugnahme.

(2) Die Mitgliedstaaten teilen der Kommission den Wortlaut der wichtigsten innerstaatlichen Rechtsvorschriften mit, die sie auf dem unter diese Richtlinie fallenden Gebiet erlassen, und übermitteln ihr eine Tabelle der Entsprechungen zwischen den Bestimmungen dieser Richtlinie und den von ihnen erlassenen innerstaatlichen Vorschriften.

Artikel 20
In-Kraft-Treten

Diese Richtlinie tritt am Tag ihrer Veröffentlichung im Amtsblatt der Europäischen Union in Kraft.

Artikel 21
Adressaten

Diese Richtlinie ist an die Mitgliedstaaten gerichtet.

Anhang I
Kriterien im Sinne des Artikels 2 Nummer 1 Buchstabe a

Ob eine Schädigung, die nachteilige Auswirkungen in Bezug auf die Erreichung oder Beibehaltung des günstigen Erhaltungszustands von Lebensräumen und Arten hat, erheblich ist, wird anhand des zum Zeitpunkt der Schädigung gegebenen Erhaltungszustands, der Funktionen, die von den Annehmlichkeiten, die diese Arten und Lebensräume bieten, erfüllt werden, sowie ihrer natürlichen Regenerationsfähigkeit festgestellt. Erhebliche nachteilige Veränderungen gegenüber dem Ausgangszustand sollten mit Hilfe u.a. der folgenden feststellbaren Daten ermittelt werden:

- Anzahl der Exemplare, ihre Bestandsdichte oder ihr Vorkommensgebiet;
- Rolle der einzelnen Exemplare oder des geschädigten Gebiets in Bezug auf die Erhaltung der Art oder des Lebensraums, Seltenheit der Art oder des Lebensraums (auf örtlicher, regionaler und höherer Ebene einschließlich der Gemeinschaftsebene);
- die Fortpflanzungsfähigkeit der Art (entsprechend der Dynamik der betreffenden Art oder Population), ihre Lebensfähigkeit oder die natürliche Regenerationsfähigkeit des Lebensraums (entsprechend der Dynamik der für ihn charakteristischen Arten oder seiner Populationen);
- die Fähigkeit der Art bzw. des Lebensraums, sich nach einer Schädigung ohne äußere Einwirkung lediglich mit Hilfe verstärkter Schutzmaßnahmen in kurzer Zeit so weit zu regenerieren, dass allein aufgrund der Dynamik der betreffenden Art oder des betreffenden Lebensraums ein Zustand erreicht wird, der im Vergleich zum Ausgangszustand als gleichwertig oder besser zu bewerten ist.

Eine Schädigung, die sich nachweislich auf die menschliche Gesundheit auswirkt, ist als erhebliche Schädigung einzustufen.

Folgende Schädigungen müssen nicht als erheblich eingestuft werden:

- nachteilige Abweichungen, die geringer sind als die natürlichen Fluktuationen, die für den betreffenden Lebensraum oder die betreffende Art als normal gelten;
- nachteilige Abweichungen, die auf natürliche Ursachen zurückzuführen sind oder aber auf äußere Einwirkung im Zusammenhang mit der Bewirtschaftung der betreffenden Gebiete, die den Aufzeichnungen über den Lebensraum oder den Dokumenten über die Erhaltungsziele zufolge als normal anzusehen ist oder der früheren Bewirtschaftungsweise der jeweiligen Eigentümer oder Betreiber entspricht;
- eine Schädigung von Arten bzw. Lebensräumen, die sich nachweislich ohne äußere Einwirkung in kurzer Zeit so weit regenerieren werden, dass entweder der Ausgangzustand erreicht wird oder aber allein aufgrund der Dynamik der betreffenden Art oder des betreffenden Lebensraums ein Zustand erreicht wird, der im Vergleich zum Ausgangszustand als gleichwertig oder besser zu bewerten ist.

Anhang II
Sanierung von Umweltschäden

Dieser Anhang enthält die gemeinsamen Rahmenbedingungen, die erfüllt werden müssen, damit sichergestellt ist, dass die geeignetsten Maßnahmen zur Sanierung von Umweltschäden ausgewählt werden.

1. Sanierung von Schäden an Gewässern oder geschützten Arten oder natürlichen Lebensräumen

Eine Sanierung von Umweltschäden im Bereich der Gewässer oder geschützter Arten oder natürlicher Lebensräume wird dadurch erreicht, dass die Umwelt durch primäre Sanierung, ergänzende Sanierung oder Ausgleichssanierung in ihren Ausgangszustand zurückversetzt wird, wobei

a) „primäre Sanierung" jede Sanierungsmaßnahme ist, die die geschädigten natürlichen Ressourcen und/oder beeinträchtigten Funktionen ganz oder annähernd in den Ausgangszustand zurückversetzt;

b) „ergänzende Sanierung" jede Sanierungsmaßnahme in Bezug auf die natürlichen Ressourcen und/oder Funktionen ist, mit der der Umstand ausgeglichen werden soll, dass die primäre Sanierung nicht zu einer vollständigen Wiederherstellung der geschädigten natürlichen Ressourcen und/oder Funktionen führt;

c) „Ausgleichssanierung" jede Tätigkeit zum Ausgleich zwischenzeitlicher Verluste natürlicher Ressourcen und/oder Funktionen ist, die vom Zeitpunkt des Eintretens des Schadens bis zu dem Zeitpunkt entstehen, in dem die primäre Sanierung ihre Wirkung vollständig entfaltet hat;

d) „zwischenzeitliche Verluste" Verluste sind, die darauf zurückzuführen sind, dass die geschädigten natürlichen Ressourcen und/oder Funktionen ihre ökologischen Aufgaben nicht erfüllen oder ihre Funktionen für andere natürliche Ressourcen oder für die Öffentlichkeit nicht erfüllen können, solange die Maßnahmen der primären bzw. der ergänzenden Sanierung ihre Wirkung nicht entfaltet haben. Ein finanzieller Ausgleich für Teile der Öffentlichkeit fällt nicht darunter.

Führt die primäre Sanierung nicht dazu, dass die Umwelt in ihren Ausgangszustand zurückversetzt wird, so wird anschließend eine ergänzende Sanierung durchgeführt. Überdies wird eine Ausgleichssanierung zum Ausgleich der zwischenzeitlichen Verluste durchgeführt.

Eine Sanierung von Umweltschäden im Bereich der Gewässer und von Schädigungen geschützter Arten und natürlicher Lebensräume beinhaltet ferner, dass jedes erhebliche Risiko einer Beeinträchtigung der menschlichen Gesundheit beseitigt werden muss.

1.1. Sanierungsziele

Ziel der primären Sanierung

1.1.1. Ziel der primären Sanierung ist es, die geschädigten natürlichen Ressourcen und/oder deren Funktionen ganz oder annähernd in den Ausgangszustand zurückzuversetzen.

Ziel der ergänzenden Sanierung

1.1.2. Lassen sich die geschädigten natürlichen Ressourcen und/oder deren Funktionen nicht in den Ausgangszustand zurückversetzen, so ist eine ergänzende Sanierung vorzunehmen. Ziel der ergänzenden Sanierung ist es, gegebenenfalls an einem anderen Ort einen Zustand der natürlichen Ressourcen und/oder von deren Funktionen herzustellen, der einer Rückführung des geschädigten Ortes in seinen Ausgangszustand gleichkommt. Soweit dies möglich und sinnvoll ist, sollte dieser andere Ort mit dem geschädigten Ort geografisch im Zusammenhang stehen, wobei die Interessen der betroffenen Bevölkerung zu berücksichtigen sind.

Ziel der Ausgleichssanierung

1.1.3. Die Ausgleichssanierung erfolgt zum Ausgleich der zwischenzeitlichen Verluste von natürlichen Ressourcen und von deren Funktionen, die bis zur Wiederherstellung entstehen. Der Ausgleich besteht aus zusätzlichen Verbesserungen der geschützten natürlichen Lebensräume und Arten oder der Gewässer entweder an dem geschädigten oder an einem anderen Ort. Sie beinhaltet keine finanzielle Entschädigung für Teile der Öffentlichkeit.

1.2. Festlegung der Sanierungsmaßnahmen

Festlegung primärer Sanierungsmaßnahmen

1.2.1. Zu prüfen sind Optionen, die Tätigkeiten, mit denen die natürlichen Ressourcen und Funktionen direkt in einen Zustand versetzt werden, der sie beschleunigt zu ihrem Ausgangszustand zurückführt, oder aber eine natürliche Wiederherstellung umfassen.

Festlegung ergänzender Sanierungsmaßnahmen und Ausgleichssanierungsmaßnahmen

1.2.2. Bei der Festlegung des Umfangs der ergänzenden Sanierungsmaßnahmen und der Ausgleichssanierungsmaßnahmen ist zunächst die Anwendung von Konzepten zu prüfen, die auf der Gleichwertigkeit von Ressourcen oder Funktionen beruhen. Dabei werden zunächst Maßnahmen geprüft, durch die natürliche Ressourcen und/oder Funktionen in gleicher Art, Qualität und Menge wie die geschädigten Ressourcen und/oder Funktionen hergestellt werden. Erweist sich dies als unmöglich, so werden andere natürliche Ressourcen und/oder Funktionen bereitgestellt. So kann beispielweise eine Qualitätsminderung durch eine quantitative Steigerung der Sanierungsmaßnahmen ausgeglichen werden.

1.2.3. Erweist sich die Anwendung der oben genannten Konzepte der Gleichwertigkeit der Ressourcen oder Funktionen als unmöglich, so werden stattdessen andere Bewertungsmethoden angewandt. Die zuständige Behörde kann die Methode, z.B. Feststellung des Geldwertes, vorschreiben, um den Umfang der erforderlichen ergänzenden Sanierungsmaßnahmen und Ausgleichssanierungsmaßnahmen festzustellen. Ist eine Bewertung des Verlustes an Ressourcen und/oder Funktionen möglich, eine Bewertung des Ersatzes der natürlichen Ressourcen und/oder Funktionen jedoch innerhalb eines angemessenen Zeitrahmens unmöglich oder mit unangemessenen Kosten verbunden, so kann die zuständige Behörde Sanierungsmaßnahmen anordnen, deren Kosten dem geschätzten Geldwert des entstandenen Verlustes an natürlichen Ressourcen und/oder Funktionen entsprechen.

Die ergänzenden Sanierungsmaßnahmen und die Ausgleichssanierungsmaßnahmen sollten so beschaffen sein, dass durch sie zusätzliche Ressourcen und/oder Funktionen geschaffen werden, die den zeitlichen Präferenzen und dem zeitlichen Ablauf der Sanierungsmaßnahmen entsprechen. Je länger es beispielsweise dauert, bis der Ausgangszustand wieder erreicht ist, desto mehr Ausgleichssanierungsmaßnahmen werden (unter ansonsten gleichen Bedingungen) getroffen.

1.3. Wahl der Sanierungsoptionen

1.3.1. Die angemessenen Sanierungsoptionen sollten unter Nutzung der besten verfügbaren Techniken anhand folgender Kriterien bewertet werden:

- Auswirkung jeder Option auf die öffentliche Gesundheit und die öffentliche Sicherheit;
- Kosten für die Durchführung der Option;
- Erfolgsaussichten jeder Option;
- inwieweit durch jede Option künftiger Schaden verhütet wird und zusätzlicher Schaden als Folge der Durchführung der Option vermieden wird;
- inwieweit jede Option einen Nutzen für jede einzelne Komponente der natürlichen Ressource und/oder der Funktion darstellt;
- inwieweit jede Option die einschlägigen sozialen, wirtschaftlichen und kulturellen Belange und anderen ortsspezifischen Faktoren berücksichtigt;
- wie lange es dauert, bis die Sanierung des Umweltschadens durchgeführt ist;
- inwieweit es mit der jeweiligen Option gelingt, den Ort des Umweltschadens zu sanieren;
- geografischer Zusammenhang mit dem geschädigten Ort.

1.3.2. Bei der Bewertung der verschiedenen festgelegten Sanierungsoptionen können auch primäre Sanierungsmaßnahmen ausgewählt werden, mit denen das geschädigte Gewässer, die geschädigte Art oder der geschädigte natürliche Lebensraum nicht vollständig oder nur langsamer in den Ausgangszustand zurückversetzt werden. Eine solche Entscheidung kann nur getroffen werden, wenn der Verlust an natürlichen Ressourcen und/oder Funktionen am ursprünglichen Standort infolge der Entscheidung dadurch ausgeglichen wird, dass verstärkt ergänzende Sanierungstätigkeiten und mehr Ausgleichssanierungstätigkeiten durchgeführt werden, mit denen vergleichbare natürliche Ressourcen und/oder Funktionen wie vor dem Schadenseintritt geschaffen werden können. Dies ist beispielsweise der Fall, wenn an anderer Stelle mit geringerem Kostenaufwand gleichwertige natürliche Ressourcen und/oder Funktionen geschaffen werden können. Diese zusätzlichen Sanierungsmaßnahmen werden im Einklang mit Nummer 1.2.2 festgelegt.

1.3.3. Ungeachtet der Nummer 1.3.2 ist die zuständige Behörde im Einklang mit Artikel 7 Absatz 3 befugt, zu entscheiden, dass keine weiteren Sanierungsmaßnahmen ergriffen werden, wenn

a) mit den bereits ergriffenen Sanierungsmaßnahmen sichergestellt wird, dass kein erhebliches Risiko einer Beeinträchtigung der menschlichen Gesundheit, des Gewässers oder geschützter Arten und natürlicher Lebensräume mehr besteht, und

b) die Kosten der Sanierungsmaßnahmen, die zu ergreifen wären, um den Ausgangszustand oder ein vergleichbares Niveau herzustellen, in keinem angemessenen Verhältnis zu dem Nutzen stehen, der für die Umwelt erreicht werden soll.

2. Sanierung von Schädigungen des Bodens

Es werden die erforderlichen Maßnahmen getroffen, um zumindest sicherzustellen, dass die betreffenden Schadstoffe beseitigt, kontrolliert, eingedämmt oder vermindert werden, so dass der geschädigte Boden unter Berücksichtigung seiner zum Zeitpunkt der Schädigung gegebenen gegenwärtigen oder zugelassenen künftigen Nutzung kein erhebliches Risiko einer Beeinträchtigung der menschlichen Gesundheit mehr darstellt. Das Vorliegen solcher Risiken wird mit Verfahren zur Risikoabschätzung unter Berücksichtigung folgender Faktoren beurteilt: Beschaffenheit und Funktion des Bodens, Art und Konzentration der Schadstoffe, Zubereitungen, Organismen oder Mikroorganismen, das mit ihnen verbundene Risiko und die Möglichkeit ihrer Verbreitung. Die Nutzung ist aufgrund der zum Zeitpunkt des Schadenseintritts geltenden Bodennutzungsvorschriften oder anderer einschlägiger Vorschriften – soweit vorhanden – festzulegen.

Ändert sich die Nutzung des Bodens, so sind alle erforderlichen Maßnahmen zu ergreifen, um jeglichen nachteiligen Auswirkungen auf die menschliche Gesundheit vorzubeugen.

Fehlen Bodennutzungsvorschriften oder andere einschlägige Vorschriften, so wird die Nutzung des speziellen Bereichs nach dem Zustand des geschädigten Bodens unter Berücksichtigung seiner voraussichtlichen Entwicklung bestimmt.

Zu berücksichtigen ist die Option einer natürlichen Wiederherstellung, d.h. eine Option ohne unmittelbares Eingreifen des Menschen in den Wiederherstellungsprozess.

Anhang III
Tätigkeiten im Sinne des Artikels 3 Absatz 1

1. Der Betrieb von Anlagen, für den eine Genehmigung gemäß der Richtlinie 96/61/EG des Rates vom 24. September 1996 über die integrierte Vermeidung und Verminderung der Umweltverschmutzung[5] erforderlich ist. Dies umfasst alle in Anhang I der Richtlinie 96/61/EG aufgeführten Tätigkeiten, mit Ausnahme von Anlagen oder Anlagenteilen, die für Zwecke der Forschung, Entwicklung und Prüfung neuer Erzeugnisse und Verfahren genutzt werden.
2. Abfallbewirtschaftungsmaßnahmen, wie das Einsammeln, die Beförderung, die Verwertung und die Beseitigung von Abfällen und gefährlichen Abfällen, einschließlich der Überwachung derartiger Vorgänge sowie der Überwachung der Deponien nach deren Schließung, soweit diese Maßnahmen einer Genehmigung oder Registrierung gemäß der Richtlinie 75/442/EWG des Rates vom 15. Juli 1975 über Abfälle[6] und der Richtlinie 91/689/EWG des Rates vom 12. Dezember 1991 über gefährliche Abfälle[7] bedürfen.
   Diese Maßnahmen umfassen unter anderem den Betrieb von Deponien gemäß der Richtlinie 1999/31/EG des Rates vom 26. April 1999 über Abfalldeponien[8] und den Betrieb von Verbrennungsanlagen gemäß der Richtlinie 2000/76/EG des Europäischen Parlaments und des Rates vom 4. Dezember 2000 über die Verbrennung von Abfällen[9].
   Für die Zwecke der vorliegenden Richtlinie können die Mitgliedstaaten beschließen, dass diese Tätigkeiten nicht die Ausbringung von normengerecht behandeltem Klärschlamm aus städtischen Abwasserbehandlungsanlagen zu landwirtschaftlichen Zwecken umfassen.
3. Sämtliche Ableitungen in Binnenoberflächengewässer, die gemäß der Richtlinie 76/464/EWG des Rates vom 4. Mai 1976 betreffend die Verschmutzung in Folge der Ableitung bestimmter gefährlicher Stoffe in die Gewässer der Gemeinschaft[10] einer vorherigen Genehmigung bedürfen.
4. Sämtliche Ableitungen von Stoffen in das Grundwasser, die gemäß der Richtlinie 80/68/EWG des Rates vom 17. Dezember 1979 über den Schutz des Grundwassers gegen Verschmutzung durch bestimmte gefährliche Stoffe[11] einer vorherigen Genehmigung bedürfen.
5. Die Ableitung oder Einleitung von Schadstoffen in Oberflächengewässer oder Grundwasser, die gemäß der Richtlinie 2000/60/EG einer Genehmigung, Zulassung oder Registrierung bedürfen.
6. Wasserentnahme und Aufstauung von Gewässern, die gemäß der Richtlinie 2000/60/EG einer vorherigen Genehmigung bedürfen.
7. Die Herstellung, Verwendung, Lagerung, Verarbeitung, das Abfüllen, die Freisetzung in die Umwelt und die innerbetriebliche Beförderung von
   a) gefährlichen Stoffen im Sinne des Artikels 2 Absatz 2 der Richtlinie 67/548/EWG des Rates vom 27. Juni 1967 zur Angleichung der Rechts- und Verwaltungsvorschriften für die Einstufung, Verpackung und Kennzeichnung gefährlicher Stoffe[12];
   b) gefährlichen Zubereitungen im Sinne des Artikels 2 Absatz 2 der Richtlinie 1999/45/EG des Europäischen Parlaments und des Rates vom 31. Mai 1999 zur Angleichung der Rechts- und Verwaltungsvorschriften der Mitgliedstaaten für die Einstufung, Verpackung und Kennzeichnung gefährlicher Zubereitungen[13];
   c) Pflanzenschutzmitteln im Sinne des Artikels 2 Nummer 1 der Richtlinie 91/414/EWG des Rates vom 15. Juli 1991 über das Inverkehrbringen von Pflanzenschutzmitteln[14];
   d) Biozid-Produkten im Sinne des Artikels 2 Absatz 1 Buchstabe a der Richtlinie 98/8/EG des Europäischen

---

5 ABl. L 257 vom 10.10.1996, S. 26. Zuletzt geändert durch die Verordnung (EG) Nr. 1882/2003.

6 ABl. L 194 vom 25.7.1975, S. 39. Zuletzt geändert durch die Verordnung (EG) Nr. 1882/2003.

7 ABl. L 377 vom 31.12.1991, S. 20. Geändert durch die Richtlinie 94/31/EG (ABl. L 168 vom 2.7.1994, S. 28).

8 ABl. L 182 vom 16.7.1999, S. 1. Geändert durch die Verordnung (EG) Nr. 1882/2003.

9 ABl. L 332 vom 28.12.2000, S. 91.

10 ABl. L 129 vom 18.5.1976, S. 23. Zuletzt geändert durch die Richtlinie 2000/60/EG.

11 ABl. L 20 vom 26.1.1980, S. 43. Geändert durch die Richtlinie 91/692/EWG (ABl. L 377 vom 31.12.1991, S. 48).

12 ABl. L 196 vom 16.8.1967, S. 1. Zuletzt geändert durch die Verordnung (EG) Nr. 807/2003.

13 ABl. L 200 vom 30.7.1999, S. 1. Zuletzt geändert durch die Verordnung (EG) Nr. 1882/2003.

14 ABl. L 230 vom 19.8.1991, S. 1. Zuletzt geändert durch die Verordnung (EG) Nr. 806/2003 (ABl. L 122 vom 16.5.2003, S. 1).

Parlaments und des Rates vom 16. Februar 1998 über das Inverkehrbringen von Biozid-Produkten[15].

8. Die Beförderung gefährlicher oder umweltschädlicher Güter auf der Straße, auf der Schiene, auf Binnengewässern, auf See oder in der Luft gemäß der Definition in Anhang A der Richtlinie 94/55/EG des Rates vom 21. November 1994 zur Angleichung der Rechtsvorschriften der Mitgliedstaaten für den Gefahrguttransport auf der Straße[16] oder gemäß der Definition im Anhang der Richtlinie 96/49/EG des Rates vom 23. Juli 1996 zur Angleichung der Rechtsvorschriften der Mitgliedstaaten für die Eisenbahnbeförderung gefährlicher Güter[17] oder aber gemäß der Definition in der Richtlinie 93/75/EWG des Rates vom 13. September 1993 über Mindestanforderungen an Schiffe, die Seehäfen der Gemeinschaft anlaufen oder aus ihnen auslaufen und gefährliche oder umweltschädliche Güter befördern[18].
9. Der Betrieb von Anlagen, für den eine Genehmigung gemäß der Richtlinie 84/360/EWG des Rates vom 28. Juni 1984 zur Bekämpfung der Luftverunreinigung durch Industrieanlagen[19] in Bezug auf die Ableitung der durch die genannte Richtlinie erfassten Schadstoffe in die Atmosphäre erforderlich ist.
10. Jegliche Anwendung genetisch veränderter Mikroorganismen in geschlossenen Systemen, einschließlich ihrer Beförderung, gemäß der Definition in der Richtlinie 90/219/EWG des Rates vom 23. April 1990 über die Anwendung genetisch veränderter Mikroorganismen in geschlossenen Systemen[20].
11. Jede absichtliche Freisetzung genetisch veränderter Organismen in die Umwelt, sowie die Beförderung und das Inverkehrbringen dieser Organismen gemäß der Definition in der Richtlinie 2001/18/EG des Europäischen Parlaments und des Rates[21].
12. Die grenzüberschreitende Verbringung von Abfällen in der, in die oder aus der Europäischen Union, für die eine Genehmigungspflicht oder ein Verbot im Sinne der Verordnung (EWG) Nr. 259/93 des Rates vom 1. Februar 1993 zur Überwachung und Kontrolle der Verbringung von Abfällen in der, in die und aus der Europäischen Gemeinschaft[22] besteht.
13. Die Bewirtschaftung von mineralischen Abfällen gemäß der Richtlinie 2006/21/EG des Europäischen Parlaments und des Rates vom 15. März 2006 über die Bewirtschaftung von Abfällen aus der mineralgewinnenden Industrie[23].
14. Der Betrieb von Speicherstätten gemäß der Richtlinie 2009/31/EG des Europäischen Parlaments und des Rates vom 23. April 2009 über die geologische Speicherung von Kohlendioxid[24].

[15] ABl. L 123 vom 24.4.1998, S. 1. Geändert durch die Verordnung (EG) Nr. 1882/2003.

[16] ABl. L 319 vom 12.12.1994, S. 7. Zuletzt geändert durch die Richtlinie 2003/28/EG der Kommission (ABl. L 90 vom 8.4.2003, S. 45).

[17] ABl. L 235 vom 17.9.1996, S. 25. Zuletzt geändert durch die Richtlinie 2003/29/EG der Kommission (ABl. L 90 vom 8.4.2003, S. 47).

[18] ABl. L 247 vom 5.10.1993, S. 19. Zuletzt geändert durch die Richtlinie 2002/84/EG des Europäischen Parlaments und des Rates (ABl. L 324 vom 29.11.2002, S. 53).

[19] ABl. L 188 vom 16.7.1984, S. 20. Geändert durch die Richtlinie 91/692/EWG (ABl. L 377 vom 31.12.1991, S. 48).

[20] ABl. L 117 vom 8.5.1990, S. 1. Zuletzt geändert durch die Verordnung (EG) Nr. 1882/2003.

[21] ABl. L 106 vom 17.4.2001, S. 1. Zuletzt geändert durch die Verordnung (EG) Nr. 1830/2003 (ABl. L 268 vom 18.10.2003, S. 24).

[22] ABl. L 30 vom 6.2.1993, S. 1. Zuletzt geändert durch die Verordnung (EG) Nr. 2557/2001 der Kommission (ABl. L 349 vom 31.12.2001, S. 1).

[23] ABl. L 102 vom 11.4.2006, S. 15.

Anhang IV
Internationale Übereinkommen im Sinne des Artikels 4 Absatz 2

a) Internationales Übereinkommen vom 27. November 1992 über die zivilrechtliche Haftung für Ölverschmutzungsschäden;
b) Internationales Übereinkommen vom 27. November 1992 über die Errichtung eines Internationalen Fonds zur Entschädigung für Ölverschmutzungsschäden;
c) Internationales Übereinkommen vom 23. März 2001 über die zivilrechtliche Haftung für Schäden durch Bunkerölverschmutzung;
d) Internationales Übereinkommen vom 3. Mai 1996 über Haftung und Entschädigung für Schäden bei der Beförderung schädlicher und gefährlicher Stoffe auf See;
e) Übereinkommen vom 10. Oktober 1989 über die zivilrechtliche Haftung für die während des Transports gefährlicher Güter auf dem Straßen-, Schienen- und Binnenschifffahrtsweg verursachten Schäden.

Anhang V
Internationale Übereinkommen im Sinne des Artikels 4 Absatz 4

a) Pariser Übereinkommen vom 29. Juli 1960 über die Haftung gegenüber Dritten auf dem Gebiet der Kernenergie und Brüsseler Zusatzübereinkommen vom 31. Januar 1963;
b) Wiener Übereinkommen vom 21. Mai 1963 über die zivilrechtliche Haftung für nukleare Schäden;
c) Übereinkommen vom 12. September 1997 über zusätzliche Entschädigungsleistungen für nuklearen Schaden;
d) Gemeinsames Protokoll vom 21. September 1988 über die Anwendung des Wiener Übereinkommens und des Pariser Übereinkommens;
e) Brüsseler Übereinkommen vom 17. Dezember 1971 über die zivilrechtliche Haftung bei der Beförderung von Kernmaterial auf See.

Anhang VI
Informationen und Daten im Sinne des Artikels 18 Absatz 1[25]

Die in Artikel 18 Absatz 1 genannten Informationen betreffen Fälle von Umweltschäden im Sinne dieser Richtlinie und enthalten folgende Angaben und Daten zu jedem Fall:

1. Art des Umweltschadens, Datum des Eintretens und/oder der Aufdeckung des Schadens. Die Art des Umweltschadens wird als Schädigung geschützter Arten und natürlicher Lebensräume, der Gewässer und des Bodens gemäß Artikel 2 Nummer 1 eingestuft;
2. Beschreibung der Tätigkeiten gemäß Anhang III.

Die Mitgliedstaaten fügen sonstige relevante Informationen über die bei der Durchführung dieser Richtlinie gewonnenen Erfahrungen bei.

Erklärung der Kommission zu Artikel 14(2) – Umwelthaftungsrichtlinie

Die Kommission nimmt Artikel 14(2) zur Kenntnis. Die Kommission wird im Einklang mit diesem Artikel sechs Jahre nach Inkrafttreten der Richtlinie einen Bericht vorlegen, der sich unter anderem mit der Frage der Verfügbarkeit von Ver-

[24] ABl. L 140 vom 5.6.2009, S. 114.

[25] Neu gefasst durch ABl. L 2019/170, 115.

sicherungen und anderen Formen der Deckungsvorsorge zu vertretbaren Kosten sowie mit den entsprechenden Bedingungen befasst. Der Bericht wird insbesondere berücksichtigen, inwiefern sich diesbezüglich auf dem Markt geeignete Produkte der Deckungsvorsorge entwickelt haben. Des Weiteren wird geprüft, ob je nach Umweltschäden und Art der Risiken ein schrittweises Konzept möglich ist. Die Kommission wird abhängig von den Ergebnissen dieser Prüfungen so bald wie möglich entsprechende Vorschläge vorlegen. Die Kommission wird im Einklang mit den relevanten Vorschriften und insbesondere der interinstitutionellen Vereinbarung zur Verbesserung der Rechtsetzung und ihrer Mitteilung über die Folgenabschätzung [KOM(2002) 276 endg.] eine auf wirtschaftliche, soziale und ökologische Aspekte erweiterte Folgenabschätzung durchführen.

Umweltverträglichkeitsprüfungs-Richtlinie 2011/92/EU – UVP-RL

ABl. L 26 vom 28.1.2012, S. 1, zuletzt geändert durch RL 2014/52/EU, ABl. L 124 v 25.4.2014, 1

Artikel 1

(1) Gegenstand dieser Richtlinie ist die Umweltverträglichkeitsprüfung bei öffentlichen und privaten Projekten, die möglicherweise erhebliche Auswirkungen auf die Umwelt haben.

(2) Im Sinne dieser Richtlinie gelten folgende Begriffsbestimmungen:

a) „Projekt“:
   - die Errichtung von baulichen oder sonstigen Anlagen,
   - sonstige Eingriffe in Natur und Landschaft einschließlich derjenigen zum Abbau von Bodenschätzen;

b) „Projektträger“: Person, die die Genehmigung für ein privates Projekt beantragt, oder die Behörde, die ein Projekt betreiben will;

c) „Genehmigung“: Entscheidung der zuständigen Behörde oder der zuständigen Behörden, aufgrund deren der Projektträger das Recht zur Durchführung des Projekts erhält;

d) „Öffentlichkeit“: eine oder mehrere natürliche oder juristische Personen und, in Übereinstimmung mit den innerstaatlichen Rechtsvorschriften oder der innerstaatlichen Praxis, deren Vereinigungen, Organisationen oder Gruppen;

e) „betroffene Öffentlichkeit“: die von umweltbezogenen Entscheidungsverfahren gemäß Artikel 2 Absatz 2 betroffene oder wahrscheinlich betroffene Öffentlichkeit oder die Öffentlichkeit mit einem Interesse daran. Im Sinne dieser Begriffsbestimmung haben Nichtregierungsorganisationen, die sich für den Umweltschutz einsetzen und alle nach innerstaatlichem Recht geltenden Voraussetzungen erfüllen, ein Interesse;

f) „zuständige Behörde(n)“: die Behörde(n), die von den Mitgliedstaaten für die Durchführung der sich aus dieser Richtlinie ergebenden Aufgaben bestimmt wird (werden);

g)[1] ‚Umweltverträglichkeitsprüfung‘: ein aus den folgenden Schritten bestehendes Verfahren:
   i) Ausarbeitung eines Berichts über die Umweltverträglichkeitsprüfung (im Folgenden ‚UVP-Bericht‘) durch den Projektträger gemäß Artikel 5 Absätze 1 und 2;
   ii) Durchführung von Konsultationen gemäß Artikel 6 und, soweit relevant, Artikel 7;
   iii) Prüfung der im Rahmen des UVP-Berichts vom Projektträger gemäß Artikel 5 Absatz 3 vorgelegten Informationen und erforderlichenfalls vorgelegten ergänzenden Informationen sowie der aus den Konsultationen gemäß Artikeln 6 und 7 gewonnenen einschlägigen Informationen durch die zuständige Behörde;
   iv) begründete Schlussfolgerung der zuständigen Behörde in Bezug auf die erheblichen Auswirkungen des Projekts auf die Umwelt unter Berücksichtigung der Ergebnisse der Prüfung gemäß Ziffer iii und gegebenenfalls ihrer eigenen ergänzenden Prüfung; und
   v) die Integration der begründeten Schlussfolgerung der zuständigen Behörde in alle Entscheidungen gemäß Artikel 8a.

(3)[2] Die Mitgliedstaaten können – auf Grundlage einer Einzelfallbeurteilung und sofern dies nach innerstaatlichem Recht vorgesehen ist – entscheiden, diese Richtlinie nicht auf Projekte oder Teile von Projekten anzuwenden, die ausschließlich Zwecken der Verteidigung dienen, oder auf Projekte, die ausschließlich der Bewältigung von Katastrophenfällen dienen, wenn sie der Auffassung sind, dass sich eine derartige Anwendung negativ auf diese Zwecke auswirken würde.

(4) entfällt [RL 2014/52 EU]

Artikel 2[3]

(1) Die Mitgliedstaaten treffen die erforderlichen Maßnahmen, damit vor Erteilung der Genehmigung die Projekte, bei denen unter anderem aufgrund ihrer Art, ihrer Größe oder ihres Standortes mit erheblichen Auswirkungen auf die Umwelt zu rechnen ist, einer Genehmigungspflicht unterworfen und einer Prüfung in Bezug auf ihre Auswirkungen auf die Umwelt unterzogen werden. Diese Projekte sind in Artikel 4 definiert.

(2) Die Umweltverträglichkeitsprüfung kann in den Mitgliedstaaten im Rahmen der bestehenden Verfahren zur Genehmigung der Projekte durchgeführt werden oder, falls solche nicht bestehen, im Rahmen anderer Verfahren oder der Verfahren, die einzuführen sind, um den Zielen dieser Richtlinie zu entsprechen.

(3) Für Projekte, bei denen die Verpflichtung zur Durchführung einer Prüfung der Umweltauswirkungen sowohl aufgrund dieser Richtlinie als auch aufgrund der Richtlinie 92/43/EWG des Rates[4] und/oder der Richtlinie 2009/147/EG des Europäischen Parlaments und des Rates[5] besteht, stellen die Mitgliedstaaten sicher, dass gegebenenfalls koordinierte und/oder gemeinsame Verfahren durchgeführt werden, die die Anforderungen dieser Unionsgesetzgebung erfüllen. Für Projekte, bei denen die Verpflichtung zur Durchführung einer Prüfung der Umweltauswirkungen sowohl aufgrund dieser Richtlinie als auch aufgrund anderer Unionsgesetzgebung als

1 Anm: Eingefügt durch RL 2014/52/EU.

2 Anm: Neu gefasst durch RL 2014/52/EU.

3 Anm: Abs 1 bis 3 und Abs 4 UAbs 1 geändert sowie Abs 5 eingefügt durch RL 2014/52/EU.

4 Richtlinie 92/43/EWG des Rates vom 21 Mai 1992 zur Erhaltung der natürlichen Lebensräume sowie der wildlebenden Tiere und Pflanzen (ABl. L 206 vom 22.7.1992, S. 7).

5 Richtlinie 2009/147/EG des Europäischen Parlaments und des Rates vom 30. November 2009 über die Erhaltung der wildlebenden Vogelarten (ABl. L 20 vom 26.1.2010, S. 7).

den in Unterabsatz 1 genannten Richtlinien besteht, können die Mitgliedstaaten koordinierte und/oder gemeinsame Verfahren vorsehen.

Im Rahmen des koordinierten Verfahrens nach den Unterabsätzen 1 und 2 sind die Mitgliedstaaten bestrebt, die verschiedenen aufgrund der einschlägigen Unionsgesetzgebung vorgeschriebenen Einzelprüfungen der Auswirkungen eines bestimmten Projekts auf die Umwelt unbeschadet anders lautender Bestimmungen anderer einschlägiger Unionsgesetzgebung zu koordinieren, indem sie zu diesem Zweck eine Behörde benennen.

Im Rahmen des gemeinsamen Verfahrens nach den Unterabsätzen 1 und 2 sind die Mitgliedstaaten bestrebt, dafür zu sorgen, dass unbeschadet anders lautender Bestimmungen anderer einschlägiger Unionsgesetzgebung eine einzige Prüfung der Umweltauswirkungen eines bestimmten Projekts auf die Umwelt erstellt wird, die der einschlägigen Unionsgesetzgebung entspricht.

Die Kommission formuliert Leitlinien zur Einführung koordinierter oder gemeinsamer Verfahren für Projekte, für die sowohl gemäß dieser Richtlinie als auch gemäß den Richtlinien 92/43/EWG, 2000/60/EG, 2009/147/EG und 2010/75/EU eine Bewertung erforderlich ist.

(4) Unbeschadet des Artikels 7 können die Mitgliedstaaten in Ausnahmefällen ein bestimmtes Projekt von den Bestimmungen dieser Richtlinie ausnehmen, wenn sich die Anwendung dieser Bestimmungen nachteilig auf den Zweck des Projekts auswirken würde, jedoch unter der Voraussetzung, dass die Ziele dieser Richtlinie verwirklicht werden.

In diesem Fall müssen die Mitgliedstaaten:

a) prüfen, ob eine andere Form der Prüfung angemessen ist;
b) der betroffenen Öffentlichkeit die im Rahmen anderer Formen der Prüfung nach Buchstabe a gewonnenen Informationen, die Informationen betreffend die Entscheidung, die die Ausnahme gewährt, und die Gründe für die Gewährung der Ausnahme zugänglich machen;
c) die Kommission vor Erteilung der Genehmigung über die Gründe für die Gewährung dieser Ausnahme unterrichten und ihr die Informationen übermitteln, die sie gegebenenfalls ihren eigenen Staatsangehörigen zur Verfügung stellen.

Die Kommission übermittelt den anderen Mitgliedstaaten unverzüglich die ihr zugegangenen Unterlagen.

Die Kommission erstattet dem Europäischen Parlament und dem Rat jährlich über die Anwendung dieses Absatzes Bericht.

(5) Unbeschadet des Artikels 7 können die Mitgliedstaaten ein Projekt, das durch einen besonderen einzelstaatlichen Gesetzgebungsakt zugelassen wird, von den Bestimmungen dieser Richtlinie, die sich auf die Beteiligung der Öffentlichkeit beziehen, ausnehmen, jedoch unter der Voraussetzung, dass die Ziele dieser Richtlinie verwirklicht werden. Alle zwei Jahre ab dem 16. Mai 2017 unterrichten die Mitgliedstaaten die Kommission über die Fälle, in denen sie die in Unterabsatz 1 genannte Ausnahme angewandt haben.

Artikel 3[6]

(1) Die Umweltverträglichkeitsprüfung identifiziert, beschreibt und bewertet in geeigneter Weise nach Maßgabe eines jeden Einzelfalls die unmittelbaren und mittelbaren erheblichen Auswirkungen eines Projekts auf folgende Faktoren:

a) Bevölkerung und menschliche Gesundheit;
b) biologische Vielfalt, unter besonderer Berücksichtigung der gemäß der Richtlinie 92/43/EWG und der Richtlinie 2009/147/EG geschützten Arten und Lebensräume;
c) Fläche, Boden, Wasser, Luft und Klima;
d) Sachgüter, kulturelles Erbe und Landschaft;
e) Wechselbeziehung zwischen den unter den Buchstaben a bis d genannten Faktoren.

(2) Die in Absatz 1 genannten Auswirkungen auf die dort genannten Faktoren schließen die Auswirkungen ein, die aufgrund der Anfälligkeit des Projekts für schwere Unfälle und/oder Katastrophen zu erwarten sind, die für das betroffene Projekt relevant sind.“

Artikel 4[7]

(1) Projekte des Anhangs I werden vorbehaltlich des Artikels 2 Absatz 4 einer Prüfung gemäß den Artikeln 5 bis 10 unterzogen.

(2) Bei Projekten des Anhangs II bestimmen die Mitgliedstaaten vorbehaltlich des Artikels 2 Absatz 4, ob das Projekt einer Prüfung gemäß den Artikeln 5 bis 10 unterzogen werden muss. Die Mitgliedstaaten treffen diese Entscheidung anhand

a) einer Einzelfalluntersuchung

   oder

b) der von den Mitgliedstaaten festgelegten Schwellenwerte bzw. Kriterien.

Die Mitgliedstaaten können entscheiden, beide unter den Buchstaben a und b genannten Verfahren anzuwenden.

(3) Bei der Einzelfalluntersuchung oder der Festlegung von Schwellenwerten bzw. Kriterien für die Zwecke des Absatzes 2 sind die relevanten Auswahlkriterien des Anhangs III zu berücksichtigen. Die Mitgliedstaaten können Schwellenwerte oder Kriterien festlegen, bei deren Erfüllung Projekte weder der Feststellung gemäß den Absätzen 4 und 5 noch einer Umweltverträglichkeitsprüfung unterliegen, und/oder Schwellenwerte oder Kriterien, bei deren Erfüllung Projekte in jedem Fall einer Umweltverträglichkeitsprüfung ohne Durchführung einer Feststellung gemäß den Absätzen 4 und 5 unterliegen.

(4) Beschließen Mitgliedstaaten, eine Feststellung für in Anhang II aufgeführte Projekte zu verlangen, liefert der Projektträger Informationen über die Merkmale des Projekts und die damit verbundenen möglichen erheblichen Auswirkungen auf die Umwelt. Anhang II.A enthält eine detaillierte Aufstellung der zu liefernden Informationen. Der Projektträger berücksichtigt gegebenenfalls verfügbare Ergebnisse anderer einschlägiger Bewertungen der Auswirkungen auf die Umwelt, die aufgrund anderer Unionsgesetzgebung als dieser Richtlinie durchgeführt wurden. Der Projektträger kann darüber hinaus eine Beschreibung aller Aspekte des Projekts und/oder aller Maßnahmen zur Verfügung stellen, mit denen erhebliche nachteilige Auswirkungen auf die Umwelt vermieden oder verhindert werden sollen.

(5) Die zuständige Behörde trifft die Feststellung auf der Grundlage der vom Projektträger gemäß Absatz 4 gelieferten Informationen, wobei sie gegebenenfalls die Ergebnisse von vorgelagerten Prüfungen oder aufgrund anderer Unionsgesetzgebung als dieser Richtlinie durchgeführten Prüfungen der Umweltauswirkungen berücksichtigt. Die Feststellung wird der Öffentlichkeit zugänglich gemacht und es werden darin

a) unter Verweis auf die einschlägigen Kriterien in Anhang III die wesentlichen Gründe für die Entscheidung angegeben, eine Umweltverträglichkeitsprüfung vorzuschreiben,
   oder
b) unter Verweis auf die einschlägigen Kriterien in Anhang III die wesentlichen Gründe für die Entscheidung angegeben, keine Umweltverträglichkeitsprüfung vorzuschreiben, und, sofern vom Projektträger vorgelegt, alle Aspekte des

[6] Anm: Neu gefasst durch RL 2014/52/EU.

[7] Anm: Abs 3 und 4 neu gefasst, Abs 5 und 6 angefügt durch RL 2014/52/EU.

Projekts und/oder Maßnahmen, mit denen erhebliche nachteilige Auswirkungen auf die Umwelt vermieden oder verhindert werden sollen.

(6) Die Mitgliedstaaten stellen sicher, dass die zuständige Behörde die Feststellung so bald als möglich und innerhalb eines Zeitraums von höchstens 90 Tagen ab dem Tag trifft, an dem der Projektträger alle gemäß Absatz 4 erforderlichen Informationen vorgelegt hat. In Ausnahmefällen, beispielsweise aufgrund der Art, der Komplexität, des Standorts und des Umfangs des Projekts, kann die zuständige Behörde die Frist für die Feststellung verlängern; in diesem Fall teilt sie dem Projektträger schriftlich mit, aus welchen Gründen die Frist verlängert wurde und wann mit ihrer Entscheidung zu rechnen ist.

Artikel 5[8]

(1) Ist eine Umweltverträglichkeitsprüfung durchzuführen, so erstellt der Projektträger einen UVP-Bericht und legt diesen vor. Die durch den Projektträger bereitzustellenden Informationen umfassen mindestens

a) eine Beschreibung des Projekts mit Angaben zum Standort, zur Ausgestaltung, zur Größe und zu anderen einschlägigen Aspekten des Projekts,
b) eine Beschreibung der möglichen erheblichen Auswirkungen des Projekts auf die Umwelt,
c) eine Beschreibung der Aspekte des Projekts und/oder der Maßnahmen, mit denen mögliche erhebliche nachteilige Auswirkungen auf die Umwelt vermieden, verhindert oder verringert und, wenn möglich, ausgeglichen werden sollen,
d) eine Beschreibung der vom Projektträger untersuchten vernünftigen Alternativen, die für das Projekt und seine spezifischen Merkmale relevant sind, und die Angabe der wesentlichen Gründe für die getroffene Wahl unter Berücksichtigung der Auswirkungen des Projekts auf die Umwelt,
e) eine nichttechnische Zusammenfassung der unter den Buchstaben a bis d genannten Angaben und
f) ergänzende Informationen gemäß Anhang IV, die für die spezifischen Merkmale eines bestimmten Projekts oder einer bestimmten Projektart und der Umweltfaktoren, die möglicherweise beeinträchtigt werden, von Bedeutung sind.

Wurde eine Stellungnahme gemäß Absatz 2 abgegeben, so stützt sich der UVP-Bericht auf diese Stellungnahme und enthält die Angaben, die vernünftigerweise für eine begründete Schlussfolgerung in Bezug auf die erheblichen Auswirkungen des Projekts auf die Umwelt verlangt werden können, und berücksichtigt dabei den gegenwärtigen Wissensstand und aktuelle Prüfmethoden. Der Projektträger berücksichtigt bei der Ausarbeitung des UVP-Berichts die vorhandenen Ergebnisse anderer einschlägiger Prüfungen, die gemäß anderer Unionsgesetzgebung oder nationaler Gesetzgebung durchgeführt wurden, um Mehrfachprüfungen zu vermeiden.

(2) Die zuständige Behörde gibt auf Antrag des Projektträgers unter Berücksichtigung der von diesem vorgelegten Informationen, insbesondere zu den spezifischen Merkmalen des Projekts (einschließlich seines Standorts und der technischen Kapazität) und den möglichen Auswirkungen auf die Umwelt, eine Stellungnahme zum Umfang und zur Detailtiefe der Informationen ab, die gemäß Absatz 1 dieses Artikels vom Projektträger in den UVP-Bericht aufzunehmen sind. Die zuständige Behörde hört vor Abgabe ihrer Stellungnahme die in Artikel 6 Absatz 1 genannten Behörden an. Die Mitgliedstaaten können ferner vorschreiben, dass die zuständigen Behörden eine Stellungnahme gemäß Unterabsatz 1 abgeben, unabhängig davon, ob der Projektträger dies beantragt hat.

(3) Zur Sicherstellung der Vollständigkeit und Qualität des UVP-Berichts

a) stellt der Projektträger sicher, dass der UVP-Bericht von kompetenten Fachleuten erstellt wird,
b) stellt die zuständige Behörde sicher, dass sie über Personal mit ausreichenden Fachkenntnissen verfügt oder erforderlichenfalls Fachkenntnisse einholt, um den UVP-Bericht zu prüfen, und
c) fordert die zuständige Behörde von dem Projektträger erforderlichenfalls ergänzende Informationen gemäß Anhang IV an, die für die Erstellung der begründeten Schlussfolgerung in Bezug auf die erheblichen Auswirkungen des Projekts auf die Umwelt unmittelbar relevant sind.

Artikel 6[9]

(1) Die Mitgliedstaaten treffen die erforderlichen Maßnahmen, damit die Behörden, die in ihrem umweltbezogenen Aufgabenbereich oder in ihrer lokalen oder regionalen Zuständigkeit voraussichtlich von dem Projekt berührt sein könnten, die Möglichkeit haben, ihre Stellungnahme zu den Angaben des Projektträgers und zu dem Antrag auf Genehmigung abzugeben, wobei gegebenenfalls den Fällen gemäß Artikel 8a Absatz 3 Rechnung zu tragen ist. Zu diesem Zweck benennen die Mitgliedstaaten – allgemein oder von Fall zu Fall – die Behörden, die anzuhören sind. Diesen Behörden werden die nach Artikel 5 eingeholten Informationen übermittelt. Die Einzelheiten der Anhörung werden von den Mitgliedstaaten festgelegt.

(2) Um eine wirksame Beteiligung der betroffenen Öffentlichkeit an den Entscheidungsverfahren zu gewährleisten, wird die Öffentlichkeit elektronisch und durch öffentliche Bekanntmachung oder auf anderem geeigneten Wege im Rahmen umweltbezogener Entscheidungsverfahren gemäß Artikel 2 Absatz 2 frühzeitig über Folgendes informiert, spätestens jedoch, sobald die Informationen nach vernünftigem Ermessen zur Verfügung gestellt werden können:

a) den Genehmigungsantrag;
b) die Tatsache, dass das Projekt Gegenstand einer Umweltverträglichkeitsprüfung ist, und gegebenenfalls die Tatsache, dass Artikel 7 Anwendung findet;
c) genaue Angaben zu den jeweiligen Behörden, die für die Entscheidung zuständig sind, bei denen relevante Informationen erhältlich sind bzw. bei denen Stellungnahmen oder Fragen eingereicht werden können, sowie zu vorgesehenen Fristen für die Übermittlung von Stellungnahmen oder Fragen;
d) die Art möglicher Entscheidungen, oder, soweit vorhanden, den Entscheidungsentwurf;
e) die Angaben über die Verfügbarkeit der Informationen, die gemäß Artikel 5 eingeholt wurden;
f) die Angaben, wann, wo und in welcher Weise die relevanten Informationen zugänglich gemacht werden;
g) Einzelheiten zu den Vorkehrungen für die Beteiligung der Öffentlichkeit nach Absatz 5 dieses Artikels.

(3) Die Mitgliedstaaten stellen sicher, dass der betroffenen Öffentlichkeit innerhalb eines angemessenen zeitlichen Rahmens Folgendes zugänglich gemacht wird:

a) alle Informationen, die gemäß Artikel 5 eingeholt wurden;
b) in Übereinstimmung mit den nationalen Rechtsvorschriften die wichtigsten Berichte und Empfehlungen, die der

8 Anm: Abs 1 bis 3 neu gefasst durch RL 2014/52/EU.

9 Abs 1, Einleitungsteil des Abs 2, Abs 5 und Abs 6 neu gefasst und Abs 7 angefügt durch RL 2014/52/EU.

bzw. den zuständigen Behörden zu dem Zeitpunkt vorliegen, zu dem die betroffene Öffentlichkeit nach Absatz 2 dieses Artikels informiert wird;

c) in Übereinstimmung mit den Bestimmungen der Richtlinie 2003/4/EG des Europäischen Parlaments und des Rates vom 28. Januar 2003 über den Zugang der Öffentlichkeit zu Umweltinformationen[10] andere als die in Absatz 2 dieses Artikels genannten Informationen, die für die Entscheidung nach Artikel 8 dieser Richtlinie von Bedeutung sind und die erst zugänglich werden, nachdem die betroffene Öffentlichkeit nach Absatz 2 dieses Artikels informiert wurde.

(4) Die betroffene Öffentlichkeit erhält frühzeitig und in effektiver Weise die Möglichkeit, sich an den umweltbezogenen Entscheidungsverfahren gemäß Artikel 2 Absatz 2 zu beteiligen, und hat zu diesem Zweck das Recht, der zuständigen Behörde bzw. den zuständigen Behörden gegenüber Stellung zu nehmen und Meinungen zu äußern, wenn alle Optionen noch offen stehen und bevor die Entscheidung über den Genehmigungsantrag getroffen wird.

(5) Die genauen Vorkehrungen für die Unterrichtung der Öffentlichkeit (beispielsweise durch Anschläge innerhalb eines gewissen Umkreises oder Veröffentlichung in Lokalzeitungen) und Anhörung der betroffenen Öffentlichkeit (beispielsweise durch Aufforderung zu schriftlichen Stellungnahmen oder durch eine öffentliche Anhörung) werden von den Mitgliedstaaten festgelegt. Die Mitgliedstaaten treffen die erforderlichen Maßnahmen um sicherzustellen, dass die einschlägigen Informationen der Öffentlichkeit auf der angemessenen Verwaltungsebene elektronisch zugänglich sind, wenigstens über ein zentrales Portal oder über einfach zugängliche Zugangspunkte.

(6) Der Zeitrahmen für die verschiedenen Phasen muss so gewählt werden, dass ausreichend Zeit zur Verfügung steht, um

a) die Behörden gemäß Absatz 1 und die Öffentlichkeit zu informieren und

b) den Behörden gemäß Absatz 1 und der betroffenen Öffentlichkeit die Möglichkeit zu geben, sich vorzubereiten und effektiv an dem umweltbezogenen Entscheidungsverfahren gemäß diesem Artikel teilzunehmen.

(7) Die Frist, innerhalb der die betroffene Öffentlichkeit zu dem in Artikel 5 Absatz 1 genannten UVP-Bericht zu konsultieren ist, beträgt mindestens 30 Tage.

Artikel 7[11]

(1) Stellt ein Mitgliedstaat fest, dass ein Projekt erhebliche Auswirkungen auf die Umwelt eines anderen Mitgliedstaats haben könnte, oder stellt ein Mitgliedstaat, der möglicherweise davon erheblich betroffen ist, einen entsprechenden Antrag, so übermittelt der Mitgliedstaat, in dessen Hoheitsgebiet das Projekt durchgeführt werden soll, dem betroffenen Mitgliedstaat so bald wie möglich, spätestens aber zu dem Zeitpunkt, zu dem er in seinem eigenen Land die Öffentlichkeit unterrichtet, unter anderem

a) eine Beschreibung des Projekts zusammen mit allen verfügbaren Angaben über dessen mögliche grenzüberschreitende Auswirkungen;

b) Angaben über die Art der möglichen Entscheidung.

Der Mitgliedstaat, in dessen Hoheitsgebiet das Projekt durchgeführt werden soll, räumt dem anderen Mitgliedstaat eine angemessene Frist für dessen Mitteilung ein, ob er an dem umweltbezogenen Entscheidungsverfahren gemäß Artikel 2 Absatz 2 teilzunehmen wünscht oder nicht; ferner kann er die in Absatz 2 dieses Artikels genannten Angaben beifügen.

(2) Teilt ein Mitgliedstaat nach Erhalt der in Absatz 1 genannten Angaben mit, dass er an dem umweltbezogenen Entscheidungsverfahren gemäß Artikel 2 Absatz 2 teilzunehmen beabsichtigt, so übermittelt der Mitgliedstaat, in dessen Hoheitsgebiet das Projekt durchgeführt werden soll, sofern noch nicht geschehen, dem betroffenen Mitgliedstaat die nach Artikel 6 Absatz 2 erforderlichen und nach Artikel 6 Absatz 3 Buchstaben a und b bereitgestellten Informationen.

(3) Ferner haben die beteiligten Mitgliedstaaten, soweit sie jeweils berührt sind,

a) dafür Sorge zu tragen, dass die Angaben gemäß den Absätzen 1 und 2 innerhalb einer angemessenen Frist den in Artikel 6 Absatz 1 genannten Behörden sowie der betroffenen Öffentlichkeit im Hoheitsgebiet des möglicherweise von dem Projekt erheblich betroffenen Mitgliedstaats zur Verfügung gestellt werden, und

b) sicherzustellen, dass den in Artikel 6 Absatz 1 genannten Behörden und der betroffenen Öffentlichkeit Gelegenheit gegeben wird, der zuständigen Behörde des Mitgliedstaats, in dessen Hoheitsgebiet das Projekt durchgeführt werden soll, vor der Genehmigung des Projekts innerhalb einer angemessenen Frist ihre Stellungnahme zu den vorgelegten Angaben zuzuleiten.

(4) Die beteiligten Mitgliedstaaten nehmen Konsultationen auf, die unter anderem die potenziellen grenzüberschreitenden Auswirkungen des Projekts und die Maßnahmen zum Gegenstand haben, die der Verringerung oder Vermeidung dieser Auswirkungen dienen sollen, und vereinbaren einen angemessenen Zeitrahmen für die Dauer der Konsultationsphase. Diese Konsultationen können von einem geeigneten gemeinsamen Gremium durchgeführt werden.

(5) Die Einzelheiten der Durchführung der Absätze 1 bis 4 des vorliegenden Artikels, einschließlich der Festlegung von Fristen für Konsultationen, werden von den betroffenen Mitgliedstaaten auf der Grundlage der Regelungen und Zeitrahmen gemäß Artikel 6 Absätze 5 bis 7 festgelegt; sie müssen derart beschaffen sein, dass die betroffene Öffentlichkeit im Hoheitsgebiet des betroffenen Mitgliedstaats die Möglichkeit erhält, effektiv an den umweltbezogenen Entscheidungsverfahren gemäß Artikel 2 Absatz 2 für das Projekt teilzunehmen.

Artikel 8[12]

Die Ergebnisse der Konsultationen und die gemäß den Artikeln 5 bis 7 eingeholten Angaben sind beim Genehmigungsverfahren gebührend zu berücksichtigen.

Artikel 8a[13]

(1) In die Entscheidung über die Erteilung einer Genehmigung werden mindestens folgende Angaben aufgenommen:

a) die begründete Schlussfolgerung gemäß Artikel 1 Absatz 2 Buchstabe g Ziffer iv;

b) etwaige Umweltauflagen, die mit der Entscheidung verbunden sind, sowie eine Beschreibung der Aspekte des Projekts und/oder der Maßnahmen, mit denen erhebliche nachteilige Auswirkungen auf die Umwelt vermieden, verhindert oder verringert und soweit möglich ausgeglichen werden sollen, und, soweit angemessen, eine Beschreibung der Überwachungsmaßnahmen.

(2) Wird die Entscheidung getroffen, die Genehmigung nicht zu erteilen, so werden in dieser Entscheidung die wesentlichen Gründe hierfür erläutert.

---

[10] ABl. L 41 vom 14.2.2003, S. 26.

[11] Anm: Abs 4 und 5 neu gefasst durch RL 2014/52/EU.

[12] Anm: Neu gefasst durch RL 2014/52/EU.

[13] Anm: Neu eingefügt durch RL 2014/52/EU.

(3) Wenden die Mitgliedstaaten Verfahren gemäß Artikel 2 Absatz 2 an, die keine Genehmigungsverfahren sind, gelten die Anforderungen von Absatz 1 bzw. Absatz 2 des vorliegenden Artikels als erfüllt, wenn eine im Rahmen dieser Verfahren getroffene Entscheidung die in diesen Absätzen genannten Informationen umfasst und Mechanismen bestehen, die für die Erfüllung der Anforderungen gemäß Absatz 6 des vorliegenden Artikels geeignet sind.

(4) Im Einklang mit den Anforderungen gemäß Absatz 1 Buchstabe b stellen die Mitgliedstaaten sicher, dass die Aspekte des Projekts und/oder die Maßnahmen, mit denen erhebliche nachteilige Auswirkungen auf die Umwelt vermieden, verhindert, verringert und soweit möglich ausgeglichen werden sollen, vom Projektträger umgesetzt werden, und legen die Verfahren zur Überwachung erheblicher nachteiliger Auswirkungen auf die Umwelt fest.

Die Art der zu überwachenden Parameter und die Dauer der Überwachung müssen der Art, dem Standort und dem Umfang des Projekts sowie dem Ausmaß seiner Auswirkungen auf die Umwelt angemessen sein.

Geeignete Überwachungsmechanismen, die aufgrund anderer Unionsgesetzgebung als dieser Richtlinie und nationaler Gesetzgebung bestehen, können angewandt werden, um Doppelgleisigkeiten bei der Überwachung zu vermeiden.

(5) Die Mitgliedstaaten stellen sicher, dass die zuständige Behörde alle Entscheidungen gemäß den Absätzen 1 bis 3 innerhalb eines angemessenen Zeitraums trifft.

(6) Die zuständige Behörde muss der Auffassung sein, dass die begründete Schlussfolgerung gemäß Artikel 1 Absatz 2 Buchstabe g Ziffer iv oder Entscheidungen gemäß Absatz 3 des vorliegenden Artikels aktuell sind, wenn sie eine Entscheidung zur Erteilung einer Genehmigung trifft. Zu diesem Zweck können die Mitgliedstaaten Fristen für die Gültigkeit der begründeten Schlussfolgerungen gemäß Artikel 1 Absatz 2 Buchstabe g Ziffer iv oder der Entscheidungen gemäß Absatz 3 des vorliegenden Artikels festlegen.

Artikel 9

(1)[14] Wurde eine Entscheidung über die Erteilung oder die Ablehnung einer Genehmigung getroffen, so gibt/geben die zuständige(n) Behörde(n) dies unverzüglich der Öffentlichkeit und den in Artikel 6 Absatz 1 genannten Behörden nach den entsprechenden nationalen Verfahren bekannt und stellt/stellen sicher, dass die folgenden Informationen der Öffentlichkeit und den in Artikel 6 Absatz 1 genannten Behörden zugänglich sind, wobei gegebenenfalls den Fällen gemäß Artikel 8a Absatz 3 Rechnung zu tragen ist:

a) den Inhalt der Entscheidung und etwaige mit der Entscheidung verbundenen Auflagen gemäß Artikel 8a Absätze 1 und 2;
b) die Hauptgründe und -erwägungen, auf denen die Entscheidung beruht, einschließlich Angaben über das Verfahren zur Beteiligung der Öffentlichkeit. Dies umfasst auch die Zusammenfassung der Ergebnisse der Anhörungen und der gemäß den Artikeln 5 bis 7 erhaltenen Informationen sowie der Art und Weise, wie diese einbezogen wurden oder wie ihnen anderweitig Rechnung getragen wurde, insbesondere, was die Stellungnahmen der betroffenen Mitgliedstaaten gemäß Artikel 7 angeht.

(2) Die zuständige(n) Behörde(n) unterrichtet/unterrichten die gemäß Artikel 7 konsultierten Mitgliedstaaten und übermittelt/übermitteln ihnen die in Absatz 1 dieses Artikels genannten Angaben.

Die konsultierten Mitgliedstaaten stellen sicher, dass diese Informationen der betroffenen Öffentlichkeit in ihrem eigenen Hoheitsgebiet in geeigneter Weise zugänglich gemacht werden.

Artikel 9a[15]

Die Mitgliedstaaten stellen sicher, dass die zuständige Behörde oder die zuständigen Behörden den ihr bzw. ihnen aus dieser Richtlinie erwachsenden Pflichten auf objektive Weise nachkommt bzw. nachkommen und sich nicht in einer Situation befindet bzw. befinden, die Anlass zu einem Interessenkonflikt geben könnte. Ist die zuständige Behörde auch Projektträger, so sorgen die Mitgliedstaaten im Rahmen der Organisation der Verwaltungszuständigkeiten zumindest für eine angemessene Trennung solcher Funktionen, die bei der Durchführung der sich aus dieser Richtlinie ergebenden Aufgaben nicht miteinander vereinbar sind.

Artikel 10

Unbeschadet der Richtlinie 2003/4/EG berühren die Bestimmungen dieser Richtlinie nicht die Verpflichtung der zuständigen Behörden, die von den einzelstaatlichen Rechts- und Verwaltungsvorschriften auferlegten Beschränkungen und die herrschende Rechtspraxis zur Wahrung der gewerblichen und handelsbezogenen Geheimnisse einschließlich des geistigen Eigentums und des öffentlichen Interesses zu beachten.[16]

Soweit Artikel 7 Anwendung findet, unterliegen die Übermittlung von Angaben an einen anderen Mitgliedstaat und der Empfang von Angaben eines anderen Mitgliedstaats den Beschränkungen, die in dem Mitgliedstaat gelten, in dem das Projekt durchgeführt werden soll.

Artikel 10a[17]

Die Mitgliedstaaten legen fest, welche Sanktionen bei Verstößen gegen innerstaatliche Vorschriften zur Umsetzung dieser Richtlinie zu verhängen sind. Die Sanktionen müssen wirksam und verhältnismäßig sein und eine abschreckende Wirkung haben.

Artikel 11

(1) Die Mitgliedstaaten stellen im Rahmen ihrer innerstaatlichen Rechtsvorschriften sicher, dass Mitglieder der betroffenen Öffentlichkeit, die

a) ein ausreichendes Interesse haben oder alternativ
b) eine Rechtsverletzung geltend machen, sofern das Verwaltungsverfahrensrecht bzw. Verwaltungsprozessrecht eines Mitgliedstaats dies als Voraussetzung erfordert,

Zugang zu einem Überprüfungsverfahren vor einem Gericht oder einer anderen auf gesetzlicher Grundlage geschaffenen unabhängigen und unparteiischen Stelle haben, um die materiellrechtliche und verfahrensrechtliche Rechtmäßigkeit von Entscheidungen, Handlungen oder Unterlassungen anzufechten, für die die Bestimmungen dieser Richtlinie über die Öffentlichkeitsbeteiligung gelten.

(2) Die Mitgliedstaaten legen fest, in welchem Verfahrensstadium die Entscheidungen, Handlungen oder Unterlassungen angefochten werden können.

(3) Was als ausreichendes Interesse und als Rechtsverletzung gilt, bestimmen die Mitgliedstaaten im Einklang mit dem Ziel, der betroffenen Öffentlichkeit einen weiten Zugang zu Gerichten zu gewähren. Zu diesem Zweck gilt das Interesse jeder Nichtregierungsorganisation, welche die in Artikel 1 Absatz 2 genannten Voraussetzungen erfüllt, als ausreichend

[14] Anm: Neu gefasst durch RL 2014/52/EU.

[15] Anm: Neu eingefügt durch RL 2014/52/EU.

[16] Anm: Neu gefasst durch RL 2014/52/EU.

[17] Anm: Neu eingefügt durch RL 2014/52/EU.

im Sinne von Absatz 1 Buchstabe a dieses Artikels. Derartige Organisationen gelten auch als Träger von Rechten, die im Sinne von Absatz 1 Buchstabe b dieses Artikels verletzt werden können.

(4) Dieser Artikel schließt die Möglichkeit eines vorausgehenden Überprüfungsverfahrens bei einer Verwaltungsbehörde nicht aus und lässt das Erfordernis einer Ausschöpfung der verwaltungsbehördlichen Überprüfungsverfahren vor der Einleitung gerichtlicher Überprüfungsverfahren unberührt, sofern ein derartiges Erfordernis nach innerstaatlichem Recht besteht.

Die betreffenden Verfahren werden fair, gerecht, zügig und nicht übermäßig teuer durchgeführt.

(5) Um die Effektivität dieses Artikels zu fördern, stellen die Mitgliedstaaten sicher, dass der Öffentlichkeit praktische Informationen über den Zugang zu verwaltungsbehördlichen und gerichtlichen Überprüfungsverfahren zugänglich gemacht werden.

Artikel 12

(1) Die Mitgliedstaaten und die Kommission tauschen Angaben über ihre Erfahrungen bei der Anwendung dieser Richtlinie aus.

(2)[18] Insbesondere teilen die Mitgliedstaaten der Kommission alle sechs Jahre ab dem 16. Mai 2017 Folgendes mit, sofern entsprechende Angaben verfügbar sind:

a) die Anzahl der in den Anhängen I und II genannten Projekte, die einer Umweltverträglichkeitsprüfung gemäß den Artikeln 5 bis 10 unterzogen wurden;
b) eine Aufschlüsselung der Umweltverträglichkeitsprüfungen nach den in den Anhängen I und II beschriebenen Projektkategorien;
c) die Anzahl der in Anhang II genannten Projekte, für die eine Feststellung gemäß Artikel 4 Absatz 2 getroffen wurde;
d) die durchschnittliche Dauer der Verfahren der Umweltverträglichkeitsprüfungen;
e) allgemeine Abschätzungen der durchschnittlichen unmittelbaren Kosten von Umweltverträglichkeitsprüfungen, einschließlich der Auswirkungen infolge der Anwendung dieser Richtlinie auf KMU.

(3) Falls notwendig, unterbreitet die Kommission auf der Grundlage dieses Informationsaustauschs dem Europäischen Parlament und dem Rat zusätzliche Vorschläge im Hinblick darauf, dass diese Richtlinie hinreichend koordiniert angewendet wird.

Artikel 13

Die Mitgliedstaaten teilen der Kommission den Wortlaut der innerstaatlichen Rechtsvorschriften mit, die sie auf dem unter diese Richtlinie fallenden Gebiet erlassen.

Artikel 14

Die Richtlinie 85/337/EWG, in der Fassung der in Anhang V Teil A aufgeführten Richtlinien, wird unbeschadet der Verpflichtung der Mitgliedstaaten hinsichtlich der in Anhang V Teil B genannten Fristen für die Umsetzung in innerstaatliches Recht aufgehoben.

Bezugnahmen auf die aufgehobene Richtlinie gelten als Bezugnahmen auf die vorliegende Richtlinie und sind nach Maßgabe der Entsprechungstabelle in Anhang VI zu lesen.

[18] Anm: Neu gefasst durch RL 2014/52/EU.

Artikel 15

Diese Richtlinie tritt am zwanzigsten Tag nach ihrer Veröffentlichung im Amtsblatt der Europäischen Union in Kraft.

Artikel 16

Diese Richtlinie ist an die Mitgliedstaaten gerichtet.

Anhang I
In Artikel 4 Absatz 1 genannte Projekte

1. Raffinerien für Erdöl (ausgenommen Unternehmen, die nur Schmiermittel aus Erdöl herstellen) sowie Anlagen zur Vergasung und zur Verflüssigung von täglich mindestens 500 Tonnen Kohle oder bituminösem Schiefer.
2. a) Wärmekraftwerke und andere Verbrennungsanlagen mit einer Wärmeleistung von mindestens 300 MW;
   b) Kernkraftwerke und andere Kernreaktoren einschließlich der Demontage oder Stilllegung solcher Kraftwerke oder Reaktoren[19] (mit Ausnahme von Forschungseinrichtungen zur Erzeugung und Bearbeitung von spaltbaren und brutstoffhaltigen Stoffen, deren Höchstleistung 1 kW thermische Dauerleistung nicht übersteigt).
3. a) Anlagen zur Wiederaufarbeitung bestrahlter Kernbrennstoffe;
   b) Anlagen:
      i) mit dem Zweck der Erzeugung oder Anreicherung von Kernbrennstoffen,
      ii) mit dem Zweck der Aufarbeitung bestrahlter Kernbrennstoffe oder hochradioaktiver Abfälle,
      iii) mit dem Zweck der endgültigen Beseitigung bestrahlter Kernbrennstoffe,
      iv) mit dem ausschließlichen Zweck der endgültigen Beseitigung radioaktiver Abfälle,
      v) mit dem ausschließlichen Zweck der (für mehr als 10 Jahre geplanten) Lagerung bestrahlter Kernbrennstoffe oder radioaktiver Abfälle an einem anderen Ort als dem Produktionsort.
4. a) Integrierte Hüttenwerke zur Erzeugung von Roheisen und Rohstahl;
   b) Anlagen zur Gewinnung von Nichteisenrohmetallen aus Erzen, Konzentraten oder sekundären Rohstoffen durch metallurgische, chemische oder elektrolytische Verfahren.
5. Anlagen zur Gewinnung von Asbest sowie zur Be- und Verarbeitung von Asbest und Asbesterzeugnissen: bei Asbestzementerzeugnissen mit einer Jahresproduktion von mehr als 20 000 t Fertigerzeugnissen; bei Reibungsbelägen mit einer Jahresproduktion von mehr als 50 t Fertigerzeugnissen; bei anderen Verwendungszwecken von Asbest mit einem Einsatz von mehr als 200 t im Jahr.
6. Integrierte chemische Anlagen, d. h. Anlagen zur Herstellung von Stoffen unter Verwendung chemischer Umwandlungsverfahren im industriellen Umfang, bei denen sich mehrere Einheiten nebeneinander befinden und in funktioneller Hinsicht miteinander verbunden sind und die Folgendem dienen:
   a) der Herstellung von organischen Grundchemikalien;
   b) der Herstellung von anorganischen Grundchemikalien;
   c) der Herstellung von phosphor-, stickstoff- oder kaliumhaltigen Düngemitteln (Einnährstoff oder Mehrnährstoff);

[19] Kernkraftwerke und andere Kernreaktoren gelten nicht mehr als solche, wenn der gesamte Kernbrennstoff und andere radioaktiv kontaminierte Komponenten auf Dauer vom Standort der Anlage entfernt wurden.

d) der Herstellung von Ausgangsstoffen für Pflanzenschutzmittel und von Bioziden;

e) der Herstellung von Grundarzneimitteln unter Verwendung eines chemischen oder biologischen Verfahrens;

f) der Herstellung von Explosivstoffen.

7. a) Bau von Eisenbahn-Fernverkehrsstrecken und Flugplätzen[20] mit einer Start- und Landebahngrundlänge von 2 100 m und mehr.

b) Bau von Autobahnen und Schnellstraßen[21];

c) Bau von neuen vier- oder mehrspurigen Straßen oder Verlegung und/oder Ausbau von bestehenden ein- oder zweispurigen Straßen zu vier- oder mehrspurigen Straßen, wenn diese neue Straße oder dieser verlegte und/oder ausgebaute Straßenabschnitt eine durchgehende Länge von 10 km oder mehr aufweisen würde.

8. a) Wasserstraßen und Häfen für die Binnenschifffahrt, die für Schiffe mit mehr als 1 350 t zugänglich sind;

b) Seehandelshäfen, mit Binnen- oder Außenhäfen verbundene Landungsstege (mit Ausnahme von Landungsstegen für Fährschiffe) zum Laden und Löschen, die Schiffe mit mehr als 1 350 t aufnehmen können.

9. Abfallbeseitigungsanlagen zur Verbrennung, chemischen Behandlung gemäß der Definition in Anhang I Nummer D9 der Richtlinie 2008/98/EG des Europäischen Parlaments und des Rates vom 19. November 2008 über Abfälle[22] oder Deponierung gefährlicher Abfälle wie in Artikel 3 Nummer 2 der genannten Richtlinie definiert.

10. Abfallbeseitigungsanlagen zur Verbrennung oder chemischen Behandlung gemäß der Definition in Anhang I Nummer D9 der Richtlinie 2008/98/EG ungefährlicher Abfälle mit einer Kapazität von mehr als 100 t pro Tag.

11. Grundwasserentnahme- oder künstliche Grundwasserauffüllungssysteme mit einem jährlichen Entnahme- oder Auffüllungsvolumen von mindestens 10 Mio. m^3.

12. a) Bauvorhaben zur Umleitung von Wasserressourcen von einem Flusseinzugsgebiet in ein anderes, wenn durch diese Umleitung Wassermangel verhindert werden soll und mehr als 100 Mio. m^3/Jahr an Wasser umgeleitet werden;

b) In allen anderen Fällen Bauvorhaben zur Umleitung von Wasserressourcen von einem Flusseinzugsgebiet in ein anderes, wenn der langjährige durchschnittliche Wasserdurchfluss des Flusseinzugsgebiets, dem Wasser entnommen wird, 2 000 Mio. m^3/Jahr übersteigt und mehr als 5 % dieses Durchflusses umgeleitet werden.

In beiden Fällen wird der Transport von Trinkwasser in Rohren nicht berücksichtigt.

13. Abwasserbehandlungsanlagen mit einer Leistung von mehr als 150 000 Einwohnerwerten gemäß der Definition in Artikel 2 Nummer 6 der Richtlinie 91/271/EWG des Rates vom 21. Mai 1991 über die Behandlung von kommunalem Abwasser[23].

14. Gewinnung von Erdöl und Erdgas zu gewerblichen Zwecken mit einem Fördervolumen von mehr als 500 t/Tag bei Erdöl und von mehr als 500 000 m^3/Tag bei Erdgas.

15. Stauwerke und sonstige Anlagen zur Zurückhaltung oder dauerhaften Speicherung von Wasser, in denen über 10 Mio. m^3 Wasser neu oder zusätzlich zurückgehalten oder gespeichert werden.

16. Pipelines mit einem Durchmesser von mehr als 800 mm und einer Länge von mehr als 40 km:

a) für den Transport von Gas, Öl, Chemikalien;

b) für den Transport von Kohlendioxidströmen für die Zwecke der geologischen Speicherung einschließlich der zugehörigen Verdichterstationen.

17. Anlagen zur Intensivhaltung oder -aufzucht von Geflügel oder Schweinen mit mehr als

a) 85 000 Plätzen für Masthähnchen und -hühnchen, 60 000 Plätzen für Hennen;

b) 3 000 Plätzen für Mastschweine (Schweine über 30 kg) oder

c) 900 Plätzen für Sauen.

18. Industrieanlagen zur Herstellung von:

a) Zellstoff aus Holz oder anderen Faserstoffen;

b) Papier und Pappe, deren Produktionskapazität 200 t pro Tag übersteigt.

19. Steinbrüche und Tagebau auf einer Abbaufläche von mehr als 25 Hektar oder Torfgewinnung auf einer Fläche von mehr als 150 Hektar.

20. Bau von Hochspannungsfreileitungen für eine Stromstärke von 220 kV oder mehr und mit einer Länge von mehr als 15 km.

21. Anlagen zur Lagerung von Erdöl, petrochemischen und chemischen Erzeugnissen mit einer Kapazität von 200 000 Tonnen und mehr.

22. Speicherstätten gemäß der Richtlinie 2009/31/EG des Europäischen Parlaments und des Rates vom 23. April 2009 über die geologische Speicherung von Kohlendioxid[24].

23. Anlagen für die Abscheidung von CO_2-Strömen zum Zwecke der geologischen Speicherung gemäß der Richtlinie 2009/31/EG aus unter diesen Anhang fallenden Anlagen oder mit einer jährlichen CO_2-Abscheidung von insgesamt mindestens 1,5 Megatonnen.

24. Jede Änderung oder Erweiterung von Projekten, die in diesem Anhang aufgeführt sind, wenn sie für sich genommen die Schwellenwerte, sofern solche in diesem Anhang festgelegt sind, erreicht.

Anhang II
In Artikel 4 Absatz 2 genannte Projekte

1. Landwirtschaft, Forstwirtschaft und Fischzucht

a) Flurbereinigungsprojekte;

b) Projekte zur Verwendung von Ödland oder naturnahen Flächen zu intensiver Landwirtschaftsnutzung;

c) Wasserwirtschaftliche Projekte in der Landwirtschaft, einschließlich Bodenbe- und -entwässerungsprojekte;

d) Erstaufforstungen und Abholzungen zum Zweck der Umwandlung in eine andere Bodennutzungsart;

e) Anlagen zur Intensivtierhaltung (nicht durch Anhang I erfasste Projekte);

f) intensive Fischzucht;

g) Landgewinnung am Meer.

2. Bergbau

a) Steinbrüche, Tagebau und Torfgewinnung (nicht durch Anhang I erfasste Projekte);

b) Untertagebau;

c) Gewinnung von Mineralien durch Baggerung auf See oder in Flüssen;

---

[20] „Flugplatz" im Sinne dieser Richtlinie ist ein Flugplatz gemäß der Begriffsbestimmung des Abkommens von Chicago von 1944 zur Errichtung der Internationalen Zivilluftfahrt-Organisation (Anhang 14).

[21] „Schnellstraße" im Sinne dieser Richtlinie ist eine Schnellstraße gemäß der Begriffsbestimmung des Europäischen Übereinkommens über die Hauptstraßen des internationalen Verkehrs vom 15. November 1975.

[22] ABl. L 312 vom 22.11.2008, S. 3.

[23] ABl. L 135 vom 30.5.1991, S. 40.

[24] ABl. L 140 vom 5.6.2009, S. 114.

d) Tiefbohrungen, insbesondere:
   i) Bohrungen zur Gewinnung von Erdwärme,
   ii) Bohrungen im Zusammenhang mit der Lagerung von Kernabfällen,
   iii) Bohrungen im Zusammenhang mit der Wasserversorgung,

   ausgenommen Bohrungen zur Untersuchung der Bodenfestigkeit;

e) oberirdische Anlagen zur Gewinnung von Steinkohle, Erdöl, Erdgas und Erzen sowie von bituminösem Schiefer.

3. Energiewirtschaft

a) Anlagen der Industrie zur Erzeugung von Strom, Dampf und Warmwasser (nicht durch Anhang I erfasste Projekte);

b) Anlagen der Industrie zum Transport von Gas, Dampf und Warmwasser; Beförderung elektrischer Energie über Freileitungen (nicht durch Anhang I erfasste Projekte);

c) oberirdische Speicherung von Erdgas;

d) Lagerung von brennbaren Gasen in unterirdischen Behältern;

e) oberirdische Speicherung von fossilen Brennstoffen;

f) industrielles Pressen von Steinkohle und Braunkohle;

g) Anlagen zur Bearbeitung und Lagerung radioaktiver Abfälle (soweit nicht durch Anhang I erfasst);

h) Anlagen zur hydroelektrischen Energieerzeugung;

i) Anlagen zur Nutzung von Windenergie zur Stromerzeugung (Windfarmen);

j) Anlagen für die Abscheidung von CO_2-Strömen zum Zwecke der geologischen Speicherung gemäß der Richtlinie 2009/31/EG aus nicht unter Anhang I dieser Richtlinie fallenden Anlagen.

4. Herstellung und Verarbeitung von Metallen

a) Anlagen zur Herstellung von Roheisen oder Stahl (Primär- oder Sekundärschmelzung) einschließlich Stranggießen;

b) Anlagen zur Verarbeitung von Eisenmetallen durch:
   i) Warmwalzen,
   ii) Schmieden mit Hämmern,
   iii) Aufbringen von schmelzflüssigen metallischen Schutzschichten;

c) Eisenmetallgießereien;

d) Anlagen zum Schmelzen, einschließlich Legieren von Nichteisenmetallen, darunter auch Wiedergewinnungsprodukte (Raffination, Gießen usw.), mit Ausnahme von Edelmetallen;

e) Anlagen zur Oberflächenbehandlung von Metallen und Kunststoffen durch ein elektrolytisches oder chemisches Verfahren;

f) Bau und Montage von Kraftfahrzeugen und Bau von Kraftfahrzeugmotoren;

g) Schiffswerften;

h) Anlagen für den Bau und die Instandsetzung von Luftfahrzeugen;

i) Bau von Eisenbahnmaterial;

j) Tiefen mit Hilfe von Sprengstoffen;

k) Anlagen zum Rösten und Sintern von Erz.

5. Mineralverarbeitende Industrie

a) Kokereien (Kohletrockendestillation);

b) Anlagen zur Zementherstellung;

c) Anlagen zur Gewinnung von Asbest und zur Herstellung von Erzeugnissen aus Asbest (nicht durch Anhang I erfasste Projekte);

d) Anlagen zur Herstellung von Glas einschließlich Anlagen zur Herstellung von Glasfasern;

e) Anlagen zum Schmelzen mineralischer Stoffe einschließlich Anlagen zur Herstellung von Mineralfasern;

f) Herstellung von keramischen Erzeugnissen durch Brennen, und zwar insbesondere von Dachziegeln, Ziegelsteinen, feuerfesten Steinen, Fliesen, Steinzeug oder Porzellan.

6. Chemische Industrie (Nicht durch Anhang I erfasste Projekte)

a) Behandlung von chemischen Zwischenerzeugnissen und Erzeugung von Chemikalien;

b) Herstellung von Schädlingsbekämpfungsmitteln und pharmazeutischen Erzeugnissen, Farben und Anstrichmitteln, Elastomeren und Peroxiden;

c) Speicherung und Lagerung von Erdöl, petrochemischen und chemischen Erzeugnissen.

7. Nahrungs- und Genussmittelindustrie

a) Erzeugung von Ölen und Fetten pflanzlicher und tierischer Herkunft;

b) Fleisch- und Gemüsekonservenindustrie;

c) Erzeugung von Milchprodukten;

d) Brauereien und Mälzereien;

e) Süßwaren und Sirupherstellung;

f) Anlagen zum Schlachten von Tieren;

g) Industrielle Herstellung von Stärken;

h) Fischmehl- und Fischölfabriken;

i) Zuckerfabriken.

8. Textil-, Leder, Holz- und Papierindustrie

a) Industrieanlagen zur Herstellung von Papier und Pappe (nicht durch Anhang I erfasste Projekte);

b) Anlagen zur Vorbehandlung (Waschen, Bleichen, Mercerisieren) oder zum Färben von Fasern oder Textilien;

c) Anlagen zum Gerben von Häuten und Fellen;

d) Anlagen zur Erzeugung und Verarbeitung von Zellstoff und Zellulose.

9. Verarbeitung von Gummi

Erzeugung und Verarbeitung von Erzeugnissen aus Elastomeren.

10. Infrastrukturprojekte

a) Anlage von Industriezonen;

b) Städtebauprojekte, einschließlich der Errichtung von Einkaufszentren und Parkplätzen;

c) Bau von Eisenbahnstrecken sowie von intermodalen Umschlaganlagen und Terminals (nicht durch Anhang I erfasste Projekte);

d) Bau von Flugplätzen (nicht durch Anhang I erfasste Projekte);

e) Bau von Straßen, Häfen und Hafenanlagen, einschließlich Fischereihäfen (nicht durch Anhang I erfasste Projekte);

f) Bau von Wasserstraßen (soweit nicht durch Anhang I erfasst), Flusskanalisierungs- und Stromkorrekturarbeiten;

g) Talsperren und sonstige Anlagen zum Aufstauen eines Gewässers oder zum dauernden Speichern von Wasser (nicht durch Anhang I erfasste Projekte);

h) Straßenbahnen, Stadtschnellbahnen in Hochlage, Untergrundbahnen, Hängebahnen oder ähnliche Bahnen besonderer Bauart, die ausschließlich oder vorwiegend der Personenbeförderung dienen;

i) Öl- und Gaspipelines sowie Pipelines für den Transport von CO_2-Strömen für die Zwecke der geologischen Speicherung (nicht durch Anhang I erfasste Projekte);

j) Bau von Wasserfernleitungen;

k) Bauten des Küstenschutzes zur Bekämpfung der Erosion und meerestechnische Arbeiten, die geeignet sind, Veränderungen der Küste mit sich zu bringen (zum Beispiel Bau von Deichen, Molen, Hafendämmen und sonstigen Küstenschutzbauten), mit Ausnahme der Unterhaltung und Wiederherstellung solcher Bauten;

l) Grundwasserentnahme- und künstliche Grundwasserauffüllungssysteme, soweit nicht durch Anhang I erfasst;

m) Bauvorhaben zur Umleitung von Wasserressourcen von einem Flusseinzugsgebiet in ein anderes, soweit nicht durch Anhang I erfasst.

11. Sonstige Projekte

a) Ständige Renn- und Teststrecken für Kraftfahrzeuge;

b) Abfallbeseitigungsanlagen (nicht durch Anhang I erfasste Projekte);

c) Abwasserbehandlungsanlagen (nicht durch Anhang I erfasste Projekte);

d) Schlammlagerplätze;

e) Lagerung von Eisenschrott, einschließlich Schrottwagen;

f) Prüfstände für Motoren, Turbinen oder Reaktoren;

g) Anlagen zur Herstellung künstlicher Mineralfasern;

h) Anlagen zur Wiedergewinnung oder Vernichtung von explosionsgefährlichen Stoffen;

i) Tierkörperbeseitigungsanlagen.

12. Fremdenverkehr und Freizeit

a) Skipisten, Skilifte, Seilbahnen und zugehörige Einrichtungen;

b) Jachthäfen;

c) Feriendörfer und Hotelkomplexe außerhalb von städtischen Gebieten und zugehörige Einrichtungen;

d) ganzjährig betriebene Campingplätze;

e) Freizeitparks.

13. a) Die Änderung oder Erweiterung von bereits genehmigten, durchgeführten oder in der Durchführungsphase befindlichen Projekten des Anhangs I oder dieses Anhangs, die erhebliche nachteilige Auswirkungen auf die Umwelt haben können (nicht durch Anhang I erfasste Änderung oder Erweiterung);

b) Projekte des Anhangs I, die ausschließlich oder überwiegend der Entwicklung und Erprobung neuer Verfahren oder Erzeugnisse dienen und nicht länger als zwei Jahre betrieben werden.

Anhang II.A[25]
Angaben gemäß Artikel 4 Absatz 4 (vom Projektträger zu liefernde Angaben zu den in Anhang II aufgeführten Projekten)

1. Eine Beschreibung des Projekts, im Besonderen:
   a) eine Beschreibung der physischen Merkmale des gesamten Projekts und, soweit relevant, der Abrissarbeiten;
   b) eine Beschreibung des Projektstandortes, insbesondere der ökologischen Empfindlichkeit der geografischen Räume, die durch das Projekt möglicherweise beeinträchtigt werden.
2. Eine Beschreibung der Umweltaspekte, die von dem Projekt möglicherweise erheblich beeinträchtigt werden.
3. Eine alle vorliegenden Informationen über mögliche erhebliche Auswirkungen erfassende Beschreibung dieser Auswirkungen des Projekts auf die Umwelt infolge
   a) der erwarteten Rückstände und Emissionen und gegebenenfalls der Abfallerzeugung;
   b) der Nutzung der natürlichen Ressourcen, insbesondere Boden, Flächen, Wasser und biologische Vielfalt.
4. Den in Anhang III aufgeführten Kriterien ist, soweit relevant, bei der Zusammenstellung der Informationen gemäß den Nummern 1 bis 3 Rechnung zu tragen.

Anhang III[26]
Auswahlkriterien gemäß Artikel 4 Absatz 3 (Kriterien für die Entscheidung, ob für die in Anhang II aufgeführten Projekte eine Umweltverträglichkeitsprüfung durchgeführt werden sollte

1. Merkmale der Projekte

Die Merkmale der Projekte sind insbesondere hinsichtlich folgender Punkte zu beurteilen:

a) Größe und Ausgestaltung des gesamten Projekts;

b) Kumulierung mit anderen bestehenden und/oder genehmigten Projekten und Tätigkeiten;

c) Nutzung natürlicher Ressourcen, insbesondere Flächen, Boden, Wasser und biologische Vielfalt;

d) Abfallerzeugung;

e) Umweltverschmutzung und Belästigungen;

f) Risiken schwerer Unfälle und/oder von Katastrophen, die für das betroffene Projekt relevant sind, einschließlich solcher, die wissenschaftlichen Erkenntnissen zufolge durch den Klimawandel bedingt sind;

g) Risiken für die menschliche Gesundheit (z. B. durch Wasserverunreinigungen oder Luftverschmutzung).

2. Standort der Projekte

Die ökologische Empfindlichkeit der geografischen Räume, die durch die Projekte möglicherweise beeinträchtigt werden, muss unter Berücksichtigung insbesondere folgender Punkte beurteilt werden:

a) bestehende und genehmigte Landnutzung;

b) Reichtum, Verfügbarkeit, Qualität und Regenerationsfähigkeit der natürlichen Ressourcen (einschließlich Boden, Flächen, Wasser und biologische Vielfalt) des Gebiets und seines Untergrunds;

c) Belastbarkeit der Natur unter besonderer Berücksichtigung folgender Gebiete:

i) Feuchtgebiete, ufernahe Bereiche, Flussmündungen,

ii) Küstengebiete und Meeresumwelt,

iii) Bergregionen und Waldgebiete,

iv) Naturreservate und -parks;

v) durch die einzelstaatliche Gesetzgebung ausgewiesene Schutzgebiete; von den Mitgliedstaaten gemäß der Richtlinie 92/43/EWG und der Richtlinie 2009/147/EG ausgewiesene Natura-2000-Gebiete;

vi) Gebiete, in denen die für das Projekt relevanten und in der Unionsgesetzgebung festgelegten Umweltqualitätsnormen bereits nicht eingehalten wurden oder bei denen von einer solchen Nichteinhaltung ausgegangen wird;

vii) Gebiete mit hoher Bevölkerungsdichte,

viii) historisch, kulturell oder archäologisch bedeutende Landschaften und Stätten.

---

[25] Anm: Neu eingefügt durch RL 2014/52/EU.

[26] Anm: Neu gefasst durch RL 2014/52/EU.

3. **Art und Merkmale der potenziellen Auswirkungen**
Die möglichen erheblichen Auswirkungen der Projekte auf die Umwelt sind anhand der in den Nummern 1 und 2 dieses Anhangs aufgeführten Kriterien zu beurteilen; insbesondere ist den Auswirkungen des Projekts auf die in Artikel 3 Absatz 1 genannten Faktoren unter Berücksichtigung der folgenden Punkte Rechnung zu tragen:
a) Umfang und räumliche Ausdehnung der Auswirkungen (beispielsweise geografisches Gebiet und Anzahl der voraussichtlich betroffenen Personen);
b) Art der Auswirkungen;
c) grenzüberschreitender Charakter der Auswirkungen;
d) Schwere und Komplexität der Auswirkungen;
e) Wahrscheinlichkeit von Auswirkungen;
f) erwarteter Zeitpunkt des Eintretens, Dauer, Häufigkeit und Reversibilität der Auswirkungen;
g) Kumulierung der Auswirkungen mit den Auswirkungen anderer bestehender und/oder genehmigter Projekte;
h) Möglichkeit, die Auswirkungen wirksam zu verringern.

Anhang IV[27]
Angaben gemäß Artikel 5 Absatz 1
(Angaben für den UVP-Bericht)

1. Eine Beschreibung des Projekts, darunter insbesondere
a) eine Beschreibung des Standorts des Projekts,
b) eine Beschreibung der physischen Merkmale des gesamten Projekts, soweit relevant einschließlich der erforderlichen Abrissarbeiten, und der Anforderungen in Bezug auf den Flächenbedarf während der Bau- und der Betriebsphase,
c) eine Beschreibung der wichtigsten Merkmale der Betriebsphase des Projekts (insbesondere von Produktionsprozessen), z. B. Energiebedarf und Energieverbrauch, Art und Menge der verwendeten Materialien und natürlichen Ressourcen (einschließlich Wasser, Flächen, Boden und biologische Vielfalt),
d) eine Abschätzung, aufgeschlüsselt nach Art und Quantität, der erwarteten Rückstände und Emissionen (z. B. Verschmutzung des Wassers, der Luft, des Bodens und Untergrunds, Lärm, Erschütterungen, Licht, Wärme, Strahlung) sowie der Menge und Arten des während der Bau- und Betriebsphase erzeugten Abfalls.
2. Eine Beschreibung der durch den Projektträger untersuchten vernünftigen Alternativen (z. B. in Bezug auf Projektdesign, Technologie, Standort, Größe und Umfang), die für das vorgeschlagene Projekt und seine spezifischen Merkmale relevant sind, und Angabe der wesentlichen Auswahlgründe im Hinblick auf die ausgewählte Variante einschließlich eines Vergleichs der Umweltauswirkungen.
3. Eine Beschreibung der relevanten Aspekte des aktuellen Umweltzustands (Basisszenario) und eine Übersicht über seine voraussichtliche Entwicklung bei Nichtdurchführung des Projekts, soweit natürliche Entwicklungen gegenüber dem Basisszenario mit zumutbarem Aufwand auf der Grundlage der verfügbaren Umweltinformationen und wissenschaftlichen Erkenntnissen bewertet werden können.
4. Eine Beschreibung der von dem Projekt möglicherweise erheblich beeinträchtigten Faktoren gemäß Artikel 3 Absatz 1: Bevölkerung, menschliche Gesundheit, biologische Vielfalt (z. B. Fauna und Flora), Flächen (z. B. Flächenverbrauch), Boden (z. B. organische Substanz, Bodenerosion, Bodenverdichtung, Bodenversiegelung), Wasser (z. B. hydromorphologische Veränderungen, Quantität und Qualität), Luft, Klima (z. B. Treibhausgasemissionen, anpassungsrelevante Auswirkungen), Sachgüter, kulturelles Erbe einschließlich architektonischer und archäologischer Aspekte und Landschaft.
5. Eine Beschreibung der möglichen erheblichen Auswirkungen des Projekts auf die Umwelt unter anderem infolge
a) des Baus und des Vorhandenseins des Projekts, soweit relevant einschließlich Abrissarbeiten,
b) der Nutzung der natürlichen Ressourcen, insbesondere Flächen, Boden, Wasser und biologische Vielfalt, wobei soweit möglich die nachhaltige Verfügbarkeit dieser Ressourcen zu berücksichtigen ist,
c) der Emission von Schadstoffen, Lärm, Erschütterungen, Licht, Wärme und Strahlung, der Verursachung von Belästigungen und der Beseitigung und Verwertung von Abfällen,
d) der Risiken für die menschliche Gesundheit, das kulturelle Erbe oder die Umwelt (z. B. durch Unfälle oder Katastrophen),
e) der Kumulierung der Auswirkungen mit anderen bestehenden und/oder genehmigten Projekten unter Berücksichtigung etwaiger bestehender Umweltprobleme in Bezug auf möglicherweise betroffene Gebiete mit spezieller Umweltrelevanz oder die Nutzung von natürlichen Ressourcen,
f) der Auswirkung des Projekts auf das Klima (z. B. Art und Ausmaß der Treibhausgasemissionen) und der Anfälligkeit des Projekts in Bezug auf den Klimawandel,
g) der eingesetzten Techniken und Stoffe.

Die Beschreibung der möglichen erheblichen Auswirkungen auf die Faktoren gemäß Artikel 3 Absatz 1 sollte sich auf die direkten und die etwaigen indirekten, sekundären, kumulativen, grenzüberschreitenden, kurzfristigen, mittelfristigen und langfristigen, ständigen und vorübergehenden, positiven und negativen Auswirkungen des Projekts erstrecken. Diese Beschreibung sollte den auf Unionsebene oder auf Ebene der Mitgliedstaaten festgelegten Umweltschutzzielen, die für das Projekt von Bedeutung sind, Rechnung tragen.
6. Eine Beschreibung der Methoden oder Nachweise, die zur Ermittlung und Bewertung der erheblichen Umweltauswirkungen genutzt wurden, einschließlich Einzelheiten im Hinblick auf Schwierigkeiten (z. B technische Lücken oder fehlende Kenntnisse), die bei der Zusammenstellung der erforderlichen Informationen auftraten, und die wichtigsten Unsicherheiten.
7. Eine Beschreibung der geplanten Maßnahmen, mit denen festgestellte erhebliche nachteilige Auswirkungen auf die Umwelt vermieden, verhindert, verringert und soweit möglich ausgeglichen werden sollen, und gegebenenfalls der geplanten Überwachungsmechanismen (z. B. der Vorbereitung einer nach Abschluss des Projekts vorzunehmenden Untersuchung). In dieser Beschreibung ist zu erläutern, inwieweit erhebliche nachteilige Auswirkungen auf die Umwelt vermieden, verhindert, verringert oder ausgeglichen werden, wobei sowohl die Bauphase als auch die Betriebsphase abzudecken ist.
8. Eine Beschreibung der zu erwartenden erheblichen nachteiligen Auswirkungen des Projekts auf die Umwelt, die durch die Anfälligkeit des Projekts für Risiken schwerer Unfälle und/oder Katastrophen bedingt sind, die für das betroffene Projekt von Bedeutung sind. Relevante verfügbare und im Rahmen von Risikobewertungen gemäß der Unionsgesetzgebung, beispielsweise der Richtlinie 2012/

[27] Anm: Neu gefasst durch RL 2014/52/EU.

18/EU des Europäischen Parlaments und des Rates[28] und der Richtlinie 2009/71/Euratom des Rates[29] oder im Rahmen einschlägiger Bewertungen aufgrund der nationalen Gesetzgebung gewonnene Informationen können für diesen Zweck genutzt werden, sofern die Anforderungen dieser Richtlinie erfüllt sind. Soweit angemessen sollte diese Beschreibung Maßnahmen zur Verhinderung oder Verminderung der erheblichen nachteiligen Auswirkungen solcher Ereignisse auf die Umwelt sowie Einzelheiten in Bezug auf Bereitschafts- und vorgesehene Bekämpfungsmaßnahmen für derartige Krisenfälle umfassen.

9. Eine nichttechnische Zusammenfassung der gemäß Nummern 1 bis 8 übermittelten Angaben.
10. Eine Referenzliste der Quellen, die für die im Bericht enthaltenen Beschreibungen und Bewertungen herangezogen wurden.

---

[28] Richtlinie 2012/18/EU des Europäischen Parlaments und des Rates vom 4.7.2012 zur Beherrschung der Gefahren schwerer Unfälle mit gefährlichen Stoffen, zur Änderung und anschließenden Aufhebung der Richtlinie 96/82/EG des Rates (ABl. L 197 vom 24.7. 2012, S. 1).

[29] Richtlinie 2009/71/Euratom des Rates vom 25.6.2009 über einen Gemeinschaftsrahmen für die nukleare Sicherheit kerntechnischer Anlagen (ABl. L 172 vom 2.7.2009, S. 18).

Verordnung über die gerichtliche Zuständigkeit und die Anerkennung und Vollstreckung von Entscheidungen in Zivil- und Handelssachen (EuGVVO) (Neufassung)

Verordnung (EU) Nr. 1215/2012 des Europäischen Parlaments und des Rates vom 12.12.2012 (ABl L 351 vom 20.12.2012, S. 1) zuletzt berichtigt durch ABl L 2016/264, 43

Kapitel II – Zuständigkeit

Abschnitt 6 - Ausschließliche Zuständigkeiten

Artikel 24

Ohne Rücksicht auf den Wohnsitz der Parteien sind folgende Gerichte eines Mitgliedstaats ausschließlich zuständig:

1. für Verfahren, welche dingliche Rechte an unbeweglichen Sachen sowie die Miete oder Pacht von unbeweglichen Sachen zum Gegenstand haben, die Gerichte des Mitgliedstaats, in dem die unbewegliche Sache belegen ist. Jedoch sind für Verfahren betreffend die Miete oder Pacht unbeweglicher Sachen zum vorübergehenden privaten Gebrauch für höchstens sechs aufeinander folgende Monate auch die Gerichte des Mitgliedstaats zuständig, in dem der Beklagte seinen Wohnsitz hat, sofern es sich bei dem Mieter oder Pächter um eine natürliche Person handelt und der Eigentümer sowie der Mieter oder Pächter ihren Wohnsitz in demselben Mitgliedstaat haben;

...

VO (EG) 1829/2003 über genetisch veränderte Lebensmittel und Futtermittel

ABl L 268 vom 18.10.2003, 1, zuletzt geändert durch die VO (EG) 2019/1381, ABl L 231 vom 6.9.2019, 1

Kapitel I
Ziel und Begriffsbestimmungen

Artikel 1
Ziel

Entsprechend den allgemeinen Grundsätzen der Verordnung (EG) Nr. 178/2002 ist es Ziel dieser Verordnung,

a) die Grundlage für ein hohes Schutzniveau für Leben und Gesundheit des Menschen, Gesundheit und Wohlergehen der Tiere, die Belange der Umwelt und die Verbraucherinteressen im Zusammenhang mit genetisch veränderten Lebensmitteln und Futtermitteln sicherzustellen und ein reibungsloses Funktionieren des Binnenmarkts zu gewährleisten;

b) gemeinschaftliche Verfahren für die Zulassung und Überwachung genetisch veränderter Lebensmittel und Futtermittel festzulegen;

c) Bestimmungen für die Kennzeichnung genetisch veränderter Lebensmittel und Futtermittel festzulegen.

Artikel 2
Begriffsbestimmungen

Für die Zwecke dieser Verordnung

1. gelten die Definitionen für „Lebensmittel", „Futtermittel", „Endverbraucher", „Lebensmittelunternehmen" und „Futtermittelunternehmen", die in der Verordnung (EG) Nr. 178/2002 festgelegt sind;
2. gilt die Definition für „Rückverfolgbarkeit", die in der Verordnung (EG) Nr. 1830/2003 festgelegt ist;
3. bezeichnet „Unternehmer" die natürliche oder juristische Person, die dafür verantwortlich ist, dass die Anforderungen dieser Verordnung in dem ihrer Kontrolle unterstehenden Lebensmittel- oder Futtermittelunternehmen erfüllt werden;
4. gelten die Definitionen für „Organismus", „absichtliche Freisetzung" und „Umweltverträglichkeitsprüfung", die in der Richtlinie 2001/18/EG festgelegt sind;
5. bezeichnet „genetisch veränderter Organismus" oder „GVO" einen genetisch veränderten Organismus im Sinne von Artikel 2 Nummer 2 der Richtlinie 2001/18/EG, mit Ausnahme von Organismen, bei denen eine genetische Veränderung durch den Einsatz der in Anhang 1B der Richtlinie 2001/18/EG aufgeführten Verfahren herbeigeführt wurde;
6. bezeichnet „genetisch veränderte Lebensmittel" Lebensmittel, die GVO enthalten, daraus bestehen oder hergestellt werden;
7. bezeichnet „genetisch veränderte Futtermittel" Futtermittel, die GVO enthalten, daraus bestehen oder hergestellt werden;
8. bezeichnet „zur Verwendung als Lebensmittel/in Lebensmitteln bestimmter genetisch veränderter Organismus" einen GVO, der als Lebensmittel oder als Ausgangsmaterial für die Herstellung von Lebensmitteln verwendet werden kann;
9. bezeichnet „zur Verwendung als Futtermittel/in Futtermitteln bestimmter genetisch veränderter Organismus" einen GVO, der als Futtermittel oder als Ausgangsmaterial für die Herstellung von Futtermitteln verwendet werden kann;
10. bezeichnet „hergestellt aus GVO" vollständig oder teilweise aus GVO abgeleitet, aber keine GVO enthaltend oder daraus bestehend;
11. bezeichnet „Kontrollprobe" den GVO oder sein genetisches Material (positive Probe) oder den Elternorganismus oder sein genetisches Material, der/das für die Zwecke der genetischen Veränderung genutzt worden ist (negative Probe);
12. bezeichnet „entsprechendes herkömmliches Erzeugnis" ein gleichartiges Lebens- oder Futtermittel, das ohne genetische Veränderung hergestellt wird und dessen sichere Verwendung über ausreichend lange Zeit nachgewiesen ist;

13. bezeichnet „Zutaten“ die Zutaten im Sinne des Artikels 6 Absatz 4 der Richtlinie 2000/13/EG;
14. bezeichnet „Inverkehrbringen“ das Bereithalten von Lebensmitteln oder Futtermitteln für Zwecke des Verkaufs, einschließlich des Anbietens zum Verkauf, oder jeder anderen Form der Weitergabe, gleichgültig, ob unentgeltlich oder nicht, sowie den Verkauf, den Vertrieb oder andere Formen der Weitergabe selbst.
15. bezeichnet „vorverpacktes Lebensmittel“ die Verkaufseinheit, die ohne weitere Verarbeitung abgegeben werden soll und die aus einem Lebensmittel und der Verpackung besteht, in die es vor dem Feilbieten abgepackt worden ist, unabhängig davon, ob die Verpackung das Lebensmittel ganz oder teilweise umschließt, vorausgesetzt, dass der Inhalt nicht verändert werden kann, ohne dass die Verpackung geöffnet werden muss oder eine Veränderung erfährt.
16. bezeichnet „Anbieter von Gemeinschaftsverpflegung“ eine gemeinschaftliche Einrichtung im Sinne von Artikel 1 der Richtlinie 2000/13/EG.

Kapitel II
Genetisch veränderte Lebensmittel

Abschnitt 1
Zulassung und Überwachung

Artikel 3
Geltungsbereich

(1) Dieser Abschnitt findet Anwendung auf

a) zur Verwendung als Lebensmittel/in Lebensmitteln bestimmte GVO,
b) Lebensmittel, die GVO enthalten oder aus solchen bestehen,
c) Lebensmittel, die aus GVO hergestellt werden oder Zutaten enthalten, die aus GVO hergestellt werden.

(2) Maßnahmen zur Änderung nicht wesentlicher Bestimmungen dieser Verordnung durch Ergänzung, die die Bestimmung betreffen, ob ein bestimmtes Lebensmittel in den Geltungsbereich dieses Abschnitts fällt, werden gegebenenfalls nach dem in Artikel 35 Absatz 3 genannten Regelungsverfahren mit Kontrolle erlassen.

Artikel 4
Anforderungen

(1) Lebensmittel gemäß Artikel 3 Absatz 1 dürfen

a) keine nachteiligen Auswirkungen auf die Gesundheit von Mensch und Tier oder die Umwelt haben,
b) die Verbraucher nicht irreführen,
c) sich von den Lebensmitteln, die sie ersetzen sollen, nicht so stark unterscheiden, dass ihr normaler Verzehr Ernährungsmängel für den Verbraucher mit sich brächte.

(2) Niemand darf einen zur Verwendung als Lebensmittel/in Lebensmitteln bestimmten GVO oder ein in Artikel 3 Absatz 1 genanntes Lebensmittel in Verkehr bringen, wenn der Organismus oder das Lebensmittel nicht über eine gemäß diesem Abschnitt erteilte Zulassung verfügt und die entsprechenden Zulassungsvoraussetzungen erfüllt.

(3) Kein zur Verwendung als Lebensmittel/in Lebensmitteln bestimmter GVO und kein in Artikel 3 Absatz 1 genanntes Lebensmittel darf zugelassen werden, wenn der Antragsteller nicht in geeigneter und ausreichender Weise nachgewiesen hat, dass der Organismus oder das Lebensmittel die in Absatz 1 des vorliegenden Artikels genannten Anforderungen erfüllt.

(4) Die in Absatz 2 genannte Zulassung kann Folgendes umfassen:

a) einen GVO und Lebensmittel, die diesen GVO enthalten oder aus ihm bestehen, sowie Lebensmittel, die aus diesem GVO hergestellte Zutaten enthalten oder aus solchen hergestellt sind, oder
b) Lebensmittel, die aus einem GVO hergestellt sind, sowie Lebensmittel, die aus diesem Lebensmittel hergestellt sind oder dieses enthalten,
c) eine aus einem GVO hergestellte Zutat sowie Lebensmittel, die diese Zutat enthalten.

(5) Eine Zulassung im Sinne von Absatz 2 kann nur auf der Grundlage dieser Verordnung und nach den darin festgelegten Verfahren erteilt, versagt, erneuert, geändert, ausgesetzt oder widerrufen werden.

(6) Der Antragsteller für eine Zulassung im Sinne von Absatz 2 und – nach der Erteilung der Zulassung – der Zulassungsinhaber oder sein Vertreter muss in der Gemeinschaft ansässig sein.

(7) Eine Zulassung gemäß dieser Verordnung lässt die Richtlinie 2002/53/EG, die Richtlinie 2002/55/EG und die Richtlinie 68/193/EWG unberührt.

Artikel 5
Beantragung der Zulassung

(1) Um die in Artikel 4 Absatz 2 genannte Zulassung zu erhalten, ist ein Antrag gemäß den folgenden Bestimmungen zu stellen.

(2) Der Antrag ist an die zuständige nationale Behörde eines Mitgliedstaates zu richten.

a) Die zuständige nationale Behörde
   i) bestätigt dem Antragsteller den Erhalt des Antrags schriftlich innerhalb von 14 Tagen nach dessen Eingang. In der Bestätigung ist das Datum des Antragseingangs zu nennen,
   ii) unterrichtet unverzüglich die Europäische Behörde für Lebensmittelsicherheit, im Folgenden „Behörde“ genannt, und
   iii) stellt der Behörde den Antrag und alle vom Antragsteller gelieferten sonstigen Informationen zur Verfügung.
b) Die Behörde
   i) unterrichtet die anderen Mitgliedstaaten und die Kommission unverzüglich über den Antrag und stellt ihnen den Antrag und alle vom Antragsteller gelieferten sonstigen Informationen zur Verfügung;
   ii) macht der Öffentlichkeit die in Absatz 3 Buchstabe l) genannte Zusammenfassung des Dossiers zugänglich.

(3)[1] Der Antrag muss in Übereinstimmung mit den Standarddatenformaten – soweit vorhanden – gemäß Artikel 39f der Verordnung (EG) Nr. 178/2002 gestellt werden; dem Antrag ist Folgendes beizufügen:

a) Name und Anschrift des Antragstellers;
b) die Bezeichnung des Lebensmittels und seine Spezifikation einschließlich der/des zugrunde liegenden Transformationsereignisse(s);
c) gegebenenfalls die nach Anlage II zum Protokoll von Cartagena über die biologische Sicherheit zum Übereinkommen über die biologische Vielfalt (im Folgenden als „Protokoll von Cartagena“ bezeichnet) erforderlichen Angaben;
d) gegebenenfalls eine ausführliche Beschreibung des Herstellungs- und Gewinnungsverfahrens;

[1] Geändert durch die VO (EG) 2019/1381, ABl L 2019/231, 1.

e) eine Kopie der durchgeführten Studien, einschließlich – wenn verfügbar – der von unabhängigen Gutachtern überprüften Studien, sowie alle anderen Unterlagen, anhand deren nachgewiesen werden kann, dass das Lebensmittel die Kriterien gemäß Artikel 4 Absatz 1 erfüllt;

f) entweder eine Analyse, die anhand entsprechender Informationen und Daten zeigt, dass die Eigenschaften des Lebensmittels sich von denen des entsprechenden herkömmlichen Erzeugnisses innerhalb der akzeptierten natürlichen Variationsgrenzen solcher Eigenschaften und unter Berücksichtigung der in Artikel 13 Absatz 2 Buchstabe a) genannten Kriterien nicht unterscheiden, oder ein Vorschlag für die Kennzeichnung des Lebensmittels gemäß Artikel 13 Absatz 2 Buchstabe a) und Absatz 3;

g) entweder eine begründete Erklärung, dass das Lebensmittel keinen Anlass zu ethischen oder religiösen Bedenken gibt, oder ein Vorschlag für seine Kennzeichnung gemäß Artikel 13 Absatz 2 Buchstabe b);

h) gegebenenfalls die Bedingungen des Inverkehrbringens des Lebensmittels oder der daraus hergestellten Lebensmittel, einschließlich spezifischer Bedingungen für Verwendung und Handhabung;

i) Verfahren zum Nachweis, zur Probenahme (einschließlich der Angabe bestehender offizieller oder normierter Methoden zur Probenahme) und zur Identifizierung des Transformationsereignisses sowie gegebenenfalls zum Nachweis und zur Identifizierung des Transformationsereignisses in dem Lebensmittel und/oder den daraus hergestellten Lebensmitteln;

j) Proben des Lebensmittels und ihre Kontrollproben sowie Angabe des Ortes, an dem das Referenzmaterial zugänglich ist;

k) gegebenenfalls ein Vorschlag für eine marktbegleitende Beobachtung der Verwendung des für den menschlichen Verzehr bestimmten Lebensmittels;

l)[2] einen Verweis auf die Teile des Antrags und andere ergänzende Informationen, um deren vertrauliche Behandlung der Antragsteller unter Angabe nachprüfbarer Gründe gemäß Artikel 30 der vorliegenden Verordnung und Artikel 39 der Verordnung (EG) Nr. 178/2002 ersucht;

m)[3] eine Zusammenfassung des Dossiers in standardisierter Form.

(4) Im Falle eines Antrags auf Zulassung eines zur Verwendung als Lebensmittel/in Lebensmitteln bestimmten GVO ist mit der Bezeichnung „Lebensmittel" in Absatz 3 ein Lebensmittel gemeint, das den GVO, für den ein Antrag gestellt wird, enthält, daraus besteht oder daraus hergestellt wurde.

(5) Im Falle von GVO oder Lebensmitteln, die GVO enthalten oder aus solchen bestehen, ist dem Antrag außerdem Folgendes beizufügen:

a) die vollständigen technischen Unterlagen, aus denen die nach den Anhängen III und IV der Richtlinie 2001/18/EG erforderlichen Informationen hervorgehen, sowie Angaben und Schlussfolgerungen zu der gemäß den in Anhang II der Richtlinie 2001/18/EG genannten Grundsätzen durchgeführten Risikobewertung oder – sofern das Inverkehrbringen des GVO gemäß Teil C der Richtlinie 2001/18/EG zugelassen wurde – eine Kopie der Entscheidung über die Zulassung;

b) ein Plan zur Beobachtung der Umweltauswirkungen gemäß Anhang VII der Richtlinie 2001/18/EG, einschließlich eines Vorschlags für den für den Beobachtungsplan vorgesehenen Zeitraum; dieser Zeitraum kann sich von dem für die Zustimmung vorgeschlagenen Zeitraum unterscheiden.

In diesem Fall sind die Artikel 13 bis 24 der Richtlinie 2001/18/EG nicht anwendbar.

(6) Betrifft der Antrag einen Stoff, der gemäß anderen Bestimmungen des Gemeinschaftsrechts nur verwendet und in Verkehr gebracht werden darf, wenn er in einer Liste von Stoffen aufgeführt ist, die unter Ausschluss anderer Stoffe registriert oder zugelassen sind, so ist dies im Antrag anzugeben, und es ist der Status des Stoffs nach den entsprechenden Vorschriften zu nennen.

(7) Die Kommission legt nach Konsultation der Behörde gemäß dem in Artikel 35 Absatz 2 genannten Verfahren Durchführungsbestimmungen zur Anwendung des vorliegenden Artikels fest, einschließlich Bestimmungen betreffend die Erstellung und die Vorlage des Antrags.

(8) Vor dem Geltungsbeginn dieser Verordnung veröffentlicht die Behörde eine ausführliche Anleitung als Hilfe für den Antragsteller bei der Erstellung und Vorlage des Antrags.

Artikel 6
Stellungnahme der Behörde

(1) Bei der Abgabe ihrer Stellungnahme ist die Behörde bestrebt, eine Frist von sechs Monaten ab Erhalt eines gültigen Antrags einzuhalten. Diese Frist wird verlängert, wenn die Behörde gemäß Absatz 2 den Antragsteller um ergänzende Informationen ersucht.

(2) Die Behörde oder eine zuständige nationale Behörde kann – über die Behörde – gegebenenfalls den Antragsteller auffordern, die Unterlagen zum Antrag innerhalb einer bestimmten Frist zu ergänzen.

(3) Zur Vorbereitung ihrer Stellungnahme

a) prüft die Behörde, ob die vom Antragsteller vorgelegten Angaben und Unterlagen Artikel 5 entsprechen und ob das Lebensmittel die in Artikel 4 Absatz 1 festgelegten Kriterien erfüllt;

b) kann die Behörde die entsprechende Lebensmittelbewertungsstelle eines Mitgliedstaats ersuchen, nach Artikel 36 der Verordnung (EG) Nr. 178/2002 eine Sicherheitsbewertung des Lebensmittels durchzuführen;

c) kann die Behörde eine nach Artikel 4 der Richtlinie 2001/18/EG bezeichnete zuständige Behörde ersuchen, eine Umweltverträglichkeitsprüfung durchzuführen; betrifft jedoch der Antrag GVO, die als Saatgut oder anderes pflanzliches Vermehrungsgut verwendet werden sollen, so ersucht die Behörde eine zuständige innerstaatliche Stelle, die Umweltverträglichkeitsprüfung durchzuführen;

d) übermittelt die Behörde dem in Artikel 32 genannten gemeinschaftlichen Referenzlabor die in Artikel 5 Absatz 3 Buchstaben i) und j) genannten Unterlagen. Das gemeinschaftliche Referenzlabor testet und validiert die vom Antragsteller vorgeschlagene Methode zum Nachweis und zur Identifizierung;

e) prüft die Behörde bei der Überprüfung der Anwendung von Artikel 13 Absatz 2 Buchstabe a) die vom Antragsteller vorgelegten Informationen und Daten, die zeigen sollen, dass sich die Eigenschaften des Lebensmittels innerhalb der akzeptierten natürlichen Variationsgrenzen solcher Eigenschaften nicht von denen des entsprechenden herkömmlichen Erzeugnisses unterscheiden.

(4) Im Falle von GVO oder Lebensmitteln, die GVO enthalten oder daraus bestehen, sind bei der Bewertung die in der Richtlinie 2001/18/EG vorgesehenen umweltbezogenen Sicherheitsanforderungen einzuhalten, damit sichergestellt ist, dass alle geeigneten Maßnahmen getroffen werden, um schädliche Auswirkungen auf die Gesundheit von Mensch und

[2] Eingefügt durch die VO (EG) 2019/1381, ABl L 2019/231, 1.

[3] Bezeichnung geändert durch die VO (EG) 2019/1381, ABl L 2019/231, 1.

Tier sowie die Umwelt, die sich aus der absichtlichen Freisetzung von GVO ergeben könnten, zu verhindern. Bei der Bewertung von Anträgen auf Inverkehrbringen von Erzeugnissen, die aus GVO bestehen oder solche enthalten, konsultiert die Behörde die von den einzelnen Mitgliedstaaten zu diesem Zweck bezeichneten zuständigen nationalen Behörden im Sinne der Richtlinie 2001/18/EG. Die zuständigen Behörden geben innerhalb von drei Monaten nach Erhalt des entsprechenden Ersuchens eine Stellungnahme ab.

(5) Wird die Zulassung des Lebensmittels in der Stellungnahme befürwortet, enthält die Stellungnahme außerdem folgende Angaben:

a) Name und Anschrift des Antragstellers;
b) die Bezeichnung des Lebensmittels und seine Spezifikation;
c) gegebenenfalls die nach Anlage II zum Protokoll von Cartagena erforderlichen Angaben;
d) den Vorschlag für die Kennzeichnung des Lebensmittels und/oder der daraus hergestellten Lebensmittel;
e) gegebenenfalls alle Bedingungen oder Einschränkungen, die für das Inverkehrbringen gelten sollten, und/oder besondere Bedingungen oder Einschränkungen für Verwendung und Handhabung, einschließlich Bestimmungen für die marktbegleitende Beobachtung, auf der Grundlage der Ergebnisse der Risikobewertung, sowie – im Falle von GVO oder Lebensmitteln, die GVO enthalten oder daraus bestehen – Bedingungen zum Schutz bestimmter Ökosysteme/der Umwelt und/oder bestimmter geografischer Gebiete;
f) das vom gemeinschaftlichen Referenzlabor validierte Verfahren zum Nachweis, einschließlich Probenahme, zur Identifizierung des Transformationsereignisses sowie gegebenenfalls zum Nachweis und zur Identifizierung des Transformationsereignisses in dem Lebensmittel und/oder den daraus hergestellten Lebensmitteln; Angabe des Ortes, an dem geeignetes Referenzmaterial zugänglich ist;
g) gegebenenfalls den in Artikel 5 Absatz 5 Buchstabe b) genannten Beobachtungsplan.

(6) Die Behörde übermittelt der Kommission, den Mitgliedstaaten und dem Antragsteller ihre Stellungnahme einschließlich eines Berichts, in dem sie eine Bewertung des Lebensmittels vornimmt, ihre Stellungnahme begründet und die dieser Stellungnahme zugrunde liegenden Informationen, einschließlich der Stellungnahmen der gemäß Absatz 4 konsultierten zuständigen Behörden, anführt.

(7)[4] Die Behörde macht gemäß Artikel 38 Absatz 1 der Verordnung (EG) Nr. 178/2002 ihre Stellungnahme öffentlich zugänglich, nachdem sie alle gemäß Artikel 39 bis 39e der Verordnung (EG) Nr. 178/2002 und Artikel 30 der vorliegenden Verordnung als vertraulich geltenden Informationen gestrichen hat. Die Öffentlichkeit kann innerhalb von 30 Tagen nach dieser Veröffentlichung gegenüber der Kommission dazu Stellung nehmen.

Artikel 7
Zulassung

(1) Die Kommission legt dem in Artikel 35 genannten Ausschuss innerhalb von drei Monaten nach Erhalt der Stellungnahme der Behörde einen Entwurf für eine Entscheidung über den Antrag vor, wobei die Stellungnahme der Behörde, die einschlägigen Bestimmungen des Gemeinschaftsrechts und andere legitime Faktoren berücksichtigt werden, die für den jeweils zu prüfenden Sachverhalt relevant sind. Stimmt der Entscheidungsentwurf nicht mit der Stellungnahme der Behörde überein, erläutert die Kommission die betreffenden Unterschiede.

(2) Sieht der Entscheidungsentwurf die Erteilung der Zulassung vor, umfasst er auch die in Artikel 6 Absatz 5 genannten Angaben, den Namen des Zulassungsinhabers und gegebenenfalls den dem GVO zugeteilten spezifischen Erkennungsmarker, wie er in der Verordnung (EG) Nr. 1830/2003 festgelegt ist.

(3) Die endgültige Entscheidung über den Antrag wird nach dem in Artikel 35 Absatz 2 genannten Verfahren getroffen.

(4) Die Kommission informiert den Antragsteller unverzüglich über die Entscheidung und veröffentlicht eine Information über die Entscheidung im Amtsblatt der Europäischen Union.

(5) Die Zulassung, die gemäß dem in dieser Verordnung festgelegten Verfahren erteilt wird, gilt in der gesamten Gemeinschaft zehn Jahre und ist gemäß Artikel 11 erneuerbar. Das zugelassene Lebensmittel wird in das in Artikel 28 genannte Register eingetragen. Jeder Eintrag in das Register umfasst das Datum der Zulassung und die in Absatz 2 genannten Angaben.

(6) Andere Bestimmungen des Gemeinschaftsrechts über die Verwendung und das Inverkehrbringen von Stoffen, die nur verwendet werden dürfen, wenn sie in einer Liste von Stoffen aufgeführt sind, die unter Ausschluss anderer Stoffe registriert oder zugelassen sind, bleiben von der Zulassung gemäß diesem Abschnitt unberührt.

(7) Die Erteilung der Zulassung schränkt die allgemeine zivil- und strafrechtliche Haftung der Lebensmittelunternehmer hinsichtlich des betreffenden Lebensmittels nicht ein.

(8) Bezugnahmen in den Teilen A und D der Richtlinie 2001/18/EG auf nach Teil C der Richtlinie zugelassene GVO gelten auch als Bezugnahmen auf nach dieser Verordnung zugelassene GVO.

Artikel 8
Status bereits existierender Erzeugnisse

(1) Abweichend von Artikel 4 Absatz 2 können Erzeugnisse, die unter diesen Abschnitt fallen und die vor dem Geltungsbeginn dieser Verordnung rechtmäßig in der Gemeinschaft in Verkehr gebracht wurden, unter folgenden Voraussetzungen weiterhin in Verkehr gebracht, verwendet und verarbeitet werden:

a) Bei Erzeugnissen, die gemäß der Richtlinie 90/220/EWG vor Inkrafttreten der Verordnung (EG) Nr. 258/97 oder gemäß den in der Verordnung (EG) Nr. 258/97 genannten Bestimmungen in Verkehr gebracht wurden, melden die für das Inverkehrbringen der betreffenden Erzeugnisse verantwortlichen Unternehmer der Kommission innerhalb von sechs Monaten nach dem Geltungsbeginn dieser Verordnung das Datum, an dem die Erzeugnisse erstmals in der Gemeinschaft in Verkehr gebracht wurden;
b) bei Erzeugnissen, die rechtmäßig in der Gemeinschaft in Verkehr gebracht wurden, jedoch nicht unter Buchstabe a) genannt sind, melden die für das Inverkehrbringen der betreffenden Erzeugnisse verantwortlichen Unternehmer der Kommission innerhalb von sechs Monaten nach dem Geltungsbeginn dieser Verordnung, dass die Erzeugnisse vor dem Geltungsbeginn dieser Verordnung in der Gemeinschaft in Verkehr gebracht wurden.

(2) Der Meldung gemäß Absatz 1 sind die in Artikel 5 Absatz 3 und gegebenenfalls Absatz 5 genannten Unterlagen beizufügen; die Kommission leitet diese Unterlagen an die Behörde und die Mitgliedstaaten weiter. Die Behörde übermittelt dem gemeinschaftlichen Referenzlabor die in Artikel 5 Absatz 3 Buchstaben i) und j) genannten Unterlagen. Das gemeinschaftliche Referenzlabor testet und validiert die vom Antragsteller vorgeschlagene Methode zum Nachweis und zur Identifizierung.

[4] Neu gefasst durch die VO (EG) 2019/1381, ABl L 2019/231, 1.

(3) Innerhalb eines Jahres nach dem Geltungsbeginn dieser Verordnung werden die betreffenden Erzeugnisse in das Register eingetragen, nachdem überprüft worden ist, dass alle erforderlichen Informationen vorgelegt und geprüft worden sind. Jeder Eintrag in das Register umfasst gegebenenfalls die in Artikel 7 Absatz 2 genannten Angaben und bei Erzeugnissen gemäß Absatz 1 Buchstabe a) das Datum, an dem die betreffenden Erzeugnisse erstmals in Verkehr gebracht wurden.

(4) Innerhalb von neun Jahren nach dem Datum, an dem die Erzeugnisse gemäß Absatz 1 Buchstabe a) erstmals in Verkehr gebracht wurden, jedoch auf keinen Fall eher als drei Jahre nach dem Geltungsbeginn dieser Verordnung, stellen die für das Inverkehrbringen verantwortlichen Unternehmer einen Antrag gemäß Artikel 11, der entsprechend gilt.

Innerhalb von drei Jahren nach Geltungsbeginn dieser Verordnung stellen die für das Inverkehrbringen von Erzeugnissen gemäß Absatz 1 Buchstabe b) verantwortlichen Unternehmer einen Antrag gemäß Artikel 11, der entsprechend gilt.

(5) Die in Absatz 1 genannten Erzeugnisse sowie die Lebensmittel, die diese enthalten oder aus diesen hergestellt sind, unterliegen den Bestimmungen dieser Verordnung, insbesondere den Artikeln 9, 10 und 34, die entsprechend gelten.

(6) Werden die Meldung und die in den Absätzen 1 und 2 genannten entsprechenden Unterlagen nicht innerhalb der genannten Frist vorgelegt oder für fehlerhaft befunden oder wird ein Antrag nicht gemäß Absatz 4 innerhalb der genannten Frist gestellt, trifft die Kommission nach dem in Artikel 35 Absatz 2 genannten Verfahren Maßnahmen, um das betreffende Erzeugnis und jegliche daraus hergestellten Erzeugnisse vom Markt zu nehmen. Dabei kann ein begrenzter Zeitraum vorgesehen werden, während dessen Bestände des Erzeugnisses noch aufgebraucht werden können.

(7) Ist eine Zulassung nicht auf einen bestimmten Inhaber ausgestellt, legt der Unternehmer, der die in diesem Artikel genannten Erzeugnisse einführt, herstellt oder gewinnt, der Kommission die Informationen oder den Antrag vor.

(8) Durchführungsbestimmungen zu diesem Artikel werden nach dem in Artikel 35 Absatz 2 genannten Verfahren erlassen.

Artikel 9
Überwachung

(1) Nach Erteilung einer Zulassung gemäß dieser Verordnung haben der Zulassungsinhaber und die sonstigen Beteiligten alle Bedingungen oder Einschränkungen zu erfüllen, die in der Zulassung auferlegt werden, und insbesondere dafür zu sorgen, dass Erzeugnisse, für die die Zulassung nicht gilt, nicht als Lebensmittel oder Futtermittel in Verkehr gebracht werden. Wurde dem Zulassungsinhaber eine marktbegleitende Beobachtung gemäß Artikel 5 Absatz 3 Buchstabe k) und/oder eine Beobachtung nach Artikel 5 Absatz 5 Buchstabe b) vorgeschrieben, so stellt er sicher, dass diese durchgeführt wird, und legt der Kommission entsprechend der Zulassung Berichte vor. Die genannten Beobachtungsberichte sind der Öffentlichkeit zugänglich zu machen, nachdem alle gemäß Artikel 30 als vertraulich geltenden Informationen gestrichen worden sind.

(2) Begehrt der Zulassungsinhaber eine Änderung der Zulassungsbedingungen, so stellt er dazu gemäß Artikel 5 Absatz 2 einen Antrag. Die Artikel 5, 6 und 7 gelten entsprechend.

(3) Der Zulassungsinhaber übermittelt der Kommission unverzüglich alle neuen wissenschaftlichen oder technischen Informationen, die die Bewertung der Sicherheit bei der Verwendung des Lebensmittels beeinflussen könnten. Insbesondere informiert er die Kommission unverzüglich über alle Verbote oder Einschränkungen, die von der zuständigen Behörde eines Drittlandes ausgesprochen wurden, in dem das Lebensmittel in Verkehr gebracht wird.

(4) Die Kommission stellt die vom Antragsteller gelieferten Informationen unverzüglich der Behörde und den Mitgliedstaaten zur Verfügung.

Artikel 10
Änderung, Aussetzung und Widerruf von Zulassungen

(1)[5] Aus eigener Initiative oder auf Ersuchen der Kommission oder eines Mitgliedstaats gibt die Behörde eine Stellungnahme zu der Frage ab, ob eine Zulassung für ein in Artikel 3 Absatz 1 der vorliegenden Verordnung genanntes Erzeugnis die in dieser Verordnung festgelegten Bedingungen noch erfüllt. Sie übermittelt diese Stellungnahme unverzüglich der Kommission, den Mitgliedstaaten und dem Zulassungsinhaber. Die Behörde veröffentlicht ihre Stellungnahme gemäß Artikel 38 Absatz 1 der Verordnung (EG) Nr. 178/2002, nachdem sie alle gemäß den Artikeln 39 bis 39e der Verordnung (EG) Nr. 178/2002 und Artikel 30 der vorliegenden Verordnung als vertraulich geltenden Informationen gestrichen hat. Die Öffentlichkeit kann innerhalb von 30 Tagen nach dieser Veröffentlichung gegenüber der Kommission dazu Stellung nehmen.

(2) Die Kommission prüft die Stellungnahme der Behörde so bald wie möglich. Alle geeigneten Maßnahmen werden gemäß Artikel 34 getroffen. Gegebenenfalls wird die Zulassung nach dem Verfahren des Artikels 7 geändert, ausgesetzt oder widerrufen.

(3) Artikel 5 Absatz 2 und die Artikel 6 und 7 gelten entsprechend.

Artikel 11
Erneuerung der Zulassung

(1) Gemäß dieser Verordnung erteilte Zulassungen sind für weitere zehn Jahre erneuerbar, wenn der Zulassungsinhaber bei der Kommission spätestens ein Jahr vor Ablauf der Zulassung einen entsprechenden Antrag stellt.

(2)[5] Der Antrag muss in Übereinstimmung mit den Standarddatenformaten – soweit vorhanden – gemäß Artikel 39f der Verordnung (EG) Nr. 178/2002 gestellt werden; dem Antrag ist Folgendes beizufügen:

a) eine Kopie der Zulassung für das Inverkehrbringen des Lebensmittels;
b) ein Bericht über die Beobachtungsergebnisse, sofern dies in der Zulassung so festgelegt ist;
c) alle sonstigen neuen Informationen hinsichtlich der Evaluierung der Sicherheit bei der Verwendung des Lebensmittels und der Risiken, die das Lebensmittel für Verbraucher oder Umwelt birgt;
d) gegebenenfalls ein Vorschlag zur Änderung oder Ergänzung der Bedingungen der ursprünglichen Zulassung, unter anderem der Bedingungen hinsichtlich der späteren Beobachtung.

(3) Artikel 5 Absatz 2 und die Artikel 6 und 7 gelten entsprechend.

(4) Wird aus Gründen, die dem Zulassungsinhaber nicht angelastet werden können, vor Ablauf der Zulassung keine Entscheidung über deren Erneuerung getroffen, verlängert sich der Zulassungszeitraum des Erzeugnisses automatisch, bis eine Entscheidung getroffen wird.

(5) Die Kommission kann nach Konsultation der Behörde gemäß dem in Artikel 35 Absatz 2 genannten Verfahren Durchführungsbestimmungen zur Anwendung des vorliegenden Artikels, einschließlich Bestimmungen zur Erstellung und Vorlage des Antrags, festlegen.

[5] Neu gefasst durch die VO (EG) 2019/1381, ABl L 2019/231, 1.

(6) Die Behörde veröffentlicht eine ausführliche Anleitung als Hilfe für den Antragsteller bei der Erstellung und Vorlage seines Antrags.

Abschnitt 2
Kennzeichnung

Artikel 12
Geltungsbereich

(1) Dieser Abschnitt gilt für Lebensmittel, die als solche an den Endverbraucher oder an Anbieter von Gemeinschaftsverpflegung innerhalb der Gemeinschaft geliefert werden sollen und die

a) GVO enthalten oder daraus bestehen oder

b) aus GVO hergestellt werden oder Zutaten enthalten, die aus GVO hergestellt werden.

(2) Dieser Abschnitt gilt nicht für Lebensmittel, die Material enthalten, das GVO enthält, aus solchen besteht oder aus solchen hergestellt ist, mit einem Anteil, der nicht höher ist als 0,9 Prozent der einzelnen Lebensmittelzutaten oder des Lebensmittels, wenn es aus einer einzigen Zutat besteht, vorausgesetzt, dieser Anteil ist zufällig oder technisch nicht zu vermeiden.

(3) Damit festgestellt werden kann, dass das Vorhandensein dieses Materials zufällig oder technisch nicht zu vermeiden ist, müssen die Unternehmer den zuständigen Behörden nachweisen können, dass sie geeignete Schritte unternommen haben, um das Vorhandensein derartiger Materialien zu vermeiden.

(4) Maßnahmen zur Änderung nicht wesentlicher Bestimmungen dieser Verordnung durch Ergänzung, die die Festlegung angemessener niedriger Schwellenwerte, insbesondere für Lebensmittel, die GVO enthalten oder daraus bestehen, betreffen, oder die den Fortschritten in Wissenschaft und Technologie Rechnung tragen, werden nach dem in Artikel 35 Absatz 3 genannten Regelungsverfahren mit Kontrolle erlassen.

Artikel 13
Anforderungen

(1) Unbeschadet der anderen Anforderungen des Gemeinschaftsrechts hinsichtlich der Kennzeichnung von Lebensmitteln gelten für Lebensmittel, die unter diesen Abschnitt fallen, folgende spezifische Kennzeichnungsanforderungen:

a) Besteht das Lebensmittel aus mehr als einer Zutat, ist der Zusatz „genetisch verändert" oder „aus genetisch verändertem [Bezeichnung der Zutat] hergestellt" in dem in Artikel 6 der Richtlinie 2000/13/EG vorgesehenen Verzeichnis der Zutaten in Klammern unmittelbar nach der betreffenden Zutat aufzuführen.

b) Wird die Zutat mit dem Namen einer Kategorie bezeichnet, sind die Wörter „enthält genetisch veränderten [Bezeichnung des Organismus]" oder „enthält aus genetisch verändertem [Bezeichnung des Organismus] hergestellte(n) [Bezeichnung der Zutat]" in dem Verzeichnis der Zutaten aufzuführen.

c) Wird kein Verzeichnis der Zutaten angegeben, sind die Wörter „genetisch verändert" oder „aus genetisch verändertem [Bezeichnung des Organismus] hergestellt" deutlich auf dem Etikett anzubringen.

d) Die unter den Buchstaben a) und b) genannten Angaben können in einer Fußnote zum Verzeichnis der Zutaten aufgeführt werden. In diesem Fall sind sie in einer Schriftgröße zu drucken, die mindestens so groß ist wie die Schriftgröße in dem Verzeichnis der Zutaten. Wird kein Verzeichnis der Zutaten angegeben, sind die Angaben deutlich auf dem Etikett anzubringen.

e) Wird das Lebensmittel dem Endverbraucher unverpackt oder in kleinen Verpackungen angeboten, deren größte Oberfläche 10 cm^2 unterschreitet, sind die in diesem Absatz geforderten Angaben entweder auf oder in unmittelbarem Zusammenhang mit der Auslage des Lebensmittels oder aber auf der Verpackung in dauerhafter und sichtbarer Form anzubringen, und zwar in einer Schriftgröße, die gute Lesbarkeit und Identifizierbarkeit gewährleistet.

(2) Neben den in Absatz 1 genannten Kennzeichnungsanforderungen sind in folgenden Fällen auf der Etikettierung auch alle Merkmale oder Eigenschaften gemäß der Zulassung anzugeben,

a) sofern ein Lebensmittel sich von dem entsprechenden herkömmlichen Erzeugnis in Bezug auf die folgenden Merkmale und Eigenschaften unterscheidet:
   i) Zusammensetzung,
   ii) Nährwert oder nutritive Wirkungen,
   iii) Verwendungszweck,
   iv) Auswirkungen auf die Gesundheit bestimmter Bevölkerungsgruppen;

b) sofern ein Lebensmittel Anlass zu ethischen oder religiösen Bedenken geben könnte.

(3) Neben den in Absatz 1 festgelegten Kennzeichnungsanforderungen und gemäß der Zulassung sind auf der Etikettierung von Lebensmitteln, die unter diesen Abschnitt fallen und zu denen es kein entsprechendes herkömmliches Erzeugnis gibt, die entsprechenden Informationen über Art und Merkmale der betreffenden Lebensmittel anzubringen.

Artikel 14
Durchführungsmaßnahmen

(1) Die folgenden Maßnahmen können von der Kommission erlassen werden:

– die Maßnahmen, die die Unternehmer treffen müssen, um den Nachweis gegenüber den zuständigen Behörden gemäß Artikel 12 Absatz 3 zu erbringen;

– die Maßnahmen, die die Unternehmer treffen müssen, um den Kennzeichnungsanforderungen gemäß Artikel 13 nachzukommen;

– besondere Bestimmungen für die von Anbietern von Gemeinschaftsverpflegung, die Lebensmittel an den Endverbraucher abgeben, zu erteilenden Informationen. Zur Berücksichtigung der besonderen Situation von Anbietern von Gemeinschaftsverpflegung kann in diesen Bestimmungen die Anpassung der Anforderungen des Artikels 13 Absatz 1 Buchstabe e vorgesehen werden.

Diese Maßnahmen zur Änderung nicht wesentlicher Bestimmungen dieser Verordnung auch durch Ergänzung werden nach dem in Artikel 35 Absatz 3 genannten Regelungsverfahren mit Kontrolle erlassen.

(2) Um die einheitliche Anwendung von Artikel 13 zu erleichtern, können außerdem Durchführungsbestimmungen nach dem in Artikel 35 Absatz 2 genannten Regelungsverfahren erlassen werden.

Kapitel III
Genetisch veränderte Futtermittel

Abschnitt 1
Zulassung und Überwachung

Artikel 15
Geltungsbereich

(1) Dieser Abschnitt findet Anwendung auf

a) zur Verwendung als Futtermittel/in Futtermitteln bestimmte GVO,
b) Futtermittel, die GVO enthalten oder aus solchen bestehen,
c) aus GVO hergestellte Futtermittel.

(2) Maßnahmen zur Änderung nicht wesentlicher Bestimmungen dieser Verordnung durch Ergänzung, die die Bestimmung betreffen, ob ein bestimmtes Futtermittel in den Geltungsbereich dieses Abschnitts fällt, werden gegebenenfalls nach dem in Artikel 35 Absatz 3 genannten Regelungsverfahren mit Kontrolle erlassen.

Artikel 16
Anforderungen

(1) Futtermittel gemäß Artikel 15 Absatz 1 dürfen
a) keine nachteiligen Auswirkungen auf die Gesundheit von Mensch und Tier oder die Umwelt haben,
b) die Anwender nicht irreführen,
c) den Verbraucher nicht dadurch schädigen oder irreführen, dass die spezifischen Merkmale der tierischen Erzeugnisse beeinträchtigt werden,
d) sich von den Futtermitteln, die sie ersetzen sollen, nicht so stark unterscheiden, dass ihr normaler Verzehr Ernährungsmängel für Mensch oder Tier mit sich brächte.

(2) Niemand darf ein in Artikel 15 Absatz 1 genanntes Erzeugnis in Verkehr bringen, verwenden oder verarbeiten, das nicht über eine gemäß diesem Abschnitt erteilte Zulassung verfügt und die entsprechenden Zulassungsvoraussetzungen erfüllt.

(3) Kein in Artikel 15 Absatz 1 genanntes Erzeugnis darf zugelassen werden, wenn der Antragsteller nicht in geeigneter und ausreichender Weise nachgewiesen hat, dass es die in Absatz 1 des vorliegenden Artikels genannten Anforderungen erfüllt.

(4) Die in Absatz 2 genannte Zulassung kann Folgendes umfassen:
a) einen GVO und Futtermittel, die diesen GVO enthalten oder aus ihm bestehen, sowie Futtermittel, die aus diesem GVO hergestellt wurden, oder
b) Futtermittel, die aus einem GVO hergestellt sind, sowie Futtermittel, die aus diesem Futtermittel hergestellt sind oder dieses enthalten.

(5) Eine Zulassung im Sinne von Absatz 2 kann nur auf der Grundlage dieser Verordnung und nach den darin festgelegten Verfahren erteilt, versagt, erneuert, geändert, ausgesetzt oder widerrufen werden.

(6) Der Antragsteller für eine Zulassung im Sinne von Absatz 2 und – nach der Erteilung der Zulassung – der Zulassungsinhaber oder sein Vertreter muss in der Gemeinschaft ansässig sein.

(7) Eine Zulassung gemäß dieser Verordnung lässt die Richtlinie 2002/53/EG, die Richtlinie 2002/55/EG und die Richtlinie 68/193/EWG unberührt.

Artikel 17
Beantragung der Zulassung

(1) Um die in Artikel 16 Absatz 2 genannte Zulassung zu erhalten, ist ein Antrag gemäß den folgenden Bestimmungen zu stellen.

(2) Der Antrag ist an die zuständige nationale Behörde eines Mitgliedstaates zu richten.
a) Die zuständige nationale Behörde
   i) bestätigt dem Antragsteller den Erhalt des Antrags schriftlich innerhalb von 14 Tagen nach dessen Eingang. In der Bestätigung ist das Datum des Antragseingangs zu nennen,
   ii) unterrichtet unverzüglich die Behörde und
   iii) stellt der Behörde den Antrag und alle vom Antragsteller gelieferten sonstigen Informationen zur Verfügung.
b) Die Behörde
   i) unterrichtet die anderen Mitgliedstaaten und die Kommission unverzüglich über den Antrag und stellt ihnen den Antrag und alle vom Antragsteller gelieferten sonstigen Informationen zur Verfügung;
   ii) macht der Öffentlichkeit die in Absatz 3 Buchstabe l) genannte Zusammenfassung des Dossiers zugänglich.

(3)[6] Der Antrag muss in Übereinstimmung mit den Standarddatenformaten – soweit vorhanden – gemäß Artikel 39f der Verordnung (EG) Nr. 178/2002 gestellt werden; dem Antrag ist Folgendes beizufügen:
a) Name und Anschrift des Antragstellers;
b) die Bezeichnung des Futtermittels und seine Spezifikation einschließlich der/des zugrunde liegenden Transformationsereignisse(s);
c) gegebenenfalls die nach Anlage II zum Protokoll von Cartagena erforderlichen Angaben;
d) gegebenenfalls eine ausführliche Beschreibung des Herstellungs- und Gewinnungsverfahrens und des beabsichtigten Verwendungszwecks des Futtermittels;
e) eine Kopie der durchgeführten Studien einschließlich – wenn verfügbar – der von unabhängigen Gutachtern überprüften Studien, sowie alle anderen Unterlagen, anhand deren nachgewiesen werden kann, dass das Futtermittel die Kriterien gemäß Artikel 16 Absatz 1 erfüllt, und – insbesondere für Futtermittel, die in den Geltungsbereich der Richtlinie 82/471/EWG fallen – die gemäß der Richtlinie 83/228/EWG des Rates vom 18. April 1983 über Leitlinien zur Beurteilung bestimmter Erzeugnisse für die Tierernährung[7] erforderlichen Informationen;
f) entweder eine Analyse, die anhand entsprechender Informationen und Daten zeigt, dass die Eigenschaften des Futtermittels sich von denen des entsprechenden herkömmlichen Erzeugnisses innerhalb der akzeptierten natürlichen Variationsgrenzen solcher Eigenschaften und unter Berücksichtigung der in Artikel 25 Absatz 2 Buchstabe c) genannten Kriterien nicht unterscheiden, oder ein Vorschlag für die Kennzeichnung des Futtermittels gemäß Artikel 25 Absatz 2 Buchstabe c) und Absatz 3;
g) entweder eine begründete Erklärung, dass das Futtermittel keinen Anlass zu ethischen oder religiösen Bedenken gibt, oder ein Vorschlag für seine Kennzeichnung gemäß Artikel 25 Absatz 2 Buchstabe d);
h) gegebenenfalls die Bedingungen des Inverkehrbringens des Futtermittels, einschließlich spezifischer Bedingungen für Verwendung und Handhabung;
i) ein Verfahren zum Nachweis, zur Probenahme (einschließlich der Angabe bestehender offizieller oder normierter Methoden zur Probenahme) und zur Identifizierung des Transformationsereignisses sowie gegebenenfalls zum Nachweis und zur Identifizierung des Transformationsereignisses in dem Futtermittel und/oder dem daraus hergestellten Futtermittel;
j) Proben des Futtermittels und ihre Kontrollproben sowie Angabe des Ortes, an dem das Referenzmaterial zugänglich ist;
k) gegebenenfalls ein Vorschlag für eine marktbegleitende Beobachtung der Verwendung des für die Verfütterung bestimmten Futtermittels;

6 Neu gefasst durch die VO (EG) 2019/1381, ABl L 2019/231, 1.
7 ABl. L 126 vom 13.5.1983, S. 23.

l)[8] einen Verweis auf die Teile des Antrags und andere ergänzende Informationen, um deren vertrauliche Behandlung der Antragsteller unter Angabe nachprüfbarer Gründe gemäß Artikel 30 der vorliegenden Verordnung und Artikel 39 bis 39e der Verordnung (EG) Nr. 178/2002 ersucht;

m)[9] eine Zusammenfassung des Dossiers in standardisierter Form.

(4) Im Falle eines Antrags auf Zulassung eines zur Verwendung als Futtermittel/in Futtermitteln bestimmten GVO ist mit der Bezeichnung „Futtermittel" in Absatz 3 ein Futtermittel gemeint, das den GVO, für den ein Antrag gestellt wird, enthält, daraus besteht oder daraus hergestellt wurde.

(5) Im Falle von GVO oder Futtermitteln, die GVO enthalten oder aus solchen bestehen, ist dem Antrag außerdem Folgendes beizufügen:

a) die vollständigen technischen Unterlagen, aus denen die nach den Anhängen III und IV der Richtlinie 2001/18/EG erforderlichen Informationen hervorgehen, sowie Angaben und Schlussfolgerungen zu der gemäß den in Anhang II der Richtlinie 2001/18/EG genannten Grundsätzen durchgeführten Risikobewertung oder – sofern das Inverkehrbringen des GVO gemäß Teil C der Richtlinie 2001/18/EG zugelassen wurde – eine Kopie der Entscheidung über die Zulassung;

b) ein Plan zur Beobachtung der Umweltauswirkungen gemäß Anhang VII der Richtlinie 2001/18/EG, einschließlich eines Vorschlags für den für den Beobachtungsplan vorgesehenen Zeitraum; dieser Zeitraum kann sich von dem für die Zustimmung vorgeschlagenen Zeitraum unterscheiden.

In diesem Fall sind die Artikel 13 bis 24 der Richtlinie 2001/18/EG nicht anwendbar.

(6) Betrifft der Antrag einen Stoff, der gemäß anderen Bestimmungen des Gemeinschaftsrechts nur verwendet und in Verkehr gebracht werden darf, wenn er in einer Liste von Stoffen aufgeführt ist, die unter Ausschluss anderer Stoffe registriert oder zugelassen sind, so ist dies im Antrag anzugeben, und es ist der Status des Stoffs nach den entsprechenden Vorschriften zu nennen.

(7) Die Kommission legt nach Konsultation der Behörde nach dem in Artikel 35 Absatz 2 genannten Verfahren Durchführungsbestimmungen zur Anwendung des vorliegenden Artikels fest, einschließlich Bestimmungen betreffend die Erstellung und die Vorlage des Antrags.

(8) Vor dem Geltungsbeginn dieser Verordnung veröffentlicht die Behörde eine ausführliche Anleitung als Hilfe für den Antragsteller bei der Erstellung und Vorlage des Antrags.

Artikel 18
Stellungnahme der Behörde

Bei der Abgabe ihrer Stellungnahme ist die Behörde bestrebt, eine Frist von sechs Monaten ab Erhalt eines gültigen Antrags einzuhalten. Diese Frist wird verlängert, wenn die Behörde gemäß Absatz 2 den Antragsteller um ergänzende Informationen ersucht.

(2) Die Behörde oder eine zuständige nationale Behörde kann – über die Behörde – gegebenenfalls den Antragsteller auffordern, die Unterlagen zum Antrag innerhalb einer bestimmten Frist zu ergänzen.

(3) Zur Vorbereitung ihrer Stellungnahme

a) prüft die Behörde, ob die vom Antragsteller vorgelegten Angaben und Unterlagen Artikel 17 entsprechen und ob das Futtermittel die in Artikel 16 Absatz 1 festgelegten Kriterien erfüllt;

b) kann die Behörde die entsprechende Futtermittelbewertungsstelle eines Mitgliedstaats ersuchen, nach Artikel 36 der Verordnung (EG) Nr. 178/2002 eine Sicherheitsbewertung des Futtermittels durchzuführen;

c) kann die Behörde eine nach Artikel 4 der Richtlinie 2001/18/EG bezeichnete zuständige Behörde ersuchen, eine Umweltverträglichkeitsprüfung durchzuführen; betrifft jedoch der Antrag GVO, die als Saatgut oder anderes pflanzliches Vermehrungsgut verwendet werden sollen, so ersucht die Behörde eine zuständige innerstaatliche Stelle, die Umweltverträglichkeitsprüfung durchzuführen;

d) übermittelt die Behörde dem gemeinschaftlichen Referenzlabor die in Artikel 17 Absatz 3 Buchstaben i) und j) genannten Unterlagen. Das gemeinschaftliche Referenzlabor testet und validiert die vom Antragsteller vorgeschlagene Methode zum Nachweis und zur Identifizierung;

e) prüft die Behörde bei der Überprüfung der Anwendung von Artikel 25 Absatz 2 Buchstabe c) die vom Antragsteller vorgelegten Informationen und Daten, die zeigen sollen, dass sich die Eigenschaften des Futtermittels innerhalb der akzeptierten natürlichen Variationsgrenzen solcher Eigenschaften nicht von denen des entsprechenden herkömmlichen Erzeugnisses unterscheiden.

(4) Im Falle von GVO oder Futtermitteln, die GVO enthalten oder daraus bestehen, sind bei der Bewertung die in der Richtlinie 2001/18/EG vorgesehenen umweltbezogenen Sicherheitsanforderungen einzuhalten, damit sichergestellt ist, dass alle geeigneten Maßnahmen getroffen werden, um schädliche Auswirkungen auf die Gesundheit von Mensch und Tier sowie die Umwelt, die sich aus der absichtlichen Freisetzung von GVO ergeben könnten, zu verhindern. Bei der Bewertung von Anträgen auf Inverkehrbringen von Erzeugnissen, die aus GVO bestehen oder solche enthalten, konsultiert die Behörde die von den einzelnen Mitgliedstaaten zu diesem Zweck bezeichneten zuständigen nationalen Behörden im Sinne der Richtlinie 2001/18/EG. Die zuständigen Behörden geben innerhalb von drei Monaten nach Erhalt des entsprechenden Ersuchens eine Stellungnahme ab.

(5) Wird die Zulassung des Futtermittels in der Stellungnahme befürwortet, enthält die Stellungnahme außerdem folgende Angaben:

a) Name und Anschrift des Antragstellers;

b) die Bezeichnung des Futtermittels und seine Spezifikation;

c) gegebenenfalls die nach Anlage II zum Protokoll von Cartagena erforderlichen Angaben;

d) den Vorschlag für die Kennzeichnung des Futtermittels;

e) gegebenenfalls alle Bedingungen oder Einschränkungen, die für das Inverkehrbringen gelten sollten, und/oder besondere Bedingungen oder Einschränkungen für Verwendung und Handhabung, einschließlich Bestimmungen für die marktbegleitende Beobachtung, auf der Grundlage der Ergebnisse der Risikobewertung, sowie – im Falle von GVO oder Futtermitteln, die GVO enthalten oder daraus bestehen – Bedingungen zum Schutz bestimmter Ökosysteme/der Umwelt und/oder bestimmter geografischer Gebiete;

f) das vom gemeinschaftlichen Referenzlabor validierte Verfahren zum Nachweis, einschließlich Probenahme, zur Identifizierung des Transformationsereignisses sowie gegebenenfalls zum Nachweis und zur Identifizierung des Transformationsereignisses in dem Futtermittel und/oder dem daraus hergestellten Futtermittel; Angabe des Ortes, an dem geeignetes Referenzmaterial zugänglich ist;

g) gegebenenfalls den in Artikel 17 Absatz 5 Buchstabe b) genannten Beobachtungsplan.

---
8 Eingefügt durch die VO (EG) 2019/1381, ABl L 2019/231, 1.

9 Bezeichnung geändert durch die VO (EG) 2019/1381, ABl L 2019/231, 1.

(6) Die Behörde übermittelt der Kommission, den Mitgliedstaaten und dem Antragsteller ihre Stellungnahme einschließlich eines Berichts, in dem sie eine Bewertung des Futtermittels vornimmt, ihre Stellungnahme begründet und die dieser Stellungnahme zugrunde liegenden Informationen, einschließlich der Stellungnahmen der gemäß Absatz 4 konsultierten zuständigen Behörden anführt.

(7)[10] Die Behörde macht gemäß Artikel 38 Absatz 1 der Verordnung (EG) Nr. 178/2002 ihre Stellungnahme öffentlich zugänglich, nachdem sie alle gemäß den Artikeln 39 bis 39e der Verordnung (EG) Nr. 178/2002 und Artikel 30 der vorliegenden Verordnung als vertraulich geltenden Informationen gestrichen hat. Die Öffentlichkeit kann innerhalb von 30 Tagen nach dieser Veröffentlichung gegenüber der Kommission dazu Stellung nehmen.

Artikel 19
Zulassung

(1) Die Kommission legt dem in Artikel 35 genannten Ausschuss innerhalb von drei Monaten nach Erhalt der Stellungnahme der Behörde einen Entwurf für eine Entscheidung über den Antrag vor, wobei die Stellungnahme der Behörde, die einschlägigen Bestimmungen des Gemeinschaftsrechts und andere legitime Faktoren berücksichtigt werden, die für den jeweils zu prüfenden Sachverhalt relevant sind. Stimmt der Entscheidungsentwurf nicht mit der Stellungnahme der Behörde überein, erläutert die Kommission die betreffenden Unterschiede.

(2) Sieht der Entscheidungsentwurf die Erteilung der Zulassung vor, umfasst er auch die in Artikel 18 Absatz 5 genannten Angaben, den Namen des Zulassungsinhabers und gegebenenfalls den dem GVO zugeteilten spezifischen Erkennungsmarker, wie er in der Verordnung (EG) Nr. 1830/2003 festgelegt ist.

(3) Die endgültige Entscheidung über den Antrag wird nach dem in Artikel 35 Absatz 2 genannten Verfahren getroffen.

(4) Die Kommission informiert den Antragsteller unverzüglich über die Entscheidung und veröffentlicht eine Information über die Entscheidung im Amtsblatt der Europäischen Union.

(5) Die Zulassung, die gemäß dem in dieser Verordnung festgelegten Verfahren erteilt wird, gilt in der gesamten Gemeinschaft zehn Jahre und ist gemäß Artikel 23 erneuerbar. Das zugelassene Futtermittel wird in das in Artikel 28 genannte Register eingetragen. Jeder Eintrag in das Register umfasst das Datum der Zulassung und die in Absatz 2 genannten Angaben.

(6) Andere Bestimmungen des Gemeinschaftsrechts über die Verwendung und das Inverkehrbringen von Stoffen, die nur verwendet werden dürfen, wenn sie in einer Liste von Stoffen aufgeführt sind, die unter Ausschluss anderer Stoffe registriert oder zugelassen sind, bleiben von der Zulassung gemäß diesem Abschnitt unberührt.

(7) Die Erteilung der Zulassung schränkt die allgemeine zivil- und strafrechtliche Haftung der Futtermittelunternehmer hinsichtlich des betreffenden Futtermittels nicht ein.

(8) Bezugnahmen in den Teilen A und D der Richtlinie 2001/18/EG auf nach Teil C der Richtlinie zugelassene GVO gelten auch als Bezugnahmen auf nach dieser Verordnung zugelassene GVO.

[10] Neu gefasst durch die VO (EG) 2019/1381, ABl L 2019/231, 1.

Artikel 20
Status bereits existierender Erzeugnisse

(1) Abweichend von Artikel 16 Absatz 2 können Erzeugnisse, die unter diesen Abschnitt fallen und die vor dem Geltungsbeginn dieser Verordnung rechtmäßig in der Gemeinschaft in Verkehr gebracht wurden, unter folgenden Voraussetzungen weiterhin in Verkehr gebracht, verwendet und verarbeitet werden:

a) Bei Erzeugnissen, die gemäß der Richtlinie 90/220/EWG oder der Richtlinie 2001/18/EG zugelassen wurden, einschließlich für die Verwendung als Futtermittel, die gemäß der Richtlinie 82/471/EWG zugelassen wurden und aus GVO hergestellt werden, oder die gemäß der Richtlinie 70/524/EWG zugelassen wurden und GVO enthalten, daraus bestehen oder hergestellt werden, melden die für das Inverkehrbringen der betreffenden Erzeugnisse verantwortlichen Unternehmer der Kommission innerhalb von sechs Monaten nach dem Geltungsbeginn dieser Verordnung das Datum, an dem die Erzeugnisse erstmals in der Gemeinschaft in Verkehr gebracht wurden;
b) bei Erzeugnissen, die rechtmäßig in der Gemeinschaft in Verkehr gebracht wurden, jedoch nicht unter Buchstabe a) genannt sind, melden die für das Inverkehrbringen der betreffenden Erzeugnisse verantwortlichen Unternehmer der Kommission innerhalb von sechs Monaten nach dem Geltungsbeginn dieser Verordnung, dass die Erzeugnisse vor dem Geltungsbeginn dieser Verordnung in der Gemeinschaft in Verkehr gebracht wurden.

(2) Der Meldung gemäß Absatz 1 sind die in Artikel 17 Absatz 3 und gegebenenfalls Absatz 5 genannten Unterlagen beizufügen; die Kommission leitet diese Unterlagen an die Behörde und die Mitgliedstaaten weiter. Die Behörde übermittelt dem gemeinschaftlichen Referenzlabor die in Artikel 17 Absatz 3 Buchstaben i) und j) genannten Unterlagen. Das gemeinschaftliche Referenzlabor testet und validiert die vom Antragsteller vorgeschlagene Methode zum Nachweis und zur Identifizierung.

(3) Innerhalb eines Jahres nach dem Geltungsbeginn dieser Verordnung werden die betreffenden Erzeugnisse in das Register eingetragen, nachdem überprüft worden ist, dass alle erforderlichen Informationen vorgelegt und geprüft worden sind. Jeder Eintrag in das Register umfasst gegebenenfalls die in Artikel 19 Absatz 2 genannten Angaben und bei Erzeugnissen gemäß Absatz 1 Buchstabe a) das Datum, an dem die betreffenden Erzeugnisse erstmals in Verkehr gebracht wurden.

(4) Innerhalb von neun Jahren nach dem Datum, an dem die Erzeugnisse gemäß Absatz 1 Buchstabe a) erstmals in Verkehr gebracht wurden, jedoch auf keinen Fall eher als drei Jahre nach dem Geltungsbeginn dieser Verordnung, stellen die für das Inverkehrbringen verantwortlichen Unternehmer einen Antrag gemäß Artikel 23, der entsprechend gilt.

Innerhalb von drei Jahren nach dem Geltungsbeginn dieser Verordnung stellen die für das Inverkehrbringen von Erzeugnissen gemäß Absatz 1 Buchstabe b) verantwortlichen Unternehmer einen Antrag gemäß Artikel 23, der entsprechend gilt.

(5) Die in Absatz 1 genannten Erzeugnisse und die Futtermittel, die diese enthalten oder aus diesen hergestellt sind, unterliegen den Bestimmungen dieser Verordnung, insbesondere den Artikeln 21, 22 und 34, die entsprechend gelten.

(6) Werden die Meldung und die in den Absätzen 1 und 2 genannten entsprechenden Unterlagen nicht innerhalb der genannten Frist vorgelegt oder für fehlerhaft befunden oder wird ein Antrag nicht gemäß Absatz 4 innerhalb der genannten Frist gestellt, trifft die Kommission nach dem in Artikel 35 Absatz 2 genannten Verfahren Maßnahmen, um das betreffende Erzeugnis und jegliche daraus hergestellten Erzeugnisse vom Markt zu nehmen. Dabei kann ein begrenzter Zeitraum

vorgesehen werden, während dessen Bestände des Erzeugnisses noch aufgebraucht werden können.

(7) Ist eine Zulassung nicht auf einen bestimmten Inhaber ausgestellt, legt der Unternehmer, der die in diesem Artikel genannten Erzeugnisse einführt, herstellt oder gewinnt, der Kommission die Informationen oder den Antrag vor.

(8) Durchführungsbestimmungen zu diesem Artikel werden nach dem in Artikel 35 Absatz 2 genannten Verfahren erlassen.

Artikel 21
Überwachung

(1) Nach Erteilung einer Zulassung gemäß dieser Verordnung haben der Zulassungsinhaber und die sonstigen Beteiligten alle Bedingungen oder Einschränkungen zu erfüllen, die in der Zulassung auferlegt werden, und insbesondere dafür zu sorgen, dass Erzeugnisse, für die die Zulassung nicht gilt, nicht als Lebensmittel oder Futtermittel in Verkehr gebracht werden. Wurde dem Zulassungsinhaber eine marktbegleitende Beobachtung gemäß Artikel 17 Absatz 3 Buchstabe k) und/oder eine Beobachtung nach Artikel 17 Absatz 5 Buchstabe b) vorgeschrieben, so stellt er sicher, dass diese durchgeführt wird, und legt der Kommission entsprechend der Zulassung Berichte vor. Die genannten Beobachtungsberichte sind der Öffentlichkeit zugänglich zu machen, nachdem alle gemäß Artikel 30 als vertraulich geltenden Informationen gestrichen worden sind.

(2) Begehrt der Zulassungsinhaber eine Änderung der Zulassungsbedingungen, so stellt er dazu gemäß Artikel 17 Absatz 2 einen Antrag. Die Artikel 17, 18 und 19 gelten entsprechend.

(3) Der Zulassungsinhaber übermittelt der Kommission unverzüglich alle neuen wissenschaftlichen oder technischen Informationen, die die Bewertung der Sicherheit bei der Verwendung des Futtermittels beeinflussen könnten. Insbesondere informiert er die Kommission unverzüglich über alle Verbote oder Einschränkungen, die von der zuständigen Behörde eines Drittlandes ausgesprochen wurden, in dem das Futtermittel in Verkehr gebracht wird.

(4) Die Kommission stellt die vom Antragsteller gelieferten Informationen unverzüglich der Behörde und den Mitgliedstaaten zur Verfügung.

Artikel 22
Änderung, Aussetzung und Widerruf von Zulassungen

(1)[11] Aus eigener Initiative oder auf Ersuchen der Kommission oder eines Mitgliedstaats gibt die Behörde eine Stellungnahme zu der Frage ab, ob eine Zulassung für ein in Artikel 15 Absatz 1 genanntes Erzeugnis die in dieser Verordnung festgelegten Bedingungen noch erfüllt. Sie übermittelt diese Stellungnahme unverzüglich der Kommission, den Mitgliedstaaten und dem Zulassungsinhaber. Die Behörde veröffentlicht ihre Stellungnahme gemäß Artikel 38 Absatz 1 der Verordnung (EG) Nr. 178/2002, nachdem sie alle gemäß den Artikeln 39 bis 39e der Verordnung (EG) Nr. 178/2002 und Artikel 30 der vorliegenden Verordnung als vertraulich geltenden Informationen gestrichen hat. Die Öffentlichkeit kann innerhalb von 30 Tagen nach dieser Veröffentlichung gegenüber der Kommission dazu Stellung nehmen.

(2) Die Kommission prüft die Stellungnahme der Behörde so bald wie möglich. Alle geeigneten Maßnahmen werden gemäß Artikel 34 getroffen. Gegebenenfalls wird die Zulassung nach dem Verfahren des Artikels 19 geändert, ausgesetzt oder widerrufen.

(3) Artikel 17 Absatz 2 und die Artikel 18 und 19 gelten entsprechend.

Artikel 23
Erneuerung der Zulassung

(1) Gemäß dieser Verordnung erteilte Zulassungen sind für weitere zehn Jahre erneuerbar, wenn der Zulassungsinhaber bei der Kommission spätestens ein Jahr vor Ablauf der Zulassung einen entsprechenden Antrag stellt.

(2)[11] Der Antrag muss in Übereinstimmung mit den Standarddatenformaten – soweit vorhanden – gemäß Artikel 39f der Verordnung (EG) Nr. 178/2002 gestellt werden; dem Antrag ist Folgendes beizufügen:

a) eine Kopie der Zulassung für das Inverkehrbringen des Futtermittels;
b) ein Bericht über die Beobachtungsergebnisse, sofern dies in der Zulassung so festgelegt ist;
c) alle sonstigen neuen Informationen hinsichtlich der Evaluierung der Sicherheit bei der Verwendung des Futtermittels und der Risiken, die das Futtermittel für Mensch, Tier oder Umwelt birgt;
d) gegebenenfalls ein Vorschlag zur Änderung oder Ergänzung der Bedingungen der ursprünglichen Zulassung, unter anderem der Bedingungen hinsichtlich der späteren Beobachtung.

(3) Artikel 17 Absatz 2 und die Artikel 18 und 19 gelten entsprechend.

(4) Wird aus Gründen, die dem Zulassungsinhaber nicht angelastet werden können, vor Ablauf der Zulassung keine Entscheidung über deren Erneuerung getroffen, verlängert sich der Zulassungszeitraum des Erzeugnisses automatisch, bis eine Entscheidung getroffen wird.

(5) Die Kommission kann nach Konsultation der Behörde gemäß dem in Artikel 35 Absatz 2 genannten Verfahren Durchführungsbestimmungen zur Anwendung des vorliegenden Artikels, einschließlich Bestimmungen zur Erstellung und Vorlage des Antrags, festlegen.

(6) Die Behörde veröffentlicht eine ausführliche Anleitung als Hilfe für den Antragsteller bei der Erstellung und Vorlage seines Antrags.

Abschnitt 2
Kennzeichnung

Artikel 24
Geltungsbereich

(1) Dieser Abschnitt gilt für die in Artikel 15 Absatz 1 genannten Futtermittel.

(2) Dieser Abschnitt gilt nicht für Futtermittel, die Material enthalten, das GVO enthält, aus solchen besteht oder aus solchen hergestellt ist, mit einem Anteil, der nicht höher ist als 0,9 Prozent des Futtermittels und der Futtermittelbestandteile, aus denen es zusammengesetzt ist, vorausgesetzt, dieser Anteil ist zufällig oder technisch nicht zu vermeiden.

(3) Damit festgestellt werden kann, dass das Vorhandensein dieses Materials zufällig oder technisch nicht zu vermeiden ist, müssen die Unternehmer den zuständigen Behörden nachweisen können, dass sie geeignete Schritte unternommen haben, um das Vorhandensein derartiger Materialien zu vermeiden.

(4) Maßnahmen zur Änderung nicht wesentlicher Bestimmungen dieser Verordnung durch Ergänzung, die die Festlegung angemessener niedriger Schwellenwerte, insbesondere für Futtermittel, die GVO enthalten oder aus solchen bestehen, betreffen, oder die den Fortschritten in Wissenschaft und Technologie Rechnung tragen, werden nach dem in Artikel 35

[11] Neu gefasst durch die VO (EG) 2019/1381, ABl L 2019/231, 1.

Absatz 3 genannten Regelungsverfahren mit Kontrolle erlassen.

Artikel 25
Anforderungen

(1) Unbeschadet der anderen Anforderungen des Gemeinschaftsrechts hinsichtlich der Kennzeichnung von Futtermitteln gelten für in Artikel 15 Absatz 1 genannte Futtermittel die nachstehend festgelegten spezifischen Kennzeichnungsanforderungen.

(2) Niemand darf ein in Artikel 15 Absatz 1 genanntes Futtermittel in Verkehr bringen, wenn die nachstehend genannten Angaben nicht deutlich sichtbar, lesbar und unauslöschlich auf einem Begleitpapier oder gegebenenfalls auf der Verpackung, dem Behältnis oder einem daran befestigten Etikett angebracht sind.

Sämtliche Futtermittel, aus denen sich ein bestimmtes Futtermittel zusammensetzt, sind folgendermaßen zu kennzeichnen:

a) Bei den in Artikel 15 Absatz 1 Buchstaben a) und b) genannten Futtermitteln ist der Zusatz „genetisch veränderter [Bezeichnung des Organismus]" in Klammern unmittelbar nach dem spezifischen Namen des Futtermittels aufzuführen.

   Alternativ kann dieser Passus in eine Fußnote zu dem Verzeichnis der Futtermittel aufgenommen werden. Er ist in einer Schriftgröße zu drucken, die mindestens so groß ist wie die Schriftgröße im Verzeichnis der Futtermittel.

b) Bei den in Artikel 15 Absatz 1 Buchstabe c) genannten Futtermitteln ist der Zusatz „aus genetisch verändertem [Bezeichnung des Organismus] hergestellt" in Klammern unmittelbar nach dem spezifischen Namen des Futtermittels aufzuführen.

   Alternativ kann dieser Passus in eine Fußnote zu dem Verzeichnis der Futtermittel aufgenommen werden. Er ist in einer Schriftgröße zu drucken, die mindestens so groß ist wie die Schriftgröße im Verzeichnis der Futtermittel.

c) Wie in der Zulassung festgelegt, ist jedes Merkmal der in Artikel 15 Absatz 1 genannten Futtermittel, das sich von den Merkmalen der entsprechenden herkömmlichen Erzeugnisse unterscheidet, anzugeben, so z. B.:
   i) Zusammensetzung,
   ii) nutritive Eigenschaften,
   iii) vorgesehener Verwendungszweck,
   iv) Auswirkungen auf die Gesundheit bestimmter Tierarten oder - kategorien.

d) Wie in der Zulassung festgelegt, ist jedes Merkmal oder jede Eigenschaft, wodurch das Futtermittel zu ethischen oder religiösen Bedenken Anlass geben könnte, anzugeben.

(3) Neben den in Absatz 2 Buchstaben a) und b) festgelegten Anforderungen und gemäß der Zulassung sind auf der Etikettierung oder in den Begleitpapieren von Futtermitteln, die unter diesen Abschnitt fallen und zu denen es kein entsprechendes herkömmliches Erzeugnis gibt, die entsprechenden Informationen über Art und Merkmale des betreffenden Futtermittels anzubringen.

Artikel 26
Durchführungsmaßnahmen

(1) Die folgenden Maßnahmen können von der Kommission erlassen werden:

– die Maßnahmen, die die Unternehmer treffen müssen, um den Nachweis gegenüber den zuständigen Behörden gemäß Artikel 24 Absatz 3 zu erbringen;

– die Maßnahmen, die die Unternehmer treffen müssen, um den Kennzeichnungsanforderungen gemäß Artikel 25 nachzukommen.

Diese Maßnahmen zur Änderung nicht wesentlicher Bestimmungen dieser Verordnung auch durch Ergänzung werden nach dem in Artikel 35 Absatz 3 genannten Regelungsverfahren mit Kontrolle erlassen.

(2) Um die einheitliche Anwendung von Artikel 25 zu erleichtern, können außerdem Durchführungsbestimmungen nach dem in Artikel 35 Absatz 2 genannten Regelungsverfahren erlassen werden.

Kapitel IV
Gemeinsame Vorschriften

Artikel 27
Erzeugnisse, die als Lebensmittel und als Futtermittel verwendet werden können

(1) Kann ein Erzeugnis als Lebensmittel und als Futtermittel verwendet werden, ist nur ein Antrag gemäß den Artikeln 5 und Artikel 17 zu stellen, und es wird nur eine Stellungnahme der Behörde abgegeben und eine Entscheidung der Gemeinschaft erlassen.

(2) Die Behörde prüft, ob der Zulassungsantrag sowohl für Lebensmittel als auch für Futtermittel gestellt werden sollte.

Artikel 28
Gemeinschaftsregister

(1) Die Kommission erstellt und unterhält ein Gemeinschaftsregister genetisch veränderter Lebensmittel und Futtermittel, in dieser Verordnung „das Register" genannt.

(2) Das Register wird der Öffentlichkeit zugänglich gemacht.

Artikel 29
Zugang der Öffentlichkeit

(1)[12] Die Behörde macht gemäß den Artikeln 38 bis 39e der Verordnung (EG) Nr. 178/2002 sowie unter Berücksichtigung von Artikel 30 der vorliegenden Verordnung den Zulassungsantrag, relevante stützende Informationen und alle vom Antragsteller übermittelten ergänzenden Informationen sowie ihre wissenschaftlichen Gutachten und die Stellungnahmen der in Artikel 4 der Richtlinie 2001/18/EG genannten zuständigen Behörden öffentlich zugänglich.

(2) Die Behörde wendet bei der Behandlung von Anträgen auf Zugang zu Dokumenten, die sich im Besitz der Behörde befinden, die Verordnung (EG) Nr. 1049/2001 des Europäischen Parlaments und des Rates vom 30. Mai 2001 über den Zugang der Öffentlichkeit zu Dokumenten des Europäischen Parlaments, des Rates und der Kommission ([1]) an.

(3) Die Mitgliedstaaten behandeln Anträge auf Zugang zu Dokumenten, die sie im Rahmen dieser Verordnung erhalten haben, gemäß Artikel 5 der Verordnung (EG) Nr. 1049/2001.

---

[12] Neu gefasst durch die VO (EG) 2019/1381, ABl L 2019/231, 1.

[1] Verordnung (EG) Nr. 1049/2001 des Europäischen Parlaments und des Rates vom 30. Mai 2001 über den Zugang der Öffentlichkeit zu Dokumenten des Europäischen Parlaments, des Rates und der Kommission (ABl. L 145 vom 31.5.2001, S. 43).

Artikel 30
Vertraulichkeit[14]

(1) In Übereinstimmung mit den Bedingungen und Verfahren der Artikel 39.

a) kann der Antragsteller unter Angabe nachprüfbarer Gründe darum ersuchen, dass bestimmte Teile der im Rahmen dieser Verordnung übermittelten Informationen vertraulich behandelt werden und
b) bewertet die Behörde das vom Antragsteller übermittelte Ersuchen um vertrauliche Behandlung.

(2) Zusätzlich zu den Informationen gemäß Artikel 39 Absatz 2 Buchstaben a, b und c und Artikel 39 Absatz 3 der Verordnung (EG) Nr. 178/2002 kann die Behörde, wenn der Antragsteller darlegt, dass die Offenlegung dieser Informationen seinen Interessen erheblich schaden könnte, auch eine vertrauliche Behandlung in Bezug auf die folgenden Informationen gewähren:

a) DNA-Sequenzinformationen, außer über Sequenzen, die für den Nachweis, die Identifizierung und die Quantifizierung des Transformationsereignisses verwendet werden, und
b) Zuchtprofile und Zuchtstrategien.

(3) Die Nutzung der Nachweisverfahren und die Vermehrung von Referenzmaterialien im Sinne von Artikel 5 Absatz 3 und Artikel 17 Absatz 3 zum Zwecke der Anwendung dieser Verordnung auf GVO, Lebensmittel oder Futtermittel, auf die sich ein Antrag bezieht, dürfen nicht durch die Geltendmachung von Rechten geistigen Eigentums oder in sonstiger Weise eingeschränkt werden.

(4) Dieser Artikel gilt unbeschadet des Artikels 41 der Verordnung (EG) Nr. 178/2002.

Artikel 31
Datenschutz

Die wissenschaftlichen Daten und andere Informationen, die in dem gemäß Artikel 5 Absätze 3 und 5 sowie Artikel 17 Absätze 3 und 5 erforderlichen Antragsdossier enthalten sind, dürfen während eines Zeitraums von zehn Jahren ab dem Datum der Zulassung nicht zugunsten eines anderen Antragstellers verwendet werden, es sei denn, dieser andere Antragsteller hat mit dem Zulassungsinhaber vereinbart, dass solche Daten und Informationen verwendet werden können.

Nach Ablauf dieses Zehnjahreszeitraums können die Ergebnisse der auf der Grundlage der wissenschaftlichen Daten und Informationen des Antragsdossiers durchgeführten Evaluierungen ganz oder teilweise von der Behörde zugunsten eines anderen Antragstellers verwendet werden, wenn der Antragsteller nachweisen kann, dass das Lebensmittel oder Futtermittel, für das er eine Zulassung beantragt, einem gemäß dieser Verordnung bereits zugelassenen Lebensmittel oder Futtermittel im Wesentlichen ähnlich ist.

Artikel 32
Gemeinschaftliches Referenzlabor

Das gemeinschaftliche Referenzlabor und seine Pflichten und Aufgaben sind im Anhang bestimmt.

Nationale Referenzlaboratorien können nach dem in Artikel 35 Absatz 2 genannten Verfahren eingerichtet werden.

Personen, die eine Zulassung genetisch veränderter Lebensmittel und Futtermittel beantragen, beteiligen sich an den Kosten der Aufgaben des gemeinschaftlichen Referenzlabors und des im Anhang genannten Europäischen Netzes der GVO-Laboratorien.

Die von den Antragstellern gezahlten Beiträge dürfen nicht höher sein als die bei der Validierung der Nachweisverfahren entstandenen Kosten.

Die Durchführungsbestimmungen zu diesem Artikel und zum Anhang können nach dem in Artikel 35 Absatz 2 genannten Regelungsverfahren beschlossen werden.

Maßnahmen zur Änderung nicht wesentlicher Bestimmungen dieser Verordnung, die eine Änderung des Anhangs betreffen, werden nach dem in Artikel 35 Absatz 3 genannten Regelungsverfahren mit Kontrolle erlassen.

Artikel 33
Beratung mit der Europäischen Gruppe für Ethik der Naturwissenschaften und der Neuen Technologien

(1) Die Kommission kann aus eigener Initiative oder auf Ersuchen eines Mitgliedstaats die Europäische Gruppe für Ethik der Naturwissenschaften und der Neuen Technologien oder eine andere geeignete Stelle, die sie möglicherweise einrichtet, konsultieren und deren Stellungnahme zu ethischen Fragen einholen.

(2) Die Kommission veröffentlicht diese Stellungnahmen.

Artikel 34
Sofortmaßnahmen

Ist davon auszugehen, dass ein nach dieser Verordnung zugelassenes oder mit ihr in Einklang stehendes Erzeugnis wahrscheinlich ein ernstes Risiko für die Gesundheit von Mensch oder Tier oder die Umwelt darstellt, oder sollte es sich im Lichte einer von der Behörde gemäß Artikel 10 oder Artikel 22 abgegebenen Stellungnahme als notwendig erweisen, eine Zulassung dringend zu ändern oder auszusetzen, so werden Maßnahmen nach den Verfahren der Artikel 53 und 54 der Verordnung (EG) Nr. 178/2002 getroffen.

Artikel 35
Ausschussverfahren

(1) Die Kommission wird von dem mit Artikel 58 der Verordnung (EG) Nr. 178/2002 eingesetzten Ständigen Ausschuss für die Lebensmittelkette und Tiergesundheit (nachstehend „Ausschuss" genannt) unterstützt.

(2) Wird auf diesen Absatz Bezug genommen, so gelten die Artikel 5 und 7 des Beschlusses 1999/468/EG unter Beachtung von dessen Artikel 8.

Der Zeitraum nach Artikel 5 Absatz 6 des Beschlusses 1999/468/EG wird auf drei Monate festgesetzt.

(3) Wird auf diesen Absatz Bezug genommen, so gelten Artikel 5a Absätze 1 bis 4 und Artikel 7 des Beschlusses 1999/468/EG unter Beachtung von dessen Artikel 8.

Artikel 36
Überprüfung auf dem Verwaltungsweg

Entscheidungen oder Unterlassungen der Behörde im Rahmen der ihr mit dieser Verordnung übertragenen Befugnisse können von der Kommission aus eigener Initiative oder auf Ersuchen eines Mitgliedstaats oder einer unmittelbar und individuell betroffenen Person überprüft werden.

Zu diesem Zweck muss bei der Kommission binnen einer Frist von zwei Monaten ab dem Tag, an dem die betroffene Person von der betreffenden Handlung oder Unterlassung Kenntnis erlangt hat, ein Antrag gestellt werden.

Die Kommission entscheidet innerhalb von zwei Monaten und verpflichtet die Behörde gegebenenfalls, ihre Entscheidung aufzuheben oder der Unterlassung abzuhelfen.

[14] Neu gefasst durch die VO (EG) 2019/1381, ABl L 2019/231, 1.

Artikel 37
Aufhebungen

Folgende Verordnungen werden mit Wirkung ab dem Geltungsbeginn der vorliegenden Verordnung aufgehoben:

- Verordnung (EG) Nr. 1139/98;
- Verordnung (EG) Nr. 49/2000;
- Verordnung (EG) Nr. 50/2000.

Artikel 38
Änderung der Verordnung (EG) Nr. 258/97

...

Artikel 39
Änderung der Richtlinie 82/471/EWG

...

Artikel 40
Änderung der Richtlinie 2000/53/EG

...

Artikel 41
Änderung der Richtlinie 2002/55/EG

...

Artikel 42
Änderung der Richtlinie 68/193/EWG

...

Artikel 43
Änderung der Richtlinie 2001/18/EG

...

Artikel 44
Informationen, die gemäß dem Protokoll von Cartagena bereitgestellt werden müssen

(1) Jede Zulassung, Erneuerung, Änderung, Aufhebung oder jeder Widerruf einer Zulassung eines in Artikel 3 Absatz 1 Buchstaben a) oder b) oder Artikel 15 Absatz 1 Buchstaben a) oder b) genannten GVO, Lebensmittels oder Futtermittels wird von der Kommission den Vertragsparteien des Protokolls von Cartagena durch die Informationsstelle für Biosicherheit (Biosafety Clearing-House) gemäß Artikel 11 Absatz 1 bzw. Artikel 12 Absatz 1 des Protokolls von Cartagena gemeldet.

Die Kommission übermittelt der innerstaatlichen Anlaufstelle jeder Vertragspartei, die das Sekretariat im Voraus darüber informiert, dass sie keinen Zugang zur Informationsstelle für Biosicherheit hat, eine schriftliche Kopie der Mitteilung.

(2) Die Kommission behandelt ebenfalls alle Anfragen nach zusätzlichen Informationen, die von einer Vertragspartei gemäß Artikel 11 Absatz 3 des Protokolls von Cartagena eingereicht werden, und stellt Kopien der Gesetze, Verordnungen und Leitlinien gemäß Artikel 11 Absatz 5 jenes Protokolls zur Verfügung.

Artikel 45
Sanktionen

Die Mitgliedstaaten legen die Bestimmungen über Sanktionen für Verstöße gegen die Bestimmungen dieser Verordnung fest und treffen alle erforderlichen Maßnahmen, um sicherzustellen, dass sie durchgeführt werden. Die Sanktionen müssen wirksam, verhältnismäßig und abschreckend sein. Die Mitgliedstaaten melden diese Bestimmungen der Kommission spätestens sechs Monate nach dem Datum des Inkrafttretens dieser Verordnung; sie melden ihr auch unverzüglich jede spätere Änderung.

Artikel 46
Übergangsmaßnahmen in Bezug auf Anträge, Kennzeichnung und Meldungen

(1) Anträge, die gemäß Artikel 4 der Verordnung (EG) Nr. 258/97 vor dem Geltungsbeginn der vorliegenden Verordnung gestellt wurden, werden in Anträge gemäß Kapitel II Abschnitt 1 der vorliegenden Verordnung umgewandelt, sofern der erste Bewertungsbericht gemäß Artikel 6 Absatz 3 der Verordnung (EG) Nr. 258/97 noch nicht an die Kommission weitergeleitet wurde sowie in all den Fällen, in denen ein zusätzlicher Bewertungsbericht gemäß Artikel 6 Absätze 3 oder 4 der Verordnung (EG) Nr. 258/97 gefordert wird. Andere Anträge, die gemäß Artikel 4 der Verordnung (EG) Nr. 258/97 vor dem Geltungsbeginn der vorliegenden Verordnung gestellt wurden, werden ungeachtet von Artikel 38 der vorliegenden Verordnung nach der Verordnung (EG) Nr. 258/97 bearbeitet.

(2) Die in der vorliegenden Verordnung festgelegten Kennzeichnungsvorschriften gelten nicht für Erzeugnisse, deren Herstellungsprozess vor dem Geltungsbeginn dieser Verordnung eingeleitet wurde, sofern diese Erzeugnisse gemäß den vor dem Geltungsbeginn dieser Verordnung anwendbaren Rechtsvorschriften gekennzeichnet wurden.

(3) Meldungen über Erzeugnisse, die ihre Verwendung als Futtermittel einschließen und die gemäß Artikel 13 der Richtlinie 2001/18/EG vor dem Geltungsbeginn der vorliegenden Verordnung gemacht wurden, werden in Anträge gemäß Kapitel III Abschnitt 1 der vorliegenden Verordnung umgewandelt, sofern der gemäß Artikel 14 der Richtlinie 2001/18/EG vorgesehene Bewertungsbericht der Kommission noch nicht zugesandt wurde.

(4) Anträge, die für in Artikel 15 Absatz 1 Buchstabe c) dieser Verordnung genannte Erzeugnisse gemäß Artikel 7 der Richtlinie 82/471/EWG vor dem Geltungsbeginn der vorliegenden Verordnung gestellt wurden, werden in Anträge gemäß Kapitel III Abschnitt 1 der vorliegenden Verordnung umgewandelt.

(5) Anträge, die für in Artikel 15 Absatz 1 dieser Verordnung genannte Erzeugnisse gemäß Artikel 4 der Richtlinie 70/524/EWG vor dem Geltungsbeginn der vorliegenden Verordnung gestellt wurden, werden durch Anträge gemäß Kapitel III Abschnitt 1 der vorliegenden Verordnung ergänzt.

Artikel 47
Übergangsmaßnahmen bei zufälligem oder technisch nicht zu vermeidendem Vorhandensein von genetisch verändertem Material, zu dem die Risikobewertung befürwortend ausgefallen ist

(1) Das Vorhandensein von Material in Lebensmitteln oder Futtermitteln, das GVO enthält, aus solchen besteht oder aus solchen hergestellt ist, mit einem Anteil, der nicht höher ist als 0,5 Prozent, gilt nicht als Verstoß gegen Artikel 4 Absatz 2 oder Artikel 16 Absatz 2, sofern

a) es zufällig oder technisch nicht zu vermeiden ist;
b) zu dem genetisch veränderten Material durch den (die) wissenschaftliche(n) Ausschuss (Ausschüsse) der Gemeinschaft oder die Europäische Behörde für Lebensmittelsicherheit vor dem Geltungsbeginn dieser Verordnung eine befürwortende Stellungnahme abgegeben wurde;
c) der entsprechende Zulassungsantrag nicht nach den einschlägigen Gemeinschaftsvorschriften abgelehnt worden ist;
d) die Nachweisverfahren öffentlich verfügbar sind.

(2) Damit festgestellt werden kann, dass das Vorhandensein dieses Stoffes zufällig oder technisch nicht zu vermeiden ist, müssen die Unternehmer den zuständigen Behörden nachweisen können, dass sie geeignete Schritte unternommen haben, um das Vorhandensein derartiger Materialien zu vermeiden.

(3) Maßnahmen zur Änderung nicht wesentlicher Bestimmungen dieser Verordnung durch Ergänzung, die die Senkung der in Absatz 1 genannten Schwellenwerte betreffen, insbesondere für GVO, die direkt an den Endverbraucher verkauft werden, werden nach dem in Artikel 35 Absatz 3 genannten Regelungsverfahren mit Kontrolle erlassen.

(4) Ausführliche Durchführungsbestimmungen zu diesem Artikel werden nach dem in Artikel 35 Absatz 2 genannten Verfahren beschlossen.

(5) Dieser Artikel bleibt während eines Zeitraums von drei Jahren nach dem Geltungsbeginn dieser Verordnung anwendbar.

Artikel 48
Überprüfung

(1) Spätestens am 7. November 2005 übermittelt die Kommission anhand der bis dahin gesammelten Erfahrungen dem Europäischen Parlament und dem Rat einen Bericht über die Durchführung dieser Verordnung und insbesondere des Artikels 47, gegebenenfalls in Verbindung mit einem entsprechenden Vorschlag. Der Bericht und ein etwaiger Vorschlag werden der Öffentlichkeit zugänglich gemacht.

(2) Unbeschadet der Befugnisse der nationalen Behörden überwacht die Kommission die Anwendung dieser Verordnung und ihre Auswirkungen auf die Gesundheit von Mensch und Tier, Verbraucherschutz, Verbraucherinformation und das Funktionieren des Binnenmarktes, und legt erforderlichenfalls schnellstmöglich entsprechende Vorschläge vor.

Artikel 49
Inkrafttreten

Diese Verordnung tritt am zwanzigsten Tag nach ihrer Veröffentlichung im Amtsblatt der Europäischen Union in Kraft.

Sie wird nach Ablauf von sechs Monaten nach dem Datum ihrer Veröffentlichung angewandt.

Diese Verordnung ist in allen ihren Teilen verbindlich und gilt unmittelbar in jedem Mitgliedstaat.

Anhang
Pflichten und Aufgaben des gemeinschaftlichen Referenzlabors

1. Bei dem in Artikel 32 genannten gemeinschaftlichen Referenzlabor handelt es sich um die Gemeinsame Forschungsstelle der Kommission.
2. Bei den in diesem Anhang dargelegten Pflichten und Aufgaben wird das gemeinschaftliche Referenzlaboratorium von den in Artikel 32 aufgeführten nationalen Referenzlaboratorien unterstützt, die folglich als Mitglieder des als „Europäisches Netz der GVO-Laboratorien" bezeichneten Konsortiums gelten.
3. Das gemeinschaftliche Referenzlaboratorium ist insbesondere zuständig für:
   a) die Entgegennahme, Aufbereitung, Aufbewahrung und Pflege der infrage kommenden positiven und negativen Kontrollproben sowie ihre Verteilung an die Mitglieder des Europäischen Netzes der GVO-Laboratorien vorbehaltlich Zusicherung seitens dieser Mitglieder in Bezug auf die Wahrung der Vertraulichkeit der entgegengenommenen Informationen, soweit zutreffend;
   b) die Verteilung der infrage kommenden positiven und negativen Kontrollproben an die Laboratorien im Sinne von Artikel 33 der Verordnung (EG) Nr. 882/2004 des Europäischen Parlaments und des Rates (1) vorbehaltlich Zusicherung seitens dieser Mitglieder in Bezug auf die Wahrung der Vertraulichkeit der entgegengenommenen Informationen, soweit zutreffend; davon nicht berührt werden die Zuständigkeiten des gemeinschaftlichen Referenzlaboratoriums gemäß Artikel 32 der genannten Verordnung;
   c) Evaluierung der Angaben, die der Antragsteller für eine Zulassung zum Inverkehrbringen des Lebens- oder Futtermittels zum Zwecke der Testung und Validierung des Verfahrens zur Probenahme und zur Nachweisführung eingereicht hat;
   d) Testung und Validierung des Nachweisverfahrens einschließlich Probenahme und Identifizierung des Transformationsereignisses sowie gegebenenfalls des Nachweises und der Identifizierung des Transformationsereignisses in dem betreffenden Lebens- oder Futtermittel;
   e) Vorlage vollständiger Evaluierungsberichte bei der Behörde.
4. Das gemeinschaftliche Referenzlaboratorium wirkt mit an der Beilegung von Streitigkeiten im Zusammenhang mit den Ergebnissen der in diesem Anhang umrissenen Aufgaben; davon nicht berührt werden die Zuständigkeiten des gemeinschaftlichen Referenzlaboratoriums gemäß Artikel 32 der Verordnung (EG) Nr. 882/2004.

VO (EG) 1830/2003 über die Rückverfolgbarkeit und Kennzeichnung von genetisch veränderten Organismen und über die Rückverfolgbarkeit von aus genetisch veränderten Organismen hergestellten Lebensmitteln und Futtermitteln

ABl L 2003/268, 24 vom 18.10.2003, zuletzt geändert durch VO (EU) 2019/1243, ABl L 2019/198, 241vom 24.7.2019

Artikel 1
Ziele

Mit dieser Verordnung wird ein Rahmen für die Rückverfolgbarkeit von aus genetisch veränderten Organismen (GVO) bestehenden oder solche enthaltenden Produkten und von aus GVO hergestellten Lebensmitteln und Futtermitteln geschaffen, um die genaue Kennzeichnung, die Überwachung der Auswirkungen auf die Umwelt und gegebenenfalls auf die Gesundheit sowie die Umsetzung der geeigneten Risikomanagementmaßnahmen, erforderlichenfalls einschließlich des Zurückziehens von Produkten, zu erleichtern.

Artikel 2
Geltungsbereich

(1) Diese Verordnung gilt in jeder Phase des Inverkehrbringens für

a) aus GVO bestehende oder GVO enthaltende Produkte, die gemäß dem Gemeinschaftsrecht in Verkehr gebracht werden;
b) aus GVO hergestellte Lebensmittel, die gemäß dem Gemeinschaftsrecht in Verkehr gebracht werden;
c) aus GVO hergestellte Futtermittel, die gemäß dem Gemeinschaftsrecht in Verkehr gebracht werden.

(2) Diese Verordnung gilt nicht für nach der Verordnung (EWG) Nr. 2309/93 (2) genehmigte Human- und Tierarzneimittel.

Artikel 3
Begriffsbestimmungen

Im Sinne dieser Verordnung bezeichnet der Ausdruck

1. „genetisch veränderter Organismus“ oder „GVO“ einen genetisch veränderten Organismus im Sinne von Artikel 2 Nummer 2 der Richtlinie 2001/18/EG, mit Ausnahme von Organismen, bei denen eine genetische Veränderung durch den Einsatz der in Anhang IB der Richtlinie 2001/18/EG aufgeführten Verfahren herbeigeführt wurde;
2. „aus GVO hergestellt“ vollständig oder teilweise aus GVO abgeleitet, aber keine GVO enthaltend oder daraus bestehend;
3. „Rückverfolgbarkeit“ die Möglichkeit, GVO und aus GVO hergestellte Produkte in jeder Phase des Inverkehrbringens über die gesamte Produktions- und Vertriebskette zurückzuverfolgen;
4. „spezifischer Erkennungsmarker“ einen einfachen numerischen oder alphanumerischen Code, der zur Identifizierung eines GVO auf der Grundlage des zugelassenen Transformationsereignisses, mit dem er entwickelt wurde, dient und den Zugriff auf spezifische Informationen über diesen GVO ermöglicht;
5. „Beteiligter“ eine natürliche oder juristische Person, die ein Produkt in Verkehr bringt oder die in irgendeiner Phase der Produktions- oder Vertriebskette ein in der Gemeinschaft – entweder aus einem Mitgliedstaat oder aus einem Drittland – in Verkehr gebrachtes Produkt bezieht, nicht jedoch den Endverbraucher;
6. „Endverbraucher“ den letzten Verbraucher, der das Produkt nicht im Rahmen einer Unternehmenstätigkeit oder eines Gewerbes verwendet;
7. „Lebensmittel“ Lebensmittel im Sinne von Artikel 2 der Verordnung (EG) Nr. 178/2002[1];
8. „Zutaten“ Zutaten im Sinne von Artikel 6 Absatz 4 der Richtlinie 2000/13/EG[2];
9. „Futtermittel“ Futtermittel im Sinne von Artikel 3 Nummer 4 der Verordnung (EG) Nr. 178/2002;
10. „Inverkehrbringen“ das Inverkehrbringen im Sinne der spezifischen Rechtsvorschriften der Gemeinschaft, nach denen das entsprechende Produkt zugelassen wurde; ansonsten im Sinne von Artikel 2 Nummer 4 der Richtlinie 2001/18/EG;
11. „erste Phase des Inverkehrbringens eines Produkts“ die erste Transaktion in der Produktions- und Vertriebskette, bei der ein Produkt für Dritte bereitgestellt wird;
12. „vorverpacktes Produkt“ eine zum Verkauf angebotene Verkaufseinheit, die aus einem Produkt und der Verpackung besteht, in die es vor dem Feilbieten abgepackt worden ist, unabhängig davon, ob die Verpackung das Produkt ganz oder teilweise umschließt, vorausgesetzt, dass der Inhalt nicht verändert werden kann, ohne dass die Verpackung geöffnet werden muss oder eine Veränderung erfährt.

Artikel 4
Bestimmungen über die Rückverfolgbarkeit und Kennzeichnung von Produkten, die aus GVO bestehen oder GVO enthalten

A. Rückverfolgbarkeit

(1) In der ersten Phase des Inverkehrbringens eines Produkts, das aus GVO besteht oder GVO enthält, einschließlich Massengut, gewährleisten die Beteiligten, dass dem Beteiligten, der das Produkt bezieht, schriftlich Folgendes übermittelt wird:

a) die Angabe, dass es GVO enthält oder aus GVO besteht;
b) der/die den betreffenden GVO nach Artikel 8 zugeteilte(n) spezifische(n) Erkennungsmarker.

(2) In allen nachfolgenden Phasen des Inverkehrbringens des in Absatz 1 genannten Produkts gewährleisten die Beteiligten, dass dem Beteiligten, der das Produkt bezieht, die nach Absatz 1 erhaltenen Angaben schriftlich übermittelt werden.

(3) Bei aus GVO-Gemischen bestehenden oder GVO-Gemische enthaltenden Produkten, die ausschließlich und unmittelbar als Lebensmittel oder Futtermittel oder zur Verarbeitung verwendet werden sollen, kann die Angabe gemäß Absatz 1 Buchstabe b) durch eine Erklärung des Beteiligten über diese Verwendung zusammen mit einem Verzeichnis der spezifischen Erkennungsmarker für sämtliche GVO ersetzt werden, aus denen das Gemisch zusammengestellt wurde.

(4) Unbeschadet des Artikels 6 müssen die Beteiligten über Systeme und standardisierte Verfahren verfügen, mit denen die Angaben nach den Absätzen 1, 2 und 3 gespeichert werden können und während eines Zeitraums von fünf Jahren nach jeder Transaktion ermittelt werden kann, von welchem Beteiligten und für welchen Beteiligten das in Absatz 1 genannte Produkt bereitgestellt worden ist.

(5) Die Absätze 1 bis 4 lassen andere spezifische Bestimmungen des Gemeinschaftsrechts unberührt.

B. Kennzeichnung

(6) Bei Produkten, die aus GVO bestehen oder GVO enthalten, stellen die Beteiligten sicher, dass

a) bei vorverpackten Produkten, die aus GVO bestehen oder GVO enthalten, der Vermerk „Dieses Produkt enthält genetisch veränderte Organismen“ oder „Dieses Produkt enthält [Bezeichnung des Organismus/der Organismen], genetisch verändert“ auf dem Etikett erscheint;
b) bei nicht vorverpackten Produkten, die dem Endverbraucher angeboten werden, der Vermerk „Dieses Produkt enthält genetisch veränderte Organismen“ oder „Dieses Pro-

[1] Verordnung (EG) Nr. 178/2002 des Europäischen Parlaments und des Rates vom 28. Januar 2002 zur Festlegung der allgemeinen Grundsätze und Anforderungen des Lebensmittelrechts, zur Errichtung der Europäischen Behörde für Lebensmittelsicherheit und zur Festlegung von Verfahren zur Lebensmittelsicherheit (ABl. L 31 vom 1.2.2002, S. 1).

[2] Richtlinie 2000/13/EG des Europäischen Parlaments und des Rates vom 20. März 2000 zur Angleichung der Rechtsvorschriften der Mitgliedstaaten über die Etikettierung und Aufmachung von Lebensmitteln sowie die Werbung hierfür (ABl. L 109 vom 6.5.2000, S. 29). Richtlinie geändert durch die Richtlinie 2001/101/EG der Kommission (ABl. L 310 vom 28.11.2001, S. 19).

dukt enthält [Bezeichnung des Organismus/der Organismen], genetisch verändert" auf dem Behältnis, in dem das Produkt dargeboten wird, oder im Zusammenhang mit der Darbietung des Produkts erscheint.

Dieser Absatz lässt andere spezifische Bestimmungen des Gemeinschaftsrechts unberührt.

C. Ausnahmen

(7) Die Absätze 1 bis 6 gelten nicht für Spuren von GVO in Produkten mit einem Anteil, der nicht höher ist als die gemäß Artikel 21 Absatz 2 oder Absatz 3 der Richtlinie 2001/18/EG und gemäß anderen spezifischen Gemeinschaftsvorschriften festgelegten Schwellenwerte, sofern diese Spuren von GVO zufällig oder technisch nicht zu vermeiden sind.

(8) Die Absätze 1 bis 6 gelten nicht für Spuren von GVO in Produkten, die für die unmittelbare Verwendung als Lebens- oder Futtermittel oder zur Verarbeitung vorgesehen sind, mit einem Anteil, der nicht höher ist als die gemäß den Artikeln 12, 24 oder 47 der Verordnung (EG) Nr. 1829/2003 für solche GVO festgelegten Schwellenwerte, sofern diese Spuren von GVO zufällig oder technisch nicht zu vermeiden sind.

Artikel 5
Bestimmungen über die Rückverfolgbarkeit von aus GVO hergestellten Lebensmitteln und Futtermitteln

(1) Beim Inverkehrbringen eines aus GVO hergestellten Produkts gewährleisten die Beteiligten, dass dem Beteiligten, der das Produkt bezieht, schriftlich Folgendes übermittelt wird:

a) die Angabe jeder einzelnen aus GVO hergestellten Lebensmittelzutat;
b) die Angabe jedes einzelnen aus GVO hergestellten Futtermittel-Ausgangserzeugnisses oder Zusatzstoffs;
c) bei Produkten ohne Verzeichnis der Zutaten die Angabe, dass das Produkt aus GVO hergestellt wurde.

(2) Unbeschadet des Artikels 6 müssen die Beteiligten über Systeme und standardisierte Verfahren verfügen, mit denen die Angaben nach Absatz 1 gespeichert werden können und während eines Zeitraums von fünf Jahren nach jeder Transaktion ermittelt werden kann, von welchem Beteiligten und für welchen Beteiligten das in Absatz 1 genannte Produkt bereitgestellt worden ist.

(3) Die Absätze 1 und 2 lassen andere spezifische Bestimmungen des Gemeinschaftsrechts unberührt.

(4) Die Absätze 1, 2 und 3 gelten nicht für Spuren von GVO in aus GVO hergestellten Lebens- oder Futtermitteln mit einem Anteil, der nicht höher ist als die gemäß den Artikeln 12, 24 oder 47 der Verordnung (EG) Nr. 1829/2003 für solche GVO festgelegten Schwellenwerte, sofern diese Spuren von GVO zufällig oder technisch nicht zu vermeiden sind.

Artikel 6
Ausnahmen

(1) In Fällen, in denen das Gemeinschaftsrecht spezifische Identifizierungsverfahren wie die Nummerierung von Posten vorverpackter Produkte vorschreibt, sind die Beteiligten nicht verpflichtet, die in Artikel 4 Absätze 1, 2 und 3 sowie in Artikel 5 Absatz 1 genannten Angaben zu speichern, sofern diese Angaben und die Postennummer deutlich auf der Verpackung vermerkt sind und die Informationen zu den Postennummern während der in Artikel 4 Absatz 4 und Artikel 5 Absatz 2 genannten Zeiträume gespeichert werden.

(2) Absatz 1 gilt nicht für die erste Phase des Inverkehrbringens eines Produkts oder für die eigentliche Herstellung oder das Umverpacken eines Produkts.

Artikel 7
Änderung der Richtlinie 2001/18/EG

...

Artikel 8
Spezifische Erkennungsmarker

Nach dem in Artikel 10 Absatz 2 genannten Verfahren

a) legt die Kommission vor der Anwendung der Artikel 1 bis 7 ein System für die Entwicklung und Zuteilung von spezifischen Erkennungsmarkern für GVO fest;
b) passt die Kommission das in Buchstabe a) vorgesehene System gegebenenfalls an.

Dabei ist der Entwicklung in internationalen Gremien Rechnung zu tragen.

Artikel 9
Inspektionen und Kontrollmaßnahmen

(1) Die Mitgliedstaaten stellen sicher, dass gegebenenfalls Inspektionen und andere Kontrollmaßnahmen einschließlich stichprobenartiger Kontrollen und Tests (qualitativ und quantitativ) zur Gewährleistung der Einhaltung dieser Verordnung durchgeführt werden. Zu den Inspektionen und Kontrollmaßnahmen können auch die Inspektionen und Kontrollen hinsichtlich des Bereithaltens eines Produkts gehören.

(2) Vor der Anwendung der Artikel 1 bis 7 legt die Kommission nach dem in Artikel 10 Absatz 3 genannten Verfahren eine technische Anleitung für Probenahme und Nachweis fest, um ein koordiniertes Konzept für die Anwendung des Absatzes 1 des vorliegenden Artikels zu erleichtern, und veröffentlicht diese. Bei der Erstellung dieser technischen Anleitung berücksichtigt die Kommission die Arbeiten der zuständigen einzelstaatlichen Behörden, des in Artikel 58 Absatz 1 der Verordnung (EG) Nr. 178/2002 genannten Ausschusses sowie des gemäß der Verordnung (EG) Nr. 1829/2003 eingerichteten gemeinschaftlichen Referenzlabors.

(3) Zur Unterstützung der Mitgliedstaaten bei der Erfüllung ihrer Verpflichtungen nach den Absätzen 1 und 2 stellt die Kommission sicher, dass auf Gemeinschaftsebene ein zentrales Register eingerichtet wird, in dem alle verfügbaren Sequenzinformationen und Referenzmaterialien zu GVO erfasst werden, die in der Gemeinschaft in Verkehr gebracht werden dürfen. Die zuständigen Behörden der Mitgliedstaaten haben Zugang zu dem Register. Das Register enthält auch, soweit verfügbar, entsprechende Informationen über nicht in der Europäischen Union zugelassene GVO.

Artikel 10
Ausschuss

(1) Die Kommission wird von dem mit Artikel 30 der Richtlinie 2001/18/EG eingesetzten Ausschuss unterstützt.

(2) [Anm: Aufgehoben durch VO (EU) 2019/1243, ABl L 2019/198, 241]

(3) Wird auf diesen Absatz Bezug genommen, so gelten die Artikel 3 und 7 des Beschlusses 1999/468/EG unter Beachtung von dessen Artikel 8.

(4) [Anm: Aufgehoben durch VO (EU) 1137/2008, ABl L 2008/311, 1]

Artikel 11
Sanktionen

Die Mitgliedstaaten erlassen Vorschriften über die Sanktionen, die bei einem Verstoß gegen diese Verordnung zu verhängen sind, und treffen alle erforderlichen Maßnahmen, um ihre Anwendung zu gewährleisten. Die Sanktionen müssen wirksam, verhältnismäßig und abschreckend sein. Die Mitgliedstaaten teilen der Kommission diese Vorschriften bis spätestens 18. April 2004 und spätere Änderungen daran unverzüglich mit.

Artikel 12
Überprüfungsklausel

Die Kommission legt dem Europäischen Parlament und dem Rat spätestens am 18. Oktober 2005 einen Bericht über die Durchführung dieser Verordnung, insbesondere in Bezug auf Artikel 4 Absatz 3, und gegebenenfalls einen Vorschlag vor.

Artikel 13
Inkrafttreten

(1) Diese Verordnung tritt am zwanzigsten Tag nach ihrer Veröffentlichung im Amtsblatt der Europäischen Union in Kraft.

(2) [Anm: Aufgehoben durch VO (EU) 2019/1243, ABl L 2019/198, 241]

Diese Verordnung ist in allen ihren Teilen verbindlich und gilt unmittelbar in jedem Mitgliedstaat.

Vogelschutz-Richtlinie 2009/147/EG – VSch-RL

ABl L 20 vom 26.1.2010, 7 (kodifizierte Fassung); zuletzt geändert durch VO (EU) 2019/1010, ABl L 2019/170, 115 vom 25.6.2019

Artikel 1

(1) Diese Richtlinie betrifft die Erhaltung sämtlicher wildlebenden Vogelarten, die im europäischen Gebiet der Mitgliedstaaten, auf welches der Vertrag Anwendung findet, heimisch sind. Sie hat den Schutz, die Bewirtschaftung und die Regulierung dieser Arten zum Ziel und regelt die Nutzung dieser Arten.

(2) Sie gilt für Vögel, ihre Eier, Nester und Lebensräume.

Artikel 2

Die Mitgliedstaaten treffen die erforderlichen Maßnahmen, um die Bestände aller unter Artikel 1 fallenden Vogelarten auf einem Stand zu halten oder auf einen Stand zu bringen, der insbesondere den ökologischen, wissenschaftlichen und kulturellen Erfordernissen entspricht, wobei den wirtschaftlichen und freizeitbedingten Erfordernissen Rechnung getragen wird.

Artikel 3

(1) Die Mitgliedstaaten treffen unter Berücksichtigung der in Artikel 2 genannten Erfordernisse die erforderlichen Maßnahmen, um für alle unter Artikel 1 fallenden Vogelarten eine ausreichende Vielfalt und eine ausreichende Flächengröße der Lebensräume zu erhalten oder wieder herzustellen.

(2) Zur Erhaltung und Wiederherstellung der Lebensstätten und Lebensräume gehören insbesondere folgende Maßnahmen:

a) Einrichtung von Schutzgebieten,
b) Pflege und ökologisch richtige Gestaltung der Lebensräume in und außerhalb von Schutzgebieten,
c) Wiederherstellung zerstörter Lebensstätten,
d) Neuschaffung von Lebensstätten.

Artikel 4

(1) Auf die in Anhang I aufgeführten Arten sind besondere Schutzmaßnahmen hinsichtlich ihrer Lebensräume anzuwenden, um ihr Überleben und ihre Vermehrung in ihrem Verbreitungsgebiet sicherzustellen.

In diesem Zusammenhang ist folgendes zu berücksichtigen:

a) vom Aussterben bedrohte Arten,
b) gegen bestimmte Veränderungen ihrer Lebensräume empfindliche Arten,
c) Arten, die wegen ihres geringen Bestands oder ihrer beschränkten örtlichen Verbreitung als selten gelten,
d) andere Arten, die aufgrund des spezifischen Charakters ihres Lebensraums einer besonderen Aufmerksamkeit bedürfen.

Bei den Bewertungen werden Tendenzen und Schwankungen der Bestände der Vogelarten berücksichtigt.

Die Mitgliedstaaten erklären insbesondere die für die Erhaltung dieser Arten zahlen- und flächenmäßig geeignetsten Gebiete zu Schutzgebieten, wobei die Erfordernisse des Schutzes dieser Arten in dem geographischen Meeres- und Landgebiet, in dem diese Richtlinie Anwendung findet, zu berücksichtigen sind.

(2) Die Mitgliedstaaten treffen unter Berücksichtigung der Schutzerfordernisse in dem geographischen Meeres- und Landgebiet, in dem diese Richtlinie Anwendung findet, entsprechende Maßnahmen für die nicht in Anhang I aufgeführten, regelmäßig auftretenden Zugvogelarten hinsichtlich ihrer Vermehrungs-, Mauser- und Überwinterungsgebiete sowie der Rastplätze in ihren Wanderungsgebieten. Zu diesem Zweck messen die Mitgliedstaaten dem Schutz der Feuchtgebiete und ganz besonders der international bedeutsamen Feuchtgebiete besondere Bedeutung bei.

(3) Die Mitgliedstaaten übermitteln der Kommission alle sachdienlichen Informationen, so daß diese geeignete Initiativen im Hinblick auf die erforderliche Koordinierung ergreifen kann, damit die in Absatz 1 und die in Absatz 2 genannten Gebiete ein zusammenhängendes Netz darstellen, das den Erfordernissen des Schutzes der Arten in dem geographischen Meeres- und Landgebiet, in dem diese Richtlinie Anwendung findet, Rechnung trägt.

(4) Die Mitgliedstaaten treffen geeignete Maßnahmen, um die Verschmutzung oder Beeinträchtigung der Lebensräume sowie die Belästigung der Vögel, sofern sich diese auf die Zielsetzungen dieses Artikels erheblich auswirken, in den Absätzen 1 und 2 genannten Schutzgebieten zu vermeiden. Die Mitgliedstaaten bemühen sich ferner, auch außerhalb dieser Schutzgebiete die Verschmutzung oder Beeinträchtigung der Lebensräume zu vermeiden.

Artikel 5

Unbeschadet der Artikel 7 und 9 treffen die Mitgliedstaaten die erforderlichen Maßnahmen zur Schaffung einer allgemeinen Regelung zum Schutz aller unter Artikel 1 fallenden Vogelarten, insbesondere das Verbot

a) des absichtlichen Tötens oder Fangens, ungeachtet der angewandten Methode;
b) der absichtlichen Zerstörung oder Beschädigung von Nestern und Eiern und der Entfernung von Nestern;

c) des Sammelns der Eier in der Natur und des Besitzes dieser Eier, auch in leerem Zustand;
d) ihres absichtlichen Störens, insbesondere während der Brut- und Aufzuchtzeit, sofern sich diese Störung auf die Zielsetzung dieser Richtlinie erheblich auswirkt;
e) des Haltens von Vögeln der Arten, die nicht bejagt oder gefangen werden dürfen.

Artikel 6

(1) Unbeschadet der Absätze 2 und 3 untersagen die Mitgliedstaaten für alle unter Artikel 1 fallenden Vogelarten den Verkauf von lebenden und toten Vögeln und von deren ohne weiteres erkennbaren Teilen oder aus diesen Tieren gewonnenen Erzeugnissen sowie deren Beförderung und Halten für den Verkauf und das Anbieten zum Verkauf.

(2) Die Tätigkeiten nach Absatz 1 sind für die in Anhang III Teil A genannten Arten nicht untersagt, sofern die Vögel rechtmäßig getötet oder gefangen oder sonst rechtmäßig erworben worden sind.

(3) Die Mitgliedstaaten können in ihrem Gebiet die Tätigkeiten nach Absatz 1 bei den in Anhang III Teil B aufgeführten Vogelarten genehmigen und dabei Beschränkungen vorsehen, sofern die Vögel rechtmäßig getötet oder gefangen oder sonst rechtmäßig erworben worden sind.

Die Mitgliedstaaten, die eine solche Genehmigung erteilen wollen, konsultieren vorher die Kommission, mit der sie prüfen, ob durch eine Vermarktung von Vögeln der betreffenden Art aller Voraussicht nach die Populationsgröße, die geographische Verbreitung oder die Vermehrungsfähigkeit dieser Arten in der gesamten Gemeinschaft gefährdet würde oder gefährdet werden könnte. Ergibt diese Prüfung, daß die beabsichtigte Genehmigung nach Ansicht der Kommission zu einer der obengenannten Gefährdungen führt oder führen kann, so richtet die Kommission an den Mitgliedstaat eine begründete Empfehlung, mit der einer Vermarktung der betreffenden Art widersprochen wird. Besteht eine solche Gefährdung nach Auffassung der Kommission nicht, so teilt sie dies dem Mitgliedstaat mit.

Die Empfehlung der Kommission wird im Amtsblatt der Europäischen Gemeinschaften veröffentlicht.

Der Mitgliedstaat, der eine Genehmigung nach diesem Absatz erteilt, prüft in regelmäßigen Zeitabständen, ob die Voraussetzungen für die Erteilung dieser Genehmigung noch vorliegen.

Artikel 7

(1) Die in Anhang II aufgeführten Arten dürfen aufgrund ihrer Populationsgröße, ihrer geographischen Verbreitung und ihrer Vermehrungsfähigkeit in der gesamten Gemeinschaft im Rahmen der einzelstaatlichen Rechtsvorschriften bejagt werden. Die Mitgliedstaaten sorgen dafür, daß die Jagd auf diese Vogelarten die Anstrengungen, die in ihrem Verbreitungsgebiet zu ihrer Erhaltung unternommen werde, nicht zunichte macht.

(2) Die in Anhang II Teil A aufgeführten Arten dürfen in dem geographischen Meeres- und Landgebiet, in dem diese Richtlinie Anwendung findet, bejagt werden.

(3) Die in Anhang II Teil B aufgeführten Arten dürfen nur in den Mitgliedstaaten, bei denen sie angegeben sind, bejagt werden.

(4) Die Mitgliedstaaten vergewissern sich, daß bei der Jagdausübung – gegebenenfalls unter Einschluss der Falknerei –, wie sie sich aus der Anwendung der geltenden einzelstaatlichen Vorschriften ergibt, die Grundsätze für eine vernünftige Nutzung und eine ökologisch ausgewogene Regulierung der Bestände der betreffenden Vogelarten, insbesondere der Zugvogelarten, eingehalten werden und dass diese Jagdausübung hinsichtlich der Bestände dieser Arten mit den Bestimmungen aufgrund von Artikel 2 vereinbar ist.

Sie sorgen insbesondere dafür, daß die Arten, auf die die Jagdvorschriften Anwendung finden, nicht während der Nistzeit oder während der einzelnen Phasen der Brut- und Aufzuchtzeit bejagt werden.

Wenn es sich um Zugvögel handelt, sorgen sie insbesondere dafür, daß die Arten, für die die einzelstaatlichen Jagdvorschriften gelten, nicht während der Brut- und Aufzuchtzeit oder während ihres Rückzugs zu den Nistplätzen bejagt werden.

Die Mitgliedstaaten übermitteln der Kommission alle zweckdienlichen Angaben über die praktische Anwendung der Jagdgesetzgebung.

Artikel 8

(1) Was die Jagd, den Fang oder die Tötung von Vögeln im Rahmen dieser Richtlinie betrifft, so untersagen die Mitgliedstaaten sämtliche Mittel, Einrichtungen oder Methoden, mit denen Vögel in Mengen oder wahllos gefangen oder getötet werden oder die gebietsweise das Verschwinden einer Vogelart nach sich ziehen können, insbesondere die in Anhang IV Buchstabe a) aufgeführten Mittel, Einrichtungen und Methoden.

(2) Ferner untersagen die Mitgliedstaaten jegliche Verfolgung aus den in Anhang IV Buchstabe b) aufgeführten Beförderungsmitteln heraus und unter den dort genannten Bedingungen.

Artikel 9

(1) Die Mitgliedstaaten können, sofern es keine andere zufriedenstellende Lösung gibt, aus den nachstehenden Gründen von den Artikeln 5 bis 8 abweichen:
a) – im Interesse der Gesundheit und der öffentlichen Sicherheit,
   – im Interesse der Sicherheit der Luftfahrt,
   – zur Abwendung erheblicher Schäden an Kulturen, Viehbeständen, Wäldern, Fischereigebieten und Gewässern,
   – zum Schutz der Pflanzen- und Tierwelt;
b) zu Forschungs- und Unterrichtszwecken, zur Aufstockung der Bestände, zur Wiederansiedlung und zur Aufzucht im Zusammenhang mit diesen Maßnahmen;
c) um unter streng überwachten Bedingungen selektiv den Fang, die Haltung oder jede andere vernünftige Nutzung bestimmter Vogelarten in geringen Mengen zu ermöglichen.

(2) In den in Absatz 1 genannten Abweichungen ist anzugeben,
a) für welche Vogelarten die Abweichungen gelten,
b) die zugelassenen Fang- oder Tötungsmittel, -einrichtungen und -methoden,
c) die Art der Risiken und die zeitlichen und örtlichen Umstände, unter denen diese Abweichungen getroffen werden können,
d) die Stelle, die befugt ist zu erklären, daß die erforderlichen Voraussetzungen gegeben sind, und zu beschließen, welche Mittel, Einrichtungen und Methoden in welchem Rahmen von wem angewandt werden können,
e) welche Kontrollen vorzunehmen sind.

(3) Die Mitgliedstaaten übermitteln der Kommission jährlich einen Bericht über die Anwendung der Absätze 1 und 2.

(4) Die Kommission achtet anhand der ihr vorliegenden Informationen, insbesondere der Informationen, die ihr nach Absatz 3 mitgeteilt werden, ständig darauf, dass die Auswirkungen der in Absatz 1 genannten Abweichungen mit dieser Richtlinie vereinbar sind. Sie trifft entsprechende Maßnahmen.

Artikel 10

(1) Die Mitgliedstaaten fördern die zum Schutz, zur Regulierung und zur Nutzung der Bestände aller unter Artikel 1 fallenden Vogelarten notwendigen Forschungen und Arbeiten. Den Forschungen und Arbeiten betreffend die in Anhang V aufgeführten Themen wird besondere Aufmerksamkeit gewidmet.

(2) Die Mitgliedstaaten übermitteln der Kommission alle notwendigen Informationen, damit sie entsprechende Maßnahmen im Hinblick auf die Koordinierung der in diesem Artikel genannten Forschungen und Arbeiten ergreifen kann.

Artikel 11

Die Mitgliedstaaten sorgen dafür, daß sich die etwaige Ansiedlung wildlebender Vogelarten, die im europäischen Hoheitsgebiet der Mitgliedstaaten nicht heimisch sind, nicht nachteilig auf die örtliche Tier- und Pflanzenwelt auswirkt. Sie konsultieren dazu die Kommission.

Artikel 12[1]

(1) Die Mitgliedstaaten übermitteln der Kommission alle sechs Jahre, im selben Jahr wie den nach Artikel 17 Absatz 1 der Richtlinie 92/43/EWG des Rates[2] erstellten Bericht, einen Bericht über die gemäß der vorliegenden Richtlinie getroffenen Maßnahmen und deren wichtigste Auswirkungen. Dieser Bericht wird der Öffentlichkeit zugänglich gemacht und enthält insbesondere Informationen über den Zustand und die Tendenzen der durch diese Richtlinie geschützten wild lebenden Vogelarten, die Bedrohungen und Belastungen, denen sie ausgesetzt sind, die für sie getroffenen Erhaltungsmaßnahmen und den Beitrag des Netzes besonderer Schutzgebiete zu den Zielen gemäß Artikel 2 der vorliegenden Richtlinie.

(2) Die Kommission erstellt und veröffentlicht mit Unterstützung der Europäischen Umweltagentur alle sechs Jahre anhand der in Absatz 1 genannten Informationen einen zusammenfassenden Bericht. Der Teil des Entwurfs für diesen Bericht, der die von einem Mitgliedstaat übermittelten Informationen betrifft, wird den Behörden dieses Mitgliedstaats zur Überprüfung vorgelegt. Die endgültige Fassung des Berichtes wird den Mitgliedstaaten mitgeteilt.

Artikel 13

Die Anwendung der aufgrund dieser Richtlinie getroffenen Maßnahmen darf in bezug auf die Erhaltung aller unter Artikel 1 fallenden Vogelarten nicht zu einer Verschlechterung der derzeitigen Lage führen.

Artikel 14

Die Mitgliedstaaten können strengere Schutzmaßnahmen ergreifen, als sie in dieser Richtlinie vorgesehen sind.

Artikel 15

Die Änderungen, die zur Anpassung der Anhänge I und V an den technischen und wissenschaftlichen Fortschritt erforderlich sind, werden erlassen. Diese Maßnahmen zur Änderung nicht wesentlicher Bestimmungen dieser Richtlinie werden nach dem in Artikel 16 Absatz 2 genannten Regelungsverfahren mit Kontrolle erlassen.

[1] Mit Ausnahme von Abs 2 Satz 2 und 3 neu gefasst durch VO (EU) 2019/1010, ABl L 2019/170, 115.

[2] Richtlinie 92/43/EWG des Rates vom 21. Mai 1992 zur Erhaltung der natürlichen Lebensräume sowie der wildlebenden Tiere und Pflanzen (ABl. L 206 vom 22.7.1992, S. 7)

Artikel 16

(1) Die Kommission wird von dem Ausschuss zur Anpassung an den wissenschaftlichen und technischen Fortschritt unterstützt.

(2) Wird auf diesen Absatz Bezug genommen, so gelten die Artikel 5a Absätze 1 bis 4 und Artikel 7 des Beschlusses 1999/468/EG unter Beachtung von dessen Artikel 8.

Artikel 17

Die Mitgliedstaaten übermitteln der Kommission den Wortlaut der wichtigsten innerstaatlichen Rechtsvorschriften, die sie auf dem unter diese Richtlinie fallenden Gebiet erlassen.

Artikel 18

Die Richtlinie 79/409/EWG, in der Fassung der in Anhang VI Teil A aufgeführten Rechtsakte, wird unbeschadet der Verpflichtungen der Mitgliedstaaten hinsichtlich der in Anhang VI Teil B genannten Fristen für die Umsetzung der dort genannten Richtlinien in innerstaatliches Recht aufgehoben. Verweisungen auf die aufgehobene Richtlinie gelten als Verweisungen auf die vorliegende Richtlinie und sind nach Maßgabe der Entsprechungstabelle in Anhang VII zu lesen.

Artikel 19

Diese Richtlinie tritt am zwanzigsten Tag nach ihrer Veröffentlichung im Amtsblatt der Europäischen Union in Kraft.

Artikel 20

Diese Richtlinie ist an die Mitgliedstaaten gerichtet.

ANHANG I

wird nicht abgedruckt

ANHANG II[3]

wird nicht abgedruckt

ANHANG III

wird nicht abgedruckt

ANHANG IV

a) – Schlingen (mit Ausnahme Finnlands und Schwedens für den Fang von *Lagopus lagopus lagopus* und *Lagopus mutus* nördlich des 58. Breitengrads Nord), Leimruten, Haken, als Lockvögel benutzte geblendete oder verstümmelte lebende Vögel, Tonbandgeräte, elektrische Schläge erteilende Geräte;
- künstliche Lichtquellen, Spiegel, Vorrichtungen zur Beleuchtung der Ziele, Visiervorrichtungen für das Schießen bei Nacht mit Bildumwandler oder elektronischen Bildverstärker;
- Sprengstoffe;
- Netze, Fangfallen, vergiftete oder betäubende Köder;
- halbautomatische oder automatische Waffen, deren Magazin mehr als zwei Patronen aufnehmen kann;

b) – Luftfahrzeuge, Kraftfahrzeuge;
- Boote mit einer Antriebsgeschwindigkeit von mehr als 5 km/Stunde. Auf hoher See können die Mitgliedstaaten aus Sicherheitsgründen die Verwendung von Motorbooten mit einer Höchstgeschwindigkeit von 18 km/Stunde zulassen. Die Mitgliedstaaten unterrichten die Kommission über die erteilten Genehmigungen.

[3] Anm: Geändert durch RL 2013/17/EU.

ANHANG V

a) Aufstellung eines einzelstaatlichen Verzeichnisses der vom Aussterben bedrohten oder besonders gefährdeten Arten unter Berücksichtigung ihrer Lebensräume;
b) Ermittlung und ökologische Beschreibung der Gebiete, die für die Zugvögel während des Vogelzugs, der Überwinterung oder des Nistens von besonderer Bedeutung sind;
c) Sammlung von Zahlenangaben über den Bestand der Zugvögel unter Auswertung der Ergebnisse der Beringung;
d) Ermittlung des Einflusses der Entnahmearten auf den Vogelbestand;
e) Ausarbeitung und Weiterentwicklung von ökologischen Methoden zur Verhütung von Schäden durch Vögel;
f) Ermittlung der Rolle bestimmter Vogelarten als Verschmutzungsanzeiger;
g) Untersuchung der schädlichen Auswirkungen der chemischen Verschmutzung auf den Vogelbestand.

Anmerkung:
Die Anhänge VI und VII werden nicht abgedruckt.

Wasserrahmen-Richtlinie 2000/60/EG – WRRL

ABl L 327 vom 22.12.2000, 1; zuletzt geändert durch die RL 2014/101/EU, ABl L 311 vom 31.10.2014, 32

Artikel 1
Ziel

Ziel dieser Richtlinie ist die Schaffung eines Ordnungsrahmens für den Schutz der Binnenoberflächengewässer, der Übergangsgewässer, der Küstengewässer und des Grundwassers zwecks

a) Vermeidung einer weiteren Verschlechterung sowie Schutz und Verbesserung des Zustands der aquatischen Ökosysteme und der direkt von ihnen abhängenden Landökosysteme und Feuchtgebiete im Hinblick auf deren Wasserhaushalt,
b) Förderung einer nachhaltigen Wassernutzung auf der Grundlage eines langfristigen Schutzes der vorhandenen Ressourcen,
c) Anstrebens eines stärkeren Schutzes und einer Verbesserung der aquatischen Umwelt, unter anderem durch spezifische Maßnahmen zur schrittweisen Reduzierung von Einleitungen, Emissionen und Verlusten von prioritären Stoffen und durch die Beendigung oder schrittweise Einstellung von Einleitungen, Emissionen und Verlusten von prioritären gefährlichen Stoffen;
d) Sicherstellung einer schrittweisen Reduzierung der Verschmutzung des Grundwassers und Verhinderung seiner weiteren Verschmutzung; und
e) Beitrag zur Minderung der Auswirkungen von Überschwemmungen und Dürren,

womit beigetragen werden soll

- zu einer ausreichenden Versorgung mit Oberflächen- und Grundwasser guter Qualität, wie es für eine nachhaltige, ausgewogene und gerechte Wassernutzung erforderlich ist;
- zu einer wesentlichen Reduzierung der Grundwasserverschmutzung;
- zum Schutz der Hoheitsgewässer und der Meeresgewässer;
- zur Verwirklichung der Ziele der einschlägigen internationalen Übereinkommen einschließlich derjenigen, die auf die Vermeidung und Beseitigung der Verschmutzung der Meeresumwelt abzielen, durch Gemeinschaftsmaßnahmen gemäß Artikel 16 Absatz 3 zur Beendigung oder schrittweisen Einstellung von Einleitungen, Emissionen oder Verlusten von prioritären gefährlichen Stoffen, und zwar mit dem Endziel, in der Meeresumwelt für natürlich anfallende Stoffe Konzentrationen in der Nähe der Hintergrundwerte und für anthropogene synthetische Stoffe Konzentrationen nahe Null zu erreichen.

Artikel 2
Begriffsbestimmungen

Im Sinne dieser Richtlinie gelten folgende Begriffsbestimmungen:

1. „Oberflächengewässer": die Binnengewässer mit Ausnahme des Grundwassers sowie die Übergangsgewässer und Küstengewässer, wobei im Hinblick auf den chemischen Zustand ausnahmsweise auch die Hoheitsgewässer eingeschlossen sind;
2. „Grundwasser": alles unterirdische Wasser in der Sättigungszone, das in unmittelbarer Berührung mit dem Boden oder dem Untergrund steht;
3. „Binnengewässer": alle an der Erdoberfläche stehenden oder fließenden Gewässer sowie alles Grundwasser auf der landwärtigen Seite der Basislinie, von der aus die Breite der Hoheitsgewässer gemessen wird;
4. „Fluss": ein Binnengewässer, das größtenteils an der Erdoberfläche fließt, teilweise aber auch unterirdisch fließen kann;
5. „See": ein stehendes Binnenoberflächengewässer;
6. „Übergangsgewässer": die Oberflächenwasserkörper in der Nähe von Flussmündungen, die aufgrund ihrer Nähe zu den Küstengewässern einen gewissen Salzgehalt aufweisen, aber im wesentlichen von Süßwasserströmungen beeinflusst werden;
7. „Küstengewässer": die Oberflächengewässer auf der landwärtigen Seite einer Linie, auf der sich jeder Punkt eine Seemeile seewärts vom nächsten Punkt der Basislinie befindet, von der aus die Breite der Hoheitsgewässer gemessen wird, gegebenenfalls bis zur äußeren Grenze eines Übergangsgewässers;
8. „künstlicher Wasserkörper": ein von Menschenhand geschaffener Oberflächenwasserkörper;
9. „erheblich veränderter Wasserkörper": ein Oberflächenwasserkörper, der durch physikalische Veränderungen durch den Menschen in seinem Wesen erheblich verändert wurde, entsprechend der Ausweisung durch den Mitgliedstaat gemäß Anhang II;
10. „Oberflächenwasserkörper": ein einheitlicher und bedeutender Abschnitt eines Oberflächengewässers, z. B. ein See, ein Speicherbecken, ein Strom, Fluss oder Kanal, ein Teil eines Stroms, Flusses oder Kanals, ein Übergangsgewässer oder ein Küstengewässerstreifen;
11. „Grundwasserleiter": eine unter der Oberfläche liegende Schicht oder Schichten von Felsen oder anderen geologischen Formationen mit hinreichender Porosität und Permeabilität, so dass entweder ein nennenswerter Grundwasser-

strom oder die Entnahme erheblicher Grundwassermengen möglich ist;

12. „Grundwasserkörper“: ein abgegrenztes Grundwasservolumen innerhalb eines oder mehrerer Grundwasserleiter;
13. „Einzugsgebiet“: ein Gebiet, aus welchem über Ströme, Flüsse und möglicherweise Seen der gesamte Oberflächenabfluss an einer einzigen Flussmündung, einem Ästuar oder Delta ins Meer gelangt;
14. „Teileinzugsgebiet“: ein Gebiet, aus welchem über Ströme, Flüsse und möglicherweise Seen der gesamte Oberflächenabfluss an einem bestimmten Punkt in einen Wasserlauf (normalerweise einen See oder einen Zusammenfluss von Flüssen) gelangt;
15. „Flussgebietseinheit“: ein gemäß Artikel 3 Absatz 1 als Haupteinheit für die Bewirtschaftung von Einzugsgebieten festgelegtes Land- oder Meeresgebiet, das aus einem oder mehreren benachbarten Einzugsgebieten und den ihnen zugeordneten Grundwässern und Küstengewässern besteht;
16. „zuständige Behörde“: eine gemäß Artikel 3 Absatz 2 oder 3 bestimmte Behörde oder mehrere solcher Behörden;
17. „Zustand des Oberflächengewässers“: die allgemeine Bezeichnung für den Zustand eines Oberflächenwasserkörpers auf der Grundlage des jeweils schlechteren Wertes für den ökologischen und den chemischen Zustand;
18. „guter Zustand des Oberflächengewässers“: der Zustand eines Oberflächenwasserkörpers, der sich in einem zumindest „guten“ ökologischen und chemischen Zustand befindet;
19. „Zustand des Grundwassers“: die allgemeine Bezeichnung für den Zustand eines Grundwasserkörpers auf der Grundlage des jeweils schlechteren Wertes für den mengenmäßigen und den chemischen Zustand;
20. „guter Zustand des Grundwassers“: der Zustand eines Grundwasserkörpers, der sich in einem zumindest „guten“ mengenmäßigen und chemischen Zustand befindet;
21. „ökologischer Zustand“: die Qualität von Struktur und Funktionsfähigkeit aquatischer, in Verbindung mit Oberflächengewässern stehender Ökosysteme gemäß der Einstufung nach Anhang V;
22. „guter ökologischer Zustand“: der Zustand eines entsprechenden Oberflächenwasserkörpers gemäß der Einstufung nach Anhang V;
23. „gutes ökologisches Potential“: der Zustand eines erheblich veränderten oder künstlichen Wasserkörpers, der nach den einschlägigen Bestimmungen des Anhangs V entsprechend eingestuft wurde;
24. „guter chemischer Zustand eines Oberflächengewässers“: der chemische Zustand, der zur Erreichung der Umweltziele für Oberflächengewässer gemäß Artikel 4 Absatz 1 Buchstabe a) erforderlich ist, das heißt der chemische Zustand, den ein Oberflächenwasserkörper erreicht hat, in dem kein Schadstoff in einer höheren Konzentration als den Umweltqualitätsnormen vorkommt, die in Anhang IX und gemäß Artikel 16 Absatz 7 oder in anderen einschlägigen Rechtsvorschriften der Gemeinschaft über Umweltqualitätsnormen auf Gemeinschaftsebene festgelegt sind;
25. „guter chemischer Zustand des Grundwassers“: der chemische Zustand eines Grundwasserkörpers, der alle in Tabelle 2.3.2 des Anhangs V aufgeführten Bedingungen erfüllt;
26. „mengenmäßiger Zustand“: eine Bezeichnung des Ausmaßes, in dem ein Grundwasserkörper durch direkte und indirekte Entnahme beeinträchtigt wird;
27. „verfügbare Grundwasserressource“: die langfristige mittlere jährliche Neubildung des Grundwasserkörpers abzüglich des langfristigen jährlichen Abflusses, der erforderlich ist, damit die in Artikel 4 genannten ökologischen Qualitätsziele für die mit ihm in Verbindung stehenden Oberflächengewässer erreicht werden und damit jede signifikante Verschlechterung des ökologischen Zustands dieser Gewässer und jede signifikante Schädigung der mit ihnen in Verbindung stehenden Landökosysteme vermieden wird;
28. „guter mengenmäßiger Zustand“: der Zustand gemäß Tabelle 2.1.2 des Anhangs V;
29. „gefährliche Stoffe“: Stoffe oder Gruppen von Stoffen, die toxisch, persistent und bioakkumulierbar sind, und sonstige Stoffe oder Gruppen von Stoffen, die in ähnlichem Maße Anlass zu Besorgnis geben;
30. „prioritäre Stoffe“: Stoffe, die nach Artikel 16 Absatz 2 bestimmt werden und in Anhang X aufgeführt sind. Zu diesen Stoffen gehören auch die prioritären gefährlichen Stoffe, das heißt die Stoffe, die nach Artikel 16 Absätze 3 und 6 bestimmt werden und für die Maßnahmen nach Artikel 16 Absätze 1 und 8 ergriffen werden müssen;
31. „Schadstoff“: jeder Stoff, der zu einer Verschmutzung führen kann, insbesondere Stoffe des Anhangs VIII;
32. „unmittelbare Einleitung in das Grundwasser“: Einleitung von Schadstoffen in das Grundwasser ohne Versickern durch den Boden oder den Untergrund;
33. „Verschmutzung“: die durch menschliche Tätigkeiten direkt oder indirekt bewirkte Freisetzung von Stoffen oder Wärme in Luft, Wasser oder Boden, die der menschlichen Gesundheit oder der Qualität der aquatischen Ökosysteme oder der direkt von ihnen abhängenden Landökosysteme schaden können, zu einer Schädigung von Sachwerten führen oder eine Beeinträchtigung oder Störung des Erholungswertes und anderer legitimer Nutzungen der Umwelt mit sich bringen;
34. „Umweltziele“: die in Artikel 4 festgelegten Ziele;
35. „Umweltqualitätsnorm“: die Konzentration eines bestimmten Schadstoffs oder einer bestimmten Schadstoffgruppe, die in Wasser, Sedimenten oder Biota aus Gründen des Gesundheits- und Umweltschutzes nicht überschritten werden darf;
36. „kombinierter Ansatz“: die Begrenzung von Einleitungen und Emissionen in Oberflächengewässer nach dem in Artikel 10 beschriebenen Ansatz;
37. „Wasser für den menschlichen Gebrauch“: Wasser entsprechend der Definition der Richtlinie 80/778/EWG in der durch die Richtlinie 98/83/EG geänderten Fassung;
38. „Wasserdienstleistungen“: alle Dienstleistungen, die für Haushalte, öffentliche Einrichtungen oder wirtschaftliche Tätigkeiten jeder Art folgendes zur Verfügung stellen:
    a) Entnahme, Aufstauung, Speicherung, Behandlung und Verteilung von Oberflächen- oder Grundwasser;
    b) Anlagen für die Sammlung und Behandlung von Abwasser, die anschließend in Oberflächengewässer einleiten;
39. „Wassernutzung“: die Wasserdienstleistungen sowie jede andere Handlung entsprechend Artikel 5 und Anhang II mit signifikanten Auswirkungen auf den Wasserzustand.
    Diese Definition gilt für die Zwecke des Artikels 1 und der wirtschaftlichen Analyse gemäß Artikel 5 und Anhang III Buchstabe b);
40. „Emmissionsgrenzwert“: die im Verhältnis zu bestimmten spezifischen Parametern ausgedrückte Masse, die Konzentration und/oder das Niveau einer Emission, die in einem oder mehreren Zeiträumen nicht überschritten werden dürfen. Die Emissionsgrenzwerte können auch für bestimmte Gruppen, Familien oder Kategorien von Stoffen, insbesondere für die in Artikel 16 genannten, festgelegt werden.
    Die Emissionsgrenzwerte für Stoffe gelten normalerweise an dem Punkt, an dem die Emissionen die Anlage verlassen, wobei eine etwaige Verdünnung bei der Festsetzung der Grenzwerte nicht berücksichtigt wird. Bei der indirek-

ten Einleitung in das Wasser kann die Wirkung einer Kläranlage bei der Festsetzung der Emissionsgrenzwerte der Anlage berücksichtigt werden, sofern ein insgesamt gleichwertiges Umweltschutzniveau sichergestellt wird und es nicht zu einer höheren Belastung der Umwelt kommt;

41. „Emmissionsbegrenzung“: Begrenzungen, die auf eine spezifische Beschränkung von Emissionen, beispielsweise die Einhaltung von Emissionsgrenzwerten, oder auf sonstige Beschränkungen oder Auflagen hinsichtlich der Wirkung, der Natur oder sonstiger Merkmale von Emissionen oder emissionsbeeinflussenden Betriebsbedingungen abzielen. Der Gebrauch des Begriffs „Emissionsbegrenzung“ in dieser Richtlinie beinhaltet in Bezug auf Bestimmungen anderer Richtlinien in keiner Weise eine Neuauslegung der betreffenden Bestimmungen.

Artikel 3
Koordinierung von Verwaltungsvereinbarungen innerhalb einer Flussgebietseinheit

(1) Die Mitgliedstaaten bestimmen die einzelnen Einzugsgebiete innerhalb ihres jeweiligen Hoheitsgebiets und ordnen sie für die Zwecke dieser Richtlinie jeweils einer Flussgebietseinheit zu. Kleine Einzugsgebiete können gegebenenfalls mit größeren Einzugsgebieten zusammengelegt werden oder mit benachbarten kleinen Einzugsgebieten eine Flussgebietseinheit bilden. Grundwässer, die nicht in vollem Umfang in einem einzigen Einzugsgebiet liegen, werden genau bestimmt und der am nächsten gelegenen oder am besten geeigneten Flussgebietseinheit zugeordnet. Auch die Küstengewässer werden bestimmt und der bzw. den am nächsten gelegenen oder am besten geeigneten Flussgebietseinheit(en) zugeordnet.

(2) Die Mitgliedstaaten sorgen für geeignete Verwaltungsvereinbarungen, einschließlich der Bestimmung der geeigneten zuständigen Behörde, damit diese Richtlinie innerhalb jeder Flussgebietseinheit ihres Hoheitsgebiets angewandt wird.

(3) Die Mitgliedstaaten sorgen dafür, dass ein Einzugsgebiet, das auf dem Hoheitsgebiet von mehr als einem Mitgliedstaat liegt, einer internationalen Flussgebietseinheit zugeordnet wird. Auf Antrag der betroffenen Mitgliedstaaten wird die Kommission tätig, um die Zuordnung zu derartigen internationalen Flussgebietseinheiten zu erleichtern.

Jeder Mitgliedstaat sorgt für die geeigneten Verwaltungsvereinbarungen, einschließlich der Bestimmung der geeigneten zuständigen Behörde, damit diese Richtlinie innerhalb des in sein Hoheitsgebiet fallenden Teils einer internationalen Flussgebietseinheit angewandt wird.

(4) Die Mitgliedstaaten sorgen dafür, dass die Anforderungen dieser Richtlinie zur Erreichung der Umweltziele nach Artikel 4 und insbesondere alle Maßnahmenprogramme für die gesamte Flussgebietseinheit koordiniert werden. Im Falle internationaler Flussgebietseinheiten sorgen die betroffenen Mitgliedstaaten gemeinsam für diese Koordinierung und können zu diesem Zweck bestehende Strukturen nutzen, die auf internationale Übereinkommen zurückgehen. Auf Antrag der betroffenen Mitgliedstaaten wird die Kommission tätig, um die Festlegung der Maßnahmenprogramme zu erleichtern.

(5) Wenn eine Flussgebietseinheit über das Gebiet der Gemeinschaft hinausgeht, so bemühen sich der oder die betroffenen Mitgliedstaaten um eine geeignete Koordinierung mit den entsprechenden Nichtmitgliedstaaten, um die Ziele dieser Richtlinie in der gesamten Flussgebietseinheit zu erreichen. Die Mitgliedstaaten sorgen für die Anwendung der Vorschriften dieser Richtlinie in ihrem Hoheitsgebiet.

(6) Die Mitgliedstaaten können eine bestehende nationale oder internationale Stelle als zuständige Behörde im Sinne dieser Richtlinie bestimmen.

(7) Die Mitgliedstaaten bestimmen die zuständigen Behörden bis zu dem in Artikel 24 genannten Zeitpunkt.

(8) Die Mitgliedstaaten übermitteln der Kommission spätestens sechs Monate nach dem in Artikel 24 genannten Zeitpunkt eine Liste ihrer zuständigen Behörden sowie der zuständigen Behörden aller internationalen Einrichtungen, an denen sie beteiligt sind. Sie legen für jede zuständige Behörde die in Anhang I aufgeführten Informationen vor.

(9) Die Mitgliedstaaten unterrichten die Kommission über jegliche Veränderungen der gemäß Absatz 8 gemachten Angaben innerhalb von drei Monaten nach Wirksamwerden der Veränderung.

Artikel 4
Umweltziele

(1) In Bezug auf die Umsetzung der in den Bewirtschaftungsplänen für die Einzugsgebiete festgelegten Maßnahmenprogramme gilt folgendes:

a) bei Oberflächengewässern:
   i) die Mitgliedstaaten führen, vorbehaltlich der Anwendung der Absätze 6 und 7 und unbeschadet des Absatzes 8, die notwendigen Maßnahmen durch, um eine Verschlechterung des Zustands aller Oberflächenwasserkörper zu verhindern;
   ii) die Mitgliedstaaten schützen, verbessern und sanieren alle Oberflächenwasserkörper, vorbehaltlich der Anwendung der Ziffer iii betreffend künstliche und erheblich veränderte Wasserkörper, mit dem Ziel, spätestens 15 Jahre nach Inkrafttreten dieser Richtlinie gemäß den Bestimmungen des Anhangs V, vorbehaltlich etwaiger Verlängerungen gemäß Absatz 4 sowie der Anwendung der Absätze 5, 6 und 7 und unbeschadet des Absatzes 8 einen guten Zustand der Oberflächengewässer zu erreichen;
   iii) die Mitgliedstaaten schützen und verbessern alle künstlichen und erheblich veränderten Wasserkörper mit dem Ziel, spätestens 15 Jahre nach Inkrafttreten dieser Richtlinie gemäß den Bestimmungen des Anhang V, vorbehaltlich etwaiger Verlängerungen gemäß Absatz 4 sowie der Anwendung der Absätze 5, 6 und 7 und unbeschadet des Absatzes 8 ein gutes ökologisches Potential und einen guten chemischen Zustand der Oberflächengewässer zu erreichen;
   iv) die Mitgliedstaaten führen gemäß Artikel 16 Absätze 1 und 8 die notwendigen Maßnahmen durch mit dem Ziel, die Verschmutzung durch prioritäre Stoffe schrittweise zu reduzieren und die Einleitungen, Emissionen und Verluste prioritärer gefährlicher Stoffe zu beenden oder schrittweise einzustellen;

   unbeschadet der in Artikel 1 genannten einschlägigen internationalen Übereinkommen im Hinblick auf die betroffenen Vertragsparteien;

b) bei Grundwasser:
   i) die Mitgliedstaaten führen, vorbehaltlich der Anwendung der Absätze 6 und 7, unbeschadet des Absatzes 8 und vorbehaltlich der Anwendung des Artikels 11 Absatz 3 Buchstabe j), die erforderlichen Maßnahmen durch, um die Einleitung von Schadstoffen in das Grundwasser zu verhindern oder zu begrenzen und eine Verschlechterung des Zustands aller Grundwasserkörper zu verhindern;
   ii) die Mitgliedstaaten schützen, verbessern und sanieren alle Grundwasserkörper und gewährleisten ein Gleichgewicht zwischen Grundwasserentnahme und -neubildung mit dem Ziel, spätestens 15 Jahre nach Inkrafttreten dieser Richtlinie gemäß den Bestimmungen des Anhangs V, vorbehaltlich etwaiger Verlängerungen

gemäß Absatz 4 sowie der Anwendung der Absätze 5, 6 und 7, unbeschadet des Absatzes 8 und vorbehaltlich des Artikels 11 Absatz 3 Buchstabe j) einen guten Zustand des Grundwassers zu erreichen;

iii) die Mitgliedstaaten führen die erforderlichen Maßnahmen durch, um alle signifikanten und anhaltenden Trends einer Steigerung der Konzentration von Schadstoffen aufgrund der Auswirkungen menschlicher Tätigkeiten umzukehren und so die Verschmutzung des Grundwassers schrittweise zu reduzieren.

Die Maßnahmen zum Erreichen einer Trendumkehr werden gemäß Artikel 17 Absätze 2, 4 und 5 unter Berücksichtigung der in den einschlägigen gemeinschaftlichen Rechtsvorschriften festgelegten Normen vorbehaltlich der Anwendung der Absätze 6 und 7 und unbeschadet des Absatzes 8 durchgeführt;

c) bei Schutzgebieten:
Die Mitgliedstaaten erfüllen spätestens 15 Jahre nach Inkrafttreten dieser Richtlinie alle Normen und Ziele, sofern die gemeinschaftlichen Rechtsvorschriften, auf deren Grundlage die einzelnen Schutzgebiete ausgewiesen wurden, keine anderweitigen Bestimmungen enthalten.

In Bezug auf Mayotte als Gebiet in äußerster Randlage im Sinne des Artikels 349 des Vertrags über die Arbeitsweise der Europäischen Union (im Folgenden „Mayotte") enden die Fristen nach Buchstabe a Ziffern ii und iii, Buchstabe b Ziffer ii und Buchstabe c am 22. Dezember 2021.

(2) Ist ein bestimmter Wasserkörper von mehr als einem der in Absatz 1 genannten Ziele betroffen, so gilt das weiterreichende Ziel.

(3) Die Mitgliedstaaten können einen Oberflächenwasserkörper als künstlich oder erheblich verändert einstufen, wenn

a) die zum Erreichen eines guten ökologischen Zustands erforderlichen Änderungen der hydromorphologischen Merkmale dieses Körpers signifikante negative Auswirkungen hätten auf:
   i) die Umwelt im weiteren Sinne,
   ii) die Schiffahrt, einschließlich Hafenanlagen, oder die Freizeitnutzung,
   iii) die Tätigkeiten, zu deren Zweck das Wasser gespeichert wird, wie Trinkwasserversorgung, Stromerzeugung oder Bewässerung,
   iv) die Wasserregulierung, den Schutz vor Überflutungen, die Landentwässerung, oder
   v) andere ebenso wichtige nachhaltige Entwicklungstätigkeiten des Menschen,
b) die nutzbringenden Ziele, denen die künstlichen oder veränderten Merkmale des Wasserkörpers dienen, aus Gründen der technischen Durchführbarkeit oder aufgrund unverhältnismäßiger Kosten nicht in sinnvoller Weise durch andere Mittel erreicht werden können, die eine wesentlich bessere Umweltoption darstellen.

Diese Einstufung und deren Gründe sind in dem gemäß Artikel 13 erforderlichen Bewirtschaftungsplan für das Einzugsgebiet im einzelnen darzulegen und alle sechs Jahre zu überprüfen.

(4) Die in Absatz 1 vorgesehenen Zeitspannen können zum Zweck der stufenweisen Umsetzung der Ziele für Wasserkörper verlängert werden, sofern sich der Zustand des beeinträchtigten Wasserkörpers nicht weiter verschlechtert und die folgenden Bedingungen alle erfüllt sind:

a) Der betreffende Mitgliedstaat gelangt zu dem Schluss, dass sich vernünftiger Einschätzung nach nicht alle erforderlichen Verbesserungen des Zustands der Wasserkörper innerhalb der in Absatz 1 genannten Fristen erreichen lassen, und zwar aus wenigstens einem der folgenden Gründe:
   i) der Umfang der erforderlichen Verbesserungen kann aus Gründen der technischen Durchführbarkeit nur in Schritten erreicht werden, die den vorgegebenen Zeitrahmen überschreiten;
   ii) die Verwirklichung der Verbesserungen innerhalb des vorgegebenen Zeitrahmens würde unverhältnismäßig hohe Kosten verursachen;
   iii) die natürlichen Gegebenheiten lassen keine rechtzeitige Verbesserung des Zustands des Wasserkörpers zu.
b) Die Verlängerung der Frist und die entsprechenden Gründe werden in dem in Artikel 13 genannten Bewirtschaftungsplan für das Einzugsgebiet im einzelnen dargelegt und erläutert.
c) Die Verlängerungen gehen nicht über den Zeitraum zweier weiterer Aktualisierungen des Bewirtschaftungsplans für das Einzugsgebiet hinaus, es sei denn, die Ziele lassen sich aufgrund der natürlichen Gegebenheiten nicht innerhalb dieses Zeitraums erreichen.
d) Der Bewirtschaftungsplan für das Einzugsgebiet enthält eine Zusammenfassung derjenigen Maßnahmen nach Artikel 11, die als erforderlich angesehen werden, um die Wasserkörper bis zum Ablauf der verlängerten Frist schrittweise in den geforderten Zustand zu überführen, die Gründe für jede signifikante Verzögerung bei der Umsetzung dieser Maßnahmen und den voraussichtlichen Zeitplan für die Durchführung dieser Maßnahmen. Die aktualisierten Fassungen des Bewirtschaftungsplans für das Einzugsgebiet enthalten eine Überprüfung der Durchführung dieser Maßnahmen und eine Zusammenfassung aller etwaigen zusätzlichen Maßnahmen.

(5) Die Mitgliedstaaten können sich für bestimmte Wasserkörper die Verwirklichung weniger strenger Umweltziele als in Absatz 1 gefordert vornehmen, wenn sie durch menschliche Tätigkeiten, wie gemäß Artikel 5 Absatz 1 festgelegt, so beeinträchtigt sind oder ihre natürlichen Gegebenheiten so beschaffen sind, dass das Erreichen dieser Ziele in der Praxis nicht möglich oder unverhältnismäßig teuer wäre, und die folgenden Bedingungen alle erfüllt sind:

a) Die ökologischen und sozioökonomischen Erfordernisse, denen solche menschlichen Tätigkeiten dienen, können nicht durch andere Mittel erreicht werden, die eine wesentlich bessere und nicht mit unverhältnismäßig hohen Kosten verbundene Umweltoption darstellen.
b) Die Mitgliedstaaten tragen Sorge dafür, dass
   – im Hinblick auf Oberflächengewässer unter Berücksichtigung der Auswirkungen, die infolge der Art der menschlichen Tätigkeiten oder der Verschmutzung nach vernünftigem Ermessen nicht hätten vermieden werden können, der bestmögliche ökologische und chemische Zustand erreicht wird;
   – im Hinblick auf das Grundwasser unter Berücksichtigung der Auswirkungen, die infolge der Art der menschlichen Tätigkeiten oder der Verschmutzung nach vernünftigem Ermessen nicht hätten vermieden werden können, die geringstmöglichen Veränderungen des guten Grundwasserzustands erfolgen.
c) Es erfolgt keine weitere Verschlechterung des Zustands des betreffenden Wasserkörpers.
d) Die weniger strengen Umweltziele und die Gründe hierfür werden in dem in Artikel 13 genannten Bewirtschaftungsplan für das Einzugsgebiet im einzelnen dargelegt, und diese Ziele werden alle sechs Jahre überprüft.

(6) Eine vorübergehende Verschlechterung des Zustands von Wasserkörpern verstößt nicht gegen die Anforderungen dieser Richtlinie, wenn sie durch aus natürlichen Ursachen herrührende oder durch höhere Gewalt bedingte Umstände, die außergewöhnlich sind oder nach vernünftiger Einschät-

zung nicht vorhersehbar waren, insbesondere starke Überschwemmungen oder lang anhaltende Dürren, oder durch Umstände bedingt sind, die durch nach vernünftiger Einschätzung nicht vorhersehbare Unfälle entstanden sind, und wenn sämtliche nachstehenden Bedingungen erfüllt sind:

a) Es werden alle praktikablen Vorkehrungen getroffen, um eine weitere Verschlechterung des Zustands zu verhindern und um die Verwirklichung der Ziele dieser Richtlinie in anderen, nicht von diesen Umständen betroffenen Wasserkörpern nicht zu gefährden.
b) In dem Bewirtschaftungsplan für das Einzugsgebiet wird festgehalten, unter welchen Bedingungen solche Umstände, die außergewöhnlich sind oder nach vernünftiger Einschätzung nicht vorhersehbar waren, geltend gemacht werden können und welche Indikatoren hierbei zu verwenden sind.
c) Die Maßnahmen, die unter solchen außergewöhnlichen Umständen zu ergreifen sind, sind in dem Maßnahmenprogramm aufgeführt und gefährden nicht die Wiederherstellung des Zustands des Wasserkörpers, wenn die außergewöhnlichen Umstände vorüber sind.
d) Die Auswirkungen von Umständen, die außergewöhnlich sind oder nach vernünftiger Einschätzung nicht vorhersehbar waren, werden jährlich überprüft, und es werden vorbehaltlich der in Absatz 4 Buchstabe a) aufgeführten Gründe alle praktikablen Maßnahmen ergriffen, um den Zustand, den der Wasserkörper hatte, bevor er von solchen Umständen betroffen wurde, so bald wie nach vernünftiger Einschätzung möglich wiederherzustellen.
e) In die nächste aktualisierte Fassung des Bewirtschaftungsplans für das Einzugsgebiet wird eine zusammenfassende Darlegung der Auswirkungen der Umstände und der Maßnahmen, die entsprechend den Buchstaben a) und d) getroffen wurden bzw. noch zu treffen sind, aufgenommen.

(7) Die Mitgliedstaaten verstoßen nicht gegen diese Richtlinie, wenn:

- das Nichterreichen eines guten Grundwasserzustandes, eines guten ökologischen Zustands oder gegebenenfalls eines guten ökologischen Potentials oder das Nichtverhindern einer Verschlechterung des Zustands eines Oberflächen- oder Grundwasserkörpers die Folge von neuen Änderungen der physischen Eigenschaften eines Oberflächenwasserkörpers oder von Änderungen des Pegels von Grundwasserkörpern ist, oder
- das Nichtverhindern einer Verschlechterung von einem sehr guten zu einem guten Zustand eines Oberflächenwasserkörpers die Folge einer neuen nachhaltigen Entwicklungstätigkeit des Menschen ist

und die folgenden Bedingungen alle erfüllt sind:

a) Es werden alle praktikablen Vorkehrungen getroffen, um die negativen Auswirkungen auf den Zustand des Wasserkörpers zu mindern;
b) die Gründe für die Änderungen werden in dem in Artikel 13 genannten Bewirtschaftungsplan für das Einzugsgebiet im einzelnen dargelegt, und die Ziele werden alle sechs Jahre überprüft;
c) die Gründe für die Änderungen sind von übergeordnetem öffentlichem Interesse und/oder der Nutzen, den die Verwirklichung der in Absatz 1 genannten Ziele für die Umwelt und die Gesellschaft hat, wird übertroffen durch den Nutzen der neuen Änderungen für die menschliche Gesundheit, die Erhaltung der Sicherheit der Menschen oder die nachhaltige Entwicklung; und
d) die nutzbringenden Ziele, denen diese Änderungen des Wasserkörpers dienen sollen, können aus Gründen der technischen Durchführbarkeit oder aufgrund unverhältnismäßiger Kosten nicht durch andere Mittel, die eine wesentlich bessere Umweltoption darstellen, erreicht werden.

(8) Ein Mitgliedstaat, der die Absätze 3, 4, 5, 6 und 7 zur Anwendung bringt, trägt dafür Sorge, dass dies die Verwirklichung der Ziele dieser Richtlinie in anderen Wasserkörpern innerhalb derselben Flussgebietseinheit nicht dauerhaft ausschließt oder gefährdet und mit den sonstigen gemeinschaftlichen Umweltschutzvorschriften vereinbar ist.

(9) Es müssen Schritte unternommen werden, um sicherzustellen, dass die Anwendung der neuen Bestimmungen, einschließlich der Anwendung der Absätze 3, 4, 5, 6 und 7, zumindest das gleiche Schutzniveau wie die bestehenden gemeinschaftlichen Rechtsvorschriften gewährleistet.

Artikel 5
Merkmale der Flussgebietseinheit, Überprüfung der Umweltauswirkungen menschlicher Tätigkeiten und wirtschaftliche Analyse der Wassernutzung

(1) Jeder Mitgliedstaat sorgt dafür, dass für jede Flussgebietseinheit oder für den in sein Hoheitsgebiet fallenden Teil einer internationalen Flussgebietseinheit

- eine Analyse ihrer Merkmale,
- eine Überprüfung der Auswirkungen menschlicher Tätigkeiten auf den Zustand der Oberflächengewässer und des Grundwassers und
- eine wirtschaftliche Analyse der Wassernutzung

entsprechend den technischen Spezifikationen gemäß den Anhängen II und III durchgeführt und spätestens vier Jahre nach Inkrafttreten dieser Richtlinie abgeschlossen werden.

(2) Die Analysen und Überprüfungen gemäß Absatz 1 werden spätestens 13 Jahre nach Inkrafttreten dieser Richtlinie und danach alle sechs Jahre überprüft und gegebenenfalls aktualisiert.

Artikel 6
Verzeichnis der Schutzgebiete

(1) Die Mitgliedstaaten sorgen dafür, dass ein Verzeichnis oder mehrere Verzeichnisse aller Gebiete innerhalb der einzelnen Flussgebietseinheiten erstellt wird bzw. erstellt werden, für die gemäß den spezifischen gemeinschaftlichen Rechtsvorschriften zum Schutz der Oberflächengewässer und des Grundwassers oder zur Erhaltung von unmittelbar vom Wasser abhängigen Lebensräumen und Arten ein besonderer Schutzbedarf festgestellt wurde. Sie stellen sicher, dass das Verzeichnis spätestens vier Jahre nach Inkrafttreten dieser Richtlinie erstellt ist.

(2) Das Verzeichnis bzw. die Verzeichnisse enthält bzw. enthalten alle gemäß Artikel 7 Absatz 1 ermittelten Wasserkörper und alle unter Anhang IV fallenden Schutzgebiete.

(3) Das Verzeichnis bzw. die Verzeichnisse der Schutzgebiete wird bzw. werden für jede Flussgebietseinheit regelmäßig überarbeitet und aktualisiert.

Artikel 7
Gewässer für die Entnahme von Trinkwasser

(1) Die Mitgliedstaaten ermitteln in jeder Flussgebietseinheit

- alle Wasserkörper, die für die Entnahme von Wasser für den menschlichen Verbrauch genutzt werden und die durchschnittlich mehr als 10 m^3 täglich liefern oder mehr als 50 Personen bedienen, und
- die für eine solche künftige Nutzung bestimmten Wasserkörper.

Die Mitgliedstaaten überwachen im Einklang mit den Bestimmungen des Anhangs V die Wasserkörper, die nach Anhang V durchschnittlich mehr als 100 m^3 täglich liefern.

(2) Die Mitgliedstaaten stellen sicher, dass jeder Wasserkörper gemäß Absatz 1 nicht nur die Ziele des Artikels 4 gemäß den Anforderungen dieser Richtlinie für Oberflächenwasserkörper, einschließlich der gemäß Artikel 16 auf Gemeinschaftsebene festgelegten Qualitätsnormen, erreicht, sondern dass das gewonnene Wasser unter Berücksichtigung des angewandten Wasseraufbereitungsverfahrens und gemäß dem Gemeinschaftsrecht auch die Anforderungen der Richtlinie 80/778/EWG in der durch die Richtlinie 98/83/EG geänderten Fassung erfüllt.

(3) Die Mitgliedstaaten sorgen für den erforderlichen Schutz der ermittelten Wasserkörper, um eine Verschlechterung ihrer Qualität zu verhindern und so den für die Gewinnung von Trinkwasser erforderlichen Umfang der Aufbereitung zu verringern. Die Mitgliedstaaten können Schutzgebiete für diese Wasserkörper festlegen.

Artikel 8
Überwachung des Zustands des Oberflächengewässers, des Zustands des Grundwassers und der Schutzgebiete

(1) Die Mitgliedstaaten sorgen dafür, dass Programme zur Überwachung des Zustands der Gewässer aufgestellt werden, damit ein zusammenhängender und umfassender Überblick über den Zustand der Gewässer in jeder Flussgebietseinheit gewonnen wird; dabei gilt folgendes:

– bei Oberflächengewässern umfassen diese Programme:
  i) die Menge und den Wasserstand oder die Durchflussgeschwindigkeit, soweit sie für den ökologischen und chemischen Zustand und das ökologische Potential von Bedeutung sind, sowie
  ii) den ökologischen und chemischen Zustand und das ökologische Potential;
– bei Grundwasserkörpern umfassen diese Programme die Überwachung des chemischen und des mengenmäßigen Zustands;
– bei Schutzgebieten werden diese Programme durch die Spezifikationen nach denjenigen gemeinschaftlichen Rechtsvorschriften ergänzt, aufgrund deren die einzelnen Schutzgebiete festgelegt worden sind.

(2) Diese Programme müssen spätestens sechs Jahre nach Inkrafttreten dieser Richtlinie anwendungsbereit sein, sofern in den betreffenden Rechtsvorschriften nicht etwas anderes vorgesehen ist. Die Überwachung erfolgt entsprechend den Anforderungen des Anhangs V.

(3) Es werden technische Spezifikationen und standardisierte Verfahren für die Analyse und Überwachung des Wasserzustands festgelegt. Diese Maßnahmen zur Änderung nicht wesentlicher Bestimmungen dieser Richtlinie durch Ergänzung werden nach dem in Artikel 21 Absatz 3 genannten Regelungsverfahren mit Kontrolle erlassen.

Artikel 9
Deckung der Kosten der Wasserdienstleistungen

(1) Die Mitgliedstaaten berücksichtigen unter Einbeziehung der wirtschaftlichen Analyse gemäß Anhang III und insbesondere unter Zugrundelegung des Verursacherprinzips den Grundsatz der Deckung der Kosten der Wasserdienstleistungen einschließlich umwelt und ressourcenbezogener Kosten.

Die Mitgliedstaaten sorgen bis zum Jahr 2010 dafür,

– dass die Wassergebührenpolitik angemessene Anreize für die Benutzer darstellt, Wasserressourcen effizient zu nutzen, und somit zu den Umweltzielen dieser Richtlinie beiträgt;
– dass die verschiedenen Wassernutzungen, die mindestens in die Sektoren Industrie, Haushalte und Landwirtschaft aufzugliedern sind, auf der Grundlage der gemäß Anhang III vorgenommenen wirtschaftlichen Analyse und unter Berücksichtigung des Verursacherprinzips einen angemessenen Beitrag leisten zur Deckung der Kosten der Wasserdienstleistungen.

Die Mitgliedstaaten können dabei den sozialen, ökologischen und wirtschaftlichen Auswirkungen der Kostendeckung sowie die geographischen und klimatischen Gegebenheiten der betreffenden Region oder Regionen Rechnung tragen.

(2) Die Mitgliedstaaten berichten in ihren Bewirtschaftungsplänen für die Einzugsgebiete die geplanten Schritte zur Durchführung von Absatz 1, die zur Verwirklichung der Umweltziele dieser Richtlinie beitragen werden, sowie über den Beitrag der verschiedenen Wassernutzungen zur Deckung der Kosten der Wasserdienstleistungen.

(3) Dieser Artikel steht der Finanzierung besonderer Vorbeuge- oder Abhilfemaßnahmen zur Verwirklichung der Ziele dieser Richtlinie in keiner Weise entgegen.

(4) Die Mitgliedstaaten verstoßen nicht gegen diese Richtlinie, wenn sie beschließen, in Übereinstimmung mit eingeführten Praktiken die Bestimmungen von Absatz 1 Unterabsatz 2 und damit zusammenhängend die einschlägigen Bestimmungen von Absatz 2 auf eine bestimmte Wassernutzung nicht anzuwenden, sofern dadurch die Zwecke dieser Richtlinie und die Verwirklichung ihrer Ziele nicht in Frage gestellt werden. Die Mitgliedstaaten stellen in den Bewirtschaftungsplänen für die Einzugsgebiete dar, aus welchen Gründen sie Absatz 1 Unterabsatz 2 nicht in vollem Umfang anwenden.

Artikel 10
Kombinierter Ansatz für Punktquellen und diffuse Quellen

(1) Die Mitgliedstaaten sorgen dafür, dass alle in Absatz 2 genannten Einleitungen in Oberflächengewässer entsprechend dem in diesem Artikel festgelegten kombinierten Ansatz begrenzt werden.

(2) Die Mitgliedstaaten sorgen dafür, dass

a) die Emissionsbegrenzung auf der Grundlage der besten verfügbaren Technologien oder
b) die einschlägigen Emissionsgrenzwerte oder
c) bei diffusen Auswirkungen die Begrenzungen, die gegebenenfalls die beste verfügbare Umweltpraxis einschließen,

gemäß

– der Richtlinie 96/61/EG des Rates vom 24. September 1996 über die integrierte Vermeidung und Verminderung der Umweltverschmutzung[1],
– der Richtlinie 91/271/EWG des Rates vom 21. Mai 1991 über die Behandlung von kommunalem Abwasser[2],
– der Richtlinie 91/676/EWG des Rates vom 12. Dezember 1991 zum Schutz der Gewässer vor Verunreinigung durch Nitrat aus landwirtschaftlichen Quellen[3],
– den nach Artikel 16 der vorliegenden Richtlinie erlassenen Richtlinien,
– den in Anhang IX aufgeführten Richtlinien,
– den sonstigen einschlägigen Vorschriften des Gemeinschaftsrechts

spätestens zwölf Jahre nach Inkrafttreten dieser Richtlinie festgelegt und/oder durchgeführt werden, sofern in den betreffenden Rechtsvorschriften nicht etwas anderes vorgesehen ist.

(3) Sind aufgrund eines in dieser Richtlinie, in den in Anhang IX aufgeführten Richtlinien oder in anderen gemeinschaftlichen Rechtsvorschriften festgelegten Qualitätsziels oder Qualitätsstandards strengere Bedingungen als diejenigen erforderlich, die sich aus der Anwendung des Absatzes 2

---

1 ABl. L 257 vom 10.10.1996, S. 26.

2 ABl. L 135 vom 30.5.1991, S. 40. Richtlinie geändert durch die Richtlinie 98/15/EG der Kommission (ABl. L 67 vom 7.3.1998, S. 29).

3 ABl. L 375 vom 31.12.1991, S. 1.

ergäben, so werden dementsprechend strengere Emissionsbegrenzungen festgelegt.

Artikel 11
Maßnahmenprogramm

(1) Jeder Mitgliedstaat sorgt dafür, dass für jede Flussgebietseinheit oder für den in sein Hoheitsgebiet fallenden Teil einer internationalen Flussgebietseinheit unter Berücksichtigung der Ergebnisse der Analysen gemäß Artikel 5 ein Maßnahmenprogramm festgelegt wird, um die Ziele gemäß Artikel 4 zu verwirklichen. Diese Maßnahmenprogramme können auf Maßnahmen verweisen, die sich auf Rechtsvorschriften stützen, welche auf nationaler Ebene erlassen wurden, und sich auf das gesamte Hoheitsgebiet eines Mitgliedstaats erstrecken. Die Mitgliedstaaten können gegebenenfalls Maßnahmen ergreifen, die für alle Flussgebietseinheiten und/oder für alle in ihrem Hoheitsgebiet liegenden Teile internationaler Flussgebietseinheiten gelten.

(2) Jedes Maßnahmenprogramm enthält die „grundlegenden" Maßnahmen gemäß Absatz 3 und gegebenenfalls „ergänzende" Maßnahmen.

(3) „Grundlegende Maßnahmen" sind die zu erfüllenden Mindestanforderungen und beinhalten

a) Maßnahmen zur Umsetzung gemeinschaftlicher Wasserschutzvorschriften einschließlich der Maßnahmen gemäß den Rechtsvorschriften nach Artikel 10 und Anhang VI Teil A;
b) Maßnahmen, die als geeignet für die Ziele des Artikels 9 angesehen werden;
c) Maßnahmen, die eine effiziente und nachhaltige Wassernutzung fördern, um nicht die Verwirklichung der in Artikel 4 genannten Ziele zu gefährden;
d) Maßnahmen zur Erreichung der Anforderungen nach Artikel 7, einschließlich Maßnahmen zum Schutz der Wasserqualität, um den den bei der Gewinnung von Trinkwasser erforderlichen Umfang der Aufbereitung zu verringern;
e) Begrenzungen der Entnahme von Oberflächensüßwasser und Grundwasser sowie der Aufstauung von Oberflächensüßwasser, einschließlich eines oder mehrerer Register der Wasserentnahmen und einer Vorschrift über die vorherige Genehmigung der Entnahme und der Aufstauung. Diese Begrenzungen werden regelmäßig überprüft und gegebenenfalls aktualisiert. Die Mitgliedstaaten können Entnahmen oder Aufstauungen, die keine signifikanten Auswirkungen auf den Wasserzustand haben, von diesen Begrenzungen freistellen;
f) Begrenzungen, einschließlich des Erfordernisses einer vorherigen Genehmigung von künstlichen Anreicherungen oder Auffüllungen von Grundwasserkörpern. Das verwendete Wasser kann aus Oberflächengewässern oder Grundwasser stammen, sofern die Nutzung der Quelle nicht die Verwirklichung der Umweltziele gefährdet, die für die Quelle oder den angereicherten oder vergrößerten Grundwasserkörper festgesetzt wurden. Diese Begrenzungen sind regelmäßig zu überprüfen und gegebenenfalls zu aktualisieren;
g) bei Einleitungen über Punktquellen, die Verschmutzungen verursachen können, das Erfordernis einer vorherigen Regelung, wie ein Verbot der Einleitung von Schadstoffen in das Wasser, oder eine vorherige Genehmigung oder eine Registrierung nach allgemein verbindlichen Regeln, die Emissionsbegrenzungen für die betreffenden Schadstoffe, einschließlich Begrenzungen nach den Artikeln 10 und 16, vorsehen. Diese Begrenzungen werden regelmäßig überprüft und gegebenenfalls aktualisiert;
h) bei diffusen Quellen, die Verschmutzungen verursachen können, Maßnahmen zur Verhinderung oder Begrenzung der Einleitung von Schadstoffen. Die Begrenzungen können in Form einer Vorschrift erfolgen, wonach eine vorherige Regelung, wie etwa ein Verbot der Einleitung von Schadstoffen in das Wasser, eine vorherige Genehmigung oder eine Registrierung nach allgemein verbindlichen Regeln erforderlich ist, sofern ein solches Erfordernis nicht anderweitig im Gemeinschaftsrecht vorgesehen ist. Die betreffenden Begrenzungen werden regelmäßig überprüft und gegebenenfalls aktualisiert;
i) bei allen anderen nach Artikel 5 und Anhang II ermittelten signifikanten nachteiligen Auswirkungen auf den Wasserzustand insbesondere Maßnahmen, die sicherstellen, dass die hydromorphologischen Bedingungen der Wasserkörper so beschaffen sind, dass der erforderliche ökologische Zustand oder das gute ökologische Potential bei Wasserkörpern, die als künstlich oder erheblich verändert eingestuft sind, erreicht werden kann. Die diesbezüglichen Begrenzungen können in Form einer Vorschrift erfolgen, wonach eine vorherige Genehmigung oder eine Registrierung nach allgemein verbindlichen Regeln erforderlich ist, sofern ein solches Erfordernis nicht anderweitig im Gemeinschaftsrecht vorgesehen ist. Die betreffenden Begrenzungen werden regelmäßig überprüft und gegebenenfalls aktualisiert;
j) das Verbot einer direkten Einleitung von Schadstoffen in das Grundwasser nach Maßgabe der nachstehenden Vorschriften:

   Die Mitgliedstaaten können gestatten, dass geothermisch genutztes Wasser in den Grundwasserleiter, aus dem es stammt, wiedereingeleitet wird.

   Sie können ferner unter Festlegung der entsprechenden Bedingungen folgendes gestatten:

   - die Einleitung von Wasser, das Stoffe enthält, die bei der Exploration und Förderung von Kohlenwasserstoffen oder bei Bergbauarbeiten anfallen, sowie die Einleitung von Wasser zu technischen Zwecken in geologische Formationen, aus denen Kohlenwasserstoffe oder andere Stoffe gewonnen worden sind, oder in geologische Formationen, die aus natürlichen Gründen für andere Zwecke auf Dauer ungeeignet sind. Solche Einleitungen dürfen keine anderen Stoffe als solche enthalten, die bei den obengenannten Arbeitsvorgängen anfallen;
   - die Wiedereinleitung des aus Bergwerken oder Steinbrüchen abgepumpten Wassers oder des wegen Wartungs und Bauarbeiten abgepumpten Wassers;
   - die Einleitung von Erdgas oder Flüssiggas (LPG) zu Speicherungszwecken in geologische Formationen, die aus natürlichen Gründen für andere Zwecke auf Dauer ungeeignet sind;
   - die Injektion von Kohlendioxidströmen zur Speicherung in geologische Formationen, die aus natürlichen Gründen für andere Zwecke auf Dauer ungeeignet sind, vorausgesetzt eine solche Injektion erfolgt im Einklang mit der Richtlinie 2009/31/EG des Europäischen Parlaments und des Rates vom 23. April 2009 über die geologische Speicherung von Kohlendioxid[4] oder ist gemäß Artikel 2 Absatz 2 jener Richtlinie aus ihrem Geltungsbereich ausgenommen;
   - Einleitung von Erdgas oder Flüssiggas (LPG) zu Speicherungszwecken in andere geologische Formationen, sofern die Sicherheit der Gasversorgung dringend gewährleistet werden muss und hierbei allen derzeit bestehenden oder künftigen Gefahren einer Verschlech-

[4] ABl. L 140 vom 5.6.2009, S. 114.

terung der Qualität des aufnehmenden Grundwassers vorgebeugt wird;

- Hoch- und Tiefbauarbeiten und ähnliche Arbeiten über oder unter der Erdoberfläche, bei denen ein Kontakt zum Grundwasser entsteht. Hier können die Mitgliedstaaten festlegen, dass solche Arbeiten als genehmigt betrachtet werden müssen, wenn sie im Einklang mit allgemein verbindlichen Regeln, die die Mitgliedstaaten für solche Arbeiten erstellt haben, durchgeführt werden;
- die Einleitung geringfügiger Mengen von Stoffen für wissenschaftliche Zwecke zum Studium, zum Schutz oder zur Sanierung der Wasserkörper, wobei diese Mengen auf das zu diesen Zwecken unbedingt erforderliche Mindestmaß beschränkt bleiben müssen,

sofern derartige Einleitungen das Erreichen der für den betreffenden Grundwasserkörper festgelegten Umweltziele nicht gefährden;

k) im Einklang mit den Maßnahmen, die gemäß Artikel 16 getroffen werden, Maßnahmen zur Beseitigung der Verschmutzung von Oberflächenwasser durch Stoffe, die in der gemäß Artikel 16 Absatz 2 vereinbarten Liste prioritärer Stoffe aufgeführt sind, und der schrittweisen Verringerung der Verschmutzung durch andere Stoffe, die sonst das Erreichen der gemäß Artikel 4 für die betreffenden Oberflächenwasserkörper festgelegten Ziele durch die Mitgliedstaaten verhindern würden;

l) alle erforderlichen Maßnahmen, um Freisetzungen von signifikanten Mengen an Schadstoffen aus technischen Anlagen zu verhindern und den Folgen unerwarteter Verschmutzungen, wie etwa bei Überschwemmungen, vorzubeugen und/oder diese zu mindern, auch mit Hilfe von Systemen zur frühzeitigen Entdeckung derartiger Vorkommnisse oder zur Frühwarnung und, im Falle von Unfällen, die nach vernünftiger Einschätzung nicht vorhersehbar waren, unter Einschluss aller geeigneter Maßnahmen zur Verringerung des Risikos für die aquatischen Ökosysteme.

(4) „Ergänzende Maßnahmen" sind Maßnahmen, die zusätzlich zu den grundlegenden Maßnahmen geplant und ergriffen werden, um die gemäß Artikel 4 festgelegten Ziele zu erreichen. Anhang VI Teil B enthält eine nichterschöpfende Liste solcher Maßnahmen.

Die Mitgliedstaaten können ergänzende Maßnahmen auch ergreifen, um für einen zusätzlichen Schutz der unter die vorliegende Richtlinie fallenden Gewässer oder eine Verbesserung ihres Zustands zu sorgen; dies gilt auch im Rahmen der Durchführung der einschlägigen internationalen Übereinkommen gemäß Artikel 1.

(5) Geht aus den Überwachungsdaten oder sonstigen Daten hervor, dass die gemäß Artikel 4 für den Wasserkörper festgelegten Ziele voraussichtlich nicht erreicht werden, so sorgt der betreffende Mitgliedstaat dafür, dass

- den Gründen hierfür nachgegangen wird und
- die entsprechenden Zulassungen und Genehmigungen geprüft und gegebenenfalls revidiert werden,
- die Überwachungsprogramme überprüft und gegebenenfalls angepasst werden,
- die zur Erreichung dieser Ziele erforderlichen Zusatzmaßnahmen festgelegt werden, gegebenenfalls einschließlich der Erstellung strengerer Umweltqualitätsnormen nach den Verfahren des Anhangs V.

Wenn diese Gründe auf Umständen natürlicher Art oder höherer Gewalt beruhen, die außergewöhnlich sind oder nach vernünftiger Einschätzung nicht vorhersehbar waren, wie insbesondere starke Überschwemmungen oder lang anhaltende Dürren, kann der Mitgliedstaat feststellen, dass vorbehaltlich des Artikels 4 Absatz 6 Zusatzmaßnahmen in der Praxis nicht durchführbar sind.

(6) Die Mitgliedstaaten treffen bei der Durchführung der Maßnahmen gemäß Absatz 3 alle geeigneten Vorkehrungen, damit die Meeresgewässer nicht zusätzlich verschmutzt werden. Unbeschadet der bestehenden Rechtsvorschriften darf die Durchführung von Maßnahmen gemäß Absatz 3 unter keinen Umständen direkt oder indirekt zu einer erhöhten Verschmutzung der Oberflächengewässer führen. Diese Anforderung gilt nicht, wenn sie eine stärkere Verschmutzung der Umwelt insgesamt bewirken würde.

(7) Die Maßnahmenprogramme müssen spätestens neun Jahre nach Inkrafttreten dieser Richtlinie aufgestellt sein; alle Maßnahmen müssen spätestens zwölf Jahre nach Inkrafttreten dieser Richtlinie in die Praxis umgesetzt sein.

Als Fristen gemäß Unterabsatz 1 werden für Mayotte der 22. Dezember 2015 bzw. der 22. Dezember 2018 festgelegt.

(8) Die Maßnahmenprogramme werden spätestens 15 Jahre nach Inkrafttreten dieser Richtlinie und danach alle sechs Jahre überprüft und nötigenfalls aktualisiert. Neue oder im Rahmen eines aktualisierten Programms geänderte Maßnahmen sind innerhalb von drei Jahren, nachdem sie beschlossen wurden, in die Praxis umzusetzen.

Als Frist gemäß Unterabsatz 1 wird für Mayotte der 22. Dezember 2021 festgelegt.

Artikel 12
Probleme, die nicht auf Ebene der Mitgliedstaaten behandelt werden können

(1) Stellt ein Mitgliedstaat ein Problem fest, das Auswirkungen auf die Bewirtschaftung seiner Wasserressourcen hat, von diesem Mitgliedstaat jedoch nicht gelöst werden kann, so kann er dies der Kommission und jedem anderen betroffenen Mitgliedstaat mitteilen und Empfehlungen zur Lösung dieses Problems machen.

(2) Die Kommission reagiert auf jeden Bericht oder jede Empfehlung der Mitgliedstaaten innerhalb einer Frist von sechs Monaten.

Artikel 13
Bewirtschaftungspläne für die Einzugsgebiete

(1) Die Mitgliedstaaten sorgen dafür, dass für jede Flussgebietseinheit, die vollständig in ihrem Hoheitsgebiet liegt, ein Bewirtschaftungsplan für die Einzugsgebiete erstellt wird.

(2) Liegt eine internationale Flussgebietseinheit vollständig im Gemeinschaftsgebiet, so sorgen die Mitgliedstaaten für eine Koordinierung im Hinblick auf die Erstellung eines einzigen internationalen Bewirtschaftungsplans für die Einzugsgebiete. Wird kein solcher internationaler Bewirtschaftungsplan für die Einzugsgebiete erstellt, so erstellen die Mitgliedstaaten im Hinblick auf das Erreichen der Ziele dieser Richtlinie Bewirtschaftungspläne zumindest für die in ihrem jeweiligen Hoheitsgebiet liegenden Teile der internationalen Flussgebietseinheit.

(3) Erstreckt sich eine internationale Flussgebietseinheit über die Grenzen der Gemeinschaft hinaus, so bemühen sich die Mitgliedstaaten darum, dass ein einziger Bewirtschaftungsplan für die Einzugsgebiete erstellt wird; falls dies nicht möglich ist, muss der Plan zumindest den Teil der internationalen Flussgebietseinheit erfassen, der in ihrem jeweiligen Hoheitsgebiet liegt.

(4) Der Bewirtschaftungsplan für die Einzugsgebiete enthält die in Anhang VII genannten Informationen.

(5) Die Bewirtschaftungspläne für die Einzugsgebiete können durch detailliertere Programme und Bewirtschaftungspläne für Teilgebiete, Sektoren, Problembereiche oder Gewässertypen ergänzt werden, die sich mit besonderen Aspekten der Wasserwirtschaft befassen. Die Durchführung dieser

Maßnahmen befreit die Mitgliedstaaten nicht von den übrigen Verpflichtungen im Rahmen dieser Richtlinie.

(6) Die Bewirtschaftungspläne für die Einzugsgebiete werden spätestens neun Jahre nach Inkrafttreten dieser Richtlinie veröffentlicht.

Als Frist gemäß Unterabsatz 1 wird für Mayotte der 22. Dezember 2015 festgelegt.

(7) Die Bewirtschaftungspläne für die Einzugsgebiete werden spätestens 15 Jahre nach Inkrafttreten dieser Richtlinie und danach alle sechs Jahre überprüft und aktualisiert.

Als Frist gemäß Unterabsatz 1 wird für Mayotte der 22. Dezember 2021 festgelegt.

Artikel 14
Information und Anhörung der Öffentlichkeit

(1) Die Mitgliedstaaten fördern die aktive Beteiligung aller interessierten Stellen an der Umsetzung dieser Richtlinie, insbesondere an der Aufstellung, Überprüfung und Aktualisierung der Bewirtschaftungspläne für die Einzugsgebiete. Die Mitgliedstaaten sorgen dafür, dass sie für jede Flussgebietseinheit folgendes veröffentlichen und der Öffentlichkeit, einschließlich den Nutzern, zugänglich machen, damit diese Stellung nehmen kann:

a) einen Zeitplan und ein Arbeitsprogramm für die Aufstellung des Plans, einschließlich einer Erklärung über die zu treffenden Anhörungsmaßnahmen, und zwar spätestens drei Jahre vor Beginn des Zeitraums, auf den sich der Plan bezieht;
b) einen vorläufigen Überblick über die für das Einzugsgebiet festgestellten wichtigen Wasserbewirtschaftungsfragen, und zwar spätestens zwei Jahre vor Beginn des Zeitraums, auf den sich der Plan bezieht;
c) Entwürfe des Bewirtschaftungsplans für die Einzugsgebiete, und zwar spätestens ein Jahr vor Beginn des Zeitraums, auf den sich der Bewirtschaftungsplan bezieht.

Auf Antrag wird auch Zugang zu Hintergrunddokumenten und -informationen gewährt, die bei der Erstellung des Bewirtschaftungsplanentwurfs herangezogen wurden.

(2) Um eine aktive Einbeziehung und Anhörung zu ermöglichen, räumen die Mitgliedstaaten für schriftliche Bemerkungen zu diesen Unterlagen eine Frist von mindestens sechs Monaten ein.

(3) Die Absätze 1 und 2 gelten auch für die aktualisierten Bewirtschaftungspläne für die Einzugsgebiete.

Artikel 15
Berichterstattung

(1) Die Mitgliedstaaten übermitteln der Kommission und allen betroffenen Mitgliedstaaten innerhalb von drei Monaten nach Veröffentlichung Kopien folgender Bewirtschaftungspläne für die Einzugsgebiete und aller späteren aktualisierten Fassungen:

a) bei Flussgebietseinheiten, die vollständig im Hoheitsgebiet eines Mitgliedstaats liegen, sämtliche gemäß Artikel 13 veröffentlichten Bewirtschaftungspläne für Einzugsgebiete, die dieses Hoheitsgebiet abdecken;
b) bei internationalen Flussgebietseinheiten zumindest den Teil des Bewirtschaftungsplans, der das Hoheitsgebiet des Mitgliedstaats abdeckt.

(2) Die Mitgliedstaaten unterbreiten zusammenfassende Berichte der im Hinblick auf den ersten Bewirtschaftungsplan für das Einzugsgebiet durchgeführten

– Analysen gemäß Artikel 5 und
– Überwachungsprogramme gemäß Artikel 8

binnen drei Monaten nach ihrer Fertigstellung.

(3) Die Mitgliedstaaten legen innerhalb von drei Jahren nach der Veröffentlichung jedes Bewirtschaftungsplans für die Einzugsgebiete oder jeder Aktualisierung gemäß Artikel 13 einen Zwischenbericht mit einer Darstellung der Fortschritte vor, die bei der Durchführung des geplanten Maßnahmenprogramms erzielt wurden.

Artikel 16
Strategien gegen die Wasserverschmutzung

(1) Das Europäische Parlament und der Rat verabschieden spezifische Maßnahmen zur Bekämpfung der Wasserverschmutzung durch einzelne Schadstoffe oder Schadstoffgruppen, die ein erhebliches Risiko für oder durch die aquatische Umwelt darstellen, einschließlich der entsprechenden Risiken für Gewässer, die zur Trinkwasserentnahme genutzt werden. In Bezug auf diese Schadstoffe zielen die Maßnahmen auf eine schrittweise Reduzierung ab und in Bezug auf prioritäre gefährliche Stoffe gemäß der Definition in Artikel 2 Nummer 30 auf die Beendigung oder schrittweise Einstellung von Einleitungen, Emissionen und Verlusten. Diese Maßnahmen werden aufgrund der Vorschläge erlassen, die die Kommission nach den Verfahren des Vertrags unterbreitet.

(2) Die Kommission legt einen Vorschlag für eine Liste prioritärer Stoffe vor, die unter den Stoffen ausgewählt werden, die ein erhebliches Risiko für bzw. durch die aquatische Umwelt darstellen. Die Vergabe der Prioritäten richtet sich nach dem jeweiligen Risiko für bzw. durch die aquatische Umwelt, das wie folgt bewertet wird:

a) in Form einer Risikobewertung im Rahmen der Verordnung (EWG) Nr. 793/93 des Rates[5], der Richtlinie 91/414/EWG des Rates[6] und der Richtlinie 98/8/EG des Europäischen Parlaments und des Rates[7] oder
b) in Form einer zielgerichteten risikobezogenen Bewertung gemäß den Verfahren der Verordnung (EWG) Nr. 793/93 mit ausschließlicher Prüfung der aquatischen Ökotoxizität und der über die aquatische Umwelt gegebenen Humantoxizität.

Wenn dies zur Einhaltung des in Absatz 4 festgelegten Zeitplans erforderlich ist, sind Stoffe auf der Grundlage ihres Risikos für oder durch die aquatische Umwelt als prioritär für Maßnahmen einzustufen, wobei die Einstufung in Form einer vereinfachten, auf wissenschaftlichen Grundsätzen beruhenden risikobezogenen Bewertung erfolgt, bei der folgende Faktoren besonders berücksichtigt werden:

– Hinweise auf die inhärente Gefährlichkeit des betreffenden Stoffes, insbesondere im Hinblick auf die aquatische Ökotoxizität und auf die im Wege einer aquatischen Exposition gegebene Humantoxizität, und
– Befunde aus der Überwachung über weitverbreitete Formen der Verschmutzung und
– andere nachgewiesene Faktoren, die auf eine weitverbreitete Verschmutzung schließen lassen, z. B. Umfang der Produktion und der Verwendung des betreffenden Stoffs sowie typische Arten der Verwendung.

(3) In dem Vorschlag der Kommission werden auch die prioritären gefährlichen Stoffe genannt. Dabei berücksichtigt die Kommission die Auswahl bedenklicher Stoffe, die in den einschlägigen Gemeinschaftsvorschriften bezüglich gefährlicher Stoffe oder in einschlägigen internationalen Übereinkommen getroffen wird.

---

[5] ABl. L 84 vom 5.4.1993, S. 1.

[6] ABl. L 230 vom 19.8.1991, S. 1. Richtlinie zuletzt geändert durch die Richtlinie 98/47/EG (ABl. L 191 vom 7.7.1998, S. 50).

[7] ABl. L 123 vom 24.4.1998, S. 1.

(4) Die Kommission überprüft die angenommene Liste prioritärer Stoffe spätestens vier Jahre nach Inkrafttreten dieser Richtlinie und von da an mindestens alle sechs Jahre und legt gegebenenfalls Vorschläge vor.

(5) Die Kommission berücksichtigt bei Erstellung ihres Vorschlags Empfehlungen des Wissenschaftlichen Ausschusses „Toxizität, Ökotoxizität und Umwelt“ sowie Empfehlungen der Mitgliedstaaten, des Europäischen Parlaments, der Europäischen Umweltagentur, der gemeinschaftlichen Forschungsprogramme, internationaler Organisationen, denen die Gemeinschaft angehört, europäischer Wirtschaftsverbände, einschließlich Organisationen, die die kleinen und mittleren Unternehmen vertreten, europäischer Umweltorganisationen sowie jegliche weiteren relevanten Informationen, von denen sie Kenntnis erlangt.

(6) Die Kommission legt für die prioritären Stoffe Vorschläge für Begrenzungen vor zur

- schrittweisen Verringerung von Einleitungen, Emissionen und Verlusten der betreffenden Stoffe und insbesondere
- zur Beendigung oder schrittweisen Einstellung von Einleitungen, Emissionen und Verlusten der gemäß Absatz 3 bestimmten Stoffe, einschließlich eines entsprechenden Zeitplans. Der Zeitplan darf 20 Jahre ab dem Zeitpunkt, zu dem diese Vorschläge gemäß den Bestimmungen dieses Artikels vom Europäischen Parlament und vom Rat angenommen werden, nicht überschreiten.

Sie ermittelt dabei sowohl für Punktquellen als auch für diffuse Quellen unter dem Gesichtspunkt der Kostenwirksamkeit und der Verhältnismäßigkeit das angemessene Niveau und die Kombination von Produkt- und Verfahrenseinschränkungen und berücksichtigt gemeinschaftsweite einheitliche Emissionsgrenzwerte für Verfahrenseinschränkungen. Gemeinschaftliche Maßnahmen zwecks Begrenzung der Emissionen aus technischen Verfahren können gegebenenfalls nach Branchen geordnet werden. Schließen Produkteinschränkungen eine Überprüfung der einschlägigen Genehmigungen in, die gemäß der Richtlinie 91/414/EWG und der Richtlinie 98/8/EG erteilt wurden, so werden die Überprüfungen gemäß diesen Richtlinien durchgeführt. Bei jedem Vorschlag für Begrenzungsmaßnahmen sind spezifische Bestimmungen für deren Überprüfung und Aktualisierung sowie die Bewertung ihrer Wirksamkeit vorzusehen.

(7) Die Kommission schlägt Qualitätsnormen für die Konzentrationen der prioritären Stoffe in Oberflächenwasser, Sedimenten oder Biota vor.

(8) Die Kommission unterbreitet die Vorschläge gemäß den Absätzen 6 und 7 zumindest für die Emissionsbegrenzung von Punktquellen und für die Umweltqualitätsnormen binnen zwei Jahren nach Aufnahme des betreffenden Stoffs in die Liste prioritärer Stoffe. Kommt bei Stoffen, die in die erste Liste prioritärer Stoffe aufgenommen sind, sechs Jahre nach Inkrafttreten dieser Richtlinie keine Einigung auf Gemeinschaftsebene zustande, so legen die Mitgliedstaaten für alle Oberflächengewässer, die von Einleitungen dieser Stoffe betroffen sind, u. a. unter Erwägung aller technischen Möglichkeiten zu ihrer Verminderung Umweltqualitätsnormen und Begrenzungsmaßnahmen für die Hauptquellen dieser Einleitungen fest. Kommt bei Stoffen, die später in die Liste prioritärer Stoffe aufgenommen werden, keine Einigung auf Gemeinschaftsebene zustande, so ergreifen die Mitgliedstaaten die entsprechenden Maßnahmen fünf Jahre nach Aufnahme in die Liste.

(9) Die Kommission kann Strategien gegen die Wasserverschmutzung durch andere Schadstoffe oder Schadstoffgruppen, einschließlich der Verschmutzung durch Unfälle, erarbeiten.

(10) Bei der Erstellung ihrer Vorschläge gemäß den Absätzen 6 und 7 überprüft die Kommission auch alle in Anhang IX aufgeführten Richtlinien. Sie schlägt bis zu dem in Absatz 8 genannten Zeitpunkt eine Überprüfung der Begrenzungsmaßnahmen gemäß Anhang IX für alle in die Liste prioritärer Stoffe aufgenommenen Stoffe vor und unterbreitet Vorschläge für die geeigneten Maßnahmen, einschließlich der etwaigen Aufhebung der Begrenzungsmaßnahmen gemäß Anhang IX für alle anderen Stoffe.

Alle Begrenzungsmaßnahmen gemäß Anhang IX, für die Überprüfungen vorgeschlagen werden, werden mit Inkrafttreten der überprüften Regelung aufgehoben.

(11) Die von der Kommission vorgeschlagene Liste prioritärer Stoffe nach den Absätzen 2 und 3 wird nach ihrer Annahme durch das Europäische Parlament und den Rat Anhang X dieser Richtlinie. Ihre Überprüfung gemäß Absatz 4 erfolgt nach dem gleichen Verfahren.

Artikel 17
Strategien zur Verhinderung und Begrenzung der Grundwasserverschmutzung

(1) Das Europäische Parlament und der Rat erlassen spezielle Maßnahmen zur Verhinderung und Begrenzung der Grundwasserverschmutzung. Diese Maßnahmen dienen dazu, das Ziel eines guten chemischen Zustands des Grundwassers gemäß Artikel 4 Absatz 1 Buchstabe b) zu erreichen; sie werden auf Vorschlag der Kommission, der innerhalb von zwei Jahren nach dem Inkrafttreten dieser Richtlinie vorzulegen ist, nach den im Vertrag festgelegten Verfahren erlassen.

(2) Wenn die Kommission Maßnahmen vorschlägt, berücksichtigt sie die gemäß Artikel 5 und Anhang II durchgeführten Analysen. Entsprechende Maßnahmen werden, sofern die Daten vorliegen, zu einem früheren Zeitpunkt vorgeschlagen und umfassen folgendes:

a) Kriterien für die Beurteilung eines guten chemischen Zustands des Grundwassers gemäß Anhang II Randnummer 2.2 und Anhang V Randnummern 2.3.2 und 2.4.5;

b) Kriterien für die Ermittlung signifikanter und anhaltender steigender Trends sowie für die Festlegung der gemäß Anhang V Randnummer 2.4.4 anzusetzenden Ausgangspunkte für die Trendumkehr.

(3) Maßnahmen, die sich aus der Anwendung von Absatz 1 ergeben, sind in die nach Artikel 11 erforderlichen Maßnahmenprogramme aufzunehmen.

(4) Liegen keine auf Gemeinschaftsebene gemäß Absatz 2 festgelegten Kriterien vor, so stellen die Mitgliedstaaten spätestens fünf Jahre nach Inkrafttreten dieser Richtlinie geeignete Kriterien auf.

(5) Liegen keine auf nationaler Ebene gemäß Absatz 4 festgelegten Kriterien vor, so liegt der Ausgangspunkt für die Trendumkehr bei höchstens 75% des Niveaus der Qualitätsnormen, die in bestehenden, auf das Grundwasser anwendbaren Rechtsvorschriften der Gemeinschaft festgelegt sind.

Artikel 18
Bericht der Kommission

(1) Die Kommission veröffentlicht spätestens zwölf Jahre nach Inkrafttreten dieser Richtlinie und von da an alle sechs Jahre einen Bericht über die Umsetzung dieser Richtlinie und legt ihn dem Europäischen Parlament und dem Rat vor.

(2) Dieser Bericht enthält folgende Informationen:

a) einen Überblick über den Stand der Umsetzung dieser Richtlinie;

b) einen mit der Europäischen Umweltagentur abgestimmten Überblick über den Zustand von Oberflächen- und Grundwasser in der Gemeinschaft;

c) eine Übersicht über die gemäß Artikel 15 vorgelegten Bewirtschaftungspläne für die Einzugsgebiete, einschließlich Empfehlungen für die Verbesserung künftiger Pläne;

d) eine Zusammenfassung der Stellungnahmen zu allen Berichten und Empfehlungen, die die Mitgliedstaaten der Kommission gemäß Artikel 12 vorlegen;
e) eine Zusammenfassung aller gemäß Artikel 16 entwickelter Vorschläge, Begrenzungsmaßnahmen und Strategien;
f) eine Zusammenfassung der Antworten auf Bemerkungen des Europäischen Parlaments und des Rates zu früheren Berichten über die Umsetzung.

(3) Die Kommission veröffentlicht ferner einen Bericht über den Stand der Umsetzung, der sich auf die zusammenfassenden Berichte der Mitgliedstaaten gemäß Artikel 15 Absatz 2 stützt, und legt diesen Bericht spätestens zwei Jahre nach den in den Artikeln 5 und 8 genannten Zeitpunkten dem Europäischen Parlament und den Mitgliedstaaten vor.

(4) Die Kommission veröffentlicht innerhalb von drei Jahren nach Veröffentlichung der einzelnen Berichte gemäß Absatz 1 einen Zwischenbericht, in dem auf der Grundlage der Zwischenberichte der Mitgliedstaaten nach Artikel 15 Absatz 3 der Stand der Umsetzung dargelegt wird. Dieser Zwischenbericht wird dem Europäischen Parlament und dem Rat vorgelegt.

(5) Die Kommission beruft gegebenenfalls im Einklang mit dem Berichterstattungszyklus eine Konferenz der an der Wasserpolitik der Gemeinschaft interessierten Stellen aus den einzelnen Mitgliedstaaten ein; Zweck dieser Konferenz ist die Kommentierung des Durchführungsberichts der Kommission sowie der Erfahrungsaustausch.

Zu den Teilnehmern sollten Vertreter der zuständigen Behörden, des Europäischen Parlaments, der nichtstaatlichen Organisationen, der Sozial- und Wirtschaftspartner, der Verbraucherorganisationen, Wissenschaftler und weitere Sachverständige gehören.

Artikel 19
Pläne für künftige Maßnahmen der Gemeinschaft

(1) Die Kommission legt dem in Artikel 21 genannten Ausschuss jährlich informationshalber einen indikativen Plan von für die nahe Zukunft geplanten Maßnahmen vor, die Auswirkungen auf Wasserschutzvorschriften haben; hierzu gehören auch Maßnahmen im Rahmen der gemäß Artikel 16 entwickelten Vorschläge, Begrenzungsmaßnahmen und Strategien. Die Kommission unterbreitet spätestens zwei Jahre nach Inkrafttreten dieser Richtlinie die erste Vorlage dieser Art.

(2) Die Kommission überprüft diese Richtlinie spätestens 19 Jahre nach ihrem Inkrafttreten und schlägt gegebenenfalls erforderliche Änderungen vor.

Artikel 20
Technische Anpassungen dieser Richtlinie

(1) Die Anhänge I und III sowie Anhang V Randnummer 1.3.6 können unter Berücksichtigung der Zeiträume für die Überprüfung und Aktualisierung der Bewirtschaftungspläne für das Einzugsgebiet gemäß Artikel 13 an den wissenschaftlichen und technischen Fortschritt angepasst werden. Diese Maßnahmen zur Änderung nicht wesentlicher Bestimmungen dieser Richtlinie werden nach dem in Artikel 21 Absatz 3 genannten Regelungsverfahren mit Kontrolle erlassen.

Die Kommission kann erforderlichenfalls nach dem in Artikel 21 Absatz 2 genannten Regelungsverfahren Leitlinien für die Durchführung der Anhänge II und V festlegen.

(2) Für die Übermittlung und Verarbeitung von Daten, einschließlich statistischer und kartografischer Daten, können technische Formate für die Zwecke des Absatzes 1 nach dem in Artikel 21 Absatz 2 genannten Regelungsverfahren festgelegt werden.

Artikel 21
Ausschussverfahren

(1) Die Kommission wird von einem Ausschuss unterstützt.

(2) Wird auf diesen Absatz Bezug genommen, so gelten die Artikel 5 und 7 des Beschlusses 1999/468/EG unter Beachtung von dessen Artikel 8.

Der Zeitraum nach Artikel 5 Absatz 6 des Beschlusses 1999/468/EG wird auf drei Monate festgesetzt.

(3) Wird auf diesen Absatz Bezug genommen, so gelten Artikel 5a Absätze 1 bis 4 und Artikel 7 des Beschlusses 1999/468/EG unter Beachtung von dessen Artikel 8.

Artikel 22
Aufhebung von Rechtsakten und Übergangsbestimmungen

(1) Folgende Rechtsakte werden sieben Jahre nach Inkrafttreten dieser Richtlinie aufgehoben:

- Richtlinie 75/440/EWG des Rates vom 16. Juni 1975 über die Qualitätsanforderungen an Oberflächenwasser für die Trinkwassergewinnung in den Mitgliedstaaten[8],
- Entscheidung 77/795/EWG des Rates vom 12. Dezember 1977 zur Einführung eines Gemeinsamen Verfahrens zum Informationsaustausch über die Qualität des Oberflächensüßwassers in der Gemeinschaft[9];
- Richtlinie 79/869/EWG des Rates vom 9. Oktober 1979 über die Meßmethoden sowie über die Häufigkeit der Probenahmen und der Analysen des Oberflächenwassers für die Trinkwassergewinnung in den Mitgliedstaaten[10],

(2) Folgende Rechtsakte werden 13 Jahre nach Inkrafttreten dieser Richtlinie aufgehoben:

- Richtlinie 78/659/EWG des Rates vom 18. Juli 1978 über die Qualität von Süßwasser, das schutz- und verbesserungsbedürftig ist, um das Leben von Fischen zu erhalten[11];
- Richtlinie 79/923/EWG des Rates vom 30. Oktober 1979 über die Qualitätsanforderungen an Muschelgewässer[12];
- Richtlinie 80/68/EWG des Rates vom 17. Dezember 1979 über den Schutz des Grundwassers gegen Verschmutzung durch bestimmte gefährliche Stoffe;
- Richtlinie 76/464/EWG, mit Ausnahme des Artikels 6, der mit Inkrafttreten der vorliegenden Richtlinie aufgehoben wird.

(3) Für die Richtlinie 76/464/EWG gelten folgende Übergangsbestimmungen:

a) Die gemäß Artikel 16 der vorliegenden Richtlinie festgelegte Liste prioritärer Stoffe ersetzt die in der Mitteilung der Kommission an den Rat vom 22. Juni 1982 enthaltene Liste der prioritären Stoffe;
b) für die Zwecke des Artikels 7 der Richtlinie 76/464/EWG können die Mitgliedstaaten die in der vorliegenden Richtlinie vorgesehenen Grundsätze für die Feststellung von Verschmutzungsproblemen und der sie verursachenden Stoffe, die Festlegung von Qualitätsnormen und die Verabschiedung von Maßnahmen anwenden.

(4) Die Umweltziele gemäß Artikel 4 und die Qualitätsnormen, die in Anhang IX und nach Artikel 16 Absatz 7 festgelegt sind und von den Mitgliedstaaten gemäß Anhang V für

---

[8] ABl. L 194 vom 25.7.1975, S. 26. Richtlinie zuletzt geändert durch die Richtlinie 91/692/EWG.

[9] ABl. L 334 vom 24.12.1977, S. 29. Entscheidung zuletzt geändert durch die Beitrittsakte von 1994.

[10] ABl. L 271 vom 29.10.1979, S. 44. Richtlinie zuletzt geändert durch die Beitrittsakte von 1994.

[11] ABl. L 271 vom 29.10.1979, S. 44. Richtlinie zuletzt geändert durch die Beitrittsakte von 1994.

[12] ABl. L 281 vom 10.11.1979, S. 47. Richtlinie geändert durch die Richtlinie 91/692/EWG.

nicht auf der Liste prioritärer Stoffe stehende Stoffe und nach Artikel 16 Absatz 8 hinsichtlich prioritärer Stoffe, für die keine Gemeinschaftsnormen vorgegeben sind, festgelegt werden, gelten im Sinne des Artikels 2 Nummer 7 und des Artikels 10 der Richtlinie 96/61/EG als Umweltqualitätsnormen.

(5) Ist ein auf der Liste prioritärer Stoffe nach Artikel 16 stehender Stoff nicht in Anhang VIII dieser Richtlinie oder in Anhang III der Richtlinie 96/61/EG enthalten, so wird er darin aufgenommen.

(6) Bei Oberflächenwasserkörpern müssen mit den Umweltzielen, die im Rahmen des ersten Bewirtschaftungsplans für das Einzugsgebiet gemäß dieser Richtlinie festgelegt werden, als Mindestregelung Qualitätsnormen wirksam werden, die zumindest ebenso streng sind wie die zur Durchführung der Richtlinie 76/464/EWG erforderlichen Normen.

Artikel 23
Sanktionen

Die Mitgliedstaaten legen Sanktionen für Verstöße gegen die zur Umsetzung dieser Richtlinie erlassenen innerstaatlichen Bestimmungen fest. Die festgelegten Sanktionen müssen wirksam, angemessen und abschreckend sein.

Artikel 24
Umsetzung

(1) Die Mitgliedstaaten erlassen die Rechts- und Verwaltungsvorschriften, die erforderlich sind, um dieser Richtlinie spätestens ab dem 22. Dezember 2003 nachzukommen. Sie setzen die Kommission unverzüglich davon in Kenntnis.

Wenn die Mitgliedstaaten Vorschriften nach Unterabsatz 1 erlassen, nehmen sie in den Vorschriften selbst oder durch einen Hinweis bei der amtlichen Veröffentlichung auf diese Richtlinie Bezug. Die Mitgliedstaaten regeln die Einzelheiten der Bezugnahme.

(2) Die Mitgliedstaaten teilen der Kommission den Wortlaut der wichtigsten innerstaatlichen Rechtsvorschriften mit, die sie auf dem unter diese Richtlinie fallenden Gebiet erlassen. Die Kommission unterrichtet die anderen Mitgliedstaaten hiervon.

Artikel 25
Inkrafttreten

Diese Richtlinie tritt am Tag ihrer Veröffentlichung im Amtsblatt der Europäischen Gemeinschaften in Kraft.

Artikel 26
Adressaten

Diese Richtlinie ist an die Mitgliedstaaten gerichtet.

Anmerkung:
Die Anhänge werden nicht abgedruckt.

C. Bundesrecht

I. Bundesverfassungsrecht

Bundesverfassungsgesetz – B-VG

BGBl 1/1930 (Wv), zuletzt geändert durch BGBl I 89/2024

Artikel 10. (1) Bundessache ist die Gesetzgebung und die Vollziehung in folgenden Angelegenheiten:

…

6. Zivilrechtswesen einschließlich des wirtschaftlichen Assoziationswesens, jedoch mit Ausschluss von Regelungen, die den Grundstücksverkehr für Ausländer und den Verkehr mit bebauten oder zur Bebauung bestimmten Grundstücken verwaltungsbehördlichen Beschränkungen unterwerfen, einschließlich des Rechtserwerbes von Todes wegen durch Personen, die nicht zum Kreis der gesetzlichen Erben gehören; Privatstiftungswesen; Strafrechtswesen mit Ausschluss des Verwaltungsstrafrechtes und des Verwaltungsstrafverfahrens in Angelegenheiten, die in den selbständigen Wirkungsbereich der Länder fallen; Justizpflege; Einrichtungen zum Schutz der Gesellschaft gegen verbrecherische oder sonstige gefährliche Personen; Urheberrecht; Pressewesen; Enteignung, soweit sie nicht Angelegenheiten betrifft, die in den selbständigen Wirkungsbereich der Länder fallen; Angelegenheiten der Notare, der Rechtsanwälte und verwandter Berufe; außergerichtliche Vermittlung von Streitigkeiten in den Angelegenheiten des Zivilrechtswesens und des Strafrechtswesens;[1]

7. …

8. Angelegenheiten des Gewerbes und der Industrie; öffentliche Agentien und Privatgeschäftsvermittlungen; Bekämpfung des unlauteren Wettbewerbes; Patentwesen sowie Schutz von Mustern, Marken und anderen Warenbezeichnungen; Angelegenheiten der Patentanwälte; Ingenieur- und Ziviltechnikerwesen; Kammern für Handel, Gewerbe und Industrie; Einrichtung beruflicher Vertretungen, soweit sie sich auf das ganze Bundesgebiet erstrecken, mit Ausnahme solcher auf land- und forstwirtschaftlichem Gebiet;

9. Verkehrswesen bezüglich der Eisenbahnen und der Luftfahrt sowie der Schifffahrt, soweit diese nicht unter Art. 11 fällt; Kraftfahrwesen; Angelegenheiten der wegen ihrer Bedeutung für den Durchzugsverkehr durch Bundesgesetz als Bundesstraßen erklärten Straßenzüge außer der Straßenpolizei; Strom- und Schifffahrtspolizei, soweit sie nicht unter Art. 11 fällt; Post- und Fernmeldewesen; Umweltverträglichkeitsprüfung für Bundesstraßen und Eisenbahn-Hochleistungsstrecken, bei denen mit erheblichen Auswirkungen auf die Umwelt zu rechnen ist;

10. Bergwesen; Forstwesen einschließlich des Triftwesens; Wasserrecht; Regulierung und Instandhaltung der Gewässer zum Zweck der unschädlichen Ableitung der Hochfluten oder zum Zweck der Schifffahrt und Flößerei; Wildbachverbauung; Bau und Instandhaltung von Wasserstraßen; Normalisierung und Typisierung elektrischer Anlagen und Einrichtungen, Sicherheitsmaßnahmen auf diesem Gebiet; Starkstromwegerecht, soweit sich die Leitungsanlage auf zwei oder mehrere Länder erstreckt; Dampfkessel- und Kraftmaschinenwesen; Vermessungswesen;

11. …

12. Gesundheitswesen mit Ausnahme des Leichen- und Bestattungswesens sowie des Gemeindesanitätsdienstes und Rettungswesens, hinsichtlich der Heil- und Pflegeanstalten, des Kurortewesens und der natürlichen Heilvorkommen jedoch nur die sanitäre Aufsicht; Maßnahmen zur Abwehr von gefährlichen Belastungen der Umwelt, die durch Überschreitung von Immissionsgrenzwerten entstehen; Luftreinhaltung, unbeschadet der Zuständigkeit der Länder für Heizungsanlagen; Abfallwirtschaft hinsichtlich gefährlicher Abfälle, hinsichtlich anderer Abfälle nur soweit ein Bedürfnis nach Erlassung einheitlicher Vorschriften vorhanden ist; Veterinärwesen; Ernährungswesen einschließlich der Nahrungsmittelkontrolle; Regelung des geschäftlichen Verkehrs mit Saat- und Pflanzgut, Futter-, Dünge- und Pflanzenschutzmitteln sowie mit Pflanzenschutzgeräten, einschließlich der Zulassung und bei Saat- und Pflanzgut auch der Anerkennung;

…

Artikel 11. (1) Bundessache ist die Gesetzgebung, Landessache die Vollziehung in folgenden Angelegenheiten:

…

7. Umweltverträglichkeitsprüfung für Vorhaben, bei denen mit erheblichen Auswirkungen auf die Umwelt zu rechnen ist; soweit ein Bedürfnis nach Erlassung einheitlicher Vorschriften als vorhanden erachtet wird, Genehmigung solcher Vorhaben;

…

(2) – (4) …

(5) Soweit ein Bedürfnis nach Erlassung einheitlicher Vorschriften vorhanden ist, können durch Bundesgesetz einheitliche Emissionsgrenzwerte für Luftschadstoffe festgelegt werden. Diese dürfen in den die einzelnen Gebiete der Verwaltung regelnden Bundes- und Landesvorschriften nicht überschritten werden.

(6) Soweit ein Bedürfnis nach Erlassung einheitlicher Vorschriften als vorhanden erachtet wird, werden auch das Bürgerbeteiligungsverfahren für bundesgesetzlich zu bestimmende Vorhaben, die Beteiligung an den einem Bürgerbeteiligungsverfahren nachfolgenden Verwaltungsverfahren und die Berücksichtigung der Ergebnisse des Bürgerbeteiligungsverfahrens bei der Erteilung der für die betroffenen Vorhaben erforderlichen Genehmigungen sowie die Genehmigung der in Art. 10 Abs. 1 Z 9 genannten Vorhaben durch Bundesgesetz geregelt. Für die Vollziehung dieser Vorschriften gilt Abs. 4.

(7) – (9) …

…

Artikel 15. (1) Soweit eine Angelegenheit nicht ausdrücklich durch die Bundesverfassung der Gesetzgebung oder auch der Vollziehung des Bundes übertragen ist, verbleibt sie im selbständigen Wirkungsbereich der Länder.

(2) – (8) …

(9) Die Länder sind im Bereich ihrer Gesetzgebung befugt, die zur Regelung des Gegenstandes erforderlichen Bestimmungen auch auf dem Gebiet des Straf- und Zivilrechtes zu treffen.

[1] Letzte Wortgruppe angefügt durch BGBl I 14/2019.

Artikel 15a. (1) Bund und Länder können untereinander Vereinbarungen über Angelegenheiten ihres jeweiligen Wirkungsbereiches schließen. Der Abschluss solcher Vereinbarungen namens des Bundes obliegt je nach dem Gegenstand der Bundesregierung oder den Bundesministern. Vereinbarungen, die auch die Organe der Bundesgesetzgebung binden sollen, dürfen nur von der Bundesregierung mit Genehmigung des Nationalrates abgeschlossen werden, wobei Art. 50 Abs. 3 auf solche Beschlüsse des Nationalrates sinngemäß anzuwenden ist; sie sind im Bundesgesetzblatt kundzumachen.

(2) Vereinbarungen der Länder untereinander können nur über Angelegenheiten ihres selbständigen Wirkungsbereiches getroffen werden und sind der Bundesregierung unverzüglich zur Kenntnis zu bringen.

(3) Die Grundsätze des völkerrechtlichen Vertragsrechtes sind auf Vereinbarungen im Sinne des Abs. 1 anzuwenden. Das Gleiche gilt auch für Vereinbarungen im Sinne des Abs. 2, soweit nicht durch übereinstimmende Verfassungsgesetze der betreffenden Länder anderes bestimmt ist.

…

Artikel 94.[2] (1) Die Justiz ist von der Verwaltung in allen Instanzen getrennt.

(2) Durch Bundes- oder Landesgesetz kann in einzelnen Angelegenheiten anstelle der Erhebung einer Beschwerde beim Verwaltungsgericht ein Instanzenzug von der Verwaltungsbehörde an die ordentlichen Gerichte vorgesehen werden. In den Angelegenheiten der Vollziehung des Bundes, die nicht unmittelbar von Bundesbehörden besorgt werden, sowie in den Angelegenheiten der Art. 11, 12, 14 Abs. 2 und 3 und 14a Abs. 3 und 4 dürfen Bundesgesetze gemäß dem ersten Satz nur mit Zustimmung der Länder kundgemacht werden. Für Landesgesetze gemäß dem ersten Satz gilt Art. 97 Abs. 2 sinngemäß.

…

Artikel 140. (1)[3] Der Verfassungsgerichtshof erkennt über Verfassungswidrigkeit

1. von Gesetzen
   a) auf Antrag eines Gerichtes;
   b) von Amts wegen, wenn er das Gesetz in einer bei ihm anhängigen Rechtssache anzuwenden hätte;
   c) auf Antrag einer Person, die unmittelbar durch diese Verfassungswidrigkeit in ihren Rechten verletzt zu sein behauptet, wenn das Gesetz ohne Fällung einer gerichtlichen Entscheidung oder ohne Erlassung eines Bescheides für diese Person wirksam geworden ist;
   d) auf Antrag einer Person, die als Partei einer von einem ordentlichen Gericht in erster Instanz entschiedenen Rechtssache wegen Anwendung eines verfassungswidrigen Gesetzes in ihren Rechten verletzt zu sein behauptet, aus Anlass eines gegen diese Entscheidung erhobenen Rechtsmittels;
2. von Bundesgesetzen auch auf Antrag einer Landesregierung, eines Drittels der Mitglieder des Nationalrates oder eines Drittels der Mitglieder des Bundesrates;
3. von Landesgesetzen auch auf Antrag der Bundesregierung oder, wenn dies landesverfassungsgesetzlich vorgesehen ist, auf Antrag eines Drittels der Mitglieder des Landtages.

Auf Anträge gemäß Z 1 lit. c und d ist Art. 89 Abs. 3 sinngemäß anzuwenden.

…

[2] Ab 1. Jänner 2014 geltende Fassung.
Bis 31. Dezember 2013 lautete Art 94 B-VG wie folgt:
„**Artikel 94.** Die Justiz ist von der Verwaltung in allen Instanzen getrennt.“

[3] Anm: Neu gefasst durch BGBl I 114/2013.

Bundesverfassungsgesetz für ein atomfreies Österreich

BGBl I 149/1999

§ 1. In Österreich dürfen Atomwaffen nicht hergestellt, gelagert, transportiert, getestet oder verwendet werden. Einrichtungen für die Stationierung von Atomwaffen dürfen nicht geschaffen werden.

§ 2. Anlagen, die dem Zweck der Energiegewinnung durch Kernspaltung dienen, dürfen in Österreich nicht errichtet werden. Sofern derartige bereits bestehen, dürfen sie nicht in Betrieb genommen werden.

§ 3. Die Beförderung von spaltbarem Material auf österreichischem Staatsgebiet ist untersagt, sofern dem völkerrechtliche Verpflichtungen nicht entgegenstehen. Von diesem Verbot ausgenommen ist der Transport für Zwecke der ausschließlich friedlichen Nutzung, nicht jedoch für Zwecke der Energiegewinnung durch Kernspaltung und deren Entsorgung. Darüber hinaus sind keine Ausnahmegenehmigungen zu erteilen.

§ 4. Durch Gesetz ist sicherzustellen, daß Schäden, die in Österreich auf Grund eines nuklearen Unfalles eintreten, angemessen ausgeglichen werden und dieser Schadenersatz möglichst auch gegenüber ausländischen Schädigern durchgesetzt werden kann.

§ 5. Die Vollziehung dieses Bundesverfassungsgesetzes obliegt der Bundesregierung.

Bundesverfassungsgesetz Nachhaltigkeit, Tierschutz, umfassender Umweltschutz, Sicherstellung der Wasser- und Lebensmittelversorgung und Forschung

BGBl I 111/2013, zuletzt geändert durch BGBl I 82/2019

§ 1. Die Republik Österreich (Bund, Länder und Gemeinden) bekennt sich zum Prinzip der Nachhaltigkeit bei der Nutzung der natürlichen Ressourcen, um auch zukünftigen Generationen bestmögliche Lebensqualität zu gewährleisten.

§ 2. Die Republik Österreich (Bund, Länder und Gemeinden) bekennt sich zum Tierschutz.

§ 3. (1) Die Republik Österreich (Bund, Länder und Gemeinden) bekennt sich zum umfassenden Umweltschutz.

(2) Umfassender Umweltschutz ist die Bewahrung der natürlichen Umwelt als Lebensgrundlage des Menschen vor schädlichen Einwirkungen. Der umfassende Umweltschutz besteht insbesondere in Maßnahmen zur Reinhaltung der Luft, des Wassers und des Bodens sowie zur Vermeidung von Störungen durch Lärm.

§ 4. Die Republik Österreich (Bund, Länder und Gemeinden) bekennt sich zur Wasserversorgung als Teil der Daseinsvorsorge und zu ihrer Verantwortung für die Sicherung deren Erbringung und Qualität, insbesondere dazu, das öffentliche Eigentum an der Trinkwasserversorgung und die Verfügungsgewalt darüber im Interesse von Wohl und Gesundheit der Bevölkerung in öffentlicher Hand zu erhalten.[1]

§ 5. Die Republik Österreich (Bund, Länder und Gemeinden) bekennt sich zur Sicherung der Versorgung der Bevölkerung mit hochqualitativen Lebensmitteln tierischen und pflanzlichen Ursprungs auch aus heimischer Produktion sowie der nachhaltigen Gewinnung natürlicher Rohstoffe in Österreich zur Sicherstellung der Versorgungssicherheit.

§ 6. Die Republik Österreich (Bund, Länder und Gemeinden) bekennt sich zur Bedeutung der Grundlagenforschung und der angewandten Forschung.

§ 7. Mit der Vollziehung dieses Bundesverfassungsgesetzes ist die Bundesregierung betraut.

§ 8. Dieses Bundesverfassungsgesetz tritt mit Ablauf des Tages seiner Kundmachung in Kraft. Gleichzeitig tritt das Bundesverfassungsgesetz über den umfassenden Umweltschutz, BGBl. Nr. 491/1984, außer Kraft.

[1] Zweiter Halbsatz hinzugefügt durch BGBl I 82/2019.

Konvention zum Schutze der Menschenrechte und Grundfreiheiten (EMRK)

BGBl 210/1958, zuletzt geändert durch BGBl III 68/2021

Artikel 2 – Recht auf Leben

(1) Das Recht jedes Menschen auf das Leben wird gesetzlich geschützt. Abgesehen von der Vollstreckung eines Todesurteils, das von einem Gericht im Falle eines durch Gesetz mit der Todesstrafe bedrohten Verbrechens ausgesprochen worden ist, darf eine absichtliche Tötung nicht vorgenommen werden.

(2) Die Tötung wird nicht als Verletzung dieses Artikels betrachtet, wenn sie sich aus einer unbedingt erforderlichen Gewaltanwendung ergibt:

a) um die Verteidigung eines Menschen gegenüber rechtswidriger Gewaltanwendung sicherzustellen;

b) um eine ordnungsgemäße Festnahme durchzuführen oder das Entkommen einer ordnungsgemäß festgehaltenen Person zu verhindern;

c) um im Rahmen der Gesetze einen Aufruhr oder einen Aufstand zu unterdrücken.

Artikel 6 – Recht auf ein faires Verfahren

(1) Jedermann hat Anspruch darauf, daß seine Sache in billiger Weise öffentlich und innerhalb einer angemessenen Frist gehört wird, und zwar von einem unabhängigen und unparteiischen, auf Gesetz beruhenden Gericht, das über zivilrechtliche Ansprüche und Verpflichtungen oder über die Stichhaltigkeit der gegen ihn erhobenen strafrechtlichen Anklage zu entscheiden hat. Das Urteil muß öffentlich verkündet werden, jedoch kann die Presse und die Öffentlichkeit während der gesamten Verhandlung oder eines Teiles derselben im Interesse der Sittlichkeit, der öffentlichen Ordnung oder der nationalen Sicherheit in einem demokratischen Staat ausgeschlossen werden, oder wenn die Interessen von Jugendlichen oder der Schutz des Privatlebens der Prozeßparteien es verlangen, oder, und zwar unter besonderen Umständen, wenn die öffentliche Verhandlung die Interessen der Rechtspflege beeinträchtigen würde, in diesem Fall jedoch nur in dem nach Auffassung des Gerichts erforderlichen Umfang.

(2) Bis zum gesetzlichen Nachweis seiner Schuld wird vermutet, daß der wegen einer strafbaren Handlung Angeklagte unschuldig ist.

(3) Jeder Angeklagte hat mindestens (englischer Text) insbesondere (französischer Text) die folgenden Rechte:

a) in möglichst kurzer Frist in einer für ihn verständlichen Sprache in allen Einzelheiten über die Art und den Grund der gegen ihn erhobenen Beschuldigung in Kenntnis gesetzt zu werden;

b) über ausreichende Zeit und Gelegenheit zur Vorbereitung seiner Verteidigung zu verfügen;

c) sich selbst zu verteidigen oder den Beistand eines Verteidigers seiner Wahl zu erhalten und, falls er nicht über die Mittel zur Bezahlung eines Verteidigers verfügt, unentgeltlich den Beistand eines Pflichtverteidigers zu erhalten, wenn dies im Interesse der Rechtspflege erforderlich ist;

d) Fragen an die Belastungszeugen zu stellen oder stellen zu lassen und die Ladung und Vernehmung der Entlastungszeugen unter denselben Bedingungen wie die der Belastungszeugen zu erwirken;

e) die unentgeltliche Beiziehung eines Dolmetschers zu verlangen, wenn der Angeklagte die Verhandlungssprache des Gerichts nicht versteht oder sich nicht darin ausdrücken kann.

Artikel 8 – Recht auf Achtung des Privat- und Familienlebens

(1) Jedermann hat Anspruch auf Achtung seines Privat- und Familienlebens, seiner Wohnung und seines Briefverkehrs.

(2) Der Eingriff einer öffentlichen Behörde in die Ausübung dieses Rechts ist nur statthaft, insoweit dieser Eingriff gesetzlich vorgesehen ist und eine Maßnahme darstellt, die in einer demokratischen Gesellschaft für die nationale Sicherheit, die öffentliche Ruhe und Ordnung, das wirtschaftliche Wohl des Landes, die Verteidigung der Ordnung und zur Verhinderung von strafbaren Handlungen, zum Schutz der Gesundheit und der Moral oder zum Schutz der Rechte und Freiheiten anderer notwendig ist.

Staatsgrundgesetz 1867

RGBl 142/1867

Artikel 5. Das Eigenthum ist unverletzlich. Eine Enteignung gegen den Willen des Eigenthümers kann nur in den Fällen und in der Art eintreten, welche das Gesetz bestimmt.

II. Einfaches Bundesrecht

Abfallwirtschaftsgesetz 2002 – AWG 2002

BGBl I 102/2002, zuletzt geändert durch BGBl I 84/2024 (AWG-Novelle Digitalisierung)
Anmerkung: Die Deponieverordnung 2008 ist im Teil „Bundesrecht“, Abschnitt „Verordnungen des Bundes“ abgedruckt.

1. Abschnitt
Allgemeine Bestimmungen

Ziele und Grundsätze

§ 1. (1) Die Abfallwirtschaft ist im Sinne des Vorsorgeprinzips und der Nachhaltigkeit danach auszurichten, dass

1. schädliche oder nachteilige Einwirkungen auf Mensch, Tier und Pflanze, deren Lebensgrundlagen und deren natürliche Umwelt vermieden oder sonst das allgemeine menschliche Wohlbefinden beeinträchtigende Einwirkungen so gering wie möglich gehalten werden,

2.[1] die Emissionen von Luftschadstoffen und klimarelevanten Gasen so gering wie möglich gehalten werden; dies gilt auch für den Transport der Abfälle (zB Wahl des Transportmittels Bahn);

3.[1] Ressourcen (Rohstoffe, Wasser, Energie, Landschaft, Flächen, Deponievolumen) geschont werden und die Effizienz der Ressourcennutzung verbessert wird,

3a.[2] Abfälle getrennt gesammelt und nicht mit anderen Abfällen oder anderen Materialien mit andersartigen Eigenschaften vermischt werden, wenn dies zur Einhaltung der Ziele und Grundsätze dieses Bundesgesetzes und insbesondere der Hierarchie gemäß Abs. 2 und 2a und zur Erleichterung oder Verbesserung der Vorbereitung zur Wiederverwendung, des Recyclings oder anderer Verwertungsverfahren erforderlich ist,

4. bei der stofflichen Verwertung die Abfälle oder die aus ihnen gewonnenen Stoffe kein höheres Gefährdungspotential aufweisen als vergleichbare Primärrohstoffe oder Produkte aus Primärrohstoffen und

5. nur solche Abfälle zurückbleiben, deren Ablagerung keine Gefährdung für nachfolgende Generationen darstellt.

(2)[3] Es gelten folgende Grundsätze:

1. Abfallvermeidung;
2. Vorbereitung zur Wiederverwendung;
3. Recycling;
4. sonstige Verwertung, zB energetische Verwertung;
5. Beseitigung.

(2a) Bei Anwendung der Hierarchie gemäß Abs. 2 gilt Folgendes:

1. Es sind die ökologische Zweckmäßigkeit und technische Möglichkeit zu berücksichtigen sowie, dass die dabei entstehenden Mehrkosten im Vergleich zu anderen Verfahren der Abfallbehandlung nicht unverhältnismäßig sind und ein Markt für die gewonnenen Stoffe oder die gewonnene Energie vorhanden ist oder geschaffen werden kann.

2. Eine Abweichung von dieser Hierarchie ist zulässig, wenn eine gesamthafte Betrachtung hinsichtlich der gesamten Auswirkungen bei der Erzeugung und Verwendung eines Produktes sowie der Sammlung und Behandlung der nachfolgend anfallenden Abfälle bei bestimmten Abfallströmen unter Berücksichtigung von Z 1 ergibt, dass eine andere Option das beste Ergebnis unter dem Aspekt des Umweltschutzes erbringt.

3. Nicht verwertbare Abfälle sind je nach ihrer Beschaffenheit durch biologische, thermische, chemische oder physikalische Verfahren zu behandeln. Feste Rückstände sind reaktionsarm ordnungsgemäß abzulagern.

4.[4] Die Ausrichtung der Abfallwirtschaft hat in der Weise zu erfolgen, dass die Kreislaufwirtschaft einschließlich der Abfallvermeidung – zB durch die Erhöhung des Anteils von wiederverwendbaren Verpackungen – gefördert wird und unionsrechtliche Zielvorgaben, insbesondere in Hinblick auf das Recycling und die Zielvorgaben gemäß Anhang 1a, erreicht werden.

5.[5] Anreize für die Anwendung der Abfallhierarchie können durch wirtschaftliche Instrumente und andere Maßnahmen, wie zB die in **Anhang 1b** aufgeführten Maßnahmen, geschaffen werden.

(3)[3] Im öffentlichen Interesse ist die Sammlung, Lagerung, Beförderung und Behandlung als Abfall erforderlich, wenn andernfalls

1. die Gesundheit der Menschen gefährdet oder unzumutbare Belästigungen bewirkt werden können,
2. Gefahren für Wasser, Luft, Boden, Tiere oder Pflanzen und deren natürlichen Lebensbedingungen verursacht werden können,
3. die nachhaltige Nutzung von Wasser oder Boden beeinträchtigt werden kann,
4. die Umwelt über das unvermeidliche Ausmaß hinaus verunreinigt werden kann,
5. Brand- oder Explosionsgefahren herbeigeführt werden können,
6. Geräusche oder Lärm im übermäßigen Ausmaß verursacht werden können,
7. das Auftreten oder die Vermehrung von Krankheitserregern begünstigt werden können,
8. die öffentliche Ordnung und Sicherheit gestört werden kann oder
9. Orts- und Landschaftsbild sowie Kulturgüter erheblich beeinträchtigt werden können.

(4)[3] Für Abfälle, die in Behandlungsanlagen beseitigt werden, sind die Entsorgungsautarkie und die Beseitigung in einer der am nächsten gelegenen geeigneten Anlagen anzustreben. Dies gilt auch für Behandlungsanlagen zur Verwertung von gemischten Siedlungsabfällen, die von privaten Haushalten gesammelt worden sind, auch wenn dabei Abfälle anderer Erzeuger eingesammelt werden.

---

[1] Geändert durch BGBl I 200/2021.
[2] Neu eingefügt durch BGBl I 200/2021.
[3] Geändert durch BGBl I 9/2011.
[4] Neu gefasst durch BGBl I 200/2021.
[5] Neu eingefügt durch BGBl I 200/2021.

Begriffsbestimmungen

§ 2. (1)[3] Abfälle im Sinne dieses Bundesgesetzes sind bewegliche Sachen,

1. deren sich der Besitzer entledigen will oder entledigt hat oder
2. deren Sammlung, Lagerung, Beförderung und Behandlung als Abfall erforderlich ist, um die öffentlichen Interessen (§ 1 Abs. 3) nicht zu beeinträchtigen.

(2) Als Abfälle gelten Sachen, deren ordnungsgemäße Sammlung, Lagerung, Beförderung und Behandlung als Abfall im öffentlichen Interesse erforderlich ist, auch dann, wenn sie eine die Umwelt beeinträchtigende Verbindung mit dem Boden eingegangen sind. Die Sammlung, Lagerung, Beförderung und Behandlung als Abfall im öffentlichen Interesse kann auch dann erforderlich sein, wenn für eine bewegliche Sache ein Entgelt erzielt werden kann.

(3) Eine geordnete Sammlung, Lagerung, Beförderung und Behandlung im Sinne dieses Bundesgesetzes ist jedenfalls solange nicht im öffentlichen Interesse (§ 1 Abs. 3) erforderlich, solange

1. eine Sache nach allgemeiner Verkehrsauffassung neu ist oder
2. sie in einer nach allgemeiner Verkehrsauffassung für sie bestimmungsgemäßen Verwendung steht.

Die Sammlung, Lagerung, Beförderung und Behandlung von Mist, Jauche, Gülle und organisch kompostierbarem Material als Abfall ist dann nicht im öffentlichen Interesse (§ 1 Abs. 3) erforderlich, wenn diese im Rahmen eines land- und forstwirtschaftlichen Betriebs anfallen und im unmittelbaren Bereich eines land- und forstwirtschaftlichen Betriebs einer zulässigen Verwendung zugeführt werden.

(3a)[3,6] Ein Stoff oder Gegenstand, der das Ergebnis eines Herstellungsverfahrens ist, dessen Hauptziel nicht die Herstellung dieses Stoffes oder Gegenstands ist, gilt als Nebenprodukt und nicht als Abfall, wenn folgende Voraussetzungen erfüllt sind:

1. es ist sicher, dass der Stoff oder Gegenstand weiterverwendet wird;
2. der Stoff oder Gegenstand kann direkt ohne weitere Verarbeitung, die über die normalen industriellen Verfahren hinausgeht, verwendet werden;
3. der Stoff oder Gegenstand wird als integraler Bestandteil eines Herstellungsprozesses erzeugt und
4. die weitere Verwendung ist zulässig, insbesondere ist der Stoff oder Gegenstand unbedenklich für den beabsichtigten sinnvollen Zweck einsetzbar, es werden keine Schutzgüter (vergleiche § 1 Abs. 3) durch die Verwendung beeinträchtigt und es werden alle einschlägigen Rechtsvorschriften eingehalten.

Der Besitzer des Stoffes oder Gegenstandes hat die Erfüllung aller Voraussetzungen nachzuweisen. Die Nachweise sind mindestens sieben Jahre aufzubewahren und den Behörden auf Verlangen vorzulegen.

(4) Im Sinne dieses Bundesgesetzes sind

1. „Altstoffe“
   a) Abfälle, welche getrennt von anderen Abfällen gesammelt werden, oder
   b) Stoffe, die durch eine Behandlung aus Abfällen gewonnen werden,

   um diese Abfälle nachweislich einer zulässigen Verwertung zuzuführen.

[6] Geändert durch BGBl I 200/2021.

2.[7] „Siedlungsabfälle“
   a) gemischte Abfälle und getrennt gesammelte Abfälle aus Haushalten, einschließlich Papier und Karton, Glas, Metall, Kunststoff, Bioabfälle, Holz, Textilien, Verpackungen, Elektro- und Elektronik-Altgeräte, Altbatterien und Altakkumulatoren sowie Sperrmüll, einschließlich Matratzen und Möbel;
   b) gemischte Abfälle und getrennt gesammelte Abfälle aus anderen Herkunftsbereichen, sofern diese Abfälle in ihrer Beschaffenheit und Zusammensetzung Abfällen aus Haushalten ähnlich sind.

   Siedlungsabfälle umfassen keine Abfälle aus Produktion, Landwirtschaft, Forstwirtschaft, Fischerei, Klärgruben, Kanalisation und Kläranlagen, einschließlich Klärschlämme, Altfahrzeuge und keine Bau- und Abbruchabfälle. Gemischte Siedlungsabfälle gelten auch dann weiterhin als gemischte Siedlungsabfälle, wenn sie einem Behandlungsverfahren unterzogen worden sind, das ihre Eigenschaften nicht wesentlich verändert hat.

3. „gefährliche Abfälle“ jene Abfälle, die gemäß einer Verordnung nach § 4 als gefährlich festgelegt sind.

3a.[8] „nicht gefährliche Abfälle“ jene Abfälle, die nicht unter die Z 3 fallen.

4. „Problemstoffe“ gefährliche Abfälle, die üblicherweise in privaten Haushalten anfallen. Weiters gelten als Problemstoffe jene gefährlichen Abfälle aller übrigen Abfallerzeuger, die nach Art und Menge mit üblicherweise in privaten Haushalten anfallenden gefährlichen Abfällen vergleichbar sind. In beiden Fällen gelten diese Abfälle so lange als Problemstoffe, wie sie sich in der Gewahrsame der Abfallerzeuger befinden. Gemischte Siedlungsabfälle im Sinne des Europäischen Abfallverzeichnisses gelten auch dann weiterhin als gemischte Siedlungsabfälle, wenn sie einem Behandlungsverfahren unterzogen worden sind, das ihre Eigenschaften nicht wesentlich verändert hat.

5. „Altöle“ alle mineralischen oder synthetischen Schmier- oder Industrieöle, die für den Verwendungszweck, für den sie ursprünglich bestimmt waren, ungeeignet geworden sind, zB gebrauchte Verbrennungsmotoren- und Getriebeöle, Schmieröle, Turbinen- und Hydrauliköle.

6.[8] „Bau- und Abbruchabfälle“ Abfälle, die durch Bau- und Abbruchtätigkeiten entstehen.

7.[8] „Bioabfälle“ biologisch abbaubare Garten- und Parkabfälle, Nahrungsmittel- und Küchenabfälle aus Haushalten, Büros, Gaststätten, Großhandel, Kantinen, Cateringgewerbe und aus dem Einzelhandel sowie vergleichbare Abfälle aus Nahrungsmittelverarbeitungsbetrieben.

8.[8] „Lebensmittelabfälle“ alle Lebensmittel gemäß Art. 2 der Verordnung (EG) Nr. 178/2002 zur Festlegung der allgemeinen Grundsätze und Anforderungen des Lebensmittelrechts, zur Errichtung der Europäischen Behörde für Lebensmittelsicherheit und zur Festlegung von Verfahren zur Lebensmittelsicherheit, ABl. Nr. L 31 vom 01.02.2002 S. 1, die zu Abfall geworden sind.

9.[8] „POP-Abfälle“ Abfälle, die aus in Anhang IV der Verordnung (EU) Nr. 2019/1021 über persistente organische Schadstoffe, ABl. Nr. L 169 vom 25.06.2019 S. 45, zuletzt geändert durch Delegierte Verordnung (EU) Nr. 2021/277, ABl. Nr. L 62 vom 23.02.2021 S. 1, zuletzt berichtigt durch ABl. Nr. L 220 vom 09.07.2020 S. 11, (im Folgenden: EU-POP-V) aufgelisteten Stoffen bestehen, sie enthalten oder durch sie verunreinigt sind und die einen oder mehrere der in Anhang IV der EU-POP-V aufgeführten Konzentrationsgrenzwerte erreichen oder überschreiten.

[7] Neu gefasst durch BGBl I 200/2021.

[8] Eingefügt durch BGBl I 200/2021.

(5)[3] Im Sinne dieses Bundesgesetzes

1. ist „Abfallbehandlung“ jedes Verwertungs- oder Beseitigungsverfahren, einschließlich der Vorbereitung vor der Verwertung oder Beseitigung.
2. ist „stoffliche Verwertung“ die ökologisch zweckmäßige Behandlung von Abfällen zur Nutzung der stofflichen Eigenschaften des Ausgangsmaterials mit dem Hauptzweck, die Abfälle oder die aus ihnen gewonnenen Stoffe unmittelbar für die Substitution von Rohstoffen oder von aus Primärrohstoffen erzeugten Produkten zu verwenden, ausgenommen die Abfälle oder die aus ihnen gewonnenen Stoffe werden einer thermischen Verwertung zugeführt.

2a.[8] ist „stoffliche Verwertung gemäß § 16 Abs. 7 und **Anhang 1a**“ jedes Verwertungsverfahren in Bezug auf Abfälle, die durch Bau- und Abbruchtätigkeiten entstehen, ausgenommen die energetische Verwertung und die Aufbereitung zu Materialien, die als Brennstoff oder anderes Mittel der Energieerzeugung verwendet werden sollen. Dazu zählen unter anderem die Vorbereitung zur Wiederverwendung, das Recycling und die Verfüllung.

3. sind „Abfallvermeidung— Maßnahmen, die ergriffen werden, bevor ein Produkt zu Abfall geworden ist, und die Folgendes verringern:
   a) die Abfallmenge, auch durch die Wiederverwendung von Produkten oder die Verlängerung ihrer Lebensdauer;
   b) die nachteiligen Auswirkungen des nachfolgend anfallenden Abfalls auf die Umwelt und die menschliche Gesundheit oder
   c)[9] den Gehalt an gefährlichen Stoffen in Materialien und Produkten.
4. ist „Wiederverwendung“ jedes Verfahren, bei dem Produkte sowie Bestandteile, die keine Abfälle sind, wieder für denselben Zweck verwendet werden, für den sie ursprünglich eingesetzt und bestimmt waren.
5. ist „Verwertung“ jedes Verfahren, als deren Hauptergebnis Abfälle innerhalb der Anlage oder in der Wirtschaft in umweltgerechter Weise einem sinnvollen Zweck zugeführt werden, indem
   a) sie andere Materialien ersetzen, die ansonsten zur Erfüllung einer bestimmten Funktion verwendet worden wären, oder
   b) – im Falle der Vorbereitung zur Wiederverwendung – die Abfälle so vorbereitet werden, dass sie diese Funktion erfüllen.

   Als Verwertung gilt die Vorbereitung zur Wiederverwendung, das Recycling und jede sonstige Verwertung (zB die energetische Verwertung, die Aufbereitung von Materialien, die für die Verwendung als Brennstoff bestimmt sind, oder die Verfüllung) einschließlich der Vorbehandlung vor diesen Maßnahmen. Anhang 2 Teil 1 enthält eine nicht erschöpfende Liste von Verwertungsverfahren.
6. ist „Vorbereitung zur Wiederverwendung“ jedes Verwertungsverfahren der Prüfung, Reinigung oder Reparatur, bei dem Produkte sowie Bestandteile von Produkten, die zu Abfällen geworden sind, so vorbereitet werden, dass sie ohne weitere Vorbehandlung wiederverwendet werden können.
7. ist „Recycling“ jedes Verwertungsverfahren, durch das Abfallmaterialien zu Produkten, Sachen oder Stoffen entweder für den ursprünglichen Zweck oder für andere Zwecke aufbereitet werden. Es schließt die Aufbereitung organischer Materialien ein, aber nicht die energetische Verwertung und die Aufbereitung zu Materialien, die für die Verwendung als Brennstoff oder zur Verfüllung bestimmt sind.

[9] Neu gefasst durch BGBl I 200/2021.

7a.[8] ist „Verfüllung“ jedes Verwertungsverfahren, bei dem geeignete nicht gefährliche Abfälle zum Zweck der Rekultivierung von Abgrabungen oder zu bautechnischen Zwecken bei der Landschaftsgestaltung verwendet werden. Die für die Verfüllung verwendeten Abfälle müssen Materialien, die keine Abfälle sind, ersetzen, für die vorstehend genannten Zwecke geeignet und auf die für die Erfüllung dieser Zwecke unbedingt erforderlichen Mengen beschränkt sein.

8. ist „Beseitigung“ jedes Verfahren, das keine zulässige Verwertung ist, auch wenn das Verfahren zur Nebenfolge hat, dass Stoffe oder Energie zurückgewonnen werden. Anhang 2 Teil 2 enthält eine nicht erschöpfende Liste von Beseitigungsverfahren.
9. ist „Sammlung“ das Einsammeln von Abfällen durch Abholung, Entgegennahme oder rechtliches Verfügen über die Abholung oder Entgegennahme durch einen beauftragten Dritten. Die Sammlung schließt die vorläufige Sortierung und vorläufige Lagerung der Abfälle zum Zwecke des Transports zu einer Behandlungsanlage ein.
10.[8] ist „getrennte Sammlung“ die Sammlung, bei der ein Abfallstrom nach Art und Beschaffenheit des Abfalls getrennt gehalten wird, um eine bestimmte Behandlung zu erleichtern.

(6) Im Sinne dieses Bundesgesetzes

1. ist „Abfallbesitzer“
   a) der Abfallerzeuger oder
   b) jede Person, welche die Abfälle innehat;
2. ist „Abfallerzeuger“
   a) jede Person, durch deren Tätigkeit Abfälle anfallen (Abfallersterzeuger), oder
   b) jede Person, die Vorbehandlungen, Mischungen oder andere Arten der Behandlung vornimmt, die eine Veränderung der Natur oder der Zusammensetzung dieser Abfälle bewirken;
3. ist „Abfallsammler“ jede Person, die von Dritten erzeugte Abfälle selbst oder durch andere
   a) abholt,
   b) entgegennimmt oder
   c) über deren Abholung oder Entgegennahme rechtlich verfügt;
4. ist „Abfallbehandler“ jede Person, die Abfälle verwertet oder beseitigt;
5. sind „Nachbarn“ Personen, die durch die Errichtung, den Bestand, den Betrieb oder eine Änderung einer Behandlungsanlage gefährdet oder belästigt oder deren Eigentum oder deren dingliche Rechte gefährdet werden könnten. Nicht als Nachbarn gelten Personen, die sich vorübergehend in der Nähe der Behandlungsanlage aufhalten und die nicht Eigentümer oder dinglich berechtigt sind. Als Nachbarn gelten jedoch die Inhaber von Einrichtungen (zB Beherbergungsbetriebe, Krankenanstalten, Heime, Schulen), in denen sich regelmäßig Personen vorübergehend aufhalten, hinsichtlich des Schutzes dieser Personen. Als Nachbarn gelten auch Eigentümer von grenznahen Liegenschaften im Ausland, wenn in dem betreffenden Staat österreichische Nachbarn in den entsprechenden Verfahren rechtlich oder tatsächlich den gleichen Nachbarschutz genießen;
6. sind „befugte Fachpersonen oder Fachanstalten“ Personen oder Einrichtungen,
   a)[10] die Beurteilungen von biologischen, chemischen und physikalischen Untersuchungen durchführen. Das sind

[10] Neu gefasst durch BGBl I 46/2019.

aa) akkreditierte Konformitätsbewertungsstellen im Umfang ihrer Akkreditierung (Akkreditierungsgesetz 2012, BGBl. I Nr. 28/2012, in der jeweils geltenden Fassung),

bb) Einrichtungen des Bundes oder eines Bundeslandes oder von Körperschaften öffentlichen Rechts,

cc) gesetzlich autorisierte Stellen oder

dd) Ziviltechniker des einschlägigen Fachgebietes, technische Büros des einschlägigen Fachgebietes und chemische Laboratorien.

Die unter lit. a genannten Personen oder Einrichtungen sind nur dann als befugte Fachperson oder Fachanstalt anzusehen, wenn sie für die Beurteilung über die entsprechenden fachlichen Kenntnisse und Fähigkeiten betreffend Probenahmeplanung, Probenahme und Beurteilung nach dem Stand der Technik verfügen, ein entsprechendes Qualitätssicherungssystem eingerichtet haben und Maßnahmen zur Vermeidung von Interessenkonflikten getroffen haben. Sofern die befugte Fachperson oder Fachanstalt biologische, chemische und physikalische Untersuchungen durchführt, hat sie zusätzlich für die zu untersuchenden Materialien an Laborvergleichstests nach dem Stand der Technik unter Berücksichtigung der zu bestimmenden Parameter, der Matrix und der Probenahme teilzunehmen und nur validierte Methoden zu verwenden;

b) für die Durchführung hygienischer Untersuchungen Personen oder Einrichtungen, die zusätzlich zur Erfahrung und zur Qualitätssicherung eine Berechtigung zum Umgang mit pathogenen Mikroorganismen besitzen.

Gleiches gilt für Personen oder Einrichtungen eines Mitgliedstaates der Europäischen Union oder eines anderen Staates, der Vertragspartei des Abkommens über den Europäischen Wirtschaftsraum (EWR-Abkommen), BGBl. Nr. 909/1993, ist, welche den genannten Stellen gleichwertig und staatlich anerkannt sind und die genannten Bedingungen erfüllen.

(7) Im Sinne dieses Bundesgesetzes sind

1. „Behandlungsanlagen" ortsfeste oder mobile Einrichtungen, in denen Abfälle behandelt werden, einschließlich der damit unmittelbar verbundenen, in einem technischen Zusammenhang stehenden Anlagenteile;

2. „mobile Behandlungsanlagen" Einrichtungen, die an verschiedenen Standorten vorübergehend betrieben und in denen Abfälle behandelt werden. Nicht als mobile Behandlungsanlagen gelten ihrer Natur nach zwar bewegliche Einrichtungen, die länger als sechs Monate an einem Standort betrieben werden, ausgenommen Behandlungsanlagen zur Sanierung von kontaminierten Standorten;

3. „IPPC-Behandlungsanlagen" jene Teile ortsfester Behandlungsanlagen, in denen eine oder mehrere in Anhang 5 Teil 1 genannte Tätigkeiten und andere unmittelbar damit verbundene, in einem technischen Zusammenhang stehende Tätigkeiten, die Auswirkungen auf die Emissionen und die Umweltverschmutzung haben können, durchgeführt werden;

4. „Deponien" Anlagen, die zur langfristigen Ablagerung von Abfällen oberhalb oder unterhalb (dh. unter Tage) der Erdoberfläche errichtet oder verwendet werden, einschließlich betriebseigener Anlagen für die Ablagerung von Abfällen, oder auf Dauer (dh. für länger als ein Jahr) eingerichtete Anlagen, die für die vorübergehende Lagerung von Abfällen genutzt werden. Nicht als Deponien gelten

a) Anlagen, in denen Abfälle abgeladen werden, damit sie für den Weitertransport zur Behandlung an einem anderen Ort vorbereitet werden können,

b) Anlagen zur Zwischenlagerung von Abfällen vor der Verwertung, sofern die Dauer der Zwischenlagerung drei Jahre nicht überschreitet, und

c) Anlagen zur Zwischenlagerung von Abfällen vor der Beseitigung, sofern die Dauer der Zwischenlagerung ein Jahr nicht überschreitet;

5.[11] „mittelgroße Feuerungsanlagen" Behandlungsanlagen, die der Richtlinie (EU) 2015/2193 zur Begrenzung der Emissionen bestimmter Schadstoffe aus mittelgroßen Feuerungsanlagen in die Luft, ABl. Nr. L 313 vom 28.11.2015 S. 1, unterliegen.

(8) Im Sinne dieses Bundesgesetzes ist oder sind[12]

1.[13] „Stand der Technik" (beste verfügbare Techniken – BVT) der auf den einschlägigen wissenschaftlichen Erkenntnissen beruhende Entwicklungsstand fortschrittlicher Verfahren, Einrichtungen oder Betriebsweisen, deren Funktionstüchtigkeit erprobt und erwiesen ist. Bei der Bestimmung des Standes der Technik sind insbesondere jene vergleichbaren Verfahren, Einrichtungen oder Betriebsweisen heranzuziehen, welche am wirksamsten zur Erreichung eines allgemein hohen Schutzniveaus für die Umwelt insgesamt sind. Bei der Festlegung des Standes der Technik sind unter Beachtung der sich aus einer bestimmten Maßnahme ergebenden Kosten und ihres Nutzens und des Grundsatzes der Vorsorge und der Vorbeugung im Allgemeinen wie auch im Einzelfall die Kriterien des Anhangs 4 zu berücksichtigen;

2. „Umweltverschmutzung" die durch menschliche Tätigkeiten direkt oder indirekt bewirkte Freisetzung von Stoffen, Erschütterungen, Wärme oder Lärm in die Luft, das Wasser oder den Boden, die der menschlichen Gesundheit oder der Umweltqualität schadet oder zu einer Schädigung von Sachwerten oder zu einer unzumutbaren Beeinträchtigung oder Störung des durch die Umwelt bedingten Wohlbefindens eines gesunden, normal empfindenden Menschen oder anderer zulässiger Nutzungen der Umwelt führen kann;

3. „wesentliche Änderung" eine Änderung einer Behandlungsanlage, die erhebliche nachteilige Auswirkungen auf den Menschen oder auf die Umwelt haben kann; als wesentliche Änderung gilt auch eine Änderung einer Verbrennungs- oder Mitverbrennungsanlage für nicht gefährliche Abfälle, welche die Verbrennung gefährlicher Abfälle mit sich bringt; als wesentliche Änderung einer IPPC-Behandlungsanlage gilt auch eine Änderung mit einer Kapazitätsausweitung von mindestens 100 Prozent des im Anhang 5 festgelegten Schwellenwertes; als wesentliche Änderung einer Behandlungsanlage gilt auch eine Änderung oder Erweiterung, durch die die Kapazitätsschwellenwerte in Anhang 5 erreicht werden;[14]

4. „Ausstufung" das Verfahren zum Nachweis, dass ein bestimmter Abfall, welcher gemäß einer Verordnung nach § 4 als gefährlich erfasst ist, im Einzelfall nicht gefährlich ist;

4a.[15] „Regime der erweiterten Herstellerverantwortung" ein Bündel von Maßnahmen, die getroffen werden, um sicherzustellen, dass die Hersteller von Erzeugnissen die Vorgaben des § 9 berücksichtigen und die finanzielle Verantwortung oder die finanzielle und organisatorische Verantwortung für die Bewirtschaftung in der Abfallphase des Produktlebenszyklus übernehmen;

---

[11] Eingefügt durch BGBl I 200/2021.

[12] Einleitungsteil geändert durch BGBl I 103/2013, Z 7 bis 14 eingefügt durch BGBl I 103/2013.

[13] Geändert durch BGBl I 103/2013.

[14] Letzter Halbsatz eingefügt durch BGBl I 103/2013.

[15] Eingefügt durch BGBl I 200/2021.

5. „Sammel- und Verwertungssystem“ eine Rechtsperson, welche die Verpflichtungen einer Verordnung gemäß § 14 Abs. 1 und nach Maßgabe dieser Verordnung die Verpflichtungen gemäß § 13a betreffend die Sammlung und Behandlung von bestimmten Produkten oder Abfällen und die diesbezügliche Nachweisführung rechtswirksam übernehmen kann;
6. „Branchencode“ die Branchenzuordnung (vierstellig) gemäß der Verordnung (EG) Nr. 1893/2006 zur Aufstellung der statistischen Systematik der Wirtschaftszweige NACE Revision 2 und zur Änderung der Verordnung (EWG) Nr. 3037/90 sowie einiger Verordnungen der EG über bestimmte Bereiche der Statistik, ABl. Nr. L 393 vom 30.12. 2006 S. 1
7. „BVT-Merkblatt“ ein aus dem gemäß Art. 13 der Richtlinie 2010/75/EU über Industrieemissionen (integrierte Vermeidung und Verminderung der Umweltverschmutzung) (im Folgenden: IE-Richtlinie), ABl. Nr. L 334 vom 17.12.2010 S 17, in der Fassung der Berichtigung ABl. Nr. L 158 vom 19.06.2012 S 25, organisierten Informationsaustausch hervorgehendes Dokument, das für bestimmte Tätigkeiten erstellt wird und insbesondere die angewandten Techniken, die derzeitigen Emissions- und Verbrauchswerte, die für die Festlegung der besten verfügbaren Techniken sowie der BVT-Schlussfolgerungen berücksichtigten Techniken sowie alle Zukunftstechniken beschreibt, wobei den Kriterien in Anhang 4 besonders Rechnung getragen wird;
8. „BVT-Schlussfolgerungen“ ein Dokument, das die Teile eines BVT-Merkblatts mit den Schlussfolgerungen zu den besten verfügbaren Techniken, ihrer Beschreibung, Informationen zur Bewertung ihrer Anwendbarkeit, den mit den besten verfügbaren Techniken assoziierten Emissionswerten, den dazugehörigen Überwachungsmaßnahmen, den dazugehörigen Verbrauchswerten sowie gegebenenfalls einschlägigen Standortsanierungsmaßnahmen enthält;
9. „mit den besten verfügbaren Techniken assoziierte Emissionswerte“ der Bereich von Emissionswerten, die unter normalen Betriebsbedingungen unter Verwendung einer besten verfügbaren Technik oder einer Kombination von besten verfügbaren Techniken entsprechend der Beschreibung in den BVT-Schlussfolgerungen erzielt werden, ausgedrückt als Mittelwert für einen vorgegebenen Zeitraum unter spezifischen Referenzbedingungen;
10. „Zukunftstechnik“ eine neue Technik für eine industrielle Tätigkeit, die bei gewerblicher Nutzung entweder ein höheres allgemeines Umweltschutzniveau oder zumindest das gleiche Umweltschutzniveau und größere Kostenersparnisse bietenkönnte als bestehende beste verfügbare Techniken;
11. „gefährliche Stoffe“ Stoffe oder Gemische gemäß Art. 3 in Verbindung mit Art. 1 Abs. 3 der Verordnung (EG) Nr. 1272/2008 über die Einstufung, Kennzeichnung und Verpackung von Stoffen und Gemischen, zur Änderung und Aufhebung der Richtlinien 67/548/EWG und 1999/45/EG und zur Änderung der Verordnung (EG) Nr. 1907/2006, ABl. Nr. L 353 vom 31.12.2008 S 1, zuletzt geändert durch die Verordnung (EU) Nr. 286/2011, ABl. Nr. L 83 vom 30.03.2011, S 1;
12. „Bericht über den Ausgangszustand“ Informationen über den Stand der Verschmutzung des Bodens und des Grundwassers durch die relevanten gefährlichen Stoffe. Der Bericht enthält die Informationen, die erforderlich sind, um den Stand der Boden- und Grundwasserverschmutzung zu ermitteln, damit ein quantifizierter Vergleich mit dem Zustand bei der Auflassung, Stilllegung oder endgültigen Schließung der Anlage vorgenommen werden kann. Der Bericht enthält mindestens:
    a) Informationen über die derzeitige Nutzung und – falls verfügbar – über die frühere Nutzung des Geländes;
    b) – falls verfügbar – bestehende Informationen über Boden- und Grundwassermessungen, die den Zustand zum Zeitpunkt der Erstellung des Berichts widerspiegeln, oder alternativ dazu neue Boden- und Grundwassermessungen bezüglich der Möglichkeit einer Verschmutzung des Bodens und des Grundwassers durch die gefährlichen Stoffe, die durch die betreffende Behandlungsanlage verwendet, erzeugt oder freigesetzt werden sollen;
13. „Boden in der Z 12 sowie in den §§ 39 Abs. 3 Z 9, 51 Abs. 2a, 62 Abs. 9, 65 Abs. 1 Z 3a und 78a Abs. 3 und 4“ die oberste Schicht der Erdkruste, die sich zwischen dem Grundgestein und der Oberfläche befindet. Sie besteht aus Mineralpartikeln, organischem Material, Wasser, Luft und lebenden Organismen;
14. „Umweltinspektionen“ alle Maßnahmen, einschließlich Besichtigungen vor Ort, Überwachung der Emissionen und Überprüfung interner Berichte und Folgedokumente, Überprüfung der Eigenüberwachung, Prüfung der angewandten Techniken und der Eignung des Umweltmanagements der IPPC-Behandlungsanlage, die von der zuständigen Behörde oder in ihrem Namen zur Prüfung und Förderung der Einhaltung der Genehmigung durch die Behandlungsanlage und gegebenenfalls zur Überwachung ihrer Auswirkungen auf die Umwelt getroffen werden.

(9)[16] Im Hinblick auf die Beherrschung der Gefahren schwerer Unfälle mit Seveso-Stoffen gemäß den §§ 59a bis 59m ist bzw. sind

1. „Seveso-Stoffe“ Stoffe oder Gemische, die die in **Anhang 6** Teil 1 festgelegten Kriterien erfüllen oder die in **Anhang 6** Teil 2 angeführt sind, einschließlich in Form eines Rohstoffs, End-, Zwischen- oder Nebenprodukts oder Rückstands;
2. „Seveso-Betrieb“ der unter Aufsicht eines Inhabers stehende Bereich, in dem Seveso-Stoffe in einer oder in mehreren gemäß § 37 Abs. 1, § 52 oder § 54 genehmigungspflichtigen bzw. genehmigten Behandlungsanlagen, ausgenommen Deponien, vorhanden sind. Seveso-Betriebe sind entweder Betriebe der unteren Klasse (Z 3) oder Betriebe der oberen Klasse (Z 4).
3. „Betrieb der unteren Klasse“ ein Seveso-Betrieb, in dem Seveso-Stoffe in Mengen vorhanden sind, die den in **Anhang 6** Teil 1 Spalte 2 oder in **Anhang 6** Teil 2 Spalte 2 genannten Mengen entsprechen oder diese überschreiten, aber unter den in **Anhang 6** Teil 1 Spalte 3 oder **Anhang 6** Teil 2 Spalte 3 genannten Mengen liegen, wobei gegebenenfalls die Additionsregel gemäß **Anhang 6** Anmerkung 4 Anwendung findet;
4. „Betrieb der oberen Klasse“ ein Seveso-Betrieb, in dem Seveso-Stoffe in Mengen vorhanden sind, die den in **Anhang 6** Teil 1 Spalte 3 oder in **Anhang 6** Teil 2 Spalte 3 genannten Mengen entsprechen oder diese überschreiten, wobei gegebenenfalls die Additionsregel gemäß **Anhang 6** Anmerkung 4 Anwendung findet;
5. „benachbarter Betrieb“ ein Seveso-Betrieb oder ein anderer Betrieb, der sich so nahe bei einem Seveso-Betrieb befindet, dass dadurch das Risiko oder die Folgen eines schweren Unfalls vergrößert werden;
6. „neuer Seveso-Betrieb“
    a) ein Seveso-Betrieb, der am oder nach dem 1. Juni 2015 errichtet oder in Betrieb genommen wird,
    b) ein Betrieb, der am oder nach dem 1. Juni 2015 aufgrund von Änderungen der Anlagen oder Tätigkeiten,

[16] Eingefügt durch BGBl I 70/2017.

die eine Änderung des Verzeichnisses von Seveso-Stoffen (§ 59d Abs. 1 Z 3) zur Folge haben, den §§ 59a bis 59m unterliegt,

c) ein Betrieb der unteren Klasse, der am oder nach dem 1. Juni 2015 aufgrund von Änderungen der Anlagen oder Tätigkeiten, die eine Änderung des Verzeichnisses von Seveso-Stoffen zur Folge haben, zu einem Betrieb der oberen Klasse wird,

d) ein Betrieb der oberen Klasse, der am oder nach dem 1. Juni 2015 aufgrund von Änderungen der Anlagen oder Tätigkeiten, die eine Änderung des Verzeichnisses von Seveso-Stoffen zur Folge haben, zu einem Betrieb der unteren Klasse wird;

7. „bestehender Seveso-Betrieb" ein Seveso-Betrieb, der nach der bis zum 31. Mai 2015 geltenden Rechtslage dem § 59 unterlag;

8. „sonstiger Seveso-Betrieb"
   a) ein Betrieb, der am oder nach dem 1. Juni 2015 aus anderen als in der Z 6 lit. b genannten Gründen den §§ 59a bis 59m unterliegt,
   b) ein Betrieb der unteren Klasse, der am oder nach dem 1. Juni 2015 aus anderen als in der Z 6 lit. c genannten Gründen zu einem Betrieb der oberen Klasse wird,
   c) ein Betrieb der oberen Klasse, der am oder nach dem 1. Juni 2015 aus anderen als in der Z 6 lit. d genannten Gründen zu einem Betrieb der unteren Klasse wird;

9. „Gemisch" ein Gemisch oder eine Lösung, die aus zwei oder mehr Stoffen besteht;

10. „Vorhandensein von Seveso-Stoffen" das tatsächliche oder vorgesehene Vorhandensein von Seveso-Stoffen im Seveso-Betrieb oder von Seveso-Stoffen, bei denen vernünftigerweise vorhersehbar ist, dass sie bei außer Kontrolle geratenen Prozessen, einschließlich Lagerungstätigkeiten, in einer der Anlagen innerhalb des Betriebs anfallen, und zwar in Mengen, die den im Anhang 6 Teil 1 oder Teil 2 angeführten Mengenschwellen entsprechen oder darüber liegen;

11. „schwerer Unfall" ein Ereignis, das sich aus unkontrollierten Vorgängen in einem Seveso-Betrieb ergibt (etwa eine Emission, ein Brand oder eine Explosion größeren Ausmaßes), das unmittelbar oder später innerhalb oder außerhalb des Seveso-Betriebs zu einer ernsten Gefahr für die menschliche Gesundheit oder die Umwelt führt und bei dem ein oder mehrere Seveso-Stoffe beteiligt sind;

12. „Beinahe-Unfall" ein in dem Seveso-Betrieb aufgetretener Vorfall, der zu einem schweren Unfall hätte führen können;

13. „Gefahr" das Wesen eines Seveso-Stoffes oder einer konkreten Situation, das darin besteht, der menschlichen Gesundheit oder der Umwelt Schaden zufügen zu können;

14. „Risiko" die Wahrscheinlichkeit, dass innerhalb einer bestimmten Zeitspanne oder unter bestimmten Umständen eine bestimmte Wirkung eintritt;

15. „Lagerung von Seveso-Stoffen" das Vorhandensein einer Menge von Seveso-Stoffen zum Zweck der Einlagerung, der Hinterlegung zur sicheren Aufbewahrung oder der Lagerhaltung;

16. „Inspektion" alle Maßnahmen, einschließlich Besichtigungen vor Ort, Überprüfungen von internen Maßnahmen, Systemen, Berichten und Folgedokumenten sowie alle notwendigen Folgemaßnahmen, die von der Behörde durchgeführt werden, um die Einhaltung der Bestimmungen der §§ 59a bis 59m zu überprüfen und zu fördern.

(10)[17,18] Im Hinblick auf die §§ 13j bis 13q ist oder sind

1. „Kunststofftragetaschen" Tragetaschen mit Tragegriff oder ohne Tragegriff aber mit Griffloch aus Kunststoff, die den Verbrauchern in der Verkaufsstelle der Waren oder Produkte oder bei Übergabe der Waren oder Produkte angeboten werden;

2. „Kunststoff" ein Polymer im Sinne von Artikel 3 Nummer 5 der Verordnung (EG) Nr. 1907/2006 zur Registrierung, Bewertung, Zulassung und Beschränkung chemischer Stoffe (REACH), zur Schaffung einer Europäischen Agentur für chemische Stoffe, zur Änderung der Richtlinie 1999/45/EG und zur Aufhebung der Verordnung (EWG) Nr. 793/93, der Verordnung (EG) Nr. 1488/94, der Richtlinie 76/769/EWG sowie der Richtlinien 91/155/EWG, 93/67/EWG, 93/105/EG und 2000/21/EG, ABl. Nr. L 396 vom 30.12.2006 S. 1, zuletzt geändert durch die Verordnung (EU) 2017/1000, ABl. Nr. L 150 vom 14.06.2017 S. 14, dem unter Umständen Zusatzstoffe oder andere Stoffe zugesetzt wurden und das als Hauptstrukturbestandteil von Tragetaschen oder sonstigen Kunststoffprodukten dienen kann; ausgenommen sind natürliche Polymere, die nicht chemisch modifiziert wurden;

3. „sehr leichte Kunststofftragetaschen" Kunststofftragetaschen mit einer Wandstärke unter 0,015 mm;

4. „leichte Kunststofftragetaschen" Kunststofftragetaschen mit einer Wandstärke unter 0,05 mm;

5. „Inverkehrsetzen" die erwerbsmäßige Übergabe an eine andere Rechtsperson, einschließlich des Fernabsatzes, in Österreich;

6. „Eigenkompostierung" die Benützung und Betreuung einer Einrichtung, die zur Umwandlung von biogenen Abfällen, die auf der betreffenden Liegenschaft oder einer unmittelbar angrenzenden Liegenschaft angefallen sind, in humusähnliche Stoffe (Kompost) dient;

7.[19] „Einwegkunststoffprodukt" ein ganz oder teilweise aus Kunststoff bestehendes Produkt, das nicht konzipiert, entwickelt und in Verkehr gesetzt wird, um während seiner Lebensdauer mehrere Produktkreisläufe zu durchlaufen, indem es zur Wiederbefüllung oder Wiederverwendung zum ursprünglichen Verwendungszweck an einen Hersteller zurückgegeben wird;

8.[19] „oxo-abbaubare Kunststoffe" Kunststoffe, die Additive enthalten, die durch Oxidation einen Zerfall des Kunststoffs in Mikropartikel oder einen chemischen Abbau herbeiführen.

Ausnahmen vom Geltungsbereich

§ 3. (1)[20] Keine Abfälle im Sinne dieses Bundesgesetzes sind

1. Abwasser einschließlich sonstiger Wässer, die in § 1 Abs. 1 Z 1 bis 4 und Z 6 und Abs. 2 der Verordnung über die allgemeine Begrenzung von Abwasseremissionen in Fließgewässer und öffentliche Kanalisationen (AAEV), BGBl. Nr. 186/1996, genannt sind,

2. gasförmige Ableitungen in die Atmosphäre,

2a. Kohlendioxid, das
   a) für die Zwecke der geologischen Speicherung abgeschieden und transportiert sowie gemäß der Richtlinie 2009/31/EG über die geologische Speicherung von Kohlendioxid, ABl. Nr. L 140 vom 5.6.2009 S 114, geologisch gespeichert wird oder
   b) mit einem geplanten Gesamtspeichervolumen von weniger als 100 Kilotonnen zu Forschungszwecken oder zur Entwicklung oder Erprobung neuer Produkte

[17] Eingefügt durch BGBl I 71/2019.

[18] Eingangsteil neu gefasst durch BGBl I 200/2021.

[19] Eingefügt durch BGBl I 200/2021.

[20] Geändert durch BGBl I 9/2011.

und Verfahren geologisch gespeichert wird (Art. 2 Abs. 2 der Richtlinie 2009/31/EG),

3. Abfälle, die unmittelbar beim Aufsuchen, Gewinnen, Speichern oder Aufbereiten mineralischer Rohstoffe anfallen (bergbauliche Abfälle), sofern diese Tätigkeiten dem Mineralrohstoffgesetz, BGBl. I Nr. 38/1999, unterliegen und diese Abfälle innerhalb eines Bergbaubetriebs verwendet oder abgelagert werden; keine bergbaulichen Abfälle sind Abfälle, die nicht direkt auf diese Tätigkeiten zurückzuführen sind;
4. radioaktive Stoffe gemäß Strahlenschutzgesetz, BGBl. Nr. 227/1969,
5.[21] a) Körper von Tieren, die nicht durch Schlachtung zu Tode gekommen sind, einschließlich Körper von Tieren, die zur Tilgung von Tierseuchen getötet wurden und im Einklang mit der Verordnung (EG) Nr. 1069/2009 mit Hygienevorschriften für nicht für den menschlichen Verzehr bestimmte tierische Nebenprodukte und zur Aufhebung der Verordnung (EG) Nr. 1774/2002 (Verordnung über tierische Nebenprodukte), ABl. Nr. L 300 vom 14.11.2009 S. 1, in der Fassung der Richtlinie 2010/63/EU zum Schutz der für wissenschaftliche Zwecke verwendeten Tiere, ABl. Nr. L 276 vom 20.10.2010 S. 33, zu beseitigen sind, und
   b) sonstige tierische Nebenprodukte einschließlich verarbeitete Erzeugnisse, die unter die Verordnung (EG) Nr. 1069/2009 fallen, mit Ausnahme derjenigen, die für spezifische Abfallbehandlungsanlagen wie die Verbrennung in einer Verbrennungs- oder Mitverbrennungsanlage, oder die Behandlung in einer Biogas- oder Kompostieranlage bestimmt sind,
6. Sprengstoffabfälle aus dem zivilen oder militärischen Bereich, ausgenommen Abfälle von pyrotechnischen Erzeugnissen, die aus Fahrzeugen oder Altfahrzeugen ausgebaut wurden,
7. nicht kontaminierte Sedimente, die zum Zweck der Bewirtschaftung von Gewässern und Wasserstraßen oder der Vorbeugung gegen Überschwemmungen oder der Abschwächung der Auswirkungen von Überschwemmungen und Dürren oder zur Landgewinnung bei Oberflächengewässern umgelagert werden.
8. nicht kontaminierte Böden und andere natürlich vorkommende Materialien, die im Zuge von Bauarbeiten ausgehoben wurden, sofern sichergestellt ist, dass die Materialien in ihrem natürlichen Zustand an dem Ort, an dem sie ausgehoben wurden, für Bauzwecke verwendet werden.
9.[22] Stoffe, die für die Verwendung als Einzelfuttermittel gemäß Art. 3 Abs. 2 Buchstabe g der Verordnung (EG) Nr. 767/2009 über das Inverkehrbringen und die Verwendung von Futtermitteln, zur Änderung der Verordnung (EG) Nr. 1831/2003 und zur Aufhebung der Richtlinien 79/373/EWG, 80/511/EWG, 82/471/EWG, 83/228/EWG, 93/74/EWG, 93/113/EG und 96/25/EG und der Entscheidung 2004/217/EG, ABl. Nr. L 229 vom 01.09.2009 S. 1, bestimmt sind, die weder aus tierischen Nebenprodukten bestehen, noch tierische Nebenprodukte enthalten.

(2) Das Bundesheer und die Heeresverwaltung unterliegen beim Einsatz gemäß § 2 Abs. 1 lit. a des Wehrgesetzes 2001, BGBl. I Nr. 146, und bei der unmittelbaren Vorbereitung dieses Einsatzes nicht diesem Bundesgesetz.

[21] Geändert durch BGBl I 103/2013.

[22] Eingefügt durch BGBl I 200/2021.

Abfallverzeichnis

§ 4.[20] Die Bundesministerin für Klimaschutz, Umwelt, Energie, Mobilität, Innovation und Technologie wird ermächtigt, mit Verordnung festzulegen:

1. die Abfallarten in Form eines Abfallverzeichnisses, welches die Abfallarten des Verzeichnisses im Sinne des Art. 7 der Richtlinie 2008/98/EG über Abfälle umfasst;
2. die Abfallarten, die gefährlich sind; dabei sind die gefahrenrelevanten Eigenschaften gemäß Anhang III der Richtlinie 2008/98/EG über Abfälle heranzuziehen; als gefährlich zu erfassen sind jene Abfallarten, welche im Verzeichnis im Sinne des Art. 7 der Richtlinie 2008/98/EG über Abfälle als gefährlich gekennzeichnet sind;

2a.[23] die Zusammenfassung der Abfallarten gemäß Z 1 und 2 nach typisierten Merkmalen in Abfallartenpools für bestimmte Anwendungsbereiche im Erlaubnisrecht gemäß den §§ 24a ff und im Anlagenrecht gemäß den §§ 37 ff, wobei deren Eignung zur Beeinträchtigung der öffentlichen Interessen gemäß § 1 Abs. 3 sowie die gefahrenrelevanten Eigenschaften gemäß Anhang III der Richtlinie 2008/98/EG über Abfälle zu berücksichtigen sind;

3. die Voraussetzungen, unter denen die Ausstufung eines bestimmten Abfalls (§ 7) im Einzelfall möglich ist; dabei sind die gefahrenrelevanten Eigenschaften gemäß Z 2 heranzuziehen; insbesondere sind die Probenahme, Untersuchungsmethoden, Art, Umfang, Inhalt und Dauer der Geltung des Nachweises und der Beurteilungsgrundlagen und die Form der Übermittlung der Anzeige und der Beurteilungsunterlagen, einschließlich der Vorgaben für eine fälschungssichere Übermittlung von Daten zur Abfallbeurteilung, festzulegen;

4.[24] Kriterien für spezifische Stoffe und Gegenstände für die Anwendung der in § 2 Abs. 3a festgelegten Bedingungen für Nebenprodukte.

Abfallende

§ 5.[25] (1) Soweit eine Verordnung gemäß Abs. 2 oder eine Verordnung gemäß Art. 6 Abs. 2 der Richtlinie 2008/98/ EG über Abfälle nicht anderes bestimmt, gelten Altstoffe so lange als Abfälle, bis sie oder die aus ihnen gewonnenen Stoffe unmittelbar als Substitution von Rohstoffen oder von aus Primärrohstoffen erzeugten Produkten verwendet werden. Im Falle einer Vorbereitung zur Wiederverwendung im Sinne von § 2 Abs. 5 Z 6 ist das Ende der Abfalleigenschaft mit dem Abschluss dieses Verwertungsverfahrens erreicht. Das Ende der Abfalleigenschaft kann nur erreicht werden, wenn die einschlägigen, für Produkte geltenden Anforderungen eingehalten werden.[26]

(1a)[27] Der Besitzer des Stoffes oder Produktes gemäß Abs. 1 hat das Ende der Abfalleigenschaft nachzuweisen. Die Nachweise sind mindestens sieben Jahre aufzubewahren und den Behörden auf Verlangen vorzulegen.

(2) Die Bundesministerin für Klimaschutz, Umwelt, Energie, Mobilität, Innovation und Technologie wird ermächtigt, in Übereinstimmung mit den Zielen und Grundsätzen der Abfallwirtschaft, unter Wahrung der öffentlichen Interessen (§ 1 Abs. 3) und unter Bedachtnahme auf die Vorgaben des Bundes-Abfallwirtschaftsplans mit Verordnung abweichend zu Abs. 1 festzulegen, unter welchen Voraussetzungen, zu welchem Zeitpunkt und für welchen Verwendungszweck bei be-

[23] Eingefügt durch BGBl I 71/2019.

[24] Eingefügt durch BGBl I 200/2021.

[25] Geändert durch BGBl I 103/2013.

[26] Letzter Satz eingefügt durch BGBl I 200/2021.

[27] Eingefügt durch BGBl I 200/2021.

stimmten Abfällen die Abfalleigenschaft endet. Eine derartige Verordnung ist nur zu erlassen, wenn

1.[28] die Sache für einen bestimmten Verwendungszweck eingesetzt werden soll,
2. ein Markt dafür existiert,
3. Qualitätskriterien, welche die abfallspezifischen Schadstoffe berücksichtigen, insbesondere in Form von technischen oder rechtlichen Normen oder anerkannten Qualitätsrichtlinien, vorliegen und
4. keine höhere Umweltbelastung und kein höheres Umweltrisiko von dieser Sache ausgeht als bei einem vergleichbaren Primärrohstoff oder einem vergleichbaren Produkt aus Primärrohstoff.

(3) Eine Verordnung gemäß Abs. 2 hat entsprechend den Erfordernissen des Umweltschutzes insbesondere folgende Punkte zu enthalten:

1. die Konkretisierung (Beschreibung) der Sache;
2. die Festlegung der Verwendungszwecke für den Anwendungsbereich der Verordnung;
3.[28] die Festlegung von Qualitätskriterien entsprechend einem Produkt oder einem Rohstoff und von zulässigen Behandlungsverfahren und -methoden;
4. die Begrenzung abfallspezifischer Schadstoffe;
5.[28] Anforderungen an Managementsysteme zum Nachweis der Einhaltung der Kriterien für das Ende der Abfalleigenschaft einschließlich an die Qualitätskontrolle und Eigenüberwachung sowie gegebenenfalls Akkreditierung;
6. unter Berücksichtigung der Abfallart und der Verwendungszwecke Art, Form und Umfang der Aufzeichnungen gemäß Abs. 5 und Art, Form, Umfang und Übermittlung der Meldungen gemäß Abs. 4 und 5 und
7.[29] das Erfordernis einer Konformitätserklärung.

Hinsichtlich der Festlegung von Qualitätsanforderungen zur Vermeidung unzulässiger Auswirkungen auf Gewässer ist das Einvernehmen mit der Bundesministerin für Landwirtschaft, Regionen und Tourismus herzustellen.

(4)[28] Wer die Abfalleigenschaft eines bestimmten Abfalls gemäß einer Verordnung nach Abs. 2 enden lassen will, hat dies der Bundesministerin für Klimaschutz, Umwelt, Energie, Mobilität, Innovation und Technologie zu melden und eine Erklärung anzuschließen, dass das Vermischungsverbot gemäß § 15 Abs. 2 und die einschlägigen, für Produkte geltenden Anforderungen eingehalten werden. Das Ende der Abfalleigenschaft kann nur erreicht werden, wenn die einschlägigen, für Produkte geltenden Anforderungen eingehalten werden.

(5) Wer eine Meldung gemäß Abs. 4 erstattet, hat, getrennt für jedes Kalenderjahr, Aufzeichnungen zur Einhaltung der Verordnung gemäß Abs. 2 betreffend Art, Menge, Herkunft und Verbleib fortlaufend zu führen. Diese Aufzeichnungen und die entsprechenden Nachweise sind, vom Tag der letzten Eintragung an gerechnet, mindestens sieben Jahre aufzubewahren. Den Behörden ist Einsicht in diese Aufzeichnungen und Nachweise zu gewähren. Die Aufzeichnungen und Nachweise sind den Behörden auf Verlangen vorzulegen. Die genannten Verpflichtungen gelten im Zusammenhang mit einer Anlage für den jeweiligen Inhaber. Weiters sind nach Maßgabe einer Verordnung gemäß Abs. 2 bis spätestens 10. April jeden Jahres Meldungen, die Angaben über Art und Menge der bestimmten Abfälle des vorangegangenen Kalenderjahres beinhalten, an die Bundesministerin für Klimaschutz, Umwelt, Energie, Mobilität, Innovation und Technologie zu erstatten. Sofern sich wesentliche Änderungen in Bezug auf den vorgesehenen Verwendungszweck oder die vorgesehenen Abnehmer ergeben, sind diese zugleich mit der jährlichen Meldung der Bundesministerin für Klimaschutz, Umwelt, Energie, Mobilität, Innovation und Technologie bekannt zu geben.

(6) Die Bundesministerin für Klimaschutz, Umwelt, Energie, Mobilität, Innovation und Technologie wird ermächtigt, in einer Verordnung nach Abs. 2 abweichend zu den §§ 17 Abs. 5 und 21 Abs. 3 Eintragungspflichten hinsichtlich Identifikation der Abfallersterzeuger und Standorte in das elektronische Datenregister sowie über Jahressummenwerte pro Abfallart hinausgehende Meldepflichten festzulegen.

(7)[30] Die Bundesministerin für Klimaschutz, Umwelt, Energie, Mobilität, Innovation und Technologie ist für die Anwendung von Verordnungen gemäß Art. 6 Abs. 2 der Richtlinie 2008/98/EG über Abfälle zuständige Behörde. Wer Stoffe, Produkte oder Sachen, die gemäß einer Verordnung gemäß Art. 6 Abs. 2 der Richtlinie 2008/98/EG nicht mehr als Abfälle anzusehen sind, an eine andere Rechtsperson übergibt, hat dem Übernehmer eine Abschrift der Konformitätserklärung gemäß dieser Verordnung zu übergeben. Die Aufzeichnungen, Nachweise und Konformitätserklärungen gemäß dieser Verordnungen sind mindestens sieben Jahre aufzubewahren. Eine Aufbewahrung in elektronischer Form ist zulässig, wenn eine Sicherung der elektronischen Dokumente vor Datenverlust nach dem Stand der Technik erfolgt.

Feststellungsbescheide

§ 6.[31] (1) Bestehen begründete Zweifel,

1. ob eine Sache Abfall im Sinne dieses Bundesgesetzes ist,
2. welcher Abfallart diese Sache gegebenenfalls zuzuordnen ist oder
3. ob eine Sache gemäß den unionsrechtlichen Abfallvorschriften, insbesondere der Verordnung (EG) Nr. 1013/2006 über die Verbringung von Abfällen (im Folgenden: EG-VerbringungsV), ABl. Nr. L 190 vom 12.07.2006 S. 1, bei der Verbringung notifizierungspflichtiger Abfall ist,

hat der Landeshauptmann dies entweder von Amts wegen oder auf Antrag des Verfügungsberechtigten oder auf Veranlassung der Bundespolizei nach Maßgabe des § 82 oder der Zollorgane nach Maßgabe des § 83 mit Bescheid festzustellen. Der Verfügungsberechtigte hat die für die Beurteilung erforderlichen Unterlagen vorzulegen.[32] Ein Feststellungsbescheid gemäß Z 2 darf nur beantragt werden, sofern nicht § 7 zur Anwendung kommt.

(2)[33] Im Fall des § 70 Abs. 3 oder im Fall der Veranlassung durch die Bundespolizei nach Maßgabe des § 82 oder durch die Zollorgane nach Maßgabe des § 83 hat der Landeshauptmann den Bescheid von Amts wegen innerhalb einer Frist von fünf Werktagen nach ihrer Befassung zu erlassen. Der Bescheid gilt als zugestellt, wenn er dem Lenker des Beförderungsmittels oder demjenigen, der eine gleichwertige Tätigkeit ausübt, ausgefolgt wurde. In diesem Fall hat der Landeshauptmann den Transporteur von der Ausfolgung des Bescheides unverzüglich zu verständigen.

(3)[34] Örtlich zuständige Behörde für Feststellungsbescheide gemäß Abs. 1 ist der Landeshauptmann, in dessen Wirkungsbereich sich die Sache zum Zeitpunkt der Einleitung des Verfahrens befindet.

---

[28] Neu gefasst durch BGBl I 200/2021.

[29] Eingefügt durch BGBl I 200/2021.

[30] Eingefügt durch BGBl I 103/2013.

[31] Geändert durch BGBl I 103/2013; Abs 1 und 2 geändert durch BGBl I 71/2019.

[32] S 2 eingefügt durch BGBl I 200/2021.

[33] S 1 neu gefasst durch BGBl I 103/2013.

[34] Geändert durch BGBl I 97/2013 sowie durch BGBl I 71/2019.

(4)[35] Die Behörde hat den Bescheid samt einer Kopie der diesbezüglichen Akten gleichzeitig mit der Zustellung an die Partei an die sachlich in Betracht kommende Oberbehörde zu übermitteln. Unbeschadet des § 68 des Allgemeinen Verwaltungsverfahrensgesetzes 1991 (AVG), BGBl. Nr. 51, kann ein Feststellungsbescheid von der sachlich in Betracht kommenden Oberbehörde innerhalb von sechs Wochen nach Einlangen abgeändert oder aufgehoben werden, wenn

1. der dem Bescheid zugrunde liegende Sachverhalt unrichtig festgestellt oder aktenwidrig angenommen wurde oder
2. der Inhalt des Bescheides rechtswidrig ist.

Die Zeit des Parteiengehörs ist nicht in die Frist einzurechnen.

(5)[36] Bestehen begründete Zweifel, ob oder inwieweit eine Sache einer Verordnung gemäß § 14 Abs. 1 unterliegt oder welcher Produktgruppe einer Verordnung nach § 13h Abs. 2 eine Verpackung zuzuordnen ist, hat die Bundesministerin für Klimaschutz, Umwelt, Energie, Mobilität, Innovation und Technologie auf Antrag eines Verpflichteten oder von Amts wegen innerhalb von drei Monaten einen Feststellungsbescheid zu erlassen.

(6)[37] Der Landeshauptmann hat auf Antrag eines Projektwerbers oder des Umweltanwaltes oder von Amts wegen innerhalb von drei Monaten festzustellen, ob

1. eine Anlage der Genehmigungspflicht gemäß § 37 Abs. 1 oder 3 oder gemäß § 52 unterliegt oder eine Ausnahme gemäß § 37 Abs. 2 gegeben ist,
2. eine Anlage eine IPPC-Behandlungsanlage ist,
3. eine Änderung einer Behandlungsanlage der Genehmigungspflicht gemäß § 37 Abs. 1 oder 3 unterliegt oder gemäß § 37 Abs. 4 anzeigepflichtig ist.

Parteistellung hat neben dem Projektwerber der Umweltanwalt.

(7)[36] Bestehen begründete Zweifel über den Umfang

1. einer Erlaubnis gemäß § 24a oder
2. einer Genehmigung gemäß den §§ 37, 52 oder 54, insbesondere hinsichtlich der Abfallarten, Abfallmengen oder der Anlagenkapazität,

hat der Landeshauptmann auf Antrag des Inhabers der Berechtigung oder der Anlagengenehmigung oder von Amts wegen einen Feststellungsbescheid zu erlassen. Abs. 4 gilt sinngemäß.

Ausstufung

§ 7. (1)[36] Eine Ausstufung wird eingeleitet, indem

1. der Abfallbesitzer oder der Inhaber der Deponie für eine vorliegende Menge eines bestimmten Abfalls (Ausstufung einer Einzelcharge) oder
2. der Abfallerzeuger oder der Inhaber der Deponie für bestimmte Abfälle aus einem definierten Energieerzeugungs-, Produktions- oder Abfallbehandlungsprozess mit gleichbleibender Qualität in Bezug auf die für die jeweilige Behandlung einzuhaltenden Grenzwerte (Ausstufung eines Abfallstroms) oder
3. der Abfallerzeuger oder der Inhaber der Deponie für bestimmte Abfälle aus einem definierten Energieerzeugungs-, Produktions- oder Abfallbehandlungsprozess mit nicht gleichbleibender Qualität in Bezug auf die für die jeweilige Behandlung einzuhaltenden Grenzwerte (Ausstufung eines wiederkehrenden Abfalls)

den Nachweis der Nichtgefährlichkeit gemäß einer Verordnung nach § 4 auf Grundlage einer Beurteilung durch eine externe befugte Fachperson oder Fachanstalt der Bundesministerin für Klimaschutz, Umwelt, Energie, Mobilität, Innovation und Technologie anzeigt. Die Anzeige kann in Abstimmung mit der Bundesministerin für Klimaschutz, Umwelt, Energie, Mobilität, Innovation und Technologie elektronisch übermittelt werden. Wird die Beurteilungsmenge während der Ausstufung einem Dritten übergeben, gilt die Anzeige als zurückgezogen. Die Übergabe der Beurteilungsmenge ist der Bundesministerin für Klimaschutz, Umwelt, Energie, Mobilität, Innovation und Technologie unverzüglich zu melden.

(2) Bei Mängeln der Anzeige, einschließlich der Beurteilungsunterlagen gemäß einer Verordnung nach § 4, gilt § 13 Abs. 3 AVG mit der Maßgabe, dass bei Entsprechung des Verbesserungsauftrags die Anzeige an dem Tag als eingebracht gilt, an dem die verbesserten Unterlagen bei der Bundesministerin für Klimaschutz, Umwelt, Energie, Mobilität, Innovation und Technologie einlangen. Kommt der Abfallbesitzer dem Auftrag zur Verbesserung nicht in vollem Umfang oder nicht rechtzeitig nach, ist die Anzeige binnen sechs Wochen ab Fristablauf des Verbesserungsauftrags zurückzuweisen.

(3) Wenn offensichtlich eine Untersuchung zusätzlicher gefahrenrelevanter Eigenschaften oder eine Analyse zusätzlicher Parameter zur Beurteilung des bestimmten Abfalls erforderlich ist, oder bei offensichtlichen Widersprüchen der Untersuchungs- oder Analysenergebnisse hat die Bundesministerin für Klimaschutz, Umwelt, Energie, Mobilität, Innovation und Technologie dem Abfallbesitzer die Verbesserung binnen angemessener Frist aufzutragen. Wird dem Auftrag zur Verbesserung entsprochen, so gilt die Anzeige ab dem Tag, an dem die verbesserten Unterlagen einlangen, als eingebracht. Kommt der Abfallbesitzer dem Auftrag zur Verbesserung nicht in vollem Umfang oder nicht rechtzeitig nach, ist die Anzeige binnen sechs Wochen ab Fristablauf des Verbesserungsauftrages zurückzuweisen.

(4)[36] Äußert sich die Bundesministerin für Klimaschutz, Umwelt, Energie, Mobilität, Innovation und Technologie innerhalb von sechs Wochen ab Einlangen der Anzeige oder innerhalb der in Abs. 2 oder 3 angegebenen Fristen nicht, gilt der bestimmte Abfall als nicht gefährlich. Die Zeit des Parteiengehörs ist nicht in die Frist einzurechnen.[38] Diese Rechtsfolge tritt nicht ein, wenn der Anzeige eine falsche oder verfälschte Beurteilung zugrunde liegt. Eine Beurteilung gilt als falsch, wenn die Nichtgefährlichkeit bestätigt wurde, obwohl eine gefahrenrelevante Eigenschaft offensichtlich zutrifft. Eine Beurteilung gilt als verfälscht, wenn der Inhalt betreffend das Vorliegen einer gefahrenrelevanten Eigenschaft verändert wird. Auf Verlangen des Abfallbesitzers hat die Bundesministerin für Klimaschutz, Umwelt, Energie, Mobilität, Innovation und Technologie mitzuteilen, dass der Nachweis der Nichtgefährlichkeit angezeigt wurde und nicht gemäß Abs. 2 und 3 vorzugehen ist; der bestimmte Abfall gilt mit Einlangen der Mitteilung beim Abfallbesitzer, spätestens jedoch innerhalb von sechs Wochen ab Einlangen der Anzeige, im Fall eines Verbesserungsauftrags gemäß Abs. 2 oder 3 innerhalb von sechs Wochen ab Einlangen der verbesserten Unterlagen, als nicht gefährlich.

(5)[36] Leitet der Inhaber einer Deponie für einen bestimmten Abfall zum Zweck der Deponierung auf seiner Deponie eine Ausstufung einer Einzelcharge, eine Ausstufung eines Abfallstroms oder eine Ausstufung eines wiederkehrenden Abfalls mit einer Anzeige ein, so gilt dieser Abfall mit der Einbringung in die Deponie nach der ordnungsgemäßen Anzeige gemäß Abs. 1 als nicht gefährlich. Die Abs. 2 bis 4 sind nicht anwendbar. Diese Rechtsfolge tritt nicht ein, wenn der Anzeige eine falsche oder verfälschte Beurteilung im Sinne des Abs. 4 zugrunde liegt.

---

[35] Geändert durch BGBl I 71/2019.

[36] Geändert durch BGBl I 200/2021.

[37] Geändert durch BGBl I 97/2013.

[38] Satz eingefügt durch BGBl I 200/2021.

(6)[36] Die Ausstufung von gefährlichen immobilisierten oder stabilisierten Abfällen ist nur für den Zweck der Deponierung zulässig.

(7)[36] Wer im Rahmen einer Ausstufung eines Abfallstroms oder einer Ausstufung eines wiederkehrenden Abfalls den Nachweis der Nichtgefährlichkeit erbracht hat, hat bis spätestens 10. April jeden Jahres die Menge des ausgestuften Abfalls des vorangegangenen Kalenderjahres der Bundesministerin für Klimaschutz, Umwelt, Energie, Mobilität, Innovation und Technologie zu melden.

Bundes-Abfallwirtschaftsplan

§ 8.[39] (1) Zur Verwirklichung der Ziele und Grundsätze des § 1 Abs. 1, 2, 2a und 4 hat die Bundesministerin für Klimaschutz, Umwelt, Energie, Mobilität, Innovation und Technologie mindestens alle sechs Jahre einen Bundes-Abfallwirtschaftsplan zu erstellen.

(2) Der Entwurf des Bundes-Abfallwirtschaftsplans ist über die Internetseite des Bundesministeriums für Klimaschutz, Umwelt, Energie, Mobilität, Innovation und Technologie der Öffentlichkeit zugänglich zu machen; dies ist in zwei im Bundesgebiet weit verbreiteten Tageszeitungen bekannt zu machen. In der Bekanntmachung ist darauf hinzuweisen, dass jedermann innerhalb von sechs Wochen ab der Bekanntmachung bei der Bundesministerin für Klimaschutz, Umwelt, Energie, Mobilität, Innovation und Technologie eine Stellungnahme abgeben kann. Die Landesregierungen, die Bundesministerin für Digitalisierung und Wirtschaftsstandort, die Bundesministerin für Landwirtschaft, Regionen und Tourismus, der Österreichische Städtebund, der Österreichische Gemeindebund, die Wirtschaftskammer Österreich, die Bundeskammer für Arbeiter und Angestellte und die Landwirtschaftskammer Österreich sind schriftlich auf die Stellungnahmemöglichkeit hinzuweisen. Die Stellungnahmen sind bei der Überarbeitung des Entwurfs zu berücksichtigen. Der Bundes-Abfallwirtschaftsplan ist auf der Internetseite des Bundesministeriums für Klimaschutz, Umwelt, Energie, Mobilität, Innovation und Technologie zu veröffentlichen. Sofern keine zusammenfassende Erklärung gemäß § 8a Abs. 6 zu veröffentlichen ist, hat die Bundesministerin für Klimaschutz, Umwelt, Energie, Mobilität, Innovation und Technologie gemeinsam mit dem Bundes-Abfallwirtschaftsplan die getroffenen Entscheidungen über die eingelangten Stellungnahmen und die Gründe, auf denen die Entscheidungen beruhen, und Angaben zum Verfahren zur Beteiligung der Öffentlichkeit auf der Internetseite des Bundesministeriums für Klimaschutz, Umwelt, Energie, Mobilität, Innovation und Technologie zu veröffentlichen. Der Umstand der Veröffentlichung ist in zwei im Bundesgebiet weit verbreiteten Tageszeitungen bekannt zu machen.

(3) Der Bundes-Abfallwirtschaftsplan hat – unbeschadet der den Bundesländern zustehenden Planungsbefugnisse – mindestens zu umfassen:

1. eine Bestandsaufnahme der Situation der Abfallwirtschaft und eine Abschätzung der zukünftigen Entwicklungen der Abfallströme;
2. die regionale Verteilung der Anlagen zur Beseitigung von Abfällen und bedeutender Anlagen zur Verwertung von Abfällen;
3. die Beurteilung der Notwendigkeit der Stilllegung von Anlagen;
4.[40] die Beurteilung der Notwendigkeit zusätzlicher Anlageninfrastruktur zur Errichtung und Aufrechterhaltung eines Netzes an Anlagen zur Sicherstellung von Entsorgungsautarkie und Sicherstellung der Behandlung von Abfällen in einer der am nächsten gelegenen geeigneten Anlagen, einschließlich einer Bewertung der dafür benötigten Investitionen und sonstigen Finanzmittel;
5.[41] die Beurteilung bestehender Abfallsammelsysteme, einschließlich der Materialien, die getrennt gesammelt werden, der geografischen Gebiete, in denen die getrennte Sammlung erfolgt, und der Maßnahmen zur Verbesserung der getrennten Sammlung für Abfälle, die nicht getrennt gesammelt werden, sowie die Beurteilung der Notwendigkeit neuer Sammelsysteme;
6. im Falle grenzüberschreitender Vorhaben im Rahmen der Erstellung des Bundes-Abfallwirtschaftsplans die Darstellung der Zusammenarbeit mit betroffenen Mitgliedsstaaten und der Europäischen Kommission;
7. aus § 1 abgeleitete konkrete Vorgaben
   a) zur Reduktion der Mengen und Schadstoffgehalte und nachteiligen Umwelt- und Gesundheitsauswirkungen der Abfälle,
   b) zur Förderung der Vorbereitung zur Wiederverwendung, des Recyclings und der sonstigen Verwertung von Abfällen, insbesondere im Hinblick auf eine Ressourcenschonung,
   c) zur umweltgerechten und volkswirtschaftlich zweckmäßigen Verwertung von Abfällen,
   d) zur Beseitigung der nicht vermeidbaren oder verwertbaren Abfälle,
   e) zur Verbringung von Abfällen nach oder aus Österreich zur Verwertung oder Beseitigung;
   8. die zur Erreichung dieser Vorgaben geplanten Maßnahmen des Bundes;
   8a.[42] Maßnahmen zur Bekämpfung und Verhinderung von Vermüllung (Littering) sowie zur Müllsäuberung;
   8b.[42] geeignete qualitative und quantitative Indikatoren und Zielvorgaben, auch in Bezug auf die Menge des anfallenden Abfalls und seine Behandlung und auf die Siedlungsabfälle, die beseitigt oder energetisch verwertet werden;
9.[40] allgemeine Strategien und besondere Vorkehrungen für bestimmte Abfälle (einschließlich Altöl; gefährliche Abfälle; Abfälle, die erhebliche Mengen kritischer Rohstoffe enthalten, und Abfallströme, für die spezielle Rechtsvorschriften der Europäischen Union gelten), insbesondere Behandlungspflichten und Programme einschließlich der Strategie zur Verwirklichung der Verringerung der zur Deponierung bestimmten biologisch abbaubaren Abfälle gemäß Art. 5 der Richtlinie 1999/31/EG über Abfalldeponien, ABl. Nr. L 182 vom 16. 7. 1999 S 1, geändert durch die Verordnung (EG) Nr. 1137/2008, ABl. Nr. L 311 vom 21. 11. 2008 S 1, und der Abfallplanung gemäß Art. 14 der Richtlinie 94/62/EG über Verpackungen und Verpackungsabfälle, ABl. Nr. L 365 vom 31. 12. 1994 S 10, geändert durch die Verordnung (EG) Nr. 219/2009, ABl. L 87 vom 31. 3. 2009 S 109, Maßnahmen zur Erreichung der Zielvorgaben gemäß Art. 5 Abs. 3a der Richtlinie 1999/31/EG über Abfalldeponien und der Zielvorgaben gemäß Art. 11 Abs. 2 und 3 der Richtlinie 2008/98/EG über Abfälle sowie Maßnahmen zur Durchführung der Richtlinie (EU) 2019/904 über die Verringerung der Auswirkungen bestimmter Kunststoffprodukte auf die Umwelt (im Folgenden: Richtlinie (EU) 2019/904 (SUP – single-use plastics), ABl. Nr. L 155 vom 12.06.2019 S. 1.

Der Bundes-Abfallwirtschaftsplan hat für die Zwecke der Vermeidung von Vermüllung (Littering) den Anforderungen ge-

[39] Neu gefasst durch BGBl I 9/2011.

[40] Geändert durch BGBl I 200/2021.

[41] Neu gefasst durch BGBl I 200/2021.

[42] Eingefügt durch BGBl I 200/2021.

mäß Art. 13 der Richtlinie 2008/56/EG zur Schaffung eines Ordnungsrahmens für Maßnahmen der Gemeinschaft im Bereich der Meeresumwelt (Meeresstrategie-Rahmenrichtlinie), ABl. Nr. L 164 vom 26.06.2008 S. 19, und den Anforderungen gemäß Art. 11 der Richtlinie 2000/60/EG zur Schaffung eines Ordnungsrahmens für Maßnahmen der Gemeinschaft im Bereich der Wasserpolitik, ABl. Nr. L 327 vom 22.12.2000 S. 1, zu entsprechen.[43]

(4) Die Bundesministerin für Klimaschutz, Umwelt, Energie, Mobilität, Innovation und Technologie hat den Bundes-Abfallwirtschaftsplan dem Nationalrat vorzulegen. Bei der Vorlage sind die getroffenen Maßnahmen zur Abfallvermeidung und Verwertung, die Effizienz der Maßnahmen und die getroffenen Maßnahmen zur Kontrolle der Behandlungsanlagen, der Abfallströme und der Abfallsammler und -behandler, einschließlich der Sammel- und Verwertungssysteme, auszuweisen.

(5) Der Landeshauptmann hat den erstellten Landes-Abfallwirtschaftsplan der Bundesministerin für Klimaschutz, Umwelt, Energie, Mobilität, Innovation und Technologie vorzulegen. Die Inhalte der Landes-Abfallwirtschaftspläne betreffend Anlagen zur Beseitigung nicht gefährlicher Abfälle sind in den Bundes-Abfallwirtschaftsplan aufzunehmen. Inhalte des Landes-Abfallwirtschaftsplans, welche gemäß der Richtlinie 2001/42/EG über die Prüfung der Umweltauswirkungen bestimmter Pläne und Programme, ABl. Nr. L 197 vom 21. 7. 2001 S 30, einer Umweltprüfung unterzogen werden müssen, dürfen nur dann in den Bundes-Abfallwirtschaftsplan aufgenommen werden, wenn die Umweltprüfung bereits auf Landesebene durchgeführt wurde. Diese Inhalte sind keiner Umweltprüfung gemäß § 8a zu unterziehen.

[…]

2. Abschnitt
Abfallvermeidung und -verwertung

Mindestziele der Abfallvermeidungsmaßnahmen

§ 9.[44] Abfallvermeidungsmaßnahmen zielen insbesondere darauf ab,

1. die Mengen und die Schadstoffgehalte der Abfälle zu verringern und zur Nachhaltigkeit beizutragen;
2. nachhaltige Produktions- und Konsummodelle zu fördern und zu unterstützen;
3. das Design, die Herstellung, die Bearbeitung, die sonstige Gestaltung und die Verwendung von Produkten zu fördern, die ressourceneffizient, langlebig (auch in Bezug auf ihre Lebensdauer und auf den Ausschluss geplanter Obsoleszenz), reparierbar, wiederverwendbar oder aktualisierbar sind und dass die nach ihrer bestimmungsgemäßen Verwendung verbleibenden Abfälle erforderlichenfalls zerlegt oder bestimmte Bestandteile getrennt werden können, und dass die Bestandteile oder die aus den Abfällen gewonnenen Stoffe weitgehend wiederverwendet werden können;
4. Produkte so zu gestalten, dass bei ihrer Herstellung, ihrem Ge- und Verbrauch und nach ihrer bestimmungsgemäßen Verwendung unter Berücksichtigung der relevanten Umweltaspekte keine Beeinträchtigungen der öffentlichen Interessen (§ 1 Abs. 3) bewirkt werden, insbesondere möglichst wenige und möglichst schadstoffarme Abfälle zurückbleiben;
5. Produkte so zu gebrauchen, dass die Umweltbelastungen, insbesondere der Anfall von Abfällen, so gering wie möglich gehalten werden;
6. Produkte, die kritische Rohstoffe enthalten, gezielt ausfindig zu machen, um zu verhindern, dass diese Materialien zu Abfall werden;
7. die Wiederverwendung von Produkten und die Schaffung von Systemen zur Förderung von Aktivitäten zur Reparatur und der Wiederverwendung, insbesondere von Elektro- und Elektronikgeräten, Textilien und Möbeln, Verpackungs- sowie Baumaterialien und -produkten, zu unterstützen;
8. in angemessener Weise und unbeschadet der Rechte des geistigen Eigentums die Verfügbarkeit von Ersatzteilen, Bedienungsanleitungen, technischen Informationen oder anderen Mitteln und Geräten sowie Software zu fördern, die es ermöglichen, Produkte ohne Beeinträchtigung ihrer Qualität und Sicherheit zu reparieren und wiederzuverwenden;
9. die Abfallerzeugung bei Prozessen im Zusammenhang mit der industriellen Produktion, der Gewinnung von Mineralen, der Herstellung, Bau- und Abbruchtätigkeiten unter Berücksichtigung der besten verfügbaren Techniken zu verringern;
10. die Verschwendung von Lebensmitteln in der Primärerzeugung, Verarbeitung und Herstellung, im Einzelhandel und anderen Formen des Vertriebs von Lebensmitteln, in Gaststätten und Verpflegungsdienstleistungen sowie in privaten Haushalten zu verringern, um zu dem Ziel der Vereinten Nationen für nachhaltige Entwicklung beizutragen, bis 2030 die weltweit auf Ebene des Einzelhandels und auf Verbraucherebene pro Kopf anfallenden Lebensmittelabfälle zu halbieren und die Verluste von Lebensmitteln entlang der Produktions- und Lieferkette zu reduzieren;
11. Lebensmittelspenden und andere Formen der Umverteilung von Lebensmitteln für den menschlichen Verzehr zu fördern, damit der Gebrauch durch den Menschen Vorrang gegenüber dem Einsatz als Tierfutter und der Verarbeitung zu Nonfood-Erzeugnissen hat;
12. die Entstehung von Abfällen zu reduzieren, insbesondere von Abfällen, die sich nicht für die Vorbereitung zur Wiederverwendung oder für das Recycling eignen, zB durch Vertriebsformen, durch Rücknahme- oder Sammel- und Verwertungssysteme oder durch Pfandeinhebung;
13. den Anfall von Abfällen beim Letztverbraucher so gering wie möglich zu halten, zB durch Vertriebsformen, durch Rücknahme- oder Sammel- und Verwertungssysteme oder durch Pfandeinhebung;
14. die Produkte zu ermitteln, die Hauptquellen der Vermüllung insbesondere der Natur und der Meeresumwelt sind, und zur Vermeidung und Reduzierung des durch diese Produkte verursachten Müllaufkommens geeignete Maßnahmen zu treffen;
15. die Entstehung von Meeresmüll zu beenden, als Beitrag zu dem Ziel der Vereinten Nationen für nachhaltige Entwicklung, jegliche Formen der Meeresverschmutzung zu vermeiden und deutlich zu reduzieren;
16. Informationskampagnen zu entwickeln und zu unterstützen, in deren Rahmen für Abfallvermeidung und Vermüllung sensibilisiert wird;
17. im Hinblick auf eine deutliche und dauerhafte Verminderung des Verbrauchs betreffend die Einwegkunststoffprodukte
    a) Getränkebecher, einschließlich ihrer Verschlüsse und Deckel, und
    b) Lebensmittelverpackungen, dh. Behältnisse wie Boxen (mit oder ohne Deckel) für Lebensmittel, die

[43] Schlussteil angefügt durch BGBl I 200/2021.

[44] Samt Überschrift neu gefasst durch BGBl I 200/2021.

aa) dazu bestimmt sind, unmittelbar vor Ort verzehrt oder als Takeaway-Gericht mitgenommen zu werden,

bb) in der Regel aus der Verpackung heraus verzehrt werden und

cc) ohne weitere Zubereitung wie Kochen, Sieden oder Erhitzen verzehrt werden können,

einschließlich Verpackungen für Fast Food oder andere Speisen zum unmittelbaren Verzehr, ausgenommen Getränkebehälter, Teller sowie Säckchen und Folienverpackungen (Wrappers) mit Lebensmittelinhalt,

eine deutliche Trendumkehr beim steigenden Verbrauch dieser Einwegkunststoffprodukte zu bewirken. Diese Maßnahmen zielen darauf ab, bis zum Jahr 2026 gegenüber dem Jahr 2022 eine messbare quantitative Verminderung des Verbrauchs dieser Produkte herbeizuführen. Über Abfallvermeidungsmaßnahmen, die diesem Ziel entsprechend ausgerichtet wurden, ist der Öffentlichkeit, bis zum Zeitpunkt ihrer erstmaligen Veröffentlichung im Abfallvermeidungsprogramm gemäß § 9a, eine Beschreibung zugänglich zu machen;

18. bis zum Jahr 2025 gegenüber dem Jahr 2018 eine Verminderung der in Verkehr gesetzten Einwegkunststoff-Verpackungen um 20% herbeizuführen;

19. den Ausbau von Mehrwegsystemen für Verpackungen, insbesondere für Getränkeverpackungen, zu fördern.

Die Abfallvermeidungsziele können insbesondere durch die Verwendung von geeigneten Herstellungs-, Bearbeitungs-, Verarbeitungs- und Vertriebsformen, durch die Entwicklung geeigneter Arten und Formen von Produkten und durch ein abfallvermeidungsbewusstes Verhalten der Letztverbraucher erreicht werden.

Abfallvermeidungsprogramm

§ 9a.[45] (1) Die Bundesministerin für Klimaschutz, Umwelt, Energie, Mobilität, Innovation und Technologie hat mindestens alle sechs Jahre ein Abfallvermeidungsprogramm mit dem Ziel, das Wirtschaftswachstum von den mit der Abfallerzeugung verbundenen Umweltauswirkungen zu entkoppeln, zu erstellen. Dieses kann Teil des Bundes-Abfallwirtschaftsplans sein.

(2) Das Abfallvermeidungsprogramm hat mindestens zu umfassen:

1. Ziele der Abfallvermeidungsmaßnahmen;
2.[46] eine Beschreibung der bestehenden Abfallvermeidungsmaßnahmen einschließlich einer Zuordnung der Abfallvermeidungsmaßnahmen zu den Zielen gemäß § 9;
3.[46] eine Bewertung der Zweckmäßigkeit der in Anhang 1 angegebenen beispielhaften Maßnahmen oder anderer geeigneter Maßnahmen und eine Beschreibung des Beitrags, den die in **Anhang 1b** aufgeführten Instrumente und Maßnahmen zur Abfallvermeidung leisten;
4. qualitative oder quantitative Maßstäbe zur Überwachung und Bewertung der durch die Maßnahmen erzielten Fortschritte;
5. im Falle grenzüberschreitender Vorhaben die Darstellung der Zusammenarbeit mit betroffenen Mitgliedstaaten und der Europäischen Kommission;
6.[47] ein spezielles Programm zur Vermeidung von Lebensmittelabfällen.

(3) Die Bundesministerin für Klimaschutz, Umwelt, Energie, Mobilität, Innovation und Technologie hat das Abfallvermeidungsprogramm dem Nationalrat vorzulegen.

(4) § 8 Abs. 2, § 8a und § 8b sind anzuwenden.

Abfallwirtschaftskonzept

§ 10. (1)[48] Für Anlagen, bei deren Betrieb Abfälle anfallen und in denen mehr als 20 Arbeitnehmer beschäftigt sind, ist ein Abfallwirtschaftskonzept zu erstellen. Wird eine Anlage von mehreren Rechtspersonen betrieben, ist es zulässig, ein gemeinsames Abfallwirtschaftskonzept zu erstellen. Eine gültige Umwelterklärung gemäß der Verordnung (EG) Nr. 1221/2009 über die freiwillige Beteiligung von Organisationen an einem Gemeinschaftssystem für das Umweltmanagement und die Umweltbetriebsprüfung (EMAS), ABl. Nr. L 342 vom 22. 12. 2009 S. 1, eines an EMAS beteiligten Betriebs gilt als Abfallwirtschaftskonzept.

(2) Das Abfallwirtschaftskonzept hat innerhalb von zwölf Monaten nach Aufnahme des Betriebs oder nach Aufnahme des 21sten Arbeitnehmers vorzuliegen.

(3) Das Abfallwirtschaftskonzept hat zu enthalten:

1. Angaben über die Branche und den Zweck der Anlage und eine Auflistung sämtlicher Anlagenteile;
2. eine verfahrensbezogene Darstellung des Betriebs;
3. eine abfallrelevante Darstellung des Betriebs;
4. organisatorische Vorkehrungen zur Einhaltung abfallwirtschaftlicher Rechtsvorschriften und
5. eine Abschätzung der zukünftigen Entwicklung.

(4) Das Abfallwirtschaftskonzept ist auf Verlangen der Behörde vorzulegen. Die Behörde hat die Verbesserung des Abfallwirtschaftskonzepts mit Bescheid aufzutragen, wenn das Abfallwirtschaftskonzept unvollständig ist.

(5)[48] Das Abfallwirtschaftskonzept ist bei einer wesentlichen abfallrelevanten Änderung der Anlage, jedoch mindestens alle sieben Jahre fortzuschreiben. Die Fortschreibung einer gültigen Umwelterklärung gemäß EMAS gilt als Fortschreibung gemäß diesem Bundesgesetz.

(6) Auf Abfallwirtschaftskonzepte, die im Rahmen der Genehmigung einer Anlage gemäß § 37, gemäß der Gewerbeordnung 1994 (GewO 1994), BGBl. Nr. 194, oder gemäß dem Mineralrohstoffgesetz zu erstellen sind, finden der letzte Satz des Abs. 1 und die Abs. 3 bis 5 Anwendung.

Abfallbeauftragter

§ 11. (1)[49] In Betrieben mit mehr als 100 Arbeitnehmern ist ein fachlich qualifizierter Abfallbeauftragter zu bestellen. Der Betriebsinhaber hat den Abfallbeauftragten bei der Wahrnehmung seiner Aufgaben zu unterstützen, insbesondere hat er ihm für seine Tätigkeit ausreichend Zeit während der Arbeitszeit und Aus- und Weiterbildungsmöglichkeiten zu gewähren und die erforderlichen Hilfsmittel zur Verfügung zu stellen.

(2)[50] Die Bestellung oder Abbestellung des Abfallbeauftragten ist der Behörde unverzüglich elektronisch im Wege des Registers gemäß § 22 Abs. 1 zu melden. Nachweise über die Zustimmung des Abfallbeauftragten und die fachliche Qualifikation sind im Betrieb bis ein Jahr nach der Abbestellung aufzubewahren und auf Verlangen der Behörde vorzulegen.

(3) Der Abfallbeauftragte hat

1. die Einhaltung der den Betrieb betreffenden abfallrechtlichen Vorschriften und darauf beruhender Bescheide zu überwachen und den Betriebsinhaber über seine Wahr-

[45] Neu gefasst durch BGBl I 9/2011.
[46] Geändert durch BGBl I 200/2021.
[47] Eingefügt durch BGBl I 200/2021.
[48] Geändert durch BGBl I 9/2011.
[49] Geändert durch BGBl I 71/2019 (ehem S 2 entfallen).
[50] Neu gefasst durch BGBl I 200/2021..

nehmungen, insbesondere über festgestellte Mängel, unverzüglich zu informieren,

2. auf eine sinnvolle Organisation der Umsetzung der den Betrieb betreffenden abfallrechtlichen Vorschriften hinzuwirken,
3. den Betriebsinhaber in allen den Betrieb betreffenden abfallwirtschaftlichen Fragen, einschließlich der abfallwirtschaftlichen Aspekte bei der Beschaffung, zu beraten und
4. im Zuge der Erstellung oder Fortschreibung des Abfallwirtschaftskonzeptes die Kosten der Abfallbehandlung und die Erlöse der Altstoffe dem Betriebsinhaber darzustellen.

(4) Durch die Bestellung eines Abfallbeauftragten wird die Verantwortlichkeit des Betriebsinhabers für die Einhaltung der abfallrechtlichen Vorschriften und darauf beruhender Bescheide nicht berührt. Dem Abfallbeauftragten darf keine Verantwortlichkeit für die Einhaltung von abfallrechtlichen Vorschriften übertragen werden.

Transparenz zur Vermeidung der Lebensmittelverschwendung

§ 11a.[51] (1) Lebensmitteleinzelhändler mit mindestens einer Verkaufsstelle über 400m^2 oder mit mindestens fünf Verkaufsstellen und buchführungspflichtige Lebensmittelgroßhändler haben pro Kalenderquartal bis spätestens zum 10. des zweitfolgenden Monats folgende Daten zu melden:

a) die Masse der Lebensmittel, die unentgeltlich zum menschlichen Verzehr weitergegeben wurden (in Kilogramm Nettogewicht);
b) die Masse der Lebensmittel, die als Abfall weitergegeben wurden (in Kilogramm Nettogewicht), sofern möglich untergliedert nach Warengruppen.

Diese Daten sind in automationsunterstützt verarbeitbarer Form und elektronisch – soweit eingerichtet im Wege des Registers gemäß § 22 Abs. 1 – an die Bundesministerin für Klimaschutz, Umwelt, Energie, Mobilität, Innovation und Technologie zu übermitteln. Diese Meldung hat erstmalig für das vierte Kalenderquartal 2023 zu erfolgen. Die Bundesministerin für Klimaschutz, Umwelt, Energie, Mobilität, Innovation und Technologie veröffentlicht vierteljährlich einen Bericht über die gemeldeten Daten.

Verpflichtungen betreffend Motoröle und Ölfilter

§ 12. (1) Die gewerbsmäßige Abgabe von Motorölen an Letztverbraucher ist nur durch Inhaber von Tankstellen, Kraftfahrzeugmechaniker, Maschinen-Service-Stellen, den Mineralölfachhandel und durch Personen, welche die Genannten mit Motorölen beliefern (Großhandel), unter den Voraussetzungen der Abs. 2 und 3 zulässig.

(2) Inhaber von Tankstellen, Kraftfahrzeugmechaniker, Maschinen-Service-Stellen und der Mineralölfachhandel haben von einzelnen Letztverbrauchern zurückgebrachte gebrauchte Motoröle bis zur Menge der jeweils abgegebenen Motoröle zurückzunehmen. Bis zu einer Menge von 24 Liter pro Abgabe hat dies jedenfalls unentgeltlich zu erfolgen.

(3) Die Abgabe von Ölfiltern für Kraftfahrzeuge an private Letztverbraucher ist nur bei gleichzeitiger unentgeltlicher Rücknahme des gebrauchten Filters mitsamt der darin befindlichen Ölmenge oder unter Einhebung eines Pfandbetrages von 3 € zulässig; im zweiten Fall hat der Abgeber den ersetzten gebrauchten Ölfilter unentgeltlich zurückzunehmen und das Pfand zu erstatten.

[51] Samt Überschrift neu eingefügt durch BGBl I 66/2023.

Hersteller von bestimmten Produkten

§ 12a.[52] (1) Als Hersteller von Elektro- und Elektronikgeräten gilt jede Person, die unabhängig von der Verkaufsmethode, einschließlich des Fernabsatzes im Sinne des § 3 Z 2 des Fern- und Auswärtsgeschäfte-Gesetzes (FAGG), BGBl. I Nr. 33/2014,

1. in Österreich niedergelassen ist und Elektro oder Elektronikgeräte herstellt oder konzipieren und herstellen lässt und unter ihrem Markennamen verkauft oder
2. in Österreich niedergelassen ist und Geräte anderer Anbieter unter ihrem Markennamen weiterverkauft, wobei der Weiterverkäufer nicht als Hersteller anzusehen ist, sofern der Markenname des Herstellers gemäß Z 1 auf dem Gerät angebracht ist, oder
3. in Österreich niedergelassen ist und Elektro oder Elektronikgeräte erwerbsmäßig nach Österreich einführt oder aus Österreich zur Abgabe an Letztverbraucher ausführt oder
4. a) Elektro- oder Elektronikgeräte in Österreich an andere als Letztverbraucher vertreibt,
   b) ihren Sitz in einem anderen Mitgliedstaat der Europäischen Union hat und
   c) nach Maßgabe einer Verordnung gemäß § 12b Abs. 1 einen Bevollmächtigten zur Erfüllung der Verpflichtungen gemäß einer Verordnung nach § 14 bestellt hat oder
5. Elektro- oder Elektronikgeräte in Österreich mit Hilfe der Fernkommunikationstechnik gewerblich direkt an Letztverbraucher vertreibt und in einem anderen Mitgliedstaat oder in einem Drittland niedergelassen ist.

(2) Als Hersteller von Geräte- oder Fahrzeug- oder Industriebatterien oder -akkumulatoren gilt

1. jede Person mit Sitz oder Niederlassung im örtlichen Geltungsbereich dieses Bundesgesetzes, die unabhängig von der Verkaufsmethode, einschließlich des Fernabsatzes im Sinne des § 3 Z 2 FAGG Batterien oder Akkumulatoren, einschließlich in Geräte oder Fahrzeuge eingebaute Batterien oder Akkumulatoren, erstmals in Österreich gewerblich in Verkehr bringt,
2. jede Person, die
   a) gewerblich Geräte- oder Fahrzeug- oder Industriebatterien oder -akkumulatoren in Österreich an andere als Letztverbraucher vertreibt,
   b) ihren Sitz in einem anderen Mitgliedstaat der Europäischen Union hat und
   c) nach Maßgabe einer Verordnung gemäß § 12b Abs. 1 einen Bevollmächtigten zur Erfüllung der Verpflichtungen gemäß einer Verordnung nach § 14 bestellt hat oder
3. jede Person, die gewerblich Geräte- oder Fahrzeug- oder Industriebatterien oder akkumulatoren in Österreich mit Hilfe der Fernkommunikationstechnik direkt an Letztverbraucher vertreibt und in einem anderen Mitgliedstaat oder in einem Drittland niedergelassen ist.

(3) Als Hersteller von Fahrzeugen gilt

1. jede Person, die als Fahrzeughersteller auftritt, indem sie ihren Namen, ihre Marke oder ein anderes Erkennungszeichen auf dem Fahrzeug anbringt,
2. jede Person, die gewerblich Fahrzeuge nach Österreich einführt; die Einfuhr von mehr als fünf Fahrzeugen pro Kalenderjahr durch eine Person gilt jedenfalls als gewerblich,
3. jede Person, die
   a) Fahrzeuge in Österreich an andere als Letztverbraucher vertreibt,

[52] Samt Überschrift neu eingefügt durch BGBl I 200/2021.

b) ihren Sitz in einem anderen Mitgliedstaat der Europäischen Union hat und
c) nach Maßgabe einer Verordnung gemäß § 12b Abs. 1 einen Bevollmächtigten zur Erfüllung der Verpflichtungen gemäß einer Verordnung nach § 14 bestellt hat oder

4. jede Person, die gewerblich Fahrzeuge in Österreich mit Hilfe der Fernkommunikationstechnik direkt an private Letztverbraucher vertreibt und in einem anderen Mitgliedstaat oder in einem Drittland niedergelassen ist.

(4) Als Hersteller von Einwegkunststoffprodukten gemäß einer Verordnung nach § 14, ausgenommen Verpackungen, gilt

1. jede Person mit Sitz oder Niederlassung im örtlichen Geltungsbereich dieses Bundesgesetzes, die unabhängig von der Verkaufsmethode, einschließlich des Fernabsatzes im Sinne des § 3 Z 2 FAGG Einwegkunststoffprodukte, ausgenommen Verpackungen, erstmals in Österreich gewerblich in Verkehr bringt,
2. jede Person, die
   a) Einwegkunststoffprodukte, ausgenommen Verpackungen, gewerblich in Österreich an andere als private Letztverbraucher vertreibt,
   b) ihren Sitz in einem anderen Mitgliedstaat der Europäischen Union hat und
   c) nach Maßgabe einer Verordnung gemäß § 12b Abs. 1 einen Bevollmächtigten zur Erfüllung der Verpflichtungen gemäß einer Verordnung nach § 14 bestellt hat oder
3. jede Person, die Einwegkunststoffprodukte, ausgenommen Verpackungen, gewerblich in Österreich mit Hilfe der Fernkommunikationstechnik direkt an private Letztverbraucher vertreibt und in einem anderen Mitgliedstaat oder in einem Drittland niedergelassen ist.

(5) Als Hersteller von Fanggeräten, die Kunststoff enthalten, gemäß einer Verordnung nach § 14 gilt

1. jede Person mit Sitz oder Niederlassung im örtlichen Geltungsbereich dieses Bundesgesetzes, die Fanggeräte, die Kunststoff enthalten, gewerblich herstellt oder importiert und unabhängig von der Verkaufsmethode, einschließlich des Fernabsatzes im Sinne des § 3 Z 2 FAGG, erstmals in Österreich in Verkehr bringt,
2. jede Person, die
   a) Fanggeräte, die Kunststoff enthalten, gewerblich in Österreich an andere als private Letztverbraucher vertreibt,
   b) ihren Sitz in einem anderen Mitgliedstaat der Europäischen Union hat und
   c) nach Maßgabe einer Verordnung gemäß § 12b Abs. 1 einen Bevollmächtigten zur Erfüllung der Verpflichtungen gemäß einer Verordnung nach § 14 bestellt hat, oder
3. jede Person, die Fanggeräte, die Kunststoff enthalten, gewerblich in Österreich mit Hilfe der Fernkommunikationstechnik direkt an private Letztverbraucher vertreibt und in einem anderen Mitgliedstaat oder in einem Drittland niedergelassen ist.

Nicht als Hersteller von Fanggeräten gelten Personen, die einer Fischereitätigkeit im Sinne des Artikels 4 Nummer 28 der Verordnung (EU) Nr. 1380/2013 über die Gemeinsame Fischereipolitik und zur Änderung der Verordnungen (EG) Nr. 1954/2003 und (EG) Nr. 1224/2009 sowie zur Aufhebung der Verordnungen (EG) Nr. 2371/2002 und (EG) Nr. 639/2004 und des Beschlusses 2004/585/EG, ABl. Nr. L 354 vom 28.12.2013 S. 22, nachgehen.

Bevollmächtigter

§ 12b.[52] (1) Hersteller gemäß § 12a Abs. 1 Z 5, Abs. 2 Z 3, Abs. 3 Z 4, Abs. 4 Z 3, Abs. 5 Z 3 und Primärverpflichtete gemäß § 13g Abs. 1 Z 5 haben einen Bevollmächtigten für ausländische Fernabsatzhändler zu bestellen, der für die Erfüllung ihrer Verpflichtungen gemäß einer Verordnung nach § 14 in Österreich verantwortlich ist.

(2) Hersteller gemäß § 12a Abs. 1 Z 4, Abs. 2 Z 2, Abs. 3 Z 3, Abs. 4 Z 2, Abs. 5 Z 2 und Personen, die

1. ihren Sitz in einem anderen Mitgliedstaat der Europäischen Union haben und
2. Verpackungen, einschließlich Serviceverpackungen, oder verpackte Waren in Österreich an andere als private Letztverbraucher vertreiben,

können nach Maßgabe einer Verordnung gemäß Abs. 6 einen Bevollmächtigten zur Erfüllung ihrer Verpflichtungen gemäß einer Verordnung nach § 14 bestellen.

(3) Natürliche und juristische Personen mit Sitz im Inland, die beabsichtigen als Bevollmächtigte nach Maßgabe einer Verordnung gemäß Abs. 1 zu agieren, haben dies der Bundesministerin für Klimaschutz, Umwelt, Energie, Mobilität, Innovation und Technologie anzuzeigen und darzulegen, dass die Voraussetzungen gemäß einer Verordnung nach Abs. 1 für die Kennzeichnung als Bevollmächtigte gegeben sind und sich sowie jeden ihn bevollmächtigenden Hersteller im Register gemäß § 22 Abs. 1 unter Angabe der Daten gemäß § 21 Abs. 1 Z 1 bis 8 zu registrieren. Sofern die Voraussetzungen erfüllt sind, hat die Bundesministerin für Klimaschutz, Umwelt, Energie, Mobilität, Innovation und Technologie die Bevollmächtigten im Register gemäß § 22 Abs. 1 zu kennzeichnen. Bevollmächtigte haben unverzüglich der Bundesministerin für Klimaschutz, Umwelt, Energie, Mobilität, Innovation und Technologie den Wegfall einer Voraussetzung für die Registrierung mitzuteilen. Über die Ablehnung der Kennzeichnung oder im Fall des Wegfallens einer Voraussetzung nach einer Verordnung gemäß Abs. 1 und die damit verbundene Entfernung der Kennzeichnung hat die Bundesministerin für Klimaschutz, Umwelt, Energie, Mobilität, Innovation und Technologie auf Verlangen mit Bescheid abzusprechen. Die Beschwerde gegen den Bescheid hat keine aufschiebende Wirkung. Die Anzeige der Bevollmächtigung und die Mitteilung des Wegfallens einer Voraussetzung einer Bevollmächtigung hat elektronisch im Wege des Registers gemäß § 22 Abs. 1 zu erfolgen.[53]

(4) Die Bestellung eines Bevollmächtigten, Änderungen oder die Beendigung einer Bevollmächtigung können nur mit Ablauf eines Kalenderquartals wirksam werden.

(5) Zur Erfüllung der Verpflichtungen einer Verordnung nach § 14 kann ein Hersteller jeweils nur einen Bevollmächtigten bestellen. Die Bestellung eines Bevollmächtigten kann nur jeweils gesamthaft für in einer Verordnung nach § 14 festgelegten Produktgruppe erfolgen. Die Bestellung eines Bevollmächtigten muss durch den Hersteller direkt erfolgen, eine Übertragung der Bestellung an eine dritte Person ist nur in jenen Fällen zulässig, in denen die dritte Person eine ausdrückliche und beglaubigte Vollmacht des Herstellers vorweisen kann. Für bereits bestehende Übertragungen der Bestellung an eine dritte Person ohne eine ausdrückliche und beglaubigte Vollmacht des Herstellers ist eine Vollmacht bis spätestens 1. Juli 2022 nachzureichen.

(6) Die Bundesministerin für Klimaschutz, Umwelt, Energie, Mobilität, Innovation und Technologie wird ermächtigt, durch Verordnung nähere Bestimmungen über die Bestellung und die Verpflichtungen eines Bevollmächtigten für Hersteller gemäß § 12a Abs. 1 Z 4 und 5, Abs. 2 Z 2 und 3, Abs. 3 Z 3

[53] Schlusssatz eingefügt durch BGBl I 84/2024.

und 4, Abs. 4 Z 2 und 3 und Abs. 5 Z 2 und 3 sowie § 13g Abs. 1 Z 5 festzulegen.

Pflichten für elektronische Marktplätze und für Fulfilment-Dienstleister

§ 12c.[52] (1) Betreiber von elektronischen Marktplätzen – das sind natürliche oder juristische Personen oder Personengesellschaften, die einen elektronischen Marktplatz (eine Website oder jedes andere Instrument, mit dessen Hilfe Informationen über das Internet zur Verfügung gestellt werden) unterhalten und es Dritten ermöglichen, auf diesem Marktplatz Produkte in Österreich anzubieten oder bereitzustellen – haben in den Verträgen mit

1. Primärverpflichteten von Verpackungen gemäß § 13g Abs. 1,
2. Herstellern von Einwegkunststoffprodukten gemäß § 12a Abs. 4,
3. Herstellern von Elektro- und Elektronikgeräten gemäß § 12a Abs. 1 Z 1 bis 3 und 5 und
4. Herstellern von Gerätebatterien gemäß § 12a Abs. 2

sicherzustellen, dass im Falle des Inverkehrsetzens der jeweiligen Produkte in Österreich diese Hersteller oder Primärverpflichteten die Vorgaben des § 13a Abs. 1 sowie die jeweiligen Vorgaben einer Verordnung gemäß § 14 Abs. 1 betreffend die Sammlung und Verwertung gemäß § 13a Abs. 3 und 4 und die Verpflichtung zur Teilnahme an einem Sammel- und Verwertungssystem gemäß § 13g Abs. 2 eingehalten werden. Wird das nicht sichergestellt, hat der Betreiber des elektronischen Marktplatzes den jeweiligen Hersteller oder Primärverpflichteten von der Nutzung des elektronischen Marktplatzes auszuschließen.

(2) Fulfilment-Dienstleister – das sind natürliche oder juristische Personen oder Personengesellschaften, die im Rahmen einer Geschäftstätigkeit zumindest zwei der folgenden Dienstleistungen in Österreich anbieten: Lagerhaltung, Verpackung, Adressierung oder Versand für in Abs. 1 genannte Produkte, an denen sie kein Eigentumsrecht haben, ausgenommen Post-, Paketzustell- oder sonstige Frachtverkehrsdienstleister – haben sicherzustellen, im Falle des Inverkehrsetzens der jeweiligen Produkte in Österreich diese Hersteller die Vorgaben des § 13a Abs. 1 betreffend die Sammlung und Verwertung oder die Verpflichtung zur Teilnahme an einem Sammel- und Verwertungssystem gemäß § 13a Abs. 3 und § 13g Abs. 2 eingehalten werden. Wird das nicht sichergestellt, hat der Fulfilment-Dienstleister diese Dienstleistung zu unterlassen.

Meldepflicht für den Versandhandel

§ 13.[48] Hersteller, Importeure und Vertreiber, die Produkte im Rahmen des Versandhandels, einschließlich des elektronischen Versandhandels, an Letztverbraucher vertreiben, sind nach Maßgabe einer Verordnung nach § 14 Abs. 1 verpflichtet, der Bundesministerin für Klimaschutz, Umwelt, Energie, Mobilität, Innovation und Technologie jährlich Daten über die im vorangegangenen Kalenderjahr in anderen Mitgliedstaaten der Europäischen Union in Verkehr gesetzten Arten und Mengen dieser Produkte zu melden und Maßnahmen über die Einhaltung der Verpflichtungen gemäß der Verordnung für diese Produkte darzulegen. Diese Meldepflicht besteht nur, sofern sie im Rahmen der Umsetzung unionsrechtlicher Vorschriften notwendig ist.

Pflichten für Hersteller von bestimmten Produkten

§ 13a.[54] (1) Hersteller von Elektro- und Elektronikgeräten oder von Gerätebatterien oder akkumulatoren haben nach Maßgabe einer Verordnung nach § 14 Abs. 1 für die Übernahme von Altgeräten vom Handel zumindest eine Sammelstelle in jedem politischen Bezirk zu errichten und an diesen Sammelstellen Elektro- und Elektronik-Altgeräte oder Gerätealtbatterien oder -akkumulatoren zumindest unentgeltlich zu übernehmen.

(2) Hersteller von Fahrzeugbatterien oder -akkumulatoren haben nach Maßgabe einer Verordnung nach § 14 Abs. 1 auf Aufforderung einer Gemeinde (eines Gemeindeverbands) Fahrzeugaltbatterien oder -akkumulatoren von deren (dessen) Sammelstelle ab einer Mindestmasse von 600 kg binnen 20 Tagen oder bei Nichterreichen dieser Mindestmasse zumindest einmal im Kalenderjahr binnen sechs Wochen unentgeltlich abzuholen; im Fall der Aufforderung obliegt die Auswahl des Herstellers der Gemeinde (dem Gemeindeverband).

(3) Hersteller gemäß § 12a haben nach Maßgabe einer Verordnung nach § 14 Abs. 1

1. für Elektroaltgeräte, welche bis zum Ablauf des 12. August 2005 in Verkehr gesetzt wurden,
2. für Geräte- oder Fahrzeugbatterien oder -akkumulatoren,
3. für Einwegkunststoffprodukte und
4. für Fanggeräte, die Kunststoff enthalten,

an einem Sammel- und Verwertungssystem teilzunehmen.

(4) Hersteller von Elektro- und Elektronikgeräten gemäß § 12a Abs. 1, die Elektro- und Elektronikgeräte für private Haushalte in Verkehr setzen und beabsichtigen, ihre Rücknahmeverpflichtung individuell zu erfüllen, haben dies der Bundesministerin für Klimaschutz, Umwelt, Energie, Mobilität, Innovation und Technologie unter Angabe der Daten gemäß § 22 Abs. 2 Z 1 bis 3 und 10 und der Art der Geräte anzuzeigen und darzulegen, dass die Voraussetzungen für die individuelle Rücknahme für alle von ihnen in Verkehr gesetzten Geräte gegeben sind. Die Bundesministerin für Klimaschutz, Umwelt, Energie, Mobilität, Innovation und Technologie hat diese Hersteller und Importeure im Register gemäß § 22 Abs. 1 zu registrieren und – sofern die Voraussetzungen erfüllt sind – als individuelle Rücknehmer zu kennzeichnen. Über die Ablehnung der Kennzeichnung oder im Fall des Wegfallens einer Voraussetzung und die damit verbundene Streichung der Kennzeichnung hat die Bundesministerin für Klimaschutz, Umwelt, Energie, Mobilität, Innovation und Technologie mit Bescheid abzusprechen. Nur jene Hersteller gemäß § 12a Abs. 1, die im Register gemäß § 22 Abs. 1 als individuelle Rücknehmer gekennzeichnet sind, können ihre Verpflichtungen individuell erfüllen. Änderungen der Daten gemäß dem ersten Satz sind unverzüglich vom Hersteller über das Register gemäß § 22 Abs. 1 zu melden. Die Einstellung der Tätigkeit ist innerhalb von einem Monat über das Register gemäß § 22 Abs. 1 zu melden.

(5) Hersteller gemäß § 12a Abs. 1 und 2, die

1. ihre Rücknahmeverpflichtung nicht individuell erfüllen oder
2. Elektro- und Elektronikgeräte in Verkehr setzen und beabsichtigen, ihre Rücknahmeverpflichtung individuell zu erfüllen oder
3. Industriebatterien oder -akkumulatoren in Verkehr setzen und beabsichtigen, ihre Rücknahmeverpflichtung individuell zu erfüllen,

haben nach Maßgabe einer Verordnung nach § 14 Abs. 1 ihre Daten gemäß § 22 Abs. 2 Z 1 bis 3 und 10 und die Daten ihrer

[54] Samt Überschrift neu gefasst durch BGBl I 200/2021.

Sammelstellen gemäß § 22 Abs. 2 Z 1, 2 und 10 und die Öffnungszeiten für ihre Sammelstellen gemäß Abs. 1 elektronisch über die Internetseite edm.gv.at zu registrieren. Änderungen der Daten gemäß dem ersten Satz sind unverzüglich vom Hersteller über das Register gemäß § 22 Abs. 1 zu melden. Die Einstellung der Tätigkeit ist innerhalb von einem Monat über das Register gemäß § 22 Abs. 1 zu melden. Sofern dem Verpflichteten keine technischen Möglichkeiten zur elektronischen Übermittlung zur Verfügung stehen, kann er gegen einen Kostenbeitrag von 40 Euro die Registrierung oder die Änderung der Daten beim Umweltbundesamt schriftlich einbringen.

(6) Hersteller gemäß § 12a Abs. 3 von Fahrzeugen und sonstige Meldepflichtige gemäß einer Verordnung nach § 14 Abs. 1 über Altfahrzeuge haben die Daten gemäß § 22 Abs. 2 Z 1 bis 3 und 10 elektronisch über die Internetseite edm.gv.at zu registrieren. Änderungen der Daten gemäß dem ersten Satz sind unverzüglich vom Hersteller über das Register gemäß § 22 Abs. 1 zu melden. Die Einstellung der Tätigkeit ist innerhalb von einem Monat über das Register gemäß § 22 Abs. 1 zu melden. Sofern dem Verpflichteten keine technischen Möglichkeiten zur elektronischen Übermittlung zur Verfügung stehen, kann er gegen einen Kostenbeitrag von 40 Euro die Registrierung oder die Änderung der Daten beim Umweltbundesamt schriftlich einbringen.

(7) Hersteller gemäß § 12a Abs. 4 haben für die von ihnen in Verkehr gesetzten Einwegkunststoffprodukte an einem gemäß den §§ 29 ff genehmigten Sammel- und Verwertungssystem für Haushaltsverpackungen teilzunehmen.

Koordinierungsaufgaben

§ 13b. (1) Die Bundesministerin für Klimaschutz, Umwelt, Energie, Mobilität, Innovation und Technologie hat zur Koordinierung der Sammlung, Bereitstellung, Abholung und Verwertung von Abfällen, welche einer Verordnung gemäß § 14 Abs. 1 unterliegen, nach Maßgabe dieser Verordnung folgende Aufgaben wahrzunehmen:

1. Abschluss von Vereinbarungen mit Sammel- und Verwertungssystemen über die Abholung von Abfällen, über die Sammelinfrastruktur, über die Information der Letztverbraucher und über die Festlegung einer Schlichtungsstelle sowie über die Finanzierung der Sammelinfrastruktur und der Information der Letztverbraucher;
2. Koordinierung der Maßnahmen gemäß den Vereinbarungen;
3. Koordinierung von Maßnahmen zur Steigerung der Effizienz von Sammel- und Verwertungssystemen, insbesondere durch Harmonisierung von Meldeformularen und der Sammelinfrastruktur unter Berücksichtigung der Vorgaben einer Verordnung gemäß § 14 Abs. 1;
4. Entgegennahme der Mengenmeldungen der Sammel- und Verwertungssysteme über die in Verkehr gesetzten Produkte und Ermittlung des diesbezüglichen Massenanteils der einzelnen Systeme an der gesamten Menge der von Systemteilnehmern in einem Zeitraum in Verkehr gesetzten Produkte; die Massenanteile der Sammel- und Verwertungssysteme sind zu veröffentlichen;
5. Evaluierung der Mengenmeldungen gemäß Z 4, erforderlichenfalls durch entsprechende Markterhebungen und Studien;
6. sofern kein Einvernehmen über eine Abholung erfolgt ist, Entgegennahme von Meldungen eines Abholbedarfs einer Sammelstelle (Abgabestelle) und Festlegung des verpflichteten Sammel- und Verwertungssystems;
7. Durchführung der Abholung auf Kosten des verpflichteten Sammel- und Verwertungssystems, sofern dieses seiner Abholverpflichtung nach Z 6 nicht nachgekommen ist;
8. Entgegennahme der Meldungen über die gesammelten Abfallmengen und die verwerteten Fraktionen;
9. Vorbereitung der jeweiligen Berichtspflichten an die EU-Kommission im Rahmen des festgelegten Wirkungsbereiches;
10.[55] Zusammenführung und erforderlichenfalls eine Änderung der Kontrollkonzepte gemäß § 29 Abs. 2 Z 8a und deren koordinierte Umsetzung; die Quote von 80% der unter Vertrag genommenen Massen bezogen auf die jeweilige Gerätekategorie für Elektro- und Elektronikgeräte und Gerätebatterien ist auf die gesamte Teilnahmemasse aller Sammel- und Verwertungssysteme zu beziehen; für Gerätekategorien für Elektro- und Elektronikgeräte, die weniger als 5% der gesamten Teilnahmemasse betragen, kann vom Erreichen dieser 80%-Quote abgesehen werden, wenn über alle Gerätekategorien für Elektro- und Elektronikgeräte die 80%-Quote erfüllt ist; eine Änderung des Kontrollkonzepts bewirkt keine Änderungsgenehmigung gemäß § 29 Abs. 1;
11.[56] Verteilung und Verwendung der Mittel, die die Sammel- und Verwertungssysteme für Elektro- und Elektronik-Altgeräte aufbringen, um die Abfallvermeidung und die Vorbereitung zur Wiederverwendung insbesondere durch ökosoziale Betriebe zu fördern.

(2) Die Bundesministerin für Klimaschutz, Umwelt, Energie, Mobilität, Innovation und Technologie wird ermächtigt, von Amts wegen mit Bescheid eine nicht auf Gewinn ausgerichtete Rechtsperson als Koordinierungsstelle mit den Aufgaben gemäß Abs. 1 zu betrauen. Die Betrauung darf nur an eine Rechtsperson erfolgen, welche für die genannten Aufgaben geeignet erscheint. Bei der Prüfung der Eignung ist darauf Bedacht zu nehmen, dass

1. die Rechtsperson die personellen, technischen und finanziellen Voraussetzungen für die Aufgaben erfüllt,
2. keine wichtigen Gründe vorliegen, die geeignet sind, die volle Unbefangenheit bei der Wahrnehmung der Aufgaben in Zweifel zu ziehen, und
3. eine Gleichbehandlung der Verpflichteten einer Verordnung gemäß § 14 Abs. 1 gesichert erscheint.

Die Betrauung darf jeweils nur für einen Zeitraum von zehn Jahren erfolgen und bedarf der schriftlichen Zustimmung der Rechtsperson.

(3) Die Bundesministerin für Klimaschutz, Umwelt, Energie, Mobilität, Innovation und Technologie kann die Betrauung und die damit erteilten Befugnisse mit sofortiger Wirkung widerrufen, wenn eine Voraussetzung gemäß Abs. 2 wegfällt, die Rechtsperson eine Auflage des Bescheids nach Ablauf einer gesetzten Nachfrist nicht erfüllt oder schriftlichen Weisungen gemäß § 13d nach Ablauf einer gesetzten Nachfrist nicht nachkommt oder die Rechtsperson einen diesbezüglichen Antrag stellt.

(4) Die Beschäftigten der Rechtsperson sind bei der Erfüllung der Aufgaben der Koordinierungsstelle zur Verschwiegenheit über alle ihnen ausschließlich aus ihrer Tätigkeit bekannt gewordenen Tatsachen auch nach dem Ende ihres Beschäftigungsverhältnisses verpflichtet.

(5)[57] Die Tätigkeit der Koordinierungsstelle ist dem öffentlichen Bereich im Sinne des § 26 Abs. 1 des Datenschutzgesetzes 2000, BGBl. I Nr. 165/1999, zuzurechnen.

Finanzierung der Koordinierungsstelle

§ 13c. (1) Die Koordinierungsstelle ist berechtigt, zur Finanzierung ihrer Aufgaben ein die Kosten ihrer Tätigkeit deckendes Finanzierungsentgelt, bezogen auf die Massenan-

[55] Eingefügt durch BGBl I 200/2021.
[56] Neu gefasst durch BGBl I 84/2024.
[57] Geändert durch BGBl I 200/2021.

teile der in Verkehr gesetzten Produkte je Sammel- und Behandlungskategorie gemäß einer Verordnung nach § 14 Abs. 1, in vier Teilbeträgen jeweils zu Beginn jedes Quartals des Geschäftsjahres den Sammel- und Verwertungssystemen für die Abfälle von diesen Produkten in Rechnung zu stellen.

(2) Die Gesamthöhe des Finanzierungsentgeltes bemisst sich auf Grund einer Vorschaurechnung für das jeweilige Geschäftsjahr der Koordinierungsstelle. Überschüsse und Fehlbeträge aus Vorjahren sind in der Vorschaurechnung zu berücksichtigen.

Aufsichtsrecht

§ 13d. (1) Die Tätigkeit der Koordinierungsstelle unterliegt der Aufsicht der Bundesministerin für Klimaschutz, Umwelt, Energie, Mobilität, Innovation und Technologie.

(2) Die Bundesministerin für Klimaschutz, Umwelt, Energie, Mobilität, Innovation und Technologie kann in Ausübung seines Aufsichtsrechts der Koordinierungsstelle Weisungen erteilen.

(3) Die Koordinierungsstelle hat der Bundesministerin für Klimaschutz, Umwelt, Energie, Mobilität, Innovation und Technologie die erforderlichen Auskünfte zu erteilen und die entsprechenden Unterlagen zu übermitteln.

Richtlinien für die Koordinierungsstelle

§ 13e. (1) Die Koordinierungsstelle hat in Abstimmung mit der Bundesministerin für Klimaschutz, Umwelt, Energie, Mobilität, Innovation und Technologie ein Konzept für ihre Tätigkeit zu erstellen und jährlich zu überarbeiten. Sie hat bei ihren Maßnahmen insbesondere auf die abfallwirtschaftlichen und volkswirtschaftlichen Rahmenbedingungen Bedacht zu nehmen.

(2) Die Koordinierungsstelle hat ihre Aufgaben unter Berücksichtigung der Grundsätze der Sparsamkeit, Wirtschaftlichkeit und Zweckmäßigkeit zu erfüllen. Weiters hat sie der Bundesministerin für Klimaschutz, Umwelt, Energie, Mobilität, Innovation und Technologie unverzüglich Vorschläge über allenfalls notwendige Änderungen der Rahmenbedingungen für die Tätigkeit der Koordinierungsstelle zu erstatten.

Tätigkeitsbericht

§ 13f. Die Koordinierungsstelle hat jährlich einen Tätigkeitsbericht zu erstellen und diesen der Bundesministerin für Klimaschutz, Umwelt, Energie, Mobilität, Innovation und Technologie unter Anschluss des Geschäftsberichts (jedenfalls des um die Anlage erweiterten Jahresabschlusses) zu übermitteln. Im Tätigkeitsbericht sind insbesondere die wahrgenommenen Aufgaben, die Personalentwicklung und die aufgewendeten Finanzmittel darzustellen.

Pflichten für Primärverpflichtete von Verpackungen[58]

§ 13g. (1) Als Primärverpflichtete für Verpackungen gelten folgende Personen, die unabhängig von der Vertriebsmethode, einschließlich des Fernabsatzes im Sinne des § 5a KSchG, Verpackungen in Österreich erwerbsmäßig in Verkehr setzen:

1. Hersteller und Importeure von Serviceverpackungen im Sinne einer Verordnung gemäß § 14 Abs. 1 mit Sitz oder Niederlassung im örtlichen Geltungsbereich dieses Bundesgesetzes,
2. Abpacker mit Sitz oder Niederlassung im örtlichen Geltungsbereich dieses Bundesgesetzes hinsichtlich der von ihnen erstmals eingesetzten Verpackungen, die keine Serviceverpackungen sind,
3. Importeure mit Sitz oder Niederlassung im örtlichen Geltungsbereich dieses Bundesgesetzes hinsichtlich der Verpackungen der von ihnen importierten Waren oder Güter,
4. Eigenimporteure mit Sitz oder Niederlassung im örtlichen Geltungsbereich diesesBundesgesetzes hinsichtlich der Verpackungen von Waren oder Gütern, die für den Betrieb des eigenen Unternehmens aus dem Ausland erworben werden und die im Unternehmen als Abfall anfallen, und
5. Versandhändler, die keinen Sitz und keine Niederlassung im örtlichen Geltungsbereich dieses Bundesgesetzes haben und die Verpackungen oder Waren oder Güter in Verpackungen in Österreich an einen privaten Letztverbraucher im Rahmen des Fernabsatzes im Sinne des § 5a KSchG übergeben.

(2)[59] Primärverpflichtete gemäß § 13g Abs. 1 Z 1 bis 3 und 5 haben für die von ihnen in Verkehr gesetzten Verpackungen an einem gemäß der §§ 29ff genehmigten Sammel- und Verwertungssystem für Haushaltsverpackungen oder für gewerbliche Verpackungen teilzunehmen.

(3) Die Teilnahmeverpflichtung gemäß Abs. 2 entfällt

1.[59] in dem Umfang, in dem
   a) eine vorgelagerte Vertriebsstufe, die ihren Sitz im örtlichen Geltungsbereich dieses Bundesgesetzes hat, oder
   b) im Fall von gewerblichen Verpackungen eine nachgelagerte Vertriebsstufe, oder
   c) der Auftraggeber eines Lohnabpackers, oder
   d) eine Person, die ihren Sitz in einem anderen Mitgliedstaat der Europäischen Union hat und Verpackungen, einschließlich Serviceverpackungen, oder verpackte Waren in Österreich an andere als private Letztverbraucher vertreibt und einen Bevollmächtigten gemäß § 12b Abs. 2 bestellt hat

   nachweislich an einem Sammel- und Verwertungssystem teilnimmt; der Primärverpflichtete hat die Nachweise auf Verlangen der Behörde vorzulegen; und

1a.[60] in dem Umfang, in dem ein Primärverpflichteter Verpackungen nachweislich an Großanfallstellen gemäß einer Verordnung nach § 14 liefert, und

2. für nachweislich bepfandete Verpackungen, die zur Wiederverwendung bestimmt sind (Mehrwegverpackungen); gleiches gilt für Verpackungen, die zur Wiederverwendung bestimmt sind und bei einer Lieferung im direkten Austausch zwischen Lieferanten und Kunden den Besitzer wechseln, ohne dass bei diesem Vorgang ein Pfandbetrag verrechnet wird, und
3. für Verpackungen, die mit gefährlichen Abfällen oder mit Anhaftungen in einer Weise verunreinigt sind, dass sie die Wiederverwendung oder Verwertung verhindern oder unverhältnismäßig erschweren;

4.[60] in dem Umfang, in dem verpackte Waren direkt an Großanfallstellen gemäß einer Verordnung nach § 14 geliefert werden, und

5.[60] gemäß § 14c bepfandete Verpackungen.

(4) Sofern ein Primärverpflichteter für Verpackungen nicht oder nicht ausreichend an einem Sammel- und Verwertungssystem teilgenommen und dies zu einer rechtskräftigen Bestrafung geführt hat, hat der Primärverpflichtete nachträglich an einem Sammel- und Verwertungssystem teilzunehmen und dies der Bundesministerin für Klimaschutz, Umwelt, Energie, Mobilität, Innovation und Technologie nachzuweisen.

---

58 Eingefügt durch BGBl I 193/2013.

59 Neu gefasst durch BGBl I 200/2021.

60 Eingefügt durch BGBl I 200/2021.

(5)[60] Meldepflichtige gemäß einer Verordnung nach § 14 Abs. 1 über Verpackungen haben die Daten gemäß § 22 Abs. 2 Z 1 bis 3 und 10 elektronisch über die Internetseite edm.gv.at zu registrieren. Änderungen der Daten gemäß dem ersten Satz sind unverzüglich vom Meldepflichtigen über das Register gemäß § 22 Abs. 1 zu melden. Die Einstellung der Tätigkeit ist innerhalb von einem Monat über das Register gemäß § 22 Abs. 1 zu melden. Sofern dem Meldepflichtigen keine technischen Möglichkeiten zur elektronischen Übermittlung zur Verfügung stehen, kann er gegen einen Kostenbeitrag von 40 Euro die Registrierung oder die Änderung der Daten beim Umweltbundesamt schriftlich einbringen.

Haushaltsverpackungen und gewerbliche Verpackungen[61]

§ 13h. (1) Als Haushaltsverpackungen gelten Verpackungen,

1. die folgende Größe aufweisen:
   a) eine Fläche bis einschließlich 1,5 m^2 oder
   b) im Falle von Hohlkörpern ein Nennfüllvolumen bis einschließlich 5 Litern oder
   c) im Falle von Verpackungen aus expandiertem Polystyrol (EPS – zB Styropor) eine Masse bis einschließlich 0,15 kg pro Verkaufseinheit

   und
2. üblicherweise
   a) in privaten Haushalten oder
   b) in hinsichtlich der anfallenden Verpackungen mit Haushalten vergleichbaren Anfallstellen; dazu zählen insbesondere Gaststätten, Hotels, Kantinen, Trafiken, Verwaltungsgebäude, Kasernen, Krankenhäuser, Arztpraxen, Bildungseinrichtungen, Kanzleien von Rechtsanwälten, Notare, Beratungsunternehmen und Wirtschaftstreuhänder, karitative Einrichtungen, Kinos, Theatergebäude, Opernhäuser und Museen, oder Ferienanlagen, Parkanlagen, Sportstätten, Freibäder, Solarien, Fitnesscenter und Raststätten, öffentliche Plätze und sonstige Kleinstunternehmen

   anfallen.

Weiters gelten Serviceverpackungen im Sinne einer Verordnung nach § 14 Abs. 1, Tragetaschen und Knotenbeutel und Verpackungen aus Glas und Getränkeverbundkartons – jeweils – unabhängig von ihrer Größe – jedenfalls als Haushaltsverpackungen.[62]

(2) Die Bundesministerin für Klimaschutz, Umwelt, Energie, Mobilität, Innovation und Technologie wird ermächtigt, in einer Verordnung jenen Anteil an Verpackungen festzulegen, der grundsätzlich der Definition des Abs. 1 entspricht, aber in anderen Anfallstellen, als in den Abs. 1 Z 2 genannten Stellen anfällt. Weiters wird die Bundesministerin für Klimaschutz, Umwelt, Energie, Mobilität, Innovation und Technologie ermächtigt, jenen Anteil an Verpackungen festzulegen, der grundsätzlich nicht der Definition gemäß Abs. 1 Z 1 entspricht, aber in Haushalten oder in vergleichbaren Anfallstellen gemäß Abs. 1 Z 2 anfällt. Eine derartige Verordnung kann festgelegt werden, wenn folgende Unterlagen vorliegen:

1. eine Auflistung der betroffenen Verpackungen,
2. eine repräsentative Marktanalyse zur Darstellung der Distributionswege der Verpackungen und
3. eine Darstellung der anfallenden Massen an Verpackungsabfällen inklusive der jeweiligen Anfallstellen, gegebenenfalls gegliedert nach Branchen oder Produktgruppen.

Der zeitliche Geltungsbereich einer derartigen Verordnung ist mit längstens fünf Jahren zu befristen.

[61] Eingefügt durch BGBl I 193/2013.

[62] Satz neu gefasst durch BGBl I 200/2021.

(3) Als gewerbliche Verpackungen gelten:

1. Verpackungen, die keine Haushaltsverpackungen gemäß Abs. 1 sind,
2.[63] Verpackungen aus Papier,, Karton, Pappe und Wellpappe die der Definition einer Transportverpackung im Sinne einer Verordnung nach § 14 Abs. 1 entsprechen,
3. Paletten sowie Umreifungs- und Klebebänder und
4. der Anteil an Verpackungen, der grundsätzlich der Definition des Abs. 1 entspricht, aber im Rahmen einer Verordnung gemäß Abs. 2 als in anderen Anfallstellen, als in den Abs. 1 Z 2 genannten Stellen anfallend festgelegt wurde.

Pflichten für Hersteller und Importeure von Einweg geschirr und -besteck[64]

§ 13i. Hersteller, Importeure und Eigenimporteure im Sinne des § 13g Abs. 1 von Einweggeschirr und -besteck haben nach Maßgabe einer Verordnung gemäß § 14 Abs. 1 hinsichtlich des von ihnen in Verkehr gebrachten Einweggeschirrs und -bestecks an einem nach den §§ 29 ff genehmigten Sammel- und Verwertungssystem für Haushaltsverpackungen teilzunehmen.

Verbot des Inverkehrsetzens von Kunststofftragetaschen[65]

§ 13j. Das Inverkehrsetzen von Kunststofftragetaschen ab dem 1. Jänner 2020 ist verboten.

Ausnahmen vom Inverkehrsetzungsverbot von Kunststofftragetaschen[65]

§ 13k. Ausgenommen vom Verbot des Inverkehrsetzens gemäß § 13j sind

1. sehr leichte Kunststofftragetaschen, die nachweislich aus überwiegend nachwachsenden Rohstoffen hergestellt werden und entsprechend dem Stand der Technik für eine Eigenkompostierung geeignet sind, sowie
2. wiederverwendbare Taschen, die folgende Kriterien erfüllen:
   a) bestehend aus Kunststoffgewebe oder Materialien von vergleichbarer Stabilität, die einen Kunststoffanteil aufweisen,
   b) mit vernähten Verbindungen oder Verbindungen mit vergleichbarer Stabilität und
   c) mit vernähten Tragegriffen oder Tragegriffen mit vergleichbarer Stabilität.

Übergangsbestimmungen für Kunststofftragetaschen[65]

§ 13l. Letztvertreiber können Kunststofftragetaschen bis zum Ablauf des 31. Dezember 2020 an Letztverbraucher abgeben.

Meldungen von Kunststofftragetaschen[65]

§ 13m. (1) Hersteller und Importeure von Kunststofftragetaschen (§ 13g Abs. 1 Z 1) haben zumindest einmal jährlich, spätestens bis zum 15. März, die Anzahl der von ihnen im vorangegangenen Kalenderjahr in Österreich in Verkehr gesetzten Kunststofftragetaschen gegliedert nach

1. sehr leichten Kunststofftragetaschen gemäß § 2 Abs. 10 Z 3 und
2. leichten Kunststofftragetaschen gemäß § 2 Abs. 10 Z 4 mit einer Wandstärke ab 0,015 mm

[63] Geändert durch BGBl I 70/2017.

[64] Eingefügt durch BGBl I 193/2013.

[65] Eingefügt durch BGBl I 71/2019.

dem entpflichtenden Sammel- und Verwertungssystem für Haushaltsverpackungen zu melden.

(2) Sammel- und Verwertungssysteme für Haushaltsverpackungen haben die gemäß Abs. 1 gemeldeten Daten gegliedert nach sehr leichten Kunststofftragetaschen und leichten Kunststofftragetaschen mit einer Wandstärke ab 0,015 mm jeweils zusammenzufassen und der Bundesministerin für Klimaschutz, Umwelt, Energie, Mobilität, Innovation und Technologie im Tätigkeitsbericht gemäß § 9 Abs. 6 Z 4 Verpackungsverordnung 2014 mitzuteilen.

Verbot von Einwegkunststoffprodukten

§ 13n.[66] (1) Das Inverkehrsetzen von folgenden Einwegkunststoffprodukten (im Sinne der Richtlinie (EU) 2019/904 (SUP)) ist verboten:

1. Wattestäbchen, ausgenommen Abstrichstäbchen für medizinische Verwendungszwecke, die in den Geltungsbereich der Richtlinie 90/385/EWG zur Angleichung der Rechtsvorschriften der Mitgliedstaaten über aktive implantierbare medizinische Geräte, ABl. Nr. L 189 vom 20.07.1990 S. 17, oder der Richtlinie 93/42/EWG über Medizinprodukte, ABl. Nr. L 169 vom 12.07.1993 S. 1, fallen,
2. Besteck (Gabeln, Messer, Löffel, Essstäbchen),
3. Teller,
4. Trinkhalme, ausgenommen Trinkhalme für medizinische Verwendungszwecke, die unter den Geltungsbereich der Richtlinie 90/385/EWG oder der Richtlinie 93/42/EWG fallen,
5. Rührstäbchen,
6. Luftballonstäbe, die zur Stabilisierung an den Ballons (ausgenommen Ballons für industrielle oder sonstige gewerbliche Verwendungszwecke und Anwendungen, die nicht an Verbraucher abgegeben werden) befestigt werden, einschließlich der Halterungsmechanismen,
7. Lebensmittelverpackungen aus expandiertem Polystyrol, dh. Behältnisse wie Boxen (mit oder ohne Deckel) für Lebensmittel, die
   a) dazu bestimmt sind, unmittelbar vor Ort verzehrt oder als Take-away-Gericht mitgenommen zu werden,
   b) in der Regel aus der Verpackung heraus verzehrt werden und
   c) ohne weitere Zubereitung wie Kochen, Sieden oder Erhitzen verzehrt werden können,

   einschließlich Verpackungen für Fast Food oder andere Speisen zum unmittelbaren Verzehr, ausgenommen Getränkebehälter, Teller sowie Säckchen und Folienverpackungen (Wrappers) mit Lebensmittelinhalt,
8. Getränkebehälter aus expandiertem Polystyrol, einschließlich ihrer Verschlüsse und Deckel,
9. Getränkebecher aus expandiertem Polystyrol, einschließlich ihrer Verschlüsse und Deckel.

(2) Als Inverkehrsetzen im Sinne des Abs. 1 gilt die erstmalige, entgeltliche oder unentgeltliche Abgabe eines Produkts zum Vertrieb, zum Verbrauch oder zur Verwendung auf dem österreichischen Markt im Rahmen einer Geschäftstätigkeit.

Verbot von oxo-abbaubaren Kunststoffprodukten

§ 13o.[66] Das Inverkehrsetzen von Produkten aus oxo-abbaubaren Kunststoffen ist verboten. Als Inverkehrsetzen im Sinne dieser Bestimmung gilt die erstmalige, entgeltliche oder unentgeltliche Abgabe eines Produkts zum Vertrieb, zum Verbrauch oder zur Verwendung auf dem österreichischen Markt im Rahmen einer Geschäftstätigkeit.

Kennzeichnungspflichten für bestimmte Einwegkunststoffprodukte

§ 13p.[66] Getränkebecher, Tabakprodukte, Feuchttücher und Damenhygieneprodukte (im Sinne der Richtlinie (EU) 2019/904 (SUP)) dürfen nur mit einer Kennzeichnung auf ihrer Verpackung oder auf dem Produkt selbst gemäß der Durchführungsverordnung (EU) 2020/2151 zur Festlegung harmonisierter Kennzeichnungsvorschriften für in Teil D des Anhangs der Richtlinie (EU) 2019/904 über die Verringerung der Auswirkungen bestimmter Kunststoffprodukte auf die Umwelt aufgeführte Einwegkunststoffartikel, ABl. Nr. L 428 vom 18.12.2020 S. 57, in der Fassung der Berichtigung ABl. Nr. L 77 vom 05.03.2021 S. 40, in Verkehr gesetzt werden. Als Inverkehrsetzen im Sinne dieser Bestimmung gilt die erstmalige, entgeltliche oder unentgeltliche Abgabe eines Produkts zum Vertrieb, zum Verbrauch oder zur Verwendung auf dem österreichischen Markt im Rahmen einer Geschäftstätigkeit. Die Bestimmungen des Tabak- und Nichtraucherinnen- bzw. Nichtraucherschutzgesetzes, BGBl. Nr. 431/1995, bleiben unberührt.

Auszeichnung von Einweg- und Mehrweggetränkeverpackungen

§ 13q.[66] Letztvertreiber gemäß § 14b Abs. 2 und 4 von Getränkeverpackungen sind verpflichtet, Einweg- und Mehrweggetränkeverpackungen in der Verkaufsstelle deutlich sicht- und lesbar auszuzeichnen. Dazu sind die Worte „EINWEG“ und „MEHRWEG“ in unmittelbarer Nähe zu den jeweiligen Getränkeverpackungen so anzubringen, dass die entsprechenden Getränkeverpackungen eindeutig zugeordnet werden können. Von dieser Verpflichtung ausgenommen sind jene Letztvertreiber, die nur Standorte betreiben, die weniger als 400 m² Verkaufsfläche aufweisen. Letztvertreiber gemäß § 14 Abs. 1, die Getränkeverpackungen im Rahmen des Versandhandels, einschließlich des elektronischen Versandhandels, vertreiben, haben ihren Kunden diese Information rechtzeitig vor deren Entscheidung über den Erwerb des Getränks, zB in ihrem Katalog, auf ihrer Internetseite sowie in den jeweiligen Bestellformularen bekannt zu geben.

Maßnahmen für die Abfallvermeidung und -verwertung

§ 14.[67,68] (1) Soweit dies zur Erreichung der Ziele und Grundsätze der Abfallwirtschaft, insbesondere der Hierarchie gemäß § 1 Abs. 2 und 2a und der Ziele der Abfallvermeidungsmaßnahmen gemäß § 9 zur Verringerung der Abfallmengen und Schadstoffgehalte und zur Förderung der Kreislaufwirtschaft erforderlich ist, wird die Bundesministerin für Klimaschutz, Umwelt, Energie, Mobilität, Innovation und Technologie ermächtigt, Maßnahmen gemäß Abs. 2 zur Wahrung der öffentlichen Interessen (§ 1 Abs. 3) und unter Bedachtnahme auf die Vorgaben des Bundes-Abfallwirtschaftsplans im Einvernehmen mit der Bundesministerin für Digitalisierung und Wirtschaftsstandort mit Verordnung festzulegen. Dabei ist auf die Erfüllung der Anforderungen an die Warenverteilung und auf die technischen und wirtschaftlichen Möglichkeiten Bedacht zu nehmen.

(2) Folgende Pflichten für Hersteller, Importeure, Vertreiber, Sammel- und Verwertungssysteme, Abfallsammler, -behandler und Letztverbraucher können festgelegt werden:

1. die Kennzeichnung von Produkten, die auf die Notwendigkeit einer Demontage einzelner Teile oder einer Trennung

---

[66] Samt Überschrift eingefügt durch BGBl I 200/2021.

[67] Geändert durch BGBl I 9/2011.

[68] Geändert durch BGBl I 200/2021.

von Bestandteilen oder einer Rückgabe oder die auf die Beschaffenheit, insbesondere die Schadstoffgehalte, und die bei der Sammlung oder Behandlung zu beachtenden Vorsichtsmaßnahmen, auf eine Wiederverwendung oder eine bestimmte Behandlung hinweist; weiters die Kennzeichnung von Produkten über eine ordnungsgemäße Entsorgung und über negative Auswirkungen des achtlosen Wegwerfens oder eines falschen Entsorgungsweges;[69]

2. die Information über die verwertungsgerechte Konstruktion oder Beschaffenheit von Produkten, über die Demontage oder Trennung einzelner Bestandteile, über die umweltgerechte Behandlung, über die Entwicklung und Optimierung von Möglichkeiten zur Wiederverwendung und zur Verwertung, einschließlich der dazu erforderlichen Prüfung der Teile zur Wiederverwendung und zur Verwertung, und über die bei der Verwertung erzielten Fortschritte zur Verringerung der zu beseitigenden Abfälle und zur Erhöhung der Verwertungsquoten;

2a.[70] öffentlich zugängliche Informationen darüber, ob und inwieweit das Produkt wiederverwendbar und recycelbar ist;

3.[67] die Rückgabe, die Rücknahme, die Wiederverwendung die Vorbereitung zur Wiederverwendung, das Recycling oder die sonstige Verwertung von Produkten oder Abfällen oder die Beteiligung an einem Sammel- und Verwertungssystem;

3a.[70] die Erhöhung des Angebots und der Nachfrage von Mehrwegverpackungen; zB durch Festlegung von Quoten oder einer entsprechenden Kennzeichnung;

3b.[70] die Übernahme der Kosten der Sammlung der in öffentlichen Sammelsystemen entsorgten Abfälle bestimmter Produkte, einschließlich der Infrastruktur und ihres Betriebs, sowie der Kosten von Reinigungsaktionen von Abfällen bestimmter Produkte und der jeweiligen Kosten der anschließenden Beförderung und Behandlung sowie der Kosten der Errichtung spezifischer Infrastrukturen für die Sammlung bestimmter Einwegkunststoffprodukte;

4.[67] die Einhaltung von Abfallvermeidungs-, Erfassungs-, Sammel-, Recycling- oder Verwertungsquoten innerhalb eines bestimmten Zeitraums;

5. die Einhebung eines Pfandbetrages;

5a.[70] die Gestaltung von Produkten oder Bestandteilen von Produkten, sodass sie mehrfach verwendbar sind, recycelte Materialien enthalten, technisch langlebig sowie leicht reparierbar sind, Einträge in die Umwelt verringert werden und, nachdem sie zu Abfall geworden sind, zur Vorbereitung zur Wiederverwendung und zum Recycling geeignet sind, um die Umweltfolgen bei deren Herstellung und des anschließenden Gebrauchs und das Abfallaufkommen zu verringern;

6. die Abgabe von Produkten nur in einer die Abfallsammlung und -behandlung wesentlich entlastenden Form und Beschaffenheit;

7. die Unterlassung des In-Verkehr-Setzens von Produkten mit bestimmten Inhaltsstoffen, um ihrer Freisetzung in die Umwelt vorzubeugen, die stoffliche Verwertung zu erleichtern, die Beseitigung nicht zu erschweren oder die Beseitigung gefährlicher Abfälle zu vermeiden;

8. die Untersagung der Verwendung einzelner Schmiermittelarten auf herkömmlicher Mineralölbasis, soweit für den jeweiligen Verwendungszweck technisch gleichwertige, biologisch abbaubare Schmiermittel in ausreichenden Mengen zur Verfügung stehen;

   die Untersagung oder Zulassung von Zusätzen zu biologisch abbaubaren Schmiermitteln, Mindest- und Höchstgehalte an pflanzlichem und mineralischem Ölanteil und deren Abbauraten;

9. die Aufzeichnungs-, Nachweis- und Meldepflichten, soweit diese für die Überprüfung der Verpflichtungen gemäß Z 3 und 4 erforderlich sind;

10. die Abführung eines Behandlungsbeitrags; der Behandlungsbeitrag hat dem Wert der Produkte und den Behandlungskosten angemessen zu sein, er darf jedoch die Höhe beider Beträge nicht übersteigen;

11.[71] ein Verbot der unentgeltlichen Abgabe von Kunststofftragetaschen an Letztverbraucher, Mindestentgelte für die Abgabe von Kunststofftragetaschen und Aufzeichnungs- und Meldepflichten über die Menge der in Verkehr gesetzten Kunststofftragetaschen.

Bei der Festlegung von Maßnahmen gemäß § 14 Abs. 2 Z 7 ist hinsichtlich der Vermeidung unzulässiger Auswirkungen auf Gewässer das Einvernehmen mit der Bundesministerin für Landwirtschaft, Regionen und Tourismus herzustellen.[72]

(2a) Die Bundesministerin für Klimaschutz, Umwelt, Energie, Mobilität, Innovation und Technologie wird ermächtigt, die Betrauung der Rechtsperson als Koordinierungsstelle gemäß § 13b und den Widerruf der Betrauung mit Verordnung kundzumachen.

(2b) Die Bundesministerin für Klimaschutz, Umwelt, Energie, Mobilität, Innovation und Technologie wird ermächtigt, durch Verordnung nähere Bestimmungen über den Inhalt der Sicherstellung gemäß § 13a Abs. 5, deren Festsetzung, Art, Bemessung, Leistung, Zugriff, Verfall, Verwendung und Freiwerden, deren Nachweis- und Meldepflichten und nähere Bestimmungen über die Berechnung der Finanzierung der Sammlung und Behandlung von Abfällen, die einer Verordnung gemäß Abs. 1 unterliegen, festzulegen.

(3) Die Bundesministerin für Klimaschutz, Umwelt, Energie, Mobilität, Innovation und Technologie wird ermächtigt, in einer Verordnung gemäß Abs. 1 für Verpflichtete, bei denen bestimmte Abfälle ab einer in der Verordnung festzulegenden Mengenschwelle anfallen, gleichwertige alternative Pflichten zur Rückgabe, Rücknahme, Wiederverwendung oder sonstigen Verwertung von Produkten oder Abfällen oder zur Beteiligung an einem Sammel- und Verwertungssystem oder zu den erforderlichen Aufzeichnungs-, Nachweis- und Meldepflichten festzulegen.

(4) Sofern ein Verpflichteter einer Verordnung gemäß Abs. 1 die alternativen Pflichten gemäß Abs. 3 erfüllen will, ist er in ein von der Bundesministerin für Klimaschutz, Umwelt, Energie, Mobilität, Innovation und Technologie zu führendes öffentlich zugängliches Register unter Angabe seines Namens und seiner Adresse (Betriebsstätte) einzutragen. Auf Verlangen des Verpflichteten hat die Bundesministerin für Klimaschutz, Umwelt, Energie, Mobilität, Innovation und Technologie über die Ablehnung der Eintragung in dieses Register oder im Falle des Wegfallens einer Voraussetzung über die Streichung aus dem Register mit Bescheid abzusprechen.

(5) In anderen Gesetzen geregelte Pflichten zur Kennzeichnung, Information, Rückgabe, Rücknahme, Einhebung eines Pfandbetrages oder Unterlassung des In-Verkehr-Setzens von Produkten bleiben davon unberührt.

(6)[67] Für Verpackungen wird die Bundesministerin für Klimaschutz, Umwelt, Energie, Mobilität, Innovation und Technologie ermächtigt, im Einvernehmen mit der Bundesministerin für Digitalisierung und Wirtschaftsstandort mit Verordnung festzulegen:

1. ein zu erreichendes Abfallvermeidungsziel;

---

[69] Letzter Teilsatz angefügt durch BGBl I 200/2021.

[70] Eingefügt durch BGBl I 200/2021.

[71] Eingefügt durch BGBl I 70/2017.

[72] Letzter Satz angefügt durch BGBl I 200/2021.

2. eine angemessene Frist zur Zielerreichung oder Fristen im Rahmen eines Stufenplans;
3. das Verfahren zur Feststellung der Zielerreichung;
4. regelmäßige Informationspflichten der Bundesministerin für Klimaschutz, Umwelt, Energie, Mobilität, Innovation und Technologie über das Ausmaß oder die Abschätzung der Zielerreichung;
5. die Art der Maßnahmen gemäß Abs. 2, die festgelegt werden, wenn das Ziel im Rahmen eines Stufenplans nicht erreicht wird.

(7)[67] Die Bundesministerin für Klimaschutz, Umwelt, Energie, Mobilität, Innovation und Technologie wird ermächtigt, im Einvernehmen mit *der Bundesministerin für Digitalisierung und Wirtschaftsstandort* in einer Verordnung nach Abs. 1 abweichend zu den §§ 17 Abs. 5 und 21 Abs. 3 Eintragungspflichten hinsichtlich Identifikation der Abfallersterzeuger und Standorte in das elektronische Datenregister sowie über Jahressummenwerte pro Abfallart hinausgehende Meldepflichten festzulegen.

(8) Die Festlegung von Maßnahmen gemäß Abs. 2 Z 10 bedarf des Einvernehmens mit dem Hauptausschuss des Nationalrates.

Maßnahmen zur Reduktion von Einwegkunststoff-Verpackungen

§ 14a.[73] (1) Die Bundesministerin für Klimaschutz, Umwelt, Energie, Mobilität, Innovation und Technologie wird ermächtigt, im Einvernehmen mit der Bundesministerin für Digitalisierung und Wirtschaftsstandort zur Verminderung der in Verkehr gesetzten Einwegkunststoff-Verpackungen bis zum Jahr 2025 um 20% gegenüber dem Jahr 2018 (§ 9 Z 18) und zur Förderung des Ausbaus von Mehrwegsystemen für Verpackungen, insbesondere für Getränkeverpackungen (§9 Z 19), folgende Pflichten für Gebietskörperschaften, Hersteller, Importeure, Vertreiber, Sammel- und Verwertungssysteme, Abfallsammler, -behandler und Letztverbraucher durch Verordnung festzulegen:

1. Vorlage von durchgeführten und geplanten Reduktions- oder Förderungsmaßnahmen samt Zeitplan, beispielsweise in einem Abfallwirtschaftskonzept,
2. Maßnahmen, die gewährleisten, dass dem Letztverbraucher wiederverwendbare Alternativen zu Einwegkunststoff-Verpackungen angeboten werden,
3. Mindestentgelte für die Abgabe bestimmter Einwegkunststoff-Verpackungen und Maximalentgelte für die Abgabe von Mehrwegverpackungen,
4. Verbot der unentgeltlichen Abgabe bestimmter Einwegkunststoff-Verpackungen an Letztverbraucher oder die Verpflichtung zur Rücknahme von Mehrwegverpackungen,
5. Produktanforderungen oder Kennzeichnungspflichten für Einweg- und Mehrwegverpackungen,
6. die Verpflichtung zur Rückgabe, zur Rücknahme oder zur Wiederverwendung,
7. die Einhaltung von Abfallvermeidungsquoten für die Reduktion von Einwegkunststoff-Verpackungen für bestimmte Bereiche oder Produktkategorien innerhalb eines bestimmten Zeitraums oder die Einhaltung von Mindestquoten für den Einsatz von Mehrwegverpackungen für bestimmte Bereiche oder Produktkategorien innerhalb eines bestimmten Zeitraums,
8. Anforderungen für die Abgabe von Produkten nur in einer die Abfallvermeidung begünstigenden Form und Beschaffenheit,
9. Sensibilisierungsmaßnahmen und Informationspflichten in Bezug auf Abfallvermeidung und Vermeidung von Vermüllung,
10. Fristen, Zwischenziele und Stufenpläne zur Zielerreichung,
11. Aufzeichnungs- und Meldepflichten zum Nachweis der Effektivität der Maßnahmen, insbesondere über die Menge der in Verkehr gesetzten Einwegkunststoff-Verpackungen und Mehrweg-Verpackungen.

(2) Die Bundesministerin für Klimaschutz, Umwelt, Energie, Mobilität, Innovation und Technologie wird ermächtigt, im Einvernehmen mit der Bundesministerin für Digitalisierung und Wirtschaftsstandort für die Zwecke des Abs. 1 durch Verordnung Verfahren zur Feststellung des Beitrags der gewählten Maßnahme zur Zielerreichung und Informationspflichten über das Ausmaß oder die Abschätzung der Zielerreichung festzulegen.

Rahmenbedingungen und konkrete Ziele für den Ausbau von Mehrwegsystemen für Getränkeverpackungen

§ 14b.[73] (1) Ziel ist es die Mehrwegquote der insgesamt in Österreich in Verkehr gesetzten Getränke in Regelgebinden bis 2025 auf zumindest 25% und bis 2030 auf zumindest 30% zu erhöhen. Dabei sind folgende Getränkekategorien heranzuziehen:

1. Bier (einschließlich alkoholfreies Bier und Biermischgetränke),
2. Wässer (Mineralwasser, Tafelwasser, Sodawasser und sonstiges abgefülltes Wasser; ohne Aromatisierung),
3. Saft (Fruchtsaft, Gemüsesaft und Nektar),
4. alkoholfreie Erfrischungsgetränke (Limonaden, aromatisiertes Wasser, Frucht- und Gemüsesaftgetränke, isotonische Getränke, Energydrinks, Getränke auf Teebasis wie Eistee, Kombucha, Milch auf pflanzlicher Basis wie Sojamilch oder Haferdrink, Molkegetränke und Malzgetränke) und
5. Milch (Kuh-, Schaf-, Ziegenmilch, sämtliche Fettgehalte; ausgenommen haltbare Konsummilch dh. ultrahoch erhitzte Milch).

(2) Jeder Letztvertreiber, der Getränke im Lebensmitteleinzelhandel abgibt, ist verpflichtet ab dem 1. Jänner 2024 in mindestens 35% seiner Verkaufsstellen über 400 m^2, ab dem 1. Jänner 2025 in mindestens 90% seiner Verkaufsstellen über 400 m^2 und längstens mit Ablauf des Kalenderjahres 2025 in allen Verkaufsstellen über 400 m^2 Getränke in Mehrwegverpackungen in den in Abs. 1 genannten Getränkekategorien und unter Einhaltung der Quoten gemäß Abs. 3 anzubieten. Dies gilt auch für den Vertrieb über Fernabsatz.

(3) Folgende Mehrwegquoten gemäß Abs. 2 bezogen auf die Anzahl der insgesamt angebotenen Artikel in den einzelnen Getränkekategorien sind einzuhalten: Für Bier und Wässer jeweils mindestens 15%; für Saft, alkoholfreie Erfrischungsgetränke und Milch jeweils mindestens 10%. Bei der Berechnung der Mehrwegquote für Wässer, Saft und alkoholfreie Erfrischungsgetränke werden vom Geltungsbereich des § 14c umfasste Getränke in Kunststoff-Einwegverpackungen und Einwegdosen bis einschließlich 0,5 l nicht einbezogen.

(4) Die Verpflichtung gemäß Abs. 2 gilt auch als erfüllt, wenn ein Letztvertreiber, der Getränke im Lebensmitteleinzelhandel abgibt, insgesamt über alle Getränkekategorien gemäß Abs. 1 ab dem Kalenderjahr 2024 25% des Volumens in Mehrwegverpackungen abgibt. Dies gilt auch für den Vertrieb über Fernabsatz. Der Letztvertreiber hat ab dem 1. Jänner 2024 in mindestens 35% seiner Verkaufsstellen über 400 m^2, ab dem 1. Jänner 2025 in mindestens 90% seiner Verkaufsstellen über 400 m^2 und längstens mit Ablauf des Kalenderjahres 2025 in allen Verkaufsstellen über 400 m^2

[73] Samt Überschrift eingefügt durch BGBl I 200/2021.

Getränke in Mehrwegverpackungen in allen Getränkekategorien gemäß Abs. 1 anzubieten.

(5) Mehrweg-Getränkeverpackungen sind Getränkeverpackungen, die so konzipiert und ausgelegt sind und in Verkehr gebracht werden, dass ihre Beschaffenheit während ihrer Lebensdauer mehrere Kreislaufdurchgänge ermöglicht, indem sie an einen Hersteller, insbesondere an einen Abpacker gemäß § 13g Abs. 1 Z 2, zurückgegeben und ihrer ursprünglichen Zweckbestimmung entsprechend wiederbefüllt oder wiederverwendet werden.

(6)[56] Der Letztvertreiber gemäß Abs. 2 und 4 hat Nachweise über die Erfüllung der Verpflichtung gemäß Abs. 2 oder 4 bis zum 15. März des Folgejahres in einem vom Bundesministerium für Klimaschutz, Umwelt, Energie, Mobilität, Innovation und Technologie vorgegebenen Format elektronisch – soweit eingerichtet im Wege des Registers gemäß § 22 Abs. 1 – an die Bundesministerin für Klimaschutz, Umwelt, Energie, Mobilität, Innovation und Technologie zu übermitteln. Für die Erfüllung der Verpflichtung gemäß Abs. 2 sind auch die angebotenen Getränkeartikel und das Volumen der vom Letztvertreiber insgesamt jährlich in Verkehr gesetzten Einweg- und Mehrweg-Getränke, gegliedert nach Getränkekategorien gemäß Abs. 1 zu übermitteln. Die Bundesministerin für Klimaschutz, Umwelt, Energie, Mobilität, Innovation und Technologie hat darüber einen jährlichen Bericht, einschließlich der gemeldeten aggregierten Daten, erstmals für das Berichtsjahr 2024 zu veröffentlichen.

Pfand für Einweggetränkeverpackungen

§ 14c.[73] (1) Zur Erreichung der Sammel- und Recyclingziele sind Primärverpflichtete gemäß § 13g verpflichtet ab 1. Jänner 2025 für Einweggetränkeverpackungen aus Kunststoff oder Metall mit einem Füllvolumen ab 0,1 l und maximal 3 l ein Pfand einzuheben. In dem Umfang, in dem ein Auftraggeber eines Lohnabpackers die Einhebung eines Pfandes übernimmt, entfällt die Pflicht zur Einhebung durch den Primärverpflichteten.[74]

(2) Die Bundesministerin für Klimaschutz, Umwelt, Energie, Mobilität, Innovation und Technologie wird ermächtigt im Einvernehmen mit der Bundesministerin für Digitalisierung und Wirtschaftsstandort nähere Bestimmungen insbesondere über die Produktgruppe, die Art des Materials, die Organisation, die Material- und Finanzflüsse, die koordinierende Stelle (zentrale Stelle) und deren Aufgaben, die Pfandhöhe, die Kennzeichnung, die Registrierung der Beteiligten und der Produkte, die zu übermittelnden Daten und Intervalle, die Verwendung der nicht ausbezahlten Pfandbeträge (Pfandschlupf) und die Rücknahmepflicht der Letztvertreiber festzulegen.[75]

(2a)[76] Erstinverkehrsetzer und Rücknahmeverpflichtete gemäß einer Verordnung nach Abs. 2 haben eine nicht auf Gewinn gerichtete koordinierende zentrale Stelle in Form einer Gesellschaft mit beschränkter Haftung (GmbH) einzurichten. Diese GmbH hat einen Aufsichtsrat und ein In-Sich-Geschäfte-Gremium als Sonderaufsichtsrat an Stelle des Aufsichtsrats einzurichten. Dieses In-Sich-Geschäfte-Gremium hat ein Zustimmungsrecht über Verträge, die zwischen der zentralen Stelle und Erstinverkehrsetzern oder Rücknahmeverpflichteten geschlossen werden sollen. Personen, die eine operative Leistung für die zentrale Stelle erbringen wollen, und sonstige Personen, die ein wirtschaftliches Interesse hinsichtlich dieser Leistungen haben, dürfen nicht Mitglied dieses In-Sich-Geschäfte-Gremiums sein. Um Geschäfts- und Betriebsgeheimnisse zu schützen, dürfen auch keine Mitglieder bestellt werden, die in einem Wettbewerbsverhältnis zu diesen Personen stehen."

(3)[76] Die gemäß Abs. 2 eingerichtete zentrale Stelle hat für die Vermeidung von Abfällen 0,5% der Produzentenbeiträge und 0,5% der jährlichen nicht ausgezahlten Pfandbeiträge (Pfandschlupf) für Abfallvermeidungsprojekte zur Verfügung zu stellen.

(4)[76] Die zentrale Stelle hat nach Maßgabe einer Verordnung gemäß § 29b Abs. 5 für die gemeinsam mit gemischten Siedlungsabfällen erfassten Einweggetränkeverpackungen gemäß einer Verordnung nach § 14c Verträge über die Abgeltung der angemessenen Kosten der Erfassung und Behandlung mit jenen Gemeinden oder Gemeindeverbänden, die die Sammlung von gemischten Siedlungsabfällen betreiben, abzuschließen. Weiters hat die zentrale Stelle in diesen Verträgen sicherzustellen, dass sie die erforderlichen Daten der erfassten Einweggetränkeverpackungen gemäß einer Verordnung nach § 14c über das Recycling und die thermische Verwertung erhält.

Aufsicht über die zentrale Stelle

§ 14d.[76] (1) Die zentrale Stelle im Sinne des § 14c Abs. 2 unterliegt der Aufsicht der Bundesministerin für Klimaschutz, Umwelt, Energie, Mobilität, Innovation und Technologie. Die Aufsicht bezieht sich auf die Erfüllung der Verpflichtungen der zentralen Stelle entsprechend den Bestimmungen dieses Bundesgesetzes und der auf Grund dieses Bundesgesetzes erlassenen Verordnungen und Bescheide.

(2) Folgende Maßnahmen stehen zur Verfügung:

1. die Abgabe von Empfehlungen für Maßnahmen zur Behebung von Mängeln und zur Verbesserung der Erfüllung der Verpflichtungen;
2. die Erteilung von Aufträgen, mit denen Maßnahmen im Sinne der Z 1 verbindlich vorgeschrieben werden, die innerhalb angemessener Frist zu setzen und der Bundesministerin für Klimaschutz, Umwelt, Energie, Mobilität, Innovation und Technologie nachzuweisen sind.

(3) Die zentrale Stelle hat der Bundesministerin für Klimaschutz, Umwelt, Energie, Mobilität, Innovation und Technologie alle für die Aufsicht erforderlichen Unterlagen auf Verlangen zu übermitteln.

Verpflichtungen der zentralen Stelle

§ 14e.[76] (1) Die zentrale Stelle im Sinne des § 14c Abs. 2 ist verpflichtet, im Rahmen ihres Wirkungsbereiches mit jedem Verpflichteten nach einer Verordnung gemäß § 14c Verträge abzuschließen, sofern dies der Verpflichtete wünscht und dies sachlich gerechtfertigt ist.

(2) Sofern die zentrale Stelle auch ein anderes Geschäftsfeld oder mehrere Geschäftsfelder betreibt, darf sie diese Bereiche nicht quersubventionieren und hat durch eine geeignete organisatorische oder rechnerische Trennung der Geschäftsfelder die Transparenz der Zahlungs- und Leistungsströme zwischen diesen Geschäftsfeldern sicherzustellen. Das Verbot der Quersubventionierung gilt auch für die unterschiedlichen Packstoffe gemäß der Verpackungsverordnung 2014, BGBl. II Nr. 184/2014, in der Fassung der Verordnung BGBl. II Nr. 597/2022.

(3) Die zentrale Stelle hat der Bundesministerin für Klimaschutz, Umwelt, Energie, Mobilität, Innovation und Technologie jährlich bis spätestens 1. April für das vorangegangene Kalenderjahr einen Bericht über die Erfüllung der Verpflichtungen nach diesem Bundesgesetz, nach einer Verordnung gemäß § 14c und gegebenenfalls nach einem Bescheid gemäß § 14d Abs. 2 Z 2 vorzulegen.

---

[74] Geändert und durch Schlusssatz ergänzt durch BGBl I 84/2024.

[75] Geändert durch BGBl I 84/2024.

[76] Eingefügt durch BGBl I 84/2024.

(4) Weiters hat die zentrale Stelle jährlich bis spätestens 1. Juli jedes Jahres einen Geschäftsbericht, einschließlich des um den Anhang erweiterten Jahresabschlusses über das vorangegangene Kalenderjahr, inklusive Lagebericht und eine Übersicht der Nachkalkulation der im vorangegangenen Kalenderjahr gültigen Produzentenbeiträge an die Bundesministerin für Klimaschutz, Umwelt, Energie, Mobilität, Innovation und Technologie zu übermitteln. Im Geschäftsbericht sind die Einnahmen getrennt nach Geschäftsbereichen und Packstoffen gesondert auszuweisen.

(5) Die zentrale Stelle hat sich unter Angabe der Daten gemäß § 22 Abs. 2 Z 1 bis 3 und 10 elektronisch über die Internetseite edm.gv.at im Register gemäß § 22 Abs. 1 zu registrieren und jährlich die Meldungen gemäß einer Verordnung nach § 14c elektronisch an die Bundesministerin für Klimaschutz, Umwelt, Energie, Mobilität, Innovation und Technologie über das Register einzubringen. Änderungen der Registrierungsdaten sind unverzüglich über das Register gemäß § 22 Abs. 1 zu melden.

3. Abschnitt
Allgemeine Pflichten von Abfallbesitzern

Allgemeine Behandlungspflichten für Abfallbesitzer

§ 15. (1) Bei der Sammlung, Beförderung, Lagerung und Behandlung von Abfällen und beim sonstigen Umgang mit Abfällen sind

1. die Ziele und Grundsätze gemäß § 1 Abs. 1 und 2 zu beachten und
2. Beeinträchtigungen der öffentlichen Interessen (§ 1 Abs. 3) zu vermeiden.

(2) Das Vermischen oder Vermengen eines Abfalls mit anderen Abfällen oder Sachen ist unzulässig, wenn

1. abfallrechtlich erforderliche Untersuchungen oder Behandlungen erschwert oder behindert werden,
2. nur durch den Mischvorgang
   a) abfallspezifische Grenzwerte oder Qualitätsanforderungen oder
   b) anlagenspezifische Grenzwerte in Bezug auf die eingesetzten Abfälle

   eingehalten werden oder
3. dieser Abfall im Widerspruch zu § 1 Abs. 3 behandelt oder verwendet wird.

Die gemeinsame Behandlung von verschiedenen Abfällen oder von Abfällen und Sachen in einer Anlage gilt jedenfalls dann nicht als Vermischen oder Vermengen im Sinne dieser Bestimmung, wenn diese Behandlung für jeden einzelnen Abfall zulässig ist. Das gemeinsame Sammeln von verschiedenen Abfallarten oder von Abfällen derselben Art mit unterschiedlich hohen Schadstoffgehalten ist dann zulässig, wenn keine chemische Reaktion zwischen den Abfällen auftritt und die gemeinsame Verwendung oder Behandlung entsprechend den genannten Kriterien zulässig ist.

(3) Abfälle dürfen außerhalb von

1. hiefür genehmigten Anlagen oder
2. für die Sammlung oder Behandlung vorgesehenen geeigneten Orten

nicht gesammelt, gelagert oder behandelt werden. Eine Ablagerung von Abfällen darf nur in hiefür genehmigten Deponien erfolgen.

(4) Abfälle sind gemäß § 16 oder nach Maßgabe einer Verordnung gemäß § 14 Abs. 1 oder § 23 zu verwerten.

(4a)[77] Eine Verwertung ist nur zulässig, wenn der betreffende Abfall unbedenklich für den beabsichtigten sinnvollen Zweck einsetzbar ist und keine Schutzgüter (im Sinne von § 1 Abs. 3) durch diesen Einsatz beeinträchtigt werden können, sowie durch diese Maßnahme nicht gegen Vorschriften dieses Bundesgesetzes oder der auf Grund dieses Bundesgesetzes erlassenen Verordnungen einschließlich des Bundes-Abfallwirtschaftsplans verstoßen wird.

(4b)[78] Das Verbrennen von Abfällen, die nach Maßgabe einer Verordnung gemäß § 23 Abs. 1 oder gemäß § 28b für die Vorbereitung zur Wiederverwendung oder für das Recycling getrennt gesammelt wurden, ist unzulässig.

(5)[79] Ist der Abfallbesitzer zu einer entsprechenden Behandlung nicht berechtigt oder imstande, hat er die Abfälle einem zur Sammlung oder Behandlung Berechtigten zu übergeben. Die Übergabe hat so rechtzeitig zu erfolgen, dass Beeinträchtigungen der öffentlichen Interessen (§ 1 Abs. 3) vermieden werden; Abfälle sind regelmäßig, mindestens einmal in drei Jahren, einem zur Sammlung oder Behandlung Berechtigten zu übergeben.

(5a)[77] Der Abfallbesitzer ist dafür verantwortlich, dass

a) die Abfälle an einen in Bezug auf die Sammlung oder Behandlung der Abfallart berechtigten Abfallsammler oder -behandler übergeben werden und
b) die umweltgerechte Verwertung oder Beseitigung dieser Abfälle explizit beauftragt wird.

(5b)[77] Wer Abfälle nicht gemäß Abs. 5a übergibt, kann bis zur vollständigen umweltgerechten Verwertung oder Beseitigung dieser Abfälle als Verpflichteter gemäß § 73 Abs. 1 mit Behandlungsauftrag in Anspruch genommen werden.

(5c)[80] Wer im Vertrauen auf die Richtigkeit der Eintragungen im Register gemäß § 22 einen Abfall an eine andere Person übergibt, die als ein zur Übernahme dieser Abfallart berechtigter Abfallsammler oder -behandler im Register gemäß § 21 Abs. 1 veröffentlicht ist, hat seine Verpflichtung zur Übergabe des Abfalls an einen Berechtigten gemäß Abs. 5 erster Satz und Abs. 5a lit. a erfüllt.

(6) Der Abfallbesitzer ist verpflichtet, nach Maßgabe einer Verordnung gemäß § 23 Abs. 3 Z 1 Abfälle vor der Übergabe an einen Deponieinhaber von einer befugten Fachperson oder Fachanstalt beurteilen zu lassen und dem Deponieinhaber eine Abschrift des Untersuchungsergebnisses zu übermitteln. Für die Probenahmeprotokolle und Untersuchungsergebnisse gilt § 17 Abs. 5 erster bis dritter Satz.

(7)[77],[81] Wer gewerbsmäßig nicht gefährliche Abfälle befördert, hat bei der Beförderung ein Dokument mitzuführen, aus welchem der Übergeber und der Übernehmer der Abfälle, die Masse der beförderten Abfälle und eine kurze Beschreibung der beförderten Abfälle ersichtlich sind.

(8)[82] Während der Beförderung von Stoffen, Produkten oder Sachen, die gemäß einer Verordnung gemäß Art. 6 Abs. 2 der Richtlinie 2008/98/EG über Abfälle nicht mehr als Abfälle anzusehen sind, ist eine Abschrift der Konformitätserklärung gemäß dieser Verordnung mitzuführen.

(9)[78] Transporte von Abfällen mit einem Gesamtgewicht von mehr als zehn Tonnen mit einer Transportstrecke auf der Straße von über

1. 300 km in Österreich haben ab 1. Jänner 2023,
2. 200 km in Österreich haben ab 1. Jänner 2024,

---

[77] Eingefügt durch BGBl I 9/2011, geändert durch BGBl I 71/2019.

[78] Eingefügt durch BGBl I 200/2021.

[79] Neu gefasst durch BGBl I 71/2019.

[80] Eingefügt durch BGBl I 71/2019.

[81] Geändert durch BGBl I 71/2019.

[82] Eingefügt durch BGBl I 103/2013.

3. 100 km in Österreich haben ab 1. Jänner 2026,

haben per Bahn oder durch andere Verkehrsmittel mit gleichwertigem oder geringerem Schadstoff- oder Treibhausgaspotential (zB Antrieb mittels Brennstoffzelle oder Elektromotor) zu erfolgen. Dies gilt nicht, wenn nachgewiesen wird, dass von der Bahn keine entsprechenden Kapazitäten bereitgestellt werden können, oder wenn beim Bahntransport die auf der Straße zurückzulegende Transportstrecke für die An- und Abfahrt zu und von einer der am nächstgelegenen Verladestellen im Vergleich zum ausschließlichen Transport auf der Straße 25% oder mehr betragen würde. Die entsprechenden Nachweise sind beim Transport mitzuführen und der Behörde auf Verlangen vorzulegen. Bis zum 1. Dezember 2022 ist vom Bundesministerium für Klimaschutz, Umwelt, Energie, Mobilität, Innovation und Technologie in Abstimmung mit der Wirtschaftskammer Österreich eine digitale Plattform einzurichten, die eine Abfrage von Angeboten für Abfalltransporte im Schienengüterverkehr und, sofern keine entsprechenden Kapazitäten bereit gestellt werden können, die Erstellung einer Bestätigung darüber binnen zwei Werktagen ermöglicht. Als Nachweis darüber, dass keine entsprechenden Kapazitäten bereitgestellt werden können, gilt ausschließlich die Bestätigung durch die digitale Plattform. Die Bundesministerin für Klimaschutz, Umwelt, Energie, Mobilität, Innovation und Technologie hat die Wirksamkeit dieser Regelung bis zum 31. Dezember 2024 zu evaluieren. Im Rahmen der Evaluierung ist unter Beiziehung der Bundeswettbewerbsbehörde ein Wettbewerbsmonitoring, insbesondere über die Entwicklung der Wettbewerbsintensität, durchzuführen.

(10)[76] Personenbezogene Daten von Abfragen sind in der digitalen Plattform gemäß Abs. 9 und § 69 Abs. 10 längstens sieben Jahre aufzubewahren.

Besondere Behandlungspflichten für Abfallbesitzer

§ 16. (1) Unbeschadet von § 15 Abs. 3 ist das Ablagern von gefährlichen Abfällen nur in einer Untertagedeponie für gefährliche Abfälle zulässig; dies gilt nicht für

1. Abfälle, die vor dem 16. Juli 2001 zulässigerweise in einer Deponie abgelagert wurden, und
2. gemäß einer Verordnung nach § 65 Abs. 1 festgelegte, stabile, nicht reaktive und nicht auslaugbare gefährliche Abfälle.

(2)[83] Für PCB-haltige Abfälle [Abfälle, welche polychlorierte Biphenyle (PCB), polychlorierte Terphenyle (PCT), Monomethyltetrachloridiphenylmethan, Monomethyldichloridiphenylmethan oder Monomethyldibromodiphenylmethan mit einem Summengehalt über 30 ppm enthalten] gilt:

1. PCB-haltige Abfälle sind in dafür genehmigten Anlagen thermisch zu beseitigen; andere Verfahren der Beseitigung sind zulässig, soweit im Vergleich zur Verbrennung gleichwertige Vorschriften zum Schutz der Umwelt und der Stand der Technik eingehalten werden.
2. PCB-haltige Abfälle sind unverzüglich einem berechtigten Abfallsammler oder -behandler zu übergeben.
3. Das Heraustrennen aus anderen Stoffen zum Zwecke der Wiederverwendung ist nicht zulässig.
4. Soweit dies mit vertretbarem Aufwand durchführbar ist, sind PCB-haltige Geräte, die Bestandteile anderer Geräte sind, zu entfernen und getrennt zu sammeln, sobald die betreffenden Geräte außer Betrieb gestellt, zur Wiederverwendung vorbereitet, recycelt, sonstig verwertet werden.
5. Bei den Aufzeichnungen gemäß § 17 und den Meldungen gemäß § 18 Abs. 3 oder 4 ist der Gehalt der im ersten Satz genannten Stoffe anzugeben.

[83] Geändert durch BGBl I 9/2011; geändert und Satz 2 eingefügt durch BGBl I 70/2017.

(3)[83] Für Altöle gilt:

1.[84] Altöle sind einer Aufbereitung oder einem anderen Recyclingverfahren, das für den Umweltschutz zu einem gleichwertigen oder besseren Ergebnis führt als die Aufbereitung, (R9 gemäß Anhang 2) zuzuführen, wenn es technisch möglich ist, aus dem Altöl ein Basisöl zu erzeugen, und dies für den Abfallbesitzer unter Berücksichtigung der jeweils anfallenden Mengen, der Transportwege und der entstehenden Kosten wirtschaftlich zumutbar ist. Werden Altöle einer stofflichen Verwertung zugeführt, so dürfen die dadurch entstandenen Mineralölprodukte nicht mehr als 5 ppm PCB/PCT und nicht mehr als 0,03 vH Halogene - bezogen auf die Masse - enthalten.
2. Altöle mit einem Gehalt bis zu 50 ppm PCB/PCT, die nach Maßgabe der Z 1 nicht recycelt werden, sind thermisch zu verwerten.
3. Altöle mit einem Gehalt von mehr als 50 ppm PCB/PCT sind umweltgerecht zu beseitigen.
4. Die Beimischung von Stoffen, die im Vorprodukt des Altöls naturgemäß nicht enthalten sind, ist nicht zulässig. Bei einem Recycling dürfen jedoch die aus technologischen Gründen erforderlichen Zuschlagstoffe zugesetzt werden.
5. Die Beimischung von Halogenen, PCB oder PCT und anderen gefährlichen Abfällen ist nicht zulässig.
6. Wer Altöle sammelt, hat zur Dokumentation der Qualität der Altöle gemäß Z 1 bis 5 eine Probe zu ziehen und zu analysieren und, sofern er nicht zur Behandlung von Altölen berechtigt ist, diese dem Abfallbehandler zur Verfügung zu stellen. Die Proben sind ein Jahr, die Analysenergebnisse sieben Jahre aufzubewahren und auf Verlangen den Behörden vorzulegen.

(4)[83,85] POP-Abfälle sind in einer dafür genehmigten Anlage thermisch oder chemisch/physikalisch so zu behandeln, dass der Gehalt an persistenten organischen Schadstoffen zerstört oder unumkehrbar umgewandelt wird, damit die verbleibenden Abfälle und Freisetzungen nicht die Eigenschaften persistenter organischer Schadstoffe aufweisen. Für bestimmte in Anhang V der EU-POP-V genannte Abfälle, die Metalle und Metallverbindungen enthalten, ist das Verwertungsverfahren Recycling/Rückgewinnung von Metallen und Metallverbindungen (R4) zulässig, sofern sich die Vorgänge auf die Rückgewinnung von Eisen und Eisenlegierungen (Hochofen, Schachtofen und Herdofen) und Nichteisenmetallen (Wälzrohrverfahren, Badschmelzverfahren in vertikalen oder horizontalen Öfen) unter Einhaltung der für Verbrennungs- und Mitverbrennungsanlagen festgesetzten Grenzwerte für PCDD- und PCDF-Emissionen nach einer Verordnung gemäß § 65 beschränken. Die Ablagerung gemäß Anhang V Teil 2 der EU-POP-V unter Tage in sicheren, tief gelegenen Felsformationen, in Salzbergwerken oder auf Deponien für gefährliche Abfälle ist für die in Anhang V Teil 2 der EU-POP-V genannten POP-Abfälle bis zu den in diesem Anhang genannten Grenzwerten zulässig, sofern ein Nachweis gemäß Art. 7 Abs. 4 Buchstabe b Z i der EU-POP-V erbracht wird, dass diese abweichende Behandlung die unter Umweltgesichtspunkten vorzuziehende Möglichkeit darstellt.

(5) Problemstoffe sind getrennt zu sammeln und einem berechtigten Abfallsammler oder -behandler zu übergeben.

(6) Altspeisefette und -öle sind getrennt zu sammeln und einem berechtigten Abfallsammler oder -behandler zu übergeben. Altspeisefette und -öle sind einer Verwertung zuzuführen, sofern dies ökologisch zweckmäßig und technisch möglich ist und dies nicht mit unverhältnismäßigen Kosten verbunden ist.

(7)[85] Für Bau- und Abbruchabfälle gilt:

[84] Geändert durch BGBl I 200/2021.

[85] Geändert durch BGBl I 200/2021.

1.[85] Verwertbare Materialien sind einer stofflichen Verwertung zuzuführen, sofern dies ökologisch zweckmäßig und technisch möglich ist und dies nicht mit unverhältnismäßigen Kosten verbunden ist.

2.[86] Nicht verwertbare Abfälle sind ordnungsgemäß zu beseitigen.

Aufzeichnungspflichten für Abfallbesitzer

§ 17. (1) Abfallbesitzer (Abfallersterzeuger, -sammler und -behandler) haben, getrennt für jedes Kalenderjahr, fortlaufende Aufzeichnungen über Art, Menge, Herkunft und Verbleib von Abfällen zu führen. Bilanzpflichtige Abfallsammler und -behandler haben auch den Branchencode des Übergebers der Abfälle aufzuzeichnen; dies gilt nicht für vereinfachte Aufzeichnungen gemäß einer Verordnung nach § 23 Abs. 3. Abfallsammler und -behandler haben diese Aufzeichnungen nach Maßgabe einer Verordnung gemäß § 23 Abs. 3 elektronisch zu führen. Für Transporteure gilt die Aufzeichnungspflicht mit Sammlung und Aufbewahrung der Begleitscheine gemäß § 18 Abs. 1 oder mit der Übermittlung der Begleitscheindaten durch den Übernehmer an das Register gemäß § 22 Abs. 1 als erfüllt.[87]

(2) Nicht der Aufzeichnungspflicht unterliegen

1. private Haushalte,
2. nicht buchführungspflichtige land- und forstwirtschaftliche Betriebe [§ 125 der Bundesabgabenordnung (BAO), BGBl. Nr. 194/1961] hinsichtlich der bei ihnen anfallenden
   a)[88] gefährlichen Abfälle, sofern diese einem rücknahmeberechtigten Abfallsammler oder -behandler im Sinne des § 24a Abs. 2 Z 5 übergeben werden, und
   b) nicht gefährlichen Abfälle und Problemstoffe,
3.[89] Personen, die erwerbsmäßig Produkte abgeben und gemäß § 24a Abs. 2 Z 5 lit. a von der Erlaubnispflicht befreit sind, in Bezug auf die Rücknahme von Abfällen gleicher oder gleichwertiger Produkte, welche dieselbe Funktion erfüllen, und
4.[89] Transporteure hinsichtlich nicht gefährlicher Abfälle, soweit sie diese Abfälle im Auftrag des Abfallbesitzers nur befördern.

(3) Inhaber einer Deponie haben, getrennt für jedes Kalenderjahr, fortlaufende Aufzeichnungen über die Art, Menge und Herkunft der Abfälle (einschließlich der Abfallerzeuger oder bei Abfällen aus Haushalten und bei Abfällen vergleichbarer Art oder Zusammensetzung der Abfallsammler), das Anlieferungsdatum, die charakteristischen Eigenschaften der Abfälle, die Untersuchungen der Abfälle, die Abfallannahme, die genaue Lage (Einbaustelle) der Abfälle auf der Deponie und die gemäß den Mess- und Überwachungsmaßnahmen vorliegenden Ergebnisse zu führen. Inhaber einer Deponie haben bei der Annahme der Abfälle sicherzustellen, dass ihnen die für die Aufzeichnungen erforderlichen Daten von den Übergebern der Abfälle bekannt gegeben werden. Die Aufzeichnungen sind nach Maßgabe einer Verordnung gemäß § 23 Abs. 3 elektronisch zu führen.

(4) Bei elektronischer Aufzeichnung ist nach Maßgabe einer Verordnung gemäß § 23 Abs. 3 zur Identifikation von Abfallbesitzern und Standorten, sofern diese bereits im Register gemäß § 22 Abs. 1 enthalten sind, für Anlagentypen, Behandlungsverfahren und Abfallarten die entsprechende Identifikationsnummer der Register und der Zuordnungstabellen gemäß § 22 Abs. 1 zu verwenden. Es sind nach Maßgabe einer Verordnung gemäß § 23 Abs. 3 im elektronischen Aufzeichnungssystem Schnittstellen einzurichten, sodass unverzüglich ein definierter Auszug aus den aktuellen Daten und aus den aufzubewahrenden Daten erstellt werden kann. Hiermit ist kein Zugriff auf das elektronische Aufzeichnungssystem des Abfallbesitzers durch die Behörden und die beauftragten Dienstleister gemäß § 22 Abs. 1 verbunden.

(5) Die Aufzeichnungen sind, vom Tag der letzten Eintragung an gerechnet, mindestens sieben Jahre aufzubewahren. Den Behörden ist Einsicht in diese Aufzeichnungen zu gewähren. Die Aufzeichnungen sind den Behörden auf Verlangen vorzulegen. Den Behörden ist zum Zweck der Kontrolle über die Einhaltung der Bestimmungen dieses Bundesgesetzes und der nach diesem Bundesgesetz erlassenen Verordnungen Auskunft über Art, Menge, Herkunft und Verbleib einzelner Abfallarten oder der gesamten Abfälle zu erteilen; dem Verlangen nach Summenbildungen über Art, Herkunft oder Verbleib ist zu entsprechen. Für die innerbetrieblichen Aufzeichnungspflichten gemäß Abs. 4 besteht hinsichtlich der Identifikation von Abfallersterzeugern und Standorten keine Verpflichtung, diese an das elektronische Register gemäß § 22 zu übermitteln. Die genannten Verpflichtungen gelten im Zusammenhang mit einer Anlage für den jeweiligen Inhaber.

(6)[90] Die Bundesministerin für Klimaschutz, Umwelt, Energie, Mobilität, Innovation und Technologie wird ermächtigt, Vorgaben für POP-Abfälle für elektronische Aufzeichnungen und Meldungen im Register zu erlassen.

Übergabe von gefährlichen Abfällen und von POP-Abfällen[91]

§ 18. (1) Wer gefährliche Abfälle, ausgenommen Problemstoffe, einer anderen Rechtsperson (Übernehmer) übergibt oder sie in der Absicht, sie einer anderen Rechtsperson zu übergeben, zu diesem befördert oder befördern lässt, hat Art, Menge, Herkunft und Verbleib der gefährlichen Abfälle und seine Identifikationsnummer in einem Begleitschein zu deklarieren. Besondere Gefahren, die mit der Behandlung verbunden sein können, sind bekannt zu geben. Besonderheiten der Abfälle, insbesondere ob es sich um POP-Abfälle handelt, sind bekannt zu geben.[92]

(2) Im Fall einer notifizierungspflichtigen Verbringung von Abfällen (7. Abschnitt) sind Art, Menge, Herkunft und Verbleib der gefährlichen Abfälle im Notifizierungsformular gemäß Anhang IA und im Begleitformular gemäß Anhang IB der EG-VerbringungsV zu deklarieren. Abs. 3 und 4 sind nicht anzuwenden.

(2a) Im Fall einer grenzüberschreitenden, nicht notifizierungspflichtigen Verbringung von Abfällen gelten die Informationen, die gemäß Art. 18 Abs. 1 der EG-VerbringungsV mitzuführen sind, als Begleitschein im Sinne des Abs. 1. Die Identifikationsnummern (§ 22 Abs. 1 zweiter Satz) des Übernehmers und des Übergebers sind im Falle der elektronischen Aufzeichnungspflicht des Übernehmers bei der Meldung gemäß Abs. 3 anzugeben. Diese Meldungen sind wie Begleitscheine mit der entsprechenden Begleitscheinnummer zu nummerieren.

(3)[93] Wer gefährliche Abfälle, ausgenommen Problemstoffe, als Abfallsammler oder -behandler übernimmt, hat innerhalb einer von einer Verordnung gemäß § 23 Abs. 3 festgelegten Frist dem Landeshauptmann im Wege des Registers gemäß § 22 AWG 2002 Art, Menge, Herkunft und Verbleib dieser Abfälle und den Transporteur zu melden. Dies gilt nicht für

[86] Geändert durch BGBl I 103/2013.
[87] Letzter Satz eingefügt durch BGBl I 9/2011.
[88] Geändert durch BGBl I 9/2011.
[89] Neu gefasst durch BGBl I 71/2019.
[90] Eingefügt durch BGBl I 200/2021.
[91] Überschrift geändert durch BGBl I 200/2021.
[92] Letzter Satz eingefügt durch BGBl I 200/2021.
[93] Geändert durch BGBl I 9/2011 und BGBl I 200/2021.

Transporteure gemäß § 24a Abs. 2 Z 2 und für Sammel- und Verwertungssysteme.

(4) Wer im eigenen Betrieb anfallende gefährliche Abfälle selbst behandelt, hat innerhalb einer von einer Verordnung gemäß § 23 Abs. 3 festgelegten Frist dem Landeshauptmann Art, Menge, Herkunft und Verbleib dieser Abfälle zu melden.

(5) Für Begleitscheine, Notifizierungs- und Begleitformulare (Abs. 2), Informationen (Abs. 2a) und Meldungen gemäß Abs. 4 gilt § 17 Abs. 5 erster bis dritter Satz sinngemäß.

(6) Abs. 1 und 3 gilt nicht für die Übergabe von gefährlichen Abfällen von privaten Haushalten als Abfallersterzeuger.

(7)[94] Die Deklaration im Begleitschein gemäß Abs. 1, das Mitführen von Begleitscheinen gemäß § 19 Abs. 1 und die Meldung gemäß Abs. 3 haben nach Maßgabe einer Verordnung gemäß § 23 Abs. 3 im Wege des elektronischen Registers zu erfolgen.

(8)[95] Abs. 1 und 3 bis 7 gelten sinngemäß für nicht gefährliche Abfälle, die POP-Abfälle sind.

Beförderung von gefährlichen Abfällen und von POP-Abfällen[96]

§ 19. (1) Während der Beförderung der gefährlichen Abfälle, ausgenommen Problemstoffe, sind

1. Begleitscheine (§ 18 Abs. 1) oder
2. im Falle einer notifizierungspflichtigen Verbringung von Abfällen (§§ 66 ff) Abschriften des Notifizierungs- und des Begleitformulars (§ 18 Abs. 2) für die grenzüberschreitende Verbringung von Abfällen und Abschriften der erforderlichen Bewilligung (§ 69) oder

2a. im Falle einer grenzüberschreitenden, nicht notifizierungspflichtigen Verbringung von Abfällen die Informationen, die gemäß Art. 18 Abs. 1 der EG-VerbringungsV mitzuführen sind, oder

3. im Falle einer Beförderung von gefährlichen Abfällen von einem Standort eines Abfallbesitzers zu einem anderen Standort desselben Abfallbesitzers (interner Transport) Unterlagen, die Angaben zum Abfall (Beschreibung), Name und Anschrift des Abfallbesitzers und den Bestimmungsort beinhalten,

mitzuführen oder nach Maßgabe einer Verordnung die Begleitscheindaten vor Beginn der Beförderung an das Register zu übermitteln und den Behörden, den Organen des öffentlichen Sicherheitsdienstes (§ 82) oder den Zollorganen (§ 83) auf Verlangen jederzeit vorzuweisen.

(2) Können die gefährlichen Abfälle nicht bestimmungsgemäß zugestellt werden, hat der Transporteur diese Abfälle dem Übergeber zurückzustellen. Ist dies nicht möglich oder für den Transporteur nicht zumutbar, hat er eine entsprechende Behandlung der gefährlichen Abfälle auf seine Kosten durchzuführen oder durchführen zu lassen. Ersatzansprüche an den Übergeber bleiben unberührt.

(3)[97] Abs. 1 Z 1 und 3 und Abs. 2 gelten sinngemäß für nicht gefährliche Abfälle, die POP-Abfälle sind.

Meldepflichten der Abfallersterzeuger gefährlicher Abfälle

§ 20. (1) Ein Abfallersterzeuger, bei dem Altöle in einer Jahresmenge von mindestens 200 Liter oder sonstige gefährliche Abfälle wiederkehrend, mindestens einmal jährlich, anfallen, und welcher seine Tätigkeit nach dem 12. Juli 2007 aufnimmt, hat sich innerhalb von einem Monat nach Aufnahme der Tätigkeit elektronisch über die Internetseite edm.gv.at im Register gemäß § 22 Abs. 1 Z 1 unter Angabe folgender Daten zu registrieren:

1. Name, Anschrift (zB Sitz) und eine für die Zustellung maßgebliche inländische Geschäftsanschrift, einschließlich der Telefaxnummer,
2. gegebenenfalls die Firmenbuchnummer, Vereinsregisternummer oder Ergänzungsregisternummer,
3. Branchencode (vierstellig),
4. Adressen der Standorte (zB Betriebsstätten), von denen gefährliche Abfälle an Dritte übergeben werden,
5. Kontaktadresse, einschließlich einer vorhandenen E-Mail-Adresse, und Kontaktperson.

(1a)[98] Abweichend zu Abs. 1 kann die Registrierung auch über andere zu Zwecken der Verwaltung sowie des EGovernments des Bundes eingerichtete Register gestartet werden.

(2) Abs. 1 gilt nicht für

1. private Haushalte,
2. nicht buchführungspflichtige land- und forstwirtschaftliche Betriebe (§ 125 BAO) hinsichtlich der bei ihnen anfallenden
   a)[99] gefährlichen Abfälle, sofern diese einem rücknahmeberechtigten Abfallsammler oder -behandler im Sinne des § 24a Abs. 2 Z 5 übergeben werden, und
   b) Problemstoffe.

(3) Änderungen der Daten gemäß Abs. 1 oder die Einstellung der Tätigkeit ist innerhalb von einem Monat über das Register gemäß § 22 Abs. 1 zu melden.

(4) Zuständige Behörde ist der Landeshauptmann, in dessen Bundesland der Abfallersterzeuger seinen Sitz oder seine Hauptniederlassung hat; sofern bei einem Unternehmen kein Sitz und keine Hauptniederlassung im Inland gegeben ist, bestimmt sich die Zuständigkeit nach dem Ort der Zweigniederlassung des Unternehmens; bei mehreren Zweigniederlassungen im Inland bestimmt sich die Zuständigkeit nach dem Ort der frühesten Zweigniederlassung.

(5) [Anm: Aufgehoben durch BGBl. I Nr. 43/20007]

(6) Die Bundesministerin für Klimaschutz, Umwelt, Energie, Mobilität, Innovation und Technologie hat dem Abfallersterzeuger eine Identifikationsnummer gemäß § 22 Abs. 1 zweiter Satz, bei mehreren Standorten weitere Identifikationsnummern, zuzuteilen.

Quecksilberabfälle

§ 20a.[100] Zuständige Behörde gemäß Art. 12 und 14 der Verordnung (EU) 2017/852 über Quecksilber und zur Aufhebung der Verordnung (EG) Nr. 1102/2008 (im Folgenden: EU-QuecksilberV), ABl. Nr. L 137 vom 24.05.2017 S. 1, ist die Bundesministerin für Klimaschutz, Umwelt, Energie, Mobilität, Innovation und Technologie. Die Aufzeichnungen und Bescheinigungen gemäß dieser Verordnung sind mindestens sieben Jahre aufzubewahren. Eine Aufbewahrung in elektronischer Form ist zulässig, wenn eine Sicherung der elektronischen Dokumente vor Datenverlust nach dem Stand der Technik erfolgt.

---

94 Eingefügt durch BGBl I 71/2019
95 Eingefügt durch BGBl I 200/2021.
96 Überschrift geändert durch BGBl I 200/2021.
97 Einfügt durch BGBl I 200/2021.
98 Einfügt durch BGBl I 200/2021.
99 Geändert durch BGBl I 9/2011.
100 Eingefügt durch BGBl I 44/2018.

Registrierungs- und Meldepflichten für Abfallsammler und -behandler und gemäß EG-VerbringungsV Verpflichtete

§ 21. (1)[101] Abfallsammler und -behandler haben sich vor Aufnahme der Tätigkeit elektronisch über die Internetseite edm.gv.at bei der Bundesministerin für Klimaschutz, Umwelt, Energie, Mobilität, Innovation und Technologie unter Angabe folgender Daten im Register gemäß § 22 Abs. 1 Z 1 zu registrieren:

1. Name, Anschrift (zB Sitz) des Abfallsammlers und –behandlers und eine für die Zustellung maßgebliche inländische Geschäftsanschrift, einschließlich der Telefaxnummer,
2. gegebenenfalls die Firmenbuchnummer, Vereinsregisternummer oder Ergänzungsregisternummer,
3. Branchencode (vierstellig),
4. Adressen der Standorte (zB Betriebsstätten),
5.[102] Anlagen, Anlagentypen und nach Maßgabe einer Verordnung gemäß § 23 Berichtseinheiten, IPPC-Behandlungsanlagen sind nach der mündlichen Verhandlung vor Erlassung der Genehmigung der Behandlungsanlage im Register anzulegen.
6. Behandlungsverfahren,
7. Kontaktadresse, einschließlich einer vorhandenen E-Mail-Adresse, und Kontaktperson und
8.[103] für IPPC-Behandlungsanlagen Art und Umfang ihrer Tätigkeiten gemäß Anhang 5 Teil 1 und die Haupttätigkeit der IPPC-Behandlungsanlage.

(1a)[104] Abweichend zu Abs. 1 kann die Registrierung auch über andere zum Zwecke der Verwaltung sowie des EGovernments des Bundes eingerichtete Register gestartet werden.

(2) Änderungen der Daten gemäß Abs. 1 sind unverzüglich vom Abfallsammler und -behandler über das Register gemäß § 22 Abs. 1 zu melden. Die Einstellung der Tätigkeit ist innerhalb von einem Monat über das Register gemäß § 22 Abs. 1 zu melden.

(2a) [Anm: Aufgehoben durch BGBl I 43/2007]

(2b) Abs. 1 und 2 gelten nicht für

1. Personen, die erwerbsmäßig Produkte abgeben in Bezug auf die Rücknahme von Abfällen dieser Produkte von Letztverbrauchern zur Sammlung und Weitergabe an einen berechtigten Abfallsammler oder -behandler,
2. (Anm: entfällt gem BGBl I 200/2021)
3. Personen, die Abfälle zum Nutzen der Landwirtschaft oder der Ökologie auf den Boden aufbringen.

(2c)[105] Die Bundesministerin für Klimaschutz, Umwelt, Energie, Mobilität, Innovation und Technologie ist ermächtigt, für Personen gemäß Abs. 2b und für Abfallersterzeuger, ausgenommen für private Haushalte, neben den Identifikationsnummern die abfallwirtschaftlichen Stammdaten (§ 22 Abs. 2) in den Registern gemäß § 22 Abs. 1 zu verarbeiten. Die Personen gemäß Abs. 2b haben bei der Erfassung dieser Daten mitzuwirken.

(2d) Die Bundesministerin für Klimaschutz, Umwelt, Energie, Mobilität, Innovation und Technologie hat dem Abfallsammler und -behandler auf Grund der Registrierung eine Identifikationsnummer gemäß § 22 Abs. 1 zweiter Satz, bei mehreren Standorten oder Anlagen weitere Identifikationsnummern, zuzuteilen.

(3)[106] Gemäß § 17 aufzeichnungspflichtige Abfallsammler und –behandler einschließlich Personen gemäß § 24a Abs. 2 Z 5 lit. b – mit Ausnahme von Personen gemäß § 24a Abs. 2 Z 11 und 12 und von Transporteuren, soweit sie Abfälle im Auftrag des Abfallbesitzers nur befördern – haben nach Maßgabe einer Verordnung gemäß § 23 Abs. 3 über das vorangegangene Kalenderjahr eine Aufstellung über die Herkunft der übernommenen Abfallarten, die jeweiligen Mengen und den jeweiligen Verbleib, einschließlich Art und Menge der in den Wirtschaftskreislauf zurückgeführten Stoffe, vorzunehmen (Jahresabfallbilanz). Von Abfallersterzeugern übernommene Abfälle sind als Summenwert pro Abfallart, gegliedert nach dem Branchencode und dem jeweiligen Bundesland der Abfallherkunft, auszuweisen; für nach Maßgabe einer Verordnung gemäß § 23 festgelegte Abfälle hat eine Gliederung nach der jeweiligen Gemeinde zu erfolgen. In allen übrigen Fällen hat eine Untergliederung nach dem jeweiligen Übergeber oder Übernehmer der Abfälle zu erfolgen. Die Jahresabfallbilanzen sind bis spätestens 10. April jeden Jahres dem Landeshauptmann zu melden. § 17 Abs. 5 ist - mit Ausnahme des Teilsatzes über die Summenbildung - anzuwenden. Ein Abfallsammler oder -behandler, der seine Tätigkeit nicht dauernd eingestellt hat und im vorangegangenen Kalenderjahr Abfälle weder übernommen noch übergeben und auch keine Abfallbehandlungen durchgeführt hat, hat als Jahresabfallbilanz eine Leermeldung einzubringen.

(3a)[107] Abfallbehandler von Altbatterien und -akkumulatoren haben der Bundesministerin für Klimaschutz, Umwelt, Energie, Mobilität, Innovation und Technologie jährlich spätestens vier Monate nach Ablauf des jeweiligen Kalenderjahres die Meldungen nach den Anhängen IV bis VI der Verordnung (EU) Nr. 493/2012 mit Durchführungsbestimmungen zur Berechnung der Recyclingeffizienzen von Recyclingverfahren für Altbatterien und Altakkumulatoren gemäß der Richtlinie 2006/66/EG, ABl. Nr. L 151 vom 12.06.2012 S. 9, zu übermitteln.

(4) Inhaber einer Deponie haben die im vorangegangenen Kalenderjahr insgesamt abgelagerten Abfallmengen, gegliedert nach Abfallbesitzer und Abfallart, und die Restkapazität in Kubikmeter der Bundesministerin für Klimaschutz, Umwelt, Energie, Mobilität, Innovation und Technologie bis spätestens 15. März jeden Jahres zu melden. Weiters haben die Inhaber der Deponie die Messergebnisse des Mess- und Überwachungsverfahrens (§ 47 Abs. 2 Z 2) der im vorangegangenen Kalenderjahr vorgenommenen Messungen bis spätestens 15. März jeden Jahres der für die Überwachung zuständigen Behörde zu melden. § 17 Abs. 5 ist mit Ausnahme des vorletzten Satzes anzuwenden.

(5) Folgende Daten sind nach Maßgabe einer Verordnung gemäß § 23 Abs. 3 in elektronischer Form an ein Register gemäß § 22 Abs. 1 zu übermitteln:

1. Meldungen gemäß Abs. 3 und 4, Meldungen gemäß den §§ 5 Abs. 4 und 5, 18 Abs. 3 und 4 und 60,
2. Mitteilungen gemäß den Art. 15 Buchstabe c, d und e und Art. 16 Buchstabe b, d und e der EG-VerbringungsV durch den jeweils nach EG-VerbringungsV Verpflichteten.

(6) Sofern Personen, die gemäß der EG-VerbringungsV oder gemäß einer Verordnung nach § 72 Z 1 beabsichtigen, eine notifizierungspflichtige Verbringung von Abfällen aus Österreich durchzuführen, nicht bereits im Register gemäß § 22 Abs. 1 Z 1 registriert sind, haben sie sich über die Internetseite edm.gv.at unter Angabe folgender Daten im Register zu registrieren:

[101] Geändert durch BGBl I 9/2011.
[102] Geändert durch BGBl I 103/2013.
[103] Eingefügt durch BGBl I 103/2013.
[104] Eingefügt durch BGBl I 200/2021.
[105] Satz 1 neu gefasst durch BGBl I 32/2018.
[106] Geändert durch BGBl I 9/2011 und BGBl I 71/2019.
[107] Eingefügt durch BGBl I 70/2017.

1. Name, Anschrift (zB Sitz) und eine für die Zustellung maßgebliche inländische Geschäftsanschrift, einschließlich der Telefaxnummer,
2. gegebenenfalls die Firmenbuchnummer, Vereinsregisternummer oder Ergänzungsregisternummer,
3. Branchencode (vierstellig),
4. Adressen der Standorte (zB Betriebsstätten),
5. Kontaktadresse, einschließlich einer vorhandenen E-Mail-Adresse, und Kontaktperson.

[...]

Allgemeine Sorgfaltspflichten

§ 22d. (1) Personen haben ihre Zugangsdaten zum Register sorgfältig zu verwahren, Zugriffe darauf zu verhindern und die Weitergabe der Zugangsdaten zu unterlassen. Die Einräumung weiterer Zugänge an andere Personen ist im eigenen Verantwortungsbereich des Registrierten nach Maßgabe der zur Verfügung stehenden Funktionen zulässig; die so berechtigten Personen haben dieselben Sorgfaltspflichten, insbesondere dürfen die Zugangsdaten nicht weitergegeben werden. Die registrierte Person darf Zugänge nur einer natürlichen Person zuordnen.

(2) Ein unter einem Zugang gestelltes Anbringen oder eine unter einem Zugang gesetzte Handlung gilt – unabhängig davon, wer die Übermittlung tatsächlich durchführt – als Anbringen oder Handlung der registrierten Person, es sei denn, die registrierte Person macht glaubhaft, dass das Anbringen bzw. die Handlung trotz Einhaltung ihrer Sorgfaltspflichten unter missbräuchlicher Verwendung der Zugangsdaten durch einen Dritten gestellt wurde. Dies gilt auch für die Übermittlung mittels Webservice.[108]

(3)[109] Für einen Zugriff auf einzelne Bereiche der Register können registrierten Personen im eigenen Verantwortungsbereich nach Maßgabe der eingerichteten Funktionalitäten Applikationspasswörter zugeteilt werden. Abs. 2 gilt auch bei Verwendung von Applikationspasswörtern.

Nähere Bestimmungen für elektronische Datenübermittlungen

§ 22e.[110] (1) Nähere Regelungen für elektronische Datenübermittlungen und Datenabfragen können durch Verordnung der Bundesministerin für Klimaschutz, Umwelt, Energie, Mobilität, Innovation und Technologie erfolgen. Sicherzustellen ist, dass Software mit einer Schnittstelle zu den Registern auf diskriminierungsfreie Weise interoperabel agiert und insbesondere eine vollständige und unverfälschte Datenübermittlung erfolgt.

(2) Die für eine Datenübermittlung und für Datenabfragen im Wege des Registers erforderlichen technischen und organisatorischen Spezifikationen sind auf edm.gv.at abrufbar zu halten.

(3)[76] Im Rahmen der vollelektronischen Datenübermittlung werden zum Zweck der einfachen und raschen Abwicklung auch die Mobiltelefonnummern und E-Mail-Adressen der registrierten Personen und ihrer Kontaktpersonen im Rahmen der Register und der Schnittstelle gemäß Abs. 1 verwendet.

[108] Letzter Satz angefügt durch BGBl I 200/2021.

[109] Eingefügt durch BGBl I 200/2021.

[110] Samt Überschrift eingefügt durch BGBl I 200/2021.

Nähere Bestimmungen für die allgemeinen Pflichten von Abfallbesitzern

§ 23. (1)[111] Zur Verwirklichung der Ziele und Grundsätze der Abfallwirtschaft, zur Förderung der Kreislaufwirtschaft und Materialeffizienz und zur Sicherstellung der umweltgerechten Sammlung, Lagerung, Beförderung und Behandlung von Abfällen wird die Bundesministerin für Klimaschutz, Umwelt, Energie, Mobilität, Innovation und Technologie ermächtigt, unter Bedachtnahme auf die Vorgaben des Bundes-Abfallwirtschaftsplans, im Einvernehmen mit der Bundesministerin für Digitalisierung und Wirtschaftsstandort mit Verordnung festzulegen:

1. die Abfälle, die getrennt zu sammeln sind;
2.[112] die Behandlung, der die Abfälle zuzuführen sind, einschließlich der Entfernung von Stoffen, Gemischen oder Bestandteilen aus Abfällen vor oder während der Behandlung;
3. Anforderungen an die Sammlung, Lagerung und Beförderung von Abfällen einschließlich der Kennzeichnung und Ausstattung von Fahrzeugen; dies gilt nicht für die Bereitstellung und die kommunale Sammlung und Abfuhr von nicht gefährlichen Siedlungsabfällen;
4. Anforderungen an die Behandlung von Abfällen nach dem Stand der Technik, einschließlich der Anforderungen an die bei der Behandlung entstehenden Produkte oder Abfälle und die dem Stand der Technik entsprechenden diesbezüglichen Messverfahren;
5. Aufzeichnungs-, Nachweis- und Meldepflichten, soweit diese für die Überprüfung der Verpflichtungen gemäß Z 1 bis 4 erforderlich sind.

Hinsichtlich der Festlegung von Qualitätsanforderungen zur Vermeidung unzulässiger Auswirkungen auf Gewässer ist das Einvernehmen mit der Bundesministerin für Landwirtschaft, Regionen und Tourismus herzustellen.

(1a)[113] Von den Regelungen gemäß Abs. 1 Z 1 kann abgewichen werden, wenn mindestens eine der folgenden Bedingungen erfüllt ist:

1. Die gemeinsame Sammlung bestimmter Abfallarten beeinträchtigt nicht ihre Möglichkeit, im Einklang mit § 1 Abs. 2 und 2a zur Wiederverwendung vorbereitet, recycelt oder sonstig verwertet zu werden, und die Qualität des Outputs dieser Verfahren ist mit der Qualität des Outputs bei getrennter Sammlung vergleichbar.
2. Die getrennte Sammlung führt unter Berücksichtigung der Gesamtauswirkungen auf die Umwelt, die mit der Bewirtschaftung der entsprechenden Abfallströme verbunden sind, nicht zum bestmöglichen Ergebnis unter dem Aspekt des Umweltschutzes.
3. Die getrennte Sammlung ist unter Berücksichtigung der bewährten Verfahren der Abfallsammlung technisch nicht möglich.
4. Die getrennte Sammlung würde unverhältnismäßig hohe wirtschaftliche Kosten mit sich bringen, unter Berücksichtigung der Kosten im Zusammenhang mit den nachteiligen Auswirkungen der Sammlung und Behandlung gemischter Abfälle auf die Umwelt und die Gesundheit, der Möglichkeit für Effizienzverbesserungen der Abfallsammlung und -behandlung, der Einnahmen aus dem Verkauf von Sekundärrohstoffen sowie der Anwendung des Verursacherprinzips und der erweiterten Herstellerverantwortung.

[111] Geändert durch BGBl I 9/2011.

[112] Geändert durch BGBl I 200/2021.

[113] Eingefügt durch BGBl I 200/2021.

(2) Die Bundesministerin für Klimaschutz, Umwelt, Energie, Mobilität, Innovation und Technologie wird ermächtigt, durch Verordnung Qualitätsanforderungen an Komposte oder Erden aus Abfällen, insbesondere die Art und Herkunft der Ausgangsmaterialien, Gütekriterien für Komposte oder Erden aus Abfällen, Schadstoffe, von denen in Komposten oder Erden aus Abfällen keine nachweisbaren Anteile vorhanden sein dürfen, Messverfahren und Vorgaben zur Sicherstellung der erforderlichen Qualitäten festzulegen. Weiters wird die Bundesministerin für Klimaschutz, Umwelt, Energie, Mobilität, Innovation und Technologie ermächtigt, zum Schutz vor Täuschung oder im Interesse einer ausreichenden Information der beteiligten Verkehrskreise Bestimmungen über Bezeichnungen für Komposte oder Erden aus Abfällen, Art und Umfang der Kennzeichnung und eine bestimmte Art von Verpackung für das In-Verkehr-Bringen von Komposten oder Erden aus Abfällen zu erlassen. Komposte oder Erden aus Abfällen dürfen nur dann in Verkehr gebracht werden, wenn sie den durch Verordnung der Bundesministerin für Klimaschutz, Umwelt, Energie, Mobilität, Innovation und Technologie festgelegten Qualitätsanforderungen entsprechen.

Hinsichtlich der Festlegung von Qualitätsanforderungen zur Vermeidung unzulässiger Auswirkungen auf Gewässer ist das Einvernehmen mit der Bundesministerin für Landwirtschaft, Regionen und Tourismus herzustellen.

(3)[114] Die Bundesministerin für Klimaschutz, Umwelt, Energie, Mobilität, Innovation und Technologie wird ermächtigt, zur Nachvollziehbarkeit der umweltgerechten Sammlung, Lagerung, Beförderung und Behandlung der Abfälle im Einvernehmen mit der Bundesministerin für Digitalisierung und Wirtschaftsstandort mit Verordnung festzulegen:

1. die Anforderung, dass Abfälle zur Zuordnung zu einer Abfallart oder zu bestimmten Qualitäten und Verwendungsmöglichkeiten zu untersuchen sind, und die Art der Probenahme und des Messverfahrens – einschließlich Art und Form der diesbezüglichen Aufzeichnungen; von der Verpflichtung der Untersuchung kann in Umsetzung der Entscheidung 2003/33/EG zur Festlegung von Kriterien und Verfahren für die Annahme von Abfällen auf Abfalldeponien gemäß Artikel 16 und Anhang II der Richtlinie 1999/31/EG, ABl. Nr. L 11 vom 16. 1. 2003, S 27, in einer Verordnung gemäß § 65 Abs. 1 abgesehen werden;
2. Art und Form der Aufzeichnungen gemäß § 17 einschließlich möglicher Erleichterungen für Siedlungsabfälle oder für bestimmte Altstoffe und möglicher Erleichterungen für bestimmte Abfallsammler und -behandler betreffend die Abfalljahresbilanzen, abhängig von Art und Umfang der Tätigkeit, und die Dauer der jeweiligen Aufbewahrungsfristen von Aufzeichnungen für Deponien;
3. Art und Form der Meldungen an die Behörden gemäß diesem Bundesgesetz oder auf Grund dieses Bundesgesetzes erlassenen Verordnungen und die Form der Übermittlung der Daten an die Behörden dieser Meldungen und der Aufzeichnungen und Unterlagen gemäß den §§ 15 Abs. 6, 17 Abs. 5 und 75 einschließlich der Vorgaben für eine fälschungssichere Übermittlung von Daten zur Abfallbeurteilung;
4.[115] Schnittstellen und Nachrichten für elektronische Aufzeichnungen und Übermittlungen samt zugehöriger Nutzungsbedingungen zur Sicherstellung einer effizienten und störungsfreien elektronischen Datenübermittlung; dabei ist auf eine möglichst große Integration in den elektronischen Datenverkehr der Wirtschaft Bedacht zu nehmen;
5. Fristen, innerhalb der die Registrierungspflichten gemäß § 21 und die bei In-Kraft-Treten einer Verordnung bestehenden Aufzeichnungs- und Meldepflichten an die Verordnung anzupassen sind;
6.[76] von den §§ 18 und 19 abweichende Zuordnungen der Verpflichtungen betreffend Art, Menge, Herkunft und Verbleib der Abfälle im Rahmen der vollelektronischen Abwicklung.

(4)[116,115] Die Bundesministerin für Klimaschutz, Umwelt, Energie, Mobilität, Innovation und Technologie wird ermächtigt, im Einvernehmen mit der Bundesministerin für Digitalisierung und Wirtschaftsstandort, für das Berichterstattungssystem zur Umsetzung der erweiterten Herstellerverantwortung gemäß Art. 8a Abs. 4 Buchstabe a der Richtlinie 2008/98/EG über Abfälle und gemäß Art. 8 Abs. 3 Buchstabe c der Richtlinie (EU) 2019/904 (SUP) und zur Sicherstellung des regulären Betriebs und der Wartung funktionsfähiger Anwendungen der Register gemäß § 22 einen angemessenen Aufwandsersatz zur Einhebung durch den Dienstleister dieser Register mit Verordnung festzulegen. Bei der Feststellung der Angemessenheit sind die erbrachten Leistungen und der Verwaltungsentlastungseffekt darzustellen.

(5)[117] Die Bundesministerin für Klimaschutz, Umwelt, Energie, Mobilität, Innovation und Technologie wird zur Sicherstellung der elektronischen Abwicklung von EGovernment-Verfahren ermächtigt, Teilbereiche des Registers gemäß § 22 zur verpflichtenden Verwendung festzulegen.

4. Abschnitt
Abfallsammler und -behandler

Anzeige für die Sammlung oder Behandlung von nicht gefährlichen Abfällen

§ 24. (1) Wer nicht gefährliche Abfälle sammelt oder behandelt, hat dem Landeshauptmann die Aufnahme der Tätigkeit und die Änderung der Art der Tätigkeit anzuzeigen. Die Anzeige kann in Abstimmung mit dem Landeshauptmann über das Register gemäß § 22 Abs. 1 erfolgen.

(2) Dieser Anzeigepflicht unterliegen nicht

1. Personen, die ausschließlich im eigenen Betrieb anfallende Abfälle behandeln; dies gilt nicht für die Verbrennung und die Ablagerung,
2. Personen, die erwerbsmäßig Produkte abgeben in Bezug auf die Rücknahme von Abfällen dieser Produkte zur Sammlung und Weitergabe an einen berechtigten Abfallsammler oder -behandler,
3. Transporteure, soweit sie Abfälle im Auftrag des Abfallbesitzers nur befördern,
4. Personen, die Abfälle zum Nutzen der Ökologie auf den Boden aufbringen,
5. Gebietskörperschaften (Gemeindeverbände), soweit sie gesetzlich verpflichtet sind, nicht gefährliche Abfälle zu sammeln und abzuführen,
6. Inhaber einer gleichwertigen Berechtigung eines Mitgliedstaates der Europäischen Union oder eines anderen Staates, die Vertragspartei des EWR-Abkommens ist und
7. Sammel- und Verwertungssysteme.

(3) Die Anzeige gemäß Abs. 1 hat Angaben zu enthalten über

1. die Art der Abfälle, die gesammelt oder behandelt werden sollen,
2. die Art der Sammlung oder Behandlung der Abfälle und
3. die Darlegung, dass die öffentlichen Interessen (§ 1 Abs. 3) nicht beeinträchtigt werden.

---
114 Geändert durch BGBl I 9/2011.
115 Geändert durch BGBl I 200/2021.
116 Eingefügt durch BGBl I 9/2011.
117 Eingefügt durch BGBl I 200/2021.

(4) Der Landeshauptmann hat die Anzeige gemäß Abs. 1 schriftlich zur Kenntnis zu nehmen. Über Antrag kann darüber auch ein schriftlicher Bescheid ausgestellt werden. Erforderlichenfalls kann der Landeshauptmann die Sammlung oder Behandlung von nicht gefährlichen Abfällen innerhalb von acht Wochen mit Bescheid unter Vorschreibung von Auflagen zur Kenntnis nehmen oder untersagen, wenn zu erwarten ist, dass die Art der Sammlung oder Behandlung für die jeweiligen Abfälle den Anforderungen gemäß den §§ 15, 16 sowie 23 Abs. 1 und 2 oder den Zielen und Grundsätzen (§ 1 Abs. 1 und 2) nicht entspricht oder die öffentlichen Interessen (§ 1 Abs. 3) beeinträchtigt werden oder mindestens drei Strafen im Sinne des Abs. 5 vorliegen und noch nicht getilgt sind.

(5) Der Landeshauptmann hat die weitere Durchführung der Sammlung oder Behandlung zu untersagen, wenn nachträglich eine der in Abs. 4 genannten Voraussetzungen nicht mehr gegeben ist oder der Berechtigungsinhaber oder eine verantwortliche Person des Berechtigungsinhabers mindestens dreimal wegen einer Übertretung von Bundes- oder Landesgesetzen zum Schutz der Umwelt, wie insbesondere dieses Bundesgesetzes, der GewO 1994, des Wasserrechtsgesetzes 1959 (WRG 1959), BGBl. Nr. 215, oder der durch dieses Bundesgesetz aufgehobenen Rechtsvorschriften bestraft worden sind, solange die Strafen noch nicht getilgt sind; nicht einzubeziehen sind dabei Verstöße gegen Formvorschriften.

(6) Örtlich zuständige Behörde erster Instanz

1. für eine Berechtigung zur Behandlung von nicht gefährlichen Abfällen ist der Landeshauptmann, in dessen Bundesland der Abfallbehandler seinen Sitz hat. Liegt der Sitz des Abfallbehandlers nicht im Bundesgebiet und erfolgt entweder die Behandlung in einer mobilen Behandlungsanlage oder eine zulässige Behandlung vor Ort, so ist der Landeshauptmann zuständig, in dessen Bundesland erstmals die mobile Behandlungsanlage aufgestellt werden soll oder die Abfälle vor Ort behandelt werden sollen.
2. für eine Berechtigung zur Sammlung von nicht gefährlichen Abfällen ist der Landeshauptmann, in dessen Bundesland der Abfallsammler seinen Sitz hat; liegt der Sitz nicht im Bundesgebiet, ist der Landeshauptmann in erster Instanz zuständig, in dessen Bundesland erstmals die Abfälle gesammelt werden sollen. Wird sowohl eine Behandler- als auch eine Sammlertätigkeit angezeigt, beantragt oder ausgeübt, richtet sich die Zuständigkeit nach Z 1 oder nach § 25 Abs. 9 Z 1.

(7) Die Berechtigung gemäß Abs. 2 Z 6 ist dem Landeshauptmann gemäß Abs. 6 vor Aufnahme der Tätigkeit vorzulegen.

Erlaubnis für die Sammlung und Behandlung von Abfällen

§ 24a.[118] (1) Wer Abfälle sammelt oder behandelt bedarf einer Erlaubnis durch den Landeshauptmann. Das Anbieten des Sammelns oder des Behandelns von Abfällen gegenüber einem größeren Kreis von Personen ist der Ausübung der jeweiligen Tätigkeit gleichzuhalten. Der Antrag kann, sofern dieser Teilbereich in einem Register gemäß § 22 Abs. 1 eingerichtet ist, über dieses Register erfolgen.

(2) Der Erlaubnispflicht unterliegen nicht:

1. Personen, die ausschließlich im eigenen Betrieb anfallende Abfälle behandeln; diese Ausnahme gilt nicht für die Verbrennung und Ablagerung von Abfällen;
2. Transporteure, soweit sie Abfälle im Auftrag des Abfallbesitzers nur befördern;
3. Inhaber einer gleichwertigen Erlaubnis eines Mitgliedstaates der Europäischen Union oder eines anderen Staates, der Mitglied des EWR-Abkommens ist. Die Erlaubnis ist der Bundesministerin für Klimaschutz, Umwelt, Energie, Mobilität, Innovation und Technologie vor Aufnahme der Tätigkeit vorzulegen;
4. Sammel- und Verwertungssysteme;
5.[119] Personen, die erwerbsmäßig Produkte abgeben,
   a) in Bezug auf die Rücknahme im Sinne von § 2 Abs. 6 Z 3 lit. b von Abfällen gleicher oder gleichwertiger Produkte, welche dieselbe Funktion erfüllen, zur Weitergabe an einen berechtigten Abfallsammler oder Abfallbehandler und
   b) in Bezug auf die Vorbereitung zur Wiederverwendung der zurückgenommenen Abfälle.

   Dies gilt nicht, sofern es sich bei den zurückgenommenen Abfällen um gefährliche Abfälle handelt und die Menge der zurückgenommenen gefährlichen Abfälle unverhältnismäßig größer ist als die Menge der abgegebenen Produkte; ein diesbezüglicher Nachweis ist zu führen und auf Verlangen der Behörde vorzulegen;
6. Personen, die nicht gefährliche Abfälle zum Nutzen der Landwirtschaft oder der Ökologie auf den Boden aufbringen;
7. Gebietskörperschaften und Gemeindeverbände, soweit sie gesetzlich verpflichtet sind, nicht gefährliche Abfälle zu sammeln und abzuführen;
8. Inhaber einer Deponie, in Bezug auf die Übernahme von Abfällen, für die der Inhaber der Deponie gemäß § 7 Abs. 5 eine Ausstufung anzeigt;
9.[120] Universitäten und technische Versuchsanstalten sowie Personen, die erwerbsmäßig Abfallbehandlungsanlagen entwickeln oder herstellen, für Versuchs- und Testzwecke;
10.[120] Personen, die Abfälle in einem gemäß § 44 Abs. 2 genehmigten Versuchsbetrieb behandeln;
11.[120] Personen, die aus Anlass einer wirtschaftlichen Tätigkeit, die nicht auf die Sammlung von Abfällen gerichtet ist, wie zB Reparaturen, Instandhaltungen, Wartungsarbeiten, Gartenarbeiten, Abbruch- oder Aushubarbeiten, im Zuge der Ausführung eines Auftrags, anfallende Abfälle Dritter übernehmen und nachweislich einem berechtigten Abfallsammler oder -behandler übergeben;
12.[120] Hausverwalter und Gebäudemanager, deren Tätigkeit nicht auf die Sammlung von Abfällen gerichtet ist und die, in Ausübung dieser Tätigkeit, angefallene Abfälle Dritter übernehmen und nachweislich einem berechtigten Abfallsammler oder -behandler übergeben.

(3) Der Antrag gemäß Abs. 1 hat zu enthalten:

1. Angaben über die Person,
2.[119] Angaben über die Art der Abfälle oder die Abfallartenpools, die gesammelt oder behandelt werden sollen,
3. eine verbale Beschreibung der Art der Sammlung oder Behandlung der Abfälle einschließlich einer Darlegung, dass die Sammlung und Behandlung der Abfälle umweltgerecht, sorgfältig und sachgerecht erfolgt, sodass die öffentlichen Interessen (§ 1 Abs. 3) nicht beeinträchtigt werden,
4. Angaben über die fachlichen Kenntnisse und Fähigkeiten für die Sammlung und Behandlung der Abfälle, für welche die Erlaubnis beantragt wird,
5. Angaben über die Verlässlichkeit, insbesondere aktueller Strafregisterauszug und Verwaltungsstrafregisterauszug oder Bestätigung der zuständigen Verwaltungsstrafbehörde,
6. die Darlegung, dass die Lagerung oder Zwischenlagerung in einem geeigneten genehmigten Lager oder Zwischenlager erfolgt,

---

118 Eingefügt durch BGBl I 9/2011; Satz 2 eingefügt durch BGBl I 70/2017.

119 Neu gefasst durch durch BGBl I 71/2019.

120 Eingefügt durch BGBl I 71/2019.

7. die Darlegung, dass die Behandlung in einer geeigneten genehmigten Behandlungsanlage oder an einem für diese Behandlung geeigneten Ort erfolgt.

Die Behörde kann die Vorlage von Antragsunterlagen in elektronischer Form verlangen. Bei der Vorlage von Antragsunterlagen in elektronischer Form auf Verlangen der Behörde sind die Abfallarten oder die Abfallartenpools und die jeweils zugehörigen Behandlungsverfahren in einem durch die zuständige Behörde bearbeitbaren Format zu übermitteln.[121]

(4)[122] Örtlich zuständige Behörde

1. für eine Erlaubnis zur Behandlung von Abfällen ist der Landeshauptmann, in dessen Bundesland der Abfallbehandler seinen Sitz hat. Liegt der Sitz des Abfallbehandlers nicht im Bundesgebiet und erfolgt entweder die Behandlung in einer mobilen Behandlungsanlage oder eine zulässige Behandlung vor Ort, so ist der Landeshauptmann zuständig, in dessen Bundesland erstmals die mobile Behandlungsanlage aufgestellt werden soll oder die Abfälle vor Ort behandelt werden sollen.
2. für eine Erlaubnis zur Sammlung von Abfällen ist der Landeshauptmann, in dessen Bundesland der Abfallsammler seinen Sitz hat; liegt der Sitz nicht im Bundesgebiet, ist der Landeshauptmann zuständig, in dessen Bundesland erstmals die Abfälle gesammelt werden sollen. Wird sowohl eine Behandler- als auch Sammlertätigkeit beantragt, oder ausgeübt, richtet sich die Zuständigkeit nach Z 1.

[Anm: § 25 durch BGBl I 9/2011 aufgehoben]

Bestimmungen für die Erlaubnis für die Sammlung oder Behandlung von Abfällen

§ 25a.[123] (1) Die zuständige Behörde hat innerhalb von drei Monaten nach Einbringen eines vollständigen und mangelfreien Antrages gemäß § 24a Abs. 1 mit Bescheid abzusprechen.

(2) Die Erlaubnis ist zu erteilen, wenn:

1. die Art der Sammlung oder Behandlung den §§ 15, 16 sowie 23 Abs. 1 und 2 und den Zielen und Grundsätze (§ 1 Abs. 1 und 2) entspricht sowie den öffentlichen Interessen (§ 1 Abs. 3) nicht widerspricht,
2. die Art der Sammlung oder Behandlung für die jeweiligen Abfälle geeignet ist,
3.[124] die Lagerung und Behandlung gefährlicher Abfälle in einer geeigneten genehmigten Anlage sichergestellt ist;
   a) jedenfalls hat ein Abfallsammler gefährlicher Abfälle über ein geeignetes genehmigtes Zwischenlager zu verfügen, ein Abfallbehandler gefährlicher Abfälle eine geeignete genehmigte Behandlungsanlage zu betreiben; dies gilt nicht für einen Abfallbehandler, der zulässigerweise vor Ort Sanierungen, wie Asbestsanierungen, Bodenluftabsaugungen oder eine Grundwasserreinigung, durchführt;
   b) erforderlichenfalls kann die Behörde verlangen, dass ein Abfallbehandler nicht gefährlicher Abfälle über eine geeignete genehmigte Behandlungsanlage verfügt;

   Von einer geeigneten genehmigten Behandlungsanlage ist jedenfalls auszugehen, wenn die beantragten Abfallarten und Behandlungstätigkeiten von den in das Register gemäß § 22 übertragenen Genehmigungsinhalten der Behandlungsanlage umfasst sind,
4. die Verlässlichkeit in Bezug auf die auszuübende Tätigkeit gegeben ist,
5. die fachlichen Kenntnisse und Fähigkeiten zur Sammlung oder Behandlung der Abfälle, für welche die Erlaubnis beantragt wird, nachgewiesen sind.

(3) Verlässlich im Sinne dieses Bundesgesetzes ist eine Person, deren Qualifikation und bisherige Tätigkeit die Annahme rechtfertigen, dass sie die beantragte Tätigkeit sorgfältig und sachgerecht ausüben und die gesetzlichen Verpflichtungen vollständig erfüllen wird. Keinesfalls als verlässlich gilt eine Person,

1. der die Erlaubnis als Sammler oder Behandler von Abfällen oder als abfallrechtlicher Geschäftsführer (§ 26) innerhalb der letzten fünf Jahre entzogen wurde,
2. die dreimal wegen einer Übertretung von Bundes- oder Landesgesetzen zum Schutz der Umwelt, wie insbesondere dieses Bundesgesetzes, der GewO 1994, des Wasserrechtsgesetzes 1959 (WRG 1959), BGBl. Nr. 215, oder der durch dieses Bundesgesetz aufgehobenen Rechtsvorschriften bestraft worden ist, solange die Strafen noch nicht getilgt sind; nicht einzubeziehen sind dabei geringfügige Verstöße gegen Formvorschriften.

(4) Unbeschadet Abs. 3 gilt weiters im Falle der Sammlung oder Behandlung von gefährlichen Abfällen, ausgenommen Asbestzement, eine Person keinesfalls als verlässlich

1. die von einem Gericht verurteilt worden ist
   a) wegen betrügerischer Krida, Schädigung fremder Gläubiger, Begünstigung eines Gläubigers oder grob fahrlässiger Beeinträchtigung von Gläubigerinteressen (§§ 156 bis 159 des Strafgesetzbuches (StGB), BGBl. Nr. 60/1974) oder
   b) wegen einer sonstigen strafbaren Handlung zu einer drei Monate übersteigenden Freiheitsstrafe oder zu einer Geldstrafe von mehr als 180 Tagessätzen und

   die Verurteilung noch nicht getilgt ist. Dies gilt auch, wenn ein vergleichbarer Tatbestand im Ausland verwirklicht wurde,
2. über deren Vermögen das Insolvenzverfahren mangels kostendeckenden Vermögens rechtskräftig nicht eröffnet wurde und der Zeitraum, in dem in der Insolvenzdatei Einsicht in den genannten Insolvenzfall gewährt wird, noch nicht abgelaufen ist. Dies gilt auch, wenn ein vergleichbarer Tatbestand im Ausland verwirklicht wurde, oder
3. die wegen der Finanzvergehen des Schmuggels, der Hinterziehung von Eingangs- und Ausgangsabgaben, der Abgabenhehlerei nach § 37 Abs. 1 lit. a des Finanzstrafgesetzes, BGBl. Nr. 129/1958, in der jeweils geltenden Fassung, der Hinterziehung von Monopoleinnahmen, des vorsätzlichen Eingriffs in ein staatliches Monopolrecht oder der Monopolhehlerei nach § 46 Abs. 1 lit. a des Finanzstrafgesetzes von einer Finanzstrafbehörde bestraft worden ist und wegen eines solchen Finanzvergehens eine Geldstrafe von mehr als 726 Euro oder neben einer Geldstrafe eine Freiheitsstrafe verhängt wurde und wenn seit der Bestrafung noch nicht fünf Jahre vergangen sind. Dies gilt auch, wenn ein vergleichbarer Tatbestand im Ausland verwirklicht wurde.

(5) Die Erlaubnis ist für bestimmte Abfallarten und Behandlungsverfahren und erforderlichenfalls unter Auflagen, Bedingungen und Befristungen zu erteilen, wenn deren Erfüllung oder Einhaltung für die Ausübung der Tätigkeit oder zur Wahrung der Voraussetzungen gemäß Abs. 2 geboten ist. Sofern es zur Wahrung der Interessen gemäß Abs. 2 erforderlich ist, sind auch nach Erteilung der Erlaubnis Auflagen, Bedingungen und Befristungen vorzuschreiben.

(5a)[125] Eine Erlaubnis zur Sammlung von Elektroaltgeräten umfasst auch die händische Entnahme von Batterien und Kondensatoren mit einfachen Mitteln. Nicht umfasst ist eine

---

[121] Schlussteil eingefügt durch BGBl I 84/2024.

[122] Geändert durch BGBl I 97/2013.

[123] Eingefügt durch BGBl I 9/2011.

[124] Neu gefasst durch BGBl 71/2019.

[125] Eingefügt durch BGBl I 71/2019.

Zerlegung. Eine Erlaubnis zur Sammlung von Altfahrzeugen umfasst auch die händische Entnahme von Batterien. Dies gilt sinngemäß auch für Personen, die gemäß § 24a Abs. 2 im Hinblick auf die Sammlung von Elektroaltgeräten und Altfahrzeugen nicht der Erlaubnispflicht unterliegen.

(6)[126] Wenn die Voraussetzungen des Abs. 2 nicht mehr vorliegen, ist die Erlaubnis ganz oder teilweise zu entziehen. Die Behörde ist berechtigt, die Erlaubnis nur für eine bestimmte Zeit zu entziehen, wenn nach den Umständen des Falles erwartet werden kann, dass diese Maßnahme ausreicht, um ein späteres einwandfreies Verhalten des Inhabers der Erlaubnis zu sichern. Die Bescheide gemäß Abs. 1 sind im Sinne des § 68 Abs. 4 Z 4 AVG mit Nichtigkeit bedroht, wenn der Nachweis der fachlichen Kenntnisse und Fähigkeiten oder die Angaben über die Verlässlichkeit unrichtig sind.

(6a)[125] Dem Inhaber einer gleichwertigen Erlaubnis gemäß § 24a Abs. 2 Z 3 ist die weitere Durchführung der Sammlung oder Behandlung zu untersagen, wenn

1. anzunehmen ist, dass der Erlaubnisinhaber oder eine verantwortliche Person des Erlaubnisinhabers die Tätigkeit nicht sachgerecht und sorgfältig ausübt oder die gesetzlichen Verpflichtungen nicht vollständig erfüllt oder
2. der Erlaubnisinhaber oder eine verantwortliche Person des Erlaubnisinhabers mindestens dreimal wegen einer Übertretung von Bundes- oder Landesgesetzen zum Schutz der Umwelt, wie insbesondere dieses Bundesgesetzes, der GewO 1994, des WRG 1959 oder der durch dieses Bundesgesetz aufgehobenen Rechtsvorschriften bestraft worden ist und die Strafen noch nicht getilgt sind; nicht einzubeziehen sind dabei geringfügige Verstöße gegen Formvorschriften.

(7)[126] Die Behörde hat Nachsicht vom Erfordernis der Voraussetzung gemäß Abs. 3 Z 2 oder Abs. 4 Z 1 lit. b hinsichtlich des gesamten Erlaubnisumfangs oder eines Teils zu erteilen, wenn nach der Eigenart der strafbaren Handlung und nach der Persönlichkeit des Bestraften bzw. Verurteilten die Begehung der gleichen oder einer ähnlichen Verwaltungsübertretung bzw. Straftat bei der Sammlung oder Behandlung von Abfällen nicht zu befürchten ist. Die Nachsicht ist nicht zu erteilen, wenn andere Voraussetzungen, als jene für die die Nachsicht erteilt werden soll, nicht vorliegen.

(8)[125] Die Beantragung bzw. die Erteilung der Erlaubnis kann auch für Abfallartenpools (§ 4 Z 2a) erfolgen.

Abfallrechtlicher Geschäftsführer, fachkundige Person, verantwortliche Person

§ 26.[127] (1) Wenn die Tätigkeit der Sammlung und Behandlung von gefährlichen Abfällen, ausgenommen Asbestzement, nicht von einer natürlichen Person ausgeübt werden soll oder der Erlaubniswerber die in Bezug auf die auszuübende Tätigkeit erforderlichen fachlichen Kenntnisse und Fähigkeiten nicht selbst nachweist, ist eine hauptberuflich tätige Person als abfallrechtlicher Geschäftsführer zu bestellen. Die Bestellung mehrerer hauptberuflich tätiger Personen als abfallrechtlicher Geschäftsführer mit eindeutig abgegrenzten Tätigkeitsbereichen ist zulässig. Zum abfallrechtlichen Geschäftsführer darf nur bestellt werden, wer

1. die Verlässlichkeit im Sinne des § 25a Abs. 3 und 4 in Bezug auf die auszuübende Tätigkeit und die fachlichen Kenntnisse und Fähigkeiten im Sinne des § 25a Abs. 2 Z 5 zur Sammlung und Behandlung der Abfälle, für welche die Erlaubnis erteilt wird, besitzt,
2. die Voraussetzungen eines verantwortlichen Beauftragten im Sinne des § 9 des Verwaltungsstrafgesetzes 1991 (VStG), BGBl. Nr. 52, erfüllt und
3. in der Lage ist, sich im Betrieb entsprechend zu betätigen.

(2) Die Bestellung des Geschäftsführers bedarf der Erlaubnis gemäß § 24a Abs. 1. § 24a Abs. 3 Z 1, 4 und 5 und Abs. 4 und § 25a Abs. 3 bis 6 sind anzuwenden.

(3)[128] Der abfallrechtliche Geschäftsführer ist verantwortlicher Beauftragter im Sinne des § 9 VStG und für die fachlich einwandfreie Ausübung der Tätigkeit gemäß Abs. 1 und die Einhaltung der abfallrechtlichen Vorschriften, einschließlich abfallrechtlicher Genehmigungen, verantwortlich.

(4)[129] Die Gemeinde oder der Gemeindeverband hinsichtlich der Aufgaben, die von der Gemeinde übertragen worden sind, hat – abweichend von Abs. 1 und 6 – dem Landeshauptmann eine fachkundige Person namhaft zu machen, die neben der Verlässlichkeit folgende fachliche Kenntnisse und Fähigkeiten aufweist:

1.[130] Kenntnisse betreffend die Einstufung, das Gefährdungspotential und die vorgesehene Behandlungsart der zu sammelnden und der zu behandelnden Abfälle;
2. chemische Grundkenntnisse;
3. Kenntnisse über Erste-Hilfe-Maßnahmen;
4. Kenntnisse über Sicherheitseinrichtungen;
5. Kenntnisse über das Brand- und Löschverhalten der Stoffe;
6. Grundkenntnisse der abfallwirtschaftlichen Vorschriften und
7. Kenntnisse über Behandlungsmöglichkeiten.

Gleiches gilt für den Bund im Rahmen der Sammlung und Behandlung von Abfällen für die Zwecke der Halonbank gemäß Halonbankverordnung, BGBl. II Nr. 77/2000.[131]

(5) Scheidet der bestellte abfallrechtliche Geschäftsführer aus dem Betrieb aus, so hat der Erlaubnisinhaber unverzüglich einen neuen abfallrechtlichen Geschäftsführer zu bestellen und die Erlaubnis (Abs. 2) einzuholen. Erfolgt diese Bestellung und der Antrag (Abs. 2) nicht innerhalb von drei Monaten, so ist die Tätigkeit einzustellen. Gleiches gilt sinngemäß für eine fachkundige Person gemäß Abs. 4 oder eine verantwortliche Person gemäß Abs. 6.

(5a)[132] Die Abbestellung eines abfallrechtlichen Geschäftsführers oder einer verantwortlichen Person ist der Behörde anzuzeigen.

(6)[133] Wird die Tätigkeit der Sammlung und Behandlung von nicht gefährlichen Abfällen oder Asbestzement nicht von einer natürlichen Person ausgeübt oder weist der Erlaubniswerber die in Bezug auf die auszuübende Tätigkeit erforderlichen fachlichen Kenntnisse und Fähigkeiten nicht selbst nach, ist eine verantwortliche Person zu bestellen, welche die Kriterien des Abs. 1 Z 1 bis 3 erfüllt. Die verantwortliche Person ist verantwortlicher Beauftragter im Sinne des § 9 VStG und für die fachlich einwandfreie Ausübung der Tätigkeit der Sammlung und Behandlung von nicht gefährlichen Abfällen und die Einhaltung der abfallrechtlichen Vorschriften, einschließlich abfallrechtlicher Genehmigungen, verantwortlich.

126 Neu gefasst durch BGBl I 71/2019.

127 Neu gefasst durch BGBl I 9/2011.

128 Geändert durch BGBl I 200/2021.

129 Geändert durch BGBl I 71/2019.

130 Neu gefasst durch BGBl I 200/2021.

131 Schlussteil angefügt durch BGBl I 200/2021.

132 Eingefügt durch BGBl I 200/2021.

133 Geändert und letzter Satz eingefügt durch BGBl I 200/2021.

Umgründung, Einstellung betreffend die Sammlung oder Behandlung von Abfällen[134]

§ 27. (1) Bei Umgründungen (Verschmelzungen, Umwandlungen, Einbringungen, Zusammenschlüssen, Realteilungen oder Spaltungen) hat der Rechtsnachfolger innerhalb von drei Monaten nach der Eintragung in das Firmenbuch die Umgründung unter Anschluss der entsprechenden Nachweise dem zuständigen Landeshauptmann zu melden. Sofern sich bei der Sammlung oder Behandlung von gefährlichen Abfällen der Erlaubnisumfang oder die abfallrechtlichen Verantwortlichen und ihr Aufgabenbereich ändern, ist innerhalb von drei Monaten eine neue Erlaubnis zu beantragen. Bis zur rechtskräftigen Entscheidung über diesen Antrag darf die Tätigkeit im bisherigen Umfang ausgeübt werden.

(2)[135] Der Abfallsammler oder -behandler hat eine dauernde Einstellung der Tätigkeit unverzüglich dem Landeshauptmann schriftlich zu melden.

(3)[135] Eine dauernde Einstellung bewirkt das Erlöschen der Berechtigung. Übermittelt der Abfallsammler oder -behandler für einen längeren Zeitraum als zwei aufeinander folgende Berichtszeiträume keine Abfallbilanz gemäß § 21 Abs. 3, gilt eine gemäß § 24a Abs. 1 erteilte Erlaubnis als erloschen.

Problemstoffsammlung

§ 28. (1) Die Gemeinden (Gemeindeverbände) haben bei Bedarf, jedoch mindestens zweimal jährlich, eine getrennte Sammlung (Abgabemöglichkeit) von Problemstoffen, ausgenommen Elektro- und Elektronik-Altgeräte gemäß einer Verordnung nach § 14 Abs. 1, durchzuführen oder durchführen zu lassen, sofern für deren Sammlung in der Gemeinde (im Verbandsbereich) nicht in anderer Weise Vorsorge getroffen ist.

(2) Die Gemeinde hat für die Problemstoffsammlungen bestimmte Termine und die Einsammlungsorte festzulegen und auf geeignete Weise rechtzeitig bekannt zu geben. Die Gemeinde darf - sofern die Verordnung gemäß § 14 Abs. 1 nicht anderes bestimmt - für die Sammlung und Behandlung von Problemstoffen, für die Rücknahmepflichten gemäß einer Verordnung nach § 14 Abs. 1 bestehen oder die nicht von privaten Haushalten abgegeben werden, ein Entgelt festlegen und hat dieses Entgelt auf geeignete Weise rechtzeitig bekannt zu geben.

Sammlung von Elektro- und Elektronik-Altgeräten aus privaten Haushalten

§ 28a. Die Gemeinden (Gemeindeverbände) haben eine Abgabestelle für Elektro- und Elektronik-Altgeräte aus privaten Haushalten einzurichten. Die Gemeinden (Gemeindeverbände) haben die Abgabestelle und deren Öffnungszeiten bekannt zu geben. Elektro- und Elektronik-Altgeräte sind an diesen Abgabestellen zumindest unentgeltlich zu übernehmen. Die Gemeinden (Gemeindeverbände) können ab einer in einer Verordnung gemäß § 14 Abs. 1 festzulegenden Mengenschwelle, zumindest zweimal im Kalenderjahr, einen Abholbedarf an die Koordinierungsstelle gemäß § 13b melden; die Sammel- und Behandlungskategorie gemäß einer Verordnung nach § 14 Abs. 1 und die verwendeten Sammelbehälter sind anzugeben.

[134] Überschrift geändert durch BGBl I 200/2021.

[135] Neu gefasst durch BGBl I 71/2019.

Getrennte Sammlung für Papier-, Metall-, Kunststoff-, Glas-, Bio- und Textilabfälle

§ 28b.[136] (1) Für Papier-, Metall-, Kunststoff-, Glas-, Bio- und Textilabfälle sind jeweils getrennte Sammlungen durchzuführen.

(2) Die getrennte Sammlung gemäß Abs. 1 ist in der Weise durchzuführen, die eine Vorbereitung zur Wiederverwendung oder ein qualitativ hochwertiges Recycling der getrennt gesammelten Abfälle ermöglicht.

5. Abschnitt
Regime der erweiterten Herstellerverantwortung[137]

Allgemeine Mindestanforderungen

§ 28c.[138] (1) Bei der Einrichtung eines Regimes der erweiterten Herstellerverantwortung sind die genaue Definition der Rollen und Verantwortlichkeiten aller einschlägigen beteiligten Akteure und messbare Abfallbewirtschaftungsziele im Einklang mit der Abfallhierarchie und, soweit dies zur Erreichung der Ziele und Grundsätze gemäß den §§ 1 und 9 erforderlich ist, qualitative Zielsetzungen festzulegen.

(2) Bei der Einrichtung eines Regimes der erweiterten Herstellerverantwortung sind von den Herstellern oder den Sammel- und Verwertungssystemen folgende Mindestanforderungen zu erfüllen:

1. ein Berichterstattungssystem zur Erhebung von Daten über die Produkte, die von den unter die erweiterte Herstellerverantwortung fallenden Herstellern von Erzeugnissen in Verkehr gebracht werden, von Daten über die Sammlung und Behandlung von Abfällen, die durch diese Produkte entstehen, gegebenenfalls mit Angabe der Abfallmaterialströme, und von anderen Daten, die für die Zwecke der unter Z 2 genannten Verpflichtungen relevant sind;
2. die Gewährleistung der Gleichbehandlung von Herstellern von Produkten;
3. Information der Letztverbraucher über Abfallvermeidungsmaßnahmen, Wiederverwendungszentren, Zentren für die Vorbereitung zur Wiederverwendung, Rücknahme- und Sammelsysteme und die Vermeidung von Vermüllung (Littering);
4. Maßnahmen zur Schaffung von Anreizen für die Letztverbraucher, Abfälle getrennt zu sammeln;
5. die Sicherstellung der Sammlung im gesamten Bundesgebiet und der Behandlung von jenen Abfällen, die von den in Österreich in Verkehr gesetzten Produkten anfallen;
6. die Sicherstellung der erforderlichen finanziellen Mittel und gegebenenfalls der Organisation, um ihren Verpflichtungen im Rahmen der erweiterten Herstellerverantwortung nachzukommen;
7. die Einrichtung geeigneter Eigenkontrollmechanismen, gegebenenfalls unterstützt durch regelmäßig erfolgende unabhängige Prüfungen zur Bewertung ihrer diesbezüglichen Finanzverwaltung, einschließlich der Einhaltung der Anforderungen gemäß Abs. 3 Z 1 und 2 und der Qualität der erhobenen und übermittelten Daten sowie der Anforderungen an die EGVerbringungsV;
8. die Veröffentlichung von Informationen zur Erfüllung der Zielvorgaben für die Abfallbewirtschaftung gemäß Abs. 1,

[136] Samt Überschrift eingefügt durch BGBl I 200/2021.

[137] Überschrift geändert durch BGBl I 200/2021.

[138] Samt Überschrift eingefügt durch BGBl I 200/2021.

sowie im Fall der gemeinsamen Wahrnehmung der erweiterten Herstellerverantwortung auch Informationen zu

a) ihren Eigentums- und Mitgliederverhältnissen,
b) Tarifen und
c) dem Verfahren für die Auswahl der operativ tätigen Abfallsammler und -behandler.

(3) Bei der Festlegung der finanziellen Beiträge für ein Regime der erweiterten Herstellerverantwortung, insbesondere bei der Festlegung von Tarifen der Sammel- und Verwertungssysteme sind folgende Mindestanforderungen einzuhalten:

1. Es sind folgende Kosten abzudecken:
   a) Kosten der getrennten Sammlung, des anschließenden Transports sowie der Behandlung der Abfälle, einschließlich derjenigen Behandlung, die erforderlich ist, um die Zielvorgaben für die Abfallbewirtschaftung gemäß Abs. 1 zu erreichen; dabei sind die kosteneffiziente Bereitstellung der Dienstleistungen und die Einnahmen aus der Vorbereitung zur Wiederverwendung, Altstofferlöse und nicht ausgezahlte Pfandbeträgen zu berücksichtigen;
   b) Kosten der Bereitstellung geeigneter Informationen für die Abfallbesitzer gemäß Abs. 2 Z 3;
   c) Kosten der Erhebung von Daten gemäß Abs. 2 Z 1 und deren Übermittlung und
   d) Kosten von Sensibilisierungsmaßnahmen und die Übernahme der Kosten der Sammlung der in öffentlichen Sammelsystemen entsorgten Abfälle bestimmter Produkte, einschließlich der Infrastruktur und ihres Betriebs, sowie die Kosten von Reinigungsaktionen von Abfällen bestimmter Produkte und der jeweiligen Kosten der anschließenden Beförderung und Behandlung nach Maßgabe einer Verordnung gemäß § 14.

   Dies gilt nicht für im Zeitpunkt des Inkrafttretens des § 28c in der Fassung der AWG-Novelle BGBl. I Nr. 200/2021 bestehende Regime der erweiterten Herstellerverantwortung betreffend Elektro- und Elektronikgeräte, Batterien und Akkumulatoren und Fahrzeuge.
2. Bei der Festlegung der Tarife für einzelne Produkte oder Gruppen vergleichbarer Produkte sind nach Maßgabe einer Verordnung gemäß § 36 die Umweltauswirkungen bei der Herstellung, beim Gebrauch und bei der Abfallbewirtschaftung (Lebenszyklus) zu berücksichtigen, wie insbesondere deren Langlebigkeit, Reparierbarkeit, Wiederverwendbarkeit und Recycelbarkeit sowie das Vorhandensein gefährlicher Stoffe.
3. Die kosteneffiziente Bereitstellung von Dienstleistungen der Abfallwirtschaft ist zwischen den betroffenen Vertragspartnern transparent darzulegen.

(4) Abweichend zu Abs. 2 Z 6 in Verbindung mit Abs. 3 Z 1 können die Hersteller auch weniger als 100%, aber zumindest 80% der erforderlichen finanziellen Mittel tragen, wenn die übrigen Kosten von den Abfallersterzeugern oder von Vertreibern getragen werden. Diese Ausnahmeregelung darf nicht in Anspruch genommen werden, um den Kostenanteil zu senken, den die Hersteller von Erzeugnissen im Rahmen von Regimen der erweiterten Herstellerverantwortung, die vor dem 4. Juli 2018 eingerichtet wurden, zu tragen haben.

(5) Die Bundesministerin für Klimaschutz, Umwelt, Energie, Mobilität, Innovation und Technologie hat sicherzustellen, dass zwischen den einschlägigen an der Umsetzung der Regime der erweiterten Herstellerverantwortung beteiligten Akteuren ein regelmäßiger Dialog stattfindet.

(6) Für vor dem 4. Juli 2018 errichtete Regime der erweiterten Herstellerverantwortung haben Hersteller oder Sammel- und Verwertungssysteme die Mindestanforderungen gemäß Abs. 2 und 3 spätestens ab 1. Jänner 2023 zu erfüllen.

Genehmigung von Sammel- und Verwertungssystemen

§ 29. (1) Die Einrichtung, der Betrieb und die wesentliche Änderung von Sammel- und Verwertungssystemen bedarf nach Maßgabe einer Verordnung gemäß § 36 einer Genehmigung der Bundesministerin für Klimaschutz, Umwelt, Energie, Mobilität, Innovation und Technologie.

(2) Dem Antrag auf Genehmigung sind insbesondere anzuschließen:

1. Angaben über den Rechtsträger und über die Eigentümerstruktur, einschließlich der Vorlage des die Gesellschaft begründenden Vertrages in der gültigen Fassung und einer Darstellung der Unternehmensstruktur (Aufbau und Ablauforganisation);
2. Angaben über die Produkte und die zu übernehmenden Abfälle;
3. Angaben über Art, Zweck, Umfang und Dauer des Sammel- und Verwertungssystems, einschließlich der Geschäftsfelder (zB produkts-, branchen-, abfallspezifisch, Sammlung von in privaten Haushalten oder gewerblich anfallenden Abfällen);
4. die gewerberechtliche Berechtigung, soweit erforderlich;
5. eine Beschreibung der Vorkehrungen zur Sammlung und Verwertung, einschließlich den Nachweis, die übernommenen Leistungen in technischer Hinsicht erbringen zu können (ausreichende Sammelkapazitäten, Sammeldichte und Verwertungsmöglichkeiten);
6. der Nachweis des ausreichenden räumlichen und sachlichen Tätigkeitsbereiches zur Erfüllung der Verpflichtungen;

7.[139] Angaben über die Grundlagen zur Berechnung der vorgesehenen Tarife für die Sammlung und Verwertung, wie insbesondere die Kostenfaktoren und die zu erwartenden Aufwendungen der Sammlung, Sortierung, Verwertung und Verwaltung; „Ein Gutachten eines Wirtschaftsprüfers über die Einhaltung der Tarifgrundsätze gemäß § 28c Abs. 3 und über die Einhaltung des Verbots der Quersubventionierung gemäß § 32 Abs. 3 ist anzuschließen.

7a. ein Konzept zur getrennten Aufschlüsselung der Kosten, sofern mehrere Geschäftsfelder im Sinne des § 32 Abs. 3 betrieben werden;

7b.[140] ein Konzept über die Eigenkontrolle gemäß § 28c Abs. 2 Z 7 betreffend die Erhebung und Übermittlung von Daten sowie betreffend die Anforderungen an die EGVerbringungsV;

8.[56] der Nachweis der Kostendeckung der Finanzierung für die zu übernehmenden Verpflichtungen einschließlich der ausreichenden Sicherstellung der Finanzierung der übernommenen Leistungen; Die Sicherstellung hat insolvenzfest zu sein und insbesondere durch eine Drittsicherheit, wie Bankgarantie oder eine Versicherung, oder durch eine Eigensicherheit, wie die Verpfändung eines Bank- oder Wertpapierkontos, zu erfolgen. Die Höhe der Sicherstellung hat den durchschnittlichen Kosten und Erlösen zu entsprechen, die für die Leistungen des Sammel- und Verwertungssystems in einem Zeitraum von drei Monaten, auf Basis eines Jahresdurchschnitts, erwartet werden. Ein Gutachten des Wirtschaftsprüfers über diese Sicherstellung unter Angabe der Höhe und Art der Sicherstellung ist anzuschließen. Die Sicherstellung hat im Falle einer Beendigung der Systemtätigkeit oder im Fall der Insolvenz eines Sammel- und Verwertungssystems den jeweiligen Gläubigern des Sammel- und Verwertungssystems zur Bedeckung noch zu erbringender oder nicht bezahlter Leistungen zur Verfügung zu stehen. Zur Verwahrung der Sicherstellung und Abwicklung (Prüfung, Verwertung und Verteilung) derartiger Forderun-

[139] Geändert durch BGBl I 200/2021.

[140] Eingefügt durch BGBl I 200/2021.

gen kann die Bundesministerin für Klimaschutz, Umwelt, Energie, Mobilität, Innovation und Technologie eine geeignete Stelle als Treuhänder betrauen. Durch die Betrauung einer solchen geeigneten Stelle wird der bei akzessorischen Sicherungsrechten geltende Grundsatz der Akzessorietät durchbrochen. Die geeignete Stelle hat sowohl die Interessen des Sammel- und Verwertungssystems als auch jene der nach dieser Regelung begünstigten Gläubiger zu wahren. Die Treuhandschaft der geeigneten Stelle wird durch die Eröffnung eines Insolvenzverfahrens über das Vermögen des Sammel- und Verwertungssystems nicht berührt. Die geeignete Stelle ist alleinige Verfügungsberechtigte über die Sicherstellung und zu deren Abwicklung berechtigt und verpflichtet. Bei der Abwicklung sind die Forderungen der begünstigten Gläubiger, nach Abzug der Abwicklungskosten, zu gleichen Anteilen zu befriedigen.

8a. ein effektives Kontrollkonzept betreffend die Teilnehmer, das zumindest 80% der unter Vertrag genommenen Massen bezogen auf die jeweilige Sammelkategorie einbezieht und die Überprüfung von Teilnehmern nach dem Zufallsprinzip binnen drei Jahren vorsieht; dabei sind die entrichteten Teilnahmeentgelte je Tarifkategorie einzubeziehen; zum dem der Kundmachung folgenden Tag genehmigte Sammel- und Verwertungssysteme haben der Bundesministerin für Klimaschutz, Umwelt, Energie, Mobilität, Innovation und Technologie dieses Kontrollkonzept bis spätestens 1. Jänner 2015 vorzulegen;

9. Angaben über die Art der Nachweisführung der Sammel- und Verwertungsquoten;
10. allgemeine Geschäftsbedingungen;
11. Maßnahmen zur Förderung der Abfallvermeidung.

Die Haftung des Wirtschaftsprüfers für Gutachten gemäß § 29 Abs. 2 Z 7 und 8 ist auf Fälle von Vorsatz und grober Fahrlässigkeit, im Falle grober Fahrlässigkeit mit der zehnfachen Mindestversicherungssumme gemäß § 11 des Wirtschaftstreuhandberufsgesetzes 2017, BGBl. I Nr. 137/2017, begrenzt.[141]

(3) Parteistellung in diesem Verfahren hat der Antragsteller. Anhörungsrechte in diesem Verfahren hat eine zur Beratung der sich aus der Vollziehung einer Verordnung nach § 14 Abs. 1 ergebenden Fragen eingerichtete Kommission.[142] Zur Wahrung von Geschäfts- und Betriebsgeheimnissen ist gemäß § 7 des Umweltinformationsgesetzes, BGBl. Nr. 495/1993, vorzugehen.

(4) Die Einrichtung, der Betrieb und die wesentliche Änderung eines Sammel- und Verwertungssystems ist zu genehmigen, wenn zu erwarten ist, dass

1. die Sammlung und Verwertung von Abfällen, für die eine Verpflichtung übernommen werden soll, dem Stand der Technik entspricht und die öffentlichen Interessen nicht beeinträchtigt werden,
2. eine kostendeckende Finanzierung einschließlich einer ausreichenden Sicherstellung der Finanzierung der übernommenen Leistungen gegeben ist,
3. die Mittelverwendung nach den Grundsätzen der Sparsamkeit, Wirtschaftlichkeit und Zweckmäßigkeit erfolgt und
4. das Sammel- und Verwertungssystem die Vermeidung von Abfällen durch Aufwendung von zumindest 0,5 Prozent der Summe der jährlich für die Entpflichtung eingenommenen Entgelte für Abfallvermeidungsprojekte fördert. Sofern es sich um ein Sammel- und Verwertungssysteme für Elektro- und Elektronik-Altgeräte handelt, hat die Förderung auch die Vorbereitung zur Wiederverwendung und die Wiederverwendung ganzer Geräte zu umfassen, wobei ab dem Jahr 2024 2,5 Prozent und ab dem Jahr 2026 4,5 Prozent der Summe der jährlich für die Entpflichtung eingenommenen Entgelte dafür zu verwenden sind.[143]

Weiters muss das Sammel- und Verwertungssystem gesamthaft für zumindest eine Sammel- und Behandlungskategorie gemäß einer Verordnung nach § 14 Abs. 1 errichtet und betrieben werden und nach Maßgabe einer Verordnung gemäß § 14 Abs. 1 eine Vereinbarung mit der Koordinierungsstelle über die Abholung der zu übernehmenden Abfälle von Sammelstellen (Abgabestellen), über die Sammelinfrastruktur, über die Information der Letztverbraucher, die Verteilung und Verwendung der Mittel für die Vermeidung und die Vorbereitung zur Wiederverwendung und über die Festlegung einer Schlichtungsstelle, sowie über die Finanzierung der Sammelinfrastruktur und der Information der Letztverbraucher, abschließen. Die genehmigten Sammel- und Verwertungssysteme sind auf der Internetseite des Bundesministeriums für Klimaschutz, Umwelt, Energie, Mobilität, Innovation und Technologie zu veröffentlichen.[144]

(4a)[145] Gegenstand der im Abs. 4 genannten Abfallvermeidungsprojekte sind insbesondere:

1. Maßnahmen zur Vermeidung von Einsatzstoffen und Betriebsmitteln, die sich auf die Abfallqualität des Produkts oder allfälliger Nebenprodukte auswirken,
2. Maßnahmen, die zu einer Reduktion von Produktionsabfällen führen,
3. Maßnahmen, die zu einer Reduktion von Verpackungsabfällen führen, wie insbesondere die Einführung von Mehrwegverpackungen,
4. Maßnahmen, die durch Optimierung der Logistik zur Abfallvermeidung beitragen,
5. Maßnahmen, die durch Bewusstseinsbildung, Weiterbildungsmaßnahmen oder durch den Aufbau von geeigneten Netzwerken eine Abfallvermeidung bewirken oder
6. Maßnahmen des Abfallvermeidungsprogramms gemäß § 9a.

Nicht förderungsfähig sind Anti-Littering-Maßnahmen und Maßnahmen, die ausschließlich der Abfalltrennung oder -verwertung dienen, zB Trenninseln, Sammelbehälter, Zerlegung oder Aufbereitung von Altgeräten.

(4b) Sammel- und Verwertungssysteme haben die Liste der geförderten Projekte samt einer Beschreibung an die Bundesministerin für Klimaschutz, Umwelt, Energie, Mobilität, Innovation und Technologie zu übermitteln. Die Gesamtliste der geförderten Projekte samt Beschreibung ist auf der Internetseite des Bundesministeriums für Klimaschutz, Umwelt, Energie, Mobilität, Innovation und Technologie zu veröffentlichen. Ein Bericht über die Abfallvermeidungsprojekte ist im Bundes-Abfallwirtschaftsplan aufzunehmen.

(4c) Sammel- und Verwertungssysteme für Haushaltsverpackungen und Sammel- und Verwertungssysteme für gewerbliche Verpackungen haben die gemäß § 29 Abs. 4 Z 4 aufzuwendenden Mittel gemeinsam entsprechend den Vorgaben des § 29 Abs. 4a zu vergeben; dabei haben sie sich eines unabhängigen Dritten zu bedienen, der erstmals innerhalb einer angemessenen Frist ab 1. Jänner 2015 und in der Folge zumindest alle 5 Jahre neu zu bestellen ist. Sofern sich die Sammel- und Verwertungssysteme nicht auf einen gemeinsamen unabhängigen Dritten einigen, hat die Bundesministerin für Klimaschutz, Umwelt, Energie, Mobilität, Innovation und Technologie einen solchen namhaft zu machen. Richtlinien des Bundesministers für Land- und Forstwirtschaft, Umwelt und Wasserwirtschaft betreffend die Förderung der Abfallvermeidung sind zu berücksichtigen.

---

141 Schlusssatz angefügt durch BGBl I 200/2021.
142 Satz 2 neu gefasst durch BGBl I 200/2021.
143 Letzter Satz geändert durch BGBl I 200/2021.
144 Schlussteil geändert durch BGBl I 84/2024.
145 Neu gefasst durch BGBl I 200/2021.

(4d) Die Bundesministerin für Klimaschutz, Umwelt, Energie, Mobilität, Innovation und Technologie hat im Genehmigungsbescheid ergänzend zu Abs. 4 weitere Auflagen, wie insbesondere

1. Vorgaben über die Art der Sammlung sowie der technischen Spezifikationen, zB die Anzahl, Volumina und Entleerungsfrequenz der aufgestellten Sammeleinrichtungen, und
2. Festlegung von bestimmten Abfällen, die jedenfalls getrennt zu sammeln sind,

vorzusehen, sofern dies zur Sicherung der Erfüllung der Verpflichtungen des Sammel- und Verwertungssystems erforderlich ist oder die Art des Abfalls dies bedingt. Weiters hat die Bundesministerin für Klimaschutz, Umwelt, Energie, Mobilität, Innovation und Technologie erforderlichenfalls im Genehmigungsbescheid ergänzend zu Abs. 4 weitere Auflagen zur Erreichung oder Sicherung eines wettbewerbsorientierten Marktes vorzusehen.

(5) Der Betrieb darf jeweils nur für einen Zeitraum von zehn Jahren genehmigt werden. Eine kürzere Frist ist vorzusehen, wenn

1. sie vom Antragsteller beantragt wird oder
2. ein kürzerer Betriebszeitraum wegen der wirtschaftlichen oder technischen Rahmenbedingungen oder der Besonderheiten des Sammel- und Verwertungssystems zweckmäßig ist oder
3. das Sammel- und Verwertungssystem oder die Änderung einer Erprobung bedarf.

(6) Die Bundesministerin für Klimaschutz, Umwelt, Energie, Mobilität, Innovation und Technologie hat im Genehmigungsbescheid Auflagen, Bedingungen oder Befristungen vorzusehen, sofern dies zur Sicherung der Erfüllung der Verpflichtungen des Sammel- und Verwertungssystems erforderlich ist. Ergibt sich nach Erteilung der Genehmigung, dass zusätzliche oder geänderte Auflagen, Bedingungen oder Befristungen zur Wahrung der im Abs. 4 wahrzunehmenden Interessen oder ergänzende Auflagen gemäß Abs. 4d erforderlich sind, so sind diese nachträglich vorzuschreiben.

(7) Nach Ablauf des Genehmigungszeitraumes ist eine neuerliche Genehmigung durch die Bundesministerin für Klimaschutz, Umwelt, Energie, Mobilität, Innovation und Technologie erforderlich. Wenn ein Antrag auf neuerliche Genehmigung spätestens sechs Monate vor Ablauf des bestehenden Genehmigungszeitraums gestellt wird, darf das Sammel- und Verwertungssystem bis zur rechtskräftigen Entscheidung über den Antrag auf neuerliche Genehmigung im bisherigen Umfang weiter betrieben werden.

(8) Die Genehmigung geht auf einen Rechtsnachfolger über, sofern das Sammel- und Verwertungssystem ohne wesentliche Änderung weiterbetrieben wird. Der Wechsel des Betreibers ist vom nunmehrigen Betreiber der Bundesministerin für Klimaschutz, Umwelt, Energie, Mobilität, Innovation und Technologie unter Angabe des Rechtsträgers und der Eigentümerstruktur, einschließlich der Vorlage des die Gesellschaft begründenden Vertrages in der gültigen Fassung und einer Darstellung der Unternehmensstruktur, zu melden.

(9)[146] Sammel- und Verwertungssysteme haben

1. ihre Eigentumsverhältnisse,
2. die jeweils gültigen Tarife,
3. das Verfahren für die Auswahl der operativ tätigen Unternehmen für die Sammlung und Verwertung und
4. Informationen zur Erfüllung der Zielvorgaben für die Abfallbewirtschaftung

auf ihrer Internetseite zu veröffentlichen und erforderlichenfalls zu aktualisieren.“

[146] Neu gefasst durch BGBl I 200/2021.

(10)[147] Sammel- und Verwertungssysteme haben eine Liste der Systemteilnehmer und gegebenenfalls ihres Bevollmächtigten, gegliedert nach den Produktbereichen und aufgeteilt nach den Geschäftsfeldern, auf ihrer Internetseite zu veröffentlichen und monatlich zu aktualisieren. Diese Verpflichtung entfällt,

1. wenn sich die jeweiligen Hersteller im Register gemäß § 22 registrieren müssen und
2. bei Sammel- und Verwertungssystemen für Verpackungen; diese haben die entsprechenden Daten an die Verpackungskoordinierungsstelle gemäß § 30a monatlich für die Veröffentlichung auf deren Internetseite zu übermitteln.

(11)[147] Genehmigte Sammel- und Verwertungssysteme haben die finanzielle Sicherstellung erstmals spätestens bis zum 31. Dezember 2021 an die Kriterien des Abs. 2 Z 8 anzupassen.

(12)[56] Durch die Sicherstellung gemäß Abs. 2 Z 8 sind folgende Kostenpositionen, abzüglich der erwarteten Altstofferlöse, zu decken:

1. die Kosten für die Infrastruktur der Sammlung, für die getrennte Sammlung, die Lagerung, die Sortierung und die Verwertung der Abfälle, für die Transporte;
2. die Kosten für die Koordinierungsstelle;
3. die Kosten für die Förderung der Abfallvermeidung und die Information der Letztverbraucher;
4. gegebenenfalls die Kosten gemäß Abgeltungsverordnung;
5. die Abwicklungskosten im Anlassfall.

Zur Konkretisierung der möglichen Anspruchsberechtigten hat das Sammel- und Verwertungssystem eine Liste der diesbezüglichen Vertragspartner zu führen und laufend zu aktualisieren, und mindestens einmal im Jahr an der geeigneten Stelle zu übermitteln. Sammel- und Verwertungssysteme haben die finanzielle Sicherstellung gemäß Abs. 2 Z 8 jährlich anzupassen.

(13)[147,75] Sammel- und Verwertungssysteme haben vertraglich sicherzustellen, dass Koordinierungsstellen, denen eine Prüfkompetenz gemäß § 13b Abs. 1 Z 10 oder § 30a Abs. 1 Z 4 bzw. Abs. 2 Z 4 übertragen wurde, befugt sind, Prüfungen bei ihren Teilnehmern vorzunehmen und dass diesen alle dafür erforderliche Unterlagen zur Verfügung gestellt werden.

(14)[56] Sammel- und Verwertungssysteme haben im Fall, dass bei der Kontrolle eines Systemteilnehmers auf Grund der gemeldeten Massen um über 5% der für ein Kalenderjahr entrichteten Lizenzentgelte zu wenig bezahlt wurden, eine Pönale von 20% des Fehlbetrages aufzuschlagen. Das gleiche gilt im Fall, dass über 5% der Zuschläge oder Kostenersatzzahlungen gemäß einer Verordnung nach § 14 Abs. 1 zu wenig bezahlt wurden. Diese Pönale ist unabhängig von einem Verschulden des Systemteilnehmers ab einer Höhe von 50 € zusätzlich zur Nachzahlung der Lizenzentgelte einzufordern und kann nicht durch einen Richter gemäßigt werden. Die Sammel- und Verwertungssysteme haben entsprechende Aufzeichnungen über Pönalezahlungen zu führen und dies in ihrem Jahresbericht festzuhalten. Eingehobene Pönalen sind der jeweiligen Koordinierungsstelle unverzüglich zu überweisen, sie sind für deren Kontrollaufgaben zu verwenden.

Pflichten im Zusammenhang mit der Beendigung eines Sammel- und Verwertungssystems

§ 29a. (1) Sammel- und Verwertungssysteme haben die innerhalb des genehmigten Betriebszeitraums und während des gemäß § 29 Abs. 7 zweiter Satz genannten Betriebszeitraums übernommenen Verpflichtungen auch nach Ablauf dieser Zeiträume selbst oder durch einen beauftragten Dritten zu erfüllen. Dies umfasst

[147] Angefügt durch BGBl I 200/2021.

1. die Verpflichtung, die während der im ersten Satz genannten Zeiträume eines Sammel- und Verwertungssystems in die Sammeleinrichtungen eingebrachten Abfälle abzutransportieren und entsprechend zu behandeln,
2. Sammel- und Behandlungspflichten, die sich aus Untererfüllungen der Verpflichtungen nach Maßgabe einer Verordnung gemäß § 14 Abs. 1 während der im ersten Satz genannten Zeiträume ergeben, und
3. Meldepflichten des Sammel- und Verwertungssystems, die sich auf die im ersten Satz genannten Zeiträume beziehen.

(2) Ein Sammel- und Verwertungssystem darf seinen Betrieb nur zum Ende eines Kalenderquartals beenden, es sei denn, in einem Bescheid gemäß § 31 Abs. 2 Z 4 wird anderes bestimmt.

Zusätzliche Bestimmungen für Sammel- und Verwertungssysteme für Haushaltsverpackungen

§ 29b. (1) Eine Genehmigung eines Sammel- und Verwertungssystems für Haushaltsverpackungen gemäß § 29 darf nur unter folgenden zusätzlichen Anforderungen erteilt werden:

1. Sammel- und Verwertungssysteme für Haushaltsverpackungen sind jeweils gesamthaft für eine Sammelkategorie im Sinne einer Verordnung nach § 14 Abs. 1 zu betreiben.
2. Ein Sammel- und Verwertungssystem für Haushaltsverpackungen hat die Flächendeckung sicherzustellen, wobei
   a) für jeden politischen Bezirk (Sammelregion) ein Vertrag mit den jeweiligen Sammelpartnern oder mit den jeweiligen Gemeinden oder Gemeindeverbänden über die Sammlung der jeweiligen Sammelkategorie im Sinne einer Verordnung nach § 14 Abs. 1 besteht;
   b) ausreichende Übernahmekapazitäten in jeder Sammelregion – unter Einbeziehung der öffentlich zugänglichen Altstoffsammelzentren – in zumutbarer Entfernung für den Letztverbraucher zur Verfügung zu stellen sind. Ab 1. Jänner 2018 ist in jedem Gemeindegebiet zumindest eine getrennte Sammelmöglichkeit für jede Sammelkategorie einzurichten; diese Anforderung ist auch erfüllt, wenn benachbarte Gemeinden gemeinsam ein öffentlich zugängliches Altstoffsammelzentrum betreiben und dort die jeweiligen Sammelkategorien übernommen werden; und
   c) bestehende kommunale Sammeleinrichtungen (Altpapiersammlung, öffentlich zugängliche Altstoffsammelzentren und die Sammlung der gemischten Siedlungsabfälle) der Gemeinden oder Gemeindeverbände zu berücksichtigen sind.
3. Ein Sammel- und Verwertungssystem für Haushaltsverpackungen hat die unterschriebenen Vereinbarungen gemäß § 30a Abs. 3 vorzulegen, sofern eine Verpackungskoordinierungsstelle mit den Aufgaben des § 30a Abs. 1 betraut wurde. Wird eine Verpackungskoordinierungsstelle nach Erteilung der Genehmigung eines Sammel- und Verwertungssystems betraut, so hat dieses Sammel- und Verwertungssystem die unterschriebenen Vereinbarungen binnen zwei Monaten ab Betrauung der Bundesministerin für Klimaschutz, Umwelt, Energie, Mobilität, Innovation und Technologie vorzulegen. Gleiches gilt, wenn die Vereinbarungen geändert oder neue Vereinbarungen abgeschlossen werden. Eine Änderung der Vereinbarungen oder der Abschluss neuer Vereinbarungen bewirkt keine Änderungsgenehmigung gemäß § 29 Abs. 1.
4. Ein Sammel- und Verwertungssystem für Haushaltsverpackungen hat einen Vertrag vorzulegen, der die Teilnehmer verpflichtet, eine vollständige Meldung der in Verkehr gesetzten oder importierten Verpackungsmassen, für die am jeweiligen System teilgenommen wird, inklusive der Zuordnung zu den jeweiligen Tarifkategorien abzugeben; weiters muss dieser Vertrag die Verpflichtung zur angemessenen Mitwirkung der Systemteilnehmer im Hinblick auf die Kontrolle der Mitteleinhebung durch die Verpackungskoordinierungsstelle und die Verpflichtung zur Nachzahlung und das Recht auf Rückzahlung von allfälligen bei einer Prüfung festgestellten Abweichungen beinhalten.

(2) Ein Sammel- und Verwertungssystem für Haushaltsverpackungen hat nach Maßgabe einer Verordnung gemäß Abs. 5 für die gemäß seinem jeweiligen Marktanteil gemeinsam mit gemischten Siedlungsabfällen erfassten Verpackungen Verträge über die Abgeltung der angemessenen Kosten der Erfassung und Behandlung mit jenen Gemeinden oder Gemeindeverbänden, die die Sammlung von gemischten Siedlungsabfällen betreiben, abzuschließen. Weiters hat das Sammel- und Verwertungssystem für Haushaltsverpackungen in diesem Vertrag sicherzustellen, dass es die erforderlichen Daten der erfassten Haushaltsverpackungen über das Recycling, die thermische Verwertung und der sonstigen Verwertung der Haushaltsverpackungen aus Glas erhält.

(3) Ein Sammel- und Verwertungssystem für Haushaltsverpackungen hat die von ihren Teilnehmern in Österreich in einem Kalendermonat in Verkehr gesetzten oder zum Eigengebrauch importierten Massen an Haushaltsverpackungen je Tarifkategorie im Sinne einer Verordnung nach § 14 Abs. 1 (Teilnahmemassen) bis spätestens drei Wochen nach Ablauf jedes Kalendermonats elektronisch im Wege des Registers gemäß § 22 zu melden. Ergeben sich nach diesem Zeitpunkt Notwendigkeiten zur Korrektur der Meldung (zB auf Grund verspätet eingelangter Meldungen der Teilnehmer oder einer nachträglichen Teilnahme gemäß § 13g Abs. 4 oder Prüfungsergebnisse gemäß § 30a Abs. 1 Z 4), so ist die zu korrigierende Masse bei der nächstfolgenden Monatsmeldung einzurechnen. Ein erstmals genehmigtes Sammel- und Verwertungssystem für Haushaltsverpackungen hat die geplanten Teilnahmemassen je Tarifkategorie für das erste Kalendermonat innerhalb der ersten drei Wochen des Vormonats vor Aufnahme der Tätigkeit und für das zweite Kalendermonat innerhalb der ersten drei Wochen des ersten Kalendermonats der Tätigkeit elektronisch im Wege des Registers zu melden. Weiters hat ein Sammel- und Verwertungssystem für Haushaltsverpackungen die von seinen Teilnehmern in Österreich in einem Kalenderjahr in Verkehr gesetzten oder zum Eigengebrauch importierten Massen an Haushaltsverpackungen je Tarifkategorie im Sinne einer Verordnung nach § 14 Abs. 1 (Teilnahmemassen) bis spätestens 10. April des darauffolgenden Kalenderjahres elektronisch im Wege des Registers gemäß § 22 zu melden.[148]

(4) Die Bundesministerin für Klimaschutz, Umwelt, Energie, Mobilität, Innovation und Technologie hat auf Basis der gemäß Abs. 3 gemeldeten Massen monatlich sowie jährlich die Marktanteile der Sammel- und Verwertungssysteme für Haushaltsverpackungen je Sammelkategorie im Sinne einer Verordnung nach § 14 Abs. 1 im Register gemäß § 22 zu berechnen und zu veröffentlichen. Im Fall einer Insolvenz eines Sammel- und Verwertungssystems hat die Bundesministerin für Klimaschutz, Umwelt, Energie, Mobilität, Innovation und Technologie unverzüglich eine Neuberechnung der Marktanteile im Register gemäß § 22 vorzunehmen und diese zu veröffentlichen.

(5) Die Bundesministerin für Klimaschutz, Umwelt, Energie, Mobilität, Innovation und Technologie wird ermächtigt, für die Berechnung der Abgeltung gemäß Abs. 2 im Einvernehmen mit der Bundesministerin für Digitalisierung und Wirtschaftsstandort unter Berücksichtigung der Ziele und Grundsätze gemäß § 1, der Herstellerverantwortung und der techni-

[148] Letzter Satz angefügt durch BGBl I 200/2021.

schen und wirtschaftlichen Möglichkeiten zur Erfassung und Verwertung von Haushaltsverpackungen mit Verordnung festzulegen:

1. das Berechnungsmodell;
2. als Bezugsgrößen für jeweils drei Jahre:
   a) die Masse der in Österreich gemeinsam mit gemischten Siedlungsabfällen erfassten Verpackungen;
   b) den Anteil der jeweiligen jährlich zu erfassenden Massen an Haushaltsverpackungen je Sammelkategorie im Sinne einer Verordnung nach § 14 Abs. 1, bezogen auf die jährliche Masse, für die eine Teilnahme bei den Sammel- und Verwertungssystemen für Haushaltsverpackungen erfolgt ist;
   c) die in Österreich in Verkehr gesetzte Massen an Haushaltsverpackungen (Marktinputmassen);

Für die Festlegung gemäß Z 2 lit. a) und c) sind insbesondere abfallseitige Erhebungen verteilt über das gesamte Bundesgebiet, gegliedert nach Bundesländern, alle drei Jahre durchzuführen. Eine erstmalige Festlegung der Anteile gemäß Z 2 lit. b) erfolgt für die Kalenderjahre 2015 bis 2017 und in weiterer Folge jeweils für die nachfolgenden drei Kalenderjahre. Die Anteile gemäß Z 2 lit. b) sind entsprechend anzupassen, wenn sich im Verhältnis zur jeweiligen Marktinputmasse gemäß lit. c) die Masse an Haushaltsverpackungen je Sammelkategorie im Sinne einer Verordnung nach § 14 Abs. 1, für die eine Teilnahme bei einem Sammel- und Verwertungssystem für Haushaltsverpackungen erfolgt ist, wesentlich ändert.

(6) Sammel- und Verwertungssysteme für Haushaltsverpackungen haben für die jeweiligen Sammelkategorien im Sinne einer Verordnung nach § 14 Abs. 1 entsprechend ihrem monatlichen Marktanteil die jeweiligen Massen gemäß einer Verordnung nach Abs. 5 in jeder Sammelregion zu erfassen. Als erfasst gilt

1. eine getrennte Sammlung und
2. die Erfassung gemeinsam mit gemischten Siedlungsabfällen,

sofern über die Kostentragung jeweils eine entsprechende vertragliche Vereinbarung besteht.

(7) Sammel- und Verwertungssysteme für Haushaltsverpackungen haben die Sammlung der jeweiligen Sammelkategorie im Sinne einer Verordnung nach § 14 Abs. 1, die nicht in kommunalen Sammeleinrichtungen gesammelt werden, in allen politischen Bezirken (Sammelregionen) nach den Vorgaben der Abs. 8 bis 10 auszuschreiben.

(8) Die Bundesministerin für Klimaschutz, Umwelt, Energie, Mobilität, Innovation und Technologie lost alle fünf Jahre, beginnend mit 2016, jedem Sammel- und Verwertungssystem für Haushaltsverpackungen entsprechend seinem Marktanteil Sammelregionen zu. Dabei gilt:

1. Die Verlosung hat für diejenigen Sammelkategorien im Sinne einer Verordnung nach § 14 Abs. 1, die nicht in kommunalen Sammeleinrichtungen gesammelt werden, zu erfolgen.
2. Der Marktanteil eines Sammel- und Verwertungssystems für Haushaltsverpackungen für die jeweilige Sammelkategorie ist der Marktanteil des vorangegangenen Kalenderjahres. Der Marktanteil eines mitbenutzenden Sammel- und Verwertungssystems wird dem mitbenutztem Sammel- und Verwertungssystem zugerechnet.
3. Jeder Sammelregion wird je Sammelkategorie im Sinne einer Verordnung nach § 14 Abs. 1 ein Prozentsatz der Sammelmassen bezogen auf die insgesamt in Österreich im vorangegangenen Kalenderjahr gesammelten Massen zugeteilt.
4. Eine Verlosung erfolgt, bis der Anteil der Sammelmassen den Marktanteil eines Sammel- und Verwertungssystems erreicht. Wird bei der Verlosung durch die Größe einer Sammelregion der Prozentsatz des Marktanteils eines Sammel- und Verwertungssystems um mehr als zwei Prozentpunkte überschritten, ist das Los zurückzulegen.
5. Die Verlosung hat bis spätestens Ende Juni des jeweiligen Kalenderjahres zu erfolgen.
6. Die Verlosung hat unter Anwesenheit jeweils eines Vertreters jedes Sammel- und Verwertungssystems für Haushaltsverpackungen zu erfolgen.

(9) Gemeinden oder Gemeindeverbände können binnen vier Wochen nach der Verlosung die Übernahme oder Benutzung ihrer zum Stichtag 31. Dezember 2012 bestehenden Infrastruktur (Behälter, Fahrzeuge, Personal und Dienstleistungsaufträge an Dritte) zur Sammlung von Haushaltsverpackungen gegenüber dem zugelosten Sammel- und Verwertungssystem unwiderruflich für diese Verlosungsperiode verlangen und bis spätestens Ende Februar des der Verlosung folgenden Kalenderjahres die dafür vorgesehenen Kosten und diesem die ausreichende Übernahmekapazität darlegen. In diesem Fall haben die Sammel- und Verwertungssysteme mit der jeweiligen Gemeinde oder dem jeweiligen Gemeindeverband entsprechende Verträge abzuschließen, wobei die Abgeltung der angemessenen Kosten zu vereinbaren ist.

(10)[149] Sammel- und Verwertungssysteme haben in den jeweils zugelosten Sammelregionen das Ausschreibungsverfahren der Sammlung bis spätestens Ende Juni des der Verlosung folgenden Kalenderjahres durchzuführen, soweit nicht die Übernahme oder Benutzung der Infrastruktur gemäß Abs. 9 erfolgt. Für die Ausschreibung und für den Zuschlag hat das jeweilige Sammel- und Verwertungssystem ein geeignetes Verfahren mit vorheriger Bekanntmachung gemäß dem Bundesvergabegesetz 2018 – BVergG 2018, BGBl. I Nr. 65/2018, zu wählen und dieses nach den Grundsätzen des Vergaberechts durchzuführen. Anbote, die von einem mit einem Sammel- und Verwertungssystem für Haushaltsverpackungen eigentumsrechtlich verbundenem Entsorgungsunternehmen gelegt werden oder die derartige Unternehmen nicht als Subauftragnehmer ausschließen, sind auszuscheiden. Das Sammel- und Verwertungssystem, das das Ausschreibungsverfahren durchgeführt hat, hat die Bestbieter je Sammelkategorie und Sammelregion zu ermitteln und unverzüglich in geeigneter Weise zu veröffentlichen.

(11) Jedes Sammel- und Verwertungssystem ist in der jeweils zugelosten Sammelregion für die laufende Abstimmung der Sammlung und eine zeitgerechte Information über allfällige Änderungen der Sammlung den anderen Sammel- und Verwertungssysteme verantwortlich.

Sammelverträge für Haushaltsverpackungen

§ 29c. (1) Jeder Abfallsammler, der einen Vertrag über die Sammlung von Haushaltsverpackungen mit einem Sammel- und Verwertungssystem für Haushaltsverpackungen abgeschlossen hat (Sammelpartner), ist verpflichtet, Sammelverträge mit jedem anderen Sammel- und Verwertungssystem für Haushaltsverpackungen für die jeweilige Sammelregion abzuschließen, sofern dies das Sammel- und Verwertungssystem wünscht und dies sachlich gerechtfertigt ist. Alle Sammel- und Verwertungssysteme sind nach den gleichen Grundsätzen zu behandeln; Preisunterschiede sind nur zulässig, soweit sie auf Grund unterschiedlicher Kosten sachlich gerechtfertigt sind.

(2) Gemeinden oder Gemeindeverbände sind verpflichtet, über die Sammlung von Haushaltsverpackungen, die in kommunalen Sammeleinrichtungen gesammelt werden, Sammelverträge mit jedem Sammel- und Verwertungssystem für Haushaltsverpackungen abzuschließen, sofern dies das Sam-

[149] Geändert durch BGBl I 200/2021.

mel- und Verwertungssystem wünscht und dies sachlich gerechtfertigt ist. Alle Sammel- und Verwertungssysteme sind nach den gleichen Grundsätzen zu behandeln; Preisunterschiede sind nur zulässig, soweit sie auf Grund unterschiedlicher Kosten sachlich gerechtfertigt sind.

(3) Jedes Sammel- und Verwertungssystem für Haushaltsverpackungen hat die Sammelverträge mit den Sammelpartnern und mit den Gemeinden oder Gemeindeverbänden so abzuschließen, dass eine Benutzung der Sammelstrukturen durch andere Sammel- und Verwertungssysteme für Haushaltsverpackungen möglich ist.

(4) Ein Sammelvertrag hat zumindest Folgendes zu beinhalten:

1. Festlegung von Übergabestellen und deren Ausstattung sowie von Übergabemodalitäten,
2. Leistungen, einschließlich der Sammelinfrastruktur, und das Entgelt, einschließlich allfälliger Lagerkosten,
3. Offenlegungspflichten und Prüf- und Einsichtsrechte betreffend die Massen und deren Qualität, einschließlich der diesbezüglichen Aufzeichnungen, und
4. Festlegung einer Schiedsstelle.

(5) Die Verpflichteten gemäß Abs. 1 und 2 haben

1. sämtliche getrennt gesammelte Verpackungen samt allfälliger Fehlwürfe an die Sammel- und Verwertungssysteme entsprechend ihrem jeweiligen Marktanteil und
2. aussortierte Haushaltsverpackungen, soweit dies für die Erfüllung der Erfassungs- und der stofflichen Verwertungsquoten erforderlich ist,

an die Sammel- und Verwertungssysteme zu übergeben; der Marktanteil eines mitbenutzenden Sammel- und Verwertungssystems ist dem mitbenutztem Sammel- und Verwertungssystem gemäß § 30 zuzurechnen. Die Übergabe hat spätestens vor dem Einbringen in eine Verwertungsanlage zu erfolgen. Die Sammel- und Verwertungssysteme für Haushaltsverpackungen haben die Massen gemäß Z 1 und 2 an jeder Übergabestelle zu übernehmen.

(6) Sammel- und Verwertungssysteme für Haushaltsverpackungen haben sich bestehender Sammelinfrastrukturen für Verpackungsabfälle und Siedlungsabfälle zu bedienen. Eine Duplizierung von Sammeleinrichtungen, das heißt die Errichtung gleicher Sammelinfrastrukturen, wie beispielsweise ein weiteres Behältersystem oder Sacksystem für den gleichen Packstoff, ist nicht zulässig.

Zusätzliche Bestimmungen für Sammel- und Verwertungssysteme für gewerbliche Verpackungen

§ 29d. (1) Eine Genehmigung eines Sammel- und Verwertungssystems für gewerbliche Verpackungen gemäß § 29 darf nur unter folgenden zusätzlichen Anforderungen erteilt werden:

1. Sammel- und Verwertungssysteme für gewerbliche Verpackungen sind jeweils gesamthaft für eine Sammelkategorie im Sinne einer Verordnung nach § 14 Abs. 1 zu betreiben,
2. Ein Sammel- und Verwertungssystem für gewerbliche Verpackungen hat die Flächendeckung sicherzustellen, wobei für jeden politischen Bezirk (Sammelregion) zumindest eine allgemein zugängliche Übergabestelle mit ausreichender Übernahmekapazität einzurichten ist. Die Verträge mit den Betreibern der Übergabestellen sind so abzuschließen, dass ein Vertragsabschluss mit anderen Sammel- und Verwertungssystemen für gewerbliche Verpackungen möglich ist.
3. Ein Sammel- und Verwertungssystem für gewerbliche Verpackungen hat die unterschriebenen Vereinbarungen gemäß § 30a Abs. 3 vorzulegen, sofern eine Verpackungskoordinierungsstelle mit den Aufgaben des § 30a Abs. 2 betraut wurde. Wird eine Verpackungskoordinierungsstelle nach Erteilung der Genehmigung eines Sammel- und Verwertungssystems betraut, so hat dieses Sammel- und Verwertungssystem die unterschriebenen Vereinbarungen binnen zwei Monaten ab Betrauung der Bundesministerin für Klimaschutz, Umwelt, Energie, Mobilität, Innovation und Technologie vorzulegen. Gleiches gilt, wenn die Vereinbarungen geändert oder neue Vereinbarungen abgeschlossen werden. Eine Änderung der Vereinbarungen oder der Abschluss neuer Vereinbarungen bewirkt keine Änderungsgenehmigung gemäß § 29 Abs. 1.
4. Ein Sammel- und Verwertungssystem für gewerbliche Verpackungen hat einen Vertrag vorzulegen, der die Teilnehmer verpflichtet, eine vollständige Meldung der in Verkehr gesetzten oder importierten Verpackungsmassen, für die am jeweiligen System teilgenommen wird, inklusive der Zuordnung zu den jeweiligen Tarifkategorien abzugeben; weiters muss dieser Vertrag die Verpflichtung zur angemessenen Mitwirkung der Systemteilnehmer im Hinblick auf die Kontrolle der Mitteleinhebung durch die Verpackungskoordinierungsstelle, die Verpflichtung zur Nachzahlung und das Recht auf Rückzahlung von allfälligen bei einer Prüfung festgestellten Abweichungen beinhalten.
5. Sammel- und Verwertungssysteme für gewerbliche Verpackungen haben einen Vertrag mit jedem Sammelpartner, der eine Geschäftsstraßenentsorgung für Papierverpackungen durchführt (GESTRA) abzuschließen, der Sammelleistungen für ein Sammel- und Verwertungssystem für gewerbliche Verpackungen erbringt.

Zum Zeitpunkt 1. Juli 2014 genehmigte Sammel- und Verwertungssysteme für gewerbliche Verpackungen und Antragsteller, die bis zu diesem Zeitpunkt einen Antrag auf Genehmigung eines Sammel- und Verwertungssystem für gewerbliche Verpackungen beantragt haben, haben der Bundesministerin für Klimaschutz, Umwelt, Energie, Mobilität, Innovation und Technologie bis zum 30. September 2014 nachzuweisen, dass die Anforderungen gemäß Z 2, 4 und 5 ab 1. Jänner 2015 erfüllt werden.

(1a)[76] Sammel- und Verwertungssysteme für gewerbliche Verpackungen haben die gemäß einer Verordnung nach § 14 getrennt erfassten oder in einer Behandlungsanlage getrennten Verpackungen unentgeltlich zu übernehmen und insbesondere die angemessenen Kosten des Transports ab der Anfallstelle zur nächstgelegenen Übergabestelle oder im Fall einer von der Anfallstelle beauftragten Trennung in einer Behandlungsanlage die angemessenen Kosten ab der Behandlungsanlage zur nächstgelegenen Übergabestelle und jeweils die Kosten der weiteren Behandlung zu tragen. Sammel- und Verwertungssysteme für gewerbliche Verpackungen haben weiters die erforderlichen Verwaltungskosten der Übergabestellen abzugelten. Die Abgeltung der angemessenen Kosten des Transports sowie der erforderlichen Verwaltungskosten der Übergabestellen hat auf Basis eines von der Verpackungskoordinierungsstelle beauftragten Gutachtens jeweils pauschal zu erfolgen. Die Pauschalen sind von den Sammel- und Verwertungssystemen und von der Verpackungskoordinierungsstelle auf ihren Webseiten zu veröffentlichen. Die Abwicklung dieser pauschalen Abgeltung erfolgt über die Übergabestellen gemäß Abs. 1 Z 2. Die Modalitäten der Abwicklung und die Auszahlung der Pauschalen sind in den Verträgen zwischen den Sammel- und Verwertungssystemen und den Übergabestellen festzulegen.

(2) Ein Sammel- und Verwertungssystem für gewerbliche Verpackungen hat die von ihren Teilnehmern in einem Kalendermonat in Verkehr gesetzten oder zum Eigengebrauch importierten Massen an gewerblichen Verpackungen je Tarifkategorie im Sinne einer Verordnung nach § 14 Abs. 1 (Teilnahmemassen) bis spätestens drei Wochen nach Ablauf jedes Kalendermonats elektronisch im Wege des Registers gemäß

§ 22 zu melden. Ergeben sich nach diesem Zeitpunkt Notwendigkeiten zur Korrektur der Meldung (zB auf Grund verspätet eingelangter Meldungen der Teilnehmer oder einer nachträglichen Teilnahme gemäß § 13g Abs. 4 oder § 30a Abs. 2 Z 4), so ist die zu korrigierende Masse bei der nächstfolgenden Monatsmeldung einzurechnen. Ein erstmals genehmigtes Sammel- und Verwertungssystem für gewerbliche Verpackungen hat die geplanten Teilnahmemassen je Tarifkategorie für das erste Kalendermonat innerhalb der ersten drei Wochen des Vormonats vor Aufnahme der Tätigkeit und für das zweite Kalendermonat innerhalb der ersten drei Wochen des ersten Kalendermonats der Tätigkeit elektronisch im Wege des Registers zu melden. Weiters hat ein Sammel- und Verwertungssystem für gewerbliche Verpackungen die von seinen Teilnehmern in einem Kalenderjahr in Verkehr gesetzten oder zum Eigengebrauch importierten Massen an gewerblichen Verpackungen je Tarifkategorie im Sinne einer Verordnung nach § 14 Abs. 1 (Teilnahmemassen) bis spätestens 10. April des darauffolgenden Kalenderjahres elektronisch im Wege des Registers gemäß § 22 zu melden.[150]

(3) Sofern

1. ein Sammel- und Verwertungssystem für gewerbliche Verpackungen nachweislich eine Vereinbarung über die direkte Abholung, einschließlich der Transportkosten, mit einem Betreiber einer gewerblichen Anfallstelle abgeschlossen hat und
2. für den überwiegenden Anteil der bei dieser Anfallstelle anfallenden Verpackungen eine Teilnahme an diesem Sammel- und Verwertungssystem erfolgt ist,

ist dieses Sammel- und Verwertungssystem berechtigt, die Masse der abgeholten und bei diesem Sammel- und Verwertungssystem entpflichteten Verpackungen je Tarifkategorie im Sinne einer Verordnung nach § 14 Abs. 1 bis spätestens drei Wochen nach Ablauf jedes Kalendermonats elektronisch im Wege des Registers gemäß § 22 zu melden.

(4)[151] Die Bundesministerin für Klimaschutz, Umwelt, Energie, Mobilität, Innovation und Technologie hat auf Basis der gemäß Abs. 2 und 3 gemeldeten Massen monatlich sowie jährlich die Marktanteile der Sammel- und Verwertungssysteme für gewerbliche Verpackungen je Sammelkategorie im Sinne einer Verordnung nach § 14 Abs. 1 im Register gemäß § 22 zu berechnen. Dafür sind die gemäß Abs. 3 abgeholten und gemeldeten Massen von den gemäß Abs. 2 gemeldeten Massen des jeweiligen Sammel- und Verwertungssystems abzuziehen. Die Bundesministerin für Klimaschutz, Umwelt, Energie, Mobilität, Innovation und Technologie hat die Marktanteile zu veröffentlichen. Im Fall einer Insolvenz eines Sammel- und Verwertungssystems hat die Bundesministerin für Klimaschutz, Umwelt, Energie, Mobilität, Innovation und Technologie unverzüglich eine Neuberechnung der Marktanteile im Register gemäß § 22 vorzunehmen und diese zu veröffentlichen.

Weitere Verpflichtungen betreffend gewerbliche Verpackungen

§ 29e. Jeder Betreiber einer Übergabestelle für gewerbliche Verpackungen und jeder Sammelpartner, der eine Geschäftsstraßenentsorgung für Papierverpackungen durchführt (GESTRA), ist verpflichtet, Verträge mit jedem anderen Sammel- und Verwertungssystem für gewerbliche Verpackungen abzuschließen, sofern dies das Sammel- und Verwertungssystem wünscht und dies sachlich gerechtfertigt ist. Alle Sammel- und Verwertungssysteme sind nach den gleichen Grundsätzen zu behandeln; Preisunterschiede sind nur zulässig, soweit sie auf Grund unterschiedlicher Kosten sachlich gerechtfertigt sind.

Mitbenutzung von Sammel- und Verwertungssystemen für Haushaltsverpackungen

§ 30. (1) Ein Sammel- und Verwertungssystem für Haushaltsverpackungen kann die Voraussetzungen gemäß § 29b Abs. 1 Z 2 und die Verpflichtungen gemäß § 29b Abs. 2 durch die Vorlage eines aufrechten Mitbenutzungsvertrags mit einem genehmigten Sammel- und Verwertungssystem für Haushaltsverpackungen, welches Einrichtungen zur Erfassung von Haushaltsverpackungen auf Basis von direkten Verträgen gemäß § 29c sicherstellt, erfüllen. Eine Mitbenutzung ist nur für das gesamte Bundesgebiet zulässig.

(2) Jedes Sammel- und Verwertungssystem für Haushaltsverpackungen, das Einrichtungen zur Sammlung und Erfassung von Haushaltsverpackungen auf Basis von direkten Verträgen gemäß § 29c sicherstellt, hat eine Mitbenutzung durch andere Sammel- und Verwertungssysteme für Haushaltsverpackungen auf Basis eines Mitbenutzungsvertrags zu ermöglichen und die Haushaltverpackungen anteilsmäßig dem mitbenutzendem Sammel- und Verwertungssystem zu übergeben.

Verpackungskoordinierungsstelle

§ 30a. (1) Die Bundesministerin für Klimaschutz, Umwelt, Energie, Mobilität, Innovation und Technologie kann gemäß § 13b Abs. 2 eine Verpackungskoordinierungsstelle mit folgenden Aufgaben der Sammel- und Verwertungssysteme für Haushaltsverpackungen betrauen:

1.[152] die Information der Letztverbraucher, einschließlich der finanziellen Abgeltung der diesbezüglichen Leistungen der Gemeinden und Gemeindeverbände,
2. die Durchführung der erforderlichen Analysen betreffend die Sammlung der Haushaltsverpackungen,
3. Mitarbeit bei der kosteneffizienten Gestaltung der Verpackungssammlung, insbesondere bei der Vorbereitung einer Verordnung gemäß § 36 Z 6,
4.[153] die Zusammenführung und erforderlichenfalls eine Änderung der Kontrollkonzepte gemäß § 29 Abs. 2 Z 8a und deren koordinierte Umsetzung; die Quote von 80% der unter Vertrag genommenen Massen bezogen auf die jeweilige Sammelkategorie ist auf die gesamte Teilnahmemasse aller Sammel- und Verwertungssysteme zu beziehen; für Sammelkategorien, die weniger als 10% der gesamten Teilnahmemasse betragen, kann vom Erreichen dieser 80%-Quote abgesehen werden, wenn über alle Sammelkategorien die 80%-Quote erfüllt ist; eine Änderung des Kontrollkonzepts bewirkt keine Änderungsgenehmigung gemäß § 29 Abs. 1,
5. die Gestaltung von Schlichtungsmodalitäten,
6.[154] Veröffentlichung und monatliche Aktualisierung einer Liste der Teilnehmer der Sammel- und Verwertungssysteme für Verpackungen gemäß § 29 Abs. 10 auf der Internetseite der Verpackungskoordinierungsstelle,
7.[154] Plausibilisierung der monatlichen Aufteilung nach Marktanteil der je Bundesland und Sammelkategorie gesammelten Abfallmengen,
8. [Entfällt gem BGBl I 84/2024].

(2) Die Bundesministerin für Klimaschutz, Umwelt, Energie, Mobilität, Innovation und Technologie kann die Verpackungskoordinierungsstelle gemäß Abs. 1 mit folgenden Auf-

150 Letzter Satz angefügt durch BGBl I 200/2021.

151 Satz 1 geändert durch BGBl I 200/2021.

152 Geändert durch BGBl I 200/2021.

153 Neu gefasst durch BGBl I 200/2021.

154 Angefügt durch BGBl I 200/2021.

gaben der Sammel- und Verwertungssysteme für gewerbliche Verpackungen betrauen:

1. Führung eines Registers über Anfallstellen gewerblicher Verpackungen,
2. Schließung von Vereinbarungen mit Betreibern von Anfallstellen gewerblicher Verpackungen über die Zurverfügungstellung der erforderlichen Daten,

2a.[76] Information der Letztverbraucher,

3. die Durchführung der erforderlichen Analysen betreffend die Sammlung der gewerblichen Verpackungen,
4.[153] die Zusammenführung und erforderlichenfalls eine Änderung der Kontrollkonzepte gemäß § 29 Abs. 2 Z 8a und deren koordinierte Umsetzung; die Quote von 80% der unter Vertrag genommenen Massen bezogen auf die jeweilige Sammelkategorie ist auf die gesamte Teilnahmemasse aller Sammel- und Verwertungssysteme zu beziehen; für Sammelkategorien, die weniger als 10% der gesamten Teilnahmemasse betragen, kann vom Erreichen dieser 80%-Quote abgesehen werden, wenn über alle Sammelkategorien die 80%-Quote erfüllt ist; eine Änderung des Kontrollkonzepts bewirkt keine Änderungsgenehmigung gemäß § 29 Abs. 1,
5. die Gestaltung von Schlichtungsmodalitäten,
6.[154] Veröffentlichung und monatliche Aktualisierung einer Liste der Teilnehmer der Sammel- und Verwertungssysteme für Verpackungen gemäß § 29 Abs. 10 auf der Internetseite der Verpackungskoordinierungsstelle,
7.[154] Plausibilisierung der monatlichen Aufteilung nach Marktanteil der je Bundesland und Sammelkategorie gesammelten Abfallmengen;
8.[76] die Verpackungskoordinierungsstelle hat zumindest alle drei Jahre ein Gutachten zur Ermittlung von Pauschalen zur Abgeltung der angemessenen Kosten des Transports von Verpackungsabfällen bei einer Abholung von einer sonstigen gewerblichen Anfallstelle zur nächstgelegenen Übergabestelle oder im Fall einer von der Anfallstelle beauftragten Trennung ab der Behandlungsanlage zur nächstgelegenen Übergabestelle sowie der erforderlichen Verwaltungskosten der Übergabestellen durch geeignete Sachverständige einzuholen.

(3) Über die Aufgaben gemäß Abs. 1 oder 2 hat die Verpackungskoordinierungsstelle jeweils Vereinbarungen mit allen Sammel- und Verwertungssystemen für Verpackungen abzuschließen. § 13b Abs. 3 bis 5 und die §§ 13c bis 13f sind anzuwenden. Der Verpackungskoordinierungsstelle können im Rahmen von Vereinbarungen mit den Sammel- und Verwertungssystemen für Verpackungen oder der zentralen Stelle gemäß § 14c weitere Aufgaben übertragen werden; die Verpackungskoordinierungsstelle darf die vereinbarten Bereiche nicht quersubventionieren und hat durch eine geeignete organisatorische oder rechnerische Trennung der Geschäftsfelder die Transparenz der Zahlungs- und Leistungsströme zwischen diesen Geschäftsfeldern sicherzustellen.[155]

Aufsicht

§ 31. (1) Genehmigte Sammel- und Verwertungssysteme unterliegen der Aufsicht der Bundesministerin für Klimaschutz, Umwelt, Energie, Mobilität, Innovation und Technologie. Die Aufsicht bezieht sich auf die Erfüllung der Verpflichtungen von Sammel- und Verwertungssystemen entsprechend den Bestimmungen dieses Bundesgesetzes und der auf Grund dieses Bundesgesetzes erlassenen Verordnungen und Bescheide.

(2) Folgende Maßnahmen stehen zur Verfügung:

1. die Abgabe von Empfehlungen für Maßnahmen zur Behebung von Mängeln und zur Verbesserung der Erfüllung der Verpflichtungen;
2. die Erteilung von Aufträgen, mit denen Maßnahmen im Sinne der Z 1 verbindlich vorgeschrieben werden, die innerhalb angemessener Frist zu setzen und der Bundesministerin für Klimaschutz, Umwelt, Energie, Mobilität, Innovation und Technologie nachzuweisen sind;
3. die Androhung des Entzuges oder der Einschränkung der Genehmigung;
4. der Entzug oder die Einschränkung der Genehmigung, wenn
   a) der Betreiber die übernommenen Leistungen in wesentlichen Teilen nicht erfüllt und mit einer Abhilfe binnen angemessener Frist nicht zu rechnen ist,
   b) der Betreiber die sonstigen Voraussetzungen für die Genehmigung nicht mehr erfüllt oder
   c) der Betreiber die Geschäftstätigkeit im jeweiligen Geschäftsfeld nicht binnen sechs Monaten nach Erteilung der Genehmigung aufnimmt.

Kontrahierungszwang und Verbot der Quersubventionierung für haushaltsnahe Sammel- und Verwertungssysteme

§ 32. (1) Haushaltsnahe Sammel- und Verwertungssysteme sind

1. Sammel- und Verwertungssysteme für Elektro- und Elektronik-Altgeräte aus privaten Haushalten,
2. Sammel- und Verwertungssysteme für Geräte- oder Fahrzeugaltbatterien und
3. Sammel- und Verwertungssysteme für Haushaltsverpackungen.

(2) Haushaltsnahe Sammel- und Verwertungssysteme sind verpflichtet, im Rahmen ihres im Genehmigungsbescheid festgelegten Wirkungsbereiches mit jedem Verpflichteten nach einer Verordnung gemäß § 14 Abs. 1 Verträge abzuschließen, sofern dies der Verpflichtete wünscht und dies sachlich gerechtfertigt ist.

(3) Haushaltsnahe Sammel- und Verwertungssysteme, welche auch ein anderes Geschäftsfeld gemäß Abs. 1 Z 1 bis 3 oder betreffend gewerblich anfallende Abfälle oder mehrere Geschäftsfelder entsprechend den Sammelkategorien einer Verordnung gemäß § 14 Abs. 1 betreiben, dürfen diese Bereiche nicht quersubventionieren und haben durch eine geeignete organisatorische oder rechnerische Trennung der Geschäftsfelder die Transparenz der Zahlungs- und Leistungsströme zwischen diesen Geschäftsfeldern sicherzustellen.

(4) Betreiber von haushaltsnahen Sammel- und Verwertungssystemen haben der Bundesministerin für Klimaschutz, Umwelt, Energie, Mobilität, Innovation und Technologie jährlich einen Bericht über die Erfüllung der Verpflichtungen nach diesem Bundesgesetz, nach einer Verordnung gemäß § 14 Abs. 1 und nach einem Bescheid gemäß § 29 vorzulegen.

(Anm: Die §§ 33 bis 35 samt Überschriften entfallen gem BGBl I 200/2021)

Nähere Bestimmungen für Sammel- und Verwertungssysteme

§ 36. Die Bundesministerin für Klimaschutz, Umwelt, Energie, Mobilität, Innovation und Technologie wird ermächtigt, im Einvernehmen mit der Bundesministerin für Digitalisierung und Wirtschaftsstandort mit Verordnung in Übereinstimmung mit den Zielen und Grundsätzen der Abfallwirtschaft, unter Wahrung der öffentlichen Interessen (§ 1 Abs. 3) und unter Bedachtnahme auf die Vorgaben des Bundes-Abfallwirtschaftsplans in volkswirtschaftlich zweckmäßiger Weise festzulegen:

[155] Schlusssatz neu gefasst durch BGBl I 84/2024.

1. Voraussetzungen und Kriterien für die Einrichtung und Betriebsweise von Sammel- und Verwertungssystemen und für die Leistungen, einschließlich Erfassungs-, Sammel- und Verwertungsquoten; bei der Festlegung von Erfassungsquoten sind die verfügbaren, insbesondere die thermischen Behandlungskapazitäten zu berücksichtigen;
2.[156] Vorgaben zur Berechnung von Tarifen (Tarifgrundsätze, zB Umlageprinzip) und Effizienzkriterien, einschließlich Vorgaben betreffend Zu- und Abschläge oder Rückerstattungen zur Berücksichtigung der ökologischen Auswirkungen bestimmter Produkte; bei der Festlegung von Effizienzkriterien ist insbesondere die Höhe der spezifischen Erfassungs-, Sammel- und Verwertungskosten zu berücksichtigen;
3. Abgrenzungskriterien zu anderen Sammel- und Verwertungssystemen;
4. die erforderlichen Aufzeichnungs-, Nachweis- und Meldepflichten, soweit diese für die Überprüfung der Verpflichtungen von Sammel- und Verwertungssystemen oder für die Einhaltung von unionsrechtlichen Berichtspflichten erforderlich sind;
5. Festlegung von Sammel- und Tarifkategorien;
6.[156] unter Bedachtnahme der den Bundesländern zustehenden Planungsbefugnissen und unter Berücksichtigung der technischen und wirtschaftlichen Möglichkeiten der stofflichen Verwertung und der Ressourcenschonung Vorgaben für die Sammlung der Sammel- und Verwertungssysteme gemäß §§ 29 ff, einschließlich der technischen Spezifikationen wie insbesondere Art und Anzahl der Sammelhilfen, Übernahmekapazität und Abholfrequenz sowie die Festlegung von bestimmten Abfällen, die jedenfalls getrennt zu sammeln sind, und Sammelfraktionen;
7.[157] Bestimmungen bezüglich finanzieller Beiträge an sozialökonomische Betriebe im Zusammenhang mit der Vorbereitung zur Wiederverwendung von Produkten.

6. Abschnitt
Behandlungsanlagen

Genehmigungs- und Anzeigepflicht für ortsfeste Behandlungsanlagen

§ 37. (1) Die Errichtung, der Betrieb und die wesentliche Änderung von ortsfesten Behandlungsanlagen bedarf der Genehmigung der Behörde. Die Genehmigungspflicht gilt auch für ein Sanierungskonzept gemäß § 57 Abs. 4.[158]

(2) Der Genehmigungspflicht gemäß Abs. 1 unterliegen nicht

1. Behandlungsanlagen zur ausschließlichen stofflichen Verwertung von nicht gefährlichen Abfällen, sofern sie der Genehmigungspflicht gemäß den §§ 74 ff GewO 1994 unterliegen,
2. Behandlungsanlagen zur Vorbehandlung (Vorbereitung für die stoffliche Verwertung) von nicht gefährlichen Abfällen, sofern diese Behandlungsanlagen im unmittelbaren örtlichen Zusammenhang mit einer in Z 1 genannten Behandlungsanlage stehen und der Genehmigungspflicht gemäß den §§ 74 ff GewO 1994 unterliegen,
3. Behandlungsanlagen zur ausschließlichen stofflichen Verwertung von im eigenen Betrieb anfallenden Abfällen, sofern sie der Genehmigungspflicht gemäß den §§ 74 ff GewO 1994 unterliegen,

3a.[159] Behandlungsanlagen zur Vorbereitung zur Wiederverwendung von Altfahrzeugen, Elektro- und Elektronikaltgeräten, Abfällen der Abfallart 35203 „Fahrzeuge, Arbeitsmaschinen und -teile, mitumweltrelevanten Mengen an gefährlichen Anteilen oder Inhaltsstoffen (zB Starterbatterie, Bremsflüssigkeit, Motoröl)" gemäß Abfallverzeichnisverordnung, BGBl. II Nr. 570/2003 in der Fassung BGBl. II Nr. 498/2008 und Gebinden (Werkstätten zur Reparatur einschließlich unmittelbar damit verbundener Zerlegearbeiten), sofern sie der Genehmigungspflicht gemäß den §§ 74 ff GewO 1994 unterliegen,
4. Verbrennungs- oder Mitverbrennungsanlagen zur thermischen Verwertung für nicht gefährliche Abfälle mit einer thermischen Leistung bis zu 2,8 Megawatt, sofern sie der Genehmigungspflicht gemäß den §§ 74 ff GewO 1994 unterliegen,
5.[160] Lager für Abfälle, die der Genehmigungspflicht gemäß den §§ 74 ff GewO 1994, gemäß dem Mineralrohstoffgesetz oder gemäß dem Emissionsschutzgesetz für Kesselanlagen (EG-K), BGBl.I Nr. 150/2004, unterliegen, ausgenommen IPPC-Behandlungsanlagen
6. Anlagen privater Haushalte, in denen zulässigerweise die im Haushalt anfallenden Abfälle behandelt werden,
7.[161] Anlagen, die im Zusammenhang mit einer wasserrechtlich bewilligten Abwassereinleitung der Reinigung – einschließlich einer Trocknung von Klärschlamm im Rahmen des Abwasserreinigungsprozesses – der in der öffentlichen Kanalisation gesammelten Abwässer dienen, wenn
   a) in diesen Anlagen ausschließlich Abfälle eingesetzt werden, die
      aa) beim Betrieb dieser Kanalisation oder beim anschließenden Abwasserreinigungsprozess anfallen,
      bb) beim Betrieb einer anderen Kanalisation oder beim anschließenden Abwasserreinigungsprozess anfallen, sofern vergleichbare Abwässer abgeleitet und gereinigt werden, zB Abfälle aus klärtechnischen Einrichtungen, oder
      cc) in ihrer Zusammensetzung und in ihren Eigenschaften nach mit den kommunalen Abwässern vergleichbar sind, zB Senkgrubeninhalte, und
   b) der Einsatz dieser Abfälle wasserrechtlich bewilligt ist,
8.[162] Einrichtungen in Produktionsbetrieben, die Abfallbehandlungsanlagen entwickeln oder herstellen, zum Zweck der kurzfristigen Erprobung, sofern es sich um gewerbliche Betriebsanlagen gemäß § 74 Abs. 1 GewO 1994 handelt,
9.[162] Einrichtungen im Labor- oder Technikumsmaßstab in Universitäten und technischen Versuchsanstalten, die, ausschließlich zur Erforschung, Entwicklung oder Erprobung, Abfälle einsetzen.

(3) Folgende Behandlungsanlagen – sofern es sich nicht um IPPC-Behandlungsanlagen handelt –[163] und Änderungen einer Behandlungsanlage sind nach dem vereinfachten Verfahren (§ 50) zu genehmigen:

1. Deponien, in denen ausschließlich Bodenaushub- und Abraummaterial, welches durch Ausheben oder Abräumen von im Wesentlichen natürlich gewachsenem Boden oder

[156] Geändert durch BGBl I 200/2021.
[157] Angefügt durch BGBl I 200/2021.
[158] Satz 2 eingefügt durch BGBl I 103/2013.
[159] Eingefügt durch BGBl I 103/2013; geändert durch BGBl I 70/2017.
[160] Neu gefasst durch BGBl I 103/2013.
[161] Neu gefasst durch BGBl I 71/2019.
[162] Eingefügt durch BGBl I 71/2019.
[163] Eingefügt durch BGBl I 103/2013.

Untergrund anfällt, abgelagert werden, sofern das Gesamtvolumen der Deponie unter 100 000 m³ liegt;

2. Verbrennungs- oder Mitverbrennungsanlagen zur thermischen Verwertung für nicht gefährliche Abfälle mit einer thermischen Leistung bis zu 2,8 Megawatt;
3. sonstige Behandlungsanlagen für nicht gefährliche Abfälle, ausgenommen Deponien, mit einer Kapazität von weniger als 10 000 Tonnen pro Jahr;
4. a) Behandlungsanlagen zur Zerlegung von Altfahrzeugen,
   b) Behandlungsanlagen zur Zerlegung von Elektro- und Elektronikgeräten, die gefährliche Abfälle darstellen,
   c) Lager von gefährlichen Abfällen

   mit einer Kapazität von weniger als 1 000 Tonnen pro Jahr und
5. eine Änderung, die nach den gemäß § 38 mitanzuwendenden Vorschriften oder nach dem Baurecht des jeweiligen Bundeslandes genehmigungspflichtig ist und keine wesentliche Änderung darstellt.

(4) Folgende Maßnahmen sind – sofern nicht eine Genehmigungspflicht gemäß Abs. 1 oder 3 vorliegt – der Behörde anzuzeigen:

1. eine Änderung zur Anpassung an den Stand der Technik;
2. die Behandlung oder Lagerung zusätzlicher Abfallarten;
3.[164]
4.[165] sonstige Änderungen hinsichtlich der anzuwendenden Methoden und der Sicherheitsmaßnahmen;
5. eine Unterbrechung des Betriebs;
6. der Verzicht auf das Recht, bestimmte genehmigte Abfallarten zu behandeln, oder die Einschränkung der genehmigten Kapazität;
7.[166] die Auflassung der Behandlungsanlage oder eines Anlagenteils oder die Stilllegung der Deponie oder eines Teilbereichs der Deponie oder die Beendigung der Maßnahmen für die Nachsorge der Deponie oder die Auflassung einer IPPC-Behandlungsanlage;
8. sonstige Änderungen, die nach den gemäß § 38 mitanzuwendenden Vorschriften oder nach dem Baurecht des jeweiligen Bundeslandes anzeigepflichtig sind;
9.[167] sonstige Änderungen, die das Emissionsverhalten der Anlage nicht nachteilig beeinflussen.

(4a)[168] Änderungen betreffend die bis 30.09.2020 befristete Ausweitung der genehmigten Kapazität von Lagern in Zusammenhang mit dem Coronavirus (COVID-19) sind der Behörde anzuzeigen.

(5) Der Antragsteller kann für Maßnahmen gemäß Abs. 3 oder 4 eine Genehmigung gemäß Abs. 1 beantragen. Der Antragsteller kann für Maßnahmen gemäß Abs. 1, 3 oder 4 eine Genehmigung gemäß Abs. 1 mit Öffentlichkeitsbeteiligung entsprechend § 42 Abs. 1 beantragen.[169]

Konzentration und Zuständigkeit

§ 38. (1) (Verfassungsbestimmung) Im Genehmigungsverfahren und Anzeigeverfahren für gemäß § 37 genehmigungspflichtige Behandlungsanlagen sind alle Vorschriften – mit Ausnahme der Bestimmungen über die Parteistellung, die Behördenzuständigkeit und das Verfahren – anzuwenden, die im Bereich des Gas-, Elektrizitätswirtschafts-, Landesstraßen-, Naturschutz- und Raumordnungsrechts für Bewilligungen, Genehmigungen oder Untersagungen des Projekts anzuwenden sind. Hinsichtlich dieser landesrechtlichen Vorschriften hat die Behörde im selben Bescheid in einem eigenen Spruchpunkt zu entscheiden. Die behördlichen Befugnisse und Aufgaben zur Überprüfung der Ausführung einer Behandlungsanlage und der Übereinstimmung mit dem Genehmigungsbescheid, zur Kontrolle, zur Herstellung des gesetzmäßigen Zustands, zur Gefahrenabwehr, zur nachträglichen Konsensanpassung und zur Vorschreibung und Durchführung von Maßnahmen bei Errichtung, Betrieb, Änderung und Auflassung sind vom Landeshauptmann entsprechend den folgenden Bestimmungen dieses Abschnittes wahrzunehmen. In Angelegenheiten des Landesrechts ist der Landeshauptmann als Mitglied der Landesregierung oberstes Organ der Landesvollziehung.

(1a) Im Genehmigungsverfahren und Anzeigeverfahren für gemäß § 37 genehmigungspflichtige Behandlungsanlagen sind alle Vorschriften – mit Ausnahme der Bestimmungen über die Parteistellung, die Behördenzuständigkeit und das Verfahren – anzuwenden, die im Bereich des Gewerbe-, Wasser-, Forst-, Mineralrohstoff-, Strahlenschutz-, Luftfahrt-, Schifffahrts-, Luftreinhalte-, Immissionsschutz-, Rohrleitungs-, Eisenbahn-, Bundesstraßen-, Gaswirtschafts- und Denkmalschutzrechts für Bewilligungen, Genehmigungen oder Untersagungen des Projekts anzuwenden sind. Die Genehmigung oder Nicht-Untersagung ersetzt die nach den genannten bundesrechtlichen Vorschriften erforderlichen Bewilligungen, Genehmigungen oder Nicht-Untersagungen. Die behördlichen Befugnisse und Aufgaben zur Überprüfung der Ausführung einer Behandlungsanlage und der Übereinstimmung mit dem Genehmigungsbescheid, zur Kontrolle, zur Herstellung des gesetzmäßigen Zustands, zur Gefahrenabwehr, zur nachträglichen Konsensanpassung und zur Vorschreibung und Durchführung von Maßnahmen bei Errichtung, Betrieb, Änderung und Auflassung sind vom Landeshauptmann entsprechend den folgenden Bestimmungen dieses Abschnittes wahrzunehmen.

(2) (Verfassungsbestimmung) Im Genehmigungsverfahren und Anzeigeverfahren sind die bautechnischen Bestimmungen des jeweiligen Bundeslandes anzuwenden; in diesen Fällen entfällt eine baubehördliche Bewilligungspflicht.

(3) Im Genehmigungsverfahren und Anzeigeverfahren für gemäß den §§ 37, 52 und 54 genehmigungspflichtige Behandlungsanlagen sind gemäß dem 8. Abschnitt des ArbeitnehmerInnenschutzgesetzes, BGBl. Nr. 450/1994, die Belange des Arbeitnehmerschutzes zu berücksichtigen.

(4) (Verfassungsbestimmung) Im Interesse der zweckmäßigen, raschen, einfachen und Kosten sparenden Verfahrensdurchführung kann die Behörde im Genehmigungsverfahren und Anzeigeverfahren zu bestimmten Sach- und Rechtsfragen mitwirkende Behörden beiziehen. Als mitwirkende Behörden gelten jene Behörden, die nach den Verwaltungsvorschriften für das Genehmigungsverfahren für das Projekt zuständig wären, wenn für die Behandlungsanlage nicht eine Genehmigung gemäß den §§ 37 oder 44 durchzuführen wäre. Diese Behörden haben an der fachlichen und rechtlichen Beurteilung des Projekts im erforderlichen Ausmaß mitzuwirken.

(5) Die Behörde hat das Verfahren und die Auflagen mit den Behörden, die für andere als die von Abs. 1 erfassten anlagenbezogenen Vorschriften zuständig sind, zu koordinieren.

(6)[170] Zuständige Behörde für diesen Abschnitt dieses Bundesgesetzes ist der Landeshauptmann, sofern Abs. 7 nicht anderes bestimmt. Bei mobilen Behandlungsanlagen, einschließlich der Änderungsgenehmigungen und nachträglicher Auflagen, ist die örtlich zuständige Behörde der Landeshauptmann, in dessen Bundesland der Antragsteller seinen Sitz hat; liegt der Sitz des Antragstellers nicht im Bundesgebiet, ist der Lan-

---

164 Entfallen gem BGBl I 71/2019.
165 Geändert durch BGBl I 73/2018.
166 Geändert durch BGBl I 103/2013 und BGBl I 200/2021.
167 Eingefügt durch BGBl I 71/2019.
168 Eingefügt durch BGBl I 24/2020.
169 Satz 2 eingefügt durch BGBl I 73/2018.
170 Geändert durch BGBl I 97/2013.

deshauptmann zuständig, in dessen Bundesland die mobile Behandlungsanlage erstmals aufgestellt und betrieben werden soll.

(6a)[171] Der Landeshauptmann als zuständige Anlagenbehörde gemäß Abs. 6 kann für bestimmte Behandlungsanlagen der Bezirksverwaltungsbehörde die Zuständigkeit

1. zur Durchführung eines Verfahrens oder
2. zur Vollziehung der §§ 53 Abs. 2, 57 bis 64 und 75

ganz oder teilweise übertragen und die Bezirksverwaltungsbehörde zur Entscheidung im eigenen Namen ermächtigen, sofern dies im Interesse der Zweckmäßigkeit, Klarheit, Kostenersparnis und Einfachheit gelegen ist. Gesetzliche Mitwirkungs- und Anhörungsrechte werden dadurch nicht berührt.

(6b)[172] Der Landeshauptmann als zuständige Anlagenbehörde gemäß Abs. 6 kann durch Verordnung für bestimmte Anlagentypen der Bezirksverwaltungsbehörde die Zuständigkeit

1. zur Durchführung von Verfahren oder
2. zur Vollziehung der §§ 53 Abs. 2, 57 bis 64 und 75

ganz oder teilweise übertragen und die Bezirksverwaltungsbehörde zur Entscheidung im eigenen Namen ermächtigen, sofern dies im Interesse der Zweckmäßigkeit, Klarheit, Kostenersparnis und Einfachheit gelegen ist. Gesetzliche Mitwirkungs- und Anhörungsrechte werden dadurch nicht berührt.

(7)[173] Zuständige Behörde für Behandlungsanlagen gemäß § 54 ist die Bezirksverwaltungsbehörde.

(8) [Anm: Entfällt gem BGBl I 97/2013]

(9) Wenn nach den gemäß § 38 anzuwendenden Vorschriften eine IPPC-Genehmigung erforderlich ist, sind § 6 Abs. 6, § 39 Abs. 3, § 40, § 42 Abs. 1 Z 13 und 14, § 43 Abs. 3 und 6, § 47 Abs. 3, § 57, § 60 und § 78 Abs. 5 anzuwenden.

Antragsunterlagen

§ 39. (1) Dem Antrag auf eine Genehmigung gemäß § 37 sind in vierfacher Ausfertigung insbesondere anzuschließen:

1. Angaben über die Eignung des vorgesehenen Standortes;
2. Angaben über Art, Zweck, Umfang und Dauer des Projekts;
3. die grundbücherliche Bezeichnung der von der Behandlungsanlage betroffenen Liegenschaft unter Anführung des Eigentümers und unter Anschluss eines amtlichen Grundbuchsauszugs, der nicht älter als sechs Wochen ist;
4. die Zustimmungserklärung des Liegenschaftseigentümers, auf dessen Liegenschaft die Behandlungsanlage errichtet werden soll, wenn der Antragsteller nicht selbst Eigentümer ist;
5. die Bekanntgabe der Inhaber rechtmäßig geübter Wassernutzungen;

6.[174] eine Betriebsbeschreibung einschließlich der Angaben der zu behandelnden Abfallarten oder Abfallartenpools, der Behandlungsverfahren, der Kapazität und eines Verzeichnisses der Maschinen und sonstiger Betriebseinrichtungen;

6a.[175] für Anlagen zur Verbrennung oder Mitverbrennung mit energetischer Verwertung eine Darstellung der Energieeffizienz;

7. eine Baubeschreibung mit den erforderlichen Plänen und Skizzen;

8.[176] eine Beschreibung der beim Betrieb der Behandlungsanlage zu erwartenden Abfälle und eine Beschreibung der Maßnahmen zur Vermeidung, zur Vorbereitung zur Wiederverwendung, zum Recycling, zur sonstigen Verwertung und zur Beseitigung der von der Behandlungsanlage erzeugten Abfälle (Abfallwirtschaftskonzept gemäß § 10 Abs. 3);

9. eine Beschreibung der zu erwartenden Emissionen der Behandlungsanlage und Angaben über die Vermeidung oder, sofern dies nicht möglich ist, die Verringerung der Emissionen;

10.[175] eine Beschreibung der Vorkehrungen zur Einhaltung der Behandlungspflichten gemäß den § 15 Abs. 1 bis 4 und § 16 und gemäß einer Verordnung nach § 23;

11.[76] die Identifikationsnummern der Behandlungsanlage im Register.

(2) Dem Antrag auf eine Genehmigung eines Deponieprojekts sind zusätzlich zu Abs. 1 folgende Unterlagen in vierfacher Ausfertigung anzuschließen:

1. Angaben zu den hydrologischen, geologischen und wasserwirtschaftlichen Merkmalen des Standortes;
2. Angaben über die Deponie(unter)klasse und das vorgesehene Gesamtvolumen;
3. eine Beschreibung der Betriebs- und Überwachungsmaßnahmen (Betriebs- und Überwachungsplan) einschließlich einer Beschreibung der zum Schutz der Umwelt, insbesondere der Luft und der Gewässer, vorgesehenen Maßnahmen unter Angabe der vorgesehenen Messverfahren, Angaben zu den deponietechnischen Anforderungen und den sicherheitstechnischen Maßnahmen;
4. Angaben über Maßnahmen zur Verhinderung von Unfällen und zur Begrenzung von deren Folgen für die Menschen und die Umwelt;
5. Angaben über die für die Stilllegung des Deponiebetriebs vorgesehenen Maßnahmen (vorläufiger Stilllegungsplan) und die Nachsorgemaßnahmen, insbesondere ein Überwachungsplan;
6. Angaben über die Art und Höhe der Sicherstellung;
7. die Darstellung der Abdeckung der Kosten der Errichtung, der geschätzten Kosten des Betriebs, der Stilllegung und der Nachsorge im in Rechnung zu stellenden Entgelt für die Ablagerung aller Abfälle auf der Deponie.

(3) Soweit nicht bereits nach Abs. 1 und 2 erforderlich, hat der Genehmigungsantrag für eine IPPC-Behandlungsanlage zu enthalten:

1. Angaben über die in der Behandlungsanlage eingesetzten und erzeugten Stoffe und Energie;
2. eine Beschreibung des Zustands des Anlagengeländes;
3. eine Beschreibung der Quellen der Emissionen aus der Behandlungsanlage;
4. eine Beschreibung der Art und Menge der vorhersehbaren Emissionen aus der Behandlungsanlage in jedes Umweltmedium;
5. eine Beschreibung der zu erwartenden erheblichen Auswirkungen der Emissionen auf die Umwelt;
6. Angaben über Maßnahmen zur Überwachung der Emissionen;
7. Angaben über sonstige Maßnahmen zur Erfüllung der Voraussetzungen gemäß § 43 Abs. 3;

7a. die wichtigsten vom Antragsteller gegebenenfalls geprüften Alternativen in einer Übersicht;

8.[177] Angaben über Art und Umfang der Tätigkeitender IPPC-Behandlungsanlage gemäß Anhang 5 Teil 1;

9. einen Bericht über den Ausgangszustand im Hinblick auf eine mögliche Verschmutzung des Bodens und Grundwas-

---

[171] Eingefügt durch BGBl I 9/2011.

[172] Eingefügt durch BGBl I 9/2011.

[173] Geändert durch BGBl I 97/2013.

[174] Geändert durch BGBl I 103/2013 und BGBl I 71/2019.

[175] Eingefügt durch BGBl I 9/2011.

[176] Geändert durch BGBl I 103/2013.

[177] Z 8 geändert und Z 9-11 neu eingefügt durch BGBl I 103/2013.

sers auf dem Gelände der Behandlungsanlage, wenn im Rahmen einer Tätigkeit einer IPPC-Behandlungsanlage relevante gefährliche Stoffe verwendet, erzeugt oder freigesetzt werden;

10. die vorgesehene Technologie und sonstige Techniken zur Vermeidung der Emissionen aus der IPPC-Behandlungsanlage oder, sofern dies nicht möglich ist, Verminderung derselben;

11. eine allgemein verständliche Zusammenfassung der Angaben gemäß Z 1 bis 10 und gemäß Abs. 1 Z 1, 2, 8 und 9.

(4) Die Behörde kann die Vorlage zusätzlicher Ausfertigungen der Antragsunterlagen verlangen, wenn dies zur Beteiligung mitwirkender Behörden oder zur Begutachtung durch Sachverständige erforderlich ist. Die Behörde kann, insbesondere bei einem vereinfachten Verfahren, von der Beibringung einzelner Angaben oder Unterlagen absehen, sofern diese für das Genehmigungsverfahren entbehrlich sind.

(4a)[76] Die Behörde kann die Vorlage von Antragsunterlagen in elektronischer Form verlangen. Bei der Vorlage von Antragsunterlagen in elektronischer Form auf Verlangen der Behörde sind die Abfallarten oder Abfallartenpools und die jeweils zugehörigen Behandlungsverfahren in einem durch die zuständige Behörde bearbeitbaren Format zu übermitteln. Abweichend zu Abs. 1 sind Antragsunterlagen in elektronischer Form in einfacher Ausfertigung zu übermitteln.

(5) Der Antragsteller hat Antragsunterlagen, die nach seiner Auffassung Geschäfts- oder Betriebsgeheimnisse enthalten, besonders zu kennzeichnen.

Öffentlichkeitsbeteiligung bei IPPC-Behandlungsanlagen und Verbrennungs- oder Mitverbrennungsanlagen

§ 40. (1)[178] Im redaktionellen Teil einer im Bundesland weit verbreiteten Tageszeitung oder einer im Bundesland weit verbreiteten Wochenzeitung sind Antragsteller, Standort, Projektname und kurze Beschreibung des Projekts zu veröffentlichen und durch Verweis auf die folgenden über eine Internetseite (Link) zugänglichen Dokumente

1. der Antrag für eine Genehmigung für eine IPPC-Behandlungsanlage gemäß § 37 Abs. 1,
2. der Antrag für eine oder Aktualisierung einer Genehmigung gemäß § 37 Abs. 1 für eine Verbrennungs- oder Mitverbrennungsanlage, die einer Verordnung gemäß § 65 Abs. 1 unterliegt,
3. der Antrag für eine oder Aktualisierung einer Genehmigung für eine IPPC-Behandlungsanlage gemäß § 47a Abs. 3 oder § 57 Abs. 3 Z 1

bekannt zu geben.

In der Bekanntmachung ist darauf hinzuweisen, bei welcher Behörde der Antrag und die wichtigsten entscheidungsrelevanten Berichte und Empfehlungen, welche zu diesem Zeitpunkt der Behörde vorliegen, innerhalb einer bestimmten, mindestens sechs Wochen betragenden Frist zur Einsichtnahme aufliegen, wann diese Unterlagen eingesehen werden können und dass jedermann innerhalb dieser Frist zum Antrag Stellung nehmen kann. Weiters ist in der Bekanntmachung darauf hinzuweisen, dass die Entscheidung mit Bescheid erfolgt, und gegebenenfalls auf die Tatsache, dass Konsultationen gemäß Abs. 2 bis 5 erforderlich sind.

(1a) Andere entscheidungsrelevante Informationen, die zum Zeitpunkt der Bekanntmachung des Genehmigungsantrags noch nicht vorliegen, sind in der Folge während des Genehmigungsverfahrens zur Einsichtnahme bei der Behörde aufzulegen.

[178] Satz 1 neu gefasst durch BGBl I 103/2013.

(1b)[179] Ein Genehmigungsbescheid gemäß § 37 Abs. 1 für eine IPPC-Behandlungsanlage oder eine Verbrennungs- oder Mitverbrennungsanlage, die einer Verordnung gemäß § 65 Abs. 1 unterliegt, ist mindestens sechs Wochen bei der Behörde aufzulegen. Die Auflage ist in geeigneter Form auf der Internetseite der Behörde bekannt zu machen. Die Bekanntmachung hat Angaben über das Verfahren zur Beteiligung der Öffentlichkeit zu enthalten. Mit Ablauf von zwei Wochen nach dieser Bekanntmachung gilt der Bescheid auch gegenüber jenen Umweltorganisationen, die gemäß § 19 Abs. 7 UVP-G 2000 anerkannt sind, als zugestellt, die sich am Verfahren nicht oder nicht rechtzeitig (§§ 42, 44a, in Verbindung mit 44b AVG) beteiligt und deshalb keine Parteistellung erlangt haben. Ab dem Tag der Bekanntmachung im Internet ist solchen Umweltorganisationen, die glaubhaft machen, dass ihnen ein Beschwerderecht zukommt, Einsicht in den Verwaltungsakt zu gewähren. Diese Bestimmung ist sinngemäß auf Anträge und Bescheide gemäß § 37 Abs. 1 betreffend die Genehmigung oder wesentliche Änderung bei Seveso-Betrieben anzuwenden.

(1c)[180] Der Spruch der Genehmigung, die Bezeichnung des maßgeblichen BVT-Merkblatts, die Begründung der Genehmigung und allfällige Ausnahmen gemäß § 47a Abs. 3 und § 57 Abs. 2 sind der Öffentlichkeit auf der Internetseite edm.gv.at zugänglich zu machen.

(1d) [181] Folgende Informationen sind der Öffentlichkeit – in Bezug auf Z 1 auch auf der Internetseite edm.gv.at – zugänglich zu machen:

1. relevante Informationen zu den vom Anlageninhaber bei der Auflassung, Stilllegung oder endgültigen Schließung gemäß § 51 Abs. 2a oder § 62 Abs. 8, 9 und 10 getroffenen Maßnahmen und

2. Ergebnisse der entsprechend der Genehmigung erforderlichen Überwachung der Emissionen, die bei der zuständigen Behörde vorliegen.

(2) Wenn

1. die Errichtung, der Betrieb oder eine wesentliche Änderung einer IPPC-Behandlungsanlage erhebliche Auswirkungen auf die Umwelt eines anderen Staates haben könnten oder
2. ein von den Auswirkungen der Errichtung, des Betriebs oder der wesentlichen Änderung der IPPC-Behandlungsanlage betroffener anderer Staat (Z 1) ein diesbezügliches Ersuchen stellt,

hat die Behörde diesen Staat spätestens zum Zeitpunkt der Bekanntmachung gemäß Abs. 1 über das Projekt zu benachrichtigen. Verfügbare Informationen über mögliche grenzüberschreitende Auswirkungen und über den Ablauf des Genehmigungsverfahrens sind zu erteilen. Dem anderen Staat ist eine angemessene Frist für die Mitteilung, ob er am Verfahren teilnehmen will, einzuräumen. Bei wasserrelevanten grenzüberschreitenden Auswirkungen ist bei Verfahrenseinleitung die Grenzgewässerkommission zu informieren.[182]

(3)[183] Will der Staat (Abs. 2) am Verfahren teilnehmen, sind ihm die Unterlagen gemäß Abs. 1 und 1a zu übermitteln. Eine angemessene Frist zur Stellungnahme ist einzuräumen, damit der Staat die Unterlagen der Öffentlichkeit zugänglich machen und ihr Gelegenheit zur Stellungnahme einräumen kann. Erforderlichenfalls sind Konsultationen über mögliche grenzüber schreitende Auswirkungen und allfällige Maßnahmen zur Vermeidung oder Verminderung schädlicher grenzüberschreiten-

[179] Geändert durch BGBl I 73/2018.

[180] Eingefügt durch BGBl I 103/2013.

[181] Eingefügt durch BGBl I 103/2013.

[182] Letzter Satz eingefügt durch BGBl I 103/2013.

[183] Geändert durch BGBl I 103/2013.

der Umweltauswirkungen zu führen. Einem am Verfahren teilnehmenden Staat sind ferner die Ergebnisse des Ermittlungsverfahrens und die Entscheidung über den Genehmigungsantrag zu übermitteln und Informationen gemäß Abs. 1c zugänglich zu machen.

(3a) Soweit für die Durchführung eines grenzüberschreitenden IPPC-Verfahrens erforderlich, hat der Antragsteller der Behörde auf Verlangen Übersetzungen der von ihm vorgelegten Unterlagen in die Sprache des betroffenen Staates vorzulegen.

(4)[184] Werden im Rahmen eines in einem anderen Staat durchgeführten Verfahrens gemäß Abs. 1 betreffend IPPC-Behandlungsanlagen Informationen gemäß Abs. 1 bis 1d übermittelt, so hat die Behörde, in deren Wirkungsbereich erhebliche Auswirkungen auf die Umwelt möglich sind, gemäß Abs. 1 bis 1d vorzugehen. Bei der Behörde eingelangte Stellungnahmen sind dem verfahrensführenden Staat zu übermitteln. Entscheidungen, die in einem anderen Staat getroffen worden sind und die der Behörde vorliegen, sind gemäß Abs. 1c und 1d der Öffentlichkeit zugänglich zu machen. Bei wasserrelevanten grenzüberschreitenden Auswirkungen ist bei Verfahrenseinleitung die Grenzgewässerkommission zu informieren.

(5) Die Abs. 2 und 3 gelten für Staaten, die nicht Vertragspartei des EWR-Abkommens sind, nur nach Maßgabe des Grundsatzes der Gegenseitigkeit. Besondere staatsvertragliche Regelungen bleiben unberührt.

Informationen bei sonstigen Behandlungsanlagen

§ 40a.[185] (1) Bei Bescheiden gemäß § 37 Abs. 1, die nicht der Öffentlichkeitsbeteiligung gemäß § 40 unterliegen, sind

1. Projektwerber, Standort, Projektname und kurze Beschreibung des Projektes, sowie
2. das Datum der Kundmachung und Angaben zum Rechtsschutz

auf der Internetseite der Behörde und auf der Internetseite edm.gv.at kundzumachen und dort für die Dauer von sechs Wochen bereitzustellen. Mit Ablauf von zwei Wochen nach Kundmachung auf der Internetseite der Behörde gilt der Bescheid gegenüber Umweltorganisationen, die gemäß § 42 Abs. 3 zur Ergreifung eines Rechtsmittels berechtigt sind, als zugestellt. Ab dem Tag der Kundmachung auf der Internetseite der Behörde ist einer Umweltorganisation, die gemäß § 19 Abs. 7 UVP-G 2000 anerkannt ist und die ihre Rechtsmittelbefugnis glaubhaft macht, Einsicht in den Verwaltungsakt zu gewähren.

(2) Abs. 1 gilt nicht für Bescheide gemäß § 37 Abs. 1 betreffend Bodenaushubdeponien.

Kundmachung der mündlichen Verhandlung

§ 41.[186] Die Anberaumung einer mündlichen Verhandlung gemäß § 37 Abs. 1 ist im Verfahren vor den Verwaltungsbehörden zusätzlich durch Veröffentlichung auf der Internetseite der Behörde kundzumachen.

Parteistellung und nachträgliches Überprüfungsrecht[187]

§ 42. (1) Parteistellung in einem Genehmigungsverfahren gemäß § 37 Abs. 1 haben

1. der Antragsteller,
2. die Eigentümer der Liegenschaften, auf denen die Anlage errichtet werden soll,
3. Nachbarn,
4. derjenige, der zu einer Duldung verpflichtet werden soll,
5. die Inhaber rechtmäßig geübter Wassernutzungen gemäß § 12 Abs. 2 WRG 1959,
6. die Gemeinde des Standortes und die unmittelbar an die Liegenschaft der Behandlungsanlage angrenzende Gemeinde,
7. das Arbeitsinspektorat gemäß dem Arbeitsinspektionsgesetz 1993, BGBl. Nr. 27/1993,[188]
8.[189] der Umweltanwalt; der Umweltanwalt kann die Einhaltung von naturschutzrechtlichen Vorschriften im Verfahren geltend machen; dem Umweltanwalt wird das Recht eingeräumt, Rechtsmittel zu ergreifen, einschließlich Beschwerde an das Verwaltungsgericht sowie Revision an den Verwaltungsgerichtshof zu erheben,
9. Gemeinden oder Wasserversorgungsunternehmen zur Wahrung der Versorgung ihrer Bürger oder Kunden mit Trinkwasser hinsichtlich der Genehmigungsvoraussetzungen gemäß § 43 Abs. 2 Z 5,
10. diejenigen, deren wasserwirtschaftliche Interessen gemäß den §§ 34 Abs. 6 oder 35 WRG 1959 gefährdet werden könnten,
11. diejenigen, deren wasserwirtschaftliche Interessen durch eine wasserwirtschaftliche Rahmenverfügung als rechtliche Interessen anerkannt wurden, und
12. das wasserwirtschaftliche Planungsorgan in Wahrnehmung seiner Aufgaben,
13.[190] Umweltorganisationen, die gemäß § 19 Abs. 7 UVP-G 2000 anerkannt sind, jeweils im Rahmen ihrer örtlichen Anerkennung, in Verfahren betreffend IPPC-Behandlungsanlagen oder Seveso-Betriebe, soweit sie während der Auflagefrist gemäß § 40 schriftliche Einwendungen erhoben haben; die Umweltorganisationen können die Einhaltung von Umweltschutzvorschriften im Verfahren geltend machen und Rechtsmittel ergreifen,
14. Umweltorganisationen aus einem anderen Staat,
    a) sofern für die zu genehmigende Errichtung, den zu genehmigenden Betrieb oder die zu genehmigende wesentliche Änderung der IPPC-Behandlungsanlage eine Benachrichtigung des anderen Staates gemäß § 40 Abs. 2 erfolgt ist,
    b) sofern die zu genehmigende Errichtung, der zu genehmigende Betrieb oder die zu genehmigende wesentliche Änderung der IPPC-Behandlungsanlage voraussichtlich Auswirkungen auf jenen Teil der Umwelt des anderen Staates hat, für deren Schutz die Umweltorganisation eintritt,
    c) sofern sich die Umweltorganisation im anderen Staat am Genehmigungsverfahren betreffend eine IPPC-Behandlungsanlage beteiligen könnte, wenn die IPPC-Behandlungsanlage im anderen Staat errichtet, betrieben oder wesentlich geändert wird, und
    d) soweit sie während der Auflagefrist gemäß § 40 schriftliche Einwendungen erhoben haben; die Umweltorganisationen können die Einhaltung von Umweltschutzvorschriften im Verfahren geltend machen und Rechtsmittel ergreifen.

(1a)[56] Werden im Rechtsmittelverfahren von einer Umweltorganisation, die gemäß § 19 Abs. 7 UVP-G 2000 anerkannt ist und sich an einem Verfahren als Partei beteiligt hat, Einwendungen oder Gründe erstmals vorgebracht, sind diese nicht

---

184 Neu gefasst durch BGBl I 103/2013.

185 Eingefügt durch BGBl I 73/2018.

186 Geändert durch BGBl I 97/2013.

187 Überschrift geändert durch BGBl I 73/2018.

188 Geändert durch BGBl I 35/2012.

189 Geändert durch BGBl I 97/2013.

190 Neu gefasst durch BGBl I 73/2018.

zulässig, wenn ihr erstmaliges Vorbringen im Rechtsmittelverfahren missbräuchlich oder unredlich ist.

(2) Die Fischereiberechtigten können anlässlich der Genehmigung einer Behandlungsanlage mit nachteiligen Folgen für ihre Fischwässer Maßnahmen zum Schutz der Fischerei begehren. Dem Begehren ist Rechnung zu tragen, sofern die Errichtung oder der Betrieb der Behandlungsanlage nicht unverhältnismäßig erschwert wird. Für sämtliche aus der Errichtung oder dem Betrieb einer Behandlungsanlage erwachsenden vermögensrechtlichen Nachteile gebührt den Fischereiberechtigten eine angemessene Entschädigung. § 46 Abs. 2 ist anzuwenden.

(3)**Fehler! Textmarke nicht definiert.** Umweltorganisationen, die gemäß § 19 Abs. 7 UVP-G 2000 anerkannt sind, sind jeweils im Rahmen ihrer örtlichen Anerkennung berechtigt, gegen Bescheide, die den Kundmachungsvorschriften des § 40a Abs. 1 unterliegen, Rechtsmittel aufgrund von Rechtswidrigkeit wegen der Verletzung von unionsrechtlich bedingten Umweltschutzvorschriften zu ergreifen.

(4)[76] Im Rechtsmittelverfahren kann das zuständige Verwaltungsgericht für Konkretisierungen der Beschwerden und für sonstige Stellungnahmen und Beweisanträge angemessene Fristen setzen mit der Wirkung, dass nach Ablauf dieser Fristen erstattetete Vorbringen im weiteren Verfahren nicht zu berücksichtigen sind. § 39 Abs. 3 AVG ist mit der Maßgabe anzuwenden, dass neue Tatsachen und Beweismittel, sofern diese in noch zulässiger Weise vorgebracht werden können, spätestens in der mündlichen Verhandlung vorzubringen sind und der Schluss des Ermittlungsverfahrens auch für einzelne Teilbereiche der Sache erklärt werden kann. § 39 Abs. 4 erster und zweiter Satz und Abs. 5 AVG sind nicht anzuwenden.

Genehmigungsvoraussetzungen

§ 43. (1) Eine Genehmigung gemäß § 37 ist zu erteilen, wenn zu erwarten ist, dass die Behandlungsanlage neben den Voraussetzungen der gemäß § 38 anzuwendenden Vorschriften folgende Voraussetzungen erfüllt:

1. Das Leben und die Gesundheit des Menschen werden nicht gefährdet.
2. Die Emissionen von Schadstoffen werden jedenfalls nach dem Stand der Technik begrenzt.
3. Nachbarn werden nicht durch Lärm, Geruch, Rauch, Staub, Erschütterung oder in anderer Weise unzumutbar belästigt.
4. Das Eigentum und sonstige dingliche Rechte der Nachbarn werden nicht gefährdet; unter einer Gefährdung des Eigentums ist nicht die Möglichkeit einer bloßen Minderung des Verkehrswertes zu verstehen.

5.[191] Die beim Betrieb der Behandlungsanlage nicht vermeidbaren anfallenden Abfälle werden nach dem Stand der Technik einer Vorbereitung zur Wiederverwendung, einem Recycling oder einer sonstigen Verwertung zugeführt oder – soweit dies wirtschaftlich nicht vertretbar ist – ordnungsgemäß beseitigt.

5a.[192] Die Behandlungspflichten gemäß den §§ 15 und 16 und gemäß einer Verordnung nach § 23 werden eingehalten.

6. Auf die sonstigen öffentlichen Interessen (§ 1 Abs. 3) wird Bedacht genommen.

(2) Eine Genehmigung für ein Deponieprojekt ist zu erteilen, wenn zu erwarten ist, dass die Behandlungsanlage neben den Voraussetzungen des Abs. 1 folgende Voraussetzungen erfüllt:

1. Die geplante Deponie steht mit dem Bundes-Abfallwirtschaftsplan im Einklang.
2. Der Stand der Technik, einschließlich einer fachkundigen Betriebsführung, wird eingehalten.
3. Die Überwachung und Betreuung der Deponie erscheint auf die vermutliche Dauer einer Umweltgefährdung sichergestellt.
4. Es werden die notwendigen Maßnahmen ergriffen, um Unfälle zu vermeiden und deren Folgen zu begrenzen.
5. Hinsichtlich des Schutzgutes Gewässer:
   a) Es ist keine erhebliche Beeinträchtigung des Ablaufs der Hochwässer und des Eises zu besorgen.
   b) Die Deponie steht im Einklang mit bestehenden oder in Aussicht genommenen Regulierungen von Gewässern.
   c) Es ist kein schädlicher Einfluss auf den Lauf, die Höhe, das Gefälle oder die Ufer der natürlichen Gewässer zu besorgen.
   d) Es ist keine nachteilige Beeinflussung der Beschaffenheit der Gewässer zu besorgen.
   e) Es ist keine wesentliche Behinderung des Gemeingebrauchs und keine Gefährdung der notwendigen Wasserversorgung zu besorgen.
   f) Es liegt kein Widerspruch zu den Interessen der wasserwirtschaftlichen Planung an der Sicherung der Trink- und Nutzwasserversorgung vor.
   g) Es ist keine wesentliche Beeinträchtigung der ökologischen Funktionsfähigkeit der Gewässer zu besorgen.

(2a) Die Ablagerung von in Anhang V Teil 2 der EU-POP-V aufgeführten POP-Abfällen bis zu den in diesem Anhang der EU-POP-V angegebenen Konzentrationsgrenzwerten auf einer Deponie für gefährliche Abfälle darf nur genehmigt werden, wenn hinreichend nachgewiesen ist, dass die Dekontamination der POP-Abfälle nicht durchführbar ist und dass die Zerstörung oder unumkehrbare Umwandlung des Gehaltes an persistenten organischen Schadstoffen nach dem Stand der Technik nicht die unter Umweltgesichtspunkten vorzuziehende Möglichkeit darstellt; die Behörde hat der Bundesministerin für Klimaschutz, Umwelt, Energie, Mobilität, Innovation und Technologie den diesbezüglichen rechtskräftigen Genehmigungsbescheid in Kopie zu übermitteln.

(2b)[192] Genehmigungen, die eine Verbrennung oder Mitverbrennung mit energetischer Verwertung umfassen, dürfen nur erteilt werden, wenn bei der energetischen Verwertung ein hoher Grad an Energieeffizienz erreicht wird.

(3) Soweit nicht bereits nach den Abs. 1 bis 2b geboten, ist eine Genehmigung für eine IPPC-Behandlungsanlage zu erteilen, wenn zu erwarten ist, dass die IPPC-Behandlungsanlage folgende Voraussetzungen erfüllt:

1. Alle geeigneten und wirtschaftlich verhältnismäßigen Vorsorgemaßnahmen gegen Umweltverschmutzungen sind insbesondere durch den Einsatz von dem Stand der Technik entsprechenden Verfahren, Einrichtungen und Betriebsweisen getroffen.
2. Die Energie wird effizient eingesetzt.
3. Die notwendigen Maßnahmen werden ergriffen, um Unfälle zu verhindern und deren Folgen zu begrenzen.
4. Die notwendigen Maßnahmen werden getroffen, um nach der Auflassung der Behandlungsanlage die Gefahr einer Umweltverschmutzung zu vermeiden und um erforderlichenfalls einen zufrieden stellenden Zustand des Geländes der Behandlungsanlage wiederherzustellen.

Bei der Erteilung der Genehmigung ist auf die Stellungnahmen gemäß § 40 Bedacht zu nehmen.

(4) Erforderlichenfalls hat die Behörde zur Wahrung der Voraussetzungen gemäß Abs. 1 bis 3 geeignete Auflagen, Bedingungen oder Befristungen vorzuschreiben. Dies gilt

[191] Neu gefasst durch BGBl I 103/2013.

[192] Eingefügt durch BGBl I 9/2011.

auch, wenn im Einzelfall durch die Einhaltung der Bestimmungen zum Stand der Technik einer Verordnung gemäß § 65 Abs. 1 die gemäß § 43 wahrzunehmenden Interessen nicht hinreichend geschützt sind. Sofern die Voraussetzungen nicht erfüllt sind und auch durch die Vorschreibung von Auflagen, Bedingungen oder Befristungen nicht erfüllt werden können, ist der Genehmigungsantrag abzuweisen.

(5) Abweichungen von einer nach § 65 Abs. 1 erlassenen Verordnung sind auf Antrag mit Bescheid zuzulassen, wenn der Antragsteller durch geeignete Maßnahmen, wie Ausstattung und Betriebsweise, Kontrolle und Überwachung während des Betriebs und Nachsorge, sicherstellt, dass der gleiche Schutz erreicht wird, wie er bei Einhaltung der Verordnung zu erwarten wäre. Davon ausgenommen ist das Verbot der Deponierung gemäß einer Verordnung nach § 65 Abs. 1.

(6) Abs. 5 gilt nicht für IPPC-Behandlungsanlagen.

Anwendung von BVT-Schlussfolgerungen für IPPC-Behandlungsanlagen

§ 43a.[193] (1) BVT-Schlussfolgerungen sind als Referenzdokumente für die Erteilung einer Genehmigung für eine IPPC-Behandlungsanlage mit dem Tag der Veröffentlichung im Amtsblatt der Europäischen Union anzuwenden.

(2) Schlussfolgerungen zu den besten verfügbaren Techniken aus BVT-Merkblättern, die von der Europäischen Kommission vor dem 6. Jänner 2011 angenommen worden sind, gelten bis zum Vorliegen von BVT-Schlussfolgerungen gemäß Abs. 1 als Referenzdokumente für die Erteilung einer Genehmigung, insbesondere Auflagen, für eine IPPC-Behandlungsanlage, mit Ausnahme der Festlegung von Emissionsgrenzwerten gemäß § 47a Abs. 2 und 3.

(3) Die Bundesministerin für Klimaschutz, Umwelt, Energie, Mobilität, Innovation und Technologie hat die für IPPC-Behandlungsanlagen relevanten BVT-Schlussfolgerungen und BVT-Merkblätter auf der Internetseite edm.gv.at zu veröffentlichen.

Probebetrieb, Vorarbeiten

§ 44. (1) Für gemäß § 37 Abs. 1 genehmigungspflichtige Behandlungsanlagen, ausgenommen Deponien, kann im Genehmigungsbescheid angeordnet werden, dass die Behandlungsanlage oder Teile dieser Behandlungsanlage erst auf Grund einer gesonderten Betriebsgenehmigung in Betrieb genommen werden dürfen, wenn im Zeitpunkt der Genehmigung nicht ausreichend beurteilt werden kann, ob die die Auswirkungen der Behandlungsanlage oder von Teilen dieser Behandlungsanlage betreffenden Auflagen des Genehmigungsbescheides die gemäß § 43 wahrzunehmenden Interessen hinreichend schützen oder zur Erreichung dieses Schutzes andere oder zusätzliche Auflagen erforderlich sind. Bei Vorschreibung einer gesonderten Betriebsgenehmigung ist ein befristeter Probebetrieb anzuordnen. Der Probebetrieb darf höchstens zwei Jahre dauern. Für Behandlungsanlagen oder Teile von Behandlungsanlagen, die erst auf Grund einer gesonderten Betriebsgenehmigung in Betrieb genommen werden dürfen, ist bei der Erteilung dieser Genehmigung die Vorschreibung von anderen oder zusätzlichen Auflagen, Bedingungen oder Befristungen zulässig. Im Verfahren betreffend die gesonderte Betriebsgenehmigung haben die im § 42 genannten Personen Parteistellung. Nachbarn kommt Parteistellung zu, wenn sie bereits im Zuge des Errichtungs- oder Änderungsverfahrens Einwendungen erhoben haben.

(2) Die Behörde kann im Rahmen eines Genehmigungsverfahrens gemäß § 37, erforderlichenfalls unter Vorschreibung bestimmter, geeigneter Auflagen oder Bedingungen, schon vor der Genehmigung der Errichtung, des Betriebs oder der Änderung der Behandlungsanlage oder von Teilen dieser Behandlungsanlage die erforderlichen Vorarbeiten (zB Versuchsbetrieb) genehmigen, wenn

1. zur Ausarbeitung des Projektes Vorarbeiten erforderlich sind oder
2. das Vorliegen des Ergebnisses bestimmter Vorarbeiten für die Entscheidung der Behörde von wesentlicher Bedeutung ist

und anzunehmen ist, dass die Errichtung und der Betrieb der Behandlungsanlage bei Vorschreibung bestimmter Auflagen, Bedingungen oder Befristungen zulässig sein wird. Für die Durchführung der Vorarbeiten ist in der Genehmigung eine angemessene, höchstens zwei Jahre betragende Frist ab dem Zeitpunkt zu setzen, ab dem diese Vorarbeiten tatsächlich durchgeführt werden. Die Genehmigung gilt auch als entsprechende Genehmigung, Bewilligung oder Nicht-Untersagung gemäß den nach § 38 mitanzuwendenden Vorschriften für die Vorarbeiten. Gegen die Genehmigung ist ein abgesondertes Rechtsmittel nicht zulässig. Parteistellung hat nur der Antragsteller.

Zivilrechtliche Einwendungen

§ 45. Werden von Nachbarn privatrechtliche Einwendungen gegen die Behandlungsanlage vorgebracht, so hat der Verhandlungsleiter auf eine Einigung hinzuwirken; eine herbeigeführte Einigung ist in der Niederschrift über die Verhandlung zu beurkunden. Im Übrigen ist bei solchen Einwendungen auf den Zivilrechtsweg zu verweisen.

Duldungspflicht

§ 46. (1) Die Behörde hat erforderlichenfalls die Liegenschaftseigentümer und die an der Liegenschaft dinglich Berechtigten mit Bescheid zu verpflichten, Untersuchungen, die zur Beurteilung der Auswirkungen der Behandlungsanlage auf den Boden, das Wasser, die Luft oder die Pflanzen unbedingt erforderlich sind, zu dulden. Durch den Wechsel des Liegenschaftseigentümers oder des an der Liegenschaft dinglich Berechtigten wird die Wirksamkeit des Bescheides nicht berührt.

(2)[194] Soweit dem Duldungspflichtigen ein Schaden entsteht, ist dieser angemessen zu entschädigen. Für die Entschädigung und das Verfahren gelten die §§ 18 bis 20a des Bundesstraßengesetzes, BGBl. Nr. 286/1971. Zuständige Behörde ist die Genehmigungsbehörde.

Bescheidinhalte

§ 47. (1) Der Bescheid, mit dem eine Behandlungsanlage gemäß § 37 genehmigt wird, hat jedenfalls zu enthalten:

1.[195] die zu behandelnden Abfallarten oder Abfallartenpools, die Mengen dieser Abfallarten oder Abfallartenpools, die Kapazität und das Behandlungsverfahren;
2. technische Vorschreibungen, insbesondere Maßnahmen zur Begrenzung der Emissionen;
3. Sicherheitsvorkehrungen;
4. Maßnahmen zur Abfallvermeidung, -verwertung und –beseitigung betreffend die im Betrieb anfallenden Abfälle;
5. Maßnahmen für die Unterbrechung des Betriebs und vorläufige Maßnahmen für die Auflassung der Behandlungsanlage oder zur Stilllegung der Deponie (Stilllegungsplan).

Für Behandlungsanlagen ist die Identifikationsnummer der Behandlungsanlage im Register anzugeben.[196]

193 Samt Überschrift eingefügt durch BGBl I 103/2013.

194 Geändert durch BGBl I 97/2013.

195 Neu gefasst durch BGBl I 71/2019.

(2) Der Bescheid, mit dem eine Deponie genehmigt wird, hat zusätzlich zu Abs. 1 jedenfalls zu enthalten:

1. die Deponie(unter)klasse und das Gesamtvolumen der Deponie;
2. Maßnahmen betreffend die Errichtung, Ausstattung und den Betrieb (Betriebsplan einschließlich der Eingangskontrolle, Vorschreibungen für verfestigte, stabilisierte oder immobilisierte Abfälle, Qualitätssicherung), die Begrenzung der Emissionen, die Mess- und Überwachungsverfahren (Mess-, Überwachungs- und Notfallplan im Sinne der Richtlinie 1999/31/EG über Abfalldeponien, ABl. Nr. L 182 vom 16. 7. 1999, S 1) und die Information der Behörde;
3. Maßnahmen für die Nachsorge der Deponie.

(3)[197] Soweit nicht bereits nach Abs. 1 und 2 erforderlich, hat der Bescheid, mit dem eine IPPC-Behandlungsanlage genehmigt wird, insbesondere zu enthalten:

1. a) Emissionsgrenzwerte für Schadstoffe gemäß einer Verordnung nach § 65 Abs. 1 oder gemäß einer Regelung von mitanzuwendenden Vorschriften; sind die in österreichischen Rechtsvorschriften enthaltenen Emissionsgrenzwerte weniger streng als jene, die sich aus BVT-Schlussfolgerungen, die nach dem 6. Jänner 2011 veröffentlicht worden sind, ergeben würden, müssen Grenzwerte gemäß § 47a vorgeschrieben werden; und
   b) Emissionsgrenzwerte für Schadstoffe des Anhangs 5 Teil 2 und sonstige Schadstoffe, wenn sie von der Anlage in relevanter Menge emittiert werden können und die in keiner Verordnung gemäß § 65 Abs. 1 oder mitanzuwendenden Vorschrift geregelt sind; und
   c) Emissionsgrenzwerte für weitere Schadstoffe, wenn dies in BVT-Schlussfolgerungen, die nach dem 6. Jänner 2011 veröffentlicht worden sind, vorgesehen ist.

   Dabei ist die mögliche Verlagerung der Verschmutzung von einem Medium (Wasser, Luft, Boden) in ein anderes zu berücksichtigen, um zu einem hohen Schutzniveau der Umwelt insgesamt beizutragen; gegebenenfalls dürfen Emissionsgrenzwerte, soweit sie nicht in einer Verordnung gemäß § 65 oder in einer mit anzuwendenden Vorschrift geregelt sind, durch äquivalente Parameter oder äquivalente technische Maßnahmenerweitert oder ersetzt werden. Die in der Genehmigung festgelegten Emissionsgrenzwerte und die äquivalenten Parameter oder Maßnahmen sind auf den Stand der Technik zu stützen; hiebei sind die technische Beschaffenheit der betreffenden Behandlungsanlage, ihr Standort und die jeweiligen örtlichen Umweltbedingungen zu berücksichtigen;
2. erforderlichenfalls vorübergehende Ausnahmen von den Anforderungen gemäß Z 1, sofern ein entsprechender Sanierungsplan vorliegt und genehmigt wird und die Umsetzung des Projektes zu einer Verminderung der Umweltverschmutzung führt; der Sanierungsplan hat die Einhaltung der Anforderungen gemäß Z 1 binnen sechs Monaten sicherzustellen;
3. Anforderungen an die Überwachung der Emissionen (einschließlich der Messmethode, der Messhäufigkeit, des Bewertungsverfahrens und sofern erforderlich des Messorts); die Vorgabe, dass in den Fällen, in denen § 47a Abs. 2 angewendet wurde, die Ergebnisse der genannten Emissionsüberwachung für die gleichen Zeiträume und Referenzbedingungen verfügbar sind wie für die mit den besten verfügbaren Techniken assoziierten Emissionswerte; die Überwachungsauflagen stützen sich gegebenenfalls auf die in den BVT-Schlussfolgerungen beschriebenen Überwachungsanforderungen;
4. angemessene Auflagen zum Schutz des Bodens und des Grundwassers; angemessene Anforderungen für die regelmäßige Wartung und für die Überwachung der Maßnahmen zur Vermeidung der Verschmutzung des Bodens und des Grundwassers;

4a. angemessene Anforderungen für die wiederkehrende Überwachung des Bodens und des Grundwassers auf die relevanten gefährlichen Stoffe, die wahrscheinlich vor Ort anzutreffen sind, unter Berücksichtigung möglicher Boden- und Grundwasserverschmutzungen auf dem Gelände der IPPC-Behandlungsanlage; die wiederkehrende Überwachung muss mindestens alle fünf Jahre für das Grundwasser und mindestens alle zehn Jahre für den Boden durchgeführt werden, es sei denn, diese Überwachung erfolgt anhand einer systematischen Beurteilung des Verschmutzungsrisikos;

5. Maßnahmen für andere als normale Betriebsbedingungen, wie das An- und Abfahren, das unbeabsichtigte Austreten von Stoffen, Störungen, kurzzeitiges Abfahren sowie die Auflassung, Stilllegung oder endgültige Schließung des Betriebs;
6.[198] über den Stand der Technik hinausgehende bestimmte Auflagen, wenn und soweit dies zur Verhinderung des Überschreitens eines unionsrechtlich festgelegten Immissionsgrenzwertes erforderlich ist;
7. erforderlichenfalls Auflagen für Vorkehrungen zur weitestgehenden Verminderung der weiträumigen oder grenzüberschreitenden Verschmutzung;
8. eine Verpflichtung des Anlageninhabers, der zuständigen Behörde regelmäßig, mindestens einmal jährlich, Folgendes zu übermitteln:
   a) Informationen auf der Grundlage der Ergebnisse der in Z 3 genannten Emissionsüberwachung und sonstige erforderliche Daten, die der zuständigen Behörde die Prüfung der Einhaltung der Genehmigung ermöglichen, und
   b) in den Fällen, in denen gemäß § 47a Abs. 2 bei den Emissionsgrenzwerten Abweichungen von mit den besten verfügbaren Techniken assoziierten Emissionswerten in Bezug auf Werte, Zeiträume und Referenzbedingungen festgelegt werden, eine Zusammenfassung der Ergebnisse der Emissionsüberwachung, die einen Vergleich mit den den besten verfügbaren Techniken assoziierten Emissionswerten ermöglicht.

Emissionsgrenzwerte, äquivalente Parameter und äquivalente technische Maßnahmen für IPPC-Behandlungsanlagen

§ 47a.[199] (1) Die Emissionsgrenzwerte für Schadstoffe gelten an dem Punkt, an dem die Emissionen die Behandlungsanlage verlassen, wobei eine etwaige Verdünnung vor diesem Punkt bei der Festsetzung der Grenzwerte nicht berücksichtigt wird. Die emittierte Stofffracht ist das zu minimierende Kriterium. Die wasserrechtlichen Vorschriften bleiben unberührt.

(2) Die Behörde hat gemäß § 47 Abs. 3 Z 1 Emissionsgrenzwerte in Genehmigungen festzulegen, mit denen sichergestellt wird, dass die Emissionen unter normalen Betriebsbedingungen die mit den besten verfügbaren Techniken assoziierten Emissionswerte der BVT-Schlussfolgerungen gemäß § 43a Abs. 1 nicht überschreiten. Diese Emissionsgrenzwerte werden für die gleichen oder kürzere Zeiträume und unter

[196] Schlussteil angefügt durch BGBl I 200/2021.

[197] Z 1, 3, 4 und 5 neu gefasst und Z 4a sowie Z 8 eingefügt durch BGBl I 103/2013.

[198] Geändert durch BGBl I 9/2011.

[199] Samt Überschrift eingefügt durch BGBl I 103/2013.

denselben Referenzbedingungen ausgedrückt wie die mit den besten verfügbaren Techniken assoziierten Emissionswerte. Unbeschadet einer Verordnung nach § 65 Abs. 1 oder einer mitanzuwendenden Vorschrift kann die Behörde Emissionsgrenzwerte festlegen, die in Bezug auf Werte, Zeiträume und Referenzbedingungen abweichen. Werden Abweichungen festgelegt, hat die Behörde mindestens jährlich die Ergebnisse der Emissionsüberwachung zu bewerten, um sicherzustellen, dass die Emissionen unter normalen Betriebsbedingungen die mit den besten verfügbaren Techniken assoziierten Emissionswerte nicht überschritten haben.

(3) Abweichend von Abs. 2 kann die Behörde auf Antrag unbeschadet (mit)anzuwendender Vorschriften in besonderen Fällen weniger strenge Grenzwerte festlegen. Voraussetzung dafür ist das Ergebnis einer Bewertung, dass die Erreichung der mit den besten verfügbaren Techniken assoziierten Emissionswerte entsprechend der Beschreibung in den BVT-Schlussfolgerungen aufgrund des geografischen Standortes und der lokalen Umweltbedingungen der betroffenen IPPC-Behandlungsanlage oder der technischen Merkmale der betroffenen Behandlungsanlage gemessen am Umweltnutzen zu unverhältnismäßig höheren Kosten führen würde. Das Vorliegen dieser Voraussetzungen ist vom Antragsteller im Antrag darzulegen. Die Behörde hat die Ergebnisse dieser Bewertung sowie die festgelegten Auflagen in der Genehmigung zu begründen und gemäß § 40 Abs. 1c zu veröffentlichen. Die zuständige Behörde führt als Teil jeder Überprüfung gemäß § 57 eine erneute Bewertung durch.

(4) Die Behörde kann für einen Gesamtzeitraum von höchstens neun Monaten vorübergehende Abweichungen von den Auflagen gemäß Abs. 2 und gemäß § 43 Abs. 1 Z 2 und Abs. 3 Z 1 für die Erprobung und Anwendung von Zukunftstechniken genehmigen, sofern nach dem festgelegten Zeitraum die Anwendung der betreffenden Technik beendet wird oder im Rahmen der Tätigkeit mindestens die mit den besten verfügbaren Techniken assoziierten Emissionswerte erreicht werden.

Bestimmungen für Deponiegenehmigungen

§ 48. (1) Die Einbringung von Abfällen in eine Deponie darf jeweils nur für einen Zeitraum von 20 Jahren genehmigt werden, sofern die Behörde nicht unter Bedachtnahme auf besondere Umstände kürzere Zeiträume festlegt. Unterbleibt im Genehmigungsbescheid eine Bestimmung des Einbringungszeitraums, dann gilt ein Zeitraum von 20 Jahren ab Rechtskraft des Genehmigungsbescheides als festgelegt. Bei Deponien, die am 1. Juli 1996 nach § 29 Abs. 1 des Abfallwirtschaftsgesetzes (im Folgenden: AWG 1990), BGBl. Nr. 325/1990, genehmigt oder wasserrechtlich bewilligt waren, endet der Einbringungszeitraum, sofern die Genehmigung nicht anderes normiert, 20 Jahre ab Rechtskraft des Genehmigungsbescheides, nicht aber vor dem 1. Jänner 2004. Ein Antrag auf Verlängerung des Einbringungszeitraumes ist frühestens fünf Jahre und spätestens sechs Monate vor Ablauf der festgelegten Dauer zulässig; der Ablauf der Genehmigungsdauer ist in diesem Fall bis zur rechtskräftigen Entscheidung über den Antrag der Verlängerung des Einbringungszeitraumes gehemmt; wird gegen die Abweisung eines Antrags auf Verlängerung des Einbringungszeitraumes der Verwaltungsgerichtshof oder der Verfassungsgerichtshof angerufen, wird die Einbringungsdauer bis zur Entscheidung dieses Gerichts verlängert. Wird der Antrag rechtzeitig gestellt, hat der Inhaber der Deponie Anspruch auf Fristverlängerung, wenn die Voraussetzungen des § 43 nach Maßgabe des § 76 erfüllt sind.

(2) Zugleich mit der Erteilung der Genehmigung hat die Behörde die Leistung einer angemessenen Sicherstellung zur Erfüllung der mit der Genehmigung verbundenen Auflagen und Verpflichtungen, insbesondere für die ordnungsgemäße Erhaltung und Stilllegung oder Schließung der Deponie einschließlich der Nachsorge, aufzuerlegen. Als Leistung einer Sicherstellung gilt eine finanzielle Sicherheitsleistung oder etwas Gleichwertiges, wie zB eine ausreichende Haftungserklärung einer Gebietskörperschaft oder eines Wasser- oder Abfallverbandes. Für den Fall, dass die Maßnahmen betreffend die Einhaltung der Auflagen und Verpflichtungen gemäß dem ersten Satz nicht vom Deponieinhaber gesetzt werden, einschließlich für den Fall der Insolvenz des Deponieinhabers, muss die Sicherstellung der Behörde als Vermögenswert für die Durchführung der erforderlichen Maßnahmen zur Verfügung stehen.

(2a)[200] Die Berechnung einer Sicherstellung für eine Deponie hat bezogen auf die Auflagen und Verpflichtungen gemäß Abs. 2 erster Satz im Einzelfall zu erfolgen. Sofern keine finanzmathematische Berechnung der Sicherstellung erfolgt, hat die Behörde die Sicherstellung anhand des Baukostenindexes für den Straßenbau wertzusichern; bei einer aufsummierten Steigerung über fünf Prozentpunkte des Baukostenindexes gegenüber der geleisteten Sicherstellung hat der Deponieinhaber die Sicherstellung entsprechend zu erhöhen; sofern Teilbeträge vorgeschrieben sind, ist die Wertsteigerung bei der Bestimmung dieser Teilbeträge zu berücksichtigen. Bei einer Haftungserklärung einer Gebietskörperschaft oder eines Wasser- oder Abfallverbandes muss der Deponieinhaber mit einem Testat eines Wirtschaftsprüfers oder eines für derartige Gutachten allgemein beeideten und gerichtlich zertifizierten Sachverständigen der Behörde nachweisen, dass die Kosten für die Einhaltung der Auflagen und Verpflichtungen gemäß Abs. 2 erster Satz in den Abfallübernahmepreisen im vollen Umfang berücksichtigt sind; weiters ist ein derartiges Testat bei jeder Senkung der Abfallübernahmepreise, jedenfalls aber alle fünf Jahre während der Ablagerungsphase, der Behörde vorzulegen.

(2b) Die Behörde hat die bescheidmäßig festgelegte Sicherstellung, insbesondere die Höhe, zu überprüfen und erforderlichenfalls bescheidmäßig anzupassen, wenn sich die rechtlichen Verpflichtungen, deren Erfüllung von der Sicherstellung umfasst ist, ändern. Eine Änderung der rechtlichen Verpflichtungen kann sich insbesondere durch eine Änderung der Verordnung gemäß § 65 Abs. 1 über Deponien oder durch eine Änderung des Genehmigungsbescheides ergeben.

(2c) Abs. 2b gilt nicht für Deponien, für die der Einbringungszeitraum beendet oder die genehmigte Gesamtkapazität erreicht ist.

(3) Deponiegenehmigungen und die damit verbundenen Verpflichtungen sind im Grundbuch von Amts wegen als Belastung ersichtlich zu machen. Die Ersichtlichmachung hat zur Folge, dass sich niemand, der eine spätere Eintragung erwirkt, auf die Unkenntnis der Belastung berufen kann.

(4)[56] Für Deponien gemäß § 37 Abs. 3 Z 1 (Bodenaushubdeponien unter 100 000 m^3, soweit ausschließlich nicht verunreinigtes Bodenaushubmaterial abgelagert wird) sind § 49 und § 76 Abs. 2 nicht anzuwenden. Von der Bestellung einer Deponieaufsicht kann abgesehen werden, wenn seitens der Behörde die Deponie regelmäßig kontrolliert wird.

Für Deponien gemäß § 37 Abs. 3 Z 1 (Bodenaushubdeponien unter 100 000 m^3, soweit ausschließlich nicht verunreinigtes Bodenaushubmaterial abgelagert wird) gilt Folgendes:

1. Abs. 2, die §§ 39 Abs. 2, 49, 76 Abs. 2 dieses Bundesgesetzes und die §§ 22 bis 32, 35 bis 38 und 41 Abs. 2 Z 5 und 7 bis 9 und Abs. 6 der Deponieverordnung 2008, BGBl. II Nr. 39/2008, sind nicht anzuwenden. Die §§ 19 und 20 der Deponieverordnung 2008 sind nur für nicht verunreinigtes Bodenaushubmaterial, das aus einem Bauvorhaben stammt, bei dem mehr als 2 000 Tonnen Bodenaushubmaterial insgesamt als Abfall anfallen, anzuwenden.

[200] Geändert durch BGBl I 9/2011.

2. Für Bodenaushubdeponien unter 35 000 m^3 sind weiters die §§ 33 und 39 der Deponieverordnung 2008 nicht anzuwenden. Anlagen innerhalb des Deponiebereichs sind auf Bodenaushubdeponien unter 35 000 m^3 nicht zulässig.
3. Von der Bestellung einer Deponieaufsicht kann abgesehen werden, wenn seitens der Behörde die Deponie regelmäßig kontrolliert wird.
4. Dem Antrag betreffend die Genehmigung einer Bodenaushubdeponie unter 100 000 m^3 sind Angaben zur Standorteignung und zur Standsicherheit, einschließlich der erforderlichen Maßnahmen zur Ableitung oberirdischer Wässer während der Ablagerungsphase, anzuschließen.
5. Der Deponieinhaber hat dafür Sorge zu tragen, dass bei der Übernahme von nicht verunreinigtem Bodenaushubmaterial und beim Abfalleinbau weder Personen noch die Standsicherheit der Deponie gefährdet werden und keine über das unvermeidliche Ausmaß hinausgehende Staub- und Lärmentwicklung erfolgt.

Bestellung einer Bauaufsicht für Deponien

§ 49. (1) Die Behörde hat zur Überwachung der Bauausführung bei Deponien geeignete Aufsichtsorgane durch Bescheid zu bestellen.

(2) Die Bauaufsicht erstreckt sich auf die fach- und vorschriftsgemäße Ausführung der Bauarbeiten, einschließlich der Einhaltung der entsprechenden Auflagen, Bedingungen oder Befristungen des Genehmigungsbescheides.

(3) Die Aufsichtsorgane sind berechtigt, jederzeit Untersuchungen, Vermessungen und Prüfungen an der Baustelle vorzunehmen, Einsicht in Behelfe oder sonstige Unterlagen zu nehmen und erforderlichenfalls Baustoffe, Bauteile und bautechnische Maßnahmen zu beanstanden. Wird keine Übereinstimmung über die zu treffenden Maßnahmen erzielt, so ist unverzüglich die Entscheidung der Behörde einzuholen.

(4) Die Aufsichtsorgane sind zur Wahrung der ihnen zur Kenntnis gelangenden Betriebs- und Geschäftsgeheimnisse verpflichtet.

(5) Durch die Abs. 1 bis 4 werden andere einschlägige Bestimmungen, wie bau- oder gewerbepolizeiliche Vorschriften, nicht berührt. Auch wird die Verantwortlichkeit der Inhaber einer Deponie und der Bauführer durch die Bestellung einer Bauaufsicht nicht eingeschränkt.

(6)[201] Die Kosten der Bauaufsicht sind vom Inhaber der Deponie zu tragen. Über diese Kosten ist vom Aufsichtsorgan bis 30. August des Folgejahres beim Inhaber der Deponie Rechnung zu legen. Bei Fristversäumnis erlischt der Kostenanspruch. Diese Kosten sind innerhalb von zwei Monaten ab Einlangen der Rechnung vom Inhaber der Deponie zu bezahlen. Wenn die Kosten nicht beglichen werden, hat das Aufsichtsorgan innerhalb von einem Jahr nach Vorlage der Rechnung bei der Behörde einen Antrag auf bescheidmäßige Erledigung einzubringen. Bringt das Aufsichtsorgan diesen Antrag nicht fristgerecht ein, erlischt der Anspruch.

Vereinfachtes Verfahren

§ 50. (1) Im vereinfachten Verfahren sind die §§ 38, 39, 43 und 46 bis 49 nach Maßgabe der folgenden Absätze anzuwenden.

(2) Die Behörde hat einen Antrag für eine Genehmigung gemäß § 37 Abs. 3 vier Wochen aufzulegen. Die Auflage ist in geeigneter Weise, wie Anschlag in der Standortgemeinde oder Veröffentlichung auf der Internetseite der Behörde, bekannt zu geben. Die Nachbarn können innerhalb der Auflagefrist Einsicht nehmen und sich zum geplanten Projekt äußern. Die Behörde hat bei der Genehmigung auf die eingelangten Äußerungen Bedacht zu nehmen.

(3) Ein Bescheid ist innerhalb von vier Monaten nach Einlangen des Antrags zu erlassen.

(4)[75] Parteistellung im vereinfachten Verfahren hat der Antragsteller, derjenige, der zu einer Duldung verpflichtet werden soll, das Arbeitsinspektorat gemäß dem Arbeitsinspektionsgesetz 1993, die Gemeinde des Standortes hinsichtlich der Verfahren gemäß § 37 Abs. 3 Z 1 mit dem Recht, die Wahrung der öffentlichen Interessen gemäß § 1 Abs. 3 Z 1 bis 4 im Verfahren geltend zu machen, das wasserwirtschaftliche Planungsorgan in Wahrnehmung seiner Aufgaben und der Umweltanwalt mit dem Recht, die Einhaltung von naturschutzrechtlichen Vorschriften und hinsichtlich der Verfahren gemäß § 37 Abs. 3 Z 2 bis 4 die Wahrung der öffentlichen Interessen gemäß § 1 Abs. 3 Z 1 bis 4 im Verfahren geltend zu machen. Dem Umweltanwalt wird das Recht eingeräumt, Rechtsmittel zu ergreifen, einschließlich Beschwerde an das Verwaltungsgericht sowie Revision an den Verwaltungsgerichtshof zu erheben.[202, 203]

Anzeigeverfahren

§ 51. (1) Maßnahmen gemäß § 37 Abs. 4 Z 1, 2, 4 und 8 sind der Behörde drei Monate vor Durchführung unter Anschluss der Antragsunterlagen gemäß § 39, soweit diese Unterlagen erforderlich sind, anzuzeigen. Die Behörde hat diese Anzeige erforderlichenfalls unter Erteilung der zur Wahrung der Interessen gemäß § 43 geeigneten Aufträge mit Bescheid innerhalb von drei Monaten zur Kenntnis zu nehmen. Dieser Bescheid bildet einen Bestandteil des Genehmigungsbescheides. Mit den Maßnahmen darf erst nach Rechtskraft des Kenntnisnahmebescheides begonnen werden. § 56 ist sinngemäß anzuwenden.

(2)[204,205] Maßnahmen gemäß § 37 Abs. 4 Z 5 bis 7, 9 und Abs. 4a sind der Behörde anzuzeigen und können mit Einlangen der Anzeige vorgenommen werden. Einer Anzeige gemäß § 37 Abs. 4 Z 7 ist die Beschreibung der vorgesehenen Auflassungs- oder Stilllegungsmaßnahmen anzuschließen. Einer Anzeige gemäß § 37 Abs. 4 Z 9 ist neben den Antragsunterlagen gemäß § 39, soweit diese Unterlagen erforderlich sind, die begründete Darlegung anzuschließen, dass das Emissionsverhalten der Behandlungsanlage nicht nachteilig beeinflusst wird. Anzeigen gemäß § 37 Abs. 4 Z 9 hat die Behörde mit Bescheid zur Kenntnis zu nehmen, Anzeigen gemäß § 37 Abs. 4 Z 5 bis 7 und Abs. 4a nur auf Antrag. Im Fall des § 37 Abs. 4 Z 6 und Z 9 bildet dieser Bescheid einen Bestandteil des Genehmigungsbescheides. Reichen bei Maßnahmen gemäß § 37 Abs. 4 Z 4, 5, 7, 8, 9 oder Abs. 4a die vom Inhaber der Behandlungsanlage zur Wahrung der Interessen gemäß § 43 getroffenen Maßnahmen nicht aus, hat die Behörde die erforderlichen Aufträge zu erteilen.

(2a)[206] Im Fall der Anzeige der Auflassung oder Stilllegung einer IPPC-Behandlungsanlage gemäß § 37 Abs. 4 Z 7 hat der Inhaber der IPPC-Behandlungsanlage der Anzeige eine Bewertung und erforderlichenfalls eine Darstellung der Maßnahmen gemäß Z 1 oder 2 anzuschließen:

1. bei Vorliegen eines Berichts über den Ausgangszustand gemäß § 2 Abs. 8 Z 12, eine Bewertung des Standes der Boden- und Grundwasserverschmutzung durch relevante gefährliche Stoffe, die durch die Behandlungsanlage verwendet, erzeugt oder freigesetzt werden; wurden durch die Behandlungsanlage erhebliche Boden- und Grundwasser-

[201] Neu gefasst durch BGBl I 71/2019.

[202] Geändert durch BGBl I 35/2012.

[203] Satz 4 geändert durch BGBl I 97/2013.

[204] Neu gefasst durch BGBl I 71/2019.

[205] Geändert durch BGBl I 24/2020 und BGBl I 200/2021.

[206] Eingefügt durch BGBl I 103/2013.

verschmutzungen mit relevanten gefährlichen Stoffen im Vergleich zu dem im Bericht über den Ausgangszustand angegebenen Zustand verursacht, eine Darstellung der erforderlichen Maßnahmen zur Beseitigung dieser Verschmutzung, um das Gelände in jenen Zustand zurückzuführen;

2. liegt ein Bericht über den Ausgangszustand gemäß § 2 Abs. 8 Z 12 nicht vor, weil die Genehmigung noch nicht gemäß § 57 aktualisiert worden ist oder keine Verpflichtung zur Erstellung besteht, eine Bewertung, ob die Verschmutzung von Boden und Grundwasser auf dem Gelände eine erhebliche Gefährdung der menschlichen Gesundheit oder der Umwelt als Folge der genehmigten Tätigkeiten darstellt; bei Vorhandensein einer Gefährdung, eine Darstellung der erforderlichen Maßnahmen zur Beseitigung, Verhütung, Eindämmung oder Verringerung relevanter gefährlicher Stoffe, damit das Gelände unter Berücksichtigung seiner derzeitigen oder genehmigten künftigen Nutzung keine solche Gefährdung mehr darstellt.

(3) Wird eine Anzeige gemäß § 37 Abs. 4 erstattet und bestehen begründete Zweifel, ob die gesetzlichen Voraussetzungen für ein Anzeigeverfahren vorliegen, hat der Landeshauptmann von Amts wegen einen Feststellungsbescheid gemäß § 6 Abs. 6 zu erlassen. Das Anzeigeverfahren ist bis zur rechtskräftigen Entscheidung des Feststellungsverfahrens auszusetzen. Weiters ist das Anzeigeverfahren bis zur rechtskräftigen Entscheidung des Feststellungsverfahrens auszusetzen, wenn während des Anzeigeverfahrens ein Feststellungsbescheid gemäß § 6 Abs. 6 beantragt wird.

(4) Parteistellung im Anzeigeverfahren hat der Inhaber der Behandlungsanlage. Neben dem Inhaber der Behandlungsanlage hat das Arbeitsinspektorat gemäß dem Arbeitsinspektionsgesetz 1993 Parteistellung.

Genehmigung von mobilen Behandlungsanlagen

§ 52. (1) Eine mobile Behandlungsanlage, die in einer Verordnung gemäß § 65 Abs. 3 genannt ist, oder eine wesentliche Änderung einer solchen mobilen Behandlungsanlage ist von der Behörde zu genehmigen.

(2) Dem Antrag auf Genehmigung einer mobilen Behandlungsanlage sind folgende Unterlagen in vierfacher Ausfertigung anzuschließen:

1. Angaben über Art, Zweck und Umfang der vorgesehenen Behandlung;
2. Angaben über die zu behandelnden Abfallarten und die Behandlungsverfahren;
3. allgemeine Kriterien für die Aufstellungsorte;
4. eine Anlagenbeschreibung, einschließlich der erforderlichen Pläne und Skizzen;
5. eine Beschreibung der beim Betrieb der Behandlungsanlage zu erwartenden anfallenden Abfälle und der Vorkehrungen zu deren Vermeidung, Verwertung oder Beseitigung (Abfallwirtschaftskonzept gemäß § 10 Abs. 3);
6. eine Beschreibung der zu erwartenden Emissionen und Angaben über die Vermeidung oder, sofern dies nicht möglich ist, die Verringerung der Emissionen.

Für Behandlungsanlagen ist die Identifikationsnummer der Behandlungsanlage im Register anzugeben.[207]

(3)[208] Neben dem Antragsteller haben das Arbeitsinspektorat gemäß dem Arbeitsinspektionsgesetz 1993 und der Umweltanwalt des Bundeslandes, in dem der Antrag gestellt wurde, Parteistellung. Der Umweltanwalt hat das Recht, die Wahrung der öffentlichen Interessen gemäß § 1 Abs. 3 geltend zu machen und Rechtsmittel zu ergreifen, einschließlich Beschwerde an das Verwaltungsgericht sowie Revision an den Verwaltungsgerichtshof zu erheben.

(4) Eine Genehmigung für eine mobile Behandlungsanlage ist zu erteilen, wenn zu erwarten ist, dass die mobile Behandlungsanlage die Voraussetzungen gemäß § 43 Abs. 1 Z 1 bis 6 bezogen auf die Auswirkungen der mobilen Behandlungsanlage erfüllt.

(5) Erforderlichenfalls hat die Behörde zur Wahrung der Voraussetzungen gemäß § 43 Abs. 1 Z 1 bis 6 geeignete Auflagen, Bedingungen oder Befristungen vorzuschreiben. Jedenfalls sind die grundsätzlichen Anforderungen an mögliche Standorte, unter Berücksichtigung ihrer Umgebung und der zu erwartenden Emissionen, und die Maßnahmen zum Schutz möglicher Nachbarn vorzuschreiben. Sofern die Voraussetzungen gemäß Abs. 4 nicht erfüllt sind und auch durch die Vorschreibung von Auflagen, Bedingungen oder Befristungen nicht erfüllt werden können, ist der Genehmigungsantrag abzuweisen.

(6) Beabsichtigt der Inhaber einer mobilen Behandlungsanlage eine Maßnahme zu setzen, die im § 37 Abs. 4 angeführt ist, hat er diese Maßnahme anzuzeigen. § 51 ist unter der Maßgabe anzuwenden, dass zu erwarten ist, dass die Voraussetzungen gemäß § 43 Abs. 1 Z 1 bis 6 bezogen auf die Auswirkungen der mobilen Behandlungsanlage erfüllt werden.

(7)[209] Der Genehmigungsinhaber hat die mobile Behandlungsanlage regelmäßig wiederkehrend darauf zu kontrollieren, ob sie dem Genehmigungsbescheid und den sonst für die Anlage geltenden abfallrechtlichen Vorschriften entspricht. Der Genehmigungsinhaber hat sich für die wiederkehrenden Eigenkontrollen einer befugten Fachperson oder Fachanstalt zu bedienen. Die Eigenkontrolle hat mindestens eine Vorortkontrolle zu umfassen. Sofern im Genehmigungsbescheid oder in den genannten sonstigen Vorschriften nicht anderes bestimmt ist, betragen die Fristen für die wiederkehrenden Eigenkontrollen fünf Jahre. Über jede wiederkehrende Eigenkontrolle ist ein Bericht zu erstellen, der insbesondere festgestellte Mängel und Vorschläge zu deren Behebung zu enthalten hat. Sind in einem Bericht bei der wiederkehrenden Eigenkontrolle festgestellte Mängel festgehalten, so hat der Genehmigungsinhaber unverzüglich eine Kopie dieses Berichtes und innerhalb angemessener Frist eine Darstellung der zur Mängelbehebung getroffenen Maßnahmen der zur Genehmigung der mobilen Behandlungsanlage zuständigen Behörde zu übermitteln. Der Bericht und sonstige die Eigenkontrolle betreffende Unterlagen sind vom Genehmigungsinhaber der mobilen Behandlungsanlage mindestens sieben Jahre lang aufzubewahren und der zuständigen Behörde auf Verlangen vorzulegen.

(8)[210] Abweichend von Abs. 2 bis 5 hat nach Maßgabe einer Verordnung gemäß § 65 für mobile Behandlungsanlagen, die ausschließlich nicht gefährliche Abfälle behandeln, die Genehmigung auf Grundlage einer Prüfung und Ausstellen einer Prüfbescheinigung, mit der bestätigt wird, dass die mobile Behandlungsanlage den Anforderungen gemäß einer Verordnung nach § 65 entspricht, durch Kenntnisnahme der Prüfbescheinigung mit Bescheid durch die zuständige Behörde zu erfolgen. Die Prüfbescheinigung hat eine eindeutige Referenz zur mobilen Behandlungsanlage zu enthalten. Erforderlichenfalls hat die zuständige Behörde geeignete Auflagen, Bedingungen oder Befristungen vorzuschreiben oder den Betrieb der Behandlungsanlage zu untersagen, wenn zu erwarten ist, dass die Behandlung für den jeweiligen Abfall den Behandlungspflichten gemäß den §§ 15 oder 16 oder einer Verordnung nach § 23 oder den Zielen und Grundsätzen (§ 1

[207] Schlussteil angefügt durch BGBl I 200/2021.
[208] Geändert durch BGBl I 97/2013.
[209] Eingefügt durch BGBl I 103/2013.
[210] Eingefügt durch BGBl I 103/2013.

Abs. 1, 2 und 2a) nicht entspricht oder die öffentlichen Interessen (§ 1 Abs. 3) beeinträchtigt werden.

Aufstellung von mobilen Behandlungsanlagen

§ 53. (1) Der Inhaber einer Genehmigung gemäß § 52 Abs. 1 ist berechtigt, die mobile Behandlungsanlage an einem gemäß der Genehmigung in Betracht kommenden Standort längstens sechs Monate aufzustellen und zu betreiben.

(2) Sind die gemäß § 43 Abs. 1 Z 1 bis 6 wahrzunehmenden Interessen trotz Einhaltung der im Genehmigungsbescheid enthaltenen Auflagen, Bedingungen oder Befristungen an einem bestimmten Standort nicht hinreichend geschützt, hat die Behörde, in deren örtlichen Zuständigkeitsbereich die mobile Behandlungsanlage aufgestellt und betrieben wird, die erforderlichen geeigneten Maßnahmen anzuordnen. Können die gemäß § 43 Abs. 1 Z 1 bis 6 wahrzunehmenden Interessen trotz Anordnungen nicht erfüllt werden, ist die Aufstellung und der Betrieb an diesem Standort zu untersagen.

(2a) Die Behörde, in deren örtlichen Zuständigkeitsbereich die mobile Behandlungsanlage aufgestellt und betrieben wird, kann für diesen Standort auf Antrag von der Einhaltung einzelner Auflagen absehen, wenn die gemäß § 43 wahrzunehmenden Interessen auch ohne Einhaltung dieser Auflagen hinreichend geschützt sind.

(3) Abweichend zu Abs. 1 dürfen mobile Behandlungsanlagen zur Sanierung oder Sicherung von kontaminierten Standorten auf Antrag für einen längeren, bescheidmäßig festzulegenden Zeitraum, längstens aber bis zum Abschluss der Sanierung am selben Ort betrieben werden.

Öffentlich zugängliche Altstoffsammelzentren und Sammelstellen für Problemstoffe

§ 54. (1) Die Errichtung, der Betrieb und eine wesentliche Änderung von

1.[211] öffentlich zugänglichen Altstoffsammelzentren für Siedlungsabfälle und sonstige nicht gefährliche Abfälle, die in privaten Haushalten anfallen und in haushaltsüblichen Mengen übernommen werden, einschließlich jener, in denen eine Vorbereitung zur Wiederverwendung der gesammelten Abfälle durchgeführt wird oder
2. öffentlich zugänglichen Sammelstellen für Problemstoffe

bedürfen einer Genehmigung durch die Behörde, sofern sie nicht der Genehmigungspflicht gemäß den §§ 74 ff GewO 1994 unterliegen. Im Antrag ist darzulegen, dass die öffentlichen Interessen (§ 1 Abs. 3) nicht beeinträchtigt werden. Eine Einschränkung der Kapazität ist der Behörde zur Kenntnis zu bringen. Sofern eine oder mehrere in Anhang 5 Teil 1 genannte Tätigkeiten durchgeführt werden, unterliegt die Errichtung, der Betrieb und eine wesentliche Änderung der Genehmigungspflicht gemäß § 37.[212]

(1a)[213] Die Genehmigung des öffentlichen Altstoffsammelzentrums für Siedlungsabfälle umfasst auch die Lagerung von sonstigen nicht gefährlichen Abfällen, die im privaten Haushalt angefallen sind und in haushaltsüblichen Mengen übernommen wurden.

(2) Eine Genehmigung gemäß Abs. 1 ist binnen drei Monaten erforderlichenfalls unter Vorschreibung der geeigneten Auflagen, Bedingungen oder Befristungen zu erteilen, wenn zu erwarten ist, dass die öffentlichen Interessen (§ 1 Abs. 3) nicht beeinträchtigt werden. Sofern die Voraussetzungen nicht erfüllt sind oder durch die Vorschreibung von Auflagen, Bedingungen oder Befristungen nicht erfüllt werden können, ist die Errichtung und der Betrieb zu untersagen.

(3)[214] Die Behörde hat die weitere Durchführung der Sammlung, Lagerung oder Behandlung zu untersagen, wenn nachträglich die öffentlichen Interessen (§ 1 Abs. 3) beeinträchtigt werden.

(4) Parteistellung hat der Antragsteller. Neben dem Antragsteller hat das Arbeitsinspektorat gemäß dem Arbeitsinspektionsgesetz 1993 Parteistellung.

Erlöschen der Genehmigung

§ 55. (1) Eine Genehmigung gemäß den §§ 37, 44 oder 52 erlischt, wenn der Betrieb der Behandlungsanlage nicht binnen fünf Jahren nach rechtskräftiger Genehmigung in zumindest einem für die Erfüllung des Anlagenzwecks wesentlichen Teil der Behandlungsanlage aufgenommen oder durch mehr als fünf Jahre in allen für die Erfüllung des Anlagenzwecks wesentlichen Teilen unterbrochen wird.

(2) Die Behörde hat über Antrag die Frist zur Inbetriebnahme der Behandlungsanlage auf Grund eines vor Fristablauf gestellten Antrags um längstens zwei Jahre zu verlängern, wenn es Art und Umfang des Projekts erfordern oder die Fertigstellung der Behandlungsanlage auf Grund unvorhergesehener Schwierigkeiten nicht rechtzeitig möglich ist. Durch den Antrag wird der Ablauf der Frist bis zur rechtskräftigen Entscheidung gehemmt.

(3) Abs. 2 gilt sinngemäß auch für die Unterbrechung des Betriebs.

(4) Für Deponien gelten die Abs. 1 und 2 nur, sofern noch kein Abfall in die Deponie eingebracht wurde.

Betreiben vor Rechtskraft, Einhaltung von Auflagen

§ 56. (1)[215] Behandlungsanlagen dürfen schon vor Rechtskraft des Genehmigungsbescheides gemäß den §§ 37, 44 oder 52 errichtet, betrieben oder geändert werden, wenn nur der Antragsteller gegen den Bescheid Beschwerde erhoben hat und die Auflagen dieses Bescheides eingehalten werden.

(2) Die Behörde kann mit Bescheid zulassen, dass einzelne Auflagen erst ab einem dem Zeitaufwand der dafür erforderlichen Maßnahmen entsprechend festzulegenden Zeitpunkt einzuhalten sind, wenn dagegen keine Bedenken vom Standpunkt der bei der Genehmigung wahrzunehmenden Interessen bestehen.

Überprüfung und Aktualisierung der Genehmigung für eine IPPC-Behandlungsbehandlungsanlage

§ 57.[216] (1) Innerhalb eines Jahres nach der Veröffentlichung von BVT-Schlussfolgerungen zur Haupttätigkeit einer IPPC-Behandlungsanlage hat der Anlageninhaber der Behörde mitzuteilen, ob

1. zur Anpassung der IPPC-Behandlungsanlage an den Stand der Technik insbesondere an diese BVT-Schlussfolgerungen eine genehmigungs- oder anzeigepflichtige Änderung nach § 37 und
2. eine Aktualisierung der Genehmigung

erforderlich sind. Stellt die Anpassung eine genehmigungs- oder anzeigepflichtige Änderung nach § 37 dar, ist der Antrag oder die Anzeige nach § 37 mit den erforderlichen Unterlagen und einer Darstellung der Entwicklung des Standes der Technik unverzüglich nach dieser Mitteilung an die Behörde zu übermitteln.

211 Neu gefasst durch BGBl 71/2019.
212 Vorletzter und letzter Satz eingefügt durch BGBl I 103/2013.
213 Eingefügt durch BGBl 71/2019.
214 Neu gefasst durch BGBl I 71/2019.
215 Geändert durch BGBl I 70/2017.
216 Samt Überschrift neu gefasst durch BGBl I 103/2013.

(2) Innerhalb von vier Jahren nach der Veröffentlichung von BVT-Schlussfolgerungen zur Haupttätigkeit einer IPPC-Behandlungsanlage hat die Behörde die Genehmigung zu überprüfen und erforderlichenfalls, insbesondere in Bezug auf Emissionsgrenzwerte, zu aktualisieren. Wenn die Behörde bei der Überprüfung und Aktualisierung der Genehmigung in begründeten Fällen feststellt, dass mehr als vier Jahre ab Veröffentlichung von BVT-Schlussfolgerungen zur Einführung des Standes der Technik notwendig sind, kann sie in der Genehmigung einen längeren Zeitraum festlegen, sofern die Voraussetzungen des § 47a Abs. 3 erfüllt sind. Dabei ist auf die Ziele und Grundsätze gemäß § 1 Bedacht zu nehmen. Der Anlageninhaber hat regelmäßig, jedenfalls innerhalb von vier Jahren nach der Veröffentlichung von BVT-Schlussfolgerungen zur Haupttätigkeit einer IPPC-Behandlungsanlage die erforderlichen Anpassungsmaßnahmen an den Stand der Technik zu treffen.

(3) Die Behörde hat die Genehmigung zu überprüfen und zu aktualisieren, wenn

1. die durch die IPPC-Behandlungsanlage verursachte Umweltverschmutzung so erheblich ist, dass die in der Genehmigung festgelegten Emissionsgrenzwerte überprüft oder neue Emissionsgrenzwerte vorgesehen werden müssen,
2. die Betriebssicherheit die Anwendung anderer Techniken erfordert,
3. eine im Genehmigungsverfahren anzuwendende oder mitanzuwendende Rechtsvorschrift, die neu oder geändert worden ist, eine Anpassung erfordert oder
4. für die IPPC-Behandlungsanlage keine BVT-Schlussfolgerungen gelten, Entwicklungen des Standes der Technik jedoch eine erhebliche Verminderung der Emissionen ermöglichen.

(4) Im Falle des Abs. 3 Z 1 hat die Behörde dem Inhaber der IPPC-Behandlungsanlage die Vorlage eines Sanierungskonzepts als Genehmigungsantrag gemäß § 37 Abs. 1 innerhalb einer angemessenen Frist bescheidmäßig aufzutragen.

(5) Ist zur Anpassung nach Abs. 3 Z 2 bis 4 eine nach § 37 genehmigungs- oder anzeigepflichtige Änderung der IPPC-Behandlungsanlage erforderlich, kann die Behörde mit Bescheid die Vorlage eines Projekts innerhalb einer angemessenen Frist verlangen. In den Fällen des Abs. 1 Z 1 und Abs. 3 sind Baubeginn- und Bauvollendungsfristen für die erforderlichen Umsetzungsmaßnahmen festzulegen.

(6) Auf Verlangen der Behörde hat der Anlageninhaber alle für die Überprüfung der IPPC-Behandlungsanlage und Aktualisierung der Genehmigung erforderlichen Informationen, insbesondere Ergebnisse der Emissionsüberwachung und sonstige Daten, die einen Vergleich des Betriebs der IPPC-Behandlungsanlage mit dem Stand der Technik gemäß der geltenden BVT-Schlussfolgerungen und mit den besten verfügbaren Techniken assoziierten Emissionswerten ermöglichen, zu übermitteln.

(7) Hat der Inhaber einer IPPC-Behandlungsanlage nach Ablauf der Fristen gemäß dieser Bestimmung nach wiederholter Mahnung unter Hinweis auf die Rechtsfolgen keine Anpassung an den Stand der Technik durchgeführt, so hat die Behörde die Schließung der IPPC-Behandlungsanlage oder der Anlagenteile, von der oder denen eine Umweltverschmutzung ausgeht, zu verfügen. Die Verfügung ist aufzuheben, wenn die erforderlichen Umsetzungsmaßnahmen abgeschlossen sind.

Sanierungskonzept Immissionsschutz

§ 58. (1)[217] Die Behörde hat dem Inhaber einer Behandlungsanlage, die

1. gemäß § 37 genehmigungspflichtig ist,
2. in einem Sanierungsgebiet gemäß Immissionsschutzgesetz – Luft (IG-L), BGBl. I Nr. 115/1997, liegt und
3. von Anordnungen einer Verordnung gemäß § 10 IG-L betroffen ist,

erforderlichenfalls mit Bescheid aufzutragen, zur Erfüllung dieser Anordnungen innerhalb einer dem hiefür erforderlichen Zeitaufwand angemessenen Frist ein Sanierungskonzept für die Behandlungsanlage vorzulegen.

(2) Ist das vom Inhaber einer Behandlungsanlage vorgelegte Sanierungskonzept zur Erfüllung der gemäß § 10 IG-L festgelegten Anforderungen geeignet, ist es von der Behörde erforderlichenfalls unter Vorschreibung bestimmter geeigneter Auflagen, Bedingungen oder Befristungen zu genehmigen. Gleichzeitig ist dem Inhaber der Behandlungsanlage die Verwirklichung des genehmigten Konzepts innerhalb der sich aus gemäß § 10 IG-L ergebenden Frist aufzutragen.

Beherrschung der Gefahren schwerer Unfälle mit Seveso-Stoffen

§ 59a.[218] Ziel der §§ 59b bis 59m ist es, schwere Unfälle mit Seveso-Stoffen zu verhüten und ihre Folgen zu begrenzen.

Allgemeine Betreiberpflicht

§ 59b. Der Inhaber des Seveso-Betriebs hat alle nach dem Stand der Technik notwendigen Maßnahmen zu ergreifen, um schwere Unfälle zu verhüten und deren Folgen für die menschliche Gesundheit und die Umwelt zu begrenzen.

Nachweispflicht

§ 59c. Der Inhaber des Seveso-Betriebs hat nachzuweisen, dass er alle erforderlichen Maßnahmen gemäß den §§ 59b und 59d bis 59m getroffen hat.

Mitteilungen des Inhabers des Seveso-Betriebs

§ 59d. (1) Der Inhaber des Seveso-Betriebs hat der Behörde folgende Angaben zu übermitteln:

1. Name, Sitz und Anschrift des Inhabers sowie vollständige Anschrift des Seveso-Betriebs einschließlich der mit der Anschrift übereinstimmenden geografischen Koordinaten;
2. Name und Funktion der für den Seveso-Betrieb verwaltungsstrafrechtlich verantwortlichen Person, falls von Z 1 abweichend;
3. ausreichende Angaben zur Identifizierung der Seveso-Stoffe oder der Kategorie von Seveso-Stoffen und über die Zuordnung der Seveso-Stoffe zur entsprechenden Gefahrenkategorie des Teils 1 oder zur entsprechenden Ziffer des Teils 2 des **Anhangs 6**, sowie Ort und Art der Aufbewahrung der Seveso-Stoffe im Seveso-Betrieb (Verzeichnis von Seveso-Stoffen);
4. Menge und physikalische Form der Seveso-Stoffe;
5. die im Seveso-Betrieb ausgeübten oder beabsichtigten Tätigkeiten;
6. Beschreibung der unmittelbaren Umgebung des Seveso-Betriebs unter Berücksichtigung der Faktoren, die einen schweren Unfall auslösen oder dessen Folgen erhöhen können, einschließlich – soweit verfügbar – Einzelheiten zu benachbarten Betrieben und ortsfesten Einrichtungen, von denen ein schwerer Unfall ausgehen könnte oder die das Risiko oder die Folgen eines schweren Unfalls oder von Domino-Effekten vergrößern könnten.

[217] Geändert durch BGBl I 9/2011.

[218] § 59 ersetzt durch §§ 59a bis 59m samt Überschriften durch BGBl I 70/2017.

(2) Die Mitteilung gemäß Abs. 1 muss der Behörde innerhalb folgender Fristen übermittelt werden:

1. bei Seveso-Betrieben, die zum Zeitpunkt des Inkrafttretens des Bundesgesetzes BGBl. I Nr. 70/2017 den §§ 59a bis 59m unterliegen, unverzüglich;
2. in den von der Z 1 nicht erfassten Fällen binnen einer angemessenen Frist vor Inbetriebnahme bzw. Vornahme der Änderung, die eine Änderung des Verzeichnisses von Seveso-Stoffen zur Folge hat bzw. ab dem Zeitpunkt, ab dem sich die Einstufung des Betriebs ändert.

(3) Vor

1. einer wesentlichen Vergrößerung oder Verringerung der in der Mitteilung gemäß Abs. 1 angegebenen Menge oder
2. einer wesentlichen Änderung der Beschaffenheit oder der physikalischen Form der vorhandenen Seveso-Stoffe (Änderung des Verzeichnisses der Seveso-Stoffe) oder
3. einer wesentlichen Änderung der Verfahren, bei denen diese Stoffe eingesetzt werden, oder
4. einer Änderung des Seveso-Betriebs, aus der sich erhebliche Auswirkungen auf die Gefahren im Zusammenhang mit schweren Unfällen ergeben können,

hat der Inhaber des Seveso-Betriebs der Behörde eine entsprechend geänderte Mitteilung zu übermitteln.

(4) Der Inhaber des Seveso-Betriebs hat der Behörde eine Änderung der Angaben im Sinne des Abs. 1 Z 1 und Z 2 sowie die endgültige Schließung oder die Unterbrechung des Betriebs im Voraus mitzuteilen.

(5) Nach einem schweren Unfall hat der Inhaber des Seveso-Betriebs nach Maßgabe einer Verordnung gemäß § 65 Abs. 1 Z 6 unverzüglich in der am besten geeigneten Weise

1. der Behörde die Umstände des Unfalls, die beteiligten Seveso-Stoffe, die zur Beurteilung der Unfallfolgen für die menschliche Gesundheit, die Umwelt und Sachwerte verfügbaren Daten sowie die eingeleiteten Sofortmaßnahmen mitzuteilen;
2. die Behörde über die Schritte zu unterrichten, die vorgesehen sind, um die mittel- und langfristigen Unfallfolgen abzumildern und eine Wiederholung eines solchen Unfalls zu vermeiden;
3. diese Informationen zu aktualisieren, wenn sich bei einer eingehenderen Untersuchung zusätzliche relevante Fakten ergeben.

Sicherheitskonzept

§ 59e. (1) Der Inhaber des Seveso-Betriebs hat nach Maßgabe einer Verordnung gemäß § 65 Abs. 1 Z 6 ein Konzept zur Verhütung schwerer Unfälle (Sicherheitskonzept) auszuarbeiten, zu verwirklichen und zur Einsichtnahme durch die Behörde bereitzuhalten.

(2) Das Sicherheitskonzept muss innerhalb folgender Fristen erstellt werden:

1. bei Seveso-Betrieben, die zum Zeitpunkt des Inkrafttretens des Bundesgesetzes BGBl. I Nr. 70/2017 den §§ 59a bis 59m unterliegen, unverzüglich;
2. in den von der Z 1 nicht erfassten Fällen binnen einer angemessenen Frist vor Inbetriebnahme bzw. Vornahme der Änderung, die eine Änderung des Verzeichnisses von Seveso-Stoffen zur Folge hat bzw. ab dem Zeitpunkt, ab dem sich die Einstufung des Betriebs ändert.

(3) Das Sicherheitskonzept muss durch ein Sicherheitsmanagementsystem nach Maßgabe einer Verordnung gemäß § 65 Abs. 1 Z 6 umgesetzt werden. In Bezug auf Betriebe der unteren Klasse darf die Verpflichtung, das Konzept umzusetzen, durch andere angemessene Mittel, Strukturen und Managementsysteme ersetzt werden, wobei den Grundsätzen eines Sicherheitsmanagementsystems gemäß Anhang III der Richtlinie 2012/18/EU zur Beherrschung der Gefahren schwerer Unfälle mit gefährlichen Stoffen, zur Änderung und anschließenden Aufhebung der Richtlinie 96/82/EG (Seveso-III-Richtlinie), ABl. Nr. L 197 vom 24.07.2012 S. 1, Rechnung getragen werden muss.

Sicherheitsbericht

§ 59f. (1) Der Inhaber eines Betriebs der oberen Klasse muss einen Sicherheitsbericht nach Maßgabe einer Verordnung gemäß § 65 Abs. 1 Z 6 erstellen, in dem dargelegt wird, dass

1. ein Sicherheitskonzept umgesetzt wurde und ein Sicherheitsmanagementsystem zu seiner Anwendung vorhanden ist;
2. die Gefahren schwerer Unfälle ermittelt und alle erforderlichen Maßnahmen zur Verhütung derartiger Unfälle und zur Begrenzung der Folgen für Mensch und Umwelt ergriffen wurden;
3. die Auslegung, die Errichtung, der Betrieb und die Instandhaltung sämtlicher Anlagenteile und die für ihr Funktionieren erforderlichen Infrastrukturen, die im Zusammenhang mit der Gefahr schwerer Unfälle im Betrieb stehen, ausreichend sicher und zuverlässig sind;
4. ein interner Notfallplan vorliegt, damit bei einem schweren Unfall die erforderlichen Maßnahmen ergriffen werden können, und dem zu entnehmen ist, dass den für die Erstellung des externen Notfallplans zuständigen Behörden Informationen bereitgestellt wurden, um die Erstellung des externen Notfallplans zu ermöglichen;
5. den für die örtliche und die überörtliche Raumplanung zuständigen Behörden ausreichende Informationen als Grundlage für Entscheidungen über die Ansiedlung neuer Tätigkeiten oder Entwicklungen in der Nachbarschaft bestehender Betriebe bereitgestellt wurden.

(2) Der Sicherheitsbericht muss der Behörde innerhalb folgender Fristen übermittelt werden:

1. bei neuen Seveso-Betrieben binnen einer angemessenen Frist vor Inbetriebnahme bzw. Vornahme der Änderung, die eine Änderung des Verzeichnisses von Seveso-Stoffen zur Folge hat bzw. ab dem Zeitpunkt, ab dem sich die Einstufung des Betriebs ändert;
2. bei sonstigen Seveso-Betrieben innerhalb einer Frist von zwei Jahren ab dem Zeitpunkt, ab dem der Seveso-Betrieb den §§ 59a bis 59m unterliegt.

Überprüfung und Änderung von Sicherheitskonzept oder Sicherheitsbericht

§ 59g. (1) Der Inhaber des Seveso-Betriebs hat das Sicherheitskonzept oder den Sicherheitsbericht zu überprüfen und zu aktualisieren, wenn neue Sachverhalte oder neue sicherheitstechnische Erkenntnisse dies erfordern, mindestens jedoch alle fünf Jahre; nach einem schweren Unfall muss der Sicherheitsbericht jedenfalls überprüft und erforderlichenfalls aktualisiert werden. Der Sicherheitsbericht muss auch auf Aufforderung der Behörde aktualisiert werden, wenn dies durch neue Erkenntnisse gerechtfertigt ist. Die aktualisierten Teile des Sicherheitsberichts müssen der Behörde unverzüglich übermittelt werden.

(2) Bei einer Änderung des Seveso-Betriebs,

1. aus der sich erhebliche Auswirkungen für die Gefahren in Zusammenhang mit schweren Unfällen ergeben können, oder
2. die dazu führt, dass ein Betrieb der unteren Klasse zu einem Betrieb der oberen Klasse wird, oder
3. die dazu führt, dass ein Betrieb der oberen Klasse zu einem Betrieb der unteren Klasse wird,

hat der Inhaber des Seveso-Betriebs die Mitteilungen im Sinne des § 59d, das Sicherheitskonzept, den Sicherheitsbericht und das Sicherheitsmanagementsystem zu überprüfen und erforderlichenfalls zu ändern. Der Inhaber des Seveso-Betriebs hat die Behörde vor Durchführung der Änderung des Betriebs im Einzelnen über die Änderungen des Sicherheitsberichts zu unterrichten.

Interner Notfallplan

§ 59h. (1) Inhaber von Betrieben der oberen Klasse haben nach Beteiligung des Betriebsrats, wenn ein solcher besteht, und der Beschäftigten einschließlich des relevanten langfristig beschäftigten Personals von Subunternehmen einen internen Notfallplan für Maßnahmen innerhalb des Betriebs nach Maßgabe einer Verordnung gemäß § 65 Abs. 1 Z 6 zu erstellen. Dieser interne Notfallplan ist der Behörde anzuzeigen und auf Verlangen vorzulegen. Der interne Notfallplan ist im Anlassfall anzuwenden und durch den Betriebsinhaber spätestens alle drei Jahre zu überprüfen, zu erproben und erforderlichenfalls im Hinblick auf Veränderungen im Betrieb und in den Notdiensten sowie auf neue Erkenntnisse und Erfahrungen zu aktualisieren.

(2) Die Verpflichtung gemäß Abs. 1 muss binnen folgender Fristen erfüllt werden:

1. bei neuen Seveso-Betrieben binnen einer angemessenen Frist vor Inbetriebnahme bzw. Vornahme der Änderung, die eine Änderung des Verzeichnisses von Seveso-Stoffen zur Folge hat bzw. ab dem Zeitpunkt, ab dem sich die Einstufung des Betriebs ändert;
2. bei sonstigen Seveso-Betrieben innerhalb einer Frist von zwei Jahren ab dem Zeitpunkt, ab dem der Seveso-Betrieb den §§ 59a bis 59m unterliegt.

Domino-Effekt

§ 59i. Zwischen Seveso-Betrieben und benachbarten Betrieben, bei denen aufgrund ihres Standortes und ihrer Nähe zueinander sowie ihrer Seveso-Stoffe ein erhöhtes Risiko schwerer Unfälle besteht oder diese Unfälle folgenschwerer sein können (Domino-Effekt), hat ein Austausch zweckdienlicher Informationen stattzufinden, die für das Sicherheitskonzept, für den Sicherheitsbericht, den internen Notfallplan oder das Sicherheitsmanagementsystem von Bedeutung sind.

Informationsverpflichtung

§ 59j. Der Inhaber des Seveso-Betriebs ist verpflichtet, der Behörde auf Verlangen sämtliche Informationen bereitzustellen, die erforderlich sind, um die Möglichkeit des Eintritts eines schweren Unfalls beurteilen zu können, insbesondere soweit sie für die Erfüllung der Verpflichtung zur Durchführung von Inspektionen, zur Beurteilung der Möglichkeit des Auftretens von Domino-Effekten und zur genaueren Beurteilung der Eigenschaften von Seveso-Stoffen notwendig sind.

Inspektionssystem

§ 59k. (1) Die Behörde hat für die in ihrem örtlichen Zuständigkeitsbereich liegenden Seveso-Betriebe ein System von Inspektionen oder sonstigen Kontrollmaßnahmen zu erstellen und auf der Grundlage dieses Systems die Einhaltung der Pflichten der Inhaber der Seveso-Betriebe planmäßig und systematisch zu überwachen.

(2) Das Inspektionssystem besteht aus einem Inspektionsplan (Abs. 3) und einem Inspektionsprogramm (Abs. 4) und muss für die Überprüfung der betriebstechnischen, organisatorischen und managementspezifischen Systeme des jeweiligen Seveso-Betriebs geeignet sein, und zwar insbesondere dahingehend, ob der Inhaber des Seveso-Betriebs im Zusammenhang mit den betriebsspezifischen Tätigkeiten die zur Verhütung schwerer Unfälle erforderlichen Maßnahmen ergriffen hat, ob der Inhaber des Seveso-Betriebs angemessene Mittel zur Begrenzung der Folgen schwerer Unfälle vorgesehen hat und ob die im Sicherheitsbericht oder in anderen Berichten enthaltenen Angaben und Informationen den Gegebenheiten im Seveso-Betrieb genau entsprechen und ob die Öffentlichkeit im Sinne des § 14 des Umweltinformationsgesetzes, BGBl. Nr. 495/1993, in der jeweils geltenden Fassung, unterrichtet wurde. Im Rahmen einer solchen Überprüfung dürfen unbeschadet des § 75 Betriebsangehörige über ihre den angewendeten Sicherheitsmanagementsystemen dienenden Tätigkeiten als Auskunftspersonen befragt und Kontrollen des Bestandes an Seveso-Stoffen vorgenommen werden.

(3) Der Inspektionsplan muss folgende Einzelheiten umfassen:

1. eine allgemeine Beurteilung einschlägiger Sicherheitsfragen,
2. den räumlichen Anwendungsbereich des Plans,
3. eine Liste der vom Plan erfassten Seveso-Betriebe,
4. allfällige Angaben zu Domino-Effekten,
5. jene Seveso-Betriebe, bei denen externe Gefahrenquellen das Risiko eines schweren Unfalls erhöhen oder die Folgen des Unfalls verschlimmern können,
6. Verfahren für routinemäßige Inspektionen,
7. Verfahren für nicht routinemäßige Inspektionen und
8. Bestimmungen für die Zusammenarbeit zwischen Inspektionsbehörden.

(4) Auf der Grundlage des Inspektionsplans hat die Behörde ein Inspektionsprogramm über die zeitliche Abfolge der Inspektionen zu erstellen. Die zeitlichen Abstände für die Vor-Ort-Überprüfung der Betriebe der oberen Klasse dürfen nicht mehr als ein Jahr betragen, für Betriebe der unteren Klasse nicht mehr als drei Jahre, es sei denn, die Behörde hat im Inspektionsprogramm auf der Grundlage einer systematischen Bewertung der Gefahren schwerer Unfälle des in Betracht kommenden Betriebs anderes festgelegt. Bei dieser systematischen Bewertung sind folgende Kriterien in Betracht zu ziehen:

1. mögliche Auswirkungen der betreffenden Seveso-Betriebe auf die menschliche Gesundheit und auf die Umwelt;
2. nachweisliche Einhaltung der Anforderungen der Bestimmungen der §§ 59a bis 59k.

(5) Zusätzlich zu den routinemäßigen Inspektionen sind nicht routinemäßige Inspektionen dann durchzuführen, wenn dies nach Einschätzung der Behörde wegen schwerwiegender Beschwerden, ernster Unfälle, Zwischenfälle, Beinahe-Unfälle oder der Nichteinhaltung von Anforderungen gemäß den §§ 59a bis 59m angemessen ist. Wurde ein bedeutender Verstoß gegen Anforderungen gemäß den §§ 59a bis 59m bei einer Inspektion gemäß dem Inspektionsprogramm festgestellt, so hat die zusätzliche Inspektion längstens innerhalb von sechs Monaten nach der vorhergehenden Inspektion stattzufinden.

(6) Über jede Überprüfung muss eine Niederschrift verfasst werden. Innerhalb von vier Monaten nach jeder Inspektion muss die Behörde dem Inhaber des Seveso-Betriebs ihre Schlussfolgerungen und alle ermittelten erforderlichen Maßnahmen mitteilen. Der Inhaber des Seveso-Betriebs hat diese Maßnahmen innerhalb eines angemessenen Zeitraums nach Erhalt der Schlussfolgerungen der Inspektion einzuleiten. Innerhalb von vier Monaten nach der Vor-Ort-Überprüfung hat die Behörde auf der Internetseite edm.gv.at bekannt zu geben, wann diese Überprüfung stattgefunden hat und wo weiterführende Informationen zu erhalten sind. Geschäfts- und Betriebsgeheimnisse sind zu wahren.

Behördenpflichten

§ 59l. (1) Die Behörde hat die einen Seveso-Betrieb betreffenden Informationen gemäß § 59d Abs. 1 Z 1 und 5 sowie § 59d Abs. 3 und 4 unverzüglich nach ihrem Vorliegen der Bundesministerin für Klimaschutz, Umwelt, Energie, Mobilität, Innovation und Technologie weiterzuleiten.

(2) In den Fällen des § 59f Abs. 2 Z 1 hat die Behörde vor Beginn der Inbetriebnahme, in den Fällen des § 59f Abs. 2 Z 2, des § 59g Abs. 1 und 2 sowie des § 78b binnen angemessener Frist, den Sicherheitsbericht zu überprüfen und dem Inhaber des Seveso-Betriebs das Ergebnis der Prüfung des Sicherheitsberichts mitzuteilen. Erforderlichenfalls ist die Inbetriebnahme oder die Weiterführung zu untersagen. Die Untersagung ist aufzuheben, wenn die Voraussetzungen nicht mehr vorliegen.

(3) Die Behörde muss festlegen, bei welchen Seveso-Betrieben und benachbarten Betrieben der Informationsaustausch gemäß § 59i stattzufinden hat. Dafür muss sie erforderlichenfalls zusätzliche Angaben vom Inhaber des Seveso-Betriebs einholen und die anlässlich einer Inspektion erlangten Informationen verwenden. Der Inhaber des Seveso-Betriebs hat die diesbezüglichen Informationen zur Verfügung zu stellen, sofern sie für die Erfüllung dieser Bestimmung erforderlich sind. Wenn die Behörde über weitere Informationen verfügt, die für die Erfüllung dieser Bestimmung durch den Inhaber des Seveso-Betriebs erforderlich sind, so muss sie diese dem Inhaber zur Verfügung stellen.

(4) Unbeschadet des Abs. 2 hat die Behörde nach Konsultation des Inhabers des Seveso-Betriebs die Inbetriebnahme oder das Weiterführen des Betriebs ganz oder teilweise zu untersagen, wenn die vom Inhaber des Seveso-Betriebs getroffenen Maßnahmen zur Verhütung schwerer Unfälle oder zur Begrenzung von Unfallfolgen nach dem Stand der Technik eindeutig unzureichend sind oder wenn der Inhaber des Seveso-Betriebs Maßnahmen im Sinne des § 59k Abs. 6 nicht oder nicht vollständig setzt. Gleiches gilt, wenn der Inhaber des Seveso-Betriebs die gemäß den §§ 59a bis 59m erforderlichen Mitteilungen, Berichte oder sonstigen Informationen nicht fristgerecht übermittelt und deshalb eine Beurteilung des Seveso-Betriebs nach dem Stand der Technik nicht gewährleistet ist. Die Untersagung ist aufzuheben, wenn die Voraussetzungen nicht mehr vorliegen.

(5) Die Behörde hat zur Sicherstellung der Wahrnehmung der Aufgaben im Bereich der Flächenausweisung und Flächennutzung die Mitteilung nach § 59d Abs. 1 sowie Änderungen der Mitteilung im Sinne des § 59d Abs. 3 und 4 an die für die örtliche Raumplanung zuständigen Behörden weiterzuleiten.

(6) Nach Einlangen einer Meldung über den Eintritt eines schweren Unfalls oder der Aktualisierung einer solchen Meldung (§ 59d Abs. 5) hat die Behörde die Meldung oder ihre Aktualisierung auf Vollständigkeit zu überprüfen, den Inhaber des Seveso-Betriebs erforderlichenfalls zur Vervollständigung der Informationen aufzufordern und die vollständigen Unterlagen an die Bundesministerin für Klimaschutz, Umwelt, Energie, Mobilität, Innovation und Technologie weiterzuleiten.

(7) Nach einem schweren Unfall hat die Behörde jedenfalls eine Inspektion gemäß § 59k Abs. 5 zur vollständigen Analyse der Unfallursachen vorzunehmen. Dabei sind die technischen, organisatorischen und managementspezifischen Gesichtspunkte des Unfalls festzustellen. Weiters ist zu überprüfen, ob der Inhaber des Seveso-Betriebs alle erforderlichen Abhilfemaßnahmen zur Begrenzung der Unfallfolgen getroffen hat, und es sind dem Inhaber des Seveso-Betriebs Empfehlungen über künftige Verhütungsmaßnahmen in Zusammenhang mit dem eingetretenen schweren Unfall bekannt zu geben. Die Behörde hat das Ergebnis der Analyse der Unfallursachen zusammenzufassen und diese Zusammenfassung der Bundesministerin für Klimaschutz, Umwelt, Energie, Mobilität, Innovation und Technologie mitzuteilen.

(8) Die Bundesministerin für Klimaschutz, Umwelt, Energie, Mobilität, Innovation und Technologie hat die ihm von der Behörde gemäß Abs. 1, 6 und 7 zur Verfügung gestellten Informationen der Erfüllung der Berichtspflichten der Seveso-III-Richtlinie zugrunde zu legen.

Bundeswarnzentrale

§ 59m. Die Bundeswarnzentrale beim Bundesministerium für Inneres unterrichtet andere EU-Mitgliedstaaten oder Vertragsstaaten der „Helsinki-Konvention" (des UN-ECE-Übereinkommens über die grenzüberschreitenden Auswirkungen von Industrieunfällen, BGBl. III Nr. 119/2000) über im Bundesgebiet eingetretene schwere Unfälle mit möglicherweise grenzüberschreitenden Folgen und hat die Entgegennahme oder Weiterleitung von Ersuchen für internationale Hilfeleistung wahrzunehmen. Die Behörde hat die Bundeswarnzentrale unverzüglich über eingetretene schwere Unfälle in Kenntnis zu setzen und die Möglichkeit und das Ausmaß grenzüberschreitender Auswirkungen abzuschätzen. Die Bundeswarnzentrale hat unbeschadet bilateraler Abkommen einzelner Bundesländer eine Benachrichtigung der Rettungs- und Notfalldienste möglicherweise betroffener Staaten in die Wege zu leiten.

Aufzeichnungs- und Meldepflichten für Tätigkeiten gemäß EG-PRTR-V, Verbrennungs- oder Mitverbrennungsanlagen und IPPC-Behandlungsanlagen

§ 60. (1) Wer nach diesem Bundesgesetz, den mitanzuwendenden Bestimmungen oder auf Grund von darauf beruhenden Verordnungen oder Bescheiden verpflichtet ist, Messungen zur Bestimmung von Emissionen aus einer Behandlungsanlage, in der eine Tätigkeit gemäß Anhang 1 der Verordnung (EG) Nr. 166/2006 über die Schaffung eines Europäischen Schadstofffreisetzungs- und -verbringungsregisters und zur Änderung der Richtlinien 91/689/EWG und 96/61/EG (im Folgenden: EG-PRTR-V), ABl. Nr. L 33 vom 04.02.2006 S. 1, durchgeführt wird, oder aus einer Verbrennungs- oder Mitverbrennungsanlage durchzuführen, hat darüber Aufzeichnungen zu führen und die Daten gemäß der EG-PRTR-V oder einer Verordnung nach § 65 über die Abfallverbrennung in elektronischer Form im Wege des Registers gemäß § 22 Abs. 1 zu übermitteln. Weiters haben die Meldepflichtigen gemäß der EG-PRTR-V die Daten über Abfälle gemäß Art. 5 und 6 der EG-PRTR-V aufzuzeichnen und in elektronischer Form im Wege des Registers gemäß § 22 Abs. 1 zu übermitteln.

(2) Sofern keine Messungen durchzuführen sind, sind Emissionsmeldungen unter Verwendung von Emissionsfaktoren, Energie- und Massenbilanzen oder Analyseergebnissen zu berechnen. Ist eine Berechnung nicht möglich, sind die Emissionen in Form eines Gutachtens abzuschätzen.

(3) Der Inhaber einer IPPC-Behandlungsanlage, ausgenommen einer Deponie, hat der für die Überwachung zuständigen Behörde unverzüglich alle Störungen und Unfälle mit erheblichen Umweltauswirkungen zu melden.

(4) Der Inhaber einer IPPC-Behandlungsanlage, welche in einem Ballungsraum gemäß § 3 Abs. 3 des Bundes-Umgebungslärmschutzgesetzes (Bundes-LärmG), BGBl. I Nr. 60/2005, mit einer insgesamt jedenfalls 250 000 Einwohner übersteigenden Einwohnerzahl liegt, hat bis längstens vier Wochen nach der rechtskräftigen Genehmigung der IPPC-Behandlungsanlage oder nach der rechtskräftigen Genehmigung einer wesentlichen Änderung dieser Anlage der Genehmigungsbehörde die von dieser IPPC-Behandlungsanlage ausgehenden Lärmemissionen (bezogen auf die Lärmquelle und die Betriebsanlagengrenze) und deren Quellen zu melden. Der Inhaber von einer am 1. Jänner 2006 bestehenden IPPC-Behand-

lungsanlage, welche in einem gemäß § 3 Abs. 3 Bundes-LärmG festgelegten Ballungsraum mit einer insgesamt jedenfalls 250 000 Einwohner übersteigenden Einwohnerzahl liegt, hat der Genehmigungsbehörde die von seiner IPPC-Behandlungsanlage ausgehenden Lärmemissionen (bezogen auf die Lärmquelle und die Betriebsanlagengrenze) und deren Quellen bis spätestens 30. Juni 2006 zu melden. Die Genehmigungsbehörde hat die Meldungen auf Plausibilität zu prüfen und an die Bundesministerin für Klimaschutz, Umwelt, Energie, Mobilität, Innovation und Technologie weiterzuleiten.

(5) Der Inhaber einer IPPC-Behandlungsanlage, welche in einem Ballungsraum gemäß § 3 Abs. 3 Bundes-LärmG mit einer insgesamt jedenfalls 100 000 Einwohner übersteigenden Einwohnerzahl liegt, hat bis längstens vier Wochen nach der rechtskräftigen Genehmigung der IPPC-Behandlungsanlage oder nach der rechtskräftigen Genehmigung einer wesentlichen Änderung dieser Anlage der Genehmigungsbehörde die von dieser IPPC-Behandlungsanlage ausgehenden Lärmemissionen (bezogen auf die Lärmquelle und die Betriebsanlagengrenze) und deren Quellen zu melden. Der Inhaber von einer am 1. Jänner 2011 bestehenden IPPC-Behandlungsanlage, welche in einem gemäß § 3 Abs. 3 Bundes-LärmG festgelegten Ballungsraum mit einer insgesamt jedenfalls 100 000 Einwohner übersteigenden Einwohnerzahl liegt, hat der Genehmigungsbehörde die von seiner IPPC-Behandlungsanlage ausgehenden Lärmemissionen (bezogen auf die Lärmquelle und die Betriebsanlagengrenze) und deren Quellen bis spätestens 1. März 2011 zu melden. Die Genehmigungsbehörde hat die Meldungen auf Plausibilität zu prüfen und an die Bundesministerin für Klimaschutz, Umwelt, Energie, Mobilität, Innovation und Technologie weiterzuleiten.

Bestimmungen für den Betrieb einer Deponie

§ 61. (1) Der Inhaber der Deponie hat die Errichtung einer Deponie oder eines Deponieabschnittes der Behörde anzuzeigen. Er darf erst nach einer Überprüfung der Anlagen und Maßnahmen (§ 63 Abs. 1) Abfälle in die Deponie oder den Deponieabschnitt einbringen. Der Inhaber der Deponie hat den jeweiligen Stand der Technik, gegebenenfalls unter Berücksichtigung zugelassener Abweichungen (§ 43 Abs. 5), einzuhalten.

(2) Der Inhaber der Deponie hat jede Zurückweisung eines Abfalls, den er in seiner Deponie nicht annehmen darf, unverzüglich der für die Überwachung zuständigen Behörde zu melden.

(3) Der Inhaber der Deponie hat alle erheblichen nachteiligen Auswirkungen auf die Umwelt, die durch die Mess- und Überwachungsverfahren (§ 47 Abs. 2 Z 2) festgestellt werden, unverzüglich der für die Überwachung zuständigen Behörde zu melden.

Überwachung von Behandlungsanlagen und Maßnahmen für die Betriebs- und Abschlussphase[219]

§ 62. (1) Die Behörde hat Behandlungsanlagen, die gemäß den §§ 37, 52 oder 54 genehmigungspflichtig sind, längstens alle fünf Jahre zu überprüfen. IPPC-Behandlungsanlagen sind entsprechend den Fristen gemäß § 63a Abs. 4 zu überprüfen.[220]

(2) Besteht der Verdacht eines konsenswidrigen Betriebs einer Behandlungsanlage, die gemäß den §§ 37, 52 oder 54 genehmigungspflichtig ist, so hat die Behörde - unabhängig von der Einleitung eines Strafverfahrens - den Inhaber einer Behandlungsanlage zur Herstellung des der Rechtsordnung entsprechenden Zustands innerhalb einer angemessenen Frist aufzufordern. Kommt der Inhaber dieser Aufforderung innerhalb der gesetzten Frist nicht nach, so hat die Behörde mit Bescheid die zur Herstellung des der Rechtsordnung entsprechenden Zustands erforderlichen, geeigneten Maßnahmen, wie die Stilllegung von Maschinen oder die teilweise oder gänzliche Schließung, zu verfügen.

(2a)[221] Ist es offenkundig, dass eine Behandlungsanlage ohne Genehmigung betrieben wird oder der Inhaber der Behandlungsanlage gefährliche Abfälle sammelt oder behandelt, ohne über eine Erlaubnis gemäß § 24a zu verfügen, hat die Behörde ohne vorausgehendes Verfahren die Schließung des gesamten der Rechtsordnung nicht entsprechenden Betriebs bescheidmäßig zu verfügen.

(2b)[222] Wird durch den Betrieb einer Behandlungsanlage die Gesundheit, das Leben oder das Eigentum eines Dritten gefährdet oder stellt der Betrieb einer Behandlungsanlage eine unmittelbare erhebliche Gefährdung der Umwelt dar, hat die Behörde ohne vorausgehendes Verfahren die erforderlichen Maßnahmen, wie die Stilllegung von Maschinen oder die teilweise oder gänzliche Schließung, bescheidmäßig zu verfügen.

(2c) Die Bescheide gemäß Abs. 2a oder 2b sind sofort vollstreckbar. Liegen die Voraussetzungen für die Erlassung eines Bescheides gemäß Abs. 2, 2a oder 2b nicht mehr vor, so hat die Behörde die getroffenen Maßnahmen ehestmöglich zu widerrufen.

(3) Ergibt sich nach der Erteilung einer Genehmigung gemäß den §§ 37, 44, 52 oder 54, dass die gemäß § 43 wahrzunehmenden Interessen trotz Einhaltung der im Genehmigungsbescheid enthaltenen Auflagen, Bedingungen oder Befristungen nicht hinreichend geschützt sind, so hat die Behörde die erforderlichen, nach dem nunmehrigen Stand der Technik geeigneten Maßnahmen vorzuschreiben. Geeignete Maßnahmen sind insbesondere Untersuchungen, Beprobungen, Messungen, nachträgliche Auflagen, Erstellung und Durchführung eines Sanierungskonzepts, Beseitigung von bereits eingetretenen Folgen von Auswirkungen der Behandlungsanlage, vorübergehende oder dauernde Einschränkungen der Behandlungsanlage oder die gänzliche oder teilweise Einstellung des Betriebs.

(3a)[223] Zugunsten von Personen, die erst nach Genehmigung der Behandlungsanlage Nachbarn im Sinne des § 2 Abs. 6 Z 5 geworden sind, sind Maßnahmen im Sinne des Abs. 3 nur soweit vorzuschreiben, als diese zur Vermeidung einer Gefährdung des Lebens oder der Gesundheit dieser Personen notwendig sind.

(4) Bei Gefahr im Verzug hat die Behörde die geeigneten Maßnahmen unmittelbar anzuordnen und gegen Ersatz der Kosten durch den Inhaber der Behandlungsanlage nötigenfalls unverzüglich durchführen zu lassen.

(5) Maßnahmen gemäß Abs. 2 bis 4 bedürfen keiner Bewilligung oder Genehmigung nach anderen bundesrechtlichen Vorschriften.

(6)[224] Die nach den §§ 43 Abs. 4, 44, 52 Abs. 5 oder 8 oder 54 Abs. 2 vorgeschriebenen Auflagen, Bedingungen oder Befristungen sind auf Antrag mit Bescheid aufzuheben oder abzuändern, wenn sich nach ihrer Vorschreibung ergibt, dass sie für die nach § 43 wahrzunehmenden Interessen nicht erforderlich sind oder für die Wahrnehmung dieser Interessen auch mit, den Inhaber der Behandlungsanlage weniger belastenden Auflagen, Bedingungen oder Befristungen das Auslangen gefunden werden kann. Dies gilt auch für Aufträge gemäß § 51.

(7) Werden vom Anlageninhaber bei einer Unterbrechung oder bei der Einstellung des Betriebs nicht die zur Vermei-

219 Überschrift geändert durch BGBl I 103/2013.

220 Letzter Satz eingefügt durch BGBl I 103/2013.

221 Geändert durch BGBl I 9/2011.

222 Neu gefasst durch BGBl I 103/2013.

223 Eingefügt durch BGBl I 71/2019.

224 Neu gefasst durch BGBl I 71/2019.

dung der Beeinträchtigung der öffentlichen Interessen erforderlichen Maßnahmen gesetzt, hat die zuständige Behörde diese bescheidmäßig aufzutragen. Der Bescheid ist sofort vollstreckbar.

(8)[225] Wird eine gänzliche Schließung einer IPPC-Behandlungsanlage verfügt, hat der Inhaber der IPPC-Behandlungsanlage eine erforderliche Bewertung und allfällig notwendige Maßnahmen gemäß § 51 Abs. 2a Z 1 oder 2 der Behörde vorzulegen und durchzuführen.

(9)[226] Werden vom Inhaber einer IPPC-Behandlungsanlage bei der Auflassung, Stilllegung oder endgültigen Schließung die gemäß § 51 Abs. 2a Z 1 erforderliche Bewertung oder allfällig notwendige Maßnahmen nicht angezeigt und durchgeführt, hat die Behörde bei durch die Tätigkeiten verursachten erheblichen Boden- oder Grundwasserverschmutzungen mit relevanten gefährlichen Stoffen im Vergleich zu dem im Bericht über den Ausgangszustand angegebenen Zustand die erforderlichen Maßnahmen zur Beseitigung dieser Verschmutzung bescheidmäßig aufzutragen, um das Gelände in jenen Zustand zurückzuführen. Dabei kann die technische Durchführbarkeit solcher Maßnahmen berücksichtigt werden. Der Bescheid ist sofort vollstreckbar.

(10)[227] Werden vom Inhaber einer IPPC-Behandlungsanlage bei der Auflassung, Stilllegung oder endgültigen Schließung die gemäß § 51 Abs. 2a Z 2 erforderliche Bewertung oder allfällig notwendige Maßnahmen nicht angezeigt und durchgeführt, hat die Behörde bei einer durch die Tätigkeiten verursachten erheblichen Gefährdung der menschlichen Gesundheit oder der Umwelt die erforderlichen Maßnahmen zur Beseitigung, Verhütung, Eindämmung oder Verringerung relevanter gefährlicher Stoffe bescheidmäßig aufzutragen, damit das Gelände unter Berücksichtigung seiner derzeitigen oder genehmigten künftigen Nutzung keine solche Gefährdung mehr darstellt. Der Bescheid ist sofort vollstreckbar.

Zusätzliche Bestimmungen betreffend die Überwachung einer Deponie

§ 63. (1) Unmittelbar nach erfolgter Errichtung der Deponie oder eines Teilbereichs der Deponie und vor Einbringung der Abfälle hat die Behörde die Übereinstimmung der Anlage und der Maßnahmen mit der erteilten Genehmigung zu überprüfen. Parteistellung in diesem Verfahren hat der Antragsteller und der von einer Abweichung in seinen Rechten Betroffene. Über das Ergebnis dieser Überprüfung ist bescheidmäßig abzusprechen und die Behebung der dabei etwa wahrgenommenen Mängel und Abweichungen ist zu veranlassen. Die Einbringung von Abfällen in die Deponie oder den Teilbereich der Deponie ist erst nach Behebung der wahrgenommenen Mängel oder Abweichungen zulässig. Geringfügige Abweichungen, die den gemäß § 43 wahrzunehmenden Interessen nicht widersprechen oder denen der von der Abweichung in seinen Rechten Betroffene zustimmt, dürfen im Überprüfungsbescheid nachträglich genehmigt werden.

(2) Stilllegungsmaßnahmen sind in sinngemäßer Anwendung des Abs. 1 von der Behörde zu überprüfen.

(3) Die Behörde hat zur Überprüfung von Deponien mit Bescheid eine Deponieaufsicht zu bestellen; § 49 Abs. 3 bis 6 gelten sinngemäß. Die Deponieaufsicht hat die Einhaltung dieses Bundesgesetzes und der darauf beruhenden Verordnungen und Bescheide, insbesondere betreffend die Instandhaltung, den Betrieb, einschließlich der zu führenden Aufzeichnungen, und die Nachsorge, regelmäßig zu überprüfen. Sie hat der Behörde darüber jährlich zu berichten. Wird bei Beanstandungen keine Übereinstimmung zwischen dem Deponieaufsichtsorgan und dem Inhaber der Deponie über die zu treffenden Maßnahmen erzielt, ist unverzüglich der Behörde zu berichten. Weitere Maßnahmen sind, soweit im Einzelfall erforderlich, von der Behörde mit Bescheid festzulegen.

(4) Unbeschadet des § 79 hat die Behörde das vorübergehende Verbot der Einbringung von Abfällen oder die Schließung der Deponie anzuordnen, wenn ungeachtet wiederholter Mahnung unter Hinweis auf die Rechtsfolgen Verpflichtungen aus diesem Bundesgesetz oder einer Verordnung nach § 65 über Deponien oder Auflagen des Genehmigungsbescheides oder Anordnungen nicht eingehalten werden. Dies gilt auch, wenn keine angemessene Sicherstellung geleistet wird.

Umweltinspektionen für IPPC-Behandlungsanlagen

§ 63a.[228] (1) IPPC-Behandlungsanlagen sind regelmäßigen Umweltinspektionen zu unterziehen. Die §§ 52 bis 53a AVG sind anzuwenden.

(2) Die Bundesministerin für Klimaschutz, Umwelt, Energie, Mobilität, Innovation und Technologie hat einen Umweltinspektionsplan zu erstellen, der alle IPPC-Anlagen enthält. Soweit dadurch der Wirkungsbereich eines anderen Bundesministers berührt wird, ist das Einvernehmen herzustellen. Der Umweltinspektionsplan ist regelmäßig zu überprüfen und gegebenenfalls zu aktualisieren. Vor Veröffentlichung des Umweltinspektionsplans sind die Landeshauptmänner anzuhören.

(3) Der Umweltinspektionsplan hat zu umfassen:

1. eine allgemeine Bewertung der wichtigen Umweltprobleme;
2. den räumlichen Geltungsbereich des Inspektionsplans;
3. ein Verzeichnis der in den Geltungsbereich des Plans fallenden IPPC-Anlagen, wobei die im EDM-Stammdatenregister enthaltenen Identifikationsnummern zu verwenden sind;
4. Verfahren für die Aufstellung von Programmen für routinemäßige Umweltinspektionen gemäß Abs. 4;
5. Verfahren für nicht routinemäßige Umweltinspektionen gemäß Abs 6;
6. gegebenenfalls Bestimmungen für die Zusammenarbeit zwischen verschiedenen Inspektionsbehörden.

(4) Auf Grundlage des Umweltinspektionsplanes hat der Landeshauptmann regelmäßig ein Programm für routinemäßige Umweltinspektionen zu erstellen, in denen auch die Häufigkeit der Vor-Ort-Besichtigungen für die verschiedenen Arten von Anlagen anzugegeben ist. Der Zeitraum zwischen zwei Vor-Ort-Besichtigungen richtet sich nach einer systematischen Beurteilung der mit der IPPC-Behandlungsanlage verbundenen Umweltrisiken und darf ein Jahr bei IPPC-Behandlungsanlagen der höchsten Risikostufe und drei Jahre bei IPPC-Behandlungsanlagen der niedrigsten Risikostufe nicht überschreiten. Wurde bei einer Inspektion festgestellt, dass eine Anlage in schwerwiegender Weise gegen die Genehmigung verstößt, so hat innerhalb der nächsten sechs Monate nach dieser Inspektion eine zusätzliche Vor-Ort-Besichtigung zu erfolgen.

(5) Die systematische Beurteilung der Umweltrisiken stützt sich mindestens auf folgende Kriterien:

1. potenzielle und tatsächliche Auswirkungen der betreffenden IPPC-Behandlungsanlage auf die menschliche Gesundheit und auf die Umwelt unter Berücksichtigung der Emissionswerte und -typen, der Empfindlichkeit der örtlichen Umgebung und des Unfallrisikos;
2. bisherige Einhaltung der Genehmigung;

---

[225] Eingefügt durch BGBl I 103/2013.

[226] Eingefügt durch BGBl I 103/2013.

[227] Eingefügt durch BGBl I 103/2013.

[228] Samt Überschrift eingefügt durch BGBl I 103/2013.

3. Teilnahme des Anlageninhabers am Unionssystem für das Umweltmanagement und die Umweltbetriebsprüfung (EMAS) gemäß der Verordnung (EG) Nr. 1221/2009 oder Eintragung als Organisation gemäß einer Verordnung nach § 15 Abs. 5 UMG.

(6) Nicht routinemäßige Umweltinspektionen sind durchzuführen, um bei Beschwerden wegen ernsthaften Umweltbeeinträchtigungen, bei ernsthaften umweltbezogenen Unfällen und Vorfällen und bei Verstößen gegen die Vorschriften sobald wie möglich und gegebenenfalls vor der Ausstellung, Erneuerung oder Aktualisierung einer Genehmigung Untersuchungen vorzunehmen.

(7) Nach jeder Vor-Ort-Besichtigung hat die zuständige Behörde einen Bericht mit relevanten Feststellungen bezüglich der Einhaltung der Genehmigung durch die betreffende IPPC-Behandlungsanlage und Schlussfolgerungen zur etwaigen Notwendigkeit weiterer Maßnahmen zu erstellen. Der Bericht einschließlich der Zusammenfassung des Berichts ist dem betreffenden Anlageninhaber binnen zwei Monaten nach der Vor-Ort-Besichtigung zu übermitteln; gleichzeitig mit der Übermittlung des Berichts ist eine angemessene Frist zu setzen, innerhalb derer der Inhaber eine Stellungnahme erstatten kann. Die zuständige Behörde hat die Zusammenfassung des Berichts, sowie den Hinweis wo weiterführende Informationen zu erhalten sind, binnen vier Monaten nach der Vor-Ort-Besichtigung auf der Internetseite edm.gv.at zu veröffentlichen. In Bezug auf Mängel gilt § 62 Abs. 2.

(8) Die Überprüfung durch eine Deponieaufsicht gemäß § 63 gilt in dem Umfang, in dem diese einer Umweltinspektion entspricht, als Umweltinspektion.

Wechsel des Inhabers einer Behandlungs I **§ 64.** (1) Durch den Wechsel des Inhabers einer Behandlungsanlage wird

1. die Wirksamkeit einer Genehmigung gemäß den §§ 37, 44, 52 oder 54 und

2.[229] die Wirksamkeit der Anordnungen oder Aufträge gemäß den §§ 51, 53 Abs. 2, 57, 58 und 62 Abs. 2 bis 3 und gemäß § 59l Abs. 2 und 4 GewO 1994

nicht berührt.

(2) Der Wechsel des Inhabers ist vom nunmehrigen Inhaber zu melden; die Meldung ist vom vormaligen Inhaber gegenzuzeichnen.

Nähere Bestimmungen für Behandlungsanlagen

§ 65.[230] (1) Die Bundesministerin für Klimaschutz, Umwelt, Energie, Mobilität, Innovation und Technologie wird ermächtigt, in Übereinstimmung mit den Zielen und Grundsätzen der Abfallwirtschaft, zur Wahrung der öffentlichen Interessen (§ 1 Abs. 3) und unter Bedachtnahme auf die Vorgaben des Bundes-Abfallwirtschaftsplans im Einvernehmen mit der Bundesministerin für Digitalisierung und Wirtschaftsstandort mit Verordnung festzulegen:

1. nähere Bestimmungen über die dem Stand der Technik entsprechende Ausstattung und Betriebsweise von Behandlungsanlagen, einschließlich der Festlegung der Art und Qualität der zu behandelnden Abfälle, der Kriterien und Grenzwerte für die Zuordnung der Abfälle zu diesen Anlagen, der anzuwendenden Messverfahren, der Überwachung während des Betriebs und der Nachsorge und die von diesen Anlagen einzuhaltenden, dem Stand der Technik entsprechenden Emissionsgrenzwerte; nähere Anforderungen an die Messungen oder andere geeignete Verfahren zur Bestimmung von Emissionen entsprechend den einzelnen Anlagentypen oder Schadstoffen; Zugänglichmachung von Informationen über Emissionen und die Prozessführung bei IPPC-Behandlungsanlagen und Verbrennungs- und Mitverbrennungsanlagen;

2. abweichende Regelungen zu den Bestimmungen gemäß Z 1 für bereits genehmigte Behandlungsanlagen, wenn sie wegen der Unverhältnismäßigkeit zwischen dem Aufwand zur Erfüllung der betreffenden Verordnungsbestimmungen und dem dadurch erreichbaren Nutzen für die zu schützenden Interessen sachlich gerechtfertigt sind; Fristen, innerhalb der bei In-Kraft-Treten einer Verordnung bestehende, rechtskräftig genehmigte Behandlungsanlagen an die Bestimmungen der Verordnung anzupassen sind; dies gilt nicht, wenn sich der Inhaber innerhalb der durch Verordnung festzulegenden Frist, die zwölf Monate ab dem In-Kraft-Treten der Verordnung nicht überschreitet, gegenüber der zuständigen Behörde unwiderruflich verpflichtet, die Behandlungsanlage in der vorgeschriebenen Weise innerhalb der in der Verordnung festgelegten Frist zu schließen;

3. zusätzliche Antragsunterlagen und Bescheidinhalte unter Berücksichtigung der unionsrechtlichen Vorschriften entsprechend dem Anlagentyp und der zu behandelnden Abfälle;

3a.[231] nähere Bestimmungen über die Inhaltserfordernisse des Berichts über den Ausgangszustand für IPPC-Behandlungsanlagen, Kriterien für das Vorliegen relevanter gefährlicher Stoffe, Art und Umfang von Boden- und Grundwassermessungen, Kriterien für einen Vergleich des Ausgangszustandes mit dem Endzustand sowie Maßnahmen zur Beseitigung einer Verschmutzung oder erheblichen Gefährdung der menschlichen Gesundheit oder Umwelt infolge von IPPC-Tätigkeiten;

4. unter Bedachtnahme auf eine ausreichende, sichere und genaue Erfassung und Beurteilung der zu behandelnden Abfälle und der Emissionen nähere Bestimmungen über Art und Form der Aufzeichnungen und über Zeitpunkt, Art und Form der diesbezüglichen Meldungen;

5. in Abhängigkeit vom Anlagentyp nähere Bestimmungen über den Inhalt der Sicherstellung, deren Festsetzung, Art, Bemessung, Leistung, Zugriff, Verfall, Verwendung und Freiwerden, einschließlich einer angemessenen Sicherstellung für bestehende Behandlungsanlagen;

6.[232] nähere Bestimmungen betreffend die Beherrschung der Gefahren bei schweren Unfällen, insbesondere über die Pflichten des Betriebsinhabers nach einem schweren Unfall, über das Sicherheitskonzept, das Sicherheitsmanagementsystem, den Sicherheitsbericht, die internen Notfallpläne und die Information über die Gefahren, die Sicherheitsmaßnahmen und das richtige Verhalten bei Unfällen.

Bei Festlegungen gemäß Z 1 im Hinblick auf den Stand der Technik zur Vermeidung und Rückhaltung von Stoffen, die in das Wasser gelangen können, und bei Festlegungen gemäß Z 3a ist das Einvernehmen mit der Bundesministerin für Landwirtschaft, Regionen und Tourismus herzustellen.[233]

(2)[234] Die Bundesministerin für Klimaschutz, Umwelt, Energie, Mobilität, Innovation und Technologie wird ermächtigt, im Einvernehmen mit der Bundesministerin für Digitalisierung und Wirtschaftsstandort mit Verordnung festzulegen, welche Behandlungsanlagen zur Verwertung von Abfällen und welche Behandlungsanlagen zur Beseitigung von im eigenen Betrieb anfallenden bestimmten nicht gefährlichen Abfällen jedenfalls von der Genehmigungspflicht gemäß § 37 aus-

229 Geändert durch BGBl I 70/2017.

230 Geändert durch BGBl I 9/2011.

231 Eingefügt durch BGBl I 103/2013.

232 Neu gefasst durch BGBl I 70/2017.

233 Schlussteil angefügt durch BGBl I 200/2021.

234 Neu gefasst durch BGBl I 71/2019.

genommen sind. In dieser Verordnung sind nähere Bestimmungen über die Abfallarten und -mengen, die Behandlungsmethoden und Bedingungen für die Verwertung gefährlicher Abfälle, einschließlich der Art der Tätigkeiten, sowie alle anderen notwendigen Anforderungen an die Durchführung verschiedener Arten der Verwertung und gegebenenfalls die Grenzwerte für den Schadstoffgehalt der Abfälle sowie die Emissionsgrenzwerte festzulegen.

(3) Die Bundesministerin für Klimaschutz, Umwelt, Energie, Mobilität, Innovation und Technologie wird ermächtigt, im Einvernehmen mit der Bundesministerin für Digitalisierung und Wirtschaftsstandort mit Verordnung jene genehmigungspflichtigen mobilen Behandlungsanlagen festzulegen, die vergleichbare Auswirkungen auf den Mensch oder die Umwelt haben wie ortsfeste Behandlungsanlagen. Weiters wird die Bundesministerin für Klimaschutz, Umwelt, Energie, Mobilität, Innovation und Technologie ermächtigt, im Einvernehmen mit der Bundesministerin für Digitalisierung und Wirtschaftsstandort für diese genehmigungspflichtigen mobilen Behandlungsanlagen mit Verordnung nähere Bestimmungen über die Ausstattung und Betriebsweise, einschließlich Bestimmungen über Aufstellungsort, Aufstellungszeit und Mindestabstand, sowie nähere Bestimmungen über die Durchführung der Prüfung und die Prüfbescheinigung festzulegen.[235]

(4)[236] Die Bundesministerin für Klimaschutz, Umwelt, Energie, Mobilität, Innovation und Technologie wird ermächtigt, durch Verordnung festzulegen, für welche mobilen Behandlungsanlagen, die ausschließlich nicht gefährliche Abfälle behandeln, das vereinfachte Verfahren gemäß § 52 Abs. 8 anzuwenden ist.

7. Abschnitt
Grenzüberschreitende Verbringung

Anwendungsbereich und Verfahrensbestimmungen

§ 66. (1)[237] Für grenzüberschreitende Verbringungen von Abfällen sind die unionsrechtlichen Abfallvorschriften, insbesondere die EG-VerbringungsV (Verordnung (EG) Nr. 1013/2006 über die Verbringung von Abfällen, ABl. Nr. L 190 vom 12.07.2006 S. 1), anzuwenden.

(2) Die Bundesministerin für Klimaschutz, Umwelt, Energie, Mobilität, Innovation und Technologie ist für die Anwendung der EG-VerbringungsV zuständige Behörde am Versandort, zuständige Behörde am Bestimmungsort, für die Durchfuhr zuständige Behörde und Anlaufstelle gemäß Art. 54 der EG-VerbringungsV.

(3) [Anm: Aufgehoben durch BGBl I 43/2007]

Notifizierung bei der Ausfuhr

§ 67. (1) Wer eine gemäß EG-VerbringungsV oder gemäß einer Verordnung nach § 72 Z 1 notifizierungspflichtige Verbringung von Abfällen aus Österreich durchzuführen beabsichtigt, hat dies der Bundesministerin für Klimaschutz, Umwelt, Energie, Mobilität, Innovation und Technologie zu notifizieren. Dieser Antrag hat elektronisch über das Register gemäß § 22 Abs. 1 zu erfolgen.[238]

(2)[237] Die Bundesministerin für Klimaschutz, Umwelt, Energie, Mobilität, Innovation und Technologie übermittelt die Notifizierung an die zuständige Behörde am Bestimmungsort und eine Abschrift an die für die Durchfuhr zuständigen Behörden. Diese Übermittlung kann bei Vorliegen der Zustimmung der betroffenen zuständigen ausländischen Behörde gemäß Art 26 Abs. 4 der EG-VerbringungsV elektronisch erfolgen.[238]

Notifizierungsunterlagen

§ 68. (1) Die Notifizierung erfolgt mithilfe des Notifizierungsformulars gemäß Anhang IA und des Begleitformulars gemäß Anhang IB der EG-VerbringungsV. Der Notifizierende hat dazu zu übermitteln:

1. eine technische Beschreibung der Anlage und der Restabfallbehandlung;
2.[237] den Vertrag zur umweltgerechten Behandlung der Abfälle in deutscher oder englischer Sprache und die Bewilligungen der Beseitigungs- oder Verwertungsanlage;
3. eine Analyse/Beschreibung der physikalischen und chemischen Eigenschaften des Abfalls;
4.[239] eine Sicherheitsleistung (insbesondere eine Bankbürgschaft oder Bankgarantie) oder eine Versicherung gemäß Art. 6 der EG-VerbringungsV bei der Verbringung aus Österreich im Original, bei der Einfuhr nach Österreich oder Durchfuhr durch Österreich aus und nach Drittstaaten im Original oder in Kopie;
5. den Nachweis einer ausreichenden Haftpflichtversicherung für die eingesetzten Transportmittel im Falle des Transports gefährlicher Güter;

5a.[240] die Nachweise gemäß § 69 Abs. 10 AWG 2002;

6. im Fall einer alternativen Behandlung von POP-Abfällen gemäß § 16 Abs. 4 letzter Satz in Verbindung mit Anhang V Teil 2 der EU-POP-V den Nachweis gemäß Art. 7 Abs. 4 Buchstabe b Z i der EU-POP-V, dass diese Behandlung die unter Umweltgesichtspunkten vorzuziehende Möglichkeit darstellt.

Falls die Zustimmung der betroffenen zuständigen ausländischen Behörde zur elektronischen Übermittlung der Notifizierung nicht vorliegt, ist für diese Behörde eine Abschrift der Notifizierung gesondert zu übermitteln.[241]

(2) Das Notifizierungs- und das Begleitformular und sonstige Dokumente und Unterlagen, die vom Notifizierenden übermittelt werden, haben in deutscher oder englischer Sprache vorzuliegen. Liegen die Originaldokumente nicht in deutscher oder englischer Sprache vor, so sind beglaubigte Übersetzungen zu übermitteln.

Bewilligungspflicht der Einfuhr, Ausfuhr und Durchfuhr und Verbringungsverbote

§ 69. (1) Die Bundesministerin für Klimaschutz, Umwelt, Energie, Mobilität, Innovation und Technologie hat über jede von der EG-VerbringungsV erfasste notifizierungspflichtige Verbringung von Abfällen nach, aus oder durch Österreich bescheidmäßig abzusprechen.

(2) Für Bescheide gemäß Abs. 1 gelten folgende Fristen:

1.[242] Bescheide für Verbringungen innerhalb der Europäischen Union sind innerhalb von 30 Tagen nach Absendung der Empfangsbestätigung (gemäß Art. 8 der EG-VerbringungsV) zu erlassen. Für Verbringungen innerhalb der Union mit Durchfuhr durch Österreich ist kein Bescheid zu erlassen, es sei denn, es sind auf Art. 11 oder 12 der EG-VerbringungsV gestützte Einwände zu erheben oder Auflagen vorzuschreiben oder es ist vor Ablauf der Frist eine Entscheidung der Behörde zur Wahrung der öffent-

[235] Letzter Satz eingefügt durch BGBl I 103/2013.
[236] Eingefügt durch BGBl I 103/2013.
[237] Geändert durch BGBl I 9/2011.
[238] Letzter Satz angefügt durch BGBl I 200/2021.
[239] Geändert durch BGBl I 70/2017.
[240] Eingefügt durch BGBl I 200/2021.
[241] Satz neu gefasst durch BGBl I 200/2021.
[242] Geändert durch BGBl I 9/2011.

lichen Interessen gemäß § 1 Abs. 3 erforderlich oder es handelt sich um eine Verbringung zu einer Verwertungsanlage mit Vorabzustimmung im Sinne des Art. 14 der EG-VerbringungsV.

2.[242] Bescheide für Verbringungen innerhalb der Union mit Durchfuhr durch Drittstaaten sind innerhalb von 30 Tagen nach Absendung der Empfangsbestätigung zu erlassen.
3. Bescheide für die Einfuhr aus Drittstaaten nach Österreich sind innerhalb von 30 Tagen nach Absendung der Empfangsbestätigung zu erlassen.
4. Bescheide für die Ausfuhr von zur Verwertung bestimmten Abfällen in Drittstaaten aus Österreich sind innerhalb von 30 Tagen nach Absendung der Empfangsbestätigung zu erlassen.
5. Bescheide für die Ausfuhr von zur Beseitigung bestimmten Abfällen in Drittstaaten aus Österreich und für die Ausfuhr von zur Verwertung bestimmten Abfällen in Drittstaaten, für die der OECD-Beschluss (Art. 2 Z 17 der EG-VerbringungsV) gilt, mit Durchfuhr durch einen Staat, für den der OECD-Beschluss nicht gilt, aus Österreich sind frühestens 61 Tage nach Absendung der Empfangsbestätigung zu erlassen. Der Bescheid kann auch früher erlassen werden, wenn die schriftliche Zustimmung der anderen betroffenen zuständigen Behörden eingelangt ist.
6. Bescheide für Verbringungen von zur Beseitigung oder Verwertung bestimmten Abfällen außerhalb der Union mit Durchfuhr durch Österreich, sind innerhalb folgender Fristen nach Absendung der Empfangsbestätigung zu erlassen:
   a) Bescheide für Verbringungen von zur Beseitigung bestimmten Abfällen innerhalb von 60 Tagen;
   b) Bescheide für Verbringungen von zur Verwertung bestimmten Abfällen
      aa) von Staaten, für die der OECD-Beschluss gilt, nach solchen Staaten innerhalb von 30 Tagen,
      bb) von oder nach Staaten, für die der OECD-Beschluss nicht gilt, innerhalb von 60 Tagen.

(2a)[243] Bei einer Verbringung im Rahmen einer Vorabzustimmung gemäß § 71a gilt abweichend zu Abs. 2 Z 1 und 2 eine Frist von sieben Werktagen nach Absendung der Empfangsbestätigung.

(3)[244] Die Bewilligungen zur Verbringung von Abfällen gemäß Abs. 1 aus Österreich sind nur

1.[242] Inhabern einer Erlaubnis gemäß § 24a Abs. 1 oder
2.[242] rücknahmeberechtigten Abfallsammlern oder -behandlern gemäß § 24a Abs. 2 Z 5 in Bezug auf jene Abfälle, für die sie rücknahmeberechtigt sind,
3.[242] Inhabern einer gleichwertigen ausländischen Erlaubnis gemäß § 24a Abs. 2 Z 3 oder
4. dem Abfallersterzeuger, sofern der Abfallersterzeuger ausschließlich eigene Abfälle verbringt,

zu erteilen.

(4) Für die Bewilligung der Einfuhr müssen jedenfalls folgende Voraussetzungen vorliegen:

1. Die ordnungsgemäße Behandlung der betreffenden Abfälle, einschließlich der ordnungsgemäßen vorläufigen Verwertung (Art. 2 Z 7 der EG-VerbringungsV) oder Beseitigung (Art. 2 Z 5 der EG-VerbringungsV), in dafür genehmigten Anlagen von dazu berechtigten Personen und die ordnungsgemäße Behandlung des dabei anfallenden Abfalls erscheint gesichert.
2. Die Anlagen verfügen über eine ausreichende Kapazität.

(5)[242] Die Verbringung ist zu untersagen, wenn der Notifizierende oder der Empfänger oder der zur Vertretung nach außen Berufene des Notifizierenden oder des Empfängers mindestens zweimal wegen einer illegalen Verbringung von Abfällen im Sinne der EG-VerbringungsV bestraft worden ist und die Strafen noch nicht getilgt sind.

(6) Für die Bewilligung einer Verbringung von POP-Abfällen zu alternativen Behandlungsverfahren gemäß § 16 Abs. 4 letzter Satz in Verbindung mit Anhang V Teil 2 der EU-POP-V hat ein Nachweis gemäß Art. 7 Abs. 4 Buchstabe b Z i der EU-POP-V, dass diese Behandlung die unter Umweltgesichtspunkten vorzuziehende Möglichkeit darstellt, vorzuliegen.

(7) Das Verbringen von Asbestabfällen nach Österreich zum Zweck der Beseitigung ist nicht zulässig.

(7a)[243] Das Verbringen von Abfällen

1. zur Beseitigung oder
2. in Anlagen zur Verwertung von gemischten Siedlungsabfällen, die von privaten Haushalten gesammelt worden sind, auch wenn dabei Abfälle anderer Erzeuger eingesammelt werden,

ist zu untersagen, wenn den Grundsätzen der Entsorgungsautarkie oder der Nähe gemäß § 1 Abs. 4 nicht entsprochen wird.

(7b)[243] Die Verbringung von Abfällen zur Verwertung nach Österreich zu Verbrennungsanlagen ist zu untersagen, wenn erwiesen ist, dass solche Verbringungen zur Folge hätten, dass inländische Abfälle beseitigt werden müssten oder dass Abfälle in einer Weise zu behandeln wären, die nicht mit dem Bundes-Abfallbewirtschaftungsplan vereinbar ist.

(7c)[245] Das Verbringen von vermischten, vermengten oder durch Zumischung anderer Sachen oder Stoffe vorbehandelten Abfällen aus industriellen Verarbeitungsprozessen unterschiedlicher Abfallersterzeuger oder Anfallstellen sowie von vermischten, vermengten oder vorbehandelten Abfällen aus industriellen Verarbeitungsprozessen unterschiedlicher Abfallschlüsselnummern gemäß dem österreichischen Abfallverzeichnis nach Österreich zum Zweck der Deponierung oder zum Zweck der Verfestigung, Stabilisierung oder Immobilisierung vor der Deponierung ist nicht zulässig. Von diesem Verbot ausgenommen sind vermischte, vermengte oder vorbehandelte Abfälle, die zu technischen Versuchszwecken im Ausmaß bis zu 25 Tonnen mit schriftlicher Notifizierung und Zustimmung gemäß den Vorgaben der EG-VerbringungsV nach Österreich verbracht werden und nach Abschluss der Versuche einer Deponierung oder der Verfestigung, Stabilisierung oder Immobilisierung vor der Deponierung zugeführt werden sollen. Das gemeinsame Sammeln von Abfällen der gleichen Art und Qualität und mit vergleichbarem Schadstoffgehalt stellt kein Vermischen oder Vermengen im Sinne dieser Bestimmung dar. Die gleichbleibende Qualität ist im Rahmen des Notifizierungsverfahrens zu belegen.

(8) Vor Erteilung einer Einfuhrbewilligung für Abfälle sind die Landeshauptmänner der Bundesländer, in denen die Abfälle behandelt werden sollen, anzuhören.

(9) Ein Widerruf gemäß Art. 9 Abs. 8 der EG-VerbringungsV ist dem Notifizierenden, dem Empfänger, den anderen betroffenen zuständigen Behörden, den betroffenen Landeshauptmännern und den Zollorganen mitzuteilen.

(10)[246] Transporte von Abfällen mit einem Gesamtgewicht von mehr als zehn Tonnen mit einer Transportstrecke auf der Straße von über

1. 300 km in Österreich haben ab 1. Jänner 2023,
2. 200 km in Österreich haben ab 1. Jänner 2024,

243 Eingefügt durch BGBl I 9/2011.

244 Geändert durch BGBl I 70/2017.

245 Eingefügt durch BGBl I 200/2021.

246 Neu gefasst durch BGBl I 200/2021.

3. 100 km in Österreich haben ab 1. Jänner 2026,

haben per Bahn oder durch andere Verkehrsmittel mit gleichwertigem oder geringerem Schadstoff- oder Treibhausgaspotential (zB Antrieb mittels Brennstoffzelle oder Elektromotor) zu erfolgen. Dies gilt nicht, wenn nachgewiesen wird, dass von der Bahn keine entsprechenden Kapazitäten bereitgestellt werden können, oder wenn beim Bahntransport die auf der Straße zurückzulegende Transportstrecke für die An- und Abfahrt zur und von einer der am nächstgelegenen Verladestellen im Vergleich zum ausschließlichen Transport auf der Straße 25% oder mehr betragen würde. Die entsprechenden Nachweise sind beim Transport mitzuführen und der Behörde auf Verlangen vorzulegen. Bis zum 1. Dezember 2022 ist vom Bundesministerium für Klimaschutz, Umwelt, Energie, Mobilität, Innovation und Technologie in Abstimmung mit der Wirtschaftskammer Österreich eine digitale Plattform einzurichten, die eine Abfrage von Angeboten für Abfalltransporte im Schienengüterverkehr und, sofern keine entsprechenden Kapazitäten bereit gestellt werden können, die Erstellung einer Bestätigung darüber binnen zwei Werktagen ermöglicht. Als Nachweis darüber, dass keine entsprechenden Kapazitäten bereitgestellt werden können, gilt ausschließlich die Bestätigung durch die digitale Plattform. Die Bundesministerin für Klimaschutz, Umwelt, Energie, Mobilität, Innovation und Technologie hat die Wirksamkeit dieser Regelung bis zum 31. Dezember 2024 zu evaluieren. Im Rahmen der Evaluierung ist unter Beiziehung der Bundeswettbewerbsbehörde ein Wettbewerbsmonitoring, insbesondere über die Entwicklung der Wettbewerbsintensität, durchzuführen.

(11)[247] Sofern nach der Erteilung der Bewilligung gemäß Abs. 1 Umstände zutage treten, die die öffentlichen Interessen (§ 1 Abs. 3) gefährden, sind Auflagen oder Bedingungen gemäß Art. 10 der EG-VerbringungsV vorzuschreiben, um diese Gefährdung hintanzuhalten.

Freigabe der Sicherheitsleistung, Unterlagen für die Beförderung und Zollanmeldung

§ 70.[248] (1) Im Fall einer Verbringung zur vorläufigen Verwertung oder Beseitigung darf die Sicherheitsleistung nur unter Einhaltung folgender Voraussetzungen freigegeben werden:

1. Die Abfälle haben die vorläufige Anlage verlassen.
2. Die Bundesministerin für Klimaschutz, Umwelt, Energie, Mobilität, Innovation und Technologie hat die Bescheinigung gemäß Art. 15 Buchstabe d der EG-VerbringungsV erhalten.
3. Jede nachfolgende Verbringung zu einer Behandlungsanlage wird von einer entsprechenden Sicherheitsleistung abgedeckt, es sei denn, die zuständige Behörde des Bestimmungsortes ist der Auffassung, dass eine solche Sicherheitsleistung oder entsprechende Versicherung nicht erforderlich ist.

(2) Bei einer notifizierungspflichtigen Verbringung von Abfällen sind eine Abschrift des Notifizierungsformulars und das Begleitformular (§ 68 Abs. 1), die erforderliche Bewilligung gemäß § 69 und die sonstigen erforderlichen Bewilligungen der ausländischen Behörden mitzuführen. Das Mitführen dieser Unterlagen kann in Abstimmung mit der Bundesministerin für Klimaschutz, Umwelt, Energie, Mobilität, Innovation und Technologie bei erfolgter elektronischer Übermittlung der Unterlagen auf elektronische Weise erfolgen.

(3) Die für die Verbringung erforderlichen Bewilligungen, Notifizierungs- und Begleitformulare sind bei der Einfuhr oder Ausfuhr von Abfällen in das oder aus dem Zollgebiet der Europäischen Union erforderliche Unterlagen zur Zollanmeldung im Sinne des Art. 163 der Verordnung (EU) Nr. 952/2013 zur Festlegung des Zollkodex der Union, ABl. Nr. L 269 vom 10.10.2013 S.1, in der Fassung der Berichtigung ABl. Nr. L 287 vom 29.10.2013 S.90.[249] Werden diese Unterlagen nicht vorgelegt und hat die Zollstelle Bedenken, dass eine bewegliche Sache gemäß EG-VerbringungsV notifizierungspflichtiger Abfall ist, hat sie vor der Entscheidung über den Abfertigungsantrag ein Feststellungsverfahren (§ 6 Abs. 1) zu veranlassen, es sei denn, die Ware wird unverzüglich in das Ausland zurückgebracht. Bei der Einfuhr obliegt die Prüfung derjenigen Zollstelle, bei der die Gestellung nach zollrechtlichen Vorschriften zu erfolgen hat.

Wiedereinfuhrpflicht

§ 71. (1)[250] Kommt der Rückführungspflichtige seiner Pflicht nach Art. 22 oder 24 der EG-VerbringungsV nicht rechtzeitig nach, hat die Bundesministerin für Klimaschutz, Umwelt, Energie, Mobilität, Innovation und Technologie die erforderlichen Maßnahmen, erforderlichenfalls unter Vorschreibung von Auflagen, Bedingungen oder Befristungen, anzuordnen und gegen Ersatz der Kosten unmittelbar durchführen zu lassen. In einem solchen Fall kann die Vorauszahlung der voraussichtlichen Kosten aufgetragen werden, sofern nicht eine Sicherheit nach Art. 6 der EG-VerbringungsV einen angemessenen Betrag zur Kostendeckung bietet. Rechtsmittel gegen einen Vorauszahlungsauftrag haben keine aufschiebende Wirkung.Das Verwaltungsgericht kann jedoch die aufschiebende Wirkung der Beschwerde auf Antrag zuerkennen, wenn nach Abwägung aller berührten Interessen mit dem Vollzug des Bescheides für den Beschwerdeführer ein schwerer und nicht wieder gutzumachender Schaden verbunden wäre.[251]

(2) Besteht eine Wiedereinfuhrpflicht von Abfällen gemäß Art. 22 oder 24 der EG-VerbringungsV, entfällt die Bewilligungspflicht gemäß § 69 Abs. 1.

(3)[252] In den Fällen, in denen der Rückführungspflichtige gemäß Art. 24 der EG-VerbringungsV über keine Erlaubnis zur Behandlung der Abfälle gemäß § 24a verfügt, hat die Rückführung der Abfälle an einen zur Behandlung dieser Abfälle berechtigten Abfallbehandler zu erfolgen.

Vorabzustimmung

§ 71a.[253] (1) Der Betreiber einer in Österreich gelegenen ortsfesten Behandlungsanlage ist berechtigt, für die nicht vorläufige Verwertung in dieser Behandlungsanlage eine Vorabzustimmung im Sinne des Art. 14 der EG-VerbringungsV zu beantragen. Die Bundesministerin für Klimaschutz, Umwelt, Energie, Mobilität, Innovation und Technologie hat über diesen Antrag mit Bescheid abzusprechen.

(2) Dem Antrag auf Vorabzustimmung gemäß Abs. 1 sind vom Antragsteller insbesondere anzuschließen:

1. Angaben zur Person einschließlich Eigentümerstruktur der betreffenden Behandlungsanlage inklusive aktuellem Firmenbuchauszug;
2. Angaben über den Namen und die Adresse der betreffenden Behandlungsanlage sowie Identifikationsnummern gemäß dem Register gemäß § 22 für Personen, Standorte und Anlagen;
3. eine Beschreibung der in der Behandlungsanlage angewandten Technologien;

---

247 Eingefügt durch BGBl I 103/2013.

248 Geändert durch BGBl I 9/2011.

249 Geändert durch BGBl I 163/2015.

250 Geändert durch BGBl I 103/2013.

251 Letzter Satz eingefügt durch BGBl I 97/2013.

252 Eingefügt durch BGBl I 103/2013; geändert durch BGBl I 70/2017.

253 Eingefügt durch BGBl I 9/2011.

4. eine Beschreibung der nicht vorläufigen Verwertungsverfahren, für welche eine Vorabzustimmung beantragt wurde, einschließlich R-Codes;
5. Kopien aller relevanten Berechtigungen, Erlaubnisse und Genehmigungen;
6. ein Nachweis über die Eintragung des Antragstellers als eine eingetragene Organisation gemäß EMAS oder Nachweis, dass der Antragsteller eine eingetragene Organisation gemäß einer Verordnung nach § 15 Abs. 5 UMG ist oder ein Nachweis, dass der Antragsteller über ein von einer akkreditierten Zertifizierungsstelle ausgestelltes Zertifikat gemäß ÖNORM EN ISO 14001 –Umweltmanagementsysteme - Anforderungen mit Anleitung zur Anwendung" vom 15. August 2009 verfügt sowie die Dokumentation der aktuellen Managementbewertung gemäß der ÖNORM EN ISO 14001;
7. eine Auflistung der Abfälle, für die die Vorabzustimmung ausgestellt werden soll, unter Angabe der Abfallart gemäß einer Verordnung nach § 4, des Eintrags im Europäischen Abfallverzeichnis und im Anhang IV und IVA der EG-VerbringungsV;
8. eine Analyse oder Beschreibung der physikalischen und chemischen Eigenschaften der in der Behandlungsanlage regelmäßig behandelten Abfälle sowie die Annahmekriterien der Behandlungsanlage für diese Abfälle;
9. Angaben über die Gesamtmenge jeden Abfalls, für den die Vorabzustimmung ausgestellt werden soll;
10. Angaben über die voraussichtliche Menge, die Zusammensetzung und die Behandlung des Restabfalls;
11. Angaben über sämtliche in der Behandlungsanlage des Antragsteller gemäß § 9 VStG verantwortliche Personen;
12. eine Erklärung, Anträge und Meldungen betreffend grenzüberschreitende Abfallverbringungen über ein Register gemäß § 22 Abs. 1 einzubringen, sofern dieser Teilbereich im Register eingerichtet ist.

(3) Vor Erteilung der Vorabzustimmung ist der Landeshauptmann jenes Bundeslandes, in dem die betreffende Behandlungsanlage liegt, anzuhören.

(4) Die Vorabzustimmung darf nur erteilt werden, wenn

1. der Antragsteller eine eingetragene Organisation gemäß EMAS ist oder eine eingetragene Organisation gemäß einer Verordnung nach § 15 Abs. 5 UMG ist oder über ein gültiges Zertifikat gemäß ÖNORM EN ISO 14001 verfügt, welches von einer akkreditierten Zertifizierungsstelle ausgestellt wurde,
2. weder der Antragsteller noch eine der in Abs. 2 Z 11 genannten Personen innerhalb der letzten fünf Jahre wegen einer Übertretung von Bundes- oder Landesgesetzen zum Schutz der Umwelt, wie insbesondere dieses Bundesgesetzes, der GewO 1994, des WRG 1959 oder der durch dieses Bundesgesetz aufgehobenen Rechtsvorschriften bestraft worden ist,
3. die Abfälle in dieser Behandlungsanlage einer nicht vorläufigen Verwertung zugeführt werden,
4. die Behandlungsanlage dem Stand der Technik entspricht und
5. keine dem Antragsteller erteilte Vorabzustimmung innerhalb der letzten fünf Jahre widerrufen wurde.

(5) Der Bescheid, mit dem die Vorabzustimmung ausgestellt wird, ist im Falle eines Antragstellers, der eine eingetragene Organisation gemäß EMAS oder eine eingetragene Organisation gemäß einer Verordnung nach § 15 Abs. 5 UMG ist, auf längstens zehn Jahre zu befristen und im Falle eines Antragstellers, der über ein Zertifikat gemäß ÖNORM EN ISO 14001 verfügt, auf längstens fünf Jahre zu befristen. Der Bescheid hat insbesondere zu enthalten:

1. eine Auflistung der Abfälle, für die die Vorabzustimmung erteilt wird;
2. die Gesamtmenge jedes Abfalls, für den die Vorabzustimmung erteilt wird;
3. die Annahmekriterien für diese Abfälle;
4. die nicht vorläufigen Verwertungsverfahren, für welche die Vorabzustimmung erteilt wird.

Die Aufnahme von Auflagen oder Bedingungen ist zulässig.

(6) Der Antragsteller hat jede Änderung der Umstände gemäß Abs. 4 und jede Änderung der relevanten Genehmigungen, Erlaubnisse und Berechtigungen unverzüglich, längstens aber binnen 14 Tagen, unter Anschluss der relevanten Dokumente der Bundesministerin für Klimaschutz, Umwelt, Energie, Mobilität, Innovation und Technologie bekannt zu geben. Die Dokumentation der aktuellen Managementbewertung gemäß der ÖNORM EN ISO 14001 ist auf Verlangen der Bundesministerin für Klimaschutz, Umwelt, Energie, Mobilität, Innovation und Technologie vorzulegen.

(7) Der Verlust der Voraussetzung gemäß Abs. 4 Z 1 oder ein Wechsel des Betreibers dieser Behandlungsanlage erwirkt das Erlöschen der Vorabzustimmung.

(8) Die Bundesministerin für Klimaschutz, Umwelt, Energie, Mobilität, Innovation und Technologie hat die Vorabzustimmung zu widerrufen, wenn die Voraussetzungen des Abs. 4 Z 2 bis 4 nicht mehr vorliegen oder der Betreiber der Behandlungsanlage entgegen seiner Erklärung gemäß Abs. 2 Z 12 die Anträge und Meldungen betreffend grenzüberschreitende Abfallverbringungen nicht über ein Register gemäß § 22 Abs. 1 einbringt.

Nähere Bestimmungen für die grenzüberschreitende Verbringung

§ 72. Die Bundesministerin für Klimaschutz, Umwelt, Energie, Mobilität, Innovation und Technologie wird ermächtigt, durch Verordnung

1. zu bestimmen, welche der in Anhang III der EG-VerbringungsV aufgeführten Abfälle auf Grund einer der in Anhang III der Richtlinie 91/689/EWG aufgeführten gefährlichen Eigenschaft so wie die in Anhang IV der EG-VerbringungsV aufgeführte Abfälle überwacht werden,
2. nähere Bestimmungen über Art und Form der Meldungen gemäß der EG-VerbringungsV und die Form der diesbezüglichen Übermittlungen und organisatorische Regelungen für den Datenaustausch gemäß Art. 26 Abs. 4 der EG-VerbringungsV und die Art und Form von mitzuführenden Informationen gemäß § 70 zu erlassen,
3. zu bestimmen, dass derjenige, der eine nicht notifizierungspflichtige Verbringung veranlasst, die Informationen, die gemäß Art. 18 Abs. 1 der EG-VerbringungsV mitzuführen sind, der Bundesministerin für Klimaschutz, Umwelt, Energie, Mobilität, Innovation und Technologie gemäß Art. 18 Abs. 3 der EG-VerbringungsV zu melden hat und nähere Bestimmungen über Art und Form der Meldungen und die Form der diesbezüglichen Übermittlungen zu erlassen.

Grenzüberschreitende Verbringung von gebrauchten Elektro- und Elektronikgeräten und gebrauchten Fahrzeugen

§ 72a.[254] (1) Bei der grenzüberschreitenden Verbringung von gebrauchten Elektro- und Elektronikgeräten hat die Person, die die Beförderung veranlasst, die in einer Verordnung gemäß § 14 festgelegten Mindestanforderungen einzuhalten,

[254] Eingefügt durch BGBl I 70/2017.

andernfalls handelt es sich um eine grenzüberschreitende Verbringung von Abfällen.

(2) Bei der grenzüberschreitenden Verbringung von gebrauchten Fahrzeugen oder Fahrzeugteilen hat die Person, die die Beförderung veranlasst, Nachweise gemäß Artikel 50 Abs. 4a und 4c der EG-VerbringungsV den zuständigen Behörden, den Organen des öffentlichen Sicherheitsdienstes oder den Zollorganen auf Verlangen vorzulegen. Sind die vorgelegten Nachweise für eine Beurteilung nicht ausreichend, handelt es sich um eine grenzüberschreitende Verbringung von Abfällen.

Elektronische Meldungen bei grenzüberschreitender Verbringung

§ 72b.[255] (1) Meldungen gemäß Art. 16 Buchstabe b der EG-VerbringungsV sind bei Verbringungen aus Österreich elektronisch über das Register gemäß § 22 Abs. 1 zu übermitteln.

(2) Meldungen gemäß Art. 15 Buchstabe c und d und Art. 16 Buchstaben d und e der EG-VerbringungsV sind bei Verbringungen nach Österreich elektronisch über das Register gemäß § 22 Abs. 1 zu übermitteln.

(3) Wer Abfälle aus Österreich verbringt, hat die Menge der recycelten und der zur Wiederverwendung vorbereiteten Abfälle entsprechend den Vorgaben für die Berechnung gemäß **Anhang 1a** der Bundesministerin für Klimaschutz, Umwelt, Energie, Mobilität, Innovation und Technologie zu melden. Die Meldung hat – sofern eingerichtet – über das Register gemäß § 22 zu erfolgen.

8. Abschnitt Behandlungsaufträge, Überprüfung

Behandlungsauftrag

§ 73. (1) Wenn

1. Abfälle nicht gemäß den Bestimmungen dieses Bundesgesetzes, nach diesem Bundesgesetz erlassenen Verordnungen, nach EG-VerbringungsV oder nach EU-POP-V gesammelt, gelagert, befördert, verbracht oder behandelt werden oder
2. die schadlose Behandlung der Abfälle zur Vermeidung von Beeinträchtigungen der öffentlichen Interessen (§ 1 Abs. 3) geboten ist,

hat die Behörde die erforderlichen Maßnahmen dem Verpflichteten mit Bescheid aufzutragen oder das rechtswidrige Handeln zu untersagen.

(2) Bei Gefahr im Verzug hat die Behörde die erforderlichen Maßnahmen unmittelbar anzuordnen und gegen Ersatz der Kosten durch den Verpflichteten nötigenfalls unverzüglich durchführen zu lassen.

(3)[256] Werden gefährliche Abfälle entgegen den Bestimmungen dieses Bundesgesetzes mit anderen Abfällen oder Sachen vermischt, hat die Behörde dem Verpflichteten eine entsprechende Trennung aufzutragen, wenn dies technisch möglich und zur Vermeidung von Beeinträchtigungen der öffentlichen Interessen (§ 1 Abs. 3) geboten ist. Abs. 1 bleibt unberührt.

(4) Sind nach rechtlicher oder faktischer Stilllegung oder Schließung bei einer Deponie gemäß § 2 Abs. 7 Z 4 Maßnahmen, wie Untersuchungen, regelmäßige Beprobungen, die Vorlage eines Sicherungs- oder Sanierungskonzeptes, Sicherungs- oder Sanierungsmaßnahmen, im öffentlichen Interesse (§ 1 Abs. 3) erforderlich, so hat die Behörde die erforderlichen Maßnahmen demjenigen, der die Deponie betrieben hat, innerhalb einer angemessenen Frist mit Bescheid aufzutragen.

(5) Maßnahmen, die Gegenstand eines behördlichen Auftrags oder einer behördlichen Anordnung gemäß Abs. 1 bis 4 sind, bedürfen keiner Bewilligung oder Genehmigung nach anderen bundesrechtlichen Vorschriften. Dies gilt nicht für die Genehmigung oder Bewilligung der Anlage, in der die Abfälle in der Folge behandelt werden, oder für die Verbringung der Abfälle.

(6) Auf Ablagerungen, bei denen gemäß Abs. 1 bis 4 vorzugehen ist, findet § 138 WRG 1959 keine Anwendung. Für Waldflächen, die dem Forstgesetz, BGBl. Nr. 440/1975, unterliegen, sind die Abs. 1 bis 3 nicht anzuwenden.

(7)[257] Für Behandlungsaufträge ist – sofern im Folgenden nicht anderes bestimmt ist – die zuständige Behörde die Bezirksverwaltungsbehörde. Für Behandlungsaufträge gemäß Abs. 4 ist die zuständige Behörde der Landeshauptmann; der Landeshauptmann kann die Durchführung eines Verfahrens gemäß Abs. 4 ganz oder teilweise der Bezirksverwaltungsbehörde übertragen und diese ermächtigen, im eigenen Namen zu entscheiden, sofern dies im Interesse der Zweckmäßigkeit, Klarheit, Kostenersparnis und Einfachheit gelegen ist. Örtlich zuständige Behörde ist im Falle von nicht nach den Bestimmungen dieses Bundesgesetzes oder der EG-VerbringungsV verbrachten Abfällen die Behörde, in deren Wirkungsbereich sich der Abfall zum Zeitpunkt der Kenntnisnahme durch die Behörde, dass sich der Abfall in ihrem Wirkungskreis befindet, befindet.

(8)[258] In den Fällen gemäß Abs. 1, in denen eine Rückführung von Abfällen gemäß § 71 und Art. 24 Abs. 1 und 2 Buchstabe d der EG-VerbringungsV erfolgt ist und der Rückführungspflichtige über keine Erlaubnis zur Behandlung der Abfälle gemäß § 24a verfügt, hat die Behörde die Übergabe der Abfälle an einen zur Behandlung dieser Abfälle berechtigten Abfallbehandler aufzutragen.

Duldungspflichten und Entschädigungen

§ 73a. (1) Die Liegenschaftseigentümer und die an den Liegenschaften dinglich oder obligatorisch Berechtigten haben das Betreten der Liegenschaften und der Anlagen und die Durchführung der gemäß § 73 erforderlichen Maßnahmen durch die Organe der zur Vollziehung dieses Bundesgesetzes zuständigen Behörden oder durch die zur Setzung von Maßnahmen verpflichteten oder berechtigten Personen oder die von diesen Behörden oder Personen herangezogenen Dritten zu dulden. Die zur Duldung Verpflichteten sind vorher zu verständigen.

(2) Im Streitfall entscheidet die zuständige Behörde gemäß § 73 Abs. 7 über die Duldungspflicht mit Bescheid. Dieser Bescheid wirkt auch gegen alle späteren Liegenschaftseigentümer und an den Liegenschaften dinglich oder obligatorisch Berechtigten.

(3) Soweit durch die Durchführung der erforderlichen Maßnahmen gemäß § 73 durch die Organe der zur Vollziehung dieses Bundesgesetzes zuständigen Behörden oder von diesen Behörden herangezogenen Dritten dem zur Duldung Verpflichteten ein Vermögensschaden entsteht, ist dieser angemessen zu entschädigen. Dies gilt nicht für Personen, die als Verpflichtete herangezogen werden können. Über die Entschädigung entscheidet die zuständige Behörde gemäß § 73 Abs. 7 mit Bescheid.

---

[255] Samt Überschrift eingefügt durch BGBl I 200/2021.

[256] Geändert durch BGBl I 200/2021.

[257] Neu gefasst durch BGBl I 103/2013.

[258] Eingefügt durch BGBl I 103/2013; geändert durch BGBl I 70/2017.

Subsidiäre Haftung für Behandlungsaufträge

§ 74. (1) Ist der gemäß § 73 Verpflichtete nicht feststellbar, ist er zur Erfüllung des Auftrags rechtlich nicht imstande oder kann er aus sonstigen Gründen nicht beauftragt werden, so ist der Auftrag nach Maßgabe der folgenden Absätze dem Eigentümer der Liegenschaft, auf der sich die Abfälle befinden, zu erteilen. Ersatzansprüche des Liegenschaftseigentümers an den gemäß § 73 Verpflichteten bleiben unberührt.

(2) Eine Haftung des Liegenschaftseigentümers besteht, wenn er der Lagerung oder Ablagerung entweder zugestimmt oder diese geduldet und ihm zumutbare Abwehrmaßnahmen unterlassen hat. Die Rechtsnachfolger des Liegenschaftseigentümers haften, wenn sie von der Lagerung oder Ablagerung Kenntnis hatten oder bei gehöriger Aufmerksamkeit Kenntnis haben mussten. Die Haftung des Liegenschaftseigentümers und der Rechtsnachfolger besteht nicht bei gesetzlichen Duldungspflichten.

(3) Erfolgte die Lagerung oder Ablagerung von Abfällen vor dem 1. Juli 1990, so ist Abs. 2 mit der Maßgabe anzuwenden, dass der Liegenschaftseigentümer nur dann zur umweltgerechten Behandlung herangezogen werden darf, wenn er die Ablagerungen auf eigenem Boden ausdrücklich gestattet und daraus in Form einer Vergütung für die Inanspruchnahme seines Eigentums einen Vorteil gezogen hat. Seine Leistungspflicht ist jedoch auf jenen Wert des Vorteiles begrenzt, der die übliche Vergütung für die Inanspruchnahme seines Eigentums überstieg. Lässt sich die übliche Vergütung nicht vergleichsweise feststellen, ist sie nach dem Wert des verursachten Nutzungsentgangs und der verursachten sonstigen Nachteile - ausgenommen die Leistungspflicht nach Abs. 1 - zu bemessen.

(4) Kann auch der Liegenschaftseigentümer nicht in Anspruch genommen werden, hat die Gemeinde Siedlungsabfälle, die in ihrem Gebiet widerrechtlich gelagert oder abgelagert werden, auf ihre Kosten zu entfernen und umweltgerecht zu behandeln oder behandeln zu lassen. Dies gilt nicht für § 73 Abs. 4. Ersatzansprüche der Gemeinde gegen den Verpflichteten bleiben unberührt.

(5) Kommen § 73 und Abs. 1 bis 4 nicht zur Anwendung und können die erforderlichen Maßnahmen auch nach anderen bundesrechtlichen Vorschriften nicht beauftragt werden, hat die Behörde die erforderlichen Maßnahmen nach Zustimmung der Bundesministerin für Klimaschutz, Umwelt, Energie, Mobilität, Innovation und Technologie durchzuführen. Die Bundesministerin für Klimaschutz, Umwelt, Energie, Mobilität, Innovation und Technologie darf nur nach Maßgabe der vorhandenen budgetären Mittel zustimmen.

(6) Abs. 5 gilt nicht für § 73 Abs. 4 und sonstige Verdachtsflächen und Altlasten nach dem Altlastensanierungsgesetz, BGBl. Nr. 299/1989.

Überprüfungspflichten und -befugnisse

§ 75. (1)[259] Der Landeshauptmann hat Abfallersterzeuger von gefährlichen Abfällen, ausgenommen Problemstoffen, Abfallsammler und -behandler regelmäßig angemessen zu überprüfen. Abfallsammler und -behandler von gefährlichen Abfällen und Behandlungsanlagen für gefährliche Abfälle sind längstens alle fünf Jahre zu überprüfen. Die jeweils zuständige Behörde hat im Rahmen der Überprüfung die Vollständigkeit und Richtigkeit der Stammdaten der Abfallbesitzer im Register gemäß § 22 Abs. 1 Z 1 und die standortbezogenen Daten im Register gemäß § 22 Abs. 1 Z 2 zu prüfen.

(2)[260] Die Überprüfung der Einhaltung von Verpflichtungen gemäß den §§ 11a, 13 bis 13f, § 13j, den §§ 13m bis 13q, § 14b, § 14c, § 15 Abs. 9 und § 69 Abs. 10 und von Verpflichtungen, die durch eine Verordnung gemäß § 14 und § 14a betreffend Verpackungen, Altfahrzeuge, Batterien und Akkumulatoren oder elektrische und elektronische Geräte festgelegt sind, obliegt der Bundesministerin für Klimaschutz, Umwelt, Energie, Mobilität, Innovation und Technologie. Weiters ist die Bundesministerin für Klimaschutz, Umwelt, Energie, Mobilität, Innovation und Technologie befugt, Kontrolltätigkeiten im Zusammenhang mit Angelegenheiten, in denen die Bundesministerin für Klimaschutz, Umwelt, Energie, Mobilität, Innovation und Technologie zuständig ist, und im Zusammenhang mit den der Bundesministerin für Klimaschutz, Umwelt, Energie, Mobilität, Innovation und Technologie zu übermittelnden Meldungen durchzuführen.[261]

(2a)[76] Die Bundesministerin für Klimaschutz, Umwelt, Energie, Mobilität, Innovation und Technologie kann zur Überprüfung der Einhaltung von Verpflichtungen nach Abs. 2, insoweit nicht Amtssachverständige mit der entsprechenden fachlichen Prüfung beauftragt werden, geeignete Prüforgane durch Bescheid bestellen. Als solche kann eine natürliche oder juristische Person bestellt werden. Bei Bestellung einer juristischen Person hat diese eine oder mehrere natürliche Personen zur Wahrnehmung der Aufgaben für sie zu benennen. In diesem Fall muss jede der benannten natürlichen Personen die Eignung aufweisen. Die Prüfung erstreckt sich auf die Einhaltung der in Abs. 2 angeführten Bestimmungen. Die Verrechnung erfolgt auf Grundlage privaten Rechts.

(3) Entstehen bei der Überprüfung besondere Kosten, insbesondere durch Heranziehung von Sachverständigen oder Prüforganen, so können die durch dieses Bundesgesetz verpflichteten Personen durch Bescheid der Behörde, welche die Überprüfung vorgenommen hat, zum Ersatz dieser Kosten verpflichtet werden, wenn die Überwachung Anlass zur Einleitung eines Verwaltungsstrafverfahrens gegeben und zu einer rechtskräftigen Bestrafung geführt hat.[75]

(4) Soweit dies zur Vollziehung dieses Bundesgesetzes und darauf beruhender Verordnungen erforderlich ist, sind

1. die mit der Vollziehung betrauten Behörden im Rahmen ihrer Zuständigkeiten,
2. Organe des öffentlichen Sicherheitsdienstes im Rahmen ihrer Befugnisse gemäß § 82,
3. Zollorgane im Rahmen ihrer Befugnisse gemäß § 83

und die von diesen herangezogenen Sachverständigen und Prüforgane befugt, Liegenschaften und Gebäude zu betreten und zu besichtigen, Transportmittel anzuhalten, Behältnisse und Transportmittel zu öffnen und zu besichtigen und Überprüfungen vorzunehmen, die notwendigen Auskünfte zu verlangen, Einsicht in die notwendigen Unterlagen zu nehmen und die Vorlage der notwendigen Unterlagen, einschließlich der Aufzeichnungen des Lagerbestands und der sonstigen Betriebsaufzeichnungen, zu verlangen. Allenfalls abgenommene zollamtliche Nämlichkeitszeichen sind durch entsprechende amtliche Nämlichkeitszeichen zu ersetzen. Der Eigentümer der Liegenschaft, der Inhaber einer Anlage oder der Vertreter dieser Personen ist spätestens beim Betreten der Liegenschaft oder des Betriebs nach Tunlichkeit zu verständigen. Ist Gefahr im Verzug und ist weder der Eigentümer der Liegenschaft noch der Inhaber einer Anlage oder der Vertreter dieser Personen erreichbar, so genügt die nachträgliche Verständigung. Die Behörden, Organe des öffentlichen Sicherheitsdienstes, Zollorgane und Sachverständigen haben jede nicht unbedingt erforderliche Störung oder Behinderung des Betriebs zu vermeiden.[75]

(5)[75] Soweit dies zur Vollziehung dieses Bundesgesetzes und darauf beruhender Verordnungen erforderlich ist, haben

259 Geändert durch BGBl I 9/2011 und BGBl I 200/2021.
260 Geändert durch BGBl I 66/2023.
261 Satz 2 geändert durch BGBl I 103/2013.

die durch dieses Bundesgesetz verpflichteten Personen oder die Beauftragten dieser Personen den mit der Vollziehung dieses Bundesgesetzes betrauten Behörden und den von diesen herangezogenen Sachverständigen und Prüforganen, den Organen der öffentlichen Aufsicht und den Zollorganen das Betreten der Liegenschaften und Gebäude, das Öffnen und Besichtigen der Behältnisse und Transportmittel zu ermöglichen und den Anordnungen dieser Organe zur Inbetriebnahme oder Außerbetriebsetzung und über die Betriebsweise von Maschinen und Einrichtungen zu entsprechen; weiters haben die genannten Personen und Personen, in deren Gewahrsame sich die Produkte oder Abfälle befanden, einschließlich die gegenwärtigen und früheren Eigentümer und Nutzungsberechtigten von Liegenschaften, auf denen sich derartige Produkte oder Abfälle befinden, die notwendigen Auskünfte zu geben, Einsicht in die Unterlagen zu gewähren und die notwendigen Unterlagen, einschließlich der Aufzeichnungen über den Lagerbestand und der sonstigen Betriebsaufzeichnungen, vorzulegen.

(6) Die Behörden und die Organe gemäß Abs. 4 oder die von diesen herangezogenen Sachverständigen und Prüforgane sind berechtigt, Proben in einer für Zwecke der Untersuchung erforderlichen Menge entschädigungslos zu entnehmen. Sofern es nach der Lage des Falles möglich ist, ist eine gleichartige Gegenprobe amtlich verschlossen auszufolgen, außer der Verfügungsberechtigte verzichtet darauf.[75]

(7)[262] Die Überprüfung der Einhaltung von Verpflichtungen gemäß

1. der Verordnung (EU) Nr. 1179/2012 mit Kriterien zur Festlegung, wann bestimmte Arten von Bruchglas gemäß der Richtlinie 2008/98/EG nicht mehr als Abfall anzusehen sind (im Folgenden: EU-Abfallende-GlasV), ABl. Nr. L 337 vom 11.12.2012 S. 31,
2. der Verordnung (EU) Nr. 333/2011 mit Kriterien zur Festlegung, wann bestimmte Arten von Schrott gemäß der Richtlinie 2008/98/EG nicht mehr als Abfall anzusehen sind (im Folgenden: EU-SchrottV), ABl. Nr. L 94 vom 08.04.2011 S. 2, und
3. der Verordnung (EU) Nr. 715/2013 mit Kriterien zur Festlegung, wann bestimmte Arten von Kupferschrott gemäß der Richtlinie 2008/98/EG nicht mehr als Abfall anzusehen sind (im Folgenden: EU-KupferschrottV), ABl. Nr. L 201 vom 26.07.2013 S. 14,

und die Überprüfung von in Österreich tätigen Inhabern einer gleichwertigen Erlaubnis eines Mitgliedstaates der Europäischen Union oder eines anderen Staates, der Vertragspartei des EWR-Abkommens ist, obliegt der Bundesministerin für Klimaschutz, Umwelt, Energie, Mobilität, Innovation und Technologie. Die Abs. 3 bis 6 sind sinngemäß anzuwenden.

(8)[263] Zuständige Behörde für die Marktüberwachung im Bereich der Verordnungen nach § 14 ist die Bundesministerin für Klimaschutz, Umwelt, Energie, Mobilität, Innovation und Technologie. Bei Produkten aus Drittstaaten, die auf den Unionsmarkt gelangen, hat die Zollbehörde diesbezüglich – im Rahmen ihres Wirkungsbereiches – nach Maßgabe des Kapitels VII der Verordnung (EU) 2019/1020 über Marktüberwachung und die Konformität von Produkten sowie zur Änderung der Richtlinie 2004/42/EG und der Verordnungen (EG) Nr. 765/2008 und (EU) Nr. 305/2011, ABl. Nr. L 169 vom 25.06.2019 S. 1, mitzuwirken.

Pilotprojekte

§ 75a.[264,265] (1) In Pilotprojekten der Bundesministerin für Klimaschutz, Umwelt, Energie, Mobilität, Innovation und Technologie zum Zwecke der Verbesserung der Kontrolle von Abfalltransporten sowie zur Reduktion von Verwaltungskosten können Daten über Abfalltransporte im Wege des elektronischen Registers verwendet, insbesondere übermittelt, werden. Im Rahmen dieser Projekte kann das Mitführen und Übermitteln von Informationen und Dokumenten auch gemäß EG-VerbringungsV entsprechend Art. 26 dieser Verordnung in elektronischer Form erfolgen.

(2) In Pilotprojekten der zuständigen Behörden zum Zwecke der digitalen Abwicklung von Verfahren betreffend Genehmigungen von Behandlungsanlagen gemäß den §§ 37, 52 und 54 hat sich der Antragsteller vor Antragstellung im elektronischen Register gemäß § 22 Abs. 1 Z 1 zu registrieren und den Standort mit Adress- und Geodaten sowie die Behandlungsanlagen, insbesondere unter Angabe der Anlagentypen und der Geodaten, im Register einzutragen. Digitale Antragsunterlagen sind abweichend von § 39 in einfacher Ausfertigung an die zuständige Behörde zu übermitteln. Zusätzlich zu den Antragsunterlagen sind die zu behandelnden Abfallarten bzw. Abfallartenpools und die jeweils zugehörigen Behandlungsverfahren in einem von der zuständigen Behörde bearbeitbaren Dateiformat zu übermitteln. Auf Verlangen der zuständigen Behörde sind inhaltlich idente Mehrstücke von übermittelten Unterlagen in einem bearbeitbaren Datenformat zu übermitteln.

(3) In Pilotprojekten der zuständigen Behörden zum Zwecke der digitalen Abwicklung von Erlaubnisverfahren gemäß § 24a hat sich der Erlaubniswerber vor Antragstellung im elektronischen Register gemäß § 22 Abs. 1 Z 1 zu registrieren und die Daten gemäß § 21 Abs. 1 in das Register einzutragen.

Beschlagnahme und Verfall

§ 75b.[266,267] (1) Die Bezirksverwaltungsbehörde, der Landeshauptmann, die Organe des öffentlichen Sicherheitsdienstes im Falle der Z 2, die Zollorgane und die Bundesministerin für Klimaschutz, Umwelt, Energie, Mobilität, Innovation und Technologie können im Rahmen ihrer Zuständigkeiten Abfälle einschließlich ihrer Transportverpackungen vorläufig beschlagnahmen,

1. wenn der begründete Verdacht besteht, dass die Abfälle
   a) ohne Vorliegen einer Erlaubnis gemäß § 24a gesammelt oder behandelt werden und
   b)[267] nicht unverzüglich *vor Ende der behördlichen Überprüfung* einem zur Sammlung oder Behandlung dieser Abfälle Berechtigten übergeben werden,

oder

2. wenn der begründete Verdacht besteht, dass die Abfälle
   a) ohne Vorliegen einer Bewilligung gemäß § 69,
   b) ohne Vorliegen einer sonstigen nach der EG-VerbringungsV erforderlichen Zustimmung oder
   c) entgegen den Art. 36, 37, 39, 40, 41 oder 43 der EG-VerbringungsV

grenzüberschreitend verbracht werden oder zur grenzüberschreitenden Verbringung bestimmt sind.

Die die vorläufige Beschlagnahme durchführende Behörde hat dem bisher Verfügungsberechtigten oder in Vertretung des bisher Verfügungsberechtigten dem Lenker des Beförderungsmittels der Abfälle oder gegebenenfalls dem Inhaber der Behandlungsanlage, in der sich die Abfälle befinden, eine Bescheinigung auszuhändigen, in welcher der Grund für die Beschlagnahme sowie die Art und Menge des vorläufig beschlagnahmten Abfalls anzugeben sind. Wenn weder der bisher Verfügungsberechtigte, der Lenker oder der Inhaber der

---

262 Neu gefasst durch BGBl I 71/2019.
263 Angefügt durch BGBl I 200/2021.
264 Eingefügt durch BGBl I 9/2011.
265 Abs 2 und 3 angefügt durch BGBl I 84/2024.
266 Eingefügt durch BGBl I 70/2017.
267 Geändert durch BGBl I 200/2021.

Behandlungsanlage anwesend sind, hat die Aushändigung der Bescheinigung über die vorläufige Beschlagnahme durch Anschlag vor Ort oder durch Anschlag an der Amtstafel zu erfolgen; die vorläufige Beschlagnahme ist in diesem Fall sofort wirksam.[268]

(2)[267] Die vorläufige Beschlagnahme nach Abs. 1 ist der Bezirksverwaltungsbehörde, in deren Sprengel die vorläufige Beschlagnahme erfolgt ist, anzuzeigen, und der vorläufig beschlagnahmte Abfall ist auf einem von der Bezirksverwaltungsbehörde als geeignet erachteten Ort unverzüglich einer ordnungsgemäßen Zwischenlagerung zuzuführen. Die Bezirksverwaltungsbehörde hat binnen zwei Wochen nach Einlangen der Anzeige bei Vorliegen der Voraussetzungen gemäß Abs. 1 einen Bescheid mit der Anordnung der Beschlagnahme zu erlassen. Mit dem Eintritt der Rechtskraft der Beschlagnahme gilt der Abfall als Sicherungsmaßnahme als verfallen erklärt. Andernfalls tritt die vorläufige Beschlagnahme außer Kraft.

(3) Das Verfügungsrecht über den gemäß Abs. 1 vorläufig beschlagnahmten Abfall steht zunächst der Behörde zu, deren Organ den Abfall vorläufig beschlagnahmt hat. Ab Kenntnisnahme durch die örtlich zuständige Bezirksverwaltungsbehörde steht das Verfügungsrecht dieser zu.

(4) Wird der beschlagnahmte Abfall für verfallen erklärt, hat der bisher Verfügungsberechtigte die im Zuge der Beschlagnahme anfallenden notwendigen Kosten für Transport, Manipulation und Lagerung der Abfälle zu tragen. Befinden sich die Abfälle zum Zeitpunkt der vorläufigen Beschlagnahme in einem Beförderungsmittel, so kann dieses zur Beförderung der Abfälle an einen für die ordnungsgemäße Zwischenlagerung vorgesehenen Ort verwendet werden. Über die Kostenersatzpflicht hat die Bezirksverwaltungsbehörde mit Bescheid zu entscheiden. Ist der bisher Verfügungsberechtigte nicht feststellbar oder zur Tragung dieser Kosten rechtlich nicht imstande oder kann er aus sonstigen Gründen nicht beauftragt werden, so kann im Falle des Abs. 1 Z 1 der Eigentümer der Liegenschaft, auf der die Abfälle rechtswidrig gesammelt oder behandelt wurden, zur Zahlung dieser Kosten verpflichtet werden, wenn er der Lagerung oder Ablagerung entweder zugestimmt oder diese geduldet und ihm zumutbare Abwehrmaßnahmen unterlassen hat.

(5) Die in Abs. 1 genannten Organe, ausgenommen die Organe des öffentlichen Sicherheitsdienstes, werden ermächtigt, für die nach Abs. 4 im Einzelfall voraussichtlich erwachsenden Kosten eine Vorauszahlung festzusetzen und einzuheben.

(6) Der für verfallen erklärte Abfall ist sodann unter Berücksichtigung allenfalls vorgelegter Angebote zur ordnungsgemäßen Behandlung nutzbringend zu verwerten oder – falls dies nicht möglich ist – zu beseitigen.

(7) Die Kosten der Behandlung und aller damit verbundenen erforderlichen Maßnahmen sind vom bisherigen Eigentümer des Abfalls oder vom bisher Verfügungsberechtigten in Vertretung des bisherigen Eigentümers des Abfalls zu tragen. Ein sich aus der Verwertung ergebender Erlös hat nach Abzug der Kosten gemäß Abs. 4 dem bisherigen Eigentümer zuzufließen. Lässt sich der bisherige Eigentümer nicht feststellen, fließt der Erlös der Behörde zu.

9. Abschnitt
Übergangsbestimmungen

...

[268] Letzter Satz angefügt durch BGBl I 200/2021.

10. Abschnitt
Schlussbestimmungen

Strafhöhe

§ 79.[269] (1) Wer

1.[270] gefährliche Abfälle entgegen § 15 Abs. 1, 3, 4 oder 4b oder entgegen § 16 Abs. 1 sammelt, befördert, lagert, behandelt oder beim sonstigen Umgang mit gefährlichen Abfällen entgegen § 15 Abs. 1 die Ziele und Grundsätze nicht beachtet oder Beeinträchtigungen der öffentlichen Interessen nicht vermeidet oder entgegen § 15 Abs. 2 vermischt oder vermengt,

2. gefährliche Abfälle entgegen § 15 Abs. 5 nicht oder nicht rechtzeitig einem entsprechend Berechtigten übergibt,

3. bei PCB-haltigen Abfällen gegen § 16 Abs. 2 verstößt,

4. Altöle entgegen § 16 Abs. 3 behandelt oder vermischt,

5.[271] Abfälle entgegen § 16 Abs. 4 behandelt oder mit Abfällen entgegen den Bestimmungen des Art. 7 der EU-POP-V umgeht,

5a.[272] Quecksilberabfälle entgegen Art. 11 oder 13 der EU-QuecksilberV behandelt,

6. gefährliche Abfälle entgegen § 19 Abs. 2 nicht zurückstellt oder eine entsprechende Behandlung nicht veranlasst,

7.[273] die Tätigkeit eines Sammlers oder Behandlers von gefährlichen Abfälle ausübt, ohne im Besitz der gemäß § 24a Abs. 1 erforderlichen Erlaubnis zu sein, oder entgegen § 25a Abs. 6 oder 6a oder § 26 Abs. 5 die Tätigkeit nicht einstellt,

7a. entgegen § 28 keine getrennte Sammlung von Problemstoffen durchführt oder durchführen lässt,

7b. entgegen § 28a keine Abgabestelle für Elektro- und Elektronik-Altgeräte aus privaten Haushalten und für Gerätealtbatterien und -akkumulatoren einrichtet,

7c.[274] entgegen § 28b keine getrennte Sammlung durchführt,

8. ohne Genehmigung gemäß § 29 ein Sammel- und Verwertungssystem betreibt oder den im § 29 Abs. 2 Z 8a, § 29a, § 29b Abs. 2, § 29b Abs. 7, 9 und 11, § 29c Abs. 3, § 29d Abs. 1, § 32 Abs. 3 oder § 78 Abs. 20 oder in einer Verordnung gemäß § 36 Z 1, 2, 5 und 6 festgelegten Pflichten nicht nachkommt,

9. eine Behandlungsanlage errichtet, betreibt oder ändert, ohne im Besitz der nach § 37 erforderlichen Genehmigung zu sein,

10. die Organe oder Sachverständigen gemäß § 75 oder die Bauaufsicht gemäß § 49 oder die Deponieaufsicht gemäß § 63 Abs. 3 an der Ausübung seiner Tätigkeit hindert,

11. als Bauaufsicht gemäß § 49 oder Deponieaufsicht gemäß § 63 Abs. 3 die ihm obliegenden Überwachungs-, Verschwiegenheits- oder Informationspflichten grob vernachlässigt,

11a. als befugte Fachperson oder Fachanstalt Untersuchungen entgegen einer Verordnung nach § 4, § 5, § 7, § 23 oder § 65 Abs. 1 oder entgegen dem Stand der Technik durchführt, oder die Tätigkeit einer befugten Fachperson oder Fachanstalt ausübt, ohne den Anforderungen des § 2 Abs. 6 Z 6 zu entsprechen,

[269] Umfassend geändert durch BGBl I 103/2013; zuletzt geändert durch .BGBl I 193/2013.

[270] Geändert durch BGBl I 200/2021.

[271] Neu gefasst durch BGBl I 200/2021.

[272] Eingefügt durch BGBl I 44/2018.

[273] Geändert durch BGBl I 71/2019.

[274] Eingefügt durch BGBl I 200/2021.

12. eine mobile Behandlungsanlage ohne Genehmigung nach § 52 Abs. 1 aufstellt oder betreibt,
13. entgegen § 57 der Anpassungspflicht, den Anordnungen oder der Antragspflicht oder entgegen § 78 Abs. 5 der Anpassungspflicht nicht nachkommt oder entgegen § 57 Abs. 5 der Baubeginn- oder Bauvollendungsfrist nicht fristgerecht nachkommt oder entgegen § 57 Abs. 6 die erforderlichen Informationen oder Daten nicht vorlegt,
14. einen gemäß § 58 Abs. 2 erteilten Auftrag nicht oder nicht fristgerecht befolgt,
14a.[275] entgegen § 59b nicht die notwendigen Maßnahmen ergreift oder entgegen § 59k Abs. 6 die Maßnahmen nicht oder nicht in einem angemessenen Zeitraum einleitet,
15. entgegen § 61 Abs. 1 oder § 76 Abs. 1 den jeweiligen Stand der Technik - unter Berücksichtigung einer Verordnung des Landeshauptmanns gemäß § 76 Abs. 7 - nicht einhält,
15a.[270] eine Verbringung von Abfällen, die nicht im Einklang mit § 69 Abs. 7 oder 7c oder mit den Art. 34, 36, 37, 39, 40, 41 oder 43 der EG-VerbringungsV steht, vornimmt oder Abfälle im Rahmen einer solchen Verbringung übernimmt,
15b.[270] entgegen § 69 Abfälle ohne die erforderliche Bewilligung oder ohne die sonstigen erforderlichen Zustimmungen gemäß der EG-VerbringungsV verbringt oder Abfälle im Rahmen einer solchen Verbringung übernimmt oder Abfälle im Sinne des Art. 2 Nummer 35 Buchstabe a, c, e oder g Ziffer iii der EG-VerbringungsV illegal verbringt oder im Rahmen einer solchen Verbringung übernimmt oder eine dieser Verbringungen von Abfällen veranlasst,
16.[276] entgegen § 59d Abs. 1, 2, 3 oder 4 der Behörde nicht fristgerecht Mitteilung macht,
16a.[277] entgegen § 59d Abs. 5 Mitteilungen an die Behörde unterlässt oder diese nicht aktualisiert,
16b.[277] entgegen § 59e Abs. 1 und 2 ein Konzept zur Verhütung schwerer Unfälle oder eine Änderung des Konzeptes zur Verhütung schwerer Unfälle nicht ausarbeitet, nicht verwirklicht oder nicht zur Einsichtnahme durch die Behörde bereithält oder der Behörde nicht fristgerecht übermittelt,
16c.[277] entgegen § 59e Abs. 3 kein Sicherheitsmanagementsystem umsetzt oder entgegen § 59g Abs. 2 das Sicherheitsmanagementsystem nicht überprüft oder ändert,
16d.[277] entgegen § 59f einen Sicherheitsbericht nicht erstellt oder nicht fristgerecht der Behörde übermittelt,
16e.[277] entgegen § 59g das Sicherheitskonzept oder den Sicherheitsbericht nicht überprüft, aktualisiert oder ändert,
16f.[277] entgegen § 59h einen internen Notfallplan nicht erstellt, nicht überprüft, nicht erprobt, nicht anwendet, nicht aktualisiert oder der Behörde nicht anzeigt oder nicht auf Verlangen vorlegt,
16g.[277] entgegen § 59j der Behörde auf Verlangen nicht sämtliche Informationen bereitstellt,
17. den Anordnungen oder Aufträgen gemäß § 62 Abs. 2, 2a, 2b, 3, 6, 7, 8, 9 oder 10 nicht nachkommt,
18. den in einer Verordnung gemäß § 65 Abs. 1 Z 1 festgelegten Pflichten betreffend die Ausstattung und Betriebsweise, einschließlich Abfallqualität, Zuordnung von Abfällen, Messverfahren, Überwachung und Nachsorge, nicht nachkommt oder die in einer Verordnung gemäß § 65 Abs. 1 Z 1 festgelegten Emissionsgrenzwerte nicht einhält,
19. eine Anlage entgegen § 65 Abs. 1 Z 2 nicht anpasst oder sie entgegen einer gemäß § 65 Abs. 1 Z 2 abgegebenen Erklärung nicht schließt,
20. die in einer Verordnung gemäß § 65 Abs. 1 Z 3a festgelegten Pflichten nicht einhält,
21. den Verpflichtungen oder Anordnungen gemäß § 75 Abs. 5 nicht nachkommt,

begeht - sofern die Tat nicht den Tatbestand einer in die Zuständigkeit der Gerichte fallenden strafbaren Handlung bildet oder nach anderen Verwaltungsstrafbestimmungen mit strengerer Strafe bedroht ist - eine Verwaltungsübertretung, die mit Geldstrafe von 850 € bis 41 200 € zu bestrafen ist; wer jedoch gewerbsmäßig im Bereich der Abfallwirtschaft tätig ist, ist mit einer Mindeststrafe von 4 200 € bedroht.

(2) Wer

1.[278] den Vorschriften einer Verordnung gemäß § 4, § 5 Abs. 2, § 13a Abs. 1a, § 14 Abs. 1 oder 2b, § 14a, § 14c oder § 23 Abs. 1 oder 2, ausgenommen Aufzeichnungs-, Aufbewahrungs-, Vorlage-, Nachweis- und Meldepflichten, zuwiderhandelt,
2. Motoröle oder Ölfilter entgegen § 12 abgibt oder nicht gemäß § 12 zurücknimmt,
2a.[279] entgegen § 12b Abs. 1 keinen Bevollmächtigten bestellt,
2aa.[279] entgegen § 12c Abs. 1 nicht sicherstellt, dass Hersteller oder Primärverpflichtete die Vorgaben des § 13a Abs. 1 sowie die jeweiligen Vorgaben einer Verordnung gemäß § 14 Abs. 1 betreffend die Sammlung und Verwertung und die Verpflichtung zur Teilnahme an einem Sammel- und Verwertungssystem gemäß § 13a Abs. 3 und 4 und § 13g Abs. 2 einhalten oder entgegen § 12c Abs. 1 den jeweiligen Hersteller oder Primärverpflichteten von der Nutzung des elektronischen Marktplatzes nicht ausschließt,
2ab.[279] entgegen § 12c Abs. 2 nicht sicherstellt, dass Hersteller die Vorgaben des § 13a Abs. 1 betreffend die Sammlung und Verwertung oder die Verpflichtung zur Teilnahme an einem Sammel- und Verwertungssystem gemäß § 13a Abs. 3 und § 13g Abs. 2 einhalten oder entgegen § 12c Abs. 2 die Lagerhaltung, Verpackung, Adressierung oder den Versand nicht unterlässt,
2b.[279] entgegen § 13a Abs. 1 Sammelstellen nicht ausreichend einrichtet oder an diesen Sammelstellen Elektro- und Elektronik-Altgeräte oder Gerätebatterien oder akkumulatoren nicht unentgeltlich übernimmt,
2ba.[279] entgegen § 13a Abs. 3 oder 7 oder § 13g Abs. 2 bis 4 oder § 13i nicht oder nicht ausreichend an einem Sammel- und Verwertungssystem teilnimmt,
2c.[280] entgegen § 13j Kunststofftragetaschen in Verkehr setzt,
2d.[279] entgegen § 13n Einwegkunststoffprodukte oder entgegen § 13o oxo-abbaubare Kunststoffprodukte in Verkehr setzt,
2e.[279] entgegen § 14b Abs. 2, 3 oder 4 die jeweilige Getränkekategorie in einer Verkaufsstelle nicht im ausreichenden Ausmaß in Mehrweg anbietet oder entgegen § 14b Abs. 4 Getränke nicht im ausreichenden Ausmaß in Mehrweg abgibt,
3.[278] nicht gefährliche Abfälle entgegen § 15 Abs. 1, 3 4 oder 4b sammelt, befördert, lagert, behandelt oder beim sonstigen Umgang mit nicht gefährlichen Abfällen entgegen § 15 Abs. 1 die Ziele und Grundsätze nicht beachtet oder die Beeinträchtigungen der öffentlichen Interessen nicht vermeidet oder entgegen § 15 Abs. 2 vermischt oder vermengt,

---

275 Eingefügt durch BGBl I 70/2017.
276 Neu gefasst durch BGBl I 70/2017.
277 Eingefügt durch BGBl I 70/2017.
278 Geändert durch BGBl I 200/2021.
279 Eingefügt durch BGBl I 200/2021.
280 Eingefügt durch BGBl I 71/2019.

4. nicht gefährliche Abfälle entgegen § 15 Abs. 5 nicht oder nicht rechtzeitig einem entsprechend Berechtigten übergibt,
5. beim Abbruch von Baulichkeiten gegen § 16 Abs. 7 verstößt,
5a. in der Absicht, Daten des jeweiligen Registers gemäß § 22 für die Behörden unbrauchbar zu machen, dieses durch Eintragung unrichtiger Daten verfälscht oder Daten löscht,
6.[281] die Tätigkeit eines Sammlers oder Behandlers von nicht gefährlichen Abfällen ausübt, ohne im Besitz der gemäß § 24a Abs. 1 erforderlichen Erlaubnis zu sein, oder entgegen § 25a Abs. 6 oder 6a oder § 26 Abs. 5 die Tätigkeit nicht einstellt,
7. die gemäß § 25a Abs. 5 vorgeschriebenen Auflagen, Bedingungen oder Befristungen nicht einhält,
8. die gemäß § 29 Abs. 5 vorgeschriebene Befristung oder gemäß § 29 Abs. 6 vorgeschriebenen Auflagen oder Bedingungen nicht einhält,
8a. entgegen § 29c Abs. 1 oder 2 oder § 29e Verträge nicht abschließt oder entgegen § 29c Abs. 5 Verpackungen nicht übergibt oder übernimmt oder entgegen § 29c Abs. 6 sich nicht bestehender Sammelinfrastrukturen bedient oder entgegen § 30 Abs. 2 eine Mitbenutzung nicht ermöglicht,
9. Aufträge oder Anordnungen gemäß § 31 Abs. 2 Z 2, § 51 Abs. 1 oder 2 oder § 53 Abs. 2 nicht befolgt,
10. Maßnahmen gemäß § 37 Abs. 4 oder § 52 Abs. 6 ohne eine Anzeige oder – im Fall des § 37 Abs. 4 Z 1, 2, 4 oder 8 – ohne Bescheid durchführt,
11. die gemäß § 43 Abs. 4, § 44, § 54 Abs. 2 oder § 58 Abs. 2 vorgeschriebenen Auflagen, Bedingungen oder Befristungen oder die Auflagen, Bedingungen oder Befristungen der gemäß § 77 übergeleiteten Bescheide oder die gemäß § 48 Abs. 1 vorgeschriebenen Befristungen nicht einhält,
12. entgegen § 46 Abs. 1 oder § 73a der Duldungspflicht nicht nachkommt,
13. entgegen § 48 Abs. 2, 2a oder 2b oder § 76 Abs. 2 eine Deponie betreibt, ohne die erforderliche Sicherheit geleistet zu haben,
14. entgegen § 52 Abs. 7 der wiederkehrenden Eigenkontrolle nicht nachkommt oder bei der Aufstellung oder dem Betrieb einer mobilen Behandlungsanlage die gemäß § 52 Abs. 5 oder 8 vorgeschriebenen Auflagen, Befristungen oder Bedingungen nicht einhält oder eine mobile Behandlungsanlage entgegen § 53 Abs. 1 oder 3 aufstellt oder betreibt,
15. ein öffentlich zugängliches Altstoffsammelzentrum oder eine öffentlich zugängliche Sammelstelle für Problemstoffe ohne Genehmigung gemäß § 54 betreibt,
16. in Verbindung mit § 59 gegen die Verpflichtungen gemäß dem § 84c Abs. 1, 2, 3 oder 4 GewO 1994 verstößt,
17. entgegen § 63 Abs. 1 oder 4 oder § 76 Abs. 8 in Verbindung mit Abs. 9 Abfälle auf einer Deponie einbringt,
17a. die in einer Verordnung gemäß § 65 Abs. 3 festgelegten Pflichten betreffend die Ausstattung und Betriebsweise, einschließlich Aufstellungsort, Aufstellungszeit und Mindestabstand, nicht einhält,
18. entgegen Art. 22 Abs. 4 der EG-VerbringungsV Abfälle verbringt oder Auflagen oder Bedingungen in den Bescheiden gemäß § 69 oder § 71a nicht einhält,
19. eine Verbringung von Abfällen, die dem Notifizierungs- oder Begleitformular oder der Bewilligung gemäß § 69 nicht entspricht, vornimmt,
20. entgegen Art. 6 der EG-VerbringungsV eine notifizierungspflichtige Verbringung von Abfällen durchführt, ohne die erforderliche Sicherheitsleistung geleistet oder eine ausreichende Haftpflichtversicherung für die eingesetzten Transportmittel nachgewiesen zu haben,
21. Aufträge oder Anordnungen gemäß § 73, § 74, § 82 Abs. 4 oder § 83 Abs. 3 nicht befolgt,
22. entgegen den Vorschriften der Verordnung gemäß § 72 Z 1 Abfälle ohne die erforderliche Bewilligung verbringt,
23. entgegen Art. 22 oder 24 der EG-VerbringungsV oder § 71 der Rückführungspflicht nicht nachkommt,
23a.[282] Transporte entgegen den Vorgaben gemäß § 15 Abs. 9 oder § 69 Abs. 10 durchführt,
24. [Anm: Aufgehoben durch BGBl I 103/2013]
25. gegen die Vorschriften einer Verordnung gemäß § 83 Abs. 7 verstößt,
26.[283] das vorzeitige Abfallende gemäß der EU-Abfallende-GlasV erklärt, ohne die Kriterien des Art. 3 Z 1 bis 3 und 5 der EU-Abfallende-GlasV bei Bruchglas zu erfüllen oder das vorzeitige Abfallende gemäß der EU-SchrottV erklärt, ohne die Kriterien des Art. 3 Buchstabe a bis c der EU-SchrottV bei Eisen- und Stahlschrott oder des Art. 4 Buchstabe a bis c der EU-SchrottV bei Aluminiumschrott zu erfüllen oder das vorzeitige Abfallende gemäß der EU-KupferschrottV erklärt, ohne die Kriterien des Art. 3 Z 1 bis 4 der EU-KupferschrottV bei Kupferschrott zu erfüllen,

begeht - sofern die Tat nicht den Tatbestand einer in die Zuständigkeit der Gerichte fallenden strafbaren Handlung bildet oder nach anderen Verwaltungsstrafbestimmungen mit strengerer Strafe bedroht ist - eine Verwaltungsübertretung, die mit Geldstrafe von 450 € bis 8 400 € zu bestrafen ist; wer jedoch gewerbsmäßig im Bereich der Abfallwirtschaft tätig ist, ist mit einer Mindeststrafe von 2 100 € bedroht wer jedoch eine Verwaltungsübertretung begeht, indem entgegen § 14b Abs. 4 Getränke nicht im ausreichenden Ausmaß in Mehrweg abgegeben werden (Z 2e), ist bei Unternehmen bis 10 Verkaufsstellen mit Geldstrafe bis 4 500 €, bei Unternehmen bis 500 Verkaufsstellen mit Geldstrafe bis 50 000 € und bei Unternehmen über 500 Verkaufsstellen mit Geldstrafe bis 100 000 € zu bestrafen.[284]

(3) Wer

1.[285] entgegen § 2 Abs. 3a, § 5 Abs. 1a, 4, 5 oder 7, § 7 Abs. 1 oder 7, § 11a, § 12b Abs. 3, § 13 und 13a Abs. 4, 5 oder 6, § 13g Abs. 3 bis 5, § 13m Abs. 1 oder 2, § 15 Abs. 6, § 16 Abs. 2 Z 5, § 17 Abs. 1, 3, 4, 5 oder 6, § 18 Abs. 3, 4, 5, 7 oder 8, § 20, § 21, § 22 Abs. 6 und 6a, § 22a, § 22b, § 22c, § 24a Abs. 2 Z 3 oder 5, § 29 Abs. 8 bis 10, § 29b Abs. 3, § 29d Abs. 2 und 3, § 31 Abs. 2 Z 2, § 32 Abs. 4, § 35 Abs. 3, § 40 Abs. 3a, § 47 Abs. 3, § 48 Abs. 2a, § 51 Abs. 2a, § 60 Abs. 1, 3, 4 oder 5, § 61 Abs. 2 oder 3, § 64 oder § 77 Abs. 5 oder 6, § 78 Abs. 7 oder 12 oder entgegen einer Verordnung nach § 4, § 5, § 13a Abs. 1a, § 14 Abs. 1 in Verbindung mit Abs. 2 Z 9, § 14 Abs. 2b, § 14a Abs. 1 Z 11, § 14b Abs. 6, § 23 Abs. 1 Z 5, Abs. 2 oder 3, § 36 Z 4, § 65 Abs. 1 Z 4 oder § 71a Abs. 6 oder entgegen der EG-PRTR-V den Aufzeichnungs-, Aufbewahrungs-, Vorlage- oder Nachweis-, Melde-, Auskunfts- oder Einsichtspflichten oder Registrierungs-, Mitwirkungs-, Mitteilungs- oder Berichtigungspflichten oder Veröffentlichungspflichten nicht nachkommt,
1a. entgegen § 5 Abs. 7 die Konformitätserklärung nicht übergibt oder der Aufbewahrungspflicht nicht nachkommt,

[281] Geändert durch BGBl I 71/2019.

[282] Eingefügt durch BGBl I 200/2021.

[283] Geändert durch BGBl I 70/2017 und BGBl I 71/2019.

[284] Schlussteil geändert durch BGBl I 200/2021.

[285] Geändert durch BGBl I 200/2021 und BGBl I 66/2023.

2. entgegen § 10 oder § 78 Abs. 3 ein Abfallwirtschaftskonzept nicht erstellt, vorlegt, verbessert oder fortschreibt,

3.[286] entgegen § 11 Abs. 1 einen Abfallbeauftragten nicht bestellt oder entgegen § 11 Abs. 2 die Bestellung oder Abbestellung des Abfallbeauftragten nicht unverzüglich meldet,

3a.[287] entgegen § 13p Einwegkunststoffprodukte ohne entsprechender Kennzeichnung in Verkehr setzt.

3b.[287] entgegen § 13q Einweg- und Mehrweggetränkeverpackungen in der Verkaufsstelle nicht deutlich sicht- und lesbar auszeichnet;

4. den Vorschriften einer Verordnung gemäß § 14 Abs. 1, soweit es sich um nicht gefährliche Abfälle aus einem Haushalt handelt, zuwiderhandelt,

4a.[285] entgegen § 15 Abs. 7 bis 9 oder § 69 Abs. 10 die erforderlichen Unterlagen nicht mitführt oder vorweist,

5. entgegen § 16 Abs. 3 Z 6 oder einer Verordnung nach § 23 Abs. 3 Z 1 keine Proben zieht und analysiert, die Analyseergebnisse nicht zur Verfügung stellt oder den Aufbewahrungs- und Vorlagepflichten nicht nachkommt,

6. Problemstoffe nicht gemäß § 16 Abs. 5 sammelt und übergibt, ausgenommen Abfälle aus privaten Haushalten, oder Altspeisefette und -öle entgegen § 16 Abs. 6 sammelt, ausgenommen Abfälle aus privaten Haushalten,

7.[285] gefährliche Abfälle oder POP-Abfälle entgegen § 18 Abs. 1 oder 2 bei der Übergabe nicht richtig deklariert oder besondere Gefahren oder Besonderheiten der Abfälle entgegen § 18 Abs. 1 nicht bekannt gibt,

8. entgegen § 19 die erforderlichen Unterlagen nicht mitführt oder die Daten vor Beginn der Beförderung nicht an das Register übermittelt oder nicht vorweist,

9. entgegen § 27 Abs. 1 oder 2, § 61 Abs. 1 oder § 76 Abs. 3 der Anzeigepflicht nicht nachkommt,

10.[285] einen Geschäftsführer nach § 26 Abs. 1 oder 5 nicht unverzüglich bestellt oder eine verantwortliche Person nach § 26 Abs. 6 nicht namhaft macht oder die Abbestellung gemäß § 26 Abs. 5a nicht anzeigt,

10a.[288] entgegen § 29 Abs. 9 keine Liste der Teilnehmer veröffentlicht oder der Verpackungskoordinierungsstelle meldet,

11. entgegen § 33 Abs. 4 der Verschwiegenheitspflicht nicht nachkommt,

12.[289] die Vorschriften einer Verordnung nach § 65 Abs. 1 Z 6 nicht einhält,

13. entgegen Art. 18 der EG-VerbringungsV die erforderlichen Angaben nicht mitführt, vorweist oder übermittelt oder Abfälle, die der Informationspflicht gemäß Art. 18 der EG-VerbringungsV unterliegen, in einer Weise, die nicht dem in Anhang VII der EG-VerbringungsV aufgeführten Dokument entspricht, verbringt,

13a.[290] entgegen § 15 Abs. 9 oder § 69 Abs. 10 oder entgegen Art. 18 der EG-VerbringungsV nicht sichergestellt hat, dass die erforderlichen Angaben mitgeführt, vorgewiesen oder übermittelt werden,

14. gegen die Vorschriften einer Verordnung nach § 72 Z 2 oder 3 verstößt,

15. entgegen § 70 Abs. 2 die Abschrift des Notifizierungsformulars oder das Begleitformular oder die erforderliche Bewilligung nicht mitführt oder vorweist,

16.[290] entgegen Art. 15 Buchstabe c, d und e, 16 Buchstabe b, d und e, 35 Abs. 3 Buchstabe c, 38 Abs. 3 Buchstabe b und 42 Abs. 3 Buchstabe c der EG-VerbringungsV oder entgegen § 72b den Aufzeichnungs-, Nachweis- oder Meldepflichten nicht nachkommt,

17.[291] entgegen Art. 4 der EU-Abfallende-GlasV keine oder keine ordnungsgemäß ausgefüllte Konformitätserklärung ausstellt oder diese nicht weiterreicht oder der Behörde auf Verlangen nicht vorlegt oder entgegen Art. 5 der EU-SchrottV keine oder keine ordnungsgemäß ausgefüllte Konformitätserklärung ausstellt oder diese nicht weiterreicht oder der Behörde auf Verlangen nicht vorlegt oder entgegen Art. 4 der EU-KupferschrottV keine oder keine ordnungsgemäß ausgefüllte Konformitätserklärung ausstellt oder diese nicht weiterreicht oder der Behörde auf Verlangen nicht vorlegt,

18.[291] entgegen Art. 5 der EU-Abfallende-GlasV den Anforderungen des Managementsystems nicht entspricht oder dessen Anwendung nicht sicherstellt oder den Zugang zu diesem verweigert oder entgegen Art. 6 der EU-SchrottV den Anforderungen des Qualitätsmanagementsystems nicht entspricht oder dessen Anwendung nicht sicherstellt oder den Zugang zu diesem verweigert oder entgegen Art. 5 der EU-KupferschrottV den Anforderungen des Managementsystems nicht entspricht oder dessen Anwendung nicht sicherstellt oder den Zugang zu diesem verweigert,

19.[292] entgegen Art. 12 oder 14 der EU-QuecksilberV den Übermittlungs-, Aufzeichnungs- oder Bescheinigungspflichten nicht nachkommt,

begeht - sofern die Tat nicht den Tatbestand einer in die Zuständigkeit der Gerichte fallenden strafbaren Handlung bildet oder nach anderen Verwaltungsstrafbestimmungen mit strengerer Strafe bedroht ist - eine Verwaltungsübertretung, die mit Geldstrafe bis zu 3 400 € zu bestrafen ist.

(4) Wer Problemstoffe, die in privaten Haushalten oder in gemäß § 125 BAO nicht buchführungspflichtigen land- und forstwirtschaftlichen Betrieben angefallen sind, entgegen § 16 Abs. 5 sammelt und übergibt, begeht eine Verwaltungsübertretung, die mit Geldstrafe bis zu 360 € zu bestrafen ist.

(5) Wer Altspeisefette und -öle, die in privaten Haushalten angefallen sind, entgegen § 16 Abs. 6 sammelt, begeht eine Verwaltungsübertretung, die mit Geldstrafe bis zu 70 € zu bestrafen ist.

(5a)[293] Wer nicht gefährliche Abfälle, die in privaten Haushalten angefallen sind, entgegen § 15 oder § 16 bereithält oder übergibt oder im öffentlichen Raum, oder im unmittelbaren Nahebereich zum öffentlichen Raum, achtlos wegwirft oder zurücklässt (Littering), begeht eine Verwaltungsübertretung, die mit einer Geldstrafe bis zu 180 Euro zu bestrafen ist.

(6) Wer unter den Voraussetzungen des § 58 Abs. 1 nicht oder nicht fristgerecht ein Sanierungskonzept vorlegt, begeht - sofern die Tat nicht den Tatbestand einer in die Zuständigkeit der Gerichte fallenden strafbaren Handlung bildet oder nach anderen Verwaltungsstrafbestimmungen mit strengerer Strafe bedroht ist - eine Verwaltungsübertretung, die mit Geldstrafe bis zu 4 200 € zu bestrafen ist.

(7) Soweit Hersteller und Vertreiber Verpflichtungen nach § 14 Abs. 1 durch eine Beteiligung an einem Sammel- und Verwertungssystem (§ 29) zu erfüllen haben, kann ihnen für den Fall der ungerechtfertigten Unterlassung der Beteiligung an einem solchen System eine Geldstrafe bis zum Zweifachen jenes Entgeltes auferlegt werden, das der Beteiligung an einem

286 Geändert durch BGBl I 71/2019.

287 Eingefügt durch BGBl I 200/2021.

288 Neu gefasst durch BGBl I 200/2021.

289 Neu gefasst durch BGBl I 70/2017.

290 Geändert durch BGBl I 200/2021.

291 Geändert durch BGBl I 70/2017.

292 Eingefügt durch BGBl I 44/2018.

293 Geändert durch BGBl I 200/2021.

bestehenden Sammel- und Verwertungssystem entspricht. Der Betrag fließt jenem Rechtsträger zu, der den Aufwand jener Organe zu tragen hat, die mit der Durchführung der Überwachung betraut sind.

Allgemeine Strafbestimmungen

§ 80. (1)[294] In den Fällen des § 79 Abs. 1 Z 1 in Verbindung mit § 15 Abs. 3 letzter Satz, § 79 Abs. 1 Z 7, § 79 Abs. 1 Z 15a oder 15b, § 79 Abs. 2 Z 3 in Verbindung mit § 15 Abs. 3 letzter Satz und § 79 Abs. 2 Z 18, 19, 20 oder 22 ist der Versuch strafbar. Weiters gilt in den Fällen des § 79 Abs. 1 Z 15a oder 15b, „§ 79 Abs. 2 Z 18, 19, 22 oder 26 und § 79 Abs. 3 Z 13, 13a, 14, 15, 16 oder 17 als Tatort der Sitz oder die Hauptniederlassung des Unternehmens; sofern kein Sitz oder keine Hauptniederlassung des Unternehmens im Inland gegeben ist, die Zweigniederlassung des Unternehmens; im Fall mehrerer Zweigniederlassungen die früheste Zweigniederlassung; sofern keine Niederlassung im Inland gegeben ist, der Ort der Anhaltung; sofern keine Anhaltung im örtlichen Geltungsbereich dieses Bundesgesetzes erfolgt, der Ort des Grenzübertritts.

(2)[294] Der Inhaber der Erlaubnis gemäß § 24a Abs. 1 ist neben dem Geschäftsführer strafbar, wenn er die Verwaltungsübertretung wissentlich duldet oder wenn er es bei der Auswahl des Geschäftsführers oder der verantwortlichen Person an der erforderlichen Sorgfalt hat fehlen lassen.

(3) Hat der Täter durch die Begehung einer in § 79 Abs. 1 und 2 mit Strafe bedrohten Handlung sich oder einen Dritten mit dessen Wissen unrechtmäßig vorsätzlich bereichert, so ist er oder der Dritte zur Zahlung eines dem Ausmaß der Bereicherung entsprechenden Geldbetrages zu verpflichten.

(4) Von einer Maßnahme gemäß Abs. 3 kann abgesehen werden, wenn der Vermögensvorteil geringfügig ist oder wenn die Maßnahme den Betroffenen unbillig hart träfe.

(5) Örtlich zuständige Behörde für die Durchführung eines Strafverfahrens bei der Übertretung von Meldepflichten, die eine Information der Behörde über eingehaltene oder einzuhaltende materiell-rechtliche Verpflichtungen nach diesem Bundesgesetz zum Gegenstand haben, ist jene Behörde, die auch zur Durchführung eines Strafverfahrens bei einer Übertretung der entsprechenden materiell-rechtlichen Verpflichtungen örtlich zuständig ist. Sofern keine Zuständigkeit gemäß dem ersten Satz im Inland gegeben ist, ist für die Durchführung von Strafverfahren wegen Verwaltungsübertretungen durch Abfallsammler und –behandler nach § 79 Abs. 3 Z 1 die Verwaltungsstrafbehörde mit Sitz in jenem Bundesland zuständig, an das die örtliche Zuständigkeit nach § 24a Abs. 4 anknüpft.[295]

(6) Die auf Grund dieses Bundesgesetzes verhängten Geldstrafen fließen der Gebietskörperschaft zu, die den Aufwand jener Behörde zu tragen hat, welche die Geldstrafe verhängt.

(7) Zuständige Behörde für die Durchführung eines Strafverfahrens im Sinne des § 79 Abs. 2 Z 5a oder bei einer Übertretung der Registrierungspflicht, einschließlich der Pflicht zur Registrierung von Daten in den Registern, im Sinne des § 79 Abs. 3 Z 1 ist die Verwaltungsstrafbehörde, in deren Sprengel der Verpflichtete seine Hauptniederlassung oder seinen Sitz hat; sofern kein Sitz oder keine Hauptniederlassung des Unternehmens im Inland gegeben ist, die Zweigniederlassung des Unternehmens; im Fall mehrerer Zweigniederlassungen die früheste Zweigniederlassung; sofern keine Niederlassung im Inland gegeben ist, so ist die Verwaltungsstrafbehörde mit Sitz Wien zuständig.

[294] Geändert durch BGBl I 103/2013.

[295] Letzter Satz eingefügt durch BGBl I 103/2013.

Verjährung

§ 81. (1) Die Verjährungsfrist gemäß § 31 Abs. 1 VStG beträgt ein Jahr. Bei Verpflichtungen, über die Meldungen zu erstatten sind, beginnt die Frist mit Einlangen der jeweiligen Meldung bei der zuständigen Behörde.

(2)[296] Die Zeit der Aussetzung gemäß § 30 Abs. 2 VStG ist nicht in die Verjährungsfristen nach § 31 Abs. 2 und 3 VStG und § 43 des Bundesgesetzes über das Verfahren der Verwaltungsgerichte (Verwaltungsgerichtsverfahrensgesetz – VwGVG), BGBl. I Nr. 33/2013, einzurechnen.

Mitwirkung der Bundespolizei

§ 82. (1)[297] Die Bundespolizei hat bei der Vollziehung des § 79 Abs. 1 Z 1 in Verbindung mit § 15 Abs. 3 oder § 16 Abs. 1, des § 79 Abs. 1 Z 4, des § 79 Abs. 1 Z 7 in Verbindung mit § 24a Abs. 1, des § 79 Abs. 1 Z 9, des § 79 Abs. 1 Z 12 in Verbindung mit § 52 Abs. 1, des § 79 Abs. 1 Z 15a oder 15b, des § 79 Abs. 2 Z 15, des § 79 Abs. 2 Z 18 oder 19 hinsichtlich der Abschriften der Bewilligung gemäß § 69, des Notifizierungsformulars und Begleitscheinformulars, und des § 79 Abs. 3 Z 4a, 6, 8, 13, 13a, 15 und 17 durch

1. Maßnahmen zur Vorbeugung gegen drohende Verwaltungsübertretungen und
2. Maßnahmen, die für die Einleitung und Durchführung von Verwaltungsstrafverfahren erforderlich sind,

mitzuwirken.

(1a)[298] Weiters hat die Bundespolizei in Wahrnehmung der ihr sonst obliegenden Aufgaben an der Vollziehung des § 79 Abs 2 Z 6 erster Teilsatz im Sinne des § 82 Abs. 1 Z 2 mitzuwirken. Allfällige weitere erforderliche Maßnahmen sind von der zuständigen Behörde zu treffen.

(2) Die Bundespolizei hat den nach diesen Bundesgesetzen zuständigen Behörden und Organen über deren Ersuchen zur Sicherung der Ausübung der Befugnisse gemäß den §§ 62 und 75 im Rahmen ihres gesetzmäßigen Wirkungsbereiches Hilfe zu leisten.

(3)[299] Die Organe des öffentlichen Sicherheitsdienstes werden ermächtigt, nach Maßgabe des § 37a VStG eine vorläufige Sicherheit in der Höhe von mindestens 360 € bis höchstens 4 000 € festzusetzen und einzuheben. Der Lenker des Beförderungsmittels oder derjenige, der eine gleichwertige Tätigkeit ausübt, kann in Vertretung des Notifizierenden die vorläufige Sicherheit leisten. Die Organe des öffentlichen Sicherheitsdienstes werden ermächtigt, bei geringfügigen Verstößen gegen Formvorschriften, insbesondere bei fehlenden Informationen gemäß Art. 18 der EG-VerbringungsV, mit Organstrafverfügung gemäß § 50 VStG bis zu 120 Euro einzuheben.

(4) Bestehen Bedenken, dass eine Verbringung von Abfällen ohne die erforderliche Bewilligung gemäß § 69 Abs. 1 oder ohne die sonstigen erforderlichen Zustimmungen gemäß der EG-VerbringungsV durchgeführt wird, so haben die Organe des öffentlichen Sicherheitsdienstes die Unterbrechung der Beförderung anzuordnen und erforderlichenfalls eine Maßnahme gemäß Abs. 5 zu veranlassen. Solange die Anordnung der Unterbrechung aufrecht ist, darf das Beförderungsmittel nur nach Anordnung der Organe des öffentlichen Sicherheitsdienstes in Betrieb genommen werden. Die Anordnung ist aufzuheben, wenn die erforderlichen Unterlagen gemäß diesem Bundesgesetz und gemäß der EG-VerbringungsV für die Fortführung der Verbringung oder die Rückführung gemäß Art. 24 der EG-VerbringungsV den Organen

[296] Neu gefasst durch BGBl I 70/2017.

[297] Geändert durch BGBl I 103/2013 und BGBl I 70/2017.

[298] Eingefügt durch BGBl I 103/2013.

[299] Geändert durch BGBl I 103/2013.

des öffentlichen Sicherheitsdienstes vorgelegt werden und eine gemäß Abs. 3 festgesetzte vorläufige Sicherheit geleistet worden ist.

(5) Bei drohender Zuwiderhandlung gegen die Anordnung der Unterbrechung gemäß Abs. 4 sind die Organe des öffentlichen Sicherheitsdienstes berechtigt, die Fortsetzung der Abfallbeförderung durch angemessene Zwangsmaßnahmen, wie Abnahme der Schlüssel des Beförderungsmittels, Absperren des Beförderungsmittels, Anlegen von technischen Sperren oder Abstellen an einem geeigneten Ort, zu verhindern. Die Zwangsmaßnahmen sind aufzuheben, wenn der Grund für ihre Anordnung weggefallen ist.

(6)[300],[301] Die Bundespolizei hat dem Bundesministerium für Klimaschutz, Umwelt, Energie, Mobilität, Innovation und Technologie jährlich innerhalb von einem Monat nach Ende des jeweiligen Kalenderjahres im Sinne des Anhanges IX der EG-Verbringungsverordnung einen Bericht über die Anzahl der kontrollierten Abfalltransporte im Bundesgebiet, aufgeschlüsselt nach internationalem Unterscheidungszeichen und Angaben betreffend

1. der beförderten Abfallart und –menge
2. Versand- und Empfängerstaat
3. der von den Organen des öffentlichen Sicherheitsdienstes getroffenen Sanktionen und Maßnahmen

elektronisch im Wege des Bundesministers für Inneres zu übermitteln.

Aufgaben der Zollorgane

§ 83. (1) Die Zollorgane sind funktionell für die Bundesministerin für Klimaschutz, Umwelt, Energie, Mobilität, Innovation und Technologie tätig und haben

1.[302] die gemäß § 15 Abs. 7 mitzuführenden Dokumente und die gemäß § 19 mitzuführenden Begleitscheine oder Unterlagen betreffend interne Transporte und die Nachweise gemäß § 15 Abs. 9 und § 69 Abs. 10,
2. die für eine Einfuhr, Ausfuhr oder Durchfuhr erforderlichen Bewilligungen und die Notifizierungs- und Begleitformulare (§ 18 Abs. 2),
3. die Informationen gemäß Art. 18 der EG VerbringungsV und
4.[303] die Konformitätserklärung gemäß Art. 4 Abs. 1 der EU-Abfallende-GlasV, gemäß Art. 5 Abs. 1 der EU-SchrottV und gemäß Art. 4 Abs. 1 der EU-KupferschrottV

zur Vollziehung von Verboten und Beschränkungen der Verbringung von Abfällen zu kontrollieren und darüber einen Kontrollvermerk anzubringen. Übertretungen gemäß § 79 Abs. 1 Z 15a und 15b, § 79 Abs. 2 Z 18, 19, 21 bis 23, 25 und 26 und gemäß § 79 Abs. 3 Z 13 bis 15 und 17 sind der Bundesministerin für Klimaschutz, Umwelt, Energie, Mobilität, Innovation und Technologie bekannt zu geben. Haben die Organe Bedenken, dass eine Sache gemäß EG VerbringungsV notifizierungspflichtiger Abfall ist, haben die Organe ein Feststellungsverfahren (§ 6 Abs. 1 Z 3) zu veranlassen.[304]

(2)[305] Die Zollorgane werden ermächtigt, nach Maßgabe des § 37a VStG eine vorläufige Sicherheit in der Höhe von mindestens 360 € bis höchstens 4 000 € festzusetzen und einzuheben. Der Lenker des Beförderungsmittels oder derjenige, der eine gleichwertige Tätigkeit ausübt, kann in Vertretung des Notifizierenden die vorläufige Sicherheit leisten. Die Zollorgane werden ermächtigt, bei geringfügigen Verstößen, insbesondere bei fehlenden Informationen gemäß Art. 18 der EG VerbringungsV, mit Organstrafverfügung gemäß § 50 VStG bis zu 300 Euro einzuheben.

(3) Wird eine Verbringung von Abfällen ohne die erforderliche Bewilligung gemäß § 69 Abs. 1 oder ohne sonstige erforderliche Zustimmungen gemäß EG VerbringungsV durchgeführt, so haben die Zollorgane, in deren Zuständigkeitsbereich sich das Beförderungsmittel befindet, die Unterbrechung der Beförderung anzuordnen und erforderlichenfalls eine Maßnahme gemäß Abs. 4 zu veranlassen. Solange die Anordnung der Unterbrechung aufrecht ist, darf das Beförderungsmittel nur nach Anordnung der Zollorgane in Betrieb genommen werden. Die Anordnung der Unterbrechung gilt als aufgehoben, wenn die erforderlichen Unterlagen gemäß diesem Bundesgesetz und gemäß der EG VerbringungsV für die Fortführung der Verbringung oder die Rückführung gemäß Art. 24 der EG VerbringungsV den Zollorganen vorgelegt werden und eine gemäß Abs. 2 festgesetzte vorläufige Sicherheit geleistet worden ist.

(4) Bei drohender Zuwiderhandlung gegen die Anordnung der Unterbrechung gemäß Abs. 3 sind die Zollorgane berechtigt, die Fortsetzung der Abfallbeförderung durch angemessene Zwangsmaßnahmen, wie Abnahme der Schlüssel des Beförderungsmittels, Absperren des Beförderungsmittels, Anlegen von technischen Sperren oder Abstellen an einem geeigneten Ort, zu verhindern. Die Zwangsmaßnahmen sind aufzuheben, wenn der Grund für ihre Anordnung weggefallen ist.

(5) und (6) [Anm: Aufgehoben durch BGBl I 155/2004]

(7) Die Bundesministerin für Klimaschutz, Umwelt, Energie, Mobilität, Innovation und Technologie wird ermächtigt, im Einvernehmen mit dem Bundesminister für Finanzen nähere Bestimmungen über die Kontrolle und den Kontrollvermerk durch Verordnung zu erlassen.

(8) Die Zollorgane haben weiters bei der Vollziehung des § 79 Abs. 1 Z 1 und 9 und Abs. 3 Z 8 durch

1. Maßnahmen zur Vorbeugung gegen drohende Verwaltungsübertretungen und
2. Maßnahmen, die für die Einleitung und Durchführung von Verwaltungsstrafverfahren erforderlich sind,

mitzuwirken.

…

Anhang 1[306]
Beispiele für Abfallvermeidungsmaßnahmen

Maßnahmen, die sich auf die Rahmenbedingungen im Zusammenhang mit der Abfallerzeugung auswirken können

1. Einsatz von Planungsmaßnahmen oder sonstigen wirtschaftlichen Instrumenten, die die Effizienz der Ressourcennutzung fördern;
2. Förderung einschlägiger Forschung und Entwicklung mit dem Ziel, umweltfreundlichere und weniger abfallintensive Produkte und Technologien hervorzubringen, sowie Verbreitung und Einsatz dieser Ergebnisse aus Forschung und Entwicklung;
3. Entwicklung wirksamer und aussagekräftiger Indikatoren für die Umweltbelastungen im Zusammenhang mit der Abfallerzeugung als Beitrag zur Vermeidung der Abfallerzeugung auf sämtlichen Ebenen;

300 Eingefügt durch BGBl I 9/2011.
301 Geändert durch BGBl I 200/2021.
302 Geändert durch BGBl I 70/2017 und BGBl I 200/2021.
303 Eingefügt durch BGBl I 103/2013; geändert durch BGBl I 70/2017.
304 Satz 2 geändert durch BGBl I 103/2013.
305 Geändert durch BGBl I 103/2013.
306 Neu gefasst durch BGBl I 9/2011.

Maßnahmen, die sich auf die Konzeptions-, Produktions- und Vertriebsphase auswirken können

4. Förderung von Ökodesign (systematische Einbeziehung von Umweltaspekten in das Produktdesign mit dem Ziel, die Umweltbilanz des Produkts über den gesamten Lebenszyklus hinweg zu verbessern) und von Mehrwegverpackungen;
5. Bereitstellung von Informationen über Techniken zur Abfallvermeidung im Hinblick auf einen erleichterten Einsatz des Standes der Technik in der Industrie;
6. Schulungsmaßnahmen für die zuständigen Behörden hinsichtlich der Einbeziehung der Abfallvermeidungsanforderungen bei der Erteilung von Genehmigungen für Behandlungsanlagen und für IPPC-Anlagen;
7. Einbeziehung von Maßnahmen zur Vermeidung der Abfallerzeugung in Anlagen, die nicht unter die Richtlinie 2008/1/EG fallen, zB Maßnahmen zur Bewertung der Abfallvermeidung und zur Aufstellung von Plänen;
8. Sensibilisierungsmaßnahmen oder Unterstützung von Unternehmen bei der Finanzierung, Entscheidungsfindung oder Ähnliches, insbesondere Maßnahmen, die sich gezielt an kleinere und mittlere Unternehmen richten und auf bewährte Netzwerke des Wirtschaftslebens zurückgreifen;
9. Rückgriff auf freiwillige Vereinbarungen, Verbraucher- und Herstellergremien oder branchenbezogene Verhandlungen, damit die jeweiligen Unternehmen oder Branchen eigene Abfallvermeidungspläne und -ziele festlegen oder abfallintensive Produkte oder Verpackungen verbessern;
10. Förderung von Umweltmanagementsystemen wie EMAS und ISO 14001;

Maßnahmen, die sich auf die Verbrauchs- und Nutzungsphase auswirken können

11. Wirtschaftliche Instrumente, zB Anreize für umweltfreundlichen Einkauf oder die Einführung eines vom Verbraucher zu zahlenden Aufpreises für einen Verpackungsartikel oder Verpackungsteil, der sonst unentgeltlich bereitgestellt werden würde;
12. Sensibilisierungsmaßnahmen und Informationen für die breite Öffentlichkeit oder eine bestimmte Verbrauchergruppe;
13. Förderung von Ökozeichen;
14. Vereinbarungen mit der Industrie, wie der Rückgriff auf Produktgremien etwa nach dem Vorbild der integrierten Produktpolitik, oder mit dem Einzelhandel über die Bereitstellung von Informationen über Abfallvermeidung und umweltfreundliche Produkte;
15. Einbeziehung von Kriterien des Umweltschutzes und der Abfallvermeidung in Ausschreibungen des öffentlichen und privaten Beschaffungswesens im Sinne des Handbuchs für eine umweltgerechte öffentliche Beschaffung, das von der Kommission am 29. Oktober 2004 veröffentlicht wurde;
16. Förderung der Wiederverwendung oder Reparatur geeigneter Abfälle, vor allem durch den Einsatz pädagogischer, wirtschaftlicher, logistischer oder anderer Maßnahmen wie Unterstützung oder Einrichtung von Zentren und Netzen für Reparatur und Wiederverwendung, insbesondere in dicht besiedelten Regionen. Dabei ist auf die Schaffung von „Green Jobs— Bedacht zu nehmen.

Anhang 1a[307]
Ziele für die Vorbereitung zur Wiederverwendung, das Recycling und die sonstige stoffliche Verwertung

Zielvorgaben Siedlungsabfälle

1. Bis 2020 wird die Vorbereitung zur iederverwendung und das Recycling von Abfallmaterialien wie – zumindest – Papier, Metall, Kunststoff und Glas aus Haushalten und gegebenenfalls aus anderen Quellen, soweit die betreffenden Abfallströme Haushaltsabfällen ähnlich sind, auf mindestens 50 Gewichtsprozent insgesamt erhöht.
2. Bis 2025 werden die Vorbereitung zur Wiederverwendung und das Recycling von Siedlungsabfällen auf mindestens 55 Gewichtsprozent erhöht.
3. Bis 2030 werden die Vorbereitung zur Wiederverwendung und das Recycling von Siedlungsabfällen auf mindestens 60 Gewichtsprozent erhöht.
4. Bis 2035 werden die Vorbereitung zur Wiederverwendung und das Recycling von Siedlungsabfällen auf mindestens 65 Gewichtsprozent erhöht.
5. Bis 2035 darf die Menge der jährlich auf Deponien abgelagerten Siedlungsabfälle 10 Gewichtsprozent des gesamten Siedlungsabfallaufkommens nicht überschreiten.

Zielvorgaben Bau- und Abbruchabfälle

Bis 2020 wird die Vorbereitung zur Wiederverwendung, des Recyclings und die sonstige stoffliche Verwertung (einschließlich der Verfüllung, bei der Abfälle als Ersatz für andere Materialien genutzt werden) von nicht gefährlichen Bau- und Abbruchabfällen – mit Ausnahme von in der Natur vorkommenden Materialien, die in Kategorie 17 05 04 des Europäischen Abfallkatalogs definiert sind – auf mindestens 70 Gewichtsprozent erhöht.

Zielvorgaben Einwegkunststoff-Getränkeflaschen

1. Bis 2025 werden zumindest 77 Gewichtsprozent der Abfälle aus Einwegkunststoff-Getränkeflaschen mit einem Fassungsvermögen von bis zu drei Litern, einschließlich ihrer Verschlüsse und Deckel, ausgenommen
   a) Getränkeflaschen aus Glas oder Metall mit Verschlüssen oder Deckeln aus Kunststoff,
   b) Getränkeflaschen, die für flüssige Lebensmittel für besondere medizinische Zwecke gemäß Artikel 2 Buchstabe g der Verordnung (EU) Nr. 609/2013 bestimmt sind und dafür verwendet werden,

   getrennt gesammelt.
2. Bis 2029 werden zumindest 90 Gewichtsprozent der Abfälle aus Einwegkunststoff-Getränkeflaschen mit einem Fassungsvermögen von bis zu drei Litern, einschließlich ihrer Verschlüsse und Deckel, ausgenommen
   a) Getränkeflaschen aus Glas oder Metall mit Verschlüssen oder Deckeln aus Kunststoff;
   b) Getränkeflaschen, die für flüssige Lebensmittel für besondere medizinische Zwecke gemäß Artikel 2 Buchstabe g der Verordnung (EU) Nr. 609/2013 bestimmt sind und dafür verwendet werden;

   getrennt gesammelt.

---

[307] Eingefügt durch BGBl I 200/2021.

Berechnung der Erreichung der Zielvorgaben

Das Erreichen der Zielvorgaben für Siedlungsabfälle und für Bau- und Abbruchabfälle ist gemäß Art. 11a und 37 der Richtlinie 2008/98/EG über Abfälle und gemäß Durchführungsbeschluss (EU) 2019/1004 zur Festlegung der Vorschriften für die Berechnung, die Prüfung und die Übermittlung von Daten über Abfälle gemäß der Richtlinie 2008/98/EG sowie zur Aufhebung des Durchführungsbeschlusses C(2012) 2384, ABl. Nr. L 163 vom 20.06.2019 S. 66, und dem Durchführungsbeschluss (EU) zur Festlegung der Vorschriften für die Berechnung, die Prüfung von durchschnittlichen Verlustquoten sortierte Abfälle zu berechnen.

Das Erreichen der Zielvorgaben für auf Deponien abgelagerte Siedlungsabfälle ist gemäß Art. 5a der Richtlinie (EU) 2018/850 zur Änderung der Richtlinie 1999/31/EG über Abfalldeponien, ABl. Nr. L 150 vom 14.06.2018 S. 100, sowie dem Durchführungsbeschluss 2019/1885 der Kommission zur Festlegung der Vorschriften für die Berechnung, die Prüfung und die Übermittlung von Daten über die Ablagerung von Siedlungsabfällen auf Deponien gemäß der Richtlinie 1999/31/EG sowie zur Aufhebung der Entscheidung 2000/738/EG, ABl. Nr. L 290 vom 11.11.2019 S. 18, zu berechnen.

Anhang 1b[308]
Beispiele für wirtschaftliche Instrumente und andere Maßnahmen zur Schaffung von Anreizen für die Anwendung der Abfallhierarchie gemäß § 1 Abs. 2a

1. Gebühren und Beschränkungen für die Ablagerung von Abfällen auf Deponien und Verbrennung von Abfällen als Anreiz für Abfallvermeidung und Recycling, wobei die Ablagerung von Abfällen auf Deponien die am wenigsten bevorzugte Abfallbewirtschaftungsoption bleibt;
2. verursacherbezogene Gebührensysteme (‚Pay-as-you-throw'), in deren Rahmen Abfallerzeugern ausgehend von der tatsächlich verursachten Abfallmenge Gebühren in Rechnung gestellt werden und die Anreize für die Trennung recycelbarer Abfälle an der Anfallstelle und für die Verringerung gemischter Abfälle schaffen;
3. steuerliche Anreize für die Spende von Produkten, insbesondere von Lebensmitteln;
4. Regime der erweiterten Herstellerverantwortung für verschiedene Arten von Abfällen und Maßnahmen zur Optimierung der Wirksamkeit, Kosteneffizienz und Steuerung dieser Regime;
5. Pfandsysteme und andere Maßnahmen zur Förderung der effizienten Sammlung gebrauchter Produkte und Materialien;
6. solide Planung von Investitionen in Infrastruktur zur Abfallbewirtschaftung, auch über die Unionsfonds;
7. ein auf Nachhaltigkeit ausgerichtetes öffentliches Beschaffungswesen zur Förderung einer besseren Abfallbewirtschaftung und des Einsatzes von recycelten Produkten und Materialien;
8. schrittweise Abschaffung von Subventionen, die nicht mit der Abfallhierarchie vereinbar sind;
9. Einsatz steuerlicher Maßnahmen oder anderer Mittel zur Förderung des Absatzes von Produkten und Materialien, die zur Wiederverwendung vorbereitet oder recycelt wurden;
10. Förderung von Forschung und Innovation im Bereich moderne Recycling- und Generalüberholungstechnologie;
11. Nutzung der besten verfügbaren Verfahren der Abfallbehandlung;
12. wirtschaftliche Anreize für regionale und kommunale Behörden, insbesondere zur Förderung der Abfallvermeidung und zur verstärkten Einführung von Systemen der getrennten Sammlung, bei gleichzeitiger Vermeidung der Förderung der Ablagerung von Abfällen auf Deponien und Verbrennung von Abfällen;
13. Kampagnen zur Sensibilisierung der Öffentlichkeit, insbesondere in Bezug auf getrennte Sammlung, Abfallvermeidung und Vermeidung von Vermüllung, sowie durchgängige Berücksichtigung dieser Fragen im Bereich Aus- und Weiterbildung;
14. Systeme für die Koordinierung, auch mit digitalen Mitteln, aller an der Abfallbewirtschaftung beteiligten zuständigen Behörden;
15. Förderung des fortgesetzten Dialogs und der Zusammenarbeit zwischen allen Interessenträgern der Abfallbewirtschaftung sowie Unterstützung von freiwilligen Vereinbarungen und der Berichterstattung über Abfälle durch Unternehmen.

[308] Eingefügt durch BGBl I 200/2021.

Anhang 2[309]
Behandlungsverfahren

1. Verwertungsverfahren

R1 Hauptverwendung als Brennstoff oder als anderes Mittel der Energieerzeugung [310])

[309] Neu gefasst durch BGBl I 9/2011.

[310] Hierunter fallen Verbrennungsanlagen, deren Zweck in der Behandlung fester Siedlungsabfälle besteht, nur dann, wenn deren Energieeffizienz mindestens folgende Werte beträgt:

– 0,60 für in Betrieb befindliche Anlagen, die nach geltendem Gemeinschaftsrecht vor dem 1. Januar 2009 genehmigt werden,

– 0,65 für Anlagen, die nach dem 31. Dezember 2008 genehmigt werden,

wobei folgende Formel verwendet wird:

Energieeffizienz = (Ep – (Ef + Ei)) / (0,97 x (Ew + Ef))

Dabei ist:

Ep die jährlich als Wärme oder Strom erzeugte Energie. Der Wert wird berechnet, indem Elektroenergie mit dem Faktor 2,6 und für gewerbliche Zwecke erzeugte Wärme mit dem Faktor 1,1 (GJ/Jahr) multipliziert wird.

Ef der jährliche Input von Energie in das System aus Brennstoffen, die zur Erzeugung von Dampf eingesetzt werden (GJ/Jahr).

Ew die jährliche Energiemenge, die im behandelten Abfall enthalten ist, berechnet anhand des unteren Heizwerts des Abfalls (GJ/Jahr).

Ei die jährliche importierte Energiemenge ohne Ew und Ef (GJ/Jahr).

0,97 ist ein Faktor zur Berechnung der Energieverluste durch Rost- und Kesselasche sowie durch Strahlung.

Diese Formel ist entsprechend dem Referenzdokument zu den besten verfügbaren Techniken für die Abfallverbrennung zu verwenden. Der Wert der Energieeffizienzformel wird mit einem Klimakorrekturfaktor (Climate Correction Factor – CCF) wie folgt multipliziert:

1. CCF für vor dem 1. September 2015 in Betrieb befindliche und nach geltendem EU-Recht genehmigte Anlagen:
   CCF = 1, wenn HDD ≥ 3 350
   CCF = 1,25, wenn HDD ≤ 2 150
   CCF = – (0,25/1 200) * HDD + 1,698, wenn 2 150 < HDD < 3 350
2. CCF für nach dem 31. August 2015 genehmigte Anlagen und für Anlagen gemäß Nummer 1 ab 31. Dezember 2029:
   CCF = 1, wenn HDD ≥ 3 350
   CCF = 1,12, wenn HDD ≤ 2 150
   CCF = – (0,12/1 200) * HDD + 1,335, wenn 2 150 < HDD < 3 350
   (Der sich daraus ergebende CCF-Wert wird auf drei Dezimalstellen gerundet).

Der HDD-Wert (Heating Degree Days, Heizgradtage) sollte dem Durchschnitt der jährlichen HDD-Werte für den Standort der

R2 Rückgewinnung/Regenerierung von Lösemitteln

R3 Recycling/Rückgewinnung organischer Stoffe, die nicht als Lösemittel verwendet werden (einschließlich der Kompostierung und sonstiger biologischer Umwandlungsverfahren) [311])

R4 Recycling/Rückgewinnung von Metallen und Metallverbindungen [312])

R5 Recycling/Rückgewinnung von anderen anorganischen Stoffen[313])

R6 Regenerierung von Säuren und Basen

R7 Wiedergewinnung von Bestandteilen, die der Bekämpfung der Verunreinigungen dienen

R8 Wiedergewinnung von Katalysatorenbestandteilen

R9 Erneute Ölraffination oder andere Wiederverwendungen von Öl

R10 Aufbringung auf den Boden zum Nutzen der Landwirtschaft oder zur ökologischen Verbesserung

R11 Verwendung von Abfällen, die bei einem der unter R1 bis R10 aufgeführten Verfahren gewonnen werden

R12 Austausch von Abfällen, um sie einem der unter R1 bis R11 aufgeführten Verfahren zu unterziehen[314])

R13 Lagerung von Abfällen bis zur Anwendung eines der unter R1 bis R12 aufgeführten Verfahren (ausgenommen zeitweilige Lagerung – bis zur Sammlung – auf dem Gelände der Entstehung der Abfälle)

2. Beseitigungsverfahren

D1 Ablagerungen in oder auf dem Boden (z.B. Deponien usw.)

D2 Behandlung im Boden (z.B. biologischer Abbau von flüssigen oder schlammigen Abfällen im Erdreich usw.)

D3 Verpressung (z.B. Verpressung pumpfähiger Abfälle in Bohrlöcher, Salzdome oder natürliche Hohlräume usw.)

D4 Oberflächenaufbringung (z.B. Ableitung flüssiger oder schlammiger Abfälle in Gruben, Teiche oder Lagunen usw.)

D5 Speziell angelegte Deponien (z.B. Ablagerung in abgedichteten, getrennten Räumen, die gegeneinander und gegen die Umwelt verschlossen und isoliert werden, usw.)

D6 Einleitung in ein Gewässer mit Ausnahme von Meeren/Ozeanen

D7 Einleitung in Meere/Ozeane einschließlich Einbringung in den Meeresboden

D8 Biologische Behandlung, die nicht an anderer Stelle in diesem Anhang beschrieben ist und durch die Endverbindungen oder Gemische entstehen, die mit einem der unter D1 bis D12 aufgeführten Verfahren entsorgt werden

D9 Chemisch-physikalische Behandlung, die nicht an anderer Stelle in diesem Anhang beschrieben ist und durch die Endverbindungen oder Gemische entstehen, die mit einem der unter D1 bis D12 aufgeführten Verfahren entsorgt werden (z.B. Verdampfen, Trocknen, Kalzinieren usw.)

D10 Verbrennung an Land

D11 Verbrennung auf See [315])

D12 Dauerlagerung (z.B. Lagerung von Behältern in einem Bergwerk usw.)

D13 Vermengung oder Vermischung vor Anwendung eines der unter D1 bis D12 aufgeführten Verfahren[316])

D14 Neuverpacken vor Anwendung eines der unter D1 bis D13 aufgeführten Verfahren

D15 Lagerung bis zur Anwendung eines der unter D1 bis D14 aufgeführten Verfahren (ausgenommen zeitweilige Lagerung – bis zur Sammlung – auf dem Gelände der Entstehung der Abfälle)

Anhang 3

[Anm: Entfällt gem BGBl I 9/2011]

Anhang 4
Kriterien für die Festlegung des Standes der Technik

Bei der Festlegung des Standes der Technik ist unter Beachtung der sich aus einer bestimmten Maßnahme ergebenden Kosten und ihres Nutzens und des Grundsatzes der Vorsorge und der Vorbeugung im Allgemeinen wie auch im Einzelfall Folgendes zu berücksichtigen:

1. Einsatz abfallarmer Technologie;
2. Einsatz weniger gefährlicher Stoffe;
3. Förderung der Rückgewinnung und Verwertung der bei den einzelnen Verfahren erzeugten und verwendeten Stoffe und gegebenenfalls der Abfälle;
4. Fortschritte in der Technologie und in den wissenschaftlichen Erkenntnissen;
5. Art, Auswirkungen und Menge der jeweiligen Emissionen;
6. Zeitpunkte der Inbetriebnahme der neuen oder der bestehenden Anlagen;
7. die für die Einführung eines besseren Standes der Technik erforderliche Zeit;
8. Verbrauch an Rohstoffen und Art der bei den einzelnen Verfahren verwendeten Rohstoffe (einschließlich Wasser) und Energieeffizienz;

Verbrennungsanlage entsprechen, berechnet für einen Zeitraum von 20 aufeinanderfolgenden Jahren vor dem Jahr, für das der CCF bestimmt wird. Der HDD-Wert sollte nach der folgenden Eurostat-Methode berechnet werden: HDD = (18 °C – Tm) x d, wenn Tm weniger als oder gleich 15 °C (Heizschwelle) beträgt, und HDD = null, wenn Tm über 15 °C beträgt; dabei ist Tm die mittlere Außentemperatur (Tmin + Tmax)/2 über einen Zeitraum von d Tagen. Die Berechnungen sind täglich durchzuführen (d = 1) und auf ein Jahr hochzurechnen.
[Anm: FN geändert durch BGBl I 70/2017]

[311] Dies schließt die Vorbereitung zur Wiederverwendung, Vergasung und Pyrolyse unter Verwendung der Bestandteile als Chemikalien und die Verwertung organischer Stoffe zur Verfüllung ein. [Anm: FN geändert durch BGBl I 200/2021].

[312] Dies schließt die Vorbereitung zur Wiederverwendung ein. [Anm: FN eingefügt durch BGBl I 200/2021].

[313] Dies schließt die Vorbereitung zur Wiederverwendung, das Recycling anorganischer Baustoffe, die Verwertung anorganischer Stoffe zur Verfüllung und die Bodenreinigung, die zu einer Verwertung des Bodens führt, ein. [Anm: FN geändert durch BGBl I 200/2021].

[314] Falls sich kein anderer R-Code für die Einstufung eignet, kann dies vorbereitende Verfahren einschließen, die der Verwertung einschließlich der Vorbehandlung vorangehen, wie Demontage, Sortieren, Zerkleinern, Verdichten, Pelletieren, Trocknen, Schreddern, Konditionierung, Neuverpacken, Trennung, Vermengen oder Vermischen vor Anwendung eines der unter R1 bis R11 aufgeführten Verfahren.

[315] Nach EU-Recht und internationalen Übereinkünften verbotenes Verfahren.

[316] Falls sich kein anderer D-Code für die Einstufung eignet, kann dies vorbereitende Verfahren einschließen, die der Beseitigung einschließlich der Vorbehandlung vorangehen, wie Sortieren, Zerkleinern, Verdichten, Pelletieren, Trocknen, Schreddern, Konditionierung oder Trennung vor Anwendung eines der unter D1 bis D12 aufgeführten Verfahren.

9. die Notwendigkeit, die Gesamtwirkung der Emissionen und die Gefahren für die Umwelt so weit wie möglich zu vermeiden oder zu verringern;
10. die Notwendigkeit, Unfällen vorzubeugen und deren Folgen für die Umwelt zu verringern;
11. in BVT-Merkblättern enthaltene Informationen und von internationalen Organisationen veröffentlichte Informationen.[317]

Anhang 5
IPPC-Behandlungsanlagen

Teil 1
Kategorien von Tätigkeiten[318]

1. Beseitigung oder Verwertung von gefährlichen Abfällen mit einer Kapazität von über 10 t pro Tag im Rahmen einer oder mehrerer der folgenden Tätigkeiten:
   a) biologische Behandlung;
   b) physikalisch-chemische Behandlung;
   c) Vermengung oder Vermischung vor der Durchführung einer der anderen in den Z 1 und 2 genannten Tätigkeiten;
   d) Neuverpacken vor der Durchführung einer der anderen in den Z 1 und 2 genannten Tätigkeiten;
   e) Rückgewinnung/Regenerierung von Lösungsmitteln;
   f) Verwertung/Rückgewinnung von anderen anorganischen Stoffen als Metallen und Metallverbindungen;
   g) Regenerierung von Säuren oder Basen;
   h) Wiedergewinnung von Bestandteilen, die der Bekämpfung von Verunreinigungen dienen;
   i) Wiedergewinnung von Katalysatorenbestandteilen;
   j) erneute Ölraffination oder andere Wiederverwendungsmöglichkeiten von Öl;
   k) Oberflächenaufbringung.
2. Beseitigung oder Verwertung von Abfällen in Verbrennungsanlagen oder in Mitverbrennungsanlagen
   a) für die Verbrennung nicht gefährlicher Abfälle mit einer Kapazität von über 3 t pro Stunde;
   b) für gefährliche Abfälle mit einer Kapazität von über 10 t pro Tag.
3. a) Beseitigung nicht gefährlicher Abfälle mit einer Kapazität von über 50 t pro Tag im Rahmen einer oder mehrerer der folgenden Tätigkeiten und unter Ausschluss der Tätigkeiten, die unter die Richtlinie 91/271/EWG über die Behandlung von kommunalem Abwasser, ABl. Nr. L 135 vom 30.05.1991 S 40, zuletzt geändert durch die Verordnung (EG) Nr. 1137/2008, ABl. Nr. L 311 vom 21.11.2008 S 1, fallen:
      i) biologische Behandlung;
      ii) physikalisch-chemische Behandlung;
      iii) Abfallvorbehandlung für die Verbrennung oder Mitverbrennung;
      iv) Behandlung von Schlacken und Asche;
      v) Behandlung von metallischen Abfällen – unter Einschluss von Elektro- und Elektronik-Altgeräten sowie von Altfahrzeugen und ihren Bestandteilen – in Schredderanlagen.
   b) Verwertung – oder eine Kombination aus Verwertung und Beseitigung – von nicht gefährlichen Abfällen mit einer Kapazität von mehr als 75 t pro Tag im Rahmen einer der folgenden Tätigkeiten und unter Ausschluss der unter die Richtlinie 91/271/EWG fallenden Tätigkeiten:
      i) biologische Behandlung;
      ii) Abfallvorbehandlung für die Verbrennung oder Mitverbrennung;
      iii) Behandlung von Schlacken und Asche;
      iv) Behandlung von metallischen Abfällen – unter Einschluss von Elektro- und Elektronik-Altgeräten sowie von Altfahrzeugen und ihren Bestandteilen – in Schredderanlagen.

   Besteht die einzige Abfallbehandlungstätigkeit in der anaeroben Vergärung, so gilt für diese Tätigkeit ein Kapazitätsschwellenwert von 100 t pro Tag.
4. Deponien gemäß § 2 Abs. 7 Z 4 mit einer Aufnahmekapazität von über 10 t Abfall pro Tag oder einer Gesamtkapazität von über 25 000 t, mit Ausnahme von Bodenaushub- und Inertabfalldeponien.
5. Zeitweilige Lagerung von gefährlichen Abfällen, die nicht unter Z 4 fallen, bis zur Durchführung einer der in den Z 1, 2, 4 und 6 aufgeführten Tätigkeiten mit einer Gesamtkapazität von über 50 t, mit Ausnahme der zeitweiligen Lagerung – bis zur Sammlung – auf dem Gelände, auf dem die Abfälle erzeugt worden sind.
6. Unterirdische Lagerung gefährlicher Abfälle mit einer Gesamtkapazität von über 50 t.

Werden mehrere unter derselben Tätigkeitsbeschreibung mit einem Schwellenwert aufgeführte Tätigkeiten in ein und derselben Anlage durchgeführt, so addieren sich die Kapazitäten dieser Tätigkeiten, wenn sie auf der Ebene der Tätigkeiten nach den Z 1 und 3 lit. a und b durchgeführt werden.

Nicht als Tätigkeiten im Sinne des Teil 1 gelten Forschungstätigkeiten, Entwicklungsmaßnahmen oder die Erprobung von neuen Produkten und Verfahren.

Teil 2
Relevante Stoffe

LUFT

1. Schwefeloxide und sonstige Schwefelverbindungen
2. Stickoxide und sonstige Stickstoffverbindungen
3. Kohlenmonoxid
4. Flüchtige organische Verbindungen
5. Metalle und Metallverbindungen
6. Staub einschließlich Feinpartikel[319]
7. Asbest (Schwebeteilchen und Fasern)
8. Chlor und Chlorverbindungen
9. Fluor und Fluorverbindungen
10. Arsen und Arsenverbindungen
11. Zyanide
12. Stoffe und Gemische mit nachgewiesenermaßen über die Luft übertragbaren krebserzeugenden, erbgutverändernden oder fortpflanzungsgefährdenden Eigenschaften*1) [320]
13. Polychlordibenzodioxine und Polychlordibenzofurane *2)

WASSER

1. Halogenorganische Verbindungen und Stoffe, die im wässrigen Milieu halogenorganische Verbindungen bilden
2. Phosphororganische Verbindungen
3. Zinnorganische Verbindungen
4. Stoffe und Zubereitungen mit nachgewiesenermaßen in wässrigem Milieu oder über wässriges Milieu übertrag-

[317] Neu gefasst durch BGBl I 103/2013.
[318] Neu gefasst durch BGBl I 103/2013.
[319] Geändert durch BGBl I 103/2013.
[320] Geändert durch BGBl I 103/2013.

baren krebserzeugenden, erbgutverändernden oder fortpflanzungsgefährdenden Eigenschaften *3)

5. Persistente Kohlenwasserstoffe sowie beständige und bioakkumulierbare organische Giftstoffe
6. Zyanide
7. Metalle und Metallverbindungen
8. Arsen und Arsenverbindungen
9. Biozide und Pflanzenschutzmittel
10. Schwebestoffe *4)
11. Stoffe, die zur Eutrophierung beitragen (insbesondere Nitrate und Phosphate)
12. Stoffe, die sich ungünstig auf den Sauerstoffgehalt auswirken (und sich mittels Parametern wie BSB und CSB messen lassen)
13. Stoffe, die in Anhang E Abschnitt II WRG 1959 idgF aufgeführt sind[321]

Anmerkung: Hinsichtlich der Einstufung der Schadstoffkomponenten, welche durch R-Sätze charakterisiert werden können, wird auf die einschlägigen chemikalienrechtlichen Vorschriften, insbesondere auf die Chemikalienverordnung 1999, BGBl. II Nr. 81/2000, hingewiesen.

---

*1) Das sind Stoffe und Gemische als Anteile von Schadstoffen, zB mit Gefahrenhinweis R 49 oder R 45.

*2) Im Sinne des § 3 Abs. 7 der Luftreinhalteverordnung für Kesselanlagen, BGBl. Nr. 19/1989, zuletzt geändert durch BGBl. II Nr. 324/1997.

*3) Das sind Stoffe und Gemische als Anteile von Schadstoffen, bei denen bei oraler Aufnahme entsprechende Auswirkungen hervorgerufen werden können, insbesondere bei Gefahrenhinweis R 45, 46, 60 oder 61.

*4) Das sind „abfiltrierbare“ Stoffe.

Anhang 6

…

Anhang 7

…

---

[321] Eingefügt durch BGBl I 103/2013.

Allgemeines Bürgerliches Gesetzbuch – ABGB

JGS Nr 946/1811, zuletzt geändert durch BGBl I 33/2024 (Haftungsrechts-Änderungsgesetz 2024 – HaftRÄG 2024)

Erster Theil. Von dem Personen-Rechte.

Erstes Hauptstück. Von den Rechten, welche sich auf persönliche Eigenschaften und Verhältnisse beziehen.

I. Aus dem Charakter der Persönlichkeit.

Angeborne Rechte.

§ 16. Jeder Mensch hat angeborne, schon durch die Vernunft einleuchtende Rechte, und ist daher als eine Person zu betrachten. Sclaverey oder Leibeigenschaft, und die Ausübung einer darauf sich beziehenden Macht, wird in diesen Ländern nicht gestattet.

…

Zweyter Theil des bürgerlichen Gesetzbuches. Von dem Sachenrechte.

…

Erste Abtheilung des Sachenrechtes. Von den dinglichen Rechten.

Erstes Hauptstück. Von dem Besitze.

…

Zweytes Hauptstück. Von dem Eigenthumsrechte.

§ 354. Als ein Recht betrachtet, ist Eigenthum das Befugniß, mit der Substanz und den Nutzungen einer Sache nach Willkühr zu schalten, und jeden Andern davon auszuschließen.

…

§ 364. (1) Ueberhaupt findet die Ausübung des Eigenthumsrechtes nur in so fern Statt, als dadurch weder in die Rechte eines Dritten ein Eingriff geschieht, noch die in den Gesetzen zur Erhaltung und Beförderung des allgemeinen Wohles vorgeschriebenen Einschränkungen übertreten werden. Im Besonderen haben die Eigentümer benachbarter Grundstücke bei der Ausübung ihrer Rechte aufeinander Rücksicht zu nehmen.

(2) Der Eigenthümer eines Grundstückes kann dem Nachbarn die von dessen Grund ausgehenden Einwirkungen durch Abwässer, Rauch, Gase, Wärme, Geruch, Geräusch, Erschütterung und ähnliche insoweit untersagen, als sie das nach den örtlichen Verhältnissen gewöhnliche Maß überschreiten und die ortsübliche Benutzung des Grundstückes wesentlich beeinträchtigen. Unmittelbare Zuleitung ist ohne besonderen Rechtstitel unter allen Umständen unzulässig.

(3) Ebenso kann der Grundstückseigentümer einem Nachbarn die von dessen Bäumen oder anderen Pflanzen ausgehenden Einwirkungen durch den Entzug von Licht oder Luft insoweit untersagen, als diese das Maß des Abs. 2 überschreiten und zu einer unzumutbaren Beeinträchtigung der Benutzung des Grundstücks führen. Bundes- und landesgesetzliche Regelungen über den Schutz von oder vor Bäumen und anderen Pflanzen, insbesondere über den Wald-, Flur-, Feld-, Ortsbild-, Natur- und Baumschutz, bleiben unberührt.

§ 364a. Wird jedoch die Beeinträchtigung durch eine Bergwerksanlage oder eine behördlich genehmigte Anlage auf dem nachbarlichen Grund in einer dieses Maß überschreitenden Weise verursacht, so ist der Grundbesitzer nur berechtigt, den Ersatz des zugefügten Schadens gerichtlich zu verlangen, auch wenn der Schaden durch Umstände verursacht wird, auf die bei der behördlichen Verhandlung keine Rücksicht genommen wurde.

§ 364b. Ein Grundstück darf nicht in der Weise vertieft werden, daß der Boden oder das Gebäude des Nachbars die erforderliche Stütze verliert, es sei denn, daß der Besitzer des Grundstückes für eine genügende anderweitige Befestigung Vorsorge trifft.

…

Viertes Hauptstück. Von Erwerbung des Eigenthumes durch Zuwachs.

…

f) vom abgerissenen Lande

§ 412. Wird aber ein merklicher Erdtheil durch die Gewalt des Flusses an ein fremdes Ufer gelegt; so verliert der vorige Besitzer sein Eigenthumsrecht darauf nur in dem Falle, wenn er es in einer Jahresfrist nicht ausübt.

§ 413. Jeder Grundbesitzer ist befugt, sein Ufer gegen das Ausreißen des Flusses zu befestigen. Allein niemand darf solche Werke oder Pflanzungen anlegen, die den ordentlichen Lauf des Flusses verändern, oder die der Schiffahrt, den Mühlen, der Fischerey oder andern fremden Rechten nachtheilig werden könnten. Ueberhaupt können ähnliche Anlagen nur mit Erlaubniß der politischen Behörde gemacht werden.

…

§ 422. (1) Jeder Eigentümer kann die in seinen Grund eindringenden Wurzeln eines fremden Baumes oder einer anderen fremden Pflanze aus seinem Boden entfernen und die über seinem Luftraum hängenden Äste abschneiden oder sonst benützen. Dabei hat er aber fachgerecht vorzugehen und die Pflanze möglichst zu schonen. Bundes- und landesgesetzliche Regelungen über den Schutz von oder vor Bäumen und anderen Pflanzen, insbesondere über den Wald-, Flur-, Feld-, Ortsbild-, Natur- und Baumschutz, bleiben unberührt.

(2) Die für die Entfernung der Wurzeln oder das Abschneiden der Äste notwendigen Kosten hat der beeinträchtigte Grundeigentümer zu tragen. Sofern diesem aber durch die Wurzeln oder Äste ein Schaden entstanden ist oder offenbar droht, hat der Eigentümer des Baumes oder der Pflanze die Hälfte der notwendigen Kosten zu ersetzen.

…

Zweyter Theil.

Zweyte Abtheilung. Von den persönlichen Sachenrechten.

Siebzehntes Hauptstück. Von Verträgen und Rechtsgeschäften überhaupt.

…

§ 879. (1) Ein Vertrag, der gegen ein gesetzliches Verbot oder gegen die guten Sitten verstößt, ist nichtig.

(2) Insbesondere sind folgende Verträge nichtig:

1. wenn etwas für die Unterhandlung eines Ehevertrages bedungen wird;

1a. wenn etwas für die Vermittlung einer medizinisch unterstützten Fortpflanzung bedungen wird;

2. wenn ein Rechtsfreund eine ihm anvertraute Streitsache ganz oder teilweise an sich löst oder sich einen bestimmten Teil des Betrages versprechen läßt, der der Partei zuerkannt wird;

3. wenn eine Erbschaft oder ein Vermächtnis, die man von einer dritten Person erhofft, noch bei Lebzeiten derselben veräußert wird;

4. wenn jemand den Leichtsinn, der Zwangslage, Verstandesschwäche, Unerfahrenheit oder Gemütsaufregung eines anderen dadurch ausbeutet, daß er sich oder einem Dritten für eine Leistung eine Gegenleistung versprechen oder gewähren läßt, deren Vermögenswert zu dem Werte der Leistung in auffallendem Mißverhältnisse steht.

(3) Eine in Allgemeinen Geschäftsbedingungen oder Vertragsformblättern enthaltene Vertragsbestimmung, die nicht eine der beiderseitigen Hauptleistungen festlegt, ist jedenfalls nichtig, wenn sie unter Berücksichtigung aller Umstände des Falles einen Teil gröblich benachteiligt.

…

Zwey u. zwanzigstes Hauptstück.
Von der Bevollmächtigung und andern Arten der Geschäftsführung.

…

Verwendung einer Sache zum Nutzen des Anderen.

§ 1041. Wenn ohne Geschäftsführung eine Sache zum Nutzen eines Andern verwendet worden ist; kann der Eigenthümer sie in Natur, oder, wenn dieß nicht mehr geschehen kann, den Werth verlangen, den sie zur Zeit der Verwendung gehabt hat, obgleich der Nutzen in der Folge vereitelt worden ist.

§ 1042. Wer für einen Andern einen Aufwand macht, den dieser nach dem Gesetze selbst hätte machen müssen, hat das Recht, den Ersatz zu fordern.

§ 1043. Hat jemand in einem Nothfalle, um einen größern Schaden von sich und Andern abzuwenden, sein Eigenthum aufgeopfert; so müssen ihn Alle, welche daraus Vortheil zogen, verhältnißmäßig entschädigen. Die ausführlichere Anwendung dieser Vorschrift auf Seegefahren ist ein Gegenstand der Seegesetze.

…

Fünf u. zwanzigstes Hauptstück.
Von Bestand- Erbpacht- und Erbzins-Verträgen.

…

4) Zurückstellung;

§ 1109. Nach geendigtem Bestandvertrage muß der Bestandnehmer die Sache dem etwa errichteten Inventarium gemäß oder doch in dem Zustand, in welchem er sie übernommen hat, gepachtete Grundstücke aber mit Rücksicht auf die Jahreszeit, in welcher der Pacht geendigt worden ist, in gewöhnlicher wirtschaftlicher Kultur zurückstellen. Weder ein Zurückbehaltungsrecht oder die Einwendung der Kompensation noch selbst des früheren Eigentumsrechtes kann ihn vor der Zurückstellung schützen.

§ 1110. Wenn bey dem Bestandvertrage kein Inventarium errichtet worden ist; so tritt die nähmliche Vermuthung, wie bey der Fruchtnießung (§. 518) ein.

§ 1111. Wird das Mieth- oder Pachtstück beschädiget, oder durch Mißbrauch abgenützt; so haften Miether und Pächter sowohl für ihr eigenes, als des Afterbestandnehmers Verschulden, nicht aber für den Zufall. Doch muß der Bestandgeber den Ersatz aus dieser Haftung längstens binnen Einem Jahre nach Zurückstellung des Bestandstückes gerichtlich fordern; sonst ist das Recht erloschen.

5) Auflösung des Bestandvertrages:

a) durch Untergang der Sache;

§ 1112. Der Bestandvertrag löset sich von selbst auf, wenn die bestandene Sache zu Grunde geht. Geschieht dies aus Verschulden des einen Theiles, so gebührt dem andern Ersatz; geschieht es durch einen Unglücksfall, so ist kein Theil dem andern dafür verantwortlich.

…

Dreyßigstes Hauptstück.
Von dem Rechte des Schadensersatzes und der Genugthuung.

Schade.

§ 1293. Schade heißt jeder Nachtheil, welcher jemanden an Vermögen, Rechten oder seiner Person zugefügt worden ist. Davon unterscheidet sich der Entgang des Gewinnes, den jemand nach dem gewöhnlichen Laufe der Dinge zu erwarten hat.

Quellen der Beschädigung.

§ 1294. Der Schade entspringt entweder aus einer widerrechtlichen Handlung, oder Unterlassung eines Andern; oder aus einem Zufalle. Die widerrechtliche Beschädigung wird entweder willkürlich, oder unwillkürlich zugefügt. Die willkürliche Beschädigung aber gründet sich theils in einer bösen Absicht, wenn der Schade mit Wissen und Willen; theils in einem Versehen, wenn er aus schuldbarer Unwissenheit, oder aus Mangel der gehörigen Aufmerksamkeit, oder des gehörigen Fleißes verursacht worden ist. Beydes wird ein Verschulden genannt.

Von der Verbindlichkeit zum Schadenersatze:

1) von dem Schaden aus Verschulden,

§ 1295. (1) Jedermann ist berechtigt, von dem Beschädiger den Ersatz des Schadens, welchen dieser ihm aus Verschulden zugefügt hat, zu fordern; der Schade mag durch Übertretung einer Vertragspflicht oder ohne Beziehung auf einen Vertrag verursacht worden sein.

(2) Auch wer in einer gegen die guten Sitten verstoßenden Weise absichtlich Schaden zufügt, ist dafür verantwortlich, jedoch falls dies in Ausübung eines Rechtes geschah, nur dann, wenn die Ausübung des Rechtes offenbar den Zweck hatte, den anderen zu schädigen.

§ 1296. Im Zweifel gilt die Vermuthung, daß ein Schade ohne Verschulden eines Andern entstanden sey.

§ 1297. Es wird aber auch vermuthet, daß jeder den Verstandesgebrauch besitzt, eines solchen Grades des Fleißes und der Aufmerksamkeit fähig sey, welcher bey gewöhnlichen Fähigkeiten angewendet werden kann. Wer bey Handlungen, woraus eine Verkürzung der Rechte eines Andern entsteht, diesen Grad des Fleißes oder der Aufmerksamkeit unterläßt, macht sich eines Versehens schuldig.

§ 1298. Wer vorgibt, daß er an der Erfüllung seiner vertragsmäßigen oder gesetzlichen Verbindlichkeit ohne sein Verschulden verhindert worden sey, dem liegt der Beweis ob. Soweit er auf Grund vertraglicher Vereinbarung nur für grobe Fahrlässigkeit haftet, muß er auch beweisen, daß es an dieser Voraussetzung fehlt.

insbesondere a) der Sachverständigen;

§ 1299. Wer sich zu einem Amte, zu einer Kunst, zu einem Gewerbe oder Handwerke öffentlich bekennet; oder wer ohne Noth freywillig ein Geschäft übernimmt, dessen Ausführung eigene Kunstkenntnisse, oder einen nicht gewöhnlichen Fleiß erfordert, gibt dadurch zu erkennen, daß er sich den nothwendigen Fleiß und die erforderlichen, nicht gewöhnlichen, Kenntnisse zutraue; er muß daher den Mangel derselben vertreten. Hat aber derjenige, welcher ihm das Geschäft überließ, die Unerfahrenheit desselben gewußt; oder bey gewöhnlicher Aufmerksamkeit wissen können, so fällt zugleich dem Letzteren ein Versehen zur Last.

§ 1300. Ein Sachverständiger ist auch dann verantwortlich, wenn er gegen Belohnung in Angelegenheiten seiner Kunst oder Wissenschaft als Versehen einen nachtheiligen Rath ertheilet. Außer diesem Falle haftet ein Rathgeber nur für den Schaden, welchen er wissentlich durch Ertheilung des Rathes dem Andern verursachet hat.

oder b) mehrere Theilnehmer;

§ 1301. Für einen widerrechtlich zugefügten Schaden können mehrere Personen verantwortlich werden, indem sie gemeinschaftlich, unmittelbarer oder mittelbarer Weise, durch Verleiten, Drohen, Befehlen, Helfen, Verhehlen u. dgl.; auch nur durch Unterlassung der besonderen Verbindlichkeit das Uebel zu verhindern, dazu beygetragen haben.

§ 1302. In einem solchen Falle verantwortet, wenn die Beschädigung in einem Versehen gegründet ist, und die Antheile sich bestimmen lassen, jeder nur den durch sein Versehen verursachten Schaden. Wenn aber der Schade vorsetzlich zugefügt worden ist; oder, wenn die Antheile der Einzelnen an der Beschädigung sich nicht bestimmen lassen; so haften Alle für Einen, und Einer für Alle; doch bleibt demjenigen, welcher den Schaden ersetzt hat, der Rückersatz gegen die Uebrigen vorbehalten.

§ 1303. In wie weit mehrere Mitschuldner bloß aus der unterlassenen Erfüllung ihrer Verbindlichkeit zu haften haben, ist aus der Beschaffenheit des Vertrages zu beurtheilen.

§ 1304. Wenn bey einer Beschädigung zugleich ein Verschulden von Seite des Beschädigten eintritt; so trägt er mit dem Beschädiger den Schaden verhältnißmäßig; und wenn sich das Verhältniß nicht bestimmen läßt, zu gleichen Theilen.

2) Aus dem Gebrauche des Rechtes;

§ 1305. Wer von seinem Rechte innerhalb der rechtlichen Schranken (§ 1295, Absatz 2) Gebrauch macht, hat den für einen anderen daraus entspringenden Nachteil nicht zu verantworten.

3) aus einer schuldlosen oder unwillkührlichen Handlung;

§ 1306. Den Schaden, welchen jemand ohne Verschulden oder durch eine unwillkührliche Handlung verursacht hat, ist er in der Regel zu ersetzen nicht schuldig.

§ 1306a. Wenn jemand im Notstand einen Schaden verursacht, um eine unmittelbar drohende Gefahr von sich oder anderen abzuwenden, hat der Richter unter Erwägung, ob der Beschädigte die Abwehr aus Rücksicht auf die dem anderen drohende Gefahr unterlassen hat, sowie des Verhältnisses der Größe der Beschädigung zu dieser Gefahr oder endlich des Vermögens des Beschädigers und des Beschädigten zu erkennen, ob und in welchem Umfange der Schaden zu ersetzen ist.

…

4) durch Zufall.

§ 1311. Der bloße Zufall trifft denjenigen, in dessen Vermögen oder Person er sich ereignet. Hat aber jemand den Zufall durch ein Verschulden veranlaßt; hat er ein Gesetz, das den zufälligen Beschädigungen vorzubeugen sucht, übertreten; oder, sich ohne Noth in fremde Geschäfte gemengt; so haftet er für allen Nachtheil, welcher außer dem nicht erfolgt wäre.

§ 1312. Wer in einem Nothfalle jemanden einen Dienst geleistet hat, dem wird der Schade, welchen er nicht verhüthet hat, nicht zugerechnet; es wäre denn, daß er einen Andern, der noch mehr geleistet haben würde, durch eine Schuld daran verhindert hätte. Aber auch in diesem Falle kann er den sicher verschafften Nutzen gegen den verursachten Schaden in Rechnung bringen.

5) durch fremde Handlungen;

§ 1313. Für fremde, widerrechtliche Handlungen, woran jemand keinen Theil genommen hat, ist er in der Regel auch nicht verantwortlich. Selbst in den Fällen, wo die Gesetze das Gegentheil anordnen, bleibt ihm der Rückersatz gegen den Schuldtragenden vorbehalten.

§ 1313a. Wer einem andern zu einer Leistung verpflichtet ist, haftet ihm für das Verschulden seines gesetzlichen Vertreters sowie der Personen, deren er sich zur Erfüllung bedient, wie für sein eigenes.

…

§ 1315. Überhaupt haftet derjenige, welcher sich einer untüchtigen oder wissentlich einer gefährlichen Person zur Besorgung seiner Angelegenheiten bedient, für den Schaden, den sie in dieser Eigenschaft einem Dritten zufügt.

…

§ 1318. Wird jemand durch das Herabfallen einer gefährlich aufgehängten oder gestellten Sache; oder, durch Herauswerfen oder Herausgießen aus einer Wohnung beschädiget; so haftet derjenige, aus dessen Wohnung geworfen oder gegossen worden, oder die Sache herabgefallen ist, für den Schaden.

6. Durch ein Bauwerk.

§ 1319. Wird durch Einsturz oder Ablösung von Teilen eines Gebäudes oder eines anderen auf einem Grundstück aufgeführten Werkes jemand verletzt oder sonst ein Schaden verursacht, so ist der Besitzer des Gebäudes oder Werkes zum Ersatze verpflichtet, wenn die Ereignung die Folge der mangelhaften Beschaffenheit des Werkes ist und er nicht beweist, daß er alle zur Abwendung der Gefahr erforderliche Sorgfalt angewendet habe.

6a. durch einen Weg;

§ 1319a. (1) Wird durch den mangelhaften Zustand eines Weges ein Mensch getötet, an seinem Körper oder an seiner Gesundheit verletzt oder eine Sache beschädigt, so haftet derjenige für den Ersatz des Schadens, der für den ordnungsgemäßen Zustand des Weges als Halter verantwortlich ist, sofern er oder einer seiner Leute den Mangel vorsätzlich oder grobfahrlässig verschuldet hat. Ist der Schaden bei einer unerlaubten, besonders auch widmungswidrigen, Benützung des Weges entstanden und ist die Unerlaubtheit dem Benützer entweder nach der Art des Weges oder durch entsprechende Verbotszeichen, eine Abschrankung oder eine sonstige Absperrung des Weges erkennbar gewesen, so kann sich der Geschädigte auf den mangelhaften Zustand des Weges nicht berufen.

(2) Ein Weg im Sinn des Abs. 1 ist eine Landfläche, die von jedermann unter den gleichen Bedingungen für den Verkehr jeder Art oder für bestimmte Arten des Verkehrs benützt werden darf, auch wenn sie nur für einen eingeschränkten Benützerkreis bestimmt ist; zu einem Weg gehören auch die in seinem Zug befindlichen und dem Verkehr dienenden Anlagen, wie besonders Brücken, Stützmauern, Futtermauern, Durchlässe, Gräben und Pflanzungen. Ob der Zustand eines Weges mangelhaft ist, richtet sich danach, was nach der Art des Weges, besonders nach seiner Widmung, für seine Anlage und Betreuung angemessen und zumutbar ist.

(3) Ist der mangelhafte Zustand durch Leute des Haftpflichtigen verschuldet worden, so haften auch sie nur bei Vorsatz oder grober Fahrlässigkeit.

6b. durch einen Baum

§ 1319b.[1] (1) Wird durch das Umstürzen eines Baumes oder durch das Herabfallen von Ästen ein Mensch getötet oder an seinem Körper oder seiner Gesundheit verletzt oder eine Sache beschädigt, so haftet der Halter des Baumes für den Ersatz des Schadens, wenn er diesen durch Vernachlässigen der erforderlichen Sorgfalt bei der Prüfung und Sicherung des Baumes verursacht hat.

(2) Die Sorgfaltspflichten des Baumhalters hängen insbesondere vom Standort und der damit verbundenen Gefahr, von der Größe, dem Wuchs und dem Zustand des Baumes sowie von der Zumutbarkeit von Prüfungs- und Sicherungsmaßnahmen ab. Besteht an einem möglichst naturbelassenen Zustand eines Baumes ein besonderes Interesse, wie etwa bei einem Naturdenkmal, in Nationalparks oder sonstigen Schutzgebieten oder wegen der Bedeutung des Baumes für die natürliche Umgebung, so ist das bei der Beurteilung der dem Baumhalter zumutbaren Maßnahmen angemessen zu berücksichtigen.

(3) Auf einen Schadenersatzanspruch nach dieser Bestimmung sind die allgemeinen Regelungen über die Beweislast anzuwenden.

(4) § 176 Forstgesetz 1975 bleibt unberührt.

7. Durch ein Tier

§ 1320. (1) Wird jemand durch ein Tier beschädigt, so ist derjenige dafür verantwortlich, der es dazu angetrieben, gereizt oder zu verwahren vernachlässigt hat. Derjenige, der das Tier hält, ist verantwortlich, wenn er nicht beweist, daß er für die erforderliche Verwahrung oder Beaufsichtigung gesorgt hatte.

(2)[2] In der Alm- und Weidewirtschaft kann der Halter bei Beurteilung der Frage, welche Verwahrung erforderlich ist, auf anerkannte Standards der Tierhaltung zurückgreifen. Andernfalls hat er die im Hinblick auf die ihm bekannte Gefährlichkeit der Tiere, die ihm zumutbaren Möglichkeiten zur Vermeidung solcher Gefahren und die erwartbare Eigenverantwortung anderer Personen gebotenen Maßnahmen zu ergreifen. Die erwartbare Eigenverantwortung der Besucher von Almen und Weiden richtet sich nach den durch die Alm- und Weidewirtschaft drohenden Gefahren, der Verkehrsübung und anwendbaren Verhaltensregeln.

[1] Samt Überschrift eingefügt durch BGBl I 33/2024.
[2] Eingefügt durch BGBl I 69/2019.

Arten des Schadenersatzes.

§ 1323. Um den Ersatz eines verursachten Schadens zu leisten, muß alles in den vorigen Stand zurückversetzt, oder, wenn dieses nicht thunlich ist, der Schätzungswerth vergütet werden. Betrifft der Ersatz nur den erlittenen Schaden, so wird er eigentlich eine Schadloshaltung; wofern er sich aber auch auf den entgangenen Gewinn, und die Tilgung der verursachten Beleidigung erstreckt, volle Genugthuung genannt.

§ 1324. In dem Falle eines aus böser Absicht, oder aus einer auffallenden Sorglosigkeit verursachten Schadens; ist der Beschädigte volle Genugthuung; in den übrigen Fällen aber nur die eigentliche Schadloshaltung zu fordern berechtiget. Hiernach ist in den Fällen, wo im Gesetze der allgemeine Ausdruck: Ersatz, vorkommt, zu beurtheilen, welche Art des Ersatzes zu leisten sey.

Insbesondere

1) bey Verletzungen an dem Körper;

§ 1325. Wer jemanden an seinem Körper verletzt, bestreitet die Heilungskosten des Verletzten, ersetzt ihm den entgangenen, oder, wenn der Beschädigte zum Erwerb unfähig wird, auch den künftig entgehenden Verdienst; und bezahlt ihm auf Verlangen über dieß ein den erhobenen Umständen angemessenes Schmerzengeld.

§ 1327. Erfolgt aus einer körperlichen Verletzung der Tod, so müssen nicht nur alle Kosten, sondern auch den Hinterbliebenen, für deren Unterhalt der Getötete nach dem Gesetze zu sorgen hatte, das, was ihnen dadurch entgangen ist, ersetzt werden.

…

4) an dem Vermögen.

§ 1331. Wird jemand an seinem Vermögen vorsezlich oder durch auffallende Sorglosigkeit eines Andern beschädiget; so ist er auch den entgangenen Gewinn, und wenn der Schade vermittelst einer durch ein Strafgesetz verbothenen Handlung, oder aus Muthwillen und Schadenfreude verursacht ist, den Werth der besondern Vorliebe zu fordern berechtiget.

§ 1332. Der Schade, welcher aus einem mindern Grade des Versehens oder der Nachlässigkeit verursacht worden ist, wird nach dem gemeinen Werthe, den die Sache zur Zeit der Beschädigung hatte, ersetzt.

…

Viertes Hauptstück. Von der Verjährung und Ersitzung.

…

Ersitzungszeit:

…

Außerordentliche.

§ 1472. Gegen den Fiscus, das ist, gegen die Verwalter der Staatsgüter und des Staatsvermögens, in so weit die Verjährung Platz greift, (§§. 287, 289 u. 1456 - 1457), ferner gegen die Verwalter der Güter der Kirchen, Gemeinden und anderer erlaubten Körper, reicht die gemeine ordentliche Ersitzungszeit nicht zu. Der Besitz beweglicher Sachen, so wie auch der Besitz der unbeweglichen, oder der darauf ausgeübten Dienstbarkeiten und anderer Rechte, wenn sie auf den Nahmen des Besitzers den öffentlichen Büchern einverleibt sind, muß durch sechs Jahre fortgesetzt werden. Rechte solcher Art, die auf den Nahmen des Besitzers in die öffentlichen Bücher nicht einverleibt sind, und alle übrige Rechte lassen sich gegen den

Fiscus und die hier angeführten begünstigten Personen nur durch den Besitz von vierzig Jahren erwerben.

Verjährungszeit.

Allgemeine.

§ 1478. In so fern jede Ersitzung eine Verjährung in sich begreift, werden beyde mit den vorgeschriebenen Erfordernissen in Einem Zeitraume vollendet. Zur eigentlichen Verjährung aber ist der bloße Nichtgebrauch eines Rechtes, das an sich schon hätte ausgeübt werden können, durch dreyßig Jahre hinlänglich.

§ 1479. Alle Rechte gegen einen Dritten, sie mögen den öffentlichen Büchern einverleibt seyn oder nicht, erlöschen also in der Regel längstens durch den dreyßigjährigen Nichtgebrauch, oder durch ein so lange Zeit beobachtetes Stillschweigen.

§ 1480. Forderungen von rückständigen jährlichen Leistungen, insbesondere Zinsen, Renten, Unterhaltsbeiträgen, Ausgedingsleistungen, sowie zur Kapitalstilgung vereinbarten Annuitäten erlöschen in drei Jahren; das Recht selbst wird durch einen Nichtgebrauch von dreißig Jahren verjährt.

Ausnahmen.

§ 1481. Die in dem Familien- und überhaupt in dem Personen-Rechte gegründeten Verbindlichkeiten, Z. B. den Kindern den unentbehrlichen Unterhalt zu verschaffen, so wie diejenigen, welche dem oben (§. 1459) angeführten Rechte, mit seinem Eigenthume frey zu schalten, zusagen, Z. B. die Verbindlichkeit, die Theilung einer gemeinschaftlichen Sache oder die Gränzbestimmung vornehmen zu lassen, können nicht verjährt werden.

§ 1482. Auf gleiche Weise wird derjenige, welcher ein Recht auf einem fremden Grunde in Ansehung des Ganzen oder auf verschiedene beliebige Arten ausüben konnte, bloß dadurch, daß er es durch noch so lange Zeit nur auf einem Theile des Grundes oder nur auf eine bestimmte Weise, ausübte, in seinem Rechte nicht eingeschränkt; sondern die Beschränkung muß durch Erwerbung oder Ersitzung des Untersagungs- oder Hinderungsrechte bewirkt werden (§. 351). Eben dieses ist auch auf den Fall anzuwenden, wenn jemand ein gegen alle Mitglieder einer Gemeinde zustehendes Recht bisher nur gegen gewisse Mitglieder derselben ausgeübt hat.

§ 1483. So lange der Gläubiger das Pfand in Händen hat, kann ihm die unterlassene Ausübung des Pfandrechtes nicht eingewendet und das Pfandrecht nicht verjährt werden. Auch das Recht des Schuldners sein Pfand einzulösen, bleibt unverjährt. In so fern aber die Forderung den Werth des Pfandes übersteigt, kann sie inzwischen durch Verjährung erlöschen.

§ 1484. Zur Verjährung solcher Rechte, die nur selten ausgeübt werden können, wird erfordert, daß während der Verjährungszeit von dreyßig Jahren von drey Gelegenheiten, ein solches Recht auszuüben, kein Gebrauch gemacht worden sey (§. 1471).

§ 1485. (1) In Rücksicht der in dem § 1472 begünstigten Personen werden, wie zur Ersitzung, also auch zur Verjährung, vierzig Jahre erfordert.

(2) Die Allgemeine Regel, daß ein Recht weges des Nichtgebrauches erst nach Verlauf von dreißig oder vierzig Jahren verloren gehe, ist nur auf diejenigen Fälle anwendbar, für welche das Gesetz nicht einen kürzeren Zeitraum ausgemessen hat (§ 1465).

Besondere Verjährungszeit

…

§ 1488. Das Recht der Dienstbarkeit wird durch den Nichtgebrauch verjährt, wenn sich der verpflichtete Teil der Ausübung der Servitut widersetzt, und der Berechtigte durch drey auf einander folgende Jahre sein Recht nicht geltend gemacht hat.

§ 1489. Jede Entschädigungsklage ist in drei Jahren von der Zeit an verjährt, zu welcher der Schade und die Person des Beschädigers dem Beschädigten bekannt wurde, der Schade mag durch Übertretung einer Vertragspflicht oder ohne Beziehung auf einen Vertrag verursacht worden sein. Ist dem Beschädigten der Schade oder die Person des Beschädigers nicht bekannt geworden oder ist der Schade aus einer oder mehreren gerichtlich strafbaren Handlungen, die nur vorsätzlich begangen werden können und mit mehr als einjähriger Freiheitsstrafe bedroht sind, entstanden, so erlischt das Klagerecht nur nach dreißig Jahren.

Altlastensanierungsgesetz – ALSAG

BGBl 299/1989, zuletzt geändert durch BGBl I 30/2024 (ALSAG-Novelle 2024)

I. ABSCHNITT
Allgemeine Bestimmungen

Ziel

§ 1.[1] Ziel dieses Bundesgesetzes ist

1. die Erfassung und Beurteilung von Altablagerungen und Altstandorten,
2. die Feststellung und Ausweisung von Altlasten,
3. die Ergreifung geeigneter Maßnahmen zur Verringerung und Überwachung des von Altlasten ausgehenden Risikos für Mensch oder Umwelt,
4. die Unterstützung der nutzungsbezogenen Wiedereingliederung von Altablagerungen, Altstandorten und Altlasten in den Wirtschaftskreislauf sowie
5. die dafür erforderliche Finanzierung.

Ausnahmen vom Geltungsbereich

§ 1a.[2] Die Abschnitte III. und IV. dieses Bundesgesetzes gelten nicht für Standorte oder Flächen, die durch

1. land- oder forstwirtschaftliche Tätigkeiten im Sinn von § 2 Abs. 1 Z 1 der Gewerbeordnung 1994, BGBl. Nr. 194/1994,
2. radioaktive Stoffe gemäß Strahlenschutzgesetz 2020, BGBl. I Nr. 50/2020, oder
3. Sprengstoffe oder Sprengstoffabfälle aus dem zivilen oder militärischen Bereich

kontaminiert wurden.

§ 2.[3] Für dieses Bundesgesetz gelten folgende Begriffsbestimmungen:

---

[1] Samt Überschrift neu gefasst durch BGBl I 30/2024.

[2] Eingefügt durch BGBl I 30/2024.

1. Altablagerungen sind Ablagerungen von Abfällen, die vor dem 1. Juli 1989 befugt oder unbefugt durchgeführt wurden.
2. Altstandorte sind Standorte von Anlagen, in denen vor dem 1. Juli 1989 mit Schadstoffen in mehr als geringfügigem Ausmaß umgegangen wurde.
3. Altlasten sind Altablagerungen oder Altstandorte, die erheblich kontaminiert sind oder von denen erhebliche Risiken für Mensch oder Umwelt ausgehen.
4. Schadstoff ist jeder Stoff, der aufgrund seiner Eigenschaften eine erhebliche Gefahr für Mensch oder Umwelt verursachen kann, insbesondere Stoffe und Gemische wie chlorierte Kohlenwasserstoffe, Mineralöle, Teeröle und Deponiegas (Methan, Kohlendioxid).
5. Altlastenmaßnahmen sind die Sanierung und die Beobachtung bei Altlasten.
6. Sanierung ist die Dekontamination oder Sicherung einer Altlast.
7. Dekontamination ist die weitgehende Beseitigung der Kontamination und deren Ursache.
8. Sicherung ist die dauerhafte Verhinderung der Ausbreitung von Schadstoffen.
9. Beobachtung ist die Überwachung und Dokumentation des Emissionsverhaltens und der Nutzung der Altlast.
10. Nachbarn sind Personen, die durch eine Altlastenmaßnahme gefährdet oder belästigt oder deren Eigentum oder deren dingliche Rechte gefährdet werden könnten. Nicht als Nachbarn gelten Personen, die sich vorübergehend in der Nähe einer Altlast aufhalten und die nicht Eigentümer oder dinglich berechtigt sind. Als Nachbarn gelten jedoch die Inhaber von Einrichtungen (zB Beherbergungsbetriebe, Krankenanstalten, Heime, Schulen), in denen sich regelmäßig Personen vorübergehend aufhalten, hinsichtlich des Schutzes dieser Personen. Als Nachbarn gelten auch Eigentümer von grenznahen Liegenschaften im Ausland, wenn in dem betreffenden Staat österreichische Nachbarn in den entsprechenden Verfahren rechtlich oder tatsächlich den gleichen Nachbarschutz genießen.
11. Abfälle im Sinne dieses Bundesgesetzes sind Abfälle gemäß Abfallwirtschaftsgesetz 2002 (AWG 2002), BGBl. I Nr. 102/2002.
12. Aushubmaterial im Sinne dieses Bundesgesetzes ist Material, welches durch Ausheben oder Abräumen des Bodens oder des Untergrundes anfällt.
13. Deponiekörper ist die Gesamtheit der abgelagerten Abfälle einschließlich der technischen Einrichtungen, zB das Deponiebasisdichtungssystem, die Deponieoberflächenabdeckung, das Deponieentgasungssystem und sämtliche Bauwerke, die für dessen Standsicherheit erforderlich sind, zB Rand- und Stützwälle; ein Deponiekörper besteht aus einem oder mehreren Kompartimenten.
14. Abfälle mit hohem biogenen Anteil sind die in der Anlage 1 angeführten Abfälle, definiert durch die zugeordnete 5-stellige Schlüsselnummer gemäß der Abfallverzeichnisverordnung 2020, BGBl. II Nr. 409/2020.

II. Abschnitt
Finanzierung[4]

Gegenstand des Beitrags

§ 3. (1) Dem Altlastenbeitrag unterliegen

1. das Ablagern von Abfällen oberhalb oder unterhalb (dh. unter Tage) der Erde; als Ablagern im Sinne dieses Bundesgesetzes gilt auch
   a) das Einbringen von Abfällen in einen Deponiekörper, auch wenn damit deponiebautechnische oder andere Zwecke verbunden sind (zB Fahrstraßen, Rand- und Stützwälle, Zwischen- oder Oberflächenabdeckungen einschließlich Methanoxidationsschichten und Rekultivierungsschichten),
   b)[3] das mehr als dreijährige Lagern von Abfällen,
   c) das Verfüllen von Geländeunebenheiten (ua. das Verfüllen von Baugruben oder Künetten) oder das Vornehmen von Geländeanpassungen (ua. die Errichtung von Dämmen oder Unterbauten von Straßen, Gleisanlagen oder Fundamenten) oder der Bergversatz mit Abfällen,

2.[3] das Verbrennen von Abfällen in einer Verbrennungs- oder Mitverbrennungsanlage im Sinne der Abfallverbrennungsverordnung, BGBl. II Nr. 389/2002, in der Fassung der Verordnung BGBl. II Nr. 135/2013; nicht als Verbrennung gelten
   a) der Einsatz von Ersatzrohstoffen gemäß § 3 Z 20 der Abfallverbrennungsverordnung mit einem Aschegehalt von mindestens 80 Prozent bezogen auf die Trockenmasse oder
   b) der Einsatz von Abfällen aus Verfahren zur Rückgewinnung von Metallen oder Metallverbindungen (R4 gemäß Anhang 2 AWG 2002) in einer metallurgischen Flüssigphase, sofern der Metallgehalt der eingesetzten Ersatzrohstoffe jenem des abbauwürdigen natürlichen Rohgesteins (§ 8 des Mineralrohstoffgesetzes, BGBl. I Nr. 38/1999) entspricht und Metalle oder Metallverbindungen gewonnen werden, deren Metallgehalt mindestens 80 Prozent beträgt,

3.[5] das Verwenden von Abfällen zur Herstellung von Ersatzbrennstoffprodukten gemäß Abfallverbrennungsverordnung, BGBl. II Nr. 389/2002, in der Fassung des Bundesgesetzes BGBl. I Nr. 127/2013,

3a. das Einbringen von Abfällen, ausgenommen hüttenspezifische Abfälle, in einen Hochofen zur Herstellung von Roheisen oder das Verwenden von Abfällen zur Herstellung von Produkten für das Einbringen in einen Hochofen zur Herstellung von Roheisen, ausgenommen hüttenspezifische Abfälle,

4.[6] das Befördern von Abfällen zu einer Tätigkeit gemäß Z 1 bis 3a außerhalb des Bundesgebietes, auch dann, wenn dieser Tätigkeit ein oder mehrere Behandlungsverfahren vorgeschaltet sind, um die jeweilige beitragspflichtige Tätigkeit zu ermöglichen.

(1a) Von der Beitragspflicht ausgenommen sind

1. Berge (taubes Gestein) und Abraummaterial, die beim Aufsuchen, Gewinnen, Speichern und Aufbereiten mineralischer Rohstoffe anfallen, soweit diese Tätigkeit dem Mineralrohstoffgesetz, BGBl. I Nr. 38/1999, unterliegt; Schlämme und flüssige Rückstände, die bei der Rohstoffgewinnung gemäß Mineralrohstoffgesetz anfallen und wieder in die ursprünglichen Lagerstätten zurückgeführt werden,
2. [entfällt gem BGBl I 30/2024]
3. Sprengstoffabfälle aus dem zivilen oder militärischen Bereich,

4.[7] Abfälle, sofern diese im Einklang mit den Vorgaben des Bundes-Abfallwirtschaftsplans gemäß § 8 AWG 2002 für

---

3 Neu gefasst durch BGBl I 30/2024.
4 Überschrift geändert durch BGBl I 30/2024.
5 Geändert durch BGBl I 30/2024.
6 Neu gefasst durch BGBl I 103/2013.
7 Neu gefasst durch BGBl I 58/2017.

Aushubmaterialien, für eine Tätigkeit gemäß Abs. 1 Z 1 lit. c verwendet werden,

5. [Anm: Aufgehoben durch BGBl I 58/2017]

5a.[8,5] Aushubmaterial, das durch Ausheben oder Abräumen von natürlich gewachsenem Boden oder Untergrund – auch nach Umlagerung oder Behandlung – anfällt und nicht mehr als 30 Volumsprozent an mineralischen bodenfremden Bestandteilen, z. B. mineralischen Baurestmassen, sowie nicht mehr als drei Volumsprozent an organischen bodenfremden Bestandteilen (z. B. Kunststoff, Holz, Papier) enthält, sofern

a) die bodenfremden Bestandteile schon vor der Aushub- oder Abräumtätigkeit im Boden oder Untergrund enthalten waren,

b) das Aushubmaterial entweder die Grenzwerte für die Annahme von Abfällen auf einer Bodenaushubdeponie gemäß Deponieverordnung 2008 (Anhang 1, Tabelle 1 und 2), BGBl. II Nr. 39/2008, in der Fassung der Verordnung BGBl. II Nr. 144/2021 oder die Grenzwerte für die Annahme von Abfällen auf einer Inertabfalldeponie gemäß Deponieverordnung 2008 (Anhang 1, Tabelle 3 und 4), BGBl. II Nr. 39/2008, in der Fassung der Verordnung BGBl. II Nr. 144/2021, oder die Grenzwerte für die Annahme von Abfällen auf einer Baurestmassendeponie gemäß Deponieverordnung 2008 (Anhang 1, Tabelle 5 und 6), BGBl. II Nr. 39/ 2008, in der Fassung der Verordnung BGBl. II Nr. 144/2021, einhält und

c) dieses auf einer dafür genehmigten Deponie abgelagert wird,

5b.[8,5] Aushubmaterial von Tunnelbauvorhaben, das nicht mehr als zehn Volumsprozent Spritzbeton und nicht mehr als ein Volumsprozent organische Bestandteile enthält, und Gleisaushubmaterial, das nicht mehr als 20 Volumsprozent Gleisschotter enthält, sofern diese die Grenzwerte für die Annahme von Abfällen auf einer Baurestmassendeponie gemäß Deponieverordnung 2008 (Anhang 1, Tabelle 5 und 6), BGBl. II Nr. 39/2008, in der Fassung der Verordnung BGBl. II Nr. 144/2021, einhalten und auf einer dafür genehmigten Deponie abgelagert werden,

6.[7] Recycling-Baustoffe, die nach den Vorgaben des 3. Abschnitts der Recycling-Baustoffverordnung, BGBl. II Nr. 181/2015, in der Fassung der Verordnung BGBl. II Nr. 290/2016, hergestellt und verwendet werden und im Zusammenhang mit einer Baumaßnahme im unbedingt erforderlichen Ausmaß für eine Tätigkeit gemäß Abs. 1 Z 1 lit. c verwendet werden,

6a.[8] Recycling-Baustoffe, die im Einklang mit den Vorgaben des Bundes-Abfallwirtschaftsplans gemäß § 8 AWG 2002 für Aushubmaterialien hergestellt und verwendet werden und im Zusammenhang mit einer Baumaßnahme im unbedingt erforderlichen Ausmaß für eine Tätigkeit gemäß Abs. 1 Z 1 lit. c verwendet werden,

7.[3] Abfälle mit hohem biogenen Anteil gemäß § 2 Z 14, welche für eine Tätigkeit gemäß Abs. 1 Z 2 oder 3 verwendet werden,

8.[5,7] tierische Nebenprodukte gemäß der Verordnung (EG) Nr. 1069/2009 mit Hygienevorschriften für nicht für den menschlichen Verzehr bestimmte tierische Nebenprodukte und zur Aufhebung der Verordnung (EG) Nr. 1774/2002 (Verordnung über tierische Nebenprodukte), ABl. Nr. L 300 vom 14.11.2009 S. 1, zuletzt geändert durch die Verordnung (EU) 2019/1009, ABl. Nr. L 170 vom 25.6.2019 S. 1, welche nach der in Anhang IV Kapitel III der Verordnung (EU) Nr. 142/2011, ABl. Nr. L 54 vom 25.02.2011 S. 1, genannten Methode 1 verarbeitet wurden und für eine Tätigkeit gemäß Abs. 1 Z 2 oder 3 verwendet werden,

9. nicht gefährliche Schlämme aus Anlagen zur Behandlung von Abwässern, sofern die Schlämme für eine Tätigkeit gemäß Abs. 1 Z 2 oder 3 verwendet werden,

10.[9] Rückstände aus dem Betrieb einer Verbrennungs- oder Mitverbrennungsanlage im Sinne der Abfallverbrennungsverordnung, BGBl. II Nr. 389/2002, in der Fassung der Verordnung BGBl. II Nr. 135/2013, sofern diese Rückstände auf einer dafür genehmigten Deponie abgelagert oder zulässigerweise im Bergversatz verwendet werden.

11.[10] Stahlwerksschlacken (LD-Schlacken, Elektroofenschlacken) und aufbereiteter, qualitätsgesicherter Asphaltaufbruch aus Stahlwerksschlacken, die eine der folgenden Voraussetzungen erfüllen:

a)[11] Stahlwerksschlacken und aufbereiteter Asphaltaufbruch aus Stahlwerksschlacken, die im technisch notwendigen Ausmaß zulässigerweise im Straßen- oder Ingenieurbau (insbesondere bergbau- und hüttenspezifische Anwendungen, auch unter Verwendung schlackenhaltiger Aushübe) entsprechend qualitätsgesichert verwendet werden;

b) Stahlwerksschlacken, die sich für einen Einsatz gemäß lit. a eignen und in ein Monokompartiment oder einen Kompartimentsabschnitt in einer Baurestmassendeponie oder einer Reststoffdeponie eingebracht werden, die im Hinblick auf eine spätere zulässige Verwertung eingerichtet wurden;

c) Stahlwerksschlacken, die als qualitätsgesicherte Ersatzrohstoffe für eine andere Verwertung als nach lit. a in ein Monokompartiment oder einen Kompartimentsabschnitt in einer Reststoffdeponie eingebracht werden, die im Hinblick auf eine spätere zulässige Verwertung eingerichtet wurden.

[Anm: Schlussteil entfallen gem BGBl I 58/2017]

(2) Von der Beitragspflicht ausgenommen ist

1. das Umlagern von Abfällen innerhalb einer Deponie oder
2. eine beitragspflichtige Tätigkeit, soweit für diese Abfälle bereits ein Altlastenbeitrag entrichtet wurde.

(3) Von der Beitragspflicht ausgenommen ist eine Rekultivierungsschicht von maximal 2 m Dicke für Deponien, für Verfüllungen oder im Rahmen von Geländeanpassungen, wenn der Nachweis der Einhaltung folgender Voraussetzungen erbracht wird:

1. Die Rekultivierungsschicht wird aus kulturfähiger Erde (§ 2 Abs. 15) hergestellt, wobei Hausmüll oder hausmüllähnliche Abfälle (einschließlich Abfälle aus der mechanisch-biologischen Behandlung) nicht als Ausgangsmaterial verwendet werden, und
2. die Herstellung erfolgt nach detaillierten Plänen eines konkreten Projekts, wobei die relevanten Bodenfunktionen (zB Lebensraum-, Filter-, Puffer- und Transformatorfunktion) gewährleistet und die Anforderungen der Anlage 1 eingehalten werden.

(3a)[12,5] Von der Beitragspflicht ausgenommen ist eine

1. Rekultivierungsschicht oder
2. temporäre Oberflächenabdeckung,

die den Vorgaben gemäß Anhang 3 der Deponieverordnung 2008, BGBl. II Nr. 39/2008, in der Fassung der Verordnung BGBl. II Nr. 144/2021, entspricht.

---

8 Eingefügt durch BGBl I 58/2017.

9 Geändert durch BGBl I 58/2017.

10 Neu gefasst durch BGBl I 97/2013.

11 Neu gefasst durch BGBl I 58/2017.

12 Geändert durch BGBl I 58/2017.

(3b)[10] Von der Beitragspflicht ausgenommen sind Abfälle aus Abbruchmaßnahmen, die auf einer Inertabfalldeponie abgelagert werden dürfen, wenn

1. die Gemeinde bestätigt, dass
   a) das abzubrechende Gebäude in den wesentlichen Teilen vor 1955 errichtet wurde,
   b) der überwiegende Anteil der Abbruchabfälle einer Verwertung zugeführt wurde und
2. die abzulagernde Masse, die von einer Liegenschaft stammt, 200 Tonnen nicht überschreitet und
3. der Abgabenvorteil nachweislich an den Bauherrn weitergegeben wird.

(3c)[13] Von der Beitragspflicht ausgenommen ist die Verwendung von Recycling-Baustoffen zur Errichtung eines genehmigten Deponiebasisdichtungssystems, eines genehmigten Basisentwässerungssystems oder einer genehmigten Deponieoberflächenabdeckung (oder von Teilen davon), sofern die Recycling-Baustoffe nach den Vorgaben des 3. Abschnitts der Recycling-Baustoffverordnung, BGBl. II Nr. 181/2015, in der Fassung der Verordnung BGBl. II Nr. 290/2016, hergestellt und verwendet werden.

(4) Von der Beitragspflicht ausgenommen ist das Ablagern gemäß Abs. 1 Z 1, das Verbrennen gemäß Abs. 1 Z 2 und das Befördern gemäß Abs. 1 Z 4 von Abfällen, die nachweislich und unmittelbar durch Katastrophenereignisse, insbesondere durch Hochwasser, Erdrutsche, Vermurungen und Lawinen, angefallen sind. Der Nachweis ist durch eine Bestätigung der Gemeinde, in der das Katastrophenereignis stattgefunden hat, zu erbringen. Aus der Bestätigung muss ersichtlich sein, dass die Abfälle unmittelbar durch Katastrophenereignisse angefallen sind. Sofern der Beitragsschuldner nicht selbst Geschädigter der Katastrophenereignisse ist, gilt die Beitragsfreiheit nur dann, wenn der Abgabenvorteil an den Geschädigten der Katastrophenereignisse weitergegeben wird. Dies ist vom Beitragsschuldner in geeigneter Weise auf Rechnungen, Lieferscheinen oder Wiegezetteln für seine Kunden ersichtlich zu machen. Als Geschädigter im Sinne dieser Bestimmung gilt derjenige, der die Kosten der Behandlung zu tragen hat.

(5)[5,13] Wer eine Ausnahme von der Beitragspflicht gemäß den Abs. 1a bis 3c in Anspruch nimmt, hat auf Verlangen dem Zollamt Österreich oder im Rahmen eines Feststellungsverfahrens der Behörde (§ 21) nachzuweisen, dass die Voraussetzungen für die Ausnahme vorliegen.

Beitragschuldner

§ 4. (1) Beitragsschuldner ist

1. der Inhaber einer im Bundesgebiet gelegenen Anlage, in der eine Tätigkeit gemäß § 3 Abs. 1 Z 1 bis 3a vorgenommen wird,
2.[3] im Fall des Beförderns von gemäß den unionsrechtlichen Abfallvorschriften notifizierungspflichtigen Abfällen zu einer Tätigkeit gemäß § 3 Abs. 1 Z 1 bis 3a außerhalb des Bundesgebietes, auch dann, wenn dieser Tätigkeit ein oder mehrere Behandlungsverfahren vorgeschaltet sind, um die jeweilige beitragspflichtige Tätigkeit zu ermöglichen, die notifizierungspflichtige Person,
3. in allen übrigen Fällen derjenige, der die beitragspflichtige Tätigkeit veranlasst hat; sofern derjenige, der die beitragspflichtige Tätigkeit veranlasst hat, nicht feststellbar ist, derjenige, der die beitragspflichtige Tätigkeit duldet.

(2)[13] Abweichend von Abs. 1 ist Beitragsschuldner der Hersteller von Recycling-Baustoffen, wenn feststeht, dass § 3 Abs. 1a Z 6, Z 6a und Abs. 3c nur deshalb nicht zur Anwendung kommen, weil die Recycling-Baustoffe nicht entsprechend den Vorgaben des 3. Abschnitts der Recycling-Baustoffverordnung, BGBl. II Nr. 181/2015, in der Fassung der Verordnung BGBl. II Nr. 290/2016, oder des Bundes-Abfallwirtschaftsplans gemäß § 8 AWG 2002 für Aushubmaterialien hergestellt wurden, sofern dies dem Beitragsschuldner gemäß Abs. 1 nicht bekannt war.

Bemessungsgrundlage und Messeinrichtungen[4]

§ 5. Die Bemessungsgrundlage ist die Masse des Abfalls entsprechend dem Rohgewicht. Als Rohgewicht gilt das Gewicht des Abfalls mit seinen Verpackungen.

(2)[2] Wer eine beitragspflichtige Tätigkeit gemäß § 3 Abs. 1 Z 1 bis 4 durchführt, hat sich geeigneter Messeinrichtungen zur Feststellung der Masse der Abfälle zu bedienen. Über jede durchgeführte Messung ist ein Beleg herzustellen.

Höhe des Beitrags

§ 6. (1) Sofern die folgenden Absätze nicht anderes bestimmen, beträgt der Altlastenbeitrag für beitragspflichtige Tätigkeiten gemäß § 3 Abs. 1 Z 1 bis 4 je angefangene Tonne für

1.[14,15] a)[16] Aushubmaterial oder
   b)[16] Baurestmassen oder gleichartige Abfälle aus der Produktion von Baustoffen gemäß Anhang 2 der Deponieverordnung 2008, BGBl. II Nr. 39, in der Fassung der Verordnung BGBl. II Nr. 144/2021, oder[5]
   c)[16] sonstige mineralische Abfälle, welche die Grenzwerte für die Annahme von Abfällen auf einer Baurestmassendeponie gemäß Deponieverordnung 2008 (Anhang 1, Tabelle 5 und 6), BGBl. II Nr. 39, in der Fassung der Verordnung BGBl. II Nr. 144/2021, einhalten,[5]
   ab 1. Jänner 2008 .... 8,00 Euro
   ab 1. Jänner 2012 .... 9,20 Euro
   ab 1. Jänner 2025 .... 10,60 Euro,
2.[15] alle übrigen Abfälle
   ab 1. Jänner 2008 .... 87,00 Euro
   ab 1. Jänner 2025 .... 100,10 Euro.

(2) [Anm: Aufgehoben durch BGBl I 40/2008]

(3) [Anm: Aufgehoben durch BGBl I 40/2008]

(4)[14,16,5] Werden Abfälle auf einer Deponie abgelagert, beträgt der Altlastenbeitrag je angefangene Tonne für

1.[15] Bodenaushub-, Inertabfall- oder Baurestmassendeponien
   ab 1. Jänner 2008 .... 8,00 Euro
   ab 1. Jänner 2012 .... 9,20 Euro
   ab 1. Jänner 2025 .... 10,60 Euro
2.[15] Reststoffdeponien
   ab 1. Jänner 2008 .... 18,00 Euro
   ab 1. Jänner 2012 .... 20,60 Euro
   ab 1. Jänner 2025 .... 23,70 Euro,
3.[15] Massenabfalldeponien oder Deponien für gefährliche Abfälle
   ab 1. Jänner 2008 .... 26,00 Euro
   ab 1. Jänner 2012 .... 29,80 Euro
   ab 1. Jänner 2025 .... 34,30 Euro,.

Werden Abfälle zur Ablagerung auf einer Deponie außerhalb des Bundesgebietes befördert, sind bei der Beurteilung der Gleichwertigkeit die Kriterien der Deponie(unter)klasse gemäß Deponieverordnung 2008, BGBl. II Nr. 39, in der Fas-

[13] Eingefügt durch BGBl I 58/2017.

[14] Geändert durch BGBl I 111/2010.

[15] Geändert durch BGBl I 152/2023.

[16] Geändert durch BGBl I 58/2017.

sung der Verordnung BGBl. II Nr. 144/2021, insbesondere die wesentlichen Abfallannahmekriterien und die genehmigten Abfallarten, zu berücksichtigen.

(4a)[14,15,5] Der Altlastenbeitrag beträgt für das Verbrennen von Abfällen gemäß § 3 Abs. 1 Z 2, das Herstellen von Ersatzbrennstoffprodukten gemäß Abfallverbrennungsverordnung, BGBl. II Nr. 389/2002, in der Fassung des Bundesgesetzes BGBl. I Nr. 127/2013 aus Abfällen gemäß § 3 Abs. 1 Z 3 oder das Befördern von Abfällen zu einer Tätigkeit gemäß § 3 Abs. 1 Z 2 oder 3 außerhalb des Bundesgebietes je angefangene Tonne

ab 1. Jänner 2006 .... 7,00 Euro

ab 1. Jänner 2012 .... 8,00 Euro

ab 1. Jänner 2025 .... 9,20 Euro.

(4b)[14,15] Der Altlastenbeitrag beträgt für eine beitragspflichtige Tätigkeit gemäß § 3 Abs. 1 Z 3a oder für das Befördern von Abfällen zu einer Tätigkeit gemäß § 3 Abs. 1 Z 3a außerhalb des Bundesgebietes je angefangene Tonne

ab 1. Jänner 2008 .... 7,00 Euro

ab 1. Jänner 2012 .... 8,00 Euro

ab 1. Jänner 2025 .... 9,20 Euro.

(5) [Anm: Aufgehoben durch BGBl I 142/2000]

(6) Der Beitragsschuldner hat nachzuweisen, welche Beitragssätze gemäß Abs. 1 und 4 bis 4b zur Anwendung kommen.

(7) Altlastenbeiträge, die vom Beitragsschuldner seinen Kunden gesondert ausgewiesen weiterverrechnet werden, sind in der Höhe des verrechneten Betrages abzuführen.

Beitragsschuld

§ 7. (1) Die Beitragsschuld entsteht im Fall der Beförderung von Abfällen zu einer Tätigkeit gemäß § 3 Abs. 1 Z 1 bis 3a außerhalb des Bundesgebietes mit Ablauf des Kalendervierteljahres, in dem die Beförderung begonnen wurde, bei allen übrigen beitragspflichtigen Tätigkeiten mit Ablauf des Kalendervierteljahres, in dem die beitragspflichtige Tätigkeit vorgenommen wurde.

(2) Ein Antrag auf Feststellungsbescheid gemäß § 10 zieht für das Entstehen der Beitragsschuld keine aufschiebende Wirkung nach sich.

Aufzeichnungs- und Nachweispflichten

§ 8.[5] Der Beitragsschuldner hat fortlaufend Aufzeichnungen zu führen, aus denen die Bemessungsgrundlage, getrennt nach den Beitragssätzen gemäß § 6 Abs. 1 bis 4b, sowie Umfang und Zeitpunkt des Entstehens der Beitragsschuld zu ersehen sind. Die Aufzeichnungen und Belege, die für die Beitragserhebung von Bedeutung sind, wie insbesondere die Wiegebelege (§ 5 Abs. 2), müssen sieben Jahre aufbewahrt werden.

Erhebung des Beitrags

§ 9. (1)[17] Die Erhebung des Beitrages obliegt dem Zollamt Österreich.

(1a)[18] Ein Inhaber einer Anlage, in der eine beitragspflichtige Tätigkeit gemäß § 3 Abs. 1 Z 1 bis 3a vorgenommen wird, hat dem Zollamt Österreich seinen Namen und die Anschrift der Anlage zu melden, wenn

1. der Inhaber vor dem 1. Jänner 2005 noch keine Anmeldung betreffend Altlastenbeiträge abgegeben hat,
2. der Inhaber einer Anlage wechselt; in diesem Fall hat der neue Inhaber die Meldung abzugeben,
3. eine Anlage nach dem 1. Jänner 2005 erstmals in Betrieb genommen wird.

Die Meldung ist im Fall der Z 1 bis spätestens 31. Jänner 2005, im Fall der Z 2 innerhalb von einem Monat nach dem Inhaberwechsel und im Fall der Z 3 innerhalb von einem Monat nach der erstmaligen Inbetriebnahme zu erstatten. Weiters ist die Einstellung, die Unterbrechung und die Wiederaufnahme des Betriebs dem zuständigen Zollamt unverzüglich zu melden.

(2)[18] Der Beitragschuldner hat spätestens am 15. Tag (Fälligkeitstag) des auf das Kalendervierteljahr (Anmeldungszeitraum) zweitfolgenden Kalendermonates eine Anmeldung beim Zollamt Österreich einzureichen, in der er den für den Anmeldungszeitraum zu entrichtenden Beitrag selbst zu berechnen hat. Die Anmeldung gilt als Abgabenerklärung. Der Beitragschuldner hat den Beitrag spätestens am Fälligkeitstag zu entrichten.

(2a) Ein Bescheid nach § 201 der Bundesabgabenordnung (BAO), BGBl. Nr. 194/1961, ist nicht zu erlassen, wenn der Beitragsschuldner vor Erlassung eines derartigen Bescheides von sich aus die Unrichtigkeit oder Unvollständigkeit durch eine neue Selbstberechnung beseitigt und diese Berichtigung oder Ergänzung spätestens bis zum Ablauf des dem im Abs. 2 genannten Zeitpunkt zweitfolgenden Kalendermonats vornimmt.

(2b) Sofern ein Beitragsschuldner an einem Standort eine beitragspflichtige Tätigkeit durchführt, hat er für diesen Standort auch die Menge jener Abfälle anzugeben, die gemäß § 3 Abs. 1a bis 4 beitragsfrei ist, und eine Kopie der Bestätigung gemäß § 3 Abs. 2 und 4 beizulegen.

(3) Ein gemäß § 201 BAO festgesetzter Beitrag hat den in Abs. 2 genannten Fälligkeitstag.

(4)[19] Die Anmeldung hat grundsätzlich elektronisch zu erfolgen. Fehlen die technischen Voraussetzungen zur Übermittlung im elektronischen Weg, hat die Anmeldung papiermäßig zu erfolgen. Sind amtliche Vordrucke oder Muster dafür vorgesehen, so sind diese zu verwenden. Der Bundesminister für Finanzen wird ermächtigt, den Inhalt und das Verfahren der elektronischen Übermittlung der Anmeldung mit Verordnung festzulegen.

Datenübermittlung

§ 9a. […]

Feststellungsbescheid

§ 10. (1)[5] Die Behörde (§ 33) hat in begründeten Zweifelsfällen auf Antrag des in Betracht kommenden Beitragsschuldners oder des Bundes, vertreten durch das Zollamt Österreich, durch Bescheid festzustellen,

1. ob eine Sache Abfall ist,
2. ob ein Abfall dem Altlastenbeitrag unterliegt,
3. ob eine beitragspflichtige Tätigkeit vorliegt,
4. welche Abfallkategorie gemäß § 6 Abs. 1 vorliegt,
5. ob die Voraussetzungen vorliegen, die Zuschläge gemäß § 6 Abs. 2 oder 3 nicht anzuwenden,
6. welche Deponie(unter)klasse gemäß § 6 Abs. 4 vorliegt.

(2)[5] Der Bescheid samt einer Kopie der Akten des Verwaltungsverfahrens ist unverzüglich an die Bundesministerin für Klimaschutz, Umwelt, Energie, Mobilität, Innovation und Technologie zu übermitteln. Unbeschadet des § 68 des Allgemeinen Verwaltungsverfahrensgesetzes 1991 (AVG), BGBl. Nr. 51, kann ein Bescheid gemäß Abs. 1 von der Bundesministerin für Klimaschutz, Umwelt, Energie, Mobilität, Innovation und Technologie innerhalb von sechs Wochen nach Einlangen abgeändert oder aufgehoben werden, wenn

[17] Neu gefasst durch BGBl I 104/2019.

[18] Geändert durch BGBl I 104/2019.

[19] Eingefügt durch BGBl I 111/2010.

1. der dem Bescheid zugrunde liegende Sachverhalt unrichtig festgestellt oder aktenwidrig angenommen wurde oder
2. der Inhalt des Bescheides rechtswidrig ist.

Die Zeit des Parteiengehörs ist nicht in die Frist einzurechnen.

(3)[5,20] Verfahrensparteien gemäß § 8 AVG sind der in Betracht kommende Beitragsschuldner und der durch das Zollamt Österreich vertretene Bund als Abgabengläubiger.

Zweckbindung

§ 11. (1) Der Beitrag ist eine ausschließliche Bundesabgabe.

(2)[3] Das Beitragsaufkommen, die eingebrachten Kosten gemäß § 11 Verwaltungsvollstreckungsgesetz 1991 (VVG), BGBl. Nr. 53/1991, betreffend Altlastenmaßnahmen, die geleisteten Wertausgleiche gemäß § 30 und die Erlöse aus der Verwertung von gemäß § 29 sanierten Altlasten sind zweckgebunden zu verwenden

1. zur Erfassung und Beurteilung von Altstandorten und Altablagerungen sowie von Altlasten,
2. zur Finanzierung der durch die Führung einer Datenbank und die Veröffentlichung gemäß § 18 Abs. 1 und 4 entstehenden Kosten,
3. zur teilweisen oder gänzlichen Finanzierung von Altlastenmaßnahmen und vergleichbaren Maßnahmen bei Altablagerungen und Altstandorten, die gemäß § 18 Abs. 4 veröffentlicht wurden, einschließlich der erforderlichen Vorleistungen sowie zur Finanzierung der Kosten, die aus dem Vollzug des § 29 entstehen,
4. zur Errichtung von Abfallbehandlungsanlagen, soweit diese zur unmittelbaren Sanierung von Altlasten erforderlich sind,
5. für Studien und Projekte betreffend den Vollzug dieses Bundesgesetzes, einschließlich solcher zur Entwicklung von Erkundungs- und Sanierungstechnologien,
6. zur Finanzierung der für die Abgeltung der Abwicklungsstelle gemäß § 11 Abs. 1 des Umweltförderungsgesetzes (UFG), BGBl. Nr. 185/1993, für die Abwicklung der Altlastenförderung (§§ 29 ff UFG) entstehenden Kosten,
7. zur Finanzierung von Planungsaufträgen der Bundesministerin für Klimaschutz, Umwelt, Energie, Mobilität, Innovation und Technologie zum Vollzug dieses Bundesgesetzes an die Umweltbundesamt Gesellschaft mit beschränkter Haftung (Umweltbundesamt).

(3)[21] Nicht der Zweckbindung gemäß Abs. 2 unterliegen im Jahr

1. 2011 .... 3 391 000,-- Euro,
2. 2012 .... 10 000 000,-- Euro,
3. 2013 .... 16 191 000,-- Euro,
4. 2014 .... 18 443 000,-- Euro.

Überweisung der Altlastenbeiträge

§ 12. …

III. ABSCHNITT
Erfassung und Beurteilung von Altablagerungen und Altstandorten sowie Ausweisung von Altlasten[3]

Erfassung von Altablagerungen und Altstandorten

§ 13. (1) Die Behörde hat Altablagerungen und Altstandorte zu erfassen und der Bundesministerin für Klimaschutz, Umwelt, Energie, Mobilität, Innovation und Technologie bekannt zu geben.

(2) Die Bekanntgabe hat zumindest Folgendes zu beinhalten:

1. Informationen über
   a) die Lage, die vermutete Art und das vermutete Ausmaß der Altablagerungen, deren zeitlicher Verlauf sowie über deponiebautechnische Maßnahmen (zB Oberflächen- oder Basisabdichtung) oder die Errichtung, den Betrieb und die Stilllegung der Anlage im Bereich eines Altstandortes,
   b) die Nutzung der Altablagerung oder des Altstandortes und Nutzungen in der Umgebung und
   c) soweit vorhanden, die Standortverhältnisse,
2. vorliegende Ergebnisse der im Bereich der Altablagerung oder des Altstandortes allfällig durchgeführten Untersuchungen.

(3) Nach Maßgabe der vorhandenen Mittel (§ 12 Abs. 2) kann die Bundesministerin für Klimaschutz, Umwelt, Energie, Mobilität, Innovation und Technologie Untersuchungen für die Erfassung und Erstabschätzung gemäß § 14 Abs. 1 von Altablagerungen und Altstandorten durchführen oder die Behörde mit der Durchführung dieser Untersuchungen beauftragen.

Beurteilung von Altablagerungen und Altstandorten

§ 14. (1) Die Bundesministerin für Klimaschutz, Umwelt, Energie, Mobilität, Innovation und Technologie hat insbesondere auf Basis der gemäß § 13 Abs. 2 vorliegenden Informationen abzuschätzen, ob bei einer Altablagerung oder einem Altstandort eine erhebliche Kontamination oder ein erhebliches Risiko für Mensch oder Umwelt zu erwarten ist (Erstabschätzung).

(2) Nach Maßgabe der vorhandenen Mittel (§ 12 Abs. 2) kann die Bundesministerin für Klimaschutz, Umwelt, Energie, Mobilität, Innovation und Technologie bei jenen Altablagerungen und Altstandorten, bei denen aufgrund der Erstabschätzung gemäß § 14 Abs. 1 eine erhebliche Kontamination oder ein erhebliches Risiko für Mensch oder Umwelt zu erwarten ist, Untersuchungen für die Beurteilung der Erheblichkeit der Kontamination oder des Risikos für Mensch oder Umwelt durchführen oder die Behörde mit der Durchführung dieser Untersuchungen beauftragen.

(3) Die Bundesministerin für Klimaschutz, Umwelt, Energie, Mobilität, Innovation und Technologie hat auf Grundlage von Untersuchungen zu beurteilen, ob

1. Altablagerungen oder Altstandorte erheblich kontaminiert sind oder
2. von Altablagerungen oder Altstandorten ein erhebliches Risiko für Mensch oder Umwelt ausgeht.

(4) Die Beurteilung, ob eine Altablagerung oder ein Altstandort erheblich kontaminiert ist, hat anhand folgender Kriterien zu erfolgen:

1. Art der festgestellten Schadstoffe,
2. Intensität und Ausmaß von Kontaminationen,
3. Schadstofffrachten in einem Gewässer.

(5) Eine Altablagerung oder ein Altstandort ist erheblich kontaminiert, wenn die Richtwerte für die Intensität und das Ausmaß von erheblichen Kontaminationen oder die Richtwerte für Schadstofffrachten in einem Gewässer der Verordnung gemäß § 17 überschritten sind. Ist in einer Verordnung gemäß § 17 kein Richtwert für einen für die Beurteilung relevanten Schadstoff festgelegt, ist dieser Richtwert im Einzelfall abzuleiten.

(6) Aufgrund einer nachvollziehbaren und plausiblen Beurteilung aller Untersuchungsergebnisse und Randbedingun-

[20] Neu gefasst durch BGBl I 97/2013.

[21] Eingefügt durch BGBl I 111/2010.

gen kann abweichend zu Abs. 5 im Einzelfall von den Richtwerten der Verordnung gemäß § 17 abgewichen werden.

(7) Bei der Beurteilung, ob von Altablagerungen oder Altstandorten ein erhebliches Risiko für Mensch oder Umwelt ausgeht, sind zusätzlich zu den Kriterien gemäß Abs. 4 folgende Kriterien zu berücksichtigen:

1. die Ausbreitung der Schadstoffe,
2. die Auswirkungen auf Böden und Gewässer, insbesondere auf deren Nutzung,
3. die Möglichkeiten der Aufnahme von Schadstoffen durch Menschen.

(8) Ein erhebliches Risiko für Mensch oder Umwelt besteht jedenfalls, wenn

1. durch die Ausbreitung erstickend wirkender oder brennbarer Gase die Gesundheit von Menschen gefährdet werden kann oder
2. durch die Aufnahme von Schadstoffen die Gesundheit von Menschen gefährdet werden kann oder
3. ein signifikant anhaltender Trend einer größeren Ausbreitung von Schadstoffen im Grundwasser vorliegt oder
4. durch die Schadstoffausbreitung eine Grundwassernutzung beeinträchtigt oder gefährdet ist.

Feststellung und Ausweisung von Altlasten

§ 15. (1) Die Bundesministerin für Klimaschutz, Umwelt, Energie, Mobilität, Innovation und Technologie hat auf Grundlage der Beurteilung gemäß § 14 Abs. 3 erheblich kontaminierte Altablagerungen oder Altstandorte und Altablagerungen oder Altstandorte, von denen ein erhebliches Risiko für Mensch oder Umwelt ausgeht, als Altlasten festzustellen und in einer Verordnung auszuweisen. Dabei hat die lagemäßige Darstellung von Altlasten in einem Geographischen Informationssystem basierend auf der Digitalen Katastralmappe (DKM) in Gestalt von Polygonen, welche die jeweiligen Flächen abgrenzen, auf der Webseite www.altlasten.gv.at zu erfolgen.

(2) Die Bundesministerin für Klimaschutz, Umwelt, Energie, Mobilität, Innovation und Technologie hat Altlasten, bei denen Sanierungsmaßnahmen durchgeführt wurden, zu beurteilen und als dekontaminiert oder gesichert in einer Verordnung gemäß Abs. 1 auszuweisen. Die Bundesministerin für Klimaschutz, Umwelt, Energie, Mobilität, Innovation und Technologie hat Altlasten, bei denen Beobachtungsmaßnahmen durchgeführt wurden, zu beurteilen und den Abschluss der Beobachtungsmaßnahmen in einer Verordnung gemäß Abs. 1 auszuweisen.

(3) Können Flächen, die die Voraussetzungen für eine Ausweisung als Altlast gemäß Abs. 1 erfüllen, schon vor ihrer Ausweisung, aufgrund von bereits abgeschlossenen, mit Altlastenmaßnahmen gleichzuhaltenden Maßnahmen, als dekontaminiert oder gesichert beurteilt werden, sind diese Flächen als dekontaminierte oder gesicherte Altlasten in einer Verordnung gemäß Abs. 1 auszuweisen.

Risikoabschätzung und Prioritätenklassifizierung

§ 16. (1) Die Bundesministerin für Klimaschutz, Umwelt, Energie, Mobilität, Innovation und Technologie hat das von Altlasten ausgehende Risiko für Mensch oder Umwelt aufgrund der Kriterien gemäß § 14 Abs. 7 und 8 abzuschätzen (Risikoabschätzung).

(2) Die Bundesministerin für Klimaschutz, Umwelt, Energie, Mobilität, Innovation und Technologie hat den Altlasten aufgrund der durchgeführten Risikoabschätzung gemäß Abs. 1 in einer Verordnung gemäß § 15 Abs. 1 eine von drei Prioritätenklassen (1 – hoch, 2 – mittel, 3 – niedrig) zuzuordnen. Altlasten mit einem erheblichen Risiko für Mensch oder Umwelt sind zumindest der Prioritätenklasse 2 zuzuordnen.

(3) Die Risikoabschätzung ist jeweils getrennt für die Risiken durch die Ausbreitung erstickend wirkender oder brennbarer Gase, die Schadstoffaufnahme von Menschen und die Ausbreitung von Schadstoffen in Gewässern durchzuführen.

(4) Das höchste ermittelte Risiko ist maßgeblich für die Zuordnung einer Prioritätenklasse.

(5) Nach Maßgabe der vorhandenen Mittel (§ 12 Abs. 2) kann die Bundesministerin für Klimaschutz, Umwelt, Energie, Mobilität, Innovation und Technologie Untersuchungen, soweit diese für die Zuordnung gemäß Abs. 2 oder für die Beurteilung gemäß § 15 Abs. 2 erforderlich sind, durchführen oder die Behörde mit der Durchführung dieser Untersuchungen beauftragen.

Nähere Bestimmungen für die Beurteilung und die Risikoabschätzung von Altablagerungen und Altstandorten

§ 17. Die Bundesministerin für Klimaschutz, Umwelt, Energie, Mobilität, Innovation und Technologie wird ermächtigt, unter Berücksichtigung der in § 14 Abs. 4, 7 und 8 angeführten Kriterien, mit Verordnung festzulegen:

1. nähere Bestimmungen für die Beurteilung, ob eine Altablagerung oder ein Altstandort erheblich kontaminiert ist (§ 14 Abs. 4), insbesondere Richtwerte für Schadstoffe,
2. nähere Bestimmungen für die Beurteilung, ob von Altablagerungen und Altstandorten ein erhebliches Risiko für Mensch oder Umwelt ausgeht (§ 14 Abs. 7 und 8),
3. nähere Bestimmungen zur Risikoabschätzung (§ 16 Abs. 1),
4. nähere Bestimmungen für die Festlegung von Zielwerten (Sanierungszielwerte oder Kontrollwerte) (§ 23 Abs. 2).

Führung einer Datenbank

§ 18. (1) Die Bundesministerin für Klimaschutz, Umwelt, Energie, Mobilität, Innovation und Technologie hat eine Datenbank über Altablagerungen, Altstandorte und Altlasten zu führen. Die Bundesministerin für Klimaschutz, Umwelt, Energie, Mobilität, Innovation und Technologie kann sich für die Führung der Datenbank und für die Veröffentlichung gemäß Abs. 4 des Umweltbundesamtes als Auftragsverarbeiter bedienen oder andere Auftragsverarbeiter heranziehen. Auftragsverarbeiter sind verpflichtet, die Datenschutzpflichten gemäß Art. 28 Abs. 3 lit. a bis h der Verordnung (EU) Nr. 2016/697 zum Schutz natürlicher Personen bei der Verarbeitung personenbezogener Daten, zum freien Datenverkehr und zur Aufhebung der Richtlinie 95/46/EG (Datenschutz-Grundverordnung), ABl. Nr. L 119 vom 04.05.2016 S. 1, wahrzunehmen.

(2) Zweck der Führung dieser Datenbank ist die digitalisierte Aufbereitung und Speicherung von Daten über Altablagerungen, Altstandorte und Altlasten zur Erreichung der Ziele gemäß § 1 und zur Sicherstellung eines transparenten Vollzugs. Die Bundesministerin für Klimaschutz, Umwelt, Energie, Mobilität, Innovation und Technologie ist ermächtigt, die Daten der Datenbank im Rahmen ihrer Zuständigkeit zur Erfüllung ihrer Aufgaben im Rahmen ihres Wirkungsbereiches zu verarbeiten. Gleiches gilt für die Behörden und Organe, die Angelegenheiten aus dem Wirkungsbereich der Bundesministerin für Klimaschutz, Umwelt, Energie, Mobilität, Innovation und Technologie in mittelbarer Bundesverwaltung vollziehen.

(3) Folgende Daten dürfen in der Datenbank gemäß Abs. 1 erfasst werden:

1. allgemeine Angaben zu den jeweiligen Standorten der Altlasten, Altablagerungen und Altstandorte, insbesondere
   a) Bezeichnungen, Adress- und Geodaten einschließlich Grundstücksnummern,

b) Angaben zu Standortverhältnissen und Nutzung (Beschreibung der Geologie und Hydrogeologie, Nutzungsart, Bebauung),
c) Ergebnisse von durchgeführten Untersuchungen, der Erstabschätzung gemäß § 14 Abs. 1, der Beurteilung gemäß § 14 Abs. 3, der Risikoabschätzung und der Prioritätenklassifizierung gemäß § 16 sowie der Beurteilung von Altlastenmaßnahmen gemäß § 15 Abs. 2,
d) Kosten von durchgeführten Untersuchungen,
e) Daten zur Förderung von Altlastenmaßnahmen und Maßnahmen bei Altablagerungen und Altstandorten, die einer Beurteilung gemäß § 14 Abs. 3 unterzogen wurden und nicht als Altlast ausgewiesen wurden,

2. Angaben zu den jeweiligen (historischen und aktuellen) Betreibern bei Altlasten, Altablagerungen und Altstandorten, insbesondere Firmennamen, Branche, Betriebsgröße, Betriebszeiträume, Tätigkeiten, Erzeugnisse und Anlagen,
3. zusätzliche Angaben zur Altablagerung, insbesondere
   a) Ablagerungszeitraum, -fläche, und -volumen,
   b) Herkunft der Abfälle,
   c) Art der abgelagerten Abfälle,
   d) technische Einrichtungen,
4. zusätzliche Angaben zu Altstandorten, insbesondere bekannte Verunreinigungen.

(4) Auf der Webseite www.altlasten.gv.at sind zu veröffentlichen:

1. Altablagerungen und Altstandorte, bei denen nach einer Erstabschätzung gemäß § 14 Abs. 1 eine erhebliche Kontamination oder ein erhebliches Risiko zu erwarten ist,
2. Altablagerungen und Altstandorte, die einer Beurteilung gemäß § 14 Abs. 3 unterzogen wurden und
3. Altlasten.

Die lagemäßige Darstellung hat gemäß § 15 Abs. 1 zu erfolgen. Die Veröffentlichung im Internet hat jedenfalls das Ergebnis der gemäß § 14 Abs. 1 durchgeführten Erstabschätzung, der Beurteilung gemäß § 14 Abs. 3 und im Falle einer Ausweisung als Altlast die Risikoabschätzung sowie die Prioritätenklassifizierung gemäß § 16 zu enthalten.

(5) Der Bundesministerin für Klimaschutz, Umwelt, Energie, Mobilität, Innovation und Technologie und dem Umweltbundesamt sind die für die Veröffentlichung gemäß § 15 Abs. 1 erforderlichen Inhalte der DKM vom Bundesamt für Eich- und Vermessungswesen kostenfrei über ein entsprechendes Webservice zur Verfügung zu stellen.

(6) Die Bundesministerin für Klimaschutz, Umwelt, Energie, Mobilität, Innovation und Technologie darf die Daten der Datenbank gemäß Abs. 1 auch zu wissenschaftlichen oder historischen Forschungszwecken und zu statistischen Zwecken verarbeiten.

Rechtswirkungen der Ausweisung als Altlast

§ 19. (1) Altlastenmaßnahmen bedürfen keiner Bewilligung, Genehmigung oder Anzeige nach anderen bundesrechtlichen Vorschriften.

(2) Mit Ausweisung als Altlast sind die nach anderen bundesrechtlichen Verwaltungsvorschriften bestehenden Rechtspflichten für Maßnahmen betreffend die Verringerung oder Beseitigung der für die Ausweisung maßgeblichen Kontaminationen und deren Auswirkungen nicht anzuwenden. Bereits durch individuelle Anordnung konkretisierte Rechtspflichten bleiben unberührt. Anhängige Verfahren sind der nach diesem Bundesgesetz zuständigen Behörde abzutreten.

Duldungspflichten und Entschädigungen

§ 20. (1) Liegenschaftseigentümer, die an Liegenschaften sowie darauf errichteten Anlagen dinglich oder obligatorisch Berechtigten und die Wasserberechtigten haben, soweit unbedingt erforderlich, das Betreten der Liegenschaften und der Anlagen und die Durchführung der erforderlichen Maßnahmen im notwendigen Umfang für

1. die Erfassung von Altablagerungen und Altstandorten,
2. Untersuchungen,
3. die Ausarbeitung, Verwirklichung und Projektaufsicht von Altlastenmaßnahmen und
4. die Überprüfung von Anlagen und Altlastenmaßnahmen

durch die Organe der zur Vollziehung dieses Bundesgesetzes zuständigen Behörden oder durch die zur Setzung von Maßnahmen verpflichteten oder berechtigten Personen oder die von diesen Behörden oder Personen oder von der Bundesministerin für Klimaschutz, Umwelt, Energie, Mobilität, Innovation und Technologie herangezogenen Dritten zu dulden. Die zur Duldung Verpflichteten sind vorher zu verständigen.

(2) Im Streitfall entscheidet die Behörde über die Duldungspflicht mit Bescheid. Dieser Bescheid wirkt auch gegen alle späteren Liegenschaftseigentümer und an den Liegenschaften dinglich oder obligatorisch Berechtigten sowie gegen alle späteren Wasserberechtigten.

(3) Der zur Duldung Verpflichtete ist für die mit der Durchführung der erforderlichen Maßnahmen gemäß Abs. 1 unmittelbar verbundenen, unvermeidbaren vermögensrechtlichen Nachteile angemessen zu entschädigen. Dies gilt nicht für Personen, die als Verpflichtete gemäß § 21 herangezogen werden können. Über die Entschädigung entscheidet die Behörde mit Bescheid.

(4) Die mit den durchzuführenden Maßnahmen Betrauten sind über alle ihnen bei der Ausübung ihres Dienstes bekanntgewordenen Geschäfts- und Betriebsgeheimnisse zur Verschwiegenheit verpflichtet.

IV. ABSCHNITT
Altlastenmaßnahmen[3]

Verpflichtung zur Durchführung von Altlastenmaßnahmen

§ 21. (1) Jedermann, dessen Verhalten (Tun, Dulden oder Unterlassen) eine Altlast verursacht hat, ist verpflichtet, die erforderlichen Altlastenmaßnahmen zu setzen; mehrere Verpflichtete haften solidarisch. Bei Anlagen, auf deren Betrieb die Entstehung der Altlast zurückgeführt werden könnte, wird vermutet, dass der Bestand oder der Betrieb der Anlagen ursächlich für die Entstehung der Altlast war. Die Vermutung der Verursachung kann durch geeignete Nachweise entkräftet werden.

(2) Die Behörde hat den Betreiber einer Anlage gemäß Abs. 1 unverzüglich nach der Ausweisung der Altlast zu verständigen. Der Verpflichtete hat innerhalb von 18 Monaten nach Zuordnung der Prioritätenklasse gemäß § 16 der Behörde ein Projekt für Altlastenmaßnahmen gemäß § 22 vorzulegen. Die Behörde kann aus triftigen Gründen die Frist für die Vorlage eines Projektes verlängern, wenn vor ihrem Ablauf darum angesucht wurde.

(3) Bei einer Altlast der Prioritätenklasse 1 und 2 sind Sanierungsmaßnahmen gemäß § 2 Z 6, bei einer Altlast der Prioritätenklasse 3 sind Beobachtungsmaßnahmen gemäß § 2 Z 9 im Projekt vorzusehen.

(4) Wenn weder vom Verpflichteten noch von einem Dritten ein Projekt innerhalb einer Frist gemäß Abs. 2 vorgelegt wird, hat die Behörde dem Verpflichteten die Vorlage aufzutragen.

(5) Kommt der Verpflichtete dem Auftrag nicht oder nicht rechtzeitig nach, hat die Behörde nach vorheriger Androhung auf Kosten des Verpflichteten die Erstellung eines Projektes durchführen zu lassen. Die Behörde kann in einem solchen Fall dem Verpflichteten die Vorauszahlung der Kosten gegen nachträgliche Verrechnung auftragen. Der Auftrag zur Vorauszahlung ist vollstreckbar. Die Behörde hat in der Folge dem Verpflichteten die Durchführung des Projektes innerhalb einer angemessenen Frist aufzutragen.

(6) Bei Gefahr im Verzug hat die Bezirksverwaltungsbehörde die erforderlichen Maßnahmen unmittelbar anzuordnen und gegen Ersatz der Kosten durch den Verpflichteten unverzüglich durchführen zu lassen.

Projekt für Altlastenmaßnahmen

§ 22. Ein Projekt für Altlastenmaßnahmen hat auf Grundlage der Risikoabschätzung insbesondere folgende Angaben zu enthalten:

1. Bezeichnung der Altlast unter Angabe der Prioritätenklasse,
2. Beschreibung der Standortverhältnisse,
3. Beschreibung der geplanten Altlastenmaßnahmen,
4. Beschreibung der Nutzung,
5. Beschreibung des gemäß § 23 zu erreichenden Umweltzustandes im Bereich der Altlast und in der Umgebung nach Durchführung der Altlastenmaßnahmen (Maßnahmenziele) und der Zielwerte (Sanierungszielwerte oder Kontrollwerte) für die relevanten Schadstoffe,
6. Beschreibung von Maßnahmen für den Fall der Überschreitung von Kontrollwerten bei Beobachtung,
7. Bezeichnung des Ortes, an dem die Maßnahmenziele und Sanierungszielwerte erreicht oder Kontrollwerte eingehalten werden sollen,
8. Darlegung der voraussichtlichen Dauer bis zur Erreichung der Maßnahmenziele,
9. Beschreibung der Wirkung der Altlastenmaßnahmen hinsichtlich der Verringerung oder Überwachung der Kontaminationen, der bestehenden Emissionen sowie des Risikos für Mensch oder Umwelt („primäre Umwelteffekte"),
10. Beschreibung der Auswirkungen der Altlastenmaßnahmen hinsichtlich zusätzlicher Umweltbelastungen („sekundäre Umwelteffekte", zB Entstehung von Abfällen, klimarelevante Emissionen, Energieverbrauch),
11. detaillierte Beschreibung der Altlastenmaßnahmen und deren Durchführung sowie der Abschlussmaßnahmen,
12. Beschreibung der Untersuchungen (Art, Umfang und Intervalle), die während der Durchführung und zur Überprüfung der Wirksamkeit der Altlastenmaßnahmen erforderlich sind (Beweissicherungsmaßnahmen),
13. Darstellung der Projektorganisation,
14. grundbücherliche Bezeichnung der von den Maßnahmen betroffenen Liegenschaften unter Anführung der Eigentümer und
15. Beschreibung sonstiger Maßnahmen zur Erreichung der Voraussetzungen gemäß § 24.

Die Projektunterlagen sind in dreifacher Ausfertigung und, soweit technisch möglich, elektronisch einzubringen. Im Bedarfsfall kann die Behörde weitere Ausfertigungen verlangen.

Maßnahmenziele und Zielwerte

§ 23. (1) Die Beschreibung des durch die Altlastenmaßnahmen zu erreichenden Umweltzustandes hat durch die Festlegung von Maßnahmenzielen zu erfolgen. Als Grundlage für die Festlegung der Maßnahmenziele ist die Risikoabschätzung heranzuziehen.

(2) Die Maßnahmenziele sind durch die Festlegung von Zielwerten (Sanierungszielwerte oder Kontrollwerte) zu konkretisieren.

(3) Die für Sanierungsmaßnahmen erforderlichen Sanierungszielwerte sind entsprechend den Vorgaben einer Verordnung gemäß § 17 festzulegen. Abweichungen von diesen Vorgaben sind in begründeten Fällen möglich. Ist in einer Verordnung gemäß § 17 kein Richtwert für einen für die Sanierung relevanten Schadstoff festgelegt, ist dieser Richtwert im Einzelfall abzuleiten. Nach Abschluss der Sanierungsmaßnahmen darf kein erhebliches Risiko für Mensch oder Umwelt verbleiben.

(4) Die für Beobachtungsmaßnahmen erforderlichen Kontrollwerte sind entsprechend den Vorgaben einer Verordnung gemäß § 17 festzulegen. Bei einer anhaltenden Überschreitung der Kontrollwerte ist die Risikoabschätzung gemäß § 16 einer neuerlichen Prüfung zu unterziehen. Ist in einer Verordnung gemäß § 17 kein Richtwert für einen für die Beobachtung relevanten Schadstoff festgelegt, ist dieser Richtwert im Einzelfall abzuleiten.

Genehmigung des Projekts

§ 24. (1) Der Bundesministerin für Klimaschutz, Umwelt, Energie, Mobilität, Innovation und Technologie ist Gelegenheit zur Stellungnahme zu einem Projekt für Altlastenmaßnahmen gemäß § 22 betreffend die festgelegten Maßnahmenziele und Zielwerte zu geben.

(2) Die Behörde hat Projekte und die Änderung von Projekten, die alle Voraussetzungen des § 22 erfüllen, erforderlichenfalls unter Vorschreibung bestimmter geeigneter Auflagen, Bedingungen oder Befristungen, zu genehmigen, sofern

1. die Altlastenmaßnahmen geeignet sind, die Maßnahmenziele gemäß § 23 zu erreichen,
2. Beweissicherungsmaßnahmen ausreichend vorgesehen sind,
3. durch die Altlastenmaßnahmen
   a) das Leben und die Gesundheit von Menschen nicht gefährdet werden,
   b) Nachbarn nicht durch Lärm, Geruch, Rauch, Staub, Erschütterung oder in anderer Weise unzumutbar belästigt werden,
   c) das Eigentum und sonstige dingliche Rechte der Nachbarn nicht gefährdet werden; unter einer Gefährdung des Eigentums ist nicht die Möglichkeit einer bloßen Minderung des Verkehrswertes zu verstehen,
4. andere Rechtsgüter – ausgenommen Boden und Gewässer – die bei Maßnahmen der betreffenden Art sonst nach Verwaltungsvorschriften zu wahren wären, gewahrt sind oder bei Abwägung der beteiligten öffentlichen Interessen zurücktreten müssen,
5. anfallende Abfälle, Abwässer und Abluft ordnungsgemäß behandelt werden.

Gleichzeitig kann dem Projektwerber die Verwirklichung des genehmigten Projekts innerhalb einer angemessenen Frist aufgetragen werden.

Parteistellung

§ 25. Parteistellung in einem Verfahren gemäß § 24 Abs. 2 haben

1. der Antragsteller,
2. die betroffenen Liegenschaftseigentümer und die an deren Liegenschaften dinglich oder obligatorisch Berechtigten,
3. die Nachbarn,
4. die betroffenen Wasserberechtigten und
5. die betroffenen Gemeinden.

Projektaufsicht

§ 26. (1) Die Behörde kann in Genehmigungsbescheiden gemäß § 24 oder in Bescheiden gemäß § 21 anordnen, dass der Genehmigungswerber oder der zur Setzung von Altlastenmaßnahmen Verpflichtete fachlich geeignete, externe Personen mit der Wahrnehmung der Projektaufsicht zu beauftragen hat, wenn dies zur Erfüllung der sich aus diesen Bescheiden ergebenden Verpflichtungen erforderlich ist. Vor der Beauftragung ist das Einvernehmen mit der Behörde herzustellen.

(2) Die mit der Aufsicht beauftragten Personen haben folgende Aufgaben wahrzunehmen:

1. die laufende Überprüfung der plan- und bescheidgemäßen Ausführung des Projekts und der Durchführung und Einhaltung der behördlichen Vorschreibungen,
2. die Beanstandung festgestellter Abweichungen unter Setzung einer angemessenen Frist für die der Genehmigung entsprechende Ausführung des Projekts,
3. die unverzügliche Mitteilung an die Behörde, wenn einer Beanstandung (Z 2) nicht fristgerecht entsprochen wird,
4. die fachliche Beratung bei der Verwirklichung des Projekts oder der Erfüllung der behördlichen Vorschreibungen.

(3) Die Verpflichtung zur Beauftragung einer Projektaufsicht ist zu widerrufen, wenn die Voraussetzungen für die Beibehaltung nicht mehr vorliegen, oder wenn sonstige, wichtige Gründe dies erfordern.

Überprüfung von Anlagen und Altlastenmaßnahmen

§ 27. (1) Die Errichtung von Anlagen für Sanierungsmaßnahmen und der Abschluss der Altlastenmaßnahmen ist der Behörde unverzüglich bekannt zu geben. Diese hat die Übereinstimmung der Maßnahmen mit der erteilten Genehmigung zu überprüfen. Über das Ergebnis dieser Überprüfung ist bescheidmäßig abzusprechen und die Behebung der dabei wahrgenommenen Mängel oder Abweichungen zu veranlassen. Geringfügige Abweichungen, die öffentlichen Interessen oder fremden Rechten nicht nachteilig sind oder denen der Betroffene zustimmt, können im Überprüfungsbescheid nachträglich genehmigt werden.

(2) Der Bundesministerin für Klimaschutz, Umwelt, Energie, Mobilität, Innovation und Technologie ist Gelegenheit zur Stellungnahme betreffend den Abschluss der Altlastenmaßnahmen zu geben.

(3) Die Behörde hat die betroffene Gemeinde vom Ergebnis der Überprüfung gemäß Abs. 1 zu unterrichten.

Nachträgliche Auflagen

§ 28. (1) Ergibt sich nach Erteilung einer Genehmigung oder einer Überprüfung gemäß § 27, dass die gemäß § 24 wahrzunehmenden Interessen trotz Einhaltung der im Genehmigungsbescheid enthaltenen Auflagen, Bedingungen oder Befristungen nicht hinreichend geschützt sind, so hat die Behörde die erforderlichen, nach dem nunmehrigen Stand der Technik geeigneten Anpassungen vorzuschreiben.

(2) Vorgeschriebene Auflagen sind auf Antrag mit Bescheid aufzuheben oder abzuändern, wenn sich nach der Vorschreibung von Auflagen ergibt, dass die vorgeschriebenen Auflagen für die nach § 24 wahrzunehmenden Interessen nicht erforderlich sind oder für die Wahrnehmung dieser Interessen auch mit den Inhaber der Genehmigung gemäß § 24 weniger belastenden Auflagen das Auslangen gefunden werden kann.

Altlastenmaßnahmen durch den Bund

§ 29. (1) Ist ein Verpflichteter gemäß § 21 Abs. 1 nicht feststellbar, ist er zur Erfüllung der Verpflichtungen gemäß den §§ 21 und 22 rechtlich nicht imstande oder kann er aus sonstigen Gründen nicht verpflichtet werden, kann der Bund als Träger von Privatrechten die erforderlichen Altlastenmaßnahmen nach Maßgabe der Prioritätenklassifizierung durchführen.

(2) Der Bund als Träger von Privatrechten kann zudem die erforderlichen Altlastenmaßnahmen auch dann durchführen, wenn bei Altlasten innerhalb von 24 Monaten nach Zuordnung der Prioritätenklasse gemäß § 16 weder vom Verpflichteten noch von einem Dritten ein Projekt für Altlastenmaßnahmen gemäß § 22 vorgelegt wurde und die Behörde bis zu diesem Zeitpunkt dem Verpflichteten nicht die Vorlage eines Projektes aufgetragen hat.

(3) Für die Durchführung der Altlastenmaßnahmen gemäß Abs. 1 sind die §§ 22 bis 28 sinngemäß anzuwenden.

(4) Dem Bund dürfen keine über die zweckgebundenen Mittel gemäß § 11 Abs. 2 hinausgehenden finanziellen Belastungen entstehen.

Wertausgleich durch den Liegenschaftseigentümer

§ 30. (1) Soweit durch Sanierungsmaßnahmen gemäß § 29 der Verkehrswert einer Liegenschaft nicht nur unwesentlich erhöht wird, hat der Eigentümer einen von der Behörde von Amts wegen festzusetzenden Wertausgleich in Höhe der maßnahmenbedingten Wertsteigerung an den Bund zu leisten. Die Festsetzung hat jeweils nach Ausweisung einer Altlast als dekontaminiert oder gesichert gemäß § 15 Abs. 2 zu erfolgen. Die Höhe des Ausgleichsbetrags wird durch die vom Bund eingesetzten Mittel zuzüglich einer Wertsicherung auf Basis des Verbraucherpreisindex begrenzt. Parteistellung in dem Verfahren haben der Eigentümer der Liegenschaft und der Bund als Träger von Privatrechten.

(2) Soweit durch Sanierungsmaßnahmen im Rahmen einer Ersatzvornahme gemäß § 4 VVG oder bei Vorliegen von Gefahr im Verzug der Verkehrswert einer Liegenschaft nicht nur unwesentlich erhöht wird und die Kosten der Maßnahmen nicht oder nicht gänzlich vom Verpflichteten eingebracht werden können, ist Abs. 1 sinngemäß anzuwenden. Die Höhe des Ausgleichsbetrags wird zusätzlich mit der Differenz zwischen den eingesetzten Mitteln des Bundes und der beim Verpflichteten eingebrachten Zahlungen begrenzt.

(3) Die durch Sanierungsmaßnahmen bedingte Erhöhung des Verkehrswerts einer Liegenschaft besteht aus dem Unterschied zwischen dem Wert, der sich für die Liegenschaft ergeben würde, wenn die Sanierungsmaßnahmen nicht durchgeführt worden wären (Anfangswert) und dem Verkehrswert, der sich für die Liegenschaft nach Durchführung der Sanierungsmaßnahmen ergibt (Endwert). Die Behörde hat von dem Wertausgleich die Aufwendungen abzuziehen, die der Eigentümer für eigene Sanierungsmaßnahmen verwendet hat. Mehrere Eigentümer haften solidarisch für den festzusetzenden Wertausgleich.

(4) Im Einzelfall ist von der Festsetzung eines Ausgleichsbetrags ganz oder teilweise abzusehen, wenn dies zur Vermeidung unbilliger Härten geboten ist.

(5) An den Liegenschaften, deren Verkehrswert durch in Abs. 1 oder Abs. 2 genannte Sanierungsmaßnahmen erhöht wurde, besteht ein gesetzliches Vorzugspfandrecht für den Bund vor allen anderen Pfandrechten in der Höhe des festgesetzten Wertausgleichsbetrages.

Anzeigepflicht

§ 31. Die beabsichtigte Durchführung von Tätigkeiten auf einer Altlast, die den Erfolg der durchgeführten Altlastenmaßnahmen beeinflussen könnten, ist vom Liegenschaftseigentümer der Behörde anzuzeigen.

Rechtsnachfolge

§ 32. (1) In Fällen gesellschaftsrechtlicher Gesamtrechtsnachfolge gehen die Rechte und Pflichten der Personen, die Altlastenmaßnahmen durchführen oder durchzuführen haben, auf den Rechtsnachfolger über. Bei Spaltungen von Kapitalgesellschaften ist im Spaltungsplan zu regeln, auf welche der an der Spaltung beteiligten Gesellschaften die Rechte und Pflichten nach diesem Abschnitt übergehen; ungeachtet der Regelung im Spaltungsplan haften sämtliche an der Spaltung beteiligten Gesellschaften solidarisch für die Einhaltung und Erfüllung der Pflichten nach diesem Abschnitt. Fehlt eine ausdrückliche Regelung im Spaltungsplan, so gehen die Rechte und Pflichten auf jede der an der Spaltung beteiligten Gesellschaften über, wobei sämtliche an der Spaltung beteiligte Gesellschaften solidarisch für die Einhaltung und Erfüllung der Pflichten nach diesem Abschnitt haften. Unter an der Spaltung beteiligten Gesellschaften im Sinne dieser Bestimmung sind sowohl die übertragende als auch die übernehmende Gesellschaft bzw. Gesellschaften zu verstehen.

(2) Wird ein Unternehmen oder ein im Rahmen eines Unternehmens gesondert geführter Betrieb im Ganzen übereignet, so gehen die Rechte und Pflichten der Personen, die Altlastenmaßnahmen durchführen oder durchzuführen haben, auf den Erwerber über. Der Veräußerer haftet neben dem Erwerber solidarisch für die Einhaltung und Erfüllung der Pflichten nach diesem Abschnitt.

V. Abschnitt
Schluß- und Übergangsbestimmungen[3]

...

Anlage 1
Abfälle mit hohem biogenen Anteil gemäß § 2 Z 14

Abfälle mit hohem biogenen Anteil sind die nachfolgend in Tabelle 1 und (mit den angegebenen Einschränkungen) in Tabelle 2 angeführten Abfallarten, definiert durch die zugeordnete fünfstellige Schlüsselnummer und gegebenenfalls durch die zusätzliche zweistellige Spezifizierung gemäß der Abfallverzeichnisverordnung 2020. Teilmengen von Abfallarten, die nicht in den Tabellen 1 und 2 angeführt sind, gelten nicht als Abfälle mit hohem biogenen Anteil.

Tabelle 1: Abfälle mit hohem biogenen Anteil

Schlüsselnummer und Spezifizierung	Abfallbezeichnung und Spezifizierung
12	Abfälle pflanzlicher und tierischer Fetterzeugnisse
123	Abfälle aus der Produktion pflanzlicher und tierischer Fette und Wachse
12301	Wachse (pflanzliche und tierische)
125	Emulsionen und Gemische mit pflanzlichen und tierischen Fettprodukten
12501	Inhalt von Fettabscheidern
12503	Öl-, Fett- und Wachsemulsionen
17	Holzabfälle
171	Holzabfälle aus der Be- und Verarbeitung
17104	Holzschleifstäube und -schlämme
17104 01	Holzschleifstäube und –schlämme – (aus) behandeltes(m) Holz
17104 02	Holzschleifstäube und –schlämme – (aus) nachweislich ausschließlich mechanisch behandeltes(m) Holz
17104 03	Holzschleifstäube und –schlämme – (aus) behandeltes(m) Holz, schadstofffrei
17114	Staub und Schlamm aus der Spanplattenherstellung
17115	Spanplattenabfälle
172	Holzabfälle aus der Anwendung
17202	Bau- und Abbruchholz [1)]
17202 01	Bau- und Abbruchholz – (aus) behandeltes(m) Holz
17202 02	Bau- und Abbruchholz – (aus) nachweislich ausschließlich mechanisch behandeltes(m) Holz
17202 03	Bau- und Abbruchholz – (aus) behandeltes(m) Holz, schadstofffrei
17218	Holzabfälle, organisch behandelt (zB ausgehärtete Lacke, organische Beschichtungen)
18	Zellulose-, Papier- und Pappeabfälle
184	Abfälle aus der Zelluloseverarbeitung
18401	Rückstände aus der Papiergewinnung ohne Altpapieraufbereitung
187	Papier- und Pappeabfälle
18702	Papier und Pappe, beschichtet
19	Andere Abfälle aus der Verarbeitung und Veredelung tierischer und pflanzlicher Produkte
199	Andere Abfälle aus der Verarbeitung und Veredelung tierischer und pflanzlicher Produkte
19909	Sudkesselrückstände (Seifenherstellung)
94	Abfälle aus Wasseraufbereitung, Abwasserbehandlung und Gewässernutzung
947	Rückstände aus der Kanalisation und Abwasserbehandlung (ausgenommen Schlämme)
94705	Inhalte aus Fettfängen
949	Abfälle aus der Gewässernutzung
94902	Rechengut aus Rechenanlagen von Kraftwerken

[1)] Ohne salzimprägnierte Hölzer [Anmerkung: salzimprägnierte Hölzer können einen hohen Eintrag von Schwermetallen bedingen (Bleiweiß, CFA-Salze usw.), der bei der thermischen Behandlung nicht zerstört wird].

Anmerkungen zu Tabelle 1:

Der Feststoffgehalt der oben angeführten Abfälle besteht überwiegend (über 90%) aus organischem Kohlenstoff. Dabei lassen sich drei Gruppen von Abfällen unterscheiden:

Gruppe 1:

Die folgenden Abfälle leiten sich direkt oder indirekt (in Form von Zellulose oder Lignin) von Holz, welches den ältesten Biobrennstoff darstellt, ab:

17104, 17104 01, 17104 02, 17104 03, 17114, 17115, 17202, 17202 01, 17202 02, 17202 03, 17218, 18401, 94902

Der Feststoffanteil dieser Abfälle besteht zum überwiegenden Anteil aus organisch gebundenem Kohlenstoff biologischen Ursprungs (in Form von Zellulose und Lignin). Der Heizwert der Trockensubstanz liegt dabei in der Größenordnung von 20 MJ/kg.

Gruppe 2:

Die nachfolgenden Abfälle leiten sich im Wesentlichen aus tierischen und pflanzlichen Fetten ab. Der Kohlenstoffanteil ist biologischen Ursprungs und liegt im Wesentlichen in Form von Glyceriden und Fettsäuren vor. Der Heizwert der organischen Substanz liegt damit sehr hoch (Größenordnung von 30 MJ/kg).

12301, 12501, 12503, 19909, 94705

Gruppe 3:

Die nachstehenden Abfälle stellen einen Verbund zwischen Abfällen der Gruppe 1 und synthetischen Polymeren (PE usw.) bzw. Metallen (Al) dar. Der spezifische Heizwert der nicht biologischen Anteile liegt zwar höher, als jener der biologischen Anteile, dennoch überwiegt der Heizwert der biologischen Anteile in der Mischung zu wesentlich mehr als 50% (der Heizwert von PE liegt zwar etwa doppelt so hoch wie jener von Papier, doch liegt der Kunststoffanteil in der Regel unter 25%).

18702

Die nachfolgend in der Tabelle 2 mit der fünfstelligen Schlüsselnummer des Abfallverzeichnisses angeführten Abfälle hohen biogenen Anteils (mit den angegebenen Einschränkungen) sind, soweit eine biologische Verwertung nicht möglich oder vorzuziehen ist, als Abfälle mit hohem biogenen Anteil zu qualifizieren:

Tabelle 2: Abfälle mit hohem biogenen Anteil, soweit eine biologische Verwertung nicht möglich oder vorzuziehen ist

Schlüsselnummer und Spezifizierung	Abfallbezeichnung und Spezifizierung
11	Nahrungs- und Genussmittelabfälle
111	Abfälle aus der Nahrungsmittelproduktion
11102	überlagerte Lebensmittel
11103	Spelze, Spelzen- und Getreidestaub
11104	Würzmittelrückstände
11110	Melasse
11111	Teig
11112	Rübenschnitzel, Rübenschwänze
114	Abfälle aus der Genussmittelproduktion
11401	Überlagerte Genussmittel
11402	Tabakstaub, Tabakgrus, Tabakrippen
11404	Malztreber, Malzkeime, Malzstaub
11405	Hopfentreber
11406	Ausputz- und Schwimmgerste
11415	Trester
11416	Fabrikationsrückstände von Kaffee (zB Röstgut und Extraktionsrückstände)
11417	Fabrikationsrückstände von Tee
11418	Fabrikationsrückstände von Kakao
11419	Hefe und hefeähnliche Rückstände
11423	Rückstände und Abfälle aus der Fruchtsaftproduktion
117	Abfälle aus der Futtermittelproduktion
11701	Futtermittel
11702	überlagerte Futtermittel
12	Abfälle pflanzlicher und tierischer Fetterzeugnisse
121	Abfälle aus der Produktion pflanzlicher und tierischer Öle
12101	Ölsaatenrückstände
12102	verdorbene Pflanzenöle
123	Abfälle aus der Produktion pflanzlicher und tierischer Fette und Wachse
12302	Fette (zB Frittieröle)
127	Schlämme aus der Produktion pflanzlicher und tierischer Fette
12702	Schlamm aus der Speisefettproduktion
12703	Schlamm aus der Speiseölproduktion
12704	Zentrifugenschlamm
129	Raffinationsrückstände aus der Verarbeitung pflanzlicher und tierischer Fette
12901	Bleicherde, ölhaltig
17	Holzabfälle
171	Holzabfälle aus der Be- und Verarbeitung
17101	Rinde aus der Be- und Verarbeitung
17102	Schwarten, Spreißel aus naturbelassenem, sauberem, unbeschichtetem Holz
17103	Sägemehl und Sägespäne aus naturbelassenem, sauberem, unbeschichtetem Holz
172	Holzabfälle aus der Anwendung
17201	Holzemballagen und Holzabfälle, nicht verunreinigt
17201 01	Holzemballagen und Holzabfälle, nicht verunreinigt – (aus) behandeltes(m) Holz
17201 02	Holzemballagen und Holzabfälle, nicht verunreinigt – (aus) nachweislich ausschließlich mechanisch behandeltes(m) Holz
17201 03	Holzemballagen und Holzabfälle, nicht verunreinigt – (aus) behandeltes(m) Holz, schadstofffrei
17203	Holzwolle
18	Zellulose-, Papier- und Pappeabfälle
181	Abfälle aus der Zellstoffherstellung
18101	Rückstände aus der Zellstoffherstellung
19	Andere Abfälle aus der Verarbeitung und Veredelung tierischer und pflanzlicher Produkte
199	Andere Abfälle aus der Verarbeitung und Veredelung tierischer und pflanzlicher Produkte
19901	Stärkeschlamm
19903	Gelatineabfälle
19904	Rückstände aus der Kartoffelstärkeproduktion

Schlüssel-nummer und Spezifizierung	Abfallbezeichnung und Spezifizierung
19905	Rückstände aus der Maisstärkeproduktion
19906	Rückstände aus der Reisstärkeproduktion
19911	Darmabfälle aus der Verarbeitung
53	Abfälle von Pflanzenbehandlungs- und Schädlingsbekämpfungsmitteln sowie von pharmazeutischen Erzeugnissen und Desinfektionsmitteln
535	Abfälle von Arzneimittelerzeugnissen
53504	Trester von Heilpflanzen
91	Feste Siedlungsabfälle einschließlich ähnlicher Gewerbeabfälle
916	Marktabfälle
91601	Viktualienmarkt-Abfälle
917	Grünabfälle
91701	Garten- und Parkabfälle sowie sonstige biogene Abfälle, die nicht den Anforderungen der Kompostverordnung idgF entsprechen
92	Abfälle, die für die biologische Verwertung geeignet sind
921	Hochwertige Abfälle für die biologische Verwertung, ausschließlich pflanzlicher Herkunft
92105 68	Holz, aus der Verarbeitung von unbehandeltem Holz
94	Abfälle aus Wasseraufbereitung, Abwasserbehandlung und Gewässernutzung
949	Abfälle aus der Gewässernutzung
94901	Rückstände aus der Gewässerreinigung (Bachabkehr-, Abmäh- und Abfischgut)

Anmerkungen zu Tabelle 2:

Die in der Tabelle 2 genannten Abfälle sind biologischen Ursprungs (tierische und pflanzliche Produkte) und enthalten in der Festsubstanz im Wesentlichen Kohlenwasserstoffverbindungen; sie lassen sich wieder in drei Gruppen teilen:

Gruppe 1:

„Natives" biologisches Material, d.h. Pflanzen, Pflanzenteile (inklusive Extraktionsrückstände) und tierische Gewebe in ihrer natürlichen Zusammensetzung. Der Feststoffanteil besteht überwiegend aus biologisch fixiertem Kohlenstoff in Form von Zellulose/Lignin (Zellwand, Speicherkörper), Protein und Glyceriden (Zellmembran, Speicherkörper). Ein „antropogener" Anteil ist gering (allenfalls als Verunreinigung aus der Sammlung).

11103, 11104, 11112, 11402, 11404, 11405, 11406, 11415, 11416, 11417, 11418, 11419,11423, 12101, 12102, 12302, 17101, 17102, 17103, 17201, 17201 01, 17201 02, 17201 03, 17203, 18101, 19901, 19903, 19904, 19905, 19906, 19911, 53504, 91601, 91701, 92105 68, 94901

Gruppe 2:

Zu Nahrungsmittel verarbeitete pflanzliche und tierische Stoffe: Der Feststoffanteil dieser Abfälle ist überwiegend biologischen Ursprungs mit geringen Anteilen (anorganischer) Füllstoffe und allenfalls Verpackungsresten.

11102, 11110,11111, 11401, 11701, 11702,12702, 12703, 12704

Gruppe 3:

Verarbeitungsrückstände mit einem erhöhten anorganischen Anteil, deren organischer Anteil aber zur Gänze biogenen Ursprungs ist.

12901

Amtshaftungsgesetz – AHG

BGBl 20/1949, zuletzt geändert durch BGBl I 122/2013

I. Abschnitt. Haftpflicht.

§ 1. (1) Der Bund, die Länder, die Gemeinden, sonstige Körperschaften des öffentlichen Rechts und die Träger der Sozialversicherung - im folgenden Rechtsträger genannt - haften nach den Bestimmungen des bürgerlichen Rechts für den Schaden am Vermögen oder an der Person, den die als ihre Organe handelnden Personen in Vollziehung der Gesetze durch ein rechtswidriges Verhalten wem immer schuldhaft zugefügt haben; dem Geschädigten haftet das Organ nicht. Der Schaden ist nur in Geld zu ersetzen.

(2) Organe im Sinne dieses Bundesgesetzes sind alle physischen Personen, wenn sie in Vollziehung der Gesetze (Gerichtsbarkeit oder Verwaltung) handeln, gleichviel, ob sie dauernd oder vorübergehend oder für den einzelnen Fall bestellt sind, ob sie gewählte, ernannte oder sonstwie bestellte Organe sind und ob ihr Verhältnis zum Rechtsträger nach öffentlichem oder privatem Recht zu beurteilen ist.

(3) Mit dem im Abs. 1 genannten Rechtsträger haftet zur ungeteilten Hand auch derjenige, als dessen Organ die handelnde Person gewählt, ernannt oder sonstwie bestellt worden ist. Hat dieser Rechtsträger auf Grund dieser Haftung Zahlungen geleistet, so hat er an den im Abs. 1 genannten Rechtsträger einen Anspruch auf Rückersatz.

§ 2. (1) Bei Geltendmachung des Ersatzanspruches muß ein bestimmtes Organ nicht genannt werden; es genügt der Beweis, daß der Schaden nur durch die Rechtsverletzung eines Organes des beklagten Rechtsträgers entstanden sein konnte.

(2) Der Ersatzanspruch besteht nicht, wenn der Geschädigte den Schaden durch Rechtsmittel oder durch Beschwerde beim Verwaltungsgericht und Revision beim Verwaltungsgerichtshof hätte abwenden können.

(3) Aus einem Erkenntnis des Verfassungsgerichtshofes, des Obersten Gerichtshofes und des Verwaltungsgerichtshofes kann ein Ersatzanspruch nicht abgeleitet werden.

§ 3. (1) Hat der Rechtsträger dem Geschädigten auf Grund dieses Bundesgesetzes den Schaden ersetzt, so kann er von den Personen, die als seine Organe gehandelt und die Rechtsverletzung vorsätzlich oder grobfahrlässig verübt oder verursacht haben, Rückersatz begehren.

(2) Hat das Organ die Rechtsverletzung grobfahrlässig verübt oder verursacht, so kann das Gericht aus Gründen der Billigkeit den Rückersatz mäßigen. Dabei hat das Gericht insbesondere auf die in § 2 Abs. 2 des Dienstnehmerhaftpflichtgesetzes, BGBl. Nr. 80/1965, angeführten Umstände sinngemäß Bedacht zu nehmen.

(3) Für die von einem Kollegialorgan beschlossenen Entscheidungen und Verfügungen haften nur die Stimmführer, die für sie gestimmt haben. Beruht jedoch die Entscheidung oder Verfügung auf einer unvollständigen oder unrichtigen Darstellung des Sachverhaltes durch den Berichterstatter, so haften auch die Stimmführer, die dafür gestimmt haben, nicht, es sei denn, daß sie die pflichtmäßige Sorgfalt grobfahrlässig außer acht gelassen haben.

§ 4. Von einem Organ kann kein Rückersatz wegen einer Handlung begehrt werden, die auf Weisung (Auftrag, Befehl) eines Vorgesetzten erfolgt ist, es sei denn, das Organ hätte die Weisung eines offenbar unzuständigen Vorgesetzten befolgt oder in Befolgung der Weisung gegen strafgesetzliche Vorschriften verstoßen.

§ 5. Das Organ kann dem Anspruch auf Rückersatz alle Einwendungen entgegensetzen, die der Rechtsträger nicht ausgeführt hat, und sich dadurch von dem Rückersatz in dem Maße befreien, als diese Einwendungen, wenn von ihnen gehörig Gebrauch gemacht worden wäre, eine andere Entscheidung über das Schadenersatzbegehren veranlaßt haben würden.

§ 6. (1) Ersatzansprüche nach § 1 Abs. 1 verjähren in drei Jahren nach Ablauf des Tages, an dem der Schaden dem Geschädigten bekanntgeworden ist, keinesfalls aber vor einem Jahr nach Rechtskraft einer rechtsverletzenden Entscheidung oder Verfügung. Ist dem Geschädigten der Schaden nicht bekanntgeworden oder ist der Schaden aus einer gerichtlich strafbaren Handlung, die nur vorsätzlich begangen werden kann und mit mehr als einjähriger Freiheitsstrafe bedroht ist entstanden, so verjährt der Ersatzanspruch erst nach zehn Jahren nach der Entstehung des Schadens. Die Verjährung wird durch die Aufforderung gemäß § 8 für die dort bestimmte Frist oder, wenn die Aufforderung innerhalb dieser Frist beantwortet wird, bis zur Zustellung dieser Antwort an den Geschädigten gehemmt.

(2) Rückersatzansprüche nach § 1 Abs. 3 und § 3 verjähren in sechs Monaten nach Ablauf des Tages, an dem der Rechtsträger den Ersatzanspruch dem Geschädigten gegenüber anerkannt hat oder rechtskräftig zum Ersatz verurteilt worden ist.

§ 7. Wenn österreichische Staatsangehörige in einem fremden Staat Ersatzansprüche im Sinne dieses Bundesgesetzes überhaupt nicht oder nicht unter den gleichen Bedingungen geltend machen können wie Angehörige des betreffenden Staates, und wenn ihren Interessen auch nicht in anderer Weise durch den betreffenden Staat Rechnung getragen wird, kann die Bundesregierung durch Verordnung festlegen, daß den Angehörigen des betreffenden Staates Ansprüche auf Grund dieses Bundesgesetzes nicht zustehen.

Atomhaftungsgesetz 1999 – AtomHG 1999

BGBl I 170/1998, zuletzt geändert durch BGBl I 33/2003

1. Abschnitt
Geltungsbereich und Begriffsbestimmungen

Geltungsbereich

§ 1. Dieses Bundesgesetz regelt die zivilrechtliche Haftung für Schäden, die durch ionisierende Strahlung von Kernanlagen, Kernmaterial oder Radionukliden an Menschen oder Sachen verursacht werden.

Begriffsbestimmungen

§ 2. Im Sinn dieses Bundesgesetzes bedeuten:

1. Kernmaterial: besonderes spaltbares Material und Ausgangsmaterial (Art. II § 1 Z 1 bis 3 Sicherheitskontrollgesetz 1991, BGBl. Nr. 415/1992) mit Ausnahme kleinster, radiologisch unbedeutender Mengen (Art. II § 6 Abs. 2 Z 1 Sicherheitskontrollgesetz 1991);
2. Radionuklide: sonstige radioaktive Stoffe, die zufolge spontaner Kernprozesse ionisierende Strahlung aussenden, einschließlich von Stoffen oder Gegenständen, die radioaktive Stoffe enthalten oder an deren Oberfläche sich solche Stoffe befinden;
3. Kernanlagen: Anlagen, in denen mit Kernmaterial in einer Menge und Art umgegangen wird, daß eine Kettenreaktion stattfinden oder nicht ausgeschlossen werden kann, insbesondere Kernreaktoren, Anlagen zur Herstellung, Bearbeitung, Verwendung, Aufbewahrung, Lagerung, Aufbereitung und Unschädlichmachung von Kernmaterial sowie Anlagen zur Trennung von Isotopen spaltbaren Materials;
4. Betriebsunternehmer: ein Unternehmer, der über den Betrieb einer Kernanlage verfügungsberechtigt ist und sich deren wirtschaftlichen Erfolg laufend zuordnet oder jederzeit zuordnen kann; der Inhaber der erforderlichen Betriebsbewilligung ist jedenfalls Betriebsunternehmer;
5. Halter: diejenige Person, die über ein Radionuklid verfügungsberechtigt ist und dieses für eigene Rechnung in Gebrauch hat;
6. Beförderer: diejenige Person, die Kernmaterial mit oder ohne Beförderungsvertrag über Straßen, Schienen, Luft oder Wasser befördert.

2. Abschnitt
Haftung für Kernanlagen und -material

Haftung des Betriebsunternehmers

§ 3. (1) Der Betriebsunternehmer einer Kernanlage haftet für Schäden, die durch den Betrieb der Kernanlage an Menschen oder Sachen verursacht werden. Der Betrieb der Kernanlage umfaßt auch den Abbau der Anlage bis zur Entsorgung des radioaktiven Inventars.

(2) Der Betriebsunternehmer einer Kernanlage haftet weiters für Schäden, die außerhalb der Kernanlage verursacht werden, wenn diese Schäden

1. auf Kernmaterial aus seiner Kernanlage zurückgehen und eingetreten sind, bevor der Betriebsunternehmer einer anderen Kernanlage die Verfügungsgewalt über dieses Kernmaterial übernommen hat, oder
2. auf an seine Kernanlage mit seinem Einverständnis versendetes Kernmaterial zurückgehen und eingetreten sind, nachdem er die Verfügungsgewalt über dieses Kernmaterial übernommen hatte.

Haftung des Beförderers

§ 4. Der Beförderer von Kernmaterial haftet für Schäden, die im Verlauf der Beförderung an Menschen oder Sachen verursacht werden, sofern er nicht beweist, daß er nicht gewußt hat und nicht hätte wissen müssen, daß es sich um Kernmaterial handelt.

Haftungsumfang und -ausschluß

§ 5. (1) Die Haftpflicht des Betriebsunternehmers und des Beförderers nach den §§ 3 und 4 erstreckt sich auch auf Schäden, die auf die radioaktiven Eigenschaften von Kernmaterial in Verbindung mit dessen giftigen, explosiven oder sonstigen gefährlichen Eigenschaften zurückzuführen sind.

(2) Die Haftpflicht nach den §§ 3 und 4 erstreckt sich nicht auf Schäden

1. an der Kernanlage selbst und an anderen auf deren Gelände befindlichen Kernanlagen, einschließlich der im Bau befindlichen Anlagen,
2. an Sachen, die sich auf diesem Gelände befinden und die im Zusammenhang mit der Kernanlage verwendet werden oder worden sind, und
3. an Transportmitteln, mit denen Kernmaterial befördert wird.

Sicherstellung

§ 6. (1) Der Betriebsunternehmer einer in Österreich gelegenen Kernanlage hat zur Deckung seiner Haftpflicht eine Haftpflichtversicherung abzuschließen. Diese Haftpflichtversicherung ist zumindest bis zum Ablauf von zehn Jahren nach Beendigung des Betriebs der Kernanlage aufrechtzuerhalten. Sie hat sich auf alle Schäden zu erstrecken, die während der Versicherungszeit verursacht und längstens innerhalb von zehn Jahren nach Eintritt geltend gemacht werden. Diese Sicherstellungspflicht erstreckt sich nicht auf Schäden, die auf einen Krieg, ein kriegerisches Unternehmen, einen Bürgerkrieg, einen Aufruhr oder einen Aufstand zurückzuführen sind.

(2) Die Haftpflichtversicherung muß mindestens den Betrag von 406 000 000 Euro je Versicherungsfall zuzüglich 40 600 000 Euro für Zinsen und Kosten, für Versuchs- oder Forschungsreaktoren aber den Betrag von 40 600 000 Euro je Versicherungsfall zuzüglich 4 060 000 Euro für Zinsen und Kosten, abdecken.

(3) Eine Versicherungspflicht besteht nicht, wenn der Bund oder ein Land selbst haftpflichtig ist oder dem Betriebsunternehmer einer Kernanlage gegenüber eine Haftungserklärung zumindest über den in den Abs. 1 und 2 angeführten Umfang abgegeben hat. Der Bundesminister für Finanzen wird ermächtigt, eine solche Haftung zu übernehmen, soweit der Abschluß einer Haftpflichtversicherung für den Haftpflichtigen wirtschaftlich nicht tragbar ist und die Haftungsübernahme durch den Bund im öffentlichen Interesse liegt.

§ 7. (1) Der Beförderer von Kernmaterial hat zur Deckung seiner Haftpflicht eine Haftpflichtversicherung abzuschließen, soweit das Risiko nicht auf Grund einer anderen Pflichtversicherung gedeckt ist. Die Haftpflichtversicherung hat sich auf alle Schäden zu erstrecken, die auf die Beförderung von Kernmaterial in Österreich zurückzuführen sind. Diese Sicherstellungspflicht erstreckt sich nicht auf Schäden, die auf einen Krieg, ein kriegerisches Unternehmen, einen Bürgerkrieg, einen Aufruhr oder einen Aufstand zurückzuführen sind.

(2) Die Haftpflichtversicherung muß mindestens den Betrag von 40 600 000 Euro je Versicherungsfall zuzüglich 4 060 000 Euro für Zinsen und Kosten, für Ausgangsmaterial aber den Betrag von 4 060 000 Euro je Versicherungsfall zuzüglich 406 000 Euro für Zinsen und Kosten, abdecken.

(3) Bei der Beförderung von Kernmaterial ist der Versicherungsnachweis (§ 158i Versicherungsvertragsgesetz 1958) mitzuführen und jederzeit auf Verlangen denjenigen Organen vorzulegen, die für die Überprüfung der Einhaltung der für die Beförderung maßgeblichen Rechts- und Sicherheitsvorschriften zuständig sind.

(4) § 6 Abs. 3 über den Entfall der Sicherstellungspflicht des Betriebsunternehmers ist auch auf die Sicherstellungspflicht des Beförderers von Kernmaterial anzuwenden.

§ 8. (1) Eine als Sicherstellung dienende Haftpflichtversicherung nach den §§ 6 und 7 muß bei einem zum Betrieb dieses Versicherungszweigs in Österreich berechtigten Versicherer abgeschlossen werden. Darauf muß österreichisches Recht anzuwenden sein. Der Versicherer hat die Versicherungsbedingungen vor ihrer Verwendung der Finanzmarktaufsichtsbehörde mitzuteilen.

(2) Zuständige Stelle für die in § 158c Abs. 2 Versicherungsvertragsgesetz 1958 vorgesehene Anzeige ist für die Bewilligung des Betriebs einer Kernanlage oder für die Bewilligung der Beförderung von Kernmaterial zuständige Behörde.

3. Abschnitt
Haftung für Radionuklide

Haftung des Halters

§ 9. (1) Der Halter eines Radionuklides haftet für Schäden, die durch die ionisierende Strahlung des Radionuklides allein oder in Verbindung mit dessen sonstigen gefährlichen Eigenschaften an Menschen oder Sachen verursacht werden.

(2) Der Halter haftet nicht, wenn er beweist, daß er und seine Leute jede nach den Umständen des Einzelfalls gebotene Sorgfalt zur Verhinderung des Schadens aufgewendet haben. Bei der Verwendung von Radionukliden zur ärztlichen Heilbehandlung genügt dem geschädigten Patienten gegenüber der Beweis, daß die verwendeten Stoffe und Einrichtungen dem jeweiligen Stand der Wissenschaft und Technik entsprochen haben und der eingetretene Schaden nicht auf einem Versagen der Verrichtungen beruht.

Deckungsvorsorge

§ 10. (1) Der Halter eines Radionuklides hat in einer Art und in einem Ausmaß, wie sie im redlichen Geschäftsverkehr üblich sind, durch Eingehen einer Versicherung oder in anderer geeigneter Weise dafür Vorsorge zu treffen, daß Schadenersatzpflichten nach diesem Bundesgesetz erfüllt werden können.

(2) Für Radionuklide mit einer Aktivität von mehr als 370 Gigabecquerel muß diese Vorsorge jedenfalls in einer Haftpflichtversicherung mit einer Versicherungssumme von mindestens 4 060 000 Euro je Versicherungsfall bestehen. Die Haftpflichtversicherung muß bei einem zum Betrieb dieses Versicherungszweigs in Österreich berechtigten Versicherer abgeschlossen sein. Darauf muß österreichisches Recht anzuwenden sein. Der Versicherer hat die Versicherungsbedingungen vor ihrer Verwendung der Finanzmarktaufsichtsbehörde mitzuteilen.

(3) Zuständige Stelle für die in § 158c Abs. 2 Versicherungsvertragsgesetz 1958 vorgesehene Anzeige ist die für die Bewilligung nach strahlenschutzrechtlichen Vorschriften zuständige Behörde.

(4) Eine Verpflichtung zur Deckungsvorsorge besteht nicht, wenn der Bund, ein Land, ein Gemeindeverband oder eine Ortsgemeinde mit mehr als 50 000 Einwohnern Halter des Radionuklides ist.

4. Abschnitt
Gegenstand des Ersatzes, Verursachungsvermutung und Auskunftspflichten

Gegenstand des Ersatzes

§ 11. (1) Die Ersatzpflicht für Schäden an der Person und an Sachen richtet sich nach den Bestimmungen des ABGB. Die Ersatzpflicht für Sachschäden umfaßt auch die Kosten der

Beseitigung der von einer Sache ausgehenden Gefahr ionisierender Strahlung.

(2) Ist der Schaden an einer körperlichen Sache auch eine wesentliche Beeinträchtigung der Umwelt und ist eine Wiederherstellung des vorigen Zustandes durch den Haftpflichtigen nicht tunlich oder findet sich dieser nicht zur Wiederherstellung bereit, so gebührt dem Geschädigten auch dann der Ersatz der Kosten der Wiederherstellung, wenn diese Kosten den Wert der beschädigten Sache übersteigen. Der Geschädigte kann die Wiederherstellungskosten vorschußweise verlangen, hat eine Vorschußleistung in einem den Wert der beschädigten Sache übersteigenden Ausmaß jedoch zurückzuerstatten, wenn er nicht innerhalb angemessener Zeit den vorigen Zustand wiederherstellt.

(3) Die Ersatzpflicht umfaßt weiters die Kosten angemessener vorbeugender Maßnahmen zur Abwehr einer von einer Kernanlage, von Kernmaterial oder von Radionukliden ausgehenden, unmittelbar drohenden Gefahr (Rettungskosten). Anspruch auf Ersatz dieser Kosten hat diejenige Person, die sie tatsächlich getragen hat.

(4) Die Ersatzpflicht umfaßt auch den Verdienstentgang von Personen, die durch vorbeugende Maßnahmen (Abs. 3) oder wegen der Gefahren ionisierender Strahlung in der Ausübung ihrer Erwerbstätigkeit gehindert sind, sowie eine angemessene Entschädigung der erlittenen Beeinträchtigungen. Diese Ansprüche sind der Höhe nach mit dem Betrag von höchstens 40 600 Euro je Person begrenzt.

Verursachung

§ 12. (1) Kann der Geschädigte als wahrscheinlich dartun, daß sein Körper ionisierender Strahlung aus einer Kernanlage, von Kernmaterial oder von Radionukliden ausgesetzt war, so wird vermutet, daß der Schaden auf die ionisierende Strahlung zurückzuführen ist, soweit ionisierende Strahlung geeignet ist, einen solchen Schaden herbeizuführen. Diese Vermutung ist widerlegt, wenn der in Anspruch Genommene als wahrscheinlich dartut, daß der Schaden nicht durch die ionisierende Strahlung verursacht worden ist.

(2) Die Vermutung nach Abs. 1 gilt nicht zugunsten des geschädigten Patienten bei der Verwendung von Radionukliden zur ärztlichen Heilbehandlung.

Auskunftspflichten

§ 13. (1) Liegen Umstände für die Annahme vor, daß ein Schaden durch ionisierende Strahlung verursacht worden ist, so hat der Geschädigte gegen jeden Betriebsunternehmer einer Kernanlage, Beförderer von Kernmaterial oder Halter von Radionukliden, der örtlich und nach der Art der Strahlung als Verursacher in Betracht kommt, Anspruch auf Auskunft über alle Umstände, deren Kenntnis zur Beurteilung der Ursache und des Ausmaßes des Schadens erforderlich ist.

(2) Der Betriebsunternehmer einer Kernanlage, Beförderer von Kernmaterial oder Halter von Radionukliden, dessen Haftpflicht nach diesem Bundesgesetz in Anspruch genommen worden ist, hat gegen jeden anderen Betriebsunternehmer, Beförderer oder Halter Anspruch auf Auskunft im Sinn des Abs. 1.

(3) Ein Anspruch auf Auskunft besteht nicht, soweit der Betriebsunternehmer, Beförderer oder Halter durch die Erteilung der Auskunft unverhältnismäßig belastet würde, insbesondere wegen der dafür notwendigen Aufwendungen, wegen einer ihm deshalb drohenden strafgerichtlichen Verfolgung oder wegen der dazu erforderlichen Preisgabe eines im Verhältnis zum Schaden wesentlich bedeutsameren Geschäfts- oder Betriebsgeheimnisses.

(4) Der auf Auskunft in Anspruch genommene Betriebsunternehmer, Beförderer oder Halter hat gegen den Auskunftswerber Anspruch auf Auskunft, soweit dies zur Beurteilung erforderlich ist, ob und in welchem Ausmaß der Schaden durch den Auskunftswerber selbst oder durch andere Ursachen herbeigeführt worden ist, und soweit der Geschädigte bei Abwägung aller maßgeblichen Interessen durch die Erteilung der Auskunft nicht unverhältnismäßig belastet würde.

(5) Durch außergerichtliche Verhandlungen über die Erteilung einer Auskunft sowie durch ein gerichtliches Verfahren zur Durchsetzung des Auskunftsanspruchs ist die Fortsetzung der Verjährung eines Anspruchs nach diesem Bundesgesetz gehemmt.

§ 14. (1) Eine nach § 13 erlangte Auskunft darf nur zur Durchsetzung von Ansprüchen nach diesem Bundesgesetz verwendet werden.

(2) Werden in einem gerichtlichen Verfahren Geschäfts- oder Betriebsgeheimnisse oder sonst der Inhalt von Auskünften nach § 13 erörtert oder Beweise dazu aufgenommen, so ist auf Antrag einer Partei die Öffentlichkeit auszuschließen.

5. Abschnitt
Sonstige Bestimmungen

Mitverschulden

§ 15. Trifft den Geschädigten oder jemanden, dessen Verhalten er zu vertreten hat, ein Verschulden, so ist § 1304 ABGB anzuwenden.

Sonstige Ersatzansprüche

§ 16. (1) Bestimmungen des ABGB und anderer Rechtsvorschriften, nach denen Schäden in weiterem Umfang oder von anderen Personen als nach diesem Bundesgesetz zu ersetzen sind, bleiben unberührt. Der Geschädigte kann solche Ansprüche unmittelbar gerichtlich geltend machen.

(2) Gegen Personen, die dem Betriebsunternehmer Sachen geliefert oder Dienstleistungen erbracht haben, kann der Geschädigte solche Ansprüche insoweit unmittelbar gerichtlich geltend machen, als nicht der Beklagte beweist, daß

1. eine vorherige Klagsführung gegen den Betriebsunternehmer einer Kernanlage eine Entscheidung in angemessener Frist erwarten läßt,
2. diese Entscheidung gegen den Betriebsunternehmer auch durchgesetzt werden kann und
3. entsprechende Mittel für die Entschädigung im Rahmen der Haftung des Betriebsunternehmers zur Verfügung stehen.

Haftung für Gehilfen

§ 17. Bedient sich ein nach diesem Bundesgesetz Haftpflichtiger anderer Personen, so haftet er auch in denjenigen Fällen, in denen die Ersatzansprüche des Geschädigten nach dem ABGB zu beurteilen sind, für das Verschulden seiner Leute, soweit deren Tätigkeit den Schaden verursacht hat.

Haftung mehrerer Haftpflichtiger

§ 18. Sind mehrere Personen nach diesem Bundesgesetz oder anderen Rechtsvorschriften haftpflichtig, so haften sie, sofern sich die den einzelnen Haftpflichtigen zuzurechnenden Schäden nicht auseinander halten lassen, zur ungeteilten Hand. Jeder Haftpflichtige haftet jedoch dem Grunde und der Höhe nach nur nach den für ihn geltenden Bestimmungen.

Rückgriffs- und Ausgleichsansprüche

§ 19. (1) Sind mehrere Personen nach diesem Bundesgesetz oder anderen Rechtsvorschriften einem Dritten gegenüber haftpflichtig, so hängen im Verhältnis zueinander die Verpflichtung zum Ersatz und dessen Umfang von den Umständen des Einzelfalls ab, insbesondere davon, inwieweit der Schaden zumindest mit Wahrscheinlichkeit vom einen oder anderen Haftpflichtigen verschuldet oder sonst verursacht worden ist. Das gleiche gilt für die gegenseitige Ersatzpflicht.

(2) Jeder der mehreren Haftpflichtigen haftet jedoch dem Grunde und der Höhe nach nur nach den für ihn geltenden Bestimmungen.

(3) Dem Betriebsunternehmer einer Kernanlage steht ein Rückgriffsrecht jedoch nur dann zu, sofern der Schaden aus einer in Schädigungsabsicht begangenen Handlung oder Unterlassung herrührt oder soweit ein solcher Rückgriff vertraglich ausdrücklich vorgesehen ist.

Verjährung

§ 20. Ersatzansprüche nach diesem Bundesgesetz verjähren in drei Jahren von dem Tag an, an dem der Ersatzberechtigte vom Schaden und vom Haftpflichtigen Kenntnis erlangt hat, ohne Rücksicht auf diese Kenntnis oder bei Herbeiführung des Schadens durch eine oder mehrere gerichtlich strafbare Handlungen, die nur vorsätzlich begangen werden können und mit mehr als einjähriger Freiheitsstrafe bedroht sind, aber in 30 Jahren seit dem Eintritt des Schadens. Für den Ersatz der Kosten von Vorbeugemaßnahmen beginnen diese Fristen frühestens in dem Zeitpunkt, in dem der Geschädigte die Kosten getragen hat. Im übrigen gelten für die Verjährung die Vorschriften des ABGB.

Unwirksame Vereinbarungen

§ 21. Die Haftpflicht nach diesem Bundesgesetz für Schäden an der Person kann im vorhinein weder ausgeschlossen noch beschränkt werden.

Zuständigkeit

§ 22. (1) Für Klagen und Anträge auf Erlassung einstweiliger Verfügungen, die auf Grund dieses Bundesgesetzes oder auf Grund anderer Rechtsvorschriften wegen Schäden durch ionisierende Strahlung eingebracht werden, ist der Gerichtshof erster Instanz zuständig. Gleiches gilt für Klagen und Anträge auf Erlassung einstweiliger Verfügungen, mit denen der Ersatz der Kosten von Vorbeugemaßnahmen geltend gemacht wird.

(2) Für die in Abs. 1 genannten Klagen und Anträge ist auch der Gerichtshof erster Instanz örtlich zuständig, in dessen Sprengel der Schaden verursacht oder eingetreten ist oder die Vorbeugemaßnahmen durchgeführt worden sind.

Anzuwendendes Recht

§ 23. (1) Ist ein durch ionisierende Strahlung verursachter Schaden in Österreich eingetreten, so sind die außervertraglichen Ansprüche auf Ersatz dieses Schadens auf Verlangen des Geschädigten nach österreichischem Recht zu beurteilen.

(2) Ist ein durch ionisierende Strahlung verursachter Schaden im Ausland eingetreten und nach österreichischem Recht zu beurteilen, so ist der Schaden nur dann und soweit zu ersetzen, als dies auch das Personalstatut des Geschädigten vorsieht.

Direktklage

§ 24. (1) Der Geschädigte kann die ihm zustehenden Ansprüche im Rahmen des Versicherungsvertrags auch gegen den nach den §§ 6, 7 und 10 eintretenden Haftpflichtversicherer geltend machen. Der Versicherer und der Haftpflichtige haften als Gesamtschuldner. Wird das versicherte Risiko von mehreren Versicherern getragen, so haften diese dem Geschädigten zur ungeteilten Hand.

(2) Abs. 1 ist auch auf eine Haftungserklärung des Bundes oder Landes (§ 6 Abs. 3 und § 7 Abs. 4) anzuwenden.

Strafbestimmungen

§ 25. (1) Wer eine Kernanlage betreibt oder Kernmaterial befördert, ohne eine Haftpflichtversicherung, Pflichtversicherung oder eine sonstige Sicherstellung nach den §§ 6 und 7 zu erbringen oder aufrechtzuerhalten, begeht, sofern die Tat nicht den Tatbestand einer in die Zuständigkeit der Gerichte fallenden strafbaren Handlung bildet, eine Verwaltungsübertretung und ist mit Geldstrafe bis zu 36 000 Euro zu bestrafen.

(2) Wer

1. Radionuklide hält, ohne die in § 10 vorgesehene Haftpflichtversicherung zu erbringen, oder
2. Kernmaterial befördert, ohne einen Versicherungsnachweis mit sich zu führen,

begeht, sofern die Tat nicht den Tatbestand einer in die Zuständigkeit der Gerichte fallenden strafbaren Handlung bildet, eine Verwaltungsübertretung und ist mit Geldstrafe bis zu 3 600 Euro zu bestrafen.

6. Abschnitt
Schlußbestimmungen

…

Bundesstraßengesetz 1971 – BStG 1971

BGBl 286/1971, zuletzt geändert durch BGBl I 143/2023

I. Allgemeines

Bestimmung des Straßenverlaufes, Ausbau und Auflassung von Straßenteilen

§ 4. (1)[1] Vor dem Bau einer neuen Bundesstraße oder ihrer Teilabschni tte oder vor der Zulegung einer zweiten Richtungsfahrbahn oder vor Ausbaumaßnahmen sonstiger Art an Bundesstraßen hat der Bundesminister für Verkehr, Innovation und Technologie über Antrag des Bundes (Bundesstraßenverwaltung) unter Bedachtnahme auf die Bestimmungen der §§ 7 und 7a, die Umweltverträglichkeit und die Erfordernisse des Verkehrs, darüber hinaus die funktionelle Bedeutung des Straßenzuges sowie unter Bedachtnahme auf die Ergebnisse der Anhörung (Abs. 5) den Straßenverlauf im Rahmen der Verzeichnisse durch Festlegung der Straßenachse, im Falle eines Ausbaues durch Beschreibung, beides auf Grundlage eines konkreten Projektes, durch Bescheid zu bestimmen. Hiezu können im Bescheid die erforderlichen Auflagen, Bedingungen und Befristungen vorgeschrieben werden. Dieser Bescheid hat dingliche Wirkung und tritt außer Kraft, wenn nicht binnen 10 Jahren ab Rechtskraft mit wesentlichen Baumaßnahmen zur Errichtung begonnen wurde. Wenn dies zweckmäßig erscheint, kann die Verwirklichung des Straßenbauvorhabens über Antrag in Abschnitten genehmigt werden.

[1] Geändert durch BGBl I 24/2010 und BGBl I 5/2017.

(1a)[2] Anschlussstellen, die im Zeitraum zwischen dem 10. Februar 1983 und dem 14. März 1999 errichtet wurden und für die keine Verordnung zur Bestimmung des Straßenverlaufes (§ 4 Abs. 1 in der im Zeitpunkt ihrer Errichtung geltenden Fassung) erlassen wurde, gelten als gemäß diesem Bundesgesetz genehmigt. Dies gilt auch für die in dieser Zeitspanne durchgeführten Ausbau- und Umbaumaßnahmen an bestehenden Anschlussstellen.

(1b)[2] Anbindungen des übrigen öffentlichen Straßennetzes über Betriebe gemäß § 27 an Bundesstraßen (Fahrverbindungen), die im Zeitraum zwischen dem 22. März 1990 und dem 14. März 1999 errichtet wurden und für die keine Verordnung zur Bestimmung des Straßenverlaufes (§ 4 Abs. 1 in der im Zeitpunkt ihrer Errichtung geltenden Fassung) erlassen wurde, gelten als gemäß diesem Bundesgesetz genehmigt. Dies gilt auch für die in dieser Zeitspanne durchgeführten Ausbau- und Umbaumaßnahmen an derartigen Anbindungen.

(2) Jedenfalls keine Ausbaumaßnahmen sonstiger Art sind: Schutzbauten zur Beseitigung von Gefahrenbereichen oder Umlegungen, die durch Katastrophenfälle oder Brückenneubauten bedingt werden, die Errichtung zusätzlicher Parkplätze mit weniger als 750 Stellplätzen, die Errichtung zusätzlicher Betriebe gemäß § 27 mit einer Flächeninanspruchnahme von weniger als 5 ha, die Zulegung von Kriechspuren, Rampenverlegungen, die Errichtung von zusätzlichen Einzelrampen bei bestehenden Knoten oder Anschlussstellen, Änderungen der Straßenachse oder der Nivelette um weniger als 5 m, Anlagen für den Straßenbetrieb und Umweltschutzmaßnahmen. Die Errichtung von sonstigen Betrieben gemäß § 27, die Zulegung weiterer Fahrstreifen und Änderungen der Nivelette, die nicht der Pflicht zur Durchführung einer Umweltverträglichkeitsprüfung unterliegen, sind auch keine Ausbaumaßnahmen sonstiger Art.

(3) Werden Straßenteile für den Durchzugsverkehr entbehrlich oder hat sich eine wesentliche Änderung der Voraussetzungen nach Abs. 1 ergeben, so kann der Bundesminister für Verkehr, Innovation und Technologie über Antrag des Bundes (Bundesstraßenverwaltung) die Auflassung dieser Straßenteile als Bundesstraße durch Bescheid verfügen. § 1 Abs. 2, dritter Satz, gilt sinngemäß. Sofern die aufgelassenen Straßenteile nicht mehr Verkehrszwecken dienen, sind sie vom Bund (Bundesstraßenverwaltung) hinsichtlich ihrer Kulturgattung in einen den anrainenden Grundstücken ähnlichen Zustand zu versetzen (Rekultivierung). Vor Erlassung eines Bescheides sind die berührten Länder und Gemeinden zu hören; die Gemeinden werden hiebei im eigenen Wirkungsbereich tätig.

(4) Die Bescheide nach Abs. 1 und 3 sind in den berührten Gemeinden und beim Amt der Landesregierung des jeweiligen Landes zur Einsicht aufzubewahren.

(5)[3] Vor Erlassung eines Bescheides nach Abs. 1 sind ausreichende Plan- und Projektunterlagen sowie Unterlagen zur Darlegung der Umweltverträglichkeit durch sechs Wochen in den berührten Gemeinden zur öffentlichen Einsicht aufzulegen. Zeit und Ort der Auflage sind durch einmalige Veröffentlichung in einer im betreffenden Bundesland weit verbreiteten Tageszeitung sowie durch Anschlag an den Amtstafeln des Gemeindeamtes (Rathauses) der berührten Gemeinden kundzumachen. Innerhalb dieser Auflagefrist kann jedermann schriftlich eine Stellungnahme und können Nachbarn (§ 7a) schriftlich Einwendungen beim Bundesministerium für Verkehr, Innovation und Technologie einbringen.

(6)[4] Für die Abs. 7 und 8 sowie für § 24 Abs. 6 gelten folgende Begriffsbestimmungen:

1. „Seveso-Betrieb" ist ein Betrieb, der in den Geltungsbereich der Richtlinie 2012/18/EU zur Beherrschung der Gefahren schwerer Unfälle mit gefährlichen Stoffen fällt. Seveso-Betriebe sind entweder Betriebe der unteren Klasse (Art. 3 Z 2 der Richtlinie 2012/18/EU) oder Betriebe der oberen Klasse (Art. 3 Z 3 der Richtlinie 2012/18/EU);
2. „schwerer Unfall" ist ein Ereignis (zB eine Emission, ein Brand oder eine Explosion größeren Ausmaßes), das sich aus unkontrollierten Vorgängen in einem Seveso-Betrieb oder aber auch durch äußere Einwirkung aufgrund von Naturereignissen ergibt, das unmittelbar oder später innerhalb oder außerhalb des Seveso-Betriebes zu einer ernsten Gefahr für die menschliche Gesundheit oder die Umwelt führt und bei dem ein oder mehrere gefährliche Stoffe im Sinn von Art. 3 Z 10 der Richtlinie 2012/18/EU beteiligt sind;
3. „Gefährdungsbereich eines Seveso-Betriebes" ist jener angemessene Sicherheitsabstand von der Betriebsanlage, der sich aufgrund von mengenschwellenbezogenen Abstandsmodellen oder standardisierten Einzelfallbetrachtungen ergibt.

(7)[4] In einem Antrag gemäß Abs. 1 ist in der planlichen Darstellung der Antragsunterlagen der Gefährdungsbereich eines Seveso-Betriebes auszuweisen.

(8)[4] Eine Genehmigung für Straßenbauvorhaben gemäß Abs. 1 im Gefährdungsbereich eines Seveso-Betriebes darf überdies nur erteilt werden, wenn bei Planung, Bau und Betrieb solcher Vorhaben darauf Bedacht genommen wird – insbesondere durch das Vorsehen von baulichen oder organisatorischen Vorkehrungen –, dass durch das Vorhaben weder schwere Unfälle bewirkt noch das Risiko oder die Folgen solcher Unfälle vergrößert oder verschlimmert werden können.

Änderung des Bescheides vor Verkehrsfreigabe

§ 4a.[5] (1) Beabsichtigte Änderungen eines gemäß § 4 Abs. 1 genehmigten Vorhabens oder beabsichtigte Abweichungen von im Bescheid enthaltenen Nebenbestimmungen vor Verkehrsfreigabe des Bauvorhabens bedürfen einer Genehmigung gemäß § 4 Abs. 1, wenn dies zur Wahrung der in den §§ 4 Abs. 1, 7 und 7a umschriebenen Interessen und Rechte erforderlich ist. Diese Genehmigung hat im Falle der Änderung des Vorhabens auch das bereits dem Bescheid gemäß § 4 Abs. 1 zugrunde liegende Vorhaben insoweit zu umfassen, als es wegen der Änderung zur Wahrung der in den §§ 4 Abs. 1, 7 und 7a beschriebenen Grundsätze und Interessen erforderlich ist.

(2) Eine Genehmigung nach Abs. 1 ist dann zu erteilen, wenn die in den §§ 4 Abs. 1 und 7 umschriebenen Grundsätze eingehalten werden und die von der Änderung oder Abweichung betroffenen Nachbarn gemäß § 7a in ihren Rechten nicht nachteilig berührt werden oder diese den spezifischen Änderungen oder Abweichungen nachweislich zugestimmt haben. Der Bundesminister für Verkehr, Innovation und Technologie hat dabei das Ermittlungsverfahren insoweit zu ergänzen, als dies im Hinblick auf seine Zwecke notwendig ist.

(3)[6] An die Stelle der Änderungsgenehmigung kann eine Anzeige des Bundes (Bundesstraßenverwaltung) an die Bundesministerin bzw. den Bundesminister für Klimaschutz, Umwelt, Energie, Mobilität, Innovation und Technologie treten, wenn die Änderungen oder Abweichungen grundsätzlich genehmigungsfähig sind und voraussichtlich keine zusätzlichen Auflagen zum Schutz der genannten Interessen und Rechte erforderlich sind. Wenn die Voraussetzungen für eine Anzeige nicht gegeben sind, hat die Behörde die Durchführung der Änderungen oder Abweichungen binnen acht

[2] Eingefügt durch BGBl I 156/2021.
[3] Geändert durch BGBl I 156/2021.
[4] Eingefügt durch BGBl I 156/2021.
[5] Eingefügt durch BGBl I 24/2010.
[6] Geändert durch BGBl I 156/2021.

Wochen zu untersagen oder ein Genehmigungsverfahren einzuleiten. Über die Untersagung oder die Nichtuntersagung hat sie dem Bund (Bundesstraßenverwaltung) schriftlich Mitteilung zu machen.

(4) Dem Genehmigungsantrag und der Anzeige sind die zur Beurteilung der gesetzlichen Voraussetzungen für die beabsichtigte Änderung oder Abweichung erforderlichen Unterlagen anzuschließen.

(5) Angezeigte Änderungen dürfen nach Einlangen der Anzeige bei der Behörde vorgenommen werden, wenn dies aus Gründen der Gefahr im Verzug erforderlich ist. Andere angezeigte Änderungen, für die ein Genehmigungsverfahren nicht eingeleitet wurde und die nicht untersagt wurden, dürfen nach Verstreichen von 8 Wochen oder, falls dieser Zeitpunkt früher liegt, nach Einlangen der Nichtuntersagung beim Bund (Bundesstraßenverwaltung) vorgenommen werden.

(6) Nicht der Anzeigepflicht unterliegen Änderungen, welche immissionsneutrale Änderungen zur Anpassung an den Stand der Technik oder immissionsneutrale Änderungen der technischen Ausführung oder der Herstellung darstellen, wenn die in den §§ 4 Abs. 1, 7 und 7a umschriebenen Interessen nicht nachteilig berührt werden. Der Bund (Bundesstraßenverwaltung) hat über das Vorliegen einer der oben angeführten Voraussetzungen eine im Rahmen seiner Befugnis ausgestellte Bestätigung eines Ziviltechnikers oder Ingenieurbüros einzuholen und der Behörde auf Verlangen vorzulegen.

(7) Der Bund (Bundesstraßenverwaltung) hat die Bevölkerung von anzeigepflichtigen Änderungen (Abs. 3) sowie von anzeigefreien Änderungen (Abs. 6) im Vorhinein durch Anschlag an den Amtstafeln der von der Änderung betroffenen Standortgemeinden zu informieren. Angrenzende Grundeigentümer im Sinne des § 7a sind nach Möglichkeit schriftlich zu informieren. Durch diese Bestimmungen werden keine subjektiven Rechte begründet.

(8) Die Absätze 1 bis 7 sind auf Vorhaben, für die eine Umweltverträglichkeitsprüfung gemäß Umweltverträglichkeitsprüfungsgesetz 2000 – UVP-G 2000, BGBl. Nr. 697/1993, durchgeführt worden ist, nicht anzuwenden.

[…]

Straßenforschung

§ 6. (1) Die Aufwendungen für Zwecke der Forschung und für grundlegende Untersuchungen in Angelegenheiten der Bundesstraßen, ausgenommen die Straßenpolizei, sind aus den in den jährlichen Bundesfinanzgesetzen dafür vorgesehenen Mitteln zu bedecken. Diese Mittel sind im Interesse der Umweltverträglichkeit im Straßenbau und der Steigerung der Wirtschaftlichkeit im Straßenbau sowie der Sicherheit der Verkehrsabwicklung sowohl für die Erteilung von Forschungs- und Entwicklungsaufträgen gegen Entgelt als auch für die Förderung von Forschungs- und Entwicklungsvorhaben physischer oder juristischer Personen durch die Gewährung von Zuschüssen sowie weiters für Zwecke der Dokumentation, Information und Publikation in allen Bereichen der Bundesstraßen, ausgenommen die Straßenpolizei, zu verwenden.

(2) Die Gewährung von Förderbeiträgen kann von Bedingungen abhängig gemacht werden. Bei Forschungsvorhaben von unmittelbarem Nutzen für den Förderungswerber hat dieser einen angemessenen Beitrag zur Deckung der Kosten zu leisten. Die §§ 21 und 22 der Allgemeinen Rahmenrichtlinien für die Gewährung von Förderungen aus Bundesmitteln (ARR 2004), BGBl. II Nr. 51/2004, gelten sinngemäß.

II. Planung, Bau, Betrieb und Erhaltung[7]

Grundsätze und objektiver Nachbarschutz

§ 7. (1) Die Bundesstraßen sind derart zu planen, zu bauen und zu erhalten, daß sie nach Maßgabe und bei Beachtung der straßenpolizeilichen und kraftfahrrechtlichen Vorschriften von allen Straßenbenützern unter Bedachtnahme auf die durch die Witterungsverhältnisse oder durch Elementarereignisse bestimmten Umstände ohne Gefahr benützbar sind; hiebei ist auch auf die Sicherheit, Leichtigkeit und Flüssigkeit des Verkehrs sowie auf die Umweltverträglichkeit Bedacht zu nehmen.

(2) Der Bundesminister für Verkehr, Innovation und Technologie erläßt die für die Planung, den Bau und die Erhaltung der Bundesstraßen erforderlichen Verordnungen und Dienstanweisungen.

(3)[8] Bei Planung, Bau und Betrieb von Bundesstraßen ist vorzusorgen, dass Beeinträchtigungen von Nachbarn vermindert oder vermieden werden. Maßnahmen zur Vermeidung oder Verminderung von Beeinträchtigungen sind nur zu ergreifen, wenn dies im Verhältnis zum Erfolg mit wirtschaftlich vertretbarem Aufwand erreicht werden kann.

(4) Die Vorsorge gegen Beeinträchtigungen der Nachbarn durch den Bau und den Betrieb der Bundesstraße (Abs. 3) kann auch dadurch erfolgen, dass auf fremden Grundstücken mit Zustimmung des Eigentümers geeignete Maßnahmen gesetzt werden, insbesondere Baumaßnahmen an Gebäuden, Einbau von Lärmschutzfenstern und dergleichen, sofern die Erhaltung und allfällige Wiederherstellung durch den Eigentümer oder einen Dritten sichergestellt ist.

(5) In Fällen, in denen mit wirtschaftlich vertretbarem Aufwand durch Maßnahmen nach Abs. 3 und Abs. 4 kein entsprechender Erfolg erzielt werden kann, können mit Zustimmung des Eigentümers Grundstücke oder Grundstücksteile vom Bund (Bundesstraßenverwaltung) nach den Grundsätzen des § 18 und der §§ 4 bis 8 des Eisenbahn-Enteignungsentschädigungsgesetzes - EisbEG, BGBl. Nr. 71/1954, eingelöst werden, sofern durch den Bau oder den Betrieb der Bundesstraße die Benützung eines Grundstücks oder Grundstücksteiles unzumutbar beeinträchtigt wird. Gleiches gilt, wenn die unzumutbare Beeinträchtigung durch bauliche Anlagen im Zuge einer Bundesstraße (§ 3), zum Beispiel durch Beeinträchtigung des Lichtraumes, erfolgt.

(6) Im Falle, dass sich Maßnahmen in der Umgebung von Bundesstraßen für die Abwicklung des Verkehrs und seiner Auswirkungen auf die Umwelt als zweckmäßiger und wirtschaftlicher erweisen als Baumaßnahmen an der Bundesstraße, können auch solche an Stelle dieser Baumaßnahmen getroffen werden.

(7)[9] Bei der Planung, dem Bau, dem Betrieb und der Erhaltung von Bundesstraßen ist auch auf die Grundsätze der Wirtschaftlichkeit, Sparsamkeit und Zweckmäßigkeit Bedacht zu nehmen. Im Rahmen einer Verordnung im Sinne des Abs. 2 ist der Bundesminister für Verkehr, Innovation und Technologie ermächtigt, Bestimmungen betreffend die Prüfung wirtschaftlicher Aspekte von Bauvorhaben und Erhaltungsmaßnahmen zu erlassen. In einer solchen Verordnung können insbesondere der Anwendungsbereich, Zuständigkeiten und die Methoden und Tiefe der Prüfung beschrieben und festgelegt werden.

(8)[10] Durch diese Bestimmungen werden keine subjektiven Rechte begründet.

---

[7] Überschrift geändert durch BGBl I 5/2017.

[8] Geändert durch BGBl I 5/2017.

[9] Neu gefasst durch BGBl I 5/2017.

[10] Eingefügt durch BGBl I 5/2017.

Subjektiver Nachbarschutz

§ 7a. (1) Eine Bestimmung des Straßenverlaufes nach § 4 Abs. 1 ist nur zulässig, wenn bei Bau und Betrieb der Bundesstraße vermieden wird,

a) dass das Leben und die Gesundheit von Nachbarn gefährdet werden und
b) dass das Eigentum oder sonstige dingliche Rechte der Nachbarn gefährdet werden.

(2) Nachbarn im Sinne dieser Bestimmung sind alle Personen, die durch den Bau oder den Betrieb, oder deren Eigentum oder sonstige dingliche Rechte dadurch gefährdet werden könnten. Als Nachbarn gelten nicht Personen, die sich vorübergehend in der Nähe der Bundesstraße aufhalten und nicht im Sinne des vorherigen Satzes dinglich berechtigt sind. Als Nachbarn gelten jedoch die Inhaber von Einrichtungen, in denen sich, wie etwa in Beherbergungsbetrieben, Krankenanstalten und Heimen regelmäßig Personen vorübergehend aufhalten, hinsichtlich des Schutzes dieser Personen, und die Erhalter von Schulen hinsichtlich des Schutzes der Schüler, der Lehrer und der sonst in Schulen ständig beschäftigten Personen.

(3) Einwendungen, die sich auf zivilrechtliche Ansprüche beziehen, sind auf den Zivilrechtsweg zu verweisen.

(4) Einwendungen, die eine Verletzung subjektiver öffentlicher Rechte, abgesehen von den Rechten nach Abs. 1 lit. a, zum Inhalt haben, sind als unbegründet abzuweisen, wenn das öffentliche Interesse an der Errichtung der Bundesstraße größer ist, als der Nachteil, der der Partei durch die Bestimmung des Straßenverlaufes erwächst. Subjektive Rechte gemäß Abs. 1 lit. b können nach Maßgabe der Bestimmungen über die Enteignung (§§ 17ff) eingeschränkt werden.

(5)[10] Im Rahmen einer Verordnung im Sinne des § 7 Abs. 2 ist der Bundesminister für Verkehr, Innovation und Technologie auch ermächtigt, Bestimmungen über betriebs- und baubedingte Immissionen von Bundesstraßenvorhaben zu erlassen. In einer solchen Verordnung können insbesondere der Anwendungsbereich, die Ermittlungsmethoden, Schwellen- und Grenzwerte, ein Beurteilungsmaßstab, Umfang und Dauer des Anspruchs auf Maßnahmen zum Schutz vor Immissionen und die Art der Festlegung und der Durchführung von Maßnahmen geregelt werden.

(6)[10] Bei der Beurteilung der Auswirkungen von Immissionen ist darauf abzustellen, wie sich diese auf ein gesundes, normal empfindendes Kind und auf einen gesunden, normal empfindenden Erwachsenen auswirken.

(7)[10] Wird bei objektseitigen Lärmschutzmaßnahmen die Zustimmung durch den Eigentümer oder sonst Berechtigten zur Umsetzung verweigert oder trotz Zustimmung in Folge die Umsetzung der Maßnahmen nicht oder nicht rechtzeitig ermöglicht, ist der Nachbar so zu behandeln, als wären die Maßnahmen gesetzt worden. Der Anspruch des Eigentümers oder sonst Berechtigten auf Umsetzung der Maßnahmen bleibt jedenfalls für einen Zeitraum von drei Jahren ab Verkehrsfreigabe aufrecht.

Straßenbaulast

§ 8. (1) Die Planung, der Bau und die Erhaltung der Bundesstraßen erfolgt aus Mitteln des Bundes (Bundesstraßenverwaltung), insoweit sich nicht aus den folgenden Bestimmungen etwas anderes ergibt oder auf Grund eines besonderen Rechtstitels Verpflichtungen zu Leistungen für diese Zwecke bestehen. Falls derartige Verpflichtungen bei einer vom Bund (Bundesstraßenverwaltung) zu übernehmenden öffentlichen Straße bestehen, bleiben sie auch nach der Umwandlung in eine Bundesstraße aufrecht.

(2) Verträge nach den §§ 25 bis 28 sind entgeltlich....

Bundesstraßen-Mautgesetz 2002 – BStMG

BGBl I 109/2002, zuletzt geändert durch BGBl I 142/2023

2. Teil
Fahrleistungsabhängige Maut

Mautpflicht

§ 6.[1] Die Benützung von Mautstrecken mit mehrspurigen Kraftfahrzeugen, deren technisch zulässige Gesamtmasse mehr als 3,5 Tonnen beträgt, unterliegt der fahrleistungsabhängigen Maut. Mehrspurige Kraftfahrzeuge, die noch nie zum Verkehr zugelassen waren und ein Probefahrt- oder Überstellungskennzeichen führen, unterliegen der fahrleistungsabhängigen Maut, sofern ihr Eigengewicht mehr als 3,5 Tonnen beträgt. Sofern kein Nachweis des Eigengewichtes erbracht wird, gelten diese Fahrzeuge als solche mit einem Eigengewicht von mehr als 3,5 Tonnen.

…

Mauttarife

§ 9.[2] Die fahrleistungsabhängige Maut dient der Anlastung der Infrastrukturkosten sowie der Kosten, die verkehrsbedingt durch Luftverschmutzung, Lärmbelastung und CO_2-Emissionen entstehen. Eine Teilanlastung dieser Kosten ist zulässig.

(2) Die Bundesministerin für Klimaschutz, Umwelt, Energie, Mobilität, Innovation und Technologie hat im Einvernehmen mit dem Bundesminister für Finanzen die Mauttarife pro Kilometer zur Anlastung der Kosten gemäß Abs. 1 für die fahrleistungsabhängige Maut durch Verordnung auf hundertstel Cent genau festzusetzen. Der Autobahnen- und Schnellstraßen-Finanzierungs-Aktiengesellschaft obliegt die Erstellung von Vorschlägen zur Festsetzung der Mauttarife zur Anlastung der Infrastrukturkosten.

(3) Die Mauttarife zur Anlastung der Infrastrukturkosten sowie der Kosten, die verkehrsbedingt durch Luftverschmutzung, Lärmbelastung und CO_2-Emissionen entstehen, sind nach Anzahl der Achsen der Kraftfahrzeuge und der von diesen gezogenen Anhängern unabhängig von der technisch zulässigen Gesamtmasse des Anhängers zu differenzieren. Achsen sind unabhängig vom Radstand, alle Aufhängungen von Rädern, die im Wesentlichen symmetrisch zur Längsmittelebene des Fahrzeuges liegen. Stützachsen gelten nicht als Achsen. Achsen von Anhängern, die von Omnibussen (§ 2 Z 7 Kraftfahrgesetz 1967) und Wohnmobilen (§ 2 Z 28a Kraftfahrgesetz 1967) gezogen werden, sind bei der Ermittlung der Achsenzahl nicht zu berücksichtigen.

(4) Die Festsetzung der Mauttarife zur Anlastung der Infrastrukturkosten hat den Bestimmungen der Artikel 2 Abs. 1 Z 3 und Abs. 2, 7b und 7e Abs. 1 und 3 der Richtlinie 1999/62/EG zu entsprechen. Die Festsetzung der Mauttarife zur Anlastung der Kosten der verkehrsbedingten Luftver-

1 Geändert durch BGBl I 142/2023.
2 Neu gefasst durch BGBl I 142/2023.

schmutzung, der Lärmbelastung und der CO_2-Emissionen hat den Bestimmungen der Artikel 7c Abs. 1, 7ca Abs. 1 und 2, 7cb Abs. 1 und 3, 7ga Abs. 1 und 2, 7i Abs. 1 und des Anhanges IIIa der Richtlinie 1999/62/EG zu entsprechen.

(5) Die Mauttarife zur Anlastung der Infrastrukturkosten werden nach folgenden Fahrzeugkategorien gestaffelt:

1. Kraftfahrzeuge mit zwei Achsen: 100 vH,
2. Kraftfahrzeuge und Fahrzeugkombinationen mit drei Achsen: 140 vH,
3. Kraftfahrzeuge und Fahrzeugkombinationen mit vier und mehr Achsen: 210 vH.

Für Fahrzeuge der CO_2-Emissionsklasse 5 ist gegenüber den für Fahrzeuge aller anderen CO_2-Emissionsklassen (Abs. 9 zweiter Satz) einheitlich festzusetzenden Tarifen nach Maßgabe des Artikels 7ga Abs. 4 der Richtlinie 1999/62/EG eine Ermäßigung in der Höhe von 75 vH vorzusehen. Die Festsetzung der Tarife gemäß Abs. 2 hat für die in Z 2 und 3 genannten Fahrzeuge und für Fahrzeuge der CO_2-Emissionsklasse 5 jeweils nach Durchführung einer kaufmännischen Rundung zu erfolgen.

(6) Eine Differenzierung der Mauttarife zur Anlastung der Infrastrukturkosten nach dem Zeitpunkt der Straßenbenützung kann nach Maßgabe des Artikels 7g Abs. 1 und 3 der Richtlinie 1999/62/EG erfolgen, wobei diese Differenzierung auch eingeschränkt auf einzelne Mautabschnitte oder Fahrzeugkategorien gemäß Abs. 5 zulässig ist.

(7) Die Bundesministerin für Klimaschutz, Umwelt, Energie, Mobilität, Innovation und Technologie kann im Einvernehmen mit dem Bundesminister für Finanzen durch Verordnung

1. für Strecken, deren Herstellung, Erweiterung und bauliche und betriebliche Erhaltung überdurchschnittliche Kosten verursachen, insbesondere für die in § 10 Abs. 2 genannten Mautstrecken, Mautabschnitts-Teiltarife (Abs. 11 zweiter und dritter Satz) zur Anlastung der Infrastrukturkosten festsetzen, die höher sind als jene, die sich auf Grund einer Berechnung gemäß Abs. 4 und 5 ergeben,
2. nach Maßgabe des Artikels 7f der Richtlinie 1999/62/EG die gemäß Z 1 festgesetzten Mautabschnitts-Teiltarife zur Anlastung der Infrastrukturkosten erhöhen oder die auf Grund einer Berechnung gemäß Abs. 4 und 5 festgesetzten Mauttarife zur Anlastung der Infrastrukturkosten erhöhen.

Zum Zweck der Berechnung der gemäß Z 1 festzusetzenden Mautabschnitts-Teiltarife können zwei oder mehr Mautstrecken zusammengefasst werden.

(8) Die Mauttarife zur Anlastung der Kosten der verkehrsbedingten Luftverschmutzung und Lärmbelastung sind für Fahrzeuge mit den in Anhang 0 der Richtlinie 1999/62/EG angeführten EURO-Emissionsklassen und für emissionsfreie Fahrzeuge für alle Mautstrecken einheitlich festzusetzen. Es sind Tarifgruppen nach EURO-Emissionsklassen zu bilden, wobei eine Tarifgruppe, in der zumindest die EURO-Emissionsklassen 0 bis III zusammengefasst sind, und eine Tarifgruppe für emissionsfreie Fahrzeuge vorzusehen sind. Für Fahrzeuge der EURO-Emissionsklasse EEV gelten die für Fahrzeuge der EURO-Emissionsklasse V festzusetzenden Mauttarife.

(9) Die Mauttarife zur Anlastung der Kosten der verkehrsbedingten CO_2-Emissionen sind für alle Mautstrecken einheitlich festzusetzen. Es sind Tarifgruppen nach den gemäß Artikel 7ga Abs. 1 und 2 der Richtlinie 1999/62/EG zu bildenden CO_2-Emissionsklassen 1 bis 5 ohne Differenzierung der CO_2-Emissionsklasse 1 nach EURO-Emissionsklassen vorzusehen. Die Tarife zur Anlastung der Kosten der verkehrsbedingten CO_2-Emissionen sind in Cent ohne Umsatzsteuer für Kraftfahrzeuge mit zwei Achsen (Kategorie 2), für Kraftfahrzeuge und Fahrzeugkombinationen mit drei Achsen (Kategorie 3) und für Kraftfahrzeuge und Fahrzeugkombinationen mit vier und mehr Achsen (Kategorie 4) wie folgt festzusetzen:

1. Für das Jahr 2024:

Tarifgruppe nach CO_2-Emissionsklasse	Kategorie 2	Kategorie 3	Kategorie 4
5	0,00	0,00	0,00
4	0,60	0,75	1,02
3	1,79	2,39	3,50
2	1,85	2,48	3,62
1	1,98	2,65	3,87

2. Für das Jahr 2025:

Tarifgruppe nach CO_2-Emissionsklasse	Kategorie 2	Kategorie 3	Kategorie 4
5	0,00	0,00	0,00
4	1,00	1,25	1,70
3	2,99	3,99	5,84
2	3,09	4,13	6,04
1	3,30	4,41	6,46

3. Für das Jahr 2026:

Tarifgruppe nach CO_2-Emissionsklasse	Kategorie 2	Kategorie 3	Kategorie 4
5	0,00	0,00	0,00
4	1,40	1,75	2,38
3	4,19	5,59	8,18
2	4,32	5,78	8,45
1	4,62	6,17	9,04

4. Für Omnibusse ist bei den nach Z 2 und 3 festzusetzenden Tarifen ab 1. Jänner 2025 jeweils eine eigene Tarifgruppe zu bilden, für die eine Ermäßigung in der Höhe von 25 vH vorzusehen ist, wobei die Festsetzung der Tarife nach Durchführung einer kaufmännischen Rundung auf hundertstel Cent zu erfolgen hat.
5. Für das Jahr 2027 und die Folgejahre sind die nach den Z 3 und 4 festgelegten Tarife nach Maßgabe des Abs. 12 anzupassen. Diese Anpassung hat unter Bedachtnahme auf das EU-Emissionshandelssystem für den Straßenverkehrssektor gemäß Richtlinie 2003/87/EG zu erfolgen, wobei die Tarife das Doppelte der sich aus Anhang IIIc und Artikel 10a der Richtlinie 1999/62/EG ergebenden Bezugswerte nicht überschreiten dürfen. Dabei gilt für Fahrzeuge der CO_2-Emissionsklasse 1 jeweils der niedrigste Bezugswert und für Kraftfahrzeuge und Fahrzeugkombinationen mit mehr als vier Achsen jeweils der Bezugswert für solche mit vier Achsen.

(10) Sind Fahrzeuge, denen nur ein einziges Kennzeichen zugewiesen wurde, nicht derselben Tarifgruppe zuzuordnen, so gilt für alle Fahrzeuge der Tarif jener Tarifgruppe, für die der höchste Tarif festgesetzt wird. Fahrzeuge, für die kein Nachweis erfolgt, der ihre Zuordnung zu einer Tarifgruppe ermöglicht, sind jener Tarifgruppe zuzuordnen, für die der höchste Tarif festgesetzt wird. Die Autobahnen- und Schnellstraßen-Finanzierungs-Aktiengesellschaft hat in der Mautordnung vorzusehen, dass der Zulassungsbesitzer vor Benützung der Mautstrecken auf elektronischem Wege durch Erklärung der EURO-Emissionsklasse, der CO_2-Emissionsklasse sowie ab 1. Jänner 2025 der Eigenschaft des Fahrzeugs als Omnibus gegenüber dem Mautdiensteanbieter gemäß § 7 Abs. 5 die vorläufige Zuordnung eines Fahrzeugs zu einer nach

EURO-Emissionsklassen und CO_2-Emissionsklassen gebildeten Tarifgruppe sowie ab 1. Jänner 2025 einer für Omnibusse gebildeten Tarifgruppe erwirken kann. Es ist vorzusehen, dass der Zulassungsbesitzer den Nachweis der erklärten EURO-Emissionsklasse, der erklärten CO_2-Emissionsklasse sowie ab 1. Jänner 2025 der Eigenschaft des Fahrzeugs als Omnibus innerhalb einer in der Mautordnung vorzusehenden Frist von mindestens 30 Tagen nachzuholen hat, widrigenfalls die vorläufige Zuordnung rückwirkend erlischt. Die Zuordnung eines Fahrzeugs zur Tarifgruppe der CO_2-Emissionsklasse 2 oder 3 ist durch den Mautdiensteanbieter so rechtzeitig zu überprüfen, dass nach Maßgabe des Artikels 7ga Abs. 2 der Richtlinie 1999/62/EG gegebenenfalls sechs Jahre nach der erstmaligen Zulassung des Fahrzeugs und danach alle weiteren sechs Jahre eine Zuordnung in eine andere Tarifgruppe erfolgt.

(11) Die Autobahnen- und Schnellstraßen- Finanzierungs-Aktiengesellschaft hat in der Mautordnung für die durch Anschlussstellen und Knoten begrenzten Straßenabschnitte (Mautabschnitte) die Tarife (Mautabschnittstarife) festzusetzen. Der Berechnung der Mautabschnittstarife sind die Mautabschnitts-Teiltarife zur Anlastung der Infrastrukturkosten, zur Anlastung der Kosten der verkehrsbedingten Luftverschmutzung und Lärmbelastung sowie zur Anlastung der Kosten der verkehrsbedingten CO_2-Emissionen zu Grunde zu legen. Sofern in der Verordnung nicht schon eine Festsetzung der Mautabschnitts-Teiltarife zur Anlastung der Infrastrukturkosten gemäß Abs. 7 Z 1 oder 2 erfolgt ist, sind der Berechnung der Mautabschnitts-Teiltarife die in der Verordnung festgesetzten Mauttarife und die auf den Hauptfahrbahnen des Mautabschnitts zurückzulegenden Wegstrecken zu Grunde zu legen. Die Beträge der Mautabschnitts-Teiltarife sind kaufmännisch jeweils auf hundertstel Cent zu runden. Die Mautabschnittstarife ergeben sich aus der Summe der Mautabschnitts-Teiltarife, wobei die Beträge jeweils kaufmännisch auf volle Cent zu runden sind. Die Autobahnen- und Schnellstraßen-Finanzierungs-Aktiengesellschaft hat die auf die einzelnen Mautabschnitte entfallenden Mautabschnitts-Teiltarife zur Anlastung der Kosten der verkehrsbedingten Luftverschmutzung und Lärmbelastung sowie zur Anlastung der Kosten der verkehrsbedingten CO_2-Emissionen in der Mautordnung gesondert auszuweisen.

(12) Die Bundesministerin für Klimaschutz, Umwelt, Energie, Mobilität, Innovation und Technologie hat im Einvernehmen mit dem Bundesminister für Finanzen auf Grundlage des von der Bundesanstalt Statistik Österreich verlautbarten Harmonisierten Verbraucherpreisindex oder an seine Stelle tretenden Index eine jährliche Anpassung der Tarife zur Anlastung der Infrastrukturkosten jeweils mit Wirkung vom 1. Jänner mit Verordnung vorzusehen, und zwar durch Heranziehung der auf eine Dezimalstelle berechneten Rate der Veränderung des Jahresdurchschnittswertes des Vorjahres gegenüber dem entsprechenden Wert des dem Vorjahr vorangegangenen Jahres. Die so errechneten Beträge sind jeweils kaufmännisch auf hundertstel Cent zu runden.

(13) Abweichend von Abs. 12 gilt für die Festsetzung der Mauttarife für das Jahr 2024 Folgendes:

1. die in der Mauttarifverordnung 2022, BGBl. II Nr. 448/2022, für das Jahr 2023 festgesetzten Grundkilometertarife für Kraftfahrzeuge mit zwei Achsen zur Anlastung der Infrastrukturkosten gelten im Jahr 2024 als Tarife zur Anlastung der Infrastrukturkosten für Kraftfahrzeuge mit zwei Achsen, wobei die Tarife zur Anlastung der Infrastrukturkosten für Fahrzeuge und Fahrzeugkombinationen mit drei Achsen oder mit vier und mehr Achsen unter Anwendung der Rundungsregelung des Abs. 5 dritter Satz zu berechnen sind;
2. die in der Mauttarifverordnung 2022, BGBl. II Nr. 448/2022, für das Jahr 2023 festgesetzten Mautabschnitts-Teiltarife zur Anlastung der Infrastrukturkosten für die Mautabschnitte der in § 10 Abs. 2 BStMG genannten Mautstrecken der A 9, A 10, A 11 und S 16 gelten auch im Jahr 2024;
3. die Mautabschnitts-Teiltarife zur Anlastung der Infrastrukturkosten, die der Berechnung der in der Mauttarifverordnung 2022, BGBl. II Nr. 448/2022, für das Jahr 2023 festgesetzten Mautabschnittstarife für die Mautabschnitte der A 13 zugrunde liegen, sind unter Anwendung der Rundungsregelung des Abs. 5 dritter Satz im Jahr 2024 für die Festsetzung der Mautabschnitts-Teiltarife zur Anlastung der Infrastrukturkosten für die Mautabschnitte der A 13 heranzuziehen.

3. Teil
Zeitabhängige Maut

Mautpflicht

§ 10. (1)[1] Die Benützung von Mautstrecken mit einspurigen Kraftfahrzeugen und mit mehrspurigen Kraftfahrzeugen, deren technisch zulässige Gesamtmasse nicht mehr als 3,5 Tonnen beträgt, unterliegt der zeitabhängigen Maut.

(2) Von der Pflicht zur Entrichtung der zeitabhängigen Maut sind ausgenommen:

1. A 9 Pyhrn Autobahn in den Abschnitten zwischen der Anschlussstelle Spital/Pyhrn und der Anschlussstelle Ardning und zwischen der Anschlussstelle St. Michael und Anschlussstelle Übelbach,
2. A 10 Tauern Autobahn im Abschnitt zwischen der Anschlussstelle Flachau und der Anschlussstelle Rennweg,
3. A 11 Karawanken Autobahn im Abschnitt zwischen der Anschlussstelle St. Jakob im Rosental und der Staatsgrenze im Karawankentunnel,
4. A 13 Brenner Autobahn,
5. S 16 Arlberg Schnellstraße im Abschnitt zwischen der Anschlussstelle St. Anton und der Anschlussstelle Langen.

(3) Mehrspurige Fahrzeuge, die noch nie zum Verkehr zugelassen waren und ein Probefahrt- oder Überstellungskennzeichen führen, unterliegen der zeitabhängigen Maut, sofern ihr Eigengewicht nicht mehr als 3,5 Tonnen beträgt. Sofern kein Nachweis des Eigengewichtes erbracht wird, gelten diese Fahrzeuge als solche mit einem Eigengewicht von mehr als 3,5 Tonnen. Kraftfahrzeuge mit drei Rädern gelten als einspurige Kraftfahrzeuge.[3]

(4)[1] Für Anhänger, die von mehrspurigen Kraftfahrzeugen gezogen werden, deren technisch zulässige Gesamtmasse nicht mehr als 3,5 Tonnen beträgt, und für Beiwagen einspuriger Kraftfahrzeuge ist keine zeitabhängige Maut zu entrichten.

[…]

Vignettenpreise

§ 12.[2] (1) Bei Jahres-, Zweimonats-, Zehntages- und Eintagesvignetten sind als Kategorien mehrspurige Kraftfahrzeuge, deren technisch zulässige Gesamtmasse nicht mehr als 3,5 Tonnen beträgt, und einspurige Kraftfahrzeuge vorzusehen.

(2) Der Preis der Jahresvignette samt Umsatzsteuer beträgt:

1. für einspurige Kraftfahrzeuge: 38,50 Euro,
2. für mehrspurige Kraftfahrzeuge: 96,40 Euro.

(3) Für mehrspurige Kraftfahrzeuge mit einer technisch zulässigen Gesamtmasse von nicht mehr als 3,5 Tonnen, beträgt der jeweils auf volle zehn Cent abgerundete Preis der

[3] Letzter Satz geändert durch BGBl I 45/2019.

Zweimonatsvignette 30 vH, der Preis der Zehntagesvignette 12 vH und der Preis der Eintagesvignette 9 vH des Preises der Jahresvignette.

(4) Für einspurige Kraftfahrzeuge betragen die jeweils auf volle zehn Cent abgerundeten Vignettenpreise jeweils 40 vH der Vignettenpreise für mehrspurige Kraftfahrzeuge, deren technisch zulässige Gesamtmasse nicht mehr als 3,5 Tonnen beträgt.

(5) Die Preise der Jahresvignette gelten für die Benutzung der Mautstrecken im Jahr 2024 und die Preise gemäß Abs. 3 und 4 ab dem 1. Dezember 2023. Die Bundesministerin für Klimaschutz, Umwelt, Energie, Mobilität, Innovation und Technologie hat im Einvernehmen mit dem Bundesminister für Finanzen jährlich, erstmals im Jahr 2024, auf Grundlage des von der Bundesanstalt Statistik Österreich verlautbarten Harmonisierten Verbraucherpreisindex oder des an seine Stelle tretenden Index die Preise der Jahres-, Zweimonats-, Zehntages- und Eintagesvignetten mit Verordnung anzupassen, und zwar durch Heranziehung der auf eine Dezimalstelle berechneten Rate der Veränderung des Jahresdurchschnittswertes des Vorjahres gegenüber dem entsprechenden Wert des dem Vorjahr vorangegangenen Jahres. Der für die Jahresvignette für mehrspurige Kraftfahrzeuge, deren technisch zulässige Gesamtmasse nicht mehr als 3,5 Tonnen beträgt, errechnete Betrag ist kaufmännisch auf volle zehn Cent zu runden. Der so ermittelte Betrag ist nach Maßgabe des Abs. 3 und 4 auf die Preise von Zweimonats-, Zehntages- und Eintagesvignetten für mehrspurige Kraftfahrzeuge, deren technisch zulässige Gesamtmasse nicht mehr als 3,5 Tonnen beträgt, und auf die Preise von Jahres-, Zweimonats-, Zehntages- und Eintagesvignetten für einspurige Kraftfahrzeuge umzulegen. Die dabei errechneten Beträge sind auf volle zehn Cent abzurunden. Die geänderten Preise gelten für Jahresvignetten, die in dem der Erlassung der Verordnung folgenden Jahr zur Benützung der Mautstrecken berechtigen, und für Zweimonats-, Zehntages- und Eintagesvignetten, die ab dem 1. Dezember des Jahres der Erlassung der Verordnung zur Benützung der Mautstrecken berechtigen.

Bundes-Umwelthaftungsgesetz

BGBl I 55/2009, zuletzt geändert durch BGBl I 74/2018

Ziele

§ 1. Dieses Bundesgesetz regelt auf der Grundlage des Verursacherprinzips Maßnahmen zur Vermeidung und Sanierung von Umweltschäden.

Anwendungsbereich

§ 2. (1) Dieses Bundesgesetz gilt für

1. Schädigungen von Gewässern und für jede unmittelbare Gefahr solcher Schädigungen durch die Ausübung einer der in Anhang 1 angeführten beruflichen Tätigkeiten und
2. Schädigungen des Bodens und für jede unmittelbare Gefahr solcher Schädigungen durch die Ausübung einer der in Anhang 1 Z 1 bis 11 und 15 angeführten beruflichen Tätigkeiten.[1]

(2) Wird ein Umweltschaden oder eine unmittelbare Gefahr eines solchen durch eine nicht klar abgegrenzte Verschmutzung verursacht, ist dieses Bundesgesetz nur dann anzuwenden, wenn ein ursächlicher Zusammenhang zwischen dem Schaden und den Tätigkeiten einzelner Betreiber festgestellt werden kann.

(3) Weitergehende Verpflichtungen auf Grund von unmittelbar anwendbaren unionsrechtlichen Vorschriften sowie von Gesetzen und auf deren Grundlage erlassenen Verordnungen und Bescheiden, die die Vermeidung oder die Sanierung von Umweltschäden regeln, bleiben unberührt.[2]

(4) Die Bestimmungen des bürgerlichen Rechts auf dem Gebiet des Schadenersatzes bleiben unberührt.

Ausnahmen

§ 3. (1) Umweltschäden und die unmittelbare Gefahr solcher Schäden fallen nicht unter dieses Bundesgesetz, wenn sie verursacht werden

1. durch bewaffnete Konflikte, Feindseligkeiten, Bürgerkrieg, Aufstände oder terroristische Angriffe oder
2. durch ein außergewöhnliches, unabwendbares und nicht beeinflussbares Naturereignis.

(2) Dieses Gesetz gilt nicht für Umweltschäden und nicht für die unmittelbare Gefahr solcher Schäden, soweit diese in den Anwendungsbereich des Atomhaftungsgesetzes 1999, BGBl. I Nr. 170/1998, fallen.

(3) Dieses Bundesgesetz gilt weder für Tätigkeiten, deren Hauptzweck die Landesverteidigung oder die internationale Sicherheit ist, noch für Tätigkeiten, deren alleiniger Zweck der Schutz vor Naturkatastrophen ist.

Begriffsbestimmungen

§ 4. Für dieses Bundesgesetz gelten folgende Begriffsbestimmungen:

1. Als Umweltschaden gilt
   a)[3] jede erhebliche Schädigung der Gewässer, das ist jeder Schaden, der erhebliche nachteilige Auswirkungen auf den ökologischen, chemischen oder mengenmäßigen Zustand oder das ökologische Potenzial der betreffenden Gewässer im Sinn des Wasserrechtsgesetzes 1959 (WRG 1959), BGBl. Nr. 215/1959, hat, mit Ausnahme der nachteiligen Auswirkungen, die in Anwendung des § 104a WRG 1959 bewilligt wurden, und
   b) jede Schädigung des Bodens, das ist jede Bodenverunreinigung, die ein erhebliches Risiko einer Beeinträchtigung der menschlichen Gesundheit auf Grund der direkten oder indirekten Einbringung von Stoffen, Zubereitungen, Organismen oder Mikroorganismen in, auf oder unter den Grund verursacht.
2. Als Schaden oder Schädigung gilt eine direkt oder indirekt eintretende feststellbare nachteilige Veränderung einer natürlichen Ressource oder Beeinträchtigung der Funktion einer natürlichen Ressource.
3. Die unmittelbare Gefahr eines Umweltschadens ist gegeben, wenn die hinreichende Wahrscheinlichkeit besteht, dass ein solcher Schaden in naher Zukunft eintreten wird.
4. Als berufliche Tätigkeit gilt jede in Anhang 1 angeführte Tätigkeit, die im Rahmen einer wirtschaftlichen Tätigkeit, einer Geschäftstätigkeit oder eines Unternehmens mit oder ohne Erwerbszweck ausgeübt wird, unabhängig davon, ob

---

[1] Geändert durch BGBl I 144/2011.

[2] Geändert durch BGBl I 144/2011.

[3] Neu gefasst durch BGBl I 74/2018.

diese Tätigkeit privatrechtlichen oder öffentlich-rechtlichen Vorschriften unterliegt.

5. Als Betreiber gilt jede natürliche oder juristische Person des privaten oder öffentlichen Rechts, die die berufliche Tätigkeit - allein oder mittels Gehilfen - ausübt oder bestimmt, einschließlich des Inhabers einer Zulassung oder Genehmigung sowie der Person, die die Anmeldung oder Notifizierung vornimmt. Wird die Tätigkeit nicht mehr ausgeübt und kann der bisherige Betreiber nicht mehr herangezogen werden, tritt an seine Stelle der Eigentümer (jeder Miteigentümer) der Liegenschaft, von der die Schädigung ausgeht, sofern er den Anlagen oder Maßnahmen, von denen die Schädigung ausgeht, zugestimmt oder sie freiwillig geduldet und ihm zumutbare Abwehrmaßnahmen unterlassen hat.
6. Als Emission gilt die Freisetzung von Stoffen, Zubereitungen, Organismen oder Mikroorganismen in die Umwelt infolge menschlicher Tätigkeiten.
7. Als Vermeidungsmaßnahme gilt jede Maßnahme, die nach Ereignissen, Handlungen oder Unterlassungen, die eine unmittelbare Gefahr eines Umweltschadens verursacht haben, getroffen wird, um diesen Schaden zu vermeiden oder zu minimieren.
8. Als Sanierungsmaßnahme gilt jede Tätigkeit oder Kombination von Tätigkeiten einschließlich mildernder und einstweiliger Maßnahmen im Sinn der Anhänge 2 und 3 mit dem Ziel, geschädigte natürliche Ressourcen oder beeinträchtigte Funktionen wieder herzustellen, zu sanieren oder zu ersetzen oder eine gleichwertige Alternative zu diesen Ressourcen oder Funktionen zu schaffen.
9. Als natürliche Ressource gelten Gewässer und Boden; als Funktionen und Funktionen einer natürlichen Ressource gelten die Funktionen, die eine natürliche Ressource zum Nutzen einer anderen natürlichen Ressource oder der Öffentlichkeit erfüllt.
10. Als Ausgangszustand gilt der im Zeitpunkt des Schadenseintritts bestehende Zustand der natürlichen Ressourcen und Funktionen, der bestanden hätte, wenn der Umweltschaden nicht eingetreten wäre, und der anhand der besten verfügbaren Informationen ermittelt wird.
11. Als Wiederherstellung einschließlich natürlicher Wiederherstellung gilt im Falle von Gewässern die Rückführung von geschädigten natürlichen Ressourcen oder beeinträchtigten Funktionen in den Ausgangszustand und im Falle einer Schädigung des Bodens die Beseitigung jedes erheblichen Risikos einer Beeinträchtigung der menschlichen Gesundheit.
12. Als Kosten im Sinn dieses Bundesgesetzes gelten die durch die Notwendigkeit einer ordnungsgemäßen und wirksamen Durchführung dieses Bundesgesetzes gerechtfertigten Kosten, einschließlich der Kosten für die Prüfung eines Umweltschadens, einer unmittelbaren Gefahr eines solchen Schadens, von alternativen Maßnahmen sowie der Verwaltungs- und Verfahrenskosten und der Kosten für die Durchsetzung der Maßnahmen, der Kosten für die Datensammlung, sonstiger anteiliger Gemeinkosten, Finanzierungskosten sowie der Kosten für Aufsicht und Überwachung.

Vermeidungstätigkeit

§ 5. (1) Ist ein Umweltschaden noch nicht eingetreten, besteht aber eine unmittelbare Gefahr eines solchen Schadens, so hat der Betreiber unverzüglich die erforderlichen Vermeidungsmaßnahmen zu ergreifen.

(2) Kann die unmittelbare Gefahr eines Umweltschadens trotz der Ergreifung der nach Abs. 1 gebotenen Vermeidungsmaßnahmen nicht abgewendet werden, hat der Betreiber unverzüglich die Behörde über alle bedeutsamen Aspekte des Sachverhalts zu verständigen.

(3) Bestehen für die Behörde Anhaltspunkte für die Annahme, dass die unmittelbare Gefahr eines Umweltschadens bestehen könnte, ist sie berechtigt, von jedem als Verursacher in Betracht kommenden Betreiber Auskünfte über alle bedeutsamen Aspekte des Sachverhalts zu verlangen und zu diesem Zweck auch Liegenschaften und Anlagen durch ihre Organe zu betreten, zu untersuchen und Proben zu entnehmen. Die Aufsichts-, Kontroll- und Untersuchungsbefugnisse nach anderen Verwaltungsvorschriften bleiben unberührt.

(4) Wenn die zur Abwendung der unmittelbaren Gefahr eines Umweltschadens erforderlichen Maßnahmen nicht, nicht ausreichend oder nicht rechtzeitig getroffen werden, so hat die Behörde die entsprechenden Maßnahmen dem Betreiber aufzutragen oder bei Gefahr im Verzug unmittelbar anzuordnen und gegen Ersatz der Kosten durch den Betreiber nötigenfalls unverzüglich durchführen zu lassen. Gefahr im Verzug ist jedenfalls gegeben, wenn eine Wasserversorgung gefährdet ist.

(5) Maßnahmen, die Gegenstand einer behördlichen Anordnung oder eines behördlichen Auftrages gemäß Abs. 4 sind, bedürfen keiner Bewilligung nach bundesrechtlichen Vorschriften. § 72 WRG 1959 findet sinngemäß Anwendung.

(6) Fällt die unmittelbare Gefahr eines Umweltschadens in den Anwendungsbereich dieses Gesetzes, gelten die vorerst nach anderen umweltrechtlichen Vorschriften des Bundes ergriffenen behördlichen Maßnahmen zur Vermeidung der Gefahr als Maßnahmen im Sinn dieser Bestimmung.

Sanierungstätigkeit

§ 6. (1) Ist ein Umweltschaden eingetreten, so hat der Betreiber - ungeachtet einer allenfalls nach § 5 Abs. 2 erfolgten Verständigung - unverzüglich

1. die zuständige Behörde über alle bedeutsamen Aspekte des Sachverhaltes zu informieren,
2. alle erforderlichen Vorkehrungen zu treffen, um die betreffenden Schadstoffe und ihre Schadfaktoren unverzüglich zu kontrollieren, einzudämmen, zu beseitigen oder auf sonstige Weise zu behandeln, um nachteilige Auswirkungen auf die menschliche Gesundheit sowie weitere Schädigungen des Gewässers bzw. des Bodens und weitere Beeinträchtigungen von Funktionen hintanzuhalten, und
3. die erforderlichen Sanierungsmaßnahmen gemäß § 7 zu ergreifen.

(2) Bestehen für die Behörde Anhaltspunkte für die Annahme, dass ein Umweltschaden eingetreten sein könnte, kann sie von jedem als Verursacher in Betracht kommenden Betreiber alle zur Beurteilung der Situation erforderlichen Auskünfte verlangen und zu diesem Zweck auch Liegenschaften und Anlagen durch ihre Organe betreten, untersuchen und Proben entnehmen. Die Aufsichts-, Kontroll- und Untersuchungsbefugnisse nach anderen Verwaltungsvorschriften bleiben unberührt.

(3) Ist ein Umweltschaden eingetreten und werden die Vorkehrungen gemäß Abs. 1 Z 2 oder die Sanierungsmaßnahmen gemäß Abs. 1 Z 3 nicht, nicht ausreichend oder nicht rechtzeitig getroffen, so hat die Behörde dem Betreiber die entsprechenden Vorkehrungen oder Maßnahmen aufzutragen oder bei Gefahr im Verzug unmittelbar anzuordnen und gegen ErsatZ der Kosten durch den Betreiber nötigenfalls unverzüglich durchführen zu lassen. Gefahr im Verzug ist jedenfalls gegeben, wenn eine Wasserversorgung gefährdet ist.

(4) Maßnahmen, die Gegenstand einer behördlichen Anordnung oder eines behördlichen Auftrages gemäß Abs. 3 sind, bedürfen keiner Bewilligung nach bundesrechtlichen Vorschriften. § 72 WRG 1959 findet sinngemäß Anwendung.

Bestimmung von Sanierungsmaßnahmen

§ 7. (1) Ist eine Schädigung eines Gewässers eingetreten, hat der Betreiber mögliche Sanierungsmaßnahmen gemäß Anhang 2, ist eine Schädigung des Bodens eingetreten, hat der Betreiber mögliche Sanierungsmaßnahmen gemäß Anhang 3 zu ermitteln. Der Betreiber hat der Behörde die vorgesehenen Sanierungsmaßnahmen anzuzeigen, es sei denn, die Behörde ist bereits gemäß § 6 Abs. 3 tätig geworden.

(2) Sind die gemäß Abs. 1 zweiter Satz angezeigten Maßnahmen nach Auffassung der Behörde nicht ausreichend, um die betreffenden Schadstoffe oder ihre Schadfaktoren unverzüglich zu kontrollieren, einzudämmen, zu beseitigen oder auf sonstige Weise zu behandeln und um weitere Umweltschäden und sonstige nachteilige Auswirkungen auf die menschliche Gesundheit oder eine weitere Beeinträchtigung von Funktionen hintanzuhalten, so hat die Behörde dem Betreiber die gemäß Anhang 2 oder 3 erforderlichen Maßnahmen aufzutragen. Solche Maßnahmen können auch über die von der Behörde nach § 5 Abs. 4 oder nach § 6 Abs. 3 getroffenen Anordnungen hinausgehen, wenn dies zur Erreichung der in Anhang 2 oder 3 festgelegten Ziele erforderlich ist.

(3) Die Behörde hat den wesentlichen Inhalt der angezeigten und der von ihr anzuordnenden Sanierungsmaßnahmen entsprechend zu veröffentlichen. Sie hat bekannte Beteiligte (Betroffene) tunlichst persönlich zu informieren und rechtzeitig eingelangte Stellungnahmen zu berücksichtigen.

(4) Maßnahmen, die Gegenstand einer behördlichen Anordnung oder eines behördlichen Auftrages gemäß Abs. 2 sind, bedürfen keiner Bewilligung nach bundesrechtlichen Vorschriften. § 72 WRG 1959 findet sinngemäß Anwendung.

(5) Sind mehrere Schädigungen eines Gewässers oder mehrere Schädigungen des Bodens in der Weise eingetreten, dass die Behörde nicht gewährleisten kann, dass die erforderlichen Sanierungsmaßnahmen gleichzeitig ergriffen werden, so hat die Behörde zu entscheiden, welcher Schaden zuerst zu sanieren ist. Dabei hat sie insbesondere Art, Ausmaß und Schwere der einzelnen Schadensfälle und Risiken für die menschliche Gesundheit sowie die Möglichkeit einer Rückführung des Gewässers oder des Bodens in den jeweiligen Ausgangszustand durch den natürlichen Lauf der Dinge zu berücksichtigen.

(6) Fällt ein Umweltschaden in den Anwendungsbereich dieses Gesetzes, gelten die vorerst nach anderen umweltrechtlichen Vorschriften des Bundes ergriffenen behördlichen Maßnahmen zur Verringerung oder Sanierung der Gefahr als Maßnahmen im Sinn dieser Bestimmung.

Kosten der Vermeidungs- und Sanierungstätigkeit

§ 8. (1)[4] Soweit in den folgenden Absätzen nicht anderes bestimmt wird, hat der Betreiber sämtliche sich aus § 4 Z 12 ergebende Kosten der nach diesem Bundesgesetz durchgeführten Vermeidungs- und Sanierungstätigkeiten zu tragen, unter Einschluss der Kosten von Verfahren vor den Verwaltungsgerichten, in denen er unterlegen ist. Der Bundesminister für Land- und Forstwirtschaft, Umwelt und Wasserwirtschaft wird ermächtigt, im Einvernehmen mit dem Bundesminister für Finanzen und dem Bundesminister für Wirtschaft, Familie und Jugend sowie nach Anhörung der Landeshauptleute mit Verordnung im Interesse der Vereinfachung der Ermittlung nähere Bestimmungen für die zu erstattenden Verwaltungs- und Verfahrenskosten, Kosten für die Durchsetzung der Maßnahmen und sonstigen Gemeinkosten festzulegen.

(2) Sind von der Behörde Vermeidungs- oder Sanierungsmaßnahmen gegen Ersatz der Kosten durch den Betreiber durchführen zu lassen, hat die Behörde dem Betreiber zugleich die Stellung einer dinglichen Sicherheit oder anderer geeigneter Garantien in Höhe des geschätzten Aufwands vorzuschreiben, der bei der Behörde voraussichtlich anfallen wird. Die Vorschreibung ist aufzuheben, wenn der Verpflichtete einen Nachweis im Sinn des Abs. 3 erbringt. Ansonsten ist die Sicherheit mit dem Wirksamwerden der Kostentragung bei den Rechtsträgern, die den Aufwand der Behörde tragen, gegen die Kostenvorschreibung zu verrechnen.

(3) Der Betreiber hat die Kosten der Vermeidungs- und Sanierungstätigkeit nicht zu tragen, wenn er nachweist, dass der Schaden oder die unmittelbare Gefahr des Schadens

1. durch einen Dritten (das sind Personen, die weder im Auftrag des Betreibers tätig sind noch die Einrichtungen, mit denen die Tätigkeit ausgeübt wird, entsprechend ihrer Bestimmung in Anspruch nehmen) verursacht wurden und eingetreten sind, obwohl geeignete Sicherheitsvorkehrungen getroffen wurden und er weiters nachweist, dass bei Nichtvorliegen sämtlicher für die Anwendung dieses Bundesgesetzes notwendigen Voraussetzungen im Sinn des § 2 Abs. 1 Z 1 auch keine dem § 31 WRG 1959 unterliegende Gewässerverunreinigung vorliegt, oder
2. auf die Befolgung von Aufträgen oder Anordnungen einer Behörde zurückzuführen sind, sofern es sich nicht um Aufträge oder Anordnungen infolge von Emissionen oder Vorfällen handelt, die durch die eigenen Tätigkeiten des Betreibers verursacht wurden.

Der Betreiber hat unter denselben Voraussetzungen Anspruch auf Ersatz der ihm für die erforderlichen Vermeidungs- und Sanierungsmaßnahmen erwachsenen Kosten. Über Ansprüche nach diesem Absatz entscheidet die Behörde mit Bescheid.

(4) Kostentragungspflichten nach den vorstehenden Absätzen gehen in Fällen gesellschaftsrechtlicher Gesamtrechtsnachfolge auf den Rechtsnachfolger über.

(5) Können Kosten nach den vorstehenden Absätzen bei dem zur Kostentragung Verpflichteten nicht hereingebracht werden, dann kann zur Kostentragung der Eigentümer (jeder Miteigentümer) der Liegenschaft, von der die Schädigung ausgeht, verpflichtet werden, sofern er den Anlagen oder Maßnahmen, von denen die Schädigung ausgeht, zugestimmt oder sie freiwillig geduldet und ihm zumutbare Abwehrmaßnahmen unterlassen hat. Dies gilt unter den Voraussetzungen von § 31 Abs. 4 zweiter Satz WRG 1959 auch für die Rechtsnachfolger des Liegenschaftseigentümers.[5]

(6) Die Befugnis einer nach den vorstehenden Absätzen zur Kostentragung herangezogenen Person, ihren eigenen Aufwand gegenüber Dritten vor den ordentlichen Gerichten geltend zu machen, bleibt unberührt.

(7) Der Bund, vertreten durch den Bundesminister für Land- und Forstwirtschaft, Umwelt und Wasserwirtschaft, hat in verwaltungsbehördlichen Verfahren betreffend Kosten und Ersätze nach den vorstehenden Absätzen Parteistellung.

Behörde

§ 9. (1) Für die in diesem Bundesgesetz vorgesehenen Maßnahmen ist die Bezirksverwaltungsbehörde zuständig, in deren örtlichem Wirkungsbereich die Vermeidungs- oder Sanierungsmaßnahmen zu ergreifen waren oder zu ergreifen gewesen wären.

(2) Der zuständigen Behörde obliegt es festzustellen, welcher Betreiber den Schaden oder die unmittelbare Gefahr eines Schadens verursacht hat, die Erheblichkeit des Schadens zu ermitteln und zu bestimmen, welche Sanierungsmaßnahmen gemäß Anhang 2 oder 3 zu treffen sind. Zu diesem Zweck ist die zuständige Behörde befugt, von dem betreffenden Betreiber die Durchführung einer eigenen Bewertung und die Bereit-

---

4 Geändert durch BGBl I 97/2013.

5 Geändert durch BGBl I 144/2011.

stellung aller erforderlichen Informationen und Daten zu verlangen.

(3) Soweit behördliche Entscheidungen über Vermeidungs- oder Sanierungsmaßnahmen nicht mit Bescheid ergehen, ist der Betreiber, auf dessen Kosten die Maßnahmen ergriffen werden, auf Verlangen unverzüglich über die Gründe und die offen stehenden Rechtsbehelfe zu belehren.

(4) Im Fall einer Sanierung des Bodens hat die Behörde die Gemeinde von dem der Sanierung zugrunde liegenden Sanierungsziel zu unterrichten.

Grenzüberschreitende Umweltschäden

§ 10. (1) Ist ein Umweltschaden eingetreten, der Auswirkungen auf das Gebiet eines anderen Mitgliedstaats der Europäischen Union haben kann, hat die Behörde diesen Mitgliedstaat zu unterrichten.

(2) Stellt eine Behörde einen Umweltschaden fest, der außerhalb des Staatsgebiets der Republik Österreich verursacht wurde, kann sie dies der Europäischen Kommission und den in Betracht kommenden anderen Mitgliedstaaten der Europäischen Union melden und gegenüber diesen Mitgliedstaaten die bei den Rechtsträgern, die den Aufwand der Behörde tragen, angefallenen Kosten für Vermeidungs- und Sanierungsmaßnahmen geltend machen.[6]

(3) Bei grenzüberschreitenden Umweltschäden haben die Behörden, in deren Amtssprengel der Umweltschaden oder die unmittelbare Gefahr eines solchen Schadens in Österreich wirksam geworden ist, mit den zuständigen Behörden der in Betracht kommenden anderen Mitgliedstaaten der Europäischen Union zusammenzuarbeiten - einschließlich in Form eines angemessenen Informationsaustausches -, um zu gewährleisten, dass Vermeidungs- und erforderlichenfalls Sanierungstätigkeiten hinsichtlich eines solchen Schadens durchgeführt werden.

(4) Besondere staatsvertragliche Regelungen bleiben unberührt.

Umweltbeschwerde

§ 11. (1)[7] Natürliche oder juristische Personen, die durch einen eingetretenen Umweltschaden

1. in ihren Rechten verletzt werden können,
2. insofern betroffen sind, als sie in der Nutzung der natürlichen Ressourcen Gewässer oder Boden oder in der Nutzung der Funktionen dieser Ressourcen erheblich eingeschränkt werden können, oder
3. ein ausreichendes Interesse an einem Verfahren gemäß § 6 und § 7 Abs. 2 haben,

können die Bezirksverwaltungsbehörde, in deren örtlichem Wirkungsbereich der behauptete Umweltschaden eingetreten ist, in einer schriftlichen Beschwerde dazu auffordern, im Sinn des § 6 und des § 7 Abs. 2 tätig zu werden. Das Recht zur Umweltbeschwerde steht auch dem Umweltanwalt (§ 2 Abs. 4 des Umweltverträglichkeitsprüfungsgesetzes 2000 – UVP-G 2000, BGBl. Nr. 697/1993) und jenen Umweltorganisationen zu, die gemäß § 19 Abs. 7 UVP-G 2000 anerkannt sind, und zwar jeweils im Rahmen ihrer örtlichen Anerkennung. Ausreichendes Interesse im Sinn der Z 3 haben die in § 19 Abs. 1 Z 1 UVP-G 2000 genannten Personen.

(2)[7] Als Rechte im Sinn von Abs. 1 erster Satz gelten

1. der Schutz des Lebens und der Gesundheit von Menschen sowie
2. in Bezug auf Gewässer: bestehende Rechte im Sinn von § 12 Abs. 2 WRG 1959 sowie die Rechte des Fischereiberechtigten und
3. in Bezug auf den Boden: das Eigentum oder sonstige dingliche Rechte an einer betroffenen Liegenschaft, nicht jedoch die Möglichkeit einer bloßen Minderung des Verkehrswerts.

(3) In der Beschwerde ist unter Beifügung der sachlichen Informationen und Daten das Vorliegen der Voraussetzungen gemäß Abs. 1 glaubhaft zu machen. Sofern sie nicht selbst zuständig ist, hat die angerufene Bezirksverwaltungsbehörde diese Beschwerde unverzüglich an die nach § 9 zuständige Behörde weiterzuleiten und den Beschwerdeführer davon zu unterrichten.

(4) Gelangt die Behörde zur Auffassung, dass keine Beschwerdeberechtigung im Sinn der Abs. 1 und 2 gegeben ist, kein Umweltschaden vorliegt oder alle erforderlichen Vorkehrungen oder Sanierungsmaßnahmen bereits getroffen wurden, so ist hierüber ein Bescheid zu erlassen.

Parteistellung

§ 12. In den Verfahren gemäß § 6 und § 7 Abs. 2 haben - neben dem Betreiber - Parteistellung:

1. Personen und Organisationen, die eine Umweltbeschwerde gemäß § 11 Abs. 1 eingebracht haben,
2. jene in § 11 Abs. 1 genannten Personen und Organisationen, die innerhalb von zwei Wochen nach Veröffentlichung gemäß § 7 Abs. 3 schriftlich erklärt haben, dass sie am Verfahren als Partei teilnehmen wollen.

Rechtsschutz

§ 13.[8] (1) Gegen Bescheide, die in Anwendung dieses Bundesgesetzes erlassen werden, steht den Parteien das Recht der Beschwerde an die Verwaltungsgerichte der Länder zu.

(2) Gegen behördliche Entscheidungen über Kosten und Ersätze nach diesem Bundesgesetz kann der Bundesminister für Land- und Forstwirtschaft, Umwelt und Wasserwirtschaft Beschwerde an das Verwaltungsgericht des Landes erheben.

(3) Gegen Erkenntnisse und Beschlüsse der Verwaltungsgerichte über Kosten und Ersätze nach diesem Bundesgesetz kann der Bundesminister für Land- und Forstwirtschaft, Umwelt und Wasserwirtschaft Revision an den Verwaltungsgerichtshof erheben.

Strafbestimmungen

§ 14. (1) Eine Verwaltungsübertretung begeht und ist mit Geldstrafe bis zu 3 500 € zu bestrafen, wer

1. nicht oder nicht unverzüglich die nach § 5 Abs. 2 oder die nach § 6 Abs. 1 Z 1 vorgeschriebene Verständigung der Behörde vornimmt oder
2. die ihn gemäß § 5 Abs. 5, § 6 Abs. 4 oder § 7 Abs. 4 treffenden Duldungspflichten verletzt.

(2) Eine Verwaltungsübertretung begeht und ist mit Geldstrafe bis zu 15 000 € zu bestrafen, wer die in § 5 Abs. 3 oder die in § 6 Abs. 2 geregelten Auskünfte nicht oder nicht unverzüglich erteilt oder die dort vorgesehenen Kontrollen und Ermittlungen behindert.

(3) Eine Verwaltungsübertretung begeht und ist mit Geldstrafe bis zu 35 000 € zu bestrafen, wer

1. nicht die nach § 5 Abs. 1 erforderlichen Vermeidungsmaßnahmen unverzüglich ergreift,
2. nicht die nach § 6 Abs. 1 Z 2 gebotenen Vorkehrungen unverzüglich trifft,

[6] Geändert durch BGBl I 144/2011.

[7] Neu gefasst durch BGBl I 74/2018.

[8] Neu gefasst durch BGBl I 97/2013.

3. nicht die nach § 6 Abs. 1 Z 3 und § 7 Abs. 1 gebotenen Sanierungsmaßnahmen unverzüglich ermittelt und der Behörde anzeigt oder
4. nicht die nach § 6 Abs. 1 Z 3 erforderlichen Sanierungsmaßnahmen gemäß § 7 ergreift.

(4) Eine Übertretung nach Abs. 1 bis 3 ist nicht zu bestrafen, wenn sie den Tatbestand einer gerichtlich strafbaren Handlung erfüllt.

Berichte

§ 15. Der Bundesminister für Land- und Forstwirtschaft, Umwelt und Wasserwirtschaft wird ermächtigt, mit Verordnung die der Europäischen Kommission in Angelegenheiten der Umwelthaftung zu erstattenden Berichte zu regeln.[9]

Verweise

§ 16. Soweit in diesem Bundesgesetz auf Bestimmungen anderer Bundesgesetze verwiesen wird, sind diese in ihrer jeweils geltenden Fassung anzuwenden.

Personenbezogene Bezeichnung

§ 17. Bei den in diesem Bundesgesetz verwendeten personenbezogenen Bezeichnungen gilt die gewählte Form für beide Geschlechter.

Übergangsbestimmungen

§ 18.[10] Dieses Bundesgesetz ist nicht anzuwenden
1. auf Schäden, die durch Emissionen, Ereignisse oder Vorfälle verursacht wurden, die vor dem Inkrafttreten dieses Bundesgesetzes stattgefunden haben,
2. auf Schäden, die durch Emissionen, Ereignisse oder Vorfälle verursacht wurden, die nach dem Inkrafttreten dieses Bundesgesetzes stattgefunden haben, sofern sie auf eine Tätigkeit zurückzuführen sind, die unzweifelhaft vor dem Inkrafttreten dieses Bundesgesetzes beendet war, und
3. auf Schäden, wenn seit den schadensverursachenden Emissionen, Ereignissen oder Vorfällen mehr als 30 Jahre vergangen sind.

Bei Wasserkörpern, die sich am 30. April 2007 aufgrund von Tätigkeiten, die vor diesem Datum stattgefunden haben, nicht im Zielzustand nach der Richtlinie 2000/60/EG zur Schaffung eines Ordnungsrahmens für Maßnahmen der Gemeinschaft im Bereich der Wasserpolitik, Abl. Nr. L 327 vom 22.12.2000 S. 1 befanden, ist insoweit entsprechend den Vorgaben zur stufenweisen Zielerreichung gemäß Art. 4 dieser Richtlinie vorzugehen, als diese Tätigkeiten nicht weitere Emissionen, Ereignisse oder Vorfälle verursachen und daher keine weitere Verschlechterung des Zustands des betreffenden Wasserkörpers im Sinne des Art. 4 Abs. 5 lit. c der Richtlinie 2000/60/EG erfolgt.

Bezugnahme auf Gemeinschaftsrecht

§ 19. Durch dieses Bundesgesetz wird die Richtlinie 2004/35/EG über Umwelthaftung zur Vermeidung und Sanierung von Umweltschäden, ABl. Nr. L 143 vom 30. April 2004, S. 56, in der Fassung der Richtlinie 2006/21/EG über die Bewirtschaftung von Abfällen aus der mineralgewinnenden Industrie und zur Änderung der Richtlinie 2004/35/EG, ABl. Nr. L 102 vom 11. April 2006, S. 15, und der Richtlinie 2009/31/EG über die geologische Speicherung von Kohlendioxid, ABl. Nr. L 140 vom 5. Juni 2009, S. 114, in österreichisches Recht umgesetzt.[11]

Vollzugsklausel

§ 20. (1) Mit der Vollziehung dieses Bundesgesetzes ist, sofern Abs. 2 nicht anderes bestimmt, der Bundesminister für Land- und Forstwirtschaft, Umwelt und Wasserwirtschaft betraut, jedoch hinsichtlich des § 8 Abs. 1 im Einvernehmen mit dem Bundesminister für Finanzen und dem Bundesminister für Wirtschaft, Familie und Jugend.

(2) Mit der Vollziehung der §§ 2 Abs. 4 und 8 Abs. 6 ist der Bundesminister für Justiz betraut.

Inkrafttreten

§ 21.[12] (1) § 8 Abs. 1 erster Satz und § 13 samt Überschrift in der Fassung des Bundesgesetzes BGBl. I Nr. 97/2013 treten mit 1. Jänner 2014 in Kraft.

(2)[13] § 4 Z 1 lit. a, § 11 Abs. 1 und 2 sowie § 18 in der Fassung des Bundesgesetzes BGBl. I Nr. 74/2018 treten mit dem auf die Kundmachung folgenden Tag in Kraft.

Anhang 1
Tätigkeiten im Sinn des § 2 Abs. 1:

1. Der Betrieb von Anlagen, die in Anhang I der Richtlinie 2008/1/EG über die integrierte Vermeidung und Verminderung der Umweltverschmutzung, ABl. Nr. L 24 vom 29. Jänner 2008, S. 8, genannt sind und einer Genehmigung oder Bewilligung nach bundesrechtlichen Vorschriften bedürfen, wie insbesondere gemäß § 77a iVm Anlage 3 der Gewerbeordnung 1994 (GewO 1994), BGBl. Nr. 194, § 37 Abs. 1 iVm Anhang 5 des Abfallwirtschaftsgesetzes 2002 (AWG 2002), BGBl. I Nr. 102, § 121 und § 121f Abs. 1 des Mineralrohstoffgesetzes (MinroG), BGBl. I Nr. 38/1999, § 5 Abs. 3 des Emissionsschutzgesetzes für Kesselanlagen (EG-K), BGBl. I Nr. 150/2004. Dies gilt nicht für die Tätigkeiten, die der Z 12 unterliegen, sowie für den Betrieb von Anlagen oder Anlagenteilen, die überwiegend für Zwecke der Forschung, Entwicklung und Erprobung neuer Erzeugnisse und Verfahren genutzt werden.[14]
2. Abfallbewirtschaftungsmaßnahmen, wie das Einsammeln, die Beförderung, die Verwertung und die Beseitigung von nicht gefährlichen und gefährlichen Abfällen, einschließlich der Überwachung derartiger Vorgänge sowie der Überwachung der Deponien nach deren Schließung, sofern diese Maßnahmen von einem Abfallsammler oder -behandler gemäß § 2 Abs. 6 Z 3 oder 4 AWG 2002 durchgeführt werden.
3. Maßnahmen der Bewirtschaftung (Minimierung, Behandlung, Verwertung und Beseitigung) von mineralischen Abfällen, das sind Abfälle, die direkt beim Aufsuchen, Gewinnen, Aufbereiten und Lagern von mineralischen Rohstoffen sowie beim Betrieb von Steinbrüchen entstehen, durch Einrichtungen und Unternehmen, die mineralische Rohstoffe im Tagebau oder Untertagebau zu wirtschaftlichen Zwecken gewinnen, einschließlich der Gewinnung im Bohrlochbergbau und des Aufbereitens der gewonnenen Materialien. Dies gilt nicht für das wasserrechtlich ohne besondere Bewilligung zulässige Einleiten von Wasser und das Wiedereinleiten von abgepumptem Grundwasser. Dies gilt weiters nicht, soweit die zuständige Behörde die Anforderungen für die Ablagerung von nicht gefährlichen Abfällen, die beim Aufsuchen mineralischer Rohstoffe entstehen, mit Ausnahme von Öl und Evaporiten außer Gips und Anhydrit, sowie für die Ablagerung von unverschmutztem Boden und von Abfall, der

[9] Geändert durch BGBl I 144/2011.
[10] Letzter Satz angefügt durch BGBl I 74/2018.
[11] Neu gefasst durch BGBl I 144/2011.
[12] Eingefügt durch BGBl I 97/2013.
[13] Eingefügt durch BGBl I 74/2018.
[14] Satz 1 neu gefasst durch BGBl I 144/2011.

beim Gewinnen, Aufbereiten und Lagern von Torf anfällt, verringert oder ausgesetzt hat.

4. Sämtliche Ableitungen, Einleitungen oder Einbringungen in Gewässer, die einer Bewilligung nach dem WRG 1959 bedürfen.
5. Wasserentnahme und Aufstauung von Gewässern, die einer Bewilligung nach dem WRG 1959 bedürfen.
6. Die Herstellung, Verwendung, Lagerung, Verabreichung, das Abfüllen, die Freisetzung in die Umwelt und die innerbetriebliche Beförderung von
   - gefährlichen Stoffen und gefährlichen Zubereitungen im Sinn der §§ 2 und 3 des Chemikaliengesetzes 1996 (ChemG 1996), BGBl. I Nr. 53/1997,
   - Pflanzenschutzmitteln im Sinn des Art. 2 Abs. 1 der Verordnung (EG) Nr. 1107/2009 über das Inverkehrbringen von Pflanzenschutzmitteln und zur Aufhebung der Richtlinien 79/117/EWG und 91/414/EWG des Rates, ABl. Nr. L 309 vom 24. November 2009, S. 1, und[15]
   - Biozid-Produkten im Sinn des § 2 Abs. 1 Z 2 des Biozid-Produkte-Gesetzes (BiozidG), BGBl. I Nr. 105/2000,

   soweit diese Tätigkeiten nicht von Z 13 erfasst werden.
7. Die Beförderung gefährlicher oder umweltschädlicher Güter auf der Straße, auf der Schiene, auf Binnengewässern, auf See oder in der Luft (§ 1 Abs. 1 bis 3 des Gefahrgutbeförderungsgesetzes (GGBG), BGBl. I Nr. 145/ 1998).
8. Der Betrieb der unter lit. a angeführten Anlagen, soweit sie nicht schon von einer der vorstehenden Ziffern erfasst sind, sofern für sie eine Genehmigung nach der GewO 1994, dem AWG 2002, dem MinroG oder dem EG-K erforderlich ist, in Bezug auf die Ableitung der unter lit. b angeführten Schadstoffe in die Atmosphäre:

   a)
   - Kokereien
   - Raffinerien für Erdöl (ausgenommen Unternehmen, die nur Schmiermittel aus Erdöl herstellen)
   - Anlagen zur Kohlevergasung und Kohleverflüssigung
   - Wärmekraftwerke und andere Verbrennungsanlagen mit einer Wärme-Nennleistung von mehr als 50 MW
   - Röst- und Sinteranlagen mit einer Kapazität von mehr als 1 000 Tonnen Erz im Jahr
   - Integrierte Anlagen zur Erzeugung von Roheisen und Rohstahl
   - Eisengießereien mit Schmelzanlagen mit einem Fassungsvermögen von mehr als 5 Tonnen
   - Anlagen zur Erzeugung und zum Schmelzen von Nichteisenmetallen mit Anlagen mit einem Gesamtfassungsvermögen von mehr als 1 Tonne für Schwermetalle und 500 kg für Leichtmetalle
   - Anlagen zur Herstellung von Zement und Drehofenkalk
   - Anlagen zur Erzeugung und Verarbeitung von Asbest und zur Herstellung von Asbesterzeugnissen
   - Anlagen zur Herstellung von Glas- und Gesteinsfasern
   - Anlagen zur Herstellung von Normal- und Spezialglas mit einem Fassungsvermögen von mehr als 5 000 Tonnen pro Jahr
   - Anlagen zur Herstellung von Grobkeramik, insbesondere feuerfestem Normalstein, Steinrohren, Ziegelsteinen für Wände und Fußböden sowie Dachziegeln
   - chemische Anlagen für die Herstellung von Olefinen, Olefinderivaten, Monomeren und Polymeren
   - chemische Anlagen für die Herstellung anderer organischer Zwischenerzeugnisse
   - Anlagen für die Herstellung anorganischer Grundchemikalien
   - Anlagen, die dazu bestimmt sind, gefährliche Abfälle, einschließlich toxischer Abfälle, durch Verbrennen zu beseitigen
   - Anlagen zur Beseitigung anderer fester und flüssiger Abfälle durch Verbrennen
   - Anlagen zur chemischen Erzeugung von Papiermasse mit einer Produktionskapazität von mindestens 25 000 Tonnen im Jahr.

   b)
   - Schwefeldioxid und andere Schwefelverbindungen
   - Stickstoffmonoxide und andere Stickstoffverbindungen
   - Kohlenmonoxid
   - organische Stoffe und insbesondere Kohlenwasserstoffe (außer Methan)
   - Schwermetalle und metallhaltige Verbindungen
   - Staub, Asbest (Schwebeteilchen und Fasern), Glas- und Gesteinsfasern
   - Chlor und Chlorverbindungen
   - Fluor und Fluorverbindungen
9. Jegliches Arbeiten mit gentechnisch veränderten Mikroorganismen in geschlossenen Systemen, einschließlich ihrer Beförderung (§ 4 Z 2, 3, 4 und 7 des Gentechnikgesetzes (GTG), BGBl. Nr. 510/1994).
10. Jede absichtliche Freisetzung gentechnisch veränderter Organismen in die Umwelt, sowie die Beförderung und das Inverkehrbringen dieser Organismen (§ 4 Z 3, 20 und 21 GTG). Dies gilt nicht für Tätigkeiten, die der Z 14 unterliegen.
11. Die Verbringung von Abfällen, für die eine Genehmigungspflicht oder ein Verbot im Sinn der Verordnung 1013/2006/EG des Europäischen Parlaments und des Rates über die Verbringung von Abfällen, ABl. Nr. L 190 vom 12. Juli 2006, S. 1 bis 98, besteht.
12. Der Betrieb von Anlagen, die in Anhang I der Richtlinie 2008/1/EG über die integrierte Vermeidung und Verminderung der Umweltverschmutzung, ABl. Nr. L 24 vom 29. Jänner 2008, S. 8, genannt sind und einer Genehmigung oder Bewilligung nach landesrechtlichen Vorschriften bedürfen.[16]
13. Die Verwendung von gefährlichen Stoffen und gefährlichen Zubereitungen, Pflanzenschutzmitteln und Biozid-Produkten zum Schutz der Pflanzen gegen Krankheiten und Schädlinge.
14. Jedes sonstige absichtliche Ausbringen genetisch veränderter Organismen in die Umwelt im Sinn der Richtlinie 2001/18/EG des Europäischen Parlaments und des Rates über die absichtliche Freisetzung genetisch veränderter Organismen in die Umwelt und zur Aufhebung der Richtlinie 90/220/EWG, ABl. Nr. L 106 vom 17. April 2001.
15. Der Betrieb von Speicherstätten gemäß der Richtlinie 2009/31/EG über die geologische Speicherung von Kohlendioxid, ABl. Nr. L 140 vom 5. Juni 2009, S. 114.[17]

Anhang 2
Sanierung von Umweltschäden im Sinn des § 4 Z 1 lit. a

Dieser Anhang enthält die Rahmenbedingungen, die erfüllt werden müssen, damit sichergestellt ist, dass die geeignetsten Maßnahmen zur Sanierung von Schädigungen der Gewässer ausgewählt werden.

[15] Neu gefasst durch BGBl I 144/2011.

[16] Neu gefasst durch BGBl I 144/2011.

[17] Eingefügt durch BGBl I 144/2011.

Eine Sanierung von Schädigungen der Gewässer ist dadurch zu erreichen, dass das Gewässer durch primäre Sanierung, ergänzende Sanierung oder Ausgleichssanierung in seinen Ausgangszustand zurückversetzt wird, wobei

a) „primäre Sanierung" jede Sanierungsmaßnahme ist, die das geschädigte Gewässer oder seine beeinträchtigten Funktionen ganz oder annähernd in den Ausgangszustand zurückversetzt;

b) „ergänzende Sanierung" jede Sanierungsmaßnahme in Bezug auf das Gewässer oder seine Funktionen ist, mit der der Umstand ausgeglichen werden soll, dass die primäre Sanierung nicht zu einer vollständigen Wiederherstellung der geschädigten natürlichen Ressourcen oder Funktionen führt;

c) „Ausgleichssanierung" jede Tätigkeit zum Ausgleich zwischenzeitlicher Einbußen am Gewässer oder seiner Funktionen ist, die vom Zeitpunkt des Eintretens des Schadens bis zu dem Zeitpunkt entstehen, in dem die primäre Sanierung ihre Wirkung vollständig entfaltet hat;

d) „zwischenzeitliche Verluste" Verluste sind, die darauf zurückzuführen sind, dass das geschädigte Gewässer oder seine Funktionen ihre ökologischen Aufgaben nicht erfüllen oder ihre Funktionen für andere natürliche Ressourcen oder für die Öffentlichkeit nicht erfüllen können, solange die Maßnahmen der primären bzw. der ergänzenden Sanierung ihre Wirkung nicht entfaltet haben. Ein finanzieller Ausgleich für Teile der Öffentlichkeit fällt nicht darunter.

Führt die primäre Sanierung nicht dazu, dass das Gewässer in seinen Ausgangszustand zurückversetzt wird, so ist anschließend eine ergänzende Sanierung durchzuführen. Überdies ist eine Ausgleichssanierung zum Ausgleich der zwischenzeitlichen Verluste durchzuführen.

Eine Sanierung von Umweltschäden im Bereich der Gewässer hat ferner zu beinhalten, dass jedes erhebliche Risiko einer Beeinträchtigung der menschlichen Gesundheit beseitigt werden muss.

1.1. Sanierungsziele

Ziel der primären Sanierung

1.1.1. Ziel der primären Sanierung ist es, das geschädigte Gewässer oder seine Funktionen ganz oder annähernd in den Ausgangszustand zurückzuversetzen.

Ziel der ergänzenden Sanierung

1.1.2. Lassen sich das geschädigte Gewässer oder seine Funktionen nicht in den Ausgangszustand zurückversetzen, so ist eine ergänzende Sanierung vorzunehmen. Ziel der ergänzenden Sanierung ist es, gegebenenfalls an einem anderen Ort einen Zustand der natürlichen Ressourcen oder von deren Funktionen herzustellen, der einer Rückführung des geschädigten Ortes in seinen Ausgangszustand gleichkommt. Soweit dies möglich und sinnvoll ist, sollte dieser andere Ort mit dem geschädigten Ort geografisch im Zusammenhang stehen, wobei die Interessen der betroffenen Bevölkerung zu berücksichtigen sind.

Ziel der Ausgleichssanierung

1.1.3. Die Ausgleichssanierung erfolgt zum Ausgleich der zwischenzeitlichen Verluste von natürlichen Ressourcen und von deren Funktionen, die bis zur Wiederherstellung entstehen. Der Ausgleich besteht aus zusätzlichen Verbesserungen der Gewässer entweder an dem geschädigten oder an einem anderen Ort. Sie beinhaltet keine finanzielle Entschädigung für Teile der Öffentlichkeit.

1.2. Festlegung der Sanierungsmaßnahmen

Festlegung primärer Sanierungsmaßnahmen

1.2.1. Zu prüfen sind Optionen, die Tätigkeiten, mit denen das Gewässer und seine Funktionen direkt in einen Zustand versetzt werden, der sie beschleunigt zu ihrem Ausgangszustand zurückführt, oder aber eine natürliche Wiederherstellung umfassen.

Festlegung ergänzender Sanierungsmaßnahmen und Ausgleichssanierungsmaßnahmen

1.2.2. Bei der Festlegung des Umfangs der ergänzenden Sanierungsmaßnahmen und der Ausgleichssanierungsmaßnahmen ist zunächst die Anwendung von Konzepten zu prüfen, die auf der Gleichwertigkeit von Ressourcen oder Funktionen beruhen. Dabei sind zunächst Maßnahmen zu prüfen, durch die natürliche Ressourcen oder Funktionen in gleicher Art, Qualität und Menge wie die geschädigten Ressourcen oder Funktionen hergestellt werden. Erweist sich dies als unmöglich, so sind andere natürliche Ressourcen oder Funktionen bereitzustellen. So kann beispielsweise eine Qualitätsminderung durch eine quantitative Steigerung der Sanierungsmaßnahmen ausgeglichen werden.

1.2.3. Erweist sich die Anwendung der oben genannten Konzepte der Gleichwertigkeit der Ressourcen oder Funktionen als unmöglich, so sind stattdessen andere Bewertungsmethoden anzuwenden. Die zuständige Behörde kann die Methode, zB Feststellung des Geldwertes, vorschreiben, um den Umfang der erforderlichen ergänzenden Sanierungsmaßnahmen und Ausgleichssanierungsmaßnahmen festzustellen. Ist eine Bewertung des Verlustes an Ressourcen oder Funktionen möglich, eine Bewertung des Ersatzes der natürlichen Ressourcen oder Funktionen jedoch innerhalb eines angemessenen Zeitrahmens unmöglich oder mit unangemessenen Kosten verbunden, so kann die zuständige Behörde Sanierungsmaßnahmen anordnen, deren Kosten dem geschätzten Geldwert des entstandenen Verlustes an natürlichen Ressourcen oder Funktionen entsprechen.

Die ergänzenden Sanierungsmaßnahmen und die Ausgleichssanierungsmaßnahmen haben so beschaffen zu sein, dass durch sie zusätzliche Ressourcen oder Funktionen geschaffen werden, die den zeitlichen Präferenzen und dem zeitlichen Ablauf der Sanierungsmaßnahmen entsprechen. Je länger es beispielsweise dauert, bis der Ausgangszustand wieder erreicht ist, desto mehr Ausgleichssanierungsmaßnahmen sind (unter ansonsten gleichen Bedingungen) zu treffen.

1.3. Wahl der Sanierungsoptionen

1.3.1. Die angemessenen Sanierungsoptionen sind unter Nutzung der besten verfügbaren Techniken anhand folgender Kriterien zu bewerten:

- Auswirkung jeder Option auf die öffentliche Gesundheit und die öffentliche Sicherheit;
- Kosten für die Durchführung der Option;
- Erfolgsaussichten jeder Option;
- inwieweit durch jede Option künftiger Schaden verhütet wird und zusätzlicher Schaden als Folge der Durchführung der Option vermieden wird;
- inwieweit jede Option einen Nutzen für jede einzelne Komponente der natürlichen Ressource oder der Funktion darstellt;
- inwieweit jede Option die einschlägigen sozialen, wirtschaftlichen und kulturellen Belange und anderen ortsspezifischen Faktoren berücksichtigt;
- wie lange es dauert, bis die Sanierung des Umweltschadens durchgeführt ist;

- inwieweit es mit der jeweiligen Option gelingt, den Ort des Umweltschadens zu sanieren;
- geografischer Zusammenhang mit dem geschädigten Ort.

1.3.2. Bei der Bewertung der verschiedenen festgelegten Sanierungsoptionen können auch primäre Sanierungsmaßnahmen ausgewählt werden, mit denen das geschädigte Gewässer nicht vollständig oder nur langsamer in den Ausgangszustand zurückversetzt wird. Eine solche Entscheidung kann nur getroffen werden, wenn der Verlust an natürlichen Ressourcen oder Funktionen am ursprünglichen Standort infolge der Entscheidung dadurch ausgeglichen wird, dass verstärkt ergänzende Sanierungstätigkeiten und mehr Ausgleichssanierungstätigkeiten durchgeführt werden, mit denen vergleichbare natürliche Ressourcen oder Funktionen wie vor dem Schadenseintritt geschaffen werden können. Dies ist beispielsweise der Fall, wenn an anderer Stelle mit geringerem Kostenaufwand gleichwertige natürliche Ressourcen oder Funktionen geschaffen werden können. Diese zusätzlichen Sanierungsmaßnahmen sind im Einklang mit Nummer 1.2.2. festzulegen.

1.3.3. Ungeachtet der Nummer 1.3.2. ist die Behörde im Einklang mit § 7 Abs. 5 befugt, zu entscheiden, dass keine weiteren Sanierungsmaßnahmen ergriffen werden, wenn

a) mit den bereits ergriffenen Sanierungsmaßnahmen sichergestellt wird, dass kein erhebliches Risiko einer Beeinträchtigung der menschlichen Gesundheit oder des Gewässers mehr besteht, und
b) die Kosten der Sanierungsmaßnahmen, die zu ergreifen wären, um den Ausgangszustand oder ein vergleichbares Niveau herzustellen, in keinem angemessenen Verhältnis zu dem Nutzen stehen, der für die Umwelt erreicht werden soll.

Anhang 3
Sanierung von Umweltschäden im Sinn des § 4 Z 1 lit. b

Dieser Anhang enthält die Rahmenbedingungen, die erfüllt werden müssen, damit sichergestellt ist, dass die geeignetsten Maßnahmen zur Sanierung von Schädigungen des Bodens ausgewählt werden.

Es sind die erforderlichen Maßnahmen zu treffen, um zumindest sicherzustellen, dass die betreffenden Schadstoffe beseitigt, kontrolliert, eingedämmt oder vermindert werden, so dass der geschädigte Boden unter Berücksichtigung seiner zum Zeitpunkt der Schädigung gegebenen gegenwärtigen oder zugelassenen künftigen Nutzung kein erhebliches Risiko einer Beeinträchtigung der menschlichen Gesundheit mehr darstellt. Das Vorliegen solcher Risiken ist mit Verfahren zur Risikoabschätzung unter Berücksichtigung folgender Faktoren zu beurteilen: Beschaffenheit und Funktion des Bodens, Art und Konzentration der Schadstoffe, Zubereitungen, Organismen oder Mikroorganismen, das mit ihnen verbundene Risiko und die Möglichkeit ihrer Verbreitung. Die Nutzung ist auf Grund der zum Zeitpunkt des Schadenseintritts geltenden Bodennutzungsvorschriften oder anderer einschlägiger Vorschriften - soweit vorhanden - festzulegen.

Fehlen Bodennutzungsvorschriften oder andere einschlägige Vorschriften, so ist die Nutzung des speziellen Bereichs nach dem Zustand des geschädigten Bodens unter Berücksichtigung seiner voraussichtlichen Entwicklung zu bestimmen.

Zu berücksichtigen ist die Option einer natürlichen Wiederherstellung, dh. eine Option ohne unmittelbares Eingreifen des Menschen in den Wiederherstellungsprozess.

Dienstnehmerhaftpflichtgesetz – DHG

BGBl 80/1965, zuletzt geändert durch BGBl I 110/2024

Artikel I

§ 1. (1) Die Vorschriften dieses Bundesgesetzes gelten für Dienstnehmer (Lehrlinge) in einem privatrechtlichen oder in einem öffentlich-rechtlichen Dienst(Lehr)verhältnis (im folgenden als Dienstnehmer bezeichnet). Sie sind auf Heimarbeiter und Personen, die gemäß § 3 des Heimarbeitsgesetzes 1960 den Entgeltschutz für Heimarbeit genießen, ferner auf sonstige Personen, die, ohne in einem Dienstverhältnis zu stehen, im Auftrag und für Rechnung bestimmter anderer Personen Arbeit leisten und wegen wirtschaftlicher Unselbständigkeit als arbeitnehmerähnlich anzusehen sind, im Verhältnis zu ihren Auftraggebern sinngemäß anzuwenden.

(2) Ausgenommen vom Geltungsbereich dieses Bundesgesetzes sind Dienstnehmer, soweit sie als Organe der im Artikel 23 Abs. 1 des Bundes-Verfassungsgesetzes in der Fassung von 1929 genannten Rechtsträger in Vollziehung der Gesetze dem Rechtsträger oder einem Dritten einen Schaden zugefügt haben.

§ 2. (1) Hat ein Dienstnehmer bei Erbringung seiner Dienstleistungen dem Dienstgeber durch ein Versehen einen Schaden zugefügt, so kann das Gericht aus Gründen der Billigkeit den Ersatz mäßigen oder, sofern der Schaden durch einen minderen Grad des Versehens zugefügt worden ist, auch ganz erlassen.

(2) Bei der Entscheidung über die Ersatzpflicht im Sinn des Abs. 1 hat das Gericht vor allem auf das Ausmaß des Verschuldens des Dienstnehmers und außerdem insbesondere auf folgende Umstände Bedacht zu nehmen:

1. auf das Ausmaß der mit der ausgeübten Tätigkeit verbundenen Verantwortung,
2. inwieweit bei der Bemessung des Entgelts ein mit der ausgeübten Tätigkeit verbundenes Wagnis berücksichtigt worden ist,
3. auf den Grad der Ausbildung des Dienstnehmers,
4. auf die Bedingungen, unter denen die Dienstleistung zu erbringen war und
5. ob mit der vom Dienstnehmer erbrachten Dienstleistung erfahrungsgemäß die nur schwer vermeidbare Möglichkeit oder Wahrscheinlichkeit des Eintritts eines Schadens verbunden ist.

(3) Für eine entschuldbare Fehlleistung haftet der Dienstnehmer nicht.

(4)[1] Wird der Dienstgeberin oder dem Dienstgeber durch im gemeinsamen Haushalt mit der Dienstnehmerin oder dem Dienstnehmer lebende Personen im Zusammenhang mit Arbeiten in Telearbeit ein Schaden zugefügt, so sind die Bestimmungen dieses Gesetzes sinngemäß anzuwenden.[2]

§ 3. (1) Wird ein Dienstnehmer zum Ersatz des Schadens herangezogen, den er bei Erbringung seiner Dienstleistungen

[1] Geändert durch BGBl I 110/2024.

[2] Neu eingefügt durch BGBl I 61/2021.

einem Dritten zugefügt hat, so hat er dies dem Dienstgeber unverzüglich mitzuteilen und ihm im Falle der Klage den Streit zu verkündigen.

(2) Hat der Dienstnehmer im Einverständnis mit dem Dienstgeber oder auf Grund eines rechtskräftigen Urteils dem Dritten den durch ein Versehen zugefügten Schaden ersetzt, so kann er die Vergütung des solcherart Geleisteten und der ihm erwachsenen notwendigen Prozeß- und Exekutionskosten zum Teil oder, sofern der Schaden durch einen minderen Grad des Versehens zugefügt worden ist, zur Gänze vom Dienstgeber verlangen, wenn der Dienstgeber auf Grund der §§ 1313a bis 1316 des allgemeinen bürgerlichen Gesetzbuches oder auf Grund einer anderen gesetzlichen Verpflichtung vom Dritten zum Ersatz des Schadens in Anspruch hätte genommen werden können und das Verlangen des Dienstnehmers der Billigkeit entspricht. § 2 Abs. 2 ist anzuwenden.

(3) Hat der Dienstnehmer im Einverständnis mit dem Dienstgeber oder auf Grund eines rechtskräftigen Urteils dem Dritten den durch eine entschuldbare Fehlleistung zugefügten Schaden ersetzt, so kann er jedoch die Vergütung des solcherart Geleisteten und der ihm erwachsenen notwendigen Prozeß- und Exekutionskosten zur Gänze vom Dienstgeber verlangen, wenn dieser auf Grund der §§ 1313a bis 1316 des allgemeinen bürgerlichen Gesetzbuches oder auf Grund einer anderen gesetzlichen Verpflichtung von Dritten zum Ersatz des Schadens in Anspruch hätte genommen werden können.

(4) Unterläßt es der Dienstnehmer, dem Dienstgeber den Streit zu verkündigen, so verliert er zwar nicht das Recht auf Vergütung gegenüber dem Dienstgeber, doch kann ihm dieser alle wider den Dritten unausgeführt gebliebenen Einwendungen entgegensetzen und sich dadurch von der Verfügung in dem Maße befreien, als erkannt wird, daß diese Einwendungen, wenn von ihnen der gehörige Gebrauch gemacht worden wäre, eine andere Entscheidung gegen den Dritten veranlaßt hätten.

§ 4. (1) Wird ein Dienstgeber auf Grund der §§ 1313a bis 1316 des allgemeinen bürgerlichen Gesetzbuches oder auf Grund einer anderen gesetzlichen Verpflichtung vom Dritten zum Ersatz des Schadens herangezogen, den sein Dienstnehmer bei Erbringung seiner Dienstleistungen einem Dritten zugefügt hat, so hat er dies dem Dienstnehmer unverzüglich mitzuteilen und ihm im Falle der Klage den Streit zu verkündigen.

(2) Hat der Dienstgeber im Einverständnis mit dem Dienstnehmer oder auf Grund eines rechtskräftigen Urteils dem Dritten den Schaden ersetzt, so hat er einen die Vergütung des solcherart Geleisteten und der ihm erwachsenen notwendigen Prozeß- und Exekutionskosten umfassenden Rückgriffsanspruch gegen den Dienstnehmer, es sei denn, daß der Dienstnehmer den Schaden durch ein Versehen zugefügt hat und das Gericht aus Gründen der Billigkeit den Rückersatz mäßigt oder, sofern der Schaden durch einen minderen Grad des Versehens zugefügt worden ist, ganz erläßt. § 2 Abs. 2 ist anzuwenden.

(3) Hat der Dienstgeber dem Dritten den Schaden ersetzt, den der Dienstnehmer dem Dritten durch eine entschuldbare Fehlleistung zugefügt hat, so hat der Dienstgeber jedoch gegen den Dienstnehmer keinen Rückgriffsanspruch.

(4) Unterläßt es der Dienstgeber, dem Dienstnehmer den Streit zu verkündigen, so verliert er zwar nicht das Recht auf Vergütung gegenüber dem Dienstnehmer, doch kann ihm dieser (alle) wider den Dritten unausgeführt gebliebenen Einwendungen entgegensetzen und sich dadurch von der Vergütung in dem Maße befreien, als erkannt wird, daß diese Einwendungen, wenn von ihnen der gehörige Gebrauch gemacht worden wäre, eine andere Entscheidung gegen den Dritten veranlaßt hätten.

§ 5. Die Rechte des Dienstnehmers, die sich aus den §§ 2 bis 4 ergeben, können nur durch Kollektivvertrag aufgehoben oder beschränkt werden.

§ 6. Auf einem minderen Grad des Versehens beruhende Schadenersatz- oder Rückgriffsansprüche zwischen Dienstgeber und Dienstnehmer (§ 2 Abs. 1, § 3 Abs. 2 bis 4, § 4 Abs. 2 und 4) erlöschen, wenn sie nicht binnen sechs Monaten nach Ablauf des Tages, an dem sie erhoben werden können, gerichtlich geltend gemacht werden.

§ 7. (1) Während des aufrechten Bestandes des Dienstverhältnisses ist eine Aufrechnung von Ansprüchen gegen den Dienstnehmer nach diesem Bundesgesetz nur zulässig, wenn der Dienstnehmer nicht innerhalb von 14 Tagen ab Zugehen der Aufrechnungserklärung dieser widerspricht.

(2) Abs. 1 gilt nicht für eine Aufrechnung auf Grund eines rechtskräftigen Urteils.

Artikel II

…

Artikel III

Mit der Vollziehung dieses Bundesgesetzes ist das Bundesministerium für Justiz betraut.

Artikel II

…

Elektrizitätsabgabegesetz

BGBl 201/1996, zuletzt geändert durch BGBl I 201/2023

Steuerbare Vorgänge, Steuergebiet

§ 1. (1) Der Elektrizitätsabgabe unterliegen

1.[1] die Lieferung von elektrischer Energie im Steuergebiet, ausgenommen an Elektrizitätsunternehmen im Sinne des § 7 Abs. 1 Z 11 des Elektrizitätswirtschafts- und -organisationsgesetzes 2010 – ElWOG 2010, BGBl. I Nr. 110/2010, und an sonstige Wiederverkäufer, soweit die elektrische Energie zur Weiterlieferung bestimmt ist,

2. der Verbrauch von elektrischer Energie durch Elektrizitätsunternehmen sowie der Verbrauch von selbst hergestellter oder in das Steuergebiet verbrachter elektrischer Energie im Steuergebiet.

(2) Die Lieferung im Sinne des Abs. 1 Z 1 erfolgt an dem Ort, an dem der Empfänger über die elektrische Energie verfügen kann.

(3) Steuergebiet im Sinne dieses Bundesgesetzes ist das Bundesgebiet, ausgenommen das Gebiet der Ortsgemeinden Jungholz (Tirol) und Mittelberg (Vorarlberg).

[1] Neu gefasst durch BGBl I 26/2000, geändert durch BGBl I 71/2003, BGBl I 64/2014 und BGBl I 10/2022.

Steuerbefreiungen

§ 2.[2](1) Von der Abgabe sind befreit:

1. elektrische Energie, soweit sie für die Erzeugung und Fortleitung von elektrischer Energie, Erdgas oder Mineralöl verwendet wird;
2. elektrische Energie, soweit sie für nichtenergetische Zwecke verwendet wird;
3. von Elektrizitätserzeugern selbst erzeugte elektrische Energie, wenn deren Menge, die nicht in das Netz eingespeist, sondern von diesen Elektrizitätserzeugern selbst verbraucht wird, nicht größer als 5 000 kWh pro Jahr ist;
4. aus erneuerbaren Energieträgern von Elektrizitätserzeugern, einschließlich gemeinschaftlicher Erzeugungsanlagen nach § 7 Abs. 1 Z 23a und § 16a ElWOG 2010 sowie Erneuerbare-Energie-Gemeinschaften nach § 79 des Erneuerbaren-Ausbau-Gesetzes, BGBl. I Nr. 150/2021, und § 7 Abs. 1 Z 15a und § 16c ElWOG 2010, selbst erzeugte elektrische Energie, soweit sie nicht in das Netz eingespeist, sondern von diesen Elektrizitätserzeugern, ihren teilnehmenden Berechtigten, Mitgliedern oder Gesellschaftern selbst verbraucht wird, für die jährlich bilanziell nachweisbar selbst verbrauchte elektrische Energie;
5.[3] aus erneuerbaren Energieträgern von Eisenbahnunternehmen selbst erzeugter Bahnstrom, soweit dieser nachweislich von ihnen selbst oder von anderen Eisenbahnunternehmen zum Antrieb und Betrieb von Schienenfahrzeugen verwendet wird. Eisenbahnunternehmen im Sinne dieses Bundesgesetzes sind Betreiber von öffentlichen Eisenbahnen nach § 1 Z 1 des Eisenbahngesetzes 1957, BGBl. Nr. 60/1957, einschließlich Eisenbahnunternehmen, die Eisenbahnverkehrsdienste auf solchen Bahnen erbringen. Bahnstrom ist elektrische Energie, soweit diese von Eisenbahnunternehmen zum Antrieb und Betrieb von Schienenfahrzeugen verwendet wird. Als selbst erzeugt gelten auch jene Mengen von Bahnstrom, die innerhalb eines Unternehmens im Sinne des § 3 Abs. 4 des Kommunalsteuergesetzes 1993, BGBl. Nr. 819/1993, oder eines vergleichbaren Unternehmens erzeugt und an andere Konzerngesellschaften geliefert werden.

(2)[4] Die Befreiung nach Abs. 1 Z 2 erfolgt im Wege einer Vergütung an denjenigen, der die elektrische Energie verwendet. Die Befreiung nach Abs. 1 Z 1 kann auf Antrag im Wege einer Vergütung an denjenigen, der die elektrische Energie verwendet, gewährt werden.

(3) Der Bundesminister für Finanzen wird ermächtigt, durch Verordnung im Einvernehmen mit der Bundesministerin für Klimaschutz, Umwelt, Energie, Mobilität, Innovation und Technologie das Verfahren für die Inanspruchnahme der Steuerbefreiung nach Abs. 1 Z 4 näher zu regeln.

Abgabenschuldner

§ 3. (1) Abgabenschuldner ist

1. im Falle des § 1 Abs. 1 Z 1 der Lieferer der elektrischen Energie,
2. im Falle des § 1 Abs. 1 Z 2 derjenige, der die elektrische Energie verbraucht.

(2)[5] Wird bei der Lieferung von elektrischer Energie im Steuergebiet (§ 1 Abs. 1 Z 1), beim Verbrauch von selbst hergestellter elektrischer Energie oder bei der Verbringung der elektrischen Energie in das Steuergebiet (§ 1 Abs. 1 Z 2) das Leitungsnetz eines oder mehrerer Netzbetreiber im Sinne des § 7 Abs. 1 Z 51 ElWOG 2010 gegen Entgelt verwendet, so hat jener Netzbetreiber, aus dessen Leitungsnetz die elektrische Energie vom Empfänger der Lieferung oder vom Verbraucher entnommen wird, die auf diese Lieferung bzw. den Verbrauch entfallende Elektrizitätsabgabe als Haftender für Rechnung des Abgabenschuldners zu entrichten.

Bemessungsgrundlage und Höhe der Abgabe

§ 4. (1) Bemessungsgrundlage der Elektrizitätsabgabe ist

1. im Falle des § 1 Abs. 1 Z 1 die gelieferte elektrische Energie,
2. im Falle des § 1 Abs. 1 Z 2 die verbrauchte elektrische Energie in kWh.

(2)[6] Die Abgabe beträgt 0,015 Euro je kWh.

(3)[7] Die Abgabe auf Bahnstrom aus anderen als erneuerbaren Primärenergieträgern und auf Bahnstrom, der nicht von Eisenbahnunternehmen selbst erzeugt wurde, beträgt 0,0018 Euro je kWh. Auf Antrag des Eisenbahnunternehmens, das nicht selbst erzeugten nachweislich zum Steuersatz nach Abs. 2 versteuerten Bahnstrom zum Antrieb und Betrieb von Schienenfahrzeugen verwendet hat, kommt eine Vergütung in Höhe von 0,0132 Euro je kWh zur Anwendung.[8]

(Anm: Abs. 4 aufgehoben durch BGBl I 108/2022)

Erhebung der Abgabe

§ 5. (1) Der Abgabenschuldner gemäß § 3 Abs. 1 sowie der Netzbetreiber gemäß § 3 Abs. 2 hat bis zum 15. des auf den Kalendermonat zweitfolgenden Monates (Fälligkeitstag) die Abgabe für die im Kalendermonat gelieferte oder verbrauchte bzw. weitergeleitete Menge elektrischer Energie selbst zu berechnen und zu entrichten. Soweit die tatsächlich gelieferte oder verbrauchte bzw. weitergeleitete Menge elektrischer Energie nicht bis zum Fälligkeitstag festgestellt wird, ist der Abgabenschuldner bzw. der Netzbetreiber (§ 3 Abs. 2) verpflichtet, die Abgabe für ein Zwölftel der voraussichtlich in diesem Jahr gelieferten oder verbrauchten bzw. weitergeleiteten Menge elektrischer Energie bis zum Fälligkeitstag selbst zu berechnen und zu entrichten.

(2) Zum letzten Fälligkeitstag für jedes Kalenderjahr sind Abweichungen von der tatsächlichen Jahresabgabenschuld auszugleichen. Abgabenschuldner sowie Netzbetreiber, die den Gewinn gemäß § 2 Abs. 5 des Einkommensteuergesetzes 1988 oder gemäß § 7 Abs. 5 des Körperschaftsteuergesetzes 1988 nach einem vom Kalenderjahr abweichenden Wirtschaftsjahr ermitteln, können den Ausgleich am ersten auf den Bilanzstichtag folgenden Fälligkeitstag vornehmen. Der Netzbetreiber kann jene Elektrizitätsabgabe, die er als Haftender abgeführt hat und die ihm trotz Geltendmachung der ihm zumutbaren Schritte nicht ersetzt wurde, bei Ermittlung der Jahresabgabenschuld abziehen.

(3) Wird die Abgabe nicht oder in offensichtlich unrichtiger Höhe entrichtet, dann hat das Finanzamt die Abgabe festzusetzen. Die festgesetzte Abgabe hat die im Abs. 1 genannte Fälligkeit.

(4) Der Abgabenschuldner sowie der Netzbetreiber werden nach Ablauf des Kalenderjahres (Wirtschaftsjahres) zur Abgabe veranlagt. Bis zum 31. März eines jeden Jahres hat der Abgabenschuldner bzw. der Netzbetreiber dem Finanzamt eine Jahresabgabenerklärung für das vorangegangene Jahr zu übermitteln. In diese sind die Gesamtmenge der im vergange-

[2] Neu gefasst durch BGBl I 10/2022.

[3] Neu gefasst durch BGBl I 108/2022.

[4] Früherer S 2 und S 4 entfallen gem BGBl I 108/2022.

[5] Neu gefasst durch BGBl I 26/2000, geändert durch BGBl I 64/2014.

[6] Neu gefasst durch BGBl I 26/2000.

[7] Neu eingefügt durch BGBl I 18/2021, geändert durch BGBl I 10/2022.

[8] Geändert durch BGBl I 108/2022.

nen Jahr gelieferten oder verbrauchten bzw. weitergeleiteten Menge elektrischer Energie aufzunehmen.

(5)[9] Die Erhebung der Abgabe obliegt dem für die Erhebung der Umsatzsteuer des Abgabenschuldners zuständigen Finanzamt. Abweichend davon obliegt sie

1. in jenen Fällen, in denen der Netzbetreiber die Abgabe entrichtet, dem für die Erhebung der Umsatzsteuer des Netzbetreibers zuständigen Finanzamt;
2. in den Fällen des § 2 Abs. 1 Z 1 und 2 dem für die Erhebung der Umsatzsteuer des Verwenders der elektrischen Energie zuständigen Finanzamt;
3. in den Fällen des § 4 Abs. 3 zweiter Satz dem für die Erhebung der Umsatzsteuer des Eisenbahnunternehmens zuständigen Finanzamt.

(6)[10] Beträgt die monatliche Steuerschuld nicht mehr als 50 Euro, so ist sie jahresweise nur einmal für das gesamte Jahr zu entrichten.

(7)[10] Ist die gesamte Steuerschuld eines Jahres nicht höher als 50 Euro, so wird die Abgabe nicht erhoben.

(8)[11] Anträge auf Vergütung nach § 2 Abs. 1 Z 1 und 2 sowie § 4 Abs. 3 sind nur für volle Kalendermonate zulässig und bei sonstigem Verlust des Anspruchs bis zum Ablauf des auf die Verwendung folgenden Kalenderjahrs bei dem nach Abs. 5 zuständigen Finanzamt zu stellen.

(9)[11,12] Der Bundesminister für Finanzen wird ermächtigt, durch Verordnung das Verfahren für die Inanspruchnahme der Steuerbegünstigungen nach § 2 Abs. 1 Z 1, Z 2, Z 3 und Z 5 sowie nach § 4 Abs. 3 insbesondere betreffend Antragstellung und Nachweise näher zu regeln und zur Vermeidung von entbehrlichem Verwaltungsaufwand Vereinfachungen zuzulassen oder Ausnahmen von Erklärungspflichten oder von Aufzeichnungspflichten nach § 6 zu ermöglichen, soweit Steuerbelange dadurch nicht beeinträchtigt werden.

Aufzeichnungspflichten und Rechnungslegungspflichten

§ 6. (1) Der Abgabenschuldner gemäß § 3 Abs. 1 sowie der Netzbetreiber gemäß § 3 Abs. 2 sind verpflichtet, Aufzeichnungen zu führen, aus denen sich die gelieferte oder verbrauchte bzw. weitergeleitete Menge elektrischer Energie ergibt.

(2) Der Abgabenschuldner sowie der Netzbetreiber sind verpflichtet, im Falle der Lieferung bzw. Weiterleitung elektrischer Energie dem Empfänger spätestens in der Jahresabrechung die Elektrizitätsabgabe offen auszuweisen.

(3) Der Empfänger der Lieferung der elektrischen Energie hat dem Abgabenschuldner sowie dem Netzbetreiber die weiterverrechnete Elektrizitätsabgabe zu ersetzen. Zahlt der Empfänger der elektrischen Energie an den Netzbetreiber das Netznutzungsentgelt und die Elektrizitätsabgabe, so gelten die Zahlungen als im entsprechenden Verhältnis geleistet. Für nicht vollständig gezahlte Elektrizitätsabgabe besteht keine Haftung des Netzbetreibers, wenn dieser die ihm zumutbaren Schritte zur Geltendmachung seines Anspruches unternommen hat.

(Anm.: Abs. 4 aufgehoben durch BGBl I 71/2003)

[…]

---

9 Neu gefasst durch BGBl I 108/2022.

10 Neu eingefügt durch BGBl I 64/2014.

11 Neu eingefügt durch BGBl I 108/2022.

12 Letzter Halbsatz eingefügt durch BGBl I 201/2023.

Eisenbahngesetz 1957 – EisbG

BGBl 60/1957, zuletzt geändert durch BGBl I 115/2024

3. Teil: Bau und Betrieb von Eisenbahnen, Bau und Betrieb von Schienenfahrzeugen auf Eisenbahnen und Verkehr auf Eisenbahnen

...

7. Hauptstück: Bau, Veränderung und Inbetriebnahme von Eisenbahnanlagen, nicht ortsfesten eisenbahnsicherungstechnischen Einrichtungen und Inbetriebnahme von Schienenfahrzeugen

1. Abschnitt: Eisenbahnrechtliche Baugenehmigung

Erforderlichkeit einer eisenbahnrechtlichen Baugenehmigung

§ 31. Für den Bau oder die Veränderung von Eisenbahnanlagen und nicht ortsfesten eisenbahnsicherungstechnischen Einrichtungen ist die eisenbahnrechtliche Baugenehmigung erforderlich.

Antrag

§ 31a. (1)[1] Die Erteilung der eisenbahnrechtlichen Baugenehmigung ist bei der Behörde zu beantragen. Dem Antrag ist ein Bauentwurf in dreifacher Ausfertigung und projektrelevante Fachgebiete umfassende Gutachten beizugeben; letztere zum Beweis, ob das Bauvorhaben dem Stand der Technik unter Berücksichtigung der Sicherheit und Ordnung des Betriebes der Eisenbahn, des Betriebes von Schienenfahrzeugen auf der Eisenbahn und des Verkehrs auf der Eisenbahn einschließlich der Anforderungen des Arbeitnehmerschutzes entspricht. Im Falle beantragter Abweichungen vom Stand der Technik sind auch die Vorkehrungen darzustellen, die sicherstellen sollen, dass trotz Abweichung vom Stand der Technik die Sicherheit und Ordnung des Betriebes der Eisenbahn, des Betriebes von Schienenfahrzeugen auf der Eisenbahn und des Verkehrs auf der Eisenbahn einschließlich der Anforderungen an den Arbeitnehmerschutz gewährleistet sind. Wenn das Bauvorhaben eine Hauptbahn alleine oder über eine Hauptbahn hinaus gehend auch eine vernetzte Nebenbahn betrifft, ist nur ein Gutachten beizugeben, das alle projektrelevanten Fachgebiete zu umfassen hat; werden für die Erstattung dieses Gutachtens mehr als ein Sachverständiger bestellt, hat ein solches Gutachten eine allgemein verständliche Zusammenfassung zu enthalten.

(2) Als Sachverständige gemäß Abs. 1 gelten und dürfen mit der Erstattung von Gutachten beauftragt werden, sofern sie nicht mit der Planung betraut waren oder sonstige Umstände vorliegen, die die Unbefangenheit oder Fachkunde in Zweifel ziehen:

1. Anstalten des Bundes oder eines Bundeslandes;
2.[2] akkreditierte Konformitätsbewertungsstellen oder benannte Stellen im Rahmen des fachlichen Umfanges ihrer Akkreditierung;
3. Ziviltechniker im Rahmen ihrer Befugnisse;
4. Technische Büros-Ingenieurbüros im Rahmen ihrer Fachgebiete;
5. natürliche Personen, die für die Erstattung von Gutachten der erforderlichen Art im Allgemeinen beeidet sind.

(3) Die Behörde kann nach den Erfordernissen des Einzelfalles die Beigabe einer anderen Anzahl an Bauentwurfsausfertigungen oder Ausfertigungen einzelner Bauentwurfsunterlagen festlegen.

Bauentwurf

§ 31b. (1) Aus dem Bauentwurf muss insbesondere ersichtlich sein:

1. die Lage der Eisenbahnanlagen und der in der Nähe der Eisenbahntrasse gelegenen Bauten, Verkehrsanlagen, Wasserläufe und Leitungsanlagen;
2. ein Bau- und Betriebsprogramm;
3. die erheblichen Auswirkungen des Bauvorhabens auf die Umgebung;
4. die im § 31e genannten betroffenen Liegenschaften sowie die Eigentümer dieser Liegenschaften, die an diesen dinglich Berechtigten, die Wasserberechtigten und die Bergwerksberechtigten.

(2) Der Bundesminister für Verkehr, Innovation und Technologie kann allgemein, für alle oder einzelne Arten von Eisenbahnen durch Verordnung nähere Bestimmungen über die je nach Art und Umfang des Bauvorhabens erforderlichen Unterlagen treffen.

Mündliche Verhandlung

§ 31c. Der Bauentwurf ist vor einer mündlichen Verhandlung durch mindestens zwei Wochen und höchstens sechs Wochen in den Gemeinden, deren örtlicher Wirkungsbereich durch das Bauvorhaben berührt wird, zur allgemeinen Einsicht aufzulegen. Die Behörde kann die Auflagefrist bis auf fünf Tage abkürzen, wenn dies aus dringenden öffentlichen Interessen geboten ist.

Berührte Interessen

§ 31d. Werden durch das Bauvorhaben vom Bund, von den Ländern und von den Gemeinden wahrzunehmende Interessen berührt, ist den zuständigen Dienststellen Gelegenheit zu geben, zu dem Bauvorhaben Stellung zu nehmen. Die Stellungnahme der Gemeinde erfolgt im Rahmen des eigenen Wirkungsbereiches.

Parteien

§ 31e. Parteien im Sinne des § 8 des Allgemeinen Verwaltungsverfahrensgesetzes 1991, BGBl. Nr. 51, sind der Bauwerber, die Eigentümer der betroffenen Liegenschaften, die an diesen dinglich Berechtigten, die Wasserberechtigten und die Bergwerksberechtigten. Betroffene Liegenschaften sind außer den durch den Bau selbst in Anspruch genommenen Liegenschaften auch die, die in den Bauverbotsbereich oder in den Feuerbereich zu liegen kommen, sowie die, die wegen ihrer Lage im Gefährdungsbereich Veränderungen oder Beschränkungen unterworfen werden müssen.

---

[1] Geändert durch BGBl I 205/2013 (VfGH).

[2] Geändert durch BGBl I 96/2013.

Genehmigungsvoraussetzungen

§ 31f.[3] (1) Die eisenbahnrechtliche Baugenehmigung ist zu erteilen, wenn

1. das Bauvorhaben dem Stand der Technik zum Zeitpunkt der Einbringung des verfahrenseinleitenden Antrages bei der Behörde unter Berücksichtigung der Sicherheit und Ordnung des Betriebes der Eisenbahn, des Betriebes von Schienenfahrzeugen auf der Eisenbahn und des Verkehrs auf der Eisenbahn entspricht,
2. vom Bund, von den Ländern und von den Gemeinden wahrzunehmende Interessen durch das Bauvorhaben nicht verletzt werden oder im Falle des Vorliegens einer Verletzung solcher Interessen der durch die Ausführung und Inbetriebnahme des Bauvorhabens entstehende Vorteil für die Öffentlichkeit größer ist als der Nachteil, der aus der Verletzung dieser Interessen für die Öffentlichkeit durch die Ausführung und Inbetriebnahme des Bauvorhabens entsteht und
3. eingewendete subjektiv öffentliche Rechte einer Partei nicht verletzt werden oder im Falle einer Verletzung eingewendeter subjektiv öffentlicher Rechte einer Partei dann, wenn der durch die Ausführung und Inbetriebnahme des Bauvorhabens entstehende Vorteil für die Öffentlichkeit größer ist als der Nachteil, der der Partei durch die Ausführung und Inbetriebnahme des Bauvorhabens entsteht.

(2) Eine eisenbahnrechtliche Baugenehmigung für ein Bauvorhaben im Gefährdungsbereich (§ 4 Abs. 6 Z 3 des Bundesstraßengesetzes 1971-BStG 1971, BGBl. Nr. 286/1971) eines Betriebes, in dem die in Anlage 5 GewO 1994 genannten gefährlichen Stoffe mindestens in einer in dieser Anlage gegebenen Menge vorhanden sind (Seveso-Betrieb), darf überdies nur dann erteilt werden, wenn dieser Gefährdungsbereich im Bauentwurf ausgewiesen ist und Vorkehrungen vorgesehen sind, die bewirken, dass bei Realisierung des Bauvorhabens und dessen künftigen Betriebes weder schwere Unfälle (§ 84b Z 12 GewO 1994) beim Seveso-Betrieb bewirkt noch das Risiko oder die Folgen solcher Unfälle vergrößert oder verschlimmert werden können.

(3) Vom Stand der Technik sind beantragte Abweichungen in Ausnahmefällen zulässig, wenn mit Vorkehrungen die Sicherheit und Ordnung des Betriebes der Eisenbahn, des Betriebes von Schienenfahrzeugen auf der Eisenbahn und des Verkehrs auf der Eisenbahn auf andere Weise gewährleistet werden kann.

[...]

3. Abschnitt: Betriebsbewilligung

Erforderlichkeit der Betriebsbewilligung

§ 34. (1) Die Inbetriebnahme von Eisenbahnanlagen, veränderten Eisenbahnanlagen, nicht ortsfesten eisenbahnsicherungstechnischen Einrichtungen oder veränderten nicht ortsfesten eisenbahnsicherungstechnischen Einrichtungen bedarf der Betriebsbewilligung, wenn für deren Bau oder Veränderung eine eisenbahnrechtliche Baugenehmigung erteilt wurde.

(2) Die Inbetriebnahme von Schienenfahrzeugen, von veränderten Schienenfahrzeugen oder von gebrauchten ausländischen Schienenfahrzeugen bedarf der Betriebsbewilligung, wenn hiefür eine Bauartgenehmigung erteilt wurde.

Verbindung mit anderen Genehmigungen

§ 34a. Wenn vom Standpunkt der Sicherheit und Ordnung des Betriebes der Eisenbahn, des Betriebes von Schienenfahrzeugen auf der Eisenbahn und des Verkehrs auf der Eisenbahn keine Bedenken bestehen, kann die Behörde verbinden:

1. die Bewilligung zur Inbetriebnahme von Eisenbahnanlagen, veränderten Eisenbahnanlagen, nicht ortsfesten eisenbahnsicherungstechnischen Einrichtungen oder veränderten nicht ortsfesten eisenbahnsicherungstechnischen Einrichtungen mit der eisenbahnrechtlichen Baugenehmigung;
2. die Bewilligung zur Inbetriebnahme von Schienenfahrzeugen, veränderten Schienenfahrzeugen oder von gebrauchten ausländischen Schienenfahrzeugen mit der Bauartgenehmigung.

Antrag

§ 34b. Die Erteilung der Betriebsbewilligung ist zu beantragen. Dem Antrag ist eine Prüfbescheinigung beizuschließen, aus der ersichtlich sein muss, ob die Eisenbahnanlagen, veränderten Eisenbahnanlagen, nicht ortsfesten eisenbahnsicherungstechnischen Einrichtungen oder veränderten nicht ortsfesten eisenbahnsicherungstechnischen Einrichtungen der eisenbahnrechtlichen Baugenehmigung entsprechen. Für die Ausstellung der Prüfbescheinigung gilt § 31a Abs. 2 sinngemäß. An Stelle einer Prüfbescheinigung kann eine dieser inhaltlich entsprechende Erklärung einer im Verzeichnis gemäß § 40 verzeichneten Person beigeschlossen werden, wenn die Eisenbahnanlagen, veränderten Eisenbahnanlagen, nicht ortsfesten eisenbahnsicherungstechnischen Einrichtungen oder veränderten nicht ortsfesten eisenbahnsicherungstechnischen Einrichtungen unter der Leitung dieser Person ausgeführt wurden.

Erteilung der Betriebsbewilligung

§ 35. (1) Die Behörde hat die beantragte Betriebsbewilligung für eine Eisenbahnanlage, veränderte Eisenbahnanlage, nicht ortsfeste eisenbahnsicherungstechnische Einrichtungen oder veränderte nicht ortsfeste eisenbahnsicherungstechnische Einrichtungen zu erteilen, wenn diese Eisenbahnanlagen oder eisenbahnsicherungstechnischen Einrichtungen der eisenbahnrechtlichen Baugenehmigung entsprechen. Ansonsten ist nach Lage des Falles zu prüfen, ob die vorangeführte Eisenbahnanlage oder nicht ortsfeste eisenbahnsicherungstechnische Einrichtung der eisenbahnrechtlichen Baugenehmigung entsprechen.[4]

(2) Wenn keine Bedenken bestehen, dass die Sicherheit des Betriebes der Eisenbahn, des Betriebes von Schienenfahrzeugen auf der Eisenbahn und der Verkehr auf der Eisenbahn, auf der es betrieben werden soll, gewährleistet ist, kann die Behörde die beantragte Betriebsbewilligung für ein Schienenfahrzeug, ein verändertes Schienenfahrzeug oder ein gebrauchtes ausländisches Schienenfahrzeug unter der aufschiebenden Bedingung erteilen, dass eine Erklärung einer im Verzeichnis gemäß § 40 geführten Person vorgelegt wird, die eine anstandslose Erprobung des Schienenfahrzeuges einschließlich der Ergebnisse der Erprobung durch diese Person und seine Übereinstimmung mit der Bauartgenehmigung auf Basis einer Überprüfung durch diese Person ausweist. Für ein gebrauchtes ausländisches Schienenfahrzeug kann überdies die Betriebsbewilligung auch dann ohne weiteres erteilen werden, wenn der Nachweis erbracht wird, dass eine dieser Erprobung und Prüfung gleichwertige Erprobung in dem Staat, in dem dieses Schienenfahrzeug zugelassen wurde, erfolgt ist. Ansonsten ist nach der Lage des Falles zu prüfen, ob die vorangeführten Schienenfahrzeuge der Bauartgenehmigung entsprechen.

Betriebsaussetzung

§ 35a.[5] (1) Zur zeitlich befristeten Erprobung von Eisenbahnanlagen, nicht ortsfesten eisenbahnsicherungstechnischen Einrichtungen und Schienenfahrzeugen kann die Behörde auf

[3] Neu gefasst durch BGBl I 231/2021.

[4] Satz 1 geändert durch BGBl I 124/2011.

[5] Samt Überschrift eingefügt durch BGBl I 115/2024.

Antrag zeitliche Einschränkungen, in denen der Betrieb einer öffentlichen Eisenbahn oder eines Streckenteiles einer öffentlichen Eisenbahn ausgesetzt ist, genehmigen, soweit dem die Sicherheit und Ordnung des Betriebes einschließlich der Anforderungen an den Arbeitnehmerschutz und öffentliche Verkehrsinteressen nicht entgegenstehen. Während dieser zeitlich befristeten Betriebsaussetzung zur Erprobung gelten nicht die Bestimmungen für den aufrechten Eisenbahnbetrieb.

(2) Antragsberechtigt ist jenes Eisenbahninfrastrukturunternehmen, welches die von der Betriebsaussetzung betroffene Eisenbahn bzw. den von der Betriebsaussetzung betroffenen Streckenteil betreibt.

(3) Im Antrag sind der Zweck, das Ausmaß, die örtliche und zeitliche Lage der beabsichtigten Betriebsaussetzung darzulegen. Dem Antrag sind Nachweise beizugeben, die belegen, dass die geplanten Vorkehrungen geeignet sind die Einhaltung der Sicherheit und Ordnung des Betriebes, einschließlich der Anforderungen an den Arbeitnehmerschutz zu gewährleisten und dass der geplanten Betriebsaussetzung öffentliche Verkehrsinteressen nicht entgegenstehen. Falls aus Sicht der Behörde weitere Vorkehrungen erforderlich sind, hat sie diese in der Genehmigung durch Vorschreibung von Auflagen oder Bedingungen anzuordnen. Im Bescheid kann auch eine Evaluation und Berichtspflicht an die Behörde vorgesehen werden.

(4) Die Betriebsaussetzung ist auf höchstens fünf Jahre befristet zu bewilligen. Die Behörde hat mit Bescheid nachträglich Auflagen zu erteilen, wenn dies aus Gründen der Sicherheit und Ordnung des Betriebes, einschließlich der Anforderungen an den Arbeitnehmerschutz oder aufgrund öffentlicher Verkehrsinteressen erforderlich ist. Kann dies auch durch weitere Auflagen nicht sichergestellt werden, ist die Genehmigung vor Ablauf der Befristung mit Bescheid aufzuheben.

4. Abschnitt: Genehmigungsfreie Vorhaben

§ 36. (1)[6] Keine eisenbahnrechtliche Baugenehmigung oder Bauartgenehmigung ist erforderlich:

1. bei Neu-, Erweiterungs-, Erneuerungs- und Umbauten, soweit sie keine umfangreichen zu einer Verbesserung der Gesamtleistung der Eisenbahn führenden Arbeiten bedingen;
2. bei Veränderungen eisenbahnsicherungstechnischer Einrichtungen und für die Inbetriebnahme von veränderten Schienenfahrzeugen, soweit die Veränderungen keine umfangreichen zu einer Verbesserung der Gesamtleistung führenden Arbeiten bedingen;
3. für die Inbetriebnahme von Kleinstfahrzeugen mit Schienenfahrwerk sowie Zweiwegefahrzeugen, die ausschließlich in Bereichen eingesetzt werden, die für den sonstigen Verkehr auf der Eisenbahn gesperrt sind;
4.[7] bei Abtragungen, soweit diese nicht ortsfeste Anlagen zum Umschlag von Gütern zwischen der Eisenbahn und anderen Verkehrsträgern beseitigen oder erheblich beschränken.

Voraussetzung ist, dass diese Bauten, Veränderungen, Inbetriebnahmen und Abtragungen unter der Leitung einer im Verzeichnis gemäß § 40 geführten Person ausgeführt und subjektiv öffentliche Rechte Dritter, denen unter der Voraussetzung einer Baugenehmigungspflicht für die unter Z 1, 2 und 4 angeführten Bauten, Veränderungen und Abtragungen Parteistellung zugekommen wäre, nicht verletzt werden. Derartige Bauten, Veränderungen, Inbetriebnahmen und Abtragungen sind dem Stand der Technik entsprechend auszuführen. Vom Stand der Technik sind Abweichungen in Ausnahmefällen zulässig, wenn mit Vorkehrungen die Sicherheit und Ordnung des Betriebes der Eisenbahn, des Betriebes von Schienenfahrzeugen auf der Eisenbahn und des Verkehrs auf der Eisenbahn auf andere Weise gewährleistet werden kann.[8]

(2)[6] Der Bundesminister für Verkehr, Innovation und Technologie kann allgemein, für alle oder für einzelne Arten von Eisenbahnen durch Verordnung näher bezeichnen, für welche der in Abs. 1 Z 1 bis 4 angeführten Bauten, Veränderungen, Inbetriebnahmen und Abtragungen jedenfalls bei Einhaltung der im Abs. 1 angeführten Voraussetzung keine eisenbahnrechtliche Baugenehmigung oder Bauartgenehmigung erforderlich ist.

(3)[6] Keine eisenbahnrechtliche Baugenehmigung ist erforderlich für den Bau oder die Veränderung von eisenbahnsicherungstechnischen Einrichtungen, wenn deren Bau oder Veränderung entsprechend einer europäischen technischen Zulassung erfolgen soll oder für die jeweilige eisenbahnsicherungstechnische Einrichtung europäische Normen, europäische Spezifikationen oder gemeinsame technische Spezifikationen vorliegen und deren Bau oder Veränderung entsprechend dieser Normen und Spezifikationen erfolgen soll.

(3a)[9] Keine Bauartgenehmigung ist erforderlich für den Bau oder die Veränderung von eisenbahnsicherungstechnischen Einrichtungen, wenn deren Bau oder Veränderung entsprechend einer europäischen technischen Zulassung erfolgen soll oder für die jeweilige eisenbahnsicherungstechnische Einrichtung gemeinsame europäische technische Spezifikationen vorliegen und deren Bau oder Veränderung entsprechend dieser Spezifikationen erfolgen soll."

(4) Keine Bauartgenehmigung ist für die Inbetriebnahme von Schienenfahrzeugen für folgende Fahrten erforderlich, wenn diese unter der Leitung von im Verzeichnis gemäß § 40 geführten Personen erfolgen und Vorkehrungen getroffen sind, die sicherstellen, dass die Sicherheit und Ordnung des Betriebes der Eisenbahn, des Betriebes des Schienenfahrzeuges auf der Eisenbahn und der Verkehr auf der Eisenbahn nicht gefährdet sind:

1. außerhalb des allgemeinen Personen-, Reisegepäck- oder Güterverkehrs stattfindende Überstellungsfahrten, Probefahrten oder Messfahrten mit Schienenfahrzeugen;[10]
2. Überstellungsfahrten, Probefahrten oder Messfahrten mit Schienenfahrzeugen, die für den Export bestimmt sind und für die keine Bauartgenehmigung und Betriebsbewilligung erteilt werden soll;
3. Überstellungsfahrten eines Schienenfahrzeuges auf einer Eisenbahn, auf der es genehmigungsgemäß nicht betrieben werden darf;
4. Überstellungsfahrten eines ausländischen Schienenfahrzeuges im Transit durch Österreich;
5. Interessenten- und Demonstrationsfahrten mit Schienenfahrzeugen, für die die Erteilung einer Bauartgenehmigung oder Betriebsbewilligung beantragt ist und nur auf solchen Eisenbahnen, auf denen sie antragsgemäß betrieben werden sollen;
6. Ausbildungsfahrten für Eisenbahnbedienstete mit Schienenfahrzeugen, für die die Erteilung einer Bauartgenehmigung oder Betriebsbewilligung beantragt ist und nur auf solchen Eisenbahnen, auf denen sie antragsgemäß betrieben werden sollen;
7. vereinzelt stattfindende Sonderfahrten für einen begrenzten Teilnehmerkreis zur Vorstellung ausländischer Schienenfahrzeuge im Rahmen des geplanten Überganges der Verfügungsberechtigung;
8. vereinzelt stattfindende Fahrten mit Schienenfahrzeugen, deren Verfügungsberechtigte ihren Hauptwohnsitz (Sitz) in einem anderen Staat haben und diese Schienenfahr-

[6] Geändert durch BGBl I 25/2010.

[7] Neu gefasst durch BGBl I 143/2020.

[8] Vorletzter und letzter Satz eingefügt durch BGBl I 124/2011.

[9] Eingefügt durch BGBl I 25/2010.

[10] Neu gefasst durch BGBl I 124/2011.

zeuge in diesem Staat behördlich zugelassen sind, zum Zwecke der Gleis-Instandhaltung.

…

3a. Teil: Anrainerbestimmungen, Verhalten innerhalb von Eisenbahnanlagen

1. Hauptstück: Anrainerbestimmungen

Bauverbotsbereich

§ 42. (1) Bei Hauptbahnen, Nebenbahnen und nicht-öffentlichen Eisenbahnen ist die Errichtung bahnfremder Anlagen jeder Art in einer Entfernung bis zu zwölf Meter von der Mitte des äußersten Gleises, bei Bahnhöfen innerhalb der Bahnhofsgrenze und bis zu zwölf Meter von dieser, verboten (Bauverbotsbereich).

(2) Die Bestimmungen des Abs. 1 gelten auch für Straßenbahnen auf eigenem Bahnkörper in unverbautem Gebiet.

(3) Die Behörde kann Ausnahmen von den Bestimmungen der Abs. 1 und 2 erteilen, soweit dies mit den öffentlichen Verkehrsinteressen zu vereinbaren ist. Eine solche Bewilligung ist nicht erforderlich, wenn es über die Errichtung der bahnfremden Anlagen zwischen dem Eisenbahnunternehmen und dem Anrainer zu einer Einigung gekommen ist.

Gefährdungsbereich

§ 43. (1) In der Umgebung von Eisenbahnanlagen (Gefährdungsbereich) ist die Errichtung von Anlagen oder die Vornahme sonstiger Handlungen verboten, durch die der Bestand der Eisenbahn oder ihr Zugehör oder die regelmäßige und sichere Führung des Betriebes der Eisenbahn und des Betriebes von Schienenfahrzeugen auf der Eisenbahn sowie des Verkehrs auf der Eisenbahn, insbesondere die freie Sicht auf Signale oder auf schienengleiche Eisenbahnübergänge, gefährdet wird.

(2) Bei Hochspannungsleitungen beträgt, unbeschadet der Bestimmung des Abs. 3, der Gefährdungsbereich, wenn sie Freileitungen sind, in der Regel je fünfundzwanzig Meter, wenn sie verkabelt sind, in der Regel je fünf Meter beiderseits der Leitungsachse.

(3) Wenn im Gefährdungsbereich Steinbrüche, Stauwerke oder andere Anlagen errichtet oder Stoffe, die explosiv oder brennbar sind, gelagert oder verarbeitet werden sollen, durch die der Betrieb der Eisenbahn, der Betrieb von Schienenfahrzeugen auf der Eisenbahn oder der Verkehr auf der Eisenbahn gefährdet werden kann, so ist vor der Bauausführung oder der Lagerung oder Verarbeitung die Bewilligung der Behörde einzuholen; diese ist zu erteilen, wenn Vorkehrungen getroffen sind, die eine Gefährdung des Betriebes der Eisenbahn, des Betriebes von Schienenfahrzeugen auf der Eisenbahn und des Verkehrs auf der Eisenbahn ausschließen.

(4) Die Bewilligungspflicht gemäß Abs. 3 entfällt, wenn es über die Errichtung des Steinbruches, des Stauwerkes oder einer anderen Anlage oder über die Lagerung oder Verarbeitung der Stoffe zwischen dem Eisenbahnunternehmen und dem Errichter, Lagerer oder Verarbeiter zu einer schriftlich festzuhaltenden zivilrechtlichen Einigung über zu treffende Vorkehrungen gekommen ist, die eine Gefährdung des Betriebes der Eisenbahn, des Betriebes von Schienenfahrzeugen auf der Eisenbahn oder des Verkehrs auf der Eisenbahn ausschließen.

…

Emissionsschutzgesetz für Kesselanlagen – EG-K 2013

BGBl I 127/2013, zuletzt geändert durch BGBl I 173/2023

Anm: Die Emissionsmessverordnung-Luft – EMV-L ist im Teil „Bundesrecht“, Abschnitt „Verordnungen des Bundes“ abgedruckt. Gemäß § 49 Abs 2 EG-K 2013 gilt die EMV-L „bis zum Inkrafttreten einer sie ersetzenden Verordnung gemäß § 35 Abs. 6 als Bundesgesetz weiter“.

1. Hauptstück Allgemeine Bestimmungen

Geltungsbereich

§ 1. (1)[1] Diesem Bundesgesetz unterliegen ortsfeste Anlagen bestehend aus

1. einem Dampfkessel oder mehreren Dampfkesseln, der oder die mit Brennstoffen befeuert werden,
2. einem Dampfkessel oder mehreren Dampfkesseln, dem oder denen durch heiße Abgase Wärme zugeführt wird oder werden (Abhitzekessel),
3. einer Gasturbine oder mehreren Gasturbinen,
4. einem Motor oder mehreren Motoren

sowie anderen unmittelbar mit dem Dampfkessel (den Dampfkesseln), mit der Gasturbine (den Gasturbinen) oder mit dem Motor (den Motoren) verbundenen Einrichtungen, die mit diesen in einem technischen Zusammenhang stehen und die Auswirkungen auf die Emissionen und die Umweltverschmutzung haben können.

(2)[2] Ausgenommen vom Geltungsbereich sind

1. Anlagen, deren Emissionen nicht an die Umwelt abgegeben, sondern zur Gänze in ein Produktionsverfahren geleitet werden,
2. Gasturbinen und Motoren mit einer Brennstoffwärmeleistung von weniger als 50 MW,
3. Forschungstätigkeiten, Entwicklungsmaßnahmen oder Erprobungstätigkeiten in Verbindung mit Anlagen und
4. Anlagen, in denen die gasförmigen Produkte der Verfeuerung zum direkten Erwärmen, zum Trocknen oder für eine sonstige Behandlung von Gegenständen oder Materialien genutzt werden.

(3) Dieses Bundesgesetz regelt den Betrieb von Anlagen hinsichtlich

1. der Vermeidung und, sofern dies nicht möglich ist, der Verminderung von Emissionen in Luft, Wasser und Boden, um ein hohes Schutzniveau für Mensch und Umwelt insgesamt zu erreichen und
2. der Verhütung schwerer Unfälle mit gefährlichen Stoffen und der Begrenzung der Unfallfolgen für Mensch und Umwelt, um auf abgestimmte und wirksame Weise ein hohes Schutzniveau zu gewährleisten.

Aggregationsregel

§ 2.[2] (1) Werden die Abgase von zwei oder mehreren gesonderten Anlagen gemeinsam über einen Schornstein abgeleitet, so gilt die von solchen Anlagen gebildete Kombination

[1] Geändert durch BGBl I 173/2023.

[2] Neu gefasst durch BGBl I 173/2023.

als eine einzige Anlage und für die Berechnung ihrer Brennstoffwärmeleistung werden die Brennstoffwärmeleistungen der gesonderten Anlagen addiert.

(2) Werden zwei oder mehrere gesonderte Anlagen derart errichtet, dass ihre Abgase unter Berücksichtigung technischer und wirtschaftlicher Faktoren gemeinsam über einen Schornstein abgeleitet werden könnten, so gilt die von solchen Anlagen gebildete Kombination als eine einzige Anlage und für die Berechnung ihrer Brennstoffwärmeleistung werden die Brennstoffwärmeleistungen der gesonderten Anlagen addiert.

(3) Bei Anlagen mit einer Brennstoffwärmeleistung von 50 MW oder mehr bestehend aus einer in den Abs. 1 und 2 beschriebenen Kombination gesonderter Anlagen werden für die Berechnung der gesamten Brennstoffwärmeleistung einzelne Anlagen mit einer Brennstoffwärmeleistung von weniger als 15 MW nicht berücksichtigt. In Fällen, in denen diese begünstigende Berechnung bewirkt, dass die gesamte Brennstoffwärmeleistung mit weniger als 50 MW zu bewerten ist, gelten infolgedessen für solche Anlagen die Bestimmungen dieses Bundesgesetzes für mittelgroße Anlagen.

Begriffsbestimmungen

§ 3. Im Sinne dieses Bundesgesetzes bezeichnet der Ausdruck:

1.[2] „Dampfkessel“ Anlagen,
   a) in denen Dampf erzeugt oder überhitzt wird, oder
   b) Wasser auf über 110 °C erhitzt wird (Heißwasserkessel), oder
   c) in denen sonstige Flüssigkeiten über ihren atmosphärischen Siedepunkt erhitzt werden, oder
   d) denen durch heiße Abgase Wärme zum Zwecke der Erzeugung oder Überhitzung von Dampf im Sinne der lit. a oder der Erhitzung von Flüssigkeiten im Sinne der lit. b oder lit. c zugeführt werden (Abhitzekessel);

2. „Gasturbine“ jede rotierende Maschine, die thermische Energie in mechanische Arbeit umwandelt und hauptsächlich aus einem Verdichter, aus einer Brennkammer, in der Brennstoff zur Erhitzung des Arbeitsmediums oxidiert wird, und aus einer Turbine besteht;

3.[2] „Motor“ einen Gasmotor, einen Dieselmotor oder einen Zweistoffmotor, wobei ein Gasmotor ein nach dem Ottoprinzip arbeitender Verbrennungsmotor mit Fremdzündung des Brennstoffs, ein Dieselmotor ein nach dem Dieselprinzip arbeitender Verbrennungsmotor mit Selbstzündung des Brennstoffs und ein Zweistoffmotor ein Verbrennungsmotor mit Selbstzündung des Brennstoffs ist, der bei der Verbrennung flüssiger Brennstoffe nach dem Dieselprinzip und bei der Verbrennung gasförmiger Brennstoffe nach dem Ottoprinzip arbeitet;

4. „Altanlagen“ Anlagen mit einer Brennstoffwärmeleistung von 50 MW oder mehr für die vor dem 27. November 2002 eine Genehmigung erteilt oder für die von deren Betreibern vor diesem Zeitpunkt ein vollständiger Genehmigungsantrag gestellt wurde, sofern solche Anlagen spätestens am 27. November 2003 in Betrieb genommen wurden;

5. „bestehende Anlagen“ Anlagen mit einer Brennstoffwärmeleistung von 50 MW oder mehr, die keine Altanlagen sind und für die vor dem 7. Jänner 2013 eine Genehmigung erteilt oder für die von deren Betreibern vor diesem Zeitpunkt ein vollständiger Genehmigungsantrag gestellt wurde, sofern solche Anlagen spätestens am 7. Jänner 2014 in Betrieb genommen werden;

6. „neue Anlagen“ Anlagen mit einer Brennstoffwärmeleistung von 50 MW oder mehr, die nicht unter die Ziffern 4 oder 5 fallen;

6a.[3] „mittelgroße Anlagen“ Anlagen mit einer Brennstoffwärmeleistung von mindestens 1 MW und weniger als 50 MW;

6b.[3] „bestehende mittelgroße Anlagen“ Anlagen mit einer Brennstoffwärmeleistung von mindestens 1 MW und weniger als 50 MW, für die vor dem 19. Dezember 2017 eine Genehmigung erteilt wurde, sofern solche Anlagen spätestens am 20. Dezember 2018 in Betrieb genommen wurden;

7. „Brennstoff“ alle festen, flüssigen oder gasförmigen brennbaren Stoffe zur Beschickung von Anlagen;

8. „einheimischer fester Brennstoff“ ein natürlich vorkommender fester Brennstoff, der in einer eigens für diesen Brennstoff konzipierten Anlage verfeuert wird und der vor Ort gewonnen wird;

8a.[3] „Raffineriebrennstoff“ jeden festen, flüssigen oder gasförmigen brennbaren Stoff aus den Destillations- und Konversionsstufen der Rohölraffinierung, einschließlich Raffineriebrenngas, Synthesegas, Raffinerieöle und Petrolkoks;

9. „Biomasse“
   a) Produkte land- oder forstwirtschaftlichen Ursprungs aus pflanzlichem Material, die als Brennstoff zur energetischen Rückgewinnung verwendet werden können;
   b) nachstehende Abfälle:
      aa) pflanzliche Abfälle aus der Land- und Forstwirtschaft;
      bb) pflanzliche Abfälle aus der Nahrungsmittelindustrie, falls die erzeugte Wärme genutzt wird;
      cc) faserige pflanzliche Abfälle aus der Herstellung von natürlichem Zellstoff und aus der Herstellung von Papier aus Zellstoff, sofern sie am Herstellungsort mitverbrannt werden und die erzeugte Wärme genutzt wird;
      dd) Korkabfälle;
      ee) Holzabfälle mit Ausnahme von Holzabfällen, die infolge einer Behandlung mit Holzschutzmitteln oder infolge einer Beschichtung halogenorganische Verbindungen oder Schwermetalle enthalten können und zu denen insbesondere solche Holzabfälle aus Bau- und Abbruchabfällen gehören;

10. „Brennstoffwärmeleistung“ jene einer Anlage mittels dem Brennstoff stündlich zugeführte durchschnittliche, auf den unteren Heizwert bezogene Wärmemenge, die zum Erreichen der auslegungsmäßig vorgesehenen Anlagenleistung im Dauerbetrieb (Nennlast) erforderlich ist. Bei unbefeuerten Abhitzekesseln ergibt sich die Brennstoffwärmeleistung analog aus der mit den heißen Abgasen zugeführten durchschnittlichen Wärmemenge. Die Brennstoffwärmeleistung wird in der Richtlinie 2010/75/EU über Industrieemissionen (integrierte Vermeidung und Verminderung der Umweltverschmutzung), (im Folgenden: Industrieemissionsrichtlinie), ABl. Nr. L 334 vom 17.12.2010 S. 17, in der Fassung der Berichtigung ABl. Nr. L 158 vom 19.06.2012 S. 25, mit dem gleichbedeutenden Begriff „Feuerungswärmeleistung“ bezeichnet und in Megawatt (MW) angegeben;

11. „Mehrstofffeuerungsanlage“ eine Anlage, die mit zwei oder mehreren Brennstoffen wechselweise betrieben werden kann;

12. „Mischfeuerungsanlage“ eine Anlage, die mit zwei oder mehreren Brennstoffen gleichzeitig betrieben werden kann;

---

[3] Eingefügt durch BGBl I 173/2023.

13. „Grundwasser“ gemäß § 3 Z 1 Qualitätszielverordnung Chemie Grundwasser (QZV Chemie GW), BGBl. II Nr. 98/2010, alles unterirdische Wasser in der Sättigungszone, das in unmittelbarer Berührung mit dem Boden oder dem Untergrund steht;
14. „Boden“ die oberste Schicht der Erdkruste, die sich zwischen dem Grundgestein und der Oberfläche befindet. Der Boden besteht aus Mineralpartikeln, organischem Material, Wasser, Luft und lebenden Organismen;
15. „Umweltverschmutzung“ die durch menschliche Tätigkeiten direkt oder indirekt bewirkte Freisetzung von Stoffen, Erschütterungen, Wärme oder Lärm in Luft, Wasser oder Boden, die der menschlichen Gesundheit oder der Umweltqualität schaden oder zu einer Schädigung von Sachwerten bzw. zu einer unzumutbaren Beeinträchtigung oder Störung des durch die Umwelt bedingten Wohlbefindens eines gesunden, normal empfindenden Menschen oder von anderen zulässigen Nutzungen der Umwelt führen können;
16. „gefährliche Stoffe“ Stoffe oder Gemische gemäß Artikel 3 der Verordnung (EG) Nr. 1272/2008 über die Einstufung, Kennzeichnung und Verpackung von Stoffen und Gemischen, zur Änderung und Aufhebung der Richtlinien 67/548/EWG und 1999/45/EG und zur Änderung der Verordnung (EG) Nr. 1907/2006, ABl. Nr. L 353 vom 31.12.2008, S. 1;
17. „Bericht über den Ausgangszustand“ Informationen über den Stand der Verschmutzung des Bodens und des Grundwassers durch die relevanten gefährlichen Stoffe;
18. „Emission“ die von Punktquellen oder diffusen Quellen der Anlage ausgehende direkte oder indirekte Freisetzung von Stoffen, Erschütterungen, Wärme oder Lärm in die Luft, das Wasser oder den Boden;
19. „Emissionsgrenzwert“ die im Verhältnis zu bestimmten spezifischen Parametern ausgedrückte Masse, die Konzentration und/oder das Niveau einer Emission, die in einem oder mehreren Zeiträumen nicht überschritten werden dürfen;
20. „Schwefelabscheidegrad“ das Verhältnis der Schwefelmenge, die von einer Anlage in einem bestimmten Zeitraum nicht in die Luft abgeleitet wird, zu der Schwefelmenge des Festbrennstoffs, der im gleichen Zeitraum in die Anlage eingebracht und verbraucht wird;
21. „Dioxine“ und „Furane“ alle in Anhang VI, Teil 2 der Industrieemissionsrichtlinie genannten polychlorierten Dibenzo-p-Dioxine und Dibenzofurane;
22. „organische Verbindung“ eine Verbindung, die zumindest das Element Kohlenstoff und eines oder mehrere der Elemente Wasserstoff, Halogene, Sauerstoff, Schwefel, Phosphor, Silizium oder Stickstoff enthält, ausgenommen Kohlenstoffoxide sowie anorganische Karbonate und Bikarbonate;
23. „flüchtige organische Verbindung“ eine organische Verbindung und der Kreosotanteil, die bzw. der bei 293,15 K einen Dampfdruck von 0,01 kPa oder mehr hat oder unter den jeweiligen Verwendungsbedingungen eine entsprechende Flüchtigkeit aufweist;
24. „Genehmigung“ eine schriftliche Erlaubnis (Bewilligung) zum Betrieb einschließlich der Errichtung oder wesentlichen Änderung einer Anlage oder eines Teils einer Anlage;
25. „Änderung des Betriebes“
    a) eine Änderung der Beschaffenheit oder
    b) eine Änderung der Funktionsweise oder
    c) eine Erweiterung der Anlage,

    die Auswirkungen auf die Umwelt haben kann;
26. „Wesentliche Änderung“
    a) eine Änderung der Beschaffenheit oder
    b) eine Änderung der Funktionsweise oder
    c) eine Erweiterung der Anlage,

    die erhebliche nachteilige Auswirkungen auf die menschliche Gesundheit oder die Umwelt haben kann. Jede Änderung gilt als wesentlich, wenn die Änderung oder Erweiterung für sich genommen eine Erhöhung der Brennstoffwärmeleistung um 50 MW oder mehr bewirkt;
27. „Betriebsstunden“ den in Stunden ausgedrückten Zeitraum, in dem sich eine Anlage vollständig oder teilweise in Betrieb befindet und Emissionen in die Luft abgibt, ohne die Zeitabschnitte des An- und Abfahrens;
28. „Betreiber“ jede natürliche oder juristische Person, die die Anlage betreibt oder die ausschlaggebende wirtschaftliche Verfügungsmacht darüber besitzt oder stellvertretend wahrnimmt;
29. „Umweltinspektionen“ alle Maßnahmen, einschließlich Besichtigungen vor Ort, Überwachung der Emissionen und Überprüfung interner Berichte und Folgedokumente, Überprüfung der Eigenkontrolle, Prüfung der angewandten Techniken und der Eignung des Umweltmanagements der Anlage, die von der Behörde oder in ihrem Namen zur Prüfung und Förderung der Einhaltung der Genehmigungsauflagen durch die Anlagen und gegebenenfalls zur Überwachung ihrer Auswirkungen auf die Umwelt getroffen werden;
30. „Umweltqualitätsnorm“ die Gesamtheit von Anforderungen, die zu einem gegebenen Zeitpunkt in einer gegebenen Umwelt oder einem bestimmten Teil davon nach den Rechtsvorschriften der Union erfüllt werden müssen;
31. „Stand der Technik“ der auf den einschlägigen wissenschaftlichen Erkenntnissen beruhende Entwicklungsstand fortschrittlicher Verfahren, Einrichtungen, Bau- oder Betriebsweisen, deren Funktionstüchtigkeit erprobt und erwiesen ist. Bei der Bestimmung des Standes der Technik sind insbesondere jene vergleichbaren Verfahren, Einrichtungen oder Betriebsweisen heranzuziehen, welche am wirksamsten zur Erreichung eines allgemein hohen Schutzniveaus für die Umwelt insgesamt sind. Bei der Festlegung des Standes der Technik sind unter Beachtung der sich aus einer bestimmten Maßnahme ergebenden Kosten und ihres Nutzens und des Grundsatzes der Vorsorge und der Vorbeugung im Allgemeinen wie auch im Einzelfall die Kriterien der Anlage 2 zu berücksichtigen;
32. „beste verfügbare Techniken (BVT)“ (Art. 3 Z 10 Industrieemissionsrichtlinie) inhaltlich den in Z 31 definierten Stand der Technik;
33. „BVT-Merkblatt“ ein Dokument, das aus dem Informationsaustausch gemäß Art. 13 Industrieemissionsrichtlinie für bestimmte Tätigkeiten erstellt wird und Techniken für die jeweilige Tätigkeit zu Referenzzwecken beschreibt. Insbesondere geht ein solches Dokument auf folgende Aspekte ein:
    a) die angewandten Techniken,
    b) die derzeitigen Emissions- und Verbrauchswerte,
    c) die Techniken, die für die Festlegung der besten verfügbaren Techniken (BVT) sowie der BVT-Schlussfolgerungen berücksichtigt wurden, sowie
    d) alle Zukunftstechniken,

    wobei den Kriterien in Anlage 2 besonders Rechnung getragen wird;
34. „BVT-Schlussfolgerungen“ ein Dokument, das die Teile eines BVT-Merkblatts mit den geltenden Schlussfolgerungen zu folgenden Aspekten enthält:
    a) den BVT,
    b) der Beschreibung der BVT,

c) Informationen zur Bewertung der Anwendbarkeit der BVT,
d) den mit den BVT assoziierten Emissionswerten,
e) den dazugehörigen Überwachungsmaßnahmen,
f) den dazugehörigen Verbrauchswerten sowie
g) den gegebenenfalls einschlägigen Standortsanierungsmaßnahmen;

35. „mit den besten verfügbaren Techniken assoziierte Emissionswerte" der Bereich von Emissionswerten, die unter normalen Betriebsbedingungen entsprechend der Beschreibung in den BVT-Schlussfolgerungen erzielt werden unter
 a) Verwendung einer besten verfügbaren Technik oder
 b) einer Kombination von besten verfügbaren Techniken.

 Sie werden ausgedrückt als Mittelwert für einen vorgegebenen Zeitraum unter spezifischen Referenzbedingungen;
36. „Zukunftstechnik" eine neue Technik für eine industrielle Tätigkeit, die bei gewerblicher Nutzung entweder ein höheres allgemeines Umweltschutzniveau oder zumindest das gleiche Umweltschutzniveau und größere Kostenersparnisse bieten könnte als der bestehende Stand der Technik.

2. Hauptstück
Emissionen und Immissionen

1. Abschnitt
Grundsätze und BVT-Schlussfolgerungen

Allgemeines

§ 4. (1) Anlagen sind derart zu errichten, auszurüsten und zu betreiben, dass
1. die nach dem Stand der Technik vermeidbaren Emissionen in Luft, Wasser und Boden unterbleiben und
2. nicht vermeidbare Emissionen in die Luft nach dem Stand der Technik rasch und wirksam so verteilt werden, dass die Immissionsbelastung der zu schützenden Güter (§ 13 Z 2 lit. a) möglichst gering ist und
3. eine Gefährdung oder Belästigung im Sinne der Bestimmungen des § 13 Z 2 lit. b vermieden wird und
4. eine Umweltverschmutzung nach Maßgabe der hiezu erlassenen Durchführungsverordnungen und den Bestimmungen dieses Gesetzes vermieden wird.

(2) Die der Emissionsbegrenzung von Emissionen in die Luft dienenden Einrichtungen, die Feuerungen und Brenner bzw. Brennkammern sowie deren Zubehör sind derart zu konstruieren, zu prüfen und einzubauen, dass ihre verlässliche Funktion gesichert ist.

(3) Die Höhe der Schornsteine ist unter Berücksichtigung des Standortes der Anlage sowie der meteorologischen und topografischen Bedingungen so festzulegen, dass Gesundheit und Umwelt geschützt bleiben.

(4)[1] Nähere Regelungen zur Funktionssicherheit gemäß Abs. 2 und zur Schornsteinhöhe gemäß Abs. 3 sind durch Verordnung des Bundesministers für Arbeit und Wirtschaft im Einvernehmen mit der Bundesministerin für Klimaschutz, Umwelt, Energie, Mobilität, Innovation und Technologie zu treffen.

BVT-Schlussfolgerungen

§ 5. (1)[1] Die BVT-Schlussfolgerungen sind als Referenzdokument für die Festlegung und Aktualisierung der Genehmigungsauflagen für Anlagen anzuwenden, wenn sie im Amtsblatt der Europäischen Union als Beschlüsse der Europäischen Kommission veröffentlicht worden sind. Der Bundesminister für Arbeit und Wirtschaft veröffentlicht die Fundstellen dieser BVT-Schlussfolgerungen auf der Website des Bundesministeriums für Arbeit und Wirtschaft.

(2) [Entfällt gem BGBl I 173/2023]

(3) Legt die Behörde Genehmigungsauflagen auf der Grundlage einer besten verfügbaren Technik fest, die in keiner der einschlägigen BVT-Schlussfolgerungen beschrieben ist, hat sie sicherzustellen, dass
1. diese Technik unter besonderer Berücksichtigung der in Anlage 2 angeführten Kriterien bestimmt wird und
2. die Anforderungen der §§ 8 bis 11 erfüllt werden.

Enthalten die genannten BVT-Schlussfolgerungen keine mit einer besten verfügbaren Technik assoziierten Emissionswerte, so hat die Behörde dafür zu sorgen, dass die von ihr festgelegte Technik ein Umweltschutzniveau gewährleistet, das den in den BVT-Schlussfolgerungen beschriebenen besten verfügbaren Techniken gleichwertig ist.

(4)[1] Liegen für eine Tätigkeit oder einen Typ eines Produktionsprozesses, die bzw. der innerhalb einer Anlage durchgeführt wird, keine BVT-Schlussfolgerungen vor oder decken diese Schlussfolgerungen nicht alle potenziellen Umweltauswirkungen der Tätigkeit oder des Prozesses ab, so hat die Behörde nach vorheriger Konsultation des Betreibers auf der Grundlage des Standes der Technik, den sie für die betreffenden Tätigkeiten oder Prozesse bestimmt hat, die Genehmigungsauflagen festzulegen, wobei den Kriterien der Anlage 2 besonders Rechnung zu tragen ist.

2. Abschnitt
Emissionsgrenzwerte

Allgemeines

§ 6. (1) Für die verschiedenen Arten von Emissionen in die Luft (Anlage 1) sind entsprechend § 4 Abs. 1 Z 1 unbeschadet § 13 von der Behörde Emissionsgrenzwerte nach dem Stand der Technik für den stationären Betrieb festzulegen, ohne dass die Anwendung einer bestimmten Technik oder Technologie vorgeschrieben wird.

(2)[1] Die Einhaltung der Emissionsgrenzwerte ist auch bei instationären Zuständen (zB An- und Abfahren) und während der Dauer von Wartungs- und Reparaturarbeiten durch geeignete Maßnahmen anzustreben. Die Zeitabschnitte des An- und Abfahrens sind entsprechend den gemäß Art. 41 lit. a Industrieemissionsrichtlinie von der Europäischen Kommission erlassenen Durchführungsbestimmungen festzulegen, wenn diese im Amtsblatt der Europäischen Union veröffentlicht worden sind. Der Bundesminister für Arbeit und Wirtschaft veröffentlicht die Fundstellen dieser Beschlüsse auf der Website des Bundesministeriums für Arbeit und Wirtschaft.

(3) Emissionsgrenzwerte dürfen durch äquivalente Parameter bzw. äquivalente technische Maßnahmen, die ein gleichwertiges Umweltschutzniveau gewährleisten, erweitert oder ersetzt werden.

(4) Die Emissionsgrenzwerte gelten an dem Punkt, an dem die Emissionen die Anlage verlassen, wobei eine etwaige Verdünnung vor diesem Punkt bei der Festsetzung der Grenzwerte nicht berücksichtigt wird.

(5) Für Abhitzekessel ohne Zusatzfeuerung gelten die Emissionsgrenzwerte der vorgeschalteten Feuerungsanlage. Für Abhitzekessel mit Zusatzfeuerung sind die Emissionsgrenzwerte wie bei Mischfeuerungen zu ermitteln.

(6) Bei Mischfeuerungsanlagen sind die Emissionsgrenzwerte wie folgt festzulegen:
1. Bestimmung des Emissionsgrenzwerts für jeden einzelnen Brennstoff und jeden einzelnen Schadstoff entsprechend der Brennstoffwärmeleistung der gesamten Anlage;

2. Ermittlung der gewichteten Emissionsgrenzwerte für die einzelnen Brennstoffe; diese Werte erhält man, indem man die einzelnen Grenzwerte gemäß Z 1 mit der Wärmeleistung der einzelnen Brennstoffe multipliziert und das Produkt durch die Summe der von allen Brennstoffen zugeführten Wärmeleistung dividiert;
3. Addieren der gewichteten Emissionsgrenzwerte für die einzelnen Brennstoffe unter Berücksichtigung des jeweiligen Bezugssauerstoffgehalts.

Emissionsgrenzwerte für den Teillastbetrieb sind gemäß Z 1 bis 3 mit den im Teillastbetrieb mit den einzelnen Brennstoffen zugeführten Wärmemengen zu bestimmen.

(7)[1] Abweichend von Abs. 6 darf bei Mischfeuerungsanlagen mit einer Brennstoffwärmeleistung von weniger als 1 MW, die nicht Abfälle verbrennen oder mitverbrennen, der Emissionsgrenzwert entsprechend jenem Brennstoff bestimmt werden, welcher in einem Kalendermonat mindestens 80 % der Brennstoffwärmeleistung der Anlage erbringt.

(8) Bei Mehrstofffeuerungsanlagen gelten die Anforderungen für den jeweils eingesetzten Brennstoff.

(9) Bei der indirekten Einleitung von Schadstoffen in das Wasser kann die Wirkung einer Kläranlage bei der Festsetzung der Emissionsgrenzwerte der betreffenden Anlage berücksichtigt werden, sofern ein insgesamt gleichwertiges Umweltschutzniveau sichergestellt wird und es nicht zu einer höheren Belastung der Umwelt kommt.

(10) Der Bundesminister für Arbeit und Wirtschaft kann im Einvernehmen mit der Bundesministerin für Klimaschutz, Umwelt, Energie, Mobilität, Innovation und Technologie für Emissionen in die Luft (**Anlage 1**) durch Verordnung Emissionsgrenzwerte entsprechend dem Stand der Technik für Anlagen mit einer Brennstoffwärmeleistung von weniger als 50 MW, die keiner Regelung gemäß Abs. 11 unterliegen, festlegen.[4] Solche Verordnungen können auch Anforderungen an die Beschaffenheit von Brennstoffen oder andere äquivalente Parameter enthalten, soweit dies zur Begrenzung der Emissionen dient.

(11)[2] Für Anlagen mit einer Brennstoffwärmeleistung von weniger als 50 MW gelten die Emissionsgrenzwerte gemäß Anlage 2 der Feuerungsanlagen-Verordnung 2019 (FAV 2019), BGBl. II Nr. 293/2019.

(11a)[3] Abweichend von Abs. 11 kommen folgende Regelungen zur Anwendung:

1. Reaktoren, die in der chemischen Industrie verwendet werden, sind ausgenommen;
2. Anlagen, die Raffineriebrennstoffe allein oder zusammen mit anderen Brennstoffen zur Energieerzeugung in Mineralöl- und Gasraffinerien verfeuern, sind ausgenommen;
3. Ablaugekessel in Anlagen für die Zellstofferzeugung sind ausgenommen;
4. für zum Zeitpunkt des Inkrafttretens dieses Bundesgesetzes in der Fassung BGBl. I Nr. 173/2023 bereits genehmigte Anlagen gilt die Anlage 2 Z 2 der FAV 2019 mit der Maßgabe, dass der Emissionsgrenzwert für den NH_3-Schlupf 30 mg/Nm^3 beträgt;
5. gemäß § 9 Abs. 1 FAV 2019 und in besonderen Situationen gemäß § 7 sind Ausnahmen zulässig, sofern keine erheblichen Umweltverschmutzungen verursacht werden und ein hohes Schutzniveau für die Umwelt insgesamt erreicht wird.

(12) Die in Anlage 3, Abschnitt 1 und 2 festgelegten Emissionsgrenzwerte für Anlagen mit einer Brennstoffwärmeleistung von 50 MW oder mehr gelten für die Emissionen jedes gemeinsamen Schornsteins im Verhältnis zu der Brennstoffwärmeleistung der gesamten Anlage. Ist vorgesehen, dass Emissionsgrenzwerte für einen Teil einer Anlage mit begrenzter Betriebsstundenzahl angewandt werden können, so gelten diese Grenzwerte für die Emissionen dieses Teils der Anlage, sie werden jedoch im Verhältnis zu der Brennstoffwärmeleistung der gesamten Anlage festgelegt.

(13)[1] Anlagen sind grundsätzlich mit Heizölen zu betreiben, deren Schwefelgehalt die in der Richtlinie 2016/802/EU über eine Verringerung des Schwefelgehalts bestimmter flüssiger Kraft- oder Brennstoffe, ABl. Nr. L 132 vom 21.05.2016 S. 58, festgelegten Grenzwerte nicht überschreiten. Bei Einsatz von Heizölen mit einem höheren Schwefelgehalt ist durch geeignete Maßnahmen sicherzustellen, dass die Konzentrationen der Schwefeldioxidemissionen der Anlage nicht höher sind als sie bei der Einhaltung der Grenzwerte für den Schwefelgehalt des Heizöles ohne solche Maßnahmen wären. Sind für die Anlage Emissionsgrenzwerte für Schwefeldioxid vorgeschrieben, sind diese einzuhalten.

Besondere Situationen

§ 7. (1)[1] Die Behörde kann auf Antrag des Betreibers eine Abweichung von der Verpflichtung zur Einhaltung der in den §§ 6, 9, 10, 11 und 43 vorgesehenen Emissionsgrenzwerte für Schwefeldioxid für eine Dauer von bis zu sechs Monaten bei Anlagen gewähren, in denen zu diesem Zweck normalerweise ein schwefelarmer Brennstoff verfeuert wird, wenn der Betreiber aufgrund einer sich aus einer ernsten Mangellage ergebenden Unterbrechung der Versorgung mit schwefelarmem Brennstoff nicht in der Lage ist, diese Emissionsgrenzwerte einzuhalten. Die Behörde hat den Bundesminister für Arbeit und Wirtschaft unverzüglich über jede gemäß diesem Absatz gewährte Abweichung zu unterrichten.

(2)[1] Die Behörde kann auf Antrag des Betreibers eine Abweichung von der Verpflichtung zur Einhaltung der in den §§ 6, 9, 10, 11 und 43 vorgesehenen Emissionsgrenzwerte in den Fällen gewähren, in denen eine Anlage, in der nur gasförmiger Brennstoff verfeuert wird, wegen einer plötzlichen Unterbrechung der Gasversorgung ausnahmsweise auf andere Brennstoffe ausweichen muss und aus diesem Grund mit einer Abgasreinigungsanlage ausgestattet werden müsste. Eine solche Abweichung darf für einen Zeitraum von nicht mehr als zehn Tagen gewährt werden, es sei denn, es ist ein vorrangiges Bedürfnis für die Aufrechterhaltung der Energieversorgung gegeben. Der Betreiber hat die Behörde umgehend über jeden einzelnen Fall gemäß diesem Absatz zu unterrichten. Die Behörde hat den Bundesminister für Arbeit und Wirtschaft unverzüglich über jede gemäß diesem Absatz gewährte Abweichung zu unterrichten.

(3)[1] Der Bundesminister für Arbeit und Wirtschaft unterrichtet die Europäische Kommission umgehend über jede gemäß Abs. 1 oder 2 gewährte Abweichung.

3. Abschnitt
Emissionsgrenzwerte und äquivalente Parameter für Anlagen mit einer Brennstoffwärmeleistung von 50 MW oder mehr

Allgemeines

§ 8.[1] Für Anlagen mit einer Brennstoffwärmeleistung von 50 MW oder mehr gelten ergänzend zu den Bestimmungen des § 6 Abs. 1 bis 6, 8, 9 und 12 und des § 7 auch die Bestimmungen der §§ 9 bis 11.

Altanlagen und bestehende Anlagen

§ 9. (1) Die Emissionen in die Luft von Altanlagen und bestehenden Anlagen – ausgenommen Ablaugekessel der Zellstofferzeugung, Einrichtungen zum Regenerieren von Kataly-

[4] Satz 1 neu gefasst durch BGBl I 173/2023.

satoren für katalytisches Kracken sowie Einrichtungen für die Umwandlung von Schwefelwasserstoff in Schwefel – dürfen unbeschadet § 43 die in Anlage 3, Abschnitt 1 festgelegten Emissionsgrenzwerte ab dem 1. Jänner 2016 nicht überschreiten.

(2) Für Anlagen, die seit dem 1. Jänner 1992 nicht länger betrieben werden dürfen als der zugeführten Brennstoffwärmemenge von 5 000 Volllaststunden entspricht, gelten ab dem 1. Jänner 2016 – mit Ausnahme von Emissionsgrenzwerten für Ablaugekessel der Zellstofferzeugung, Einrichtungen zum Regenerieren von Katalysatoren für katalytisches Kracken sowie Einrichtungen für die Umwandlung von Schwefelwasserstoff in Schwefel – die Emissionsgrenzwerte der Anlage 3, Abschnitt 1.

(3) Altanlagen und bestehende Anlagen, die keiner Aktualisierung der Genehmigungsauflagen hinsichtlich der Emissionsgrenzwerte gemäß § 43 unterzogen werden, dürfen mit einer auf 1 500 Stunden im gleitenden Fünfjahresschnitt beschränkten jährlichen Betriebsdauer mit Emissionsgrenzwerten gemäß Anlage 3, Abschnitt 1 entsprechend den Vorgaben gemäß § 10 Abs. 2 weiter betrieben werden, außer BVT-Schlussfolgerungen gemäß § 5 Abs. 1 oder Verordnungen nach § 10 Abs. 6 sehen entgegenstehende Regelungen vor.

(4) Für Altanlagen und bestehende Anlagen, die gemäß Abs. 2 und 3 mit einer beschränkten Betriebsdauer betrieben werden, hat der Betreiber die geleisteten Betriebsstunden zu registrieren und über die Emissionserklärung gemäß § 38 an die Behörde zu melden.

Neue Anlagen und Aktualisierung von Genehmigungen

§ 10. (1) Die Behörde hat im Rahmen von Genehmigungsverfahren und der Aktualisierung von Genehmigungsauflagen Emissionsgrenzwerte festzulegen, mit denen sichergestellt wird, dass die Emissionen in die Luft unter normalen Betriebsbedingungen die mit den besten verfügbaren Techniken assoziierten Emissionswerte, wie sie in den Beschlüssen über die BVT-Schlussfolgerungen gemäß § 5 Abs. 1 festgelegt sind, nicht überschreiten, und hiezu eine der beiden folgenden Maßnahmen zu treffen:

1. Festlegung von Emissionsgrenzwerten, die die mit den besten verfügbaren Techniken assoziierten Emissionswerte nicht überschreiten. Diese Emissionsgrenzwerte sind mit den gleichen oder kürzeren Zeiträumen und unter denselben Referenzbedingungen festzulegen wie die mit den besten verfügbaren Techniken assoziierten Emissionswerte oder
2. Festlegung von Emissionsgrenzwerten, die in Bezug auf Werte, Zeiträume und Referenzbedingungen von den in Z 1 angeführten Emissionsgrenzwerten abweichen. In diesem Fall hat die Behörde mindestens jährlich die Ergebnisse der Emissionsüberwachung gemäß § 33 zu bewerten, um sicherzustellen, dass die Emissionen unter normalen Betriebsbedingungen die mit den besten verfügbaren Techniken assoziierten Emissionswerte nicht überschritten haben.

(2) Abweichend von Abs. 1 kann die Behörde in besonderen Fällen weniger strenge Emissionsgrenzwerte oder bei der Aktualisierung der Genehmigungsauflagen eine längere Frist festlegen als in § 43 angegeben. Solche Ausnahmeregelungen dürfen nur angewandt werden, wenn eine Bewertung ergibt, dass die Erreichung der mit den besten verfügbaren Techniken assoziierten Emissionswerte entsprechend der Beschreibung in den BVT-Schlussfolgerungen aus den folgenden Gründen gemessen am Umweltnutzen zu unverhältnismäßig höheren Kosten führen würde:

1. geografischer Standort und lokale Umweltbedingungen der betroffenen Anlage oder
2. technische Merkmale der betroffenen Anlage.

In jedem Fall ist von der Behörde sicherzustellen, dass keine erheblichen Umweltverschmutzungen verursacht werden und ein hohes Schutzniveau für die Umwelt insgesamt erreicht wird.

(3)[1] Die Behörde hat die Gründe für die Anwendung von Ausnahmeregelungen gemäß Abs. 2 und die Ergebnisse der Analyse sowie die Begründung der festgelegten Auflagen im Anhang der Genehmigungsauflagen zu dokumentieren und dem Bundesminister für Arbeit und Wirtschaft unter Anschluss der Dokumentation zu melden. Der Bundesminister für Arbeit und Wirtschaft meldet diese Ausnahmeregelungen gemäß Abs. 2 und die Ergebnisse der Analyse sowie die Begründung der festgelegten Auflagen an die Europäische Kommission.

(4) Die gemäß Abs. 1 und 2 festgelegten Emissionsgrenzwerte dürfen – mit Ausnahme von Emissionsgrenzwerten für Ablaugekessel der Zellstofferzeugung, Einrichtungen zum Regenerieren von Katalysatoren für katalytisches Kracken sowie Einrichtungen für die Umwandlung von Schwefelwasserstoff in Schwefel – die in Anlage 3, Abschnitt 1 und 2 festgelegten Emissionsgrenzwerte nicht überschreiten.

(5) Die Behörde hat als Teil jeder Überprüfung der Genehmigungsauflagen gemäß § 42 Abs. 1 eine erneute Bewertung entsprechend Abs. 2 durchzuführen.

(6)[1] Der Bundesminister für Arbeit und Wirtschaft kann im Einvernehmen mit der Bundesministerin für Klimaschutz, Umwelt, Energie, Mobilität, Innovation und Technologie Emissionsgrenzwerte für Emissionen in die Luft nach den in Abs. 1 angeführten Kriterien mit Verordnung festlegen. Von der Behörde vor Inkrafttreten solcher Verordnungen im Rahmen von Genehmigungsverfahren oder der Aktualisierung von Genehmigungsauflagen gemäß § 43 festgelegte Emissionsgrenzwerte bleiben bis zur nächsten Aktualisierung von Genehmigungsauflagen hievon unberührt.

(7) In Verordnungen gemäß Abs. 6 angeführte Emissionsgrenzwerte sind bis zur Veröffentlichung neuer BVT-Schlussfolgerungen gemäß § 5 Abs. 1 für Genehmigungen und für die Aktualisierung von Genehmigungen von der Behörde vorzuschreiben. Nach Veröffentlichung neuer BVT-Schlussfolgerungen sind jene Emissionsgrenzwerte vorzuschreiben, die sich aus den neuen BVT-Schlussfolgerungen ergeben, wenn diese strenger sind als jene, die in einer vor diesem Zeitpunkt in Kraft stehenden Verordnung angeführt sind.

Erweiterungen und Änderungen

§ 11. (1) Wird eine Anlage nach der Aggregationsregel gemäß § 2 erweitert, so gelten für den erweiterten, von der Änderung betroffenen Teil der Anlage die gemäß § 10 festgelegten Emissionsgrenzwerte, die nach Maßgabe der Brennstoffwärmeleistung der gesamten Anlage festgelegt werden.

(2) Im Falle der Änderung einer Anlage, die sich möglicherweise auf die Umwelt auswirkt und einen Teil einer Anlage mit einer Brennstoffwärmeleistung von 50 MW oder mehr betrifft, gelten die gemäß § 10 festgelegten Emissionsgrenzwerte für jenen Teil der Anlage, der im Verhältnis zur Brennstoffwärmeleistung der gesamten Anlage umgestellt wurde.

(3)[1] Wird im Rahmen einer Änderung des Betriebes (§ 3 Z 25) der Feuerraum eines Dampfkessels erneuert oder werden Gasturbinen oder Motoren ausgetauscht, so gelten für diese Anlagenteile die Emissionsgrenzwerte für neue Anlagen.

3. Hauptstück
Genehmigung von Anlagen

1. Abschnitt
Anforderungen

Allgemeines

§ 12.[2] (1) Der Betrieb einschließlich der Errichtung oder wesentlichen Änderung von Anlagen mit einer Brennstoffwärmeleistung von 0,1 MW oder mehr bedarf der Genehmigung durch die Behörde. Der Betreiber hat für den Betrieb einschließlich der Errichtung einer Anlage oder für den Betrieb einschließlich einer wesentlichen Änderung einer Anlage die Genehmigung bei der Behörde zu beantragen.

(2) Der Betreiber einer mittelgroßen Anlage hat sich unter Angabe der Informationen gemäß **Anlage 4** im Register gemäß § 22 Abs. 1 des Abfallwirtschaftsgesetzes 2002 (AWG 2002), BGBl. I Nr. 102/2002, unter „edm.gv.at" zu registrieren. Hiezu sind die im Register enthaltenen Referenztabellen (zB für Anlagentypen) zu verwenden.

(3) Die Registrierung gemäß Abs. 2 ist innerhalb folgender Fristen vorzunehmen:

1. hinsichtlich neuer mittelgroßer Anlagen bis spätestens einen Monat nach Inkrafttreten dieses Bundesgesetzes in der Fassung BGBl. I Nr. 173/2023 oder einen Monat nach erfolgter Genehmigung (maßgebend ist der spätere Zeitpunkt);
2. hinsichtlich bestehender mittelgroßer Anlagen bis 31. Dezember 2023.

(4) Die Daten gemäß Anlage 4 sind vom Betreiber der mittelgroßen Anlage im Register aktuell zu halten. Änderungen der Daten sind unverzüglich über das Register zu melden. Die Einstellung der Tätigkeit ist innerhalb eines Monats über das Register zu melden.

(5) Die Behörde hat die Angaben in der Registrierung auf Vollständigkeit und Plausibilität zu prüfen. Der Betreiber hat auf Verlangen der Behörde etwaige weitere von der Behörde für erforderlich erachtete Informationen unverzüglich nachzutragen.

Emissionen und Immissionen

§ 13.[1] Eine Genehmigung gemäß § 12 Abs. 1 darf – erforderlichenfalls unter Vorschreibung von Auflagen – nur erteilt werden, wenn zu erwarten ist, dass

1. im Betrieb die gemäß §§ 23 und 24 vorzuschreibenden Emissionsgrenzwerte nicht überschritten werden und
2. durch die Anlage keine Immissionen bewirkt werden, die
   a) das Leben oder die Gesundheit von Menschen oder das Eigentum oder sonstige dingliche Rechte der Nachbarn gefährden oder
   b) zu einer unzumutbaren Belästigung der Nachbarn im Sinne des § 77 Abs. 2 Gewerbeordnung 1994 (GewO 1994), BGBl. Nr. 194, führen und
3. die für die zu genehmigende Anlage in Betracht kommenden Bestimmungen einer Verordnung gemäß § 10 Immissionsschutzgesetz-Luft (IG-L), BGBl. I Nr. 115/1997, erfüllt werden. Sofern in dem Gebiet, in dem eine neue Anlage oder eine emissionserhöhende Anlagenerweiterung genehmigt werden soll, bereits mehr als 35 Überschreitungen des Tagesmittelwertes für PM_{10} gemäß Anlage 1a zum IG-L oder eine Überschreitung
   - des um 10 µg/m³ erhöhten Jahresmittelwertes für Stickstoffdioxid gemäß Anlage 1a zum IG-L,
   - des Jahresmittelwertes für PM_{10} gemäß Anlage 1a zum IG-L,
   - des Jahresmittelwertes für $PM_{2.5}$ gemäß Anlage 1b zum IG-L,
   - eines in einer Verordnung gemäß § 3 Abs. 5 IG-L festgelegten Immissionsgrenzwertes,
   - des Halbstundenmittelwertes für Schwefeldioxid gemäß Anlage 1a zum IG-L,
   - des Tagesmittelwertes für Schwefeldioxid gemäß Anlage 1a zum IG-L,
   - des Halbstundenmittelwertes für Stickstoffdioxid gemäß Anlage 1a zum IG-L,
   - des Grenzwertes für Blei in PM_{10} gemäß Anlage 1a zum IG-L oder
   - des Grenzwertes für Arsen, Kadmium, Nickel oder Benzo(a)pyren gemäß Anlage 1a zum IG-L[2]

   vorliegt oder durch die Genehmigung zu erwarten ist, ist die Genehmigung nur dann zu erteilen, wenn
   a) die Emissionen der Anlage keinen relevanten Beitrag zur Immissionsbelastung leisten oder
   b)[1] der zusätzliche Beitrag durch emissionsbegrenzende Auflagen im technisch möglich und wirtschaftlich zumutbaren Ausmaß beschränkt wird und die zusätzlichen Emissionen erforderlichenfalls durch Maßnahmen zur Senkung der Immissionsbelastung, insbesondere auf Grund eines Programms gemäß § 9a IG-L oder der Anordnung von Maßnahmen gemäß § 10 IG-L ausreichend kompensiert werden, so dass in einem realistischen Szenario langfristig keine weiteren Überschreitungen der in diesem Absatz angeführten Werte anzunehmen sind, sobald diese Maßnahmen wirksam geworden sind.

Anforderungen für Anlagen mit einer Brennstoffwärmeleistung von 50 MW oder mehr

§ 14.[1] Ergänzend zu den Bestimmungen der §§ 12 Abs. 1 und 13 darf für eine Anlage mit einer Brennstoffwärmeleistung von 50 MW oder mehr eine Genehmigung nur dann erteilt werden, wenn sichergestellt wird, dass die Anlage so errichtet, betrieben und aufgelassen wird, dass

1. alle geeigneten Vorsorgemaßnahmen gegen Umweltverschmutzungen, insbesondere durch den Einsatz von den besten verfügbaren Techniken entsprechenden technologischen Verfahren, Einrichtungen und Betriebsweisen, getroffen werden;
2.[1] zum Zwecke der Verminderung von Emissionen in die Luft Energie möglichst effizient verwendet wird, etwa durch Ausrüstung der Anlage mit einer Kraft-Wärme-Kopplung oder durch die Leitung der Abgase einer Gasturbine in einen Dampfkessel, soweit die technische und wirtschaftliche Durchführbarkeit dafür gegeben ist;
3. die notwendigen Maßnahmen ergriffen werden, um Unfälle zu verhindern und deren Folgen zu begrenzen;
4. die erforderlichen Maßnahmen hinsichtlich möglicher Emissionen bzw. Emissionsbelastungen in Luft, Wasser und Boden durch den Betrieb der Anlage getroffen werden, um bei der Auflassung der Anlage die Gefahr einer Umweltverschmutzung zu vermeiden und um einen zufrieden stellenden Zustand des Anlagengeländes im Sinne des § 29 wiederherzustellen;
5.[2] die Erzeugung von Abfällen gemäß den Bestimmungen des AWG 2002 vermieden wird;
6. falls Abfälle erzeugt werden, sie entsprechend der Prioritätenfolge und im Einklang mit den Bestimmungen des AWG 2002 zur Wiederverwendung vorbereitet, recycelt, verwertet oder, falls dies aus technischen oder wirtschaftlichen Gründen nicht möglich ist, beseitigt werden, wobei

Auswirkungen auf die Umwelt vermieden oder vermindert werden.

Wesentliche Änderungen

§ 15.[5] (1) Wird eine mittelgroße Anlage in einer Weise geändert oder erweitert, die sich auf die anzuwendenden Emissionsgrenzwerte auswirken würde, hat der Betreiber eine Genehmigung für die geplante Änderung bei der Behörde zu beantragen. Die Behörde hat die Genehmigung hinsichtlich der einzuhaltenden Emissionsgrenzwerte erforderlichenfalls anzupassen oder sie erlässt einen Kenntnisnahmebescheid in sinngemäßer Anwendung des § 31.

(2) Wird eine Anlage mit einer Brennstoffwärmeleistung von 50 MW oder mehr wesentlich geändert oder erweitert,

1. sind die Emissionsgrenzwerte gemäß § 11 festzulegen und
2. hat die Genehmigung auch die bereits genehmigte Anlage bezüglich der Bestimmungen des § 13 Z 3 zu umfassen.

Anwendung anderer Verwaltungsvorschriften des Bundes

§ 16. Für das Genehmigungsverfahren von Anlagen mit einer Brennstoffwärmeleistung von 50 MW oder mehr gilt, soweit nicht eine Genehmigung nach diesem Bundesgesetz gemäß § 32 entfällt:

1. Für Anlagen zu deren Errichtung, Betrieb oder wesentlichen Änderung auch nach anderen Verwaltungsvorschriften des Bundes eine Genehmigung zum Schutz vor Auswirkungen der Betriebsanlage oder zum Schutz des Erscheinungsbildes der Betriebsanlage erforderlich ist, entfallen, soweit im Folgenden nichts anderes bestimmt ist, gesonderte Genehmigungen nach diesen anderen Verwaltungsvorschriften, es sind aber deren materiellrechtliche Genehmigungsregelungen bei Erteilung der Genehmigung anzuwenden. Dem Verfahren sind Sachverständige für die von anderen Verwaltungsvorschriften erfassten Gebiete beizuziehen. Die Genehmigung gilt auch als entsprechende Genehmigung nach den anderen Verwaltungsvorschriften des Bundes. Die Mitanwendung der Bestimmungen des Wasserrechtsgesetzes 1959 (WRG 1959), BGBl. Nr. 215, bezieht sich auf folgende mit Errichtung, Betrieb und Änderung der Anlage verbundene Maßnahmen:
   a) Wasserentnahmen für Feuerlöschzwecke (§§ 9 und 10 WRG 1959);
   b) Wärmepumpen (§ 31c WRG 1959);
   c) Abwassereinleitungen in Gewässer (§ 32 Abs. 2 lit. a, b und e WRG 1959), ausgenommen Abwassereinleitungen aus Anlagen zur Behandlung der in einer öffentlichen Kanalisation gesammelten Abwässer;
   d) Lagerung von Stoffen, die zur Folge haben, dass durch Eindringen (Versickern) von Stoffen in den Boden das Grundwasser verunreinigt wird (§ 32 Abs. 2 lit. c WRG 1959);
   e) Abwassereinleitungen in wasserrechtlich bewilligte Kanalisationsanlagen.

   Insbesondere sind dafür die Bestimmungen des WRG 1959 betreffend den Stand der Technik einschließlich der Gewährung von Ausnahmen vom Stand der Technik, persönliche Ladung von Parteien, Emissions- und Immissionsbegrenzungen sowie Überwachung einschließlich des Grundwasserzustandsberichtes mitanzuwenden. Über die mitanzuwendenden wasserrechtlichen Tatbestände ist in einem gesonderten Spruchpunkt abzusprechen. Berührt ein Verfahren wasserwirtschaftliche Interessen, so hat der Genehmigungswerber schon vor dem Genehmigungsantrag dem wasserwirtschaftlichen Planungsorgan (§ 55 Abs. 4 WRG 1959) die Grundzüge des Projekts anzuzeigen.
2. Die Behörde gemäß § 45 hat das Genehmigungsverfahren gemäß Z 1 mit anderen Behörden zu koordinieren, wenn nach anderen, nicht gemäß Z 1 mitanzuwendenden Verwaltungsvorschriften eine Genehmigung oder eine Anzeige zum Schutz vor Auswirkungen der Anlage oder zum Schutz des Erscheinungsbildes der Anlage erforderlich ist.
3. Die nach anderen Verwaltungsvorschriften des Bundes im Sinne der Z 1 bestehenden behördlichen Befugnisse und Aufgaben zur Überprüfung der Ausführung der Anlage, zur Kontrolle, zur Herstellung des gesetzmäßigen Zustandes, zur Gefahrenabwehr, zur nachträglichen Konsensanpassung, zur Vorschreibung und Durchführung von Maßnahmen bei Errichtung, Betrieb, Änderung und Auflassung, der Wiederverleihung von Rechten von Anlagen sind von der Behörde gemäß § 45 hinsichtlich des WRG 1959 nur für die in Z 1 lit. a bis lit. e genannten Maßnahmen, wahrzunehmen. Die Zuständigkeit des Landeshauptmannes nach § 17 Altlastensanierungsgesetz, BGBl. Nr. 299/1989, bleibt unberührt. Die Bestimmungen betreffend die allgemeine Gewässeraufsicht (§§ 130 ff. WRG 1959) bleiben unberührt.
4. Z 3 ist hinsichtlich der Aufgaben und Befugnisse, die nach dem Arbeitsinspektionsgesetz 1993 (ArbIG), BGBl. Nr. 27, den Arbeitsinspektoren obliegen, nicht anzuwenden.

2. Abschnitt
Antrag

Antragserfordernisse

§ 17.[1] (1) Dem Antrag nach § 12 Abs. 1 sind alle für eine umfassende technische Prüfung und Beurteilung des Betriebes der beabsichtigten Anlage bzw. der geänderten Anlage erforderlichen Daten, Pläne, Skizzen und Beschreibungen insbesondere hinsichtlich der Emissionen in die Umwelt in dreifacher Ausfertigung anzuschließen.

(2)[6] Für mittelgroße Anlagen hat ein Genehmigungsantrag die in **Anlage 4** genannten Informationen zu enthalten, soweit diese nicht bereits nach Abs. 1 erforderlich sind.

(3) Für Anlagen mit einer Brennstoffwärmeleistung von 50 MW oder mehr hat ein Genehmigungsantrag folgende Angaben zu enthalten, soweit diese nicht bereits nach Abs. 1 erforderlich sind:

1. Art, Zweck und Größe der Anlage;
2. die in der Anlage verwendeten oder erzeugten Roh- und Hilfsstoffe, sonstige Stoffe bzw. Energie;
3. Quellen der Emissionen aus der Anlage;
4. eine Beschreibung des Zustandes des Anlagengeländes;
5. gegebenenfalls einen Bericht über den Ausgangszustand des Bodens und des Grundwassers gemäß § 29 Abs. 2;
6. Art und Menge der vorhersehbaren Emissionen aus der Anlage in jedes Umweltmedium;
7. Maßnahmen zur Vermeidung der Emissionen oder, sofern dies nicht möglich ist, zur Verminderung derselben;
8. eine Beschreibung von Maßnahmen zur Vermeidung, zur Vorbereitung, zur Wiederverwendung, zum Recycling und zur Verwertung der von der Anlage erzeugten Abfälle (zB durch ein Abfallwirtschaftskonzept);
9. die zu erwartenden erheblichen Auswirkungen der Emissionen auf die Umwelt;
10. sonstige vorgesehene Maßnahmen zur Erfüllung der Voraussetzungen gemäß § 14;

---

[5] Durch BGBl I 173/2023 erhielt der bisherige Text die Absatzbezeichnung „(2)", Abs. 1 wurde neu eingefügt.

[6] Neu eingefügt durch BGBl I 173/2023, der bisherige Abs. 2 erhielt die Bezeichnung „(3)".

11. vorgesehene Maßnahmen zur Überwachung der Emissionen;
12. Anordnung der Probenahme- und Messstellen;
13. die wichtigsten, vom Antragsteller gegebenenfalls geprüften Alternativen in einer Übersicht, insbesondere andere Maßnahmen zur Verringerung der Emissionen, etwa durch effiziente Verwendung von Energie einschließlich des Ergebnisses der Prüfung über die Machbarkeit einer kombinierten Erzeugung von Strom und Wärme oder der Nutzung der Abgase einer Gasturbine in einem Dampfkessel unter Berücksichtigung der technischen und wirtschaftlichen Gegebenheiten einschließlich der Absatzmöglichkeiten;
14. eine allgemein verständliche, nicht technisch formulierte Zusammenfassung des Genehmigungsantrages;
15. Maßnahmen zur Verhinderung von Unfällen und Begrenzung von deren Folgen;
16. Maßnahmen um nach der endgültigen Stilllegung der Anlage die Gefahr einer Umweltverschmutzung durch die aus dem Betrieb entstandenen Emissionen bzw. Emissionsbelastungen in Luft, Wasser und Boden zu vermeiden und um einen zufriedenstellenden Zustand des Anlagengeländes wiederherzustellen;
17. für Anlagen mit einer elektrischen Nennleistung von 300 MW oder mehr Angaben über eine Überprüfung gemäß § 28 Abs. 1.

3. Abschnitt
Öffentlichkeitsbeteiligung

Anlagen mit einer Brennstoffwärmeleistung von weniger als 50 MW

§ 18. (1) Wird die Genehmigung einer Anlage mit einer Brennstoffwärmeleistung von weniger als 50 MW für

1. feste oder flüssige Brennstoffe sowie für Beheizung mittels Abwärme mit einer Brennstoffwärmeleistung von 500 kW oder mehr, oder
2. gasförmige Brennstoffe mit einer Brennstoffwärmeleistung von 2 MW oder mehr,

beantragt, so hat die Behörde den Antrag durch Anschlag in der Gemeinde und in einer örtlichen Zeitung öffentlich bekannt zu machen. Betriebs- und Geschäftsgeheimnisse sind zu wahren. Mit der Bekanntmachung ist eine Frist von sechs Wochen einzuräumen, innerhalb der gegen die Genehmigung der Anlage von den Nachbarn (§ 75 Abs. 2 und 3 GewO 1994) begründete schriftliche Einwendungen bei der Behörde eingebracht werden können. Nachbarn, die solche Einwendungen erhoben haben, haben Parteistellung.

(2) Im Rahmen des Genehmigungsverfahrens hat die Behörde in der Regel eine mündliche Verhandlung durchzuführen. Werden

1. Einwendungen gemäß Abs. 1 vorgebracht, hat die Behörde jedenfalls eine mündliche Verhandlung durchzuführen;
2. von Nachbarn privatrechtliche Einwendungen gegen die Anlage vorgebracht, so hat der Verhandlungsleiter auf eine Einigung hinzuwirken; eine gegebenenfalls herbeigeführte Einigung ist in einer Niederschrift zu beurkunden. Im Übrigen sind solche Einwendungen auf den Zivilrechtsweg zu verweisen.

Anlagen mit einer Brennstoffwärmeleistung von 50 MW oder mehr

§ 19. (1)[1] Die Behörde hat bei Anlagen mit einer Brennstoffwärmeleistung von 50 MW oder mehr

1. einen Antrag zur Erteilung einer Genehmigung für die Errichtung einer Anlage,
2. einen Antrag zur Erteilung einer Genehmigung für eine wesentliche Änderung,
3. einen Bescheidentwurf über die Aktualisierung der Genehmigungsauflagen mit einer Ausnahmeregelung gemäß § 10 Abs. 2, oder
4. einen Bescheidentwurf über die Aktualisierung der Genehmigungsauflagen gemäß § 43 Abs. 7 Z 1

in einer in der betroffenen Gemeinde verbreiteten periodisch erscheinenden Zeitung und im Internet bekannt zu geben. Mit der Bekanntmachung ist eine Frist von sechs Wochen einzuräumen, innerhalb der gegen die Genehmigung (Z 1 oder 2) oder die Aktualisierung der Genehmigung (Z 3 oder 4) von Nachbarn (§ 75 Abs. 2 und 3 GewO 1994) und Umweltorganisationen gemäß § 21 begründete schriftliche Einwendungen bei der Behörde eingebracht werden können. Nachbarn und Umweltorganisationen, die solche Einwendungen erhoben haben, kommt Parteistellung zu. Gegebenenfalls dürfen Staaten gemäß § 20 an Genehmigungsverfahren zur Errichtung oder wesentlichen Änderung von Anlagen teilnehmen.

(2) Die Bekanntmachung gemäß Abs. 1 hat jedenfalls folgende Informationen zu enthalten:

1.[1] eine Beschreibung der in § 17 Abs. 3 Z 1 bis 14 angeführten Angaben;
2. den Hinweis, bei welcher Behörde der Antrag sowie die zum Zeitpunkt der Bekanntmachung bei der Behörde vorliegenden wichtigsten entscheidungsrelevanten Berichte und Empfehlungen innerhalb eines bestimmten, mindestens sechs Wochen betragenden Zeitraums während der Amtsstunden zur Einsichtnahme aufliegen und dass innerhalb dieses Zeitraums zum Antrag oder zur Aktualisierung einer Genehmigung Stellung genommen werden kann;
3. den Hinweis, dass die Entscheidung mit Bescheid erfolgt;
4. den Hinweis, dass allfällige weitere entscheidungsrelevante Informationen, die zum Zeitpunkt der Bekanntmachung noch nicht vorgelegen sind, in der Folge während des Genehmigungsverfahrens bei der Behörde während der Amtsstunden zur Einsichtnahme aufliegen;
5. gegebenenfalls den Hinweis, dass Kontaktaufnahmen und Konsultationen gemäß § 20 erforderlich sind.

(3) Für die Durchführung von mündlichen Verhandlungen ist § 18 Abs. 2 maßgeblich.

(4) Die Bestimmungen der Abs. 1 bis 3 gelten vorbehaltlich der §§ 6 und 5 Abs. 2 Umweltinformationsgesetz (UIG), BGBl. Nr. 495/1993.

Grenzüberschreitende Auswirkungen

§ 20. (1) Wenn die Errichtung oder die wesentliche Änderung einer Anlage mit einer Brennstoffwärmeleistung von 50 MW oder mehr erhebliche Auswirkungen auf die Umwelt eines anderen Staates haben könnte oder wenn ein von den Auswirkungen eines solchen Projekts möglicherweise betroffener Staat ein diesbezügliches Ersuchen stellt, hat die Behörde diesen Staat spätestens wenn die Bekanntgabe gemäß § 19 Abs. 1 erfolgt, über das Projekt zu benachrichtigen; verfügbare Informationen über mögliche grenzüberschreitende Auswirkungen und über den Ablauf des Genehmigungsverfahrens sind zu erteilen. Dem Staat ist eine angemessene Frist für die Mitteilung einzuräumen, ob er am Verfahren teilzunehmen wünscht.

(2) Wünscht der Staat am Verfahren teilzunehmen, so sind ihm die Antragsunterlagen sowie allfällige weitere entscheidungsrelevante Unterlagen, die der Behörde zum Zeitpunkt der Bekanntgabe gemäß § 19 Abs. 1 noch nicht vorgelegen sind, zuzuleiten und ist ihm eine angemessene Frist zur Stellungnahme einzuräumen; diese Frist ist so zu bemessen, dass es dem am Verfahren teilnehmenden Staat ermöglicht wird, die Antragsunterlagen der Öffentlichkeit zugänglich zu

machen und ihr Gelegenheit zur Stellungnahme zu geben. Erforderlichenfalls sind Konsultationen über mögliche grenzüberschreitende Auswirkungen und allfällige Maßnahmen zur Vermeidung oder Verminderung schädlicher grenzüberschreitender Umweltauswirkungen zu führen.

(3) Einem am Verfahren teilnehmenden Staat sind ferner die Ergebnisse des Ermittlungsverfahrens, die wesentlichen Entscheidungsgründe, Angaben über das Verfahren zur Beteiligung der Öffentlichkeit und die Entscheidung über den Genehmigungsantrag zu übermitteln.

(4) Wird im Rahmen eines in einem anderen Staat durchgeführten Verfahrens betreffend die Genehmigung oder wesentliche Änderung einer Anlage der Genehmigungsantrag übermittelt, so hat die Behörde im Sinne des § 19 Abs. 1 vorzugehen. Bei der Behörde eingelangte Stellungnahmen sind von der Behörde dem Staat zu übermitteln, in dem das Projekt, auf das sich der Genehmigungsantrag bezieht, verwirklicht werden soll.

(5) Die Bestimmungen der Abs. 1 bis 4 gelten für Staaten, die nicht Vertragspartei des Abkommens über den Europäischen Wirtschaftsraum sind, nur nach Maßgabe der Gegenseitigkeit.

(6) Besondere staatsvertragliche Regelungen bleiben unberührt.

Beteiligung von Umweltorganisationen

§ 21.[1] Im Genehmigungsverfahren gemäß § 12 Abs. 1 für Anlagen mit einer Brennstoffwärmeleistung von 50 MW oder mehr haben auch folgende Umweltorganisationen hinsichtlich des Rechts, die Einhaltung von Umweltschutzvorschriften im Verfahren geltend zu machen und Rechtsmittel zu ergreifen, Parteistellung:

1. Gemäß § 19 Abs. 7 des Umweltverträglichkeitsprüfungsgesetzes 2000 (UVP-G 2000), BGBl. Nr. 697/1993, anerkannte Umweltorganisationen, soweit sie innerhalb der in § 19 Abs. 1 angegebenen Frist schriftliche Einwände erhoben haben;
2. Umweltorganisationen aus einem anderen Staat,
   a) sofern für die Teilnahme am Verfahren eine Benachrichtigung des anderen Staates gemäß § 19 Abs. 1 erfolgt ist,
   b) sofern die genehmigungspflichtige Anlage voraussichtlich Auswirkungen auf jenen Teil der Umwelt des anderen Staates hat, für deren Schutz die Umweltorganisation eintritt,
   c) sofern sie sich an Genehmigungsverfahren einer im anderen Staat gelegenen Anlage mit einer Brennstoffwärmeleistung von 50 MW oder mehr beteiligen könnte,
   d) soweit sie während der Auflagefrist gemäß § 19 Abs. 2 Z 2 schriftliche Einwendungen erhoben haben.

Information der Öffentlichkeit über erteilte Genehmigungen für Anlagen mit einer Brennstoffwärmeleistung von 50 MW oder mehr

§ 22. (1)[1] Wurde eine Genehmigung zu in § 19 Abs. 1 angeführten Anträgen oder zur Aktualisierung von Genehmigungsauflagen erteilt, so hat die Behörde in einer in der betroffenen Gemeinde verbreiteten periodisch erscheinenden Zeitung und im Internet bekannt zu geben, dass die unter Abs. 2 angeführten Informationen innerhalb eines bestimmten, mindestens sechs Wochen betragenden Zeitraumes bei der Behörde während der Amtsstunden zur Einsichtnahme aufliegen. Die unter Abs. 2 Z 1, 2, 6 und 7 angeführten Informationen sind auch im Internet zur Verfügung zu stellen.

(2) Die Behörde hat der Öffentlichkeit folgende Informationen gemäß Abs. 1 zugänglich zu machen:

1. den Inhalt der Entscheidung einschließlich einer Kopie der Genehmigung sowie späterer Aktualisierungen;
2. die Gründe, auf denen die Entscheidung beruht;
3. die Ergebnisse der vor der Entscheidung durchgeführten Konsultationen und ihre Berücksichtigung im Rahmen der Entscheidung;
4. die Bezeichnung des für die betreffende Anlage oder Tätigkeit maßgeblichen BVT-Merkblatts;
5. Angaben zur Festlegung der in den §§ 23 und 24 genannten Genehmigungsauflagen einschließlich der Emissionsgrenzwerte in Bezug zu den besten verfügbaren Techniken und mit den besten verfügbaren Techniken assoziierten Emissionswerten;
6. im Falle der Gewährung einer Ausnahme gemäß § 10 Abs. 2 die genauen Gründe für die Gewährung der Ausnahme nach den Kriterien des genannten Absatzes und die damit verbundenen Auflagen;
7. relevante Informationen zu den vom Betreiber bei der endgültigen Einstellung der Tätigkeiten zu treffenden Maßnahmen gemäß § 29;
8. die Ergebnisse der entsprechend den Genehmigungsauflagen erforderlichen Überwachung der Emissionen, die bei der Behörde vorliegen.

(3) Die Bestimmungen der Abs. 1 und 2 gelten vorbehaltlich der §§ 6 und 5 Abs. 2 UIG.

4. Abschnitt
Bescheidinhalt

Allgemeines

§ 23. (1) Die Entscheidung der Behörde hat binnen drei Monaten nach Einlangen des vollständigen Antrages (§ 17) oder im Falle einer mündlichen Verhandlung binnen drei Monaten nach dieser, spätestens jedoch sechs Monate nach Einlangen des vollständigen Antrages, zu ergehen.

(2) Der Bescheid, mit dem die Anlage oder wesentliche Änderung genehmigt wird, hat jedenfalls zu enthalten:

1. Verwendungszweck und Art der Anlage;
2. die zur Verwendung gelangenden Brennstoffarten (§ 3 Z 7), sowie die Brennstoffwärmeleistung der Anlage (§ 3 Z 10);
3. die zulässigen Emissionsgrenzwerte;
4. die Schornsteinhöhe;
5. Anforderungen an die Überwachung der Emissionen einschließlich der Messmethode, der Messhäufigkeit, der Bewertungsverfahren und der Information der Behörde;
6. die Anordnung der Probenahme- und Messstellen;
7. die Anordnung, dass die Fertigstellung der Anlage der Behörde anzuzeigen ist;
8. die Feststellung, in welchem Fall einer Betriebsstörung eine erhebliche Überschreitung der Emissionsgrenzwerte für die Luft auf längere Zeit im Sinne des § 36 Abs. 6 vorliegt, sowie Festlegungen für den Betrieb während der Störung;
9. für Anlagen, die mit Abgasreinigungseinrichtungen ausgerüstet sind, Bedingungen, wie im Fall einer Störung oder eines Ausfalls der Abgasreinigungseinrichtungen vorzugehen ist;
10.[1] gegebenenfalls Auflagen, während Zeitspannen gemäß Z 8 und 9, auf Anordnung der Behörde den Betrieb der Anlage auf andere, schadstoffärmere Brennstoffe umzustellen oder den Betrieb einzuschränken oder einzustellen, wenn zu erwarten ist, dass durch die Emissionen in die Luft der Anlage auf Grund besonderer meteorologischer Verhältnisse im Zusammenwirken mit örtlichen Gegebenheiten Immissionen verursacht werden, die zeitweise das Einhalten der Bestimmungen des § 13 Z 2 verhindern;

11. die Verpflichtung des Betreibers, der Behörde die erforderlichen Daten für die Prüfung der Einhaltung der Genehmigungsauflagen zur Verfügung zu stellen.

Bescheidinhalte für Anlagen mit einer Brennstoffwärmeleistung von 50 MW oder mehr

§ 24.[2] Ergänzend zu den Bestimmungen des § 23 hat der Bescheid für Anlagen mit einer Brennstoffwärmeleistung von 50 MW oder mehr zu enthalten:

1. Emissionsgrenzwerte für die Schadstoffe der Liste in **Anlage 1** und für sonstige Schadstoffe, die von der betreffenden Anlage unter Berücksichtigung der Art der Schadstoffe und der Gefahr einer Verlagerung der Verschmutzung von einem Medium auf ein anderes in relevanter Menge emittiert werden können; gegebenenfalls können andere technische Maßnahmen vorgesehen werden, die zu einem gleichwertigen Ergebnis führen; hiebei sind die technische Beschaffenheit der betreffenden Anlage, ihr Standort, und die jeweiligen örtlichen Umweltbedingungen zu berücksichtigen;
2. Anforderungen an die Überwachung gemäß § 23 Abs. 2 Z 5, die sich gegebenenfalls auf die in den BVT-Schlussfolgerungen beschriebenen Anforderungen an die Überwachung zu stützen haben;
3. über die BVT-Schlussfolgerungen hinausgehende Auflagen, wenn und soweit dies zur Verhinderung des Überschreitens eines unionsrechtlich festgelegten Immissionsgrenzwertes erforderlich ist;
4. erforderlichenfalls geeignete Auflagen zum Schutz des Wassers und des Bodens zur Erfüllung der Bestimmungen der mitanzuwendenden Verwaltungsvorschriften gemäß § 16 Z 1;
5. angemessene Anforderungen für die Überwachung der Maßnahmen zur Vermeidung der Verschmutzung von Boden und Grundwasser gemäß Z 4;
6. angemessene Anforderungen für die wiederkehrende Überwachung von Boden und Grundwasser auf die relevanten gefährlichen Stoffe, die wahrscheinlich vor Ort anzutreffen sind, unter Berücksichtigung möglicher Boden- und Grundwasserverschmutzungen auf dem Gelände der Anlage; die wiederkehrende Überwachung muss mindestens alle fünf Jahre für das Grundwasser und mindestens alle zehn Jahre für den Boden durchgeführt werden, es sei denn, diese Überwachung erfolgt anhand einer systematischen Beurteilung des Verschmutzungsrisikos;
7. angemessene Anforderungen für die regelmäßige Wartung;
8. Maßnahmen für andere als normale oder für instationäre Betriebsbedingungen, die über jene gemäß § 23 Abs. 2 Z 8 und 9 hinausgehen; dabei sind das Anfahren, das unbeabsichtigte Austreten von Stoffen, Störungen, kurzzeitiges Abfahren sowie die endgültige Stilllegung der Anlage in angemessener Weise zu berücksichtigen, soweit eine Gefahr für die Umwelt damit verbunden sein könnte;
9. Festlegung der Zeitabschnitte des An- und Abfahrens gemäß § 6 Abs. 2;
10. erforderlichenfalls Auflagen zur weitestgehenden Verminderung der weiträumigen oder grenzüberschreitenden Umweltverschmutzung;
11. die Vorgabe, dass in den Fällen, in denen § 10 Abs. 1 Z 2 angewendet wird, die Ergebnisse der genannten Emissionsüberwachung für die gleichen Zeiträume und Referenzbedingungen verfügbar sein müssen wie für die mit den besten verfügbaren Techniken assoziierten Emissionswerte;
12. die Verpflichtung für den Betreiber, dass in den Fällen, in denen § 10 Abs. 1 Z 2 angewendet wird, der Behörde eine Zusammenfassung der Ergebnisse der Emissionsüberwachung, die einen Vergleich mit den besten verfügbaren Techniken assoziierten Emissionswerten ermöglicht, jährlich vorzulegen ist;
13. für Anlagen mit einer elektrischen Nennleistung von 300 MW oder mehr gegebenenfalls Festlegungen gemäß § 28 Abs. 4;
14. gegebenenfalls Auflagen zur Einhaltung der Anforderungen zur Stilllegung einer Anlage gemäß § 29.

5. Abschnitt
Besondere Verfahrensbestimmungen

Allgemeines

§ 25. (1) Wird binnen fünf Jahren nach Erteilung des Genehmigungsbescheides mit der Errichtung der Anlage nicht begonnen, so tritt dieser Bescheid außer Kraft. Die Behörde hat die Frist auf Grund eines vor Ablauf der Frist gestellten Antrages um höchstens zwei Jahre zu verlängern, wenn es Art und Umfang des Vorhabens erfordern.

(2) Ergibt sich nach Genehmigung der Anlage, dass die gemäß §§ 13 und 14 wahrzunehmenden Interessen trotz Einhaltung der im Genehmigungsbescheid vorgeschriebenen Auflagen nicht hinreichend geschützt sind, so hat die Behörde andere oder zusätzliche Auflagen vorzuschreiben. Die Behörde hat solche Auflagen nicht vorzuschreiben, wenn sie unverhältnismäßig sind, vor allem wenn der mit der Erfüllung der Auflagen verbundene Aufwand außer Verhältnis zu dem mit den Auflagen angestrebten Erfolg steht. Dabei sind insbesondere Art, Menge und Gefährlichkeit der von der Anlage ausgehenden Emissionen und der von ihr verursachten Immissionen sowie die Nutzungsdauer und die technischen Besonderheiten der Anlage zu berücksichtigen. Zu Gunsten von Personen, die erst nach Genehmigung der Anlage Nachbarn geworden sind, sind solche Auflagen nur insoweit vorzuschreiben, als diese zur Vermeidung einer Gefährdung des Lebens oder der Gesundheit dieser Personen notwendig sind.

(3) Anlagen oder Teile von Anlagen dürfen vor Eintritt der Rechtskraft des Genehmigungsbescheides errichtet und betrieben werden, wenn dessen Auflagen bei der Errichtung und beim Betrieb der Anlage eingehalten werden. Dieses Recht endet spätestens jedoch drei Jahre nach Zustellung des Genehmigungsbescheides an den Genehmigungswerber. Die Inanspruchnahme dieses Rechtes ist auszuschließen, wenn der Begründung des Rechtsmittels zu entnehmen ist, dass auf Grund der besonderen Situation des Einzelfalles trotz Einhaltung der Auflagen des angefochtenen Bescheides eine Gefährdung des Lebens oder der Gesundheit zu erwarten ist.

(4) Wird die Genehmigung durch ein Erkenntnis des Verwaltungsgerichtshofes aufgehoben, so darf der Genehmigungswerber die betreffende Anlage bis zur Rechtskraft des Ersatzbescheides, längstens jedoch ein Jahr lang, weiter betreiben, wenn er die Anlage entsprechend der aufgehobenen Genehmigung betreibt. Das gilt nicht, wenn der Verwaltungsgerichtshof in seinem Verfahren der Beschwerde die aufschiebende Wirkung zuerkannt hatte.

(5)[1] Der Bundesminister für Arbeit und Wirtschaft kann im Einvernehmen mit der Bundesministerin für Klimaschutz, Umwelt, Energie, Mobilität, Innovation und Technologie nähere Bestimmungen über die Genehmigung für bestimmte Anlagenarten durch Verordnung erlassen.

Versuchsbetrieb

§ 26.[1] (1) Die Behörde kann im Rahmen eines Genehmigungsverfahrens gemäß § 12 Abs. 1, erforderlichenfalls unter Vorschreibung bestimmter, geeigneter Auflagen oder Bedingungen, schon vor der Genehmigung der Errichtung, des Betriebes oder einer wesentlichen Änderung der Anlage oder von Teilen dieser Anlage die erforderlichen Vorarbeiten (zB Versuchsbetrieb) genehmigen, wenn

1. zur Ausarbeitung des Projektes Vorarbeiten erforderlich sind oder
2. das Vorliegen des Ergebnisses bestimmter Vorarbeiten für die Entscheidung der Behörde von wesentlicher Bedeutung ist

und anzunehmen ist, dass die Errichtung und der Betrieb der Anlage bei Vorschreibung bestimmter Auflagen, Bedingungen oder Befristungen zulässig sein werden. Für die Durchführung der Vorarbeiten ist in der Genehmigung eine angemessene, höchstens zwei Jahre betragende Frist ab dem Zeitpunkt zu setzen, ab dem diese Vorarbeiten tatsächlich begonnen werden. Die Genehmigung gilt auch als entsprechende Genehmigung oder Nichtuntersagung gemäß den nach §§ 13 und 16 mitanzuwendenden Vorschriften für die Vorarbeiten. Gegen die Genehmigung ist ein abgesondertes Rechtsmittel nicht zulässig. Parteistellung hat nur der Antragsteller.

(2) Die Behörde hat die Frist gemäß Abs. 1 auf Grund eines vor Ablauf der Frist gestellten Antrages um einen angemessenen Zeitraum zu verlängern, wenn auf Grund des Einsatzes neuer Technologien bei der Fertigstellung des Vorhabens unvorhergesehene Schwierigkeiten auftreten. Die Frist für den Versuchsbetrieb der Anlage darf insgesamt sieben Jahre nicht übersteigen.

Zukunftstechniken

§ 27. (1) Die Behörde kann für einen Gesamtzeitraum von höchstens neun Monaten für Anlagen mit einer Brennstoffwärmeleistung von 50 MW oder mehr vorübergehende Abweichungen von den Auflagen gemäß §§ 9, 10, 11 und 43 für die Erprobung und Anwendung von Zukunftstechniken mit der Auflage genehmigen, dass nach dem festgelegten Zeitraum die Anwendung der betreffenden Technik beendet wird oder im Rahmen der Tätigkeit mindestens die mit den besten verfügbaren Techniken assoziierten Emissionswerte erreicht werden.

(2)[1] Die Fortschritte bei der Entwicklung und Anwendung von Zukunftstechniken sind dem Bundesminister für Arbeit und Wirtschaft unter Anschluss von erforderlichen Dokumentationen bis spätestens 6 Monate nach Ablauf der gemäß Abs. 1 gewährten Frist zu melden.

Geologische Speicherung von Kohlendioxid

§ 28. (1) Der Antrag auf die erste Errichtungsgenehmigung einer Anlage mit einer elektrischen Nennleistung von 300 MW oder mehr, hat – zusätzlich zu den in § 17 genannten Unterlagen – Angaben über eine Überprüfung zu enthalten, ob folgende Bedingungen erfüllt sind:

1. Verfügbarkeit geeigneter geologischer Speicherstätten für CO_2;
2. technische und wirtschaftliche Machbarkeit der Transportanlagen für CO_2;
3. technische und wirtschaftliche Machbarkeit einer Nachrüstung für die CO_2-Abscheidung.

(2) Einrichtungen zur Abscheidung und Kompression von CO_2 sind mit den Anlagen gemäß § 1 Abs. 1 unmittelbar verbundene Einrichtungen.

(3) Auf der Grundlage der in Abs. 1 genannten Überprüfung sowie anderer verfügbarer Informationen, insbesondere in Bezug auf den Schutz der Umwelt und der menschlichen Gesundheit, hat die Behörde zu entscheiden, ob die Bedingungen gemäß Abs. 1 Z 1 bis 3 für eine Einrichtung zur Abscheidung und Kompression von CO_2 erfüllt sind.

(4) Sind die Bedingungen gemäß Abs. 1 Z 1 bis 3 erfüllt, so hat die Behörde mit dem im Genehmigungsverfahren gemäß § 23 ergehenden Bescheid festzulegen, dass auf dem Betriebsgelände des Antragstellers angemessener Platz für eine Einrichtung zur Abscheidung und Kompression von CO_2 vorgesehen wird.

(5) Sind die Bedingungen gemäß Abs. 1 Z 1 bis 3 nicht erfüllt, so stellt dies keinen Versagungsgrund der Genehmigung dar und hat der im Genehmigungsverfahren ergehende Bescheid keine Festlegung gemäß Abs. 4 zu enthalten.

Stilllegung

§ 29. (1) Unbeschadet der Bestimmungen des § 30c WRG 1959 in Verbindung mit der QZV Chemie GW hat die Behörde Genehmigungsauflagen festzulegen, um sicherzustellen, dass bei endgültiger Einstellung der Tätigkeiten die Bestimmungen der Abs. 4 bis 6 eingehalten werden.

(2)[1] Werden im Rahmen einer Tätigkeit gemäß Anhang I der Industrieemissionsrichtlinie relevante gefährliche Stoffe (§ 3 Z 16) verwendet, erzeugt oder freigesetzt, so muss der Betreiber mit Blick auf eine mögliche Verschmutzung des Bodens und Grundwassers auf dem Gelände der Anlage einen Bericht über den Ausgangszustand erstellen und diesen der Behörde mit dem Antrag gemäß § 17 Abs. 3 oder spätestens anlässlich der Aktualisierung der Genehmigungsauflagen gemäß § 43 vorlegen.

(3) Der Bericht über den Ausgangszustand hat unbeschadet der Bestimmungen des WRG 1959 die Informationen zu enthalten, die erforderlich sind, um den Stand der Boden- und Grundwasserverschmutzung zu ermitteln, damit ein quantifizierter Vergleich mit dem Zustand bei der endgültigen Einstellung der Tätigkeiten gemäß Abs. 4 vorgenommen werden kann. Der Bericht über den Ausgangszustand muss mindestens die folgenden Informationen enthalten:

1. Informationen über die derzeitige Nutzung und, falls verfügbar, über die frühere Nutzung des Geländes;
2. falls verfügbar, bestehende Informationen über Boden- und Grundwassermessungen, die den Zustand zum Zeitpunkt der Erstellung des Berichts widerspiegeln, oder alternativ dazu neue Boden- und Grundwassermessungen bezüglich der Möglichkeit einer Verschmutzung des Bodens und des Grundwassers durch die gefährlichen Stoffe, die durch die betreffende Anlage verwendet, erzeugt oder freigesetzt werden sollen.

Erfüllen Informationen, die nach Maßgabe anderer einzelstaatlicher Rechtsvorschriften oder Rechtsvorschriften der Europäischen Union erstellt wurden, die Anforderungen dieses Absatzes, so können diese Informationen in den vorzulegenden Bericht über den Ausgangszustand aufgenommen oder diesem beigefügt werden.

(4) Bei endgültiger Einstellung der Tätigkeiten hat der Betreiber den Stand der Boden- und Grundwasserverschmutzung durch relevante gefährliche Stoffe zu bewerten, die durch die Anlage verwendet, erzeugt oder freigesetzt wurden. Wurden durch die Anlage erhebliche Boden- oder Grundwasserverschmutzungen mit relevanten gefährlichen Stoffen im Vergleich zu dem im Bericht über den Ausgangszustand gemäß Abs. 2 angegebenen Zustand verursacht, so hat der Betreiber die erforderlichen Maßnahmen zur Beseitigung dieser Verschmutzung zu ergreifen, um das Gelände in den Ausgangszustand gemäß Abs. 2 zurückzuführen. Zu diesem Zweck kann die technische Durchführbarkeit solcher Maßnahmen berücksichtigt werden.

(5)[1] Sofern die Verschmutzung von Boden und Grundwasser auf dem Gelände eine ernsthafte Gefährdung der menschlichen Gesundheit oder der Umwelt als Folge der genehmigten Tätigkeiten darstellt, die der Betreiber durchgeführt hat, bevor die Genehmigung für die Anlage erstmals nach § 43 aktualisiert wurde, so hat der Betreiber bei endgültiger Einstellung der Tätigkeit unbeschadet des Abs. 4 und unter Berücksichtigung der Beschreibung des Zustandes des Anlagengeländes (§ 17 Abs. 3 Z 4) für das Gelände der Anlage die erforderlichen Maßnahmen zur Beseitigung, Verhütung, Eindämmung oder Verringerung relevanter gefährlicher Stoffe zu ergreifen, damit das Gelände unter Berücksichtigung seiner derzeitigen oder genehmigten künftigen Nutzung keine solche Gefährdung mehr darstellt.

(6)[1] Ist der Betreiber nicht verpflichtet, einen Bericht über den Ausgangszustand gemäß Abs. 2 zu erstellen, so hat er bei der endgültigen Einstellung der Tätigkeiten unter Berücksichtigung der Beschreibung des Zustandes des Anlagengeländes (§ 17 Abs. 3 Z 4) für das Gelände der Anlage die erforderlichen Maßnahmen zur Beseitigung, Verhütung, Eindämmung oder Verringerung relevanter gefährlicher Stoffe zu treffen, damit das Gelände unter Berücksichtigung seiner derzeitigen oder genehmigten künftigen Nutzung keine ernsthafte Gefährdung für die menschliche Gesundheit oder die Umwelt als Folge einer Verschmutzung von Boden und Grundwasser durch die genehmigten Tätigkeiten mehr darstellt.

6. Abschnitt
Anzeigeverfahren, Genehmigungsentfall

Genehmigungsfreistellung

§ 30.[1] Bei Anlagen für

1. Heizöl extra leicht, Heizöl leicht oder
2. handelsübliche Flüssiggase Propan und Butan sowie deren Gemische oder
3. Erdgas, das einem Erdgas entspricht mit welchem Erdgasleitungsanlagen gemäß Gaswirtschaftsgesetz 2011 (GWG 2011), BGBl. I Nr. 107, betrieben werden,

mit einer Brennstoffwärmeleistung von weniger als 1 MW entfällt unbeschadet der Bestimmungen des § 32 die Verpflichtung zur Einholung der Genehmigung nach § 12 Abs. 1. Solche Anlagen sind jedoch durch einen Sachverständigen gemäß § 34 Abs. 2 vor ihrer Inbetriebnahme zu besichtigen. Der Befund über diese Besichtigung ist der Behörde zu übermitteln. Eine Zweitschrift des Befundes ist dem Betreiber der Anlage auszufolgen, der sie zur jederzeitigen Einsichtnahme durch die Behörde aufzubewahren hat. Ergibt sich auf Grund des Befundes, dass die Anlage den Bestimmungen dieses Bundesgesetzes und der auf seiner Grundlage erlassenen Verordnungen nicht entspricht, so hat die Behörde sinngemäß nach den Bestimmungen des § 33 Abs. 7a und des § 36 Abs. 4a vorzugehen.

Nachträgliche Änderungen

§ 31. (1) Änderungen des Betriebes (§ 3 Z 25) sind der Behörde vom Betreiber spätestens vier Wochen vorher anzuzeigen. Die Behörde hat diese Anzeige spätestens nach zwei Monaten mit Bescheid zur Kenntnis zu nehmen; dieser Bescheid bildet einen Bestandteil des Genehmigungsbescheides. Erforderlichenfalls hat die Behörde im Kenntnisnahmebescheid bestimmte, geeignete Auflagen zur Erfüllung der in den §§ 13, 14, 23 Abs. 2 und 24 und in den nach § 16 mitanzuwendenden Verwaltungsvorschriften festgelegten Anforderungen zu erteilen. Falls für die Anzeige die Voraussetzungen nach diesem Bundesgesetz nicht gegeben sind, hat die Behörde die Maßnahmen oder Tätigkeiten, die Gegenstand der Anzeige sind, zu untersagen.

(2) Im Genehmigungsbescheid vorgeschriebene Auflagen sind auf Antrag mit Bescheid aufzuheben oder abzuändern, wenn und soweit die Voraussetzungen für ihre Vorschreibung nicht mehr vorliegen.

Genehmigung nach anderen Rechtsvorschriften

§ 32.[1] Bei Anlagen, zu deren Errichtung, Inbetriebnahme oder Änderung nach den gewerbe-, berg- oder abfallwirtschaftsrechtlichen Bestimmungen eine Genehmigung erforderlich ist, entfällt eine gesonderte Genehmigung nach den Bestimmungen des § 12 Abs. 1 und der §§ 13 bis 29, es sind jedoch deren materiellrechtliche Bestimmungen bei Erteilung der betreffenden Genehmigung anzuwenden. Eine solche Genehmigung gilt auch als Genehmigung im Sinne des § 12 Abs. 1.

4. Hauptstück
Überwachung

Allgemeines

§ 33.[7] (1) Die in Betrieb befindlichen Anlagen

1. für feste oder flüssige Brennstoffe sowie für Beheizung mittels Abwärme mit einer Brennstoffwärmeleistung von mehr als 0,1 MW und
2. für gasförmige Brennstoffe mit einer Brennstoffwärmeleistung von mehr als 0,6 MW

sind hinsichtlich ihrer Emissionen in die Luft periodisch zu überwachen. Die Überwachung umfasst eine jährliche Besichtigung der Anlage und deren Komponenten, soweit sie für die Emissionen oder deren Begrenzung von Bedeutung sind, verbunden mit der Kontrolle vorhandener Messergebnisse oder Messregistrierungen sowie Emissionsmessungen gemäß § 35 Abs. 1 hinsichtlich der Einhaltung der Grenzwerte sowie der Verwendung des zulässigen Brennstoffes.

(2) Die Überwachung gemäß Abs. 1 hat durch vom Betreiber aus der in § 34 Abs. 4 angeführten Liste zu wählende Sachverständige zu erfolgen. Die Sachverständigen sind zur Verschwiegenheit über alle ihnen bei der Ausübung ihres Dienstes bekannt gewordenen Geschäfts- und Betriebsgeheimnisse, insbesondere über die gegenüber ihnen als geheim bezeichneten Einrichtungen, Verfahren und Eigentümlichkeiten der Betriebe verpflichtet. Sie haben jedoch der Behörde oder dem Bundesminister für Arbeit und Wirtschaft auf Verlangen über ihre Tätigkeiten und die Erfüllung der für sie geltenden Anforderungen Auskunft zu erteilen.

(3) Die Sachverständigen haben über die Überwachungsergebnisse schriftliche Befunde auszustellen, die insbesondere festgestellte Mängel sowie Vorschläge zu deren Behebung zu enthalten haben. Die Befunde sind dem Betreiber binnen drei Wochen nach erfolgter Überprüfung zu übermitteln. Der Betreiber hat die Befunde im Original mindestens sechs Jahre aufzubewahren. Die Befunde sind der Behörde auf ihr Verlangen jederzeit zur Einsichtnahme vorzuweisen oder in Kopie zu übermitteln. Der Bundesminister für Arbeit und Wirtschaft kann Inhalt, Form und Bereitstellung der Befunde durch Verordnung näher regeln.

(4) Die jährlich aktualisierten validierten Umwelterklärungen von Betreibern eines Umweltmanagementsystems und Umweltbetriebsprüfungssystems gemäß § 34 Abs. 6 sind den schriftlichen Befunden der Sachverständigen gleichgestellt.

(5) Befunde für Anlagen mit einer Brennstoffwärmeleistung von 50 MW oder mehr sind vom Betreiber unverzüglich der Behörde auf elektronischem Wege zu übermitteln. Von der Behörde als ausreichend bewertete Befunde, gegebenenfalls ergänzt mit Meldungen gemäß Abs. 7, können als Berichte über die Vor-Ort-Besichtigung hinsichtlich der Luftreinhaltung entsprechend dem Umweltinspektionsplan gemäß § 39 Abs. 2 herangezogen werden. Die Behörde hat die bewerteten Befunde, gegebenenfalls in zusammengefasster Form, binnen

[7] Durch BGBl I 173/2023 wurden die bisherigen Abs. 1 bis 3 durch die jetzigen Abs. 1 bis 5 ersetzt.

vier Monaten nach der Vor-Ort-Besichtigung auf elektronischem Wege zugänglich zu machen.

(6)[8] Hält die Behörde auf Grund von Beschwerden oder Anbringen von Nachbarn, amtlicher Wahrnehmungen, Bewertung von Befunden oder baulicher oder verfahrenstechnischer Änderungen an der genehmigten Anlage eine zusätzliche Überprüfung für erforderlich, so hat sie diese binnen sechs Monaten durchzuführende Überprüfung dem Betreiber unter Beiziehung eines Sachverständigen in sinngemäßer Anwendung des Abs. 2 aufzutragen oder selbst vorzunehmen.

(7)[9] Ergeben sich bei den Überprüfungen Abweichungen vom konsensgemäßen Zustand der Anlage und kann der konsensgemäße Zustand nicht sofort hergestellt werden, so hat der Sachverständige hierüber unverzüglich die Behörde zu unterrichten.

(7a)[3] Wenn

1. die Emissionen der Anlage die festgesetzten Grenzwerte überschreiten und
   a) das Leben oder die Gesundheit von Menschen oder das Eigentum oder sonstige dingliche Rechte der Nachbarn gefährden oder
   b) zu einer unzumutbaren Belästigung der Nachbarn im Sinne des § 77 Abs. 2 GewO 1994 führen oder
2. die Emissionen der Anlage mit einer Brennstoffwärmeleistung von 50 MW oder mehr die festgesetzten Grenzwerte überschreiten und eine unmittelbare erhebliche Gefährdung der Umwelt darstellen oder
3. die Emissionen der mittelgroßen Anlage die festgesetzten Grenzwerte überschreiten und eine erhebliche Verschlechterung der Luftqualität vor Ort verursachen,

hat die Behörde mit Bescheid unverzüglich anzuordnen, dass der Betrieb der Anlage solange eingeschränkt oder eingestellt wird, bis der vorschriftsmäßige Betrieb wieder möglich ist.

(8) Die Behörde hat die Stilllegung der Anlage mit Bescheid anzuordnen, wenn der Betreiber oder seine gemäß § 9 Verwaltungsstrafgesetz 1991 (VStG), BGBl. Nr. 52, verantwortlichen Personen trotz mehrmaliger jedoch mindestens dreimaliger Bestrafung gemäß § 44 weiterhin gegen die dort angegebenen gesetzlichen Bestimmungen verstoßen.

(9)[1] Die Behörde hat die Einhaltung der Bestimmungen des Abs. 1 zu kontrollieren. Der Betreiber hat der Behörde den Termin der Besichtigung einer Anlage mit einer Brennstoffwärmeleistung von 50 MW oder mehr spätestens vier Wochen im Voraus bekanntzugeben und der Behörde die Teilnahme an der Besichtigung zu ermöglichen. Bei Anlagen mit einer Brennstoffwärmeleistung von 50 MW oder mehr kann die Behörde Vor-Ort-Besichtigungen und nichtroutinemäßige Umweltinspektionen entsprechend dem Umweltinspektionsplan gemäß § 39 Abs. 2 hinsichtlich der Luftreinhaltung selbst vornehmen. Binnen vier Monaten nach der Vor-Ort-Besichtigung sind schriftliche Befunde unter Anwendung der Verordnung gemäß Abs. 3 zu erstellen und auf elektronischem Wege zugänglich zu machen.

(10) Für Anlagen mit einer Brennstoffwärmeleistung von 50 MW oder mehr erfolgt die Festlegung der Überwachung von Emissionen in Wasser und Boden nach den hiefür geltenden Verwaltungsvorschriften.

Anforderungen an Sachverständige

§ 34. (1) Die Sachverständigen haben den sie beauftragenden Betreibern von Anlagen in schriftlicher Form zu bestätigen, dass sie die angeführten Erfordernisse gemäß Abs. 2 bis 4 in Bezug auf die zu überwachende Anlage erfüllen.

(2) Sachverständige sind folgende Personen oder Einrichtungen, welche zusätzlich die Anforderungen der Abs. 3 und 4 erfüllen:

1. Akkreditierte Stellen gemäß dem Akkreditierungsgesetz 2012 (AkkG 2012), BGBl. I Nr. 28, entsprechend dem Umfang ihrer Akkreditierung;
2. Ziviltechniker einschlägiger Befugnis;
3. Technische Büros/Ingenieurbüros des einschlägigen Fachgebietes;
4.[1] Gewerbetreibende für Dampfkesselanlagen, sofern sie zur Ausübung dieser Überprüfungen (§ 33) befugt sind; nur für Anlagen, deren Brennstoffwärmeleistung 10 MW nicht übersteigt;
5. Sachverständige gemäß Abs. 5.

(3) Sachverständige bzw. ihre verantwortlichen Organe erfüllen zusätzliche Anforderungen zur Ausübung der Überwachungstätigkeit, wenn die erforderliche Ausstattung und das notwendige Fachwissen für die jeweiligen Messungen und Untersuchungen vorhanden ist, eine mindestens einjährige Erfahrung im Bereich der jeweiligen Analytik besteht, keine Interessenskonflikte vorliegen, insbesondere kein Abhängigkeitsverhältnis zum Anlagenbetreiber oder -inhaber gegeben ist, nur validierte Messmethoden verwendet werden, ein Qualitätssicherungssystem eingerichtet ist und die Messungen und Überwachungsergebnisse nachvollziehbar dokumentiert werden. Für die Überwachung von Anlagen mit einer Brennstoffwärmeleistung von höchstens 10 MW sind anstelle eines Qualitätssicherungssystems qualitätssichernde Maßnahmen ausreichend. Die Qualitätssicherungssysteme bzw. die qualitätssichernden Maßnahmen haben für die Durchführung der Messungen die Regeln der Technik zu berücksichtigen, die insbesondere aus europäischen Normen (§ 2 Z 3 NormG 2016, BGBl. I Nr. 153/2015) abzuleiten sind; sofern keine geeigneten europäischen Normen zur Verfügung stehen, sind internationale oder rein österreichische Normen (§ 2 Z 2 und Z 1 lit. a NormG 2016) heranzuziehen mit denen sichergestellt werden kann, dass Daten von gleicher wissenschaftlicher Qualität ermittelt werden.[10]

(4)[2] Sachverständige haben dem Bundesminister für Arbeit und Wirtschaft vorab die Erfüllung der Anforderungen gemäß Abs. 2, 3 und gegebenenfalls 5 zu bestätigen und mitzuteilen, ab welchem Zeitpunkt sie für die Überwachungstätigkeit zur Verfügung stehen. Der Bundesminister für Arbeit und Wirtschaft hat eine Liste dieser Sachverständigen zu führen und auf der Website des Bundesministeriums für Arbeit und Wirtschaft zu veröffentlichen. Stellt ein Sachverständiger die Ausübung der Überwachungstätigkeit ein, hat er dies dem Bundesminister für Arbeit und Wirtschaft unverzüglich mitzuteilen.

(5) Die Bestimmungen der Abs. 1 bis 4 gelten auch für Sachverständige eines Mitgliedstaates der Europäischen Union oder eines anderen Staates, der Vertragspartei des EWR-Abkommens, BGBl. Nr. 909/1993, ist. Diese Sachverständigen müssen mit den einschlägigen Bestimmungen dieses Bundesgesetzes vertraut und in ihrem Mitgliedstaat für gleichartige Tätigkeiten staatlich anerkannt sein.

(6) Der Betreiber einer Anlage entspricht seiner Verpflichtung gemäß § 33 Abs. 1 auch dann, wenn

1. er ein Umweltmanagementsystem und Umweltbetriebsprüfungssystem gemäß der Verordnung (EG) Nr. 1221/2009 über die freiwillige Teilnahme von Organisationen an einem Gemeinschaftssystem für Umweltmanagement und Umweltbetriebsprüfung und zur Aufhebung der Verordnung (EG) Nr. 761/2001, sowie der Beschlüsse der

[8] Durch BGBl I 173/2023 entfiel der bisherige Abs. 6, der bisherige Abs. 4 erhielt die Absatzbezeichnung „(6)".

[9] Durch BGBl I 173/2023 entfiel der bisherige Abs. 7, der bisherige Abs. 5 erhielt die Absatzbezeichnung „(7)".

[10] Letzter Satz neu gefasst durch BGBl I 173/2023.

Kommission 2001/681/EG und 2006/193/EG, ABl. Nr. L 342 vom 22.12.2009 S. 1, betreibt,
2. die Unterlagen über die Umweltbetriebsprüfung nicht älter als drei Jahre sind,
3. aus den Unterlagen über die Umweltbetriebsprüfung hervorgeht, dass im Rahmen dieser Prüfung auch die Übereinstimmung der Anlage mit dem Genehmigungsbescheid überprüft wurde und
4. von geeignetem fachlich kompetenten Personal oder Stellen im Sinne des Abs. 3, welche innerhalb des Unternehmens organisatorisch abgegrenzt sein müssen, die Überwachung gemäß § 33 durchgeführt wird.

(7)[1] Nähere Bestimmungen über die Anforderungen an Sachverständige sowie die schriftliche Bestätigung gemäß Abs. 1 und Abs. 4 können vom Bundesminister für Arbeit und Wirtschaft mit Verordnung getroffen werden.

(8)[1] Abweichend von Abs. 1 bis 6 kann der Bundesminister für Arbeit und Wirtschaft im Einvernehmen mit der Bundesministerin für Klimaschutz, Umwelt, Energie, Mobilität, Innovation und Technologie für Anlagen, die Abfälle einsetzen, zur Berücksichtigung abfallspezifischer Aufgaben, durch Verordnung auch andere Sachverständige benennen und gesonderte Anforderungen für diese treffen.

(9) Sachverständige, die gemäß § 14 Abs. 2 Emissionsschutzgesetz für Kesselanlagen (EG-K), BGBl. I Nr. 150/2004, zur Ausübung ihrer Tätigkeit befugt waren, sind berechtigt die Überwachungstätigkeiten gemäß § 33 dieses Bundesgesetzes entsprechend ihrer Befugnis auszuüben.

Emissionsmessungen

§ 35. (1)[2] Die Behörde hat im Genehmigungsbescheid festzulegen, ob und in welchem Umfang Abnahmemessungen sowie wiederkehrende oder kontinuierliche Emissionsmessungen an der Anlage durchzuführen sind. Emissionsmessungen sind ferner durchzuführen, wenn anlässlich einer Überprüfung gemäß § 33 Grund zur Annahme besteht, dass die einzuhaltenden Emissionsgrenzwerte im Betrieb überschritten werden.

(2)[2] Bei Anlagen mit einer Brennstoffwärmeleistung von weniger als 50 MW sind Emissionsmessungen unbeschadet § 6 Abs. 11a Z 1 bis 3 und § 33 gemäß Anlage 3 der FAV 2019 und § 14 Abs. 2 bis 5 FAV 2019 durchzuführen. Bei bestehenden mittelgroßen Anlagen, deren Brennstoffwärmeleistung mehr als 10 MW, aber höchstens 15 MW beträgt, sind kontinuierliche Messungen von Staub und CO gemäß Anlage 3 Teil 1 Z 1.1 der FAV 2019 erst ab dem 1. Jänner 2025 durchzuführen.

(3)[2] Bei mittelgroßen Anlagen, in denen mehrere Brennstoffe verwendet werden, sind die Emissionen während der Verfeuerung des Brennstoffes oder des Brennstoffgemisches, bei dem die höchste Emissionsmenge zu erwarten ist, über einen für normale Betriebsbedingungen repräsentativen Zeitraum zu messen.

(4) [2] Bei Anlagen mit einer Brennstoffwärmeleistung von 50 MW oder mehr sind der Einbau und das Funktionieren der automatisierten Messsysteme im Rahmen der Überwachung (§ 33) zu kontrollieren und es ist jährlich die Emissionsüberwachung sowie die Beurteilung der Einhaltung von Emissionsgrenzwerten gemäß **Anlage 5** durchzuführen. Anforderungen für die Messung von Emissionen in Wasser und Boden richten sich nach den hiefür geltenden Verwaltungsvorschriften (§ 16).

(5)[2] Im Falle der Genehmigung von Vorarbeiten (zB eines Versuchsbetriebes) hat die Behörde im Rahmen der Vorarbeiten Abnahmemessungen aller jener Emissionen, für welche gemäß §§ 23 Abs. 2 und 24 im Genehmigungsbescheid Grenzwerte vorzusehen sind, durchzuführen. Abnahmemessungen können entfallen, wenn der sichere Nachweis der Einhaltung der Grenzwerte anderweitig erfolgen kann.

(6)[2] Der Bundesminister für Arbeit und Wirtschaft kann im Einvernehmen mit der Bundesministerin für Klimaschutz, Umwelt, Energie, Mobilität, Innovation und Technologie durch Verordnung nähere Regelungen zur **Anlage 5**, insbesondere über die anzuwendenden Messverfahren einschließlich deren Kalibrierung und Dokumentation, die Anordnung der Probenahme- und Messstellen, die Validierung der Messwerte sowie die Beurteilung der Einhaltung der Emissionsgrenzwerte festlegen.

(7) Messberichte und Befunde über Emissionsmessungen gemäß Abs. 2 bis 6 dienen im Zusammenhalt mit der Überwachung gemäß § 33 als Nachweis für die Einhaltung der diesbezüglichen Genehmigungsauflagen entsprechend dem Umweltinspektionsplan gemäß § 39 Abs. 2 hinsichtlich der Luftreinhaltung.

5. Hauptstück
Pflichten des Betreibers

Allgemeines

§ 36. (1) Jeder Betreiber einer Anlage hat für ihren ordnungsgemäßen Betrieb und für die Einhaltung der in diesem Bundesgesetz, den hiezu ergangenen Durchführungsverordnungen und im Genehmigungsbescheid festgesetzten Grenzwerte für die Emissionen, für die Einhaltung etwaiger im Genehmigungsbescheid gemachter Auflagen sowie dafür zu sorgen, dass alle Ausrüstungsteile richtig gewartet und hinsichtlich ihrer Funktion laufend kontrolliert werden.

(2) Der Betreiber einer Anlage hat die Überprüfung der Anlage gemäß § 33 Abs. 1, die Emissionsmessungen gemäß § 35 und gegebenenfalls die Besichtigung gemäß § 30 rechtzeitig zu veranlassen. Er hat die Kosten der Überprüfungen, Emissionsmessungen und der Besichtigung zu tragen.

(3) Der Betreiber hat der Behörde oder den hiezu beauftragten Sachverständigen während der Betriebszeit den Zutritt zu der Anlage zu gestatten und Einsicht in alle die Emissionen der Anlage betreffenden Aufzeichnungen zu gewähren, die in einem Anlagenbuch zusammenzufassen sind.

(4)[2] Bei allen Vorfällen oder Unfällen mit erheblichen Umweltauswirkungen hat der Betreiber unverzüglich die erforderlichen Maßnahmen zur Begrenzung der Umweltauswirkungen und zur Vermeidung weiterer möglicher Vorfälle oder Unfälle zu ergreifen. Der Betreiber hat die Behörde sowohl über den Vorfall oder Unfall als auch über die getroffenen Maßnahmen unverzüglich schriftlich zu informieren. Die Behörde hat dem Betreiber erforderlichenfalls binnen angemessener Frist zusätzliche Maßnahmen aufzutragen, die zur Begrenzung der Umweltauswirkungen und zur Vermeidung weiterer möglicher Vorfälle oder Unfälle notwendig sind. Wird den von der Behörde angeordneten Maßnahmen nicht fristgerecht entsprochen, hat die Behörde den Betrieb der Anlage mittels Bescheid solange einzuschränken oder auszusetzen, bis den von der Behörde aufgetragenen Maßnahmen entsprochen wird."

(4a)[3] Bei Nichteinhaltung der Genehmigungsauflagen, insbesondere der Nichteinhaltung der vorgeschriebenen Emissionsgrenzwerte, hat der Betreiber unverzüglich die erforderlichen Maßnahmen zu ergreifen, um sicherzustellen, dass die Einhaltung der Anforderungen so schnell wie möglich wiederhergestellt wird. Die Beurteilung der Nichteinhaltung der Emissionsgrenzwerte bei kontinuierlichen Messungen ist bei Anlagen mit einer Brennstoffwärmeleistung von weniger als 50 MW gemäß Anlage 3 Teil 2 Z 8.2 FAV 2019 und bei Anlagen mit einer Brennstoffwärmeleistung von 50 MW oder mehr gemäß **Anlage 5** Abschnitt 2 durchzuführen. Der Betreiber hat die Behörde sowohl über die Nichteinhaltung als auch über die getroffenen Maßnahmen unverzüglich schriftlich zu informieren. Die Behörde hat dem Betreiber erforderlichenfalls binnen angemessener Frist zusätzliche Maßnahmen aufzutragen, damit die Anforderungen ohne vermeidbare Verzögerung wieder eingehalten werden. Wird den von der Behörde angeordneten Maßnahmen nicht fristgerecht entsprochen, hat die Behörde den Betrieb der Anlage mittels Bescheid solange einzuschränken oder auszusetzen, bis den von der Behörde aufgetragenen Maßnahmen entsprochen wird."

(5) Der Ausfall von Abgasreinigungseinrichtungen, der voraussichtlich innerhalb von 24 Stunden nicht behoben werden kann, ist der Behörde unverzüglich, spätestens innerhalb von 48 Stunden zu melden.

(6) Treten im Betrieb der Anlage Störungen auf, die eine Überschreitung der zulässigen Emissionen verursachen, so hat der Betreiber die Behebung der Störung unverzüglich zu veranlassen. Ist absehbar, dass durch die Störung die festgesetzten Emissionsgrenzwerte länger als 24 Stunden erheblich überschritten werden, so hat der Betreiber unverzüglich den Betrieb der Anlage einzuschränken oder zu unterbrechen oder auf schadstoffärmere Brennstoffe umzustellen. Sofern eine Abgasreinigungsanlage vorhanden ist, darf die gesamte Zeitdauer des Betriebes der Anlage ohne funktionstüchtige Abgasreinigungsanlage innerhalb eines 12-Monate-Zeitraumes höchstens 120 Stunden betragen.

(7) Die Behörde kann auf Antrag abweichend zu Abs. 6 im Einzelfall unter Berücksichtigung der Immissionssituation die Frist von 24 Stunden bzw. 120 Stunden erstrecken, wenn nach Auffassung der Behörde ein vorrangiges Bedürfnis für die Aufrechterhaltung der Energieversorgung gegeben ist, oder die Anlage, in der der Ausfall der Abgasreinigungsanlage aufgetreten ist, für einen begrenzten Zeitraum durch eine andere Anlage ersetzt würde, die einen Gesamtanstieg der Emissionen verursachen würde.

(8)[1] Abweichend von Abs. 6 und 7 kann der Bundesminister für Arbeit und Wirtschaft im Einvernehmen mit der Bundesministerin für Klimaschutz, Umwelt, Energie, Mobilität, Innovation und Technologie für Anlagen, die Abfälle einsetzen, gesonderte Anforderungen durch Verordnung treffen.

(9) Wird eine Anlage endgültig stillgelegt, hat der Betreiber der Behörde die gemäß § 29 ergriffenen oder vorgesehenen Maßnahmen mitzuteilen.

(10)[3] Bei mittelgroßen Anlagen, in denen zur Einhaltung der Emissionsgrenzwerte eine sekundäre Emissionsminderungsvorrichtung verwendet wird, hat der Betreiber Aufzeichnungen hinsichtlich des effektiven kontinuierlichen Betriebes dieser Minderungsvorrichtung zu führen oder Informationen zum diesbezüglichen Nachweis bereitzustellen. Hierbei sind die für die sekundäre Emissionsminderung maßgebenden Größen einer kontinuierlichen Messung mit Datenaufzeichnung zu unterziehen.

(11)[3] Der Betreiber einer mittelgroßen Anlage hat folgende Unterlagen und Informationen zur jederzeitigen Einsichtnahme durch die Behörde aufzubewahren und der Behörde auf Verlangen ohne vermeidbare Verzögerung in Kopie zu übermitteln:

1. Genehmigungsbescheid und Registrierungsnachweis samt zugehöriger Unterlagen;
2. Überwachungsergebnisse gemäß § 33 Abs. 1 und Informationen gemäß Abs. 10;
3. falls die Zulässigkeit einer Emissionsgrenzwert-Überschreitung gemäß § 9 Abs. 1 FAV 2019 (§ 6 Abs. 11a Z 6) an bestimmte Betriebsstunden geknüpft ist, Aufzeichnungen über die Betriebsstunden;
4. Aufzeichnungen über die Art und Menge der in der Anlage verwendeten Brennstoffe und über etwaige Störungen oder Ausfälle der sekundären Emissionsminderungsvorrichtung;
5. Aufzeichnungen über Fälle von Nichteinhaltung der Anforderungen und die diesbezüglich ergriffenen Maßnahmen gemäß Abs. 4a.

Die Unterlagen und Informationen gemäß Z 2 bis 5 sind mindestens sechs Jahre lang aufzubewahren.

(12)[3] Die An- und Abfahrzeiten mittelgroßer Anlagen sind möglichst kurz zu halten.

Lärmmessungen

§ 37. (1)[1] Der Betreiber einer Anlage mit einer Brennstoffwärmeleistung von 50 MW oder mehr, welche in einem Ballungsraum gemäß § 3 Abs. 3 des Bundes-Umgebungslärmschutzgesetzes (Bundes-LärmG), BGBl. I Nr. 60/2005, mit mehr als 250 000 Einwohnern liegt, hat bis längstens vier Wochen nach der rechtskräftigen Genehmigung dieser Anlage oder nach der rechtskräftigen Genehmigung einer wesentlichen Änderung dieser Anlage der Behörde die von dieser Anlage ausgehenden Lärmemissionen (bezogen auf die Lärmquelle und die Anlagengrenze) und deren Quellen zu melden. Die Behörde hat die Meldungen auf Plausibilität zu prüfen und unverzüglich an den Bundesminister für Arbeit und Wirtschaft weiterzuleiten.

(2)[1] Der Betreiber einer Anlage mit einer Brennstoffwärmeleistung von 50 MW oder mehr, welche in einem Ballungsraum gemäß § 3 Abs. 3 Bundes-LärmG mit mehr als 100 000 Einwohnern liegt, hat bis längstens vier Wochen nach der rechtskräftigen Genehmigung dieser Anlage oder nach der rechtskräftigen Genehmigung einer wesentlichen Änderung dieser Anlage der Behörde die von dieser Anlage ausgehenden Lärmemissionen (bezogen auf die Lärmquelle und die Anlagengrenze) und deren Quellen zu melden. Die Behörde hat die Meldungen auf Plausibilität zu prüfen und unverzüglich an den Bundesminister für Arbeit und Wirtschaft weiterzuleiten.

(3) Die von einer Anlage mit einer Brennstoffwärmeleistung von 50 MW oder mehr ausgehenden Lärmemissionen sind als Lden (Tag-Abend-Nacht-Lärmindex) und als Lnight (Nachtlärmindex) im Sinne der Verordnung gemäß § 11 Bundes-LärmG jeweils an der Anlagengrenze anzugeben. Die Angabe des jeweiligen Wertes ist nur für jene Punkte der Anlagengrenze erforderlich, an denen der Lden den Wert von 55 dB, A-bewertet, und bzw. oder der Lnight den Wert von 50 dB, A-bewertet, erreicht bzw. übersteigt; sonst genügt die begründete Angabe, dass der Lden den Wert von 55 dB, A-bewertet, und bzw. oder der Lnight den Wert von 50 dB, A-bewertet, unterschreitet. Es sind auf Verlangen der Behörde die für die Ausbreitungsrechnung erforderlichen weiteren schalltechnischen auf die Anlage bezogenen Angaben (zB Schallleistungspegel, Schalldruckpegel, Emissionspunkte und Angaben über auf dem Anlagengelände befindliche relevante Schallhindernisse) anzugeben.

Emissionserklärung

§ 38. (1)[2] Der Betreiber einer in Betrieb befindlichen Anlage, die mit anderen als den in § 30 Z 1 bis 3 angeführten Brennstoffen betrieben wird, hat der Behörde eine Emissionserklärung über das Emissionsverhalten dieser Anlage auf elektronischem Wege vorzulegen, sofern die Brennstoffwärmeleistung einer solchen Anlage mehr als 2 MW beträgt. Beträgt die Brennstoffwärmeleistung einer solchen Anlage mehr als 2 MW, aber weniger als 10 MW, ist eine derartige Emissionserklärung alle drei Jahre vorzulegen, beträgt die Brennstoffwärmeleistung 10 MW oder mehr, ist die Emissionserklärung jährlich vorzulegen. Betreiber von Anlagen, die mit den in § 30 Z 1 bis 3 angeführten Brennstoffen betrieben werden, haben der Behörde ab einer Brennstoffwärmeleistung von 20 MW oder mehr jährlich eine Emissionserklärung über das Emissionsverhalten dieser Anlage auf elektronischem Wege vorzulegen.

(2)[2] Der Betreiber einer in Betrieb befindlichen Anlage, deren Brennstoffwärmeleistung 20 MW oder mehr beträgt, hat der Behörde jährlich zusätzlich zur Emissionserklärung über das Emissionsverhalten dieser Anlage auch die Ergebnisse der Überwachung gemäß § 33 auf elektronischem Wege vorzulegen. Bei Anlagen gemäß § 9 Abs. 2 und 3 sind die Emissionszeiten gesondert anzugeben. Der Bundesminister für Arbeit und Wirtschaft hat im Einvernehmen mit der Bundesministerin für Klimaschutz, Umwelt, Energie, Mobilität, Innovation und Technologie durch Verordnung Inhalt, Umfang, Form, Abgabeadresse und Zeitpunkt der Abgabe der Emissionserklärung, das bei der Ermittlung der Emissionen einzuhaltende Verfahren sowie Inhalt und Form des Anlagenbuches näher zu regeln.

(3) Die Behörde hat die Daten der Emissionserklärung den mit der Vollziehung bundesgesetzlicher Vorschriften auf dem Gebiet der Luftreinhaltung befassten Behörden auf Verlangen mitzuteilen. Daten, die Rückschlüsse auf Betriebs- oder Geschäftsgeheimnisse ermöglichen, dürfen ohne Zustimmung des Betreibers nicht veröffentlicht werden. Die Bestimmungen des Auskunftspflichtgesetzes, BGBl. Nr. 287/1987, und des UIG werden dadurch nicht berührt.[11]

(4) Die Behörde hat die eingebrachten Emissionserklärungen innerhalb von drei Monaten nach ihrem Einlangen auf Vollständigkeit und Plausibilität zu prüfen.

(5) Die Umweltbundesamt GmbH hat zur Erfüllung ihrer Aufgaben nach § 6 Abs. 2 Umweltkontrollgesetz, BGBl. I Nr. 152/1998, ein Zugriffsrecht auf die eingebrachten Emissionserklärungen.

6. Hauptstück
Anforderungen gemäß anderer Rechtsvorschriften des Bundes

Maßnahmen nach der GewO 1994

§ 39.[12] (1) Für Anlagen, bei deren Betrieb die in der Anlage 5 GewO 1994 genannten gefährlichen Stoffe mindestens in einer

1. in der Anlage 5 Teil 1 Spalte 2 und Teil 2 Spalte 2 GewO 1994 oder
2. in der Anlage 5 Teil 1 Spalte 3 und Teil 2 Spalte 3 GewO 1994

angegebenen Menge vorhanden sind, sind die Bestimmungen der §§ 84a bis 84o GewO 1994 sowie einer gemäß § 84m GewO 1994 erlassenen Verordnung anzuwenden.

(2) Unbeschadet der §§ 33 und 35 sind für Umweltinspektionen gemäß der Industrieemissionsrichtlinie die Bestimmungen der §§ 71b, 81b und 82a GewO 1994 anzuwenden.

Maßnahmen nach dem IG-L

§ 40. Die Behörde hat dem Betreiber einer genehmigten Anlage, die in einem Sanierungsgebiet liegt und von Anordnungen einer Verordnung gemäß § 10 IG-L betroffen ist, erforderlichenfalls mit Bescheid aufzutragen, zur Erfüllung dieser Anordnungen innerhalb einer dem hiefür erforderlichen Zeitaufwand angemessenen Frist ein Sanierungskonzept für die Anlage vorzulegen. Ist dieses zur Erfüllung der Anordnungen geeignet, so hat die Behörde dem Anlagenbetreiber im Bescheid, mit dem die Sanierung, erforderlichenfalls unter Vorschreibung bestimmter Auflagen, genehmigt wird, die Durchführung der genehmigten Sanierung innerhalb der Sanierungsfrist aufzutragen, die sich aus der Verordnung gemäß § 10 IG-L oder aus dem Programm gemäß § 9a IG-L ergibt.

Abfallverbrennung

§ 41.[1] (1) Die §§ 9 und 10 gelten nicht für Anlagen, die Abfälle gemäß den Bestimmungen des AWG 2002 verbrennen oder mitverbrennen. Davon ausgenommen sind Anlagen, in denen ausschließlich Abfälle gemäß § 3 Z 9 lit. b verbrannt oder mitverbrannt werden.

(2) Verordnungen oder Verordnungsbestimmungen, die speziell auf Anlagen, in denen Abfall verbrannt oder mitverbrannt wird, Bezug nehmen, gelten vorrangig vor Verordnungen oder Verordnungsbestimmungen, die generell auf Anlagen anzuwenden sind.

7. Hauptstück
Anpassung an die besten verfügbaren Techniken

Überprüfung der Genehmigungsauflagen

§ 42. (1) Anlagen mit einer Brennstoffwärmeleistung von 50 MW oder mehr sind nach Veröffentlichung neuer Beschlüsse über BVT-Schlussfolgerungen gemäß § 5 Abs. 1 durch die Behörde einer Überprüfung und gegebenenfalls einer Aktualisierung ihrer Genehmigungsauflagen im Sinne der Bestimmungen des § 43 zu unterziehen.

(2) Der Betreiber hat der Behörde auf Anfrage alle für die Überprüfung der Genehmigungsauflagen erforderlichen Informationen, insbesondere Ergebnisse der Emissionsüberwachung und sonstige Daten, die ihr einen Vergleich des Betriebs der Anlage mit den besten verfügbaren Techniken gemäß der Beschreibung in den geltenden BVT-Schlussfolgerungen und mit den besten verfügbaren Techniken assoziierten Emissionswerten ermöglichen, zu übermitteln.

(3) Die Behörde hat für die Überprüfung der Genehmigungsauflagen die im Zuge der Überwachung (§ 33) und mit der Emissionserklärung (§ 38) erlangten Informationen heranzuziehen.

Aktualisierung der Genehmigungsauflagen

§ 43. (1) Anlagen mit einer Brennstoffwärmeleistung von 50 MW oder mehr haben innerhalb von vier Jahren nach Veröffentlichung neuer Beschlüsse über BVT-Schlussfolgerungen gemäß § 5 Abs. 1 zur Haupttätigkeit der Anlage den damit definierten zutreffenden besten verfügbaren Techniken zu entsprechen.

(2) Der Betreiber einer Anlage hat bei einer Änderung der seine Anlage betreffenden besten verfügbaren Techniken innerhalb eines Jahres zu prüfen und der Behörde

1. zu berichten und darzulegen, dass seine Anlage den neuen BVT-Schlussfolgerungen bereits entspricht, oder
2. noch zu treffende Anpassungsmaßnahmen vorzulegen.

Unter den Voraussetzungen des § 10 Abs. 2 kann der Betreiber von den BVT-Schlussfolgerungen abweichende Anpassungsmaßnahmen oder eine längere Anpassungsfrist beantragen.

(3) Die Behörde hat für die vom Betreiber vorgesehenen oder durchgeführten Maßnahmen sicherzustellen, dass

1. alle Genehmigungsauflagen für die betreffende Anlage überprüft und erforderlichenfalls auf den neuesten Stand gebracht werden, um insbesondere die Einhaltung des § 10 zu gewährleisten;
2. die betreffende Anlage diese Genehmigungsauflagen einhält.

[11] Letzter Satz neu gefasst durch BGBl I 173/2023.

[12] Neu gefasst durch BGBl I 81/2015.

(4) Bei der Überprüfung gemäß Abs. 3 ist allen für die betreffende Anlage geltenden und seit der Ausstellung oder letzten Überprüfung der Genehmigung neuen oder aktualisierten BVT-Schlussfolgerungen Rechnung zu tragen.

(5) Die Behörde hat innerhalb von sechs Monaten nach Einlangen der Mitteilung des Betreibers gemäß Abs. 2 in Ergänzung der Genehmigungsauflagen von Amts wegen entweder mit Bescheid festzustellen, dass die Anlage den neuen BVT-Schlussfolgerungen entspricht, oder aber die den neuen BVT-Schlussfolgerungen entsprechenden Maßnahmen mit Bescheid anzuordnen.

(6) Wird eine Anlage von keinen BVT-Schlussfolgerungen erfasst, so sind die Genehmigungsauflagen zu überprüfen und erforderlichenfalls zu aktualisieren, wenn Entwicklungen bei den besten verfügbaren Techniken eine erhebliche Verminderung der Emissionen ermöglichen.

(7) Die Genehmigungsauflagen sind zumindest in folgenden Fällen zu überprüfen und erforderlichenfalls zu aktualisieren:

1. Die durch die Anlage verursachte Umweltverschmutzung ist so stark, dass die in der Genehmigung festgelegten Emissionsgrenzwerte überprüft oder in der Genehmigung neue Emissionsgrenzwerte vorgesehen werden müssen;
2. die Betriebssicherheit erfordert die Anwendung anderer Techniken;
3.[1] es erfolgte die Umsetzung einer neuen oder überarbeiteten Umweltqualitätsnorm.

8. Hauptstück
Strafbestimmungen und Vollziehung

Strafbestimmungen

§ 44. (1) Einer Verwaltungsübertretung macht sich schuldig und ist, sofern die Handlung oder Unterlassung nicht nach anderen Vorschriften mit strengerer Strafe bedroht ist, von der Bezirksverwaltungsbehörde mit Geldstrafe

1.[1] bis zu 1 000 Euro zu bestrafen, wer den in § 9 Abs. 2 bis 4, § 31 Abs. 1, § 33 Abs. 9, § 36 Abs. 1 bis 6 sowie 9 bis 11, § 37 Abs. 1 und 2 oder § 38 Abs. 1 und 2 festgelegten Pflichten nicht nachkommt; eine Verletzung der Bestimmung des § 36 Abs. 6 ist bei Anlagen mit geringeren als den im § 33 Abs. 1 angeführten Brennstoffwärmeleistungen nicht strafbar;
2. bis zu 4 000 Euro zu bestrafen, wer
   a) ein Sanierungskonzept gemäß § 40, oder
   b) einen Bericht gemäß § 29 Abs. 2 und 3, oder
   c) Informationen gemäß § 42 Abs. 2, oder
   d) Berichte oder Darstellungen von Anpassungsmaßnahmen gemäß § 43 Abs. 2, oder
   e)[1] als Sachverständiger Befunde an die Behörde gemäß § 30 oder § 33 Abs. 7, oder
   f)[1] als Betreiber Befunde an die Behörde gemäß § 33 Abs. 5 nicht oder nicht fristgerecht vorlegt, oder
   g)[3] als Betreiber die Registrierung gemäß § 12 Abs. 2 bis 4 nicht vornimmt;
3. bis zu 8 000 Euro zu bestrafen, wer
   a) die für die Anlage festgelegten Emissionsgrenzwerte gemäß § 6 Abs. 13, § 9, § 23 Abs. 2 Z 3, § 24 Z 1, § 25 Abs. 2, § 26 Abs. 1, § 27 Abs. 1, § 31 Abs. 1 nicht einhält, oder
   b) seine Anlage nicht gemäß § 33 Abs. 1 oder § 35 Abs. 4 überwachen lässt, oder
   c)[1] Gebote oder Verbote der gemäß § 4 Abs. 4 oder § 6 Abs. 10 erlassenen Verordnungen oder die gemäß den Bestimmungen der § 6 Abs. 11, § 23 Abs. 2 Z 1, 2, 4 bis 11, § 24 Z 2 bis 14, § 25 Abs. 2, § 26 Abs. 1, § 27 Abs. 1 oder § 36 Abs. 7 in Bescheiden vorgeschriebenen Auflagen nicht einhält, oder
   d)[1] eine Überwachungstätigkeit entgegen den Bestimmungen des § 33 Abs. 2, 3 oder 7, oder des § 34 Abs. 1 bis 6 ausübt, oder
   e) Anlagen nicht entsprechend den Anforderungen des § 4 Abs. 1 bis 3 errichtet, ausrüstet oder betreibt, oder
   f) Anlagen gemäß § 30 vor ihrer Inbetriebnahme nicht durch einen Sachverständigen besichtigen lässt, oder
   g) andere als die oben genannten Gebote oder Verbote dieses Bundesgesetzes oder der auf seiner Grundlage erlassenen Verordnungen oder Bescheide missachtet; wenn hierdurch jedoch keine höhere Beeinträchtigung der Nachbarn durch Emissionen eintritt, als dies bei Einhaltung der Gebote oder Verbote der Fall wäre, beträgt die Höchststrafe 800 Euro;
4. bis zu 40 000 Euro zu bestrafen, wer
   a)[1] eine genehmigungspflichtige Anlage ohne die erforderliche Genehmigung gemäß § 12 Abs. 1, § 25 Abs. 2 bis 4 oder § 26 Abs. 1 errichtet, wesentlich ändert oder betreibt, oder
   b) Maßnahmen gemäß § 29 Abs. 4 bis 6 nicht durchführt, oder
   c) eine genehmigungspflichtige Anlage ohne Anzeige gemäß § 31 ändert oder betreibt, oder
   d) einen gemäß § 40 erteilten Auftrag nicht oder nicht fristgerecht befolgt, oder
   e) eine Anlage nicht entsprechend den Anforderungen des § 43 anpasst.

(2) Auf Verstöße gegen die Bestimmungen des § 39 Abs. 1 findet § 367 Z 25, 55, 56 und 57 GewO 1994 Anwendung, sofern die Tat nicht nach einer anderen Bestimmung mit strengerer Strafe bedroht ist.

(3)[3] Bezieht sich eine Verwaltungsübertretung auf eine Bergbauanlage, sind die in Abs. 1 genannten Geldstrafen von der gemäß §§ 170 und 171 des Mineralrohstoffgesetzes (MinroG), BGBl. I Nr. 38/1999, in der jeweils geltenden Fassung, zuständigen Behörde zu verhängen.

Behörden

§ 45. (1) Behörde erster Instanz im Sinne dieses Bundesgesetzes ist die Bezirksverwaltungsbehörde. Bei Anlagen, die gewerbe-, berg- oder abfallrechtlichen Bestimmungen unterliegen, ist Behörde im Sinne dieses Bundesgesetzes die nach diesen Bestimmungen jeweils zuständige Behörde.

(2)[13] Gegen die Entscheidungen der Bezirksverwaltungsbehörde nach diesem Bundesgesetz kann Beschwerde an das Verwaltungsgericht des Landes erhoben werden.

Vollziehung

§ 46. Mit der Vollziehung dieses Bundesgesetzes ist

1.[1] hinsichtlich der §§ 4 Abs. 4, 6 Abs. 10, 10 Abs. 6, 25 Abs. 5, 34 Abs. 8, 35 Abs. 6, 36 Abs. 8 und 38 Abs. 2 der Bundesminister für Arbeit und Wirtschaft im Einvernehmen mit der Bundesministerin für Klimaschutz, Umwelt, Energie, Mobilität, Innovation und Technologie,
2.[2] hinsichtlich der §§ 32, 44 und 45 der Bundesminister für Arbeit und Wirtschaft bzw. die Bundesministerin für Klimaschutz, Umwelt, Energie, Mobilität, Innovation und Technologie bzw. der Bundesminister für Land- und Forstwirtschaft, Regionen und Wasserwirtschaft, jeweils innerhalb ihres Wirkungsbereiches,

---

[13] Eingefügt durch BGBl I 81/2015.

3.[1] im Übrigen der Bundesminister für Arbeit und Wirtschaft betraut.

9. Hauptstück
Schlussbestimmungen

Inkrafttreten

§ 47. (1) Dieses Bundesgesetz tritt mit dem der Kundmachung folgenden Tag in Kraft.

(2)[14] Die §§ 39 Abs. 1 und 53 Z 3 in der Fassung des Bundesgesetzes BGBl. I Nr. 81/2015 treten mit dem der Kundmachung folgenden Tag, frühestens jedoch mit 1. Juni 2015 in Kraft.

(3)[14] Die §§ 39 Abs. 2 und 45 Abs. 2 in der Fassung des Bundesgesetzes BGBl. I Nr. 81/2015 treten mit dem der Kundmachung folgenden Tag in Kraft.

(4)[3] Der Titel, das Inhaltsverzeichnis, § 1 Abs. 1 Z 4 und Abs. 2, § 2, § 3 Z 1, 3, 6a, 6b und 8a, § 4 Abs. 4, § 5 Abs. 1 und 4, § 6 Abs. 2, 7, 10, 11, 11a und 13, § 7 Abs. 1 bis 3, § 8, § 10 Abs. 3 und 6, § 11 Abs. 3, §§ 12 bis 15 sowie 17, § 19 Abs. 1 und Abs. 2 Z 1, § 21, § 22 Abs. 1, § 23 Abs. 2 Z 10, § 24, § 25 Abs. 5, § 26 Abs. 1, § 27 Abs. 2, § 29 Abs. 2, 5 und 6, §§ 30 und 32, § 33 Abs. 1 bis 7a und 9, § 34 Abs. 2 Z 4 sowie Abs. 3, 4, 7 und 8, § 35 Abs. 1 bis 6, § 36 Abs. 4, 4a, 8 und 10 bis 12, § 37 Abs. 1 und 2, § 38 Abs. 1 bis 3, § 41 Abs. 1, § 43 Abs. 7 Z 3, § 44 Abs. 1 und 3, § 46 Z 1 bis 3, § 47 Abs. 4 und 5, § 48 Abs. 7, § 49 Abs. 3, § 53 Z 4 bis 6, **Anlage 1** „Luft“ Z 13 bis 15, **Anlage 3** Abschnitt 1 Z 1 bis 5 und 7 bis 10 und Abschnitt 2 Z 1 bis 5 und 7 bis 10, **Anlage 4** und **Anlage 5** in der Fassung des Bundesgesetzes BGBl. I Nr. 173/2023 treten mit dem der Kundmachung folgenden Tag in Kraft. Gleichzeitig treten § 5 Abs. 2 und § 49 Abs. 2 außer Kraft.

(5)[3] § 6 Abs. 11 und 11a sind für bestehende mittelgroße Anlagen
1. mit einer Brennstoffwärmeleistung von mehr als 5 MW ab 1. Jänner 2025,
2. mit einer Brennstoffwärmeleistung von höchstens 5 MW ab 1. Jänner 2030

in der Fassung des Bundesgesetzes BGBl. I Nr. 173/2023 anzuwenden. Bis zu diesem Zeitpunkt sind die Bestimmungen des § 6 Abs. 11 in der Fassung des Bundesgesetzes BGBl. I Nr. 81/2015 weiter anzuwenden.

Außerkrafttreten

§ 48. (1) Das Emissionsschutzgesetz für Kesselanlagen (EG-K), BGBl. I Nr. 150/2004, zuletzt geändert durch BGBl. II Nr. 153/2011, tritt – unbeschadet Abs. 5 – am Tag der Kundmachung dieses Gesetzes außer Kraft.

(2) Das Luftreinhaltegesetz für Kesselanlagen (LRG-K), BGBl. Nr. 380/1988, zuletzt geändert durch BGBl. I Nr. 150/2004, tritt mit Ablauf des 31. Dezember 2013 außer Kraft.

(3) Die Luftreinhalteverordnung für Kesselanlagen 1989 (LRV-K), BGBl. Nr. 19/1989, zuletzt geändert durch BGBl. II Nr. 153/2011, tritt – unbeschadet Abs. 6 – am Tag der Kundmachung dieses Gesetzes außer Kraft.

(4) Die Verordnung über besondere Genehmigungsvorschriften für Anlagen mit einer elektrischen Nennleistung von 300 MW oder mehr, BGBl. II Nr. 231/2011, tritt am Tag der Kundmachung dieses Gesetzes außer Kraft.

(5) Hinsichtlich Anlagen mit einer Brennstoffwärmeleistung von 50 MW oder mehr für die vor dem 7. Jänner 2013 eine Genehmigung erteilt oder für die von deren Betreibern vor diesem Zeitpunkt ein vollständiger Genehmigungsantrag gestellt wurde und die spätestens am 7. Jänner 2014 in Betrieb genommen werden, sind die Bestimmungen des EG-K, BGBl. I Nr. 150/2004, bis zum 7. Jänner 2014 anzuwenden; § 24 Abs. 4, 5 und 7 ist darüber hinaus bis 31. Dezember 2015 anzuwenden.

(6) Hinsichtlich der Bestimmungen des Abschnittes V (Emissionsbegrenzung) und der Bestimmungen des Abschnittes VI (Schornsteinhöhen) ist die LRV-K für Anlagen mit einer Brennstoffwärmeleistung von weniger als 50 MW bis zum 31. Dezember 2015 anzuwenden.

(7)[3] Die gemäß § 49 Abs. 2 in der Fassung vor der Novelle BGBl. I Nr. 173/2023 als Bundesgesetz geltende Verordnung über die Messung der von Dampfkesselanlagen und Gasturbinen ausgehenden Emissionen in die Luft (Emissionsmessverordnung-Luft – EMV-L), BGBl. II Nr. 153/2011, tritt mit Ablauf des Tages der Kundmachung des Bundesgesetzes BGBl. I Nr. 173/2023 außer Kraft.

Weitergeltungen

§ 49. (1) Die Abfallverbrennungsverordnung (AVV), BGBl. II Nr. 389/2002, zuletzt geändert durch BGBl. II Nr. 476/2010, gilt soweit sie aufgrund von Bestimmungen des EG-K, BGBl. I Nr. 150/2004, erlassen wurde bis zum Inkrafttreten einer sie ersetzenden Verordnung gemäß §§ 4 Abs. 4, 6 Abs. 10, 10 Abs. 6, 25 Abs. 5, 34 Abs. 7 und 8, 35 Abs. 6, 36 Abs. 8 und 38 Abs. 2 als Bundesgesetz weiter.

(2)[15] Die Emissionserklärungsverordnung (EEV), BGBl. II Nr. 292/2007, gilt bis zum Inkrafttreten einer sie ersetzenden Verordnung gemäß §§ 33 Abs. 3, 34 Abs. 7, 35 Abs. 6 und 38 Abs. 2 als Bundesgesetz weiter.

Bestehende Genehmigungen

§ 50. (1) Die zum Zeitpunkt des Inkrafttretens dieses Gesetzes bestehenden Genehmigungen bleiben bis zum Ablauf ihrer Geltungsdauer unbeschadet der auf Grund der §§ 4 Abs. 4, 6 Abs. 10, 10 Abs. 6 und 35 Abs. 6 ergehenden Verordnungen und der §§ 9, 40 und 43 aufrecht.

(2) Zum Zeitpunkt des Inkrafttretens dieses Bundesgesetzes noch nicht abgeschlossene Verfahren sind nach den Bestimmungen dieses Bundesgesetzes fortzuführen.

Verweisungen

§ 51. (1) Soweit in diesem Bundesgesetz auf Bestimmungen anderer Bundesgesetze verwiesen wird, sind diese in ihrer jeweils geltenden Fassung anzuwenden.

(2) Soweit in anderen Bundesgesetzen und Verordnungen auf Bestimmungen des EG-K verwiesen wird, treten an deren Stelle die entsprechenden Bestimmungen dieses Bundesgesetzes.

Sprachliche Gleichbehandlung

§ 52. Die in diesem Gesetz verwendeten geschlechtsspezifischen Begriffe und Bezeichnungen schließen jeweils die männliche und weibliche Form gleichermaßen ein.

Umsetzung von Rechtsakten der Europäischen Union

§ 53. Durch dieses Bundesgesetz werden folgende Rechtsakte der Europäischen Union umgesetzt:
1. Richtlinie 2010/75/EU über Industrieemissionen (integrierte Vermeidung und Verminderung der Umweltverschmutzung), ABl. Nr. L 334 vom 17.12.2010 S. 17, in

[14] Eingefügt durch BGBl I 81/2015.

[15] Neu bezeichnet und geändert durch BGBl I 173/2023.

der Fassung der Berichtigung ABl. Nr. L 158 vom 19.06.2012 S. 25;

2. Richtlinie 2002/49/EG über die Bewertung und Bekämpfung von Umgebungslärm – Erklärung der Kommission im Vermittlungsausschuss zur Richtlinie über die Bewertung und Bekämpfung von Umgebungslärm, ABl. Nr. L 189 vom 18.07.2002 S. 12, zuletzt geändert durch die Verordnung (EG) Nr. 1137/2008, ABl. Nr. L 311 vom 21.11.2008 S. 1;

3.[16] Richtlinie 2012/18/EU zur Beherrschung der Gefahren schwerer Unfälle mit gefährlichen Stoffen, zur Änderung und anschließenden Aufhebung der Richtlinie 96/82/EG, ABl. Nr. L 197 vom 24.07.2012 S. 1;

4.[2] Richtlinie 2016/802/EU über eine Verringerung des Schwefelgehalts bestimmter flüssiger Kraft- oder Brennstoffe, ABl. Nr. L 132 vom 21.05.2016 S. 58;

5. Richtlinie 2009/31/EG über die geologische Speicherung von Kohlendioxid und zur Änderung der Richtlinie 85/337/EWG sowie der Richtlinien 2000/60/EG, 2001/80/EG, 2004/35/EG, 2006/12/EG und 2008/1/EG sowie der Verordnung (EG) Nr. 1013/2006, ABl. Nr. L 140 vom 05.06.2009 S. 114, in der Fassung der Richtlinie 2011/92/EU, ABl. Nr. L 26 vom 28.01.2012 S. 1 und

6.[3] Richtlinie 2015/2193/EU zur Begrenzung der Emissionen bestimmter Schadstoffe aus mittelgroßen Feuerungsanlagen in die Luft, ABl. Nr. L 313 vom 28.11.2015 S. 1.

[16] Neu gefasst durch BGBl I 81/2015.

Anlage 1
Schadstoffliste

Luft

1. Schwefeloxide und sonstige Schwefelverbindungen;
2. Stickstoffoxide und sonstige Stickstoffverbindungen;
3. Kohlenmonoxid;
4. Flüchtige organische Verbindungen;
5. Metalle und Metallverbindungen;
6. Staub, einschließlich Feinpartikel;
7. Asbest (Schwebeteilchen und Fasern);
8. Chlor und Chlorverbindungen;
9. Fluor und Fluorverbindungen;
10. Arsen und Arsenverbindungen;
11. Zyanide;
12. Stoffe und Gemische mit nachgewiesenermaßen karzinogenen, mutagenen oder sich möglicherweise auf die Fortpflanzung auswirkenden Eigenschaften, die sich über die Luft auswirken;
13. Polychlordibenzodioxine und Polychlordibenzofurane.

Wasser

1. Halogenorganische Verbindungen und Stoffe, die im wässrigen Milieu halogenorganische Verbindungen bilden;
2. Phosphororganische Verbindungen;
3. Zinnorganische Verbindungen;
4. Stoffe und Gemische mit nachgewiesenermaßen in wässrigem Milieu oder über wässriges Milieu übertragbaren karzinogenen, mutagenen oder sich möglicherweise auf die Fortpflanzung auswirkenden Eigenschaften;
5. Persistente Kohlenwasserstoffe sowie beständige und bioakkumulierbare organische Giftstoffe;
6. Zyanide;
7. Metalle und Metallverbindungen;
8. Arsen und Arsenverbindungen;
9. Biozide und Pflanzenschutzmittel;
10. Schwebestoffe;
11. Stoffe, die zur Eutrophierung beitragen (insbesondere Nitrate und Phosphate);
12. Stoffe, die sich ungünstig auf den Sauerstoffgehalt auswirken (und sich mittels Parametern wie BSB und CSB usw. messen lassen);
13. Stoffe, die in Anhang E, Abschnitt II des WRG 1959 angeführt sind;
14.[3] unverbrannte gasförmige organische Verbindungen (OGC);
15.[3] Ammoniak (NH_3).

Anlage 2
Kriterien für die Ermittlung des Standes der Technik

Bei der Bestimmung des Standes der Technik sind unter Berücksichtigung der Verhältnismäßigkeit zwischen Aufwand und Nutzen möglicher Maßnahmen sowie des Grundsatzes der Vorsorge und der Vorbeugung, jeweils bezogen auf Anlagen einer bestimmten Art, insbesondere folgende Kriterien zu berücksichtigen:

1. Einsatz abfallarmer Technologie;
2. Einsatz weniger gefährlicher Stoffe;
3. Förderung der Rückgewinnung und Wiederverwertung der bei den einzelnen Verfahren erzeugten und verwendeten Stoffe und gegebenenfalls der Abfälle;
4. Vergleichbare Verfahren, Vorrichtungen und Betriebsmethoden, die mit Erfolg im industriellen Maßstab erprobt wurden;
5. Fortschritte in der Technologie und in den wissenschaftlichen Erkenntnissen;
6. Art, Auswirkungen und Menge der jeweiligen Emissionen;
7. Zeitpunkte der Inbetriebnahme der neuen, der Altanlagen oder der bestehenden Anlagen;
8. Für die Einführung einer besseren verfügbaren Technik erforderliche Zeit;
9. Verbrauch an Rohstoffen und Art der bei den einzelnen Verfahren verwendeten Rohstoffe (einschließlich Wasser) sowie Energieeffizienz;
10. Die Notwendigkeit, die Gesamtwirkung der Emissionen und die Gefahren für die Umwelt so weit wie möglich zu vermeiden oder zu verringern;
11. Die Notwendigkeit, Unfällen vorzubeugen und deren Folgen für die Umwelt zu verringern;
12. Von internationalen Organisationen veröffentlichte Informationen;
13. Informationen, die in BVT-Merkblättern enthalten sind.

Anlage 3

Emissionsgrenzwerte für Anlagen mit einer Brennstoffwärmeleistung von 50 MW oder mehr

Abschnitt 1
Emissionsgrenzwerte für Altanlagen und bestehende Anlagen

1. Referenzbedingungen:
   a) Alle Emissionsgrenzwerte sind bei einer Temperatur von 273,15 K, einem Druck von 101,3 kPa, nach Abzug des Wasserdampfgehalts des Abgases bei einem Bezugssauerstoffgehalt von
      aa) 6 % für feste Brennstoffe,
      bb)[1] 3 % für Anlagen für flüssige und gasförmige Brennstoffe mit Ausnahme von Gasturbinen und Motoren,
      cc) [1] 15 % für Gasturbinen und Motoren sowie
      dd) 0 % für Ammoniak (NH_3)-Emissionen von Einrichtungen zur Minderung von Stickstoffoxid (NO_x)-Emissionen
      zu berechnen.
   b) Im Falle von kombinierten Gas- und Dampfturbinen-Anlagen (GuD) mit Zusatzfeuerung kann der Bezugssauerstoffgehalt von der Behörde unter Berücksichtigung der besonderen Merkmale der betreffenden Anlage festgelegt werden.

2.[1] Schwefeldioxid (SO_2)-Emissionsgrenzwerte (in mg/Nm^3) für mit festen oder flüssigen Brennstoffen betriebene Anlagen mit Ausnahme von Gasturbinen und Motoren:
   a) Bestehende Anlagen

Brennstoffwärmeleistung (MW)	Steinkohle und Braunkohle sowie andere feste Brennstoffe	Biomasse	Flüssige Brennstoffe
50-100	200 400 bei Braunkohlestaubfeuerungen	200	350
100-300	200	200	250
> 300	200	200	200

   b) Altanlagen

Brennstoffwärmeleistung (MW)	Steinkohle und Braunkohle sowie andere feste Brennstoffe	Biomasse	Flüssige Brennstoffe
50-100	400	200	350
100-150	250	200	250
150-300	200	200	250
> 300	200	200	200

3.[1] Schwefeldioxid (SO_2)-Emissionsgrenzwerte (in mg/Nm^3) für mit gasförmigen Brennstoffen betriebene bestehende Anlagen und Altanlagen mit Ausnahme von Gasturbinen und Motoren:

Im Allgemeinen	35
Flüssiggas	5
Koksofengase mit niedrigem Heizwert	400
Hochofengase mit niedrigem Heizwert	200

4.[1] Stickstoffoxid (NO_x)-Emissionsgrenzwerte (in mg/Nm^3) für mit festen oder flüssigen Brennstoffen betriebene Anlagen mit Ausnahme von Gasturbinen und Motoren:
   a) Bestehende Anlagen

Brennstoffwärme leistung (MW)	Steinkohle und Braunkohle sowie andere feste Brennstoffe	Biomasse	Flüssige Brennstoffe		
			Allgemein	Heizöl schwer, mittel, leicht	Heizöl extra-leicht
50-100	200	300	250	100	1501)
100-300	200	250	200	100	1501)
> 300	200	200	150	100	150
Anmerkung: 1)Dieser Grenzwert bezieht sich auf einen Gehalt an organisch gebundenem Stickstoff von 140 mg/kg Heizöl EL. Bei höheren Stickstoffgehalten ist der Grenzwert um je 0,2 mg/Nm^3 pro 1 mg Stickstoff im Heizöl EL zu erhöhen.					

   b) Altanlagen

Brennstoffwärmeleistung (MW)	Steinkohle und Braunkohle sowie andere feste Brennstoffe	Biomasse	Flüssige Brennstoffe
50-100	300 450 bei Braunkohlestaubfeuerungen	300	250
100-300	200	250	200
> 300	200	200	150

5.[1] Kohlenmonoxid (CO)-Emissionsgrenzwerte (in mg/Nm^3) für mit festen oder flüssigen Brennstoffen betriebene bestehende Anlagen und Altanlagen mit Ausnahme von Gasturbinen und Motoren:

a) Bestehende Anlagen

feste Brennstoffe (ausgenommen Biomasse)	150
flüssige Brennstoffe	80

b) Altanlagen

feste Brennstoffe (ausgenommen Biomasse)	250
flüssige Brennstoffe	175

6. a) Für Gasturbinen – einschließlich Gas- und Dampfturbinen-Anlagen (GuD) –, die Leicht- und Mitteldestillate als flüssigen Brennstoff verwenden, gilt ein NO_x-Emissionsgrenzwert von 90 mg/Nm^3 und ein CO-Emissionsgrenzwert von 100 mg/Nm^3.

   b) Gasturbinen für den Notbetrieb, die weniger als 500 Betriebsstunden jährlich in Betrieb sind, fallen nicht unter die in dieser Ziffer festgelegten Emissionsgrenzwerte. Der Betreiber solcher Anlagen hat die geleisteten Betriebsstunden zu registrieren.

7. Stickstoffoxid (NO_x)- und Kohlenmonoxid (CO)-Emissionsgrenzwerte (in mg/Nm^3) für mit Gas betriebene Anlagen:

a)[1] Bestehende Anlagen

	NO_x	CO
Mit Erdgas betriebene Anlagen mit Ausnahme von Gasturbinen und Motoren	100	100
Mit Hochofengas, Koksofengas oder aus Raffinerierückständen erzeugtem Gas mit niedrigem Heizwert betriebene Anlagen mit Ausnahme von Gasturbinen und Motoren	200	---
Mit sonstigen Gasen betriebene Anlagen mit Ausnahme von Gasturbinen und Motoren	200	---
Mit Erdgas [1)] betriebene Gasturbinen (einschließlich GuD)		
50 – 200 MW Brennstoffwärmeleistung	50 [2) 3)]	100
> 200 MW Brennstoffwärmeleistung	35 [2) 4)]	100
Anders als mit Erdgas betriebene Gasturbinen (einschließlich GuD)	120	---
Motoren	100	100

Anmerkungen:

1) Erdgas im Sinne dieser Bestimmung ist natürlich vorkommendes Methangas mit nicht mehr als 20 Volumen-% Inertgasen und sonstigen Bestandteilen.

2) 75 mg/Nm^3 in folgenden Fällen, in denen der Wirkungsgrad der Gasturbine unter ISO-Grundlastbedingungen bestimmt wird:

   a) Gasturbinen in Anlagen mit Kraft-Wärme-Kopplung mit einem Gesamtwirkungsgrad von über 75 %;

   b) Gasturbinen in Kombinationskraftwerken, deren elektrischer Gesamtwirkungsgrad im Jahresdurchschnitt über 55 % liegt;

   c) Gasturbinen für mechanische Antriebszwecke.

3) Für einstufige Gasturbinen, die keiner der unter Anmerkung 2 genannten Kategorien zuzurechnen sind und deren Wirkungsgrad unter ISO-Grundlastbedingungen mehr als 35 % beträgt, gilt ein NO_x-Emissionsgrenzwert von $50x\eta/35$, wobei η der in Prozent ausgedrückte Wirkungsgrad der Gasturbine unter ISO-Grundlastbedingungen ist.

4) Für einstufige Gasturbinen, deren Wirkungsgrad unter ISO-Grundlastbedingungen mehr als 35 % beträgt, gilt für mit Erdgas betriebene Gasturbinen ein NO_x-Emissionsgrenzwert von $35x\eta/35$, wobei η der in Prozent ausgedrückte Wirkungsgrad der Gasturbine unter ISO-Grundlastbedingungen ist.

aa) Für Gasturbinen (einschließlich GuD) gelten die in der Tabelle angeführten NO_x- und CO-Emissionsgrenzwerte nur bei einer Last von über 70 %

bb)[1] Gasturbinen und Motoren für den Notbetrieb, die weniger als 500 Betriebsstunden jährlich in Betrieb sind, fallen nicht unter die in der Tabelle angeführten Emissionsgrenzwerte. Der Betreiber solcher Anlagen hat die geleisteten Betriebsstunden zu registrieren.

b)[1] Altanlagen

	NO_x	CO
Mit Erdgas betriebene Anlagen mit Ausnahme von Gasturbinen und Motoren	100	100
Mit Hochofengas, Koksofengas oder aus Raffinerierückständen erzeugtem Gas mit niedrigem Heizwert betriebene Anlagen mit Ausnahme von Gasturbinen und Motoren		---
50 – 500 MW Brennstoffwärmeleistung	300	
> 500 MW Brennstoffwärmeleistung	200	---
Mit sonstigen Gasen betriebene Anlagen mit Ausnahme von Gasturbinen und Motoren		
50 – 500 MW Brennstoffwärmeleistung	300	---
> 500 MW Brennstoffwärmeleistung	200	---
Mit Erdgas betriebene [1)] Gasturbinen (einschließlich GuD)	50 [2) 3)]	100
Anders als mit Erdgas betriebene Gasturbinen (einschließlich GuD)	120	---

Motoren	100	100

Anmerkungen:

1) Erdgas im Sinne dieser Bestimmung ist natürlich vorkommendes Methangas mit nicht mehr als 20 Volumen-% Inertgasen und sonstigen Bestandteilen.

2) 75 mg/Nm³ in folgenden Fällen, in denen der Wirkungsgrad der Gasturbine unter ISO-Grundlastbedingungen bestimmt wird:
a) Gasturbinen in Anlagen mit Kraft-Wärme-Kopplung mit einem Gesamtwirkungsgrad von über 75 %;
b) Gasturbinen in Kombinationskraftwerken, deren elektrischer Gesamtwirkungsgrad im Jahresdurchschnitt über 55 % liegt;
c) Gasturbinen für mechanische Antriebszwecke.

3) Für einstufige Gasturbinen, die keiner der unter Anmerkung 2 genannten Kategorien zuzurechnen sind und deren Wirkungsgrad unter ISO-Grundlastbedingungen mehr als 35 % beträgt, gilt ein NO_x-Emissionsgrenzwert von 50xη/35, wobei η der in Prozent ausgedrückte Wirkungsgrad der Gasturbine unter ISO-Grundlastbedingungen ist.

aa) Für Gasturbinen (einschließlich GuD) gelten die in der Tabelle angeführten NO_x- und CO-Emissionsgrenzwerte nur bei einer Last von über 70 %.

bb)[1] Gasturbinen und Motoren für den Notbetrieb, die weniger als 500 Betriebsstunden jährlich in Betrieb sind, fallen nicht unter die in der Tabelle angeführten Emissionsgrenzwerte. Der Betreiber solcher Anlagen hat die geleisteten Betriebsstunden zu registrieren.

8.[1] Staub-Emissionsgrenzwerte (in mg/Nm³) für mit festen oder flüssigen Brennstoffen betriebene bestehende Anlagen und Altanlagen mit Ausnahme von Gasturbinen und Motoren:

Brennstoffwärmeleistung (MW)	Steinkohle und Braunkohle sowie andere feste Brennstoffe	Biomasse	Flüssige Brennstoffe
50-100	25	25	25
100-300	25 20 für Torf	20	25
> 300	20	20	20

9.[1] Staub-Emissionsgrenzwerte (in mg/Nm³) für mit gasförmigen Brennstoffen betriebene bestehende Anlagen und Altanlagen mit Ausnahme von Gasturbinen und Motoren:

Im Allgemeinen	5
Hochofengas	10
Anderweitig verwertbare Gase der Stahlindustrie	20

10. Ammoniak (NH_3)-Emissionsgrenzwert (in mg/Nm³):
a) Bei Anlagen, in denen NH_3 oder Ammoniumverbindungen (NH_4^+-Verbindungen) zur Minderung der NO_x-Emissionen eingesetzt werden, darf der Gehalt an NH_3 im Verbrennungsgas (NH_3-Schlupf) einen Emissionsgrenzwert von 10 mg/Nm³ nicht überschreiten. Abweichend davon gilt bei Anlagen, die Biomasse verbrennen und mit unterschiedlichen Lasten arbeiten, ein Emissionsgrenzwert von 20 mg/Nm³.[1]
b) Ist der Einrichtung zur NO_x-Reduktion ein Abscheideverfahren nachgeschaltet, welches geeignet ist NH_3 abzuscheiden, findet der Emissionsgrenzwert für NH_3 keine Anwendung.

Abschnitt 2
Emissionsgrenzwerte für neue Anlagen

1. Referenzbedingungen:
a) Alle Emissionsgrenzwerte sind bei einer Temperatur von 273,15 K, einem Druck von 101,3 kPa, nach Abzug des Wasserdampfgehalts des Abgases bei einem Bezugssauerstoffgehalt von
aa) 6 % für feste Brennstoffe,
bb) 3 % für Anlagen für flüssige und gasförmige Brennstoffe mit Ausnahme von Gasturbinen und Gasmotoren,
cc) 15 % für Gasturbinen und Gasmotoren sowie
dd) 0 % für Ammoniak (NH_3)-Emissionen von Einrichtungen zur Minderung von Stickstoffoxid (NO_x)-Emissionen
zu berechnen.
b) Im Falle von kombinierten Gas- und Dampfturbinen-Anlagen (GuD) mit Zusatzfeuerung kann der Bezugssauerstoffgehalt von der Behörde unter Berücksichtigung der besonderen Merkmale der betreffenden Anlage festgelegt werden.

2. Schwefeldioxid (SO_2)-Emissionsgrenzwerte (in mg/Nm³) für mit festen oder flüssigen Brennstoffen betriebene Anlagen mit Ausnahme von Gasturbinen und Gasmotoren:

Brennstoffwärmeleistung (MW)	Steinkohle und Braunkohle sowie andere feste Brennstoffe	Biomasse	Flüssige Brennstoffe

[1] Letzter Satz angefügt durch BGBl I 173/2023.

50-100	200 400 bei Braunkohlestaubfeuerungen	200	350
100-300	200	200	200
> 300	150 200 bei Wirbelschichtfeuerung mit zirkulierender oder druckaufgeladener Wirbelschicht	150	150

3. Schwefeldioxid (SO_2)-Emissionsgrenzwerte (in mg/Nm³) für mit gasförmigen Brennstoffen betriebene Anlagen mit Ausnahme von Gasturbinen und Gasmotoren:

Im Allgemeinen	35
Flüssiggas	5
Koksofengase mit niedrigem Heizwert	400
Hochofengase mit niedrigem Heizwert	200

4. Stickstoffoxid (NO_x)-Emissionsgrenzwerte (in mg/Nm³) für mit festen oder flüssigen Brennstoffen betriebene Anlagen mit Ausnahme von Gasturbinen und Gasmotoren:

Brennstoffwärmeleistung (MW)	Steinkohle und Braunkohle sowie andere feste Brennstoffe	Biomasse	Flüssige Brennstoffe		
			Allgemein	Heizöl schwer, mittel, leicht	Heizöl extraleicht
50-100	200 400 bei Braunkohlefeuerungen	250	150	100	150 [1]
100-300	200	200	150	100	150
> 300	150 200 bei Braunkohlefeuerungen	150	100	100	100

Anmerkung:

[1] Dieser Grenzwert bezieht sich auf einen Gehalt an organisch gebundenem Stickstoff von 140 mg/kg Heizöl EL. Bei höheren Stickstoffgehalten ist der Grenzwert um je 0,2 mg/Nm³ pro 1 mg Stickstoff im Heizöl EL zu erhöhen.

5. Kohlenmonoxid (CO)-Emissionsgrenzwerte (in mg/Nm3) für mit festen oder flüssigen Brennstoffen betriebene Anlagen mit Ausnahme von Gasturbinen und Gasmotoren:

feste Brennstoffe (ausgenommen Biomasse)	150
flüssige Brennstoffe	80

6. a) Für Gasturbinen (einschließlich GuD), die Leicht- und Mitteldestillate als flüssigen Brennstoff verwenden, gilt ein NO_x-Emissionsgrenzwert von 50 mg/Nm³ und ein CO-Emissionsgrenzwert von 100 mg/Nm³.
   b) Gasturbinen für den Notbetrieb, die weniger als 500 Betriebsstunden jährlich in Betrieb sind, fallen nicht unter die in dieser Ziffer festgelegten Emissionsgrenzwerte. Der Betreiber solcher Anlagen hat die geleisteten Betriebsstunden zu registrieren.
7. Stickstoffoxid (NO_x)- und Kohlenmonoxid (CO)-Emissionsgrenzwerte (in mg/Nm³) für mit Gas betriebene Anlagen:

	NO_x	CO
Anlagen mit Ausnahme von Gasturbinen und Gasmotoren	100	100 80 bei Erdgas
Gasturbinen (einschließlich GuD)		
50-200 MW	50 [1]	100
> 200 MW	35 [2]	100
Gasmotoren	75	100

Anmerkung:

[1] Für einstufige Gasturbinen, deren Wirkungsgrad unter ISO-Grundlastbedingungen mehr als 35 % beträgt, gilt ein NOx-Emissionsgrenzwert von $50x\eta/35$, wobei η der in Prozent ausgedrückte Wirkungsgrad der Gasturbine unter ISO-Grundlastbedingungen ist.

[2] Für einstufige Gasturbinen, deren Wirkungsgrad unter ISO-Grundlastbedingungen mehr als 35 % beträgt, gilt für mit Erdgas betriebene Gasturbinen ein NO_x-Emissionsgrenzwert von $35x\eta/35$, wobei η der in Prozent ausgedrückte Wirkungsgrad der Gasturbine unter ISO-Grundlastbedingungen ist.

   a) Für Gasturbinen (einschließlich GuD) gelten die in der Tabelle angeführten NO_x- und CO-Emissionsgrenzwerte nur bei einer Last von über 70 %.
   b) Gasturbinen und Gasmotoren für den Notbetrieb, die weniger als 500 Betriebsstunden jährlich in Betrieb sind, fallen nicht unter die in der Tabelle angeführten Emissionsgrenzwerte. Der Betreiber solcher Anlagen hat die geleisteten Betriebsstunden zu registrieren.
8. Staub-Emissionsgrenzwerte (in mg/Nm³) für mit festen oder flüssigen Brennstoffen betriebene Anlagen mit Ausnahme von Gasturbinen und Gasmotoren:

Brennstoffwärmeleistung (MW)	
50-300	20
> 300	10 20 für Biomasse

9. Staub-Emissionsgrenzwerte (in mg/Nm³) für mit gasförmigen Brennstoffen betriebene Anlagen mit Ausnahme von Gasturbinen und Gasmotoren:

Im Allgemeinen	5
Hochofengas	10
Anderweitig verwertbare Gase der Stahlindustrie	20

10. Ammoniak (NH_3)-Emissionsgrenzwert (in mg/Nm³):
   a) Bei Anlagen, in denen NH_3 oder Ammoniumverbindungen (NH_4^+-Verbindungen) zur Minderung der NO_x-Emissionen eingesetzt werden, darf der Gehalt an NH_3 im Verbrennungsgas (NH_3-Schlupf) einen Emissionsgrenzwert von 10 mg/Nm³ nicht überschreiten. Abweichend davon gilt bei Anlagen, die Biomasse verbrennen und mit unterschiedlichen Lasten arbeiten, ein Emissionsgrenzwert von 20 mg/Nm³.[1]
   b) Ist der Einrichtung zur NO_x-Reduktion ein Abscheideverfahren nachgeschaltet, welches geeignet ist NH_3 abzuscheiden, findet der Emissionsgrenzwert für NH_3 keine Anwendung.

Anlage 4[2]
Vom Betreiber vorzulegende Informationen

1. Brennstoffwärmeleistung (in MW) der mittelgroßen Anlage;
2. Art der mittelgroßen Anlage (Dieselmotor, Gasmotor, Zweistoffmotor, Gasturbine, sonstige mittelgroße Anlage);
3. Art und jeweiliger Anteil der verwendeten Brennstoffe – anzugeben als Brennstoffwärmeleistungsanteil in MW – aufgeschlüsselt nach den Brennstoffarten gemäß Anlage 2 FAV 2019 (§ 6 Abs. 11);
4. Datum der Inbetriebnahme der mittelgroßen Anlage oder, wenn bei bestehenden mittelgroßen Anlagen das genaue Datum der Inbetriebnahme nicht bekannt ist, Nachweise dafür, dass der Betrieb vor dem 20. Dezember 2018 aufgenommen wurde;
5. Wirtschaftszweig, in dem die mittelgroße Anlage eingesetzt wird (NACE-Code);
6. voraussichtliche Zahl der jährlichen Betriebsstunden und voraussichtliche Betriebslast der mittelgroßen Anlage im Jahresdurchschnitt (anzugeben in Prozent der Volllast);
7. falls die Zulässigkeit einer Emissionsgrenzwert-Überschreitung gemäß § 9 Abs. 1 FAV 2019 (§ 6 Abs. 11a Z 6) an bestimmte Betriebsstunden geknüpft ist, eine vom Betreiber unterzeichnete Erklärung, der zufolge die mittelgroße Anlage nicht mehr als die Zahl der bescheidmäßig festgelegten Stunden in Betrieb sein wird;
8. Name und Geschäftssitz des Betreibers sowie Standort der mittelgroßen Anlage mit Anschrift.

Anlage 5[2]
Überwachung der Emissionen und Beurteilung der Emissionsmessungen von Anlagen mit einer Brennstoffwärmeleistung von 50 MW oder mehr

Abschnitt 1
Emissionsüberwachung

1. Die Datenaufzeichnung für kontinuierliche Messungen, die gemäß diesem Abschnitt durchgeführt wird, hat durch automatisch registrierende Messgeräte in Form von Halbstundenmittelwerten unter Angabe von Datum, Uhrzeit und Messstelle zu erfolgen. Die Verfügbarkeit der Daten hat mindestens 90 % zu betragen. Als Bezugszeitraum gilt ein Monat. Die Messergebnisse müssen mit dem einzuhaltenden Emissionsgrenzwert vergleichbar sein. Für die korrekte Angabe der Emissionsmesswerte sind zusätzlich folgende Betriebsparameter zu ermitteln:
   a) Abgastemperatur;
   b) Druck im Abgasstrom;
   c) Wasserdampfgehalt des Abgases;
   d) Sauerstoffgehalt im Abgas;
   e) Brennstoffwärmeleistung der Anlage sowie
   f) Abgasvolumenstrom.

   Eine kontinuierliche Messung des Wasserdampfgehalts der Abgase ist nicht notwendig, sofern die Abgasproben getrocknet werden, bevor die Emissionen analysiert werden. Bei Mischfeuerungen ist das durchschnittliche Verhältnis der anteiligen Brennstoffwärmeleistungen zu ermitteln und aufzuzeichnen. Der Beginn der Auswertung der Messdaten nach der Inbetriebnahme der Anlage ist im Einvernehmen mit der Behörde, nach Rücksprache mit einem Sachverständigen gemäß § 34 Abs. 2 Z 1 bis 3 und 5, festzulegen. In der Regel hat die Auswertung bei Dampfkesseln mit Öl- oder Gasfeuerungen bei einem Sauerstoffgehalt im Verbrennungsgas von weniger als 16 % Volumenkonzentration zu beginnen. Abweichende Regelungen für die Auswertung der Messdaten, wie solche für Gasturbinen oder Motoren, sind von der Behörde im Einzelfall, insbesondere unter Berücksichtigung der Eigenschaften des eingesetzten Brennstoffs, zu treffen.
2. Probenahme und Analyse relevanter Schadstoffe und Messungen von Verfahrensparametern sowie die Qualitätssicherung von automatisierten Messsystemen und die Referenzmessverfahren zur Kalibrierung dieser Systeme sind nach den Regeln der Mess-

[2] Eingefügt durch BGBl I 173/2023.

technik durchzuführen, die insbesondere aus europäischen Normen (§ 2 Z 3 NormG 2016) abzuleiten sind; sofern keine geeigneten europäischen Normen zur Verfügung stehen, sind internationale oder rein österreichische Normen (§ 2 Z 2 und Z 1 lit. a NormG 2016) heranzuziehen, mit denen sichergestellt werden kann, dass Daten von gleicher wissenschaftlicher Qualität ermittelt werden. Insbesondere sind die Messplätze und Messstrecken auf Grund eines Gutachtens eines Sachverständigen gemäß § 34 Abs. 2 Z 1 bis 3 und 5 von der Behörde festzulegen. Die Behörde kann Erleichterungen von der Erbringung eines Gutachtens auf Grund der Art der Anlage und der eingesetzten Brennstoffe vorsehen, wenn eine repräsentative und messtechnisch einwandfreie Emissionsmessung sichergestellt ist.

3. Das gesamte kontinuierlich arbeitende Messverfahren einschließlich der Emissionsdatenauswerteeinrichtungen ist im Abnahmeversuch sowie wiederkehrend alle drei Jahre durch Sachverständige gemäß § 34 Abs. 2 Z 1 bis 3 und 5 kalibrieren zu lassen. Die automatisierten Messsysteme müssen mindestens einmal jährlich durch Parallelmessungen unter Verwendung von Referenzmethoden durch Sachverständige gemäß § 34 Abs. 2 Z 1 bis 3 und 5 überprüft werden. Der Betreiber hat während des Betriebs der Anlage mindestens einmal wöchentlich an den Messgeräten zu kontrollieren, ob die erforderliche Messfunktion gegeben ist. Ist die Messfunktion nicht gegeben, hat der Betreiber umgehend die Funktionstüchtigkeit der Messeinrichtungen wiederherzustellen oder wiederherstellen zu lassen.
4. Über Kalibrierungen bzw. Funktionsprüfungen sind vom Sachverständigen gemäß § 34 Abs. 2 Z 1 bis 3 und 5 Berichte zu erstellen, die dem Betreiber zur Aufbewahrung zu übergeben sind. Der Betreiber hat der Behörde die Berichte über die Ergebnisse der Kalibrierung und der Überprüfung mittels Parallelmessungen jeweils innerhalb von zwölf Wochen nach Kalibrierung oder nach Überprüfung zu übermitteln. Die Tauglichkeit des betriebseigenen Messverfahrens gilt als nachgewiesen, wenn die Abweichungen zwischen betriebseigener Messung und Referenzmessung zumindest zu 95 % die unter Z 5 angegebenen Werte nicht übersteigen.
5. Die Messunsicherheit der Messmethode ist zu ermitteln und darf nachfolgende Werte (Prozentsatz bezogen auf den jeweiligen Emissionsgrenzwert) nicht überschreiten. Die Messunsicherheit umfasst die Unsicherheit des gesamten Messverfahrens, das heißt unvermeidbare Fehler des Messgeräts, unvermeidbare Ungenauigkeit bei der Probennahme, Wahl des Messpunkts und dergleichen. Für die Messunsicherheit gilt ein Vertrauensbereich von 95 %.

Schadstoff	Messunsicherheit
SO_2	20 %
NO_X	20 %
Staub	30 %
CO	10 %
OGC	30 %
HCl	40 %
PCDD/F	50 %
NH_3	40 %

6. Beurteilungswerte sind bei wiederkehrenden Messungen auf Grund der gemessenen Halbstundenmittelwerte und nach Abzug des Wertes der Messunsicherheit gemäß Z 5 zu bilden. Abweichend davon sind bei der Abnahmemessung Beurteilungswerte zu bilden, in dem der Wert der Messunsicherheit zu den gemessenen Halbstundenmittelwerten hinzugezählt wird. Validierte Tagesmittelwerte werden als arithmetisches Mittel aus allen Beurteilungswerten eines Kalendertages gebildet. Jeder Tag, an dem mehr als sechs Halbstundenmittelwerte wegen Störung oder Wartung des kontinuierlichen Messsystems ungültig sind, wird nicht gewertet. Werden mehr als zehn Tage im Jahr wegen solcher Situationen nicht gewertet, hat die Behörde den Betreiber zu verpflichten, geeignete Maßnahmen zur Wiederherstellung des ordnungsgemäßen Betriebs des kontinuierlichen Messsystems zu ergreifen.
7. Die Konzentrationen von SO_2, NO_X, Staub und CO in Abgasen sind kontinuierlich zu messen. Unabhängig von der Brennstoffwärmeleistung der einzelnen Dampfkesseln, Gasturbinen oder Motoren sind bei einer Brennstoffwärmeleistung der Anlage von 100 MW oder mehr kontinuierliche Messungen an den Dampfkesseln, Gasturbinen oder Motoren der Anlage durchzuführen. Bei Anlagen, in denen selektive katalytische Reduktion (SCR) oder selektive nichtkatalytische Reduktion (SNCR) zur Minderung der NO_X-Emissionen eingesetzt wird, ist zusätzlich die Konzentration von Ammoniak (NH_3) im Abgas (NH_3-Schlupf) kontinuierlich zu messen. Auf die Messung der Konzentration von NH_3 kann verzichtet werden, wenn gemäß **Anlage 3** Abschnitt 1 Z 10 lit. b oder Abschnitt 2 Z 10 lit. b der Emissionsgrenzwert für NH_3 nicht zur Anwendung kommt.
8. In folgenden Fällen kann von den kontinuierlichen Messungen gemäß Z 7 abgesehen werden:
   a) für Anlagen mit einer von der Behörde genehmigten Restlebensdauer von weniger als 10 000 Betriebsstunden, sofern eine Befreiung von den kontinuierlichen Messungen zum Zeitpunkt des Inkrafttretens dieses Bundesgesetzes bereits bestanden hat;
   b) für Staub aus Anlagen, die ausschließlich mit Erdgas betrieben werden;
   c) für Staub aus Anlagen, die Prozessgase aus der Eisen- und Stahlherstellung verbrennen, sofern die Emissionswerte nachweislich hinreichend stabil sind. In diesem Fall ist die Konzentration von Staub im Abgas mindestens einmal alle sechs Monate zu messen;
   d) für SO_2 aus Anlagen, die ausschließlich mit Brennstoffen gemäß § 30 sowie mit Heizölen mit bekanntem Schwefelgehalt betrieben werden, sofern keine Abgasentschwefelungsanlage vorhanden ist;
   e) für SO_2 aus Anlagen, die ausschließlich mit Biomasse betrieben werden, wenn der Betreiber nachweisen kann, dass die SO_2-Emissionen unter keinen Umständen über den vorgeschriebenen Emissionsgrenzwerten liegen können. Die Behörde kann, abhängig von den eingesetzten Brennstoffen, vom Betreiber Nachweise über den Schwefelgehalt und den unteren Heizwert verlangen. Dabei hat die Behörde festzulegen, wie oft die Überprüfung des jeweils eingesetzten Brennstoffes – abhängig von Qualität, Homogenität und Menge – zu erfolgen hat;

f) für NH_3 bei Vorliegen der folgenden Bedingungen:
   aa) die Brennstoffwärmeleistung beträgt weniger als 100 MW und die jährliche Betriebsdauer der Anlage beträgt weniger als 1500 Betriebsstunden. In diesem Fall ist die Konzentration von NH_3 im Abgas mindestens einmal alle sechs Monate zu messen. Bei Gasturbinen (einschließlich GuD) erfolgt die periodische Überwachung bei einer Last von über 70 %;
   bb) bei Anlagen, in denen SCR eingesetzt wird, sofern die Emissionswerte nachweislich ausreichend stabil sind. In diesem Fall ist die Konzentration von NH_3 im Abgas mindestens einmal pro Jahr zu messen.

9. Wenn aufgrund der Ausnahmebestimmungen gemäß Z 8 keine kontinuierlichen Messungen von der Behörde vorgeschrieben werden, sind Messungen der Konzentrationen von SO_2, NO_X, Staub und CO in Abgasen mindestens einmal alle sechs Monate durchzuführen.
10. Als Alternative zu den SO_2- und NO_X-Messungen gemäß Z 7 können andere Verfahren, die von der Behörde überprüft und gebilligt worden sind, angewandt werden, um die SO_2- und NO_X-Emissionen zu ermitteln. Diese Verfahren sind nach den Regeln der Technik durchzuführen, die insbesondere aus europäischen Normen (§ 2 Z 3 NormG 2016) abzuleiten sind; sofern keine geeigneten europäischen Normen zur Verfügung stehen, sind internationale oder rein österreichische Normen (§ 2 Z 2 und Z 1 lit. a NormG 2016) heranzuziehen, mit denen sichergestellt werden kann, dass Daten von gleicher wissenschaftlicher Qualität ermittelt werden.
11. Bei Anlagen, die mit Steinkohle oder Braunkohle betrieben werden, sind die Gesamtquecksilberemissionen zu messen:
    a) beträgt die Brennstoffwärmeleistung weniger als 300 MW, sind die Messungen alle drei Monate durchzuführen;
       aa) als Alternative zu den Messungen alle drei Monate gemäß lit. a können bei nachweislich hinreichend stabilen Emissionswerten die regelmäßigen Messungen alle drei Monate durch anlassbezogene Messungen ersetzt werden. In diesem Fall sind Messungen immer dann durchzuführen, wenn eine Veränderung bei den Merkmalen des Brennstoffs Auswirkungen auf die Emissionen haben könnte. Die Messungen sind aber auf jeden Fall mindestens einmal pro Jahr durchzuführen;
       bb) bei Anlagen mit einer jährlichen Betriebsdauer von weniger als 1500 Betriebsstunden sind abweichend von lit. a Messungen mindestens einmal pro Jahr durchzuführen;
    b) beträgt die Brennstoffwärmeleistung 300 MW oder mehr, ist kontinuierlich zu messen;
       aa) als Alternative zu kontinuierlichen Messungen gemäß lit. b kann auch eine kontinuierliche Probenentnahme mit häufigen Analysen zeitintegrierter Proben, beispielsweise eine Methode der Überwachung mittels genormter Adsorptionsfalle, eingesetzt werden;
       bb) als Alternative zu kontinuierlichen Messungen gemäß lit. b können bei nachweislich hinreichend stabilen Emissionswerten die kontinuierlichen Messungen durch anlassbezogene Messungen ersetzt werden. In diesem Fall sind Messungen immer dann durchzuführen, wenn eine Veränderung bei den Merkmalen des Brennstoffs Auswirkungen auf die Emissionen haben könnte. Die Messungen sind aber auf jeden Fall mindestens einmal alle sechs Monate durchzuführen.
12. Im Falle wesentlicher Änderungen beim eingesetzten Brennstoff oder in der Betriebsweise der Anlagen ist die Behörde davon in Kenntnis zu setzen. Die Behörde hat zu entscheiden, ob die Überwachungsvorschriften der Z 7 bis 11 weiterhin ausreichen oder ob sie angepasst werden müssen.
13. Folgende Dokumentationspflichten des Betreibers sind vom Sachverständigen gemäß § 34 Abs. 2 Z 1 bis 3 und 5 im Zuge der Überwachung gemäß § 33 zu überprüfen:
    a) Genehmigungsbescheid(e);
    b) Verfügbarkeit der Daten;
    c) Verfügbarkeit der Tagesmittelwerte;
    d) Auftreten von Grenzwertüberschreitungen einschließlich Begründung;
    e) Erfüllung von zusätzlichen emissionsrelevanten Bescheidauflagen;
    f) letzter Befund gemäß § 33 Abs. 3;
    g) letzte Befunde und Berichte über Emissionsmessungen gemäß § 35 und Bescheidauflagen;
    h) letzte Funktionsprüfungs- und Kalibrierungsberichte gemäß Z 4 einschließlich Emissionsdatenauswerterechner und Gültigkeit und Variabilität der Kalibrierfunktion;
    i) Meldepflichten an die Behörde gemäß § 36 und allfällige Bescheidauflagen;
    j) anzeige- bzw. genehmigungspflichtige Änderungen sowie
    k) Wartungsaufzeichnungen gemäß Z 3.

Abschnitt 2
Beurteilung der Einhaltung von Emissionsgrenzwerten

1. Bei Einzelmessungen gilt der jeweils festgelegte Emissionsgrenzwert als eingehalten, wenn kein Beurteilungswert den Emissionsgrenzwert überschreitet.
2. Bei kontinuierlichen Messungen gilt der jeweils festgelegte Emissionsgrenzwert als eingehalten, wenn die Auswertung der Messergebnisse für die Betriebsstunden innerhalb eines Kalenderjahres ergibt, dass
   a) kein validierter Tagesmittelwert den Emissionsgrenzwert überschreitet,
   b) 97 % der Beurteilungswerte nicht das 1,2-Fache des Emissionsgrenzwertes überschreiten und
   c) kein Beurteilungswert das Zweifache des Emissionsgrenzwertes überschreitet.
3. Die Emissionen während der An- und Abfahrzeiten der Anlage sind in die Beurteilung ab dem Zeitpunkt des Beginns der Auswertung der Messdaten gemäß Abschnitt 1 Z 1 mit einzubeziehen. Ausgenommen werden von der Beurteilung gemäß Z 2 lit. c jene Zeiträume des An- und Abfahrens, in denen das Zweifache des Emissionsgrenzwertes überschritten wird.
4. Bei der Berechnung der durchschnittlichen Emissionswerte bleiben die während der Zeitabschnitte gemäß § 7 Abs. 1 und 2 und § 36 Abs. 5 bis 8 gemessenen Werte unberücksichtigt.

Energieabgabenvergütungsgesetz

BGBl 201/1996, zuletzt geändert durch BGBl I 46/2022

§ 1. (1) Die entrichteten Energieabgaben auf die in Abs. 3 genannten Energieträger sind für ein Kalenderjahr (Wirtschaftsjahr) auf Antrag insoweit zu vergüten, als sie (insgesamt) 0,5 % des Unterschiedsbetrages zwischen

1. Umsätzen im Sinne des § 1 Abs. 1 Z 1 und 2 des Umsatzsteuergesetzes 1994 und
2. Umsätzen im Sinne des § 1 Abs. 1 Z 1 und 2 des Umsatzsteuergesetzes 1994, die an das Unternehmen erbracht werden,

übersteigen (Nettoproduktionswert).

(2) 1. Als Umsätze im Sinne von Abs. 1 Z 2 gelten auch Umsätze, die, wären sie im Inland erbracht worden, Umsätze im Sinne des § 1 Abs. 1 Z 1 und 2 des Umsatzsteuergesetzes 1994 wären und im Zusammenhang mit steuerbaren Umsätzen stehen.

2. Nicht als Umsätze im Sinne von Abs. 1 Z 2 gelten Umsätze aus der Gestellung von Arbeitskräften.

(3)[1] In die Energieabgabenvergütung sind folgende Energieträger einzubeziehen:

1. elektrische Energie im Sinne des Elektrizitätsabgabegesetzes (Position 2716 der Kombinierten Nomenklatur);
2. Erdgas nach § 2 Abs. 1 Z 1 des Erdgasabgabegesetzes (Unterposition 2711 21 00 der Kombinierten Nomenklatur);
3. Kohle im Sinne des Kohleabgabegesetzes (Positionen 2701, 2702, 2704, 2713 und 2714 der Kombinierten Nomenklatur);
4. Mineralöle im Sinne des Mineralölsteuergesetzes 1995
   a) Heizöl Extraleicht (gekennzeichnetes Gasöl Unterpositionen 2710 19 43 bis 2710 19 48 und 2710 20 11 bis 2710 20 19 der Kombinierten Nomenklatur)
   b) Heizöl leicht, mittel, schwer (Unterpositionen 2710 19 62 bis 2710 19 68 und 2710 20 31 bis 2710 20 39 der Kombinierten Nomenklatur)
   c) Flüssiggas (Unterpositionen 2711 12, 2711 13, 2711 14, 2711 19 der Kombinierten Nomenklatur).

(4) Kombinierte Nomenklatur im Sinne dieses Bundesgesetzes ist die Warennomenklatur nach Art. 1 der Verordnung (EWG) Nr. 2658/87 des Rates vom 23. Juli 1987 (ABl. EG Nr. L 256 S. 1) in der jeweils geltenden Fassung.

§ 2. (1) Ein Anspruch auf Vergütung besteht nur für Betriebe, deren Schwerpunkt nachweislich in der Herstellung körperlicher Wirtschaftsgüter besteht und soweit sie nicht die in § 1 Abs. 3 genannten Energieträger oder Wärme (Dampf oder Warmwasser), die aus den in § 1 Abs. 3 genannten Energieträgern erzeugt wurde, liefern.

(2) 1. Über Antrag des Vergütungsberechtigten wird je Kalenderjahr (Wirtschftsjahr (Anm.: richtig: Wirtschaftsjahr)) der Betrag vergütet, der den in § 1 genannten Anteil am Nettoproduktionswert übersteigt. Der Antrag hat die im Betrieb verbrauchte Menge an den in § 1 Abs. 3 genannten Energieträgern und die in § 1 genannten Beträge zu enthalten. Er ist spätestens bis zum Ablauf von fünf Jahren ab Vorliegen der Voraussetzungen für die Vergütung zu stellen. Der Antrag gilt als Steuererklärung. Der Antrag ist mit Bescheid zu erledigen und hat den Vergütungsbetrag in einer Summe auszuweisen.

[1] Neu gefasst durch BGBl I 103/2019.

2.[1] Bei der Berechnung des Vergütungsbetrages gilt entweder die Grenze von 0,5 % des Nettoproduktionswertes oder die folgenden Selbstbehalte, wobei der niedrigere Betrag gutgeschrieben wird:
   a) für elektrische Energie nach § 1 Abs. 3 Z 1 0,0005 €/kWh;
   b) für Erdgas nach § 1 Abs. 3 Z 2 0,00598 €/Normkubikmeter;
   c) für Kohle nach § 1 Abs. 3 Z 3 0,15 €/Gigajoule;
   d) für Heizöl Extraleicht nach § 1 Abs. 3 Z 4 lit. a 21 €/1000 Liter;
   e) für Heizöl leicht, mittel, schwer nach § 1 Abs. 3 Z 4 lit. b 15 €/1000 kg;
   f) für Flüssiggas nach § 1 Abs. 3 Z 4 lit. c 7,5 €/1000 kg.

   Der Vergütungsbetrag wird abzüglich eines allgemeinen Selbstbehaltes von 400 € gutgeschrieben.

3.[2] Betriebe, die für das vorangegangene Kalenderjahr (Wirtschaftsjahr) Anspruch auf Energieabgabenvergütung haben, können für das auf dieses folgende Kalenderjahr (Wirtschaftsjahr) einen Antrag auf Vorausvergütung in der Höhe von 5 % der Vergütungssumme des vorangegangenen Kalenderjahres (Wirtschaftsjahres) stellen. Für jedes Kalenderjahr (Wirtschaftsjahr) darf nur ein Antrag auf Vorausvergütung eingebracht werden. Der Antrag auf Vorausvergütung darf frühestens gemeinsam mit dem Antrag auf Energieabgabenvergütung für das vorangegangene Kalenderjahr (Wirtschaftsjahr) eingebracht werden und ist mit Bescheid zu erledigen. Die Entscheidung über den Antrag auf Vorausvergütung setzt das Vorliegen eines Bescheids nach Z 1 für das vorangegangene Kalenderjahr (Wirtschaftsjahr) voraus. Der Betrag der Vorausvergütung wird bei der Vergütung für das gesamte Kalenderjahr (Wirtschaftsjahr) abgezogen.

(3) Ein Anspruch auf Vergütung besteht auch insoweit, als für einen Produktionsprozess Wärme (bzw. Dampf oder Warmwasser) bezogen wird und die Erzeugung dieser Wärme (bzw. des Dampfes oder des Warmwassers) aus den in § 1 Abs. 3 genannten Energieträgern erfolgt und die verwendete Menge an den in § 1 Abs. 3 genannten Energieträgern vom Lieferer der Wärme (bzw. des Dampfes oder des Warmwassers) dem Empfänger mitgeteilt wird.

(4)[2] Die Vergütung obliegt dem für die Erhebung der Umsatzsteuer des Vergütungsberechtigten zuständigen Finanzamt.

§ 3. Kein Anspruch auf Vergütung besteht:

1. insoweit die in § 1 Abs. 3 genannten Energieträger für die Erzeugung von Wärme, Dampf oder Warmwasser verwendet werden, ausgenommen unmittelbar für einen Produktionsprozess;
2. insoweit Anspruch auf Vergütung der Erdgasabgabe gemäß § 3 Abs. 2 des Erdgasabgabegesetzes, auf Vergütung der Kohleabgabe gemäß § 3 Abs. 2 des Kohleabgabegesetzes oder auf Vergütung der Mineralölsteuer nach dem Mineralölsteuergesetz 1995 besteht oder der Energieträger als Treibstoff verwendet wird.

§ 4. [...]

[...]

[2] Neu gefasst durch BGBl I 46/2022.

Erdgasabgabegesetz

BGBl 201/1996, zuletzt geändert durch BGBl I 201/2023

Steuerbare Vorgänge, Steuergebiet

§ 1. (1) Der Erdgasabgabe unterliegen

1.[1] Die Lieferung von Erdgas im Steuergebiet, ausgenommen an Erdgasunternehmen im Sinne des § 7 Abs. 1 Z 16 des Gaswirtschaftsgesetzes 2011, BGBl. I Nr. 107/2011 (GWG 2011), und an sonstige Wiederverkäufer, soweit das Erdgas zur Weiterlieferung bestimmt ist.

2. Der Verbrauch von Erdgas durch Erdgasunternehmen sowie der Verbrauch von selbst hergestelltem oder in das Steuergebiet verbrachtem Erdgas im Steuergebiet.

(2) Die Lieferung im Sinne des Abs. 1 Z 1 erfolgt an dem Ort, an dem der Empfänger über das Erdgas verfügen kann.

(3) Steuergebiet im Sinne dieses Bundesgesetzes ist das Bundesgebiet, ausgenommen das Gebiet der Ortsgemeinden Jungholz (Tirol) und Mittelberg (Vorarlberg).

Steuergegenstand

§ 2. (1)[2] Erdgas im Sinne dieses Bundesgesetzes sind

1. Waren der Unterposition 2711 21 00 der Kombinierten Nomenklatur,

2.[1] „erneuerbares Gas" nach § 7 Abs. 1 Z 16b GWG 2011,

3.[1] „gasförmige erneuerbare Kraftstoffe nicht biogenen Ursprungs" nach § 2 Z 17 der Kraftstoffverordnung 2012, BGBl. II Nr. 398/2012 in der Fassung der Verordnung BGBl. II Nr. 452/2022 (Kraftstoffverordnung 2012),

4.[1] Wasserstoff, soweit nicht in Z 2 und 3 erfasst.

(2)[1] Kombinierte Nomenklatur im Sinne dieses Bundesgesetzes ist die Warennomenklatur nach Art. 1 der Verordnung (EWG) Nr. 2658/87 über die zolltarifliche und statistische Nomenklatur sowie den Gemeinsamen Zolltarif, ABl. Nr. L 256 vom 07.09.1987 S. 1, in der Fassung des Anhangs der Durchführungsverordnung (EU) 2017/1925 zur Änderung von Anhang I der Verordnung (EWG) Nr. 2658/87, ABl. Nr. L 282 vom 31.10.2017 S. 1 und die dazu erlassenen Rechtsvorschriften.

(3)[3] Werden den Steuergegenstand bestimmende Untergliederungen der Kombinierten Nomenklatur geändert, ohne dass dies Auswirkungen auf den Steuergegenstand hat, beispielsweise durch Einführung zusätzlicher Untergliederungen, oder im Falle einer Entscheidung über Aktualisierungen von Positionen der Kombinierten Nomenklatur nach Artikel 2 Abs. 5 der Richtlinie 2003/96/EG zur Restrukturierung der gemeinschaftlichen Rahmenvorschriften zur Besteuerung von Energieerzeugnissen und elektrischem Strom (ABl. Nr. L 283 vom 31.10.2003 S. 51), so hat der Bundesminister für Finanzen die dadurch bewirkten Änderungen der Bezeichnung des Steuergegenstandes durch Aufnahme in den Gebrauchszolltarif (§ 51 Abs. 1 des Zollrechts-Durchführungsgesetzes, BGBl. Nr. 659/1994) in Wirksamkeit zu setzen. Der Gebrauchszolltarif ist insoweit verbindlich."

Steuerbefreiungen

§ 3. (1) Von der Erdgasabgabe ist befreit

1. Erdgas, das zur Herstellung, für den Transport oder für die Speicherung von Erdgas verwendet wird,

2. Erdgas, das für den Transport und für die Verarbeitung von Mineralöl verbraucht wird.

(2)[1] Eine Steuerbefreiung im Wege einer Vergütung kann in Anspruch nehmen, wer

1. nachweislich versteuertes Erdgas zu anderen Zwecken als zur Verwendung als Treibstoff oder zur Herstellung von Treibstoffen oder zum Verheizen oder zur Herstellung einer Ware zum Verheizen verwendet,

2. nachweislich versteuertes Erdgas zur Erzeugung von elektrischer Energie verwendet,

3. nachweislich versteuerten Wasserstoff zu anderen Zwecken als zur Verwendung als Treibstoff oder zur Herstellung von Treibstoffen verwendet."

(3)[3] Eine Steuerbefreiung im Wege einer Erstattung oder Vergütung kann weiters in Anspruch genommen werden für die Lieferung nach § 1 Abs. 1 Z 1 oder in den Fällen des § 1 Abs. 1 Z 2 den Verbrauch von

1. erneuerbarem Gas nach § 2 Abs. 1 Z 2, einschließlich erneuerbarem Wasserstoff nach § 7 Abs. 1 Z 16a GWG,

2. gasförmigen erneuerbaren Kraftstoffen nicht biogenen Ursprungs nach § 2 Abs. 1 Z 3

unvermischt oder soweit diese Erdgas nach § 2 Abs. 1 Z 1 beigemischt werden, vorausgesetzt diese erfüllen nachweislich Nachhaltigkeits- oder Treibhausgaseinsparungskriterien wie nach § 6 des Erneuerbaren-Ausbau-Gesetzes (EAG), BGBl. I Nr. 150/2021, nach § 12 der Kraftstoffverordnung 2012 oder den Bestimmungen für erneuerbare Kraftstoffe nicht biogenen Ursprungs nach § 8 Abs. 8 der Kraftstoffverordnung 2012. Erstattungs- oder vergütungsberechtigt ist der Abgabenschuldner.

Abgabenschuldner

§ 4. (1) Abgabenschuldner ist

1. im Falle des § 1 Abs. 1 Z 1 der Lieferer des Erdgases,

2. im Falle des § 1 Abs. 1 Z 2 derjenige, der das Erdgas verbraucht.

(2)[4] Wird bei der Lieferung von Erdgas im Steuergebiet (§ 1 Abs. 1 Z 1) oder der Verbringung von Erdgas in das Steuergebiet (§ 1 Abs. 1 Z 2) das Leitungsnetz eines oder mehrerer Netzbetreiber im Sinne des § 7 Abs. 1 Z 43 GWG 2011 gegen Entgelt verwendet, so hat jener Netzbetreiber, aus dessen Leitungsnetz das Erdgas vom Empfänger der Lieferung oder vom Verbraucher entnommen wird, die auf diese Lieferung bzw. den Verbrauch entfallende Erdgasabgabe als Haftender für Rechnung des Abgabenschuldners zu entrichten.

Bemessungsgrundlage und Höhe der Abgabe

§ 5. (1) Bemessungsgrundlage der Erdgasabgabe ist

1. im Falle des § 1 Abs. 1 Z 1 die gelieferte Menge Erdgas in m^3,

2. im Falle des § 1 Abs. 1 Z 2 die verbrauchte Menge Erdgas in m^3.

(2) Die Abgabe beträgt 0,066 Euro je m^3.

---

[1] Neu gefasst durch BGBl I 110/2023.

[2] Neu gefasst durch BGBl I 103/2019.

[3] Eingefügt durch BGBl I 110/2023.

[4] Geändert durch BGBl I 110/2023.

(3) Kubikmeter (m^3) im Sinne dieses Bundesgesetzes ist der Kubikmeter (m^3) bei einer Temperatur von 0 °C und einem Druck von 1,01325 bar.

(4)Fehler! Textmarke nicht definiert. Für Wasserstoff beträgt die Abgabe 0,021 Euro je m^3.

Erhebung der Abgabe

§ 6. (1) Der Abgabenschuldner gemäß § 4 Abs. 1 sowie der Netzbetreiber gemäß § 4 Abs. 2 hat bis zum 15. des auf den Kalendermonat zweitfolgenden Monates (Fälligkeitstag) die Abgabe für die im Kalendermonat gelieferte oder verbrauchte bzw. weitergeleitete Menge Erdgas selbst zu berechnen und zu entrichten. Soweit die tatsächlich gelieferte oder verbrauchte bzw. weitergeleitete Menge Erdgas nicht bis zum Fälligkeitstag festgestellt wird, ist der Abgabenschuldner bzw. der Netzbetreiber (§ 4 Abs. 2) verpflichtet, die Abgabe für ein Zwölftel der voraussichtlich in diesem Jahr gelieferten oder verbrauchten bzw. weitergeleiteten Menge Erdgas bis zum Fälligkeitstag selbst zu berechnen und zu entrichten.

(2) Zum letzten Fälligkeitstag für jedes Kalenderjahr sind Abweichungen von der tatsächlichen Jahresabgabenschuld auszugleichen. Abgabenschuldner sowie Netzbetreiber, die den Gewinn gemäß § 2 Abs. 5 des Einkommensteuergesetzes 1988 oder gemäß § 7 Abs. 5 des Körperschaftsteuergesetzes 1988 nach einem vom Kalenderjahr abweichenden Wirtschaftsjahr ermitteln, können den Ausgleich am ersten auf den Bilanzstichtag folgenden Fälligkeitstag vornehmen. Der Netzbetreiber kann jene Erdgasabgabe, die er als Haftender abgeführt hat und die ihm trotz Geltendmachung der ihm zumutbaren Schritte nicht ersetzt wurde, bei Ermittlung der Jahresabgabenschuld abziehen.

(3) Wird die Abgabe nicht oder in offensichtlich unrichtiger Höhe entrichtet, dann hat das Finanzamt die Abgabe festzusetzen. Die festgesetzte Abgabe hat die im Abs. 1 genannte Fälligkeit.

(4)[5] Der Abgabenschuldner sowie der Netzbetreiber werden nach Ablauf des Kalenderjahres (Wirtschaftsjahres) zur Abgabe veranlagt. Bis zum 30. Juni eines jeden Jahres hat der Abgabenschuldner bzw. der Netzbetreiber dem Finanzamt eine Jahresabgabenerklärung für das vorangegangene Jahr zu übermitteln. In diese sind die Gesamtmenge der im vergangenen Jahr gelieferten oder verbrauchten bzw. weitergeleiteten Menge Erdgas aufzunehmen.

(5)[1] Die Erhebung der Abgabe obliegt dem für die Erhebung der Umsatzsteuer des Abgabenschuldners zuständigen Finanzamt. Abweichend davon obliegt sie

1. in jenen Fällen, in denen der Netzbetreiber die Abgabe entrichtet, dem für die Erhebung der Umsatzsteuer des Netzbetreibers zuständigen Finanzamt;
2. in den Fällen des § 3 Abs. 2 dem für die Erhebung der Umsatzsteuer des Verwenders des Erdgases zuständigen Finanzamt."

(6)[3] Anträge auf Vergütung oder Erstattung nach § 3 Abs. 2 und 3 sind nur für volle Kalendermonate zulässig und bei sonstigem Verlust des Anspruchs bis zum Ablauf des auf die Verwendung folgenden Kalenderjahrs bei dem nach Abs. 5 zuständigen Finanzamt zu stellen.

(7)[3] Der Bundesminister für Finanzen wird ermächtigt, durch Verordnung das Verfahren für die Inanspruchnahme der Steuerbegünstigungen nach § 3 Abs. 1 und 2 insbesondere betreffend Antragstellung und Nachweise näher zu regeln.

(8)[3] Der Bundesminister für Finanzen wird ermächtigt, durch Verordnung im Einvernehmen mit der Bundesministerin für Klimaschutz, Umwelt, Energie, Mobilität, Innovation und Technologie

1. das Verfahren für die Inanspruchnahme der Steuerbegünstigungen nach § 3 Abs. 3 insbesondere betreffend Antragstellung und Nachweis des Vorliegens der Begünstigungsvoraussetzungen näher zu regeln;
2. in Fällen, in denen das Vorliegen der Begünstigungsvoraussetzungen nach § 3 Abs. 3 leicht nachvollziehbar ist und derartige Verfahrenserleichterungen eine Beeinträchtigung von Abgabeninteressen nicht erwarten lassen, zuzulassen, dass die Steuerbegünstigung im Wege einer Steuerbefreiung gewährt wird.

Aufzeichnungspflichten und Rechnungslegungspflichten

§ 7. (1) Der Abgabenschuldner gemäß § 4 Abs. 1 sowie der Netzbetreiber gemäß § 4 Abs. 2 sind verpflichtet, Aufzeichnungen zu führen, aus denen sich die gelieferte oder verbrauchte bzw. weitergeleitete Menge Erdgas ergibt.

(2) Der Abgabenschuldner sowie der Netzbetreiber sind verpflichtet, im Falle der Lieferung bzw. Weiterleitung von Erdgas dem Empfänger spätestens in der Jahresabrechung die Erdgasabgabe offen auszuweisen.

(3) Der Empfänger der Lieferung des Erdgases hat dem Abgabenschuldner sowie dem Netzbetreiber die weiterverrechnete Erdgasabgabe zu ersetzen. Zahlt der Empfänger des Erdgases an den Netzbetreiber das Netznutzungsentgelt und die Erdgasabgabe, so gelten die Zahlungen als im entsprechenden Verhältnis geleistet. Für nicht vollständig gezahlte Erdgasabgabe besteht keine Haftung des Netzbetreibers, wenn dieser die ihm zumutbaren Schritte zur Geltendmachung seines Anspruches unternommen hat. Der Empfänger einer Wärmelieferung, die durch Erdgas bewirkt wird, hat dem Lieferer die durch die Erdgasabgabe bewirkte Kostenerhöhung zu ersetzen.

(Anm.: Abs. 4 aufgehoben durch BGBl. I Nr. 71/2003)

Inkrafttreten

§ 8. [...]

Vollziehung

§ 9. [...]

[5] Geändert durch BGBl I 201/2023.

Forstgesetz 1975

BGBl 440/1975, zuletzt geändert durch BGBl I 144/2023

I. Abschnitt Wald, Allgemeines

Nachhaltigkeit

§ 1. (1)[1] Der Wald mit seinen Wirkungen auf den Lebensraum für Menschen, Tiere und Pflanzen ist eine wesentliche Grundlage für die ökologische, ökonomische und soziale Entwicklung Österreichs. Seine nachhaltige Bewirtschaftung, Pflege und sein Schutz sind Grundlage zur Sicherung seiner multifunktionellen Wirkungen hinsichtlich Nutzung, Schutz, Wohlfahrt und Erholung in einer sich durch den Klimawandel verändernden Umwelt.

(2) Ziel dieses Bundesgesetzes ist

1. die Erhaltung des Waldes und des Waldbodens,
2. die Sicherstellung einer Waldbehandlung, dass die Produktionskraft des Bodens erhalten und seine Wirkungen im Sinne des § 6 Abs. 2 nachhaltig gesichert bleiben und
3. die Sicherstellung einer nachhaltigen Waldbewirtschaftung.

(3)[1] Nachhaltige Waldbewirtschaftung im Sinne dieses Bundesgesetzes bedeutet die Pflege und Nutzung der Wälder auf eine Art und in einem Umfang, dass deren biologische Vielfalt, Produktivität, Regenerationsvermögen, Kohlenstoffaufnahme- und Kohlenstoffspeicherfähigkeit, Vitalität sowie Potenzial dauerhaft erhalten wird, um derzeit und in Zukunft ökologische, ökonomische und gesellschaftliche Funktionen auf lokaler, nationaler und globaler Ebene, ohne andere Ökosysteme zu schädigen, zu erfüllen. Insbesondere ist bei Nutzung des Waldes unter Berücksichtigung des langfristigen forstlichen Erzeugungszeitraumes und allenfalls vorhandener Planungen vorzusorgen, dass Nutzungen entsprechend der forstlichen Zielsetzung den nachfolgenden Generationen vorbehalten bleiben.

...

III. Abschnitt Erhaltung des Waldes und der Nachhaltigkeit seiner Wirkungen

A. Erhaltung des Waldes; Allgemeines

...

Waldverwüstung

§ 16. (1) Jede Waldverwüstung ist verboten. Dieses Verbot richtet sich gegen jedermann.

(2) Eine Waldverwüstung liegt vor, wenn durch Handlungen oder Unterlassungen

a) die Produktionskraft des Waldbodens wesentlich geschwächt oder gänzlich vernichtet,
b) der Waldboden einer offenbaren Rutsch- oder Abtragungsgefahr ausgesetzt,
c) die rechtzeitige Wiederbewaldung unmöglich gemacht oder
d) der Bewuchs offenbar einer flächenhaften Gefährdung, insbesondere durch Wind, Schnee, wildlebende Tiere mit Ausnahme der jagdbaren, unsachgemäße Düngung, Immissionen aller Art, ausgenommen solche gemäß § 47, ausgesetzt wird oder Abfall (wie Müll, Gerümpel, Klärschlamm) abgelagert wird.

(3)–(6) ...

Rodung

§ 17. (1) Die Verwendung von Waldboden zu anderen Zwecken als für solche der Waldkultur (Rodung) ist verboten.

(2)-(6) ...

...

B. Wälder mit Sonderbehandlung

Schutzwald, Begriff

§ 21. (1) Standortschutzwälder (Wälder auf besonderen Standorten) im Sinne dieses Bundesgesetzes sind Wälder, deren Standort durch die abtragenden Kräfte von Wind, Wasser oder Schwerkraft gefährdet ist und die eine besondere Behandlung zum Schutz des Bodens und des Bewuchses sowie zur Sicherung der Wiederbewaldung erfordern. Diese sind

1. Wälder auf Flugsand- oder Flugerdeböden,
2. Wälder auf zur Verkarstung neigenden oder stark erosionsgefährdeten Standorten,
3. Wälder in felsigen, seichtgründigen oder schroffen Lagen, wenn ihre Wiederbewaldung nur unter schwierigen Bedingungen möglich ist,
4. Wälder auf Hängen, wo gefährliche Abrutschungen zu befürchten sind,
5. der Bewuchs in der Kampfzone des Waldes,
6. der an die Kampfzone unmittelbar angrenzende Waldgürtel.

(2) Objektschutzwälder im Sinne dieses Bundesgesetzes sind Wälder, die Menschen, menschliche Siedlungen oder Anlagen oder kultivierten Boden insbesondere vor Elementargefahren oder schädigenden Umwelteinflüssen schützen und die eine besondere Behandlung zur Erreichung und Sicherung ihrer Schutzwirkung erfordern.

(3) Die Bestimmungen über Objektschutzwälder gelten auch für den forstlichen Bewuchs in der Kampfzone des Waldes, sofern dem Bewuchs eine hohe Schutzwirkung im Sinne des § 6 Abs. 2 lit. b zukommt.

Behandlung und Nutzung des Schutzwaldes

§ 22. (1) Der Eigentümer eines Schutzwaldes hat diesen entsprechend den örtlichen Verhältnissen jeweils so zu behandeln, daß seine Erhaltung als möglichst stabiler, dem Standort entsprechender Bewuchs mit kräftigem inneren Gefüge bei rechtzeitiger Erneuerung gewährleistet ist.

(2) Liegen bei einem Wald die Voraussetzungen für die Qualifikation als Schutzwald gemäß § 21 vor, so hat der Waldeigentümer den Wald, auch wenn der Schutzwaldcharakter nicht bescheidmäßig festgestellt worden ist, als Schutzwald zu behandeln.

(3) Der Eigentümer eines Standortschutzwaldes, der nicht Objektschutzwald im Sinne des § 21 Abs. 2 ist, ist zur Durchführung von Maßnahmen gemäß den Abs. 1 und 4 insoweit verpflichtet, als die Kosten dieser Maßnahmen aus den Erträgnissen von Fällungen in diesem Standortschutzwald gedeckt werden können. Darüber hinaus ist er zur Wiederbewaldung von Kahlflächen oder Räumden, ausgenommen in er-

[1] Geändert durch BGBl I 144/2023.

tragslosem Standortschutzwald, sowie zu Forstschutzmaßnahmen gemäß den §§ 40 bis 45 verpflichtet.

(3a) Der Eigentümer eines Objektschutzwaldes ist zur Durchführung von Maßnahmen gemäß den Abs. 1 und 4 insoweit verpflichtet, als die Kosten dieser Maßnahmen durch öffentliche Mittel oder Zahlungen durch Begünstigte gedeckt sind. Unabhängig davon ist der Eigentümer zur Wiederbewaldung von Kahlflächen oder Räumden sowie zu Forstschutzmaßnahmen gemäß den §§ 40 bis 45 verpflichtet. Die übrigen Verpflichtungen des Waldeigentümers auf Grund dieses Bundesgesetzes bleiben unberührt.

(4) Der Bundesminister für Land- und Forstwirtschaft, Umwelt und Wasserwirtschaft hat die Behandlung und Nutzung der Schutzwälder durch Verordnung näher zu regeln. In dieser kann insbesondere angeordnet werden, daß

a) freie Fällungen einer Bewilligung bedürfen (§ 85), soweit nicht § 96 Abs. 1 lit. a und § 97 lit. a Anwendung findet,
b) die Wiederbewaldungsfrist abweichend von § 13 festzusetzen ist,
c) ein von einer Verordnung nach § 80 Abs. 4 abweichendes Alter der Hiebsunreife einzuhalten ist.

...

Bannwald

§ 27. (1) Objektschutzwälder, die der direkten Abwehr bestimmter Gefahren von Menschen, menschlichen Siedlungen oder Anlagen oder kultiviertem Boden dienen, sowie Wälder deren Wohlfahrtswirkung gegenüber der Nutzwirkung ein Vorrang zukommt, sind durch Bescheid in Bann zu legen, sofern das zu schützende volkswirtschaftliche oder sonstige öffentliche Interesse (Bannzweck) sich als wichtiger erweist als die mit der Einschränkung der Waldbewirtschaftung infolge der Bannlegung verbundenen Nachteile (Bannwald).

(2) Bannzwecke im Sinne des Abs. 1 sind insbesondere

a) der Schutz vor Lawinen, Felssturz, Steinschlag, Schneeabsitzung, Erdabrutschung, Hochwasser, Wind oder ähnlichen Gefährdungen,
b) die Abwehr der durch Emissionen bedingten Gefahren,
c) der Schutz von Heilquellen sowie von Fremdenverkehrsorten und Ballungsräumen vor Beeinträchtigung der Erfordernisse der Hygiene und Erholung sowie die Sicherung der für diese Zwecke notwendigen Bewaldung der Umgebung solcher Orte,
d) die Sicherung eines Wasservorkommens,
e) die Sicherung der Benutzbarkeit von Verkehrsanlagen und energiewirtschaftlichen Leitungsanlagen,
f) die Sicherung der Verteidigungswirkung von Anlagen der Landesverteidigung,
g) der Schutz vor Gefahren, die sich aus dem Zustand des Waldes oder aus seiner Bewirtschaftung ergeben.

...

Benützung des Waldes zu Erholungszwecken

Arten der Benützung

§ 33. (1) Jedermann darf, unbeschadet der Bestimmungen der Abs. 2 und 3 und des § 34, Wald zu Erholungszwecken betreten und sich dort aufhalten.

(2) Zu Erholungszwecken gemäß Abs. 1 dürfen nicht benützt werden:

a) Waldflächen, für die die Behörde ein Betretungsverbot aus den Gründen des § 28 Abs. 3 lit. d, § 41 Abs. 2 oder § 44 Abs. 7 verfügt hat,
b) Waldflächen mit forstbetrieblichen Einrichtungen, wie Forstgärten und Saatkämpe, Holzlager- und Holzausformungsplätze, Material- und Gerätelagerplätze, Gebäude, Betriebsstätten von Bringungsanlagen, ausgenommen Forststraßen, einschließlich ihres Gefährdungsbereiches,
c) Wiederbewaldungsflächen sowie Neubewaldungsflächen, diese unbeschadet des § 4 Abs. 1, solange deren Bewuchs eine Höhe von drei Metern noch nicht erreicht hat.

(3) Eine über Abs. 1 hinausgehende Benutzung, wie Lagern bei Dunkelheit, Zelten, Befahren oder Reiten, ist nur mit Zustimmung des Waldeigentümers, hinsichtlich der Forststraßen mit Zustimmung jener Person, der die Erhaltung der Forststraße obliegt, zulässig. Das Abfahren mit Schiern im Wald ist im Bereich von Aufstiegshilfen nur auf markierten Pisten oder Schirouten gestattet. Schilanglaufen ohne Loipen ist unter Anwendung der nötigen Vorsicht gestattet; eine darüber hinausgehende Benützung des Waldes, wie das Anlegen und die Benützung von Loipen, ist jedoch nur mit Zustimmung des Waldeigentümers gestattet. Eine Zustimmung kann auf bestimmte Benützungsarten oder -zeiten eingeschränkt werden. Sie gilt als erteilt, wenn die Zulässigkeit der Benützung und deren Umfang im Sinne des § 34 Abs. 10 ersichtlich gemacht wurde.

(4) Soweit es die ordnungsgemäße Bewirtschaftung der Wälder zuläßt, hat der Erhalter der Forststraße deren Befahren durch Fahrzeuge im Rettungseinsatz oder zur Versorgung von über die Forststraße erreichbaren Schutzhütten zu dulden; einer Ersichtlichmachung im Sinne des § 34 Abs. 10 bedarf es nicht. Ist die Forststraße abgesperrt, so ist zwischen dem Erhalter der Forststraße und der für den Rettungseinsatz zuständigen Stelle eine für den Erhalter der Forststraße zumutbare Vereinbarung über die Zugänglichmachung der Forststraße zu treffen. Der Erhalter der Forststraße hat gegenüber dem Inhaber der Schutzhütte Anspruch auf eine dem Umfang der Benützung der Forststraße entsprechende Entschädigung für vermögensrechtliche Nachteile. Die Bestimmungen des § 14 Abs. 1 dritter bis sechster Satz sind sinngemäß anzuwenden.

(5) Durch die Benutzung des Waldes zu Erholungszwecken tritt eine Ersitzung (§§ 1452 ff. ABGB) nicht ein.

(6) Die Sicherstellung der Einhaltung der Bestimmungen des Abs. 3 darf von Organen des öffentlichen Sicherheitsdienstes wahrgenommen werden.

...

IV. Abschnitt
Forstschutz

...

C. Forstschädliche Luftverunreinigungen

Begriffsbestimmungen

§ 47. Forstschädliche Luftverunreinigungen im Sinne dieses Bundesgesetzes sind Luftverunreinigungen, die meßbare Schäden an Waldboden oder Bewuchs (Gefährdung der Waldkultur) verursachen.

...

Haftung für forstschädliche Luftverunreinigungen

§ 53. (1) Für forstschädliche Luftverunreinigungen, die

a) von einer Anlage (§ 48 Abs. 1 lit. e) ausgehen, die nicht im Sinne der §§ 49 Abs. 1 oder 2 oder 50 Abs. 2 bewilligt wurde, oder
b) das in der Bewilligung festgelegte Ausmaß (§ 49 Abs. 3 und 5, § 50 Abs. 2 oder § 51 Abs. 2) überschreiten,

haftet der Inhaber der Anlage, die diese Luftverunreinigungen verursacht hat, nach diesem Unterabschnitt für den Ersatz des daraus entstandenen Schadens. Mehrere Inhaber derselben Anlage haften zur ungeteilten Hand.

(2) Verursachen mehrere Anlagen, wenn auch nur durch ihr Zusammenwirken, durch die von ihnen ausgehenden Luftverunreinigungen einen Schaden am Wald, so haftet jeder Inhaber einer Anlage nur für seinen Anteil an der Schadenszufügung; lassen sich jedoch die Anteile nicht bestimmen, so haften mehrere Inhaber zu gleichen Teilen.

(3) Hat bei der Entstehung des Schadens ein Verschulden des Geschädigten mitgewirkt, so ist der § 1304 ABGB sinngemäß anzuwenden.

(4) Eine Ersatzpflicht ist dann ausgeschlossen, wenn die Luftverunreinigung durch ein unabwendbares Ereignis verursacht wurde, das weder auf einen Fehler in der Beschaffenheit noch auf ein Versagen der Anlage zurückzuführen ist und der Inhaber der Anlage oder seine Leute jede nach den Umständen des Falles gebotene Sorgfalt und Vorsicht beachtet haben.

(5) Der Geschädigte verliert den Ersatzanspruch, wenn er nicht innerhalb von drei Monaten, nachdem er von dem Schaden und der Person des Ersatzpflichtigen Kenntnis erlangt hat, diesem die forstschädliche Luftverunreinigung anzeigt. Der Verlust tritt nicht ein, wenn die Anzeige infolge eines vom Geschädigten nicht zu vertretenden Umstandes unterblieben ist oder der Inhaber der Anlage innerhalb der bezeichneten Frist auf andere Weise von dem Schaden Kenntnis erlangt hat.

Vermutung der Verursachung

§ 54. Kommen nach den Umständen des Falles als Ursache des Schadens forstschädliche Luftverunreinigungen in Betracht, die von verschiedenen Anlagen ausgehen, so wird vermutet, daß der Schaden von diesen Anlagen gemeinsam verursacht worden ist. Diese Vermutung kann vom Inhaber der Anlage durch den Nachweis der Unwahrscheinlichkeit der Verursachung durch seine Anlage entkräftet werden.

Verjährung

§ 55. (1) Die in diesem Abschnitt festgesetzten Ersatzansprüche verjähren in drei Jahren von dem Zeitpunkt an, in dem der Ersatzberechtigte von dem Schaden und von der Person des Ersatzpflichtigen Kenntnis erlangt hat, ohne Rücksicht auf diese Kenntnis in 30 Jahren nach Feststellung der Luftverunreinigung.

(2) Im übrigen gelten für die Verjährung die Vorschriften des ABGB.

Vorschriften des bürgerlichen Rechtes

§ 56. (1) Unberührt bleiben die Vorschriften des ABGB und andere Vorschriften, nach denen der Inhaber der Anlage für den durch forstschädliche Luftverunreinigungen verursachten Schaden über die Bestimmungen der §§ 53 und 54 hinaus haftet oder nach denen ein anderer für den Schaden verantwortlich ist. Soweit eine Pflicht zur Entschädigung nach § 364a ABGB gegeben ist, finden die §§ 53 Abs. 2 und 54 sinngemäß Anwendung; forstschädliche Luftverunreinigungen im Sinne des § 47 gelten dabei jedenfalls als solche, die das ortsübliche Ausmaß im Sinne des § 364 Abs. 2 ABGB überschreiten.

(2) Auch dort, wo die Ersatzansprüche für einen durch forstschädliche Luftverunreinigungen verursachten Schaden nach den Vorschriften des ABGB zu beurteilen sind, haftet der Inhaber der Anlage für das Verschulden der Personen, die nach seinem Willen beim Betrieb der Anlage tätig waren, soweit diese Tätigkeit für den entstandenen Schaden ursächlich war.

Schadenersatzansprüche, Gerichtsstand

§ 57. (1) Schadenersatzansprüche für forstschädliche Luftverunreinigungen sind, unbeschadet der Bestimmung des Abs. 3, im ordentlichen Rechtsweg geltend zu machen.

(2) Für Klagen, die auf Grund dieses Abschnittes erhoben werden, ist auch das Gericht zuständig, in dessen Sprengel die Immissionsschäden aufgetreten sind.

(3) Die Bestimmungen der Abs. 1 und 2 sowie der §§ 53 bis 56 gelten nicht für Bergbauanlagen; auf diese finden die Bestimmungen des Bergschadensrechtes Anwendung.

…

VII. Abschnitt
Schutz vor Wildbächen und Lawinen

Anwendungsbereich

§ 98.[2] Die Bestimmungen dieses Abschnittes sind, soweit nichts Anderes bestimmt ist, auch auf Grundstücke anzuwenden, die nicht Wald im Sinne des § 1a sind.“

Begriffsbestimmungen; Festlegung der Einzugsgebiete

§ 99. (1) Ein Wildbach im Sinne dieses Bundesgesetzes ist ein dauernd oder zeitweise fließendes Gewässer, das durch rasch eintretende und nur kurze Zeit dauernde Anschwellungen Feststoffe aus seinem Einzugsgebiet oder aus seinem Bachbett in gefahrdrohendem Ausmaße entnimmt, diese mit sich führt und innerhalb oder außerhalb seines Bettes ablagert oder einem anderen Gewässer zuführt.

(2) Unter einer Lawine im Sinne dieses Bundesgesetzes sind Schneemassen zu verstehen, die bei raschem Absturz auf steilen Hängen, Gräben u. ä., infolge der kinetischen Energie oder der von ihnen verursachten Luftdruckwelle oder durch ihre Ablagerung Gefahren oder Schäden verursachen können.

(3) Das Einzugsgebiet eines Wildbaches im Sinne dieses Bundesgesetzes ist die Fläche des von diesem und seinen Zuflüssen entwässerten Niederschlagsgebietes sowie der Ablagerungsbereich des Wildbaches.

(4) Das Einzugsgebiet einer Lawine im Sinne dieses Bundesgesetzes ist deren Nähr-, Abbruch- und Ablagerungsbereich sowie die Lawinenbahn.

(5) Der Landeshauptmann hat auf Vorschlag der Dienststelle (§ 102 Abs. 1 lit. a) und nach Anhörung der Landwirtschaftskammer die Einzugsgebiete der Wildbäche und Lawinen durch Verordnung festzulegen.

(6)[3] Maßnahmen der Wildbach- und Lawinenverbauung im Sinne dieses Bundesgesetzes sind Vorkehrungen, die in Einzugsgebieten von Wildbächen und Lawinen zu folgenden Zwecken getroffen werden:

1. Unterbindung der Geschiebebildung und Zurückhaltung von Verwitterungsprodukten in den Einzugsgebieten der Wildbäche,
2. Verbesserung des Wasserhaushaltes und unschädliche Ableitung des Wassers und der Geschiebe in den Einzugsgebieten der Wildbäche,
3. Begründung und Pflege von Schutzwäldern einschließlich der Kampfzone des Waldes, Wiederbewaldung von Schutzwaldstandorten nach Elementarereignissen,
4. Beruhigung und Begrünung von Bruch- und Rutschflächen, insbesondere an wasserbedrohten Berglehnen (Sicherung des Böschungsfußes, Hangentwässerung, Aufforstungs- und Bodenbindungsmaßnahmen),

---

[2] Samt Überschrift neu gefasst durch BGBl I 144/2023.

[3] Eingefügt durch BGBl I 144/2023.

5. Vorbeugung gegen drohende Entstehung neuer Runsen, Rutschungen und Lawinengebiete sowie gegen Felssturz und Steinschlag,
6. Erhöhung des Schutzes gegen Lawinen, Felssturz, Steinschlag und Muren,
7. Betreuung und Instandhaltung der Einzugsgebiete und bestehender Maßnahmen der Wildbach- und Lawinenverbauung.

(7)[3] Das Arbeitsfeld der Wildbach- und Lawinenverbauung ist das Gebiet, auf welches sich Maßnahmen der Wildbach- und Lawinenverbauung gemäß Abs. 6 erstrecken oder welches für die Funktion dieser Maßnahmen von Bedeutung ist.

Waldbehandlung in Einzugsgebieten

§ 100. (1)[1] Soweit es zur Abwehr von Wildbach- und Lawinengefahren erforderlich erscheint, hat die Behörde nach Anhörung der Dienststelle (§ 102 Abs. 1), im Schutzwald nach Maßgabe des § 22 Abs. 3 und 3a, in Einzugsgebieten von Wildbächen oder Lawinen

a) die Verwendung von geeignetem forstlichen Vermehrungsgut der in Betracht kommenden Baumarten vorzuschreiben, wobei dem Waldeigentümer keine erheblichen Mehrkosten erwachsen dürfen,
b) Fällungen in der Kampfzone des Waldes und in Arbeitsfeldern der Wildbach- und Lawinenverbauung an eine Bewilligung zu binden,
c) im Zweifelsfalle zur Feststellung der Schutzwaldeigenschaft von Wäldern ein Feststellungsverfahren gemäß § 23 durchzuführen,
d)[3] die Behandlung des Schutzwaldes gemäß § 22 Abs. 1 oder der Verordnung nach § 22 Abs. 4 vorzuschreiben,
e)[1,4] dem Landeshauptmann die Erstellung oder Anpassung eines Waldentwicklungsplans gemäß § 24 vorzuschlagen,
f)[4] Bannlegungen gemäß § 30 für Wälder und neubewaldete Flächen im Einzugsgebiet auszusprechen,
g)[4] örtlich begrenzte Fällungen zur Vermeidung unmittelbar drohender Abrutschungen, einschließlich jener von Hochwaldbeständen, auch wenn diese die Obergrenze der Hiebsunreife im Sinne des § 80 Abs. 3 bis 5 noch nicht überschritten haben, vorzuschreiben.

(2)[1] In den Fällen des Abs. 1 lit. f und des § 101 Abs. 2 lit. c kann die Behörde, wenn und soweit dies zur Abwehr oder Verminderung der Wildbach- oder Lawinengefahr erforderlich erscheint, die Bewirtschaftung dieser Bannwälder der Dienststelle (§ 102 Abs. 1 lit. b) übertragen.

(3) Fällt die Notwendigkeit für eine Bewirtschaftung gemäß Abs. 2 weg, so hat die Behörde diese mit Bescheid dem Waldeigentümer zu übertragen. In dem Bescheid ist insbesondere der Zeitpunkt, ab dem die Übertragung wirksam werden soll, festzulegen sowie darüber zu entscheiden, ob und zutreffendenfalls in welchem Umfang und mit welchen Bedingungen und Auflagen die Bannwalderklärung aufrecht zu bleiben hat. Erforderlichenfalls ist neuerlich ein Verfahren nach § 31 zur Entschädigung der durch die Übertragung erwachsenden vermögensrechtlichen Nachteile durchzuführen und über die Durchführung der Maßnahmen im Falle des § 28 Abs. 4 oder über die Kostentragung gemäß § 31 Abs. 1 zweiter Satz zu entscheiden.

(4)[3] Werden Verfahren gemäß den Abs. 1 bis 3 durchgeführt und beziehen diese sich auf Flächen innerhalb eines Arbeitsfeldes, so ist diesen die Dienststelle (§ 102 Abs. 1) beizuziehen. Diese hat das öffentliche Interesse am Schutz vor Wildbächen und Lawinen zu vertreten.

[4] Neue Absatzbezeichnung durch BGBl I 144/2023.

Vorbeugungsmaßnahmen in Einzugsgebieten; Räumung von Wildbächen

§ 101. (1)[1] Droht im Einzugsgebiet eines Wildbaches oder einer Lawine eine Verschlechterung des Zustandes einzutreten oder ist eine solche bereits im Zuge, sodaß eine wirksame Bekämpfung der Wildbach- oder Lawinengefahr erschwert oder unmöglich gemacht wird, so hat die Behörde, sofern es sich nicht bereits um ein Arbeitsfeld gemäß § 99 Abs. 7 handelt, festzustellen, welche Vorbeugungsmaßnahmen erforderlich erscheinen.

(2) Vorbeugungsmaßnahmen gemäß Abs. 1 können insbesondere sein:

a) Vorkehrungen zur Unterbindung des Entstehens oder Ausweitens von Erosionen,
b) die Neubewaldung von Hochlagen sowie in der Kampfzone des Waldes,
c) die Bannlegung neubewaldeter Flächen,
d) die Beschränkung der Bringung gemäß Abs. 4,
e) die Beschränkung der Waldweide auf ein Ausmaß, durch das gewährleistet ist, daß auf Grund dieses Abschnittes vorgesehene oder durchgeführte Wildbach- und Lawinenverbauungsmaßnahmen nicht gefährdet werden.

(3)[1] Auf die Durchführung von Vorbeugungsmaßnahmen gemäß Abs. 1 finden nach der Art der Maßnahme die Bestimmungen dieses Bundesgesetzes oder, soweit es sich um Schutz- und Regulierungswasserbauten handelt, die Bestimmungen des Wasserrechtsgesetzes 1959, BGBl. Nr. 215/1959, Anwendung.

(4) Droht durch Bringungen in Einzugsgebieten von Wildbächen oder Lawinen, die ohne Benützung von Bringungsanlagen über Grabeneinhänge, durch Runsen, Gräben oder Wasserläufe oder durch Arbeitsfelder der Wildbach- und Lawinenverbauung durchgeführt werden sollen, eine Verschlechterung gemäß Abs. 1 einzutreten, hat die Behörde diese Bringungen an eine Bewilligung zu binden. Diese ist erforderlichenfalls unter Vorschreibung von Bedingungen und Auflagen zu erteilen, wenn gewährleistet ist, daß die Bringung unter Einhaltung der Bestimmungen des § 58 Abs. 3 durchgeführt wird und Auswirkungen im Sinne des § 60 Abs. 2 nicht zu befürchten sind.

(5) Werden Verfahren gemäß den Abs. 1, 3 oder 4 durchgeführt, so ist diesen die Dienststelle (§ 102 Abs. 1) beizuziehen. Diese hat das öffentliche Interesse am Schutz vor Wildbächen und Lawinen zu vertreten.

(6)[5] Jede Gemeinde, durch deren Gebiet ein Wildbach fließt, ist verpflichtet, diesen samt Zuflüssen zu überwachen und die innerhalb ihres Gebietes gelegenen, als gefährlich bekannten Strecken jährlich mindestens einmal, und zwar tunlichst im Frühjahr nach der Schneeschmelze, zu erkunden oder erkunden zu lassen. Die Beseitigung vorgefundener Übelstände, wie insbesondere das Vorhandensein von Holz oder anderen den Wasserlauf hemmenden Gegenständen, ist sofort zu veranlassen. Über das Ergebnis der Erkundung, über allfällige Veranlassungen und über deren Erfolg hat die Gemeinde der Behörde zu berichten.

(7) Die von der Gemeinde gemäß Abs. 6 zu besorgende Aufgabe ist eine solche des eigenen Wirkungsbereiches.

(8) Die Landesgesetzgebung wird gemäß Art. 10 Abs. 2 B-VG ermächtigt, die Durchführung der Räumung der Wildbäche von den im Abs. 6 bezeichneten Gegenständen sowie die Beseitigung sonstiger Übelstände und die Hintanhaltung von Beschädigungen der Ufer, Brücken, Schutz- und Regulierungswerke unter Bedachtnahme auf die erfahrungsmäßigen Hochwasserstände näher zu regeln.

…

[5] Neu gefasst durch BGBl I 144/2023.

Gentechnikgesetz – GTG

BGBl 510/1994, zuletzt geändert durch BGBl I 8/2022

I. ABSCHNITT
Allgemeine Bestimmungen

Ziel des Gesetzes

§ 1. Ziel dieses Bundesgesetzes ist es,

1. die Gesundheit des Menschen einschließlich seiner Nachkommenschaft vor Schäden zu schützen, die
   a) unmittelbar durch Eingriffe am menschlichen Genom, durch genetische Analysen am Menschen oder durch Auswirkungen gentechnisch veränderter Organismen auf den Menschen oder
   b) mittelbar durch Auswirkungen gentechnisch veränderter Organismen auf die Umwelt entstehen können, sowie die Umwelt (insbesondere die Ökosysteme) vor schädlichen Auswirkungen durch gentechnisch veränderte Organismen zu schützen und dadurch ein hohes Maß an Sicherheit für den Menschen und die Umwelt zu gewährleisten und
2. die Anwendungen der Gentechnik zum Wohle des Menschen durch Festlegung eines rechtlichen Rahmens für deren Erforschung, Entwicklung und Nutzung zu fördern.

…

Betreiber

§ 13. (1) Der Betreiber hat nach dem Stand von Wissenschaft und Technik die erforderlichen Sicherheitsmaßnahmen (§ 10) zu treffen und für deren Einhaltung zu sorgen.

(2) Der Betreiber hat sich in allen Fragen der Sicherheit mit dem Beauftragten für die biologische Sicherheit (§ 14), dem Projektleiter (§ 15) und dem Komitee für die biologische Sicherheit (§ 16) zu beraten.

(3) Durch die Bestellung eines Beauftragten für die biologische Sicherheit, eines Projektleiters oder eines Komitees für die biologische Sicherheit wird die Verantwortung des Betreibers für die Einhaltung der Bestimmungen dieses Bundesgesetzes und der darauf beruhenden Verwaltungsakte nicht berührt.

Beauftragter für die biologische Sicherheit

§ 14. (1) Der Betreiber hat für jede gentechnische Anlage einen Beauftragten für die biologische Sicherheit sowie mindestens einen Stellvertreter mit deren Einverständnis zu bestellen und unverzüglich der örtlichen Feuerwehr bekanntzugeben.

(2) Der Beauftragte für die biologische Sicherheit und jeder Stellvertreter muß über eine mindestens zweijährige praktische Erfahrung mit Arbeiten mit GVO, wie sie in der Anlage vorwiegend durchgeführt werden, sowie über ausreichende Kenntnisse auf dem Gebiet der Maßnahmen zur Gewährleistung der Sicherheit (§ 1 Z 1) vor Gefährdungen durch GVO verfügen.

(3) Der Beauftragte für die biologische Sicherheit und seine Stellvertreter müssen in einem Dienstverhältnis zum Betreiber der gentechnischen Anlage stehen oder überwiegend in der gentechnischen Anlage beschäftigt sein; jeweils zumindest einer von ihnen muss bei Arbeiten in den Sicherheitsstufen 3 oder 4 im kleinen Maßstab sowie bei Arbeiten in den Sicherheitsstufen 2, 3 oder 4 im großen Maßstab während der Arbeiten mit GVO anwesend oder zumindest kurzfristig erreichbar sein. Im Klinischen Bereich der Medizinischen Fakultäten ist ein Dienstverhältnis des Beauftragten für die biologische Sicherheit im Rahmen der universitären Einrichtung dem Dienstverhältnis zum Betreiber, soweit dieser der Träger der Krankenanstalt ist, gleichzusetzen. Die Bestellung des Beauftragten für die biologische Sicherheit hat in diesem Fall im Einvernehmen mit dem jeweiligen Klinik- bzw. Institutsvorstand zu erfolgen.

(4) Der Beauftragte für die biologische Sicherheit hat

1. a) die Einhaltung der Sicherheitsmaßnahmen regelmäßig zu überwachen und den Betreiber und den Projektleiter über festgestellte sicherheitsrelevante Mängel unverzüglich zu informieren,
   b) den Notfallplan zu überprüfen und dem Betreiber gegebenenfalls vorzuschlagen,
   c) Maßnahmen für die Unterweisung und Ausbildung der Mitarbeiter hinsichtlich der Gewährleistung der Sicherheit (§ 1 Z 1) vor Gefährdungen durch GVO dem Betreiber vorzuschlagen und
2. schriftliche Aufzeichnungen über diese Tätigkeiten zu führen und diese zur Einsichtnahme durch die Behörde bereitzuhalten.

(5) Der Betreiber hat den Beauftragten für die biologische Sicherheit bei der Erfüllung seiner Aufgaben zu unterstützen, ihm hiefür ausreichend Zeit während der Arbeitszeit zu gewähren, und - soweit notwendig - Hilfspersonal, Weiterbildungsmöglichkeiten, Räume, Einrichtungen und Arbeitsmittel zur Verfügung zu stellen sowie Gelegenheit zu geben, ihm bei Meinungsunterschieden mit dem Projektleiter Vorschläge und Bedenken vorzutragen.

(6) Scheidet der Beauftragte für die biologische Sicherheit aus dieser Funktion aus oder wird seine Bestellung vom Betreiber widerrufen, so ist unverzüglich ein neuer Beauftragter für die biologische Sicherheit zu bestellen; gleiches gilt für dessen Stellvertreter, soweit nicht noch ein anderer Stellvertreter bestellt ist.

(7) Der Betreiber hat der Behörde das Ausscheiden und jeden Wechsel des Beauftragten für die biologische Sicherheit oder eines seiner Stellvertreter unverzüglich unter Anschluß der für die vom Betreiber bestellte Ersatzperson erforderlichen Nachweise (Abs. 2) schriftlich bekanntzugeben.

(8) Die Behörde hat, wenn sie im Falle der Bestellung einer Ersatzperson (Abs. 6) auf Grund der vorgelegten Nachweise feststellt, daß die bestellte Person den an sie gestellten Anforderungen nicht entspricht, den Betreiber innerhalb von sechs Wochen ab Bekanntgabe der Ersatzperson aufzufordern, entweder

a) innerhalb einer von der Behörde festzulegenden, höchstens vierwöchigen Frist die ausstehenden Nachweise zu erbringen oder
b) wenn für die gentechnische Anlage ein Beauftragter für die biologische Sicherheit oder ein Stellvertreter gültig bestellt ist, bei mangelnder Qualifikation der bestellten Ersatzperson eine entsprechende ergänzende Ausbildung innerhalb von sechs Monaten nachzuweisen,

andernfalls vom Betreiber eine andere geeignete Person zu bestellen ist.

…

IVa. Abschnitt
Zivilrechtliche Haftung

Personen- und Sachschäden

§ 79a. (1) Wird bei Arbeiten mit GVO (§ 4 Z 4) oder bei deren Freisetzung (§ 4 Z 20) als Folge der durch die gentechnische Veränderung bewirkten Eigenschaften des Organismus ein Mensch getötet, am Körper verletzt oder an der Gesundheit geschädigt oder eine körperliche Sache beschädigt, so hat der Betreiber (§ 4 Z 18) den Schaden zu ersetzen. Der Betreiber haftet für Arbeiten und Freisetzungen auch dann, wenn bereits eine Genehmigung für die Freisetzung oder für das Inverkehrbringen erteilt worden ist, solange das Erzeugnis (§ 54 Abs. 1) noch nicht zulassungsgemäß in Verkehr gebracht worden ist.

(2) Die Haftung des Betreibers erstreckt sich auch auf Schäden, die auf die durch die gentechnische Veränderung bewirkten Eigenschaften des GVO in Verbindung mit dessen sonstigen gefährlichen Eigenschaften zurückzuführen sind.

Beeinträchtigung der Umwelt

§ 79b. Ist der Schaden an einer körperlichen Sache auch eine wesentliche Beeinträchtigung der Umwelt (§ 101a Abs. 1) und ist eine Wiederherstellung des vorigen Zustandes durch den haftpflichtigen Betreiber nicht tunlich oder findet sich dieser nicht zur Wiederherstellung bereit, so gebührt dem Geschädigten auch dann der Ersatz der Kosten der Wiederherstellung, wenn diese Kosten den Wert der beschädigten Sache übersteigen. Der Geschädigte kann die Wiederherstellungskosten vorschußweise verlangen, hat eine Vorschußleistung in einem den Wert der beschädigten Sache übersteigenden Ausmaß jedoch zurückzuerstatten, wenn er nicht innerhalb angemessener Zeit den vorigen Zustand wiederherstellt.

Ausschluß der Haftung

§ 79c. Die Haftung des Betreibers ist ausgeschlossen, wenn der Schaden

1. durch eine Kriegshandlung, ähnliche Feindseligkeiten, einen Bürgerkrieg, einen Aufstand oder ein außergewöhnliches, unabwendbares und in seinen Folgen zumutbarerweise nicht vermeidbares Naturereignis,
2. durch einen in Schädigungsabsicht handelnden, nicht bei der Tätigkeit nach § 79a mitwirkenden Dritten trotz Einhaltung aller nach der Art der Tätigkeit gemäß §§ 10 und 45 gebotenen Sicherheitsmaßnahmen oder
3. in Befolgung einer Rechtsvorschrift oder einer besonderen behördlichen Anordnung oder Zwangsmaßnahme

verursacht worden ist.

Beweiserleichterung

§ 79d. Ist ein GVO, der Gegenstand einer Tätigkeit nach § 79a war, nach den Umständen des Einzelfalls geeignet, den Schaden herbeizuführen, so wird vermutet, daß er den Schaden als Folge seiner durch die gentechnische Veränderung bewirkten Eigenschaften verursacht hat. Die Vermutung ist widerlegt, wenn es der Betreiber als wahrscheinlich dartut, daß der Schaden nicht durch diese Eigenschaften verursacht oder im Sinn des § 79a Abs. 2 mitverursacht worden ist.

Haftung, Rückgriff und Ausgleich bei mehreren Betreibern

§ 79e. (1) Sind mehrere Personen nach diesem Bundesgesetz oder anderen Rechtsvorschriften haftpflichtig, so haften sie, sofern sich die den einzelnen Haftpflichtigen zuzurechnenden Schäden nicht auseinanderhalten lassen, zur ungeteilten Hand. Gleiches gilt, wenn mehrere Betreiber eine schädigende Tätigkeit nacheinander ausgeübt haben und sich die den einzelnen Haftpflichtigen zuzurechnenden Schäden nicht auseinanderhalten lassen. Jeder Haftpflichtige haftet jedoch dem Grunde und dem Umfang nach nur nach den für ihn geltenden Bestimmungen.

(2) Sind mehrere Personen nach diesem Bundesgesetz oder anderen Rechtsvorschriften haftpflichtig, so hängen im Verhältnis zueinander die Verpflichtung zum Ersatz und dessen Umfang von den Umständen des Einzelfalls ab, insbesondere davon, inwieweit der Schaden zumindest mit Wahrscheinlichkeit vom einen oder anderen Haftpflichtigen verschuldet oder sonst verursacht worden ist. Gleiches gilt für die gegenseitige Ersatzpflicht. Jeder Haftpflichtige haftet jedoch dem Grunde und dem Umfang nach nur nach den für ihn geltenden Bestimmungen.

Auskunft

§ 79f. (1) Liegen Umstände vor, die die Annahme begründen, daß ein Schaden durch GVO als Folge von deren durch die gentechnische Veränderung bewirkten Eigenschaften verursacht worden ist, so hat der Geschädigte gegen jeden Betreiber, dessen Tätigkeit nach § 79a örtlich sowie nach der Art der GVO als Ursache allgemein in Betracht kommt, einen Anspruch auf Auskunft. Der Betreiber hat über die für seine Haftung nach § 79a maßgeblichen Gesichtspunkte seiner Tätigkeit, insbesondere über die dabei hergestellten, verwendeten, vermehrten, gelagerten, zerstörten, entsorgten oder freigesetzten GVO sowie deren Eigenschaften und Wirkungen, Auskunft zu erteilen. Der Anspruch auf Auskunft besteht nicht, soweit der Betreiber darlegt, daß die Auskunft zur Beurteilung, ob und in welchem Ausmaß der Schaden durch die durch die gentechnische Veränderung bewirkten Eigenschaften dieses GVO verursacht worden ist, nicht erforderlich ist.

(2) Der Betreiber, dessen Haftung in Anspruch genommen worden ist, hat gegen jeden anderen Betreiber, auf dessen Tätigkeit die in Abs. 1 genannten Voraussetzungen zutreffen, Anspruch auf Auskunft nach Abs. 1.

(3) Ein Anspruch auf Auskunft besteht nicht, soweit der Betreiber bei Abwägung aller maßgeblichen Interessen durch die Erteilung der Auskunft unverhältnismäßig belastet würde, insbesondere wegen der dafür notwendigen Aufwendungen, wegen einer ihm deshalb drohenden strafgerichtlichen Verfolgung oder wegen der dazu erforderlichen Preisgabe eines im Verhältnis zum Schaden wesentlich bedeutsameren Geschäfts- oder Betriebsgeheimnisses.

(4) Der Betreiber, der auf Auskunft oder dessen Haftung in Anspruch genommen worden ist, hat gegen den Geschädigten Anspruch auf Auskunft, soweit dies zur Beurteilung erforderlich ist, ob und in welchem Ausmaß der Schaden durch den Geschädigten oder andere Verursacher herbeigeführt worden ist, und soweit der Geschädigte bei Abwägung aller maßgeblichen Interessen durch die Erteilung der Auskunft nicht unverhältnismäßig belastet würde.

(5) Durch außergerichtliche Verhandlungen über die Erteilung einer Auskunft sowie durch ein gerichtliches Verfahren zur Durchsetzung des Auskunftsanspruchs ist die Fortsetzung der Verjährung eines Anspruchs nach diesem Abschnitt gehemmt.

§ 79g. (1) Eine nach § 79f erlangte Auskunft darf nur zur Durchsetzung von Ansprüchen nach diesem Abschnitt verwendet werden.

(2) Werden in einem gerichtlichen Verfahren Geschäfts- oder Betriebsgeheimnisse oder sonst der Inhalt von Auskünften nach § 79f erörtert oder Beweise dazu aufgenommen, so ist auf Antrag einer der Parteien die Öffentlichkeit auszuschließen.

Anwendung des ABGB

§ 79h. (1) Soweit in diesem Abschnitt nicht anderes bestimmt ist, ist auf die darin vorgesehenen Ansprüche das allgemeine bürgerliche Gesetzbuch anzuwenden.

(2) Der Betreiber haftet auch in den Fällen, in denen Ersatzansprüche für Schäden, die durch GVO als Folge von deren durch die gentechnische Veränderung bewirkten Eigenschaften verursacht worden sind, nach den allgemeinen Vorschriften des bürgerlichen Rechts zu beurteilen sind, für das Verschulden der Personen, die mit seinem Willen bei der Tätigkeit nach § 79a mitgewirkt haben, soweit diese Mitwirkung für den Schaden ursächlich gewesen ist.

(3) Trifft den Geschädigten oder jemanden, dessen Verhalten er zu vertreten hat, ein Verschulden, so ist § 1304 ABGB sinngemäß anzuwenden.

Sonstige Ersatzansprüche

§ 79i. Bestimmungen des allgemeinen bürgerlichen Gesetzbuchs und anderer Vorschriften, nach denen Schäden in anderem Umfang oder von anderen Personen als nach diesem Bundesgesetz zu ersetzen sind, bleiben unberührt.

Deckungsvorsorge

§ 79j. (1) Der Betreiber einer Tätigkeit nach § 79a hat in einer Art und in einem Ausmaß, wie sie im redlichen Geschäftsverkehr üblich sind, durch Eingehen einer Versicherung oder in anderer geeigneter Weise dafür Vorsorge zu treffen, daß Schadenersatzpflichten nach diesem Abschnitt erfüllt werden können. Besteht die Tätigkeit in Arbeiten mit GVO der Sicherheitsstufe 3 im großen Maßstab oder in der Freisetzung von GVO in einem kleinen Ausmaß (§ 36 Abs. 1 Z 1), so muß diese Vorsorge jedenfalls in einer Haftpflichtversicherung mit einer Versicherungssumme von mindestens 712 200 Euro für jeden Schadensfall bestehen. Besteht die Tätigkeit in Arbeiten mit GVO der Sicherheitsstufe 4 oder in der Freisetzung von GVO in einem großen Ausmaß (§ 36 Abs. 1 Z 2), so muß diese Vorsorge jedenfalls in einer Haftpflichtversicherung mit einer Versicherungssumme von mindestens 4 069 700 Euro für jeden Schadensfall bestehen. Die Haftpflichtversicherung muß bei einem zum Betrieb dieses Versicherungszweigs in Österreich berechtigten Versicherer abgeschlossen sein; darauf muß österreichisches Recht anzuwenden sein. Zuständige Stelle im Sinne des § 158c Abs. 2 Versicherungsvertragsgesetz 1958 ist die Behörde nach § 100.

(2) Eine Verpflichtung zur Deckungsvorsorge besteht nicht, wenn der Bund oder ein Land Betreiber ist.

Ansprüche gegen Nachbarn

§ 79k. (1) Der Eigentümer oder Nutzungsberechtigte eines landwirtschaftlich genutzten Grundstücks kann einem Nachbarn, der auf seinem Grundstück Erzeugnisse im Sinn des § 54 Abs. 1 anbaut und zur Eintragung in ein Register nach § 101c Abs. 2 verpflichtet ist, die von diesen Erzeugnissen ausgehenden Einwirkungen untersagen, wenn diese Einwirkungen das nach den örtlichen Verhältnissen gewöhnliche Maß überschreiten und die Benützung des betroffenen Grundstücks wesentlich beeinträchtigen. Eine solche Beeinträchtigung liegt jedenfalls dann vor, wenn der Eigentümer oder Nutzungsberechtigte die Erzeugnisse seines Grundstücks aufgrund der Einwirkungen nicht oder nicht in der von ihm beabsichtigten Art und Weise in den Verkehr bringen kann.

(2) Der Nachbar, der eine Einwirkung im Sinn des Abs. 1 verursacht hat, haftet dem Grundstückseigentümer oder Nutzungsberechtigten für den Ersatz des diesem dadurch verursachten Schadens einschließlich der Kosten einer Wiederherstellung der Umwelt (§ 79b).

(3) Haben mehrere Nachbarn eine Einwirkung im Sinn des Abs. 1 verursacht, so haftet jeder von ihnen nur für seinen Anteil an dem dem Grundstückseigentümer oder Nutzungsberechtigten zugefügten Schaden. Wenn sich die Anteile nicht bestimmen lassen, haften die Nachbarn zur ungeteilten Hand.

(4) Kann der Eigentümer oder Nutzungsberechtigte glaubhaft dartun, dass eine bestimmte Tätigkeit oder Unterlassung des Nachbarn nach den Umständen des Einzelfalls geeignet war, die Einwirkung im Sinn des Abs. 1 herbeizuführen, so wird vermutet, dass diese durch die Tätigkeit oder Unterlassung verursacht wurde. Diese Vermutung ist widerlegt, wenn es der Nachbar als wahrscheinlich dartut, dass die Einwirkung nicht daraus herrührt.

(5) Bestimmungen des allgemeinen bürgerlichen Gesetzbuchs und anderer Vorschriften über die Untersagung von Einwirkungen und den Ersatz von Schäden bleiben unberührt.

§ 79l. Außervertragliche Ansprüche auf Ersatz von Schäden durch Einwirkungen im Sinn des § 79k sind nach dem Recht des Staates zu beurteilen, in dem der Schaden eingetreten ist.

§ 79m. (1) Der Eigentümer oder Nutzungsberechtigte eines landwirtschaftlich genutzten Grundstücks hat vor der Einbringung einer Klage aufgrund des § 79k Abs. 1 und 2 zur gütlichen Einigung eine Schlichtungsstelle zu befassen, einen Antrag nach § 433 Abs. 1 der Zivilprozessordnung, RGBl. Nr. 113/1895, zu stellen oder – wenn der Nachbar damit einverstanden ist – den Streit einem Mediator zu unterbreiten. Die Klage ist nur zulässig, wenn nicht längstens innerhalb von drei Monaten ab Einleitung des Schlichtungsverfahrens, ab Einlangen des Antrags bei Gericht oder ab Beginn der Mediation eine gütliche Einigung erzielt worden ist.

(2) Als Schlichtungsstelle im Sinn des Abs. 1 kommt nur eine von einer Landwirtschaftskammer, einer Notariatskammer, einer Rechtsanwaltskammer oder einer sonstigen Körperschaft öffentlichen Rechts eingerichtete Schlichtungsstelle, als Mediator nur ein Mediator im Sinn des Zivilrechts-Mediations-Gesetzes, BGBl. I Nr. 29/2003, in Betracht.

(3) Sofern die Beteiligten nichts anderes vereinbaren, hat die Kosten der Schlichtung, des gerichtlichen Vergleichs oder der Mediation zunächst der Nachbar zu tragen, der die gütliche Einigung angestrebt hat. Wenn keine gütliche Einigung erzielt werden kann, sind diese Kosten im Rechtsstreit wie vorprozessuale Kosten zu behandeln.

(4) Der Kläger hat der Klage eine Bestätigung der Schlichtungsstelle, des Gerichtes oder des Mediators darüber anzuschließen, dass keine gütliche Einigung erzielt werden konnte.

…

VI. Abschnitt
Behördenzuständigkeit, Kontrollen

…

Wiederherstellung der Umwelt

§ 101a. (1) Wird bei Arbeiten mit GVO oder bei deren Freisetzung die Umwelt durch Eigenschaften der GVO, die durch gentechnische Veränderungen bewirkt sind, so wesentlich beeinträchtigt, daß die Sicherheit nach § 1 Z 1 nicht gewährleistet ist, so hat die Behörde dem Betreiber insoweit die zur Wiederherstellung der Umwelt oder zur Verhinderung weiterer Umweltbeeinträchtigungen erforderlichen Maßnahmen aufzutragen. Bei Gefahr im Verzug hat die Behörde die erforderlichen Maßnahmen selbst zu veranlassen (§ 103); gleiches gilt, wenn der Betreiber nicht festgestellt werden kann oder aus rechtlichen oder anderen Gründen zur Durchführung der erforderlichen Maßnahmen nicht imstande ist. Die

Behörde hat dem Betreiber den Ersatz der Kosten der von ihr veranlaßten Maßnahmen aufzuerlegen.

(2) Wird durch Maßnahmen nach Abs. 1 in die Rechte Dritter eingegriffen, so haben diese solche Eingriffe, insbesondere das Benützen und Betreten von Grundstücken insoweit zu dulden, als sich dies als unbedingt notwendig erweist.

(3) Wer durch Maßnahmen nach Abs. 1 sein Grundstück, seine dinglichen Rechte, seine obligatorischen Nutzungsrechte oder seine Nutzungsrechte im Sinne des Grundsatzgesetzes 1951, BGBl. Nr. 103, nicht auf die Art oder in dem Umfang nutzen kann, wie es ihm auf Grund bestehender Rechte zusteht, ist dafür vom Betreiber angemessen zu entschädigen. Die Höhe der Entschädigung ist, sofern darüber kein Einvernehmen erzielt werden kann, von der Behörde festzusetzen, wobei die §§ 18 bis 20a Bundesstraßengesetz 1971, BGBl. Nr. 286, in der jeweils geltenden Fassung sinngemäß anzuwenden sind. Eine Berufung gegen die Entscheidung über die Höhe der Entschädigung ist nicht zulässig. Den Parteien steht es jedoch frei, binnen drei Monaten nach der Erlassung des Bescheides die Entscheidung über die Höhe der Entschädigung bei jenem Bezirksgericht zu beantragen, in dessen Sprengel die Umweltbeeinträchtigung eingetreten ist. Mit dieser Befassung des Bezirksgerichts tritt der Bescheid über die Höhe der Entschädigung außer Kraft.

Maßnahmen bei einer Freisetzung ohne Genehmigung

§ 101b. (1) Wurde eine Freisetzung entgegen der Bestimmung des § 37 Abs. 1 ohne vorherige Genehmigung durchgeführt, so hat die Behörde demjenigen, der diese Freisetzung durchgeführt hat, die Entfernung der freigesetzten GVO sowie alle sonstigen Maßnahmen aufzutragen, die nach dem Stand von Wissenschaft und Technik zur Gewährleistung der Sicherheit (§ 1 Z 1), zur Hintanhaltung der Verbreitung dieser GVO einschließlich ihres Erbmaterials und zur Sicherstellung der freigesetzten GVO zweckmäßig und erforderlich sind.

(2) Die Behörde hat ohne vorherige Genehmigung freigesetzte GVO durch Bescheid zu beschlagnahmen; § 109 Abs. 4 zweiter und dritter Satz sind auf solche GVO anzuwenden.

…

Gewerbeordnung 1994 – GewO 1994

BGBl 194/1994 (Wv), zuletzt geändert durch BGBl I 130/2024

I. Hauptstück
Allgemeine Bestimmungen

…

7. Ausübung von Gewerben

…

h) Schutzbestimmungen

…

§ 69a. Belastungen der Umwelt, die durch Verordnungen gemäß § 69 Abs. 1, § 76 Abs. 1 und § 82 Abs. 1 zu vermeiden sind, sind jedenfalls solche nachteiligen Einwirkungen, die geeignet sind, insbesondere den Boden, den Pflanzenbestand oder den Tierbestand bleibend zu schädigen.

…

§ 71a. (1) Der Stand der Technik (beste verfügbare Techniken – BVT) im Sinne dieses Bundesgesetzes ist der auf den einschlägigen wissenschaftlichen Erkenntnissen beruhende Entwicklungsstand fortschrittlicher Verfahren, Einrichtungen, Bau- oder Betriebsweisen, deren Funktionstüchtigkeit erprobt und erwiesen ist. Bei der Bestimmung des Standes der Technik sind insbesondere jene vergleichbaren Verfahren, Einrichtungen Bau- oder Betriebsweisen heranzuziehen, welche am wirksamsten zur Erreichung eines allgemein hohen Schutzniveaus für die Umwelt insgesamt sind; weiters sind unter Beachtung der sich aus einer bestimmten Maßnahme ergebenden Kosten und ihres Nutzens und des Grundsatzes der Vorsorge und der Vorbeugung im Allgemeinen wie auch im Einzelfall die Kriterien der Anlage 6 zu diesem Bundesgesetz zu berücksichtigen.

(2) Für Wasserbenutzungen, Maßnahmen, Einwirkungen und Anlagen, für die der Stand der Technik nach dem WRG 1959 festgelegt ist oder wird, ist dieser maßgebend.

(3) Für Anlagen, in denen Abfälle behandelt werden, für die der Stand der Technik nach dem AWG festgelegt ist oder wird, ist dieser maßgebend.

§ 71b.[1] Im Sinne dieses Bundesgesetzes ist bzw. sind

1. „IPPC-Anlage“ eine in der **Anlage 3** zu diesem Bundesgesetz angeführte Betriebsanlage oder jene Teile einer Betriebsanlage, in denen eine oder mehrere der in der **Anlage 3** zu diesem Bundesgesetz angeführten Tätigkeiten sowie andere unmittelbar damit verbundene, in einem technischen Zusammenhang stehende Tätigkeiten, die Auswirkungen auf die Emissionen und die Umweltverschmutzung haben können, durchgeführt werden;
2. „BVT-Merkblatt“ ein aus dem gemäß Art. 13 der Richtlinie 2010/75/EU über Industrieemissionen (integrierte Vermeidung und Verminderung der Umweltverschmutzung), ABl. Nr. L 334 vom 17.12.2010 S. 17, in der Fassung der Berichtigung ABl. Nr. L 158 vom 19.06.2012 S. 25, organisierten Informationsaustausch hervorgehendes Dokument, das für bestimmte Tätigkeiten erstellt wird und insbesondere die angewandten Techniken, die derzeitigen Emissions- und Verbrauchswerte, die für die Festlegung des Standes der Technik sowie der BVT-Schlussfolgerungen (Z 3) berücksichtigten Techniken sowie alle Zukunftstechniken (Z 5) beschreibt, wobei den Kriterien in der **Anlage 6** zu diesem Bundesgesetz besonders Rechnung getragen wird;
3. „BVT-Schlussfolgerungen“ ein Dokument, das die Teile eines BVT-Merkblatts mit den Schlussfolgerungen zum Stand der Technik, ihrer Beschreibung, Informationen zur Bewertung ihrer Anwendbarkeit, den mit den besten verfügbaren Techniken assoziierten Emissionswerten, den dazugehörigen Überwachungsmaßnahmen, den dazugehörigen Verbrauchswerten sowie gegebenenfalls einschlägigen Standortsanierungsmaßnahmen enthält;
4. „mit den besten verfügbaren Techniken assoziierte Emissionswerte“ der Bereich von Emissionswerten, die unter normalen Betriebsbedingungen unter Verwendung einer Maßnahme oder einer Kombination von Maßnahmen gemäß dem Stand der Technik entsprechend der Beschreibung in den BVT-Schlussfolgerungen erzielt werden, aus-

[1] Eingefügt durch BGBl I 125/2013.

gedrückt als Mittelwert für einen vorgegebenen Zeitraum unter spezifischen Referenzbedingungen;

5. „Zukunftstechnik“ eine neue Technik für eine industrielle Tätigkeit, die bei gewerblicher Nutzung entweder ein höheres allgemeines Umweltschutzniveau oder zumindest das gleiche Umweltschutzniveau und größere Kostenersparnisse bieten könnte, als der bestehende Stand der Technik;
6. „gefährliche Stoffe“ Stoffe oder Gemische gemäß Art. 3 der Verordnung (EG) Nr. 1272/2008 über die Einstufung, Kennzeichnung und Verpackung von Stoffen und Gemischen, zur Änderung und Aufhebung der Richtlinien 67/548/EWG und 1999/45/EG und zur Änderung der Verordnung (EG) Nr. 1907/2006, ABl. Nr. 353 vom 31.12.2008 S. 1, zuletzt geändert durch Verordnung (EU) Nr. 618/2012, ABl. Nr. 179 vom 11.07.2012 S. 3;
7. „Bericht über den Ausgangszustand“ Informationen über den Stand der Verschmutzung des Bodens und des Grundwassers durch die relevanten gefährlichen Stoffe (Z 6);
8. „Boden“ die oberste Schicht der Erdkruste, die sich zwischen dem Grundgestein und der Oberfläche befindet; der Boden besteht aus Mineralpartikeln, organischem Material, Wasser, Luft und lebenden Organismen;
9. „Umweltinspektionen“ alle Maßnahmen, einschließlich Besichtigungen vor Ort, Überwachung der Emissionen und Überprüfung interner Berichte und Folgedokumente, Überprüfung der Eigenkontrolle, Prüfung der angewandten Techniken und der Eignung des Umweltmanagements der IPPC-Anlage, die von der Behörde oder in ihrem Namen zur Prüfung und Förderung der Einhaltung des Genehmigungskonsenses durch die IPPC-Anlagen und gegebenenfalls zur Überwachung ihrer Auswirkungen auf die Umwelt getroffen werden;
10. „Umweltverschmutzung“ die durch menschliche Tätigkeiten direkt oder indirekt bewirkte Freisetzung von Stoffen, Erschütterungen, Wärme oder Lärm in Luft, Wasser oder Boden, die der menschlichen Gesundheit oder der Umweltqualität schaden oder zu einer Schädigung von Sachwerten oder zu einer unzumutbaren Beeinträchtigung oder Störung des durch die Umwelt bedingten Wohlbefindens eines gesunden, normal empfindenden Menschen oder von anderen zulässigen Nutzungen der Umwelt führen können;
11.[2] „CO_2-Strom“ ein Stofffluss, der sich aus den Verfahren der CO_2-Abscheidung ergibt. Ein CO_2-Strom besteht ganz überwiegend aus Kohlenstoffdioxid; es dürfen keine Abfälle oder anderen Stoffe zum Zweck der Entsorgung hinzugefügt werden. Ein CO_2-Strom darf jedoch zufällig anfallende Stoffe aus der Quelle oder aus dem Abscheidungs- oder Injektionsverfahren enthalten, und es dürfen Spurenstoffe zur Überwachung der CO_2-Migration hinzugefügt werden. Die Konzentrationen aller zufällig vorhandenen oder hinzugefügten Stoffe dürfen ein Niveau nicht überschreiten, das die Integrität der Speicherstätte oder der einschlägigen Transportinfrastruktur nachteilig beeinflusst oder ein erhebliches Risiko für die Umwelt oder die menschliche Gesundheit darstellen oder gegen geltendes Unionsrecht verstoßen würde.

§ 71c.[3] (1) Die in den BVT-Merkblättern enthaltenen BVT-Schlussfolgerungen sind als Referenzdokumente für die Genehmigung, die wesentliche Änderung und die Anpassung (§ 81b) von IPPC-Anlagen mit dem Tag der Veröffentlichung im Amtsblatt der Europäischen Union anzuwenden. Bis zum Vorliegen von BVT-Schlussfolgerungen im Sinne des ersten Satzes gelten – mit Ausnahme der Festlegung von Emissionsgrenzwerten gemäß § 77b Abs. 2 und 3 – Schlussfolgerungen zum Stand der Technik aus BVT-Merkblättern, die von der Europäischen Kommission vor dem 6. Jänner 2011 angenommen worden sind, als Referenzdokumente für die Genehmigung oder die wesentliche Änderung von IPPC-Anlagen.

(2) Der Bundesminister für Wirtschaft, Familie und Jugend veröffentlicht die Fundstellen der für IPPC-Anlagen relevanten BVT-Schlussfolgerungen und BVT-Merkblätter auf der Homepage des Bundesministeriums für Wirtschaft, Familie und Jugend.

...

8. Betriebsanlagen

§ 74. (1)[4] Unter einer gewerblichen Betriebsanlage ist jede örtlich gebundene Einrichtung zu verstehen, die der Entfaltung einer gewerblichen Tätigkeit nicht bloß vorübergehend zu dienen bestimmt ist.

(2) Gewerbliche Betriebsanlagen dürfen nur mit Genehmigung der Behörde errichtet oder betrieben werden, wenn sie wegen der Verwendung von Maschinen und Geräten, wegen ihrer Betriebsweise, wegen ihrer Ausstattung oder sonst geeignet sind,

1. das Leben oder die Gesundheit des Gewerbetreibenden, der nicht den Bestimmungen des ArbeitnehmerInnenschutzgesetzes, BGBl. Nr. 450/1994, in der jeweils geltenden Fassung, unterliegenden mittätigen Familienangehörigen, der Nachbarn oder der Kunden, die die Betriebsanlage der Art des Betriebes gemäß aufsuchen, oder das Eigentum oder sonstige dingliche Rechte der Nachbarn zu gefährden; als dingliche Rechte im Sinne dieses Bundesgesetzes gelten auch die im § 2 Abs. 1 Z 4 lit. g angeführten Nutzungsrechte,
2. die Nachbarn durch Geruch, Lärm, Rauch, Staub, Erschütterung oder in anderer Weise zu belästigen,
3. die Religionsausübung in Kirchen, den Unterricht in Schulen, den Betrieb von Kranken- und Kuranstalten oder die Verwendung oder den Betrieb anderer öffentlichen Interessen dienender benachbarter Anlagen oder Einrichtungen zu beeinträchtigen,
4. die Sicherheit, Leichtigkeit und Flüssigkeit des Verkehrs an oder auf Straßen mit öffentlichem Verkehr wesentlich zu beeinträchtigen oder
5. eine nachteilige Einwirkung auf die Beschaffenheit der Gewässer herbeizuführen, sofern nicht ohnedies eine Bewilligung auf Grund wasserrechtlicher Vorschriften vorgeschrieben ist.

(3) Die Genehmigungspflicht besteht auch dann, wenn die Gefährdungen, Belästigungen, Beeinträchtigungen oder nachteiligen Einwirkungen nicht durch den Inhaber der Anlage oder seine Erfüllungsgehilfen, sondern durch Personen in der Betriebsanlage bewirkt werden können, die die Anlage der Art des Betriebes gemäß in Anspruch nehmen.

(4) Bergbauanlagen, in denen vom Bergbauberechtigten auch gewerbliche Tätigkeiten ausgeübt werden, die mit Tätigkeiten der im § 2 Abs. 1 oder im § 107 des Mineralrohstoffgesetzes - MinroG, BGBl. I Nr. 38/1999, in der jeweils geltenden Fassung, genannten Art in wirtschaftlichem und fachlichem Zusammenhang stehen, bedürfen keiner Genehmigung gemäß Abs. 2, wenn sie nach bergrechtlichen Vorschriften bewilligt sind und der Charakter der Anlage als Bergbauanlage gewahrt bleibt. Weist eine Anlage nicht mehr den Charakter einer Bergbauanlage, sondern den Charakter einer gewerblichen Betriebsanlage auf, so hat dies der Anlageninhaber unverzüglich der Bergbehörde, die die Anlage bewilligt hat, und der nunmehr zur Genehmigung der Anlage zuständigen Gewerbebehörde anzuzeigen. Ab dem Einlangen dieser Anzeige bei der Gewer-

[2] Eingefügt durch BGBl I 96/2017.

[3] Eingefügt durch BGBl I 125/2013.

[4] Geändert durch BGBl I 96/2017.

bebehörde gilt die Anlagenbewilligung nach bergrechtlichen Vorschriften als Genehmigung gemäß Abs. 2.

(5) Anlagen zur Erzeugung elektrischen Stroms, die auch der mit dieser Tätigkeit in wirtschaftlichem und fachlichem Zusammenhang stehenden Gewinnung und Abgabe von Wärme dienen, bedürfen keiner Genehmigung gemäß Abs. 2, wenn sie nach anderen bundesrechtlichen Vorschriften für derartige Anlagen bewilligt sind und der Charakter der Anlage als Stromerzeugungsanlage gewahrt bleibt.

(6) Abs. 4 vorletzter und letzter Satz gilt sinngemäß für eine nach anderen als bergrechtlichen Vorschriften genehmigte oder bewilligte Anlage, die nicht mehr den Charakter einer solchen vom Geltungsbereich dieses Bundesgesetzes ausgenommenen Anlage, sondern den Charakter einer gewerblichen Betriebsanlage im Sinne des Abs. 2 aufweist.

(7) Der Bundesminister für wirtschaftliche Angelegenheiten kann Arten von Betriebsanlagen, für die jedenfalls keine Genehmigung erforderlich ist, durch Verordnung bezeichnen, wenn von ihnen erwartet werden kann, daß die gemäß § 74 Abs. 2 wahrzunehmenden Interessen hinreichend geschützt sind.

§ 75. (1) Unter einer Gefährdung des Eigentums im Sinne des § 74 Abs. 2 Z 1 ist die Möglichkeit einer bloßen Minderung des Verkehrswertes des Eigentums nicht zu verstehen.

(2) Nachbarn im Sinne dieses Bundesgesetzes sind alle Personen, die durch die Errichtung, den Bestand oder den Betrieb einer Betriebsanlage gefährdet oder belästigt oder deren Eigentum oder sonstige dingliche Rechte gefährdet werden könnten. Als Nachbarn gelten nicht Personen, die sich vorübergehend in der Nähe der Betriebsanlage aufhalten und nicht im Sinne des vorherigen Satzes dinglich berechtigt sind. Als Nachbarn gelten jedoch die Inhaber von Einrichtungen, in denen sich, wie etwa in Beherbergungsbetrieben, Krankenanstalten und Heimen, regelmäßig Personen vorübergehend aufhalten, hinsichtlich des Schutzes dieser Personen, und die Erhalter von Schulen hinsichtlich des Schutzes der Schüler, der Lehrer und der sonst in Schulen ständig beschäftigten Personen.

(3) Als Nachbarn sind auch die im Abs. 2 erster Satz genannten Personen zu behandeln, die auf grenznahen Grundstücken im Ausland wohnen, wenn in dem betreffenden Staat österreichische Nachbarn in den entsprechenden Verfahren rechtlich oder doch tatsächlich den gleichen Nachbarschaftsschutz genießen.

§ 76. (1) Der Bundesminister für wirtschaftliche Angelegenheiten kann durch Verordnung Maschinen, Geräte und Ausstattungen bezeichnen, deren Verwendung für sich allein die Genehmigungspflicht einer Anlage nicht begründet, weil sie so beschaffen sind oder mit Schutzvorrichtungen so versehen oder für ihre Verwendung andere Schutzmaßnahmen, zu denen auch die Beigabe von Aufstellungs-, Montage-, Bedienungs-, Kontroll- und Wartungsanleitungen zählt, so getroffen sind, daß nach dem Stand der Technik (§ 71a) und dem Stand der medizinischen oder der sonst in Betracht kommenden Wissenschaften zu erwarten ist, daß Gefährdungen, Belästigungen, Beeinträchtigungen oder nachteilige Einwirkungen im Sinne des § 74 Abs. 2 oder Belastungen der Umwelt (§ 69a) vermieden werden.

(2) Ist diesbezüglich keine Regelung in einer Verordnung gemäß Abs. 1 erlassen worden, so hat der Bundesminister für wirtschaftliche Angelegenheiten für eine bestimmte Bauart, für eine bestimmte Maschine, für ein bestimmtes Gerät oder für eine bestimmte Ausstattung auf Antrag durch Bescheid festzustellen, ob die Voraussetzungen gemäß Abs. 1 dafür gegeben sind, daß die Verwendung dieser Bauart, dieser Maschine, dieses Gerätes oder dieser Ausstattung für sich allein die Genehmigungspflicht einer Anlage nicht begründet. Der Antrag kann vom Erzeuger oder auch von anderen Personen gestellt werden, die ein sachliches Interesse an der Feststellung nachweisen.

(3) Im Genehmigungsverfahren sind unter Abs. 1 oder Abs. 2 fallende Maschinen, Geräte oder Ausstattungen nur dann zu berücksichtigen, wenn durch die Verbindung der Maschine, des Gerätes oder der Ausstattung mit anderen Anlageteilen oder durch die Anzahl der Maschinen, Geräte oder Ausstattungen Gefährdungen, Belästigungen, Beeinträchtigungen oder nachteilige Einwirkungen im Sinne des § 74 Abs. 2 bewirkt werden können.

§ 76a.[5] (1) Für Gastgärten, die sich auf öffentlichem Grund befinden oder an öffentliche Verkehrsflächen angrenzen, ist für die Zeit von 8 bis 23 Uhr keine Genehmigung erforderlich, wenn

1. sie ausschließlich der Verabreichung von Speisen und dem Ausschank von Getränken dienen,
2. sie über nicht mehr als 75 Verabreichungsplätze verfügen,
3. in ihnen lauteres Sprechen als der übliche Gesprächston der Gäste, Singen und Musizieren vom Gastgewerbetreibenden untersagt ist und auf dieses Verbot hinweisende Anschläge dauerhaft und von allen Zugängen zum Gastgarten deutlich erkennbar angebracht sind, und
4. auf Grund der geplanten Ausführung zu erwarten ist, dass die gemäß § 74 Abs. 2 wahrzunehmenden Interessen hinreichend geschützt sind und Belastungen der Umwelt (§ 69a) vermieden werden; eine wesentliche Beeinträchtigung des Verkehrs im Sinne des § 74 Abs. 2 Z 4 ist jedenfalls nicht zu erwarten, wenn der Gastgarten gemäß § 82 Straßenverkehrsordnung 1960 – StVO 1960, BGBl. Nr. 159/1960, in der jeweils geltenden Fassung, bewilligt ist.[6]

(2) Für Gastgärten, die sich weder auf öffentlichem Grund befinden noch an öffentliche Verkehrsflächen angrenzen, ist für die Zeit von 9 bis 22 Uhr keine Genehmigung erforderlich, wenn die Voraussetzungen gemäß Abs. 1 Z 1 bis Z 4 sinngemäß erfüllt sind.

(3)[7] Der Betrieb eines Gastgartens im Sinne des Abs. 1 oder des Abs. 2 ist der Behörde vorher anzuzeigen. Dieser Anzeige sind Unterlagen im Sinne des § 353 Z 1 lit. a bis lit. c in vierfacher Ausfertigung anzuschließen; werden die Unterlagen elektronisch eingebracht, genügt der Anschluss in einfacher Ausfertigung.

(4) Sind die Voraussetzungen gemäß Abs. 1 oder Abs. 2 nicht erfüllt, so hat die Behörde unbeschadet eines Verfahrens nach §§ 366 ff dies festzustellen und den Betrieb des Gastgartens zu untersagen. Die Behörde hat diesen Bescheid spätestens drei Monate nach Einlangen der Anzeige samt Unterlagen zu erlassen.

(5) Wenn die in Abs. 1 oder Abs. 2 angeführten Voraussetzungen wiederholt nicht eingehalten werden, hat die Behörde den Gastgarteninhaber mit Verfahrensanordnung zur Einhaltung der Voraussetzungen aufzufordern. Kommt der Gewerbetreibende dieser Aufforderung nicht nach, so hat die Behörde mit Bescheid die Schließung des Gastgartens zu verfügen. § 360 Abs. 4 letzter Satz und Abs. 5 sind sinngemäß anzuwenden.

(6) Mit Erteilung einer Genehmigung gemäß § 81 treten Bescheide gemäß Abs. 4 oder Abs. 5 außer Wirksamkeit.

(7) Gastgärten, die im Sinne des Abs. 1 Z 1 bis Z 4, jedoch über die in Abs. 1 oder Abs. 2 angeführten Zeiten hinaus betrieben werden, bedürfen einer Genehmigung, wenn es zur

5 Eingefügt durch BGBl I 66/2010.

6 Geändert durch BGBl I 6/2012 (VfGH).

7 Satz 3 neu gefasst durch BGBl I 130/2024.

Wahrung der im § 74 Abs. 2 umschriebenen Interessen erforderlich ist.

(8)[8] Auf Gastgärten, die im Sinne des Abs. 1 oder Abs. 2 betrieben werden, sind die §§ 79 und 79a mit der Maßgabe anzuwenden, dass Auflagen und Einschränkungen der Betriebszeit zugunsten von Nachbarn im Sinne des § 75 Abs. 2 und 3 nur soweit vorzuschreiben sind, als diese notwendig sind.

(9) Die Gemeinde kann mit Verordnung abweichende Regelungen betreffend die in Abs. 1 und Abs. 2 festgelegten Zeiten für solche Gebiete festlegen, die insbesondere wegen ihrer Flächenwidmung, ihrer Verbauungsdichte, der in ihnen bestehenden Bedürfnisse im Sinne des § 113 Abs. 1 und ihrer öffentlichen Einrichtungen, wie Krankenhäuser, Altersheime, Bahnhöfe, Theater, Sportplätze und Parks, diese Sonderregelung rechtfertigen. Im Besonderen kann in der Verordnung auch in Gebieten mit besonderen touristischen Einrichtungen oder Erwartungshaltungen (Tourismusgebiete) eine Zeit insbesondere bis 24 Uhr als gerechtfertigt angesehen werden.

§ 77. (1) Die Betriebsanlage ist zu genehmigen, wenn nach dem Stand der Technik (§ 71a) und dem Stand der medizinischen und der sonst in Betracht kommenden Wissenschaften zu erwarten ist, daß überhaupt oder bei Einhaltung der erforderlichenfalls vorzuschreibenden bestimmten geeigneten Auflagen die nach den Umständen des Einzelfalles voraussehbaren Gefährdungen im Sinne des § 74 Abs. 2 Z 1 vermieden und Belästigungen, Beeinträchtigungen oder nachteilige Einwirkungen im Sinne des § 74 Abs. 2 Z 2 bis 5 auf ein zumutbares Maß beschränkt werden. Die nach dem ersten Satz vorzuschreibenden Auflagen haben erforderlichenfalls auch Maßnahmen für den Fall der Unterbrechung des Betriebes und der Auflassung der Anlage zu umfassen; die Behörde kann weiters zulassen, daß bestimmte Auflagen erst ab einem dem Zeitaufwand der hiefür erforderlichen Maßnahmen entsprechend festzulegenden Zeitpunkt nach Inbetriebnahme der Anlage oder von Teilen der Anlage eingehalten werden müssen, wenn dagegen keine Bedenken vom Standpunkt des Schutzes der im § 74 Abs. 2 umschriebenen Interessen bestehen.

(2) Ob Belästigungen der Nachbarn im Sinne des § 74 Abs. 2 Z 2 zumutbar sind, ist danach zu beurteilen, wie sich die durch die Betriebsanlage verursachten Änderungen der tatsächlichen örtlichen Verhältnisse auf ein gesundes, normal empfindendes Kind und auf einen gesunden, normal empfindenden Erwachsenen auswirken.

(3)[9] Die Behörde hat Emissionen von Luftschadstoffen jedenfalls nach dem Stand der Technik (§ 71a) zu begrenzen. Die für die zu genehmigende Anlage in Betracht kommenden Bestimmungen einer Verordnung gemäß § 10 des Immissionsschutzgesetzes-Luft (IG-L), BGBl. I Nr. 115/1997, in der jeweils geltenden Fassung, sind anzuwenden. Sofern in dem Gebiet, in dem eine neue Anlage oder eine emissionserhöhende Anlagenerweiterung genehmigt werden soll, bereits mehr als 35 Überschreitungen des Tagesmittelwertes für PM_{10} gemäß Anlage 1a zum IG-L oder eine Überschreitung

- des um 10 µg/m³ erhöhten Jahresmittelwertes für Stickstoffdioxid gemäß Anlage 1a zum IG-L,
- des Jahresmittelwertes für PM_{10} gemäß Anlage 1a zum IG-L,
- des Jahresmittelwertes für $PM_{2,5}$ gemäß Anlage 1b zum IG-L,
- eines in einer Verordnung gemäß § 3 Abs. 5 IG-L festgelegten Immissionsgrenzwertes,
- des Halbstundenmittelwertes für Schwefeldioxid gemäß Anlage 1a zum IG-L,
- des Tagesmittelwertes für Schwefeldioxid gemäß Anlage 1a zum IG-L,
- des Halbstundenmittelwertes für Stickstoffdioxid gemäß Anlage 1a zum IG-L,
- des Grenzwertes für Blei in PM_{10} gemäß Anlage 1a zum IG-L oder
- eines Grenzwertes gemäß Anlage 5b zum IG-L

vorliegt oder durch die Genehmigung zu erwarten ist, ist die Genehmigung nur dann zu erteilen, wenn

1. die Emissionen der Anlage keinen relevanten Beitrag zur Immissionsbelastung leisten oder
2. der zusätzliche Beitrag durch emissionsbegrenzende Auflagen im technisch möglichen und wirtschaftlich zumutbaren Ausmaß beschränkt wird und die zusätzlichen Emissionen erforderlichenfalls durch Maßnahmen zur Senkung der Immissionsbelastung, insbesondere auf Grund eines Programms gemäß § 9a IG-L oder eines Maßnahmenkatalogs gemäß § 10 des Immissionsschutzgesetzes-Luft in der Fassung des Bundesgesetzes BGBl. I Nr. 34/2003, ausreichend kompensiert werden, so dass in einem realistischen Szenario langfristig keine weiteren Überschreitungen der in diesem Absatz angeführten Werte anzunehmen sind, sobald diese Maßnahmen wirksam geworden sind.

(4) Die Betriebsanlage ist erforderlichenfalls unter Vorschreibung bestimmter geeigneter Auflagen zu genehmigen, wenn die Abfälle (§ 2 Abfallwirtschaftsgesetz) nach dem Stand der Technik (§ 71a) vermieden oder verwertet oder, soweit dies wirtschaftlich nicht vertretbar ist, ordnungsgemäß entsorgt werden. Ausgenommen davon sind Betriebsanlagen, soweit deren Abfälle nach Art und Menge mit denen der privaten Haushalte vergleichbar sind.

(5)-(9) [Anm: Aufgehoben durch BGBl I 111/2010]

§ 77a.[10] (1) Im Genehmigungsbescheid, in dem auf die eingelangten Stellungnahmen (§ 356a Abs. 2 und 4) Bedacht zu nehmen ist, ist über § 77 hinaus sicherzustellen, dass IPPC-Anlagen so errichtet, betrieben und aufgelassen werden, dass:

1. alle geeigneten Vorsorgemaßnahmen gegen Umweltverschmutzungen, insbesondere durch den Einsatz von dem Stand der Technik entsprechenden technologischen Verfahren, Einrichtungen und Betriebsweisen sowie durch die effiziente Verwendung von Energie, getroffen werden;
2. die notwendigen Maßnahmen ergriffen werden, um Unfälle zu verhindern und deren Folgen zu begrenzen;
3. die erforderlichen Maßnahmen getroffen werden, um bei der Auflassung der IPPC-Anlage die Gefahr einer Umweltverschmutzung zu vermeiden und um einen zufrieden stellenden Zustand des IPPC-Anlagengeländes im Sinne des § 83a wiederherzustellen.

(2) Soweit nicht bereits nach Abs. 1 geboten, hat der Genehmigungsbescheid für IPPC-Anlagen zu enthalten:

1. jedenfalls dem Stand der Technik entsprechende Emissionsgrenzwerte für in der **Anlage 4** zu diesem Bundesgesetz genannte Schadstoffe sowie für sonstige Schadstoffe, sofern sie von der IPPC-Anlage in relevanter Menge emittiert werden können, wobei die mögliche Verlagerung der Verschmutzung von einem Medium (Wasser, Luft, Boden) in ein anderes zu berücksichtigen ist, um zu einem hohen Schutzniveau für die Umwelt insgesamt beizutragen; gegebenenfalls dürfen andere dem Stand der Technik entsprechende technische Maßnahmen vorgesehen werden, die zu einem gleichwertigen Ergebnis führen, hierbei sind die technische Beschaffenheit der betreffenden IPPC-Anlage, ihr geographischer Standort und die jeweiligen örtlichen Umweltbedingungen zu berücksichtigen;
2. Anforderungen an die Überwachung der Emissionen (einschließlich Messmethodik, Messhäufigkeit und Bewertungs-

[8] Geändert durch BGBl I 60/2014 (VfGH).

[9] Geändert durch BGBl I 66/2010.

[10] Neu gefasst durch BGBl I 125/2013.

verfahren sowie in den Fällen des § 77b Abs. 2 Z 2 der Vorgabe, dass die Ergebnisse der Überwachung der Emissionen für die gleichen Zeiträume und Referenzbedingungen verfügbar sein müssen wie für die mit den besten verfügbaren Techniken assoziierten Emissionswerte); die Überwachungsauflagen sind gegebenenfalls auf die in den BVT-Schlussfolgerungen beschriebenen Überwachungsanforderungen zu stützen;

3. die Verpflichtung des Anlageninhabers, der Behörde regelmäßig, mindestens jedoch einmal jährlich, folgende Unterlagen zu übermitteln:
   a) Informationen auf der Grundlage der Ergebnisse der Emissionsüberwachung (Z 2) und sonstige erforderliche Daten, die der Behörde die Überprüfung der Einhaltung des konsensgemäßen Zustands ermöglichen und
   b) in den Fällen des § 77b Abs. 2 Z 2 eine Zusammenfassung der Ergebnisse der Emissionsüberwachung, die einen Vergleich mit den mit den besten verfügbaren Techniken assoziierten Emissionswerten ermöglicht;
4. angemessene Auflagen zum Schutz des Bodens und des Grundwassers sowie angemessene Anforderungen an die regelmäßige Wartung und die Überwachung der Maßnahmen zur Vermeidung der Verschmutzung des Bodens und des Grundwassers;
5. angemessene Anforderungen betreffend die wiederkehrende Überwachung des Bodens und des Grundwassers auf die relevanten gefährlichen Stoffe (§ 71b Z 6), die wahrscheinlich vor Ort anzutreffen sind, unter Berücksichtigung möglicher Boden- und Grundwasserverschmutzungen auf dem Gelände der IPPC-Anlage; die wiederkehrende Überwachung muss mindestens alle fünf Jahre für das Grundwasser und mindestens alle zehn Jahre für den Boden durchgeführt werden, es sei denn, diese Überwachung erfolgt anhand einer systematischen Beurteilung des Verschmutzungsrisikos;
6. Maßnahmen für andere als normale Betriebsbedingungen.

(3) Wird dem Genehmigungsbescheid ein Stand der Technik zugrunde gelegt, der in keiner der einschlägigen BVT-Schlussfolgerungen beschrieben ist, muss gewährleistet sein, dass die angewandte Technologie und die Art und Weise, wie die IPPC-Anlage geplant, gebaut, gewartet, betrieben und aufgelassen wird, unter Berücksichtigung der in der **Anlage 6** zu diesem Bundesgesetz angeführten Kriterien bestimmt wird und dass die Anforderungen des § 77b erfüllt werden.

(4 Enthalten die einschlägigen BVT-Schlussfolgerungen keine mit den besten verfügbaren Techniken assoziierten Emissionswerte, so muss gewährleistet sein, dass die gemäß Abs. 3 festgelegte Technik ein Umweltschutzniveau erreicht, das dem in den einschlägigen BVT-Schlussfolgerungen beschriebenen Stand der Technik gleichwertig ist.

(5) Liegen für eine Tätigkeit oder einen Produktionsprozess in einer IPPC-Anlage keine BVT-Schlussfolgerungen vor oder decken diese Schlussfolgerungen nicht alle möglichen Umweltauswirkungen der Tätigkeit oder des Prozesses ab, so hat die Behörde nach Konsultation des Genehmigungswerbers die erforderlichen Auflagen auf der Grundlage des Standes der Technik unter Berücksichtigung der in der **Anlage 6** zu diesem Bundesgesetz angeführten Kriterien vorzuschreiben.

(6) Im Genehmigungsbescheid für IPPC-Anlagen sind über den Stand der Technik hinausgehende bestimmte, geeignete Auflagen vorzuschreiben, wenn und soweit dies zur Verhinderung des Überschreitens eines unionsrechtlich festgelegten Immissionsgrenzwertes erforderlich ist.

(7)[11] Die Behörde hat in einer in der betroffenen Gemeinde verbreiteten periodisch erscheinenden Zeitung und im Internet bekannt zu geben, dass die Entscheidung über die Genehmigung einer IPPC-Anlage innerhalb eines bestimmten, mindestens sechs Wochen betragenden, Zeitraums bei der Behörde während der Amtsstunden zur Einsichtnahme aufliegt. Diese Bekanntgabe hat auch Angaben über das Verfahren zur Beteiligung der Öffentlichkeit zu enthalten. Der Inhalt der Entscheidung ist der Öffentlichkeit jedenfalls auch im Internet (Weblink) zugänglich zu machen; dies gilt auch für Bescheide gemäß § 81b. Betriebs- und Geschäftsgeheimnisse sind zu wahren.

(8)[12] Mit Ablauf von zwei Wochen nach der Bekanntgabe gemäß Abs. 7 gilt der Bescheid betreffend die Genehmigung einer IPPC-Anlage auch gegenüber jenen Personen als zugestellt, die sich am Verfahren nicht oder nicht rechtzeitig (§ 42 AVG) beteiligt und deshalb keine Parteistellung erlangt haben. Ab dem Tag der Kundmachung im Internet ist solchen Personen, die glaubhaft machen, dass ihnen ein Beschwerderecht zukommt, Einsicht in den Verwaltungsakt zu gewähren.

(9)[12] Werden in einer Beschwerde gegen den Bescheid betreffend die Genehmigung einer IPPC-Anlage Einwendungen oder Gründe erstmals vorgebracht, so sind diese nur zulässig, wenn in der Beschwerde begründet wird, warum sie nicht bereits während der Einwendungsfrist im Genehmigungsverfahren geltend gemacht werden konnten, und der Beschwerdeführer glaubhaft macht, dass ihn am Unterbleiben der Geltendmachung während der Einwendungsfrist kein Verschulden oder nur ein minderer Grad des Versehens trifft. Wenn dies bei sämtlichen Beschwerdegründen nicht glaubhaft gemacht werden kann, ist die Beschwerde als unzulässig zurückzuweisen, wenn jedoch nur teilweise Gründe betroffen sind, ist die Beschwerde in diesen Punkten nicht zu behandeln.

§ 77b.[13] (1) Die Emissionsgrenzwerte für Schadstoffe im Sinne des § 77a Abs. 2 Z 1 gelten an dem Punkt, an dem die Emissionen die IPPC-Anlagenteile verlassen, wobei eine etwaige Verdünnung vor diesem Punkt bei der Festsetzung der Grenzwerte nicht berücksichtigt wird. Die emittierte Schadstofffracht ist das zu minimierende Kriterium. Die wasserrechtlichen Vorschriften bleiben unberührt.

(2) Hinsichtlich der Emissionsgrenzwerte im Sinne des § 77a Abs. 2 muss durch eine der folgenden Maßnahmen sichergestellt werden, dass die Emissionen unter normalen Betriebsbedingungen die mit den besten verfügbaren Techniken assoziierten Emissionswerte der BVT-Schlussfolgerungen gemäß § 71c Abs. 1 nicht überschreiten:

1. Festlegung von Emissionsgrenzwerten, die die mit den besten verfügbaren Techniken assoziierten Emissionswerte nicht überschreiten; diese Emissionsgrenzwerte werden für die gleichen oder kürzeren Zeiträume und unter denselben Referenzbedingungen ausgedrückt wie die mit den besten verfügbaren Techniken assoziierten Emissionswerte; oder
2. Festlegung von Emissionsgrenzwerten, die in Bezug auf Werte, Zeiträume und Referenzbedingungen von den in der Z 1 angeführten Emissionsgrenzwerten abweichen; in diesem Fall hat die Behörde mindestens jährlich die Ergebnisse der Emissionsüberwachung zu bewerten, um sicherzustellen, dass die Emissionen unter normalen Betriebsbedingungen die mit den besten verfügbaren Techniken assoziierten Emissionswerte nicht überschritten haben.

(3) Abweichend von Abs. 2 darf die Behörde unbeschadet des § 77a Abs. 6 in besonderen Fällen weniger strenge Emis-

[11] Satz 1 neu gefasst durch BGBl I 96/2017; Sätze 2 bis 4 neu gefasst durch BGBl I 32/2018.

[12] Eingefügt durch BGBl I 96/2017.

[13] Eingefügt durch BGBl I 125/2013.

sionsgrenzwerte festlegen, wenn eine Bewertung ergibt, dass die Erreichung der mit den besten verfügbaren Techniken assoziierten Emissionswerte entsprechend der Beschreibung in den BVT-Schlussfolgerungen wegen des geografischen Standorts und der lokalen Umweltbedingungen der IPPC-Anlage oder der technischen Merkmale der IPPC-Anlage gemessen am Umweltnutzen zu unverhältnismäßig höheren Kosten führen würde. Jedenfalls ist sicherzustellen, dass keine erheblichen Umweltverschmutzungen verursacht werden und ein hohes Schutzniveau für die Umwelt insgesamt erreicht wird. Im Genehmigungsbescheid sind die Ergebnisse der Bewertung festzuhalten und die Vorschreibung weniger strenger Emissionsgrenzwerte im Sinne des ersten Satzes und die entsprechenden Auflagen zu begründen.

(4) Die Behörde darf für einen Gesamtzeitraum von höchstens neun Monaten vorübergehende Abweichungen von den Auflagen im Sinne der Absätze 2 und 3 sowie von den gemäß § 77a Abs. 1 Z 1 zu treffenden Vorsorgemaßnahmen für die Erprobung und Anwendung von Zukunftstechniken genehmigen, sofern nach dem festgelegten Zeitraum die Anwendung der betreffenden Technik beendet wird oder im Rahmen der Tätigkeit mindestens die mit den besten verfügbaren Techniken assoziierten Emissionswerte erreicht werden.

§ 78. (1)[14] Anlagen oder Teile von Anlagen dürfen vor Eintritt der Rechtskraft des Genehmigungsbescheides errichtet und betrieben werden, wenn dessen Auflagen bei der Errichtung und beim Betrieb der Anlage eingehalten werden. Dieses Recht endet mit der Erlassung des Erkenntnisses über die Beschwerde gegen den Genehmigungsbescheid, spätestens jedoch drei Jahre nach der Zustellung des Genehmigungsbescheides an den Genehmigungswerber. Die zur Entscheidung berufene Behörde hat die Inanspruchnahme dieses Rechtes auszuschließen, wenn der Begründung der Beschwerde zu entnehmen ist, daß auf Grund der besonderen Situation des Einzelfalles trotz Einhaltung der Auflagen des angefochtenen Bescheides eine Gefährdung des Lebens oder der Gesundheit zu erwarten ist.

(2) [Anm: Aufgehoben durch BGBl I 85/2013]

(3) Die Behörde kann bei der Genehmigung von Rohrleitungsanlagen, mit denen brennbare Gase mit einem den atmosphärischen Druck um mehr als 1 bar übersteigenden Betriebsdruck oder Erdöl oder flüssige Erdölprodukte befördert werden, im Genehmigungsbescheid auch den Abschluß und den Fortbestand einer Haftpflichtversicherung vorschreiben, wenn der Ersatz für Schädigungen, die im Hinblick auf die besondere Gefährlichkeit des Betriebes solcher Anlagen möglich sind, in anderer Weise nicht gesichert ist. Diese Bestimmung gilt nicht für Rohrleitungsanlagen, die der Verteilung von brennbaren Gasen, Erdöl oder Erdölprodukten innerhalb von Gebäuden oder abgegrenzten Grundstücken dienen.

§ 79. (1) Ergibt sich nach Genehmigung der Anlage, daß die gemäß § 74 Abs. 2 wahrzunehmenden Interessen trotz Einhaltung der im Genehmigungsbescheid vorgeschriebenen Auflagen nicht hinreichend geschützt sind, so hat die Behörde die nach dem Stand der Technik (§ 71a) und dem Stand der medizinischen und der sonst in Betracht kommenden Wissenschaften zur Erreichung dieses Schutzes erforderlichen anderen oder zusätzlichen Auflagen (§ 77 Abs. 1) vorzuschreiben; die Auflagen haben gegebenenfalls auch die zur Erreichung dieses Schutzes erforderliche Beseitigung eingetretener Folgen von Auswirkungen der Anlage zu umfassen; die Behörde hat festzulegen, daß bestimmte Auflagen erst nach Ablauf einer angemessenen, höchstens drei Jahre, in besonders berücksichtigungswürdigen Fällen (zB bei Betriebsübernahmen) höchstens fünf Jahre, betragenden Frist eingehalten werden müssen, wenn der Inhaber der Betriebsanlage nachweist, daß ihm (zB wegen der mit der Übernahme des Betriebes verbundenen Kosten) die Einhaltung dieser Auflagen erst innerhalb dieser Frist wirtschaftlich zumutbar ist, und gegen die Fristeinräumung keine Bedenken vom Standpunkt des Schutzes der im § 74 Abs. 2 umschriebenen Interessen bestehen. Die Behörde hat solche Auflagen nicht vorzuschreiben, wenn sie unverhältnismäßig sind, vor allem wenn der mit der Erfüllung der Auflagen verbundene Aufwand außer Verhältnis zu dem mit den Auflagen angestrebten Erfolg steht. Dabei sind insbesondere Art, Menge und Gefährlichkeit der von der Anlage ausgehenden Emissionen und der von ihr verursachten Immissionen sowie die Nutzungsdauer und die technischen Besonderheiten der Anlage zu berücksichtigen.

(2) Zugunsten von Personen, die erst nach Genehmigung der Betriebsanlage Nachbarn im Sinne des § 75 Abs. 2 und 3 geworden sind, sind Auflagen im Sinne des Abs. 1 nur soweit vorzuschreiben, als diese zur Vermeidung einer Gefährdung des Lebens oder der Gesundheit dieser Personen notwendig sind. Auflagen im Sinne des Abs. 1 zur Vermeidung einer über die unmittelbare Nachbarschaft hinausreichenden beträchtlichen Belastung durch Luftschadstoffe, Lärm oder gefährliche Abfälle sind, sofern sie nicht unter den ersten Satz fallen, zugunsten solcher Personen nur dann vorzuschreiben, wenn diese Auflagen im Sinne des Abs. 1 verhältnismäßig sind.

(3) Könnte der hinreichende Schutz der gemäß § 74 Abs. 2 wahrzunehmenden Interessen nach Abs. 1 oder 2 nur durch die Vorschreibung solcher anderer oder zusätzlicher Auflagen erreicht werden, durch die die genehmigte Betriebsanlage in ihrem Wesen verändert würde, so hat die Behörde dem Inhaber der Anlage mit Bescheid aufzutragen, zur Erreichung des hinreichenden Interessenschutzes und der Begrenzung der Emissionen von Luftschadstoffen nach dem Stand der Technik innerhalb einer dem hiefür erforderlichen Zeitaufwand angemessenen Frist ein Sanierungskonzept für die Anlage zur Genehmigung vorzulegen; für dieses Sanierungskonzept ist der Grundsatz der Verhältnismäßigkeit (Abs. 1) maßgebend. Im Bescheid, mit dem die Sanierung genehmigt wird, hat die Behörde, erforderlichenfalls unter Vorschreibung bestimmter Auflagen, eine dem Zeitaufwand für die vorgesehenen Sanierungsmaßnahmen entsprechende Frist zur Durchführung der Sanierung festzulegen. § 81 Abs. 1 ist auf diese Sanierung nicht anzuwenden.

(4) Die Behörde hat dem Inhaber einer genehmigten Betriebsanlage, die in einem Sanierungsgebiet liegt und von Anordnungen einer Verordnung gemäß § 10 des Immissionsschutzgesetzes - Luft, in der jeweils geltenden Fassung, betroffen ist, erforderlichenfalls mit Bescheid aufzutragen, zur Erfüllung dieser Anordnungen innerhalb einer dem hiefür erforderlichen Zeitaufwand angemessenen Frist ein Sanierungskonzept für die Anlage vorzulegen. Im Bescheid, mit dem die Sanierung, erforderlichenfalls unter Vorschreibung bestimmter Auflagen, genehmigt wird, hat die Behörde dem Anlageninhaber die Durchführung der genehmigten Sanierung innerhalb der Sanierungsfrist aufzutragen, die sich aus der Verordnung gemäß § 10 IG-L oder aus dem Programm gemäß § 9a IG-L ergibt. § 81 Abs. 1 ist auf diese Sanierung nicht anzuwenden.[15]

§ 79a. (1) Die Behörde hat ein Verfahren gemäß § 79 Abs. 1 von Amts wegen oder nach Maßgabe des Abs. 2 auf Antrag des Bundesministers für Umwelt, Jugend und Familie oder nach Maßgabe des Abs. 3 auf Antrag eines Nachbarn einzuleiten.

(2) Der Bundesminister für Umwelt, Jugend und Familie kann den Antrag gemäß Abs. 1 stellen, wenn auf Grund der ihm vorliegenden Nachbarbeschwerden oder Meßergebnisse anzunehmen ist, daß der Betrieb der Anlage zu einer über die

[14] Satz 2 und 3 geändert durch BGBl I 85/2013.

[15] Geändert durch BGBl I 66/2010.

unmittelbare Nachbarschaft hinausreichenden beträchtlichen Belastung der Umwelt durch Luftschadstoffe, Lärm oder gefährliche Abfälle führt.

(3) Der Nachbar muß in seinem Antrag gemäß Abs. 1 glaubhaft machen, daß er als Nachbar vor den Auswirkungen der Betriebsanlage nicht hinreichend geschützt ist, und nachweisen, daß er bereits im Zeitpunkt der Genehmigung der Betriebsanlage oder der betreffenden Betriebsanlagenänderung Nachbar im Sinne des § 75 Abs. 2 und 3 war.

(4) Durch die Einbringung des dem Abs. 3 entsprechenden Antrages erlangt der Nachbar Parteistellung. Der Nachbar ist nicht gemäß § 76 Abs. 1 AVG zur Kostentragung verpflichtet, wenn auf Grund seines Antrages andere oder zusätzliche Auflagen vorgeschrieben wurden.

§ 79b. Ergibt sich nach der Genehmigung der Anlage, daß die gemäß § 77 Abs. 4 wahrzunehmenden Interessen trotz Einhaltung des Abfallwirtschaftskonzeptes (§ 353 Z 1 lit. c) und der im Genehmigungsbescheid vorgeschriebenen Auflagen nicht hinreichend gewahrt sind, so hat die Behörde die nach dem Stand der Technik (§ 71a) zur hinreichenden Wahrung dieser Interessen erforderlichen anderen oder zusätzlichen Auflagen im Sinne des § 77 Abs. 4 vorzuschreiben. Die Behörde hat solche Auflagen nicht vorzuschreiben, wenn sie unverhältnismäßig sind, vor allem wenn der mit der Erfüllung der Auflagen verbundene Aufwand außer Verhältnis zu dem mit den Auflagen angestrebten Erfolg steht.

§ 79c.[16] (1) Vorgeschriebene Auflagen sind mit Bescheid aufzuheben oder abzuändern, wenn sich nach der Vorschreibung von Auflagen ergibt, dass die vorgeschriebenen Auflagen für die nach § 74 Abs. 2 wahrzunehmenden Interessen nicht erforderlich sind oder für die Wahrnehmung dieser Interessen auch mit den Inhaber der Betriebsanlage weniger belastenden Auflagen das Auslangen gefunden werden kann. § 77 ist sinngemäß anzuwenden, für IPPC-Anlagen ist auch § 77a sinngemäß anzuwenden.

(2) Abweichungen vom Genehmigungsbescheid einschließlich seiner Bestandteile sind mit Bescheid zuzulassen, soweit dem nicht der Schutz der nach § 74 Abs. 2 wahrzunehmenden Interessen entgegensteht, erforderlichenfalls unter Aufhebung oder Abänderung von vorgeschriebenen Auflagen oder auch Vorschreibung zusätzlicher Auflagen. § 77 ist sinngemäß anzuwenden, für IPPC-Anlagen ist auch § 77a sinngemäß anzuwenden.

(3) Die Behörde hat ein Verfahren nach Abs. 1 oder 2 auf Antrag des Inhabers der Betriebsanlage einzuleiten. Im Antrag ist das Vorliegen der Voraussetzungen glaubhaft zu machen, andernfalls der Antrag zurückzuweisen ist.

(4) Die nach diesem Bundesgesetz oder nach anderen Verwaltungsvorschriften des Bundes bei Erteilung der Genehmigung mitanzuwendenden materiellrechtlichen Genehmigungs- (Bewilligungs-)Regelungen sind in den Verfahren nach Abs. 1 oder Abs. 2 mitanzuwenden."

§ 79d.[17] (1) Aus Anlass einer Betriebsübernahme kann der übernehmende Inhaber der Betriebsanlage beantragen, dass ihm eine Zusammenstellung der die Genehmigung der Betriebsanlage nach diesem Bundesgesetz betreffenden Bescheide übermittelt wird. Auf sein Verlangen sind ihm auf seine Kosten Kopien oder Ausdrucke der darin angeführten Genehmigungsbescheide einschließlich deren Bestandteile nach § 359 Abs. 2 zu übermitteln. Der Antrag ist spätestens innerhalb von sechs Wochen nach erfolgter Betriebsübernahme zu stellen.

(2) Innerhalb von sechs Wochen nach Übermittlung der Zusammenstellung nach Abs. 1 oder innerhalb von sechs Wochen nach erfolgter Betriebsübernahme kann der übernehmende Inhaber der Betriebsanlage beantragen, dass

1. ein Verfahren nach § 79c Abs. 1 oder 2 durchgeführt wird,
2. bestimmte nach § 77, § 79, § 81 Abs. 1 oder Abs. 2 Z 7 vorgeschriebene Auflagen durch Festlegung der Behörde erst nach Ablauf einer angemessenen, höchstens drei Jahre betragenden Frist eingehalten werden müssen, wenn dem übernehmenden Inhaber der Betriebsanlage (zB wegen der mit der Übernahme des Betriebes verbundenen Kosten) die Einhaltung dieser Auflagen erst innerhalb dieser Frist wirtschaftlich zumutbar ist und gegen die Fristeinräumung keine Bedenken vom Standpunkt des Schutzes der im § 74 Abs. 2 umschriebenen Interessen bestehen.

(3) Fristen nach Abs. 2 Z 2 und § 79 Abs. 1 dürfen insgesamt fünf Jahre nicht übersteigen.

(4) Im Antrag ist das Vorliegen der Voraussetzungen gemäß Abs. 2 glaubhaft zu machen, andernfalls der Antrag zurückzuweisen ist.

(5) Wurde ein Antrag nach Abs. 2 gestellt, so sind andere Verfahren nach diesem Bundesgesetz, bei denen die vom Antrag erfassten Auflagen oder Teile des Genehmigungsbescheides auch anzuwenden sind, bis zur Rechtskraft eines Bescheides über den Antrag nur soweit weiterzuführen, als dies zur Vermeidung einer Gefährdung des Lebens oder der Gesundheit von Personen notwendig ist.

§ 80. (1) Die Genehmigung der Betriebsanlage erlischt, wenn der Betrieb der Anlage nicht binnen fünf Jahren nach erteilter Genehmigung in zumindest einem für die Erfüllung des Anlagenzwecks wesentlichen Teil der Anlage aufgenommen oder durch mehr als fünf Jahre in allen für die Erfüllung des Anlagenzwecks wesentlichen Teilen der Anlage unterbrochen wird. Der Inhaber einer genehmigten Anlage, deren Betrieb gänzlich oder teilweise unterbrochen wird, hat die notwendigen Vorkehrungen zu treffen, um eine sich aus der Betriebsunterbrechung ergebende Gefährdung, Belästigung, Beeinträchtigung oder nachteilige Einwirkung im Sinne des § 74 Abs. 2 zu vermeiden. Er hat, soweit Abs. 2 nicht anderes bestimmt, die Betriebsunterbrechung und seine Vorkehrungen anläßlich der Betriebsunterbrechung der zur Genehmigung der Anlage zuständigen Behörde innerhalb eines Monats nach Eintritt der Betriebsunterbrechung anzuzeigen, wenn diese Unterbrechung zumindest einen für die Erfüllung des Anlagenzwecks wesentlichen Teil der Anlage betrifft und voraussichtlich länger als ein Jahr dauern wird. Reichen die angezeigten Vorkehrungen nicht aus, um den Schutz der im § 74 Abs. 2 umschriebenen Interessen zu gewährleisten, oder hat der Inhaber der Anlage anläßlich der Betriebsunterbrechung die zur Erreichung dieses Schutzes notwendigen Vorkehrungen nicht oder nur unvollständig getroffen, so hat ihm die zur Genehmigung der Anlage zuständige Behörde die notwendigen Vorkehrungen mit Bescheid aufzutragen. Durch einen Wechsel in der Person des Inhabers der Anlage wird die Wirksamkeit dieses bescheidmäßigen Auftrages nicht berührt.

(2) Der Inhaber einer genehmigten Anlage hat durch Elementarereignisse oder sonstige besondere Umstände bewirkte Unterbrechungen des Betriebes der zur Genehmigung der Anlage zuständigen Behörde und, wenn diese Behörde nicht die Bezirksverwaltungsbehörde ist, auch der Bezirksverwaltungsbehörde unverzüglich anzuzeigen, wenn er Grund zur Annahme haben muß, daß betriebliche Vorkehrungen nicht ausreichen, um den Schutz der im § 74 Abs. 2 umschriebenen Interessen zu wahren oder Belastungen der Umwelt im Sinne des § 69a zu vermeiden. Abs. 1 vorletzter und letzter Satz gilt sinngemäß.

(3) Die Behörde hat die Frist zur Inbetriebnahme der Anlage auf Grund eines vor Ablauf der Frist gestellten Antrages

[16] Neu gefasst durch BGBl I 85/2013; Abs 1 und 2 geändert durch BGBl I 125/2013.

[17] Eingefügt durch BGBl I 85/2013.

zu verlängern, wenn es Art und Umfang des Vorhabens erfordern oder die Fertigstellung des Vorhabens unvorhergesehenen Schwierigkeiten begegnet. Durch den Antrag wird der Ablauf der Frist bis zur rechtskräftigen Entscheidung gehemmt. Die Frist zur Inbetriebnahme der Anlage darf insgesamt sieben Jahre nicht übersteigen.

(4) Abs. 3 ist auf die Unterbrechung des Betriebes sinngemäß anzuwenden.

(5) Durch einen Wechsel in der Person des Inhabers der Anlage wird die Wirksamkeit der Genehmigung nicht berührt.

§ 81. (1) Wenn es zur Wahrung der im § 74 Abs. 2 umschriebenen Interessen erforderlich ist, bedarf auch die Änderung einer genehmigten Betriebsanlage einer Genehmigung im Sinne der vorstehenden Bestimmungen. Diese Genehmigung hat auch die bereits genehmigte Anlage so weit zu umfassen, als es wegen der Änderung zur Wahrung der im § 74 Abs. 2 umschriebenen Interessen gegenüber der bereits genehmigten Anlage erforderlich ist.

(2) Eine Genehmigungspflicht nach Abs. 1 ist jedenfalls in folgenden Fällen nicht gegeben:

1. bescheidmäßig zugelassene Änderungen gemäß § 79c Abs. 2,[18]
2. Änderungen zur Einhaltung von anderen oder zusätzlichen Auflagen gemäß § 79 Abs. 1 oder § 79b,
3. Änderungen zur Anpassung an Verordnungen auf Grund des § 82 Abs. 1,
4. Bescheiden gemäß § 82 Abs. 3 oder 4 entsprechende Änderungen,
5. Ersatz von Maschinen, Geräten oder Ausstattungen durch gleichartige Maschinen, Geräte oder Ausstattungen; Maschinen, Geräte oder Ausstattungen sind gleichartig, wenn ihr Verwendungszweck dem der in der Anlage befindlichen Maschinen, Geräte oder Ausstattungen entspricht und die von ihnen zu erwartenden Auswirkungen von den Auswirkungen der in der Anlage befindlichen Maschinen, Geräte oder Ausstattungen nicht so abweichen, daß der Ersatz als genehmigungspflichtige Änderung gemäß Abs. 1 zu behandeln ist.
6. Änderungen durch den Einsatz von Maschinen, Geräten oder Ausstattungen, die unter Verordnungen gemäß § 76 Abs. 1 fallen oder in Bescheiden gemäß § 76 Abs. 2 angeführt sind, sofern § 76 Abs. 3 nicht entgegensteht,
7.[19] Änderungen, die das Emissionsverhalten der Anlage zu den Nachbarn nicht nachteilig beeinflussen und die auf Grund der besonderen Situation des Einzelfalles erwarten lassen, dass überhaupt oder bei Einhaltung der erforderlichenfalls vorzuschreibenden Auflagen Gefährdungen des Lebens oder der Gesundheit von Personen vermieden und Beeinträchtigungen oder nachteilige Einwirkungen im Sinne des § 74 Abs. 2 Z 3 bis 5 auf ein zumutbares Maß beschränkt werden,
8. Sanierung gemäß § 12 des Luftreinhaltegesetzes für Kesselanlagen, BGBl. Nr. 380/1988,
9. Änderungen, die das Emissionsverhalten der Anlage nicht nachteilig beeinflussen,
10. Fortschreibung des Abfallwirtschaftskonzeptes (§ 353 Z 1 lit. c);
11.[20] Änderungen von vorübergehender, vier Wochen nicht überschreitender Dauer, die keine Gefährdung des Lebens oder der Gesundheit von Personen bewirken und aus Anlass von Ereignissen oder Veranstaltungen, die in kulturellem oder sportlichem Interesse überregional breiter Kreise der Bevölkerung stattfinden, vorgenommen werden.

(3)[21] Änderungen gemäß Abs. 2 Z 7 sind der zur Genehmigung der Anlage zuständigen Behörde vorher anzuzeigen.

(4)[22] Im Fall einer genehmigungspflichtigen Änderung nach Abs. 1, jedoch mindestens alle sieben Jahre, ist das Abfallwirtschaftskonzept fortzuschreiben. Die Fortschreibung einer gültigen Umwelterklärung gemäß der Verordnung (EG) Nr. 1221/2009 über die freiwillige Teilnahme von Organisationen an einem Gemeinschaftssystem für Umweltmanagement und Umweltbetriebsprüfung (EMAS), ABl. Nr. L 342 vom 22.12.2009, S. 1, gilt als Fortschreibung im Sinne dieses Bundesgesetzes.

§ 81a.[23] Für die Änderung einer IPPC-Anlage gilt Folgendes:

1. die wesentliche Änderung (das ist eine Änderung, die erhebliche nachteilige Auswirkungen auf den Menschen oder die Umwelt haben kann) bedarf einer Genehmigung im Sinne der §§ 77a und 77b; die Änderungsgenehmigung hat auch die bereits genehmigte Betriebsanlage so weit zu umfassen, als es wegen der Änderung zur Wahrung der im § 77a Abs. 1 umschriebenen Interessen gegenüber der bereits genehmigten Betriebsanlage erforderlich ist; als wesentliche Änderung gilt jedenfalls eine Änderung, die für sich genommen den in der **Anlage 3** zu diesem Bundesgesetz jeweils festgelegten Schwellenwert erreicht, sofern ein solcher in der **Anlage 3** zu diesem Bundesgesetz festgelegt ist;
2. eine Änderung des Betriebs (das ist die Änderung der Beschaffenheit oder der Funktionsweise oder eine Erweiterung der Betriebsanlage, die Auswirkungen ausschließlich auf die Umwelt haben kann) ist der Behörde vom Betriebsanlageninhaber vier Wochen vorher anzuzeigen; die Behörde hat diese Anzeige, erforderlichenfalls unter Erteilung von bestimmten, geeigneten Aufträgen zur Erfüllung der in den §§ 77a und 77b und in den nach § 356b Abs. 1 mit anzuwendenden Verwaltungsvorschriften festgelegten Anforderungen, mit Bescheid zur Kenntnis zu nehmen; dieser Bescheid bildet einen Bestandteil des Genehmigungsbescheids;
3. auf eine weder unter Z 1 noch unter Z 2 fallende Änderung ist § 81 anzuwenden, sofern dessen Voraussetzungen zutreffen.

§ 81b.[24] (1) Innerhalb eines Jahres nach der Veröffentlichung von BVT-Schlussfolgerungen zur Haupttätigkeit einer IPPC-Anlage hat der Anlageninhaber der Behörde mitzuteilen, ob sich der seine IPPC-Anlage betreffende Stand der Technik geändert hat; die Mitteilung hat gegebenenfalls den Antrag auf Festlegung weniger strenger Emissionsgrenzwerte im Sinne des § 77b Abs. 3 zu enthalten. Gegebenenfalls sind umgehend die zur Anpassung an den Stand der Technik erforderlichen Anpassungsmaßnahmen zu treffen. Die Mitteilung und die Anpassungsmaßnahmen haben auch jenen die IPPC-Anlage betreffenden BVT-Schlussfolgerungen Rechnung zu tragen, deren Erlassung oder Aktualisierung seit der Genehmigung oder seit der letzten Anpassung der IPPC-Anlage veröffentlicht wurden. § 81a bleibt unberührt.

(2) Auf Aufforderung der Behörde hat der Betriebsanlageninhaber alle für die Überprüfung der Genehmigungsauflagen erforderlichen Informationen, insbesondere Ergebnisse der Emissionsüberwachung und sonstige Daten, die einen Vergleich des Betriebs der Anlage mit dem Stand der Technik

[18] Geändert durch BGBl I 85/2013.
[19] Eingefügt durch BGBl I 85/2013.
[20] Eingefügt durch BGBl I 85/2013.
[21] Neu gefasst durch BGBl I 96/2017.
[22] Neu gefasst durch BGBl I 125/2013.
[23] Neu gefasst durch BGBl I 125/2013.
[24] Neu gefasst durch BGBl I 125/2013.

gemäß der geltenden BVT-Schlussfolgerungen und mit den mit den besten verfügbaren Techniken assoziierten Emissionswerten ermöglichen, zu übermitteln.

(3) Ergibt die Überprüfung der Behörde, dass der Anlageninhaber Maßnahmen im Sinne des ersten Absatzes nicht ausreichend getroffen hat, oder ist dies im Hinblick auf eine Vorschreibung von Emissionsgrenzwerten im Sinne des § 77b erforderlich, so hat die Behörde entsprechende Maßnahmen mit Bescheid anzuordnen. § 81a ist auf die Durchführung solcher behördlich angeordneter Maßnahmen nicht anzuwenden. Auf Antrag im Sinne des Abs. 1 erster Satz zweiter Teilsatz dürfen unter den Voraussetzungen des § 77b Abs. 3 weniger strenge Emissionsgrenzwerte festgelegt werden; diese müssen bei der nächsten Anpassung im Sinne dieser Bestimmungen neu beurteilt werden. Für die Überprüfung der IPPC-Anlage hat die Behörde die im Zuge der Überwachung oder der Umweltinspektionen (§ 82a) erlangten Informationen heranzuziehen.

(4) Durch die Maßnahmen im Sinne der Absätze 1 und 3 muss sichergestellt sein, dass die IPPC-Anlage innerhalb von vier Jahren nach der Veröffentlichung der BVT-Schlussfolgerungen zur Haupttätigkeit der IPPC-Anlage den Anforderungen im Sinne der Absätze 1 und 3 entspricht.

(5) Wenn die Behörde bei der Anpassung der Genehmigungsauflagen im Sinne dieser Bestimmungen in begründeten Fällen feststellt, dass mehr als vier Jahre ab Veröffentlichung von BVT-Schlussfolgerungen zur Einführung neuer bester verfügbarer Techniken notwendig sind, kann sie in den Genehmigungsauflagen im Einklang mit den Bestimmungen des § 77b Abs. 3 einen längeren Zeitraum festlegen. Dabei ist auf die Ziele und Grundsätze gemäß § 77a Abs. 1 Bedacht zu nehmen.

(6) Die Behörde hat jedenfalls auch dann den Konsens der IPPC-Anlage zu überprüfen und erforderlichenfalls entsprechende Anpassungsmaßnahmen im Sinne des Abs. 3 mit Bescheid anzuordnen, wenn

1. die Betriebssicherheit die Anwendung anderer Techniken erfordert,
2. dies zur Verhinderung des Überschreitens eines neuen oder geänderten unionsrechtlich festgelegten Immissionsgrenzwertes im Sinne des § 77a Abs. 6 erforderlich ist;
3. die IPPC-Anlage von keinen BVT-Schlussfolgerungen erfasst ist und Entwicklungen des Standes der Technik eine erhebliche Verminderung der Emissionen ermöglichen.

(7) Würden die gemäß Abs. 3 bis 6 vorzuschreibenden Maßnahmen eine IPPC-Anlage in ihrem Wesen verändern, so hat die Behörde § 79 Abs. 3 sinngemäß anzuwenden.

(8) Ist die durch die Anlage verursachte Umweltverschmutzung (§ 71b Z 10) so stark, dass neue Emissionsgrenzwerte festgelegt werden müssen, so hat die Behörde den Inhaber einer IPPC-Anlage mit Bescheid zur Vorlage eines Konzepts zur Durchführung von Anpassungsmaßnahmen im Sinne des Abs. 1 innerhalb einer angemessenen Frist aufzufordern; die Vorlage dieses Konzepts gilt als Antrag auf Genehmigung einer wesentlichen Änderung gemäß § 81a Z 1. Im Änderungsgenehmigungsbescheid hat die Behörde jedenfalls eine angemessene Frist zur Durchführung der Anpassungsmaßnahmen festzulegen.“

§ 81c.[25] Der Inhaber einer IPPC-Anlage hat die Behörde unverzüglich über einen nicht unter den Abschnitt 8a fallenden Unfall mit erheblichen Auswirkungen auf die Umwelt oder Vorfall mit erheblichen Auswirkungen auf die Umwelt zu unterrichten. Er hat unverzüglich Maßnahmen zur Begrenzung der Umweltauswirkungen und zur Vermeidung weiterer möglicher Unfälle oder Vorfälle zu ergreifen. Die Behörde hat erforderlichenfalls darüber hinausgehende geeignete Maßnahmen zur Begrenzung der Umweltauswirkungen und zur Vermeidung weiterer möglicher Unfälle oder Vorfälle mit Bescheid anzuordnen.

§ 81d.[26] (1) Der Inhaber einer IPPC-Anlage hat die Behörde bei Nichteinhaltung des Genehmigungskonsenses unverzüglich zu informieren und unverzüglich die erforderlichen Maßnahmen zu ergreifen, um sicherzustellen, dass die Einhaltung der Anforderungen so schnell wie möglich wieder hergestellt wird. Die Behörde hat gegebenenfalls weitere zur Wiederherstellung der Einhaltung des Genehmigungskonsenses erforderliche Maßnahmen mit Bescheid aufzutragen.

(2) Gemäß Abs. 1 angezeigte Mängel oder Abweichungen, für die in der Information Vorschläge zur unverzüglichen Behebung der Mängel oder zur unverzüglichen Beseitigung der Abweichungen vom konsensgemäßen Zustand enthalten sind, bilden keine Verwaltungsübertretungen im Sinne des § 366 Abs. 1 Z 3 oder gemäß § 367 Z 25, sofern die Voraussetzungen für eine Maßnahme gemäß § 360 Abs. 4 nicht vorliegen und die Behebung oder die Beseitigung der Behörde unverzüglich nachgewiesen werden.

§ 82. (1)[27] Der Bundesminister für Wirtschaft, Familie und Jugend kann im Einvernehmen mit dem Bundesminister für Land- und Forstwirtschaft, Umwelt und Wasserwirtschaft durch Verordnung für genehmigungspflichtige Arten von Anlagen die nach dem Stand der Technik (§ 71a) und dem Stand der medizinischen und der sonst in Betracht kommenden Wissenschaften zum Schutz der im § 74 Abs. 2 umschriebenen Interessen und zur Vermeidung von Belastungen der Umwelt (§ 69a) sowie die zur Anpassung an neue oder geänderte BVT-Schlussfolgerungen erforderlichen näheren Vorschriften über die Bauart, die Betriebsweise, die Ausstattung oder das zulässige Ausmaß der Emissionen von Anlagen oder Anlagenteilen erlassen. Für bereits genehmigte Anlagen sind in einer solchen Verordnung abweichende Bestimmungen oder Ausnahmen von den nicht unter den nächsten Satz fallenden Verordnungsbestimmungen festzulegen, wenn sie nach dem Stand der Technik und dem Stand der medizinischen und der sonst in Betracht kommenden Wissenschaften wegen der Unverhältnismäßigkeit zwischen dem Aufwand zur Erfüllung der betreffenden Verordnungsbestimmungen und dem dadurch erreichbaren Nutzen für die zu schützenden Interessen sachlich gerechtfertigt sind; bei IPPC-Anlagen muss jedenfalls den Vorgaben des § 77b und des § 81b Abs. 4 entsprochen werden. Betreffen Verordnungsbestimmungen solche Maßnahmen zur Vermeidung einer Gefahr für das Leben oder die Gesundheit der im § 74 Abs. 2 Z 1 genannten Personen, wie sie ohne Regelung in der Verordnung mit Bescheid gemäß § 79 vorgeschrieben werden müssten, so dürfen in der Verordnung keine von diesen entsprechend zu bezeichnenden Verordnungsbestimmungen abweichenden Bestimmungen oder Ausnahmen festgelegt werden.

(2) Weist der Inhaber einer bereits genehmigten Betriebsanlage nach, daß seine Anlage wegen der verwendeten Maschinen und Geräte, wegen ihrer Betriebsweise, wegen ihrer Ausstattung oder aus sonstigen Gründen (wie wegen besonderer örtlicher Gegebenheiten) von den in einer Verordnung gemäß Abs. 1 für bestehende Anlagen festgelegten abweichenden Bestimmungen oder Ausnahmen nicht erfaßt wird, so ist die erforderliche Anpassung der Anlage an die Verordnung mit Bescheid aufzutragen; hiebei sind Abweichungen oder

---

[25] Neu gefasst durch BGBl I 125/2013.

[26] Neu gefasst durch BGBl I 125/2013.

[27] Neu gefasst durch BGBl I 125/2013; geändert durch BGBl I 112/2018.

Ausnahmen von der Verordnung unter den Voraussetzungen des Abs. 1 zweiter Satz festzulegen.

(3) Von den Bestimmungen einer Verordnung gemäß Abs. 1 abweichende Maßnahmen dürfen von Amts wegen mit Bescheid aufgetragen oder auf Antrag mit Bescheid zugelassen werden, wenn hiedurch der gleiche Schutz erreicht wird. Abweichungen von einer Verordnung gemäß Abs. 1 dürfen auf Antrag mit Bescheid ferner zugelassen werden, wenn durch geeignete Maßnahmen, wie Einrichtungen, Verfahren oder Betriebsweisen, sichergestellt ist, daß der gleiche Schutz erreicht ist, wie er bei Einhaltung einer Verordnung nach Abs. 1 ohne solche Maßnahmen zu erwarten ist.

(3a) In einer Verordnung gemäß Abs. 1 kann vorgesehen werden, dass Inhaber von Betriebsanlagen an Stelle der Erfüllung der Anforderungen nach Abs. 1 die Emissionen nach Maßgabe eines betrieblichen Reduktionsplans verringern dürfen und dass dieser Reduktionsplan der bescheidmäßigen Genehmigung durch die Behörde bedarf; wenn der Reduktionsplan erfüllt ist, muss eine gleichwertige Verringerung der Emissionen erreicht sein wie bei der Erfüllung der entsprechenden Anforderungen der Verordnung. In der Verordnung können auch nähere Anforderungen an die Reduktionspläne sowie darüber, wie der Inhaber der Betriebsanlage die Erfüllung der vorgeschriebenen Reduktionspläne nachzuweisen hat, festgelegt werden.

(4) Wird im Einzelfall durch die Einhaltung der Bestimmungen einer Verordnung gemäß Abs. 1 der mit dieser Verordnung angestrebte Schutz nicht gewährleistet, so sind zur Erreichung dieses Schutzes auch über die Bestimmungen der Verordnung hinausgehende Auflagen vorzuschreiben.

(5) Für die Erfüllung der nicht unter Abs. 1 dritter Satz fallenden Bestimmungen einer Verordnung gemäß Abs. 1 darf auf Antrag mit Bescheid eine angemessene, höchstens fünf Jahre betragende Frist eingeräumt werden, wenn die Erfüllung dieser Verordnungsbestimmungen für den Betriebsinhaber erst innerhalb dieser Frist wirtschaftlich zumutbar ist. Auf IPPC-Anlagen ist § 77b Abs. 3 sinngemäß anwendbar.[28]

§ 82a.[29] (1) IPPC-Anlagen müssen regelmäßigen Umweltinspektionen im Sinne der Absätze 2 bis 5 unterzogen werden; hinsichtlich der Beiziehung von Sachverständigen finden die §§ 52 bis 53a AVG Anwendung.

(2) Auf Grundlage eines gemäß § 63a Abs. 2 und 3 AWG 2002 erstellten oder aktualisierten Inspektionsplans hat der Landeshauptmann regelmäßig Programme für routinemäßige Umweltinspektionen zu erstellen, in denen auch die Häufigkeit der Vor-Ort-Besichtigungen für die verschiedenen Arten von IPPC-Anlagen angegeben ist. Der Zeitraum zwischen zwei Vor-Ort-Besichtigungen hat sich nach einer systematischen Beurteilung der mit der IPPC-Anlage verbundenen Umweltrisiken zu richten und darf ein Jahr bei IPPC-Anlagen der höchsten Risikostufe und drei Jahre bei IPPC-Anlagen der niedrigsten Risikostufe nicht überschreiten. Wird bei einer Inspektion festgestellt, dass eine IPPC-Anlage in schwerwiegender Weise gegen den Genehmigungskonsens verstößt, so muss innerhalb der nächsten sechs Monate nach dieser Inspektion eine zusätzliche Vor-Ort-Besichtigung erfolgen.

(3) Die systematische Beurteilung der Umweltrisiken hat sich mindestens auf folgende Kriterien zu stützen:

1. mögliche und tatsächliche Auswirkungen der betreffenden IPPC-Anlagen auf die menschliche Gesundheit und auf die Umwelt unter Berücksichtigung der Emissionswerte und -typen, der Empfindlichkeit der örtlichen Umgebung und des Unfallrisikos;
2. bisherige Einhaltung des Genehmigungskonsenses;
3. Teilnahme des IPPC-Anlageninhabers an einer Umweltbetriebsprüfung im Sinne der Verordnung (EG) Nr. 1221/2009 (EMAS) oder an einer Umweltbetriebsprüfung im Sinne der ÖNORM EN ISO 14001 „Umweltmanagementsysteme – Anforderungen mit Anleitung zur Anwendung (ISO 14001:2004 + Cor.1:2009) (konsolidierte Fassung)“ vom 15. 8. 2009 (erhältlich beim Austrian Standards Institute/Österreichischen Normungsinstitut, Heinestraße 38, 1021 Wien).

(4) Nicht routinemäßige Umweltinspektionen müssen durchgeführt werden, um bei Beschwerden wegen ernsthaften Umweltbeeinträchtigungen, bei ernsthaften umweltbezogenen Unfällen und Vorfällen und bei Verstößen gegen die einschlägigen Rechtsvorschriften sobald wie möglich und gegebenenfalls vor Erteilung einer Genehmigung, einer Änderungsgenehmigung oder der Anpassung einer IPPC-Anlage im Sinne des § 81b Untersuchungen vorzunehmen.

(5) Nach jeder Vor-Ort-Besichtigung hat die Behörde einen Bericht mit relevanten Feststellungen bezüglich der Einhaltung des Genehmigungskonsenses durch die betreffende IPPC-Anlage und Schlussfolgerungen zur etwaigen Notwendigkeit weiterer Maßnahmen zu erstellen. Innerhalb von zwei Monaten nach der Vor-Ort-Besichtigung muss der Bericht dem IPPC-Anlageninhaber zur Stellungnahme übermittelt werden; innerhalb von vier Monaten nach der Vor-Ort-Besichtigung hat die Behörde den Bericht im Internet bekannt zu geben; diese Bekanntgabe hat jedenfalls eine Zusammenfassung des Berichts zu enthalten sowie den Hinweis, wo weiterführende Informationen zu erhalten sind. Betriebs- und Geschäftsgeheimnisse sind zu wahren. Die Behörde muss sicherstellen, dass der IPPC-Anlageninhaber die in dem Bericht angeführten Maßnahmen binnen angemessener Frist ergreift.

§ 82b.[30] (1) Der Inhaber einer genehmigten Betriebsanlage hat diese regelmäßig wiederkehrend zu prüfen oder prüfen zu lassen, ob sie dem Genehmigungsbescheid und den sonst für die Anlage geltenden gewerberechtlichen Vorschriften entspricht; die Prüfung hat sich erforderlichenfalls auch darauf zu erstrecken, ob die Betriebsanlage dem Abschnitt 8a betreffend die Beherrschung der Gefahren bei schweren Unfällen unterliegt, und auch die gemäß § 356b mit anzuwendenden Bestimmungen zu umfassen. Sofern im Genehmigungsbescheid oder in den genannten sonstigen Vorschriften nicht anderes bestimmt ist, betragen die Fristen für die wiederkehrenden Prüfungen sechs Jahre für die unter § 359b fallenden Anlagen und fünf Jahre für sonstige genehmigte Anlagen. Über jede wiederkehrende Prüfung ist eine Prüfbescheinigung zu erstellen, der eine vollständige Dokumentation der Prüfung anzuschließen ist, aus der insbesondere der Umfang und der Inhalt der Prüfung hervorgeht; diese Dokumentation bildet einen notwendigen Bestandteil der Prüfbescheinigung.

(2) Die wiederkehrenden Prüfungen gemäß Abs.1 sind von

1. Akkreditierten Stellen im Rahmen des fachlichen Umfangs ihrer Akkreditierung,
2. staatlich autorisierten Anstalten,
3. Ziviltechnikern oder Gewerbetreibenden, jeweils im Rahmen ihrer Befugnisse,
4. dem Inhaber der Betriebsanlage, sofern er geeignet und fachkundig ist, oder
5. sonstigen geeigneten und fachkundigen Betriebsangehörigen

durchzuführen. Als geeignet und fachkundig sind Personen anzusehen, wenn sie nach ihrem Bildungsgang und ihrer bisherigen Tätigkeit die für die jeweilige Prüfung notwendigen fachlichen Kenntnisse und Erfahrungen besitzen und auch die Gewähr für eine gewissenhafte Durchführung der Prüfungsarbeiten bieten.

[28] Letzter Satz eingefügt durch BGBl I 125/2013.

[29] Eingefügt durch BGBl I 125/2013.

[30] Neu gefasst durch BGBl I 125/2013.

(3) Die Prüfbescheinigung ist, sofern im Genehmigungsbescheid oder in den sonst für die Anlage geltenden gewerberechtlichen Vorschriften nicht anderes bestimmt ist, vom Anlageninhaber bis zum Vorliegen der nächsten Prüfbescheinigung in der Anlage zur jederzeitigen Einsicht der Behörde aufzubewahren; er hat die Prüfbescheinigung der Behörde auf Aufforderung innerhalb der von der Behörde zu bestimmenden angemessenen Frist zu übermitteln.

(4) Werden im Rahmen der Prüfung Mängel oder Abweichungen vom konsensgemäßen Zustand festgestellt, hat die Prüfbescheinigung entsprechende Vorschläge samt angemessenen Fristen für die Behebung der Mängel oder für die Beseitigung der Abweichungen zu enthalten. Der Inhaber der Anlage hat in diesem Fall unverzüglich eine Ausfertigung dieser Prüfbescheinigung sowie eine diesbezügliche Darstellung der getroffenen und zu treffenden Maßnahmen der zuständigen Behörde zu übermitteln.

(5) Gemäß Abs. 4 angezeigte Mängel oder Abweichungen, für die in der Prüfbescheinigung Vorschläge zur Behebung der Mängel oder zur Beseitigung der Abweichungen vom konsensgemäßen Zustand innerhalb einer angemessenen Frist enthalten sind, bilden keine Verwaltungsübertretungen im Sinne des § 366 Abs. 1 Z 3 oder gemäß § 367 Z 25, sofern die Voraussetzungen für eine Maßnahme gemäß § 360 Abs. 4 nicht vorliegen und die Behebung oder die Beseitigung innerhalb der angemessenen Frist der Behörde nachgewiesen werden.

(6)[31] Anlageninhaber, deren Betrieb in ein Register gemäß § 15 des Umweltmanagementgesetzes – UMG, BGBl. I Nr. 96/2001, in der jeweils geltenden Fassung, eingetragen ist, sind zu einer wiederkehrenden Prüfung im Sinne der Abs. 1 bis 5 nicht verpflichtet.

§ 83. (1) Beabsichtigt der Inhaber einer Anlage im Sinne des § 74 Abs. 2 die Auflassung seiner Anlage oder eines Teiles seiner Anlage, so hat er die notwendigen Vorkehrungen zur Vermeidung einer von der in Auflassung begriffenen oder aufgelassenen Anlage oder von dem in Auflassung begriffenen oder aufgelassenen Anlagenteil ausgehenden Gefährdung, Belästigung, Beeinträchtigung oder nachteiligen Einwirkung im Sinne des § 74 Abs. 2 zu treffen.

(2) Der Anlageninhaber hat den Beginn der Auflassung und seine Vorkehrungen anläßlich der Auflassung der zur Genehmigung der Anlage zuständigen Behörde (Genehmigungsbehörde) vorher anzuzeigen.

(3) Reichen die vom Anlageninhaber gemäß Abs. 2 angezeigten Vorkehrungen nicht aus, um den Schutz der im § 74 Abs. 2 umschriebenen Interessen zu gewährleisten, oder hat der jeweilige Inhaber der in Auflassung begriffenen Anlage oder der Anlage mit dem in Auflassung begriffenen Anlagenteil (auflassender Anlageninhaber) die zur Erreichung dieses Schutzes notwendigen Vorkehrungen nicht oder nur unvollständig getroffen, so hat ihm die Genehmigungsbehörde die notwendigen Vorkehrungen mit Bescheid aufzutragen.

(4) Durch einen Wechsel in der Person des auflassenden Anlageninhabers wird die Wirksamkeit des bescheidmäßigen Auftrages gemäß Abs. 3 nicht berührt.

(5) Der auflassende Anlageninhaber hat der Genehmigungsbehörde anzuzeigen, daß er die gemäß Abs. 2 angezeigten und bzw. oder die von der Genehmigungsbehörde gemäß Abs. 3 aufgetragenen Vorkehrungen getroffen hat.

(6) Reichen die getroffenen Vorkehrungen aus, um den Schutz der im § 74 Abs. 2 umschriebenen Interessen zu gewährleisten, und sind daher dem auflassenden Anlageninhaber keine weiteren Vorkehrungen im Sinne des Abs. 3 mit Bescheid aufzutragen, so hat die Genehmigungsbehörde dies mit Bescheid festzustellen. Dieser Feststellungsbescheid ist außer in begründeten Ausnahmefällen innerhalb von drei Monaten nach Erstattung der im Abs. 2 angeführten Anzeige bzw. nach Erlassung des im Abs. 3 angeführten Bescheides zu erlassen. Mit Eintritt der Rechtskraft dieses Feststellungsbescheides ist die Auflassung beendet und erlischt im Falle der gänzlichen Auflassung der Anlage die Anlagengenehmigung.

§ 83a.[32] (1) Im Fall der Auflassung einer IPPC-Anlage hat die Anzeige des Anlageninhabers gemäß § 83 Abs. 2 Folgendes zu enthalten:

1. Bei Vorliegen eines Berichts über den Ausgangszustand gemäß § 353a Abs. 3 eine Bewertung des Standes der Boden- und Grundwasserverschmutzung durch relevante gefährliche Stoffe, die durch die IPPC-Anlage verwendet, erzeugt oder freigesetzt werden. Wurden durch die IPPC-Anlage erhebliche Boden- und Grundwasserverschmutzungen mit relevanten gefährlichen Stoffen (§ 71b Z 6) im Vergleich zu dem im Bericht über den Ausgangszustand angegebenen Zustand verursacht, eine Darstellung der erforderlichen Maßnahmen zur Beseitigung dieser Verschmutzung, um das Gelände in jenen Zustand zurückzuführen.
2. Liegt ein Bericht über den Ausgangszustand gemäß § 353a Abs. 3 nicht vor, weil die Anpassung im Sinne des § 81b noch nicht erfolgt ist oder keine Verpflichtung zur Erstellung besteht, eine Bewertung, ob die Verschmutzung von Boden und Grundwasser auf dem Gelände eine ernsthafte Gefährdung der menschlichen Gesundheit oder der Umwelt als Folge der genehmigten Tätigkeiten darstellt. Bei Vorhandensein einer Gefährdung eine Darstellung der erforderlichen Maßnahmen zur Beseitigung, Verhütung, Eindämmung oder Verringerung relevanter gefährlicher Stoffe, damit das Gelände unter Berücksichtigung seiner derzeitigen oder genehmigten künftigen Nutzung keine solche Gefährdung mehr darstellt.

(2) Werden vom Inhaber einer IPPC-Anlage bei endgültiger Einstellung der Tätigkeiten die gemäß Abs. 1 Z 1 erforderliche Bewertung oder allfällig notwendige Maßnahmen nicht angezeigt oder durchgeführt, hat die zuständige Behörde bei durch die Tätigkeiten verursachten erheblichen Boden- und Grundwasserverschmutzungen mit relevanten gefährlichen Stoffen im Vergleich zu dem im Bericht über den Ausgangszustand angegebenen Zustand die erforderlichen Maßnahmen zur Beseitigung dieser Verschmutzung mit Bescheid aufzutragen, um das Gelände in jenen Zustand zurückzuführen. Dabei kann die technische Durchführbarkeit solcher Maßnahmen berücksichtigt werden.

(3) Werden vom Inhaber einer IPPC-Anlage bei endgültiger Einstellung der Tätigkeiten die gemäß Abs. 1 Z 2 erforderliche Bewertung oder allfällig notwendige Maßnahmen nicht angezeigt oder durchgeführt, hat die zuständige Behörde bei einer durch die Tätigkeiten verursachten ernsthaften Gefährdung der menschlichen Gesundheit oder der Umwelt die erforderlichen Maßnahmen zur Beseitigung, Verhütung, Eindämmung oder Verringerung relevanter gefährlicher Stoffe mit Bescheid aufzutragen, damit das Gelände unter Berücksichtigung seiner derzeitigen oder genehmigten künftigen Nutzung keine solche Gefährdung mehr darstellt.

(4) Die Behörde hat die bei der Auflassung einer IPPC-Anlage getroffenen Maßnahmen im Internet bekannt zu geben.

§ 84. Werden gewerbliche Arbeiten außerhalb der Betriebsanlage (§ 74 Abs. 1) ausgeführt, so hat die Behörde erforderlichenfalls von Amts wegen dem Gewerbetreibenden die für die Ausführung dieser Arbeiten notwendigen Vorkehrungen zur Vorbeugung gegen oder zur Abstellung von Ge-

[31] Neu gefasst durch BGBl I 112/2018.

[32] Eingefügt durch BGBl I 125/2013.

fährdungen von Menschen oder unzumutbaren Belästigungen der Nachbarn mit Bescheid aufzutragen.

8a. Abschnitt[33] Beherrschung der Gefahren schwerer Unfälle mit gefährlichen Stoffen

Ziel und Anwendungsbereich

§ 84a. (1) Ziel dieses Abschnitts ist es, schwere Unfälle mit gefährlichen Stoffen zu verhüten und ihre Folgen zu begrenzen.

(2) Dieser Abschnitt gilt für Betriebe im Sinne des § 84b Z 1.

(3) Die Anforderungen dieses Abschnitts müssen zusätzlich zu den Anforderungen nach anderen Bestimmungen dieses Bundesgesetzes erfüllt sein; sie sind keine Genehmigungsvoraussetzung im Sinne der §§ 77 und 77a und begründen keine Parteistellung im Sinne des § 356.

(4) Dieser Abschnitt gilt nicht für

1. von Stoffen ausgehende Gefahren durch ionisierende Strahlung,
2. Deponien.

Begriffe

§ 84b. Im Sinne dieses Abschnitts ist bzw. sind:

1. „Betrieb" der unter der Aufsicht eines Inhabers stehende Bereich (gewerbliche Betriebsanlage im Sinne des § 74 Abs. 1), in dem gefährliche Stoffe in einer oder in mehreren technischen Anlagen (Z 8) vorhanden sind, einschließlich gemeinsamer oder verbundener Infrastrukturen und Tätigkeiten; Betriebe sind entweder Betriebe der unteren Klasse (Z 2) oder Betriebe der oberen Klasse (Z 3);
2. „Betrieb der unteren Klasse" ein Betrieb, in dem gefährliche Stoffe in Mengen vorhanden sind, die den in **Anlage 5** Teil 1 Spalte 2 oder in **Anlage 5** Teil 2 Spalte 2 genannten Mengen entsprechen oder diese überschreiten, aber unter den in **Anlage 5** Teil 1 Spalte 3 oder **Anlage 5** Teil 2 Spalte 3 genannten Mengen liegen, wobei gegebenenfalls die Additionsregel gemäß den Anmerkungen zur **Anlage 5** Z 4 Anwendung findet;
3. „Betrieb der oberen Klasse" ein Betrieb, in dem gefährliche Stoffe in Mengen vorhanden sind, die den in **Anlage 5** Teil 1 Spalte 3 oder in **Anlage 5** Teil 2 Spalte 3 genannten Mengen entsprechen oder diese überschreiten, wobei gegebenenfalls die Additionsregel gemäß den Anmerkungen zur **Anlage** 5 Z 4 Anwendung findet;
4. „benachbarter Betrieb" ein Betrieb, der sich so nah bei einem anderen Betrieb befindet, dass dadurch das Risiko oder die Folgen eines schweren Unfalls vergrößert werden;
5. „neuer Betrieb"
   a) ein Betrieb, der am oder nach dem 1. Juni 2015 errichtet oder in Betrieb genommen wird,
   b) eine nicht unter die Z 1 fallende gewerbliche Betriebsanlage, die am oder nach dem 1. Juni 2015 auf Grund von Änderungen, die eine Änderung des Verzeichnisses gefährlicher Stoffe (§ 84d Abs. 1 Z 3) zur Folge haben, unter diesen Abschnitt fällt,
   c) ein Betrieb der unteren Klasse, der am oder nach dem 1. Juni 2015 auf Grund von Änderungen, die eine Änderung des Verzeichnisses gefährlicher Stoffe zur Folge haben, zu einem Betrieb der oberen Klasse wird,
   d) ein Betrieb der oberen Klasse, der am oder nach dem 1. Juni 2015 auf Grund von Änderungen, die eine Änderung des Verzeichnisses gefährlicher Stoffe zur Folge haben, zu einem Betrieb der unteren Klasse wird;
6. „bestehender Betrieb" ein Betrieb, der nach der bis zum 31. Mai 2015 geltenden Rechtslage unter das gewerbliche Industrieunfallrecht gefallen ist und der ab dem 1. Juni 2015 ohne Änderung der Einstufung der gefährlichen Stoffe unter diesen Abschnitt fällt;
7. „sonstiger Betrieb"
   a) ein Betrieb, der am oder nach dem 1. Juni 2015 aus anderen als in der Z 5 lit. b genannten Gründen unter diesen Abschnitt fällt,
   b) ein Betrieb der unteren Klasse, der am oder nach dem 1. Juni 2015 aus anderen als in der Z 5 lit. c genannten Gründen zu einem Betrieb der oberen Klasse wird,
   c) ein Betrieb der oberen Klasse, der am oder nach dem 1. Juni 2015 aus anderen als in der Z 5 lit. d genannten Gründen zu einem Betrieb der unteren Klasse wird;
8. „technische Anlage" eine technische Einheit innerhalb eines Betriebs, unabhängig davon, ob ober- oder unterirdisch, in der gefährliche Stoffe hergestellt, verwendet, gehandhabt oder gelagert werden. Sie umfasst alle Einrichtungen, Bauwerke, Rohrleitungen, Maschinen, Werkzeuge, Lager, Privatgleisanschlüsse, Hafenbecken, Umschlageinrichtungen, Anlegebrücken oder ähnliche, auch schwimmende, Konstruktionen, die für den Betrieb der technischen Anlage erforderlich sind;
9.[34] „gefährliche Stoffe" Stoffe oder Gemische, die in der **Anlage 5** Teil 2 angeführt sind oder die die in der **Anlage 5** Teil 1 festgelegten Kriterien erfüllen, einschließlich in Form eines Rohstoffs, End-, Zwischen- oder Nebenprodukts oder Rückstands;
10. „Gemisch" ein Gemisch oder eine Lösung, die aus zwei oder mehr Stoffen besteht;
11. „Vorhandensein gefährlicher Stoffe" das tatsächliche oder vorgesehene Vorhandensein gefährlicher Stoffe im Betrieb oder von gefährlichen Stoffen, bei denen vernünftigerweise vorhersehbar ist, dass sie bei außer Kontrolle geratenen Prozessen, einschließlich Lagerungstätigkeiten, die in einer der technischen Anlagen innerhalb des Betriebs anfallen, und zwar in Mengen, die den in der **Anlage 5** Teil 1 oder Teil 2 angeführten Mengenschwellen entsprechen oder darüber liegen;
12. „schwerer Unfall" ein Ereignis, das sich aus unkontrollierten Vorgängen in einem unter diesen Abschnitt fallenden Betrieb ergibt (etwa eine Emission, ein Brand oder eine Explosion größeren Ausmaßes), das unmittelbar oder später innerhalb oder außerhalb des Betriebs zu einer ernsten Gefahr für die menschliche Gesundheit oder die Umwelt führt und bei dem ein oder mehrere gefährliche Stoffe beteiligt sind;
13. „Beinahe-Unfall" ein im Betrieb aufgetretener Vorfall, der zu einem schweren Unfall hätte führen können;
14. „Gefahr" das Wesen eines gefährlichen Stoffes oder einer konkreten Situation, das darin besteht, der menschlichen Gesundheit oder der Umwelt Schaden zufügen zu können;
15. „Risiko" die Wahrscheinlichkeit, dass innerhalb einer bestimmten Zeitspanne oder unter bestimmten Umständen eine bestimmte Wirkung eintritt;
16. „Lagerung" das Vorhandensein einer Menge gefährlicher Stoffe (Z 9) zum Zweck der Einlagerung, der Hinterlegung zur sicheren Aufbewahrung oder der Lagerhaltung;
17. „Inspektion" alle Maßnahmen, einschließlich Besichtigungen vor Ort, Überprüfungen von internen Maßnahmen, Systemen, Berichten und Folgedokumenten sowie alle notwendigen Folgemaßnahmen, die von der Behörde durchgeführt werden, um die Einhaltung der Bestimmungen dieses Abschnitts zu überprüfen und zu fördern.

---

[33] Abschnitt neu gefasst durch BGBl I 81/2015.

[34] Neu gefasst durch BGBl I 155/2015.

Allgemeine Pflichten des Betriebsinhabers

§ 84c. Der Betriebsinhaber hat alle nach dem Stand der Technik (§ 71a) notwendigen Maßnahmen zu ergreifen, um schwere Unfälle zu verhüten und deren Folgen für die menschliche Gesundheit und die Umwelt zu begrenzen.

Mitteilungen des Betriebsinhabers

§ 84d. (1) Der Betriebsinhaber hat der Behörde folgende Angaben zu übermitteln:

1. Name, Sitz und Anschrift des Inhabers sowie vollständige Anschrift des Betriebs einschließlich der mit der Anschrift übereinstimmenden geografischen Koordinaten;
2. Name und Funktion der für den Betrieb verantwortlichen Person, falls von Z 1 abweichend;
3. Verzeichnis gefährlicher Stoffe, bestehend aus ausreichenden Angaben
   a) zur Identifizierung der gefährlichen Stoffe oder der Kategorie gefährlicher Stoffe und
   b) über die Zuordnung der gefährlichen Stoffe zur entsprechenden Ziffer des Teils 1 oder des Teils 2 der Anlage 5 und zu
   c) Menge und physikalische Form der gefährlichen Stoffe;
4. die im Betrieb ausgeübten oder beabsichtigten Tätigkeiten;
5. Beschreibung der unmittelbaren Umgebung des Betriebs unter Berücksichtigung der Faktoren, die einen schweren Unfall auslösen oder dessen Folgen erhöhen können, einschließlich, soweit verfügbar, Einzelheiten zu benachbarten Betrieben, nicht unter den § 84b Z 1 fallenden benachbarten gewerblichen Betriebsanlagen und nicht den Bestimmungen des gewerblichen Betriebsanlagenrechts unterliegenden benachbarten Anlagen sowie zu Bereichen und Entwicklungen, von denen ein schwerer Unfall ausgehen könnte oder die das Risiko oder die Folgen eines schweren Unfalls oder von Domino-Effekten (§ 84i) vergrößern könnten.

(2) Die Mitteilung gemäß Abs. 1 muss der Behörde innerhalb folgender Fristen übermittelt werden:

1. bei neuen Betrieben oder bei Änderungen, die eine Änderung des Verzeichnisses gefährlicher Stoffe zur Folge haben, binnen einer angemessenen Frist vor Inbetriebnahme;
2. in den von der Z 1 nicht erfassten Fällen binnen einer Frist von einem Jahr ab dem Zeitpunkt, ab dem der Betrieb in den Geltungsbereich dieses Abschnitts fällt.

(3) Vor einer wesentlichen Vergrößerung oder Verringerung der in der Mitteilung gemäß Abs. 1 angegebenen Menge oder einer wesentlichen Änderung der Beschaffenheit oder der physikalischen Form der vorhandenen gefährlichen Stoffe (Änderung des Verzeichnisses gefährlicher Stoffe) oder einer wesentlichen Änderung der Verfahren, bei denen diese Stoffe eingesetzt werden, oder einer Änderung des Betriebs, aus der sich erhebliche Auswirkungen auf die Gefahren im Zusammenhang mit schweren Unfällen ergeben können, hat der Betriebsinhaber der Behörde eine entsprechend geänderte Mitteilung zu übermitteln.

(4) Der Betriebsinhaber hat der Behörde eine Änderung der Angaben im Sinne des Abs. 1 Z 1 und Z 2 sowie die endgültige Schließung oder die Unterbrechung des Betriebs im Voraus mitzuteilen; die §§ 80 und 83 bleiben unberührt.

(5) Nach einem schweren Unfall hat der Betriebsinhaber nach Maßgabe einer Verordnung gemäß § 84m unverzüglich in der am besten geeigneten Weise

1. der Behörde die Umstände des Unfalls, die beteiligten gefährlichen Stoffe, die zur Beurteilung der Unfallfolgen für die menschliche Gesundheit, die Umwelt und Sachwerte verfügbaren Daten sowie die eingeleiteten Sofortmaßnahmen mitzuteilen;
2. die Behörde über die Schritte zu unterrichten, die vorgesehen sind, um die mittel- und langfristigen Unfallfolgen abzumildern und eine Wiederholung eines solchen Unfalls zu vermeiden;
3. diese Informationen zu aktualisieren, wenn sich bei einer eingehenderen Untersuchung zusätzliche relevante Fakten ergeben.

Sicherheitskonzept

§ 84e. (1) Der Betriebsinhaber hat nach Maßgabe einer Verordnung gemäß § 84m ein Konzept zur Verhütung schwerer Unfälle (Sicherheitskonzept) auszuarbeiten, zu verwirklichen und zur Einsichtnahme durch die Behörde bereitzuhalten. Die Verwirklichung des Sicherheitskonzepts und gegebenenfalls der Änderung des Sicherheitskonzepts sind nachzuweisen.

(2) Das Sicherheitskonzept muss innerhalb folgender Fristen erstellt werden:

1. bei neuen Betrieben oder bei Änderungen, die eine Änderung des Verzeichnisses gefährlicher Stoffe zur Folge haben, binnen einer angemessenen Frist vor Inbetriebnahme;
2. in den von der Z 1 nicht erfassten Fällen binnen einer Frist von einem Jahr ab dem Zeitpunkt, ab dem der Betrieb in den Geltungsbereich dieses Abschnitts fällt.

(3) Das Sicherheitskonzept muss durch ein Sicherheitsmanagementsystem nach Maßgabe einer Verordnung gemäß § 84m umgesetzt werden. In Bezug auf Betriebe der unteren Klasse darf die Verpflichtung, das Konzept umzusetzen, durch andere angemessene Mittel, Strukturen und Managementsysteme ersetzt werden, wobei den Grundsätzen eines Sicherheitsmanagementsystems Rechnung getragen werden muss.

Sicherheitsbericht

§ 84f. (1) Der Inhaber eines Betriebs der oberen Klasse muss einen Sicherheitsbericht nach Maßgabe einer Verordnung gemäß § 84m erstellen, in dem dargelegt wird, dass:

1. ein Sicherheitskonzept umgesetzt wurde und ein Sicherheitsmanagementsystem zu seiner Anwendung vorhanden ist;
2. die Gefahren schwerer Unfälle ermittelt und alle erforderlichen Maßnahmen zur Verhütung derartiger Unfälle und zur Begrenzung der Folgen für die menschliche Gesundheit und die Umwelt ergriffen wurden;
3. die Auslegung, die Errichtung, der Betrieb und die Instandhaltung sämtlicher technischer Anlagen und die für ihr Funktionieren erforderlichen Infrastrukturen, die im Zusammenhang mit der Gefahr schwerer Unfälle im Betrieb stehen, ausreichend sicher und zuverlässig sind;
4. ein interner Notfallplan vorliegt, damit bei einem schweren Unfall die erforderlichen Maßnahmen ergriffen werden können, und dem zu entnehmen ist, dass den für die Erstellung des externen Notfallplans zuständigen Behörden Informationen bereitgestellt wurden, um die Erstellung des externen Notfallplans zu ermöglichen;
5. den für die örtliche und die überörtliche Raumplanung zuständigen Behörden ausreichende Informationen als Grundlage für Entscheidungen über die Ansiedlung neuer Tätigkeiten oder Entwicklungen in der Nachbarschaft bestehender Betriebe bereitgestellt wurden.

(2) Der Sicherheitsbericht muss der Behörde innerhalb folgender Fristen übermittelt werden:

1. bei neuen Betrieben oder bei Änderungen, die eine Änderung des Verzeichnisses gefährlicher Stoffe zur Folge haben, binnen einer angemessenen Frist vor Inbetriebnahme;
2. bei bestehenden Betrieben bis zum 1. Juni 2016;

3. bei sonstigen Betrieben binnen einer Frist von zwei Jahren ab dem Zeitpunkt, ab dem der Betrieb in den Geltungsbereich dieses Abschnitts fällt.

Überprüfung und Änderung von Sicherheitskonzept oder Sicherheitsbericht

§ 84g. (1) Der Betriebsinhaber hat das Sicherheitskonzept oder den Sicherheitsbericht zu überprüfen und zu aktualisieren, wenn neue Sachverhalte oder neue sicherheitstechnische Erkenntnisse dies erfordern, mindestens jedoch alle fünf Jahre; nach einem schweren Unfall muss der Sicherheitsbericht jedenfalls überprüft und erforderlichenfalls aktualisiert werden. Der Sicherheitsbericht muss auch auf Aufforderung der Behörde aktualisiert werden, wenn dies durch neue Erkenntnisse gerechtfertigt ist. Die aktualisierten Teile des Sicherheitsberichts müssen der Behörde unverzüglich übermittelt werden.

(2) Bei einer Änderung des Betriebs,

1. aus der sich erhebliche Auswirkungen für die Gefahren in Zusammenhang mit schweren Unfällen ergeben können,
2. die dazu führt, dass ein Betrieb der unteren Klasse zu einem Betrieb der oberen Klasse wird, oder
3. die dazu führt, dass ein Betrieb der oberen Klasse zu einem Betrieb der unteren Klasse wird,

hat der Betriebsinhaber die Mitteilung im Sinne des § 84d, das Sicherheitskonzept, den Sicherheitsbericht und das Sicherheitsmanagementsystem zu überprüfen und erforderlichenfalls zu ändern. Der Betriebsinhaber hat die Behörde vor Durchführung der Änderung des Betriebs im Einzelnen über die Änderungen des Sicherheitsberichts zu unterrichten.

Interner Notfallplan

§ 84h. (1) Inhaber von Betrieben der oberen Klasse haben nach Beteiligung des Betriebsrats, wenn ein solcher besteht, und der Beschäftigten einschließlich des relevanten langfristig beschäftigen Personals von Subunternehmen einen internen Notfallplan für Maßnahmen innerhalb des Betriebs nach Maßgabe einer Verordnung gemäß § 84m zu erstellen. Dieser interne Notfallplan ist der Behörde anzuzeigen und auf Verlangen vorzulegen. Der interne Notfallplan ist durch den Betriebsinhaber spätestens alle drei Jahre zu überprüfen, zu erproben und erforderlichenfalls im Hinblick auf Veränderungen im Betrieb und in den Notdiensten sowie auf neue Erkenntnisse und Erfahrungen zu aktualisieren und im Anlassfall anzuwenden.

(2) Die Verpflichtung gemäß Abs. 1 muss binnen folgender Fristen erfüllt werden:

1. bei neuen Betrieben oder Änderungen, die eine Änderung des Verzeichnisses gefährlicher Stoffe zur Folge haben, binnen einer angemessenen Frist vor Inbetriebnahme;
2. bei bestehenden Betrieben bis zum 1. Juni 2016;
3. bei sonstigen Betrieben binnen einer Frist von einem Jahr ab dem Zeitpunkt, ab dem der Betrieb in den Geltungsbereich dieses Abschnitts fällt.

Domino-Effekt

§ 84i. Zwischen benachbarten Betrieben, bei denen auf Grund ihres Standortes und ihrer Nähe zueinander sowie ihrer gefährlichen Stoffe eine erhöhtes Risiko schwerer Unfälle besteht oder diese Unfälle folgenschwerer sein können (Domino-Effekt), hat ein Austausch zweckdienlicher Informationen stattzufinden, die für das Sicherheitskonzept, für den Sicherheitsbericht, den internen Notfallplan oder das Sicherheitsmanagementsystem von Bedeutung sind.

Informationsverpflichtung

§ 84j. Der Betriebsinhaber ist verpflichtet, der Behörde auf Verlangen sämtliche Informationen bereitzustellen, die erforderlich sind, um die Möglichkeit des Eintritts eines schweren Unfalls beurteilen zu können, insbesondere soweit sie für die Erfüllung der Verpflichtung zur Durchführung von Inspektionen, zur Beurteilung der Möglichkeit des Auftretens von Domino-Effekten und zur genaueren Beurteilung der Eigenschaften gefährlicher Stoffe notwendig sind.

Inspektionssystem

§ 84k. (1) Die Behörde hat für die in ihrem örtlichen Zuständigkeitsbereich liegenden Betriebe ein System von Inspektionen oder sonstigen Kontrollmaßnahmen zu erstellen und auf der Grundlage dieses Systems die Einhaltung der Pflichten der Betriebsinhaber planmäßig und systematisch zu überwachen.

(2) Das Inspektionssystem besteht aus einem Inspektionsplan (Abs. 3) und einem Inspektionsprogramm (Abs. 4) und muss für die Überprüfung der betriebstechnischen, organisatorischen und managementspezifischen Systeme des jeweiligen Betriebs geeignet sein, und zwar insbesondere dahingehend, ob der Betriebsinhaber im Zusammenhang mit den betriebsspezifischen Tätigkeiten die zur Verhütung schwerer Unfälle erforderlichen Maßnahmen ergriffen hat, ob der Betriebsinhaber angemessene Mittel zur Begrenzung der Folgen schwerer Unfälle vorgesehen hat, ob die im Sicherheitsbericht oder in anderen Berichten enthaltenen Angaben und Informationen die Gegebenheiten in dem Betrieb wiedergeben und ob die Öffentlichkeit im Sinne des § 14 des Umweltinformationsgesetzes, BGBl. Nr. 495/1993, in der jeweils geltenden Fassung, unterrichtet wurde. Im Rahmen einer solchen Überprüfung im Sinne des § 338 dürfen Betriebsangehörige über ihre den angewendeten Sicherheitsmanagementsystemen dienenden Tätigkeiten als Auskunftspersonen befragt und Kontrollen des Bestandes an gefährlichen Stoffen vorgenommen werden.

(3) Der Inspektionsplan muss folgende Einzelheiten umfassen:

1. Eine allgemeine Beurteilung einschlägiger Sicherheitsfragen;
2. den räumlichen Anwendungsbereich des Plans;
3. eine Liste der vom Plan erfassten Betriebe;
4. allfällige Angaben zu Domino-Effekten;
5. jene Betriebe, bei denen externe Gefahrenquellen das Risiko eines schweren Unfalls erhöhen oder die Folgen des Unfalls verschlimmern können;
6. Verfahren für routinemäßige Inspektionen;
7. Verfahren für nicht routinemäßige Inspektionen;
8. Bestimmungen für die Zusammenarbeit zwischen Inspektionsbehörden.

(4) Auf der Grundlage des Inspektionsplans hat die Behörde ein Inspektionsprogramm über die zeitliche Abfolge der Inspektionen zu erstellen. Die zeitlichen Abstände für die Vor-Ort-Überprüfung der Betriebe der oberen Klasse dürfen nicht mehr als ein Jahr betragen, für Betriebe der unteren Klasse nicht mehr als drei Jahre, es sei denn, die Behörde hat im Inspektionsprogramm auf der Grundlage einer systematischen Bewertung der Gefahren schwerer Unfälle des in Betracht kommenden Betriebs anderes festgelegt. Bei dieser Bewertung sind folgende Kriterien in Betracht zu ziehen:

1. Mögliche Auswirkung der betreffenden Betriebe auf die menschliche Gesundheit und auf die Umwelt;
2. nachweisliche Einhaltung der Anforderungen dieses Abschnitts.

(5) Zusätzlich zu den routinemäßigen Inspektionen sind nicht routinemäßige Inspektionen dann durchzuführen, wenn dies nach Einschätzung der Behörde wegen schwerwiegender Beschwerden, ernster Unfälle, Zwischenfälle, Beinahe-Unfälle oder der Nichteinhaltung von Anforderungen nach diesem Abschnitt angemessen ist. Wurde ein bedeutender Verstoß

gegen Anforderungen dieses Abschnitts bei einer Inspektion gemäß dem Inspektionsprogramm festgestellt, so hat die zusätzliche Inspektion längstens innerhalb von sechs Monaten nach der vorhergehenden Inspektion stattzufinden.

(6) Über jede Überprüfung muss eine Niederschrift verfasst werden. Innerhalb von vier Monaten nach jeder Inspektion muss die Behörde dem Betriebsinhaber ihre Schlussfolgerungen und alle ermittelten erforderlichen Maßnahmen mitteilen. Der Betriebsinhaber hat diese Maßnahmen innerhalb eines angemessenen Zeitraums nach Erhalt der Schlussfolgerungen der Inspektion einzuleiten. Innerhalb von vier Monaten nach der Vor-Ort-Überprüfung hat die Behörde im Internet bekannt zu geben, wann diese Überprüfung stattgefunden hat und wo weiterführende Informationen zu erhalten sind. Geschäfts- und Betriebsgeheimnisse sind zu wahren.

Behördenpflichten

§ 84l. (1) Die Behörde hat die einen Betrieb betreffenden Informationen gemäß § 84d Abs. 1 Z 1, und Z 5 sowie § 84d Abs. 3 und Abs. 4 unverzüglich nach ihrem Vorliegen dem Bundesminister für Wissenschaft, Forschung und Wirtschaft weiterzuleiten.

(2) In den Fällen des § 84f Abs. 2 Z 1 muss die Behörde vor Beginn der Inbetriebnahme, in den Fällen des § 84f Abs. 2 Z 2 und Z 3 sowie des § 84g Abs. 1 binnen angemessener Frist, den Sicherheitsbericht überprüfen und erforderlichenfalls die Inbetriebnahme oder die Weiterführung mit Bescheid untersagen.

(3) Die Behörde muss festlegen, bei welchen Betrieben der Informationsaustausch gemäß § 84i stattzufinden hat. Dafür muss sie erforderlichenfalls zusätzliche Angaben vom Betriebsinhaber einholen und die anlässlich einer Inspektion erlangten Informationen verwenden. Der Betriebsinhaber hat die diesbezüglichen Informationen zur Verfügung zu stellen, sofern sie für die Erfüllung dieser Bestimmung erforderlich sind. Wenn die Behörde über weitere Informationen verfügt, die für die Erfüllung dieser Bestimmung durch den Betriebsinhaber erforderlich sind, so muss sie diese dem Inhaber zur Verfügung stellen.

(4) Unbeschadet des Abs. 2 hat die Behörde die Inbetriebnahme oder das Weiterführen des Betriebs mit Bescheid ganz oder teilweise zu untersagen, wenn die vom Betriebsinhaber getroffenen Maßnahmen zur Verhütung schwerer Unfälle oder zur Begrenzung von Unfallfolgen nach dem Stand der Technik (§ 71a) eindeutig unzureichend sind oder wenn der Betriebsinhaber Maßnahmen im Sinne des § 84k Abs. 6 nicht oder nicht vollständig setzt. Gleiches gilt, wenn der Betriebsinhaber die nach diesem Abschnitt erforderlichen Mitteilungen, Berichte oder sonstigen Informationen nicht fristgerecht übermittelt und deshalb eine Beurteilung des Betriebs nach dem Stand der Technik nicht gewährleistet ist. Die Untersagung ist aufzuheben, wenn die Voraussetzungen nicht mehr vorliegen.

(5) Die Behörde hat zur Sicherstellung der Wahrnehmung der Aufgaben im Bereich der Flächenausweisung und Flächennutzung die Mitteilung nach § 84d Abs. 1 sowie Änderungen der Mitteilung im Sinne des § 84d Abs. 3 und 4 an die für die örtliche Raumplanung zuständigen Behörden weiterzuleiten.

(6) Nach Einlangen einer Meldung über den Eintritt eines schweren Unfalls oder der Aktualisierung einer solchen Meldung (§ 84d Abs. 5) hat die Behörde die Meldung oder ihre Aktualisierung auf Vollständigkeit zu überprüfen, den Betriebsinhaber erforderlichenfalls zur Vervollständigung der Informationen aufzufordern und die vollständigen Unterlagen an den Bundesminister für Wissenschaft, Forschung und Wirtschaft weiterzuleiten.

(7) Nach einem schweren Unfall hat die Behörde jedenfalls eine Inspektion gemäß § 84k Abs. 5 zur vollständigen Analyse der Unfallursachen vorzunehmen. Dabei sind die technischen, organisatorischen und managementspezifischen Gesichtspunkte des Unfalls festzustellen. Weiters ist zu überprüfen, ob der Betriebsinhaber alle erforderlichen Abhilfemaßnahmen zur Begrenzung der Unfallfolgen getroffen hat, und es sind dem Betriebsinhaber Empfehlungen über künftige Verhütungsmaßnahmen in Zusammenhang mit dem eingetretenen schweren Unfall bekannt zu geben. Die Behörde hat das Ergebnis der Analyse der Unfallursachen zusammenzufassen und diese Zusammenfassung dem Bundesminister für Wissenschaft, Forschung und Wirtschaft mitzuteilen.

(8) Der Bundesminister für Wissenschaft, Forschung und Wirtschaft hat die ihm von der Behörde gemäß Abs. 1, Abs. 6 und Abs. 7 zur Verfügung gestellten Informationen der Erfüllung der Berichtspflichten der Richtlinie 2012/18/EU zur Beherrschung der Gefahren schwerer Unfälle mit gefährlichen Stoffen, zur Änderung und anschließenden Aufhebung der Richtlinie 96/82/EG, ABl. Nr. L 197 vom 24.07.2012 S. 1, zugrunde zu legen.

Verordnungsermächtigung

§ 84m. Der Bundesminister für Wissenschaft, Forschung und Wirtschaft hat im Einvernehmen mit dem Bundesminister für Land- und Forstwirtschaft, Umwelt und Wasserwirtschaft durch Verordnung nähere Bestimmungen über

1. die Pflichten des Betriebsinhabers nach einem schweren Unfall,
2. das Sicherheitskonzept,
3. das Sicherheitsmanagementsystem
4. den Sicherheitsbericht und
5. den internen Notfallplan

zu erlassen.

Bundeswarnzentrale

§ 84n. Die Bundeswarnzentrale beim Bundesministerium für Inneres unterrichtet andere EU-Mitgliedstaaten oder Vertragsstaaten der „Helsinki-Konvention" (des UN-ECE-Übereinkommens über die grenzüberschreitenden Auswirkungen von Industrieunfällen, BGBl. III Nr. 119/2000) über im Bundesgebiet eingetretene schwere Unfälle mit möglicherweise grenzüberschreitenden Folgen und hat die Entgegennahme oder Weiterleitung von Ersuchen für internationale Hilfeleistung wahrzunehmen. Die Behörde hat die Bundeswarnzentrale unverzüglich über eingetretene schwere Unfälle in Kenntnis zu setzen und die Möglichkeit und das Ausmaß grenzüberschreitender Auswirkungen abzuschätzen. Die Bundeswarnzentrale hat unbeschadet bilateraler Abkommen einzelner Bundesländer eine Benachrichtigung der Rettungs- und Notfalldienste möglicherweise betroffener Staaten in die Wege zu leiten.

Übergangsbestimmungen für bestehende Betriebe

§ 84o. Inhaber bestehender Betriebe müssen der Behörde die Angaben gemäß § 84d Abs. 1 Z 1, 3 und 4 bis spätestens 31. Dezember 2015 übermitteln. Im Übrigen müssen sie den §§ 84d Abs. 1, 84e, 84f und 84h nur dann und in dem Maß nachkommen, als der Behörde die entsprechenden Informationen noch nicht übermittelt worden sind oder nicht mehr aktuell sind. Für die Übermittlung der ergänzten bzw. aktualisierten Unterlagenteile gelten die Fristen des § 84d Abs. 2 Z 2 (für Mitteilungen), des § 84e Abs. 2 Z 2 (für Sicherheitskonzepte), und des § 84f Abs. 2 Z 2 (für Sicherheitsberichte) sinngemäß.

…

IV. Hauptstück
Behörden und Verfahren

…

2. Besondere Verfahrensbestimmungen

...

i) Verfahren betreffend Betriebsanlagen

§ 353. Dem Ansuchen um Genehmigung einer Betriebsanlage sind folgende Unterlagen anzuschließen:

1. in vierfacher Ausfertigung
   a)[35] eine Betriebsbeschreibung einschließlich eines Verzeichnisses der Maschinen und sonstigen Betriebseinrichtungen; das Verzeichnis hat zumindest aus Rahmenangaben von Prozess-, Leistungs- oder Emissionsdaten und von Stoffeigenschaften und -mengen (mit beispielhaft angeführten Maschinen, Geräten oder Ausstattungen sowie Gefährlichkeitsmerkmalen) zu bestehen, wobei diese Rahmenangaben jeweils den höchsten beabsichtigten Auslastungsgrad, die höchste beabsichtigte Emissionsintensität bzw. den höchsten Gefährlichkeitsgrad anzuführen haben,
   b) die erforderlichen Pläne und Skizzen,
   c) ein Abfallwirtschaftskonzept; dieses hat zu enthalten:
      1. Angaben über die Branchen und den Zweck der Anlage,
      2. eine verfahrensbezogene Darstellung des Betriebs,
      3. eine abfallrelevante Darstellung des Betriebs,
      4. organisatorische Vorkehrungen zur Einhaltung abfallwirtschaftlicher Rechtsvorschriften und
      5. eine Abschätzung der zukünftigen Entwicklung.
2. in einfacher Ausfertigung
   a) nicht unter Z 1 fallende für die Beurteilung des Projekts und der zu erwartenden Emissionen der Anlage im Ermittlungsverfahren erforderliche technischen Unterlagen sowie
   b) sofern es sich nicht um ein Ansuchen betreffend die Genehmigung eines Gasflächenversorgungsleitungsnetzes oder eines Fernwärmeleitungsnetzes handelt, die sich aus dem zum Zeitpunkt der Antragstellung aktuellen Grundbuchstand ergebenden Namen und Anschriften des Eigentümers des Betriebsgrundstücks und der Eigentümer der an dieses Grundstück unmittelbar angrenzenden Grundstücke; wenn diese Eigentümer Wohnungseigentümer im Sinne des Wohnungseigentumsgesetzes 2002 – WEG 2002, BGBl. I Nr. 70/2002, in der jeweils geltenden Fasssung, sind, die Namen und Anschriften des jeweiligen Verwalters (§§ 19 ff WEG 2002) und
3. in einfacher Ausfertigung die zur Beurteilung des Schutzes jener Interessen erforderlichen Unterlagen, die die Behörde nach anderen Rechtsvorschriften im Verfahren zur Genehmigung der Betriebsanlage mitzuberücksichtigen hat.

Werden die in Z 1 genannten Unterlagen elektronisch eingebracht, genügt der Anschluss in einfacher Ausfertigung.[36]

§ 353a.[37] (1) Soweit nicht bereits nach § 353 erforderlich, hat der Genehmigungsantrag für eine gemäß § 77a zu genehmigende IPPC-Anlage folgende Angaben zu enthalten:

1. die in der Betriebsanlage verwendeten oder erzeugten Stoffe und Energie;
2. eine Beschreibung des Zustands des Betriebsanlagengeländes;
3. einen Bericht über den Ausgangszustand (Abs. 3) in Hinblick auf eine mögliche Verschmutzung des Bodens und Grundwassers auf dem Anlagengelände, wenn in der IPPC-Anlage relevante gefährliche Stoffe (§ 71b Z 6) verwendet, erzeugt oder freigesetzt werden;
4. die Quellen der Emissionen aus der Betriebsanlage;
5. Art und Menge der vorhersehbaren Emissionen aus der Betriebsanlage in jedes Umweltmedium;
6. die zu erwartenden erheblichen Auswirkungen der Emissionen auf die Umwelt;
7. Maßnahmen zur Überwachung der Emissionen;
8. Maßnahmen zur Vermeidung oder, sofern dies nicht möglich ist, Verminderung der Emissionen;
9. sonstige Maßnahmen zur Erfüllung der Voraussetzungen gemäß § 77a;
10. die wichtigsten vom Antragsteller gegebenenfalls geprüften Alternativen zu den vorgeschlagenen Technologien, Techniken und Maßnahmen in einer Übersicht;
11. eine allgemein verständliche Zusammenfassung der vorstehenden sowie der gemäß § 353 Z 1 lit. a und lit. c erforderlichen Angaben.

Sind Vorschriften des WRG 1959 mit anzuwenden (§ 356b Abs. 1), so hat der Genehmigungswerber schon vor dem Genehmigungsantrag dem wasserwirtschaftlichen Planungsorgan die Grundzüge des Projekts anzuzeigen.

(2) Der Abs. 1 gilt sinngemäß für den Antrag um Genehmigung einer wesentlichen Änderung (§ 81a Z 1) einer IPPC-Anlage.

(3) Der Bericht über den Ausgangszustand hat die Informationen zu enthalten, die erforderlich sind, um den Stand der Boden- und Grundwasserverschmutzung zu ermitteln, damit ein quantifizierter Vergleich mit dem Zustand bei der Auflassung der IPPC-Anlage (§ 83a) vorgenommen werden kann. Der Bericht muss jedenfalls

1. Informationen über die derzeitige Nutzung und, falls verfügbar, über die frühere Nutzung des Geländes, sowie
2. falls verfügbar, bestehende Informationen über Boden- und Grundwassermessungen, die den Zustand zum Zeitpunkt der Erstellung des Berichts widerspiegeln, oder neue Boden- und Grundwassermessungen bezüglich der Möglichkeit einer Verschmutzung des Bodens und des Grundwassers durch die gefährlichen Stoffe, die durch die betreffende Anlage verwendet, erzeugt oder freigesetzt werden sollen,

enthalten.

§ 353b.[38] (1) In Verfahren betreffend Betriebsanlagen, die auf Erlassung eines an einen Antrag des Inhabers einer Betriebsanlage gebundenen Bescheides gerichtet sind, kann der Inhaber der Betriebsanlage für bestimmte Fachgebiete die Bestellung von nichtamtlichen Sachverständigen unwiderruflich beantragen. Der Antrag muss spätestens gleichzeitig mit dem verfahrenseinleitenden Anbringen gestellt werden und hat die genaue Bezeichnung des jeweiligen Fachgebietes, für das ein nichtamtlicher Sachverständiger bestellt werden soll, zu enthalten. § 13 Abs. 3 AVG ist auf Anträge, die keine genaue Bezeichnung des Fachgebietes enthalten, nicht anzuwenden. Verspätete Anträge oder Anträge, die keine genaue Bezeichnung des Fachgebietes enthalten, sind von der Behörde unverzüglich zurückzuweisen.

(2) Die Behörde hat dem Antragsteller innerhalb von vier Wochen ab Einlangen eines Antrages gemäß Abs. 1 oder ab Rechtskraft einer Entscheidung eines Verwaltungsgerichtes oder des Verwaltungsgerichtshofes, mit der ein Bescheid gemäß Abs. 1 letzter Satz aufgehoben worden ist, mit Verfahrensanordnung aufzutragen, dass ein von der Behörde zu bestimmender Betrag zur Deckung des mit der Aufnahme des

---

35 Neu gefasst durch BGBl I 56/2024.

36 Schlussteil eingefügt durch BGBl I 130/2024.

37 Neu gefasst durch BGBl I 125/2013.

38 Eingefügt durch BGBl I 96/2017.

Beweises durch nichtamtliche Sachverständige verbundenen Aufwandes vom Antragsteller innerhalb einer bestimmten angemessenen Frist vorschussweise zu erlegen ist. Wenn der Betrag nicht vollständig innerhalb dieser Frist vom Antragsteller bei der Behörde erlegt wird, wird der gemäß Abs. 1 gestellte Antrag unwirksam.

(3) Wenn ein Antrag gemäß Abs. 1 gestellt worden ist, beginnen die Fristen betreffend die Verpflichtung der Behörde zur Erlassung von Bescheiden ab Rechtskraft eines Bescheides gemäß Abs. 1 letzter Satz oder mit Ablauf der von der Behörde gemäß Abs. 2 zum Erlag eines vorschussweisen Betrages bestimmten Frist zu laufen.

(4) Die Kosten für die Heranziehung eines auf Grund eines Antrages gemäß Abs. 1 beigezogenen nichtamtlichen Sachverständigen sind im vollen Umfang vom Antragsteller zu tragen.

(5) Auf eine Verfahrensanordnung gemäß Abs. 2 ist § 63 Abs. 2 AVG mit der Maßgabe anzuwenden, dass sie nur hinsichtlich ihrer Höhe und nur dann anfechtbar ist, wenn der Gesamtbetrag der dem Antragsteller aufgetragenen Kostenvorschüsse 4 000 Euro übersteigt.

§ 354. Wenn sich das Ermittlungsverfahren wegen des außergewöhnlichen Umfangs oder der besonderen Beschaffenheit der Anlage voraussichtlich auf einen längeren Zeitraum erstrecken wird und anzunehmen ist, dass die Errichtung und der Betrieb der Anlage bei Vorschreibung bestimmter Auflagen zulässig sein wird, oder wenn zur Ausarbeitung des Projekts einer Anlage Vorarbeiten erforderlich sind oder wenn das Vorliegen des Ergebnisses bestimmter Vorarbeiten für die Entscheidung der Behörde von wesentlicher Bedeutung ist, kann diese Behörde nach Durchführung einer mündlichen Verhandlung mit Bescheid, erforderlichenfalls unter Vorschreibung bestimmter Auflagen, schon vor der Genehmigung der Errichtung und des Betriebs der Anlage die Durchführung der erforderlichen Arbeiten (zB eines Versuchsbetriebs) genehmigen. Gegen diese Genehmigung ist ein abgesondertes Rechtsmittel nicht zulässig.

§ 355. (1) Die Gemeinde ist im Verfahren zur Genehmigung der Betriebsanlage zum Schutz der öffentlichen Interessen im Sinne des § 74 Abs. 2 Z 2 bis 5 im Rahmen ihres Wirkungsbereiches zu hören.

(2) Im Verfahren zur Genehmigung einer Anlage zur Erzeugung oder Verarbeitung von Schieß- und Sprengmitteln (§ 2 Abs. 16) und im Verfahren zur Genehmigung einer Anlage zur Lagerung von Schieß- und Sprengmitteln (§ 2 Abs. 16) ist die Sicherheitsbehörde zum Schutz der öffentlichen Interessen im Sinne des § 74 Abs. 2 Z 2 bis 5 im Rahmen ihres Wirkungsbereiches zu hören.

§ 356. (1) Wird eine mündliche Verhandlung anberaumt, so hat die Behörde Gegenstand, Zeit und Ort der Verhandlung sowie die Voraussetzungen zur Aufrechterhaltung der Parteistellung (§ 42 AVG) in folgender Weise bekannt zu geben:

1. Kundmachung an der Amtstafel der Gemeinde (§ 41 AVG),
2. Verlautbarung auf der Internetseite der Behörde,
3. Anschlag auf dem Betriebsgrundstück und
4. Anschlag in den der Betriebsanlage unmittelbar benachbarten Häusern.

Die Eigentümer der betroffenen Häuser haben derartige Anschläge in ihren Häusern zu dulden. Statt durch Anschlag im Sinne der Z 3 und 4 kann die Bekanntgabe aus Gründen der Zweckmäßigkeit, Raschheit und Einfachheit durch persönliche Verständigung erfolgen.[39]

(2) Ist die Gefahr der Verletzung eines Kunst-, Betriebs- oder Geschäftsgeheimnisses im Sinne des § 40 AVG gegeben, so ist den Nachbarn die Teilnahme an der Besichtigung der Anlage nur mit Zustimmung des Genehmigungswerbers gestattet, doch ist ihr allfälliges Recht auf Parteiengehör zu wahren.

(3)[40] Im Verfahren betreffend die Vorschreibung anderer oder zusätzlicher Auflagen (§ 79 Abs. 1), im Verfahren betreffend die Genehmigung der Sanierung (§ 79 Abs. 3), im Verfahren betreffend die Aufhebung oder Abänderung von Auflagen (§ 79c Abs. 1), im Verfahren betreffend Abweichungen vom Genehmigungsbescheid einschließlich seiner Bestandteile (§ 79c Abs. 2), im Verfahren betreffend eine Betriebsübernahme (§ 79d), im Verfahren betreffend die Anpassung einer bereits genehmigten Betriebsanlage an eine Verordnung gemäß § 82 Abs. 1 (§ 82 Abs. 2), im Verfahren betreffend die Festlegung der von den Bestimmungen einer Verordnung gemäß § 82 Abs. 1 abweichenden Maßnahmen (§ 82 Abs. 3) und im Verfahren betreffend die Vorschreibung der über die Bestimmungen einer Verordnung gemäß § 82 Abs. 1 hinausgehenden Auflagen (§ 82 Abs. 4) haben jene Nachbarn Parteistellung, deren Parteistellung im Verfahren gemäß Abs. 1 aufrecht geblieben ist."

(4)[41] Nachbarn haben in den Verfahren betreffend die Aufhebung oder Abänderung von Auflagen (§ 79c Abs. 1), Abweichungen vom Genehmigungsbescheid einschließlich seiner Bestandteile (§ 79c Abs. 2) und Betriebsübernahme (§ 79d) auch insoweit Parteistellung, als damit neue oder größere nachteilige Wirkungen im Sinne des § 74 Abs. 2 verbunden sein können.

§ 356a. (1)[42] Die Behörde hat den Antrag um Genehmigung oder um Genehmigung einer wesentlichen Änderung einer IPPC-Anlage (§ 353a) in einer in der betroffenen Gemeinde verbreiteten periodisch erscheinenden Zeitung und im Internet bekannt zu geben. Betriebs- und Geschäftsgeheimnisse sind zu wahren. § 356 bleibt unberührt.

(2) Die Bekanntmachung gemäß Abs. 1 hat jedenfalls folgende Informationen zu enthalten:

1. den Hinweis, bei welcher Behörde der Antrag sowie die zum Zeitpunkt der Bekanntmachung bei der Behörde vorliegenden wichtigsten entscheidungsrelevanten Berichte und Empfehlungen innerhalb eines bestimmten, mindestens sechs Wochen betragenden Zeitraums während der Amtsstunden zur Einsichtnahme aufliegen und dass jedermann innerhalb dieses mindestens sechswöchigen Zeitraums zum Antrag Stellung nehmen kann;
2. den Hinweis, dass die Entscheidung mit Bescheid erfolgt;
3. den Hinweis, dass allfällige weitere entscheidungsrelevante Informationen, die zum Zeitpunkt der Bekanntmachung noch nicht vorgelegen sind, in der Folge während des Genehmigungsverfahrens bei der Behörde während der Amtsstunden zur Einsichtnahme aufliegen;
4. gegebenenfalls den Hinweis, dass Kontaktnahmen und Konsultationen gemäß Abs. 3 bis 5 erforderlich sind.

(3) Wenn die Verwirklichung eines Projekts für eine dem § 77a unterliegende Betriebsanlage oder für die wesentliche Änderung (§ 81a Z 1) einer solchen Betriebsanlage erhebliche Auswirkungen auf die Umwelt eines anderen Staats haben könnte oder wenn ein von den Auswirkungen eines solchen Projekts möglicherweise betroffener Staat ein diesbezügliches Ersuchen stellt, hat die Behörde diesen Staat spätestens, wenn die Bekanntgabe (Abs. 1) erfolgt, über das Projekt zu benachrichtigen; verfügbare Informationen über mögliche grenzüber-

---

[39] Neu gefasst durch BGBl I 85/2012.

[40] Neu gefasst durch BGBl I 85/2013.

[41] Eingefügt durch BGBl I 85/2013.

[42] Neu gefasst durch BGBl I 85/2012, geändert durch BGBl I 125/2013; Satz 1 neu gefasst durch BGBl I 96/2017.

schreitende Auswirkungen und über den Ablauf des Genehmigungsverfahrens sind zu erteilen; eine angemessene Frist für die Mitteilung des Wunsches, am Verfahren teilzunehmen, ist einzuräumen.

(4) Wünscht der Staat (Abs. 3 erster Satz) am Verfahren teilzunehmen, so sind ihm die Antragsunterlagen sowie allfällige weitere entscheidungsrelevante Unterlagen, die der Behörde zum Zeitpunkt der Bekanntgabe gemäß Abs. 1 noch nicht vorgelegen sind, zuzuleiten und ist ihm eine angemessene Frist zur Stellungnahme einzuräumen; diese Frist ist so zu bemessen, dass es dem am Verfahren teilnehmenden Staat ermöglicht wird, die Antragsunterlagen der Öffentlichkeit zugänglich zu machen und ihr Gelegenheit zur Stellungnahme zu geben. Erforderlichenfalls sind Konsultationen über mögliche grenzüberschreitende Auswirkungen und allfällige Maßnahmen zur Vermeidung oder Verminderung schädlicher grenzüberschreitender Umweltauswirkungen zu führen.

(5) Einem am Verfahren teilnehmenden Staat sind ferner die Ergebnisse des Ermittlungsverfahrens, die wesentlichen Entscheidungsgründe, Angaben über das Verfahren zur Beteiligung der Öffentlichkeit und die Entscheidung über den Genehmigungsantrag zu übermitteln.

(6) Wird im Rahmen eines in einem anderen Staat durchgeführten Verfahrens betreffend die Genehmigung oder die wesentliche Änderung (§ 81a Z 1) einer dem § 77a unterliegenden Betriebsanlage der Genehmigungsantrag übermittelt, so hat die Behörde im Sinne des Abs. 1 vorzugehen. Bei der Behörde eingelangte Stellungnahmen sind von der Behörde dem Staat zu übermitteln, in dem das Projekt, auf das sich der Genehmigungsantrag bezieht, verwirklicht werden soll.

(7) Die Absätze 3 bis 6 gelten für Staaten, die nicht Vertragspartei des Abkommens über den Europäischen Wirtschaftsraum sind, nur nach Maßgabe des Grundsatzes der Gegenseitigkeit.

(8) Besondere staatsvertragliche Regelungen bleiben unberührt.

§ 356b. (1)[43] Bei nach diesem Bundesgesetz genehmigungspflichtigen Betriebsanlagen, zu deren Errichtung, Betrieb oder Änderung auch nach anderen Verwaltungsvorschriften des Bundes eine Genehmigung (Bewilligung) zum Schutz vor Auswirkungen der Anlage oder zum Schutz des Erscheinungsbildes der Anlage oder eine Bewilligung zur Verwendung von Waldboden zu anderen Zwecken als für solche der Waldkultur (Rodung) erforderlich ist, entfallen, soweit in den folgenden Absätzen nicht anderes bestimmt wird, gesonderte Genehmigungen (Bewilligungen) nach diesen anderen Verwaltungsvorschriften, es sind aber deren materiellrechtliche Genehmigungs-(Bewilligungs-)Regelungen bei Erteilung der Genehmigung anzuwenden. Dem Verfahren sind Sachverständige für die von den anderen Verwaltungsvorschriften erfassten Gebiete beizuziehen. Die Betriebsanlagengenehmigung bzw. Betriebsanlagenänderungsgenehmigung gilt auch als entsprechende Genehmigung (Bewilligung) nach den anderen Verwaltungsvorschriften des Bundes. Die Mitanwendung der Bestimmungen des Wasserrechtsgesetzes 1959 – WRG 1959, BGBl. Nr. 215/1959, in der jeweils geltenden Fassung, bezieht sich auf folgende mit Errichtung, Betrieb oder Änderung der Betriebsanlage verbundene Maßnahmen:

1. Wasserentnahmen aus Fließgewässern für Kühl- oder Feuerlöschzwecke (§ 9 WRG 1959);
2. Erd- und Wasserwärmepumpen (§ 31c Abs. 5 WRG 1959);
3. Abwassereinleitungen in Gewässer (§ 32 Abs. 2 lit. a, b und e WRG 1959), ausgenommen Abwassereinleitungen aus Anlagen zur Behandlung der in einer öffentlichen Kanalisation gesammelten Abwässer;
4. Lagerung von Stoffen, die zur Folge haben, dass durch Eindringen (Versickern) von Stoffen in den Boden das Grundwasser verunreinigt wird (§ 32 Abs. 2 lit. c WRG 1959);
5. Abwassereinleitungen in wasserrechtlich bewilligte Kanalisationsanlagen (§ 32b WRG 1959);
6. Beseitigung von Dach-, Parkplatz- und Straßenwässern;
7. Brücken und Stege im Hochwasserabflussbereich (§ 38 WRG 1959).

Insbesondere sind die Bestimmungen des Wasserrechtsgesetzes 1959 betreffend Stand der Technik einschließlich der Gewährung von Ausnahmen vom Stand der Technik, persönliche Ladung von Parteien, Emissions- und Immissionsbegrenzungen sowie Überwachung jedenfalls mitanzuwenden. Dem wasserwirtschaftlichen Planungsorgan (§ 55 Abs. 4 WRG 1959) kommt in allen Verfahren, durch die wasserwirtschaftliche Interessen berührt werden, Parteistellung zur Wahrung dieser Interessen einschließlich der Beschwerdelegitimation an das Verwaltungsgericht des Landes, der Revision wegen Rechtswidrigkeit und des Antrages auf Fristsetzung wegen Verletzung der Entscheidungspflicht durch ein Verwaltungsgericht an den Verwaltungsgerichtshof zu.

(2) Die Behörde hat das Betriebsanlagengenehmigungsverfahren gemäß Abs. 1 mit den anderen zuständigen Behörden zu koordinieren, wenn nach anderen nicht gemäß Abs. 1 mitanzuwendenden Verwaltungsvorschriften eine Genehmigung, Bewilligung oder eine Anzeige zum Schutz vor Auswirkungen der Betriebsanlage oder zum Schutz des Erscheinungsbildes der Betriebsanlage erforderlich ist.

(3)[44] Die nach anderen Verwaltungsvorschriften des Bundes im Sinne des Abs. 1 bestehenden behördlichen Befugnisse und Aufgaben zur Überprüfung der Ausführung der Anlage, zur Kontrolle, zur Herstellung des gesetzmäßigen Zustands, zur Gefahrenabwehr, zur nachträglichen Konsensanpassung, zur Vorschreibung und Durchführung von Maßnahmen bei Errichtung, Betrieb, Änderung und Auflassung, der Wiederverleihung von Rechten sind von der Behörde, hinsichtlich des Wasserrechtsgesetzes 1959 nur für die im Abs. 1 Z 1 bis 6 genannten Maßnahmen, wahrzunehmen. Die Zuständigkeit des Landeshauptmanns nach § 17 des Altlastensanierungsgesetzes, BGBl. Nr. 299/1989, zuletzt geändert durch das Bundesgesetz BGBl. Nr. 760/1992, bleibt unberührt. Die Bestimmungen betreffend die allgemeine Gewässeraufsicht (§§ 130ff WRG 1959) bleiben unberührt.

(4) Die Abs. 1 bis 3 gelten nicht für die Errichtung, den Betrieb oder die Änderung von Anlagen, die dem § 37 des Abfallwirtschaftsgesetzes 2002 - AWG 2002, BGBl. I Nr. 102, in der jeweils geltenden Fassung, oder dem Umweltverträglichkeitsprüfungsgesetz 2000 - UVP-G 2000, BGBl. Nr. 697/1993, in der jeweils geltenden Fassung, unterliegen.

(5) Die Absätze 1 bis 3 gelten auch für forstrechtliche Verfahren nach § 50 des Forstgesetzes 1975, BGBl. Nr. 440, in der jeweils geltenden Fassung.

(6) Abs. 3 ist hinsichtlich der Aufgaben und Befugnisse, die nach dem Arbeitsinspektionsgesetz 1993, BGBl. Nr. 27, in der jeweils geltenden Fassung den Arbeitsinspektionen obliegen, nicht anzuwenden.

(7)[45] In Verfahren betreffend die Genehmigung oder die Genehmigung einer wesentlichen Änderung (§ 81a Z 1) einer IPPC-Anlage haben auch folgende Umweltorganisationen Parteistellung:

1. Gemäß § 19 Abs. 7 UVP-G 2000 anerkannte Umweltorganisationen, soweit sie während der Auflagefrist im Sinne des § 356a Abs. 2 Z 1 schriftliche Einwendungen erhoben haben; die Umweltorganisationen haben das

[43] Neu gefasst durch BGBl I 96/2017.

[44] Geändert durch BGBl I 48/2015.

[45] Geändert durch BGBl I 125/2013.

Recht, die Einhaltung von Umweltschutzvorschriften im Verfahren geltend zu machen und Rechtsmittel zu ergreifen;

2. Umweltorganisationen aus einem anderen Staat,
   a) sofern für die genehmigungspflichtige Errichtung, den genehmigungspflichtigen Betrieb oder die genehmigungspflichtige wesentliche Änderung eine Benachrichtigung des anderen Staates gemäß § 356a Abs. 3 erfolgt ist,
   b) sofern die genehmigungspflichtige Errichtung, der genehmigungspflichtige Betrieb oder die genehmigungspflichtige wesentliche Änderung voraussichtlich Auswirkungen auf jenen Teil der Umwelt des anderen Staates hat, für deren Schutz die Umweltorganisation eintritt,
   c) sofern sich die Umweltorganisation im anderen Staat am Verfahren betreffend die genehmigungspflichtige Errichtung, den genehmigungspflichtigen Betrieb oder die genehmigungspflichtige wesentliche Änderung einer im anderen Staat gelegenen dem § 77a unterliegenden Betriebsanlage beteiligen könnte, und
   d) soweit sie während der Auflagefrist gemäß § 356a Abs. 2 Z 1 schriftliche Einwendungen erhoben haben; die Umweltorganisationen haben das Recht, die Einhaltung von Umweltschutzvorschriften im Verfahren geltend zu machen und Rechtsmittel zu ergreifen.

§ 356c. Liegen von mehr als 20 Personen im wesentlichen gleichgerichtete Einwendungen vor, so kann ihnen die Behörde den Auftrag erteilen, innerhalb einer gleichzeitig zu bestimmenden, angemessenen, mindestens aber zweiwöchigen Frist, einen gemeinsamen Zustellbevollmächtigten namhaft zu machen. Kommen die Nachbarn diesem Auftrag nicht fristgerecht nach, so hat die Behörde von Amts wegen einen gemeinsamen Zustellbevollmächtigten zu bestellen.

§ 356d.[46] Im Fall der Festlegung weniger strenger Emissionsgrenzwerte im Sinne des § 77b Abs. 3 in einem Anpassungsverfahren gemäß § 81b sind die §§ 77a Abs. 7 bis 9, § 356a und § 356b Abs. 7 anzuwenden.

§ 356e. (1) Betrifft ein Genehmigungsansuchen eine verschiedenen Gewerbebetrieben zu dienen bestimmte, dem § 356 Abs. 1 unterliegende Betriebsanlage (Gesamtanlage) und wird in diesem Genehmigungsansuchen ausdrücklich nur eine Generalgenehmigung beantragt, so ist die Genehmigung hinsichtlich der nicht nur einem einzelnen Gewerbebetrieb dienenden Anlagenteile (wie Rolltreppen, Aufzüge, Brandmeldeeinrichtungen, Sprinklereinrichtungen, Lüftungseinrichtungen) zu erteilen (Generalgenehmigung) und bedarf die Anlage eines Gewerbebetriebes in der Gesamtanlage, sofern sie geeignet ist, die Schutzinteressen des § 74 Abs. 2 zu berühren, einer gesonderten, den Bestand der Generalgenehmigung für die Gesamtanlage voraussetzenden Genehmigung (Spezialgenehmigung).

(2) Mit dem Erlöschen der Generalgenehmigung erlischt auch die Spezialgenehmigung.

§ 357. Werden von Nachbarn privatrechtliche Einwendungen gegen die Anlage vorgebracht, so hat der Verhandlungsleiter auf eine Einigung hinzuwirken; die etwa herbeigeführte Einigung ist in der Niederschrift über die Verhandlung zu beurkunden. Im übrigen ist der Nachbar mit solchen Vorbringen auf den Zivilrechtsweg zu verweisen.

§ 358. (1) Werden Umstände bekannt, die die Genehmigungspflicht einer Anlage im Sinne des § 74 begründen könnten, zieht aber der Inhaber der Anlage in Zweifel, daß die Voraussetzungen für die Genehmigungspflicht gegeben seien, so hat die Behörde auf Antrag des Inhabers der Anlage die Anlage oder das Vorhaben zu prüfen und durch Bescheid festzustellen, ob die Errichtung und der Betrieb der Anlage der Genehmigung bedürfen. Ein Feststellungsbescheid ist jedoch nicht zu erlassen, wenn die Genehmigungspflicht der Anlage offenkundig ist. Ergeben sich im Feststellungsverfahren Zweifel, ob dieses Bundesgesetz auf jene Tätigkeit anzuwenden ist, der die Anlage regelmäßig zu dienen bestimmt ist, so ist dieses Verfahren zu unterbrechen und ein Feststellungsverfahren gemäß § 348 durchzuführen.

(2) Durch ein solches Verfahren zur Feststellung der Genehmigungspflicht wird späteren Feststellungen über Art und Umfang der möglichen Gefährdungen, Belästigungen, Beeinträchtigungen und nachteiligen Einwirkungen nicht vorgegriffen.

(3)[47] Abs. 1 ist sinngemäß anzuwenden, wenn der Inhaber einer gewerblichen Betriebsanlage die Feststellung beantragt, ob eine gemäß § 82 Abs. 1 erlassene Verordnung oder der Abschnitt 8a betreffend die Beherrschung der Gefahren schwerer Unfälle mit gefährlichen Stoffen auf seine Betriebsanlage anzuwenden ist.

§ 359. (1) Im Bescheid, mit dem die Errichtung und der Betrieb der Anlage genehmigt werden, sind die allenfalls erforderlichen Auflagen anzuführen. Wenn es aus Gründen der Überwachung der Einhaltung der Auflagen notwendig ist, hat die Behörde im Genehmigungsbescheid anzuordnen, daß ihr die Fertigstellung der Anlage angezeigt wird; der Inhaber einer dem Abschnitt 8a betreffend die Beherrschung der Gefahren bei schweren Unfällen unterliegenden Betriebsanlage hat deren Fertigstellung der zur Genehmigung dieser Anlage zuständigen Behörde anzuzeigen, ohne daß es einer diesbezüglichen Anordnung im Genehmigungsbescheid bedarf. Die Behörde hat in den Genehmigungsbescheid gegebenenfalls einen Hinweis darauf aufzunehmen, daß ihrer Ansicht nach im Standort das Errichten und Betreiben der Anlage im Zeitpunkt der Bescheiderlassung durch Rechtsvorschriften verboten ist.

(2) Der für den Genehmigungswerber, für das Arbeitsinspektorat und für die Gemeinde bestimmten Ausfertigung des Genehmigungsbescheides sind eine Betriebsbeschreibung einschließlich eines Verzeichnisses der Maschinen und sonstigen Betriebseinrichtungen sowie die Pläne und Skizzen, die dem Verfahren zugrunde lagen, und die Beschreibung der beim Betrieb der Anlage zu erwartenden Abfälle und der betrieblichen Vorkehrungen zu deren Lagerung, Vermeidung, Verwertung oder Entsorgung anzuschließen; auf diesen Beilagen ist zu vermerken, daß sie Bestandteile des Genehmigungsbescheides bilden.

(3) Der Bescheid ist dem Genehmigungswerber, den sonstigen Parteien des Verfahrens, der Gemeinde und jenen Behörden zuzustellen, an deren Stelle die Gewerbebehörde tätig geworden ist.

(4)[48] Das Recht der Beschwerde steht außer dem Genehmigungswerber den Nachbarn zu, die Parteien sind. Das Beschwerderecht der Arbeitsinspektorate wird hiedurch nicht berührt.

(5)[49] Für Bescheide, mit denen gemäß § 79c Abs. 2 Abweichungen vom Genehmigungsbescheid einschließlich seiner Bestandteile zugelassen werden, gelten die Abs. 2 bis 4 sinngemäß.

§ 359a.[50] (1) Soweit dieses Bundesgesetz nicht anderes bestimmt, hat die Behörde in Verfahren betreffend Betriebsanlagen längstens binnen vier Monaten nach Einlangen des Anbringens zu entscheiden.

46 Neu gefasst durch BGBl I 96/2017.

47 Geändert durch BGBl I 81/2015.

48 Neu gefasst durch BGBl I 85/2013.

49 Neu gefasst durch BGBl I 85/2013.

50 Eingefügt durch BGBl I 96/2017.

(2) Soweit dieses Bundesgesetz nicht anderes bestimmt, haben die Verwaltungsgerichte der Länder in Verfahren betreffend Betriebsanlagen längstens binnen vier Monaten nach Einlangen der Beschwerde zu entscheiden.

§ 359b.[51] (1) Ein vereinfachtes Genehmigungsverfahren gemäß Abs. 2 bis 4 ist durchzuführen, wenn

1. jene Maschinen, Geräte und Ausstattungen der Anlage, deren Verwendung die Genehmigungspflicht begründen könnte, ausschließlich solche sind, die in Verordnungen gemäß § 76 Abs. 1 oder Bescheiden gemäß § 76 Abs. 2 angeführt sind oder die nach ihrer Beschaffenheit und Wirkungsweise vornehmlich oder auch dazu bestimmt sind, in Privathaushalten verwendet zu werden, oder
2. das Ausmaß der der Betriebsanlage zur Verfügung stehenden Räumlichkeiten und sonstigen Betriebsflächen insgesamt nicht mehr als 800 m^2 beträgt und die elektrische Anschlussleistung der zur Verwendung gelangenden Maschinen und Geräte 300 kW nicht übersteigt oder
3. die Art der Betriebsanlage in einer Verordnung nach Abs. 5 genannt ist oder
4.[52] ~~das Verfahren eine Spezialgenehmigung (§ 356e) betrifft oder~~
5. bei einer nach § 81 genehmigungspflichtigen Änderung hinsichtlich der Betriebsanlage einschließlich der geplanten Änderung einer der in Z 1 bis 4 festgelegten Tatbestände erfüllt ist.

(2) Ergibt sich aus dem Genehmigungsansuchen und dessen Beilagen (§ 353), dass zumindest eine der Voraussetzungen des Abs. 1 erfüllt ist, so hat die Behörde das Projekt mit dem Hinweis bekanntzugeben, dass die Projektunterlagen innerhalb eines bestimmten, drei Wochen nicht überschreitenden Zeitraumes bei der Behörde zur Einsichtnahme aufliegen und die Nachbarn innerhalb dieses Zeitraumes von ihrem Anhörungsrecht Gebrauch machen können. Für diese Bekanntgabe ist § 356 Abs. 1 sinngemäß anzuwenden. Innerhalb dieser Frist können Nachbarn (§ 75 Abs. 2) einwenden, dass die Voraussetzungen für die Durchführung des vereinfachten Verfahrens nicht vorliegen. Erheben sie innerhalb der gesetzten Frist keine diesbezüglichen Einwendungen, endet die Parteistellung. Auf diese Rechtsfolge ist in der Bekanntmachung ausdrücklich hinzuweisen. § 42 Abs. 3 AVG gilt sinngemäß. Darüber hinaus gehend steht den Nachbarn keine Parteistellung zu.

(3) Nach Ablauf der in der Bekanntgabe angeführten Frist hat die Behörde unter Bedachtnahme auf die eingelangten Äußerungen der Nachbarn und, wenn nach dem Stand der Technik (§ 71a) und dem Stand der medizinischen und der sonst in Betracht kommenden Wissenschaften zu erwarten ist, dass überhaupt oder bei Einhaltung der erforderlichenfalls vorzuschreibenden bestimmten geeigneten Auflagen die nach den Umständen des Einzelfalles voraussehbaren Gefährdungen im Sinne des § 74 Abs. 2 Z 1 vermieden und Belästigungen, Beeinträchtigungen oder nachteilige Einwirkungen im Sinne des § 74 Abs. 2 Z 2 bis 5 auf ein zumutbares Maß beschränkt werden, die die Anwendung des vereinfachten Verfahrens begründende Beschaffenheit der Anlage mit Bescheid festzustellen und erforderlichenfalls Aufträge zum Schutz der gemäß § 74 Abs. 2 sowie der gemäß § 77 Abs. 3 und 4 wahrzunehmenden Interessen zu erteilen.

(4) Der Bescheid gemäß Abs. 3 gilt als Genehmigungsbescheid für die Anlage. Die Behörde hat binnen zwei Monaten nach Einlangen des Genehmigungsansuchens und dessen Beilagen (§ 353) zu entscheiden. Die Verwaltungsgerichte der Länder haben spätestens zwei Monate nach Einlangen der Beschwerde gegen den Bescheid zu entscheiden. IPPC-Anlagen und Betriebe im Sinne des § 84b Z 1 sind nicht dem vereinfachten Genehmigungsverfahren zu unterziehen.

(5) Der Bundesminister für Wissenschaft, Forschung und Wirtschaft hat durch Verordnung Arten von Betriebsanlagen zu bezeichnen, die dem vereinfachten Verfahren gemäß Abs. 2 bis 4 zu unterziehen sind, weil auf Grund der vorgesehenen Ausführung der Anlagen (insbesondere der Beschaffenheit und Wirkungsweise der Maschinen, Geräte und Ausstattungen der Anlage, der elektrischen Anschlussleistung der eingesetzten Maschinen und Geräte, der Betriebsweise, der räumlichen Ausdehnung der Anlage, der Art und Menge der in der Anlage gelagerten, geleiteten, umgeschlagenen, verwendeten oder hergestellten Stoffe) nach Art, Ausmaß und Dauer der Emissionen dieser Anlagen zu erwarten ist, dass die gemäß § 74 Abs. 2 wahrzunehmenden Interessen hinreichend geschützt und Belastungen der Umwelt (§ 69a) vermieden werden.

(6) Der Bundesminister für Wissenschaft, Forschung und Wirtschaft hat im Einvernehmen mit dem Bundesminister für Land- und Forstwirtschaft, Umwelt und Wasserwirtschaft durch Verordnung jene Arten von Betriebsanlagen zu bezeichnen, die aus Gründen des vorsorgenden Umweltschutzes jedenfalls nicht dem vereinfachten Genehmigungsverfahren zu unterziehen sind, auch wenn im Einzelfall eine derartige Anlage die Voraussetzungen für die Anwendung des vereinfachten Genehmigungsverfahrens erfüllt.

§ 359c.[53] Wird ein Genehmigungsbescheid vom Verwaltungsgerichtshof aufgehoben, so darf der Genehmigungswerber die betreffende Anlage bis zur Rechtskraft des Ersatzbescheides, längstens jedoch ein Jahr, weiter betreiben, wenn er die Anlage entsprechend dem aufgehobenen Genehmigungsbescheid betreibt. Das gilt nicht, wenn der Verwaltungsgerichtshof der Revision, die zur Aufhebung des Genehmigungsbescheides führte, die aufschiebende Wirkung zuerkannt hatte.

j) Einstweilige Zwangs- und Sicherheitsmaßnahmen

§ 360. (1)[54] Besteht der Verdacht einer Übertretung gemäß § 366 Abs. 1 Z 1, 2 oder 3, so hat die Behörde unabhängig von der Einleitung eines Strafverfahrens den Gewerbeausübenden bzw. den Anlageninhaber mit Verfahrensanordnung zur Herstellung des der Rechtsordnung entsprechenden Zustandes innerhalb einer angemessenen, von der Behörde zu bestimmenden Frist aufzufordern; eine solche Aufforderung hat auch dann zu ergehen, wenn der Verdacht einer Übertretung gemäß § 367 Z 25 besteht und nicht bereits ein einschlägiges Verfahren gemäß § 79c oder § 82 Abs. 3 anhängig ist. Kommt der Gewerbeausübende bzw. der Anlageninhaber dieser Aufforderung innerhalb der gesetzten Frist nicht nach, so hat die Behörde mit Bescheid die zur Herstellung des der Rechtsordnung entsprechenden Zustandes jeweils notwendigen Maßnahmen, wie die Stillegung von Maschinen oder die Schließung von Teilen des Betriebes oder die Schließung des gesamten Betriebes zu verfügen.

(1a) In den Fällen des Verdachts einer Übertretung gemäß § 366 Abs. 1 Z 2 oder Z 3 oder § 367 Z 25 hat ein Bescheid gemäß Abs. 1 nicht zu ergehen, wenn und solange im konkreten Einzelfall

1. für die Behörde keine Bedenken vom Standpunkt des Schutzes der im § 74 Abs. 2 umschriebenen Interessen oder der Vermeidung von Belastungen der Umwelt (§ 69a) hervorkommen, und
2. innerhalb einer von der Behörde gleichzeitig mit der Verfahrensanordnung gemäß Abs. 1 bestimmten, angemessenen und nicht erstreckbaren Frist ein diesem Bundesgesetz

[51] Neu gefasst durch BGBl I 96/2017.

[52] Aufgehoben durch BGBl I 75/2023 (VfGH).

[53] Geändert durch BGBl I 85/2013.

[54] Geändert durch BGBl I 85/2013.

entsprechendes Ansuchen (§ 353) um die erforderliche Genehmigung eingebracht und sodann auf Grund dieses Ansuchens ein entsprechender Genehmigungsbescheid erlassen wird.

Abs. 1a gilt nicht für in der Anlage 3 zu diesem Bundesgesetz angeführte Betriebsanlagen.[55]

(2) Wenn bei einer Tätigkeit offenkundig der Verdacht einer Übertretung gemäß § 366 Abs. 1 Z 4, 5 oder 6 gegeben ist und wenn mit Grund anzunehmen ist, daß die solchermaßen gesetzwidrige Gewerbeausübung fortgesetzt wird, darf die Behörde auch ohne vorausgegangenes Verfahren und vor Erlassung eines Bescheides die zur Unterbindung dieser Gewerbeausübung notwendigen Maßnahmen, insbesondere auch die Beschlagnahme von Waren, Werkzeugen, Maschinen, Geräten und Transportmitteln, an Ort und Stelle treffen; hierüber ist jedoch binnen eines Monats ein schriftlicher Bescheid zu erlassen, widrigenfalls die getroffene Maßnahme als aufgehoben gilt. Der Bescheid gilt auch dann als erlassen, wenn er gemäß § 19 des Zustellgesetzes, BGBl. Nr. 200/1982, wegen Unzustellbarkeit an die Behörde zurückgestellt worden ist.

(3) Ist eine Übertretung gemäß § 366 Abs. 1 Z 1 offenkundig, so hat die Behörde ohne vorausgegangenes Verfahren und vor Erlassung eines Bescheides den gesamten der Rechtsordnung nicht entsprechenden Betrieb an Ort und Stelle zu schließen; eine solche Betriebsschließung liegt auch dann vor, wenn eine Gewerbeausübung unterbunden wird, die keine Betriebsstätte aufweist; hierüber ist jedoch binnen eines Monats ein schriftlicher Bescheid zu erlassen, widrigenfalls die getroffene Maßnahme als aufgehoben gilt. Der Bescheid gilt auch dann als erlassen, wenn er gemäß § 19 des Zustellgesetzes, BGBl. Nr. 200/1982, wegen Unzustellbarkeit an die Behörde zurückgestellt worden ist.

(4) Um die durch eine diesem Bundesgesetz unterliegende Tätigkeit oder durch Nichtbeachtung von Anforderungen an Maschinen, Geräte und Ausrüstungen (§ 71) verursachte Gefahr für das Leben oder die Gesundheit von Menschen oder für das Eigentum abzuwehren oder um die durch eine nicht genehmigte Betriebsanlage verursachte unzumutbare Belästigung der Nachbarn abzustellen, hat die Behörde, entsprechend dem Ausmaß der Gefährdung oder Belästigung, mit Bescheid die gänzliche oder teilweise Schließung des Betriebes, die Stillegung von Maschinen, Geräten oder Ausrüstungen oder deren Nichtverwendung oder sonstige die Anlage betreffende Sicherheitsmaßnahmen oder Vorkehrungen zu verfügen. Hat die Behörde Grund zur Annahme, daß zur Gefahrenabwehr Sofortmaßnahmen an Ort und Stelle erforderlich sind, so darf sie nach Verständigung des Betriebsinhabers, seines Stellvertreters oder des Eigentümers der Anlage oder, wenn eine Verständigung dieser Person nicht möglich ist, einer Person, die tatsächlich die Betriebsführung wahrnimmt, solche Maßnahmen auch ohne vorausgegangenes Verfahren und vor Erlassung eines Bescheides an Ort und Stelle treffen; hierüber ist jedoch binnen eines Monats ein schriftlicher Bescheid zu erlassen, widrigenfalls die getroffene Maßnahme als aufgehoben gilt. Der Bescheid gilt auch dann als erlassen, wenn er gemäß § 19 des Zustellgesetzes wegen Unzustellbarkeit an die Behörde zurückgestellt worden ist.

(5) Die Bescheide gemäß Abs. 1 zweiter Satz, 2, 3 oder 4 sind sofort vollstreckbar; wenn sie nicht kürzer befristet sind, treten sie mit Ablauf eines Jahres, vom Beginn der Vollstreckbarkeit an gerechnet, außer Wirksamkeit. Durch einen Wechsel in der Person des Inhabers der von den einstweiligen Zwangs- und Sicherheitsmaßnahmen betroffenen Anlagen, Anlagenteile oder Gegenstände wird die Wirksamkeit dieser Bescheide nicht berührt.

(6) Liegen die Voraussetzungen für die Erlassung eines Bescheides gemäß Abs. 1 zweiter Satz, 2, 3 oder 4 nicht mehr vor und ist zu erwarten, daß in Hinkunft jene gewerberechtlichen Vorschriften, deren Nichteinhaltung für die Maßnahmen nach Abs. 1 zweiter Satz, 2, 3 oder 4 bestimmend war, von der Person eingehalten werden, die die gewerbliche Tätigkeit ausüben oder die Betriebsanlage betreiben will, so hat die Behörde auf Antrag dieser Person die mit Bescheid gemäß Abs. 1 zweiter Satz, 2, 3 oder 4 getroffenen Maßnahmen ehestens zu widerrufen.

…

[55] Eingefügt durch BGBl I 85/2012.

Hochleistungsstreckengesetz – HlG

BGBl 135/1989, zuletzt geändert durch BGBl I 154/2004

Abschnitt I
Erklärung zu und Bau von Hochleistungsstrecken

§ 1. (1) Die Bundesregierung kann durch Verordnung (Hochleistungsstreckenverordnung) bestehende oder geplante Eisenbahnen (Strecken oder Streckenteile einschließlich der notwendigen Eisenbahnanlagen) zu Hochleistungsstrecken erklären. Voraussetzung hiefür ist, daß diesen eine besondere Bedeutung für einen leistungsfähigen Verkehr mit internationalen Verbindungen oder für den Nahverkehr zukommt.

(2) Zu Teilen von Hochleistungsstrecken können auch bestehende oder geplante Eisenbahnen erklärt werden, wenn auf sie zwar nicht die Merkmale nach Abs. 1 zutreffen, sie aber in unmittelbarem Zusammenhang mit Hochleistungsstrecken stehen und für eine rationelle Führung des Eisenbahnbetriebes oder Eisenbahnverkehrs auf Hochleistungsstrecken benötigt werden.

§ 2. Für den Bau von und den Betrieb auf Hochleistungsstrecken gelten die Bestimmungen des Eisenbahngesetzes 1957 und des Eisenbahnenteignungsgesetzes 1954, soweit dieses Bundesgesetz nicht abweichende Regelungen enthält.

Trassengenehmigung

§ 3. (1) Für die Sicherstellung des Trassenverlaufes einer Hochleistungsstrecke, die nicht durch Ausbaumaßnahmen - wie etwa Herstellung entsprechender Bahnkörper, Fahrleitungen, Sicherungsanlagen und sonstiger für den Bau und den Betrieb von und den Betrieb auf Hochleistungsstrecken notwendiger Eisenbahnanlagen - auf bestehenden Eisenbahnen eingerichtet werden kann, bedarf es einer Trassengenehmigung, die der Bundesminister für Verkehr, Innovation und Technologie auf Antrag eines Eisenbahnunternehmens nach den Erfordernissen einer leistungsfähigen und wirtschaftlichen Eisenbahn sowie unter Bedachtnahme auf die sonstigen öffentlichen Interessen und die Ergebnisse der Anhörung (§ 4) mit Bescheid zu erteilen hat. Als Ausbaumaßnahmen sind dabei auch Trassenänderungen geringen Umfanges oder die Zulegung eines weiteren Gleises auf einer durchgehenden Länge von höchstens 10 km zu verstehen, wenn in diesen Fällen die Mitte des äußersten Gleises der geänderten Trasse von der Mitte des äußersten Gleises der bestehenden Trasse nicht mehr als 100 m entfernt ist.

(2) Sofern für den Bau oder die Änderung einer Hochleistungsstrecke oder für eine Begleitmaßnahme eine Umweltverträglichkeitsprüfung nach dem Umweltverträglichkeitsprüfungsgesetz 2000 durchzuführen ist, bedarf die Sicherstellung des Trassenverlaufes einer solchen Hochleistungsstrecke ebenfalls einer Trassengenehmigung, die durch Bescheid des Bundesministers für Verkehr, Innovation und Technologie zu erteilen ist.

(3) Im Trassengenehmigungsbescheid ist der Trassenverlauf insoweit sicher zu stellen, als hiefür ein Geländestreifen festzulegen und in Planunterlagen darzustellen ist. Die Breite dieses Geländestreifens ist entsprechend den örtlichen Verhältnissen festzulegen und darf das Ausmaß nicht überschreiten, welches für die Eisenbahnanlagen, Nebenanlagen und Begleitmaßnahmen, die für den Bau und den Betrieb von und den Betrieb auf einer Hochleistungsstrecke erforderlich sind, notwendig ist, wobei für den Bahnkörper die Breite des Geländestreifens 150 m nicht überschreiten darf.

(4) Der Trassengenehmigungsbescheid ist gemeinsam mit den Planunterlagen beim Bundesministerium für Verkehr, Innovation und Technologie, bei dem Amt der Landesregierung des örtlich berührten Bundeslandes und bei den örtlich berührten Gemeinden zur Einsicht aufzulegen.

Anhörung im Trassengenehmigungsverfahren

§ 4. (1) Vor Erlassung eines Trassengenehmigungsbescheides sind die Länder, deren örtlicher Wirkungsbereich von dem geplanten Trassenverlauf berührt wird, sowie die in ihrem Wirkungsbereich berührten gesetzlichen Interessenvertretungen zu hören. Zum Zwecke der Anhörung hat der Bundesminister für Verkehr, Innovation und Technologie vom Eisenbahnunternehmen zu erstellende ausreichende Planunterlagen über den Trassenverlauf zu übermitteln. Bei der Übermittlung sind die Anzuhörenden zur Stellungnahme innerhalb vom Bundesminister für Verkehr, Innovation und Technologie festzulegender angemessener Fristen zu ersuchen. Die Länder sind überdies zu ersuchen, zum geplanten Trassenverlauf auch unter den Gesichtspunkten der vom Land zu besorgenden Angelegenheiten Stellung zu nehmen.

(2) In den Planunterlagen über den Trassenverlauf ist auf die Umweltverträglichkeit des Trassenverlaufes Bedacht zu nehmen und insbesondere auch auszuführen, welche Vorkehrungen vorgesehen sind, damit aus dem Bau und Betrieb von und dem Betrieb auf der geplanten Hochleistungsstrecke zu erwartende und im Verhältnis zur Art der Nutzung des benachbarten Geländes wesentliche zusätzliche Umweltbeeinträchtigungen möglichst gering gehalten werden. Subjektive Rechte werden hiedurch nicht begründet.

(3) Es sind auch die Gemeinden, deren örtlicher Wirkungsbereich vom geplanten Trassenverlauf berührt wird, zu hören. Die Ausübung dieses Anhörungsrechtes durch die Gemeinde ist eine Aufgabe des eigenen Wirkungsbereiches. Zum Zweck der Anhörung sind den Gemeinden die Planunterlagen über den Trassenverlauf, soweit er den örtlichen Wirkungsbereich der jeweiligen Gemeinde berührt, zu übermitteln.

Rechtswirkungen einer Trassengenehmigung

§ 5. (1) Nach Erlassung des Trassengenehmigungsbescheides dürfen auf den vom künftigen Trassenverlauf betroffenen Grundstücksteilen (Hochleistungsstrecken-Baugebiet) Neu-, Zu- und Umbauten nicht vorgenommen werden, keine Anlagen sonst errichtet oder geändert werden, keine Gewinnung mineralischer Rohstoffe aufgenommen werden sowie keine Deponien eingerichtet oder erweitert werden; ein Entschädigungsanspruch kann hieraus nicht abgeleitet werden. Bauführungen, Anlagenerrichtungen oder -erweiterungen, die Aufnahme der Gewinnung mineralischer Rohstoffe sowie die Einrichtung oder Erweiterung von Deponien, die in rechtlich zulässiger Weise vor Erlassung des Trassengenehmigungsbescheides begonnen wurden, werden hievon nicht berührt.

(2) Als betroffene Grundstücksteile im Sinne des Abs. 1 gelten all jene, die nach den Planunterlagen im Bereich des durch den Trassengenehmigungsbescheid festgelegten Geländestreifens liegen.

(3) Ausnahmen von der Rechtswirkung (Abs. 1) eines erlassenen Trassengenehmigungsbescheides sind zulässig, wenn

sie den geplanten Trassenverlauf nicht erheblich erschweren oder wesentlich verteuern oder zum Schutz des Lebens und der Gesundheit von Personen notwendig sind. Abweichend davon sind Ausnahmen von dem Verbot, die Gewinnung mineralischer Rohstoffe aufzunehmen, auch dann zulässig, wenn das öffentliche Interesse an der Aufnahme der Gewinnung mineralischer Rohstoffe das öffentliche Interesse nach Vermeidung einer erheblichen Erschwerung oder wesentlichen Verteuerung des geplanten Trassenverlaufes überwiegt.

(4) Ausnahmen nach Abs. 3 hat der Bundesminister für Verkehr, Innovation und Technologie nach Anhörung des Eisenbahnunternehmens zuzulassen; die Zulassung von Ausnahmen durch den Bundesminister für Verkehr, Innovation und Technologie ist jedoch nicht erforderlich, wenn es über die Vornahme der Neu-, Zu- und Umbauten, über die Errichtung oder Änderung von Anlagen, über die Aufnahme der Gewinnung mineralischer Rohstoffe oder über die Einrichtung oder Erweiterung von Deponien auf den von der künftigen Hochleistungsstrecken-Trasse betroffenen Grundstücksteilen zwischen dem Eisenbahnunternehmen und dem jeweiligen Eigentümer dieser Grundstücksteile oder mit denjenigen, die zur Errichtung oder Änderung von Anlagen, zur Aufnahme der Gewinnung mineralischer Rohstoffe oder zur Einrichtung oder Erweiterung von Deponien berechtigt sind, zu einer zivilrechtlichen Einigung, die schriftlich festzuhalten ist, gekommen ist.

(5) Vor Erlassung eines Bescheides, mit dem eine Ausnahme vom Verbot der Aufnahme der Gewinnung mineralischer Rohstoffe nicht zugelassen wird, ist der Bundesminister für Wirtschaft und Arbeit anzuhören. Der Bundesminister für Wirtschaft und Arbeit ist berechtigt, gegen Bescheide, mit denen eine Ausnahme vom Verbot der Aufnahme der Gewinnung mineralischer Rohstoffe nicht zugelassen wird, Beschwerde an den Verwaltungsgerichtshof zu erheben.

(6) Der Bundesminister für Verkehr, Innovation und Technologie hat auf Antrag des Eisenbahnunternehmens die Beseitigung eines dem Abs. 1 widersprechenden Zustandes auf Kosten des Betroffenen anzuordnen.

(7) Nach Ablauf von fünf Jahren nach Erlassung des Trassengenehmigungsbescheides haben die betroffenen Liegenschaftseigentümer Anspruch auf Einlösung der bezüglichen Grundstücksteile durch das Eisenbahnunternehmen, sofern eine Ausnahmebewilligung (Abs. 4) verweigert wurde und sofern der Trassengenehmigungsbescheid für den Grundstücksteil noch gilt.

(8) Der Bundesminister für Verkehr, Innovation und Technologie hat auf Antrag des Eisenbahnunternehmens oder von Amts wegen die Rechtswirkungen (Abs. 1) eines Trassengenehmigungsbescheides für unwirksam zu erklären, wenn oder insoweit sie zur Sicherstellung des geplanten Trassenverlaufes nicht mehr notwendig sind.

Vorläufige Sicherstellung des Trassenverlaufes

§ 5a. (1) Ist bei Einleitung eines Trassengenehmigungsverfahrens zu befürchten, dass durch Veränderung in dem vorgesehenen Gelände der geplante Bau einer Hochleistungsstrecke erheblich erschwert oder wesentlich verteuert wird, und ist nach dem Stand der Planungs- und Bauvorbereitungsarbeiten die Sicherstellung des Trassenverlaufes in einem Trassengenehmigungsbescheid in absehbarer Zeit zu erwarten, so kann der Bundesminister für Verkehr, Innovation und Technologie einen Geländestreifen im Sinne des § 3 Abs. 3 für den geplanten Trassenverlauf vorläufig mit Verordnung bestimmen.

(2) Eine Verordnung nach Abs. 1 hat den Hinweis auf die Planunterlagen zu enthalten. Die Planunterlagen sind beim Bundesministerium für Verkehr, Innovation und Technologie, bei dem Amt der Landesregierung des örtlich berührten Landes und bei den örtlich berührten Gemeinden zur Einsicht aufzulegen.

(3) Vor Erlassung einer Verordnung nach Abs. 1 sind die Länder, deren örtlicher Wirkungsbereich von dem geplanten Trassenverlauf berührt wird, sowie die in ihrem gesetzlichen Wirkungsbereich berührten gesetzlichen Interessenvertretungen zu hören. Zum Zwecke der Anhörung hat der Bundesminister für Verkehr, Innovation und Technologie vom Eisenbahnunternehmen zu erstellende ausreichende Planunterlagen über den Trassenverlauf zu übermitteln. Bei der Übermittlung sind die Anzuhörenden zur Stellungnahme zu den Rechtswirkungen gemäß Abs. 5 innerhalb vom Bundesminister für Verkehr, Innovation und Technologie festzulegender angemessener Fristen zu ersuchen.

(4) Es sind auch die Gemeinden, deren örtlicher Wirkungsbereich vom geplanten Trassenverlauf berührt wird, zu den Rechtswirkungen gemäß Abs. 5 zu hören. Die Ausübung dieses Anhörungsrechtes durch die Gemeinde ist eine Aufgabe des eigenen Wirkungsbereiches. Zum Zweck der Anhörung sind den Gemeinden die Planunterlagen über den Trassenverlauf, soweit er den örtlichen Wirkungsbereich der jeweiligen Gemeinde berührt, zu übermitteln.

(5) Nach Erlassung einer Verordnung nach Abs. 1 dürfen auf den im Geländestreifen (Abs. 1) liegenden Grundstücksteilen Neu-, Zu- und Umbauten nicht vorgenommen werden, keine Anlagen sonst errichtet oder geändert werden, keine Gewinnung mineralischer Rohstoffe aufgenommen werden sowie keine Deponien eingerichtet oder erweitert werden; ein Entschädigungsanspruch kann hieraus nicht abgeleitet werden. Bauführungen, Anlagenerrichtungen oder -erweiterungen, die Aufnahme der Gewinnung mineralischer Rohstoffe sowie die Einrichtung oder Erweiterung von Deponien, die in rechtlich zulässiger Weise vor Wirksamwerden der Verordnung nach Abs. 1 begonnen wurden, werden hievon nicht berührt.

(6) Ausnahmen von der Rechtswirkung (Abs. 5) einer Verordnung nach Abs. 1 sind zulässig, wenn sie den geplanten Trassenverlauf nicht erheblich erschweren oder wesentlich verteuern oder zum Schutz des Lebens und der Gesundheit von Personen notwendig sind. Abweichend davon sind Ausnahmen von dem Verbot, die Gewinnung mineralischer Rohstoffe aufzunehmen, auch dann zulässig, wenn das öffentliche Interesse an der Aufnahme der Gewinnung mineralischer Rohstoffe das öffentliche Interesse nach Vermeidung einer erheblichen Erschwerung oder wesentlichen Verteuerung des geplanten Trassenverlaufes überwiegt.

(7) Ausnahmen nach Abs. 6 hat der Bundesminister für Verkehr, Innovation und Technologie nach Anhörung des Eisenbahnunternehmens zuzulassen; die Zulassung von Ausnahmen durch den Bundesminister für Verkehr, Innovation und Technologie ist jedoch nicht erforderlich, wenn es über die Vornahme der Neu-, Zu- und Umbauten, über die Errichtung oder Änderung von Anlagen, über die Aufnahme der Gewinnung mineralischer Rohstoffe oder über die Einrichtung oder Erweiterung von Deponien auf den von der künftigen Hochleistungsstrecken-Trasse betroffenen Grundstücksteilen zwischen dem Eisenbahnunternehmen und dem jeweiligen Eigentümer dieser Grundstücksteile oder mit denjenigen, die zur Errichtung oder Änderung von Anlagen, zur Aufnahme der Gewinnung mineralischer Rohstoffe oder zur Einrichtung oder Erweiterung von Deponien berechtigt sind, zu einer zivilrechtlichen Einigung, die schriftlich festzuhalten ist, gekommen ist.

(8) Vor Erlassung eines Bescheides, mit dem eine Ausnahme vom Verbot der Aufnahme der Gewinnung mineralischer Rohstoffe nicht zugelassen wird, ist der Bundesminister für Wirtschaft und Arbeit anzuhören. Der Bundesminister für Wirtschaft und Arbeit ist berechtigt, gegen Bescheide, mit denen eine Ausnahme vom Verbot der Aufnahme der Gewin-

nung mineralischer Rohstoffe nicht zugelassen wird, Beschwerde an den Verwaltungsgerichtshof zu erheben.

(9) Der Bundesminister für Verkehr, Innovation und Technologie hat auf Antrag des Eisenbahnunternehmens die Beseitigung eines dem Abs. 5 widersprechenden Zustandes auf Kosten des Betroffenen anzuordnen.

(10) Der Bundesminister für Verkehr, Innovation und Technologie hat eine Verordnung nach Abs. 1 überhaupt oder insoweit aufzuheben, als

1. der in einer solchen Verordnung vorläufig sicher gestellte Trassenverlauf durch einen Trassengenehmigungsbescheid bestimmt wird, oder
2. die Verordnung nach Abs. 1 zur Sicherstellung des geplanten Trassenverlaufes nicht mehr notwendig ist.

(11) Insoweit nicht Abs. 10 anzuwenden ist, tritt eine Verordnung nach Abs. 1 drei Jahre nach ihrem In-Kraft-Treten außer Kraft. Dieses Außer-Kraft-Treten hat der Bundesminister für Verkehr, Innovation und Technologie im Bundesgesetzblatt kundzumachen.

§ 6. (1) Der Landeshauptmann hat in einem Enteignungsbescheid (§§ 2 und 3 des Eisenbahnenteignungsgesetzes 1954) für den Bau einer Hochleistungsstrecke zugleich mit Gegenstand und Umfang der Enteignung die Höhe der Entschädigung unter Setzung einer angemessenen Leistungsfrist festzusetzen. Die Höhe der Entschädigung ist auf Grund einer Sachverständigenschätzung nach den Bestimmungen des Eisenbahnenteignungsgesetzes 1954 zu ermitteln. Im Falle eines Übereinkommens über die Höhe der Entschädigung tritt im Enteignungsbescheid an die Stelle der Entscheidung über die Entschädigung die Beurkundung des Übereinkommens. Die Leistungsfrist beginnt mit der Rechtskraft des Enteignungsbescheides.

(2) Eine Berufung bezüglich der Höhe der nach Abs. 1 festgesetzten Entschädigung ist unzulässig, doch steht es jedem der beiden Teile frei, binnen drei Monaten nach Rechtskraft des Enteignungsbescheides die Entscheidung über die Höhe der Entschädigung bei jenem Landesgericht zu begehren, in dessen Sprengel sich der Gegenstand der Enteignung befindet. Auf das Recht zur Anrufung des Gerichtes sind die Parteien hinzuweisen. Mit der Anrufung des Gerichtes tritt die verwaltungsbehördliche Entscheidung über die Entschädigung außer Kraft. Der Antrag auf gerichtliche Festsetzung der Entschädigung kann ohne Zustimmung des Antraggegners nicht zurückgenommen werden. Bei Zurücknahme des Antrages gilt die im Enteignungsbescheid festgesetzte Entschädigung als vereinbart.

(3) Der Vollzug des rechtskräftigen Enteignungsbescheides kann jedoch nicht gehindert werden, sobald der vom Landeshauptmann ermittelte Entschädigungsbetrag, soweit ihn das Eisenbahnunternehmen noch nicht geleistet hat, gerichtlich erlegt ist.

(4) Für die Rückübereignung sind die Regelungen nach § 20a des Bundesstraßengesetzes 1971 sinngemäß anzuwenden, wenn der für eine Hochleistungsstrecke enteignete Gegenstand ganz oder zum Teil nicht für den Enteignungszweck verwendet wird.

…

Immissionsschutzgesetz - Luft, IG-L

BGBl I 115/1997, zuletzt geändert durch BGBl I 73/2018 (Aarhus-Beteiligungsgesetz 2018)

1. Abschnitt
Allgemeine Bestimmungen

Ziele des Gesetzes

§ 1. (1) Ziele dieses Bundesgesetzes sind

1. der dauerhafte Schutz der Gesundheit des Menschen, des Tier- und Pflanzenbestands, ihrer Lebensgemeinschaften, Lebensräume und deren Wechselbeziehungen sowie der Kultur- und Sachgüter vor schädlichen Luftschadstoffen sowie der Schutz des Menschen vor unzumutbar belästigenden Luftschadstoffen;
2. die vorsorgliche Verringerung der Immission von Luftschadstoffen und
3.[1] die Bewahrung der besten mit nachhaltiger Entwicklung verträglichen Luftqualität in Gebieten, die bessere Werte für die Luftqualität aufweisen als die in den Anlagen 1, 2 und 5 oder in einer Verordnung gemäß § 3 Abs. 3 genannten Immissionsgrenz- und -zielwerte, sowie die Verbesserung der Luftqualität durch geeignete Maßnahmen in Gebieten, die schlechtere Werte für die Luftqualität aufweisen als die in den Anlagen 1, 2 und 5 oder in einer Verordnung gemäß § 3 Abs. 5 genannten Immissionsgrenz- und -zielwerte.

(2) Zur Erreichung dieser Ziele (Abs. 1) wird ein Instrumentarium insbesondere zur vorsorglichen Verringerung der Immission von Luftschadstoffen und für gebietsbezogene Maßnahmen zur Verringerung der durch den Menschen beeinflußten (anthropogenen) Emission und der Immission von Luftschadstoffen geschaffen.

§ 2.[1] (1) Luftschadstoffe im Sinne dieses Bundesgesetzes sind Stoffe, die Veränderungen der natürlichen Zusammensetzung der Luft durch Partikel, Gase oder Aerosole bewirken.

(2) Emissionen im Sinne dieses Bundesgesetzes sind von einer Quelle an die freie Atmosphäre abgegebene Luftschadstoffe.

(3) Immissionen im Sinne dieses Bundesgesetzes sind die auf Schutzgüter (Abs. 6) einwirkenden Luftschadstoffe.

(4) Immissionsgrenzwerte im Sinne dieses Bundesgesetzes sind, sofern Abs. 5 nicht anderes bestimmt, höchstzulässige, wirkungsbezogene Immissionsgrenzkonzentrationen, bei deren Unterschreitung nach den einschlägigen wissenschaftlichen Erkenntnissen keine schädigenden Wirkungen zu erwarten sind.

(5) Immissionsgrenzwerte für kanzerogene, mutagene und teratogene Stoffe im Sinne dieses Bundesgesetzes sind höchstzulässige Immissionskonzentrationen. Ebenso ist der Immissionsgrenzwert für PM_{10} und $PM_{2,5}$ jeweils eine höchstzulässige Immissionskonzentration.

(5a) PM_{10} im Sinne dieses Bundesgesetzes bezeichnet die Partikel, die einen größenselektierenden Lufteinlass passieren, der für einen aerodynamischen Durchmesser von 10 µm eine Abscheidewirksamkeit von 50 v.H. aufweist.

(5b) $PM_{2,5}$ im Sinne dieses Bundesgesetzes bezeichnet die Partikel, die einen größenselektierenden Lufteinlass passieren, der für einen aerodynamischen Durchmesser von 2,5 µm eine Abscheidewirksamkeit von 50 v.H. aufweist.

(6) Schutzgüter sind in Entsprechung der Ziele dieses Bundesgesetzes (§ 1) der Mensch, der Tier- und Pflanzenbestand, ihre Lebensgemeinschaften, Lebensräume und deren Wechselbeziehungen sowie Kultur- und Sachgüter.

[1] Geändert durch BGBl I 77/2010.

(6a) Luft ist die Außenluft in der Troposphäre mit Ausnahme von Arbeitsstätten im Sinne der Richtlinie 89/654/EWG über Mindestvorschriften für Sicherheit und Gesundheitsschutz in Arbeitsstätten, ABl. L 393 S. 1, geändert durch Richtlinie 2007/30/EG ABl. L 165, S. 21, an denen Bestimmungen für Gesundheitsschutz und Sicherheit am Arbeitsplatz gelten und an denen die Öffentlichkeit normalerweise keinen Zugang hat.

(7) Untersuchungsgebiet im Sinne dieses Bundesgesetzes ist das Bundesgebiet oder jener Teil des Bundesgebiets, für den eine gemeinsame Auswertung der Immissionsmessdaten, die nach diesem Bundesgesetz erhoben werden, erfolgt; sofern das Messkonzept gemäß § 4 nicht anderes bestimmt, ist das Untersuchungsgebiet ein Bundesland.

(8) Sanierungsgebiet im Sinne dieses Bundesgesetzes ist das Bundesgebiet oder jener Teil des Bundesgebiets, in dem sich die Emissionsquellen befinden, die einen erheblichen Beitrag zur Immissionsgrenzwertüberschreitung geleistet haben und für die in einem Programm gemäß § 9a Maßnahmen vorgesehen werden können.

(9) Beurteilungszeitraum im Sinne dieses Bundesgesetzes ist jener Zeitraum, der für eine umfassende Beschreibung der Immissionssituation erforderlich ist; dieser ist getrennt nach Luftschadstoffen im Messkonzept gemäß § 4 festzulegen und beträgt ein Kalenderjahr oder das Winter- oder Sommerhalbjahr, sofern in einem der Halbjahre erfahrungsgemäß höhere Konzentrationen eines Luftschadstoffs auftreten. Das Winterhalbjahr umfasst die Monate Oktober bis März, das Sommerhalbjahr die Monate April bis September.

(10) Anlagen im Sinne dieses Bundesgesetzes sind

1. ortsfeste Einrichtungen, die Luftschadstoffe emittieren, ausgenommen ortsfeste eisenbahntechnische Einrichtungen und Eisenbahnanlagen gemäß § 10 des Eisenbahngesetzes 1957, BGBl. Nr. 60 in der jeweils geltenden Fassung, sofern es sich nicht um Heizungsanlagen in Eisenbahnanlagen handelt,
2. mobile technische Einrichtungen, Maschinen und Geräte, die Luftschadstoffe emittieren, soweit sie nicht als Kraftfahrzeuge im Sinne des § 2 Abs. 1 Z 1 des Kraftfahrgesetzes 1967 (KFG 1967), BGBl. Nr. 267 in der jeweils geltenden Fassung, zur Fortbewegung auf Straßen mit öffentlichem Verkehr verwendet werden, ausgenommen
   a) Schienenfahrzeuge im Sinne des Eisenbahngesetzes 1957, BGBl. Nr. 60, in der jeweils geltenden Fassung, und Luftfahrzeuge im Sinne des § 11 Abs. 1 des Luftfahrtgesetzes, BGBl. Nr. 253/1957, in der jeweils geltenden Fassung,
   b) Fahrzeuge der Land- und Forstwirtschaft in Ausübung einer land- oder forstwirtschaftlichen Haupttätigkeit und
   c) Fahrzeuge im Sinne des § 2 Z 1 des Schifffahrtsgesetzes, BGBl. I Nr. 62/1997, in der jeweils geltenden Fassung,
3. Liegenschaften, auf denen Stoffe gelagert oder abgelagert oder Arbeiten durchgeführt werden oder sonstigen Tätigkeiten nachgegangen wird, die Emissionen von Luftschadstoffen verursachen, ausgenommen Verkehrswege.

(11) Emissionskataster im Sinne dieses Bundesgesetzes ist ein räumlich gegliedertes Verzeichnis über das Ausmaß von Emissionen sämtlicher in Betracht kommender Emittenten und Emittentengruppen, die in einem bestimmten Gebiet innerhalb eines festgelegten Zeitabschnitts abgegeben werden.

(12) Heizungsanlagen im Sinne dieses Bundesgesetzes sind Heizungsanlagen, die gemäß Art. 10 Abs. 1 Z 12 Bundes-Verfassungsgesetz, in der Fassung BGBl. Nr. 685/1988, in die Zuständigkeit der Länder fallen.

(13) Toleranzmarge im Sinne dieses Bundesgesetzes bezeichnet das Ausmaß, in dem der Immissionsgrenzwert innerhalb der in Anlage 1 festgesetzten Fristen überschritten werden darf, ohne die Erstellung von Statuserhebungen (§ 8) und Programmen (§ 9a) zu bedingen.

(14) Zielwert gemäß Anlage 5 oder einer Verordnung nach § 3 Abs. 5 ist die nach Möglichkeit in einem bestimmten Zeitraum zu erreichende Immissionskonzentration, die mit dem Ziel festgelegt wird, die schädlichen Einflüsse auf die menschliche Gesundheit und die Umwelt insgesamt zu vermeiden, zu verhindern oder zu verringern.

(15) Der Ausdruck Arsen, Kadmium, Nickel und Benzo(a)pyren im Sinne dieses Bundesgesetzes bezeichnet den Gesamtgehalt dieser Elemente und Verbindungen in der PM_{10}-Fraktion.

(16) Polyzyklische aromatische Kohlenwasserstoffe im Sinne dieses Bundesgesetzes sind organische Verbindungen, die sich aus mindestens zwei miteinander verbundenen aromatischen Ringen zusammensetzen, die ausschließlich aus Kohlenstoff und Wasserstoff bestehen.

(17) Quecksilber im Sinne dieses Bundesgesetzes ist elementarer Quecksilberdampf (Hg0) und reaktives gasförmiges Quecksilber.

(18) Alarmwert im Sinne dieses Bundesgesetzes ist ein Wert, bei dessen Überschreitung bei kurzfristiger Exposition ein Risiko für die Gesundheit der Bevölkerung insgesamt besteht und unverzüglich Maßnahmen ergriffen werden müssen.

(19) Der AEI (Average Exposure Indicator, Indikator für die durchschnittliche Exposition) ist ein anhand von Messungen an Messstellen für den städtischen Hintergrund ermittelter Durchschnittswert für die Exposition der Bevölkerung durch $PM_{2,5}$. Er wird als gleitender Jahresmittelwert der Konzentration für drei Kalenderjahre berechnet.

(20) Der AEI 2011 ist der AEI berechnet über die Kalenderjahre 2009, 2010 und 2011.

(21) Der AEI 2015 ist der AEI berechnet über die Kalenderjahre 2013, 2014 und 2015.

(22) Der AEI 2020 ist der AEI berechnet über die Kalenderjahre 2018, 2019 und 2020.

(23) Verpflichtung in Bezug auf den AEI ist ein Niveau, das der AEI 2015 erreichen muss.

(24) Messstellen für den städtischen Hintergrund im Sinne dieses Bundesgesetzes sind Standorte in städtischen Gebieten des Bundesgebiets, an denen die Messwerte repräsentativ für die Exposition der allgemeinen städtischen Bevölkerung sind.

2. Abschnitt
Immissionsüberwachung

Immissionsgrenzwerte und Vorgaben in Bezug auf $PM_{2,5}$

§ 3.[2] (1) Im gesamten Bundesgebiet gelten die unter Bedachtnahme auf die einschlägigen wissenschaftlichen Erkenntnisse in den Anlagen 1 und 2 festgelegten Immissionsgrenzwerte zum dauerhaften Schutz der menschlichen Gesundheit.

(2) Für die Luftschadstoffe Schwefeldioxid und Stickstoffdioxid gelten im gesamten Bundesgebiet die in Anlage 4 festgelegten Alarmwerte.

(3)[3] Für Stickstoffdioxid gilt zusätzlich im gesamten Bundesgebiet der in Anlage 5a festgelegte Zielwert.

(4) Für $PM_{2,5}$ gelten zusätzlich die in § 3a festgelegte Verpflichtung in Bezug auf den AEI und das in § 3b festgelegte nationale Ziel für die Reduzierung des AEI.

(5) Der Bundesminister für Land- und Forstwirtschaft, Umwelt und Wasserwirtschaft kann zur innerstaatlichen Um-

---

[2] Geändert durch BGBl I 77/2010.

[3] Neu gefasst durch BGBl I 58/2017.

setzung von Richtlinien der Europäischen Union sowie unter Bedachtnahme auf die einschlägigen wissenschaftlichen Erkenntnisse mit Verordnung festlegen:

1. Immissionsgrenzwerte (§ 2 Abs. 4 und 5) für solche Luftschadstoffe, die geeignet sind, ein anderes Schutzgut (§ 2 Abs. 6) als das in Abs. 1 genannte zu gefährden oder Menschen unzumutbar zu belästigen;
2. dem dauerhaften Schutz der menschlichen Gesundheit dienende Immissionsgrenzwerte für Luftschadstoffe, die in den Anlagen 1 und 2 nicht angeführt sind.

(6) Eine Verordnung gemäß Abs. 5 kann nur im Einvernehmen mit dem Bundesminister für Wirtschaft, Familie und Jugend erlassen werden, wenn es sich um Grenzwerte für Luftschadstoffe handelt,

1. für die weder in einer Tochterrichtlinie der Richtlinie 96/62/EG über die Beurteilung und Kontrolle der Luftqualität, ABl. Nr. L 296 vom 21. November 1996 S. 55, noch in der Richtlinie 2008/50/EG ein Grenzwert festgelegt ist,
2. oder für die in einer Tochterrichtlinie der Richtlinie 96/62/EG oder in der Richtlinie 2008/50/EG ein Grenzwert festgelegt ist und in der Verordnung ein niedrigerer Grenzwert festgelegt wird als in den anderen Mitgliedstaaten der Europäischen Union.

Verpflichtung in Bezug auf den AEI

§ 3a.[4] (1) Die Landeshauptmänner, in deren Bundesland eine Messstelle zur Messung des AEI liegt, wobei der Durchschnittsmesswert an dieser Messstelle in dem Zeitraum, in dem die Ausweisung einer Überschreitung nach § 7 Abs. 2 vorgenommen wurde, maximal 20 µg/m³ beträgt, sorgen dafür, dass dieser Wert an dieser Messstelle im Zeitraum 2013 bis 2015 nicht überschritten wird.

(2) Die Landeshauptmänner, in deren Bundesland eine Messstelle zur Messung des AEI liegt und deren zu erreichender Durchschnittsmesswert gemäß Anlage 8 Abs. 3c auf 20 µg/m³ zu senken ist, sorgen dafür, dass dieser Wert an dieser Messstelle im Zeitraum 2013 bis 2015 nicht überschritten wird.

(3) Die Landeshauptmänner, in deren Bundesland eine Messstelle zur Messung des AEI liegt und deren zu erreichender Durchschnittsmesswert gemäß Anlage 8 Abs 3a um einen bestimmten Prozentsatz zu senken ist, sorgen dafür, dass der um diesen Prozentsatz gesenkte Wert an dieser Messstelle im Zeitraum 2013 bis 2015 nicht überschritten wird.

Nationales Ziel für die Reduzierung des AEI

§ 3b.[4] Das nationale Ziel für die Reduzierung des AEI ist das Ziel, den AEI 2020 im Vergleich zum AEI 2011 um einen Prozentsatz, der im Anhang XIV der Richtlinie 2008/50/EG über Luftqualität und saubere Luft für Europa, ABl. Nr. L 152 vom 11. Juni 2008 S. 1, als Ziel festgelegt ist, zu reduzieren. Das Ziel soll schädliche Auswirkungen auf die menschliche Gesundheit verringern und soll möglichst in dem vorgegebenen Zeitraum erreicht werden.

Meßkonzept

§ 4. (1)[5] Der Bundesminister für Land- und Forstwirtschaft, Umwelt und Wasserwirtschaft hat nach Anhörung der Landeshauptmänner innerhalb von sechs Monaten nach Inkrafttreten dieses Bundesgesetzes mit Verordnung ein Messkonzept für die Kontrolle der Einhaltung der in den Anlagen 1, 2 und 5 festgelegten Immissionsgrenz- und -zielwerte, der Erfüllung der Verpflichtung in Bezug auf den AEI gemäß § 3a und der Erreichung des nationalen Zieles für die Reduktion des AEI gemäß § 3b, einschließlich der Festlegung der Anforderungen für die Beurteilung der Luftqualität, der Kriterien für die Lage und die Anzahl der Messstellen, der Beurteilung der Hintergrundbelastung und der zeitlichen Entwicklung der Immissionssituation (Trendabschätzung) sowie der Abschätzung des Import-Export-Anteils (Messungen im Rahmen des Genfer Übereinkommens über die weiträumige grenzüberschreitende Luftverunreinigung) gemäß den Anhängen I bis VI der Richtlinie 2008/50/EG, zu erlassen. Für Immissionsgrenzwerte, die in einer Verordnung nach § 3 Abs. 5 festgelegt werden, ist das Messkonzept innerhalb von sechs Monaten nach Inkrafttreten der Verordnung zu erlassen.

(2) Das Meßkonzept hat jedenfalls zu enthalten:

1. die Einteilung des Bundesgebiets in Untersuchungsgebiete (§ 2 Abs. 7);
2. Angaben über die Art der Messung (einschließlich der Erfassung meteorologischer Parameter);
3. Angaben über die Mindestanzahl der Meßstellen pro Untersuchungsgebiet;
4. Angaben über die Zahl der Meßstellen und deren lokalen Standortbereich;

4a.[6] Angaben über die Messstellen für den städtischen Hintergrund (§ 2 Abs. 24);

5. die Anforderungen an die Lage der Meßstellen, insbesondere im Hinblick auf die Lage zu Emittenten;
6. Bestimmungen über die Verlegung und Auflassung von Meßstellen;
7. Angaben über Meßverfahren und technische Anforderungen an die Meßgeräte;
8. nähere Vorschriften über
   a) den Betrieb der Meßstellen,
   b) die Auswertung und Dokumentation der Meßdaten sowie deren Austausch und Veröffentlichung,
   c) die Fristen zur Erstellung, die Form und den Inhalt von Tages-, Monats- und Jahresberichten;
9. Angaben über die Ausstattung von Meßstellen und Meßzentralen;
10. Angaben über die Qualitätssicherung der Meßdaten;
11. Festlegung des Beurteilungszeitraums (§ 2 Abs. 9);
12. Angaben über die Durchführung der Vorerkundung (§ 5 Abs. 2).

Meßstellen, Meßzentralen

§ 5. (1)[7] Die Landeshauptmänner haben die Messstellen einzurichten und zu betreiben. Sie haben sich unter anderem an den Standorten Sonnblick (Salzburg), Zöbelboden (Oberösterreich), Illmitz (Burgenland) und Vorhegg (Kärnten) der Messstellen des Umweltbundesamtes zu bedienen.

(2) Sofern die begründete Annahme besteht, dass ein Schutzgut (§ 2 Abs. 6) gefährdet ist, kann der Landeshauptmann

1. zur Beschreibung der Immissionssituation und

2.[8] zur Erhebung der Immissionsbelastung durch jene Luftschadstoffe, für die kein Immissionsgrenz- oder –zielwert in den Anlagen 1 oder 2 oder in einer Verordnung nach § 3 Abs. 3 festgelegt ist,

Vorerkundungsmessungen durchführen; diese Messungen können auch der Bestimmung der Lage von Meßstellen dienen.

(3) Die Zusammenfassung der Meßdaten erfolgt in den Meßzentralen. In jedem Bundesland ist für die vom Landes-

[4] Eingefügt durch BGBl I 77/2010.

[5] Geändert durch BGBl I 77/2010.

[6] Eingefügt durch BGBl I 77/2010.

[7] Geändert durch BGBl I 77/2010.

[8] Geändert durch BGBl I 58/2017.

hauptmann betriebenen Meßstellen eine Meßzentrale einzurichten und zu betreiben. Das Umweltbundesamt hat für die von ihm betriebenen Meßstellen eine Meßzentrale einzurichten und zu betreiben.

(4) Die in einer Meßzentrale kontinuierlich erfaßten Meßdaten sind mittels Datenverbund (§ 6) allen anderen Meßzentralen zur Verfügung zu stellen.

(5) Die in einer Meßzentrale diskontinuierlich erfaßten Meßdaten sind in geeigneter Form zu sammeln und zumindest einmal jährlich dem Umweltbundesamt zu übermitteln.

Datenverbund

§ 6. (1) Der Bundesminister für Umwelt, Jugend und Familie hat nach Anhörung der Landeshauptmänner innerhalb von zwölf Monaten nach Inkrafttreten dieses Bundesgesetzes im Umweltbundesamt einen Datenverbund zum Austausch von Meßdaten, die nach diesem Bundesgesetz kontinuierlich zu erfassen sind, zwischen den Meßzentralen (§ 5 Abs. 3) einzurichten und zu betreiben; Einrichtungen des Datenverbunds nach dem Ozongesetz, BGBl. Nr. 210/1992, sind heranzuziehen.

(2) Die Meßdaten, die nach diesem Bundesgesetz kontinuierlich zu erfassen sind, sind zumindest zweimal täglich im Datenverbund bereitzustellen.

(3) Bei Änderung des Meßkonzepts (§ 4) ist der Datenverbund innerhalb von sechs Monaten anzupassen.

3. Abschnitt
Überschreitung eines Immissionsgrenzwerts

Ausweisung der Überschreitung

§ 7.[9] (1)[10] Sofern an einer gemäß § 5 betriebenen Messstelle eine Überschreitung eines in den Anlagen 1, 2, 4 oder 5 oder in einer Verordnung nach § 3 Abs. 5 festgelegten Immissionsgrenz-, Immissionsziel- oder Alarmwerts festgestellt wird, hat der Landeshauptmann diese Überschreitung im Monatsbericht, sofern es sich um einen Halbstundenmittelwert, einen Mittelwert über acht Stunden oder einen Tagesmittelwert handelt, oder im Jahresbericht (§ 4 Abs. 2 Z 8 lit. c), sofern es sich um einen Halbjahresmittelwert, einen Jahresmittelwert oder einen Wert mit jahresbezogenen Überschreitungsmöglichkeiten handelt, auszuweisen und festzustellen, ob die Überschreitung eines Immissionsgrenzwerts auf

1. einen Störfall,
2. eine andere in absehbarer Zeit nicht wiederkehrende erhöhte Immission,
3. die Aufwirbelung von Partikeln nach der Ausbringung von Streusand, Streusalz oder Splitt auf Straßen im Winterdienst oder
4. Emissionen aus natürlichen Quellen

zurückzuführen ist.

(2) Der Bundesminister für Land- und Forstwirtschaft, Umwelt und Wasserwirtschaft hat die Überschreitung der Verpflichtung in Bezug auf den AEI über die in Anlage 8 festgelegten Zeiträume jeweils in dem auf das letzte Jahr des Zeitraums folgenden Jahr auszuweisen. Bei der Ausweisung der Überschreitung ist Anlage 6 sinngemäß anzuwenden.

(3) Der Bundesminister für Land- und Forstwirtschaft, Umwelt und Wasserwirtschaft hat eine Verordnung betreffend die Kriterien für die Beurteilung, ob die Überschreitung auf die Aufwirbelung von Partikeln nach der Ausbringung von Streusand, Streusalz oder Splitt zurückzuführen ist, zu erlassen. Ergibt die Beurteilung, dass die Überschreitungen auf aufgewirbelte Partikel zurückzuführen sind, so hat der Landeshauptmann die Nachweise, auf die sich die Beurteilung stützt, vorzulegen; weiters hat er die Angemessenheit der getroffenen Maßnahmen darzulegen. Der Bundesminister für Land- und Forstwirtschaft, Umwelt und Wasserwirtschaft hat diese Information an die Europäische Kommission weiterzuleiten.

Statuserhebung

§ 8. (1)[11] Der Landeshauptmann hat innerhalb von neun Monaten ab der Ausweisung der Überschreitung eines Immissionsgrenzwerts eine Statuserhebung gemäß Abs. 2 zu erstellen, wenn

1.[11] die Überschreitung eines in den Anlagen 1 oder 2 oder in einer Verordnung nach § 3 Abs. 5 festgelegten Immissionsgrenzwerts an einer gemäß § 5 betriebenen Messstelle festgestellt wird und
2. die Überschreitung nicht auf
   a) einen Störfall (§ 7 Abs. 1 Z 1),
   b) eine andere in absehbarer Zeit nicht wiederkehrende erhöhte Immission (§ 7 Abs. 1 Z 2),
   c) die Aufwirbelung von Partikeln nach der Ausbringung von Streusand, Streusalz oder Splitt auf Straßen im Winterdienst (§ 7 Abs. 1 Z 3) oder
   d) Emissionen aus natürlichen Quellen (§ 7 Abs. 1 Z 4)

zurückzuführen ist.

(1a) Der Landeshauptmann eines Bundeslandes, in dem sich eine Messstelle gemäß der Verordnung über das Messkonzept (§ 4) für den AEI befindet, hat innerhalb von neun Monaten nach Ausweisung der Überschreitung der Verpflichtung in Bezug auf den AEI gemäß § 7 Abs. 2 eine Statuserhebung zu erstellen.

(2)[11] Die Statuserhebung ist für den Beurteilungszeitraum (§ 2 Abs. 9), in dem die Überschreitung des Immissionsgrenzwerts oder des AEI aufgetreten ist, zu erstellen und hat jedenfalls zu enthalten:

1. die Darstellung der Immissionssituation für den Beurteilungszeitraum,
2. die Beschreibung der meteorologischen Situation,
3. die Feststellung und Beschreibung der in Betracht kommenden Emittenten oder Emittentengruppen, die einen erheblichen Beitrag zur Immissionsbelastung geleistet haben, und eine Abschätzung ihrer Emissionen,
4. die Feststellung des voraussichtlichen Sanierungsgebiets (§ 2 Abs. 8) und
5. Angaben gemäß Anhang XV Abschnitt A Z 1 bis 6 der Richtlinie 2008/50/EG.

(3)[12] Der Landeshauptmann hat für jeden in den Anlagen 1 oder 2 oder in einer Verordnung gemäß § 3 Abs. 5 festgelegten Luftschadstoff eine eigene Statuserhebung zu erstellen. Überschreitungen eines Immissionsgrenzwerts für denselben Luftschadstoff an zwei oder mehreren Messstellen können in einer Statuserhebung zusammengefasst werden. Überschreitungen der Immissionsgrenzwerte für PM_{10}, $PM_{2,5}$, Arsen, Kadmium, Nickel und Benzo(a)pyren können in einer gemeinsamen Statuserhebung zusammengefasst werden, wenn sie sich im gleichen Beurteilungszeitraum ereignet haben.

(3a) Ergibt eine Statuserhebung, dass die Immissionen zumindest in einem erheblichen Ausmaß durch Emissionen in einem anderen Bundesland verursacht wurden, hat der Landeshauptmann des Bundeslandes, in dem die Überschreitung stattgefunden hat, den Landeshauptmann des verursachenden Bundeslandes nach Möglichkeit bereits während der Erstel-

9 Geändert durch BGBl I 77/2010.

10 Geändert durch BGBl I 58/2017.

11 Geändert durch BGBl I 58/2017.

12 Neu gefasst durch BGBl I 58/2017.

lung der Statuserhebung, spätestens aber unverzüglich nach deren Fertigstellung, darüber zu informieren. Dieser hat auf der Grundlage der Statuserhebung des betroffenen Bundeslandes – falls dies nicht ausreichend ist, nach Erstellung einer eigenen Statuserhebung – ein Programm gemäß § 9a zu erstellen und die erforderlichen Maßnahmen zu ergreifen.

(4) Ist absehbar, dass sich das Sanierungsgebiet über zwei oder mehrere Länder erstreckt, haben die Landeshauptmänner der betroffenen Länder eine gemeinsame Statuserhebung zu erstellen.

(5) Der Landeshauptmann hat die Statuserhebung unverzüglich den in ihrem Wirkungsbereich berührten Bundesministern und den gesetzlich eingerichteten Interessenvertretungen auf Landesebene zur Kenntnis zu bringen. Innerhalb einer Frist von sechs Wochen können die genannten Behörden und Interessenvertretungen eine schriftliche Stellungnahme an den Landeshauptmann abgeben.

(6) Die Statuserhebung ist bei den Gemeinden, die innerhalb des voraussichtlichen Sanierungsgebiets (Abs. 2 Z 4) liegen, zur öffentlichen Einsicht aufzulegen. Jedermann kann innerhalb einer Frist von sechs Wochen eine schriftliche Stellungnahme an den Landeshauptmann abgeben.

(7) Die Erstellung einer Statuserhebung kann unterbleiben, wenn für den betreffenden Luftschadstoff

1. bereits eine Statuserhebung erstellt wurde,
2. die Emissionssituation sich nicht wesentlich geändert hat,
3.[13] die Überschreitung des Immissionsgrenzwerts an einer Messstelle innerhalb des ermittelten (Abs. 2 Z 4) oder ausgewiesenen Sanierungsgebiets (§ 9a Abs. 1) auftritt und
4. sich die Immissionssituation in diesem Gebiet nicht wesentlich verschlechtert hat.

(8) Wenn das Messkonzept gemäß § 4 für einen Luftschadstoff nur ein Untersuchungsgebiet (§ 2 Abs. 7) ausweist, ist die Statuserhebung vom Bundesminister für Land- und Forstwirtschaft, Umwelt und Wasserwirtschaft zu erstellen.

(9) Bei Überschreitung der Immissionszielwerte gemäß einer Verordnung gemäß § 3 Abs. 5 kann der Landeshauptmann eine Statuserhebung erstellen.

Emissionskataster

§ 9. (1)[14] Soweit dies zur Erstellung eines Programms gemäß § 9a erforderlich ist, hat der Landeshauptmann einen Emissionskataster (§ 2 Abs. 11), in dem alle in Betracht kommenden Emittentengruppen erfasst werden, gemäß der Verordnung nach Abs. 2 zu erstellen. Zusätzlich kann er dazu auf Daten, die bei mit behördlichen Aufgaben beliehenen Unternehmen und Institutionen auf Grund gesetzlich vorgesehener Erhebungen vorhanden sind, zugreifen.Durch die Veröffentlichung von Daten aus dem Emissionskataster dürfen Geschäfts- und Betriebsgeheimnisse nicht verletzt werden.

(2) Der Bundesminister für Umwelt, Jugend und Familie hat mit Verordnung nähere Vorschriften über Inhalt und Umfang der Emissionskataster festzulegen. Die Verordnung hat jedenfalls Angaben zu enthalten über

1. die zu berücksichtigenden Emittentengruppen,
2. die erforderliche räumliche Auflösung,
3. das zu verwendende geodätische Bezugssystem,
4. die für die Berechnung anzuwendenden Emissionsfaktoren,
5. die auszuweisenden Einzelquellen.

(3) Soweit dies zur Erstellung des Emissionskatasters erforderlich ist, hat der Landeshauptmann auf alle bei den Behörden vorhandenen Daten zurückzugreifen. Soweit erforderlich, haben Betreiber von Anlagen (§ 2 Abs. 10) dem Landeshauptmann auf Verlangen Auskünfte über vorhandene Meßergebnisse sowie über vorhandene emissionsbezogene Daten, wie Menge, Art und Zusammensetzung der Brennstoffe und Produktionsmittel und emissionsmindernde Vorkehrungen, zu erteilen.

3a. Abschnitt
Programme

Erstellung von Programmen

§ 9a.[15] (1) Zur Erreichung der Ziele dieses Bundesgesetzes (§ 1) hat der Landeshauptmann unter Bedachtnahme auf nationale Programme gemäß § 6 des Emissionshöchstmengengesetzes-Luft, BGBl. I Nr. 34/2003, Pläne und Programme gemäß § 13 des Ozongesetzes, BGBl. Nr. 210/1992 und erarbeiteten Maßnahmen gemäß § 3 des Klimaschutzgesetzes, BGBl. I Nr. 106/2011, sowie unter Nutzung von Synergieeffekten mit lokalen, regionalen und bundesweiten Energie- und Klimaschutzmaßnahmen

1. auf Grundlage der Statuserhebung (§ 8) und eines allenfalls erstellten Emissionskatasters (§ 9),
2. unter Berücksichtigung der Stellungnahmen gemäß § 8 Abs. 5 und 6,
3. unter Berücksichtigung der Grundsätze gemäß § 9b,
4. unter Heranziehung der Zeitpunkte, bis zu denen die Grenz- und Zielwerte gemäß der Richtlinie 2008/50/EG eingehalten werden müssen und
5. auf Grundlage des Programms für die Erreichung des nationalen Ziels für die Reduzierung des AEI gemäß § 19

ein Programm zu erstellen. Darin sind jene Maßnahmen festzulegen, die ergriffen werden, um die Emissionen, die zur Überschreitung des Immissionsgrenzwerts gemäß Anlage 1 oder 2 oder einer Verordnung nach § 3 Abs. 5 oder des AEI geführt haben, in einem Ausmaß zu reduzieren, dass die Einhaltung folgender Grenzwerte,

- des Tagesmittelwertes für PM_{10} gemäß Anlage 1a mit nicht mehr als 35 Überschreitungen pro Jahr,
- des um 10 µg/m³ erhöhten Jahresmittelwertes für Stickstoffdioxid gemäß Anlage 1a,
- des Jahresmittelwertes für PM_{10} gemäß Anlage 1a,
- des Jahresmittelwertes für $PM_{2.5}$ gemäß Anlage 1b,
- eines in einer Verordnung gemäß § 3 Abs. 5 festgelegten Immissionsgrenzwertes,
- des Halbstundenmittelwertes für Schwefeldioxid gemäß Anlage 1a,
- des Tagesmittelwertes für Schwefeldioxid gemäß Anlage 1a,
- des Halbstundenmittelwertes für Stickstoffdioxid gemäß Anlage 1a,
- des Grenzwertes für Blei in PM_{10} gemäß Anlage 1a oder
- des Grenzwertes für Arsen, Kadmium, Nickel oder Benzo(a)pyren gemäß Anlage 1a

gewährleistet wird oder im Fall des § 8 Abs. 1a der Verpflichtung in Bezug auf den AEI nachgekommen wird. Bei Überschreitung des AEI hat der Landeshauptmann Maßnahmen festzulegen, die in dem Programm gemäß § 19 enthalten sind. Im Programm hat der Landeshauptmann das Sanierungsgebiet (§ 2 Abs. 8) festzulegen. Ein Entwurf des Programms sowie die seiner Erstellung zugrundeliegenden Studien und wesentlichen Grundlagen sind längstens 18 Monate nach Ablauf des Jahres, in dem die Überschreitung eines Immissionsgrenzwerts

[13] Geändert durch BGBl I 58/2017.

[14] Satz 2 eingefügt durch BGBl I 77/2010.

[15] Neu gefasst durch BGBl I 58/2017; geändert durch BGBl I 73/2018.

stattgefunden hat, auf der Internetseite des Landes zu veröffentlichen. Falls der Entwurf vorsieht, Maßnahmen gemäß dem 4. Abschnitt mit Verordnung gemäß § 10 vorzuschreiben, ist der Entwurf für diese Verordnung zusammen mit dem Entwurf des Programms auf der Internetseite des Landes zu veröffentlichen. Jedermann kann zum Entwurf des Programms binnen sechs Wochen Stellung nehmen. Die in ihrem Wirkungsbereich berührten Bundesminister sowie die gesetzlich eingerichteten Interessenvertretungen sind von der Veröffentlichung des Entwurfs und der Möglichkeit zur Stellungnahme in Kenntnis zu setzen. Die Stellungnahmen sind bei der Erstellung des Programms in angemessener Weise zu berücksichtigen.

(1a)[16] Innerhalb von acht Wochen nach der Kundmachung des Programms gemäß Abs. 8 können natürliche Personen, die von der Überschreitung eines Grenzwerts gemäß Abs. 1 unmittelbar betroffen sind, sowie nach § 19 Abs. 7 des Umweltverträglichkeitsprüfungsgesetzes 2000 (UVP-G 2000), BGBl. Nr. 697/1993, in der jeweils geltenden Fassung, anerkannte Umweltorganisationen im Rahmen ihrer örtlichen Anerkennung, beim Landeshauptmann einen begründeten Antrag auf Überprüfung des Programms in Hinblick auf die Eignung der darin enthaltenen Maßnahmen in ihrer Gesamtheit, die ehestmögliche Einhaltung der in Abs. 1 normierten Grenzwerte sicherzustellen, stellen. Über diesen Antrag hat der Landeshauptmann mit Bescheid zu entscheiden.

(2) Die Errechnung des Beitrags zur Einhaltung der Verpflichtung in Bezug auf den AEI in den Programmen der Landeshauptmänner, in deren Bundesland sich eine Messstelle zur Messung des AEI befindet, hat gemäß Anlage 8 zu erfolgen.

(3) Das Programm kann insbesondere folgende Maßnahmen umfassen:

1. Maßnahmen gemäß Abschnitt 4,
2. Maßnahmen im Bereich der öffentlichen Beschaffung,
3. Förderungsmaßnahmen im Bereich von Anlagen, Haushalten und Verkehr für emissionsarme Technologien und Verhaltensweisen, die Emissionen reduzieren,
4. Maßnahmen hinsichtlich des Betriebs von mobilen Motoren,
5. Maßnahmen zur Optimierung des Winterdienstes und
6. sonstige Maßnahmen in der Zuständigkeit des Bundes.

Im Programm sind für jede Maßnahme das Gebiet, in dem sie gilt, sowie eine Umsetzungsfrist festzulegen. In das Programm sind Angaben gemäß Anhang XV Z 7 bis 9 der Richtlinie 2008/50/EG aufzunehmen. Im Programm ist die Auswahl der festgelegten Maßnahmen zu begründen. Weiters ist in einem Anhang zum Programm auf im selbständigen Wirkungsbereich der Länder und Gemeinden getroffene Maßnahmen zur Verringerung der Emissionen jener Schadstoffe, für die das Programm erstellt wird, zu verweisen.

(4) Wenn hinsichtlich mehrerer der in Anlage 1 und 2 oder einer Verordnung gemäß § 3 Abs. 5 genannten Schadstoffe eine Grenzwertüberschreitung vorliegt, kann der Landeshauptmann ein integriertes Programm für alle betroffenen Schadstoffe erstellen. Dies gilt sinngemäß für Programme gemäß Abs. 2. Programme für PM_{10} müssen auch auf die Verringerung der $PM_{2,5}$-Konzentration abzielen.

(5) Wenn in mehreren Bundesländern Überschreitungen des Grenzwerts des gleichen Schadstoffs aufgetreten sind, ist in Zusammenarbeit der Landeshauptmänner jener Länder, aus deren Gebiet die Emissionen stammen, die maßgeblich zur Überschreitung der Grenzwerte beigetragen haben, ein gemeinsames übergreifendes Programm zu erstellen, das die Einhaltung der Grenzwerte sicherstellt.

(5a) Sind Überschreitungen eines Grenzwerts in einem Bundesland maßgeblich auf Emissionen aus einem anderen Bundesland zurückzuführen, ist in Zusammenarbeit sowohl des Landeshauptmanns, in dessen Gebiet der Immissionsgrenzwert überschritten wurde, als auch des Landeshauptmanns, aus dessen Gebiet ein maßgeblicher Teil der Emissionen stammt, ein gemeinsames übergreifendes Programm zu erstellen, das die Einhaltung der Grenzwerte sicherstellt.

(6)[17] Das Programm ist alle drei Jahre nach seiner Kundmachung insbesondere in Bezug auf seine Wirksamkeit zur Erreichung der Ziele dieses Bundesgesetzes zu evaluieren und erforderlichenfalls zu überarbeiten. Der Evaluierungsbericht sowie gegebenenfalls der Entwurf des überarbeiteten Programms und die seiner Erstellung zugrundeliegenden Studien und wesentlichen Grundlagen und, sofern der Entwurf vorsieht, Maßnahmen gemäß dem 4. Abschnitt mit Verordnung gemäß § 10 vorzuschreiben, auch der Entwurf für diese Verordnung, sind spätestens ein Jahr nach Beginn der Evaluierung auf der Internetseite des Landes zu veröffentlichen. Jedermann kann zum Entwurf des überarbeiteten Programms binnen sechs Wochen Stellung nehmen. Die in ihrem Wirkungsbereich berührten Bundesminister sowie die gesetzlich eingerichteten Interessenvertretungen sind von der Veröffentlichung des Entwurfs und der Möglichkeit zur Stellungnahme in Kenntnis zu setzen. Abs. 1a ist sinngemäß anzuwenden, mit der Maßgabe, dass der Antrag innerhalb von acht Wochen nach der Kundmachung des überarbeiteten Programms zu erfolgen hat. Das überarbeitete Programm ist spätestens 18 Monate nach Beginn der Evaluierung auf der Internetseite des Landes kundzumachen.

(7)[18] Sofern gemäß § 8 Abs. 8 der Bundesminister für Land- und Forstwirtschaft, Umwelt und Wasserwirtschaft die Statuserhebung erstellt, hat dieser auch das Programm zu erstellen und zu evaluieren sowie die Bescheide gemäß Abs. 1a und 11 zu erlassen.

(8)[19] Das Programm ist spätestens 21 Monate nach Ablauf des Jahres, in dem die Grenz- oder Zielwertüberschreitung gemessen oder die Überschreitung des AEI durch den Bundesminister für Land- und Forstwirtschaft, Umwelt und Wasserwirtschaft ausgewiesen wurde, auf der Internetseite des Landes und auf der Internetseite des Bundesministeriums für Land- und Forstwirtschaft, Umwelt und Wasserwirtschaft kundzumachen. Der Landeshauptmann bzw. der Bundesminister für Land- und Forstwirtschaft, Umwelt und Wasserwirtschaft in den Fällen des Abs. 7 hat die Informationen über das Programm gemäß den Bestimmungen der Richtlinie 2008/50/EG zu erstellen. Diese Informationen sind vom Bundesminister für Land- und Forstwirtschaft, Umwelt und Wasserwirtschaft gesammelt gemäß den Bestimmungen der Richtlinie 2008/50/EG an die Europäische Kommission zu übermitteln.

(9) [Anm: Entfällt gem BGBl I 73/2018]

(10) Überschreitet der Wert eines Luftschadstoffs den Grenzwert gemäß Anlage 1 oder 2 oder einer Verordnung gemäß § 3 Abs. 5 oder den Alarmwert gemäß Anlage 4 infolge der Emissionen in einem anderen Mitgliedstaat der Europäischen Union oder besteht die Gefahr einer solchen Überschreitung, hat der Bundesminister für Land- und Forstwirtschaft, Umwelt und Wasserwirtschaft Konsultationen mit den zuständigen Behörden des anderen Mitgliedstaates einzuleiten mit dem Ziel, das Problem zu beheben. Wenn die Statuserhebung ergibt, dass die Überschreitung eines Grenz- oder Zielwerts ausschließlich durch Emissionen im Ausland verursacht wurde, entfällt die Erstellung eines Programms gemäß Abs. 1 und 4.

[16] Eingefügt durch BGBl I 73/2018.

[17] Neu gefasst durch BGBl I 73/2018.

[18] Geändert durch BGBl I 73/2018.

[19] Geändert durch BGBl I 58/2017.

(11)[20] Natürliche Personen, die von der Überschreitung eines Grenzwerts gemäß Abs. 1 unmittelbar betroffen sind, sowie nach § 19 Abs. 7 UVP-G 2000 anerkannte Umweltorganisationen im Rahmen ihrer örtlichen Anerkennung können beim Landeshauptmann einen begründeten Antrag auf Erstellung eines Programms gemäß Abs. 1 oder, soweit ein Programm bereits erstellt wurde, einen Antrag auf dessen Überarbeitung gemäß Abs. 6 oder auf Anordnung von im Programm grundgelegten Maßnahmen gemäß dem 4. Abschnitt mit Verordnung gemäß § 10 stellen. Bei Vorliegen der Voraussetzungen gemäß Abs. 1 oder 6 für die Erstellung oder Überarbeitung des Programms hat der Landeshauptmann unverzüglich mit dessen Erstellung oder Überarbeitung zu beginnen. Maßnahmen gemäß dem 4. Abschnitt sind mit Verordnung gemäß § 10 anzuordnen oder der Landeshauptmann hat mittels Bescheid festzustellen, dass die beantragten Maßnahmen, insbesondere unter Bedachtnahme auf die in § 9b normierten Grundsätze zur Erreichung der Ziele dieses Bundesgesetzes (§ 1 Abs. 1), nicht erforderlich sind. Bei Nichtvorliegen der Voraussetzungen für die Erstellung oder Überarbeitung des Programms gemäß Abs. 1 oder 6 hat der Landeshauptmann einen Bescheid über das Nichtvorliegen der gesetzlichen Voraussetzungen zu erlassen.

(12)[20] Natürlichen Personen, die von der Überschreitung eines Grenzwerts gemäß Abs. 1 unmittelbar betroffen sind, sowie nach § 19 Abs. 7 UVP-G 2000 anerkannten Umweltorganisationen im Rahmen ihrer örtlichen Anerkennung steht das Recht zu, gegen Bescheide gemäß Abs. 1a oder 11 eine Beschwerde beim Landesverwaltungsgericht zu erheben.

(13)[20] Bei der Stellung eines Antrags gemäß Abs. 1a oder 11 sowie der Erhebung einer Beschwerde gemäß Abs. 12 haben natürliche Personen ihre unmittelbare Betroffenheit glaubhaft zu machen. Unmittelbar betroffen ist, wer aufgrund der Überschreitung eines Grenzwerts gemäß Abs. 1 in seiner Gesundheit gefährdet ist. Umweltorganisationen haben Informationen und Daten anzufügen, aus denen ihre Anerkennung gemäß § 19 Abs. 7 UVP-G 2000 hervorgeht. Im Antrag oder der Beschwerde ist begründet darzulegen, weshalb die Voraussetzungen für die Erstellung oder Überarbeitung eines Programms vorliegen oder weshalb die im Programm enthaltenen Maßnahmen in ihrer Gesamtheit ungeeignet erscheinen, die ehestmögliche Einhaltung der in Abs. 1 normierten Grenzwerte sicherzustellen.

Grundsätze

§ 9b. Bei der Erstellung von Programmen gemäß § 9a sind folgende Grundsätze zu berücksichtigen:

1. Beeinträchtigungen der Schutzgüter durch Luftschadstoffe ist im Sinne des Verursacherprinzips vorzubeugen; nach Möglichkeit sind Luftschadstoffe an ihrem Ursprung zu bekämpfen;
2. alle Emittenten oder Emittentengruppen, die im Beurteilungszeitraum einen nennenswerten Einfluss auf die Immissionsbelastung gehabt haben und einen nennenswerten Beitrag zur Immissionsbelastung, insbesondere im Zeitraum der Überschreitung des Immissionsgrenzwerts, geleistet haben, sind zu berücksichtigen;
3. Maßnahmen sind vornehmlich bei den hauptverursachenden Emittenten und Emittentengruppen unter Berücksichtigung der auf sie fallenden Anteile an der Immissionsbelastung, des Reduktionspotentials und des erforderlichen Zeitraums für das Wirksamwerden der Maßnahmen zu setzen; dabei sind vorrangig solche Maßnahmen anzuordnen, bei denen den Kosten der Maßnahme eine möglichst große Verringerung der Immissionsbelastung gegenübersteht;
4.[21] Maßnahmen sind nicht vorzuschreiben, wenn der mit der Erfüllung der Maßnahmen verbundene Aufwand außer Verhältnis zu dem mit den Anordnungen angestrebten Erfolg steht;
5. Eingriffe in bestehende Rechte sind auf das unbedingt erforderliche Maß zu beschränken; bei der Auswahl von Maßnahmen sind die jeweils gelindesten, zum Ziel führenden Mittel zu ergreifen;
6. auf die Höhe der Immissionsbelastung und die Häufigkeit der Grenzwertüberschreitungen sowie die zu erwartende Entwicklung der Emissionen des betreffenden Luftschadstoffs sowie auf eingeleitete Verfahren und angeordnete Sanierungsmaßnahmen und gebietsbezogene Maßnahmen nach diesem Bundesgesetz sowie anderen Verwaltungsvorschriften, sofern diese Einfluss auf die Immissionssituation haben, ist Bedacht zu nehmen;
7. öffentliche Interessen sind zu berücksichtigen.

3b. Abschnitt
Umweltprüfung

Umweltprüfung und Beteiligung der Öffentlichkeit

§ 9c. (1) Eine Umweltprüfung ist durchzuführen, wenn ein Programm gemäß § 9a voraussichtlich Auswirkungen auf Natura 2000 Gebiete hat. Weiters ist eine Umweltprüfung durchzuführen, wenn ein Programm gemäß § 9a einen Rahmen für die künftige Genehmigung von Projekten festlegt und die Umsetzung des Programms voraussichtlich erhebliche Umweltauswirkungen haben wird.

(2) Wird ein Rahmen für die künftige Genehmigung von Projekten festgelegt oder werden nur geringfügige Änderungen des Programms vorgenommen, hat anhand der Kriterien der Anlage 7 Teil 1 eine Prüfung zu erfolgen, ob die Umsetzung voraussichtlich erhebliche Umweltauswirkungen haben wird. Der Landesregierung sowie dem Umweltanwalt gemäß § 2 Abs. 4 des UVP-Gesetzes wird eine Stellungnahmemöglichkeit eingeräumt.

(3) Wenn keine Umweltprüfung durchgeführt wird, hat der Landeshauptmann oder der Bundesminister für Land- und Forstwirtschaft, Umwelt und Wasserwirtschaft, falls dieser zuständig ist, die Ergebnisse der Prüfung gemäß Abs. 2 einschließlich der Gründe für die Entscheidung, keine Umweltprüfung durchzuführen, auf der Internetseite des Landes bzw. des Bundesministeriums für Land- und Forstwirtschaft, Umwelt und Wasserwirtschaft zu veröffentlichen.

(4) Ist eine Umweltprüfung durchzuführen, so hat der Landeshauptmann oder der Bundesminister für Land- und Forstwirtschaft, Umwelt und Wasserwirtschaft, falls dieser zuständig ist, einen Umweltbericht gemäß Anlage 7 Teil 2 zu erstellen. In diesem Bericht werden die voraussichtlichen erheblichen Auswirkungen der Umsetzung des Programms auf die Umwelt und mögliche Alternativen, welche die Ziele und den geografischen Anwendungsbereich des Programms berücksichtigen, ermittelt, beschrieben und bewertet. Der Umweltbericht enthält die Angaben, die vernünftigerweise verlangt werden können, und berücksichtigt den gegenwärtigen Wissensstand und aktuelle Prüfmethoden, den Inhalt und den Detaillierungsgrad des Programms und dessen Stellung im Entscheidungsprozess. Der Landesregierung und dem Umweltanwalt wird bei der Festlegung des Umfangs und Detaillierungsgrads der in den Umweltbericht aufzunehmenden Informationen eine Stellungnahmemöglichkeit eingeräumt.

(5) Der Landeshauptmann oder der Bundesminister für Land- und Forstwirtschaft, Umwelt und Wasserwirtschaft,

[20] Eingefügt durch BGBl I 73/2018.

[21] Geändert durch BGBl I 77/2010.

falls dieser zuständig ist, hat den Umweltbericht gemeinsam mit dem Entwurf des Programms gemäß § 9a Abs. 1 der Öffentlichkeit auf der Internetseite des Landes bzw. des Bundesministeriums für Land- und Forstwirtschaft, Umwelt und Wasserwirtschaft zugänglich zu machen. Dies ist in zwei weit verbreiteten Tageszeitungen bekannt zu machen. In der Bekanntmachung ist darauf hinzuweisen, dass jedermann innerhalb von sechs Wochen ab der Bekanntmachung beim Landeshauptmann oder beim Bundesminister für Land- und Forstwirtschaft, Umwelt und Wasserwirtschaft, falls dieser zuständig ist, eine schriftliche Stellungnahme abgeben kann. Die Landesregierung wird auf die Stellungnahmemöglichkeit in Wahrnehmung ihrer Umwelt- und Planungskompetenz schriftlich hingewiesen. Dem Umweltanwalt wird gesondert eine Stellungnahmemöglichkeit eingeräumt. Auf den Umweltbericht und die eingelangten Stellungnahmen ist bei der Erarbeitung des Programms Bedacht zu nehmen.

(6) Wenn das Programm einer Umweltprüfung unterzogen wurde, hat der Landeshauptmann oder der Bundesminister für Land- und Forstwirtschaft, Umwelt und Wasserwirtschaft, falls dieser zuständig ist, eine zusammenfassende Erklärung über die Umweltprüfung gemeinsam mit dem Programm auf der Internetseite des Landes bzw. des Bundesministeriums für Land- und Forstwirtschaft, Umwelt und Wasserwirtschaft zu veröffentlichen. In der zusammenfassenden Erklärung ist darzulegen,

1. wie die Umwelterwägungen in das Programm einbezogen wurden,
2. wie der Umweltbericht, die eingelangten Stellungnahmen und gegebenenfalls die Ergebnisse grenzüberschreitender Konsultationen gemäß § 9d berücksichtigt wurden,
3. aus welchen Gründen nach Abwägung welcher geprüften Alternativen die Erstellung des Plans erfolgt ist und
4. welche Maßnahmen zur Überwachung der erheblichen Auswirkungen der Umsetzung des Programms auf die Umwelt vorgesehen sind.

(7)[22] Der Landeshauptmann oder der Bundesminister für Land- und Forstwirtschaft, Umwelt und Wasserwirtschaft, falls dieser zuständig ist, hat dafür Sorge zu tragen, dass die erheblichen Auswirkungen der Umsetzung des Programms auf die Umwelt überwacht werden, um unter anderem frühzeitig unvorhergesehene negative Auswirkungen ermitteln zu können und erforderlichenfalls geeignete Abhilfemaßnahmen zu ergreifen. Diese Überwachung ist gemeinsam mit der Evaluierung des Programms gemäß § 9a Abs. 6 durchzuführen.

Grenzüberschreitende Konsultationen bei einer Umweltprüfung

§ 9d. (1) Wenn

1. die Umsetzung eines Programms gemäß § 9a voraussichtlich erhebliche Auswirkungen auf die Umwelt eines anderen Mitgliedstaates der Europäischen Union haben wird oder
2. ein von den Auswirkungen der Durchführung des Programms voraussichtlich erheblich betroffener Mitgliedstaat ein diesbezügliches Ersuchen stellt,

hat der Bundesminister für Land- und Forstwirtschaft, Umwelt und Wasserwirtschaft diesem Mitgliedstaat zum jeweiligen Zeitpunkt der Bekanntmachung den Umweltbericht und den Entwurf des Programms zu übermitteln. Dem anderen Mitgliedstaat ist bei der Übermittlung des Umweltberichts gemäß Z 1 eine angemessene Frist für die Mitteilung, ob er an der Umweltprüfung teilnehmen will, einzuräumen.

(2) Dem anderen Mitgliedstaat ist eine angemessene Frist einzuräumen, damit er den in ihrem umweltbezogenen Aufgabenbereich betroffenen Behörden und der Öffentlichkeit Gelegenheit zur Stellungnahme einräumen kann. Erforderlichenfalls sind Konsultationen über die voraussichtlichen grenzüberschreitenden Auswirkungen der Durchführung des Progamms auf die Umwelt und über die geplanten Maßnahmen zur Verminderung oder Vermeidung solcher Auswirkungen durchzuführen. Für die Konsultationen ist ein angemessener Zeitrahmen mit dem anderen Mitgliedstaat zu vereinbaren. Dem anderen Mitgliedstaat ist das veröffentlichte Programm und die Erklärung gemäß § 9c Abs. 6 zu übermitteln.

(3) Wird im Rahmen der Erstellung eines Plans oder Programms im Bereich der Luftreinhaltung in einem anderen Mitgliedstaat dem Bundesminister für Land- und Forstwirtschaft, Umwelt und Wasserwirtschaft der Umweltbericht oder der Entwurf eines Plans oder Programms übermittelt, so hat er die Landeshauptmänner und die Landesregierung jener Bundesländer, in denen die Durchführung des Plans erhebliche Auswirkungen auf die Umwelt haben könnte, sowie die Öffentlichkeit in diesen Bundesländern einzubeziehen. Die Einbeziehung erfolgt gemäß § 9c Abs. 5. Beim Bundesminister für Land- und Forstwirtschaft, Umwelt und Wasserwirtschaft eingelangte Stellungnahmen sind dem anderen Mitgliedstaat zu übermitteln. Erforderlichenfalls hat der Bundesminister für Land- und Forstwirtschaft, Umwelt und Wasserwirtschaft Konsultationen mit dem anderen Mitgliedstaat zu führen.

4. Abschnitt Maßnahmen

Anordnung von Maßnahmen

§ 10.[23] (1) Maßnahmen gemäß den §§ 13 bis 16 sind auf Grundlage des Programms gemäß § 9a vom Landeshauptmann oder Bundesminister für Land- und Forstwirtschaft, Umwelt und Wasserwirtschaft, sofern dieser gemäß § 9a Abs. 7 zuständig ist, spätestens 21 Monate nach Ablauf des Jahres, in dem die Grenzwertüberschreitung festgestellt oder die Überschreitung des AEI durch den Bundesminister für Land- und Forstwirtschaft, Umwelt und Wasserwirtschaft ausgewiesen wurde, mit Verordnung anzuordnen. In der Verordnung ist das Sanierungsgebiet, in dem die jeweilige Maßnahme gilt, festzulegen. Weiters ist anzugeben, ob die Maßnahmen direkt wirken oder von der Behörde (§ 17) mit Bescheid anzuordnen sind. Es können auch über das Programm hinausgehende Maßnahmen angeordnet werden, sofern diese nicht dem Inhalt des Programms widersprechen und nicht unverhältnismäßig in bestehende Rechte eingreifen.

(2) [Anm: Entfällt gem BGBl I 58/2017]

(3) Bei Erlassen der Verordnung sind die Grundsätze gemäß § 9b zu berücksichtigen.

(4) Führt eine Evaluierung eines Programms gemäß § 9a Abs. 6 zu einer nicht nur unerheblichen Überarbeitung des Programms, sind erforderlichenfalls geänderte Maßnahmen gemäß Abs. 1 mit Verordnung anzuordnen.

§ 10a. [Anm: Aufgehoben durch BGBl I 77/2010]

…

Maßnahmen für Kraftfahrzeuge

§ 14.[24] (1) Für Kraftfahrzeuge im Sinne des § 2 Abs. 1 Z 1 KFG 1967, BGBl. Nr. 267, oder für bestimmte Gruppen von Kraftfahrzeugen können Geschwindigkeitsbeschränkungen und

---

22 Geändert durch BGBl I 77/2010.

23 Geändert durch BGBl I 77/2010 und BGBl I 58/2017.

24 Geändert durch BGBl I 77/2010.

zeitliche und räumliche Beschränkungen des Verkehrs angeordnet werden. Wenn derartige Beschränkungen Autobahnen oder Schnellstraßen betreffen, ist dem Bundesminister für Verkehr, Innovation und Technologie Gelegenheit zur Stellungnahme zu geben. Diese Beschränkungen auf Autobahnen oder Schnellstraßen können für bis zu drei Monate angeordnet werden. Darüber hinaus ist, ausgenommen bei Verordnungen gemäß Abs. 6a, das Einvernehmen mit dem Bundesminister für Verkehr, Innovation und Technologie herzustellen. Als zeitliche und räumliche Beschränkungen gelten insbesondere dauernde oder vorübergehende

1. Verbote für bestimmte Kraftfahrzeugklassen sowie Kraftfahrzeuge mit bestimmten Abgasklassen,
2. Verbote für Kraftfahrzeuge mit bestimmten Ladungen,
3. Fahrverbote für bestimmte Tage oder bestimmte Tageszeiten,
4. Anordnungen für den ruhenden Verkehr.

Zur Anordnung von Geschwindigkeitsbeschränkungen für die Dauer erhöhter Neigung zu Grenzwertüberschreitungen sowie zum optimierten Einsatz von temporären Geschwindigkeitsbeschränkungen können flexible Systeme, wie immissionsabhängige Verkehrsbeeinflussungsanlagen, verwendet werden.

(2)[25] Zeitliche und räumliche Beschränkungen sind nicht anzuwenden auf

1. die in §§ 26, 26a Abs. 1 und 4 und 27 StVO 1960, BGBl. Nr. 159, genannten Einsatzfahrzeuge, Fahrzeuge im öffentlichen Dienst, Fahrzeuge des Straßendienstes, der Bahnerhaltung, der Wasser- und Energieversorgung, der Kanalwartung und der Müllabfuhr sowie Fahrzeuge im Einsatz im Katastrophenfall und Fahrzeuge der Feuerwehr, des Rettungs- und Krankentransportdienstes in Ausübung ihres Dienstes,
2. Fahrzeuge der Land- und Forstwirtschaft in Ausübung einer land- oder forstwirtschaftlichen Haupttätigkeit,
3. Fahrzeuge, für deren Benützung im Sanierungsgebiet ein im Einzelfall zu prüfendes überwiegendes öffentliches Interesse besteht und die entsprechend einer Verordnung nach Abs. 4 gekennzeichnet sind, sofern nicht in einer Verordnung gemäß § 10 für Straßenbenützung der betreffenden Art nach Abwägung der Interessen die Erteilung von Ausnahmegenehmigungen für bestimmte Gruppen von Kraftfahrzeugen wegen ihres wesentlichen Emissionsbeitrages ausgeschlossen wird,
4. Fahrzeuge der Klassen N1 und N2, die im Werkverkehr gemäß § 10 des Güterbeförderungsgesetzes 1995, BGBl. Nr. 593 in der Fassung des Bundesgesetzes BGBl. I Nr. 153/2006, im Sanierungsgebiet durch Unternehmer, deren Lastkraftwagenflotte maximal 4 Lastkraftwagen umfasst, verwendet werden und die entsprechend einer Verordnung nach Abs. 4 gekennzeichnet sind, wobei die Erfüllung dieser Kriterien im Einzelfall zu prüfen ist,
5. Fahrzeuge mit monovalentem Methangasantrieb oder ausschließlich elektrischem Antrieb sowie plug-in-hybridelektrische Fahrzeuge, die mit ausschließlich elektrischem Antrieb eine Mindestreichweite von 50 km aufweisen,
6. folgende Fahrzeuge, sofern sie den Euroklassen 5, 6 oder höher entsprechen:
   a) Fahrzeuge von Ärzten, Tierärzten, Bestattungsunternehmungen in Ausübung ihres Dienstes,
   b) Kraftfahrzeuge zur Personenbeförderung im Kraftfahrlinien-, Gelegenheits- oder Werkverkehr,
   c) Kraftfahrzeuge, soweit sie zum Zweck einer Ladetätigkeit in Ausübung einer unternehmerischen Tätigkeit benützt werden und sofern der Ausgangs- oder der Zielpunkt ihrer Fahrten in jenem Teil des Sanierungsgebietes liegt, für den Verkehrsbeschränkungen verhängt wurden,
   d) Fahrzeuge des Vor- und Nachlaufs im Kombinierten Verkehr, wenn die Verladestelle für den Kombinierten Verkehr in einem Sanierungsgebiet liegt,
7. Fahrzeuge, die zur Aufrechterhaltung des ordnungsgemäßen Betriebs auf Flugplätzen, für die Betriebspflicht besteht, erforderlich sind,
8. Fahrzeuge, die von Inhabern eines Ausweises gemäß § 29b StVO 1960 selbst gelenkt oder als Mitfahrer benutzt werden.

(2a)[26] Geschwindigkeitsbeschränkungen sind nicht anzuwenden auf

1. Einsatzfahrzeuge gemäß § 2 Abs. 1 Z 25 StVO 1960 und Fahrzeuge des öffentlichen Sicherheitsdienstes bei Fahrten, die für die ordnungsgemäße Ausübung des Dienstes erforderlich sind,
2. Fahrzeuge mit reinem Elektroantrieb oder mit Wasserstoff-Brennstoffzellentechnologie, die gemäß § 49 Abs. 4 Z 5 KFG 1967, BGBl. Nr. 267, gekennzeichnet sind und auf Autobahnen oder Schnellstraßen betrieben werden, sofern darauf gemäß den Bestimmungen des Abs. 6 mittels Hinweisschildern ausreichend aufmerksam gemacht wird.

(3) Ob ein überwiegendes öffentliches Interesse im Sinne des Abs. 2 Z 3 oder ob die Kriterien des Abs. 2 Z 4 vorliegen, ist auf Antrag des Zulassungsbesitzers von der Bezirksverwaltungsbehörde zu prüfen. Zuständig ist jene Bezirksverwaltungsbehörde, in deren Sprengel die erstmalige Einfahrt in das Sanierungsgebiet erfolgt. Wird die erstmalige Fahrt innerhalb des Sanierungsgebietes angetreten, so ist jene Bezirksverwaltungsbehörde zuständig, in deren Sprengel die Fahrt angetreten wird oder sich der Hauptwohnsitz oder die Niederlassung des Zulassungsbesitzers befindet. Der Antragsteller gemäß Abs. 2 Z 3 hat glaubhaft zu machen, dass die Fahrt weder durch organisatorische Maßnahmen noch durch die Wahl eines anderen Verkehrsmittels vermieden werden kann. Bei Vorliegen dieser Bedingungen ist das Kraftfahrzeug gegen Ersatz der Gestehungskosten gemäß Abs. 4 zu kennzeichnen. Die Ausnahme ist von der Behörde befristet, für Fahrzeuge gemäß Abs. 2 Z 3 höchstens für 36 Monate ab Erteilung der Ausnahme zu gewähren. Für Fahrzeuge gemäß Abs. 2 Z 4 ist die Ausnahme für Fahrzeuge der Euroklasse 0 bis 36 Monate nach Inkrafttreten dieses Bundesgesetzes und für Fahrzeuge der Euroklasse 1 und höher für jeweils 36 Monate ab Erteilung der Ausnahme zu gewähren. Wenn das Vorliegen eines Interesses nur für einen bestimmten Teil des Sanierungsgebietes nachgewiesen wird, so ist die Ausnahmegenehmigung auf diesen Teil des Sanierungsgebietes zu beschränken. Stellt die Verwaltungsbehörde fest, dass kein solches Interesse besteht oder die Kriterien des Abs. 2 Z 4 nicht erfüllt werden, so ist die Ablehnung des Antrags mit Bescheid auszusprechen.

(4) Der Bundesminister für Land- und Forstwirtschaft, Umwelt und Wasserwirtschaft hat mit Verordnung nähere Bestimmungen über die Kennzeichnung von Kraftfahrzeugen im Sinne des Abs. 2 Z 3 und 4 festzusetzen, wobei insbesondere die Beschaffenheit und das Aussehen der Kennzeichnung sowie deren Anbringung am Fahrzeug zu regeln sind.

(5) Die Organe der Straßenaufsicht und der Bundespolizei haben den zur Vollziehung der Maßnahmen nach Abs. 1 zuständigen Behörden und Organen über deren Ersuchen im Rahmen ihres gesetzmäßigen Wirkungsbereichs Hilfe zu leisten und bei der Überwachung der Einhaltung dieser Maßnahmen gemäß § 97 StVO 1960 vorzugehen.

(6) Anordnungen gemäß Abs. 1 sind, soweit dies möglich ist, durch Straßenverkehrszeichen gemäß § 52 StVO 1960 kundzumachen; die Zeichen sind mit einer Zusatztafel mit dem Wortlaut „Immissionsschutzgesetz-Luft“ oder „IG-L“ zu

[25] Letzter Satz entfallen gem BGBl I 73/2018.

[26] Eingefügt durch BGBl I 73/2018.

versehen. Für die Kundmachung, Aufstellung und Beschaffenheit der Zeichen gelten § 44 Abs. 1, 1a, 2 und 4 sowie §§ 48, 51 und 54 StVO 1960 sinngemäß mit der Maßgabe, dass beim Einsatz eines flexiblen Systems, wie zB einer Verkehrsbeeinflussungsanlage, die Zusatztafel auch an anderer Stelle des Anzeigenquerschnitts, gegebenenfalls in Verbindung mit einem Zeichen gemäß § 50 Z 16 StVO 1960, angebracht werden kann. Der jeweilige Straßenerhalter hat für die Kundmachung zu sorgen. Anordnungen gemäß Abs. 1, die flächenhaft für ein bestimmtes Gebiet gelten und nur mit unverhältnismäßig hohem Aufwand mit Straßenverkehrszeichen gemäß § 52 StVO 1960 kundgemacht werden können, können im Landesgesetzblatt kundgemacht werden. Der Inhalt dieser Anordnungen ist auf der Internetseite des Landes für jedermann zugänglich zu machen. Anordnungen des Bundesministers für Land- und Forstwirtschaft, Umwelt und Wasserwirtschaft, die im gesamten Bundesgebiet gelten, können durch Kundmachung im Bundesgesetzblatt kundgemacht werden. Der Inhalt dieser Anordnungen ist auf der Internetseite des Bundesministeriums für Land- und Forstwirtschaft, Umwelt und Wasserwirtschaft für jedermann zugänglich zu machen. Auf den Inhalt von solchen Anordnungen, die ausschließlich im Landes- oder Bundesgesetzblatt kundgemacht werden, ist jedenfalls mittels Hinweisschildern ausreichend aufmerksam zu machen.

(6a) Der Landeshauptmann kann für bestimmte Streckenabschnitte im hochrangigen Straßennetz (Autobahnen und Schnellstraßen), die bereits mit einem Verkehrsbeeinflussungssystem gemäß § 44 Abs. 1a StVO 1960 ausgestattet sind, für den Fall zu erwartender Überschreitungen von Grenzwerten gemäß Anlage 1 und 2 oder einer Verordnung gemäß § 3 Abs. 5 durch Verordnung Geschwindigkeitsbeschränkungen festlegen, die auf Grund der örtlichen, topographischen, meteorologischen und luftschadstoffrelevanten Gegebenheiten zur Hintanhaltung der Grenzwertüberschreitungen notwendig sind; in diesem Fall sind die Kosten der Adaptierung des Verkehrsbeeinflussungssystems und zusätzliche Betriebskosten dem Bund (Bundesstraßenverwaltung) vom Land zu ersetzen. Der Landeshauptmann kann eine derartige Verordnung auch für Streckenabschnitte im hochrangigen Straßennetz, die nicht mit einem Verkehrsbeeinflussungssystem gemäß § 44 Abs. 1a StVO 1960 ausgestattet sind, erlassen; diesfalls sind die Errichtungs- und Betriebskosten des Verkehrsbeeinflussungssystems anteilsmäßig zwischen Bund (Bundesstraßenverwaltung) und dem Land gemäß dem voraussichtlichen Verwendungszweck der Verkehrsbeeinflussungsanlage aufzuteilen.

(6b) In der Verordnung gemäß Abs. 6a sind festzusetzen:

1. der Streckenabschnitt, auf dem die Geschwindigkeitsbeschränkungen gelten sollen,
2. die Höhe der Geschwindigkeitsbeschränkungen, die bei zu erwartenden Grenzwertüberschreitungen jeweils gelten sollen, und
3. die Parameter für die In- und Außerkraftsetzung der Geschwindigkeitsbeschränkungen.

(6c) Die Kundmachung von Verordnungen gemäß Abs. 6a erfolgt mittels eines Verkehrsbeeinflussungssystems (§ 44 Abs. 1a StVO 1960). Der örtliche und zeitliche Umfang der von der Behörde verordneten Geschwindigkeitsbeschränkungen wird dabei durch die Anzeige der betreffenden Straßenverkehrszeichen mit der Wirkung bestimmt, als ob der örtliche und zeitliche Umfang von der Behörde bestimmt worden wäre.

(6d) Der Bundesminister für Land- und Forstwirtschaft, Umwelt und Wasserwirtschaft hat im Einvernehmen mit dem Bundesminister für Verkehr, Innovation und Technologie durch Verordnung die allgemeinen Kriterien festzulegen, auf deren Basis der Landeshauptmann die Parameter gemäß Abs. 6b Z 3 anordnet.

(7)[27] Die Organe der Straßenaufsicht sind berechtigt, Personen, die gegen zeitliche und räumliche Beschränkungen oder gegen Geschwindigkeitsbeschränkungen verstoßen, am Lenken und an der Inbetriebnahme des Fahrzeuges zu hindern. Zu diesem Zweck sind, falls erforderlich, Zwangsmaßnahmen wie die Abnahme der Fahrzeugschlüssel, das Absperren oder die Einstellung des Fahrzeuges, das Anlegen technischer Sperren, die Abnahme des Führerscheines und dergleichen anzuwenden. Die Bestimmungen des § 100 Abs. 3a und Abs. 3b StVO 1960, BGBl. Nr. 159/1960 sind sinngemäß anzuwenden.

(8) Die in den §§ 98a, 98b, 98e StVO 1960, BGBl. Nr. 159 in der Fassung des Bundesgesetzes BGBl. I Nr. 93/2009 sowie in § 134 Abs. 3b und Abs. 4a KFG 1967, BGBl. Nr. 267 in der Fassung des Bundesgesetzes BGBl. I Nr. 149/2009, vorgesehenen Bestimmungen und technischen Einrichtungen zur Verkehrsüberwachung können auch zur Überwachung von Geschwindigkeitsbeschränkungen und von zeitlichen und räumlichen Beschränkungen des Verkehrs nach diesem Bundesgesetz herangezogen werden.

Kennzeichnung der Kraftfahrzeuge nach Abgasklassen

§ 14a.[28] (1) An Kraftfahrzeugen, die aufgrund ihrer Einstufung in eine Abgasklasse von allfälligen Beschränkungen und Fahrverboten gemäß § 14 oder § 16 ausgenommen sind oder ausgenommen werden können, ist eine von außen erkennbare Kennzeichnung anzubringen, aus der ersichtlich ist, in welche Abgasklasse das jeweilige Fahrzeug fällt. Diese Abgasklassen-Kennzeichnung ist in Form eines Aufklebers bei Fahrzeugen mit Windschutzscheibe an der Innenseite der Windschutzscheibe dauerhaft und von außen gut lesbar anzubringen, bei Fahrzeugen ohne Windschutzscheibe in unmittelbarer Nähe der Begutachtungsplakette. Aus der Abgasklassen-Kennzeichnung muss eine Identifizierung des Fahrzeuges möglich sein.

(2) Die Abgasklassen-Kennzeichnung ist vom Erzeuger des Fahrzeuges oder seinem inländischen Bevollmächtigten gemäß § 29 Abs. 2 KFG 1967 beim Inverkehrbringen neuer Fahrzeuge anzubringen oder von gemäß § 57a KFG 1967 ermächtigten Stellen anzubringen oder auszufolgen, wenn entsprechende Nachweise erbracht werden, in welche Abgasklasse das Fahrzeug fällt. Kann nicht eindeutig belegt werden, in welche Abgasklasse das Fahrzeug fällt, so ist die Kennzeichnung für die niedrigere Klasse zu vergeben oder, wenn unklar ist, ob das Fahrzeug überhaupt in eine Abgasklasse fällt, die Ausfolgung oder Anbringung der Kennzeichnung zu versagen.

(3) Zur Herstellung der Abgasklassen-Kennzeichnungen werden die zur Herstellung von Begutachtungsplaketten gemäß § 57a Abs. 7 KFG 1967 berechtigten Hersteller ermächtigt. Die Hersteller der Abgasklassen-Kennzeichnung haben auf Grundlage der ihnen zur Verfügung gestellten Information für die korrekte Einstufung eines Kraftfahrzeuges in die entsprechende Abgasklasse Sorge zu tragen und diese Einstufung den für die Ausfolgung und Anbringung ermächtigten Stellen auf geeignete Weise zur Verfügung zu stellen. Die Abgasklassen-Kennzeichnungen dürfen nur an die zur Ausfolgung und Anbringung ermächtigten Stellen gemäß Abs. 2 geliefert werden.

(4) Der Bundesminister für Land- und Forstwirtschaft, Umwelt und Wasserwirtschaft hat durch Verordnung die näheren Bestimmungen festzulegen, insbesondere über

1. Aussehen, Abmessungen und Beschaffenheit des Materials der Kennzeichnungen für die einzelnen Abgasklassen,
2. Art der Identifizierung des Fahrzeuges (Zuordnung der Kennzeichnung zu einem bestimmten Fahrzeug),
3. Preis der Kennzeichnungen und

---

27 Geändert und letzter Satz eingefügt durch BGBl I 58/2017.

28 Eingefügt durch BGBl I 77/2010, geändert durch BGBl I 58/2017.

4. Anbringungsort am Fahrzeug.

[…]

5a. Abschnitt
Nationales Ziel für die Reduzierung des AEI [29]

Programm für die Erreichung des nationalen Ziels für die Reduzierung des AEI

§ 19. (1) Die Bundesregierung hat ein Programm zur fortschreitenden Verminderung der nationalen Emissionen von $PM_{2,5}$ bis 31. Dezember 2013 derart zu erstellen und umzusetzen, dass das nationale Ziel zur Reduzierung des AEI im Sinne des § 3b erreicht wird. Dieses Programm hat insbesondere auch Maßnahmen zu enthalten, die dazu beitragen, dass die Verpflichtung in Bezug auf den AEI gemäß § 3a eingehalten werden kann. Im Rahmen dieses Programms sind alle erforderlichen Maßnahmen festzulegen, die keine unverhältnismäßigen Kosten verursachen. Der Bundesminister für Land- und Forstwirtschaft, Umwelt und Wasserwirtschaft führt die Koordinierung durch.

(2) Die Bundesregierung hat bis spätestens 31. Dezember 2017 das Programm gemäß Abs. 1 zu aktualisieren und zu überarbeiten. Der Bundesminister für Land- und Forstwirtschaft, Umwelt und Wasserwirtschaft führt die Koordinierung durch.

6. Abschnitt
Vorsorge, Berichtspflichten, Kontrolle

Genehmigungsvoraussetzungen

§ 20.[30] (1) Anlagen, die nach den anzuwendenden Verwaltungsvorschriften des Bundes einer Genehmigungspflicht unterliegen, und der Neubau einer straßenrechtlich genehmigungspflichtigen Straße oder eines Straßenabschnittes bedürfen keiner gesonderten luftreinhalterechtlichen Genehmigung und es gelten die Bestimmungen der Abs. 2 und 3 als zusätzliche Genehmigungsvoraussetzungen.

(2) Emissionen von Luftschadstoffen sind nach dem Stand der Technik (§ 2 Abs. 8 Z 1 AWG 2002) zu begrenzen.

(3) Sofern in dem Gebiet, in dem eine neue Anlage oder eine emissionserhöhende Anlagenerweiterung oder ein Neubau einer straßenrechtlich genehmigungspflichtigen Straße oder eines Straßenabschnittes genehmigt werden soll, bereits mehr als 35 Überschreitungen des Tagesmittelwertes für PM_{10} gemäß Anlage 1a oder eine Überschreitung

- des um 10 $\mu g/m^3$ erhöhten Jahresmittelwertes für Stickstoffdioxid gemäß Anlage 1a,
- des Jahresmittelwertes für PM_{10} gemäß Anlage 1a,
- des Jahresmittelwertes für $PM_{2,5}$ gemäß Anlage 1b,
- eines in einer Verordnung gemäß § 3 Abs. 5 festgelegten Immissionsgrenzwertes,
- des Halbstundenmittelwertes für Schwefeldioxid gemäß Anlage 1a,
- des Tagesmittelwertes für Schwefeldioxid gemäß Anlage 1a,
- des Halbstundenmittelwertes für Stickstoffdioxid gemäß Anlage 1a,
- des Grenzwertes für Blei in PM_{10} gemäß Anlage 1a oder
- [31] des Grenzwertes für Arsen, Kadmium, Nickel oder Benzo(a)pyren gemäß Anlage 1a

vorliegt oder durch die Genehmigung zu erwarten ist, ist die Genehmigung nur dann zu erteilen, wenn

1. die Emissionen keinen relevanten Beitrag zur Immissionsbelastung leisten oder
2. der zusätzliche Beitrag durch emissionsbegrenzende Auflagen im technisch möglichen und wirtschaftlich zumutbaren Ausmaß beschränkt wird und die zusätzlichen Emissionen erforderlichenfalls durch Maßnahmen zur Senkung der Immissionsbelastung, insbesondere auf Grund eines Programms gemäß § 9a oder eines Maßnahmenkatalogs gemäß § 10 dieses Bundesgesetzes in der Fassung des Bundesgesetzes BGBl. I Nr. 34/2003, ausreichend kompensiert werden, so dass in einem realistischen Szenario langfristig keine weiteren Überschreitungen der in diesem Absatz angeführten Werte anzunehmen sind, sobald diese Maßnahmen wirksam geworden sind.

(4) Die Bestimmungen der Abs. 1 bis 3 gelten nicht für

1. Anlagen, die der Gewerbeordnung 1994, dem Emissionsschutzgesetz für Kesselanlagen oder dem Mineralrohstoffgesetz unterliegen,
2. mobile technische Einrichtungen, Maschinen und Geräte im Sinne des § 2 Abs. 10 Z 2.

(5) Für Anlagen, die gemäß Abs. 3 genehmigt wurden, sind innerhalb von 5 Jahren ab dem Zeitpunkt der Genehmigung keine Maßnahmen gemäß § 16 anzuordnen.

…

[29] Eingefügt durch BGBl I 77/2010.

[30] Neu gefasst durch BGBl I 77/2010.

[31] Neu gefasst durch BGBl I 58/2017.

Jurisdiktionsnorm – JN

RGBl Nr 111/1895, zuletzt geändert durch BGBl I 61/2022 (Zivilverfahrens-Novelle 2022 – ZVN 2022)

…

Inländische Gerichtsbarkeit

§ 27a. (1) Sind für eine bürgerliche Rechtssache die Voraussetzungen für die örtliche Zuständigkeit eines Gerichts gegeben, so besteht die inländische Gerichtsbarkeit, ohne daß eine sonstige Voraussetzung erfüllt sein muß.

(2) Der Abs. 1 gilt nicht, soweit nach Völkerrecht zur Gänze oder zum Teil ausdrücklich anderes bestimmt ist.

…

Streitigkeiten um unbewegliches Gut.

§ 81. (1) Klagen, durch welche ein dingliches Recht auf ein unbewegliches Gut, die Freiheit von einem solchen Rechte oder die Aufhebung desselben geltend gemacht wird, Theilungs-, Grenzberichtigungs- und Besitzstörungsklagen gehören vor das Gericht, in dessen Sprengel das unbewegliche Gut gelegen ist.

(2) Betrifft die Klage eine Grunddienstbarkeit oder eine Reallast, so ist die Lage des dienenden oder belasteten Grundstückes entscheidend.

…

Kohleabgabegesetz

BGBl 71/2003, zuletzt geändert durch BGBl I 201/2023

Steuerbare Vorgänge, Steuergebiet

§ 1. (1) Der Kohleabgabe unterliegen

1. Die Lieferung von Kohle im Steuergebiet, ausgenommen die Lieferung an Kohlehändler zur Weiterlieferung.
2. Der Verbrauch von Kohle durch Kohlehändler oder Kohleerzeuger und der Verbrauch von selbst in das Steuergebiet verbrachter Kohle im Steuergebiet.

(2) Die Lieferung im Sinne des Abs. 1 Z 1 erfolgt an dem Ort, an dem der Empfänger über die Kohle verfügen kann.

(3) Steuergebiet im Sinne dieses Bundesgesetzes ist das Bundesgebiet mit Ausnahme der Ortsgemeinden Jungholz (Tirol) und Mittelberg (Vorarlberg).

Steuergegenstand

§ 2. (1)[1] Kohle im Sinne dieses Bundesgesetzes sind Waren der Positionen

- 2701 (Steinkohle; Steinkohlenbriketts und ähnlich aus Steinkohle gewonnene feste Brennstoffe),
- 2702 (Braunkohle, auch agglomeriert, ausgenommen Gagat)
- 2704 (Koks und Schwelkoks, aus Steinkohle, Braunkohle oder Torf, auch agglomeriert; Retortenkohle)
- 2713 (Petrolkoks, Bitumen aus Erdöl und andere Rückstände aus Erdöl oder Öl aus bituminösen Mineralien) und
- 2714 (Naturbitumen und Naturasphalt; bituminöse oder ölhaltige Schiefer und Sande; Asphaltite und Asphaltgestein) der Kombinierten Nomenklatur.

(2) Kombinierte Nomenklatur im Sinne dieses Bundesgesetzes ist die Warennomenklatur nach Art. 1 der Verordnung (EWG) Nr. 2658/87 des Rates vom 23. Juli 1987 (ABl. EG Nr. L 256 S 1) in der jeweils geltenden Fassung.

Steuerbefreiungen

§ 3. (1) Von der Kohleabgabe befreit ist

1. Kohle, soweit sie zur Erzeugung von Koks verwendet wird.
2. Kohle, soweit sie zur Erzeugung elektrischer Energie verwendet wird.
3. Kohle, die nicht zum Verheizen oder zur Herstellung einer Ware zum Verheizen oder als Treibstoff oder zur Herstellung von Treibstoffen verwendet wird.

(2) Die Befreiungen gemäß Abs. 1 Z 2 und 3 erfolgen im Wege einer Vergütung an denjenigen, der die Kohle verwendet. Für das Vergütungsverfahren sind die Regelungen des Energieabgabenvergütungsgesetzes sinngemäß anzuwenden, wobei die Vergütung auch monatlich erfolgen kann.

Abgabenschuldner

§ 4. (1) Abgabenschuldner ist

1. im Falle des § 1 Abs. 1 Z 1 der Lieferer der Kohle,
2. im Falle des § 1 Abs. 1 Z 2 derjenige, der die Kohle verbraucht.

(2) Wird die Kohle von einem ausländischen Lieferer direkt an einen inländischen Empfänger geliefert, dann haftet der inländische Empfänger für die Entrichtung der Kohleabgabe.

Bemessungsgrundlage und Höhe der Abgabe

§ 5. (1) Bemessungsgrundlage der Kohleabgabe ist

1. im Falle des § 1 Abs. 1 Z 1 die gelieferte Menge an Kohle in kg,
2. im Falle des § 1 Abs. 1 Z 2 die verbrauchte Menge an Kohle in kg.

(2) Die Abgabe beträgt 0,05 Euro je kg.

Erhebung der Abgabe

§ 6. (1) Der Abgabenschuldner gemäß § 4 hat bis zum 15. des auf den Kalendermonat zweitfolgenden Monats (Fälligkeitstag) die Abgabe für die im Kalendermonat gelieferte oder verbrauchte Menge an Kohle selbst zu berechnen und zu entrichten. Beträge unter 50 Euro sind nicht zu entrichten.

(2) Zum letzten Fälligkeitstag für jedes Kalenderjahr sind Abweichungen der selbst berechneten bzw. entrichteten Beträge von der tatsächlichen Jahresabgabenschuld auszugleichen. Abgabenschuldner, die den Gewinn gemäß § 2 Abs. 5 des Einkommensteuergesetzes 1988 oder gemäß § 7 Abs. 5

[1] Neu gefasst durch BGBl I 91/2004.

des Körperschaftsteuergesetzes 1988 nach einem vom Kalenderjahr abweichenden Wirtschaftsjahr ermitteln, können den Ausgleich am ersten auf den Bilanzstichtag folgenden Fälligkeitstag vornehmen.

(3) Wird die Abgabe nicht oder in offensichtlich unrichtiger Höhe entrichtet, dann hat das Finanzamt die Abgabe festzusetzen. Die festgesetzte Abgabe hat die in Abs. 1 genannte Fälligkeit.

(4)[2] Der Abgabenschuldner wird nach Ablauf des Kalenderjahres (Wirtschaftsjahres) zur Abgabe veranlagt. Bis zum 30. Juni eines jeden Jahres hat der Abgabenschuldner dem Finanzamt eine Jahresabgabenerklärung für das vorangegangene Jahr zu übermitteln. In diese sind die Gesamtmenge der im vergangenen Jahr gelieferten bzw. verbrauchten Menge an Kohle aufzunehmen.

(5) Die Erhebung der Abgabe obliegt dem für die Erhebung der Umsatzsteuer des Abgabenschuldners zuständigen Finanzamt.

Aufzeichnungspflichten und Rechnungslegungspflichten

§ 7. Der Abgabenschuldner gemäß § 4 ist verpflichtet, Aufzeichnungen zu führen, aus denen sich die gelieferte bzw. verbrauchte Menge an Kohle ergibt.

In-Kraft-Treten

§ 8. […]

Vollziehung

§ 9. […]

[2] Geändert durch BGBl I 201/2023.

Kraftfahrgesetz 1967 – KFG 1967

BGBl 267/1967, zuletzt geändert durch BGBl I 16/2024
Anmerkung: Die KDV 1967 ist im Teil „Bundesrecht", Abschnitt „Verordnungen des Bundes" abgedruckt.

II. ABSCHNITT
Bauart und Ausrüstung der Kraftfahrzeuge und Anhänger

...

§ 11. Kraftstoffe, Kraftstoffbehälter, Kraftstoffleitungen und Gasgeneratoren

(1) Kraftstoffbehälter und Kraftstoffleitungen müssen betriebssicher und so angebracht sein, daß sie gegen Beschädigung von außen möglichst geschützt sind und daß der Kraftstoff leicht und ohne Gefahr eingefüllt werden kann. Kraftstoffleitungen zu Vergasern müssen, wenn der Kraftstoff nicht durch eine Pumpe gefördert wird, mit einer vom Lenkerplatz aus leicht zu betätigenden Absperrvorrichtung versehen sein.

(2) Anlagen zur Erzeugung oder Speicherung von Kraftgas müssen betriebssicher und so angebracht sein, daß sie gegen Beschädigungen von außen möglichst geschützt sind. Einrichtungen dieser Anlagen, die Gas enthalten oder leiten, müssen dicht sein und dauernd dicht erhalten werden können. Teile, die hohe Temperaturen annehmen können, müssen von brennbaren Teilen des Fahrzeuges entsprechend isoliert sein. Absperr- und Regulierungsvorrichtungen in Gasleitungen müssen so beschaffen sein, daß gut zu erkennen ist, ob sie offen oder geschlossen oder ein- oder ausgeschaltet sind, und so angebracht sein, daß auch, wenn sie undicht werden, weder der Lenker noch beförderte Personen durch austretende Gase gefährdet werden können.

(3) Für den Betrieb von Kraftfahrzeugen und Anhängern oder ihrer Einrichtungen im Großhandel oder Kleinverkauf feilgebotene Kraftstoffe, nicht jedoch für solche, die aus dem Bundesgebiet verbracht werden, dürfen Bestandteile, die die Verkehrs- und Betriebssicherheit beeinträchtigen oder die durch die bei der Verbrennung des Kraftstoffes entstehenden Abgase

1. die Luft verunreinigen können, wie zB Bleiverbindungen, Benzol oder Schwefel, oder
2. die übermäßige Bildung von Treibhausgasen fördern, wie zB durch übermäßigen CO_2-Ausstoß,

nicht oder nur in solcher Menge enthalten, dass eine schädliche Luftverunreinigung sowie die übermäßige Bildung von Treibhausgasen ausgeschlossen ist; dies gilt sinngemäß auch für Kraftstoffe, die - außer in Kraftstoffbehältern des Fahrzeuges (Abs. 1) - in das Bundesgebiet eingebracht werden.

(4) [Anm: Aufgehoben durch BGBl 615/1977]

(5) Den für den Betrieb von Kraftfahrzeugen und Anhängern und ihrer Einrichtungen feilgebotenen Kraftstoffen für Motoren mit Fremdzündung können Stoffe beigemengt werden, die geeignet sind, Erdölderivate als Kraftstoff zu ersetzen. Im Falle einer solchen Beimengung sind durch Verordnung nach den Erfordernissen der Verkehrs- und Betriebssicherheit und der Vermeidung von Luftverunreinigungen im Sinne des Abs. 3, nach den volkswirtschaftlichen Interessen, insbesondere der Versorgung mit Kraftstoffen, dem jeweiligen Stand der Technik und der Chemie entsprechend, die Art und die Menge der Ersatzstoffe festzusetzen.

(6)[1],[2],[3] Die Organe der Behörde oder des Bundesministers für Klimaschutz, Umwelt, Energie, Mobilität, Innovation und Technologie sowie die von diesen Behörden herangezogenen Sachverständigen sind berechtigt, Kraftstoffe auf die Einhaltung des Abs. 3 und der aufgrund dieses Bundesgesetzes erlassenen Verordnungen zu kontrollieren und zu diesem Zwecke Proben in unbedingt erforderlichem Ausmaß zu entnehmen und Betriebe und Lagerräume zu betreten. Die Entnahme von Proben kann in Betriebsstätten und Standorten des Erzeugers, des Importeurs und des Beförderers, an Tankstellen sowie bei der Kontrolle von Fahrzeugen erfolgen. Die Probeentnahme ist, außer bei Gefahr im Verzug oder anlässlich einer Lenker- oder Fahrzeugkontrolle an Ort und Stelle, während der Betriebszeiten vorzunehmen. Betrifft die Probeentnahme Kraftstoffe, die unter zollamtlicher Überwachung stehen, so darf die Kontrolle nur bei einer Zollstelle oder anlässlich einer Zollamtshandlung vorgenommen werden; in Zolllagern ist, während sie für Zollamtshandlungen geöffnet sind, die Probeentnahme jederzeit statthaft.

(7) Der Betriebsinhaber des beprobten Betriebes im Sinne des Abs. 6 sowie ihm zurechenbare Personen bzw. der Lenker des beprobten Fahrzeuges haben den Organen der zur Vollziehung ermächtigten Behörden sowie den von diesen herangezogenen Sachverständigen das Betreten des Betriebes sowie der Lagerräume bzw. des Fahrzeuges zu ermöglichen und die Entnahme der Proben zu dulden; weiters haben sie die notwendigen Auskünfte zu geben, notwendige Unterlagen auszufolgen und erforderlichenfalls Einblick in die Aufzeichnungen über den Lagerbestand sowie über die Warenein- und -ausgänge zu gewähren. Betriebsinhaber der zu beprobenden Betriebsstätten bzw. Fahrzeuge gemäß Abs. 6 haben dafür Sorge zu tragen, dass ihnen zurechenbare Personen von den Bestimmungen dieses Bundesgesetzes betreffend die Probeentnahme Kenntnis erhalten. Im Falle der Behinderung oder Verweigerung der Probeentnahme durch den Betriebsinhaber oder diesem zurechenbare Personen, kann die Probeentnahme erzwungen werden. Die Organe der Bundespolizei haben den gemäß Abs. 6 zuständigen Behörden auf deren Ersuchen Hilfe zu leisten und die Beprobten zur Duldung der Probeentnahme anzuhalten.

(8) Die entnommenen Proben sind darauf zu untersuchen, ob sie den Spezifikationen einer gemäß § 26a Abs. 2 lit. c erlassenen Verordnung entsprechen; hiefür können sich die Behörden gemäß Abs. 1 sachkundiger Personen oder Einrichtungen bedienen.

(9)[4] Für die entnommenen Proben gebührt keine Entschädigung. Eine für weitere Untersuchungen ausreichende Referenzmenge der gezogenen Probe ist im Falle des Nichtentsprechens der Probe für den Beprobten bis drei Monate nach der Verständigung über das Nichtentsprechen bei der Behörde gemäß Abs. 6 bzw. beim durch die Behörde herangezogenen Sachverständigen erhältlich."

(10)[5] Wenn die durch Verordnung festgelegten Verpflichtungen betreffend die Substitution von Otto- und Dieselkraft-

[1] Geändert durch BGBl I 19/2019.
[2] Geändert durch BGBl I 104/2019.
[3] Geändert durch BGBl I 134/2020.
[4] Neu gefasst durch BGBl I 35/2023.
[5] Eingefügt durch BGBl I 35/2023.

stoffen oder des Einsatzes von fortschrittlichen erneuerbaren Kraftstoffen oder der Minderung der Treibhausgasemissionen von den dazu Verpflichteten nicht erfüllt werden, haben diese Verpflichteten Ausgleichsbeträge zu entrichten. Diese Ausgleichsbeträge sind durch Bescheid der Bundesministerin für Klimaschutz, Umwelt, Energie, Mobilität, Innovation und Technologie vorzuschreiben. Die Grundlagen für die Berechnung der Höhe dieser Ausgleichsbeträge sind durch Verordnung der Bundesministerin für Klimaschutz, Umwelt, Energie, Mobilität, Innovation und Technologie festzulegen. Die Ausgleichsbeträge sind zweckgebunden für die Abgeltung der mit der Probeentnahme und mit der Untersuchung verbundenen Kosten gemäß Abs. 8 und 9, sowie für den Aufwand von Projekten zur Minderung von Treibhausgasemissionen im Mobilitätsbereich durch die Bundesministerin für Klimaschutz, Umwelt, Energie, Mobilität, Innovation und Technologie zu verwenden. Die Zweckwidmung gilt auch für bereits eingehobene Ausgleichsbeträge.

§ 12. Vorrichtungen zur Lärmverhütung und Auspuffanlagen

(1) Kraftfahrzeuge mit Verbrennungsmotoren müssen zur Vermeidung von übermäßigem Lärm mit in ihrer Wirkung gleichbleibenden, nicht ausschaltbaren Vorrichtungen zur Dämpfung des Auspuffgeräusches versehen sein. Wird durch das Ansauggeräusch übermäßiger Lärm verursacht, so muß das Fahrzeug mit einer in ihrer Wirkung gleichbleibenden, nicht ausschaltbaren Vorrichtung zur Dämpfung dieses Geräusches versehen sein. Fahrzeugmotoren mit starkem Motorgeräusch müssen zur Dämpfung dieses Geräusches ausreichend abgeschirmt sein.

(2) Die Achse der freien Enden der Auspuffrohre darf nur so weit gegen die Fahrbahn geneigt sein, dass andere Straßenbenützer durch die Einwirkung der Auspuffgase auf die Fahrbahn nicht behindert werden.

…

§ 26a. Verordnungsermächtigung

(1) Durch Verordnung sind nach den Erfordernissen der Verkehrs- und Betriebssicherheit, dem jeweiligen Stand der Technik entsprechend, festzusetzen

a) die näheren Bestimmungen zu den in den §§ 4 bis 26 enthaltenen Vorschriften über die Bauart der Fahrzeuge sowie über die Bauart ihrer Teile, Ausrüstungs- und Ausstattungsgegenstände, deren Wirksamkeit und Anbringung am Fahrzeug,

b) die näheren Bestimmungen über die Beschaffenheit von Sturzhelmen für Kraftfahrer (§ 5 Abs. 1),

c) welche Teile und Ausrüstungsgegenstände für die Verkehrs- und Betriebssicherheit von besonderer Bedeutung sind und im Hinblick auf ihre Bauart und Wirkungsweise einer von der Prüfung des Fahrzeuges getrennten Prüfung unterzogen werden müssen (§ 5 Abs. 1),

d) die näheren Bestimmungen über die Beschaffenheit von Warneinrichtungen (§ 5 Abs. 1),

e) wie Fahrzeuge wegen ihrer Bauart oder Ausrüstung besonders zu kennzeichnen sind,

f) Erleichterungen hinsichtlich der Verwendung von Schnee- und Matschreifen im Verhältnis zur Bauartgeschwindigkeit des Fahrzeuges (§ 7 Abs. 1 erster Satz), entsprechend den im Handel allgemein verfügbaren Reifen,

g) die näheren Bestimmungen über die Beschaffenheit von Rückhalteeinrichtungen für Kinder.

(2) Durch Verordnung sind dem jeweiligen Stand der Technik entsprechend die näheren Bestimmungen festzusetzen über

a) die höchste zulässige Dichte des Rauches, der mit den einzelnen Arten von Kraftfahrzeugen verursacht werden darf, und die zur Verhinderung einer unzulässigen Dichte des Rauches erforderlichen Vorrichtungen (§ 4 Abs. 2),

b) die Zusammensetzung der Gase und Dämpfe, die mit den einzelnen Arten von Kraftfahrzeugen verursacht werden dürfen, und die zur Verhinderung einer gefährlichen Luftverunreinigung erforderlichen Vorrichtungen (§ 4 Abs. 2),

c) den höchsten zulässigen Gehalt an den im § 11 Abs. 3 angeführten Kraftstoffbestandteilen nach dem jeweiligen Stand der Chemie,

d) die Vorrichtungen zu Vermeidung von übermäßigem Lärm und die höchste zulässige Stärke des Betriebsgeräusches von Krafahrzeugen und Anhängenr sowie über die Beschaffenheit der Vorrichtungen zur Dämpfung des Auspuffgeräusches insbesondere im Hinblick auf ihre gleichbleibende Wirkung und unter Bedachtnahme auf ihre Korrosionsbeständigkeit (§ 12 Abs 1),

e) die höchste zulässige Lautstärke der akustischen Warnzeichen (§ 22).

(3) An Stelle der im Abs. 1 und 2 angeführten Verordnungsbestimmungen sind die Bestimmungen der Regelungen gemäß Art. 1 Abs. 2 des Übereinkommens über die Annahme einheitlicher Bedingungen für die Genehmigung der Ausrüstungsgegenstände und Teile von Kraftfahrzeugen und über die gegenseitige Anerkennung der Genehmigung, BGBl. Nr. 177/1971, die von Österreich angewendet werden, soweit sie die in Abs. 1 und 2 angeführten Eigenschaften betreffen, durch Verordnung für verbindlich zu erklären, sofern nicht Rücksichten auf die besonderen Verhältnisse in Österreich entgegenstehen.

(3a) Anstelle der im Abs. 1 und 2 angeführten Verordnungsbestimmungen können auch einschlägige ÖNORMEN durch Verordnung für verbindlich erklärt werden.

(3b) An Stelle der im Abs. 1 und 2 angeführten Verordnungsbestimmungen können auch technische EWG-Richtlinien oder Teile oder einzelne Bestimmungen von diesen EWG-Richtlinien, auf die im EWR-Abkommen im Anhang II verwiesen wird, durch Verordnung umgesetzt werden.

(4)[6] Die Verordnungen nach Abs. 1 und 2 können den Hinweis auf Anlagen mit technischen Meß- und Prüfmethoden enthalten, welche beim Bundesministerium für Verkehr, Innovation und Technologie und bei allen Ämtern der Landesregierungen zur Einsicht während der Amtsstunden aufliegen.

…

IV. ABSCHNITT
Zulassung zum Verkehr, Probe- und Überstellungsfahrten und Kennzeichen der Kraftfahrzeuge und Anhänger

…

§ 57a. Wiederkehrende Begutachtung

(1)[7] Der Zulassungsbesitzer eines Fahrzeuges, ausgenommen

1. Anhänger, mit denen eine Geschwindigkeit von 25 km/h nicht überschritten werden darf,
2. Zugmaschinen mit einer Bauartgeschwindigkeit von nicht mehr als 25 km/h,
3. selbstfahrende Arbeitsmaschinen und Transportkarren jeweils mit einer Bauartgeschwindigkeit von nicht mehr als 30 km/h,

---

6 Geändert durch BGBl I 19/2019.

7 Geändert durch BGBl I 102/2017.

4. Motorkarren mit einer Bauartgeschwindigkeit von nicht mehr als 25 km/h,

hat dieses zu den im Abs. 3 erster Satz festgesetzten Zeitpunkten von einer hiezu gemäß Abs. 2 Ermächtigten wiederkehrend begutachten zu lassen, ob es den Erfordernissen der Verkehrs- und Betriebssicherheit entspricht und, bei Kraftfahrzeugen, ob mit dem Fahrzeug nicht übermäßig Lärm, Rauch, übler Geruch oder schädliche Luftverunreinigungen verursacht werden können; hiebei braucht jedoch die Messung des Nahfeldpegels nicht zu erfolgen, wenn keine Bedenken hinsichtlich einer Abänderung der Auspuffanlage bestehen oder das Fahrzeug nicht als lärmarmes Fahrzeug gekennzeichnet ist. Fahrzeuge mit einem höchsten zulässigen Gesamtgewicht von mehr als 3 500 kg sowie historische Fahrzeuge (§ 2 Abs. 1 Z 43) sind außerdem, soweit das durch das prüfende Organ beurteilt werden kann, zu begutachten, ob sie den Vorschriften dieses Bundesgesetzes und der auf Grund dieses Bundesgesetzes erlassenen Verordnungen entsprechen. Bei historischen Fahrzeugen ist zusätzlich die Einhaltung der zeitlichen Beschränkungen gemäß § 34 Abs. 4 anhand der vorgelegten fahrtenbuchartigen Aufzeichnungen zu kontrollieren.

(1a)[8] Der Zulassungsbesitzer hat das Fahrzeug dem Ermächtigten zur wiederkehrenden Begutachtung vorzuführen und dafür zu sorgen, dass dieses gereinigt ist, sowie den Zulassungsschein vorzulegen. Er erteilt seine Zustimmung zur allfällig notwendigen Auslese von Daten im Rahmen der Begutachtung des Fahrzeugs und ermöglicht erforderlichenfalls den technischen Zugang zu Schnittstellen. Bei Fahrzeugen mit einem höchsten zulässigen Gesamtgewicht von mehr als 3 500 kg sowie bei historischen Fahrzeugen (§ 2 Abs. 1 Z 43) sind auch das Fahrzeug-Genehmigungsdokument sowie allfällige zusätzlich erforderliche Nachweise - allenfalls in Kopie – vorzulegen. Bei anderen Fahrzeugen kann die Vorlage des Fahrzeug-Genehmigungsdokumentes verlangt werden, wenn Zweifel über den genehmigten Zustand des Fahrzeuges auftreten. Der Zulassungsbesitzer kann das Fahrzeug auch bei einem gemäß § 125 bestellten Sachverständigen, dem der Landeshauptmann die hiefür erforderlichen Einrichtungen zur Verfügung gestellt hat (Landesprüfstelle) wiederkehrend begutachten lassen; hiebei kommen diesen Stellen die gleichen Rechte und Pflichten zu, wie für die ermächtigten Einrichtungen in den folgenden Absätzen vorgesehen.

(1b)[9] Von der wiederkehrenden Begutachtung sind jedoch ausgenommen Fahrzeuge im Besitz des Bundes, der Länder, der Gemeindeverbände, der Ortsgemeinden mit mehr als 50 000 Einwohnern, der von diesen Gebietskörperschaften unter ihrer Haftung betriebenen Unternehmungen sowie Fahrzeuge von Verkehrsunternehmungen im ausschließlichen Eigentum des Bundes, sofern die Fahrzeuge von den Dienststellen dieser Gebietskörperschaften oder Unternehmungen durch hinreichend geeignetes, den Anforderungen des Abs. 2 entsprechendes Personal und mit Hilfe der erforderlichen Einrichtungen selbst im Sinne der für die wiederkehrende Begutachtung bestehenden Vorschriften begutachtet werden. Die Bestimmungen der Abs. 4 und 5 sind anzuwenden und es ist ein Gutachten auszustellen und im positiven Fall eine Begutachtungsplakette am Fahrzeug anzubringen.

(2) Der Landeshauptmann hat für seinen örtlichen Wirkungsbereich auf Antrag Ziviltechniker oder technische Büros-Ingenieurbüros (§ 134 GewO) des einschlägigen Fachgebietes, Vereine oder zur Reparatur von Kraftfahrzeugen oder Anhängern berechtigte Gewerbetreibende, die hinreichend über hiezu geeignetes Personal und die erforderlichen Einrichtungen verfügen, zur wiederkehrenden Begutachtung aller oder einzelner Arten von Fahrzeugen gemäß Abs. 1 zu ermächtigen. Die Ermächtigung darf nur vertrauenswürdigen Personen verliehen werden. Bei der Ermächtigung ist auch auszusprechen, in welcher Weise die Prüfstellen erkennbar gemacht sein müssen. Der Ermächtigte hat Veränderungen hinsichtlich seines Personals und seiner Einrichtungen, soweit diese Voraussetzung für die Erteilung der Ermächtigung waren, sowie Änderungen im Zusammenhang mit der Gewerbeberechtigung und andere für die Ermächtigung relevante Umstände unverzüglich dem Landeshauptmann anzuzeigen.[10] Die Ermächtigung ist ganz oder nur hinsichtlich einzelner Arten von Fahrzeugen zu widerrufen, wenn der Ermächtigte nicht mehr vertrauenswürdig ist, nicht mehr über geeignetes Personal verfügt, seine Einrichtungen nicht den durch Verordnung festgesetzten Anforderungen entsprechen oder wenn eine der für die Erteilung der Ermächtigung erforderlichen Voraussetzungen nicht mehr gegeben ist.[11] Erforderlichenfalls kann der Ausschluss bestimmter geeigneter Personen von dieser Tätigkeit angeordnet werden. Durch Verordnung des Bundesministers für Verkehr, Innovation und Technologie ist festzusetzen, unter welchen Voraussetzungen eine Person als zur Durchführung der wiederkehrenden Begutachtung unter Berücksichtigung der Fahrzeugarten geeignet zu gelten hat und welche Einrichtungen nach dem jeweiligen Stand der Technik zur wiederkehrenden Begutachtung unter Berücksichtigung der Fahrzeugarten erforderlich sind.

(2a) Der Landeshauptmann hat regelmäßig zu überprüfen, ob die Voraussetzungen für die Erteilung der Ermächtigung noch gegeben sind und ob die Begutachtungen ordnungsgemäß durchgeführt werden. Insbesondere bei zur Reparatur von Fahrzeugen berechtigten Gewerbetreibenden hat er auf die Objektivität der Begutachtung zu achten. Er kann Anordnungen zur Behebung von Mängeln treffen. Den Anordnungen des Landeshauptmannes ist unverzüglich zu entsprechen.

(2b)[12] Die Bundesinnung der Kfz-Techniker führt als Angelegenheit des übertragenen Wirkungsbereiches ein Verzeichnis des geeigneten Personals und stellt für jede geeignete Person einen § 57a-Bildungspass aus, aus dem die Eignung der Person und die Absolvierung der erforderlichen Schulungen hervorgeht. In diesen Angelegenheiten ist sie an Weisungen des Bundesministers für Verkehr, Innovation und Technologie gebunden. Das Verzeichnis des geeigneten Personals kann auch in elektronischer Form als Datenbank geführt werden. In dieser Datenbank dürfen zum Zwecke der Verwaltung der geeigneten Personen folgende personenbezogene Daten der geeigneten Personen verarbeitet werden:

1. Vorname, Familienname,
2. akademische Grade,
3. Geburtsdatum,
4. Geschlecht,
5. Hauptwohnsitz,
6. Beruf,
7. Vermerk der jeweiligen persönlichen Qualifikation,
8. Absolvierung der erforderlichen Schulungen unter Angabe der die Schulung durchführenden Stelle.

Die die Schulungen durchführenden Stellen haben die Bundesinnung der Kfz-Techniker von durchgeführten Schulungen zu verständigen. Die Bundesinnung der Kfz-Techniker kann die absolvierten Schulungen bei den jeweiligen Personen selbst eintragen oder die Eintragungen im Einvernehmen mit den durchführenden Stellen direkt diesen übertragen. Der Landeshauptmann kann in Verfahren gemäß Abs. 2 oder bei Überprüfungen gemäß Abs. 2a in die Datenbank Einsicht

---

[8] Satz 2 eingefügt durch BGBl I 9/2017; geändert durch BGBl I 102/2017.

[9] Letzter Satz eingefügt durch BGBl I 9/2017.

[10] S 4 neu gefasst durch BGBl I 35/2023.

[11] S 5 neu gefasst durch BGBl I 40/2016.

[12] Neu gefasst durch BGBl I 37/2018.

nehmen. Die unter Z 1 bis 8 genannten Daten können auf dem Bildungspass auch in elektronischer Form auf einem Chip gespeichert werden. Durch Verordnung des Bundesministers für Verkehr, Innovation und Technologie können die näheren Bestimmungen über Form und Inhalt des Bildungspasses und Eintragungsmodalitäten in die Datenbank festgelegt werden. Die Daten sind nach fünf Jahren ab dem Zeitpunkt, ab dem eine bestimmte Person nicht mehr als geeignete Person tätig sein darf, zu löschen.

(3)[13] Die wiederkehrende Begutachtung ist jeweils zum Jahrestag der ersten Zulassung, auch wenn diese im Ausland erfolgte, oder zum Jahrestag des von der Behörde festgelegten Zeitpunktes vorzunehmen:

1. bei Kraftfahrzeugen, ausgenommen solche nach Z 3 und historische Kraftfahrzeuge gemäß Z 4, jährlich,
2. bei Anhängern, ausgenommen solche nach Z 3, Z 5 und historische Fahrzeuge gemäß Z 4, jährlich,
3. bei
   a) Kraftfahrzeugen
      aa) der Klasse L und
      bb) der Klasse M1, ausgenommen Taxis, Rettungs- und Krankentransportfahrzeuge,
   b) Zugmaschinen und Motorkarren jeweils mit einer Bauartgeschwindigkeit von mehr als 25 km/h, aber nicht mehr als 40 km/h,
   c) selbstfahrenden Arbeitsmaschinen und Transportkarren jeweils mit einer Bauartgeschwindigkeit von mehr als 30 km/h aber nicht mehr als 40 km/h und
   d) Anhängern, mit denen eine Geschwindigkeit von 25 km/h überschritten werden darf und die ein höchstes zulässiges Gesamtgewicht von nicht mehr als 3.500 kg aufweisen sowie
   e) landwirtschaftlichen Anhängern, mit denen eine Geschwindigkeit von 40 km/h überschritten werden darf,

drei Jahre nach der ersten Zulassung, zwei Jahre nach der ersten Begutachtung und ein Jahr nach der zweiten und nach jeder weiteren Begutachtung,

4. bei historischen Fahrzeugen alle zwei Jahre,
5. bei landwirtschaftlichen Anhängern, mit denen eine Geschwindigkeit von 25 km/h aber nicht 40 km/h überschritten werden darf, drei Jahre nach der ersten Zulassung, zwei Jahre nach der ersten Begutachtung und danach alle zwei Jahre.

Über Antrag des Zulassungsbesitzers kann die Zulassungsbehörde einen anderen Tag als den Jahrestag der ersten Zulassung als Zeitpunkt für die wiederkehrende Begutachtung festsetzen. Die Begutachtung kann – ohne Wirkung für den Zeitpunkt der nächsten Begutachtung – bei den in Z 1 und Z 2 genannten Fahrzeugen auch in einem Zeitraum von drei Monaten vor dem vorgesehenen Begutachtungsmonat und bei den in Z 3 bis Z 5 genannten Fahrzeugen auch in der Zeit vom Beginn des dem vorgesehenen Zeitpunkt vorausgehenden Kalendermonates bis zum Ablauf des vierten darauffolgenden Kalendermonates vorgenommen werden. Wurde der Nachweis über den Zeitpunkt der ersten Zulassung nicht erbracht, so hat die Behörde den Zeitpunkt der ersten Begutachtung festzusetzen. Als wiederkehrende Begutachtung gilt auch eine Einzelprüfung des Fahrzeuges gemäß § 31 Abs. 3 oder eine besondere Überprüfung gemäß § 56.

(4) Der Ermächtigte hat über den Zustand eines ihm gemäß Abs. 1 vorgeführten Fahrzeuges vor Behebung allenfalls festgestellter Mängel ein Gutachten auf einem Begutachtungsformblatt auszustellen; das Gutachten ist eine öffentliche Urkunde. Eine Ausfertigung ist dem das Fahrzeug Vorführenden zu übergeben, eine zweite Ausfertigung des Gutachtens ist fünf Jahre lang aufzubewahren und den mit Angelegenheiten des Kraftfahrwesens befassten Behörden auf Verlangen vorzulegen.

(4a) Der Ermächtigte kann zur Aufbewahrung der zweiten Ausfertigung des Gutachtens (Abs. 4) Datenträger benützen. Hiebei muss die inhaltsgleiche, vollständige, geordnete und urschriftgetreue Wiedergabe bis zum Ablauf der Aufbewahrungsfrist jederzeit gewährleistet sein. Der Ermächtigte hat, wenn die Behörde die Vorlage verlangt, auf seine Kosten innerhalb angemessener Frist diejenigen Hilfsmittel zur Verfügung zu stellen, die notwendig sind, um die Gutachten lesbar zu machen, und, soweit erforderlich, die benötigte Anzahl ohne Hilfsmittel lesbarer, dauerhafter Wiedergaben beizubringen.

(5)[14] Entspricht das gemäß Abs. 1 vorgeführte Fahrzeug den Erfordernissen der Verkehrs- und Betriebssicherheit und können mit ihm nicht übermäßig Lärm, Rauch, übler Geruch oder schädliche Luftverunreinigungen verursacht werden, und entspricht das Fahrzeug mit einem höchsten zulässigen Gesamtgewicht von mehr als 3 500 kg oder das historische Fahrzeug – soweit dies beurteilt werden konnte – den Vorschriften dieses Bundesgesetzes und der auf Grund dieses Bundesgesetzes erlassenen Verordnungen, so hat der Ermächtigte eine von der Behörde ausgegebene Begutachtungsplakette, auf der das Kennzeichen des Fahrzeuges dauernd gut lesbar und unverwischbar angeschrieben ist, dem Zulassungsbesitzer auszufolgen oder am Fahrzeug anzubringen; die Begutachtungsplakette ist eine öffentliche Urkunde. Die Begutachtungsplakette ist so am Fahrzeug anzubringen, dass das Ende der gemäß Abs. 3 für die nächste wiederkehrende Begutachtung festgesetzten Frist außerhalb des Fahrzeuges stets leicht festgestellt werden kann. Die Ausfolgung oder Anbringung der Begutachtungsplakette ist in dem gemäß Abs. 4 ausgestellten Gutachten zu vermerken. Der Ermächtigte hat diese Begutachtungsplakette auf Verlangen des Zulassungsbesitzers auch ohne Begutachtung in gleicher Weise auszufolgen oder an Fahrzeugen anzubringen, an denen keine oder nur eine unlesbar gewordene Begutachtungsplakette angebracht ist, wenn der Zulassungsbesitzer nachweist, dass für das Fahrzeug gemäß Abs. 3 noch keine oder keine weitere wiederkehrende Begutachtung fällig geworden ist.

(5a)[15] Wird bei der Begutachtung festgestellt, dass das Fahrzeug einen oder mehrere schwere Mängel aufweist, so kann keine Begutachtungsplakette angebracht oder ausgefolgt werden. Ein solches Fahrzeug darf noch längstens zwei Monate nach dieser Begutachtung jedoch nicht über die auf der bisherigen Plakette angegebenen Frist hinausgehend, verwendet werden. Das Datum der zweimonatigen Frist ist auf dem Gutachtensausdruck anzugeben.

(6) Wurde für ein der wiederkehrenden Begutachtung unterliegendes Fahrzeug eine im § 57 Abs. 6 angeführte Bestätigung ausgestellt, so hat die Behörde dem Zulassungsbesitzer eine Begutachtungsplakette (Abs. 5) auszufolgen, auf der das Kennzeichen des Fahrzeuges dauernd gut lesbar und unverwischbar angeschrieben ist. Eine solche Begutachtungsplakette ist dem Zulassungsbesitzer bei Vorliegen der Voraussetzungen des § 37 Abs. 2 lit. h von Amts wegen anlässlich der Zulassung von der Behörde oder auf Verlangen von der Behörde oder einem gemäß Abs. 2 Ermächtigten auch ohne Überprüfung oder Begutachtung auszufolgen, wenn er nachweist, dass für das Fahrzeug gemäß Abs. 3 noch keine oder keine weitere Begutachtung fällig geworden ist. Die mit dem Kennzeichen versehene Begutachtungsplakette muss so am Fahrzeug angebracht sein, dass das Ende der gemäß Abs. 3 für die nächste wiederkehrende Begutachtung festgesetzten Frist außerhalb des Fahrzeuges stets leicht festgestellt werden kann.

---

13 Neu gefasst durch BGBl I 78/2019.

14 Geändert durch BGBl I 19/2019.

15 Eingefügt durch BGBl I 9/2017.

(7) Zur Herstellung von Begutachtungsplaketten (Abs. 5) ist eine Bewilligung des Bundesministers für Verkehr, Innovation und Technologie erforderlich. Eine solche Bewilligung ist zu erteilen, wenn der Antragsteller über eine durch Verordnung des Bundesministers für Verkehr, Innovation und Technologie festgesetzte Gewerbeberechtigung und über die ebenfalls durch Verordnung des Bundesministers für Verkehr, Innovation und Technologie zusätzlich festgelegten besonderen Kenntnisse und Fähigkeiten, die zur Erfüllung der mit dieser Bewilligung verbundenen Aufgaben erforderlich sind, verfügt und wenn auf Grund seines bisherigen Gesamtverhaltens zu erwarten ist, daß er die für die Ausübung der Berechtigung erforderliche Zuverlässigkeit besitzt. Bei der Festsetzung der notwendigen Gewerbeberechtigung ist insbesondere auf die bei der Fertigung von Begutachtungsplaketten nötigen Kenntnisse und Erfahrungen Bedacht zu nehmen.

(7a) Wurde ein gewerberechtlicher Geschäftsführer bestellt und der Gewerbebehörde angezeigt (§ 39 GewO 1994), so ist dieser auch für die Ausübung der in Abs. 7 geregelten Bewilligung verantwortlich. Die Bestellung sowie jeder Wechsel in der Person des gewerberechtlichen Geschäftsführers sind dem Bundesminister für Verkehr, Innovation und Technologie anzuzeigen.

(7b) Eine Bewilligung nach Abs. 7 ist zu entziehen, wenn die Gewerbeberechtigung erloschen ist oder die erforderliche Zuverlässigkeit weggefallen ist; sie ist weiters zu entziehen, wenn der Bewilligungsinhaber trotz Aufforderung des Bundesministers für Verkehr, Innovation und Technologie keinen gewerberechtlichen Geschäftsführer bestellt oder seine Meldepflicht gemäß Abs. 7a wiederholt verletzt.

(7c) Der Hersteller hat einen Anspruch auf ein Entgelt; dieses ist für die Begutachtungsplaketten durch Verordnung des Bundesministers für Verkehr, Innovation und Technologie festzusetzen. Das Entgelt hat die Gestehungskosten in einem rationell geführten Betrieb zu decken und einen angemessenen Gewinn zu sichern.

(7d)[16] Begutachtungsplaketten dürfen nur von Behörden und Zulassungsstellen in Auftrag gegeben und nur an Behörden und Zulassungsstellen geliefert werden. Gegenstände, die nach ihrer Beschaffenheit und ihrem Aussehen leicht für eine Begutachtungsplakette gehalten werden können, dürfen an Fahrzeugen nicht angebracht sein. Die Begutachtungsplakette ist nur gegen Ersatz der Gestehungskosten am Fahrzeug anzubringen (Abs. 5) oder dem Zulassungsbesitzer auszufolgen (Abs. 6).

(8) Durch Verordnung sind nach den Erfordernissen der Verkehrs- und Betriebssicherheit, dem jeweiligen Stand der Technik entsprechend, die näheren Bestimmungen über die Durchführung der Begutachtung, über Unterlagen, die bei der Begutachtung vorzulegen sind, über das im Abs. 4 angeführte Begutachtungsformblatt sowie über die Beschaffenheit und das Aussehen der in Abs. 5 und 6 angeführten Begutachtungsplakette und ihre Anbringung am Fahrzeug festzusetzen.

(9) Nicht zum Verkehr zugelassene Fahrzeuge gemäß Abs. 1 können einem gemäß Abs. 2 Ermächtigten zur wiederkehrenden Begutachtung vorgeführt werden, wenn zugleich mit der Vorführung des Fahrzeuges das Fahrzeug-Genehmigungsdokument vorgelegt wird. Entspricht ein solches Fahrzeug den Erfordernissen der Verkehrs- und Betriebssicherheit und können mit dem Fahrzeug nicht übermäßig Lärm, Rauch, übler Geruch oder schädliche Luftverunreinigungen verursacht werden, und entspricht das Fahrzeug mit einem höchsten zulässigen Gesamtgewicht von mehr als 3 500 kg – soweit dies beurteilt werden konnte – den Vorschriften dieses Bundesgesetzes und der auf Grund dieses Bundesgesetzes erlassenen Verordnungen, so hat der Ermächtigte hierüber ein Gutachten auf dem Begutachtungsformblatt (Abs. 4) auszustellen, auf welchem die Fahrgestellnummer, und falls vorhanden auch die Motornummer festzuhalten ist. Die Ausfolgung der Begutachtungsplakette auf Grund einer solchen Begutachtung darf jedoch nur nach der Zulassung des Fahrzeuges zum Verkehr auf Antrag des Zulassungsbesitzers durch die Behörde erfolgen, wobei Abs. 6 sinngemäß anzuwenden ist.

(10)[17] Die Betreiber der Begutachtungsplakettendatenbank sind ermächtigt, eine Abfragemöglichkeit vorzusehen, bei der jede interessierte Person online über die Suchkriterien Erstzulassungsdatum und entweder Kennzeichen oder Fahrzeugidentifizierungsnummer (VIN) des Fahrzeuges die in der Datenbank enthaltenen pseudonymisierten Inhalte der Gutachten des jeweiligen Fahrzeuges einsehen und abrufen kann. Für jede Abfrage ist ein angemessener Kostenbeitrag zu entrichten. Die Höhe des Kostenbeitrages bedarf der Zustimmung des Bundesministers für Verkehr, Innovation und Technologie. Zum Zwecke der Verrechnung kann eine Registrierung der Person mittels eines Registrierungsformulares vorgesehen werden und es dürfen Vorname, Nachname sowie Firma bei juristischen Personen und Adresse für längstens ein Jahr gespeichert werden."

…

X. ABSCHNITT
Verkehr mit Kraftfahrzeugen und Anhängern und Pflichten des Kraftfahrzeuglenkers und des Zulassungsbesitzers

…

§ 102. Pflichten des Kraftfahrzeuglenkers

(1) Der Kraftfahrzeuglenker darf ein Kraftfahrzeug erst in Betrieb nehmen, wenn er sich, soweit dies zumutbar ist, davon überzeugt hat, dass das von ihm zu lenkende Kraftfahrzeug und ein mit diesem zu ziehender Anhänger sowie deren Beladung den hiefür in Betracht kommenden Vorschriften entsprechen; die Überprüfung der Wirksamkeit der Vorrichtungen zum Abgeben von akustischen Warnzeichen darf jedoch nur erfolgen, sofern nicht ein Verbot gemäß § 43 Abs. 2 lit. a StVO 1960 besteht. Berufskraftfahrer haben bei Lastkraftwagen, Sattelzugfahrzeugen, Omnibussen oder Anhängern unverzüglich den Zulassungsbesitzer nachweisbar zu verständigen, wenn das Fahrzeug diesen Vorschriften nicht entspricht.

…

(4)[18] Der Lenker darf mit dem von ihm gelenkten Kraftfahrzeug und einem mit diesem gezogenen Anhänger nicht ungebührlichen Lärm, ferner nicht mehr Rauch, üblen Geruch, schädliche Luftverunreinigungen oder Treibhausgasemissionen verursachen, als bei ordnungsgemäßem Zustand und sachgemäßem Betrieb des Fahrzeuges unvermeidbar ist. Beim Anhalten in einem Tunnel ist der Fahrzeugmotor, sofern mit diesem nicht auch andere Maschinen betrieben werden, unverzüglich abzustellen. „Warmlaufenlassen" des Motors stellt jedenfalls eine vermeidbare Luftverunreinigung dar. Weiters stellt das Betreiben von Verbrennungsmotoren zur Ladegutkühlung von klimatisierten Fahrzeugen auf Raststationen und Rastplätzen eine vermeidbare Luftverunreinigung dar, sofern am jeweiligen Standort Strom-Terminals zur Versorgung der klimatisierten Fahrzeuge mit elektrischem Strom in ausreichender Zahl vorhanden und verfügbar sind und die Verwendung des Strom-Terminals fahrzeugseitig möglich ist.[19]

…

---

16 Satz 1 neu gefasst durch BGBl I 9/2017.

17 Eingefügt durch BGBl I 19/2019.

18 Geändert durch BGBl I 35/2023.

19 Letzter Satz eingefügt durch BGBl 134/2020.

Kraftfahrzeugsteuergesetz 1992 – KfzStG 1992

BGBl 449/1992, zuletzt geändert durch BGBl I 7/2025

…

Steuerbefreiungen

§ 2. (1) Von der Steuer sind befreit:

…

6.[1] Kraftfahrzeuge der Klassen L1e, L2e, L3e, L4e und L5e (Krafträder), deren Hubraum 100 Kubikzentimeter nicht übersteigt;

7. Zugmaschinen und Motorkarren, die ausschließlich oder vorwiegend in land- und forstwirtschaftlichen Betrieben verwendet werden und ausschließlich von jenen gezogene Anhänger;

…

9.[2] Elektrisch angetriebene Kraftfahrzeuge gemäß § 1 Abs. 1 Z 1 sowie der Klassen L1e, L2e, L3e, L4e und L5e (Krafträder), deren Leistung des Elektromotors in Kilowatt 4 Kilowatt nicht übersteigt. Kraftfahrzeuge gemäß § 1 Abs. 1 Z 1 lit. c sind von der Befreiung insoweit umfasst, als diese auch die Voraussetzungen nach § 1 Abs. 1 Z 1 lit. a oder b erfüllen;

…

(2) …

(3) …

…

Steuersatz

§ 5.[3] (1)[1] Die Steuer beträgt je Monat bei

1. Kraftfahrzeugen der Klassen L1e, L2e, L3e, L4e und L5e mit

a) rein elektrischem Antrieb 0,50 Euro je Kilowatt der um 5 Kilowatt verringerten Leistung des Elektromotors in Kilowatt; es sind mindestens 4 Kilowatt anzusetzen;

b) anderem Antrieb, die

aa) vor dem 1. Oktober 2020 erstmalig zugelassen wurden, je Kubikzentimeter Hubraum 0,0275 Euro;

bb) nach dem 30. September 2020 erstmalig zugelassen werden, 0,014 Euro je Kubikzentimeter des um 52 Kubikzentimeter verringerten Hubraums sowie 0,20 Euro je Gramm des um 52 verringerten Wertes der CO_2-Emissionen in Gramm pro Kilometer gemäß Abs. 2 Z 1; es sind mindestens 10 Gramm pro Kilometer anzusetzen;

2. Kraftfahrzeugen der Klasse M1 mit einem höchsten zulässigen Gesamtgewicht bis 3,5 Tonnen, ausgenommen Wohnmobile der Aufbauart „SA", bei denen das Basisfahrzeug ein Kraftfahrzeug der Klasse N ist, mit

a) rein elektrischem Antrieb je Kilowatt der um 45 Kilowatt verringerten Leistung des Elektromotors in Kilowatt

– für die ersten 35 Kilowatt 0,35 Euro,
– für die nächsten 25 Kilowatt 0,40 Euro,
– und für die darüber hinausgehenden Kilowatt 0,45 Euro;

es sind aber mindestens 10 Kilowatt anzusetzen;

sowie je Kilogramm des um 900 Kilogramm verringerten Eigengewichts in Kilogramm

– für die ersten 500 Kilogramm 0,015 Euro,
– für die nächsten 700 Kilogramm 0,025 Euro,
– und für die darüber hinausgehenden Kilogramm 0,035 Euro;

es sind aber mindestens 200 Kilogramm anzusetzen;

b) anderem Antrieb, die vor dem 1. Oktober 2020 erstmalig zugelassen wurden, je Kilowatt der um 24 Kilowatt verringerten Leistung des Verbrennungsmotors in Kilowatt

– für die ersten 66 Kilowatt 0,682 Euro,
– für die weiteren 20 Kilowatt 0,726 Euro,
– und für die darüber hinausgehenden Kilowatt 0,825 Euro,

aber mindestens 6,82 Euro;

c) anderem Antrieb, die nach dem 30. September 2020 erstmalig zugelassen werden und für welche die CO_2-Emissionen gemäß Abs. 2 Z 2 ermittelt wurden, mit

aa) extern aufladbarem Hybridelektroantrieb

– 0,72 Euro je Kilowatt der um einen Abzugsbetrag gemäß sublit. cc erster Teilstrich verringerten Leistung des Verbrennungsmotors in Kilowatt sowie
– 0,72 Euro je Gramm des um einen Abzugsbetrag gemäß sublit. cc dritter Teilstrich verringerten Wertes der gewichtet kombinierten CO_2-Emissionen in Gramm pro Kilometer gemäß Abs. 2 Z 2;

es sind aber mindestens 5 Kilowatt und mindestens 5 Gramm pro Kilometer anzusetzen;

bb) nicht extern aufladbarem Hybridelektroantrieb sowie Fremd- oder Selbstzündungsmotor (Verbrennungsmotor)

– 0,72 Euro je Kilowatt der um einen Abzugsbetrag gemäß sublit. cc erster Teilstrich verringerten Leistung des Verbrennungsmotors in Kilowatt sowie
– 0,72 Euro je Gramm des um einen Abzugsbetrag gemäß sublit. cc zweiter Teilstrich verringerten Wertes der kombinierten CO_2-Emissionen in Gramm pro Kilometer gemäß Abs. 2 Z 2;

es sind aber mindestens 5 Kilowatt und mindestens 5 Gramm pro Kilometer anzusetzen;

cc) Der Abzugsbetrag

– von der Leistung des Verbrennungsmotors in Kilowatt beträgt für Kraftfahrzeuge, die im jeweiligen Jahr erstmalig zugelassen werden, in Kilowatt

2020	2021	2022	2023	2024	2025	2026
65	64	63	62	61	60	59

2027	2028	2029	2030	2031	2032	
58	57	56	55	54	53	

---

1 Neu gefasst durch BGBl I 103/2019.

2 Neu gefasst durch BGBl I 7/2025.

3 Abs 1-4 neu gefasst durch BGBl I 7/2025.

ausgehend von einem Abzugsbetrag von 53 Gramm pro Kilometer wird der Abzugsbetrag ab 1. Jänner 2033 weiter jährlich um den Wert 1 abgesenkt;

– von den kombinierten CO_2-Emissionen in Gramm pro Kilometer, beträgt für Kraftfahrzeuge, die im jeweiligen Jahr erstmalig zugelassen werden, in Gramm pro Kilometer

2020	2021	2022	2023	2024	2025	2026
115	112	109	106	103	100	97
2027	2028	2029	2030	2031	2032	
94	91	88	85	82	79	

ausgehend von einem Abzugsbetrag von 79 Gramm pro Kilometer wird der Abzugsbetrag ab 1. Jänner 2033 weiter jährlich um den Wert 3 abgesenkt;

– von den gewichtet kombinierten CO_2-Emissionen in Gramm pro Kilometer beträgt für Kraftfahrzeuge, die im jeweiligen Jahr erstmalig zugelassen werden, in Gramm pro Kilometer

2020	2021	2022	2023	2024	2025	2026
17	16	15	14	13	12	24
2027	2028	2029	2030	2031	2032	
24	36	35	34	33	32	

ausgehend von einem Abzugsbetrag von 32 Gramm pro Kilometer wird der Abzugsbetrag ab 1. Jänner 2033 weiter jährlich um den Wert 1 abgesenkt.

d) anderem Antrieb, die nach dem 30. September 2020 erstmalig zugelassen werden und für welche die CO_2-Emissionen nicht gemäß Abs. 2 Z 2 ermittelt wurden, je Kilowatt der um 24 Kilowatt verringerten Leistung des Verbrennungsmotors in Kilowatt
   – für die ersten 66 Kilowatt 0,682 Euro,
   – für die weiteren 20 Kilowatt 0,726 Euro,
   – und für die darüber hinausgehenden Kilowatt 0,825 Euro,

   aber mindestens 6,82 Euro;

3. für Wohnmobile der Klasse M1 und Aufbauart „SA“ bei denen das Basisfahrzeug ein Kraftfahrzeug der Klasse N ist, sowie für alle übrigen Kraftfahrzeuge jeweils mit einem höchsten zulässigen Gesamtgewicht bis 3,5 Tonnen mit
   a) rein elektrischem Antrieb, je Kilowatt der um 16 Kilowatt verringerten Leistung des Elektromotors in Kilowatt
      – für die ersten 66 Kilowatt 0,682 Euro,
      – für die weiteren 20 Kilowatt 0,726 Euro,
      – und für die darüber hinausgehenden Kilowatt 0,825 Euro,

      aber mindestens 6,82 Euro, höchstens aber 80 Euro;
   b) anderem Antrieb, die vor dem 1. Oktober 2020 erstmalig zugelassen wurden, je Kilowatt der um 24 Kilowatt verringerten Leistung des Verbrennungsmotors in Kilowatt
      aa) für Wohnmobile der Klasse M1 und Aufbauart „SA“ bei denen das Basisfahrzeug ein Kraftfahrzeug der Klasse N ist,
         – für die ersten 66 Kilowatt 0,682 Euro,
         – für die weiteren 20 Kilowatt 0,726 Euro
         – und für die darüber hinausgehenden Kilowatt 0,825 Euro,

         aber mindestens 6,82 Euro;
      bb) für alle übrigen Kraftfahrzeuge mit einem höchsten zulässigen Gesamtgewicht bis 3,5 Tonnen,
         – für die ersten 66 Kilowatt 0,682 Euro,
         – für die weiteren 20 Kilowatt 0,726 Euro,
         – und für die darüber hinausgehenden Kilowatt 0,825 Euro,

         aber mindestens 6,82 Euro, höchstens aber 80 Euro;
   c) anderem Antrieb, die nach dem 30. September 2020 erstmalig zugelassen werden, je Kilowatt der um 24 Kilowatt verringerten Leistung des Verbrennungsmotors in Kilowatt
      – für die ersten 66 Kilowatt 0,682 Euro,
      – für die weiteren 20 Kilowatt 0,726 Euro,
      – und für die darüber hinausgehenden Kilowatt 0,825 Euro,

      aber mindestens 6,82 Euro, höchstens aber 80 Euro.
4. Kraftfahrzeugen mit einem höchsten zulässigen Gesamtgewicht von mehr als 3,5 Tonnen für jede angefangene Tonne höchstes zulässiges Gesamtgewicht
   – bei Fahrzeugen mit einem höchsten zulässigen Gesamtgewicht bis zu 12 Tonnen 1,55 Euro, mindestens 15 Euro;
   – bei Fahrzeugen mit einem höchsten zulässigen Gesamtgewicht von mehr als 12 Tonnen bis zu 18 Tonnen 1,70 Euro;
   – bei Fahrzeugen mit einem höchsten zulässigen Gesamtgewicht von mehr als 18 Tonnen 1,90 Euro, höchstens 80 Euro, bei Anhängern höchstens 66 Euro.

   Bei Sattelanhängern ist das kraftfahrrechtlich höchste zulässige Gesamtgewicht um die Sattellast zu verringern.

(2) Für die Steuerberechnung gemäß Abs. 1 sind die CO_2-Emissionen in Gramm pro Kilometer, die gemäß

1. dem World Motorcycle Test Cycle (WMTC) gemäß der Verordnung (EU) Nr. 168/2013 über die Genehmigung und Marktüberwachung von zwei- oder dreirädrigen und vierrädrigen Fahrzeugen, ABl. Nr. L 60 vom 2. März 2013, S 52 zuletzt geändert durch Verordnung (EU) Nr. 129/2019 zur Änderung der Verordnung (EU) Nr. 168/2013 hinsichtlich der Anwendung der Stufe Euro 5 auf die Typgenehmigung von zwei- oder dreirädrigen und vierrädrigen Fahrzeugen, ABl. Nr. L 30 vom 16. Januar 2019, S 106;
2. dem Worldwide Harmonised Light-Duty Vehicles Test Procedure (WLTP) gemäß der Verordnung (EU) 2017/1151 zur Ergänzung der Verordnung (EG) Nr. 715/2007 über die Typgenehmigung von Kraftfahrzeugen hinsichtlich der Emissionen von leichten Personenkraftwagen und Nutzfahrzeugen (Euro 5 und Euro 6) und über den Zugang zu Fahrzeugreparatur- und -wartungsinformationen, zur Änderung der Richtlinie 2007/46/EG, der Verordnung (EG) Nr. 692/2008 sowie der Verordnung (EU) Nr. 1230/2012 und zur Aufhebung der Verordnung (EG) Nr. 692/2008 (im Folgenden: Verordnung (EU) 2017/1151), ABl. Nr. L 175 vom 7. Juli 2017, S 1;

ermittelt wurden, maßgeblich. Unter Leistung des Verbrennungsmotors oder Elektromotors in Kilowatt ist die Nennleistung oder Nenndauerleistung in kW laut Zulassungsbescheinigung zu verstehen.

(3) Für die Steuerberechnung gemäß Abs. 1 sind die in der Zulassungsbescheinigung eingetragenen Werte maßgebend. Ist die Leistung des Verbrennungsmotors nicht in Kilowatt angegeben, hat die Umrechnung gemäß § 64 des Maß- und Eich-

gesetzes 1950, BGBl. Nr. 152, in der Fassung des Bundesgesetzes BGBl. Nr. 174/1973, zu erfolgen. Bruchteile von Kilowatt oder Gramm pro Kilometer sind auf volle Kilowatt oder Gramm pro Kilometer aufzurunden. Fehlt eine entsprechende Eintragung, ist bei Kraftfahrzeugen gemäß Abs. 1

1. Z 1 lit. a eine Leistung des Elektromotors von 10 Kilowatt,
2. Z 1 lit. b sublit. aa ein Hubraum von 350 Kubikzentimeter,
3. Z 1 lit. b sublit. bb ein Hubraum von 350 Kubikzentimeter oder ein CO_2-Ausstoß von 85 Gramm pro Kilometer,
4. Z 2 lit. a eine Leistung des Elektromotors von 85 Kilowatt oder ein Eigengewicht von 1.700 Kilogramm,
5. Z 2 lit. b, lit. d, Z 3 lit. b sublit. aa und bb und lit. c und eine Leistung des Verbrennungsmotors von 50 Kilowatt,
6. Z 2 lit. c sublit. aa eine Leistung des Verbrennungsmotors von 85 Kilowatt oder ein CO_2-Ausstoß von 60 Gramm pro Kilometer,
7. Z 2 lit. c sublit. bb eine Leistung des Verbrennungsmotors von 85 Kilowatt oder ein CO_2-Ausstoß von 125 Gramm pro Kilometer,
8. Z 3 lit. a eine Leistung des Elektromotors von 40 Kilowatt anzusetzen,
9. Z 4 ein höchstes zulässiges Gesamtgewicht von 8 Tonnen anzusetzen.

(4) Die Steuer gemäß Abs. 1 Z 2 lit. b sowie Abs. 1 Z 3 lit. b sublit. aa erhöht sich für Kraftfahrzeuge, die mit einem Fremdzündungsmotor ausgestattet sind und vor dem 1. Jänner 1987 erstmals im Inland zum Verkehr zugelassen wurden, um 20%, sofern nicht nachgewiesen wird, dass das Kraftfahrzeug die gemäß § 1d Abs. 1 Z 3 Kategorie A oder B der Kraftfahrgesetz-Durchführungsverordnung 1967, BGBl. Nr. 399/1967, in der Fassung BGBl. Nr. 579/1991, vorgeschriebenen Schadstoffgrenzwerte einhält.

(5) Der Bundesminister für Finanzen ist ermächtigt, für bestimmte Gruppen von Kraftfahrzeugen mit ausländischem Kennzeichen die gemäß Abs. 4 anzuwendenden Steuersätze mit Verordnung zu erhöhen, um diese Kraftfahrzeuge einer Steuerbelastung zu unterwerfen, die der Belastung entspricht, welcher Kraftfahrzeuge mit inländischem Kennzeichen im Heimatstaat der Kraftfahrzeuge mit ausländischem Kennzeichen unterliegen. Hiebei ist auf alle Abgaben Bedacht zu nehmen, die in dem betreffenden Staat für die Benützung oder das Halten von Kraftfahrzeugen erhoben werden.

(6)[4]

1. Beginnend mit 1. Jänner 2021 werden jährlich der Wert 115 Gramm pro Kilometer in Abs. 1 Z 2 lit. a sublit. bb um den Wert 3 und der Wert 65 Kilowatt in Abs. 1 Z 2 lit. a sublit. bb um den Wert 1 abgesenkt.
2. Abweichend von lit. a wird der Bundesminister für Finanzen ermächtigt, einmal jährlich zum 1. Jänner des Folgejahres, durch Verordnung die Steuersätze und die Abzugsbeträge gemäß Abs. 1 anzupassen, um die Änderung der durchschnittlichen CO_2-Emissionen auf Grund der technischen Entwicklung und der regulatorischen Vorgaben zu berücksichtigen; dabei ist auf ökologische und soziale Zielsetzungen Bedacht zu nehmen.
3. Die gemäß Z 1 oder 2 angepassten Werte sind für jene Kraftfahrzeuge anzuwenden, die ab dem Wirksamwerden der Änderungen bis zum Wirksamwerden der Änderungen des Folgejahres erstmalig zugelassen werden.

…

[4] Neu eingefügt durch BGBl I 103/2019.

Luftfahrtgesetz – LFG

BGBl 253/1957, zuletzt geändert durch BGBl I 40/2024

1. Teil: Allgemeine Bestimmungen

…

Freiheit des Luftraumes

§ 2.[1],[2] Die Benützung des Luftraumes durch Luftfahrzeuge, Luftfahrtgerät und unbemannte Luftfahrzeuge im Fluge ist frei, soweit sich aus diesem Bundesgesetz nichts anderes ergibt.

…

2. Teil: Luftfahrzeuge, Luftfahrtgerät, Flugmodelle und unbemannte Luftfahrzeuge

1. Abschnitt: Luftfahrzeuge

…

Voraussetzungen für die Verwendung im Fluge

§ 12. (1) Soweit in den §§ 7, 18, 20 und 132 nichts anderes bestimmt ist, darf ein Zivilluftfahrzeug im Fluge nur verwendet werden, wenn von der Austro Control GmbH oder von einer auf Grund einer Übertragung gemäß § 140b zuständigen Behörde durch eine öffentliche Urkunde bestätigt worden ist, daß es

1. die österreichische Staatszugehörigkeit (§ 15) besitzt,
2. für die jeweilige Verwendung lufttüchtig (§ 17) und technisch so ausgerüstet ist, daß das durch seinen Betrieb entstehende Geräusch das nach dem jeweiligen Stand der Technik unvermeidbare Maß nicht übersteigt, und
3. entsprechend der Verordnung (EG) Nr. 785/2004 über Versicherungsanforderungen an Luftfahrtunternehmen und Luftfahrzeugbetreiber, ABl. Nr. L 138 vom 30. April 2004, S. 1, oder entsprechend dem § 164 versichert ist.

(2) Für Fallschirme, Hänge- und Paragleiter entfällt die Voraussetzung gemäß Abs. 1 Z 1.

(3) Die näheren Voraussetzungen für die Verwendung im Fluge sind vom Bundesminister für Verkehr, Innovation und Technologie durch Verordnung zu regeln. Dabei können Sonderbestimmungen für Ultraleichtflugzeuge, motorisierte Hänge- und Paragleiter, Fallschirme, Hänge- und Paragleiter festgesetzt werden, soweit dadurch nicht die Sicherheit der Luftfahrt beeinträchtigt wird.

(4)[3] Die im Anwendungsbereich der Verordnung (EU) 2018/1139 zur Festlegung gemeinsamer Vorschriften für die Zivilluftfahrt und zur Errichtung einer Agentur der Europäischen Union für Flugsicherheit sowie zur Änderung der Verordnungen (EG) Nr. 2111/2005, (EG) Nr. 1008/2008, (EU) Nr. 996/2010, (EU) Nr. 376/2014 und der Richtlinien 2014/30/EU und 2014/53/EU und zur Aufhebung der Verordnungen (EG) Nr. 552/2004 und (EG) Nr. 216/2008 und der Verordnung (EWG) Nr. 3922/91, ABl. Nr. L 212 vom 22.8.2018 S. 1, in der jeweils geltenden Fassung, für die zulässige Verwendung eines Zivilluftfahrzeuges ausgestellten Urkunden und Genehmigungen sind auch gültig, wenn das Zivilluftfahrzeug außerhalb des Anwendungsbereiches der Verordnung (EU) 2018/1139 verwendet wird, sofern die unionsrechtlichen Bestimmungen zumindest die gleichen Anforderungen stellen wie die in Österreich anwendbaren Vorschriften.

(5) Militärluftfahrzeuge dürfen im Fluge nur verwendet werden, wenn und solange ihre Lufttüchtigkeit (§ 17) gegeben ist.

…

4. Teil: Flugplätze.

…

2. Abschnitt: Zivilflugplätze

…

Zivilflugplatz-Bewilligung

§ 68. (1) Zivilflugplätze dürfen nur mit einer Bewilligung betrieben werden (Zivilflugplatz-Bewilligung). Das gleiche gilt für jede Änderung des bescheidmäßig festgelegten Betriebsumfanges eines Zivilflugplatzes.

(2) Zur Erteilung der Bewilligung ist bei Flughäfen der Bundesminister für Verkehr, Innovation und Technologie, bei Flugfeldern die Bezirksverwaltungsbehörde zuständig.

Antrag auf Erteilung der Zivilflugplatz-Bewilligung

§ 69. (1) Im Antrag auf Erteilung der Zivilflugplatz-Bewilligung sind anzugeben:

a) die Art des geplanten Zivilflugplatzes (§§ 63 bis 65),
b) die geplanten Bodeneinrichtungen,
c) die Arten der Zivilluftfahrzeuge, die diesen Zivilflugplatz benützen sollen,
d) ein Vorschlag hinsichtlich der Festlegung der allenfalls erforderlichen Sicherheitszone,
e) die voraussichtlichen Luftfahrthindernisse, nach Lage und Höhe bezeichnet,
f) die Auswirkungen des Vorhabens auf Rechte Dritter, und
g) der Nachweis der für das Vorhaben erforderlichen finanziellen Mittel (Finanzierungsplan).

(2) Dem Antrag ist ein Lageplan im geeigneten Maßstab mit den Flugplatzgrenzen und sämtlichen projektierten Bodeneinrichtungen in sechsfacher Ausfertigung beizufügen.

Prüfung des Vorhabens

§ 70. (1) Die zur Erteilung der Zivilflugplatz-Bewilligung zuständige Behörde (§ 68) hat nach Einlangen des Antrages gemäß § 69 vorerst zu prüfen, ob die in Aussicht genommene Land- oder Wasserfläche im Hinblick auf ihre Größe und Beschaffenheit sowie auf die Beschaffenheit ihrer Umgebung für den geplanten Zweck geeignet ist. Ergibt diese Prüfung, daß dies nicht der Fall ist, so ist der Antrag abzuweisen. Andernfalls ist der Antragsteller aufzufordern, in sechsfacher Ausfertigung vorzulegen:

a) Grundbuchsauszüge und Katasterpläne sämtlicher in den Zivilflugplatz einzubeziehenden Liegenschaften, und
b) Katasterpläne und die schriftliche Angabe der Grundbuchseinlagezahlen und der Eigentümer aller Liegenschaften, die von Beschränkungen im Sinne des § 69 Abs. 1 lit. d bis f betroffen werden.

[1] Geändert durch BGBl I 108/2013.
[2] Geändert durch BGBl I 151/2020.
[3] Neu gefasst durch BGBl I 151/2020.

(2) Handelt es sich um die Errichtung eines Flughafens, so hat der Bundesminister für Verkehr, Innovation und Technologie zunächst hinsichtlich der in Aussicht genommenen Lage des geplanten Flughafens mit den Bundesministerien für Landesverteidigung, für Handel und Wiederaufbau und für Land- und Forstwirtschaft das Einvernehmen herzustellen. Sodann ist den vom Vorhaben berührten Ländern und Gemeinden sowie der örtlich zuständigen Landwirtschaftskammer Gelegenheit zur Stellungnahme zu geben. Anschließend ist die Stellungnahme der Bundeskammer der gewerblichen Wirtschaft, des Österreichischen Arbeiterkammertages sowie der Unternehmer bereits bewilligter Flughäfen einzuholen.

(3) Wenn es sich um die Errichtung eines Flugfeldes handelt, hat die Bezirksverwaltungsbehörde den zuständigen Gemeinden und der Landwirtschaftskammer Gelegenheit zu geben, zu dem Vorhaben Stellung zu nehmen und die Stellungnahme des Bundesministers für Landesverteidigung einzuholen. Eine Zivilflugplatz-Bewilligung für ein Flugfeld darf nur erteilt werden, wenn der Bundesminister für Landesverteidigung eine zustimmende Stellungnahme abgegeben hat. Der Bundesminister für Landesverteidigung kann die Zustimmung verweigern, wenn zwingende Interessen der Landesverteidigung dies erfordern. Die Erteilung einer solchen Bewilligung ohne vorherige Einholung der Stellungnahme des Bundesministers für Landesverteidigung oder entgegen einer solchen Stellungnahme leidet an einem mit Nichtigkeit bedrohten Fehler.

(4) Vor Erlassung des Bescheides über die Zivilflugplatz-Bewilligung ist in allen Fällen eine mündliche Verhandlung durchzuführen. Die §§ 40 bis 44g des Allgemeinen Verwaltungsverfahrensgesetzes 1991 (AVG), BGBl. Nr. 51, sind anzuwenden, wobei die Anberaumung der mündlichen Verhandlung in jedem Fall durch Anschlag in den Gemeinden, die ganz oder teilweise im Bereich der Sicherheitszone (§ 86) und gegebenenfalls vorgesehenen Sicherheitszone liegen, kundzumachen ist. Erweist sich nach der mündlichen Verhandlung eine Erweiterung der vorgesehenen Sicherheitszone als erforderlich, so ist eine neue mündliche Verhandlung durchzuführen.

Voraussetzungen der Zivilflugplatz-Bewilligung

§ 71. (1) Die Zivilflugplatz-Bewilligung ist zu erteilen, wenn

a) das Vorhaben vom technischen Standpunkt geeignet und eine sichere Betriebsführung zu erwarten ist,
b) der Bewilligungswerber verläßlich und zur Führung des Betriebes geeignet ist,
c) die finanziellen Mittel des Bewilligungswerbers die Erfüllung der aus diesem Bundesgesetz für den Flugplatzhalter sich ergebenden Verpflichtungen gewährleisten, und
d) sonstige öffentliche Interessen nicht entgegenstehen.

(2) Voraussetzung für die Erteilung der Zivilflugplatz-Bewilligung eines öffentlichen Flugfeldes ist außerdem, daß ein Bedarf hiefür gegeben ist. Flughäfen dürfen nur bewilligt werden, wenn ihre Errichtung im öffentlichen Interesse gelegen ist. Ein Flughafen ist insbesondere dann nicht im öffentlichen Interesse gelegen, wenn

a) er von einem bereits bewilligten und in Betrieb befindlichen Flughafen weniger als 100 km in der Luftlinie entfernt ist und geeignet wäre, dessen Verkehrsaufgaben zu gefährden, und
b) der Unternehmer dieses bereits bestehenden Flughafens in der Lage und gewillt ist, binnen sechs Monaten die für den geplanten Flughafen in Aussicht genommenen Aufgaben selbst zu übernehmen.

(3) Bei einem bloßen Wechsel in der Person des Zivilflugplatzhalters unter Beibehaltung des bestehenden bescheidmäßig festgelegten Betriebsumfanges sind von der zur Erteilung der Zivilflugplatz-Bewilligung zuständigen Behörde (§ 68) lediglich die Voraussetzungen gemäß Abs. 1 lit. b und c zu prüfen. Werden diese Voraussetzungen vom Bewilligungswerber hinsichtlich des bestehenden Betriebsumfanges erfüllt, kann die zuständige Behörde die Zivilflugplatz-Bewilligung ohne weitere Prüfung gemäß Abs. 1 und 2 im bisherigen Umfang erteilen.

Bescheid über die Zivilflugplatz-Bewilligung

§ 72. (1) Der Bescheid über die Zivilflugplatz-Bewilligung hat zu bestimmen:

a) die Arten der Luftfahrzeuge, die diesen Zivilflugplatz unter Bedachtnahme auf die Verkehrssicherheit und die zweckmäßige Gestaltung des Luftverkehrs benützen dürfen,
b) den Inhalt der allenfalls in Aussicht genommenen Sicherheitszonen-Verordnung,
c) den Auftrag zum Abschluß einer Haftpflichtversicherung bis zu einem Höchstbetrag von 145 Millionen Euro nach Maßgabe des Betriebsumfanges,
d) einen angemessenen Zeitraum, innerhalb dessen die Erteilung der Betriebsaufnahmebewilligung beantragt werden muß, und
e) Bedingungen und Auflagen, soweit sie mit Rücksicht auf die Bestimmungen des § 71 Abs. 1 und insbesondere unter Bedachtnahme auf die Verkehrsaufgaben des Zivilflugplatzes erforderlich sind.

(2)[4] Eine Zivilflugplatz-Bewilligung darf unbeschadet der Bestimmungen gemäß § 71 außerdem nur erteilt werden, wenn der Bewilligungswerber

1. die Staatsangehörigkeit eines Mitgliedstaates der Europäischen Union oder eines durch zwischenstaatliche Vereinbarung gleichgestellten Staates besitzt und, falls sein Wohnsitz nicht im Inland gelegen ist und Zustellungen nicht durch Staatsverträge mit dem Vertragsstaat des Wohnsitzes oder auf andere Weise sichergestellt sind, einen Zustellungsbevollmächtigten im Inland bestellt hat, oder
2. eine juristische Person oder eingetragene Personengesellschaft ist, die nach den Rechtsvorschriften eines Mitgliedstaates der Europäischen Union oder eines durch zwischenstaatliche Vereinbarung gleichgestellten Staates gegründet worden ist und ihren satzungsmäßigen Sitz, ihre Hauptverwaltung oder ihre Hauptniederlassung innerhalb der Europäischen Union oder in einem durch zwischenstaatliche Vereinbarung gleichgestellten Staat hat sowie, falls diese keinen zur Empfangnahme von Urkunden befugten Vertreter mit Wohnsitz im Inland hat und Zustellungen nicht durch Staatsverträge mit dem Vertragsstaat des Wohnsitzes oder auf andere Weise sichergestellt sind, einen Zustellungsbevollmächtigten im Inland bestellt hat.

(3) Der Bescheid über die Zivilflugplatz-Bewilligung ist schriftlich zu erteilen, andernfalls leidet er an einem mit Nichtigkeit bedrohten Fehler.

Betriebsaufnahmebewilligung

§ 73. (1) Der Betrieb eines Zivilflugplatzes darf erst aufgenommen werden, wenn die zur Erteilung der Zivilflugplatz-Bewilligung zuständige Behörde (§ 68) dies bewilligt hat (Betriebsaufnahmebewilligung). Der Bescheid über diese Bewilligung ist schriftlich zu erteilen, andernfalls leidet er an einem mit Nichtigkeit bedrohten Fehler.

(2)[5] Die Betriebsaufnahmebewilligung ist dem Inhaber einer Zivilflugplatz-Bewilligung auf dessen Antrag zu erteilen,

[4] Geändert durch BGBl I 108/2013.

[5] Geändert durch BGBl I 92/2017.

wenn er nachweist, daß auf dem errichteten Zivilflugplatz ein geordneter Flugbetrieb gewährleistet ist und der Zivilflugplatz den Anforderungen der Zivilflugplatz-Verordnung (§ 66) sowie gegebenenfalls der Verordnung (EU) Nr. 139/2014 zur Festlegung von Anforderungen und Verwaltungsverfahren in Bezug auf Flugplätze gemäß der Verordnung (EG) Nr. 216/2008, ABl. Nr. L 44 vom 14.02.2014 S. 1, entspricht.

(3) Vor der Entscheidung über den Antrag auf Erteilung der Betriebsaufnahmebewilligung hat die zuständige Behörde eine mündliche Verhandlung an Ort und Stelle vorzunehmen. Hiebei ist zu prüfen, ob die in der Zivilflugplatz-Bewilligung auferlegten Verpflichtungen erfüllt sind.

Betrieb auf Zivilflugplätzen und Zivilflugplatz-Benützungsbedingungen

§ 74. (1) Der Betrieb von Zivilflugplätzen sowie das Verhalten auf diesen ist unter Bedachtnahme auf die Verkehrssicherheit durch Verordnung des Bundesministers für Verkehr, Innovation und Technologie zu regeln (Zivilflugplatz-Betriebsordnung).

(2) Für einen öffentlichen Flugplatz sind auf Grund der in Abs. 1 bezeichneten Verordnung vom Flugplatzhalter Benützungsbedingungen aufzustellen (Zivilflugplatz-Benützungsbedingungen). Hiebei sind die Bedingungen festzulegen, unter denen der öffentliche Zivilflugplatz von allen Teilnehmern am Luftverkehr benützt werden kann.

(3) Die Zivilflugplatz-Benützungsbedingungen bedürfen der Genehmigung durch die zur Erteilung der Zivilflugplatz-Bewilligung zuständige Behörde (§ 68). Diese Genehmigung ist zu erteilen, wenn ein sicherer und wirtschaftlicher Betrieb des Zivilflugplatzes gewährleistet ist. Vor dieser Genehmigung darf die Betriebsaufnahmebewilligung nicht erteilt werden.

(4) Die Bestimmungen des Abs. 3 gelten sinngemäß für jede wesentliche Änderung der Zivilflugplatz-Benützungsbedingungen.

(5)[6] Die Zivilflugplatz-Benützungsbedingungen sind am Zivilflugplatz durch Anschlag oder auf der Internetseite des Zivilflugplatzhalters zu verlautbaren.

(6)[7] Soweit Bestimmungen über die Erteilung, die Aussetzung und den Widerruf eines Zeugnisses für Flugplätze oder Erklärungen in der Verordnung (EU) 2018/1139 sowie in der Verordnung (EU) Nr. 139/2014 oder in anderen unionsrechtlichen delegierten Rechtsakten und Durchführungsrechtsakten festgelegt sind, sind diese in der jeweils geltenden Fassung verbindlich. Zuständige nationale Behörde im Sinne dieser Bestimmungen ist die zur Erteilung der Zivilflugplatz-Bewilligung zuständige Behörde (§ 68 Abs. 2). Wird im Fall einer fehlenden oder nicht ordnungsgemäßen Erklärung der Mangel nicht innerhalb der von der zuständigen Behörde festgelegten Frist behoben, hat die zuständige Behörde mit Bescheid von Amts wegen festzustellen, dass die Vorfeldkontrolldienste nicht ausgeübt werden dürfen. Die in der Verordnung (EU) Nr. 139/2014 festgelegten Sofortmaßnahmen bleiben unberührt.

(7)[3] Soweit nationale Ausnahmen von der Anwendbarkeit der unionsrechtlichen Bestimmungen gemäß Abs. 6 zulässig sind, können diese vom Bundesminister für Klimaschutz, Umwelt, Energie, Mobilität, Innovation und Technologie unter Bedachtnahme auf das Interesse der Sicherheit der Luftfahrt mit Verordnung festgelegt werden.

[6] Geändert durch BGBl I 108/2013.

[7] Neu gefasst durch BGBl I 151/2021.

Betrieb von Rettungshubschraubern auf Flugplätzen außerhalb der Betriebszeiten

§ 74a.[8] Die zur Erteilung der Zivilflugplatz-Bewilligung zuständige Behörde (§ 68 Abs. 2) hat auf Antrag des Halters/der Halterin von Hubschraubern, die mit einer entsprechenden Genehmigung für medizinische Hubschraubernoteinsätze (HEMS) in Sinne der Verordnung (EU) Nr. 965/2012 eingesetzt werden sollen, die Benützung von Flugplätzen außerhalb deren Betriebszeiten zu bewilligen, wenn dieser Rettungsflugbetrieb aufgrund einer Entscheidung des jeweiligen Bundeslandes vorgehalten werden soll oder das jeweilige Bundesland diesem Rettungsflugbetrieb zugestimmt hat sowie die Zustimmung des Zivilflugplatzhalters vorliegt sowie durch entsprechende Verfahren sichergestellt ist, dass

1. die allenfalls erforderlichen Rettungsmaßnahmen eingeleitet werden können,
2. jene Bodeneinrichtungen, die für den medizinischen Hubschraubernoteinsatzbetrieb außerhalb der Betriebszeiten erforderlich sind, sicher benützt werden können, sowie
3. durch den medizinischen Hubschraubernoteinsatzbetrieb eine möglichst geringe Lärmbelästigung entsteht.

Betrieb von Zivilflugplätzen

§ 75. (1) Der Zivilflugplatzhalter darf unbeschadet entgegenstehender landesgesetzlicher Vorschriften solche Hilfsbetriebe führen, die unmittelbar und ausschließlich den Verkehrsaufgaben seines Zivilflugplatzes dienen.

(2) Der Zivilflugplatzhalter hat für Flugsicherungsstellen (§ 120) und für Dienststellen der Grenzpolizei Amts-, Übernachtungs- und Aufenthaltsräume im erforderlichen Ausmaß zur Verfügung zu stellen. Er hat außerdem für die Reinigung, Beheizung, Beleuchtung sowie für die sonst zu ihrer Benützbarkeit erforderlichen Leistungen zu sorgen. Wird dieser Verpflichtung nicht entsprochen, so hat die für die Bewilligung des Zivilflugplatzes zuständige Behörde (§ 68) nach Maßgabe der Bedürfnisse der genannten Dienststellen unter Bedachtnahme auf die Verkehrsaufgaben des Zivilflugplatzes mit Bescheid festzustellen, welche Leistungen zu erbringen sind.

(3) Dem nach Abs. 2 Verpflichteten sind die aus der Erfüllung dieser Verpflichtung erwachsenden Selbstkosten vom Berechtigten zu ersetzen. Zur Vereinfachung der Abrechnung können hiefür auf Grund der durchschnittlichen Selbstkosten berechnete Pauschalsätze angewendet werden. Wird über die Höhe des Kostenersatzes keine Einigung erzielt, hat der Bundesminister für Verkehr, Innovation und Technologie über den Kostenersatz mit Bescheid zu entscheiden.

(4) Durch die Abs. 2 und 3 werden die Bestimmungen der §§ 12 und 13 des Zollrechts-Durchführungsgesetzes, BGBl. Nr. 659/1994, nicht berührt.

(5) Halter öffentlicher Flugplätze dürfen den Flugplatz-Betrieb nur mit Bewilligung der zur Erteilung der Zivilflugplatz-Bewilligung zuständigen Behörde einstellen (Betriebspflicht). Die Bewilligung ist zu erteilen, wenn dem Zivilflugplatzhalter die Weiterführung des Betriebes nicht mehr zugemutet werden kann oder wenn an der Weiterführung des Betriebes kein öffentliches Interesse besteht.

Untersagung des Zivilflugplatzbetriebes

§ 76. (1) Die zur Erteilung der Zivilflugplatz-Bewilligung zuständige Behörde (§ 68) hat die Ausübung des Betriebes eines Zivilflugplatzes zu untersagen, wenn eine der Voraussetzungen der Betriebsaufnahmebewilligung nicht mehr gegeben ist oder im Zeitpunkt der Erteilung dieser Bewilligung nicht gegeben war und dieser Mangel noch fortdauert.

[8] Samt Überschrift eingefügt durch BGBl I 40/2024.

(2) Gleichzeitig mit der Untersagung der Ausübung des Betriebes hat die Behörde eine angemessene Frist zu bestimmen, innerhalb deren die festgestellten, die Untersagung begründenden Mängel zu beheben sind.

(3) Ein Zivilflugplatzbetrieb, dessen Ausübung gemäß Abs. 1 untersagt wurde, darf erst auf Grund einer neuerlichen Betriebsaufnahmebewilligung wiederaufgenommen werden. § 73 gilt sinngemäß.

Widerruf der Zivilflugplatz-Bewilligung

§ 77. (1)[9] Die Zivilflugplatz-Bewilligung ist von der zur Erteilung der Zivilflugplatz-Bewilligung zuständigen Behörde (§ 68 Abs. 2) zu widerrufen, wenn

a) eine der Voraussetzungen gemäß § 71 Abs. 1 lit. b und c nicht mehr gegeben ist oder eine der Voraussetzungen gemäß § 71 Abs. 1 im Zeitpunkt der Erteilung der Zivilflugplatz-Bewilligung nicht gegeben war und dieser Mangel noch fortdauert, oder
b) der Inhaber der Zivilflugplatz-Bewilligung nicht innerhalb des gemäß § 72 Abs. 1 lit. d festgesetzten Zeitraumes um die Betriebsaufnahmebewilligung angesucht hat, oder
c) die Betriebsaufnahmebewilligung rechtskräftig versagt worden ist, oder
d) der Flugplatzbetrieb länger als ein Jahr geruht hat, oder
e) der Flugplatzbetrieb gemäß § 76 untersagt worden ist und die festgestellten Mängel nicht fristgerecht behoben wurden.

(2)[10] Ist vom Inhaber der Zivilflugplatz-Bewilligung beabsichtigt, teilweise oder gänzlich auf gemäß § 68 Abs. 1 erteilte Bewilligungen zu verzichten, hat dieser bei der für die Erteilung der Zivilflugplatz-Bewilligung zuständigen Behörde (§ 68 Abs. 2) zu beantragen, die Zivilflugplatz-Bewilligung im Umfang des beabsichtigten Verzichtes zu widerrufen. Die zuständige Behörde hat diesem Antrag stattzugeben, wenn keine öffentlichen Interessen entgegenstehen.

[...]

Lärmbedingte Betriebsbeschränkungen auf Flughäfen

§ 80c.11 (1) Zuständige nationale Behörde im Sinne des Art. 3 der Verordnung (EU) Nr. 598/2014 über Regeln und Verfahren für lärmbedingte Betriebsbeschränkungen auf Flughäfen der Union im Rahmen eines ausgewogenen Ansatzes sowie zur Aufhebung der Richtlinie 2002/30/EG, ABl. Nr. L 173/65 vom 12.6.2014 S. 65, ist der Bundesminister für Verkehr, Innovation und Technologie.

(2) Betriebsbeschränkungen gemäß der Verordnung (EU) Nr. 598/2014 sind durch Verordnung des Bundesministers für Verkehr, Innovation und Technologie unter Beachtung der allgemeinen Lärmschutzregeln für Luftfahrzeuge, der Regeln für die Lärmbewertung und der Regeln für die Einführung von Betriebsbeschränkungen gemäß den Art. 5 bis 8 der Verordnung (EU) Nr. 598/2014 zu erlassen.

(3) Der Entwurf der Verordnung ist samt den dazugehörenden Informationen und Erläuterungen der Gründe für die Einführung der Betriebsbeschränkung zur Gewährleistung der gemäß der Verordnung (EU) Nr. 598/2014 durchzuführenden Anhörung interessierter Kreise auf der Homepage des Bundesministeriums für Verkehr, Innovationen und Technologie sowie im Amtsblatt zur Wiener Zeitung kundzumachen und durch Anschlag an der Amtstafel in den Anrainergemeinden des jeweiligen Flughafens öffentlich bekannt zu machen und zur öffentlichen Einsichtnahme aufzulegen. Dabei ist darauf hinzuweisen, dass die interessierten Kreise berechtigt sind, innerhalb einer vom Bundesminister für Verkehr, Innovation und Technologie festzulegenden angemessenen und die Mindestfristen gemäß der Verordnung (EU) Nr. 598/2014 nicht unterschreitenden Frist eine schriftliche Stellungnahme abzugeben.

(4) Vor der Erlassung der Betriebsbeschränkungen sind diejenigen interessierten Kreise, die eine Stellungnahme eingebracht haben, schriftlich davon zu benachrichtigen, dass ihre Stellungnahme berücksichtigt worden ist oder aus welchen Gründen keine Berücksichtigung erfolgt ist. Davon abweichend kann die gemäß Abs. 1 zuständige Behörde aus Gründen der Sparsamkeit, Wirtschaftlichkeit und Zweckmäßigkeit eine begründete Äußerung zu den eingebrachten Stellungnahmen bei den Anrainergemeinden des jeweiligen Flughafens während der Amtsstunden für die Dauer von acht Wochen zur öffentlichen Einsicht auflegen sowie auf der Homepage des Bundesministeriums für Verkehr, Innovationen und Technologie veröffentlichen. In diesem Fall sind diejenigen interessierten Kreise, die eine Stellungnahme eingebracht haben, schriftlich von der öffentlichen Auflage der Äußerung zu benachrichtigen.

[9] Absatzbezeichnung durch BGBl I 151/2021 neu eingefügt und Einleitungssatz neu gefasst.

[10] Absatz durch BGBl I 151/2021 neu eingefügt.

[11] Eingefügt durch BGBl I 92/2017.

Mineralölsteuergesetz 2022 – MinStG 2022

BGBl 630/1994, zuletzt geändert durch BGBl I 72/2024

…

Steuersätze

§ 3. (1) Die Mineralölsteuer beträgt:

1.[1] für 1 000 l Benzin der Unterpositionen 2710 12 31 (soweit der Bleigehalt 0,013 g je Liter nicht übersteigt), 2710 12 41, 2710 12 45 und 2710 12 49 der Kombinierten Nomenklatur
   a) mit einem Gehalt an biogenen Stoffen von mindestens 46 l und einem Schwefelgehalt von höchstens 10 mg/kg, sofern jeweils gleichmäßig verteilt, 482 Euro;
   b) ansonsten 515 Euro;
2.[1] für 1 000 l Benzin der Unterpositionen 2710 12 31, 2710 12 51 und 2710 12 59 der Kombinierten Nomenklatur
   a) mit einem Gehalt an biogenen Stoffen von mindestens 46 l und einem Schwefelgehalt von höchstens 10 mg/kg, sofern jeweils gleichmäßig verteilt, 554 Euro;
   b) ansonsten 587 Euro;
3.[2] für 1 000 l mittelschwere Öle der Unterpositionen 2710 19 21 und 2710 19 25 der Kombinierten Nomenklatur, 397 Euro;
4.[1] für 1 000 l Gasöle der Unterpositionen 2710 19 43 bis 2710 19 48 und 2710 20 11 bis 2710 20 19 der Kombinierten Nomenklatur, ausgenommen gekennzeichnetes Gasöl,
   a) mit einem Gehalt an biogenen Stoffen von mindestens 66 l und einem Schwefelgehalt von höchstens 10 mg/kg, sofern jeweils gleichmäßig verteilt, 397 Euro;
   b) ansonsten 425 Euro;
5.[2] für 1 000 l gekennzeichnetes Gasöl (§ 9)
   a) mit einem Schwefelgehalt von höchstens 10 mg/kg, sofern gleichmäßig verteilt, 98 Euro;
   b) ansonsten 128 Euro;
6.[1] a)[3] für 1000 kg verflüssigte Kohlenwasserstoffe, einschließlich Erdgas (Unterposition 2711 11 00 der Kombinierten Nomenklatur) und Biogas (Unterposition 2711 19 00 der Kombinierten Nomenklatur), auch wenn diese im Zeitpunkt der Abgabe oder Verwendung (§ 21 Abs. 6 und Abs. 7) wieder gasförmig sind, 88 Euro;
   b) für 1 000 kg gasförmige Kohlenwasserstoffe, die als Treibstoff verwendet werden, ausgenommen Erdgas im Sinne des Erdgasabgabegesetzes, 261 Euro, ansonsten 43 €;
7.[1] für Heizöle der Unterpositionen 2710 19 62 bis 2710 19 68 und 2710 20 31 bis 2710 20 39 der Kombinierten Nomenklatur,
   a) wenn sie zum Verheizen verwendet werden, für 1 000 kg 60 Euro;
   b) ansonsten für 1 000 l
      aa) mit einem Gehalt an biogenen Stoffen von mindestens 66 l und einem Schwefelgehalt von höchstens 10 mg/kg, sofern jeweils gleichmäßig verteilt, 397 Euro;
      bb) ansonsten 425 Euro;
8.[1] für 1 000 kg Flüssiggase (ausgenommen Biogas der Unterposition 2711 19 00 der Kombinierten Nomenklatur), wenn sie als Treibstoff verwendet werden, 261 €, ansonsten 43 €;
9.[1] andere als die in Z 1 bis 8 angeführten Mineralöle, einschließlich der Mineralöle, auf die gemäß § 2 Abs. 8 die Bestimmungen dieses Bundesgesetzes über Kraftstoffe und Heizstoffe anzuwenden sind, unterliegen demselben Steuersatz wie jene Mineralöle, denen sie nach ihrem Verwendungszweck und ihrer Beschaffenheit am nächsten stehen.

(1a)[1] Zur Erreichung des Gehaltes an biogenen Stoffen im Sinne von Abs. 1 können Bioethanol, Fettsäuremethylester, Biogas, Biomethanol, Biodimethylether, Bio-ETBE, Bio-MTBE, synthetische Biokraftstoffe, erneuerbarer Wasserstoff und reines Pflanzenöl eingesetzt werden, wobei die Anrechnung auf den Anteil mit biogenem Ursprung beschränkt ist, insbesondere im Falle von Bio-ETBE auf einen Anteil in Höhe von 37% des beigemischten Bio-ETBE und im Falle von Bio-MTBE auf einen Anteil von 22% des beigemischten Bio-MTBE.

(2)[4] Die Mineralölsteuer für Kraftstoffe beträgt 515 Euro für 1 000 l, wenn sie anstelle von Benzin als Treibstoff verwendet werden sollen, ansonsten 425 Euro.

(3)[2] Die Mineralölsteuer für Heizstoffe beträgt für 1 000 l
a) mit einem Schwefelgehalt von höchstens 10 mg/kg, sofern gleichmäßig verteilt, 98 Euro;
b) ansonsten 128 Euro.

(4) Liter (l) im Sinne dieses Bundesgesetzes ist das Liter bei +15 °C. Das Gewicht der Umschließungen gehört nicht zum Gewicht des Mineralöls.

---

[1] Neu gefasst durch BGBl I 103/2019.
[2] Neu gefasst durch BGBl I 163/2015.
[3] Neu gefasst durch BGBl I 227/2021.
[4] Geändert durch BGBl I 111/2010.

Mineralrohstoffgesetz – MinroG

BGBl I 38/1999, zuletzt geändert durch BGBl I 60/2022 (GeoSphere Austria-Errichtungsgesetz)

…

V. Abschnitt
Bergschäden

§ 160. (1) Ein Bergschaden liegt vor, wenn durch eine der im § 2 Abs. 1 angeführten Tätigkeiten ein Mensch getötet, an seinem Körper oder an seiner Gesundheit verletzt oder eine Sache beschädigt wird.

(2) Nicht als Bergschaden gilt

1. der Personenschaden eines Arbeitnehmers infolge eines Arbeitsunfalles oder einer Berufskrankheit,
2. der Schaden an einem Grundstück, der durch dessen Benützung nach diesem Bundesgesetz oder einer bürgerlichrechtlichen Vereinbarung entsteht,
3. der Schaden an einer Anlage, wenn diese in einem Bergbaugebiet nach dessen Ersichtlichmachung im Grundbuch oder nach Kundmachung der Begrenzung des Bergbaugebietes nach § 210 errichtet und hiefür nicht um eine Bewilligung nach § 153 Abs. 2 angesucht wurde oder wenn diese Bewilligung versagt wurde oder die mit einer solchen Bewilligung verbundene Verpflichtung zu geeigneten Maßnahmen oder Sicherheitsvorkehrungen nicht eingehalten worden ist, sowie
4. der Schaden an einer Anlage, wenn diese entgegen einer nach § 181 erlassenen Abstandsverordnung errichtet wurde.

§ 161. (1) Für den Ersatz eines Bergschadens haftet, wer im Zeitpunkt des Schadenseintrittes Bergbauberechtigter ist. Ist dieser nicht Inhaber der Bergbauberechtigung sondern ist ihm die Ausübung der Berechtigung nur überlassen worden, so haftet der Inhaber der Berechtigung mit ihm zur ungeteilten Hand. Der Bergbauberechtigte hat den Inhaber der Berechtigung zu entschädigen, wenn nicht anderes vereinbart ist.

(2) Besteht die Berechtigung bei Eintritt eines Bergschadens nicht mehr, so haftet der zuletzt Bergbauberechtigte. War dieser nicht Inhaber der Berechtigung, sondern ist ihm deren Ausübung nur überlassen worden, so haftet der letzte Inhaber der Berechtigung mit ihm zur ungeteilten Hand. Der Abs. 1 letzter Satz gilt sinngemäß.

(3) Einem Bergbauberechtigten ist gleichgestellt, wer, ohne Inhaber einer Bergbauberechtigung zu sein oder ohne daß ihm die Ausübung einer solchen Berechtigung überlassen worden ist, tatsächlich die im § 2 Abs. 1 angeführten Tätigkeiten ausübt.

§ 162. (1) Werden die im § 2 Abs. 1 angeführten Tätigkeiten in einem Gebiet, in dem ein Bergschaden auftritt, von mehreren Bergbauberechtigten ausgeübt, so haften diese und, wenn ihnen nur die Ausübung der Bergbauberechtigungen überlassen ist, auch die Inhaber der Berechtigungen zur ungeteilten Hand. Weisen die vorgenannten Bergbauberechtigten jedoch nach, daß weder sie noch ihre Beauftragten und Arbeitnehmer noch die Fehlerhaftigkeit ihrer Anlagen den Bergschaden verursacht haben, so haften sie nicht. Der § 161 Abs. 3 gilt sinngemäß.

(2) Tritt ein Bergschaden in einem Gebiet auf, in dem die im § 2 Abs. 1 angeführten Tätigkeiten von einem oder mehreren Bergbauberechtigten ausgeübt werden oder ausgeübt worden sind, in dem solche Tätigkeiten aber auch schon vorher von damals Bergbauberechtigten ausgeübt worden sind, so haften nach Maßgabe des Abs. 1 die vorgenannten Bergbauberechtigten und, wenn ihnen nur die Ausübung der Bergbauberechtigungen überlassen ist oder war, auch die Inhaber der Berechtigungen zur ungeteilten Hand. Der vorletzte Satz des Abs. 1 und der § 161 Abs. 3 gelten sinngemäß.

(3) Im Verhältnis der Haftpflichtigen zueinander hängt, soweit nicht anderes vereinbart ist, die Pflicht zum Ersatz sowie dessen Umfang von den Umständen, besonders davon ab, inwieweit der Bergschaden überwiegend von dem einen oder dem anderen Haftpflichtigen verschuldet oder sonst verursacht worden ist; das gleiche gilt für deren gegenseitige Ersatzpflicht. Im Zweifel sind die Haftpflichtigen zu gleichen Anteilen zum Ersatz verpflichtet.

§ 163. Der Gegenstand des Ersatzes für die Tötung oder Verletzung eines Menschen an seinem Körper oder an seiner Gesundheit richtet sich nach dem Eisenbahn- und Kraftfahrzeughaftpflichtgesetz.

§ 164. (1) Die Ersatzpflicht ist ausgeschlossen, wenn der Bergschaden durch ein unabwendbares Ereignis verursacht worden ist, das nicht auf einer fehlerhaften Ausführung der im § 2 Abs. 1 angeführten Tätigkeiten beruht hat.

(2) Als unabwendbar gilt ein Ereignis besonders dann, wenn es auf das Verhalten des Geschädigten, eines nicht vom Bergbauberechtigten beschäftigten Dritten oder eines Tieres zurückzuführen ist und der Bergbauberechtigte, seine Beauftragten und Arbeitnehmer jede nach den Umständen des Falles gebotene Sorgfalt beachtet haben.

§ 165. (1) Hat bei der Entstehung des Bergschadens ein Verschulden des Geschädigten mitgewirkt, so gilt der § 1304 des Allgemeinen Bürgerlichen Gesetzbuches sinngemäß.

(2) Dem Verschulden des Geschädigten steht im Fall der Tötung das Verschulden des Getöteten und im Fall der Beschädigung einer Sache das Verschulden desjenigen gleich, der die tatsächliche Gewalt über die Sache ausgeübt hat.

§ 166. Unberührt bleiben Vorschriften, nach denen der Bergbauberechtigte für den verursachten Bergschaden in weiterem Umfang als nach den Bestimmungen dieses Bundesgesetzes haftet oder nach denen ein anderer zum Schadenersatz verpflichtet ist. Auch dort, wo die Ersatzansprüche für einen durch die Ausübung der im § 2 Abs. 1 angeführten Tätigkeiten verursachten Schaden nach derartigen Vorschriften zu beurteilen sind, haftet der Bergbauberechtigte für das Verschulden seiner Beauftragten und Arbeitnehmer, soweit die vorgenannten Tätigkeiten für den entstandenen Schaden ursächlich waren.

§ 167. Die Pflicht des Bergbauberechtigten, nach § 161 für die Tötung oder Verletzung eines Menschen an seinem Körper oder an seiner Gesundheit Ersatz zu leisten, darf im vorhinein für Personen, die sich in Ausübung einer Berufspflicht oder zwecks Wahrung eines gerechtfertigten Anliegens notwendigerweise in den Bereich begeben haben, in dem die im § 2 Abs. 1 angeführten Tätigkeiten ausgeübt werden oder solche vorgenommen worden sind oder diesen Bereich gegen Entgelt zwecks Besichtigung betreten haben, weder ausgeschlossen noch beschränkt werden; entgegenstehende Vereinbarungen sind nichtig. Dies gilt auch für die Ersatzpflicht der sonst nach § 161 Haftpflichtigen.

§ 168. (1) Der Anspruch auf Ersatz eines Bergschadens verjährt in drei Jahren von dem Zeitpunkt an, in dem der Geschädigte vom Bergschaden und von der Person des Haftpflichtigen Kenntnis erlangt hat, ohne Rücksicht auf diese Kenntnis in dreißig Jahren vom Beginn des schädigenden Vorganges an.

(2) Im übrigen gelten für die Verjährung die Vorschriften des bürgerlichen Rechtes.

§ 169. Der Geschädigte verliert den Anspruch auf Ersatz eines Bergschadens, wenn er nicht binnen drei Monaten, nachdem er vom Bergschaden und von der Person des Haftpflichtigen Kenntnis erlangt hat, diesem den schädigenden Vorgang anzeigt. Der Verlust tritt nicht ein, wenn die Anzeige infolge eines vom Geschädigten nicht zu vertretenden Umstandes unterblieben ist oder der Haftpflichtige innerhalb der bezeichneten Frist auf andere Weise von dem Bergschaden Kenntnis erhalten hat.

Nationales Emissionszertifikatehandelsgesetz 2022 – NEHG 2022

BGBl I 10/2022, zuletzt geändert durch BGBl I 137/2024

1. Abschnitt Allgemeine Bestimmungen

Ziel

§ 1.[1] Ziel dieses Bundesgesetzes ist die stufenweise Einführung einer kosteneffizienten und wirkungsvollen Maßnahme zur Reduktion von Treibhausgasemissionen, die nicht dem EU ETS I unterliegen. Damit soll ein Beitrag zur Erreichung der langfristigen Zielvorgaben des Übereinkommens von Paris, BGBl. III Nr. 197/2016, und den jeweils geltenden unionsrechtlichen Zielvorgaben für die Reduzierung der nationalen Treibhausgasemissionen in den nicht dem EU ETS I unterliegenden Sektoren geleistet werden. Zu diesem Zweck wird ein nationales Handelssystem mit Treibhausgasemissionszertifikaten in Stufen eingeführt, welches ab dem Jahr 2027 in das europäische System des EU ETS II überführt werden soll.

Geltungsbereich

§ 2. (1)[1] Dieses Bundesgesetz gilt für Treibhausgasemissionen aus Energieträgern (§ 3 Abs. 1 Z 1), die im Bundesgebiet (ausgenommen die Gebiete Jungholz und Mittelberg) in Verkehr gebracht werden.

(2) Energieträger (§ 3 Abs. 1 Z 1) gelten gemäß Abs. 1 als in Verkehr gebracht, wenn:

1. die Steuerschuld für Mineralöle, Kraft- und Heizstoffe
   a) durch die ordnungsgemäße Entnahme aus dem Steueraussetzungsverfahren, Einfuhr oder Herstellung gemäß § 21 Abs. 1 Z 1, 7 und 8, Abs. 2 und Abs. 3 und § 31 Abs. 4 sowie durch eine Verbringung gemäß § 42 Abs. 1 und 2, § 43 Abs. 2 und § 44 Abs. 2 des Mineralölsteuergesetzes 2022 – MinStG 2022, BGBl. I Nr. 227/2021,
   b) im Falle einer bestimmungswidrigen Verwendung oder von Unregelmäßigkeiten gemäß § 17 Abs. 3, § 21 Abs. 1 Z 2 bis 4, § 38 Abs. 2, § 45a Abs. 1 und § 50 MinStG 2022, oder
   c) im Falle einer Abgabe oder Verwendung nach § 21 Abs. 1 Z 5 und 6 MinStG 2022

   entsteht;
2. durch die Lieferung oder den Verbrauch
   a) von Erdgas im Steuergebiet ein steuerbarer Vorgang gemäß § 1 Abs. 1 des Erdgasabgabegesetzes, BGBl. Nr. 201/1996, oder
   b) von Kohle im Steuergebiet ein steuerbarer Vorgang gemäß § 1 Abs. 1 des Kohleabgabegesetzes, BGBl. I Nr. 71/2003

verwirklicht wird.

(3) Vor dem 13. Februar 2023 gelten Energieträger zusätzlich zu Abs. 2 Z 1 lit. a gemäß Abs. 1 als in Verkehr gebracht, wenn die Steuerschuld für Mineralöle

1. im Falle einer Einfuhr gemäß § 39 in Verbindung mit § 63 Abs. 7 MinStG 2022 entsteht oder
2. durch eine Verbringung gemäß § 41 Abs. 1 und 2 in Verbindung mit § 63 Abs. 7 MinStG 2022 entsteht.

Begriffsbestimmungen

§ 3. (1) Im Sinne dieses Bundesgesetzes bezeichnet der Ausdruck

1.[2] „Energieträger" bis zum 31. Dezember 2024 alle fossilen Mineralöle, Kraft- und Heizstoffe, Erdgase und Kohle, die in **Anlage 1** zu diesem Gesetz festgelegt werden, wobei für Angaben in Liter § 3 Abs. 4 MinStG 2022 und für Angaben in Kubikmeter § 5 Abs. 3 des Erdgasabgabegesetzes sinngemäß gelten. Ab dem 1. Jänner 2025 alle Energieerzeugnisse, die in **Anlage 3** zu diesem Gesetz festgelegt werden;

2.[2] „Treibhausgasemission" die Menge Kohlenstoffdioxid, die bei Verbrennung einer festgelegten Menge von Energieträgern nach **Anlage 1** freigesetzt und dem Handelsteilnehmer infolge des Inverkehrbringens zugerechnet wird, bei Energieerzeugnissen nach **Anlage 3** sind die Treibhausgasemissionen nach IPCC-Leitlinien zu ermitteln;

3.[1] „nationales Emissionszertifikat" das Zertifikat, das zur Emission von einer Tonne Kohlenstoffdioxid in einer bestimmten Handelsperiode des nationalen Emissionszertifikatehandels berechtigt;

4. „Handelsteilnehmer" die natürliche oder juristische Person oder Personengesellschaft, die für die Tatbestände nach § 2 Abs. 2 oder Abs. 3 als Steuerschuldner oder Abgabenschuldner definiert ist, auch wenn sich ein Verfahren der Steuerbefreiung anschließt;

5. „Energieabgaben" die Mineralölsteuer gemäß MinStG 2022, die Erdgasabgabe gemäß Erdgasabgabegesetz und die Kohleabgabe gemäß Kohleabgabegesetz;

6. „Carbon Leakage" das Risiko der Verlagerung von für dieses Bundesgesetz relevanten Treibhausgasemissionen außerhalb des Bundesgebiets;

7. „Kombinierte Nomenklatur" die Warennomenklatur nach Art. 1 der Verordnung (EWG) Nr. 2658/87 über die zolltarifliche und statistische Nomenklatur sowie den Gemeinsamen Zolltarif, ABl. Nr. L 256 vom 07.09.1987 S. 1, in der Fassung des Anhangs der Durchführungsverordnung (EU) 2017/1925 zur Änderung von Anhang I der Verordnung (EWG) Nr. 2658/87, ABl. Nr. L 282 vom 31.10. 2017 S. 1 und die dazu erlassenen Rechtsvorschriften;

[1] Geändert durch BGBl I 60/2024.

[2] Neu gefasst durch BGBl I 60/2024.

8.[2] „EU ETS I" das unionsweite System zur Erfassung und Begrenzung von Treibhausgasemissionen, geregelt durch die Richtlinie 2003/87/EG über ein System für den Handel mit Treibhausgasemissionszertifikaten in der Union und zur Änderung der Richtlinie 96/61/EG, ABl. Nr. L 275 vom 25.10.2003 S. 32, zuletzt geändert durch die Richtlinie 2023/959/EU, ABl. Nr. L 130 vom 10.05.2023 S. 134, ausgenommen Kapitel IVa der Richtlinie 2003/87/EG sowie die innerstaatliche Umsetzung im 8. Abschnitt des Emissionszertifikategesetzes 2011 – EZG 2011, BGBl. I Nr. 118/2011 in der Fassung BGBl. I Nr. 196/2023;
9. „zuständige Behörde" das Zollamt Österreich mit dem Amt für den nationalen Emissionszertifikatehandel gemäß § 28;
10.[3] „Entlastungsmaßnahmenteilnehmer", die natürliche oder juristische Person oder Personengesellschaft, die dem Anwendungsbereich einer Entlastungsmaßnahme gemäß dem 8. Abschnitt unterliegt und diese in Anspruch nehmen möchte;
11.[4] „Befreiungsmaßnahmenteilnehmer", die natürliche oder juristische Person oder Personengesellschaft, die dem Anwendungsbereich einer Befreiung gemäß dem 7. Abschnitt unterliegt und diese in Anspruch nehmen möchte;
12.[5] „EU ETS II" das europäische Emissionshandelssystem für den Gebäude- und den Straßenverkehrssektor sowie für andere Sektoren gemäß Kapitel IVa der Richtlinie 2003/87/EG sowie die innerstaatliche Umsetzung im 8. Abschnitt des Emissionszertifikategesetzes 2011 – EZG 2011, BGBl. I Nr. 118/2011 in der Fassung BGBl. I Nr. 196/2023;
13.[5] „IPCC-Leitlinien" die Richtlinien zur nationalen Treibhausgas-Berichterstattung von 2006 des Intergovernmental Panel on Climate Change (IPCC) oder spätere Aktualisierungen dieser Leitlinien;
14.[5] „AGVO" Verordnung (EU) 651/2014 vom 17. Juni 2014 zur Feststellung der Vereinbarkeit bestimmter Gruppen von Beihilfen mit dem Binnenmarkt in Anwendung der Artikel 107 und 108 des Vertrags über die Arbeitsweise der Europäischen Union, ABl. Nr. L 187 vom 26.06.2014 S. 1, zuletzt geändert durch Verordnung (EU) 2023/1315, ABl. Nr. L 167 S. 1.

(2) Der Bundesminister für Finanzen wird im Einvernehmen mit der Bundesministerin für Klimaschutz, Umwelt, Energie, Mobilität, Innovation und Technologie ermächtigt, die umfassten Energieträger gemäß Abs. 1 Z 1 in Verbindung mit **Anlage 1** durch Verordnung auf weitere Mineralöle, Kraftstoffe und Heizstoffe der Energieabgaben auszuweiten, bereits umfasste Energieträger weiter in Untergruppen zu differenzieren sowie jeweils die THG-Emissionsfaktoren abzuändern oder zu ergänzen, um die Erreichung der Ziele nach § 1 sicherzustellen.

2. Abschnitt
Registrierung und Überwachung der Treibhausgasemissionen

Registrierung

§ 4.[6] (1) Handelsteilnehmer dürfen Energieträger nur dann gemäß § 2 Abs. 2 und 3 in Verkehr bringen, wenn sie vier Monate vor Aufnahme der Tätigkeit bei der zuständigen Behörde (§ 28) einen Antrag auf Registrierung gestellt haben, es sei denn, die zuständige Behörde hat für diese Vorlage eine andere Frist gesetzt. Die zuständige Behörde prüft auf Antrag das Vorliegen der nachfolgenden Voraussetzungen und genehmigt die Registrierung mit Bescheid, sofern der Handelsteilnehmer nachweist, dass er in der Lage ist, die Emissionen von Treibhausgasen zu überwachen und darüber eine Emissionsmeldung zu erstatten. Sie kann sich zu dieser Überprüfung des Umweltbundesamts bedienen.

(2) Der Antrag hat mindestens folgende Angaben zu enthalten:
1. Angaben zur eindeutigen Identifizierung des Handelsteilnehmers;
2. die voraussichtliche Gesamtmenge an Emissionen, die Art der Energieträger, die durch ihn in Verkehr gebracht werden, sowie die Mittel, mit denen diese Energieträger in Verkehr gebracht werden sollen;
3. die voraussichtliche Verwendung der Energieträger unterteilt nach befreiter und nicht befreiter Verwendung;
4. die geplanten Maßnahmen zur Überwachung und Berichterstattung von Treibhausgasemissionen;
5. eine nichttechnische Zusammenfassung der Informationen gemäß der Z 1 bis 4 dieses Absatzes.

(3) Dem Antrag ist ein Überwachungsplan gemäß § 7 beizulegen.

(4) Der Bescheid über die Registrierung hat mindestens folgende Angaben zu enthalten:
1. Name und Anschrift des Handelsteilnehmers;
2. eine Beschreibung der Mittel, mit denen der Handelsteilnehmer die Energieträger in Verkehr bringt;
3. eine Liste der Energieträger, die der Handelsteilnehmer in Verkehr bringen darf;
4. einen Überwachungsplan (§ 7);
5. Anforderungen an die Berichterstattung.

(5) Der Bundesminister für Finanzen hat im Einvernehmen mit der Bundesministerin für Klimaschutz, Umwelt, Energie, Mobilität, Innovation und Technologie durch Verordnung die technische Ausgestaltung und organisatorische Durchführung des Verfahrens zur Registrierung näher zu regeln.

(6) Stellt ein Handelsteilnehmer gemeinsam mit dem Antrag auf Registrierung einen Antrag auf Erteilung einer Genehmigung gemäß § 37 EZG 2011, können beide Anträge von der zuständigen Behörde gemeinsam mit Bescheid erledigt werden.

(7) Die zuständige Behörde hat den Bescheid dem Umweltbundesamt auf Anfrage zur Verfügung zu stellen.

Änderung der Registrierung

§ 5.[6] (1) Jeder Handelsteilnehmer ist verpflichtet, der zuständigen Behörde alle wesentlichen Änderungen der Angaben gemäß § 4 unverzüglich, nicht wesentliche Änderungen jedoch spätestens bis zum 31. Dezember des Jahres, in dem die Änderung erfolgt, zu melden. Die Behörde hat diese Meldung zur Kenntnis zu nehmen und den Registrierungsbescheid erforderlichenfalls zu ändern.

(2) Die Registrierung gemäß § 4 kann amtswegig widerrufen werden,
- wenn nachträglich Tatsachen eingetreten sind, bei deren Vorliegen im Zeitpunkt der Registrierung der Antrag abzuweisen gewesen wäre;
- wenn nachträglich Tatsachen hervorkommen, bei deren Kenntnis vor der Registrierung der Antrag abzuweisen gewesen wäre;
- wenn der Handelsteilnehmer Verpflichtungen, die sich aus der Registrierung ergeben, nicht binnen einer von der zu-

[3] Neu gefasst durch BGBl I 110/2023.
[4] Eingefügt durch BGBl I 110/2023.
[5] Eingefügt durch BGBl I 60/2024.
[6] Samt Überschrift neu gefasst durch BGBl I 60/2024.

ständigen Behörde gesetzten angemessenen Frist erfüllt, mit Wirkung frühestens zum Zeitpunkt des Ablaufs der Frist;

– wenn der Handelsteilnehmer wegfällt.

Ein amtswegiger Widerruf entbindet den Handelsteilnehmer nicht von der Erfüllung der bis zum Widerruf entstandenen Verpflichtungen. Für die Erfüllung der entstandenen Verpflichtungen kann die zuständige Behörde eine angemessene Frist setzen.

(3) Auf Antrag eines Handelsteilnehmers ist der Registrierungsbescheid zu widerrufen. Voraussetzung dafür ist, dass

– die Verpflichtung zur Abgabe von Zertifikaten vollständig erfüllt ist;
– der Handelsteilnehmer über keine aufrechte Bewilligung gemäß MinStG 2022 in der jeweils geltenden Fassung, für Energieträger verfügt;
– keine Energieträger in Verkehr gebracht werden.

Überwachung und Meldung der Treibhausgasemissionen

§ 6.[6] (1) Jeder Handelsteilnehmer hat nach Ablauf eines Kalenderjahres die ihm zugerechneten Treibhausgase des Vorjahres im Einklang mit dem genehmigten Überwachungsplan (§ 7) zu ermitteln und bis zum 30. April der zuständigen Behörde elektronisch zu melden („Treibhausgasemissionsbericht").

(2) Der Treibhausgasemissionsbericht hat jedenfalls folgende Angaben zu enthalten:

1. Angaben über den Handelsteilnehmer
   a) Name und Anschrift;
   b) Art der Energieträger und Beschreibung der Tätigkeit;
   c) Anschrift, Telefonnummer, E-Mail-Adresse eines Ansprechpartners;
   d) Name des Eigentümers des Handelsteilnehmers und Name der Mutterunternehmen des Handelsteilnehmers, sofern vorhanden.
2. Für jeden Energieträger
   a) Menge des Energieträgers, die in Verkehr gebracht wird;
   b) Emissionsfaktor;
   c) Gesamtemissionen;
   d) Endverwendung(en) der Energieträger, die in Verkehr gebracht werden;
   e) Unsicherheitsfaktor und
   f) Mittel, mit denen die Energieträger in Verkehr gebracht werden.

Die Berechnung der Emissionen erfolgt durch Multiplikation der Menge eines Energieträgers mit einem Treibhausgasemissionsfaktor. Es sind Standardemissionsfaktoren aus den IPCC-Leitlinien heranzuziehen, es sei denn, brennstoffspezifische Emissionsfaktoren, die von unabhängigen akkreditierten Laboratorien nach anerkannten Analysemethoden ermittelt wurden, erweisen sich als genauer. Für jeden Energieträger ist eine gesonderte Berechnung vorzunehmen und der zuständigen Behörde nach Aufforderung in geeigneter Form vorzulegen.

(3) Dem Treibhausgasemissionsbericht gemäß Abs. 1 ist ein Prüfgutachten einer unabhängigen Prüfeinrichtung (§ 8) über die erfolgte Prüfung der Treibhausgasemissionen beizulegen.

(4) Die zuständige Behörde hat den Treibhausgasemissionsbericht gemäß Abs. 1 als ausreichend geprüft mit Bescheid anzuerkennen, wenn ein positives Prüfgutachten einer unabhängigen Prüfeinrichtung vorliegt und keine begründeten Zweifel der zuständigen Behörde daran bestehen, dass zu den Treibhausgasemissionen korrekte Angaben gemacht wurden. Sie kann sich zu dieser Überprüfung des Umweltbundesamts bedienen.

(5) Die zuständige Behörde hat in den Fällen der Z 1 bis 3 die Menge an Treibhausgasemissionen auf Grundlage einer Schätzung mittels Bescheid festzulegen:

1. Die Überprüfung gemäß Abs. 4 ergibt, dass zu den Treibhausgasemissionen keine korrekten Angaben gemacht wurden.
2. Der Handelsteilnehmer hat bis zum in Abs. 1 festgelegten Stichtag keinen Treibhausgasemissionsbericht für das betreffende Kalenderjahr übermittelt.
3. Es wurde kein Prüfgutachten oder kein Prüfgutachten mit positivem Ergebnis vorgelegt.

(6) Der Bundesminister für Finanzen kann im Einvernehmen mit der Bundesministerin für Klimaschutz, Umwelt, Energie, Mobilität, Innovation und Technologie durch Verordnung nähere Vorschriften in Bezug auf die Ermittlung der Treibhausgasemissionen festlegen, insbesondere in Bezug auf Vorgaben an die Ermittlung der Treibhausgasemissionen, die Berichterstattung und die Verifizierung.

(7) Übermittelt ein Handelsteilnehmer eine Emissionsmeldung gemäß § 41 EZG 2011 samt Prüfgutachten einer unabhängigen Prüfeinrichtung, kann diese von der zuständigen Behörde als Treibhausgasemissionsbericht samt Prüfgutachten einer unabhängigen Prüfeinrichtung für dieses Bundesgesetz anerkannt werden, sofern durch den Handelsteilnehmer Abweichungen zwischen beiden Gesetzen, durch nicht berücksichtigte Mengen an Energieträgern oder einer Befreiung gemäß §§ 22 und 23 unterliegenden Mengen an Energieträgern im Rahmen des Treibhausgasemissionsberichts gemäß § 41 EZG 2011 bekannt gegeben wurden.

Überwachungsplan

§ 7.[6] (1) Jeder Handelsteilnehmer hat im Rahmen der Registrierung bei der zuständigen Behörde einen Überwachungsplan vorzulegen, der die Anforderungen der Durchführungsverordnung (EU) Nr. 2018/2066 über die Überwachung von und die Berichterstattung über Treibhausgasemissionen gemäß der Richtlinie 2003/87/EG zur Änderung der Verordnung (EU) Nr. 601/2012 in der Fassung (EU) 2023/2122, ABl. Nr. L 39 vom 18.10.2023 S. 1, oder einer Änderung dieser Verordnung im Einklang mit Art. 14 der Richtlinie 2003/87/EG erfüllt.

(2) Die zuständige Behörde hat den Plan zu prüfen und kann sich bei der Prüfung des Umweltbundesamts bedienen. Der Handelsteilnehmer hat auf Aufforderung der zuständigen Behörde weitere Informationen vorzulegen oder Anpassungen des Überwachungsplans auf Grundlage der Verordnung (EU) Nr. 2018/2066 vorzunehmen.

(3) Die zuständige Behörde hat jeden Überwachungsplan, der den Vorgaben der Verordnung (EU) Nr. 2018/2066 entspricht, im Einklang mit den Vorgaben des § 4 mit Bescheid zu genehmigen. Sollte ein Plan nicht den Vorgaben entsprechen, kann eine Genehmigung unter Auflagen erteilt werden.

(4) Jeder Handelsteilnehmer hat den Überwachungsplan nach Maßgabe der Verordnung (EU) Nr. 2018/2066 regelmäßig zu überprüfen und gegebenenfalls zu verbessern. Jede beabsichtigte Änderung des Überwachungsplans ist der zuständigen Behörde unverzüglich, jedoch spätestens bis zum 31. Dezember des betreffenden Jahres zu melden. Die zuständige Behörde hat jede Änderung zu prüfen und kann sich bei der Prüfung des Umweltbundesamts bedienen. Die zuständige Behörde hat wesentliche Änderungen durch einen Bescheid im Einklang mit § 5 zu genehmigen. Entspricht die Meldung nicht den Vorgaben, kann eine Genehmigung unter Auflagen erteilt werden.

(5) Übermittelt ein Handelsteilnehmer einen vollständigen Überwachungsplan gemäß § 37 EZG 2011, kann dieser von der zuständigen Behörde als Überwachungsplan gemäß Abs. 1 anerkannt werden.

(6) Der Bundesminister für Finanzen kann im Einvernehmen mit der Bundesministerin für Klimaschutz, Umwelt, Energie, Mobilität, Innovation und Technologie durch Verordnung nähere Vorschriften in Bezug auf den Überwachungsplan erlassen.

Unabhängige Prüfeinrichtung

§ 8.[1] Unabhängige Prüfeinrichtungen für die Prüfung von Meldungen gemäß § 6 bedürfen einer Akkreditierung gemäß der Verordnung (EG) Nr. 765/2008 über die Vorschriften für die Akkreditierung und Marktüberwachung im Zusammenhang mit der Vermarktung von Produkten und zur Aufhebung der Verordnung (EWG) Nr. 339/93, ABl. Nr. L 218 vom 13.08.2008 S. 30. Die Bestimmungen der Durchführungsverordnung (EU) 2018/2067 über die Prüfung von Daten und die Akkreditierung von Prüfstellen gemäß der Richtlinie 2003/87/EG, sind sinngemäß für die Prüfung gemäß § 6 Abs. 3 und die Akkreditierung sowie die Aufsicht über unabhängige Prüfeinrichtungen anzuwenden.

3. Abschnitt
Handel mit nationalen Emissionszertifikaten

Handelsphasen

§ 9.[2] Der nationale Emissionszertifikatehandel beginnt mit 1. Oktober 2022 und endet mit Überleitung in das EU ETS II mit 31. Dezember 2026 oder mit 31. Dezember 2027, sofern in Einklang mit § 37 Abs. 6 EZG 2011 die Verpflichtung zur Abgabe von Emissionszertifikaten um ein Jahr verschoben wird. Er wird in zwei Phasen unterteilt:

1. Einführungsphase ab dem 1. Oktober 2022 bis zum 31. Dezember 2024
2. Überführungsphase ab dem 1. Jänner 2025

Ausgabewert von nationalen Emissionszertifikaten[7]

§ 10. (1) Die nationalen Emissionszertifikate haben einen Ausgabewert von:

Kalenderjahr	Betrag
2022	30 Euro
2023	35 Euro(Anm. 1)
2024	45 Euro
2025	55 Euro

(2) Um zur Stabilisierung der Energiepreise beizutragen, ist die durchschnittliche Veränderung der Energiepreise für die von diesem Bundesgesetz umfassten Energieträger (fossiler Energiepreisindex für private Haushalte) in den ersten drei Quartalen des laufenden Jahres ab 2022 bezogen auf das vorangegangene Kalenderjahr zu ermitteln („Preisstabilitätsmechanismus"). Überschreitet die durchschnittliche Veränderung einen annualisierten Wert von 12,5 Prozent, so wird der Erhöhungsbetrag des Ausgabewertes für das nachfolgende Kalenderjahr auf 50 Prozent des ursprünglichen Wertes reduziert. Unterschreitet die durchschnittliche Veränderung einen annualisierten Wert von -12,5 Prozent, so wird der Erhöhungsbetrag des Ausgabewertes für das nachfolgende Kalenderjahr um 50 Prozent des ursprünglichen Wertes angehoben. Als Erhöhungsbetrag gilt die Differenz des Ausgabewertes des laufenden Kalenderjahres und des folgenden Kalenderjahres gemäß Abs. 1. Die Ausgabewerte der darauffolgenden Kalenderjahre gemäß Abs. 1 bleiben trotz Anpassung des Erhöhungsbetrages unverändert.

(3)[3] Der Verein Österreichische Energieagentur – Austrian Energy Agency (AEA) hat dem Bundesminister für Finanzen jährlich jene annualisierten Daten für fossile Energieträger, die in dem von der AEA veröffentlichten Energiepreisindex enthalten sind und diesem Bundesgesetz unterliegen, bis zum 30. November des jeweils laufenden Kalenderjahres in geeigneter Form zur Verfügung zu stellen. Für die Datenbereitstellung und -aufbereitung hat die AEA ihrem tatsächlichen Aufwand nach Anspruch auf Kostenersatz. Der Bundesminister für Finanzen hat aus den zur Verfügung gestellten Daten die Anwendbarkeit des Preisstabilitätsmechanismus festzustellen und dies bis zum 15. Dezember des jeweils laufenden Kalenderjahres im Bundesgesetzblatt kundzumachen."

(____________

Anm. 1.: gemäß BGBl. II Nr. 460/2022 für 2023: 32,5 Euro)

Abgabe nationaler Emissionszertifikate

§ 11. Jeder Handelsteilnehmer hat jährlich bis spätestens zum 31. Juli bei der zuständigen Behörde die Anzahl an nationalen Emissionszertifikaten abzugeben, die den nach § 6 geprüften, ihm zugerechneten Treibhausgasen im vorhergehenden Kalenderjahr entspricht. Die abgegebenen Emissionszertifikate sind anschließend zu löschen.

4. Abschnitt
Einführungsphase

Erwerb und Rückgabe von nationalen Emissionszertifikaten

§ 12. (1)[2] Handelsteilnehmer können nationale Emissionszertifikate für ein Kalenderjahr ab Bekanntgabe des Bescheides über den vereinfachten Treibhausgasemissionsbericht dieses Kalenderjahres bis zum Ablauf eines Monates ab Bekanntgabe des Bescheides bei der zuständigen Behörde erwerben oder im Falle der Nichtverwendung zurückgeben.

(2) Nationale Emissionszertifikate sind einem Kalenderjahr zugeordnet, welches sich nach dem Ausgabewert gemäß § 10 Abs. 1 richtet. Sie können nur für Treibhausgasemissionen dieses Kalenderjahres abgegeben werden.

(3) Bei der Rückgabe von nationalen Emissionszertifikaten wird ausschließlich der beim Erwerb entrichtete Ausgabewert rückerstattet.

(4)[5] Netzbetreiber als Haftende gemäß § 4 Abs. 2 Erdgasabgabegesetz, die in der Einführungsphase Handelsteilnehmer sind, müssen den Lieferern von Erdgas bis spätestens 15. August 2024 mitteilen, dass mit dem Beginn der Überführungsphase am 1. Jänner 2025 die Netzbetreiber nicht mehr anstelle der Lieferer des Erdgases als Handelsteilnehmer gelten.

(5)[8] Der Bundesminister für Finanzen hat im Einvernehmen mit der Bundesministerin für Klimaschutz, Umwelt, Energie, Mobilität, Innovation und Technologie die technische Ausgestaltung und organisatorische Durchführung des Erwerbs und der Rückgabe von nationalen Emissionszertifikaten durch Verordnung näher zu regeln.

Vereinfachte Registrierung

§ 13. (1) In der Einführungsphase kommen eine vereinfachte Registrierung und Emissionsüberwachung zur Anwendung. In dieser Phase ist abweichend von § 4 Abs. 3 kein Überwachungsplan beizulegen. Darüber hinaus liegt jedenfalls

[7] Überschrift geändert durch BGBl I 60/2024.

[8] Absatzbezeichnung neu durch BGBl I 60/2024.

keine schuldhafte Pflichtverletzung nach § 31 Abs. 1 vor, wenn für den Handelsteilnehmer die erforderliche Registrierung bis 1. Februar 2023 erfolgt.

(2) Abweichend von § 4 Abs. 1 hat die zuständige Behörde für jene Handelsteilnehmer, die bereits vor dem 1. Oktober 2022 als Abgabenschuldner einer Energieabgabe erfasst sind, automationsunterstützt die Registrierung vorzunehmen („Initialbefüllung“) und einen Registrierungsbescheid zu erlassen. Eine gesonderte Antragstellung ist nicht erforderlich. Dabei sind jene Daten zu verwenden, die für die Erhebung der Energieabgaben erfasst werden. Diese sind der zuständigen Behörde automationsunterstützt und kostenfrei durch die Abgabenbehörden des Bundes (§ 49 Z 1 Bundesabgabenordnung – BAO, BGBl. Nr. 194/1961) zur Verfügung zu stellen. Stellt sich heraus, dass die übernommenen Daten unrichtig sind, hat der Handelsteilnehmer dies der zuständigen Behörde unverzüglich bekannt zu geben.

(3) Entrichtet

- der Netzbetreiber als Haftender gemäß § 4 Abs. 2 Erdgasabgabegesetz anstelle eines Handelsteilnehmers die Erdgasabgabe oder
- der inländische Empfänger als Haftender gemäß § 4 Abs. 2 Kohleabgabegesetz anstelle eines Handelsteilnehmer die Kohleabgabe,

gilt er in der Einführungsphase gemäß § 9 Z 1 abweichend von § 3 Abs. 1 Z 4 anstelle des Steuerschuldners als Handelsteilnehmer.

(4) Der Bundesminister für Finanzen hat im Einvernehmen mit der Bundesministerin für Klimaschutz, Umwelt, Energie, Mobilität, Innovation und Technologie die automationsunterstützte Übermittlung der Daten und die Initialbefüllung durch Verordnung näher zu regeln.

Unterjährige Treibhausgasemissionsmeldung und Abgabe von nationalen Emissionszertifikaten

§ 14. (1)

1.[1] In der Einführungsphase hat der Handelsteilnehmer die unterjährigen Treibhausgasemissionsmeldungen durch Selbstberechnung durchzuführen. Dabei gilt die Selbstberechnung gemäß § 23 Abs. 3 MinStG 2022, § 6 Abs. 1 Erdgasabgabegesetz und § 6 Abs. 1 Kohleabgabegesetz als Selbstberechnung im Sinne dieses Bundesgesetzes. Die zuständige Behörde hat automationsunterstützt die Daten aus den Energieabgaben für die unterjährige Treibhausgasemissionsmeldung heranzuziehen und dem Handelsteilnehmer zur Verfügung zu stellen.
2. Der Handelsteilnehmer kann ab dem Monatsersten bis zum Monatsletzten des auf das Kalendervierteljahr zweitfolgenden Monats eine ergänzende Treibhausgasemissionsmeldung abgeben, wenn
   - eine Doppelbelastung durch Geltendmachung der Befreiung gemäß § 20 verhindert werden soll oder
   - Wasserstoff, welcher im Rahmen der Selbstberechnung der Erdgasabgabe (§ 6 Abs. 1 Erdgasabgabegesetz) erfasst wurde, berücksichtigt werden soll.
3. Die zuständige Behörde hat auf Basis der Daten aus den Energieabgaben (Z 1) und der ergänzenden Treibhausgasemissionsmeldung (Z 2) die Treibhausemissionen abzuleiten und die Emissionszertifikate zu ermitteln.

(2)[3] Die anhand der vereinfachten Emissionsmeldung ermittelte Menge an nationalen Emissionszertifikaten für das Kalendervierteljahr ist bis zum Ablauf eines Monats ab Zurverfügungstellung der Daten gemäß Abs. 1 durch die zuständige Behörde durch den Handelsteilnehmer abzugeben. Die Zurverfügungstellung der Daten durch die zuständige Behörde hat bis zum 15. des auf das Kalendervierteljahr drittfolgenden Monates zu erfolgen.

(2a)[4] Erweist sich die Menge an nationalen Emissionzertifikaten als nicht richtig, kann gemäß § 201 BAO von Amts wegen oder auf Antrag des Handelsteilnehmers die Menge an nationalen Emissionzertifikaten durch Bescheid festgesetzt werden. Der Antrag kann längstens bis zur Abgabe des vereinfachten Treibhausgasemissionsberichts (§ 15) gestellt werden.

(3) Der Bundesminister für Finanzen hat im Einvernehmen mit der Bundesministerin für Klimaschutz, Umwelt, Energie, Mobilität, Innovation und Technologie die technische Ausgestaltung und organisatorische Durchführung der unterjährigen Treibhausgasemissionsmeldung und die Abgabe von Emissionszertifikaten durch Verordnung näher zu regeln.

Vereinfachter Treibhausgasemissionsbericht und Abgabe von nationalen Emissionszertifikaten

§ 15. (1)[Fehler! Textmarke nicht definiert.] In der Einführungsphase hat der Handelsteilnehmer abweichend von den §§ 6 und 11 bis zum 31. Juli des Folgejahres einen vereinfachten Treibhausgasemissionsbericht und eine Meldung über die sich daraus ergebende Anzahl an abzugebenden nationalen Emissionszertifikaten des vorangegangenen Kalenderjahres bei der zuständigen Behörde einzureichen. Im Rahmen des vereinfachten Treibhausgasemissionsberichtes sind Befreiungen nach dem 7. Abschnitt geltend zu machen oder die Inanspruchnahme bekannt zu geben.

(2)[Fehler! Textmarke nicht definiert.] Sofern vorhanden, hat die zuständige Behörde die Daten aus den Energieabgaben für den vereinfachten Treibhausgasemissionsbericht zu übernehmen und dem Handelsteilnehmer mitzuteilen. Stellt sich heraus, dass die übernommenen Daten unrichtig sind, hat der Handelsteilnehmer diese bis zum 31. Juli des Folgejahres zu korrigieren.

(3)[3] Der vereinfachte Treibhausgasemissionsbericht ist, nach einer allfälligen Bekanntgabe gemäß Abs. 1 oder Berichtigung gemäß Abs. 2, durch die zuständige Behörde mit Bescheid abzuschließen. Weicht die Anzahl an abzugebenden nationalen Emissionszertifikaten des vorangegangenen Kalenderjahres aus dem vereinfachten Treibhausgasemissionsbericht von den unterjährigen Meldungen ab, hat der Handelsteilnehmer die fehlenden nationalen Emissionszertifikate bis zum Ablauf eines Monates ab Bekanntgabe des Bescheides (Fälligkeitszeitpunkt) abzugeben oder kann überschüssige nationale Emissionszertifikate bei der zuständigen Behörde zurückgeben.

(4)[1] Wird kein vereinfachter Treibhausgasemissionsbericht abgegeben und sind keine Daten aus den Energieabgaben vorhanden, ist § 6 Abs. 5 sinngemäß anzuwenden.

(5) Der Bundesminister für Finanzen hat im Einvernehmen mit der Bundesministerin für Klimaschutz, Umwelt, Energie, Mobilität, Innovation und Technologie die technische Ausgestaltung und die organisatorische Durchführung des vereinfachten Treibhausgasemissionsberichtes sowie der Abgabe und Rückgabe von Emissionszertifikaten durch Verordnung näher zu regeln.

5. Abschnitt Überführungsphase[7]

Erwerb und Rückgabe von nationalen Emissionszertifikaten

§ 16. (1)[2] Handelsteilnehmer können nationale Emissionszertifikate für ein Kalenderjahr ab Bekanntgabe des Bescheids über den Treibhausgasemissionsbericht dieses Kalenderjahrs im Folgejahr bis zum Ablauf eines Monates ab Bekanntgabe des Bescheides bei der zuständigen Behörde erwerben oder im Falle der Nichtverwendung zurückgeben.

(2)[2] Nationale Emissionszertifikate sind einem Kalenderjahr zugeordnet, welches sich nach dem Ausgabewert gemäß § 10 Abs. 1 richtet. Sie können nur für Treibhausgasemissionen dieses Kalenderjahres abgegeben werden.

(3) Bei der Rückgabe von nationalen Emissionszertifikaten wird ausschließlich der beim Erwerb entrichtete Ausgabewert rückerstattet.

(4) Der Bundesminister für Finanzen hat im Einvernehmen mit der Bundesministerin für Klimaschutz, Umwelt, Energie, Mobilität, Innovation und Technologie die technische Ausgestaltung sowie organisatorische Durchführung des Erwerbs und der Rückgabe von nationalen Emissionszertifikaten durch Verordnung näher zu regeln.

Nationales Emissionszertifikatehandelsregister

§ 17.[6] (1) Als nationales Emissionszertifikatehandelsregister in der Überführungsphase gilt die Gesamtheit aller Konten von Handelsteilnehmern im Register gemäß § 43 EZG 2011.

(2) Liegt für einen Handelsteilnehmer am 1. Mai 2024 eine aufrechte Registrierung jedoch kein genehmigter Überwachungsplan (§ 7) vor oder fehlen Angaben gemäß § 4 Abs. 2 und beabsichtigt er nach dem 1. Jänner 2025 Energieträger in Verkehr zu bringen, hat er bei der zuständigen Behörde bis zum 30. August 2024 einen Überwachungsplan oder die Angaben nachzureichen; dabei sind § 4 und 7 sinngemäß anzuwenden. Die zuständige Behörde hat die im Nationalen Emissionszertifikatehandel Informationssystem erfassten Daten bis 1. Juni 2024 als Vorlage für einen Antrag auf Registrierung (§ 4) bereitzustellen. Der Handelsteilnehmer hat die Daten zu prüfen, fehlende Daten zu ergänzen und anschließend den vervollständigten Antrag auf Registrierung bis zum 30. August 2024 einzureichen, es sei denn, die zuständige Behörde hat für diese Einreichung eine andere Frist gesetzt."

Vorauszahlungen in der Überführungsphase

§ 18.[6] (1) Handelsteilnehmer haben in der Überführungsphase Vorauszahlungen zu entrichten. Auf Basis des Überwachungsplans gemäß § 7 Abs. 1 ist die Höhe der Vorauszahlungen jährlich zu ermitteln. Die Vorauszahlung für ein Kalenderjahr ergibt sich aus der Höhe der zu erwartenden Treibhausgasemissionen gemäß § 7 Abs. 1 und dem Ausgabewert von nationalen Emissionszertifikaten im jeweiligen Kalenderjahr nach § 10 Abs. 1. § 217 BAO ist nicht anwendbar.

(2) Die Vorauszahlungen sind zu je einem Viertel bis zum 15. Juni, 15. September und 15. Dezember des betreffenden Kalenderjahres und bis zum 15. März des Folgejahres durch die zuständige Behörde vorzuschreiben. Die ermittelte Vorauszahlung für das Kalendervierteljahr ist bis zum Ablauf eines Monats ab Vorschreibung durch die zuständige Behörde durch den Handelsteilnehmer zu entrichten.

(3) Erweist sich die Höhe der Vorauszahlungen als voraussichtlich nicht richtig, kann gemäß § 201 BAO die Höhe der Vorauszahlungen abgeändert werden. Der Antrag kann längstens bis zur Abgabe des Treibhausgasemissionsberichts (§ 6) gestellt werden.

§ 19[2]**.** Die Überführungsphase wird bis zum 31. Dezember jenes Jahres fortgesetzt, das vor dem Jahr liegt, für welches Emissionszertifikate gemäß dem 8. Abschnitt EZG 2011 abgegeben werden müssen. Der Ausgabewert für nationale Emissionszertifikate beträgt im Fall der Fortsetzung den in § 10 für das Jahr 2025 festgesetzten Wert. Die Bestimmungen der Überführungsphase sind in der letztgültigen Fassung weiterhin anzuwenden.

7. Abschnitt
Befreiungen

Berücksichtigung des EU ETS I[7]

§ 20. (1)[2] Zur Vermeidung von Doppelbelastungen sind Handelsteilnehmer in Bezug auf Energieträger, die zu Heizzwecken verwendet und an Unternehmen geliefert werden, deren Anlagen dem Geltungsbereich des EZG 2011 unterliegen, von der Verpflichtung zur Abgabe von nationalen Emissionszertifikaten gemäß §§ 11, 14 und 15 befreit. Die Befreiung gilt für jene Treibhausgasemissionen, für die sowohl eine Verpflichtung zur Abgabe von nationalen Emissionszertifikaten als auch zur Abgabe von Emissionszertifikaten nach EZG 2011 besteht. Abweichend davon sind von der Befreiung auch jene Treibhausgasemissionen aus Energieträgern, die zu Heizzwecken verwendet werden, erfasst, für die gemäß Art. 12 Abs. 3a und 3b der Richtlinie 2003/87/EG keine Verpflichtung zur Abgabe von Emissionszertifikaten nach EZG 2011 besteht.

(2) Die Umweltbundesamt GmbH und die Bezirksverwaltungsbehörden haben der zuständigen Behörde jene Daten, die für den Vollzug der Befreiung gemäß Abs. 1 notwendig sind, in geeigneter Form zur Verfügung zu stellen.

(3) Der Bundesminister für Finanzen hat im Einvernehmen mit der Bundesministerin für Klimaschutz, Umwelt, Energie, Mobilität, Innovation und Technologie die technische Ausgestaltung und die organisatorische Durchführung des Verfahrens zur Erlangung der Befreiung sowie die notwendigen Daten gemäß Abs. 2 durch Verordnung näher zu regeln. Es ist dabei sicherzustellen, dass

- eine unberechtigte Inanspruchnahme der Befreiung nicht möglich ist,
- eine Doppelbelastung vorab verhindert wird und
- sofern die Doppelbelastung nicht oder nicht zur Gänze vorab verhindert werden kann, die Möglichkeit für eine nachträgliche Korrektur geschaffen wird.

Eine Doppelbelastung liegt vor, sofern die Belastung, die durch die Verpflichtung zur Abgabe von nationalen Emissionszertifikaten entsteht, von den Unternehmen, deren Anlagen dem Geltungsbereich des EZG 2011 unterliegen, nicht weiterverrechnet wird.

Bagatellschwelle

§ 21. Handelsteilnehmer, die in einem Kalenderjahr weniger als eine Tonne Treibhausgasemissionen in Verkehr bringen, sind für dieses Kalenderjahr von den Verpflichtungen dieses Bundesgesetzes ausgenommen.

Befreiungen nach den Energieabgaben

§ 22. (1)[1] Das Inverkehrbringen folgender Energieträger ist von der Verpflichtung zur Abgabe von Emissionszertifikaten ausgenommen:

1. Luftfahrtbetriebsstoffe gemäß § 4 Abs. 1 Z 1 MinStG 2022;
2. Schiffsbetriebsstoffe gemäß § 4 Abs. 1 Z 2 MinStG 2022;
3. Mineralöle für Zwecke der Aufsicht gemäß § 4 Abs. 1 Z 3 MinStG 2022;
4. Mineralöle, die für Zwecke des Steuerlagers untersucht und dabei verbraucht werden gemäß § 4 Abs. 1 Z 4 MinStG 2022;
5. Mineralöle und Kraft- oder Heizstoffe für diplomatische oder konsularische Zwecke gemäß § 4 Abs. 1 Z 5 MinStG 2022;
6. Mineralöle ausschließlich aus biogenen Stoffen gemäß § 4 Abs. 1 Z 7 MinStG 2022;

7. Mineralöle zur Aufrechterhaltung eines Herstellungsbetriebes gemäß § 4 Abs. 1 Z 8 MinStG 2022;
8. Mineralöle zu bestimmten anderen Zwecken gemäß § 4 Abs. 1 Z 9 MinStG 2022;
9. Verflüssigtes Erdgas gemäß § 4 Abs. 1 Z 10 MinStG 2022;
10. Gasförmige Kohlenwasserstoffe, die bei der Abfallverarbeitung entstehen gemäß § 4 Abs. 1 Z 11 MinStG 2022;
11. Gebrauchte Mineralöle gemäß § 4 Abs. 1 Z 12 MinStG 2022;
12. Erdgas zum Zwecke der Herstellung, der Verarbeitung, des Transports oder der Speicherung von Erdgas und Mineralöl gemäß § 3 Abs. 1 des Erdgasabgabegesetzes;
13. Erdgas, welches nicht als Heiz- oder Treibstoff verwendet wird gemäß § 3 Abs. 2 Z 1 des Erdgasabgabegesetzes;
14. Erdgas für Zwecke der Erzeugung elektrischer Energie gemäß § 3 Abs. 2 Z 2 des Erdgasabgabegesetzes;
15.[1] Biogas, ausschließlich aus erneuerbaren Energieträgern hergestellter Wasserstoff und synthetisches Gas gemäß § 3 Abs. 3 des Erdgasabgabegesetzes;
(Anm.: Z 15 tritt gemäß § 8 Abs. 5 Erdgasabgabegesetz am ersten Tag des zweitfolgenden Monats nach der Erfüllung EU-rechtlicher Verpflichtungen in Kraft)
16. Kohle für Zwecke der Erzeugung von Koks gemäß § 3 Abs. 1 Z 1 des Kohleabgabegesetzes;
17. Kohle für Zwecke der Erzeugung elektrischer Energie gemäß § 3 Abs. 1 Z 2 des Kohleabgabegesetzes;
18. Kohle, welche nicht zum Verheizen oder zur Herstellung einer Ware zum Verheizen oder als Treibstoff oder zur Herstellung von Treibstoffen verwendet wird gemäß § 3 Abs. 1 Z 3 des Kohleabgabegesetzes;
19. Erdgas für diplomatische oder konsularische Zwecke im Sinne des § 6 Abs. 1 und Abs. 2 IStVG, BGBl. I Nr. 71/2003, in der jeweils geltenden Fassung.

(2)[4,1] Für die Inanspruchnahme der Befreiung für Energieträger für diplomatische oder konsularische Zwecke gemäß Abs. 1 Z 5 und Z 19 ist für ein Kalenderjahr im darauffolgendem Kalenderjahr ein gesammelter Antrag bei der zuständigen Behörde einzubringen. Abweichend davon ist für den Zeitraum vom Oktober 2022 bis Dezember 2023 ein gesammelter Antrag im Kalenderjahr 2024 einzubringen. Der gesammelte Antrag ist durch die jeweilige anspruchsberechtigte diplomatische oder konsularische Vertretungsbehörde sowie die begünstigte internationale Einrichtung gemeinsam für sich und die ihr zurechenbaren diplomatischen oder konsularischen Vertreter einzubringen. Eine Antragstellung durch einzelne diplomatische oder konsularische Vertreter ist nicht möglich. Im Antrag ist die beantragte Menge an Energieträgern anzugeben, welche für die diplomatischen und konsularischen Zwecke im Antragszeitraum bezogen worden sind. Als Berechnungsgrundlage für die Inanspruchnahme der Befreiung für Erdgas ist immer jene Jahresabrechnung heranzuziehen, welche im jeweiligen Kalenderjahr endet. Diplomatische oder konsularische Vertreter können Erdgas nur in Form einer pauschalen Rückvergütung erhalten. Die Auszahlung der Befreiung gemäß Abs. 1 Z 5 und Z 19 und die Auszahlung erfolgt durch die zuständige Behörde. Die zuständige Behörde kann Antragsteller dazu auffordern, die zweckmäßige Verwendung der beantragten Energieträger gemäß Abs. 1 Z 5 und Z 19 nachzuweisen. Dabei sind von der belangten Behörde selbstständig jene Nachweise einzubeziehen, die im Rahmen der Energieabgaben von den Antragstellern für den beantragten Zeitraum erbracht wurden. Der Bundesminister für Finanzen kann durch Verordnung für die Ermittlung der Höhe der Befreiung pauschale Vergütungssätze vorsehen, die sich an den durchschnittlichen zusätzlichen Kosten der Anspruchsberechtigten für Energieträger durch dieses Bundesgesetz orientieren.

(3)[9] Der Bundesminister für Finanzen hat im Einvernehmen mit der Bundesministerin für Klimaschutz, Umwelt, Energie, Mobilität, Innovation und Technologie die technische Ausgestaltung und die organisatorische Durchführung des Vollzuges der Befreiungen durch Verordnung näher zu regeln.

§ 23. (1)[1] In den folgenden Fällen besteht keine Verpflichtung zur Abgabe von nationalen Emissionszertifikaten:
1. für nachweislich im Steuergebiet versteuertes, nicht gebrauchtes Mineralöl, das gemäß § 5 Abs. 1 Z 1 MinStG 2022 in ein Steuerlager aufgenommen worden ist;
2. für nachweislich im Steuergebiet versteuerte Mineralöle der in § 2 Abs. 8 Z 5 lit. a bis c und Z 6 MinStG 2022 bezeichneten Art; Kraftstoffe oder Heizstoffe, die nachweislich auf andere Art als zum Antrieb von Motoren, zur Herstellung von Treibstoffen oder zum Verheizen im Steuergebiet verwendet worden sind gemäß § 5 Abs. 1 Z 2 MinStG 2022;
3. für nachweislich im Steuergebiet versteuerte Mineralöle, Kraftstoffe oder Heizstoffe, für die gemäß § 5 Abs. 3, Abs. 3a und Abs. 4 MinStG 2022 eine Erstattung oder Vergütung der Mineralölsteuer gewährt wurde;
4. für nachweislich im Steuergebiet versteuertes Mineralöl, für das gemäß § 46 MinStG 2022 eine Erstattung oder Vergütung der Mineralölsteuer gewährt wurde.

Wurden bereits Zertifikate abgegeben, kann dies im Zuge des endgültigen Treibhausgasemissionsberichtes berichtigt werden und der Ausgabewert rückerstattet werden.

(2) Der Bundesminister für Finanzen hat im Einvernehmen mit der Bundesministerin für Klimaschutz, Umwelt, Energie, Mobilität, Innovation und Technologie die technische Ausgestaltung und die organisatorische Durchführung des Vollzuges der Befreiung durch Verordnung näher zu regeln.

8. Abschnitt
Entlastungsmaßnahmen

Maßnahmen zur Erhaltung der grenzüberschreitenden Wettbewerbsfähigkeit, Vermeidung von Carbon Leakage und Abmilderung von besonderen Mehrbelastungen

§ 24. (1) Zur Erhaltung der grenzüberschreitenden Wettbewerbsfähigkeit, Vermeidung von Carbon Leakage und Abmilderung von besonderen Mehrbelastungen können Betroffene eine (anteilige) Entlastung von jenen Kosten erhalten, die ihnen durch die Überwälzung der Kosten der Verpflichtung zur Abgabe von nationalen Emissionszertifikaten entstehen („Mehrbelastung"). Nicht entlastet werden Kosten von Energieträgern, die von der Verpflichtung zur Abgabe von nationalen Emissionszertifikaten gemäß dem 7. Abschnitt ausgenommen sind.

(2)[2] Die Gewährung der Entlastungsmaßnahmen gemäß §§ 25 und 26 erfolgt im Rahmen der budgetären Obergrenzen. Es steht dabei jeweils maximal der in der nachstehenden Tabelle enthaltene Betrag pro Entlastungsmaßnahme für ein Kalenderjahr zur Verfügung:

	2022	2023	2024	2025
Land- und Forstwirtschaft	7,5 Mio. Euro	31 Mio. Euro	43 Mio. Euro	53 Mio. Euro
Energieintensive Betriebe und Carbon Leakage	75 Mio. Euro	186 Mio. Euro	225 Mio. Euro	250 Mio. Euro

---
9 Neue Absatzbezeichnung durch BGBl I 110/2023.

Übersteigen die insgesamt für eine Entlastungsmaßnahme gemäß §§ 25 und 26 und für das Kalenderjahr beantragten Entlastungssummen den oben genannten Betrag, wird den Antragstellern der zu vergütende Betrag aliquot bis zu einem Gesamtbetrag der Entlastung von der oben genannten Summe gekürzt.

(3) Für die Durchführung der Entlastungsmaßnahmen kann sich die zuständige Behörde einer externen Stelle bedienen, wenn diese die notwendigen Fähigkeiten zur Durchführung besitzt und dadurch zusätzliche Verwaltungskosten verhindert werden.

(4) Handelsteilnehmer im Sinne des § 3 Abs. 1 Z 4 sind für Energieträger, die nicht selbst verwendet werden, von den Entlastungsmaßnahmen gemäß §§ 25 bis 27 ausgeschlossen.[10] Sofern ein Unternehmer für mehr als eine Maßnahme gemäß §§ 25 bis 27 anspruchsberechtigt ist, kann er die Entlastung ausschließlich aufgrund einer der Maßnahmen beantragen.

(5)[5] Die Gewährung der Entlastungsmaßnahmen ist ausgeschlossen für

1. Unternehmen in Schwierigkeiten gemäß den Leitlinien der Europäischen Kommission für staatliche Beihilfen zur Rettung und Umstrukturierung nichtfinanzieller Unternehmen in Schwierigkeiten (ABl. C 249 vom 31.7.2014, S. 1) und
2. Unternehmen, die einer Rückforderungsanordnung aufgrund einer früheren Kommissionsentscheidung zur Feststellung der Rechtswidrigkeit oder Unvereinbarkeit einer Beihilfe mit dem Gemeinsamen Markt gemäß Kapitel III der Verordnung (EU) 2015/1589 des Rates vom 13. Juli 2015 über besondere Vorschriften für die Anwendung von Artikel 108 des Vertrags über die Arbeitsweise der Europäischen Union (ABl. L 248 vom 24.9.2015, S. 9) nicht Folge geleistet haben.

(6)[8] Der Bundesminister für Finanzen hat im Einvernehmen mit der Bundesministerin für Klimaschutz, Umwelt, Energie, Mobilität, Innovation und Technologie die technische Ausgestaltung und die organisatorische Durchführung der Maßnahme gemäß den §§ 25 bis 27 sowie die externe Stelle durch Verordnung näher zu regeln.

[…]

9. Abschnitt
Verfahren und Strafbestimmungen

Zuständige Behörde

§ 28. (1)[1] Zuständige Behörde ist das Zollamt Österreich. Im Zollamt Österreich ist dafür vom Bundesminister für Finanzen bis 1. April 2022 das Amt für den nationalen Emissionszertifikatehandel als selbstständige Einheit einzurichten.

(2)[8] Die nach diesem Bundesgesetz zu besorgenden Angelegenheiten gelten als Angelegenheiten der öffentlichen Abgaben.

Verfahrensbestimmungen

§ 29.[11] (1) Das Finanzamt Österreich, das Finanzamt für Großbetriebe und das Amt für Betrugsbekämpfung sind zur Mitteilung (§ 114 Abs. 1 BAO) über für den nationalen Emissionszertifikatehandel bedeutsame Vorgänge an die zuständige Behörde verpflichtet.

(2) Zustellungen von Erledigungen nach diesem Bundesgesetz an Handelsteilnehmer, Befreiungsmaßnahmenteilnehmer und Entlastungsmaßnahmenteilnehmer, haben unter Maßgabe der technischen Möglichkeiten elektronisch gemäß § 28 Abs. 3 Zustellgesetz – ZustG, BGBl. Nr. 200/1982 in der jeweils geltenden Fassung, zu erfolgen.

(3) Ist eine elektronische Zustellung nach Abs. 2 nicht möglich, hat eine Zustellung gemäß ZustG, in der jeweils geltenden Fassung, zu erfolgen.

(4) Eine bescheidmäßige Erledigung hat, mit Ausnahme der in diesem Gesetz normierten Bestimmungen und den Bestimmungen der dazugehörigen Verordnungen, nur zu erfolgen, als dem Antrag nicht voll inhaltlich stattgegeben wird.

(5)[5] Bei der Überprüfung von Anträgen kann sich die zuständige Behörde der Einrichtungen der Finanzverwaltung gemäß § 49 BAO im Rahmen ihres jeweiligen gesetzmäßigen Wirkungsbereiches gemäß Art. 22 Bundes-Verfassungsgesetz, BGBl. Nr. 1/1930, in der Fassung BGBl. I Nr. 5/2024 bedienen.

Gebührenbefreiung

§ 30.[6] (1) Die durch dieses Bundesgesetz unmittelbar veranlassten Schriften und Amtshandlungen sind von den Stempel- und Rechtsgebühren und den Verwaltungsabgaben des Bundes befreit.

(2) Kosten, die der zuständigen Behörde durch die Beiziehung des Umweltbundesamtes erwachsen, sind dem Handelsteilnehmer durch Bescheid vorzuschreiben.

Strafbestimmungen

§ 31. (1) Eines Finanzvergehens macht sich schuldig, wer vorsätzlich oder grob fahrlässig entgegen der Bestimmung des § 4 Abs. 1 nach dem 30. September 2022 Energieträger in Verkehr bringt. Das Finanzvergehen wird mit Geldstrafe geahndet, deren Höchstmaß bei vorsätzlicher Begehung 50 000 Euro, bei grob fahrlässiger Begehung 25 000 Euro beträgt.

(2) Einer Finanzordnungswidrigkeit macht sich schuldig, wer vorsätzlich oder fahrlässig

a)[12] im Zuge der Registrierung als Handelsteilnehmer unrichtige oder unvollständige Daten (§ 4 Abs. 2) übermittelt oder eine fristgerechte Mitteilung über Änderungen dieser Daten (§ 5) unterlässt oder diese Daten nach Registrierung verfälscht, ausgenommen ist die Bekanntgabe eines Verantwortlichen;

b) einen Überwachungsplan (§ 7 Abs. 1) oder Anpassungen des Überwachungsplans (§ 7 Abs. 2) nicht, nicht richtig, nicht vollständig oder nicht fristgerecht übermittelt oder eine fristgerechte Mitteilung über Änderungen dieses Überwachungsplans (§ 7 Abs. 4) unterlässt;

c) den Vorgaben einer Genehmigung mit Auflagen (§ 7 Abs. 3 und 4) nicht nachkommt;

d) nach einer vereinfachten Registrierung (§ 13 Abs. 1) eine erforderliche Berichtigung seiner Daten (§ 13 Abs. 2) unterlässt;

e)[12] den Treibhausgasemissionsbericht (§ 6 Abs. 1) oder einen vereinfachten Treibhausgasemissionsbericht (§ 15 Abs. 1) nicht, nicht richtig, nicht vollständig oder nicht fristgerecht übermittelt, oder eine nach § 15 Abs. 2 erforderliche Korrektur der Daten unterlässt;

und ist mit Geldstrafe bis zu 5 000 Euro zu bestrafen.

(3) Finanzvergehen nach Abs. 1 hat das Gericht niemals zu ahnden.

[10] Satz 1 neu gefasst durch BGBl I 110/2023.

[11] Samt Überschrift neu gefasst durch BGBl I 110/2023.

[12] Geändert durch BGBl I 110/2023.

Erhöhter Zertifikatspreis

§ 32. (1)[12,1] Ein Handelsteilnehmer, der nicht bis zu dem gemäß § 15 Abs. 3 festgelegten Fälligkeitszeitpunkt eine ausreichende Anzahl von nationalen Emissionszertifikaten zur Abdeckung seiner Emissionen im Vorjahr abgibt, hat einen erhöhten Zertifikatspreis in der Phase gemäß § 9 Z 1 in Höhe des doppelten Zertifikatspreises für jede Tonne Kohlenstoffdioxid, für die der Handelsteilnehmer kein nationales Emissionszertifikat abgegeben hat, zu entrichten. Die Leistung dieser Erhöhung entbindet den Handelsteilnehmer nicht von der Verpflichtung, nationale Emissionszertifikate in Höhe dieser Emissionsüberschreitung abzugeben, wenn er die nationalen Emissionszertifikate für das folgende Kalenderjahr abgibt. In diesen Fällen ist § 217 BAO nicht anwendbar.

(2) Bringt eine Person ohne die erforderliche Registrierung Energieträger in Verkehr, ist eine Schätzung der Treibhausgasemissionen vorzunehmen (§ 6 Abs. 4). Für die nationalen Emissionszertifikate, die aufgrund der Schätzung abzugeben sind, gilt der erhöhte Zertifikatspreis gemäß Abs. 1.

(3) Der Bundesminister für Finanzen wird im Einvernehmen mit der Bundesministerin für Klimaschutz, Umwelt, Energie, Mobilität, Innovation und Technologie ermächtigt den erhöhten Zertifikatspreis durch Verordnung neu festzusetzen, sobald und soweit sich der von der Bundesanstalt „Statistik Austria“ verlautbare Verbraucherpreisindex 2025 oder der an seine Stelle tretende Index gegenüber der für 2025 veröffentlichten und in der Folge gegenüber der der letzten Festsetzung zugrunde gelegten Indexzahl um mehr als 5 vH geändert hat. Der neue Betrag ist aus dem im Abs. 1 genannten Betrag im Verhältnis der Veränderung der für 2025 verlautbarten Indexzahl zu der für die Neufestsetzung maßgebenden Indexzahl zu berechnen, jedoch auf ganze Euro kaufmännisch auf- oder abzurunden

(4) Die Einhebung des erhöhten Zertifikatspreises obliegt der zuständigen Behörde. Die Erhöhung ist mit Bescheid vorzuschreiben. Der Grund, weshalb keine ausreichende Zahl von nationalen Emissionszertifikaten abgegeben wurde, ist für die Verhängung der Erhöhung unerheblich.

(5) Der erhöhte Zertifikatspreis gilt als Abgabenerhöhung im Sinne des § 3 Abs. 2 lit. a BAO.

10. Abschnitt
Schlussbestimmungen

Vollziehung

§ 33. (1) Mit der Vollziehung dieses Bundesgesetzes ist der Bundesminister für Finanzen betraut, soweit die folgenden Absätze nicht anderes bestimmen.

(2)[8] Soweit in diesem Bundesgesetz auf Bestimmungen anderer Bundesgesetze verwiesen und nicht anderes bestimmt wird, sind diese in ihrer jeweils geltenden Fassung anzuwenden.

Inkrafttreten

§ 34. (1) Dieses Bundesgesetz tritt mit Ausnahme der §§ 20 und 25 bis 27 mit 1. April 2022 in Kraft.

(2)[2] Die §§ 20 und 25 bis 27 sowie **Anlage 2** treten mit Ablauf des Tages, an dem die beihilferechtlichen Voraussetzungen vollständig erfüllt sind, frühestens jedoch mit 1. April 2022 in Kraft. Liegen die Voraussetzungen nach dem 1. Oktober 2022 vor, treten die §§ 20 und 25 bis 27 rückwirkend mit Ablauf des 30. September 2022 in Kraft. § 22 Abs. 1 Z 15 tritt gemäß § 8 Abs. 5 Erdgasabgabegesetz am ersten Tag des zweitfolgenden Monats nach der Erfüllung EU-rechtlicher Verpflichtungen in Kraft.

(3) Verordnungen auf Grund dieses Bundesgesetzes können bereits ab dem seiner Kundmachung folgenden Tag erlassen werden. Sie dürfen jedoch frühestens mit 1. Oktober 2022 zur Anwendung kommen.

(4) § 26 Abs. 3, **Anlage 1 und 2**, jeweils in der Fassung des Bundesgesetzes BGBl. I Nr. 194/2022, treten mit 1. Oktober 2022 in Kraft.

(5)[4] § 10 Abs. 3 in der Fassung des Bundesgesetzes BGBl. I Nr. 110/2023 tritt mit 1. April 2022 in Kraft. § 14 Abs. 2, § 15 Abs. 1, 2 und 3 sowie § 32 Abs. 1, jeweils in der Fassung des Bundesgesetzes BGBl. I Nr. 110/2023, treten mit 1. Juni 2023 in Kraft. § 3 Abs. 1 Z 1, 10 und 11, § 4 Abs. 2, § 5 Abs. 1, § 22 Abs. 2 und 3, § 29, § 31 Abs. 2 lit. e sowie **Anlage 1**, jeweils in der Fassung des Bundesgesetzes BGBl. I Nr. 110/2023, treten mit dem der Kundmachung im Bundesgesetzblatt folgenden Tag in Kraft. § 26 Abs. 5 und 7, § 27 Abs. 5 und 7 jeweils in der Fassung des Bundesgesetzes BGBl. I Nr. 110/2023, treten gemeinsam mit den übrigen Regelungen der §§ 26 und 27 nach Maßgabe des Abs. 2 in Kraft.

(6)[5] § 1, § 2 Abs. 1, § 3 Abs. 1 Z 1, 2, 3, 8, 12, 13 und 14, §§ 4 bis 7 samt Überschriften, § 8, § 9, die Überschrift des § 10, § 12 Abs. 1, § 13 Abs. 4 und 5, § 14 Abs. 1 Z 1, § 15 Abs. 4, die Überschrift des 5. Abschnittes, § 16 Abs. 1 und 2, § 17 samt Überschrift, § 18, § 19 samt Überschrift, § 20 Abs. 1 samt Überschrift, § 22 Abs. 1 und 2, § 23 Abs. 1, § 28, § 29 Abs. 5, § 30 samt Überschrift, § 32 Abs. 1, § 33 Abs. 2 und 3, § 34 Abs. 2 und 4 sowie die **Anlagen 1** und **3**, jeweils in der Fassung des Bundesgesetzes BGBl. I Nr. 60/2024, treten mit 1. Juni 2024 in Kraft.

(____________
Anm. 1: § 20 ist mit 1.10.2022 in Kraft getreten, vgl. BGBl. I Nr. 182/2022.)

Anlage 1[3]

Energieträger in der Einführungsphase[7]

Folgende Stoffe gelten als Energieträger im Sinne des § 3 Abs. 1 Z 1 in der Einführungsphase:[1]

Stoff	Waren der (Unter-)Positionen der Kombinierten Nomenklatur	Treibhausgasemissionen je Einheit
Benzin (ohne Beimischung)	2710 12 31, 2710 12 41, 2710 12 45, 2710 12 49, 2710 12 51 und 2710 12 59	2,38 kg/Liter
– mit Beimischung biogener Stoffe von mehr als 4,6 Prozent		2,27 kg/Liter
Gasöl (ohne Beimischung)	2710 19 43 bis 2710 19 48	2,67 kg/Liter
– mit Beimischung biogener Stoffe von mehr als 6,6 Prozent		2,50 kg/Liter
Gasöl (mit Beimischung von Biodiesel von mehr als 6,6 Prozent)	2710 20 11 bis 2710 20 19	2,50 kg/Liter
Heizöl	2710 19 62 bis 2710 19 68 und 2710 20 31 bis 2710 20 39	3,24 kg/kg

– mit Beimischung biogener Stoffe von mehr als 6,6 Prozent		3,04 kg/kg
– bei Verwendung als Treibstoff		2,98 kg/Liter
Erdgas	2711 21 00	2,04 kg/m³
Verflüssigtes Erdgas	2711 11	2,72 kg/kg
Flüssiggas	2711 12 bis 2711 19 00 und 2901 10	2,96 kg/kg
Kohle	2701,2702, 2704, 2713 und 2714	2,78 kg/kg
Kerosin	2710 19 21 und 2710 19 25	2,57 kg/Liter

Anlage 2

Entlastungsfähige Wirtschaftszweige und Teile von Wirtschaftszweigen

Folgende Wirtschaftszweige nach NACE Klassifizierung und Teilwirtschaftszweige nach PRODCOM Klassifizierung haben Anspruch auf eine Entlastung gemäß § 26 im festgelegten Ausmaß:

NACE Klassifizierung	Wirtschaftszweig	Ausmaß der Entlastung
C 23.51	Herstellung von Zement	95 %
C 23.52	Herstellung von Kalk und gebranntem Gips	95 %
C 19.10	Kokerei	95 %
C 19.20	Mineralölverarbeitung	95 %
C 20.15	Herstellung von Düngemitteln und Stickstoffverbindungen	95 %
C 24.10	Erzeugung von Roheisen, Stahl und Ferrolegierungen	95 %
C 23.11	Herstellung von Flachglas	95 %
C 10.81	Herstellung von Zucker	95 %
B 07.10	Eisenerzbergbau	95 %
C 23.32	Herstellung von Ziegeln und sonstiger Baukeramik	95 %
C 23.31	Herstellung von keramischen Wand- und Bodenfliesen und -platten	95 %
C 23.13	Herstellung von Hohlglas	95 %
B. 08.99	Gewinnung von Steinen und Erden	95 %
C 10.62	Herstellung von Stärke und Stärkeerzeugnissen	95 %
C 20.14	Herstellung von sonstigen organischen Grundstoffen und Chemikalien	90 %
C 20.11	Herstellung von Industriegasen	90 %
C 20.13	Herstellung von sonstigen anorganischen Grundstoffen und Chemikalien	90 %
C 24.42	Erzeugung und erste Bearbeitung von Aluminium	90 %
C 17.12	Herstellung von Papier, Karton und Pappe	90 %
C 24.43	Erzeugung und erste Bearbeitung von Blei, Zink und Zinn	85 %
C 17.11	Herstellung von Holz- und Zellstoff	80 %
C 23.14	Herstellung von Glasfasern und Waren daraus	75 %
C 23.20	Herstellung von feuerfesten keramischen Werkstoffen und Waren	75 %
C 20.12	Herstellung von Farbstoffen und Pigmenten	75 %
C 10.41	Herstellung von Ölen und Fetten (ohne Margarine u. ä. Nahrungsfette)	70 %
B 08.93	Gewinnung von Salz	70 %
C 11.06	Herstellung von Malz	70 %
C 20.17	Herstellung von synthetischem Kautschuk in Primärformen	70 %
C 24.44	Erzeugung und erste Bearbeitung von Kupfer	70 %
C 24.51	Eisengießereien	70 %
C 23.99	Herstellung von sonstigen Erzeugnissen aus nichtmetallischen Mineralien	70 %
C 16.21	Herstellung von Furnier-, Sperrholz-, Holzfaser-und Holzspanplatten	70 %
B 06.10	Gewinnung von Erdöl	70 %
C 24.31	Herstellung von Blankstahl	70 %
C 20.60	Herstellung von Chemiefasern	65 %
C 23.19	Herstellung, Veredlung und Bearbeitung von sonstigem Glas einschließlich technischen Glaswaren	65 %
C 23.42	Herstellung von Sanitärkeramik	65 %

C 24.20	Herstellung von Stahlrohren, Rohrform-, Rohrverschluss-und Rohrverbindungsstücken aus Stahl	65 %
C 20.16	Herstellung von Kunststoffen in Primärformen	65 %
B 08.91	Bergbau auf chemische und Düngemittelminerale	65 %
C 23.41	Herstellung von keramischen Haushaltswaren und Ziergegenständen	65 %
C 13.30	Veredlung von Textilien und Bekleidung	65 %
C 13.95	Herstellung von Vliesstoff und Erzeugnissen daraus (ohne Bekleidung)	65 %
C 21.10	Herstellung von pharmazeutischen Grundstoffen	65 %
C 24.45	Erzeugung und erste Bearbeitung von sonstigen NE-Metallen	65 %
C 13.10	Spinnstoffaufbereitung und Spinnerei	65 %
B 05.10	Steinkohlenbergbau	65 %

PRODCOM-Klassifizierung	Teile von Wirtschaftszweigen	Ausmaß der Entlastung
10.31.11.30	Verarbeitete Kartoffeln, ohne Essig oder Essigsäure zubereitet oder haltbar gemacht, gefroren (auch ganz oder teilweise in Öl gegart und dann gefroren)	65 %
10.31.13.00	Mehl, Grieß, Flocken, Granulat und Pellets aus getrockneten Kartoffeln	65 %
10.51.21	Magermilch- und Rahmpulver	65 %
10.51.22	Vollmilchpulver	65 %
10.51.53.00	Casein	65 %
10.51.54.00	Lactose und Lactosesirup (einschließlich chemisch reine Laktose)	65 %
10.51.55.30	Molke, auch modifiziert, in Form von Pulver und Granulat oder in anderer fester Form; auch konzentriert oder gesüßt	65 %
10.39.17.25	Tomatenmark, konzentriert	65 %
10.89.13.34	Backhefen	65 %
20.30.21.50	Schmelzglasuren und andere verglasbare Massen, Engoben und ähnliche Zubereitungen für die Keramik-, Emaillier- oder Glasindustrie	65 %
20.30.21.70	Flüssige Glanzmittel und ähnliche Zubereitungen; Glasfritte und anderes Glas in Form von Pulver, Granalien, Schuppen oder Flocken	65 %
25.50.11.34	Eisenhaltige Freiformschmiedestücke für Maschinenwellen, Kurbelwellen, Nockenwellen und Kurbeln; Erzeugnisse von HS 7326; Teile von Maschinen, Geräten und Fahrzeugen von HS 84, 85, 86, 87, 88 und 90 (Freiformschmiedestücke aus Stahl)	65 %
08.12.21.40	Kaolin nicht gebrannt	65 %
08.12.21.60	Kaolinhaltiger Ton und Lehm	65 %

Anlage 3[5]

Als Energieträger in der Überführungsphase gelten folgende Energieerzeugnisse

a) der KN-Codes 1507 bis 1518, die als Heiz- oder Kraftstoff verwendet werden;

b) der KN-Codes 2701, 2702 und 2704 bis 2715;

c) der KN-Codes 2901 bis 2902;

d) des KN-Codes 2905 11 00, die nicht von synthetischer Herkunft sind und die als Heiz- oder Kraftstoff verwendet werden;

e) des KN-Codes 3403;

f) des KN-Codes 3811;

g) des KN-Codes 3817;

h) des KN-Codes 3824 90 99, die als Heiz- oder Kraftstoff verwendet werden.

Zusätzlich zu den in der Tabelle genannten Brennstoffen gelten alle anderen Energieerzeugnisse, die als Kraft- oder Heizstoff wie die Energieerzeugnisse gemäß a) – h) zum Verkauf angeboten oder als solche verwendet werden als Energieerzeugnisse.

Normverbrauchsabgabegesetz – NoVAG 1991

BGBl 695/1991, zuletzt geändert durch BGBl I 26/2025

Tarif

§ 6.[1] (1) Für Kraftfahrzeuge gemäß § 2 Abs. 1 Z 1 und Z 2 bestimmt sich der Steuersatz in Prozent nach der folgenden Formel: (CO_2-Emissionswert in g/km minus 55 (CO_2-Abzugsbetrag) g/km) dividiert durch vier. Die errechneten Steuersätze sind auf volle Prozentsätze auf- bzw. abzurunden. Der Höchststeuersatz beträgt 30%. Hat ein Fahrzeug einen höheren CO_2-Ausstoß als 150 g/km, erhöht sich die Steuer für den die Grenze von 150 g/km übersteigenden CO_2-Ausstoß um 20 Euro je g/km.

(2) Für Kraftfahrzeuge gemäß § 2 Abs. 1 Z 3 bestimmt sich der Steuersatz in Prozent nach der folgenden Formel: (CO_2-Emissionswert in g/km minus 112 (CO_2-Abzugsbetrag) g/km) dividiert durch fünf. Die errechneten Steuersätze sind auf volle Prozentsätze auf- bzw. abzurunden. Der Höchststeuersatz beträgt 50%. Hat ein Fahrzeug einen höheren CO_2-Ausstoß als 200 g/km (Malusgrenzwert), erhöht sich die Steuer für den, den Malusgrenzwert übersteigenden CO_2-Ausstoß um 50 Euro (Malusbetrag) je g/km. Die so errechnete Steuer ist um einen Abzugsposten in Höhe von 350 Euro (Abzugsbetrag) zu vermindern. Die Berechnung kann zu keiner Steuergutschrift führen.

(3) [Anm: Entfallen gem BGBl I 26/2025]

(4) Der maßgebliche CO_2-Emissionswert ist der kombinierte WLTP-Wert der CO_2-Emissionen in g/km, bei extern aufladbaren Elektro-Hybridfahrzeugen jedoch der gewichtet kombinierte WLTP-Wert der CO_2-Emissionen in g/km. Für Krafträder ist der WMTC-Wert der CO_2-Emissionen in g/km, heranzuziehen. Es ist jeweils der Wert laut Typenschein, Einzelgenehmigungsbescheid oder der EG- bzw. EU-Übereinstimmungsbescheinigung, jeweils gemäß Abschnitt III des Kraftfahrgesetzes 1967, maßgeblich.

(5) [Anm: Entfallen gem BGBl I 26/2025]

(6) Liegt für ein Kraftfahrzeug kein CO_2-Emissionswert vor, gilt Folgendes:

1. Für Kraftfahrzeuge gemäß § 2 Abs. 1 Z 1 und 2 bestimmt sich der Steuersatz in Prozent aus dem um 100 Kubikzentimeter verminderten Hubraum in Kubikzentimeter multipliziert mit 0,02. Die errechneten Steuersätze sind auf volle Prozentsätze auf- bzw. abzurunden. Der Höchststeuersatz beträgt 30%.
2.[2] Für Kraftfahrzeuge gemäß § 2 Abs. 1 Z 3 bestimmt sich der CO_2-Emissionswert mit dem Zweifachen der Nennleistung des Verbrennungsmotors in Kilowatt.
3. Wird vom Antragsteller der entsprechende CO_2-Emissionswert gemäß Absatz 4 nachgewiesen, ist dieser heranzuziehen.
4. Für Wohnmobile der Aufbauart „SA" laut Typenschein, Einzelgenehmigungsbescheid oder EG- bzw. EU-Übereinstimmungsbescheinigung, jeweils gemäß Abschnitt III des Kraftfahrgesetzes 1967, kann der CO_2-Emissionswert, der der Berechnung des Steuersatzes nach Abs. 2 zugrunde liegt, wahlweise mit dem Zweifachen der Nennleistung des Verbrennungsmotors in Kilowatt angenommen werden. Der Mindeststeuersatz beträgt in diesem Fall und bei Anwendung der Z 2 für Wohnmobile der Aufbauart „SA" 16%.

(7)[2] Beginnend mit 1. Jänner 2024 wird der CO_2-Abzugsbetrag nach Abs. 1 alle zwei Jahre jeweils um den Wert 2 abgesenkt. Beginnend mit 1. Jänner 2022 und letztmalig mit 1. Jänner 2024 werden in Abs. 2 jährlich jeweils:

- der CO_2-Abzugsbetrag um den Wert 5 und
- der Malusgrenzwert um den Wert 15 abgesenkt sowie
- der Malusbetrag um den Wert 10 und
- der Höchststeuersatz um 10 Prozentpunkte erhöht.

Die jährliche Absenkung des CO_2-Abzugsbetrages gemäß Abs. 2 wird ab 1. Jänner 2025 mit dem Wert 3 fortgesetzt. Zur Sicherstellung der Umsetzung wirksamer Maßnahmen zum Klimaschutz und der Wettbewerbsfähigkeit des Wirtschaftsstandortes hat der Bundesminister für Finanzen im Einvernehmen mit der Bundesministerin für Klimaschutz, Umwelt, Energie, Mobilität, Innovation und Technologie bis zum 31. März 2024 die Entwicklung der CO_2-Emissionen im Sektor Verkehr im Hinblick auf die Ausgestaltung des CO_2-Abzugsbetrages ab 1. Jänner 2025 zu evaluieren. Auf Grundlage des Ergebnisses der Evaluierung hat die Bundesregierung einen Vorschlag zur Anpassung des CO_2-Abzugsbetrages bis zum 31. Mai 2024, mit Wirksamkeit ab 1. Jänner 2025, dem Nationalrat vorzulegen.

Auf Fahrzeuge, für die ein unwiderruflicher schriftlicher Kaufvertrag vor dem 1. Dezember eines Jahres abgeschlossen wurde und deren Lieferung gemäß § 1 Z 1 oder deren innergemeinschaftlicher Erwerb gemäß § 1 Z 2 vor dem 1. April des Folgejahres erfolgt, können die bis zum 31. Dezember eines Jahres geltenden Werte weiter angewendet werden.

(8)[2] Bei Gebrauchtfahrzeugen, die unmittelbar aus dem übrigen Unionsgebiet in das Inland gebracht werden und im übrigen Unionsgebiet zugelassen waren, ist die Steuer nach jener Rechtslage zu bemessen, die im Zeitpunkt der erstmaligen Zulassung des Fahrzeuges im übrigen Unionsgebiet im Inland anzuwenden gewesen wäre. Dabei ist für die Bonus-Malus-Berechnung und den Abzugsbetrag die Wertentwicklung des Fahrzeuges zu berücksichtigen. Dies gilt sinngemäß für Vorgänge gemäß § 1 Z 3 lit. b und Z 4 betreffend Kraftfahrzeuge, die bereits im Geltungszeitraum einer älteren Rechtslage im Inland zugelassen waren, aber gemäß § 3 befreit waren.

(9) Wird für ein Fahrzeug nach der Lieferung durch den Fahrzeughändler oder der erstmaligen Zulassung beim unmittelbar folgenden umsatzsteuerpflichtigen Rechtsgeschäft über das Kraftfahrzeug die Normverbrauchsabgabe für die Berechnung des Entgelts einbezogen, dann ist dem Erwerber des Fahrzeuges ein Betrag von 16,67% der Normverbrauchsabgabe zu vergüten.

[1] Neu gefasst durch BGBl I 18/2021.

[2] Geändert durch BGBl I 26/2025.

Ökostromgesetz 2012 – ÖSG 2012

BGBl I 75/2011, zuletzt geändert durch BGBl I 198/2023

1. Teil
Allgemeine Bestimmungen

Kompetenzgrundlage und Vollziehung

§ 1.[2] **(Verfassungsbestimmung)** Die Erlassung, Aufhebung und Vollziehung von Vorschriften, wie sie in diesem Bundesgesetz enthalten sind, sind auch in den Belangen Bundessache, hinsichtlich deren das B-VG etwas anderes bestimmt. Die in diesen Vorschriften geregelten Angelegenheiten können unmittelbar von den in diesem Bundesgesetz vorgesehenen Einrichtungen versehen werden.

(Anm: §§ 2 bis 4 samt Überschriften aufgehoben durch BGBl I 150/2021)

Begriffsbestimmungen

§ 5. (1) Im Sinne dieses Bundesgesetzes bezeichnet der Ausdruck

1. „Abfall mit hohem biogenen Anteil" die in der Anlage 1 angeführten Abfälle, definiert durch die zugeordnete 5-stellige Schlüsselnummer gemäß Anlage 5 des Abfallverzeichnisses der Abfallverzeichnisverordnung, BGBl. II Nr. 570/2003, in der Fassung der Verordnung BGBl. II Nr. 498/2008; der biologisch abbaubare Anteil von Abfällen gemäß Anlage 1 ist hinsichtlich der Tarifeinstufung gesondert zu behandeln; der biologisch abbaubare Anteil von Abfällen, die nicht in der Anlage 1 angeführt sind, ist nicht Biomasse im Sinne dieses Bundesgesetzes;
2. „Ablauge" beim chemischen Aufschluss von Holz im Zuge der Zellstoffproduktion anfallende Reststoffe;
3. „Abnahmepreis" jenen Preis, zu dem die Stromhändler verpflichtet sind, den ihnen von der Ökostromabwicklungsstelle zugewiesenen Ökostrom abzunehmen;
4. „Altanlage" eine Ökostromanlage, die vor dem Inkrafttreten dieses Bundesgesetzes als Ökostromanlage anerkannt wurde;
5[3]. „Anlage" eine Stromerzeugungsanlage, die zumindest teilweise aus erneuerbaren Energieträgern Ökostrom erzeugt und als Ökostromanlage, Mischfeuerungsanlage oder Hybridanlage anerkannt ist oder von der Ökostromabwicklungsstelle in das Ökostromanlagenregister gemäß § 37 Abs. 5 aufgenommen wurde; Einrichtungen, die dem Zweck der Ökostromerzeugung dienen und in einem technisch-funktionalen Zusammenhang stehen, sind auch dann als einheitliche Anlage zu behandeln, wenn sie von verschiedenen Personen betrieben werden;
6. „Biogas" jenes brennbare Gas, das durch Vergärung von Biomasse in Biogasanlagen hergestellt und zur Gewinnung von Energie verwendet wird; aus einem Gasnetz entnommenes Gas gilt als Biogas, soweit die Menge des entnommenen Gases im Wärmeäquivalent der Menge von an anderer Stelle im Geltungsbereich des Gesetzes in das Gasnetz eingespeistem Gas aus Biomasse entspricht;
7. „Biomasse" den biologisch abbaubaren Anteil von Erzeugnissen und Rückständen der Landwirtschaft mit biologischem Ursprung (einschließlich pflanzlicher und tierischer Stoffe), der Forstwirtschaft und damit verbundener Industriezweige einschließlich der Fischerei und der Aquakultur sowie den biologisch abbaubaren Anteil von Abfällen gemäß Z 1; der biologisch abbaubare Anteil von Abfällen, die nicht in der Anlage 1 angeführt sind, ist nicht Biomasse im Sinne dieses Bundesgesetzes;
8. „Brennstoffnutzungsgrad" die Summe aus Stromerzeugung und genutzter Wärmeerzeugung, geteilt durch den Energieinhalt der eingesetzten Energieträger bezogen auf ein Kalenderjahr;
9. „Eigenbedarf" jene Energiemenge, die für den Betrieb der Anlage erforderlich ist,
10.[1] „Eigenversorgungsanteil" der Anteil der Engpassleistung einer Anlage, für den keine Tarifförderung gemäß § 12 oder § 17 beantragt wird.
11. „Einspeisetarifvolumen" die über die Dauer der allgemeinen und besonderen Kontrahierungspflicht akkumulierten prognostizierten Aufwendungen der Ökostromabwicklungsstelle für den Kauf (die Kontrahierung) von Ökostrom zu den durch Verordnung oder Gesetz bestimmten Tarifen; aliquote Aufwendungen der Ökostromabwicklungsstelle sowie Aufwendungen der Ökostromabwicklungsstelle über den Kauf von Ökostrom zum Marktpreis abzüglich Ausgleichsenergie sind hiervon nicht umfasst;
12.[3] „Engpassleistung" die durch den leistungsschwächsten Teil begrenzte, höchstmögliche elektrische Dauerleistung der gesamten Anlage mit allen Maschinensätzen, bei Photovoltaikanlagen gilt die Modulspitzenleistung (Leistung in kW_{peak}) als Engpassleistung;
13. „erneuerbare Energieträger" erneuerbare, nichtfossile Energieträger (Wind, Sonne, Erdwärme, Wellen- und Gezeitenenergie, Wasserkraft, Biomasse, Abfall mit hohem biogenen Anteil, Deponiegas, Klärgas und Biogas), einschließlich Tiermehl, Ablauge oder Klärschlamm;
14. „Feinstaub" Partikel, die einen größenselektierenden Lufteinlass passieren, der für einen aerodynamischen Durchmesser von 10 µm eine Abscheidewirksamkeit von 50% aufweist;
15. (Anm: entfallen durch BGBl I 150/2021)
16. „Hybridanlage" eine Anlage, die in Kombination unterschiedliche Technologien bei der Umwandlung eines oder mehrerer Primärenergieträger in elektrische Energie verwendet, soweit sie zumindest teilweise auf Basis erneuerbarer Energieträger betrieben wird;
17.[3] „Kleinwasserkraftanlage" eine Anlage auf Basis der erneuerbaren Energiequelle Wasserkraft mit einer Engpassleistung bis einschließlich 10 MW;
18. „Mischfeuerungsanlage" eine thermische Anlage, in der Brennstoffe als Primärenergieträger eingesetzt werden, welche nur zum Teil erneuerbare Energieträger sind, sofern die Verwendung nicht erneuerbarer Primärenergieträger das für den Betrieb technisch erforderliche Ausmaß überschreitet;
19.[3] „mittlere Wasserkraftanlage" eine Anlage auf Basis der erneuerbaren Energiequelle Wasserkraft mit einer Engpassleistung von über 10 MW bis einschließlich 20 MW;
20.[3] „Neuanlage" eine Ökostromanlage, die nach dem Inkrafttreten dieses Bundesgesetzes als Ökostromanlage anerkannt oder von der Ökostromabwicklungsstelle in das Öko-

[1] Neu gefasst durch BGBl I 150/2021.
[2] Neu gefasst durch BGBl I 198/2023.
[3] Geändert durch BGBl I 108/2017.

stromanlagenregister gemäß § 37 Abs. 5 aufgenommen wurde;
21. „öffentliches Netz“ ein konzessioniertes Verteilernetz oder ein Übertragungsnetz, das der Versorgung Dritter dient und zu dem Anspruch auf Netzzugang besteht;
22. „Ökostrom“ elektrische Energie aus erneuerbaren Energieträgern;
23.[3] „Ökostromanlage“ eine Anlage, die ausschließlich aus erneuerbaren Energieträgern Ökostrom erzeugt und als solche anerkannt ist oder von der Ökostromabwicklungsstelle in das Ökostromanlagenregister gemäß § 37 Abs. 5 aufgenommen wurde;
24. (Anm: entfallen durch BGBl I 150/2021)
25. (Anm: entfallen durch BGBl I 150/2021)
26. „Regelarbeitsvermögen“ die sich aus der Wassermengendauerlinie für das Regeljahr ergebende Stromerzeugungsmenge, unter Berücksichtigung der technischen Randbedingungen (tatsächliche durchschnittliche Produktion der letzten drei Betriebsjahre);
26a. “Revitalisierung“ die Investitionen in Kleinwasserkraftanlagen, welche zu einer Erhöhung der Engpassleistung oder zu einer Erhöhung des Regelarbeitsvermögens um mindestens 15% führen. Revitalisierung ist immer dann gegeben, wenn mindestens zwei der wesentlichen Anlagenteile, wie Turbine, Wasserfassung, Druckleitung, Triebwasserkanal, Krafthaus oder Staumauer bzw. Wehranlagen, welche vor Baubeginn bereits bestandenen haben, weiter verwendet werden;
26b.[4] „rohstoffabhängige Anlage“ eine Stromerzeugungsanlage, die auf Basis von fester oder flüssiger Biomasse, Deponie- und Klärgas oder Biogas Ökostrom erzeugt;
27. „Stand der Technik“ der auf den einschlägigen wissenschaftlichen Erkenntnissen beruhende Entwicklungsstand fortschrittlicher Verfahren, Einrichtungen oder Betriebsweisen, deren Funktionstüchtigkeit erprobt und erwiesen ist. Bei der Bestimmung des Standes der Technik sind insbesondere jene vergleichbaren Verfahren, Einrichtungen oder Betriebsweisen heranzuziehen, welche am effizientesten zur Erreichung der in § 4 Abs. 2 bis Abs. 4 enthaltenen Ziele sind;
28. „Strom aus erneuerbaren Energieträgern“ elektrische Ener gie, die in Ökostromanlagen erzeugt wird, sowie der dem Anteil erneuerbarer Energieträger entsprechende Teil von in Hybrid- oder Mischfeuerungsanlagen erzeugter elektrischer Energie; ausgenommen ist elektrische Energie, die als Ergebnis des Pumpvorganges zum Zweck der Speicherung in Speichersystemen gewonnen wird;
29.[5] „Unterstützungsvolumen“ die Mittel, die sich aus den Erlösen aus der Zuweisung der Herkunftsnachweise für Ökostrom gemäß § 10 Abs. 8, und der Bedeckung der Mehraufwendungen gemäß § 42 pro Kalenderjahr ergeben;
30. „Volllaststunden“ den Quotienten aus erwarteter jährlicher Ökostromerzeugung dividiert durch die Engpassleistung der Ökostromanlage;
31. „Wirtschaftsdünger tierischer Herkunft“ die Summe der festen und flüssigen tierischen Ausscheidungen. Wirtschaftsdünger kann auch untergeordnete Mengen an zusätzlichen Produkten, die von den Ausscheidungen nicht ohne großen wirtschaftlichen Aufwand getrennt werden können, enthalten;
32. „zusätzliches jährliches Unterstützungsvolumen“ jenen Anteil am Unterstützungsvolumen, der für die Kontrahierung von Ökostrom auf Grundlage von im jeweiligen Kalenderjahr abgeschlossenen Verträgen der Ökostromabwicklungsstelle mit Ökostromanlagenbetreibern zur Verfügung steht.
33. [Anm: Entfällt gemäß BGBl I 108/2017]

(2)[3] Im Übrigen gelten die Definitionen des Elektrizitätswirtschafts- und organisationsgesetzes 2010 (ElWOG 2010), BGBl. I Nr. 110/2010 in der Fassung des Bundesgesetzes BGBl. I Nr. 108/2017, sowie des KWK-Gesetzes, BGBl. I Nr. 111/2008.

(3) Soweit in diesem Bundesgesetz auf Bestimmungen anderer Bundesgesetze verwiesen wird, sind diese Bestimmungen in ihrer jeweils geltenden Fassung anzuwenden.

(4) Personenbezogene Begriffe haben keine geschlechtsspezifische Bedeutung. Sie sind bei der Anwendung auf bestimmte Personen in der jeweils geschlechtsspezifischen Form anzuwenden.

2. Teil
Anlagen

(Anm: § 6 samt Überschrift aufgehoben durch BGBl I 150/2021)

Anerkennung von rohstoffabhängigen Anlagen[6]

§ 7. (1)[3] Nach Maßgabe der Bestimmungen der § 7 bis § 9 ist über Antrag des Betreibers einer rohstoffabhängigen Anlage, die Ökostrom erzeugt, vom Landeshauptmann des Landes, in dem sich die Anlage befindet, mit Bescheid anzuerkennen:
1.[3] als Ökostromanlage eine Anlage zur Erzeugung elektrischer Energie, die ausschließlich auf Basis der in § 5 Abs. 1 Z 26b genannten Energieträger betrieben wird. Die Verwendung nicht erneuerbarer Primärenergieträger ist im für den Betrieb technisch erforderlichen Ausmaß zulässig;
2.[3] als Mischfeuerungsanlage eine Anlage zur Erzeugung elektrischer Energie, die sowohl auf Basis der Energieträger gemäß Abs. 1 als auch auf Basis von Energieträgern betrieben wird, die nicht in Abs. 1 genannt sind, soweit die Verwendung nicht erneuerbarer Primärenergieträger das für den Betrieb technisch erforderliche Ausmaß übersteigt;
3.[3] als Hybridanlage eine Anlage zur Erzeugung elektrischer Energie, die in Kombination unterschiedliche Technologien bei der Umwandlung eines oder mehrerer Energieträger gemäß Abs. 1 in elektrische Energie verwendet, soweit sie zumindest teilweise auf Basis der Energieträger gemäß Abs. 1 betrieben wird.

Bei Anlagen gemäß § 8 Abs. 3 bedarf sowohl die Biogasverstromungsanlage als auch die Biogaserzeugungsanlage einer Anerkennung.

(2) Die Anerkennung gemäß Abs. 1 Z 2 und Z 3 ist zu versagen, wenn der Anteil der eingesetzten erneuerbaren Energieträger im Beobachtungszeitraum nicht mindestens 3 vH des Primärenergieeinsatzes beträgt. Der Beobachtungszeitraum beträgt mindestens ein Kalenderjahr.

(3) Der Landeshauptmann hat über Antrag des Anlagenbetreibers nach Durchführung von Effizienzverbesserungen festzustellen, dass eine Anlage verbessert worden ist. Die durch die Verbesserung bewirkte Erhöhung des Brennstoffnutzungsgrades ist im Anerkennungsbescheid festzustellen.

(4) Der Landeshauptmann hat die Anerkennung zu widerrufen, wenn die Voraussetzungen für die Anerkennung nicht mehr vorliegen, Auflagen nicht eingehalten werden oder wenn trotz Aufforderung die geprüfte Dokumentation nicht vorgelegt wird. Der Landeshauptmann hat die E-Control, den Netzbetreiber, an dessen Netz die Anlage angeschlossen ist, und

[4] Eingefügt durch BGBl I 108/2017.
[5] Geändert durch BGBl I 150/2021.
[6] Überschrift geändert durch BGBl I 108/2017.

die Ökostromabwicklungsstelle unverzüglich vom Widerruf der Anerkennung zu verständigen. Mit dem Zugang des Widerrufs der Anerkennung endet die Kontrahierungspflicht der Ökostromabwicklungsstelle.

Pflichten der Antragsteller und Anlagenbetreiber von rohstoffabhängigen Anlagen[6]

§ 8. (1) Dem Antrag gemäß § 7 sind folgende Unterlagen anzuschließen:

1. Angaben über den rechtmäßigen Betrieb der Anlage sowie deren Standort;
2. Angaben über die eingesetzten Primärenergieträger, jeweils gesondert entsprechend ihrem Anteil am Gesamteinsatz (Heizwert);
3. ein Konzept über die Rohstoffversorgung bei Anlagen, die zumindest teilweise auf Basis von Biomasse oder von Biogas betrieben werden, über zumindest die ersten fünf Betriebsjahre. Dieses Konzept hat auch Angaben über eine allfällige Abdeckung aus eigener land- und forstwirtschaftlicher Produktion zu enthalten;
4. die technischen Größen der Anlage, insbesondere die Engpassleistung;
5. die Ausführung der Anlage, insbesondere eine Beschreibung der eingesetzten Technologie;
6. die eindeutige Bezeichnung des Zählpunktes, über den die erzeugte Strommenge physikalisch in ein öffentliches Netz eingespeist wird;
7. Name und Adresse des Netzbetreibers, an dessen Netz die Anlage angeschlossen ist;
8. Art und Umfang von Investitionsbeihilfen oder etwaiger weiterer Förderungen.

Im Falle einer Anlagenerweiterung sind dem Antrag sämtliche Unterlagen über die bestehende Anlage gemäß Z 1 bis Z 8, soweit sie nicht bereits bei der erstmaligen Antragstellung eingereicht wurden, beizuschließen.

(2) Betreiber von rohstoffgeführten Anlagen haben die zum Einsatz gelangenden Brennstoffe laufend zu dokumentieren und einmal jährlich die Zusammensetzung der zum Einsatz gelangten Primärenergieträger nachzuweisen. Die Ökostromabwicklungsstelle ist berechtigt, hinsichtlich der eingesetzten Primärenergieträger ein Gutachten über deren Zusammensetzung einzufordern. Betreiber von Mischfeuerungsanlagen oder Hybridanlagen haben zusätzlich einmal jährlich den Nachweis zu erbringen, dass die zum Einsatz gelangten erneuerbaren Energieträger eines Kalenderjahres mindestens den in § 7 Abs. 2 bestimmten Anteil erreichen. Diese Nachweise sind durch die Auswertung der Dokumentation zu erbringen und bis spätestens 31. März des Folgejahres dem Landeshauptmann vorzulegen. Die dem Nachweis zugrunde liegende Aufstellung der zum Einsatz gelangten Brennstoffe ist von einem Wirtschaftsprüfer, einem Ziviltechniker oder einem allgemein beeideten und gerichtlich zertifizierten Sachverständigen oder einem technischen Büro aus den Fachgebieten Elektrotechnik, Maschinenbau, Feuerungstechnik oder Chemie zu prüfen. Der Landeshauptmann hat diese Nachweise zu prüfen und bei Vorliegen der gesetzlichen Erfordernisse der E-Control und der Ökostromabwicklungsstelle, die erforderlichenfalls die Vergütung der betroffenen Anlage anzupassen hat (§ 18 Abs. 2), umgehend mit einer Bestätigung der Richtigkeit zu übermitteln. Darüber hinaus hat der Landeshauptmann im Fall der Anerkennung der Anlage die Konzepte über die Rohstoffversorgung gemäß Abs. 1 Z 3 umgehend an die Ökostromabwicklungsstelle und die E-Control zum Zweck der Erstellung des Berichts gemäß § 52 Abs. 1 zu übermitteln.[7]

(3) Betreiber von Anlagen, die zur Erzeugung von Ökostrom Gas aus dem Gasnetz beziehen, welches an anderer Stelle in das Gasnetz als Gas aus Biomasse eingespeist wurde, haben dies laufend zu dokumentieren. Ebenso haben Betreiber von Biogasanlagen, die Biogas in das Erdgasnetz einspeisen, die Einspeisung laufend zu dokumentieren. Die dem Nachweis zugrunde liegende Aufstellung der zum Einsatz gelangten Brennstoffe ist von einem Wirtschaftsprüfer, einem Ziviltechniker oder einem gerichtlich beeideten Sachverständigen oder einem technischen Büro aus den Fachgebieten Elektrotechnik, Maschinenbau, Feuerungstechnik oder Chemie zu prüfen. Die eingespeisten Mengen sind monatlich durch Ausstellung von Bestätigungen nachzuweisen. Die Anlagenbetreiber von Anlagen im Sinne dieses Absatzes mit einer elektrischen Engpassleistung von über 1 MW müssen vorab tägliche Fahrplanmeldungen an die Ökostromabwicklungsstelle übermitteln. Werden diese nicht eingehalten müssen die Kosten der Prognoseabweichung vom Anlagenbetreiber getragen werden. Der Landeshauptmann hat die gemäß diesem Absatz erbrachten Nachweise zu prüfen und bei Vorliegen der gesetzlichen Erfordernisse der Ökostromabwicklungsstelle zusammen mit einer Bestätigung zu übermitteln, die erforderlichenfalls die Vergütung der betroffenen Anlage anzupassen hat (§ 18 Abs. 2).

(4) Betreiber von bestehenden und neuen Anlagen sind verpflichtet, auf Ersuchen der Ökostromabwicklungsstelle alle für die Abwicklung der Ökostromförderung notwendigen Auskünfte zu erteilen und Unterlagen bereitzustellen.

Inhalt der Anerkennungsbescheide für rohstoffabhängige Anlagen[6]

§ 9. (1) Bescheide gemäß § 7 haben jedenfalls zu enthalten:

1. die zum Einsatz gelangenden Energieträger;
2.[3] die Engpassleistung;
3. Namen und Anschrift des Netzbetreibers, in dessen Netz eingespeist wird;
4. den Prozentsatz der einzelnen Energieträger, bezogen auf ein Kalenderjahr;
5. die genaue Bezeichnung des Zählpunktes, über den die erzeugte Strommenge tatsächlich physikalisch in ein öffentliches Netz eingespeist wird;
6. einen Hinweis auf die gemäß § 8 Abs. 2 zu erstellende Dokumentation;
7. bei Anlagen auf Basis von Biomasse oder Biogas sowie bei Mischfeuerungsanlagen und Hybridanlagen die Höhe des Brennstoffnutzungsgrades bzw. bei Geothermieanlagen die Höhe des gesamtenergetischen Nutzungsgrades sowie Angaben zum Wärmezähler;
8. bei Anlagen auf Basis von Biomasse oder Biogas Angaben über die Rohstoffversorgung zumindest für die ersten fünf Betriebsjahre;
9. bei Anlagen, die auch auf Basis von Abfällen mit hohem biogenen Anteil (§ 5 Abs. 1 Z 1) betrieben werden, die den jeweiligen Abfällen zuzuordnende 5-stellige Schlüsselnummer gemäß Anlage 5 des Abfallverzeichnisses der Abfallverzeichnisverordnung, BGBl. II Nr. 570/2003, in der Fassung der Verordnung BGBl. II Nr. 498/2008;
10. bei Anlagen, die zumindest teilweise auf Basis von fester Biomasse betrieben werden, Maßnahmen zur Vermeidung von Feinstaub;
11.[3] bei Anlagen, die zumindest teilweise auf Basis von flüssiger Biomasse betrieben werden, Angaben darüber, ob sie

[7] Satz 6 neu gefasst und Satz 7 eingefügt durch BGBl I 108/2017.

den Nachhaltigkeitsanforderungen für flüssige Biobrennstoffe gemäß der Verordnung BGBl. II Nr. 250/2010 entsprechen;

12. bei Anlagen, die auch auf Basis von Tiermehl, Ablauge oder Klärschlamm betrieben werden, die gesonderte Angabe dieser Primärenergieträger entsprechend ihrem Anteil am Gesamteinsatz (Heizwert);
13. Art und Umfang von Investitionsbeihilfen oder etwaiger weiterer Förderungen.

(2) In den Bescheiden sind jedenfalls Auflagen betreffend besondere Nachweispflichten über die eingesetzten Primärenergieträger zu erteilen.

(3) Bescheiden betreffend Anlagen, in denen auch Abfälle mit hohem biogenem Anteil eingesetzt werden, ist die Anlage 1 zu diesem Bundesgesetz anzuschließen.

Herkunftsnachweise für Ökostrom

§ 10. (1)[8] Sofern in den nachfolgenden Absätzen nicht anderes bestimmt ist, gelten für Herkunftsnachweise die Bestimmungen des Erneuerbaren-Ausbau-Gesetzes (EAG), BGBl. I Nr. 150/2021.

(Anm: Abs 2 bis 6 aufgehoben durch BGBl I 150/2021)

(7)[9] Die Betreiber der Ökostromanlagen sowie die Stromhändler, die elektrische Energie aus Anlagen als Ökostrom der Ökostromabwicklungsstelle veräußern, sind über Verlangen des Käufers verpflichtet, die der verkauften Menge entsprechenden Herkunftsnachweise (mittels automationsunterstützter Datenverarbeitung) nachweislich diesem Käufer zu überlassen.

(8) Abweichend von Abs. 7 hat die Ökostromabwicklungsstelle die ihr im Rahmen ihrer Kontrahierungspflicht übertragenen Herkunftsnachweise den Stromhändlern gemäß § 37 Abs. 1 Z 3 zu den von der E-Control gemäß Abs. 12 jährlich verordneten Preisen für Herkunftsnachweise zu verrechnen.

(Anm: Abs 9 bis 11 aufgehoben durch BGBl I 150/2021)

(12)[10] Die E-Control hat den Preis für die von der Ökostromabwicklungsstelle den Stromhändlern gemäß § 37 Abs. 1 Z 3 zuzuweisenden Herkunftsnachweise auf Basis ihres Wertes jährlich durch Verordnung neu festzulegen. Für die Preisermittlung ist es zulässig, einen geringfügigen Anteil an Herkunftsnachweisen zu versteigern. Die Marktteilnehmer sind verpflichtet, auf Nachfrage der E-Control wahrheitsgemäße Angaben zu den Preisen von Herkunftsnachweisen zu machen.

(13)[11] Herkunftsnachweise dürfen für elektrische Energie aus Photovoltaikanlagen mit einer Leistung bis zu 5 kW_{peak} auch ohne Vorliegen eines Anerkennungsbescheids oder einer Kontrahierung mit der Ökostromabwicklungsstelle ausgestellt werden. Zur eindeutigen Anlagenbestimmung haben die Anlagenbetreiber der E-Control die Netzzugangsverträge auf elektronischem Wege zu übermitteln.

(14)[4] Die Ökostromabwicklungsstelle ist verpflichtet, Netzbetreibern, Stromerzeugern, Stromhändlern und der E-Control sämtliche für die Administration und Abwicklung der Ausstellung, der Übertragung und der Entwertung der Herkunftsnachweise notwendigen, ihr durch die Förderabwicklung vorliegenden Daten wie insbesondere Anlagendaten, Betreiberdaten und Einspeisemengen über deren Verlangen ohne nähere Prüfung zur Verfügung zu stellen. Diese Datenbekanntgaben können mittels automationsunterstützter Datenverarbeitung und -übermittlung erfolgen.

(15) (Anm: Aufgehoben durch BGBl I 150/2021)

[8] Neu gefasst durch BGBl I 150/2021.

[9] Geändert durch BGBl I 150/2021.

[10] Letzter Satz eingefügt durch BGBl I 108/2017.

[11] Satz 1 geändert und Satz eingefügt durch BGBl I 108/2017.

(Anm: § 11 samt Überschrift aufgehoben durch BGBl I 150/2021)

3. Teil
Betriebsförderungen

1. Abschnitt
Allgemeine Kontrahierungspflicht

Kontrahierungspflicht zu festgelegten Einspeisetarifen

§ 12. (1) Die Ökostromabwicklungsstelle ist verpflichtet, nach Maßgabe der zur Verfügung stehenden Fördermittel für Ökostromanlagen, durch Abschluss von Verträgen über die Abnahme und Vergütung von Ökostrom zu den gemäß § 39 genehmigten Allgemeinen Bedingungen den ihr angebotenen Ökostrom zu den durch Verordnung gemäß § 19 bestimmten Einspeisetarifen und für die gemäß § 16 festgelegte Dauer aus folgenden Anlagen zu kontrahieren:

1. Hybrid- und Mischfeuerungsanlagen für den Anteil der eingesetzten und in Z 2 aufgelisteten erneuerbaren Energieträger, jedoch mit Ausnahme der in Abs. 2 Z 2 aufgelisteten erneuerbaren Energieträger;
2. Ökostromanlagen auf Basis von
   a) Windkraft;
   b) Photovoltaik;
   c) fester und flüssiger Biomasse und Biogas;
   d) Geothermie;
   e) Kleinwasserkraft mit einer Engpassleistung von bis zu 2 MW nach Maßgabe des § 14 Abs. 7.

(2) Keine Kontrahierungspflicht gemäß Abs. 1 besteht

1.[3] für rohstoffabhängige Anlagen, die nicht über einen Anerkennungsbescheid gemäß § 7 verfügen;

2. für Anlagen auf Basis von Tiermehl, Ablauge oder Klärschlamm;

3. für Photovoltaikanlagen mit einer Leistung bis zu 5 kW_{peak};

4. für Anlagen, die zumindest teilweise auf Basis von Geothermie, Biomasse oder von Biogas betrieben werden, sofern sie keinen Brennstoffnutzungsgrad bzw. gesamtenergetischen Nutzungsgrad von mindestens 60 vH erreichen oder keinen dem Stand der Technik entsprechenden Wärmezähler für die Zwecke der Messung der genutzten Wärme installieren;

5. für Anlagen auf Basis von Biomasse oder von Biogas, die über kein Konzept über die Rohstoffversorgung zumindest über die ersten fünf Betriebsjahre verfügen;

6.[3] für Anlagen auf Basis von flüssiger Biomasse, die den Nachhaltigkeitsanforderungen für flüssige Biobrennstoffe gemäß der Verordnung BGBl. II Nr. 250/2010 nicht entsprechen;

7. für Anlagen auf Basis von fester Biomasse, die keine dem Stand der Technik entsprechenden Maßnahmen zur Vermeidung von Feinstaub aufweisen;

8.[4] für Anlagen auf Basis von flüssiger Biomasse, die nicht den Bestimmungen des § 12 und § 19 der Kraftstoffverordnung 2012, BGBl. II Nr. 398/2012, in der Fassung der Verordnung BGBl. II Nr. 259/2014, sowie der Verordnung über die Verwendung von flüssigen Biobrennstoffen zur Minderung der Treibhausgasemissionen, BGBl. II Nr. 15/2015, entsprechen.

Kontrahierungspflicht zu Marktpreisen

§ 13. (1) Abgesehen von der Kontrahierungspflicht gemäß § 12 ist die Ökostromabwicklungsstelle verpflichtet, durch

Abschluss von Verträgen über die Abnahme und Vergütung von Ökostrom zu den gemäß § 39 genehmigten Allgemeinen Bedingungen den ihr angebotenen Ökostrom zu den in Abs. 3 bestimmten Preisen aus Anlagen zu kontrahieren, mit Ausnahme von

1.[3] rohstoffabhängige Anlagen, die nicht über einen Anerkennungsbescheid gemäß § 7 verfügen;
2. Anlagen, für die ein aufrechter Vertrag über die Abnahme und Vergütung von Ökostrom gemäß § 12 oder gemäß § 17 besteht, unbeschadet der Regelung in Abs. 2;
3. Wasserkraftanlagen mit mehr als 10 MW Engpassleistung;
4. Anlagen auf Basis von Tiermehl, Ablauge oder Klärschlamm;
5. Hybrid- und Mischfeuerungsanlagen für jenen Anteil der eingesetzten Energieträger, die aus Energieträgern gemäß Z 3 oder Z 4 oder aus nicht erneuerbaren Quellen stammen.

(2) Sofern ein Betreiber einer Anlage, für die eine Kontrahierungspflicht gemäß § 12 besteht, auf seinen Anspruch auf Kontrahierung von elektrischer Energie zu den Einspeisetarifen für mindestens 12 Monate verzichtet, ist die Ökostromabwicklungsstelle ebenfalls zur Kontrahierung des erzeugten Ökostroms zu den gemäß Abs. 3 festgelegten Preisen verpflichtet.

(3) Die Höhe der Preise gemäß Abs. 1 ist aus dem gemäß § 41 Abs. 1 veröffentlichten Marktpreis, abzüglich der durchschnittlichen Aufwendungen je kWh für Ausgleichsenergie der Ökostromabwicklungsstelle im jeweils letzten Kalenderjahr zu ermitteln, wobei nach Möglichkeit die durch die jeweiligen Technologien verursachten Kosten zu berücksichtigen sind, zumindest jedoch zwischen Ausgleichsenergie für Windkraft und Ausgleichsenergie für alle anderen Ökostromanlagen zu unterscheiden ist. Liegt der gemäß § 41 Abs. 1 veröffentlichte Marktpreis über dem für das jeweilige Monat gemäß § 41 Abs. 2a ermittelten mengengewichteten Day-Ahead-Stundenpreis, ist der gemäß § 41 Abs. 2a ermittelte mengengewichtete Day-Ahead-Stundenpreis für die Berechnung der Preise gemäß Abs. 1 heranzuziehen. Liegt der gemäß § 41 Abs. 2a ermittelte mengengewichtete Day-Ahead-Stundenpreis unter 60% des gemäß § 41 Abs. 1 veröffentlichten Marktpreises, sind 60% des gemäß § 41 Abs. 1 veröffentlichten Marktpreises für die Berechnung der Preise gemäß Abs. 1 heranzuziehen. In beiden Fällen sind jeweils die durchschnittlichen Aufwendungen für Ausgleichsenergie gemäß dem ersten Satz in Abzug zu bringen. Soweit in Verordnungen gemäß § 19 auf den Marktpreis gemäß § 41 verwiesen wird, sind der zweite und dritte Satz sinngemäß anzuwenden. Liegt in diesem Fall der gemäß dem zweiten bzw. dritten Satz ermittelte Wert unter dem in der Verordnung gemäß § 19 festgelegten Einspeisetarif, ist der in der Verordnung festgelegte Tarif anzuwenden. Ergibt sich bei der Berechnung der Preise nach diesem Absatz ein Wert kleiner null, wird die Höhe der Preise gemäß Abs. 1 mit null festgesetzt.[12]

(4) Die Ökostromabwicklungsstelle hat den Betreibern von Anlagen gemäß § 12, hinsichtlich derer eine Kontrahierungspflicht zu den festgelegten Einspeisetarifen besteht, mindestens drei Monate vor Auslaufen des Vertrages ein Angebot zur unmittelbar fortgesetzten weiteren Kontrahierung zum Preis gemäß Abs. 3 zu unterbreiten. Bei Annahme des Angebotes durch den Ökostromanlagenbetreiber hat die Ökostromabwicklungsstelle einen entsprechenden Vertrag über die Abnahme abzuschließen.

Besondere Bestimmungen zur Kontrahierungspflicht

§ 14. (1) Die Kontrahierungspflicht der Ökostromabwicklungsstelle gemäß § 12 oder § 13 besteht nur, wenn über einen mindestens 12 Kalendermonate dauernden Zeitraum der erzeugte und in das öffentliche Netz abgegebene Ökostrom aus einer Anlage an die Ökostromabwicklungsstelle abgegeben wird.

(2)[3] Die Ökostromabwicklungsstelle hat in Erfüllung der Kontrahierungspflicht mit dem Betreiber einer Anlage einen Vertrag über die Abnahme und Vergütung von Ökostrom zu den gemäß § 39 genehmigten Allgemeinen Bedingungen abzuschließen. Mit dem Abschluss des Vertrages wird der Betreiber der Anlage Mitglied der Ökobilanzgruppe gemäß § 38.

(3) Die Kontrahierungspflicht der Ökostromabwicklungsstelle gemäß § 12 besteht nur nach Maßgabe der zur Verfügung stehenden Fördermittel. Für Anlagen, für die ein Antrag auf Vertragsabschluss gestellt wurde, besteht die Kontrahierungspflicht der Ökostromabwicklungsstelle gemäß § 12 nur in jenem Ausmaß, als das jeweilig zur Verfügung stehende zusätzliches jährliches Unterstützungsvolumen nicht überschritten wird.

(4) Kann mit dem zur Verfügung stehenden zusätzlichen jährlichen Unterstützungsvolumen nicht das Auslangen gefunden werden, so ist die Ökostromabwicklungsstelle zur Kontrahierung von Ökostrom nur aus jenen Anlagen verpflichtet, mit denen vor Ausschöpfung des zusätzlichen jährlichen Unterstützungsvolumens ein Vertrag über die Kontrahierung von Ökostrom abgeschlossen wurde. Die Ökostromabwicklungsstelle hat in diesem Fall den Bundesminister für Wissenschaft, Forschung und Wirtschaft unverzüglich von diesem Umstand in Kenntnis zu setzen.

(5) Kann mit den verfügbaren Finanzmitteln der Ökostromabwicklungsstelle nicht das Auslangen für die laufende Kontrahierung von Ökostrom aus jenen Anlagen gefunden werden, mit denen ein aufrechter Vertrag über die Kontrahierung von Ökostrom besteht, hat die Ökostromabwicklungsstelle die Vergütung von Ökostrom aliquot zu kürzen. In diesem Fall hat eine unverzügliche Nachzahlung durch die Ökostromabwicklungsstelle zu erfolgen, sobald die Ökostromabwicklungsstelle wieder über ausreichend Mittel verfügt. Die Ökostromabwicklungsstelle ist im Rahmen ihrer Möglichkeiten verpflichtet, alle Maßnahmen zur Beschaffung der erforderlichen Finanzmittel zu ergreifen.

(6) Für Photovoltaikanlagen über 5 kW_{peak}, für die nach dem Inkrafttreten dieses Bundesgesetzes ein Antrag auf Kontrahierung gestellt wurde, besteht die Möglichkeit, abweichend von Abs. 3 und an Stelle der in § 18 Abs. 1 bestimmten Tarife die Förderung von eingespeister elektrischer Energie in Höhe von 18 Cent/kWh über den Zeitraum von 13 Jahren zu beantragen (Netzparitäts-Tarif). Ein Wechsel auf Abnahme des Ökostroms zu den in § 18 Abs. 1 bestimmten Tarifen ist in diesem Fall unzulässig. Es gelten insbesondere § 18 Abs. 4 und § 20 Abs. 3 sinngemäß. Der Abschluss dieser Verträge hat unter Anrechnung auf das zur Verfügung stehende Unterstützungsvolumen gemäß § 23 Abs. 3 Z 5 zu erfolgen.

(7) Anstelle von Investitionszuschüssen gemäß § 26 kann für die Errichtung oder Revitalisierung von Kleinwasserkraftanlagen mit einer Engpassleistung von bis zu 2 MW, die nach Inkrafttreten dieses Bundesgesetzes einen Antrag auf Kontrahierung gestellt haben und mit deren Errichtung zu diesem Zeitpunkt noch nicht begonnen wurde, die Förderung von eingespeister elektrischer Energie in Höhe der in der Verordnung gemäß § 19 bestimmten Einspeisetarife beantragt werden.

(8)[4] Ab dem 1.1.2018 besteht für neue Biogasanlagen nur dann eine Kontrahierungspflicht der Ökostromabwicklungsstelle zu den festgelegten Einspeisetarifen, wenn

1. die Einspeisung ferngesteuert regelbar ist,
2. die dabei eingesetzten Brennstoffe höchstens zu 30% aus den Kulturarten Getreide und Mais bestehen und
3. die Anlagen eine maximale elektrische Leistung von 150 kW erbringen und einen Brennstoffnutzungsgrad von über 67,5% erreichen oder

[12] Sätze 2 ff eingefügt durch BGBl I 198/2023.

4. die Biogaserzeugungsanlagen das produzierte Biogas auf Erdgasqualität aufbereiten, in das öffentliche Gasnetz einspeisen, zwischen Verstromungsanlage und Biogaserzeugungsanlage eine Mindestdistanz von 5 km besteht und die Verstromung entsprechend den Anforderungen des § 21 Abs. 1 Z 2 bis 4 erfolgt.

Der Technologiebonus gemäß § 21 kommt bei Anlagen nach diesem Absatz nicht zur Anwendung.

(9)[4] Ab dem 1.1.2018 besteht für neue Anlagen auf Basis fester oder flüssiger Biomasse nur dann eine Kontrahierungspflicht der Ökostromabwicklungsstelle zu den festgelegten Einspeisetarifen, wenn die Einspeisung ferngesteuert regelbar ist.

Antragstellung und Vertragsabschluss

§ 15. (1) Die Ökostromabwicklungsstelle hat nach Maßgabe einer bestehenden Kontrahierungspflicht den von den Anlagen erzeugten Ökostrom auf Basis von Verträgen zu kontrahieren.

(2)[1] Der Antrag (das Anbot) auf Vertragsabschluss über die Kontrahierung von Ökostrom hat ausschließlich unter Verwendung eines von der Ökostromabwicklungsstelle zur Verfügung zu stellenden elektronischen Abwicklungssystems sowie zu den gemäß § 39 genehmigten Allgemeinen Bedingungen zu erfolgen. In den Allgemeinen Bedingungen kann unter anderem Folgendes vorgesehen werden:

1. vor der Antragstellung ist eine gesonderte Registrierung erforderlich;
2. Anträge (Anbote) bzw. Registrierungen vor der Antragstellung sind unter Zuhilfenahme automationsunterstützter Datenverarbeitung einzubringen und zu bearbeiten;
3. sonstige für die administrative Abwicklung der Antragstellung bei der Ökostromabwicklungsstelle erforderlichen Vorgaben.

Die Allgemeinen Bedingungen der Ökostromabwicklungsstelle dürfen gesetzlichen Bestimmungen nicht widersprechen.

(3)[13] Dem Antrag sind, soweit nicht gesonderte Nachweise erforderlich sind, der auf die Anlage Bezug habende Bescheid gemäß § 7, soweit dieser erforderlich ist, die gemäß § 15a Abs. 1 geforderten Unterlagen sowie der Nachweis über alle für die Errichtung der Anlage notwendigen Genehmigungen oder Anzeigen anzuschließen. Unvollständige Anträge sind unter Rangverlust nicht zu berücksichtigen, wobei der Antragssteller von diesem Umstand schriftlich in Kenntnis zu setzen ist. Die Ökostromabwicklungsstelle ist bei Anträgen auf Kontrahierung, die keinen Platz mehr im Kontingent finden, nicht verpflichtet, die Angaben der Betreiber inhaltlich zu prüfen.

(4) Anträge auf Vertragsabschluss gemäß § 12, deren Annahme eine Überschreitung des Unterstützungsvolumens zur Folge hätte, sind nicht anzunehmen. Überschreiten gleichzeitig einlangende Anträge insgesamt die durch das Unterstützungsvolumen vorgegebene Grenze, so entscheidet das Los.

(5)[13] Konnte mit einem Betreiber einer Anlage gemäß Abs. 4 infolge der Erschöpfung des Unterstützungsvolumens kein Vertrag über die Abnahme von Ökostrom abgeschlossen werden, so ist mit dem Betreiber unter Berücksichtigung des sich aus dem Zeitpunkt der Antragstellung ergebenden Ranges zum nächstmöglichen Zeitpunkt ein Vertrag über die Kontrahierung von Ökostrom abzuschließen, wobei dem Vertrag die Preise und sonstigen Allgemeinen Bedingungen der Ökostromabwicklungsstelle nach Maßgabe des § 18 Abs. 1 zu Grunde zu legen sind. Dem Betreiber steht es in diesem Falle frei, seinen Antrag zurück zu ziehen. Der Antrag erlischt jedenfalls nach Ablauf des fünften Folgejahres nach Einlangen des Antrages. Nach Ablauf des vierten Folgejahres sind, abweichend von § 18 Abs. 1, dem Vertrag die letztverfügbaren Preise und Allgemeinen Bedingungen der Ökostromabwicklungsstelle zugrunde zu legen.

(6)[1] Erbringt ein Antragsteller für eine Photovoltaikanlage nicht binnen drei Monaten nach Annahme des Antrages einen Nachweis über die Bestellung der Photovoltaikanlage, für die er den Antrag eingebracht hat, oder wird eine Photovoltaikanlage nicht innerhalb von neun Monaten, eine Kleinwasserkraftanlage oder eine rohstoffabhängige Anlage nicht innerhalb von 36 Monaten oder eine Windkraftanlage nicht innerhalb von 48 Monaten oder eine sonstige Anlage nicht innerhalb von 24 Monaten nach Annahme des Antrags in Betrieb genommen, gilt der Vertrag über die Kontrahierung von Ökostrom als aufgelöst, sofern der Antragsteller nicht glaubhaft macht, dass die Ursachen dafür nicht in seinem Einflussbereich liegen. Das aus der Auflösung dieses Vertrages frei werdende Unterstützungsvolumen ist dem Unterstützungsvolumen der jeweiligen Anlagenkategorie im laufenden Kalenderjahr zuzurechnen.

(7)[14] Für Photovoltaikanlagen hat der Antragsteller zusätzlich eine Erklärung abzugeben, ob für die Anlage oder für Teile dieser Anlage Förderungen auf Grund des Klima- und Energiefondsgesetzes (KLI.EN-FondsG), BGBl. I Nr. 40/2007, in Anspruch genommen worden sind. Abweichend von Abs. 4 und Abs. 5 sind Anträge von Photovoltaikanlagen, die nach Inkrafttreten dieses Bundesgesetzes einen Antrag auf Kontrahierung mit der Ökostromabwicklungsstelle gestellt haben, von der Ökostromabwicklungsstelle zurückzuweisen, sofern zum Zeitpunkt ihres Einlangens das Unterstützungsvolumen bereits ausgeschöpft war, wobei im Jahr 2020 und im Jahr 2021 § 4 der Verordnung BGBl. II Nr. 408/2017 mit der Maßgabe anzuwenden ist, dass die Ökostromabwicklungsstelle im Jänner 2020 und im Jänner 2021 einen Zeitraum festzulegen hat, in dem die Förderanträge bei der Ökostromabwicklungsstelle einzulangen haben.

Inhalt der Vertragsanträge

§ 15a.[4] (1) Anlagenbetreiber, die gegenüber der Ökostromabwicklungsstelle einen Antrag auf Abschluss von Verträgen über die Abnahme und Vergütung von Ökostrom zu den gemäß § 39 genehmigten Allgemeinen Bedingungen gemäß der § 12, § 13 und § 17 stellen, haben in ihren Anträgen folgende Angaben zu machen und diese, insoweit keine Bescheide gemäß § 7 vorliegen oder diese Angaben nicht in Bescheiden gemäß § 7 enthalten sind, erforderlichenfalls auch mit entsprechenden Unterlagen zu belegen:

1. Angaben über den rechtmäßigen Betrieb der Anlage sowie deren Standort;
2. Angaben über den eingesetzten Primärenergieträger;
3. bei Anlagen, die über einen Anerkennungsbescheid gemäß § 7 verfügen, den Anerkennungsbescheid;
4. die technischen Größen der Anlage, insbesondere die Engpassleistung;
5. die Ausführung der Anlage, insbesondere eine Beschreibung der eingesetzten Technologie;
6. die eindeutige Bezeichnung des Zählpunktes;
7. Name und Adresse des Netzbetreibers, an dessen Netz die Anlage angeschlossen ist;
8. Art und Umfang von Investitionsbeihilfen oder etwaiger weiterer Förderungen.
9. Eigenversorgungsanteil

Im Falle einer Anlagenerweiterung sind dem Antrag sämtliche Unterlagen über die bestehende Anlage gemäß Z 1 bis Z 9,

[13] Geändert und letzter Satz eingefügt durch BGBl I 108/2017.

[14] Geändert durch BGBl I 108/2017, BGBl I 97/2019 und BGBl I 12/2021.

soweit sie nicht bereits bei der erstmaligen Antragstellung vorgelegt wurden, beizuschließen.

(2) Betreiber von bestehenden und neuen Anlagen sind verpflichtet, auf Ersuchen der Ökostromabwicklungsstelle alle für die Kontrahierung und die Abwicklung der Ökostromförderung notwendigen Auskünfte zu erteilen und Unterlagen bereitzustellen. Die Ökostromabwicklungsstelle ist auch ermächtigt, sämtliche erforderlichen technischen, wirtschaftlichen und organisatorischen Maßnahmen, inklusive der Heranziehung von Sachverständigen, zur Kontrolle der Richtigkeit der Angaben der Betreiber im Zuge der Antragstellung und der Kontrahierung durch die Ökostromabwicklungsstelle nach dem 3. Teil dieses Bundesgesetzes zu ergreifen. Die damit verbundenen Aufwendungen sind der Ökostromabwicklungsstelle als Mehraufwendungen im Sinn des § 42 Abs. 1 Z 2 abzugelten.

Inhalt der Vertragsurkunden

§ 15b.[4] In den Vertragsurkunden gemäß den §§ 12 und 13 sind insbesondere folgende Angaben aufzunehmen:

1. Anlagenbezeichnung und Anlagenbetreiber;
2. Rechnungsdaten;
3. die zum Einsatz gelangenden Energieträger;
4. die Engpassleistung und der allfällige Eigenversorgungsanteil;
5. die genaue Bezeichnung des Zählpunktes;
6. bei Photovoltaikanlagen die Art der Anbringung;
7. das Datum der Antragstellung.

Die Angaben sind auch in das gemäß § 37 Abs. 5 von der Ökostromabwicklungsstelle geführte Ökostromanlagenregister aufzunehmen.

Dauer der allgemeinen Kontrahierungspflicht

§ 16. (1)[13] Die Dauer der Kontrahierungspflicht der Ökostromabwicklungsstelle gemäß § 12 beträgt

1. für Ökostromanlagen auf Basis von fester und flüssiger Biomasse oder Biogas 15 Jahre,
2. für alle anderen Ökostromtechnologien 13 Jahre,

ab Kontrahierung mit der Ökostromabwicklungsstelle (Beginn der Abnahme von Ökostrom durch die Ökostromabwicklungsstelle gemäß § 12) und endet spätestens mit Ablauf des 20. Betriebsjahres der Anlage, ohne dass es einer gesonderten Auflösung des Vertrages bedarf. Die Zugehörigkeit der Ökostromanlage zum Ökostromanlagenregister (§ 37 Abs. 5) bleibt davon unberührt.

(2) (Anm: Aufgehoben durch BGBl I 150/2021)

2. Abschnitt
Besondere Kontrahierungspflicht

Nachfolgetarife für rohstoffabhängige Ökostromanlagen

§ 17. (1)[15] Abweichend von § 13 besteht für Ökostromanlagen auf Basis fester und flüssiger Biomasse oder Biogas, die in das öffentliche Netz einspeisen, nach Ablauf der Kontrahierungspflicht der Ökostromabwicklungsstelle gemäß § 12 oder nach Ablauf der Förderdauer gemäß den Bestimmungen des Ökostromgesetzes, BGBl. I Nr. 149/2002, in der Fassung BGBl. I Nr. 104/2009, eine besondere Kontrahierungspflicht der Ökostromabwicklungsstelle. Die dafür notwendigen Mittel sind, soweit sie für Biogasanlagen Verwendung finden, nicht auf das zusätzliche jährliche Unterstützungsvolumen gemäß § 23 anzurechnen, wobei diese Mittel mit 11,7 Millionen Euro pro Jahr bis zum 31. Dezember 2021 begrenzt sind. Sollten in einem Jahr die Mittel nicht zur Gänze ausgeschöpft werden, können die in diesem Jahr übrig gebliebenen Mittel in das jeweils folgende Jahr bis zum 31. Dezember 2021 übertragen werden. Sollten in einem Jahr die Mittel nicht ausreichen, um Anträge gemäß Abs. 1 zu bedecken, können zusätzlich Verträge im Ausmaß eines zweifachen Jahreskontingentes abgeschlossen werden, wobei die Mittel der Folgejahre anteilig zu reduzieren sind, sodass die durchschnittlichen jährlichen Mittel 11,7 Millionen Euro nicht übersteigen. Für die Verlängerung der Laufzeit gemäß § 17 Abs. 3 fünfter Satz werden die erforderlichen Mittel bereitgestellt. Für die übrigen Anlagen hat die Ökostromabwicklungsstelle Verträge über die weitere Abnahme von Ökostrom nur unter Anrechnung auf das zur Verfügung stehende zusätzliche jährliche Unterstützungsvolumen abzuschließen.

(2) Keine Kontrahierungspflicht gemäß Abs. 1 besteht für rohstoffabhängige Ökostromanlagen, die

1. nicht über einen Anerkennungsbescheid gemäß § 7 verfügen;
2. auf Basis von Tiermehl, Ablauge oder Klärschlamm betrieben werden;
3. keinen Brennstoffnutzungsgrad von mindestens 60 vH erreichen;

3a.[4] zu mehr als 60% aus den Kulturarten Getreide und Mais bestehende Brennstoffe einsetzen;

4. über kein Konzept über die Rohstoffversorgung zumindest über die weiteren fünf Betriebsjahre verfügen;
5. auf Basis von fester Biomasse betrieben werden und keine dem Stand der Technik entsprechenden Maßnahmen zur Vermeidung von Feinstaub aufweisen;
6.[3] auf Basis von flüssiger Biomasse betrieben werden und den Nachhaltigkeitsanforderungen für flüssige Biobrennstoffe gemäß der Verordnung BGBl. II Nr. 250/2010 nicht entsprechen.

(2a)[16] Keine Kontrahierungspflicht gemäß Abs. 1 besteht überdies für Anlagen auf Basis von fester Biomasse und Abfall mit hohem biogenem Anteil, deren Förderdauer zwischen dem 1. Jänner 2017 und dem 31. Dezember 2019 abläuft.

(3)[1,17] Der Abschluss von Verträgen gemäß Abs. 1 darf, ausgenommen für Biogasanlagen mit Ablauf des Einspeisetarifvertrages in den Jahren 2015, 2016 und 2017, pro Anlage nur einmal erfolgen. Anträge auf Vertragsabschluss für Biogasanlagen sind binnen 3 Monaten nach Inkrafttreten dieser Bestimmung einzubringen und die Mittel unter Berücksichtigung der Abs. 5 bis 7 binnen 6 Monaten nach Inkrafttreten dieser Bestimmung zu vergeben. Die aufzuwendenden Mittel sind den jeweiligen Jahren anzurechnen. § 14 Abs. 1 bis 5, Abs. 8 Z 1 und Abs. 9 sowie § 15 Abs. 1 bis 5 finden auf diese Verträge sinngemäß Anwendung, wobei für Biogasanlagen der Antrag auf Vertragsabschluss nach dieser Bestimmung frühestens 60 Monate vor Ablauf der Kontrahierungspflicht gemäß § 12 eingebracht werden kann. Die nach Inkrafttreten dieser Bestimmung abgeschlossenen Verträge für Biogasanlagen sind für eine Laufzeit von 36 Monaten abzuschließen; eine einmalige Verlängerung der Laufzeit um weitere 36 Monate, längstens jedoch bis zum 31. Dezember 2022 ist unter den Voraussetzungen des § 14 Abs. 8, mit Ausnahme der maximalen elektrischen Leistung von 150 kW, auf Antrag, der frühestens 6 Monate vor Ablauf des Vertrages eingebracht werden kann, möglich. Die Kontrahierungspflicht der Ökostromabwicklungsstelle endet jedenfalls mit Ablauf von 20 Jahren ab der Inbetriebnahme der Anlage.

(4) Der Bundesminister für Wissenschaft, Forschung und Wirtschaft kann für diese Ökostromanlagen durch Verordnung

---

15 Satz 2 neu gefasst und Sätze 3 bis 5 eingefügt durch BGBl I 108/2017. Vorletzter Satz eingefügt durch BGBl I 97/2019.

16 Eingefügt durch BGBl I 97/2019.

17 Geändert durch BGBl I 97/2019.

Nachfolgetarife bestimmen, die sich an den laufenden Kosten orientieren, die für den Betrieb dieser Anlagen erforderlich sind, wobei Abschreibungen und Verzinsungen für die Investition nicht zu berücksichtigen sind. Im Übrigen hat der Bundesminister für Wissenschaft, Forschung und Wirtschaft bei der Bestimmung der Preise die in § 19 und § 20 angeführten Kriterien sinngemäß anzuwenden.

(5)[4] Vor dem Abschluss von Verträgen gemäß Abs. 1 haben die Anlagenbetreiber der Ökostromabwicklungsstelle die betriebswirtschaftlichen Kalkulationsgrundlagen (insbesondere Rohstoffbezugsverträge sowie Wärmeabgabeverträge, soweit verfügbar) zu übermitteln. Ergeben sich daraus signifikante Abweichungen gegenüber den der Verordnung gemäß Abs. 4 zugrunde liegenden Kosten, hat die Ökostromabwicklungsstelle den Bundesminister für Wissenschaft, Forschung und Wirtschaft darüber zu informieren.

(6)[4] Mit dem Antrag haben die Anlagenbetreiber

1. den Brennstoffnutzungsgrad des Kalenderjahres 2016, wobei unterjährig in Betrieb genommene Wärmenutzungen auf ein ganzes Jahr hochzurechnen sind, für Anlagen mit Ablauf des Einspeisetarifvertrages im Kalenderjahr 2015 oder 2016 jenen vor dem Auslaufen des Einspeisetarifvertrages, und
2. die Volllaststunden der Kalenderjahre 2010 bis 2016, für Anlagen mit Ablauf des Einspeisetarifvertrages im Kalenderjahr 2015 oder 2016 jene der Kalenderjahre 2010 bis 2014 bzw. 2015, bekannt zu geben.

Der Brennstoffnutzungsgrad ist durch ein Gutachten, ausgestellt von einem Wirtschaftsprüfer, einem Ziviltechniker oder einem allgemein beeideten und gerichtlich zertifizierten Sachverständigen oder einem technischen Büro aus den Fachgebieten Elektrotechnik, Maschinenbau, Feuerungstechnik oder Chemie, nachzuweisen.

(7)[4] Die Ökostromabwicklungsstelle hat an Hand der übermittelten Werte nach Abs. 6 eine Reihung der Anlagen, wobei beide Kriterien zu jeweils 50 % in die Gewichtung einfließen, vorzunehmen.

3. Abschnitt
Einspeisetarife

Allgemeine Bestimmungen über die Tarifeinstufung und Vergütung[6]

§ 18. (1)[18] Die Einspeisetarife für die Kontrahierung von Ökostrom bestimmen sich für Anlagen nach den im Zeitpunkt der Antragstellung bestimmten Preisen. Davon abweichend bestimmen sich die Einspeisetarife ab Inkrafttreten der Novelle 2019, BGBl. I Nr. 97/2019, bis zum 31. Dezember 2020 nach den für das Jahr 2019 verordneten Preisen der Verordnung BGBl. II Nr. 408/2017, wobei keine Abschläge gemäß § 19 Abs. 2 zur Anwendung kommen. Die Vergütung für die kontrahierten Ökostromanlagen erfolgt entsprechend den von der Anlage erzeugten und in das öffentliche Netz abgegebenen Ökostrommengen, soweit bei der Erzeugung die jeweils im Vertrag gemäß § 15 vereinbarte Engpassleistung, abzüglich eines allfälligen Eigenversorgungsanteils, nicht überschritten wurde. Einer solchen Abgabe ist eine kurzfristige und mit dem Regelzonenführer abzustimmende Reduktion oder Unterbrechung der Einspeisung zum Zwecke der Minimierung der Aufwendungen für Ausgleichsenergie gemäß § 37 Abs. 4 gleichzuhalten.

(1a)[4] Bei Anlagen mit Lastprofilzählern hat die Ökostromabwicklungsstelle im Falle von Über-schreitungen der Engpassleistung, abzüglich eines allfälligen Eigenversorgungsanteils, gemäß Abs. 1 zweiter Satz die aus der Leistungsüberschreitung resultierenden Erzeugungsmengen zum Preis gemäß § 13 Abs. 3 zu vergüten. Die Abrechnung erfolgt auf Basis der Differenz zwischen den gemessenen Viertelstundenwerten und der Engpassleistung. Nähere Bestimmungen hierzu sind in den Allgemeinen Bedingungen der Ökostromabwicklungsstelle gemäß § 39 festzulegen.

(1b)[4] Bei Anlagen ohne Lastprofilzähler ist anhand einer Plausibilitätsprüfung der gemessenen Einspeisemengen festzustellen, ob eine Leistungsüberschreitung, abzüglich eines allfälligen Eigenversorgungsanteils, vorliegt. Die dabei geltenden Kriterien sind in den Allgemeinen Bedingungen der Ökostromabwicklungsstelle gemäß § 39 festzulegen. Eine Leistungsüberschreitung ist jedenfalls dann anzunehmen, wenn die eingespeiste Energie die Engpassleistung, abzüglich eines allfälligen Eigenversorgungsanteils, multipliziert mit den jeweiligen Volllaststunden gemäß § 23 Abs. 5, um 20% überschritten hat.

(2) Ökostrom aus rohstoffabhängigen Ökostromanlagen, Hybrid- oder Mischfeuerungsanlagen ist entsprechend den in dem Anerkennungsbescheid festgesetzten Prozentsätzen zu kontrahieren und zu vergüten. Werden die in dem Anerkennungsbescheid festgesetzten Prozentsätze nach der erstellten Dokumentation nicht eingehalten, hat die Ökostromabwicklungsstelle nach Verständigung durch den Landeshauptmann die Vergütung für das vergangene Jahr aufzurollen und entsprechend der Dokumentation zu vergüten. Differenzen sind mit den nächstfolgenden Vergütungen auszugleichen. Ist ein Ausgleich nicht möglich, hat der Landeshauptmann den Betreiber mit Bescheid zur Herausgabe der Mehrerlöse zu verpflichten. Die Mehrerlöse ergeben sich aus der Differenz zwischen den festgesetzten Tarifen und dem im Zeitpunkt der Erzeugung des Ökostroms zuletzt von der E-Control veröffentlichten Marktpreis gemäß § 41 Abs. 1. Die Mehrerlöse sind auf das Konto gemäß § 50 einzubringen.

(3) Erfolgt die Abgabe elektrischer Energie in das öffentliche Netz aus mehreren Anlagen, für die verschiedene Preisansätze zur Anwendung gelangen, über nur einen Übergabepunkt (Zählpunkt), so ist von einer Zusammensetzung der Einspeisung entsprechend dem Anteil der Engpassleistung jeder Anlage an der gesamten Engpassleistung aller angeschlossenen Anlagen auszugehen, es sei denn, der Betreiber dieser Anlagen weist die Herkunft der Energie aus einer bestimmten Anlage explizit nach, beispielsweise durch Stillstandsprotokolle einzelner Anlagen oder Schaltzustände dieser Anlagen.

(4) Wurden für diese Anlagen oder für die für die Funktionsfähigkeit dieser Anlagen notwendigen Anlagenteile Fördermittel aus dem KLI.EN-FondsG in Anspruch genommen, ist dies bei der Bemessung der Förderung nach diesem Bundesgesetz im entsprechenden Umfang zu berücksichtigen. Antragssteller haben anlässlich der Antragsstellung eine entsprechende Erklärung abzugeben. Darüber hinaus kann die Ökostromabwicklungsstelle von Antragsstellern geeignete Nachweise verlangen.

(5) Wird eine Anlage erweitert, dann sind auf den erweiterten Teil die Regelungen und Preisansätze für Ökostromanlagen gemäß dieses Bundesgesetzes sinngemäß anzuwenden. Der Betreiber einer erweiterten Anlage hat insbesondere einen Antrag gemäß § 15 für den erweiterten Teil der Ökostromanlage zu stellen. Auf den ursprünglichen Anlagenbestand vor Erweiterung sind die ursprünglichen Regelungen und Preisansätze weiterhin anzuwenden und auf den erweiterten Anlagenteil ist der der Leistung der Gesamtanlage entsprechende Preisansatz zum Zeitpunkt der Antragstellung bei der Ökostromabwicklungsstelle für die erweiterte Ökostromanlage anzuwenden.

(6) Der Bundesminister für Wissenschaft, Forschung und Wirtschaft kann zur Feststellung des für die Bestimmung der

[18] Satz 3 Halbsatz 2 und Satz 3 eingefügt durch BGBl I 108/2017. Satz 2 eingefügt durch BGBl I 97/2019.

Preise und Vergütungen maßgeblichen Sachverhalts insbesondere auch Sachverständige beiziehen, die dem Bundesministerium für Wissenschaft, Forschung und Wirtschaft sowie der E-Control zur Verfügung stehen.

Verordnungsermächtigung

§ 19. (1) Der Bundesminister für Wissenschaft, Forschung und Wirtschaft hat im Einvernehmen mit den Bundesministern für Land- und Forstwirtschaft, Umwelt und Wasserwirtschaft und für Arbeit, Soziales und Konsumentenschutz durch Verordnung die Einspeisetarife in Form von Preisen pro kWh für die Kontrahierung von Ökostrom, soweit eine Kontrahierungspflicht gemäß § 12 besteht, festzusetzen.

(2) Die Tarife in der Verordnung gemäß Abs. 1 sind für jedes Kalenderjahr gesondert zu bestimmen. Sofern es zweckmäßig erscheint, ist es zulässig, in der Verordnung gemäß Abs. 1 die Tarife für zwei oder mehrere Kalenderjahre im Vorhinein festzulegen, wobei in Bezug auf die jeweiligen Vorjahreswerte nach Maßgabe der Kostenentwicklung der jeweiligen Technologien ein Abschlag für die Kosten vorzusehen ist. Unterjährige Anpassungen der Tarife sind zulässig. Bis zum Inkrafttreten einer neuen Verordnung gelten die für das jeweilige Vorjahr letztgültigen Tarife mit einem Abschlag von 8% bei Anlagen auf Basis von Photovoltaik, 1% bei Windkraft und 1% bei den übrigen Ökostromtechnologien weiter.

Kriterien für die Bemessung der Einspeisetarife

§ 20. (1) Die Einspeisetarife sind entsprechend den Zielen dieses Bundesgesetzes, insbesondere in Bezug auf den effizienten Mitteleinsatz, so zu gestalten, dass kontinuierlich eine Steigerung der Produktion von Ökostrom erfolgt, wobei eine Steigerung der Produktion von Ökostrom aus rohstoffabhängigen Ökostromanlagen nur bei nachweislich gesicherter Rohstoffversorgung anzustreben ist.

(2) Nach Maßgabe des Abs. 1 sind die Einspeisetarife auf Basis folgender Kriterien festzulegen:

1. die Tarife sind unter Beachtung der unionsrechtlichen Vorgaben festzulegen;
2. die Tarife haben sich an den durchschnittlichen Produktionskosten von kosteneffizienten Anlagen, die dem Stand der Technik entsprechen, zu orientieren;
3. zwischen Anlagen ist dann zu unterscheiden, wenn unterschiedliche Kosten vorliegen oder öffentliche Förderungen gewährt wurden;
4. die Tarife sind in Abhängigkeit von den verschiedenen Primärenergieträgern festzulegen, wobei die technische und wirtschaftliche Effizienz zu berücksichtigen ist;
5. durch die Preisbestimmung ist sicherzustellen, dass sich die Förderungen an den effizientesten Standorten zu orientieren haben und die Möglichkeit einer Maximierung der Tarifhöhe durch eine Aufteilung in mehrere Anlagen ausgeschlossen ist;
6.[3] die Tarife können weitere Differenzierungen, etwa nach der Engpassleistung, der Jahresstromproduktion (Zonentarifmodell) oder nach anderen besonderen technischen Spezifikationen, enthalten. Eine zeitliche Unterscheidung nach Tag/Nacht und Sommer/Winter im Sinne des § 51 in Verbindung mit § 52 ElWOG 2010 ist zulässig;
7. in der Verordnung können auch Mindestanforderungen hinsichtlich der zum Einsatz gelangenden Technologien vorgesehen werden, wobei die Mindestanforderungen dem Stand der Technik zu entsprechen haben;
8. in der Verordnung kann die Erreichung eines höheren Brennstoffnutzungsgrades als in § 12 Abs. 2 Z 4 zur Voraussetzung für die Gewährung von Einspeisetarifen gemacht werden, wenn dies auf Grund der Beschaffenheit des jeweiligen Anlagentyps unter Bedachtnahme auf den Stand der Technik und die optimale Nutzung der eingesetzten Primärenergie (energetischer Nutzungsgrad) wirtschaftlich zumutbar ist.

(3) Für Photovoltaikanlagen gilt ergänzend zu Abs. 2 Folgendes:

1. bei der Festlegung der Tarife für Photovoltaik ist eine Differenzierung zwischen Anlagen auf Freiflächen und Gebäuden zulässig, wobei die Gewährung einer Förderung auf gebäudeintegrierte Photovoltaikanlagen beschränkt werden kann;
2. für Photovoltaik mit einer Engpassleistung bis 20 kW_{peak} können die Tarife gemäß Abs. 1 auch lediglich einen Teil der durchschnittlichen Produktionskosten von kosteneffizienten Anlagen, die dem Stand der Technik entsprechen, abdecken;
3. in der Verordnung ist ein einheitlicher Tarif für alle Größenklassen von Photovoltaikanlagen vorzusehen, wobei eine kombinierte Förderung mittels Investitionszuschüssen und Einspeisetarifen vorgesehen werden kann und jedenfalls dem Umstand Rechnung zu tragen ist, ob das zusätzliche jährliche Unterstützungsvolumen des vorangegangenen Jahres ausgeschöpft wurde;
4. die Gewährung einer Förderung kann an eine bestimmte Höchstgröße der Anlage geknüpft werden, wobei eine Förderung einer Photovoltaikanlage von über 500 kW_{peak} jedenfalls ausgeschlossen ist.

(4) Für rohstoffabhängige Anlagen gilt ergänzend zu Abs. 2 Folgendes:

1. die Preisfestlegung darf nicht in einer solchen Form erfolgen, dass Biomasse ihrer stofflichen Nutzung entzogen wird bzw. Nahrungs- und Futtermittel ihrem ursprünglichen Verwendungszweck entzogen werden;
2. zwischen Abfall mit hohem biogenen Anteil und sonstiger fester Biomasse ist zu unterscheiden;
3. eine Differenzierung innerhalb der Anlagenkategorien auf Basis von Biogas nach Energieträgern und Substraten, innerhalb der Anlagenkategorien auf Basis von Biomasse nach Energieträgern, sowie nach anderen besonderen technischen Spezifikationen ist zulässig;
4. bei der Festlegung der Preise für Anlagen auf Basis von Biogas oder flüssiger Biomasse dürfen Rohstoffpreise (Kosten für die Energieträger) höchstens in einem solchen Ausmaß berücksichtigt werden, dass diese Kosten die Strommarkterlöse, gemessen an den gemäß § 41 Abs. 1 zuletzt veröffentlichten Marktpreisen, nicht übersteigen; für Anlagen auf Basis von fester Biomasse gilt dies dann, wenn die Leistung, über die ein Vertragsabschluss gemäß § 15 in Verbindung mit § 12 oder gemäß dem Ökostromgesetz, BGBl. I Nr. 149/2002, in der Fassung der ÖSG-Novelle 2009, BGBl. I Nr. 104/2009, erfolgt ist, 100 MW erreicht oder überschreitet;
5. zur Sicherstellung, dass Nahrungs- und Futtermittel ihrem ursprünglichen Verwendungszweck nicht entzogen werden, kann in der Verordnung vorgesehen werden, dass bei bestimmten Biogasanlagengruppen nur dann eine Kontrahierungspflicht der Ökostromabwicklungsstelle zu den festgelegten Einspeisetarifen besteht, wenn ein bestimmter Anteil an Wirtschaftsdünger tierischer Herkunft für die Erzeugung von Ökostrom eingesetzt wird.

(5) Bei der Ermittlung der durchschnittlichen Produktionskosten ist auf ein rationell geführtes Unternehmen abzustellen, welches die Anlage zu Finanzmarktbedingungen sowie unter Berücksichtigung anderer Finanzierungsoptionen finanziert. Zu berücksichtigen sind die Lebensdauer, die Investitionskosten, die Betriebskosten, die angemessene Verzinsung des eingesetzten Kapitals und die jährlich erzeugten Mengen an elek-

trischer Energie. Bei der Erhebung dieser Kosten sind nationale sowie internationale Erfahrungen zu berücksichtigen.

4. Abschnitt Zuschläge zu den Einspeisetarifen

Technologie- und KWK-Bonus

§ 21. (1) Die durch die Verordnung gemäß § 19 bestimmten Tarife erhöhen sich für Anlagen gemäß § 12 um 2 Cent/kWh für jene Mengen an Ökostrom aus Gas gemäß § 8 Abs. 3, wenn

1. die in das Netz eingespeisten Gase auf Erdgasqualität aufbereitet worden sind,
2. in der Verstromungsanlage ein Mindestanteil von 50% auf Erdgasqualität aufbereitetes Biogas eingesetzt wird,
3. die Effizienzkriterien entsprechend § 8 Abs. 2 KWK-Gesetz erfüllt werden und
4. eine eindeutige Identifizierungskennung für das eingesetzte Biogas erbracht wird

(Technologiebonus). Die Gewährung des Technologiebonus ist auf 15 Jahre ab Inbetriebnahme der Biogas-Einspeiseanlage begrenzt. Der Bilanzgruppenkoordinator gemäß GWG hat für die Ökostromabwicklungsstelle und auf deren Rechnung monatlich Bestätigungen mit einer eindeutigen Identifizierungskennung über die eingespeisten Biogasmengen auszustellen. Der Biogasanlagenbetreiber hat bis zum 31. März des Folgejahres die Qualität und Menge des eingespeisten Biogases durch ein Gutachten eines technischen Sachverständigen der Ökostromabwicklungsstelle nachzuweisen. Diese Frist kann auf Antrag einmalig verlängert werden.

(2) Für Ökostrom, der in einer KWK-Anlage erzeugt wird, die ausschließlich auf Basis von Biogas oder flüssiger Biomasse betrieben wird und für die erst nach Inkrafttreten des Bundesgesetzes BGBl. I Nr. 104/2009 ein Antrag auf Abnahme von Ökostrom zu den durch Verordnung gemäß § 19 bestimmten Tarifpreisen gestellt worden ist, ist ein Zuschlag von 2 Cent/kWh vorzusehen, sofern diese Anlage das Effizienzkriterium gemäß § 8 Abs. 2 KWK-Gesetz, BGBl. I Nr. 111/2008, erfüllt (KWK-Bonus).

(3) In Abweichung von Abs. 2 ist bei Erweiterungen von bestehenden Ökostromanlagen, die ausschließlich auf Basis von Biogas oder Biomasse betrieben werden, ein Zuschlag von 1 Cent/kWh zu den durch Verordnung gemäß § 19 bestimmten Tarifpreisen auf den gesamten von dieser Anlage eingespeisten Ökostrom vorzusehen, sofern diese Anlage das Effizienzkriterium gemäß § 8 Abs. 2 KWK-Gesetz, BGBl. I Nr. 111/2008, erfüllt und die Kosten der Erweiterung mindestens 12,5% der Kosten einer Neuinvestition der Gesamtanlage betragen.

Betriebskostenzuschlag

§ 22. (1)[3] Für Ökostromanlagen, die auf Basis von flüssiger Biomasse oder von Biogas Ökostrom erzeugen und für die zum 20. Oktober 2009 ein Vertrag über die Kontrahierung von Ökostrom durch die Ökostromabwicklungsstelle zu Einspeisetarifen bestand, werden Betriebskostenzuschläge bestimmt, soweit aufgrund von Kostensteigerungen im Vergleich zu den nominellen Betriebskosten im Jahr 2006 diese Ökostromanlagen nicht kostendeckend betrieben werden können.

(2) Die Zuschläge werden in Cent pro kWh erzeugter und in das öffentliche Netz im jeweiligen Jahr eingespeister Ökostrommenge gewährt. Die Höhe des Betriebskostenzuschlags hat 4 Cent/kWh zu betragen, soweit gemäß Abs. 5 oder Abs. 6 keine Kürzung vorzunehmen ist.

(3) Diese Zuschläge sind auf Antrag des Ökostromanlagenbetreibers zusätzlich zu den Einspeisetarifen zu gewähren und von der Ökostromabwicklungsstelle auszubezahlen. Die Anträge auf Auszahlung der Zuschläge sind innerhalb von drei Monaten nach Inkrafttreten der Bestimmung bei der Ökostromabwicklungsstelle einzureichen.

(4) Anlässlich der Antragstellung gemäß Abs. 3 sowie am Ende jedes Kalenderjahres haben die Betreiber von Ökostromanlagen auf Basis von Biogas und flüssiger Biomasse der Ökostromabwicklungsstelle eine Rohstoffbilanz sowie eine Bilanz über die sonstigen Betriebskosten vorzulegen. Die Rohstoffbilanz hat zu umfassen:

1. Art und Menge des Rohstoffs angegeben jeweils in Megajoule (MJ) Energieinhalt des im Vorjahr eingesetzten Rohstoffes (Gülle, landwirtschaftliche Stoffe präzisiert wie zum Beispiel Rohmais und Weizen, Grünschnitt, andere ebenfalls präzisiert)
2. Herkunft des jeweiligen Rohstoffs nach seinem Lieferanten: Angabe, zu welchem Prozentsatz der jeweilige Rohstoff vom Betreiber der Ökostromanlage selber erzeugt wird, zu welchem Prozentsatz der jeweilige Rohstoff von einem an der Ökostromanlage beteiligten Lieferanten erzeugt wird und zu welchem Prozentsatz der jeweilige Rohstoff von einem an der Ökostromanlage nicht beteiligten Lieferanten erzeugt wird.
3. Ergänzend zu dieser Stoffbilanz sind die im Vorjahr in der Ökostromanlage erzeugten Ökostrommengen, die mit unterstützten Preisen (Einspeisetarifen) vergüteten Ökostrommengen sowie die für den Betrieb der Ökostromanlage aufgewendeten Strommengen (inklusive einem etwaigen Fremdstrombezug) anzugeben. Ebenso sind das derzeitige Ausmaß und die Art einer Wärmenutzung anzugeben sowie der aus Stromerzeugung und Wärmenutzung ermittelte Brennstoffnutzungsgrad. Möglichkeiten und Ausmaß einer zukünftigen Wärmenutzung sind darzustellen.

Eine Kopie dieser Bilanzen ist an die E-Control zu übermitteln. Die E-Control kann zu diesem Zweck die Kriterien für die Vorlage der Betriebskostenbilanz näher bestimmen.

(5) Die Ökostromabwicklungsstelle hat durch eine Bindung der erforderlichen Mittel die Finanzierung bestmöglich zu gewährleisten. Reicht das vorhandene Unterstützungsvolumen zur Abdeckung der für den Betriebskostenzuschlag erforderlichen Fördermittel nicht aus, hat eine aliquote Kürzung durch die Ökostromabwicklungsstelle zu erfolgen. Die für die Gewährung der Betriebskostenzuschläge erforderlichen Mittel stellen die Fortschreibung der für den Rohstoffzuschlag gemäß § 11a Abs. 7 ÖSG, BGBl. I Nr. 143/2002, in der Fassung des Bundesgesetzes BGBl. I Nr. 104/2009, beanspruchten Mittel dar. Eine Anrechnung auf das Unterstützungsvolumen hat daher sinngemäß nur in jenem Ausmaß zu erfolgen als die Mittel für den Rohstoffzuschlag im Jahr 2009 überschritten werden. Für den Betriebskostenzuschlag stehen maximal 20 Mio. Euro jährlich zur Verfügung.

(6)[19] Die Entwicklung der Betriebskosten ist laufend durch die Ökostromabwicklungsstelle und die E-Control zu dokumentieren, diese Dokumentation aufzubereiten und dem Bundesminister für Wissenschaft, Forschung und Wirtschaft jährlich vorzulegen. Bei einem betriebswirtschaftlich wirksamen Rückgang der Betriebskosten im Vergleich zu den nominellen Betriebskosten im Jahr 2006 hat der Bundesminister für Wissenschaft, Forschung und Wirtschaft durch Verordnung eine Senkung oder Aussetzung in dem erforderlichen Ausmaß zu verordnen. Anlässlich der Auszahlung der Betriebskostenzuschläge hat die Ökostromabwicklungsstelle die Anlagenbetreiber darauf hinzuweisen, dass bei einem betriebswirtschaftlich wirksamen Rückgang der Betriebskosten der Tatbestand der Überförderung erfüllt ist und ein aliquoter Teil des empfangenen Betriebskostenzuschlags zurückgefordert werden wird.

[19] Satz 2 neu gefasst durch BGBl I 108/2017.

5. Abschnitt
Unterstützungsvolumen

§ 23. (1) Für neu zu kontrahierende Anlagen kann eine Kontrahierung durch die Ökostromabwicklungsstelle gemäß §§ 12 ff nur nach Maßgabe des zusätzlichen jährlichen Unterstützungsvolumens erfolgen.

(2) Das in Form des zusätzlichen jährlichen Unterstützungsvolumens festgelegte rechnerische Kontingent für neu zu kontrahierende Ökostromanlagen beträgt 50 Millionen Euro jährlich. Dieser Betrag reduziert sich innerhalb der ersten zehn Jahre nach Inkrafttreten pro Kalenderjahr um 1 Million Euro.

(3) Von dem zusätzlichen jährlichen Unterstützungsvolumen gemäß Abs. 2 entfällt ein Betrag von

1. 8 Millionen Euro auf Photovoltaik;
2.[3] 10 Millionen Euro auf feste und flüssige Biomasse sowie Biogas, davon 3 Millionen Euro für feste Biomasse mit einer Engpassleitung bis 500 kW und höchstens 1 Million Euro für die Kontrahierung von Biogasanlagen gemäß § 14 Abs. 8;
3. mindestens 11,5 Millionen Euro auf Windkraft;
4.[3] mindestens 2,5 Millionen Euro auf Kleinwasserkraft sowie
5.[20] 19 Millionen Euro auf den Resttopf (Wind-, Wasserkraft, Photovoltaik-Netzparität). Ab dem 1. Jänner 2018 entfällt auf den Resttopf ein Betrag von 12 Millionen Euro. Dieser Betrag reduziert sich innerhalb der ersten vier Jahre nach Inkrafttreten des Bundesgesetzes BGBl. I Nr. 108/2017 pro Kalenderjahr um 1 Million Euro.

(4) Für die sofortige Kontrahierung gemäß § 56 Abs. 4 von Anträgen, die auf Grundlage des Ökostromgesetzes, BGBl. I Nr. 149/2002, gestellt wurden, gilt abweichend von Abs. 3 Folgendes:

1. für Windkraft werden 80 Millionen Euro an Unterstützungsvolumen bereitgestellt, die ausschließlich für die sofortige Kontrahierung gemäß § 56 Abs. 4 Z 1 zur Verfügung stehen;
2. für Photovoltaik werden 28 Millionen Euro an Unterstützungsvolumen bereitgestellt, die ausschließlich für die sofortige Kontrahierung gemäß § 56 Abs. 4 Z 2 zur Verfügung stehen.

(5)[21] Die Kontrahierung gemäß Abs. 1 erfolgt gesondert für jeden einzelnen Antrag. Das dafür verwendete zusätzliche jährliche Unterstützungsvolumen errechnet sich aus der Multiplikation der durch die Anlage in einem Kalenderjahr erzeugten Ökostrommengen mit der Differenz aus den Aufwendungen der Ökostromabwicklungsstelle in Höhe des jeweiligen Einspeisetarifes samt allfälligen Zuschlägen und den aliquoten Aufwendungen gemäß § 42 Abs. 4 einerseits und dem Marktpreis gemäß § 41 Abs. 3 andererseits. Die für das zusätzliche jährliche Unterstützungsvolumen maßgeblichen Mengen bestimmen sich durch Multiplikation der in dem Anerkennungsbescheid gemäß § 7 oder Vertragsantrag gemäß § 15a enthaltenen Engpassleistung, abzüglich eines allfälligen Eigenversorgungsanteils, mit der für die Ökostromanlage geltenden durchschnittlichen jährlichen Anzahl von Volllaststunden. Diese betragen:

1. für Biogasanlagen .... 7 000 Volllaststunden;
2. für Anlagen auf Basis fester oder flüssiger Biomasse .... 6 000 Volllaststunden;
3. für Windkraftanlagen .... 2 150 Volllaststunden;
4. für Photovoltaikanlagen .... 950 Volllaststunden;
5. für Kleinwasserkraftanlagen .... 4 000 Volllaststunden;
6. für andere Anlagen .... 7 250 Volllaststunden.

(6) Die Ökostromabwicklungsstelle ist verpflichtet, das noch zur Verfügung stehende zusätzliche jährliche Unterstützungsvolumen differenziert nach Anlagenkategorien gemäß Abs. 2 und Abs. 3 zu verzeichnen und laufend (tagesaktuell) zu veröffentlichen. Die Ökostromabwicklungsstelle hat ferner jene Zeitpunkte gemäß § 18 Abs. 1 unverzüglich anzugeben, die für die Bemessung der Einspeisetarife von Bedeutung sind.

(7) Zuschläge gemäß § 21 sowie Betriebskostenzuschläge gemäß § 22 sind dem zusätzlichen jährlichen Unterstützungsvolumen der jeweiligen Anlagenkategorie in jenem Kalenderjahr anzurechnen, in denen diese Zuschläge erstmals in Anspruch genommen werden.

(8) Wird das zur Verfügung stehende zusätzliche jährliche Unterstützungsvolumen im laufenden Kalenderjahr nicht ausgeschöpft, sind die verbleibenden Unterstützungsvolumina der jeweiligen Anlagenkategorie im nächsten Kalenderjahr zuzurechnen.

Zusätzliche Mittel

§ 23a.[4] (1) Für die sofortige Kontrahierung von Windkraft gemäß § 56 Abs. 5 werden zusätzlich zu § 23 Abs. 3 für im Jahr 2017 abzuschließende Verträge 30 Millionen Euro und für im Jahr 2018 abzuschließende Verträge 15 Millionen Euro an Unterstützungsvolumen bereitgestellt. Soweit Mittel für das Jahr 2017 nicht ausgeschöpft werden, sind diese auf die zusätzlichen Mittel für das Jahr 2018 zu übertragen. Soweit Mittel für das Jahr 2018 nicht ausgeschöpft werden, fließen diese dem zusätzlichen jährlichen Unterstützungsvolumen gemäß § 23 Abs. 3 Z 3 zu.

(2) Für die sofortige Kontrahierung von Kleinwasserkraft werden zusätzlich zu § 23 Abs. 3 für im Jahr 2017 abzuschließende Verträge 2 Millionen Euro und für im Jahr 2018 abzuschließende Verträge 1,5 Millionen Euro an Unterstützungsvolumen bereitgestellt. Soweit Mittel für das Jahr 2017 nicht ausgeschöpft werden, sind diese auf die zusätzlichen Mittel für das Jahr 2018 zu übertragen.

(3) Für die übrigen Anlagen hat die Ökostromabwicklungsstelle Verträge über die weitere Abnahme von Ökostrom nur unter Anrechnung auf das zur Verfügung stehende zusätzliche jährliche Unterstützungsvolumen gemäß § 23 Abs. 3 abzuschließen.

Abbau der Wartelisten

§ 23b.[22] (1) Für Windkraftanlagen wird das auf Windkraft gemäß § 23 Abs. 3 Z 3 und den Resttopf gemäß § 23 Abs. 3 Z 5 entfallende zusätzliche jährliche Unterstützungsvolumen für das Jahr 2021 vorgezogen und für die im Jahr 2020 abzuschließenden Verträge bereitgestellt.

(2) Für die sofortige Kontrahierung von Ökostromanlagen auf Basis fester Biomasse gemäß § 17 Abs. 1 iVm § 56 Abs. 7 werden zusätzlich zu § 23 Abs. 3 für im Jahr 2020 abzuschließende Verträge 8,7 Millionen Euro an Unterstützungsvolumen bereitgestellt.

(3) Für Anlagen, die nicht unter Abs. 2 fallen, hat die Ökostromabwicklungsstelle Verträge über die weitere Abnahme von Ökostrom nur unter Anrechnung auf das zur Verfügung stehende zusätzliche jährliche Unterstützungsvolumen gemäß § 23 Abs. 3 abzuschließen.

[20] Satz 2 neu gefasst und Satz 3 eingefügt durch BGBl I 108/2017.

[21] Satz 3 neu gefasst durch BGBl I 108/2017.

[22] Eingefügt durch BGBl I 97/2019.

4. Teil
Förderungen für die Errichtung oder Revitalisierung von Anlagen

1. Abschnitt
Investitionszuschüsse

Allgemeine Bestimmungen

§ 24. (1) Auf Antrag kann eine Förderung einer Anlage gemäß § 25 bis § 27 in Form eines Investitionszuschusses erfolgen. Anträge auf Gewährung von Investitionszuschüssen sind nach dem Zeitpunkt ihres Einlangens bei der Abwicklungsstelle für Investitionszuschüsse zu reihen und in der Reihenfolge ihres Einlangens zu behandeln.

(2) Anträge auf Gewährung von Investitionszuschüssen sind vor dem Beginn der Errichtung oder Revitalisierung der Anlagen schriftlich bei der Abwicklungsstelle für Investitionszuschüsse einzubringen. Zusicherungen hinsichtlich der Gewährung von Investitionszuschüssen haben, soweit ein Anspruch auf Förderung besteht, im Einklang mit den beihilfenrechtlichen Bestimmungen des Unionsrechts zu erfolgen.

(3) Dem Antrag sind die für die Errichtung oder Revitalisierung der Anlage maßgeblichen, einer Vollziehung zugänglichen Genehmigungen oder Bewilligungen, eine Zusammenstellung der Investitionskosten sowie eine Wirtschaftlichkeitsrechnung entsprechend der dynamisierten Kapitalwertmethode anzuschließen. Die Zusammenstellung der Investitionskosten sowie die Wirtschaftlichkeitsrechnung sind von einem Wirtschaftsprüfer zu bestätigen. Dem Antrag auf Gewährung des Investitionszuschusses sind weiters alle sonstigen relevanten Daten und Unterlagen, die zur Beurteilung des Sachverhaltes erforderlich sind, beizuschließen, wobei insbesondere die in das öffentliche Netz eingespeisten Strommengen, der Zeitpunkt des Beginns der Errichtung oder Revitalisierung und der Zeitpunkt der Inbetriebnahme durch eine entsprechende Dokumentation nachzuweisen sind.

(4) Bei der Wirtschaftlichkeitsberechnung ist von einer Verzinsung des eingesetzten Kapitals in Höhe von sechs Prozent auszugehen und der für die Erreichung dieser Verzinsung erforderliche Investitionszuschuss auszuweisen. Der Ermittlung der Höhe des Förderbedarfs sind die für die Errichtung und Betriebsführung erforderlichen Aufwendungen sowie die Erlöse zugrunde zu legen, die bei einer wirtschaftlichen Betriebsführung zu erwarten sind. Bei der Ermittlung der zu erwartenden Erlöse ist der Durchschnittswert der letztverfügbaren EEX-Forwardpreise, falls diese nicht mehr verfügbar sind, möglichst ähnliche Werte, für die folgenden drei Kalenderjahre ab Erstellung des Gutachtens heranzuziehen.

(5) Investitionszuschüsse sind nach Maßgabe und unter der Voraussetzung der vorhandenen Fördermittel zu gewähren und auszubezahlen. Bei der Gewährung des Investitionszuschusses ist sicher zu stellen, dass das nach dem Unionsrecht höchstzulässige Förderausmaß nicht überschritten wird.

(6)[23] Bei Vorliegen der Voraussetzungen hat der Bundesminister für Wissenschaft, Forschung und Wirtschaft, sofern in § 28 vorgesehen unter Bedachtnahme auf die Empfehlung des Energiebeirates, die Gewährung des Investitionszuschusses zuzusichern. Der Abschluss eines Vertrages erfolgt durch die Abwicklungsstelle für Investitionszuschüsse im Namen des Bundesministers.

(7) Die Wirtschaftlichkeitsrechnung mit Angabe des Investitionszuschussbedarfs ist nach Vorlage der Endabrechnungsunterlagen über die Investitionshöhe zu aktualisieren, von einem auf Kosten des Antragstellers von der Abwicklungsstelle zu beauftragenden Wirtschaftsprüfer zu bestätigen, und der Abwicklungsstelle für Investitionszuschüsse schriftlich vorzulegen. Irreführende Angaben führen zu einem Verlust des Anspruchs auf einen Investitionszuschuss.

(8) Der Investitionszuschuss ist mit der Vollinbetriebnahme der Anlage und der erfolgten Prüfung der vorgelegten Endabrechnungsunterlagen durch die Abwicklungsstelle für Investitionszuschüsse auszubezahlen. Die Endabrechnung ist durch einen auf Kosten des Antragstellers von der Abwicklungsstelle zu beauftragenden Wirtschaftsprüfer zu bestätigen. Akontierungszahlungen sind bei Vorliegen von Sicherstellungen (zB Bankgarantien, Patronanzerklärungen) und der Zustimmung des Energiebeirats zulässig.

Investitionszuschüsse für Anlagen auf Basis von Ablauge

§ 25. (1) Die Errichtung einer KWK-Anlage, die auf Basis von Ablauge (Reststoffen biogenen Ursprungs aus der Zellstoff- oder Papiererzeugung) betrieben wird, kann durch Investitionszuschuss gefördert werden, wenn die I 1. der Erzeugung von Prozesswärme dient,
2. eine Einsparung des Primärenergieträgereinsatzes und der CO_2-Emissionen im Vergleich zu getrennter Strom- und Wärmeerzeugung erzielt und
3. die in § 8 Abs. 2 KWK-Gesetz enthaltenen Effizienzkriterien erfüllt.

(2) Die für die Gewährung von Investitionszuschüssen durch die Ökostromabwicklungsstelle aufzubringenden Fördermittel sind für die Jahre 2009 bis 2012 mit jährlich 2,5 Millionen Euro begrenzt.

(3) Nach Maßgabe der verfügbaren Mittel sind maximal 30% des unmittelbar für die Errichtung einer Anlage gemäß Abs. 1 erforderlichen Investitionsvolumens (exklusive Grundstückskosten) als Investitionszuschuss zu gewähren, höchstens jedoch
1. bis zu einer Engpassleistung von 100 MW ...300 Euro/kW;
2. bei einer Engpassleistung von mehr als 100 MW bis 400 MW ....180 Euro/kW;
3. ab einer Engpassleistung von 400 MW ....120 Euro/kW.

(4) Die Einhaltung der von der Europäischen Kommission harmonisierten Wirkungsgrad-Referenzwerte gemäß Art. 4 der Richtlinie 2004/8/EG über die Förderung einer am Nutzwärmebedarf orientierten Kraft-Wärme-Kopplung im Energiebinnenmarkt und zur Änderung der Richtlinie 92/42/EWG, ABl. Nr. L 52 vom 21.02.2004 S. 50, zuletzt geändert durch die Verordnung (EG) Nr. 219/2009, ABl. Nr. L 87 vom 31.03.2009 S. 109, ist eine weitere Voraussetzung zur Gewährung von Investitionszuschüssen.

(5) Bei der Wirtschaftlichkeitsberechnung sind auch tatsächliche Wärmeerlöse zu berücksichtigen und eine Lebensdauer der Anlage von 15 Jahren anzunehmen.

Investitionszuschüsse für Kleinwasserkraftanlagen

§ 26. (1)[3] Die Neuerrichtung sowie die Revitalisierung einer Kleinwasserkraftanlage kann durch Investitionszuschuss gefördert werden. Revitalisierungen sind dann förderfähig, wenn die Investitionen in Kleinwasserkraftanlagen zu einer Erhöhung der Engpassleistung oder des Regelarbeitsvermögens um mindestens 15% führen.

(2)[3] Die für die Gewährung von Investitionszuschüssen aufzubringenden Fördermittel sind ab dem Jahr 2017 mit jährlich 20 Millionen Euro begrenzt. Zusätzlich werden mit dem dem Inkrafttreten dieses Bundesgesetzes folgenden Jahr einmalig weitere 20 Millionen Euro aus den durch die Einhebung der Ökostrompauschale aufgebrachten Beträgen bereitgestellt.

(3)[3] Für Kleinwasserkraftanlagen mit einer Engpassleistung von 500 kW ist die Höhe des Investitionszuschusses mit 35% des unmittelbar für die Errichtung oder Revitalisierung der

[23] Geändert durch BGBl I 97/2019.

Anlage erforderlichen Investitionsvolumens (exklusive Grundstückskosten) begrenzt, maximal jedoch mit 1 750 Euro pro kW. Für Kleinwasserkraftanlagen mit einer Engpassleistung von 2 MW ist die Höhe des Investitionszuschusses mit 25% begrenzt, maximal jedoch mit 1 250 Euro pro kW. Für Kleinwasserkraftanlagen mit einer Engpassleistung von 10 MW ist die Höhe des Investitionszuschusses mit 15% begrenzt, maximal jedoch mit 650 Euro pro kW. Für Kleinwasserkraftanlagen mit einer Engpassleistung zwischen 500 kW und 2 MW sowie zwischen 2 MW und 10 MW ist die Höhe des Investitionszuschusses in Prozent sowie in Euro pro KW durch lineare Interpolation zu ermitteln. Im Falle von Revitalisierungen kann für die Bemessung des höchstzulässigen Investitionszuschusses wahlweise die Erhöhung der Engpassleistung oder die auf eine fiktive Engpassleistung umgerechnete Erhöhung des Regelarbeitsvermögens herangezogen werden. In allen Fällen darf die Höhe des Investitionszuschusses nicht mehr als 45% der umweltrelevanten Mehrkosten betragen. Davon unberührt bleiben allfällige Zuschläge gemäß der Verordnung (EU) Nr. 651/2014 zur Feststellung der Vereinbarkeit bestimmter Gruppen von Beihilfen mit dem Binnenmarkt in Anwendung der Artikel 107 und 108 des Vertrags über die Arbeitsweise der Europäischen Union, ABl. Nr. L 187 vom 26.06.2014, S. 1.[24]

(4) Das Investitionsvolumen der Anlage, für die ein Investitionszuschuss beantragt wird, sowie der Förderbedarf sind durch ein Gutachten eines unabhängigen Sachverständigen nachzuweisen, der vom Landeshauptmann zu bestimmen ist. Die Bestimmungen des § 24 sind, soweit nichts Anderes vorgesehen ist, sinngemäß mit der Maßgabe anzuwenden, dass bei Kleinwasserkraftanlagen bei elektrotechnischen Anlagenteilen von einer Lebensdauer von 25 Jahren, bei den übrigen Anlagenteilen von einer Lebensdauer von 50 Jahren auszugehen ist.

(5) Wird die Anlage nicht innerhalb von 3 Jahren nach Zusicherung des Investitionszuschusses durch den Bundesminister für Wissenschaft, Forschung und Wirtschaft in Betrieb genommen, gilt der Antrag auf Investitionszuschuss als zurückgezogen und die Zusicherung des Investitionszuschusses als verfallen. Diese Frist kann von der Abwicklungsstelle für die Gewährung von Investitionszuschüssen einmal um weitere zwei Jahre verlängert werden, wenn besonders berücksichtigungswürdige Gründe vorliegen. Die Inbetriebnahme ist durch eine Bestätigung des Netzbetreibers der Abwicklungsstelle für Investitionszuschüsse nachzuweisen.[25]

(6) Abweichend von § 24 kann die Gewährung von Investitionszuschüssen für Kleinwasserkraftanlagen unter folgenden vereinfachten Voraussetzungen erfolgen:

1. Bei Anlagen mit einer Engpassleistung bis 50 kW beträgt die Höhe des Investitionszuschusses 1 500 Euro pro kW ausgebauter Engpassleistung. Als Nachweis ist in diesem Fall lediglich ein Gutachten eines technischen Sachverständigen über den Ausbau der Engpassleistung im Rahmen der Neuerrichtung oder Revitalisierung zu erbringen.
2. Bei Anlagen mit einer Engpassleistung von 50 kW bis 100 kW ist die Höhe des Investitionszuschusses mit 30% des unmittelbar für die Errichtung oder Revitalisierung der Anlage erforderlichen Investitionsvolumens (exklusive Grundstückskosten) begrenzt, maximal jedoch mit 1 500 Euro pro kW ausgebauter Engpassleistung. Als Nachweis ist in diesem Fall ein Gutachten eines technischen Sachverständigen über den Ausbau der Engpassleistung im Rahmen der Neuerrichtung oder Revitalisierung zu erbringen; der Nachweis des für die Errichtung oder Revitalisierung der Anlage erforderlichen Investitionsvolumens erfolgt durch die Vorlage der Rechnungen an die Abwicklungsstelle für Investitionszuschüsse.
3. Bei Anlagen mit einer Engpassleistung von 100 kW bis 500 kW ist die Höhe des Investitionszuschusses mit 30% des unmittelbar für die Errichtung oder Revitalisierung der Anlage erforderlichen Investitionsvolumens (exklusive Grundstückskosten) begrenzt, maximal jedoch mit 1 500 Euro pro kW ausgebauter Engpassleistung. Als Nachweis ist in diesem Fall ein Gutachten eines technischen Sachverständigen über den Ausbau der Engpassleistung im Rahmen der Neuerrichtung oder Revitalisierung zu erbringen; das Investitionsvolumen der Anlage, für die ein Investitionszuschuss beantragt wird, ist durch ein Gutachten eines vom Anlagenbetreiber bestimmten Sachverständigen nachzuweisen.
4. Für Anlagen mit einer Engpassleistung von 500 kW bis 2 MW kann für die Ermittlung der Höhe des Förderbedarfs ein vereinfachtes Verfahren im Sinne der Z 3 in Verbindung mit Abs. 2 in den Richtlinien gemäß § 30 vorgesehen werden.

In allen Fällen darf die Höhe des Investitionszuschusses nicht mehr als 45% der umweltrelevanten Mehrkosten betragen. Davon unberührt bleiben allfällige Zuschläge gemäß der Verordnung (EU) Nr. 651/2014 zur Feststellung der Vereinbarkeit bestimmter Gruppen von Beihilfen mit dem Binnenmarkt in Anwendung der Artikel 107 und 108 des Vertrags über die Arbeitsweise der Europäischen Union, ABl. Nr. L 187 vom 26.06.2014, S. 1.[24]

Investitionszuschüsse für mittlere Wasserkraftanlagen

§ 27. (1) Die Neuerrichtung oder Revitalisierung einer mittleren Wasserkraftanlage kann durch Investitionszuschuss gefördert werden. § 26 Abs. 3 letzter Satz gilt sinngemäß.

(2)[26] Die für die Gewährung von Investitionszuschüssen aufzubringenden Fördermittel sind mit insgesamt 50 Millionen Euro begrenzt. Zusätzlich werden mit dem Inkrafttreten der Novelle BGBl. I Nr. 97/2019 einmalig weitere 30 Millionen aus den durch die Einhebung der Ökostrompauschale aufgebrachten Beträgen bereitgestellt. Die Ökostromabwicklungsstelle hat die erforderlichen Mittel zu überweisen.

(3)[27] Für eine mittlere Wasserkraftanlage ist die Höhe des Investitionszuschusses mit 15% des unmittelbar für die Errichtung der Anlage erforderlichen Investitionsvolumens (exklusive Grundstückskosten) begrenzt, maximal jedoch mit 650 Euro pro kW sowie maximal 10 Millionen Euro pro Anlage. In allen Fällen darf die Höhe des Investitionszuschusses nicht mehr als 45% der umweltrelevanten Mehrkosten betragen. Davon unberührt bleiben allfällige Zuschläge gemäß der Verordnung (EU) Nr. 651/2014 zur Feststellung der Vereinbarkeit bestimmter Gruppen von Beihilfen mit dem Binnenmarkt in Anwendung der Artikel 107 und 108 des Vertrags über die Arbeitsweise der Europäischen Union, ABl. Nr. L 187 vom 26.06.2014, S. 1.[24]

(4) Das Investitionsvolumen der Anlage, für die ein Investitionszuschuss beantragt wird, sowie der Förderbedarf sind durch ein Gutachten eines unabhängigen Sachverständigen nachzuweisen, der vom Landeshauptmann zu bestimmen ist. Die Bestimmungen des § 24 sind, soweit nichts Anderes vorgesehen ist, sinngemäß mit der Maßgabe anzuwenden, dass bei mittleren Wasserkraftanlagen bei elektrotechnischen Anlagenteilen von einer Lebensdauer von 25 Jahren, bei den übrigen Anlagenteilen von einer Lebensdauer von 50 Jahren auszugehen ist.

(5) Wird die Anlage nicht innerhalb von 3 Jahren nach Zusicherung des Investitionszuschusses durch den Bundesminister für Wissenschaft, Forschung und Wirtschaft in Betrieb genommen, gilt der Antrag auf Investitionszuschuss als zu-

[24] Letzter Satz eingefügt durch BGBl I 108/2017.

[25] Letzter Satz neu gefasst durch BGBl I 108/2017.

[26] Satz 2 eingefügt und letzter Satz neu gefasst durch BGBl I 97/2019.

[27] Geändert durch BGBl I 97/2019.

rückgezogen und die Zusicherung des Investitionszuschusses als verfallen. Diese Frist kann von der Abwicklungsstelle für die Gewährung von Investitionszuschüssen einmal um weitere zwei Jahre verlängert werden, wenn besonders berücksichtigungswürdige Gründe vorliegen. Die Inbetriebnahme ist durch eine Bestätigung des Netzbetreibers der Abwicklungsstelle für Investitionszuschüsse nachzuweisen.[25]

Investitionszuschüsse für Photovoltaikanlagen und Stromspeicher

§ 27a.[4] (1) Die Errichtung und Erweiterung einer Photovoltaikanlage sowie die Erweiterung einer bestehenden Photovoltaikanlage um eine Speicherkapazität und die Erweiterung der Speicherkapazität kann durch Investitionszuschuss gefördert werden, wenn

1. die Anlage ausschließlich auf oder an einem Gebäude, einer baulichen Anlage oder auf einer Betriebsfläche (ausgenommen Grünfläche) angebracht wird bzw. ist,
2. die Anlage an das öffentliche Netz angeschlossen wird bzw. ist,
3. für die dem Förderantrag zugrunde liegende Errichtung oder Erweiterung keine Tarifförderung gemäß § 12 gewährt wird und
4. für die dem Förderantrag zugrunde liegende Errichtung oder Erweiterung keine Förderung auf Grund des Klima- und Energiefondsgesetzes, BGBl. I Nr. 40/2007, zuletzt geändert durch BGBl. I Nr. 58/2017, oder auf Grund landesrechtlicher Bestimmungen in Anspruch genommen wird. Die jeweiligen Abwicklungsstellen haben der Abwicklungsstelle für Investitionszuschüsse auf Anfrage die anlagenbezogenen Daten zu übermitteln.

(2)[28] Die für die Gewährung von Investitionszuschüssen aufzubringenden Fördermittel sind für die Jahre 2018 und 2019 mit jährlich 15 Millionen Euro begrenzt, wovon jährlich mindestens 9 Millionen Euro für die Errichtung oder Erweiterung einer Photovoltaikanlage zu verwenden sind. Für die Jahre 2020, 2021 und 2022 werden zusätzlich jeweils 36 Millionen Euro bereitgestellt, wovon jährlich vorrangig 24 Millionen Euro für die Errichtung oder Erweiterung von einer Photovoltaikanlage zu verwenden sind. Werden die Mittel in einem Jahr nicht zur Gänze ausgeschöpft, können die übrig bleibenden Mittel in das jeweils folgende Jahr bis zum 31. Dezember 2022 übertragen werden, wobei die übertragenen Mittel vorrangig für die Errichtung oder Erweiterung von einer Photovoltaikanlage zu verwenden sind.

(3) Nach Maßgabe der verfügbaren Mittel ist die Höhe des Investitionszuschusses mit maximal 30% des unmittelbar für die Errichtung der Anlage erforderlichen Investitionsvolumens (exklusive Grundstückskosten) begrenzt, maximal jedoch

1. bis zu einer Engpassleistung von 100 kW_{peak} mit 250 Euro pro kW_{peak},
2. bei einer Engpassleistung von mehr als 100 kW_{peak} bis 500 kW_{peak} mit 200 Euro pro kW_{peak}.

(4)[29] Verfügt die Anlage über eine Speicherkapazität im Ausmaß von mindestens 0,5 kWh pro kW_{peak} installierter Engpassleistung oder wird eine bestehende Anlage oder eine bestehende Speicherkapazität in diesem Ausmaß erweitert, kann zusätzlich ein Investitionszuschuss von 200 Euro pro kWh gewährt werden. Die Höhe des Investitionszuschusses ist mit maximal 30% des unmittelbar für die Errichtung erforderlichen Investitionsvolumens (exklusive Grundstückskosten) begrenzt. Es können maximal bis zu 50 kWh Speicherkapazität pro Anlage nach dieser Bestimmung gefördert werden.

(5) In allen Fällen darf die Höhe des Investitionszuschusses nicht mehr als 45 % der umweltrelevanten Mehrkosten betragen. Davon unberührt bleiben allfällige Zuschläge gemäß der Verordnung (EU) Nr. 651/2014 zur Feststellung der Vereinbarkeit bestimmter Gruppen von Beihilfen mit dem Binnenmarkt in Anwendung der Artikel 107 und 108 des Vertrages über die Arbeitsweise der Europäischen Union, ABl. Nr. L 187 vom 26.06.2014, S. 1.

(6) Wird die Anlage bzw. die Erweiterung um Speicherkapazität nicht innerhalb von einem Jahr nach Zusicherung des Investitionszuschusses durch den Bundesminister für Wissenschaft, Forschung und Wirtschaft in Betrieb genommen, gilt der Antrag auf Investitionszuschuss als zurückgezogen und die Zusicherung des Investitionszuschusses als verfallen. Diese Frist kann von der Abwicklungsstelle für Investitionszuschüsse einmal um weitere sechs Monate verlängert werden, wenn besonders berücksichtigungswürdige Gründe vorliegen. Die Inbetriebnahme ist durch eine Bestätigung des Netzbetreibers der Abwicklungsstelle für Investitionszuschüsse nachzuweisen.

(7) Die Gewährung von Investitionszuschüssen für Photovoltaikanlagen erfolgt unter folgenden Voraussetzungen:

1. Die Antragstellung erfolgt vor Beginn der Errichtung oder Erweiterung der Anlage oder Speicherkapazität ausschließlich über das elektronische Antragssystem der Abwicklungsstelle für Investitionszuschüsse. Dem Antrag ist der Nachweis über alle für die Errichtung oder Erweiterung notwendigen Genehmigungen oder Anzeigen anzuschließen.
2. Der Nachweis des für die Errichtung oder Erweiterung erforderlichen Investitionsvolumens erfolgt durch die Vorlage der Rechnungen und Zahlungsbelege an die Abwicklungsstelle.
3. § 24 Abs. 1, Abs. 2 2. Satz, Abs. 5, 6 und 8 sind anzuwenden.

(8) Die Richtlinien für die Gewährung von Investitionszuschüssen für Photovoltaikanlagen und Stromspeicher gemäß § 30 sind abweichend von § 30 Abs. 3 erster Satz vom Bundesminister für Wissenschaft, Forschung und Wirtschaft im Einvernehmen mit dem Bundesminister für Finanzen und dem Bundesminister für Verkehr, Innovation und Technologie innerhalb von längstens sechs Monaten nach Inkrafttreten dieser Bestimmung zu erlassen. Im Übrigen gilt § 30.

2. Abschnitt
Abwicklung der Investitionszuschüsse

Beirat

§ 28.[3,30] Die Beratung des Bundesministers für Wissenschaft, Forschung und Wirtschaft bei der Erstellung der Richtlinien gemäß § 30 sowie bei der Entscheidung zur Gewährung von Investitionszuschüssen gemäß § 25 bis § 27a sowie § 7 KWK-Gesetz, die je Förderempfänger insgesamt 100.000 Euro überschreiten, obliegt dem Energiebeirat (§ 20 Energie-Control-Gesetz). Bei Förderungen von insgesamt bis zu 100.000 Euro je Förderempfänger ist der Energiebeirat zu informieren.

Abwicklungsstelle für die Gewährung von Investitionszuschüssen

§ 29. (1)[3] Die Abwicklung der Gewährung der Investitionszuschüsse gemäß § 25 bis § 27a ist durch die Abwicklungsstelle für Investitionszuschüsse vorzunehmen. In Entsprechung des § 13c ÖSG, BGBl. I Nr. 149/2002, hat der Bundesminister für Wissenschaft, Forschung und Wirtschaft einen Vertrag über die Tätigkeit einer mit der Abwicklung der Gewährung der Investitionszuschüsse bereits mit der OeMAG Abwicklungsstelle für Ökostrom AG abgeschlossen. Nach Beendigung dieses

[28] Sätze 2 und 3 eingefügt durch BGBl I 97/2019.

[29] Neu gefasst durch BGBl I 97/2019.

[30] Satz 1 geändert und Satz 2 eingefügt durch BGBl I 97/2019.

Vertrages hat der Bundesminister für Wissenschaft, Forschung und Wirtschaft die Tätigkeit der nach diesem Bundesgesetz betrauten Abwicklungsstelle neu auszuschreiben und unter Anwendung der Bestimmungen des Bundesvergabegesetzes 2006, BGBl. I Nr. 17/2006, in der jeweils geltenden Fassung, an den Bestbieter zu vergeben. Der Vertrag bedarf des Einvernehmens mit dem Bundesminister für Finanzen.

(2) Der Vertrag mit der Abwicklungsstelle für Investitionszuschüsse hat insbesondere zu regeln:

1. die Aufbereitung und Prüfung der Förderungsansuchen gemäß den Bestimmungen dieses Gesetzes und den jeweiligen Richtlinien;
2. die Übermittlung der aufbereiteten Förderungsansuchen an den Energiebeirat zur Beratung des Bundesministers für Wissenschaft, Forschung und Wirtschaft hinsichtlich der Förderungsentscheidung;
3. den Abschluss der Verträge im Namen des Bundesministers für Wissenschaft, Forschung und Wirtschaft mit den Förderungswerbern, die Abrechnung und die Auszahlung der Förderungsmittel sowie die Kontrolle der Einhaltung der Förderungsbedingungen;
4. die Rückforderung von gewährten Investitionszuschüssen;
5. die Aufbereitung und die Erstellung von Unterlagen für den Energiebeirat und die Durchführung der Entscheidung des Bundesministers für Wissenschaft, Forschung und Wirtschaft;
6. die jährliche Vorlage eines geprüften Rechnungsabschlusses bis spätestens 1. Mai des Folgejahres an den Bundesminister für Wissenschaft, Forschung und Wirtschaft;
7. die Vorlage eines Wirtschaftsplanes für das Folgejahr bis Ende des Geschäftsjahres an den Bundesminister für Wissenschaft, Forschung und Wirtschaft;
8. die Vorlage von Tätigkeitsberichten an den Bundesminister für Wissenschaft, Forschung und Wirtschaft;
9. die Aufsichtsrechte des Bundesministers für Wissenschaft, Forschung und Wirtschaft;
10. Vertragsauflösungsgründe;
11. den Gerichtsstand.

(3) Für die Abwicklung der Förderung ist ein angemessenes Entgelt unter Berücksichtigung der Kosten für die Abwicklung vergleichbarer Förderungen festzusetzen.

(4) Die Abwicklungsstelle hat die Geschäfte mit der Sorgfalt eines ordentlichen Unternehmers zu führen. Für die Abwicklung der Förderung ist ein gesonderter Rechnungskreis zu führen.

(5) Dem Bundesminister für Wissenschaft, Forschung und Wirtschaft ist jederzeit Einsicht, insbesondere in die Förderungsansuchen und in die deren Abwicklung betreffenden Unterlagen, zu gewähren.

(6) Dem Bundesminister für Wissenschaft, Forschung und Wirtschaft sind von der Abwicklungsstelle Auskünfte über Förderungsansuchen und deren Abwicklung zu erteilen und auf Verlangen entsprechende Berichte zu übermitteln.

(7) Für die Prüfung der Tätigkeit der Abwicklungsstelle nach diesem Bundesgesetz hat der Bundesminister für Wissenschaft, Forschung und Wirtschaft einen Wirtschaftsprüfer zu bestellen, der nicht mit dem nach handelsrechtlichen Bestimmungen zu bestellenden Abschlussprüfer ident ist. Der Wirtschaftsprüfer hat auch die Angemessenheit des jährlich festzustellenden Entgelts und die Kosten zu prüfen. Der Wirtschaftsprüfer hat das Ergebnis der Prüfung dem Bundesminister für Wissenschaft, Forschung und Wirtschaft umgehend vorzulegen.

(8)[3.31] Die mit der Abwicklung der Investitionszuschüsse gemäß § 25 bis § 27a sowie dem KWK-Gesetz verbundenen Kosten sind für KWK-Anlagen, Kleinwasserkraftanlagen und mittlere Wasserkraftanlagen sowie Photovoltaikanlagen anteilsmäßig aus den Fördermitteln gemäß § 71 Abs. 1 EAG abzudecken.

(9) Die Abwicklungsstelle hat sich bei gerichtlicher Geltendmachung von Ansprüchen nach diesem Bundesgesetz im Namen des Bundesministers für Wissenschaft, Forschung und Wirtschaft gemäß den Bestimmungen des Prokuraturgesetzes, BGBl. Nr. 172/1945, von der Finanzprokuratur vertreten zu lassen.

Richtlinien für die Gewährung von Investitionszuschüssen

§ 30. (1) Der Bundesminister für Wissenschaft, Forschung und Wirtschaft hat Richtlinien für die Durchführung der Gewährung von Investitionszuschüssen zu erlassen.

(2) Die Richtlinien haben insbesondere Bestimmungen zu enthalten über

1. den Gegenstand des Investitionszuschusses;
2. förderbare Investitionskosten, wobei insbesondere Kosten für Investitionen,
   a) die neben der Gewinnung von Energie auch für andere Zwecke benutzt werden (Doppelnutzung), oder
   b) die auch durch andere Bundes- oder Landesförderprogramme gefördert werden,

   von der Förderbarkeit ausgeschlossen werden können, wenn dies einer effizienten Förderabwicklung oder der Einhaltung des Unionsrechts dient;
3. persönliche und sachliche Voraussetzungen für das Erlangen von Investitionszuschüssen;
4. den Nachweis der energiewirtschaftlichen Zweckmäßigkeit des Vorhabens;
5. das Verfahren zur Vergabe der Leistungen durch den Empfänger der Investitionszuschüsse, soweit erforderlich;
6. Ausmaß und Art der Investitionszuschüsse;
7. das Verfahren betreffend
   a) Ansuchen (Art, Inhalt und Ausstattung der Unterlagen);
   b) Auszahlungsmodus;
   c) Berichtslegung (Kontrollrechte);
   d) Einstellung und Rückforderung der gewährten Investitionszuschüsse;
8. den Gerichtsstand.

(3) Bei der Erlassung der Richtlinien ist das Einvernehmen mit dem Bundesminister für Finanzen und dem Bundesminister für Land- und Forstwirtschaft, Umwelt und Wasserwirtschaft herzustellen. Die Richtlinien sind im „Amtsblatt zur Wiener Zeitung" zu verlautbaren. Diese Verlautbarung kann durch die Bekanntgabe der Erlassung der Richtlinien unter Angabe des Ortes ihres Aufliegens im „Amtsblatt zur Wiener Zeitung" ersetzt werden.

5.Teil Ökostromabwicklungsstelle

1. Abschnitt Konzession und Organisation der Ökostromabwicklungsstelle

Ausübungsvoraussetzungen

§ 31. (1) Der Ankauf und Verkauf von Ökoenergie, für die gemäß § 12 und § 13 eine Kontrahierungspflicht bestimmt ist, bedarf einer Konzession. Die Konzession ist vom Bundesminister für Wissenschaft, Forschung und Wirtschaft für das gesamte Bundesgebiet zu erteilen.

(2) Die Konzession ist schriftlich zu erteilen und kann mit den zur Sicherstellung der Aufgaben der Ökostromabwicklungsstelle erforderlichen Bedingungen und Auflagen verse-

[31] Geändert durch BGBl I 150/2021.

hen werden. Die Ökostromabwicklungsstelle ist verpflichtet für jede Regelzone eine Ökobilanzgruppe zu errichten.

(3) Bei einer Neuvergabe der Konzession sind die Bestimmungen über die Ausschreibung von Dienstleistungskonzessionen anzuwenden.

Antragstellung

§ 32. Der Antragsteller hat dem Antrag auf Erteilung einer Konzession folgende Unterlagen anzuschließen:

1. Angaben über den Sitz und die Rechtsform;
2. die Satzung oder den Gesellschaftsvertrag;
3. den Geschäftsplan, aus dem der organisatorische Aufbau des Unternehmens und die internen Kontrollverfahren hervorgehen; weiters hat der Geschäftsplan eine Budgetvorschau für die ersten drei Geschäftsjahre zu enthalten;
4. eine Beschreibung der zur Verfügung stehenden technischen und organisatorischen Infrastruktur;
5. ein Nachweis von zumindest drei Jahren praktischer Erfahrung im Fahrplan- und Bilanzgruppenmanagement;
6. die Höhe des den Vorständen im Inland unbeschränkt und ohne Belastung zur freien Verfügung stehenden Anfangskapitals;
7. die Identität und die Höhe des Beteiligungsbetrages der Eigentümer, die eine qualifizierte Beteiligung am Unternehmen halten, sowie die Angabe der Konzernstruktur, sofern diese Eigentümer einem Konzern angehören;
8. die Namen der vorgesehenen Vorstände und deren Qualifikation zum Betrieb des Unternehmens.

Konzessionserteilung

§ 33. (1) Die Konzession für die Ökostromabwicklungsstelle ist vom Bundesminister für Wissenschaft, Forschung und Wirtschaft für sämtliche Regelzonen schriftlich zu erteilen und kann mit den zur Sicherstellung der Aufgaben sowie zu deren kosteneffizienten Erfüllung erforderlichen Bedingungen und Auflagen versehen werden.

(2) Eine Konzession zur Ausübung der Tätigkeit einer Ökostromabwicklungsstelle darf nur erteilt werden, wenn

1. der Konzessionswerber die ihm durch dieses Gesetz zur Besorgung zugewiesenen Aufgaben kostengünstig und sicher zu erfüllen vermag;
2. die Personen, die eine qualifizierte Beteiligung am Unternehmen halten, den im Interesse einer soliden und umsichtigen Führung des Unternehmens zu stellenden Ansprüche genügen und die in keinem unvereinbaren Interessenkonflikt mit den Zielen und Zwecken des Ökostromgesetzes stehen;
3. durch enge Verbindungen des Unternehmens mit anderen natürlichen oder juristischen Personen die Aufsichtsbehörden an der ordnungsgemäßen Erfüllung ihrer Aufsichtspflicht nicht gehindert werden;
4. das Anfangskapital mindestens fünf Millionen Euro beträgt und dieses den Vorständen unbeschränkt und ohne Belastung zur freien Verfügung steht und durch die materielle und personelle Ausstattung des Unternehmens die Leitung und Verwaltung der Gesellschaft bestmöglich gewährleistet sind;
5. bei keinem der Vorstände ein Ausschließungsgrund im Sinne des § 13 Abs. 1 bis 6 GewO 1994 vorliegt;
6. gegen keinen Vorstand eine gerichtliche Voruntersuchung wegen einer vorsätzlichen, mit mehr als einjähriger Freiheitsstrafe bedrohten Handlung eingeleitet worden ist, bis zu der Rechtskraft der Entscheidung, die das Strafverfahren beendet;
7. die Vorstände auf Grund ihrer Vorbildung fachlich geeignet sind und die für den Betrieb des Unternehmens erforderlichen Eigenschaften und Erfahrungen haben. Die fachliche Eignung eines Vorstandes setzt voraus, dass dieser in ausreichendem Maße Kenntnisse von Fördermechanismen, EU-Beihilfen- und Förderschemata und der Abrechnung von Ökostrom sowie Leitungserfahrung hat; die fachliche Eignung für die Leitung einer Abwicklungsstelle ist anzunehmen, wenn eine zumindest dreijährige leitende Tätigkeit auf dem Gebiet der Elektrizitätswirtschaft oder des Rechnungswesens nachgewiesen wird;
8. mindestens ein Vorstand den Mittelpunkt seiner Lebensinteressen in Österreich hat;
9. kein Vorstand einen anderen Hauptberuf außerhalb des Unternehmens ausübt, der geeignet ist, Interessenskonflikte hervorzurufen;
10. der Sitz und die Hauptverwaltung im Inland liegen;
11. wenn das zur Verfügung stehende Abwicklungssystem den Anforderungen eines zeitgemäßen Abrechnungssystems genügt;
12. die Neutralität, Unabhängigkeit und die Datenvertraulichkeit gegenüber Marktteilnehmern und die effiziente regionale Abwicklung gewährleistet sind und die effiziente regionale Abwicklung über zumindest eine regionale Abwicklungsstelle für die Regelzonen, in denen die Gesellschaft nicht ihren Sitz hat, gewährleistet ist.

(3) Liegen mehrere Anträge auf Konzessionserteilung vor, ist die Konzession dem Konzessionswerber zu erteilen, der den Konzessionsvoraussetzungen und dem volkswirtschaftlichen Interesse an einem funktionierenden Strommarkt und den Zwecken des Ökostromgesetzes bestmöglich entspricht.

Konzessionsrücknahme

§ 34. (1) Der Bundesminister für Wissenschaft, Forschung und Wirtschaft kann die Konzession zurücknehmen, wenn die Ökostromabwicklungsstelle ihre Tätigkeit

1. nicht innerhalb von sechs Monaten nach Konzessionserteilung aufnimmt oder
2. mehr als einen Monat lang nicht ausübt.

(2) Der Bundesminister für Wissenschaft, Forschung und Wirtschaft hat die Konzession zurückzunehmen, wenn

1. sie durch unrichtige Angaben oder durch täuschende Handlungen herbeigeführt oder sonst wie erschlichen worden ist,
2. die Ökostromabwicklungsstelle ihre Verpflichtungen gegenüber ihren Gläubigern nicht erfüllt;
3. eine Konzessionsvoraussetzung nach § 33 Abs. 2 nach Erteilung der Konzession nicht mehr vorliegt oder
4. die Ökostromabwicklungsstelle ihren Aufgaben nachhaltig nicht sachgerecht und vorschriftsgemäß nachkommt.

Erlöschen der Konzession

§ 35. (1) Die Konzession erlischt:

1. durch Zeitablauf;
2. bei Eintritt einer auflösenden Bedingung;
3. mit ihrer Zurücklegung;
4. mit der Beendigung der Abwicklung des Konzessionsträgers;
5. mit der Eröffnung des Konkursverfahrens über das Vermögen der Ökostromabwicklungsstelle.

(2) Das Erlöschen der Konzession ist vom Bundesminister für Wissenschaft, Forschung und Wirtschaft durch Bescheid festzustellen.

(3) Die Zurücklegung einer Konzession (Abs. 1 Z 3) ist nur schriftlich zulässig und nur dann, wenn zuvor die Leitung

und Verwaltung der Ökostromabwicklungsstelle durch eine andere Ökostromabwicklungsstelle übernommen wurden.

Änderung der Beteiligungsverhältnisse

§ 36. (1) Jeder, der beabsichtigt, eine qualifizierte Beteiligung an einer Ökostromabwicklungsstelle direkt oder indirekt zu halten, hat dies zuvor dem Bundesminister für Wissenschaft, Forschung und Wirtschaft unter Angabe des Betrages dieser Beteiligung schriftlich anzuzeigen.

(2) Jeder, der beabsichtigt, seine qualifizierte Beteiligung an einer Ökostromabwicklungsstelle derart zu erhöhen, dass die Grenzen von 20 vH, 33 vH oder 50 vH der Stimmrechte oder des Kapitals erreicht oder überschritten werden oder dass die Ökostromabwicklungsstelle sein Tochterunternehmen wird, hat dies zuvor dem Bundesminister für Wissenschaft, Forschung und Wirtschaft schriftlich anzuzeigen.

(3) Der Bundesminister für Wissenschaft, Forschung und Wirtschaft hat innerhalb von drei Monaten nach einer Anzeige gemäß Abs. 1 oder 2 die beabsichtigte Beteiligung zu untersagen, wenn die in den § 31 oder § 32 genannten Voraussetzungen nicht vorliegen. Wird die Beteiligung nicht untersagt, so kann der Bundesminister für Wissenschaft, Forschung und Wirtschaft einen Termin vorschreiben, bis zu dem die in Abs. 4 und Abs. 5 genannten Absichten verwirklicht werden müssen.

(4) Die Anzeigepflichten gemäß Abs. 1 und 2 gelten in gleicher Weise für die beabsichtigte Aufgabe einer qualifizierten Beteiligung oder Unterschreitung der in Abs. 2 genannten Grenzen für Beteiligungen an einer Ökostromabwicklungsstelle.

(5) Die Ökostromabwicklungsstelle hat dem Bundesminister für Wissenschaft, Forschung und Wirtschaft jeden Erwerb und jede Aufgabe von Anteilen sowie jedes Erreichen und jede Über- und Unterschreitung der Beteiligungsgrenzen im Sinne der Abs. 2 und 4 unverzüglich schriftlich anzuzeigen, sobald sie davon Kenntnis erlangt. Weiters hat die Ökostromabwicklungsstelle dem Bundesminister für Wissenschaft, Forschung und Wirtschaft mindestens einmal jährlich die Namen und Anschriften der Aktionäre schriftlich anzuzeigen, die qualifizierte Beteiligungen halten.

2. Abschnitt
Ökostromabwicklung

Aufgaben der Ökostromabwicklungsstelle

§ 37. (1) Die Aufgaben der Ökostromabwicklungsstelle sind:

1. Ökostrom nach Maßgabe der § 12 und § 13 zu kontrahieren;
2. der Abschluss von Verträgen
   a) mit den übrigen Bilanzgruppenverantwortlichen, Regelzonenführern, Netzbetreibern und Elektrizitätsunternehmen (Erzeugern und Stromhändlern);
   b) mit Einrichtungen, die Indizes erstellen, zum Zwecke des Datenaustausches;
   c) mit Lieferanten (Erzeugern und Stromhändlern), Netzbetreibern und Bilanzgruppenverantwortlichen über die Weitergabe von Daten;
3. die gemäß Z 1 erworbenen Mengen an Ökostrom samt den dazugehörigen Herkunftsnachweisen gemäß den geltenden Marktregeln an Stromhändler, soweit sie Endverbraucher im Inland beliefern, zum Abnahmepreis sowie dem Preis gemäß § 10 Abs. 8 und Abs. 12 täglich zuzuweisen und zu verrechnen. Die Zuweisung erfolgt in Form von Fahrplänen an die jeweilige Bilanzgruppe, in der der Stromhändler Mitglied ist, im Verhältnis der pro Kalendermonat an Endverbraucher in der Regelzone abgegebenen Strommengen. Die Verrechnungsstellen haben die erforderlichen Daten automationsunterstützt zur Verfügung zu stellen. Für den jeweiligen Kalendermonat berechnet sich die Quote nach dem Monat, welcher drei Monate zurückliegt. Bei neu eintretenden Stromhändlern wird der Wert des ersten vollen Monats herangezogen.
4. dafür zu sorgen, dass in jeder Ökobilanzgruppe prozentuell der gleich hohe Anteil an Ökostrom am Endverbrauch gegeben ist, wobei Mengen, die auf Grund allfälliger Zuschläge der Landeshauptleute gemäß § 30 Abs. 4 des Ökostromgesetzes, BGBl. I Nr. 149/2002, gefördert werden, in den Ausgleich nicht einzubeziehen sind;
5. die Erstellung von Prognosen über den zukünftig eingespeisten Ökostrom und daraus die Ableitung von Fahrplänen des kontrahierungspflichtigen Ökostroms (§ 12 und § 13) und dessen Zuweisung an Stromhändler, wobei auf einen möglichst geringen Anfall von Ausgleichsenergie zu achten ist;
6. die Einhaltung der Pflichten der Anlagenbetreiber laufend zu überwachen; im Falle einer Pflichtverletzung ist die Ökostromabwicklungsstelle berechtigt, die Zahlung der Einspeisetarife auszusetzen;
7. Datenabgleich mit dem KLI.EN-Fonds sowie anderen Stellen zur Vermeidung und Aufklärung von Fördermissbrauch;
8. die Einhaltung der Marktregeln;

9.[4] die Führung des Ökostromanlagenregisters gemäß Abs. 5.

(2) Die Ökostromabwicklungsstelle hat dem Bundesminister für Wissenschaft, Forschung und Wirtschaft sowie der E-Control alle für ihre Aufsichtstätigkeit und Berichtspflichten erforderlichen Daten auf Anfrage zur Verfügung zu stellen. Im Übrigen findet die Bestimmung des § 47 ElWOG sinngemäß Anwendung. Sie hat der E-Control die für die Einrichtung einer Registerdatenbank für Herkunftsnachweise erforderlichen Daten in elektronischer Form zur Verfügung zu stellen.

(3) Die Ökostromabwicklungsstelle hat alle organisatorischen Vorkehrungen zu treffen, um ihre Aufgaben erfüllen zu können. Sie hat für jede Regelzone eine Ökobilanzgruppe einzurichten und nimmt die Funktion des Ökobilanzgruppenverantwortlichen wahr.

(4)[1] Die Ökostromabwicklungsstelle ist verpflichtet, alle Möglichkeiten der Minimierung der Aufwendungen für die Ausgleichsenergie auszuschöpfen. Sie ist ermächtigt, alle zur Einhaltung der Fahrpläne erforderlichen Maßnahmen zu ergreifen, insbesondere auch den Ein- und Verkauf von elektrischer Energie vorzunehmen. Die Ökostromabwicklungsstelle ist insbesondere ermächtigt, Verträge mit Strombörsen, Elektrizitätsunternehmen oder Endverbrauchern, die nicht Mitglied der Ökobilanzgruppe sind, abzuschließen, mit denen diese zum Bezug oder zur Lieferung auf Anforderung der Ökostromabwicklungsstelle in Abstimmung mit dem Regelzonenführer verpflichtet werden. Sie hat eine Abschätzung der für Windkraftanlagen erforderlichen Aufwendungen für Ausgleichsenergie in der Bilanz gesondert darzustellen.

(5)[4] Die Ökostromabwicklungsstelle ist verpflichtet, für Ökostromanlagen, Mischfeuerungsanlagen und Hybridanlagen mittels automationsunterstützter Datenverarbeitung eine Datenbank zu führen (Ökostromanlagenregister). In dieses Ökostromanlagenregister sind von der Ökostromabwicklungsstelle sämtliche Anlagen aufzunehmen, die mit der Ökostromabwicklungsstelle über einen aufrechten Vertrag nach dem 3. und 4. Teil dieses Bundesgesetzes verfügen. In dieses Ökostromlagenregister sind pro Anlage mindestens folgende Daten aufzunehmen:

1. Anlagenbezeichnung und Anlagenbetreiber;
2. Rechnungsdaten;
3. die Menge der erzeugten elektrischen Energie;
4. die Art und die Engpassleistung der Anlage;
5. den Zeitraum und den Ort der Erzeugung;

6. die eingesetzten Energieträger;
7. Art und Umfang von Investitionsbeihilfen;
8. Art und Umfang etwaiger weiterer Förderungen;
9. Datum der Inbetriebnahme der Anlage;
10. Datum der Außerbetriebnahme der Anlage.

Die Ökostromabwicklungsstelle ist verpflichtet, aus diesem Ökostromanlagenregister über deren schriftliches Ersuchen den Netzbetreibern, der E-Control, den Landeshauptleuten und dem Bundesminister für Wissenschaft, Forschung und Wirtschaft in elektronischer Form Daten zur Verfügung zu stellen. Den Anlagenbetreibern sind auf deren schriftliches Ersuchen die Daten zur Verfügung zu stellen. Diese Datenbekanntgaben können mittels automationsunterstützter Datenverarbeitung und -übermittlung erfolgen. Die Anlagenbetreiber sind verpflichtet, der Ökostromabwicklungsstelle jede Änderung der Daten gemäß Z 1 bis Z 9 unaufgefordert binnen 14 Tagen nach Änderung schriftlich oder in elektronischer Form mitzuteilen.

Ökobilanzgruppen

§ 38. (1) In der Ökobilanzgruppe in jeder Regelzone sind alle Ökostromanlagen zusammengefasst, für die eine Kontrahierungspflicht gemäß § 12 und § 13 in Anspruch genommen wird. Betreiber von Ökostromanlagen, welche die Kontrahierungspflicht gemäß § 12 und § 13 in Anspruch nehmen, sind als Mitglied in die Ökobilanzgruppe aufzunehmen.

(2) Für die Ökobilanzgruppe ist vom Bilanzgruppenkoordinator keine Clearinggebühr zu verrechnen und es sind bei den Verrechnungsstellen keine Sicherheiten zu hinterlegen. Die Ökostromabwicklungsstelle ist von Entgelten für die Netzbenutzung oder für die Netzverluste, insbesondere bei regelzonenüberschreitenden Fahrplänen befreit.

Allgemeine Bedingungen

§ 39. (1) Die Ökostromabwicklungsstelle hat die in § 12 bis § 15 und § 37 angeführten Verträge, soweit sie die Kontrahierung und die Zuweisung von Ökostrom, einschließlich den Ausgleich gemäß § 37 Abs. 1 Z 4, betreffen, unter Zugrundelegung von Allgemeinen Bedingungen abzuschließen. Die Allgemeinen Bedingungen bedürfen der Genehmigung durch die E-Control.

(2) Die Allgemeinen Bedingungen haben insbesondere Bestimmungen zu enthalten über:
1. Durchführung, Zeitpunkte und Methoden von Zahlungen;
2. Übermittlung von Daten und einzuhaltende Datenformate;
3. Art und Umfang von Prognosen über Einspeisefahrpläne;
4. Modalitäten über den Ausgleich der Ökostrommengen und Vergütungen gemäß § 37 Abs. 1 Z 4.

(3) Die Genehmigung ist, gegebenenfalls unter Vorschreibung von Auflagen, Bedingungen und Befristungen zu erteilen, wenn die Allgemeinen Bedingungen zur Erfüllung der in den § 12 bis § 15 und § 37 bis § 38 umschriebenen Aufgaben geeignet sind.

(4) Die Ökostromabwicklungsstelle ist verpflichtet, über Aufforderung der E-Control die Allgemeinen Bedingungen zu ändern oder neu zu erstellen.

Pflichten der Stromhändler, Ökostromanlagenbetreiber und Netzbetreiber

§ 40. (1) Die Stromhändler sind verpflichtet, den ihnen gemäß § 37 Abs. 1 Z 3 zugewiesenen Ökostrom sowie die dazugehörigen Herkunftsnachweise abzunehmen und der Ökostromabwicklungsstelle das Entgelt jedenfalls in Höhe des Abnahmepreises gemäß § 41 Abs. 2 sowie des gemäß § 10 Abs. 8 und Abs. 12 festgelegten Preises monatlich zu entrichten.

(1a)[4] Die Ökostromanlagenbetreiber haben der E-Control sowie dem Bundeministerium für Wissenschaft, Forschung und Wirtschaft auf Anfrage jederzeit Einsicht in alle Unterlagen und Aufzeichnungen zu gewähren sowie Auskünfte über alle relevanten Sachverhalte zu erteilen, die zur Bemessung von Einspeisetarifen notwendig sind. Das betrifft insbesondere projektbezogene Rechnungen aus der internen Kostenrechnung sowie Informationen über Investitionskosten oder laufende Kosten und Aufwendungen.

(2) Die Ökostromanlagenbetreiber und Netzbetreiber haben der Ökostromabwicklungsstelle die für eine optimale Fahrplanerstellung und Minimierung des Ausgleichsenergiebedarfs erforderlichen Daten, wie die Ganglinien der Stromerzeugung für vergangene Perioden sowie Prognosewerte, gestützt auf meteorologische und hydrologische Basisdaten, zur Verfügung zu stellen. Die Fahrpläne, welche über die jeweiligen Bilanzgruppenverantwortlichen abzuwickeln sind, sind unter Bedachtnahme auf die Minimierung der Kosten für Ausgleichsenergie von der Ökostromabwicklungsstelle zu erstellen und von den Bilanzgruppenverantwortlichen zu übernehmen.

(3) Die Stromhändler haben den ihnen gemäß § 37 Abs. 1 Z 3 zugewiesenen Ökostrom sowie die dazugehörigen Herkunftsnachweise ausschließlich für die Belieferung ihrer Kunden im Inland zu verwenden.

Berechnung des Strommarktpreises

§ 41. (1)[32] Die zugewiesenen Strommengen sind entsprechend dem Stundenpreis der einheitlichen Day-Ahead-Marktkopplung für die für Österreich relevante Gebotszone zu verrechnen. Bei Nichtverfügbarkeit der einheitlichen Day-Ahead Marktkopplung ist der ersatzweise veröffentlichte Day-Ahead-Stundenpreis desjenigen nominierten Strommarktbetreibers heranzuziehen, der für den betroffenen Tag den höchsten Handelsumsatz in der für Österreich relevanten Gebotszone ausweist. Dieser Wert ermittelt sich als arithmetischer Durchschnitt der von der European Energy Exchange (EEX) festgelegten Preise für die nächsten vier aufeinander folgenden Grundlast-Quartalsfutures (Baseload Quarter Futures). Für die Ermittlung sind die entsprechenden Notierungen der letzten fünf Börsenhandelstage des unmittelbar vorangegangenen Quartals heranzuziehen. Sollten diese von der EEX nicht mehr veröffentlicht werden, so sind vergleichbare Notierungen der EEX oder einer anderen relevanten Strombörse heranzuziehen.

(2) Die zugewiesen Strommengen sind entsprechend des day-ahead Spotmarkt Stundenpreises für das Marktgebiet Deutschland/Österreich einer anerkannten, repräsentativen Strombörse mit siebentägigem Handel, welche Liefergebiete in österreichischen Regelzonen betreibt, zu verrechnen. Konnte kein Preis ermittelt werden, ist der jeweilige Produktpreis des Vortages zu entrichten. Sollten negative Preise ermittelt werden, ist ein Preis von 1 Cent/MWh zu entrichten.

(2a)[33] Der durchschnittliche mengengewichtete Day-Ahead-Stundenpreis je Monat wird auf Basis der Stundenpreise gemäß Abs. 2 erster bis dritter Satz und den von der Ökostromabwicklungsstelle innerhalb der gemäß § 57f Abs. 1 Z 2 dritter Satz eingerichteten Bilanzgruppe vermarkteten Strommengen berechnet. Für jede Stunde eines Monats wird zunächst der Stundenpreis mit der Menge des in dieser Stunde von der Ökostromabwicklungsstelle vermarkteten Ökostroms multipliziert. Die Summe dieser Berechnungen wird sodann durch die Menge des im gesamten Monats von der Ökostromabwicklungsstelle vermarkteten Ökostroms dividiert. Die Ökostromabwicklungsstelle hat am Beginn eines jeden Monats den durchschnittlichen mengengewichteten Day-Ahead-

[32] Geändert durch BGBl I 150/2021.

[33] Eingefügt durch BGBl I 198/2023.

Stundenpreis des vergangenen Monats zu berechnen und zu veröffentlichen.

(3)[34] Der für die Berechnung des zusätzlichen jährlichen Unterstützungsvolumens maßgebende Marktpreis gemäß § 23 Abs. 5 wird durch den Mittelwert der im Kalenderjahr vor Vertragsabschluss gemäß Abs. 1 veröffentlichten vier Quartalswerte bestimmt.

3. Abschnitt
Kosten der Ökostromabwicklung

Abgeltung der Mehraufwendungen der Ökostromabwicklungsstelle

§ 42. (1) Der Ökostromabwicklungsstelle sind unter Berücksichtigung einer angemessenen Verzinsung des eingesetzten Kapitals im Sinne des § 33 Abs. 2 Z 4 folgende Mehraufwendungen abzugelten:

1. die Differenzbeträge, die sich aus den Aufwendungen für die Kontrahierung von Ökostrom und den Erlösen aus dem Verkauf von Ökostrom sowie der Herkunftsnachweise ergeben, wobei die von den Ländern getragenen Aufwendungen gemäß § 10a Abs. 9 des Ökostromgesetzes, BGBl. I Nr. 149/2002, in der Fassung des Bundesgesetzes BGBl. I Nr. 105/2006, abzuziehen sind;
2. die mit der Erfüllung der Aufgaben der Ökostromabwicklungsstelle verbundenen administrativen und finanziellen Aufwendungen;
3. die Aufwendungen für die Ausgleichsenergie;
4. die Aufwendungen für die Gewährung
   a) von Zuschlägen gemäß § 21 oder gemäß § 11 Abs. 1 des Ökostromgesetzes, BGBl. I Nr. 149/2002, in der Fassung des Bundesgesetzes BGBl. I Nr. 104/2009;
   b) von Zuschlägen gemäß § 22 oder gemäß § 11a des Ökostromgesetzes, BGBl. I Nr. 149/2002, in der Fassung des Bundesgesetzes BGBl. I Nr. 104/2009;
5.[35] die Aufwendungen für die Technologiefördermittel der Länder gemäß § 43 in der Fassung des Bundesgesetzes BGBl. I Nr. 12/2021,
6.[36] die der EAG-Förderabwicklungsstelle abzugeltenden Aufwendungen gemäß § 69 Abs. 1 Z 1, 3, 4 und 7 EAG sowie die Aufwendungen gemäß §71 Abs. 2 Z 2 EAG.

(2)[37,38] Allfällige Differenzbeträge, die sich in einem Kalenderjahr zwischen den gemäß § 71 Abs. 1 Z 8 und § 72 bis § 75 EAG vereinnahmten Mitteln, einschließlich Eingängen aus Verwaltungsstrafen gemäß § 55, Zinsen und sonstigen Zuwendungen, und den Mehraufwendungen gemäß Abs. 1 sowie den mit der Abwicklung der Investitionszuschüsse gemäß den §§ 25 bis 27a verbundenen Kosten ergeben, sind bilanztechnisch erfolgswirksam abzugrenzen und im nächsten Kalenderjahr Mittel gemäß § 71 Abs. 1 Z 8 EAG bzw. durch durch eine Anpassung des Erneuerbaren-Förderbeitrags auszugleichen. Ein ausgeglichenes Ergebnis zwischen den im Folgejahr zu erwartenden Mehraufwendungen, sowie den in diesem Zeitraum prognostizierten Erlösen, ist anzustreben. Der verbleibende, nicht durch Erlöse gedeckte Teil der Mehraufwendungen eines Geschäftsjahres ist im Jahresabschluss der Ökostromabwicklungsstelle als Aktivposten anzusetzen und mit den gemäß § 71 Abs. 1 Z 8 EAG vereinnahmten Mitteln bzw. mit den im künftigen Erneuerbaren-Förderbeitrag abgegoltenen Mehreinnahmen zu verrechnen. Übersteigen die Erlöse die Mehraufwendungen eines Kalenderjahres, so sind diese Überschüsse als Verrechnungsverbindlichkeiten in die Bilanz der Ökostromabwicklungsstelle einzustellen und mit den im künftigen Erneuerbaren-Förderbeitrag in Abzug gebrachten Mehreinnahmen zu verrechnen.

(3) Der Bundesminister für Wissenschaft, Forschung und Wirtschaft hat im Rahmen seiner Aufsichtsfunktion die Mehraufwendungen der Ökostromabwicklungsstelle zu prüfen.

(4) Die aliquoten Aufwendungen gemäß Abs. 1 Z 2, Z 3 und Z 5 sind, soweit erforderlich nach Technologien getrennt, auf Basis der Vorjahreswerte jährlich durch ein Gutachten der E-Control zu bestimmen und von der Ökostromabwicklungsstelle zu veröffentlichen. Dabei sind die durch die jeweilige Technologie in den vorangegangenen Jahren verursachten Kosten angemessen zu berücksichtigen. Für die Berechnung des jährlichen Unterstützungsvolumens gemäß § 23 Abs. 5 bestimmen sich die aliquoten Aufwendungen anhand des Gutachtens für das Kalenderjahr des Vertragsabschlusses.[39]

(Anm: § 43 samt Überschrift aufgehoben durch BGBl I 150/2021)

6. Teil
Verwaltung der Fördermittel[40]

1. Abschnitt
Aufbringung der Fördermittel

(Anm: Überschriften zum 1. und 2. Abschnitt des 6. Teils sowie §§ 44 bis 49 samt Überschriften aufgehoben durch BGBl I 150/2021)

Fördermittelkonto

§ 50. (1)[41] Zur Verwaltung der Fördermittel für Förderungen nach diesem Bundesgesetzhat die Ökostromabwicklungsstelle ein Konto einzurichten.

(2) Die Verwaltung des Kontos obliegt der Ökostromabwicklungsstelle. Sie hat die Mittel zinsbringend zu veranlagen. Dem Bundesminister für Wissenschaft, Forschung und Wirtschaft, der E-Control sowie den herangezogenen Sachverständigen ist jederzeit Einsicht in sämtliche Unterlagen zu gewähren.

(3)[42] Die Ökostromabwicklungsstelle hat die Mittel für die Förderungen gemäß § 25 bis § 27a (Investitionszuschüsse für Ablauge, Kleinwasserkraft, mittlere Wasserkraft, Photovoltaikanlagen und Stromspeicher) vierteljährlich an die Abwicklungsstelle für Investitionszuschüsse zu überweisen.

7. Teil
Sonstige Bestimmungen

Überwachung

§ 51. (1) (Anm: Aufgehoben durch BGBl I 150/2021)

(2) Dem Bundesminister für Wissenschaft, Forschung und Wirtschaft obliegt die Aufsicht über die Ökostromabwicklungsstelle.

(3) Die Ökostromabwicklungsstelle unterliegt, unabhängig von ihren Eigentumsverhältnissen, der Kontrolle des Rechnungshofes.

(4) Die Abwicklungsstelle für Investitionszuschüsse unterliegt hinsichtlich ihrer Tätigkeit nach diesem Gesetz der Kontrolle des Rechnungshofes.

---

[34] Geändert durch BGBl I 97/2019.
[35] Geändert durch BGBl I 150/2021.
[36] Eingefügt durch BGBl I 150/2021.
[37] Neu gefasst durch BGBl I 150/2021.
[38] Geändert durch BGBl I 198/2023.
[39] Letzter Satz eingefügt durch BGBl I 97/2019.
[40] Überschrift geändert durch BGBl I 150/2021.
[41] Geändert durch BGBl I 150/2021.
[42] Neu gefasst durch BGBl I 150/2021.

(5) Die Ökostromabwicklungsstelle ist zur Erfüllung ihrer sich aus diesem Bundesgesetz ergebenden Pflichten berechtigt, in die geschäftlichen Aufzeichnungen der Betreiber von Anlagen, die einen Vertrag gemäß § 15 oder § 29 abgeschlossen haben, Einsicht zu nehmen.

Transparenz und Veröffentlichung gewährter Förderungen

§ 51a.[4] (1) Die Ökostromabwicklungsstelle hat ab 1. Juli 2016 dieses Bundesgesetz und alle auf Grundlage dieses Bundesgesetzes erlassenen Verordnungen sowie alle gemäß diesem Bundesgesetz gewährten Beihilfen in Form von Einspeisetarifen gemäß § 12 und § 17, die in ihrer Gesamtheit pro Förderempfänger über 500 000 Euro liegen, unter Anführung folgender Informationen auf ihrer Website zu veröffentlichen:

1. den Namen des Anlagenbetreibers;
2. das Land, in dem sich die Anlage befindet;
3. die Form der Förderung;
4. die Höhe der Förderung in ihrer Gesamtheit;
5. das Datum des Vertragsabschlusses;
6. das Ziel der Förderung;
7. die Bewilligungsbehörde;
8. soweit es sich bei dem Anlagenbetreiber um ein Unternehmen handelt, die Art des Unternehmens und dessen Hauptwirtschaftszweig sowie
9. die Rechtsgrundlage aufgrund derer die Förderung gewährt wurde.

Die Ökostromabwicklungsstelle hat die genannten Informationen in einem Tabellenkalkulationsformat zu veröffentlichen, das es ermöglicht, Daten zu suchen, zu extrahieren und problemlos im Internet zu veröffentlichen. Sie hat die veröffentlichten Informationen mindestens zehn Jahre ohne Einschränkungen öffentlich zugänglich und einsehbar zu halten.

(2) Für die Abwicklungsstelle für Investitionszuschüsse gilt Abs. 1 für Investitionszuschüsse gemäß § 25 bis § 27 sinngemäß.

Berichte

§ 52. (Anm: Abs 1 bis 3 aufgehoben durch BGBl I 150/2021)

(4) Die Ökostromabwicklungsstelle hat dem Energiebeirat jährlich umfassend über ihre Tätigkeit zu berichten.

Verfahren vor Verordnungserlassung

§ 53. (1) Der Bundesminister für Wissenschaft, Forschung und Wirtschaft kann zur Feststellung der für die Erlassung von Verordnungen erforderlichen Voraussetzungen insbesondere auch Sachverständige beiziehen, die dem Bundesministerium für Wissenschaft, Forschung und Wirtschaft sowie der E-Control zur Verfügung stehen.

(2) Vor jeder Erlassung einer Verordnung nach diesem Bundesgesetz sind die nominierten Vertreter des Energiebeirats (§ 20 Energie-Control-Gesetz) zu informieren und ist ihnen Gelegenheit zur Stellungnahme zu geben.

Auskunftspflicht

§ 54.[43] **(Verfassungsbestimmung)** Elektrizitätsunternehmen sowie Unternehmen, die mit der Ausstellung von Herkunftsnachweisen befasst sind, sind verpflichtet, den zuständigen Behörden jederzeit Einsicht in alle Unterlagen und Aufzeichnungen zu gewähren sowie Auskünfte über alle, den jeweiligen Vollzugsbereich betreffende Sachverhalte zur Erfüllung der Aufgaben nach diesem Bundesgesetz zu erteilen. Diese Pflicht zur Duldung der Einsichtnahme und Erteilung der Auskunft besteht ohne konkreten Anlassfall auch dann, wenn diese Unterlagen oder Auskünfte zur Klärung oder zur Vorbereitung der Klärung entscheidungsrelevanter Sachverhalte in künftig durchzuführenden Verfahren erforderlich sind.

Allgemeine Strafbestimmungen

§ 55. (1) Sofern die Tat nicht den Tatbestand einer in die Zuständigkeit der Gerichte fallenden strafbaren Handlung bildet oder nach anderen Verwaltungsstrafbestimmungen mit strengerer Strafe bedroht ist, begeht eine Verwaltungsübertretung und ist mit Geldstrafe bis zu 20 000 Euro zu bestrafen, wer seiner Verpflichtung zur Auskunft und Gewährung der Einsichtnahme gemäß § 54 nicht nachkommt.

(2) Sofern die Tat nicht den Tatbestand einer in die Zuständigkeit der Gerichte fallenden strafbaren Handlung bildet oder nach anderen Verwaltungsstrafbestimmungen mit strengerer Strafe bedroht ist, begeht eine Verwaltungsübertretung und ist mit Geldstrafe bis zu 13 000 Euro zu bestrafen, wer

1. (Anm: aufgehoben durch BGBl I 150/2021)
2. seinen Verpflichtungen gemäß § 37 nicht nachkommt;
3. seinen Verpflichtungen gemäß § 40 nicht nachkommt.

(3) (Anm: aufgehoben durch BGBl I 150/2021)

(4)[4,44] Geldstrafen, die auf Grund dieses Bundesgesetzes verhängt werden, fließen dem im Rahmen der Ökostromabwicklungsstelle eingerichteten Fördermittelkonto gemäß § 50 zu.

8. Teil
Übergangsbestimmungen und Inkrafttreten

Allgemeine Übergangsbestimmungen

§ 56. (1) (Verfassungsbestimmung) Für die bestehenden Anlagen, die zum Zeitpunkt des Inkrafttretens dieses Bundesgesetzes über einen aufrechten Vertrag mit der Ökostromabwicklungsstelle verfügen, gelten, soweit nichts Gesondertes bestimmt wird, die jeweiligen bundes- oder landesgesetzlichen Vorschriften weiter. Insbesondere gelten § 7 Abs. 4, § 8 Abs. 2 bis Abs. 4, § 10, § 11, § 13, § 14 Abs. 1 und Abs. 5, § 17, § 18 Abs. 2 bis Abs. 5, § 21 Abs. 2 und Abs. 3, § 22 und § 51 Abs. 4 auch für diese Anlagen.

(2) Die bestehende Konzession der Ökostromabwicklungsstelle, wie sie aufgrund des Ökostromgesetzes, BGBl. I Nr. 149/2002, erteilt wurde, bleibt aufrecht. Sofern nichts anderes bestimmt wird, hat die Ökostromabwicklungsstelle bei der Erfüllung ihrer Aufgaben gemäß diesem Bundesgesetz die sich aufgrund von Novellen dieses Bundesgesetzes ergebenden geänderten Rechtslagen zu beachten.

(3) Die auf Grundlage des Ökostromgesetzes, BGBl. I Nr. 149/2002, erlassenen Bescheide und Verordnungen gelten, soweit nichts Gesondertes bestimmt wird, auch nach Inkrafttreten dieses Bundesgesetzes weiter.

(4) Anträge, die auf Grundlage des Ökostromgesetzes, BGBl. I Nr. 149/2002, gestellt wurden, bleiben nach Maßgabe der allgemeinen Bestimmungen dieses Gesetzes sowie folgender Bestimmungen aufrecht:

1. Für Windkraftanlagen besteht eine sofortige Kontrahierungspflicht der Ökostromabwicklungsstelle zu einem Tarif von 9,7 Cent/kWh, soweit die Anlagen zum Zeitpunkt des Inkrafttretens dieser Bestimmung im Kalenderjahr 2012 oder 2013 einen Vertrag mit der Ökostromabwicklungsstelle erhalten würden, und zu einem Tarif von 9,5 Cent/

[43] Geändert durch BGBl I 150/2021.

[44] Geändert durch BGBl I 150/2021.

kWh, soweit die Anlagen für eine Kontrahierung im Kalenderjahr 2014 oder später gereiht sind.

2. Für Photovoltaikanlagen besteht nach Maßgabe des verfügbaren Unterstützungsvolumens gemäß § 23 Abs. 4 eine sofortige Kontrahierungspflicht der Ökostromabwicklungsstelle wie folgt:

Kontrahierung laut Warteliste im Kalenderjahr	beantragter Tarif in Höhe von 25 Cent/kWh	beantragter Tarif in Höhe von 33 Cent/kWh	beantragter Tarif in Höhe von 35 Cent/kWh	beantragter Tarif in Höhe von 38 Cent/kWh
2012	2,5% Abschlag	5% Abschlag	6% Abschlag	7,5% Abschlag
2013	7,5% Abschlag	10% Abschlag	11% Abschlag	12,5% Abschlag
2014	12,5% Abschlag	15% Abschlag	16% Abschlag	17,5% Abschlag
2015 oder später	17,5% Abschlag	20% Abschlag	21% Abschlag	22,5% Abschlag

Der Antragsteller eines Antrages, der auf Grundlage des Ökostromgesetzes, BGBl. I Nr. 149/2002, gestellt wurde, hat innerhalb von zwei Monaten ab Inkrafttreten dieser Bestimmung oder, sofern der Antrag nach dem Inkrafttreten gestellt wurde, bei Antragstellung den Antrag auf sofortige Kontrahierung bei der Ökostromabwicklungsstelle zu stellen. Im entgegengesetzten Fall erfolgt eine Kontrahierung durch die Ökostromabwicklungsstelle nach Maßgabe des für die jeweilige Anlage zum Zeitpunkt des Inkrafttretens dieser Bestimmung bestimmten Kontrahierungszeitpunktes und Einspeisetarifes. Anträge, die nach Inkrafttreten dieser Bestimmung im Jahr 2011 gestellt werden, gelten als im Jahr 2015 gereiht. § 15 Abs. 5 letzter Satz und Abs. 6 gilt sinngemäß.

(5)[4] Für Anträge betreffend Wind- und Wasserkraftanlagen besteht nach Maßgabe der verfügbaren zusätzlichen Mittel gemäß § 23a Abs. 1 und 2 eine sofortige Kontrahierungspflicht der Ökostromabwicklungsstelle zu dem zum Zeitpunkt der Antragstellung geltenden Tarif. Für Windkraftanlagen sind auf den Tarif folgende Abschläge entsprechend dem voraussichtlichen Zeitpunkt der Kontrahierung (Reihungszeitpunkt) anzuwenden:

Reihungszeitpunkt gemäß § 15 Abs. 5	Abschlag
2018	7 %
2019	7 %
2020	8 %
2021	10 %
2022	11 %
2023 oder später	12 %

(6)[4] Anträge auf sofortige Kontrahierung gemäß § 23a Abs. 1 und 2 sind innerhalb von drei Monaten ab Inkrafttreten dieser Bestimmung bei der Ökostromabwicklungsstelle zu stellen. Für die Berechnung der Reihung der Anträge sowie die notwendigen Mittel wird als Basis für den Marktpreis gemäß § 41 Abs. 3 das erste Halbjahr 2017 angenommen; die aliquoten Aufwendungen gemäß § 42 Abs. 4 bestimmen sich anhand des Gutachtens gemäß § 18 Abs. 6 für das Jahr 2017 jedoch sind die Aufwendungen für die Technologiefördermittel der Länder gemäß § 43 nicht zu berücksichtigen. Sofern kein Antrag auf sofortige Kontrahierung gestellt wird, erfolgt eine Kontrahierung nach Maßgabe des Vorhandenseins von Mitteln aus dem zusätzlichen jährlichen Unterstützungsvolumen nach § 23 Abs. 3.

(7)[45] Für Anträge betreffend Anlagen auf Basis von fester Biomasse gemäß § 17 Abs. 1, ausgenommen für Anlagen gemäß § 17 Abs. 2a, besteht nach Maßgabe der verfügbaren zusätzlichen Mittel gemäß § 23b Abs. 2 eine sofortige Kontrahierungspflicht der Ökostromabwicklungsstelle zu jenen Tarifen, die sich aus der Verordnung BGBl. II Nr. 307/2012 unter Anwendung der Abschläge gemäß § 19 Abs. 2 für das Jahr 2019 ergeben. Für Ökostrom aus Abfällen mit hohem biogenem Anteil wird der Preis gemäß § 13 Abs. 3 gewährt.

(8)[45] Anträge auf sofortige Kontrahierung gemäß Abs. 7 können nur für jene Anlagen auf Basis von fester Biomasse gestellt werden, die zum Zeitpunkt des Inkrafttretens dieser Bestimmung bereits bei der Ökostromabwicklungsstelle gereiht waren. Sie sind innerhalb von drei Monaten ab Inkrafttreten dieser Bestimmung bei der Ökostromabwicklungsstelle zu stellen. Für die Berechnung der Reihung der Anträge sowie die notwendigen Mittel werden als Basis für den Marktpreis gemäß § 41 Abs. 3 die ersten drei Quartale des Jahres 2019 angenommen; die aliquoten Aufwendungen gemäß § 42 Abs. 4 bestimmen sich anhand des Gutachtens gemäß § 18 Abs. 6 für das Jahr 2019, jedoch sind die Aufwendungen für die Technologiefördermittel der Länder gemäß § 43 nicht zu berücksichtigen. Sofern kein Antrag auf sofortige Kontrahierung gestellt wird, erfolgt eine Kontrahierung nach Maßgabe des Vorhandenseins von Mitteln aus dem zusätzlichen jährlichen Unterstützungsvolumen nach § 23 Abs. 3.

Sonderregelung im Zusammenhang mit COVID-19

§ 56a.[46] (1) Eine am 16. März 2020 laufende Frist für die Inbetriebnahme nach §§ 15 Abs. 6, 26 Abs. 5, 27 Abs. 5 und 27a Abs. 6, die in weniger als einem Jahr endet, wird um 6 Monate verlängert. Eine in dem Zeitraum vom 16. März 2020 bis 30. Juni 2020 zu laufen beginnende Frist für die Inbetriebnahme von Photovoltaikanlagen wird um 6 Monate verlängert.

(2)[47] Eine am 3. November 2020 laufende Frist für die Inbetriebnahme nach §§ 15 Abs. 6, 26 Abs. 5, 27 Abs. 5 und 27a Abs. 6, die in weniger als einem Jahr endet, wird um 12 Monate verlängert. Eine in dem Zeitraum vom 3. November 2020 bis 31. Dezember 2020 zu laufen beginnende Frist für die Inbetriebnahme von Photovoltaikanlagen wird um 6 Monate verlängert.

Inkrafttreten

§ 57. (Verfassungsbestimmung) (1) Die Bestimmungen dieses Bundesgesetzes treten, soweit nichts anderes bestimmt wird, mit dem nach Ablauf einer viermonatigen Frist, beginnend mit der Genehmigung oder Nichtuntersagung durch die Europäische Kommission gemäß Art. 108 Abs. 3 AEUV, folgenden Quartalsersten in Kraft. Der Bundesminister für Wirtschaft, Familie und Jugend hat diesen Zeitpunkt im Bundesgesetzblatt kundzumachen. Gleichzeitig mit dem Inkrafttreten treten die Bestimmungen des Ökostromgesetzes, BGBl. I Nr. 149/2002, in der Fassung des Bundesgesetzes BGBl. I Nr. 104/2009, soweit nichts anderes bestimmt wird, außer Kraft.

(2) § 1, § 23 Abs. 4 und § 56 Abs. 4 treten mit dem der Kundmachung dieses Bundesgesetzes folgenden Tag in Kraft.

Inkrafttretens- und Übergangsbestimmungen der ÖSG 2012-Novelle BGBl. I Nr. 108/2017

§ 57a.[4] (1) **(Verfassungsbestimmung)** § 1 tritt mit dem der Kundmachung folgenden Tag in Kraft.

---

45 Eingefügt durch BGBl I 97/2019.

46 Eingefügt durch BGBl I 24/2020.

47 Absatzbezeichnung von Abs 1 vorangestellt sowie Abs 2 eingefügt durch BGBl I 12/2021.

(2) Die weiteren Bestimmungen dieses Bundesgesetzes treten wie folgt in Kraft:

1. das Inhaltsverzeichnis betreffend die Einträge zu den §§ 7, 8, 9, 15a, 15b, 27a, § 5 Abs. 1 Z 5, § 5 Abs. 1 Z 17, § 5 Abs. 1 Z 19, § 5 Abs. 1 Z 20, § 5 Abs. 1 Z 23, die Überschrift zu § 7, § 7 Abs. 1 Z 1 bis Z 3, die Überschrift zu § 8, die Überschrift zu § 9, § 10 Abs. 2, § 10 Abs. 9, § 10 Abs. 13, § 12 Abs. 2 Z 1, § 13 Abs. 1 Z 1, § 15 Abs. 3, § 15a, § 15b, § 16 Abs. 1, § 23 Abs. 3 Z 2, Z 4 und Z 5, § 26 Abs. 5, § 27 Abs. 5, die Überschrift zu § 27a, § 27a Abs. 1 bis Abs. 7, § 37 Abs. 1 Z 9 und § 37 Abs. 5 jeweils in der Fassung des Bundesgesetzes BGBl. I Nr. 108/2017 mit 1. Jänner 2018;
2. das Inhaltsverzeichnis betreffend den Eintrag zu § 23a, § 14 Abs. 8 und 9, § 17 Abs. 1 zweiter bis fünfter Satz, Abs. 2 Z 3a und Abs. 3 sowie Abs. 5, Abs. 6 und Abs. 7, § 23a samt Überschrift, § 26 Abs. 1 und Abs. 2, § 47 Abs. 1, § 48 Abs. 3, § 50 Abs. 3 und § 56 Abs. 5 und Abs. 6 jeweils in der Fassung des Bundesgesetzes BGBl. I Nr. 108/2017 mit 1. Oktober 2017; für bis zu diesem Zeitpunkt bereits gestellte Anträge auf Vertragsabschluss über die Kontrahierung von Ökostrom gilt § 15 Abs. 5 in der Fassung des Bundesgesetzes BGBl. I Nr. 108/2017;
3. das Inhaltsverzeichnis betreffend den Eintrag zu § 51a, § 5 Abs. 1 Z 10, § 8 Abs. 2 fünfter und sechster Satz, § 18 Abs. 1a und Abs. 1b, § 26 Abs. 3 und Abs. 6, § 27 Abs. 3, § 51a samt Überschrift und § 52 Abs. 1 letzter Satz und 1a jeweils in der Fassung des Bundesgesetzes BGBl. I Nr. 108/2017 mit dem der Kundmachung folgenden Monatsersten;
4. alle übrigen Bestimmungen mit dem der Kundmachung folgenden Tag.

(3) Die für Biogasanlagen gemäß § 17 Abs. 1 in der Fassung des Bundesgesetzes BGBl. I Nr. 108/2017 zur Verfügung stehenden Mittel sind für die Kontrahierung von Ökostrom aus Biogasanlagen zu verwenden, für welche die Kontrahierungspflicht der Ökostromabwicklungsstelle gemäß § 12 oder die Förderdauer gemäß den Bestimmungen des Ökostromgesetzes, BGBl. I Nr. 149/2002, in der Fassung BGBl. I Nr. 104/2009, ab dem 1. Jänner 2015 abgelaufen ist. Eine Vergütung aus diesen Mitteln erfolgt frühestens ab dem der Kundmachung folgenden Monatsersten.

(4) Die auf Grundlage des ÖSG 2012, BGBl. I Nr. 75/2011, in der Fassung der Kundmachung, BGBl. I Nr. 11/2012, erlassenen Verordnungen bleiben aufrecht.

(5) Die Ökostromabwicklungsstelle hat bei der Erfüllung ihrer Aufgaben gemäß § 37 die sich aus diesem Bundesgesetz ergebende geänderte Rechtslage zu beachten und ihre Allgemeinen Bedingungen sinngemäß anzupassen.

Inkrafttretensbestimmungen der ÖSG 2012-Novelle BGBl. I Nr. 42/2019

§ 57b.[48] (1) **(Verfassungsbestimmung)** § 1 tritt mit dem der Kundmachung folgenden Tag in Kraft.

(2) Alle übrigen Bestimmungen dieses Bundesgesetzes treten mit dem der Kundmachung folgenden Tag in Kraft.

Inkrafttretens- und Übergangsbestimmungen der ÖSG 2012-Novelle BGBl. I Nr. 97/2019

§ 57c.[49] (1) **(Verfassungsbestimmung)** § 1 tritt mit dem der Kundmachung folgenden Tag in Kraft.

(2) § 18 Abs. 1, § 41 Abs. 3, § 42 Abs. 4 und § 57c Abs. 4, jeweils in der Fassung des Bundesgesetzes BGBl. I Nr. 97/2019, treten mit dem der Kundmachung folgenden Tag in Kraft.

(3) Alle übrigen Bestimmungen dieses Bundesgesetzes treten mit dem der Kundmachung folgenden Monatsersten in Kraft.

(4) Die Ökostromabwicklungsstelle hat unverzüglich nach Inkrafttreten der Bestimmungen gemäß Abs. 2 das zusätzliche jährliche Unterstützungsvolumen für das Jahr 2019 gemäß § 23 Abs. 5 in Verbindung mit § 41 Abs. 3 und § 42 Abs. 4 neu zu berechnen. Ergibt die Neuberechnung, dass aus dem zusätzlichen jährlichen Unterstützungsvolumen für das Jahr 2019 weitere Verträge abgeschlossen werden können, hat die Ökostromabwicklungsstelle die entsprechenden Verträge, abweichend von § 18 Abs. 1 erster Satz, zu den für das Jahr 2019 verordneten Einspeisetarifen gemäß der Verordnung BGBl. II Nr. 408/2017 abzuschließen. Zum Zeitpunkt des Inkrafttretens der Bestimmungen gemäß Abs. 2 bereits bestehende Verträge bleiben aufrecht.

(5) Die geänderten Bedingungen gemäß § 27a Abs. 4 in der Fassung des Bundesgesetzes BGBl. I Nr. 97/2019 gelten für Anträge, die nach dem Inkrafttreten dieser Bestimmung eingebracht werden.

(6) Die Richtlinien für die Gewährung von Investitionszuschüssen sind gegebenenfalls nach Maßgabe des § 30 Abs. 3 zu verlängern bzw. anzupassen, wobei von der Verlautbarung im Amtsblatt zur Wiener Zeitung abgesehen werden kann.

Inkrafttretensbestimmung der ÖSG 2012-Novelle BGBl. I Nr. 24/2020

§ 57d.[50] (1) **(Verfassungsbestimmung)** § 1 samt Überschrift tritt mit dem der Kundmachung folgenden Tag in Kraft.

(2) Das Inhaltsverzeichnis und § 56a samt Überschrift treten mit dem der Kundmachung folgenden Tag in Kraft.

Inkrafttretensbestimmung der ÖSG 2012-Novelle BGBl. I Nr. 12/2021

§ 57e.[51] (1) **(Verfassungsbestimmung)** § 1 samt Überschrift tritt mit dem der Kundmachung folgenden Tag in Kraft.

(2) Das Inhaltsverzeichnis, § 15 Abs. 7 und § 56a Abs. 2, jeweils in der Fassung des Bundesgesetzes BGBl. I Nr. 12/2021, treten mit dem der Kundmachung folgenden Tag in Kraft.

Übergangsbestimmungen betreffend das Inkrafttreten des Erneuerbaren-Ausbau-Gesetzes

§ 57f.[52] (1) Ab Inkrafttreten der nicht unter § 103 Abs. 2 fallenden Bestimmungen des Erneuerbaren-Ausbau-Gesetzes, BGBl. I Nr. 150/2021,

1. sind die §§ 24 bis 27a mit der Maßgabe anzuwenden, dass Verträge nach diesem Bundesgesetz nicht mehr abgeschlossen werden, es sei denn, eine Förderzusage wurde bereits erteilt oder frei werdende Fördermittel ermöglichen eine Förderzusage für bereits gereihte Anträge. Zusätzliche Fördermittel für neue Verträge werden nicht mehr zur Verfügung gestellt. Wird eine Anlage erweitert, sind auf den erweiterten Teil die Bestimmungen des EAG anzuwenden.
2. ist § 13 mit der Maßgabe anzuwenden, dass die Ökostromabwicklungsstelle neue Verträge nach dieser Bestimmung nur für Anlagen mit einer Engpassleistung unter 500 kW abzuschließen hat. Die Ökostromabwicklungsstelle hat die abgenommenen Ökostrommengen zu den in § 13 Abs. 3 bestimmten Preisen zu vergüten und samt den vom Anlagenbetreiber überlassenen und den abgenommenen Ökostrommengen entsprechenden Herkunftsnachweisen best-

---

48 Eingefügt durch BGBl I 42/2019.

49 Eingefügt durch BGBl I 97/2019.

50 Eingefügt durch BGBl I 24/2020.

51 Eingefügt durch BGBl I 12/2021.

52 Samt Überschrift eingefügt durch BGBl I 150/2021.

möglich zu vermarkten. Die Ökostromabwicklungsstelle hat für die Vermarktung eine besondere Bilanzgruppe unter Beachtung des § 38 Abs. 2 zu bilden. § 37 Abs. 1 Z 3 kommt nicht zur Anwendung. Verträge nach dieser Ziffer enden spätestens mit Ablauf des 31. Dezember 2030.

3. tritt in § 6 Abs. 1 des Biomasseförderung-Grundsatzgesetzes an die Stelle der Verweisung auf § 48 ÖSG 2012 die Verweisung auf § 75 EAG; in § 6 Abs. 2 des Biomasseförderung-Grundsatzgesetzes tritt an die Stelle der Verweisung auf § 48 Abs. 3, 4 und 5 die Verweisung auf § 75 Abs. 3, 4 und 6 EAG.

(2) Bestehende Verträge gemäß § 13 ÖSG 2012, in der für die Anlage jeweils maßgeblichen Fassung, enden spätestens mit Ablauf des 31. Dezember 2030.

(3) Ab Inkrafttreten der unter § 103 Abs. 2 fallenden Bestimmungen des Erneuerbaren-Ausbau-Gesetzes, BGBl. I Nr. 150/2021,

1. sind die §§ 7 bis 9 mit der Maßgabe anzuwenden, dass Anerkennungsbescheide nach diesem Bundesgesetz nicht mehr ausgestellt werden.
2. sind die §§ 12, 14 bis 23b und § 56 Abs. 4 bis 8 mit der Maßgabe anzuwenden, dass Verträge nach diesem Bundesgesetz nicht mehr abgeschlossen werden, es sei denn, eine Förderzusage wurde bereits erteilt. Fördermittel für neue Verträge werden nicht mehr zur Verfügung gestellt. Eine Verlängerung der Laufzeit gemäß § 17 Abs. 3 gilt nicht als Abschluss eines neuen Vertrages. Wird eine Anlage erweitert, sind auf den erweiterten Teil die Bestimmungen des EAG anzuwenden. Im Fall der Erweiterung ist eine Überschreitung der Höchstgröße für Photovoltaikanlagen gemäß § 20 Abs. 3 Z 4 zulässig.

Inkrafttretensbestimmung der ÖSG 2012-Novelle BGBl. I Nr. 150/2021

§ 57g.[52] (1) **(Verfassungsbestimmung)** § 1 samt Überschrift tritt mit dem der Kundmachung folgenden Tag in Kraft.

(2) § 5 Abs.1 Z 29, § 10 Abs. 1 und 7, § 29 Abs. 8, § 42 Abs. 1 Z 5 und 6 sowie Abs. 2, die Überschrift des 6. Teils samt Eintrag im Inhaltsverzeichnis, § 50 Abs. 1, § 55 Abs. 4, jeweils in der Fassung des Bundesgesetzes BGBl. I Nr. 150/2021, treten mit Inkrafttreten der nicht unter § 103 Abs. 2 fallenden Bestimmungen des Erneuerbaren-Ausbau-Gesetzes, BGBl. I Nr. 150/2021, in Kraft; gleichzeitig treten die §§ 2 bis 4 samt Überschriften und Einträgen im Inhaltsverzeichnis, § 5 Abs. 1 Z 15, 24 und 25, § 6 samt Überschrift und Eintrag im Inhaltsverzeichnis, § 10 Abs. 2 bis 6, 9, 10, 11 und 15, § 11 samt Überschrift und Eintrag im Inhaltsverzeichnis, § 16 Abs. 2, §§ 44 bis 49 samt Überschriften und Einträgen im Inhaltsverzeichnis, die Überschriften zum 1. und 2. Abschnitt des 6. Teils samt Einträgen im Inhaltsverzeichnis, § 51 Abs. 1, § 52 Abs. 1 bis 3, § 55 Abs. 2 Z 1 und Abs. 3, § 58 Z 5, jeweils in der Fassung des Bundesgesetzes BGBl. I Nr. 12/2021, außer Kraft.

(3) **(Verfassungsbestimmung)** § 54 und § 58 Z 1, jeweils in der Fassung des Bundesgesetzes BGBl. I Nr. 150/2021, treten mit Inkrafttreten der nicht unter § 103 Abs. 2 fallenden Bestimmungen des Erneuerbaren-Ausbau-Gesetzes, BGBl. I Nr. 150/2021, in Kraft; gleichzeitig tritt § 43 samt Überschrift und Eintrag im Inhaltsverzeichnis in der Fassung des Bundesgesetzes BGBl. I Nr. 12/2021 außer Kraft.

(4) Alle übrigen Bestimmungen treten mit dem der Kundmachung folgenden Tag in Kraft.

Vollziehung

§ 58. Mit der Vollziehung dieses Bundesgesetzes sind betraut:

1.[53] (Verfassungsbestimmung) Hinsichtlich § 1, § 54, § 56 Abs. 1, § 57 und § 58 Z 1 die Bundesregierung;
2. hinsichtlich des § 19 der Bundesminister für Wissenschaft, Forschung und Wirtschaft im Einvernehmen mit dem Bundesminister für Land- und Forstwirtschaft, Umwelt und Wasserwirtschaft und dem Bundesminister für Soziales und Konsumentenschutz;
3. hinsichtlich des § 29 Abs. 1 der Bundesminister für Wissenschaft, Forschung und Wirtschaft im Einvernehmen mit dem Bundesminister für Finanzen;
4. hinsichtlich des § 30 Abs. 3 der Bundesminister für Wissenschaft, Forschung und Wirtschaft im Einvernehmen mit den Bundesministern für Finanzen und für Land- und Forstwirtschaft, Umwelt und Wasserwirtschaft;
5. (Anm: entfallen durch BGBl I 105/2021)
6. im Übrigen der Bundesminister für Wissenschaft, Forschung und Wirtschaft.

Anlage 1
Abfälle mit hohem biogenen Anteil gemäß § 5 Abs. 1 Z 1

Abfälle mit hohem biogenen Anteil sind die nachfolgend in Tabelle 1 und (mit den angegebenen Einschränkungen) in Tabelle 2 angeführten Abfallarten, definiert durch die zugeordnete fünfstellige Schlüssel-Nummer und gegebenenfalls durch die zusätzliche zweistellige Spezifizierung gemäß Anlage 5 der Abfallverzeichnisverordnung. Teilmengen von Abfallarten, die nicht in den Tabellen 1 und 2 angeführt sind, gelten nicht als Abfälle mit hohem biogenen Anteil oder als Biomasse.

Tabelle 1: Abfälle mit hohem biogenen Anteil

Schlüssel-Nummer und Spezifizierung	Abfallbezeichnung und Spezifizierung
12	Abfälle pflanzlicher und tierischer Fetterzeugnisse
123	Abfälle aus der Produktion pflanzlicher und tierischer Fette und Wachse
12301	Wachse
125	Emulsionen und Gemische mit pflanzlichen und tierischen Fettprodukten
12501	Inhalt von Fettabscheidern
12503	Öl-, Fett- und Wachsemulsionen
17	Holzabfälle
171	Holzabfälle aus der Be- und Verarbeitung
17104	Holzschleifstäube und -schlämme
17104 01	Holzschleifstäube und -schlämme – (aus) behandeltes(m) Holz
17104 02	Holzschleifstäube und -schlämme – (aus) nachweislich ausschließlich mechanisch behandeltes(m) Holz
17104 03	Holzschleifstäube und -schlämme – (aus) behandeltes(m) Holz, schadstofffrei
17114	Staub und Schlamm aus der Spanplattenherstellung
17115	Spanplattenabfälle
172	Holzabfälle aus der Anwendung
17202	Bau- und Abbruchholz[54])
17202 01	Bau- und Abbruchholz – (aus) behandeltes(m)

[53] Geändert durch BGBl I 150/2021.

[54] Ohne salzimprägnierte Hölzer [Anmerkung: salzimprägnierte Hölzer können einen hohen Eintrag von Schwermetallen bedingen (Bleiweiß, CFA-Salze usw.), der bei der thermischen Behandlung nicht zerstört wird].

	Holz 1)
17202 02	Bau- und Abbruchholz – (aus) nachweislich ausschließlich mechanisch behandeltes(m) Holz
17202 03	Bau- und Abbruchholz – (aus) behandeltes(m) Holz, schadstofffrei
17207	Eisenbahnschwellen
17209	Holz (zB Pfähle und Masten), teerölimprägniert
17209 88	Holz (zB Pfähle und Masten), teerölimprägniert – ausgestuft
18	Zellulose-, Papier- und Pappeabfälle
184	Abfälle aus der Zelluloseverarbeitung
18401	Rückstände aus der Papiergewinnung (Spuckstoffe) ohne Altpapieraufbereitung
187	Papier- und Pappeabfälle
18702	Papier und Pappe, beschichtet
19	Andere Abfälle aus der Verarbeitung und Veredelung tierischer und pflanzlicher Produkte
199	Andere Abfälle aus der Verarbeitung und Veredelung tierischer und pflanzlicher Produkte
19909	Sudkesselrückstände (Seifenherstellung)
94	Abfälle aus der Wasseraufbereitung, Abwasserbehandlung und Gewässernutzung
947	Rückstände aus der Kanalisation und Abwasserbehandlung (ausgenommen Schlämme)
94705	Inhalte aus Fettfängen
949	Abfälle aus der Gewässernutzung
94902	Rechengut aus Rechenanlagen von Kraftwerken

Anmerkungen zu Tabelle 1:

Der Feststoffgehalt der oben angeführten Abfälle besteht überwiegend (über 90%) aus organischem Kohlenstoff. Dabei lassen sich drei Gruppen von Abfällen unterscheiden:

Gruppe 1:

Die folgenden Abfälle leiten sich direkt oder indirekt (in Form von Zellulose oder Lignin) von Holz, welches den ältesten Biobrennstoff darstellt, ab:

17104 (gegebenenfalls mit Spezifizierung), 17114, 17115, 17202 (gegebenenfalls mit Spezifizierung), 17207, 17209 (gegebenenfalls mit Spezifizierung), 18401, 94902

Der Feststoffanteil dieser Abfälle besteht zum überwiegenden Anteil aus organisch gebundenem Kohlenstoff biologischen Ursprungs (in Form von Zellulose und Lignin). Der Heizwert der Trockensubstanz liegt dabei in der Größenordnung von 20 MJ/kg.

Gruppe 2:

Die nachfolgenden Abfälle leiten sich im Wesentlichen aus tierischen und pflanzlichen Fetten ab. Der Kohlenstoffanteil ist biologischen Ursprungs und liegt im Wesentlichen in Form von Glyceriden und Fettsäuren vor. Der Heizwert der organischen Substanz liegt damit sehr hoch (Größenordnung von 30 MJ/kg).

12301, 12501, 12503, 19909, 94705

Gruppe 3:

Die nachstehenden Abfälle stellen einen Verbund zwischen Abfällen der Gruppe 1 und synthetischen Polymeren (PE usw.) bzw. Metallen (Al) dar. Der spezifische Heizwert der nicht biologischen Anteile liegt zwar höher, als jener der biologischen Anteile, dennoch überwiegt der Heizwert der biologischen Anteile in der Mischung zu wesentlich mehr als 50% (der Heizwert von PE liegt zwar etwa doppelt so hoch wie jener von Papier, doch liegt der Kunststoffanteil in der Regel unter 25%).

18702

Tabelle 2: Abfälle mit hohem biogenen Anteil, soweit eine biologische Verwertung nicht möglich oder vorzuziehen ist

Schlüssel-Nummer und Spezifizierung	Abfallbezeichnung und Spezifizierung
11	Nahrungs- und Genussmittelabfälle
111	Abfälle aus der Nahrungsmittelproduktion
11102	überlagerte Lebensmittel
11103	Spelzen, Spelzen- und Getreidestaub
11104	Würzmittelrückstände
11110	Melasse
11111	Teig
11112	Rübenschnitzel, Rübenschwänze
114	Abfälle aus der Genussmittelproduktion
11401	überlagerte Genussmittel
11402	Tabakstaub, Tabakgrus, Tabakrippen
11404	Malztreber, Malzkeime, Malzstaub
11405	Hopfentreber
11406	Ausputz- und Schwimmgerste
11415	Trester
11416	Fabrikationsrückstände von Kaffee (zB Röstgut und Extraktionsrückstände)
11417	Fabrikationsrückstände von Tee
11418	Fabrikationsrückstände von Kakao
11419	Hefe und hefeähnliche Rückstände
11423	Rückstände und Abfälle aus der Fruchtsaftproduktion
117	Abfälle aus der Futtermittelproduktion
11701	Futtermittel
11702	überlagerte Futtermittel
12	Abfälle pflanzlicher und tierischer Fetterzeugnisse
121	Abfälle aus der Produktion pflanzlicher und tierischer Öle
12101	Ölsaatenrückstände
12102	verdorbene Pflanzenöle
123	Abfälle aus der Produktion pflanzlicher und tierischer Fette und Wachse
12302	Fette (zB Frittieröle)
127	Schlämme aus der Produktion pflanzlicher und tierischer Fette
12702	Schlamm aus der Speisefettproduktion
12703	Schlamm aus der Speiseölproduktion
12704	Zentrifugenschlamm
129	Raffinationsrückstände aus der Verarbeitung pflanzlicher und tierischer Fette
12901	Bleicherde, ölhaltig
17	Holzabfälle
171	Holzabfälle aus der Be- und Verarbeitung
17101	Rinde
17102	Schwarten, Spreißel aus naturbelassenem, sauberem, unbeschichtetem Holz
17103	Sägemehl und Sägespäne aus naturbelassenem, sauberem, unbeschichtetem Holz
172	Holzabfälle aus der Anwendung
17201	Holzemballagen und Holzabfälle, nicht verunreinigt
17201 01	Holzemballagen und Holzabfälle, nicht verunreinigt – (aus) behandeltes(m) Holz

17201 02	Holzemballagen und Holzabfälle, nicht verunreinigt – (aus) nachweislich ausschließlich mechanisch behandeltes(m) Holz
17201 03	Holzemballagen und Holzabfälle, nicht verunreinigt – (aus) behandeltes(m) Holz, schadstofffrei
17203	Holzwolle, nicht verunreinigt
18	Zellulose-, Papier- und Pappeabfälle
181	Abfälle aus der Zellstoffherstellung
18101	Rückstände aus der Zellstoffherstellung (Spuckstoffe und Äste)
19	andere Abfälle aus der Verarbeitung und Veredelung tierischer und pflanzlicher Produkte
199	andere Abfälle aus der Verarbeitung und Veredelung tierischer und pflanzlicher Produkte
19901	Stärkeschlamm
19903	Gelatineabfälle
19904	Rückstände aus der Kartoffelstärkeproduktion
19905	Rückstände aus der Maisstärkeproduktion
19906	Rückstände aus der Reisstärkeproduktion
19911	Darmabfälle aus der Verarbeitung
53	Abfälle von Pflanzenbehandlungs- und Schädlingsbekämpfungsmitteln sowie von pharmazeutischen Erzeugnissen und Desinfektionsmitteln
535	Abfälle von Arzneimittelerzeugnissen
53504	Trester von Heilpflanzen
91	Feste Siedlungsabfälle einschließlich ähnlicher Gewerbeabfälle
916	Marktabfälle
91601	Viktualienmarkt-Abfälle
917	Grünabfälle
91701	Garten- und Parkabfälle sowie sonstige biogene Abfälle, die nicht den Anforderungen der Kompostverordnung idgF entsprechen
94	Abfälle aus Wasseraufbereitung, Abwasserbehandlung und Gewässernutzung
949	Abfälle aus der Gewässernutzung
94901	Rückstände aus der Gewässerreinigung (Bachabkehr-, Abmäh- und Abfischgut)

Anmerkungen zu Tabelle 2:

Die in der Tabelle 2 genannten Abfälle sind biologischen Ursprungs (tierische und pflanzliche Produkte) und enthalten in der Festsubstanz im Wesentlichen Kohlenwasserstoffverbindungen; sie lassen sich wieder in drei Gruppen teilen:

Gruppe 1:

„Natives" biologisches Material, dh. Pflanzen, Pflanzenteile (inklusive Extraktionsrückstände) und tierische Gewebe in ihrer natürlichen Zusammensetzung. Der Feststoffanteil besteht überwiegend aus biologisch fixiertem Kohlenstoff in Form von Zellulose/Lignin (Zellwand, Speicherkörper), Protein und Glyceriden (Zellmembran, Speicherkörper). Ein „antropogener" Anteil ist gering (allenfalls als Verunreinigung aus der Sammlung).

11103, 11104, 11112, 11402, 11404, 11405, 11406, 11415, 11416, 11417, 11418, 11419,11423, 12101, 12102, 12302, 17101, 17102, 17103, 17201 (gegebenenfalls mit Spezifizierung), 17203, 18101, 19901, 19903, 19904, 19905, 19906, 19911, 53504, 91601, 91701, 94901

Gruppe 2:

Zu Nahrungsmittel verarbeitete pflanzliche und tierische Stoffe: Der Feststoffanteil dieser Abfälle ist überwiegend biologischen Ursprungs mit geringen Anteilen (anorganischer) Füllstoffe und allenfalls Verpackungsresten.

11102, 11110, 11111, 11401, 11701, 11702, 12702, 12703, 12704

Gruppe 3:

Verarbeitungsrückstände mit einem erhöhten anorganischen Anteil, deren organischer Anteil aber zur Gänze biogenen Ursprungs ist.

12901

Produkthaftungsgesetz

BGBl 99/1988, zuletzt geändert durch BGBl I 98/2001

Haftung

§ 1. (1) Wird durch den Fehler eines Produkts ein Mensch getötet, am Körper verletzt oder an der Gesundheit geschädigt oder eine von dem Produkt verschiedene körperliche Sache beschädigt, so haftet für den Ersatz des Schadens

1. der Unternehmer, der es hergestellt und in den Verkehr gebracht hat,
2. der Unternehmer, der es zum Vertrieb in den Europäischen Wirtschaftsraum eingeführt und hier in den Verkehr gebracht hat (Importeur).

(2) Kann der Hersteller oder - bei eingeführten Produkten - der Importeur (Abs. 1 Z 2) nicht festgestellt werden, so haftet jeder Unternehmer, der das Produkt in den Verkehr gebracht hat, nach Abs. 1, wenn er nicht dem Geschädigten in angemessener Frist den Hersteller beziehungsweise - bei eingeführten Produkten - den Importeur oder denjenigen nennt, der ihm das Produkt geliefert hat.

§ 2. Der Schaden durch die Beschädigung einer Sache ist nur zu ersetzen,

1. wenn ihn nicht ein Unternehmer erlitten hat, der die Sache überwiegend in seinem Unternehmen verwendet hat, und
2. überdies nur mit dem 500 Euro übersteigenden Teil.

Hersteller

§ 3. Hersteller (§ 1 Abs. 1 Z 1) ist derjenige, der das Endprodukt, einen Grundstoff oder ein Teilprodukt erzeugt hat, sowie jeder, der als Hersteller auftritt, indem er seinen Namen, seine Marke oder ein anderes Erkennungszeichen auf dem Produkt anbringt.

Produkt

§ 4. Produkt ist jede bewegliche körperliche Sache, auch wenn sie ein Teil einer anderen beweglichen Sache oder mit einer unbeweglichen Sache verbunden worden ist, einschließlich Energie.

Fehler

§ 5. (1) Ein Produkt ist fehlerhaft, wenn es nicht die Sicherheit bietet, die man unter Berücksichtigung aller Umstände zu erwarten berechtigt ist, besonders angesichts

1. der Darbietung des Produkts,
2. des Gebrauchs des Produkts, mit dem billigerweise gerechnet werden kann,

3. des Zeitpunkts, zu dem das Produkt in den Verkehr gebracht worden ist.

(2) Ein Produkt kann nicht allein deshalb als fehlerhaft angesehen werden, weil später ein verbessertes Produkt in den Verkehr gebracht worden ist.

Inverkehrbringen

§ 6. Ein Produkt ist in den Verkehr gebracht, sobald es der Unternehmer, gleich auf Grund welchen Titels, einem anderen in dessen Verfügungsmacht oder zu dessen Gebrauch übergeben hat. Die Versendung an den Abnehmer genügt.

Beweislastumkehr

§ 7. (1) Behauptet ein Hersteller oder ein Importeur, die Sache nicht in den Verkehr gebracht oder nicht als Unternehmer gehandelt zu haben, so obliegt ihm der Beweis.

(2) Behauptet ein in Anspruch Genommener, daß das Produkt den Fehler, der den Schaden verursacht hat, noch nicht hatte, als er es in den Verkehr gebracht hat, so hat er dies als unter Berücksichtigung der Umstände wahrscheinlich darzutun.

Haftungsausschlüsse

§ 8. Die Haftung kann nicht durch den Mangel eines Verschuldens, sondern nur durch den Nachweis ausgeschlossen werden, daß

1. der Fehler auf eine Rechtsvorschrift oder behördliche Anordnung zurückzuführen ist, der das Produkt zu entsprechen hatte,
2. die Eigenschaften des Produkts nach dem Stand der Wissenschaft und Technik zu dem Zeitpunkt, zu dem es der in Anspruch Genommene in den Verkehr gebracht hat, nicht als Fehler erkannt werden konnten oder
3. - wenn der in Anspruch Genommene nur einen Grundstoff oder ein Teilprodukt hergestellt hat - der Fehler durch die Konstruktion des Produkts, in welches der Grundstoff oder das Teilprodukt eingearbeitet worden ist, oder durch die Anleitungen des Herstellers dieses Produkts verursacht worden ist.

§ 9. Die Ersatzpflicht nach diesem Bundesgesetz kann im voraus weder ausgeschlossen noch beschränkt werden.

Solidarhaftung

§ 10. Trifft die Haftpflicht mehrere, so haften sie zur ungeteilten Hand. Ihre Haftung wird nicht dadurch gemindert, daß auch andere nach anderen Bestimmungen für den Ersatz desselben Schadens haften.

Mitverschulden des Geschädigten

§ 11. Trifft den Geschädigten oder jemanden, dessen Verhalten er zu vertreten hat, ein Verschulden, so ist § 1304 ABGB sinngemäß anzuwenden.

Rückgriff

§ 12. (1) Hat ein Ersatzpflichtiger Schadenersatz geleistet und ist der Fehler des Produkts weder von ihm noch von einem seiner Leute verursacht worden, so kann er vom Hersteller des fehlerhaften Endprodukts, Grundstoffs oder Teilprodukts Rückersatz verlangen. Sind mehrere rückersatzpflichtig, so haften sie zur ungeteilten Hand.

(2) Haben mehrere Haftende den Fehler mitverursacht, so richtet sich das Ausmaß des Anspruchs desjenigen, der den Schaden ersetzt hat, auf Rückersatz gegen die übrigen nach den Umständen, besonders danach, wie weit der Schaden von dem einen oder dem anderen Beteiligten verschuldet oder durch die Herbeiführung eines Fehlers des Produkts verursacht worden ist.

(3) Kann ein nach Abs. 1 oder 2 Rückersatzpflichtiger nicht festgestellt werden, so ist jeder Unternehmer rückersatzpflichtig, der das Produkt vor dem Rückersatzberechtigten in den Verkehr gebracht hat, wenn er nicht diesem in angemessener Frist den Hersteller oder denjenigen nennt, der ihm das Produkt geliefert hat.

Erlöschung

§ 13. Sofern nach diesem Bundesgesetz bestehende Ersatzansprüche nicht früher verjähren, erlöschen sie zehn Jahre nach dem Zeitpunkt, zu dem der Ersatzpflichtige das Produkt in den Verkehr gebracht hat, es sei denn, der Geschädigte hat seinen Anspruch inzwischen gerichtlich geltend gemacht.

Anwendung des ABGB

§ 14. Soweit in diesem Bundesgesetz nicht anderes bestimmt ist, ist auf die darin vorgesehenen Ersatzansprüche das Allgemeine bürgerliche Gesetzbuch anzuwenden.

Sonstige Ersatzansprüche

§ 15. (1) Bestimmungen des Allgemeinen bürgerlichen Gesetzesbuchs und anderer Vorschriften, nach denen Schäden in weiterem Umfang oder von anderen Personen als nach diesem Bundesgesetz zu ersetzen sind, bleiben unberührt.

(2) Dieses Bundesgesetz gilt nicht für Schäden durch ein nukleares Ereignis, die in einem von EFTA-Staaten und EG-Mitgliedstaaten ratifizierten internationalen Übereinkommen erfaßt sind.

Deckungsvorsorge

§ 16. Hersteller und Importeure von Produkten sind verpflichtet, in einer Art und in einem Ausmaß, wie sie im redlichen Geschäftsverkehr üblich sind, durch das Eingehen einer Versicherung oder in anderer geeigneter Weise dafür Vorsorge zu treffen, daß Schadenersatzpflichten nach diesem Bundesgesetz befriedigt werden können.

§ 17. Als Importeur im Sinn des § 1 Abs. 1 Z 2 gilt überdies derjenige Unternehmer, der das Produkt zum Vertrieb von einem EFTA-Staat in die Europäische Wirtschaftsgemeinschaft oder von der Europäischen Wirtschaftsgemeinschaft in einen EFTA-Staat oder von einem EFTA-Staat in einen anderen EFTA-Staat eingeführt und hier in den Verkehr gebracht hat. Dies gilt ab dem Tag, an dem das Luganer Übereinkommen vom 16. September 1988 über die gerichtliche Zuständigkeit und die Vollstreckung gerichtlicher Entscheidungen in Zivil- und Handelssachen für einen EG-Mitgliedstaat oder einen EFTA-Staat in Kraft tritt, nicht mehr für diejenigen Staaten, die das Übereinkommen ratifiziert haben, insoweit auf Grund dieser Ratifikationen ein zugunsten des Geschädigten erwirktes nationales Urteil gegen den Hersteller oder den Importeur im Sinn des § 1 Abs. 1 Z 2 vollstreckbar ist.

Übergangsbestimmung, Vollziehung

§ 18. Dieses Bundesgesetz tritt mit 1. Juli 1988 in Kraft.

§ 19. Dieses Bundesgesetz ist auf Schäden durch Produkte, die vor seinem Inkrafttreten in den Verkehr gebracht worden sind, nicht anzuwenden.

§ 19a. (1) § 1 Abs. 1 Z 2, § 2, § 9, § 13, § 15 Abs. 2 und § 17 in der Fassung des Bundesgesetzes BGBl. Nr. 95/1993 treten zu demselben Zeitpunkt in Kraft wie das Abkommen über den Europäischen Wirtschaftsraum *).

(2) Die Neufassung dieser Bestimmungen ist auf Schäden durch Produkte, die vor dem im Abs. 1 genannten Zeitpunkt in Verkehr gebracht worden sind, nicht anzuwenden.

(3) Die §§ 4 und 8 in der Fassung des Bundesgesetzes BGBl. I Nr. 185/1999 treten mit 1. Jänner 2000 in Kraft. Die Neufassung dieser Bestimmungen ist auf Produkte, die vor dem 1. Jänner 2000 in Verkehr gebracht worden sind, nicht anzuwenden.

(3) Die §§ 2 und 19a in der Fassung des Bundesgesetzes BGBl. I Nr. 98/2001 treten mit 1. Jänner 2002 in Kraft. § 2 ist in dieser Fassung auf Schäden durch Produkte, die vor diesem Tag in Verkehr gebracht worden sind, nicht anzuwenden.

*) Die Kundmachung des Abkommens und seines Inkrafttretens wird zu einem späteren Zeitpunkt erfolgen.

§ 20. Mit der Vollziehung dieses Bundesgesetzes ist der Bundesminister für Justiz betraut.

Strafgesetzbuch – StGB

BGBl 60/1974, zuletzt geändert durch BGBl I 135/2023

Siebenter Abschnitt Gemeingefährliche strafbare Handlungen und strafbare Handlungen gegen die Umwelt

...

Vorsätzliche Gefährdung durch Kernenergie oder ionisierende Strahlen

§ 171. (1) Wer bewirkt, daß durch freiwerdende Kernenergie oder sonst durch ionisierende Strahlen eine Gefahr für Leib oder Leben (§ 89) eines anderen oder für fremdes Eigentum in großem Ausmaß entsteht, ist mit Freiheitsstrafe von einem bis zu zehn Jahren zu bestrafen.

(2) Hat die Tat eine der im § 169 Abs. 3 genannten Folgen, so sind die dort angedrohten Strafen zu verhängen.

Fahrlässige Gefährdung durch Kernenergie oder ionisierende Strahlen

§ 172. (1)[1] Wer die im § 171 mit Strafe bedrohte Handlung fahrlässig begeht, ist mit Freiheitsstrafe bis zu einem Jahr oder mit Geldstrafe bis zu 720 Tagessätzen zu bestrafen.

(2) Hat die Tat eine der im § 170 Abs. 2 genannten Folgen, so sind die dort angedrohten Strafen zu verhängen.

...

Unerlaubter Umgang mit Kernmaterial, radioaktiven Stoffen oder Strahleneinrichtungen

§ 177b. (1) Wer entgegen einer Rechtsvorschrift oder einem behördlichen Auftrag Kernmaterial herstellt, bearbeitet, verarbeitet, verwendet, besitzt, beseitigt, befördert, in das Inland einführt, aus dem Inland ausführt oder durch das Inland durchführt, ist mit Freiheitsstrafe bis zu drei Jahren zu bestrafen.[2]

(2) Ebenso ist zu bestrafen, wer entgegen einer Rechtsvorschrift oder einem behördlichen Auftrag radioaktive Stoffe oder Strahleneinrichtungen so herstellt, bearbeitet, verarbeitet, verwendet, besitzt, beseitigt, befördert, in das Inland einführt, aus dem Inland ausführt oder durch das Inland durchführt, dass dadurch[2]

1. eine Gefahr für das Leben oder einer schweren Körperverletzung (§ 84 Abs. 1) eines anderen oder sonst für die Gesundheit oder körperliche Sicherheit einer größeren Zahl von Menschen,
2. eine Gefahr für den Tier- oder Pflanzenbestand in erheblichem Ausmaß,
3. eine lange Zeit andauernde Verschlechterung des Zustands eines Gewässers, des Bodens oder der Luft oder
4. ein Beseitigungsaufwand, der 50 000 Euro übersteigt,

entstehen kann.

(3) Wer entgegen einer Rechtsvorschrift oder einem behördlichen Auftrag Kernmaterial oder radioaktive Stoffe herstellt, bearbeitet, verarbeitet, verwendet, besitzt, beseitigt, befördert, in das Inland einführt, aus dem Inland ausführt oder durch das Inland durchführt und dadurch die Gefahr herbeiführt, dass Kernmaterial oder radioaktive Stoffe der Herstellung oder Verarbeitung von zur Massenvernichtung geeigneten nuklearen oder radiologischen Kampfmitteln zugänglich werden, ist mit Freiheitsstrafe von sechs Monaten bis zu fünf Jahren zu bestrafen. Ebenso ist zu bestrafen, wer eine der in Abs. 1 oder Abs. 2 erwähnten Handlungen gewerbsmäßig begeht.[3]

(4) Wird durch eine der im Abs. 1 oder Abs. 2 erwähnten Handlungen die im § 171 Abs. 1 genannte Gefahr herbeigeführt, der Tier- oder Pflanzenbestand erheblich geschädigt oder eine lange Zeit andauernde Verschlechterung des Zustands eines Gewässers, des Bodens oder der Luft bewirkt, so ist der Täter mit Freiheitsstrafe von einem bis zu zehn Jahren zu bestrafen. Hat die Tat eine der im § 169 Abs. 3 genannten Folgen, so sind die dort angedrohten Strafen zu verhängen.

(5) Der Begriff Kernmaterial bezeichnet Ausgangsmaterial und besonderes spaltbares Material sowie Ausrüstung, Technologie und Material, die dem Sicherheitskontrollsystem nach dem Sicherheitskontrollgesetz 1991, BGBl. Nr. 415/1992, unterliegen. Der Begriff radioaktive Stoffe bezeichnet Stoffe, die ein oder mehrere Radionuklide enthalten, sofern deren Aktivität oder Konzentration nach dem Stand der Technik im Zusammenhang mit dem Strahlenschutz nicht außer Acht gelassen werden kann; Gegenstände, die radioaktive Stoffe enthalten oder an deren Oberfläche sich solche Stoffe befinden, stehen radioaktiven Stoffen gleich. Unter Strahleneinrichtungen sind solche Geräte oder Anlagen zu verstehen, die, ohne radioaktive Stoffe zu enthalten, imstande sind, ionisierende Strahlung auszusenden, und deren Betrieb einer Bewilligungspflicht nach dem Strahlenschutzgesetz, BGBl. Nr. 227/1969 in der jeweils geltenden Fassung, unterliegt.

Fahrlässiger unerlaubter Umgang mit Kernmaterial, radioaktiven Stoffen oder Strahleneinrichtungen

§ 177c. (1)[1] Wer fahrlässig entgegen einer Rechtsvorschrift oder einem behördlichen Auftrag eine der im § 177b Abs. 1, 2 oder 3 mit Strafe bedrohten Handlungen begeht, ist mit Freiheitsstrafe bis zu einem Jahr oder mit Geldstrafe bis zu 720 Tagessätzen zu bestrafen.

(2)[1] Wird durch die Tat die im § 171 Abs. 1 genannte Gefahr herbeigeführt, der Tier- oder Pflanzenbestand erheblich geschädigt oder eine lange Zeit andauernde Verschlechterung des Zustands eines Gewässers, des Bodens oder der Luft

1 Geändert durch BGBl I 112/2015.

2 Geändert durch BGBl I 103/2011.

3 Geändert sowie letzter Satz eingefügt durch BGBl I 103/2011; geändert durch BGBl I 70/2018.

bewirkt, so ist der Täter mit Freiheitsstrafe bis zu zwei Jahren zu bestrafen. Hat die Tat eine der im § 170 Abs. 2 genannten Folgen, so sind die dort angedrohten Strafen zu verhängen.

Vorsätzlicher unerlaubter Umgang mit Stoffen, die zum Abbau der Ozonschicht beitragen

§ 177d.[1] Wer Stoffe, die zum Abbau der Ozonschicht beitragen, entgegen einer Rechtsvorschrift oder einem behördlichen Auftrag herstellt, einführt, ausführt, in Verkehr setzt oder verwendet, ist mit Freiheitsstrafe bis zu einem Jahr oder mit Geldstrafe bis zu 720 Tagessätzen zu bestrafen.[4]

Grob fahrlässiger unerlaubter Umgang mit Stoffen, die zum Abbau der Ozonschicht beitragen

§ 177e.[1] Wer grob fahrlässig (§ 6 Abs. 3) entgegen einer Rechtsvorschrift oder einem behördlichen Auftrag eine der im § 177d mit Strafe bedrohten Handlungen begeht, ist mit Freiheitsstrafe bis zu sechs Monaten oder mit Geldstrafe bis zu 360 Tagessätzen zu bestrafen.[4]

…

Vorsätzliche Beeinträchtigung der Umwelt

§ 180. (1) Wer entgegen einer Rechtsvorschrift oder einem behördlichen Auftrag ein Gewässer, den Boden oder die Luft so verunreinigt oder sonst beeinträchtigt, dass dadurch

1. eine Gefahr für das Leben oder einer schweren Körperverletzung (§ 84 Abs. 1) eines anderen oder sonst für die Gesundheit oder körperliche Sicherheit einer größeren Zahl von Menschen,
2. eine Gefahr für den Tier- oder Pflanzenbestand in erheblichem Ausmaß,
3. eine lange Zeit andauernde Verschlechterung des Zustands eines Gewässers, des Bodens oder der Luft oder
4. ein Beseitigungsaufwand oder sonst ein Schaden an einer fremden Sache, an einem unter Denkmalschutz stehenden Gegenstand oder an einem Naturdenkmal, der 50 000 Euro übersteigt,

entstehen kann, ist mit Freiheitsstrafe bis zu drei Jahren zu bestrafen.

(2) Wird durch die Tat der Tier- oder Pflanzenbestand erheblich geschädigt, eine lange Zeit andauernde Verschlechterung des Zustands eines Gewässers, des Bodens oder der Luft bewirkt oder ein Beseitigungsaufwand oder sonst ein Schaden an einer fremden Sache, an einem unter Denkmalschutz stehenden Gegenstand oder an einem Naturdenkmal, der 50 000 Euro übersteigt, herbeigeführt, so ist der Täter mit Freiheitsstrafe von sechs Monaten bis zu fünf Jahren zu bestrafen. Hat die Tat eine der im § 169 Abs. 3 genannten Folgen, so sind die dort angedrohten Strafen zu verhängen.

Fahrlässige Beeinträchtigung der Umwelt

§ 181. (1)[1] Wer fahrlässig entgegen einer Rechtsvorschrift oder einem behördlichen Auftrag eine der im § 180 mit Strafe bedrohten Handlungen begeht, ist mit Freiheitsstrafe bis zu einem Jahr oder mit Geldstrafe bis zu 720 Tagessätzen zu bestrafen.

(2)[1] Wird durch die Tat der Tier- oder Pflanzenbestand erheblich geschädigt, eine lange Zeit andauernde Verschlechterung des Zustands eines Gewässers, des Bodens oder der Luft bewirkt oder ein Beseitigungsaufwand oder sonst ein Schaden an einer fremden Sache, an einem unter Denkmalschutz stehenden Gegenstand oder an einem Naturdenkmal, der 50 000 Euro übersteigt, herbeigeführt, so ist der Täter mit Freiheitsstrafe bis zu zwei Jahren zu bestrafen. Hat die Tat eine der im § 170 Abs. 2 genannten Folgen, so sind die dort angedrohten Strafen zu verhängen.

Schwere Beeinträchtigung durch Lärm

§ 181a. Wer entgegen einer Rechtsvorschrift oder einem behördlichen Auftrag Lärm in einem solchen Ausmaß oder unter solchen Umständen erzeugt, daß die Tat eine nachhaltige und schwere Beeinträchtigung des körperlichen Befindens vieler Menschen nach sich zieht, ist mit Freiheitsstrafe bis zu sechs Monaten oder mit Geldstrafe bis zu 360 Tagessätzen zu bestrafen.

Vorsätzliches umweltgefährdendes Behandeln und Verbringen von Abfällen

§ 181b. (1)[1] Wer entgegen einer Rechtsvorschrift oder einem behördlichen Auftrag Abfälle so sammelt, befördert, verwertet, beseitigt, diese Tätigkeiten betrieblich überwacht oder so kontrolliert, dass dadurch

1. eine Gefahr für das Leben oder einer schweren Körperverletzung (§ 84 Abs. 1) eines anderen oder sonst für die Gesundheit oder körperliche Sicherheit einer größeren Zahl von Menschen,
2. eine Gefahr für den Tier- oder Pflanzenbestand in erheblichem Ausmaß,
3. eine lange Zeit andauernde Verschlechterung des Zustands eines Gewässers, des Bodens oder der Luft oder
4. ein Beseitigungsaufwand, der 50 000 Euro übersteigt,

entstehen kann, ist mit Freiheitsstrafe bis zu zwei Jahren zu bestrafen.[2]

(2) Wird durch die Tat der Tier- oder Pflanzenbestand erheblich geschädigt, eine lange Zeit andauernde Verschlechterung des Zustands eines Gewässers, des Bodens oder der Luft oder einen Beseitigungsaufwand, der 50 000 Euro übersteigt, bewirkt, so ist der Täter mit Freiheitsstrafe bis zu drei Jahren zu bestrafen. Hat die Tat eine der im § 169 Abs. 3 genannten Folgen, so sind die dort angedrohten Strafen zu verhängen.

(3)[1] Wer außer dem Fall des Abs. 2 Abfälle entgegen Art. 2 Nummer 35 der Verordnung 1013/2006/EG über die Verbringung von Abfällen in nicht unerheblicher Menge verbringt, ist mit Freiheitsstrafe bis zu einem Jahr oder mit Geldstrafe bis zu 720 Tagessätzen zu bestrafen.[4]

Fahrlässiges umweltgefährdendes Behandeln und Verbringen von Abfällen

§ 181c. (1) Wer fahrlässig entgegen einer Rechtsvorschrift oder einem behördlichen Auftrag eine der im § 181b mit Strafe bedrohten Handlungen begeht, ist mit Freiheitsstrafe bis zu sechs Monaten oder mit Geldstrafe bis zu 360 Tagessätzen zu bestrafen.

(2)[1] Wird durch die Tat der Tier- oder Pflanzenbestand erheblich geschädigt, eine lange Zeit andauernde Verschlechterung des Zustands eines Gewässers, des Bodens oder der Luft oder ein Beseitigungsaufwand, der 50 000 Euro übersteigt, bewirkt, so ist der Täter mit Freiheitsstrafe bis zu einem Jahr oder mit Geldstrafe bis zu 720 Tagessätzen zu bestrafen. Hat die Tat eine der im § 170 Abs. 2 genannten Folgen, so sind die dort angedrohten Strafen zu verhängen.

(3)[1,4] Wer außer den Fällen der Abs. 1 und 2 grob fahrlässig (§ 6 Abs. 3) Abfälle entgegen Art. 2 Nummer 35 der Verordnung 1013/ 2006/EG über die Verbringung von Abfällen in nicht unerheblicher Menge verbringt, ist mit Freiheitsstrafe bis zu sechs Monaten oder mit Geldstrafe bis zu 360 Tagessätzen zu bestrafen.

[4] Eingefügt durch BGBl I 103/2011.

Vorsätzliches umweltgefährdendes Betreiben von Anlagen

§ 181d. (1)[1] Wer entgegen einer Rechtsvorschrift oder einem behördlichen Auftrag eine Anlage, in der eine gefährliche Tätigkeit durchgeführt wird, so betreibt, dass dadurch

1. eine Gefahr für das Leben oder einer schweren Körperverletzung (§ 84 Abs. 1) eines anderen oder sonst für die Gesundheit oder körperliche Sicherheit einer größeren Zahl von Menschen,
2. eine Gefahr für den Tier- oder Pflanzenbestand in erheblichem Ausmaß,
3. eine lange Zeit andauernde Verschlechterung des Zustands eines Gewässers, des Bodens oder der Luft oder
4. ein Beseitigungsaufwand, der 50 000 Euro übersteigt,

entstehen kann, ist mit Freiheitsstrafe bis zu zwei Jahren zu bestrafen.

(2)[1] Wird durch die Tat der Tier- oder Pflanzenbestand erheblich geschädigt, eine lange Zeit andauernde Verschlechterung des Zustands eines Gewässers, des Bodens oder der Luft oder ein Beseitigungsaufwand, der 50 000 Euro übersteigt, bewirkt, so ist der Täter mit Freiheitsstrafe bis zu drei Jahren zu bestrafen. Hat die Tat eine der im § 169 Abs. 3 genannten Folgen, so sind die dort angedrohten Strafen zu verhängen.

Grob fahrlässiges umweltgefährdendes Betreiben von Anlagen

§ 181e. (1)[1] Wer grob fahrlässig (§ 6 Abs. 3) entgegen einer Rechtsvorschrift oder einem behördlichen Auftrag die im § 181d Abs. 1 mit Strafe bedrohte Handlung begeht, ist mit Freiheitsstrafe bis zu sechs Monaten oder mit Geldstrafe bis zu 360 Tagessätzen zu bestrafen.

(2)[1] Wird durch die Tat der Tier- oder Pflanzenbestand erheblich geschädigt, eine lange Zeit andauernde Verschlechterung des Zustands eines Gewässers, des Bodens oder der Luft oder ein Beseitigungsaufwand, der 50 000 Euro übersteigt, bewirkt, so ist der Täter mit Freiheitsstrafe bis zu einem Jahr oder mit Geldstrafe bis zu 720 Tagessätzen zu bestrafen. Hat die Tat eine der im § 170 Abs. 2 genannten Folgen, so sind die dort angedrohten Strafen zu verhängen.

Vorsätzliche Schädigung des Tier- oder Pflanzenbestandes

§ 181f. (1)[5,1] Wer Exemplare einer geschützten wildlebenden Tierart entgegen einer Rechtsvorschrift oder einem behördlichen Auftrag tötet, besitzt oder deren Entwicklungsformen zerstört oder aus der Natur entnimmt oder Exemplare einer geschützten wildlebenden Pflanzenart zerstört, besitzt oder aus der Natur entnimmt, ist mit Freiheitsstrafe bis zu zwei Jahren zu betrafen, es sei denn, dass die Handlung eine nur unerhebliche Menge der Exemplare betrifft und auf den Erhaltungszustand der Art nur unerhebliche Auswirkungen hat.

(2) Geschützte wildlebende Tierarten sind die in Anhang IV lit. a) der Richtlinie 92/43/EWG zur Erhaltung der natürlichen Lebensräume sowie der wildlebenden Tiere und Pflanzen oder des Anhangs I der Richtlinie 2009/147/EG über die Erhaltung der wildlebenden Vogelarten aufgezählten Arten; geschützte wildlebende Pflanzenarten sind die in Anhang IV lit. b) der Richtlinie 92/43/EWG zur Erhaltung der natürlichen Lebensräume sowie der wildlebenden Tiere und Pflanzen aufgezählten Arten.

Grob fahrlässige Schädigung des Tier- oder Pflanzenbestandes

§ 181g.[1,4] Wer grob fahrlässig (§ 6 Abs. 3) entgegen einer Rechtsvorschrift oder einem behördlichen Auftrag eine der im § 181f mit Strafe bedrohten Handlungen begeht, ist mit Freiheitsstrafe bis zu einem Jahr oder mit Geldstrafe bis zu 720 Tagessätzen zu bestrafen.

Vorsätzliche Schädigung von Lebensräumen in geschützten Gebieten

§ 181h.[1,4] (1) Wer entgegen einer Rechtsvorschrift oder einem behördlichen Auftrag einen Lebensraum innerhalb eines geschützten Gebiets erheblich schädigt, ist mit Freiheitsstrafe bis zu zwei Jahren zu bestrafen.

(2) Lebensraum innerhalb eines geschützten Gebiets ist jeder Lebensraum einer Art, für die ein Gebiet durch Gesetz oder Verordnung zu einem Schutzgebiet gemäß Art. 4 Abs. 2 oder Anhang I der Richtlinie 2009/147/EG über die Erhaltung der wildlebenden Vogelarten erklärt wurde oder jeder natürliche Lebensraum oder Lebensraum einer Art, für die ein Gebiet durch Gesetz oder Verordnung zu einem besonderen Schutzgebiet gemäß Art. 4 Abs. 4 der Richtlinie 92/43/EWG zur Erhaltung der natürlichen Lebensräume sowie der wildlebenden Tiere und Pflanzen erklärt wurde.

Grob fahrlässige Schädigung von Lebensräumen in geschützten Gebieten

§ 181i.[1,4] Wer grob fahrlässig (§ 6 Abs. 3) entgegen einer Rechtsvorschrift oder einem behördlichen Auftrag die im § 181h mit Strafe bedrohte Handlung begeht, ist mit Freiheitsstrafe bis zu einem Jahr oder mit Geldstrafe bis zu 720 Tagessätzen zu bestrafen.

Andere Gefährdungen des Tier- oder Pflanzenbestandes

§ 182. (1)[1] Wer eine Handlung begeht, die geeignet ist,

1. die Gefahr der Verbreitung einer Seuche unter Tieren herbeizuführen oder
2. die Gefahr der Verbreitung eines für den Tier- oder Pflanzenbestand gefährlichen Krankheitserregers oder Schädlings herbeizuführen,

ist mit Freiheitsstrafe bis zu zwei Jahren zu bestrafen.

(2) Ebenso ist zu bestrafen, wer entgegen einer Rechtsvorschrift oder einem behördlichen Auftrag auf andere als die im § 180 bezeichnete Weise eine Gefahr für den Tier- oder Pflanzenbestand in erheblichem Ausmaß herbeiführt.

Fahrlässige Gefährdung des Tier- oder Pflanzenbestandes

§ 183. Wer eine der im § 182 mit Strafe bedrohten Handlungen fahrlässig begeht, ist mit Freiheitsstrafe bis zu sechs Monaten oder mit Geldstrafe bis zu 360 Tagessätzen zu bestrafen.

Irrtum über Rechtsvorschriften und behördliche Aufträge

§ 183a. (1) Hat sich der Täter in den Fällen der §§ 180, 181a, 181b, 181d, 181f, 181h und 182 mit einer Rechtsvorschrift oder einem behördlichen Auftrag nicht bekannt gemacht, obwohl er seinem Beruf, seiner Beschäftigung oder sonst den Umständen nach dazu verpflichtet gewesen wäre, oder ist ihm ein Irrtum über die Rechtsvorschrift oder den behördlichen Auftrag sonst vorzuwerfen, so ist er, wenn er im übrigen vorsätzlich handelt, gleichwohl nach diesen Bestimmungen zu bestrafen.[2]

(2) Abs. 1 gilt in den Fällen der §§ 181, 181c Abs. 1 und 2 und 183 entsprechend, wenn der Täter fahrlässig handelt, in den Fällen der §§ 181c Abs. 3, 181e, 181g und 181i, wenn er grob fahrlässig (§ 6 Abs. 3) handelt.[1, 2]

[5] Neu gefasst durch BGBl I 106/2014.

Tätige Reue

§ 183b. (1) Wegen einer der in den §§ 180, 181 und 181b bis 183 mit Strafe bedrohten Handlungen ist nicht zu bestrafen, wer freiwillig und bevor die Behörde (§ 151 Abs. 3) von seinem Verschulden erfahren hat, die von ihm herbeigeführten Gefahren, Verunreinigungen und sonstigen Beeinträchtigungen beseitigt, sofern es nicht schon zu einer Schädigung eines Menschen oder des Tier- oder Pflanzenbestandes gekommen ist.

(2) § 167 Abs. 4 ist dem Sinne nach anzuwenden.

…

Straßenbenützungsabgabegesetz – StraBAG

BGBl 629/1994, zuletzt geändert durch BGBl I 71/2003, gem § 11 Abs 7 iVm BGBl II 568/2003 am 31.12.2003 außer Kraft getreten

Anrechnung der zeitabhängigen Maut nach dem BStFG 1996 auf die Straßenbenützungsabgabe

§ 3a. Erfolgen innerhalb der Gültigkeitsdauer einer Mautvignette nach dem BStFG 1996, BGBl. Nr. 201, in der jeweils geltenden Fassung, Straßenbenützungen durch Kraftfahrzeuge mit einem höchsten zulässigen Gesamtgewicht von weniger als zwölf Tonnen und unterliegen diese infolge Verwendung eines Anhängers der Straßenbenützungsabgabe, so ist dem Steuerschuldner auf Antrag die für das Kraftfahrzeug nachweislich entrichtete zeitabhängige Maut mit Ausnahme der darin enthaltenen abziehbaren Vorsteuerbeträge (§ 12 UStG 1994, BGBl. Nr. 663, in der jeweils geltenden Fassung) nach Maßgabe folgender Bestimmungen auf die für die Fahrzeugkombination zu entrichtende Straßenbenützungsabgabe anzurechnen:

- angerechnet wird der auf den Abgabenberechnungszeitraum (§ 3 Abs. 1) verhältnismäßig entfallende Teil der Maut, jedoch nicht mehr als die zu entrichtende Straßenbenützungsabgabe;
- die Gültigkeitsdauer ist bei einer Jahresvignette mit einem Kalenderjahr und bei einer Wochenvignette mit so vielen Tagen, wie diese zur Straßenbenützung berechtigt, anzusetzen;
- für Zwecke der Anrechnung ist ein Kalenderjahr mit 52 Wochen oder 365 Tagen, ein Kalendermonat mit 4 Wochen oder 30 Tagen und eine Wochenvignette mit der Anzahl ihrer Gültigkeitstage anzusetzen. Bei Anrechnung einer Wochenvignette auf die Straßenbenützungsabgabe für eine Kalenderwoche ist das Siebenfache des auf einen Gültigkeitstag entfallenden Betrages zu berücksichtigen;
- bei Kraftfahrzeugen mit inländischem Kennzeichen hat die Anrechnung in der Jahressteuererklärung (§ 5 Abs. 6), in der Anmeldung der Jahresabgabe (§ 5 Abs. 1) oder in der Monatsanmeldung (§ 5 Abs. 1) zu erfolgen. Die Anrechnung in der Monatsanmeldung ist mit dem Betrag begrenzt, der im betreffenden Kalendermonat für die Fahrzeugkombination an Straßenbenützungsabgabe zu entrichten wäre;
- bei Kraftfahrzeugen mit ausländischem Kennzeichen ist der anrechnungsfähige Teil der Maut auf Antrag vom Hauptzollamt Innsbruck zu erstatten.

Straßenverkehrsordnung 1960 – StVO 1960

BGBl 159/1960, zuletzt geändert durch BGBl I 52/2024 (35. StVO-Novelle)

I. Abschnitt. Allgemeines.

§ 1. Geltungsbereich.

(1) Dieses Bundesgesetz gilt für Straßen mit öffentlichem Verkehr. Als solche gelten Straßen, die von jedermann unter den gleichen Bedingungen benützt werden können.

(2) Für Straßen ohne öffentlichen Verkehr gilt dieses Bundesgesetz insoweit, als andere Rechtsvorschriften oder die Straßenerhalter nichts anderes bestimmen. Die Befugnisse der Behörden und Organe der Straßenaufsicht erstrecken sich auf diese Straßen nicht.

…

II. Abschnitt. Fahrregeln.

…

§ 20. Fahrgeschwindigkeit.

(1) …

(2) …

(2a) Die Behörde kann, abgesehen von den in § 43 geregelten Fällen, durch Verordnung für ein gesamtes Ortsgebiet eine geringere als die nach Abs. 2 zulässige Höchstgeschwindigkeit festlegen, sofern dies auf Grund der örtlichen oder verkehrsmäßigen Gegebenheiten nach dem Stand der Wissenschaft zur Erhöhung der Verkehrssicherheit oder zur Fernhaltung von Gefahren oder Belästigungen, insbesondere durch Lärm, Geruch oder Schadstoffe und zum Schutz der Bevölkerung oder der Umwelt oder aus anderen wichtigen Gründen geeignet erscheint. Sofern dadurch der beabsichtigte Zweck der Verordnung nicht gefährdet wird, sind einzelne Straßen, Straßenabschnitte oder Straßenarten vom Geltungsbereich der Verordnung auszunehmen.

(3) …

(3a) …

(4) …

…

IV. Abschnitt. Regelung und Sicherung des Verkehrs.

…

C. Allgemeine Regelung und Sicherung des Verkehrs.

§ 42. Fahrverbot für Lastkraftfahrzeuge

(1) An Samstagen von 15 Uhr bis 24 Uhr und an Sonntagen und gesetzlichen Feiertagen von 00 Uhr bis 22 Uhr ist das Befahren von Straßen mit Lastkraftwagen mit Anhänger ver-

boten, wenn das höchste zulässige Gesamtgewicht des Lastkraftwagens oder des Anhängers mehr als 3,5 t beträgt.

(2) In der im Abs. 1 angeführten Zeit ist ferner das Befahren von Straßen mit Lastkraftwagen, Sattelkraftfahrzeugen und selbstfahrenden Arbeitsmaschinen mit einem höchsten zulässigen Gesamtgewicht von mehr als 7,5 t verboten.

(2a) Von den in Abs. 1 und 2 angeführten Verboten sind Fahrten ausgenommen, die ausschließlich der Beförderung von Gütern von oder zu Flughäfen (§ 64 Luftfahrtgesetz) oder Militärflugplätzen, die gemäß § 62 Abs. 3 des Luftfahrtgesetzes für Zwecke der Zivilluftfahrt benützt werden, dienen oder ausschließlich im Rahmen des Kombinierten Verkehrs (§ 2 Abs. 1 Z 40 KFG 1967) innerhalb eines Umkreises mit einem Radius von 65 km von den durch Verordnung gemäß Abs. 2b festgelegten Be- oder Entladebahnhöfen oder Be- und Entladehäfen durchgeführt werden.

(2b) Der Bundesminister für Verkehr, Innovation und Technologie hat die Be- und Entladebahnhöfe sowie die Be- und Entladehäfen gemäß Abs. 2a unter Bedachtnahme auf die technischen Anforderungen für den Kombinierten Verkehr mit Verordnung festzusetzen.

(3)[1] Von den im Abs. 1 und 2 angeführten Verboten sind Fahrten ausgenommen, die ausschließlich der Beförderung von Schlacht- oder Stechvieh, von Postsendungen sowie periodischen Druckwerken oder der Getränkeversorgung in Ausflugsgebieten, unaufschiebbaren Reparaturen an Kühlanlagen, Wasser- oder Energieversorgungsanlagen oder von Kanalgebrechen, dem Abschleppdienst, der Pannenhilfe, dem Einsatz in Katastrophenfällen, dem Einsatz von Fahrzeugen des Straßenerhalters zur Aufrechterhaltung des Straßenverkehrs, dem Einsatz von Fahrzeugen des öffentlichen Sicherheitsdienstes, der Müllabfuhr oder dem Einsatz von Fahrzeugen eines Linienverkehrsunternehmens zur Aufrechterhaltung des regelmäßigen Linienverkehrs dienen, Fahrten mit Fahrzeugen nach Schaustellerart (§ 2 Abs. 1 Z 42 KFG 1967) und mit Fahrzeugen der Berufsgruppe der Beleuchter und Beschaller zum und vom Ort der Auftragserfüllung sowie unaufschiebbare Fahrten mit Lastkraftwagen des Bundesheeres, mit selbstfahrenden landwirtschaftlichen Arbeitsmaschinen, zur Durchführung humanitärer Hilfstransporte sowie Fahrten im Ortsgebiet an den letzten beiden Samstagen vor dem 24. Dezember.

(3a)[2] Von den in Abs. 1 und 2 angeführten Verboten sind Fahrten ausgenommen, die ausschließlich der Beförderung von frischem Obst und Gemüse, frischer Milch und frischen Milcherzeugnissen, frischem Fleisch und frischen Fleischerzeugnissen, frischem Fisch und frischen Fischerzeugnissen, lebenden Fischen, Eiern, frischen Pilzen, frischen Back- und Konditorwaren, frischen Kräutern als Topfpflanzen oder geschnitten, und von genussfertigen Lebensmittelzubereitungen dienen sowie damit verbundene Leerfahrten oder Rückfahrten zur Beförderung von Transporthilfsmitteln und Verpackungen der vorgenannten Gütergruppen. Bei der Beförderung ist ein Frachtbrief bzw. eine Ladeliste für die einzelnen Entladestellen mitzuführen und bei Kontrollen vorzuweisen. Der Status der Beladung (Menge) hat zu Beginn und während einer Beförderung jederzeit nachvollziehbar zu sein.

(4) Zur Verhinderung von Übertretungen der in Abs. 1, 2 und 6 angeführten Verbote sowie einer Verordnung nach Abs. 5 ist, falls erforderlich, ein für eine Fahrt mit dem betreffenden Fahrzeug nötiges Dokument abzunehmen oder eine der im § 5b angeführten Zwangsmaßnahmen anzuwenden. Die getroffene Maßnahme ist mit Ablauf der im Abs. 1 oder 6 oder der in einer Verordnung nach Abs. 5 angeführten Zeit aufzuheben.

[1] Neu gefasst durch BGBl I 6/2017.

[2] Eingefügt durch BGBl I 116/2010.

(5) Wenn und insoweit es die Sicherheit, Leichtigkeit oder Flüssigkeit des Verkehrs, insbesondere zu Zeiten starken Verkehrs (zB Ferienreiseverkehr), oder eine gleichartige Verkehrsregelung in Nachbarstaaten Österreichs erfordert, kann der Bundesminister für Verkehr, Innovation und Technologie durch Verordnung bestimmen, daß die Lenker der in Abs. 1 oder 2 genannten Fahrzeuge zu den im Abs. 1 angeführten Zeiten bestimmte Straßen befahren oder zu anderen als den im Abs. 1 angeführten Zeiten bestimmte Straßen nicht befahren dürfen.

(6) Ab 1. Jänner 1995 ist das Fahren mit Lastkraftfahrzeugen mit einem höchsten zulässigen Gesamtgewicht von mehr als 7,5 t in der Zeit von 22 Uhr bis 5 Uhr verboten. Ausgenommen von diesem Fahrverbot sind Fahrten

a) mit Fahrzeugen des Straßendienstes,
b) mit Fahrzeugen des Bundesheeres, die zur Aufrechterhaltung des militärischen Dienstbetriebes unumgänglich sind und
c) mit lärmarmen Kraftfahrzeugen, bei denen eine Bestätigung nach § 8b Abs. 4 KDV 1967 mitgeführt wird.

(7) Der Bundesminister für Verkehr, Innovation und Technologie kann durch Verordnung bestimmte Straßen oder Straßenstrecken vom Verbot gemäß Abs. 6 ausnehmen, soweit dies zur Förderung oder Erleichterung des Kombinierten Verkehrs notwendig ist.

(8) Ab 1. Jänner 1995 dürfen Lastkraftfahrzeuge mit einem höchsten zulässigen Gesamtgewicht von mehr als 7,5 t in der Zeit von 22 Uhr bis 5 Uhr nicht schneller als 60 km/h fahren. Die Behörde hat für bestimmte Gebiete, Straßen oder Straßenstrecken durch Verordnung diese erlaubte Höchstgeschwindigkeit zu erhöhen, sofern dadurch nicht der Schutz der Bevölkerung vor Lärm beeinträchtigt wird.

(9) Für die Kundmachung von Verordnungen gemäß Abs. 7 und 8 gilt § 44 sinngemäß.

(10) Rechtsvorschriften, mit denen weitergehende Fahrverbote oder Geschwindigkeitsbeschränkungen angeordnet werden, bleiben unberührt.

(11)[3] Wenn es aufgrund von Maßnahmen, die zur Verhinderung der Verbreitung von COVID-19 getroffen werden, erforderlich ist und eine Gesetzesänderung nicht in angemessener Zeit möglich ist, darf die Bundesministerin bzw. der Bundesminister für Klimaschutz, Umwelt, Energie, Mobilität, Innovation und Technologie durch Verordnung anordnen, dass die Fahrverbote gemäß Abs. 1 und 2 vorübergehend auf allen oder bestimmten Straßen des Bundesgebietes nicht gelten. Eine solche Verordnung darf für höchstens drei Monate gelten; eine einmalige Verlängerung der Gültigkeit um höchstens weitere drei Monate ist zulässig.

(12)[3] Eine Verordnung nach Abs. 11 ist unverzüglich aufzuheben, wenn sie nicht mehr erforderlich ist. Endet die Gültigkeit einer Verordnung nach Abs. 11 oder wird die Verordnung aufgehoben, treten die Bestimmungen der Abs. 1 und 2 wieder in Kraft.

§ 43. Verkehrsverbote, Verkehrserleichterungen und Hinweise.

(1) Die Behörde hat für bestimmte Straßen oder Straßenstrecken oder für Straßen innerhalb eines bestimmten Gebietes durch Verordnung

a) wenn ein Elementarereignis bereits eingetreten oder nach den örtlich gewonnenen Erfahrungen oder nach sonst erheblichen Umständen mit hoher Wahrscheinlichkeit zu erwarten ist, die zum Schutze der Straßenbenützer oder

[3] Eingefügt durch BGBl I 24/2020.

zur Verkehrsabwicklung erforderlichen Verkehrsverbote oder Verkehrsbeschränkungen zu erlassen;

b) wenn und insoweit es die Sicherheit, Leichtigkeit oder Flüssigkeit des sich bewegenden oder die Ordnung des ruhenden Verkehrs, die Lage, Widmung, Pflege, Reinigung oder Beschaffenheit der Straße, die Lage, Widmung oder Beschaffenheit eines an der Straße gelegenen Gebäudes oder Gebietes oder wenn und insoweit es die Sicherheit eines Gebäudes oder Gebietes und/oder der Personen, die sich dort aufhalten, erfordert,

   1. dauernde oder vorübergehende Verkehrsbeschränkungen oder Verkehrsverbote, insbesondere die Erklärung von Straßen zu Einbahnstraßen, Maß-, Gewichts- oder Geschwindigkeitsbeschränkungen, Halte- oder Parkverbote und dergleichen, zu erlassen,
   2. den Straßenbenützern ein bestimmtes Verhalten vorzuschreiben, insbesondere bestimmte Gruppen von der Benützung einer Straße oder eines Straßenteiles auszuschließen oder sie auf besonders bezeichnete Straßenteile zu verweisen;

c) wenn ein erhebliches wirtschaftliches Interesse von einem oder von mehreren umliegenden Unternehmungen vorliegt, Straßenstellen für die unbedingt notwendige Zeit und Strecke für Ladetätigkeiten durch Parkverbote, wenn jedoch eine Ladetätigkeit unter Berücksichtigung der zur Verfügung stehenden Abstellflächen und deren beste Ausnützung erfahrungsgemäß durch ein Parkverbot nicht gewährleistet ist, durch Halteverbote freizuhalten (Ladezonen);

d)[4] für Menschen mit Behinderungen, die wegen ihrer Behinderung darauf angewiesen sind, das von ihnen selbst gelenkte Kraftfahrzeug oder ein Kraftfahrzeug, das sie als Mitfahrer benützen, in unmittelbarer Nähe ihrer Wohnung oder ihrer Arbeitsstätte oder in unmittelbarer Nähe von Gebäuden, die von solchen Personen in der Regel häufig besucht werden, wie etwa Invalidenämter, bestimmte Krankenhäuser oder Ambulatorien, Sozialversicherungseinrichtungen u. dgl., oder in unmittelbarer Nähe einer Fußgängerzone abstellen zu können, Straßenstellen für die unbedingt notwendige Zeit und Strecke zum Abstellen der betreffenden Kraftfahrzeuge durch ein Halteverbot freizuhalten.

(1a)[5] Sofern es sich nicht um Arbeitsfahrten im Sinne des § 27 Abs. 1 handelt, hat die Behörde zur Durchführung von Arbeiten auf oder neben einer Straße, die zwar vorhersehbar sind und entsprechend geplant werden können, bei denen aber die für die Arbeitsdurchführung erforderlichen Verkehrsregelungen örtlich und/oder zeitlich nicht genau vorherbestimmbar sind, durch Verordnung die aus Gründen der Sicherheit, Leichtigkeit oder Flüssigkeit des Verkehrs oder zur Sicherheit der mit den Arbeiten beschäftigten Personen erforderlichen Verkehrsbeschränkungen, Verkehrsverbote und/oder Verkehrsgebote zu erlassen. In diesen Fällen sind die Organe des Bauführers ermächtigt, nach Maßgabe der Arbeitsdurchführung den örtlichen und zeitlichen Umfang der von der Behörde verordneten Verkehrsmaßnahmen durch die Anbringung oder Sichtbarmachung der betreffenden Straßenverkehrszeichen mit der Wirkung zu bestimmen, als ob der örtliche und zeitliche Umfang von der Behörde bestimmt worden wäre. Der Zeitpunkt und der Ort (Bereich) der Anbringung (Sichtbarmachung) ist von den Organen des Bauführers in einem Aktenvermerk (§ 16 des Allgemeinen Verwaltungsverfahrensgesetzes 1991 – AVG, BGBl. Nr. 51/1991) festzuhalten.

(2)[6] Zur Fernhaltung von Gefahren oder Belästigungen, insbesondere durch Lärm, Geruch oder Schadstoffe, hat die Behörde, wenn und insoweit es zum Schutz der Bevölkerung oder der Umwelt oder aus anderen wichtigen Gründen erforderlich ist, durch Verordnung

a) für bestimmte Gebiete, Straßen oder Straßenstrecken für alle oder für bestimmte Fahrzeugarten oder für Fahrzeuge mit bestimmten Ladungen dauernde oder zeitweise Verkehrsbeschränkungen oder Verkehrsverbote zu erlassen,

b) zu bestimmen, dass mit bestimmten Arten von Fahrzeugen oder mit Fahrzeugen mit bestimmten Ladungen nur bestimmte Straßen oder bestimmte Arten von Straßen befahren werden dürfen (Routenbindung), oder

c) zu bestimmen, dass in bestimmten Gebieten oder auf bestimmten Straßen Vorrichtungen zur Abgabe von Schallzeichen nicht betätigt werden dürfen, es sei denn, dass ein solches Zeichen das einzige Mittel ist, um Gefahren von Personen abzuwenden (Hupverbot).

Bei der Erlassung solcher Verordnungen ist auf den angestrebten Zweck und auf die Verkehrserfordernisse Bedacht zu nehmen.

(2a)[7]

1. Um Erschwernisse für die Wohnbevölkerung auszugleichen, die durch Verkehrsbeschränkungen hervorgerufen werden, kann die Behörde durch Verordnung Gebiete bestimmen, deren Bewohner die Erteilung einer Ausnahmegenehmigung für ein zeitlich uneingeschränktes Parken in - in der Verordnung zu bezeichnenden - nahegelegenen Kurzparkzonen mit Kraftfahrzeugen mit einem höchsten zulässigen Gesamtgewicht von nicht mehr als 3 500 kg gemäß § 45 Abs. 4 beantragen können.
2. Wenn es in den nach Z 1 bestimmten Gebieten auf Grund der örtlichen Gegebenheiten möglich ist und eine Notwendigkeit dafür besteht, hat die Behörde durch Verordnung zu bestimmen, daß auch Angehörige bestimmter Personenkreise, die in diesen Gebieten ständig tätig sind, die Erteilung einer Ausnahmegenehmigung für ein auf das notwendige zeitliche Ausmaß eingeschränktes Parken in den in der Verordnung nach Z 1 bezeichneten nahegelegenen Kurzparkzonen mit Kraftfahrzeugen mit einem höchsten zulässigen Gesamtgewicht von nicht mehr als 3 500 kg gemäß § 45 Abs. 4a beantragen können.

(2b) Organe der Straßenaufsicht sind berechtigt, zur Verhinderung von Übertretungen der in Abs. 2 lit. a angeführten Verordnungen, falls erforderlich, ein für eine Fahrt mit dem betreffenden Kraftfahrzeug nötiges Dokument abzunehmen oder eine der im § 5b angeführten Zwangsmaßnahmen anzuwenden. Die getroffene Maßnahme ist aufzuheben, wenn der Grund für ihre Anordnung weggefallen ist.

(3) Zum Zwecke der Erleichterung oder Beschleunigung des Verkehrs, insbesondere des Durchzugsverkehrs, hat die Behörde durch Verordnung

a) Bundesstraßen, die das Bundesstraßengesetz 1971, BGBl. Nr. 286, als Bundesautobahn bezeichnet, sowie Straßen ohne Überschneidungen mit anderen Straßen, sofern sie sich für den Schnellverkehr (§ 46 Abs. 1) eignen und besondere Anschlußstellen für die Zu- und Abfahrt vorhanden sind, einschließlich der Zu- und Abfahrtsstraßen zu Autobahnen zu erklären,

b) Straßen, die sich für den Schnellverkehr (§ 46 Abs. 1) eignen und für welche die in lit. a genannten Voraussetzungen nicht zutreffen, zu Autostraßen zu erklären, sofern dadurch die Verkehrsinteressen der von der Benützung der Autostraße ausgeschlossenen Straßenbenützer nicht wesentlich beeinträchtigt werden,

c) Straßen zu Vorrangstraßen zu erklären.

---

[4] Geändert durch BGBl I 39/2013.

[5] Geändert durch BGBl I 39/2013.

[6] Neu gefasst durch BGBl I 52/2024.

[7] Geändert durch BGBl I 116/2010.

(4) Wenn es der Leichtigkeit und Flüssigkeit des Verkehrs dient und aus Gründen der Sicherheit des Verkehrs keine Bedenken dagegen bestehen, kann die Behörde durch Verordnung die gemäß § 20 Abs. 2 erlaubten Höchstgeschwindigkeiten erhöhen.

(4a)[8] Die Behörde kann in Ortsgebieten in Bereichen mit besonderem Schutzbedürfnis wie zB Schulen, Kindergärten, Freizeiteinrichtungen, Krankenhäusern oder Senioreneinrichtungen die gemäß § 20 Abs. 2 erlaubte Höchstgeschwindigkeit verringern, sofern die Maßnahme zur Erhöhung der Verkehrssicherheit insbesondere von Fußgängern oder Radfahrern geeignet ist.

(5) Zur besseren Orientierung der Benützer von Straßen, insbesondere von Straßen, die dem zwischenstaatlichen Fernverkehr und dem binnenländischen Durchzugsverkehr dienen, hat die Behörde Straßen durch Verordnung mit Buchstaben oder Nummern zu bezeichnen.

(6) Außer in den in diesem Bundesgesetz besonders angeführten Fällen, darf ein Hinweis auf Gefahren und sonstige verkehrswichtige Umstände nur unterbleiben, wenn die Gefahr oder der verkehrswichtige Umstand auch ohne einen solchen Hinweis leicht erkannt werden kann.

(7) Ein allgemeines Fahrverbot darf die Behörde nur erlassen (Abs. 1 lit. b Z. 1), wenn dadurch der Verkehr in größeren bestehenden Ortsteilen nicht unmöglich wird. Ist ein solches Fahrverbot wegen besonderer Umstände, Z. B. wegen Straßenbau oder -erhaltungsarbeiten unvermeidbar, so hat die Behörde für die Umleitung und Aufrechterhaltung der Leichtigkeit und Flüssigkeit des Verkehrs zu sorgen.

(8)[9] Die Behörde kann durch Verordnung für ein gesamtes Ortsgebiet, Teile von Ortsgebieten oder näher bestimmte Gebiete für Lastkraftfahrzeuge ohne Assistenzsysteme mit einem höchsten zulässigen Gesamtgewicht von über 7,5 t zur Vermeidung des toten Winkels Rechtsabbiegeverbote erlassen, sofern dies aufgrund der örtlichen oder verkehrsmäßigen Gegebenheiten nach dem Stand der Wissenschaft zur Erhöhung der Verkehrssicherheit oder aus anderen wichtigen Gründen geeignet erscheint. Ist ein Assistenzsystem nicht vorhanden, kann die Hilfestellung durch einen volljährigen Beifahrer dieses ersetzen. Sofern dadurch der Zweck der Verordnung nicht gefährdet wird, sind einzelne Straßen, Straßenabschnitte oder Straßenarten vom Geltungsbereich der Verordnung auszunehmen.

(9)[10] Die Behörde hat bei der Erlassung von Verordnungen gemäß Abs. 1 lit. b Bedacht zu nehmen, ob die Maßnahme dem Fahrradverkehr bzw. Fußgängerverkehr dient, sofern sich die Verordnung auf Straßen bezieht, auf denen nicht motorisierter Verkehr zulässig ist.

(10) [Anm: Aufgehoben durch BGBl I 52/2005]

(11) Wenn Bedenken aus Gründen der Sicherheit des Straßenverkehrs nicht entgegenstehen, hat die Behörde von einem von ihr erlassenen Halteverbot (Abs. 1) das rasche Auf- oder Abladen geringer Warenmengen im Zustell- oder Abholdienst gewerblicher Betriebe sowie das rasche Einsteigen oder das rasche Aussteigen auf Antrag der gesetzlichen Interessenvertretung der in Betracht kommenden Gewerbebetriebe allgemein auszunehmen.

…

[8] Eingefügt durch BGBl I 52/2024.

[9] Eingefügt durch BGBl I 77/2019; Satz 2 eingefügt durch BGBl I 122/2022.

[10] Eingefügt durch BGBl I 122/2022.

V. ABSCHNITT.
Allgemeine Vorschriften über den Fahrzeugverkehr.

§ 60. Zustand und Beleuchtung der Fahrzeuge.

(1) Ein Fahrzeug darf auf Straßen nur verwendet werden, wenn es so gebaut und ausgerüstet ist, daß durch seinen sachgemäßen Betrieb Personen nicht gefährdet oder durch Geruch, Geräusch, Staub, Schmutz u. dgl. nicht über das gewöhnliche Maß hinaus belästigt oder Sachen, insbesondere die Fahrbahn, nicht beschädigt werden.

(2) Schneekufen sind nur zulässig, wenn die Straße mit einer ununterbrochenen oder doch wenigstens nicht nennenswert unterbrochenen Schnee- oder Eisschicht bedeckt ist.

(3) Während der Dämmerung, bei Dunkelheit oder Nebel oder wenn es die Witterung sonst erfordert, sind Fahrzeuge auf der Fahrbahn zu beleuchten; ausgenommen hievon sind Fahrräder, die geschoben werden. Weißes Licht darf nicht nach hinten und rotes Licht nicht nach vorne leuchten. Eine Beleuchtung des Fahrzeuges darf unterbleiben, wenn es stillsteht und die sonstige Beleuchtung ausreicht, um es aus einer Entfernung von ungefähr 50 m zu erkennen.

(4) Wenn es die Verkehrssicherheit erfordert, hat der Bundesminister für Verkehr, Innovation und Technologie unter Bedachtnahme auf den jeweiligen Stand der Technik nähere Vorschriften über die Ausführung und Beschaffenheit der an Fahrzeugen anzubringenden Rückstrahleinrichtungen einschließlich der gelben Rückstrahler an den Pedalen von Fahrrädern und über ihre Lichtwirkungen durch Verordnung zu erlassen.

…

VIII. ABSCHNITT.
Fußgängerverkehr.

…

§ 76a. Fußgängerzone

(1) Die Behörde kann, wenn es die Sicherheit, Leichtigkeit oder Flüssigkeit des Verkehrs, insbesondere des Fußgängerverkehrs, die Entflechtung des Verkehrs oder die Lage, Widmung oder Beschaffenheit eines Gebäudes oder Gebietes erfordert, durch Verordnung Straßenstellen oder Gebiete dauernd oder zeitweilig dem Fußgängerverkehr vorbehalten (Fußgängerzone). Vor Erlassung einer solchen Verordnung ist die Eisenbahnbehörde anzuhören, wenn auf der betroffenen Straßenstelle oder in dem betroffenen Gebiet Schienenfahrzeuge verkehren. In einer solchen Fußgängerzone ist jeglicher Fahrzeugverkehr verboten, sofern sich aus den folgenden Bestimmungen nichts anderes ergibt; das Schieben eines Fahrrades ist erlaubt. Die Bestimmungen des § 45 über Ausnahmen in Einzelfällen bleiben unberührt.

(2) Sind in einer Fußgängerzone Ladetätigkeiten erforderlich, so hat die Behörde in der Verordnung nach Abs. 1 nach Maßgabe der Erfordernisse die Zeiträume zu bestimmen, innerhalb deren eine Ladetätigkeit vorgenommen werden darf. Ferner kann die Behörde in der Verordnung nach Abs. 1 nach Maßgabe der Erfordernisse und unter Bedachtnahme auf die örtlichen Gegebenheiten bestimmen, daß mit

1. Kraftfahrzeugen des Taxi- und Mietwagen-Gewerbes und Fiakern jeweils zum Zubringen oder Abholen von Fahrgästen,
2. Kraftfahrzeugen des Gästewagen-Gewerbes zum Zubringen oder Abholen von Fahrgästen von Beherbergungsbetrieben,
3. Fahrrädern und
4. Kraftfahrzeugen mit einem höchsten zulässigen Gesamtgewicht bis zu 3 500 kg, die zur Ausübung der Tätigkeit

als Handelsvertreter dienen und die mit einer Tafel mit der Aufschrift „Bundesgremium der Handelsvertreter, Kommissionäre und Vermittler" und mit dem Amtssiegel des Landesgremiums, dem der Handelsvertreter angehört, gekennzeichnet sind,

die Fußgängerzone dauernd oder zu bestimmten Zeiten befahren werden darf.

(2a)[11] Die Behörde kann weiters in der Verordnung nach Abs. 1 nach Maßgabe der Erfordernisse (wie insbesondere der Erreichbarkeit von Ärztezentren, Ambulatorien, Sozialversicherungseinrichtungen und dgl.) und unter Bedachtnahme auf die örtlichen Gegebenheiten auch bestimmen, dass Inhaber eines Ausweises gemäß § 29b Abs. 1 oder Lenker von Fahrzeugen in der Zeit, in der sie einen Inhaber eines Ausweises gemäß § 29b Abs. 1 befördern, die Fußgängerzone dauernd oder zu bestimmten Zeiten befahren dürfen. Hat die Behörde in der Verordnung nach Abs. 1 Zeiträume bestimmt, innerhalb derer eine Ladetätigkeit vorgenommen werden darf, dürfen Inhaber eines Ausweises gemäß § 29b Abs. 1 oder Lenker von Fahrzeugen in der Zeit, in der sie einen Inhaber eines Ausweises gemäß § 29b Abs. 1 befördern, zu diesen Zeiten jedenfalls die Fußgängerzone befahren.

(3) Für die Kundmachung einer Verordnung nach Abs. 1 gelten die Bestimmungen des § 44 Abs. 1 mit der Maßgabe sinngemäß, daß am Anfang und am Ende einer Fußgängerzone die betreffenden Hinweiszeichen (§ 53 Z. 9a bzw. 9b) anzubringen sind.

(4) An Stelle einer Zusatztafel können die vorgesehenen Angaben im blauen Feld des Hinweiszeichens angebracht werden, wenn dadurch die Erkennbarkeit des Zeichens nicht beeinträchtigt wird.

(5) Unbeschadet der Bestimmung des Abs. 2 dürfen Fußgängerzonen

a) mit Fahrzeugen des Straßendienstes und der Müllabfuhr sowie gegebenenfalls mit Schienenfahrzeugen und Omnibussen des Kraftfahrlinienverkehrs,

b) mit den zur Durchführung einer unaufschiebbaren Reparatur eines unvorhersehbar aufgetretenen Gebrechens notwendigen Fahrzeugen,

c)[12] mit Fahrzeugen des öffentlichen Sicherheitsdienstes , der Strafvollzugsverwaltung und der Feuerwehr in Ausübung des Dienstes und

d) mit Krankentransportfahrzeugen, sofern der Ausgangs- oder Endpunkt des Krankentransports in der Fußgängerzone liegt,

befahren werden.

(6) Die Lenker von Fahrzeugen dürfen in eine Fußgängerzone nur an den hiefür vorgesehenen Stellen einfahren. Sie haben von ortsgebundenen Gegenständen oder Einrichtungen (wie Häusern, Brunnen, Laternen, Bänken, Bäumen u. dgl.) einen der Verkehrssicherheit entsprechenden seitlichen Abstand einzuhalten und dürfen nur mit Schrittgeschwindigkeit fahren. Die zulässige Höchstgeschwindigkeit für Schienenfahrzeuge ist nach den eisenbahnrechtlichen Vorschriften festzusetzen.

(7) Fußgänger dürfen in Fußgängerzonen auch die Fahrbahn benützen. Sie dürfen dabei aber den erlaubten Fahrzeugverkehr nicht mutwillig behindern.

§ 76b. Wohnstraße

(1)[12] Die Behörde kann, wenn es die Sicherheit, Leichtigkeit oder Flüssigkeit des Verkehrs, insbesondere des Fußgängerverkehrs, die Entflechtung des Verkehrs oder die Lage, Widmung oder Beschaffenheit eines Gebäudes oder Gebietes erfordert, durch Verordnung Straßenstellen oder Gebiete dauernd oder zeitweilig zu Wohnstraßen erklären. In einer solchen Wohnstraße ist der Fahrzeugverkehr verboten; ausgenommen davon sind der Fahrradverkehr, das Befahren mit Fahrzeugen des Straßendienstes, der Müllabfuhr, des öffentlichen Sicherheitsdienstes, der Strafvollzugsverwaltung und der Feuerwehr in Ausübung des Dienstes sowie das Befahren zum Zwecke des Zu- und Abfahrens.

(2) In Wohnstraßen ist das Betreten der Fahrbahn und das Spielen gestattet. Der erlaubte Fahrzeugverkehr darf aber nicht mutwillig behindert werden.

(3) Die Lenker von Fahrzeugen in Wohnstraßen dürfen Fußgänger und Radfahrer nicht behindern oder gefährden, haben von ortsgebundenen Gegenständen oder Einrichtungen einen der Verkehrssicherheit entsprechenden seitlichen Abstand einzuhalten und dürfen nur mit Schrittgeschwindigkeit fahren. Beim Ausfahren aus einer Wohnstraße ist dem außerhalb der Wohnstraße fließenden Verkehr Vorrang zu geben.

(4) Die Anbringung von Schwellen, Rillen, Bordsteinen u. dgl. sowie von horizontalen baulichen Einrichtungen ist in verkehrsgerechter Gestaltung zulässig, wenn dadurch die Einhaltung der Schrittgeschwindigkeit nach Abs. 3 gewährleistet wird.

(5) Für die Kundmachung einer Verordnung nach Abs. 1 gelten die Bestimmungen des § 44 Abs. 1 mit der Maßgabe, daß am Anfang und am Ende einer Wohnstraße die betreffenden Hinweiszeichen (§ 53 Abs. 1 Z 9c bzw. 9d) anzubringen sind.

§ 76c. Begegnungszonen[13]

(1) Die Behörde kann, wenn es der Sicherheit, Leichtigkeit oder Flüssigkeit des Verkehrs, insbesondere des Fußgängerverkehrs, dient, oder aufgrund der Lage, Widmung oder Beschaffenheit eines Gebäudes oder Gebietes angebracht erscheint, durch Verordnung Straßen, Straßenstellen oder Gebiete dauernd oder zeitweilig zu Begegnungszonen erklären.

(2) In Begegnungszonen dürfen die Lenker von Fahrzeugen Fußgänger weder gefährden noch behindern, haben von ortsgebundenen Gegenständen oder Einrichtungen einen der Verkehrssicherheit entsprechenden seitlichen Abstand einzuhalten und dürfen nur mit einer Geschwindigkeit von höchstens 20 km/h fahren. Lenker von Kraftfahrzeugen dürfen auch Radfahrer weder gefährden noch behindern.

(3) In Begegnungszonen dürfen Fußgänger die gesamte Fahrbahn benützen. Sie dürfen den Fahrzeugverkehr jedoch nicht mutwillig behindern.

(4) Die Anbringung von Schwellen, Rillen, Bordsteinen und dergleichen sowie von horizontalen baulichen Einrichtungen ist in verkehrsgerechter Gestaltung zulässig, wenn dadurch die Verkehrssicherheit gefördert oder die Einhaltung der erlaubten Höchstgeschwindigkeit unterstützt wird.

(5) Für die Kundmachung einer Verordnung nach Abs. 1 gelten die Bestimmungen des § 44 Abs. 1 mit der Maßgabe, dass am Anfang und am Ende einer Begegnungszone die betreffenden Hinweiszeichen (§ 53 Abs. 1 Z 9e bzw. 9f) anzubringen sind.

(6) Wenn es der Leichtigkeit und Flüssigkeit des Verkehrs dient und aus Gründen der Sicherheit des Verkehrs keine Bedenken dagegen bestehen, kann die Behörde in der Verordnung nach Abs. 1 die erlaubte Höchstgeschwindigkeit auf 30 km/h erhöhen.

---

[11] Eingefügt durch BGBl I 123/2015.

[12] Geändert durch BGBl I 122/2022.

[13] Eingefügt durch BGBl I 39/2013.

§ 76d. Schulstraße[14]

(1) Die Behörde kann, wenn es der Sicherheit, Leichtigkeit oder Flüssigkeit des Verkehrs, insbesondere des Fußgängerverkehrs, dient, durch Verordnung Straßenstellen oder Gebiete in der unmittelbaren Umgebung von Schulgebäuden, zu Schulstraßen erklären. Bei der Verordnung ist insbesondere auf Schultage sowie die Tageszeiten von Schulbeginn und Schulende Bedacht zu nehmen.

(2) In Schulstraßen ist der Fahrzeugverkehr verboten; ausgenommen davon ist der Fahrradverkehr. Krankentransporte, Schülertransporte gemäß § 106 Abs. 10 KFG, Fahrzeuge des Straßendienstes, der Müllabfuhr, des öffentlichen Sicherheitsdienstes und der Feuerwehr in Ausübung des Dienstes, Fahrzeuge des Öffentlichen Verkehrs, von Abschleppdiensten, der Pannenhilfe und Anrainer sind zum Zwecke des Zu- und Abfahrens ausgenommen. Die Behörde kann weitere Ausnahmen für Anrainerverkehre festlegen. Die Anbringung mechanischer Sperren durch von der Behörde ermächtigte Personen ist zulässig, sofern der erlaubte Fahrzeugverkehr dadurch nicht am Befahren gehindert wird. Den ermächtigten Personen ist von der Behörde eine Bestätigung über den Umfang der Ermächtigung auszustellen.

(3) In Schulstraßen ist das Gehen auf der Fahrbahn gestattet. Der erlaubte Fahrzeugverkehr darf aber nicht mutwillig behindert werden.

(4) Die Lenker von Fahrzeugen dürfen Fußgänger nicht behindern oder gefährden, haben von ortsgebundenen Gegenständen oder Einrichtungen einen der Verkehrssicherheit entsprechenden seitlichen Abstand einzuhalten und dürfen nur mit Schrittgeschwindigkeit fahren.

(5) Für die Kundmachung einer Verordnung nach Abs. 1 gelten die Bestimmungen des § 44 Abs. 1 mit der Maßgabe, dass am Anfang und am Ende einer Schulstraße die betreffenden Hinweiszeichen (§ 53 Abs. 1 Z 26a und 29) anzubringen sind.

[...]

XI. Abschnitt.
Verkehrserschwernisse.

[...]

§ 93. Pflichten der Anrainer.

(1) Die Eigentümer von Liegenschaften in Ortsgebieten, ausgenommen die Eigentümer von unverbauten, land- und forstwirtschaftlich genutzten Liegenschaften, haben dafür zu sorgen, daß die entlang der Liegenschaft in einer Entfernung von nicht mehr als 3 m vorhandenen, dem öffentlichen Verkehr dienenden Gehsteige und Gehwege einschließlich der in ihrem Zuge befindlichen Stiegenanlagen entlang der ganzen Liegenschaft in der Zeit von 6 bis 22 Uhr von Schnee und Verunreinigungen gesäubert sowie bei Schnee und Glatteis bestreut sind. Ist ein Gehsteig (Gehweg) nicht vorhanden, so ist der Straßenrand in der Breite von 1 m zu säubern und zu bestreuen. Die gleiche Verpflichtung trifft die Eigentümer von Verkaufshütten.

(1a) In einer Fußgängerzone oder Wohnstraße ohne Gehsteige gilt die Verpflichtung nach Abs. 1 für einen 1 m breiten Streifen entlang der Häuserfronten.

(2) Die in Abs. 1 genannten Personen haben ferner dafür zu sorgen, daß Schneewächten oder Eisbildungen von den Dächern ihrer an der Straße gelegenen Gebäude bzw. Verkaufshütten entfernt werden.

(3)[15] Durch die in Abs. 1 und 2 genannten Verrichtungen dürfen Straßenbenützer nicht gefährdet oder behindert werden; wenn nötig, sind die gefährdeten Straßenstellen längstens für die Dauer der Verrichtung abzuschranken oder sonst in geeigneter Weise zu kennzeichnen. Bei den Arbeiten ist darauf Bedacht zu nehmen, daß der Abfluß des Wassers von der Straße nicht behindert, Wasserablaufgitter und Rinnsale nicht verlegt, Sachen, insbesondere Leitungsdrähte, Oberleitungs- und Beleuchtungsanlagen nicht beschädigt und Anlagen für den Betrieb von Eisenbahnen, insbesondere von Straßenbahnen oder Oberleitungsomnibussen in ihrem Betrieb nicht gestört werden. Weiters ist darauf Bedacht zu nehmen, dass Bäume und sonstige Bepflanzungen nicht beschädigt werden; bei Streuung mit Salz sind Baumscheiben und Grünflächen von der Bestreuung jedenfalls auszunehmen.

(4) Nach Maßgabe des Erfordernisses des Fußgängerverkehrs, sowie der Sicherheit, Leichtigkeit oder Flüssigkeit des übrigen Verkehrs hat die Behörde, sofern im Einzelfall unter den gleichen Voraussetzungen auf Antrag des nach Abs. 1 oder 5 Verpflichteten nicht die Erlassung eines Bescheides in Betracht kommt, durch Verordnung

a) die in Abs. 1 bezeichneten Zeiten, in denen die dort genannten Verkehrsflächen von Schnee oder Verunreinigung gesäubert oder bestreut sein müssen, einzuschränken;

b) die in Abs. 1 bezeichneten Verrichtungen auf bestimmte Straßenteile, insbesondere auf eine bestimmte Breite des Gehsteiges (Gehweges) oder der Straße einzuschränken;

c) zu bestimmen, daß auf gewissen Straßen oder Straßenteilen nicht alle in Abs. 1 genannten Verrichtungen vorgenommen werden müssen;

d) die Vorsichtsmaßregeln näher zu bestimmen, unter denen die in Abs. 1 und 2 bezeichneten Verrichtungen durchzuführen sind.

(5) Andere Rechtsvorschriften, insbesondere das Hausbesorgergesetz, BGBl. Nr. 16/1970, werden durch die Abs. 1 bis 4 nicht berührt. Wird durch ein Rechtsgeschäft eine Verpflichtung nach Abs. 1 bis 3 übertragen, so tritt in einem solchen Falle der durch das Rechtsgeschäft Verpflichtete an die Stelle des Eigentümers.

(6) Zum Ablagern von Schnee aus Häusern oder Grundstücken auf die Straße ist eine Bewilligung der Behörde erforderlich. Die Bewilligung ist zu erteilen, wenn das Vorhaben die Sicherheit, Leichtigkeit und Flüssigkeit des Verkehrs nicht beeinträchtigt.

XII. Abschnitt.
Behörden und Straßenerhalter.

Zuständigkeit des Bundesministers für Verkehr, Innovation und Technologie

§ 94. Behörde im Sinne dieses Bundesgesetzes ist der Bundesminister für Verkehr, Innovation und Technologie

1. für die Erlassung der ihm in diesem Bundesgesetz ausdrücklich vorbehaltenen Verordnungen,
2. für die Erlassung von Verordnungen, die Autobahnen betreffen, ausgenommen jedoch Verordnungen gemäß § 43 Abs. 1a, und
3. für die Erlassung von Verordnungen, mit denen Bundesstraßen zu Autostraßen oder Vorrangstraßen erklärt werden.

§ 94a. Zuständigkeit der Landesregierung

(1) Behörde im Sinne dieses Bundesgesetzes ist, sofern sich nicht eine andere Zuständigkeit ergibt, die Landesregierung. Diese ist jedenfalls für die Handhabung der Verkehrspolizei (§ 94b Abs. 1 lit. a) auf Autobahnen zuständig.

(2) Die Landesregierung kann Organe, die der Landespolizeidirektion angehören oder dieser zugeteilt sind und in Ange-

[14] Eingefügt durch BGBl I 122/2022.

[15] Neu gefasst durch BGBl I 122/2022.

legenheiten des Straßenverkehrs besonders geschult sind, zur Handhabung der Verkehrspolizei einsetzen:[16]

a) auf der Autobahn,
b) auf verkehrsreichen Straßenzügen,
c) wenn die Verkehrsverhältnisse diesen Einsatz erfordern,
d) wenn auf Grund von Verkehrsbeobachtungen, Verkehrszählungen oder Verkehrserfahrungen aus Anlaß vorhersehbarer Ereignisse dieser Einsatz notwendig ist,
e) zur Hintanhaltung von schweren Verwaltungsübertretungen, insbesondere solchen nach § 5, § 99 Abs. 1 bis 2 und Überschreitungen von erlaubten Höchstgeschwindigkeiten, oder wenn ein über den Bereich einer Bezirksverwaltungsbehörde hinausgehendes Einschreiten erforderlich ist.

(3) Abs. 2 lit. b bis e gilt nicht für das Gebiet einer Gemeinde, für das die Landespolizeidirektion zugleich Sicherheitsbehörde erster Instanz ist.[16]

(4) Die Landesregierung kann sich im Gebiet einer Gemeinde, für das eine Landespolizeidirektion zugleich Sicherheitsbehörde erster Instanz ist, zur Vollziehung des Abs. 1 zweiter Satz auch der Angehörigen des Wachkörpers Bundespolizei dieser Behörden bedienen.[16]

§ 94b. Zuständigkeit der Bezirksverwaltungsbehörde

(1) Behörde im Sinne dieses Bundesgesetzes ist, sofern der Akt der Vollziehung nur für den betreffenden politischen Bezirk wirksam werden soll und sich nicht die Zuständigkeit der Gemeinde oder – im Gebiet einer Gemeinde, für das die Landespolizeidirektion zugleich Sicherheitsbehörde erster Instanz ist – der Landespolizeidirektion ergibt, die Bezirksverwaltungsbehörde[16]

a) für die Verkehrspolizei, das ist die Überwachung der Einhaltung straßenpolizeilicher Vorschriften und die unmittelbare Regelung des Verkehrs durch Arm- oder Lichtzeichen, nicht jedoch für die Verkehrspolizei auf der Autobahn,
b) für die Erlassung von Verordnungen und Bescheiden,
c) für die Entfernung von Hindernissen (§ 89a) mit Ausnahme der Erlassung von Verordnungen nach § 89a Abs. 7a,
d) für Hinweise auf Gefahren und sonstige verkehrswichtige Umstände, unbeschadet des Rechtes des Straßenerhalters nach § 98 Abs. 3,
e) für die Führung des Verzeichnisses von Bestrafungen nach § 96 Abs. 7,
f) für die Sicherung des Schulweges (§§ 29a und 97a),
g) für die Anordnung der Teilnahme am Verkehrsunterricht und die Durchführung des Verkehrsunterrichtes (§ 101),
h) für die Feststellung von unfallverhütenden Maßnahmen gemäß § 96 Abs. 1.

(2) Die Bezirksverwaltungsbehörde ist ferner Behörde im Sinne dieses Bundesgesetzes für Personen, die ihren Hauptwohnsitz im örtlichen Wirkungsbereich der Behörde haben

a) [Anm: Aufgehoben durch BGBl I 39/2013]
b) für die Erteilung einer Bewilligung sowie die Ausstellung eines Radfahrausweises nach § 65 Abs. 2.

§ 94c. Übertragener Wirkungsbereich der Gemeinde

(1) Die Landesregierung kann durch Verordnung von der Bezirksverwaltungsbehörde zu besorgende Angelegenheiten (§ 94b), die nur das Gebiet einer Gemeinde betreffen, wenn und insoweit dies im Interesse der Zweckmäßigkeit, Raschheit und Einfachheit gelegen ist, dieser Gemeinde übertragen. Bei der Besorgung der übertragenen Angelegenheiten tritt die Gemeinde an die Stelle der Bezirksverwaltungsbehörde. Vor Erlassung der Verordnung ist der Bezirksverwaltungsbehörde Gelegenheit zur Stellungnahme zu geben.

(2) Die Übertragung kann sich, sofern sich aus Abs. 3 nichts anderes ergibt, sowohl auf gleichartige einzelne, als auch auf alle im § 94b bezeichneten Angelegenheiten hinsichtlich einzelner oder aller Straßen beziehen. Angelegenheiten des Verwaltungsstrafverfahrens mit Ausnahme der Vollziehung des § 50 VStG und Angelegenheiten des Verkehrsunterrichtes (§ 101) sind von der Übertragung ausgeschlossen. Die Übertragung ist durch Verordnung zu widerrufen oder einzuschränken, wenn die Voraussetzungen, unter denen sie erfolgt ist, überhaupt weggefallen bzw. nicht mehr im seinerzeitigen Umfang gegeben sind.

(3)[17] Sofern eine Gemeinde über einen Gemeindewachkörper verfügt, kann ihr die Handhabung der Verkehrspolizei (§ 94b Abs. 1 lit. a) durch diesen übertragen werden. Hiebei können alle oder nur bestimmte Angelegenheiten der Verkehrspolizei hinsichtlich aller oder nur einzelner Straßen übertragen werden. Verfügt eine Gemeinde über keinen Gemeindewachkörper, so darf ihr die Handhabung der Verkehrspolizei ausschließlich hinsichtlich der punktuellen Geschwindigkeitsmessung gemäß § 98b hinsichtlich aller oder nur einzelner Straßen übertragen werden, wenn dies aus Gründen der Verkehrssicherheit (zB bei vermehrtem Unfallgeschehen oder zum Schutz schwacher Verkehrsteilnehmer) erforderlich und sichergestellt ist, dass diese Aufgabe von der Gemeinde mit den ihr zur Verfügung gestellten Mitteln besorgt werden kann. Im Gebiet einer Gemeinde, für das die Landespolizeidirektion zugleich Sicherheitsbehörde erster Instanz ist, ist eine Übertragung der Handhabung der Verkehrspolizei nicht zulässig. Die Ermächtigung der übrigen Organe der Straßenaufsicht, die Verkehrspolizei im Gemeindegebiet zu handhaben, bleibt unberührt.

§ 94d. Eigener Wirkungsbereich der Gemeinde

Sofern der Akt der Vollziehung nur für das Gebiet der betreffenden Gemeinde wirksam werden und sich auf Straßen, die nach den Rechtsvorschriften weder als Autobahnen, Autostraßen, Bundesstraßen oder Landesstraßen gelten noch diesen Straßen gleichzuhalten sind, beziehen soll, sind folgende Angelegenheiten von der Gemeinde im eigenen Wirkungsbereich zu besorgen:

1. die Erlassung von Verordnungen nach § 20 Abs. 2a,
1a. die Bewilligung von Ausnahmen nach § 24 Abs. 8,
1b. die Bestimmung von Kurzparkzonen (§ 25),
1c. die Erlassung einer Verordnung nach § 25 Abs. 5,
2. das Verbot oder die Einschränkung von Wirtschaftsfuhren (§ 30 Abs. 6),
3. die Verpflichtung eines Anrainers, die Anbringung von Einrichtungen zur Regelung und Sicherung des Verkehrs zu dulden (§ 33 Abs. 1),
3a. die Erlassung von Bescheiden betreffend Vermeidung von Verkehrsbeeinträchtigungen (§ 35),
4. die Erlassung von Verordnungen nach § 43, mit denen
   a) Beschränkungen für das Halten und Parken,
   b) ein Hupverbot,
   c) ein Benützungsverbot für Radfahranlagen durch Rollschuhfahrer oder
   d) Geschwindigkeitsbeschränkungen

   erlassen werden,
4a. die Erlassung von Verordnungen nach § 43 Abs. 2a,
5. Hinweise auf Gefahren und sonstige verkehrswichtige Umstände, unbeschadet des diesbezüglichen Rechtes des Straßenerhalters nach § 98 Abs. 3,

[16] Geändert durch BGBl I 50/2012.

[17] Neu gefasst durch BGBl I 52/2024.

6. die Bewilligung von Ausnahmen (§ 45) von den erlassenen Beschränkungen und Verboten,
7. die Bewilligung der Ladetätigkeit nach § 62 Abs. 4 und 5,
8. die Bestimmung von Fußgängerzonen und die Bewilligung von Ausnahmen für Fußgängerzonen (§ 76a),
8a. die Bestimmung von Wohnstraßen (§ 76b),
8b.[18] die Bestimmung von Fahrradstraßen einschließlich der Bewilligung von Ausnahmen für Fahrradstraßen (§ 67),
8c.[18] die Bestimmung von Begegnungszonen (§ 76c),
8d.[8] die Bestimmung von Schulstraßen einschließlich der Verordnung und Bewilligung von Ausnahmen sowie die Ermächtigung von Personen (§ 76d),
9. die Bewilligung nach § 82,
10. die Bewilligung von Werbungen und Ankündigungen (§ 84 Abs. 3),
11. die Anweisung eines Platzes zur Ausübung der Bettelmusik (§ 85 Abs. 3),
12. die Entgegennahme der Anzeigen von Umzügen (§ 86), sofern sich nicht aus § 95 die Zuständigkeit der Bundespolizeibehörde ergibt,
13. die Erlassung von Verordnungen nach § 87 Abs. 1 (Wintersport auf Straßen),
14. die Erlassung von Verordnungen nach § 88 Abs. 1 (Spielen auf Straßen, Rollschuhfahren auf Fahrbahnen),
15. die Entfernung von Hindernissen (§ 89a),
15a. Die Erlassung von Verordnungen nach § 89a Abs. 7a (Tariffestsetzung für die Entfernung und Aufbewahrung von Hindernissen),
16. die Bewilligung von Arbeiten (§ 90) einschließlich der Erlassung der durch diese Arbeiten erforderlichen Verkehrsverbote und Verkehrsbeschränkungen,
17. die Verpflichtung, Straßenverunreinigungen zu beseitigen bzw. die Kosten hiefür zu tragen (§ 92 Abs. 3),
18. die Erlassung von Verordnungen und Bescheiden nach § 93 Abs. 4 und 6 (Pflichten der Anrainer),
19. die Handhabung der Bestimmungen des § 96 Abs. 4,
20. die Sicherung des Schulweges (§§ 29a und 97a),
21.[19] die Erlassung von Verordnungen nach § 88b Abs. 1 StVO.

§ 94e. Verordnungen

Soweit Verordnungen nicht gemäß § 94 vom Bundesminister für Verkehr, Innovation und Technologie zu erlassen sind, steht ihre Erlassung den Ländern zu.

§ 94f. Mitwirkung

(1) Vor Erlassung einer Verordnung ist, außer bei Gefahr im Verzuge und bei Verordnungen gemäß § 43 Abs. 1a, die Autobahnen betreffen, anzuhören:

a) von der Landesregierung und von der Bezirksverwaltungsbehörde:
   1. die betroffene Gemeinde,
   2. wenn sich der Geltungsbereich einer Verordnung auch auf das Gebiet einer Gemeinde, für das die Landespolizeidirektion zugleich Sicherheitsbehörde erster Instanz ist, erstrecken soll, diese Behörde,[16]
   3. wenn Interessen von Mitgliedern einer Berufsgruppe berührt werden, die gesetzliche Interessenvertretung dieser Berufsgruppe;
b) von der Gemeinde (§ 94c und d):
   1. wenn sich der Geltungsbereich einer Verordnung auch auf das Gebiet einer Gemeinde, für das die Landespolizeidirektion zugleich Sicherheitsbehörde erster Instanz ist, erstrecken soll, diese Behörde,[20]
   2. wenn Interessen von Mitgliedern einer Berufsgruppe berührt werden, die gesetzliche Interessenvertretung dieser Berufsgruppe.

(2) Die Landesregierung und die Bezirksverwaltungsbehörde haben, außer bei Gefahr im Verzuge, vor Erlassung eines Bescheides in Angelegenheiten, die das Gebiet einer Gemeinde, für das die Landespolizeidirektion zugleich Sicherheitsbehörde erster Instanz ist, oder das Gebiet nur einer Gemeinde berühren, die Landespolizeidirektion bzw. die Gemeinde anzuhören. Dies gilt jedoch nicht für Strafverfügungen oder Straferkenntnisse wegen Übertretungen nach § 99 und für die Anordnung der Teilnahme am Verkehrsunterricht (§ 101). Die Gemeinde (§ 94c und d) hat, außer bei Gefahr im Verzuge, vor Erlassung eines Bescheides in Angelegenheiten, die das Gebiet einer Gemeinde, für das die Landespolizeidirektion zugleich Sicherheitsbehörde erster Instanz ist, berühren, die Landespolizeidirektion anzuhören.[21]

(3) Die Anhörung der Gemeinde nach den Abs. 1 und 2 hat zu entfallen, wenn die Gemeinde Straßenerhalter ist. In diesem Falle gilt § 98 Abs. 1.

…

[18] Eingefügt durch BGBl I 39/2013.
[19] Eingefügt durch BGBl I 37/2019.
[20] Geändert durch BGBl I 50/2012.
[21] Neu gefasst durch BGBl I 50/2012.

Telekommunikationsgesetz 2021 – TKG 2021

BGBl I 190/2021, zuletzt geändert durch BGBl I 75/2024

4. Abschnitt
Funkanlagen und Endeinrichtungen

Technische Anforderungen

§ 27. (1) Funkanlagen und Endeinrichtungen müssen in ihrem Aufbau und ihrer Funktionsweise den anerkannten Regeln der Technik und den nach den internationalen Vorschriften zu fordernden Voraussetzungen entsprechen.

(2) Bei der Errichtung und dem Betrieb von Funkanlagen und Endeinrichtungen müssen der Schutz des Lebens und der Gesundheit von Menschen sowie der ungestörte Betrieb anderer Funkanlagen und Endeinrichtungen gewährleistet sein. Bei der Gestaltung von Funkanlagen und Endeinrichtungen ist unter Beachtung der wirtschaftlichen Zumutbarkeit auch auf die Erfordernisse des Umweltschutzes, insbesondere auch im Hinblick auf eine fachgerechte Entsorgung, Bedacht zu nehmen.

(3) Durch Verordnung kann die Bundesministerin für Landwirtschaft, Regionen und Tourismus dem jeweiligen Stand der Technik entsprechend die näheren Bestimmungen und technischen Voraussetzungen für Funkanlagen und Endeinrichtungen festsetzen, insbesondere für den Betrieb von Funkanlagen auf fremden Schiffen, Luftfahrzeugen und anderen Verkehrsmitteln, die sich im österreichischen Hoheitsgebiet aufhalten.

(4) Jedes Autoradio, das in ein neues Fahrzeug der Klasse M eingebaut wird, das zum Verkauf oder zur Miete in Verkehr gebracht wird, muss einen Empfänger enthalten, der zumindest den Empfang und die Wiedergabe von Hörfunkdiensten, die über digitalen terrestrischen Rundfunk ausgestrahlt werden, ermöglicht. Bei Empfängern, die den harmonisierten Normen oder Teilen davon entsprechen, deren Fundstellen im Amtsblatt der Europäischen Union veröffentlicht worden sind, wird die Konformität mit dieser Anforderung, die mit den betreffenden Normen oder Teilen davon übereinstimmt, angenommen.

Errichtung und Betrieb von Funkanlagen

§ 28. (1) Die Errichtung und der Betrieb einer Funkanlage ist unbeschadet der Bestimmungen des Funkanlagen-Marktüberwachungs-Gesetz (FmaG 2016), BGBl. I Nr. 57/2017, nur zulässig

1. im Rahmen der technischen Bedingungen einer Verordnung nach Abs. 10, oder
2. nach einer Anzeige des Betriebs einer Funkanlage auf Grund einer Verordnung nach Abs. 10, letzter Satz oder
3. im Rahmen einer gemäß Abs. 4, 5, 6 oder einer gemäß § 28 zu erteilenden Bewilligung oder
4. im Rahmen einer gemäß § 34 zu erteilenden Bewilligung mit gleichzeitiger Frequenzzuteilung durch die Fernmeldebehörde (§ 13 Abs. 7 Z 3) oder die KommAustria (§ 13 Abs. 7 Z 1),
5. im Rahmen einer gemäß § 34 zu erteilenden Bewilligung nach einer Frequenzzuteilung durch die Regulierungsbehörde gemäß § 16,
6. im Rahmen einer Amateurfunkbewilligung.

(2) Von Abs. 1 ausgenommen sind

1. der Betrieb im Fall der Mitbenützung gemäß § 151 und
2. der kurzfristige Betrieb einer Klubfunkstelle im Rahmen einer internationalen Amateurfunkveranstaltung, wenn der Betrieb durch einen Funkamateur unmittelbar beaufsichtigt wird.

(3) Der Betrieb im Sinn von Abs. 2 Z 2 ist mindestens zwei Wochen vor dessen Beginn schriftlich dem Fernmeldebüro anzuzeigen.

(4) Die Bewilligung zur Errichtung und zum Betrieb einer elektrischen Einrichtung, die gemäß § 4 Z 49 letzter Satz als Funkanlage gilt, ist ausschließlich Behörden zu erteilen, soweit diese mit Aufgaben der öffentlichen Sicherheit, Verteidigung, Sicherheit des Staates oder Strafrechtspflege betraut sind. Der Antrag ist durch das oberste Organ zu stellen.

(5) Die Bewilligung zur Errichtung und zum Betrieb von Funkanlagen, die im Wege der Übertragung von Signalen die Feststellung von geographischen Standorten und der zur internationalen Kennung des Benutzers dienenden Nummer (IMSI) ohne Mitwirkung eines Anbieters ermöglichen, ist ausschließlich Behörden zu erteilen, soweit diese mit der Vollziehung des § 53 Abs. 3b Sicherheitspolizeigesetz, BGBl. Nr. 566/1991 (SPG), oder mit Aufgaben der öffentlichen Sicherheit, Verteidigung, Sicherheit des Staates oder Strafrechtspflege betraut sind. Der Antrag ist durch das oberste Organ zu stellen. Über Ort und Zeit des Einsatzes dieser Funkanlagen sind Aufzeichnungen zu führen, welche auf Verlangen der Fernmeldebehörde dieser vorzulegen und für einen Zeitraum von vier Wochen aufzubewahren sind.

(6) Die Bewilligung zur Errichtung und zum Betrieb von Funkanlagen, mit denen ausschließlich ausländisches Staatsgebiet versorgt wird, ist von der zuständigen Behörde zu erteilen. Der Antragsteller hat dazu die ihm von der Regulierungsbehörde des betreffenden Staates erteilte Lizenz vorzulegen. Die Bewilligung darf die darin festgesetzten technischen Parameter nicht überschreiten. Eine Versorgung des österreichischen Staatsgebietes durch eine solche Funkanlage ist unzulässig. Die für die Erteilung der Bewilligung zuständige Behörde ist auch zuständig für die diesbezüglichen Frequenzzuteilungen sowie deren Änderungen und deren Widerruf.

(7) Für Frequenzzuteilungen, die im Rahmen einer Bewilligung nach Abs. 4 oder Abs. 5 erfolgen, sowie zur Änderung und zum Widerruf dieser Frequenzzuteilungen ist das Fernmeldebüro zuständig.

(8) Wurden im Rahmen von Bewilligungen gemäß Abs. 4 und 5 Frequenzen zugeteilt, die im Frequenznutzungsplan (§ 11 Abs. 2) auch für Rundfunk im Sinne des BVG-Rundfunk vorgesehen sind, ist die KommAustria zu informieren. Wurden im Rahmen von Bewilligungen gemäß Abs. 4 und 5 Frequenzen im Sinne des § 11 Abs. 3 zugeteilt, ist die Regulierungsbehörde zu informieren.

(9) Vor Zuteilung von Frequenzen, die im Frequenznutzungsplan (§ 11 Abs. 2) auch für Rundfunk im Sinne des BVG-Rundfunk vorgesehen sind, im Rahmen einer Bewilligung gemäß Abs. 6 ist eine Stellungnahme der KommAustria einzuholen, vor Zuteilung von Frequenzen im Sinne des § 11 Abs. 3 ist eine Stellungnahme der Regulierungsbehörde einzuholen.

(10) Die Bundesministerin für Landwirtschaft, Regionen und Tourismus hat durch Verordnung die technischen Bedingungen und Verhaltensvorschriften für den Betrieb von Funkanlagen ohne individueller Frequenzzuteilung oder Betriebsbewilligung (generelle Bewilligung) festzulegen. Dabei ist auf

1. die internationale Normierung,

2. die Sicherstellung eines ordnungsgemäßen und störungsfreien Betriebs einer Telekommunikationsanlage,
4. die spezifischen Merkmale der Funkfrequenzen,
5. den notwendigen Schutz vor funktechnischen Störungen,
6. die Gewährleistung einer ausreichenden Dienstequalität,
7. eine effiziente Nutzung der Funkfrequenzen und
8. nach dem Unionsrecht festgelegte Ziele

Bedacht zu nehmen. Soweit dies für die Überwachung des störungsfreien Betriebs von Funkanlagen erforderlich ist, kann in dieser Verordnung festgelegt werden, dass bestimmte Funkanwendungen einer Anzeigepflicht gemäß § 33 unterliegen.

Tierschutzgesetz – TSchG

BGBl I 118/2004, zuletzt geändert durch BGBl I 21/2025

1. Hauptstück
Allgemeine Bestimmungen

Zielsetzung

§ 1. Ziel dieses Bundesgesetzes ist der Schutz des Lebens und des Wohlbefindens der Tiere aus der besonderen Verantwortung des Menschen für das Tier als Mitgeschöpf.

Umsetzung und Durchführung von EU-Recht

§ 1a.[1] Dieses Bundesgesetz dient ferner der Umsetzung und Durchführung von Rechtsakten der Europäischen Union, die den Geltungsbereich dieses Gesetzes betreffen und in der **Anlage** genannt werden.

Förderung des Tierschutzes

§ 2. Bund, Länder und Gemeinden sind verpflichtet, das Verständnis der Öffentlichkeit und insbesondere der Jugend für den Tierschutz zu wecken und zu vertiefen und haben nach Maßgabe budgetärer Möglichkeiten tierfreundliche Haltungssysteme, wissenschaftliche Tierschutzforschung sowie Anliegen des Tierschutzes zu fördern.

Geltungsbereich

§ 3. (1) Dieses Bundesgesetz gilt für alle Tiere.

(2) Die §§ 7 bis 11 und das 2. Hauptstück, mit Ausnahme des § 32, gelten nur für Wirbeltiere, Kopffüßer und Zehnfußkrebse.

(3) Durch dieses Bundesgesetz werden andere bundesgesetzliche Bestimmungen zum Schutz von Tieren, insbesondere

1. das Tierversuchsgesetz 2012, BGBl. I Nr. 114/2012,
2. das Tiertransportgesetz 2007, BGBl. I Nr. 54/2007,

(Anm.: Z 3 und 4 aufgehoben durch BGBl. I Nr. 54/2007)

in der jeweils geltenden Fassung nicht berührt.

(4) Dieses Bundesgesetz gilt nicht für die Ausübung der Jagd und der Fischerei. Nicht als Ausübung der Jagd oder der Fischerei gelten

1. die Haltung und Ausbildung von Tieren, die zur Unterstützung der Jagd oder der Fischerei eingesetzt werden,
2. die Haltung von Tieren in Gehegen zu anderen als jagdlichen Zwecken,
3. die Haltung von Fischen zu anderen Zwecken als der Fischerei.

Vollziehung von Verordnungen der Europäischen Union

§ 3a.[1] (1) Die in der **Anlage** genannten unmittelbar anwendbaren Rechtsakte der Europäischen Union sind samt Änderungsrechtsakten, delegierten Rechtsakten und Durchführungsrechtsakten im Rahmen dieses Bundesgesetzes zu vollziehen.

(2)[2] Der Bundesminister bzw. die Bundesministerin für Soziales, Gesundheit, Pflege und Konsumentenschutz hat die **Anlage** durch Verordnung – sofern die Haltung von landwirtschaftlichen Nutztieren erfasst ist, im Einvernehmen mit dem Bundesminister für Land- und Forstwirtschaft, Regionen und Wasserwirtschaft – zu aktualisieren.

(3)[2] Der Bundesminister bzw. die Bundesministerin für Soziales, Gesundheit, Pflege und Konsumentenschutz kann unter Bedachtnahme auf die Zielsetzung dieses Bundesgesetzes durch Verordnung nähere Vorschriften zur Durchführung der in der **Anlage** genannten unmittelbar anwendbaren Rechtsakte der Europäischen Union samt Änderungsrechtsakten, delegierten Rechtsakten und Durchführungsrechtsakten in sinngemäßer Anwendung der §§ 24, 27, 31, 32 und 35 erlassen. Sofern die Haltung landwirtschaftlicher Nutztiere betroffen ist, ist das Einvernehmen mit dem Bundesminister für Land- und Forstwirtschaft, Regionen und Wasserwirtschaft herzustellen. Im Hinblick auf die Ausstattung von Schlachthöfen ist das Einvernehmen mit dem Bundesminister für Arbeit und Wirtschaft herzustellen.

Begriffsbestimmungen

§ 4. Die nachstehenden Begriffe haben in diesem Bundesgesetz jeweils folgende Bedeutung:

1. Halter: jene Person, die ständig oder vorübergehend für ein Tier verantwortlich ist oder ein Tier in ihrer Obhut hat;
2. Haustiere: domestizierte Tiere der Gattungen Rind, Schwein, Schaf, Ziege und Pferd, jeweils mit Ausnahme exotischer Arten, sowie Großkamele, Kleinkamele, Wasserbüffel, Hauskaninchen, Haushunde, Hauskatzen, Hausgeflügel und domestizierte Fische;
3. Heimtiere: Tiere, die als Gefährten oder aus Interesse am Tier im Haushalt gehalten werden, soweit es sich um Haustiere oder domestizierte Tiere der Ordnungen der Fleischfresser, Nagetiere, Hasenartige, Papageienvögel, Finkenvögel, Taubenvögel und der Klasse der Fische handelt;
4. Wildtiere: alle Tiere außer den Haus- und Heimtieren;
5. Schalenwild: Rotwild, Damwild, Sikahirsche, Davidshirsche, Muffelwild und Schwarzwild;
6. landwirtschaftliche Nutztiere: alle Haus- oder Wildtiere, die zur Gewinnung tierischer Erzeugnisse (z. B. Nahrungsmittel, Wolle, Häute, Felle, Leder) oder zu anderen land- oder forstwirtschaftlichen Zwecken gehalten werden;
7. Futtertiere: Fische, Hausgeflügel bis zu einem Alter von vier Wochen sowie Mäuse, Ratten, Hamster, Meerschweinchen und Kaninchen, die zum Zwecke der Verfütterung gehalten oder getötet werden;

[1] Samt Überschrift eingefügt durch BGBl I 130/2022.

[2] Geändert durch BGBl I 124/2024.

8. Eingriff: eine Maßnahme, die zur Beschädigung oder dem Verlust eines empfindlichen Teils des Körpers oder einer Veränderung der Knochenstruktur führt;
9. Tierheim: eine nicht auf Gewinn gerichtete Einrichtung, die die Verwahrung und Vermittlung herrenloser oder fremder Tiere anbietet;
9a. Tierpension: eine Einrichtung, die die Verwahrung fremder Tiere gegen Entgelt oder in anderer Ertragsabsicht anbietet;
9b. Tierasyl oder Gnadenhof: eine Einrichtung zur dauerhaften Verwahrung von herrenlosen oder fremden Tieren;
10. Zoos: dauerhafte Einrichtungen, in denen Wildtiere zwecks Zurschaustellung während eines Zeitraums von mindestens sieben Tagen im Jahr gehalten werden, ausgenommen Zirkusse und Tierhandlungen;
11. Zirkus: eine Einrichtung mit Darbietungen, die unter anderem auf dem Gebiet der Reitkunst oder der Tierdressur liegen und akrobatische Vorführungen, ernste und komische Schaunummern, Pantomimen sowie Tanz- und Musiknummern einschließen können;
12. Varieté: eine Einrichtung mit Darbietungen, die im wesentlichen bloß auf Unterhaltung abzielt und bei der in abwechselnder Programmnummernfolge deklamatorische oder musikalische Vorträge, artistische Vorführungen, Schaunummern, kurze Possen, Singspiele, Burlesken oder Szenen veranstaltet werden;
13. Schlachten: das Töten eines Tieres durch Blutentzug und nachfolgende Ausweidung zum Zweck der Fleischgewinnung;
14. Zucht: Fortpflanzung von Tieren unter Verantwortung des Halters durch
   a) gemeinsames Halten geschlechtsreifer Tiere verschiedenen Geschlechts oder
   b) gezielte oder nicht verhinderte Anpaarung oder
   c) das Heranziehen eines bestimmten Tieres zum Decken oder
   d) durch Anwendung von Techniken der Reproduktionsmedizin;
15.[2] Betriebsstätte: Ort, an dem die Haltung von Tieren im Rahmen einer gewerbsmäßigen (§ 1 Abs. 2 der Gewerbeordnung 1994 – GewO 1994, BGBl. Nr. 194/1994) oder sonstigen wirtschaftlichen Tätigkeit erfolgt, ausgenommen Pflegestellen;
16.[3] sonstige wirtschaftliche Tätigkeit: jede nicht gewerbsmäßige Tätigkeit, die darin besteht, Tiere oder die Haltung oder regelmäßige Beaufsichtigung von Tieren auf einem bestimmten Markt anzubieten, auch wenn sie gemeinnützig ausgeübt wird;
17.[4] Qualzuchtmerkmal: ein charakteristisches Anzeichen, dessen Ausprägungsform nach wissenschaftlichen Erkenntnissen mit hoher Wahrscheinlichkeit Symptome im Sinne des § 5 Abs. 2 Z 1 zur Folge hat.

Verbot der Tierquälerei

§ 5. (1) Es ist verboten, einem Tier ungerechtfertigt Schmerzen, Leiden oder Schäden zuzufügen oder es in schwere Angst zu versetzen.

(2) Gegen Abs. 1 verstößt insbesondere, wer

1. Züchtungen vornimmt, bei denen vorhersehbar ist, dass sie für das Tier oder dessen Nachkommen mit Schmerzen, Leiden, Schäden oder Angst verbunden sind (Qualzüchtungen), sodass in deren Folge im Zusammenhang mit genetischen Anomalien insbesondere eines oder mehrere der folgenden klinischen Symptome bei den Nachkommen nicht nur vorübergehend mit wesentlichen Auswirkungen auf ihre Gesundheit auftreten oder physiologische Lebensläufe wesentlich beeinträchtigen oder eine erhöhte Verletzungsgefahr bedingen:
   a) Atemnot,
   b) Bewegungsanomalien,
   c) Lahmheiten,
   d) Entzündungen der Haut,
   e)[3] Einschränkung physiologischer Funktionen durch teilweise oder gänzlich fehlendes Haarkleid, verändertes oder teilweise oder gänzlich fehlendes Federkleid oder reduzierte oder gänzlich fehlende Beschuppung bei Reptilien,
   f)[3] Einschränkung physiologischer Funktionen durch Entzündungen oder Missbildungen der Augen bzw. deren Anhangsgebilde,
   g) Blindheit,
   h) Exophthalmus,
   i) Taubheit,
   j)[3] neurologische Symptome oder Funktionsverlust von Sinnesorganen,
   k)[3] Fehlbildungen des Gebisses, des Kiefers oder des Schnabels, sofern diese Fehlbildungen ihren physiologischen Funktionen entgegenstehen,“
   l) Missbildungen der Schädeldecke,
   m)[5] Körperformen, bei denen mit großer Wahrscheinlichkeit angenommen werden muss, dass natürliche Geburten nicht möglich sind;
2. die Aggressivität und Kampfbereitschaft von Tieren durch einseitige Zuchtauswahl oder durch andere Maßnahmen erhöht;
3. a) Stachelhalsbänder, Korallenhalsbänder oder elektrisierende oder chemische Dressurgeräte verwendet oder
   b) technische Geräte, Hilfsmittel oder Vorrichtungen verwendet, die darauf abzielen, das Verhalten eines Tieres durch Härte oder durch Strafreize zu beeinflussen oder
   c)[3] Halsbänder oder sonstige Vorrichtungen zur Fixation mit einem Zugmechanismus verwendet, welche keine Stoppfunktion aufweisen, sodass durch Zusammenziehen das Atmen des Hundes erschwert werden kann oder Schmerzen, Leiden oder Schäden zugefügt werden können, oder
   d)[4] Vorrichtungen zur Bewegungseinschränkung verwendet, wenn diese physiologische Abläufe, das Hecheln oder die Wasseraufnahme, verhindern;
4. ein Tier auf ein anderes Tier hetzt oder an einem anderen Tier auf Schärfe abrichtet;
5. Tierkämpfe organisiert oder durchführt;
6. Hunderennen auf Asphalt oder anderen harten Bodenbelägen veranstaltet;
7. einem Tier Reiz- oder Dopingmittel zur Steigerung der Leistung von Tieren, insbesondere bei sportlichen Wettkämpfen oder ähnlichen Veranstaltungen, zuführt;
8. ein Tier zu einer Filmaufnahme, Werbung, Schaustellung oder ähnlichen Zwecken und Veranstaltungen heranzieht, sofern damit Schmerzen, Leiden, Schäden oder schwere Angst für das Tier verbunden sind;
9. einem Tier Leistungen abverlangt, sofern damit offensichtlich Schmerzen, Leiden, Schäden oder schwere Angst für das Tier verbunden sind;

---

3 Neu gefasst durch BGBl I 124/2024.

4 Eingefügt durch BGBl I 124/2024.

5 Geändert durch BGBl I 130/2022.

10. ein Tier Temperaturen, Witterungseinflüssen, Sauerstoffmangel oder einer Bewegungseinschränkung aussetzt und ihm dadurch Schmerzen, Leiden, Schäden oder schwere Angst zufügt;
11. einem Tier Nahrung oder Stoffe vorsetzt, mit deren Aufnahme für das Tier offensichtlich Schmerzen, Leiden, Schäden oder schwere Angst verbunden sind;
12. einem Tier durch Anwendung von Zwang Nahrung oder Stoffe einverleibt, sofern dies nicht aus veterinärmedizinischen Gründen erforderlich ist;
13. die Unterbringung, Ernährung und Betreuung eines von ihm gehaltenen Tieres in einer Weise vernachlässigt oder gestaltet, dass für das Tier Schmerzen, Leiden oder Schäden verbunden sind oder es in schwere Angst versetzt wird;
14. ein Heim- oder Haustier oder ein gehaltenes nicht heimisches Wildtier aussetzt oder verlässt, um sich seiner zu entledigen;
14a. ein in Gefangenschaft gezüchtetes Wildtier aussetzt, das zum Zeitpunkt des Aussetzens in freier Natur nicht überlebensfähig ist;
15. lebenden Tieren Gliedmaßen abtrennt;
16. Fanggeräte so verwendet, dass sie nicht unversehrt fangen oder nicht sofort töten,
17. an oder mit einem Tier eine geschlechtliche Handlung vollzieht.

(3) Nicht gegen Abs. 1 verstoßen

1. Maßnahmen, die auf Grund einer veterinärmedizinischen Indikation erforderlich sind oder sonst zum Wohl des Tieres vorgenommen werden,
2.[2] Maßnahmen, die im Einklang mit veterinärrechtlichen oder sicherheitspolizeilichen Vorschriften vorgenommen werden,
3. Maßnahmen, die zur fachgerechten Schädlingsbekämpfung oder zur Bekämpfung von Seuchen unerlässlich sind,
4. Maßnahmen bei Einsätzen von Diensthunden, die im Einklang mit dem Waffengebrauchsgesetz 1969, BGBl. Nr. 149/1969, oder dem Militärbefugnisgesetz – MBG, BGBl. I Nr. 86/2000, stehen oder Maßnahmen durch besonders geschulte Personen zur erforderlichen Ausbildung für solche Einsätze.

(4)[3] Das Inverkehrbringen, der Erwerb und der Besitz von Gegenständen, die gemäß Abs. 2 Z 3 nicht verwendet werden dürfen, ist verboten. Ausgenommen sind der Erwerb und der Besitz von Korallenhalsbändern für die in Abs. 3 Z 4 genannten Zwecke sowie der Erwerb und Besitz von den in Abs. 2 Z 3 lit. c und d genannten Gegenständen durch Tierärzte bzw. Tierärztinnen und Diensthundeführer bzw. Diensthundeführerinnen für die in Abs. 3 Z 1, 2 und 4 genannten Zwecke.

(5)[2] Die Bundesministerin bzw. der Bundesminister für Soziales, Gesundheit, Pflege und Konsumentenschutz hat durch Verordnung das Nähere in Bezug auf Maßnahmen der Ausbildung von Diensthunden – hinsichtlich der Sicherheitsexekutive im Einvernehmen mit der Bundesministerin bzw. dem Bundesminister für Inneres und hinsichtlich des Bundesheeres im Einvernehmen mit der Bundesministerin bzw. dem Bundesminister für Landesverteidigung – festzulegen.

Verbot der Tötung

§ 6. (1) Es ist verboten, Tiere ohne vernünftigen Grund zu töten.

(2) Es ist verboten, Hunde oder Katzen zur Gewinnung von Nahrung oder anderen Produkten zu töten.

(2a)[6] Das Schreddern von lebendigen Küken ist verboten. Ebenso ist das Töten lebensfähiger Küken verboten, sofern diese nicht der Futtergewinnung dienen. Dieser Verwendungszweck ist jederzeit auf Verlangen von der Brüterei der Bezirksverwaltungsbehörde nachzuweisen.

(2b)[6] Im Falle einer Anwendung einer Methode zur Früherkennung des Geschlechts während der Brut und der Aussortierung von Küken im Embryonalstadium ist dies ab dem siebenten Bebrütungstag nur mit Betäubung erlaubt. Nach dem 14. Bebrütungstag ist die Aussortierung verboten.

(2c)[6] Die Tötung sowie das Verbringen zum Zweck der Schlachtung von Säugetieren, die sich offensichtlich im letzten Drittel der Trächtigkeit befinden, ist verboten. Das Verbot gilt nicht, wenn die Tötung eines solchen Tieres im Einzelfall nach tierärztlicher Indikation geboten ist und überwiegende Gründe des Tierschutzes der Tötung bzw. dem Verbringen zum Zweck der Schlachtung nicht entgegenstehen.

(3) Die Tötung von Tieren zum Zweck der Aus-, Fort- und Weiterbildung ist nur an wissenschaftlichen Einrichtungen und nur insoweit zulässig, als sie für den angestrebten Zweck unerlässlich ist und nicht durch alternative Methoden ersetzt werden kann.

(4)[2] Unbeschadet der Verbote nach Abs. 1 und 2 darf das wissentliche Töten von Wirbeltieren nur durch Tierärzte bzw. Tierärztinnen erfolgen. Dies gilt nicht

1. für die fachgerechte Tötung von landwirtschaftlichen Nutztieren und von Futtertieren (§ 32),
2. für die fachgerechte Tötung von Tieren im Rahmen der Aus-, Fort- und Weiterbildung gemäß Abs. 3,
3. für die fachgerechte Schädlingsbekämpfung,
4. in Fällen, in denen die rasche Tötung unbedingt erforderlich ist, um dem Tier nicht behebbare Qualen zu ersparen,
5. für die fachgerechte Tötung von Tieren zur Durchführung der Verordnung (EU) Nr. 1143/2014 oder aufgrund landesgesetzlicher Bestimmungen nach Anordnung der zuständigen Behörde durch besonders ausgebildete Personen. Der Bundesminister bzw. die Bundesministerin für Soziales, Gesundheit, Pflege und Konsumentenschutz kann durch Verordnung nähere Vorschriften über die Art und den Nachweis der Kenntnisse und Fähigkeiten der besonders ausgebildeten Personen erlassen.

(5) Die rituelle Schlachtung von Tieren außerhalb von gemäß § 32 Abs. 4 zugelassenen Schlachtanlagen oder ohne rechtskräftige Bewilligung gemäß § 32 Abs. 5 ist verboten.

Verbot von Eingriffen an Tieren

§ 7. (1) Eingriffe, die nicht therapeutischen oder diagnostischen Zielen oder der fachgerechten Kennzeichnung von Tieren in Übereinstimmung mit den anwendbaren Rechtsvorschriften dienen, sind verboten, insbesondere

1. Eingriffe zur Veränderung des phänotypischen Erscheinungsbildes eines Tieres,
2. das Kupieren des Schwanzes,
3. das Kupieren der Ohren,
4. das Durchtrennen der Stimmbänder,
5. das Entfernen der Krallen und Zähne,
6. das Kupieren des Schnabels,
7.[3] das Entfernen der Vibrissen sowie das Kürzen der Vibrissen aus ästhetischen oder kommerziellen Gründen.

(2) Ausnahmen von diesen Verboten sind nur gestattet

1. zur Verhütung der Fortpflanzung oder

[6] Eingefügt durch BGBl I 130/2022.

2. wenn der Eingriff für die vorgesehene Nutzung des Tieres, zu dessen Schutz oder zum Schutz anderer Tiere unerlässlich ist; diese Eingriffe sind in der Verordnung gemäß § 24 Abs. 1 Z 1 festzulegen.

(3)[7] Eingriffe, bei denen ein Tier erhebliche Schmerzen erleiden wird oder erleiden könnte, sind, soweit nicht durch Verordnung gemäß § 24 Abs. 1 Z 1 anderes bestimmt ist, nur zulässig, wenn sie nach wirksamer Betäubung durch einen Tierarzt oder durch eine unter Verantwortung des TGD-Betreuungstierarztes zugezogene Hilfsperson sowie mit postoperativ wirksamer Schmerzbehandlung

1. von einem Tierarzt oder
2. von einer sonstigen sachkundigen Person

durchgeführt werden. Die Voraussetzungen für die Einbindung von Hilfspersonen durch den TGD-Betreuungstierarzt sind in der Verordnung gemäß § 64 Abs. 2 des Tierarzneimittelgesetzes – TAMG, BGBl. I Nr. 186/2023, zu regeln. Art und Nachweis der Sachkunde sind in der Verordnung gemäß § 24 Abs. 1 Z 1 zu regeln.

(4) Die Anwendung von Gummiringen, Ätzstiften und Ätzsalben ist verboten.

(5) (Anm: entfällt gemäß BGBl I 130/2022)

(6) Das aus ästhetischen oder kommerziellen Gründen vorgenommene Tätowieren oder Verfärben von Haut, Federkleid oder Fell ist verboten, sofern es sich nicht um eine Maßnahme zur fachgerechten Tierkennzeichnung handelt.

Verbot der Weitergabe, des Erwerbs sowie des Imports bestimmter Tiere[8]

§ 8.[9] (1) Es ist verboten, ein Tier, für das ein Weiterleben mit nicht behebbaren Qualen verbunden ist, zu einem anderen Zweck als zur unverzüglichen schmerzlosen Tötung weiterzugeben, zu veräußern oder zu erwerben. Der Erwerber hat ein solches Tier unverzüglich schmerzlos zu töten oder töten zu lassen.

(2)[3] Es ist verboten, Tiere, die keine landwirtschaftlichen Nutztiere sind, mit Qualzuchtsymptomen oder äußerlich erkennbaren Qualzuchtmerkmalen zu importieren, zu erwerben, zu vermitteln oder weiterzugeben. Davon ausgenommen ist die Vermittlung und die Weitergabe von Tieren im Sinne des § 30 Abs. 1 sowie von einzelnen, individuell bestimmten Tieren im Sinne des § 8a Abs. 2 Z 5 durch den Halter oder eine gemäß § 30 mit den Pflichten eines Halters betraute Person und die Weitergabe im Wege der Erbschaft.

(3)[3] Der Import, der Erwerb, die Vermittlung und die Weitergabe von Tieren, die keine landwirtschaftlichen Nutztiere sind, die nach dem 1. Jänner 2008 geboren und an deren Körperteilen Eingriffe vorgenommen wurden, die in Österreich verboten sind, ist verboten. Davon ausgenommen ist die Vermittlung und die Weitergabe von Tieren im Sinne des § 30 Abs. 1 sowie von einzelnen, individuell bestimmten Tieren im Sinne des § 8a Abs. 2 Z 5 durch den Halter oder eine gemäß § 30 mit den Pflichten eines Halters betraute Person und die Weitergabe im Wege der Erbschaft. Das Verbringen von Tieren ins Ausland zum Zwecke der Vornahme von Eingriffen, die in Österreich verboten sind, ist verboten.

Verkaufsverbot von Tieren

§ 8a. (1) Das Feilbieten und das Verkaufen von Tieren auf öffentlich zugänglichen Plätzen, soweit dies nicht im Rahmen einer Veranstaltung gemäß § 28 erfolgt, sowie das Feilbieten von Tieren im Umherziehen sind verboten.

(2)[10] Das öffentliche Anbieten von Tieren zum Kauf oder zur sonstigen Abgabe ist nur in folgenden Fällen gestattet:

1. im Rahmen eines gemäß § 29 Abs. 1 bewilligten Tierheims, oder
2. im Rahmen einer gemäß § 31 Abs. 1 bewilligten Haltung, oder
3.[3] durch Züchterinnen bzw. Züchter, die gemäß § 31b eine gemeldete oder bewilligte Zucht betreiben, eingeschränkt auf die von ihnen gezüchteten Tiere, oder die von der Meldepflicht gemäß § 31b Abs. 1 durch Verordnung ausgenommen sind, oder
4. zum Zweck der Land- und Forstwirtschaft bzw. von in § 24 Abs. 1 Z 1 genannten Tieren, oder
5.[11] die Suche von Interessenten für einzelne, individuell bestimmte Tiere mit einem Alter von mehr als sechs Monaten bzw. für Hunde und Katzen, bei denen die bleibenden Eckzähne bereits ausgebildet sind, die nicht bei ihrem bisherigen Halter bleiben können oder dürfen, durch den Halter oder eine gemäß § 30 mit den Pflichten eines Halters betraute Person, Vereinigung oder Institution, wobei bei Hunden nachzuweisen ist, dass diese seit mindestens sechzehn Wochen in der Datenbank gemäß § 24a gemeldet sind.

Dies gilt auch für derartige Aktivitäten im Internet.

(3)[4] Es ist verboten, Tiere, die erkennbar entgegen Abs. 1 oder 2 zum Kauf oder zur sonstigen Abgabe angeboten werden, zu erwerben oder zu übernehmen.

Verbot der Ausstellung und Abbildung bestimmter Tiere

§ 8b.[12] (1) Es ist verboten, Tiere mit Qualzuchtsymptomen oder äußerlich erkennbaren Qualzuchtmerkmalen auszustellen oder zu präsentieren.

(2) Das Ausstellen oder Präsentieren von Tieren, die nach dem 1. Jänner 2008 geboren und an deren Körperteilen Eingriffe vorgenommen wurden, die in Österreich verboten sind, ist verboten.

(3) Bei Abbildung von Tieren zu Werbezwecken dürfen diese keine Qualzuchtsymptome oder äußerlich erkennbare Qualzuchtmerkmale bzw. keine äußerlich erkennbaren verbotenen Eingriffe aufweisen.

Hilfeleistungspflicht

§ 9. Wer ein Tier erkennbar verletzt oder in Gefahr gebracht hat, hat, soweit ihm dies zumutbar ist, dem Tier die erforderliche Hilfe zu leisten oder, wenn das nicht möglich ist, eine solche Hilfeleistung zu veranlassen.

Tierversuche

§ 10.[2] Für Tierversuche (§ 2 Abs. 1 Z 1 des Tierversuchsgesetzes 2012, BGBl. I Nr. 114/2012) in Angelegenheiten, die nach dem Bundes-Verfassungsgesetz in der Vollziehung Landessache sind, gilt das Tierversuchsgesetz 2012 sinngemäß, und zwar mit der Maßgabe, dass an die Stelle des Landeshauptmannes bzw. der Landeshauptfrau die Landesregierung zu treten hat und ein Instanzenzug an einen Bundesminister bzw. eine Bundesministerin ausgeschlossen ist.

Transport von Tieren

§ 11. (1) Soweit Transporte, einschließlich der Ver- und Entladung, nicht unter die Bestimmungen der Verordnung

[7] Geändert durch BGBl I 186/2023.
[8] Überschrift neu gefasst durch BGBl I 124/2024.
[9] Samt Überschrift neu gefasst durch BGBl I 130/2022.
[10] Neu gefasst durch BGBl I 130/2022.
[11] Geändert durch BGBl I 21/2025.
[12] Samt Überschrift eingefügt durch BGBl 124/2024.

(EG) Nr. 1/2005 über den Schutz von Tieren beim Transport und damit zusammenhängenden Vorgängen sowie zur Änderung der Richtlinien 64/432/EWG und 93/119/EG und der Verordnung (EG) Nr. 1255/97, ABl. Nr. L 3 S. 1, oder sonst unter das Tiertransportgesetz 2007, BGBl. I Nr. 54/2007 fallen, gelten Art. 3 sowie der Anhang I Kapitel I, II und III der Verordnung (EG) Nr. 1/2005 sinngemäß. Beim Transport von Wassertieren ist darauf zu achten, dass das Wasservolumen der Anzahl der beförderten Tiere angepasst ist, eine Erwärmung des Wassers und ein Absinken des Sauerstoffgehaltes vermieden wird und eine Fütterung unterbleibt.

(2) Ist die aufrechte Stellung des Behältnisses, mit dem ein Tier transportiert werden soll, nicht ohne Weiteres von außen erkennbar, so ist das Transportbehältnis mit einem Zeichen zu versehen, das die aufrechte Stellung des Behältnisses anzeigt. Ist auf Grund der Beschaffenheit des Transportbehältnisses nicht ohne Weiteres von außen erkennbar, dass damit ein Tier transportiert wird, so ist auf dem Transportbehältnis ein Hinweis anzubringen, aus dem hervorgeht, welches Tier transportiert wird.

(3)[2] Die Bundesministerin bzw. der Bundesminister für Soziales, Gesundheit, Pflege und Konsumentenschutz kann, in Bezug auf landwirtschaftliche Nutztiere im Einvernehmen mit der Bundesministerin bzw. dem Bundesminister für Land- und Forstwirtschaft, Regionen und Wasserwirtschaft, unter Bedachtnahme auf die Zielsetzungen und die sonstigen allgemeinen Bestimmungen dieses Bundesgesetzes sowie den anerkannten Stand der wissenschaftlichen Erkenntnisse durch Verordnung nähere Bestimmungen über die Größe, Beschaffenheit und Ausrüstung von Transportbehältnissen, Transportmitteln, bei der Be- und Entladung zu benützenden Hilfsmitteln sowie über die Behandlung der Tiere während des Transportes erlassen.

2. Hauptstück
Tierhaltung

1. Abschnitt
Allgemeine Bestimmungen

Anforderungen an den Halter

§ 12. (1)[13] Zur Haltung von Tieren ist jeder berechtigt, der

1. zur Einhaltung der Bestimmungen dieses Bundesgesetzes und der darauf gegründeten Verordnungen in der Lage ist, insbesondere auch über die erforderlichen Kenntnisse und Fähigkeiten verfügt und
2. gegen den kein aufrechtes Tierhaltungsverbot gemäß § 39 Abs. 1 besteht.

(2) Ist der Halter eines Tieres nicht in der Lage, für eine diesem Bundesgesetz entsprechende Haltung des Tieres zu sorgen, so hat er es solchen Vereinigungen, Institutionen oder Personen zu übergeben, die Gewähr für eine diesem Bundesgesetz entsprechende Haltung bieten.

(3) Ohne Einwilligung des Erziehungsberechtigten dürfen Tiere an Minderjährige, die das 16. Lebensjahr nicht vollendet haben, nicht abgegeben werden.

Grundsätze der Tierhaltung

§ 13. (1) Tiere dürfen nur gehalten werden, wenn auf Grund ihres Genotyps und Phänotyps und nach Maßgabe der folgenden Grundsätze davon ausgegangen werden kann, dass die Haltung nach dem anerkannten Stand der wissenschaftlichen Erkenntnisse ihr Wohlbefinden nicht beeinträchtigt.

(2) Wer ein Tier hält, hat dafür zu sorgen, dass das Platzangebot, die Bewegungsfreiheit, die Bodenbeschaffenheit, die bauliche Ausstattung der Unterkünfte und Haltungsvorrichtungen, das Klima, insbesondere Licht und Temperatur, die Betreuung und Ernährung sowie die Möglichkeit zu Sozialkontakt unter Berücksichtigung der Art, des Alters und des Grades der Entwicklung, Anpassung und Domestikation der Tiere ihren physiologischen und ethologischen Bedürfnissen angemessen sind.

(3) Tiere sind so zu halten, dass ihre Körperfunktionen und ihr Verhalten nicht gestört werden und ihre Anpassungsfähigkeit nicht überfordert wird.

(4)[4] Ab 1. Juli 2026 haben Personen, welche die Haltung von Hunden, Reptilien, Amphibien oder Papageienvögeln – mit Ausnahme der Unzertrennlichen, der Plattschweifsittiche, der Wellensittiche und der Nymphensittiche – anstreben, einen Nachweis allgemeiner Sachkunde durch Absolvierung eines Kurses im Ausmaß von mindestens vier Unterrichtseinheiten zu je 60 Minuten vor Aufnahme der Haltung dieser Tiere vorzuweisen. Zusätzlich dazu haben Halter von mindestens sechs Monate alten Hunden innerhalb von einem Jahr nach Aufnahme der Haltungen die Erfüllung einer zweistündigen Praxiseinheit mit dem jeweiligen Hund nachzuweisen. Abweichend von § 4 Z 1 ist jene Person Hundehalter im Sinne dieser Bestimmung, auf welche der Hund in der Datenbank gemäß § 24a registriert ist und das Tier im selben Haushalt gehalten wird. Die dazu erforderlichen Kurse sind in dem Bundesland, in welchem die Tierhaltung erfolgen soll, zu absolvieren. Diese gelten bundesweit. Der Bundesminister bzw. die Bundesministerin für Soziales, Gesundheit, Pflege und Konsumentenschutz hat zur Wahrung des Tierschutzes die erforderlichen Ausbildungsinhalte, Mindestkriterien für die Ausbildung und besondere Sachkunde der Vortragenden dieser Kurse im Hinblick auf die jeweilige Tierart sowie Ausnahmen von der verpflichtenden Absolvierung der Kurse durch Verordnung festzulegen. Die Landesregierungen können bereits zuvor absolvierte Ausbildungen oder Prüfungen zur Erlangung besonderer Sachkunde anerkennen, sofern diese den durch Verordnung festgelegten Anforderungen entsprechen. Die Hundehalterin oder der Hundehalter darf den Hund nur durch Personen beaufsichtigen, verwahren oder führen lassen, die die Voraussetzungen gemäß § 12 erfüllen.

(5)[4] Ist für die Haltung eines Tieres ein Nachweis allgemeiner Sachkunde gemäß Abs. 4 Voraussetzung, so ist dieser bei der Anzeige, Registrierung bzw. Meldung des jeweiligen Tieres oder der Haltung im Sinne des § 24a und § 25 Abs. 1 bzw. im Rahmen eines sonstigen nach diesem Bundesgesetz erforderlichen Anzeige- oder Bewilligungsverfahrens der Behörde vorzulegen.

Betreuungspersonen

§ 14. (1) Für die Betreuung der Tiere müssen genügend Betreuungspersonen vorhanden sein, die über die erforderliche Eignung sowie die erforderlichen Kenntnisse und beruflichen Fähigkeiten verfügen. In den Verordnungen gemäß § 11, § 24, § 25, § 26, § 27, § 28, § 29 und § 31 sind die Art und der Umfang sowie der Nachweis der erforderlichen Sachkunde unter Berücksichtigung der Ziele und sonstigen Bestimmungen dieses Bundesgesetzes und der darauf gegründeten Verordnungen zu regeln.

(1a)[14] Personen, gegen die ein aufrechtes Tierhaltungsverbot gemäß § 39 Abs. 1 besteht, dürfen nicht als Betreuungspersonen tätig sein.

(2) Personen, die Hunde ausbilden und hierfür eine besondere Qualifikation erwerben (tierschutzqualifizierte Hun-

---

13 Neu gefasst durch BGBl I 130/2022.

14 Eingefügt durch BGBl I 130/2022.

detrainer), müssen hierfür eine Prüfung durch eine Institution nachweisen, die eigene wissenschaftliche Tätigkeit im Bereich Veterinärmedizin, Ethik in der Mensch-Tier-Beziehung und Kognitionsforschung, betreibt.

Versorgung bei Krankheit oder Verletzung

§ 15.[2] Weist ein Tier Anzeichen einer Krankheit oder Verletzung auf, so muss es unverzüglich ordnungsgemäß versorgt werden, erforderlichenfalls unter Heranziehung eines Tierarztes bzw. einer Tierärztin. Kranke oder verletzte Tiere sind diesen besonderen Ansprüchen angemessen und erforderlichenfalls gesondert unterzubringen.

Bewegungsfreiheit

§ 16. (1) Die Bewegungsfreiheit eines Tieres darf nicht so eingeschränkt sein, dass dem Tier Schmerzen, Leiden oder Schäden zugefügt werden oder es in schwere Angst versetzt wird.

(2) Das Tier muss über einen Platz verfügen, der seinen physiologischen und ethologischen Bedürfnissen angemessen ist.

(3) Die dauernde Anbindehaltung ist verboten.

(4)[15] Rindern sind geeignete Bewegungsmöglichkeiten oder geeigneter Auslauf oder Weidegang an mindestens 90 Tagen im Jahr zu gewähren.

(4a) (Anm: entfällt gem BGBl I 130/2022)

(5)[16] Hunde dürfen keinesfalls, auch nicht vorübergehend, an der Kette oder in sonst einem angebundenen Zustand gehalten werden. Jedenfalls nicht als Anbindehaltung gilt das Führen von Hunden an der Leine, das Anbinden im Rahmen von rechtskonformen Hundeausbildungsmaßnahmen, Katastropheneinsätzen oder Einsätzen als Dienst-, Assistenz- Therapie-, Hüte- oder Herdenschutzhund sowie das kurzfristige Anbinden von mitgeführten Hunden vor Plätzen oder Gebäuden, die mit Hunden nicht betreten werden dürfen.

(6) Wildtiere dürfen keinesfalls, auch nicht vorübergehend, angebunden gehalten werden. Unberührt bleibt die Ausbildung von Greifvögeln im Rahmen der Beizjagd.

Füttern und Tränken

§ 17. (1) Art, Beschaffenheit, Qualität und Menge des Futters müssen der Tierart, dem Alter und dem Bedarf der Tiere entsprechen. Das Futter muss so beschaffen und zusammengesetzt sein, dass die Tiere ihr arteigenes mit dem Fressen verbundenes Beschäftigungsbedürfnis befriedigen können.

(2) Die Verabreichung des Futters hat die Bedürfnisse der Tiere in Bezug auf das Nahrungsaufnahmeverhalten und den Fressrhythmus zu berücksichtigen.

(3) Die Tiere müssen entsprechend ihrem Bedarf Zugang zu einer ausreichenden Menge Wasser von geeigneter Qualität haben.

(4) Futter und Wasser müssen in hygienisch einwandfreier Form verabreicht werden.

(5) Die Fütterungs- und Tränkeeinrichtungen sind sauber zu halten und müssen so gestaltet sein, dass eine artgemäße Futter- und Wasseraufnahme möglich ist. Sie müssen so angeordnet sein und betrieben werden, dass alle Tiere ihren Bedarf decken können.

Bauliche Ausstattung und Haltungsvorrichtungen

§ 18. (1) Das für die bauliche Ausstattung der Unterkünfte und die Haltungsvorrichtungen verwendete Material, mit dem die Tiere in Berührung kommen können, muss für die Tiere ungefährlich sein und sich angemessen reinigen lassen.

(2) Die Unterkünfte sowie die Vorrichtungen, mit denen die Tiere angebunden oder räumlich umschlossen werden, sind so auszuführen und zu warten, dass die Tiere keine Verletzungen insbesondere durch scharfe Kanten oder Unebenheiten erleiden können.

(2a)[17] Die Haltung von Absetzferkeln, Zuchtläufern und Mastschweinen in unstrukturierten Vollspaltenbuchten ohne Funktionsbereich ist verboten.

(3) Für Käfige und andere Haltungssysteme zur Haltung von Legehennen gilt Folgendes:

1. Käfige gemäß Art. 5 der Richtlinie 1999/74/EG zur Festlegung von Mindestanforderungen zum Schutz von Legehennen, ABl. Nr. L 203 vom 03.08.1999 S. 53, in der Fassung der Verordnung (EG) Nr. 806/2003, ABl. Nr. L 122 vom 16.05.2003 S. 1:
   a) Der Bau oder die erste Inbetriebnahme ist verboten.
   b) Der Betrieb von vor dem 1. Jänner 2003 gebauten Käfigen ist bis zum Ablauf des 31. Dezember 2008 zulässig. Den Betrieben können zum Umstieg in eine andere Haltungsform wirtschaftliche Anreize geboten werden.
2. Käfige gemäß Art. 6 der Richtlinie 1999/74/EG:
   a) Der Bau oder die erste Inbetriebnahme ist ab 1. Jänner 2005 verboten.
   b) Der Betrieb von vor dem 1. Jänner 2005 gebauten Käfigen ist bis zum Ablauf von 15 Jahren ab der ersten Inbetriebnahme zulässig.
3. Haltungssysteme, die über die Anforderungen gemäß Art. 6 der Richtlinie 1999/74/EG hinausgehen und nicht den Anforderungen gemäß Art. 4 der genannten Richtlinie genügen, aber eine Verbesserung zu bestehenden Haltungssystemen entsprechend §§ 13 und 24 bedeuten, dürfen nur dann in Verkehr gebracht und verwendet werden, wenn diese Verbesserung zu bestehenden Haltungssystemen durch ein Gutachten der Fachstelle gemäß Abs. 6 bestätigt wird.

(3a) Für die Haltung von Kaninchen zur Fleischgewinnung gilt:

1. Der Betrieb von Käfigen ist ab 1. Jänner 2012 verboten.
2. Die Anforderungen an verbesserte Buchtensysteme betreffend erhöhte Flächen und Nestkammern sowie die Bodenbeschaffenheit sind in der Verordnung gemäß § 24 Abs. 1 Z 1 festzulegen.

(4) Tiere dürfen weder in ständiger Dunkelheit noch in künstlicher Dauerbeleuchtung ohne Unterbrechung durch angemessene Dunkelphasen gehalten werden. Dies gilt nicht für die Kükenaufzucht. Reicht der natürliche Lichteinfall nicht aus, um die Bedürfnisse der Tiere zu decken, muss eine geeignete künstliche Beleuchtung vorgesehen werden. Dabei ist auf den natürlichen Ruhe- und Aktivitätsrhythmus der Tiere Rücksicht zu nehmen.

(5) Die Luftzirkulation, der Staubgehalt der Luft, die Temperatur, die relative Luftfeuchtigkeit und die Gaskonzentration - bei Wassertieren, die Temperatur, die Schadstoffkonzentration und der Sauerstoffgehalt des Wassers - müssen in einem Bereich gehalten werden, der für die Tiere unschädlich ist. Hängt das Wohlbefinden der Tiere von einer Lüftungsanlage ab, ist eine geeignete Ersatzvorrichtung vorzusehen, die bei Ausfall der Anlage einen für die Erhaltung des Wohlbefin-

[15] Neu gefasst durch BGBl I 130/2022.

[16] Geändert durch BGBl I 130/2022.

[17] Eingefügt durch BGBl I 130/2022.

dens der Tiere ausreichenden Luftaustausch gewährleistet; es ist ein Alarmsystem vorzusehen, das den Ausfall der Lüftungsanlage meldet. Das Alarmsystem ist regelmäßig zu überprüfen.

(6)[2] Zur Erhöhung der Rechtssicherheit der Tierhalter und zur Verbesserung des Vollzuges wird vom Bundesminister bzw. von der Bundesministerin für Soziales, Gesundheit, Pflege und Konsumentenschutz eine Fachstelle für tiergerechte Tierhaltung und Tierschutz (im Folgenden: Fachstelle) zur Bewertung von neuartigen serienmäßig hergestellten Aufstallungssystemen und neuartigen technischen Ausrüstungen für Tierhaltungen sowie serienmäßig hergestellten Haltungssystemen und Stalleinrichtungen sowie Heimtierunterkünften und Heimtierzubehör eingerichtet. Die Fachstelle ist berechtigt, das Bundeswappen zu führen und im Falle des Abs. 8 ein Tierschutz-Kennzeichen zu vergeben. Die Bundesministerin bzw. der Bundesminister für Soziales, Gesundheit, Pflege und Konsumentenschutz hat, in Bezug auf landwirtschaftliche Nutztiere im Einvernehmen mit der Bundesministerin bzw. dem Bundesminister für Land- und Forstwirtschaft, Regionen und Wasserwirtschaft, durch Verordnung nähere Bestimmungen über die Einrichtung der Fachstelle, die Durchführung von Bewertungen, die Ausgestaltung eines Tierschutz-Kennzeichens sowie Kostenregelungen für die Inanspruchnahme der Fachstelle zu regeln.

(7) Neuartige serienmäßig hergestellte Aufstallungssysteme und neuartige technische Ausrüstungen für Tierhaltungen dürfen nur in Verkehr gebracht und zur Tierhaltung verwendet werden, wenn der erste Inverkehrbringer nachweisen kann, dass sein Produkt den Bestimmungen dieses Bundesgesetzes und den darauf beruhenden Verordnungen entspricht, oder als neuartiges Produkt aufgrund des anerkannten Standes der Wissenschaft und Technik als diesen gleichwertig einzustufen ist. Der Nachweis gilt als erbracht, wenn dies durch ein Gutachten der Fachstelle gemäß Abs. 6 bestätigt wird.

(8) Vertreiber serienmäßig hergestellter Haltungssysteme und Stalleinrichtungen sowie Heimtierunterkünfte und Heimtierzubehör dürfen ihre Produkte mittels eines Tierschutz-Kennzeichens als tierschutzgesetzeskonform ausweisen, wenn dies durch ein Gutachten der Fachstelle gemäß Abs. 6 bestätigt wird.

(9)[2] Wenn für die Bewertung und Gutachtenserstellung eine umfangreichere praktische Prüfung erforderlich ist, hat der Antragsteller diese zu veranlassen. Vom Bundesminister bzw. von der Bundesministerin für Soziales, Gesundheit, Pflege und Konsumentenschutz sind, in Bezug auf landwirtschaftliche Nutztiere im Einvernehmen mit der Bundesministerin bzw. dem Bundesminister für Land- und Forstwirtschaft, Regionen und Wasserwirtschaft, durch Verordnung nähere Anforderungen an die Stellen, die Prüfungen durchführen sowie nähere Bestimmungen über die Durchführung der Prüfungen festzulegen.

(10) Wurde das Produkt bereits in einem anderen Staat auf seine Tiergerechtheit überprüft und liegen diesbezügliche Unterlagen vor, so sind diese der österreichischen Fachstelle vorzulegen und von dieser zu bestätigen, wenn die Prüfungen auf den österreichischen Vorgaben vergleichbaren Voraussetzungen basieren.

(11)[2] Im Rahmen der Prüfung neuartiger serienmäßig hergestellter Aufstallungssysteme und neuartiger technischer Ausrüstungen für Tierhaltungen dürfen gemäß dem TSchG nicht erlaubte Einrichtungen und Anlagen verwendet werden, soweit es zur Prüfung im Einzelfall notwendig ist und sichergestellt ist, dass die Tiere entsprechend überwacht werden und die Prüfung abgebrochen wird, wenn das Wohlbefinden der Tiere beeinträchtigt wird.

Die Fachstelle für tiergerechte Tierhaltung und Tierschutz

§ 18a. (1) Die Fachstelle ist eine Einrichtung des Bundes und untersteht der Bundesministerin/dem Bundesminister für Gesundheit und Frauen. Sie dient als zentrale Informations- und Begutachtungsstelle im Bereich des Tierschutzes und hat bei ihrer Tätigkeit auf den Stand der Wissenschaft und Forschung sowie auf gesellschaftliche und ökonomische Entwicklungen sowie auf praktische Erfahrungen Bedacht zu nehmen.

(1a)[4] Die Tätigkeit der Fachstelle ist nicht auf Gewinn ausgerichtet. Bei Auflösung der Fachstelle fällt das verbleibende Vermögen an den Bund.

(2) Ihre Aufgaben umfassen insbesondere:

1. die Begutachtung von Aufstallungssystemen und technischen Ausrüstungen für Tierhaltungen;
2. die Begutachtung von Haltungssystemen und Stalleinrichtungen sowie von Heimtierunterkünften und Heimtierzubehör;
3. die Durchführung von Bewertungen und Vergabe von Tierschutzkennzeichen gemäß § 18;
4.[2] die Tätigkeit als nationale Kontaktstelle in Angelegenheiten des Tierschutzes, im Auftrag der Bundesministerin bzw. des Bundesministers für Soziales, Gesundheit, Pflege und Konsumentenschutz;
5. Sammlung und Evidenthaltung von wissenschaftlichen und juristischen Grundlagen des Tierschutzes;
6.[2] Abgabe von Gutachten sowie Mitarbeit bei der Erstellung von Handbüchern und Checklisten zu Fragen des Tierschutzes und des Tierschutzes beim Transport;
7.[4] die Tätigkeit als Geschäftsstelle der Qualzuchtkommission gemäß § 22c.

(3) Die Fachstelle ist berechtigt, an Sitzungen des Tierschutzrates sowie des Vollzugsbeirates durch einen Vertreter/eine Vertreterin teilzunehmen und kann dieser/diese von den genannten Gremien auch als Experte/Expertin zugezogen werden. Weiters ist sie in Erfüllung ihrer Aufgaben gemäß Abs. 2 Z 1 bis 3 zum Daten- und Informationsaustausch mit Prüfstellen anderer Länder berechtigt.

(4) Sofern es die Erfüllung der in Abs. 2 genannten Aufgaben zulässt, kann die Fachstelle auch anderen natürlichen und juristischen Personen im Rahmen ihres Aufgabenbereiches Leistungen erbringen. Arbeiten für Gebietskörperschaften und Arbeiten, die im öffentlichen Interesse liegen, sind dabei bevorzugt zu behandeln.

(5)[2] Der Fachstelle kommt insofern Rechtspersönlichkeit zu, als sie berechtigt ist, im eigenen Namen

1. durch unentgeltliche Rechtsgeschäfte Vermögen und Rechte zu erwerben;
2. Verträge über die Durchführung wissenschaftlicher Arbeiten in ihrem Fachbereich im Auftrag Dritter (einschließlich Bundesdienststellen) abzuschließen;
3. Druckwerke, Ton-, Bild- und sonstige Datenträger, Repliken sowie sonstige Artikel, die mit der Tätigkeit der Fachstelle in unmittelbarem Zusammenhang stehen, herzustellen bzw. zu verlegen und zu vertreiben;
4. Fach-, Aus- und Weiterbildungsveranstaltungen durchzuführen;
5. mit Genehmigung der Bundesministerin bzw. des Bundesministers für Soziales, Gesundheit, Pflege und Konsumentenschutz die Mitgliedschaft zu Vereinen, anderen juristischen Personen und zwischenstaatlichen Organisationen, deren Zweck ihren Aufgaben entspricht, zu erwerben;
6. Förderungen anderer Rechtsträger als des Bundes entgegenzunehmen;
7. von Vermögen und Rechten, die sie aus Rechtsgeschäften gemäß Z 1 bis 6 erworben hat, zur Erfüllung ihrer Zwecke Gebrauch zu machen.

(6)[3] Die Fachstelle ist eine juristische Person des öffentlichen Rechts und wird durch ihre Leiterin bzw. ihren Leiter vertreten. Für Verbindlichkeiten, die im Rahmen der Aufgabenwahrnehmung entstehen, trifft den Bund keine Haftung.

(6a)[4] Der Bundesminister bzw. die Bundesministerin für Soziales, Gesundheit, Pflege und Konsumentenschutz hat auf Grundlage des Stellenbesetzungsgesetzes, BGBl. I Nr. 26/1998, eine Leiterin bzw. einen Leiter der Fachstelle für die Dauer von bis zu fünf Jahren zu bestellen. Er bzw. sie ist bei der Bestellung verpflichtet, die Grundsätze der Sorgfalt einer ordentlichen Unternehmerin bzw. eines ordentlichen Unternehmers anzuwenden. Eine Weiterbestellung ist zulässig. Eine Abberufung durch den Bundesminister bzw. die Bundesministerin für Soziales, Gesundheit, Pflege und Konsumentenschutz ist nur aus wichtigen Gründen zulässig.

(6b)[4] Die Leiterin bzw. der Leiter der Fachstelle hat ein Planungs- und Berichterstattungssystem für die Erfüllung der Vorgaben des Beteiligungs- und Finanzcontrollings gemäß § 67 des Bundeshaushaltsgesetzes 2013, BGBl. I Nr. 139/2009, sowie ein Rechnungswesen und internes Kontrollsystem einzurichten.

(6c)[4] Die Leiterin bzw. der Leiter der Fachstelle hat unverzüglich mit Stichtag des Inkrafttretens dieses Bundesgesetzes beim Handelsgericht Wien die Fachstelle zur Eintragung in das Firmenbuch zu bringen. § 3 des Firmenbuchgesetzes, BGBl. Nr. 10/1991, ist anzuwenden. Darüber hinaus sind der Name und der Zweck der Fachstelle sowie der Name und das Geburtsdatum des Leiters bzw. der Leiterin der Fachstelle einzutragen.

(7)[3] Die Fachstelle ist Arbeitgeberin ihres Personals. Auf Arbeitsverhältnisse ist das jeweilige privatrechtlich einschlägige Gesetz, wie zum Beispiel das Angestelltengesetz, BGBl. Nr. 292/1921, anzuwenden.

(8)[2] Soweit die Fachstelle im Rahmen ihrer Rechtsfähigkeit tätig wird, hat sie die Grundsätze eines ordentlichen Unternehmers zu beachten. Sie hat der Bundesministerin bzw. dem Bundesminister für Soziales, Gesundheit, Pflege und Konsumentenschutz in der von dieser oder diesem festzusetzenden Form einen Gebarungsvorschlag sowie einen Rechnungsabschluss vorzulegen. Die Geschäftsabwicklung, die Buchführung sowie die sonstige Vermögens-, Personal- und Inventarverwaltung im Rahmen des Abs. 5 kann die Fachstelle selbst besorgen oder durch Dritte besorgen lassen; gegen Entgelt können auch Einrichtungen des Bundes damit beauftragt werden.

(9)[2] Die Fachstelle unterliegt bei Besorgung ihrer Angelegenheiten der Aufsicht der Bundesministerin bzw. des Bundesministers für Soziales, Gesundheit, Pflege und Konsumentenschutz sowie der Kontrolle des Rechnungshofes. Die Aufsicht erstreckt sich auf die Einhaltung der Gesetze und Verordnungen sowie die Erfüllung der der Fachstelle obliegenden Aufgaben.

(10)[2] Die Bundesministerin bzw. der Bundesminister für Soziales, Gesundheit, Pflege und Konsumentenschutz ist berechtigt, sich über alle Angelegenheiten der Fachstelle zu informieren. Die Fachstelle ist verpflichtet, der Bundesministerin bzw. dem Bundesminister für Soziales, Gesundheit, Pflege und Konsumentenschutz Auskünfte über alle Angelegenheiten der Fachstelle zu erteilen, Geschäftsstücke und Unterlagen über die von ihr oder ihm bezeichneten Gegenstände vorzulegen, von ihr oder ihm angeordnete Erhebungen anzustellen und Überprüfungen an Ort und Stelle vornehmen zu lassen.

(10a)[4] Die Fachstelle hat jährlich im Voraus in Abstimmung mit dem Bundesminister bzw. der Bundesministerin für Soziales, Gesundheit, Pflege und Konsumentenschutz ein Arbeitsprogramm zu erstellen sowie bis spätestens 31. März des Folgejahres einen Tätigkeitsbericht vorzulegen.

(11)[3] Die Fachstelle hat Tätigkeiten im Auftrag Dritter gegen angemessenes Entgelt zu erbringen. Die Einnahmen sind im Gebarungsvorschlag gemäß Abs. 8 zu berücksichtigen. Alle Einnahmen aus Tätigkeiten gemäß Abs. 5 sind Einnahmen der Fachstelle und ausschließlich zur Finanzierung der für die Erfüllung der in Abs. 2 genannten Aufgaben erforderlichen Ressourcen zu verwenden.

(11a) [4] Zur Deckung der Kosten der Fachstelle und ihrer Aufgaben gemäß Abs. 2, einschließlich der notwendigen Personal- und Sachkosten sowie aller Aufwendungen, die zur Verwirklichung ihrer Ziele und Aufgaben nötig sind, leistet der Bundesminister bzw. die Bundesministerin für Soziales, Gesundheit, Pflege und Konsumentenschutz jährliche Zuwendungen an die Fachstelle auf Grundlage des Arbeitsprogrammes gemäß Abs. 10a, des Gebarungsvorschlags und des vorangegangenen Rechnungsabschlusses gemäß Abs. 8 sowie nach Maßgabe des jährlichen Bundesfinanzgesetzes. Die Zuwendungen haben in zwei Teilbeträgen vorschüssig jeweils bis zum 30. November des aktuellen Jahres und bis 31. Mai im jeweiligen Kalenderjahr zu erfolgen.

(12) Die Fachstelle darf personenbezogene Daten nur zu Zwecken, die in diesem Bundesgesetz als Aufgaben der Fachstelle festgelegt sind, unter Einhaltung der Verordnung (EU) 2016/679 zum Schutz natürlicher Personen bei der Verarbeitung personenbezogener Daten, zum freien Datenverkehr und zur Aufhebung der Richtlinie 95/46/EG (Datenschutz-Grundverordnung), ABl. Nr. L 119 vom 4.5.2016 S.1, und des Datenschutzgesetzes (DSG), BGBl. I Nr. 165/1999, verarbeiten.

(13) Hinsichtlich der Verarbeitung personenbezogener Daten gemäß Abs. 12 sind die Rechte und Pflichten gemäß Art. 13, 14, 18 und 21 Datenschutz-Grundverordnung ausgeschlossen.

(14) Werden Daten gemäß Abs. 12 zu wissenschaftlichen oder historischen Forschungszwecken oder statistischen Zwecken weiterverarbeitet, hat die Weiterverarbeitung in pseudonymisierter Form zu erfolgen, wenn auch auf diese Weise die Zwecke erreicht werden können. Soweit der Personenbezug für die Verwirklichung des Zwecks unerlässlich ist, können die Rechte der Betroffenen gemäß Art. 15, 16, 18 und 21 Datenschutz-Grundverordnung vom Verantwortlichen insofern ausgeschlossen werden, als diese Rechte die Verwirklichung der spezifischen Zwecke unmöglich machen oder ernsthaft beeinträchtigen würden.

Nicht in Unterkünften untergebrachte Tiere

§ 19. Tiere, die vorübergehend oder dauernd nicht in Unterkünften untergebracht sind, sind soweit erforderlich vor widrigen Witterungsbedingungen und soweit möglich vor Raubtieren und sonstigen Gefahren für ihr Wohlbefinden zu schützen.

Kontrollen

§ 20. (1) Alle Tiere in Haltungssystemen, bei denen das Wohlbefinden der Tiere von regelmäßiger Versorgung durch Menschen abhängig ist, müssen regelmäßig, im Falle von landwirtschaftlichen Tierhaltungen und Tierhaltungen gemäß § 25 Abs. 1 zweiter Satz und Abs. 4, §§ 26, 27, 29 und 31 mindestens einmal am Tag, kontrolliert werden.

(2) In anderen Systemen gezüchtete oder gehaltene Tiere sind in solchen Abständen zu kontrollieren, dass Schmerzen, Leiden, Schäden oder schwere Angst möglichst vermieden werden.

(3) Es muss eine geeignete (fest installierte oder bewegliche) Beleuchtung zur Verfügung stehen, die ausreicht, um die Tiere jederzeit gründlich inspizieren zu können, soweit dies zur Versorgung und Beobachtung der Tiere unerlässlich ist.

(4) Alle automatischen oder mechanischen Anlagen und Geräte, von deren Funktionsfähigkeit das Wohlbefinden der Tiere abhängt, sind regelmäßig, im Falle von landwirtschaftlichen Tierhaltungen und Tierhaltungen gemäß § 25 Abs. 1 zweiter Satz und Abs. 4, §§ 26, 27, 29 und 31 mindestens einmal am Tag, zu inspizieren. Defekte sind unverzüglich zu beheben; ist dies nicht möglich, so sind entsprechende Maßnahmen zu treffen, um das Wohlbefinden der Tiere zu schützen.

Aufzeichnungen

§ 21. (1)[2] Der Halter hat Aufzeichnungen über alle medizinischen Behandlungen und, soweit es sich um Säugetiere, Vögel oder Reptilien handelt, die Anzahl der toten Tiere zu führen, soweit eine landwirtschaftliche Tierhaltung oder Tierhaltung gemäß § 6 Abs. 3, § 25 Abs. 1 zweiter Satz und Abs. 4, §§ 26, 27, 29, 31 und 31b vorliegt. Weitere Aufzeichnungsverpflichtungen, die sich aus EU-Richtlinien zum Schutz von Tieren ergeben, sind durch Verordnung der Bundesministerin bzw. des Bundesministers für Soziales, Gesundheit, Pflege und Konsumentenschutz, in Bezug auf Tiere gemäß § 24 Abs. 1 Z 1 im Einvernehmen mit der Bundesministerin bzw. dem Bundesminister für Land- und Forstwirtschaft, Regionen und Wasserwirtschaft, festzulegen.

(2) Diese Aufzeichnungen sind, soweit in bundesgesetzlichen Vorschriften nicht längere Fristen vorgesehen sind, für mindestens fünf Jahre aufzubewahren und der Behörde anlässlich einer Kontrolle oder auf Anforderung zur Verfügung zu stellen.

Zuchtmethoden

§ 22. (1) Natürliche oder künstliche Zuchtmethoden, die das Wohlbefinden der Tiere länger oder dauerhaft beeinträchtigen, sind verboten.

(2)[2] Diese Bestimmung schließt nicht die Anwendung von Verfahren aus, die nur geringe oder vorübergehende Beeinträchtigungen des Wohlbefindens verursachen. Die Bundesministerin bzw. der Bundesminister für Soziales, Gesundheit, Pflege und Konsumentenschutz kann, in Bezug auf landwirtschaftliche Nutztiere im Einvernehmen mit der Bundesministerin bzw. dem Bundesminister für Land- und Forstwirtschaft, Regionen und Wasserwirtschaft, unter Berücksichtigung der Ziele und sonstigen Bestimmungen dieses Bundesgesetzes sowie des anerkannten Standes wissenschaftlicher Erkenntnisse durch Verordnung regeln, welche Methoden und Verfahren zur Zucht von Tieren jedenfalls verboten sind.

Verantwortung der Züchterin bzw. des Züchters

§ 22a.[12] (1) Tierhalterinnen und Tierhalter, welche Tiere züchten, die keine landwirtschaftlichen Nutztiere sind, haben dabei folgende Verpflichtungen:

1. Erfüllung der Haltungsanforderungen für die gehaltenen Tiere nach diesem Gesetz und den darauf basierenden Verordnungen.
2. Durchführung der erforderlichen Registrierungen und Dokumentation, insbesondere jene nach diesem Bundesgesetz.
3. Es dürfen nur gesunde Tiere für die Zucht eingesetzt werden. Bei Hunden, Katzen und bestimmten in der Verordnung gemäß § 22b Abs. 1 genannten Tierrassen oder Tieren mit speziellen Merkmalen, bei denen besondere Maßnahmen zur Verhinderung der Qualzucht erforderlich sind, muss ein Programm oder zumindest eine Dokumentation über tierärztliche diagnostische Untersuchungen und über die Abklärung von Risikofaktoren vorliegen. Die Züchterin bzw. der Züchter muss die Risikoparameter ihrer bzw. seiner gezüchteten Tierart kennen und dementsprechend handeln.
4. Die Züchterinnen bzw. Züchter haben dafür Sorge zu tragen, dass die Wahrscheinlichkeit von Erbschäden reduziert und Qualzucht verhindert wird.

(2) Für Tierhalterinnen bzw. Tierhalter, die an einem von der gemäß § 22c Abs. 1 eingerichteten Kommission für tauglich befundenen Zucht- bzw. Maßnahmenprogramm gemäß § 22b Abs. 3 teilnehmen und dieses nachweislich einhalten und umsetzen, gelten die Anforderungen der Abs. 1 Z 3 und 4 als erfüllt. Selbiges gilt auch für tauglich befundene Programme und sinngemäß für begutachtete Einzeltiere gemäß § 22c Abs. 4 Z 10. Nachweise über die Einhaltung und Umsetzung der im jeweiligen Programm vorgesehenen Maßnahmen sind der Behörde auf Verlangen vorzulegen.

Maßnahmen zur Umsetzung des Qualzuchtverbots

§ 22b.[12] (1) Zur Umsetzung des Qualzuchtverbots bei Tieren, die keine landwirtschaftlichen Nutztiere sind, kann der Bundesminister bzw. die Bundesministerin für Soziales, Gesundheit, Pflege und Konsumentenschutz nach Anhörung der wissenschaftlichen Kommission nach § 22c durch Verordnung

1. bestimmte Tierrassen oder Tiere mit speziellen Merkmalen, bei denen besondere Maßnahmen zur Verhinderung der Qualzucht erforderlich sind,
2. die Kriterien zur Beurteilung der Zuchttauglichkeit, insbesondere auch im Hinblick auf Zucht- bzw. Maßnahmenprogramme von Zuchtverbänden und –vereinen,
3. bestimmte Tierrassen oder Tiere mit besonderen Merkmalen, die von der Zucht auszuschließen sind, sowie
4. Vorschriften für die behördliche Kontrolle der Maßnahmen zur Umsetzung des Qualzuchtverbots unter besonderer Berücksichtigung der relevanten Qualzuchtmerkmale,

festlegen.

(2) Der Bundesminister bzw. die Bundesministerin für Soziales, Gesundheit, Pflege und Konsumentenschutz hat in einer Verordnung nach Abs.1 unter Bedachtnahme auf den anerkannten Stand der wissenschaftlichen Erkenntnisse insbesondere den Rahmen festzulegen, der die folgerichtige Zuweisung von Qualzuchtsymptomen und Qualzuchtmerkmalen zu passenden Diagnosen und deren Interpretationen ermöglicht, sowie die Vorlage von Zucht- bzw. Maßnahmenprogrammen anzuordnen.

(3) Bei Tieren, für die im Rahmen von Zuchtverbänden oder –vereinen bereits Zucht- bzw. Maßnahmenprogramme bestehen, sind diese Programme der gemäß § 22c Abs. 1 eingerichteten Kommission bis längstens sechs Monate nach dem Inkrafttreten des Bundesgesetzes BGBl. I Nr. 124/2024 zur Beurteilung der Tauglichkeit zur Umsetzung des Qualzuchtverbots vorzulegen. Neue Programme sind vor Aufnahme der Zucht zur Beurteilung der Tauglichkeit zur Umsetzung des Qualzuchtverbots vorzulegen. Die Entscheidung über die Tauglichkeit von Programmen ist innerhalb einer angemessenen Frist zu treffen.

(4) Sollten Zucht- bzw. Maßnahmenprogramme bei Rassen, die ein Risiko für das Auftreten von Qualzuchtsymptomen aufweisen, nicht geeignet sein, eine Reduzierung von Qualzuchtmerkmalen und eine Eliminierung des Auftretens von Qualzuchtsymptomen (Rückzucht) zu ermöglichen und werden die Programme nicht an die Empfehlungen der Kommission angepasst, so hat die Kommission festzustellen, dass diese nicht entsprechen. Die Teilnahme an einem solchen Programm entspricht demnach nicht den Anforderungen des § 22a Abs. 2.

(5) Die Zuchtverbände haben regelmäßig die Dokumentation der anhand des für tauglich befundenen Zucht- bzw. Maßnahmenprogramms vorgenommenen Zuchten der Kom-

mission zur Evaluierung zu übermitteln. Ebenso sind diese Daten der Behörde auf Verlangen vorzulegen.

(6) Wurden Einzeltiere gemäß § 22c Abs. 4 Z 10 als tauglich zur Zucht befunden oder ein Programm eines Zuchtverbands oder –vereins gemäß Abs. 3 für tauglich befunden oder angepasst, und treten dennoch bei derart gezüchteten Tieren Qualzuchtsymptome auf, so liegt kein Verstoß gegen § 5 Abs. 2 Z 1 vor, wenn nachgewiesen werden kann, dass die Vorgaben des Programmes und der gemäß § 22c Abs. 1 eingerichteten Kommission eingehalten wurden. Dies gilt auch für jene Züchterinnen bzw. Züchter, die ein zum Zeitpunkt des Inkrafttretens des Bundesgesetzes BGBl. I Nr. 124/2024 bereits bestehendes Programm eines Zuchtverbands oder –vereins gemäß Abs. 3 eingereicht oder bis längstens sechs Monate nach Inkrafttreten des Bundesgesetzes BGBl. I Nr. 124/2024 einen Antrag auf Erstellung eines Gutachtens für eine bereits vor Inkrafttreten des Bundesgesetzes BGBl. I Nr. 124/2024 bestehendes Programm oder Begutachtung eines zuvor zur Zucht eingesetzten Einzeltieres im Sinne des § 22c Abs. 4 Z 10 gestellt haben, bis zur Entscheidung durch die Kommission, sofern die Vorgaben des § 44 Abs. 17 in der Fassung des Bundesgesetzes BGBl. I Nr. 130/2022 eingehalten werden. Bis zur Konstituierung der Kommission gemäß § 22c Abs. 1, längstens jedoch sechs Monate nach Inkrafttreten der gegenständlichen Bestimmung, ist § 44 Abs. 17 in der Fassung des Bundesgesetzes BGBl. I Nr. 130/2022 auf Zuchten sinngemäß anzuwenden.

Wissenschaftliche Kommission zur Umsetzung des Qualzuchtverbots

§ 22c.[12] (1) Der Bundesminister bzw. die Bundesministerin für Soziales, Gesundheit, Pflege und Konsumentenschutz richtet eine wissenschaftliche Kommission ein. Diese hat den Bundesminister bzw. die Bundesministerin in Fragen der Vermeidung von Qualzucht bei Tieren, die keine landwirtschaftlichen Nutztiere sind, zu beraten und innerhalb angemessener Frist die Aufgaben gemäß Abs. 4 zu erledigen.

(2) Der Kommission gemäß Abs. 1 haben jedenfalls

1. ein Veterinärmediziner bzw. eine Veterinärmedizinerin als Vorsitzender bzw. Vorsitzende,
2. mindestens eine Expertin bzw. ein Experte auf dem Gebiet der Tierzucht und Genetik,
3. mindestens eine Expertin bzw. ein Experte auf dem Gebiet der Ethik,
4. mindestens eine Expertin bzw. ein Experte aus den notwendigen klinischen Fachgebieten, insbesondere Orthopädie, Augenheilkunde, Kardiologie, Dermatologie und bildgebende Diagnostik,

anzugehören. Diese werden vom Bundesminister bzw. von der Bundesministerin für Soziales, Gesundheit, Pflege und Konsumentenschutz bestellt. Die Mitglieder gemäß Z 2 bis 4 werden vom Bundesminister bzw. von der Bundesministerin für Soziales, Gesundheit, Pflege und Konsumentenschutz auf Grund eines Vorschlages der Veterinärmedizinischen Universität Wien und des Vereins Österreichischer Universitätenkonferenz für die Dauer von fünf Jahren bestellt. Eine Weiterbestellung ist zulässig. Den Mitgliedern gebührt für die Erfüllung ihrer Aufgaben eine Entschädigung (Abs. 6).

(3) Über Vorschlag der Kommission kann der Bundesminister bzw. die Bundesministerin für Soziales, Gesundheit, Pflege und Konsumentenschutz auch andere Sachverständige oder Auskunftspersonen auf Grund ihrer fachlichen Qualifikation zur Mitwirkung an den Arbeiten der Kommission heranziehen. Eine solche Heranziehung kann für den Einzelfall oder für die Dauer von fünf Jahren erfolgen. Eine Weiterbestellung ist zulässig.

(4) Die Aufgaben der Kommission sind:

1. Erstellung eines mehrjährigen Arbeitsprogrammes, wobei die Beschreibung von Qualzuchtmerkmalen sowie ihre Relevanz für Zucht, Ausstellung, Abbildung und Inverkehrbringung sowie Definitionen zur Diagnose von Qualzuchtmerkmalen insbesondere der Brachycephalie bei Hunden besonders berücksichtigt werden müssen. Weiters sind wissenschaftliche Grundlagen zu Qualzuchthemen bei Hunden und Katzen zu erarbeiten und bei Bedarf auf weitere Heimtiere auszudehnen.
2. Erarbeitung von Grundlagen für allfällige weiterführende rechtliche Regelungen im Zusammenhang mit der Vermeidung von Qualzucht einschließlich der dafür notwendigen Definitionen.
3. Erstellung von formalen und inhaltlichen Anforderungen an Zuchtprogramme zur Umsetzung des Qualzuchtverbots sowie zur Vermeidung von Qualzuchtsymptomen, sowie die Entwicklung von Maßnahmenprogrammen, die die gesundheitlichen Beeinträchtigungen der Nachkommen innerhalb angemessener Frist beseitigen.
4. Prüfung, Evaluierung sowie Begutachtung der vorgelegten Zucht- bzw. Maßnahmenprogramme von Zuchtverbänden und –vereinen gegen Einhebung eines Kostenbeitrags und Festlegung von geeigneten Programmen.
5. Evaluierung, Erarbeitung und Festlegung der benötigten Untersuchungen und Gutachten, welche für die Begutachtung der einzelnen Tiere für die Zucht benötigt werden.
6. Laufende Evaluierung der gemäß Z 1 und 3 erstellten Richtlinien.
7. bei Bedarf die Erstellung von Richtlinien über die Ausbildung von befunderstellenden Tierärzten bzw. Tierärztinnen hinsichtlich der jeweiligen Qualzuchtsymptome und -merkmale.
8. Unterstützung der Vollzugsorgane bei Fragestellungen zum Thema Qualzucht bei Heimtieren.
9. Abgabe von Gutachten zur Schlichtung von Streitfragen zum Thema Qualzucht bei Heimtieren gegen Entgelt.
10. Erstellung eines Gutachtens gegen Entgelt auf Antrag einer Züchterin bzw. eines Züchters (freiwillig oder auf Grund einer Bescheidauflage einer Behörde gemäß § 31b Abs. 1 und 2) über
    - Tiere, die dem § 22b Abs. 1 unterliegen und zur Zucht verwendet werden sollen, auf Qualzuchtsymptome und –merkmale sowie
    - bestehende oder geplante Zucht- bzw. Maßnahmenprogramme.

(5) Die Kommission bedient sich der Fachstelle für tiergerechte Tierhaltung und Tierschutz als Geschäftsstelle. Die Geschäftsstelle hat insbesondere folgende Aufgaben:

1. Koordinierung der Verwaltung,
2. Festlegung der administrativen Agenden,
3. Entgegennahme von Anträgen,
4. Veröffentlichung der Richtlinien, Definitionen, Empfehlungen und falls vorhanden, Beschlüsse sowie anonymisierte Gutachten bzw. Begutachtungen der Kommission,
5. nach Maßgabe der Möglichkeiten die Erarbeitung von Richtlinien und Qualitätskriterien für eine freiwillige Zertifizierung von Haltungen zur Zucht oder von einzelnen Zuchttieren,
6. Information der Behörden über Evaluierung und Begutachtung von Maßnahmenprogrammen oder Ergebnis der Begutachtung von Tieren.

(6) Die Kommission hat ihre Tätigkeit durch eine Geschäftsordnung zu regeln. In dieser Geschäftsordnung sind allfällige Entschädigungen für die Tätigkeit als Mitglied der Kommission gemäß Abs. 2 festzuhalten.

(7) Zur Beratung der Kommission bei der Erfüllung ihrer Aufgaben können von dieser tierartenbezogene Beiräte eingerichtet werden. Diesen Beiräten können jedenfalls Vertreterinnen bzw. Vertreter der Österreichischen Tierärztekammer, der Wirtschaftskammer Österreich, der Vereinigung Österreichischer Kleintiermediziner, des Österreichischen Dachverbands sachkundiger Tierhalter, der österreichischen Zuchtverbände sowie des Tierschutzrats angehören. Die Mitwirkung in diesen Beiräten erfolgt ehrenamtlich.

Bewilligungen

§ 23.

(1) Für Bewilligungen gelten, soweit nicht anderes bestimmt ist, die folgenden Bestimmungen:

1. Die Behörde hat Bewilligungen nur auf Antrag zu erteilen. Örtlich zuständig für die Bewilligung ist die Behörde, in deren Sprengel die bewilligungspflichtige Haltung, Mitwirkung oder Verwendung von Tieren stattfindet oder stattfinden soll.
2. Die Bewilligung ist zu erteilen, wenn die beantragte Tierhaltung den Bestimmungen dieses Bundesgesetzes und der auf dessen Grundlage erlassenen Verordnungen sowie dem anerkannten Stand der wissenschaftlichen Erkenntnisse entspricht und kein Tierhaltungsverbot entgegensteht.
3. Bewilligungen können erforderlichenfalls befristet oder unter Auflagen oder unter Bedingungen erteilt werden.
4. Eine befristete Bewilligung ist auf Antrag des Bewilligungsinhabers zu verlängern, wenn der Antrag vor Ablauf der Frist eingebracht wird und die Voraussetzungen für die Erteilung der Bewilligung weiterhin gegeben sind. Erforderlichenfalls sind die Bedingungen oder Auflagen (Z 3) abzuändern.

(2) Stellt die Behörde fest, dass die Tierhaltung nicht mehr den Bewilligungsvoraussetzungen entspricht oder die vorgeschriebenen Auflagen oder Bedingungen nicht eingehalten werden, hat sie mit Bescheid die zur Erreichung des rechtmäßigen Zustandes notwendigen Maßnahmen vorzuschreiben und dem Bewilligungsinhaber den Entzug der Bewilligung anzudrohen. Kommt der Bewilligungsinhaber innerhalb der im Bescheid festgesetzten Frist den Vorschreibungen nicht nach, hat die Behörde die Bewilligung zu entziehen. Bei bewilligungspflichtigen Tierhaltungen ohne Genehmigung kann die Behörde mittels Bescheid die Einstellung der Haltung und die zur Sicherung der Einstellung erforderlichen Maßnahmen verfügen oder eine Frist zur Erlangung der Genehmigung festlegen, bei deren Nichteinhaltung die Einstellung der Tierhaltung zu erfolgen hat. Die betroffenen Tiere sind abzunehmen und solchen Vereinigungen, Institutionen oder Personen zu übergeben, die Gewähr für eine diesem Bundesgesetz entsprechende Haltung bieten.

(3) Sind innerhalb von sechs Monaten nach Abnahme von Tieren gemäß Abs. 2 die Voraussetzungen für eine ordnungsgemäße Haltung geschaffen oder die erforderliche Genehmigung erwirkt, so sind sie zurückzustellen. Ist dies nicht der Fall oder ist bereits vor Ablauf dieser Frist – frühestens aber zwei Monate nach der Abnahme – erkennbar, dass die Voraussetzungen bis dahin nicht vorliegen werden, so sind die Tiere als verfallen anzusehen.

2. Abschnitt
Besondere Bestimmungen

Tierhaltungsverordnung

§ 24. (1)[2] Unter Berücksichtigung der Zielsetzung und der sonstigen Bestimmungen dieses Bundesgesetzes sowie unter Bedachtnahme auf den anerkannten Stand der wissenschaftlichen Erkenntnisse und die ökonomischen Auswirkungen hat die Bundesministerin bzw.der Bundesminister für Soziales, Gesundheit, Pflege und Konsumentenschutz, in Bezug auf Tiere gemäß Z 1 im Einvernehmen mit der Bundesministerin bzw.dem Bundesminister für Land- und Forstwirtschaft, Regionen und Wasserwirtschaft, für die Haltung

1.[18] von Pferden und Pferdeartigen, Schweinen, Rindern, Schafen, Ziegen, Schalenwild, Lamas und Alpakas, Kaninchen, Tauben zur landwirtschaftlichen Nutzung (Nutztauben), Hausgeflügel, Straußen und Nutzfischen sowie
2. anderer Wirbeltiere

durch Verordnung die Mindestanforderungen für die in § 13 Abs. 2 genannten Haltungsbedingungen und erforderlichenfalls Bestimmungen hinsichtlich zulässiger Eingriffe sowie sonstiger zusätzlicher Haltungsanforderungen zu erlassen.

(2)[2] Für Tierarten, deren Haltung einer Bewilligung bedarf, jedoch nicht durch Verordnung geregelt ist, hat die Behörde aus Anlass eines Antrages (§ 23 Z 1) eine Stellungnahme des Tierschutzrates (§ 42) über die nach dem anerkannten Stand der wissenschaftlichen Erkenntnisse einzuhaltenden Mindestanforderungen einzuholen. Die Bundesministerin bzw.der Bundesminister für Soziales, Gesundheit, Pflege und Konsumentenschutz hat die Stellungnahme des Tierschutzrates nach Anhörung des Vollzugsbeirates (§ 42a) in den Amtlichen Veterinärnachrichten (AVN) zu verlautbaren. Liegt eine solche Verlautbarung vor, so hat die Behörde keine Stellungnahme des Tierschutzrates einzuholen.

(3)[3] Durch Verordnung kann die Bundesministerin bzw. der Bundesminister für Soziales, Gesundheit, Pflege und Konsumentenschutz – unter Berücksichtigung der Zielsetzungen und der sonstigen Bestimmungen dieses Bundesgesetzes sowie unter Bedachtnahme auf den anerkannten Stand der wissenschaftlichen Erkenntnisse – nähere Bestimmungen über die Ausbildung und das Verhaltenstraining von Hunden, Anforderungen an die auszubildenden Hunde sowie Verbote und Voraussetzungen für Ausnahmen vom Verbot bestimmter tierschutzrelevanter Ausbildungsmaßnahmen festlegen. Weiters können für Personen, die Hunde ausbilden oder sonst an der Ausbildung mitwirken sowie Personen, die mit ihren Hunden an Ausbildungen teilnehmen oder die Hunde halten, die eine bestimmte Ausbildung erfahren haben, besondere Befähigungsnachweise sowie die Voraussetzung zu deren Erlangung und Entziehung vorgeschrieben werden.

Kennzeichnung und Registrierung von Hunden und Zuchtkatzen in einer Datenbank[19]

§ 24a.[3] (1) Die Bundesministerin bzw. der Bundesminister für Soziales, Gesundheit, Pflege und Konsumentenschutz stellt im Sinne einer überregionalen Zusammenarbeit zum Zwecke

1. der Zurückführung entlaufener, ausgesetzter oder zurückgelassener Hunde und Zuchtkatzen auf ihren Halter,
2. der Identifizierung von Hunden und Zuchtkatzen,
3. der Kontrolle der Einhaltung von Gutachten gemäß § 22c Abs. 4 Z 10,
4. der Kontrolle des allenfalls erforderlichen Sachkundenachweises gemäß § 13 Abs. 4,
5. der Einhaltung von tierschutzrechtlich bestehenden Zuchtbestimmungen,

für die Registrierung und Verwaltung der in Abs. 2 angeführten Daten eine länderübergreifende Datenbank zur Verfügung. Zu diesem Zweck können bestehende elektronische Register herangezogen werden. Die Bundesministerin bzw. der Bundesminister für Soziales, Gesundheit, Pflege und Konsumenten-

---

[18] Geändert durch BGBl I 130/2022.

[19] Überschrift geändert durch BGBl I 124/2024.

schutz ist für diese Datenbank Verantwortliche bzw. Verantwortlicher gemäß Art. 4 Z 7 Datenschutz-Grundverordnung.

(2) Zur Erfüllung der in Abs. 1 angeführten Zwecke sind folgende Daten (Stammdaten) gemäß Abs. 4, 4a und 6 zu melden und zu erfassen:

1.[3] personenbezogene Daten des Halters, ist diese Person nicht mit dem Eigentümer bzw. der Eigentümerin oder dem Züchter bzw. der Züchterin des Tieres ident, ebenso die des Eigentümers bzw. der Eigentümerin oder gegebenenfalls des Züchters bzw. der Züchterin:
   a) Name,
   b) Art und Nummer eines amtlichen Lichtbildausweises,
   c) Zustelladresse,
   d) Kontaktdaten,
   e) Geburtsdatum,
   f) Datum der Aufnahme der Haltung bei Hunden oder der Meldung gemäß § 31b bei Zuchtkatzen,
   g) Datum der Abgabe und neuer Halter (Name und Nummer eines amtlichen Lichtbildausweises) oder des Todes des Tieres,
   h) die Eigenschaft als Züchter bzw. Züchterin gemäß § 31b,
   i) die Bescheinigung über einen Sachkundenachweis gemäß § 13 Abs. 4.
2.[3] tierbezogene Daten:
   a) Rasse,
   b) Geschlecht,
   c) Geburtsdatum (zumindest Jahr),
   d) Kennzeichnungsnummer (Microchipnummer) sowie jene der Elterntiere (sofern bekannt),
   e) im Falle eines Tieres, an dessen Körperteilen aus veterinärmedizinischem Grund Eingriffe unternommen wurden, Angabe des genauen Grundes und des Tierarztes bzw. der Tierärztin, der bzw. die den Eingriff vorgenommen hat bzw. Angabe sonstiger Gründe (zB Beschlagnahme),
   f) Geburtsland,
   g) fakultativ: Nummer eines allfällig vorhandenen Heimtierausweises,
   h) fakultativ: Datum der letzten Tollwutimpfung unter Angabe des Impfstoffes, falls vorhanden,
   i) im Falle eines Tieres, das zur Zucht verwendet werden soll: allfällige Gutachten der Kommission zur Vermeidung von Qualzucht,
   j) im Falle eines Hundes oder einer Zuchtkatze, Anordnungen gemäß § 35 Abs. 6a sowie Angabe des Datums des allenfalls vorgenommenen Eingriffs zur Verhütung der Fortpflanzung.

(3)[2] Alle im Bundesgebiet gehaltenen Hunde sind mittels eines zifferncodierten, elektronisch ablesbaren Microchips auf Kosten des Halters von einem Tierarzt bzw. einer Tierärztin kennzeichnen zu lassen. Jungtiere sind spätestens mit einem Alter von drei Monaten, jedenfalls aber vor der ersten Weitergabe so zu kennzeichnen. Hunde, die in das Bundesgebiet eingebracht werden, müssen entsprechend den veterinärrechtlichen Bestimmungen gekennzeichnet sein. Die Kennzeichnung gemäß dem ersten Satz kann unterbleiben, wenn der Hund bereits durch einen funktionsfähigen Microchip gekennzeichnet wurde.

(3a) Alle im Bundesgebiet gehaltenen Katzen, die zur Zucht verwendet werden, sind mittels eines zifferncodierten, elektronisch ablesbaren Microchips auf Kosten des Halters von einem Tierarzt kennzeichnen zu lassen. Jungtiere, die für die Zucht verwendet werden sollen, sind spätestens vor Ausbildung der bleibenden Eckzähne so zu kennzeichnen. Die Kennzeichnung gemäß dem ersten Satz kann unterbleiben, wenn die Katze, die zur Zucht verwendet wird, bereits durch einen funktionsfähigen Microchip gekennzeichnet wurde.

(4)[3] Jeder Halter von Hunden gemäß Abs. 3 ist verpflichtet, sein Tier binnen eines Monats nach der Kennzeichnung, Einreise oder Übernahme eines bereits gekennzeichneten Tieres - jedenfalls aber vor einer Weitergabe - unter Angabe der Daten gemäß Abs. 2 Z 1 lit. a bis g, Abs. 2 Z 1 lit. i, Abs. 2 Z 2 lit. a bis f und Abs. 2 Z 2 lit. i bis j zu melden. Weiters können die Daten gemäß Abs. 2 Z 1 lit. h und Z 2 lit. g und h gemeldet werden. Die Eingabe der Meldung erfolgt über ein elektronisches Portal:

1. vom Halter selbst oder
2. nach Meldung der Daten durch den Halter an die Behörde durch diese oder
3. im Auftrag des Halters durch den freiberuflich tätigen Tierarzt bzw. die freiberuflich tätige Tierärztin, der bzw. die die Kennzeichnung oder Impfung vornimmt oder durch eine sonstige Meldestelle.

(4a) Jeder Halter von Zuchtkatzen, das sind Katzen, die zur Zucht verwendet werden oder verwendet werden sollen, ist verpflichtet, sein Tier binnen eines Monats nach der Kennzeichnung oder Übernahme eines bereits gekennzeichneten Tieres unter Angabe der Daten gemäß Abs. 2 Z 1 lit. a bis g und Z 2 lit. a bis f zu melden. Weiters können die Daten gemäß Abs. 2 Z 2 lit. g und h gemeldet werden. Die Eingabe der Meldung erfolgt über ein elektronisches Portal:

1. vom Halter selbst oder
2. nach Meldung der Daten durch den Halter an die Behörde durch diese oder
3.[2] im Auftrag des Halters durch den freiberuflich tätigen Tierarzt bzw. die freiberuflich tätige Tierärztin, der bzw. die die Kennzeichnung oder Impfung vornimmt oder durch eine sonstige Meldestelle.

(4b) Hinsichtlich der Verarbeitung personenbezogener Daten gemäß Abs. 1 sind die Rechte und Pflichten gemäß Art. 13, 14, 18 und 21 Datenschutz-Grundverordnung ausgeschlossen.

(4c)[4] Der Tierarzt bzw. die Tierärztin ist bei Durchführung der erstmaligen Kennzeichnung gemäß Abs. 3 verpflichtet, den Hund oder die Zuchtkatze gegen Entgelt unter Angabe der in Abs. 2 Z 1 lit. a und b genannten Daten sowie des Datums der erstmaligen Kennzeichnung in der Datenbank gemäß § 24a direkt zu erfassen oder über bereits bestehende elektronische Register einzutragen. Tierbesitzerinnen bzw. Tierbesitzer sowie Züchterinnen bzw. Züchter sind zur Vorlage eines amtlichen Lichtbildausweises verpflichtet. Tierärztinnen und Tierärzte, die zur Ausstellung der Heimtierausweise gemäß § 26 Abs. 1 Tiergesundheitsgesetz (TGG) BGBl. I Nr. 53/2024 ermächtigt sind, haben zum Zweck der Administrierung zur Eintragung und Registrierung in einer Datenbank gemäß § 24a oder einem bereits bestehenden elektronischen Register hierfür relevante Daten zu verarbeiten.

(5)[3] Zum Zweck der eindeutigen Identifizierung der Personen ist für jeden Halter bzw. den Eigentümer bzw. die Eigentümerin – soweit es sich um eine natürliche Person handelt – von Seiten der Datenbank gemäß § 24a das bereichsspezifische Personenkennzeichen GH gemäß der §§ 9, 10 Abs. 2 und 13 Abs. 2 des E-Government-Gesetzes, BGBl. I Nr. 10/2004, bei juristischen Personen die Stammzahl gemäß § 6 Abs. 3 des E-Government-Gesetzes oder das Identifikationsmerkmal des Unternehmensregisters gemäß § 25 Bundesstatistikgesetz 2000, BGBl. I Nr. 163/1999, zu verarbeiten. Jedem Stammdatensatz ist eine Registrierungsnummer zuzuordnen. Diese ist dem bzw. der Eingebenden von der Datenbank mitzuteilen und gilt als Bestätigung für die erfolgreich durchgeführte Meldung. Im Falle, dass die Eingabe von der Behörde oder im Auftrag des

Tierhalters durch einen freiberuflichen Tierarzt bzw. eine freiberuflich tätige Tierärztin oder einer sonstigen Meldestelle vorgenommen wird, ist die Registrierungsnummer von diesen dem Halter mitzuteilen.

(6)[3] Jede Änderung ist vom Halter oder vom Eigentümer bzw. von der Eigentümerin von Hunden in der in Abs. 4 Z 1 bis 3, von Zuchtkatzen in der in Abs. 4a Z 1 bis 3 vorgesehenen Weise zu melden und in die Datenbank einzugeben. Im Falle einer Meldung und Eingabe eines Halter- oder eines Eigentümer- bzw. Eigentümerinnenwechsels ist von der Datenbank eine neue Registrierungsnummer zu vergeben. Bei Meldung des Todes des Tieres an die Behörde unter Vorlage einer Bescheinigung über den Tod ist von dieser nach Ablauf von zwei Jahren die Löschung der tierbezogenen Daten aus dem Register vorzunehmen. Hat der Halter über einen Zeitraum von mehr als 2 Jahren kein Tier bzw. andere aufrechte Unterlagen in der Datenbank gemäß § 24a gemeldet bzw. verspeichert, so ist der gesamte Stammdatensatz zu löschen. Wird der Tod eines Tieres nicht gemeldet, erfolgt 20 Jahre nach dem Geburtsjahr des Hundes oder gegebenenfalls 25 Jahre nach dem Geburtsjahr der Katze die automatische Löschung des gesamten Stammdatensatzes aus der Datenbank.

(7)[3] Jeder Halter und jeder Eigentümer bzw. jede Eigentümerin ist berechtigt, die von ihm bzw. ihr eingegebenen Daten abzurufen und in Fällen des Abs. 6 zu ändern. Die Behörde gemäß § 33 Abs. 1 oder die Veterinärbehörde sowie die in Abs. 4 Z 3 und Abs. 4a Z 3 genannten Personen oder Stellen sind berechtigt, soweit es zur Erfüllung der Aufgaben im Rahmen dieses Bundesgesetzes oder sonstiger veterinärrechtlicher Bestimmungen notwendig ist, in die Datenbank gemäß § 24a kostenfrei einzusehen und Eintragungen vorzunehmen. Die Bundesministerin bzw. der Bundesminister für Soziales, Gesundheit, Pflege und Konsumentenschutz ist ermächtigt, Organen von Gebietskörperschaften auf deren Verlangen kostenfreie Abfragen in der Datenbank in der Weise zu eröffnen, dass sie, soweit dies zur Besorgung einer gesetzlich übertragenen Aufgabe erforderlich ist, die Datensätze erheben können.

(8)[20] Organe von Gebietskörperschaften sind ermächtigt, zum Zweck der Administrierung der Hundeabgabe folgende Daten der Datenbank zu verarbeiten:

1. personenbezogene Daten des Halters, ist dieser nicht mit dem Eigentümer bzw. der Eigentümerin des Tieres ident, ebenso die des Eigentümers bzw. der Eigentümerin:[3]
   a) Name,
   b) Adresse,
   c) Geburtsdatum,
   d) Datum der Aufnahme der Haltung des Hundes.
2. tierbezogene Daten:
   a) Rasse des Hundes,
   b) Geburtsdatum des Hundes,
   c) Kennzeichnungsnummer (Chipnummer).

Die verarbeiteten Daten sind 20 Jahre nach dem Geburtsjahr des Hundes zu löschen."

Wildtiere

§ 25. (1)[21,2] Wildtiere, die – etwa im Hinblick auf Klima, Ernährung, Bewegungsbedürfnis oder Sozialverhalten – besondere Ansprüche an die Haltung stellen, dürfen bei Erfüllung der vorgeschriebenen Voraussetzungen nur auf Grund einer binnen zwei Wochen vorzunehmenden Anzeige der Wildtierhaltung bei der Behörde gehalten werden. In Gehegen, in denen Schalenwild (§ 24 Abs. 1 Z 1) gehalten wird, darf dieses bei Erfüllung der vorgeschriebenen Voraussetzungen ebenfalls nur auf Grund einer Anzeige der Wildtierhaltung bei der Behörde gehalten werden. Die Anzeige hat den Namen und die Anschrift des Halters, die Art und Höchstzahl der gehaltenen Tiere, den Ort der Haltung und weitere Angaben zu enthalten, die zur Beurteilung durch die Behörde erforderlich sind. Weiters ist auch die Beendigung der Haltung binnen 14 Tagen anzuzeigen. Das Nähere ist durch Verordnung der Bundesministerin bzw. des Bundesministers für Soziales, Gesundheit, Pflege und Konsumentenschutz, in Bezug auf Gehege, in denen Schalenwild ausschließlich zur Fleischgewinnung gehalten wird, im Einvernehmen mit der Bundesministerin bzw. dem Bundesminister für Land- und Forstwirtschaft, Regionen und Wasserwirtschaft, zu regeln.

(2) Einer Anzeige nach Abs. 1 bedürfen nicht:

1. Einrichtungen, die dem Tierversuchsgesetz 2012, BGBl. I Nr. 114/2012, unterliegen,
2. Zoos,
3. Tierheime,
4.[2] die Haltung von Tieren im Rahmen gewerbsmäßiger Tätigkeiten.

(3)[2] Die Bundesministerin bzw. der Bundesminister für Soziales, Gesundheit, Pflege und Konsumentenschutz hat durch Verordnung unter Bedachtnahme auf die Zielsetzung und die sonstigen Bestimmungen dieses Bundesgesetzes sowie den anerkannten Stand der wissenschaftlichen Erkenntnisse

1. jene Wildtiere zu bezeichnen, die besondere Anforderungen an die Haltung stellen und
2. die Haltung bestimmter Wildtierarten aus Gründen des Tierschutzes zu verbieten. Ein solches Verbot gilt nicht für Zoos, die über eine Bewilligung gemäß § 26 verfügen, sowie für wissenschaftliche Einrichtungen, die ihre Wildtierhaltung gemäß Abs. 1 angezeigt haben.

(4) Für die Haltung von Wildtieren, die keine besonderen Anforderungen an Haltung und Pflege stellen, in gewerbsmäßig betriebenen Einrichtungen gilt Abs. 1 entsprechend.

(5) Die Haltung von Pelztieren zur Pelzgewinnung ist verboten.

Haltung von Tieren in Zoos

§ 26. (1) Die Haltung von Tieren in Zoos bedarf einer Bewilligung nach § 23.

(2)[2] Nähere Bestimmungen über Mindestanforderungen für Zoos in Bezug auf die Ausstattung, Betreuung von Tieren, Betriebsführung, über die von den mit der Tierhaltung beschäftigten Personen nachzuweisende Ausbildung sowie über von Zoos, mit Ausnahme von Einrichtungen, in denen keine bedeutende Anzahl von Tieren oder Arten zur Schau gestellt werden und die nicht für den Schutz wildlebender Tiere oder die Erhaltung der biologischen Vielfalt bedeutend sind, zu erbringende Leistungen (Arterhaltung, Aufklärung der Öffentlichkeit, wissenschaftliche Forschung) hat die Bundesministerin bzw. der Bundesminister für Soziales, Gesundheit, Pflege und Konsumentenschutz unter Bedachtnahme auf die Zielsetzung und die sonstigen Bestimmungen dieses Bundesgesetzes sowie den anerkannten Stand der wissenschaftlichen Erkenntnisse und die Ansprüche der gehaltenen Tierarten durch Verordnung festzulegen.

(3) Wird der Zoo gänzlich oder teilweise geschlossen, so hat die Behörde für den Fall, dass der Eigentümer der Tiere nicht in der Lage ist, für eine diesem Bundesgesetz entsprechende Haltung zu sorgen, zu verfügen, dass die betroffenen Tiere solchen Vereinigungen, Institutionen oder Personen übergeben werden, die Gewähr für eine diesem Bundesgesetz entsprechende oder, sofern die Haltung im Ausland erfolgen

[20] Eingefügt durch BGBl I 130/2022.

[21] Geändert durch BGBl I 130/2022.

soll, gleichwertige Haltung bieten. Ist all dies nicht möglich, kann das Tier schmerzlos getötet werden.

Haltung von Tieren in Zirkussen, Varietés und ähnlichen Einrichtungen

§ 27. (1)[2] In Zirkussen, Varietés und ähnlichen Einrichtungen dürfen keine Arten von Wildtieren sowie Kamele (Camelidae) und Büffel gehalten oder zur Mitwirkung verwendet werden.

(2)[2] Die Bundesministerin bzw. der Bundesminister für Soziales, Gesundheit, Pflege und Konsumentenschutz hat unter Bedachtnahme auf die Zielsetzung und die sonstigen Bestimmungen dieses Bundesgesetzes sowie nach dem anerkannten Stand der wissenschaftlichen Erkenntnisse durch Verordnung die Voraussetzungen und Mindestanforderungen für die Haltung und die Mitwirkung von Tieren in Zirkussen und ähnlichen Einrichtungen sowie für die erforderliche Sachkunde der Betreuungspersonen näher zu regeln.

(3)[22,2] Die Haltung und Mitwirkung von Tieren in Zirkussen, Varietés und ähnlichen Einrichtungen, insbesondere auch die Erhöhung der Zahl der Tiere oder die Haltung anderer als der bewilligten Tiere, bedarf einer behördlichen Bewilligung. Die Bewilligung gilt für das gesamte Bundesgebiet. Die für die Bewilligung zuständige Behörde ist jene, in deren Sprengel sich das Winterquartier der Haltung befindet. Befindet sich das Winterquartier im Ausland, ist die für die Bewilligung zuständige Behörde diejenige, in deren Sprengel die Haltung von Tieren im Rahmen eines Zirkusses erstmals erfolgt. Die Zuständigkeit für Maßnahmen nach § 23 Z 2 richtet sich nach dem jeweiligen Standort.

(4) Die Bewilligung ist nach Maßgabe des § 23 und nur dann zu erteilen, wenn sichergestellt ist, dass

1. die Haltung der Tiere den Anforderungen dieses Bundesgesetzes und der darauf gegründeten Verordnungen entspricht,
2. eine ausreichende tierärztliche Betreuung sichergestellt ist und
3. der Bewilligungswerber nachweislich über ein geeignetes Winterquartier verfügt, das den Anforderungen an die Tierhaltung im Sinne dieses Gesetzes entspricht. Ausländische Unternehmer haben eine vergleichbare Bestätigung ihres Heimatlandes beizubringen.

(5) Der Wechsel des Standortes ist der Behörde des nächsten Standortes rechtzeitig, jedenfalls aber vor Bezug des neuen Standortes, anzuzeigen. In der Anzeige sind neben dem Standort auch die Art und die Zeit einer Veranstaltung und die dabei gehaltenen Tiere anzugeben. Die Bewilligung ist der Anzeige im Original oder in Kopie anzuschließen.

(6) § 26 Abs. 3 gilt sinngemäß.

Verwendung von Tieren bei sonstigen Veranstaltungen

§ 28. (1) Die Verwendung von Tieren bei sonstigen Veranstaltungen sowie die Mitwirkung von Tieren bei Film- und Fernsehaufnahmen bedarf einer behördlichen Bewilligung nach § 23, ausgenommen es handelt sich um

1. Veranstaltungen, für die eine Bewilligung nach veterinärrechtlichen Vorschriften erforderlich ist, oder
2.[3] Viehmärkte sowie landwirtschaftliche Tierauktionen und Nutztierschauen, die unter veterinärbehördlicher Aufsicht stehen, oder
3. Präsentationen der Ausbildung von Diensthunden oder Dienstpferden des Bundesheeres oder von Diensthunden der Sicherheitsexekutive oder der Zollwache oder von Tieren von sozialen oder medizinischen Einrichtungen, die im öffentlichen Interesse liegen, oder
4. Prüfungen von österreichischen Verbänden oder Vereinen.

Eine Bewilligung der Verwendung oder Mitwirkung kann von der Behörde, in deren Sprengel die Tiere gewöhnlich gehalten werden, auch als Dauerbewilligung erteilt werden. In einem solchen Fall gilt die Bewilligung für das gesamte Bundesgebiet und ist die jeweilige Verwendung oder Mitwirkung der jeweils örtlich zuständigen Behörde rechtzeitig, spätestens jedoch zwei Wochen vor der Veranstaltung, anzuzeigen. Die Zuständigkeit für Maßnahmen nach § 23 Z 5 richtet sich nach dem jeweiligen Veranstaltungsort.

(2) Der Antrag auf Erteilung der Bewilligung muss mindestens sechs Wochen vor dem Tag der geplanten Veranstaltung bei der Behörde einlangen und hat eine Auflistung aller mitgeführten Tiere (Arten und Anzahl) zu enthalten und die Haltung der Tiere sowie die Art ihrer Verwendung darzulegen.

(3)[2] Die Bundesministerin bzw. der Bundesminister für Soziales, Gesundheit, Pflege und Konsumentenschutz hat für nach Abs. 1 bewilligungspflichtige Tierausstellungen, Tierschauen, Tiermärkte und Tierbörsen unter Bedachtnahme auf die Zielsetzungen und die sonstigen Bestimmungen dieses Bundesgesetzes sowie des anerkannten Standes der wissenschaftlichen Erkenntnisse durch Verordnung nähere Bestimmungen hinsichtlich Meldung, Dauer, Haltung der Tiere während der Veranstaltung sowie Aufzeichnungsverpflichtungen zu erlassen.

(4) Bei Veranstaltungen nach Abs. 1 und der damit verbundenen Tierhaltung sind die in diesem Bundesgesetz und in den darauf gegründeten Verordnungen festgelegten Mindestanforderungen sowie die allenfalls erteilten Bedingungen und Auflagen einzuhalten. Bei Veranstaltungen, die verboten sind oder die ohne die erforderliche Genehmigung oder in einer nicht den Auflagen und Bedingungen entsprechenden Art und Weise abgehalten werden, kann die Behörde mittels Bescheid die Einstellung der Veranstaltung und die zur Sicherung der Einstellung erforderlichen Maßnahmen verfügen.

Tierheime, Tierpensionen, Tierasyle und Gnadenhöfe

§ 29. (1) Das Betreiben eines Tierheimes, einer Tierpension, eines Tierasyls oder eines Gnadenhofs bedarf einer Bewilligung der Behörde nach § 23.

(2) Die Bewilligung ist nach Maßgabe des § 23 und nur dann zu erteilen, wenn

1. die regelmäßige veterinärmedizinische Betreuung der Tiere sichergestellt ist und
2. bei Tierheimen und Tierpensionen mindestens eine Person mit einschlägiger Fachausbildung ständig bei der Leitung mitarbeitet.

(3) Die Leitung des Tierheimes oder einer Tierpension hat ein Vormerkbuch zu führen, in dem unter laufender Zahl der Tag der Aufnahme, wenn möglich Name und Wohnort des Eigentümers bzw. Überbringers, eine Beschreibung des äußeren Erscheinungsbildes sowie der Gesundheitszustand der aufgenommenen Tiere einzutragen sind. Beim Abgang der Tiere sind Datum und Art des Abganges sowie, im Fall der Vergabe, Name und Wohnort des Übernehmers festzuhalten. Diese Aufzeichnungen sind drei Jahre lang aufzubewahren und der Behörde auf Verlangen vorzulegen.

(4)[2] Nähere Bestimmungen über die Mindestanforderungen für Tierheime, Tierpensionen, Tierasyle und Gnadenhöfe in Bezug auf die Ausstattung, Betreuung von Tieren, Betriebsführung sowie über die von den mit der Tierhaltung beschäftigten Personen nachzuweisende Ausbildung hat die Bundesministerin bzw. der Bundesminister für Soziales, Gesundheit, Pflege und Konsumentenschutz unter Bedachtnahme auf die Zielsetzung und die sonstigen Bestimmungen dieses Bundes-

[22] Geändert durch BGBl I 130/2022.

gesetzes sowie den anerkannten Stand der wissenschaftlichen Erkenntnisse durch Verordnung festzulegen.

Entlaufene, ausgesetzte, zurückgelassene sowie von der Behörde beschlagnahmte oder abgenommene Tiere

§ 30. (1) Die Behörde hat - soweit eine Übergabe an den Halter nicht in Betracht kommt - Vorsorge zu treffen, dass entlaufene, ausgesetzte, zurückgelassene sowie von der Behörde beschlagnahmte oder abgenommene Tiere an Personen, Institutionen und Vereinigungen übergeben werden, die eine Tierhaltung im Sinne dieses Bundesgesetzes gewährleisten können. Diese Personen, Vereinigungen oder Institutionen (im Folgenden: Verwahrer) haben die Pflichten eines Halters.

(2) Die vom Land und vom Verwahrer zu erbringenden Leistungen und das dafür zu entrichtende Entgelt sind vertraglich zu regeln.

(3) Solange sich die Tiere im Sinne des Abs. 1 in der Obhut der Behörde befinden, erfolgt ihre Haltung auf Kosten und Gefahr des Tierhalters.

(4) Verwahrer von Tieren im Sinne des Abs. 1 haben den Organen, die mit der Vollziehung dieses Bundesgesetzes beauftragt sind, jederzeitigen Zutritt zu den Tierhaltungseinrichtungen und jederzeitige Kontrolle des Gesundheitszustandes des Tieres zu gewähren und allen Anweisungen der Behörde Folge zu leisten.

(5) Für die Dauer der amtlichen Verwahrung trägt die Behörde die Pflichten des Tierhalters.

(6) Die Behörde hat die in ihrem örtlich zuständigen Wirkungsbereich aufgefundenen Tiere in geeigneter Form kundzutun.

(7) Wird nicht innerhalb von einem Monat nach Bekanntgabe gemäß Abs. 6 eine Ausfolgung im Sinne des Abs. 8 begehrt, so kann das Eigentum am Tier auf Dritte übertragen werden. Sollte daraufhin innerhalb Jahresfrist der Eigentümer sein Eigentumsrecht geltend machen, so ist ihm der gemeine Wert des Tieres abzüglich der angefallenen Kosten zu ersetzen.

(8) Die Ausfolgung von Tieren im Sinne des Abs. 1 an Personen, die ein Eigentumsrecht an diesen Tieren geltend machen, bedarf der Zustimmung der Behörde.

Haltung von Tieren im Rahmen einer gewerbsmäßigen oder sonstigen wirtschaftlichen Tätigkeit ausgenommen zur Zucht

§ 31.[23] (1) Die Haltung von Tieren im Rahmen einer gewerbsmäßigen (§ 1 Abs. 2 GewO 1994) oder einer sonstigen wirtschaftlichen Tätigkeit, ausgenommen die Haltung von in § 24 Abs. 1 Z 1 genannten Tieren, bedarf einer Bewilligung nach § 23, es sei denn es handelt sich um eine Haltung zur Zucht gemäß § 31b Abs. 1.

(2) In jeder Betriebsstätte, in der Tiere im Rahmen einer gewerbsmäßigen oder sonstigen wirtschaftlichen – ausgenommen land- und forstwirtschaftlichen – Tätigkeit gehalten werden, muss eine ausreichende Anzahl von Personen mit Kenntnissen über die artgemäße Haltung der jeweiligen Tierart regelmäßig und dauernd tätig sein. In Tierhandlungen sind diese Personen verpflichtet, Kunden über die tiergerechte Haltung, die erforderlichen Impfungen und ein allfällig erhöhtes Risiko für das Auftreten von Qualzuchtsymptomen der zum Verkauf angebotenen Tiere zu beraten sowie über allfällige Melde- und Bewilligungspflichten zu informieren. Die Erfüllung dieser Verpflichtung muss der Behörde, etwa in Form der Bereithaltung entsprechender Informationsangebote, glaubhaft gemacht werden können.

(3) Die Bundesministerin bzw. der Bundesminister für Soziales, Gesundheit, Pflege und Konsumentenschutz hat im Einvernehmen mit der Bundesministerin bzw. dem Bundesminister für Arbeit und Wirtschaft unter Bedachtnahme auf die Zielsetzung und die sonstigen Bestimmungen dieses Bundesgesetzes sowie den anerkannten Stand der wissenschaftlichen Erkenntnisse durch Verordnung Vorschriften über die Haltung von Tieren im Rahmen einer gewerbsmäßigen oder sonstigen wirtschaftlichen Tätigkeit, ausgenommen land- und forstwirtschaftliche Tätigkeiten, insbesondere auch über die von den mit der Tierhaltung beschäftigten Personen nachzuweisende Ausbildung, zu erlassen.

(4) Sofern die Haltung von Tieren zum Zwecke des Verkaufs, ausgenommen von in § 24 Abs. 1 Z 1 genannten Tieren im Rahmen der Land- und Forstwirtschaft oder Tieren in Zoos oder Tieren in Zoofachhandlungen, nicht bereits einer Genehmigung nach Abs. 1 bedarf, ist sie vom Halter der Behörde vor Aufnahme der Tätigkeit zu melden. Sofern bereits eine Meldung gemäß § 31b Abs. 1 erfolgt ist, ist keine weitere Meldung erforderlich. Die Anzeige hat den Namen und die Anschrift des Halters, die Art, die Rasse, das Geschlecht und die Höchstzahl der gehaltenen Tiere sowie, den Ort der Haltung sowie – falls vorhanden – die Microchipnummer bzw. andere Identifikationsmerkmale zu enthalten. Nähere Bestimmungen sowie Ausnahmen von der Meldepflicht sind durch Verordnung der Bundesministerin bzw. des Bundesministers für Soziales, Gesundheit, Pflege und Konsumentenschutz zu regeln. Wird anlässlich einer Kontrolle festgestellt, dass die Haltungsbedingungen nicht den Anforderungen dieses Gesetzes oder einer aufgrund dieses Gesetzes erlassenen Verordnung entsprechen, hat die Behörde die Setzung entsprechender Maßnahmen innerhalb einer angemessenen Frist vorzuschreiben. Kommt der Halter dem nicht innerhalb der von der Behörde gesetzten Frist nach, hat die Behörde § 23 Abs. 2 und 3 sinngemäß anzuwenden.

(5) Hunde und Katzen dürfen im Rahmen gewerbsmäßiger Tätigkeiten gemäß Abs. 1 in Zoofachgeschäften und anderen gewerblichen Einrichtungen, in denen Tiere angeboten werden, zum Zwecke des Verkaufes, der Vermittlung oder sonstiger gewerbsmäßiger Tätigkeiten, nicht gehalten und ausgestellt werden.

Aufnahme, Weitergabe und Vermittlung von Tieren

§ 31a.[23] (1) Wer Tiere, ausgenommen in § 24 Abs. 1 Z 1 genannte Tiere, wiederholt aufnimmt oder weitergibt, ohne eine gemäß § 29, § 31 oder § 31b bewilligte oder gemäß § 31 oder § 31b gemeldete Einrichtung zu sein oder Tätigkeit auszuüben, muss dies vor Aufnahme der Tätigkeit der Behörde melden. Wird anlässlich einer Kontrolle festgestellt, dass die Haltungsbedingungen nicht den Anforderungen dieses Gesetzes oder einer aufgrund dieses Gesetzes erlassenen Verordnung entsprechen, hat die Behörde die Setzung entsprechender Maßnahmen innerhalb einer angemessenen Frist vorzuschreiben. Kommt der Halter dem innerhalb der von der Behörde gesetzten Frist nicht nach, hat die Behörde § 23 Abs. 2 und 3 sinngemäß anzuwenden.

(2) Wer Tiere, ausgenommen jene die in § 24 Abs. 1 Z 1 genannt sind, abgibt, hat

1. sicherzustellen, dass Jungtiere nicht vor dem artspezifischen Absetzalter vom Muttertier getrennt werden,
2. nachweislich und schriftlich auf deren individuelle Vorgeschichte und erkennbare Eigenschaften hinzuweisen, sofern nicht durch ein anderes Bundesgesetz oder eine Verordnung auf Grund dieses Gesetzes eine andere Kundeninformation vorgeschrieben ist und
3. sicherzustellen, dass Tiere, die im Rahmen der Gewährleistung zurückgenommen werden, in der eigenen oder einer von ihm beauftragten, gemäß § 29 oder § 31 bewillig-

[23] Samt Überschrift neu gefasst durch BGBl I 124/2024.

ten Einrichtung oder eines land- und forstwirtschaftlichen Betriebs in Österreich untergebracht werden können.

(3) Inhaberinnen bzw. Inhaber einer gemäß § 31 Abs. 1 für eine sonstige wirtschaftliche Tätigkeit ausgestellten Bewilligung haben die Anzahl der aus dem Ausland vermittelten Hunde je Quartal spätestens 14 Tage nach Quartalsende an die örtlich zuständige Behörde zu melden. Diese hat die Anzahl der gemeldeten Hunde aufgeschlüsselt nach den Inhaberinnen bzw. Inhabern einer gemäß § 31 Abs. 1 für eine sonstige wirtschaftliche Tätigkeit ausgestellten Bewilligung zu sammeln. Dies gilt auch, wenn keine Haltung in Österreich vorliegt, jedoch mit Hunden aus dem Ausland in Österreich gehandelt wird oder Hunde aus dem Ausland nach Österreich vermittelt werden.

Haltung von Tieren zur Zucht

§ 31b.[12] (1) Die Haltung von Tieren zum Zwecke der Zucht ist vom Halter, mit Ausnahme von in § 24 Abs. 1 Z 1 genannten Tieren im Rahmen der Land- und Forstwirtschaft oder von in Zoos gehaltenen Tieren, der Behörde zu melden. Die Anzeige hat den Namen und die Anschrift des Halters, die Art, die Rasse, das Geschlecht und die Höchstzahl der gehaltenen Tiere, den Ort der Haltung, falls vorhanden die Microchipnummer bzw. andere Identifikationsmerkmale sowie die Angabe der betreuenden Tierärztin bzw. des betreuenden Tierarztes zu enthalten. Nähere Bestimmungen über die Haltungsanforderungen, die erforderlichen Dokumentationen, den Inhalt der Meldungen sowie Ausnahmen von der Meldepflicht sind durch Verordnung der Bundesministerin bzw. des Bundesministers für Soziales, Gesundheit, Pflege und Konsumentenschutz zu regeln. Wird anlässlich einer Kontrolle festgestellt, dass die Haltungsbedingungen nicht den Anforderungen dieses Gesetzes oder einer aufgrund dieses Gesetzes erlassenen Verordnung entsprechen, hat die Behörde die Setzung entsprechender Maßnahmen innerhalb einer angemessenen Frist vorzuschreiben.

(2) Die Haltung von Tieren zum Zwecke der Zucht, mit Ausnahme von in § 24 Abs. 1 Z 1 genannten Tieren im Rahmen der Land- und Forstwirtschaft oder von in Zoos gehaltenen Tieren, bedarf bei Überschreitung nachstehender Grenzwerte einer Bewilligung nach § 23. Eine bewilligungspflichtige Zucht liegt jedenfalls dann vor, wenn jährlich mehr als die folgende Anzahl an Tieren abgegeben wird:

1. zwei Würfe Hundewelpen,
2. drei Würfe Katzenwelpen,
3. 100 Jungtiere pro Jahr von Kaninchen, Zwergkaninchen, Chinchillas oder Meerschweinchen,
4. 300 Jungtiere pro Jahr von Mäusen, Ratten, Hamstern oder Gerbils,
5. 1000 Jungtiere von Zierfischen,
6. 100 Jungtiere pro Jahr von Reptilien, bei Schildkröten mehr als 50 Jungtiere pro Jahr,
7. bei Vögeln:
   a) 300 Jungtiere pro Jahr von Vögeln bis zur Größe eines Nymphensittichs,
   b) 150 Jungtiere pro Jahr von Vögeln, die größer als Nymphensittiche sind oder
   c) 50 Jungtiere pro Jahr von Aras oder Kakadus, ausgenommen Nymphensittiche.

Züchtet jemand mehrere der unter Z 3 bis 7 genannten Tierarten, so ist die Anzahl der einzelnen Arten prozentual zusammenzuzählen.

(3) Der Bundesminister bzw. die Bundesministerin für Soziales, Gesundheit, Pflege und Konsumentenschutz kann in der Verordnung gemäß Abs. 1 auch die Vorlage von Zucht- bzw. Maßnahmenprogrammen für Tiere bestimmter Arten oder Rassen anordnen.

(4) Bei der Abgabe von Tieren ist eine Information gemäß § 31 Abs. 2 zweiter Satz auch vom Züchter bzw. von der Züchterin durchzuführen.

(5) Die Behörde hat gemeldete und bewilligte Haltungen zur Zucht regelmäßig zu kontrollieren.

Schlachtung oder Tötung

§ 32. (1) Unbeschadet des Verbotes der Tötung nach § 6 darf die Tötung eines Tieres nur so erfolgen, dass jedes ungerechtfertigte Zufügen von Schmerzen, Leiden, Schäden oder schwerer Angst vermieden wird.

(2) Die Schlachtung, Tötung, Verbringung, Unterbringung, Ruhigstellung, Betäubung und Entblutung eines Tieres darf nur durch Personen vorgenommen werden, die dazu die notwendigen Kenntnisse und Fähigkeiten besitzen.

(3) Das Schlachten von Tieren ohne Betäubung vor dem Blutentzug ist verboten. Ist eine Betäubung unter den gegebenen Umständen, wie etwa bei einer Notschlachtung, nicht möglich oder stehen ihr zwingende religiöse Gebote oder Verbote einer gesetzlich anerkannten Religionsgemeinschaft entgegen (rituelle Schlachtung), so ist die Schlachtung so vorzunehmen, dass dem Tier nicht unnötig Schmerzen, Leiden, Schäden oder schwere Angst zugefügt werden.

(4) Rituelle Schlachtungen dürfen nur in einer dafür eingerichteten und von der Behörde dafür zugelassenen Schlachtanlage durchgeführt werden.

(5) Rituelle Schlachtungen ohne vorausgehende Betäubung der Schlachttiere dürfen nur vorgenommen werden, wenn dies auf Grund zwingender religiöser Gebote oder Verbote einer gesetzlich anerkannten Religionsgemeinschaft notwendig ist und die Behörde eine Bewilligung zur Schlachtung ohne Betäubung erteilt hat. Die Behörde hat die Bewilligung zur Durchführung der rituellen Schlachtung nur dann zu erteilen, wenn sichergestellt ist, dass

1. die rituellen Schlachtungen von Personen vorgenommen werden, die über die dazu notwendigen Kenntnisse und Fähigkeiten verfügen,
2.[3] die rituellen Schlachtungen ausschließlich in Anwesenheit eines bzw. einer mit der Schlachttier- und Fleischuntersuchung beauftragten Tierarztes bzw. Tierärztin erfolgen,
3. Einrichtungen vorhanden sind, die gewährleisten, dass die für die rituelle Schlachtung vorgesehenen Tiere so rasch wie möglich in eine für die Schlachtung notwendige Position gebracht werden können,
4. die Schlachtung so erfolgt, dass die großen Blutgefäße im Halsbereich mit einem Schnitt eröffnet werden,
5. die Tiere unmittelbar nach dem Eröffnen der Blutgefäße wirksam betäubt werden,
6. sofort nach dem Schnitt die Betäubung wirksam wird und
7. die zur rituellen Schlachtung bestimmten Tiere erst dann in die dafür vorgesehene Position gebracht werden, wenn der Betäuber zur Vornahme der Betäubung bereit ist.

(6)[2] Die Bundesministerin bzw. der Bundesminister für Soziales, Gesundheit, Pflege und Konsumentenschutz hat entsprechend dem anerkannten Stand der wissenschaftlichen Erkenntnisse durch Verordnung nähere Vorschriften über das Töten oder Schlachten von Tieren zu erlassen. Er kann bestimmte Tötungs- oder Schlachtmethoden verbieten, von einer Bewilligung abhängig machen, zulassen oder gebieten. Er hat insbesondere Regelungen über

1. die Anforderungen an Schlachthöfe,
2. das Verbringen und Unterbringen von Tieren in Schlachthöfen,
3. das Ruhigstellen der Tiere vor dem Betäuben, Schlachten oder Töten,

4. das Betäuben, Schlachten und Töten von Tieren,
5. das Entbluten von Tieren,
6. das Schlachten oder Töten außerhalb von Schlachthöfen im Einvernehmen mit der Bundesministerin bzw. dem Bundesminister für Land- und Forstwirtschaft, Regionen und Wasserwirtschaft,
7. die Anforderungen an Schlachtstätten, in denen rituelle Schlachtungen durchgeführt werden,
8. das fachgerechte Töten von Futtertieren,
9. die Lebendhälterung von Speisefischen sowie
10. die Art und den Nachweis der für das Personal erforderlichen Kenntnisse und Fähigkeiten

zu treffen.

3. Abschnitt[24] Besondere Bestimmungen zur Durchführung der Verordnung (EG) Nr. 1099/2009

Leitfäden

§ 32a. (1) Zur Ausarbeitung von Leitfäden gemäß Art. 13 der Verordnung (EG) Nr. 1099/2009 über den Schutz von Tieren zum Zeitpunkt der Tötung (ABl. Nr. L 303 vom 18.11.2011 S. 1) sind die Wirtschaftskammer Österreich und die Landwirtschaftskammer Österreich berechtigt.

(2)[3] Der Bundesminister bzw. die Bundesministerin für Soziales, Gesundheit, Pflege und Konsumentenschutz hat die Leitfäden zu prüfen und im Zuge dessen gegebenenfalls zu überarbeiten oder zu ergänzen. Dabei sind der Tierschutzrat gemäß § 42 und der Vollzugsbeirat gemäß § 42a zu hören. Die geprüften Leitfäden sind vom Bundesminister bzw. von der Bundesministerin für Soziales, Gesundheit, Pflege und Konsumentenschutz der Europäischen Kommission zu übermitteln und auf der Homepage des Bundesministeriums für Soziales, Gesundheit, Pflege und Konsumentenschutz zu veröffentlichen.

(3)[2] Werden von der Wirtschaftskammer Österreich oder der Landwirtschaftskammer Österreich keine Leitfäden vorgelegt, obliegt die Ausarbeitung dieser dem Bundesminister bzw. der Bundesministerin für Soziales, Gesundheit, Pflege und Konsumentenschutz.

Kontaktstelle

§ 32b. (1) Kontaktstelle gemäß Art. 20 Abs. 2 der Verordnung (EG) Nr. 1099/2009 ist die Fachstelle für tiergerechte Tierhaltung und Tierschutz.

(2)[2] Der Bundesminister bzw. der Bundesministerin für Soziales, Gesundheit, Pflege und Konsumentenschutz sowie die Kontaktstelle gemäß Abs. 1 kann Personen oder Institutionen mit der Erstellung von wissenschaftlichen Gutachten gemäß Art. 20 der Verordnung (EG) Nr. 1099/2009 beauftragen.

Durchführung von Schulungen und Prüfungen und Ausstellung von Sachkundenachweisen

§ 32c. (1)[2] Die Programme für die Schulungen, die Inhalte und die Modalitäten der Prüfungen gemäß Art. 21 Abs. 1 lit. c der Verordnung (EG) Nr. 1099/2009 werden basierend auf Vorschlägen der Wirtschaftskammer Österreich und der Landwirtschaftskammer Österreich vom Bundesminister bzw. von der Bundesministerin für Soziales, Gesundheit, Pflege und Konsumentenschutz durch Verordnung geregelt.

(2) Die Organisation und Durchführung von Schulungen und Prüfungen gemäß Art. 21 der Verordnung (EG) Nr. 1099/2009 hat durch die Wirtschaftskammern und die Landwirtschaftskammern oder durch Fortbildungsinstitute dieser Einrichtungen oder durch sonstige in der Verordnung gemäß Abs. 6 genannte einschlägige Ausbildungsstätten zu erfolgen. Diese haben jeweils eine Liste über die ausgestellten Zeugnisse zu führen. Den Behörden sind auf Verlangen Auskünfte zu erteilen und Einsicht in die Liste zu gewähren oder die Liste in ihrer Gesamtheit zu übermitteln.

(3) Mit dem Zeugnis über die erfolgreiche Absolvierung der Schulung mit Abschlussprüfung ist bei der Bezirksverwaltungsbehörde des Wohnsitzes ein Sachkundenachweis gemäß Art. 21 der Verordnung (EG) Nr. 1099/2009 zu beantragen. Personen, die eine entsprechende Schulung durch ein Zeugnis nachweisen können, aber keinen Wohnsitz in Österreich haben, haben den Sachkundenachweis bei der nach dem Ort der Verrichtung ihrer Arbeit örtlich zuständigen Behörde zu beantragen.

(4) Die Behörden gemäß Abs. 3 stellen die Sachkundenachweise aus. Dabei sind neben den verpflichtenden Angaben gemäß Art. 21 Abs. 3 der Verordnung (EG) Nr. 1099/2009 folgende personenbezogene Daten anzuführen:

1. Vor- und Familienname,
2. Geburtsdatum der Inhaberin bzw. des Inhabers,
3. Wohnsitzadresse.

(5) Die Behörden gemäß Abs. 3 haben jeweils eine Liste über die ausgestellten Sachkundenachweise zu führen und diese aktuell zu halten.

(6)[2] Der Bundesminister bzw. die Bundesministerin für Soziales, Gesundheit, Pflege und Konsumentenschutz hat durch Verordnung nähere Bestimmungen über die Erlangung von Sachkundenachweisen, die Anrechnung von einschlägigen Ausbildungen und die Form der Sachkundenachweise zu regeln.

(7) Kopien der Sachkundenachweise des Personals haben in den Schlachthöfen aufzuliegen. Der Behörde ist Einsicht zu gewähren.

(8)[2] Der Bundesminister bzw. die Bundesministerin für Soziales, Gesundheit, Pflege und Konsumentenschutz hat die Kontaktdaten der in Abs. 2 genannten Stellen auf der Homepage des Bundesministeriums für Soziales, Gesundheit, Pflege und Konsumentenschutz zu veröffentlichen.

(9) Bis 8. Dezember 2015 ist die Erlangung eines Sachkundenachweises möglich, wenn eine Person mit entsprechenden Kenntnissen und Fähigkeiten gemäß § 7 iVm Anhang I der Tierschutz-Schlacht-Verordnung, BGBl. II Nr. 488/2004 idF BGBl. II Nr. 31/2006, drei Jahre Berufserfahrung nachweist und keine Gründe vorliegen, die gemäß § 32d Abs. 1 einen Entzug bedeuten würden.

Entzug von Sachkundenachweisen

§ 32d. (1) Der Sachkundenachweis ist von der Behörde mit Bescheid zu entziehen, wenn

1. aufgrund von Kontrollen festgestellt wird, dass einer der in Art. 22 Abs. 1 lit. c der Verordnung (EG) Nr. 1099/2009 genannten Gründe vorliegt und einer Verwarnung durch die zuständige Behörde nicht nachgekommen wurde, oder
2. die Inhaberin bzw. der Inhaber des Sachkundenachweises wegen schwerwiegender Verstöße in Zusammenhang mit einer Tätigkeit im Anwendungsbereich der Verordnung (EG) Nr. 1099/2009 oder dieses Bundesgesetzes rechtskräftig bestraft wurde, oder
3. eine rechtskräftige Bestrafung gemäß § 222 StGB erfolgt ist, oder eine Bestrafung gemäß § 222 StGB nur wegen Fehlens der Zurechnungsfähigkeit unterblieben oder der Staatsanwalt aufgrund diversioneller Maßnahmen gemäß § 198 StPO von der Strafverfolgung zurückgetreten ist.

(2) In Fällen des Entzuges ist der Sachkundenachweis der Behörde unverzüglich abzuliefern. Wird der Sachkundenachweis nicht abgeliefert, so ist er gemäß dem Verwaltungsvoll-

[24] Eingefügt durch BGBl I 130/2022.

streckungsgesetz 1991, BGBl. Nr. 51, zu entziehen. Die Behörde, die den Sachkundenachweis entzieht, hat, wenn es sich dabei nicht um die Behörde handelt, die diesen ausgestellt hat, dieser unverzüglich Mitteilung zu erstatten und den eingezogenen Sachkundenachweis zu übermitteln. Die Behörde, die den Sachkundenachweis ausgestellt hat, hat den Entzug des Sachkundenachweises unverzüglich in der Liste gemäß § 32c Abs. 5 zu vermerken.

(3) Die Wiedererlangung ist im Falle eines Entzuges aufgrund von Abs. 1 Z 1 möglich, wenn durch abermalige positive Absolvierung der Schulung mit Prüfung gemäß § 32c Abs. 2 nachgewiesen wird, dass ein Entzugsgrund nach Art. 22 Abs. 1 lit. c der Verordnung (EG) Nr. 1099/2009 nicht mehr vorliegt. Im Falle eines Entzuges gemäß Abs. 1 Z 2 ist die Wiederholung der Schulung mit Prüfung einmal möglich.

3. Hauptstück
Vollziehung

Behörden

§ 33.[2] Soweit nicht ausdrücklich anderes bestimmt ist, ist Behörde im Sinne dieses Bundesgesetzes die Bezirksverwaltungsbehörde.

(Anm.: Abs. 2 aufgehoben durch BGBl. I Nr. 80/2013)

Mitwirkung von Organen des öffentlichen Sicherheitsdienstes

§ 34. (1) Die Organe des öffentlichen Sicherheitsdienstes haben an der Vollziehung des § 37 in Verbindung mit § 5, mit Ausnahme des Abs. 2 Z 1, 2 und 7, in Verbindung mit § 6 sowie mit § 8 durch

1. Maßnahmen zur Vorbeugung gegen drohende Verwaltungsübertretungen,
2. Maßnahmen zur sofortigen Beendigung von Verwaltungsübertretungen,
3. Maßnahmen, die für die Einleitung und Durchführung von Verwaltungsstrafverfahren erforderlich sind,
4. Maßnahmen der unmittelbaren Befehls- und Zwangsgewalt im Zusammenhang mit § 36 und § 37 Abs. 1

mitzuwirken.

(2) Die Organe des öffentlichen Sicherheitsdienstes haben außerdem der nach diesem Bundesgesetz zuständigen Behörde über deren Ersuchen zur Sicherung der Ausübung der Befugnisse gemäß §§ 35 bis 39 im Rahmen ihres gesetzmäßigen Wirkungsbereiches Hilfe zu leisten.

Behördliche Überwachung

§ 35. (1) Die Überwachung der Einhaltung der Vorschriften dieses Bundesgesetzes und der darauf gegründeten Verwaltungsakte obliegt der Behörde.

(2)[25] Landwirtschaftliche Nutztierhaltungen sowie Tierhaltungen gemäß § 25 Abs. 1 zweiter Satz und Abs. 4, §§ 26, 27, 29, 31 Abs. 1 und 4, 31a Abs. 1 sind von der Behörde im Register gemäß § 8 Tierseuchengesetz, RGBl. Nr. 177/1909, zu erfassen und unter Vornahme einer Risikoanalyse in systematischen Stichproben an Ort und Stelle auf die Einhaltung der Vorschriften dieses Bundesgesetzes und der darauf gegründeten Verwaltungsakte zu kontrollieren, wobei die Kontrollen nach Möglichkeit gemeinsam mit sonstigen aufgrund von Gesetzen oder Verordnungen durchzuführenden Kontrollen vorzunehmen sind.

[25] Geändert durch BGBl I 130/2022.

(3)[2] Die Bundesministerin bzw. der Bundesminister für Soziales, Gesundheit, Pflege und Konsumentenschutz hat, in Bezug auf landwirtschaftliche Nutztiere im Einvernehmen mit der Bundesministerin bzw. dem Bundesminister für Land- und Forstwirtschaft, Regionen und Wasserwirtschaft, durch Verordnung nähere Vorschriften über die Kontrolle, insbesondere über die von den Kontrollen erfassten Tierarten und Haltungssysteme sowie über die Anzahl der Kontrollen, zu erlassen, um die Einhaltung der Bestimmungen dieses Bundesgesetzes und der darauf gegründeten Verwaltungsakte zu gewährleisten. Die Durchführung sowie die Ergebnisse der Kontrollen landwirtschaftlicher Nutztierhaltungen sind von der Behörde in das elektronische Register gemäß § 8 TSG einzutragen. Die Durchführung sowie die Ergebnisse der Kontrollen gemäß Abs. 2 sind von der Behörde in das elektronische Register gemäß § 8 Tierseuchengesetz, RGBl. Nr. 177/1909, einzutragen.[26]

(4) Die Behörde ist berechtigt, Tierhaltungen sowie die Einhaltung von Tierhaltungsverboten unter Wahrung der Verhältnismäßigkeit jederzeit zu kontrollieren. Unbeschadet der Abs. 2 und 3 hat die Behörde die Haltung von Tieren zu kontrollieren, wenn im Hinblick auf Verstöße gegen Tierschutzrechtsvorschriften, deretwegen eine gerichtliche oder verwaltungsbehördliche Strafe verhängt worden ist, die Besorgnis weiterer Verstöße gegen Tierschutzrechtsvorschriften besteht. Ebenso hat die Behörde eine Kontrolle durchzuführen, wenn der Verdacht eines solchen Verstoßes besteht.

(5)[3] Die Behörde hat sich bei der Kontrolle solcher Personen zu bedienen, die über eine ausreichende fachliche Qualifikation verfügen. Jedenfalls als ausreichend qualifiziert gelten Tierärztinnen und Tierärzte, die eine Physikatsprüfung gemäß der Tierärztlichen Physikatsprüfungsordnung, BGBl. Nr. 215/1949, abgelegt oder den Universitätslehrgang „Tierärztliches Physikat" der Veterinärmedizinischen Universität Wien erfolgreich absolviert haben. Weiters als ausreichend qualifiziert gelten Personen im Dienststand des Landes oder einer Statutarstadt, wenn diese fachlich einschlägige Aufgaben wahrnehmen und einen entsprechenden Ausbildungslehrgang absolviert haben. Nähere Bestimmungen hinsichtlich des Ausbildungslehrganges sowie die Qualifikationen von Personen außerhalb des Dienstes in einer Gebietskörperschaft sind durch Verordnung der Bundesministerin bzw. des Bundesministers für Soziales, Gesundheit, Pflege und Konsumentenschutz festzulegen. Wenn dies aus Gründen der Zweckmäßigkeit, Einfachheit oder Kostenersparnis geboten ist, kann die Landesregierung die Zuständigkeit der Überwachung für nach sachlichen oder organisatorischen Gesichtspunkten abgegrenzten Fachbereichen an sich ziehen.

(6) Stellt die Behörde bei einer Überwachungshandlung fest, dass Tiere nicht den Bestimmungen dieses Bundesgesetzes oder den darauf gegründeten Verordnungen oder Bescheiden entsprechend gehalten werden, sind dem Tierhalter Änderungen der Haltungsform oder der Anlagen, in denen die Tiere gehalten werden, oder sonstige Maßnahmen vorzuschreiben, mit denen innerhalb einer angemessenen Frist eine den Zielen und sonstigen Bestimmungen dieses Bundesgesetzes entsprechende Haltung erreicht werden kann.

(6a)[4] Die Behörde ist berechtigt, zur Verhinderung von Qualzucht, in folgenden Fällen die Zucht mit Einzeltieren, die keine landwirtschaftlichen Nutztiere sind, durch Bescheid zu untersagen und erforderlichenfalls binnen angemessener Frist die Kastration anzuordnen, für:

1. Tiere bestimmter Tierrassen oder mit besonderen Merkmalen, die durch Verordnung gemäß § 22b Abs. 1 von der Zucht ausgeschlossen wurden,
2. Tiere, für die Zucht- bzw. Maßnahmenprogramme nach § 22b Abs. 3 bei der wissenschaftlichen Kommission nach § 22c zur Beurteilung der Tauglichkeit zur Umsetzung des

[26] Letzter Satz eingefügt durch BGBl I 130/2022.

Qualzuchtverbots vorgelegt, jedoch von dieser nach Prüfung gemäß § 22b Abs. 4 als nicht geeignet beurteilt wurden und somit den Anforderungen des § 22a Abs. 2 nicht entsprochen wird oder

3. Tiere von Züchterinnen bzw. Züchtern, für die die Erstellung eines Gutachtens nach § 22c Abs. 4 Z 10 behördlich vorgeschrieben wurde oder freiwillig erfolgte, dieses jedoch die Eignung zur Zucht negativ beurteilt hat und somit den Anforderungen des § 22a Abs. 2 nicht entsprochen wird.

(7) Das Bundes-Berichtspflichtengesetz, BGBl. I Nr. 65/2002, ist hinsichtlich der Kontrollen gemäß Abs. 2 bis 6 auch insoweit anzuwenden, als keine gemeinschaftsrechtlichen oder internationalen Aufzeichnungs-, Melde- oder Berichtspflichten zu erfüllen sind, und zwar mit der Maßgabe, dass an die Stelle des Landeshauptmannes die Landesregierung zu treten hat.

Betreten von Liegenschaften, Räumen und Transportmitteln, Mitwirkungspflicht

§ 36. (1) Die Organe der mit der Vollziehung dieses Bundesgesetzes betrauten Behörden und die zugezogenen Sachverständigen sowie die Veterinärsachverständigen der Kommission der Europäischen Gemeinschaften haben unter Einhaltung der erforderlichen veterinärpolizeilichen Vorkehrungen das Recht, Liegenschaften, Räume und Transportmittel zum Zwecke der Kontrolle (§ 35) zu betreten und sich zu ihnen unter Wahrung der Verhältnismäßigkeit der eingesetzten Mittel Zutritt zu verschaffen, wenn dieser nicht freiwillig gewährt wird. Dies gilt auch, wenn sich der begründete Verdacht ergibt, dass eine Übertretung dieses Bundesgesetzes erfolgt ist. Dem für die Tierhaltung Verantwortlichen ist, soweit die Erhebungszwecke nicht beeinträchtigt werden, Gelegenheit zu geben, bei der Kontrolle anwesend zu sein.

(2) Die über die betroffenen Liegenschaften, Räume und Transportmittel Verfügungsberechtigten haben die Ausübung der Befugnisse nach Abs. 1 zu dulden.

(3) Die mit der Tierhaltung befassten Personen haben auf Verlangen die erforderlichen Auskünfte zu erteilen. Die Verpflichtung zur Erteilung von Auskünften besteht nicht, sofern die genannten Personen dadurch sich selbst oder eine der in § 38 des Verwaltungsstrafgesetzes 1991, BGBl. Nr. 52, genannten Personen der Gefahr der Strafverfolgung aussetzen würden; derartige Gründe sind glaubhaft zu machen.

Sofortiger Zwang

§ 37. (1) Die Organe der Behörde sind verpflichtet, wahrgenommene Verstöße gegen §§ 5 bis 7 durch unmittelbare behördliche Befehls- und Zwangsgewalt zu beenden. Sie sind berechtigt, zu diesem Zweck erforderlichenfalls, insbesondere wenn das Weiterleben für das Tier mit nicht behebbaren Qualen verbunden wäre, für eine schmerzlose Tötung zu sorgen.

(2) Die Organe der Behörde sind verpflichtet, ein Tier, das in einem Zustand vorgefunden wird, der erwarten lässt, dass das Tier ohne unverzügliche Abhilfe Schmerzen, Leiden, Schäden oder schwere Angst erleiden wird, dem Halter abzunehmen, wenn dieser nicht willens oder in der Lage ist, Abhilfe zu schaffen. Sie sind berechtigt, ein Tier Personen, die gegen §§ 5 bis 7 verstoßen, abzunehmen, wenn dies für das Wohlbefinden des Tieres erforderlich ist.

(2a)[27] Organe der Behörde sind berechtigt, Personen, die gegen § 8 Abs. 2 und 3 oder § 8a verstoßen, die Tiere abzunehmen.

(3) Für abgenommene Tiere gilt § 30. Sind innerhalb von zwei Monaten nach Abnahme im Sinne des Abs. 2 die Voraussetzungen für eine ordnungsgemäße Haltung der Tiere aller Voraussicht nach geschaffen, so sind sie zurückzustellen. Andernfalls sind die Tiere als verfallen anzusehen. Nach Abs. 2a abgenommene Tiere unterliegen dem Verfall im Sinne des § 17 Verwaltungsstrafgesetz (VStG), BGBl. Nr. 52/1991.

(4)[4] Die Organe der Behörde sind berechtigt, die Kastration von Einzeltieren gemäß § 35 Abs. 6a, die trotz behördlich untersagter Zucht bzw. angeordneter Kastration weiterhin zur Zucht verwendet werden bzw. nicht kastriert wurden, auf Kosten des Halters vornehmen zu lassen.

4. Hauptstück
Straf- und Schlussbestimmungen

Strafbestimmungen

§ 38. (1)[28] Wer gegen die Bestimmungen der in der **Anlage** genannten unmittelbar anwendbaren Rechtsakte der Europäischen Union oder gegen die Bestimmungen dieses Bundesgesetzes verstößt, indem er

1. einem Tier entgegen § 5 Schmerzen, Leiden, Schäden oder schwere Angst zufügt oder
2. ein Tier entgegen § 6 tötet oder
3. an einem Tier entgegen § 7 Eingriffe vornimmt oder
4. gegen § 8 verstößt,

begeht eine Verwaltungsübertretung und ist von der Behörde mit einer Geldstrafe bis zu 7 500 Euro, im Wiederholungsfall bis zu 15 000 Euro zu bestrafen.

(2) In schweren Fällen der Tierquälerei ist eine Strafe von mindestens 2 000 Euro zu verhängen.

(3)[28] Wer außer in den Fällen der Abs. 1 und 2 gegen §§ 5, 7, 8a, 9, 11 bis 32, 32c, 32d, 36 Abs. 2 oder 39 oder gegen auf diese Bestimmungen gegründete Verwaltungsakte oder gegen eine Bestimmung der in der **Anlage** genannten unmittelbar anwendbaren Rechtsakte der Europäischen Union verstößt, begeht eine Verwaltungsübertretung und ist von der Behörde mit einer Geldstrafe bis zu 3 750 Euro, im Wiederholungsfall bis 7 500 Euro zu bestrafen.

4.[3] gegen § 8 oder § 8b verstößt,

(5) Der Versuch ist strafbar.

(5a)[29] Strafbar nach § 38 Abs. 3 ist auch, wer mittels im Ausland gesetzter Aktivitäten im Internet Tiere in Österreich anbietet und dadurch gegen § 8a Abs. 2 verstößt.

(5b)[4] Strafbar nach § 38 Abs. 3 ist auch, wer Tiere, ausgenommen jene, die in § 24 Abs. 1 Z 1 genannt sind, vor dem artspezifischen Absetzalter vom Muttertier trennt, erwirbt oder durch einen anderen erwerben lässt; dies gilt auch, wenn der Erwerb im Ausland erfolgt.

(6)[28] Die Behörde hat bei Verwaltungsübertretungen gemäß Abs. 3, sofern sie nicht nach § 45 Abs. 1 des Verwaltungsstrafgesetzes 1991, BGBl. Nr. 52, vorgeht, ohne weiteres Verfahren von der Verhängung einer Strafe abzusehen, wenn das Verschulden des Beschuldigten geringfügig ist und die Folgen der Übertretung für das Wohlbefinden der gehaltenen Tiere unbedeutend sind. Die Behörde hat den Beschuldigten unter Hinweis auf die Rechtswidrigkeit seines Verhaltens mit Bescheid zu ermahnen, sofern dies erforderlich ist, um den Beschuldigten von weiteren strafbaren Handlungen gleicher Art abzuhalten. Unter den in diesem Absatz angeführten Voraussetzungen können die Kontrollorgane gemäß § 35 von der Erstattung einer Anzeige, erforderlichenfalls nach Herstellung des rechtmäßigen Zustandes durch den Beanstandeten, absehen; sie haben den Täter in solchen Fällen in geeigneter Weise auf die Rechtswidrigkeit seines Verhaltens aufmerksam zu machen.

[27] Neu gefasst durch BGBl I 130/2022.

[28] Geändert durch BGBl I 130/2022.

[29] Eingefügt durch BGBl I 130/2022.

(7) Eine Verwaltungsübertretung liegt nicht vor, wenn eine in Abs. 1 bis 3 bezeichnete Tat den Tatbestand einer in die Zuständigkeit der Gerichte fallenden strafbaren Handlung bildet.

(8) (Anm: entfällt gem BGBl I 130/2022)

Verbot der Tierhaltung

§ 39. (1)[28.2] Die Behörde kann einer Person, die vom Gericht wegen Tierquälerei wenigstens einmal oder von der Verwaltungsbehörde wegen Verstoßes gegen die §§ 5, 6, 7, 8 oder 8b mehr als einmal rechtskräftig bestraft wurde, die Haltung und Betreuung von Tieren aller oder bestimmter Arten für einen bestimmten Zeitraum oder auf Dauer verbieten, soweit dies mit Rücksicht auf das bisherige Verhalten der betreffenden Person erforderlich ist, damit eine Tierquälerei oder ein Verstoß gegen die §§ 5, 6, 7, 8 oder 8b in Zukunft voraussichtlich verhindert wird. Dies gilt in gleicher Weise, wenn die Bestrafung nur wegen Fehlens der Zurechnungsfähigkeit unterblieben oder die Staatsanwaltschaft oder das Gericht auf Grund diversioneller Maßnahmen (§ 198 StPO) von der Strafverfolgung zurückgetreten ist.

(2) Die Behörde kann ein solches Verbot lediglich androhen, wenn dies voraussichtlich ausreicht, um die betreffende Person in Zukunft von einer Tierquälerei oder von einem Verstoß gegen die §§ 5, 6, 7 oder 8 abzuhalten.

(3)[28] Wird ein Tier entgegen einem Verbot nach Abs. 1 oder § 25 Abs. 3 Z 2 gehalten oder betreut, so hat es die Behörde ohne vorausgegangenes Verfahren unverzüglich abzunehmen und für seine vorläufige Verwahrung und Betreuung zu sorgen. Diese Tiere unterliegen dem Verfall im Sinne des § 17 VStG.

(4) Die Gerichte haben die nach dem Wohnsitz des Täters örtlich zuständige Bezirksverwaltungsbehörde von rechtskräftigen Verurteilungen gemäß § 222 StGB in Kenntnis zu setzen. Von der Einstellung eines Verfahrens wegen Verdachtes des Verstoßes gegen § 222 StGB haben die Gerichte und die Staatsanwaltschaft die örtliche zuständige Bezirksverwaltungsbehörde dann in Kenntnis zu setzen, wenn

1. die Einstellung auf Grund diversioneller Erledigung erfolgt ist, oder
2. der Verdacht eines Verstoßes gegen verwaltungsrechtliche Tierschutzbestimmungen besteht.

(5) Tierhaltungsverbote gemäß Abs. 1 gelten für das gesamte Bundesgebiet. Die Behörde ist verpflichtet, Tierhaltungsverbote der zuständigen Landesregierung zu melden. Die Landesregierungen haben einander unverzüglich von rechtskräftigen Bescheiden über Tierhaltungsverbote sowie deren allfällige Aufhebung in Kenntnis zu setzen. Die Landesregierungen haben ihrerseits die ihnen jeweils unterstellten Behörden über alle Tierhaltungsverbote oder Aufhebungen im gesamten Bundesgebiet in Kenntnis zu setzen.[30]

Verfall

§ 40. (1)[31] Unbeschadet der §§ 37 Abs. 3 letzter Satz und § 39 Abs. 3 unterliegen Gegenstände, die zur Übertretung der in der **Anlage** genannten unmittelbar anwendbaren Rechtsakte der Europäischen Union oder dieses Bundesgesetzes oder einer auf Grund dieses Bundesgesetzes erlassenen Verordnung verwendet wurden, und Tiere, auf die sich das strafbare Verhalten bezogen hat, dem Verfall im Sinne des § 17 VStG, wenn zu erwarten ist, dass der Täter sein strafbares Verhalten fortsetzen oder wiederholen wird.

(2) Ein für verfallen erklärtes Tier ist im Einklang mit den gesetzlichen Bestimmungen in Freiheit zu setzen oder an solche Vereinigungen, Institutionen oder Personen zu übergeben, die die Gewähr für eine diesem Bundesgesetz entsprechende Haltung bieten. Ist all dies nicht möglich, kann das Tier schmerzlos getötet werden.

(3) Der Täter oder – im Fall eines nach § 37 Abs. 3 dritter Satz eingetretenen Verfalls – der Halter hat der Behörde die durch die vorläufige Verwahrung verbundenen Kosten sowie die Kosten der Tötung zu ersetzen. Ist der Verfall nicht Folge einer verwaltungsstrafrechtlichen Verurteilung des bisherigen Eigentümers, hat die Behörde dem bisherigen Eigentümer einen erzielten Erlös unter Abzug der für das Tier aufgewendeten Kosten auszufolgen.

Tierschutzombudsperson

§ 41. (1)[3] Jedes Land hat gegenüber der Bundesministerin bzw. dem Bundesminister für Soziales, Gesundheit, Pflege und Konsumentenschutz eine Tierschutzombudsperson zu bestellen.

(2) Zur Tierschutzombudsperson können nur Personen bestellt werden, die über ein abgeschlossenes Studium der Veterinärmedizin, Zoologie oder Agrarwissenschaften oder eine vergleichbare Ausbildung und über eine Zusatzausbildung im Bereich des Tierschutzes verfügen. Die Funktionsperiode der Tierschutzombudsperson beträgt fünf Jahre; eine Wiederbestellung ist zulässig.

(3) Die Tierschutzombudsperson hat die Aufgabe, die Interessen des Tierschutzes zu vertreten. Die Behörden haben die Tierschutzombudspersonen bei der Ausübung ihres Amtes zu unterstützen. Diese Unterstützung kann entweder durch eine eigens eingerichtete juristische Stelle in der Tierschutzombudsstelle erfolgen, oder die Tierschutzombudsperson kann im erforderlichen Umfang auf die rechtliche Expertise der Landesverwaltung zugreifen.[32]

(4)[33] Die Tierschutzombudsperson hat in Verwaltungsverfahren und verwaltungsgerichtlichen Verfahren einschließlich Verwaltungsstrafverfahren nach diesem Bundesgesetz und nach dem Tiertransportgesetz 2007, BGBl. I 54/2007, Parteistellung. Sie ist berechtigt, in alle Verfahrensakten Einsicht zu nehmen sowie alle einschlägigen Auskünfte zu verlangen. Die Behörden haben die Tierschutzombudspersonen bei der Ausübung ihres Amtes zu unterstützen.

(5)[34.2] Der Tierschutzombudsperson wird das Recht eingeräumt, Rechtsmittel gegen Bescheide in Angelegenheiten dieses Bundesgesetzes sowie des Tiertransportgesetzes 2007 zu ergreifen, einschließlich Beschwerde an das Verwaltungsgericht des Landes sowie Revision an den Verwaltungsgerichtshof zu erheben und die Einhaltung tierschutzrechtlicher Vorschriften sowie die Interessen des Tierschutzes (Abs. 3) geltend zu machen.

(6) Die Tierschutzombudsperson hat den Strafverfolgungsbehörden die ihr zur Kenntnis gelangten Verstöße gegen das Tierschutzgesetz sowie allfällig vorhandene Unterlagen zu übermitteln, wenn der begründete Verdacht einer von Amtswegen zu verfolgenden gerichtlich strafbaren Handlung besteht.

(7) Die Staatsanwaltschaft ist verpflichtet, nach Beendigung des Ermittlungsverfahrens der zuständigen Tierschutzombudsperson Namen, Geschlecht, Geburtsdatum und -ort, Staatsangehörigkeit und Wohnanschrift jener Personen zu

30 Letzter Satz eingefügt durch BGBl I 124/2024.

31 Geändert durch BGBl I 130/2022.

32 Zweiter und dritter Satz eingefügt durch BGBl I 130/2022.

33 Geändert durch BGBl I 130/2022.

34 Anm: Gem Art I Z 36 der Nov BGBl. I Nr. 130/2022 sollte in § 41 Abs. 5 die Wortfolge „nach diesem Bundesgesetz“ durch die Wort- und Zeichenfolge „nach diesem Bundesgesetz sowie nach dem Tiertransportgesetz 2007, BGBl. I Nr. 54/2007,“ ersetzt werden. Diese Anweisung konnte nicht durchgeführt werden.

übermitteln, bei denen aufgrund der bisherigen Ermittlungen der konkrete Verdacht besteht, dass diese einen Verstoß gegen § 222 des Strafgesetzbuches (StGB), BGBl. Nr. 60/1974, begangen haben. Die Übermittlung kann aufgeschoben werden, solange durch sie der Zweck des Verfahrens oder eines damit im Zusammenhang stehenden Verfahrens gefährdet wäre. Liegt eine solche Gefahr nicht vor, sind die Strafverfolgungsbehörden bereits vor Beendigung des Ermittlungsverfahrens ermächtigt, solche Auskünfte auf Verlangen der Tierschutzombudsperson im Sinne des Abs. 3 zu erteilen. Die Entscheidung zur Information obliegt den Strafverfolgungsbehörden.

(8) Die Tierschutzombudsperson hat in Strafverfahren wegen einer Straftat nach § 222 StGB jedenfalls ein begründetes rechtliches Interesse auf Akteneinsicht gemäß § 77 Abs. 1 der Strafprozessordnung 1975 (StPO), BGBl. Nr. 631.

(9) In Ausübung ihres Amtes unterliegt die Tierschutzombudsperson keinen Weisungen.

(10) Die Tierschutzombudsperson hat der Landesregierung über ihre Tätigkeit zu berichten.

(11) Die Tierschutzombudsperson darf während ihrer Funktionsperiode keine Tätigkeiten ausüben, die mit ihren Obliegenheiten unvereinbar oder geeignet sind, den Anschein der Befangenheit hervorzurufen.

(12) Die Funktionsperiode der Tierschutzombudsperson endet durch den Ablauf der Bestellungsdauer, durch Verzicht oder durch begründete Abberufung.

Tierschutzkommission, Tierschutzarbeitsplan und Tierschutzbericht

§ 41a.[3] (1) Beim Bundesminister bzw. bei der Bundesministerin für Soziales, Gesundheit, Pflege und Konsumentenschutz wird eine Tierschutzkommission eingerichtet, die aus je einer Vertreterin bzw. einem Vertreter der im Nationalrat vertretenen politischen Parteien sowie vier vom Bundesminister bzw. von der Bundesministerin für Soziales, Gesundheit, Pflege und Konsumentenschutz bestellten Expertinnen bzw. Experten, von denen zwei vom Bundesminister bzw. von der Bundesministerin für Soziales, Gesundheit, Pflege und Konsumentenschutz und zwei vom Bundesminister bzw. von der Bundesministerin für Land- und Forstwirtschaft, Regionen und Wasserwirtschaft nominiert werden, besteht.

(2) Die Mitgliedschaft zur Tierschutzkommission ist ein unentgeltliches Ehrenamt.

(3) Den Vorsitz in der Tierschutzkommission führt eine Vertreterin bzw. ein Vertreter der Bundesministerin bzw. des Bundesministers für Soziales, Gesundheit, Pflege und Konsumentenschutz.

(4) Die Tierschutzkommission hat ihre Tätigkeit durch eine Geschäftsordnung zu regeln.

(5) Empfehlungen der Tierschutzkommission sind in Anwesenheit von mindestens zwei Dritteln der Mitglieder mit zwei Drittel Mehrheit der abgegebenen Stimmen zu beschließen.

(6) Die Tierschutzkommission hat folgende Aufgaben:

1. Beratung der Bundesministerin bzw. des Bundesministers für Soziales, Gesundheit, Pflege und Konsumentenschutz in Fragen des Tierschutzes;
2. Empfehlungen an die Bundesministerin bzw. den Bundesminister für Soziales, Gesundheit, Pflege und Konsumentenschutz hinsichtlich Strategien zur Weiterentwicklung des Tierschutzes;
3. Empfehlungen hinsichtlich politischer Schwerpunktsetzung für den Arbeitsplan der Bundesministerin bzw. des Bundesministers für Soziales, Gesundheit, Pflege und Konsumentenschutz gemäß Abs. 9.

(7) Die Tierschutzkommission ist berechtigt, den Tierschutzrat mit der Ausarbeitung von Grundlagen zur Erfüllung der in Abs. 6 genannten Aufgaben zu beauftragen. Weiters ist die Tierschutzkommission berechtigt, alle zur Erfüllung ihrer Aufgaben notwendigen Unterlagen, die beim Bundesminister bzw. bei der Bundesministerin für Soziales, Gesundheit, Pflege und Konsumentenschutz aufliegen, anzufordern wobei ihr vom Bundesminister bzw. von der Bundesministerin oder über deren bzw. dessen Auftrag vom Tierschutzrat alle ihr bzw. ihm verfügbaren einschlägigen Unterlagen zu überlassen sind.

(8) Mit Zustimmung der Bundesministerin bzw. des Bundesministers für Soziales, Gesundheit, Pflege und Konsumentenschutz kann die Tierschutzkommission weitere Expertinnen bzw. Experten mit beratender Stimme zu den Beratungen beiziehen, soweit dies für die Behandlung bestimmter Sachfragen erforderlich ist.

(9) Die Bundesministerin bzw. der Bundesminister für Soziales, Gesundheit, Pflege und Konsumentenschutz erstellt einen mehrjährigen Arbeitsplan für sämtliche Belange des Tierschutzes und legt alle zwei Jahre dem Nationalrat einen Tierschutzbericht vor.

Tierschutzrat

§ 42. (1)[3] Beim Bundesministerium für Soziales, Gesundheit, Pflege und Konsumentenschutz wird ein Tierschutzrat (im Folgenden: Rat) eingerichtet.

(2) Dem Rat haben als Mitglieder anzugehören:

1.[3] eine Vertreterin bzw. ein Vertreter des Bundesministeriums für Soziales, Gesundheit, Pflege und Konsumentenschutz,

2.[3] eine Vertreterin bzw. ein Vertreter des Bundesministeriums für Land- und Forstwirtschaft, Regionen und Wasserwirtschaft,

3. eine je Land namhaft gemachte Tierschutzombudsperson,

4.[3] je eine Vertreterin bzw. ein Vertreter der Wirtschaftskammer Österreich, der Bundesarbeitskammer, der Präsidentenkonferenz der Landwirtschaftskammern und der österreichischen Tierärztekammer,

5.[3] eine bzw. ein auf dem Gebiet des Tierschutzes wissenschaftlich tätige Fachvertreterin bzw. tätiger Fachvertreter der Veterinärmedizinischen Universität,

6.[3] eine bzw. ein auf dem Gebiet des Tierschutzes wissenschaftlich tätige Fachvertreterin bzw. tätiger Fachvertreter der Universität für Bodenkultur,

7.[3] eine bzw. ein auf dem Gebiet des Tierschutzes wissenschaftlich tätige Fachvertreterin bzw. tätiger Fachvertreter von den Universitäten, an denen das Fach Zoologie in Wissenschaft und Lehre vertreten ist,

8.[3] eine bzw. ein auf dem Gebiet des Tierschutzes wissenschaftlich tätige Fachvertreterin bzw. tätiger Fachvertreter der Höheren Bundeslehr- und Forschungsanstalt Raumberg-Gumpenstein,

9.[3] eine Vertreterin bzw. ein Vertreter der Österreichischen Zoo-Organisation,

10.[3] eine Vertreterin bzw. ein Vertreter des Verbandes Österreichischer Tierschutzorganisationen – pro-tier.at,

11.[3] eine Vertreterin bzw. ein Vertreter der Tierschutzorganisation, die Österreich in der Eurogroup for Animals vertritt,

(Anm.: Z 12 aufgehoben durch BGBl. I Nr. 80/2010)

(3)[3] Eine natürliche Person darf nur eine Mitgliedschaft ausüben. Für jedes Mitglied des Tierschutzrates ist eine Stellvertreterin bzw. ein Stellvertreter vorzusehen, die bzw. der das Mitglied bei deren bzw. dessen Verhinderung zu vertreten hat. Die Vertreterinnen bzw. Vertreter gemäß Abs. 2 Z 1 bis 4 sowie deren Stellvertreterinnen bzw. Stellvertreter werden der Bundesministerin bzw. dem Bundesminister für Soziales, Gesundheit, Pflege und Konsumentenschutz namhaft gemacht. Die Nominierung der Vertreterinnen bzw. Vertreter gemäß Abs. 2 Z 5 bis 11 sowie deren Stellvertreterinnen bzw. Stellvertreter erfolgt in Form von Dreiervorschlägen durch die jeweils genannten Einrichtungen. Die Bundesministerin bzw. der Bundesminister für Soziales, Gesundheit, Pflege und Konsumentenschutz bestellt auf Grund der eingebrachten Dreiervorschläge die Vertreterinnen bzw. Vertreter gemäß Abs. 2 Z 5 bis 11 sowie deren Stellvertreterinnen bzw. Stellvertreter als Mitglieder für eine Amtsdauer von fünf Jahren. Die Bundesministerin bzw. der Bundesminister für Soziales, Gesundheit, Pflege und Konsumentenschutz kann die Mitglieder ihres Amtes entheben, wenn

1. die Bestellungsvoraussetzungen nach Abs. 2 nicht mehr vorliegen oder
2. das Mitglied dies beantragt oder
3. das Mitglied nicht in der Lage ist, die Verpflichtungen, die ihr bzw. sein Amt mit sich bringt, ordnungsgemäß zu erfüllen.

(4)[3] Die Bundesministerin bzw. der Bundesminister für Soziales, Gesundheit, Pflege und Konsumentenschutz bestellt die bzw. den Vorsitzenden und deren bzw. dessen Stellvertreterin bzw. Stellvertreter nach Anhörung des Rates. Die bzw. der Vorsitzende und deren bzw. dessen Stellvertreterin bzw. Stellvertreter werden auf vier Jahre bestellt. Eine Wiederbestellung ist möglich. Eine vorzeitige Abberufung der bzw. des Vorsitzenden und deren bzw. dessen Stellvertreterin bzw. Stellvertreters erfolgt durch die Bundesministerin bzw. den Bundesminister für Soziales, Gesundheit, Pflege und Konsumentenschutz und nach Anhörung des Rates.

(4a)[3] Zu einem Beschluss des Rates ist die Anwesenheit von mehr als der Hälfte der Mitglieder und die unbedingte Mehrheit der abgegebenen Stimmen erforderlich. Die Bundesministerin bzw. der Bundesminister für Soziales, Gesundheit, Pflege und Konsumentenschutz erlässt die Geschäftsordnung durch Verordnung. Es können weitere Expertinnen bzw. Experten, die dem Rat nicht angehören, zu Beratungen beigezogen werden; entgeltliche Beratung allerdings nur mit Zustimmung der Bundesministerin bzw. des Bundesministers für Soziales, Gesundheit, Pflege und Konsumentenschutz.

(5)[3] Die Tätigkeit der Mitglieder im Rat ist ehrenamtlich. Allfällige Reisekosten sind den Mitgliedern des Rates oder deren Stellvertreterinnen bzw. Stellvertretern bzw. den beigezogenen Expertinnen bzw. Experten nach der höchsten Gebührenstufe der Reisegebührenvorschrift 1955, BGBl. Nr. 133/1955, zu ersetzen.

(6)[3] Die im Bundesministerium für Soziales, Gesundheit, Pflege und Konsumentenschutz eingerichtete Geschäftsstelle des Rates dient der Unterstützung der bzw. des Vorsitzenden. Anfragen an den Tierschutzrat sowie Anfragen hinsichtlich Informationen über die Tätigkeiten und Beschlüsse des Tierschutzrates sind an das Bundesministerium für Soziales, Gesundheit, Pflege und Konsumentenschutz zu richten.

(7) Die Aufgaben des Tierschutzrates sind:

1.[3] Beratung der Kommission und der Bundesministerin bzw. des Bundesministers für Soziales, Gesundheit, Pflege und Konsumentenschutz in Fragen des Tierschutzes,
2. Erstellung und Abgabe von Stellungnahmen zu Verordnungsentwürfen auf Grund dieses Bundesgesetzes,
3. Erstellung und Abgabe von Stellungnahmen zu Verordnungsentwürfen auf Grund des Tiertransportgesetzes 2007,
4.[3] Erstellung von Stellungnahmen und Unterlagen im Auftrag der Bundesministerin bzw. des Bundesministers für Soziales, Gesundheit, Pflege und Konsumentenschutz oder der Kommission,
5.[3] Ausarbeitung von Entscheidungsgrundlagen aufgrund wissenschaftlicher und praktischer Erkenntnisse und Abgabe wissenschaftlicher Stellungnahmen, Empfehlungen und Antworten im Auftrag der Bundesministerin bzw. des Bundesministers für Soziales, Gesundheit, Pflege und Konsumentenschutz im Bereich des Tierschutzes unter Berücksichtigung europarechtlicher Vorgaben, ökonomischer Gegebenheiten und praktischer Umsetzungsmöglichkeiten,
6. Erstellung eines jährlichen Berichtes über die Entwicklungen der wissenschaftlichen Erkenntnisse unter besonderer Berücksichtigung der internationalen Vorgehensweise,
7. Erstattung von Vorschlägen über inhaltliche Schwerpunkte für einen Arbeitsplan gemäß § 41a Abs. 9,
8. Erstellung eines zu veröffentlichenden Berichtes über die Tätigkeit des Tierschutzrates.

(8) Die Organe der Länder sind verpflichtet, dem Rat auf Verlangen alle zur Besorgung seiner Aufgaben erforderlichen Auskünfte zu erteilen.

(9)[3] Vom Bundesminister bzw. von der Bundesministerin für Soziales, Gesundheit, Pflege und Konsumentenschutz können Stellungnahmen gemäß Abs. 7 Z 2 und gemäß Abs. 7 Z 3 nach Anhörung des Tierschutzrates in den Amtlichen Veterinärnachrichten kundgemacht werden.

(Anm.: Abs. 10 aufgehoben durch BGBl. I Nr. 80/2010)

Vollzugsbeirat

§ 42a. (1) Beim Bundesminister für Gesundheit und Frauen wird ein Vollzugsbeirat eingerichtet.

(2) Dem Vollzugsbeirat haben als Mitglieder anzugehören:

1.[3] je eine Vertreterin bzw. ein Vertreter des Bundesministeriums für Soziales, Gesundheit, Pflege und Konsumentenschutz und des Bundesministeriums für Land- und Forstwirtschaft, Regionen und Wasserwirtschaft;
2. die leitenden Fachorgane der Bundesländer, die mit dem Vollzug des Tierschutzgesetzes betraut sind (Landesveterinärdirektoren);
3.[3] die Tierschutzombudsperson des Bundeslandes, welches im Bundesrat jeweils den Vorsitz führt, als Sprecherin bzw. Sprecher der Tierschutzombudspersonen.

Die Mitglieder werden der Bundesministerin bzw. dem Bundesminister für Soziales, Gesundheit, Pflege und Konsumentenschutz namhaft gemacht; für jedes Mitglied ist eine Stellvertreterin bzw. ein Stellvertreter namhaft zu machen, die bzw. der das Mitglied bei deren bzw. dessen Verhinderung zu vertreten hat. Eine natürliche Person darf nur eine Mitgliedschaft ausüben. Die bzw. der Vorsitzende des Tierschutzrates gemäß § 42 ist zu den Sitzungen des Vollzugsbeirates beizuziehen; sie bzw. er besitzt beratende Funktion und hat kein Stimmrecht.[35]

(3) Die Tätigkeit der Mitglieder im Vollzugsbeirat ist ehrenamtlich. Allfällige Reisekosten sind den Mitgliedern des Vollzugsbeirates nach der höchsten Gebührenstufe der Reisegebührenvorschrift 1955, BGBl. Nr. 133, zu ersetzen.

(4) Den Vorsitz im Vollzugsbeirat führt das leitende Fachorgan des Bundeslandes, welches in der Landeshauptmännerkonferenz jeweils den Vorsitz führt.

(5) Der Vollzugsbeirat hat seine Tätigkeit durch eine Geschäftsordnung zu regeln.

(6) Beschlüsse des Beirates sind in Anwesenheit von mindestens zwei Dritteln der Mitglieder mit zwei Drittel der abgegebenen Stimmen zu beschließen.

(7) Die Aufgaben des Vollzugsbeirates sind:

1. Erarbeitung von Richtlinien, die für die einheitliche Vollziehung dieses Bundesgesetzes in den Ländern notwendig sind;
2.[3] Erarbeitung von Richtlinien für den Vollzug des Tierschutzes beim Transport;

---
[35] Schlussteil neu gefasst durch BGBl I 124/2024.

3.[3] Erstattung von Vorschlägen für den mehrjährigen Arbeitsplan der Bundesministerin bzw. des Bundesministers für Soziales, Gesundheit, Pflege und Konsumentenschutz gemäß § 41a Abs. 9 aus Sicht des Vollzuges.

Verweisungen, personenbezogene Bezeichnungen

§ 43. (1) Soweit in diesem Bundesgesetz auf Bestimmungen anderer Bundesgesetze verwiesen wird, ist dies als Verweisung auf die jeweils geltende Fassung zu verstehen.

(2) Alle in diesem Bundesgesetz verwendeten personenbezogenen Bezeichnungen gelten gleichermaßen für Personen sowohl weiblichen als auch männlichen Geschlechts.

In-Kraft-Treten und Übergangsbestimmungen

§ 44 [...]

Vorbereitung der Vollziehung

§ 45. [...]

Umsetzungshinweis

§ 46. [...]

Notifikation

§ 47. [...]

Vollziehungsklausel

§ 48. Mit der Vollziehung dieses Bundesgesetzes sind

1. hinsichtlich des § 18 Abs. 3 Z 1 lit. b die Bundesregierung,

2.[3] hinsichtlich des § 34 die Bundesministerin bzw. der Bundesminister für Inneres,

3.[3] hinsichtlich des § 39 Abs. 4 die Bundesministerin bzw. der Bundesminister für Justiz,

3a.[3] hinsichtlich des § 44 Abs. 30 die Bundesministerin bzw. der Bundesminister für Land- und Forstwirtschaft, Regionen und Wasserwirtschaft im Einvernehmen mit dem Bundesminister für Soziales, Gesundheit, Pflege und Konsumentenschutz,

4.[3] hinsichtlich der §§ 43 bis 45 der bzw. die gemäß Z 2, 3 und 5 jeweils zuständige Bundesminister bzw. Bundesministerin,

5.[3] im Übrigen die Bundesministerin bzw. der Bundesminister für Soziales, Gesundheit, Pflege und Konsumentenschutz, und zwar

a) hinsichtlich des § 5 Abs. 3 Z 4 und Abs. 4 Z 2 im Einvernehmen mit der Bundesministerin bzw. dem Bundesminister für Inneres und der Bundesministerin bzw. dem Bundesminister für Landesverteidigung,

b) hinsichtlich des § 31 im Einvernehmen mit der Bundesministerin bzw. dem Bundesminister für Arbeit und Wirtschaft sowie

c) hinsichtlich des § 24 Abs. 1 Z 1 sowie in Bezug auf landwirtschaftliche Nutztiere hinsichtlich der §§ 1 bis 23, 32 Abs. 4 Z 6, 33 und 35 bis 40 im Einvernehmen mit der Bundesministerin bzw. dem Bundesminister für Land- und Forstwirtschaft, Regionen und Wasserwirtschaft,

d) hinsichtlich des § 42 Abs. 4 im Einvernehmen mit der Bundesministerin bzw. dem Bundesminister für Justiz,

betraut.

Anlage

1. Verordnung (EG) Nr. 1099/2009 über den Schutz von Tieren zum Zeitpunkt der Tötung (ABl. Nr. L 303 vom 18.11.2011 S. 1);
2. Verordnung (EU) 2017/625 über amtliche Kontrollen (ABl. Nr. L 95 vom 7. April 2017 S. 1) soweit diese den Tierschutz in Verbindung mit der Haltung von Tieren sowie dem Schlachten und dem Töten von Tieren betrifft.

Umweltförderungsgesetz – UFG

BGBl 185/1993, zuletzt geändert durch BGBl I 25/2025

1. Abschnitt Ziele

§ 1. Ziele dieses Bundesgesetzes sind

1.[1] der Schutz der Umwelt durch geordnete Abwasserentsorgung einschließlich betrieblicher Abwässer und Gewährleistung einer ausreichenden Wasserversorgung sowie durch Verbesserung des ökologischen Zustandes der Gewässer (Wasserwirtschaft),

2.[2,3,4] der Schutz des Klimas, der Umwelt und der menschlichen Gesundheit durch einen effizienten Einsatz von Energie und Ressourcen, durch Steigerung des Anteils von erneuerbaren Energieträgern oder biogenen Rohstoffen sowie durch andere Maßnahmen zur Reduktion von Belastungen in Form von sonstigen Treibhausgasemissionen oder umweltbelastenden Emissionen (Umweltförderung im Inland),

3.[5] der Schutz der Umwelt durch Maßnahmen im Ausland, die der Umsetzung nationaler, unionsrechtlicher oder internationaler Umwelt- und Klimaschutzziele gemäß den §§ 35 ff und dem 5a. Abschnitt dienen,

4.[6] der Schutz der Umwelt durch Sanierung oder Beobachtung von Altlasten (Altlastenmaßnahmen) und Maßnahmen bei Altablagerungen und Altstandorten,

5.[7] der Schutz der Umwelt durch Maßnahmen zum Schutz, Wiederherstellung und Erhalt der Biodiversität in Umsetzung der österreichischen Biodiversitäts-Strategie in Ergänzung zu den Maßnahmen der Gemeinsamen Agrarpolitik der Europäischen Union und des Waldfondsgesetzes, BGBl. I Nr. 91/2020, (Biodiversitätsfonds).

§ 2. (1)[8,9] Die Gewährung einer Förderung soll einen größtmöglichen Effekt für den Umweltschutz sowie bezüglich der Förderungen gemäß § 6 Abs. 2f Z 1a und 1b als Beitrag zur Umsetzung des Prinzips „Energieeffizienz an erster Stelle" für eine Verbesserung der Energieeffizienz, insbesondere zur Erfüllung der Energieeffizienzziele und Energieeinsparverpflichtungen gemäß der Richtlinie 2012/27/EU, ABl. Nr. L 315 vom 14.11.2012 S. 1, in der Fassung der Richtlinie 2018/2002/EU, ABl. Nr. L 328 vom 21.12.2018 S. 210 (im Folgenden: Energieeffizienz-Richtlinie) sowie allfälliger nationaler Vorgaben sowie bezüglich des Energieeffizienzförderungsprogramms in besonderem Maße für die Zielsetzungen der §§ 4 und 7 des Bundes-Energieeffizienzgesetzes (EEffG), BGBl. I Nr. 72/2014, bewirken. Dabei ist insbesondere nach ökologischer Prioritätensetzung vorzugehen.

(2) Das öffentliche Interesse am Umweltschutz, die technische Wirksamkeit sowie die betriebswirtschaftliche und volkswirtschaftliche Zweckmäßigkeit der Maßnahme sind zu beachten. Auf die Art und das Ausmaß der voraussichtlichen Auswirkungen der Maßnahme auf die Umwelt, die Verhinderung einer Verlagerung von Umweltbelastungen sowie den Anreiz zur Entwicklung und Verbesserung umweltschonender, rohstoff- und energiesparender Technologien ist Bedacht zu nehmen.

[…]

---

1 Geändert durch BGBl I 26/2022.
2 Neu gefasst durch BGBl I 26/2022.
3 Geändert durch BGBl I 152/2023.
4 Geändert durch BGBl I 25/2025.
5 Geändert durch BGBl I 40/2014 und BGBl I 26/2022.
6 Neu gefasst durch BGBl I 30/2024.
7 Eingefügt durch BGBl I 26/2022.
8 Geändert durch BGBl I 21/2017.
9 Geändert durch BGBl I 185/2022.

Umweltinformationsgesetz – UIG

BGBl 495/1993, zuletzt geändert durch BGBl I 74/2018

Ziel des Gesetzes

§ 1. Ziel dieses Bundesgesetzes ist die Information der Öffentlichkeit über die Umwelt, insbesondere durch

1. Gewährleistung des Rechts auf Zugang zu den bei den informationspflichtigen Stellen vorhandenen oder für diese bereitgehaltenen Umweltinformationen;
2. Förderung der systematischen und umfassenden Verfügbarkeit und Verbreitung von Umweltinformationen. Zu diesem Zweck werden, nach Maßgabe vorhandener Mittel, bevorzugt elektronische Kommunikationsmittel eingesetzt.

Umweltinformationen

§ 2. Umweltinformationen sind sämtliche Informationen in schriftlicher, visueller, akustischer, elektronischer oder sonstiger materieller Form über

1. den Zustand von Umweltbestandteilen wie Luft und Atmosphäre, Wasser, Boden, Land, Landschaft und natürliche Lebensräume einschließlich Berggebiete, Feuchtgebiete, Küsten und Meeresgebiete, die Artenvielfalt und ihre Bestandteile, einschließlich genetisch veränderter Organismen, sowie die Wechselwirkungen zwischen diesen Bestandteilen;
2. Faktoren wie Stoffe, Energie, Lärm und Strahlung oder Abfall einschließlich radioaktiven Abfalls, Emissionen, Ableitungen oder sonstiges Freisetzen von Stoffen oder Organismen in die Umwelt, die sich auf die in Z 1 genannten Umweltbestandteile auswirken oder wahrscheinlich auswirken;
3. Maßnahmen (einschließlich Verwaltungsmaßnahmen), wie zB Politiken, Gesetze, Pläne und Programme, Verwaltungsakte, Umweltvereinbarungen und Tätigkeiten, die sich auf die in den Z 1 und 2 genannten Umweltbestandteile und -faktoren auswirken oder wahrscheinlich auswirken, sowie Maßnahmen oder Tätigkeiten zu deren Schutz;
4. Berichte über die Umsetzung des Umweltrechts;
5. Kosten/Nutzen-Analysen und sonstige wirtschaftliche Analysen und Annahmen, die im Rahmen der in Z 3 genannten Maßnahmen und Tätigkeiten verwendet werden;
6. den Zustand der menschlichen Gesundheit und Sicherheit einschließlich – soweit diesbezüglich von Bedeutung – Kontamination der Lebensmittelkette, Bedingungen für menschliches Leben sowie Kulturstätten und Bauwerke in dem Maße, in dem sie vom Zustand der in Z 1 genannten Umweltbestandteile oder – durch diese Bestandteile – von den in den Z 2 und 3 aufgeführten Faktoren, Maßnahmen oder Tätigkeiten betroffen sind oder sein können.

Informationspflichtige Stellen

§ 3. (1) Informationspflichtige Stellen im Sinne dieses Bundesgesetzes sind – soweit sich die Umweltinformationen auf Angelegenheiten beziehen, die in Gesetzgebung Bundessache sind –

1. Verwaltungsbehörden und unter deren sachlicher Aufsicht stehende sonstige Organe der Verwaltung, die durch Gesetz oder innerstaatlich unmittelbar wirksamen internationalen Rechtsakt übertragene Aufgaben der öffentlichen Verwaltung wahrnehmen, sowie diesen zur Verfügung stehende gesetzlich eingerichtete Beratungsorgane;
2. Organe von Gebietskörperschaften, soweit sie Aufgaben der Privatwirtschaftsverwaltung des Bundes besorgen;
3. juristische Personen öffentlichen Rechts, sofern sie durch Gesetz übertragene Aufgaben der öffentlichen Verwaltung einschließlich bestimmter Pflichten, Tätigkeiten oder Dienstleistungen im Zusammenhang mit der Umwelt ausüben;
4. natürliche oder juristische Personen privaten Rechts, die unter der Kontrolle einer der in Z 1, Z 2 oder Z 3 genannten Stellen im Zusammenhang mit der Umwelt öffentliche Aufgaben ausüben oder öffentliche Dienstleistungen erbringen.

(2) Kontrolle im Sinne des Abs. 1 Z 4 liegt vor, wenn

1. die natürliche oder juristische Person bei Ausübung öffentlicher Aufgaben oder bei Erbringung öffentlicher Dienstleistungen der Aufsicht der in Abs. 1 Z 1, Z 2 oder Z 3 genannten Stellen unterliegt oder
2. eine oder mehrere der in Abs. 1 Z 1, Z 2 oder Z 3 genannten Stellen aufgrund von Eigentum, finanzieller Beteiligung oder der für die juristische Person einschlägigen Vorschriften unmittelbar oder mittelbar einen beherrschenden Einfluss ausüben kann.

(3) Die Ausübung eines beherrschenden Einflusses wird vermutet, wenn eine der in Abs. 1 Z 1 bis 3 genannten Stellen unmittelbar oder mittelbar

1. die Mehrheit des gezeichneten Kapitals besitzt oder
2. über die Mehrheit der mit den Anteilen verbundenen Stimmrechte verfügt oder
3. mehr als die Hälfte der Mitglieder des Verwaltungs-, Leitungs- oder Aufsichtsorgans bestellen kann.

Freier Zugang zu Umweltinformationen

§ 4. (1) Das Recht auf freien Zugang zu Umweltinformationen, die bei den informationspflichtigen Stellen vorhanden sind oder für sie bereitgehalten werden, wird jeder natürlichen oder juristischen Person ohne Nachweis eines Rechtsanspruches oder eines rechtlichen Interesses nach Maßgabe der folgenden Bestimmungen gewährleistet. Umweltinformationen sind vorhanden, wenn sie sich im Besitz der informationspflichtigen Stelle befinden und von ihr erstellt wurden oder bei ihr eingegangen sind. Umweltinformationen werden bereitgehalten, wenn eine natürliche oder juristische Person, die selbst nicht informationspflichtige Stelle ist, Umweltinformationen für eine informationspflichtige Stelle aufbewahrt und diese Stelle darauf einen Übermittlungsanspruch hat.

(2) Dem freien Zugang unterliegen jedenfalls Informationen über

1. den Zustand von Umweltbestandteilen wie Wasser, Luft und Atmosphäre, Boden, die Artenvielfalt und ihre Bestandteile einschließlich genetisch veränderter Organismen und natürliche Lebensräume, sowie die Wechselwirkungen zwischen diesen Bestandteilen;
2. die Lärmbelastung oder Belastung durch Strahlen einschließlich der durch radioaktiven Abfall verursachten;
3. Emissionen gemäß § 2 Z 2 in die Umwelt in zeitlich aggregierter oder statistisch dargestellter Form;
4. eine Überschreitung von Emissionsgrenzwerten;
5. den Verbrauch der natürlichen Ressourcen Wasser, Luft oder Boden in aggregierter oder statistisch dargestellter Form.

Mitteilungspflicht

§ 5. (1) Das Begehren auf Mitteilung von Umweltinformationen kann schriftlich oder soweit es der Natur der Sache nach tunlich erscheint, mündlich gestellt werden. Dies kann in jeder technischen Form geschehen, die die informationspflichtige Stelle zu empfangen in der Lage ist. Geht aus einem angebrachten Begehren der Inhalt oder der Umfang der gewünschten Mitteilung nicht ausreichend klar hervor, so ist dem/der Informationssuchenden innerhalb einer zwei Wochen nicht übersteigenden Frist eine schriftliche Präzisierung des Ansuchens aufzutragen. Der/Die Informationssuchende ist dabei zu unterstützen. Bei Entsprechung dieses Präzisierungsauftrags gilt das Begehren als an dem Tag des Einlangens des präzisierten Ansuchens bei der informationspflichtigen Stelle eingebracht.[1]

(2) Wird das Begehren an eine informationspflichtige Stelle gerichtet, die nicht über die Umweltinformationen verfügt, so hat sie es – falls ihr bekannt ist, dass eine andere informationspflichtige Stelle über die Informationen verfügt – möglichst rasch an diese weiterzuleiten oder den/die Informationssuchende/n auf andere ihr bekannte informationspflichtige Stellen hinzuweisen, die über diese Informationen verfügen könnten, sofern dies sachlich geboten ist oder im Interesse des/der Informationssuchenden liegt. Der/Die Informationssuchende ist von der Weiterleitung seines/ihres Begehrens jedenfalls zu verständigen.

(3) Die informationspflichtigen Stellen haben Umweltinformationen unter Bedachtnahme auf die Mitteilungsschranken und Ablehnungsgründe (§ 6) sowie in möglichst aktueller, exakter, vergleichbarer und allgemein verständlicher Form mitzuteilen. Auf Antrag teilen die informationspflichtigen Stellen dem/der Informationssuchenden mit, wo – sofern verfügbar – Informationen über die zur Erhebung der Informationen bezüglich Anfragen gemäß § 2 Z 2 angewandten Messverfahren, einschließlich der Verfahren zur Analyse, Probenahme und Vorbehandlung der Proben, gefunden werden können oder weisen auf ein angewandtes standardisiertes Verfahren hin.

(4) Die begehrte Mitteilung ist in jener Form zu erteilen, die im Einzelfall vom/von der Informationssuchenden verlangt wird oder in einer anderen Form, wenn dies zweckmäßig ist, wobei der elektronischen Datenübermittlung, nach Maßgabe vorhandener Mittel, der Vorzug zu geben ist. Insbesondere kann der/die Informationssuchende auf andere, öffentlich verfügbare Informationen (§ 9), die in einer anderen Form oder einem anderen Format vorliegen, verwiesen werden, sofern diese dem Informationssuchenden leicht zugänglich sind und dadurch der freie Zugang zu den bei den informationspflichtigen Stellen vorhandenen oder für diese bereitgehaltenen Umweltinformationen gewährleistet ist. Die Gründe für die Wahl eines anderen Formates oder einer anderen Form sind anzugeben und dem/der Informationssuchenden so bald wie möglich, spätestens jedoch innerhalb eines Monats nach Eingang des Antrags bei der informationspflichtigen Stelle mitzuteilen.

(5) Der Zugang zu öffentlichen Verzeichnissen oder Listen und die Einsichtnahme in die beantragten Umweltinformationen an Ort und Stelle sind unentgeltlich. Kaufpreise oder Schutzgebühren für Publikationen bleiben davon unberührt. Für die Bereitstellung von Umweltinformationen kann die Bundesregierung mit Verordnung Kostenersätze festlegen. Kaufpreise, Schutzgebühren und Kostenersätze für die Bereitstellung von Umweltinformationen dürfen jedoch eine angemessene Höhe nicht überschreiten.

(6) Dem Begehren ist ohne unnötigen Aufschub unter Berücksichtigung etwaiger vom/von der Informationssuchenden angegebener Termine, spätestens aber innerhalb eines Monats zu entsprechen. Kann diese Frist auf Grund des Umfanges oder der Komplexität der begehrten Information nicht eingehalten werden, besteht die Möglichkeit, diese Frist auf bis zu zwei Monate zu erstrecken. In diesem Fall ist der/die Informationssuchende von der Verlängerung der Frist unter Angabe von Gründen so bald wie möglich, spätestens jedoch vor Ablauf der einmonatigen Frist zu verständigen.

(7) [Anm: Aufgehoben durch BGBl I 95/2015]

Mitteilungsschranken und Ablehnungsgründe

§ 6. (1) Die Mitteilung von Umweltinformationen darf unterbleiben, wenn

1. sich das Informationsbegehren auf die Übermittlung interner Mitteilungen bezieht;
2. das Informationsbegehren offenbar missbräuchlich gestellt wurde;
3. das Informationsbegehren zu allgemein geblieben ist;
4. das Informationsbegehren Material, das gerade vervollständigt wird, noch nicht abgeschlossene Schriftstücke oder noch nicht aufbereitete Daten betrifft.

(2) Andere als die in § 4 Abs. 2 genannten Umweltinformationen sind unbeschadet der Mitteilungsschranken des Abs. 1 mitzuteilen, sofern ihre Bekanntgabe keine negativen Auswirkungen hätte auf:

1.[2] internationale Beziehungen, die Aufrechterhaltung der öffentlichen Sicherheit oder die umfassende Landesverteidigung;
2. den Schutz von Umweltbereichen, auf die sich die Informationen beziehen;
3.[3] die Vertraulichkeit personenbezogener Daten, sofern ein schutzwürdiges Interesse an der Geheimhaltung im Sinne der Verordnung (EU) 2016/679 zum Schutz natürlicher Personen bei der Verarbeitung personenbezogener Daten, zum freien Datenverkehr und zur Aufhebung der Richtlinie 95/46/EG (Datenschutz-Grundverordnung), ABl. Nr. L 119 vom 04.05.2016 S. 1, sowie des Datenschutzgesetzes, BGBl. I Nr. 165/1999 idF BGBl. I Nr. 24/2018, besteht;
4. Geschäfts- oder Betriebsgeheimnisse, sofern diese durch innerstaatliches oder gemeinschaftliches Recht geschützt sind, um berechtigte wirtschaftliche Interessen, einschließlich des öffentlichen Interesses an der Wahrung der Geheimhaltung von statistischen Daten und des Steuergeheimnisses, zu schützen;
5. Rechte an geistigem Eigentum;
6. die Vertraulichkeit der Beratungen von informationspflichtigen Stellen, sofern eine derartige Vertraulichkeit gesetzlich vorgesehen ist;
7. laufende Gerichtsverfahren, die Möglichkeit einer Person, ein faires Verfahren zu erhalten, oder die Möglichkeiten einer Behörde, Untersuchungen strafrechtlicher oder disziplinarrechtlicher Art durchzuführen.

(3) Das Interesse einer Partei an der Geheimhaltung von Geschäfts- und Betriebsgeheimnissen ist nur schutzwürdig, wenn durch die Veröffentlichung von Umweltinformationen ein Geschäfts- und Betriebsgeheimnis unmittelbar oder mittelbar durch die Möglichkeit von Rückschlüssen offengelegt werden kann und dadurch ein nicht nur geringfügiger wirtschaftlicher Nachteil des Inhabers des Geschäfts- und Betriebsgeheimnisses eintreten kann. Besteht dieser wirtschaftliche Nachteil bloß auf Grund einer Minderung des Ansehens der Partei in der Öffentlichkeit infolge des Bekanntwerdens

[1] Letzter Satz eingefügt durch BGBl I 95/2015.

[2] Neu gefasst durch BGBl I 95/2015.

[3] Geändert durch BGBl I 74/2018.

umweltbelastender Tätigkeiten, so besteht kein schutzwürdiges Interesse an der Geheimhaltung.

(4) Die in Abs. 1 und 2 genannten Mitteilungsschranken und Ablehnungsgründe sind eng auszulegen, wobei im Einzelfall das öffentliche Interesse an der Bekanntgabe der Umweltinformationen zu berücksichtigen ist. In jedem Einzelfall ist das öffentliche Interesse an der Bekanntgabe gegen das Interesse an der Verweigerung der Bekanntgabe abzuwägen. Öffentliches Interesse an der Bekanntgabe kann insbesondere im Schutz folgender Rechtsgüter liegen:

1. Schutz der Gesundheit;
2. Schutz vor nachhaltigen oder schwerwiegenden Umweltbelastungen;
   oder
3. Schutz der Rechte und Freiheiten anderer.

Behandlung von Geschäfts- und Betriebsgeheimnissen

§ 7. (1) Besteht Grund zu der Annahme, daß durch die Mitteilung der begehrten Information ein schutzwürdiges Geschäfts- und Betriebsgeheimnis im Sinne des § 6 Abs. 2 Z 4 berührt sein könnte, haben die informationspflichtigen Stellen den/die Inhaber/in des Geschäfts- und Betriebsgeheimnisses vom Informationsbegehren zu verständigen und aufzufordern, innerhalb von zwei Wochen bekanntzugeben, ob Tatsachen, die der begehrten Mitteilung unterliegen können, geheimgehalten werden sollen. In diesem Fall hat der/die Inhaber/in des möglichen Geschäfts- und Betriebsgeheimnisses das Interesse an der Geheimhaltung zu begründen.

(2) Hat sich der/die Betroffene gegen eine Mitteilung ausgesprochen und werden die begehrten Informationen nach Prüfung der Begründung des Geheimhaltungsinteresses und Vornahme der Interessensabwägung gemäß § 6 Abs. 2, 3 und 4 mitgeteilt, so ist der/die Betroffene von der Mitteilung an den/die Informationssuchende/n schriftlich zu verständigen.

Rechtsschutz

§ 8. (1) Werden die verlangten Umweltinformationen nicht oder nicht im begehrten Umfang mitgeteilt, so ist hierüber ohne unnötigen Aufschub, spätestens aber zwei Monate nach Einlangen des Informationsbegehrens, ein Bescheid zu erlassen.[4] Zuständig zur Erlassung des Bescheides ist die informationspflichtige Stelle soweit sie behördliche Aufgaben besorgt. Über gleichgerichtete Anträge kann unter einem entschieden werden.

(2) Als Verfahrensordnung, nach der der Bescheid zu erlassen ist, gilt das Allgemeine Verwaltungsverfahrensgesetz 1991 (AVG), sofern nicht für die Sache, in der die Auskunft erteilt wird, ein anderes Verfahrensgesetz anzuwenden ist.

(3) Eine informationspflichtige Stelle im Sinne des § 3 Abs. 1, die zur Erlassung von Bescheiden nicht befugt ist, hat Anträge im Sinne des Abs. 1 ohne unnötigen Aufschub an die für die Führung der sachlichen Aufsicht zuständige Stelle, in sonstigen Fällen an die Bezirksverwaltungsbehörde, in deren Sprengel die informationspflichtige Stelle ihren Sitz hat, weiterzuleiten oder den/die Informationssuchende/n an diese zu verweisen.

(4) Über Beschwerden in Rechtssachen in den Angelegenheiten des Art. 131 Abs. 2 B-VG (unmittelbare Bundesverwaltung) erkennt das Verwaltungsgericht des Bundes; über Beschwerden in Rechtssachen in den übrigen Angelegenheiten erkennen die Verwaltungsgerichte der Länder.

(5) Behauptet ein/eine Betroffene/r, durch die Mitteilung in seinen/ihren Rechten verletzt worden zu sein, so ist auf dessen/deren Antrag von der informationspflichtigen Stelle, so weit sie behördliche Aufgaben besorgt, hierüber ein Bescheid zu erlassen. Abs. 2 bis 4 sind sinngemäß anzuwenden.

(6) [Anm: Entfällt gem BGBl I 97/2013]

Veröffentlichung von Umweltinformationen

§ 9. (1) Die informationspflichtigen Stellen haben die für ihre Aufgaben maßgeblichen und bei ihnen vorhandenen oder für sie bereitgehaltenen Umweltinformationen zur aktiven und systematischen Verbreitung in der Öffentlichkeit aufzubereiten. Die Bestimmungen über Mitteilungsschranken und Ablehnungsgründe (§ 6) sowie über die Qualität von Umweltinformationen (§ 5 Abs. 3) sind sinngemäß anzuwenden.

(2) Insbesondere sind folgende Informationen zugänglich zu machen und zu verbreiten:

1. der Wortlaut völkerrechtlicher Verträge, Übereinkünfte und Vereinbarungen sowie gemeinschaftliche und sonstige Rechtsvorschriften über die Umwelt oder mit Bezug zur Umwelt;
2. Politiken, Pläne und Programme mit Bezug zur Umwelt;
3. Berichte über die Fortschritte bei der Umsetzung der in Z 1 und 2 genannten Punkte, sofern solche Berichte von den informationspflichtigen Stellen in elektronischer Form ausgearbeitet worden sind oder bereitgehalten werden;
4. Umweltzustandsberichte, insbesondere Umweltkontrollberichte gemäß § 3 des Umweltkontrollgesetzes, BGBl. I Nr. 152/1998;
5. Daten oder Zusammenfassungen von Daten aus der Überwachung von Tätigkeiten, die sich auf die Umwelt auswirken oder wahrscheinlich auswirken;
6. Genehmigungen, die erhebliche Auswirkungen auf die Umwelt haben, und Umweltvereinbarungen oder einen Hinweis darauf, wo diese Informationen erhalten oder gefunden werden können;
7. Umweltverträglichkeitsprüfungen und Risikobewertungen betreffend die in § 2 Z 1 genannten Umweltbestandteile oder einen Hinweis darauf, wo diese Informationen erhalten oder gefunden werden können.

(3) Die Verbreitung von Umweltinformationen, die in angemessenen Abständen zu aktualisieren sind, sollte nach Möglichkeit über elektronische Medien erfolgen. Die unter Verwendung elektronischer Technologien zugänglich gemachten Informationen müssen nicht solche Informationen umfassen, die vor Inkrafttreten dieses Gesetzes erhoben wurden, es sei denn, sie liegen bereits in elektronischer Form vor.

(4) Die Anforderungen für die aktive und systematische Verbreitung von Umweltinformationen sowie für die praktischen Vorkehrungen zur Erleichterung des Informationszuganges (Abs. 6) können durch die Einrichtung von Verknüpfungen zu Internet-Seiten sowie von Umweltinformationsportalen im Internet erfüllt werden, auf denen die zu verbreitenden Informationen zu finden sind.

(5) Im Fall einer unmittelbaren Bedrohung der menschlichen Gesundheit oder der Umwelt, unabhängig davon, ob diese Folge menschlicher Tätigkeit ist oder eine natürliche Ursache hat, haben informationspflichtige Stellen, soweit nicht Mitteilungsschranken oder Ablehnungsgründe gemäß § 6 entgegenstehen, sämtliche ihnen vorliegende oder für sie bereitgehaltene Informationen unmittelbar und unverzüglich zu verbreiten, die es der eventuell betroffenen Öffentlichkeit ermöglichen könnten, Maßnahmen zur Abwendung oder Begrenzung von Schäden infolge dieser Bedrohung zu ergreifen.

(6) Die informationspflichtigen Stellen haben zur Erfüllung ihrer Mitteilungspflicht (§ 5) praktische Vorkehrungen zur Erleichterung des Informationszuganges zu treffen, indem sie insbesondere

[4] S 1 neu gefasst durch BGBl I 95/2015.

1. Organisations- und Geschäftseinteilungspläne – soweit vorhanden – veröffentlichen,
2. Auskunftspersonen oder Informationsstellen benennen,
3. Listen und Verzeichnisse betreffend in ihrem Besitz befindliche Umweltinformationen führen.

Nationales Schadstofffreisetzungs- und -verbringungsregister (nationales PRTR)

§ 9a.[5] (1) Der Bundesminister für Land- und Forstwirtschaft, Umwelt und Wasserwirtschaft hat im Einvernehmen mit dem Bundesminister für Wirtschaft, Familie und Jugend ein der Öffentlichkeit frei und unentgeltlich zugängliches, internetgestütztes Schadstofffreisetzungs- und -verbringungsregister (nationales PRTR) einzurichten und zu führen. Er bedient sich der Umweltbundesamt GmbH (im Folgenden: Umweltbundesamt) als Dienstleister. Die Form der Übermittlung und die Aktualisierung der Informationen werden durch Verordnung geregelt.

(2) Das nationale PRTR enthält:

1. Informationen über die Freisetzungen der in Artikel 5 Abs. 1 Buchstabe a der Verordnung (EG) Nr. 166/2006 über die Schaffung eines Europäischen Schadstofffreisetzungs- und -verbringungsregisters und zur Änderung der Richtlinien 91/689/EWG und 96/61/EG, ABl. Nr. L 33 vom 04.02.2006 S. 1 (im Folgenden als „EG-PRTR-V" bezeichnet) genannten Schadstoffe, die von Betriebseinrichtungen (Art. 2 Z 4 EG-PRTR-V) mitgeteilt werden müssen, in denen eine oder mehrere der in Anhang I EG-PRTR-V genannten Tätigkeiten ausgeübt werden,
2. Informationen über die Verbringung außerhalb des Standortes von in Artikel 5 Abs. 1 Buchstabe b EG-PRTR-V genannten Abfällen und von in Artikel 5 Abs. 1 Buchstabe c EGPRTR-V genannten Schadstoffen in Abwasser, die von Betriebseinrichtungen mitgeteilt werden müssen, in denen eine oder mehrere der in Anhang I EG-PRTR-V genannten Tätigkeiten ausgeübt werden,
3. den Namen des Eigentümers oder Betreibers der Betriebseinrichtung und gegebenenfalls der Muttergesellschaft, zu der Informationen nach den Z 1 und 2 in das nationale PRTR eingestellt werden und
4. Informationen über die Freisetzungen von Schadstoffen aus diffusen Quellen, die in angemessener räumlicher Detaillierung beim Umweltbundesamt vorhanden sind oder dem Umweltbundesamt von den zuständigen Behörden für das nationale PRTR zur Verfügung gestellt werden und deren Aufnahme in das Register ohne aufwändige Aufbereitung möglich ist.

(3) Das Umweltbundesamt stellt Informationen in aggregierter und nicht aggregierter Form in das nationale PRTR ein, so dass Freisetzungen und Verbringungen nach dem Kalenderjahr und weiteren Merkmalen gesucht werden können, insbesondere nach

1. der Bezeichnung der Betriebseinrichtung,
2. dem geographischen Standort der Betriebseinrichtung und dem Flusseinzugsgebiet,
3. der Tätigkeit, die in der Betriebseinrichtung ausgeübt wird,
4. dem Eigentümer oder Betreiber der Betriebseinrichtung und gegebenenfalls der Muttergesellschaft,
5. dem Schadstoff oder Abfall,
6. dem Umweltmedium, in das der Schadstoff freigesetzt wird,
7. der Verbringung außerhalb des Standortes von Abfällen sowie gegebenenfalls dem Bestimmungsort der Verbringung der Abfälle,
8. der Verbringung außerhalb des Standortes von Schadstoffen im Abwasser sowie
9. der Freisetzung von Schadstoffen aus diffusen Quellen im Sinne von Abs. 2 Z 4.

(4) Zehn Jahre nach der erstmaligen Einstellung der Informationen in das nationale PRTR hat das Umweltbundesamt ihre Löschung vorzunehmen.

Informantenschutz

§ 9b.[5] (1) Der Betreiber einer Betriebseinrichtung (Art. 2 Z 4 EG-PRTR-V) darf einen Betriebsangehörigen nicht bestrafen, verfolgen oder belästigen, weil der Betriebsangehörige der zuständigen Behörde konkrete Anhaltspunkte für einen Verstoß gegen die Verordnung des Bundesministers für Wirtschaft und Arbeit und des Bundesministers für Land- und Forstwirtschaft, Umwelt und Wasserwirtschaft über begleitende Regelungen im Zusammenhang mit der Schaffung eines Europäischen Schadstofffreisetzungs- und –verbringungsregisters (E-PRTR-Begleitverordnung, E-PRTRBV), BGBl. II Nr. 380/2007, oder gegen die EG-PRTR-V anzeigt.

(2) Eine Behörde darf bei der Ausübung ihrer Zuständigkeiten niemanden wegen einer Anzeige, mit welcher ihr konkrete Anhaltspunkte für einen Verstoß gegen die E-PRTR-Begleitverordnung oder die EG-PRTR-V mitgeteilt werden, bestrafen, verfolgen oder belästigen.

Koordinierungsstelle für Umweltinformationen

§ 10. (1) Das Umweltbundesamt hat eine Koordinierungsstelle für Umweltinformationen einzurichten und zu führen.

(2) Aufgabe der Koordinierungsstelle ist es, den Informationsaustausch zwischen den informationspflichtigen Stellen zu unterstützen und geeignete Maßnahmen vorzuschlagen, um den Zugang zu Umweltinformationen zu erleichtern und eine hohe Qualität der Umweltinformationen sicher zu stellen.

(3) Die Koordinierungsstelle ist berechtigt, die bei ihr vorhandenen Umweltinformationen der Öffentlichkeit in geeigneter Form zugänglich zu machen. Die Bestimmungen über Mitteilungsschranken und Ablehnungsgründe (§ 6) sind sinngemäß anzuwenden.

Übermittlungspflicht

§ 11. Auf Verlangen haben die informationspflichtigen Stellen Umweltinformationen, über die sie in Wahrnehmung bundesgesetzlich übertragener Aufgaben im Bereich des Umweltschutzes verfügen, den Organen des Bundes, der Länder oder der Gemeinden zur Wahrnehmung von gesetzlich übertragenen Aufgaben im Bereich des Umweltschutzes kostenlos zu übermitteln. Davon ausgenommen sind die Landespolizeidirektionen hinsichtlich jener Umweltinformationen, die sie von anderen Organen der Verwaltung erhalten haben.[6]

Meldepflicht

§ 12.[7] Der Bundesminister für Land- und Forstwirtschaft, Umwelt und Wasserwirtschaft kann im Einvernehmen mit dem jeweils sachlich zuständigen Bundesminister mit Verordnung festlegen, dass die Inhaber/innen von bestimmten, nach bundesgesetzlichen Vorschriften zu genehmigenden Typen von Anlagen dem Bundesministerium für Land- und Forstwirtschaft, Umwelt und Wasserwirtschaft bestimmte Umwelt-

[5] Eingefügt durch BGBl I 128/2009.

[6] Geändert durch BGBl I 50/2012.

[7] Geändert durch BGBl I 95/2015.

informationen zu melden haben, die zur Beurteilung der Auswirkungen der Anlage auf die Umwelt im Normalbetrieb oder im Fall eines schweren Unfalls (§ 14 Abs. 1a) oder zur Erfüllung nationaler Berichtspflichten im Rahmen der Europäischen Integration erforderlich sind. Andere gesetzliche Meldepflichten bleiben unberührt.

Bekanntmachung von Emissionsdaten

§ 13. (1) Wer auf Grund bundesgesetzlicher Vorschriften oder darauf beruhenden behördlichen Anordnungen verpflichtet ist, Emissionen aus seiner Betriebsanlage zu messen und darüber Aufzeichnungen zu führen, hat über das jeweils letztvergangene Kalendermonat und das jeweils letztvergangene Kalenderjahr vorliegende Aufzeichnungen in allgemein verständlicher Form an einer allgemein leicht zugänglichen Stelle bekanntzumachen. Diese Aufzeichnungen können zur Wahrung von geheimhaltungswürdigen Tatsachen (§ 4 Abs. 3) in Form von Massenstromangaben an gemessenen Schadstoffkomponenten in kg/Monat und kg/Jahr oder aus Gründen der Übersichtlichkeit oder Zweckmäßigkeit in zusammengefaßter Form unter Angabe des jeweils höchsten und niedrigsten Meßwertes im Bekanntmachungszeitraum dargestellt werden.

(2) Wer eine nach bundesrechtlichen Vorschriften genehmigte Betriebsanlage betreibt, hat unverzüglich die nach diesen Vorschriften erteilten und der Verhinderung oder Verringerung von Umweltbelastungen dienenden Auflagen und Bedingungen schriftlich dem Betriebsrat mitzuteilen.

Information über die Gefahr von schweren Unfällen[8]

§ 14. (1)[9] Der Inhaber/die Inhaberin einer informationspflichtigen Anlage im Sinne des Abs. 2, die nach bundesgesetzlichen Vorschriften einer Genehmigungspflicht unterliegt, hat die von einem schweren Unfall möglicherweise betroffenen Personen sowie die sachlich zuständigen Behörden – insbesondere auch die örtlich zuständigen Raumplanungs- und Baubehörden – unaufgefordert in regelmäßigen, fünf Jahre nicht übersteigenden Zeitabständen über die Gefahren und Auswirkungen von schweren Unfällen und über die dabei notwendigen Verhaltensmaßnahmen im Falle eines schweren Unfalls in geeigneter Weise zu informieren und diese Information ständig im Internet zugänglich zu machen. Diese Informationen sind alle drei Jahre zu überprüfen, erforderlichenfalls zu aktualisieren und gegenüber den möglicherweise betroffenen Personen zu erneuern. Bei möglichen grenzüberschreitenden Auswirkungen von schweren Unfällen muss der Inhaber/die Inhaberin einer informationspflichtigen Anlage eine Information mit besonderer Berücksichtigung dieses Umstandes der für Katastrophenschutz oder Katastrophenhilfe und für allgemeine Gefahrenabwehr zuständigen Stelle sowie der für die Koordination des Staatlichen Krisen- und Katastrophenschutzmanagements zuständigen Stelle des Bundesministeriums für Inneres übermitteln.

(1a)[9] Ein schwerer Unfall im Sinne dieses Bundesgesetzes ist ein Ereignis – z.B. eine Emission, ein Brand oder eine Explosion größeren Ausmaßes, der Bruch einer Talsperre oder die Freisetzung gefährlicher Organismen –, das sich aus unkontrollierten Vorgängen in einer unter dieses Bundesgesetz fallenden Anlage ergibt, das unmittelbar oder später innerhalb oder außerhalb der Anlage zu einer ernsten Gefahr für die menschliche Gesundheit oder die Umwelt führt.

(2)[10] Informationspflichtige Anlagen im Sinne dieses Bundesgesetzes sind Anlagen, bei denen wegen der Verwendung von Maschinen oder Geräten, Lagerung, Verwendung oder Produktion von Chemikalien, Abfällen oder gefährlichen Organismen, wegen der Betriebsweise, Ausstattung oder sonst die Gefahr von schweren Unfällen besteht.

(3)[9] Die Information gemäß Abs. 1 hat folgende Angaben zu enthalten:

1. für alle unter Abs. 2 fallenden informationspflichtigen Anlagen:
   a) Name und Firma des Inhabers/der Inhaberin sowie vollständige Anschrift der betreffenden Anlage;
   b) bei Anlagen, die der Gewerbeordnung 1994, BGBl. Nr. 194/1994, unterliegen, eine Bestätigung, dass diese den Bestimmungen des Abschnitts 8a der Gewerbeordnung unterliegen und dass die Mitteilung gemäß § 84d Abs. 1 GewO 1994 bzw. der Sicherheitsbericht gemäß § 84f GewO 1994 der zuständigen Behörde vorgelegt wurde; dies gilt sinngemäß für Anlagen, die anderen bundesrechtlichen Vorschriften auf dem Gebiet des Anlagenrechts zur Vermeidung schwerer Unfälle unterliegen (§ 59 Abfallwirtschaftsgesetz 2002, BGBl. I Nr. 102/2002, § 30a Eisenbahngesetz 1957, BGBl. Nr. 60/1957, § 39 Emissionsschutzgesetz für Kesselanlagen 2013, BGBl. I Nr. 127/2013, § 146 Gaswirtschaftsgesetz 2011, BGBl. I Nr. 107/2011, § 80a Luftfahrtgesetz, BGBl. Nr. 253/1957, § 182 Mineralrohstoffgesetz, BGBl. I Nr. 38/1999, alle in der jeweils geltenden Fassung);
   c) Beschreibung der Anlage, insbesondere der sicherheitsrelevanten Betriebsteile, und der Tätigkeit, die an dem Standort ausgeführt wird;
   d) Angaben über die Gefahren, die die Anlage zu einer informationspflichtigen Anlage werden lassen, insbesondere die Faktoren, die einen schweren Unfall herbeiführen können; im Falle des Vorhandenseins gefährlicher Stoffe im Sinne des Art. 3 Nummer 10 der Richtlinie 2012/18/EU in einer im Anhang I zur Richtlinie 2012/18/EU angeführten Menge gebräuchliche Bezeichnungen oder – bei gefährlichen Stoffen im Sinne von Anhang I Teil 1 der Richtlinie 2012/18/EU – Gattungsbezeichnung oder Gefahreneinstufung der in der Anlage vorhandenen gefährlichen Stoffe, von denen ein schwerer Unfall ausgehen könnte, sowie Angabe ihrer wesentlichen Gefahreneigenschaften in einfachen Worten;
   e) Unterrichtung darüber, wie die betroffene Öffentlichkeit erforderlichenfalls gewarnt wird; und angemessene Informationen über das entsprechende Verhalten bei einem schweren Unfall;
   f) Angabe der Internetadresse, wo diese Information (Abs.1) elektronisch ständig zugänglich ist;
   g) Einzelheiten darüber, wo weitere Informationen eingeholt werden können.
2. für Anlagen, die Betriebe der oberen Klasse im Sinne von Art. 3 Z 3 der Richtlinie 2012/18/EU sind, zusätzlich auch:
   a) allgemeine Informationen betreffend die Art der Gefahren schwerer Unfälle einschließlich ihrer möglichen Auswirkungen auf die menschliche Gesundheit und die Umwelt und Zusammenfassung der Einzelheiten der Hauptarten der Szenarien schwerer Unfälle – mit deren Auswirkungen und Reichweite auch außerhalb der Anlage – nebst den Maßnahmen, mit denen ihnen gegengesteuert werden soll;
   b) Bestätigung, dass der Inhaber/die Inhaberin verpflichtet ist, auf dem Betriebsgelände – auch in Zusammenarbeit mit den Notfall- und Rettungsdiensten – geeignete Maßnahmen zur Bekämpfung von Unfällen und größtmöglichen Begrenzung ihrer Auswirkungen zu treffen;

[8] Überschrift geändert durch BGBl I 95/2015.

[9] Neu gefasst durch BGBl I 95/2015.

[10] Geändert durch BGBl I 95/2015.

c) Hinweis darauf, wo in den externen Notfallplan und den Sicherheitsbericht Einsicht genommen werden kann; die Information gemäß Abs. 1 ist mit dem entsprechenden externen Notfallplan abzustimmen;
d) Angabe, ob die Anlage bei einem schweren Unfall mit dessen Auswirkungsbereich das Hoheitsgebiet eines anderen Mitgliedstaats beeinträchtigt und damit die Möglichkeit eines schweren Unfalls mit grenzüberschreitenden Auswirkungen gemäß dem Übereinkommen über die grenzüberschreitenden Auswirkungen von Industrieunfällen der Wirtschaftskommission der Vereinten Nationen für Europa vorliegt.

(4)[9] Die Information der von einem schweren Unfall möglicherweise betroffenen Personen darf aus Gründen der Zweckmäßigkeit auch mehrere unter die Informationspflicht fallende Anlagen eines Inhabers/einer Inhaberin oder mehrere in einem räumlichen und sachlichen Zusammenhang stehende, der Informationspflicht unterliegende Anlagen mehrerer Inhaber/Inhaberinnen umfassen. Eine Zusammenarbeit der berührten Inhaber/Inhaberinnen hat jedenfalls dann zu erfolgen, wenn zwischen benachbarten Anlagen aufgrund ihres Standortes und ihrer Nähe zueinander eine erhöhte Wahrscheinlichkeit von schweren Unfällen besteht oder solche folgenschwerer sein können (Domino-Effekte). Dabei sind auch im Auswirkungsbereich von unter die Informationspflicht fallenden Anlagen liegende und nicht von der Richtlinie 2012/18/EU erfasste Anlagen zu berücksichtigen.

(5)[11] Die Einhaltung der Informationspflicht gemäß Abs. 1 ist durch die über die Gefahr von schweren Unfällen zu informierenden Behörden (Abs. 1) in regelmäßigen Zeitabständen zu überprüfen.

(6)[11] Der Bundesminister für Land- und Forstwirtschaft, Umwelt und Wasserwirtschaft hat im Einvernehmen mit dem jeweils sachlich zuständigen Bundesminister durch Verordnung die informationspflichtigen Anlagen gemäß Abs. 2 sowie Art und Weise der Information über die Gefahr von schweren Unfällen einschließlich der Mitwirkung der über die Gefahr von Störfällen zu informierenden Behörden (Abs. 1) näher zu bestimmen.

Strafbestimmung

§ 15. (1) Sofern die Tat nicht den Tatbestand einer in die Zuständigkeit der Gerichte fallenden strafbaren Handlung bildet, begeht eine Verwaltungsübertretung und ist von der Bezirksverwaltungsbehörde zu bestrafen

1. mit Geldstrafe bis zu 1 815 € wer als Betreiber einer Betriebseinrichtung (Art. 2 Z 4 EG-PRTRV) einen Betriebsangehörigen nachweislich bestraft, verfolgt oder belästigt, weil er der Behörde konkrete Anhaltspunkte für einen Verstoß gegen die in § 9b Abs. 1 genannten Bestimmungen angezeigt hat, bzw.
2. mit Geldstrafe bis zu 3 630 €, im Wiederholungsfall bis zu 7 270 €, wer
   a) der Meldepflicht entgegen einer gemäß § 12 erlassenen Verordnung oder
   b) der Pflicht zur Bekanntmachung von Emissionsdaten gemäß § 13 nicht nachkommt, bzw.
3.[12] mit Geldstrafe bis zu 7 270 €, im Wiederholungsfall bis zu 14 530 €, wer der Informationspflicht über die Gefahr von schweren Unfällen gemäß § 14 nicht nachkommt.

(2) Stellt die Bezirksverwaltungsbehörde einen Verstoß gegen § 9b Abs. 1 fest, so hat sie den Betreiber der Betriebseinrichtung zu beraten und formlos schriftlich aufzufordern, den der Rechtsordnung entsprechenden Zustand binnen angemessener Frist herzustellen. Kommt der Betreiber dieser Aufforderung in der von der Behörde vorgegebenen Frist nach, so hat die Behörde von der Verhängung einer Strafe abzusehen. § 21 VStG bleibt unberührt.

Stempelgebühren- und Abgabenfreiheit

§ 16. …

Vollziehung

§ 17.[12] (1) Mit der Vollziehung dieses Bundesgesetzes ist, sofern die Abs. 2 bis 6 nicht anderes bestimmen, der Bundesminister für Land- und Forstwirtschaft, Umwelt und Wasserwirtschaft betraut, hinsichtlich der gemäß § 9a Abs. 1, § 12 und § 14 Abs. 6 zu erlassenden Verordnungen im Einvernehmen mit dem jeweils sachlich zuständigen Bundesminister.

(2) Hinsichtlich der gemäß § 5 Abs. 5 zu erlassenden Verordnung ist die Bundesregierung zuständig.

(3) Mit der Vollziehung des § 9a Abs. 1 ist hinsichtlich des nationalen PRTR der Bundesminister für Land- und Forstwirtschaft, Umwelt und Wasserwirtschaft im Einvernehmen mit dem Bundesminister für Wirtschaft, Familie und Jugend betraut.[13]

(4)[14] Mit der Vollziehung des § 16 ist hinsichtlich der Stempelgebühren der Bundesminister für Finanzen betraut.

(5)[14] Die Vollziehung dieses Bundesgesetzes obliegt insoweit den Landesregierungen, als es sich auf die Mitteilung von Umweltinformationen bezieht, in denen die Vollziehung Landessache ist. Dies gilt nicht für die Erlassung von Durchführungsverordnungen.

(6)[14] Die Mitteilung von Umweltinformationen nach diesem Bundesgesetz ist soweit im eigenen Wirkungsbereich der Gemeinden und anderer Einrichtungen der Selbstverwaltung zu besorgen, als diese im Rahmen im eigenen Wirkungsbereich zu besorgender Angelegenheiten bundesgesetzlich übertragene Aufgaben im Bereich des Umweltschutzes wahrnehmen.

Inkrafttreten

§ 18. …

Bezugnahme auf Unionsrecht[15]

§ 19. Durch dieses Bundesgesetz werden die Richtlinie 2003/4/EG über den Zugang der Öffentlichkeit zu Umweltinformationen und zur Aufhebung der Richtlinie 90/313/EWG des Rates, ABl. Nr. L 41 vom 14.02.2003 S 26, CELEX-Nr. 32003L0004, und die Richtlinie 2012/18/EU zur Beherrschung der Gefahren schwerer Unfälle mit gefährlichen Stoffen, zur Änderung und anschließenden Aufhebung der Richtlinie 96/82/EG, ABl. Nr. L 197 vom 24.07.2012 S 1, CELEX-Nr. 32012L0018, in österreichisches Recht umgesetzt.

[11] Neue Absatzbezeichnung und geändert durch BGBl I 95/2015.

[12] Geändert durch BGBl I 95/2015.

[13] Eingefügt durch BGBl I 128/2009.

[14] Neubezeichnung durch BGBl I 128/2009.

[15] Neu gefasst durch BGBl I 95/2015.

Umweltmanagementgesetz – UMG

BGBl I 96/2001, zuletzt geändert durch BGBl I 98/2013

III. Abschnitt
Führung von Registern eingetragener Organisationen[1]

Zuständige Stelle

§ 15. (1)[2] Die für die Führung des EMAS-Registers der eingetragenen Organisationen nach den Art. 3 und 11 der EMAS-Verordnung (EMAS-Register) zuständige Stelle ist der Bundesminister für Land- und Forstwirtschaft, Umwelt und Wasserwirtschaft, der sich bei Erfüllung dieser Aufgabe gemäß § 6 Abs. 2 Z 25 des Umweltkontrollgesetzes, BGBl. I Nr. 152/1998, des Umweltbundesamtes bedient. Für die Registrierung von Organisationen, die ihren Sitz außerhalb der Europäischen Union haben, kann der Bundesminister für Land- und Forstwirtschaft, Umwelt und Wasserwirtschaft mit Verordnung nähere Bestimmungen festlegen.

(2)[3] Das EMAS-Register hat folgende Daten über eine eingetragene Organisation zu enthalten:

1. Name bzw. Bezeichnung der Organisation im Sinne des Art. 2 lit. s EMAS-Verordnung;
2. Anschrift der Organisation sowie aller zugehörigen, von der Begutachtung erfassten und unter einer Registrierungsnummer geführten Standorte einschließlich Telefonnummer, Telefaxnummer und E-Mail-Adresse;
3. Kontaktperson der Organisation am Standort;
4. Bezeichnung des Sektors bzw. der Sektoren im Sinne des § 1a Abs. 6, in dem bzw. in denen die Organisation am Standort tätig ist;
5. Registernummer;
6. Datum der Eintragung der Organisation;
7. gegebenenfalls Datum einer vorübergehenden Aufhebung einer Eintragung der Organisation.

(3)[3] Das EMAS- Register ist öffentlich zugänglich. Jedermann kann sich davon an Ort und Stelle Abschriften anfertigen oder auf eigene Kosten Kopien anfertigen oder anfertigen lassen.

(4)[2] Behörden nach Art. 2 Z 26 der EMAS-Verordnung sind die zum Vollzug der umweltrelevanten Vorschriften zuständigen Behörden einschließlich der zur Bestrafung wegen Verwaltungsübertretungen dieser umweltrelevanten Vorschriften berufenen Behörden erster Instanz. Diese haben unverzüglich nach Kenntnisnahme von einer bestehenden Verletzung einschlägiger Umweltvorschriften durch eingetragene Organisationen die zuständige Stelle davon zu unterrichten.

(4a)[4] Behörden, die zum Vollzug der umweltrelevanten Vorschriften zuständig sind, einschließlich der zur Bestrafung wegen Verwaltungsübertretungen berufenen Behörden erster Instanz, haben unverzüglich nach Kenntnisnahme einer bestehenden Verletzung einschlägiger Umweltvorschriften am Standort von Organisationen, die in ein Register gemäß § 15 Abs. 5 eingetragen sind, die zuständige Stelle gemäß § 15 Abs. 1 zu unterrichten.

(5)[2] Der Bundesminister für Land- und Forstwirtschaft, Umwelt und Wasserwirtschaft kann mit Verordnung die Führung weiterer nationaler Register für Organisationen, die mit EMAS gleichwertige Umweltmanagementsysteme anwenden, anordnen sowie nähere Kriterien für die Eintragung in diese Register normieren. Für die Führung der weiteren nationalen Register gemäß der UMG Register VO kann sich der Bundesminister für Land- und Forstwirtschaft, Umwelt und Wasserwirtschaft eines Dienstleisters bedienen. Für die Führung dieser Register ist die Umweltbundesamt GmbH Dienstleister.

[1] Überschrift geändert durch BGBl I 98/2013.
[2] Neu gefasst durch BGBl I 98/2013.
[3] Geändert durch BGBl I 98/2013.
[4] Eingefügt durch BGBl I 98/2013.

Registrierung bzw. Verweigerung der Registrierung von Organisationen

§ 16. (1)[3] Der Antrag auf Eintragung einer Organisation in ein Register gemäß § 15 ist beim Bundesminister für Land- und Forstwirtschaft, Umwelt und Wasserwirtschaft (zuständige Stelle) im Wege des Umweltbundesamtes einzubringen. Das Umweltbundesamt hat das Vorliegen der Eintragungsvoraussetzungen zu prüfen und binnen zwölf Wochen nach Antragsstellung dem Bundesminister für Land- und Forstwirtschaft, Umwelt und Wasserwirtschaft die Verfahrensergebnisse sowie einen Entscheidungsvorschlag vorzulegen. Sind die Voraussetzungen für die Eintragung erfüllt, hat der Bundesminister für Land- und Forstwirtschaft, Umwelt und Wasserwirtschaft binnen einer Woche die Eintragung zu veranlassen.

(1a)[3] Eine Organisation ist unter Zuteilung einer Nummer in das EMAS-Register einzutragen, wenn

1. eine von einem Umweltgutachter für gültig erklärte Umwelterklärung vorliegt,
2. die Angaben zur Organisation auf Basis des Anhangs VI der EMAS-Verordnung vorliegen,
3. glaubhaft gemacht ist, dass die Organisation am Standort alle Bedingungen der EMAS-Verordnung erfüllt, insbesondere auch jene des Anhangs II und
4. die auf Grund einer Verordnung nach § 19 Abs. 2 festgesetzte Eintragungsgebühr entrichtet ist.

(1b)[2] Eine Organisation ist unter Zuteilung einer Nummer in ein nach der UMG Register VO eingerichtetes Register einzutragen, wenn die in dieser Verordnung festgelegten Anforderungen erfüllt sind und die Organisation Angaben gemäß Anhang VI der EMAS-Verordnung macht.

(1c)[5] Erhält die zuständige Stelle aufgrund eigener Überprüfung oder Bekanntgabe durch eine meldepflichtige Behörde Kenntnis von einer Verletzung einschlägiger Umweltvorschriften einer Organisation, ist die Eintragung zu verweigern, es sei denn, dass

1. der rechtskonforme Zustand hergestellt worden ist,
2. allfällige Schäden für die Umwelt beseitigt worden sind und
3. ausreichende Vorkehrungen getroffen wurden, sodass kein neuerlicher Verstoß gegen Umweltvorschriften zu erwarten ist.

Dabei sind Verstöße nicht zu berücksichtigen, die ausschließlich einem nicht registrierten Standort der Organisation zuzurechnen sind.

(2) bis (8) [Anm: Entfallen gem BGBl I 98/2013]

[5] Einleitungsteil neu gefasst durch BGBl I 98/2013.

Streichung und Aussetzung der Registrierung von Organisationen

§ 16a.[6] (1) Eine Organisation ist mit Bescheid aus dem EMAS-Register bzw. aus den nach der UMG Register VO eingerichteten Registern zu streichen, wenn die zuständige Stelle aufgrund eigener Überprüfung oder Bekanntgabe durch eine meldepflichtige Behörde von einer Verletzung einschlägiger Umweltvorschriften der Organisation Kenntnis erlangt hat, es sei denn, dass

1. der rechtskonforme Zustand hergestellt worden ist,
2. allfällige Schäden für die Umwelt beseitigt worden sind und
3. ausreichende Vorkehrungen getroffen wurden, sodass kein neuerlicher Verstoß gegen Umweltvorschriften zu erwarten ist.

(2) Der Bundesminister für Land- und Forstwirtschaft, Umwelt und Wasserwirtschaft hat mit Bescheid bei Vorliegen der Voraussetzungen des Art. 15 Abs. 3 der EMAS-Verordnung die Eintragung auszusetzen oder zu streichen.

(3) Die Registrierung einer Organisation, die in ein Register gemäß der UMG Register VO eingetragen ist, wird mit Bescheid ausgesetzt oder gestrichen, wenn die Eintragungsvoraussetzungen des § 3 der UMG Register VO nicht mehr vorliegen.

(4) Eine Organisation ist mit Bescheid aus dem EMAS-Register bzw. aus einem Register nach der UMG Register VO zu streichen, wenn bekannt wird, dass der Umweltgutachter im Rahmen seiner Tätigkeit, die zur Registrierung der Organisation geführt hat, gegen die Anforderungen der EMAS-Verordnung bzw. gegen die Anforderungen der UMG Register VO verstoßen hat und deswegen seine Zulassung aufgehoben wurde.

(5) Die zuständige Stelle ist berechtigt, eine nach § 15 registrierte Organisation bis zur Entscheidung über eine etwaige Streichung der Organisation aus dem Register vorübergehend auszusetzen, wenn Verstöße gegen einschlägige Umweltvorschriften bekannt wurden oder bekannt wurde, dass die Anforderungen des § 16 Abs. 1a oder 1b nicht mehr erfüllt sind.

Verfahren zur Registrierung, Verweigerung der Registrierung, Streichung und Aussetzung der Registrierung

§ 16b.[7] (1) In den Verfahren zur Registrierung sowie zur Verweigerung, Streichung und Aussetzung der Registrierung von EMAS-Organisationen bzw. von Organisationen, die in ein Register nach der UMG Register VO eingetragen sind, hat die betroffene Organisation und der Umweltanwalt, in dessen örtlichen Zuständigkeitsbereich der Standort liegt, Parteistellung gemäß § 8 AVG bzw. sind die nach den bundesrechtlichen Verwaltungsvorschriften zum Schutz der Umwelt zuständigen Behörden zu hören. In den Verfahren zur Registrierung bzw. zur Verweigerung der Registrierung ist der Umweltgutachter zu hören.

(2) Der Umweltanwalt ist befugt, die Einhaltung der Rechtsvorschriften der EMAS-Verordnung und dieses Bundesgesetzes über die Registrierung sowie zur Verweigerung, Streichung und Aussetzung einer Registrierung in Wahrung der Interessen der Gewährleistung eines rechtmäßigen und qualitativ hochwertigen Systems zur Umweltbegutachtung und Registrierung und der damit verbundenen Verbesserung der Umweltleistungen von Organisationen als subjektive Rechte im Verfahren geltend zu machen.

(3) Von der Registrierung, Streichung, Verweigerung und Aussetzung der Registrierung sind die jeweils betroffenen Organisationsleitungen, die Behörden im Sinne des § 15 Abs. 4 und die nach den Rechtsvorschriften des Bundes für die Anlagen der Organisation zuständigen Behörden durch die zuständige Stelle unverzüglich zu verständigen. Die zuständige Stelle hat weiters die Register gemäß § 15 monatlich zu aktualisieren und das EMAS-Register an die Europäische Kommission zu übermitteln. Der Zugang zu den Registern auf elektronischem Wege ist für die Zulassungsstelle einzurichten. Das EMAS-Register und die nach der UMG Register VO eingerichteten Register können automationsunterstützt im Sinne des § 1 Abs. 3 und § 6 des Datenschutzgesetzes, BGBl. I Nr. 165/1999, geführt werden.

(4) Beantragt eine nach § 15 registrierte Organisation von sich aus die Streichung oder Aussetzung, hat lediglich die Organisation Parteistellung und die Anhörung der zuständigen Behörden ist nicht erforderlich. Im Falle der Aussetzung ist eine angemessene Frist von maximal einem Jahr zu setzen. Nach Ablauf der Frist hat die zuständige Stelle neuerlich das Vorliegen der Voraussetzungen zur Aufrechterhaltung der Eintragung zu prüfen.

(5) Die Eintragung endet mit der Streichung, mit dem Untergang des Rechtssubjekts oder mit der Auflassung des Standortes, auf den sich die Eintragung bezieht.

…

Veröffentlichung der Umwelterklärung und der Berichte von Organisationen, die andere mit EMAS gleichwertige Umweltmanagementsysteme anwenden

§ 18.[8] (1) Die für gültig erklärte Umwelterklärung sowie die für gültig erklärten Berichte von Organisationen, die andere mit EMAS gleichwertige Umweltmanagementsysteme anwenden, sind durch die betroffenen Organisationen innerhalb von drei Monaten nach Einlangen der Verständigung über die Eintragung durch die zuständige Stelle unaufgefordert in geeigneter Weise zu veröffentlichen.

(2) Die zuständige Stelle ist über Inhalt, Art und Weise sowie Zeitpunkt oder Zeitraum der Veröffentlichung nachweislich zu informieren. Den nach den Vorschriften zum Schutz der Umwelt zuständigen Behörden ist die Umwelterklärung zu übermitteln.

…

IV. Abschnitt
Verwaltungsvereinfachungen für EMAS-Organisationen

Anzeigeverfahren bei Änderungen von Anlagen

§ 21. (1) Änderungen von Anlagen, die nach bundesrechtlichen anlagenbezogenen Regelungen genehmigungspflichtig sind, bedürfen keiner Genehmigung nach diesen und dabei mitzuvollziehenden Vorschriften, wenn

1. die Organisation über die geplante Änderung in angemessener Frist vor der Anzeige an die Behörde über das Vorhaben die wahrscheinlich betroffene Öffentlichkeit in einer geeigneten Weise informiert hat,
2.[3] die die Anlage betreibende Organisation in ein Register gemäß § 15 eingetragen ist,
3. der Behörde die Änderung angezeigt wird,
4.[2] die Umwelterklärung oder Berichte von Organisationen, die andere mit EMAS gleichwertige Umweltmanagementsysteme anwenden, vorgelegt werden,
5.[2] der Ersatz von Maschinen, Geräten oder Ausstattung durch gleichartige Maschinen, Geräte oder Ausstattung erfolgt.

---

[6] Samt Überschrift eingefügt durch BGBl I 98/2013.

[7] Samt Überschrift eingefügt durch BGBl I 98/2013.

[8] Überschrift und Abs 1 neu gefasst durch BGBl I 98/2013.

Maschinen, Geräte oder Ausstattungen sind gleichartig, wenn ihr Verwendungszweck dem der in der Anlage befindlichen Maschinen, Geräten oder Ausstattungen entspricht und die von ihnen zu erwartenden Auswirkungen das Emissionsverhalten der Anlage nicht nachteilig beeinflussen.

6. gegen die Änderung innerhalb der Kundmachungsfrist (Abs. 2) keine Einwendungen von Parteien erhoben werden und

7.[3] die Einhaltung anderer nach den Materienvorschriften zu schützenden öffentlichen Interessen, wie insbesondere sicherheitstechnische und arbeitnehmerschutzrechtliche Belange und sonstige Schutzinteressen glaubhaft gemacht wird und allenfalls unter Vorschreibung von Auflagen gewahrt sind.

(2) Änderungen gemäß Abs. 1 sind der Behörde anzuzeigen, die das Projekt unverzüglich bei der jeweiligen Standortgemeinde aufzulegen hat und dies durch Anschlag an der Amtstafel der Standortgemeinde und in einer in der Gemeinde verbreiteten Zeitung kundzumachen hat. Werden gegen diese Änderung binnen drei Wochen ab Kundmachung keine Einwendungen von Personen, die nach den in Betracht kommenden Rechtsvorschriften des Bundes Parteistellung haben, erhoben, verlieren diese ihre Parteistellung. Auf diese Rechtsfolge ist in der Verlautbarung hinzuweisen. § 42 Abs. 3 AVG gilt sinngemäß. Die Kosten der Kundmachung hat die Organisation zu tragen.

(3)[3] Die Behörde hat eine Kopie der Änderungsanzeige unverzüglich nach Einlangen dem zuständigen Arbeitsinspektorat zu übermitteln, das binnen drei Wochen nach Einlangen zu den arbeitnehmerschutzrechtlichen Belangen des Projekts Stellung zu nehmen hat.

(4) Die Behörde hat binnen sieben Wochen nach Anzeige des Projekts diese Anzeige mit Bescheid, allenfalls unter Vorschreibung von sicherheitstechnischen, arbeitnehmerschutzrechtlichen oder anderen öffentlichen Interessen (Z 7) betreffende Auflagen, zur Kenntnis zu nehmen, sofern die Voraussetzungen gemäß Abs. 1 Z 1 bis 7 erfüllt sind. Sind diese Voraussetzungen nicht erfüllt, ist die Anzeige mit Bescheid zurückzuweisen. Die bescheidmäßige Kenntnisnahme durch die Behörde gilt als Genehmigung der angezeigten Änderung im Sinne der bundesrechtlichen anlagenbezogenen Regelungen gemäß Abs. 1. Die Behörde hat diese Kenntnisnahme an die sonst für die Anlagenänderung nach den bundesrechtlichen Vorschriften zuständigen Behörden zu übermitteln.

(5) Durch Abs. 1 wird die Genehmigungsfreiheit der Änderung von Anlagen nach den in Betracht kommenden Rechtsvorschriften des Bundes nicht berührt. Abs. 1 gilt nicht für die Änderungen jener Teile von Anlagen, die nach dem UVP-G 2000 genehmigungspflichtig sind oder die in Anlage 3 der GewO 1994, Anhang 5 des AWG 2002 oder in Anhang I der Richtlinie 96/61/EG des Rates über die integrierte Vermeidung und Verminderung der Umweltverschmutzung, ABl. Nr. L 257 vom 10. Oktober 1996, S 26, aufgezählt sind.

(6 alt) bis (8) [Anm: Entfallen gem BGBl I 98/2013]

(6)[9] Behörde im Sinne dieses Paragrafen ist die Bezirksverwaltungsbehörde.

Mündliche Verhandlung bei Änderungen von Anlagen

§ 21a.[3] Unbeschadet der Anforderungen des § 21 hat die Behörde bei der Änderung von Anlagen nach bundesrechtlichen Vorschriften nach Einbringung des vollständigen Antrags auf Änderung der Anlage innerhalb von längstens sechs Wochen eine allenfalls durchzuführende mündliche Verhandlung anzusetzen, wenn die die Anlage betreibende Organisation in ein Register gemäß § 15 eingetragen ist.

[9] Eingefügt durch BGBl I 98/2013.

Erlassung des konsolidierten Genehmigungsbescheides

§ 22. (1)[2] Auf Antrag einer Organisation, die gemäß § 15 in ein Register eingetragen ist, hat die Behörde sämtliche für die Anlage eines Standortes bzw. für einen Anlagenteil nach bundessrechtlichen anlagenbezogenen Regelungen geltenden Genehmigungen in einem Bescheid zusammenzufassen. Als Genehmigungen gelten die in den bundesrechtlichen Vorschriften für die Zulässigkeit der Ausführung eines Vorhabens und die Inbetriebnahme einer Anlage oder von Anlagenteilen vorgeschriebenen behördlichen Akte oder Unterlassungen, wie insbesondere Genehmigungen, Kenntnisnahmen, Bewilligungen oder Feststellungen. Mit Rechtskraft des konsolidierten Bescheides treten die dadurch erfassten Genehmigungsbescheide außer Kraft. Der konsolidierte Bescheid gilt als Genehmigung nach allen bundesrechtlichen anlagenbezogenen Regelungen.

(2) Die Organisation hat dem Antrag gemäß Abs. 1

1. eine Zusammenstellung der Genehmigungsbescheide, einschließlich der von der Behörde zu übernehmenden Spruchteile,
2. die von einem Befugten erstellte Bestandsaufnahme der Maschinen- und Anlagenteile sowie weiterer Anlageneinrichtungen,
3. die von einem Befugten erstellten erforderlichen Pläne und Skizzen,
4. eine aktuelle Betriebsbeschreibung,
5. ein Abfallwirtschaftskonzept (§ 10 AWG 2002) und
6. den Bericht über die aktuelle Umweltbetriebsprüfung entsprechend den Anforderungen gemäß Anhang III der EMAS-Verordnung und
7. [Anm: Entfällt gem BGBl I 98/2013][10]

(3) Die Behörde hat einen Bescheid gemäß Abs. 1 zu erlassen, wenn alle nach den Rechtsvorschriften des Bundes im Sinne des Abs. 1 erforderlichen Genehmigungen vorliegen sowie die Anlage konsensgemäß errichtet wurde und betrieben wird. Weicht die Anlage nur geringfügig von den Genehmigungsbescheiden ab, hat die Behörde im Konsolidierungsbescheid die Abweichungen zu genehmigen, wenn die Organisation die erforderlichen Unterlagen vorlegt und die Abweichungen für die öffentlichen Interessen nicht nachteilig sind oder im Fall des Eingriffs in fremde Rechte die Betroffenen zustimmen. Sind einzelne Genehmigungsbescheide für die Anlage oder für Anlagenteile nicht auffindbar, hat die Behörde dennoch den konsolidierten Genehmigungsbescheid zu erlassen, wenn die antragstellende Organisation Beweise (bezugnehmende Bescheide, Niederschriften, Überprüfungsbefunde, andere öffentliche oder nicht öffentliche Urkunden) vorlegt, auf Grund derer festgestellt werden kann, dass die Anlage oder die Anlagenteile genehmigt sind.

(3a) Weicht die Anlage nicht nur geringfügig von den Genehmigungsbescheiden ab, so hat die Behörde eine angemessene Frist zu bestimmen, innerhalb derer entweder um die erforderliche Genehmigung nachträglich angesucht wird oder der der Rechtsordnung entsprechende Zustand auf andere Weise hergestellt wird.

(3b) Im Interesse der zweckmäßigen, raschen, einfachen und Kosten sparenden Verfahrensdurchführung hat die Be-

[10] Z 7 lautete: „den Beschluss der obersten Leitung zur Teilnahme am EMAS-System oder zur Registrierung in einem gemäß § 15 Abs. 5 eingerichteten Verzeichnis im erforderlichen Ausmaß, mindestens jedoch in zweifacher Ausfertigung schriftlich vorzulegen oder nach Maßgabe der technischen Möglichkeiten in elektronischer Form zu übermitteln."

hörde danach zu trachten, dass die Durchführung des Konsolidierungsverfahrens in weitgehender Koordination mit einem etwaigen nachzuholenden Genehmigungsverfahren gemäß Abs. 3a erfolgt. Dabei sind die Verfahren so weit wie möglich zu verbinden, insbesondere mündliche Verhandlungen gemeinsam durchzuführen. Eine Entscheidung über den Antrag auf Erlassung eines konsolidierten Genehmigungsbescheides darf solange nicht ergehen, solange ein nachträgliches Ansuchen um die erforderliche Genehmigung gemäß Abs. 3a fristgerecht gestellt wurde und noch keine rechtskräftige Entscheidung der Materienbehörde hierüber vorliegt.

(3c) Liegen alle erforderlichen Genehmigungen für die Errichtung oder Änderung einer Anlage oder von Anlagenteilen nach den anlagenbezogenen Regelungen im Sinne des Abs. 1 vor, so darf die Konsolidierungsbehörde über den Antrag auf Konsolidierung erst absprechen, sobald alle rechtskräftigen Entscheidungen über etwaige nach den anzuwendenden Verwaltungsvorschriften für die Inbetriebnahme der Anlage oder Anlagenteile erforderlichen Betriebsbewilligungen, Benutzungsbewilligungen, Kollaudierungen und dergleichen oder gegebenenfalls ein Abnahmeprüfungsbescheid nach UVP-G 2000 vorliegen.

(4) Gegenstandslos gewordene Spruchteile, insbesondere Auflagen, Befristungen und Bedingungen, sind nicht in den konsolidierten Genehmigungsbescheid zu übernehmen. Bei Widersprüchen in den Genehmigungsbescheiden sind jene Spruchteile, insbesondere Auflagen, Befristungen und Bedingungen in den konsolidierten Genehmigungsbescheid aufzunehmen, die nach Maßgabe des Standes der Technik dem Schutz der Parteien und den nach den Materienvorschriften zu schützenden Interessen besser entsprechen. Im konsolidierten Genehmigungsbescheid sind auch Rechte und Pflichten von Dritten zusammenfassend darzulegen, sofern diese nicht gegenstandslos geworden sind.

(5) Parteistellung in den Verfahren gemäß Abs. 1 haben der Antragsteller, das zuständige Arbeitsinspektorat gemäß § 12 des Arbeitsinspektionsgesetzes 1993 und Personen, die Einwendungen gemäß Abs. 6 erhoben haben.

(6) Die Behörde hat den Entwurf des konsolidierten Genehmigungsbescheides bei der jeweiligen Standortgemeinde aufzulegen und dies durch Anschlag an der Amtstafel der Standortgemeinde und in sonstiger geeigneter Form kundzumachen. Jene Personen, deren subjektiv-öffentliche Rechte betroffen sind, können als Parteien einwenden, dass der Entwurf des konsolidierten Genehmigungsbescheides zu ihrem Nachteil nicht mit der gegebenen Bescheidlage übereinstimmt oder widersprüchliche Bescheidauflagen nicht nach Maßgabe des Standes der Technik, dem Schutz der Parteien und den nach Materienvorschriften zu schützenden Interessen besser entsprechen (Abs. 4). Werden gegen den Entwurf binnen zwei Wochen von den Parteien keine schriftlichen Einwendungen erhoben, verlieren sie die Parteistellung. Auf diese Rechtsfolge ist in der Verlautbarung hinzuweisen. Weiters hat die Behörde den nach den in Abs. 1 genannten Rechtsvorschriften bisher zuständigen Behörden Gelegenheit zur Stellungnahme zum Entwurf des konsolidierten Genehmigungsbescheides zu geben. § 42 Abs. 3 AVG gilt sinngemäß. Die Kosten der Kundmachung hat die Organisation zu tragen.

(7) Die Behörde hat den Bescheid gemäß Abs. 1 an die Beteiligten im Sinne des Abs. 6 und an die nach den Rechtsvorschriften des Bundes im Sinne des Abs. 1 zuständigen Behörden zu übermitteln. Auf Antrag der Organisation, deren Anlagengnehmigungen gemäß Abs. 1 in einem Bescheid zusammengefasst wurden, hat die nach den materienrechtlichen Bestimmungen zuständige Behörde in einem Änderungsverfahren festzustellen, welche Teile des konsolidierten Genehmigungsbescheides durch die Genehmigung der Anlagenänderung betroffen sind. Der Änderungsbescheid ist an die Behörde gemäß Abs. 1 zu übermitteln.

(8) Konsolidierungsbehörde ist die Bezirksverwaltungsbehörde, sofern Abs. 9 nichts anderes bestimmt.

(9) Bei Verfahren betreffend Anlagen, die dem AWG 2002 unterliegen, ist der Landeshauptmann Konsolidierungsbehörde. Der Landeshauptmann kann mit der Durchführung einer Konsolidierung die Bezirksverwaltungsbehörde betrauen und diese auch ermächtigen, in seinem Namen zu entscheiden.

Absehen von Verwaltungsstrafen

§ 23. (1)[3] Verwaltungsstrafrechtlich Verantwortliche sind wegen fahrlässiger Verstöße gegen bundesrechtliche Verwaltungsvorschriften, die dem Schutz der Umwelt dienen, nicht zu bestrafen, wenn die Organisation, die ein Umweltmanagement gemäß der EMAS-Verordnung aufbaut,

1. die Verstöße gegen Vorschriften zum Schutz der Umwelt bei der ersten Umweltprüfung (Anhang I der EMAS-Verordnung) festgestellt, und
   a) innerhalb von längstens vier Monaten freiwillig und vor Kenntnis der Behörde von der Verwaltungsübertretung, die herbeigeführten Gefahren, Verunreinigungen oder sonstigen Beeinträchtigungen beseitigt oder beendet hat, sofern es nicht bereits zu einer Schädigung der Gesundheit eines Menschen oder des Tier- und Pflanzenbestandes gekommen ist,
   b) der Behörde den Verstoß gegen Vorschriften zum Schutz der Umwelt unverzüglich meldet,
   c) unverzüglich die erforderlichen Maßnahmen zur Einhaltung der Verwaltungsvorschriften zum Schutz der Umwelt setzt, insbesondere die erforderlichen Aufzeichnungen führt, die erforderlichen Meldungen und die fehlenden Genehmigungen beantragt,
   d) binnen einem Jahr nach Durchführung der ersten Umweltbetriebsprüfung (Art. 2 Z 16 der EMAS-Verordnung) die Eintragung der Organisation in das EMAS-Register beantragt und darüber die Verwaltungsstrafbehörde in Kenntnis setzt oder
2. Verstöße im Zuge eines Konsolidierungsverfahrens gemäß § 22 festgestellt wurden und der erforderliche Konsens gemäß § 22 Abs. 3a wieder hergestellt wurde.

(2) Die verwaltungsstrafrechtliche Verantwortung erlischt nur dann, wenn sämtliche in Abs. 1 angeführte Voraussetzungen erfüllt sind. Die Meldung des Verstoßes gegen eine Verwaltungsvorschrift zum Schutz der Umwelt hemmt vorerst lediglich die Verfolgungsverjährungsfrist im Sinne des § 31 VStG.

Entfall der Bestellpflicht für Beauftragte

§ 24.[3] Für die in das EMAS-Register eingetragene Organisationen, die einen Beauftragten gemäß Anhang II A.4.1 der EMAS-Verordnung (Umweltbeauftragten) bestellt haben, entfällt die Pflicht, einen Abfallbeauftragten bzw. Stellvertreter (§ 11 AWG 2002) oder einen Abwasserbeauftragten (§ 33 Abs. 3 WRG) zu bestellen und der Behörde bekannt zu geben. Die Verpflichtung zur Bestellung von verwaltungsstrafrechtlich verantwortlichen Beauftragten nach den Umweltvorschriften des Bundes wird durch diese Bestimmung nicht berührt.

Einschränkung behördlicher Kontrollpflichten

§ 25. Sofern nicht gemeinschaftsrechtliche Vorschriften anderes vorsehen, ist die Behörde in Hinblick auf EMAS-Organisationen, die in ein Verzeichnis gemäß § 16 eingetragen sind, bei Bestehen von bundesrechtlichen Kontrollpflichten zur Kontrolle der Einhaltung von Umweltvorschriften durch diese Organisation lediglich in einem Überprüfungsintervall von fünf Jahren verpflichtet. Ist in den Umweltvorschriften des Bundes eine längere Frist vorgesehen, gilt diese. Davon unberührt bleibt das Kontrollrecht und die Kontrollpflicht der Behörde, sofern der konkrete begründete Verdacht besteht, dass die Organisation gegen umweltrelevante Verwaltungsvorschriften verstoßen hat.

(2)[2] Ist eine Organisation, die in ein Register gemäß § 15 eingetragen ist, nach der E-PRTR-Begleitverordnung (E-PRTR-BV), BGBl. II Nr. 380/2007, dazu verpflichtet, ihre Schadstoffemissionen zu melden, so kann sich die für die Überwachung der Anlage zuständige Behörde auf die Prüfung der Übereinstimmung dieser Daten mit den Ergebnissen der behördlichen Kontrolle beschränken, sofern der Umweltgutachter eine Prüfung auf Vollständigkeit, Kohärenz und Glaubwürdigkeit gemäß § 5 E-PRTR-BV nachweislich durchgeführt hat.

Entfall von Meldepflichten

§ 26. (1) Organisationen, die den in umweltrelevanten Gesetzen, Verordnungen und Bescheiden festgelegten Melde- und Aufzeichnungspflichten sowie Pflichten, umweltrelevante Daten an die Behörde zu übermitteln, im Rahmen des Umweltmanagements auf gleichwertige Weise entsprechen, sind auf Ansuchen von der für die Vollziehung dieser Umweltvorschriften zuständigen Behörden von diesen Pflichten zu befreien. Die Befreiung erlischt, wenn die Organisation nicht mehr im Organisationsverzeichnis eingetragen ist, die Eintragung ausgesetzt wurde oder die Organisation nicht mehr in der der Behörde bekannt gegebenen Weise den Melde- und Aufzeichnungspflichten sowie Übermittlungspflichten entspricht. Bestehen begründete Zweifel, ob die von der Organisation gewählte Form der in Abs. 1 genannten Pflichten gleichwertig ist, hat dies die Behörde mit Bescheid festzustellen.

(2)[3] Für gemäß § 16 bzw. § 15 Abs. 5 eingetragene Organisationen entfallen jedenfalls folgende Melde- und Aufzeichnungspflichten sowie Übermittlungspflichten

1. Die Bekanntmachung von Emissionsdaten gemäß § 13 Abs. 1 und 2 des Umweltinformationsgesetzes, BGBl. Nr. 495/1993, und
2. Aufzeichnungspflichten gem. § 17 AWG 2002 hinsichtlich Abfälle, die dem Anschlusszwang an das kommunale Müllsystem unterliegen.
3. [Anm: Entfällt gem BGBl I 98/2013]

Entfall der Eigenüberwachung

§ 27. Für in ein Verzeichnis gemäß § 16 eingetragene Organisationen entfällt die Verpflichtung zur Eigenüberwachung gemäß § 82b GewO 1994 und § 134 Abs. 4 WRG.

…

Umweltverträglichkeitsprüfungsgesetz 2000 – UVP-G 2000

BGBl 697/1993, zuletzt geändert durch BGBl I 26/2023
(konsolidierte Fassung idF BGBl I 26/2023)

[Anm.: Inhaltsverzeichnis nicht im BGBl. kundgemacht

1. ABSCHNITT
Aufgabe von Umweltverträglichkeitsprüfung und Bürgerbeteiligung

§ 1. (1) Aufgabe der Umweltverträglichkeitsprüfung (UVP) ist es, unter Beteiligung der Öffentlichkeit auf fachlicher Grundlage

1. die unmittelbaren und mittelbaren Auswirkungen festzustellen, zu beschreiben und zu bewerten, die ein Vorhaben
   a) auf Menschen und die biologische Vielfalt einschließlich der, Tiere, Pflanzen und deren Lebensräume,
   b) auf Fläche und Boden, Wasser, Luft und Klima,
   c) auf die Landschaft und
   d) auf Sach- und Kulturgüter

   hat oder haben kann, wobei Wechselwirkungen mehrerer Auswirkungen untereinander miteinzubeziehen sind,
2. Maßnahmen zu prüfen, durch die schädliche, belästigende oder belastende Auswirkungen des Vorhabens auf die Umwelt verhindert oder verringert oder günstige Auswirkungen des Vorhabens vergrößert werden,
3. die Vor- und Nachteile der vom Projektwerber/von der Projektwerberin geprüften Alternativen sowie die umweltrelevanten Vor- und Nachteile des Unterbleibens des Vorhabens darzulegen und
4. bei Vorhaben, für die gesetzlich die Möglichkeit einer Enteignung oder eines Eingriffs in private Rechte vorgesehen ist, die umweltrelevanten Vor- und Nachteile der vom Projektwerber/von der Projektwerberin geprüften Standort- oder Trassenvarianten darzulegen.

(2) Durch dieses Bundesgesetz wird die Richtlinie 2011/92/EU über die Umweltverträglichkeitsprüfung bei bestimmten öffentlichen und privaten Projekten, ABl. Nr. L 26 vom 28.1.2012 S. 1, in der Fassung der Richtlinie 2014/52/EU, ABl. Nr. L 124 vom 25.04.2014 S. 1, umgesetzt und werden begleitende Bestimmungen zur Verordnung (EU) Nr. 347/2013 zu Leitlinien für die transeuropäische Energieinfrastruktur und zur Aufhebung der Entscheidung Nr. 1364/2006/EG und zur Änderung der Verordnung (EG) Nr. 713/2009, (EG) Nr. 714/2009 und (EG) Nr. 715/2009, ABl. Nr. L115 vom 25.4.2013, S. 39, erlassen.

Begriffsbestimmungen

§ 2. (1) Mitwirkende Behörden sind jene Behörden, die nach den Verwaltungsvorschriften

1. für die Genehmigungen oder Überwachung des Vorhabens zuständig wären, wenn für das Vorhaben nicht eine Umweltverträglichkeitsprüfung nach diesem Bundesgesetz durchzuführen wäre,
2. für die Überwachung des Vorhabens oder die Erlassung von zur Ausführung des Vorhabens (Errichtung oder Betrieb) notwendigen Verordnungen zuständig sind oder
3. an den jeweiligen Verfahren zu beteiligen sind.

(2) Vorhaben ist die Errichtung einer Anlage oder ein sonstiger Eingriff in Natur und Landschaft unter Einschluss sämtlicher damit in einem räumlichen und sachlichen Zusammenhang stehender Maßnahmen. Ein Vorhaben kann eine oder mehrere Anlagen oder Eingriffe umfassen, wenn diese in einem räumlichen und sachlichen Zusammenhang stehen.

(3) Als Genehmigungen gelten die in den einzelnen Verwaltungsvorschriften für die Zulässigkeit der Ausführung eines Vorhabens vorgeschriebenen behördlichen Akte oder Unterlassungen, wie insbesondere Genehmigungen, Bewilligungen oder Feststellungen. Davon ist auch die Einräumung von Dienstbarkeiten nach § 111 Abs. 4 erster Satz des Wasserrechtsgesetzes 1959, nicht jedoch die Einräumung sonstiger Zwangsrechte erfasst.

(4) Umweltanwalt ist ein Organ, das vom Bund oder vom betroffenen Land besonders dafür eingerichtet wurde, um den Schutz der Umwelt in Verwaltungsverfahren wahrzunehmen.

(5) Kapazität ist die genehmigte oder beantragte Größe oder Leistung eines Vorhabens, die bei Angabe eines Schwellenwertes im Anhang 1 in der dort angegebenen Einheit gemessen wird. Anlage ist in diesem Zusammenhang eine örtlich gebundene Einrichtung oder eine in engem räumlichen und sachlichen Zusammenhang stehende Gesamtheit solcher Einrichtungen, die einem im Anhang 1 angeführten Zweck dient.

(6) Standortanwalt ist ein Organ, das vom Bund oder vom betroffenen Land besonders dafür eingerichtet wurde, die öffentlichen Interessen an der Verwirklichung eines Vorhabens in Verwaltungsverfahren wahrzunehmen.

(7) Vorhaben der Energiewende sind Projekte, die der Errichtung, Erweiterung oder Änderung von Anlagen zur Erzeugung, Speicherung oder Leitung erneuerbarer Energien dienen sowie Projekte des Eisenbahnausbaus nach § 23b oder der Z 10 des Anhanges 1.

(8) Standortgemeinden sind jene Gemeinden, in denen ein Vorhaben gemäß Abs. 2 errichtet werden soll. Gemeinden, in

denen nur Ausgleichs- oder Ersatzmaßnahmen vorgesehen werden, gelten nicht als Standortgemeinden.

Gegenstand der Umweltverträglichkeitsprüfung

§ 3. (1) Vorhaben, die in Anhang 1 angeführt sind, sowie Änderungen dieser Vorhaben sind nach Maßgabe der folgenden Bestimmungen einer Umweltverträglichkeitsprüfung zu unterziehen. Für Vorhaben, die in Spalte 2 und 3 des Anhanges 1 angeführt sind, ist das vereinfachte Verfahren durchzuführen. Im vereinfachten Verfahren sind § 3a Abs. 2, § 6 Abs. 1 Z 1 lit. d, § 7 Abs. 2, § 12, § 13 Abs. 2, § 16 Abs. 2, § 20 Abs. 5 und § 22 nicht anzuwenden, stattdessen sind die Bestimmungen des § 3a Abs. 3, § 7 Abs. 3 und § 12a anzuwenden.

(2) Bei Vorhaben des Anhanges 1, die die dort festgelegten Schwellenwerte nicht erreichen oder Kriterien nicht erfüllen, die aber mit anderen Vorhaben gemeinsam den jeweiligen Schwellenwert erreichen oder das Kriterium erfüllen, hat die Behörde im Einzelfall festzustellen, ob auf Grund einer Kumulierung der Auswirkungen mit erheblichen schädlichen, belästigenden oder belastenden Auswirkungen auf die Umwelt zu rechnen und daher eine Umweltverträglichkeitsprüfung für das geplante Vorhaben durchzuführen ist. Für die Kumulierung zu berücksichtigen sind andere gleichartige und in einem räumlichen Zusammenhang stehende Vorhaben, die bestehen oder genehmigt sind, oder Vorhaben, die mit vollständigem Antrag auf Genehmigung bei einer Behörde früher eingereicht oder nach §§ 4 oder 5 früher beantragt wurden. Eine Einzelfallprüfung ist nicht durchzuführen, wenn das geplante Vorhaben eine Kapazität von weniger als 25 % des Schwellenwertes aufweist. Bei der Entscheidung im Einzelfall sind die Kriterien des Abs. 5 Z 1 bis 3 zu berücksichtigen, die Abs. 7 und 8 sind anzuwenden. Die Umweltverträglichkeitsprüfung ist im vereinfachten Verfahren durchzuführen. Die Einzelfallprüfung entfällt, wenn der Projektwerber/die Projektwerberin die Durchführung einer Umweltverträglichkeitsprüfung beantragt.

(3) Wenn ein Vorhaben einer Umweltverträglichkeitsprüfung zu unterziehen ist, sind die nach den bundes- oder landesrechtlichen Verwaltungsvorschriften, auch soweit sie im eigenen Wirkungsbereich der Gemeinde zu vollziehen sind, für die Ausführung des Vorhabens erforderlichen materiellen Genehmigungsbestimmungen von der Behörde (§ 39) in einem konzentrierten Verfahren mit anzuwenden (konzentriertes Genehmigungsverfahren). Ausgenommen davon sind Vorhaben der Z 18 lit. a bis d und f des Anhanges 1.

(4) Bei Vorhaben, für die in Spalte 3 des Anhanges 1 ein Schwellenwert in bestimmten schutzwürdigen Gebieten festgelegt ist, hat die Behörde bei Zutreffen dieses Tatbestandes im Einzelfall zu entscheiden, ob zu erwarten ist, dass unter Berücksichtigung des Ausmaßes und der Nachhaltigkeit der Umweltauswirkungen der schützenswerte Lebensraum (Kategorie B des Anhanges 2) oder der Schutzzweck, für den das schutzwürdige Gebiet (Kategorien A, C, D und E des Anhanges 2) festgelegt wurde, wesentlich beeinträchtigt wird. Bei dieser Prüfung sind schutzwürdige Gebiete der Kategorien A, C, D oder E des Anhanges 2 nur zu berücksichtigen, wenn sie am Tag der Einleitung des Verfahrens ausgewiesen oder in die Liste der Gebiete mit gemeinschaftlicher Bedeutung (Kategorie A des Anhanges 2) aufgenommen sind. Ist mit einer solchen Beeinträchtigung zu rechnen, ist eine Umweltverträglichkeitsprüfung durchzuführen. Bei der Entscheidung im Einzelfall sind die Kriterien des Abs. 5 Z 1 bis 3 zu berücksichtigen, Abs. 7 und 8 sind anzuwenden. Die Einzelfallprüfung entfällt, wenn der Projektwerber/die Projektwerberin die Durchführung einer Umweltverträglichkeitsprüfung beantragt.

(4a) Bei Vorhaben, für die in Spalte 3 des Anhanges 1 andere als in Abs. 4 genannte besondere Voraussetzungen festgelegt sind, hat die Behörde bei Zutreffen dieser Voraussetzungen unter Anwendung des Abs. 7 im Einzelfall festzustellen, ob durch das Vorhaben mit erheblichen schädlichen oder belastenden Auswirkungen auf die Umwelt im Sinn des § 1 Abs. 1 Z 1 zu rechnen ist. Bei Vorhaben der Z 18 lit. f, 19 lit. d, 19 lit. f und 21 lit. c des Anhanges 1 hat sich diese Prüfung darauf zu beschränken, ob durch das Vorhaben mit erheblichen schädlichen oder belastenden Auswirkungen auf die Schutzgüter Fläche und Boden zu rechnen ist. Stellt sie solche fest, ist eine Umweltverträglichkeitsprüfung nach dem vereinfachten Verfahren durchzuführen. Die Einzelfallprüfung entfällt, wenn der Projektwerber/die Projektwerberin die Durchführung einer Umweltverträglichkeitsprüfung beantragt.

(5) Bei der Entscheidung im Einzelfall hat die Behörde folgende Kriterien, soweit relevant, zu berücksichtigen:

1. Merkmale des Vorhabens (Größe des Vorhabens, Nutzung der natürlichen Ressourcen, Abfallerzeugung, Umweltverschmutzung und Belästigungen, vorhabensbedingte Anfälligkeit für Risiken schwerer Unfälle und von Naturkatastrophen, einschließlich solcher, die wissenschaftlichen Erkenntnissen zufolge durch den Klimawandel bedingt sind, Risiken für die menschliche Gesundheit),
2. Standort des Vorhabens (ökologische Empfindlichkeit unter Berücksichtigung bestehender oder genehmigter Landnutzung, Reichtum, Verfügbarkeit, Qualität und Regenerationsfähigkeit der natürlichen Ressourcen einschließlich des Bodens, der Fläche, des Wassers und der biologischen Vielfalt des Gebietes und seines Untergrunds, Belastbarkeit der Natur, gegebenenfalls unter Berücksichtigung der in Anhang 2 angeführten Gebiete),
3. Merkmale der potentiellen Auswirkungen des Vorhabens auf die Umwelt (Art, Umfang und räumliche Ausdehnung der Auswirkungen, grenzüberschreitender Charakter der Auswirkungen, Schwere und Komplexität der Auswirkungen, erwarteter Zeitpunkt des Eintretens, Wahrscheinlichkeit von Auswirkungen, Dauer, Häufigkeit und Reversibilität der Auswirkungen, Möglichkeit, die Auswirkungen wirksam zu vermeiden oder zu vermindern) sowie Veränderung der Auswirkungen auf die Umwelt bei Verwirklichung des Vorhabens im Vergleich zu der Situation ohne Verwirklichung des Vorhabens.

Bei in Spalte 3 des Anhanges 1 angeführten Vorhaben ist die Veränderung der Auswirkungen im Hinblick auf das schutzwürdige Gebiet maßgeblich. Bei Vorhaben der Z 18 lit. f, 19 lit. d, 19 lit. f und 21 lit. c des Anhanges 1 ist die Veränderung der Auswirkungen im Hinblick auf die Schutzgüter Fläche und Boden maßgeblich. Der Bundesminister/die Bundesministerin für Klimaschutz, Umwelt, Energie, Mobilität, Innovation und Technologie kann mit Verordnung nähere Einzelheiten über die Durchführung der Einzelfallprüfung regeln.

(6) Vor Abschluss der Umweltverträglichkeitsprüfung oder der Einzelfallprüfung dürfen für Vorhaben, die einer Prüfung gemäß Abs. 1, 2, 4 oder 4a unterliegen, Genehmigungen nicht erteilt werden und kommt nach Verwaltungsvorschriften getroffenen Anzeigen vor Abschluss der Umweltverträglichkeitsprüfung keine rechtliche Wirkung zu. Entgegen dieser Bestimmung erteilte Genehmigungen können von der gemäß § 39 Abs. 3 zuständigen Behörde innerhalb einer Frist von drei Jahren als nichtig erklärt werden.

(7) Die Behörde hat auf Antrag des Projektwerbers/der Projektwerberin, einer mitwirkenden Behörde oder des Umweltanwaltes festzustellen, ob für ein Vorhaben eine Umweltverträglichkeitsprüfung nach diesem Bundesgesetz durchzuführen ist und welcher Tatbestand des Anhanges 1 oder des § 3a Abs. 1 bis 3 durch das Vorhaben verwirklicht wird. Diese Feststellung kann auch von Amts wegen erfolgen. Der Projektwerber/die Projektwerberin hat der Behörde Unterlagen vorzulegen, die zur Identifikation des Vorhabens und zur Abschätzung seiner Umweltauswirkungen ausreichen, im Fall

einer Einzelfallprüfung ist hiefür Abs. 8 anzuwenden. Hat die Behörde eine Einzelfallprüfung nach diesem Bundesgesetz durchzuführen, so hat sie sich dabei hinsichtlich Prüftiefe und Prüfumfang auf eine Grobprüfung zu beschränken. Die Entscheidung ist innerhalb von sechs Wochen mit Bescheid zu treffen. In der Entscheidung sind nach Durchführung einer Einzelfallprüfung unter Verweis auf die in Abs. 5 angeführten und für das Vorhaben relevanten Kriterien die wesentlichen Gründe für die Entscheidung, ob eine Umweltverträglichkeitsprüfung durchzuführen ist oder nicht, anzugeben. Bei Feststellung, dass keine Verpflichtung zur Durchführung einer Umweltverträglichkeitsprüfung besteht, ist in der Entscheidung auf allfällige seitens des Projektwerbers/der Projektwerberin geplante projektintegrierte Aspekte oder Maßnahmen des Vorhabens, mit denen erhebliche nachteilige Umweltauswirkungen vermieden oder verhindert werden sollen, Bezug zu nehmen. Parteistellung und das Recht, Beschwerde an das Bundesverwaltungsgericht zu erheben, haben der Projektwerber/die Projektwerberin, der Umweltanwalt und die Standortgemeinde. Vor der Entscheidung sind die mitwirkenden Behörden und das wasserwirtschaftliche Planungsorgan zu hören. Die Entscheidung ist von der Behörde in geeigneter Form kundzumachen und der Bescheid jedenfalls zur öffentlichen Einsichtnahme aufzulegen und auf der Internetseite der UVP-Behörde, auf der Kundmachungen gemäß § 9 Abs. 4 erfolgen, zu veröffentlichen; der Bescheid ist als Download für sechs Wochen bereitzustellen. Die Standortgemeinde kann gegen die Entscheidung des Bundesverwaltungsgerichts Revision an den Verwaltungsgerichtshof erheben. Der Umweltanwalt und die mitwirkenden Behörden sind von der Verpflichtung zum Ersatz von Barauslagen befreit.

(8) Der Projektwerber/die Projektwerberin hat der Behörde für die Zwecke einer Einzelfallprüfung Angaben zu folgenden Aspekten vorzulegen:

1. Beschreibung des Vorhabens:
   a) Beschreibung der physischen Merkmale des gesamten Vorhabens und, soweit relevant, von Abbrucharbeiten,
   b) Beschreibung des Vorhabensstandortes, insbesondere der ökologischen Empfindlichkeit der geografischen Räume, die durch das Vorhaben voraussichtlich beeinträchtigt werden,
2. Beschreibung der vom Vorhaben voraussichtlich erheblich beeinträchtigten Umwelt, wobei Schutzgüter, bei denen nachvollziehbar begründet werden kann, dass mit keiner nachteiligen Umweltauswirkung zu rechnen ist, nicht beschrieben werden müssen, sowie
3. Beschreibung der voraussichtlich erheblichen Auswirkungen des Vorhabens auf die Umwelt unter Berücksichtigung aller vorliegenden Informationen, infolge der erwarteten Rückstände und Emissionen und gegebenenfalls der Abfallerzeugung und der Nutzung der natürlichen Ressourcen, insbesondere Boden, Flächen, Wasser und biologische Vielfalt.

Bei Vorhaben der Spalte 3 des Anhanges 1 hat sich die Beschreibung auf die voraussichtliche wesentliche Beeinträchtigung des schützenswerten Lebensraums (Kategorie B des Anhanges 2) oder des Schutzzwecks, für den das schutzwürdige Gebiet (Kategorien A, C, D und E des Anhanges 2) festgelegt wurde, zu beziehen. Der Projektwerber/die Projektwerberin kann hierbei verfügbare Ergebnisse anderer einschlägiger Bewertungen der Auswirkungen auf die Umwelt berücksichtigen. Der Projektwerber/die Projektwerberin kann darüber hinaus eine Beschreibung aller Aspekte des Vorhabens oder aller Maßnahmen zur Verfügung stellen, mit denen erhebliche nachteilige Auswirkungen auf die Umwelt vermieden oder verhindert werden sollen.

(9) Stellt die Behörde gemäß Abs. 7 fest, dass für ein Vorhaben keine Umweltverträglichkeitsprüfung durchzuführen ist, ist eine gemäß § 19 Abs. 7 anerkannte Umweltorganisation oder ein Nachbar/eine Nachbarin gemäß § 19 Abs. 1 Z 1 berechtigt, Beschwerde an das Bundesverwaltungsgericht zu erheben. Ab dem Tag der Veröffentlichung im Internet ist einer solchen Umweltorganisation oder einem solchen Nachbarn/ einer solchen Nachbarin Einsicht in den Verwaltungsakt zu gewähren. Für die Beschwerdelegitimation der Umweltorganisation ist der im Anerkennungsbescheid gemäß § 19 Abs. 7 ausgewiesene Zulassungsbereich maßgeblich.

(10) Der Bundesminister/die Bundesministerin für Klimaschutz, Umwelt, Energie, Mobilität, Innovation und Technologie kann durch Verordnung jene Gebiete (Kategorie D des Anhanges 2) des jeweiligen Bundeslandes festlegen, in denen die Immissionsgrenzwerte des Immissionsschutzgesetzes-Luft, BGBl. I Nr. 115/1997, in der jeweils geltenden Fassung wiederholt oder auf längere Zeit überschritten werden.

Änderungen

§ 3a. (1) Änderungen von Vorhaben,

1. die eine Kapazitätsausweitung von mindestens 100% des in Spalte 1 oder 2 des Anhanges 1 festgelegten Schwellenwertes, sofern ein solcher festgelegt wurde, erreichen, sind einer Umweltverträglichkeitsprüfung zu unterziehen; dies gilt nicht für Schwellenwerte in spezifischen Änderungstatbeständen;
2. für die in Anhang 1 ein Änderungstatbestand festgelegt ist, sind einer Umweltverträglichkeitsprüfung zu unterziehen, wenn dieser Tatbestand erfüllt ist und die Behörde im Einzelfall feststellt, dass durch die Änderung mit erheblichen schädlichen, belästigenden oder belastenden Auswirkungen auf die Umwelt im Sinn des § 1 Abs. 1 Z 1 zu rechnen ist.

(2) Für Änderungen sonstiger in Spalte 1 des Anhanges 1 angeführten Vorhaben ist eine Umweltverträglichkeitsprüfung durchzuführen, wenn

1. der Schwellenwert in Spalte 1 durch die bestehende Anlage bereits erreicht ist oder bei Verwirklichung der Änderung erreicht wird und durch die Änderung eine Kapazitätsausweitung von mindestens 50% dieses Schwellenwertes erfolgt oder
2. eine Kapazitätsausweitung von mindestens 50% der bisher genehmigten Kapazität des Vorhabens erfolgt, falls in Spalte 1 des Anhanges 1 kein Schwellenwert angeführt ist,

und die Behörde im Einzelfall feststellt, dass durch die Änderung mit erheblichen schädlichen, belästigenden oder belastenden Auswirkungen auf die Umwelt im Sinne des § 1 Abs. 1 Z 1 zu rechnen ist.

(3) Für Änderungen sonstiger in Spalte 2 oder 3 des Anhanges 1 angeführten Vorhaben ist eine Umweltverträglichkeitsprüfung nach dem vereinfachten Verfahren durchzuführen, wenn

1. der in Spalte 2 oder 3 festgelegte Schwellenwert durch die bestehende Anlage bereits erreicht ist oder durch die Änderung erreicht wird und durch die Änderung eine Kapazitätsausweitung von mindestens 50% dieses Schwellenwertes erfolgt oder
2. eine Kapazitätsausweitung von mindestens 50% der bisher genehmigten Kapazität des Vorhabens erfolgt, falls in Spalte 2 oder 3 kein Schwellenwert festgelegt ist,

und die Behörde im Einzelfall feststellt, dass durch die Änderung mit erheblichen schädlichen, belästigenden oder belastenden Auswirkungen auf die Umwelt im Sinne des § 1 Abs. 1 Z 1 zu rechnen ist.

(4) Bei der Feststellung im Einzelfall hat die Behörde die in § 3 Abs. 5 Z 1 bis 3 angeführten Kriterien zu berücksichtigen. § 3 Abs. 7 und 8 sind anzuwenden. Die Einzelfallprüfung gemäß Abs. 1 Z 2, Abs. 2, 3 und 6 entfällt, wenn der Projekt-

werber/die Projektwerberin die Durchführung einer Umweltverträglichkeitsprüfung beantragt.

(5) Soweit nicht eine abweichende Regelung in Anhang 1 getroffen wurde, ist für die Beurteilung der UVP-Pflicht eines Änderungsprojektes gemäß Abs. 1 Z 2 sowie Abs. 2 und 3 die Summe der Kapazitäten, die innerhalb der letzten fünf Jahre genehmigt wurden einschließlich der beantragten Kapazitätsausweitung heranzuziehen, wobei die beantragte Änderung eine Kapazitätsausweitung von mindestens 25% des Schwellenwertes oder, wenn kein Schwellenwert festgelegt ist, der bisher genehmigten Kapazität erreichen muss.

(6) Bei Änderungen von Vorhaben des Anhanges 1, die die in Abs. 1 bis 5 angeführten Schwellenwerte nicht erreichen oder Kriterien nicht erfüllen, die aber mit anderen Vorhaben gemeinsam den jeweiligen Schwellenwert oder das Kriterium des Anhanges 1 erreichen oder erfüllen, hat die Behörde im Einzelfall festzustellen, ob auf Grund einer Kumulierung der Auswirkungen mit erheblichen schädlichen, belästigenden oder belastenden Auswirkungen auf die Umwelt zu rechnen und daher eine Umweltverträglichkeitsprüfung für die geplante Änderung durchzuführen ist. Für die Kumulierung zu berücksichtigen sind andere gleichartige und in einem räumlichen Zusammenhang stehende Vorhaben, die bestehen oder genehmigt sind, oder Vorhaben, die mit vollständigem Antrag auf Genehmigung bei einer Behörde früher eingereicht oder nach §§ 4 oder 5 früher beantragt wurden. Eine Einzelfallprüfung ist nicht durchzuführen, wenn das geplante Änderungsvorhaben eine Kapazität von weniger als 25 % des Schwellenwertes aufweist. Bei der Entscheidung im Einzelfall sind die Kriterien des § 3 Abs. 5 Z 1 bis 3 zu berücksichtigen, § 3 Abs. 7 ist anzuwenden. Die Umweltverträglichkeitsprüfung ist im vereinfachten Verfahren durchzuführen.

(7) Die Genehmigung der Änderung hat auch das bereits genehmigte Vorhaben soweit zu umfassen, als es wegen der Änderung zur Wahrung der in § 17 Abs. 1 bis 5 angeführten Interessen erforderlich ist.

(Anm.: Abs. 8 aufgehoben durch BGBl. I Nr. 95/2013)

Sachverständige, Kosten

§ 3b. (1) Die Beiziehung von nicht amtlichen Sachverständigen in Verfahren nach diesem Bundesgesetz ist auch ohne das Vorliegen der Voraussetzungen des § 52 Abs. 2 und 3 AVG zulässig. Es können auch fachlich einschlägige Anstalten, Institute oder Unternehmen als Sachverständige bestellt werden.

(2) Kosten, die der Behörde bei der Durchführung der Verfahren nach diesem Bundesgesetz erwachsen, wie Gebühren oder Honorare für Sachverständige, sind vom Projektwerber/von der Projektwerberin zu tragen. Die Behörde kann dem Projektwerber/der Projektwerberin durch Bescheid auftragen, diese Kosten nach Prüfung der sachlichen und rechnerischen Richtigkeit durch die Behörde, direkt zu bezahlen.

2. ABSCHNITT
Umweltverträglichkeitsprüfung und konzentriertes Genehmigungsverfahren

Vorverfahren und Investorenservice

§ 4. (1) Auf Antrag des Projektwerbers/der Projektwerberin ist ein Vorverfahren durchzuführen. Dem Antrag sind eine Darlegung der Grundzüge des Vorhabens und ein Konzept für die Umweltverträglichkeitserklärung anzuschließen. In diesem Konzept können die Angaben zum Untersuchungsrahmen gemessen an den zu erwartenden Umweltauswirkungen in prioritär und nicht prioritär gegliedert werden.

(2) Die Behörde hat gegenüber dem Projektwerber/der Projektwerberin zu den Unterlagen gemäß Abs. 1 ehestmöglich, spätestens aber drei Monate nach deren Einlangen, nach Beiziehung der mitwirkenden Behörden und allenfalls auch Dritter Stellung zu nehmen. Dabei sind insbesondere offensichtliche Mängel des Vorhabens oder des Konzeptes für die Umweltverträglichkeitserklärung (§ 6) aufzuzeigen, Angaben zum Untersuchungsrahmen hinsichtlich der Gliederung in prioritär und nicht prioritär zu beurteilen und voraussichtlich zusätzlich erforderliche Angaben in der Umweltverträglichkeitserklärung anzuführen. Die Stellungnahme ist bei der Erstellung der Umweltverträglichkeitserklärung zu berücksichtigen.

(3) Die Behörde kann die Projektwerber/innen auf deren Anfrage durch die Übermittlung von Informationen, über die die Behörde verfügt und die der Projektwerber/die Projektwerberin für die Vorbereitung der Unterlagen gemäß § 5 Abs. 1 benötigt, unterstützen. Dabei sind bei der Behörde in elektronischer Form vorhandene Umweltdaten dem Projektwerber/der Projektwerberin zugänglich zu machen. Auf die Wahrung von Betriebs- und Geschäftsgeheimnissen ist Bedacht zu nehmen. Im Falle der kostenlosen Bereitstellung dürfen die Informationen nur für die Realisierung des Projektes verwendet werden. Die für das Genehmigungsverfahren voraussichtlich wesentlichen Themen und Fragestellungen können im Rahmen dieses Investorenservice zur Projektvorbereitung von der Behörde bekannt gegeben werden.

Windkraftanlagen

§ 4a. (1) Windkraftanlagen sind vorrangig auf dafür planungsrechtlich bestimmten Flächen nach Maßgabe der aktuellen, im Einklang mit den Ausbauzielen des § 4 Erneuerbaren-Ausbau-Gesetzes (EAG) stehenden verbindlichen planungsrechtlichen Festlegung und Zonierung auf überörtlicher Ebene für Windkraftanlagen (aktuelle überörtliche Windenergieraumplanung) des jeweiligen Bundeslandes zu realisieren.

(2) Gibt es in einem Bundesland eine aktuelle überörtliche Windenergieraumplanung, aber fehlt die erforderliche Konkretisierung auf der örtlichen Planungsebene (Flächenwidmung), so ist diese Zulässigkeitsvoraussetzung für die überörtlich vorgesehenen Flächen nicht anzuwenden. Die Genehmigung von Windkraftanlagen ist an einem gewählten Standort auf diesen Vorrangs- oder Eignungsflächen nach Maßgabe der näheren Vorschreibungen zum Schutz der Rechte Dritter und der öffentlichen Interessen zulässig, soweit dies nicht zwingenden Vorschriften des Unionsrechts widerspricht. Dies gilt sinngemäß, wenn es in einem Bundesland eine aktuelle überörtliche Windenergieraumplanung gibt, wonach Windkraftanlagen auch außerhalb der überörtlich vorgesehenen Flächen zulässig sind, der gewählte Standort in keiner Ausschlusszone liegt und die sonstigen in einem Bundesland festgelegten Zulässigkeitsvoraussetzungen (Mindestabstände und Leistungsdaten) erfüllt sind.

(3) Fehlen in einem Bundesland eine aktuelle überörtliche Windenergieraumplanung und die erforderliche Konkretisierung auf der örtlichen Planungsebene (Flächenwidmung), so sind diese Zulässigkeitsvoraussetzungen nicht anzuwenden. Die Genehmigung von Windkraftanlagen ist an einem gewählten Standort nach Maßgabe der näheren Vorschreibungen zum Schutz der Rechte Dritter und der öffentlichen Interessen zulässig, soweit dies nicht zwingenden Vorschriften des Unionsrechts widerspricht. Der Projektwerber/die Projektwerberin hat mit dem Genehmigungsantrag nach § 5 Abs. 1 die Zustimmung der Standortgemeinde/n, auf deren Gemeindegebiet die Fundamente der Windkraftanlagen errichtet werden sollen, nachzuweisen.

Einleitung der Umweltverträglichkeitsprüfung

§ 5. (1) Der Projektwerber/die Projektwerberin eines Vorhabens, für das gemäß §§ 3 oder 3a eine Umweltverträglichkeitsprüfung durchzuführen ist, hat bei der Behörde einen Genehmigungsantrag einzubringen, der die nach den Verwaltungsvorschriften für die Genehmigung des Vorhabens erforderlichen Unterlagen und die Umweltverträglichkeitserklärung in der jeweils erforderlichen Anzahl enthält. Diese Dokumente sind, soweit technisch möglich, elektronisch einzubringen. Die Behörde kann weitere Vorgaben zur elektronischen Einbringung, zur Verfahrensführung, zur Strukturierung von Unterlagen und zu Mindestinhalten festlegen. Nicht als erforderlich gelten Nachweise über Berechtigungen, soweit diesbezüglich in einer Verwaltungsvorschrift die Einräumung von Zwangsrechten vorgesehen ist. Der Projektwerber/die Projektwerberin hat auch anzugeben, ob und in welcher Weise er/sie die Öffentlichkeit vom Vorhaben informiert hat. Projektunterlagen, die nach Auffassung des Projektwerbers/der Projektwerberin Geschäfts- oder Betriebsgeheimnisse enthalten, sind besonders zu kennzeichnen.

(2) Fehlen im Genehmigungsantrag Unterlagen gemäß Abs. 1 oder sind die Angaben in der Umweltverträglichkeitserklärung unvollständig, so hat die Behörde, auch wenn sich dies erst im Zuge des Genehmigungsverfahrens ergibt, dem Projektwerber/der Projektwerberin gemäß § 13 Abs. 3 AVG unverzüglich die Ergänzung des Genehmigungsantrages oder der Umweltverträglichkeitserklärung aufzutragen. Bei Erteilung eines Verbesserungsauftrages sind allfällige gemäß § 4 ergangene Stellungnahmen der Behörde sowie gemäß § 6 Abs. 2 erfolgte Abstimmungen zwischen Behörde und Projektwerber/Projektwerberin zu berücksichtigen. Die Behörde kann festlegen, dass bestimmte Angaben und Unterlagen, die nicht für die Abschätzung der Umweltauswirkungen notwendig sind, erst in einem späteren Verfahrensstadium nachgereicht werden können.

(3) Die Behörde hat unverzüglich den mitwirkenden Behörden den Genehmigungsantrag, die sie betreffenden Projektunterlagen und die Umweltverträglichkeitserklärung zur Stellungnahme zu übermitteln. Die Behörden gemäß § 2 Abs. 1 Z 1 haben an der fachlichen und rechtlichen Beurteilung des Vorhabens im erforderlichen Ausmaß mitzuwirken und Vorschläge für die erforderlichen Fachbereiche und jeweiligen Fachgutachter/innen zu erstatten.

(4) Dem Umweltanwalt und der Standortgemeinde ist die Umweltverträglichkeitserklärung unverzüglich zu übermitteln. Diese können dazu binnen vier Wochen Stellung nehmen.

(5) Sonstige Formalparteien und Amtsstellen, die nach den anzuwendenden Verwaltungsvorschriften zu beteiligen sind, hat die Behörde über das Einlangen des Genehmigungsantrages zu informieren. Sind in den anzuwendenden Verwaltungsvorschriften Gutachten ausdrücklich vorgesehen, sind diese einzuholen.

(6) Der Antrag ist in jeder Lage des Verfahrens abzuweisen, wenn sich im Zuge des Verfahrens auf unzweifelhafte Weise ergibt, dass das Vorhaben bestimmten Genehmigungsvoraussetzungen in einem Maße zuwiderläuft, dass diese Mängel durch Auflagen, Bedingungen, Befristungen, Projektmodifikationen oder Ausgleichsmaßnahmen nicht behoben werden können.

(7) Ergänzend zu § 39 Abs. 2 zweiter Satz AVG kann die Behörde von Amts wegen oder auf Antrag eines Projektwerbers/einer Projektwerberin bestimmen, dass für zwei oder mehrere im Anhang 1 angeführte Vorhaben, die in einem räumlichen Zusammenhang stehen, die Umweltverträglichkeitsprüfung (Umweltverträglichkeitsgutachten oder zusammenfassende Bewertung, Stellungnahmen, Konsultationen nach § 10, allfällige öffentliche Erörterung) gemeinsam durchzuführen ist.

Umweltverträglichkeitserklärung

§ 6. (1) Die Umweltverträglichkeitserklärung hat folgende Angaben zu enthalten:

1. Eine Beschreibung des Vorhabens nach Standort, Art und Umfang, insbesondere:
   a) eine Beschreibung der physischen Merkmale des gesamten Vorhabens einschließlich allfälliger erforderlicher Abbrucharbeiten sowie des Bedarfs an Flächen und Boden während des Baus und des Betriebes;
   b) eine Beschreibung der wichtigsten Merkmale während des Betriebes (zB der Produktions- oder Verarbeitungsprozesse), insbesondere hinsichtlich Art und Menge der verwendeten Materialien und natürlichen Ressourcen;
   c) die Art und Menge der zu erwartenden Rückstände und Emissionen (Belastung des Wassers, der Luft, des Bodens und Untergrunds, Lärm, Erschütterungen, Licht, Wärme, Strahlung usw.), die sich aus dem Bau und dem Betrieb ergeben;
   d) die durch das Vorhaben entstehende Immissionszunahme;
   e) ein Klima- und Energiekonzept: Energiebedarf, aufgeschlüsselt nach Anlagen, Maschinen und Geräten sowie nach Energieträgern, verfügbare energetische Kennzahlen, Darstellung der Energieflüsse, Maßnahmen zur Energieeffizienz; Darstellung der vom Vorhaben ausgehenden klimarelevanten Treibhausgase (§ 3 Z 3 des Emissionszertifikategesetzes) und Maßnahmen zu deren Reduktion im Sinne des Klimaschutzes; Bestätigung eines befugten Ziviltechnikers oder technischen Büros, dass die im Klima- und Energiekonzept enthaltenen Maßnahmen dem Stand der Technik entsprechen;
   f) eine Darstellung der vorhabensbedingten Anfälligkeit für Risiken schwerer Unfälle oder von Naturkatastrophen sowie gegenüber Klimawandelfolgen (insbesondere aufgrund der Lage);
   g) ein Bodenschutzkonzept: Flächenbedarf während Bau- und Betriebsphase in Form von Flächenbilanzen (Gegenüberstellung der Flächennutzung mit und ohne Vorhaben, Angabe der überbauten, der nicht überbauten und der vorübergehend beanspruchten Flächen), Angabe der Versiegelung, Charakterisierung der Böden anhand einer Bodenfunktionsbewertung, Maßnahmen zur Reduktion der Inanspruchnahme von Flächen bzw. Boden sowie Maßnahmen zur Geringhaltung der Versiegelung, jeweils aufgeschlüsselt nach Bodenfunktion und jeweiligem Funktionserfüllungsgrad, Maßnahmen zur Wiederherstellung, zum Ausgleich oder zur Verbesserung von Bodenfunktionen, Begründung des gewählten Vorhabendesigns aus Sicht des Bodenschutzes;
2. eine Beschreibung der anderen vom Projektwerber/von der Projektwerberin geprüften realistischen Lösungsmöglichkeiten, die für das Vorhaben und seine spezifischen Merkmale relevant sind (zB in Bezug auf Projektdesign, Technologie, Standort, Dimension), der Nullvariante und Angabe der wesentlichen Auswahlgründe sowie Angaben zum Vergleich der für die Auswahl der eingereichten Variante maßgeblichen Umweltauswirkungen; im Fall des § 1 Abs. 1 Z 4 die vom Projektwerber/von der Projektwerberin geprüften Standort- oder Trassenvarianten.
3. eine Beschreibung der voraussichtlich vom Vorhaben erheblich beeinträchtigten Umwelt, wozu insbesondere die Menschen, die biologische Vielfalt einschließlich der Tiere, Pflanzen und deren Lebensräume, die in Anspruch genommenen Flächen, der Boden, das Wasser, die Luft,

das Klima, die Landschaft und die Sachgüter einschließlich der Kulturgüter sowie die Wechselwirkungen zwischen diesen Schutzgütern gehören;

4. eine Beschreibung der voraussichtlichen erheblichen Auswirkungen des Vorhabens auf die Umwelt, infolge
   a) des Baus und des Betriebes des Vorhabens (ua. unter Berücksichtigung der eingesetzten Techniken und Stoffe sowie der Flächeninanspruchnahme),
   b) der Nutzung der natürlichen Ressourcen,
   c) der Emission von Schadstoffen, Lärm, Erschütterungen, Licht, Wärme und Strahlung, der Verursachung von Belästigungen und der Art, Menge und Entsorgung von Abfällen,
   d) des Zusammenwirkens der Auswirkungen mit anderen bestehenden oder genehmigten Vorhaben,
   e) des vorhabensbedingten Risikos schwerer Unfälle oder von Naturkatastrophen sowie des Klimawandels

   sowie eine Beschreibung der zur Ermittlung der Umweltauswirkungen angewandten Methoden;
5. eine Beschreibung der Maßnahmen, mit denen wesentliche nachteilige Auswirkungen des Vorhabens auf die Umwelt vermieden, eingeschränkt oder, soweit möglich, ausgeglichen werden sollen und allfälliger Präventiv- oder Minderungsmaßnahmen für den Fall von schweren Unfällen oder von Naturkatastrophen, sowie allfälliger Maßnahmen zur Beweissicherung, zur begleitenden Kontrolle und zur Nachsorge. Bei Ausgleichsmaßnahmen sind jedenfalls der Maßnahmenraum sowie die Wirkungssziele zu beschreiben;
6. eine allgemein verständliche Zusammenfassung der Informationen gemäß Z 1 bis 5;
7. Referenzangaben zu den Quellen, die für die oben angeführten Beschreibungen herangezogen wurden sowie eine kurze Angabe allfälliger Schwierigkeiten (insbesondere technische Lücken oder fehlende Daten) des Projektwerbers/der Projektwerberin bei der Zusammenstellung der geforderten Angaben;
8. einen Hinweis auf durchgeführte strategische Umweltprüfungen im Sinn der Richtlinie 2001/42/EG über die Prüfung von Umweltauswirkungen bestimmter Pläne und Programme, ABl. Nr. L 197 vom 21.07.2001 S. 30, mit Bezug zum Vorhaben.

(2) Der Projektwerber/die Projektwerberin hat dafür zu sorgen, dass die Umweltverträglichkeitserklärung von kompetenten Fachleuten erstellt wird. Soweit relevante Ergebnisse anderer umweltbezogener Prüfungen, insbesondere einer strategischen Umweltprüfung, oder einschlägiger Risikobewertungen vorliegen, sind diese zu berücksichtigen. Die Angaben gemäß Abs. 1 sind, gemessen an den zu erwartenden Umweltauswirkungen, in „prioritär" oder „nicht prioritär" zu gliedern, und der jeweilige Untersuchungsaufwand ist dementsprechend abzustufen. Dabei hat sich der Projektwerber/die Projektwerberin mit der Behörde abzustimmen. Sind einzelne Angaben nach Abs. 1 für das Vorhaben nicht relevant oder ist deren Vorlage im Hinblick auf den Kenntnisstand und die Prüfungsmethoden dem Projektwerber/der Projektwerberin billigerweise nicht zumutbar, so kann davon abgesehen werden. Dies ist in der Umweltverträglichkeitserklärung anzuführen und nachvollziehbar zu begründen (No Impact Statement). § 5 Abs. 2 bleibt unberührt. Der Projektwerber/die Projektwerberin ist nicht verpflichtet, Eingangsdaten für Berechnungen, Beurteilungen oder Modelle vorzulegen, die für die Prüfung der Umweltverträglichkeitserklärung aus fachlicher Sicht nicht erforderlich sind.

(3) Der/die Bundesminister/in für Klimaschutz, Umwelt, Energie, Mobilität, Innovation und Technologie kann durch Verordnung für einzelne Arten von Vorhaben nähere Bestimmungen über die gemäß Abs. 1 vorzulegenden Angaben erlassen.

Zeitplan

§ 7. (1) Die Behörde hat einen Zeitplan für den Ablauf des Verfahrens zu erstellen, in dem für die einzelnen Verfahrensschritte unter Berücksichtigung der durch Art, Größe und Standort des Vorhabens notwendigen Erhebungen und Untersuchungen Fristen festgelegt werden. Der Zeitplan ist im Internet zu veröffentlichen und bei erheblichen Änderungen von der Behörde zu aktualisieren. Erhebliche Überschreitungen des Zeitplans sind im Genehmigungsbescheid zu begründen.

(2) Bei Vorhaben, die in Spalte 1 des Anhanges 1 angeführt sind, hat die Behörde erster Instanz die Entscheidung (§ 73 AVG) über den Antrag gemäß § 5 ohne unnötigen Aufschub, spätestens neun Monate nach Antragstellung zu treffen.

(3) Bei Vorhaben, die in Spalte 2 oder 3 des Anhanges 1 angeführt sind, hat die Behörde die Entscheidung (§ 73 AVG) über den Antrag gemäß § 5 ohne unnötigen Aufschub, spätestens sechs Monate nach Antragstellung zu treffen.

(4) Hat die Behörde aus anderen Verfahren wesentliche Kenntnisse über Inhalte eines Vorhabens erlangt, so ist auf solche aktuellen Kenntnisse zurückzugreifen und die Entscheidungsfristen gemäß Abs. 2 und 3 sind um jeweils drei Monate zu verkürzen, sofern der Antrag gemäß § 5 in zeitlich engem Zusammenhang mit diesen steht.

(5) Sind auf Grund von Vereinbarungen mit internationalen Organisationen für Großveranstaltungen Fristen für die Verwirklichung eines besonderen Voraussetzungen gemäß § 3 Abs. 4a unterliegenden Vorhabens gegeben, so ist anzustreben, die Entscheidung innerhalb von vier Monaten zu treffen.

Öffentliche Auflage

§ 9. (1) Die Behörde hat der Standortgemeinde den Genehmigungsantrag, die in § 5 Abs. 1 genannten Unterlagen und die Umweltverträglichkeitserklärung, soweit technisch verfügbar und möglich, in elektronischer Form zu übermitteln. Diese sind bei der Behörde und bei der Gemeinde mindestens sechs Wochen lang zur öffentlichen Einsicht, soweit technisch möglich, in elektronischer Form bereitzustellen, und auf Verlangen ist Einsicht in einer technisch geeigneten Form zu gewähren.

(2) Bei Vorhaben, die sich auf mindestens fünf Standortgemeinden erstrecken, ist es zulässig, die in Abs. 1 genannten Unterlagen nur bei der Behörde, in der Bezirksverwaltungsbehörde und in einer von der Behörde zu bestimmenden Standortgemeinde für jeden vom Vorhaben berührten Bezirk aufzulegen.

(3) Die Behörde hat das Vorhaben im Internet auf der Website der Behörde, in einer im Bundesland weit verbreiteten Tageszeitung sowie in einer weiteren, in den betroffenen Gemeinden gemäß § 19 Abs. 3 verbreiteten periodisch erscheinenden Zeitung kundzumachen. Diese Kundmachung hat jedenfalls zu enthalten:

1. den Gegenstand des Antrages und eine Beschreibung des Vorhabens,
2. die Tatsache, dass das Vorhaben Gegenstand einer Umweltverträglichkeitsprüfung ist, welche Behörde zur Entscheidung zuständig ist, die Art der möglichen Entscheidung und, falls zutreffend, dass voraussichtlich ein grenzüberschreitendes UVP-Verfahren nach § 10 durchzuführen ist,
3. einen Hinweis, wenn das Verfahren als Großverfahren geführt wird,
4. Ort und Zeit der möglichen Einsichtnahme,

5. einen Hinweis auf die gemäß Abs. 5 jedermann offen stehende Möglichkeit zur Stellungnahme und darauf, dass Personengruppen durch eine gemeinsame Stellungnahme gemäß § 19 Abs. 4 Parteistellung als Bürgerinitiative erlangen können und
6. einen Hinweis, dass Einwendungen bei der Behörde schriftlich innerhalb der Auflagefrist gemäß Abs. 1 zu erheben sind und Personen ihre Stellung als Partei verlieren, soweit sie nicht rechtzeitig bei der Behörde schriftlich Einwendungen erheben.

Der Termin der mündlichen Verhandlung (§ 16) kann in einem mit dem Vorhaben kundgemacht werden.

(4) Der Kundmachung im Internet sind jedenfalls der Genehmigungsantrag, eine Kurzbeschreibung des Vorhabens und die Zusammenfassung der Umweltverträglichkeitserklärung gemäß § 6 Abs. 1 Z 6 anzuschließen. Diese im Internet veröffentlichten Daten sind bis zur Rechtskraft des verfahrensbeendenden Bescheides online zu halten.

(5) Jedermann kann innerhalb der Auflagefrist gemäß Abs. 1 zum Vorhaben und zur Umweltverträglichkeitserklärung eine schriftliche Stellungnahme an die Behörde abgeben.

(6) Einwendungen sind bei der Behörde schriftlich innerhalb der Auflagefrist gemäß Abs. 1 zu erheben. Personen verlieren ihre Stellung als Partei, soweit sie nicht rechtzeitig bei der Behörde schriftlich Einwendungen erheben.

Auflage und Kundmachung von Edikten im Großverfahren

§ 9a. In Großverfahren nach diesem sowie in Verfahren nach dem 3. und dem 6. Abschnitt ist für die Auflage der Unterlagen § 9 Abs. 1 anzuwenden. Auf die Kundmachung von Edikten (§§ 44a bis 44f AVG) in Großverfahren nach diesem sowie nach dem 3. und dem 6. Abschnitt ist § 9 Abs. 3 anzuwenden.

Grenzüberschreitende Umweltauswirkungen

§ 10. (1) Wenn das Vorhaben erhebliche Auswirkungen auf die Umwelt eines anderen Staates haben könnte oder wenn ein Staat, der von den Auswirkungen des Vorhabens betroffen sein könnte, ein diesbezügliches Ersuchen stellt, hat die Behörde
1. diesen Staat so früh wie möglich und sofern für die Berücksichtigung grenzüberschreitender Auswirkungen sinnvoll bereits im Vorverfahren, spätestens jedoch wenn die Öffentlichkeit informiert wird, über das Vorhaben zu benachrichtigen, wobei eine Beschreibung des Vorhabens, verfügbare Informationen über mögliche grenzüberschreitende Auswirkungen und gegebenenfalls das Konzept der Umweltverträglichkeitserklärung beizuschließen sind,
2. ihn über den Ablauf des UVP-Verfahrens und die Art der möglichen Entscheidung zu informieren und ihm eine angemessene Frist für die Mitteilung einzuräumen, ob er am UVP-Verfahren teilzunehmen wünscht oder nicht.

(2) Teilt der Staat mit, dass er am UVP-Verfahren teilzunehmen wünscht, sind ihm
1. der Genehmigungsantrag, die Umweltverträglichkeitserklärung und allenfalls andere entscheidungsrelevante Unterlagen, die der Behörde zum Zeitpunkt der Kundmachung gemäß § 9 vorliegen, zuzuleiten,
2. unter Einräumung einer angemessenen Frist die Möglichkeit zur Stellungnahme zu geben, wobei diese Frist so zu bemessen ist, dass es dem Staat auch ermöglicht wird, die Antragsunterlagen der Öffentlichkeit zugänglich zu machen und ihr Gelegenheit zur Stellungnahme zu geben, und
3. das Umweltverträglichkeitsgutachten oder die zusammenfassende Bewertung zu übermitteln.

(3) Auf Grundlage der übermittelten Unterlagen und der Ergebnisse des Umweltverträglichkeitsgutachtens oder der zusammenfassenden Bewertung sind erforderlichenfalls Konsultationen über mögliche grenzüberschreitende Auswirkungen und allfällige Maßnahmen zur Vermeidung oder Verminderung von schädlichen grenzüberschreitenden Umweltauswirkungen zu führen. Diese Konsultationen haben tunlichst im Wege der durch zwischenstaatliche Übereinkommen bereits eingerichteten Stellen im Rahmen ihrer Zuständigkeiten, insbesondere der Grenzgewässerkommissionen, zu erfolgen. Bezüglich der Dauer der Konsultationsphase ist ein angemessener Zeitrahmen zu vereinbaren.

(4) Die Entscheidung über den Genehmigungsantrag, die wesentlichen Entscheidungsgründe, Angaben über das Verfahren zur Beteiligung der Öffentlichkeit und eine Beschreibung der wichtigsten Maßnahmen zur Vermeidung oder Verminderung oder zum Ausgleich erheblicher schädlicher, belästigender oder belastender Auswirkungen auf die Umwelt sind dem betroffenen Staat zu übermitteln.

(5) Für die Bestimmungen der Abs. 1 bis 4 gilt hinsichtlich Staaten, die nicht Vertragsparteien des Abkommens über den Europäischen Wirtschaftsraum sind, der Grundsatz der Gegenseitigkeit.

(6) Der Projektwerber/die Projektwerberin hat der Behörde, soweit für die Durchführung des grenzüberschreitenden UVP-Verfahrens erforderlich, auf Verlangen Übersetzungen der von ihm vorgelegten Unterlagen in die Sprache des betroffenen Staates vorzulegen.

(7) Werden im Rahmen eines in einem anderen Staat durchgeführten UVP-Verfahrens Unterlagen über die Umweltauswirkungen eines Vorhabens im Ausland, das erhebliche Auswirkungen auf die Umwelt in Österreich haben könnte, übermittelt und ist auf Grund völkerrechtlicher Verpflichtungen eine Beteiligung der Öffentlichkeit durchzuführen, so ist bezüglich Unterlagen, die den in Abs. 2 Z 1 angeführten Unterlagen entsprechen, von der betroffenen Landesregierung gemäß § 9 vorzugehen, wobei sich die Dauer der Auflagefrist nach den Bestimmungen jenes Staates richtet, in dem das Vorhaben zur Ausführung gelangen soll. Anderen in ihrem umweltbezogenen Aufgabenbereich berührten Behörden ist die Möglichkeit zur Stellungnahme zu geben. Eingelangte Stellungnahmen und auf Ersuchen des anderen Staates auch Informationen über die möglicherweise betroffene Umwelt sind von der Landesregierung dem Staat, in dem das Vorhaben verwirklicht werden soll, zu übermitteln. Werden im Verfahren weitere Unterlagen wie Gutachten oder Entscheidungen übermittelt, so sind diese der Öffentlichkeit in geeigneter Form zugänglich zu machen.

(8) Besondere staatsvertragliche Regelungen bleiben unberührt.

Umweltverträglichkeitsgutachten

§ 12. (1) Für Vorhaben der Spalte 1 des Anhanges 1 hat die Behörde Sachverständige der betroffenen Fachgebiete mit der Erstellung eines Umweltverträglichkeitsgutachtens zu beauftragen. Im Umweltverträglichkeitsgutachten sind auch abweichende Auffassungen von mitwirkenden Sachverständigen festzuhalten.

(2) Die vom Projektwerber/der Projektwerberin im Rahmen der Umweltverträglichkeitserklärung oder im Verfahren vorgelegten oder sonstige der Behörde zum selben Vorhaben oder zum Standort vorliegende Gutachten und Unterlagen oder darauf Bezug nehmende strategische Umweltprüfungen im Sinn der Richtlinie 2001/42/EG sind bei der Erstellung des Umweltverträglichkeitsgutachtens mitzuberücksichtigen.

(3) Das Umweltverträglichkeitsgutachten hat

1. die zur Beurteilung der Auswirkungen des Vorhabens vorgelegte Umweltverträglichkeitserklärung und andere relevante vom Projektwerber/von der Projektwerberin vorgelegte Unterlagen gemäß § 1 nach dem Stand der Technik und dem Stand der sonst in Betracht kommenden Wissenschaften in einer umfassenden und zusammenfassenden Gesamtschau und unter Berücksichtigung der Genehmigungskriterien des § 17 aus fachlicher Sicht zu bewerten und allenfalls zu ergänzen,
2. sich mit den gemäß § 5 Abs. 3 und 4, § 9 Abs. 5 und § 10 vorgelegten Stellungnahmen fachlich auseinander zu setzen, wobei gleichgerichtete oder zum gleichen Themenbereich eingelangte Stellungnahmen zusammen behandelt werden können,
3. Vorschläge für Maßnahmen gemäß § 1 Abs. 1 Z 2 auch unter Berücksichtigung des Arbeitnehmer/innen/schutzes zu machen,
4. Darlegungen gemäß § 1 Abs. 1 Z 3 und 4 zu enthalten und
5. fachliche Aussagen zu den zu erwartenden Auswirkungen des Vorhabens auf die Entwicklung des Raumes unter Berücksichtigung öffentlicher Konzepte und Pläne und im Hinblick auf eine nachhaltige Nutzung von Ressourcen zu enthalten. Sofern der Standort des Vorhabens in einer strategischen Umweltprüfung im Sinn der Richtlinie 2001/42/EG zu einem Plan oder Programm bereits einer Prüfung unterzogen und der Plan oder das Programm erlassen wurde, können sich diese Aussagen auf die Übereinstimmung mit diesem Plan oder Programm beschränken.

(4) Weiters sind Vorschläge zur Beweissicherung, zur begleitenden und zur nachsorgenden Kontrolle nach Stilllegung zu machen.

(5) Das Umweltverträglichkeitsgutachten hat eine allgemein verständliche Zusammenfassung zu enthalten.

(6) Der Projektwerber/die Projektwerberin hat der Behörde und den Sachverständigen alle für die Erstellung der Gutachten erforderlichen Auskünfte zu erteilen.

(7) Für die Beurteilung des Standes der Technik ist, soweit dieser nicht durch Gesetz oder Verordnung oder durch Rechtsakte der Europäischen Union verbindlich festgelegt ist, der Zeitpunkt des Beginns der öffentlichen Auflage (§ 9) maßgeblich.

Zusammenfassende Bewertung der Umweltauswirkungen

§ 12a. Für Vorhaben, die in Spalte 2 oder 3 des Anhanges 1 angeführt sind, hat die Behörde, aufbauend auf den im Rahmen der Umweltverträglichkeitserklärung oder im Verfahren erstellten oder vorgelegten oder sonstigen der Behörde zum selben Vorhaben oder zum Standort vorliegenden Gutachten und Unterlagen sowie den eingelangten Stellungnahmen und unter Berücksichtigung der Genehmigungskriterien des § 17 eine zusammenfassende Bewertung der Umweltauswirkungen vorzunehmen. § 12 Abs. 6 und 7 sind mit der Maßgabe anzuwenden, dass an Stelle eines Umweltverträglichkeitsgutachtens eine zusammenfassende Bewertung erstellt wird.

Information über das Umweltverträglichkeitsgutachten oder die zusammenfassende Bewertung

§ 13. (1) Dem Projektwerber/der Projektwerberin, den mitwirkenden Behörden, dem Umweltanwalt, dem Standortanwalt, dem wasserwirtschaftlichen Planungsorgan und dem Bundesminister/der Bundesministerin für Klimaschutz, Umwelt, Energie, Mobilität, Innovation und Technologie ist das Umweltverträglichkeitsgutachten oder die zusammenfassende Bewertung unverzüglich zu übermitteln.

(2) Das Umweltverträglichkeitsgutachten (§ 12) oder die zusammenfassende Bewertung der Umweltauswirkungen (§ 12a) ist unverzüglich bei der Behörde und in der Standortgemeinde mindestens vier Wochen lang zur öffentlichen Einsicht aufzulegen. Diese Auflage ist in geeigneter Form kundzumachen. § 9 Abs. 2 und § 44b Abs. 2 zweiter bis vierter Satz AVG sind anzuwenden.

Strukturierung des Verfahrens

§ 14. (1) Die Behörde kann mit oder nach der öffentlichen Auflage und Kundmachung des Umweltverträglichkeitsgutachtens oder der zusammenfassenden Bewertung angemessene Fristen für weitere Vorbringen (Konkretisierungen zu Einwendungen und sonstige Stellungnahmen und Beweisanträge) der Verfahrensparteien zum Vorhaben oder zu einzelnen Fachbereichen setzen, mit der Wirkung, dass nach Ablauf dieser Fristen erstattete weitere Vorbringen im weiteren Verfahren nicht zu berücksichtigen sind.

(2) Soweit nicht Abs. 1 zur Anwendung kommt, sind Konkretisierungen von Vorbringen jedenfalls bis spätestens eine Woche vor dem Termin der mündlichen Verhandlung (§ 16) schriftlich bei der Behörde einzubringen. Verspätete Vorbringen sind im Verfahren nicht mehr zu berücksichtigen.

(3) Die mündliche Verhandlung darf erst nach Ablauf der Fristen gemäß § 13 Abs. 2 oder nach Ablauf der angemessenen Fristen gemäß Abs. 1 stattfinden.

Mündliche Verhandlung und weiteres Verfahren

§ 16. (1) Die Behörde hat eine für alle anzuwendenden Verwaltungsvorschriften gemeinsame mündliche Verhandlung an dem Ort abzuhalten, der der Sachlage nach am zweckmäßigsten erscheint. Die mündliche Verhandlung ist unter Zuziehung der mitwirkenden Behörden und der anderen Formalparteien und Amtsstellen, die nach den anzuwendenden Verwaltungsvorschriften zu beteiligen sind, vorzunehmen und jedenfalls durch Anschlag in der Gemeinde kundzumachen. Eine mündliche Verhandlung kann unterbleiben, wenn keine begründeten Bedenken in einer Stellungnahme gemäß § 9 Abs. 5 oder, wenn der Antrag gemäß § 44a AVG kundgemacht wurde, innerhalb der Ediktalfrist keine Einwendungen gegen das Vorhaben abgegeben wurden und die Behörde die Abhaltung einer mündlichen Verhandlung nicht zur Erhebung des Sachverhaltes für erforderlich erachtet. Werden Einwendungen nur zu bestimmten Fachbereichen erhoben, so kann eine mündliche Verhandlung auf diese Fachbereiche eingeschränkt werden.

(2) Zeigen sich im Zuge des Genehmigungsverfahrens große Interessenkonflikte zwischen dem Projektwerber/der Projektwerberin und den sonstigen Parteien oder Beteiligten, kann die Behörde das Verfahren auf Antrag des Projektwerbers/der Projektwerberin zur Einschaltung eines Mediationsverfahrens unterbrechen. Die Ergebnisse des Mediationsverfahrens können der Behörde übermittelt und von dieser im Rahmen der gesetzlichen Möglichkeiten im weiteren Genehmigungsverfahren und in der Entscheidung berücksichtigt werden. Darüber hinausgehende Vereinbarungen zwischen dem Projektwerber/der Projektwerberin und den Parteien oder Beteiligten können im Bescheid beurkundet werden. Der Projektwerber/die Projektwerberin kann jederzeit einen Antrag auf Fortführung des Genehmigungsverfahrens stellen.

(3) § 39 Abs. 3 AVG ist mit der Maßgabe anzuwenden, dass der Schluss des Ermittlungsverfahrens auch für einzelne Teilbereiche der Sache erklärt werden kann. § 39 Abs. 4 erster und zweiter Satz und Abs. 5 AVG sind in UVP-Verfahren nicht anzuwenden.

(Anm.: Abs. 4 aufgehoben durch Z 32, BGBl. I Nr. 26/2023)

Online- oder Hybrid Verhandlung

§ 16a. (1) Die Behörde kann unter Berücksichtigung von Zweckmäßigkeit, Raschheit, Einfachheit und Kostenersparnis die mündliche Verhandlung gemäß § 16 Abs. 1 teilweise (hybrid) oder gänzlich (online) unter Verwendung geeigneter technischer Einrichtungen zur Wort- und Bildübertragung am Sitz der Behörde oder an dem Ort abhalten, der nach der Sachlage am zweckmäßigsten erscheint. Vorrangig sollen Verhandlungen in Präsenz oder hybrid abgehalten werden.

(2) Findet die Verhandlung online statt, ist den Parteien und Beteiligten, den erforderlichen Sachverständigen und den sonst zur mündlichen Verhandlung beizuziehenden Personen Gelegenheit zu geben, unter Verwendung der technischen Einrichtungen zur Wort- und Bildübertragung an der Verhandlung teilzunehmen. Die Behörde hat die Parteien und Beteiligten aufzufordern, bekanntzugeben, ob ihnen solche technischen Einrichtungen zur Wort- und Bildübertragung zur Verfügung stehen; ist dies nicht der Fall, so kann die Verhandlung auch in ihrer Abwesenheit durchgeführt werden. Die Behörde hat diesfalls den Parteien und Beteiligten, die aus diesem Grund an der Verhandlung nicht teilnehmen können, in sonst geeigneter Weise Gelegenheit zu geben, ihre Rechte auszuüben bzw. bei der Feststellung des Sachverhalts mitzuwirken.

(3) Findet die mündliche Verhandlung hybrid statt, so können die Parteien und Beteiligten unter Verwendung der technischen Einrichtungen zur Wort- und Bildübertragung oder persönlich an der Verhandlung teilnehmen. Die Behörde hat die Parteien und Beteiligten aufzufordern, bekanntzugeben, ob sie in Präsenz oder online teilnehmen.

(4) Wird eine Verhandlung hybrid oder online durchgeführt, so braucht eine Niederschrift, außer vom Verhandlungsleiter, von keiner weiteren Person unterschrieben zu werden. Wird die Niederschrift elektronisch erstellt, so kann an die Stelle der Unterschrift des Verhandlungsleiters ein Verfahren zum Nachweis der Identität (§ 2 Z 1 E-GovG) des Leiters der mündlichen Verhandlung und der Authentizität (§ 2 Z 5 E-GovG) der Niederschrift treten. § 14 Abs. 1 bis 4, 6 und 7 AVG bleibt unberührt.

Entscheidung

§ 17. (1) Die Behörde hat bei der Entscheidung über den Antrag die in den betreffenden Verwaltungsvorschriften und im Abs. 2 bis 6 vorgesehenen Genehmigungsvoraussetzungen anzuwenden. Die Zustimmung Dritter ist insoweit keine Genehmigungsvoraussetzung, als für den betreffenden Teil des Vorhabens in einer Verwaltungsvorschrift die Möglichkeit der Einräumung von Zwangsrechten vorgesehen ist. Die Genehmigung ist in diesem Fall jedoch unter dem Vorbehalt des Erwerbs der entsprechenden Rechte zu erteilen.

(2) Soweit dies nicht schon in anzuwendenden Verwaltungsvorschriften vorgesehen ist, gelten im Hinblick auf eine wirksame Umweltvorsorge zusätzlich nachstehende Genehmigungsvoraussetzungen:

1. Emissionen von Schadstoffen, einschließlich der Treibhausgase Kohlenstoffdioxid (CO2), Methan (CH4), Distickstoffoxid (N2O), teilhalogenierte Fluorkohlenwasserstoffe (H-FKW), perfluorierte Kohlenwasserstoffe (P-FKW), Schwefelhexafluorid (SF6) und Stickstofftrifluorid (NF3), sind nach dem Stand der Technik zu begrenzen,
2. die Immissionsbelastung zu schützender Güter ist möglichst gering zu halten, wobei jedenfalls Immissionen zu vermeiden sind, die
   a) das Leben oder die Gesundheit von Menschen oder das Eigentum oder sonstige dingliche Rechte der Nachbarn/Nachbarinnen gefährden,
   b) erhebliche Belastungen der Umwelt durch nachhaltige Einwirkungen verursachen, jedenfalls solche, die geeignet sind, den Boden, die Luft, den Pflanzen- oder Tierbestand oder den Zustand der Gewässer bleibend zu schädigen, oder
   c) zu einer unzumutbaren Belästigung der Nachbarn/Nachbarinnen im Sinne des § 77 Abs. 2 der Gewerbeordnung 1994 führen,
3. Abfälle sind nach dem Stand der Technik zu vermeiden oder zu verwerten oder, soweit dies wirtschaftlich nicht vertretbar ist, ordnungsgemäß zu entsorgen.

Der Entscheidung sind die vom Vorhaben voraussichtlich ausgehenden Auswirkungen zugrunde zu legen. Für gemäß § 4 Emissionszertifikategesetz 2011 (EZG 2011) genehmigte Anlagen dürfen gemäß Z 1 keine Emissionsgrenzwerte für direkte Emissionen der in Anhang 3 EZG 2011 jeweils genannten Treibhausgase vorgeschrieben werden, außer es ist erforderlich, um eine erhebliche lokale Umweltverschmutzung zu vermeiden.

(3) Für Vorhaben der Z 9 bis 11 und Z 16 des Anhanges 1 sind an Stelle des Abs. 2 die Kriterien des § 24f Abs. 1 und 2 anzuwenden. Gleiches gilt für Vorhaben der Z 14, sofern sie Flughäfen gemäß § 64 des Luftfahrtgesetzes, BGBl. Nr. 253/1957, betreffen; für diese Vorhaben der Z 14 sowie für Vorhaben der Z 9 bis 11 des Anhanges 1 sind weiters die Bestimmungen des § 24f Abs. 15 Satz 1 und 2 sowie die Bestimmungen des Eisenbahn-Enteignungsentschädigungsgesetzes anzuwenden.

(4) Die Ergebnisse der Umweltverträglichkeitsprüfung (insbesondere Umweltverträglichkeitserklärung, Umweltverträglichkeitsgutachten oder zusammenfassende Bewertung, Stellungnahmen, einschließlich der Stellungnahmen und dem Ergebnis der Konsultationen nach § 10, Ergebnis einer allfälligen öffentlichen Erörterung) sind in der Entscheidung zu berücksichtigen. Durch geeignete Auflagen, Bedingungen, Befristungen, Projektmodifikationen, Ausgleichsmaßnahmen oder sonstige Vorschreibungen, insbesondere auch für Überwachungsmaßnahmen für erhebliche nachteilige Auswirkungen, Mess- und Berichtspflichten und Maßnahmen zur Sicherstellung der Nachsorge, ist zu einem hohen Schutzniveau für die Umwelt in ihrer Gesamtheit beizutragen. Die Überwachungsmaßnahmen sind je nach Art, Standort und Umfang des Vorhabens sowie Ausmaß seiner Auswirkungen auf die Umwelt angemessen festzulegen, die aufgrund der mitanzuwendenden Verwaltungsvorschriften notwendigen Maßnahmen sind hierbei zu berücksichtigen. Soweit dies durch Landesgesetz festgelegt ist, können Ausgleichs- oder Ersatzmaßnahmen, die auf Vorratsflächen durchgeführt werden (Flächenpools), angerechnet werden. Die Beauftragung zur Unterhaltung und die rechtliche Sicherung der Flächen sind im Bescheid zu dokumentieren.

(5) Ergibt die Gesamtbewertung, dass durch das Vorhaben und seine Auswirkungen, insbesondere auch durch Wechselwirkungen, Kumulierung oder Verlagerungen, unter Bedachtnahme auf die öffentlichen Interessen, insbesondere des Umweltschutzes, schwerwiegende Umweltbelastungen zu erwarten sind, die durch Auflagen, Bedingungen, Befristungen, sonstige Vorschreibungen, Ausgleichsmaßnahmen oder Projektmodifikationen nicht verhindert oder auf ein erträgliches Maß vermindert werden können, ist der Antrag abzuweisen. Bei Vorhaben der Energiewende darf eine Abweisung nicht ausschließlich aufgrund von Beeinträchtigungen des Landschaftsbilds erfolgen, wenn im Rahmen der Energieraumplanung eine strategische Umweltprüfung durchgeführt wurde. Im Rahmen dieser Abwägung sind auch relevante Interessen der Materiengesetze oder des Gemeinschaftsrechts, die für die Realisierung des Vorhabens sprechen, zu bewerten. Dabei

gelten Vorhaben der Energiewende als in hohem öffentlichen Interesse.

(5a) Ist eine hinreichende Konkretisierung von Ausgleichs- oder Ersatzmaßnahmen noch nicht möglich, kann ein Konzept mit Maßnahmen, mit welchen die geplanten Eingriffe kompensiert werden sollen, genehmigt werden. Dieses hat jedenfalls Angaben zu Flächenumfang, Maßnahmenraum, Wirkungsziel, Standortanforderung sowie falls bereits möglich Angaben zur grundsätzlichen Maßnahmenbeschreibung, zum Zeitpunkt der Umsetzung, zur Beschreibung der Pflegeerfordernisse und des Monitorings und zum Status der Flächensicherung zu enthalten. Über die Konkretisierung der Ausgleichs- oder Ersatzmaßnahmen ist als Änderung gemäß § 18b zu entscheiden. Soweit dies durch Bundes- oder Landesgesetz vorgesehen ist, kann eine Ausgleichszahlung vorgeschrieben werden.

(6) In der Genehmigung können angemessene Fristen für die Fertigstellung des Vorhabens, einzelner Teile davon oder für die Inanspruchnahme von Rechten festgesetzt werden. Die Behörde kann diese Fristen aus wichtigen Gründen verlängern, wenn der Projektwerber/die Projektwerberin dies vor Ablauf beantragt. In diesem Fall ist der Ablauf der Frist bis zur rechtskräftigen Entscheidung oder zur Entscheidung des Verwaltungsgerichtshofes oder Verfassungsgerichtshofes über die Abweisung des Verlängerungsantrages gehemmt. Im Rahmen eines Beschwerdeverfahrens oder eines Verfahrens gemäß § 18b können die Fristen von Amts wegen geändert werden.

(7) Der Genehmigungsbescheid ist jedenfalls bei der Behörde und in der Standortgemeinde mindestens acht Wochen zur öffentlichen Einsicht aufzulegen. Der Bescheid hat die Entscheidungsgründe sowie Angaben über die Beteiligung der Öffentlichkeit und eine Beschreibung der wichtigsten Maßnahmen, mit denen erhebliche nachteilige Auswirkungen vermieden, verringert und überwacht sowie, soweit möglich, ausgeglichen werden, zu enthalten. Die Auflage ist in geeigneter Form, jedenfalls auch im Internet, kundzumachen. Mit Ablauf von zwei Wochen nach dieser Kundmachung gilt der Bescheid auch gegenüber jenen Personen als zugestellt, die sich am UVP-Verfahren nicht oder nicht rechtzeitig (§§ 9 und 9a dieses Bundesgesetzes bzw. §§ 44a iVm 44b AVG) beteiligt und deshalb die Parteistellung verloren haben. Ab dem Tag der Kundmachung im Internet ist solchen Personen, die glaubhaft machen, dass ihnen ein Beschwerderecht zukommt, Einsicht in den Verwaltungsakt zu gewähren.

(8) Erfolgt die Zustellung behördlicher Schriftstücke gemäß § 44f AVG durch Edikt, so ist die öffentliche Auflage abweichend von § 44f Abs. 2 AVG bei der Behörde und in der Standortgemeinde vorzunehmen.

(9) Der Genehmigungsbescheid hat dingliche Wirkung. Genehmigungsbescheide betreffend Vorhaben der Z 18 des Anhanges 1 haben bindende Wirkung in Verfahren zur Genehmigung von Ausführungsprojekten nach den darauf anzuwendenden Verwaltungsvorschriften.

(10) Genehmigungsbescheide betreffend Vorhaben der Z 18 des Anhanges 1, ausgenommen der lit. e, können bis zu deren Ausführung nach den Bestimmungen des § 18b geändert werden. Änderungen im Sinne von § 18b sind betreffend Vorhaben der Z 18 des Anhanges 1, ausgenommen der lit. e, nur Änderungen der Flächeninanspruchnahme oder der Bruttogeschoßfläche, des Ausmaßes der Versickerungsflächen, der Anzahl und räumlichen Verteilung der KFZ-Stellplätze, der Gebäudehöhen, der Art der Nutzung und der räumlichen Verteilung der Gesamtkontingente (Bruttogeschoßfläche samt prozentueller Anteile der Nutzungsarten), der Energieversorgung, des Verkehrs- und Erschließungssystems sowie des Systems der Abfall- und Abwasserentsorgung, soweit unter Zugrundelegung des Beurteilungsmaßstabes im durchgeführten UVP-Verfahren nachteilige Auswirkungen auf die Schutzgüter zu erwarten sind.

Ausschluss der aufschiebenden Wirkung bei Vorhaben der Energiewende

§ 17a. (1) Bei Vorhaben der Energiewende hat die Behörde bis zur Vorlage der Beschwerde die aufschiebende Wirkung der Beschwerde gegen die Entscheidung nach §§ 17, 18 oder 18b mit Bescheid auszuschließen (Ausschlussbescheid), wenn in dieser vom Beschwerdeführer/von der Beschwerdeführerin die Verletzung in den von ihm bzw. ihr geltend zu machenden Rechten nicht hinreichend konkret dargelegt wurde, obwohl diese Beeinträchtigung bereits im Genehmigungsbescheid beurteilt wurde. Eine Beschwerde gegen den Ausschlussbescheid hat keine aufschiebende Wirkung.

(2) Das Bundesverwaltungsgericht hat aufgrund einer Beschwerde gegen den Ausschlussbescheid diesen unverzüglich aufzuheben, wenn die Voraussetzungen für den Ausschluss nach Abs. 1 nicht vorliegen. Im Übrigen bleiben die §§ 13 und 22 VwGVG unberührt.

Grundsätzliche Genehmigung und Detailgenehmigungen

§ 18. (1) Die Behörde kann auf Antrag der Projektwerberin oder des Projektwerbers zunächst über alle Belange absprechen, die zur Beurteilung der grundsätzlichen Umweltverträglichkeit des Vorhabens erforderlich sind. Diesfalls sind nur die zur Beurteilung der grundsätzlichen Umweltverträglichkeit notwendigen Unterlagen vorzulegen. In der grundsätzlichen Genehmigung der Umweltverträglichkeit des Vorhabens kann auf Antrag des Projektwerbers auch bereits über die Zulässigkeit des Vorhabens in Teilbereichen abgesprochen werden. In der grundsätzlichen Genehmigung ist auch darüber abzusprechen, welche Bereiche Detailgenehmigungen vorbehalten bleiben.

(2) Auf der Grundlage der bereits ergangenen grundsätzlichen Genehmigung hat die Behörde über die Detailgenehmigungen nach Vorlage der hiefür erforderlichen weiteren Unterlagen im Detailverfahren unter Anwendung der Genehmigungsvoraussetzungen gemäß § 17 zu entscheiden. § 16 ist in den Detailverfahren nicht anzuwenden. Die vom Detailprojekt betroffenen Parteien bzw. Beteiligten gemäß § 19 und mitwirkenden Behörden sind beizuziehen.

(3) Änderungen des grundsätzlich genehmigten Vorhabens können in der Detailgenehmigung insoweit vorgenommen werden, als

1. sie nach den Ergebnissen der Umweltverträglichkeitsprüfung dem § 17 Abs. 2 bis 5 nicht widersprechen und
2. die von der Änderung betroffenen Beteiligten gemäß § 19 Gelegenheit hatten, ihre Interessen wahrzunehmen.

Abschnittsgenehmigungen

§ 18a. Vorhaben, die sich auf mindestens drei Standortgemeinden erstrecken, kann die Behörde auf Antrag des Projektwerbers/der Projektwerberin nach Durchführung der Umweltverträglichkeitsprüfung für das Gesamtvorhaben in Abschnitten genehmigen, sofern dies wegen der räumlichen Ausdehnung des Vorhabens zweckmäßig ist. Für jede einzelne Abschnittsgenehmigung sind die §§ 16, 17 und 18 sowie 19 bis 23 anzuwenden.

Änderung des Bescheides vor Zuständigkeitsübergang

§ 18b. Änderungen einer gemäß § 17 oder § 18 erteilten Genehmigung sind vor dem in § 21 genannten Zeitpunkt unter Anwendung der Genehmigungsvoraussetzungen gemäß § 17 zulässig, wenn

1. sie nach den Ergebnissen der Umweltverträglichkeitsprüfung dem § 17 Abs. 2 bis 5 nicht widersprechen und
2. die von der Änderung betroffenen Beteiligten gemäß § 19 Gelegenheit hatten, ihre Interessen wahrzunehmen.

Die Behörde hat dabei das Ermittlungsverfahren und die Umweltverträglichkeitsprüfung insoweit zu ergänzen, als dies im Hinblick auf ihre Zwecke notwendig ist. Die Bestimmungen über die Auflage und Kundmachung des § 17 Abs. 7 Satz 3 bis 5 gelten sinngemäß.

Technologische Weiterentwicklungen vor Zuständigkeitsübergang

§ 18c. (1) Änderungen einer gemäß § 17 oder § 18 erteilten Genehmigung, die immissionsneutral sind oder technologische Weiterentwicklungen mit nicht erheblichen nachteiligen Auswirkungen auf die Schutzgüter des § 1 Abs. 1 darstellen und nach den Ergebnissen der Umweltverträglichkeitsprüfung dem § 17 Abs. 2 bis 5 nicht widersprechen, können bei der Behörde vor Zuständigkeitsübergang angezeigt werden.

(2) Werden Änderungen nach Abs. 1 der Behörde angezeigt, so hat der Projektwerber/die Projektwerberin der Anzeige über das Vorliegen der Voraussetzungen nach Abs. 1 eine im Rahmen seiner Befugnis ausgestellte Bestätigung eines Ziviltechnikers oder Ingenieurbüros anzuschließen und der Behörde mindestens vier Wochen vor Durchführung zu übermitteln.

(3) Wird eine Anzeige gemäß Abs. 1 erstattet und hat die Behörde begründete Zweifel, ob die Voraussetzungen nach Abs. 1 vorliegen, so hat die Behörde von Amts wegen ein Änderungsverfahren nach § 18b einzuleiten. Wird binnen vier Wochen ab Einbringen der Anzeige kein Änderungsverfahren nach § 18b eingeleitet, so sind die angezeigten Änderungen nicht genehmigungspflichtig und der Projektwerber/die Projektwerberin kann mit der Durchführung beginnen.

Partei- und Beteiligtenstellung sowie Rechtsmittelbefugnis

§ 19. (1) Parteistellung haben

1. Nachbarn/Nachbarinnen: Als Nachbarn/Nachbarinnen gelten Personen, die durch die Errichtung, den Betrieb oder den Bestand des Vorhabens gefährdet oder belästigt oder deren dingliche Rechte im In- oder Ausland gefährdet werden könnten, sowie die Inhaber/Inhaberinnen von Einrichtungen, in denen sich regelmäßig Personen vorübergehend aufhalten, hinsichtlich des Schutzes dieser Personen; als Nachbarn/Nachbarinnen gelten nicht Personen, die sich vorübergehend in der Nähe des Vorhabens aufhalten und nicht dinglich berechtigt sind; hinsichtlich Nachbarn/Nachbarinnen im Ausland gilt für Staaten, die nicht Vertragsparteien des Abkommens über den Europäischen Wirtschaftsraum sind, der Grundsatz der Gegenseitigkeit;
2. die nach den anzuwendenden Verwaltungsvorschriften vorgesehenen Parteien, soweit ihnen nicht bereits nach Z 1 Parteistellung zukommt;
3. der Umweltanwalt gemäß Abs. 3;
4. das wasserwirtschaftliche Planungsorgan zur Wahrnehmung der wasserwirtschaftlichen Interessen gemäß §§ 55, 55g und 104a WRG 1959;
5. Gemeinden gemäß Abs. 3;
6. Bürgerinitiativen gemäß Abs. 4;
7. Umweltorganisationen, die gemäß Abs. 7 anerkannt wurden und
8. der Standortanwalt gemäß Abs. 12.

(Anm.: Abs. 2 aufgehoben durch Z 46, BGBl. I Nr. 26/2023)

(3) Der Umweltanwalt, die Standortgemeinde und die an diese unmittelbar angrenzenden österreichischen Gemeinden, die von wesentlichen Auswirkungen des Vorhabens auf die Umwelt betroffen sein können, haben im Genehmigungsverfahren und im Verfahren nach § 20 Parteistellung. Der Umweltanwalt ist berechtigt, die Einhaltung von Rechtsvorschriften, die dem Schutz der Umwelt dienen, als subjektives Recht im Verfahren geltend zu machen und Beschwerde an das Bundesverwaltungsgericht sowie Revision an den Verwaltungsgerichtshof zu erheben. Gemeinden im Sinne des ersten Satzes sind berechtigt, die Einhaltung von Rechtsvorschriften, die dem Schutz der Umwelt oder der von ihnen wahrzunehmenden öffentlichen Interessen dienen, als subjektives Recht im Verfahren geltend zu machen und Beschwerde an das Bundesverwaltungsgericht sowie Revision an den Verwaltungsgerichtshof zu erheben.

(4) Eine Stellungnahme gemäß § 9 Abs. 5 kann durch Eintragung in eine Unterschriftenliste unterstützt werden, wobei Name, Anschrift und Geburtsdatum anzugeben und die datierte Unterschrift beizufügen ist. Die Unterschriftenliste ist gleichzeitig mit der Stellungnahme einzubringen. Wurde eine Stellungnahme von mindestens 200 Personen, die zum Zeitpunkt der Unterstützung in der Standortgemeinde oder in einer an diese unmittelbar angrenzenden Gemeinde für Gemeinderatswahlen wahlberechtigt waren, unterstützt, dann nimmt diese Personengruppe (Bürgerinitiative) am Verfahren zur Erteilung der Genehmigung für das Vorhaben und nach § 20 als Partei teil. Als Partei ist sie berechtigt, die Einhaltung von Umweltschutzvorschriften als subjektives Recht im Verfahren geltend zu machen und Beschwerde an das Bundesverwaltungsgericht und Revision an den Verwaltungsgerichtshof sowie Beschwerde an den Verfassungsgerichtshof zu erheben.

(5) Vertreter/in der Bürgerinitiative ist die in der Unterschriftenliste als solche bezeichnete Person, mangels einer solchen Bezeichnung die in der Unterschriftenliste an erster Stelle genannte Person. Der Vertreter/die Vertreterin ist auch Zustellungsbevollmächtigter gemäß § 9 Abs. 1 des Zustellgesetzes, BGBl. Nr. 200/1982. Scheidet der Vertreter/die Vertreterin aus, so gilt als Vertreter/in der Bürgerinitiative die in der Unterschriftenliste jeweils nächstgereihte Person. Der Vertreter/die Vertreterin kann mittels schriftlicher Erklärung an die Behörde durch eine/n andere/n ersetzt werden. Eine solche Erklärung bedarf der Unterschrift der Mehrheit der Bürgerinitiative.

(6) Umweltorganisation ist ein Verein oder eine Stiftung,

1. der/die als vorrangigen Zweck gemäß Vereinsstatuten oder Stiftungserklärung den Schutz der Umwelt hat,
2. der/die gemeinnützige Ziele im Sinn der §§ 35 und 36 BAO, BGBl. Nr. 194/1961, verfolgt und
3. der/die vor Antragstellung gemäß Abs. 7 mindestens drei Jahre mit dem unter Z 1 angeführten Zweck bestanden hat.

Der Verein muss aus mindestens hundert Mitgliedern bestehen. Ein Verband muss mindestens fünf Mitgliedsvereine umfassen, die die Kriterien des Abs. 6 Z 1 bis 3 erfüllen und die gemeinsam die für fünf anerkannte Umweltorganisationen erforderliche Mitgliederzahl erreichen. Die entsprechende Anzahl ist der Behörde glaubhaft zu machen.

(7) (Verfassungsbestimmung) Der Bundesminister/die Bundesministerin für Land- und Forstwirtschaft, Umwelt und Wasserwirtschaft hat im Einvernehmen mit dem Bundesminister/der Bundesministerin für Wirtschaft und Arbeit auf Antrag mit Bescheid zu entscheiden, ob eine Umweltorganisation die Kriterien des Abs. 6 erfüllt und in welchen Bundesländern die Umweltorganisation zur Ausübung der Parteienrechte befugt ist.

(8) Dem Antrag gemäß Abs. 7 sind geeignete Unterlagen anzuschließen, aus denen hervorgeht, dass die Kriterien des Abs. 6 erfüllt werden und auf welches Bundesland/welche Bundesländer sich der Tätigkeitsbereich der Umweltorganisation erstreckt. Eine Ausübung der Parteienrechte ist in Verfah-

ren betreffend Vorhaben möglich, die in diesem Bundesland/in diesen Bundesländern oder daran unmittelbar angrenzenden Bundesland/Bundesländern verwirklicht werden sollen. Der Bundesminister/die Bundesministerin für Klimaschutz, Umwelt, Energie, Mobilität, Innovation und Technologie veröffentlicht auf der Homepage des Bundesministeriums für Klimaschutz, Umwelt, Energie, Mobilität, Innovation und Technologie eine Liste jener Umweltorganisationen, die mit Bescheid gemäß Abs. 7 anerkannt wurden. In der Liste ist anzuführen, in welchen Bundesländern die Umweltorganisation zur Ausübung der Parteienrechte befugt ist.

(9) Eine gemäß Abs. 7 anerkannte Umweltorganisation ist verpflichtet, den Wegfall eines in Abs. 6 festgelegten Kriteriums unverzüglich dem Bundesminister/der Bundesministerin für Klimaschutz, Umwelt, Energie, Mobilität, Innovation und Technologie zu melden. Auf Verlangen des Bundesministers/der Bundesministerin für Klimaschutz, Umwelt, Energie, Mobilität, Innovation und Technologie hat die Umweltorganisation geeignete Unterlagen vorzulegen, aus denen hervorgeht, dass die Kriterien des Abs. 6 weiterhin erfüllt werden. Wird dem Bundesminister/der Bundesministerin für Klimaschutz, Umwelt, Energie, Mobilität, Innovation und Technologie bekannt, dass eine anerkannte Umweltorganisation ein Kriterium gemäß Abs. 6 nicht mehr erfüllt, ist dies mit Bescheid im Einvernehmen mit dem Bundesminister/der Bundesministerin für Arbeit und Wirtschaft festzustellen. Die Liste gemäß Abs. 8 ist entsprechend zu ändern. Auf Verlangen des Bundesministers/der Bundesministerin für Klimaschutz, Umwelt, Energie, Mobilität, Innovation und Technologie, jedenfalls aber alle drei Jahre ab Zulassung, hat die Umweltorganisation geeignete Unterlagen vorzulegen, aus denen hervorgeht, dass die Kriterien des Abs. 6 weiterhin erfüllt werden. Eine solche Überprüfung ist auch auf Verlangen einer UVP-Behörde durchzuführen.

(10) Eine gemäß Abs. 7 anerkannte Umweltorganisation hat Parteistellung und ist berechtigt, die Einhaltung von Umweltschutzvorschriften im Verfahren geltend zu machen, soweit sie während der Auflagefrist gemäß § 9 Abs. 1 schriftlich Einwendungen erhoben hat. Sie ist auch berechtigt, Beschwerde an das Bundesverwaltungsgericht sowie, wenn sie im Verfahren vor dem Bundesverwaltungsgericht Parteistellung hatte, Revision an den Verwaltungsgerichtshof zu erheben.

(11) Eine Umweltorganisation aus einem anderen Staat kann die Rechte gemäß Abs. 10 wahrnehmen, wenn eine Benachrichtigung des anderen Staates gemäß § 10 Abs. 1 Z 1 erfolgt ist, sich die Auswirkungen auf jenen Teil der Umwelt des anderen Staates erstrecken, für deren Schutz die Umweltorganisation eintritt und sich die Umweltorganisation im anderen Staat am Verfahren zur Umweltverträglichkeitsprüfung und am Genehmigungsverfahren beteiligen könnte, wenn das Vorhaben in diesem Staat verwirklicht würde.

(12) Der Standortanwalt hat in Genehmigungsverfahren Parteistellung und ist berechtigt, die Einhaltung von Vorschriften über öffentliche Interessen, die für die Verwirklichung des Vorhabens sprechen, geltend zu machen und zur Einhaltung dieser Vorschriften Beschwerde an das Bundesverwaltungsgericht sowie Revision an den Verwaltungsgerichtshof zu erheben.

Abnahmeprüfung

§ 20. (1) Die Fertigstellung des Vorhabens ist der Behörde vor der Inbetriebnahme vom Projektwerber/von der Projektwerberin anzuzeigen. Sollen Teile des Vorhabens in Betrieb genommen werden (Abs. 3), so ist deren Fertigstellung anzuzeigen. Die Anzeige hat auch gemäß § 18c Abs. 1 angezeigte Änderungen zu enthalten.

(2) Die Behörde hat das Vorhaben darauf zu überprüfen, ob es der Genehmigung entspricht und darüber einen Bescheid zu erlassen. Die Behörde hat die in den Verwaltungsvorschriften bestehenden Bestimmungen über Betriebsbewilligungen, Benutzungsbewilligungen, Kollaudierungen und dergleichen anzuwenden. Der Abnahmebescheid ersetzt die nach diesen Verwaltungsvorschriften jeweils vorgesehenen Bescheide. Der Abnahmeprüfung sind die mitwirkenden Behörden und die Parteien gemäß § 19 Abs. 1 Z 3 bis 7 sowie § 19 Abs. 11 beizuziehen.

(3) Sofern dies nach der Art des Vorhabens zweckmäßig ist, kann die Behörde die Abnahmeprüfung in Teilen durchführen. In diesem Fall sind Abnahmebescheide über die entsprechenden Teile des Vorhabens zu erlassen.

(4) Im Abnahmebescheid ist die Beseitigung festgestellter Abweichungen aufzutragen. Die Behörde kann jedoch in Anwendung des § 18 Abs. 3 nachträglich geringfügige Abweichungen genehmigen, sofern den betroffenen Parteien gemäß § 19 Abs. 1 Gelegenheit zur Wahrung ihrer Interessen gegeben wurde. Als geringfügige Abweichungen gelten jedenfalls immissionsneutrale Änderungen oder Änderungen, die technologische Weiterentwicklungen mit nicht erheblichen nachteiligen Auswirkungen auf die Schutzgüter des § 1 Abs. 1 darstellen. Änderungen nach § 18c sind im Abnahmebescheid festzustellen.

(5) Für Vorhaben der Spalte 1 ist im Abnahmebescheid auch festzulegen, bis zu welchem Zeitpunkt die Nachkontrolle (§ 22) durchzuführen ist.

(6) Sofern eine Abnahmeprüfung der Art des Vorhabens nach nicht sinnvoll ist, hat die Behörde bereits im Genehmigungsbescheid festzulegen, bis zu welchem Zeitpunkt (drei bis fünf Jahre nach Genehmigung) die Nachkontrolle durchzuführen ist. Für Vorhaben der Z 18 des Anhanges 1 erfolgt keine Abnahmeprüfung.

Zuständigkeitsübergang

§ 21. (1) Mit Rechtskraft des Abnahmebescheides geht die Zuständigkeit der Behörde auf die nach den Verwaltungsvorschriften zur Vollziehung der für die Genehmigungen nach den §§ 17 bis 18b relevanten Vorschriften zuständigen Behörden über, sofern nicht Abs. 2 anzuwenden ist.

(2) In Fällen des § 20 Abs. 6 geht die Zuständigkeit mit Rechtskraft des Genehmigungsbescheides auf die nach den Verwaltungsvorschriften zur Vollziehung der für die Genehmigungen nach den §§ 17 bis 18b relevanten Vorschriften zuständigen Behörden über.

(3) Wurden eine grundsätzliche Genehmigung und Detailgenehmigungen (§ 18) erteilt, erfolgt der Zuständigkeitsübergang mit Rechtskraft der Abnahmebescheide oder, wenn eine Abnahmeprüfung nicht durchgeführt wird, mit Rechtskraft der gemäß § 18 erteilten Genehmigungsbescheide.

(4) Die Zuständigkeit zur Vollziehung und Überwachung der Einhaltung des Genehmigungsbescheides richtet sich ab dem Zuständigkeitsübergang gemäß Abs. 1 und 2 nach den angewendeten Verwaltungsvorschriften. Auf § 17 Abs. 2 bis 4 und 6 gestützte Nebenbestimmungen und sonstige Pflichten sind von der Landesregierung zu vollziehen und auf ihre Einhaltung zu überwachen. In Bezug darauf hat diese, wenn der Verdacht einer Übertretung gemäß § 45 Z 2 lit. a oder b besteht, die in § 360 Abs. 1 und 3 der Gewerbeordnung 1994 genannten Maßnahmen zu treffen. Aus Gründen der Zweckmäßigkeit oder der Kostenersparnis kann sie diese Befugnis auf die Bezirksverwaltungsbehörden übertragen.

(5) Auf Vorhaben der Z 18 lit. b und d des Anhanges 1 finden die Absätze 1 bis 4 keine Anwendung. Mit Rechtskraft des Genehmigungsbescheides für Vorhaben der Z 18 lit. b und d des Anhanges 1 geht die Zuständigkeit für die Vollziehung und Überwachung des Genehmigungsbescheides auf die

Behörden über, die nach den Verwaltungsvorschriften gemäß ihrem Wirkungsbereich für die Genehmigung der Ausführungsprojekte zuständig sind. Für die in § 17 Abs. 10 genannten Änderungen im Sinne von § 18b bleibt die Behörde nach § 39 Abs. 1 zuständig.

Nachkontrolle

§ 22. (1) Für Vorhaben der Spalte 1 des Anhanges 1 haben die Behörden gemäß § 21 auf Initiative der Behörde gemäß § 39 das Vorhaben frühestens drei Jahre, spätestens fünf Jahre nach Anzeige der Fertigstellung gemäß § 20 Abs. 1 oder zu dem gemäß § 20 Abs. 6 im Genehmigungsbescheid festgelegten Zeitpunkt gemeinsam daraufhin zu überprüfen, ob der Genehmigungsbescheid eingehalten wird und ob die Annahmen und Prognosen der Umweltverträglichkeitsprüfung mit den tatsächlichen Auswirkungen des Vorhabens auf die Umwelt übereinstimmen. Die Behörde gemäß § 39 sowie die mitwirkenden Behörden sind jedenfalls beizuziehen. Die Nachkontrolle ist spätestens bis zu dem im Abnahmebescheid gemäß § 20 Abs. 5 bezeichneten Zeitpunkt durchzuführen.

(2) Die Ergebnisse der Nachkontrolle sind von den Behörden der Behörde gemäß § 39 und dem Bundesminister/der Bundesministerin für Klimaschutz, Umwelt, Energie, Mobilität, Innovation und Technologie zu übermitteln.

(3) Die zuständigen Behörden haben die Beseitigung von im Rahmen der Nachkontrolle wahrgenommenen Mängeln und Abweichungen zu veranlassen.

Kontrollen und Duldungspflichten

§ 23. (1) Soweit dies zur Vollziehung der auf das jeweilige Vorhaben anzuwendenden Rechtsvorschriften erforderlich ist, sind die Behörden und die von diesen herangezogenen Sachverständigen und Organe befugt, Grundstücke, Gebäude und Anlagen zu betreten und zu besichtigen, Proben in einer für Zwecke der Untersuchung erforderlichen Menge entschädigungslos zu entnehmen, Messungen durchzuführen und in Unterlagen einzusehen. Störungen und Behinderungen des Betriebes sind dabei möglichst zu vermeiden. Der Eigentümer/die Eigentümerin der Liegenschaft bzw. der Betreiber/die Betreiberin oder der Vertreter/die Vertreterin dieser Personen sind spätestens beim Betreten der Liegenschaft oder der Anlage zu verständigen. Ist Gefahr im Verzug oder ist weder der Eigentümer/die Eigentümerin der Liegenschaft noch der Genehmigungsinhaber/die Genehmigungsinhaberin oder der Vertreter/die Vertreterin dieser Personen erreichbar, so genügt die nachträgliche Verständigung.

(2) Die Eigentümer/innen der Liegenschaften, die Betreiber/innen oder ihre Vertreter/innen haben die Kontrollen nach Abs. 1 zu dulden, die zur Durchführung von Kontrollen erforderlichen Auskünfte zu erteilen und erforderliche Unterlagen zur Verfügung zu stellen.

3. ABSCHNITT
Umweltverträglichkeitsprüfung für Bundesstraßen und Hochleistungsstrecken

Anwendungsbereich für Bundesstraßen

§ 23a. (1) Für folgende Vorhaben von Bundesstraßen ist eine Umweltverträglichkeitsprüfung (§ 1) nach diesem Abschnitt durchzuführen:

1. Neubau von Bundesstraßen oder ihrer Teilabschnitte, ausgenommen zusätzliche Anschlussstellen,
2. Ausbau einer bestehenden Bundesstraße von zwei auf vier oder mehr Fahrstreifen mit einer durchgehenden Länge von mindestens 10 km,
3. Errichtung einer zweiten Richtungsfahrbahn auf einer durchgehenden Länge von mindestens 10 km.

(2) Für folgende Vorhaben von Bundesstraßen ist eine Umweltverträglichkeitsprüfung (§ 1) im vereinfachten Verfahren nach diesem Abschnitt durchzuführen:

1. Neubau zusätzlicher Anschlussstellen oder Ausbau bestehender Anschlussstellen, wenn
   a) auf allen Rampen insgesamt eine jahresdurchschnittliche tägliche Verkehrsbelastung (JDTV) von mindestens 8 000 Kfz in einem Prognosezeitraum von fünf Jahren zu erwarten ist oder
   b) dieser Schwellenwert voraussichtlich
      aa) gemeinsam mit den Rampen einer noch nicht oder in den letzten 10 Jahren dem Verkehr freigegebenen Anschlussstelle bei ihrem Ausbau oder
      bb) gemeinsam mit einer noch nicht oder in den letzten 10 Jahren dem Verkehr freigegebenen benachbarten Anschlussstelle

erreicht wird.

2. Vorhaben des Abs. 1 Z 2 oder 3 unter 10 km Länge, wenn gemeinsam mit daran unmittelbar anschließenden, noch nicht oder in den letzten 10 Jahren dem Verkehr freigegebenen Teilstücken eine durchgehende Länge von mindestens 10 km erreicht wird;
3. Ausbaumaßnahmen sonstiger Art an Bundesstraßen, wenn ein schutzwürdiges Gebiet der Kategorien A, B, C, D oder E des Anhanges 2 berührt wird und im Einzelfall zu erwarten ist, dass unter Berücksichtigung des Ausmaßes und der Nachhaltigkeit der Umweltauswirkungen der schützenswerte Lebensraum (Kategorie B des Anhanges 2) oder der Schutzzweck, für den das schutzwürdige Gebiet (Kategorien A, C, D und E des Anhanges 2) festgelegt wurde, wesentlich beeinträchtigt wird; ausgenommen sind
   a) der Neubau von Anschlussstellen, die ein schutzwürdiges Gebiet der Kategorie E berühren,
   b) die Berührung von schutzwürdigen Gebieten ausschließlich durch Schutzbauten zur Beseitigung von Gefahrenbereichen oder durch auf Grund von Katastrophenfällen oder durch Brückenneubauten bedingte Umlegungen von bestehenden Trassen,
   c) die Errichtung zusätzlicher Parkplätze mit weniger als 750 Stellplätzen,
   d) die Errichtung zusätzlicher Betriebe gemäß § 27 des Bundesstraßengesetzes 1971 mit einer Flächeninanspruchnahme von weniger als 5 ha,
   e) die Zulegung von Kriechspuren und Rampenverlegungen,
   f) die Errichtung von zusätzlichen Einzelrampen bei bestehenden Knoten oder Anschlussstellen,
   g) Änderungen der Straßenachse oder der Nivelette um weniger als 5 m,
   h) Anlagen für den Straßenbetrieb und Umweltschutzmaßnahmen und
   i) sonstige bauliche Maßnahmen an bestehenden Bundesstraßen, durch die im Vergleich zum Bestand die Verkehrsrelationen nicht erweitert werden.

Bei der Entscheidung im Einzelfall ist § 24 Abs. 5 anzuwenden.

Anwendungsbereich für Hochleistungsstrecken

§ 23b. (1) Für folgende Vorhaben von Hochleistungsstrecken, die nicht bloß in Ausbaumaßnahmen auf bestehenden Eisenbahnen bestehen, ist eine Umweltverträglichkeitsprüfung (§ 1) nach diesem Abschnitt durchzuführen:

1. Neubau von Eisenbahn-Fernverkehrsstrecken oder ihrer Teilabschnitte, Neubau von sonstigen Eisenbahnstrecken oder ihrer Teilabschnitte auf einer durchgehenden Länge von mindestens 10 km,
2. Änderung von Eisenbahnstrecken oder ihrer Teilabschnitte auf einer durchgehenden Länge von mindestens 10 km, sofern die Mitte des äußersten Gleises der geänderten Trassen von der Mitte des äußersten Gleises der bestehenden Trasse mehr als 100 m entfernt ist.

(2) Für folgende Vorhaben von Hochleistungsstrecken ist eine Umweltverträglichkeitsprüfung (§ 1) im vereinfachten Verfahren nach diesem Abschnitt durchzuführen:

1. Änderung von Eisenbahn-Fernverkehrsstrecken durch Änderung der Trasse oder Zulegung eines Gleises, jeweils auf einer durchgehenden Länge von weniger als 10 km,
2. a) Neubau von Eisenbahnstrecken oder ihrer Teilabschnitte, wenn ein schutzwürdiges Gebiet der Kategorien A, B, C oder E des Anhanges 2 berührt wird,
   b) Änderung von Eisenbahnstrecken oder ihrer Teilabschnitte, wenn die Mitte des äußersten Gleises der geänderten Trasse von der Mitte des äußersten Gleises der bestehenden Trasse mehr als 100 m entfernt ist und ein schutzwürdiges Gebiet der Kategorien A, B, C oder E des Anhanges 2 berührt wird,
   c) Änderung von Eisenbahnstrecken durch Zulegung eines Gleises auf einer durchgehenden Länge von mindestens 2,5 km, wenn ein schutzwürdiges Gebiet der Kategorien A, B, oder C des Anhanges 2 berührt wird oder
   d) Änderung von Eisenbahnstrecken oder ihrer Teilabschnitte mit einem Verkehrsaufkommen (vor oder nach der Kapazitätserhöhung) von mindestens 60 000 Zügen/Jahr durch Erhöhung der Zugkapazität um mindestens 25%, wenn ein schutzwürdiges Gebiet der Kategorie E des Anhanges 2 berührt wird,

jeweils wenn im Einzelfall zu erwarten ist, dass unter Berücksichtigung des Ausmaßes und der Nachhaltigkeit der Umweltauswirkungen der schützenswerte Lebensraum (Kategorie B des Anhanges 2) oder der Schutzzweck, für den das schutzwürdige Gebiet (Kategorien A, C und E des Anhanges 2) festgelegt wurde, wesentlich beeinträchtigt wird; ausgenommen ist die Berührung von schutzwürdigen Gebieten ausschließlich durch Schutzbauten zur Beseitigung von Gefahrenbereichen oder durch auf Grund von Katastrophenfällen bedingte Umlegungen von bestehenden Trassen;

3. Vorhaben des Abs. 1 unter 10 km Länge, wenn gemeinsam mit daran unmittelbar anschließenden, noch nicht oder in den letzten 10 Jahren dem Verkehr freigegebenen Teilstücken eine durchgehende Länge von mindestens 10 km erreicht wird, und auf Grund einer Kumulierung der Auswirkungen der Teilstücke unter Zugrundelegung der Kriterien des § 3 Abs. 5 Z 1 bis 3 im Einzelfall mit erheblichen schädlichen, belästigenden oder belastenden Auswirkungen auf die Umwelt zu rechnen und daher eine Umweltverträglichkeitsprüfung für das Vorhaben durchzuführen ist.

Bei der Entscheidung im Einzelfall ist § 24 Abs. 5 anzuwenden.

(3) Ist für den Bau einer Hochleistungsstrecke eine Umweltverträglichkeitsprüfung nach diesem Abschnitt durchzuführen und bedingt dieses Vorhaben auch Maßnahmen an Eisenbahnen, die keine Hochleistungsstrecke sind oder eine im Anhang 1 angeführte Begleitmaßnahme, die mit diesem Vorhaben in einem räumlichen und sachlichen Zusammenhang steht, so ist die Umweltverträglichkeitsprüfung für das Gesamtvorhaben (Hochleistungsstrecke und verbundene Maßnahme) nach den Bestimmungen dieses Abschnittes durchzuführen. Ist für eine Hochleistungsstrecke und verbundene Maßnahmen jeweils das vereinfachte Verfahren vorgesehen, so ist dieses Verfahren anzuwenden. Für alle nachfolgenden Genehmigungsverfahren ist keine neuerliche Umweltverträglichkeitsprüfung durchzuführen.

(4) Bedingt der Bau einer Hochleistungsstrecke, für die keine Umweltverträglichkeitsprüfung nach Abs. 1 oder 2 durchzuführen ist, eine im Anhang 1 angeführte Begleitmaßnahme, die mit diesem Vorhaben in einem räumlichen und sachlichen Zusammenhang steht, so ist für das Gesamtvorhaben (Hochleistungsstrecke und Begleitmaßnahme) eine Umweltverträglichkeitsprüfung nach den Bestimmungen dieses Abschnittes durchzuführen. Ist für die Begleitmaßnahme das vereinfachte Verfahren vorgesehen, so ist dieses Verfahren anzuwenden. Für alle nachfolgenden Genehmigungsverfahren ist keine neuerliche Umweltverträglichkeitsprüfung durchzuführen.

Verfahren, Behörde

§ 24. (1) Wenn ein Vorhaben gemäß § 23a oder § 23b einer Umweltverträglichkeitsprüfung zu unterziehen ist, hat der Bundesminister/die Bundesministerin für Klimaschutz, Umwelt, Energie, Mobilität, Innovation und Technologie die Umweltverträglichkeitsprüfung und ein teilkonzentriertes Genehmigungsverfahren durchzuführen. In diesem Genehmigungsverfahren sind alle vom Bund zu vollziehenden, für die Ausführung des Vorhabens erforderlichen materiellen Genehmigungsbestimmungen anzuwenden, auch soweit sie in den eigenen Wirkungsbereich der Gemeinden fallen. Der Landeshauptmann kann mit der Durchführung der Umweltverträglichkeitsprüfung, des teilkonzentrierten Genehmigungsverfahrens und der Entscheidung ganz oder teilweise betraut werden, wenn dies im Interesse der Zweckmäßigkeit, Raschheit, Einfachheit und Kostenersparnis gelegen ist.

(2) Der Bundesminister/die Bundesministerin für Klimaschutz, Umwelt, Energie, Mobilität, Innovation und Technologie ist auch zuständige Behörde für das Feststellungsverfahren gemäß Abs. 5. Für den Vollzug der Strafbestimmungen ist die Bezirksverwaltungsbehörde zuständig.

(3) Die Landesregierung hat ein teilkonzentriertes Genehmigungsverfahren durchzuführen, in dem sie alle vom Land zu vollziehenden, für die Ausführung des Vorhabens erforderlichen Genehmigungsbestimmungen, auch soweit sie in den eigenen Wirkungsbereich der Gemeinde fallen, anzuwenden hat. Die Bezirksverwaltungsbehörde kann mit der Durchführung des teilkonzentrierten Genehmigungsverfahrens und der Entscheidung ganz oder teilweise betraut werden, wenn dies im Interesse der Zweckmäßigkeit, Raschheit, Einfachheit und Kostenersparnis gelegen ist.

(4) Die Zuständigkeit nach Abs. 1 und 3 erstreckt sich auf alle Ermittlungen, Entscheidungen und Überwachungen nach den im teilkonzentrierten Genehmigungsverfahren jeweils betroffenen Verwaltungsvorschriften und auf Änderungen gemäß § 24g. Sie beginnt mit Antragstellung gemäß § 24a. Ab diesem Zeitpunkt ist in den Angelegenheiten gemäß Abs. 1 und 3 die Zuständigkeit der nach den Verwaltungsvorschriften sonst zuständigen Behörden auf die Mitwirkung an der Vollziehung dieses Bundesgesetzes eingeschränkt. Die Zuständigkeit nach Abs. 1 und 3 endet zu dem in § 24h Abs. 3 bezeichneten Zeitpunkt. Besteht der Verdacht einer Übertretung gemäß § 45 Z 2 lit. a oder b, hat die Behörde nach Abs. 1 die in § 360 Abs. 1 der Gewerbeordnung 1994 genannten Maßnahmen zu treffen.

(5) Die Behörde nach Abs. 2 hat auf Antrag des Projektwerbers/der Projektwerberin, einer mitwirkenden Behörde, des Umweltanwaltes oder einer Standortgemeinde festzustellen, ob für ein Vorhaben eine Umweltverträglichkeitsprüfung nach diesem Bundesgesetz durchzuführen ist und welcher Tatbe-

stand der §§ 23a oder 23b durch das Vorhaben verwirklicht wird. Diese Feststellung kann auch von Amts wegen erfolgen. Der Projektwerber/die Projektwerberin hat der Behörde Unterlagen vorzulegen, die zur Identifikation des Vorhabens und zur Abschätzung seiner Auswirkungen gemäß § 23a Abs. 2 oder § 23b Abs. 2 ausreichen, im Fall einer Einzelfallprüfung ist hiefür § 3 Abs. 8 mit der Maßgabe anzuwenden, dass sich die Beschreibung gemäß Z 2 und Z 3 für Vorhaben nach §§ 23a Abs. 2 Z 3 und 23b Abs. 2 Z 2 auf die voraussichtlich wesentliche Beeinträchtigung des schützenswerten Lebensraumes (Kategorie B des Anhanges 2) oder des Schutzzweckes, für den das schutzwürdige Gebiet (Kategorien A, C, D und E des Anhangs 2) festgelegt wurde, zu beziehen hat. Bei Vorhaben gemäß §§ 23a Abs. 2 Z 3 und 23b Abs. 2 Z 2 ist die Veränderung der Auswirkungen auf das schutzwürdige Gebiet maßgeblich. Hat die Behörde eine Einzelfallprüfung nach diesem Bundesgesetz durchzuführen, so hat sie sich dabei hinsichtlich Prüftiefe und Prüfumfang auf eine Grobprüfung zu beschränken. Die Entscheidung ist innerhalb von acht Wochen mit Bescheid zu treffen. In der Entscheidung sind nach Durchführung einer Einzelfallprüfung (§§ 23a Abs. 2 Z 3 und 23b Abs. 2 Z 2 und Z 3) unter Verweis auf die in § 3 Abs. 5 angeführten und für das Vorhaben relevanten Kriterien, die wesentlichen Gründe für die Entscheidung, ob eine Umweltverträglichkeitsprüfung durchzuführen ist oder nicht, anzugeben. Bei Feststellung, dass keine Verpflichtung zur Durchführung einer Umweltverträglichkeitsprüfung besteht, ist in der Entscheidung auf allfällige seitens des Projektwerbers/der Projektwerberin geplante projektintegrierte Aspekte oder Maßnahmen des Vorhabens, mit denen erhebliche nachteilige Umweltauswirkungen vermieden oder verhindert werden sollen, Bezug zu nehmen. Die Antragsberechtigten haben Parteistellung und das Recht, Beschwerde an das Bundesverwaltungsgericht, die Standortgemeinde auch Revision an den Verwaltungsgerichtshof zu erheben. Vor der Entscheidung ist das wasserwirtschaftliche Planungsorgan zu hören. Die Entscheidung ist von der Behörde in geeigneter Form kundzumachen und der Bescheid jedenfalls zur öffentlichen Einsichtnahme aufzulegen und auf der Internetseite der UVP-Behörde, auf der Kundmachungen gemäß § 9 Abs. 3 erfolgen, zu veröffentlichen; der Bescheid ist als Download für sechs Wochen bereitzustellen. Der Umweltanwalt und die mitwirkenden Behörden sind von der Verpflichtung zum Ersatz von Barauslagen befreit.

(5a) Stellt die Behörde gemäß Abs. 5 fest, dass für ein Vorhaben keine Umweltverträglichkeitsprüfung durchzuführen ist, ist eine gemäß § 19 Abs. 7 anerkannte Umweltorganisation oder ein Nachbar/eine Nachbarin gemäß § 19 Abs. 1 Z 1 berechtigt, Beschwerde an das Bundesverwaltungsgericht zu erheben. Ab dem Tag der Veröffentlichung im Internet ist einer solchen Umweltorganisation oder einem solchen Nachbarn/ einer solchen Nachbarin Einsicht in den Verwaltungsakt zu gewähren. Für die Beschwerdelegitimation der Umweltorganisation ist der im Anerkennungsbescheid gemäß § 19 Abs. 7 ausgewiesene Zulassungsbereich maßgeblich.

(6) Bei der Prüfung gemäß § 23a Abs. 2 Z 3 sowie § 23b Abs. 2 Z 2 und 3 sind schutzwürdige Gebiete der Kategorien A, C, D und E nur zu berücksichtigen, wenn sie am Tag der Antragstellung ausgewiesen oder in die Liste der Gebiete mit gemeinschaftlicher Bedeutung (Kategorie A des Anhanges 2) aufgenommen sind.

(7) Soweit in den folgenden Bestimmungen dieses Abschnittes nicht anderes geregelt ist, sind im Verfahren nach Abs. 1 anzuwenden: § 2 (Begriffsbestimmungen) mit der Maßgabe, dass auch die Behörde nach Abs. 3 zu den mitwirkenden Behörden zählt; § 4 (Vorverfahren und Investorenservice); § 6 (Umweltverträglichkeitserklärung) mit der Maßgabe, dass die Behörde festlegen kann, dass bestimmte Angaben und Unterlagen, soweit sie nicht für eine Abschätzung der Umweltauswirkungen in diesem Verfahrensstadium notwendig sind, erst in einem späteren Genehmigungsverfahren vorzulegen sind; § 10 Abs. 1 bis 6 und 8 (grenzüberschreitende Auswirkungen); § 14 (Strukturierung des Verfahrens) und § 16 (mündliche Verhandlung und weiteres Verfahren).

(8) § 9 (öffentliche Auflage), § 9a (Auflage und Kundmachung von Edikten im Großverfahren) und § 16a (Online- oder Hybrid-Verhandlung) sind anzuwenden. Für die Entstehung der Bürgerinitiative gilt § 19 Abs. 4.

(9) Im vereinfachten Verfahren ist § 24c (Umweltverträglichkeitsgutachten) nicht anzuwenden, stattdessen gilt § 24d (zusammenfassende Bewertung der Umweltauswirkungen).

(10) Vor Abschluss der Umweltverträglichkeitsprüfung oder der Einzelfallprüfung dürfen für Vorhaben, die einer Prüfung gemäß § 23a oder § 23b unterliegen, Genehmigungen nicht erteilt werden und kommt nach Verwaltungsvorschriften getroffenen Anzeigen keine rechtliche Wirkung zu. Entgegen dieser Bestimmung erteilte Genehmigungen können von der sachlich in Betracht kommenden Oberbehörde oder, wenn eine solche nicht vorgesehen ist, von der Behörde, die den Bescheid erlassen hat, innerhalb einer Frist von 3 Jahren als nichtig erklärt werden.

(11) Bedingen sich Vorhaben des § 23a und § 23b gegenseitig, so kann die Umweltverträglichkeitsprüfung koordiniert durchgeführt werden. Die Behörde kann ein gemeinsames Umweltverträglichkeitsgutachten (§ 24c) oder eine gemeinsame zusammenfassende Bewertung (§ 24d) in Auftrag geben.

Einleitung der Umweltverträglichkeitsprüfung

§ 24a. (1) Der Projektwerber/die Projektwerberin hat bei der Behörde gemäß § 24 Abs. 1 einen Genehmigungsantrag einzubringen, der die nach den in § 24 Abs. 1 genannten Verwaltungsvorschriften für die Genehmigung des Vorhabens erforderlichen Unterlagen und die Umweltverträglichkeitserklärung in der jeweils erforderlichen Anzahl enthält. Diese Dokumente sind, soweit technisch möglich, elektronisch einzubringen. Die Behörde kann weitere Vorgaben zur elektronischen Einbringung, zur Verfahrensführung, zur Strukturierung von Unterlagen und zu Mindestinhalten festlegen. Nicht als erforderlich gelten Nachweise über Berechtigungen, soweit diesbezüglich in einer Verwaltungsvorschrift die Einräumung von Zwangsrechten vorgesehen ist. Der Projektwerber/die Projektwerberin hat auch anzugeben, ob und in welcher Weise er/sie die Öffentlichkeit vom Vorhaben informiert hat. Wurde ein Mediationsverfahren durchgeführt, so sind die Ergebnisse an die Behörde gemäß § 24 Abs. 1 zu übermitteln. Projektunterlagen, die nach Auffassung des Projektwerbers/der Projektwerberin Geschäfts- oder Betriebsgeheimnisse enthalten, sind besonders zu kennzeichnen.

(2) Fehlen im Genehmigungsantrag Unterlagen gemäß Abs. 1 oder sind die Angaben in der Umweltverträglichkeitserklärung unvollständig, so hat die Behörde gemäß § 24 Abs. 1, auch wenn sich dies erst im Zuge des Genehmigungsverfahrens ergibt, dem Projektwerber/der Projektwerberin gemäß § 13 Abs. 3 AVG unverzüglich die Ergänzung des Genehmigungsantrages oder der Umweltverträglichkeitserklärung aufzutragen. Bei Erteilung eines Verbesserungsauftrages sind allfällige gemäß § 4 ergangene Stellungnahmen der Behörde sowie gemäß § 6 Abs. 2 erfolgte Abstimmungen zwischen Behörde und Projektwerber/Projektwerberin zu berücksichtigen. Die Behörde kann festlegen, dass bestimmte Angaben und Unterlagen, die nicht für die Abschätzung der Umweltauswirkungen notwendig sind, erst in einem späteren Verfahrensstadium nachgereicht werden können.

(3) Die Behörde gemäß § 24 Abs. 1 hat unverzüglich den mitwirkenden Behörden den Genehmigungsantrag, die sie betreffenden Projektunterlagen und die Umweltverträglichkeitserklärung zur Stellungnahme zu übermitteln. Die mitwir-

kenden Behörden gemäß § 2 Abs. 1 Z 1 und die Behörde gemäß § 24 Abs. 3 haben an der fachlichen und rechtlichen Beurteilung des Vorhabens im erforderlichen Ausmaß mitzuwirken und Vorschläge für die erforderlichen Fachbereiche und jeweiligen Fachgutachter/innen zu erstatten.

(4) Dem Umweltanwalt und der Standortgemeinde ist die Umweltverträglichkeitserklärung unverzüglich zu übermitteln. Diese können dazu binnen vier Wochen Stellung nehmen.

(5) Sonstige Formalparteien und Amtsstellen, die nach den anzuwendenden Verwaltungsvorschriften zu beteiligen sind, hat die Behörde über das Einlangen des Genehmigungsantrages zu informieren. Sind in den anzuwendenden Verwaltungsvorschriften Gutachten ausdrücklich vorgesehen, sind diese einzuholen.

(6) Der Antrag ist in jeder Lage des Verfahrens abzuweisen, wenn sich im Zuge des Verfahrens auf unzweifelhafte Weise ergibt, dass das Vorhaben bestimmten Genehmigungsvoraussetzungen in einem Maße zuwiderläuft, dass diese Mängel durch Auflagen, Bedingungen, Befristungen, Projektmodifikationen oder Ausgleichsmaßnahmen nicht behoben werden können.

Zeitplan

§ 24b. (1) Die Behörde gemäß § 24 Abs. 1 hat gemeinsam mit der Behörde gemäß § 24 Abs. 3 einen Zeitplan für den Ablauf der Verfahren zu erstellen, in dem für die einzelnen Verfahrensschritte unter Berücksichtigung der durch Art, Größe und Standort des Vorhabens notwendigen Erhebungen und Untersuchungen Fristen festgelegt werden. Der Zeitplan ist im Internet zu veröffentlichen und bei erheblichen Änderungen von der Behörde zu aktualisieren. Erhebliche Überschreitungen des Zeitplans sind in den Genehmigungsbescheiden zu begründen.

(2) Die Behörde hat über den Genehmigungsantrag gemäß § 24a ohne unnötigen Aufschub, spätestens jedoch innerhalb von 12 Monaten zu entscheiden.

Umweltverträglichkeitsgutachten

§ 24c. (1) Für Vorhaben, für die eine Umweltverträglichkeitsprüfung nach diesem Abschnitt durchzuführen ist, hat die nach § 24 Abs. 1 zuständige Behörde Sachverständige der betroffenen Fachgebiete mit der Erstellung eines Umweltverträglichkeitsgutachtens zu beauftragen, sofern nicht ein vereinfachtes Verfahren durchzuführen ist. Im Umweltverträglichkeitsgutachten sind auch abweichende Auffassungen von mitwirkenden Sachverständigen fest zu halten.

(2) Die vom Projektwerber/der Projektwerberin im Rahmen der Umweltverträglichkeitserklärung oder im Verfahren vorgelegten oder sonstige der Behörde zum selben Vorhaben oder zum Standort der Behörde vorliegende Gutachten und Unterlagen oder darauf Bezug nehmende strategische Umweltprüfungen im Sinn der Richtlinie 2001/42/EG sind bei der Erstellung des Umweltverträglichkeitsgutachtens mitzuberücksichtigen.

(3) Das Umweltverträglichkeitsgutachten hat

1. die zur Beurteilung der Auswirkungen des Vorhabens gemäß § 1 Abs. 1 vorgelegte Umweltverträglichkeitserklärung und andere relevante vom Projektwerber/von der Projektwerberin vorgelegte Unterlagen nach dem Stand der Technik und dem Stand der sonst in Betracht kommenden Wissenschaften in einer umfassenden und integrativen Gesamtschau und unter Berücksichtigung der Genehmigungskriterien des § 24f aus fachlicher Sicht zu bewerten und allenfalls zu ergänzen,
2. sich mit den gemäß § 9 Abs. 5, § 10 und § 24a vorgelegten Stellungnahmen fachlich auseinander zu setzen, wobei gleichgerichtete oder zum gleichen Themenbereich eingelangte Stellungnahmen zusammen behandelt werden können,
3. Vorschläge für Maßnahmen gemäß § 1 Abs. 1 Z 2 zu machen,
4. Darlegungen gemäß § 1 Abs. 1 Z 3 und 4 zu enthalten und
5. fachliche Aussagen zu den zu erwartenden Auswirkungen des Vorhabens auf die Entwicklung des Raumes unter Berücksichtigung öffentlicher Konzepte und Pläne und im Hinblick auf eine nachhaltige Nutzung von Ressourcen zu enthalten. Sofern der Standort des Vorhabens in einer strategischen Umweltprüfung im Sinn der Richtlinie 2001/42/EG zu einem Plan oder Programm bereits einer Prüfung unterzogen und der Plan oder das Programm erlassen wurde, können sich diese Aussagen auf die Übereinstimmung mit diesem Plan oder Programm beschränken.

(4) Weiters sind Vorschläge zur Beweissicherung und zur begleitenden Kontrolle zu machen.

(5) Das Umweltverträglichkeitsgutachten hat eine allgemeinverständliche Zusammenfassung zu enthalten.

(6) Der Projektwerber/die Projektwerberin hat der Behörde und den Sachverständigen alle für die Erstellung der Gutachten erforderlichen Auskünfte zu erteilen.

(7) Für die Beurteilung des Standes der Technik ist, soweit dieser nicht durch Gesetz oder Verordnung oder durch Rechtsakte der Europäischen Union verbindlich festgelegt ist, der Zeitpunkt des Beginns der öffentlichen Auflage (§ 9) maßgeblich.

Zusammenfassende Bewertung der Umweltauswirkungen

§ 24d. Für Vorhaben, für die eine Umweltverträglichkeitsprüfung im vereinfachten Verfahren nach diesem Abschnitt durchzuführen ist, hat die nach § 24 Abs. 1 zuständige Behörde, aufbauend auf den im Rahmen der Umweltverträglichkeitserklärung oder im Verfahren erstellten oder vorgelegten oder sonstigen zum selben Vorhaben oder zum Standort der Behörde vorliegenden Gutachten und Unterlagen sowie den eingelangten Stellungnahmen und unter Berücksichtigung der Genehmigungskriterien des § 24f, eine zusammenfassende Bewertung der Umweltauswirkungen vorzunehmen. § 24c Abs. 6 und 7 gilt mit der Maßgabe, dass an Stelle eines Umweltverträglichkeitsgutachtens eine zusammenfassende Bewertung erstellt wird.

Information über das Umweltverträglichkeitsgutachten oder die zusammenfassende Bewertung

§ 24e. (1) Dem Projektwerber/der Projektwerberin, den mitwirkenden Behörden, dem Umweltanwalt, dem Standortanwalt, dem wasserwirtschaftlichen Planungsorgan und dem Bundesminister/der Bundesministerin für Klimaschutz, Umwelt, Energie, Mobilität, Innovation und Technologie sind das Umweltverträglichkeitsgutachten oder die zusammenfassende Bewertung unverzüglich zu übermitteln.

(2) Das Umweltverträglichkeitsgutachten (§ 24c) oder die zusammenfassende Bewertung der Umweltauswirkungen (§ 24d) ist unverzüglich bei der Behörde und in der Standortgemeinde mindestens vier Wochen lang zur öffentlichen Einsicht aufzulegen. Diese Auflage ist in geeigneter Form kundzumachen. § 9 Abs. 2 und § 44b Abs. 2 zweiter bis vierter Satz AVG sind anzuwenden.

Entscheidung

§ 24f. (1) Genehmigungen (Abs. 6) dürfen nur erteilt werden, wenn im Hinblick auf eine wirksame Umweltvorsorge zu den anzuwendenden Verwaltungsvorschriften zusätzlich nachstehende Voraussetzungen erfüllt sind:

1. Emissionen von Schadstoffen, einschließlich der Treibhausgase Kohlenstoffdioxid (CO2), Methan (CH4), Distickstoffoxid (N2O), teilhalogenierte Fluorkohlenwasserstoffe (H-FKW), perfluorierte Kohlenwasserstoffe (P-FKW), Schwefelhexafluorid (SF6) und Stickstofftrifluorid (NF3), sind nach dem Stand der Technik zu begrenzen,
2. die Immissionsbelastung zu schützender Güter ist möglichst gering zu halten, wobei jedenfalls Immissionen zu vermeiden sind, die
   a) das Leben oder die Gesundheit von Menschen oder das Eigentum oder sonstige dingliche Rechte der Nachbarn/Nachbarinnen gefährden oder
   b) erhebliche Belastungen der Umwelt durch nachhaltige Einwirkungen verursachen, jedenfalls solche, die geeignet sind, den Boden, die Luft, den Pflanzen- oder Tierbestand oder den Zustand der Gewässer bleibend zu schädigen, oder
   c) zu einer unzumutbaren Belästigung der Nachbarn/Nachbarinnen im Sinn des § 77 Abs. 2 der Gewerbeordnung 1994 führen, und
3. Abfälle sind nach dem Stand der Technik zu vermeiden oder zu verwerten oder, soweit dies wirtschaftlich nicht vertretbar ist, ordnungsgemäß zu entsorgen.

Der Entscheidung sind die vom Vorhaben voraussichtlich ausgehenden Auswirkungen zugrunde zu legen.

(1a) Die Zustimmung Dritter ist insoweit keine Genehmigungsvoraussetzung, als für den betreffenden Teil des Vorhabens in einer Verwaltungsvorschrift die Möglichkeit der Einräumung von Zwangsrechten vorgesehen ist.

(2) Wird im Einzelfall durch die Verwirklichung des Vorhabens ein wesentlich größerer Kreis von Nachbarn bestehender Verkehrsanlagen dauerhaft entlastet als Nachbarn des Vorhabens belastet werden, so gilt die Genehmigungsvoraussetzung des Abs. 1 Z 2 lit. c als erfüllt, wenn die Belästigung der Nachbarn so niedrig gehalten wird, als dies durch einen im Hinblick auf den erzielbaren Zweck wirtschaftlich vertretbaren Aufwand erreicht werden kann. Bestehen besondere Immissionsschutzvorschriften, so ist insoweit die Gefährdung im Sinn des Abs. 1 Z 2 lit. a und die Zumutbarkeit einer Belästigung im Sinn des Abs. 1 Z 2 lit. c nach diesen Vorschriften zu beurteilen.

(3) Die Ergebnisse der Umweltverträglichkeitsprüfung (insbesondere Umweltverträglichkeitserklärung, Umweltverträglichkeitsgutachten oder zusammenfassende Bewertung, Stellungnahmen, einschließlich der Stellungnahmen und dem Ergebnis der Konsultationen nach § 10, Ergebnis einer allfälligen öffentlichen Erörterung) sind in der Entscheidung zu berücksichtigen. Durch geeignete Auflagen, Bedingungen, Befristungen, Projektmodifikationen, Ausgleichsmaßnahmen oder sonstige Vorschreibungen, insbesondere auch für Überwachungsmaßnahmen für erhebliche nachteilige Auswirkungen, Mess- und Berichtspflichten, ist zu einem hohen Schutzniveau für die Umwelt in ihrer Gesamtheit beizutragen. Die Überwachungsmaßnahmen sind nach Art, Standort und Umfang des Vorhabens sowie Ausmaß seiner Auswirkungen auf die Umwelt angemessen festzulegen, die aufgrund der mitanzuwendenden Verwaltungsvorschriften notwendigen Maßnahmen sind hierbei zu berücksichtigen.

(4) Ergibt die Gesamtbewertung, dass durch das Vorhaben und seine Auswirkungen, insbesondere auch durch Wechselwirkungen, Kumulierung oder Verlagerungen, unter Bedachtnahme auf die öffentlichen Interessen, insbesondere des Umweltschutzes, schwerwiegende Umweltbelastungen zu erwarten sind, die durch Auflagen, Bedingungen, Befristungen, sonstige Vorschreibungen, Ausgleichsmaßnahmen oder Projektmodifikationen nicht verhindert oder auf ein erträgliches Maß vermindert werden können, ist der Antrag abzuweisen. Bei Vorhaben der Energiewende darf eine Abweisung nicht ausschließlich aufgrund von Beeinträchtigungen des Landschaftsbilds erfolgen, wenn dies im Rahmen einer strategischen Prüfung Verkehr geprüft wurde. Im Rahmen dieser Abwägung sind auch relevante Interessen der Materiengesetze oder des Gemeinschaftsrechts, die für die Realisierung des Vorhabens sprechen, zu bewerten. Dabei gelten Vorhaben der Energiewende als in hohem öffentlichen Interesse.

(5) In der Genehmigung können angemessene Fristen für die Fertigstellung des Vorhabens, einzelner Teile davon oder für die Inanspruchnahme von Rechten festgesetzt werden. Die Behörde kann diese Fristen aus wichtigen Gründen verlängern, wenn der Projektwerber/die Projektwerberin dies vor Ablauf beantragt. In diesem Fall ist der Ablauf der Frist bis zur rechtskräftigen Entscheidung oder zur Entscheidung des Verwaltungsgerichtshofes oder Verfassungsgerichtshofes über die Abweisung des Verlängerungsantrages gehemmt. Im Rahmen eines Beschwerdeverfahrens oder gemäß § 24g können die Fristen von Amts wegen geändert werden.

(6) Die nach § 24 Abs. 1 und 3 zuständigen Behörden haben die Abs. 1 bis 5, 13 und 14 anzuwenden, soweit sie für ihren Wirkungsbereich maßgeblich sind.

(7) Die nach § 24 Abs. 1 zuständige Behörde hat die Genehmigungsverfahren mit der nach § 24 Abs. 3 zuständigen Behörde zu koordinieren. Insbesondere ist abzustimmen, wie die Ergebnisse der Umweltverträglichkeitsprüfung in den einzelnen Genehmigungen berücksichtigt werden und auf eine Kontinuität der Sachverständigen im gesamten Verfahren hinzuwirken.

(8) In den Genehmigungsverfahren nach Abs. 6 haben die nach den anzuwendenden Verwaltungsvorschriften und die vom jeweiligen Verfahrensgegenstand betroffenen Personen gemäß § 19 Abs. 1 Z 1 Parteistellung. Die im § 19 Abs. 1 Z 3 bis 6 angeführten Personen haben Parteistellung nach Maßgabe des § 19 mit der Berechtigung, die Einhaltung von Umweltschutzvorschriften als subjektives Recht im Verfahren wahrzunehmen und Beschwerde an das Bundesverwaltungsgericht sowie Revision an den Verwaltungsgerichtshof, Bürgerinitiativen auch Beschwerde an den Verfassungsgerichtshof zu erheben. Personen gemäß § 19 Abs. 1 Z 7 und § 19 Abs. 11 haben Parteistellung nach Maßgabe des § 19 mit der Berechtigung, die Einhaltung von Umweltschutzvorschriften im Verfahren wahrzunehmen und Beschwerde an das Bundesverwaltungsgericht sowie Revision an den Verwaltungsgerichtshof zu erheben. Der Standortanwalt gemäß § 19 Abs.1 Z 8 hat Parteistellung, um die Einhaltung von Vorschriften über öffentliche Interessen, die für die Verwirklichung des Vorhabens sprechen, geltend zu machen und Beschwerde an das Bundesverwaltungsgericht sowie Revision an den Verwaltungsgerichtshof zu erheben.

(9) Im Verfahren nach § 24 Abs. 1 und 3 kann die Behörde auf Antrag des Projektwerbers/der Projektwerberin zunächst über alle Belange absprechen, die zur Beurteilung der grundsätzlichen Umweltverträglichkeit des Vorhabens erforderlich sind. Diesfalls sind nur die zur Beurteilung der grundsätzlichen Umweltverträglichkeit notwendigen Unterlagen vorzulegen. In der grundsätzlichen Genehmigung ist auch darüber abzusprechen, welchen Bereichen Detailgenehmigungen vorbehalten bleiben.

(10) Die grundsätzliche Genehmigung in Verfahren nach § 24 Abs. 1 hat jedenfalls über die für die Trassenentscheidung nach dem Bundesstraßengesetz 1971 und dem Hochleistungsstreckengesetz vorgesehenen Genehmigungsvoraussetzungen abzusprechen. In Verwaltungsvorschriften und in Abs. 15 vorgesehene Zwangsrechte können ab Rechtswirksamkeit der Grundsatzgenehmigung in Anspruch genommen werden, soweit darin die Ergebnisse der Umweltverträglichkeitsprüfung nach Abs. 3 und 4 ausreichend berücksichtigt

und soweit Gegenstand, Umfang und Notwendigkeit des Zwangsrechtes der grundsätzlichen Genehmigung zu entnehmen sind.

(11) Auf der Grundlage der bereits ergangenen grundsätzlichen Genehmigung hat die Behörde über die Detailgenehmigungen nach Vorlage der hiefür erforderlichen weiteren Unterlagen im Detailverfahren unter Anwendung der Genehmigungsvoraussetzungen gemäß Abs. 1 bis 5 zu entscheiden. § 16 ist in den Detailverfahren nicht anzuwenden. Die vom Detailprojekt betroffenen Parteien bzw. Beteiligten gemäß Abs. 8 und mitwirkenden Behörden sind beizuziehen. Änderungen des grundsätzlich genehmigten Vorhabens können in der Detailgenehmigung insoweit vorgenommen werden, als die Kriterien des § 24g Abs. 1 erfüllt sind und die von der Änderung betroffenen Beteiligten gemäß Abs. 8 Gelegenheit hatten, ihre Interessen wahrzunehmen.

(12) Im Verfahren nach § 24 Abs. 1 und 3 sind weiters anzuwenden: § 17 Abs. 4 vierter und fünfter Satz (Vorratsflächen); § 17a; § 18a (Abschnittsgenehmigungen) mit der Maßgabe, dass für jede einzelne Abschnittsgenehmigung Abs. 1 bis 11, Abs. 13 und 14 sowie in Verfahren nach § 24 Abs. 1 auch § 16 Abs. 1 und 2 gilt; § 23 (Kontrollen und Duldungspflichten).

(13) Genehmigungsbescheide nach Abs. 6 sind jedenfalls bei der bescheiderlassenden Behörde und in der Standortgemeinde mindestens acht Wochen zur öffentlichen Einsicht aufzulegen. Sie haben die Entscheidungsgründe sowie Angaben über die Beteiligung der Öffentlichkeit und eine Beschreibung der wichtigsten Maßnahmen, mit denen erhebliche nachteilige Auswirkungen vermieden, verringert und überwacht sowie, soweit möglich, ausgeglichen werden, zu enthalten. Die Auflage ist in geeigneter Form, jedenfalls auch im Internet kundzumachen. Mit Ablauf von zwei Wochen nach dieser Kundmachung gilt der Bescheid auch gegenüber jenen Personen als zugestellt, die sich am UVP-Verfahren nicht oder nicht rechtzeitig (§§ 9 und 9a dieses Bundesgesetzes bzw. §§ 44a iVm 44b AVG) beteiligt und deshalb die Parteistellung verloren haben. Ab dem Tag der Kundmachung im Internet ist solchen Personen, die glaubhaft machen, dass ihnen ein Beschwerderecht zukommt, Einsicht in den Verwaltungsakt zu gewähren.

(14) Erfolgt die Zustellung behördlicher Schriftstücke gemäß § 44f AVG durch Edikt, so ist die öffentliche Auflage abweichend von § 44f Abs. 2 AVG bei der zuständigen Behörde und in der Standortgemeinde vorzunehmen.

(15) Für die Durchführung von Maßnahmen, die nach den Ergebnissen der Umweltverträglichkeitsprüfung eine Voraussetzung für die Genehmigungsfähigkeit eines Vorhabens bilden, kann das Eigentum an Liegenschaften, die dauernde oder zeitweilige Einräumung, Einschränkung und Aufhebung von dinglichen und obligatorischen Rechten (insbesondere Nutzungs- und Bestandsrechten) an solchen im Wege der Enteignung in Anspruch genommen werden. Dies gilt jedoch nur insoweit, als nicht andere Bundes- oder Landesgesetze eine Enteignung für diesen Zweck vorsehen. Auf Vorhaben des § 23a sind die Bestimmungen der §§ 18 bis 20a des Bundesstraßengesetzes 1971, auf Vorhaben des § 23b die Bestimmungen des Eisenbahn-Enteignungsentschädigungsgesetzes anzuwenden.

(Anm.: Abs. 16 aufgehoben durch BGBl. I Nr. 77/2012)

Änderung vor Zuständigkeitsübergang

§ 24g. (1) Änderungen einer gemäß § 24f erteilten Genehmigung (§ 24f Abs. 6) sind vor dem in § 24h Abs. 3 genannten Zeitpunkt unter Anwendung der Genehmigungsvoraussetzungen des § 24f zulässig, wenn

1. sie nach den Ergebnissen der Umweltverträglichkeitsprüfung dem § 24f Abs. 1 bis 5 nicht widersprechen und
2. die von der Änderung betroffenen Beteiligten gemäß § 19 Gelegenheit hatten, ihre Interessen wahrzunehmen.

Die Behörde hat dabei notwendige Ergänzungen des Ermittlungsverfahrens vorzunehmen. Die Bestimmungen über die Auflage und Kundmachung des § 24f Abs. 13 Satz 3 bis 5 gelten sinngemäß.

(2) Die Behörde gemäß § 24 Abs. 1 hat vor Erlassung einer Genehmigung nach § 24f Abs. 6 oder deren Änderung die Umweltverträglichkeitsprüfung insoweit zu ergänzen, als dies im Hinblick auf ihre Zwecke notwendig ist.

(3) Für Vorhaben nach den §§ 23a und 23b gilt darüber hinaus: Immissionsneutrale Änderungen zur Anpassung an den Stand der Technik, immissionsneutrale Änderungen der technischen Ausführung sowie Änderungen der Bauabwicklung mit irrelevanten Auswirkungen sind nicht genehmigungspflichtig, wenn die Genehmigungsvoraussetzungen nach § 24f Abs. 1 eingehalten werden. § 24f Abs. 1 Z 2 lit. a gilt in Bezug auf das Eigentum oder sonstige dingliche Rechte der Nachbarn/Nachbarinnen auch als eingehalten, wenn die von der Änderung betroffenen Nachbarn/Nachbarinnen dieser nachweislich zugestimmt haben. Der Projektwerber/Die Projektwerberin hat über das Vorliegen der oben angeführten Voraussetzungen eine im Rahmen seiner Befugnis ausgestellte Bestätigung eines Ziviltechnikers oder Ingenieurbüros einzuholen und der Behörde auf Verlangen vorzulegen. Eine Auflistung der auf Grund dieser Bestimmung vorgenommenen Änderungen ist der Fertigstellungsanzeige gemäß § 24h Abs. 1 anzufügen.

Fertigstellung, Zuständigkeitsübergang, Kontrollen

§ 24h. (1) Die Fertigstellung des Vorhabens ist den Behörden vor der Inbetriebnahme vom Projektwerber/von der Projektwerberin anzuzeigen. Sollen Teile des Vorhabens in Betrieb genommen werden, so ist deren Fertigstellung anzuzeigen.

(2) Die Behörden können nach Einlangen der Anzeige gemäß Abs. 1 das Vorhaben darauf überprüfen, ob es der Genehmigung entspricht oder in Anwendung des § 24g Abs. 1 geringfügige Abweichungen genehmigen.

(3) Mit Verkehrsfreigabe des Vorhabens geht die Zuständigkeit der Behörden nach § 24 Abs. 1 und 3 auf die nach den Verwaltungsvorschriften zur Vollziehung der für die Genehmigungen nach den §§ 24f und 24g relevanten Vorschriften zuständigen Behörden über. Wurde ein Antrag auf Genehmigung geringfügiger Abweichungen nach Abs. 2 gestellt, erfolgt der Zuständigkeitsübergang jedoch nicht vor Rechtskraft des entsprechenden Bescheides.

(4) Die Zuständigkeit zur Vollziehung und Überwachung der Einhaltung der Genehmigungsbescheide richtet sich ab dem Zuständigkeitsübergang gemäß Abs. 3 nach den angewendeten Verwaltungsvorschriften und § 24f Abs. 6.

(5) Die Behörde gemäß § 24 Abs. 1 hat gemeinsam mit den mitwirkenden Behörden das Vorhaben frühestens drei Jahre, spätestens fünf Jahre nach Verkehrsfreigabe daraufhin zu überprüfen, ob die Genehmigungsbescheide eingehalten werden und ob die Annahmen und Prognosen der Umweltverträglichkeitsprüfung mit den tatsächlichen Auswirkungen des Vorhabens auf die Umwelt übereinstimmen. Die Ergebnisse der Nachkontrolle sind den mitwirkenden Behörden und dem Bundesminister/der Bundesministerin für Klimaschutz, Umwelt, Energie, Mobilität, Innovation und Technologie zu übermitteln.

(6) Die zuständigen Behörden haben die Beseitigung von im Rahmen der Überprüfung nach Abs. 2 oder der Nachkontrolle wahrgenommenen Mängeln und Abweichungen zu veranlassen.

(7) Für die Verfahren nach Abs. 2 und 5 gilt § 23

4. ABSCHNITT
Besondere Bestimmungen für wasserwirtschaftlich bedeutsame Vorhaben

§ 24i. Hinsichtlich der in den Ziffern 12 lit. c und e, 25 und 30 bis 42 des Anhanges 1 genannten Vorhaben kann der/die Bundesminister/in für Land- und Forstwirtschaft, Regionen und Wasserwirtschaft mit Verordnung Bestimmungen über die bei der Durchführung der Einzelfallprüfung zu berücksichtigenden wasserwirtschaftlich relevanten Kriterien (insbesondere §§ 12, 12a, 13 und 105 WRG 1959) erlassen.

§ 24j. Sofern für in den Ziffern 25 und 30 bis 42 des Anhanges 1 genannte Vorhaben gemäß § 103 Abs. 2 WRG 1959 nähere Bestimmungen über die Ausgestaltung der Umweltverträglichkeitserklärung festgelegt werden, gelten diese als Verordnung gemäß § 6 Abs. 3.

§ 24k. (1) Die Behörde hat bei der Entscheidung über einen Antrag, der sich auf ein in den Ziffern 25 und 30 bis 42 des Anhanges 1 genanntes Vorhaben bezieht, insbesondere die §§ 12, 12a, 13 und 105 WRG 1959 als Genehmigungsvoraussetzungen anzuwenden.

(2) Im Genehmigungsbescheid sind die wasserwirtschaftliche Aspekte betreffenden Abschnitte zusammenzufassen.

(3) Der/die Bundesminister/in für Land- und Forstwirtschaft, Regionen und Wasserwirtschaft kann mit Verordnung nähere Bestimmungen über den Inhalt und die Form von Bewilligungsbescheiden anordnen. Sofern hinsichtlich der in den Ziffern 12 lit. c und e, 25 und 30 bis 42 des Anhanges 1 genannten Vorhaben gemäß § 111 Abs. 5 WRG 1959 nähere Bestimmungen über den Inhalt und die Form von Bewilligungsbescheiden getroffen werden, gelten diese als Verordnung im Sinne des vorangegangenen Satzes.

§ 24l. (1) Der Genehmigungsinhaber hat die wasserwirtschaftliche Aspekte betreffenden Daten sowie die Ergebnisse einer ihm bescheidgemäß vorgeschriebenen und von ihm durchgeführten Immissionsüberwachung zu sammeln, erforderlichenfalls zu bearbeiten und in geeigneter Form der Landesregierung, nach Übergang der Zuständigkeit gemäß § 21 dem Landeshauptmann zu übermitteln. Durch Verordnung des Bundesministers/der Bundesministerin für Land- und Forstwirtschaft, Regionen und Wasserwirtschaft wird näher bestimmt, für welche Daten dies gilt und in welcher Weise diese Daten zu bearbeiten und zu übermitteln sind.

(2) Der/die Bundesminister/in für Land- und Forstwirtschaft, Regionen und Wasserwirtschaft kann mit Verordnung Einzelheiten über die Art und die Übermittlungsmodalitäten jener wasserwirtschaftliche Aspekte betreffenden Daten im Sinne des § 59a WRG 1959 bestimmen, die die Genehmigungsbehörde dem Landeshauptmann vorzulegen hat.

5. ABSCHNITT
Umweltrat

Einrichtung und Aufgaben

§ 25. (1) Beim Bundesministerium für Klimaschutz, Umwelt, Energie, Mobilität, Innovation und Technologie wird ein Umweltrat eingerichtet.

(2) Der Umweltrat hat folgende Aufgaben:

1. Auskünfte und Berichte über Fragen der Umweltverträglichkeitsprüfung oder des konzentrierten Genehmigungsverfahrens, die nach diesem Bundesgesetz oder nach anderen Bundesgesetzen durchgeführt werden, von den zuständigen Organen zu verlangen;
2. die Auswirkungen der Vollziehung dieses Bundesgesetzes oder der Bestimmungen über die Umweltverträglichkeitsprüfung nach anderen Bundesgesetzen auf den Umweltschutz zu beobachten und die Ergebnisse solcher Beobachtungen dem Bericht des Bundesministers/der Bundesministerin für Klimaschutz, Umwelt, Energie, Mobilität, Innovation und Technologie an den Nationalrat gemäß § 44 beizufügen;
3. den Bericht des Bundesministers/der Bundesministerin für Klimaschutz, Umwelt, Energie, Mobilität, Innovation und Technologie an den Nationalrat gemäß § 44 durch eine Stellungnahme zu ergänzen;
4. Anregungen zur allfälligen Verbesserung des Umweltschutzes den gesetzgebenden und vollziehenden Organen gegenüber auszusprechen;
5. auf Antrag eines/einer der dem Umweltrat angehörenden Vertreters/in der politischen Parteien Fragen von grundsätzlicher Bedeutung für den Umweltschutz in Beratung zu ziehen;
6. die Erlassung einer Geschäftsordnung.

(3) Die zuständigen Bundesminister/innen und Landesregierungen haben auf Ersuchen des Umweltrates diesem über Erfahrungen auf dem Gebiet der Umweltverträglichkeitsprüfung und der Vollziehung dieses Gesetzes aus ihrem Bereich zu berichten.

(4) Die auf Grund des 2. Abschnittes dieses Bundesgesetzes ergehenden Genehmigungsentscheidungen sowie die auf Grund des 3. Abschnittes dieses Bundesgesetzes erlassenen Verordnungen und Genehmigungsentscheidungen sind dem Umweltrat zuzustellen.

Zusammensetzung des Umweltrates

§ 26. (1) Dem Umweltrat gehören an:

1. Vertreter/innen der politischen Parteien: von der im Hauptausschuß des Nationalrates am stärksten vertretenen Partei sind vier Vertreter/innen, von der am zweitstärksten vertretenen Partei sind drei Vertreter/innen und von jeder anderen im Hauptausschuß des Nationalrates vertretenen Partei ist ein/e Vertreter/in in den Umweltrat zu entsenden. Bei Mandatsgleichheit der beiden im Nationalrat am stärksten vertretenen Parteien entsendet jede dieser Parteien drei Vertreter/innen;
2. je ein/e Vertreter/in der Bundesarbeitskammer, der Wirtschaftskammer Österreich, der Präsidentenkonferenz der Landwirtschaftskammern – Landwirtschaftskammer Österreich, des Österreichischen Gewerkschaftsbundes und der Industriellenvereinigung;
3. zwei Vertreter/innen der Länder, nominiert durch die Landeshauptmännerkonferenz;
4. je ein/e Vertreter/in des Gemeindebundes und des Städtebundes;
5. zwei Vertreter/innen des Bundes, nominiert vom Bundesminister/von der Bundesministerin für Klimaschutz, Umwelt, Energie, Mobilität, Innovation und Technologie und vom Bundeskanzler/von der Bundeskanzlerin;
6. ein/e Vertreter/in der Umweltanwälte;
7. ein/e Vertreter/in der gemäß § 19 Abs. 7 anerkannten Umweltorganisationen.

(2) Für jedes Mitglied ist ein Ersatzmitglied namhaft zu machen.

(3) Dem Umweltrat können nicht angehören:

1. Mitglieder der Bundesregierung oder einer Landesregierung sowie Staatssekretäre/Staatssekretärinnen;
2. Mitglieder des Bundesverwaltungsgerichts;
3. Personen, die zum Nationalrat nicht wählbar sind.

(4) Die Mitglieder gehören dem Umweltrat so lange an, bis von den namhaftmachenden Stellen (Abs. 1) andere Vertreter/innen namhaft gemacht worden sind.

(5) Die Tätigkeit der Mitglieder des Umweltrates ist ehrenamtlich. Mitglieder des Umweltrates, die außerhalb von Wien wohnen, haben im Fall der Teilnahme an Sitzungen des Umweltrates Anspruch auf Ersatz der Reisekosten (Gebührenstufe 5) nach Maßgabe der für Bundesbeamte/Bundesbeamtinnen der Allgemeinen Verwaltung geltenden Reisevorschriften.

Vorsitz und Geschäftsführung des Umweltrates

§ 27. (1) Der Umweltrat wählt aus seiner Mitte eine/n Vorsitzende/n und zwei stellvertretende Vorsitzende. Der/Die Vorsitzende und die stellvertretenden Vorsitzenden werden für die jeweilige Legislaturperiode gewählt und bleiben im Amt bis zum nächsten Zusammentreten des Umweltrates. Wiederbestellungen sind zulässig.

(2) Die Sitzungen des Umweltrates sind nach Bedarf einzuberufen. Begehrt ein Mitglied oder das Bundesverwaltungsgericht die Einberufung einer Sitzung, so hat der/die Vorsitzende eine Sitzung einzuberufen, die binnen vier Wochen stattzufinden hat.

(3) Für Beratungen und Beschlußfassungen im Umweltrat ist die Anwesenheit von mehr als der Hälfte seiner Mitglieder erforderlich. Zur Beschlußfassung genügt die einfache Mehrheit der abgegebenen Stimmen. Bei Stimmengleichheit gibt die Stimme des/der Vorsitzenden den Ausschlag. Stimmenthaltung ist unzulässig.

(4) Die Beifügung von Minderheitenvoten ist zulässig.

(5) Der Umweltrat kann aus seiner Mitte ständige oder nicht ständige Arbeitsausschüsse bilden, denen er die Vorbereitung, Begutachtung und Bearbeitung einzelner Angelegenheiten übertragen kann. Er ist auch berechtigt, die Geschäftsführung, Vorbegutachtung und die Bearbeitung einzelner Angelegenheiten einem einzelnen Mitglied (Berichterstatter/in) zu übertragen.

(6) Jedes Mitglied des Umweltrates ist verpflichtet, an den Sitzungen – außer im Fall der gerechtfertigten Verhinderung – teilzunehmen. Jedes Mitglied hat seine Verhinderung an der Teilnahme rechtzeitig bekanntzugeben, worauf das Ersatzmitglied einzuladen ist.

(7) Die Geschäftsführung des Umweltrates obliegt dem Bundesministerium für Klimaschutz, Umwelt, Energie, Mobilität, Innovation und Technologie. Der/die Bundesminister/in für Klimaschutz, Umwelt, Energie, Mobilität, Innovation und Technologie hat dem Umweltrat nach Anhörung das notwendige Personal zur Verfügung zu stellen.

(8) Die mit der Geschäftsführung des Umweltrates betrauten Bediensteten sind im Rahmen ihrer Tätigkeit für den Umweltrat nur an die Anordnungen des/der Vorsitzenden oder der in der Geschäftsordnung bezeichneten Mitglieder gebunden.

Beachte für folgende Bestimmung

Zum Bezugszeitraum vgl. § 46 Abs. 4

Unterstützungspflichten

§ 28. (1) Alle Organe von Behörden, die dieses Bundesgesetz vollziehen oder an der Vollziehung mitwirken, haben den Umweltrat bei der Besorgung seiner Aufgaben zu unterstützen, ihm Einsicht in Akten zu gewähren und auf Verlangen die erforderlichen Auskünfte zu erteilen.

(2) Der Umweltrat kann nach Bedarf zur Beratung besonderer Fragen Umweltanwälte, Sachverständige, Mitglieder des Bundesverwaltungsgerichts oder Vertreter/innen von Umweltschutzorganisationen zuziehen.

Beachte für folgende Bestimmung

Zum Bezugszeitraum vgl. § 46 Abs. 4

Verschwiegenheitspflichten

§ 29. Die Mitglieder des Umweltrates und die nach § 28 Abs. 2 zu den Beratungen zugezogenen Personen sind zur Verschwiegenheit über alle ihnen ausschließlich aus ihrer Tätigkeit im Umweltrat bekannt gewordenen Tatsachen verpflichtet, sofern die Geheimhaltung im öffentlichen Interesse oder im Interesse einer Partei geboten ist.

6. Abschnitt
Besondere Bestimmungen für Vorhaben von gemeinsamem Interesse

Vorhaben von gemeinsamem Interesse

§ 30. (1) Die Bestimmungen dieses Abschnittes gelten für UVP-pflichtige Vorhaben, die nach Art. 2 Z 4 der Verordnung (EU) Nr. 347/2013 (TEN-E-VO) Vorhaben von gemeinsamem Interesse (PCI) sind.

(2) Verfahren über Vorhaben von gemeinsamem Interesse sind von der Behörde prioritär zu behandeln und es ist für eine effiziente Durchführung Sorge zu tragen.

(3) Die Energie-Infrastrukturbehörde gemäß § 6 des Bundesgesetz zur Durchführung der Verordnung (EU) Nr. 347/2013 zur Leitlinien für die europäische Infrastruktur (Energie-Infrastrukturgesetz – E-InfrastrukturG), BGBl. I Nr. 4/2016, unterstützt und koordiniert die gemäß Kapitel III der TEN-E-VO erforderlichen Aufgaben der Behörde.

(4) Sind für ein Vorhaben von gemeinsamem Interesse mehrere UVP-Behörden zuständig, unterstützt und koordiniert die Energie-Infrastrukturbehörde die Durchführung der Verfahren nach diesem Abschnitt. Dazu hat die Energie-Infrastrukturbehörde folgende Aufgaben und Befugnisse:

1. Unterstützung der UVP-Behörden im Vorantragsabschnitt und im UVP-Verfahren;
2. Einsetzung einer Arbeitsgruppe zur Koordination der effizienten Verfahrensabwicklung;
3. Koordination der Erstellung abgestimmter Zeitpläne für den Vorantragsabschnitt und das UVP-Verfahren, wobei für den Vorantragsabschnitt längstens zwei Jahre und für das UVP-Verfahren bis zur Entscheidung längstens ein Jahr und sechs Monate vorzusehen sind;
4. Kontrolle der Einhaltung des Zeitplans;
5. Einholung von Informationen und Berichten über den Fortgang des Verfahrens einschließlich Akteneinsicht.

Vorantragsabschnitt

§ 31. (1) Der Projektwerber/die Projektwerberin eines Vorhabens von gemeinsamem Interesse hat die Durchführung eines Vorantragsabschnitts nach Art. 10 der TEN-E-VO zu beantragen. Dem Antrag sind eine Darlegung der Grundzüge des Vorhabens, ein Konzept für die Umweltverträglichkeitserklärung, eine Übersicht über die wichtigsten anderen vom Projektwerber/von der Projektwerberin geprüften Lösungsmöglichkeiten mit einer Begründung der Wahl des beantragten Vorhabens und eine Konzept für die Beteiligung der Öffentlichkeit, einschließlich eines Berichts über allfällige bereits erfolgte Informationen und Anhörungen der Öffentlichkeit, anzuschließen.

(2) Die Behörde hat die in Abs. 1 genannten Unterlagen der Energie-Infrastrukturbehörde, den mitwirkenden Behörden, dem Bundesminister/der Bundesministerin für Klimaschutz, Umwelt, Energie, Mobilität, Innovation und Technologie und dem Umweltanwalt zur Stellungnahme, ob die Unterlagen reif für den Beginn des Vorantragsabschnitt sind, zu übermitteln. Unter Berücksichtigung der eingelangten Stellungnahmen teilt die Behörde dem Projektwerber/der Projektwerberin spätestens drei Monate nach Antragstellung

mit, ob die Unterlagen reif für den Beginn des Vorantragsabschnitts sind oder begründet, dass offensichtliche Mängel des Vorhabens oder der Unterlagen bestehen, die einen Beginn des Vorantragsabschnitts nicht erlauben.

Beteiligung im Vorantragsabschnitt

§ 32. (1) Im Vorantragsabschnitt ist die Energie-Infrastrukturbehörde miteinzubeziehen und die mitwirkenden Behörden, der Bundesminister/die Bundesministerin für Klimaschutz, Umwelt, Energie, Mobilität, Innovation und Technologie, der Umweltanwalt, die Standortgemeinde(n) und gemäß § 19 Abs. 7 anerkannte Umweltorganisationen, deren Berechtigungsbereich sich auf das Bundesland des Standortes erstreckt, sind zum Vorhaben und den vorgelegten Unterlagen anzuhören und können eine Stellungnahme abgeben. Die Unterlagen sind auf der Internetseite der Behörde bereitzustellen.

(2) Die Behörde hat eine öffentliche Erörterung nach § 44c Abs. 1 und 2 AVG an dem Ort abzuhalten, der der Sachlage nach am zweckmäßigsten erscheint. Die Erörterung ist unter Beiziehung der Energie-Infrastrukturbehörde, der mitwirkenden Behörden und anderer Legalparteien und Amtsstellen, die nach den im UVP-Verfahren mitanzuwendenden Verwaltungsvorschriften zu beteiligen sind, vorzunehmen. Bei der öffentlichen Erörterung hat der Projektwerber/die Projektwerberin die Grundzüge des Vorhabens und die wichtigsten anderen vom ihm/ihr geprüften Lösungsmöglichkeiten mit der Begründung der Wahl des beantragten Vorhabens darzulegen. Über die öffentliche Erörterung ist eine Niederschrift zu erstellen, die auf der Internetseite der Behörde zu veröffentlichen ist.

(3) Kann ein Vorhaben von gemeinsamem Interesse voraussichtlich erhebliche Umweltauswirkungen auf einen anderen Staat haben, ist der betroffene Staat, in sinngemäßer Anwendung des § 10, über das Vorhaben und die möglichen grenzüberschreitenden Auswirkungen bereits im Vorantragsabschnitt und über die öffentliche Erörterung zu informieren und ist dem betroffenen Staat die Möglichkeit zur Stellungnahme einzuräumen.

Zeitplan, Mitteilung

§ 33. (1) Die Behörde erstellt in Zusammenarbeit mit dem Projektwerber/der Projektwerberin und der Energie-Infrastrukturbehörde in sinngemäßer Anwendung des § 7 Abs. 1 einen Zeitplan, der für die weiteren Schritte des Vorantragsabschnitts und für das UVP-Verfahren einen straffen Ablauf vorsieht. Dabei sind für den Vorantragsabschnitt längstens zwei Jahre und für das Genehmigungsverfahren bis zur Entscheidung (§ 17) längsten ein Jahr und sechs Monate vorzusehen. Verzögerungen bei der Erstellung der Einreichunterlagen sind vom Projektwerber/der Projektwerberin der Behörde und der Energie-Infrastrukturbehörde, Verzögerungen im Verfahren sind von der Behörde der Energie-Infrastrukturbehörde mitzuteilen und zu begründen.

(2) Spätestens sechs Monate nach dem Antrag gemäß § 31 Abs. 1 legt die Behörde in Zusammenarbeit mit der Energie-Infrastrukturbehörde, den mitwirkenden Behörden, dem Bundesminister/der Bundesministerin für Klimaschutz, Umwelt, Energie, Mobilität, Innovation und Technologie unter Berücksichtigung der eingelangten Stellungnahmen und der Ergebnisse der öffentlichen Erörterung, die Unterlagen und den Detailierungsgrad der Informationen fest, die vom Projektwerber/der Projektwerberin für die Einleitung der Umweltverträglichkeitsprüfung (§ 5) voraussichtlich benötigt werden und teilt mit, welche Aspekte bei der Ausarbeitung des Detailprojekts zu beachten sind.

Beteiligung der Energie-Infrastrukturbehörde

§ 34. (1) Die Energie-Infrastrukturbehörde ist im UVP-Verfahren wie eine mitwirkende Behörde einzubinden und darüber hinaus regelmäßig über den Fortgang des Verfahrens und allfällige Probleme bei der Durchführung zu informieren. Der Energie-Infrastrukturbehörde sind die Entscheidungen gemäß §§ 17 bis 18b zu übermitteln.

(2) In Verfahren nach § 10 bezüglich möglicher grenzüberschreitender Auswirkungen ist die Energie-Infrastrukturbehörde zu beteiligen.

(3) Die Behörde hat der Energie-Infrastrukturbehörde die notwendigen Informationen zur Erfüllung der in der TEN-E-VO vorgesehenen Berichtspflichten zu übermitteln.

7. ABSCHNITT
GEMEINSAME BESTIMMUNG

Behörden und Zuständigkeit

§ 39. (1) Für die Verfahren nach dem ersten und zweiten Abschnitt ist die Landesregierung zuständig. Die Zuständigkeit der Landesregierung erstreckt sich auf alle Ermittlungen, Entscheidungen und Überwachungen nach den gemäß § 5 Abs. 1 betroffenen Verwaltungsvorschriften und auf Änderungen gemäß 18b. Sie erfasst auch die Vollziehung der Strafbestimmungen. Die Landesregierung kann die Zuständigkeit zur Durchführung des Verfahrens, einschließlich der Verfahren gemäß § 45, und zur Entscheidung ganz oder teilweise der Bezirksverwaltungsbehörde übertragen. Gesetzliche Mitwirkungs- und Anhörungsrechte werden dadurch nicht berührt.

(2) In Verfahren nach dem zweiten Abschnitt beginnt die Zuständigkeit der Landesregierung mit der Rechtskraft einer Entscheidung gemäß § 3 Abs. 7, dass für ein Vorhaben eine Umweltverträglichkeitsprüfung nach diesem Bundesgesetz durchzuführen ist, oder sonst mit dem Antrag auf ein Vorverfahren gemäß § 4 oder, wurde kein solcher Antrag gestellt, mit Antragstellung gemäß § 5. Ab diesem Zeitpunkt ist in den Angelegenheiten gemäß Abs. 1 die Zuständigkeit der nach den Verwaltungsvorschriften sonst zuständigen Behörden auf die Mitwirkung an der Vollziehung dieses Bundesgesetzes eingeschränkt. Die Zuständigkeit der Landesregierung endet, außer in den im § 21 Abs. 4 zweiter Satz genannten Fällen, zu dem in § 21 bezeichneten Zeitpunkt.

(3) Bescheide, die entgegen § 3 Abs. 6 erlassen wurden, sind von der sachlich in Betracht kommenden Oberbehörde oder, wenn eine solche nicht vorgesehen ist, von der Behörde, die den Bescheid erlassen hat, als nichtig zu erklären.

(4) Für die Verfahren nach dem ersten, zweiten und dritten Abschnitt richtet sich die örtliche Zuständigkeit nach der Lage des Vorhabens. Erstreckt sich ein Vorhaben über mehrere Bundesländer, so ist für das Verfahren gemäß § 3 Abs. 7 die Behörde jenes Landes örtlich zuständig, in dem sich der Hauptteil des Vorhabens befindet. Die Behörden und Organe (§ 3 Abs. 7) des anderen von der Lage des Vorhabens berührten Bundeslandes haben im Verfahren nach § 3 Abs. 7 Parteistellung und die mitwirkenden Behörden und das wasserwirtschaftliche Planungsorgan der berührten Bundesländer sind vor der Entscheidung zu hören.

Rechtsmittelverfahren

§ 40. (1) Über Beschwerden in Angelegenheiten nach diesem Bundesgesetz entscheidet das Bundesverwaltungsgericht. Dies gilt nicht in Verfahren nach § 45. Werden in einer Beschwerde Einwendungen oder Gründe erstmals vorgebracht, sind diese nicht zulässig, wenn ihr erstmaliges Vorbringen im Rechtsmittelverfahren missbräuchlich oder unredlich ist.

(2) Das Bundesverwaltungsgericht entscheidet durch Senate, ausgenommen in Verfahren nach § 3 Abs. 7 und § 24 Abs. 5.

(3) In Verfahren über Beschwerden nach den §§ 3 Abs. 9 und 24 Abs. 5a sind die §§ 7, 8 und 16 des Verwaltungsgerichtsverfahrensgesetzes (VwGVG) nicht anzuwenden; solche Beschwerden sind binnen vier Wochen ab dem Tag der Veröffentlichung des Bescheides im Internet schriftlich bei der Behörde einzubringen. Partei ist auch der Projektwerber/die Projektwerberin. Auch bei Übermittlung von Akten in elektronischer Form hat die Behörde ein Aktenverzeichnis anzuschließen.

(4) Die Entscheidung über Beschwerden gegen Feststellungsbescheide nach dem 1. Abschnitt ist innerhalb von sechs Wochen, gegen Feststellungsbescheide nach dem 3. Abschnitt innerhalb von acht Wochen zu treffen. Die Entscheidungsfrist für eine Beschwerdevorentscheidung nach § 14 Abs. 1 des Verwaltungsgerichtsverfahrensgesetzes (VwGVG) beträgt 6 Wochen.

(5) Im Verfahren über Beschwerden gegen Bescheide nach den §§ 17 bis 18b sowie 24f und 24g hat das Bundesverwaltungsgericht jedenfalls die §§ 3b, 5 Abs. 6 und 10 Abs. 4 anzuwenden. § 12 Abs. 7 ist anzuwenden. Das Bundesverwaltungsgericht kann außerdem für Konkretisierungen der Beschwerden und für sonstige Stellungnahmen und Beweisanträge angemessene Fristen setzen mit der Wirkung, dass nach Ablauf dieser Fristen erstattete Vorbringen im weiteren Verfahren nicht zu berücksichtigen sind. § 39 Abs. 3 AVG ist mit der Maßgabe anzuwenden, dass neue Tatsachen und Beweismittel, sofern diese noch zulässigerweise vorgebracht werden können, spätestens in der mündlichen Verhandlung vorzubringen sind und der Schluss des Ermittlungsverfahrens auch für einzelne Teilbereiche der Sache erklärt werden kann. § 39 Abs. 4 erster und zweiter Satz und Abs. 5 AVG sind nicht anzuwenden.

(6) Dem Bundesverwaltungsgericht stehen die im Bereich der Vollziehung des Bundes und jenes Landes, dessen Bescheid überprüft wird, tätigen Amtssachverständigen zur Verfügung.

(7) Erkenntnisse des Bundesverwaltungsgerichts sind über § 29 VwGVG hinaus noch zusätzlich mindestens acht Wochen auf der Internetseite des Bundesverwaltungsgerichts zu veröffentlichen und bei der Standortgemeinde während der Amtsstunden für jedermann zur öffentlichen Einsicht aufzulegen. Auf diese Möglichkeit ist durch Anschlag in der Standortgemeinde während der Auflagefrist hinzuweisen.

Eigener Wirkungsbereich der Gemeinden

§ 41. Die in § 9 Abs. 1 und 2, § 13 Abs. 2, § 17 Abs. 7 und § 24f Abs. 13 geregelten Aufgaben der Gemeinden sind im übertragenen, die sonstigen in diesem Bundesgesetz geregelten Aufgaben im eigenen Wirkungsbereich zu besorgen.

Anwendung des Allgemeinen Verwaltungsverfahrensgesetzes

§ 42. (1) Soweit in diesem Bundesgesetz nicht besondere Bestimmungen über das Verwaltungsverfahren getroffen werden, ist bei der Durchführung dieses Bundesgesetzes das Allgemeine Verwaltungsverfahrensgesetz 1991 (AVG) anzuwenden.

(2) Soweit in diesem Bundesgesetz und seinen Anhängen auf Bestimmungen anderer Bundesgesetze verwiesen wird, sind diese in ihrer jeweils geltenden Fassung anzuwenden.

(Anm.: Abs. 3 aufgehoben durch BGBl. I Nr. 95/2013)

Fortbetriebsrecht

§ 42a. Wird ein Genehmigungsbescheid in der Fassung eines Erkenntnisses des Bundesverwaltungsgerichts vom Verwaltungsgerichtshof aufgehoben, so darf das Vorhaben bis zur Rechtskraft des Ersatzerkenntnisses, längstens jedoch ein Jahr, entsprechend dem aufgehobenen Genehmigungsbescheid in der Fassung des verwaltungsgerichtlichen Erkenntnisses weiter betrieben werden. Dies gilt nicht, wenn der Verwaltungsgerichtshof der Revision, die zur Aufhebung des verwaltungsgerichtlichen Erkenntnisses führte, die aufschiebende Wirkung zuerkannt hatte.

UVP-Dokumentation

§ 43. (1) Der/die Bundesminister/in für Klimaschutz, Umwelt, Energie, Mobilität, Innovation und Technologie hat eine UVP-Dokumentation einzurichten, in der die nach diesem Bundesgesetz und nach anderen Bundesgesetzen durchgeführten Umweltverträglichkeitsprüfungen erfasst werden. Der/die Bundesminister/in für Klimaschutz, Umwelt, Energie, Mobilität, Innovation und Technologie kann sich dafür der Umweltbundesamt GmbH bedienen. Soweit möglich ist der wesentliche Inhalt der UVP-Dokumentation im Internet zur Verfügung zu stellen. Die Dokumentation hat insbesondere die Feststellungsentscheidungen (§§ 3 Abs. 7 und 24 Abs. 5), die Umweltverträglichkeitserklärung des Projektwerbers/der Projektwerberin, die wichtigsten Ergebnisse des Umweltverträglichkeitsgutachtens oder der zusammenfassenden Bewertung, die wesentlichen Inhalte und Gründe der Entscheidungen, die Ergebnisse der Nachkontrolle sowie Angaben über die jedes Jahr durchgeführten Verfahren mit Art, Zahl und Verfahrensdauer zu enthalten und einen aktuellen Link auf die Internetseiten der UVP-Behörden, auf denen Kundmachungen gemäß §§ 9 Abs. 3, 17 Abs. 7 und 24f Abs. 13 erfolgen. Diese Unterlagen sind dem Bundesminister/der Bundesministerin für Klimaschutz, Umwelt, Energie, Mobilität, Innovation und Technologie von den zuständigen Behörden und vom Bundesverwaltungsgericht zu übermitteln.

(2) Die Daten gemäß Abs. 1 dürfen vom Bundesminister/von der Bundesministerin für Klimaschutz, Umwelt, Energie, Mobilität, Innovation und Technologie und von der Umweltbundesamt GmbH ermittelt und automationsunterstützt verarbeitet werden. Personenbezogene Daten, die der Geheimhaltung unterliegen, dürfen nur übermittelt werden an

1. Dienststellen des Bundes und der Länder, soweit die Daten für den Empfänger zur Vollziehung dieses Bundesgesetzes oder anderer bundes- oder landesrechtlicher Vorschriften zum Schutz des Lebens oder der Gesundheit von Menschen oder der Umwelt eine wesentliche Voraussetzung bilden,
2. die zuständigen Behörden ausländischer Staaten, sofern dies zur Abwehr einer konkreten Gefährdung des Lebens oder der Gesundheit von Menschen oder der Umwelt erforderlich ist oder sofern dies zwischenstaatliche Vereinbarungen vorsehen.

Bericht an den Nationalrat

§ 44. Der/die Bundesminister/in für Klimaschutz, Umwelt, Energie, Mobilität, Innovation und Technologie hat dem Nationalrat alle drei Jahre, erstmals 1998, über die Vollziehung dieses Bundesgesetzes und nach anderen Bundesgesetzen durchgeführten Umweltverträglichkeitsprüfungen, unbeschadet diesbezüglicher Angaben im Gewässerschutzbericht gemäß § 33e WRG 1959, zu berichten.

[…]

Anhang 1

Der Anhang enthält die gemäß § 3 UVP-pflichtigen Vorhaben.

In Spalte 1 und 2 finden sich jene Vorhaben, die jedenfalls UVP-pflichtig sind und einem UVP-Verfahren (Spalte 1) oder einem vereinfachten Verfahren (Spalte 2) zu unterziehen sind. Bei in Anhang 1 angeführten Änderungstatbeständen ist ab dem angeführten Schwellenwert eine Einzelfallprüfung durchzuführen; sonst gilt § 3a Abs. 2 und 3, außer es wird ausdrücklich nur die „Neuerrichtung", der „Neubau" oder die „Neuerschließung" erfasst.

In Spalte 3 sind jene Vorhaben angeführt, die nur bei Zutreffen besonderer Voraussetzungen der UVP-Pflicht unterliegen. Für diese Vorhaben hat ab den angegebenen Mindestschwellen eine Einzelfallprüfung zu erfolgen. Ergibt diese Einzelfallprüfung eine UVP-Pflicht, so ist nach dem vereinfachten Verfahren vorzugehen.

Die in der Spalte 3 genannten Kategorien schutzwürdiger Gebiete werden in Anhang 2 definiert. Gebiete der Kategorien A, C, D und E sind für die UVP-Pflicht eines Vorhabens jedoch nur dann zu berücksichtigen, wenn sie am Tag der Antragstellung ausgewiesen sind.

	UVP	UVP im vereinfachten Verfahren	
	Spalte 1	**Spalte 2**	**Spalte 3**
	Abfallwirtschaft		
Z 1	a) Deponien für gefährliche Abfälle; Berechnungsgrundlage (§ 3a Abs. 3) für Änderungen ist das bescheidmäßig genehmigte Gesamtvolumen; b) Anlagen zur biologischen, physikalischen oder mechanisch-biologischen Behandlung von gefährlichen Abfällen mit einer Kapazität von mindestens 20 000 t/a; c) sonstige Anlagen zur Behandlung (thermisch, chemisch) von gefährlichen Abfällen; ausgenommen sind Anlagen zur ausschließlich stofflichen Verwertung; d) Änderungen von sonstigen Anlagen zur Behandlung (thermisch, chemisch) von gefährlichen Abfällen mit einer Kapazität von bis zu 10 000 t/a, wenn durch die Änderung eine Kapazitätsausweitung um mindestens 5 000 t/a erfolgt. Für Anlagen mit einer Kapazität von mehr als 10 000 t/a ist § 3a Abs. 2 Z 2 anzuwenden. Ausgenommen sind Anlagen zur ausschließlich stofflichen Verwertung.		
Z 2	a) Massenabfall- oder Reststoffdeponien mit einem Gesamtvolumen von mindestens 500 000 m^3; b) Untertagedeponien für nicht gefährliche Abfälle mit einem Gesamtvolumen von mindestens 500 000 m^3; c) sonstige Anlagen zur Behandlung (thermisch, chemisch, physikalisch, biologisch, mechanisch-biologisch) von nicht gefährlichen Abfällen mit einer Kapazität von mindestens 35 000 t/a oder 100 t/d, ausgenommen sind Anlagen zur ausschließlich stofflichen Verwertung oder mechanischen Sortierung einschließlich – bei Abfällen der Untergruppe 571 „Ausgehärtete Kunststoffabfälle" sowie der Schlüssel-Nummer 91207 „Leichtfraktion aus der Verpackungs-	d) Baurestmassen- oder Inertabfalldeponien mit einem Gesamtvolumen von mindestens 1 000 000 m^3; e) Anlagen zur Aufbereitung von Baurestmassen oder von Bodenaushub mit einer Kapazität von mindestens 200 000 t/a, ausgenommen sind Anlagen zur ausschließlich stofflichen Verwertung oder mechanischen Sortierung;	f) Massenabfall- oder Reststoffdeponien in schutzwürdigen Gebieten der Kategorie A mit einem Gesamtvolumen von mindestens 250 000 m^3, in schutzwürdigen Gebieten der Kategorie D oder E mit einem Gesamtvolumen von mindestens 375 000 m^3; g) Untertagedeponien für nicht gefährliche Abfälle in schutzwürdigen Gebieten der Kategorie A mit einem Gesamtvolumen von mindestens 250 000 m^3, in schutzwürdigen Gebieten der Kategorie D oder E mit einem Gesamtvolumen von mindestens 375 000 m^3; h) Baurestmassen- oder Inertabfalldeponien in schutzwürdigen Gebieten der Kategorie A mit einem Gesamtvolumen von mindestens 500 000 m^3, in schutzwürdigen Ge-

	sammlung“ gemäß Abfallverzeichnisverordnung, BGBl. II Nr. 409/2020 in der jeweils geltenden Fassung – der für die Sortierung erforderlichen Vorzerkleinerung;		bieten der Kategorie D oder E mit einem Gesamtvolumen von mindestens 750 000 m^3. Betreffend lit. a, d, f und h gilt: Beinhaltet ein Vorhaben mehrere Deponietypen, so werden die Prozentsätze der jeweils erreichten Kapazitäten addiert, ab einer Summe von 100 % ist eine UVP im vereinfachten Verfahren bzw. eine Einzelfallprüfung durchzuführen.
Z 3		a) Anlagen zur Lagerung von Alt-Kraftfahrzeugen einschließlich Einrichtungen zum Zerteilen mit einer Gesamtlagerkapazität von mindestens 10 000 t; b) Anlagen zur Lagerung von Eisenschrott und Alteisen mit einer Gesamtlagerkapazität von mindestens 30 000 t; c) Anlagen zur Lagerung von gefährlichen Abfällen mit einer Gesamtlagerkapazität von mindestens 20 000 t; d) Anlagen zur Lagerung von nicht gefährlichen Abfällen mit einer Gesamtlagerkapazität von mindestens 200 000 t;	e) Anlagen zur Lagerung von Alt-Kraftfahrzeugen einschließlich Einrichtungen zum Zerteilen in schutzwürdigen Gebieten der Kategorie C mit einer Gesamtlagerkapazität von mindestens 5 000 t; f) Anlagen zur Lagerung von gefährlichen Abfällen in schutzwürdigen Gebieten der Kategorie C mit einer Gesamtlagerkapazität von mindestens 10 000 t; g) Anlagen zur Lagerung von nicht gefährlichen Abfällen in schutzwürdigen Gebieten der Kategorie C mit einer Gesamtlagerkapazität von mindestens 100 000 t.
	Energiewirtschaft		
Z 4	a) Thermische Kraftwerke oder andere Feuerungsanlagen mit einer Brennstoffwärmeleistung von mindestens 200 MW; b) Anlagen für die Abscheidung von Kohlenstoffdioxidströmen zum Zweck der geologischen Speicherung aus Anlagen gemäß lit. a oder Anlagen mit einer jährlichen Kohlenstoffdioxidabscheidung von insgesamt mindestens 1,5 Millionen t;		c) thermische Kraftwerke oder andere Feuerungsanlagen in schutzwürdigen Gebieten der Kategorie D mit einer Brennstoffwärmeleistung von mindestens 100 MW; d) von lit. a und lit. c nicht erfasste Anlagen zur Erzeugung von Warmwasser in schutzwürdigen Gebieten der Kategorie C mit einer thermischen Leistung von mindestens 200 MW. Bei Z 4 sind § 3 Abs. 2 und § 3a Abs. 6 mit der Maßgabe anzuwenden, dass bei Vorhaben der lit. a andere Vorhaben mit bis zu 2 MW, bei Vorhaben der lit. c andere Vorhaben mit bis zu 1 MW unberücksichtigt bleiben und bei Vorhaben der lit. d für die Beurteilung des räumlichen Zusammenhangs auf die obertägigen Anlagen abzustellen ist.
Z 5	Kernkraftwerke oder andere Kernreaktoren, sofern sie nicht vom Atomsperrgesetz (BGBl. Nr. 676/1978) verboten sind, einschließlich der Demontage oder Stilllegung solcher Kraftwerke oder Reaktoren; ausgenommen sind Reaktoren in Forschungseinrichtungen für die Herstellung und Bearbeitung von spaltbaren und brutstoffhaltigen Stoffen, deren Höchstleistung 1 kW thermische Dauerleistung nicht übersteigt.		
Z 6		a) Anlagen zur Nutzung von Windenergie mit einer elektrischen Gesamtleistung von mindestens 30 MW oder mit mindestens 20 Konvertern mit einer Nennleis-	c) Anlagen zur Nutzung von Windenergie in schutzwürdigen Gebieten der Kategorie A mit einer elektrischen Gesamtleistung von mindestens 15 MW oder mit min-

		tung von mindestens je 0,5 MW; b) Anlagen zur Nutzung von Windenergie über einer Seehöhe von 1.000 m mit einer elektrischen Gesamtleistung von mindestens 15 MW oder mit mindestens 10 Konvertern mit einer Nennleistung von mindestens je 0,5 MW;	destens 10 Konvertern mit einer Nennleistung von mindestens je 0,5 MW.
	Tätigkeiten mit radioaktiven Stoffen		
Z 7	a) Kerntechnische Anlagen gemäß § 3 Z 34 StrSchG 2020, BGBl I Nr. 50/2020 sofern nicht Z 5 anzuwenden ist; b) Anlagen zur Entsorgung (§ 3 Z 18 StrSchG 2020) hochradioaktiver Abfälle; c) Anlagen zur Endlagerung schwach- und mittelradioaktiver Abfälle; d) Anlagen mit dem ausschließlichen Zweck der für mehr als zehn Jahre geplanten Lagerung abgebrannter Brennelemente (§ 3 Z 1 StrSchG 2020) oder radioaktiver Abfälle (§ 3 Z 54 StrSchG 2020) an einem anderen als dem Produktionsort (ausgenommen Lagerung von Abfällen von radioaktiven Stoffen natürlichen Ursprungs wie zB Granit). Berechnungsgrundlage (§ 3a Abs. 2) für Änderungen der lit. a bis d ist die bescheidmäßig genehmigte Produktions- bzw. Lagerkapazität.		
Z 8		Bau von Teilchenbeschleunigern ab 50 MeV.	
	Infrastrukturprojekte		
Z 9	a) Neubau von Schnellstraßen[1] oder ihrer Teilabschnitte, ausgenommen zusätzliche Anschlussstellen; als Neubau gilt auch die Zulegung von zwei auf vier oder mehr Fahrstreifen auf einer durchgehenden Länge von mindestens 10 km; b) Neubau sonstiger Straßen oder ihrer Teilabschnitte mit einer durchgehenden Länge von mindestens 10 km, wenn auf der neuen Straße eine jahresdurchschnittliche tägliche Verkehrsbelastung (JDTV) von mindestens 2 000 Kraftfahrzeugen in einem Prognosezeitraum von fünf Jahren zu erwarten ist; als Neubau gilt auch die Zulegung von zwei auf vier oder mehr Fahrstreifen; c) Neuerrichtung einer zweiten Richtungsfahrbahn auf einer durchgehenden Länge von mindestens 10 km;	d) Neubau zusätzlicher Anschlussstellen an Schnellstraßen [1], wenn auf allen Rampen insgesamt eine jahresdurchschnittliche tägliche Verkehrsbelastung (JDTV) von mindestens 8 000 Kraftfahrzeugen in einem Prognosezeitraum von fünf Jahren zu erwarten ist; e) Neubau sonstiger Straßen oder ihrer Teilabschnitte mit einer durchgehenden Länge von mindestens 5 km, wenn auf der neuen Straße eine jahresdurchschnittliche tägliche Verkehrsbelastung (JDTV) von mindestens 15 000 Kraftfahrzeugen in einem Prognosezeitraum von fünf Jahren zu erwarten ist; f) Vorhaben der lit. a, b, c oder e, wenn das Längenkriterium der jeweiligen lit. nur gemeinsam mit daran unmittelbar angrenzenden, noch nicht oder in den letzten 10 Jahren dem Verkehr frei gegebenen Teilstücken erreicht wird;	g) Ausbaumaßnahmen sonstiger Art an Schnellstraßen [1] oder Neubau sonstiger Straßen oder ihrer Teilabschnitte, wenn ein schutzwürdiges Gebiet der Kategorien A oder C berührt wird und eine jahresdurchschnittliche tägliche Verkehrsbelastung (JDTV) von mindestens 2 000 Kraftfahrzeugen in einem Prognosezeitraum von fünf Jahren zu erwarten ist; h) Ausbaumaßnahmen sonstiger Art an Schnellstraßen [1], Neubau sonstiger Straßen oder ihrer Teilabschnitte mit einer durchgehenden Länge von mindestens 500 m, jeweils wenn ein schutzwürdiges Gebiet der Kategorien B oder D berührt wird und eine jahresdurchschnittliche tägliche Verkehrsbelastung (JDTV) von mindestens 2 000 Kraftfahrzeugen in einem Prognosezeitraum von fünf Jahren zu erwarten ist; i) Neubau sonstiger Straßen oder ihrer Teilabschnitte, wenn ein schutzwürdiges Gebiet der Kategorie E berührt wird und eine jahresdurchschnittliche tägliche Ver-

			kehrsbelastung (JDTV) von mindestens 15 000 Kraftfahrzeugen in einem Prognosezeitraum von fünf Jahren zu erwarten ist; Als Neubau im Sinn der lit. g bis i gilt auch die Zulegung von zwei auf vier oder mehr Fahrstreifen, nicht jedoch die ausschließliche Spuraufweitung im Zuge von Kreuzungen; ausgenommen von lit. g bis i ist die Berührung von schutzwürdigen Gebieten ausschließlich durch Schutzbauten zur Beseitigung von Gefahrenbereichen oder durch auf Grund von Katastrophenfällen, durch die Niveaufreimachung von Eisenbahnkreuzungen oder durch Brückenneubauten bedingte Umlegungen von bestehenden Straßen. Bei lit. g und h ist § 3a Abs. 5 nicht anzuwenden. Von Z 9 sind Bundesstraßen (§ 2[3a)]) nicht erfasst.
Z 10	a) Neubau von Eisenbahn-Fernverkehrsstrecken oder ihrer Teilabschnitte; b) Neubau von sonstigen Eisenbahnstrecken oder ihrer Teilabschnitte auf einer durchgehenden Länge von mindestens 10 km; c) Änderung von Eisenbahnstrecken oder ihrer Teilabschnitte auf einer durchgehenden Länge von mindestens 10 km, sofern die Mitte des äußersten Gleises der geänderten Trasse von der Mitte des äußersten Gleises der bestehenden Trasse mehr als 100 m entfernt ist;	d) Vorhaben der lit. b und c, wenn das Längenkriterium nur gemeinsam mit daran unmittelbar angrenzenden, noch nicht oder in den letzten 10 Jahren dem Verkehr frei gegebenen Teilstücken erfüllt ist und die Behörde im Einzelfall feststellt, dass auf Grund einer Kumulierung der Auswirkungen der Teilstücke mit erheblichen schädlichen, belästigenden oder belastenden Auswirkungen auf die Umwelt zu rechnen und daher eine Umweltverträglichkeitsprüfung für das geplante Vorhaben durchzuführen ist;	e) Neubau von Eisenbahnstrecken oder ihrer Teilabschnitte wenn ein schutzwürdiges Gebiet der Kategorien A, B, C oder E berührt wird; f) Änderung von Eisenbahnstrecken oder ihrer Teilabschnitte wenn die Mitte des äußersten Gleises der geänderten Trasse von der Mitte des äußersten Gleises der bestehenden Trasse mehr als 100 m entfernt ist und ein schutzwürdiges Gebiet der Kategorien A, B, C oder E berührt wird; g) Änderung von Eisenbahnstrecken durch Zulegung eines Gleises auf einer durchgehenden Länge von mindestens 2,5 km, wenn ein schutzwürdiges Gebiet der Kategorien A, B oder C berührt wird; h) Änderung von Eisenbahnstrecken oder ihrer Teilabschnitte mit einem Verkehrsaufkommen (vor oder nach der Kapazitätserhöhung) von mindestens 60 000 Zügen/Jahr durch Erhöhung der Zugkapazität um mindestens 25%, wenn ein schutzwürdiges Gebiet der Kategorie E berührt wird; i) Neubau von Seilbahnen zur Personenbeförderung außerhalb von Schigebieten mit einer schrägen Länge von mindestens 3 km, wenn ein schutzwürdiges Gebiet der Kategorie A oder B berührt wird. Ausgenommen von lit. e bis i sind Straßenbahnen, Stadtschnellbahnen in Hochlage, Untergrundbahnen, Seilbahnen, Hängebahnen und ähnliche Bahnen besonderer Bauart, die ausschließlich oder vorwiegend der Personenbeförderung dienen, innerhalb geschlossener Siedlungsgebiete, sowie Anschlussbahnen; ausgenommen ist

			auch die Berührung von schutzwürdigen Gebieten ausschließlich durch Schutzbauten zur Beseitigung von Gefahrenbereichen oder durch auf Grund von Katastrophenfällen bedingte Umlegungen. Bei lit. c, f, g und h ist § 3a Abs. 5 nicht anzuwenden. Von Z 10 sind Hochleistungsstrecken (§ 23b) nicht erfasst.
Z 11	a) Verschubbahnhöfe mit einer Flächeninanspruchnahme von mindestens 75 ha; b) Frachtenbahnhöfe, Güterterminals oder Güterverkehrszentren mit einer Flächeninanspruchnahme von mindestens 50 ha;		c) Verschubbahnhöfe in schutzwürdigen Gebieten der Kategorien A oder C mit einer Flächeninanspruchnahme von mindestens 30 ha; d) Frachtenbahnhöfe, Güterterminals oder Güterverkehrszentren in schutzwürdigen Gebieten der Kategorien A oder C mit einer Flächeninanspruchnahme von mindestens 25 ha.
Z 12	a) Neuerschließung oder Änderung (Erweiterung) von Gletscherschigebieten, wenn damit eine Flächeninanspruchnahme durch Pistenneubau, Lifttrassen oder Beschneiungsanlagen (einschließlich Speicherteiche) verbunden ist; b) Erschließung von Schigebieten [1a] durch Errichtung von Seilförderanlagen zur Personenbeförderung oder Schleppliften oder Errichtung von Pisten oder von Beschneiungsanlagen (einschließlich Speicherteiche), wenn damit eine Flächeninanspruchnahme mit Geländeveränderung von mindestens 20 ha verbunden ist; c) Neuerrichtung von Speicherteichen für Beschneiungszwecke mit einem Volumen von mindestens 275 000 m³;		d) Erschließung von Schigebieten[1a] durch Errichtung von Seilförderanlagen zur Personenbeförderung oder Schleppliften oder Errichtung von Pisten oder von Beschneiungsanlagen (einschließlich Speicherteiche) in schutzwürdigen Gebieten der Kategorie A, wenn damit eine Flächeninanspruchnahme mit Geländeveränderung von mindestens 10 ha verbunden ist; e) Neuerrichtung von Speicherteichen für Beschneiungszwecke in schutzwürdigen Gebieten der Kategorie A mit einem Volumen von mindestens 125 000 m³. Bei Z 12 sind § 3 Abs. 2 und § 3a Abs. 6 mit der Maßgabe anzuwenden, dass die Summe der Kapazitäten, die innerhalb der letzten 5 Jahre genehmigt wurden, einschließlich der beantragten Kapazitätsausweitung heranzuziehen ist. Ausgenommen von Z 12 sind Maßnahmen zur Instandhaltung.
Z 13	a) Rohrleitungen für den Transport von Öl, Erdölprodukten, Chemikalien oder Gas mit einem Innendurchmesser von mindestens 800 mm und einer Länge von mindestens 40 km; b) Rohrleitungen für den Transport von Kohlenstoffdioxidströmen für die Zwecke der geologischen Speicherung mit einem Innendurchmesser von mindestens 300 mm und einer Länge von mindestens 40 km;		c) Rohrleitungen für den Transport von Öl, Erdölprodukten, Chemikalien oder Gas in schutzwürdigen Gebieten der Kategorien A oder C mit einem Innendurchmesser von mindestens 500 mm und einer Länge von mindestens 25 km; d) Rohrleitungen in schutzwürdigen Gebieten der Kategorien A oder C für den Transport von Kohlenstoffdioxidströmen für die Zwecke der geologischen Speicherung mit einem Innendurchmesser von mindestens 150 mm und einer Länge von mindestens 25 km; e) Rohrleitungen für den Transport von Warmwasser in schutzwürdigen Gebieten der Kategorie A oder C mit einem Innendurchmesser von mindestens 1000 mm und einer Trassenlänge von mindestens

			70 km. Berechnungsgrundlage für Änderungen (§ 3a Abs. 2 und 3) der lit. a bis d ist die Leitungslänge und für Änderungen (§ 3a Abs. 2 und 3) der lit. e die Trassenlänge der unmittelbar angrenzenden, noch nicht oder in den letzten 10 Jahren in Betrieb genommenen Rohrleitungen; Z 13 erfasst auch Verdichterstationen.
Z 14	a) Neubau von Flugplätzen[1b)], ausgenommen Segelflugfelder und Flugplätze[1b)] für Hubschrauber; b) Neuerrichtung von Pisten mit einer Grundlänge von mindestens 2 100 m; c) Erweiterungen von Flugplätzen[1b)] durch Neuerrichtung oder Verlängerung von Pisten, wenn durch die Neuerrichtung oder Verlängerung die Gesamtpistenlänge um mindestens 25 % erweitert wird; d) Erweiterungen von Flugplätzen[1b)], wenn dadurch die Summe der Flugsteige[1c)] um mindestens 50 % oder um mindestens 10 Stück – auf Großflughäfen[1e)] um mindestens 20 Stück – erhöht wird; e) Erweiterungen von Flugplätzen[1b)], wenn dadurch die Summe der Abstellflächen[1d)] um mindestens 32 000 m² erhöht oder die Summe der Abstellflächen[1d)] für die Allgemeine Luftfahrt um mindestens 50 % erweitert werden; im Fall von Großflughäfen[1e)] Erweiterungen, wenn dadurch die Summe der Abstellflächen[1d)] um mindestens 25 % erhöht wird;		f) Neuerrichtung von Pisten in schutzwürdigen Gebieten der Kategorien A, D oder E mit einer Grundlänge von mindestens 1 050 m; g) Erweiterungen von Flugplätzen[1b)] durch Neuerrichtung oder Verlängerung von Pisten in schutzwürdigen Gebieten der Kategorien A, D oder E, wenn durch die Neuerrichtung oder Verlängerung die Gesamtpistenlänge um mindestens 12,5 % erweitert wird; h) Erweiterungen von Flugplätzen[1b)] in schutzwürdigen Gebieten der Kategorien A oder E, wenn dadurch die Summe der Flugsteige[1c)] um mindestens 5 Stück – auf Großflughäfen[1e)] um mindestens 10 Stück – erhöht wird; i) Erweiterungen von Flugplätzen[1b)] in schutzwürdigen Gebieten der Kategorien A oder E, wenn dadurch die Summe der Abstellflächen[1d)] um mindestens 16 000 m² erhöht oder die Summe der Abstellflächen[1d)] für die Allgemeine Luftfahrt um mindestens 25 % erweitert werden; im Fall von Großflughäfen[1e)] Erweiterungen, wenn dadurch die Summe der Abstellflächen[1d)] um mindestens 12,5 % erhöht wird; j) Neubau von Flugplätzen[1b)] für Hubschrauber, ausgenommen Segelflugfelder und Flugplätze[1b)] für Hubschrauber, die überwiegend Rettungs- und Ambulanzflügen im Sinne des § 2 der ZARV 1985, Einsätzen der Sicherheitsverwaltung, der Erfüllung von Aufgaben der Landesverteidigung oder der Verkehrsüberwachung mit Hubschraubern dienen, nach Durchführung einer Einzelfallprüfung gemäß § 3 Abs. 4a.. Von lit. b, c, f und g ausgenommen ist die Errichtung von Pisten für Zwecke der Militärluftfahrt aus Anlass eines Einsatzes des Bundesheeres gemäß § 2 Abs. 1 des Wehrgesetzes 2001 (WG 2001), BGBl. I Nr. 146. Von lit. b, c, e, f, g und i ausgenommen ist die Errichtung und Verlängerung von Pisten sowie sonstige Änderungen von Flugplätzen[1b)], die im überwiegenden Ausmaß für Zwecke

			der Militärluftfahrt genützt werden. Von lit. c und g ausgenommen sind weiters Vorhaben, die ausschließlich der Erhöhung der Flugsicherheit dienen.
Z 15	a) Neubau von Häfen, Kohle- oder Ölländen, die Schiffen mit einer Tragfähigkeit von mehr als 1 350 t zugänglich sind; b) Änderungen von Häfen durch Erweiterung der Wasserfläche oder Vertiefung jeweils um mindestens 25%; c) Neubau von Wasserstraßen, die Schiffen mit einer Tragfähigkeit von mehr als 1 350 t zugänglich sind.	d) Änderungen von Regulierungsbauten an Wasserstraßen mit einer Baulänge von mehr als 5 km;	e) Neubau von Häfen, Kohle- oder Ölländen in schutzwürdigen Gebieten der Kategorien A oder C; f) Änderungen von Häfen in schutzwürdigen Gebieten der Kategorien A oder C durch Erweiterung der Wasserfläche oder Vertiefung jeweils um mindestens 12,5%; g) Neubau von Wasserstraßen in schutzwürdigen Gebieten der Kategorien A oder C. h) Änderungen von Regulierungsbauten an Wasserstraßen in schutzwürdigen Gebieten der Kategorie A mit einer Baulänge von mehr als 2,5 km. Ausgenommen von lit. d und h sind Maßnahmen zur Verbesserung der ökologischen Funktionsfähigkeit der Gewässer (Renaturierungen) sowie Maßnahmen zur Instandhaltung.
Z 16	a) Starkstromfreileitungen mit einer Nennspannung von mindestens 220 kV und einer Länge von mindestens 15 km;	b) Änderungen von Starkstromfreileitungen mit einer Nennspannung von mindestens 110 kV auf Trassen einer bestehenden Starkstromfreileitung durch Erhöhung der Nennspannung, wenn diese über 25 %, aber nicht um mehr als 100 %, und die bestehende Leitungslänge um nicht mehr als 10 % erhöht werden;	c) Starkstromfreileitungen in schutzwürdigen Gebieten der Kategorien A oder B mit einer Nennspannung von mindestens 110 kV und einer Länge von mindestens 20 km. Berechnungsgrundlage für Änderungen (§ 3a Abs. 2 und 3) von lit. a und c ist die Leitungslänge.
Z 17		a) Freizeit- oder Vergnügungsparks [2)], Sportstadien oder Golfplätze mit einer Flächeninanspruchnahme von mindestens 10 ha oder mindestens 1 500 Stellplätzen für Kraftfahrzeuge;	b) Freizeit- oder Vergnügungsparks [2)], Sportstadien oder Golfplätze in schutzwürdigen Gebieten der Kategorien A oder D mit einer Flächeninanspruchnahme von mindestens 5 ha oder mindestens 750 Stellplätzen für Kraftfahrzeuge. c) Vorhaben nach lit. a und b und damit in Zusammenhang stehende Anlagen, die auf Grund von Vereinbarungen mit internationalen Organisationen für Großveranstaltungen (zB Olympische Spiele, Welt- oder Europameisterschaften, Formel 1-Rennen) errichtet, verändert oder erweitert werden, nach Durchführung einer Einzelfallprüfung gemäß § 3 Abs. 4a; Lit. a und b sind nicht anzuwenden, wenn die besonderen Voraussetzungen der lit. c vorliegen. Bei lit. a und b ist § 3a Abs. 5 mit der Maßgabe anzuwenden, dass die beantragte Änderung eine Kapazitätsausweitung von 25% des Schwellenwertes nicht erreichen muss.
Z 18		a) Industrie- oder Gewerbeparks [3)] mit einer Flächeninanspruchnahme von mindestens 25 ha; b) Neuerschließung für Städtebauvor-	c) Industrie- oder Gewerbeparks [3)] in schutzwürdigen Gebieten der Kategorien A oder D mit einer Flächeninanspruchnahme von min-

		haben mit einer Flächeninanspruchnahme von mindestens 15 ha und einer Bruttogeschoßfläche von mehr als 150 000 m²;	destens 10 ha; d) Neuerschließung für Städtebauvorhaben mit einer Flächeninanspruchnahme von mindestens 3,75 ha und einer Bruttogeschoßfläche von mehr als 37 500 m² nach Durchführung einer Einzelfallprüfung gemäß § 3 Abs. 4a; e) Bauvorhaben in UNESCO-Welterbestätten (Kernzone) mit einer Gesamthöhe[3a)] von mindestens 35 m und einer Bruttogeschoßfläche von mindestens 10 000 m², darunter sind auch Umbauten erfasst, sofern diese in einer Höhe von mindestens 35 m und mit einer neuen Bruttogeschoßfläche von mindestens 5 000 m² erfolgen; f) Neuerrichtung von Industrie- oder Gewerbeparks[3)] mit einer Inanspruchnahme von unversiegelten Flächen von mindestens 10 ha nach Durchführung einer Einzelfallprüfung gemäß § 3 Abs. 4a. Bei lit. b, d, e und f ist § 3 Abs. 2 nicht anzuwenden.
Z 19		a) Einkaufszentren [4)] mit einer Flächeninanspruchnahme von mindestens 10 ha oder mindestens 1 000 Stellplätzen für Kraftfahrzeuge; b) Logistikzentren[4.1)] mit einer Flächeninanspruchnahme von mindestens 10 ha;	c) Einkaufszentren [4)] in schutzwürdigen Gebieten der Kategorien A oder D mit einer Flächeninanspruchnahme von mindestens 5 ha oder mindestens 500 Stellplätzen für Kraftfahrzeuge; d) Neuerrichtung von Einkaufszentren[4)] mit einer Inanspruchnahme von unversiegelten Flächen von mindestens 5 ha nach Durchführung einer Einzelfallprüfung gemäß § 3 Abs. 4a; e) Logistikzentren[4.1)] in schutzwürdigen Gebieten der Kategorie A, D oder E mit einer Flächeninanspruchnahme von mindestens 5 ha; f) Neuerrichtung von Logistikzentren[4.1)] mit einer Inanspruchnahme von unversiegelten Flächen von mindestens 5 ha nach Durchführung einer Einzelfallprüfung gemäß § 3 Abs. 4a. Bei lit. d und f ist § 3 Abs. 2 nicht anzuwenden. Bei lit. a und c ist § 3a Abs. 5 mit der Maßgabe anzuwenden, dass die beantragte Änderung eine Kapazitätsausweitung von 25 % des Schwellenwertes nicht erreichen muss. § 3 Abs. 2 und § 3a Abs. 6 sind mit der Maßgabe anzuwenden, dass bei Vorhaben der lit. a andere Vorhaben mit bis zu 50 Stellplätzen für Kraftfahrzeuge, bei Vorhaben der lit. c andere Vorhaben mit bis zu 25 Stellplätzen für Kraftfahrzeuge unberücksichtigt bleiben.
Z 20		a) Beherbergungsbetriebe, wie Hotels oder Feriendörfer, samt Nebeneinrichtungen mit einer Bettenzahl	b) Beherbergungsbetriebe, wie Hotels oder Feriendörfer, samt Nebeneinrichtungen in schutzwürdigen Ge-

		von mindestens 500 Betten oder einer Flächeninanspruchnahme von mindestens 3 ha, außerhalb geschlossener Siedlungsgebiete;	bieten der Kategorien A oder B mit einer Bettenzahl von mindestens 250 Betten oder einer Flächeninanspruchnahme von mindestens 1 ha, außerhalb geschlossener Siedlungsgebiete. Bei Z 20 sind § 3 Abs. 2 und § 3a Abs. 6 mit der Maßgabe anzuwenden, dass bei Vorhaben der lit. a andere Vorhaben mit bis zu 25 Betten, bei Vorhaben der lit. b andere Vorhaben mit bis zu 13 Betten unberücksichtigt bleiben.
Z 21		a) Errichtung öffentlich zugänglicher Parkplätze oder Parkgaragen [4a] für Kraftfahrzeuge mit mindestens 1 500 Stellplätzen für Kraftfahrzeuge;	b) Errichtung öffentlich zugänglicher Parkplätze oder Parkgaragen [4a] für Kraftfahrzeuge in schutzwürdigen Gebieten der Kategorie A, B oder D mit mindestens 750 Stellplätzen für Kraftfahrzeuge; c) Neuerrichtung von Freiflächen-Parkplätzen, sofern für die Parkplatzfläche unversiegelte Flächen von mindestens 1 ha in Anspruch genommen werden, nach Durchführung einer Einzelfallprüfung gemäß § 3 Abs. 4a. Bei Z 21 sind § 3 Abs. 2 und § 3a Abs. 6 mit der Maßgabe anzuwenden, dass bei Vorhaben der lit. a andere Vorhaben mit bis zu 75 Stellplätzen für Kraftfahrzeuge, bei Vorhaben der lit. b andere Vorhaben mit bis zu 38 Stellplätzen für Kraftfahrzeuge unberücksichtigt bleiben. Bei lit. c ist § 3 Abs. 2 nicht anzuwenden.
Z 22		a) Sporthäfen (einschließlich Bojenfelder) mit mindestens 300 Liegeplätzen für Sportfahrzeuge;	b) Sporthäfen (einschließlich Bojenfelder) in schutzwürdigen Gebieten der Kategorie A mit mindestens 150 Liegeplätzen für Sportfahrzeuge.
Z 23		a) Campingplätze außerhalb geschlossener Siedlungsgebiete mit mindestens 500 Stellplätzen;	b) Campingplätze in schutzwürdigen Gebieten der Kategorie A mit mindestens 250 Stellplätzen, außerhalb geschlossener Siedlungsgebiete.
Z 24		a) Ständige Renn- oder Teststrecken für Kraftfahrzeuge ab 2 km Länge;	b) ständige Renn- oder Teststrecken für Kraftfahrzeuge in schutzwürdigen Gebieten der Kategorie A. c) die Wiedererrichtung, Erweiterung oder Adaption von Rennstrecken nach lit. a und b, die mindestens 20 Jahre bestehen oder Bestand gehabt haben, sowie Strecken nach lit. a und b zum Zweck der Fahr- und Sicherheitsqualitäts-checks von Fahrzeugherstellern, bei denen gesetzlich zwingend vorgeschriebene Sicherheitsüberprüfungen (Funktionstüchtigkeit, etwa von Lenkung, Bremsen), die einen integrierten Bestandteil des Produktionszyklus darstellen, durchgeführt werden, nach Durchführung einer Einzelfallprüfung gemäß § 3 Abs. 4a; Lit. a und b sind nicht anzuwenden, wenn die besonderen Voraussetzungen

			der lit. c vorliegen.
	Bergbau		
Z 25	a) Entnahme von mineralischen Rohstoffen im Tagbau (Lockergestein - Nass- oder Trockenbaggerung, Festgestein im Kulissenabbau mit Sturzschacht, Schlauchbandförderung oder einer in ihren Umweltauswirkungen gleichartigen Fördertechnik) oder Torfgewinnung mit einer Fläche [5)] von mindestens 20 ha; b) Erweiterungen einer Entnahme von mineralischen Rohstoffen im Tagbau (Lockergestein - Nass- oder Trockenbaggerung, Festgestein im Kulissenabbau mit Sturzschacht, Schlauchbandförderung oder einer in ihren Umweltauswirkungen gleichartigen Fördertechnik) oder einer Torfgewinnung, wenn die Fläche [5)] der in den letzten 10 Jahren bestehenden oder genehmigten Abbaue und der beantragten Erweiterung mindestens 20 ha und die zusätzliche Flächeninanspruchnahme [5)] mindestens 5 ha beträgt;		c) Entnahme von mineralischen Rohstoffen im Tagbau (Lockergestein - Nass- oder Trockenbaggerung, Festgestein im Kulissenabbau mit Sturzschacht, Schlauchbandförderung oder einer in ihren Umweltauswirkungen gleichartigen Fördertechnik) oder Torfgewinnung in schutzwürdigen Gebieten der Kategorien A oder E und für Nassbaggerung und Torfgewinnung auch Kategorie C, mit einer Fläche [5)] von mindestens 10 ha; d) Erweiterungen einer Entnahme von mineralischen Rohstoffen im Tagbau (Lockergestein - Nass- oder Trockenbaggerung, Festgestein im Kulissenabbau mit Sturzschacht, Schlauchbandförderung oder einer in ihren Umweltauswirkungen gleichartigen Fördertechnik) oder einer Torfgewinnung in schutzwürdigen Gebieten der Kategorien A oder E und für Nassbaggerung und Torfgewinnung auch Kategorie C, wenn die Fläche [5)] der in den letzten 10 Jahren bestehenden oder genehmigten Abbaue und der beantragten Erweiterung mindestens 10 ha und die zusätzliche Flächeninanspruchnahme [5)] mindestens 2,5 ha beträgt; Ausgenommen von Z 25 sind die unter Z 37 erfassten Tätigkeiten. § 3 Abs. 2 und § 3a Abs. 6 sind mit der Maßgabe anzuwenden, dass die Summe der Flächen[5)] der in den letzten 10 Jahren bestehenden oder genehmigten Abbaue einschließlich der beantragten Kapazitätsausweitung heranzuziehen ist.
Z 26	a) Entnahme von mineralischen Rohstoffen im Tagbau (Festgestein) mit einer Fläche [5)] von mindestens 10 ha; b) Erweiterungen einer Entnahme von mineralischen Rohstoffen im Tagbau (Festgestein), wenn die Fläche [5)] der in den letzten zehn Jahren bestehenden oder genehmigten Abbaue und der beantragten Erweiterung mindestens 13 ha und die zusätzliche Flächeninanspruchnahme [5)] mindestens 3 ha beträgt;		c) Entnahme von mineralischen Rohstoffen im Tagbau (Festgestein) in schutzwürdigen Gebieten der Kategorie A oder E mit einer Fläche [5)] von mindestens 5 ha; d) Erweiterungen einer Entnahme von mineralischen Rohstoffen im Tagbau (Festgestein) in schutzwürdigen Gebieten der Kategorie A oder E, wenn die Fläche [5)] der in den letzten zehn Jahren bestehenden oder genehmigten Abbaue und der beantragten Erweiterung mindestens 7,5 ha und die zusätzliche Flächeninanspruchnahme [5)] mindestens 1,5 ha beträgt. § 3 Abs. 2 und § 3a Abs. 6 sind mit der Maßgabe anzuwenden, dass die Summe der Flächen[5)] der in den letzten 10 Jahren bestehenden oder genehmigten Abbaue einschließlich der beantragten Kapazitätsausweitung heranzuziehen ist.

Z 27	a) Untertagebau mit einer Flächeninanspruchnahme für zusammenhängende obertägige Anlagen und Betriebseinrichtungen von mindestens 10 ha;		b) Untertagebau in schutzwürdigen Gebieten der Kategorie A mit einer Flächeninanspruchnahme für zusammenhängende obertägige Anlagen und Betriebseinrichtungen von mindestens 5 ha. c) Bergbauabfallentsorgungsanlagen der Kategorie A (§ 119a Abs. 1 Z 1 MinroG) in schutzwürdigen Gebieten der Kategorie A mit einer Flächeninanspruchnahme von mindestens 5 ha.
Z 28	a) Hydromechanisches Aufbrechen („Frac-Behandlung") von Gesteinsschichten bei unkonventionellen Erdöl- oder Erdgasvorkommen;		b) Neuerrichtung von Anlagen für Tiefbohrungen ab 1 000 m Teufe auf einer obertägigen Gesamtfläche von mindestens 1,5 ha in schutzwürdigen Gebieten der Kategorie A. Berechnungsgrundlage für Änderungen der lit. a (§ 3a Abs. 3) ist die Förderkapazität an Erdöl oder Erdgas in Tonnen bzw. Kubikmeter.
Z 29	a) Förderung von Erdöl oder Erdgas mit einer Kapazität von mindestens 500 t/d bei Erdöl und von mindestens 500 000 m^3/d bei Erdgas; b) Gewinnungsstationen des Kohlenwasserstoffbergbaus mit einer Verarbeitungskapazität von mindestens 2 000 t/d bei Erdöl und von mindestens 2 000 000 m^3/d bei Erdgas; oder		c) Förderung von Erdöl Erdgas in schutzwürdigen Gebieten der Kategorie A mit einer Kapazität von mindestens 250 t/d bei Erdöl und von mindestens 250 000 m^3/d bei Erdgas; d) Gewinnungsstationen des Kohlenwasserstoffbergbaus in schutzwürdigen Gebieten der Kategorie A mit einer Verarbeitungskapazität von mindestens 750 t/d bei Erdöl und von mindestens 1 000 000 m^3/d bei Erdgas. (Mengen bzw. Volumenangaben bei atmosphärischem Druck.)
Z 29a	Speicherstätten zur geologischen Speicherung von Kohlenstoffdioxid, sofern sie nicht vom Bundesgesetz über das Verbot der geologischen Speicherung von Kohlenstoffdioxid, BGBl. I Nr. 144/2011, verboten sind. Ausgenommen sind Speicherstätten mit einem geplanten Gesamtspeichervolumen von weniger als 100 000 t zu Forschungszwecken oder zur Entwicklung oder Erprobung neuer Produkte und Verfahren.		
	Wasserwirtschaft		
Z 30	a) Wasserkraftanlagen (Talsperren, Flussstaue, Ausleitungen) mit einer Engpassleistung von mindestens 15 MW; b) Wasserkraftanlagen (Talsperren, Flussstaue, Ausleitungen) mit einer Engpassleistung von mindestens 10 MW, wenn die Rückstaulänge, berechnet auf Basis des mittleren Durchflusses (MQ), das 20-fache der Gewässerbreite, gemessen in der Achse der Wehranlage, erreicht; c) Wasserkraftanlagen (Talsperren, Flussstaue, Ausleitungen) in Kraftwerksketten. Kraftwerkskette		d) Neubau von Wasserkraftanlagen (Talsperren, Flussstaue, Ausleitungen) in schutzwürdigen Gebieten der Kategorie A oder B mit einer Engpassleistung von mindestens 2 MW. Ausgenommen von Z 30 sind technische Maßnahmen zur Erhöhung der Engpassleistung oder zur sonstigen Effizienzsteigerung an bestehenden Anlagen, die keine Auswirkungen auf die Restwasserstrecke, die Unterliegerstrecke oder die Stauraumlänge in Folge einer Erhöhung des Stauzieles haben, sowie alle Maßnahmen, die zur Herstellung der Durchgängigkeit

	ist eine Aneinanderreihung von zwei oder mehreren Wasserkraftanlagen mit einer Engpassleistung von je mindestens 2 MW ohne ausreichenden Mindestabstand[7)] zwischen den Wehranlagen im Fischlebensraum;		vorgenommen werden. Bei lit. b) und c) sind § 3 Abs. 2 und § 3a Abs. 6 nicht anzuwenden. Bei lit. d ist § 3 Abs. 2 nicht anzuwenden.
Z 31		a) Stauwerke und sonstige Anlagen zur Zurückhaltung oder dauerhaften Speicherung von Wasser, in denen über 10 000 000 m^3 Wasser neu oder zusätzlich zurückgehalten oder gespeichert werden;	b) Stauwerke und sonstige Anlagen zur Zurückhaltung oder dauerhaften Speicherung von Wasser in schutzwürdigen Gebieten der Kategorie A mit einer Speicherkapazität von mindestens 2 000 000 m^3.
Z 32		a) Grundwasserentnahme- oder künstliche Grundwasseranreicherungsprojekte mit einem jährlichen Entnahme- oder Anreicherungsvolumen von mindestens 10 000 000 m^3; (Anm.: lit. c aufgehoben durch BGBl. I Nr. 87/2009)	b) Grundwasserentnahme- oder künstliche Grundwasseranreicherungsprojekte in gemäß § 55f i.V.m. § 55g WRG 1959 zur Erreichung des guten mengenmäßigen Zustandes im Grundwasser ausgewiesenen Gebieten, mit einem jährlichen Entnahme- oder Anreicherungsvolumen von mindestens 5 000 000 m^3.
Z 33			Neuerrichtung von Anlagen für Tiefbohrungen im Zusammenhang mit der Wasserversorgung ab 1 000 m Teufe auf einer obertägigen Gesamtfläche von mindestens 1,5 ha in schutzwürdigen Gebieten der Kategorien A oder C.
Z 34			Wasserfernleitungen mit einer Länge von mindestens 100 km in schutzwürdigen Gebieten der Kategorie C.
Z 35		a) Neubau von Anlagen zur Bodenentwässerung mit einer Fläche von mindestens 30 ha;	b) Neubau von Anlagen zur Bodenentwässerung in schutzwürdigen Gebieten der Kategorie A oder in gemäß § 55f i.V.m. § 55g WRG 1959 zur Erreichung des guten mengenmäßigen Zustandes im Grundwasser ausgewiesenen Gebieten, mit einer Fläche von mindestens 15 ha. Bei Z 35 lit. a und b ist § 3 Abs. 2 zweiter Satz mit der Maßgabe anzuwenden, dass gleichartige Vorhaben zu berücksichtigen sind, sofern sie nach Inkrafttreten des Bundesgesetzes BGBl. I Nr. 26/2023 beantragt oder genehmigt wurden. Ausgenommen von Z 35 sind Maßnahmen im Zuge von Verkehrsinfrastrukturvorhaben, nach Katastrophenfällen oder zur Beseitigung von Gefahrenbereichen.
Z 36		a) Anlagen zur Bodenbewässerung mit einer jährlichen Bewässerungsfläche von mindestens 2 500 ha.	b) Anlagen zur Bodenbewässerung in gemäß § 55f i.V.m. § 55g WRG 1959 zur Erreichung des guten mengenmäßigen Zustandes im Grundwasser ausgewiesenen Gebieten sowie in Gebieten, für die gemäß § 55g Abs. 1 Z 4 WRG 1959 zur Erreichung eines guten chemischen Zustandes Programme gemäß § 33f Abs. 4 und 6 WRG 1959 erlassen worden sind, mit einer Fläche von mindestens 1 000 ha.
Z 37			Gewinnung von mineralischen Roh-

			stoffen durch Baggerung in einem Fluss in schutzwürdigen Gebieten der Kategorie A mit einer Entnahmemenge von mehr als insgesamt 400 000 m³ oder mehr als 100 000 m³/a, ausgenommen flussbauliche Erhaltungsmaßnahmen an diesem Fluss.
(Anm.: Z 38 aufgehoben durch BGBl. I Nr. 153/2004)			
Z 39	a) Bauvorhaben zur Umleitung von Wasserressourcen von einem Flusseinzugsgebiet in ein anderes, wenn durch die Umleitung Wassermangel verhindert werden soll und mehr als 100 000 000 m³/a an Wasser umgeleitet werden; b) andere Bauvorhaben zur Umleitung von Wasserressourcen von einem Flusseinzugsgebiet in ein anderes, wenn der langjährige durchschnittliche Wasserdurchfluss des Flusseinzugsgebiets, dem Wasser entnommen wird, 2 000 000 000 m³/a übersteigt und mehr als 5% dieses Durchflusses umgeleitet werden;		c) Bauvorhaben zur Umleitung von Wasserressourcen von einem Flusseinzugsgebiet in ein anderes in schutzwürdigen Gebieten der Kategorie A, wenn durch die Umleitung Wassermangel verhindert werden soll und mehr als 25 000 000 m³/a an Wasser umgeleitet werden; von Z 39 ausgenommen sind Bauvorhaben zur Umleitung von Wasserressourcen zur Trinkwasserversorgung.
Z 40		a) Abwasserreinigungsanlagen mit einem Bemessungswert von mindestens 150 000 Einwohnerwerten [10)];	b) Abwasserreinigungsanlagen in schutzwürdigen Gebieten der Kategorien A oder C mit einem Bemessungswert von mehr als 100 000 Einwohnerwerten [10)], wenn die Bemessungswassermenge der Abwasserreinigungsanlage größer ist als Q95% des Vorfluters an der Einleitungsstelle.
Z 41		a) Anlegung oder Verlegung von Fließgewässern mit einem mittleren Durchfluss (MQ) von mehr als 1 m³/s auf einer Baulänge von mindestens 3 km;	b) Anlegung oder Verlegung von Fließgewässern in schutzwürdigen Gebieten der Kategorie A mit einem mittleren Durchfluss (MQ) von mehr als 0,5 m³/s auf einer Baulänge von mindestens 1,5 km. Ausgenommen von Z 41 sind Maßnahmen zur Verbesserung der ökologischen Funktionsfähigkeit der Gewässer (Renaturierungen).
Z 42		a) Neubau von Schutz- und Regulierungsbauten mit einer Baulänge von mehr als 5 km an Fließgewässern mit einem mittleren Durchfluss (MQ) von mehr als 5 m³/s; b) Änderungen von Schutz- und Regulierungsbauten mit einer Baulänge von mehr als 5 km an Fließgewässern mit einem mittleren Durchfluss (MQ) von mehr als 5 m³/s, bei denen das Bemessungshochwasser (HQn) erhöht wird;	c) Neubau von Schutz- und Regulierungsbauten in schutzwürdigen Gebieten der Kategorie A mit einer Baulänge von mehr als 2,5 km an Fließgewässern mit einem mittleren Durchfluss (MQ) von mehr als 2,5 m³/s; d) Änderungen von Schutz- und Regulierungsbauten in schutzwürdigen Gebieten der Kategorie A mit einer Baulänge von mehr als 2,5 km an Fließgewässern mit einem mittleren Durchfluss (MQ) von mehr als 2,5 m³/s, bei denen das Bemessungshochwasser (HQn) erhöht wird. Ausgenommen von Z 42 sind Maßnahmen zur Verbesserung der ökologischen Funktionsfähigkeit der Gewässer (Renaturierungen) sowie Maßnahmen zur Instandhaltung. § 3a Abs. 1 Z 1 ist nicht anzuwenden.

	Land- und Forstwirtschaft		
Z 43		a) Anlagen zum Halten oder zur Aufzucht von Tieren ab folgender Größe: 48 000 Legehennen-, Junghennen-, Masttelterntier- oder Truthühnerplätze 65 000 Mastgeflügelplätze 2 500 Mastschweineplätze 700 Sauenplätze 500 Rinderplätze (für Rinder über ein Jahr alt);	b) Anlagen zum Halten oder zur Aufzucht von Tieren in schutzwürdigen Gebieten der Kategorie C oder E oder in Beobachtungsgebieten oder voraussichtlichen Maßnahmengebieten gemäß § 33f WRG 1959, ab folgender Größe: 40000 Legehennen-, Junghennen-, Mastelterntier- oder Truthühnerplätze 42500 Mastgeflügelplätze 1400 Mastschweineplätze 450 Sauenplätze 300 Rinderplätze (für Rinder über ein Jahr alt). Betreffend lit. a und b gilt: Bei gemischten Beständen werden die Prozentsätze der jeweils erreichten Platzzahlen addiert, ab einer Summe von 100% ist eine UVP bzw. eine Einzelfallprüfung durchzuführen; Bestände bis 5% der jeweiligen Platzzahlen innerhalb eines Vorhabens bleiben unberücksichtigt.
Z 44		a) Intensive Fischzucht [12] mit einer Produktionskapazität von mindestens 300 t/a;	b) intensive Fischzucht [12] in schutzwürdigen Gebieten der Kategorie A mit einer Produktionskapazität von mindestens 150 t/a. Ausgenommen von Z 44 sind Fischhaltungen in geschlossenen Bauwerken an Land, die als geschlossene Kreislaufanlagen ausgestaltet sind und bei welchen die tägliche Frischwasserzufuhr nicht größer ist als 2% Prozent des für die Tierhaltung verwendeten Wasservolumens der Anlage.
Z 45		a) Umwandlung von Ödland [13] oder naturnahen Flächen für Zwecke der intensiven Landwirtschaftsnutzung [14] mit einer Fläche von mindestens 70 ha;	b) Umwandlung von Ödland [13] der naturnahen Flächen für Zwecke der intensiven Landwirtschaftsnutzung [14] in schutzwürdigen Gebieten der Kategorie A mit einer Fläche von mindestens 35 ha; sofern für Vorhaben dieser Ziffer nicht die entsprechenden landesrechtlichen Bestimmungen der Bodenreform zur Anwendung kommen.
Z 46		a) Rodungen [14a] auf einer Fläche von mindestens 20 ha; b) Erweiterungen von Rodungen [14a], wenn das Gesamtausmaß der in den letzten zehn Jahren genehmigten Flächen [15] und der beantragten Erweiterung mindestens 20 ha und die zusätzliche Flächeninanspruchnahme mindestens 5 ha beträgt; c) Trassenaufhiebe[14b] auf einer Fläche von mindestens 50 ha; d) Erweiterungen von Trassenaufhieben[14b], wenn das Gesamtausmaß der in den letzten zehn Jahren genehmigten Flächen und der beantragten Erweiterung mindestens 50 ha und die zusätzliche Flä-	e) Erstaufforstungen mit nicht standortgerechten Holzarten in schutzwürdigen Gebieten der Kategorie A auf einer Fläche von mindestens 15 ha; f) Erweiterungen von Erstaufforstungen mit nicht standortgerechten Holzarten in schutzwürdigen Gebieten der Kategorie A, wenn das Gesamtausmaß der in den letzten zehn Jahren genehmigten Flächen und der beantragten Erweiterung mindestens 15 ha und die zusätzliche Flächeninanspruchnahme mindestens 3,5 ha beträgt; g) Rodungen [14a] in schutzwürdigen Gebieten der Kategorie A auf einer Fläche von mindestens 10 ha;

		cheninanspruchnahme mindestens 12,5 ha beträgt;	h) Erweiterungen von Rodungen [14a] in schutzwürdigen Gebieten der Kategorie A, wenn das Gesamtausmaß der in den letzten zehn Jahren genehmigten Flächen [15] und der beantragten Erweiterung mindestens 10 ha und die zusätzliche Flächeninanspruchnahme mindestens 2,5 ha beträgt; i) Trassenaufhiebe[14b] in schutzwürdigen Gebieten der Kategorie A auf einer Fläche von mindestens 25 ha; j) Erweiterungen von Trassenaufhieben[14b] in schutzwürdigen Gebieten der Kategorie A, wenn das Gesamtausmaß der in den letzten zehn Jahren genehmigten Flächen und der beantragten Erweiterung mindestens 25 ha und die zusätzliche Flächeninanspruchnahme mindestens 6,25 ha beträgt; sofern für Vorhaben dieser Ziffer nicht die entsprechenden landesrechtlichen Bestimmungen der Bodenreform zur Anwendung kommen. Ausgenommen von Z 46 sind Maßnahmen zur Verbesserung der ökologischen Funktionsfähigkeit der Gewässer (Renaturierungen) sowie alle Maßnahmen, die zur Herstellung der Durchgängigkeit vorgenommen werden. Bei Z 46 sind § 3 Abs. 2 und § 3a Abs. 6 mit der Maßgabe anzuwenden, dass die Summe der Kapazitäten, die innerhalb der letzten 10 Jahre genehmigt wurden, einschließlich der beantragten Kapazitätsausweitung heranzuziehen ist sowie, dass bei Vorhaben der lit. a und b andere Vorhaben mit bis zu 1 ha, bei Vorhaben der lit. c und d andere Vorhaben mit bis zu 2,5 ha, bei Vorhaben der lit. e bis h andere Vorhaben mit bis zu 0,5 ha und bei Vorhaben der lit. i und j andere Vorhaben mit bis zu 1,25 ha unberücksichtigt bleiben.. Beinhaltet ein Vorhaben sowohl Rodungen als auch Trassenaufhiebe, so werden die Prozentsätze der jeweils erreichten Flächeninanspruchnahmen addiert, ab einer Summe von 100 % ist eine UVP bzw. eine Einzelfallprüfung durchzuführen..
	[Sonstige Anlagen]		
Z 47		a) Neuerrichtung von integrierten chemischen Werken, dh. Anlagen zur industriellen Herstellung von Stoffen durch chemische Umwandlung [16], die mindestens mit einer weiteren derartigen Anlage in einem Verbund in funktioneller Hinsicht [17] stehen; b) Erweiterung eines integrierten chemischen Werkes durch Neuerrichtung von Anlagen zur industriellen Herstellung von Stoffen durch chemische Umwandlung [16], die mit einem bestehenden inte-	

		grierten chemischen Werk in einem Verbund in funktioneller Hinsicht [17)] stehen [18)].	
Z 48		a) Anlagen zur Herstellung von organischen Grundchemikalien durch chemische Umwandlung, insbesondere – zur Herstellung von einfachen Kohlenwasserstoffen (lineare oder ringförmige, gesättigte oder ungesättigte, aliphatische oder aromatische), – zur Herstellung von sauerstoffhaltigen Kohlenwasserstoffen, wie Alkohole, Aldehyde, Ketone, Carbonsäuren, Ester, Acetate, Ether, Peroxide, Epoxide, – zur Herstellung schwefelhaltiger Kohlenwasserstoffe, – zur Herstellung stickstoffhaltiger Kohlenwasserstoffe, insbesondere Amine, Amide, Nitrose-, Nitro- oder Nitratverbindungen, Nitrile, Cyanate, Isocyanate, – zur Herstellung phosphorhaltiger Kohlenwasserstoffe, – zur Herstellung halogenhaltiger Kohlenwasserstoffe, – zur Herstellung von Tensiden, – zur Herstellung von metallorganischen Verbindungen, – zur Herstellung von anderen organischen Grundchemikalien mit mehr als einem Heteroatomtyp, mit einer Produktionskapazität von mehr als 150 000 t/a [19)];	b) Anlagen zur Herstellung von organischen Grundchemikalien durch chemische Umwandlung, insbesondere – zur Herstellung von einfachen Kohlenwasserstoffen (lineare oder ringförmige, gesättigte oder ungesättigte, aliphatische oder aromatische), – zur Herstellung von sauerstoffhaltigen Kohlenwasserstoffen, wie Alkohole, Aldehyde, Ketone, Carbonsäuren, Ester, Acetate, Ether, Peroxide, Epoxide, – zur Herstellung schwefelhaltiger Kohlenwasserstoffe, – zur Herstellung stickstoffhaltiger Kohlenwasserstoffe, insbesondere Amine, Amide, Nitrose-, Nitro- oder Nitratverbindungen, Nitrile, Cyanate, Isocyanate, – zur Herstellung phosphorhaltiger Kohlenwasserstoffe, – zur Herstellung halogenhaltiger Kohlenwasserstoffe, – zur Herstellung von Tensiden, – zur Herstellung von metallorganischen Verbindungen, – zur Herstellung von anderen organischen Grundchemikalien mit mehr als einem Heteroatomtyp, in schutzwürdigen Gebieten der Kategorien C oder D mit einer Produktionskapazität von mehr als 75 000 t/a[19)].
Z 49		a) Anlagen zur Herstellung von anorganischen Grundchemikalien durch chemische Umwandlung, insbesondere – zur Herstellung von Gasen, wie Ammoniak, Chlor und Chlorwasserstoff, Fluor und Fluorwasserstoff, Kohlenstoffoxiden, Schwefelverbindungen, Stickstoffoxiden, Wasserstoff, Schwefeldioxid, Phosgen, – zur Herstellung von Säuren, wie Chromsäure, Flusssäure, Phosphorsäure, Salpetersäure, Salzsäure, Schwefelsäure, Oleum, schwefelige Säure, – zur Herstellung von Basen wie Ammoniumhydroxid, – zur Herstellung von Wasserstoffperoxid, – mittels Chlor-Alkali-Elektrolyse, – zur Herstellung von Salzen, wie Ammoniumchlorid, Kaliumchlorat, Kaliumkarbonat, Natriumkarbonat, Perborat, Silbernitrat, – zur Herstellung von Nichtmetallen oder Metalloxiden,	b) Anlagen zur Herstellung von anorganischen Grundchemikalien durch chemische Umwandlung, insbesondere – zur Herstellung von Gasen, wie Ammoniak, Chlor und Chlorwasserstoff, Fluor und Fluorwasserstoff, Kohlenstoffoxiden, Schwefelverbindungen, Stickstoffoxiden, Wasserstoff, Schwefeldioxid, Phosgen, – zur Herstellung von Säuren, wie Chromsäure, Flusssäure, Phosphorsäure, Salpetersäure, Salzsäure, Schwefelsäure, Oleum, schwefelige Säure, – zur Herstellung von Basen wie Ammoniumhydroxid, – zur Herstellung von Wasserstoffperoxid, – mittels Chlor-Alkali-Elektrolyse, – zur Herstellung von Salzen, wie Ammoniumchlorid, Kaliumchlorat, Kaliumkarbonat, Natriumkarbonat, Perborat, Silbernitrat, – zur Herstellung von Nichtmetallen oder Metalloxiden,

		mit einer Produktionskapazität von mehr als 150 000 t/a [19];	in schutzwürdigen Gebieten der Kategorien C oder D mit einer Produktionskapazität von mehr als 75 000 t/a[19].
Z 50		a) Anlagen zur Herstellung von Wirkstoffen für Pflanzenschutzmittel oder Biozide mit einer Produktionskapazität von mehr als 5 000 t/a; b) Anlagen, in denen Pflanzenschutzmittel oder Biozide oder ihre Wirkstoffe gemahlen oder maschinell gemischt, abgepackt oder umgefüllt werden, mit einer Produktionskapazität von mehr als 10 000 t/a;	c) Anlagen zur Herstellung von Wirkstoffen für Pflanzenschutzmittel oder Biozide in schutzwürdigen Gebieten der Kategorie C mit einer Produktionskapazität von mehr als 2 500 t/a; d) Anlagen, in denen Pflanzenschutzmittel oder Biozide oder ihre Wirkstoffe gemahlen oder maschinell gemischt, abgepackt oder umgefüllt werden, in schutzwürdigen Gebieten der Kategorie C mit einer Produktionskapazität von mehr als 5 000 t/a.
Z 51		a) Anlagen zur Herstellung von Wirkstoffen für Arzneimittel unter Verwendung eines chemischen oder biologischen Verfahrens mit einer Produktionskapazität von mehr als 5 000 t/a;	b) Anlagen zur Herstellung von Wirkstoffen für Arzneimittel unter Verwendung eines chemischen oder biologischen Verfahrens in schutzwürdigen Gebieten der Kategorie C mit einer Produktionskapazität von mehr als 2 500 t/a.
Z 52		a) Anlagen zur Herstellung von organischen Feinchemikalien durch chemische Umwandlung, insbesondere – zur Herstellung von aromatischen Verbindungen, – zur Herstellung von organischen Farbmitteln, – zur Herstellung von Duftstoffen, – zur Herstellung von Polymer- und Beschichtungsstoff-Additiven, soweit nicht durch Z 57 erfasst, mit einer Produktionskapazität von mehr als 50 000 t/a;	b) Anlagen zur Herstellung von organischen Feinchemikalien durch chemische Umwandlung, insbesondere – zur Herstellung von aromatischen Verbindungen, – zur Herstellung von organischen Farbmitteln, – zur Herstellung von Duftstoffen, – zur Herstellung von Polymer- und Beschichtungsstoff-Additiven, soweit nicht durch Z 57 erfasst, in schutzwürdigen Gebieten der Kategorie C mit einer Produktionskapazität von mehr als 25 000 t/a.
Z 53		a) Anlagen zur Herstellung von anorganischen Feinchemikalien durch chemische Umwandlung, insbesondere – zur Herstellung von Kalziumkarbid, Silizium, Siliziumkarbid oder Pigmenten, soweit nicht durch Z 57 erfasst, mit einer Produktionskapazität von mehr als 50 000 t/a;	b) Anlagen zur Herstellung von anorganischen Feinchemikalien durch chemische Umwandlung, insbesondere – zur Herstellung von Kalziumkarbid, Silizium, Siliziumkarbid oder Pigmenten, soweit nicht durch Z 57 erfasst, in schutzwürdigen Gebieten der Kategorie C mit einer Produktionskapazität von mehr als 25 000 t/a.
Z 54		a) Anlagen zur Herstellung von phosphor-, stickstoff- oder kaliumhaltigen Düngemitteln (Einnährstoff- oder Mehrstoffdünger) mit einer Produktionskapazität von mehr als 150 000 t/a;	b) Anlagen zur Herstellung von phosphor-, stickstoff- oder kaliumhaltigen Düngemitteln (Einnährstoff- oder Mehrstoffdünger) in schutzwürdigen Gebieten der Kategorien C oder D mit einer Produktionskapazität von mehr als 75 000 t/a.
Z 55		a) Anlagen zur Herstellung von Polymeren (Kunststoffen, Kunstharzen, Chemiefasern) oder zur Herstellung oder zur Verarbeitung von synthetischen Kautschuken oder Elastomeren mit einer Produktionskapazität von mehr als	b) Anlagen zur Herstellung von Polymeren (Kunststoffen, Kunstharzen, Chemiefasern) oder zur Herstellung oder zur Verarbeitung von synthetischen Kautschuken oder Elastomeren in schutzwürdigen Gebieten der Kategorien C

		150 000 t/a;	oder D mit einer Produktionskapazität von mehr als 75 000 t/a.
Z 56		Anlagen zur Herstellung von Biotreibstoffen durch chemische Umwandlung mit einer Produktionskapazität von mehr als 100 000 t/a.	
Z 57		a) Anlagen zur Herstellung organischer oder anorganischer Feinchemikalien in Mehrzweck- oder Mehrproduktanlagen [20] mit einer Produktionskapazität von mehr als 15 000 t/a; b) Anlagen zur Herstellung von Wirkstoffen für Arzneimittel, Pflanzenschutzmittel oder Biozide in Mehrzweck- oder Mehrproduktanlagen [20] mit einer Produktionskapazität von mehr als 5 000 t/a;	c) Anlagen zur Herstellung organischer oder anorganischer Feinchemikalien in Mehrzweck- oder Mehrproduktanlagen[20] in schutzwürdigen Gebieten der Kategorie C mit einer Produktionskapazität von mehr als 7 500 t/a; d) Anlagen zur Herstellung von Wirkstoffen für Arzneimittel, Pflanzenschutzmittel oder Biozide in Mehrzweck- oder Mehrproduktanlagen[20] in schutzwürdigen Gebieten der Kategorie C mit einer Produktionskapazität von mehr als 2 500 t/a.
Z 58		Anlagen zur industriellen Herstellung, Bearbeitung, Verarbeitung, Wiedergewinnung oder Vernichtung von Explosivstoffen.	
Z 59		a) Neuerrichtung von Anlagen für Arbeiten (beabsichtigte Verwendung gemäß § 1 Abs. 3 VbA, BGBl. II Nr. 237/1998) mit biologischen Arbeitsstoffen der Risikogruppen 3 oder 4 (§ 40 Abs. 5 Z 3 und 4 ASchG, BGBl. Nr. 450/1994), die für Produktionszwecke bestimmt sind und ein Arbeitsvolumen von mehr als 10 l aufweisen; b) Neuerrichtung von Anlagen für Arbeiten mit gentechnisch veränderten Mikroorganismen ab der Sicherheitsstufe 3 (§ 5 Z 3 GTG, BGBl. Nr. 510/1994) in großem Maßstab (§ 4 Z 11 GTG, BGBl. Nr. 510/1994).	
Z 60		a) Anlagen zur Herstellung von Zellstoff, Zellulose oder Holzstoff, ausgenommen Holzschliff; b) Anlagen zur Herstellung von Holzschliff mit einer Produktionskapazität von mehr als 100 000 t/a;	c) Anlagen zur Herstellung von Holzschliff in schutzwürdigen Gebieten der Kategorie C mit einer Produktionskapazität von mehr als 50 000 t/a.
Z 61		a) Anlagen zur Herstellung von Papier, Pappe oder Karton mit einer Produktionskapazität von mehr als 200 t/d oder 72 000 t/a; b) sonstige Anlagen zur Verarbeitung von Zellstoff oder Zellulose mit einer Produktionskapazität von mehr als 100 000 t/a;	c) Anlagen zur Herstellung von Papier, Pappe oder Karton in schutzwürdigen Gebieten der Kategorie C mit einer Produktionskapazität von mehr als 100 t/d oder 36 000 t/a; d) sonstige Anlagen zur Verarbeitung von Zellstoff oder Zellulose in schutzwürdigen Gebieten der Kategorien C oder D mit einer Produktionskapazität von mehr als 75 000 t/a.
Z 62		a) Anlagen zur Vorbehandlung, wie Bleichen, Waschen, Mercerisieren, oder zum Färben von Fasern oder Textilien mit einer Verarbeitungs-	b) Anlagen zur Vorbehandlung wie Bleichen, Waschen, Mercerisieren oder zum Färben von Fasern oder Textilien in schutzwürdigen Ge-

		kapazität von mehr als 20 000 t/a;	bieten der Kategorie C mit einer Verarbeitungskapazität von mehr als 10 000 t/a.
Z 63		a) Anlagen zum Gerben von Tierhäuten oder Tierfellen mit einer Verarbeitungskapazität von mehr als 20 000 t/a;	b) Anlagen zum Gerben von Tierhäuten oder Tierfellen in schutzwürdigen Gebieten der Kategogorie E mit einer Verarbeitungskapazität von mehr als 10 000 t/a.
Z 64		a) Neuerrichtung von integrierten Hüttenwerken [21)] zur Herstellung von Roheisen oder Rohstahl; b) Anlagen zum Rösten und Sintern von Erzen; c) Anlagen zur Herstellung von Roheisen oder Rohstahl mit einer Produktionskapazität von mehr als 500 000 t/a; d) Anlagen zur Verarbeitung von Eisenmetallen (Warmwalzen, Schmieden mit Hämmern) mit einer Produktionskapazität von mehr als 500 000 t/a;	e) Anlagen zur Herstellung von Roheisen oder Rohstahl in schutzwürdigen Gebieten der Kategorie D mit einer Produktionskapazität von mehr als 375.000 t/a; f) Anlagen zur Verarbeitung von Eisenmetallen (Warmwalzen, Schmieden mit Hämmern) in schutzwürdigen Gebieten der Kategorie D mit einer Produktionskapazität von mehr als 375.000 t/a.
Z 65		Anlagen zur Gewinnung von Nichteisenrohmetallen aus Erzen, Konzentraten oder sekundären Rohstoffen durch metallurgische, chemische oder elektrolytische Verfahren.	
Z 66		a) Eisenmetallgießereien mit einer Produktionskapazität von mehr als 100 000 t/a; b) Nichteisenmetallgießereien oder Anlagen zum Schmelzen von Nichteisenmetallen einschließlich Legierungen, darunter auch Wiedergewinnungsprodukte (Raffination) mit einer Produktionskapazität von mehr als 50 000 t/a;	c) Eisenmetallgießereien in schutzwürdigen Gebieten der Kategorie D mit einer Produktionskapazität von mehr als 50 000 t/a; d) Nichteisenmetallgießereien oder Anlagen zum Schmelzen von Nichteisenmetallen einschließlich Legierungen, darunter auch Wiedergewinnungsprodukte (Raffination) in schutzwürdigen Gebieten der Kategorie D mit einer Produktionskapazität von mehr als 25 000 t/a.
Z 67		a) Anlagen zur Oberflächenbehandlung von Metallen oder Kunststoffen durch ein elektrolytisches oder chemisches Verfahren mit einem Jahresverbrauch von mehr als 3 000 t an Beschichtungsstoffen, im Fall der Aufbringung von schmelzflüssigen metallischen Schutzschichten auf Metalloberflächen mit einem Jahresverbrauch von mehr als 15 000 t an Beschichtungsstoffen;	b) Anlagen zur Oberflächenbehandlung von Metallen oder Kunststoffen durch ein elektrolytisches oder chemisches Verfahren in schutzwürdigen Gebieten der Kategorie C mit einem Jahresverbrauch von mehr als 1 500 t an Beschichtungsstoffen, im Fall der Aufbringung von schmelzflüssigen metallischen Schutzschichten auf Metalloberflächen in schutzwürdigen Gebieten der Kategorie D mit einem Jahresverbrauch von mehr als 7 500 t an Beschichtungsstoffen.
Z 68		a) Anlagen zu Bau und Montage von Kraftfahrzeugen mit einer Produktionskapazität von mehr als 200 000 Stück/a; b) Anlagen zum Bau von Kfz-Motoren mit einer Produktionskapazität von mehr als 600 000 Stück/a;	c) Anlagen zu Bau und Montage von Kraftfahrzeugen in schutzwürdigen Gebieten der Kategorie D mit einer Produktionskapazität von mehr als 100 000 Stück/a; d) Anlagen zum Bau von Kfz-Motoren in schutzwürdigen Gebieten der Kategorie D mit einer Produktionskapazität von mehr als 450 000 Stück/a.
Z 69		Schiffswerften mit einer Slipanlage	

		von mehr als 150 m Länge.	
Z 70		a) Anlagen für den Bau von Luftfahrzeugen mit einem maximal zulässigen Abfluggewicht von mindestens 50 t;	b) Anlagen für die Instandsetzung von Luftfahrzeugen mit einem maximal zulässigen Abfluggewicht von mindestens 50 t in schutzwürdigen Gebieten der Kategorie E. Berechnungsgrundlage (§ 3a Abs. 3) für Änderungen ist die bescheidmäßig genehmigte Hangarfläche in ha.
Z 71		Anlagen für den Bau von schienengebundenen Fahrzeugen mit einer Produktionskapazität von mehr als 200 Stück/a für den Eisenbahnbetrieb oder mehr als 400 Stück/a für den Straßenbahnbetrieb.	
Z 72		Anlagen mit mehr als 60 Prüfständen für Motoren, Turbinen oder Reaktoren, ausgenommen Kaltprüfstände.	
Z 73		Anlagen zur Sprengverformung oder zum Plattieren mit Sprengstoffen bei einem Einsatz von 10 kg Sprengstoff oder mehr je Schuss.	
Z 74		a) Anlagen zur Herstellung von Zementklinker oder Zementen mit einer Produktionskapazität von mehr als 300 000 t/a;	b) Anlagen zur Herstellung von Zementklinker oder Zementen in schutzwürdigen Gebieten der Kategorie D mit einer Produktionskapazität von mehr als 150 000 t/a.
Z 75		Anlagen zur Gewinnung, Be- und Verarbeitung von Asbest und Asbesterzeugnissen, bei der Asbestzementherstellung mit einer Produktionskapazität von mehr als 10 000 t Fertigprodukten/a, bei Reibungsbelägen mit einer Produktionskapazität von mehr als 10 t Fertigerzeugnissen/a, bei anderen Verwendungen mit einem Einsatz von mehr als 50 t/a.	
Z 76		a) Anlagen zur Herstellung von Glas oder Glasfasern mit einer Produktionskapazität von mehr als 200 000 t/a;	b) Anlagen zur Herstellung von Glas oder Glasfasern in schutzwürdigen Gebieten der Kategorie D mit einer Produktionskapazität von mehr als 100 000 t/a.
Z 77		a) Anlagen zum Schmelzen mineralischer Stoffe einschließlich Anlagen zur Herstellung von Mineralfasern mit einer Produktionskapazität von mehr als 200 000 t/a;	b) Anlagen zum Schmelzen mineralischer Stoffe einschließlich Anlagen zur Herstellung von Mineralfasern in schutzwürdigen Gebieten der Kategorie D mit einer Produktionskapazität von mehr als 100 000 t/a.
Z 78		a) Anlagen zur Herstellung von keramischen Erzeugnissen durch Brennen, insbesondere von Dachziegeln, Ziegelsteinen, feuerfesten Steinen, Fliesen, Steinzeug oder Porzellan, mit einer Produktionskapazität von mehr als 300 000 t/a;	b) Anlagen zur Herstellung von keramischen Erzeugnissen durch Brennen, insbesondere von Dachziegeln, Ziegelsteinen, feuerfesten Steinen, Fliesen, Steinzeug oder Porzellan, in schutzwürdigen Gebieten der Kategorie D mit einer Produktionskapazität von mehr als 150 000 t/a.
Z 79		a) Raffinerien für Erdöl (ausgenommen Anlagen, die ausschließlich Schmierstoffe herstellen); Berechnungsgrundlage für Änderungen der lit. a (§ 3a Abs. 3) ist die Verarbeitungskapazität an Rohöl in Tonnen;	b) Neuerrichtung von Anlagen in einer Raffinerie für Erdöl (ausgenommen Anlagen, die ausschließlich Schmierstoffe herstellen) in schutzwürdigen Gebieten der Kategorie D.

Z 80		a) Anlagen zur Lagerung von Erdöl, petrochemischen oder chemischen Erzeugnissen mit einer Gesamtlagerkapazität von mehr als 200 000 t; b) Anlagen zur Lagerung von Erdgas oder brennbaren Gasen in Behältern mit einer Gesamtlagerkapazität von mehr als 200 000 m³ (bezogen auf 0° C, 1,013 hPa); c) oberirdische Lagerung von festen fossilen Brennstoffen mit einer Gesamtlagerkapazität von mehr als 500 000 t;	d) Anlagen zur Lagerung von Erdöl, petrochemischen oder chemischen Erzeugnissen in schutzwürdigen Gebieten der Kategorie C mit einer Gesamtlagerkapazität von mehr als 100 000 t.
Z 81		a) Anlagen zur Brikettierung von Stein- und Braunkohle mit einer Kapazität von mehr als 250 000 t/a; b) Anlagen zur Vergasung und Verflüssigung von täglich mehr als 500 t Kohle oder bituminösem Schiefer; c) Anlagen zur Trockendestillation von täglich mehr als 500 t Kohle;	d) Anlagen zur Brikettierung von Stein- und Braunkohle in schutzwürdigen Gebieten der Kategorien C oder D mit einer Kapazität von mehr als 125 000 t/a; e) Anlagen zur Vergasung und Verflüssigung von täglich mehr als 250 t Kohle oder bituminösem Schiefer in schutzwürdigen Gebieten der Kategorien C oder D; f) Anlagen zur Trockendestillation von täglich mehr als 250 t Kohle in schutzwürdigen Gebieten der Kategorien C oder D.
Z 82		Anlagen zur Beseitigung oder Verwertung von Tierkörpern oder tierischen Abfällen mit einer Verarbeitungskapazität von mehr als 10 t/d.	
Z 83		a) Anlagen zur Herstellung von Fetten oder Ölen aus tierischen Rohstoffen mit einer Produktionskapazität von mehr als 75 000 t/a; b) Anlagen zur Herstellung von Fetten oder Ölen aus pflanzlichen Rohstoffen mit einer Produktionskapazität von mehr als 150 000 t/a; c) Anlagen zur Herstellung von Fischmehl oder Fischöl mit einer Produktionskapazität von mehr als 10 000 t/a;	d) Anlagen zur Herstellung von Fetten oder Ölen aus tierischen Rohstoffen in schutzwürdigen Gebieten der Kategorie D mit einer Produktionskapazität von mehr als 56 250 t/a; e) Anlagen zur Herstellung von Fetten oder Ölen aus pflanzlichen Rohstoffen in schutzwürdigen Gebieten der Kategorie D mit einer Produktionskapazität von mehr als 112 500 t/a; f) Anlagen zur Herstellung von Fischmehl oder Fischöl in schutzwürdigen Gebieten der Kategorie D mit einer Produktionskapazität von mehr als 7 500 t/a.
Z 84		a) Anlagen zur Herstellung von Konserven (einschließlich Tierfutter) sowie von Tiefkühlerzeugnissen aus pflanzlichen oder tierischen Rohstoffen mit einer Produktionskapazität von mehr als 100 000 t/a;	b) Anlagen zur Herstellung von Konserven (einschließlich Tierfutter) sowie von Tiefkühlerzeugnissen aus pflanzlichen oder tierischen Rohstoffen in schutzwürdigen Gebieten der Kategorie D mit einer Produktionskapazität von mehr als 75 000 t/a.
Z 85		a) Anlagen zur Behandlung oder Verarbeitung von Milch mit einer Verarbeitungskapazität von mehr als 2,5 Mio. hl/a;	b) Anlagen zur Behandlung oder Verarbeitung von Milch in schutzwürdigen Gebieten der Kategorie C mit einer Verarbeitungskapazität von mehr als 1,25 Mio. hl/a, in schutzwürdigen Gebieten der Kategorie D mit einer Verarbeitungskapazität von mehr als

			1,875 Mio. hl/a.
Z 86		a) Brauereien mit einer Produktionskapazität von mehr als 100 000 t/a; b) Mälzereien mit einer Produktionskapazität von mehr als 100 000 t/a;	c) Brauereien in schutzwürdigen Gebieten der Kategorie D mit einer Produktionskapazität von mehr als 75 000 t/a; d) Mälzereien in schutzwürdigen Gebieten der Kategorie D mit einer Produktionskapazität von mehr als 75 000 t/a.
Z 87		a) Anlagen zur Herstellung von Süßwaren oder Sirup mit einer Produktionskapazität von mehr als 100 000 t/a; b) Anlagen zur industriellen Herstellung von Stärke mit einer Produktionskapazität von mehr als 150 000 t/a; c) Anlagen zur Herstellung oder Raffination von Zucker mit einer Produktionskapazität von mehr als 200 000 t/a.	
Z 88		Anlagen zum Schlachten von Tieren und Bearbeiten von Fleisch mit einer Schlachtkapazität (Tierkörper) von mehr als 40 000 t/a.	
Z 89		Anlagen für die Abscheidung von Kohlenstoffdioxidströmen zum Zwecke der geologischen Speicherung aus Industrieanlagen, soweit nicht unter Z 4 erfasst, mit einer jährlichen Kohlenstoffdioxidabscheidung von insgesamt mindestens 750 000 t.	

[1)] Schnellstraßen gemäß den Begriffsbestimmungen des Europäischen Übereinkommens über die Hauptstraßen des internationalen Verkehrs vom 15. November 1975.

[1a)] Ein Schigebiet umfasst einen Bereich aus einzelnen oder zusammenhängenden technischen Aufstiegshilfen und dazugehörigen präparierten oder gekennzeichneten Schipisten, in dem ein im Wesentlichen durchgehendes Befahren mit Wintersportgeräten möglich ist und das eine Grundausstattung mit notwendiger Infrastruktur (wie z. B. Verkehrserschließung, Versorgungsbetriebe, Übernachtungsmöglichkeiten, Wasserversorgung und Kanalisation usw.) aufweist.

Begrenzt wird das Schigebiet morphologisch nach Talräumen. Bei Talräumen handelt es sich um geschlossene, durch markante natürliche Geländelinien und Geländeformen (z. B. Grate, Kämme usw.) abgrenzbare Landschaftsräume, die in sich eine topographische Einheit darstellen. Ist keine eindeutige Abgrenzung durch markante natürliche Geländelinien und Geländeformen möglich, so ist die Abgrenzung vorzunehmen nach Einzugs- bzw. Teileinzugsgebieten der Fließgewässer. Dieses Wassereinzugsgebiet ist bis zum vorhandenen Talsammler zu berücksichtigen.

[1b)] Ein Flugplatz ist ein festgelegtes Gebiet zu Land oder zu Wasser (einschließlich der Gebäude, Anlagen und Ausrüstungen), das entweder ganz oder teilweise für die Ankunft, den Abflug oder die Bewegungen von Luftfahrzeugen am Boden bestimmt ist.

[1c)] Der Flugsteig (Passenger Gate) auf Flughäfen bezeichnet den für die Passagiere im Abfertigungsgebäude zum Besteigen des Luftfahrzeuges bestimmten Abrufraum. Für die Summe der Flugsteige ist die größte Summe der genehmigten Flugsteige der letzten 5 Jahre maßgeblich.

[1d)] Abstellflächen gemäß § 1 Zivilflugplatz-Verordnung 1972, BGBl. Nr. 313/1972. Für die Summe der Abstellflächen ist die größte Summe der genehmigten Abstellflächen der letzten 5 Jahre maßgeblich.

[1e)] Großflughafen bezeichnet einen Flughafen, auf welchem es zu einem Verkehrsaufkommen von mehr als 150.000 Bewegungen (Start oder Landung) pro Kalenderjahr kommt. Hiervon sind ausschließlich der Ausbildung dienende Bewegungen mit Leichtflugzeugen ausgenommen.

[2)] Freizeit- oder Vergnügungsparks sind dauernde Einrichtungen zur Unterhaltung einer großen Anzahl von Besuchern, gleichgültig, ob sie in einer Zusammenfassung verschiedener Stände, Buden und Spiele bestehen (klassische Vergnügungsparks mit Ringelspielen, Hochschaubahnen, Schießbuden u. dgl.) oder unter ein bestimmtes Thema gestellt sind. Erfasst sind insbesondere auch multifunktionale, einem umfassenden Bedürfnis nach Freizeitbeschäftigung dienende Einrichtungskomplexe, die Sport-, Gastronomie- und sonstige Dienstleistungseinrichtungen umfassen und die eine funktionelle Einheit bilden. Zur Berechnung der Flächeninanspruchnahme ist die gesamte Fläche heranzuziehen, die mit dem Vorhaben in einem funktionellen Zusammenhang steht, insbesondere die überdachte Grundfläche und die Flächen für Kfz-Parkplätze oder Parkgaragen.

[3)] Industrie- oder Gewerbeparks sind Flächen, die von einem Errichter oder Betreiber zum Zweck der gemeinsamen industriellen oder gewerblichen Nutzung durch mehrere Betriebe aufgeschlossen und mit der dafür notwendigen Infrastruktur ausgestattet werden, die in einem räumlichen Naheverhältnis stehen und eine betriebsorganisatorische oder funktionelle Einheit bilden.

[3a)] Die Gesamthöhe eines Gebäudes ist der vertikale Abstand zwischen dem tiefsten Punkt der Geländeverschneidung (natürliches Gelände) mit den Außenwandflächen und der höchsten Stelle des Gebäudes, wobei kleinvolumige Bauteile, wie Rauchfänge, Rohraufsätze u. dgl., unberücksichtigt bleiben.

[4)] Einkaufszentren sind Gebäude und Gebäudekomplexe mit Verkaufs- und Ausstellungsräumen von Handels- und Gewerbebetrieben samt den damit in Zusammenhang stehenden Dienstleistungs- und Freizeiteinrichtungen, die in einem räumlichen Naheverhältnis stehen und eine betriebsorganisatorische oder funktionelle Einheit bilden. Zur Berechnung der Flächeninanspruchnahme ist die gesamte Fläche heranzuziehen, die mit dem Vorhaben in einem funktionellen Zusammenhang steht, insbesondere die überdachte Grundfläche und die Flächen für Kfz-Parkplätze oder Parkgaragen.

[4a)] Öffentlich zugängliche Parkplätze sind solche, die ausschließlich für Parkzwecke (wie Parkhaus, Park- and Rideanlage) oder im Zusammenhang mit einem anderen Vorhaben errichtet werden (wie Kundenparkplätze zu einem Einkaufszentrum, Besucherparkplätze eines Freizeitparks etc.), und ohne weitere Zugangsbeschränkung der Allgemeinheit zugänglich sind (auch beispielsweise wenn eine Parkgebühr zu entrichten ist oder Parkplätze auf Dauer an jedermann vermietet werden). Parkplätze, die hingegen nur einem von vornherein eingeschränkten Nutzerkreis zugänglich sind (etwa für Lieferanten/Lieferantinnen oder Beschäftigte des Betriebes – d.h. es muss eine Zugangsbeschränkung vorgesehen sein, die die Allgemeinheit von der Benutzung dieses Parkplatzes ausschließt), sind demnach nicht öffentlich zugängliche Parkplätze.

[4.1)] Ein Logistikzentrum im Sinne dieser Ziffer ist ein Transport- bzw. Logistikknoten eines Unternehmens oder eine Ballung von Logistikimmobilien, sofern nicht Z 11 anzuwenden ist. Zur Berechnung der Flächeninanspruchnahme ist die gesamte Fläche heranzuziehen, die mit dem Vorhaben in einem funktionellen Zusammenhang steht.

[5)] Bei Entnahmen von mineralischen Rohstoffen im Tagbau sind zur Berechnung der Fläche die in den Lageplänen gemäß § 80 Abs. 2 Z 8 bzw. 113 Abs. 2 Z 1 MinroG (BGBl. I Nr. 38/1999) bekannt zu gebenden Aufschluss- und Abbauabschnitte heranzuziehen.

(Anm.: 6) aufgehoben durch BGBl. I Nr. 153/2004)

[7)] Als ausreichender Mindestabstand gilt unter Zugrundelegung des vorhabensseitigen Gewässereinzugsgebietes (EZG) folgende Gewässerlänge: 1 km bei EZG kleiner 10 km², 2 km bei EZG von 10 – 50 km², 3 km bei EZG von 51 – 100 km², 4 km bei EZG von 101 – 500 km², 5 km bei EZG von 501 – 1 000 km², 10 km bei EZG ab 1 001 km².

(Anm.: [8)] und [9)] aufgehoben durch BGBl. I Nr. 87/2009)

[10)] Definition Einwohnerwert (EW) gemäß Art. 2 Pkt. 6 der Richtlinie des Rates 91/271/EWG: 1 EW entspricht der organisch-biologisch abbaubaren Belastung mit einem biochemischen Sauerstoffbedarf in fünf Tagen [BSB5] von 60 g Sauerstoff pro Tag.

(Anm.: [11)] aufgehoben durch BGBl. I Nr. 153/2004)

[12)] Unter intensiver Fischzucht sind Fischhaltungen zu verstehen, bei denen durch Maßnahmen wie kohlenhydratreiche Beifütterung, Belüftung oder Begasung oder durch Wasseraufbereitung die Fischproduktion erhöht wird.

[13)] Unter Ödland ist ein offenes, nicht unter Kultur genommenes Land zu verstehen, das wegen seiner ungünstigen ökologischen Verhältnisse land- und forstwirtschaftlich nicht genutzt wird, das aber durch Kultivierung und Melioration einer ökonomischen Nutzung zugeführt werden könnte.

[14)] Unter intensiver Landwirtschaftsnutzung ist eine Form der Landwirtschaft mit hohem Einsatz von Produktionsmitteln je Flächeneinheit (dh. meist hohem Düngemitteleinsatz, relativ großem Aufwand an synthetisch hergestellten Pflanzenschutz-, Pflanzenbehandlungs- und Unkrautbekämpfungsmitteln und intensiven künstlichen Bewässerungsmethoden) zu verstehen.

[14a)] Rodung ist die Verwendung von Waldboden zu anderen Zwecken als für solche der Waldkultur gemäß § 17 Abs. 1 Forstgesetz 1975.

[14b)] Trassenaufhiebe sind gemäß § 81 Abs. 1 lit. b des Forstgesetzes 1975 Fällungen hiebsunreifen Hochwaldes, die zum Zweck der Errichtung und für die Dauer des rechtmäßigen Bestandes einer energiewirtschaftlichen Leitungsanlage erforderlich sind.

[15)] Flächen, auf denen zum Antragszeitpunkt eine Rodungsanmeldung nach § 17a Abs. 3 Forstgesetz 1975 oder eine Rodungsbewilligung nach § 18 Abs. 1 Z 1 Forstgesetz 1975 erloschen ist, eine Rodungsanmeldung nach § 17a Abs. 4 Forstgesetz 1975 oder Rodungsbewilligung nach § 18 Abs. 4 Forstgesetz 1975 abgelaufen ist sowie Flächen, für die Ersatzleistungen gemäß § 18 Abs. 2 Forstgesetz 1975 vorgeschrieben wurden, sind nicht einzurechnen.

[16)] Hier sind Anlagen gemeint, die stabile chemische Zwischen- oder Endprodukte (insbesondere marktfähige Produkte) herstellen.

[17)] Unter Verbund in funktioneller Hinsicht ist zu verstehen, dass der Output einer Anlage als Input einer weiteren Anlage dient (unabhängig von der Art der Beförderung zwischen den Anlagen). Infrastrukturleitungen sowie ein Rohstoff- oder Reststoffverbund stellen keinen Verbund in funktioneller Hinsicht dar. Als Rohstoffe gelten typischerweise Erdöl (zB Naphtha), Erdgas, Erze, Luft, Mineralien, Kohle. Chemische Grundstoffe (zB Ammoniak, Schwefelsäure, Ethylen) gelten nicht als Rohstoffe, dh. Anlagen, die chemische Grundstoffe herstellen, sind bei der Prüfung des Verbundes in funktioneller Hinsicht zu berücksichtigen. Als Reststoffe gelten Stoffe, deren Herstellung nicht primärer Zweck der Anlage ist, die jedoch verfahrenstechnisch bedingt (zB durch unvollständige Umsetzung) anfallen.

[18)] Sonstige Änderungen innerhalb eines integrierten chemischen Werkes, dh. Kapazitätserweiterungen von Einzelanlagen innerhalb eines integrierten chemischen Werkes, sind durch die Tatbestände der Z 48 bis 57 erfasst.

[19)] Die Produktionskapazitäten dieser Ziffer sind jeweils auf die in den Unterpunkten genannten Stoffgruppen zu beziehen, dh. die Produktionskapazitäten von Chemikalien ein und derselben Stoffgruppe sind zu addieren (zB sauerstoffhaltige Kohlenwasserstoffe).

[20)] Hier sind jene Mehrzweck- bzw. Mehrprodukteanlagen erfasst, die Feinchemikalien bzw. Arzneimittel, Biozide oder Pflanzenschutzmittel herstellen. Die Produktionskapazitäten sind auf Einzelanlagen zu beziehen.

[21)] Für Anlagen gemäß lit. b bis f sowie gemäß Z 66 und Z 67, die in integrierten Hüttenwerken gemäß lit. a errichtet oder geändert werden, ist eine Einzelfallprüfung gemäß §§ 3 und 3a UVP-G 2000 auf die Änderungen der Umweltauswirkungen des integrierten Hüttenwerkes insgesamt zu beziehen; § 3a Abs. 1 Z 1 findet keine Anwendung.

Anhang 2

Einteilung der schutzwürdigen Gebiete in folgende Kategorien:

Kategorie	schutzwürdiges Gebiet	Anwendungsbereich
A	besonderes Schutzgebiet	nach der Richtlinie 2009/147/EG über die Erhaltung der wildlebenden Vogelarten (Vogelschutzrichtlinie), ABl. Nr. L 20 vom 26.01.2009 S. 7 zuletzt geändert durch die Richtlinie 2013/17/EU, ABl. Nr. L 158 S. 193, sowie nach der Richtlinie 92/43/EWG zur Erhaltung der natürlichen Lebensräume sowie der wildlebenden Tiere und Pflanzen (Flora-Fauna-Habitat-Richtlinie), ABl. Nr. L 206 vom 22.7.1992 S. 7, zuletzt geändert durch die Richtlinie 2013/17/EU, ABl. Nr. L 158 S. 193, in der Liste der Gebiete von gemeinschaftlicher Bedeutung nach Artikel 4 Abs. 2 dieser Richtlinie genannte Schutzgebiete; Bannwälder gemäß § 27 Forstgesetz 1975; bestimmte nach landesrechtlichen Vorschriften als Nationalpark 1) oder durch Verwaltungsakt ausgewiesene, genau abgegrenzte Gebiete im Bereich des Naturschutzes oder durch Verordnung ausgewiesene, gleichartige kleinräumige Schutzgebiete oder ausgewiesene einzigartige Naturgebilde; in der Liste gemäß Artikel 11 Abs. 2 des Übereinkommens zum Schutz des Kultur- und Naturerbes der Welt (BGBl. Nr. 60/1993) eingetragene UNESCO-Welterbestätten
B	Alpinregion	Untergrenze der Alpinregion ist die Grenze des geschlossenen Baumbewuchses, dh. der Beginn der Kampfzone des Waldes (siehe § 2 ForstG 1975)
C	Wasserschutz- und Schongebiet	Wasserschutz- und Schongebiete gemäß §§ 34, 35 und 37 WRG 1959
D	belastetes Gebiet (Luft)	gemäß § 3 Abs. 10 festgelegte Gebiete
E	Siedlungsgebiet	in oder nahe Siedlungsgebieten. Als Nahebereich eines Siedlungsgebietes gilt ein Umkreis von 300 m um das Vorhaben, in dem Grundstücke wie folgt festgelegt oder ausgewiesen sind: 1. Bauland, in dem Wohnbauten errichtet werden dürfen (ausgenommen reine Gewerbe-, Betriebs- oder Industriegebiete, Einzelgehöfte oder Einzelbauten), 2. Gebiete für Kinderbetreuungseinrichtungen, Kinderspielplätze, Schulen oder ähnliche Einrichtungen, Krankenhäuser, Kuranstalten, Seniorenheime, Friedhöfe, Kirchen und gleichwertige Einrichtungen anerkannter Religionsgemeinschaften, Parkanlagen, Campingplätze und Freibeckenbäder, Garten- und Kleingartensiedlungen.

1) Gebiete, die wegen ihrer charakteristischen Geländeformen oder ihrer Tier- und Pflanzenwelt überregionale Bedeutung haben.

Versicherungssteuergesetz 1953

BGBl 133/1953, zuletzt geändert durch BGBl I 7/2025

…

Ausnahmen von der Besteuerung

§ 4. (1) Von der Besteuerung ausgenommen ist die Zahlung des Versicherungsentgeltes

…

(2) …

(3) Von der Steuer gemäß § 6 Abs. 3 sind ausgenommen:

…

6.[1] Elektrisch angetriebene Kraftfahrzeuge der Klassen L1e, L2e, L3e, L4e und L5e (Krafträder), deren Leistung des Elektromotors in Kilowatt 4 Kilowatt nicht übersteigt;

7.[2] Kraftfahrzeuge der Klassen L1e, L2e, L3e, L4e und L5e (Krafträder), deren Hubraum 100 Kubikzentimeter nicht übersteigt;

…

(4) …

…

[1] Neu gefasst durch BGBl I 7/2025.

[2] Neu gefasst durch BGBl I 103/2019.

Motorbezogene Versicherungssteuer

§ 6.[3] (1) Bei der Kraftfahrzeug-Haftpflichtversicherung für im Inland zum Verkehr zugelassene Kraftfahrzeuge gemäß § 59 des Kraftfahrgesetzes 1967, BGBl. Nr. 267/1967, in der jeweils geltenden Fassung, erhöht sich die Versicherungssteuer (§ 5) um eine motorbezogene Versicherungssteuer. Die motorbezogene Versicherungssteuer beträgt für jeden Monat des Bestehens eines Versicherungsvertrages über die Kraftfahrzeug-Haftpflichtversicherung:

1. für Kraftfahrzeuge der Klassen L1e, L2e, L3e, L4e und L5e mit
   a) rein elektrischem Antrieb 0,50 Euro je Kilowatt der um 5 Kilowatt verringerten Leistung des Elektromotors in Kilowatt; es sind aber mindestens 4 Kilowatt anzusetzen;
   b) anderem Antrieb, die
      aa) vor dem 1. Oktober 2020 erstmalig zugelassen wurden, 0,025 Euro je Kubikzentimeter des Hubraums in Kubikzentimetern;

[3] Samt Überschrift neu gefasst durch BGBl I 7/2025.

bb) nach dem 30. September 2020 erstmalig zugelassen werden, 0,014 Euro je Kubikzentimeter des um 52 Kubikzentimeter verringerten Hubraums sowie 0,20 Euro je Gramm des um 52 verringerten Wertes der CO_2-Emissionen in Gramm pro Kilometer gemäß Abs. 2 Z 1; es sind aber mindestens 10 Gramm pro Kilometer anzusetzen;

2. für Kraftfahrzeuge der Klasse M1 mit einem höchsten zulässigen Gesamtgewicht bis 3,5 Tonnen, ausgenommen Wohnmobile der Aufbauart „SA", bei denen das Basisfahrzeug ein Kraftfahrzeug der Klasse N ist, mit
   a) rein elektrischem Antrieb je Kilowatt der um 45 Kilowatt verringerten Leistung des Elektromotors in Kilowatt
      – für die ersten 35 Kilowatt 0,25 Euro,
      – für die nächsten 25 Kilowatt 0,35 Euro,
      – und für die darüber hinausgehenden Kilowatt 0,45 Euro;

      es sind aber mindestens 10 Kilowatt anzusetzen;

      sowie je Kilogramm des um 900 Kilogramm verringerten Eigengewichts in Kilogramm
      – für die ersten 500 Kilogramm 0,015 Euro,
      – für die nächsten 700 Kilogramm 0,030 Euro,
      – und für die darüber hinausgehenden Kilogramm 0,045 Euro;

      es sind aber mindestens 200 Kilogramm anzusetzen;
   b) anderem Antrieb, die vor dem 1. Oktober 2020 erstmalig zugelassen wurden, je Kilowatt der um 24 Kilowatt verringerten Leistung des Verbrennungsmotors in Kilowatt
      – für die ersten 66 Kilowatt 0,62 Euro,
      – für die weiteren 20 Kilowatt 0,66 Euro,
      – und für die darüber hinausgehenden Kilowatt 0,75 Euro,

      aber mindestens 6,20 Euro;
   c) anderem Antrieb, die nach dem 30. September 2020 erstmalig zugelassen werden und für welche die CO_2-Emissionen gemäß Abs. 2 Z 2 ermittelt wurden, mit
      aa) extern aufladbarem Hybridelektroantrieb
         – 0,72 Euro je Kilowatt der um einen Abzugsbetrag gemäß sublit. cc erster Teilstrich verringerten Leistung des Verbrennungsmotors in Kilowatt sowie
         – 0,72 Euro je Gramm des um einen Abzugsbetrag gemäß sublit. cc dritter Teilstrich verringerten Wertes der gewichtet kombinierten CO_2-Emissionen in Gramm pro Kilometer gemäß Abs. 2 Z 2;

         es sind aber mindestens 5 Kilowatt und mindestens 5 Gramm pro Kilometer anzusetzen;
      bb) nicht extern aufladbarem Hybridelektroantrieb sowie Fremd- oder Selbstzündungsmotor (Verbrennungsmotor)
         – 0,72 Euro je Kilowatt der um einen Abzugsbetrag gemäß sublit. cc erster Teilstrich verringerten Leistung des Verbrennungsmotors in Kilowatt sowie
         – 0,72 Euro je Gramm des um einen Abzugsbetrag gemäß sublit. cc zweiter Teilstrich verringerten Wertes der kombinierten CO_2-Emissionen in Gramm pro Kilometer gemäß Abs. 2 Z 2;

         es sind aber mindestens 5 Kilowatt und mindestens 5 Gramm pro Kilometer anzusetzen;
      cc) Der Abzugsbetrag
         – von der Leistung des Verbrennungsmotors in Kilowatt beträgt für Kraftfahrzeuge, die im jeweiligen Jahr erstmalig zugelassen werden, in Kilowatt

2020	2021	2022	2023	2024	2025	2026
65	64	63	62	61	60	59

2027	2028	2029	2030	2031	2032	
58	57	56	55	54	53	

ausgehend von einem Abzugsbetrag von 53 Gramm pro Kilometer wird der Abzugsbetrag ab 1. Jänner 2033 weiter jährlich um den Wert 1 abgesenkt;

– von den kombinierten CO_2-Emissionen in Gramm pro Kilometer, beträgt für Kraftfahrzeuge, die im jeweiligen Jahr erstmalig zugelassen werden, in Gramm pro Kilometer

2020	2021	2022	2023	2024	2025	2026
115	112	109	106	103	100	97

2027	2028	2029	2030	2031	2032	
94	91	88	85	82	79	

ausgehend von einem Abzugsbetrag von 79 Gramm pro Kilometer wird der Abzugsbetrag ab 1. Jänner 2033 weiter jährlich um den Wert 3 abgesenkt;

– von den gewichtet kombinierten CO_2-Emissionen in Gramm pro Kilometer beträgt für Kraftfahrzeuge, die im jeweiligen Jahr erstmalig zugelassen werden, in Gramm pro Kilometer

2020	2021	2022	2023	2024	2025	2026
17	16	15	14	13	12	24

2027	2028	2029	2030	2031	2032	
24	36	35	34	33	32	

ausgehend von einem Abzugsbetrag von 32 Gramm pro Kilometer wird der Abzugsbetrag ab 1. Jänner 2033 weiter jährlich um den Wert 1 abgesenkt.

   d) anderem Antrieb, die nach dem 30. September 2020 erstmalig zugelassen werden und für welche die CO_2-Emissionen nicht gemäß Abs. 2 Z 2 ermittelt wurden, je Kilowatt der um 24 Kilowatt verringerten Leistung des Verbrennungsmotors in Kilowatt
      – für die ersten 66 Kilowatt 0,65 Euro,
      – für die weiteren 20 Kilowatt 0,70 Euro,
      – und für die darüber hinausgehenden Kilowatt 0,79 Euro,

      aber mindestens 6,50 Euro;

3. für Wohnmobile der Klasse M1 und Aufbauart „SA", bei denen das Basisfahrzeug ein Kraftfahrzeug der Klasse N ist, sowie für alle übrigen Kraftfahrzeuge jeweils mit einem höchsten zulässigen Gesamtgewicht bis 3,5 Tonnen, ausgenommen Zugmaschinen und Motorkarren, mit
   a) rein elektrischem Antrieb, je Kilowatt der um 16 Kilowatt verringerten Leistung des Elektromotors in Kilowatt
      – für die ersten 66 Kilowatt 0,65 Euro,
      – für die weiteren 20 Kilowatt 0,70 Euro,
      – und für die darüber hinausgehenden Kilowatt 0,79 Euro,

      aber mindestens 6,50 Euro, höchstens aber 76 Euro;
   b) anderem Antrieb, die vor dem 1. Oktober 2020 erstmalig zugelassen wurden, je Kilowatt der um 24 Kilowatt

verringerten Leistung des Verbrennungsmotors in Kilowatt

aa) für Wohnmobile der Klasse M1 und Aufbauart „SA", bei denen das Basisfahrzeug ein Kraftfahrzeug der Klasse N ist,

- für die ersten 66 Kilowatt 0,62 Euro,
- für die weiteren 20 Kilowatt 0,66 Euro
- und für die darüber hinausgehenden Kilowatt 0,75 Euro,

aber mindestens 6,20 Euro;

bb) für alle übrigen Kraftfahrzeuge mit einem höchsten zulässigen Gesamtgewicht bis 3,5 Tonnen, ausgenommen Zugmaschinen und Motorkarren,

- für die ersten 66 Kilowatt 0,62 Euro,
- für die weiteren 20 Kilowatt 0,66 Euro,
- und für die darüber hinausgehenden Kilowatt 0,75 Euro,

aber mindestens 6,20 Euro, höchstens aber 72 Euro;

c) anderem Antrieb, die nach dem 30. September 2020 erstmalig zugelassen werden, je Kilowatt der um 24 Kilowatt verringerten Leistung des Verbrennungsmotors in Kilowatt

- für die ersten 66 Kilowatt 0,65 Euro,
- für die weiteren 20 Kilowatt 0,70 Euro,
- und für die darüber hinausgehenden Kilowatt 0,79 Euro,

aber mindestens 6,50 Euro, höchstens aber 76 Euro.

(2) Für die Berechnung der motorbezogenen Versicherungssteuer sind die CO_2-Emissionen in Gramm pro Kilometer maßgeblich, die gemäß

1. dem World Motorcycle Test Cycle (WMTC) gemäß der Verordnung (EU) Nr. 168/2013 über die Genehmigung und Marktüberwachung von zwei- oder dreirädrigen und vierrädrigen Fahrzeugen, ABl. Nr. L 60 vom 2. März 2013, S 52, zuletzt geändert durch Verordnung (EU) Nr. 129/2019 zur Änderung der Verordnung (EU) Nr. 168/2013 hinsichtlich der Anwendung der Stufe Euro 5 auf die Typgenehmigung von zwei- oder dreirädrigen und vierrädrigen Fahrzeugen, ABl. Nr. L 30 vom 16. Januar 2019, S 106;
2. dem Worldwide Harmonised Light-Duty Vehicles Test Procedure (WLTP) gemäß der Verordnung (EU) 2017/1151 zur Ergänzung der Verordnung (EG) Nr. 715/2007 über die Typgenehmigung von Kraftfahrzeugen hinsichtlich der Emissionen von leichten Personenkraftwagen und Nutzfahrzeugen (Euro 5 und Euro 6) und über den Zugang zu Fahrzeugreparatur- und -wartungsinformationen, zur Änderung der Richtlinie 2007/46/EG, der Verordnung (EG) Nr. 692/2008 sowie der Verordnung (EU) Nr. 1230/2012 und zur Aufhebung der Verordnung (EG) Nr. 692/2008 (im Folgenden: Verordnung (EU) 2017/1151), ABl. Nr. L 175 vom 7. Juli 2017, S 1;

ermittelt wurden. Unter Leistung des Verbrennungsmotors oder Elektromotors in Kilowatt ist die Nennleistung oder Nenndauerleistung in kW laut Zulassungsbescheinigung zu verstehen.

(3) Die motorbezogene Versicherungssteuer für Kraftfahrzeuge gemäß Abs. 1 Z 1 lit. b sublit. aa, Abs. 1 Z 2 lit. b, Abs. 1 Z 3 lit. b sublit. aa und bb erhöht sich, wenn das Versicherungsentgelt

1. halbjährlich zu entrichten ist, um 6%,
2. vierteljährlich zu entrichten ist, um 8%,
3. monatlich zu entrichten ist, um 10%.

(4) Die motorbezogene Versicherungssteuer gemäß Abs. 1 Z 2 lit. b sowie Abs. 1 Z 3 lit. b sublit. aa erhöht sich zusätzlich zu Abs. 3 für Kraftfahrzeuge, die mit einem Fremdzündungsmotor ausgestattet sind und vor dem 1. Jänner 1987 erstmals im Inland zum Verkehr zugelassen wurden, um 20%, sofern nicht nachgewiesen wird, dass das Kraftfahrzeug die gemäß § 1d Abs. 1 Z 3 Kategorie A oder B der Kraftfahrgesetz-Durchführungsverordnung 1967, BGBl. Nr. 399/1967, in der Fassung BGBl. Nr. 579/1991, vorgeschriebenen Schadstoffgrenzwerte einhält.

(5) Für Zeiträume, die kürzer sind als ein Monat, ist die motorbezogene Versicherungssteuer für den von einem vollen Monat abweichenden Zeitraum anteilig zu entrichten. Hiebei ist der Monat mit 30 Tagen anzusetzen.

(6) Wird zwei oder drei Kraftfahrzeugen ein Wechselkennzeichen gemäß § 48 Abs. 2 des Kraftfahrgesetzes 1967 in der jeweils geltenden Fassung, zugewiesen, so ist die motorbezogene Versicherungssteuer nur für das Kraftfahrzeug zu entrichten, das der höchsten Steuer unterliegt; dabei bleiben Kraftfahrzeuge, die gemäß § 4 Abs. 3 steuerbefreit sind oder der motorbezogenen Versicherungssteuer nicht unterliegen, unberücksichtigt.

(7) Im Versicherungsschein sind die Bemessungsgrundlage und die Steuer gesondert auszuweisen.

(8) Der Versicherer hat unrichtige Berechnungen der motorbezogenen Versicherungssteuer zu berichtigen. Berichtigungen können nur für das laufende und die zwei vorangegangenen Kalenderjahre erfolgen. Nachforderungen auf Grund von Berichtigungen sind vom Versicherungsnehmer ab Aufforderung zu entrichten. Die §§ 38 und 39 Versicherungsvertragsgesetz, BGBl. Nr. 2/1959, in der jeweils geltenden Fassung, gelten entsprechend. Lehnt der Versicherer eine vom Versicherungsnehmer verlangte Berichtigung ab, hat er dem Versicherungsnehmer eine Bescheinigung über die von ihm entrichtete motorbezogene Versicherungssteuer auszustellen. Der Versicherungsnehmer kann vom Finanzamt Österreich die Rückzahlung einer zu Unrecht entrichteten motorbezogenen Versicherungssteuer beantragen. Anträge können bis zum Ablauf des zweiten Jahres gestellt werden, in welchem das Verlangen auf Richtigstellung schriftlich gestellt wurde.

(9) Für die motorbezogene Versicherungssteuer gelten, sofern sich nichts anderes ergibt, die Bestimmungen über die vom Versicherungsentgelt zu berechnende Steuer. Die Einteilung der Kraftfahrzeuge in Klassen richtet sich nach § 3 des Kraftfahrgesetzes 1967, BGBl. Nr. 267/1967, in der jeweils geltenden Fassung.

(10) Für die Berechnung der motorbezogenen Versicherungssteuer sind die in der Zulassungsbescheinigung eingetragenen Werte maßgebend. Ist die Leistung des Verbrennungsmotors nicht in Kilowatt angegeben, hat die Umrechnung gemäß § 64 des Maß- und Eichgesetzes 1950, BGBl. Nr. 152, in der Fassung BGBl. Nr. 174/1973, zu erfolgen. Bruchteile von Kilogramm, Kilowatt oder Gramm pro Kilometer sind auf volle Kilogramm, Kilowatt oder Gramm pro Kilometer aufzurunden. Fehlt eine entsprechende Eintragung, ist bei Kraftfahrzeugen gemäß Abs. 1

1. Z 1 lit. a eine Leistung des Elektromotors von 10 Kilowatt,
2. Z 1 lit. b sublit. aa ein Hubraum von 350 Kubikzentimeter,
3. Z 1 lit. b sublit. bb ein Hubraum von 350 Kubikzentimeter oder ein CO_2-Ausstoß von 85 Gramm pro Kilometer,
4. Z 2 lit. a eine Leistung des Elektromotors von 85 Kilowatt oder ein Eigengewicht von 1.700 Kilogramm,
5. Z 2 lit. b, Z 2 lit. d, Z 3 lit. b sublit. aa und bb und Z 3 lit. c eine Leistung des Verbrennungsmotors von 50 Kilowatt,
6. Z 2 lit. c sublit. aa eine Leistung des Verbrennungsmotors von 85 Kilowatt oder ein CO_2-Ausstoß von 60 Gramm pro Kilometer,

7. Z 2 lit. c sublit. bb eine Leistung des Verbrennungsmotors von 85 Kilowatt oder ein CO_2-Ausstoß von 125 Gramm pro Kilometer,
8. Z 3 lit. a eine Leistung des Elektromotors von 40 Kilowatt anzusetzen.

...

Erstattung der Steuer

§ 9. (1) Wird das Versicherungsentgelt ganz oder zum Teil zurückgezahlt, weil die Versicherung vorzeitig aufhört oder das Versicherungsentgelt oder die Versicherungssumme herabgesetzt worden ist, so wird die Steuer auf Antrag insoweit erstattet, als sie bei Berücksichtigung dieser Umstände nicht zu erheben gewesen wäre. Versicherer (§ 7 Abs. 1) und Bevollmächtigte (§ 7 Abs. 1 und 2), die zur Entrichtung der Steuer verpflichtet sind, können den Erstattungsbetrag selbst berechnen und vom Gesamtsteuerbetrag absetzen.

(2) Die Steuer wird nicht erstattet:

1. bei Erstattung der Prämienreserve im Falle des § 176 des Gesetzes über den Versicherungsvertrag;
2. in sonstigen Fällen der Erstattung von Prämienreserve;
3. wenn die Prämienrückgewähr ausdrücklich versichert war.

(3) Ist bei der Zahlung eines Versicherungsentgeltes für eine Rentenversicherung der Versicherungsnehmer über 60 Jahre alt oder erwerbsunfähig oder nicht nur vorübergehend verhindert, seinen Lebensunterhalt durch eigenen Erwerb zu bestreiten, so wird die Steuer für dieses Versicherungsentgelt auf Antrag erstattet, wenn die versicherte Jahresrente den Betrag von 350 Euro nicht übersteigt. Die Erstattung ist ausgeschlossen, wenn der Versicherungsnehmer bei demselben Versicherer mehrere Rentenversicherungen abgeschlossen hat und der Gesamtbetrag der versicherten Jahresrenten 350 Euro übersteigt.

[...]

Wasserrechtsgesetz 1959 – WRG 1959

BGBl 215/1959 (Wv), zuletzt geändert durch BGBl I 73/2018 (Aarhus-Beteiligungsgesetz)

Erster Abschnitt. Von der rechtlichen Eigenschaft der Gewässer

Einteilung der Gewässer.

§ 1. Die Gewässer sind entweder öffentliche oder private; jene bilden einen Teil des öffentlichen Gutes (§ 287 ABGB.).

Öffentliche Gewässer.

§ 2. (1) Öffentliche Gewässer sind:

a) die im Anhang A zu diesem Bundesgesetze namentlich aufgezählten Ströme, Flüsse, Bäche und Seen mit allen ihren Armen, Seitenkanälen und Verzweigungen;
b) Gewässer, die schon vor Inkrafttreten dieses Bundesgesetzes anläßlich der Erteilung einer wasserrechtlichen Bewilligung als öffentliche behandelt wurden, von der betreffenden Stelle angefangen;
c) alle übrigen Gewässer, sofern sie nicht in diesem Bundesgesetze ausdrücklich als Privatgewässer bezeichnet werden.

(2) Insoweit für die im Abs. 1 genannten Gewässer ein besonderer vor dem Jahre 1870 entstandener Privatrechtstitel nachgewiesen wird, sind diese Gewässer als Privatgewässer anzusehen. Das Eigentum an den Ufergrundstücken oder dem Bette des Gewässers bildet keinen solchen Privatrechtstitel.

(3) Durch die zu anderen als Verbrauchszwecken vorgenommene Ableitung aus einem öffentlichen Gewässer verliert der abgeleitete Teil seine Eigenschaft als öffentliches Gewässer nicht.

(4) Öffentliche Gewässer behalten diese rechtliche Eigenschaft auch in ihren unterirdischen Strecken sowie auch dann, wenn ihr Bett nicht ständig Wasser enthält.

Privatgewässer.

§ 3. (1) Außer den im § 2 Abs. 2 bezeichneten Gewässern sind folgende Gewässer Privatgewässer und gehören, wenn nicht von anderen erworbene Rechte vorliegen, dem Grundeigentümer:

a) das in einem Grundstück enthaltene unterirdische Wasser (Grundwasser) und das aus einem Grundstücke zutage quellende Wasser;
b) die sich auf einem Grundstück aus atmosphärischen Niederschlägen sammelnden Wässer;
c) das in Brunnen, Zisternen, Teichen oder anderen Behältern enthaltene und das in Kanälen, Röhren usw. für Verbrauchszwecke abgeleitete Wasser;
ferner, soweit nicht die Bestimmungen des § 2 Abs. 1 lit. a und b entgegenstehen,
d) Seen, die nicht von einem öffentlichen Gewässer gespeist oder durchflossen werden;
e) die Abflüsse aus den vorgenannten Gewässern bis zu ihrer Vereinigung mit einem öffentlichen Gewässer.

(2) Für die dem Salzmonopol unterliegenden Salzquellen, für die zum Bergregal gehörenden Zementwässer und für die Grubenwässer gelten die bezüglichen besonderen gesetzlichen Bestimmungen.

(3) Die im Abs. 1 lit. d und e genannten Privatgewässer sind, insofern nichts anderes nachgewiesen wird, als Zugehör der Grundstücke zu betrachten, auf oder zwischen denen sie sich befinden und zwar nach Maßgabe der Uferlänge eines jeden Grundstückes.

Öffentliches Wassergut

§ 4. (1) Wasserführende und verlassene Bette öffentlicher Gewässer sowie deren Hochwasserabflußgebiet (§ 38) sind öffentliches Wassergut, wenn der Bund als Eigentümer in den öffentlichen Büchern eingetragen ist. Sie gelten aber bis zum Beweis des Gegenteiles auch dann als öffentliches Wassergut, wenn sie wegen ihrer Eigenschaft als öffentliches Gut in kein öffentliches Buch aufgenommen sind oder in den öffentlichen Büchern ihre Eigenschaft als öffentliches Gut zwar ersichtlich gemacht (§ 12 des Allgemeinen Grundbuchsanlegungsgesetzes, BGBl. Nr. 2/1930), aber kein Eigentümer eingetragen ist.

(2) Öffentliches Wassergut dient unter Bedachtnahme auf den Gemeingebrauch (§ 8) insbesondere

a) der Erhaltung des ökologischen Zustands der Gewässer,
b) dem Schutz ufernaher Grundwasservorkommen,
c) dem Rückhalt und der Abfuhr von Hochwasser, Geschiebe und Eis,
d) der Instandhaltung der Gewässer sowie der Errichtung und Instandhaltung von Wasserbauten und gewässerkundlicher Einrichtungen,
e) der Erholung der Bevölkerung.

(3) Eisenbahngrundstücke sowie Grundstücke, die zu einer öffentlichen Straßen- oder Wegeanlage gehören oder in der

Verwaltung eines Bundesbetriebes stehen, zählen nicht zum öffentlichen Wassergut.

(3a) Flächen gemäß Abs. 1, die die Österreichische Bundesforste AG im eigenen oder fremden Namen verwaltet, sind nicht öffentliches Wassergut. Sie sind öffentlichem Wassergut jedoch insoweit gleichzuhalten, als die Abs. 2, 6, 8 und 9 sinngemäß gelten.

(4) Wasserführende und verlassene Bette öffentlicher Gewässer sowie deren Hochwasserabflußgebiet (§ 38), die den in Abs. 2 genannten Zwecken dienlich sein können, werden öffentliches Wassergut, sobald der Bund Eigentum an diesen Flächen erwirbt; dies gilt nicht für Grundstücke nach Abs. 3.

(5) Das Eigentum an Inseln, die in einem Gewässerbett entstehen, das zum öffentlichen Wassergut gehört, ist dem Bund auch dann vorbehalten, wenn die Insel nicht in einem schiffbaren Fluß (§ 407 ABGB) entsteht.

(6) Durch Ersitzung kann das Eigentum oder ein anderes dingliches Recht am öffentlichen Wassergut nicht mehr erworben werden.

(7) § 12 Abs. 2 des Allgemeinen Grundbuchsanlegungsgesetzes bleibt unberührt.

(8) Bei den zum öffentlichen Wassergut gehörenden Liegenschaften ist unbeschadet der für die Veräußerung oder Belastung von unbeweglichem Bundesvermögen geltenden Vorschriften bei sonstiger Nichtigkeit des Rechtsaktes

- die Übertragung des Eigentums erst nach bescheidmäßiger Feststellung der dauernden Entbehrlichkeit für die mit der Widmung als öffentliches Wassergut verbundenen Zwecke (Ausscheidung),
- die Einräumung eines anderen dinglichen Rechtes erst nach bescheidmäßiger Feststellung, daß hiedurch keine Beeinträchtigung der Widmungszwecke (Abs. 2) eintritt,

zulässig.

(9) Feststellungsbescheide nach Abs. 8 sind vom Landeshauptmann zu erlassen. Parteien sind der Bund sowie derjenige, der einen Rechtstitel für den Erwerb der beanspruchten Liegenschaft besitzt.

(10) Für wasserführende und verlassene Bette öffentlicher Gewässer sowie deren Hochwasserabflußgebiet (§ 38), die den in Abs. 2 genannten Zwecken dienlich sein können, aber nach Abs. 3 verwaltet werden, gelten die Abs. 6, 8 und 9 sinngemäß.

Zweiter Abschnitt. Von der Benutzung der Gewässer

Benutzungsberechtigung.

§ 5. (1) Die Benutzung der öffentlichen Gewässer ist innerhalb der durch die Gesetze gezogenen Schranken jedermann gestattet. Bezieht sich die Benutzung jedoch lediglich auf das Bett und geht sie hiebei über den Gemeingebrauch (§ 8) hinaus, so ist jedenfalls die Einwilligung des Grundeigentümers erforderlich.

(2) Die Benutzung der Privatgewässer steht mit den durch Gesetz oder durch besondere Rechtstitel begründeten Beschränkungen denjenigen zu, denen sie gehören.

Schiff- und Floßfahrt; Überfuhren.

§ 6. (1) Für die Benutzung der Gewässer zur Schiff- und Floßfahrt gelten die jeweils hiefür bestehenden besonderen Bestimmungen.

(2) Die Errichtung von Überfuhranlagen bedarf unbeschadet einer sonst erforderlichen Genehmigung auch der wasserrechtlichen Bewilligung, insofern es sich um Anlagen der im § 38 bezeichneten Art handelt.

Holztrift.

§ 7. [Anm: Aufgehoben durch BGBl I 58/2017]

Gemeingebrauch an öffentlichen und privaten Gewässern.

§ 8. (1) In öffentlichen Gewässern ist der gewöhnliche ohne besondere Vorrichtungen vorgenommene, die gleiche Benutzung durch andere nicht ausschließende Gebrauch des Wassers, wie insbesondere zum Baden, Waschen, Tränken, Schwemmen, Schöpfen, dann die Gewinnung von Pflanzen, Schlamm, Erde, Sand, Schotter, Steinen und Eis, schließlich die Benutzung der Eisdecke überhaupt, soweit dadurch weder der Wasserlauf, die Beschaffenheit des Wassers oder die Ufer gefährdet noch ein Recht verletzt oder ein öffentliches Interesse beeinträchtigt noch jemandem ein Schaden zugefügt wird, ohne besondere Bewilligung der Wasserrechtsbehörde unentgeltlich erlaubt.

(2) Der Gebrauch des Wassers der privaten Flüsse, Bäche und Seen zum Tränken und zum Schöpfen mit Handgefäßen ist, soweit er ohne Verletzung von Rechten oder öffentlicher oder privater Interessen mit Benutzung der dazu erlaubten Zugänge stattfinden kann, jedermann ohne besondere Erlaubnis und ohne Bewilligung der Wasserrechtsbehörde unentgeltlich gestattet.

(3) In Werkskanälen ist ein über das Schöpfen hinausgehender Gemeingebrauch (Abs. 1 oder 2) nur insoweit zulässig, als hiefür besondere polizeiliche Anordnungen (Abs. 4) bestehen.

(4) Die Wasserrechtsbehörde kann - auch abgesehen von den im § 15 geregelten Fällen - über die Ausübung des Gemeingebrauches wasserpolizeiliche Anordnungen treffen, durch die das öffentliche Interesse und die Ausübung des Gemeingebrauches durch andere gewahrt oder die Grenzen des Gemeingebrauches näher bezeichnet werden.

Besondere Wasserbenutzung an öffentlichen Gewässern und privaten Tagwässern.

§ 9. (1) Einer Bewilligung der Wasserrechtsbehörde bedarf jede über den Gemeingebrauch (§ 8) hinausgehende Benutzung der öffentlichen Gewässer sowie die Errichtung oder Änderung der zur Benutzung der Gewässer dienenden Anlagen. Auf Antrag hat die Behörde festzustellen ob eine bestimmte Benutzung eines öffentlichen Gewässers über den Gemeingebrauch hinausgeht.

(2) Die Benutzung der privaten Tagwässer sowie die Errichtung oder Änderung der hiezu dienenden Anlagen bedarf dann einer Bewilligung der Wasserrechtsbehörde, wenn hiedurch auf fremde Rechte oder infolge eines Zusammenhanges mit öffentlichen Gewässern oder fremden Privatgewässern auf das Gefälle, auf den Lauf oder die Beschaffenheit des Wassers, namentlich in gesundheitsschädlicher Weise, oder auf die Höhe des Wasserstandes in diesen Gewässern Einfluß geübt oder eine Gefährdung der Ufer, eine Überschwemmung oder Versumpfung fremder Grundstücke herbeigeführt werden kann.

(3) Gehören die gegenüberliegenden Ufer eines fließenden Privatgewässers verschiedenen Eigentümern, so haben diese, wenn kein anderes nachweisbares Rechtsverhältnis obwaltet, nach der Länge ihres Uferbesitzes ein Recht auf die Benutzung der Hälfte der vorüberfließenden Wassermenge.

Benutzung des Grundwassers.

§ 10. (1) Der Grundeigentümer bedarf zur Benutzung des Grundwassers für den notwendigen Haus- und Wirtschaftsbedarf keiner Bewilligung der Wasserrechtsbehörde wenn die Förderung nur durch handbetriebene Pump- oder Schöpfwerke erfolgt oder wenn die Entnahme in einem angemessenen Verhältnis zum eigenen Grunde steht.

(2) In allen anderen Fällen ist zur Erschließung oder Benutzung des Grundwassers und zu den damit im Zusammenhang stehenden Eingriffen in den Grundwasserhaushalt sowie zur Errichtung oder Änderung der hiefür dienenden Anlagen die Bewilligung der Wasserrechtsbehörde erforderlich.

(3) Artesische Brunnen bedürfen jedenfalls der Bewilligung nach Abs. 2.

(4) Wird durch eine Grundwasserbenutzung nach Abs. 1 der Grundwasserstand in einem solchen Maß verändert, daß rechtmäßig geübte Nutzungen des Grundwassers wesentlich beeinträchtigt werden, so hat die Wasserrechtsbehörde auf Antrag eine Regelung nach Rücksicht der Billigkeit so zu treffen, daß der Bedarf aller in Betracht kommenden Grundeigentümer bei wirtschaftlicher Wasserbenutzung möglichste Deckung findet. Ein solcher Bescheid verliert seine bindende Kraft, wenn sich die Parteien in anderer Weise einigen oder wenn sich die maßgebenden Verhältnisse wesentlich ändern.

Bewilligung.

§ 11. (1) Bei Erteilung einer nach § 9 oder § 10 Abs. 2 erforderlichen Bewilligung sind jedenfalls der Ort, das Maß und die Art der Wasserbenutzung zu bestimmen.

(2) Die Wasserrechtsbehörde kann dem Bewilligungswerber, soweit dies ausnahmsweise notwendig erscheint, die Leistung einer angemessenen Sicherstellung für die Erfüllung der Bedingungen, unter denen die Bewilligung erteilt wurde, für die ordnungsmäßige Erhaltung und für die Kosten einer allfälligen späteren Beseitigung der Anlage auferlegen, und zwar entweder für alle oder nur für einzelne der genannten Zwecke.

(3) Ist der Grund für die Sicherstellung weggefallen, so hat die Wasserrechtsbehörde die Aufhebung der Sicherstellung zu veranlassen.

Grundsätze für die Bewilligung hinsichtlich öffentlicher Interessen und fremder Rechte.

§ 12. (1) Das Maß und die Art der zu bewilligenden Wasserbenutzung ist derart zu bestimmen, daß das öffentliche Interesse (§ 105) nicht beeinträchtigt und bestehende Rechte nicht verletzt werden.

(2) Als bestehende Rechte im Sinne des Abs. 1 sind rechtmäßig geübte Wassernutzungen mit Ausnahme des Gemeingebrauches (§ 8), Nutzungsbefugnisse nach § 5 Abs. 2 und das Grundeigentum anzusehen.

(3) Inwiefern jedoch bestehende Rechte - abgesehen von den Bestimmungen des Abs. 4 des § 19 Abs. 1 und des § 40 Abs. 3 - durch Einräumung von Zwangsrechten beseitigt oder beschränkt werden können, richtet sich nach den Vorschriften des achten Abschnittes.

(4) Die mit einer geplanten Wasserbenutzungsanlage verbundene Änderung des Grundwasserstandes steht der Bewilligung nicht entgegen, wenn das betroffene Grundstück auf die bisher geübte Art benutzbar bleibt. Doch ist dem Grundeigentümer für die nach fachmännischer Voraussicht etwa eintretende Verschlechterung der Bodenbeschaffenheit eine angemessene Entschädigung (§ 117) zu leisten.

Stand der Technik

§ 12a. (1)[1] Der Stand der Technik im Sinne dieses Bundesgesetzes ist der auf den einschlägigen wissenschaftlichen Erkenntnissen beruhende Entwicklungsstand fortschrittlicher Verfahren, Einrichtungen oder Betriebsweisen, deren Funktionstüchtigkeit erprobt und erwiesen ist. Bei der Bestimmung des Standes der Technik sind insbesondere jene vergleichbaren Verfahren, Einrichtungen oder Betriebsweisen heranzuziehen, welche am wirksamsten zur Erreichung eines allgemein hohen Schutzniveaus für die Umwelt insgesamt sind. Bei der Festlegung des Standes der Technik sind unter Beachtung der sich aus einer bestimmten Maßnahme ergebenden Kosten und ihres Nutzens und des Grundsatzes der Vorsorge und der Vorbeugung im Allgemeinen wie auch im Einzelfall die Kriterien des Anhangs G zu berücksichtigen.

(2) Der Bundesminister für Land- und Forstwirtschaft, Umwelt und Wasserwirtschaft kann durch Verordnung für bestimmte Wasserbenutzungen sowie für diesem Bundesgesetz unterliegende Anlagen und Maßnahmen den maßgeblichen Stand der Technik bestimmen.

(3)[2] Der Stand der Technik ist bei allen Wasserbenutzungen sowie diesem Bundesgesetz unterliegenden Anlagen und Maßnahmen, nach Maßgabe der nachfolgenden Bestimmungen sowie den auf diesem Bundesgesetz basierenden Verordnungen einzuhalten. Sofern der Antragsteller nachweist, dass im Einzelfall auf Grund besonderer Umstände mit wirtschaftlich zumutbarem Aufwand der Stand der Technik nicht eingehalten werden kann bzw. technisch nicht herstellbar ist, darf eine Bewilligung mit weniger strengen Regelungen dann erteilt werden, wenn dies im Hinblick auf die gegebenen wasserwirtschaftlichen Verhältnisse vorübergehend hingenommen werden kann. Eine solche Ausnahme ist kurz zu befristen und mit den gebotenen Vorkehrungen, Auflagen oder Nebenbestimmungen zu versehen. Dem Antrag sind die zu seiner Prüfung erforderlichen Unterlagen, insbesondere jene nach § 103 anzuschließen. Es besteht die Möglichkeit zur Erhebung einer Amtsbeschwerde (§ 116).

(4)[3] In einer Verordnung nach Abs. 2 kann für bestimmte Vorhaben die Anwendung des Anzeigeverfahrens (§ 114) vorgesehen werden.

Vorhaben von minderer wasserwirtschaftlicher Bedeutung

§ 12b. (1) Der Bundesminister für Land- und Forstwirtschaft, Umwelt und Wasserwirtschaft kann durch Verordnung Vorhaben von minderer wasserwirtschaftlicher Bedeutung nach den §§ 9, 10, 31c, 32 und 38 bewilligungsfrei stellen. Ein Vorhaben von minderer wasserwirtschaftlicher Bedeutung ist dann gegeben, wenn unter Zugrundelegung der wasserwirtschaftlichen Verhältnisse und Entwicklung öffentliche Interessen (§ 105) nicht beeinträchtigt werden. Derartige Vorhaben sind der Behörde zu melden.

(2) Wenn die wasserwirtschaftlichen Verhältnisse es auf Grund des Zusammentreffens mehrerer bewilligungsfreier Tatbestände erfordern, kann der Landeshauptmann durch Verordnung Vorhaben der Bewilligungspflicht unterstellen sowie geeignete Maßnahmen verfügen, um negative Auswirkungen von Summationseffekten hintanzuhalten.

Typengenehmigung

§ 12c. (1) Der Bundesminister für Land- und Forstwirtschaft, Umwelt und Wasserwirtschaft kann durch Verordnung die Möglichkeit einer Typisierung von Anlagen oder Anlagenteilen vorsehen.

(2) Eine Typengenehmigung kann auf Antrag für Anlagen oder Anlagenteile erteilt werden. Die für eine Typisierung beantragten Anlagen oder Anlagenteile sind einem Typenprüfungsverfahren zu unterziehen. Die positive Beurteilung der

---

[1] Geändert durch BGBl I 14/2011.

[2] Eingefügt durch BGBl I 14/2011, geändert durch BGBl I 97/2013.

[3] Absatzbezeichnung geändert durch BGBl I 14/2011.

geprüften Anlage oder des geprüften Anlagenteils ist Voraussetzung für die Erlangung der Typengenehmigung. Genehmigende Stelle ist der Bundesminister für Land- und Forstwirtschaft, Umwelt und Wasserwirtschaft. Er kann sich erforderlichenfalls gemäß Abs. 5 auch unabhängiger nichtamtlicher technischer Sachverständiger bedienen.

(3) Bei der Typengenehmigung ist ein Typengenehmigungszeichen zu vergeben. Ist eine Type gemäß dieser Bestimmung genehmigt, so gelten alle Anlagen oder Anlagenteile, die dieser Type entsprechen, als genehmigt. Die Entsprechung von Type und seriellem Produkt wird durch Werkskontrollen überprüft.

(4) Der Bundesminister für Land- und Forstwirtschaft, Umwelt und Wasserwirtschaft kann durch Verordnung folgende Bereiche einer näheren Regelung unterziehen:

1. Inhalt und Ausstattung der Typengenehmigungsanträge sowie Bestimmungen über die Antragslegitimation;
2. Inhalt und Ausgestaltung des Typenprüfungsverfahrens;
3. Inhalt, Ausgestaltung und Dauer der Typengenehmigung;
4. Bestimmungen über das Typengenehmigungszeichen;
5. Bestimmungen über Werkskontrollen.

(5) Der Bundesminister für Land- und Forstwirtschaft, Umwelt und Wasserwirtschaft kann unabhängige nichtamtliche technische Sachverständige bestellen. Die Sachverständigen müssen für diesen Zweck besonders geeignet sein. Die Eignungsvoraussetzungen für die Bestellung als Sachverständiger sowie nähere Festlegungen über die Ausübung der Tätigkeit und deren Vergütung können durch Verordnung des Bundesministers für Land- und Forstwirtschaft, Umwelt und Wasserwirtschaft im Einvernehmen mit dem Bundesminister für wirtschaftliche Angelegenheiten sowie dem Bundesminister für Finanzen festgelegt werden.

Ein Verzeichnis der bestellten Sachverständigen ist im Bundesministerium für Land- und Forstwirtschaft zur allgemeinen Einsicht aufzulegen.

(6) Die Kosten des Typenprüfungsverfahrens sowie der Überprüfungen trägt der Antragsteller, sie werden durch Verordnung des Bundesministers für Land- und Forstwirtschaft, Umwelt und Wasserwirtschaft im Einvernehmen mit dem Bundesminister für Finanzen tarifmäßig festgesetzt.

Maß und Art der Wasserbenutzung.

§ 13. (1) Bei der Bestimmung des Maßes der Wasserbenutzung ist auf den Bedarf des Bewerbers sowie auf die bestehenden wasserwirtschaftlichen Verhältnisse, insbesondere auf das nach Menge und Beschaffenheit vorhandene Wasserdargebot mit Rücksicht auf den wechselnden Wasserstand, beim Grundwasser auch auf seine natürliche Erneuerung, sowie auf möglichst sparsame Verwendung des Wassers Bedacht zu nehmen. Dabei sind die nach dem Stand der Technik möglichen und im Hinblick auf die bestehenden wasserwirtschaftlichen Verhältnisse gebotenen Maßnahmen vorzusehen.

(2) Ergeben sich bei einer bestehenden Anlage Zweifel über das Maß der dem Berechtigten zustehenden Wassernutzung, so hat als Regel zu gelten, daß sich das Wasserbenutzungsrecht bloß auf den zur Zeit der Bewilligung maßgebenden Bedarf des Unternehmens erstreckt, sofern die Leistungsfähigkeit der Anlage nicht geringer ist.

(3) Das Maß und die Art der Wasserbenutzung dürfen keinesfalls so weit gehen, daß Gemeinden, Ortschaften oder einzelnen Ansiedlungen das für die Abwendung von Feuersgefahren, für sonstige öffentliche Zwecke oder für Zwecke des Haus- und Wirtschaftsbedarfes ihrer Bewohner erforderliche Wasser entzogen wird.

(4) Das Maß der Wasserbenutzung ist in der Bewilligung in der Weise zu beschränken, daß ein Teil des jeweiligen Zuflusses zur Erhaltung des ökologischen Zustandes des Gewässers sowie für andere, höherwertige Zwecke, insbesondere solche der Wasserversorgung, erhalten bleibt. Ausnahmen hievon können befristet zugelassen werden, insoweit eine wesentliche Beeinträchtigung des öffentlichen Interesses nicht zu besorgen ist.

Verkehrssicherung.

§ 14. Bei Wasserbauten aller Art ist dem Bewilligungswerber die Herstellung der zum Schutze der Sicherheit von Personen und Eigentum erforderlichen Vorkehrungen sowie der zur Aufrechterhaltung der bisherigen zur Vermeidung wesentlicher Wirtschaftserschwernisse notwendigen Verkehrsverbindungen (Brücken, Durchlässe und Wege) aufzuerlegen, sofern nicht die Herstellung solcher Verkehrsanlagen durch Zusammenlegung von Grundstücken oder auf andere geeignete Weise entbehrlich oder abgegolten wird.

Einschränkung zugunsten der Fischerei.

§ 15. (1) Die Fischereiberechtigten können anläßlich der Bewilligung von Vorhaben mit nachteiligen Folgen für ihre Fischwässer Maßnahmen zum Schutz der Fischerei begehren. Dem Begehren ist Rechnung zu tragen, insoweit hiedurch das geplante Vorhaben nicht unverhältnismäßig erschwert wird. Für sämtliche aus einem Vorhaben erwachsenden vermögensrechtlichen Nachteile gebührt den Fischereiberechtigten eine angemessene Entschädigung (§ 117).

(2) Auf Antrag der Fischereiberechtigten oder der nach den landesgesetzlichen Vorschriften zur Wahrnehmung der Fischereiinteressen berufenen Stellen (Landesfischereirat, Fischereirevierausschüsse) sind Wasserstrecken oder Wasserflächen, die zum Laichen der Fische oder zur Entwicklung der jungen Brut besonders geeignet erscheinen, von der Wasserrechtsbehörde nach Anhörung der Parteien und Beteiligten (§ 102) gegen Widerruf als Laichschonstätten zu erklären, wenn nicht Rücksichten von überwiegender Bedeutung entgegenstehen.

(3) Das gleiche gilt für die Erklärung entsprechender Wasserstrecken oder Wasserflächen als Winterlager der Fische.

(4) In den Laichschonstätten ist während der von der Wasserrechtsbehörde zu bestimmenden Zeit jede mit einer Gefährdung des Laichens oder der Fischbrut verbundene Tätigkeit verboten, insbesondere das Abmähen und Ausreißen der im Wasserbette wurzelnden Pflanzen, die Entnahme von Sand, Schotter und Schlamm, das Fahren mit Wasserfahrzeugen, das Baden, die Errichtung von Uferbauten, das Fällen von Uferholz, das Eintreiben, Einlassen, Schwemmen und Tränken von Haustieren, namentlich von Wassergeflügel. Die von der Wasserrechtsbehörde bestimmten Laichschonstätten kann der Fischereiberechtigte während der Laichzeit einzäunen, um das Einlassen, Schwemmen und Tränken von Haustieren zu verhindern.

(5) In Winterlagern ist verboten, die Eisdecke zu entfernen oder Schlamm, Sand, Kies, Steine und Pflanzen zu entnehmen.

(6) Die Wasserrechtsbehörde kann in einzelnen Fällen Ausnahmen von den in den Abs. 4 und 5 ausgesprochenen Verboten gestatten.

(7) Die Fischereiberechtigten haben Laichschonstätten oder Winterlager durch Aufstellung von Zeichen oder durch Aufschriften kenntlich zu machen, jedoch außerhalb des Gewässers auf fremdem Grunde nur dann, wenn sie hiezu berechtigt sind. Die mit der Erklärung als Laichschonstätten oder Winterlager zusammenhängenden Verbote (Abs. 4 und 5) sind von der Wasserrechtsbehörde durch Verfügung eines Anschlages an der Amtstafel der betreffenden Gemeinde kundzumachen.

…

Dauer der Bewilligung; Zweck der Wasserbenutzung

§ 21. (1)[4] Die Bewilligung zur Benutzung eines Gewässers ist nach Abwägung des Bedarfes des Bewerbers und des wasserwirtschaftlichen Interesses sowie der wasserwirtschaftlichen und technischen Entwicklung gegebenenfalls unter Bedachtnahme auf eine abgestufte Projektsverwirklichung, auf die nach dem Ergebnis der Abwägung jeweils längste vertretbare Zeitdauer zu befristen. Die Frist darf bei Wasserentnahmen für Bewässerungszwecke 25 Jahre sonst 90 Jahre nicht überschreiten.

(2)[5] Wurde die Bestimmung der Bewilligungsdauer unterlassen, kann der Bescheid binnen drei Monaten ab Erlassung ergänzt werden. Im Rahmen eines Beschwerdeverfahrens kann das Verwaltungsgericht – sofern es gemäß § 28 VwGVG in der Sache selbst zu entscheiden hat – die Frist festsetzen. Erfolgt eine Ergänzung nicht, gilt die im Abs. 1 genannte Frist. Bescheide, die vor dem 1. Juli 1990 erlassen wurden, werden davon nicht berührt.

(3) Ansuchen um Wiederverleihung eines bereits ausgeübten Wasserbenutzungsrechtes können frühestens fünf Jahre, spätestens sechs Monate vor Ablauf der Bewilligungsdauer gestellt werden. Wird das Ansuchen rechtzeitig gestellt, hat der bisher Berechtigte Anspruch auf Wiederverleihung des Rechtes, wenn öffentliche Interessen nicht im Wege stehen und die Wasserbenutzung unter Beachtung des Standes der Technik erfolgt. Der Ablauf der Bewilligungsdauer ist in diesem Fall bis zur rechtskräftigen Entscheidung über das Ansuchen um Wiederverleihung gehemmt; wird gegen die Abweisung eines Ansuchens um Wiederverleihung der Verwaltungsgerichtshof oder der Verfassungsgerichtshof angerufen, wird die Bewilligungsdauer bis zur Entscheidung dieses Gerichtes verlängert. Im Widerstreit mit geplanten Wasserbenutzungen gilt eine solche Wasserbenutzung als bestehendes Recht im Sinne des § 16.

(4) Der Zweck der Wasserbenutzung darf nicht ohne Bewilligung geändert werden. Diese ist zu erteilen, wenn die Wasserbenutzung dem Stand der Technik entspricht, der Zweck nicht für die Erteilung der Bewilligung oder die Einräumung von Zwangsrechten entscheidend war und dem neuen Zweck nicht öffentliche Interessen oder fremde Rechte entgegenstehen.

(5) Bei Bewilligung von Änderungen bestehender Wasserbenutzungen, die zur Anpassung an den Stand der Technik oder an die wasserwirtschaftlichen Verhältnisse erfolgen und die mit einer Änderung des Maßes oder der Art der Wasserbenutzung verbunden sind, ist die Frist gemäß Abs. 1 neu zu bestimmen.

Abänderung von Bewilligungen

§ 21a. (1) Ergibt sich nach Erteilung der Bewilligung insbesondere unter Beachtung der Ergebnisse der Bestandsaufnahme (§ 55d), dass öffentliche Interessen (§ 105) trotz Einhaltung der im Bewilligungsbescheid oder in sonstigen Bestimmungen enthaltenen Auflagen und Vorschriften nicht hinreichend geschützt sind, hat die Behörde vorbehaltlich § 52 Abs. 2 zweiter Satz die nach dem nunmehrigen Stand der Technik (§ 12a) zur Erreichung dieses Schutzes erforderlichen anderen oder zusätzliche Auflagen vorzuschreiben, Anpassungsziele festzulegen und die Vorlage entsprechender Projektsunterlagen über die Anpassung aufzutragen. Art und Ausmaß der Wasserbenutzung vorübergehend oder auf Dauer einzuschränken oder die Wasserbenutzung vorübergehend oder auf Dauer zu untersagen.

(2) Für die Erfüllung von Anordnungen nach Abs. 1 sowie für die Planung der erforderlichen Anpassungsmaßnahmen und die Vorlage von diesbezüglichen Projektsunterlagen sind von der Behörde jeweils angemessene Fristen einzuräumen; hinsichtlich des notwendigen Inhalts der Projektsunterlagen gilt § 103. Diese Fristen sind zu verlängern, wenn der Verpflichtete nachweist, daß ihm die Einhaltung der Frist ohne sein Verschulden unmöglich ist. Ein rechtzeitig eingebrachter Verlängerungsantrag hemmt den Ablauf der Frist. Bei fruchtlosem Ablauf der Frist findet § 27 Abs. 4 sinngemäß Anwendung.

(3) Die Behörde darf Maßnahmen nach Abs. 1 nicht vorschreiben, wenn diese Maßnahmen unverhältnismäßig sind. Dabei gelten folgende Grundsätze:

a) der mit der Erfüllung dieser Maßnahmen verbundene Aufwand darf nicht außer Verhältnis zu dem damit angestrebten Erfolg stehen, wobei insbesondere Art, Menge und Gefährlichkeit der von der Wasserbenutzung ausgehenden Auswirkungen und Beeinträchtigungen sowie die Nutzungsdauer, die Wirtschaftlichkeit und die technische Besonderheit der Wasserbenutzung zu berücksichtigen sind;

b) bei Eingriffen in bestehende Rechte ist nur das jeweils gelindeste noch zum Ziele führende Mittel zu wählen;

c) verschiedene Eingriffe können nacheinander vorgeschrieben werden.

d) [Anm: Aufgehoben durch BGBl I 82/2003]

(4) Liegt ein genehmigter Sanierungsplan (§ 92) oder ein Sanierungsprogramm (§ 33d) vor, so dürfen Maßnahmen nach Abs. 1 darüber nicht hinausgehen.

(5) Die Abs. 1 bis 4 finden auf sonstige Anlagen und Bewilligungen nach den Bestimmungen dieses Bundesgesetzes sinngemäß Anwendung.

§ 21b.[6] Die nach diesem Bundesgesetz vorgeschriebenen Auflagen sind auf Antrag mit Bescheid aufzuheben oder abzuändern, wenn und soweit die Voraussetzungen für ihre Vorschreibung nicht mehr vorliegen.

Persönliche oder dingliche Gebundenheit der Wasserbenutzungsrechte.

§ 22. (1) Bei nicht ortsfesten Wasserbenutzungsanlagen ist die Bewilligung auf die Person des Wasserberechtigten beschränkt; bei allen anderen Wasserbenutzungsrechten ist Wasserberechtigter der jeweilige Eigentümer der Betriebsanlage oder Liegenschaft, mit der diese Rechte verbunden sind. Wasserbenutzungsrechte sind kein Gegenstand grundbücherlicher Eintragung.

(2) Die Übertragung von Betriebsanlagen oder Liegenschaften, mit denen Wasserbenutzungsrechte verbunden sind, ist vom neuen Wasserberechtigten der Wasserbuchbehörde zur Einsichtlichmachung im Wasserbuch (§ 124) anzuzeigen.

(3) [Anm: Aufgehoben durch BGBl 252/1990]

…

Schadenshaftung.

§ 26. (1) Die Verpflichtung des Wasserberechtigten zum Ersatze des Schadens, der aus dem Bestand oder Betrieb einer Wasserbenutzungsanlage entsteht, ist, soweit dieses Bundesgesetz nichts anderes bestimmt, nach den Vorschriften des 30. Hauptstückes des II. Teiles des Allgemeinen bürgerlichen Gesetzbuches zu beurteilen.

(2) Wird jedoch durch den rechtmäßigen Bestand oder Betrieb einer Wasserbenutzungsanlage eine Liegenschaft oder ein Bauwerk, das schon zur Zeit der Erteilung der Bewilligung bestanden hat, beschädigt oder ein älteres Wasserbenutzungsrecht der im § 12 Abs. 2 bezeichneten Art oder ein Fischerei-

4 Geändert durch BGBl I 14/2011 und BGBl I 73/2018.

5 Geändert und Satz 2 eingefügt durch BGBl I 97/2013.

6 Eingefügt durch BGBl I 14/2011.

recht oder ein Nutzungsrecht im Sinne des Grundsatzgesetzes 1951 über die Behandlung der Wald- und Weidenutzungsrechte sowie besonderer Felddienstbarkeiten, BGBl. Nr. 103, beeinträchtigt, so haftet der Wasserberechtigte für den Ersatz des Schadens, wenn bei der Erteilung der Bewilligung mit dem Eintritte dieser nachteiligen Wirkung überhaupt nicht oder nur in einem geringeren Umfange gerechnet worden ist.

(3) Der Wasserberechtigte haftet außer dem Falle des Abs. 2 für eine der dort bezeichneten Beschädigungen oder Beeinträchtigungen solchen Parteien, die ohne ihr Verschulden außer Stande waren, ihre Einwendungen rechtzeitig geltend zu machen.

(4) Ist in den Fällen der Abs. 2 und 3 die nachteilige Wirkung durch höhere Gewalt verursacht worden oder sind das beeinträchtigte Wasserbenutzungsrecht und sein Besitzer (§ 22 Abs. 2) weder im Wasserbuch ersichtlich gemacht noch zur Ersichtlichmachung bei der Wasserbuchbehörde angemeldet, so ist der Wasserberechtigte zum Ersatz des Schadens nicht verpflichtet.

(5) Soweit nach den Abs. 1 bis 4 für Schäden durch Gewässerverunreinigung (§ 30 Abs. 2) zu haften ist, wird vermutet, daß sie von denjenigen verursacht worden sind, die örtlich und nach der Beschaffenheit der Abwässer (Einwirkung) in Betracht kommen; diese Vermutung wird durch den Nachweis der Unwahrscheinlichkeit der Verursachung entkräftet. Mehrere Personen haften zur ungeteilten Hand, wenn sie den Schaden vorsätzlich oder mit auffallender Sorglosigkeit zugefügt haben. Sonst haftet jeder nur für seinen Anteil an der Schadenszufügung; lassen sich jedoch die Anteile nicht bestimmen, so haften mehrere Personen zu gleichen Teilen.

(6) Schadenersatzansprüche nach den Abs. 1 bis 3 sind im ordentlichen Rechtswege geltend zu machen. Hat sich aber die Wasserrechtsbehörde gemäß § 117 Abs. 1 die Nachprüfung und anderweitige Festsetzung einer anläßlich der Bewilligung zugesprochenen Entschädigung für die voraussichtlich eintretenden Nachteile vorbehalten, so kann nur eine Erhöhung dieser Entschädigung bei der Wasserrechtsbehörde begehrt werden.

Erlöschen der Wasserbenutzungsrechte.

§ 27. (1) Wasserbenutzungsrechte erlöschen:

a) durch den der Wasserrechtsbehörde zur Kenntnis gebrachten Verzicht des Berechtigten;
b) durch Nichteinwendung des Rechtes in einem wasserrechtlichen Verfahren, insoweit eine mit diesem Rechte offensichtlich in Widerspruch stehende Anlage bewilligt und ausgeführt wird, jedoch unbeschadet eines allfälligen Schadenersatzanspruches nach § 26 Abs. 3;
c) durch Ablauf der Zeit bei befristeten und durch den Tod des Berechtigten bei höchstpersönlichen Rechten sowie durch dauernde Einschränkung oder Untersagung nach § 21a;
d) durch Zurücknahme nach Abs. 3 oder Entziehung nach Abs. 4;
e) durch Enteignung (§ 64 Abs. 4);
f) durch Unterlassung der Inangriffnahme des Baues oder der Fertigstellung der bewilligten Anlagen binnen der im Bewilligungsbescheide hiezu bestimmten oder nachträglich verlängerten Frist;
g) durch den Wegfall oder die Zerstörung der zur Wasserbenutzung nötigen Vorrichtungen, wenn die Unterbrechung der Wasserbenutzung über drei Jahre gedauert hat, wobei der Wegfall oder die Zerstörung wesentlicher Teile der Anlage dem gänzlichen Wegfall oder der gänzlichen Zerstörung gleichzuhalten ist;
h) durch Wegfall oder eigenmächtige Veränderung des Zweckes der Anlage, wenn das Wasserbenutzungsrecht im Sinne der Bestimmungen des § 21 Abs. 4 an einen bestimmten Zweck gebunden wurde.

(2) Die Wasserrechtsbehörde kann die im Abs. 1 lit. g bestimmte Frist bei Vorliegen außerordentlicher oder wirtschaftlicher Schwierigkeiten bis zu fünf Jahren verlängern.

(3) War nach erfolgter Herstellung und Inbetriebsetzung einer genehmigten Anlage der ordnungsgemäße Betrieb während dreier aufeinanderfolgender Jahre eingestellt, ohne daß die Voraussetzungen des Erlöschens nach Abs. 1 lit. g vorliegen, so kann dem Berechtigten, falls nicht die Betriebseinstellung erweislich durch die Betriebsverhältnisse oder außerordentliche vom Willen des Berechtigten unabhängige Umstände bedingt war, von Amts wegen oder auf Antrag anderer Interessenten von der zur Genehmigung der Anlage berufenen Behörde eine angemessene, mindestens mit einem Jahre zu bemessende Frist zur Wiederaufnahme des ordnungsmäßigen Betriebes mit der Ankündigung bestimmt werden, daß nach fruchtlosem Ablaufe der Frist das Wasserbenutzungsrecht als erloschen erklärt würde.

(4) Die Behörde hat eine Bewilligung zu entziehen, wenn ungeachtet wiederholter Mahnung unter Hinweis auf die Rechtsfolgen die anläßlich der Bewilligung, der Änderung der Bewilligung (§ 21a) oder Überprüfung angeordneten Maßnahmen nicht durchgeführt oder Auflagen nicht eingehalten werden.

(5) Das Erlöschen eines Wasserbenutzungsrechtes durch Ablauf der Zeit hat auch das Erlöschen eines nach § 19 oder § 68 entstandenen Mitbenutzungsrechtes zur Folge. In allen anderen Fällen des Erlöschens eines Wasserbenutzungsrechtes bleibt das Mitbenutzungsrecht für die restliche Dauer der ursprünglichen Bewilligung erhalten, wenn der Mitbenutzungsberechtigte die Verpflichtung zur ordnungsgemäßen Instandhaltung der ursprünglichen Anlage übernimmt.

(6) Das Erlöschen kann sich auch bloß auf einen Teil der Wasserbenutzung beziehen. In diesem Fall hat die Wasserrechtsbehörde auszusprechen, inwieweit das Wasserbenutzungsrecht aufrecht bleibt.

Wiederherstellung zerstörter Anlagen.

§ 28. (1) Die Absicht der Wiederherstellung einer zerstörten Wasserbenutzungsanlage hat der Wasserberechtigte unter Vorlage der Pläne innerhalb der in § 27 Abs. 1 lit. g bezeichneten Frist der Wasserrechtsbehörde anzuzeigen; hiedurch wird der Ablauf dieser Frist gehemmt. Die Wasserrechtsbehörde hat bescheidmäßig festzustellen, ob das Vorhaben dem früheren Zustand entspricht oder ob etwa beabsichtigte Änderungen durch die Art und Maß der Wasserbenutzung nicht oder nicht wesentlich berührt werden, vom Standpunkt öffentlicher Interessen und fremder Rechte zulässig sind.

(2) Stehen der Wiederherstellung der Anlage öffentliche Interessen entgegen, sind im Bescheid (Abs. 1) die Abänderungen vorzuschreiben, deren Durchführung dem Wasserberechtigten billigerweise zugemutet werden kann. Darüber hinausgehende Abänderungen dürfen nur vorgeschrieben werden, wenn die Leistung einer angemessenen Entschädigung (§ 117) an den Wasserberechtigten sichergestellt ist. Soweit erforderlich, kann auch eine entsprechende Verlängerung der Bewilligungsdauer zugestanden werden.

(3) Im Feststellungsbescheid ist eine Frist für die Vollendung der Wiederherstellungsarbeiten zu bestimmen, bei deren Einhaltung die Wiederherstellung der Anlage keiner neuerlichen Bewilligung bedarf.

Vorkehrungen bei Erlöschen von Wasserbenutzungsrechten.

§ 29. (1) Den Fall des Erlöschens eines Wasserbenutzungsrechtes hat die zur Bewilligung zuständige Wasserrechtsbehörde festzustellen und hiebei auszusprechen, ob und inwieweit der bisher Berechtigte aus öffentlichen Rücksichten, im Interesse anderer Wasserberechtigter oder in dem der Anrainer binnen einer von der Behörde festzusetzenden angemessenen Frist seine Anlagen zu beseitigen, den früheren Wasserlauf wiederherzustellen oder in welcher anderen Art er die durch die Auflassung notwendig werdenden Vorkehrungen zu treffen hat.

(2) In dem im § 27 Abs. 1 lit. g bezeichneten Fall ist die Wasserrechtsbehörde schon vor Eintritt des Erlöschens befugt, erforderlichenfalls die zur Hintanhaltung einer Verletzung öffentlicher Interessen oder fremder Rechte notwendigen Vorkehrungen auf Kosten des Wasserberechtigten vorzuschreiben.

(3) Ist die weitere Erhaltung einer Anlage nach Erlöschen des Wasserbenutzungsrechtes im öffentlichen Interesse, insbesondere zum Schutze, zur Abwehr oder zur Pflege der Gewässer erforderlich, so können die öffentlichen Körperschaften (Bund, Länder, Gemeinden, Gemeindeverbände und Wasserverbände), wenn dagegen die Erhaltung nur im Interesse von Beteiligten wünschenswert erscheint, diese Beteiligten von dem bisher Berechtigten die Überlassung der vorhandenen Wasserbauten, soweit dies notwendig ist, ohne Entgelt verlangen. Dabei hat jene Körperschaft den Vorzug, die mit den bisher Wasserberechtigten einen Vertrag, betreffend die Übernahme dieser Anlagen abgeschlossen hat. Die weitere Erhaltung und die Leistung der erst künftig fällig werdenden Entschädigungen für etwa aufrecht bleibende Zwangsrechte (§ 70 Abs. 1) obliegt denjenigen, denen die Anlage überlassen wurde.

(4) Hat der bisher Berechtigte den im Sinne des Abs. 1 ergangenen behördlichen Anordnungen entsprochen, worüber auf Grund eines Überprüfungsverfahrens (§ 121) mit Bescheid zu erkennen ist, so ist er zur weiteren Erhaltung des auf diese Weise herbeigeführten Zustandes auch dann nicht mehr verpflichtet, wenn eine Überlassung der Anlage nach Abs. 3 nicht stattfindet.

(5) Im Falle des Erlöschens eines Wasserbenutzungsrechtes hat die Behörde auch ausdrücklich auszusprechen, daß die durch das Erlöschen des Wasserbenutzungsrechtes entbehrlich gewordenen, nicht im Grundbuch eingetragenen Dienstbarkeiten (§ 70 Abs. 1 erster Satz) erloschen sind.

(6) Bei Anlagen, die keine besondere Bedeutung haben, das sind ua. solche, die weder öffentliche Interessen in größerem Umfang berühren noch fremden Rechten nachteilig sind, kann die Behörde im Erlöschensbescheid vorschreiben, dass die Bekanntgabe, dass den behördlichen Anordnungen gem. Abs. 1 entsprochen wurde, entweder nach Abs. 7 oder nach Abs. 8 zu erfolgen hat. In diesen Fällen entfällt die Überprüfung durch die Behörde gem. Abs. 4.

(7) Die Bekanntgabe, dass den behördlichen Anordnungen gem. Abs. 1 entsprochen wurde, ist der zuständigen Behörde vom bisher Berechtigten schriftlich anzuzeigen. Mit der Ausführungsanzeige übernimmt der bisher Berechtigte der Behörde gegenüber die Verantwortung für die bescheidmäßige und fachtechnische Ausführung der behördlichen Anordnungen.

(8) Der Ausführungsanzeige nach Abs. 7 ist eine von einem gewerberechtlich oder nach dem Ziviltechnikergesetz 1993 Befugten des einschlägigen Fachbereiches, der an den Ausführungarbeiten der behördlichen Anordnung nicht beteiligt gewesen sein darf, ausgestellte Bestätigung über die bescheidmäßige und fachtechnische Ausführung der behördlichen Anordnungen anzuschließen.

Maßnahmen anlässlich der endgültigen Einstellung der Tätigkeit bzw. der Auflassung von Anlagen, in denen gewisse industrielle Tätigkeiten durchgeführt werden

§ 29a.[7] (1) Betreiber von Anlagen, in denen eine oder mehrere der in Anhang I der Richtlinie 2010/75/EU über Industrieemissionen (integrierte Vermeidung und Verminderung der Umweltverschmutzung), ABl. Nr. L 334 vom 17. Dezember 2010 S 17, in der Fassung der Berichtigung ABl. Nr. L 158 vom 19 Juni 2012 S 25, angeführten Tätigkeiten durchgeführt werden, haben – unbeschadet § 29 – bei endgültiger Einstellung ihrer Tätigkeiten den Stand der Grundwasserverschmutzung durch relevante gefährliche Stoffe, die durch die Anlage verwendet, erzeugt oder freigesetzt wurden, ein letztes Mal zu bewerten (§ 134a).

(2) Im Fall der endgültigen Einstellung der Tätigkeit einer Anlage, die Anhang I der Richtlinie 2010/75/EU unterliegt, hat der Betreiber dieser Anlage erforderlichenfalls die jeweiligen Maßnahmen gemäß Z 1 und 2 oder 3 zu setzen:

1. Bei Vorliegen eines Berichts über den Ausgangszustand gemäß § 134a Abs. 1 und wenn durch die Anlage erhebliche Grundwasserverschmutzungen mit relevanten gefährlichen Stoffen im Vergleich zu dem im Bericht über den Ausgangszustand angegebenen Zustand verursacht wurden, hat der Anlagenbetreiber – unter Berücksichtigung der technischen Durchführbarkeit – alle erforderlichen Maßnahmen zur Beseitigung dieser Verschmutzung zu setzen, um das Anlagengelände in den im Bericht über den Ausgangszustand (§ 134a Abs. 1) festgestellten Zustand zurückzuführen.
2. Bei Vorliegen eines Berichts über den Ausgangszustand gemäß § 134a Abs. 1 und sofern infolge genehmigter Tätigkeiten vom Betreiber bereits vor dem 7. Jänner 2013 verursachte Grundwasserverschmutzungen auf dem Anlagengelände eine ernsthafte Gefährdung der menschlichen Gesundheit oder der Umwelt zur Folge haben, hat der Anlagenbetreiber die erforderlichen Maßnahmen zur Beseitigung, Verhütung, Eindämmung oder Verringerung relevanter gefährlicher Stoffe zu ergreifen, damit das Anlagengelände unter Berücksichtigung seiner derzeitigen oder genehmigten künftigem Nutzung keine solche Gefährdung mehr darstellt.
3. Liegt ein Bericht über den Ausgangszustand gemäß § 134a Abs. 1 nicht vor, weil die Genehmigung noch nicht aktualisiert worden ist oder keine Verpflichtung des Betreibers zur Erstellung eines Berichtes über den Ausgangszustand besteht, hat der Betreiber dennoch für das Anlagengelände die erforderlichen Maßnahmen zur Beseitigung, Verhütung, Eindämmung oder Verringerung relevanter gefährlicher Stoffe zu treffen, damit das Anlagengelände unter Berücksichtigung seiner derzeitigen oder genehmigten künftigem Nutzung infolge genehmigter gleichartiger Tätigkeiten, keine ernsthafte Gefährdung der menschlichen Gesundheit oder der Umwelt mehr darstellen.

(3) Alle auf Grundlage der letztmaligen Bewertung notwendigen Maßnahmen gemäß Abs. 2 sind der zuständigen Behörde unverzüglich nach endgültiger Einstellung der Tätigkeit unter Vorlage entsprechender Unterlagen anzuzeigen. Diese hat dem Anlagenbetreiber die Durchführung der gemäß Abs. 2 jeweils erforderlichen Maßnahmen unter Setzung einer angemessenen Frist mit Bescheid aufzutragen. § 29 Abs. 4 gilt sinngemäß.

[7] Samt Überschrift eingefügt durch BGBl I 98/2013.

Dritter Abschnitt
Von der nachhaltigen Bewirtschaftung, insbesondere vom Schutz und der Reinhaltung der Gewässer

Ziele

§ 30. (1) Alle Gewässer einschließlich des Grundwassers sind im Rahmen des öffentlichen Interesses und nach Maßgabe der folgenden Bestimmungen so reinzuhalten und zu schützen,

1. dass die Gesundheit von Mensch und Tier nicht gefährdet werden kann,
2. dass Beeinträchtigungen des Landschaftsbildes und sonstige fühlbare Schädigungen vermieden werden können,
3. dass eine Verschlechterung vermieden sowie der Zustand der aquatischen Ökosysteme und der direkt von ihnen abhängenden Landökosysteme und Feuchtgebiete im Hinblick auf ihren Wasserhaushalt geschützt und verbessert werden,
4. dass eine nachhaltige Wassernutzung auf der Grundlage eines langfristigen Schutzes der vorhandenen Ressourcen gefördert wird,
5. dass eine Verbesserung der aquatischen Umwelt, ua. durch spezifische Maßnahmen zur schrittweisen Reduzierung von Einleitungen, Emissionen und Verlusten von gefährlichen Schadstoffen gewährleistet wird.

Insbesondere ist Grundwasser sowie Quellwasser so reinzuhalten, dass es als Trinkwasser verwendet werden kann. Grundwasser ist weiters so zu schützen, dass eine schrittweise Reduzierung der Verschmutzung des Grundwassers und Verhinderung der weiteren Verschmutzung sichergestellt wird. Oberflächengewässer sind so reinzuhalten, dass Tagwässer zum Gemeingebrauch sowie zu gewerblichen Zwecken benutzt und Fischwässer erhalten werden können.

(2) Abs. 1 soll beitragen

1. zu einer Minderung der Auswirkungen von Dürren und Überschwemmungen, insbesondere der Freihaltung von Überflutungsräumen;
2. zu einer ausreichenden Versorgung (§ 13) mit Oberflächen- und Grundwasser guter Qualität, wie es für eine nachhaltige, ausgewogene und gerechte Wassernutzung erforderlich ist;
3. zu einer wesentlichen Reduzierung der Grundwasserverschmutzung;
4. zum Schutz der Hoheitsgewässer und Meeresgewässer im Rahmen internationaler Übereinkommen.

(3)

1. Unter Reinhaltung der Gewässer wird in diesem Bundesgesetz die Erhaltung der natürlichen Beschaffenheit des Wassers in physikalischer, chemischer und biologischer Hinsicht (Wassergüte), unter Verunreinigung jede Beeinträchtigung dieser Beschaffenheit und jede Minderung des Selbstreinigungsvermögens verstanden.
2. Unter Schutz der Gewässer wird in diesem Bundesgesetz die Erhaltung der natürlichen Beschaffenheit von Oberflächengewässern einschließlich ihrer hydro-morphologischen Eigenschaften und der für den ökologischen Zustand maßgeblichen Uferbereiche sowie der Schutz des Grundwassers verstanden.
3. Verschmutzung ist die durch menschliche Tätigkeiten direkt oder indirekt bewirkte Freisetzung von Stoffen oder Wärme in Wasser die der menschlichen Gesundheit oder der Qualität der aquatischen Ökosysteme oder der direkt von ihnen abhängigen Landökosysteme schaden können oder eine Beeinträchtigung oder Störung des Erholungswertes und anderer legitimer Nutzungen der Umwelt mit sich bringen.

Umweltziele für Oberflächengewässer

§ 30a. (1)[8] Oberflächengewässer einschließlich erheblich veränderter und künstlicher Gewässer (§ 30b) sind derart zu schützen, zu verbessern und zu sanieren, dass – unbeschadet § 104a – eine Verschlechterung des jeweiligen Zustandes verhindert und – unbeschadet der §§ 30e und 30f – bis spätestens 22. Dezember 2015 der Zielzustand erreicht wird. Der Zielzustand in einem Oberflächengewässer ist dann erreicht, wenn sich der Oberflächenwasserkörper zumindest in einem guten ökologischen und einem guten chemischen Zustand befindet. Der Zielzustand in einem erheblich veränderten oder künstlichen Gewässer ist dann erreicht, wenn sich der Oberflächenwasserkörper zumindest in einem guten ökologischen Potential und einem guten chemischen Zustand befindet.

(2) Der Bundesminister für Land- und Forstwirtschaft, Umwelt und Wasserwirtschaft hat mit Verordnung die gemäß Abs. 1 zu erreichenden Zielzustände sowie die im Hinblick auf das Verschlechterungsverbot maßgeblichen Zustände für Oberflächengewässer (Abs. 3) mittels charakteristischer Eigenschaften sowie Grenz- oder Richtwerten näher zu bezeichnen.

Er hat dabei insbesondere

1. den guten ökologischen Zustand, das gute ökologische Potential sowie die jeweiligen Referenzzustände auf der Grundlage des Anhangs C sowie der Ergebnisse des Interkalibrationsverfahrens festzulegen;
2.[8] den guten chemischen Zustand sowie die chemischen Komponenten des guten ökologischen Zustandes für synthetische und nicht-synthetische Schadstoffe in Form von Umweltqualitätsnormen auf der Grundlage des Anhangs E festzulegen;
3. im Hinblick auf die Abweichungsanalyse (§ 55d) die Kriterien, insbesondere für die Ermittlung und Beurteilung der Messergebnisse für das Entsprechungsregime sowie für eine stufenweise Ausweisung, unter anderem unter Berücksichtigung der natürlichen Bedingungen von Oberflächenwasserkörpern vorzugeben.

Dabei ist eine Differenzierung insbesondere nach Gewässertypen oder nach der Charakteristik der Einzugsgebiete im gebotenen Ausmaß zu treffen. Bei der Festlegung der Umweltziele sind einheitliche Vorgaben für die Probenahme, die statistische Datenauswertung, Auswertungsmethoden und für Mindestanforderungen an die analytisch-chemischen Analyseverfahren zu treffen.

(3)

1. Oberflächengewässer sind alle an der Erdoberfläche stehenden und fließenden Gewässer.
2. Ein Oberflächenwasserkörper ist ein einheitlicher und bedeutender Abschnitt eines Oberflächengewässers.
3. Der Zustand des Oberflächengewässers ist die allgemeine Bezeichnung für den Zustand eines Oberflächenwasserkörpers auf der Grundlage des jeweils schlechteren Wertes für den ökologischen und den chemischen Zustand.
4. Der ökologische Zustand ist die Qualität von Struktur und Funktionsfähigkeit aquatischer, in Verbindung mit Oberflächengewässern stehender Ökosysteme (Gewässer, samt der für den ökologischen Zustand maßgeblichen Uferbereiche) gemäß einer auf Anhang C basierenden Verordnung (Abs. 2 Z 1).
5. Das ökologische Potential ist der ökologische Zustand eines erheblich veränderten oder künstlichen Oberflächenwasserkörpers, der den Kriterien einer auf Anhang C basierenden Verordnung entspricht.
6. Schadstoff ist jeder Stoff, der zu einer Verschmutzung der Gewässer führen kann, insbesondere Stoffe des Anhangs E Abschnitt I.

---

[8] Geändert durch BGBl I 14/2011.

7. Gefährliche Stoffe sind Stoffe oder Gruppen von Stoffen, die toxisch, persistent und bioakkumulierbar sind und sonstige Stoffe und Gruppen von Stoffen, die in ähnlichem Maße Anlass zu Besorgnis geben.
8. Prioritäre Stoffe sind Stoffe des Anhangs E Abschnitt II.
9. Prioritäre gefährliche Stoffe sind Stoffe des Anhangs E Abschnitt III.

Einstufung als künstliche oder erheblich veränderte Oberflächenwasserkörper

§ 30b. (1) Der Bundesminister für Land- und Forstwirtschaft, Umwelt und Wasserwirtschaft kann mit Verordnung Oberflächenwasserkörper als künstliche oder erheblich veränderte, gegliedert nach Planungsräumen (§ 55b Abs. 2) einstufen, wenn

1. die zur Erreichung eines guten ökologischen Zustands erforderlichen Änderungen der hydromorphologischen Merkmale des Oberflächenwasserkörpers signifikante negative Auswirkungen hätten auf
   a) die Umwelt im weiteren Sinne oder
   b) die Schifffahrt, einschließlich Hafenanlagen oder die Freizeitnutzung oder
   c) die Tätigkeiten, zu deren Zweck das Wasser gespeichert wird, wie Trinkwasserversorgung, Stromerzeugung oder Bewässerung oder
   d) die Wasserregulierung, Schutz vor Überflutungen, Landentwässerung oder
   e) andere ebenso wichtige nachhaltige Entwicklungstätigkeiten des Menschen und
2. die nutzbringenden Ziele, denen die veränderten Merkmale des Oberflächenwasserkörpers dienen, nicht in sinnvoller Weise durch andere Mittel erreicht werden können. Diese anderen Mittel müssen
   a) technisch durchführbar sein und
   b) jedenfalls eine wesentlich bessere Umweltoption darstellen und
   c) keine unverhältnismäßigen Kosten verursachen.

(2) Diese Einstufung und deren Gründe sind im Rahmen der Bestandsaufnahme (§ 55d) im Nationalen Gewässerbewirtschaftungsplan (§ 55c) im einzelnen darzulegen und alle sechs Jahre zu überprüfen. Für die Erstellung des ersten Nationalen Gewässerbewirtschaftungsplans (§ 55c) erfolgt eine endgültige Einstufung gemäß Abs. 1 nach Vorliegen der Überwachungsergebnisse. Eine vorläufige Benennung von potentiell als künstlich oder erheblich verändert einzustufenden Oberflächenwasserkörpern erfolgt im Rahmen und nach dem Verfahren der Ist-Bestandsanalyse (§ 55h Abs. 1).

(3)

1. Ein künstlicher Oberflächenwasserkörper ist ein von Menschenhand geschaffener Oberflächenwasserkörper.
2. Ein erheblich veränderter Oberflächenwasserkörper ist ein Oberflächenwasserkörper, der durch physikalische Veränderungen durch den Menschen in seinem Wesen erheblich verändert wurde und gemäß Abs. 2 entsprechend eingestuft wurde.

Umweltziele für Grundwasser

§ 30c. (1)[9] Grundwasser ist derart zu schützen, zu verbessern und zu sanieren, dass – unbeschadet § 104a – eine Verschlechterung des jeweiligen Zustandes verhindert und – unbeschadet der §§ 30e und 30f – bis spätestens 22. Dezember 2015 der gute Zustand erreicht wird. Der gute Zustand im Grundwasser ist dann erreicht, wenn sich der Grundwasserkörper zumindest in einem guten mengenmäßigen und einem guten chemischen Zustand befindet.

(2) Der Bundesminister für Land- und Forstwirtschaft, Umwelt und Wasserwirtschaft hat mit Verordnung den gemäß Abs. 1 zu erreichenden Zustand sowie die im Hinblick auf das Verschlechterungsverbot maßgeblichen Kriterien zu bezeichnen. Er hat insbesondere

1. für Stoffe, durch die Grundwasser für Zwecke der Wasserversorgung (§ 30 Abs. 1) untauglich zu werden droht oder die das Grundwasser so nachhaltig beeinflussen können, dass die Wiederherstellung geordneter Grundwasserverhältnisse nur mit erheblichem Aufwand oder nur über einen längeren Zeitraum möglich ist, Schwellenwerte festzusetzen und dabei zu berücksichtigen, dass
   a) die Umweltziele für in Verbindung stehende Oberflächengewässer erreicht werden, insbesondere die ökologische oder chemische Qualität derartiger Gewässer nicht signifikant verringert wird,
   b) die Landökosysteme, die unmittelbar von dem Grundwasserkörper abhängen, nicht signifikant geschädigt werden und
   c) keine Anzeichen für das Zuströmen von Salzwässern oder andere Intrusionen gegeben sind;
2. Kriterien für die Ermittlung und Beurteilung der Messergebnisse sowie gegebenenfalls Kriterien für eine stufenweise Ausweisung unter Berücksichtigung der natürlichen Bedingungen von Grundwasserkörpern und Teilen von Grundwasserkörpern als Beobachtungs- und voraussichtliche Maßnahmengebiete vorzugeben;
3. Kriterien für die Ermittlung signifikanter und anhaltender steigender Trends sowie für die Festlegung der Ausgangspunkte für die Trendumkehr festzusetzen;
4. Kriterien für die Bestimmung des guten mengenmäßigen Zustandes eines Grundwasserkörpers derart festzulegen, dass die mittleren jährlichen Entnahmen langfristig das vorhandene nutzbare Grundwasserdargebot (die verfügbare Grundwasserressource) nicht überschreiten. Dabei ist zu beachten, dass der Grundwasserspiegel keinen anthropogenen Veränderungen unterliegt, die zu einem Verfehlen der ökologischen Umweltziele für in Verbindung stehende Oberflächengewässer oder zu einer signifikanten Verringerung der Qualität dieser Oberflächengewässer oder zu einer signifikanten Schädigung von Landökosystemen, die unmittelbar von dem Grundwasserkörper abhängen, oder zum Zuströmen von Salzwässern oder zu anderen Intrusionen führen würden.
5. Regelungen über die im Zusammenhang mit den Z 1 bis Z 4 bei der Überwachung zu beachtenden Verfahren und Methoden, über Referenzanalyseverfahren sowie über sonstige für die Aussagekraft von Überwachungsergebnissen maßgebliche Gesichtspunkte zu treffen.

(3)

1. Grundwasserkörper ist ein abgegrenztes Grundwasservolumen innerhalb eines oder mehrerer Grundwasserleiter.
2. Grundwasserleiter sind unter der Erdoberfläche liegende Boden- oder Gesteinskörper oder andere geologische Formationen mit hinreichender Porosität und Permeabilität, sodass entweder ein nennenswerter Grundwasserstrom oder die Entnahme erheblicher Grundwassermengen möglich ist.

Ziele für Schutzgebiete

§ 30d. (1) In den nachstehenden Schutzgebieten sind allfällige für diese festgelegte Umweltziele, vorbehaltlich der und entsprechend den dort festgelegten Bestimmungen - unbe-

9 Geändert durch BGBl I 14/2011.

schadet der §§ 30e, 30f und 104a - bis 22. Dezember 2015 zu erreichen:

1. In Gebieten mit Wasserentnahmen gemäß § 59b Abs. 1 Z 1 sowie
2.[10] in nährstoffsensiblen Gebieten, sofern solche gemäß § 55p in Umsetzung der Richtlinie (EWG) Nr. 91/271 über die Behandlung von kommunalem Abwasser, ABl. Nr. L 135 vom 30. Mai 1991, S 40 und der Richtlinie (EWG) Nr. 91/676 über den Schutz der Gewässer vor Verunreinigung durch Nitrat aus landwirtschaftlichen Quellen, ABl. Nr. L 375 vom 31. Dezember 1991, S 1 ausgewiesen wurden;
3. in Gebieten, die zum Schutz wirtschaftlich bedeutsamer aquatischer Arten ausgewiesen wurden;
4. in Gebieten, die gemäß § 2 Abs. 7 Bäderhygienegesetz, BGBl. Nr. 254/1976 idF BGBl. I Nr. 98/2001 als Badegewässer ausgewiesen wurden sowie
5. in Gebieten, die auf Grund von landesgesetzlichen Bestimmungen in Umsetzung der Richtlinie (EWG) Nr. 92/43 zur Erhaltung der natürlichen Lebensräume sowie der wildlebenden Tiere und Pflanzen, ABl. Nr. L 206 vom 22. Juli 1992, S 7 und der Richtlinie (EWG) 79/409 über die Erhaltung der wildlebenden Vogelarten, ABl. Nr. L 103 vom 25. April 1979, S 1 ausgewiesen wurden, sofern die Erhaltung oder Verbesserung des Wasserzustandes ein wichtiger Faktor für diesen Schutz ist.

(2) Sofern auf einen bestimmten Oberflächenwasserkörper oder Grundwasserkörper mehr als eines der gemäß den §§ 30a, c und d festgelegten Umweltziele anzuwenden ist, bleibt das weitreichendere Umweltziel unberührt und gilt weiterhin.

Stufenweise Zielerreichung

§ 30e. (1) Zur stufenweisen Umsetzung der gemäß §§ 30a, c und d festgelegten Umweltziele können die dort vorgesehenen Fristen über den Zeitraum zweier Aktualisierungen ausgehend vom ersten Nationalen Gewässerbewirtschaftungsplan (§ 55c), das ist bis zum 22. Dezember 2021 bzw. bis zum 22. Dezember 2027, im Rahmen der Bestandsaufnahme (§ 55d in Verbindung mit § 55h Abs. 1) verlängert werden, wenn

1. der Zustand des beeinträchtigten Oberflächenwasser- oder Grundwasserkörpers nicht weiter verschlechtert wird und
2. eine Abschätzung ergibt, dass innerhalb des vorgegebenen Zeitrahmens
   a) der Umfang der erforderlichen Verbesserungen aus Gründen der technischen Durchführbarkeit nur in Schritten erreicht werden kann, oder
   b) die Verwirklichung der Verbesserungen unverhältnismäßig hohe Kosten verursachen würde, oder
   c) die natürlichen Gegebenheiten keine rechtzeitige Verbesserung des Zustands des Oberflächenwasser- oder Grundwasserkörpers zulassen.

(2) Hat eine Prüfung gemäß Abs. 1 ergeben, dass eine Zielerreichung bis 22. Dezember 2027 auf Grund von Beeinträchtigungen durch menschliche Tätigkeiten (§§ 59, 59a) oder auf Grund von natürlichen Gegebenheiten nicht möglich ist, kann unter Einhaltung der Voraussetzungen des Abs. 1 für bestimmte Oberflächenwasser- oder Grundwasserkörper die Verwirklichung weniger strenger Umweltziele, als sie gemäß §§ 30a, c und d festgelegt worden sind, vorgesehen werden, wenn die ökologischen und sozioökonomischen Erfordernisse, denen solche menschliche Tätigkeiten dienen, nicht durch andere Mittel erreicht werden können, die eine wesentlich bessere und nicht mit unverhältnismäßig hohen Kosten verbundene Umweltoption darstellen.

(3)[11] Die Verlängerung der Frist sowie die Ausnahme vom Umweltziel und die entsprechenden Gründe erfolgen im Nationalen Gewässerbewirtschaftungsplan (§ 55c) und sind im Einzelnen darzulegen und zu erläutern. Diese Festlegungen zur stufenweisen Zielerreichung sind im Verwaltungsverfahren für die Beurteilung der als im öffentlichen Interesse gelegenen anzustrebenden wasserwirtschaftlichen Ordnung heranzuziehen.

(4) Darüber hinaus hat der Nationale Gewässerbewirtschaftungsplan zu enthalten:

1. in den Fällen des Abs. 1 (Fristverlängerung)
   a) eine Zusammenfassung derjenigen Maßnahmen (§ 55c Abs. 2 Z 5), die als erforderlich angesehen werden, um die Oberflächenwasser- oder Grundwasserkörper bis zum Ablauf der verlängerten Frist schrittweise in den geforderten Zustand zu überführen,
   b) die Gründe für jede signifikante Verzögerung bei der Umsetzung dieser Maßnahmen und den voraussichtlichen Zeitplan für die Durchführung dieser Maßnahmen (§ 55c Abs. 2 Z 5);
2. in den Fällen des Abs. 2 (Ausnahme vom Umweltziel)
   a) eine Zusammenfassung derjenigen Maßnahmen (§ 55c Abs. 2 Z 5), die als erforderlich angesehen werden, um im Hinblick auf Oberflächenwasserkörper unter Berücksichtigung der Auswirkungen, die infolge der Art der menschlichen Tätigkeiten oder der Verschmutzung nach vernünftigem Ermessen nicht hätten vermieden werden können, den bestmöglichen ökologischen und chemischen Zustand zu gewährleisten,
   b) eine Zusammenfassung derjenigen Maßnahmen (§ 55c Abs. 2 Z 5), die als erforderlich angesehen werden, um im Hinblick auf Grundwasserkörper unter Berücksichtigung der Auswirkungen, die infolge der Art der menschlichen Tätigkeiten oder der Verschmutzung nach vernünftigem Ermessen nicht hätten vermieden werden können, die geringst möglichen Veränderungen des guten Grundwasserzustandes zu gewährleisten.

Die aktualisierten Fassungen des Nationalen Gewässerbewirtschaftungsplans haben eine Überprüfung der Durchführung dieser Maßnahmen und eine Zusammenfassung aller etwaigen zusätzlichen Maßnahmen zu enthalten.

(5) Die Vorgehensweise nach Abs. 1 bis 3 darf die Verwirklichung der Umweltziele in anderen Oberflächenwasser- oder Grundwasserkörpern im Planungsraum nicht dauerhaft ausschließen oder gefährden.

Ereignisse unter außergewöhnlichen Umständen

§ 30f. (1) Eine vorübergehende Verschlechterung des Zustands von Oberflächenwasser- oder Grundwasserkörpern verstößt nicht gegen die in §§ 30a, c und d festgelegten Ziele, wenn sie

a) durch aus natürlichen Ursachen herrührende oder durch höhere Gewalt bedingte Umstände, die außergewöhnlich sind oder nach vernünftiger Einschätzung nicht vorhersehbar waren, insbesondere starke Überschwemmungen oder lang anhaltende Dürren bedingt ist oder
b) durch nach vernünftiger Einschätzung nicht vorhersehbare Unfälle entstanden ist

und wenn sämtliche nachstehende Bedingungen erfüllt sind:

1. Es werden alle praktikablen Vorkehrungen getroffen, um eine weitere Verschlechterung des Zustands zu verhindern und um die Verwirklichung der Umweltziele in von diesen Umständen nicht betroffenen Oberflächenwasser- oder Grundwasserkörpern nicht zu gefährden.

---

[10] Geändert durch BGBl I 14/2011.

[11] Satz 2 neu gefasst durch BGBl I 98/2013.

2. Im Nationalen Gewässerbewirtschaftungsplan wird festgehalten, unter welchen Bedingungen solche unvorhergesehenen oder außergewöhnlichen Umstände geltend gemacht werden können und welche Indikatoren hierbei zu verwenden sind.
3. Die Maßnahmen, die unter solchen außergewöhnlichen Umständen zu ergreifen sind, sind im Maßnahmenprogramm (§ 55c Abs. 2 Z 5) aufgeführt und dürfen, wenn die außergewöhnlichen Umstände vorüber sind, nicht die Wiederherstellung des Zustands des Oberflächenwasser- oder Grundwasserkörpers gefährden.

(2) Die Auswirkungen von Umständen, die außergewöhnlich sind oder nach vernünftiger Einschätzung nicht vorhersehbar waren, sind jährlich von den zuständigen Stellen zu überprüfen. Es sind vorbehaltlich einer Abwägung der in § 30e Abs. 1 Z 2 angeführten Gründe alle praktikablen Maßnahmen zu ergreifen, um jenen Zustand, den der Oberflächenwasser- oder Grundwasserkörper hatte, bevor er von solchen Umständen betroffen wurde, sobald wie nach vernünftiger Einschätzung möglich, wiederherzustellen.

(3) In die nächste aktualisierte Fassung des Nationalen Gewässerbewirtschaftungsplans ist eine zusammenfassende Darlegung der Auswirkungen der Umstände und der Maßnahmen, die entsprechend Abs. 1 lit. a und b getroffen wurden beziehungsweise noch zu treffen sind, aufzunehmen.

Kombinierter Ansatz für Punktquellen und diffuse Quellen

§ 30g. (1) Entsprechend dem kombinierten Ansatz sind

1. Emissionen aus Punktquellen, insbesondere aus Abwasserreinigungsanlagen, in Gewässer auf der Grundlage des Standes der Technik (§ 12a) zu begrenzen,
2. diffuse Auswirkungen so zu begrenzen, dass sie gegebenenfalls die beste verfügbare Umweltpraxis einschließen.

Das Erfordernis einer Fortschreibung des Standes der Technik oder der besten verfügbaren Umweltpraxis ist jedenfalls dann gegeben, wenn es gemeinschaftsrechtliche Vorschriften oder die Bestandsaufnahme (§ 55d) erfordern.

(2) Sofern auf Grund von gemäß §§ 30a, c und d festgelegten Umweltzielen strengere Begrenzungen erforderlich sind, als sie aus einer Anwendung des Abs. 1 zu erfüllen wären, so sind für diese Oberflächenwasser- oder Grundwasserkörper im Maßnahmenprogramm beziehungsweise in Umsetzung der Maßnahmenprogramme dementsprechend strengere Emissionsbegrenzungen festzulegen.

(3) Sofern auf Grund von gemäß §§ 30a, c und d festgelegten Umweltzielen weniger strenge Begrenzungen zulässig sind, als sie aus einer Anwendung des Abs. 1 zu erfüllen wären, dürfen - soweit nicht gemeinschaftsrechtliche Regelungen entgegenstehen - weniger strenge Begrenzungen festgelegt werden. Für Abwassereinleitungen (Abs. 1 Z 1) gilt dies nur unter den Voraussetzungen der §§ 33b Abs. 10 bzw. 33c Abs. 8.

Allgemeine Sorge für die Reinhaltung.

§ 31. (1) Jedermann, dessen Anlagen, Maßnahmen oder Unterlassungen eine Einwirkung auf Gewässer herbeiführen können, hat mit der im Sinne des § 1297, zutreffendenfalls mit der im Sinne des § 1299 des allgemeinen bürgerlichen Gesetzbuches gebotenen Sorgfalt seine Anlagen so herzustellen, instandzuhalten und zu betreiben oder sich so zu verhalten, daß eine Gewässerverunreinigung vermieden wird, die den Bestimmungen des § 30 zuwiderläuft und nicht durch eine wasserrechtliche Bewilligung gedeckt ist.

(2) Tritt dennoch die Gefahr einer Gewässerverunreinigung ein, hat der nach Abs. 1 Verpflichtete unverzüglich die zur Vermeidung einer Verunreinigung erforderlichen Maßnahmen zu treffen und die Bezirksverwaltungsbehörde, bei Gefahr im Verzug den Bürgermeister oder die nächst Dienststelle des öffentlichen Sicherheitsdienstes zu verständigen. Bei Tankfahrzeugunfällen hat der Lenker, sofern dieser hiezu nicht oder nicht allein in der Lage ist auch der Beifahrer, die erforderlichen Sofortmaßnahmen im Sinne der Betriebsanweisung für Tankfahrzeuge zu treffen. Die Verständigungs- und Hilfeleistungspflicht nach anderen Verwaltungsvorschriften, wie vor allem nach der Straßenverkehrsordnung, wird dadurch nicht berührt. Sind außer den Sofortmaßnahmen weitere Maßnahmen zur Vermeidung einer Gewässerverunreinigung erforderlich, so ist zu ihrer Durchführung der Halter des Tankfahrzeuges verpflichtet.

(3) Wenn die zur Vermeidung einer Gewässerverunreinigung erforderlichen Maßnahmen nicht oder nicht rechtzeitig getroffen werden, so hat die Wasserrechtsbehörde, soweit nicht der unmittelbare Werksbereich eines Bergbaues betroffen wird, die entsprechenden Maßnahmen dem Verpflichteten aufzutragen oder bei Gefahr im Verzuge unmittelbar anzuordnen und gegen Ersatz der Kosten durch den Verpflichteten nötigenfalls unverzüglich durchführen zu lassen. Wenn wegen Gefahr im Verzuge eine Anordnung der Wasserrechtsbehörde nicht abgewartet werden kann, ist der Bürgermeister befugt, die zur Vermeidung einer Gewässerverunreinigung erforderlichen Maßnahmen - soweit nicht dem Bergrecht unterliegende Anlagen betroffen werden - unmittelbar anzuordnen und gegen Ersatz der Kosten durch den Verpflichteten nötigenfalls unverzüglich durchführen zu lassen. Gefahr im Verzug ist jedenfalls gegeben, wenn eine Wasserversorgung gefährdet ist.

(3a) Soweit in außergewöhnlichen Katastrophenereignissen, insbesondere Hochwässern, Erdrutschen, Vermurungen und Lawinen, auch Anordnungen gemäß Abs. 3 getroffen werden oder wurden, gelten diese als Anordnungen nach den einschlägigen Katastrophenschutzbestimmungen.

(4) Kann der nach Abs. 1 Verpflichtete nicht gemäß Abs. 3 beauftragt oder zum Kostenersatz herangezogen werden, dann kann an seiner Stelle dem Liegenschaftseigentümer der Auftrag erteilt oder der Kostenersatz auferlegt werden, wenn er den Anlagen oder Maßnahmen, von denen die Gefahr ausgeht, zugestimmt oder sie freiwillig geduldet und ihm zumutbare Abwehrmaßnahmen unterlassen hat. Dies gilt auch für Rechtsnachfolger des Liegenschaftseigentümers, wenn sie von den Anlagen oder Maßnahmen, von denen die Gefahr ausgeht, Kenntnis hatten oder bei gehöriger Aufmerksamkeit Kenntnis haben mußten.

(5) Maßnahmen, die Gegenstand einer behördlichen Anordnung oder eines behördlichen Auftrages gemäß Abs. 3 oder 4 sind, bedürfen keiner wasserrechtlichen Bewilligung oder einer Bewilligung nach anderen Vorschriften. Soweit durch solche Maßnahmen Rechte Dritter berührt werden, findet § 72 Anwendung.

(6) Abs. 4 ist auf Anlagen Maßnahmen oder Unterlassungen, die vor dem 1. Juli 1990 entstanden sind oder gesetzt wurden, mit der Maßgabe anzuwenden, daß der Liegenschaftseigentümer nur zu Leistungen nach Abs. 3 herangezogen werden kann, wenn er die Anlagen, Maßnahmen oder Unterlassungen, welche die Gewässerverunreinigung verursachen, auf eigenem Boden ausdrücklich gestattet und daraus in Form einer Vergütung für die Inanspruchnahme seines Eigentums einen Vorteil gezogen hat. Seine Leistungspflicht ist jedoch auf jenen Wert des Vorteils begrenzt, der die übliche Vergütung für die Inanspruchnahme seines Eigentums überstieg. Läßt sich die übliche Vergütung nicht vergleichsweise feststellen, ist sie nach dem Wert des verursachten Nutzungsentganges und der verursachten sonstigen Nachteile – ausgenommen die Leistungspflicht nach Abs. 4 – zu bemessen.

Anlagen zur Lagerung und Leitung wassergefährdender Stoffe

§ 31a. (1) Anlagen zur Lagerung oder Leitung wassergefährdender Stoffe müssen so beschaffen sein und so errichtet, betrieben und aufgelassen werden, daß eine Verunreinigung der Gewässer oder eine sonstige nachteilige Veränderung ihrer Eigenschaften nicht zu erwarten ist. Wassergefährdend sind Stoffe, die zufolge ihrer schädlichen Eigenschaften für den Menschen oder für Wassertiere oder -pflanzen, insbesondere wegen Giftigkeit, geringer biologischer Abbaubarkeit, Anreicherungsfähigkeit, sensorischer Auswirkungen und Mobilität, bei Einwirkung auf Gewässer deren ökologischen Zustand oder Nutzbarkeit, vor allem zur Wasserversorgung, nachhaltig zu beeinträchtigen vermögen.

(2) Für Anlagen nach Abs. 1 ist, sofern dieses Bundesgesetz nicht anderes bestimmt, keine wasserrechtliche Bewilligung erforderlich. Die §§ 34, 35, 37 und 54 werden davon nicht berührt.

(3) Anlagen nach Abs. 1, die auf Grund ihres Gefährdungspotentials, ihrer Bauweise, ihrer Häufigkeit oder auf Grund gemeinschaftsrechtlicher Bestimmungen einer Kontrolle bedürfen, sind durch Verordnung des Bundesministers für Land- und Forstwirtschaft, Umwelt und Wasserwirtschaft zu bezeichnen und sind gegebenenfalls Mengenschwellen festzulegen.

(4) Anlagen zur Lagerung oder Leitung wassergefährdender Stoffe nach Abs. 3 sind vor deren Errichtung oder wesentlicher Änderung der zuständigen Behörde zu melden. Zuständige Behörde für die Meldung von Anlagen zur Beheizung von Gebäuden sowie für Anlagen, die ausschließlich zur Betankung von Kraftfahrzeugen mit Dieselkraftstoffen bis zu einer Lagerkapazität von 5 000 kg dienen, ist der Bürgermeister.

(5) Der Bundesminister für Land- und Forstwirtschaft, Umwelt und Wasserwirtschaft kann durch Verordnung eine Bewilligungspflicht für die Errichtung oder wesentliche Änderung von Anlagen zur Lagerung oder Leitung wassergefährdender Stoffe festlegen, soweit dies gemeinschaftsrechtlich geboten ist und eine Bewilligungspflicht nicht bereits in anderen bundesrechtlichen Vorschriften, die gewässerschutzrelevante Kriterien berücksichtigen, vorgesehen ist.

(6)[12] Bei Anlagen, die nach anderen bundesrechtlichen Vorschriften einer Anzeige oder Bewilligung bedürfen, nach denen die gewässerschutzrelevanten Kriterien berücksichtigt werden, entfällt die wasserrechtliche Meldepflicht. Die §§ 21a, 27 Abs. 4, 29, 55 Abs. 5, 133 Abs. 2 und 138 sind sinngemäß auf diese Anlagen anwendbar.

(7) Die für die Aufsicht zuständige Behörde ist

1. für Anlagen, die dem Gewerberecht, dem Eisenbahnrecht, dem Luftreinhalterecht, dem Rohrleitungsrecht, dem Bergrecht, dem Schiffahrtsrecht, dem Luftfahrtsrecht unterliegen, die nach diesen Vorschriften zuständige Behörde,
2. für Anlagen zur Beheizung von Gebäuden sowie zur Betankung von Kraftfahrzeugen mit Dieselkraftstoff gemäß Abs. 4, soweit sie nicht unter Z 1 fallen, der Bürgermeister,
3. sonst die Wasserrechtsbehörde.

(8) [Anm.: Aufgehoben durch BGBl. I Nr. 155/1999]

Sonstige Vorsorge gegen Wassergefährdung

§ 31c. (1) Unbeschadet der Bestimmungen der §§ 9, 32, 34 und 38 bedarf die Gewinnung von Sand und Kies der wasserrechtlichen Bewilligung, wenn sie mit besonderen Vorrichtungen erfolgt.

(2) Bei Vorhaben nach Abs. 1, die nach den gewerberechtlichen Vorschriften genehmigungspflichtig sind oder die dem Mineralrohstoffgesetz unterliegen, entfällt die Bewilligungspflicht, wenn das Vorhaben außerhalb wasserrechtlich besonders geschützter Gebiete geplant ist.

(3) In den Fällen des Abs. 1 und 2 hat die jeweils zuständige Behörde insbesondere die zur Vermeidung einer Gewässerverunreinigung (§ 30) notwendigen und nach dem Stand der Technik möglichen Vorkehrungen zu treffen, die nach Beendigung der Entnahme zu treffenden Maßnahmen aufzutragen sowie darauf zu achten, daß Gemeinden in der Versorgung ihrer Bewohner mit Trinkwasser nicht beeinträchtigt werden. Die Bewilligung kann auch zeitlich befristet erteilt werden.

(4) Auf die in Abs. 1 bis 3 genannten Vorhaben finden die §§ 27 Abs. 4 und 29, soweit es sich um Vorhaben handelt, die der Gewerbeordnung oder dem Bergrecht unterliegen, diese Vorschriften sinngemäß Anwendung.

(5)[12,13] Die Abs. 1 bis 4 finden sinngemäß Anwendung auf

a) Anlagen zur Gewinnung von Erdwärme in wasserrechtlich besonders geschützten Gebieten (§§ 34, 35 und 55g Abs. 1 Z 1) und in geschlossenen Siedlungsgebieten ohne zentrale Trinkwasserversorgung;
b) Anlagen zur Gewinnung von Erdwärme in Form von Vertikalkollektoren (Tiefsonden), soweit sie nicht von lit. a erfasst sind, sofern sie eine Tiefe von 300 m überschreiten oder in Gebieten mit gespannten oder artesisch gespannten Grundwasservorkommen. Die Grenzen derartiger Gebiete sind im Wasserbuch in geeigneter Weise ersichtlich zu machen.
c) Anlagen zur Wärmenutzung der Gewässer.

Auf Vorhaben gem. lit. a, b und c ist das Anzeigeverfahren gemäß § 114 anzuwenden. In Abweichung von § 114 Abs. 4 sind Bewilligungen mit 25 Jahren ab Einbringung der Anzeige befristet.

Bestehende Anlagen

§ 31d. Anlagen und Maßnahmen, für die mit § 31c eine wasserrechtliche Bewilligungspflicht ab dem 1. Juli 1990 eingeführt wurde und die am 1. Juli 1990 bereits bestanden haben, gelten als bewilligt, wenn sie binnen Jahresfrist unter Angabe der Lage und der wesentlichen Merkmale der Anlage sowie des Berechtigten der Behörde angezeigt werden, oder wenn nach Ablauf dieser Frist der Berechtigte den gesetzmäßigen Bestand der Anlage zum Stichtag nachweist. Diese Anzeigen sind nicht gebührenpflichtig.

§ 32. (1) Einwirkungen auf Gewässer, die unmittelbar oder mittelbar deren Beschaffenheit (§ 30 Abs. 3) beeinträchtigen, sind nur nach wasserrechtlicher Bewilligung zulässig. Bloß geringfügige Einwirkungen, insbesondere der Gemeingebrauch (§ 8) sowie die ordnungsgemäße land- und forstwirtschaftliche Bodennutzung (Abs. 8), gelten bis zum Beweis des Gegenteils nicht als Beeinträchtigung.

(2) Nach Maßgabe des Abs. 1 bedürfen einer Bewilligung insbesondere

a) die Einbringung von Stoffen in festem, flüssigem oder gasförmigem Zustand in Gewässer (Einbringungen) mit den dafür erforderlichen Anlagen,
b) Einwirkungen auf Gewässer durch ionisierende Strahlung oder Temperaturänderung,
c) Maßnahmen, die zur Folge haben, daß durch Eindringen (Versickern) von Stoffen in den Boden das Grundwasser verunreinigt wird,

[12] Geändert durch BGBl I 14/2011.

[13] Geändert durch BGBl I 98/2013.

d) die Reinigung von gewerblichen oder städtischen Abwässern durch Verrieselung oder Verregnung,

e) eine erhebliche Änderung von Menge oder Beschaffenheit der bewilligten Einwirkung.

f)[14] das Ausbringen von Handelsdünger, Klärschlamm, Kompost oder anderen zur Düngung ausgebrachten Abfällen, ausgenommen auf Gartenbauflächen, soweit die Düngergabe auf landwirtschaftlichen Nutzflächen ohne Gründeckung 175 kg Stickstoff je Hektar und Jahr, auf landwirtschaftlichen Nutzflächen mit Gründeckung einschließlich Dauergrünland oder mit stickstoffzehrenden Fruchtfolgen 210 kg Stickstoff je Hektar und Jahr übersteigt. Dabei ist jene Menge an Stickstoff in feldfallender Wirkung anzurechnen, die gemäß einer Verordnung des Bundesministers für Land- und Forstwirtschaft, Umwelt und Wasserwirtschaft über das Aktionsprogramm zum Schutz der Gewässer vor Verunreinigung durch Nitrat aus landwirtschaftlichen Quellen (§ 55p) in zulässiger Weise durch Wirtschaftsdünger ausgebracht wird.

g) [Anm: Aufgehoben durch BGBl I 87/2005]

(3) Einer Bewilligung bedarf auch die ohne Zusammenhang mit einer bestimmten Einwirkung geplante Errichtung oder Änderung von Anlagen zur Reinigung öffentlicher Gewässer oder Verwertung fremder Abwässer.

(4) Einer Bewilligung bedarf auch die künstliche Anreicherung von Grundwasser für Zwecke der öffentlichen Grundwasserbewirtschaftung.

(5)[15] Auf Einwirkungen, Maßnahmen und Anlagen, die nach Abs. 1 bis 4 bewilligt werden, finden die für Wasserbenutzungen (Wasserbenutzungsanlagen) geltenden Bestimmungen dieses Bundesgesetzes sinngemäß Anwendung.

(6)[15] Genehmigungen oder Bewilligungen nach anderen Rechtsvorschriften befreien nicht von der Verpflichtung, die nach diesem Bundesgesetz zur Reinhaltung erforderlichen Vorkehrungen und die von der Wasserrechtsbehörde vorgeschriebenen Maßnahmen durchzuführen.

(7)[15] Als ordnungsgemäß (Abs. 1) gilt die land- und forstwirtschaftliche Bodennutzung, wenn sie unter Einhaltung der bezughabenden Rechtsvorschriften, insbesondere betreffend Chemikalien, Pflanzenschutz- und Düngemittel, Klärschlamm, Bodenschutz und Waldbehandlung, sowie besonderer wasserrechtlicher Anordnungen erfolgt.

Einbringungsbeschränkungen und -verbote

§ 32a. (1) Der Bundesminister für Land- und Forstwirtschaft, Umwelt und Wasserwirtschaft kann zum Schutz der Gewässer (§ 30), insbesondere zur Erreichung der gemäß §§ 30a, c und d festgelegten Umweltziele mit Verordnung sowohl die Einbringung bestimmter Stoffe in Oberflächenwasserkörper oder Kanalisationen als auch die direkt (ohne Bodenpassage) vorgenommene Einbringung in Grundwasserkörper im allgemeinen Interesse an der Reinhaltung der Gewässer sowie in Erfüllung gemeinschaftsrechtlicher Verpflichtungen verbieten. Solche Verbote gelten nicht für

a) Haushaltsabwässer aus Einzelobjekte in Streulage außerhalb von Schutz- und Schongebieten (§§ 34, 35, 54),

b)[16] Stoffe nach Satz 1 in so geringer Menge und Konzentration, dass jede gegenwärtige oder künftige Gefahr einer Beeinträchtigung des Grundwassers ausgeschlossen ist, insbesondere die Einbringung geringfügiger Mengen von Stoffen für wissenschaftliche Zwecke zum Studium, zum Schutz oder zur Sanierung der Oberflächenwasser- oder Grundwasserkörper. Diese Mengen müssen auf das zu diesen Zwecken unbedingt erforderliche Mindestmaß beschränkt bleiben. Derartige Einbringungen dürfen das Erreichen der für den betreffenden Oberflächenwasser- oder Grundwasserkörper festgelegten Umweltziele nicht gefährden.

(2) Der Bundesminister für Land- und Forstwirtschaft, Umwelt und Wasserwirtschaft kann ferner im allgemeinen Interesse an der Reinhaltung des Grundwassers sowie in Erfüllung gemeinschaftsrechtlicher Verpflichtungen durch Verordnung Beschränkungen für die Bewilligung der Einbringung bestimmter Stoffe in das Grundwasser verfügen.

(3) Anläßlich des Wiedereinleitens von

a) Wasser, das im Rahmen geothermischer Verfahren verwendet wird,

b) Grubenwasser aus Bergwerken oder Steinbrüchen, einschließlich Tiefengrundwasser aus dem Bohrlochbergbau,

c) Wasser, das für bestimmte Bauarbeiten abgepumpt wird,

in dieselbe Grundwasserschicht kann die Ableitung auch solcher Stoffe, die in einer Verordnung nach Abs. 1 oder 2 angeführt sind, bewilligt werden, sofern dies die wasserwirtschaftlichen Verhältnisse grundsätzlich zulassen und dies in den Fällen der lit. b darüber hinaus aus bergbautechnischen Gründen notwendig ist.

(4) Die Einleitung von Klärschlamm in Oberflächengewässer, insbesondere von Schiffen oder durch Leitungssysteme, ist verboten.

(5) Durch die Abs. 1 bis 4 werden die sonstigen Bestimmungen dieses Bundesgesetzes, insbesondere die Reinhaltungsverpflichtungen, nicht berührt.

Indirekteinleiter

§ 32b. (1) Wer Einleitungen in eine wasserrechtlich bewilligte Kanalisationsanlage eines anderen vornimmt, hat die gemäß § 33b Abs. 3 vom Bundesminister für Land- und Forstwirtschaft, Umwelt und Wasserwirtschaft erlassenen Emissionsbegrenzungen einzuhalten. Abweichungen von diesen Anforderungen können vom Kanalisationsunternehmen zugelassen werden, soweit dieses sein bewilligtes Maß der Wasserbenutzung einhält. Einleitungen bedürfen der Zustimmung des Kanalisationsunternehmens.

(2) Wer mit Zustimmung des Kanalisationsunternehmens Abwasser, dessen Beschaffenheit nicht nur geringfügig von der des häuslichen abweicht, in eine wasserrechtlich bewilligte Kanalisation einbringt, hat vor Beginn der Ableitung dem Kanalisationsunternehmen die einzubringenden Stoffe, die Frachten, die Abwassermenge sowie andere Einleitungs- und Überwachungsgegebenheiten mitzuteilen. Eine wasserrechtliche Bewilligung ist nicht erforderlich. Der Bundesminister für Land- und Forstwirtschaft, Umwelt und Wasserwirtschaft kann durch Verordnung jene erforderlichen Daten festlegen, die eine Mitteilung an das Kanalisationsunternehmen zu beinhalten hat.

(3) Der Indirekteinleiter hat dem Kanalisationsunternehmen in Abständen von längstens zwei Jahren einen Nachweis über die Beschaffenheit der Abwässer durch einen Befugten zu erbringen. Das Kanalisationsunternehmen bleibt dafür verantwortlich, daß seine wasserrechtliche Bewilligung zur Einbringung in den Vorfluter nicht überschritten wird.

(4)[17] Das Kanalisationsunternehmen hat ein Verzeichnis der gemäß Abs. 2 mitgeteilten Einleiter zu führen und dieses in jährlichen Intervallen zu aktualisieren. Darüber ist der Wasserrechtsbehörde zu berichten. Die Berichte sind Teil des Wasserinformationssystems (§ 59). Den Inhalt und die Häufigkeit dieser Berichte hat der Bundesminister für Land- und Forstwirtschaft, Umwelt und Wasserwirtschaft durch Verordnung festzulegen.

[14] Geändert durch BGBl I 14/2011.

[15] Absatzbezeichnung geändert durch BGBl I 14/2011.

[16] Geändert durch BGBl I 14/2011.

[17] Satz 3 eingefügt durch BGBl I 98/2013.

(5) Der Bundesminister für Land- und Forstwirtschaft, Umwelt und Wasserwirtschaft hat durch Verordnung jene Herkunftsbereiche für Abwasser sowie Mengenschwellen festzulegen, für die auf Grund ihrer Gefährlichkeit, des Abwasseranfalles oder auf Grund gemeinschaftsrechtlicher Bestimmungen ein Verfahren (§ 114) erforderlich ist. In dieser Verordnung ist auch eine Mitteilungspflicht an das Kanalisationsunternehmen im Sinne des Abs. 2 festzulegen. Auf bewilligungspflichtige Indirekteinleitungen finden die für Wasserbenutzungen (Wasserbenutzungsanlagen) geltenden Bestimmungen dieses Bundesgesetzes sinngemäß Anwendung.

(6) Der Bundesminister für Land- und Forstwirtschaft, Umwelt und Wasserwirtschaft kann ferner durch Verordnung nähere Festlegungen über die Überwachung der Emissionsbegrenzungen für Einleitungen gemäß Abs. 1 und 5 treffen.

Reinhaltungspflicht.

§ 33. (1) Wer zur Einwirkung auf die Beschaffenheit von Gewässern berechtigt ist, hat die ihm obliegenden Reinhaltungsverpflichtungen durchzuführen. Wer eine solche Bewilligung anstrebt, hat im Sinne der §§ 12, 12a, 30 und 31 die zur Reinhaltung der Gewässer und zur Vermeidung von Schäden erforderlichen Maßnahmen vorzusehen; in der Bewilligung ist auf die technischen und wasserwirtschaftlichen Verhältnisse, insbesondere auch auf das Selbstreinigungsvermögen des Gewässers oder Bodens, entsprechend Bedacht zu nehmen.

(2) Für einzelne Gewässer oder Gewässerstrecken kann der Landeshauptmann, für die Donau und für Grenzgewässer der Bundesminister für Land- und Forstwirtschaft, Umwelt und Wasserwirtschaft, unter Berücksichtigung der tatsächlichen Umstände und der wasserwirtschaftlichen Erfordernisse durch Verordnung jene Wassergüte durch charakteristische Grenzwerte näher bezeichnen, die von einem in der Verordnung zu bestimmenden Zeitpunkt an durch künstliche Einwirkungen nicht unterschritten werden darf.

(3) Soweit notwendig, kann dem Wasserberechtigten (§ 32) durch Bescheid die Bestellung einer für die Abwässerreinigung verantwortlichen Person, ferner die Duldung, Durchführung oder Vorlage von zweckdienlichen Untersuchungen, Messungen und Beobachtungen über die aus dem Betrieb anfallenden Abwässer oder Stoffe, die das Gewässer verunreinigen können, aufgetragen werden.

…

Vierter Abschnitt
Von der Abwehr und Pflege der Gewässer

Besondere bauliche Herstellungen.

§ 38. (1)[18] Zur Errichtung und Abänderung von Brücken, Stegen und von Bauten an Ufern, dann von anderen Anlagen innerhalb der Grenzen des Hochwasserabflusses fließender Gewässer oder in Gebieten, für die ein gemäß § 42a Abs. 2 Z 2 zum Zweck der Verringerung hochwasserbedingter nachteiliger Folgen erlassenes wasserwirtschaftliches Regionalprogramm (§ 55g Abs. 1 Z 1) eine wasserrechtliche Bewilligungspflicht vorsieht, sowie von Unterführungen unter Wasserläufen, schließlich von Einbauten in stehende öffentliche Gewässer, die nicht unter die Bestimmungen des § 127 fallen, ist nebst der sonst etwa erforderlichen Genehmigung auch die wasserrechtliche Bewilligung einzuholen, wenn eine solche nicht schon nach den Bestimmungen des § 9 oder § 41 dieses Bundesgesetzes erforderlich ist. Die Bewilligung kann auch zeitlich befristet erteilt werden.

(2) Bei den nicht zur Schiff- oder Floßfahrt benutzten Gewässerstrecken bedürfen einer Bewilligung nach Abs. 1 nicht:

a) Drahtüberspannungen in mehr als 3 m lichter Höhe über dem höchsten Hochwasserspiegel, wenn die Stützen den Hochwasserablauf nicht fühlbar beeinflussen;
b) kleine Wirtschaftsbrücken und -stege; erweist sich jedoch eine solche Überbrückung als schädlich oder gefährlich, so hat die Wasserrechtsbehörde über die zur Beseitigung der Übelstände notwendigen Maßnahmen zu erkennen.

(3) Als Hochwasserabflußgebiet (Abs. 1) gilt das bei 30jährlichen Hochwässern überflutete Gebiet. Die Grenzen der Hochwasserabflußgebiete sind im Wasserbuch in geeigneter Weise ersichtlich zu machen.

Änderung der natürlichen Abflußverhältnisse.

§ 39. (1) Der Eigentümer eines Grundstückes darf den natürlichen Abfluß der darauf sich ansammelnden oder darüber fließenden Gewässer zum Nachteile des unteren Grundstückes nicht willkürlich ändern.

(2) Dagegen ist auch der Eigentümer des unteren Grundstückes nicht befugt, den natürlichen Ablauf solcher Gewässer zum Nachteile des oberen Grundstückes zu hindern.

(3) Die Abs. 1 und 2 gelten nicht für eine Änderung der Ablaufverhältnisse, die durch die ordnungsmäßige Bearbeitung eines landwirtschaftlichen Grundstückes notwendigerweise bewirkt wird.

Entwässerungsanlagen.

§ 40. (1) Entwässerungsanlagen bedürfen der wasserrechtlichen Bewilligung, sofern es sich um eine zusammenhängende Fläche von mehr als 3 ha handelt oder eine nachteilige Beeinflussung der Grundwasserverhältnisse des Vorfluters oder fremder Rechte zu befürchten ist.

(2) Die zeitweilige oder ständige Entwässerung von Flächen bei Tunnelanlagen oder Stollenbauten in einem Karst- oder Kluftgrundwasserkörper bedarf einer wasserrechtlichen Bewilligung, wenn die maximale hydraulische Leistungsfähigkeit der zu installierenden Einrichtungen für die Förderung oder Ableitung des Wassers größer ist als 20 l/s oder wenn die über diese Einrichtungen jährlich maximal ableitbare Wassermenge größer ist als 10% der mittleren Grundwasserneubildung des von der Maßnahme betroffenen Teiles des Karst- oder Kluftgrundwasserkörpers.

(3) Bei der Bewilligung finden die Vorschriften des § 12 Abs. 3 und 4, bei der Auflassung jene des § 29 sinngemäß Anwendung.

(4) Abs. 2 findet auf Vorhaben, für die vor dem in § 145a Abs. 1 bezeichneten Zeitpunkt ein nach den Verwaltungsvorschriften erforderliches Genehmigungsverfahren eingeleitet wurde, keine Anwendung. Dies gilt auch für zum in § 145a Abs. 1 bezeichneten Zeitpunkt bereits bestehende Anlagen.

Schutz- und Regulierungswasserbauten.

§ 41. (1) Zu allen Schutz- und Regulierungswasserbauten in öffentlichen Gewässern einschließlich der Vorkehrungen zur unschädlichen Ableitung von Gebirgswässern nach dem Gesetze vom 30. Juni 1884, RGBl. Nr. 117, muß, sofern sie nicht unter die Bestimmungen des § 127 fallen, vor ihrer Ausführung die Bewilligung der Wasserrechtsbehörde eingeholt werden.

(2) Bei Privatgewässern ist die Bewilligung zu derartigen Bauten, sofern sie nicht unter die Bestimmungen des § 127 fallen, dann erforderlich, wenn hiedurch auf fremde Rechte oder auf die Beschaffenheit, den Lauf oder die Höhe des Wassers in öffentlichen oder fremden privaten Gewässern eine Einwirkung entstehen kann.

(3) Der Eigentümer des Ufers an den nicht zur Schiff- oder Floßfahrt benutzten Strecken der fließenden Gewässer ist

[18] Geändert durch BGBl I 14/2011.

jedoch befugt, Stein-, Holz- oder andere Verkleidungen zum Schutz und zur Sicherung seines Ufers sowie die Räumung des Bettes und Ufers auch ohne Bewilligung auszuführen. Er muß aber über Auftrag und nach Weisung der Wasserrechtsbehörde auf seine Kosten binnen einer bestimmten Frist solche Vorkehrungen, falls sie öffentlichen Interessen oder Rechten Dritter nachteilig sind, umgestalten oder den früheren Zustand wiederherstellen.

(4) Schutz- und Regulierungswasserbauten einschließlich größerer Räumungsarbeiten sind so auszuführen, daß öffentliche Interessen nicht verletzt werden und eine Beeinträchtigung fremder Rechte vermieden wird. Die Bestimmungen des § 12 Abs. 3 und 4 finden sinngemäß Anwendung.

(5) Bei der Ausführung von Schutz- und Regulierungswasserbauten haben die §§ 14 und 15 Abs. 1, ferner, wenn mit solchen Bauten Stauanlagen in Verbindung sind, auch die §§ 23 und 24 bei Auflassung von derlei Bauten § 29 sinngemäße Anwendung zu finden.

(6) [Anm: Aufgehoben durch BGBl 252/1990]

Herstellung von Schutz- und Regulierungswasserbauten.

§ 42. (1) Die Herstellung von Vorrichtungen und Bauten gegen die schädlichen Einwirkungen des Wassers bleibt, insofern Verpflichtungen anderer nicht bestehen und unbeschadet der Bestimmungen der §§ 44, 47 und 50 zunächst denjenigen überlassen, denen die bedrohten oder beschädigten Liegenschaften und Anlagen gehören.

(2) Unterlassen die sonach Berufenen diesen Schutz und entsteht hieraus die Gefahr daß für fremdes Eigentum ein Schaden eintritt, so müssen sie in Ermanglung von Verpflichtungen Dritter jedenfalls die Ausführung der nötigen Schutzmaßregeln auf Kosten derjenigen, von welchen diese Gefahr abgewendet werden soll, entweder selbst vornehmen oder deren Vornahme gestatten und hiezu nach Verhältnis des erlangten Vorteiles oder nach dem Grade des abgewendeten Nachteiles beitragen (§ 117).

Vorsorgen in Gebieten mit potenziellem signifikantem Hochwasserrisiko

§ 42a.[19] (1) Für Gebiete mit potenziellem signifikantem Hochwasserrisiko hat der Bundesminister für Land- und Forstwirtschaft, Umwelt und Wasserwirtschaft mit dem Ziel der Verringerung hochwasserbedingter nachteiliger Folgen auf die menschliche Gesundheit, die Umwelt, das Kulturerbe und wirtschaftliche Tätigkeiten Hochwasserrisikomanagementpläne (§ 55l) zu erstellen.

(2) Insbesondere für Gebiete mit potenziellem signifikantem Hochwasserrisiko

1. sind – sofern nicht bereits ausreichender Hochwasserschutz besteht oder Planungen vorliegen, die den nachstehenden Planungen gleichwertig sind – zur Erreichung der gemäß § 55l Abs. 2 festgelegten Ziele Gefahrenzonenplanungen zu erstellen und
2. können auf der Grundlage der Gefahrenzonenplanungen wasserwirtschaftliche Regionalprogramme (§ 55g Abs. 1 Z 1) erlassen werden.

Bis zum Vorliegen des ersten Hochwasserrisikomanagementplans können wasserwirtschaftliche Regionalprogramme auf der Grundlage von Planungen, die den Gefahrenzonenplanungen gleichwertig sind, erlassen werden.

(3) Zur Erstellung der Gefahrenzonenplanungen und deren Anpassung an den jeweiligen Stand der Entwicklung ist der Bundesminister für Land- und Forstwirtschaft, Umwelt und Wasserwirtschaft in Zusammenarbeit mit den Ländern zuständig. Die aus diesen Planungen resultierenden Gefahrenzonen und Funktionsbereiche sind im Wasserbuch in geeigneter Weise ersichtlich zu machen. Der Entwurf der Gefahrenzonenplanungen ist dem Bürgermeister zu übermitteln und von diesem durch vier Wochen in der Gemeinde zur allgemeinen Einsicht aufzulegen. Die Auflegung ist öffentlich kundzumachen. Jedermann, der ein berechtigtes Interesse glaubhaft machen kann, ist berechtigt, innerhalb der Auflegungsfrist zum Entwurf des Gefahrenzonenplanes schriftlich Stellung zu nehmen. Auf diese Bestimmung ist in der Kundmachung ausdrücklich hinzuweisen. Die Stellungnahmen sind bei der Ausarbeitung und vor der Ersichtlichmachung der Gefahrenzonenplanungen zu berücksichtigen. In den Gefahrenzonenplanungen gemäß Abs. 2 Z 1 sind die Gebiete, die nach den Szenarien gemäß § 55k Abs. 2 überflutet werden können, darzustellen. Unter Verwendung geeigneter Methoden sind Gefahrenzonen auf Basis des Bemessungsereignisses (Hochwasser mittlerer Wahrscheinlichkeit gemäß § 55k Abs. 2 Z 2) und Funktionsbereiche auf der Grundlage der relevanten Szenarien abzuleiten, in denen

1. eine Freihaltung dieser Gebiete
   a) wegen der voraussichtlichen Schadenswirkung oder Gefährdung,
   b) zur Verhinderung eines Zuwachses des Schadenspotenzials,
   c) zur Reduktion der Hochwassergefahren,
   d) für Zwecke späterer schutzwasserwirtschaftlicher Maßnahmen

   erforderlich ist oder
2. die Voraussetzungen zur Reduktion bestehender Risiken zu schaffen sind.

Nähere Vorschriften über den Inhalt sowie die Form und Ausgestaltung der Gefahrenzonenplanungen hat der Bundesminister für Land- und Forstwirtschaft, Umwelt und Wasserwirtschaft durch Verordnung zu erlassen. Die Regelungen über die Gefahrenzonenpläne für Wildbäche und Lawinen (§ 11 Forstgesetz 1975) bleiben durch diese Bestimmung unberührt.

Vorsorgen gegen wiederkehrende Überschwemmungen.

§ 43. (1)[20] Soweit dies zur Unterstützung der Umsetzung der planerischen Vorgaben des Hochwasserrisikomanagementplanes erforderlich ist, ist in Gebieten, die mit hoher Wahrscheinlichkeit von Hochwasser überflutet werden können, durch die Bildung einer Wassergenossenschaft (§ 73) oder eines Wasserverbandes (§ 87) für die Ausführung von Maßnahmen des Hochwasserrisikomanagements Sorge zu tragen oder es sind die von Fall zu Fall durch Bundesgesetz bestimmten anderweitigen Vorsorgen zu treffen. Insoweit es sich nicht um vom Bunde betreute Gewässer (§§ 7 und 8 des Wasserbautenförderungsgesetzes 1985) oder solche Gewässer handelt, welche die Grenze zwischen zwei Bundesländern oder gegen das Ausland bilden, ist die Landesgesetzgebung ermächtigt, fallweise die an Stelle der Bildung einer Wassergenossenschaft oder eines Wasserverbandes tretenden besonderen Maßnahmen, wie insbesondere Konkurrenzbildung und dergleichen durch Ausführungsgesetze zu regeln.

(2) In solchen Landesgesetzen können, wenn es sich um umfassende Regulierungs- und Verbauungsmaßnahmen zum Schutz eines ganzen Talgebietes gegen Wasserverheerungen handelt, die dem Talgebiet angehörigen oder durch die beabsichtigten Baumaßnahmen geschützten Gemeinden Verkehrswege und Wasserwerke zur Beitragsleistung zu den Bau- und Erhaltungskosten herangezogen werden.

[19] Eingefügt durch BGBl I 14/2011.

[20] Geändert durch BGBl I 14/2011.

Beitragsverpflichtung zu öffentlichen Schutz- und Regulierungswasserbauten.

§ 44. (1) Werden Schutz- und Regulierungswasserbauten sowie Arbeiten zur Instandhaltung der Gewässer unter Aufwendung von Bundes- oder Landesmitteln unternommen und gereichen sie zugleich den angrenzenden Liegenschaften oder den benachbarten Wasseranlagen durch Zuwendung eines Vorteiles oder durch Abwendung eines Nachteiles in erheblichem Grade zum Nutzen, so sind auf Verlangen des Bundes oder Landes die Eigentümer der Liegenschaften und die Wasserberechtigten durch Bescheid der Wasserrechtsbehörde zu verhalten, im Verhältnis des erlangten Vorteiles oder abgewendeten Nachteiles einen angemessenen Beitrag zu den Baukosten und zu den Kosten der Erhaltung zu leisten (§ 117).

(2) Erstrecken sich Bauten der im Abs. 1 bezeichneten Art oder deren günstige Auswirkung über mehrere Gemeinden, so können durch Bescheid des Landeshauptmannes anstatt der Eigentümer der Liegenschaften die infolge Zuwendung eines Vorteils oder Abwendung eines Nachteiles (Abs. 1) beteiligten Gemeinden, Bezirke und allenfalls Straßenbezirke zur Beitragsleistung verpflichtet werden. Die Aufbringung dieser Beiträge ist eine innere Angelegenheit jeder einzelnen Gemeinde, jedes Bezirkes und Straßenbezirkes und richtet sich nach den einschlägigen gesetzlichen Vorschriften. Im Bescheid ist auch auszusprechen, ob und inwieweit Wasserberechtigte und zur Erhaltung von öffentlichen Verkehrswegen anderweitig Verpflichtete unter sinngemäßer Anwendung des Abs. 1 beitragspflichtig sind.

Beitragsverhältnis; Vorauszahlungen.

§ 45. In den Bescheiden über die Verpflichtung zu Beitragsleistungen gemäß § 44 Abs. 1 und 2 ist jedenfalls zugleich auch das Beitragsverhältnis der als beitragspflichtig erklärten Parteien festzusetzen. Vorauszahlungen auf die zu leistenden Beiträge können nach Maßgabe des Baufortschrittes, nötigenfalls während des Baues, aufgetragen werden. Hiebei macht es keinen Unterschied, ob den Beitragspflichtigen schon aus den zunächst in Angriff genommenen oder erst aus späteren, im Rahmen des festgestellten Entwurfes liegenden Arbeiten die im § 44 vorgesehene Zuwendung eines Vorteiles oder Abwendung eines Nachteiles erwächst.

Instandhaltung der Gewässer und des Überschwemmungsgebietes.

§ 47. (1) Im Interesse der Instandhaltung der Gewässer sowie zur Hintanhaltung von Überschwemmungen kann den Eigentümern der Ufergrundstücke durch Bescheid der Wasserrechtsbehörde aufgetragen werden:

a) die Abstockung und Freihaltung der Uferböschungen und der im Bereiche der regelmäßig wiederkehrenden Hochwässer gelegenen Grundstücke von einzelnen Bäumen, Baumgruppen und Gestrüpp und die entsprechende Bewirtschaftung der vorhandenen Bewachsung;

b) die entsprechende Bepflanzung der Ufer und Bewirtschaftung der Bewachsung;

c) die Beseitigung kleiner Uferbrüche und Einrisse und die Räumung kleiner Gerinne von Stöcken, Bäumen, Schutt und anderen den Abfluß hindernden oder die Ablagerung von Sand und Schotter fördernden Gegenständen, soweit dies keine besonderen Fachkenntnisse erfordert und nicht mit beträchtlichen Kosten verbunden ist.

(2) Wird eine Verfügung nach Abs. 1 von einem Beteiligten verlangt, so kann dieser auf Antrag des Ufereigentümers zu einem seinem Interesse an der betreffenden Maßnahme entsprechenden Kostenbeiträge (§ 117) verhalten werden.

Wirtschaftsbeschränkungen im Bereich von Gewässern.

§ 48. (1) Bei Gewässern, die häufig ihre Ufer überfluten, dürfen an den Ufern und innerhalb der Grenzen des Hochwasserabflusses (Überschwemmungsgebietes, § 38 Abs. 3) keine Ablagerungen vorgenommen werden, die Wasserverheerungen erheblich vergrößern oder die Beschaffenheit des Wassers wesentlich beeinträchtigen können. Dasselbe gilt für die Ablagerung von Abfällen in aufgelassenen Brunnen oder in Sand- und Schottergruben.

(2) Überdies kann der Landeshauptmann, soweit dies zur Instand- und Reinhaltung von Gewässern sowie zur Vermeidung von Wasserschäden für bestimmte Gewässerstrecken oder Grundwasserbereiche - ausgenommen zum Schutz von Wasserversorgungsanlagen nach § 34 - notwendig ist, durch Verordnung untersagen oder regeln:

a) die Ausübung der Viehweide auf den Uferböschungen und Dämmen sowie im Bereich der Uferpflanzungen,

b) jede die Lockerung und den Abbruch des Erdreiches fördernde Art der Bodenbenutzung,

c) die Ablagerung von Abfällen und anderen die Beschaffenheit der Gewässer beeinträchtigenden Stoffen an den Ufern und in Überschwemmungsgebieten,

d) die Verwendung näher zu bezeichnender Stoffe zur Düngung oder Schädlingsbekämpfung.

(3) Weitergehende Anordnungen der gemäß § 140 Abs. 1 Z 5 aufrechterhaltenen Gesetze bleiben unberührt.

Hilfeleistung in Notfällen.

§ 49. (1) Müssen zur augenblicklichen Verhütung der Gefahr von Ufer- oder Dammbrüchen oder von Überschwemmungen schleunige Maßnahmen ergriffen werden, so sind auf Anordnung der Bezirksverwaltungsbehörde oder, bei Gefahr im Verzuge, des Bürgermeisters der bedrohten Gemeinde alle im Gemeindegebiete anwesenden tauglichen Personen zur unentgeltlichen Leistung von Diensten verpflichtet. In solchen Fällen müssen auch vorhandene Baustoffe und Geräte, die zur Bekämpfung der Gefahr erforderlich sind, gegen Entgelt (§ 117) abgegeben werden. Von den genannten Stellen können auch die benachbarten Gemeinden zur Leistung der erforderlichen Hilfe herangezogen werden.

(2) Die Gemeinde, der die Hilfe geleistet wurde, hat den Nachbargemeinden auf deren Verlangen die durch die Hilfeleistung erwachsenen baren Auslagen zu ersetzen. Der Anspruch hierauf ist bei sonstigem Verluste binnen drei Monaten nach Beendigung der Hilfeleistung bei der Bezirksverwaltungsbehörde geltend zu machen.

Fünfter Abschnitt
Von allgemeinen wasserwirtschaftlichen Verpflichtungen

Instandhaltung.

§ 50. (1) Sofern keine rechtsgültigen Verpflichtungen anderer bestehen, haben die Wasserberechtigten ihre Wasserbenutzungsanlagen einschließlich der dazugehörigen Kanäle, künstlichen Gerinne, Wasseransammlungen sowie sonstigen Vorrichtungen in dem der Bewilligung entsprechenden Zustand und, wenn dieser nicht erweislich ist, derart zu erhalten und zu bedienen, daß keine Verletzung öffentlicher Interessen oder fremder Rechte stattfindet. Ebenso obliegt den Wasserberechtigten die Instandhaltung der Gewässerstrecken im unmittelbaren Anlagenbereich.

(2) Nachteilige Wirkungen ihrer Anlagen (Abs. 1) auf andere Gewässerstrecken haben die Wasserberechtigten durch entsprechende Maßnahmen zu beheben. Bestehen bereits

Schutz- oder Regulierungsbauten, so haben die Wasserberechtigten die Mehrkosten ihrer Instandhaltung zu tragen.

(3) Wenn nach Abs. 1 oder 2 mehrere Berechtigte verpflichtet sind, ist die Aufteilung der aufzuwendenden Kosten mangels gütlicher Übereinkunft durch Bescheid der Wasserrechtsbehörde zu regeln. Der Regelung hat als Grundlage das Verhältnis der bewilligten Wassernutzungen zu dienen, wobei jedoch auf frühere Regelungen öffentlich-rechtlicher oder privatrechtlicher Art sowie auf die wirtschaftlichen Verhältnisse der Beteiligten Rücksicht zu nehmen ist. Ändern sich die Voraussetzungen, unter denen die Aufteilung der Kosten vorgenommen wurde, wesentlich, so hat die Wasserrechtsbehörde auf Antrag eine neue Entscheidung zu treffen.

(4) Kann der Berechtigte nicht ermittelt werden, so obliegen die Verpflichtungen nach Abs. 1 und 2 den Personen, denen die Anlage zum Vorteile gereicht, und zwar mangels anderweitiger Einigung nach dem Verhältnis des tatsächlichen Nutzens.

(5) Für uneinbringliche Leistungen nach den Abs. 1 bis 4 haften anteilsmäßig die übrigen Verpflichteten.

(6) Auf Wasseranlagen, die nicht der Wasserbenutzung dienen, finden e vorstehenden Bestimmungen dem Sinne nach Anwendung. Der Eigentümer einer solchen Wasseranlage hat diese mangels ausdrücklicher Verpflichtung nur insoweit zu erhalten, als es zur Verhütung von Schäden notwendig is, die durch den Verfall der Anlage entstehen können. Wird durch die Erhaltung der Anlage fremdes Eigentum gegen Wassergefahren geschützt, findet § 42 Abs. 2 sinngemäß Anwendung.

(7) Eine Verletzung öffentlicher Interessen im Sinne des Abs. 1 ist auch die offensichtliche Vernachlässigung von Anlagen, deren Errichtung oder Erhaltung aus öffentlichen Mitteln unterstützt wurde.

(8) Sofern durch die Räumung oder Spülung von Kanälen, Stauräumen, Ausgleichsbecken und durch ähnliche Maßnahmen die Beschaffenheit von Gewässern beeinträchtigt wird, ist hiefür die wasserrechtliche Bewilligung nach § 32 einzuholen.

Beitragsleistung zu fremden Wasseranlagen.

§ 51. Wasserberechtigte, die außer dem Fall einer Mitbenutzung (§ 19) aus dem Bestand oder Betrieb einer fremden Wasserbenutzungsanlage einen unmittelbaren und erheblichen Nutzen ziehen, können auf Antrag des Eigentümers dieser Anlage durch Bescheid des Landeshauptmannes verhalten werden, einen angemessenen Beitrag zu den Kosten der Erhaltung einschließlich der Aufsicht und Wartung zu leisten.

Anpassung an die wasserwirtschaftlichen Verhältnisse.

§ 52. (1) Läßt sich eine fühlbare Verbesserung wasserwirtschaftlicher Verhältnisse dadurch erzielen, daß Wasserbenutzungen oder der Betrieb von Wasserbenutzungsanlagen aufeinander abgestimmt werden, so kann die Wasserrechtsbehörde auf Antrag eines Wasserberechtigten oder Bewilligungswerbers eine die berührten Rechte nicht wesentlich beeinträchtigende, den Berechtigten zumutbare Änderung der Benutzung oder des Betriebes gegen angemessene Entschädigung (§ 117) verfügen.

(2) Unter den gleichen Voraussetzungen und Einschränkungen können auch geringfügige Abänderungen fremder Wasserbenutzungsanlagen vorgeschrieben werden. Die Behörde hat vor Einleitung eines Verfahrens gemäß § 21a den zur Wasserbenutzung Berechtigten auf die Möglichkeit eines Antrages gemäß Abs. 1 hinzuweisen.

(3) Wasserberechtigte, deren Wasserbedarf für Verbrauchszwecke fremde Trink- oder Nutzwasserversorgungen erschwert, können, soweit es ihnen billigerweise zuzumuten ist, zu Einsparungen ihres Wasserbezuges durch Rücknahme von Brauchwässern in den Wasserkreislauf des Betriebes, durch sonstige Rückgewinnung u. dgl. verhalten werden.

Wasserwirtschaftliche Rahmenpläne.

§ 53. (1) Wer an der Verwirklichung wasserwirtschaftlicher Zielsetzungen, insbesondere der in §§ 30a, c und d festgelegten Ziele interessiert ist, kann dem Bundesminister für Land- und Forstwirtschaft, Umwelt und Wasserwirtschaft unter Berücksichtigung der im Nationalen Gewässerbewirtschaftungsplan für einen Oberflächenwasser- oder Grundwasserkörper festgelegten konkreten Vorgaben einen Entwurf hierfür mit dem Antrag auf Prüfung vorlegen. Ein solcher Entwurf muß fachkundig ausgearbeitet sein und zumindest die erforderlichen hydrologischen und sonstigen Unterlagen unter dem Gesichtspunkt eines ausgeglichenen Wasserhaushaltes, der Versorgung mit Trink-, Nutz- und Bewässerungswasser, der Abwasserbeseitigung, des Hochwasserschutzes, der Wasserkraftnutzung und der Fischerei sowie die Erläuterung der Vorteile des wasserwirtschaftlichen Rahmenplanes enthalten.

(2) Soweit sich die Darstellung der anzustrebenden wasserwirtschaftlichen Ordnung gemäß Abs. 1 im Zuge eines wasserrechtlichen Verfahrens als notwendig erweist, kann die Vorlage des Entwurfes für einen wasserwirtschaftlichen Rahmenplan dem Bewilligungswerber durch Bescheid aufgetragen werden.

(3) Ist die in einem wasserwirtschaftlichen Rahmenplan dargestellte Ordnung im öffentlichen Interesse gelegen, kann der Bundesminister für Land- und Forstwirtschaft, Umwelt und Wasserwirtschaft diesen Rahmenplan unter Zusammenfassung seiner Grundzüge im Rahmen der Maßnahmenprogrammerstellung für den Nationalen Gewässerbewirtschaftungsplan oder in einer gesonderten Verordnung anerkennen. Ein solcher Rahmenplan ist beim wasserwirtschaftlichen Planungsorgan des betroffenen Landes zur allgemeinen Einsicht bereitzuhalten. Die Verwirklichung des anerkannten Rahmenplanes ist bei allen wasserwirtschaftlichen Maßnahmen als öffentliches Interesse (§ 105) anzustreben.

Sechster Abschnitt
Einzugsgebietsbezogene Planung und Durchführung von Maßnahmen zur nachhaltigen Bewirtschaftung zum Schutz und zur Reinhaltung sowie zur Abwehr und zur Pflege der Gewässer

Wasserwirtschaftliche Planung einschließlich Hochwasserrisikomanagement

§ 55. (1) Die einzugsgebietsbezogene Planung umfasst

1. die Schaffung eines Ordnungsrahmens für den Schutz der Oberflächengewässer und des Grundwassers mit dem Zweck,
   a) eine weitere Verschlechterung zu vermeiden sowie den Zustand der aquatischen Ökosysteme und der direkt von ihnen abhängenden Landökosysteme und Feuchtgebiete im Hinblick auf deren Wasserhaushalt zu schützen und zu verbessern,
   b) eine nachhaltige Wassernutzung auf der Grundlage eines langfristigen Schutzes der vorhandenen Ressourcen zu fördern,
   c) einen stärkeren Schutz und eine Verbesserung der aquatischen Umwelt, unter anderem durch spezifische Maßnahmen zur schrittweisen Reduzierung von Einleitungen, Emissionen und Verlusten von prioritären Stoffen und durch die Beendigung oder schrittweise Einstellung von Einleitungen, Emissionen und Verlusten von prioritären gefährlichen Stoffen anzustreben,

d) eine schrittweise Reduzierung der Verschmutzung des Grundwassers sicherzustellen und seine weitere Verschmutzung zu verhindern und
e) zur Minderung der Auswirkungen von Überschwemmungen und Dürren beizutragen, sowie

2. die Bewertung und das Management von Hochwasserrisiken mit dem Ziel der Verringerung der hochwasserbedingten nachteiligen Folgen auf die menschliche Gesundheit, die Umwelt, das Kulturerbe und wirtschaftliche Tätigkeiten. Es gelten folgende Definitionen:
   a) Hochwasser ist eine zeitlich beschränkte Überflutung von Land, das normalerweise nicht mit Wasser bedeckt ist, insbesondere durch Ströme, Flüsse, Bäche und Seen. Davon ausgenommen sind Überflutungen aus Abwassersystemen.
   b) Hochwasserrisiko ist die Kombination der Wahrscheinlichkeit des Eintritts eines Hochwasserereignisses und der hochwasserbedingten potenziellen nachteiligen Folgen auf die menschliche Gesundheit, die Umwelt, das Kulturerbe und wirtschaftliche Tätigkeiten.

(2) Dem Landeshauptmann als wasserwirtschaftlichem Planungsorgan obliegt

a) die Zusammenfassung und Koordinierung aller wasserwirtschaftlichen Planungsfragen im Lande,
b) die Überwachung der wasserwirtschaftlichen Entwicklung,
c) die Sammlung der für die wasserwirtschaftliche Planung bedeutsamen Daten,
d) die vorausschauende wasserwirtschaftliche Planung,
e) die Schaffung von Grundlagen für die Festlegung von Schutz- und Schongebieten (§§ 34, 35, 37), für Verordnungen gemäß § 33 Abs. 2, für Sanierungsprogramme gemäß § 33d, für Beobachtungs- und voraussichtliche Maßnahmengebiete gemäß § 33f sowie für Regionalprogramme gemäß § 55g Abs. 1 Z 1,
f) die Wahrnehmung wasserwirtschaftlicher Interessen gegenüber anderen Planungsträgern und Behörden,
g) die Beurteilung von Vorhaben auf Vereinbarkeit mit wasserwirtschaftlichen Planungen und Zielen, insbesondere zur Wahrung der Interessen an der Trink- und Nutzwasserversorgung im Lande.

(3) Dem Bundesminister für für Land- und Forstwirtschaft, Umwelt und Wasserwirtschaft obliegt insbesondere

a) die fachliche Koordinierung der Tätigkeit der wasserwirtschaftlichen Planungsorgane in den Ländern,
b) die Behandlung von wasserwirtschaftlichen Grundsatzfragen und von solchen, die für mehrere Länder von Bedeutung sind,
c) die Aufstellung von einheitlichen Grundsätzen für die wasserwirtschaftliche Planung (Abs. 2 lit. a bis e),
d) auf Grund der Bestandsaufnahmen die überörtliche zusammenfassende wasserwirtschaftliche Planung für eine den wasserwirtschaftlichen Planungsgrundsätzen entsprechende Ordnung der nationalen Teile der Flussgebietseinheiten oder ihrer Teile (Planungsräume) aufzustellen und der Entwicklung anzupassen.

(4) Wer eine wasserrechtliche Bewilligung anstrebt, hat schon vor Befassung der Wasserrechtsbehörde sein Vorhaben unter Darlegung der Grundzüge dem wasserwirtschaftlichen Planungsorgan anzuzeigen.

(5) Das wasserwirtschaftliche Planungsorgan ist in allen Verfahren nach diesem Bundesgesetz sowie nach dem Mineralrohstoffgesetz, dem Eisenbahnrecht, dem Schiffahrtsrecht, dem Gewerberecht, dem Rohrleitungsrecht, dem Forstrecht und dem Abfallrecht des Bundes, durch die wasserwirtschaftliche Interessen berührt werden, zu hören. Es hat Parteistellung sowie Beschwerdelegitimation an das Verwaltungsgericht in Wahrnehmung seiner Aufgaben zur Wahrung wasserwirtschaftlicher Interessen gemäß Abs. 2 lit. a bis g, insbesondere unter Bedachtnahme auf die in einem Nationalen Gewässerbewirtschaftungsplan oder einem Hochwasserrisikomanagementplan festgelegten Vorgaben (Maßnahmen) in allen behördlichen Verfahren nach diesem Bundesgesetz sowie in allen behördlichen Verfahren, in denen wasserrechtliche Bestimmungen mitangewendet werden; dies gilt nicht für Verfahren, in denen der Landeshauptmann als Behörde zur Entscheidung berufen ist. Im Rahmen seiner Parteistellung besteht für das wasserwirtschaftliche Planungsorgan auch die Möglichkeit gegen das Erkenntnis eines Verwaltungsgerichtes Revision an den Verwaltungsgerichtshof zu erheben.

Planungsgrundsätze

§ 55a. (1) Die wasserwirtschaftliche Ordnung von Planungsräumen hat sich in die wasserwirtschaftliche Ordnung der gesamten Flussgebietseinheit einzufügen. In der Ordnung der gesamten Flussgebietseinheit sind jedoch die Gegebenheiten und Erfordernisse seiner Planungsräume zu berücksichtigen. Sofern Planungsräume Teile einer internationalen Flussgebietseinheit bilden, ist eine Abstimmung über das gesamte Gebiet anzustreben, wobei diese Abstimmung mit unmittelbar benachbarten Planungsräumen auf geeignete Weise erfolgen soll.

(2) Für die wasserwirtschaftliche Ordnung bedeutsame Planungen und Maßnahmen der Gebietskörperschaften, anderer Staaten und anderer Planungsträger sind soweit möglich aufeinander abzustimmen.

(3) Für die wasserwirtschaftliche Ordnung bedeutsame Maßnahmen sind alle Vorhaben auf dem nationalen Hoheitsgebiet einer internationalen Flussgebietseinheit, für deren Verwirklichung Grund und Boden in einem größeren Umfang benötigt werden, oder durch die - ohne Beanspruchung von Grund und Boden - die räumliche Struktur sowie die Entwicklung der Lebens- und Wirtschaftsverhältnisse maßgeblich beeinflusst werden.

Flusseinzugsgebiete

§ 55b. (1) Die österreichischen Gewässer sind nach Flusseinzugsgebieten zu bewirtschaften, wobei

1. die innerhalb des österreichischen Hoheitsgebietes liegenden, über die Donau ins Schwarze Meer abfließenden, nach Planungsräumen gegliederten Oberflächengewässer zum Einzugsgebiet der Donau gehören; sie bilden samt den ihnen zugeordneten Grundwässern zum Zweck der Bewirtschaftung im Sinne dieses Bundesgesetzes einen Teil der internationalen Flussgebietseinheit Donau;
2. die innerhalb des österreichischen Hoheitsgebietes liegenden, über den Rhein in die Nordsee abfließenden, nach Planungsräumen gegliederten Oberflächengewässer zum Einzugsgebiet des Rhein gehören; sie bilden samt den ihnen zugeordneten Grundwässern zum Zweck der Bewirtschaftung im Sinne dieses Bundesgesetzes einen Teil der internationalen Flussgebietseinheit Rhein;
3. die innerhalb des österreichischen Hoheitsgebietes liegenden, über die Elbe in die Nordsee abfließenden, nach Planungsräumen gegliederten Oberflächengewässer zum Einzugsgebiet der Elbe gehören; sie bilden samt den ihnen zugeordneten Grundwässern zum Zweck der Bewirtschaftung im Sinne dieses Bundesgesetzes einen Teil der internationalen Flussgebietseinheit Elbe.

(2) Zu Bearbeitungs- und Koordinationszwecken werden Flusseinzugsgebiete in Planungsräume untergliedert. Der Flussgebietseinheit Elbe zugeordnete Planungsräume können gemeinsam mit den nächstgelegenen Planungsräumen der Flussgebietseinheit Donau bearbeitet, koordiniert und dargestellt werden.

(3) Die nationalen Anteile der internationalen Flussgebietseinheiten Donau, Rhein und Elbe sowie die zugeordneten Planungsräume werden in einer Karte (Anhang F) (Anm.: Karte nicht darstellbar) dargestellt.

(4) Im Sinne dieses Bundesgesetzes ist

1. ein Einzugsgebiet ein Gebiet, aus welchem über Ströme, Flüsse und möglicherweise Seen, der gesamte Oberflächenabfluss an einer einzigen Flussmündung, einem Ästuar oder Delta ins Meer gelangt;
2. eine Flussgebietseinheit ein als Hauptteil für die Bewirtschaftung festgelegtes Landgebiet oder Meeresgebiet, das aus einem oder mehreren benachbarten Einzugsgebieten und den ihnen zugeordneten Grund- und Küstengewässern besteht;
3. eine internationale Flussgebietseinheit gegeben, wenn ein Einzugsgebiet auf dem Hoheitsgebiet von mehr als einem Staat liegt.

Nationale Gewässerbewirtschaftungspläne für Einzugsgebiete (Nationaler Gewässerbewirtschaftungsplan)

§ 55c. (1) Nationale Gewässerbewirtschaftungspläne sind generelle Planungen, die die für die Entwicklung der Lebens- und Wirtschaftsverhältnisse der Flussgebietseinheiten Donau, Rhein und Elbe (§ 55b Abs. 1) anzustrebende wasserwirtschaftliche Ordnung in möglichster Abstimmung der verschiedenen Interessen mit den nötigen Erläuterungen darstellen und deren Verwirklichung als im öffentlichen Interesse gelegen anerkannt ist. Zur Erfüllung dieser wasserwirtschaftlichen Zielsetzungen, insbesondere zur Erreichung der in §§ 30a, c und d festgelegten Umweltziele, hat der Bundesminister für Land- und Forstwirtschaft, Umwelt und Wasserwirtschaft - entsprechend dem Verfahren nach § 55h - mit Verordnung für jede Flussgebietseinheit einen Nationalen Gewässerbewirtschaftungsplan zu erlassen. Der Nationale Gewässerbewirtschaftungsplan ist auf der Internetseite des Bundesministeriums für Land- und Forstwirtschaft, Umwelt- und Wasserwirtschaft zu veröffentlichen. Die Veröffentlichung ist im Bundesgesetzblatt sowie im Amtsblatt zur Wiener Zeitung bekannt zu geben. Der Nationale Gewässerbewirtschaftungsplan ist ferner im Wasserinformationssystem Austria und beim Landeshauptmann jener Länder, die vom Plan berührt sind, zur öffentlichen Einsicht aufzulegen.

(2) Ein Nationaler Gewässerbewirtschaftungsplan hat die in Anhang B enthaltenen Vorgaben zu umfassen, insbesondere

1. eine allgemeine Beschreibung der Merkmale der Flussgebietseinheit sowie eine Zusammenfassung der signifikanten Belastungen und anthropogenen Einwirkungen auf den Gewässerzustand (Bestandsaufnahme § 55d);
2. eine Zusammenfassung der Überwachungsergebnisse (§§ 59e, f);
3. die zur Erreichung der in den §§ 30a, c und d festgelegten Umweltziele allgemein verbindlichen für die Flussgebietseinheit auf Basis der Planungsräume erstellten Maßnahmenprogramme (§ 55f Abs. 1) zur Umsetzung der konkreten Vorgaben des § 55e;
4. die zur konkreten Erreichung dieser Vorgaben geplanten (Umsetzungs)maßnahmen (zB Regionalprogramme gemäß § 55g, Einbringungsbeschränkungen und -verbote gemäß § 32a);
5. die Angabe jener Fälle, für die eine Ausnahme von den Umweltzielen gemäß §§ 30a, c und d in Anspruch genommen wurde, samt Begründung.

(3) Der Bundesminister für Land- und Forstwirtschaft, Umwelt und Wasserwirtschaft ist die zuständige Behörde für die entsprechende Koordination eines Nationalen Gewässerbewirtschaftungsplanes gegenüber dem Ausland. Dies hat grundsätzlich im Wege der bi- oder multilateralen Gewässerschutzkommissionen zu erfolgen.

(4) Die Erstellung der Nationalen Gewässerbewirtschaftungspläne hat in folgenden Teilschritten zu erfolgen:

1. Erstellung eines Zeitplanes und eines Arbeitsprogrammes für die Aufstellung des Planes, einschließlich der zu treffenden Anhörungsmaßnahmen, spätestens drei Jahre vor Beginn des Zeitraums, auf den sich der jeweilige Nationale Gewässerbewirtschaftungsplan bezieht;
2. vorläufiger Überblick über die für die internationale Flussgebietseinheit sowie den nationalen Teil der internationalen Flussgebietseinheit (gegliedert in Planungsräume) festgestellten wichtigsten Wasserbewirtschaftungsfragen, spätestens zwei Jahre vor Beginn des Zeitraums, auf den sich der jeweilige Nationale Gewässerbewirtschaftungsplan bezieht;
3. Entwürfe des Nationalen Gewässerbewirtschaftungsplanes für die internationale Flussgebietseinheit sowie den nationalen Teil der internationalen Flussgebietseinheit (gegliedert in Planungsräume), spätestens ein Jahr vor Beginn des Zeitraums, auf den sich der jeweilige Nationale Gewässerbewirtschaftungsplan bezieht;
4. Veröffentlichung des ersten Nationalen Gewässerbewirtschaftungsplanes spätestens spätestens bis zum Beginn des Zeitraums, auf den sich der jeweilige Nationale Gewässerbewirtschaftungsplan bezieht.

(5) Ein Nationaler Gewässerbewirtschaftungsplan ist spätestens bis zum 22. Dezember 2015 und danach alle sechs Jahre zu überprüfen und zu aktualisieren. Die Abs. 2 bis 4 gelten hierfür sinngemäß.

Bestandsaufnahme (Ist-Bestandsanalyse und Abweichungsanalyse)

§ 55d. (1) Als Grundlage für den Nationalen Gewässerbewirtschaftungsplan haben der Bundesminister für Land- und Forstwirtschaft, Umwelt und Wasserwirtschaft entsprechend seinen Aufgaben für die überregionale wasserwirtschaftliche Planung (§ 55 Abs. 3) und der Landeshauptmann entsprechend seinen Aufgaben für die regionale und lokale wasserwirtschaftliche Planung (§ 55 Abs. 2) die jeweils hiefür bedeutsamen natürlichen, wirtschaftlichen und sozioökonomischen Gegebenheiten, einschließlich der Auswirkungen von signifikanten anthropogenen Belastungen (§§ 59, 59a) und bisherigen Entwicklung zu erheben und unter Berücksichtigung der voraussehbaren Veränderungen in Bestandsaufnahmen festzuhalten. Die Bestandsaufnahmen haben die in Anhang B Teil I Z 1 bis 6 genannten Informationen zu umfassen und sind insbesondere nach Vorliegen neuer Überwachungsergebnisse anzupassen bzw. auf dem letzten Stand zu halten. Die Aufgabenverteilung richtet sich nach § 55h Abs. 1.

(2) Die Ergebnisse der Bestandsaufnahme dienen als Grundlage für die Ausarbeitung bzw. die Weiterentwicklung der Überwachungsprogramme (§§ 59e, f) und für die Vorbereitung der Maßnahmenprogramme (§ 55f).

(3) Die Erfassung aller für die wasserwirtschaftliche Planung erforderlichen Planungsgrundlagen erfolgt beim Bundesminister für Land- und Forstwirtschaft, Umwelt und Wasserwirtschaft im Wasserinformationssystem Austria (§ 59), in dem alle für die überregionale wasserwirtschaftliche Planung bedeutsamen Gegebenheiten verfügbar zu halten sind.

Maßnahmen

§ 55e. (1) Zur Verwirklichung der in §§ 30a, c und d festgelegten Ziele hat das Maßnahmenprogramm zumindest Vorgaben (grundlegende Maßnahmen) zu enthalten,

1. die unter Bedachtnahme auf das Kostendeckungsprinzip für Wasserdienstleistungen (Wasserversorgung und Ab-

wasserbeseitigung), einschließlich Umwelt- und Ressourcenkosten und unter Zugrundelegung des Verursacherprinzips bis 2010 auf Grundlage der wirtschaftlichen Analyse der Wassernutzungen

a) adäquate Anreize für Wassernutzer für einen nachhaltigen und effizienten Umgang mit der Ressource Wasser bieten,

b) adäquate Beiträge der wassernutzenden Sektoren Industrie, Haushalte und Landwirtschaft zur Kostendeckung der Wasserdienstleistung leisten;

dabei kann auf soziale, umweltspezifische und ökonomische Effekte der Kostendeckung ebenso wie auf geografische und klimatische Gegebenheiten von betroffenen Gebieten Bedacht genommen werden;

2. zur Erreichung der Anforderungen für Wasserkörper, die für die Trinkwassergewinnung genutzt werden oder künftig genutzt werden sollen, insbesondere Vorgaben zum Schutz der Wasserqualität, um den bei der Gewinnung von Trinkwasser erforderlichen Umfang der Aufbereitung zu verringern;

3. betreffend Begrenzungen der Entnahme von Oberflächenwasser und Grundwasser sowie der Aufstauung von Oberflächenwasser, sofern sie signifikante Auswirkungen auf den Wasserzustand haben;

4. betreffend Begrenzungen von künstlichen Anreicherungen oder Auffüllungen von Grundwasserkörpern. Das verwendete Wasser kann aus Oberflächengewässern oder Grundwasser stammen, sofern deren Nutzung nicht die Verwirklichung der Umweltziele gemäß §§ 30a, c und d gefährdet, die für die betreffenden Oberflächenwasser- oder Grundwasserkörper oder den angereicherten oder vergrößerten Grundwasserkörper festgesetzt wurden;

5. bei Einleitungen über Punktquellen, die Verschmutzungen verursachen können, das Erfordernis einer Emissionsbegrenzung für die betreffenden Schadstoffe einschließlich Begrenzungen nach dem kombinierten Ansatz (§ 30g) sowie, soweit gemeinschaftsrechtlich vorgegeben, Maßnahmen zur Beseitigung der Verschmutzung von Oberflächengewässern durch prioritäre Stoffe, die schrittweise Verringerung der Verschmutzung durch andere Stoffe oder ein Verbot der Einleitung von Schadstoffen in das Wasser;

6. für diffuse Quellen, die Verschmutzungen verursachen können, Vorgaben (Maßnahmen) zur Verhinderung oder Begrenzung der Belastung durch Schadstoffe;

7. die sicherstellen, dass die hydromorphologischen Bedingungen der Oberflächenwasserkörper so beschaffen sind, dass der erforderliche ökologische Zustand oder das gute ökologische Potential bei Oberflächenwasserkörpern, die als künstlich oder erheblich verändert eingestuft sind, erreicht werden kann;

8. über das Verbot einer direkten Einbringung von Schadstoffen in das Grundwasser;

9. zur Verringerung des Risikos für die Gewässer samt der für den ökologischen Zustand maßgeblichen Uferbereiche (aquatische Ökosysteme),

a) um Freisetzungen von signifikanten Mengen an Schadstoffen aus technischen Anlagen zu verhindern, insbesondere Maßnahmen in Umsetzung der RL 96/82/EG,

b) um den Folgen unerwarteter Verschmutzungen, wie etwa bei Überschwemmungen, vorzubeugen und/oder diese zu mindern, insbesondere mit Hilfe von Systemen zur frühzeitigen Entdeckung derartiger Vorkommnisse oder zur Frühwarnung,

c) um im Falle von Unfällen, die nach vernünftiger Einschätzung nicht vorhersehbar waren, die Folgen zu vermindern;

10. Maßnahmen zur Umsetzung gemeinschaftlicher Wasserschutzvorschriften, die die Richtlinie (EWG) Nr. 91/271 über die Behandlung von kommunalem Abwasser, ABl. Nr. L 135 vom 30. Mai 1991, S 40 und die Richtlinie (EWG) Nr. 91/676 über den Schutz der Gewässer vor Verunreinigung durch Nitrat aus landwirtschaftlichen Quellen, ABl. Nr. L 375 vom 31. Dezember 1991, S 1 erfordern, einschließlich der Maßnahmen gemäß den Rechtsvorschriften nach dem kombinierten Ansatz (§ 30g) sowie der Verweis auf wasserbezogene Maßnahmen nach bezughabenden Rechtsvorschriften (insbesondere Naturschutzgesetzen, Bäderhygienegesetz, Gewerbeordnung 1994, Mineralrohstoffgesetz, Abfallwirtschaftsgesetz 2002, UVP-Gesetz 2000, Bodenschutzgesetze, Bauordnungen bzw. Abwasserbeseitigungs- und Wasserversorgungsgesetze, Pflanzenschutzmittel- und Chemikaliengesetz), die in Umsetzung gemeinschaftsrechtlicher Vorgaben erlassen wurden.

(2) Zur Verwirklichung der in §§ 30a, c und d festgelegten Ziele können im Maßnahmenprogramm zusätzlich jene ergänzenden Vorgaben (Maßnahmen) oder verstärkten Aktionen gemäß § 55f Abs. 8 vorgesehen werden, die zur Unterstützung, Absicherung oder Vorsorge für die Zielerreichung für erforderlich gehalten werden. Ergänzende Vorgaben (Maßnahmen) wie Emissionsbegrenzungen, Verhaltenskodizes für die beste verfügbare Umweltpraxis, die Neuschaffung und Wiederherstellung von Feuchtgebieten, Entnahmebegrenzungen, Maßnahmen zur Begrenzung der Nachfrage, Förderung einer angepassten landwirtschaftlichen Produktion und Fortbildungsmaßnahmen ua. können durch rechtlich-administrative Instrumente (insbesondere Verordnungen, Bewilligungen), ökonomische Instrumente, ausgehandelte Umweltvereinbarungen umgesetzt werden.

(3) Zur Unterstützung der konkreten Maßnahmenprogrammerstellung (§ 55f Abs. 1) kann der Bundesminister für Land- und Forstwirtschaft, Umwelt und Wasserwirtschaft Kataloge für die in Abs. 1 und 2 genannten Maßnahmenbereiche näher ausformen und zur Verfügung stellen. Diese können die beste verfügbare Umweltpraxis, den Stand der Technik zur Begrenzung bzw. zur Minderung solcher Auswirkungen einschließen. Hinsichtlich der Angelegenheiten der gewerblichen Betriebe und der E-Wirtschaft ist das Einvernehmen mit dem Bundesminister für Wirtschaft, Familie und Jugend sowie hinsichtlich der Angelegenheiten der Wasserstraßen mit dem Bundesminister für Verkehr, Innovation und Technologie herzustellen.

(4) Die von den Vorgaben

1. gemäß Abs. 1 Z 3 und Z 4 erfassten Vorhaben unterliegen dem Erfordernis einer vorherigen Bewilligung oder Genehmigung auf der Grundlage oder in Mitanwendung der Bestimmungen dieses Bundesgesetzes insbesondere der §§ 9, 10, 32 Abs. 4, wobei die Begrenzungen regelmäßig zu überprüfen und gegebenenfalls zu aktualisieren sind;

2. gemäß Abs. 1 Z 5, 6 und 7 erfassten Vorhaben unterliegen dem Erfordernis einer vorherigen Genehmigung auf der Grundlage oder in Mitanwendung der Bestimmungen dieses Bundesgesetzes, insbesondere der §§ 9, 10, 32 Abs. 4. Diese Begrenzungen werden regelmäßig überprüft und gegebenenfalls aktualisiert.

Maßnahmenprogramme

§ 55f. (1) Der Bundesminister für Land- und Forstwirtschaft, Umwelt und Wasserwirtschaft hat zur Erreichung wasserwirtschaftlicher Zielsetzungen, insbesondere der in den §§ 30a, c und d festgelegten Umweltziele zur konkreten Umsetzung des § 55e mit Verordnung - entsprechend dem Verfahren nach § 55h - Maßnahmenprogramme zu erlassen. Diese haben auf Grundlage der Kataloge gemäß § 55e Abs. 3, soweit vorhanden, unter anderem die Anwendung des Standes der Technik oder der Besten verfügbaren Umweltpraxis zu unterstützen.

(2) Maßnahmenprogramme haben die in Bezug auf die Wassernutzung kosteneffizientesten Vorgaben-(Maßnahmen-) Kombinationen gemäß § 55e auf der Grundlage von Schätzungen ihrer potentiellen Kosten zu enthalten, indem sie

1. jedenfalls die in § 55e Abs. 1 angeführten „grundlegenden" Maßnahmen sowie
2. gegebenenfalls „ergänzende" Maßnahmen (§ 55e Abs. 2) umfassen.

(3) Vorgaben (Maßnahmen) sind räumlich auf das gesamte Bundesgebiet, auf einzelne oder mehrere Planungsräume sowie Teile derselben zu beziehen. Bei der Auswahl der Maßnahmen ist anzugeben, ob es sich um eine grundlegende oder ergänzende Maßnahme handelt.

(4) Maßnahmen können sich unmittelbar aus dem Gesetz ergeben oder sie sind auf Grundlage eines Gesetzes von der jeweils zuständigen Behörde mittels Bescheid oder Verordnung anzuordnen. Sie haben

1. sich unmittelbar auf dieses Bundesgesetz, das Umweltförderungsgesetz, das Wasserbautenförderungsgesetz und deren Verordnungen zu stützen;
2. sich auf andere Gesetze, in denen wasserrechtliche Bestimmungen mitvollzogen werden, zu stützen (insbesondere GewO 1994, MinROG, AWG 2002, UVP-G 2000) oder
3. auf Maßnahmen zu verweisen, die nach anderen bezughabenden Rechtsvorschriften gesetzt wurden, insbesondere solche, die Gemeinschaftsrecht umsetzen (insbesondere ChemikalienG, PflanzenschutzmittelG 1997, Naturschutzgesetze).

(5) Grundlegende und ergänzende Maßnahmen sind durch die jeweils zuständigen Behörden spätestens bis 22. Dezember 2012 umzusetzen.

(6) Die Durchführung von Maßnahmenprogrammen darf weder direkt noch indirekt zu einer erhöhten Verschmutzung der Oberflächengewässer einschließlich der Meeresgewässer (§ 30 Abs. 2 Z 4) führen. Diese Anforderung gilt nicht, wenn sie eine stärkere Verschmutzung der Umwelt insgesamt bewirken würde.

(7) Maßnahmenprogramme sind spätestens 2015 und danach alle sechs Jahre zu überprüfen und erforderlichenfalls zu aktualisieren. Wenn sich auf Grund der Evaluierung der Maßnahmenprogramme die ergänzenden Maßnahmen auch weiterhin als erforderlich erweisen, sind sie im entsprechenden Ausmaß für den nächsten Planungszyklus als grundsätzliche Maßnahmen verbindlich zu setzen. Neue oder im Rahmen eines aktualisierten Maßnahmenprogramms geänderte Maßnahmen sind innerhalb von drei Jahren, nachdem sie beschlossen wurden, in die Praxis umzusetzen.

(8) Geht aus den Überwachungsdaten (§§ 59e, f) hervor, dass die in den §§ 30a, c und d festgelegten Ziele voraussichtlich zum geplanten Zeitpunkt nicht erreicht werden, sind die Überwachungsprogramme zu überprüfen und gegebenenfalls anzupassen (§ 59g lit. b) und hat die jeweils zuständige Behörde dafür zu sorgen, dass den Gründen hierfür nachgegangen wird. Insbesondere sind

1. die entsprechenden Zulassungen und Genehmigungen zu überprüfen und sofern keine Konsensüberschreitung vorliegt (§ 138) gegebenenfalls im nächsten Plan abzuändern (§ 21a);
2. die zur Erreichung dieser Ziele erforderlichen Zusatzmaßnahmen spätestens im nächsten Maßnahmenprogramm festzulegen.

Wenn diese Gründe auf Umständen natürlicher Art oder höherer Gewalt beruhen, die außergewöhnlich sind oder nach vernünftiger Einschätzung nicht vorhersehbar waren, wie insbesondere starke Überschwemmungen oder lang anhaltende Dürren, kann die Behörde unter Darlegung der Gründe dem Bundesminister für Land- und Forstwirtschaft, Umwelt und Wasserwirtschaft melden, dass vorbehaltlich des § 30f Zusatzmaßnahmen in der Praxis nicht durchführbar sind. Der Bundesminister für Land- und Forstwirtschaft, Umwelt und Wasserwirtschaft hat unter Zugrundelegung der ihm zur Verfügung stehenden Daten die dargelegten Gründe zu prüfen, erforderlichenfalls Ergänzungen zu veranlassen sowie die Daten im Wasserinformationssystem Austria (§ 59) vorzuhalten, um sie erforderlichenfalls in den Nationalen Gewässerbewirtschaftungsplan (§ 55c) aufzunehmen.

Umsetzung der Maßnahmen

§ 55g. (1) Wenn dies zur Erreichung und Erhaltung der gemäß §§ 30a, 30c und 30d festgelegten Umweltziele in Umsetzung der konkreten Vorgaben (Maßnahmenprogramme) des Nationalen Gewässerbewirtschaftungsplanes oder zur Verringerung hochwasserbedingter nachteiliger Folgen für die menschliche Gesundheit, die Umwelt, das Kulturerbe und wirtschaftliche Tätigkeiten erforderlich ist, hat der Landeshauptmann mit Verordnung für bestimmte Oberflächen- oder Grundwasserkörper oder Teile derselben, Einzugs-, Quell- oder Überflutungsgebiete

1. – unbeschadet bestehender Rechte – wasserwirtschaftliche Regionalprogramme zu erlassen. Diese Regionalprogramme können zum Gegenstand haben:
   a) Widmungen für bestimmte wasserwirtschaftliche Zwecke,
   b) Einschränkungen bei der Verleihung von Wasserrechten,
   c) Gesichtspunkte bei der Handhabung der §§ 8, 9, 10, 15, 21, 21a, 28 bis 38, 40, 41, 42 und 112,
   d) die Beibehaltung eines bestimmten Zustandes,
   e) die Anerkennung wasserwirtschaftlicher Interessen bestimmter Beteiligter als rechtliche Interessen;
2. Fristen für die Anpassung an einen gemäß § 33b verordneten Stand der Technik für bestehende Anlagen, die bereits einmal an den Stand der Technik angepasst haben, festzulegen. Die Übergangsfrist darf zehn Jahre nicht überschreiten;
3. Programme gemäß § 33d Abs. 1und 2 zu erlassen;
4. Programme gemäß § 33f Abs. 4 bis 6 zu erlassen;
5. Standards (zB die Beste verfügbare Umweltpraxis) für Auswirkungen der Eingriffe von bestehenden und neu zu bewilligenden Anlagen auf der Grundlage von Katalogen gemäß § 55e Abs. 3 sowie Anpassungsfristen festzulegen.

(2) Sofern im Nationalen Gewässerbewirtschaftungsplan gemäß § 55f Abs. 2 eine bundeseinheitliche Verwirklichung dieser Ziele oder einzelner Maßnahmen als kosteneffizientere Umsetzungsmaßnahme vorgesehen ist, ist der Bundesminister für Land- und Forstwirtschaft, Umwelt und Wasserwirtschaft zuständige Behörde für die Erlassung derartiger Maßnahmen.

(3) Bescheide dürfen nur im Einklang mit dem Nationalen Gewässerbewirtschaftungsplan (Maßnahmenprogramm) sowie mit auf diesem basierenden Verordnungen (Abs. 1 Z 2 bis 5) erlassen werden. Die Bewilligung eines mit einem wasserwirtschaftlichen Regionalprogramm (Abs. 1 Z 1) im Widerspruch stehenden Vorhabens ist nur zulässig, wenn das öffentliche Interesse an der Maßnahme jenes an der Einhaltung des Regionalprogrammes überwiegt. Gegen einen Bescheid kann das wasserwirtschaftliche Planungsorgan im Rahmen seiner Parteistellung (§ 55 Abs. 5) wegen eines Widerspruchs mit einem Regional- oder Sanierungsprogramm Beschwerde an das Verwaltungsgericht erheben, sofern es dem Verfahren entweder nicht nachweislich beigezogen worden ist oder im Verfahren unter Bedachtnahme auf die in einem Regional- oder

Sanierungsprogramm festgelegten Vorgaben (Maßnahmen) eine begründete negative Stellungnahme abgegeben hat. Im Rahmen seiner Parteistellung besteht für das wasserwirtschaftliche Planungsorgan auch die Möglichkeit gegen das Erkenntnis eines Verwaltungsgerichtes Revision an den Verwaltungsgerichtshof zu erheben.

Verfahren für die Erstellung der Nationalen Gewässerbewirtschaftungspläne

§ 55h. (1) Für die Durchführung der Ist-Bestandsanalyse hat

1. der Bundesminister für Land- und Forstwirtschaft, Umwelt und Wasserwirtschaft im Rahmen seiner Aufgaben gemäß § 55 Abs. 3 auf Basis der gemäß § 59 und § 59a vorliegenden Umweltdaten in einem ersten Schritt spätestens neun Monate vor Ablauf der Frist zur Erfüllung der Berichtspflichten gegenüber der Europäischen Kommission (§ 55o Abs. 3 Z 2) dem Landeshauptmann einen Entwurf der Ist-Bestandsanalyse zur Verfügung zu stellen;
2. der Landeshauptmann entsprechend seinen Aufgaben gemäß § 55 Abs. 2 den ihm gemäß Z 1 übermittelten Entwurf anhand der ihm zur Verfügung stehenden Umweltdaten auf seine Plausibilität zu prüfen und erforderlichenfalls unter Anschluss der entsprechenden Unterlagen und Daten zu ergänzen und dem Bundesminister für Land- und Forstwirtschaft, Umwelt und Wasserwirtschaft binnen sechs Monaten ab Übermittlung zurückzustellen.

   Insbesondere hat der Landeshauptmann darzulegen

   a) bei welchen Oberflächenwasser- oder Grundwasserkörpern das Risiko besteht, die in den §§ 30 a, c und d angeführten Ziele nicht zu erreichen (Risikoanalyse),
   b) die künftigen Entwicklungen in seinem Teil des Planungsraumes in Form eines Trendszenarios,
   c) jene Fälle, in denen Vorhaben gemäß § 104a positiv beurteilt wurden, sowie die gemäß § 104a getroffenen Maßnahmen.

   Diese Umweltdaten sind im Wasserinformationssystem Austria (§ 59) aufzunehmen und den Ländern für die Mitarbeit bei der Ausarbeitung der Maßnahmenprogramme (§ 55f) zugänglich zu machen.

Der Bundesminister für Land- und Forstwirtschaft, Umwelt und Wasserwirtschaft kann mit Verordnung die nähere Ausgestaltung der Berichte, insbesondere hinsichtlich Art und Format der Daten und Modalitäten des Datenaustausches sowie Kriterien für die Abschätzung des Risikos der Zielverfehlung festlegen.

(2) Nach Vorliegen der Überwachungsergebnisse ist entsprechend dem Verfahren des Abs. 1 unter Heranziehung aller nunmehr zur Verfügung stehenden Daten die Ist-Bestandsanalyse zu überprüfen und erforderlichenfalls zu überarbeiten (Abweichungsanalyse). Dabei ist insbesondere festzulegen

a) welche Oberflächenwasserkörper als künstlich oder erheblich verändert einzustufen sind (§ 30b),
b) welche Oberflächenwasser- oder Grundwasserkörper die in den §§ 30a, c und d angeführten Umweltziele nicht erreichen werden und diese abzugrenzen,
c) inwieweit eine stufenweise Zielerreichung (§ 30e) in Anspruch genommen werden muss, einschließlich einer Begründung sowie in weiteren Nationalen Gewässerbewirtschaftungsplänen die Erforderlichkeit des Weiterbestandes bestehender Ausnahmen,
d) eine Zusammenfassung der wichtigen Wasserbewirtschaftungsfragen (lit. a bis c) spätestens zwei Jahre vor Beginn des Zeitraums, auf den sich der jeweilige Nationale Gewässerbewirtschaftungsplan bezieht,
e) jene Fälle, in denen Vorhaben gemäß § 104a positiv beurteilt wurden, sowie die gemäß § 104a getroffenen Maßnahmen.

(3) Nach Vorliegen der Bestandsaufnahme (§ 55d) sind entsprechend dem Verfahren des Abs. 1 spätestens ein Jahr vor Beginn des Zeitraums, auf den sich der jeweilige Nationale Gewässerbewirtschaftungsplan bezieht Maßnahmenprogramme für Planungsräume zu erstellen.

Vorläufige Bewertung des Hochwasserrisikos

§ 55i. (1) Für jede Flussgebietseinheit ist bis zum 22. Dezember 2011 eine vorläufige Bewertung des Hochwasserrisikos vorzunehmen.

(2) Die vorläufige Bewertung des Hochwasserrisikos ist auf der Grundlage verfügbarer oder leicht abzuleitender Informationen, wie etwa Aufzeichnungen und Studien zu langfristigen Entwicklungen, insbesondere zu den Auswirkungen von Klimaänderungen auf das Auftreten von Hochwasser, durchzuführen, um eine Einschätzung der potenziellen Risiken vorzunehmen. Sie hat zumindest Folgendes zu umfassen:

1. in geeignetem Maßstab angelegte Karten der Flussgebietseinheit, aus denen die Grenzen der Einzugsgebiete und Teileinzugsgebiete sowie die Topografie und die Flächennutzung hervorgehen;
2. eine Beschreibung vergangener Hochwasser, die signifikante nachteilige Auswirkungen auf die menschliche Gesundheit, die Umwelt, das Kulturerbe und wirtschaftliche Tätigkeiten hatten und bei denen die Wahrscheinlichkeit der Wiederkehr in ähnlicher Form weiterhin gegeben ist, einschließlich ihrer Ausdehnung und der Abflusswege sowie einer Bewertung ihrer nachteiligen Auswirkungen;
3. eine Beschreibung der signifikanten Hochwasser der Vergangenheit, sofern signifikante nachteilige Folgen zukünftiger ähnlicher Ereignisse erwartet werden könnten;
4. eine Bewertung der potenziellen nachteiligen Folgen künftiger Hochwasser auf die menschliche Gesundheit, die Umwelt, das Kulturerbe und wirtschaftliche Tätigkeiten unter möglichst umfassender Berücksichtigung von Faktoren wie der Topografie, der Lage von Wasserläufen und ihrer allgemeinen hydrologischen und geomorphologischen Merkmale, einschließlich der Überschwemmungsgebiete als natürliche Hochwasserrückhaltegebiete, der Wirksamkeit der bestehenden vom Menschen geschaffenen Hochwasserabwehrinfrastrukturen, der Lage bewohnter Gebiete, der Gebiete wirtschaftlicher Tätigkeit und langfristiger Entwicklungen, einschließlich der Auswirkungen des Klimawandels auf das Auftreten von Hochwasser.

(3) Bei der Durchführung der vorläufigen Bewertung des Hochwasserrisikos ist das in § 55h Abs. 1 festgelegte Verfahren sinngemäß mit der Maßgabe anzuwenden, dass der Bundesminister für Land- und Forstwirtschaft, Umwelt und Wasserwirtschaft spätestens zwölf Monate vor Ablauf der Frist zur Erfüllung der Berichtspflichten gegenüber der Europäischen Kommission (§ 55o Abs. 5 Z 1) dem Landeshauptmann einen Entwurf für die vorläufige Bewertung des Hochwasserrisikos zur Verfügung zu stellen hat. Der Landeshauptmann hat den ihm übermittelten Entwurf anhand der ihm zur Verfügung stehenden Umweltdaten auf seine Plausibilität zu prüfen und erforderlichenfalls unter Anschluss der entsprechenden Unterlagen und Daten zu ergänzen und dem Bundesminister für Land- und Forstwirtschaft, Umwelt und Wasserwirtschaft binnen sechs Monaten ab Übermittlung zurückzustellen. Der Bundesminister für Land- und Forstwirtschaft, Umwelt und Wasserwirtschaft hat den Austausch von für die vorläufige Bewertung relevanten Informationen mit den zuständigen Behörden der betroffenen Staaten sicherzustellen.

(4) Die vorläufige Bewertung des Hochwasserrisikos ist bis zum 22. Dezember 2018 und danach alle sechs Jahre unter

besonderer Berücksichtigung der voraussichtlichen Auswirkungen des Klimawandels auf das Auftreten von Hochwasser zu überprüfen und erforderlichenfalls zu aktualisieren.

Bestimmung der Gebiete mit potenziellem signifikantem Hochwasserrisiko

§ 55j. (1) Auf der Grundlage der vorläufigen Bewertung des Hochwasserrisikos gemäß § 55i sind für jede Flussgebietseinheit diejenigen Gebiete zu bestimmen, bei denen davon auszugehen ist, dass ein potenzielles signifikantes Hochwasserrisiko besteht oder für wahrscheinlich gehalten werden kann.

(2) Ein potenzielles signifikantes Hochwasserrisiko liegt vor, wenn

1. im betreffenden Gebiet
   a) Nutzungen für Siedlungs- und Wirtschaftszwecke und sonstige höherwertige Nutzungen,
   b) infrastrukturelle Einrichtungen von überregionaler, nationaler oder internationaler Bedeutung,
   c) Anlagen, die in Anhang I der Richtlinie 2010/75/EU genannte industrielle Tätigkeiten durchführen,
   d) Schutzgebiete gemäß § 59b Z 1, Z 3 und Z 5 oder
   e) Kulturerbegüter von nationaler oder internationaler Bedeutung

   bestehen oder in Zukunft aufgrund konkreter Widmungen oder für die wasserwirtschaftliche Ordnung bedeutender konkreter Planungen anderer Planungsträger (§ 55a Abs. 2) entstehen könnten und
2. in diesem Gebiet aufgrund
   a) der Häufigkeit oder der Intensität der Gefährdung durch Hochwasser und
   b) der besonderen Siedlungs- oder Nutzungsdichte oder der besonderen Bedeutung der Nutzung

   signifikante nachteilige Auswirkungen auf die menschliche Gesundheit, die Umwelt, das Kulturerbe und wirtschaftliche Tätigkeiten zu erwarten sind.

(3) Bei der Bestimmung der Gebiete mit potenziellem signifikantem Hochwasserrisiko ist das in § 55i Abs. 3 festgelegte Verfahren anzuwenden, wobei eine Koordination gegenüber dem Ausland im Sinne des § 55c Abs. 3 sicherzustellen ist.

Hochwassergefahrenkarten und Hochwasserrisikokarten

§ 55k. (1) Für die nach § 55j bestimmten Gebiete mit potenziellem signifikantem Hochwasserrisiko sind auf der Ebene der Flussgebietseinheiten Hochwassergefahrenkarten und Hochwasserrisikokarten in dem Maßstab, der hierfür am besten geeignet ist, bis zum 22. Dezember 2013 zu erstellen. Zusätzlich können auch außerhalb dieser Gebiete in dem Maßstab, der hierfür am besten geeignet ist, Hochwassergefahrenkarten erstellt werden, die als Grundlage für nachfolgende Bewertungen von Hochwasserrückhaltegebieten hinsichtlich ihrer Wirksamkeit für nicht-bauliche Maßnahmen in den Hochwasserrisikomanagementplänen dienen oder eine hinweisende Funktion auf potenzielle Hochwasserabflussgebiete haben.

(2) Die Hochwassergefahrenkarten haben jene Gebiete zu erfassen, die nach folgenden Szenarien unter Berücksichtigung der für die Charakteristik des jeweiligen Einzugsgebietes typischen Feststoffprozesse wie Geschiebe- und Wildholzführung sowie der gewässermorphologischen Prozesse überflutet werden könnten:

1. Hochwasser niedriger Wahrscheinlichkeit mit einem voraussichtlichen Wiederkehrintervall von 300 Jahren oder Szenarien für Extremereignisse;
2. Hochwasser mittlerer Wahrscheinlichkeit mit einem voraussichtlichen Wiederkehrintervall von zumindest 100 Jahren;
3. Hochwasser hoher Wahrscheinlichkeit mit einem voraussichtlichen Wiederkehrintervall von 30 Jahren.

(3) Die Hochwassergefahrenkarten haben jeweils für die Gebiete nach Abs. 2 Angaben zu enthalten

1. zum Ausmaß der Überflutung;
2. zur Wassertiefe bzw. gegebenenfalls zum Wasserstand;
3. gegebenenfalls zur Fließgeschwindigkeit oder zum relevanten Wasserabfluss.

(4) In den Hochwasserrisikokarten sind potenzielle hochwasserbedingte nachteilige Auswirkungen nach den in Abs. 2 beschriebenen Szenarien zu verzeichnen. Diese sind anzugeben als

1. ungefähre Anzahl der potenziell betroffenen Einwohner;
2. Art der wirtschaftlichen Tätigkeiten in dem potenziell betroffenen Gebiet;
3. Anlagen, die in Anhang I der Richtlinie 2010/75/EU genannte industrielle Tätigkeiten durchführen, und potenziell betroffene Schutzgebiete gemäß § 59b Z 1, 3 und 5;
4. Gebiete, in denen Hochwasser mit hohem Feststoffgehalt oder murartige Hochwasserereignisse auftreten können;
5. Informationen über andere als in Z 3 genannte bedeutende Verschmutzungsquellen.

(5) Bei der Erstellung der Hochwassergefahrenkarten und Hochwasserrisikokarten ist das in § 55h Abs. 1 festgelegte Verfahren sinngemäß mit der Maßgabe anzuwenden, dass der Bundesminister für Land- und Forstwirtschaft, Umwelt und Wasserwirtschaft spätestens zwölf Monate vor Ablauf der Frist zur Erfüllung der Berichtspflichten gegenüber der Europäischen Kommission (§ 55o Abs. 5 Z 2) dem Landeshauptmann Kartenentwürfe zur Verfügung zu stellen hat. Der Landeshauptmann hat den ihm übermittelten Entwurf anhand der ihm zur Verfügung stehenden Umweltdaten auf seine Plausibilität zu prüfen und erforderlichenfalls unter Anschluss der entsprechenden Unterlagen und Daten zu ergänzen und dem Bundesminister für Land- und Forstwirtschaft Umwelt und Wasserwirtschaft binnen sechs Monaten ab Übermittlung zurückzustellen. Der Bundesminister für Land- und Forstwirtschaft, Umwelt und Wasserwirtschaft hat im Laufe der Erstellung der Hochwassergefahrenkarten und Hochwasserrisikokarten für jene Gebiete mit potenziellem signifikantem Risiko, die mit anderen Mitgliedstaaten geteilt werden, mit den zuständigen Behörden dieser Mitgliedstaaten Informationen auszutauschen.

(6) Die Hochwassergefahrenkarten und Hochwasserrisikokarten sind bis zum 22. Dezember 2019 und danach alle sechs Jahre unter besonderer Berücksichtigung der voraussichtlichen Auswirkungen des Klimawandels auf das Auftreten von Hochwasser zu überprüfen und erforderlichenfalls zu aktualisieren.

(7) Die Erstellung und die periodischen Überarbeitungen der Hochwassergefahrenkarten und Hochwasserrisikokarten sind mit den Überprüfungen der Ist-Bestandsanalyse (§ 55d) abzustimmen und können in diese einbezogen werden.

Hochwasserrisikomanagementpläne

§ 55l. (1) Der Bundesminister für Land- und Forstwirtschaft, Umwelt und Wasserwirtschaft hat mit Verordnung auf der Grundlage der gemäß § 55k erstellten Hochwassergefahrenkarten und Hochwasserrisikokarten auf der Ebene der Flussgebietseinheiten für die Gebiete mit potenziellem signifikantem Hochwasserrisiko (§ 55j) bis zum 22. Dezember 2015 koordinierte Hochwasserrisikomanagementpläne zu erstellen und zu veröffentlichen.

(2) Dabei sind für die Gebiete mit potenziellem signifikantem Hochwasserrisiko angemessene Ziele für das Hochwasserrisikomanagement festzulegen, wobei der Schwerpunkt

1. auf der Verringerung potenzieller hochwasserbedingter nachteiliger Folgen für die menschliche Gesundheit, die Umwelt, das Kulturerbe und wirtschaftliche Tätigkeiten und
2. sofern angebracht, auf nichtbaulichen Maßnahmen der Hochwasservorsorge, insbesondere der Sicherung von Hochwasserabflussgebieten und für den Hochwasserrückhalt geeigneten Gebieten, und
3. auf einer Verminderung der Hochwasserwahrscheinlichkeit

zu liegen hat.

(3) Zur Erreichung der gemäß Abs. 2 festgelegten Ziele haben die Hochwasserrisikomanagementpläne Maßnahmen zu enthalten. Maßnahmen, die aufgrund ihres Umfangs und ihrer Wirkung das Hochwasserrisiko in anderen Staaten im selben Einzugsgebiet oder Teileinzugsgebiet erheblich erhöhen, dürfen nur dann vorgesehen werden, wenn sie mit dem betroffenen Staat koordiniert wurden und im Rahmen des Abs. 6 zwischen den betroffenen Staaten eine einvernehmliche Lösung gefunden wurde.

(4) Die Hochwasserrisikomanagementpläne haben alle Aspekte des Hochwasserrisikomanagements zu erfassen, wobei der Schwerpunkt auf Vermeidung, Schutz und Vorsorge, einschließlich Hochwasser-vorhersagen und Frühwarnsystemen, liegt und die besonderen Merkmale des betreffenden Einzugsgebietes bzw. Teileinzugsgebietes berücksichtigt werden. Die Unterstützung nachhaltiger Flächennutzungsmethoden, die Verbesserung des Wasserrückhalts und kontrollierte Überflutungen bestimmter Gebiete im Falle eines Hochwasserereignisses können ebenfalls in die Hochwasserrisikomanagementpläne einbezogen werden. Sie haben die in Teil II des Anhangs B beschriebenen Bestandteile zu umfassen und relevante Aspekte zu berücksichtigen, wie etwa Kosten und Nutzen, Ausdehnung der Überschwemmung und Hochwasserabflusswege und Gebiete mit dem Potenzial zum Rückhalt von Hochwasser, wie zB natürliche Überschwemmungsgebiete, die umweltbezogenen Ziele der §§ 30a, 30c und 30d, Bodennutzung und Wasserwirtschaft, Raumordnung, Flächennutzung, Naturschutz, Schifffahrt und Hafeninfrastruktur.

(5) Bei der Erstellung der Hochwasserrisikomanagementpläne ist das in § 55h Abs. 1 festgelegte Verfahren sinngemäß mit der Maßgabe anzuwenden, dass der Bundesminister für Land- und Forstwirtschaft, Umwelt und Wasserwirtschaft dem Landeshauptmann spätestens zwei Jahre vor Ablauf der Frist zur Erfüllung der Berichtspflichten gegenüber der Europäischen Kommission (§ 55o Abs. 5 Z 3) einen Entwurf zu übermitteln hat. Der Landeshauptmann hat den ihm übermittelten Entwurf anhand der ihm zur Verfügung stehenden Umweltdaten auf seine Plausibilität zu prüfen und erforderlichenfalls unter Anschluss der entsprechenden Unterlagen und Daten zu ergänzen und dem Bundesminister für Land- und Forstwirtschaft Umwelt und Wasserwirtschaft binnen sechs Monaten ab Übermittlung zurückzustellen. Entsprechend diesem Verfahren ist bis zum 22. Dezember 2014 ein Entwurf zu erstellen, der der Beteiligung der Öffentlichkeit (§ 55m Abs. 1b) zu unterziehen ist.

(6) In internationalen Flusseinzugsgebieten hat der Bundesminister für Land- und Forstwirtschaft, Umwelt und Wasserwirtschaft eine Koordinierung mit dem Ausland im Wege der bi- oder multilateralen Gewässerkommissionen sicherzustellen mit dem Ziel, einen einzigen internationalen Hochwasserrisikomanagementplan oder mehrere auf der Ebene des internationalen Flusseinzugsgebietes koordinierte Hochwasserrisikomanagementpläne zu erstellen. Gelingt dies nicht, so hat der Bundesminister für Land- und Forstwirtschaft, Umwelt und Wasserwirtschaft auf eine möglichst weitgehende Koordinierung des die inländischen Teile des internationalen Flusseinzugsgebiets erfassenden Hochwasserrisikomanagementplans auf der Ebene des internationalen Flusseinzugsgebiets hinzuwirken. Sofern dies in einem gemeinsamen Teileinzugsgebiet von beiden Staaten für angemessen erachtet wird, können die koordinierten Hochwasserrisikomanagementpläne durch detailliertere und auf der Ebene der internationalen Teileinzugsgebiete abgestimmte Hochwasserrisikomanagementpläne ergänzt werden.

(7) Die Hochwasserrisikomanagementpläne, einschließlich der in Teil II des Anhangs B beschriebenen Bestandteile, sind bis zum 22. Dezember 2021 und danach alle sechs Jahre unter besonderer Berücksichtigung der voraussichtlichen Auswirkungen des Klimawandels auf das Auftreten von Hochwasser zu überprüfen und erforderlichenfalls zu aktualisieren.

(8) Die Erstellung und die periodischen Überarbeitungen der Hochwasserrisikomanagementpläne sind mit den in § 55c Abs. 5 vorgesehenen Überprüfungen der Nationalen Gewässerbewirtschaftungspläne für die Einzugsgebiete zu koordinieren und können in diese einbezogen werden.

Beteiligung der Öffentlichkeit bei der Erstellung von Nationalen Gewässerbewirtschaftungsplänen und Hochwasserrisikomanagementplänen

§ 55m. (1) Zum Zweck der aktiven Beteiligung aller interessierter Stellen, insbesondere bei der Aufstellung, Überprüfung und Aktualisierung der Nationalen Gewässerbewirtschaftungspläne für die jeweiligen Flusseinzugsgebiete beziehungsweise Planungsräume, sind die in Abs. 4 Z 1 bis 3 angeführten Unterlagen spätestens zu den in diesen Ziffern angeführten Terminen einerseits den bekannten berührten Stellen, das sind insbesondere die in § 108 genannten betroffenen Amtsstellen, zur Stellungnahme zu übermitteln und andererseits im Wasserinformationssystem Austria sowie beim Landeshauptmann jenes Landes, das hiervon berührt wird, zur öffentlichen Einsicht und Stellungnahme aufzulegen beziehungsweise im Internet zur Verfügung zu stellen. Die Tatsache der Auflage ist im Amtsblatt zur Wiener Zeitung oder im Anzeigenteil einer allgemein verbreiteten Tageszeitung, in amtlichen Publikationen sowie im Internet mit dem Hinweis auf die schriftliche Stellungnahmemöglichkeit für jedermann unter Angabe der jeweiligen Fristen zu veröffentlichen. Eingegangene Stellungnahmen werden im Internet veröffentlicht.

(1a) Der Bundesminister für Land- und Forstwirtschaft, Umwelt und Wasserwirtschaft hat die vorläufige Bewertung des Hochwasserrisikos, die Hochwassergefahrenkarten, die Hochwasserrisikokarten und die Hochwasserrisikomanagementpläne im Wasserinformationssystem Austria (§ 59) zu veröffentlichen.

(1b) Die aktive Einbeziehung aller interessierten Stellen bei der Erstellung, Überprüfung und Aktualisierung der Hochwasserrisikomanagementpläne hat in sinngemäßer Anwendung der Abs. 1 bis 7 zu erfolgen und ist mit der Vorgangsweise für Nationale Gewässerbewirtschaftungspläne zu koordinieren.

(2) Die Möglichkeit zur Stellungnahme besteht innerhalb einer Frist von sechs Monaten ab Veröffentlichung und hat in schriftlicher Form zu erfolgen. Stellungnahmen, Ergebnisse von grenzüberschreitenden Konsultationen (Abs. 6) sowie die Planungsgrundlagen einschließlich des Umweltberichtes sind bei der Ausarbeitung und vor der Erlassung des Planes zu berücksichtigen.

(3) Auf Antrag ist auch Zugang zu jenen Hintergrunddokumenten und Hintergrundinformationen zu gewähren, die als Grundlage für die Erstellung des Nationalen Gewässerbewirtschaftungsplanentwurfes herangezogen wurden.

(4) Entsprechend Abs. 1 sind folgende Unterlagen zu veröffentlichen:

1. Zeitplan und Arbeitsprogramm für die Aufstellung des Nationalen Gewässerbewirtschaftungsplanes (§ 55c) spätestens drei Jahre vor Beginn des Zeitraumes (22. Dezember 2004 für den ersten Plan), auf den sich der Nationale Gewässerbewirtschaftungsplan (§ 55c) bezieht, einschließlich einer Erklärung über die zu treffenden Anhörungsmaßnahmen;
2. ein vorläufiger Überblick über die für die Flussgebietseinheit (Planungsraum) festgestellten wichtigen Wasserbewirtschaftungsfragen, spätestens zwei Jahre vor Beginn des Zeitraumes (22. Dezember 2006 für den ersten Plan), auf den sich der jeweilige Nationale Gewässerbewirtschaftungsplan (§ 55c) bezieht;
3. Entwürfe des Nationalen Gewässerbewirtschaftungsplanes (§ 55c) für die Flussgebietseinheit beziehungsweise den Planungsraum, spätestens ein Jahr vor Beginn des Zeitraumes (22. Dezember 2008 für den ersten Plan), auf den sich der jeweilige Nationale Gewässerbewirtschaftungsplan (§ 55c) bezieht.

(5) Den Entwürfen des Nationalen Gewässerbewirtschaftungsplanes (§ 55c) ist, soweit der Plan diese Informationen nicht ohnedies enthält, ein Umweltbericht sowie eine Darstellung der Durchführung grenzüberschreitender Konsultationen (Abs. 6) anzuschließen. Der Umweltbericht hat die voraussichtlichen erheblichen Auswirkungen, die die Durchführung des Planes auf die Umwelt hat, sowie vernünftige Alternativen, die die Ziele und den geografischen Anwendungsbereich des Planes berücksichtigen, darzustellen und zu bewerten. Er hat unter Berücksichtigung des Detaillierungsgrades, der Stellung im Entscheidungsprozess und unter Heranziehung aller verfügbaren relevanten Informationen über Umweltauswirkungen insbesondere folgende Informationen zu enthalten:

1. Kurzdarstellung des Inhaltes und der wichtigsten Ziele sowie der Beziehung zu anderen relevanten Plänen und Programmen;
2. relevante Aspekte des IST-Zustandes und dessen voraussichtliche Entwicklung bei Nichtdurchführung des Planes;
3. die Umweltmerkmale der Gebiete, die voraussichtlich erheblich beeinflusst werden;
4. alle derzeit für den Plan relevanten Umweltprobleme, insbesondere ausgewiesene Schutzgebiete gemäß § 59b;
5. internationale und nationale Umwelt(schutz)ziele, die für den Plan von Bedeutung sind sowie deren Berücksichtigung bei der Planausarbeitung;
6. voraussichtliche erhebliche Umweltauswirkungen, einschließlich Auswirkungen auf die in § 105 genannten Aspekte und deren Wechselbeziehung;
7. geplante Maßnahmen, um gegebenenfalls mit der Planung verbundene erhebliche negative Umweltauswirkungen zu verhindern, zu minimieren oder soweit wie möglich auszugleichen;
8. eine Kurzdarstellung der Alternativenprüfung, insbesondere der Gründe für die Wahl der geprüften Alternativen, eine Darstellung des Verfahrens sowie gegebenenfalls damit verbundener Schwierigkeiten bei der Informationszusammenstellung;
9. eine Beschreibung geplanter Überwachungsmaßnahmen für die Programme;
10. eine nichttechnische Zusammenfassung der in den Ziffern 1 bis 9 beschriebenen Informationen.

(6) Entsprechend § 55c Abs. 3 sind Entwürfe für Nationale Gewässerbewirtschaftungspläne (§ 55c), soweit sie voraussichtlich erhebliche Auswirkungen auf die Umwelt eines anderen Mitgliedstaates haben können, mit diesem Staat zu koordinieren (Abs. 4 Z 3). Hierfür ist eine Kopie des relevanten Planentwurfes einschließlich des entsprechenden Umweltberichtes vor seiner endgültigen Erlassung dem voraussichtlich erheblich betroffenen Mitgliedstaat zu übermitteln. Eine Übermittlung hat auch auf Ersuchen eines voraussichtlich erheblich betroffenen Mitgliedstaates zu erfolgen. Nach Erhalt der Unterlagen teilt der voraussichtlich erheblich betroffene Mitgliedstaat mit, ob er vor der endgültigen Erlassung des Planes (weitergehende) Konsultationen über die mit der Durchführung des Planes verbundenen voraussichtlich grenzüberschreitenden Auswirkungen und deren Hintanhaltung aufnehmen möchte.

(7) Derartige Konsultationen sind grundsätzlich im Wege bestehender Gewässerschutzkommissionen durchzuführen. Dabei sind Einzelheiten, insbesondere die Einbeziehung betroffener Behörden, eine angemessene Stellungnahmemöglichkeit der vom Plan voraussichtlich betroffenen Öffentlichkeit sowie angemessene Fristen für die Dauer des Konsultationsverfahrens zu vereinbaren. Werden im Rahmen der Planerstellung in einem Staat gemäß Abs. 6 letzter Satz von diesem Staat Unterlagen über Umweltauswirkungen in Österreich übermittelt, so sind diese nach den Bestimmungen über die Auflagefrist dieses Staates entsprechend Abs. 1 zur Stellungnahme aufzulegen. Eingelangte Stellungnahmen und auf Ersuchen des anderen Staates auch Informationen über die möglicherweise betroffene Umwelt sind dem Plan erstellenden Staat zu übermitteln.

(8) Die Verpflichtungen der Absätze 6 und 7 gelten gegenüber allen Mitgliedstaaten der Europäischen Union sowie jenen Staaten, die eine Verpflichtung zur Umsetzung der Richtlinien 2001/42/EG sowie 2000/60/EG eingegangen sind und diese erfüllt haben.

Umweltprüfung für andere wasserwirtschaftliche Pläne

§ 55n. (1) Abgesehen von Nationalen Gewässerbewirtschaftungsplänen ist bei der Erstellung und Ausarbeitung von wasserwirtschaftlichen Plänen - insbesondere solchen, durch die der Rahmen für künftige Genehmigungen von Vorhaben, die einer Umweltverträglichkeitsprüfung unterliegen, gesetzt wird oder bei denen angesichts ihrer voraussichtlichen Auswirkungen eine Prüfung in Umsetzung der Artikel 6 und 7 der Richtlinie (EWG) Nr. 92/43, ABl. Nr. L 206/7, für erforderlich erachtet wird - die voraussichtlich erhebliche Umweltauswirkungen haben (Abs. 4) ein Umweltbericht entsprechend den Vorgaben des § 55m Abs. 5 auszuarbeiten. Dabei sind hinsichtlich Festlegung des Umfanges und Detaillierungsgrades des Berichtes die gemäß § 108 genannten betroffenen Amtsstellen zu hören.

(2) Derartige Planentwürfe einschließlich des Umweltberichtes sind insbesondere den in § 108 genannten betroffenen Amtsstellen sowie der Öffentlichkeit zugänglich zu machen.

(3) Das Öffentlichkeitsbeteiligungsverfahren ist über mindestens sechs Wochen entsprechend dem in § 55m vorgesehenen Verfahren (ausgenommen Abs. 4 Z 1 und 2) durchzuführen. Pläne sind zu veröffentlichen und im Fall von grenzüberschreitenden Konsultationen den jeweiligen betroffenen Staaten zugänglich zu machen. Dabei sind eine nichttechnische Zusammenfassung der in den Plan einbezogenen Umwelterwägungen sowie eine Zusammenfassung hinsichtlich der Berücksichtigung der gemäß § 55m Abs. 2 abgegebenen Stellungnahmen, der Ergebnisse grenzüberschreitender Konsultationen, wesentlicher Planungsgrundlagen einschließlich des Umweltberichtes sowie die Planauswahlgründe anzuschließen.

(4) Neue wasserwirtschaftliche Planungen gemäß § 55g sind bereits im Rahmen der Erstellung des Nationalen Gewässerbewirtschaftungsplanes dahingehend zu prüfen, ob sie voraussichtlich erhebliche Umweltauswirkungen haben. Dabei sind folgende Kriterien zu berücksichtigen:

1. das Ausmaß, in dem der Plan oder das Programm für Projekte und andere Tätigkeiten in Bezug auf Standort, Art, Größe und Betriebsbedingungen oder durch die Inanspruchnahme von Ressourcen einen Rahmen setzt;
2. der kumulative Charakter der Auswirkungen;
3. der grenzüberschreitende Charakter der Auswirkungen;
4. die Risken für die menschliche Gesundheit oder die Umwelt;
5. der Umfang und die räumliche Ausdehnung der Auswirkungen (geographisches Gebiet und Anzahl der voraussichtlich betroffenen Personen) sowie deren Wahrscheinlichkeit, Dauer, Häufigkeit und Umkehrbarkeit;
6. die Bedeutung und die Sensibilität des voraussichtlich betroffenen Gebietes auf Grund folgender Faktoren:
   a) besondere natürliche Merkmale oder kulturelles Erbe,
   b) Überschreitung der Umweltziele oder der Grenzwerte,
   c) intensive Bodennutzung;
7. die Auswirkung auf Gebiete oder Landschaften, deren Status als national, gemeinschaftlich oder international geschützt anerkannt ist;
8. Bedeutung des Plans für die Einbeziehung der Umwelterwägungen, insbesondere im Hinblick auf die Förderung der nachhaltigen Entwicklung.

Eine Zusammenfassung der Schlussfolgerung der Kriterienprüfung, einschließlich der Gründe für die Entscheidung keine Umweltprüfung gemäß Abs. 1 durchzuführen, sind dem Nationalen Gewässerbewirtschaftungsplan (§ 55c) anzuschließen.

(5) Bis zur Erstellung des ersten Nationalen Gewässerbewirtschaftungsplanes ist die Prüfung entsprechend den Anforderungen des Abs. 4 durch die Planungsbehörde sinngemäß durchzuführen und sind die Ergebnisse der Überprüfung in geeigneter Form der Öffentlichkeit zugänglich zu machen.

Nationale, supra- und internationale Berichte

§ 55o. (1) Der Bundesminister für Land- und Forstwirtschaft, Umwelt und Wasserwirtschaft hat dem Nationalrat in Abständen von nicht mehr als sechs Jahren beginnend mit 2009 über Entwicklungen in der Wasserwirtschaft in Form einer Kurzfassung des Nationalen Gewässerbewirtschaftungsplanes zu berichten.

(2) Der Bundesminister für Land- und Forstwirtschaft, Umwelt und Wasserwirtschaft hat die Ergebnisse der Erhebung des Wasserkreislaufes und der Wassergüte in geeigneter Form, insbesondere als Berichte oder im Internet zu veröffentlichen (Hydrografisches Jahrbuch, Wassergüteerhebungsbericht).

(3) Der Bundesminister für Land- und Forstwirtschaft, Umwelt und Wasserwirtschaft hat der Europäischen Kommission zusammenfassende Berichte zu liefern über

1. die administrativen und geografischen Gegebenheiten der Flussgebietseinheit (zuständige Behörden, Grenzen der Flussgebietseinheit, Planungsräume, Hauptgewässer, ...) bis zum 22. Juni 2004 und im Weiteren alle sechs Jahre;
2. die gemäß § 55d in Verbindung mit § 55h Abs. 1 und 2 durchgeführte Ist-Bestandsanalyse bis zum 22. März 2005 beziehungsweise für den zweiten Plan bis zum 22. März 2013 und im Weiteren alle sechs Jahre;
3. die Fertigstellung der Überwachungsprogramme (§§ 59e, f) bis zum 22. März 2007 und im Weiteren alle sechs Jahre;
4. den Vollzug der RL 91/676/EWG bis zum 30. Juni 2004 und im Weiteren alle vier Jahre sowie der RL 91/271/EWG bis zum 30. Juni 2005 und im Weiteren alle zwei Jahre.

(4) Der Bundesminister für Land- und Forstwirtschaft, Umwelt und Wasserwirtschaft hat der Europäischen Kommission sowie allen anderen Staaten, soweit sie vom Nationalen Gewässerbewirtschaftungsplan betroffen sind, eine Ausfertigung des Nationalen Gewässerbewirtschaftungsplanes spätestens bis 22. März 2010 sowie aller aktualisierten Fassungen spätestens drei Monate nach deren Veröffentlichung zu übermitteln oder zugänglich zu machen.

(5) Der Bundesminister für Land- und Forstwirtschaft, Umwelt und Wasserwirtschaft hat der Europäischen Kommission

1. die vorläufige Bewertung des Hochwasserrisikos bis zum 22. März 2012, danach bis zum 22. März 2019 und im weiteren alle sechs Jahre,
2. die Hochwassergefahrenkarten sowie die Hochwasserrisikokarten bis zum 22. März 2014 und im weiteren alle sechs Jahre sowie
3. die Hochwasserrisikomanagementpläne bis zum 22. März 2016 und im weiteren alle sechs Jahre

zur Verfügung zu stellen.

Programme im Rahmen der Europäischen Integration

§ 55p. (1) Der Bundesminister für Land- und Forstwirtschaft, Umwelt und Wasserwirtschaft hat durch Verordnung Programme zur schrittweisen Reduzierung und Verhinderung der weiteren Verschmutzung der Gewässer (§ 30) durch direkte oder indirekte Ableitungen von Stickstoffverbindungen aus landwirtschaftlichen Quellen zu erlassen. Diese Programme haben Maßnahmen, Verfahren und Verhaltensweisen insbesondere betreffend Düngeverbotszeiträume, das Ausbringen von stickstoffhältigen Düngemitteln auf landwirtschaftlichen Nutzflächen und das Fassungsvermögen von Behältern zur Lagerung von Wirtschaftsdünger zu enthalten. Durch diese Programme wird sichergestellt, dass bei landwirtschaftlichen Betrieben der auf den Boden ausgebrachte Wirtschaftsdünger, einschließlich des von den Tieren selbst ausgebrachten Dungs, eine Höchstmenge von 170 kg Stickstoff nach Abzug der Stall- und Lagerungsverluste pro Hektar und Jahr nicht überschreitet. Diese Programme sind allgemein im öffentlichen Interesse einzuhalten.

(2) In einem Programm mit den Zielsetzungen gemäß Abs. 1 können zusätzliche Kriterien (zB lange Wachstumsphasen, Pflanzen mit hohem Stickstoffbedarf, hoher Nettoniederschlag), Maßnahmen, Verfahren und Verhaltensweisen festgelegt werden, deren Vorliegen bzw. Einhaltung sicherstellen, dass die schrittweise Reduzierung und Verhinderung der weiteren Verschmutzung der Gewässer (§ 30) nicht gefährdet ist, wenn landwirtschaftliche Betriebe von der in Abs. 1 festgelegten Höchstmenge an Stickstoff abweichen. Zugleich sind in einem solchen Programm Vorhaltungsverpflichtungen sowie die zur Einhaltung der Ausnahmebestimmungen weiters erforderlichen Regelungen, insbesondere Meldeverpflichtungen, zu treffen. Strengere Regelungen gemäß § 34 bzw. § 33f betreffend wasserrechtlich besonders geschützter Gebiete bleiben unberührt. Die Ausnahmebestimmungen bedürfen der Zustimmung der Europäischen Kommission gemäß Art. 9 iVm. Anhang III Z 2 lit. b der Richtlinie 91/676/EWG.

Vorübergehende Eingriffe in den Wasserhaushalt.

§ 56. (1) Vorübergehende Eingriffe in den Wasserhaushalt, wie zum Beispiel Pumpversuche oder wasserbauliche und wasserwirtschaftliche Versuche in der freien Natur, bedürfen einer Bewilligung der Wasserrechtsbehörde, wenn eine Beeinträchtigung öffentlicher Interessen oder eine Verletzung bestehender Rechte (§ 12) zu befürchten ist.

(2) Im übrigen finden darauf alle Bestimmungen dieses Bundesgesetzes, die für Wasserbenutzungsanlagen gelten, einschließlich der Bestimmungen über die Zwangsrechte sinngemäß Anwendung.

Gewässerkundliche Einrichtungen.

§ 57. (1) Wer neben den staatlichen gewässerkundlichen Einrichtungen selbst solche Einrichtungen aufstellen, verwenden, abändern oder entfernen will, hat diese Absicht, sofern sie nicht einer wasserrechtlichen Bewilligung nach § 38 unterliegt, dem Landeshauptmann anzuzeigen.

(2) Für gewässerkundliche Einrichtungen können nach den Bestimmungen des achten Abschnittes dieses Bundesgesetzes Zwangsrechte eingeräumt werden.

(3) Als gewässerkundliche Einrichtungen gelten alle Meßgeräte und Einrichtungen, die der ständigen Beobachtung von Niederschlägen, Verdunstung und Temperatur, von Wasserständen und Abflußvorgängen in stehenden und fließenden Gewässern, von Geschiebe- und Schwebstofführung, Eisbildung und Gewässerbeschaffenheit (§§ 30, 33d und 33f) sowie der sie beeinflussenden oder durch sie ausgelösten Nebenerscheinungen dienen.

(4) Die Aufstellung, Ausstattung, Wartung und Verwendung gewässerkundlicher Einrichtungen, die Art der Beobachtung sowie die Bearbeitung und Mitteilung von Beobachtungsergebnissen hat in einer Weise zu erfolgen, daß außer dem jeweils im einzelnen beabsichtigten Zweck auch eine allgemeine Auswertungsmöglichkeit und Vergleichbarkeit gegeben ist. Hierüber kann der Bundesminister für Land- und Forstwirtschaft, Umwelt und Wasserwirtschaft durch Verordnung nähere Vorschriften erlassen, die auch die Anbringung von Hochwassermarken und die Meldung von Schäden an gewässerkundlichen Einrichtungen regeln können.

Förderung der Gewässerkunde.

§ 58. (1) Die Wasserberechtigten sind auf Verlangen des Landeshauptmannes in zumutbarem Umfange zu gewässerkundlichen Beobachtungen und Messungen oder zur Aufstellung, Instandhaltung und Bedienung gewässerkundlicher Einrichtungen sowie zur Bekanntgabe von Beobachtungs- und Meßergebnissen verpflichtet. Auch kann die Verpflichtung zur Erstattung oder Weitergabe von Hochwassernachrichten auferlegt werden.

(2) Ebenso können die Wasserberechtigten durch Bescheid verhalten werden, Beobachtungen, Messungen und sonstige Maßnahmen zu dulden und zu unterstützen, die zur Förderung Gewässerkunde auf ihren Grundstücken und Anlagen ausgeführt werden.

(3) Soweit den Wasserberechtigten aus Verfügungen gemäß Abs. 2 besondere Aufwendungen oder Nachteile erwachsen, finden die Bestimmungen des § 72 Abs. 2 sinngemäß Anwendung.

(4) Die Wasserberechtigten haben den behördlichen Organen Einsicht in vorhandenes gewässerkundliches Material zu gewähren. Dieses Material darf nur dann veröffentlicht oder von Dritten verwendet werden, wenn die Wasserberechtigten keine begründeten Einwendungen dagegen geltend machen.

Wasserinformationssystem Austria (WISA)

§ 59. (1) Zur Erfassung der für die wasserwirtschaftliche Planung erforderlichen Planungsgrundlagen ist beim Bundesminister für Land- und Forstwirtschaft, Umwelt und Wasserwirtschaft ein nach Flusseinzugsgebieten, Planungsräumen und Sachgebieten gegliedertes Wasserinformationssystem Austria zu führen, in dem die für die wasserwirtschaftliche Planung bedeutsamen Gegebenheiten verfügbar zu halten sind. Es dient als Übersicht über die maßgeblichen wasserwirtschaftlichen Verhältnisse im Bundesgebiet, insbesondere zur Erstellung der (internationalen) Bewirtschaftungspläne einschließlich der Maßnahmenprogramme sowie als Grundlage für die Erfüllung gemeinschaftsrechtlicher Berichtspflichten. Im Wasserinformationssystem Austria sind der jeweils gültige Nationale Gewässerbewirtschaftungsplan sowie der Hochwasserrisikomanagementplan und die diesen Planungen ihm zugrunde liegenden Hintergrundinformationen verfügbar zu machen.

(2) Es hat unter Bedachtnahme auf die wesentlichen Nutzungen und Entwicklungsmöglichkeiten zusammenhängende Angaben über die wasserwirtschaftlichen Grundlagen einschließlich der in Betracht kommenden klimatischen und geologischen Verhältnisse, über den Wasserhaushalt, die Beschaffenheit der Oberflächenwasser- und Grundwasserkörper, über Wassernutzungen, insbesondere Wasserentnahmen, die Wasserversorgung und Abwasserbeseitigung, die Wasserkraftnutzung sowie über wasserbauliche Maßnahmen und Maßnahmen zum Schutz vor Naturgefahren, über Hochwassergefahren und Hochwasserrisiken, über Auswirkungen auf den Zustand der Gewässer sowie über eine ökonomische Darstellung wesentlicher Wassernutzungen zu enthalten.

(3) Das Wasserinformationssystem Austria dient der Erstellung von Karten, Tabellen und Texten, insbesondere für folgende Zwecke:

1. Überwachung des Gewässerzustandes einschließlich der Datenbestände;
2. Darstellung der Merkmale der Flussgebietseinheit, der Planungsräume;
3. Überblick über signifikante Belastungen (§ 59a);
4. Analyse der Auswirkungen menschlicher Tätigkeiten auf den Zustand der Oberflächengewässer und des Grundwassers auf Grundlage der bekannten signifikanten Belastungen einschließlich jener Fälle, in denen Vorhaben gemäß § 104a positiv beurteilt wurden, sowie die gemäß § 104a getroffenen Maßnahmen;
5. wirtschaftliche Analyse der Wassernutzungen;
6. Erstellung eines Kataloges möglicher Maßnahmen und deren Kosten (§ 55e Abs. 3) als Grundlage für die Erstellung kosteneffizienter Maßnahmenprogramme;
7. vorläufige Bewertung des Hochwasserrisikos;
8. Bestimmung der Gebiete mit potenziellem signifikantem Hochwasserrisiko;
9. Hochwassergefahrenkarten und Hochwasserrisikokarten und
10. Hochwasserrisikomanagementpläne.

Demgemäß ist das Wasserinformationssystem Austria entsprechend den Z 1 bis 10 zu strukturieren. Eine weitere Untergliederung hat entsprechend den Vorgaben des Anhangs II der RL 2000/60/EG zu erfolgen. Für die Zwecke des Abs. 1 kann der Bundesminister für Land- und Forstwirtschaft, Umwelt und Wasserwirtschaft mit Verordnung die näheren Bestimmungen über die Einrichtung (Inhalte, Datenstruktur und Datenformate, Schnittstellendefinitionen, Datenverwendung) des Wasserinformationssystems Austria erlassen.

(4) Der Zugang zu Daten des Wasserinformationssystems Austria steht jedermann nach Maßgabe des Umweltinformationsgesetzes (UIG) und des Datenschutzgesetzes 2000 (DSG 2000) frei. Durch die Darstellung im Wasserinformationssystem Austria werden weder Pflichten noch Rechte begründet. Durch Verwendung von Daten aus dem Wasserinformationssystem Austria dürfen schutzwürdige Interessen Betroffener nicht verletzt werden.

(5) Die Führung des Wasserinformationssystems Austria obliegt dem Bundesminister für Land- und Forstwirtschaft, Umwelt und Wasserwirtschaft. Er kann sich insbesondere bei der Einrichtung und beim Management des Wasserinformationssystems Austria eines Dienstleisters oder anderer geeigneter Stellen bedienen.

(6) Für die Führung des Wasserinformationssystems Austria sind in erster Linie gesetzliche Regelwerke, Publikationen, die amtlichen Ergebnisse der Beobachtungen gemäß dem

siebenten Abschnitt, das elektronische Register gemäß § 59a, Daten der wasserwirtschaftlichen Dienststellen beim Landeshauptmann, insbesondere der wasserwirtschaftlichen Planung, Daten der via donau, des Bundesamtes für Wasserwirtschaft und seiner Institute, der AGES, des Umweltbundesamtes sowie des forsttechnischen Dienstes der Wildbach- und Lawinenverbauung heranzuziehen und in fachgemäßer Weise zu verwerten.

(7) Die mit der Abwicklung der Förderung gemäß UFG betrauten Stellen, andere Stellen, bei denen in Wahrnehmung von bundes- oder landesgesetzlich übertragenen Aufgaben oder in Vollziehung unmittelbar anwendbarer gemeinschaftsrechtlicher Vorschriften solche Daten angefallen sind, Unternehmungen von besonderer Bedeutung (Energieversorgungsunternehmen, Wasserversorgungsunternehmen, Industrien Betreiber von Infrastruktureinrichtungen und dergleichen) haben dem Bundesminister für Land- und Forstwirtschaft, Umwelt und Wasserwirtschaft über Ersuchen die für die Bestandsaufnahme und für die in Abs. 3 angeführten Zwecke erforderlichen Daten zur Verfügung zu stellen. Eine derartige Verpflichtung besteht jedenfalls hinsichtlich jener Daten, die diese Stellen in Erfüllung gemeinschaftsrechtlicher Berichtspflichten bereitzuhalten haben.

(8) Der Bundesminister für Land- und Forstwirtschaft, Umwelt und Wasserwirtschaft hat nach Anhörung der Landeshauptmänner bis zum 22. Dezember 2004 im Wasserinformationssystem Austria einen Datenverbund zum Austausch und zur gemeinsamen Nutzung von wasserwirtschaftlichen Daten, die nach diesem Bundesgesetz von Gebietskörperschaften oder Wassernutzern als Wasserberechtigte oder Anlageninhaber/betreiber kontinuierlich zu erfassen sind, unter bestmöglicher Nutzung bestehender Stellen einzurichten und zu betreiben. Der Landeshauptmann hat Zugriff auf die von ihm übertragenen Daten sowie ein Recht auf Einsicht in die im Wasserinformationssystem Austria vorliegenden Daten, welche für die jeweiligen Arbeiten zur Erstellung der Nationalen Gewässerbewirtschaftungspläne und Maßnahmenprogramme in seinem Verwaltungsgebiet innerhalb eines Planungsraumes eine wesentliche Voraussetzung für die Wahrnehmung dieser Aufgaben darstellen.

(9) Die Daten sind Teil des Wasserinformationssystems Austria, insbesondere des elektronischen Registers (§ 59a), wobei sich Art, Ausmaß und Format der Daten nach den Vorgaben für diese bestimmt. Die in den Datenverbund eingebrachten Daten sind bei Änderungen kontinuierlich durch die Datenverantwortlichen nachzuführen.

Elektronisches Register der Belastungen und Auswirkungen

§ 59a. (1) Soweit dies zur Erstellung der Nationalen Gewässerbewirtschaftungspläne und Maßnahmenprogramme sowie der Erfüllung gemeinschaftsrechtlicher Berichtspflichten, insbesondere der Richtlinien 2000/60/EG, 91/271/EWG, 91/676/EWG und der Richtlinie 2010/75/EU erforderlich ist, ist beim Bundesminister für Land- und Forstwirtschaft, Umwelt und Wasserwirtschaft im Wasserinformationssystem Austria ein Register zu erstellen, in dem alle wesentlichen Belastungen der Oberflächenwasser- und Grundwasserkörper und erforderlichenfalls deren Auswirkungen auf diese erfasst werden. Das Register ist ein räumlich nach Planungsräumen abrufbares Verzeichnis über die Art und das Ausmaß von signifikanten anthropogenen Belastungen, denen Gewässer unterliegen können. Das Register wird als elektronische Datenbank geführt. Der Bundesminister für Land- und Forstwirtschaft, Umwelt und Wasserwirtschaft kann sich bei der Einrichtung und Führung des Registers eines Dienstleisters oder einer geeigneten Stelle bedienen.

(2) Der Bundesminister für Land- und Forstwirtschaft, Umwelt und Wasserwirtschaft hat mit Verordnung nähere Vorschriften über Inhalt und Umfang des Registers festzulegen bezüglich

1. der für die Aufnahme in das Register relevanten Schwellenwerte und Kriterien;
2. der geografischen Daten von Belastungen wie zB Koordinaten von Entnahme- oder Einleitungsstellen an Gewässern, Längen von Pflichtwasser- oder Belastungsstrecken, Standorte von Kraftwerken, Wehren und dergleichen;
3. wasserwirtschaftlicher Daten wie zB entnommene Wassermengen, Verwendungszweck, verbleibende Pflichtwassermengen, eingeleitete (Ab-)Wassermengen, installierte Produktionskapazitäten, Arten und Mengen eingesetzter Roh-, Arbeits- und Hilfsstoffe, Ausbaumengen von Kraftwerken, Art und Umfang der wasserbaulichen Maßnahmen und dergleichen;
4. chemischer Daten wie zB Zusammensetzung des aus einem Gewässer entnommenen Wassers oder des in ein Gewässer eingeleiteten Abwassers an Hand der maßgeblichen Beschaffenheitsparameter gemäß dem zugrundeliegenden Bewilligungsbescheid, tatsächliche Jahresfrachten maßgeblicher Abwasserinhaltsstoffe;
5. der Daten aus der Überwachung der von Belastungen und Auswirkungen betroffenen Gewässer mittels physikalischer, chemischer und biologischer Parameter.

Hinsichtlich der Dateninhalte und des Datenumfanges für Daten aus dem Bereich der gewerblichen Betriebe und der E-Wirtschaft ist das Einvernehmen mit dem Bundesminister für Wirtschaft und Arbeit herzustellen.

(3) Soweit dies zur Erstellung des Registers der Belastungen und Auswirkungen erforderlich ist, hat der Bundesminister für Land- und Forstwirtschaft, Umwelt und Wasserwirtschaft auf alle bei Behörden vorhandenen wasserbezogenen Daten (insbesondere Wasserbuchdaten) zurückzugreifen. Soweit erforderlich haben die Wasserberechtigten und Anlagenbetreiber der Behörde auf Verlangen Auskünfte über vorhandene Messergebnisse sowie über vorhandene Daten bezüglich Emissionen, Eingriffe in die Hydromorphologie und Immissionen gemäß Abs. 2 zu erteilen.

(4) Zur Erfüllung der Verpflichtungen gemäß Abs. 1, die nicht auf Grund von Bescheiden oder von vorliegenden Angaben abgedeckt werden können, hat der Bundesminister für Land- und Forstwirtschaft, Umwelt und Wasserwirtschaft mit Verordnung nähere Festlegungen über vom Wasserberechtigten oder Anlageninhaber bereitzustellende Daten bezüglich Emissionen, Eingriffen in die Hydromorphologie und allenfalls vorhandene Immissionsdaten zu treffen, insbesondere über

1. Stoffe oder Parameter, für die Daten bezüglich Emissionen, Eingriffen in die Hydromorphologie und Immissionen bereitzustellen sind;
2. Methodenvorschriften zur Ermittlung sowie über die Bewertung und Auswertung der Daten gemäß Z 1;
3. Häufigkeiten der Datenerhebung gemäß Z 1;
4. Wasserentnahmen;
5. Datenformate;
6. Termine und Fristen betreffend die Durchführung der Datenerhebungen und ihre Auswertungen.

Die bereitzustellenden Daten bezüglich Emissionen, Eingriffen in die Hydromorphologie und Immissionen sind vom Wasserberechtigten oder Anlageninhaber in das Register auf elektronischem Wege oder in anderer geeigneter Weise einzuspeisen.

(5) Bevor eine Verpflichtung des Wasserberechtigten oder Anlageninhabers gemäß Abs. 4 besteht, seine Daten an das Register zu übermitteln, hat

1. der Landeshauptmann die wasserwirtschaftlichen Stammdaten gemäß § 124 in das Register zu übertragen;

2. der Bundesminister für Land- und Forstwirtschaft, Umwelt und Wasserwirtschaft diese Daten durch die in seinen Dienststellen verfügbaren Daten zu ergänzen.

Diese Daten sind dem Wasserberechtigten in einem Formblatt zur Verfügung zu stellen.

(6) Der Bundesminister für Land- und Forstwirtschaft, Umwelt und Wasserwirtschaft hat das Verfügungsrecht über alle im Register gespeicherten Daten. Der Landeshauptmann hat Zugriff auf die von ihm übertragenen Daten sowie ein Recht auf Einsicht in die im Register vorliegenden Daten, welche für die jeweiligen Arbeiten zur Erstellung der Nationalen Gewässerbewirtschaftungspläne und Maßnahmenprogramme in seinem Verwaltungsgebiet innerhalb eines Planungsraumes eine wesentliche Voraussetzung für die Wahrnehmung dieser Aufgaben darstellen.

Verzeichnis der Schutzgebiete

§ 59b. Der Bundesminister für Land- und Forstwirtschaft, Umwelt und Wasserwirtschaft hat bis spätestens 22. Dezember 2004 im Rahmen des Wasserinformationssystems Austria (§ 59), gegliedert nach Planungsräumen, ein Verzeichnis der Schutzgebiete zu erstellen, regelmäßig zu überarbeiten und zu aktualisieren (§ 59 Abs. 9). Dieses Verzeichnis enthält

1. Oberflächenwasser- und Grundwasserkörper, die für die Entnahme von Wasser für den menschlichen Gebrauch genutzt werden und die durchschnittlich mehr als 10 m3 täglich liefern oder mehr als 50 Personen bedienen oder für eine solche künftige Nutzung bestimmt sind, sowie gemäß §§ 34, 35 als Wasserschutzgebiete ausgewiesene Gebiete;
2. Gebiete, die auf Grund gemeinschaftsrechtlicher Vorschriften zum Schutz wirtschaftlich bedeutender aquatischer Arten ausgewiesen wurden;
3. Gebiete, die auf Grund von landesgesetzlichen Bestimmungen in Umsetzung der Richtlinie (EWG) Nr. 92/43 zur Erhaltung der natürlichen Lebensräume sowie der wildlebenden Tiere und Pflanzen, ABl. Nr. L 206 vom 22. Juli 1992, S 7 und der Richtlinie (EWG) Nr. 79/409 über die Erhaltung der wildlebenden Vogelarten, ABl. Nr. L 103 vom 25. April 1979, S 1 ausgewiesen wurden, sofern die Erhaltung oder Verbesserung des Wasserzustandes einen wichtigen Faktor für diesen Schutz darstellt.
4. nährstoffsensible Gebiete, sofern sie gemäß Richtlinie (EWG) Nr. 91/271 über die Behandlung von kommunalem Abwasser, ABl. Nr. L 135 vom 30. Mai 1991, S 40 als empfindliche Gebiete bzw. gemäß Richtlinie (EWG) Nr. 91/676 über den Schutz der Gewässer vor Verunreinigung durch Nitrat aus landwirtschaftlichen Quellen, ABl. Nr. L 375 vom 31. Dezember 1991, S 1 als gefährdete Gebiete ausgewiesen wurden;
5. Gewässer, die im Rahmen des Bäderhygienegesetzes in Umsetzung der RL 76/160/EWG ausgewiesen wurden.

...

Achter Abschnitt. Von den Zwangsrechten

Einteilung der Zwangsrechte und allgemeine Bestimmungen.

§ 60. (1) Zwangsrechte im Sinne dieses Abschnittes sind:

a) die Öffentlicherklärung von Privatgewässern (§ 61);
b) die Verpflichtung zur Duldung von Vorarbeiten (§ 62);
c) die Enteignung (§§ 63 bis 70);
d) die Benutzungsbefugnisse nach den §§ 71 und 72.

(2) Diese Maßnahmen sind nur gegen angemessene Entschädigung (§ 117) und nur dann zulässig, wenn eine gütliche Übereinkunft zwischen den Beteiligten nicht erzielt werden kann.

(3) Zwangsrechte nach Abs. 1 lit. a bis c, werden durch Bescheid der Wasserrechtsbehörde begründet. Sie binden den jeweiligen Eigentümer der belasteten Liegenschaft und bilden keinen Ersitzungs- oder Verjährungstitel.

(4) Bei Liegenschaften und Rechten, die Zwecken dienen, für die nach einem anderen Bundesgesetz ein Enteignungsrecht besteht, sind die im Abs. 1 bezeichneten Maßnahmen nur im Einvernehmen mit den für jene Zwecke sachlich zuständigen Behörden zulässig.

...

Enteignung von Liegenschaften und Bauwerken

§ 63. Um die nutzbringende Verwendung der Gewässer zu fördern, um ihren schädlichen Wirkungen zu begegnen, zur geordneten Beseitigung von Abwässern und zum Schutz der Gewässer kann die Wasserrechtsbehörde in dem Maße als erforderlich

a) Dienstbarkeiten begründen, die den Zugang zu einem öffentlichen Gewässer eröffnen oder erheblich erleichtern;
b) für Wasserbauvorhaben, deren Errichtung, Erhaltung oder Betrieb im Vergleich zu den Nachteilen von Zwangsrechten überwiegende Vorteile im allgemeinen Interesse erwarten läßt, die notwendigen Dienstbarkeiten einräumen oder entgegenstehende dingliche Rechte einschließlich Nutzungsrechte im Sinne des Grundsatzgesetzes 1951 über die Behandlung der Wald- und Weidenutzungsrechte sowie besonderer Felddienstbarkeiten, BGBl. Nr. 103, einschränken oder aufheben, damit die genehmigte Anlage mit den zu ihr gehörigen Werken und Vorrichtungen hergestellt, betrieben und erhalten sowie der Vorschreibung sonstiger Maßnahmen entsprochen werden kann;
c) Liegenschaften und Bauwerke, ferner Werke, Leitungen und Anlagen aller Art ganz oder teilweise enteignen, wenn in den Fällen der unter lit. b bezeichneten Art die Einräumung einer Dienstbarkeit nicht ausreichen würde;
d) wesentliche Veränderungen der Grundwasserverhältnisse gestatten, wenn diese sonst nur durch unverhältnismäßige Aufwendungen vermieden werden könnten und die Voraussetzungen von lit. b zutreffen.

...

Neunter Abschnitt Von den Wassergenossenschaften

...

Zwangsgenossenschaften.

§ 76. (1) Wenn es im öffentlichen Interesse dringend geboten ist, können Wassergenossenschaften zwangsweise gebildet werden

a) aus den Eigentümern der beteiligten Liegenschaften zu den in § 73 Abs. 1 lit. a, b, c und h genannten Zwecken,
b) aus den Eigentümern von Wasseranlagen, durch die Gewässer benutzt oder nachteilig beeinflußt werden, § 73 Abs. 1 lit. a, c, d, e, g und i genannten Zwecken,
c) aus den in § 44 Abs. 1 genannten Personen zwecks Übernahme, Aufteilung und Leistung des angemessenen Interessentenbeitrages (§ 73 Abs. 1 lit. f).

(2) Der Bescheid nach Abs. 1 muß Zweck und Umfang der Genossenschaft genau bezeichnen und eine Frist für die Vorlage der Satzungen einräumen (§ 77 Abs. 2).

...

Elfter Abschnitt. Von den Behörden und dem Verfahren

...

Vorhaben mit Auswirkungen auf den Gewässerzustand

§ 104a. (1) Vorhaben, bei denen

1. durch Änderungen der hydromorphologischen Eigenschaften eines Oberflächenwasserkörpers oder durch Änderungen des Wasserspiegels von Grundwasserkörpern
   a) mit dem Nichterreichen eines guten Grundwasserzustandes, eines guten ökologischen Zustandes oder gegebenenfalls eines guten ökologischen Potentials oder
   b) mit einer Verschlechterung des Zustandes eines Oberflächenwasser- oder Grundwasserkörpers zu rechnen ist,
2. durch Schadstoffeinträge mit einer Verschlechterung von einem sehr guten zu einem guten Zustand eines Oberflächenwasserkörpers in der Folge einer neuen nachhaltigen Entwicklungstätigkeit zu rechnen ist,

sind jedenfalls Vorhaben, bei denen Auswirkungen auf öffentliche Rücksichten zu erwarten sind (§§ 104 Abs. 1, 106).

(2)[21] Eine Bewilligung für Vorhaben gemäß Abs 1, die einer Bewilligung oder Genehmigung auf Grund oder in Mitanwendung wasserrechtlicher Bestimmungen bedürfen, kann nur erteilt werden, wenn die Prüfung öffentlicher Interessen (§§ 104, 105) ergeben hat, dass

1. alle praktikablen Vorkehrungen getroffen wurden, um die negativen Auswirkungen auf den Zustand des Oberflächenwasser- oder Grundwasserkörpers zu mindern und
2. die Gründe für die Änderungen von übergeordnetem öffentlichem Interesse sind und/oder, dass der Nutzen, den die Verwirklichung der in §§ 30a, c und d genannten Ziele für die Umwelt und die Gesellschaft hat, durch den Nutzen der neuen Änderungen für die menschliche Gesundheit, die Erhaltung der Sicherheit der Menschen oder die nachhaltige Entwicklung übertroffen wird und
3. die nutzbringenden Ziele, denen diese Änderungen des Oberflächenwasser- oder Grundwasserkörpers dienen sollen, aus Gründen der technischen Durchführbarkeit oder auf Grund unverhältnismäßiger Kosten nicht durch andere Mittel, die eine wesentlich bessere Umweltoption darstellen, erreicht werden können.

(3)[22] Im Rahmen der Überprüfung der öffentlichen Interessen, insbesondere hinsichtlich der Vereinbarkeit des Vorhabens mit wasserwirtschaftlichen Planungen und Zielen, ist das wasserwirtschaftliche Planungsorgan nachweislich beizuziehen. Gegen einen Bescheid, mit dem ein Abweichen vom Verschlechterungsverbot zugestanden wird, kann das wasserwirtschaftliche Planungsorgan im Rahmen seiner Parteistellung (§ 55 Abs. 5) wegen einer mit wasserwirtschaftlichen Interessen in Widerspruch stehenden Prüfung öffentlicher Interessen gemäß Abs. 2 Z 1 bis 3 Beschwerde an das Verwaltungsgericht erheben, sofern es dem Verfahren entweder nicht nachweislich beigezogen worden ist oder der Bescheid einer unter Bedachtnahme auf Abs. 2 abgegebenen begründeten negativen Stellungnahme des wasserwirtschaftlichen Planungsorgans widerspricht. Im Rahmen seiner Parteistellung besteht für das wasserwirtschaftliche Planungsorgan auch die Möglichkeit gegen das Erkenntnis eines Verwaltungsgerichtes Revision an den Verwaltungsgerichtshof zu erheben. Über Verlangen ist dem Bewilligungsinhaber bereits vor Ablauf der dreimonatigen Frist vom wasserwirtschaftlichen Planungsorgan mitzuteilen, ob Gründe für die Erhebung einer Beschwerde an den Verwaltungsgerichtshof vorliegen.

[21] Geändert durch BGBl I 14/2011.

[22] Geändert durch BGBl I 14/2011, Sätze 2 bis 4 neu gefasst durch BGBl I 97/2013, Satz 1 neu gefasst durch BGBl I 98/2013.

(4) Die Gründe für ein Abweichen vom Verschlechterungsverbot sind im Nationalen Gewässerbewirtschaftungsplan (§ 55c) im Einzelnen darzulegen und die Ziele alle sechs Jahre zu überprüfen (§§ 133 Abs. 6, 135).

Öffentliche Interessen.

§ 105. (1) Im öffentlichen Interesse kann ein Antrag auf Bewilligung eines Vorhabens insbesondere dann als unzulässig angesehen werden oder nur unter entsprechenden Auflagen und Nebenbestimmungen bewilligt werden, wenn:

a) eine Beeinträchtigung der Landesverteidigung oder eine Gefährdung der öffentlichen Sicherheit oder gesundheitsschädliche Folgen zu befürchten wären;
b) eine erhebliche Beeinträchtigung des Ablaufes der Hochwässer und des Eises oder der Schiff- oder Floßfahrt zu besorgen ist;
c) das beabsichtigte Unternehmen mit bestehenden oder in Aussicht genommenen Regulierungen von Gewässern nicht im Einklang steht;
d) ein schädlicher Einfluß auf den Lauf, die Höhe, das Gefälle oder die Ufer der natürlichen Gewässer herbeigeführt würde;
e) die Beschaffenheit des Wassers nachteilig beeinflußt würde;
f) eine wesentliche Behinderung des Gemeingebrauches, eine Gefährdung der notwendigen Wasserversorgung, der Landeskultur oder eine wesentliche Beeinträchtigung oder Gefährdung eines Denkmales von geschichtlicher, künstlerischer oder kultureller Bedeutung oder eines Naturdenkmales, der ästhetischen Wirkung eines Ortsbildes oder der Naturschönheit oder des Tier- und Pflanzenbestandes entstehen kann;
g) die beabsichtigte Wasseranlage, falls sie für ein industrielles Unternehmen bestimmt ist, einer landwirtschaftlichen Benutzung des Gewässers unüberwindliche Hindernisse bereiten würde und dieser Widerstreit der Interessen sich ohne Nachteil für das industrielle Unternehmen durch Bestimmung eines anderen Standortes an dem betreffenden Gewässer beheben ließe;
h) durch die Art der beabsichtigten Anlage eine Verschwendung des Wassers eintreten würde;
i) sich ergibt, daß ein Unternehmen zur Ausnutzung der motorischen Kraft eines öffentlichen Gewässers einer möglichst vollständigen wirtschaftlichen Ausnutzung der in Anspruch genommenen Wasserkraft nicht entspricht;
k) zum Nachteile des Inlandes Wasser ins Ausland abgeleitet werden soll;
l) das Vorhaben den Interessen der wasserwirtschaftlichen Planung an der Sicherung der Trink- und Nutzwasserversorgung widerspricht.
m) eine wesentliche Beeinträchtigung des ökologischen Zustandes der Gewässer zu besorgen ist;
n) sich eine wesentliche Beeinträchtigung der sich aus anderen gemeinschaftsrechtlichen Vorschriften resultierenden Zielsetzungen ergibt.

(2)[23] Die nach Abs. 1 vorzuschreibenden Auflagen haben erforderlichenfalls auch Maßnahmen betreffend die Lagerung und sonstige Behandlung von Abfällen, die beim Betrieb der Wasseranlage zu erwarten sind, sowie Maßnahmen für den Fall der Unterbrechung des Betriebes und für Störfälle zu umfassen, soweit nicht I. Hauptstück 8a. Abschnitt der Gewerbeordnung Anwendung finden. Die Wasserrechtsbehörde kann weiters zulassen, daß bestimmte Auflagen erst ab einem dem Zeitaufwand der hiefür erforderlichen Maßnahmen entsprechend festzulegenden Zeitpunkt nach Inbetriebnahme der Anlage oder von Teilen der Anlage eingehalten werden müs-

[23] Geändert durch BGBl I 14/2011.

sen, wenn dagegen vom Standpunkt des Schutzes fremder Rechte oder der in Abs. 1 genannten öffentlichen Interessen keine Bedenken bestehen.

...

Entschädigungen und Beiträge.

§ 117. (1) Über die Pflicht zur Leistung von Entschädigungen, Ersätzen, Beiträgen und Kosten, die entweder in diesem Bundesgesetz oder in den für die Pflege und Abwehr bestimmter Gewässer geltenden Sondervorschriften vorgesehen sind, entscheidet, sofern dieses Bundesgesetz (§ 26) oder die betreffende Sondervorschrift nichts anderes bestimmt, die Wasserrechtsbehörde. In der Entscheidung ist auszusprechen, ob, in welcher Form (Sach- oder Geldleistung), auf welche Art, in welcher Höhe und innerhalb welcher Frist die Leistung zu erbringen ist. Gebotenenfalls können auch wiederkehrende Leistungen und die Sicherstellung künftiger Leistungen vorgesehen sowie die Nachprüfung und anderweitige Festlegung nach bestimmten Zeiträumen vorbehalten werden.

(2) Bei Ansuchen um Verleihung einer wasserrechtlichen Bewilligung oder um Einräumung eines Zwangsrechtes sind die im Abs. 1 bezeichneten Leistungen in der Regel schon in dem über das Ansuchen ergehenden Bescheide festzusetzen und nur, wenn dies nicht möglich ist, binnen angemessener, ein Jahr nicht überschreitender Frist durch Nachtragsbescheid zu bestimmen. Diesem Nachtragsbescheide kann eine eigene mündliche Verhandlung (§ 107) vorangehen.

(3) Eine Partei, der eine Entschädigung unter Vorbehalt der Nachprüfung zuerkannt wurde, kann jederzeit - also auch ohne Rücksicht auf im Sinne des Abs. 1 bestimmte Zeiträume - eine Nachprüfung zwecks allfälliger Neufestsetzung der Entschädigung verlangen. Für den Kostenersatz findet in diesem Falle § 123 Abs. 2 Anwendung.

(4)[24] Gegen Entscheidungen der Wasserrechtsbehörde nach Abs. 1 ist eine Beschwerde an das Verwaltungsgericht nicht zulässig. Die Entscheidung tritt außer Kraft, soweit vor Ablauf von zwei Monaten nach Zustellung des Bescheides die gerichtliche Entscheidung beantragt wird. Der Antrag auf gerichtliche Entscheidung kann ohne Zustimmung des Antragsgegners nicht zurückgenommen werden. Bei Zurücknahme des Antrages gilt mangels anderweitiger Vereinbarungen die wasserrechtsbehördlich festgelegte Leistung als vereinbart. Hat nur der durch die Einräumung eines Zwangsrechtes Begünstigte das Gericht angerufen, so darf das Gericht die Entschädigung nicht höher festsetzen, als sie im Bescheid der Verwaltungsbehörde festgesetzt war; hat nur der Enteignete das Gericht angerufen, so darf es die Entschädigung nicht niedriger festsetzen. Dies gilt sinngemäß für die Festsetzung von Ersätzen, Beiträgen und Kosten.

(5) Der durch die Einräumung eines Zwangsrechtes Begünstigte kann das Gericht nicht anrufen, wenn er die wasserrechtsbehördlich festgesetzte Leistung erbracht hat, ohne sich spätestens gleichzeitig ausdrücklich die Anrufung des Gerichtes vorbehalten zu haben.

(6) Zuständig ist jenes Landesgericht, in dessen Sprengel sich der Gegenstand der Enteignung oder Belastung oder der für die Festlegung von Ersätzen, Beiträgen und Kosten maßgebliche Gegenstand befindet. Auf Verfahren betreffend die Pflicht zur Leistung von Entschädigungen, Ersätzen und Beiträgen finden die Bestimmungen des Eisenbahn-Enteignungsentschädigungsgesetzes, BGBl. Nr. 71/1954 in der geltenden Fassung, sinngemäße Anwendung. In Verfahren betreffend die Pflicht zur Leistung von Kosten (§§ 31 Abs. 3 und 4 und 138 Abs. 3 und 4) sind die allgemeinen Bestimmungen über das gerichtliche Verfahren in Rechtsangelegenheiten außer Streitsachen anzuwenden.

(7) Soweit Angelegenheiten des Abs. 1 in Übereinkommen (§ 111 Abs. 3) geregelt werden, hat über die Auslegung und Rechtswirkungen eines solchen Übereinkommens das Gericht (Abs. 6) zu entscheiden.

...

Dreizehnter Abschnitt
Von den Übertretungen und Strafen

...

Herstellung des gesetzmäßigen Zustandes.

§ 138. (1) Unabhängig von Bestrafung und Schadenersatzpflicht ist derjenige, der die Bestimmungen dieses Bundesgesetzes übertreten hat, wenn das öffentliche Interesse es erfordert oder der Betroffene es verlangt, von der Wasserrechtsbehörde zu verhalten, auf seine Kosten

a) eigenmächtig vorgenommene Neuerungen zu beseitigen oder die unterlassenen Arbeiten nachzuholen,
b) Ablagerungen oder Bodenverunreinigungen durch geeignete Maßnahmen zu sichern, wenn die Beseitigung gemäß lit. a nicht oder im Vergleich zur Sicherung an Ort und Stelle nur mit unverhältnismäßigen Schwierigkeiten (Aufwand) möglich ist,
c) die durch eine Gewässerverunreinigung verursachten Mißstände zu beheben,
d) für die sofortige Wiederherstellung beschädigter gewässerkundlicher Einrichtungen zu sorgen.

(2) In allen anderen Fällen einer eigenmächtig vorgenommenen Neuerung oder unterlassenen Arbeit hat die Wasserrechtsbehörde eine angemessene Frist zu bestimmen, innerhalb deren entweder um die erforderliche wasserrechtliche Bewilligung nachträglich anzusuchen, die Neuerung zu beseitigen oder die unterlassene Arbeit nachzuholen ist.

(3) Bei drohender Gefahr für das Leben oder die Gesundheit von Menschen oder für die Umwelt hat die Wasserrechtsbehörde zur Wahrung des öffentlichen Interesses in den Fällen des Abs. 1 die zur Beseitigung der Gefährdung notwendigen Maßnahmen unmittelbar anzuordnen und gegen Ersatz der Kosten durch den Verpflichteten nötigenfalls unverzüglich durchführen zu lassen.

(4) Wenn das öffentliche Interesse die Beseitigung eigenmächtig vorgenommener Neuerungen, das Nachholen unterlassener Arbeiten oder die Sicherung von Ablagerungen oder Bodenverunreinigungen verlangt und der nach Abs. 1 Verpflichtete nicht dazu verhalten oder zum Kostenersatz herangezogen werden kann, dann kann an seiner Stelle dem Liegenschaftseigentümer der Auftrag erteilt oder der Kostenersatz auferlegt werden, wenn er die eigenmächtige Neuerung, das Unterlassen der Arbeit oder die Bodenverunreinigung ausdrücklich gestattet hat oder wenn er der Ablagerung zugestimmt oder sie freiwillig geduldet und ihm zumutbare Abwehrmaßnahmen unterlassen hat. Dies gilt bei Ablagerungen auch für Rechtsnachfolger des Liegenschaftseigentümers, wenn sie von der Ablagerung Kenntnis hatten oder bei gehöriger Aufmerksamkeit Kenntnis haben mußten. § 31 Abs. 6 findet in allen Fällen dieses Absatzes sinngemäß Anwendung. § 16 Abs. 4 Forstgesetz 1975 bleibt unberührt.

(5) Maßnahmen, die Gegenstand einer behördlichen Anordnung oder eines behördlichen Auftrages gemäß Abs. 1 lit. b sind, bedürfen keiner wasserrechtlichen Bewilligung oder einer Bewilligung nach anderen Vorschriften. Soweit durch solche Maßnahmen Rechte Dritter berührt werden, findet § 72 Anwendung.

(6) Als Betroffene im Sinne des Abs. 1 sind die Inhaber bestehender Rechte (§ 12 Abs. 2), die Fischereiberechtigten sowie die Einforstungsberechtigten anzusehen.

...

[24] Geändert durch BGBl I 97/2013.

III. Verordnungen des Bundes

Deponieverordnung 2008

BGBl II 39/2008, zuletzt geändert durch BGBl II 144/2021

1. Abschnitt
Allgemeine Bestimmungen

Ziel

§ 1. (1)[1] Ziel dieser Verordnung ist es, durch die Festlegung betriebsbezogener und technischer Anforderungen in Bezug auf Deponien und Abfälle, Maßnahmen und Verfahren vorzusehen, mit denen während des gesamten Bestehens der Deponie negative Auswirkungen der Ablagerung von Abfällen auf die Umwelt, insbesondere die Verschmutzung von Oberflächenwasser, Grundwasser, Boden und Luft, und auf die globale Umwelt, einschließlich des Treibhauseffekts, und alle damit verbundenen Risiken für die menschliche Gesundheit weitest möglich vermieden oder vermindert werden.

(2)[2] Zur Schaffung einer Kreislaufwirtschaft soll im Einklang mit der Abfallhierarchie angestrebt werden, dass Abfälle, die sich zum Recycling und anderen Formen der Verwertung eignen, zukünftig nicht auf Deponien zur Ablagerung angenommen werden.

Geltungsbereich

§ 2. (1) Diese Verordnung legt den Stand der Technik für Deponien gemäß § 2 Abs. 7 Z 4 AWG 2002 fest.

(2) Für bestehende Deponien gilt diese Verordnung nach Maßgabe der §§ 45 bis 47.

(3) Für andere Anlagen innerhalb des Deponiebereichs gilt diese Verordnung nach Maßgabe der §§ 34, 40, 41 und 47 Abs. 7.

(4) Verpflichtete im Sinne dieser Verordnung sind

1. der Deponieinhaber,
2. für Abfallbeurteilungen die befugte Fachperson oder Fachanstalt,
3. nach Maßgabe des § 16 entweder
   a) der Abfall(erst)erzeuger oder der sonstige Abfallbesitzer oder
   b) der für die Erfüllung der Verpflichtungen im Rahmen des Annahmeverfahrens Verantwortliche gemäß § 9 des Verwaltungsstrafgesetzes 1991 (VStG), BGBl. Nr. 52, in der Fassung des Bundesgesetzes BGBl. I Nr. 5/2008,
4. nach Maßgabe der §§ 40 Abs. 2 und 41 der Inhaber einer anderen Anlage innerhalb des Deponiebereichs,
5. nach Maßgabe des § 35 Abs. 5 der Leiter der Eingangskontrolle und
6. nach Maßgabe des § 42 das Deponieaufsichtsorgan.

…

7. Abschnitt
Deponiebetrieb

…

[1] Eingefügt durch BGBl II 144/2021.

[2] Absatzbezeichnung eingefügt durch BGBl II 144/2021.

Deponiepersonal

§ 35. (1) Der Deponieinhaber hat einen Leiter der Eingangskontrolle und erforderlichenfalls einen Stellvertreter zu bestellen und mit den entsprechenden Befugnissen auszustatten. Der Leiter der Eingangskontrolle und sein Stellvertreter sind der für die Aufsicht zuständigen Behörde namhaft zu machen. Der Leiter der Eingangskontrolle und sein Stellvertreter haben die notwendigen fachlichen Kenntnisse und Fähigkeiten in Bezug auf die auszuübende Tätigkeit nachzuweisen.

(2) Die Fachkunde des Leiters und des stellvertretenden Leiters der Eingangskontrolle einer Reststoff- oder Massenabfalldeponie oder Untertagedeponie für gefährliche Abfälle ist durch

1. eine abgeschlossene, fachbezogene Ausbildung an einer staatlichen oder staatlich anerkannten Universität, Fachhochschule, einschlägigen Fachakademie oder höheren technischen oder gewerblichen Lehranstalt oder
2. die erfolgreiche Ablegung der Lehrabschlussprüfung im Lehrberuf Chemielabortechnik oder Entsorgungs- und Recyclingfachmann – Abfall und eine zweijährige einschlägige fachliche Tätigkeit oder
3. den erfolgreichen Abschluss einer Fachschule für Chemie – Ausbildungszweig technische Chemie – oder einer sonstigen einschlägigen Schulform, die im Hinblick auf den Lehrplan und auf die für die Eingangskontrolle maßgeblichen Kenntnisse damit gleichzusetzen ist, und eine zweijährige einschlägige fachliche Tätigkeit nachzuweisen.

(3) Die Fachkunde des Leiters und des stellvertretenden Leiters der Eingangskontrolle einer Bodenaushub-, Inertabfall- oder Baurestmassendeponie ist zumindest durch die Absolvierung einschlägiger, staatlich anerkannter Ausbildungskurse nachzuweisen.

(4) Der Deponieinhaber hat dafür Sorge zu tragen, dass der Leiter der Eingangskontrolle und sein Stellvertreter und das Deponiepersonal, das die Laboranalysen und die visuellen Kontrollen durchführt,

1. zuverlässig sind,
2. über die nötige, dem Stand der Technik entsprechende Fachkunde verfügen und
3. sich laufend weiterbilden.

(5) Der Leiter der Eingangskontrolle oder sein Stellvertreter hat während der Abfallübernahme zur Deponierung und der Eingangskontrolle gemäß § 18 auf der Deponie anwesend zu sein. Er ist für eine ordnungsgemäße Durchführung der Eingangskontrolle, insbesondere für die Einhaltung der Bestimmungen der §§ 18 bis 20, verantwortlich. Ausnahmen hinsichtlich der Anwesenheitspflicht des Leiters der Eingangskontrolle oder seines Stellvertreters für öffentlich nicht verfügbare, ausschließlich betriebseigene Deponien zur Ablagerung der aus der Produktionstätigkeit eines Unternehmens stammenden Abfälle können genehmigt werden.

…

Kraftfahrgesetz-Durchführungsverordnung 1967 – KDV 1967

BGBl 399/1967, zuletzt geändert durch BGBl II 91/2024 (69. Novelle zur KDV 1967)

Emissionen von gasförmigen Schadstoffen, luftverunreinigenden Partikeln, CO_2, Kraftstoffverbrauch, Energieverbrauch sowie Zugang zu Reparatur- und Wartungsinformationen

§ 1d.[1] (1) Kraftfahrzeuge, beziehungsweise ihre Motoren, müssen hinsichtlich der Emissionen von gasförmigen Schadstoffen, luftverunreinigenden Partikeln, CO_2 sowie ihres Kraftstoffverbrauchs und ihrem Verbrauch von elektrischer Energie den jeweils anzuwendenden Rechtsakten der EU

1. Verordnung (EG) Nr. 715/2007, ABl. L 171 vom 29.6. 2007, S. 1 in Verbindung mit der Verordnung (EG) Nr. 692/2008, ABl. L 199 vom 28.7.2008, S. 1;
2. Verordnung (EG) Nr. 595/2009, ABl. L 188 vom 18.7. 2009, S. 1 in Verbindung mit der Verordnung (EU) Nr. 582/2011, ABl. L 167 vom 25.6.2011, S. 1;
3. Kapitel 5 der Richtlinie 97/24/EG, ABl. L 226 vom 18.8. 1997, S. 1;
4. Verordnung (EU) Nr. 168/2013, ABl. L 60 vom 2.3.2013, S. 52 in Verbindung mit Verordnung (EU) Nr. 134/2014, ABl. L 53 vom 21.2.2014, S. 1 und Verordnung (EU) Nr. 901/2014, ABl. L 249 vom 22.8.2014, S. 1;
5. Richtlinie 2000/25/EG, ABl. L 173 vom 12.7.2000, S. 1;
6. Verordnung (EU) Nr. 167/2013, ABl. L 60 vom 2.3.2013, S. 1 in Verbindung mit Verordnung (EU) Nr. 2015/96, ABl. L 16 vom 23.1.2015, S. 1 und Verordnung (EU) Nr. 2015/504, ABl. L 85 vom 28.3.2015, S. 1;
7. Richtlinie 1997/68/EG, ABl. L 59 vom 27.2.1998, S. 1, oder
8. Verordnung (EU) 2016/1628, ABl L 252 vom 16.9.2016, S. 53

entsprechen. Der genaue Geltungsbereich ist, sofern in dieser Verordnung nicht anderes festgelegt wird, den jeweils zutreffenden Rechtsakten der EU zu entnehmen. Für die Erteilung von Typengenehmigungen sind die in den Rechtsakten der EU festgelegten Termine für die Typengenehmigung gültig. Für Fahrzeuge, die einzeln genehmigt werden, sind die in den Rechtsakten der EU festgelegten Termine für die Zulassung, den Verkauf, die Inbetriebnahme oder die Benutzung neuer Fahrzeuge bzw. Motoren gültig. Die jeweils anzuwendenden Fassungen der Rechtsakte der EU sind der Anlage 3e zu entnehmen.

(2) Anträge auf Genehmigungen von Flexibilitätssystemen gemäß der Richtlinie 2000/25/EG, der Verordnung (EU) Nr. 167/2013 oder der Verordnung (EU) Nr. 2015/504 für land- oder forstwirtschaftliche Zugmaschinen sind beim Bundesminister für Verkehr, Innovation und Technologie zu stellen.

(3) Antriebsmotoren für Kraftfahrzeuge, die nicht den Richtlinien 2007/46/EG, 2002/24/EG oder 2003/37/EG oder den Verordnungen (EU) Nr. 167/2013 oder 168/2013 unterliegen, sowie Austauschmotoren für solche Fahrzeuge, müssen der Richtlinie 97/68/EG bzw. der Verordnung (EU) 2016/1628, in der in der Anlage 3e angeführten Fassung entsprechen.

(4) Einrichtungen, die zu einem Anstieg der Emissionen von gasförmigen Schadstoffen, luftverunreinigenden Partikeln, CO_2 oder des Kraftstoffverbrauches führen könnten, sind verboten.

(5) Austauschkatalysatoren und andere emissionsmindernde Einrichtungen für den Austausch müssen eine Genehmigung nach den jeweils zutreffenden, in Abs. 1 genannten EU-Rechtsakten, der ECE-Regelung Nr. 103 oder der ECE-Regelungen Nr. 132 aufweisen. Sie dürfen nur in die Fahrzeuge eingebaut bzw. an die Motoren angebaut werden, die in der jeweiligen Typengenehmigung angeführt sind. Die in der jeweiligen Typengenehmigung gegebenenfalls angeführten besonderen Einbaubedingungen sind einzuhalten. Die der jeweiligen Einrichtung vom Hersteller beigelegten Einbau- und Betriebsanweisungen sind einzuhalten."

...

Lärmverhütung und Auspuffanlagen

§ 8. (1) Der A-bewertete Schallpegel des Betriebsgeräusches eines Kraftfahrzeuges oder Anhängers darf die folgend angeführten Grenzwerte, bei Fahrzeugen, die der Fahrzeugklasseneinteilung der Europäischen Union entsprechen, die in den nachstehenden Richtlinien angeführten Grenzwerte, nicht übersteigen:

1.[2] bei Motorfahrrädern und Kleinkrafträdern gemessen nach der Richtlinie 97/24/EG, Kapitel 9, in der Fassung der Richtlinie 2009/108/EG, ABl. Nr. L 213 vom 18. August 2009, S 10,
   1.1 zweirädrige Kleinkrafträder (L1e) .... 71 dB(A),
   1.2 mehrspurige Motorfahrräder (L2e und L6e). 76 dB(A),

2.[2] für Krafträder der Klassen L3e bis L5e und L7e gemäß Richtlinie 2002/24/EG gelten die nachstehenden Grenzwerte und die Prüfbestimmungen der Richtlinie 97/24/EG, Kapitel 9, in der Fassung der Richtlinie 2009/108/EG, ABl. Nr. L 213 vom 18. August 2009, S 10,
   2.1 bei einspurigen Krafträdern sowie Motorrädern mit Beiwagen bei einem Hubraum
   2.1.1 von nicht mehr als 80 cm^3 .... 75 dB(A),
   2.1.2 mehr als 80 und nicht mehr als 175 cm^3 .... 77 dB(A),
   2.1.3 mehr als 175 cm^3 .... 80 dB(A),
   2.2 bei mehrspurigen Fahrzeugen (L5e, L7e) ..... 80 dB(A),

3. für Fahrzeuge der Kategorien M und N gelten die nachstehenden Grenzwerte und Prüfbestimmungen der Richtlinie 70/157/EWG in der Fassung der Richtlinie 2007/34/EG, ABl. Nr. L 155 vom 15. Juni 2007, S 49:

Fahrzeugklasse	Wert in dB(A) (Dezibel (A))
3.1. Fahrzeuge für die Personenbeförderung mit höchstens neun Sitzplätzen einschließlich Fahrersitz	74
3.2. Fahrzeuge für die Personenbeförderung mit mehr als neun Sitzplätzen einschließlich Fahrersitz und einer zulässigen Gesamtmasse von mehr als 3,5 t	
3.2.1. mit einer Motorleistung von weniger als 150 kW	78
3.2.2. mit einer Motorleistung von 150 kW oder mehr	80
3.3. Fahrzeuge für die Personenbeförderung mit mehr als neun Sitzplätzen einschließlich Fahrersitz sowie Fahrzeuge für die Güterbeförderung	

[1] Samt Überschrift neu gefasst durch BGBl II 221/2017.

[2] Geändert durch BGBl II 124/2010.

3.3.1. mit einer zulässigen Gesamtmasse von nicht mehr als 2 t 76
3.3.2. mit einer zulässigen Gesamtmasse von über 2 t, jedoch nicht mehr als 3,5 t.........................77
3.4. Fahrzeuge für die Güterbeförderung mit einer zulässigen Gesamtmasse von mehr als 3,5 t
3.4.1. mit einer Motorleistung von weniger als 75 kW...77
3.4.2. mit einer Motorleistung von 75 kW oder mehr, jedoch weniger als 150 kW 78
3.4.3. mit einer Motorleistung von 150 kW oder mehr 80

---

jedoch werden

- für Fahrzeuge der Klassen gemäß 3.1. und 3.3., die mit einem Dieselmotor mit Direkteinspritzung ausgerüstet sind, die Grenzwerte um 1 dB(A) erhöht;
- für Fahrzeuge mit einer zulässigen Gesamtmasse von mehr als 2 t, die für den Einsatz abseits der Straße konstruiert sind, die Grenzwerte um 1 dB(A) erhöht, wenn ihr Motor eine Leistung von weniger als 150 kW hat, oder um 2 dB(A), wenn ihr Motor eine Leistung von mindestens 150 kW hat;
- bei Fahrzeugen der Klasse gemäß 3.1, die mit einem handgeschalteten Getriebe mit mehr als vier Vorwärtsgängen und einem Motor mit einer Nennleistung von mehr als 140 kW ausgerüstet sind und deren Verhältnis Nennleistung/höchstzulässige Masse mehr als 75 kW/t beträgt, die Grenzwerte um 1 dB(A) heraufgesetzt, wenn die Geschwindigkeit, mit der die hintere Fahrzeugbegrenzung die Linie BB´ im dritten Gang durchfährt, mehr als 61 km/h beträgt.

4. bei Zugmaschinen, Transportkarren, Motorkarren, selbstfahrenden Arbeitsmaschinen und Sonderkraftfahrzeugen gemessen nach Anlage 1c mit einer Bauartgeschwindigkeit
   4.1 von nicht mehr als 25 km/h und einer Motorleistung von
      4.1.1 nicht mehr als 150 kW.........................84 dB(A),
      4.1.2 mehr als 150kW ....85 dB(A),
   4.2 von mehr als 25 km/h und einer Motorleistung von
      4.2.1 nicht mehr als 150 kW.........................85 dB(A),
      4.2.2 mehr als 150 kW ....86 dB(A),
   4.3 für Zugmaschinen der Klasse lof, die dem allgemeinen Betriebserlaubnisverfahren nach der Richtlinie 74/150/EWG unterliegen, gelten die in der Richtlinie 74/151/EWG, ABl. Nr. L 84 vom 28.3.1974, S 25, idF 88/410/EWG, ABl. Nr. L 200 vom 26.7.1988, S 27, angegebenen Meßverfahren und Grenzwerte,
      bis 1.500 kg Eigengewicht ....85 dB(A),
      mehr als 1.500 kg Eigengewicht....................89 dB(A),
5. bei anderen als unter Z 4 fallenden Kraftwagen mit einer Bauartgeschwindigkeit von nicht mehr als 10 km/h sowie bei Anhängern, gemessen nach Anlage 1c...........75 dB(A),
6. bei Fahrzeugen, die gemäß § 34 KFG 1967 als historische Fahrzeuge genehmigt werden,.............................89 dB(A),
7. bei anderen als unter Z 3 fallenden Fahrzeugen, die von Fahrzeugen der Klassen M oder N abgeleitet sind, gelten die für das ursprüngliche Ausgangsfahrzeug der Klasse M oder N maßgebenden Messverfahren und Grenzwerte gemäß Z 3.

Auf Kraftfahrzeuge mit einer Bauartgeschwindigkeit von nicht mehr als 10 km/h, die sonst den Begriffsbestimmungen des § 2 Z. 9, 20 oder 21 KFG 1967 entsprechen, ist Z. 2 lit. c anzuwenden.

(1a) Der A-bewertete Schallpegel des Betriebsgeräusches eines stehenden Kraftfahrzeuges im Nahfeld (Nahfeldpegel) darf, gemessen nach den in Abs. 1 genannten Prüfbestimmungen, den bei der Genehmigung des Fahrzeuges oder seiner Type hiefür bestimmten Wert um nicht mehr als 3 dB(A) übersteigen.

(1b) [Anm: Aufgehoben durch BGBl II 80/1997]

(2) [Anm: Aufgehoben durch BGBl 214/1995]

(3) Vorrichtungen zur Dämpfung des Auspuffgeräusches (Auspuffschalldämpfer) müssen, abgesehen von den durch ihre Bauart bedingten Aus- und Eintrittsöffnungen für die Auspuffgase, dicht sein. Auspuffschalldämpfer müssen bei betriebsüblicher Beanspruchung in ausreichendem Maß widerstandsfähig gegen Korrosion sein. Absorbierende Faserstoffe dürfen in Auspuffschalldämpfern nicht in von Auspuffgasen durchflossenen Räumen angeordnet sein. Sie müssen im Auspuffschalldämpfer so angebracht sein, daß sich ihre Lage nicht verändern kann. Faserstoffe müssen so beschaffen sein, daß sie ohne Veränderung ihrer Wirksamkeit einer Temperatur standhalten können, die mindestens 20 vH über der höchsten Betriebstemperatur liegt, der sie ausgesetzt sein können.

(3a) Austauschschalldämpferanlagen (§ 2 Abs. 1 lit. l) sind Auspuffschalldämpferanlagen, die dazu bestimmt sind, in Kraftfahrzeugen anstelle der mit dem Fahrzeug genehmigten verwendet zu werden.

Austauschschalldämpferanlagen müssen zusätzlich zu den in den Abs. 1 bis 4 festgelegten Anforderungen der Anlage 1j entsprechen.

(4) Die Einrichtungen, die die in der Anlage 1 Z 3 lit. a bis d vorgeschriebenen Eigenschaften gewährleisten, müssen einer betriebsüblichen Beanspruchung unter Berücksichtigung der Bauartgeschwindigkeit des Fahrzeugs auf einer Fahrtstrecke von mindestens 80 000 km standhalten. Bei Fahrzeugen der Klassen L1 bis L5 muss die Funktionstüchtigkeit der emissionsrelevanten Einrichtungen während der normalen Lebensdauer eines Kraftfahrzeuges unter normalen Betriebsbedingungen (30 000 km) bestätigt werden.

(5)[3] Fahrzeuge mit Nebenaggregaten, die unter den Anwendungsbereich der Richtlinie 2000/14/EG über umweltbelastende Geräuschemissionen von zur Verwendung im Freien vorgesehenen Geräten und Maschinen fallen, müssen dieser Richtlinie entsprechen.

---

3 Neu gefasst durch BGBl II 172/2019.